明治時代史大辞典

2 さ〜な

宮地正人・佐藤能丸・櫻井良樹 編

吉川弘文館

凡例

項目

一　本辞典は、慶応三年(一八六七)の大政奉還から明治時代を時代範囲として、日本の歴史全般にわたる項目を採録した。

二　一つの項目で、別の呼称や読みのある場合は、適宜その一つを選んで見出しを立てた。学校名や会社名など名称が変遷するものの中には、明治時代の名称を見出しとしたものもある。また、必要に応じてカラ見出しを設けた。

三　関連する項目は、適宜その一つを選んで見出しを立て、まとめて記述した場合もある。

四　見出しは、かな見出し、本見出しの順に示した。

1　かな見出し

イ　現代かなづかいによるひらがな書きとした。

ロ　原則として、外国語・外来語はカタカナ書きとし、原語の読みに近いように表記した。長音は長音符号(ー)を用いた。

ハ　中国・朝鮮の人名は日本の漢字音によるひらがな書きとした。

ニ　本見出しがカタカナ書きのものは、かな見出しもカタカナ書きとした。

ホ　欧米人名は、ファミリー＝ネームで表記した。

2　本見出し

イ　日本読みのものは、漢字とひらがなおよびカタカナを用いた。

ロ　外国語・外来語は日本語として通用しているものを除き原語の綴りを用いた。

ハ　日本語と外国語・外来語を合成したものは、外国語・外来語の部分をカタカナ書きとした。

ニ　欧米人名は、パーソナル＝ネーム、ファミリー＝ネームの順に示した。

ホ　中国・朝鮮の人名は、本見出しの後に、必要に応じ原語のローマ字綴り(中国はピン音、朝鮮はマッキューン＝ライシャワー方式)を付記した。

配列

一　かな見出しの五十音順とした。清音・濁音・半濁音の順とし、また、促音・拗音も音順に加えた。長音符号(ー)はその前の語の母音をくり返すものとみなして配列した。

二　外国語・外来語で「ヴ」と表記するものは「う」行に配列した。

三　かな見出しが同じ場合は、本見出しの字数・画数の順とした。

四　かな見出し・本見出しが同じ場合は、㈠㈡を冠して一項目にまとめた。

記述

一　文体・用字

1　記述は、平易簡潔な文章を心がけ、敬語・敬称の使用は避けた。

2　漢字まじりのひらがな書き口語文とし、かなづかいは引用文をのぞき、現代かなづかいを用いた。

3　漢字は、原則新字体を用い、歴史用語・引用史料などのほかは、なるべく常用漢字で記述した。また、必要に応じて適宜ふりがなを付けた。

4　数字は、漢数字を使用し、十・百・千・万などの単位語を付けた。ただし、西暦、西洋の度量衡、百分比、文献の編・巻・号などは単位語を省略し、桁数が多い時は、万以上の単位語を付けた。壱・弐・参・拾・廿などの数字は、引用文などのほかには使用しなかった。横書きの場合は、アラビア数字を用いた。

二　年次・年号

1　年次表記は原則として年号を用い、和暦十年代ごとに、明治元年(一八六八)のように、( )内に西暦を付け加えた。

2　明治以前の改元の年は、原則として新年号を用い、大正以降は改元日の前後により年号を表記した。

3　旧暦で年月日を示した際は、( )内にグレゴリオ暦を示した。

4　外国でのできごとについては原則西暦のみとした。

三　昭和二十四年(一九四九)以前に没した日本人および中国・朝鮮人の年齢はかぞえ年齢とし、そのほかは満年齢で記した。

四　記述の最後に、基本的な参考文献となる著書・論文・史料集をあげ、発行年、発行所を示し、研究の便を図った。

五　項目の最後に、執筆者名を( )内に記した。

六　記号

〔 〕　小見出しをかこむ。

『 』　書名・雑誌名などをかこむ。

「 」　引用文または引用語句、特に強調する語句、および論文名などをかこむ。

( )　注をかこむ。角書・割注も一行にして、( )でかこむ。

⇨　カラ見出し項目について、参照すべき項目を示す。

→　参考となる関連項目を示す。

↳　別刷図版のあることを示す。

・　並列点および小数点に用いる。

=　原語の二語連形をカタカナ書きにする時に用いる。ただし、日本語として熟し切っていると思われるものは省略する。

例　ラフカディオ=ハーン、ニューヨーク

別刷図版

一　収載項目と関わる四つのテーマを選び、以下の箇所に掲げた。

「新劇・西洋音楽」……334-335
「戦争」……430-431
「通信事業」……702-703
「鉄道」……750-751

函　写真
凌雲閣機絵双六　国文学研究資料館所蔵

さ

サーカス　サーカス　⇩曲馬《きょくば》

サーベルのうせい　サーベル農政　米輸入増大のもとで食糧増産を意識した明治政府が、憲法違反の恐れのある法律公布によらず、農民に対し罰則規定付府県令によって農事改良を励行させた農政をいう。明治二十九年（一八九六）三月に害虫駆除予防法が発布され、各府県知事の命令によって官僚の技術指導のもとで予防と駆除にあたることが義務づけられた。虫害の予防と駆除は広く全体に被害を波及させることを防ぐという公共性をおびるため、違反者は警察によって罰金・拘留の処分をうけるとされた。明治三十六年（一九〇三）十月に農商務省の農会への諭達によって十四項目に及ぶ稲作改良技術が行政組織や農会から末端農家へと実施を強いる強権的農政、いわゆるサーベル農政が成立した。福井県では明治三十八年十二月に県令で短冊形共同苗代の設置を義務づける稲苗代取締規則が決められ、翌年一月施行された。明治四十二年（一九〇九）、坂井郡では郡吏を各町村へ派遣する際に警察署と打ち合わせ県令違反者に対して仮借なく告発すると伝えられており、警察署に百余人が違反者として検挙され、所定の手続きを終え短冊形に改めた。サーベル農政は日露戦後農政の特徴である。

参考文献　『福井県史』通史編五（一九六四）　（渡辺　新）

さいあんこくのとうきょう　最暗黒之東京　明治時代中期の記録文学。著者松原岩五郎は『国民新聞』記者として実地踏査した東京の下谷万年町・四谷鮫河橋・芝新網町という三大貧民窟の探訪記を、明治二十五年（一八九二）十一月から二十六年八月まで同紙に断続的に掲載、好評を得て、十一月に民友社より刊行した。米価高騰し、「細民みな飢に泣き、諸方に餓死の声さえ起る」一方で、「宴会日夕に催うされて歓娯の声八方に湧」く有様に、松原は「貧大学の入門生」として「最暗黒裡の食客」たらんとした。その観察と筆は、屑拾い・車夫、鋳掛屋・蝙《こう》蝠《もり》直しの職人、祭文《さいもん》語り・傀儡遣《にんぎょうつか》いの芸人などのさまざまな職業から、生計費や賃金、住居・食物などに及ぶ。なかでも兵営や士官学校から払い下げられた「焦飯《こげめし》および骸魚《あらうお》」や「粉になりし麵包《パン》、枯れたる葱の葉」などが「残飯屋」で量り売りされ、貧民の争って買い求める場面は、貧民窟の悲惨さを活写して圧倒的な迫力である。

→松原岩五郎《まつばらいわごろう》

参考文献　立花雄一『明治下層記録文学』（『ちくま学芸文庫』、二〇〇二、筑摩書房）　（荻野富士夫）

さいえきげん　崔益鉉　Ch'oe Ikhyŏn　一八三三—一九〇七　李氏朝鮮末期の官僚、儒学者、民族運動家。本貫は慶州。党派は老論。岱の子。号は勉菴。字は賛謙。一八三三年、京畿の抱川に生まれた。朱子学者李恒老の門人。五五年、科挙の文科に登第。李恒老は欧米諸国を夷狄として排撃し、朱子学に支えられた旧来の体制を維持しようとする衛正斥邪論を唱えたが、崔益鉉はこれを受け継ぎ、六八年、司憲府掌令のときに土木工事や増税策を進める大院君を批判した。七三年には戸曹参判に任命されると、辞職上疏の中で大院君の失政を攻撃して退陣を求めた。このため、済州島に流配。七五年に釈放されたが、七六年に日朝修好条規調印反対の上疏を行なって、全羅道黒山島へ流配された。七九年の釈放後、抱川へ退居したが、甲午改革や独立協会の運動には強い反対の意思を表明した。日露戦争下では入京して反日上疏を展開したが、日本軍憲兵隊によって退去させられた。一九〇六年六月、門人の安炳瓚らとともに全羅北道泰仁で義兵を起こしたが、同道淳昌で政府軍と戦って敗れて逮捕された。八月、日本軍により対馬の厳原に連行投獄されたが、断食をして〇七年一月一日に死去した。七十五歳。著書に『勉菴集』がある。

参考文献　糟谷憲一「甲午改革後の民族運動と崔益鉉」（旗田巍先生古稀記念会編『朝鮮歴史論集』下所収、一九六九、竜渓書舎）、同「朝鮮の抗日運動」（柴田三千雄他編『シリーズ世界史への問い』一〇所収、一九九一、岩波書店）　（糟谷憲二）

さいおんじきんもち　西園寺公望　一八四九—一九四〇　明治時代から昭和前期の政治家。徳大寺公純《とくだいじきんいと》の次男として嘉永二年十月二十二日（一八四九年十二月六日）京都に生まれ、西園寺家の養子となる（戸籍上は十月二十三日）。西園寺家は、平安時代末期に藤原北家から分かれた琵琶を家学とする公家の家柄（清華家）。明治天皇の侍従長兼内大臣を長くつとめた徳大寺実則《さねつね》は兄、住友吉左衛門は弟の一人。号は陶庵公。安政四年（一八五七）元服し右権少将、文久元年（一八六一）右権中将と、家格と慣例に従って叙任された。政治的な役割を果たすようになったのは慶応三年（一八六七）十二月維新政府の参与として抜擢されてからで、戊辰戦争にあたって山陰道鎮撫総督、東山道第二軍総督、会津征討越後口大参謀などをつとめ、明治元年（一八六八）十月に新潟府知事に任じられた。木戸孝允の勧めもあり同三年十二月よりフランス留学、約

西園寺公望

十年間の滞仏中に、急進的共和主義者エミール＝アコラースの塾やパリ大学法学部(ソルボンヌ大学)に学び、パリ＝コミューンを経験したり、のちの首相クレマンソーや歴史小説家ゴンクールらと知り合うことによって、国際的な視野を身につけることができ、その後の政治思想の基礎になった。同十三年(一八八〇)帰朝後、明治法律学校(現明治大学)で講義したり、滞仏中に知り合った中江兆民・松田正久とともに『東洋自由新聞』を創刊(十四年三月)したが、自由民権運動への関与を嫌った岩倉具視の働きかけによる内勅下付により退社を命じられ、同年十一月参事院議官補となった。その後、十五年三月から伊藤博文の欧州憲法調査旅行に随行し関係を深めた。帰国後の十六年十二月に参事院議官となったが、再び渡欧して十八年オーストリア公使、明治二十年(一八八七)ドイツ兼ベルギー公使を歴任した(二十四年まで)。二十三年議会開設とともに貴族院議員(侯爵議員)に任じられ、第五議会(二十六年から翌年)では副議長をつとめた。この間に二十四年九月賞勲局総裁、二十六年四月から法典調査会副総裁としてヨーロッパにも通用する民法の成立をめざし、二十七年五月には枢密顧問官に勅任された。同年十月に第二次伊藤内閣の改造により文部大臣に就任し、病気がちであった陸奥宗光にかわって外務大臣もつとめ閔妃殺害事件の処理にあたった。日清戦後における伊藤内閣と自由党との提携にかかわり、二十九年七月竹越与三郎と『世界之日本』を創刊した。明治三十一年(一八九八)一月第三次伊藤内閣では再び文部大臣となった。文相として世界主義を説き大和魂を批判し、第二教育勅語の制定を構想していた。三十三年立憲政友会の創設委員となり、創設後は総務委員となったが、十月の枢密院議長就任に伴い、一時的に党務から手を引く。三十六年七月に伊藤が枢密院議長を命じられると、代わって第二代の政友会総裁に就任した。その政党運営は、伊藤とは異なり淡泊で、党幹部であった原敬・松田正久に多くを任せた。日露戦争および講和に協力したことにより、三十九年一月に組閣を命じられた。ここから、その後大正政変まで継続する藩閥・政党の提携体制の時代(桂園時代)が始まった。第一次西園寺内閣は、前内閣の政策を引き継いだが、満洲軍政の廃止や日本社会党結成を認めるなど独自の政策も行なった。しかしこれらは山県閥の不満を高め、また戦後恐慌に対する財政政策の失敗は財界の支持を失わせることになり、明治四十一年(一九〇八)七月辞職した。四十四年八月、第二次桂内閣は退陣にあたって西園寺を後継首相に上奏して退き、第二次西園寺内閣が組織された。前回の組閣とは異なり、この内閣は自前で閣員を選考し政党内閣に一歩近づいた。辛亥革命の対応にあたり国際協調的姿勢で臨み、また財政難の中で海軍拡張を優先したため陸軍の反発を受け、二個師団増設問題による上原勇作陸相の帷幄上奏《いあくじょうそう》により総辞職を余儀なくされた。大正二年(一九一三)二月第一次憲政擁護運動に際して、政友会を鎮静させるよう御沙汰を受けたが失敗して総裁を辞任した。寺内内閣辞任後に再び組閣を命じられたが、原敬を推薦して政党内閣を実現させた。同八年原内閣によりベルサイユ講和会議全権に任じられパリに赴く。元老の一人として首相奏薦にかかわり、同十三年(一九二四)松方正義の死没後は「最後の元老」として第一次近衛内閣の成立まで首相選定に決定的な影響力を持ったため、有力政治家は興津《おきつ》の別荘坐漁荘に通い、意中を探ろうとした。特に大正末期から昭和初期の政党内閣を成立させた功績は大きい。また枢密院議長や宮内大臣・内大臣人事にも関係し、昭和初期の宮中勢力を育てた。昭和七年(一九三二)の五・一五事件後は政党内閣の復活を念願したが果たせなかった。自分の死後は内大臣中心の首相奏薦を構想していたとされる。明治十七年華族令により侯爵、大正九年公爵を授けられる。昭和十五年(一九四〇)十一月二十四日没。九十二歳。なお立命館大学の名称は、西園寺が開いた家塾の名を取ったもの。 →桂園時代《けいえんじだい》

参考文献 原田熊雄『西園寺公と政局』(一九五〇—五六、岩波書店)、中川小十郎『近代日本の政局と西園寺公望』(一九八七、吉川弘文館)、立命館大学西園寺公望伝編纂委員会編『西園寺公望伝』(一九九〇—九七、岩波書店)、岩井忠熊『西園寺公望—最後の元老—』(『岩波新書』、二〇〇三、岩波書店)、伊藤之雄『元老西園寺公望—古希からの挑戦—』(『文春新書』、二〇〇七、文芸春秋)

(櫻井良樹)

さいおんじないかく　西園寺内閣　立憲政友会総裁西園寺公望を首班として組織された明治時代後期から大正時代初期の内閣。桂太郎と交代で政権を担当して桂園時代を築いた。日露戦争および講和を支持した政友会は、桂内閣からの政権授受を約束されていたため、明治三十八年(一九〇五)十二月二十一日の桂首相辞任を受けて、三十九年一月七日に第一次西園寺内閣が成立。与党である政友会からの入閣者は西園寺首相、原敬内相、松田正久法相の三名にとどまり、藩閥・官僚出身者の閣僚が多数を占めた。同内閣は外交面では、日露戦後の諸問題を解決する政策に着手した。欧米諸国からの批判を避けるために満洲における軍政を廃止し、満洲経営のために南満洲鉄道株式会社を設立。四十年(一九〇七)六月に日仏協約、七月には第一次日露協約を成立させ、満洲での日露の勢力範囲を定め、韓国における日本の優越権を確認した。韓国とはハーグ密使事件を契機として、同月に第三次日韓協約を締結し、三十八年の第二次日韓協約で実質的に奪った外交権に加えて、内政に関する統監の指導や司法権、軍事権を掌握する権利も得た。また、三十九年のサンフランシスコ日本人学童隔離事件から排日運動が高まっていたアメリカとは、日米紳士協定を結んで日本人移民排斥問題の沈静化に努めた。軍事面では、四十年四月に参謀本部と海軍軍令部を中心として帝国国防方針が作成され、軍備拡張計画の基礎となったが、内閣では急激な軍拡を抑えて、財政と調和させる方針であった。

内政面では、前内閣の政策を引き継ぎ、日露戦後経営の一環として鉄道国有化を推進。貴族院の反対で買い上げ会社数が三十二から十七に減ったが、三十九年三月には鉄道国有法で主要会社の国有化が決定。四十年十月に買収が完了した。また、原内相は、政友会の勢力拡張のため、山県閥の拠点と考えられた郡制の廃止を目指した。四十年三月に郡制廃止案は衆議院を通過したが、貴族院で否決されて不成立に終った。一方、増税問題は内閣の危機を招いた。戦後不況により、内閣は深刻な財政難に直面し、危機を乗り切るために増税を決めたが、鉄道予算をめぐる阪谷芳郎蔵相と山県伊三郎逓相の対立から、閣内不一致で四十一年一月に全閣僚が辞表を提出。しかし、結局、阪谷・山県の辞表のみが受理され、ほかの閣僚は留任。野党が提出した内閣不信任案も否決され、増税案は成立した。五月の総選挙では、百八十七議席を獲得して政友会が勝利した。だが、深刻な財政難、満洲軍政廃止への不満や、内閣が結成を認めた日本社会党の取締りが不十分であるとする元老の批判を受けて、六月、西園寺は病気を理由に辞意を表明。七月四日に総辞職し、十四日に第二次桂内閣と代わった。その後、政友会は桂内閣と、「情意投合」と呼ぶ提携関係を結び、再び政権を譲り受けることになった。四十四年八月二十五日に桂内閣が総辞職し、三十日に第二次西園寺内閣が成立。この内閣は、総理・内務・司法・文部の各閣僚を政友会会員が占め、官僚出身閣僚も親政友会系が多く、第一次内閣より政党内閣色が強い。外交面では、十月に起きた辛亥革命に対して、当初は列強と協調しながら、清朝政府と革命派をともに刺激しない政策であったが、袁世凱の登場後は立憲君主制による革命の収拾を狙った。しかし、イギリスに内戦収拾の主導権を取られ、中華民国発足と清朝滅亡によって内閣の政策は失敗。そのため、満蒙方面への進出を図り、四十五年七月、第三次日露協約を締結し、満洲での日露間の新たな勢力範囲と内蒙古分割を約した。内政面では、山本達雄蔵相が緊縮財政による行政整理を試みたが、陸海軍、特に海軍拡張が優先されていると考えた陸軍の反発を招いた。大正元年(一九一二)八月には、翌年度の予算案作成をめぐって、二個師団増設を要求する陸軍と、行政整理の必要からこれに反対する内閣が対立。内閣は、三年度からの実施を示すことで妥協を図ったが、十一月三十日の閣議で増師案が否決されると、十二月二日に上原勇作陸相は辞表を提出。西園寺は、山県有朋に後任陸相の推薦を求めたが、陸軍は応じず、五日に内閣は総辞職した。　→桂園時代《けいえんじだい》　→二個《にこ》師団増設問題《しだんぞうせつもんだい》

参考文献　古屋哲夫「第一次西園寺内閣」(林茂・辻清明編『日本内閣史録』二所収、一九八一、第一法規出版)、同「第二次西園寺内閣」(同)、木村毅『西園寺公望』(『日本宰相列伝』五、一九八五、時事通信社)、立命館大学西園寺公望伝編纂委員会編『西園寺公望伝』三(一九九三、岩波書店)、岩井忠熊『西園寺公望―最後の元老―』(『岩波新書』、二〇〇三、岩波書店)、伊藤之雄『元老西園寺公望―古稀からの挑戦―』(『文春新書』、二〇〇七、文芸春秋)

(片山　慶隆)

ざいがいこうかん　在外公館　日本が外交任務を行うために他国内へ設置した施設。大使館、公使館、領事館などの総称。日本法令上の名称であり、国際法上は(外交)使節団の公館という。条例名としては明治二十六年(一八九三)十月三十一日に公使館領事館費用条例を在外公館費用条例と改正した例などがあげられるが、在外公館の語はそれ以前からも使用されている。日本公使館(弁務使館)は、パリをはじめとして、初期にはワシントン・ロンドン・ウィーン・ベルリン・ローマ・ペテルスブルク・北京に設置された。領事館は、幕末期に萌芽がみられるものの、明治三年(一八七〇)八月サンフランシスコをはじめとして、初期には上海・ニューヨーク・福州・香港・

米国大使館

英国大使館

清国公使館

ヴェニス・マルセーユ・ローマ・アモイ・天津・ホノルル・牛荘・ロンドンに設置された。公使館から大使館への昇格は、三十八年(一九〇五)十二月の英国をはじめ、明治時代には米・独・仏・伊・墺・露国にも行われた。

参考文献 『外務省の百年』上(一九六九) (森田 明子)

ざいがいせいか 在外正貨 ⇩外貨準備《がいかじゅんび》

ざいかぼう 在華紡 中国で日本資本が経営した紡績業。明治三十五年(一九〇二)三井物産が興泰紗廠買収で、四十四年(一九一一)に内外綿が工場新設で進出し、綿商社が先駆けた。第一次大戦で巨額の利潤を蓄積した大紡績は、賃金コスト上昇による太糸競争力低下のなか、中国綿糸布輸入関税引上げと深夜業廃止不可避化を機に、上海・青島に相ついで進出、錘数は早くも百万錘に達して国内の四分の一、中国の三〇%(大正十一年(一九二二))、また関内方面への日本の直接投資のうち二九%(昭和五年(一九三〇))を占めた。国内の約半分の賃金で中国人を使用し、技術・管理とも日本式を持ち込んで、大商社とも連携して民族資本に対して優位に立った。大正十四年の五・三〇事件など民族的労働運動の舞台になったが、細糸・綿布・加工綿布を含めて中国市場で支配的地位を築いた。戦時には天津にも進出し、民族資本工場をも委任経営したが、敗戦により全設備を接収された。

参考文献 高村直助『近代日本綿業と中国』(『歴史学選書』、一九八二、東京大学出版会)、桑原哲也『企業国際化の史的分析―戦前期日本紡績企業の中国投資―』(一九九〇、森山書店)、森時彦編『在華紡と中国社会』(二〇〇五、京都大学学術出版会) (高村 直助)

さいきんどう 細謹堂 岡山の書肆。武内弥三郎が経営。細謹舎とも。明治中期以降、政府関連印刷物や学校教科書、医学書、実用書、郷土史・郷土地誌などの刊行・販売を手がけている。

参考文献 三橋猛雄『明治前期思想史文献』(一九七六、明治堂書店) (鵜飼 政志)

さいけいこくじょうかん 最恵国条款 通商航海条約などにおいて、最恵国待遇を認める条項。most-favored-nation clause の訳語である。最恵国待遇とは、締約国の一方が相手国に対して、より有利な地位にある第三国と同等の待遇を与えることを条約により保障することをいう。ここでいう待遇とは、通商業務のみならず、居住などの経済活動、領事職務など、それぞれの条約により対象とされるものはさまざまである。安政元年(一八五四)に締結された日米和親条約第九条をはじめとして、日本が欧米諸国と締結した諸条約には片務的最恵国条款が含まれていたが、明治二十七年(一八九四)の日英通商航海条約第二〇条には双務的最恵国条款が規定された。また最恵国待遇には、相手国に対し無条件で最恵国待遇を与える無条件主義と、相手国からなんらかの反対給付を得ることを条件に最恵国の待遇を与える条件主義がある。大隈重信は、条約改正交渉において条件主義を主張した。

参考文献 藤原明久『日本条約改正史の研究―井上・大隈の改正交渉と欧米列国―』(二〇〇四、雄松堂出版) (森田 明子)

ざいけいほうていしゅぎ 罪刑法定主義 適正な法律がなければ、ある行為を犯罪とし、これに刑罰を科してはならないとする原則。明治十三年(一八八〇)七月公布の刑法(旧刑法)は、第二条で「法律ニ正条ナキ者ハ何等ノ所為ト雖モ之ヲ罰スルコトヲ得ス」と規定して、罪刑法定主義を宣言し、比附援引(類推解釈)は禁止され、不応為罪や違令違式罪は廃止された。また第三条で刑罰不遡及の原則が規定された。明治二十二年(一八八九)発布の大日本帝国憲法第二三条は、「日本臣民ハ法律ニ依ルニ非スシテ逮捕監禁審問処罰ヲ受クルコトナシ」と規定し、罪刑法定主義を憲法原則とした。明治四十年(一九〇七)四月公布の刑法(現行刑法)は、解釈上明白な原則であるとともに憲法の明文規定があることを理由として罪刑法定主義の規定をおいていない。日本国憲法は、第三一条などの規定を根拠に罪刑法定主義を刑事に関する基本原則としていると解されている。

参考文献 大野真義『罪刑法定主義』(一九八〇、世界思想社)、吉川経夫「罪刑法定主義」(『吉川経夫著作選集』二所収、二〇〇一、法律文化社)、同「日本における罪刑法定主義の沿革」(同) (吉井蒼生夫)

さいごうきくじろう 西郷菊次郎 一八六一―一九二八 官僚、京都市長。文久元年十月二日(一八六一年十一月四日)奄美大島に西郷隆盛の次男として生まれる。母は岩山佐栄志の娘愛加奈。鹿児島県英語学校を経て、明治四年(一八七一)に上京し、五年から七年まで開拓使より公費にて米国留学、明治十年(一八七七)西南戦争に参戦、負傷して片足を切断する。明治十七年外務省御用掛として公信局に勤める。十八年外務書記生、十九年交際官試補。二十年(一八八七)アメリカに留学する。二十三年帰国し、二十年(一八八七)ではなく二十四年外務省試補、外務省翻訳官、二十四年十二月退官。その後台湾へ渡り、二十八年台湾総督府安平支庁長、二十九年台湾総督府参事官心得、同基隆支庁長、三十年(一八九七)から三十五年まで同宜蘭支庁長。帰国し明治三十七年から四十四年(一九一一)まで京都市長。昭和三年(一九二八)十一月二十八日没。六十八歳。

(伊藤 真希)

ざいごうぐんじん　在郷軍人　⇩帝国在郷軍人会《ていこくざいごうぐんじんかい》

さいごうこげつ　西郷孤月　一八七三―一九一二　日本画家。明治六年(一八七三)九月二十三日に元松本藩士西郷績《いさお》の長男として生まれる。本名規《めぐる》。東京神田神保町で育ち、二十一年(一八八八)狩野友信に師事し、翌二十二年開校した東京美術学校の第一期生として入学、二十七年同校絵画科を卒業。橋本雅邦に見出されて研究科に進み、二十九年同校助教授となる。三十年(一八九七)日本絵画協会第二回絵画共進会に「四季花鳥」を出品。そのうち「春」が銅牌を受けた。第三回共進会「春暖」は陽光溢れる芥子《けし》畑に憩う白馬の駘蕩たる気分を構想し銅牌一席を獲得した。東京美術学校事件に際し懲戒免職となり、三十一年日本美術院創立に評議員として参加。その第一回展に出品した「蘇李決別」は銅賞一席となる。同年末に岡倉天心の媒酌により雅邦の女婿となる。将来を嘱望されたが、わずかの歳月で離婚し共進会に時折出品するものの栄光は戻らず三十六年同胞の前から姿を消した。神戸、九州、台湾などを放浪し大正元年(一九一二)八月三十一日に没した。四十歳。山川武・菱田春夫編『西郷孤月画集』(昭和五十八年、信濃毎日新聞)がある。

(古田あき子)

さいごうさつ　西郷札　西南戦争時に薩摩軍が発行した軍事紙幣。薩摩軍が鹿児島出発時に携帯した軍資金は二十五万両といわれ、軍を一ヵ月ほどしか維持できない金額であった。このため薩摩軍は各地を転戦するうちに軍資に窮するようになり、鹿児島県宮崎郡内で軍用紙幣の製造にとりかかった。ここで製造された紙幣が俗にいう西郷札である。製造は桐野利秋《きりのとしあき》が総裁となり同郡広瀬(宮崎市)で行われ、紙の表裏に寒冷紗《かんれいしゃ》の布を貼り付け、その上に黒漆で着色し木版で印刷した。貼り合わせに蕨《わらび》粉《こ》の糊を用いたことから「わらび札」、また布を貼り付けたことから「布幣《ふへい》」「裂札《きれふだ》」などとも呼ばれた。十円札・五円札・一円札・五十銭札・二十銭札・十銭札の六種類があり、通用期限三ヵ年、通用区域管内限りの条件で発行された。製造計画では百万円であったが、発行されたのは二十万円未満とみられている。西南戦争終結後、鹿児島県令岩村通俊は正貨との引換えを政府に要請したが、反政府軍による偽札という理由で却下され、破産者が続出した。

参考文献　日本銀行調査局編『図録日本の貨幣』七(一九七三、東洋経済新報社)

(菅谷 務)

さいごうしろう　西郷四郎　一八六六―一九二二　柔道家。慶応二年二月四日(一八六六年三月二十日)、会津藩士志田貞二郎の三男として生まれる。明治十五年(一八八二)三月に上京し、天神真楊流柔術の井上敬太郎の道場を経て、同年八月講道館に入門、嘉納治五郎の膝下で住み込み書生として柔道修行に励み、翌年には富田常次郎とともに講道館初の初段を授与される。同十九年に五段に昇進するとともに、楊心流戸塚派門下の強豪との試合に勝利して勇名をあげるなど、講道館柔道の名声を高めたが、嘉納が洋行中の同二十三年(一八九〇)六月、講道館を去った。その後は、同三十五年(一九〇二)に長崎で創刊された『東洋日の出新聞』の編集長を務めるなど、宮崎滔天《みやざきとうてん》とともに大陸問題に身を投じた。大正十一年(一九二二)十二月二十二日、広島で死去。五十七歳。没後、講道館より六段を追贈される。得意技は山嵐。富田常雄の小説『姿三四郎』のモデルといわれている。

参考文献　牧野登『史伝西郷四郎―姿三四郎の実像―』(一九八三、島津書房)

(坂上 康博)

さいごうたかもり　西郷隆盛　一八二七―七七　幕末の薩摩藩士、新政府の参与。明治時代前期の参議、陸軍大将。号は南洲。鹿児島の下加治屋町(鹿児島市)で、御小姓与西郷吉兵衛の長男として、文政十年十二月七日(一八二八年一月二十三日)に生まれた。通称は吉之助。弘化元年(一八四四)、郡奉行迫田太次右衛門のもとで郡方書役助として出仕を始める。二才頭として郷中教育を指導する一方、農政での不正の除去と農民の保護を説く上書を提出し、藩主島津斉彬の目にとまる。安政元年(一八五四)、斉彬が二度目の参勤交代のため江戸に向かう際、中御小姓・定御供として随行を許され、江戸到着後には庭方役を命じられた。以後、斉彬の薫陶を受けるとともに、藤田東湖や戸田忠敞、橋本左内など他藩有志と積極的に交わった。安政三年にははじめて御前召出を受け、以後は篤姫の婚儀に際して調度品の手配を行うなど、寵臣として重要な任務を帯びる。安政四年に帰国した斉彬は、将軍継嗣問題に関する篤姫への密書を西郷に託す。江戸に向かった西郷は、橋本左内らと連携しつつ一橋派の結束を図る。安政五年、近衛家を通じての内勅降下に奔走するが、井伊直弼の幕政掌握により不首尾に終る。帰国した西郷は、斉彬から公武一和に関する密命を受けて再度上京するが、直後に斉彬は急死した。月照の説諭で殉死を思いとどまったのちは率兵上京を画策するが、安政の大獄が開始されると月照をかくまうために帰国する。しかし、月照の保護は認められず、ともに錦江湾に身を投

西郷隆盛画像(キヨソーネ筆)

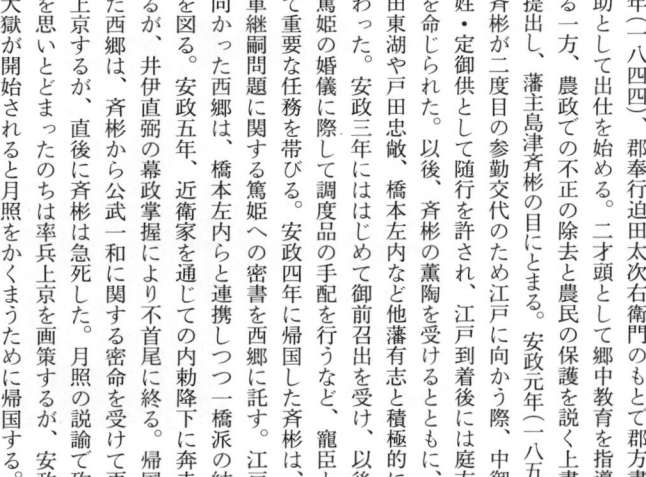

じる。ひとり蘇生した西郷は奄美大島の竜郷に隔離された。文久二年（一八六二）、島津久光が兄斉彬の遺志を継ぐべく率兵上京を企図すると召還された。しかし、西郷は無位無官である久光の政局関与に批判的で、さらに下関での待機命令を無視して大坂に向かった。このため久光の逆鱗に触れ、沖永良部《おきのえらぶ》島に流刑となる。西郷は土持政照に保護され、修養を重ねるとともに流人の川口雪篷や操担裁など島の知識人と交遊する。彼の薫陶を受けた青年たちは島の発展に寄与した。この間、薩英戦争を通じて誠忠組の発言力は強まり、彼らの要請で西郷は赦免される。元治元年（一八六四）三月に上京した西郷は、八月の禁門の変に際して鎮圧を指揮し、さらに征長軍参謀として長州藩の処分にあたる。しかし、木戸孝允らの藩政掌握に反応して幕府が再征の動きを見せると、薩摩藩は幕府の独走に反発を強める。慶応二年（一八六六）正月、西郷は京都で木戸と会見し、再征阻止と長州藩復権を主軸に薩長盟約を結ぶ。慶応三年、小松帯刀《こまつたてわき》、大久保利通とともに四侯会議を設定し、有志大名主導のもと長州藩処分の解決を図るが、徳川慶喜がこれを拒絶して兵庫開港の勅許を単独で獲得すると、薩長は連携して武力討幕を決意し、西郷は出兵盟約や「討幕の密勅」交付を工作した。さらに王政復古を主導し、新政府の参与となる。明治元年（一八六八）正月の鳥羽伏見の戦では新政府軍を統括し、さらに東征大総督参謀として慶喜を追討するが、三月に勝海舟と会見し、慶喜の謹慎を許して江戸城を無血開城させる。五月の彰義隊討伐に際しては黒門口で陣頭指揮にあたった。その後、鶴岡藩の降伏を見届けたのち帰郷し、日当山温泉で隠遁するが、明治二年に門閥に対する凱旋兵の突き上げが激化すると、藩主の求めに応じて藩政に復帰し、常備兵強化を軸とした改革を行う。明治三年には大参事に任命されるが、政府は集権化促進のためには薩長両藩の協力による基盤強化が必要と判断し、勅使岩倉具視を山口・鹿児島に派遣した。その結果、明治四年二月に高知藩を含む三藩で御親兵が編成され、西郷は上京して六月に木戸とともに参議となる。さらに、七月の廃藩置県に際して主導的役割を果たす。十一月に岩倉使節団が出国すると、西郷を中心とする留守政府のもとで学制、徴兵制など根本的改革が短期間に断行されたが、新政反対一揆など抵抗も生じる。そうしたなか、明治六年に朝鮮外交が緊迫化し、西郷はみずからの朝鮮派遣を強く求めたが、帰国した岩倉や大久保は軍事衝突を危惧して反対し、閣議決定が岩倉の上奏によって却下されると参議を辞職して鹿児島に戻る。西郷に従って多くの軍人も帰国するが、彼らの統制と教育を目的に私学校が設立された。私学校は県政を掌握し、政府に対して割拠の姿勢を示した。政府は私学校の存在を危険視し、明治九年に敬神党の乱や萩の乱を鎮圧すると、武器接収および密偵による分離工作に着手する。これに反応した私学校生徒は、明治十年（一八七七）一月に草牟田弾薬庫を襲撃し、西郷はやむなく二月に挙兵に応じる。以後、半年以上にわたり南九州各地を転戦したのち、鹿児島に帰還し、九月二十四日に城山の岩崎谷で戦死。五十一歳。著作として『西郷隆盛全集』全六巻（昭和五十一—五十五年、大和書房）が刊行されている。　→西南戦争《せいなんせんそう》

参考文献　西郷南洲顕彰会『敬天愛人』各号（一九六三—）、落合弘樹『西郷隆盛と士族』（『幕末維新の個性』四、二〇〇五、吉川弘文館）

（落合　弘樹）

さいごうたかもりどうぞう　西郷隆盛銅像　東京都台東区の上野公園に建設された政治家西郷隆盛の銅像。明治二十二年（一八八九）二月十一日、大日本帝国憲法発布の大赦により西郷隆盛の旧罪は赦され、新たに正三位が贈位された。この大赦・贈位を契機に、西郷隆盛を顕彰する動きが活発となり、二月十九日には、鹿児島県関係者により芝公園内弥生社で西郷隆盛を祭る祭典が行われ、黒田清隆首相も参列した。また、九月二十四日には、東京と鹿児島で同時に西郷隆盛第十三年忌が行われた。そして、同年十二月、西郷隆盛銅像建設が提起された。その発起人として、伊藤博文・井上馨・板垣退助・大隈重信・勝安房（海舟）・副島種臣・黒田清隆・山県有朋・松方正義・後藤象二郎・榎本武揚ら当時の指導的政治家が名を列ね、有栖川宮・小松宮・伏見宮・北白川宮が賛成員となっていた。委員には樺山資紀・九鬼隆一《くきりゅういち》・川上操六などが就任し、事務所は弥生社に置かれていた。建設費は有志義捐金でまかない、初期の計画では上野公園に乗馬像を建設することを予定していた。しかし、明治二十三年七月に宮城前広場に建設することに変更して出願した。その後、西郷隆盛銅像の建設に際しては、そもそも反乱軍の将である西郷隆盛を宮城前広場において顕彰することに疑義が出された。また、建設推進者の中心が薩摩閥であったことに対して、当時の民党関係者の反発を招いた。そこで、建設する場所が宮城前広場から上野公園に再度変更され、デザインも大礼服着用の乗馬像か

西郷隆盛銅像

ら、平服で犬を連れた立像に変えられた。銅像の彫刻は東京美術学校の高村光雲、鋳造は岡崎雪声が担当したが、さきのデザイン変更に加え、西郷隆盛の写真・肖像画が残されておらず、西郷の遺族や友人の記憶によって造形しなくてはならないことなど、製作に苦労したことが伝えられている。明治三十一年(一八九八)十二月に銅像は完成し、十八日に除幕式が挙行され、首相山県有朋が式辞を述べた。

参考文献 『読売新聞』(一八八八年十二月十三・十六日付)、三宅雪嶺『同時代史』三(一九五〇、岩波書店)、『東京市史稿』市街篇八〇(一九八九)
(中嶋　久人)

さいごうたのも　西郷頼母　一八三〇—一九〇三　会津藩家老。天保元年閏三月二十四日(一八三〇年五月十六日)生まれる。諱は近悳《ちかのり》。文久二年(一八六二)、藩主松平容保《まつだいらかたもり》の京都守護職就任に強く反対したことは有名。その後も反対の立場を変えず、若松郊外の栖雲亭に蟄居することになる。明治元年(一八六八)、鳥羽伏見の敗戦により復職し、白河口総督として出陣したが白河城を失陥した。会津若松籠城戦に入ると城内と意見が合わず、使者の名目で城外へ派遣され、五稜郭へ渡った。敗戦後は館林藩預となり、明治五年赦免されると静岡県伊豆で私塾謹申学舎を開いた。弟の山田陽次郎は反政府士族雲井竜雄《くもいたつお》への協力容疑で逮捕され、明治六年獄死した。明治八年、福島県東白川郡都々古別《つつこわけ》神社宮司に就任するが、西南戦争時に西郷隆盛との内通嫌疑で辞職。明治十三年(一八八〇)—二十年(一八八七)、日光東照宮禰宜(宮司は旧藩主松平容保)。明治三十六年(一九〇三)四月二十日会津若松で死去。七十四歳。小説『姿三四郎』のモデルで講道館柔道の達人西郷四郎は頼母の養子である。

参考文献 西郷頼母「栖雲記」(宮崎十三八編『会津戊辰戦争史料集』所収、一九九一、新人物往来社)
(白石　烈)

さいごうつぐみち　西郷従道　一八四三—一九〇二　軍人、政治家。天保十四年五月十四日(一八四三年六月十一日)西郷吉兵衛の三男として生まれた。母は薩摩藩士椎原家のマサ、西郷隆盛は長兄。幼名竜助、島津家の茶坊主に出仕して竜庵。文久元年(一八六一)還俗して慎吾(信吾)と改め、さらに隆興、従道と改めた。兄隆盛や同じ町内の大久保利通の影響もあり早くから国事に奔走。井伊直弼大老の暗殺計画である「突出事件」にも関与するも藩主の諭告によりとどまった。文久二年寺田屋事件に連座して帰藩謹慎を命ぜられ、その後許されて薩英戦争に奮戦した。明治元年(一八六八)正月鳥羽・伏見の戦にも参戦し重傷を負った。ついで、戊辰戦争では隆盛に従い転戦、活躍して、賞典禄三百石を賜う。二年六月から翌三年八月帰朝まで渡欧、特にフランスにて文物制度の調査にあたった。三年八月兵部権大丞、四年四月山口県に差遣、同七月陸軍少将兼兵部大丞、同八月旧鹿児島藩の人心鎮撫のため差遣。同十二月兵部少輔、同月山県有朋兵部大輔らと軍備拡張を建言。五年二月陸海軍省設置につき陸軍少輔、同三月陸軍少将兼陸軍少輔、同時に近衛副都督(同八月まで)。六年七月陸軍大輔兼任、七年三月台湾生蕃処置取調に従事、同四月陸軍中将、同日蕃地事務都督となった。台湾出兵の実施に際し強硬意見を持ち、米英などの出兵反対の動向を受けた大久保利通の中止命令を振り切って、五月出兵を強行した。同年六月台湾経営について建議。十二月凱旋帰国。八年五月米国フィラデルフィア万国博覧会事務副総裁、翌九年二月渡米。九年二月勲一等。十年(一八七七)山県陸軍卿が参軍として西南戦争へ出兵中は陸軍卿代理をつとめ、四月京都出張、行在所陸軍事務取扱となり、七月出征将兵慰問のため九州に差遣、平定後隆盛との親縁を理由に一時謹慎遠慮す。同十一月議定官兼任。同月近衛都督。十一年四月兼任特命全権公使伊国在勤二等官。同五月兼官を罷め参議兼文部卿。同九月山県陸軍卿病気療養中陸軍卿兼勤、同十二月参謀本部設置に伴い文部卿を罷め陸軍卿。十四年五月参謀本部長兼勤、同十月農商務卿。十五年一月開拓長官兼任、同八月和蘭国万国博覧会事務総裁、十七年二月大山巌陸軍卿欧米出張中陸軍卿兼任。十七年七月伯爵、同月海軍卿兼任。同十一月国防会議の設置を請う。十八年一月郵便汽船三菱会社と共同運輸会社の協定締結に尽力す。同二月甲申事変に際し、伊藤博文特派全権大使に同行清国へ差遣。同八月国防会議議員、九月日本郵船会社創設に尽力す。十八年十二月内閣制度創設にあたり第一次伊藤内閣の海軍大臣。十九年三月谷干城《たにたてき》農商務大臣洋行中につき農商務大臣兼任。十九年七月海軍実況視察のため欧米各国へ差遣。二十一年(一八八八)海軍大臣として海軍拡張にあたる。二十一年九月伊藤と朝鮮国諸港・露領日本海沿岸を視察。二十二年一月大山陸軍大臣とともに製鋼事業奨励に関する意見書を上奏。同年五月別邸に行幸あり。二十三年五月第一次山県首相の兼官であった内務大臣に就任したが、大津事件で引責辞任、前官礼遇を賜う。二十五年一月枢密顧問官、二十五年六月品川弥二郎と国民協会を結成し会頭となる。二十六年三月海軍大臣、その後第二次松方・第三次伊藤・第一次大隈内閣まで留任。同月海軍整理臨時取調委員。二十七年十月海軍大将、同月旅順口派遣の山県陸軍大臣不在中、臨時兼任陸軍大臣。二十八年五月武功審査委員、同八月日清戦争の功により侯爵、功二級金鵄勲章、旭日桐花大綬章。二十九年六月伊藤首相とともに台湾・清国廈門に出張。

西郷従道

三十一年(一八九八)一月元帥府に列せられる。三十一年十一月第二次山県内閣の内務大臣。三十二年四月議院建築調査会会長。三十三年十月前官礼遇。三十五年六月大勲位菊花大綬章、従一位。三十五年七月十八日胃癌により死去。六十歳。

参考文献 安田直『西郷従道』(一九〇二、国光書房)、西郷従宏『元帥西郷従道伝』(一九九七、芙蓉書房出版)

(小林　和幸)

さいごうとらたろう　西郷寅太郎　一八六六―一九一九　軍人。慶応二年七月十二日(一八六六年八月二十一日)薩摩国鹿児島にて西郷隆盛の嗣子として生まれる。西郷菊次郎は異母兄。明治十年(一八七七)に父隆盛が賊軍の指導者として自刃したのち、鹿児島で逼塞していたが、十七年四月明治天皇に拝謁、翌十八年ドイツに留学し、二十四年(一八九一)十一月にプロイセン陸軍士官学校を卒業した。同年十二月プロイセン陸軍歩兵少尉、二十五年十一月、日本歩兵少尉にそれぞれ任官。二十七年に帰国後近衛歩兵第三連隊付、三十一年(一八九八)大尉となり、近衛歩兵第三連隊中隊長。三十五年父隆盛の偉功により侯爵を授けられた。三十七年日露戦争における観戦武官接伴掛として大本営幕僚付となる。ついで同三十九年歩兵第五十五連隊大隊長、四十年(一九〇七)同歩兵第一連隊大隊長にそれぞれ就任。第一次世界大戦中の大正三年(一九一四)および四年に東京俘虜収容所、および習志野俘虜収容所のそれぞれ所長となった。八年一月四日猛威を振るったスペイン風邪に罹り死去。五十四歳。

(西尾林太郎)

さいごくりっしへん　西国立志編　サミュエル＝スマイルズ著『自助論』(Samuer Smiles, Self-Help, with Illustrations of Character and Conduct. London : John Murrary, 1859)を、明治三年(一八七〇)に中村敬太郎(正直、敬宇)が『西国立志編―原名自助論―』と題して翻訳し、四年に和綴本として静岡藩から刊行したもの。敬宇は、静岡藩学問所一等教授。本書は、冒頭に訳者識、ついで古賀謹一郎漢文序、訳者の自助論第一編序、三田葆光《さんだかねみつ》国文序、自助論第一板序斯邁爾斯《スマイルス》自序、自助論原序が続き、各編の多くは前に漢文の叙(序)をもつ。本文の構成は、第一編邦国及ビ人民ノ自ラ助クルコトヲ論ズ(三十四章、総論、シーザー、ダーガン、シェークスピア、ヴォークラン、ブロザートン、フォックス、リーゼー、ジャクソン、コブデン、ブルーアム、リットン、ディズレリー、ワーズワース、トックビルら)、第二編新機器ヲ発明創造スル人ヲ論ズ(十五章、ミラー、ワット、アークライト、リー、ヒースコート、ジャカール、ヘイルマン)、第三編三陶工ノ伝(四章、ルカ、パリシー、ベッドガー、ウェッジウッド)、第四編勤勉シテ心ヲ用ヒ恒久ニ耐テ業ヲ作スコトヲ論ズ(二十二章、ニュートン、ケプラー、ケアリー、ヤング、オーデュボン、カーライル、スティーブンソン、ワット、ローリンソン、レヤード、ビュッフォン、スコット、ブリットン、ラウドン、ドルー、ヒュームら)、第五編幇助即チ機会ヲ論ズ及ビ学術ヲ勉修スルコトヲ論ズ(三十六章、ニュートン、ヤング、ガリレオ、ブラウン、コロンブス、フランクリン、ガルヴァーニ、ウースター、リー、ストーン、スコット、プリーストリー、デーヴィ、ファラデー、キュヴィエ、ワット、スティーヴンソン、ドールトン、ハンター、パレ、ハーヴェー、ジェンナー、ベル、ホール、ハーシェル、スミス、ミラー)、第六編芸業ヲ勉修スル人ヲ論ズ(十六章、ミケランジェロ、チシャン、バンクス、ローラン、ターナー、ペリエ、カロ、プサン、フラックスマン、ウィルキー、マーティン、シャープルズ)、第七編貴爵ノ家ヲ創タル人ヲ論ズ(六章、フォーリー、フィップス)、第八編剛毅ヲ論ズ(二十七章、ムーリス、ラムネ、バクストン、ナポレオン、ウェリントン、ヘスティングズ、ネーピア、ザビエル、ウィリアムズ、リヴィングストン、ハワード、ハンウェイ、シャープ、バクストン)、第九編職事ヲ努ムル人ヲ論ズ(三十二章、メルボーン、ジョンソン、アーヴィング、ノォックス、スコット、ウェリントン、バイクリー)、第一〇編金銭ノ当然ノ用ヒ及ビソノ妄用ヲ論ズ(二十八章、コブデン、ウェリントン、ワシントン、ジャーヴィス、ネーピア、ミラー、ソロモン、ライト、プロザートン)、第一一編自ラ修ルノ事ヲ論ズ幷ニ難易ヲ論ズ(四十三章、ノーノルド、テーラー、ピタゴラス、ミルトン、コンスタント、ティエリー、クレー、マレー、モール、チェンバーズ、コベット、リー、アーノルド)、第一二編儀範又曰典型ヲ論ズ(二十章、ウェスト、バクストン、パウンズ、フランクリン、ドルー、ダッドリー、アルフィエリ、ロコラ、ルター、ウルフ、ケアリー、ホーナー、アーノルド、シンクレア)、第一三編品行ヲ論ズ、即チ真正《トルー》ノ君了《ジエントルマン》ヲ論ズ(四十一章、カニング、ラッセル、ホーナー、フランクリン、モンテーニュ、アースキン、シャープ、ロバートソン、グラント兄弟、ウェリントン、ネーピア、ドレイクら)で、三百人以上の成功談からなる。冒頭の訳者識には「戊辰四月余去倫敦時弗理蘭徳《フリーランド》君以此書原本見贈巻首題此三行乃其手書也小間模写付刻俾子孫永莫忘其所自云」と、イギリス人ジェントリのハンプリー・W・フリーランドから贈られた入手経路を記し、このイギリスの自由主義的大衆啓蒙書を、敬宇は帰路の二ヵ月に及ぶ船中で再三にわたって熟読、感動したという。みずからヴィクトリア中期のイギリス社会の明るい面を体験した敬宇は、その繁栄の礎石を『自助論』に見いだし、西欧の精神文明に目を開かされた。昌平黌の儒学者から、イギリス留学を経て英学者となった敬宇の最初の翻訳書は、「天ハ自ラ助クルモノヲ助クト云ヘル諺ハ、確然経験シタル格言ナリ、僅ニ一句ノ中ニ、歴ク人事成敗ノ実験ヲ包蔵セリ、自ラ助クト云コトハ能ク自主自立シテ、他人ノ力ニ倚ザルコトナリ、自ラ助クルノ精神ハ、凡ソ人タルモノ、才智ノ由テ生ズルトコロノ根原ナリ」という冒頭の句にあるように、自立と向上を促す西洋文明の導き手となって、敬宇の名声とともに、発行部数は初版以来百万部以上にのぼり、「明治の三書」の一つとされた。非常に広い読者層を獲得し、天皇への進講のテキストから小学校の修身教科書にまで及んだ。しかし、文部省は、明治十四年(一八八一)、第一編をはじめ「人民ヲ主」とする部分の削除を求めた。さらには歌舞伎にも取り上げられて上演されるなど、明治以降も児童文学、小説にも影響を及ぼした。大正元年(一九一二)初演の榎本虎彦作の『名工柿右衛門』は本書第三編に由来している。 →自由之理《じゆうのことわり》 →スマイルズ →中村正直《なかむらまさなお》

参考文献 高橋昌郎『中村敬宇』(『人物叢書』、一九六六、吉川弘文館)、松沢弘陽『近代日本の形成と西洋経験』(一九九三、岩波書店)、平川祐弘『天ハ自ラ助クルモノヲ助ク—中村正直と『西国立志編』—』(二〇〇六、名古屋大学出版会) (川崎 勝)

さいじこう 崔時亨 Ch'oe Sihyŏng 一八二七—九八 朝鮮王朝末期の宗教指導者。東学の第二代教祖。一八二七年四月十六日(陰暦三月二十一日)、慶州で出生。六一年ごろ東学に入教。常民出身のうえ幼くして両親と死別し、経済的に苦しく無学であったが、その人格と献身的な布教活動により教祖崔済愚に認められ、第二代教祖となる。教団の組織整備と教典刊行に力を注ぎ、『東経大全』『竜潭遺詞』などを刊行、東学正統を確立するが、基本的には内省主義に重点をおく立場で、朝鮮王朝と対立することにも直接的な社会変革運動に関与することにも否定的であった。甲午農民戦争においては正統の立場を代表する北接派の中心にあって武力闘争には終始消極的であったが、主戦論を押し立てる南接派を統制することはできなかった。戦後は逃避行を続けていたが、朝鮮政府による東学教徒掃討作戦により九八年五月に原州で捕らえられ、七月二十日、ソウルで処刑された。七十二歳。

参考文献 趙景達『異端の民衆反乱—東学と甲午農民戦争—』(一九九八、岩波書店) (林 雄介)

さいしょあつこ 税所敦子 一八二五—一九〇〇 幕末から明治時代の歌人。文政八年三月六日(一八二五年四月二十三日)、京都錦織《にしごり》に宮家付きの武士林篤国の長女として生まれる。和歌を香川景樹《かがわかげき》の高弟千種有功《ちぐさありこと》、また八田知紀《はったとものり》、福田行誡《ふくだぎょうかい》に学び、二十歳で京都の藩邸に勤めていた同門の薩摩藩士税所篤之《あつゆき》の後妻となる。夫の死後鹿児島で姑に仕え、また薩摩藩主島津斉彬《しまづなりあきら》の嗣子哲丸の守役となる。斉彬、哲丸の没後、文久三年(一八六三)に久光(斉彬の弟)の養女貞姫の近衛忠房《このえただふさ》への輿入れに侍して上洛、以降近衛家に仕えた。明治八年(一八七五)薩摩出身の高崎正風《たかさきまさかぜ》の推薦で宮内省に出仕。権掌侍に任じられ、女官に歌文を教授し、皇后に仕えた。明治三十三年(一九〇〇)二月四日東京市牛込区市谷砂土原町(新宿区)の自宅で没。七十六歳。明治時代前期における桂園派の代表的女性歌人として知られ、また婦徳の鑑として、戦前の女子教育の中で語り継がれた。歌集に『御垣の下草』(明治二十一年)、同書後編(同三十六年)。また京都から鹿児島への紀行『心づくし』(嘉永六年)、編纂に『内外詠史歌集』上下(明治二十八年)など。

参考文献 「税所敦子」(昭和女子大学近代文学研究室編『近代文学研究叢書』四所収、一九五六、昭和女子大学光葉会)、平井秋子『楓内侍—明治の歌人税所敦子—』(二〇〇一、創英社) (内藤 明)

さいしょあつし 税所篤 一八二七—一九一〇 官僚。号は巌舎・鵬北。文政十年十一月五日(一八二七年十二月二十二日)、鹿児島藩士税所篤倫の次男として鹿児島に生まれる。実兄の吉祥院住職真海が島津久光の知遇を受けたことを契機に累進し、藩勘定方郡方、三島方蔵役などを務める。安政五年(一八五八)、藩主島津斉彬の没後、月照とともに入水した西郷隆盛を介抱する。のち、平田篤胤門下に学ぶ。以後、吉祥院を根拠に大久保利通・吉井友実らと議し、文久二年(一八六二)には西郷の大島からの召還を大久保らと実現する。元治元年(一八六四)に

税 所 篤

禁門の変で負傷するが、第一次長州征伐、五卿の太宰府移居問題などに奔走、鳥羽・伏見の戦では御蔵役として軍資の調達にあたる。明治元年(一八六八)徴士となり、内国事務局権判事(大阪裁判所勤務)として新政府に出仕し、以後、大阪府権判事、同判事を経て、二年、河内県知事となる。いったん兵庫県権知事に転じるが、三年に堺県知事、堺県令となり、以後、十一年にわたって同県政に尽力する。この間、百舌鳥古墳群の発掘に力を注いだ。十四年(一八八一)元老院議官となり、二十年(一八八七)、子爵。二十一年、再置された奈良県知事となる。この間、橿原神宮の造営、吉野桜の植樹、十津川村民の北海道移住、奈良公園の開設などを進める。二十二年、再び元老院議官となり、ついで二十三年に宮中顧問官、帝室宝器主管を務め、二十五年には正倉院御物整理掛を兼ねた。二十七年、奈良帝国博物館評議員。三十一年(一八九八)官幣大社霧島神宮宮司、三十八年には枢密顧問官となる。四十三年(一九一〇)六月二十一日没。八十四歳。

参考文献 外池昇「県令たちの発掘—税所篤と揖取素彦—」(『天皇陵の近代史』所収、二〇〇〇、吉川弘文館) (清水唯一朗)

さいしれい 祭祀令 伊勢の神宮および官国幣社以下の神社に関する法令。維新政府は明治四年(一八七一)五月、国家の経費で維持する神宮と官幣社・国幣社(おのおの大中小社あり。翌五年から設けた別格官幣社を国幣小社に

準じ、合わせて官社という)および府県社・郷社・村社・無格社(合わせて諸社とか民社という)の制を定めた。それらの社格に応じた祭式・祝詞・神饌・幣物などの準則を示した「神社祭式」が、同八年三月式部寮から発行され、また詳細な「神社祭式行事作法」も同四十年(一九〇七)六月内務省(神社局)から告示されている。その上で大正三年(一九一四)一月、勅令で神宮祭祀令および官国幣社以下神社祭祀令が公布されるに至った。うち前者は、神宮の祭祀を大祭(祈年祭・月次祭・神嘗祭・遷宮祭など七祭)と中祭(日別《ひごと》朝夕大御饌《おおみけ》祭など七祭)と小祭(その他)に分け、祭式は「従前ノ例ニ依ル」としている。また後者も、祭祀の種類(大祭・中祭・小祭)や神職の服喪などを規定し、その各祭式・修祓・祝詞などについては同年三月の内務省令「官国幣社以下神社祭式」などに定められている。

参考文献 長谷晴男『神社祭式沿革史』(『明治維新神道百年史』三所収、一九六四、神道文化会) (所　功)

ざいせい　財政　借金中心から租税中心へと転換し、さらに公債発行によって急拡大した明治財政は、殖産興業に力を注ぐ財政政策から過大な軍事費・植民地費支出を行う帝国主義財政に変化した。中央・地方一般会計純計の国民総生産に対する比重は、明治二十七年(一八九四)―二十八年の日清戦争を画期に一〇%前後から二〇%前後の水準に高まっており、日清・日露臨時軍事費や鉄道国有化・煙草専売実施に伴い膨張した特別会計を加算すると、たとえば明治四十三年(一九一〇)の比重は三八%という国民経済にとって過大な負担となっていた。明治財政は政府紙幣の発行による借金財政から始まった。廃藩置県による財政の全国統一と地租改正によっても、収入基盤は十分でなく、秩禄処分のためには多額の交付公債を発行した。明治十三年(一八八〇)に大隈重信が政府紙幣の一挙兌換化を図るために外債五千万円の導入案を提起したとき、松方正義らが反対したのは、当時の国債残高が二億五千万円で、政府紙幣一億二千万円を加えると同年の国民総生産の四五%に達しており、それに五千万円の新規外債が加わると、日本政府の返済能力を超え外国政府の介入を受ける危険があることを恐れたためであった。この時の外債案否定以降、国債発行残高は日清戦争まで横ばいで、地租と酒税を軸とする租税が歳入の中心を占めたが、日清戦争のための軍事公債の発行以降、国債残高が増加し、日露戦争はそれを激増させた。しかも、明治四十三年当時の数値を見ると、国債残高二十七億円の過半の十四億円が外債であり、地方債や社債、外国人による直接投資を加えた対外債務合計十八億円は、同年の国民総生産の四五%という高率になった。英仏金融市場での新規募債が困難となれば、直ちに深刻な正貨危機を生むことになるため、政府・日本銀行では秘かに金本位制停止の覚悟を固めていた。そうした危機的状況を打開したのは第一次世界大戦の勃発であった。明治初年の財政の課題は、近代的生産様式の移植であり、工場・鉱山・鉄道などの官営事業の運営と民間事業の保護育成のために多額の財政資金が投入されたが、不換政府紙幣の増発と不換国立銀行券の大量発行のためにインフレーションを招き、紙幣整理と正貨蓄積を前提に日本銀行兌換銀券への統一を進めてからは、中央財政は鉄道・海運・通信の整備、地方財政は道路・港湾の整備に重点を置き、産業企業への融資は日本銀行を頂点とする金融システムの活動に委ねられるようになった。殖産興業関連支出に代わって、明治十五年の壬午軍乱以降増え始めたのは、対外軍事活動を目指す軍備拡張費であり、日清戦後は賠償金のほとんどが対露戦に備えての軍拡に使われただけでなく、一般会計の軍事支出も増大し、明治三十一年(一八九八)には五一%を占めた。政府による軍事費支出は、兵器の輸入に充てられるとともに、国内の官営軍工廠や民間機械工場への発注も行われ、日露戦後には主要兵器とその素材の過半が国産化されるまでになった。軍事費支出が一部の発注先企業の発展をもたらしたことは事実であるが、兵器は生産手段ではないため、国民経済全体にとってはその製造は巨大な浪費にすぎなかった。したがって、軍事費支出は日本経済の規模拡大にとってマイナスの役割を演じたといわなければならない。さらに、日清戦後は植民地経費の支出も無視できない。最初の植民地台湾では、領有への抵抗が続いたため、日本軍は入手したはずの台湾を軍事占領せねばならず、そのための予算を巡って国会では対立が絶えず、内閣が何度も交代した。台湾財政は三十八年から独立できたが、同年の第二次日韓協約によって外交権を奪い保護国とした韓国では、四十三年の併合後も長く抵抗が続き、朝鮮総督府財政への本国からの補助は存続した。こうして明治末期の日本財政は、過大な軍事費と植民地経費を組み込んだ不安定な帝国主義財政としての特徴を帯びるに至ったのである。↓大隈財政《おおくまざいせい》 ↓軍事費《ぐんじひ》 ↓公債《こうさい》 ↓地方財政《ちほうざいせい》 ↓通貨制度《つうかせいど》 ↓日露戦後経営《にちろせんごけいえい》 ↓日清戦後経営《につしんせんごけいえい》 ↓松方財政《まつかたざいせい》

参考文献 長岡新吉編『近代日本の経済―統計と概説―』(一九八八、ミネルヴァ書房)、石井寛治『日本経済史(第二版)』(一九九一、東京大学出版会)、神山恒雄『明治経済政策史の研究』(一九九五、塙書房) (石井寛治)

さいせいかい　済生会　貧困者に対する救療を行なった国家的規模の財団組織。日露戦後の地方改良事業・感化救済事業の流れの中で、また直接的には大逆事件を契機として、明治四十四年(一九一一)二月十一日紀元節の日に施薬救療の勅語が発せられ、百五十万円の下賜がなされた。これを基金とした上でさらに地方長官経由で寄付を広く民間に呼びかけることが政府内で決定され、同年五月三十日、財団法人の設立が許可された。「恩賜財団済生会」を正式名称とし、総裁は伏見宮貞愛《ふしみのみやさだなる》親王、会長は首相桂太郎、副会長は内相平田東助《ひらたとうすけ》。設立の経緯からして事実上の官制機関であったが、形式上は民間団体とし

て国家が責任をとらなくてよいシステムになっており、いわゆる「天皇制的慈恵」を象徴する組織となった。寄付応募額は翌大正元年(一九一二)には二千五百万円を超えたが、これは同時期の官公私立全救済団体の年間経費総額の約十倍に相当した。その後、関東大震災を受けて大正十三年(一九二四)に巡回看護婦事業を開始、十五年には社会部を設立、そして昭和六年(一九三一)以降は支部設置を全国的に推進していった。戦後は昭和二十七年(一九五二)に社会福祉法人となり、現在は老人・児童・障害者福祉など幅広く事業を展開している。

参考文献 『恩賜財団済生会五十年誌』(一九六四)、『恩賜財団済生会七十年誌』(一九八二)、池田敬正「恩賜財団済生会の成立」(後藤靖編『近代日本社会と思想』所収、一九九二、吉川弘文館)
(平井雄一郎)

ざいせいがく 財政学 国家および公共団体の経済活動を対象とする学問。大隈重信は、江戸時代の藩は、藩内の物産を大坂で売りさばくため倉庫業や海運業を営む商社のようなものであったといっているが、税制は米の物納制を中心とし、商工業への税制が未整備で貨幣経済に適応できず、各藩は財政困難で武士は窮乏した。新政府は地租改正による金納制の導入によって財政基盤の確立を試み、所得税導入(明治二十年(一八八七))などにより、地租収入の比率は年々下降した。他方富国強兵(および教育)政策への集中的投資は、西南・日清・日露の戦争もあって、国家支出の構造を支配した。財政学の発端には、福井藩の財政改革を遂行した由利公正や明治初期財政改革を遂行した実務家の財政思想と、福沢諭吉・田口卯吉など啓蒙思想家による、英国古典経済学を典拠とする自由主義的財政理論の紹介がある。大隈財務卿の下で活躍した渋沢栄一は、のちに東京大学で財政学を講じた。松方財政との関連では、そのブレインとして活躍し、英国経済学の影響の濃いフランスの著作者ルロワ＝ボーリューPaul Leroy Beaulieu(一八四三―一九一六)の大著『財政学』の全訳者で、長く帝国大学で財政学を講じた田尻稲次郎が重要である。明治十四年の政変後、政府はドイツ学導入政策を推進し、留学者たちの帰国した明治二十年代より、学界におけるドイツ財政学優位の時代となる。ドイツ経済学は、英国古典経済学の市場主義、国家の役割限定の思想に対抗し、国家の市民社会内階級対立を調整する役割を強調する歴史学派が主流で、その財政学における代表者はワグナー Adolph (Adolf) Wagner(一八三五―一九一七)であった。和田垣謙三の綱領的論文「財政学大意」(明治二十年)はドイツ財政学の重要性を強調し、以後関連の著書・翻訳が続々刊行された。松崎蔵之助『最新財政学』(明治四十五年)は明治財政学の集大成といわれる。英米学の拠点ともいうべき慶応義塾で明治二十二年から三十一年(一八九八)まで経済学・財政学を講じた米国人ドロッパーズ Garrett Droppers(一八六〇―一九二七)も、来日前ベルリンに留学し、ドイツ歴史学派の影響下にあった。

参考文献 佐藤進編『日本の財政学―その先駆者の群像―』(一九八六、ぎょうせい)
(長尾 龍二)

さいせいがくしゃ 済生学舎 私立医学校。明治九年(一八七六)四月、本郷元町(東京都文京区)に設立された。創立者の長谷川泰《はせがわたい》は、それ以前に東京大学医学部の前身である医学校・大学東校・第一大学区医学校などで教えていた。長崎医学校に左遷され罷免されて以後、同八年二月、「医制第三十七条ノ施行ニツキ三府ヘ達」により、新たに医術を開業するものは西洋医学六科目の開業試験を経て開業免状を受けることが判明し、すなわち長谷川は、国家に代わり民間において開業医を速成するために済生学舎を設立したのである。当時の官立の東京医学校には医学科のほかに別課生もあったが、開業医となるものは少数であり、全国の開業医の育成には西洋医が大幅に不足しており、その意味で医術開業試験に合格するための予備校的性格をもつ医学校である済生学舎の役割は大きな意義があったといえる。開学した当初は二十八名の医学生と五名の教員であったが、明治十五年(一八八二)本郷区湯島(文京区)に移転してから発展し、校名も東京医学専門学校済生学舎(自称であり正確には各種学校)と改称し、私立医学校としての体制を確立した。同二十年(一八八七)には定員二百名の薬学科を設置した(同二十六年には閉鎖)。済生学舎は全盛期には千名以上の学生と三十名以上の教員を有し、付属病院である施療病院の蘇門病院をもち、また本科生以外に三ヵ月間の実地演習生(医科演習生と顕微鏡演習生)を募集した。同二十六年には機関誌『済生学舎医事新報』を発刊し、廃校するまで一二八号を刊行する。済生学舎で特筆すべきことは、明治十七年十二月から同三十四年(一九〇一)三月まで女子医学生の入学を許可したことであり、これは当時済生学舎以外では行われていなかった。第一号の高橋瑞子《たかはしみずこ》をはじめとして吉岡弥生・前田園子ら百余名の女医を育成した。同三十六年八月済生学舎は私立大学に昇格できず、専門学校令などを理由にして廃校した。済生学舎は足かけ二十八年存続し、全国に医術開業をなすものが医師の過半数の七千名以上を占め、野口英世ら多くの医学者をも輩出している。

参考文献 神谷昭典『日本近代医学の定立―私立医学校済生学舎の興廃―』(一九八四、医療図書出版社)、林彰『日本医科大学の歴史』(二〇〇一、日本医科大学校史編纂委員会)、同『目で見る学校法人日本医科大学百三十年史―熱き教員学生同窓生たちの足跡―』(二〇〇八、日本医科大学創立百三十周年記念写真集出版委員会)
(林 彰)

さいたまけん 埼玉県 関東地方中西部に位置する県。江戸時代の埼玉県域は、幕府直轄地・旗本知行地と、県域内に城を持った川越・忍《おし》・岩槻各藩および県域外に本拠をもつ諸藩の所領などが錯綜している状況にあった。前者は明治元年(一八六八)、秩父郡・児玉郡などが岩鼻県、入間《いるま》・高麗《こま》両郡を中心とする村々が韮山県の管轄となるとともに、その他の地域には三人の武蔵知県事が任命された。二年正月、武蔵知県事のうち山田一太夫管轄地が大宮県とされたが、九月には庁舎位置の浦和宿選定に伴い浦和県と改称された。その管轄は、足立・埼玉両郡を中心した六郡であった。同じ時期、現東京都域に接する東南部には小菅《こすげ》県、入間郡東南部から新座《にいざ》郡には品川県の県域が置かれた。また、現千葉県域と接する葛飾郡には葛飾県が置かれた。四年七月の廃藩置県で川越・忍・岩槻などの各藩が県となった後、十一月の府県統廃合により、現埼玉県域は一部を除き埼玉県と入間県に統合された。埼玉県は埼玉・足立・葛飾三郡の約四十八万石、入間県は入間・高麗・比企《ひき》・横見・秩父・児玉・賀美・那珂・大里・幡羅《はたら》・榛沢《はんざわ》・男衾《おぶすま》・新座の十三郡と多摩郡の一部の約四十万石をそれぞれ管轄地とした。県庁は埼玉郡岩槻町と入間郡川越町とされたが、埼玉県は当初から旧浦和県庁舎を仮庁舎とし、その後も移転されることはなかった(二十三年(一八九〇)、勅令により正式に県庁所在地と定められる)。六年六月、河瀬秀治が県令を兼任していた入間県と群馬県が廃止・統合され、大里郡熊谷町を県庁とする熊谷県が新設された。八年には千葉県下の下総国葛飾郡四十三ヵ村の埼玉県移管、埼玉県足立郡舎人《とねり》町の東京府移管がなされた。翌九年八月には熊谷県が廃県となり、旧入間県域にあたる武蔵国十三郡が埼玉県に統合された。この後も東京府や栃木県との若干の異動はあるが、現在の埼玉県域がほぼ成立したといえる。この時点での石高九十一万千百四石余、戸数十七万八千八百六十二戸、人数八十八万九千四百九十二人、反別十六万千九百四十八町。

参考文献 『新編埼玉県史』通史編五(一九八八)、『埼玉県行政史』一(一九八九)

(太田　富康)

〔明治初年農民一揆〕 明治元年(一八六八)正月から四月にかけて、幕府権力の崩壊から新政府による統治体制が確立される間、上野や武蔵では一揆、打ちこわしが頻発した。『復古記』は二月末から中山道の鴻巣、桶川周辺村々で百七十ヵ所もの放火、打ちこわしがあったと伝えている。官軍が旧幕府の羽生陣屋を焼き払った三月十日(四月二日)の夜、埼玉郡羽生《はにゅう》領・騎西《きさい》領にひろがる騒動が発生したが、これは規模の最も大きなもので、鎮圧されるまで約五日間に及んだ。これらは、民政混乱状態のなかでの物資徴発や人夫徴用・物価騰貴などを直接の契機としたが、幕末以来の改革組合村惣代や村役人層の不正追及・罷免要求にも及んだ。児玉・那珂両郡の八幡山組合、榛《はん》沢《ざわ》・男衾《おぶすま》・比企《ひき》三郡の寄居《よりい》村組合、秩父郡の下吉田組合、榛沢・幡羅《はたら》両郡の深谷宿組合で二月から三月に起きた騒動は、銃隊取立反対にあたっての役人層の対応や、前年の野州出流山《いずるさん》一件入用金不正などを原因とする糾弾や罷免要求であった。また、榛沢郡黒田村(深谷市)では領主である旗本神谷勝十郎の御用金賦課を拒否し、これを殺害する騒動が起きている。体制確立後の新政府による徴兵令や地租改正に対しては、一揆が起きるまでの状況には至らなかったが、開化政策への反発を示す新政反対一揆といえるものに、明治十二年(一八七九)の北足立郡中尾村(さいたま市)ほか三十一ヵ村によるコレラ避病院・検疫所設置反対一揆がある。これは、全国的なコレラ流行のなかで、設置場所となった中尾村、東本郷村(川口市)、赤山村(同)およびその周辺村々の千五百人を越える農民が決起したものであり、戸長・旧副戸長層の多くも参加した。それは、衛生行政が進める西洋医学への恐怖や行政・警察への不信から起り、毒薬を撒き患者を発生させて生肝を取る、などの流言により一気に拡大した。その要求のうち、避病院の廃止は認められなかったが、入院患者の帰宅、自由意志による自宅療養、薬品散布反対などを県が受け入れたことにより事態は収束した。

参考文献 森田武「埼玉県のコレラ予防反対一揆について」(「大村喜吉教授退官記念論文集」刊行会編『大村喜吉教授退官記念論文集』所収、一九八二、吾妻書房)、吉田稔「武州における戊辰戦争下の農民闘争」(『埼玉県史研究』一一、一九八三)、『新編埼玉県史』通史編五(一九八八)

(太田　富康)

〔民権結社〕 埼玉県最初の結社は、石川弥一郎・長谷川敬助ら熊谷周辺の有志者七名によって結成された七名社で、明治八年(一八七五)二月というきわめて早い時期のものである。同年には慶応義塾員らを弁士とする最初の演説会も熊谷で開かれた。石川は各地での「平穏私会」結成が必要とし、翌年には進修社を結成、毎月一回の政治論談的な演説会を開いた。十年代になると結社設立が相つぐようになり、精義社(岩槻町(さいたま市))、共同会(熊谷・幸手《さって》駅)、通見社(羽生町(羽生市))などが設立されたほか、七名社は第二期の活動を始めた。第二期の七名社は、毎月二、三回の会合を持ち、政治、経済、法律などの分野で、演説会や討議、購入書籍での輪読などを行なった。中心となった長谷川らはのちに県会議員や郡長、県官に転身した。また、掘越寛介らを発起人とする通見社は、県下最大の社員数を有した(明治十四年(一八八一)に三千百四十人)。国会開設請願運動を積極的に推進し、明治十三年には埼玉県で唯一請願書を提出、十四年の自由党結成に参加し、十五年の自由党埼玉部結成の中心となった。このほかの自由党系結社には、明巳社《めいししゃ》(本庄駅)、行成社(行田町(行田市))、自由偕進社(杉戸駅)などがある。県西部地域で国会開設建白運動の中心となったものには、四郡同胞有志会(川越町(川越市))がある。福田久松らを中心とする比企《ひき》・横見・高麗《こま》・入間《いるま》四郡の有志者により明治十三年に組織された。一方改進党系では、東京嚶鳴《おうめい》社の十六番・十七番目の支社として大宮嚶鳴社と杉戸嚶鳴社が十三年に結成された。十四年に草加、十五年に鳩ヶ谷と続いたほか、同社の影響が強い結社に、淡水社(岩槻町)や麗和会(浦和宿)、如水社(二郷半領)などがあった。このうち、同社の雑誌『東京輿論新誌』の社長および印刷長を、大宮の矢部忠右衛門と大岡育造が務めているように、ことに大宮嚶鳴社は中央とのつながりが密接であった。

参考文献 埼玉自由民権運動研究会編『埼玉自由民権運動史料』(一九八四、埼玉新聞社)、渡辺隆喜「埼玉県下における自由・改進両党組織化の特質」(『埼玉県史研究』二、一九七八)、鈴木義治「埼玉の自由民権運動年表」一・二(『埼玉地方史』五三・五六、二〇〇五・〇六)

(太田 富康)

〔新聞〕 埼玉県最初の新聞は、明治五年(一八七二)の『埼玉新聞』で、県の広報紙的な性格のものであった。同紙はその後、明治期を通じて廃刊と復刊を繰り返した。ついで十年(一八七七)に浦和町(さいたま市)の開益社から『埼玉新報』が創刊された。同年の発行部数一万三千五百二十三部という記録が残っているが、十五年には廃刊となった。紙面は公報欄のほかに県民の動きや寄書がみられる。翌十六年に復刊した『埼玉新聞』がわずか二ヵ月で廃刊となったのち、十九年に九号のみで廃刊となった『五県新聞』(浦和嶽東社)を除き、県内発行の新聞は数年にわたって途絶えた。このような状況を打破すべく、知事の支援を受けて二十三年(一八九〇)に創刊された初の日刊紙『武蔵新聞』や、二十五年に復刊された『埼玉新報』も長くは続かなかった。三十二年(一八九九)、雑誌『八州』のあとを受けた『八州日報』(熊谷町(熊谷市)のち浦和町、刀水社)が創刊されたが、三十四年末筆禍事件で廃刊となった(四十四年(一九一一)月刊紙として再興)。ようやく発行が安定したのは三十二年の第三次『埼玉新報』で、明治時代を通じて県内唯一の日刊紙として継続した。同紙は、川上参三郎の経営する埼玉新報社の発行だが、川上は二十年代には『埼玉平民雑誌』『埼玉新報』(第二次)などの自由党系の新聞・雑誌を刊行しているように、この時期には政党機関紙的な新聞に特色がある。また、産業・経済関係の新聞では、三十三年創刊の『羽《は》生《にゅう》商工新報』(北埼玉郡羽生町(羽生市)羽生商工新報社)が、『東武商工新報』『東武新報』『武総新報』『関東新報』と改題しながら明治期を通じて発行されたほか、『埼玉実業新報』(四十三年、大里郡熊谷町埼玉実業新報社)、『勧業新聞』(四十年代ごろ、浦和町勧業新聞社)などがあった。

参考文献 日本新聞協会編『地方別日本新聞史』(一九五六)、寄居町教育委員会町史編さん係編『新聞・雑誌記事目録・資料集』(『寄居町史編さん調査報告』二、一九八六、寄居町教育委員会)、埼玉新聞五十年史編さん委員会編『埼玉新聞五十年史―一九四四―一九九四―』(一九九四、埼玉新聞社)

(太田 富康)

〔雑誌〕 ごく初期の雑誌は、県による行政情報の伝達を目的とした広報的なものに始まるといえ、『埼玉県通常会日誌』(明治十二年(一八七九))、『衛生雑誌』(十三年、埼玉県衛生課)などがある。明治十年代後半には『埼玉教育雑誌』(十六年、埼玉私立教育会)、『埼玉衛生雑誌』(十七年、大日本私立衛生会埼玉支部)、『秩父医師講習会雑誌』(十九年、秩父郡役所)など、半官半民的性格の団体や郡役所から発行される一方で、民権運動に携わる会員も少なくない有志教育会(榛沢郡下手計村(深谷市))の『会友雑誌』(十六年)など、民間からの刊行もみられるようになった。雑誌の出版が飛躍的に増加する明治二十年代以降になると、その刊行は民間が主体となる。『私立埼玉勧業会雑誌』(二十二年(一八八九))、『埼玉県農会報』(三十四年)や『埼玉県教育会雑誌』(三十九年、『埼玉教育雑誌』の後身)などのように半官的なものも少なくない一方、政党色の強い政治・評論雑誌が目立ってくる。明治二十三年、自由党系の『埼玉平民雑誌』が、川上参三郎の埼玉平民雑誌社(のち埼玉平民社)から創刊されたが、同誌はたびたびの筆禍により、『埼玉新報』『埼玉民報』『新埼玉』(以上、二十五年)、『平民雑誌』(二十六年)と改題された。このほか、自由党系の『埼玉公論』(同年)、『埼玉民声』(同年)、憲政本党系の『評論』(三十四年)などがあった。ほかの分野では、産業経済、教育分野が多い。前者では、『埼玉経済時報』(三十一年)、『武毛之実業』(三十三年)、『農報』(三十八年、のち『埼玉農報』)などのほか、盛んであった蚕糸業の『蚕桑新報』(二十九年)、『蚕農雑誌』(三十五年)などがあった。後者では、『教育義社通報』(二十一年)、『埼玉小学雑誌』(二十四年)、『育英之機関』(三十五年)などがある。このほか、文芸誌に『麗和新誌』(十二年)、『鴛鴦文学《えんおうぶんがく》』(三十三年)などがあった。

参考文献 寄居町教育委員会町史編さん係編『新聞・雑誌記事目録・資料集』(『寄居町史編さん調査報告』二、一九八六、寄居町教育委員会)、『新編埼玉県史』通史編五(一九八八)、井上涼子「埼玉県立文書館収蔵近代雑誌目録」(『文書館紀要』六、一九九二)

(太田 富康)

〔私立学校〕 『文部省年報』による埼玉県の私立各種学校数は、明治十八年(一八八五)段階で八校で、その多くは和漢学を教授する家塾であった。これらの学校は、十九年の諸学校通則により二校を除き廃止となった。一方、埼玉県は郡立中学校七校を中等教育の中心としてきたが、同年公布の中学校令の規程によりそのすべてを廃校せざるを得なくなり、それに替わるものとして私立各種学校が設立された。私立埼玉英和学校はその代表的なもので、北埼玉郡不動岡村(加須《かぞ》市)の郡立中学校の継続として同年十一月に設置が認可された。その後、三十年(一八九七)には私立埼玉尋常中学校と改称、法令による尋常中学校となり、三十二年以降、県から設備改良費が毎年補助された。このほか、二十一年(一八八八)川越英和学校、二十四年進修学舎(児玉郡東児玉村(美里町))、二十七年明倫館(南埼玉郡江面《えづら》村(久喜市))などの設置認可が続いた。また、女子中等教育機関では、二十二年に私立淑徳女学館(のち私立埼玉女学館)が北葛飾郡栗橋町に設立されたほか、不動岡村に私立埼玉女学校が三十八年に開学した。また、三十年設立の星野裁縫女学校(川越町(川越市))をはじめとして裁縫女学校が増えていった。一方、産業教育の分野では、三十二年の実業学校令にもとづく県下最初の学校として、私立競進社蚕業学校が児玉郡児玉町(本庄市)に開校した。これは、十七年に養蚕伝習所として開設されて以来実績を積んできたもので、全国からの入学者があった。商業関係では、和英二学のほか、簿記学などを教える所沢和英学校が三十四年、入間《いるま》郡所沢町(所沢市)に設立された。また、私立幼稚園は二十二年の秩父郡大宮町(秩父市)における設置が最初だが、四年で廃止された。その後、三十五年に宇気良幼稚園(川越町、翌年初雁幼稚園と改称)が設立され、以後明治末までに三園が開園した。特殊教育の分野では、四十二年(一九〇九)に、川越町の曹洞宗僧侶石井愚鑑らによって、私立埼玉和協会訓盲学校が設立されている。

（太田　富康）

参考文献　埼玉県教育委員会編『埼玉県教育史』四(一九七一)、『新編埼玉県史』通史編五(一九八八)

〔銀行〕埼玉県最初の銀行は、明治十一年(一八七八)十二月に入間《いるま》郡川越町で開業した第八十五国立銀行である。川越の旧藩御用商人を中心に設立されたもので、株主数・株数ともに入間郡、なかでも川越町が際だっている。士族は株主数では過半数を占めたが、株数では商人が四四%と最多を占めており、その傾向は二十年代に向けて強まった。三十一年(一八九八)には第八十五銀行に改組、普通銀行として営業を継続した。一方、最初の私立銀行も川越商人を発起人とした川越銀行で、十三年に開業した。これに続いて十年代には、入間、扇町屋《おうぎまちや》、埼玉、松山、金山など十二の私立銀行が設立された。地域的には、綿織物や生絹、製茶など資金需要が高い入間、北足立、比企《ひき》各郡に集中している。大半が資本金五万円以下の零細銀行で、二十年代半ばまでにそのほとんどが倒産した。これら県内銀行に対し、県外銀行で有力であったのが東京の中井銀行であった。同行は、明治初年からの県為替方であった中井家が十六年に開業したもので、開業と同時に一支店三出張所を県内に開設した。銀行類似会社は、二十六年(一八九三)の銀行条例改正までに百三十社に及ぶ設立をみた。同改正は普通銀行への改組か消滅かを求めるもので、以後、三十四年の銀行恐慌までに四十一の普通銀行が設立された。このなかには、のちの一県一行化のなかで埼玉銀行の新立合併に参画する忍《おし》商業銀行と飯能《はんのう》銀行、製糸業の機関銀行として機能した小鹿野《おがの》銀行、繁田満義《はんだみつよし》が日本弘道会の理念に基づいて設立した黒須銀行などがある。明治末から大正初年の埼玉県の普通銀行は、資本金・預金・貸出金いずれも全国平均を大きく下回る弱小銀行乱立といえる状況であった。このほか、二十八年の貯蓄銀行条例改正後、埼玉、熊谷、明治、川越など、三十四年までに十二の貯蓄銀行が設立された。また、農工銀行法による各府県一行の埼玉農工銀行は三十一年七月、全国二十四番目の設立であった。

（太田　富康）

参考文献　埼玉県立浦和図書館文書館編『埼玉県地方金融史料目録—埼玉銀行寄贈史料—』(一九七五)、埼玉銀行史編集委員会編『埼玉銀行史』(一九六八)、埼玉県社会経済総合調査会編『埼玉県金融史』(『埼玉県金融史編纂事業調査研究報告書』、一九八二)

さいたましんぶん　埼玉新聞　数次にわたり発刊された埼玉県の新聞。明治五年(一八七二)の創刊で、埼玉県最初の新聞である。発行所の文運社は県庁舎内にあり、県の広報紙ともいえる性格のものであった。発刊の目的は「庁中之事蹟管内人民遍ク知テ可ナルモノ」「満県ノ奇事其他巷説ト雖トモ有益ノ事」を広く管内に伝えるという知識普及・啓蒙にあり、ほぼ月一回の発行であったが、翌年十一月の一五号で廃刊となった。第二期は明治九年十月から浦和宿の僉載《せんさい》社からの発刊であったが、二ヵ月余で廃刊となった。県内一万千二百部、県外二千二百二十三部の部数であったという。第三期は、浦和宿の埼玉新聞社から明治十六年(一八八三)に月十回発行で創刊されたが、これも二ヵ月で廃刊された。改進党系の永田荘作や岡田正康らを発起人とするなど、民権派の政論紙的色彩の強いものであった。さらに、明治三十九年(一九〇六)に再び刊行されたとされるものが明治期では最後となるが、この所在は確認されていない。

（太田　富康）

参考文献　日本新聞協会編『地方別日本新聞史』(一九五六)、三木民夫「埼玉県新聞・雑誌史覚え書」(『埼玉民衆史研究』七、一九八一)、埼玉新聞五十年史編さん委員会編『埼玉新聞五十年史—一九四四—一九九四—』(一九九四、埼玉新聞社)

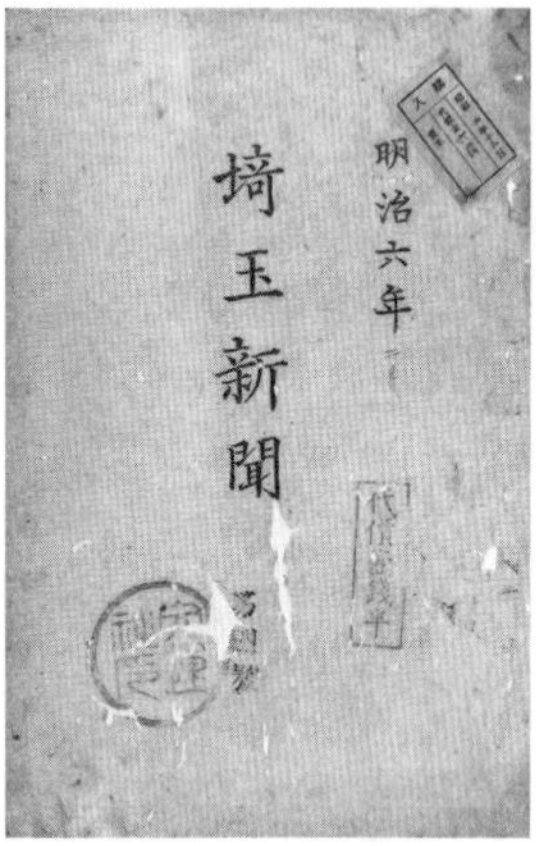

『埼玉新聞』第４号

さいとうういちろう　斎藤宇一郎　一八六六—一九二六　明治・大正期の憲政本党・憲政会系の政党政治家、農政家。慶応二年五月十八日(一八六六年六月三十日)旗本仁賀保《にかほ》家用人の長男として出羽国由利郡平沢村(秋田県にかほ市)に生まれる。生地は戊辰戦争の戦場となった。平沢小学校、酒田中学、山形中学、そして上京し体操伝習所を経て明治二十三年(一八九〇)帝国大学農科大学林学科

斎藤宇一郎

を卒業する。この年、日本基督教会牛込払方町教会で洗礼を受ける。陸軍歩兵少尉に任官したのち明治二十六年明治学院動植物学教授に就任、日清戦争が始まると応召する。戦後、一時は農商務省に勤務するが明治三十二年(一八九九)家督を継ぐため帰郷、以後地元で乾田馬耕農法による米作りの普及に努める。地元の農会長、郵便局長、町会議員、在郷軍人会長の職をこなして明治三十五年に衆議院議員に当選、憲政本党に入党し以後は国民党・憲政会系として当選を重ねるが、大正十一年(一九二二)には革新倶楽部に参加した。議会でも農業問題を中心に活動する。大正十二年帝国農会評議員に就任。大正十五年五月十日死去。六十一歳。

参考文献 鷲尾義直編『斎藤宇一郎君伝』(一九二六、斎藤宇一郎君記念会)、斎藤宇一郎記念会編刊『斎藤宇一郎を偲ぶ』(一九六三)、能登谷幸夫『父と子の世紀―素描/斎藤宇一郎・憲三―』(一九六七、秋田魁新報社)、高野喜代一『斎藤宇一郎研究』(一九八三、無明舎出版)

(季武 嘉也)

さいとうげっしん 斎藤月岑 一八〇四―七八 幕末・維新期の著述家。江戸神田雉子町(東京都千代田区)の名主の家に、文化元年(一八〇四)に生まれる。幼名鉞三郎、元服後は幸成《ゆきなり》、通称市左衛門。文化人の家系で、祖父幸雄、父幸孝が刊行を続けた『江戸名所図会』を引き継ぎ、全二十冊を天保七年(一八三六)に完成。名主としての公務の傍ら、明治初期にかけて多方面にわたる著述を残した。主な著作に、江戸の年中行事を記した『東都歳事記』(天保九年刊)、江戸時代の浄瑠璃を中心とした音楽史・演劇史でもある『声曲類纂』(弘化四年刊)、江戸の町成立以来の年表形式の世相記録として名高い『武江年表』(嘉永二―三年刊、続篇明治十一年脱稿)などがある。特に『武江年表』は、時代を生き生きと描き、便利。天保元年から明治八年(一八七五)にかけて丹念につけられた日記があり、『斎藤月岑日記』として刊行されている(『大日本古記録』、平成九年から刊行中、現在七冊、岩波書店)。明治十一年(一八七八)三月六日に死去。七十五歳。

参考文献 森銑三『斎藤月岑日記鈔』(一九八三、汲古書院)、西山松之助「江戸の町名主斎藤月岑」(西山松之助編『江戸町人の研究』四所収、一九七五、吉川弘文館)

(中島 国彦)

さいとうしゅういちろう 斎藤修一郎 一八五五―一九一〇 官僚。安政二年七月十三日(一八五五年八月二十五日)に越前武生《たけふ》(福井県越前市)に福井藩士・眼科医斎藤策順の子に生まれる。明治二年(一八六九)沼津兵学校付属部に入り、ついで大学南校に入る。六年に小村寿太郎・鳩山和夫らとともに開成学校の第一期生となり、八年に卒業し文部省第一回海外留学生として渡米、十一年(一八七八)ボストン大学法科を卒業。十三年に帰国し外務省権少書記官、外務卿付書記、外務権大書記官と昇り、井上馨の信任を得る。十九年外相秘書官兼総務局政務課長、公使館参事官として欧米派遣された。二十一年(一八八八)に帰国後、農商務省へ移り、農商務大臣秘書官、農商務省商務局長、同商工局長、二十六年農商務次官となる。二十七年、米穀取引所設置問題による後藤象二郎農相辞任にともない退官。三十年(一八九七)中外商業新報社長、三十一年東京米穀取引所理事長。明治四十三年(一九一〇)五月五日、肺炎のため没。五十六歳。

(伊藤 真希)

さいとうぜんえもん 斎藤善右衛門 一八五四―一九二五 大地主、金融会社経営。諱は有成、幼名は養之助・善寿郎、号は無一庵。仙台藩領桃生《ものう》郡前谷地《まえやち》村黒沢《くろさわ》(宮城県石巻市)に安政元年閏七月二十八日(一八五四年九月二十日)に生まれる。父善次右衛門有房は地主・酒造業で財をなし、献金により仙台藩の中級武士である大番士身分を与えられたが、戊辰戦争に従軍して明治元年(一八六八)五月白河で戦死したため、善右衛門は若くして家督を相続した。同二十三年(一八九〇)、川崎銀行が設立した土地会社山口店から田地約六百六十町歩を一括して買い取り、一躍、千町歩地主に成長した。同二十五年衆議院議員に当選。同年、家訓『土地管理心得書』を定め、小作地管理・小作契約の近代化を進めた。明治四十二年(一九〇九)金融会社の斎藤株式会社を設立、さらに仙台信託株式会社を設立した。大正十年(一九二一)学術振興に寄与する目的で財団法人斎藤報恩会を設立した。大正十四年七月二十五日死去。七十二歳。

参考文献 小倉博編『斎藤善右衛門伝』(一九二八、斎藤報恩会)、中村吉治編『宮城県農民運動史』(一九六八、日本評論社)、安孫子麟『宮城県の百年』(『県民百年史』四、一九九九、山川出版社)

(難波 信雄)

さいとうだいきち 斎藤大吉 一八七二―一九四九 明治から昭和時代初期の冶金学者。明治五年十一月二十五日(一八七二年十二月二十五日)、岡山県難波幾太郎の三男として生まれ、のちに斎藤秀親の養子となる。明治三十一年(一八九八)、東京帝国大学工科大学採鉱冶金学科卒業、京都帝国大学理工科大学助教授に就任、比企忠《ひきただす》とともに採鉱冶金学科の創立事務にあたった。明治三十四年、文部省より冶金学研究のためドイツに派遣され、フライベルクでアドルフ=レーデブールらに学ぶ。明治三十八年、教授に就任したのち帰国。明治三十九年、工学博士。京都帝大では、明治三十八年から明治四十年(一九〇七)までは冶金学第二講座(非鉄冶金学と電気冶金学)を担当し、明治四十年から昭和七年(一九三二)までは冶金学第一講座(鉄冶金学)を担当、また大正十四年(一九二五)からは冶金学第四講座(金属材料とその加工法に関する理論と応用)を分担した。大正九年(一九二〇)から十一年まで工学部長。鉄冶金学を専門とし、金属・合金および鉱滓の流動性・粘性、鋳鉄などの研究を行なった。著書『金属合金及其加工法』上・中・下(丸善、明治四十二―四十四年)は冶金学の基本的文献であり、昭和二十四年(一九四九)に至っても訂正五版が出されている。昭和二年、学術研究会議会員。退官後は神戸製作所顧問を務め

た。昭和二十四年三月二十五日没。七十八歳。

（岡本　拓司）

さいとうたかお　斎藤隆夫　一八七〇―一九四九　政治家。明治三年八月十八日（一八七〇年九月十三日）、但馬国出石郡弘原中村（兵庫県豊岡市）で斎藤八郎右衛門の次男として生まれた。東京に出て東京専門学校（早稲田大学の前身）で法律を修学し、明治三十一年（一八九八）弁護士を開業したが、三十六年に渡米しエール大学法科大学院に留学した。大正元年（一九一二）に衆議院議員に立候補し、以後当選十三回を重ねる。立憲国民党、憲政会、民政党に所属し、国民の生活重視の立場から憲政擁護の旗印を一貫してかかげた。議場における演説には政治生命をかけ、昭和十一年（一九三六）の二・二六事件直後の帝国議会において、軍部の政治関与を批判する「粛軍演説」を行い、また、昭和十五年には、泥沼に陥っていた日中戦争の解決を鋭く迫る「反軍演説」を行い、それが原因で議員を除名された。しかし、昭和十七年に行われた翼賛選挙において、非推薦候補として立候補し、激しい選挙干渉のなか兵庫県五区でトップ当選した。敗戦後は政界の重鎮として活躍した。昭和二十四年（一九四九）十月七日没。八十歳。

斎藤隆夫

参考文献　『兵庫県人物事典』下（一九六八、のじぎく文庫）、粟屋憲太郎『昭和の政党』（『昭和の歴史』六、一九八三、小学館）、『兵庫県大百科事典』上（一九八三、神戸新聞出版センター）

（布川　弘）

さいとうたかゆき　斎藤高行　一八一九―九四　農村指導者。文政二年十月二十二日（一八一九年十二月九日）陸奥国相馬中村藩士斎藤完高の長男として生まれ、通称は粂之助。幼時より文才にたけ、坂谷暘谷に書法を学ぶ。天保十一年（一八四〇）より江戸藩邸に勤務し、弘化二年（一八四五）九月に二宮尊徳に入門し、報徳仕法書の浄書や仕法実践の助手をつとめる。相馬藩においては難村旧復のため同年より仕法が実施され、明治四年（一八七一）の廃藩置県に至るまで、領内二百二十六ヵ村のうち百一ヵ村について開墾、助貸などの事業が行われた。嘉永四年（一八五一）に御仕法掛代官席に就任、従兄富田高慶の指導のもとに仕法実践に従事、安政三年（一八五六）より富田に代わり事業の推進にあたる。明治六年より報徳教義の体系化や、民間産業結社の興復社や相馬報徳社の設立につとめる。また居村に助貸法と称する報徳仕法の一法を実施して、晩年を過ごす。明治二十七年（一八九四）六月十二日没。七十六歳。遺著に『報徳外記』『二宮先生語録』がある。

参考文献　『斎藤高行事歴』（福島県立図書館）、『斎藤高行事歴　外』、佐藤弘毅編『斎藤高行先生事歴』（一九四三、相馬郡自治会等）

（田崎　公司）

さいとうつねぞう　斎藤恒三　一八五八―一九三七　明治・大正時代の紡績技術者。安政五年十月十七日（一八五八年十一月二十二日）萩で長州藩士藤井一学・ミツの三男として生まれた。明治四年（一八七一）斎藤槙三の養子となった。十五年（一八八二）工部大学校機械科を卒業、造幣局に就職した。二十年（一八八七）十月、三重紡績の開業にあたり、伊藤伝七と山辺丈夫の推薦によって、渋沢栄一は斎藤を技術長として採用して、英国に派遣し、機械の輸入と紡績技術の実習をさせた。このとき輸入した精紡機は、ミュール精紡機とリング精紡機で、大阪紡績の精紡機と同じ性格であった。山辺と斎藤のイニシャチブによって、インド綿を輸入し、わが国綿紡績業界の念願であった左撚二十番手糸の紡績の道を開いた。二十六年取締役、四十二年（一九〇九）常務、四十五年専務を務め、大阪紡と合併して成立した東洋紡の三代目社長に就任した。大正十四年（一九二五）大日本紡績連合会委員長となる。昭和十二年（一九三七）二月五日死去。八十歳。

参考文献　絹川太一『本邦綿糸紡績史』二（一九三七、日本綿業倶楽部）、『東洋紡績七十年史』（一九五三）

（玉川　寛治）

さいとうとうか　斎藤東華　生没年不詳　明治三十年代の青年投書家。福島県信夫郡瀬上町宮代（福島市）の人。博文館の『中学世界』の投書家として知られ、明治三十七年（一九〇四）九月の臨時増刊号に掲載された「青年戦争文学」の一等当選作「武雄さん！」は、武雄という名の三歳の幼児に、その父の出征・戦死の様子を語る物語で、選者大町桂月は、「友の名誉ある戦死を頑是なき小児に伝え、他日の記念とせむとする趣向、既に凡ならず、事実悲壮、文章佳麗」と絶賛した。明治三十九年創刊されたばかりの『文章世界』にも、叙事文や書簡文を投稿している。小学校教師として終ったとされるが、詳しい経歴はわかっていない。

参考文献　木村毅編『明治戦争文学集』（『明治文学全集』九七、一九六九、筑摩書房）

（中島　国彦）

さいとうとしゆき　斎藤利行　一八二二―八一　明治時代初期の官僚政治家。文政五年正月十一日（一八二二年二月二日）土佐藩士の家に、父利成、母久徳氏の子として生まれる。初名は渡辺弥久馬、維新後斎藤利行と改名。土佐藩の天保の改革を推進したおこぜ組・新おこぜ組の一員であった。慶応三年（一八六七）の英国水兵殺害事件では談判委員として活躍した。藩主山内容堂に重用され側物頭からはじまり家老となる。明治維新後は新政府に仕え、貢士、中弁を経て、明治三年（一八七〇）に刑部大輔、参議に任ぜられたが、四年には参議をやめ麝香間《じゃこうのま》祗候となる。七年宮内省に入り、八年から十四年(一八八一)に亡くなるまで元老院議官であった。海上裁判所の訴訟聴訟規則や海令に関する審査要員として活躍した。明治十四年勲二等旭日重光章を授与された。同年五月二十六日に肺病のために没す。六十歳。（伊藤 真希）

さいとうののひと　斎藤野の人　一八七八―一九〇九　評論家。明治十一年(一八七八)四月十四日、山形県西田《にした》川《がわ》郡鶴岡《つるおか》(鶴岡市)に元荘内藩士斎藤親信の四男として生まれる。本名信策《しんさく》。高山樗牛《たかやまちょぎゅう》の実弟。明治三十六年(一九〇三)東京帝国大学独文科卒。大学在学中に『帝国文学』の編集委員になり、時の浪漫主義思潮のなか、天才主義・個人尊重を高唱、同誌に「若き日本」「国家と詩人」などを書いて世に迎えられた。卒業後、『時代思潮』(姉崎嘲風主筆)の編集にも参加、主に両誌に評論を発表、また明治大学講師となる。三十八年、「照々乎たる哉」(『帝国文学』)が憲法違反として当局の忌諱に触れるところとなり、『帝国文学』編集委員、明大を辞す。独逸浪漫派の視点から「泉鏡花《いずみきょうか》とロマンチク」(『太陽』、明治四十年)などを書き、反自然主義を標榜した文芸革新会に参加。ケーベルに学び、十九世紀文明史を構想しつつ、明治四十二年(一九〇九)八月六日、結核で死去。三十二歳。著書『芸術と人生』(明治四十年、昭文堂)、遺稿集『哲人何処にありや』(大正二年、博文館)がある。

参考文献　瀬沼茂樹編『高山樗牛・斎藤野の人・姉崎嘲風・登張竹風集』(『明治文学全集』四〇、一九七〇、筑摩書房)、中島長文『ふくろうの声 魯迅の近代』(『平凡社選書』、二〇〇一、平凡社)、紅野敏郎『遺稿集連鎖―近代文学側面誌―』(二〇〇二、雄松堂出版)（田中 夏美）

さいとうひでさぶろう　斎藤秀三郎　一八六六―一九二九　明治から大正時代の英語学者、英語教育家。仙台藩士斎藤永頼の長男として、慶応二年正月二日(一八六六年二月十六日)に生まれる。明治四年(一八七一)に藩の英学校である辛未館に入学、宮城英語学校、東京大学予備門(十三年(一八八〇)退学)を経て、十三年に工部大学校へ入学、造船、化学を学ぶが、十六年に退学。英学を始めてのち、ほとんどの学問を英米人によって英語の教科書を通して学んだ。工部大学校ではJ・M・ディクソンに師事。仙台で私塾を経営後、第二高等学校(二十一年(一八八八)四月―十二月)、岐阜中学校(二十二―二十五年)、長崎の鎮西学院(二十五年)、愛知県尋常中学校(二十五年九月―二十六年六月)、第一高等学校(二十六年八月―三十二年(一八九九)十一月)。国民英学会で教鞭を取ったが、二十九年十月神田区錦町に正則英語学校を設立、校長となる。斎藤の強烈な個性と精力は生涯にわたり幾多の衝突を生む一方、未完のシリーズも含め、二百余ともされる著作を遺した。主な著作に『英会話文法』(二十六年、興文社)、『実用英文典』四巻(三十一―三十二年、興文社)、『英文法精義』七巻(三十四―三十五年)、『前置詞大完』十三巻(三十七―三十九年、興文社)、『基本動詞大典』八巻(四十二―四十四年、興文社、七巻より日英社)などの文法書、『(熟語本位)英和中辞典』(大正四年、日英社)、『斎藤和英大辞典』(昭和三年、日英社)がある。昭和四年(一九二九)六月二日死去。六十四歳。斎藤が活躍した時代は明治三十五年の日英同盟を一つの頂点として、英語学習熱が高まった時代であり、斎藤の英語と学校は明治の終わりごろに隆盛をきわめた。斎藤は自己の学として「Idiomology」(慣用語法学、組織英語学)という言葉を挙げたが、日本人本位の実学として、イディオムを中心に文法の文脈的意味を解き明かそうとする試みであったといえる。→正則英語学校《せいそくえいごがっこう》

斎藤秀三郎

参考文献　大村善吉『斎藤秀三郎伝―その生涯と業績―』(一九六〇、吾妻書房)、『日本の英学百年』大正編(一九六八、研究社出版)（田鍋 桂子）

さいとうまこと　斎藤実　一八五八―一九三六　明治から昭和期の海軍軍人、政治家。安政五年十月二十七日(一八五八年十二月二日)陸奥国水沢で藩士斎藤耕平の長男として生まれる。夫人は海軍中将仁礼《にれ》景範《かげのり》の長女。生来、目立つことが嫌いで温和な聞き上手、記憶力抜群、勤勉な性格であったという。立生館に学び明治十二年(一八七九)に海軍兵学校を卒業(海兵六期)。十七年以来の新官制が布かれるとまずその一員となるほど有能な海軍士官であった。十七年二月、海軍中尉。四月に米国留学し同年九月から二十一年(一八八八)二月まで初代米国駐在公使館付武官を勤めた。同年五月、海軍参謀本部出仕。二十二年三月、第一課員を経て同年四月高雄砲術長、常備艦隊参謀を経て二十四年七月海軍参謀部出仕。二十六年十二月海軍少佐となり海軍省人事課課僚兼軍務局一課課僚。日清戦争中、二十七年侍従武官、翌年二月和泉副長。戦後、五月常備艦隊参謀。二十九年富士副長となり、英国に渡り同艦を回航した。三十年(一八九七)海軍大佐となり、秋津洲艦長。翌年十月厳島艦長。十一月に

斎　藤　実

海軍次官(三十三年五月から三十六年十二月まで総務長官に名称変更)に就任した。日露戦後の三十九年一月までの約七ヵ年にわたって山本権兵衛海軍大臣を補佐した。日露戦争に備えての軍備強化ならびに軍政の処理、軍需品・武器弾薬の輸送、海外情報の収集などに努力し、海軍運営の重責を全うした。この間、三十一年十一月から三十六年十二月まで、海軍内の重要事項を審議する将官会議議員心得、将官会議議員、臨時建築部長、政務調査委員を兼務した。日露戦争開始時点で軍務局長、大本営海軍軍事総監兼軍務部長などを兼ね、戦局を掌握する中枢部で活躍した。三十九年一月の第一次西園寺内閣以後、大正三年(一九一四)までの約八ヵ年、五代の内閣を通じて海軍大臣を勤め、山本権兵衛から受け継いだ海軍拡張計画(八八艦隊案)整備の推進役となった。明治四十年(一九〇七)九月に男爵。大正元年十月大将。第一次山本内閣が金剛の発注をめぐるジーメンス事件で三年四月に倒壊したが、斎藤は同事件が起った明治四十三年当時の第二次桂内閣の海軍大臣であったことから引責辞任し、山本とともに予備役に編入された。引退して約五年間、妻春子と過ごし、北海道に移住して農園経営の準備に多忙であった大正八年、朝鮮では三・一事件の余波で揺れており、日本統治が壁に直面していたため、斎藤は原敬総理に懇請されて朝鮮総督となった。それまでの武断政治を改め、「文治政治」に方針変換して同化政策をとった。この間、大正十四年(一九二五)子爵。昭和二年(一九二七)四月から九月までジュネーブ海軍軍縮会議の全権として出席した。英米間の巡洋艦の隻数の考え方の相違によって会議が難航したため、斎藤は調整の労をとった。同十二月に体調不良のため約八年間にわたった朝鮮総督を辞任して枢密顧問官となり、三年十一月に退役した。四年八月から六年六月まで立憲民政党内閣のもとで再び朝鮮総督を務めたが、七年の五・一五事件後の同月二十六日、軍部が政党内閣の成立に強く反対する中で、元老西園寺公望の意向により時局沈静を目的に、軍部、官僚、政党の各勢力を均衡させた挙国一致内閣を組閣した。しかし、この内閣は満洲国承認、関東軍の熱河作戦により、日本の対外関係を一気に悪化させ、内田康哉の焦土外交やいわゆる陸軍追随により昭和八年三月国際連盟を脱退し、国際孤立の道を選択した。海軍軍人としてロンドン海軍軍縮条約締結時以来の台頭してきた強硬派勢力の抑制に努めてきたが、政治疑獄の罠といわれた帝人事件によって九年七月に内閣は倒壊した。十年(一九三五)十二月に条約派の長老岡田啓介内閣により内大臣に就任した。天皇側近として重要国務に関与し、その職務が軍部の力から体制側を守るという性格のものであったため、陸軍将校たちから現状維持派の総本山と目され、十一年二月、二・二六事件で襲撃・殺害された。七十九歳。死後大勲位に叙され、従一位に追陞。

参考文献　斎藤実伝記刊行会編『斎藤実伝』(一九三三)、斎藤子爵記念会編『子爵斎藤実伝』(一九四一―四二)、小林道彦『日本の大陸政策　一八九五―一九一四―桂太郎と後藤新平―』(一九九六、南窓社)、御厨貴監修『歴代総理大臣伝記叢書』二二(二〇〇六、ゆまに書房)

(影山好一郎)

さいとうまんきち　斎藤万吉　一八六三―一九一四　農業経営学の開祖。文久三年三月六日(一八六三年四月二十三日)、奥州二本松城下で出生。明治十一年(一八七八)、駒場農学校農学本科に入学。卒業後農芸化学科に進むが、学内紛争に関係して退学。その後、郡山農学校の教師となるが、ここで貧窮農民の実態に触れ、農業問題に興味をもつようになった。明治二十六年(一八九三)帝国大学農科大学助教授に採用され、農業経済学を担当、乙科(実科)学生の指導にあたった。明治三十三年(一九〇〇)に農商務省農事試験場種芸部長に就任するが、つねに粗衣・草鞋《わらじ》・脚絆《きやはん》姿で各地の農村を調査して回った。彼が調べた明治中期以降の農家経済動向、地域農業動向に関する報告は、この時期の農家経済を知る資料として高く評価される。大正三年(一九一四)九月二日に東京で急死した。五十二歳。著書に『農業指針』(明治四十四年、嵩山堂、のち『明治大正農政経済名著集』九に収録)などがある。「農学は舌耕に非《あら》ざるなり」は、机上の学に偏しやすい農学徒を戒めた彼の名言として知られる。

(西尾　敏彦)

さいとうみぶお　斎藤壬生雄　一八五二―一九二三　川越・前橋藩士、民権運動家、キリスト教牧師。武蔵国川越藩の中級家臣の三男として嘉永五年二月五日(一八五二年二月二十四日)に生まれ、のちに上野国前橋へ移転した。明治元年(一八六八)、東征軍参謀の横暴に憤激して蜂起を企てたが、失敗して脱藩のうえ会津戦争に参加した。一年後に帰藩を許され前橋藩校で学んだ。明治維新後群馬県沼田警察署巡査、吾妻郡役所書記を歴任し、明治一三年(一八八〇)に前橋に民権結社大成社を設立し、民権運動家として活躍し、十四年に上毛新聞社編集長になった。十六年に福島事件に連座して逮捕されたが無罪となり、自由党幹事に選出された。しかし秩父事件後民権運動から離れ、十八年に東京一致神学校に入学し、二十年(一八八七)に山形教会牧師となり、以後函館教会、仙台教会、福島教会、岩沼教会、白石教会の牧師、東北学院幹事を歴任した。晩年の大正八年(一九一九)に郡是株式会社に勤務する長男斎藤幸祐のいた京都府綾部に退隠し、同十二年(一九二三)十二月二十八日に死去。七十二歳。

参考文献　丑木幸男『志士の行方―斎藤壬生雄の生涯―』(『同成社近現史叢書』一、二〇〇一、同成社)

(丑木　幸男)

さいとうもきち　斎藤茂吉　一八八二―一九五三　明治時代末から昭和時代にかけての歌人、医師。明治十五年(一八八二)五月十四日、山形県南村山郡金瓶《かなかめ》村(上山市)に、父守谷熊次郎(伝右衛門)、母いくの三男として生まれる。家は農家。明治二十九年(一八九六)上山小学校高等科を卒業後上京して親戚の医師斎藤紀一《きいち》家に寄宿し、

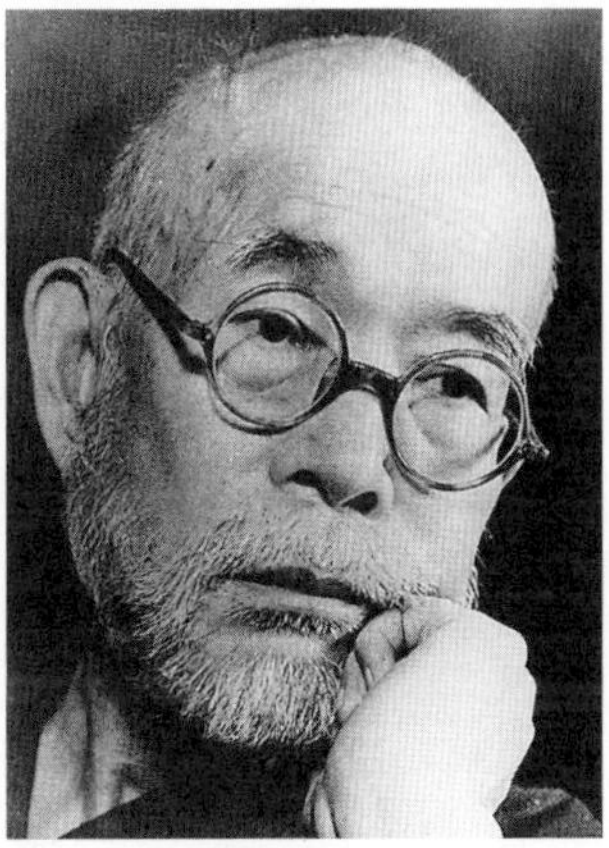

斎藤茂吉

翌月から東京府開成尋常中学校に編入学。三十八年(一九〇五)七月に斎藤家に入籍。第一高等学校を経て、四十三年(一九一〇)十二月東京帝国大学医科大学を卒業。東京府巣鴨病院に勤務。この間、明治三十七年に正岡子規の『(子規遺稿第一編)竹乃里歌』の短歌を読み作歌を始め、三十九年伊藤左千夫に入門。『馬酔木《あしび》』『アカネ』を経て、『アララギ』に短歌や歌論を発表。大正二年(一九一三)に刊行した『赤光《しゃくこう》』は、万葉語を生かしつつ、近代の生と感情を短歌によって表現して、近代短歌を代表する歌集の一冊となる。長崎医学専門学校教授ののち、大正十年(一九二一)十月から十三年までウィーン、ミュンヘンに留学。青山脳病院院長を務める傍ら、短歌や歌論を多数発表して、写生短歌を深めた。また『柿本人麿』全五巻により昭和十五年(一九四〇)には帝国学士院賞受賞。昭和二十六年(一九五一)文化勲章を授与される。昭和二十八年二月二十五日、心臓喘息により自宅で没。満七十歳。『斎藤茂吉全集』全三十六巻(昭和四十八―五十一年、岩波書店)がある。

参考文献 柴生田稔『斎藤茂吉伝』(一九七九・八一、新潮社)、本林勝夫『斎藤茂吉の研究―その生と表現―』(一九九〇、桜楓社)、安森敏隆『斎藤茂吉短歌研究』(一九九八、世界思想社)　(内藤　明)

さいとうやくろう　斎藤弥九郎　一七九八―一八七一

神道無念流の剣客。寛政十年(一七九八)正月十三日に越中国射水郡仏生寺村(富山県氷見市)の斎藤信道の長男として生まれる。弥九郎は通称で、諱は善道、字は忠卿、篤信斎と号した。文化九年(一八一二)に江戸に出て幕臣能勢祐之丞の従者となる。このころ神道無念流の岡田十松《おかだじゅうまつ》に入門。高島秋帆《たかしましゅうはん》から西洋砲術を学んだ。文政九年(一八二六)、飯田町俎橋付近に道場練兵館を開く。そして、天保六年(一八三五)に岡田十松のもとで知り合った江川英竜《えがわひでたつ》の手代となる。天保八年、大塩平八郎の乱鎮圧のために大坂に赴く。天保十二年(一八四一)五月に高島秋帆が徳丸原で洋式銃隊の演習を行なった際、弥九郎は弟三九郎とともに高島門下として野戦砲の打方を務めた。同年八月には、水戸藩主徳川斉昭から弘道館落成にあたって招致を受けるなど厚遇を受けた。また、長男新太郎(二代弥九郎)が剣術指南を行なった関係で長州藩との結びつきも深く、彼の門人には木戸孝允や品川弥二郎、山尾庸三《やまおようぞう》といった長州藩出身者が多い。明治元年(一八六八)、戊辰戦争に際して彰義隊から参加を要請されるも拒絶。同年八月新政府の徴士会計官判事試補に任命され、九月会計官権判事。翌二年七月には造幣局権判事となる。明治四年十月二十四日(一八七一年十二月六日)牛込見付の自宅で没。

参考文献 大坪武門『幕末偉人斎藤弥九郎伝』(一九一八、京橋堂)、氷見市教育委員会編『斎藤弥九郎関係資料調査目録』(一九九三)　(小林みちる)

さいとうりょくう　斎藤緑雨　一八六七―一九〇四

小説家、評論家、随筆家。本名は賢《まさる》。別号は江東みどり・正直正太夫・緑雨醒客・登仙坊など。慶応三年十二月三十日(一八六八年一月二十四日)、伊勢国神戸《かんべ》(三重県鈴鹿市)に藩の御典医の長男として生まれる。明治九年(一八七六)に一家が上京。土屋学校、江東小学校、東洋小学校、東京府立一中、二中、明治義塾を転々とし、明治法律学校に法律を学ぶものの、そこも中退した。十七年(一八八四)仮名垣魯文《かながきろぶん》に師事、『今日新聞』の編集に携わったことで文学への関心を高めた。翌年以降は『自由之燈』など複数の新聞社に入退社しながら、戯作風に続き物を発表。緑雨が世間の注目を浴びたのは、『小説八宗』(明治二十二年)以下の諷刺・パロディ批評によってである。皮肉で、辛辣な批評家として認知された。二十四年(一八九一)ころからは小説家としての活躍が目立つ。柳橋の芸者買いを題材にした花柳小説『油地獄』は出世作となった。さらに『かくれんぼ』『門三味線』などを発表、文壇的地位を確かなものにしていった。二十九年一月『めさまし草』が創刊されると、中心メンバーの一人となり、森鷗外・幸田露伴とともに匿名合評「三人冗語」、ついで「雲中語」で活躍。この時期、樋口一葉にも関心を示し交流をもった。『にごりえ』以下の諸作の本質が「泣きての後の冷笑」にあることをその慧眼で見抜き、一葉晩年の唯一の理解者となった。緑雨は一葉に最期まで親身で、『校訂一葉全集』(明治三十年、博文館)の校訂・校正に骨身を砕いた。父母の相つぐ死により、筆一本での生活を決意した緑雨は、終生妻子を持たず、貧苦・病魔と悪戦苦闘しながら狷介を貫き通していたが、三十七年(一九〇四)になると結核が悪化、その年の四月十三日、数人に看取られてこの世を去った。三十八歳。著作集に『あま蛙』(明治三十年、博文館)、『あられ酒』(同三十一年、博文館)など。

斎藤緑雨

参考文献 十川信介『明治文学―ことばの位相―』(二〇〇四、

岩波書店)　(小仲　信孝)

さいとうわたろう　斎藤和太郎　?—一九三七　ジャーナリスト。千葉県の生まれ。生年は元治元年(一八六四)か。明治十五年(一八八二)に創立された東京専門学校(現早稲田大学)に最年少で入学し、同十七年七月、邦語政治科を卒業。当時の姓は和知。明治十九年から同二十四年(一八九一)にかけて、『静岡大務新聞』の主幹・主筆を務める。明治二十六年に刊行された『立憲改進党党報』を繙くと、第一四号、第一五号、第二一号、第二二号で大隈重信の時事談をまとめている。また、第一六号および第一七号に「製鉄事業を論ず」、第一九号に「駿遠参紀行」を掲載している。また、明治二十六年十一月九日、神田錦旗館《きんきかん》で催された千島事件に関する演説会では、鳩山和夫らとともに弁士を務め、「国際法上の大問題」と題する演説を行なった。その後、『千葉民報』『函館新聞』『函館毎日新聞』の主筆を務めた。また、実業界に転じ、成田鉄道の専務も務めた。早稲田の校友会総代や評議員会長などを務めるなど、生涯にわたって早稲田との関わりは深かった。昭和十二年(一九三七)五月二十二日、死去。享年は七十四と報道されている。

参考文献　『東京朝日新聞』(一九三七年五月二十三日付)、『早稲田大学百年史』一—四(一九七八—九二)、宮武外骨・西田長寿『明治新聞雑誌関係者略伝』(『明治大正言論資料』二〇、一九六五、みすず書房)、真辺将之「明治期高等教育卒業者の就職と初期キャリア—初期東京専門学校卒業生を中心に—」(『早稲田大学史紀要』四〇、二〇〇九)　(小宮　一夫)

ざいにちがいこくゆうびんきょく　在日外国郵便局　開港地である横浜・神戸・長崎に設置されたイギリス・アメリカ・フランスの郵便局。開港二年後の万延元年五月十三日(一八六〇年七月一日)にイギリスの横浜領事館のなかに開設したものが最初であるが、大部分は開設年月日不明で、小は領事館の一室で領事が自国の切手を頒布する程度のものから、大はイギリス横浜局のように多額の費用で領事館とは別に独立局舎を建てて局長以下専任の局員を置く規模のものまで多様である。利用は横浜が圧倒的に多いのは当然として、アメリカが突出して多いのは自国民の利用のみでなくアメリカ大陸横断鉄道の開通ならびにP・M汽船のサンフランシスコ、横浜、神戸、長崎、上海の郵便定期便の開始によりヨーロッパへの郵便が便利になり、他国人も利用した結果とみられる。当時欧米への留学生や、ハワイなどへの移民から、郵便が万里の波濤を越えて故国の在日外国郵便局に到着しても在日外国郵便局には受取人に配達する義務もなければ配達方法もなく差出人に返送されていた。駅逓寮は当初、横浜郵便役所に在日外国郵便局の私書函を借り受けさせて、外国からの郵便物は横浜郵便役所が受領して受取人に配達する姑息な方法を採用していた。前島密は滞英中に、近代郵便は官営独占であることを知り、郵便の国権意識に目覚めて帰国し、自薦で駅逓頭に就任後には、明治六年(一八七三)八月六日に対欧米対等条約の嚆矢といわれる日米郵便交換条約に調印し、翌七年四月十八日に批准書を交換、翌八年一月一日に在日アメリカ郵便局は撤退した。わが国が明治十年(一八七七)六月一日に万国郵便連合に加盟したことにより、十二年にイギリス、十三年にフランスの在日郵便局は撤退した。→日米郵便《にちべいゆうびん》交換条約《こうかんじょうやく》

在日外国郵便局　横浜郵便局開業之図(歌川広重画)

参考文献　藪内吉彦「日米郵便交換条約の意義について」(『日本郵便発達史』所収、二〇〇〇、明石書店)、松本純一『在日外国郵便局研究史』(二〇〇六、日本郵趣協会)　(藪内　吉彦)

ざいばつ　財閥　戦前日本資本主義のもとで、富豪の家族ないしは同族によって封鎖的に所有・支配された多角的な事業経営体、その傘下にある多くの事業会社が、各産業部門で寡占的な地位を占めている。三井・三菱・住友などがその典型であるが、共通して鉱礦業と原料資源の独占を基盤としている場合が多い。近時の経営史学的研究の進展に伴い、この定義については論争があり、「封鎖的所有・支配」と「多角的事業経営」を要件として、「寡占的」地位のような限定を付けない考え方もある。さらに、産業財閥、金融財閥、新興財閥、地方財閥、中小財閥といったように、なんらかの限定を付して使用される場合もあり、また国際比較の視点からすると、インドのタータ財閥、タイのラムサム財閥など広く歴史的研究のなかで厳密な概念としての共通理解があるわけては

ない。なお、戦後の企業集団についても財閥と呼ぶことがあるが、その組織形態の差異、封鎖的所有の欠如といった点からみて、財閥とは区別することが通例である。総じて、日本の財閥のほとんどは、明治時代前半期における政商(資本)的な事業活動を通じて、その資力を蓄積し、増大させた。その政商(資本)としての系譜や起源についてみると大別して二つの類型がある。第一は、三井・住友のように、江戸時代に有力商人として活躍し、幕末維新期の動乱を切り抜けてその地位を確保したものである。もう一つは、岩崎弥太郎や安田善次郎など幕末維新期の動乱の中でビジネスチャンスを獲得したものである。共通して、官公預金などの金融業、貢米輸送といった海運業、米穀や石炭、生糸などの輸出といった貿易業、三池炭鉱、神岡鉱山、別子銅山あるいは佐渡銀山、生野鉱山の稼行を通じて、明治政府の手厚い保護に助けられて利益を求めていたが、明治十三年(一八八〇)の官業払下げ、十五年の日本銀行創設などの殖産興業政策が展開するのに応じて、新しい事業分野に進出し、試行錯誤を繰り返しつつ財閥形成の途を辿り始めてゆく。たとえば、三井の場合、すでに益田孝・団琢磨らの努力で明治二十一年(一八八八)に三池炭鉱の払下げをうけ、神岡鉱山とともに三井鉱山の近代化を進めていた。三井銀行に招かれた中上川彦次郎《なかみがわひこじろう》は、明治二十六年六月に三井工業部を新設し、抵当流れであった前橋紡績所・大嶹製糸所、加えて官業払下げによる新町(絹糸)紡績所・富岡製糸場、新設の三重製糸所・名古屋製糸所、さらに田中久重の創設にかかる芝浦製作所などの経営を近代化しようとした。三菱では、官営長崎造船所の払下げをうけて、その経営の近代化をはかり、高島炭鉱・新入炭鉱・上山田炭鉱・吉岡銅山も稼行し、住友でも、主業であった別子銅山の稼行と関連して金属加工業のほか、銀行経営を展開してゆく。このように、銀行・鉱山を中軸に、製造業では概して重工業への進出が目立った。こうして多角化を進めた財閥は、出資者たる家族・同族と各事業分野で育成された専門経営者との関係、各事業間での資金・人材など経営資源の配分などの問題解決のため、以後組織化を強めてゆき、次第に持株会社を頂点とするコンツェルン的組織を形成し、各事業分野で得られた市場支配力とその強力な資金力を基礎に、財閥としての内実を固めていったといえよう。日清・日露戦争を経て成長してきた三井合名会社を頂点とする経営組織は、遅れて第一次大戦期に成立する三菱合資会社傘下の事業組織と同様に、各傘下事業部門を株式会社として分離独立させ、その株式のほとんどすべてを財閥本社が持株会社として封鎖的に所有するという内容だったのである。ヨーロッパ大陸を主戦場とした事情もあり、未曾有の好況となった第一次大戦期には、先行する三井・三菱・住友の三大財閥を追って、鈴木商店、古河市兵衛(虎之助)、久原房之助らも事業の多角化を進め、財閥としての発展を志向したのである。しかし、これら後発かつ新興のグループは、銀行部門への進出が遅れたため、大戦後の不況期には、借入金依存度が高かったために、逆に重い負担となり、破綻の危機を招き、その地位を大きく引下げてゆく結果となり昭和初期には三大財閥の日本経済に占める地位は確固たるものとなった。　→浅野財閥《あさのざいばつ》　→大倉財閥《おおくらざいばつ》　→川崎財《かわさきざい》閥《ばつ》　→住友財閥《すみともざいばつ》　→三井財閥《みついざいばつ》　→三菱財閥《みつびしざいばつ》　→安田財閥《やすだざいばつ》

[参考文献]　森川英正『財閥の経営史的研究』(一九八〇、東洋経済新報社)、武田晴人『財閥の時代—日本型企業の源流をさぐる—』(一九九五、新曜社)、安岡重明『財閥経営の歴史的研究—所有と経営の国際比較—』(一九九八、岩波書店)
(加藤幸三郎)

さいばらせいとう　西原清東　一八六一—一九三九　自由民権家、アメリカ移住者。文久元年九月八日(一八六一年十月十一日)、土佐国高岡郡出間《いずま》村(高知県土佐市)の郷士十寸弥の長男として生まれる。幼名武之助。明治八年(一八七五)陶冶学校、翌九年立志学舎に入学。同十三年(一八八〇)上京して神田の茂松法学校に入学。まもなく帰郷して民権政社獄洋社に加入。十九年代言人試験に合格。二十二年(一八八九)高知法律学校校長となる。翌二十三年県会議員に当選したが資格問題が起り当選取消。同年八月神戸に移転、キリスト教を受洗。二十五年大阪に移転。三十一年(一八九八)高知県二区より衆議院議員に当選。東京に移転。翌三十二年同志社社長就任。三十五年同志社社長・衆議院議員を辞職し、アメリカ合衆国に赴く。同年テキサス州ウェブスターに土地を購入し米作経営。大正七年(一九一八)単身ブラジルのサンパウロ州へ渡航し農業経営。昭和四年(一九二九)南米拓殖会社の農事試験場支配人となる。一時日本に帰るがアメリカに戻り昭和十四年(一九三九)四月十一日ウェブスターで没す。七十九歳。

[参考文献]　間宮国夫『西原清東研究』(一九六四、高知市民図書館)
(松岡　僖一)

さいばんしょ　裁判所　(一)明治維新期に短期間現われた地方行政組織。裁判機構としての裁判所とは異なる。新政府が幕府の直轄領を接収した際に設置された。大坂・兵庫(神戸)・長崎・大津・京都・神奈川(横浜)・箱館・新潟・佐渡をはじめ各所に置かれたが、幕府直轄領のすべてに置かれたわけではない。裁判所は、その地の奉行所・代官所の行政・司法の全般を引き継いだが、鎮台・鎮撫府などが同時に置かれた場合には、管掌する範囲などが錯綜している。内乱期であったので、管轄地域もしばしば変動した。また、長崎・兵庫・神奈川など開港場であった地では裁判所が外交交渉の窓口ともなった。明治元年(一八六八)閏四月の政体書により地方制度が府・藩・県となった後、順次、府または県に置き換えられたが、裁判所の名称がしばらく残った地もみられる。翌年七月、府の呼称を京都・東京・大阪の三府に限るとされた後は、箱館を除き、三府以外は県となった。

(藤田　正)

㈡司法権を行使する国家機関。司法省が東京府所管の聴訟断獄事務を接収、明治四年十二月二十六日(一八七二年二月四日)に取扱部局を東京裁判所としたのがこの意味での最初の呼称。翌五年八月の司法職務定制は、司法省臨時裁判所・司法省裁判所・出張裁判所・府県裁判所・区裁判所の設置と、司法省の司法権掌握を定めたが、地方における裁判所設置は進まなかった。同八年の大審院設置に併せた大審院諸裁判所職制章程は、司法権を統一する大審院と、上等裁判所・巡回裁判所・府県裁判所の設置を定め、翌九年九月には、府県裁判所に代えて地方裁判所、その下に区裁判所を置くとした。同十四年(一八八一)には、前年の治罪法の創定に伴い大審院・控訴裁判所・始審裁判所・治安裁判所に改組、同十九年五月の裁判所官制を経て、同二十三年(一八九〇)二月公布(同年十一月施行)の裁判所構成法により、大審院・控訴院・地方裁判所・区裁判所に改組された。↓区裁判所《くさいばんしょ》 ↓控訴院《こうそいん》 ↓司法省裁判所《しほうしょうさいばんしょ》 ↓大審院《だいしんいん》 ↓治安裁判所《ちあんさいばんしょ》 ↓地方裁判《ちほうさいばん》所《しょ》 ↓府県裁判所《ふけんさいばんしょ》

参考文献 司法省編『司法沿革誌』(一九二六、法曹会)、石井良助『明治文化史』二(一九五四、洋々社)

(出口 雄二)

さいばんしょこうせいほう 裁判所構成法 大日本帝国憲法の下での通常裁判所および検事局の組織・権限、職員の資格・職責などを定めた法規。明治二十三年(一八九〇)二月十日法律第六号。同年十一月一日施行。昭和二十二年(一九四七)五月三日廃止。明治十九年(一八八六)外務省に設置された法律取調委員会において、条約改正会議で審議されていた裁判管轄条約に対処するために、同法の起草が開始された。その中心は、司法省法律顧問オットー＝ルドルフであり、かれの原案に基づきギュスターブ＝ボアソナード、モンターギュ＝カークウッドらとの協議によって草案の起草が進められた。同法は、司法裁判所として、大審院・控訴院・地方裁判所・区裁判所を置いた。裁判官の身分保障につき、判事は終身官とし、原則として、刑の宣告または懲戒の処分によるのでなければ、その意に反して転官・転所・停職・免職・減俸させられないことが規定された。他方で、司法大臣には司法行政上の広範な監督権を付与し、その補助機関として控訴院長・地方裁判所長を位置づけ、それぞれの管轄下の裁判所職員に対する監督を行わせた。ただし、大審院長の監督権は大審院内部の職員に対してのみに限定された。また、同法は、各裁判所に検事局を附置し、ここに検事を配置することを規定し、裁判所と設備・会計を共同するものとされた。

参考文献 染野義信『近代的転換における裁判制度』(一九六八、勁草書房)、藤原明久『日本条約改正史の研究―井上・大隈の改正交渉と欧米列強―』(二〇〇四、雄松堂書店)、小柳春一郎・蕪山厳『裁判所構成法』(『日本立法資料全集』九四、二〇一〇、信山社)

(三阪 佳弘)

さいふうしんぶん 采風新聞 明治初年の自由民権派新聞。明治八年(一八七五)十一月二十二日に、東京府第一大区鎗屋町(中央区)にあった采風社からタブロイド判四頁で創刊された。当初は毎日発行を企図したが、実際には不定期発行であった。采風社は、大沼枕山《おおぬまちんざん》・依田学海《よだがっかい》・服部誠一らの援助をうけ、加藤九郎・矢野駿男《やのとしお》・杉田定《すぎたてい》一《いち》・中島泰雄らにより創立。文人趣味的要素と平易な庶民向け表現による政論新聞を企図して創刊されたが、社説や投書で共和政体論・民選議院早期開設論・征韓論などで論陣を張って激しく政府を批判したため、しばしば禁錮刑・罰金刑などの筆禍を受けた。そのため編輯長は、加藤、矢野、元木貞雄、杉田とつぎつぎに交代、翌九年三月十五日には休刊を余儀なくされた。局長に下間《しもつま》瀬世、仮編輯長に中島をたて、七月一日に一度復刊したが、七月十六日の第八四号で廃刊となった。全国各地からの投書があったが、発行部数は平均千百部程度と伸び悩んだ。

『采風新聞』第1号

参考文献 雑賀博愛編『杉田鶉山翁』(一九二八、鶉山会)、沢大洋『都市民権派の形成』(一九六八、吉川弘文館)

(松崎 稔)

ざいべいにほんじんあいこくどうめいかい 在米日本人愛国同盟会 在米民権運動の中核的結社。明治二十年(一八八七)十一月のサンフランシスコでの在米有志親睦会開催をきっかけに、翌年一月七日に畑下熊野《はたしたゆや》・菅原伝《すがわらつたう》・海老沼弥三《えびぬまやぞう》・石阪公歴《いしざかまさつぐ》らサンフランシスコ・オークランドに居住していた渡米青年民権家が結成。自由主義を標榜し、国内有志と気脈を通じつつ海外から日本の改良を目指すため、頻繁に演説討論会を開催、週刊で機関紙を発行した(日本政府の規制をかわすため、『第十九世紀』『自由』『革命』『愛国』『小愛国』『第十九世紀新聞』とつぎつぎに紙名変更)。そのほか、日刊商業紙『桑港新聞』(のち『桑港新報』)も刊行し、在米日本人のコミュニティ形成にも寄与した。出稼ぎ労働者的移民の増加による米国内での排日気運への対策もあり、日系労働者への口入れ稼業に類する活動も行なった。明治二十六年には旧同盟員と新日本同盟員により、日本国内に愛国同盟倶楽部が結成され、日米両愛国同盟の呼応が図られた。

参考文献 新井勝紘・田村紀雄「在米日系新聞の発達史研究(五)―自由民権期における桑港湾岸地区の活動―」(『東京経済大学人文自然科学論集』六五、一九八三)、田村紀雄『アメリカの日本語新聞』(『新潮選書』、一九九一、新潮社)

(松崎 稔)

さいほうがっこう 裁縫学校 女性の手技すなわち「裁

ち縫う」の指導を行うだけでなく、裁縫教員などを育成する女子教育機関。裁縫女学校は私立学校(各種学校)経営のものがほとんどであった。なかでも著名なのは明治十四年(一八八一)、渡辺辰五郎《わたなべたつごろう》が東京に開設した、東京家政大学前身の和洋裁縫伝習所(明治二十五年には東京裁縫女学校と改称)である。『最近調査女子東京遊学案内』(博文館、明治四十三年)は「爾来有らん限りの奮励と時代の趨勢に応じ校運日に増し隆盛を加へ、渡辺学校と云へば、何人も其裁縫学校なることを連想するに至る」「其教授方も所謂痒い処へ手が届く如く、反復丁寧を極む、随つて生徒間の気受も頗る好評判なるが如し」「卒業生も四十三年度まで四千五百余名を出し、就中中等教員試験に合格せる者亦頗る多し」「地方にては高等女学校及び女子師範より小学校に至るまで五百余名教鞭を執り何れも評判良しが如し」「兎に角裁縫に於ては、本校を第一に推さざるべからざるべし」と記している。明治三十九年(一九〇六)には師範科を設け、四十一年(一九〇八)にはこれを廃し、高等師範科を開設した。この学校には全国から多くの入学者があった。卒業生たちは全国各地に裁縫塾や裁縫学校を興した。たとえば明治期の群馬県には二十五校の裁縫学校が開設されていた。なかでも高崎商科大学前身、私立裁縫女学校は佐藤タ子によって、明治三十九年、高崎市に開設された。「女子に衣服その他裁縫に関する知識技能を与え」ることなどを目的とし、本科には修身・裁縫・家政・洗濯各科を配置した。明治四十三年に師範科を設置。翌年には師範科卒業生に小学校専科正教員(裁縫)の無試験検定が認められた。→東京裁《とうきょうさい》縫女学校《ほうじょがっこう》

参考文献　『佐藤学園六十年の歩み』(一九六六、佐藤学園)、常見育男『家庭科教育史(増補版)』(一九七二、光生館)、小野里良治『良妻賢母の教育者　佐藤タ子の生涯』(一九九一、高崎商科短期大学附属高等学校同窓会)

(菅原　亮芳)

さいみんちょうさ　細民調査　明治時代末期から開始された、国・地方自治体により行われた都市下層民を対象とした生活実態調査。府県によっては窮乏化する被差別部落も対象とした。明治四十四年(一九一一)六月、内務省地方局は細民部落調査会を開催して細民調査の方針を定め、同年七月各府県知事に委託した。内務省地方局自体も、同年東京市細民を対象とした第一回細民調査を行い、翌四十五年三月『細民調査統計表』を刊行した。この細民調査は、㈠細民戸別調査(下谷区の一部、浅草区の一部を対象)、㈡細民長屋調査(小石川区の一部)、㈢木賃宿調査(東京市内全域)、㈣細民金融機関(質屋)調査(下谷区)、㈤職業紹介所雇人口調査(日本橋区・浅草区対象)、㈥職工家庭調査(東京市内より適宜選出)の六つの調査からなっている。さらに、四十五年七月から大正元年(一九一二)十月にかけて、内務省地方局は第二回の細民調査を実施した。その際に得られた統計をもとに『細民調査統計表摘要』を大正三年二月に刊行し、内務省地方局嘱託布川孫一が中心となって統計資料を分析した『都市改良参考資料』を大正四年三月に刊行した。第二回調査の対象地は、東京市本所区の一部、深川区の一部、大阪市難波警察署管内であり、東京だけではなく大阪にも対象地を広げた。第一回調査では対象としての細民の定義は明示されなかったが、第二回調査では、特殊小学校に児童を入学する資格を有する者およびそれに準ずる者を細民とし、具体的には、㈠所謂細民部落居住者、㈡主として雑業・車力其の他の下級労働に従事する者、㈢家賃一月三円以内家屋居住者、㈣所帯主収入月額二十円以内の者が該当するものとした。第二回調査については、調査区域の所轄警察署員ないしは特殊小学校職員による訪問調査により行われたことがわかる。二度にわたる内務省の細民調査は、既存の貧民調査を質量ともに大きく凌駕し、大正期以降の各種細民調査の一つのモデルとなった。

参考文献　部落解放・人権研究所編『部落問題・人権事典』(二〇〇一、解放出版社)

(中嶋　久人)

さいもっぽじょうやく　済物浦条約　明治十五年(一八八二)八月三十日に壬午事変の処理のために結ばれた日本と朝鮮の条約。政権を握った大院君が清国軍により天津へ拉致されたあと、正副の全権大臣に任ぜられた李裕元・金弘集と花房義質《はなぶさよしもと》公使の間で、済物浦(仁川)において調印された。事変では、蜂起した兵士・民衆によって日本

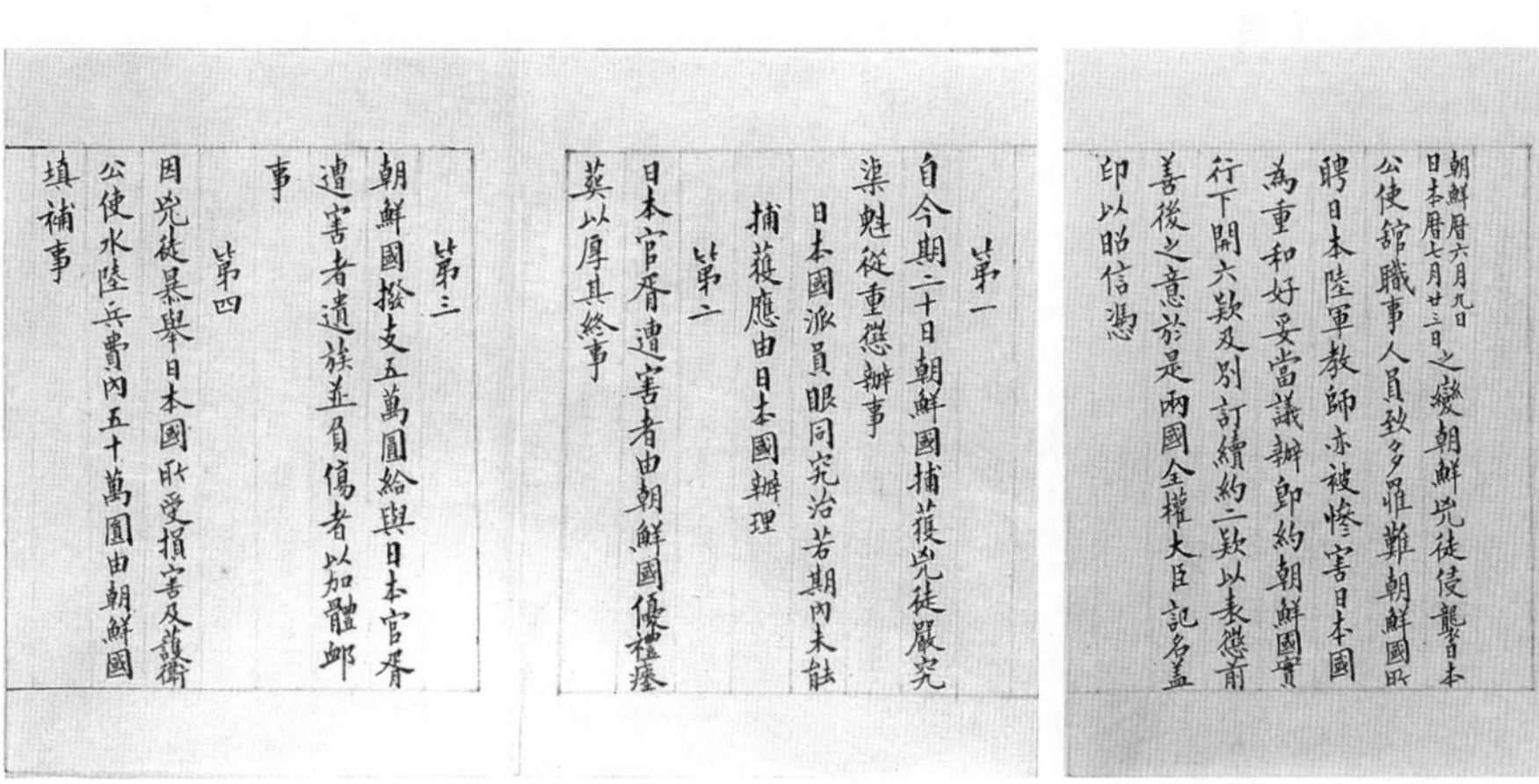

朝鮮暦六月九日
日本暦七月廿三日之變朝鮮兇徒侵襲日本
公使舘職事人員致多罹難朝鮮國所
聘日本陸軍教師亦被慘害日本國
為重和好妥當議辦即約朝鮮國實
行下開六款及別訂續約二款以表懲前
善後之意於是兩國全權大臣記名蓋
印以昭信憑

第一
自今期二十日朝鮮國捕獲兇徒嚴究
渠魁從重懲辦事
日本國派員眼同究治若期內未能
捕獲應由日本國辦理
第二
日本官胥遭害者由朝鮮國優禮瘞
葬以厚其終事
第三
朝鮮國撥支五萬圓給與日本官胥
遭害者遺族並負傷者以加體卹
事
第四
因兇徒暴擧日本國所受損害及護衛
公使水陸兵費內五十萬圓由朝鮮國
填補事

済物浦条約

公使館が襲撃され、路上で殺害された別技軍教官堀本礼造はじめ十三人の日本人が死亡した。条約では、㈠犯人を捕縛し処刑すること、㈡日本人死者の手厚い葬儀を行うこと、㈢遺族に対して五万円の扶助金を支払うこと、㈣日本政府に対して五十万円の損害賠償を行うことなどを決め、さらに、㈤公使館警備の名目での軍隊の駐留、㈥国書を持った謝罪使節の訪日を約束させた。また、同時調印の日朝修好条規続約では、開港場での遊歩区域を波止場から二〇キロに拡大し、二年後には四〇キロにすること、公使および領事の国内旅行を許可することなどが規定された。→壬午事変《じんごじへん》　（吉野　誠）

ざいらいもめん　在来木綿　江戸時代以来の手工業的な生産方法（手織機の利用）で生産された綿織物を指す。幕末開港後に流入したイギリスなどからの輸入綿布や、国産品でも輸入力織機を用いて工場で生産された綿織物との対比でこの語が用いられる。無地の白木綿のほか、縞《しま》木綿、絣《かすり》木綿など原料糸に染色加工を施し、さまざまな意匠をあしらった製品が多い。また、織物の幅が伝統的な衣料製品（着尺など）用に「小幅」（三〇センチ内外）であり、その三倍前後が標準的な「広幅」の機械制綿布と対照をなしている。ただし、原料となる綿糸に関しては、幕末開港直後からイギリスやインド製の機械制紡績糸を導入する在来木綿の生産地が現れている。明治二十年代以降には、日本の機械制紡績会社が主要な原料糸調達先となっており、伝統的な手紡糸を用いた在来木綿は、稀となった。また、バッタン、ジャカードといった、明治時代以降に導入された外来技術に基づく手織機も広く普及し、在来木綿生産の拡大に貢献した。

参考文献　谷本雅之『日本における在来的経済発展と織物業―市場形成と家族経済―』（一九九八、名古屋大学出版会）、田村均『ファッションの社会経済史―在来織物業の技術革新と流行市場―』（二〇〇四、日本経済評論社）
（谷本　雅之）

サイル　Edward W. Syle　一八一七―九〇　幕末のアメリカ人遣清宣教師。明治期の御雇い外国人。一八一七年にイギリスのデヴォンシアに生まれる。米国に移住し、ケニオンカレッジを卒業。一八四四年米国聖公会の聖職となり、翌年、宣教師として上海に渡航。上海伝道の礎石を築いた。日米修好通商条約が締結された安政五年（一八五八）の九月下旬から十月上旬、駐清米国弁務官ウィリアム・B・リード一行の長崎訪問に同行し、駐日米国総領事ハリスからの情報と助言を母教会に伝えて日本ミッション開設を訴え、翌年の同派の日本派遣を後援した。明治元年（一八六八）に再来日し、横浜の英国領事館付牧師となる。同七年から十二年（一八七九）まで東京開成学校（東京帝国大学の前身）で修身学・歴史学を教え、東京帝大で最初に哲学・心理学を教えた教師となった。同十三年帰英し、一八九〇年十月五日ロンドンで死去した。

参考文献　小沢三郎『日本プロテスタント史研究』（一九六四、東海大学出版会）
（大江　満）

さいわいクラブ　幸倶楽部　明治時代後期から大正期にかけて存在した貴族院議員の政治的な親睦団体。明治三十二年（一八九九）十二月、勅選議員を中心とする茶話会《さわかい》と、反憲政党内閣の無所属議員が集合した（第一次）無所属派を中心に、男爵議員からなる木曜会、多額納税議員からなる丁酉会の、四つの貴族院会派の有志約七十名が集まって結成された。参加者は所属会派を離脱せず、二重所属の形をとる。ほとんどが男爵議員と勅選議員であった。機関誌『明義』を発行。反政党内閣、国家本意の政治を目標とした。初期の指導者は勅選議員で茶話会に所属した平田東助《ひらたとうすけ》。幸倶楽部は、貴族院最大会派研究会と、優位に立って協調し、第二次山県有朋内閣、第一次・二次桂太郎内閣の与党的役割を果たした。この状況は山県閥による貴族院支配と評価されている。明治三十七年選挙で丁酉会が消滅、四十年（一九〇七）一月には木曜会が離脱したが、のちに男爵議員が木曜会から離れたこともあり、四十四年改選では最大となる百二十七名の所属を数えた。明治四十年代には、平田・大浦兼武《おおうらかねたけ》・田健治《でんけんじ》郎《ろう》らの秘密幹部会である十金会が倶楽部を指導した。大正に入り、第三次桂内閣、第二次大隈重信内閣への対応をめぐり内部対立が起り、原敬内閣では立憲政友会に接近した研究会と対立、貴族院での地位を低下させた。解散時期は明らかでないが、昭和二年（一九二七）十月の昭和倶楽部結成を機に活動が見られなくなる。

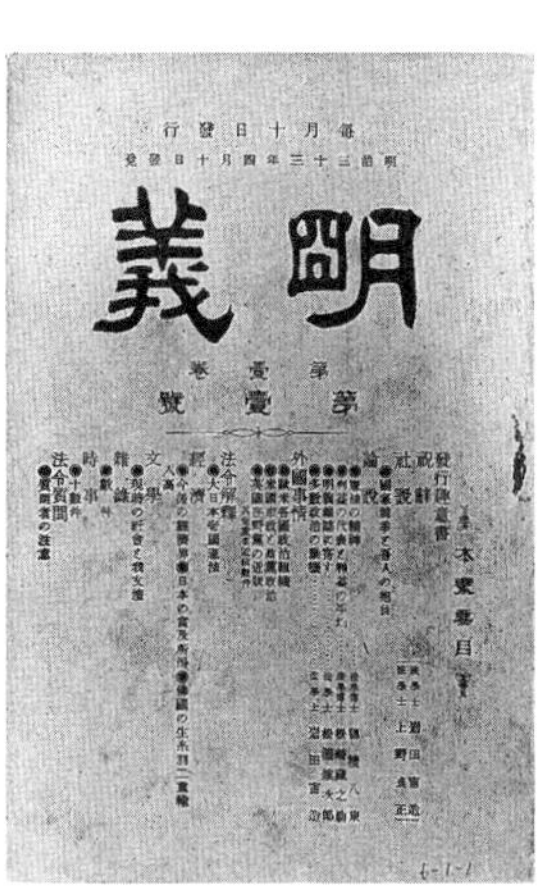

『明義』第1巻第1月

参考文献　高橋秀直「山県閥貴族院支配の構造」（『史学雑誌』九四ノ二、一九八五）、内藤一成『貴族院と立憲政治』（二〇〇五、思文閣出版）
（西川　誠）

さいん　左院　明治時代初期の立法審議機関。廃藩置県直後の明治四年七月二十五日（一八七一年九月九日）に太政官職制が制定され、太政官三院制が成立した。太政官は、内閣に相当する正院、行政連絡調整機関の右院、「議員諸立法ヲ議スル所」の左院から構成された。左院創設を主導したのは中弁江藤新平で、彼は議会制度導入の前段階として左院の整備充実を期し、議員第一号を買って出て文部大輔から一等議員に移った。ついで左院事務章程を定め、「新ニ制度条例ヲ創立シ、或ハ従来ノ成規則ヲ増損更革シ、及未ダ例規ナキ事ヲ考定スル事」を左院で審議するとして立法機関としての役割を明確化した。そして工部大輔後藤象二郎が議長、江藤が副議長に就き、議員を議官と改称して人材集めに努め、戊辰戦争賊軍出の大鳥圭介や永井尚志らも招かれた。さらに太政官制度局や集議院が左院に移管され、議会の前身として強化が図られたが、明治八年四月十四日の官制改定で元老院に改組された。 →元老院《げんろういん》 （毛利　敏彦）

さえきごうへい　佐伯剛平　一八五二―一九一一　代言人、弁護士。嘉永五年（一八五二）備中国にて出生。明治維新後上京し、講法学舎で法律学を修め、明治十五年（一八八二）東京で代言人免許を受けた。明治十二年ごろから、馬場辰猪《ばばたつい》、大石正巳《おおいしまさみ》らとともに各地で遊説活動を行い、十四年自由党結成に参加、十五年『自由新聞』の編集に関与した。三十三年（一九〇〇）には、福島県に移り、福島地方裁判所所属の弁護士として活動した。四十四年（一九一一）十月十五日没。六十歳。

参考文献　宇田友猪・和田三郎編『自由党史』中（『岩波文庫』）、佐伯剛平『人生の最後』（一九一一、博文館）、『岡山県歴史人物事典』（一九九四、山陽新聞社） （三阪　佳弘）

さえぐさもりとみ　三枝守富　一八四四―一九二八　旧幕臣、実業家。弘化元年正月二十五日（一八四四年三月十三日）旗本三枝七四郎頼永の長男として生まれる。明治二年（一八六九）二月妹の綾子が当時外国官副知事だった大隈重信と結婚。同十五年（一八八二）に東京専門学校（同三十五年早稲田大学と改称）が創設されると、大隈との縁戚関係を背景として運営に関与。同三十三年（一九〇〇）七月から同三十六年十二月まで評議員、同四十一年（一九〇八）二月から維持員、同四十二年七月から大正九年（一九二〇）三月まで会計監査に就任、大隈家の意向を大学当局に伝達した。実業家としてもその手腕を遺憾なく発揮し、明治四十年一月早稲田大学関係者が創立した日清生命保険株式会社の発起人に名を連ね、小倉《こくら》鉄道取締役・千代田瓦斯会社監査役・日本坩堝《かんか》株式会社取締役・東洋園芸株式会社社長といった役職も務めた。昭和三年（一九二八）二月没。八十五歳。

参考文献　『早稲田大学百年史』一―五（一九七八―九七） （神谷　大介）

さかいえいたろう　坂井英太郎　一八七一―一九四八　明治から昭和時代にかけての数学者。東京帝国大学教授。明治四年（一八七一）、東京に生まれる。帝国大学理科大学物理学科を明治二十八年（一八九五）に卒業し、山口高等学校教授を経て明治三十一年（一八九八）、理科大学助教授、ついで教授となった。解析学を専門とした。大正二年（一九一三）に理学博士。当時の帝国大学関係者としては珍しく、勧められても海外留学をしなかった。藤沢利喜太郎の後を受けて、長い間東大数学科の教室主任として尽力。昭和二十三年（一九四八）没。七十八歳。著書に『高等教科微分積分学』（明治三十七年）など。

参考文献　『日本の数学一〇〇年史』上（一九八三、岩波書店） （佐藤　賢一）

阪井久良伎

さかいくらき　阪井久良伎　一八六九―一九四五　明治から昭和時代前期にかけての歌人、川柳作家。「久良岐」とも。明治二年正月二十四日（一八六九年三月六日）武蔵国久良岐郡戸部町（横浜市中区）に生まれる。本名坂井弁《わかち》。東京高等師範学校国文科卒。『報知新聞』を経て新聞『日本』に入社。歌誌『心の華』に歌論を載せ、徒然坊の名で正岡子規の「百中十首」の選をし、『日本』に滑稽短歌「へなづち」を載せる。また三十四年（一九〇一）には詩歌評論集『（珍派詩文）へなづち集』、翌年には『文壇笑魔経』を刊行。一方、時事の句「芽出し柳」を試み、三十六年には、『川柳梗概』を刊行。三十七年、『電報新聞』に川柳欄「新柳樽」を開設。また三十七年には川柳結社久良岐社を創立して『五月鯉』を創刊。江戸川柳への回帰を主張し、井上剣花坊《いのうえけんかぼう》とともに明治における川柳中興の祖とされる。昭和二十年（一九四五）四月三日没。七十七歳。『川柳久良伎全集』全六巻（昭和十一―十二年、川柳久良伎全集刊行会）がある。 （内藤　明）

さかいしげすえ　阪井重季　一八四六―一九二二　陸軍軍人。弘化三年十一月二十四日（一八四七年一月十日）、土佐藩に生まれる。明治四年（一八七一）、大尉に任官する。その後、佐賀の乱の鎮圧に参加。同十三年（一八八〇）、歩兵第十三連隊長となり、そして、歩兵第十一連隊長、歩兵第十七連隊長を歴任する。同二十年（一八八七）、大佐に進級。のちに近衛歩兵第二連隊長を務める。同二十八年には少将に進級し、近衛歩兵第二旅団長に昇格。同三十五年（一九〇二）、中将に進級したが予備役に編入された。日露戦争では、召集されて留守第一師団長を務めた。同三十九年一月に召集解除となった。翌年、男爵の爵位を与えられた。その後、牛込区議や貴族院議員となった。大正十一年（一九二二）三月二日没。七十七歳。

参考文献　外山操編『陸海軍将官人事総覧』陸軍篇（一九八一、芙蓉書房） （山本　智之）

さかいじけん　堺事件　明治元年二月十五日（一八六八年三月八日）、堺に上陸したフランス兵を警備の土佐藩兵が銃撃して十数名を殺傷した事件。堺港測量のため、仏国軍艦デュプレクスからランチ艇で上陸したフランス兵に土佐兵が発砲、死者十一名を出した。仏国公使ロッシュは直ちに加害者の処刑と賠償金一五万ドルの支払い、土佐藩主の謝罪を要求し、各国公使もこれに同調した。朝議も要求受諾に決する。二月二十三日、小隊長箕浦猪之吉・西村左平次ら土佐藩兵二十名に切腹が命じられ、堺妙国寺で仏国士官の同席のもとに執行された。犠牲者と同数の十一人が屠腹したところで仏側から取り止めを申入れ、残り九名は赦されて流罪となった。夕刻が迫ったため、帰還の安全を期した処置だったともされる。二十四日、外国事務局督山階宮晃親王、外国事務局輔伊達宗城《だてむねなり》が、翌日には土佐藩主山内豊範が軍艦上のロッシュを訪ねて暴挙を謝罪した。神戸事件に続いて、新政府の対外姿勢を試す事件となった。

参考文献 石井孝『明治維新の国際的環境(増訂版)』(一九六六、吉川弘文館)、プティ=トゥアール『フランス艦長の見た堺事件』(森本英夫訳、一九九三、新人物往来社)
(保谷　徹)

さかいせいぞう　酒井清蔵　生没年不詳　東京の書肆。商号は文盛堂。酒井清造とも。明治中期に、教科書や英書の翻訳本などを刊行・販売している。

参考文献 三橋猛雄『明治前期思想史文献』(一九七六、明治堂書店)
(鵜飼　政志)

堺事件(『L' ILLUSTRATION』1868年5月30日)

さかいだかきえもん　酒井田柿右衛門　肥前国有田の伊万里焼の陶工の家系。現在は十四代を継承。江戸時代初期に初代柿右衛門(一五九六―一六六六)が日本ではじめて色絵磁器を完成したといわれる。十七世紀後半、乳白色の濁手《にごしで》素地に余白を生かして絵画的な意匠を描く柿右衛門様式が成立、西欧向けの輸出用色絵磁器の典型となった。幕末には土型を用いた国内向けの染付磁器を量産。明治維新後は廃藩置県によって藩の庇護を失い経営は困難をきわめたが、十一代(一八四五―一九一七)が明治二十三年(一八九〇)第三回内国勧業博覧会、同二十六年シカゴ=コロンブス世界博覧会、同二十七年サンフランシスコ万国博覧会、同二十八年第四回内国勧業博覧会で相ついで受賞、国内外で声価を高めた。同十八年(一八八五)、前年に施行された商標条例を機に「角福銘」を酒井田家の商標として登録。昭和二十八年(一九五三)十二代(一八七八―一九六三)が途絶えていた濁手素地の復元に成功。

参考文献 十四代酒井田柿右衛門『柿右衛門―伊万里の精磁―』(一九八三、朝日新聞社)、中島浩気『肥前陶磁史考』(一九五五、青潮社)
(花井　久穂)

さかいただあき　酒井忠義　一八一三―七三　幕末の政治家。文化十年七月九日(一八一三年八月四日)小浜藩主酒井忠進《ただゆき》の六男に生まれる。天保五年(一八三四)兄忠順《ただより》の隠居に伴い家督相続。同十一年(一八四〇)若狭守に任ぜられ、同十三年寺社奉行、翌年十一月京都所司代となり、嘉永三年(一八五〇)七月まで勤めた。その豊富な経験を買われ、井伊直弼政権下で安政五年(一八五八)六月所司代に再任、将軍継嗣問題の処理にあたり、上京した間部詮勝《まなべあきかつ》とともに安政の大獄の陣頭指揮をとった。もっとも彼自身は朝廷とも協調的で、この後も公武融和を図って和宮降嫁に力をつくし、左近衛権少将に任命。文久二年(一八六二)井伊政権関係者への追罰に伴い所司代を罷免、致仕・蟄居の処分をうけた。明治元年(一八六八)、新藩主忠氏が旧幕府軍に呼応して鳥羽・伏見の戦で敗れた際、代わって再び藩主となり、忠禄《ただとみ》と改名した。維新後、同二年小浜知藩事に就任。同六年十二月五日没。六十一歳。

参考文献 吉田常吉『安政の大獄』(『日本歴史叢書』、一九九一、吉川弘文館)、仙波ひとみ「幕末における議奏の政治的浮上について―所司代酒井と議奏「三卿」―」(『文化史学』五七、二〇〇一)
(奈良　勝司)

さかいただくに　酒井忠邦　一八五四―七九　姫路知藩事。通称直之助、受爵後に雅楽頭を称す。安政元年正月十五日(一八五四年二月十二日)伊勢崎《いせさき》藩主酒井忠恒の八男として誕生。明治元年(一八六八)、宗家の姫路藩主酒井忠惇《ただとう》が鳥羽・伏見の戦後に徳川慶喜に従って江戸に奔ったため、その養子として家督を相続。江戸で前藩主らが抵抗を続けるなか、新政府軍に十五万両の軍資金を供出、その後も根強い親徳川勢力を粛清して藩論を統一するなど一貫して恭順の意を示した。同年十一月より、家老河合屏山《かわいへいざん》の意見を用い他に先んじて版籍の返上を建白、翌年までのべ四回に及んだ。版籍奉還は二年一月の薩長土肥四藩の願い出を機に聴許されるが、その先駆けの一つともいえる。同月大宮御所・桂宮を警衛、ついで東京市中の取締を務めた。同年六月姫路知藩事。同四年廃藩により免ぜられ、慶応義塾に入学。十二月アメリカに留学、滞在四年に及んだ。帰国後の明治十二年(一八七九)三月二十五日に病没。二十六歳。

参考文献 『復古記(覆刻版)』(二〇〇七、マツノ書店)、『兵庫県史』五(一九八〇)、『姫路市史』五上(二〇〇〇)
(奈良　勝司)

さかいただしげ　酒井忠績　一八二七―九五　幕末の政治家。文政十年六月十九日(一八二七年七月十二日)、酒井忠誨の長男として生まれる。万延元年(一八六〇)姫路藩主となる。文久三年(一八六三)六月老中首座に就任。八・一八政変後は宣言したばかりの横浜鎖港路線を修正・撤回すべく上京・参内するも、朝廷より鎖港貫徹を厳命された。翌年十四代将軍徳川家茂の再上洛に随従、帰府後に鎖港の進め方や水戸の内訌への対応をめぐる政権内対立に関与し、六月二十二日(一八六四年七月二十日)罷免。禁門の変後は藩内の尊攘派を弾圧(甲子の獄)、翌慶応元年(一八六五)二月大老となる。五月の将軍家茂進発後は留守政府の責任者となり、この前後に同族の登用が進められた。ただ、個人として強力な指導力を発揮した例はあまり確認できない。十一月、上方の政変に連座して罷免。同三年二月隠居して家督を養子忠惇《ただとう》に譲るも、隠然たる影響力を保持、鳥羽・伏見の戦後も譜代の雄として江戸で親徳川の態度を取り続けた。明治元年(一八六八)静岡に移住。同二十八年(一八九五)十一月三十日没。六十九歳。

参考文献 『兵庫県史』五(一九八〇)、原口清「幕末政局の一考察—文久・元治期について—」(『明治維新史研究』一、二〇〇四)、奈良勝司「横浜鎖港期における徳川政権の動向」(『ヒストリア』一九七、二〇〇五)　(奈良　勝司)

さかいためこ　堺為子　一八七二—一九五九　社会主義者。夫は堺利彦。旧姓は延岡。明治五年正月十九日(一八七二年二月二十七日)、大阪で、もと金沢藩の御用両替商の家に生まれる。最初の夫と離別後、金沢の実家にいた時、弟常太郎の読む『万朝報』『家庭雑誌』や週刊『平民新聞』を愛読、堺や幸徳秋水の文章に親しむ。平民社の「台所方」募集の広告をみて、平民社に住み込む。同三十八年(一九〇五)九月堺と結婚、たびたび入獄する堺を助け、髪結いや書籍取次をして同志の面倒をみるなど社会主義運動を支え、前妻の遺児真柄《まがら》を育てる。四十年(一九〇七)二月十二日福田英子・管野スガらとともに治安警察法第五条改正請願を議会に提出する。大正九年(一九二〇)五月第一回メーデーに参加、十年(一九二一)四月結成の社会主義婦人団体赤瀾会《せきらんかい》の一員にもなった。昭和三十四年(一九五九)一月二日、満八十六歳で死去、神奈川県鶴見総持寺に堺とともに合葬されている。

参考文献 堺為子「妻の見た堺利彦」(『中央公論』四八ノ三、一九三三)、鈴木裕子編『資料平民社の女たち』(一九八六、不二出版)　(荻野富士夫)

さかいとくれい　酒井篤礼　一八三六—八一　日本正教会司祭。聖名イオアン。別姓川股。天保七年(一八三六)陸奥国栗原郡金成《かんなり》村(宮城県栗原市)に生まれる。幕末期の箱館で父酒井(旧姓川股)順庵とともに医師をしていた篤礼は、慶応二年(一八六六)、友人沢辺琢磨《さわべたくま》を介してロシア正教の宣教師ニコライからキリスト教の教理を学び、明治元年閏四月九日(一八六八年五月三十日)、沢辺、浦野大蔵とともに受洗、最初の信徒となった。酒井は「肉体の医師たらんよりは、美魂の医師たらんと決意」したという。一途な宗教的心性の人で、修行や祈禱を好んだ。明治五年正月ニコライが上京したのち、宣教師アナトリイのもとで影田孫一郎、津田徳之進らとともに函館で布教。三月迫害が起り捕縛投獄されたが、獄中でも日夜祈禱し、同房の囚人たちにキリスト教を説いた。その後、郷里金成と函館を往復しつつ東北各地に布教し、のちの自由民権運動家千葉卓三郎など多くの人を正教に導いた。その間迫害も受け、登米《とよま》の牢には三度も投ぜられた。明治十一年(一八七八)、ヴラヂヴォストークで影田、高屋仲、佐藤秀六、針生大八郎らとともに司祭に叙聖。明治十四年三月、盛岡正教会で四十日の断食修行ののち、体調をくずし死去。四十六歳。

参考文献 中村健之介監修『宣教師ニコライの全日記』(二〇〇七、教文館)、石川喜三郎編『日本正教伝道誌』(一九〇一、正教会編輯局)、小野帰一『酒井篤礼小伝—司祭イオアン川股篤礼小伝—』(一九三四)、中村健之介・中村悦子『ニコライ堂の女性たち』(二〇〇三、教文館)　(中村健之介)

さかいとしひこ　堺利彦　一八七〇—一九三三　明治・大正・昭和期の社会主義者、新聞記者、作家。号は枯川。筆名に貝塚渋六など。明治三年十一月二十五日(一八七一年一月十五日)、豊前国豊津に下級士族の三男として生まれる。第一高等中学校を遊蕩にふけり中退。自由民権思想に触発され、小学校教員や新聞記者を務めながら小説の執筆や毛利家歴史編輯所の『防長回天史』編纂に携わる。明治三十二年(一八九九)『万朝報』に入社。明治三十四年に社会民主党結成に参加するも、同党は即日結党禁止され、黒岩涙香《くろいわるいこう》、幸徳秋水、内村鑑三らと理想団を結成する。記事・冊子などで言文一致体の普及や革新的な家族論・女性論を展開する。義和団事件に特派されたことを契機に戦争批判の意識を強め、日露戦争を前に非戦論を訴える。明治三十六年『万朝報』が主戦論に転じたことで幸徳秋水とともに脱退、同年十一月に平民社を創設し、平民主義、社会主義、非戦の立場から週刊『平民新聞』を発行。明治三十七年には『平民新聞』の筆禍事件で社会主義者として初の入獄者になる。同年には幸徳とともに『共産党宣言』を訳出、発表。明治三十九年日本社会党の結成に評議員として参加し東京市電値上げ反対市民闘争などを指揮。同党第二回大会における「直接行動、議会政策」論争では、折衷的な立場をとり宥和を図る。明治四十一年(一九〇八)赤旗事件で入獄。大逆事件後に売文社を設立し、活動家を糾合しその生活を支え逼塞した社会主義運動の再建を目指した。大正十一年(一九二二)日本共産党の結成に加わり初代委員長となるが翌年検挙。再建された共産党とは袂を分ち、山川均、荒畑寒村らと『労農』を創刊、労農派を結成。昭和三年(一九二八)無産大衆党の結成に参加、後継の日本大衆党

堺利彦

では中央委員を務め、昭和四年東京市会議員選挙に当選。満洲事変に際しては非戦を訴え続けた。温厚かつ寛容な人柄で、社会主義運動が分岐を遂げていくなかでも立場を超えた幅広い信望と交流を保った。昭和八年一月二十三日死去。六十四歳。『堺利彦』(『平民社百年コレクション』二、平成十四年、論創社)がある。→共産党宣言《きょうさんとうせんげん》 →平民社《へいみんしゃ》 →平民新聞《へいみんしんぶん》

参考文献 林尚男『評伝堺利彦―その人と思想―』(一九七七、オリジン出版センター) (木下ちがや)

さかいのこうよう 境野黄洋 一八七一―一九三三 明治から昭和時代の仏教史学者。新仏教運動の主唱者。明治四年八月十二日(一八七一年九月二十六日)、宮城境野(仙台市)の境野功敏の長男として生まれる。明治二十二年(一八八九)、井上円了創立の哲学館に入学。同二十七年、仏教改革を目指す古河老川《ふるかわろうせん》らが結成した経緯会に参加。また、村上専精《むらかみせんしょう》・鷲尾順敬《わしおじゅんきょう》らとはじめての仏教史研究雑誌『仏教史林』刊行に加わる。哲学的教理史と社会的歴史の二面から、仏教の現況に鋭い批判と革新の眼差しを向けた。同三十二年(一八九九)哲学館講師に就き、仏教清徒同志会を高島米峰《たかしまべいほう》らとともに結成。雑誌『新仏教』主筆として新仏教運動を展開、仏教の健全な信仰に基づく社会の根本的改善を希求した。大正七年(一九一八)東洋大学学長。中国仏教史研究者としても名を残す。昭和八年(一九三三)十一月十一日没、六十三歳。著書に『支那仏教精史』『支那仏教史綱』など。

境野黄洋

参考文献 『東洋大学創立五十年史』(一九三七)、常光浩然『明治の仏教者』下(一九六八、春秋社)、池田英俊『明治の新仏教運動』(『日本宗教史研究叢書』、一九七六、吉川弘文館)、同『明治の仏教―その行動と思想―』(『日本人の行動と思想』三一、一九七六、評論社) (木場 明志)

さかいぼうせきじょ 堺紡績所 始祖三紡績の一つ。鹿児島藩は、慶応二年(一八六六)和泉国堺戎島《えびすじま》(大阪府堺市)に蔵屋敷建設名目で買い入れた土地に鹿児島紡績所の分工場建設を計画し、原料製品売買の便から堺への立地を提案した藩士石河正竜が建設を担当した。明治三年(一八七〇)イギリスのヒギンス社製ミュール紡績機二千錘と蒸気機関で開業した。五代友厚が大阪で販売を担当したが経営は不振で、廃藩後五年に政府が買い上げた。石河が官員に転じて操業に従事し、勧農寮時代には見料を取って見学させたこともあり、その機械の組み合わせは二千錘紡績のモデルとされた。十一年(一八七八)鹿児島の豪商浜崎太平次の代理人肥後孫左衛門に払い下げ、十四年には川崎正左衛門(実質的には川崎正蔵)の所有となり川崎紡績所と称した。二十二年(一八八九)に正左衛門の妹婿川崎愛之輔らを発起人に泉州紡績が設立されると、設備は同社に継承された。

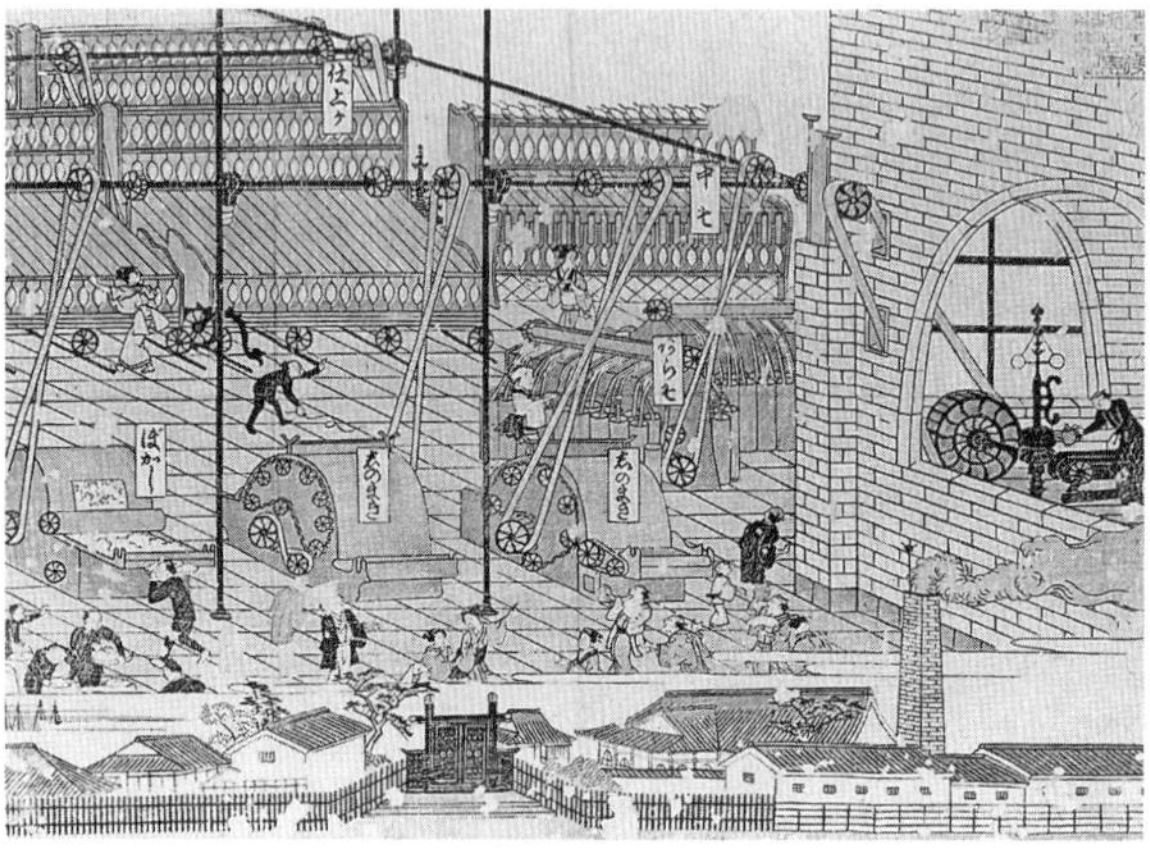

堺戎島紡績所図

参考文献 絹川太一『本邦綿糸紡績史』一(一九三七、日本綿業倶楽部)、玉川寛治「わが国綿糸紡績機械の発展について―創始期から一八九〇年代まで―」(『技術と文明』九ノ二、一九九五) (高村 直助)

さかいゆうざぶろう 酒井雄三郎 一八六〇―一九〇〇 政治評論家。万延元年九月九日(一八六〇年十月二十二日)小城藩士酒井忠六の四男に生まれる。満岡勇之助・土井有格に漢学を学び、明治十一年(一八七八)上京、神田明法学社で仏語を学び、翌年中江兆民の仏学塾に入塾、十四年以降同塾幹事・講師・塾長代理を務めた。このころ『東洋自由新聞』に投稿している。二十二年(一八八九)パリ万国博覧会に農商務省事務官として随行した折、社会問題・社会運動に関心を示し、社会主義運動やメーデーを『国民之友』などに紹介した。二十四年、ブリュッセルでの第二インターナショナル大会に日本人として初参加した。翌年帰国し、小島竜太郎らと労働者の窮乏救済・権利確立の方法を求め社会問題研究会を組織。三十三年(一九〇〇)のパリ万国博覧会に再び農商務省嘱託兼『大阪朝日新聞』特別通信員として赴いた際、パリの下宿の窓から転落し、同年十二月九日没。四十一歳。著書に『排曲学論』『十九世紀欧洲政治史論』、訳書に『泰西先哲政論』『政理新論』『今世欧洲外交史』がある。

参考文献 鈴木正「酒井雄三郎と社会問題」(『思想』四二九、一九六〇)、佐々木敏二「酒井雄三郎の生涯と思想―西園寺公望との関係を問題にしながら―」(『立命館大学人文科学研究所紀要』二七、一九七九) (松崎 稔)

さかがみはんしち 阪上半七 ?―一九〇七 東京の書

肆。紀伊国由来の出身。生年不詳。弘化四年（一八四七）に上京して日本橋の須原屋店員となり、のち支配人に昇進する。明治五年（一八七二）、独立して日本橋区呉服町（東京都中央区、のち本石町（東京都中央区）移転）に育英舎を創業、書籍出版業を始める。明治政府の法典新律綱領を出版したことでも有名。このほか、明治十年代には、初等中等学校教科書の主な発行所の一つとしても名を馳せた。また半七は、東京書籍出版営業者組合協議員、東京書籍商組合評議員を歴任した。明治四十年（一九〇七）死亡。

参考文献 東京書籍商組合『東京書籍商伝記集覧』（『日本書誌学大系』二、一九七八、青裳堂書店）、鈴木徹造『出版人物事典―明治―平成物故出版人―』（一九九六、出版ニュース社）（鵜飼 政志）

さかきていとく　彭城貞徳　一八五八―一九三九　洋画家。安政五年二月十一日（一八五八年三月二十五日）、長崎の唐通事の家に誕生。本名亀松。明治二年（一八六九）から広運館でフランス語および中国語を学び、四年、京都府仏学校へ入学。そこで広運館の教師だったレオン＝デュリー所有のナポレオン三世肖像画に感動し、油絵修学を志す。明治八年上京し、高橋由一《たかはしゆいち》の天絵社《てんかいしゃ》に入門。翌年、工部美術学校に入学。フェッレッティに失望し、十一年（一八七八）九月に退学。画工や図案家として勤務後、長崎に戻る。森本姓になり、長崎商業学校ほかで図画教員をし、二十五年（一八九二）十一月森本亀松の名で図画教科書『新式毛筆画手本』を出版。同年、長崎県の出品総代としてシカゴ博覧会に出張し、米欧主要都市を訪問して帰国。その後、神戸女学院ほかで図画教員をした後、上京し海産物問屋を開業。昭和七年（一九三二）未だ存命中に、日動画廊で「榊氏油絵遺作展」を開催されてしまう。尺八ほかさまざまな楽器に長け、代表作に「和洋合奏図」。昭和十四年（一九三九）一月四日没。八十二歳。

参考文献 彭城貞徳「明治洋画の黎明期」（『中央公論』五三ノ八、一九三八）、金子一夫『近代日本美術教育の研究―明治・大正時代―』（一九九九、中央公論美術出版）（河上 眞理）

さかきはじめ　榊淑　一八五七―九七　精神病理学の開拓者。安政四年八月二十八日（一八五七年十月十五日）、幕臣榊令輔の長男として江戸に生まれる。明治十三年（一八八〇）六月、東京大学医学部を卒業、文部省より精神病研究のため留学を命ぜられ、十五年二月、ドイツに出発、ベルリン大学でC・ヴェストファル、E・メンデルらに就いて学び、十九年十月帰国、同年十一月帝国大学医科大学教授となり、同時に東京府癲狂院《てんきょういん》医長に任じられた。二十年（一八八七）九月、病院内に講義室を新築し、精神病学の講義を行い、二十二年、癲狂院の名称を巣鴨病院と改称させた。なお教室は大正三年（一九一四）に大学内に移転する。明治二十四年八月、医学博士号を授けられた。榊は研究として鉛中毒、脚気《かっけ》の神経系病変、白痴《はくち》の脳廻転変形などを行い、臨床的研究として、アテトーゼ（明治二十一年）、ジャックソン癲癇《てんかん》（二十二年）、インフルエンザに原因する精神病（二十二年）、麻痺狂原因論（二十九年）などがある。さらに二十五年以降巣鴨病院患者の精細な統一的研究をなし、この分野研究の社会的重要性についての啓蒙活動も積極的に展開した。明治三十年（一八九七）二月六日、四十一歳で病没した。

参考文献 『大日本博士録』二（一九二二、発展社）、『東京帝国大学学術大観』医学部・伝染病研究所・農学部（一九四二）（宮地 正人）

さかきばらけんきち　榊原鍵吉　一八三〇―九四　幕末・明治期の剣客、撃剣興行の創設者。天保元年十一月五日（一八三〇年十二月十九日）、幕臣榊原益太郎の嫡男として江戸に生まれる。天保十三年（一八四二）直心影流の男《お》谷《だに》精一郎《せいいちろう》に入門。安政三年（一八五六）幕府新設の講武所剣術教授方就任。維新後、旧武士の困窮を救済するために、木戸銭をとり庶民に剣術の試合を見物させる撃剣興行を発案。明治六年（一八七三）四月、浅草左衛門河岸ではじめて興行を行い大成功を収める。以後、同種の興行が数多く現れ当時の流行となる。また、教育現場における剣術の普及にも努め、明治十二年（一八七九）学習院の科目に撃剣を課す際には教師として、同十五年東京大学での撃剣会開催では指南役を務める。さらに同二十一年（一八八八）には帝国大学で教員として学生に剣術を指導するなど、明治期における剣術の推奨・発展に最も尽力した一人である。明治二十七年九月十一日没。六十五歳。

参考文献 山下素治『明治の剣術―鉄舟・警視庁・榊原―』（一九八〇、新人物往来社）（頼住 一昭）

さかきばらよしの　榊原芳野　一八三二―八一　幕末・明治時代前期の国学者。榊原正之助の長男として、天保三年（一八三二）に江戸住吉町で生まれる。通称は鬲蔵、号は琴洲。伊能穎則《いのうひでのり》の門に入り国学を学ぶ。明治二年（一八六九）に昌平学校少助教、ついで大学校少助教となる。生徒であった高橋勝弘は、「榊原教授は博聞強記、和漢学天竺に通じ、書生の訓話を受くるには最も良師なりとて、就て学ぶ者多かりし」と書き残している。明治三年に私塾攻玉塾を開き、明治四年に文部省権大助教となる。明治六年に自宅の出火で数千巻の書籍・草稿を消失する。明治八年に文部省編書課のメンバーが中心となって結成した洋々社の社友となり、機関誌『洋々社談』に博物学を中心とした十二本の論説を寄稿する。明治十四年（一八八一）に発狂して文部省を辞職する。同年十二月二日に病没。五十歳。没後、その蔵書千四百八十七点、六千百五十七冊が東京図書館に寄贈された。著書に『太古史略』『文芸類纂』などがあり、文部省在任中は『語彙』『小学読本』『古事類苑』などの編集にあたった。

参考文献 玉林晴朗「榊原芳野の話」（『伝記』四ノ四、一九三七）、桑原伸介「榊原芳野のこと」（『図書館と出版文化』所収、一九七七、弥吉光長先生喜寿記念会）、高木まさ

き「榊原芳野伝覚書き―明治初期国語教科書編纂者の研究―」(『人文科教育研究』二二、一九九四)

(田中 元暁)

さかきりょうざぶろう 榊亮三郎 一八七二―一九四六 明治から昭和時代前期の梵文学、仏教学者。明治五年四月五日(一八七二年五月十一日)、紀伊国那賀《なが》郡小倉《おぐら》村(和歌山市)生まれ。和歌山県尋常中学校を経て、同二十年(一八八七)第三高等中学校予科に仮入学。同二十五年同校本科卒、帝国大学文科大学博言学科に入学。同二十八年卒、大学院に入学し梵文学専攻。同三十年(一八九七)より、京都本派本願寺文学寮教授。同三十二年より第三高等学校教授。この間、英語・独語・ラテン語・印度文学などを担当。同三十九年、梵語研究のため、英独仏への留学被命。翌年京都帝国大学文科大学助教授となり、離日。同四十三年(一九一〇)帰国、教授に就任し、梵語学梵文学講座担任。同四十四年、文学博士。仏教大学(現竜谷大学)・真宗大谷大学講師も務める。昭和七年(一九三二)退官。同二十一年(一九四六)八月二十四日、三重県南牟婁郡の疎開先にて没。七十五歳。『解説梵語学』(明治四十年、真言宗高等中学)、留学期の「マハーヴュットパッティ」筆写に基づく『(梵蔵漢和四訳対校)翻訳名義大集』(大正五年、『京都帝国大学文科大学叢書』三)は斯界の基礎文献。日本密教関連著作もある。

参考文献 足利惇氏「榊亮三郎先生、その人と学問」(『榊亮三郎論集』所収、一九八〇、国書刊行会)、『京都大学百年史』部局史編(一九九七)

(田中 智子)

さかぐちじんいちろう 坂口仁一郎 一八五九―一九二三 明治・大正期の政治家、漢詩人、新聞社経営。安政六年正月三日(一八五九年二月五日)、越後国蒲原郡阿賀浦村字大安寺(新潟市)に坂口得七の長男として生まれる。号は五峯。明治七年(一八七四)勉学のため上京、中村敬宇の同人社で学ぶ。帰郷後同十二年(一八七九)新潟米商会所の頭取に就任、以後没年までその職にあった。同十七年県会議員に当選、県会議長を務める。この間『新潟新聞』の経営を引き受け、新潟政界で大いに手腕を振るった。同三十五年(一九〇二)衆議院議員当選。その後、立憲同志会・憲政会に所属し、憲政会時代には党務委員長や総務を務めるなど、加藤高明の信任は厚かった。大正十二年(一九二三)十一月二日死去。六十五歳。詩人としても活躍し、編著に『北越詩話』二巻(大正七―八年、平成二年に復刊)がある。なお長男に献吉(『新潟日報』社長、新潟放送社長)、五男に安吾(作家)がいる。

(中嶋 晋平)

坂口昂

さかぐちたかし 坂口昂 一八七二―一九二八 明治から昭和時代前期の西洋史学者。明治五年正月十五日(一八七二年二月二十三日)に兵庫県有馬郡日西原村(神戸市北区)に、旧庄屋の家の坂口久兵衛の三男として生まれる。家業が傾き苦学のすえ明治十九年(一八八六)大阪中学校に入学し、二十年(一八八七)に京都の第三高等中学校へと編入された。この間、喜田貞吉《きたさだきち》・桑原隲蔵《くわばらじつぞう》・有吉忠一・浜口雄幸などと交遊する。三十年(一八九七)東京帝国大学文科大学史学科を卒業し、翌年第三高等学校教授を経て、四十年(一九〇七)から創設された京都帝国大学の西洋史講座を担任する。四十二年二月から三年間、独英仏に留学し、アテネにおける列強の古代研究所の実態も目にする。東京帝国大学ではランケの弟子のルドヴィヒ＝リースにならい、ランケ的「世界史」と文化史の影響を受け、「ギリシャ文明」の東西への伝播・変容を通観した『世界に於ける希臘文明の潮流』(大正六年)、『概説世界思潮』(同九年)、『独逸史学史』(昭和七年)などを著わした。また朝鮮総督府の依頼でドイツ帝国辺境の民族問題を調査した『独逸帝国境界地方の教育状況』(大正二年)を提出し、有吉と西都原《さいとばる》古墳群の発掘を行なった。昭和三年(一九二八)一月二十八日没。五十七歳。

参考文献 『芸文』一九ノ五(一九二三)、坂口遼編『ある歴史家の生涯―坂口昂とその家族たち―』(一九九六、丸善出版サービスセンター)、小山哲「「世界史」の日本的専有―ランケを中心に―」『歴史学の世紀―二〇世紀韓国と日本の歴史学―』(二〇〇九、ヒューマニスト出版社)

(高木 博志)

さがけん 佐賀県 九州地方の北西部に位置する県。明治四年七月十四日(一八七一年八月二十九日)に旧藩は廃藩置県で厳原《いずはら》県・唐津県・佐賀県・小城《おぎ》県・鹿島県・蓮《はすの》池《いけ》県になった。九月四日(十月十七日)には厳原県と佐賀県が合併して伊万里県となり、県庁も伊万里に置かれた。十一月十四日(十二月二十五日)には唐津県・小城県・鹿島県・蓮池県も合併した。旧佐賀藩領であった諫早《いさはや》・神《こう》代《じろ》・伊古《いこ》・西郷・深掘は五年正月に長崎県に編入された。同年五月二十九日(一八七二年七月四日)に伊万里県は佐賀県と改められ、県庁も旧佐賀藩城下町のあった佐賀に置かれた。八月十七日(九月十九日)に旧厳原県のうち対馬と壱岐が長崎県の所属となった。七年二月に起きた佐賀の役もあって九年四月十八日には佐賀県は三潴《みずま》県に併合された。さらに五月二十四日には杵島郡・東松浦郡・西松浦郡が長崎県に編入され、六月二十一日には藤津郡も長崎県の所属となった。八月二十一日に三潴県が廃止されたことにより、基肄《きい》郡・三根郡・養父《やぶ》郡・神埼郡・佐賀郡・小城郡も長崎県に編入された。十六年(一八八三)五月九日に杵島郡・東松浦郡・西松浦郡・基肄郡・三根郡・養父郡・神埼郡・佐賀郡・小城郡よりなる佐賀県が設立された。二十九年（一八九六）四月一日に基肄郡・三根郡・養父郡が合併して三養基《みやき》郡になった。

参考文献 『佐賀県史』下（一九七四）、『佐賀県政史』（一九七九）

（長野　暹）

〔明治初年農民一揆〕 佐賀藩は天保十三年（一八四二）に蔵入地の小作料と借銀を十年間免除する措置を執り、嘉永四年（一八五一）にこの措置をさらに十年間延長した。文久元年（一八六一）正月には蔵入地の小作地を藩の管轄下においた。皿山代官管内では小作地の二五％を地主に、残りを小作人の所持とした。同年十二月には、この措置を蔵入地全域に適用した。この小作地に関わる処分が明治になると紛糾した。明治二年（一八六九）十月に明治政府は、小作地の天保十三年以前の状況について調査を命じ、明治五年正月に伊万里県庁は小作人に与えられていた土地を地主に返還して三十年前の状況に戻し、小作料は半額とすることを命じた（第一次加地子処分令）。この処分令に対して小作人は承諾せず、三月には西松浦郡・佐賀郡では多数の小作人が集まり県庁に抗議した。五月にさらに激しくなり、その後も抗議は続いた。小作人側の強い抵抗に対して、佐賀県庁は明治六年八月に先の処分を取り消し、小作地の二五％を地主に渡し、残りを小作人の所持とする方針を出した（第二次加子地処分令）。この処分令に対して地主側の反対が強まり、処分令を実施できない状況になった。明治十年（一八七七）二月に政府は、地主に小作地の五〇％を献田させ、地主には献田地の地価の二五％を報償金として与え、小作人には地主の献田地を下付する方針を出した（第三次加子地処分令）。この方針に対して小作人は承諾せず、明治十二年七月に小作人は長崎上等裁判所に小作地の所有権は小作人にあるとして提訴した。この訴えは明治十三年二月に却下された。明治十三年春には、有田郷・伊万里郷の小作人三百人ほどが蓆旗や竹槍を持って腰岳に集まり、郡役所や地主宅に押しかけ抗議を行なった。この動きは官憲によって弾圧され、多くの者が逮捕された。同年十月には小作人が東京上等裁判所に明治十二年以降の処分の取り消しを求めて提訴した。明治十四年一月に県は所有権は小作人にないとする書類を提出した。同年二月に唐津区裁判所は小作人の所有権を否認する決定を出した。小作料の納入は小作人の抵抗で円滑でなかった。県はこのような事態を打開するために、明治十四年十月に政府に対して行政権によって小作地の問題を解決する方針を申請し、政府は明治十五年三月これを認めた。以後、県は小作人の取り締まりを強め、同年五月に小作人の代表者を扇動罪で佐賀軽罪裁判所に告発した。九月に重禁錮の判決が出された。この判決以後運動は鎮まっていった。

参考文献 小野武夫『旧佐賀藩の均田制度』（一九二八、岡書院）、『伊万里市史』近世・近代編（二〇〇七）

（長野　暹）

〔民権結社〕 明治八年（一八七五）八月に小城《おぎ》で自明社が香月則之・松田正久らによって結成された。社員は二十名ほどであった。言論を通じて政治改革を目指すことを方針としていた。明治十三年（一八八〇）六月には先憂社が板垣速見・牧野将之助らによって唐津で結成された。社員は二十八人であった。論調は自由党系であった。明治十四年十月に佐賀改進会が武富時敏《たけとみときとし》・野田常貞らによって結成された。武富時敏は明治十五年三月に自由党系である九州改進党の結成に参加した。十五年五月には唐津改進会が結成された。同月には九州改進党肥前部が設けられた。明治十八年五月に九州改進党は解散、これを受けて肥前部も解散となった。明治二十一年（一八八八）九月に永田佐次郎・野田常貞・武富時敏らによって郷党会が結成された。同年十二月に佐賀改進党が牛島秀一郎・江副靖臣《えぞえやすおみ》らによって結成された。旧九州改進党系を中心に九州連合同志会が明治二十二年二月に結成されたことから、郷党会・佐賀改進党も参加した。九州連合同志会は二十三年七月に九州同志会となったが、八月に解散し立憲自由党に合流した。郷党会・佐賀改進党も解散した。

参考文献 佐賀近代史研究会編『佐賀新聞にみる佐賀近代史年表』明治編上（一九八八、佐賀新聞社）

（長野　暹）

〔新聞〕 『肥筑日報』が明治十九年（一八八六）四月一日に佐賀郡松原町（佐賀市）で発行された。武富時敏《たけとみときとし》が主宰、九州改進党系の新聞であった。すでに発刊されていた『佐賀新聞』と対抗する状況になり、二十年（一八八七）八月の佐賀郡選出県会議員補欠選挙では対立し、二十五年の衆議院議員選挙では『佐賀新聞』は政府側、『肥筑日報』は野党側の立場で激しく論戦した。『肥筑日報』は二十八年七月九日に『西肥日報』と改題した。二十九年六月に『唐津新報』が刊行された。三十三年（一九〇〇）六月に『佐賀日日新聞』が発刊された。社内の政治的対立が強く、三十六年三月十三日の株主総会で解散を決議した。明治四十五年（一九一二）七月に『佐賀毎日新聞』が発刊された。

参考文献 『佐賀新聞七十五年史』（一九六二）

（長野　暹）

〔雑誌〕 明治三十年（一八九七）四月に『栄城』が創刊された。これは佐賀県立尋常中学校栄城会が刊行した校友会誌であったが、佐賀県における文芸活動の母体をなした。論説では佐賀の衰退を指摘し奮起を促す内容で、基峰山人が創刊号と三号で「佐賀」と題して論じ、二号では、水町雄次が「佐賀根性」の論題で述べた。二人とも佐賀出身で第五高等学校の三年生であった。文芸では漢詩、和歌、新体詩が掲載されていた。新しい動きも見られ、高田保馬《たかたやすま》・下村湖人《しもむらこじん》（内田虎六郎）が七号（三十二年八月）から投稿している。明治三十四年に文芸同人誌『初声』が創刊された。新体詩の影響を受け、下村湖人も投稿していた。同誌は三十五年には廃刊になった。三十六年秋に文芸同人誌『むらさき』が藤津郡塩田町（嬉野市）で発行されたように、佐賀にも新しい動きが広がってきた。

三十九年三月に『野の花』が佐賀市材木町の出版社から刊行され、四十一年（一九〇八）一月には自然主義の影響を受けて『九州文学』と改題した。同年に『芸苑』が中《なか》尾《お》紫川《しせん》によって発行された。

参考文献 『佐賀の文学』（一九六七、新郷土刊行協会）

（長野　暹）

〔私立学校〕明治十一年（一八七八）に佐賀郡松原町（佐賀市）に戊寅義学が設立された。十二年二月には杵島郡に就学年限二年の鶴陰精舎、三年の藍田私塾が発足した。二十年（一八八七）には佐賀水ケ江町に四年制の干城学校、藤津郡高津原村（鹿島市）に本科三年・別科三年の鹿島英語学校が設置された。二十一年には三年制の有隣館が佐賀高木町に、二十四年には、三年制の実用学校が佐賀市伊勢屋町、二年制の実習女学校が佐賀市松原町に設置された。三十年（一八九七）には四年制の裁縫徒弟学校が東松浦郡唐津町（唐津市）に、三十二年には佐賀女学校が佐賀市松原町に開かれた。三十四年に五年制の西肥仏教中学が佐賀郡高木町（佐賀市）に、三年制の成美女学校が佐賀市赤松町に設置された。三十五年には三年制の九州学院が佐賀市水ケ江町に、三十八年には四年制の日蓮宗妙園寺小学校が小城《おぎ》郡三日月村（小城市）に設けられた。三十九年には五年制の佐賀盲唖学校が佐賀市水ケ江町に、三年制の神陽学館が神埼郡神埼町（神埼市）に設けられた。神埼町には、四十一年（一九〇八）に二年制の神陽女学校、四十三年に本科三年・研究科一年の私立神陽農業学校が開校した。四十四年には本科二年・補習科一年の私立実科女学校が佐賀市与賀町に設置された。

参考文献 佐賀近代史研究会編『佐賀新聞にみる佐賀近代史年表』明治編上（一九八八、佐賀新聞社）

（長野　暹）

〔銀行〕明治十一年（一八七八）三月二十九日に三井銀行佐賀出張店が佐賀の呉服町に開設された。小城《おぎ》第九十七国立銀行が二月十日に資本金五万円で設立され、三月二十五日に小城郡小城町（小城市）で開業した。頭取は小城鍋島家の家扶相良亨《さがらとおる》、支配人は旧小城藩士西正豊であった。明治十二年二月二十四日に佐賀第百六国立銀行が資本金三十万円で設立され、四月一日に佐賀郡北堀端（佐賀市）で開業した。頭取は鍋島家家扶の田中清輔《たなかきよすけ》で株主は四百六十八人あった。株金の内、田中清輔が一万二千百二十円、旧多久領主多久茂族《たくしげつぐ》が一万千八百円を保持したが、大半は千円以下であった。明治十五年三月十日に伊万里銀行が西松浦郡伊万里町（伊万里市）で開業した。鍋島家と大隈重信などの出資を受け、伊万里の商人松尾貞吉が中心になって設立したもので、資本金は三十七万円であった。明治十五年五月に佐賀郡点合《てんや》町（佐賀市）に旧佐賀藩御用商人伊丹文右衛門が一族を集めて資本金十一万円で栄銀行を設立した。明治十六年一月に三省銀行が佐賀郡柳町（佐賀市）に旧佐賀藩士柿久英次《かきひさひでつぐ》を中心に資本金八万円で設立された。取引先は米穀商が多く、米穀買付をめぐる紛糾で二十一年（一八八八）八月に廃業した。明治十七年四月に志保多《しほた》銀行が藤津郡馬場下村（嬉野市）に前田悦一らによって資本金二万四千円で設立されたが、明治二十六年に解散した。明治十八年一月に古賀銀行が旧佐賀藩御用商人の古賀善平によって佐賀郡蓮池町に資本金十万円で設立、同年八月には長崎支店を開設した。明治十八年十月に大島小太郎らの有力商人が東松浦郡唐津町に資本金三万五千円で唐津銀行を設立した。明治十九年十二月に鹿島銀行が牟田万次郎らによって藤津郡北鹿島村（鹿島市）に資本金十万円で設立され、二十六年に解散した。明治二十二年八月、佐賀第七十二国立銀行が佐賀市に開業した。古賀善平が経営不振に陥っていたのを買収したもので、二十六年十月には古賀銀行と合同した。明治二十五年一月に協立銀行が大地主の前田儀右衛門を中心に資本金二万円で西松浦郡新村（有田町）に設立された。明治二十五年十月に呼子銀行が銀行類似会社の栄進商社の組織変更を行なって資本金二万五千円で東松浦郡呼子村（唐津市）に設立された。明治二十六年七月、大石銀行が神埼郡会議員の大石太郎らによって同郡神埼村（神埼市）に資本金二万円で設立された。明治二十一年一月に武雄銀行が有田源一郎らによって杵島郡武雄町（武雄市）に資本金五万円で設立され、二十六年十二月に解散した。明治二十二年十一月に柄崎銀行が渋谷清六らによって資本金五万円で杵島郡武雄町に設立され、明治二十四年に解散した。明治二十三年五月に白石銀行が岡実諧らによって資本金三万円で養父《やぶ》郡中原《なかばる》村（三養基《みやき》郡みやき町）に設立され、明治四十四年（一九一一）八月に杵島銀行と改称した。明治二十三年三月に六角銀行が杵島郡六角村（白石町）に資本金三万円で設立され、明治二十七年に解散した。

参考文献 『佐賀銀行百年史』（一九八二）

（長野　暹）

さかざきしらん　坂崎紫瀾　一八五三―一九一三　新聞記者、文筆家。嘉永六年十一月十八日（一八五三年十二月十八日）高知藩医坂崎耕耘の次男として江戸藩邸で生まれる。本名斌《さかん》。安政三年（一八五六）一家で高知に戻る。慶応三年（一八六七）藩の致道館に入学、翌年十六歳で同館の教師となる。同年倒幕軍に加わる。明治三年（一八七〇）広島に遊学、翌年彦根で教師となるが、六年上京、ニコライ塾に学ぶ。翌年愛国公党に入る。八年司法省に出仕、翌年松本裁判所に赴任。まもなく辞任し『松本新聞』主筆となり自由民権思想を鼓舞した。十一年（一八七八）高

坂崎紫瀾

知に帰り、十三年七月創刊の『高知新聞』編集長として活躍。政談演説を禁止されたため講釈一座を組織し、馬鹿林鈍翁の芸名で民権運動を展開した。十六年上京、『自由新聞』『自由燈《じゆうのともしび》』など多数の新聞に寄稿。坂本竜馬を描いた『汗血千里駒』、『維新土佐勤王史』などを著わす。大正二年(一九一三)二月十七日没。六十一歳。

参考文献 野崎左文「坂崎紫瀾翁の伝」(『明治文化研究』三ノ九、一九二七)、滝石登鯉「紫瀾雑録」(『土佐史談』一一五、一九六六)　(土屋　礼子)

さがさねなる　嵯峨実愛　⇩正親町三条実愛《おおぎまちさんじょうさねなる》

さかさぶろう　坂三郎　一八四四―一九二一　茶業家。弘化元年十二月二十五日(一八四五年二月一日)駿《すん》河国駿東《とう》郡沼津に生まれる。文久元年(一八六一)父の意志をついで茶樹を栽培し、製茶を始めた。慶応二年(一八六六)から明治十六年(一八八三)まで十余名の茶師を山城から招き宇治製法を地方茶業家に伝習させ、かつ地方有志者を集め茶業集談会を開くなど、製法の改良と増産奨励に取り組んだ。明治九年(一八七六)江原素六《えばらそろく》らと沼津に積《せき》信《しん》社《しゃ》を設立しアメリカに製茶直輸出を始めた。わが国の製茶直輸出の嚆矢とされる。しかし粗製濫造によりアメリカの信用を失い製茶価格が下落、加えて外為相場の変動により十六年には解散した。同年神戸での製茶集談会において粗製濫造を防ぐため茶業者団体の設置を強く訴えた。同十七年静岡県茶業組合取締所役員、二十一年(一八八八)静岡県茶業組合連合会議所議員、茶業組合中央会議所議員に選出され、わが国茶業の発展に尽力した。明治二十九年緑綬褒章受章。大正十年(一九二一)十二月二十二日没。七十八歳。↓積信社《せきしんしゃ》

参考文献 山田万作『嶽陽名士伝』(一八九一)、村松五一編『静岡県駿東郡茶業史』(一九二一、静岡県駿東郡茶業組合)、静岡県茶業組合連合会議所編『静岡県茶業史』(一九二六)　(髙木　敬雄)

さがしょうさく　嵯峨正作　一八五三―九〇　明治時代前半期の翻訳家、歴史学者。号梅蕾。嘉永六年(一八五三)越中国新川郡東岩瀬(富山市)に生まれる。嵯峨寿安の弟である。大蔵省紙幣寮には明治七年(一八七四)四月銀行学局が設けられ、同局では銀行簿記講習所の生徒を募集。嵯峨は上京して講習所生徒に応募して貸費生となり、紙幣寮が紙幣局に変わった明治十年(一八七七)に卒業。同局で翻訳の任にあたり十二年大阪造幣局に出仕するも、十五年に辞職して田口卯吉の経済雑誌社に入社し、『東京経済雑誌』の編集に従事するとともに、雑誌社の出版事業である『大日本人名辞典』(十八―十九年刊)などの編纂にあたった。雑誌が十七年六月七日布達の商標条例を論じた際法規に触れたとして伴直之助と石川島の獄に一ヵ月投ぜられた。十八年の冬に落ちて右足股関節を痛め、また二児を残して妻に先立たれている。十九年退社し『日本史綱』(二十一年刊)の執筆に専念、二十三年(一八九〇)六月五日三十八歳で没した。翻訳としてはモングレヂアン『英国自由保護両党活劇史』(明治二十二年刊)やゼヴォン『経済論綱』(二十二年刊)がある。また『富国論』翻訳者の石川暎作が明治十九年四月に死亡したので、残りの第一〇・一一・一二の三冊は嵯峨が翻訳することとなった。

参考文献 大日本人名辞書刊行会編『新版大日本人名辞書』(一九二六)　(宮地　正人)

さがしんぶん　佐賀新聞　明治十七年(一八八四)八月一日に佐賀県佐賀郡新馬場(佐賀市新馬)で発刊された新聞。社長は江副靖臣《えぞえやすおみ》であった。明治二十五年(一八九二)二月四日に坂元則貞に譲渡した。坂元は国権主義の立場で発行した。当時佐賀では民党と官党が対立し、小城《おぎ》町では二月十五日に衆議院議員選挙を巡って死傷者が出る衝突になった。『佐賀新聞』は政府側の立場で報道した。再び江副が経営し十二月十二日に『佐賀自由』と改題した。明治三十二年(一八九九)三月二十二日に再び『佐賀新聞』に改めた。大正四年(一九一五)四月二十一日に江副靖臣は社長職を副島義一に譲った。副島の衆議院議員当選後は野口藤三が運営したが、昭和十三年(一九三八)八月三十日に『佐賀毎夕新聞』の中尾都昭《なかおくにあき》が買収した。『佐賀毎夕新聞』と『佐賀新聞』は発行が続けられたが、同年十一月三日に両紙を合併し、十一月五日に『佐賀新聞』として発行した。昭和十六年五月一日に『佐賀新聞』は『佐賀日日新聞』と合併し、五月十日に『佐賀合同新聞』名で発行したが、十九年五月二十七日に『佐賀新聞』に改題した。

佐賀自由

『佐賀自由』第3755号

参考文献 『佐賀新聞七十五年史』(一九六二)、佐賀新聞社編『佐賀新聞にみる佐賀の八十五年』(一九六九)　(長野　暹)

さかたさんきち　阪田三吉　一八七〇―一九四六　贈将棋名人、王将。明治三年六月三日(一八七〇年七月一日)、和泉国大島郡舳《への》松村(大阪府堺市堺区協和町)生。小学校に入学せず、独力で将棋を学ぶ。明治二十七年(一八九四)二十五歳の時、無名の人実は関根金次郎五段との宿命対決にて敗れる(通算十六勝十五敗指掛一)。四十年(一九〇七年)神戸新聞主催で小菅剣之助・関根と対戦し全国紙に大きく報道される。四十一年大阪朝日新聞社嘱託。四十三年『大阪朝日新聞』で七段を名乗る。関西棋士十六名と関西将棋研究会を結成、機関誌『将棋雑誌』を出す。大正十年(一九二一)関根は名人就位。十四年京阪有力者の推薦で名人を宣言。関東棋界と絶縁。昭和四年(一九二

九)「将棋哲学」を書く。昭和八年大朝嘱託辞任。同十二年(一九三七)読売新聞主催で木村義雄・花田長太郎両八段と十五年振りの対局。十三年第二期名人戦に参加、七勝八敗で晩年の実力を示す。二十一年(一九四六)七月二十三日七十九歳で没。三十年(一九五五)名人・王将位を追贈。豊中市服部霊園に「王将阪田墓」、大阪通天閣下に「王将碑」建立。三十六年西條八十詞・船村徹曲・村田英雄歌の「王将」がミリオンセラーとなり阪田の名は大衆に広まる。

参考文献 東公平『阪田三吉血戦譜』(一九七八・七九、大泉書房)、中村浩『棋神・阪田三吉』(一九八〇、講談社)、『反骨の棋士阪田三吉―その栄光と苦難の道―』(一九九六、舳松歴史資料館)

(越智　信義)

さかたじょうへい　坂田丈平　一八三九―九九　漢学者、政治家。父は坂田端一。天保十年五月五日(一八三九年六月十五日)備中川上郡九名《くみょう》村(岡山県井原市)に生まれる。字は夫卿、通称丈助・丈平。号は警軒・九邨。嘉永六年(一八五三)叔父阪谷朗廬《さかたにろうろ》の興した興譲館に入り、その訓導のもと都講にすすむ。万延元年(一八六〇)、肥後の木下犀潭に入門、井上毅、竹添進一郎とともに木門の三才子と称せられる。慶応元年(一八六五)江戸で安井息軒に師事、三年帰郷、岡山藩家老池田氏の賓師となる。明治元年(一八六八)興譲館二代目館長に就任。洋書の翻訳本の購入を発議し一新社を組織した。八年、山田芳谷に招かれ閑谷黌でも教える。十二年(一八七九)岡山県第一回県会議員となりついで初代議長となる。二十年(一八八七)同志社の講師となり二十二年辞任。二十三年第一回衆議院議員選挙に当選。以後当選二回。この間二十四年には慶応義塾で教え、議員辞任後は高等師範学校、哲学館(現東洋大学)、斯文学会で講師を歴任。明治三十二年(一八九九)八月十五日病没。六十一歳。著書に『警軒詩文鈔』三巻がある。

参考文献 山下敏鎌編『興譲館百二十年史』(一九七三、「興譲館百二十年史」記念刊行会)、山田芳則「坂田警軒―実践倫理の儒学から功利論へ―」(『幕末・明治期の儒学思想の変遷』所収、一九九八、思文閣出版)

(山根　秋乃)

さかたていいち　阪田貞一　一八五七―一九二〇　工業教育家。安政四年(一八五七)生まれ。明治十三年(一八八〇)東京大学理学部工学科を卒業。二年間の欧米留学を果たし、同二十年(一八八七)に浅草蔵前にあった東京職工学校の教諭に就く。同校が二十四年に東京工業学校、三十四年(一九〇一)に東京高等工業学校と改称されてからは教授として校長手島精一とともにエンジニア教育にあたった。四十年(一九〇七)早稲田大学が理工科開設を発表し、この計画にあたって同大学長高田早苗より協力を懇請された手島精一とともに学科および教員の編成に力を尽くし、実現に大きな役割を果たした。高田にとっては、三歳年上ながら「東京大学在学当時の学生仲間の一人」であった。手島は、明治三年(一八七〇)にアメリカに渡り、五年に岩倉使節団に随行して欧米の進んだ工業技術を痛感して日本における技術者教育を立ち上げてきた人物であり、もう一人早稲田大学における貢献者として、鉱山・鉄工業経営者ながらみずから技術者養成の私立工業学校創設を構想し教員となる若手学者を海外に留学させていた竹内明太郎《たけうちめいたろう》と友人関係を築いていた。つまりは、早稲田大学に理工科開設の財政および教員の手当てまでを可能にした配置を実践面で担い、四十一年に高等工業学校教授と兼務のまま理工科長に嘱託されたものである。四十五年に理工科顧問制度ができるとともに機械科顧問に就任し、さらに大正四年(一九一五)の校規改正に伴っては大学維持員の一人として名前を連ねている。同五年、東京高等工業学校校長の手島が没したのを受けて後任校長に就任し、同九年十二月一日に六十四歳で死去するまでその職務にあった。この間、明治三十年創立以来の伝統を誇る日本機械学会幹事長(会長)を延べ五期つとめ、機械工業民間会社の顧問、各種産業博覧会の審査官をつとめるなど、わが国工業界全体の進展に大きく貢献した。

参考文献 『早稲田大学百年史』(一九七八―九七、早稲田大学出版部)、『東京工業大学百年史』(一九八五)

(菊池　紘一)

さかたによしろう　阪谷芳郎　一八六三―一九四一　明治から昭和時代にかけての官僚、政治家、貴族院議員。文久三年正月十六日(一八六三年三月五日)備中国後月《しつき》郡西江原村寺戸《てらど》興譲館《こうじょう》(岡山県井原市)に生まれる。父は阪谷素《しろし》(朗廬《ろうろ》)。満鉄理事で貴族院議員の阪谷希一は長男。実業家渋沢栄一は岳父。内務官僚で政治家の堀切善次郎は女婿。明治九年(一八七六)、東京英語学校入学。明治十三年(一八八〇)東京大学予備門を卒業し、東京大学文学部に入学。明治十七年東京大学文学部政治学理財学科を卒業し、大蔵省へ入省。以後、大蔵省主計官、大蔵省参事官、造幣支局長、主計局長、総務長官などを経て、明治三十六年(一九〇三)に大蔵次官に就任する。この間、明治三十二年に法学博士を授与される。明治三十九年から第一次西園寺内閣で大蔵大臣を務め、明治四十年(一九〇七)に男爵となる。長く財政運営の中枢にあり、日清・日露の両戦争では戦費調達および戦後経営にあたった。明治四十五年から大正四年(一九一五)まで尾崎行雄の後をついで東京市長に在職。大正五年、連合国政府経済会

阪谷芳郎

議特派委員長としてパリ講和会議に参列。大正七年中国政府より幣制改革について招聘を受け、中国を視察した。臨時教育会議委員をはじめ各種審議会、委員会で委員を務めたほか、大正六年、貴族院議員(男爵)に当選し、公正会幹部として活躍した。そのかたわら日本の国際親善に尽力し、大日本平和協会会長、日米協会名誉副会長、国際連盟協会副会長などを歴任した。また、帝国発明協会、帝国銀行協会、中央朝鮮協会、日本俱楽部、帝国飛行協会、東京市政調査会などの種々の団体の役員を務めたほか、専修大学総長を務めるなど教育分野にも力を注いだ。関係団体の多さから「百会長」と評される。昭和十六年(一九四一)、死去直前に子爵に陞爵、同年十一月十四日没。七十九歳。著書に『日本会計法要論』『経済沿革史』などがある。なお、関係資料が国立国会図書館憲政資料室、東京大学社会科学研究所、学習院大学東洋文化研究所友邦文庫、渋沢史料館にある。

参考文献 故阪谷子爵記念事業会編『阪谷芳郎伝』(一九五一)、阪谷芳直『三代の系譜』(一九七九、みすず書房)、同『東京市長日記』(二〇〇〇、芙蓉書房出版)

(今津　敏晃)

阪谷朗廬

さかたにろうろ　阪谷朗廬　一八二二―八一　江戸時代後期から明治時代前期の漢学者。文政五年十一月十七日(一八二二年十二月二十九日)、備中国川上郡九名《くみょう》村(岡山県井原市)に、阪田良哉(のち旧姓の阪谷に復姓)の三男として生まれる。名は素《しろし》、字は子絢、通称素三郎・希八郎、朗廬と号した。良哉が大坂に住んだ折、奥野小山・大塩中斎(平八郎)の門に入れられる。小山は遅鈍にして成業困難とみたが、中斎はその晩成を予見したという。のち、一家で江戸に移り、同郷の昌谷精渓《さかやせいけい》に学ぶ。その後天保九年(一八三八)に古賀侗庵に入門、特に文章に秀で、やがて都講に抜擢される。天保十二年(一八四一)以降、閑暇に北陸・房総・上野および奥州を遊歴し、それぞれ「北遊放情」「偸聞小記」「東遊雑録」を著わす。侗庵亡き後は古賀茶渓に師事、十年余り在塾して帰郷。津和野・津山・広島・岡山諸藩から招聘されるも受けず、郷里の母を見舞いつつ、備中国後月《しつき》郡簗瀬村(岡山県井原市)に桜渓村塾を開く。嘉永六年(一八五三)、一橋家領代官角田米三郎に領内子弟の教育を任され、角田が同郡西江原村寺戸(岡山県井原市)に設立した郷校興譲館の督学となる。諸藩から多くの子弟が入学し、名声を高めた。朱熹の「白鹿洞書院掲示」を信奉するその学問は朱子学を基本とするが、同時に洋学をも視野に入れ、西洋の科学を優れた気学と捉え、朱子学の枠内にこれを吸収しようとした。文久三年(一八六三)には長州藩を経て熊本・佐賀・長崎・福岡を旅し、のちに紀行文「鎮西発気稿」を著わす。長州藩では、攘夷を唱える藩侯の賓師長梅外と激論を戦わせ、開国の立場を訴えたという。慶応二年(一八六六)、上洛中の一橋(徳川)慶喜に『論語』を進講、その際慰労として下賜された五人扶持をそのまま興譲館の費用にあてたという。大政奉還のころより尊王の立場を明確に表明する。明治元年(一八六八)四十七歳の秋、十六年にわたって学を講じた館を去り、広島藩主に求められて藩政顧問となる。明治三年、藩主に随行して東京に出たが、翌年廃藩置県によって禄を辞す。そのまま東京にあって、五年四月に陸軍省八等出仕として新政府に入り、参謀局において地理図誌編輯掛となる。同年十月陸軍省をやめて十一月に正院へ移り、翌六年五月に文部省八等出仕として編書課、地理誌編輯専務、七年十一月に文部省を辞して八年一月正院に戻り、十月に司法省に移る。以後十年(一八七七)までに大審院御用掛・司法省七等出仕・七等判事・大審院詰を歴任する。十年九月に警視局、十二年に内務省警察局御用掛となり、奏任官に准ずる待遇となる。官界において高位に昇ることはついになかったが、学術界においては第一線で精力的に活動した。明六社に加わり、『明六雑誌』には明治七年の第一〇号から論文を掲載し始め、八年の第四三号(最終号)までに十六編を数えた。総勢十六名の執筆者の中で、これは津田真《つだま》道《みち》の二十四編に次ぐ多さである。この論文の中には「質疑一則」(一〇号・一一号)「民撰議院変則論」(二七号・二八号)などの注目すべき論策もみられる。前者の中に示された世界語論は、発想の一端の提示にとどまるものの、エスペラントの公表(一八八七年)に先立つものであった。後者は、まず官撰議院から始めて、わが国の開明の度合に従って官撰を漸減させ、徐々に民撰に移行させるべきことを訴えており、民撰議院設立に関する議論の白熱する中、当時の知識人の一つの傾向を代表するものであった。十二年に東京学士会院創設と同時に会員に推される。退官後の晩年は、東京春日町に春崖学舎を建てて再び教育に従事するが、ほどなく明治十四年一月十五日、六十歳で没した。三島中洲撰「朗廬阪谷先生碑」には、その著作として「左説私鈔」「田舎話」『評註東莱博議』六巻、『日本地理書』三巻が挙げられている。著作集としては『朗廬文鈔』『朗廬全集』がある。

参考文献 故阪谷子爵記念事業会編『阪谷芳郎伝』(一九五一)、大月明『近世日本の儒学と洋学』(一九八八、思文閣出版)、阪谷芳直『三代の系譜』(『MC新書』、二〇〇七、洋泉社)

(瀧　康秀)

さかのかいせん　沙河の会戦　日露戦争の遼陽会戦ののち、北上を続ける日本軍と奉天から南下したロシア軍とが、奉天の南一五キロの地点、沙河一帯で戦った会戦。日本軍の意表を突いて奉天から大部隊を南下させたロシア軍は、明治三十七年(一九〇四)十月八日、本渓湖にいた日本軍の東端部隊を攻撃し、会戦が始まった。以後、沙河一帯で十日間にわたって双方一進一退の攻防戦を展開したが、日本軍は沙河南岸に陣地を築いて防御態勢に入り、ロシア軍も万宝山を奪回したのち動きを止めたので会戦は終り、翌年一月末の黒溝台の戦までの間、両軍の戦線は「沙河の対陣」といわれる膠着状態に入った。日本軍側は十二万八百人の兵員を投入して、二万四百九十七人の死傷者を出した。ロシア軍側は二十二万千六百人の兵力を投入し、四万千三百四十六人の損害を受けて後退した。日本軍は将兵の補充や弾薬の補給も困難で、第二回旅順総攻撃を間近にひかえてもおり、防御態勢に入るほかなかった。

参考文献　山田朗『世界史の中の日露戦争』(『戦争の日本史』二〇、二〇〇九、吉川弘文館)　（井口　和起）

さかのてつじろう　坂野鉄次郎　一八七三―一九五二　逓信省官僚。「郵便中興の恩人」と呼ばれる。明治六年(一八七三)十一月十四日、岡山県御津郡野谷村菅野(岡山市)の旧家に長男として生まれる。明治三十一年(一八九八)東京帝国大学法科大学政治学科を卒業し、同窓の下村宏の勧めにより逓信省へ入省する。約一年間の見習い時代を本省で過ごした後、翌三十二年に高等官に任官、大阪郵便電信局監理課長となる。明治三十五年に再び本省に戻り、通信局鉄道船郵便課長、同局内信課長(翌三十六年)などを歴任する。坂野が最も活躍した時期は、内信課長、規画課長、東京郵便局長を歴任した五年間で、通信地図の作成、郵便線路図の改正、鉄道郵便車の改善、年賀郵便特別取扱制度の確立など、薄利多売主義をモットーに郵便事業全体の仕組みを科学的に分析して、業務運営の合理化を促進した。大正四年(一九一五)に逓信省を退官し、実業界に入る。大阪電燈常務、備作電機社長、片上鉄道初代社長などを務めた。昭和七年(一九三二)貴族院議員となる。昭和二十七年(一九五二)六月五日没。満七十八歳。

坂野鉄次郎

参考文献　坂野翁伝記編纂会編『坂野鉄次郎翁伝』(一九五二、通信教育振興会)　（田原　啓祐）

さがのやおむろ　嵯峨の屋おむろ　一八六三―一九四七　小説家、詩人。本名矢崎鎮四郎《やざきしんしろう》、別号嵯峨の山人、北邱散士など。文久三年正月十二日(一八六三年三月一日)生まれ。父親の彰義隊入隊、上野戦争参加などにより家運衰退し幼少期より辛酸を味わう。明治九年(一八七六)東京外国語学校露語科入学。語学修得のかたわらロシア文学と出会い小説家を志す。下級の二葉亭四迷と出会い、また坪内逍遙の知遇を得る。処女作『(浮世人情)守銭奴《しまりみ》之胎《せのはら》』(明治二十年一月、大倉孫兵衛刊)、『ひとよぎり』(同年十二月、金港堂)を出版したが、文体・テーマとも戯作の域を出ないものであった。翌年四月上梓した『無味気』(駸々堂)は浪漫的内容と文明批評的傾向が評価され出世作となる。ツルゲーネフの影響の強い「初恋」(『都の花』同二十二年一月)は清新な文体と自然描写によって評価された。思想的には仏教に基づいた平等主義を主張したり、のちに内村鑑三のキリスト教に傾倒したりで大きく揺れ動いた。陸軍士官学校教員などを経て晩年は古書店を営む。昭和二十二年(一九四七)十月二十六日没。八十五歳。　（尾形　国治）

さがのらん　佐賀の乱　明治七年(一八七四)、佐賀で起きた士族反乱。政府の開化政策に反感を抱いていた副島義高や木原隆忠らは乱の前年の明治六年四月に島津久光が上京すると彼との接触を深め、佐賀城下の宝琳寺を拠点に憂国党という一派を形成する。また、同年十月に西郷隆盛・板垣退助・江藤新平ら五参議が征韓論政変に敗れて下野すると、朝倉尚武・香月経五郎《かつきけいごろう》らが政府を批判して征韓党を組織した。明治七年に入り、征韓党は「征韓先鋒請願事務所」設立のため旧藩校弘道館の借用を願い出て、これを拒まれるや佐賀県参事の森長義を攻撃、県庁の機構のほとんどを掌握するに至る。このような情勢は佐賀に派遣された大蔵大丞林友幸によって政府に報じられた。このとき、林は佐賀士族の早急なる鎮圧を進言している。そのようななかで、一方の憂国党は家禄支給が遅れていたことに業を煮やし、県為替方を務める小野組の出張所を襲撃し金談に及んだ。この報を受けて政府は明治七年二月四日、ついに熊本鎮台に佐賀への出兵命令を下す。出兵を命ずる電報は、佐賀電信局を経由したが、その際、佐賀士族に情報が漏れた。これにより士族たちは沸騰、それまで対立関係にあった征韓・憂国両党は提携して政府軍にあたることを決し、士族慰撫のため帰県していた江藤新平と島義勇《しまよしたけ》をそれぞれの頭目として担ぎ出した。二月十五日、新任の佐賀県権令岩村高俊を護衛する第十一大隊左半隊が、熊本から海路を経由し佐賀城内の県庁に入ると、翌日未明、反乱軍は佐賀城を攻囲、これを城外に撃退した。しかし、二月十九日、臨機処分の権限を付与された内務卿大久保利通が陸軍少将野津鎮雄《のづしずお》麾下の大阪鎮台兵とともに博多に上陸すると形勢は逆転し、二十二日、反乱軍は朝日山を破られ、神埼への退却を余儀なくされた。二十三日の決戦にも敗北を喫し、この日の夜、江藤と島は、援兵を乞うべく鹿児島へ向かった。その後、政府軍は神埼も陥れ、二十七日には境原に反乱軍を撃退し、三月一日、佐賀に入城して乱を平定した。　↓江藤新平《えとうしんぺい》　↓江藤新平梟首《えとうしんぺいきょうしゅ》　↓別刷〈戦争〉

参考文献 長野暹編『「佐賀の役」と地域社会』(一九八七、九州大学出版会)、落合弘樹『明治国家と士族』(二〇〇一、吉川弘文館)、同「佐賀の乱と情報」(佐々木克編『明治維新期の政治文化』、二〇〇五、思文閣出版)
(友田 昌宏)

坂本嘉治馬

さかもとかじま 坂本嘉治馬 一八六六―一九三八 明治時代中期から昭和時代前期にかけての出版実業家、冨《ふ》山房《ざんぼう》の創業者。慶応二年三月二十一日(一八六六年五月五日)、土佐国幡多《はた》郡宿毛《すくも》(高知県宿毛市)に足軽・小農の坂本喜八・まつの子として生まれる。明治十六年(一八八三)暮れに軍人を志望して上京した。だが、同郷の立憲改進党の領袖小野梓に実業で働くのも国のためになると諭されて、小野が「文化ヲ開進スルノ一大媒助」として「良書普及」を目指して創業したばかりの東洋館書店(同年八月東京市神田区小川町に開業)の店員となった。小野の死去(明治十九年一月十一日)により小野の遺志「益世報効」を継いで、これを社是として掲げて、小野の義兄で同郷の日本鉄道株式会社社長小野義真《おのぎしん》の出資二百円を得て、二十一歳で十九年三月一日に神田区裏神保町九番地(千代田区神田神保町)に冨山房を創業した。年少店員一人、家賃月三円六十銭、売上一日七、八円、一日経費五、六十銭での営業開始であった。まず、創業の三月に東洋館書店発行予定であった小野梓門下生の東京専門学校(早稲田大学の前身)講師天野為之の『経済原論』を発売して十三年間で二十二版を重ねる名著に仕立て上げた。二十九年(一八九六)には小野義真とその息子から一万五千円ずつ合計三万円の出資を得て、坂本自身は一万四千二百円を出資して合資会社に変更し社長に就任した。三十五年(一九〇二)には出資全部を引き受けて坂本のみの個人経営(合資会社)とした。創業以来、数度の火災や恐慌を乗り越えて、「一人一業主義」を信条として良書の刊行に努め、昭和戦前までの日本を代表する老舗の出版社に発展させた。中でも、小学校と中等学校の教科書出版に手堅い経営基盤を置き、吉田東伍『大日本地名辞書』、冨山房編輯部編『国民百科辞典』、上田万年《うえだかずとし》・松井簡治《まついかんじ》『大日本国語辞典』などの浩瀚な辞典類を経営を度外視するような姿勢で刊行し、東京帝国大学文科大学史料編纂掛『大日本史料』の史料集などをつぎつぎに刊行して近代日本の出版文化の発展に生涯を捧げた。冨山房経営以外にも、出版文化関連の明治図書株式会社取締(明治三十八年十月―四十二年十月)、日清印刷株式会社監査役(明治四十年四月―昭和十年二月)、東京書籍株式会社取締役(明治四十一年九月―大正二年七月)、株式会社国定教科書共同販売所取締役(明治四十二年九月―大正二年七月)、中等教科書協会会長(大正十五年一月―昭和十一年一月)等々を歴任し、帝国朝日銀行取締役(大正九年七月―昭和三年十二月)、財団法人原田積善会理事(大正九年八月―昭和十三年八月)なども務めた。他面、昭和十年(一九三五)の古稀祝賀に際して恩師で早稲田大学創設の功労者である小野梓の胸像「東洋小野梓先生」と「小野梓奨励資金」(小野梓記念章)を早稲田大学に寄贈している。翌十一年十月には創立五十周年記念祝賀会が東京会館で盛大に行われ、来賓の徳富蘇峰は、自分は著作者兼出版者であったが、ことに出版業の方は早く落城してしまい、坂本氏の成功は「根と鈍と敏」に加えて「人を得」たところにあったと賛辞を呈している。そして、十二年三月には私財五十万円を提供して坂本報効会を設立して学術文化の奨励助成にも努めている。この間、昭和十一年十月十五日に緑綬褒章を下賜された。昭和十三年八月二十三日死去。七十三歳。同日特旨をもって正六位に追叙された。

参考文献 冨山房編『冨山房』(一九三三)、同編『冨山房五十年』(一九三六)、同編『冨山房五十周年記念祝賀会―来賓各位祝辞―』(一九三六)、坂本守正編『坂本嘉治馬自伝』(一九三九、冨山房)、栗田確也編『冨山房 坂本嘉治馬』(『出版人の遺文』五、一九六八、栗田書店)
(佐藤 能丸)

さかもときんや 坂本金弥 一八六五―一九二三 明治・大正時代の実業家、政治家。慶応元年二月十六日(一八六五年三月十三日)に岡山藩士坂本弥七郎の長男として生まれる。当初フランス法律を学ぼうとしたが、家業の古物商に従事。明治二十二年(一八八九)新聞『岡山日報』を発刊し、主筆に植木枝盛を招いたが、条約改正問題をめぐって社内で意見が対立。その後鶴鳴会《かくめいかい》を結成し、二十四年十一月には西村丹治郎らを加入させて備作同好倶楽部と改称し、急進主義を唱え政論雑誌『進歩』を発刊したが、過激な議論を掲載したため、発行禁止となり、八号で廃刊。二十五年七月に日刊新聞『中国民報』を創刊し、二十七年には中国進歩党を結成。その一方では、帯《おび》江《え》銅山の経営に乗り出し、犬島精錬所も創設し、中国地方屈指の鉱山業者になるとともに紡績業でも成功。莫大な資金を得、政治運動や『中国民報』の資金とした。政治家としては岡山県会議員を経て、明治三十一年(一八九八)三月第五回総選挙で初当選し、大正六年(一九一七)四月の第十三回総選挙までに当選七回。進歩党・憲政本党、無名倶楽部・又新会《ゆうしんかい》を経て、明治四十三年(一九一〇)三月立憲国民党の結成に参加したが、大正二年二月脱党し、立憲同志会の結成に参加。しかし翌年脱党、小会派を転々とした。地元岡山県議会では犬養毅とともに大きな影響力をもっていたが、国民党を脱党したことで、地元の支持者たちが離反。そのためその後の選挙に際しては、犬養の支援を得てようやく当選した。また中国問題にも関心をもち、犬養と協力してとくに資金面から孫文を助け、明治三十八年八月の孫文を中心とする中国革命同盟会の結成式を行う会場として霊南坂(東京都港区)の自宅を提供したこともあった。しかし『中国民報』が経営不振のため大正二年五月に実業家大原孫三郎に経営を委ねた。このように財政面で困窮したことと、地元での支持を失ったことなどにより大正八年政界から引退した。大正十二年(一九二三)十月二十二日死去。五十九歳。

参考文献 『岡山県史』一〇(一九八五)、『新修倉敷市史』五(二〇〇二)
(時任英人)

さかもとさぶろう　坂本三郎　一八六七―一九三一　法律家、官吏、実業家。慶応三年十月六日(一八六七年十一月一日)武蔵国南多摩郡原町田村(東京都町田市)に三浦徳二郎の次男として生まれた。明治十八年(一八八五)東京専門学校(現早稲田大学)法律学科に入学し、在学中に渋谷と改姓、この間、樋口一葉の父則義に将来を嘱望されて一葉と婚約したが、則義の死後に破談にしている。坂本平兵衛の養子となって坂本姓を名乗り、二十一年(一八八八)に卒業した。高等文官試験に合格して検事、さらに判事となり、新潟、水戸、東京の裁判所に勤めた。母校が大学部を設置して早稲田大学となるにあたり教員陣を拡充する必要上、母校派遣の第一回留学生として金子馬治《かねこうまじ》(筑水《ちくすい》)とともに三十三年(一九〇〇)九月ドイツに出発、留学中の三十六年九月に講師に嘱任され、三十七年一月帰国して早稲田大学の教壇に立った。法学通論、民法要論、相続法、親族法、物権法などを、理事(さらに二十六日間だけ学長)に就任する大正六年(一九一七)まで担当。その後十年(一九二一)に監事、十三年に専門部の部長および新設された早稲田専門学校の校長となる。大正三年に秋田県知事、五年に山梨県知事も務め、また東北興行社や報知新聞社の社長にもなった。昭和五年(一九三〇)に大学を辞し、六年四月十四日没。六十五歳。

参考文献 市島春城『随筆早稲田』(一九三五、翰墨同好会・南有書院)、『早稲田大学百年史』一・二(一九七八・八一)
(松本康正)

さかもとさんのすけ　阪本釤之助　一八五七―一九三六　明治から昭和時代前期の官僚、漢詩人。少年時代は敏樹《としき》と称し、字は利卿《りけい》・百錬《ひゃくれん》、通称釤之助、三橋《さんきょう》・蘋園《ひんえん》・賓燕と号した。安政四年六月二十四日(一八五七年八月十三日)、尾張国愛知郡牛毛荒井村(愛知県名古屋市)に豪農永《なが》井匡威《いまたけ》の三男として生まれる。青木樹堂に漢学を、森春濤《もりしゅんとう》に詩を学んだ。明治十二年(一八七九)八月内務省に出仕。同十五年四月大審院判事坂本政均《まさひら》の養子となる(ただし釤之助は「坂」字ではなく、「阪」字を用いた)。明治三十五年(一九〇二)二月福井県知事に任ぜられ、以後四十年(一九〇七)十二月より鹿児島県知事、四十四年七月より名古屋市長を歴任、同年八月には貴族院議員、昭和九年(一九三四)三月には枢密顧問官となった。また、大正九年(一九二〇)十月から昭和七年二月まで日本赤十字社副社長を務めた。詩をよくし、その作は漢詩文雑誌にしばしば見られる。昭和十一年(一九三六)十二月十六日没。著書に『西遊詩草』(大正十年)、『台島詩程』(昭和二年)などがある。長兄は官僚・漢詩人であった永井久一郎(禾原《かげん》)。禾原の息永井荷風は甥にあたるが、荷風が釤之助をモデルとして『新任知事』(明治三十五年)を書いたため、釤之助は荷風との交わりを絶った。また高見順は福井県知事時代にもうけた非嫡出子である。

参考文献 秋庭太郎『考証永井荷風』(一九六六、岩波書店)、神田喜一郎編『明治漢詩文集』(『明治文学全集』六二、一九八三、筑摩書房)
(福井辰彦)

明治十二年(一八七九)内務九等属として滋賀県に勤務、その後岡山県・貴族院・内務省・東京府書記官を歴任、明治三十五年(一九〇二)二月、福井県知事となる。政友会の分裂による紛糾の続くなか、日露戦争前後の困難な県政を担った。阪本の人柄は、どんな些細なこともゆるがせにせず、在任中人の出迎え・見送り・訪問など至れりつくせりであったと伝えられる。本県出身の著名な作家高見順は阪本の子で、母は三国町(坂井市)生粋の町娘高問古代であった。阪本が国鉄三国線の誘致などの公務をおびて、三国町を訪れた際、縁あって生まれたのが順であった。阪本は明治四十年(一九〇七)鹿児島県知事に転じ、その後は名古屋市長・貴族院議員・枢密顧問官などを歴任した。

参考文献 『福井県大百科事典』(一九九一、福井新聞社)
(三上一夫)

さかもとしほうだ　坂本四方太　一八七三―一九一七　俳人。明治六年(一八七三)二月四日、鳥取県岩井郡大谷村(岩美町)に生まれた。別号文泉子、角山人、虎穴生。仙台の二高に学んでいたころ、河東碧梧桐《かわひがしへきごどう》、高浜虚子とともに句作活動に入った。正岡子規が明治三十年(一八九七)一月から新聞『日本』に「叙事文」を掲載して写生に関する論評を始めると、四方太は句よりも写生に熱中し、『ホトトギス』誌に募集短文「山」や、写生文「田園日記」を寄稿した。四方太の写生文は、明治三十四年四月刊の『寒玉集《かんぎょくしゅう》』第二篇、明治三十六年九月刊の『写生文』、三十九年三月刊の『帆立貝』などにみられるが、特に『帆立貝』は写生文円熟期の文集として注目される。明治四十年(一九〇七)には『ホトトギス』誌上の応募作品三十九篇を編集して『続写生文集』を刊行している。同年二月から四月にわたって、『ホトトギス』誌上に掲載された写生文『夢の如し』は明治四十二年九月、民友社より刊行され、彼の代表作となった。『新俳句』『春夏秋冬』などに採録された句は、写生的な想像句、滑稽句、漢語調の句など多彩である。大正六年(一九一七)五月十六日没。四十五歳。

参考文献 伊沢元美「坂本四方太」(『俳句講座』八所収、一九五八、明治書院)、「阪本四方太」(昭和女子大学近代文学研究室編『近代文学研究叢書』一六所収、一九六一、昭和女子大学光葉会)
(瓜生鐵二)

さかもとせいま　坂本清馬　一八八五―一九七五　初期社会主義者、大逆事件関係者。明治十八年（一八八五）七月四日、高知県安芸郡室戸村（室戸市）の紺屋職人の次男に生まれる。貧窮のなかに育ち、高知中学校を中退後、同三十九年（一九〇六）七月上京して小石川の砲兵工廠の警夫として勤務中、幸徳秋水の『社会主義神髄』などに影響を受け、四十年（一九〇七）九月幸徳家の書生となる。金曜会屋上演説事件で入獄後、四十一年五月『熊本評論』記者となり、松尾卯一太《まつおういった》・新美卯一郎《にいみういちろう》らと知り合う。上京後、再び幸徳家に同居中、四十二年一月幸徳訳クロポトキン『麵麭《パン》の略取』の秘密出版を行う。幸徳と口論後、各地を転々とする。四十三年八月九日、幸徳らと大逆罪を密謀したとして予審請求され、四十四年一月十八日、大審院で死刑判決を受けるが、翌十九日特赦により無期懲役に減刑され、秋田監獄で服役、昭和九年（一九三四）十一月三日仮出獄となる。同二十二年（一九四七）二月、岡林寅松《おかばやしとらまつ》とともに復権。三十六年（一九六一）一月十八日、森近運平《もりちかうんぺい》の妹栄子とともに再審請求をするが、最高裁でも特別抗告が棄却された。五十年（一九七五）一月十五日、高知県中村市で死去した。満八十九歳。→大逆事件《たいぎゃくじけん》

参考文献　幸徳秋水全集編集委員会編『大逆事件アルバム―幸徳秋水とその周辺―』（『幸徳秋水全集』補巻、一九七二、明治文献）、大逆事件の真実をあきらかにする会編『大逆事件を生きる―坂本清馬自伝―』（一九七六、新人物往来社）、上田穣一・岡本宏編『大逆事件と『熊本評論』』（一九八六、三一書房）　（荻野富士夫）

さかもとせっちょう　坂元雪鳥　一八七九―一九三八　大正・昭和期の能楽評論家、能楽研究家。明治十二年（一八七九）四月二十五日福岡県柳河《やながわ》生まれ。旧姓（名）白《しら》仁三郎《にさぶろう》。のち坂元家養子。別号、天邪鬼《あまのじゃく》。明治四十年（一九〇七）東京帝国大学文科大学国文科卒。『朝日新聞』記者、日本大学教授などを歴任。大学在学中より終生、能評を執筆。主観を抑え従来の評判記的傾向を否定、能評を近代的な批評に高めた。『能楽史料』（一―五）校訂ほか研究にも寄与する。昭和十三年（一九三八）二月五日没。六十歳。著書『能楽論叢』『坂元雪鳥能評全集』など。

参考文献　『謡曲界』四六ノ三・四（一九三八）、『国学』八（坂元雪鳥先生追悼号、一九三八）、野々村戒三『能の今昔』（一九六八、木耳社）、権藤芳一「能楽史の人びと（五二）」（『能（京観世会館案内）』、一九七七）　（今泉　隆裕）

さかもととしあつ　坂本俊篤　一八五八―一九四一　海軍軍人。安政五年十月二十五日（一八五八年十一月三十日）に高島藩士坂本俊信（砲術家）の次男に生まれ、のちに諏訪郡長坂本俊秀の養子となる。明治六年（一八七三）十月に海軍兵学寮に入る。明治十年（一八七七）七月卒（海兵六期）。明治十二年八月に少尉補に任官。軍艦摂津、竜驤、浅間での勤務を経て、明治十七年四月よりフランスに留学。明治二十二年（一八八九）三月に海軍参謀本部二課員兼海軍大学校教官。明治二十六年六月、海相秘書官。同十二月に少佐に昇進。明治三十五年（一九〇二）五月に少将昇進、海大校長。明治三十七年二月に佐世保鎮守府参謀長。翌年十一月、中将に昇進。明治四十年（一九〇七）九月男爵、翌年八月に教育本部長。大正二年（一九一三）五月に予備役。大正六年から昭和十四年（一九三九）七月まで貴族院議員。昭和十六年三月十七日没。八十四歳。

参考文献　太田阿山『男爵坂本俊篤伝』（一九四二、東亜協会）、外山操編『陸海軍将官人事総覧』海軍篇（一九八一、芙蓉書房出版）、秦郁彦編『日本陸海軍総合事典』（一九九一、東京大学出版会）　（佐藤　宏治）

さかもとなおひろ　坂本直寛　一八五三―一九一一　自由民権家、高知県会議員、のちにキリスト教牧師。土佐国安芸郡安田村（高知県安芸郡安田町）に郷士高松順蔵の次男として嘉永六年十月五日（一八五三年十一月五日）に生まれる。幼名習吉。母千鶴は坂本竜馬の長姉。明治二年（一八六九）、伯父である坂本竜馬の兄坂本権平の養子となり、南海男と名乗る。英学を志し、県立学校入学、東京遊学ののち、同九年から立志学舎英学科に学ぶ。スペンサーやミルなどの思想を原書で学び、高知の自由民権運動に参加。十二年（一八七九）愛国社第二回大会では幹事に選出され、翌年、板垣退助の上京に随行。十四年には立志社憲法調査局憲法起草委員に就任する。各地で遊説活動を行い、坂本南海、才谷梅次郎の筆名で『南海新誌』や『土陽新聞』に多くの論稿を発表、植木枝盛らと並ぶ自由民権運動の理論的支柱として活躍した。十七年に南海男から直寛と改名する。十八年、G・W・ナックスや植村正久らの高知伝道の際、武市安哉《たけちあんさい》、片岡健吉らとともに高知教会で受洗、伝道にも従事する。翌年、植木枝盛とともに高知県会議員に当選、二十六年（一八九三）まで県会議員の職を務める。二十年大同団結運動に参加、保安条例による退去命令を拒否して、入獄する。入獄中に信仰を深め、次第に宗教活動に重点を置くようになる。二十九年、北海道北見クンネップの原野に入植、北光社を設立、社長に就任し、北見開拓に従事する。翌年、浦臼の聖園農場に移住する。三十五年（一九〇二）、伝道活動に献身することを決意し、旭川日本基督教会に赴任、以後、軍隊伝道、監獄伝道などに尽力した。四十二年（一九〇九）、札幌に移り、札幌北一条教会の牧師となる。キリスト教系の新聞『北辰日報』の主筆を務め、労働団体の大日本労働至誠会の活動にも参加した。四十四年九月六日に札幌北一条教会で胃癌のため死去。五十

坂本直寛

九歳。土居晴夫編『坂本直寛著作集』(『土佐群書集成』二三・二四・二五、昭和四十五年、高知市立市民図書館)がある。

参考文献　土居晴夫『(龍馬の甥)坂本直寛の生涯』(二〇〇七、リーブル出版)　(金井　隆典)

坂本繁二郎

さかもとはんじろう　坂本繁二郎　一八八二―一九六九　明治時代後期から昭和時代の洋画家。明治十五年(一八八二)三月二日、福岡県久留米《くるめ》京町《きょうまち》に旧久留米藩士の父坂本金三郎、母歌子(ウタ)の次男として生まれる。二十五年(一八九二)ごろより久留米在住の森三美《もりみよし》に洋画の手ほどきを受ける。三十五年(一九〇二)上京、小山正太郎《こやましょうたろう》の画塾不同舎《ふどうしゃ》に入門、三十七年からは新設された太平洋画会研究所に通う。同年の太平洋画会第三回展に「町裏」で初入選。以後、初期の文部省美術展覧会(文展)で頭角を表わし、大正三年(一九一四)の二科会創設に中心メンバーの一人として参加。十年(一九二一)からフランスに留学、「帽子を持てる女」(石橋財団石橋美術館蔵)などを制作した。十三年の帰国後は久留米に住み、昭和六年(一九三一)からは福岡県八女《やめ》にアトリエを構えて制作を続けた。九州に帰って以後は、「放牧三馬」(同館蔵)など馬を題材にした作品を制作、昭和十九年(一九四四)ころからは能面などの静物画を手がけ、最晩年の昭和三十九年(一九六四)ころからは月の連作も残した。昭和四十四年(一九六九)七月十四日、八女市の自宅で死去。満八十七歳。

参考文献　『近代日本美術事典』(一九八九、講談社)、森山秀子他編『坂本繁二郎展―石橋美術館開館五十周年記念―』図録(二〇〇六、石橋財団石橋美術館・ブリヂストン美術館)　(植野　健造)

さかもとりゅうのすけ　坂本竜之輔　一八七〇―一九四二　「貧児」教育の先導的実践家。明治三年七月二十三日(一八七〇年八月十九日)神奈川県西秋留《にしあきる》村(東京都あきる野市)に生まれ、明治二十年(一八八七)、神奈川師範学校に入学、在学中に地域の貧民子弟や盲人の教育に自発的にかかわる。卒業後、奥多摩の小学校で教鞭をとり、その後上京して、都会の小学校の訓導となり研鑽を積む。明治三十六年(一九〇三)、東京市が皇室の下賜金をもとに、東京の三大貧民窟の一つ、下谷万年町(台東区)に建設した万年小学校(東京市直営の特殊小学校)の校長となる。以後大正十年(一九二一)に退職するまで、貧民(貧児)の生活とその教育要求に根ざしたユニークな学校運営(「低能児」のための「特別学級」、夜間部・無料託児所、入浴施設、校内公設市場の開設など)を先駆的に展開するとともに、東京市内に設立された後続の貧民学校の実践と運営にも指導的な役割を果たした。昭和十七年(一九四二)三月二十六日没。七十三歳。

参考文献　添田知道『(小説)教育者(復刻)』四(一九七八、玉川大学出版部)　(平田　勝政)

さかもとりょう　坂本竜　一八四一―一九〇六　坂本竜馬の妻。京都の医師楢崎将作の長女として天保十二年(一八四一)に生まれる。安政の大獄で父が獄死し、家が困窮したため料理屋の賄などで母や弟妹を養っていたが、土佐の志士の世話をするうちに坂本竜馬と出会い、伏見寺田屋の女将登勢に預けられる。慶応二年(一八六六)に薩長盟約が結ばれた直後、寺田屋に滞在中の竜馬が幕吏に囲まれた際、機転を利かせて危機を救う。直後に竜馬と祝言をあげ、負傷した夫に付き添って薩摩に入り霧島の旅行を楽しむ。慶応三年に竜馬が暗殺された際は、下関で豪商伊藤助太夫や長府藩士三吉慎蔵の保護を受けていた。翌年、高知に移って竜馬の姉乙女の元に身を寄せるが、まもなくして去る。明治十一年(一八七八)に行商人の西村松兵衛と再婚してツルと名を改め、横須賀で生活した。明治三十九年(一九〇六)一月十五日に同地で病没する。六十六歳。

参考文献　鈴木かほる『史料が語る坂本竜馬の妻お竜』(二〇〇七、新人物往来社)　(落合　弘樹)

坂本竜馬

さかもとりょうま　坂本竜馬　一八三五―六七　土佐の郷士、幕末の志士。諱は直陰《なおかげ》、直柔《なおなり》。変名は才谷梅太郎。天保六年十一月十五日(一八三六年一月三日)、高知城下本丁筋に生まれる。父の直足は裕福な商人郷士だった。嘉永元年(一八四八)、日根野弁治の道場に入門。免許皆伝ののち、嘉永六年に藩より剣術修行を許されて江戸に向い、千葉周作の弟定吉のもとで北辰一刀流を修行し、佐久間象山に砲術を学ぶ。翌年に帰国すると、中浜万次郎を調査した河田小竜に出会い国際事情を知る。文久元年(一八六一)に武市半平太(瑞山)が土佐勤王党を結成するとこれに参加する。翌年二月には萩に久坂玄瑞を訪ね、武市への書翰を託されるが、直後に脱藩した。吉田東洋の暗殺を図る武市の方針と相容れなかったとされる。下関を経て九州遍歴の後、江戸に入って松平慶永に接触する。さらに勝海舟の門人となり、近藤長次郎や高松太郎、望月亀弥太らを入門させる。文久三年に脱藩の罪を赦免されたのち、神戸海軍操練所の設立に参画し、勝を補佐する。八月十八日の政変で尊攘激派が政局から放逐されると、山内容堂は土佐勤王党の弾圧に転じ、竜馬は藩の召還を拒絶して再度脱藩する。元治元年（一八六四）、禁門の変の後に勝の依頼をうけて西郷隆盛と面会した。池田屋事件で門人の望月らが討たれ、尊攘派との関係を疑われて江戸に召還された勝は、竜馬らを西郷に託した。慶応元年（一八六五）に鹿児島に入った竜馬は、西郷から長州の動向の探索を依頼され、熊本に横井小楠を訪ねたのち、大宰府で薩摩の動向を探ろうとした長州藩士小田村素太郎と会見。下関で土方久元より、入れ違いに薩摩に入った中岡慎太郎らが進めている薩長提携工作を知らされ、木戸孝允に面会して西郷との会談を同意させる。西郷は佐賀関で中岡を下船させて京都に急行し、これに木戸は憤慨したが、提携の流れは変わらず、薩摩藩の支援で貿易商社亀山社中を長崎で結成した竜馬は、在京薩摩藩兵への兵糧米提供と、薩摩名義で輸入した船舶・小銃の長州への供与というかたちで両者を斡旋する。幕府が長州再征の勅許を獲得すると、大久保利通ら在京薩摩藩首脳は対決方針を固め、西郷は国許への連絡のために竜馬を伴って兵庫を発ったが、竜馬は薩摩藩の真意を伝えるために三田尻で広沢真臣と会見し、大久保の書翰の写しを示した。薩長提携の動きは加速し、慶応二年正月に薩摩藩京都屋敷で、西郷・木戸らの会談が竜馬の立会いのもとで開かれ、再征の阻止と長州藩復権の支援、武力発動も辞さない覚悟での幕府との対決姿勢を薩摩藩が示すことで合意に達した。木戸に合意事項の確認を求められた竜馬が朱筆で裏書した書翰が、盟約の内容を今日に伝えている。薩長連合を成立させた直後、竜馬は伏見寺田屋で幕吏に襲撃されて負傷した。西郷らの保護のもと、楢崎竜と祝言をあげ、ともに薩摩に入って霧島で保養する。六月に幕府が長州再征を開始すると、ユニオン号を運用して関門海峡の作戦に参加した。慶応三年正月に土佐藩参政後藤象二郎と長崎で会見し、脱藩の罪が赦免されると、土佐藩公認のもとで海援隊を創設した。大洲藩から借りた輸送船いろは丸が紀州藩船に衝突されて沈没すると、西洋の海洋法を援用して相手と交渉し、損害賠償を認めさせる。四侯会議決裂後に薩長両藩が武力討幕の方向へと傾斜するなか、公議政体樹立にむけた方策として「船中八策」を後藤象二郎に示した。後藤は容堂を説得し、土佐藩は大政奉還による王政復古運動をする。大政奉還の実現を見た後、竜馬は新政府の将来構想を京都で練っていたが、十一月十五日（十二月十日）に滞在先だった河原町蛸薬師の近江屋で京都見廻組の襲撃をうけ、居合わせた中岡慎太郎とともに殺害される。三十三歳。

参考文献　宮地佐一郎『竜馬の手紙—坂本竜馬全書簡集・関係文書・詠草—』（『講談社学術文庫』）

（落合　弘樹）

さかやかいぎ　酒屋会議　酒造税軽減などを要求する酒造業者の全国的集会。酒造税則布告の翌明治十四年（一八八一）五月、高知県の酒造業者約三百人が減税請願書を政府に提出したが却下された。相談を受けた同郷の自由民権家植木枝盛は児島稔と自由党結党会議に上京した十月、参加の酒造家と相談、翌年五月大阪で全国酒造者の会議開催を呼び掛ける檄文を十一月一日付で発表、発起人として両名のほか島根県酒造家小原鉄臣と茨城・福井の酒造家三名が名を連ねた。政府はこれを弾圧、植木を除く四名を禁錮刑に処したほか会議開催も禁じた。しかし五月四日二府十八県の代表者四十余名と植木は淀川に浮かべた船中で第一回会議を開催、八日には京都中村楼で第二回を開き小原を総代として元老院あての酒税軽減請願書をまとめた。請願は営業税と造石税を廃し販売実績や営業規模の大小に対応した新たな課税方式の採用を求める内容だが、認められなかった。灘の大規模醸造家など、一連の運動に距離を置く酒造家もあった。↓酒造税則《しゅぞうぜいそく》

参考文献　柚木学『酒造経済史の研究』（『関西学院大学経済学研究叢書』二七、一九九八、有斐閣）

（差波亜紀子）

さかよしぞう　坂義三　一八五二—一九三二　愛媛県宇和島地方の代言人、民権家。嘉永五年九月九日（一八五二年十月二十一日）、土佐国土佐郡赤石（高知市）で郷士の子に生まれた。立志社の活動に参加、明治十一年（一八七八）、愛国社再興見込書の作成に加わり、植木枝盛とは親交があった。十三年代言人免許を取得、中国四国の自由党遊説に参加、十六年ころ宇和島に来た。同地の士族山崎惣《やまざきそう》六《ろく》、清水新三《しみずしんぞう》らと三大事件建白運動を展開、宇和郡の豪農・豪商を糾合した。保安条例により東京から退去を命ぜられたが、宇和島の大同派の中心人物であり、二十二年（一八八九）一月、県会議員となる。しかし、喜多郡の改進党系の有友正親《ありともまさちか》らに選挙人資格地価十円に満たないと問題視され、議員を辞した。清水・堀部彦次郎《ほりべひこじろう》らの改進党系が強く、二十三年三月、板垣退助が松山に来て愛国公党の勧誘をし、その歓迎会に出席したのを最後に政界から引退した。昭和七年（一九三二）三月三日死去した。八十一歳。

参考文献　『愛媛県史』人物（一九八九）、外崎光広『土佐自由民権運動史』（一九九二、高知市文化振興事業団）

（三好　昌文）

さがらごうぞう　相良剛造　？—一九〇〇　実業家。肥前佐賀藩士相良安延の家に生まれる。母の相良妙子（一八二九—一九一五）は大隈重信の姉。明治維新後、夫の十郎大夫を失い大隈重信を頼った母に連れられて上京する。明治二十年（一八八七）にヨーロッパの制度を直訳した取引所条例（ブールス条例）が発布され、それが日本の制度にそぐわないとして反対が起ると、東京株式取引所よりブールス調査のため派遣され明治二十二年に渡欧した（明治二十三年帰朝）。明治二十六—二十八・三十二（一八九九）—三十三年に東京株式取引所理事となる。また日本

興業銀行発起人、壬午銀行取締役もつとめた。明治三十三年五月十日没。

参考文献 『東京株式取引所五十年史』(一九二八)、旧肥前史談会編『佐賀県歴史人名事典(復刻)』(一九九三、洋学堂)

(櫻井　良樹)

さがらそうぞう　相楽総三　一八三九―六八　尊攘派志士。赤報隊隊長。下総の郷士小島兵馬の四男として天保十年(一八三九)二月江戸に生まれる。本名小島四郎将満《まさみつ》。変名は相楽のほか二荒四郎・内田小三郎など。父の縁故で旗本酒井小平次の赤坂下屋敷に育ち、長じてその子錦之助忠郷の家僕となった。武州・信州などの勤王家と交わり、文久三年(一八六三)十月、老中水野忠精《みずのただきよ》に幕府主導の攘夷を建白。翌年の天狗党挙兵にも関与したといい、慶応二年(一八六六)には漢学者金内格三らと攘夷挙兵を画策した。このころ平田延胤《ひらたのぶたね》の許をたびたび訪れその門下に多くの同志を得るが、同年十二月十一日(一八六七年一月十六日)平田家より絶交を宣言された。三年春の上京・帰府ののち、板垣退助の支援で築地土佐藩邸に拠り、さらに討幕の密勅に呼応する東西同時蜂起を期して三田薩摩藩邸に浪士を糾合。出流山《いずるさん》挙兵など関東攪乱を行い、十二月二十五日(一八六八年一月十九日)の薩邸焼討を惹起して、鳥羽・伏見開戦の遠因を作ったとされる。明治元年(一八六八)正月海路西上し、綾小路俊実を擁する赤報隊の一番隊長に任じて東征の先鋒たらんとした。この折、太政官より東海道鎮撫総督付属の命を受けるも中山道進軍を強く望み、みずから建白・裁可された年貢半減令を掲げて美濃路を東下。民心安撫と勤王誘引に努めたが、博徒の加入や諸藩への強圧的態度により悪評を買った。のち東海道転陣を拒んで綾小路らと別れ、一番隊を嚮導隊《きょうどうたい》と改称して二月七日(一八六八年二月二十九日)信州下諏訪に至る。また単身大垣の東山道総督府へ出頭し、改めて薩藩付属と東山道従軍を認められるが、すでに風評に基づく捕縛令が出ていたため、これを奉じた小諸《こもろ》藩らと嚮導隊の一部が衝突、家屋十数軒を焼く騒乱を出来させた(追分《おいわけ》戦争)。のち、捕縛令をめぐる齟齬や折からの年貢半減取り消しなどの事態収拾に窮した総督府により、一転して「偽官軍」とされ、幹部七名とともに三月三日(一八六八年三月二十六日)下諏訪で斬られた。三十歳。盟友落合直亮《おちあいなおあき》らの周旋で同地に魁塚《さきがけづか》が建つ。昭和三年(一九二八)正五位追贈。→偽官軍事件《にせかんぐんじけん》

参考文献 信濃教育会諏訪部会編『相楽総三関係史料集』(一九三九)、西澤朱実編『相楽総三・赤報隊史料集』(二〇〇八、マツノ書店)、長谷川伸『相楽総三とその同志』(『中公文庫』)

(西澤　朱実)

さがらともやす　相良知安　一八三六―一九〇六　幕末・明治時代前期の蘭方医、医学行政官。天保七年二月十六日(一八三六年四月一日)肥前国八戸《やえ》町(佐賀市)に、佐賀藩医相良柳庵の三男として生まれる。はじめは弘庵と名のる。幼少から藩校弘道館小学部で学び、十六歳のころ大学部に入り、以後蘭学校などで学んだのち、文久元年(一八六一)藩命で江戸へ出て佐倉順天堂に留学、二年後長崎精得館に転じ、蘭医ボードインに学び館長となるが、帰藩して明治元年(一八六八)藩主鍋島直正の侍医となる。傍ら藩医学校で教え、のち藩主とともに上京。同二年医学校取調御用掛、学校権判事となり、みずからの努力によりドイツ医学の採用が決定された。翌年冤罪により入獄するが、同五年出獄し、第一大学区医学校学長に就任。翌年には文部省医務局長などを兼ねたが、まもなく辞す。同十八年(一八八五)文部省御用掛となり、編集局に勤めるが、まもなく非職となる。晩年は売卜者となり不遇。明治三十九年(一九〇六)六月十日死去。七十一歳。

相良知安

参考文献 鍵山栄『相良知安』(一九七三、日本古医学資料センター)、神谷昭典『日本近代医学のあけぼの―維新政権と医学教育―』(一九七九、医療図書出版社)

(林　彰)

さがらもとさだ　相良元貞　一八四一―七五　佐賀藩医。天保十二年(一八四一)佐賀藩の出身。慶応元年(一八六五)順天堂の会頭、大学東校中助教兼大寮長をつとめ、明治三年十二月三日(一八七一年一月二十三日)文部省留学生として同七年までドイツに留学、その間、ライプチッヒ大学に入院、そこでのE・ベルツとの出会いが、ベルツが東京大学御雇い教師となるきっかけを作る。医学校教授試補。明治八年十月十六日没。三十五歳。

参考文献 『順天堂史』上(一九八〇)、手塚晃・国立教育会館編『幕末明治海外渡航者総覧』一(一九九二、柏書房)

(酒井　シヅ)

さきくぼせいいち　崎久保誓一　一八八五―一九五五　初期社会主義者、大逆事件関係者。明治十八年(一八八五)十月十二日、三重県南牟婁郡市木村(御浜町)で裕福な家に生まれる。大阪泰正学館や早稲田大学高等師範英語科に学び、『紀南新報』や『滋賀日報』の記者となる。明治四十年(一九〇七)ころから大石誠之助より社会主義新聞・書籍を送ってもらい、四十一年夏に大石と会うころには社会主義者となっていた。四十二年一月下旬、大石方で成石平四郎・高木顕明《たかぎけんみょう》・峯尾節堂《みねおせつどう》と「暴力革命の相談」をしたこと、幸徳秋水が上京の途中で大石方を訪問し、政府へ反抗の必要を力説した場に同席したことを理由に、四十三年七月七日高木・峯尾とともに予審請求された。内山愚童《うちやまぐどう》の共犯として四十三年八月三十日取調を受け、九月二十八日大逆罪で予審請求される。「新宮グループ」

とされ、四十四年一月十八日大審院で死刑判決を受けるが、翌十九日特赦により無期懲役に減刑され、秋田監獄で服役し、昭和四年(一九二九)四月二十九日仮出獄した。昭和二十三年(一九四八)六月二十六日、飛松与次郎《とびまつよじろう》とともに復権する。同三十年(一九五五)十月三十日死去した。満七十歳。→大逆事件《たいぎゃくじけん》

参考文献 幸徳秋水全集編集委員会編『大逆事件アルバム—幸徳秋水とその周辺—』(『幸徳秋水全集』補巻、一九七二、明治文献)、森長英三郎『禄亭大石誠之助』(一九七七、岩波書店) (荻野富士夫)

さぎごんのじょう 鷺権之丞 一八四二—九五 江戸時代末期から明治時代中期の能楽師。鷺流狂言方。宗家十九代。十八代鷺仁右衛門定行の嫡男として天保十三年(一八四二)江戸に生まれる。芸は真率・堅実であったが、放浪癖のある性格破綻者で、明治維新後は東京を離れ、明治十四年(一八八一)に京都北郊で農家の作男をしているところを観世《かんぜ》宗家二十二代清孝に連れ戻され、以後東京で舞台に出ていた。しかし、晩年零落し、明治二十八年(一八九五)二月十六日、深川の木賃宿で没した。五十四歳。子息三之丞は家芸を継がず、権之丞をもって狂言鷺流宗家は廃絶した。 (小林 責)

さきむらつねお 崎村常雄 一八四六—七八 明治時代前期の自由民権家。弘化三年(一八四六)肥後国に生まれる。熊本藩士崎村甚之丞の子。藩校時習館に学び明治元年(一八六八)から三年にかけて御近習役・公用人を勤め禄百石を受け、河上彦斎《かわかみげんさい》の春日寺塾の塾頭として後進の指導にあたる。征韓論にくみし、明治七年板垣退助らの愛国公党結成に参加。同八年宮崎八郎・平川惟一《ひらかわいいち》らと民権主義を掲げる植木学校を創立し、民権党を組織して顧問となる。同十年(一八七七)西南戦争に際し民権党が熊本協同隊を組織して西郷軍に参戦した時は病のため参加しなかったが、隊長平川の戦死後同志に説かれ、薩軍の敗を見越しつつも幹事となった。薩軍の驕慢無謀を怒り、敗軍必至のもとで帰郷を望む隊員には旅金を与えて帰郷させ、隊を再編して戦った。八月残存協同隊員を率いて降伏、飽くまで戦時捕虜としての待遇を要求した。懲役五年の判決を受け、服役中の同十一年五月七日に病死した。三十三歳。

参考文献 黒竜会編『西南記伝』下巻二(『明治百年史叢書』、一九六九、原書房)、高浜幸敏「崎村常雄と協同隊」(『暗河』七、一九七五)、上村希美雄『宮崎兄弟伝』日本篇上(一九八四、葦書房) (広瀬 玲子)

さくまくにさぶろう 佐久間国三郎 一八四五—一九一五 岐阜県の政治家。弘化二年(一八四五)、美濃国安八《あんぱち》郡脇田村(岐阜県海津市)の庄屋佐久間勘六の家に生まれる。佐久間は地域の名望家として各種の役職に就くが、そのなかで明治七年(一八七四)と九年の両度、地租改正に関する建白と建言を政府に提出している。同十五年(一八八二)二月の岐阜県議会選挙で当選したのを皮きりに二十七年(一八九四)二月まで県議を続けた。そのうち二十六年十二月からは議長に就任した。この間、佐久間を含む自由党系議員は二十四年十月の濃尾地震に伴う震災救助と復旧工事の過程で生じた不明朗な資金の流れを取りあげ知事追及運動の先頭に立っている。第一回・第三回の衆議院議員選挙に立候補し落選したが、三十一年(一八九八)八月の選挙において無所属で当選した。また佐久間は熱心なキリスト教徒であり、紡績王として知られる武藤山治は佐久間の長男である。大正四年(一九一五)四月八日没。七十一歳。

参考文献 『岐阜県史』通史編近代下(一九七二) (黒田 隆志)

さくまさまた 佐久間左馬太 一八四四—一九一五 明治・大正期の陸軍軍人。弘化元年十月十日(一八四四年十一月十九日)、長州藩士岡村孫七の次男に生まれ、のち佐久間家を継ぐ。大村益次郎に師事し、近代西洋兵学を学ぶ。長州軍大隊長として戊辰戦争に参加、明治五年(一八七二)陸軍へ。佐賀の乱には熊本鎮台参謀として出征、以後台湾出兵(台湾蕃地事務局都督参謀)、西南戦争(歩兵第六連隊長)に従軍。同十四年(一八八一)仙台鎮台司令官、同二十一年(一八八八)第二師団長。同二十七年日清戦争に出征し、占領地総督および終戦後の遼東半島還付地引渡委員長。近衛師団長を経て中部都督に任官するが、同三十五年(一九〇二)落馬による怪我で休職を余儀なくされる。そのため日露戦争へは出征していないが、同三十七年現役復帰し東京衛戍総督としてポーツマス講和条約後の騒擾(日比谷焼打事件)に対処した。暴動鎮圧にあたっては軍を動員したが、実弾使用を強く禁止したことで民間人の死傷者をほとんど発生させなかった功績は大きい。同三十九年より大正四年(一九一五)まで台湾総督を務めた。前任者である児玉源太郎の後継者として、官制改革、基隆・高雄の築港、中学校創設などを手掛けた。官制改革においては従来、総督府・県・庁で構成されていた統治制度を、総督府・庁の二級に改編したのが特徴的である。しかし、総督として佐久間が手掛けた最も大きな仕事は「理蕃」である。理蕃とは、日本の統治に反抗する現地先住民族の征服を表す当時の言葉であるが、佐久間は五ヵ年にわたる計画を立て、明治四十三年(一九一〇)から大正四年にかけて陣頭指揮にあたった。「討蕃総督」と呼ばれた佐久間によって日本の台湾統治の基盤はほぼ完成したといってもよいが、理蕃の名のもとにか

佐久間左馬太

なりの数の住民が殺害されている事実を忘れるべきではない。佐久間の経歴を眺めてみると、一様に軍政や占領地統治に手腕を発揮していたことが分かる。「鬼佐久間」の異名をとったが座右の銘は「外寛内明」、泰然自若に構え、みずからの責任のもとに自由裁量で部下に事業を行わせるタイプの性格だった。その点で西郷隆盛や児玉源太郎らと似通っており、明治天皇が好んだ人格でもある。大正四年(一九一五)八月五日死去。七十二歳。→理蕃《りばん》政策《せいさく》

参考文献 台湾救済団編『佐久間左馬太』(一九三三、台湾救済団)、向山寛夫『日本統治下における台湾民族運動史』(一九八七、中央経済研究所)　(長谷川　怜)

さくまつとむ　佐久間勉　一八七九―一九一〇　海軍軍人、潜水艇事故で殉職。明治十二年(一八七九)九月十三日、神職佐久間可盛の子として滋賀県三方郡北前川(福井県三方上中郡若狭町)に生まれる。三十四年(一九〇一)海軍兵学校卒業、三十七年の日露戦争では一等巡洋艦吾妻に乗組み、以後第十五艇隊付、日本海海戦時は第一艦隊の巡洋艦笠置の分隊長心得を務めた。水雷術練習所学生となり、三十九年第一潜水艇隊の艇長心得から艇長。第一艦隊参謀、駆逐艦春風艦長などを歴任。四十一年(一九〇八)に第一潜水艇隊艇長。その後複数の潜水艇に乗組み経験を積む。四十三年四月十五日に山口県新湊沖の広島湾で行われた訓練では第六号潜水艇に艇長として乗組むが、半潜航行後のガソリン潜航の際に浸水して沈没。ほかの乗員とともに殉職した。後日艇内の遺体から事故の原因と艇内の様子を記した遺書が発見される。沈没後も乗員とともに冷静に行動し殉職した様は軍人の亀鑑と称えられた。三十二歳。

参考文献 『万朝報(復刻版)』七一(一九八七、日本図書センター)　(小林　瑞穂)

さくまていいち　佐久間貞一　一八四八―九八　印刷業者。嘉永元年二月十二日(一八四八年三月十六日)江戸に幕臣佐久間甚右衛門の長男として生まれる。幼名千三郎。明治元年(一八六八)彰義隊に参加するが流浪の身となり、二年沼津兵学校掛川支寮に学ぶ。七年大教院に建議し機関紙『教会新聞』を大内青巒《おおうちせいらん》と創刊、八年大教院廃止に伴い宏仏海を加え明教社を設立し『明教新誌』と改題、その印刷のため九年十月保田久成《やすだひさなり》に資金を頼み活版印刷設備を購入、四人の共同出資として東京銀座に秀英舎(二十一年(一八八八)有限責任、二十七年株式会社、現大日本印刷)を設立、経営者となる。明治十年(一八七七)二月中村正直訳『西国立志編』再版、十二年『東京横浜毎日新聞』印刷などを得て経営が軌道に乗る。十四年活字鋳造の製文堂設立、十九年市谷に工場を置くなど業務拡大を図る。『西国立志編』再版より国産板紙製造を研究、十九年事業化して東京板紙設立(のち富士製紙に合併、十条板紙のとき廃止)。二十二年より東京市会議員。二十三年文部省国定教科書編纂事業払い下げに伴って大日本図書設立に参与し社長となる。二十四年『印刷雑誌』(印刷雑誌社)設立、同年東京活版印刷業組合、二十五年東京石版業組合(のち東京印刷同業組合)共同設立、頭取となる。明治十一年秀英舎にて習業生制度、二十二年八時間労働制試験を経ての九時間労働制、二十四年夏季休暇制度など労働環境改善を試み、明治十九年東京板紙定款などでの近代的な経営組織整備、二十九年二宮尊徳の報徳社や西欧の信用組合に倣っての東京貸資協会設立、明治二十四年ごろよりの工場法推進や労働組合運動支援、二十四年

佐久間貞一

吉川泰二郎と日本吉佐移民合名会社を設立し移民をなすも失敗、東洋移民合資会社に関与するなど、開明的な実業家であった。家族は、明治六年十月保田の妹て津と結婚、十五年保田の三男鋼三郎を養嗣子に迎えている。明治三十一年(一八九八)十一月六日死去。五十一歳。『佐久間貞一全集』(矢作勝美編、平成十年、大日本図書)がある。

参考文献 豊原又男編『佐久間貞一小伝』(一九〇四、秀英舎庭契会)、矢作勝美『大日本図書百年史―社史からみた日本の教育史―』(一九九二)、『大日本印刷百三十年史』(二〇〇七)　(府川　充男)

さくら　桜　バラ科サクラ属の花木。新しい桜の品種ソメイヨシノ(染井吉野)は、明治初期、東京を中心に盛んに植えられ、明治後期には全国へ波及した。現在は、八〇～九〇%がソメイヨシノ一品種によって占められ、桜といえば、ソメイヨシノを指すといえるほどである。ソメイヨシノは、江戸時代末期に、染井村(東京都豊島区)の植木師が作り出し、明治になって、吉野桜と名付けて売り出されたものである。藤野寄命《ふじのきめい》は、明治十七年(一八八四)―十九年の上野公園内の調査によって、この桜を新種と確認し、染井吉野(ソメイヨシノ)と命名した。しかし、この桜の調査報告書が印刷物として世に出たのは、ずっと後の明治三十三年(一九〇〇)である。松村任三《まつむらじんぞう》は、翌年、プルヌス＝エドエンシス Prunus edoensis Matsumura の学名を付して『植物学雑誌』に記載した。東京府はソメイヨシノを公園用として、明治十三年飛鳥山公園(東京都北区)、十六年深川公園(東京都江東区)と芝公園(東京都港区)、十八年浅草公園(東京都台東区)などへ植えていった。一般人も有志を募って植栽した。成島柳北《なるしまりゅうほく》らは、明治十六年隅田川の堤(東京都墨田区・台東区)に、ソメイヨシノを千本植えた。この事績は、二十年(一八八七)建立の「墨堤植桜之碑」に残されている。埼玉県熊谷市・福島県郡山市・青森県弘前市など、地方へもソメイヨシノが広がっていった。明治後期には、全国

のほとんどの町村で、日清・日露戦争の忠魂碑が建立され、その周辺には、桜、特に、ソメイヨシノが植栽された。一方、江戸時代から受け継がれてきた、里桜と総称される、八重桜を中心とする品種の保護・増殖も行われた。明治十九年には、江北村《こうほく》(東京都足立区)の荒川堤に、七十八種、約三千本が植えられ、全国まれに見る里桜の集植地として、また学問上の価値からも評価され、観覧する人々で賑わった。ここの里桜群には、紫桜《むらさきざくら》(紫)・関《かん》山《ざん》(紅)・白妙《しろたえ》(白)・鬱金《うこん》(黄)・御衣黄《ぎょいこう》(緑)など、桜の銘品が含まれているため、江北の五色桜と呼ばれた。ほとんどの桜品種は、正確な花銘を維持していた高木孫右衛門の園中から出た。桜は、明治以来何回も「花の使節」として海外に渡り、国際親善に貢献してきた。特に有名なのは、ポトマック河畔(アメリカ合衆国の首都ワシントン市)に送られた桜である。ソメイヨシノ千本と江北の桜から育成した里桜類千本の合計二千本が選抜され、明治四十二年(一九〇九)にワシントン市に届けられた。しかし、病虫害のため、すべて焼却の憂き目にあった。明治四十五年に再度送られた十二品種三千本が、同年三月二十七日に植栽された。ソメイヨシノは接ぎ木増殖が容易であり、若木のうちからたくさんの花をつける。また、花の時に葉がなく、花弁も淡紅色で美しいので、爆発的な人気を博した。しかし、ソメイヨシノの弱点はてんぐ(天狗)巣病に極端に弱いことである。明治二十八年白井《しらい》光太郎《みつたろう》は、『植物学雑誌』上に「桜樹ノ天狗巣ニ就テ」という論文を発表した。図版に描かれた材料は、駒場農科大学植物園の芳野桜に生じたてんぐ巣病罹病枝を用いたとしている。この芳野桜はソメイヨシノであった可能性が高い。てんぐ巣病の防除は、病巣の切除である。現存する最高齢のソメイヨシノは、明治十五年植栽の弘前公園(青森県弘前市)のものである。この公園では、毎年、リンゴに準じた枝の剪定を行い、樹勢の維持とてんぐ巣病防除を行なっている。また、ポトマック河畔においても、枯死枝の切除と病虫害防除に多くの人と時間を割いている。そのため、明治時代に植えられたソメイヨシノの一部は、やがて百年を迎えようとしている。全国に広がるソメイヨシノの植栽地では、保護管理がなされず、てんぐ巣病の蔓延を野放しにしていることが多い。明治以来、罹病枝切除がずっと叫ばれてきたが実効があがらない。植えたら植えっぱなしという現状は、明治時代と何ら変わっていない。→花見《はなみ》

[参考文献] 相関芳郎『東京のさくら名所今昔』(『東京都公園文庫』八、一九八一、郷学社)、小川和佑『桜と日本人』(『新潮選書』、一九九三、新潮社)、佐藤俊樹『桜が創った「日本」—ソメイヨシノ起源への旅—』(『岩波新書』、二〇〇五、岩波書店)、有岡利幸『桜』二(『ものと人間の文化史』、二〇〇七、法政大学出版局)
(田中　潔)

さくらいいっきゅう　桜井一久　一八五八—一九一〇　政治家、弁護士。安政五年(一八五八)四月、金沢藩士の息子として生まれる。明治十七年(一八八四)七月に司法省法学校を卒業し、司法省御用掛となり、民法局に勤務。十八年十二月、神戸始審裁判所判事に任ぜられ、十九年六月、判事試補となる。二十四年(一八九一)六月、松江始審裁判所に転任を命じられたが辞職。神戸で弁護士を開業した。次第に対外硬派の一員として活動するようになり、三十八年(一九〇五)八月、講和問題同志連合会と連絡をとりながら、関西で日露戦争継続を訴えた。十二月に、藩閥打破を目的として結成された国民倶楽部にも参加。四十一年(一九〇八)五月、第十回総選挙で、理想選挙を掲げて、神戸市より衆議院議員に初当選。十二月に組織された又新会に所属したが、四十三年、立憲国民党の創立に関わった。また、市民会を組織し、神戸で市会議員となったが、同年六月十八日、脳溢血で死去した。五十三歳。著書に、『民法要論』(明治二十年)、『市制及町村制義解』(明治二十一年、駸々堂)がある。

[参考文献] 黒竜会編『東亜先覚志士記伝』下(『明治百年史叢書』、一九六六、原書房)、宮地正人『日露戦後政治史の研究—帝国主義形成期の都市と農村—』(一九七三、東京大学出版会)
(片山　慶隆)

さくらいおうそん　桜井鷗村　一八七二—一九二九　女子教育家、評論家、翻訳家、児童文学者、実業家。明治五年六月二十六日(一八七二年七月三十一日)松山の生まれ。本名彦一郎。桜井忠温《ただよし》の兄。押川方義《おしかわまさよし》からキリスト教を知り、彼に伴われて上京。明治二十五年(一八九二)明治学院卒。巌本善治のもとで明治女学校教師をして『女学雑誌』の編集にも従事。女子教育の評論を執筆し、児童向けの創作・翻訳も始めた。訳述により『(勇少年冒険譚)初航海』(明治三十二年、文武堂)を著わし、『世界冒険譚』全十二巻(明治三十三—三十五年、文武堂)も刊行、少年冒険小説を広めた。明治三十二年(一八九九)女子教育視察のため渡米。帰国後、女子英学塾の設立に尽力し、津田梅子塾長を補佐して『英学新報』(明治三十四年創刊、のち『英文新誌』)の編集主任も務めた。新渡戸稲造の『武士道』を邦訳し(明治四十一年、丁未出版社)、紀行『欧洲見物』(明治四十二年、丁未出版社)もある。四十五年(一九一二)退塾後は、北樺太石油開発事業に貢献した。昭和四年(一九二九)二月二十七日死去。五十八歳。

[参考文献] 福田清人編『明治少年文学集』(『明治文学全集』九五、一九七〇、筑摩書房)、『日本児童文学大系』二(一九七七、ほるぷ出版)
(吉田　正信)

さくらいくまたろう　桜井熊太郎　一八六四—一九一一　弁護士、社会運動家。元治元年(一八六四)八月(別説には明治元年八月)に備中国高梁町(岡山県高梁市)に生まれる。号は高梁。有終館に学び、明治十七年(一八八四)に上京、二十八年(一八九五)帝国大学法科大学を卒業し、弁護士となる。星亨《ほしとおる》を殺害した伊庭想太郎《いばそうたろう》の弁護を行い、芸娼妓自由廃業問題や足尾銅山鉱毒事件などの社会問題の解決に奔走し、日露戦争前後は若手弁護士の集った江湖倶楽部の一員として開戦を主張、日露講和反対運動では中

心人物の一人として、兇徒聚衆罪《きょうとしゅうしゅうざい》に問われた。無罪釈放後も、国民俱楽部に参加し、政界革新同志会の常務委員となり、三十九年(一九〇六)東京市街鉄道合併・値上げ反対運動や、四十三年(一九一〇)東京電燈の電燈料金値下げを求める市民大会にかかわるなどの活動を行なった。また四十三年南極探検後援会が組織されると幹事に就任した。明治四十四年三月一日没。四十八歳。桜井文庫が高梁市立図書館にある(現在は山田方谷文庫と合併されている)。

参考文献 『東亜先覚志士記伝』下(『明治百年史叢書』、一九六六、原書房)、宮地正人『日露戦後政治史の研究—帝国主義形成期の都市と農村—』(一九七三、東京大学出版会)、櫻井良樹『大正政治史の出発—立憲同志会の成立とその周辺—』(一九九七、山川出版社)　(櫻井　良樹)

さくらいしげる　桜井秀　一八八五—一九四二　明治から昭和時代前期の有職故実・風俗史研究者。明治十八年(一八八五)九月四日東京生まれ。国学院大学卒業後、東京帝国大学文科大学史料編纂掛員を経て、宮内省御用掛に転じた。桜井の研究は平安期の貴族社会を主たる対象とするもので、衣食住から儀式・儀礼、信仰、社会生活にまで及ぶものであった。特筆すべき点は、風俗史・有職故実の体系化や研究方法の整備に取り組み続けた点にある。実学的で秘事口伝的な側面の強い有職故実や、学問的な構造化や研究方法の整備が遅れていた風俗史・服飾史において、学問としての体系化や方法論の構築に務めた。昭和十七年(一九四二)十二月十三日死去。五十八歳。研究成果の公刊という点では博覧強記で出版物は少なくない。代表的な研究成果は『日本服飾史』(大正十三年、雄山閣)、『日本風俗史概説』(『岩波講座日本文学』、昭和六年、岩波書店)、『時代と風俗』(同六年、宝文館)、『平安朝史』(『(訂正再版)綜合日本史大系』、同十五年、内外書籍)など。　(佐多　芳彦)

さくらいしずか　桜井静　一八五七—一九〇五　自由民権家、衆議院議員。安政四年十月十日(一八五七年十一月二十六日)、下総国香取郡牛尾村(千葉県香取郡多古町)吉川為右衛門の次男として生まれる。池田栄亮の池田学校で漢学・数学・英語を学んだ後、宮谷県・木更津県・千葉県で租税課に出仕する。その傍ら多くの民権家を育てた儒学者嶺田楓江《みねたふうこう》に師事する。明治七年(一八七四)就学を理由に千葉県を辞職し翌年上京すると、「民制十三ヶ条之議」を元老院に提出、九年「士族授産の方法」を正院に、十年(一八七七)「民撰議院設置之議」、十二年「現行政体ニ付強請之議」「国体変革之議」を相ついで元老院に提出する。九年には、武射《むさ》郡小池村(山武郡芝山町)桜井吉造の長女千可子の婿養子となる。十二年六月「国会開設懇請協議案」を作成し、各地の県会議員に送付する。これは、全国県会議員の親和連合、東京大会での国会開設決議、政府からの国会開設認可の取得を提案したもので、七月二十四日付の『朝野新聞』に掲載されたこともあり反響が大きく、全国各地から賛同の声が挙がった。十二月「国会開設認可懇請ノ為メ同議者同盟懇望案」を作成、「大日本国会法認可ノ為メ懇請意見編纂ノ草案」(「国会懇請草案」)を起草している。翌年二月には地方連合会の組織化に着手し、「地方連合会創立趣意書」「地方連合会創立概則」を発表する。しかし、運動過程での新聞による誤報や集会条例適用による重禁錮六ヵ月の処分の影響もあって、かつての賛同者も距離を置くようになり、彼自身の運動は挫折する一方で、桜井が提案した地域有志者の団結は進んでいく。十四年六月から『総房共立新聞』を発刊するが、三度の発行停止処分を受けたことで資金難に陥り翌年十月廃刊する。十七年千葉県会議員となるが翌年辞職、二十三年(一八九〇)には第一回総選挙に立候補するが落選する。二十六年には北海道にわたり忍路郡塩谷村伍助沢(小樽市)に入植、桜井農場を経営する。三十五年(一九〇二)の第七回、翌年の第八回総選挙に千葉県から立候補し当選、憲政本党の代議士となるが、三十七年第九回総選挙では落選する。同年桜井組を創立して満洲経営事業に着手し、居留民会設立にも尽力したが、明治三十八年八月二十五日ピストルで自殺。四十九歳。

参考文献 神尾武則「桜井静と地方連合会について」(福地重孝先生還暦記念論文集刊行委員会編『近代日本形成過程の研究』所収、一九七八、雄山閣)、桜井静先生を偲ぶ会実行委員会編『(国会開設に尽くした孤高の民権家)桜井静』(一九八〇、芝山町)、久留島浩「自由民権家・桜井静」(『千葉史学』二〇、一九九二)　(松崎　稔)

さくらいじょうじ　桜井錠二　一八五八—一九三九　化学者、科学行政家。安政五年八月十八日(一八五八年九月二十四日)加賀藩士の六男として金沢で出生。藩の英語学校を経て明治四年(一八七一)に大学南校に入学、東京開成学校でアトキンソンに化学を学ぶ。明治九年から五年間、文部省貸費留学生としてイギリスに留学し、「ユニヴァーシティ＝カレッジ＝ロンドンでウィリアムソンに化学、フォスター・ロッジに物理学を学ぶ。留学中に有機水銀化合物に関する研究に取り組み、明治十二年(一八七九)にロンドン化学会会員に選出された。帰国後、明治十四年に東京大学理学部講師、翌年に同教授に任命される。明治十九年にダイバースとともに帝国大学理科大学化学科を創設。有機化学と物理化学を講じ、池田菊苗《いけだきくなえ》、大幸勇吉《おおさかゆうきち》、小川正孝、真島利行《まじまりこう》、片山正夫、柴田雄次など多くの化学者を育てた。理論化学、物理化学の日本への導入に尽力し、沸点上昇による分子量測定法の改良(明治二十五年(一八九二))などの研究業績がある。東京帝国大学評議員、理科大学長、総長事務取扱などを歴任して、大正八年(一九一九)に教授を退官した。明治十六年から二年間会長を務めた東京化学会(のちの日本化学会)では、主に化学訳語の確立、明治四十三年(一九一〇)の「桜井褒賞」制定で足跡を残した。東京学士会院(のちの帝国学士院)では明治三十一年(一八九八)に会員に選出され、大正十五年(一九二六)から十三年にわたって帝国学士院長を務めた。また、大正六年の理化学研究所、大正九年の学術研究会議、昭和七年(一九三二)の日本学術振興会設立に参画し、大正十五年に第三回汎太平洋学術会議を組織するなど、後半生は日本の科学研究体制の確立と、科学者の国際関係の発展に大きな役割を果たした。昭和十四年(一九三九)一月二十八日に死去。八十二歳。遺稿集『思出の数々』(昭和十五年、九和会)は日本近代科学史の好個な資料である。

参考文献 広田鋼蔵『明治の化学者―その抗争と苦渋―』(『科学のとびら』三、一九八八、東京化学同人)、阪上正信「西洋近代化学の移植・育成者―桜井錠二―」(『化学史研究』二四ノ二、一九九七) (菊池 好行)

さくらいじょがっこう 桜井女学校 明治九年(一八七六)、桜井ちか(一八五五―一九二八)の開設した英女学家塾を濫觴とする私立学校。明治初期の日本の女子教育において先駆的な役割を果たしたミッション系女子教育機関の一つ。外国人宣教師の手によらず日本人信徒の責任で創設・維持された。現在の学校法人女子学院の前身。明治十二年(一八七九)、桜井女学校と改称。二十三年(一八九〇)、新栄女学校と合併し女子学院と改称。のちに婦人矯風事業の先達となった矢嶋楫子《やじまかじこ》(一八三三―一九二五)が初代院長となる。十二年に幼稚園、二十年に高等科を開設し、幼児から青年に至る一貫教育の学校として注目された。女子の英語教育で名を馳せたが和漢学にも目配りし、欧化の退潮期にあっては和漢をふまえたキリスト教女学を体現した学校としても注目された。大正四年(一九一五)、高等女学校。九年に高等科を東京女子大学に統合。戦後、中高一貫の女子校となり現在に至る。

参考文献 平塚益徳編『人物を中心とした女子教育史』(一九六五、帝国地方行政学会)、大浜徹也著・女子学院編纂委員会編『女子学院の歴史』(一九八五) (佐藤裕紀子)

さくらいただよし 桜井忠温 一八七九―一九六五 明治から昭和時代にかけての陸軍軍人、作家。明治十二年(一八七九)六月十一日、旧松山藩士桜井信之の三男として愛媛県温泉郡(松山市)に生まれる。松山中学校卒業後、神戸税関勤務を経て、三十四年(一九〇一)陸軍士官学校卒業(十三期)。日露戦争では松山第二十二連隊旗手として従軍。旅順要塞攻撃で重傷を負う。治療後、三十八年八月陸軍経理学校生徒隊長となる。三十九年四月に発表した旅順戦記『肉弾』が注目を浴び、ヨーロッパやアジアで訳書が出版される。その後、戦記『銃後』、随筆『雑嚢』、『十字路』を相ついで発表。大正八年(一九一九)第十六師団副官として遼陽に駐在。十三年(一九二四)三月陸軍省新聞班班長に補される。十四年小説『黒煉瓦の家』刊行、昭和三年(一九二八)随筆集『煙幕』発表。五年八月予備役編入。十六年(一九四一)七月文化奉公会副会長に就任。二十二年(一九四七)公職追放されるが、二十七年に解除。四十年(一九六五)九月十七日松山にて死去。満八十六歳。

参考文献 木村久邇典『錨と星の賦―桜井忠温と水野広徳―』(一九八〇、新評社) (広中 一成)

桜井忠温

さくらいちか 桜井ちか 一八五五―一九二八 明治・大正期の教育者。安政二年四月四日(一八五五年五月十九日)東京日本橋に生まれる。生家は徳川幕府の神宝方御用商人として栄えたが幕府崩壊とともに困窮する。明治五年(一八七二)海軍士官桜井明悳《あきのり》と結婚し、芳英社・共立女学校などで英語を学ぶ。のちに洗礼を受けてキリスト教徒となり、夫明悳も改宗する。明悳は海軍を退役して神学校に学び、日本基督教会の牧師となる。明治九年ちかはキリスト教主義の英女学家塾を開設した。同塾はのちに小学校・貧学校・幼稚園を附設して、桜井女学校と改名される。特に幼稚園は日本における最も初期の私立幼稚園の一つとなった。のちに明悳が函館へ伝道に赴くことになり、桜井女学校は矢島楫子《やじまかじこ》の手にゆだねられた。同校は新栄女学校などとともに現在の女子学院中学校・高等学校の礎となる。明治十三年(一八八〇)ちかは明悳について函館に渡り、函館女子師範学校において教鞭を執った。同十七年札幌師範学校教諭となり、同十九年大阪一致女学校の設立に協力した。明治二十六年(一八九三)渡米し同二十八年帰国、同年に東京本郷に桜井女塾を開設、以後同塾における教育に専心した。同塾では寄宿舎制をとり、英語を中心としつつ西洋料理なども教授した。同塾は家庭的な寄宿舎と、ちかが海外研修で学んだ最新の英語教授法によって多くの塾生を集めた。ちかは「良妻賢母」養成をその教育思想の基盤におきつつ、英語を学ぶことによる思想的・文化的「感化」の有益性、母親が英語の素養を持つことが家庭教育において子どもに及ぼす影響の重要性などを説いた。また西洋料理の普及にも貢献し、西洋料理の料理本の翻訳や『西洋料理教科書』(明治四十三年)、『楽しい我が家のお料理』(大正十四年)、『日々活用お料理辞典』(昭和二年)など料理に関するものを多数出版した。昭和三年(一九二八)十二月十九日没。七十四歳。

参考文献 桜井淳司編著『桜井ちか小伝―桜井女塾の歴史―』(一九七六)、唐沢富太郎編著『図説教育人物事典―日本教育史のなかの教育者群像―』中(一九八四、ぎょうせい) (桑田 直子)

さくらいとくたろう 桜井徳太郎 一八五六―一九〇八 自由民権期からの政治家。安政三年六月二十五日(一八五六年七月二十六日）、近世に代官所の置かれた南大和の中心地、宇智郡五條村（奈良県五條市）で絞油業の家に生まれた。尊王家森田節斎の弟仁庵に漢学を学ぶ。明治八年（一八七五）、東京に遊学、十年（一八七七）の西南戦争では西郷軍に参加しようとした。十二年政治家となることを決意、植木枝盛を訪問。十四年、県下最初の民権結社五條組親睦会を結成、民権運動に挺身し、日本立憲政党・自由党に加入。朝鮮における甲申政変後、十八年には同郷の樽井藤吉とともに金玉均など親日勢力支援のため朝鮮に渡航した。同年十一月、大阪事件の嫌疑により拘引（のち免訴）。二十年（一八八七）の三大事件建白運動にも参加、翌年から南和倶楽部・大和第三区倶楽部の主要人物としても活動、二十三年の第一回衆議院議員選挙で当選、立憲自由党に所属した。この年、日本聖公会の一人として廃娼運動にも取り組んだ。その後は落選が続いたが、奈良県の自由党・憲政党・立憲政友会の最高幹部として重きをなした。実業面では二十九年開通の南和鉄道（現JR和歌山線）を除けば成功例は少ない。アメリカでの米作りや新潟の鉱山開発にも失敗した。四十一年（一九〇八）六月二十一日死去、日本聖公会五條基督教会で葬儀が行われた。五十三歳。（竹末　勤）

さくらいのうかん　桜井能監　？―一八九八　宮内官僚。明治二年（一八六九）権少史となり、正院大主記、左院五等議官となる。九年三等法政官に転じ、太政官少書記官兼内務少書記官を経て、十一年（一八七八）には内務権大書記官に昇り寺社局長となる。十四年内務大書記官に進み寺社局長兼法制部長となる。十六年式部権頭に転じ、内務省御用掛を兼任し、十七年神武天皇例祭、慶光《きょうこう》天皇追尊、光格天皇陵参向のための勅使となり、宮内大書記官兼掌典に転じ庶務課長、内事課長になる。小松宮別当を兼任し、二十一年（一八八八）帝室制度取調局委員となり、全国宝物取調掛などを歴任。日清戦争後内大臣秘書官となり、明治二十八年旭日中綬章を受章した。明治三十一年（一八九八）六月四日病没。（伊藤　真希）

さくらいへいきち　桜井平吉　一八五三―一九二〇　愛国正理社社長で飯田事件に関係した自由民権家。嘉永六年三月十二日（一八五三年四月十九日）、信濃国佐久郡軽井沢村（長野県北佐久郡軽井沢町）柳沢福六の三男に生まれ、明治四年二月一日（一八七一年三月二十一日）同村桜井市太郎養子、同日相続、三十四年（一九〇一）七月十三日北民と改名。十歳ころより群馬県高崎の薬店大喜に奉公し、横浜に出て写真術を学び、勝海舟にも教えを受けモンテスキュー『万法精理』の翻訳を読み民権思想を学んだという。明治十五年（一八八二）ころ下伊那郡飯田町（飯田市）で写真業および売薬行商を開業、十五年十二月飯田裁判所前で訴訟の仲裁や代人を始める。十六年二月八日愛国正理社を組織、政談演説会などを開催。妻寿々（明治元年四月十二日（一八六八年五月四日）生まれ）も民権運動に参加。飯田事件で十七年十二月三日逮捕、禁錮三年六ヵ月・監視一年の有罪となる。大日本帝国憲法発布の大赦で出獄後、二十二年（一八八九）八月二十一日下伊那郡飯田町三十一人の総代として条約改正中止建白書、同年十二月二十日下伊那郡有志五百三十八人の一人として同様の中止建白書を提出。二十九年ごろ大阪府に移り細川村伏尾《ふしお》（池田市）に無煙無声火薬製造所を造るが失敗、晩年は郷里軽井沢で浅間山の軽石からの採金業を行なったがこれも失敗。大正九年（一九二〇）八月十八日死去。六十八歳。　→飯田事件《いいだじけん》

参考文献　上原邦一『佐久自由民権運動史』（一九七三、三一書房）、上條宏之『地域民衆史ノート―信州の民権・普選運動―』（『銀河ブックス』、一九七七、銀河書房）、正木敬二『東海と伊那―商品流通と政治・文化交流―』（一九七八）（上條　宏之）

さくらおかさんしろう　桜岡三四郎　一八七〇―一九一一　鋳金家。明治三年正月二十六日（一八七〇年二月二十六日）茨城県久慈郡袋田村（大子町）に、桜岡八郎尚徳の三男として生まれる。水戸梅香《ばいこう》の旧士族武田家の養子となるが合わず、山口県知事原保太郎の書生として上京し、二十二年（一八八九）東京美術学校鋳金科に第一期生として入学。なお、在籍中は武田姓を名乗り、卒業後に養子関係を離縁して本姓に復帰した。岡崎雪声《おかざきせっせい》などに鋳金を学び、二十七年卒業時の「観世音菩薩」が初期の同校卒業制作を代表する作品となる。三十年（一八九七）同校助教授に任命されるが、翌年の東京美術学校騒動に際し懲戒免官処分を受け、岡倉天心らとともに日本美術院創設に参加し、金工の指導にあたった。三十三年に東京美術学校に復職し、三十六年より三年間のアメリカとフランス留学を経て、三十九年教授に就任。大正八年（一九一九）七月東京美術学校退官、同年九月十八日死去。五十歳。

参考文献　『日本美術院百年史』二上（一九九〇）（横溝　廣子）

さくらだクラブ　桜田倶楽部　明治三十六年（一九〇三）十二月に近衛篤麿によって創設された政治運動組織、倶楽部。発会の趣旨は「挙世浮薄に流れ、滔々私利に奔る、政界の紛争、実業の萎微、学芸の不振、職として執誠事に従ひ、忠実任を尽すの気風乏しきが故ならずんばあらず。此風潮を一転するに非ざれば、焉んぞ邦家の隆盛を期せん」（『近衛篤麿日記』付属文書）というものであった。対露同志会の運動のなかで革新政党を形成しようとする動きの一つで、幹事として五百木良三《いおきりょうぞう》、小川平吉、金杉英五郎、柏原文太郎、寺尾亨《てらおとおる》、木下謙次郎、望月竜太郎などの学者・政治家・新聞記者など対外硬派の政客が集まった。翌年一月の近衛死亡後、七月に『二六新報』の秋山定輔《あきやまさだすけ》に引き継がれ、その後も対外硬派のグループを形成し、三十八年の講和問題同志連合会にも参加した。政界革新同志会や朝鮮問題同志会の集会にも利用されたが、大正期以後は実質的に秋山と親しい政治家の事務所の機能を持った。

参考文献　宮地正人『日露戦後政治史の研究―帝国主

義形成期の都市と農村―』(一九七三、東京大学出版会)、酒田正敏『近代日本における対外硬運動の研究』(一九七八、東京大学出版会)、桜田倶楽部編『秋山定輔伝』二(一九七九)
(櫻井 良樹)

さくらだじすけ　桜田治助　一八〇二―七七　歌舞伎の狂言作者。三代目。享和二年(一八〇二)に生まれる。文政七年(一八二四)江戸河原崎座で初出勤。二代目治助の門人。天保四年(一八三三)三代目を襲名。同六年立作者となる。文久二年(一八六二)、門弟の二代目木村園治に名を譲るが、狂言堂(狂言堂左交《きょうげんどうさこう》・桜田左交)の名で作者を続ける。目立った作はないが、明治初期の東京の大芝居で河竹黙阿弥《かわたけもくあみ》・三代目瀬川如皐と並んで立作者の地位にいた。明治十年(一八七七)八月七日東京で没。七十六歳。四代目(生没年未詳)は明治十年代後半に東京中島座の作者として活躍した。

参考文献　伊原敏郎『近世日本演劇史』(一九一三、早稲田大学出版部)、同『明治演劇史』(一九三三、早稲田大学出版部)
(佐藤かつら)

さくらだももえ　桜田百衛　?―一八八三　小説家。安政六年(一八五九)備前生まれというが、四年生まれともいわれる。別号百華園主人。明治の初めに上京し、東京外国語学校でドイツ語を、中村正直の同人社で英語を学ぶ。一時東京を離れるが、先輩栗原亮一の影響で自由民権運動に挺身、明治十四年(一八八一)自由党の結成に参加、翌年六月創刊の機関紙『自由新聞』の小説記者となった。同紙にデュマ『一医師の回想』冒頭部分をたくみに意訳し、革命ムード豊かな政治小説「西の洋《うみ》血潮の暴風《あらし》」(六月二十五日―十一月十六日、未完、単行本『西洋《にしのうみ》血潮小暴風《ちしおのさあらし》』、同十五年、絵入自由新聞社)を発表、読者に歓迎された。それ以前に、政治小説『阿国民造自由廼《おくにたみぞうじゆうの》錦袍《にしき》』が書かれており、江戸の人情本を民権運動と結び付けた体裁で、遺稿として明治十六年九月に出た。晩年は病気に苦しみ、明治十六年一月十八日死去している。

参考文献　柳田泉『政治小説研究』上(『明治文学研究』八、一九六七、春秋社)
(中島 国彦)

さくらまさじん　桜間左陣　⇨桜間伴馬《さくらまばんば》

さくらまばんま　桜間伴馬　一八三五―一九一七　シテ方金春流の能楽師。肥後熊本にて天保六年七月十三日(一八三五年八月七日)に生まれる。明治四十四年(一九一一)喜寿を記念して左陣と改名。桜間家は藩主細川家お抱えの能役者の家として、本座の友枝家(喜多流)と並び、新座と称して熊本藤崎八幡宮神事に奉仕した。幕末に二度上京し江戸の金春流地謡方の中村平蔵に師事。明治十二年(一八七九)、細川護久《ほそかわもりひさ》の勧めにより三度目の上京、以後東京に永住し活躍した。『邯鄲《かんたん》』や『道成寺』などの能で好評を博し、技が達者で身体の利く役者として名声を得て、初代梅若實、十六代宝生九郎知栄《ともはる》とともに明治の三名人と称された。七十四代金春広成《ひろしげ》以下四代の宗家に仕え、明治期の金春流を盛り立て、維新で打撃を受けた能楽界の再生にも大きく貢献した。八十一歳になってもなお舞台に立ち続けたが、大正六年(一九一七)六月二十四日没。八十三歳。子の金太郎(のちに弓川《きゅうせん》)も次代を代表する役者に大成した。

参考文献　桜間金太郎『能楽三代』(一九六七、白水社)
(小林 久子)

ざぐりせいし　座繰製糸　明治時代前期に一般的であった座繰(器)による生糸生産。発達史的には手挽《てびき》と器械製糸の中間。座繰は木製歯車と振り手(綾掛け装置)を具えた木製の道具で、糸枠を右手で直接回す手挽と比べて、回転作業を左手で、糸を扱う細かい作業を右手で行うことが可能になり、労働生産性が数倍高まった。座繰は幕末開港以前からあったが、撚り掛け装置がなく抱合不良の生糸を作るため普及しなかった。開港後、輸出向けの生糸生産が急増すると座繰は上州(群馬県)から周囲へ普及し、撚り掛け装置を付けて改良した座繰も出回るようになった。生産量において器械製生糸が座繰製生糸を上回るのは明治二十七年(一八九四)である。座繰製糸の経営形態としては、農民などが個々に自営する独立小生産者、商人が農民などに原料繭を与え手間賃を払って挽かせる賃挽《ちんびき》(問屋制ないし出釜《だしがま》)、自邸に座繰を複数設置して雇人に挽かせる自宅作業場があった。なお製糸機械用語に立繰《りっそう》に対する座繰《ざそう》があるが「ざぐり」とは別。↓改良座繰《かいりょうざぐり》

参考文献　石井寛治『日本蚕糸業史分析―日本産業革命研究序論―』(『東京大学産業経済研究叢書』、一九七二、東京大学出版会)、永原慶二他編『講座・日本技術の社会史』三(一九八三、日本評論社)
(井川 克彦)

一取座繰器

さげどけい　提時計　いわゆるWatchのことである。根付時計、あるいは袂時計ともいった。今日では懐中時計あるいはポケットウオッチの称が一般的である。十九世紀に輸入されたものはまだサイズが大きく、男物で一八～二一型だったので、男女とも長い鎖で今日の身分証のように首にかけ、懐もしくは帯の間に挟むのが一般であ

った。高級品には今日のように竜頭巻きもあったが、普通は鍵巻き、側は金・銀、安物はニッケルで、金側の竜頭巻きとなると明治初年で三百円以上もした。このような状況では当然国産化の声もあり、明治二十七年(一八九四)掛時計を作っていた精工舎はじめいくつかのウォッチメーカーが手がけたが、種々問題が生じて精工舎以外残らなかった。明治三十五年(一九〇二)ごろから腕時計が輸入されるようになり、男で一三〜一五型、女持ちで八・九型から一〇型まで小型化され、それとともに懐中時計も小ぶりになって持ちやすくなったのである。
(小野　一成)

さけんせい　左剣生　生没年不詳　陸軍軍人。本名未詳。アイヌ人でありながら日露戦争の諸戦で戦功があり、陸軍歩兵上等兵勲八等功七級となった人物を描く「功七級のアイヌ人北風磯吉」を、明治四十年(一九〇七)一月の『中学世界』に描いた。その文の署名には、「陸軍中尉」という肩書きがある。投書家ではないようで、『文章世界』などの投書雑誌には、「左剣生」の名はみられず、その後の経歴はわからない。

参考文献　木村毅編『明治戦争文学集』(『明治文学全集』九七、一九六九、筑摩書房)
(中島　国彦)

さこうつねあき　酒匂常明　一八六一―一九〇九　農政家、農学者。大日本製糖会社社長。文久元年十一月二十七日(一八六一年十二月二十八日)出石藩士酒匂常保の長男に生まれる。明治十三年(一八八〇)六月駒場農学校農学科を、十六年二月同校農芸化学科を卒業後、農商務省御用掛・農務局事務取扱・農学校勤務となる。以後、教育と行政に従事。学者としては三十二年(一八九九)六月に農学博士となり農科大学教授まで務める。行政家としては北海道庁財務長官、生糸検査所所長などを経て三十六年五月農商務省農務局長となる。この間、改良農法の普及に努めたほか、欧米出張の成果を生かし耕地整理法制定などに貢献した。『酒匂甲部普通農事巡回教師農談筆記』(明治二十年、岐阜県第一部)、『改良日本米作法』(同二十年、有隣堂)などの著作がある。蔵相阪谷芳郎《さかたによしろう》を介して大日本製糖会社の社長に招かれ、三十九年十一月依願免官。日糖疑獄で公訴されたのを受け四十二年(一九〇九)七月十一日自殺。四十九歳。

参考文献　小倉倉一「明治農林官僚の典型―名農務局長酒匂常明博士―」(『農林春秋』二ノ三、一九五三)、内田和義「農学者酒匂常明と老農船津伝次平」(『日本農業経済学会論文集』二〇〇一年度、二〇〇一)
(差波亜紀子)

さこんのじょうこうのしん　左近允孝之進　一八七〇―一九〇九　明治時代後期の視覚障害者教育の実践開拓者、兵庫県立盲学校(現視覚特別支援学校)の創設者。明治三年五月二日(一八七〇年五月三十一日)鹿児島の玉尾町に軍人左近允尚一・千代の子として生まれる。父を西南戦争で失い、東京専門学校(早稲田大学の前身)政治科に入学したが退学。日清戦争に従軍し軍曹に進み、除隊後鹿児島で酒屋を営んだが、明治二十九年(一八九六)二十七歳の時に失明した。以後、鍼按術を修得して諸国行脚して、筑後の酒造家の娘今村増江と結婚した。三十二年(一八九九)に神戸で鍼按治療を始め、三十五年にキリスト教の洗礼を受け、三十八年六月十日に私立神戸訓盲院(兵庫県立盲学校の前身)を設立して視覚障害者教育の実践に入った。左近允は修行年限五年の普通科と四年の按摩科を置き、治療家である前に教養人たることを目指して普通科を重視し、自身で「盲人勧学の歌」を作詞し、修身・国語・地理・歴史をも担当した。同年には木製の点字活版印刷機を独自に考案し、出版社六光社を設立し、母と妻も職員とともに植字・印刷・校正に従事して、日本最初の点字新聞『あけぼの』を三十九年一月に創刊し、春には早稲田大学の通信教育の講義録『早稲田中学講義』の点訳出版も開始した。点訳出版には『字独習書』(自著)、『日英の盲人』(好本督)、『わが生涯』(ヘレン=ケラー)、その他盲人用教科書・啓蒙書・自立書があるが、商業出版書ではないため苦労を重ねた。心身の酷使により、四十二年(一九〇九)十一月十一日四十歳で死去。

参考文献　安在邦夫「左近允孝之進研究ノート―視覚障害者教育に尽力した隠れた「校友」―」(『早稲田大学史記要』二三、一九九二)
(佐藤　能丸)

ささかわきよし　笹川潔　一八七二―一九四六　明治期から戦前期の新聞記者。明治五年(一八七二)東京に旧幕臣笹川義潔の次男に生まれる。号東花。明治三十一年(一八九八)東京帝国大学法科大学卒業。明治三十三年十二月には帝国党の幹事の一人。『大阪毎日新聞』に入り論説委員となり、『東亜新報』にも関係した。明治四十一年(一九〇八)『読売新聞』に入り四十三年三月主筆となる。国家主義的な論説を掲げ、大正政変では軍拡支持、桂太郎内閣擁護の立場の論陣を張ったため、社は護憲派の群衆に襲われ、大正二年(一九一三)十二月退社した。大浦《おおうら》兼武《かねたけ》と近かったともいう。学生時代から中国問題に関係しており、大正六年には漢口に赴き『湖広新報』社長として活動、孫文や徐世昌らと交際した。大正十二年(一九二三)一月には湖北省名誉顧問となる。日中戦争中けたびたび官憲の取り調べを受けたという。笹川種郎《たねお》(臨風《りんぷう》)の弟。昭和二十一年(一九四六)十二月死去。七十五歳。

参考文献　『読売新聞一〇〇年史』(一九七六)、『読売新聞百二十年史』(一九九四)
(西川　誠)

ささかわりんぷう　笹川臨風　一八七〇―一九四九　国史学者、評論家、俳人。明治三年八月七日(一八七〇年九月二日)、東京神田末広町(東京都千代田区)に生まれる。父は旧幕臣、内務省土木局勤務の義潔、母てい。本名種《たね》郎《お》。明治二十九年(一八九六)帝国大学文科大学国史科卒業。在学中から高山樗牛《たかやまちょぎゅう》・姉崎嘲風《あねざきちょうふう》らの文人と交わり、大野酒竹《おおのしゃちく》・佐々醒雪《さっさせいせつ》・田岡嶺雲《たおかれいうん》・国府犀東《こくぶさいとう》らと俳句団体筑波会を結成。一時、毛利家編輯所員として『防長回天史』編纂に加わり、三十四年(一九〇一)宇都宮中学校長となる。四十年(一九〇七)辞任して、三省堂の『日本百科大辞典』編集にあたり、かたわら明治・法政・専修の各大学に出講。また『万朝報《よろずちょうほう》』に数年にわたって「九郎判官」「日蓮上人」などの歴史物語を執筆。四十二年、自然主義文学に抗して文芸革新会結成を首唱し、経世的立場を強調。四十三年、南北朝正閏論が起ると南朝正統論を精力的に展開、『南朝正統論』(明治四十四年、新潮社)などを刊行した。大正四年(一九一五)明治大学専任教授に就任。また、岡倉天心《おかくらてんしん》亡き後の日本美術院を下村観山《しもむらかんざん》に託され、以後数年同院のために働いた。十年(一九二一)、明大の内紛を嫌って辞任し、東洋大学・駒沢大学・日本大学などの講師を、昭和十九年(一九四四)に教育界を退くまで続けた。大正十三年には『東山時代の文化』(昭和三年、博文館)で文学博士の学位を受け、昭和九年(一九三四)春峯庵肉筆浮世絵贋作事件に巻き込まれたりしたが、美術関係では権威とされていた。著書は、『支那小説戯曲史』(明治三十年、東華堂)、『元禄時勢粧』(明治三十四年、博文館)、『日本絵画史』(大正十一年、玄黄社)、『近世日本食物史』(共著、昭和十年、雄山閣)など、日本・中国の歴史や文化にわたり多数。草双紙《くさぞうし》の収集や河東節《かとうぶし》などの邦楽の保存など、近世文化の維持伝承にもつとめ、また『史料大成』(昭和九―十九年、内外書籍)などの史書編纂も行なっている。晩年の回顧『明治還魂紙《すきかえし》』(昭和二十一年、亜細亜社)がある。昭和二十四年(一九四九)四月十三日死去。八十歳。

参考文献 久松潜一編『塩井雨江・武島羽衣・大町桂月・久保天随・笹川臨風・樋口竜峡集』(『明治文学全集』四一、一九七一、筑摩書房)、瀬木慎一「肉筆浮世絵の贋作〈春峯庵事件〉」(『芸術新潮』三四ノ七、一九八三)、昭和女子大学近代文学研究室編『近代文学研究叢書』六六(一九九二、昭和女子大学近代文化研究所) (田中 夏美)

ささきおとや 佐々木男也 一八三六―九三 長州藩士、明治時代前期の実業家。天保七年五月二十六日(一八三六年七月九日)萩に生まれる。万延元年(一八六〇)長崎から帰国して銃陣教練助教となる。文久二年(一八六二)右筆役となり京師周旋係に抜擢され三年正月学習院に出仕したが、禁門の変により帰国。元治元年(一八六四)諸隊の一つ南園隊(のち荻野隊(義昌隊)と合して振武隊)を組織して八月に総管となり慶応二年(一八六六)の第二次長州戦争では石州口で戦う。三年総管を辞し、明治元年(一八六八)七月国政方内用として馬関外務などを経て二年十月施政司試補となる。明治十一年(一八七八)山口第百十銀行支配人となって実業界に転じ、共同運輸の設立とともに神戸支店支配人。日本郵船設立後、明治十八年十二月から二十一年(一八八八)十月まで下関支店支配人、二十六年十月まで東京支店支配人を勤めた。二十六年十一月二十五日肺患のため没。五十八歳。

参考文献 『日本郵船株式会社五十年史』(一九三五、日本郵船) (小風 秀雅)

ささききょうすけ 佐々木狂介 一八五〇―一九〇九 漢学者、僧侶。父は浄土真宗光蓮寺住職佐々木教成。嘉永三年十二月十二日(一八五〇年三月二十五日)伊勢津に生まれる。字は希賢。通称狂介。抑堂、無慚叟と号す。安政五年(一八五八)京都西本願寺で得度。明治三年(一八七〇)東京に遊学し時の廃仏毀釈運動に対し政府に建議し俗論に弁駁する。築地別院にはいり門末子弟教育のための白蓮会を組織。十年(一八七七)漢学教師として新潟学校に赴任。十五年三重県師範学校に転じ、同年家塾尚友義塾を開く。福沢諭吉の津遊歴の際の話に感じ二十年(一八八七)慶応義塾に入り、英学を修める。二十三年同校漢文講師に就任。辞して二十四年京都本山で十一世明如上人に仕え本山歴代記の編纂に従事。二十九年讃岐塩屋別院管事、三十一年(一八九八)越中富山別院管事。四十年(一九〇七)本山より司教を特授される。四十二年十二月十日没。六十歳。篤学院の諡号を贈られる。著書に『重修顕如宗主伝』(明治二十四年、興教書院)、『実験の信仰』(同三十八年、顕道書院)、『信仰道しるべ』(同四十一年、顕道書院)などがある。また、馬場丈太郎編『抑堂先生遺稿』(昭和八年、楽天堂)が刊行されている。 (山根 秋乃)

ささきげっしょう 佐々木月樵 一八七五―一九二六 明治・大正時代の真宗大谷派の学僧。明治八年(一八七五)、愛知県碧海郡古井村(安城市)願力寺に山田才相の次男として生まれる。豊後漢学塾咸宜園に学び、二十一年(一八八八)、東本願寺三河教校に入学する。三十一年(一八九八)、京都第一中学寮を卒業。碧海郡矢作(岡崎市)上宮寺に入り、佐々木に改姓した。三十三年七月、東京巣鴨の真宗大学を卒業。このころより清沢満之《きよざわまんし》の本山改革運動に多田鼎《ただかなえ》・暁烏敏《あけがらすはや》らとともに参加し、私塾浩々洞を開設、雑誌『精神界』の発行に尽力した。三十九年真宗大学研究院卒業後、同大学の教授に就任、仏教学者として仏教理史・浄土教史を担当。大正十年(一九二一)から一年間、沢柳政太郎・小西重直らと宗教・教育制度視察を目的に欧州諸国を歴遊した。大正十三年大谷大学学長に就任し、大正十五年(一九二六)三月五日、講師の学階を受け、権僧正に補された翌日六日、病没した。五十二歳。法名は真教院。著作は二十八にのぼり『佐々木月樵全集』全六巻に収められている。 (加藤 基樹)

ささきそういち 佐々木惣一 一八七八―一九六五 明治から昭和時代前期の憲法・行政法学者、京都帝国大学教授。明治十一年(一八七八)三月二十八日鳥取に生まれ

佐々木惣一

る。鳥取第一中学、第四高等学校を経て三十二年(一八九九)に創設された京都帝国大学法科大学に第一期生として入学、三十六年卒業後ただちに同大学講師、三十九年助教授に昇任、四十二年(一九〇九)から三年間のヨーロッパ留学ののち、大正二年(一九一三)教授に昇任、行政学講座を担当(昭和二年(一九二七)以後は憲法学兼担)した。大正二年法学博士。十年(一九二一)より十二年、および十四年より昭和二年まで法学部長。『日本行政法論』総論(大正十年)、『日本行政法論』各論(同十二年)、『日本憲法要論』(昭和五年)などの主著には、体系的・論理的方法を重視する実証主義的法解釈を特徴とした学風がよく表われている。一方、『立憲非立憲』(大正七年)、『普通選挙』(同九年)などの時論を著わし、鮮明な立憲主義尊重の主張で論壇でも活躍した。さらに大学人としての佐々木は、学問の自由と大学自治の擁護に献身、昭和八年の滝川事件において学説内容を理由とする滝川幸辰《たきがわゆきとき》教授への休職処分に抗議する京大法学部教官一同の中心として行動し教授職を辞する。辞職後、立命館大学学長に迎えられたが、十一年(一九三六)に辞任、以後は『公法雑誌』編集などに従事した。十四年帝国学士院会員。敗戦後、近衛文麿の依頼により内大臣府御用掛として憲法改正案起草にあたるが、不採用に終る。二十一年(一九四六)貴族院議員に勅選され新憲法審議に参加、憲法案には反対を表明した。しかし二十四年(一九四九)には新憲法の解釈書『日本国憲法論』を刊行、なお研究活動に衰えを見せなかった。二十七年文化勲章受章。昭和四十年(一九六五)八月四日京都市の自宅で没した。満八十七歳。京都府立総合資料館に『佐々木惣一博士関係文書』として、原稿・書簡・日記その他の資料が残されている。また、大石真編『憲政時論集』二巻(平成十年、信山社)が刊行されている。

参考文献　田畑忍編『佐々木憲法学の研究』(一九七五、法律文化社)、松尾尊兊『大正デモクラシーの群像』(一九九〇、岩波書店)

(伊藤　孝夫)

ささきたかゆき　佐佐木高行　一八三〇—一九一〇　官僚、政治家。通称三四郎。天保元年十月十二日(一八三〇年十一月二十六日)、土佐藩士佐佐木高順の長男として土佐国吾川郡瀬戸村(高知市)に生まれる。儒学、国学、兵学を学び、作事奉行、郡奉行、普請奉行、大目付などを務めた。この間、江戸、太宰府などで穏健な尊王攘夷派として国事に奔走し、慶応三年(一八六七)には上洛して後藤象二郎・坂本竜馬と大政奉還の建白について協議した。明治元年(一八六八)、戊辰戦争に際して海援隊を率いて長崎奉行所の接収にあたり、同年、長崎裁判所助役として新政府に出仕。天草富岡知県事、刑法官副知事、刑部大輔を経て、同三年参議、翌四年司法大輔となる。同年、岩倉遣外使節団の一員として欧米を視察し、司法制度の調査にあたる。帰朝後、征韓論をめぐって土佐派の多くが下野した際も政府にとどまり、七年には左院副議長、八年には元老院議官を歴任。九—十年(一八七七)の士族反乱に際しては土佐に帰郷して中立派を指導し、慰撫に努めた。翌十一年、宮中に転じて侍補職となると、元田永孚《もとだながざね》とともに君徳培養運動を推進して参議と対立した。十三年に元老院副議長に進んだのち、立憲政治導入の議論に際して漸進的樹立を主張して谷干城らと中正党を結成して大隈重信ら急進派と対立、明治十四年の政変後、参議兼工部卿となった。十七年、維新以来の功により伯爵。十八年の内閣制度創立に際して宮中顧問官に転じ、二十一年(一八八八)から没するまで枢密顧問官を務めた。この間、常宮昌子《つねのみやまさこ》、周宮房子《かねのみやふさこ》の御養育主任を務める。二十九年には皇典講究所長兼国学院長となり子弟教育にも尽力した。四十二年(一九〇九)、侯爵に陞叙、翌四十三年三月二日没。八十一歳。著書に『佐佐木伯爵時局談』(明治三十七—三十八年、国学院)があるほか、日記を翻刻した東京大学史料編纂所編『保古飛呂比《ほごひろい》—佐佐木高行日記—』(昭和四十五—五十四年、東京大学出版会)、安在邦夫・望月雅士編『早稲田大学図書館所蔵佐佐木高行日記—かざしの桜—』(平成十五年、北泉社)がある。

参考文献　津田茂麿『明治聖上と臣高行』(『明治百年史叢書』、一九七〇、原書房)、西川誠「明治十年代前半の佐々木高行グループ」(『日本歴史』四八四、一九八八)、笠原英彦『天皇親政—佐々木高行日記にみる明治政府と宮廷—』(『中公新書』、一九九五、中央公論社)

(清水唯一朗)

佐佐木高行

ささきたかよし　佐佐木高美　一八六二—一九〇二　華族政治家、日本史辞典編纂援助者。佐佐木高行と母国久貞子の長男として文久二年二月七日(一八六二年三月七日)、高知城下に生まれる。成人して体貌白皙肥大、五尺八寸、二十五貫五百、飲酒五升余と語られている。明治十一年(一八七八)同人社に入り、また英人ジョルダンなどに英語を学んだ。十六年に松平定教と外務省准奏任御用掛として外務卿付書記となり、十七年五月外務員外書記生を以て英国に留学、十九年より交際官試補に任じられてロンドンの公使館に在勤し、二十二年(一八八九)帰国するや明治会のために尽力、また父を助け常宮・周宮両内親王養育に辛労、さらに北白川宮恒久王教育の任にあたった。この年官を罷め、翌二十三年東京文学院長となり、二十五年東京英語学校が焼失するや、その復興に努め、二十九年、父高行が皇典講究所長並びに国学院長となったので、父を助けた。この二十九年、国学院在学中の八《や》代国治《しろくにじ》・早川純三郎らが、国史に関する適当な参考書無く、国史辞典を編纂したいと相談するや、高美はその必要性を以前から痛感しており、八代らを励まし多大の援助を約した。これにより三十年(一八九七)より八代・早川は中村富哉・田窪千秋と編纂事業を開始し、その後井野辺茂雄が加わり、中村・田窪が去るなどの経過を経て、日本でのはじめての本格的辞書となった『国史大辞典』が吉川弘文館より四十一年(一九〇八)七月に刊行された。八代・井野辺が史料編纂掛に在職したことが編纂に役立ったとはいえ、八代はこの激務でからだを悪くした。高美は八代らの事業を支援する一方、三十二年には『富士新聞』を発行、また近衛篤麿や島津忠済らと深く交際し東亜同文書院や朝鮮協会の活動を助けていたが、三十五年蛋白尿性網膜炎にかかり、同年七月八日四十一歳で死去した。妻は佐賀出身の海軍中将・宮中顧問官真木長義の長女である。

参考文献 大植四郎編『明治過去帳』(一九七一、東京美術)、『国史大辞典』一(一九〇八、吉川弘文館) （宮地　正人）

ささきたろう 佐々木太郎 ⇨佐々木春夫《ささきはるお》

ささきちゅうじろう 佐々木忠次郎 一八五七—一九三八 明治から大正時代の昆虫学者。安政四年八月十日(一八五七年九月二十七日)に福井藩士佐々木長淳の長男として生まれる。明治十四年(一八八一)東京大学理学部を卒業し、翌年より駒場農学校の助教授、教授として動物学・昆虫学・養蚕学・養兎論を教えた。二十三年(一八九〇)帝国大学農科大学助教授、二十四年四月教授となり、同年八月理学博士号を授けられた。二十六年九月から退官する大正十年(一九二一)十月まで動物学・昆虫学・養蚕学第二講座(応用昆虫学と養蚕学)を担当した。養蚕研究を学として体系づけた研究者で、明治十九年から蚕の微粒子病その他の病虫害防除研究を深め、二十三年八月には竹内鉱次郎との共同論文「病蚕肉眼鑑定法及精良蚕種製造法」を『官報』に掲載し、二十七年十月、論文「蚕蛆の原因」を『大日本農会報』第一五七号にのせ、三十一年(一八九八)三月には微粒子病の研究成績を発表した。蚕以外でも、米国農務省の依頼で桃の姫心喰蛾《ひめしんくいが》の生活史ならびに防除法を研究して袋掛法を考案(明治二十一年)、脂蠟介殻虫の生活史研究(三十七年以降)、タンニン原料の虫癭《ちゅうえい》を作る五倍子《ふし》蚜虫の生活史研究(四十三年)など、応用昆虫学の土台を築いていった。著作には『日本農作物害虫篇』(明治三十二年)、『日本樹木害虫篇』(三十四年)、『園芸害虫篇』(四十三年)、『蔬菜害虫篇』(大正七年)などがある。昭和十三年(一九三八)五月二十六日、八十二歳で没した。

参考文献 『東京帝国大学学術大観』医学部・伝染病研究所・農学部(一九四二)、日本学士院編『学問の山なみ—物故会員追悼集—』一(一九七九) （宮地　正人）

ささきどうげん 佐々木道元 一八八九—一九一六 初期社会主義者、大逆事件関係者。明治二十二年(一八八九)二月十日、熊本区西坪井町の真宗即生寺の次男として生まれる。県立済々黌《せいせいこう》五年二学期で退学。済々黌在学中の同四十一年(一九〇八)五月ごろからしばしば熊本評論社を訪問し、新美卯一郎《にいみういちろう》・松尾卯一太《まつおういった》・坂本清馬《さかもとせいま》らと交わり、社会主義者となる。松尾の影響を強くうけ、『平民評論』刊行に積極的に協力する。四十二年三月、飛松与次《とびまつよじ》郎《ろう》とともに松尾から「陰謀計画」を聞き同意したとして、四十三年七月三十日検事の取調をうけ、八月三日大逆罪で予審請求された。「熊本グループ」とされ、四十四年一月十八日、大審院で死刑判決を受けるが、翌十九日特赦により無期懲役に減刑され、千葉監獄で服役する。大正五年(一九一六)七月十五日、病死した。二十八歳。↓大逆事件《たいぎゃくじけん》

参考文献 幸徳秋水全集編集委員会編『大逆事件アルバム—幸徳秋水とその周辺—』(『幸徳秋水全集』補巻、一九七二、明治文献)、上田穣一・岡本宏編『大逆事件と『熊本評論』』(一九八六、三一書房) （荻野富士夫）

ささきとうよう 佐々木東洋 一八三九—一九一八 幕末・明治時代の内科医。天保十年六月二十二日(一八三九年八月一日)江戸本所に、医を業とする佐々木震沢の長男として生まれる。幼少期を経て、十八歳のときに佐倉の順天堂塾で佐藤泰然《さとうたいぜん》・尚中《しょうちゅう》に西洋医学を学び、安政六年(一八五九)尚中らと長崎に留学、ポンペに師事し、文久二年(一八六二)江戸に戻った。自宅で医業に従事、西洋医学所助手兼海軍軍医となり、明治二年(一八六九)大学得業士となり、ついで大学東校の大助教などを経て、同五年御雇い医師ホフマンに師事し、医書を著わすが退職。二年後に東京府病院副院長、さらに大学病院長に就任、西南戦争では大阪陸軍臨時病院で治療に従った。その後、脚気病院の治療では洋方医として参加し活躍、同十四年(一八八一)神田に杏雲堂病院を設立し、貧困者には施療券を発行、同三十二年(一八九九)に隠退するまで勤めた。中央衛生委員などを歴任。大正七年(一九一八)十月九日死去。八十歳。

佐々木東洋

参考文献 藤田宗一「杏雲堂・佐々木東洋」(『日本医事新報』一五五六、一九五四) （林　彰）

ささきとよじゅ 佐々城豊寿 一八五三—一九〇一 民権家。嘉永六年三月二十九日(一八五三年五月六日)、仙台定禅寺櫓丁《じょうぜんじやぐらちょう》通本材木町生まれ。幼名艶。仙台藩勘定奉行をつとめた星雄記と定の五女で、星良(相馬黒光)は姪。学を好んで漢学を修め、時代を見据えて十六歳で英語を

佐々城豊寿

習う。明治四年(一八七一)男装して母と中間男に付き添われて上京、東京には女子の中等教育施設がないため、横浜のメアリー＝キダー塾に入り、思想形成の基盤になるキリスト教に出会う。同じく横浜で学んでいた同郷の伊藤友賢が東京の中村敬宇家塾同人社で教えるようになると、豊寿もあとを追う。J・S・ミルの『男女同権論』を教科書に用い、女性の政治的啓蒙に務める敬宇に感化され強固な女権論を持つに至る。同九年東京女子師範学校の婦人集会で「一家経済の心得」を話し、明治女性に「言論の新活路を開いた」と評判になった。伊藤友賢が佐々城本支《もとえ》と改名して日本橋区品川町で医院を開業した直後の明治十年(一八七七)星家から佐々城家に戸籍が送られ、翌年長女信子誕生。本支には妻子があり、その妻との正式離婚は十三年。五人の子に恵まれるが、次男の病死を深く悲しみ、十八年日本橋教会でD・タムソンから受洗。以後、信仰を支えに女性の自由と人権を追求する運動に乗り出す。十九年九月編物を教えながら互いの交流を深め知識を交換し、自主自立の気を養う婦人紅網会《あみもの》創立。同年十二月会頭矢嶋楫子《やじまかじこ》、副会頭佐々城豊寿で東京婦人矯風会結成。豊寿の主張で会名を禁酒会ではなく矯風会にしたことで、会は広く日本社会の弊風を矯める女性解放運動の性格を持つことになった。女性の人権の回復にはまず一夫一婦思想の普及と廃娼運動が必要と、『女学雑誌』や『東京婦人矯風雑誌』などの雑誌に執筆し、演説会で気を吐く。文字と口舌メディアを駆使した活動である。明治二十一年(一八八八)米国婦人禁酒会発行のリーフレット『婦人言論の自由』を訳述出版し、矯風事業には演説活動が有効と説いた。禁酒を運動の中心に据えたい矢嶋ら矯風会主流派から急進的な活動を疎まれ、「同胞諸兄に望む」(『東京婦人矯風雑誌』四)に、妻が財産の半分を所有するのは当然と書いて、内村鑑三ら牧師からも女徳を欠くと非難された。しばらく矯風会の役職を退き、二十二年六月婦人白標《はくひょう》倶楽部設立、潮田千勢子《うしおだちせこ》・若松賤子《わかまつしずこ》・植木枝盛・徳富蘇峰・巌本善治らに呼びかけ、男女が協力して女性問題に取り組む方法を模索。二十三年二月世界基督婦人禁酒会本部の遊説員アッケルマン来日を機に東京禁酒会が発足すると役員になり、四月豊寿の自宅に各地の禁酒会や廃娼運動グループ代表が集まって日本矯風同盟会を開催。五月豊寿念願の全国廃娼同盟会が立ち上がり、第一年会で全国の十一月県会に廃娼建白を提出することを申しあわせた。九月廃娼した女性の授産施設を麻布に開場。十月政府が衆議院議員規則案で女性の議会傍聴を禁止すると、有志とともに当該箇所の除去を政党に求め、貴衆両院の有力議員を訪ねて説得した。この間の明治二十二年九月女性の政治参加や財産権の回復を主張した植木枝盛の『東洋之婦女』を発行人になって出版。穏健な改良運動が主流になるなかでますます風当たりが強まり、健康も害して社会運動の表面から退き、二十六年婦人矯風会が全国組織になるに際し婦人白標倶楽部を合体させ、授産施設は矯風会の慈愛館に吸収させた。再起を期して子供たちと北海道伊達紋別に移住し理想の女子教育施設をめざしたが、こと成らず明治三十三年(一九〇〇)十月帰京。翌三十四年四月本支病死、豊寿も六月十五日病死した。四十九歳。ラディカルな言動は同時代の人に理解されにくく、後世の評価も不当に低いのは、長女信子と国木田独歩の結婚と離婚をめぐる騒ぎが母親の不行届とされたのも響いている。

参考文献 阿部光子『『或る女』の生涯』(一九八二、新潮社)、宇津恭子『才藻より、より深き魂に―相馬黒光・若き日の遍歴―』(一九八三、日本YMCA同盟出版部)、同「佐々城豊寿の北海道移住再考」(『清泉女子大学人文科学研究所紀要』六、一九八四)、同「佐々城豊寿再考―生い立ちと婦人白標倶楽部の活動―」(『清泉女学院短期大学紀要』三、一九八五)、高野静子『蘇峰とその時代―よせられた書簡から―』(一九八八、中央公論社)

(江刺 昭子)

ささきのぶつな 佐佐木信綱 一八七二―一九六三 明治から昭和時代にかけての国文学者、歌人。「佐佐木」は明治三十七年(一九〇四)に「佐々木」から改姓された。明治五年六月三日(一八七二年七月八日)、三重県鈴鹿郡石薬師村(鈴鹿市)に、父弘綱・母光の長男として生まれる。父は鈴屋歌会を主宰する歌人・国学者で、信綱は幼少の時から古典を教えられ、和歌を作った。明治十五年(一八八二)、父に伴われて上京。一家は神田小川町(東京都千代田区)に移住し、信綱は高崎正風《たかさきまさかぜ》に入門して和歌を学ぶ。十七年、東京大学文学部古典講習科国書課に入学。二十一年(一八八八)卒業。二十三年には『日本文範』(上下巻)、弘綱と共編の『日本歌学全書』(全十二巻)も翌年にかけて刊行する。弘綱は二十四年に死去するが、信綱が校訂し標注をつけた。またみずからの作歌活動も続け、父の号である竹柏園を継ぎ門人を育て、二十九年には『いさゝ川』を創刊。和歌の改良・革新の中で、旧派・新

佐佐木信綱

派の歌人が名を連ねた。三十一年二月、歌誌『こゝろの華』(のちに『心の花』)を創刊、翌年には竹柏会第一回大会を日本橋倶楽部で開催する。三十六年、第一歌集『思草』を刊行。また竹柏会の若手会員とあけぼの会を持ち、四十年(一九〇七)には森鷗外宅の観潮楼歌会にも出席。大正元年(一九一二)には歌集『新月』を刊行した。一方、明治三十八年からは東京帝国大学文科大学の講師となり、『万葉集』や上代歌謡を講じる。また『日本歌学史』(明治四十三年)、『和歌史の研究』(大正四年、学士院恩賜賞受賞)など、和歌、歌論に関する膨大な著作をなすとともに、『琴歌譜』『定家所伝本金槐和歌集』など古典の諸本を発見・紹介した。明治四十五年からは共同研究として『校本万葉集』に関わり、大正十二年(一九二三)に完成させ、『万葉集』研究に大きく貢献した。昭和十九年(一九四四)、本郷西片町(文京区)から熱海西山(静岡県熱海市)に転居するが、戦後も精力的に活動し、昭和三十八年(一九六三)十二月二日没。満九十一歳。『国文学の文献学的研究』(昭和十年)、『評釈万葉集』(二十三年)、『万葉集事典』(三十一年)ほか多くの著作があり、未刊行を含めて十三冊の歌集が『佐佐木信綱全歌集』(平成十六年、ながらみ書房)に収められている。→日本歌学史《にほんかがくし》

参考文献 佐佐木信綱『ある老歌人の思ひ出―自伝と交友の面影―』(一九五三、朝日新聞社)、『短歌』一一ノ二(特集佐佐木信綱追悼、一九六四)、『心の花』七八六(佐佐木信綱追悼号、一九六四)、佐佐木幸綱『佐佐木信綱』(『短歌シリーズ・人と作品』二、一九八二、桜楓社)

(内藤　明)

ささきはるお　佐々木春夫　一八一八―八八　近世後期から明治時代前期の国学者、歌人、商人。文政元年十月十三日(一八一八年十一月十一日)、大坂玉造の富商万屋に生まれる。通称、万屋小兵衛。名ははじめ義綱、のちに義典。源三、太郎と称す。菅舎、槐園、鶴室、梅垣内などと号した。わずか二歳で家督を継ぎ、大塩平八郎に漢学を学ぶ。江戸の小林歌城《おばやしうたぎ》、ついで和歌山の加納諸平《かのうもろひら》に歌文を学び、同門の伴林光平《ともばやしみつひら》と交友する。嘉永六年(一八五三)九月に隠居して家業を譲り、以後学事に専心し、安政四年(一八五七)、紀州藩国学所の助教となり、諸平没後は同所総裁となる。『万葉集』の研究を進めるとともに歌作も行なった。光平に対しては援助を惜しまず、天誅組の挙兵にあたっては密かに資金を援助したとされる。ほかにも、鈴木重胤《すずきしげたね》や萩原広道《はぎわらひろみち》らの著述刊行を援助するなど、その財力を生かした活動を展開した。維新後は大阪伏見町(大阪市)に閑居する。明治二十一年(一八八八)十一月二十七日に没する。七十一歳。著書に『万葉集草木考』、『菅舎歌集』上下二巻(本間良三郎編、大正十三年)がある。

参考文献 『東区史』五(一九三九)、菅宗次「国学者佐々木春夫―玉造の富商万屋小兵衛―」(『上方歌壇人物誌―幕末・明治―』所収、一九九三、臨川書店)

(松本　久史)

ささきひろつな　佐々木弘綱　一八二八―九一　国学者。文政十一年七月十六日(一八二八年八月二十六日)、伊勢国鈴鹿郡石薬師村(三重県鈴鹿市)に佐々木徳綱の三男として出生。はじめ時綱と名乗ったが、弘化四年(一八四七)、外宮祠官足代弘訓《あじろひろのり》に入門したのち、弘綱と称した。号は竹柏園《なぎぞの》。安政四年(一八五七)七月、江戸で井上文雄に歌を学び、帰京後、萩原広道や中島広足《なかじまひろたり》らと交わり、近江信楽代官や津藩主にたびたび国学を講じた。明治十年(一八七七)、鈴屋門人の要請で松阪に移住。同十五年三月には、福羽美静《ふくばよししず》や小中村清矩《こなかむらきよのり》らに勧められ、急遽東京移住を決意する。同年九月、東京大学御用掛となり、文学部附属古典講習科准講師として「辞章」を講じた(長男信綱も同科二期生として入学)。同十七年からは東京師範学校御用係も兼務したが、翌年冬にチフスを患い、著述に専念。同二十一年(一八八八)九月の「長歌改良論」(『筆の花』第九集)は、中古歌謡今様歌の復活を主張し論争を引き起こした。著作は各種古典の『俚諺解』など多数。『日本歌学全書』正続二十四編は、弘綱・信綱父子が編集した。同二十四年六月二十五日没。六十四歳。

参考文献 佐佐木信綱「佐々木弘綱」(大川茂雄・南茂樹編『国学者伝記集成』二所収、一九三四、国本出版社)、「佐々木弘綱」(昭和女子大学近代文学研究室編『近代文学研究叢書』一所収、一九五六、昭和女子大学光葉会)、高倉一紀・竜泉寺由佳編『佐々木弘綱年譜―幕末・維新期歌学派国学者の日記―』上・中・下(『神道資料叢刊』七、一九九六・二〇〇七・二〇一〇、皇学館大学神道研究所)

(藤田　大誠)

ささきやすごろう　佐々木安五郎　一八七二―一九三四　明治から昭和時代初期の政治家。明治五年正月十七日(一八七二年二月二十五日)、山口県豊浦郡阿川村(下関市)で農業を営む佐々木源十郎の四男として生まれる。号は照山。妻の静枝子は川島浪速の妹である。熊本県の九州学院に学び、二十七年(一八九四)七月に文学部を首席で卒業。日清戦争には軍夫百人長として従軍した。一時、鉱山業に従事し、三十年(一八九七)に台湾総督府民生局の官吏となり、三十一年五月、雑誌『高山国』を創刊。三十三年には『台湾民報』主筆となった。その後、清国、モンゴルをしばしば訪れたが、モンゴルの諸王侯との交流やモンゴル探検によって、「蒙古王」の異名をとる。モンゴルから日本への留学支援も行なった。また、佃信夫《つくだのぶお》、中村弼《なかむらたすく》らとともに政治結社である日東倶楽部を組織。三十八年には、講和問題同志連合会運動に参加し、対外硬派として日露戦争の継続を訴えた。四十一年(一九〇八)五月、第十回総選挙では、山口県より立候補し、初当選して衆議院議員となる。戊申倶楽部、又新会、立憲国民党、革新倶楽部に所属し、断続的に昭和三年(一九二八)一月まで衆議院議員を務めた。院外活動も積極的に行い、明治四十四年十一月に辛亥革命支援のため組織された有隣会や、四十五年四月の理想選挙同盟会、同年十二月に結成された憲政擁護会に参加。藩閥・官僚と政党の密接

な関係を批判し、政治への国民の参加を主張して、第一次憲政擁護運動や、シーメンス事件後の第一次山本権兵衛内閣批判で活躍した。大正七年(一九一八)結成の浪人会、八年の国民外交同盟会、人種的差別期成大会にも参加し、対外強硬策や大陸への積極進出論を唱えた。また、普通選挙同盟会の一員として早期の普通選挙実現を主張したが、三月の第四十一議会では普通選挙の是非をめぐって国民党を除名され、純正国民党を組織した(九年六月解党)。昭和九年一月一日没。六十三歳。著書に、『西域探検日誌』(明治四十三年、日高有倫堂)、『男子の意気』(大正五年、泰山房)などがある。

参考文献 真継義太郎『蒙古王照山敗戦録』(一九一三、雲山堂)、黒竜会編『東亜先覚志士記伝』下(『明治百年史叢書』、一九六六、原書房)、宮地正人『日露戦後政治史の研究—帝国主義形成期の都市と農村—』(一九七三、東京大学出版会)、櫻井良樹『大正政治史の出発—立憲同志会の成立とその周辺—』(一九九七、山川出版社)

(片山 慶隆)

ささごずいどう 笹子隧道 JR中央本線笹子—初鹿野《はじかの》(現甲斐大和)間にある隧道で、明治三十五年(一九〇二)十一月完成、総延長四六五七メートルは当時最長。甲武鉄道の新宿—八王子間は明治二十二年(一八八九)八月全通したが、甲府へ向かう中央本線は官設鉄道により三十四年八月に八王子—上野原間が開通した。この区間には浅川(現高尾)—与瀬《よせ》(現相模湖)間の小仏《こぼとけ》隧道(総延長二五四五メートル)掘削工事があった。工事は明治二十九年十二月着工、三十三年八月完成したが難工事であり、渓流にタービン水車を架設し発電機を回して坑内に電燈をともした。隧道工事での電燈利用は本邦初であった。これとあわせて笹子隧道工事も明治二十九年東西両口から着工、翌三十年夏に赤痢が発生し労働力低下を招いたが、最大の困難は建設資材の輸送路確保であった。小仏隧道同様、三十二年笹子川に水力発電装置を設置し、この電力で削岩機や空気圧送機を駆動するとともに東口ではアメリカのウエスチングハウス製鉱山用直流電気機関車を一両運転、掘削土砂を運搬した。隧道工事での電気機関車利用はこれまた本邦初であった。この工事には延べ人員二百万人が投じられた。

参考文献 『鉄道百年略史』(一九七二、鉄道図書刊行会)、『日本国有鉄道百年写真史』(一九七二)

(堤 一郎)

ささもりぎすけ 笹森儀助 一八四五—一九一五 弘化二年正月二十五日(一八四五年三月三日)弘前藩御目付役笹森重吉の長男として、弘前在府町《ざいふ》(青森県弘前市)に生まれる。安政四年(一八五七)、十三歳で父と死別。同時に弘前藩小姓組に仕え、明治三年(一八七〇)には同藩庁租税掛となり、大区長などを経て、明治十三年(一八八〇)、中津軽郡長を辞するまで役人生活を送る。その間、明治天皇の津軽巡幸の実現、小学校や医学校の経営再建に尽力した。明治十四年には、津軽地方の産業開発をめざして農牧社を創立し、牧畜開墾に従事した。明治二十五年(一八九二)には、北辺の無防備なることを憂い、自費で千島列島を探検し、翌年『千島探験』を自費出版して天皇に献呈した。同年、井上馨内相のたっての希望により琉球列島を探険し、これもまた『南島探験』(明治二十七年刊)として上梓した。その後、奄美大島島司、北朝鮮北韓学堂長を経て、明治三十五年(一九〇二)、青森市の二代目市長に就任した。当時混乱の極みにあった市政の粛正、税務の刷新、水道の敷設、青森私立商業補習学校(現県立商業高校)の創立、貧民授産事業などに尽力して、青森市政に多大なる貢献をした。大正四年(一九一五)九月二十九日、脳溢血で死去、七十一歳。→南島探験《なんとうたんけん》

参考文献 東喜望『笹森儀助の軌跡—辺界からの告発—』(二〇〇二、法政大学出版局)

(渡邊 欣雄)

ささもりじゅんぞう 笹森順造 一八八六—一九七六 大正期から昭和期の政治家、教育者、武道家(小野派一刀流)。旧弘前藩士笹森要蔵の末子として明治十九年(一八八六)五月十八日青森県弘前若党町《わかどう》に誕生。青森県立第一中学校(現弘前高校)在学中の十四歳の時にキリスト教の洗礼を受け、のち早稲田大学、コロラド州のデンバー大学、同大学院と進む。大学院修了後はデンバー新報主筆、カリフォルニアの南加州日本人会書記長を務め、大正十一年(一九二二)に再興された東奥義塾塾長就任の要請を受け帰国。以後十八年間在任。昭和十四年(一九三九)から十八年までは青山学院院長を務めた。昭和二十一年(一九四六)四月の第二十二回衆議院議員総選挙で青森県全県区から出馬しトップ当選、九月には諸派・無所属の議員をまとめて国民党を結成する。二十二年三月、国民党は協同民主党と合併して国民協同党を結成、笹森は代議士会長となった。同年五月に成立した片山内閣には国務大臣として入閣し、復員庁総裁・賠償庁長官を務めた。昭和五十一年(一九七六)二月十三日死去。満八十九歳。

参考文献 『東奥義塾九十五年史』(一九六七)

(河西 英通)

さじじつねん 佐治実然 一八五六—一九二一 超宗派の宗教者。安政三年九月十五日(一八五六年十月十三日)姫路の大谷派円覚寺で出生。六歳で四書五経を学び、二十六歳で仏教演説会の弁士になり大内青巒の知遇も得る。同年、英文の「ヨハネ伝」に接する。二十七歳で自由結婚破綻。「無宗旨の仏教」の立場を採り三十二歳の時還俗。ユニテリアンに接し「進歩的宗教を渇望する命根の絶えず」とナップに賛同。日本ユニテリアン弘道会郵信部長、明治三十三年(一九〇〇)会長に就任。『六合雑誌』に実然の名は三十一年八月発行の二一二号から、辞職を伝える四十二年(一九〇九)十二月の三四八号までほとんど間断なく掲載された。弘道会脱会後、四十四年には真宗に復帰し執筆活動を続けた。次は同仁教会での講演の様子である。「四角四面で理屈が衣をきたような人と聞いていたがその演説は調子も軽く諧謔も巧みで肩が張らぬ。婦人席では絶えず賑やかな若々しい笑い声が聞こえた」。大正

十年（一九二二）没。六十六歳。

参考文献　松岡秀隆『佐治実然の生涯』（二〇〇六）　（紺野　義継）

さしはらやすぞう　指原安三　一八五〇―一九〇三　政論家、歴史家。号豊洲・左腕居士。嘉永三年（一八五〇）三月豊後国臼杵に生まれる。大阪に出、儒者藤沢南岳《ふじさわなんがく》の門に入って漢学を学び、明治十一年（一八七八）東京に出てからは三島中洲《みしまちゅうしゅう》や中村敬宇に師事し漢文の教師を勤めたこともある。明治二十年（一八八七）秋、東洋哲学会の一員となって鳥尾小弥太と知り合いとなり、明治二十二年にはその帷幄に参じて保守中正派の創立に尽力し、機関雑誌『保守新論』（創刊号は二十二年一月二十日刊）は指原が主として編集にあたった。第六号までは印刷人となっており、また『保守新論』の「発行の主意」のほか、第一号「外交論」、第二号「治外法権論」、第六号「国会議員選挙の標準」、第七号「条約改正論」、第八号「憲法違反論」、同号「帰化論」、第九号「憲法解釈弁」ほかを執筆した。まもなく鳥尾と意見が分かれてそのもとを離れ、やがて西村茂樹の日本弘道会に入って活動した。慶応三年（一八六七）から明治二十三年第一議会の開会に至るまでの二十四年間の事歴を編年的に著した『明治政史』全十二巻を冨山房から刊行を開始するのが二十五年六月、二十六年五月に終巻を刊行した。指原は稿を改むること四回と、特に財政および外交の動向・変化に力を注いで執筆に苦心したと述べている。漢文の序を細川潤次郎が寄せており、序文の依頼を小野義真《おのぎしん》にされたと語っている。小野は土佐幡多郡出身、岩崎弥太郎と三菱に深く関係し、また冨山房の経営にもかかわっていた人物である。指原は明治二十年代、『明治政史』のほかに『内地雑居の利害』（二十二年刊）、『小学修身経』（二十六年刊）、『新編女大学』（二十九年刊）などを著している。吉野作造は彼の経歴と著作から「何処までも剛直誠実の愛国主義者であつたらしい」と評している。晩年は漢文学を以て陸軍教官となっていたが、三十五年（一九〇二）十二月脳溢血を患い、翌三十六年三月九日に五十四歳で没した。→明治政史《めいじせいし》

指原安三

参考文献　吉野作造「『明治政史』解題」（『明治文化全集』正史編上所収、一九二八、日本評論社）　（宮地　正人）

させいっせい　佐世一清　一八五二―七六　長州藩士、萩の乱参加者。前原一誠および山田穎太郎の弟。幼名は三郎。嘉永五年（一八五二）三月、八組士佐世彦七の三男として、父の任地である長門国厚狭《あさ》郡船木村（山口県宇部市）で生まれる。藩校明倫館のほか、吉田松陰の叔父である玉木文之進に学ぶ。前原に姓を改めた兄に代わって佐世家を継ぐ。明治九年（一八七六）十月二十八日に兄が萩の乱を起すと、副将として加わった。橋本（萩市）で戦闘中に右腕を銃弾が貫通して自由を失ったが、なおも奮戦し、次兄の山田穎太郎が負傷すると背負って後方に退いた。政府軍に敗れた後、前原一誠に従って島根県に逃亡するが、宇竜港で捕縛された。十二月三日に兄たちとともに萩で斬首された。二十五歳。→萩《はぎ》の乱《らん》

参考文献　松本二郎『萩の乱―前原一誠とその一党―（増補版）』（一九九六、マツノ書店）　（落合　弘樹）

させぼかいぐんこうしょう　佐世保海軍工廠　佐世保鎮守府に設けられた海軍工廠。前身は佐世保鎮守府の造船部門と兵器部門である。明治二十二年（一八八九）に佐世保に鎮守府が開庁されたことにより、海軍造船所条例（明治十七年（一八八四）十二月制定）による艦艇修理と製造のための造船所が明治二十三年に設置された。そして明治三十年（一八九七）九月三日の海軍造船廠条例により、各鎮守府の造船部は海軍造船廠に改編され、佐世保海軍造船廠となった。明治三十六年十一月五日に海軍工廠条例が発布され、佐世保海軍工廠となり、造兵部、造船部、造機部、会計部、需品庫が置かれた。戦後は佐世保重工業が引き継ぎ、また自衛隊とアメリカ軍が利用している。

参考文献　海軍大臣官房編『海軍制度沿革』三（一九三五）　（櫻井　良樹）

させぼちんじゅふ　佐世保鎮守府　⇨鎮守府《ちんじゅふ》

さそうさちゅう　佐双左仲　一八五二―一九〇五　軍艦設計者。嘉永五年四月十五日（一八五二年六月二日）、金沢に生まれる。父は加賀藩士堀尾治郎兵衛。のち佐双久右衛門の養子となる。明治元年（一八六八）より加賀藩の兵式訓練所で砲術を研究し、明治二年、海軍兵学寮に入る。明治四年、造船学研究のためイギリスに留学、明治十一年（一八七八）、扶桑艦の回航にあたり帰国。明治十二年、主船局造船課長。従来イギリスに注文する軍艦の設計はイギリス人技師リードによるものであったが、佐双は伊藤雋吉《いとうとしよし》・宮原二郎とともに日本人技師の設計による軍艦の注文を実現。明治十九年より艦政局造船課長などを務め、明治二十二年（一八八九）横須賀鎮守府造船部

佐双左仲

長となり、日本における軍艦建造を実現する。明治二十四年より、海軍省第二局第一課長、同第二課長など海軍の造船部門の要職を占め、日清・日露戦争で用いられた軍艦の設計や船渠などの充実に携わる。明治三十年（一八九七）、造船総監、明治三十二年、工学博士、明治三十三年、艦政本部第三部長。明治三十八年十月九日、在職のまま病死。五十四歳。　（岡本　拓司）

さだいじん　左大臣　太政大臣に次ぐ官職。明治二年七月八日（一八六九年八月十五日）の職員令により太政官に右大臣とともに置かれた。職掌は「補佐天皇、統理大政、総判官事」。同四年七月二十九日（一八七一年九月十三日）には新たな太政官職制により正院に太政大臣・納言・参議などが置かれ、右大臣とともに一時廃止されたが、八月十日（九月二十四日）官制等級改定では、太政大臣・左右大臣・参議の三職が、天皇を輔翼する重官として置かれている。六年五月二日の太政官職制では、太政大臣の職掌が「天皇陛下ヲ輔弼シ万機ヲ統理スル事ヲ掌ル、諸上書ヲ奏聞シテ制可ノ裁印ヲ鈐ス」と定められ、左右大臣の職掌はこれに次ぐ、太政大臣が欠席の時は代理できるとされた。八年四月十四日改定された職制章程では「諸機務ヲ議判スルコト」を掌るとされた。しかし実際には、右大臣と違い空位の期間が長く、歴任者は、七年四月二十七日から八年十月二十七日までの島津久光と、十三年（一八八〇）二月二十八日から廃官までの有栖川宮熾《たる》仁《ひと》親王のみであった。十八年十二月二十二日、太政官制度廃止、内閣制度開始により廃官。

参考文献　稲田正次『明治憲法成立史』上（一九六〇、有斐閣）、松尾正人『維新政権』（『日本歴史叢書』、一九九五、吉川弘文館）　（犬飼ほなみ）

さだかいせき　佐田介石　一八一八—八二　江戸時代末期から明治時代の浄土真宗本願寺派の僧。護法的仏教天文学者。文政元年四月八日（一八一八年五月十二日）、肥後八代郡種山浄立寺広志慈博の子として生まれる。同飽田郡正泉寺佐田了海の養子となり佐田に改姓。天保六年（一八三五）西本願寺学林に入り、仏教研究に携わる傍ら、仏教的宇宙観である須弥山説を批判する科学的地球説に対抗し、仏教護法の立場から仏教天文学の研究に励んだ。元治元年（一八六四）に独自の視実等象説を案出、それに基づく仏教天文儀器「視実等象儀」が田中久重によって製作され、須弥山説の擁護にあたった。明治期に入ると文明開化に反対し、洋風の流行に対して外国商品排斥運動を展開、ランプ亡国論などをもって国産品愛用による国富論を唱えた。晩年は天台宗に転じ、明治十五年（一八八二）十二月九日没、六十五歳。著書に『須弥山一目鏡』『視実等象儀詳説』『星学疑問』『釈教輿地図』『扶桑益世仏教開国論』『栽培経済論』『仏教創世記』など。→ランプ亡国論《ぼうこくろん》

参考文献　浅野研真「（明治初年の愛国僧）佐田介石」（『日本宗教講座』、一九三四、東方書院）、常光浩然『明治の仏教者』上（一九六八、春秋社）　（木場　明志）

さだかたりょうすけ　貞方良輔　⇨阿部真造《あべしんぞう》

さたけよしたか　佐竹義堯　一八二五—八四　第十二代秋田藩主。文政八年七月二十七日（一八二五年九月九日）、相馬藩主相馬益胤の三男として生まれ、嘉永二年（一八四九）秋田新田藩主佐竹義純の養子となるも、安政四年（一八五七）、佐竹義睦の死去に伴い宗家を相続する。海防と藩財政の再建に尽力。文久三年（一八六三）、朝命により上京し、孝明天皇の賀茂行幸にも供奉した。明治元年（一八六八）正月、新政府から出羽国触頭を任じられ各藩に使者を派遣。仙台に下向した奥羽鎮撫総督府下参謀大山格之助（綱良）から庄内藩討伐を命ぜられると、新庄在陣の副総督沢為量《さわためかず》に出兵延期を歎願し、その一方で白石に家老戸村十太夫・用人金大之進を派遣して奥羽列藩同盟に加盟した。しかし、総督府と結ぶ藩内勤王派の圧力により同盟を離脱、庄内藩討伐の先鋒を願い出るに至る。明治二年六月、戊辰の戦功により賞典禄二万石を下賜され、従三位に昇進。版籍奉還後も秋田藩知事として引き続き藩政にあたるが、少参事志賀為吉の暗殺、贋金問題、八坂丸外債問題、大参事初岡啓治の捕縛など藩政は大きく揺れ、明治四年七月の廃藩を迎えた。翌五年七月、隠居し家督を義脩《よしなお》に譲る。明治十三年（一八八〇）麝香間《じゃこうのま》祗候となる。明治十七年十月二十三日没。六十歳。

参考文献　吉田昭治『秋田の維新史—秋田の戊辰戦争—』（『シリーズ秋田の民衆史』五、一九六〇、秋田文化出版社）、同編『秋田幕末維新人物誌』（二〇〇一、岩苔庵）　（友田　昌宏）

さだなるしんのう　貞愛親王　一八五八—一九二三　明治から大正時代の皇族、陸軍大将。安政五年四月二十八日（一八五八年六月三日）生まれ。伏見宮邦家親王の第十四子。妻は有栖川利子。明治四年（一八七一）親王宣下。翌年に第二十四代伏見宮を継承。東伏見宮嘉彰《ひがしふしみのみやよしあき》親王（小松宮）とともに軍人となることを願い出て、軍学校に最初に入学した皇族となった。貞愛は当初海軍へ従事したが、陸軍への従事を希望し陸軍幼年学校に入学。八年から陸軍士官学校（旧一期）。在校中に発生した西南戦争には征討参軍山県有朋に随行して出征した。日清戦争時は遼東半島へ出征し金州城攻略を指揮（歩兵第四旅団長）。二十八年（一八九五）十月十日には混成第四旅団長として台湾に上陸、占領した。二十九年にロシア皇帝ニコライ二世の戴冠式に出席。三十七年（一九〇四）、日露戦争で再び

貞愛親王

遼東半島へ出征(第一師団長)。同年に有栖川宮威仁親王《ありすがわのみやたけひと》に代わり米国に派遣。大正元年(一九一二)内大臣府に出仕(皇族唯一の内大臣)。大正天皇即位による大礼使総裁のほか、帝国在郷軍人会・恩賜財団済生会・第三回内国勧業博覧会・日本大博覧会・帝国軍人後援会・大日本山林会・明治神宮造営局などの総裁を歴任している。大正十二年(一九二三)二月四日没、国葬。六十六歳。

参考文献 『伏見宮貞愛親王殿下御渡米日記』、佐藤愛麿『貞愛親王逸話』(一九三一) (伊勢 弘志)

さだはくぼう 佐田白茅 一八三二―一九〇七 久留米藩士、明治初年の外務官僚。天保三年十二月十日(一八三三年一月三十日)久留米藩士佐田修平の長男として生まれる。名は直寛。通称素一郎。のちに白茅と号す。嘉永五年(一八五二)江戸に遊学、昌平黌《しょうへいこう》に学ぶ。ペリー来航以来、尊攘運動に奔走し月照らと交友を結ぶ。安政六年(一八五九)二月久留米藩校明善堂の寮長に就任。文久三年(一八六三)親兵を率い上京を図るが藩内佐幕派によって同志とともに幽囚。中山忠光《なかやまただみつ》らの周旋で罪を許され、同年六月上京。長州藩の攘夷実行(下関での外国艦船砲撃)に際し応援のため砲台建造の朝命を受け、豊前小倉藩領大里で防備を固める。八月十八日の政変後に長州湯田で三条実美と面会、募兵を依頼されるも果たせず。十一月帰藩して禁錮され、のちに家禄没収・士籍剥奪。明治元年(一八六八)二月復籍、藩主有馬慶頼《ありまよしより》に供奉して上京。同年八月軍務官判事試補、翌九月摂泉防禦参謀。翌明治二年五月免ぜられて帰藩。間もなく上京し朝鮮交際私議を太政官に建白。同年十一月外務省判任出仕を命ぜられる。当時、李朝朝鮮は旧慣を墨守して対馬藩との修交関係を維持し明治新政府との国交を開こうとしなかったため、外務省は対馬藩管掌の日朝外交を接収する方針を固め、対馬と朝鮮の関係を現地で調査するよう佐田に命じる。同年十二月、佐田は森山茂《もりやましげる》・斎藤栄を伴い対馬に赴いて調査。翌三年二月釜山の草梁倭館(釜山草梁項にある日本使節のための客館)に到着、滞在二十余日に及び、朝鮮国情をさぐるも修好問題での局面打開は得られず。翌三月帰国し、対馬から朝鮮出兵を説く強硬な意見書を提出。同月外務大録、閏十月奏任出仕を命ぜられるが、征韓論が採用されず、四年八月官を辞し帰郷。七年九月上京し以後は東京で閑居。晩年は史談会の幹事として活躍。四十年(一九〇七)十月四日東京浅草で病没。七十六歳。著作に『征韓論の旧夢談』(明治文化研究会編『明治文化全集』二五所収、昭和四十二年、日本評論社)、『征韓評論』(同)などがある。

参考文献 「佐田白茅君朝鮮国交際事件実歴」(『史談速記録』一六四―一六六、一九〇六―〇七)、「贈正五位佐田白茅君略伝」(『史談会速記録』二八四、一九一六) (冨塚 一彦)

さつ 札 ⇩紙幣《しへい》

さつえいじょ 撮影所 映画を製作する場所。日本では、吉沢商店が明治四十一年(一九〇八)東京目黒の行人坂に建設した目黒撮影所がはじめ。ここにはエジソンのスタジオを視察した店主河浦謙一《かわうらけんいち》により太陽光の下での撮影が可能なグラス＝ステージが導入された。続いてM・パテー商会が東京大久保(四十二年)、横田商会が京都二条城(四十三年)、福宝堂が東京日暮里《にっぽり》花見寺(四十三年)に相ついで建設した。

参考文献 田中純一郎『日本映画発達史』一(『中公文庫』) (碓井みちこ)

ざっきょち 雑居地 居留地外において外国人が居住することを認められた地域。相対借り地域ともいう。広義に解釈するときは、雑居地も居留地に含まれる。安政五箇国条約では、外国人は居留地に居住するという規定があるが、雑居地についての規定はない。日本側が提供するはずの居留地が整備不十分あるいは敷地不足の場合などに、周辺地域を区切って外国人に開放し、外国人が土地所有者と個人的に土地の賃貸契約を結んだり、建物の売買契約をすることを可能とした。雑居地の成立経緯や形態、呼称は、各開港・開市場によって異なる。横浜では、開港当初の神奈川宿を雑居地とみることもできようが、関内・山手居留地が整備されたので、横浜に雑居地は存在しないというのが通説である。東京の築地では、居留地は約三万坪程度の狭い地域であったため、当初から数倍の雑居地が周囲に指定された。新潟では、居留地が設定されなかったので、すべて雑居地といえる。⇩居留地《きょりゅうち》

参考文献 川崎晴朗『築地外国人居留地―明治時代の東京にあった「外国」―』(二〇〇二、雄松堂出版) (森田 朋子)

さっさせいせつ 佐々醒雪 一八七二―一九一七 国文学者、俳人。本名政一《まさかず》。明治五年五月六日(一八七二年六月十一日)、佐々政直の長男として京都吉田山麓吉田町(京都市左京区)に生まれ、のちに東京に居住した。明治二十六年(一八九三)帝国大学文科大学国文学科に入学し、翌二十七年から「連俳小史」を起稿し、二十九年まで雑誌『帝国文学』に連載した。帝大在学中、大野洒竹《おおのしゃちく》、笹《ささ》川臨風《がわりんぷう》らと筑波会を組織し、大学派の俳人と称された。二十九年に大学を卒業し、仙台の第二高等学校に赴任、三十年(一八九七)『連俳小史』をまとめて、単行上梓した。三十二年山口高校教授に転任し、同年十月『うづら衣評釈』を上梓。明治三十四年書肆金港堂に入り、雑誌『文芸界』を主宰した。明治三十九年から東京高等師範学校、早稲田大学等で教鞭を執り、明治四十五年(一九一二)には文学博士の学位を授与された。大正三年(一九一四)みずから主筆となって『文章研究録』を創刊した。編著に『三句索引俳句大観』、『俳諧叢書』(巌谷小波《いわやさざなみ》と共編、七冊)、『俗曲評釈』(四冊)、『近世国文学史』、『修辞法講話』、『近代文芸講話』、『新釈源氏物語』(藤井紫影らと共著)など。大正六年十一月二十五日日本赤十字病院で没。四十六歳。没後『醒雪遺稿』が出た。

参考文献　高木蒼梧『俳諧史上の人々』(一九三二、俳書堂)
（瓜生　鐵二）

さっさともふさ　佐々友房　一八五四―一九〇六　政治家。衆議院議員。安政元年正月二十二日(一八五四年二月二十日)、熊本藩士佐々陸助・綾子の次男として、肥後国飽田郡坪井(熊本市坪井)に生まれる。幼名は寅雄・坤次、号は克堂。藩校時習館で学んだ後、林桜園塾に入門し国学・神道を学んだ。明治四年(一八七一)惜陰舎《せきいんしゃ》を開き、子弟の教育を行なった。七年の佐賀の乱に際し政府打倒の行動を図ったが軽挙と諭されて中止、同年の台湾出兵に際し義勇兵として行動を図ったが和議が成立して中止した。同年秋、白川県等外二等出仕を拝命したが一ヵ月で辞職、十二月単身上京して朝野の名士と交わり、さらに水戸裁判所勤務の山田信道《やまだのぶみち》のもとに身を寄せて水戸の諸士と交流を深めた。九年三月熊本に帰って「時勢論」を著わし、同年十月の神風連の乱に際しては同志の軽挙を戒めた。十年(一八七七)の西南戦争に際し鹿児島の西郷隆盛率いる私学校党に呼応して熊本隊に参加したが、負傷降服して懲役十年に処せられ、宮崎監獄に投獄された。十一年五月大島懲役場に移された後、十二年一月に出獄、十三年二月に特赦放免となった。この間十二年十二月には熊本で同心学舎を開設している(十四年二月同心学校と改称)。十三年「尊国体」を唯一の盟約とする政治結社公同社の結成を目指すが、同年四月に制定された集会条例に阻まれて果たせなかった。十四年二月上京して政党結成に向けて奔走、九月に紫溟会《しめいかい》を結成して国権拡張を主張、自由民権運動に対抗した。十五年二月同心学校を改めて済々黌《せいせいこう》を創設、「正倫理明大義」「重廉耻振元気」「磨智識進文明」の三綱領を定めて教育方針とした。同年三月紫溟会の機関誌『紫溟雑誌』、続いて八月『紫溟新報』を創刊、十七年三月には紫溟会を紫溟学会に改組した。十七年十月には宗方小太郎・佐野直喜とともに上海に渡っている。二十年(一八八七)井上馨外相の条約改正交渉に反対する建白書の提出を図ったが中止した。二十一年十月『紫溟新報』を改めて『九州日日新聞』を創刊した。二十二年一月紫溟学会を母体として熊本国権党を結成、副総理となり、二月「国権党三大綱領の解釈」を発表した。三月済々黌校長を辞任して上京、五月谷干城《たにたてき》・柴四朗とともに東北を遊説、八月福岡玄洋社の頭山《とうやま》満《みつる》と提携、谷らと日本倶楽部を結成して、大隈重信外相の条約改正交渉に対する反対運動を展開した。二十三年七月一日第一回総選挙に当選、衆議院議員となり、三十七年(一九〇四)三月一日の第九回総選挙まで連続九回当選した。中央政界では、二十五年六月の国民協会結成、二十六年十月の大日本協会結成、三十二年七月の帝国党結成、三十八年十二月の大同倶楽部結成に中心的に関わり、民党に対抗する立場を貫いた。三十六年八月には頭山満や神鞭知常《こうむちともつね》と対露同志会を結成、日露開戦を主張した。日清戦争中には釜山の『朝鮮時報』、漢城の『漢城新報』、日露戦争中には平壌の『平壌新報』創刊に関わるなど、朝鮮半島への進出・勢力拡大を目指して積極的な活動を行なった。熊本国権党の中心人物として、国権主義の立場から一貫して対外硬運動を中心的に担い、重要な役割を果たした。三十九年九月二十八日病気により死去。享年五十三。昭和二十六年(一九五一)熊本県功労者に賞されている。著作として、西南戦争の従軍日誌である『戦袍日記』のほか、遺稿を集成した『克堂佐々先生遺稿』(昭和十一年、改造社)がある。

佐々友房画像

参考文献　船木邦彦「熊本国権党の研究―佐々友房を中心として―」(『歴史と現代』三―七、一九六四)、伊藤隆・坂野潤治「明治八年前後の佐々友房と熊本―小橋元雄宛佐々書翰を中心に―」(『日本歴史』三二三、一九七五)、酒田正敏『近代日本における対外硬運動の研究』(一九七八、東京大学出版会)、水野公寿「熊本国権党覚書」(『近代熊本』二〇、一九七九)、水野公寿「反民権政社の成立と展開―熊本紫溟会の場合―」(津田秀夫編『近世国家の解体と近代』所収、一九七九、塙書房)、佐々博雄「国民自由党の結成と九州国権派の動向」(『国士舘大学人文学会紀要』別冊、一九八〇)
（日比野利信）

ざっし　雑誌　文字通り雑多な事柄を誌《しる》したものの意。徳川時代の『燕石《えんせき》雑誌』や『雲萍《うんぴょう》雑誌』はもっぱらこの意味において用いられていた。定期刊行物としての雑誌は、慶応三年(一八六七)に創刊された『西洋雑誌』に始まるとされる。以後、種々膨大な雑誌が輩出されていくことになるが、出版法規の面からみてみれば、明治八年(一八七五)の新聞紙条例(六月二十八日太政官布告第一一一号)第一条、「凡ソ新聞紙及時々ニ刷出スル雑誌雑報ヲ発行セントスル者ハ」の箇所にはじめて「雑誌」の文言を確認することができる。明治十六年(一八八三)四月十六日太政官布告第一二号をもって改正された新聞紙条例でも、第一条に「時々ニ刷行スル雑誌雑報ノ類ハ皆此条例ニ依ル」と規定されるように、雑誌は基本的に新聞紙条例によって規定されるものであった。ところが、明治二十年(一八八七)の新聞紙条例(十二月二十八日勅令第七五号)では、第三七条に「時々ニ発行スル雑誌ノ類ハ出版条例ニ依ルモノヲ除クノ他皆此条例ニ依ル」と改められた。ここでいう「出版条例」とは同日付で公布された出版条例(勅令第七六号)のことで、その第二条但し書きにある、「雑誌ニシテ専ラ学術技芸ニ関スル事項ヲ記載スルモノハ内務大臣ノ許可ヲ得テ此条例ニ依ルコトヲ得」に関連した文言であった。これにより学術雑誌などは出版条例で、それ以外の雑誌、すなわち政治や時事を論ずる雑誌は新聞紙条例をもって規定されることになった。この規定は、明治四十二年(一九〇九)の新聞紙法(五月六日法律第四一号)が公布されるまで続くことになる。さて、刊行される雑誌は、その内容によって保証金の有無が規定されていた。これが明文化されたのは明治十六年の新聞紙条例からで、その第八条に「新聞紙ノ発行ヲ願出ツルトキハ保証トシテ左ノ金額ヲ納ム可シ但専ラ学術技術統計及官令又ハ物価報告ニ係ル者ハ此例ニ在ラス」とあるごとくである。はやく明治九年十二月五日付「内務省図書局ヨリ本省へ伺」に「名実判然タル農業医学商法文学養生等雑誌物価新法ノ類ハ格別」とあるように、政治に影響があると考えられる時事論説や政事論説の雑誌と学術その他の雑誌は区別されていたが、この時点ではまだ保証金制度はとられていなかった。この制度は明治十六年新聞紙条例以降ずっと続いていくことになるのだが、一方でこの制度は、保証金を必要としない学術雑誌などの輩出の下地となるものでもあった。雑誌の規定が新聞や図書の規定のなかで行われていたということは、雑誌が新聞や図書の副次的な位置にあることを示しているもので、したがって雑誌の法規制もきわめて不備が多く、無保証金雑誌において無断転載が横行するのも、こうした事情があってのことであった。無断転載雑誌とは、ほかの新聞や雑誌で掲載された論説や記事などを無断でとりまとめ、一つの雑誌として刊行したものをいい、明治二十年六月、博文館から刊行された『日本大家論集』がよく引き合いにだされるが、はやく明治十年前後からみられる現象であった。新聞紙条例は新聞紙の発行方法や記事内容を規定する条例であって記事そのものの権利を認めるものではなかったし、出版条例にしても、同条例が認める版権は出版権であって著者の権利を規定するものではなかったということが、無断転載が横行する背景にあった。それが明治二十年の版権条例(十二月二十九日勅令第七七号)によって、一部の権利が認められるに至った。同条例第二条に「出版条例ニ依リ文書図画ヲ出版スル者ハ総テ此条例ニ依リ其版権ノ保護ヲ受ルコトヲ得」とあるように、出版条例で規定される「学術技芸ニ関スル事項ヲ記載スル」雑誌に関しては版権の保護が認められ、なおかつ同条例第一五条に「新聞紙又ハ雑誌ニ於テ二号以上ニ渉リ記載シタル論説記事又ハ小説ハ其編輯者ノ承諾ヲ得ルニアラサレハ刊行ノ月ヨリ二年内ニ之ヲ編纂シテ一部ノ書ト為シ出版スルコトヲ得ス」とあるように、「編輯者ノ承諾」が必要であると規定されたのである。もっとも、この一五条はあくまでも「一部ノ書ト為シ出版スルコト」を禁じたものであって、無断転載雑誌の発行を禁ずるものではなかった。この不備は明治二十六年の版権法(四月十四日法律第一六号)において改訂されるに至る。同法第二条で「出版法又ハ新聞紙法ニ依リ雑誌ヲ発行スル者ハ総テ此法律ニ依リ其ノ版権ノ保護ヲ受クルコトヲ得」と規定され、学術技芸などの雑誌だけでなく政事や時事を扱う雑誌も版権取得が可能となり、右にみた第一五条も、「刊行ノ月ヨリ二年内ニ之ヲ他ノ新聞紙若ハ雑誌ニ転載シ又ハ之ヲ編纂シテ出版スルコトヲ得ス」と改められたことで、無断転載の道は閉ざされたのであった。

参考文献 『法規分類大全』文書門一(一九八一、原書房)、甘露純規「明治十年代における新聞からの転載―『東京絵入り新聞』『籬の菊』を中心に―」(『名古屋近代文学研究』一八、二〇〇〇)、浅岡邦雄「「版権条例」「版権法」における雑誌の権利」(『中京国文学』二七、二〇〇八)

(磯部 敦)

〔台湾の雑誌〕日本統治期の台湾では、台湾統治にかかわる知的情報誌や啓蒙書的なものを基に、実務から文芸まで多種多様な雑誌が出版され、三百五十点以上が確認されている。その嚆矢が明治二十九年(一八九六)六月に出版された『台湾産業雑誌』(のちに『台湾の産業』『台湾経済雑誌』と改題)で、代表的なものが同三十一年(一八九八)に台湾協会が発行した総合誌の『台湾協会会報』(東洋協会と改称し四十二年(一九〇九)に同協会台湾支部から発行の『台湾時報』と改題、官製的雑誌)であった。台湾教育会の『台湾教育会雑誌』は三十四年に発行(四十五年に『台湾教育』)され、最初の語学雑誌『台湾語土語叢誌』(のちの『台湾語学雑誌』)は三十二年に台北博文堂から、四十一年には『語苑』が台北地方法院内に置かれ全島の法院通訳で構成された台湾語通信研究会から発行された。佐々木照山主筆の『台湾高山国本誌』(三十一年)は台湾唯一の政治評論雑誌であったが、台政を批判して弾圧され翌年十二月の第五号をもって廃刊した。このほかの主な雑誌では、『台湾政策』『にひたか』『台湾めざまし』『南溟評論』『台湾公論』『台南雑誌』『法海月報』『台法月報』『法院月報』『監獄月報』『台湾税務月報』『国語研究会会報』『台湾総督府国語学校校友会雑誌』をはじめ、医学系雑誌では『台湾医事雑誌』や『台湾医学雑誌』が、産業農業統計関係の『台湾商報』『台湾商業新報』『台湾実業新聞』『台湾商工月報』『財界』『実業之台湾』『台湾農友会々報』『台湾統計協会雑誌』から、『台湾文明誌』(のちの『台湾事情』)や英文雑誌の『フォルモサ』、『台湾文芸』『台湾鉄道』『台湾愛国婦人』『蕃情研究会誌』、臨済派の『真仏教』や日本基督教会の『台湾基督教報』などが挙げられる。明治期には、台湾人が発行したものはなく、新民会の『台湾青年』や台湾雑誌社の『台湾民報』、鄭汝南編輯の文芸文社の『台湾文芸叢書』は、いずれも大正中期以降でしかも東京で発刊されていた。

(檜山 幸夫)

〔朝鮮の雑誌〕朝鮮の雑誌は、大朝鮮人日本留学生親睦会が発行した『親睦会会報』(一八九六年二月―九八年四月)を嚆矢とする。朝鮮国内では、一八九六年に結成された独立協会の機関紙である『大朝鮮独立協会会報』(九六年十一月―九七年八月)が最初である。いずれも啓蒙雑誌という性格が強い。朝鮮において雑誌の重要性が高まるのが、一九〇五年十一月の第二次日韓協約締結後に展開した愛国啓蒙運動の時期である。日本に奪われた国権を、韓国人の実力養成によって回復しようとするこの運動は、団結の必要を唱えて多くの結社を結成した。大韓自強会・大韓協会という全国組織、出身地方ごとに結成された学会と呼ばれる啓蒙団体は、月報を発行して愛国心の涵養、教育振興、殖産興業などを唱えた。『大韓自強会月報』(〇六年七月創刊)、『大韓協会会報』(〇八年一月創刊)をはじめ、『西友』(〇六年十二月創刊)、『西北学会月報』『湖南学報』(ともに〇八年六月創刊)などが代表的なものである。なお、親日団体である一進会も『一進会会報』を発行した。『法学協会雑誌』(〇八年十一月創刊)、『工業界』(〇九年一月創刊)のような専門誌、『女子指南』(〇八年四月創刊)や『慈善婦人会雑誌』(〇八年八月創刊)のような婦人雑誌がはじめて刊行されたのもこの時期である。また、崔南善が一九〇八年十一月に創刊した『少年』は、朝鮮における最初の本格的な文芸誌である。一九一〇年の韓国併合とともに、愛国啓蒙運動の結社、一進会が解散させられたことに伴い月報は廃刊になった。そうして、一九一〇年代には、天道教・仏教・キリスト教などの宗教雑誌、および少数の文芸誌・専門誌を除いて、朝鮮人による朝鮮語の雑誌の発行は著しく制限された。

(月脚　達彦)

〔外地の雑誌〕戦前、日本が統治していた外地のうち、関東州および樺太における雑誌について述べる。樺太は、明治三十八年(一九〇五)のポーツマス条約(日露講和条約)によって北緯五十度以南を領有することとなったもので、四十年(一九〇七)、大泊に樺太庁を置いて外地として統治するに至った。新聞雑誌をめぐる法規制については、樺太守備隊司令官発令の新聞紙取締規則がはやく明治三十八年十月二十五日に施行され、新聞や雑誌の発刊にあたっては民政長官の許可と保証金の納付が義務づけられていた。四十年三月三十一日勅令第九五号により、同年四月以降は内地とおなじ法規によることとなった。新聞は、明治三十九年の『樺太新報』『樺太日報』に始まって各地で種々創刊されるに至るのだが、雑誌については樺太庁編『樺太庁施政三十年史』(下巻、昭和四十九年復刻、原書房)が指摘するように、「新聞紙に比して発達が非常に遅れ、漸く大正の半頃に至つて発行され始め」るという状況であった。その雑誌も同業団体の機関誌や校誌が中心であった。さて、もう一つの関東州であるが、ここも明治三十八年のポーツマス条約によってロシアから継承した租借地で、翌年、関東州の行政機関である関東都督府を旅順に設置して統治管理が始まった。これに先だつ明治三十八年十月、大連において日刊新聞『遼東新報』がはやくも創刊され、翌年十一月には日刊の『満洲日日新聞』がおなじく大連にて創刊された。同年十二月には営業取締規則が制定され、新聞や雑誌の発行はこの規則に基づいて関東都督府が管理することになった。明治四十一年には内地の新聞紙法をもとにした改定が行われたが、「管内は特殊の地域にして政治外交其の他一般言論の国策に及ぼす影響極めて大なる」などの理由により根本的改正が議論され、大正十四年(一九二五)六月の関東州及南満洲鉄道附属地出版令の勅令案が成立するのであった(『関東庁要覧』、昭和二年、関東長官房文書課)。雑誌について見てみれば、『関東都督府統計書』に「新聞雑誌」の項が設置されるのは、明治四十一年度調査の『関東都督府第三統計書』からである。これによれば、旅順では『かつら』『関東州』が、大連では『大連実業会報』『大連教育月報』『満洲之友』『皇道会報』『満洲土木建築業組会報』『東亜パック』『大連税務研究会会誌』『開拓少年』が、月刊誌(『東亜パック』は月二回)としてそれぞれ刊行されている。『東亜パック』は『東京パック』や『大阪パック』などとおなじく漫画雑誌かと思われ、発行部数も月五千部を数えるが、ほかは誌名からもわかるように同業団体や都督府課内で発行・流布していたもので、発行部数も百から五百部の間に収まるものであった。明治四十二年度調査『関東都督府第四統計書』では、大連にて創刊された『開教月報』『満洲之青年』『アカシヤ』『あしはら』の四誌と、州外創刊の『遼陽教報』『満蒙商工彙報』の二誌が増え、発行部数も前年度にくらべて増加傾向にあったのだが、明治四十三年度調査『関東都督府第四統計書』では刊行誌数が激減する。旅順では『かつら』『浄園』『南満洲教育会報』『白竜』、大連では『大連実業雑誌』『満洲基督教報』『満洲土木建築組合報』『開教月報』『満鮮旅行案内』『海友』、州外では『遼陽教報』『満蒙商工彙報』の計十二誌を数えるのみであった。『関東庁要覧』(昭和四年、関東長官房文書課)が「概ね経営難に陥り創刊幾千ならずして中絶したるもの多し」と指摘するように、明治期関東州における雑誌の盛衰はめまぐるしいものがあった。また、『大連要覧』(昭和三年、大阪屋号書店)に「日刊の殆んど全部は商報にして他は各団体、学校等の機関雑誌その大部分を占む」とあるように、雑誌の傾向も極端にかたよったものであった。関東都督が陸軍の大将もしくは中将から任命されるように、関東州が陸軍の管轄下にあったという事情が、同地における言論雑誌や娯楽雑誌の創刊を抑制する要因になっていたといえよう。

(磯部　敦)

さったまさくに　**薩埵正邦**　一八五六―九七　法律家。安政三年五月十九日(一八五六年六月二十一日)、京都今出川通千本東入般舟院前町に、石門心学の流れをひく儒者薩埵秀堅の長男として生まれる。明治四年(一八七一)十二月、官立京都仏学校に入学、レオン＝デュリーからフランス語を学ぶ。上京後、十二年(一八七九)八月から、ボアソナードに師事して法律学を学び(「ボアソナード門人」と称した)、十三年九月東京法学校(法政大学の前身)開校に際して同校の主幹となる。二十二年(一八八九)九

薩埵正邦

月東京法学校と東京仏学校とが合併して和仏法律学校が発足した際、理事の一人として経営に参加するも、二十三年九月第三高等中学校法学部開設にあたり助教授に就任して、京都に赴き、三十年(一八九七)六月十四日、同地で没した。四十二歳。本格的な法律雑誌の嚆矢である『法律雑誌』(明治十年)、通信講義録の『中央法学会雑誌』(十八年)などの創刊者としても知られる。民法学者の富《とみ》井政章《いまさあきら》は、薩埵の妻マサの実兄にあたる。

参考文献 『法政大学八十年史』(一九六一)、法政大学大学史資料委員会編『法律学の夜明けと法政大学』(一九九三、法政大学出版局)、岡孝『教育者・学校経営者としての薩埵正邦』(二〇〇七、法政大学イノベーション・マネジメント研究センター)　(村上　一博)

さっぱんきゅうきざつろく　薩藩旧記雑録　平安時代末から明治時代までの島津氏および薩摩藩内諸家の文書・記録を書写・蒐集し、おおむね編年順に配列・整理した史料集。『旧記雑録』『薩藩旧記』ともいう。中世から近世までの島津氏・鹿児島藩関係の基本史料である。文政年間(一八一八—三〇)のころより、薩摩藩の記録奉行であった伊地知季安《いじちすえやす》が藩内諸家の文書や記録の書写・蒐集を始め、弘化年間(一八四四—四八)ごろ、季安の息子季通により編纂が引き継がれ、明治十三年(一八八〇)に編纂が完了したが、その後増補訂正作業が明治三十年(一八九七)まで行われた。その自筆草稿本(島津家本、東京大学史料編纂所所蔵)は、前編四十八巻・後編百二巻・追録百八十二巻・付録三十巻の総計三百六十二巻(冊子体)に及び、平成九年(一九九七)四月に国の重要文化財に指定された。このほか、明治十三年に政府の命により内閣修史局に謄写提出した内閣文庫本(国立公文書館所蔵)、その控えおよび追補原稿を収めた鹿児島県庁本(鹿児島県立図書館所蔵)がある。本史料集には、薩摩・大隅・日向三国にまたがる旧薩摩藩領所内在の古文書や、編纂物・記録類が採録されており、特に所収された古文書の中には、書写後廃仏毀釈や西南戦争などにより焼失したものも多く、史料としての価値は高い。年代としては長久二年(一〇四一)から明治二十八年(一八九五)年までの史料が収録されている。しかしわずか二人で大量の古文書の書写・転写作業が進められたために誤読・脱落・錯簡・重複などが見られ、また、人名・地名の比定、かな文書の傍註の誤り、考証の不適確なども間々見受けられる。さらにその編纂の出発点が島津家家譜増補の再編にあったと思われるところから、薩摩藩編年史料というよりは島津家編年史料の色彩が濃く、『二階堂文書』『禰寝文書』などのようなかなりまとまった現存文書が収載されていないことにも留意する必要がある。島津家本はじめ鹿児島県庁本、それら関係史料については現在鹿児島県歴史資料センター黎明館から順次発行されている『鹿児島県史料』に収録されている。その中の『旧記雑録』追録一・前編一・後編一・附録二に解題が付されている。

参考文献 五味克夫「島津家旧記雑録編纂の経過」(『鹿児島県史料旧記雑録月報』二、一九八〇)　(真辺　美佐)

さっぽろしとけいだい　札幌市時計台　札幌農学校教授ウィリアム＝ホイラーの構想を基に開拓使工業局営繕課が実施設計し、明治十一年(一八七八)六月十八日着工、同年十月十六日木造二階建ての建物として、札幌農学校構内(札幌市中央区)に落成、開業式を挙げた(工費三千八百六十九円余)。建設当時の名称は「演武場」である。これはミリタリー＝ホールの訳語で、二階には練兵場など、一階には講義室が設けられた。演武場の屋上には、当初鐘楼があったが、これに代えて米国製の大時計が取り付けられたのは、明治十四年である。教場として使用されるほか、当初から農学校卒業式や、大日本帝国憲法発布祝賀会など各種行事会場などとしても使用された。明治三十六年(一九〇三)札幌農学校が現在の北海道大学の地に移転した後、建物は札幌区に移管された(土地は、大正十五年(一九二六)札幌市に売却)。昭和四十五年(一九七〇)国の重要文化財の指定を受け、現在は札幌農学校関係の展示施設として一般に公開されている。この建物を全国的に有名にした歌「時計台の鐘」は、大正十二年高階哲夫の作曲によるものである。

参考文献 札幌市教育委員会文化資料室編『時計台』(『さっぽろ文庫』六、一九七八)　(山田　博司)

さっぽろのうがっこう　札幌農学校　開拓使が設置した「開拓ニ従事スベキ青年輩ヲ学識幷現術ノ為ニ教育スル」(明治九年「札幌農学校諸規則」)学校。北海道における高等専門教育機関の嚆矢で、北海道帝国大学の前身。明治九年(一八七六)八月十四日、米国人教師四人、日本人教師五人、学生二十四人で開学。修業年限は予科三年、本科四年、本科成業者には「大学及第ノ免状」を与え、卒業後五年間の開拓使奉職義務を課した。ウィリアム・S・クラークは、開学式で「胸中ニ於テ必ス大志ヲ叫醒セサル可ラス」と、生徒を激励した。第一期生は、第一学年時には年間を通じて、外国人教師が英語で行う本草学・代数学・英語学・化学を毎週六時間受講した。第二学年時には、三角量法・農学・化学・英学・数学的絵図画・手業・測量術・和漢学を聴講した。農学専門科目よりは、英語・リベラルアーツを重視した教育内容であった。他方、クラークは生徒に聖書を買い与えて聖書講義を行なった。明治十年(一八七七)三月五日、生徒全員が「イエスを信ずる者の誓約」に署名し、札幌バンドの拠点とも

札幌農学校　北講堂と中央講堂

なった。開拓使廃止(明治十五年)後は、所管官庁は農商務省・北海道庁へ。廃止論に抗して、農学科に加えて、工学科(明治二十年(一八八七))、兵学科(二十二年)を増設。二十八年には、予科・兵学科・工学科廃止を条件に中学校卒業を入学資格とする文部省直轄学校に。農芸伝習科(二十九年、三十二年(一八九九)に農芸科)、土木工学科(三十年)、森林科(三十二年、三十八年に林学科)、水産学科(四十年(一九〇七))を付設した。いずれも中等実業教育機関である。予修科(農学科予備教育機関、明治三十一年)と農学科を基礎に、政府の帝国大学増設政策下で、古河家寄附金を得て四十年九月一日、東北帝国大学農科大学に昇格した。佐藤昌介・広井勇・宮部金吾・内村鑑三・新渡戸稲造・有島武郎などを輩出した。↓クラーク　↓東北帝国大学《とうほくていこくだいがく》

参考文献　『北大百年史』札幌農学校史料一・二(一九八一)、『北大の百二十五年』(二〇〇一)

(逸見　勝亮)

さっぽろバンド　札幌バンド　W・S・クラークの直接・間接の感化によりキリスト教に改宗し、クラークの残した「イエスを信じる者の契約」(英文)に署名した札幌農学校一・二期生らのキリスト者集団につけられた呼称。横浜バンド・熊本バンドと並ぶ日本プロテスタント＝キリスト教発祥の三基点の一つ。署名者の一部は集団を離脱したが、卒業後大島正健・内村鑑三らが中心となって明治十五年(一八八二)札幌基督教会(現在の札幌独立基督教会)を設立、札幌最初のプロテスタント集団として中央にも知られた。札幌における単一のキリスト者集団として超教派ないし教派協力を志し、礼拝と伝道および教会運営は平信徒たる彼らの手によって行い、洗礼は訪問宣教師・牧師に委ねた。構成員の多くが就職などで札幌を離れたため札幌における紐帯は明治二十年代の半ばころまでだったが、構成員の志は聖礼典のない札幌独立基督教会や内村鑑三の無教会主義につながった。

参考文献　大山綱夫「札幌農学校とキリスト教」(北海道大学編『北大百年史』通説所収、一九八二、ぎょうせい)

(大山　綱夫)

札幌バンド　会員並びに会友(明治16年)

さっぽろビール　札幌麦酒　明治二十年(一八八七)十二月設立認可された麦酒会社。渋沢栄一・大倉喜八郎らを発起人とし資本金は七万円、大倉組商会が前年北海道庁から年賦払下げを受けた札幌麦酒醸造所を譲り受けた。同所は開拓使が輸入種大麦・ホップ生産振興のため明治九年(一八七六)に設立、翌年ドイツ修業経験者中川清兵衛の指導でドイツ式冷製札幌ビールを発売し好評を博し

札幌麦酒会社工場(明治30年ごろ)

たが、大都市への輸送費負担による競争力不足、十七年(一八八四)以降は製品変質などの問題を抱えた。道は道庁雇いドイツ人技師の給与一部負担、払下代金据置期間延長を会社に認めて援助した。二十一年に熱処理済み札幌ラガービールを発売し変質問題を解決。販路拡張に努める一方、三十六年(一九〇三)には業界初の第二工場を東京本所区隅田川沿いに設け、三十八年の製造量は日本一となった。三十九年三社合同時点の公称資本金は百万円。ここで成立した大日本麦酒株式会社が昭和二十四年(一九四九)分割の際には日本麦酒株式会社として再発足、三十九年(一九六四)にサッポロビール株式会社へ改称。

参考文献　サッポロビール株式会社広報部社史編纂室『サッポロビール百二十年史』(一九九六)　(差波亜紀子)

さっぽろほんどう　札幌本道　日本で最初の本格的な長距離馬車道。起点は函館で、森に至り、森から室蘭は海路、室蘭から苫小牧、千歳を経て札幌に至る延長五十七里十四町三十間(森―室蘭間の二十五海里は陸里に改め合算)。開拓次官黒田清隆が開拓使の顧問に招いたアメリカの元農務長官ケプロンの献策に基づいた基盤整備事業の一環で、御雇い外国人アンチセル T. Antisell とワーフィールド A. G. Warfield の測量調査に基づき、函館から札幌に至る新道開削を議決、明治五年(一八七二)三月に函館の農政・工業両掛を併合して新道建築掛とし、権判官榎本道章(箱館戦争時の会計奉行)を建築掛長として工事を開始し、七月函館―森間十一里十八町の新道が落成、札幌―室蘭間の工事は明治六年六月に完成、七月二十日札幌本道と名付けられる(太政官布告は十一月五日)。函館支庁の主任官杉浦誠は、早速その年の冬から馬車の運行を試みるが、黒田の反対に合い、二ヵ月ほどで運行を停止する。

参考文献　大蔵省編『開拓使事業報告』二(一八八五)、北海道庁編『北海道道路誌』(一九二五)　(紺野　哲也)

さつまいも　薩摩芋　⇩甘藷《かんしょ》

さつまじしょ　薩摩辞書　品薄だった『英和対訳袖珍辞書』(文久二年(一八六二)、堀達之助)を薩摩出身の高橋良昭(新吉)と前田正穀(献吉)が改訂した英和辞典の俗称。明治元年(一八六八)にフランスへ留学した前田正名も編纂に加わった。この辞書には編者の名はなく「日本薩摩学生」と記されているため、「薩摩辞書」と呼ばれる。彼らは薩摩藩の留学生選考に漏れ、私費で留学したいという一心で出版を思いついた。明治二年、上海の美華書院American Presbyterian Mission Pressで印刷され『(改正増補)和訳英辞書』の書名で世に出た。わが国最初の洋装洋紙の活版印刷による英和辞典で、和紙による和装の「枕辞書」と外観はまったく異なる。訳語の難しい漢字に読み仮名を振ったり動植物や鉱物などの語彙に正しい訳語を与えたが、総語彙数はほとんど変わらない。最大の特徴は英語の見出し語のすべてに片仮名で発音を表記したことである。この辞書は、さらに明治四年に改訂され『(大正増補)和訳英辞林』という書名で同じ印刷所から刊行された。改訂点については辞書の序文に明記されている。発音をウェブスター式の発音表記に変え、ウェブスター辞書を参照し八千語を補った。編纂者がこの辞書でもっとも意を配ったのは、見出し語の削除と追加それに伴う新たな訳語の創出であったにちがいない。この作業には、外国で学んで得た鋭い言語感覚と幅広い知識を兼ね備えていた堀孝之(堀達之助の次男)があたった。また、附録の略語に日本語を補い、「各国貨幣度量表」を加えた。二つの版のうち、カタカナ発音を付した明治二年版の方が普及しやすいと考えられるが、実際には明治四年版の方がその後二十年余り翻刻版が出て広く利用された。『英和対訳辞書』(明治五年、開拓使辞書)は、書名は上記のものと異なるが内容的には明治四年版とほぼ同じである。なお、高橋と前田は明治四年にアメリカへ私費留学し、思いを果たした。

参考文献　井田好治「薩摩の英学(一)―その前史と「薩摩辞書」―」(『鹿児島大学文科報告』一一、一九六三)、惣郷正明「薩摩辞書の系譜」(『英学史研究』一〇、一九七七)、早川勇『辞書編纂のダイナミズム―ジョンソン、ウェブスターと日本―』(二〇〇一、辞游社)　(早川　勇)

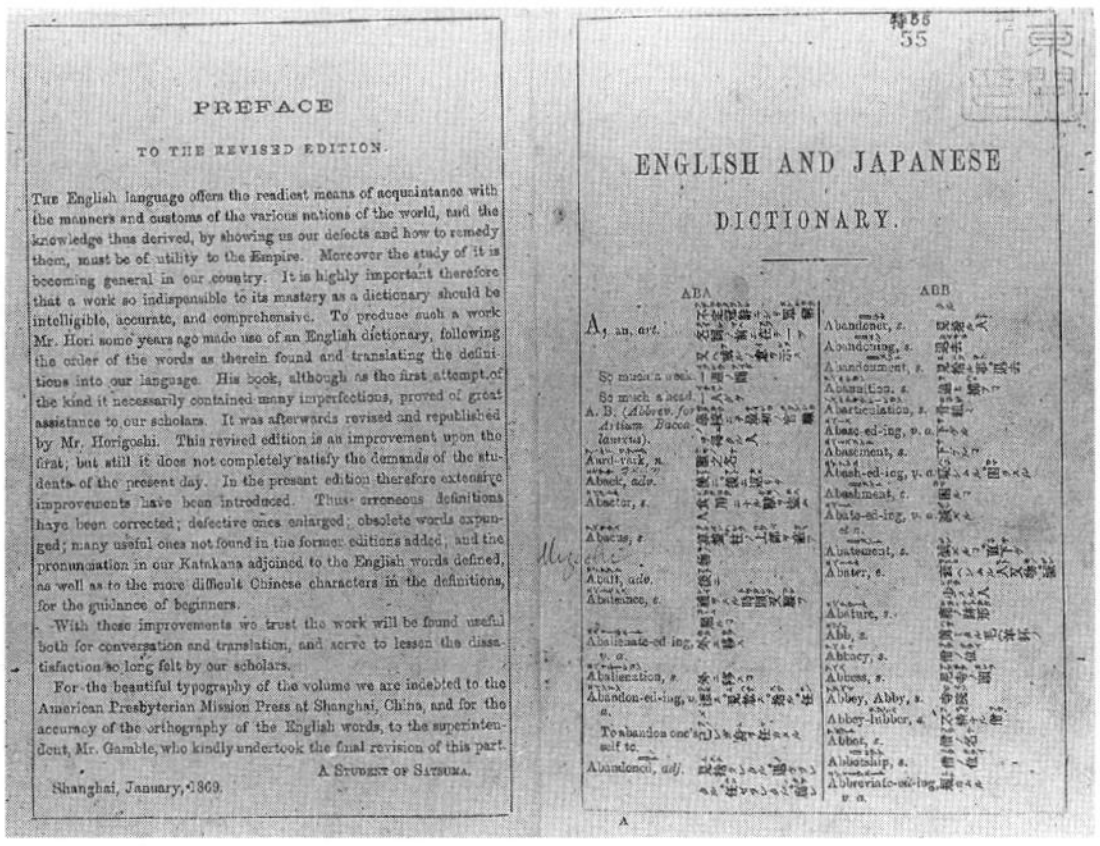

『和訳英辞書』(明治2年)

さつまはんていやきうちじけん　薩摩藩邸焼打ち事件　慶応三年十二月二十五日(一八六八年一月十九日)に起きた、江戸三田の薩摩藩邸、佐土原藩邸襲撃事件。幕末の慶応年間(一八六五―六八)、薩摩藩は現在の東京都港区芝三丁目一帯に広大な屋敷を構え、これを上屋敷(藩政事務所)としてさまざまな対幕府工作の拠点としていた。その中心となったのが西郷隆盛である。幕末の西郷は大変な謀略家で、テロも含む破壊作戦の指揮官であった。彼は土台のぐらつき出した幕府の統治力をさらに揺がせ、治安を悪化させるために不良浪人による「御用盗」を組織させ、市中を荒し回らせたので、町方市中警備の藩兵には手が出せなかった。しかし慶応三年十二月二十五日、薩摩藩上屋敷に逃げ込んだ御用盗を追って来た庄内藩の市中見廻隊と、犯人を出せ出さぬの押問答から争いになり、ついに庄内兵が上屋敷を焼払ってしまった。これが直ちに上方に伝えられて翌明治元年正月三日(一八六八年一月二十七日)の鳥羽・伏見の戦(戊辰戦争)となり、明治維新の発火点となったのである。

(小野　一成)

サトウ　**Ernest Mason Satow**　一八四三―一九二九　イギリス外交官。父はスウェーデン人。一八四三年六月三十日ロンドンに生まれ、ロンドンのユニヴァーシティ＝カレッジに学んだ。一八六一年イギリス外務省通訳生に応募、北京で中国語を学んだ後、文久二年八月十五日(一八六二年九月八日)横浜に着任した。通訳官・書記官として明治二年(一八六九)まで激動の日本に在ってオールコックやパークスの下で外交の現場に立会い、また、慶応二年(一八六六)横浜で刊行された英字週刊紙 The Japan Timesに無署名で寄稿した記事が「英国士官ストウ(サトウ)『英国策論』」として日本語訳で印刷され幕末の日本に影響を与えた。サトウ自身、日本の倒幕勢力と広く交友した。その後、明治三年から東京のイギリス公使館に書記官として滞在。一八八四年バンコクに赴任、総領事・公使を務めた。その後、ウルグアイ、モロッコにも公使として勤務。明治二十八年(一八九五)公使として来日し、明治三十三年(一九〇〇)北京に公使として赴任するまで勤務した。一九〇六年イギリスに帰国。枢密顧問官、ハーグの国際仲裁裁判所イギリス代表評定員、第二回平和会議全権委員などを務め、一九二九年八月二十六日死去した。満八十六歳。サトウの著作として早くから日本で注目されてきたのは、一八六一年から六九年の体験を記述した**A Diplomat in Japan**(晩年の一九二一年にロンドンで刊行)であり、昭和十三年(一九三八)文部省維新史料編纂事務局が公表できると判断した部分を翻訳し非売品として印刷した。その後、塩尻清市による抄訳、坂田精一訳『一外交官の見た明治維新』上下(『岩波文庫』、昭和三十五年)、また、ロンドン国立公文書館所蔵サトウ文書・イギリス外務省文書なども精査した、荻原延寿『遠い崖―アーネスト・サトウ日記抄―』(平成十一―十三年、朝日新聞社)が刊行されている。また、サトウの英文著作集として、『アーネスト・サトウ全集』第一期全十二巻(復刻集成版『コレクション・ジャパノロジスト』第五回配本、Edition Synapse)が刊行されている。

サ　ト　ウ

参考文献　「アーネスト・サトウ著作目録」(横浜開港資料館編『(図説)アーネスト・サトウ―幕末維新のイギリス外交官―』所収、二〇〇一、有隣堂)、林望監修『アーネスト・サトウ蔵書目録』(二〇〇七、ゆまに書房)、楠家重敏「アーネスト・サトウの幕末・明治初期の読書ノート―サトウ研究の二〇年―」(『杏林大学外国学部紀要』二〇、二〇〇八)

(杉本　史子)

さどう　茶道　抹茶に湯を入れ茶筅で攪拌《かくはん》し喫する方式(茶の湯)を主にさすが、茶葉を急須に入れ湯を注ぐ煎茶道もある。明治維新により茶道界は革新を余儀なくされた。幕府・諸藩の茶頭《さどう》(茶堂《ちゃどう》)職にあった家元は職を失い、さらに欧化政策により茶道は衰退の危機に陥った。煎茶道は木戸孝允・伊藤博文や十五代住友吉左衛門・岩崎弥太郎らの政財界人を中心として全国に広がった。茶道は遊芸と見なされ、明治五年(一八七二)に京都府が茶道家元に対し「遊芸稼人」の鑑札付与と賦課を行おうとした。これに対して裏千家十一世玄々斎宗室は異議を唱え『茶道の源意《げんい》』を執筆し、三千家《さんせんけ》家元の連署を添えて知事に提出した。これにより鑑札付与は免れた。玄々斎は同年に開催された第一回京都博覧会にあたり、立礼式《りゅうれいしき》の茶法を考案した。同八年には跡見花蹊《あとみかけい》が女子の作法教育の正課の一つとして茶道を採用し、礼法としての位置付けがなされた。同十年代から神社仏閣における献茶式が始まり、同十一年(一八七八)十二月に藪内家十代の竹翠紹智《ちくすいじょうち》が北野大茶湯を復興した。同二十年(一八八七)の井上馨邸への明治天皇の行幸では、天覧歌舞伎とともに茶会も催され、国粋文化としての再認識をされた。同年代には茶の湯を趣味として名物道具を蒐集する「数寄者《すきしゃ》」があらわれた。渡辺驥《わたなべき》・平瀬亀之輔・藤田伝三郎、同三十年代は益田孝・高橋義雄・高谷恒太郎《たかやつねたろう》らの政財界人である。彼らは社交の場として茶会を開き、東京に大師会《たいしかい》(同二十八年)、和敬会《わけいかい》(同三十三年(一九〇〇)などを、京阪神には十八会《じゅうはちかい》を組織した。同三十一年には茶道の近代的な復興を目指した田中仙樵《たなかせんしょう》(一八七五―一九六〇)が「秘伝開放」と「茶道本来無流儀」を掲げ大日本茶道学会を設立した。同三十九年には、岡倉天心(覚三《かくぞう》)がボストン美術館東洋部部長在職中に日本文化紹介として『茶の本』(原題The Book of Tea)をニューヨークのフォックス＝ダフィール社から刊行した。

参考文献　熊倉功夫『近代茶道史の研究』(一九八〇、日本放送出版協会)、同編『近代の茶の湯』(中村昌生他編『茶道聚錦』六、一九八五、小学館)、同編『茶人と茶の湯の研究』(二〇〇三、思文閣)

(市村　祐子)

さとうきよし　佐藤清　一八八五―一九六〇　明治時代後期から昭和時代の詩人、英文学者。明治十八年(一八八五)一月十一日岡濯《おかたく》の長男として宮城県仙台区に生まれ、のち佐藤家を継ぐ。号瀫橋《でんきょう》。明治三十三年(一九〇〇)受洗。新体詩や句歌を『文庫』へ投稿。三十八年、河井酔茗《かわいすいめい》編『青海波《せいがいは》』に「ともしび」採録。翌年、第二高等学校を経て東京帝国大学文科大学英文科入学。同年、河東《かわひがし》碧梧桐《へきごどう》編『続春夏秋冬』に五句採録。四十年(一九〇七)綱島梁川《つなしまりょうせん》編『見神論評』に収録された「二種の見神《けんしん》」が注目を受ける。水戸中学教諭を経て神戸関西《かんせい》学院勤務。大正三年(一九一四)第一詩集『西灘より』を刊行。六年、英国留学。八年、詩集『愛と音楽』刊。十二年(一九二三)、『海乃詩集』刊。十五年京城帝国大学教授となる。以後、詩集『雲に鳥』、個人詩誌『芙蓉』『折蘆集』『碧霊集』『史詩・聖徳太子其他』、個人季刊誌『詩声』などを刊行。昭和三十五年(一九六〇)八月十五日中央線の踏切事故により死去。満七十五歳。『佐藤清全集』全三巻(昭和三十八―三十九年、詩声社)がある。

参考文献 矢野峰人編『明治詩人集』二(『明治文学全集』六一、一九七五、筑摩書房)　(細谷 博)

さとうぎりょう　佐藤義亮　一八七八―一九五一　出版業者。新潮社創業者。明治十一年(一八七八)二月十八日に秋田県角館に生まれる。本名儀助。明治二十四年(一八九一)角館高等小学校卒業、秋田市の責善学舎に学ぶも、文学に志し明治二十八年三月上京、印刷工となる。二十九年新声社を創立し投稿雑誌『新声』を創刊、『アカツキ叢書』を出版する。三十六年(一九〇三)に経営不振に陥り、同社を譲渡。三十七年に新潮社を創立し、文芸雑誌『新潮』を創刊した。この時に義亮と改名。佐藤は人生の指針となる文学を好み、『新潮』は自然主義の流行で文壇の主流となった。明治末より『新潮』の編集より手を引き、出版に精力を注ぐようになり、新人の出世作を多く手がけた。『近代名著文庫』や『世界文学全集』など、外国文学の翻訳・紹介にも力を尽くした。大正四年(一九一五)『新潮文庫』を、昭和七年(一九三二)に大衆雑誌『日の出』を創刊した。昭和十七年(一九四二)病に倒れ、昭和二十六年(一九五一)八月十八日没。満七十三歳。

佐藤義亮

参考文献 新潮社『佐藤義亮伝』(一九五三、新潮社)、百目鬼恭三郎『新潮社八十年小史』(一九七六、新潮社)　(櫻井 良樹)

さとうくらたろう　佐藤蔵太郎　一八五五―一九四二　小説家、新聞記者。安政二年七月十日(一八五五年八月二十二日)、豊後国に生まれる。号菊亭香水、鶴谷。明治九年(一八七六)、大分県師範学校卒業、鶴谷《つるや》女学校に奉職、十二年(一八七九)塩屋学校に転じ、政治結社久敬社を起す。豊前中津の『田舎新聞』に「艶才春話」(『(月氷奇縁)艶才春話』として明治十五年刊)を連載、十四年、遊説に帰省した矢野文雄に伴われて上京、翌年『郵便報知新聞』に入社。十七年『艶才春話』を改題増補した『(惨風悲風)世路日記』を出版、立身と恋愛が融合した物語でベストセラーになる。招かれて『大阪毎朝新聞』に移り、「(瑞西革命小史)弦響録」を連載する。翌年島根県の『八雲新聞』を経て、帰郷。十九年『豊州新報』、二十二年(一八八九)『大分新聞』、二十五年『大分日報』を創刊する。『大分日報』は二十六年『大分日日新聞』と改題、二十九年廃刊後、翌年『日豊新聞』創刊、三十二年(一八九九)『大分新聞』に招聘されるも、翌年新聞界を引退。郷里佐伯にて郷土史家として著述する。昭和十七年(一九四二)二月十二日没。八十八歳。

参考文献 柳田泉『政治小説研究』上(『明治文学研究』八、一九六七、春秋社)　(山田 俊治)

さとうこういち　佐藤功一　一八七八―一九四一　早稲田大学教授、建築家。明治十一年(一八七八)七月二日、栃木県国分寺村(下野市)の大越家に生まれ、のちに佐藤家の養子となった。仙台の第二高等学校を経て同三十三年(一九〇〇)東京帝国大学工科大学建築学科に入学、三十六年卒業。三重県技師として任用され、四十一年(一九〇八)六月に宮内省内匠寮御用掛。折から早稲田大学が理工科の再建を進め、建築学科創設を引き受ける若手学者として、大隈重信の要請を受けた辰野金吾を通じて白羽の矢を立てられた。四十二年一月竹内明太郎《たけうちめいたろう》の援助により欧米留学に派遣されて建築学を研究。翌四十三年八月帰国を果たして四十四年六月に教授。以後、同学科主任として充実した教授陣の整備を図りつつ、みずから建築構造、設計製図、西洋建築史、さらには日本建築史まで担当したように八面六臂の活動ぶりで、わが国建築界を彩る逸材を輩出し、大学としての建築学教育の形を築き上げた。その建築学・建築理念は、西洋建築史の研究成果を踏まえて、古典様式、特にルネサンス建築を原点とした芸術性への憧憬に発しているが、それは、建築様式が近代的機能主義へと流れる時代の中にあっても、建築そのものが時代を超越していく恒久性を本質としていることの理解からであった。そして、高い思想性・芸術性・歴史観に裏付けられたプロフェッサー＝アーキテクトとして、公共建築から邸宅建築にいたるまで、夥しい数の建築作品を残し、昭和十六年六月二十二日に没した。六十四歳。業績記録は、壮麗な庁舎建築、商業ビル、オフィスビル、病院、図書館、講堂、公会堂などを含めて二百三十点に上る華麗な作品集を構成している。その一つ早稲田大学大隈記念講堂は、大学景観のシンボルとなって、平成十一年(一九九九)に東京都選定歴史的建造物、同十九年十二月に重要文化財(建造物)に指定された。

参考文献 田辺泰・猪野勇一編『佐藤功一博士』(一九五三、彰国社)、稲門建築会『早稲田建築―稲門建築会四〇周年・早苗会八〇周年記念特別記念号―』(一九九二)　(菊池 紘一)

さとうこうろく　佐藤紅緑　一八七四―一九四九　明治

佐藤紅緑

から昭和期の小説家、劇作家。明治七年（一八七四）七月六日青森県中津軽郡弘前親方町（弘前市）に生まれる。本名洽六《こうろく》。明治二十六年（一八九三）上京し、親戚の陸羯南《くがかつなん》の玄関番となり、翌年、日本新聞社に入社。そこで正岡子規から俳句を学び、紅緑の号を得る。二十八年に病気のため帰郷したが、三十三年（一九〇〇）に再上京。三十九年、戯曲『侠艶録《きょうえんろく》』、小説『行火《あんか》』を発表し、以後、新派の劇作家、小説家として活躍。大正期に入り、新聞に家庭小説を連載して大衆作家としての地位を築いた。昭和期には、『あゝ玉杯に花うけて』（昭和二―三年）、『英雄行進曲』（昭和九―十年）などで少年少女小説という新分野を確立した。『佐藤紅緑全集』全十六巻十七冊（昭和十一―十二年、アトリエ社）、『（少年倶楽部名作）佐藤紅緑全集』全二巻（昭和四十二年、講談社）がある。詩人サトウハチロー、作家佐藤愛子の父。昭和二十四年（一九四九）六月三日没。七十六歳。

参考文献　砂田弘「佐藤紅緑試論」（加太こうじ・上笙一郎編『児童文学への招待』所収、一九六五、南北社）、佐藤愛子『花はくれない―小説佐藤紅緑―』（一九六七、講談社）
（梅澤　宣夫）

さとうさとじ　佐藤里治　一八五〇―一九一三　政治家。嘉永三年三月十三日（一八五〇年四月二十四日）出羽国村山郡海味村《かいしゅう》（山形県西村山郡西川町）惣十郎の長男として生まれ、父早世後、叔父長八の養子となる。明治六年（一八七三）、東京に遊学し、大沼沈山に儒学を学ぶ。再上京時には、民権家の成島柳北・馬場辰猪などと交流した。同十年（一八七七）、海味村外七ヵ村里正となり、翌年第二大区五小区副戸長を経て、十二年に西村山郡より県会議員に選出される。以後、二十三年（一八九〇）まで連続当選し、常置委員・地方衛生会委員などに任ぜられ、十七年には県会副議長、二十年十二月から二十三年までは県会議長として活躍した。この間、十三年には県会議員や名望家を結集して地方有志者の親睦会を開き、十四年には特進社を結成した。十五年、山形毎日新聞社を創設し、十九年、羽陽同盟会の監事となり、二十一年には羽陽倶楽部を創立した。二十三年七月、第一回衆議院議員選挙では、第一区から立憲改進党系として当選し、以後、三十一年（一八九八）の第六回総選挙まで連続して当選。第七回では次点となったものの、三十六年・三十七年の第八・九回総選挙で当選し、鉄道会議議員や馬匹調査会委員・台湾銀行創立委員などを歴任した。十三年五月二十二日の通常県会での三島通庸土木県政批判発言が民権期の象徴的事件として知られている。大正二年（一九一三）十二月二十一日没。六十四歳。

参考文献　『山形県議会歴代議員名鑑』（一九七三）、『西川町史』下（一九九五）
（山内　励）

さとうさんきち　佐藤三吉　一八五七―一九四三　明治から昭和時代前期にかけての外科医、医学者。安政四年十一月十五日（一八五七年十二月三十日）美濃国大垣藩士佐藤只五郎の三男として生まれる。幼少期に儒学を学び、義兄安藤就高《あんどうなりたか》の招きにより明治四年（一八七一）上京し、司馬凌海《しばりょうかい》塾でドイツ語を学び、翌年南校に入学し、同六年第一大学区医学校に転学、同十五年（一八八二）東京大学医学部を卒業。スクリバの助手となり、翌年九月スクリバの後継者となるべくドイツに留学、ベルリン大学で外科学のベルクマンに学び、同二十年（一八八七）十月帰国した。ただちに帝国大学医科大学教授に任ぜられ、同二十四年には医学博士を授与され、同三十四年（一九〇一）医科大学付属病院長に就任し、その三年後には欧米視察を果たす。大正元年（一九一二）宮内省御用掛となり、同七年医科大学長に就き、同十年（一九二一）退職。同十四年三月に第七回日本医学会会頭となる。昭和十八年（一九四三）六月十七日死去。八十七歳。

参考文献　佐藤三吉先生記念出版委員会編『佐藤三吉先生伝』（一九六六）、『東京大学医学部百年史』（一九六七、東京大学出版会）
（林　彰）

さとうしょうすけ　佐藤昌介　一八五六―一九三九　農業経済学の始祖。安政三年十一月十四日（一八五六年十二月十一日）、南部藩花巻で出生。明治十三年（一八八〇）、札幌農学校を第一期生として卒業（同郷の新渡戸稲造は一年後輩）。そのまま教官として残り、農業実習を担当した。十五年に渡米、農場に住み込みアメリカ農業を体験。さらにジョンズ＝ホプキンズ大学でイリー教授について経済学の指導を受けた。十九年、札幌農学校教授、二十七年（一八九四）、同校長。四十年（一九〇七）東北帝国大学農科大学学長に就任、大正七年（一九一八）、北海道帝国大学の発足とともに初代総長に就任した。この昇格には彼の力添えが大きく、「北大育ての親」として構内に胸像が建っている。大規模農業論者で、北海道開発、北海道農業に多くの提言をなし、北海道農会会長として農業団体の育成に貢献した。昭和十四年（一九三九）六月五日、

佐藤昌介

札幌の自宅で死去。八十四歳。著書に『世界農業史論』（共著、昭和十年、西ヶ原刊行会、のち『明治大正農政経済名著集』二〇に収録）などがある。（西尾　敏彦）

さとうしょうちゅう　佐藤尚中　一八二七―八二　幕末・明治時代前期の西洋医、医学者。下総国小見川藩の藩医山口甫僊《やまぐちほせん》の次男として小見川（千葉県香取市）に文政十年四月八日（一八二七年五月三日）に生まれる。本名は「たかなか」と読み、幼名は竜太郎、瞬海は通称。幼少のころ江戸にあり寺門静軒《てらかどせいけん》などに学ぶ。天保十三年（一八四二）佐藤泰然《さとうたいぜん》の和田塾に入り、翌年泰然が下総の佐倉に移るときに従う。安政六年（一八五九）泰然の養子となり家督を継ぎ、第二代順天堂主となる。翌年から一年余り長崎に留学し、ポンペから学ぶ。文久二年（一八六二）佐倉に帰り、医育と医術を改善し、済衆精舎をつくり七科に分け教授した。同時に藩の医政を改革、藩医は全て洋方として漢方を廃した。明治二年（一八六九）新政府の要請があり、大学東校の主宰者として大博士のち大学大丞となり、医界最高の地位に就いた。同五年官位を返上し、同六年二月下谷練塀《ねりべい》町に順天堂を設立。同十五年（一八八二）七月二十三日に死去した。五十六歳。

佐藤尚中

参考文献　「佐藤泰然先生・佐藤尚中先生」（『近代名医一夕話』所収、一九三七、日本医事新報社）、『順天堂史』上（一九八〇）（林　彰）

さとうしょうひぜい　砂糖消費税　北清事変後の増税の一環として明治三十四年（一九〇一）三月の税法成立により導入された個別消費税。比較的奢侈品とみられた砂糖に対して、オランダ標本の色相によって四種に分け、税率を百斤につき一円～二・八円に区分して製造段階または税関・保税倉庫からの引取段階で課税した。日清戦争（明治二十七年（一八九四）・二十八年）の戦費は増税によることなく、公債発行などによって賄われたが、日清戦争後は三次にわたる増税が行われたものの、明治六年（一八七三）の地租改正以降、国税の基幹税となってきた地租の増徴は政治的抵抗が強くて困難であり、増税の中心は酒税増税、葉煙草専売の施行（明治三十一年一月）と葉煙草専売率引き上げ、麦酒税・砂糖消費税の新設など間接税等であった。明治三十六年度の砂糖消費税の国税収入に占める構成比は四・七％で、間接税等の中では酒税（三六・一％）、関税（一一・九％）、専売益金（一〇・二％）についで四位であった。

参考文献　坂入長太郎『明治後期財政史（改訂版）』（『日本財政史研究』二、一九八八、酒井書店）、近代租税史研究会編『近代日本の形成と租税』（『近代租税史論集』一、二〇〇八、有志舎）（町田　俊彦）

さとうすすむ　佐藤進　一八四五―一九二一　明治時代を中心にして活躍した陸軍軍医、外科医師、医学博士、男爵。ベルリン大学卒業。弘化二年十一月二十五日（一八四五年十二月二十三日）、高和清兵衛の長男として常陸国

佐藤進

太田に生まれる。のちに順天堂塾主の佐藤尚中の養子となり、佐藤進と名乗る。西南戦争では、政府軍の軍医として出征。そして、第三代順天堂の堂主も務めたが、日清戦争の講和交渉にのぞむ李鴻章が下関で狙撃されて負傷した際（李鴻章狙撃事件）に外科医として治療した経験があった。明治三十八年（一九〇五）には、陸軍軍医総監に任命され、日露戦争中の傷病兵の診察にあたり、功績を挙げた。晩年は郷里の茨城県で執筆活動にあたり、『水戸義公伝』などの著作を残した。大正十年（一九二一）七月二十五日没。七十七歳。

参考文献　藤村道生『日清戦争―東アジア近代史の転換点―』（『岩波新書』、一九七三、岩波書店）、鈴木享編『帝国陸軍将軍総覧』（『歴史と旅』特別増刊四四、一九九〇）（山本　智之）

さとうたいぜん　佐藤泰然　一八〇四―七二　幕末維新期の蘭方医。本名は信圭《のぶかど》、号は紅園、泰然は通称である。武蔵国川崎（神奈川県川崎市）に文化元年（一八〇四）に生まれる。天保元年（一八三〇）二十七歳のときに西洋医を志し、足立長雋《あだちちょうしゅん》に入門、ついで高野長英を師としたが満足せず、天保六年三月より西洋医学を学ぶために長崎留学をし、同九年江戸に帰り、五月両国薬研堀《やげんぼり》で和田塾を開いた。ここで外科を専業として門弟をも教えていくが、天保十四年（一八四三）八月庄内藩転封事件の影響を受け、藩主の招きに応じ下総国佐倉に移住した。ここではじめ

佐藤泰然

て佐藤姓を名のった。ここに新たに順天堂塾を開き、隆盛をむかえていくが、弟子の尚中《しょうちゅう》を養嗣子として塾の内容はさらに整備充実され、全国の医書生の憧れとなる。文久二年(一八六二)横浜に移り、宣教師ヘボンらと交際。明治五年(一八七二)の初めに東京下谷に移住し、同年四月十日(五月十六日)、肺炎のため死去した。六十九歳。

参考文献 村上一郎『蘭医佐藤泰然―その生涯とその一族門流―』(一九四一、房総郷土研究会)、『順天堂史』上(一九八〇)　(林　彰)

さとうただし　佐藤正　一八四九―一九二〇　陸軍軍人。嘉永二年六月一日(一八四九年七月二十日)、現在の広島県に生まれる。歩兵第十八連隊長、歩兵第二十四連隊長などを歴任。明治二十五年(一八九二)、大佐に進級。日清戦争では、歩兵第十八連隊長として出征するも負傷。同二十八年、少将に進んだが退役した。その後は、文官に転じ宮中顧問官に就任した。大正九年(一九二〇)四月二十七日没。七十二歳。

参考文献 外山操編『陸海軍将官人事総覧』陸軍篇(一九八一、芙蓉書房)　(山本　智之)

さとうてつたろう　佐藤鉄太郎　一八六六―一九四二　明治から昭和時代前期の海軍軍人、戦史・国防理論家。慶応二年七月十三日(一八六六年八月二十二日)出羽国鶴岡藩士平向勇次郎の長男として生まれる。妻は海軍中将小笠原長生《おがさわらながなり》の妹。明治二十年(一八八七)海軍兵学校卒業(海兵十四期)。同期には鈴木貫太郎、小笠原長生がいた。明治二十二年少尉となり、朝鮮方面の海上警備任務を通じて、二十五年『国防私説』を著わす。これが上司の出羽重遠大佐(赤城艦長)、山本権兵衛少将(軍務局長)に認められ、少佐の時代に英米に研究派遣された。彼の物事に対する取り組み姿勢が現実直視の合理主義的なものであることを表しており、その土台は生涯揺るがなかった。二十五年大尉。日清戦争の黄海海戦において、砲艦赤城航海長として戦傷を受けつつも戦死した艦長に代わって指揮した。戦後、国防に戦史研究の必要性を痛感し、英国のコロム中将と米国のマハン大佐の著述に感銘を受け、三十二年(一八九九)五月から約二年半、山本権兵衛海軍大臣の命を受けて英米両国にわたり、東西の海戦史を研究した。帰国後の三十五年、海軍大学校教官時に『帝国国防論』を著わした。同書は、日本は大陸主義を捨て海洋主義を採用し、英国を模範とする島国海洋貿易国家として進むよう主張した。つまり、国防の第一線は海上、第二線は海岸、第三線は内陸部であるという海主陸従論であり、山本海軍大臣から天皇に上奏された。日露戦争では第二艦隊先任参謀として上村彦之丞長官を補佐した。三十九年海大選科学生、海大教官を経て、研究成果を集約し、四十一年(一九〇八)『帝国国防史論』として刊行。彼の兵学は徹頭徹尾史実に基礎を置き、日蓮宗に対する深い信仰と漢学に対する深い造詣からある種の信念をもって説かれた。これより先の四十年に大佐。その後、宗谷、阿蘇艦長、海大教官、同教頭を歴任した。大正元年(一九一二)十二月海軍少将。翌年第一艦隊参謀長、翌三年軍令部第一班長、四年八月、軍令部次長となり、理論と実際の両面から戦略を構築した。彼の説は、軍備にあたっては攻撃力および運動力を特に重視して正奇分合を計り、質の優は克《よ》く量の寡を補うに足るものとして「以寡制衆」の思想に基づく精神主義に偏った主張であった。次長就任一ヵ月後にして海軍強化を急ぐあまり、その要となる軍令部の権限拡大を企てたため、加藤友三郎海軍大臣の逆鱗に触れ、同年十二月海大校長に左遷された。五年海軍中将。九年舞鶴鎮守府長官。十年(一九二一)将官会議議員。十二年予備役。昭和六年(一九三一)に退役。昭和九年から十七年(一九四二)まで貴族院議員。秋山真《あきやまさね》之《ゆき》と並び称される日本海軍戦略家である。昭和十七年三月四日死去。七十七歳。著作はほかに『海軍戦理学』(大正二年、水交社)がある。→帝国国防論《ていこくこくぼうろん》

参考文献 防衛庁防衛研修所戦史室編『大本営海軍部・連合艦隊』一(『戦史叢書』九一、一九七五、朝雲新聞社)、石川泰志『海軍国防思想史』(『明治百年史叢書』、一九九五、原書房)　(影山好一郎)

さとうのぶざね　佐藤誠実　一八三九―一九〇八　国学者。天保十年十一月二十三日(一八三九年十二月二十八日)、江戸浅草正行寺に生まれる。長じて儒学者安積艮斎《あさかごんさい》の塾に入り、国学者黒川春村《くろかわはるむら》に入門した。明治五年(一八七二)、文部省編輯寮に職を奉じ、同八年には元老院の少書記生(のち中書記生)に任ぜられて編修課に加わり、十二月十日までに調査課編纂掛(内国部)に入っている。いずれも黒川春村の養子真頼《まより》との関係によるものと推測され、真頼は誠実の著書『語学指南』(明治十二年)に序文(明治八年六月三十日付)を寄せてもいる。元老院の「内国部」では、津和野派国学者の議官福羽美静《ふくばよししず》の後援のもと、考証派国学者の少書記官横山由清《よこやまよしきよ》が、配下に権大書記生黒川

佐藤鉄太郎

佐藤誠実

真頼と佐藤誠実を置き、主に皇室制度(皇位継承法)に関する各種調査を行なったが、その成果は、いずれも元老院蔵版の『纂輯御系図』(明治十年十一月)、『旧典類纂』皇位継承篇(同十一年八月)、『旧典類纂』田制篇(同十六年五月)に結実している。同十三年(一八八〇)には文部省の属官を兼ね、ついで古事類苑編輯掛となり法律部を担当した。同十六年には東京大学御用掛兼勤となり、文学部附属古典講習科の講師(正史、法制)を嘱された。同時期、現在も教育史において評価の高い『日本教育史』上下巻(明治二十一・二十三年)を出版している。同二十四年(一八九一)には東京音楽学校教授に任じられる(同二十八年に依願免官)。また、明治十二年三月八日に編纂が始められた総合的類書『古事類苑』は、同十九年十二月からは東京学士会院、同二十三年四月からは皇典講究所で編集されたが結局完成せず、同二十八年には神宮司庁に事業が引き継がれた。松本愛重《まつもとよりしげ》の推薦で編修長となった誠実は、新進気鋭の学者たちを指揮し、明治四十年(一九〇七)十月、ようやく完成に漕ぎ着けた(大正三年(一九一四)八月に刊行が終了)。明治三十二年(一八九九)には文学博士の学位を授けられ、同三十五年に国語調査委員会臨時委員、同三十九年に帝国学士院会員となった。『国学院雑誌』(明治三十二―三十三年)に連載された「律令考」は、現存の律令が大宝律令ではなく養老律令であることなどを比較法制史の手法で実証したもので、現在も評価が高い。同四十一年三月十一日没。七十歳。没後の論文集に『佐藤誠実博士律令格式論集』(滝川政次郎編、平成三年、汲古書院)がある。→日本教育史《にほんきょういくし》

参考文献　山本毅堂(信哉)「(文学博士)佐藤誠実先生小伝」(『国学院雑誌』一四ノ四、一九〇八)、藤田大誠『近代国学の研究』(『久伊豆神社小教院叢書』、二〇〇七、弘文堂)

(藤田　大誠)

さとうひろし　佐藤寛　一八六四―一九二七　明治から大正時代の漢詩人。父は佐藤長貞。元治元年三月六日(一八六四年四月十一日)越後新発田《しばた》に生まれる。字は公綽。六石と号す。年少のころ藩儒大野恥堂に学ぶ。明治十五年(一八八二)『新潟日日新聞』に入り編集長となり、『新潟新聞』の尾崎蕚堂と並び北越論壇の双璧と称された。十七年上京、皇典講究所に学び、二十一年(一八八八)同所の講師となる。二十二年『古事類苑』編纂委員。二十三年慶応義塾幼稚舎および普通部講師、二十五年から慶応義塾大学部文学科で教える。この間大関剣峯について経学を修め、詩を森春濤、槐南に学ぶ。「槐南門の四天王」と目され、明治二十三年九月星社の創設に参加。これを切掛に伊藤博文の知遇を得、伊藤が韓国統監となるやその推挽により、三十九年(一九〇六)韓国李王家の顧問、さらに修学院教授、英親王の侍読を勤めた。四十三年(一九一〇)帰国して一時『やまと新聞』理事。大正六年(一九一七)随鷗吟社主幹。また日本洋瓦株式会社社長に就任し実業の方面でも活躍した。昭和二年(一九二七)四月二十七日病没。六十四歳。漢詩集『幽窓旧夢』(明治十七年)、『扁舟載鶴集』(同二十二年)、『六石山房詩文鈔』(昭和四年、随鷗吟社)のほか『姥捨山考』(明治二十八年、東京万巻堂)など和漢にわたり著書多数。

参考文献　大川茂雄・南茂樹編『国学者伝記集成』続編(一九三五、国本出版社)、中村宏「佐藤六石の初恋と詩」(『東洋研究』二一、一九七〇)

(山根　秋乃)

さとうほっこう　佐藤北江　一八六八―一九一四　新聞記者。本名は真一。南部藩士佐藤貞吉の長男として明治元年十二月二十二日(一八六九年二月三日)、陸中国盛岡に生まれる。岩手中学校を退学、漢学を修める。鈴木舎定の求我社に入り自由民権運動に参加、『岩手新聞』に投稿を続ける。明治十八年(一八八五)、『岩手新聞』記者となる。明治二十年(一八八七)、上京して『燈新聞《ともしびしんぶん》』に入り、四月、『めさまし新聞』と改題。明治二十一年五月、朝日新聞社に買収され『東京朝日新聞』となる。引き続き編集を担当する。石川啄木を校正係に採用。大正三年(一九一四)十月三十日没。四十七歳。

佐藤北江

参考文献　太田愛人『石川啄木と朝日新聞―編集長佐藤北江をめぐる人々―』(一九九六、恒文社)

(河崎　吉紀)

さとかぐら　里神楽　おかめ、ヒョットコのように面をつけ、神いさめを演じるパントマイムの舞楽。郷神楽とも。俗称、お神楽。楽器は笛、太鼓、大拍子《だいびょうし》。祭礼や縁日に神社の神楽堂で演じられる。演目は明治初期に整理されて二十四番になり、神代物《じんだいもの》(天孫降臨、八岐大蛇《やまたのおろち》など)と歴史物(兄弟探湯《くかたち》、日本武尊《やまとたけるのみこと》東征など)に分かれる。東京、神奈川、千葉の三府県でとりわけ好まれ、神楽師は明治期が約三百名、関東大震災で五十名に減少した。

参考文献　三島幹麿「神楽物語」(『演芸世界』四・五・七・八・一二、一九〇一―〇三)、岡本霞城「神楽の由来」(『文芸倶楽部』一四ノ七、一九〇八)

(倉田　喜弘)

さどこうざん　佐渡鉱山　新潟県佐渡の相川を中心に点在する金銀鉱山の総称。古くからこの地域では砂金採取が行われていたが、十六世紀半ばに鶴子銀山、十七世紀初頭に相川金山が発見された。江戸幕府は佐渡奉行をおいて直営し小判などの貨幣材料とした。しかし、湧き水などのために幕末にかけて衰微を余儀なくされ、明治維新後に官営鉱山としてイギリス人技師ガウワーの手で再開発が進められたが芳しい成果をあげなかった。再開発が軌道に乗ったのは、明治十八年(一八八五)に大島高任

が佐渡鉱山局長に着任して以降のことで、これ以後金銀の産出量が漸増し、官営鉱山としては例外的に好成績を記録した。二十二年(一八八九)に皇室財産として御料局の所管に移された後、二十九年に生野銀山、大阪製錬所とともに三菱に払い下げられ、三菱の主力鉱山の一つとなり、三菱合資会社鉱業部、三菱鉱業の経営を経て、戦後に三菱金属鉱業(現三菱マテリアル)の事業所として生産を続け、平成元年(一九八九)に閉山した。

(武田　晴人)

参考文献　麓三郎『佐渡金銀山史話』(一九五六、三菱金属鉱業)、田中圭一『佐渡金銀山の史的研究』(一九八六、刀水書房)

さとりひこじろう　左部彦次郎　一八六九―一九二七　明治時代中期の足尾鉱毒闘争の指導者。明治二年(一八六九)十月東京に生まれ、十二年(一八七九)群馬県利根郡池田村奈良(沼田市)の代々酒造業の左部宇作の養子となる。東京専門学校(早稲田大学の前身)邦語政治科に入学し、二十四年(一八九一)に顕在化してきた足尾鉱毒問題を知った。この年七月の卒業後密かに調査して支援活動を始め、被害地の渡瀬村ほか三ヵ村の鉱毒除外・鉱業停止の農商務大臣への請願書提出に尽力し、翌年一月にこれらの村長から感謝状を受け、以後の学生の社会問題開眼への先鞭をつけ早大の雄弁会誕生の伏線ともなった。活動を続けるうちに指導者の田中正造の強力な協力者となり、以後果敢な闘争活動を展開し、三十三年(一九〇〇)二月の大弾圧の川俣事件で収監され有罪となった。三十六年には『鉱毒ト人命』を自費出版して熱意を注いだ。しかし、この後、闘争活動を去り栃木県土木部に就職し、四十年(一九〇七)六月の鉱毒問題を治水問題にすり替えた政府の谷中村破壊に際しては、闘争の反対側に身を置いていた。大正期に、神奈川県平塚で「小官吏として薄給に甘んじ」ながら昭和二年(一九二七)に没した。五十九歳。

参考文献　大場美夜子『残照の中で』(一九六九、永田書房)、田村紀雄「足尾鉱毒事件とその組織者」(『月刊伝統と現代』二ノ二、一九七一)、『早稲田大学百年史』一(一九七八、早稲田大学出版部)

(佐藤　能丸)

さなだやまりくぐんぼち　真田山陸軍墓地　明治四年(一八七一)に設置されたわが国最初の陸軍墓地。大阪市天王寺区玉造本町に所在。約五千百基の個人墓碑、五基の合葬墓碑(日露戦争時と満洲事変に際してのもの)、納骨堂(昭和十八年(一九四三)建立、日中戦争以後の遺骨約八千を納める)からなる。当初八四九七・二五坪(二万八〇四〇平方メートル)の面積であったが、昭和三年(一九二八)に南側部分を小学校用地に譲渡したため、墓碑の移動が行われ、現在は四五六八・八坪(一万五〇七七平方メートル)になっている。現存する旧陸軍墓地の中では最大の面積を持つ。戦前全国には九十近くの陸軍墓地があったが、終戦時の景観を保っているのは真田山墓地だけである。戦後、陸軍省から引き継いだ大蔵省が大阪市に無償貸与を行い、祭祀は民間の大阪靖国霊場維持会(現真田山陸軍墓地維持会)が行うこととなった。明治初期には招魂社もあったが、大正期になくなったと思われる。最初の被葬者は明治三年十二月一日(一八七一年一月二十一日)に没した兵学寮の生徒であった。この墓地には、戦死者だけでなく、平時においての病死・事故死、訓練中の死者も葬られているほか、日清戦争当時の軍役夫、清国人の俘虜、第一次大戦時のドイツ人俘虜の墓もある。現状は百年以上の墓碑も多く、砂岩であるため亀裂や剝離などの風化が進み、倒壊しているものも多く、その修復と保存が緊急の課題となっている。

真田山陸軍墓地　明治初年の墓石群

参考文献　横山篤夫「旧真田山陸軍墓地変遷史」(『国立歴史民俗博物館研究報告』一〇二、二〇〇三)、「旧真田山陸軍墓地概要図・墓碑銘文一覧」(同)、小田康徳・横山篤夫・堀田暁生他編『陸軍墓地がかたる日本の戦争』(二〇〇六、ミネルヴァ書房)

(堀田　暁生)

さぬきてつどう　讃岐鉄道　香川県多度津《たどつ》から琴平・高松を結んでいた私鉄。多度津で廻船問屋などを営んでいた景山甚右衛門は上京した際に東京―横浜間鉄道を見聞して以来、地元でも鉄道敷設の必要を痛感するようになったとされる。明治二十年(一八八七)景山らが中心となり、讃岐鉄道株式会社を設立し、二十二年五月二十四日、多度津を起点に丸亀―琴平の間が開通した。讃岐鉄道は、当初から金比羅参詣客を大きな対象としていたが、次第に高松への延長を構想するようになり、三十年(一八九七)に高松までの延長を果たした。その過程で本州との連絡を目的とする航路の開設を検討するようになっていた。同鉄道は、総支配人や専務取締役を歴任した大塚惟明《おおつかこれあき》のもとで食堂車の導入や女性給仕の採用など、旅客サービスの改善も積極的にとりくんだ。明治三十七年山陽鉄道株式会社に合併され、さらに鉄道国有化により讃岐線となった。

参考文献　『日本国有鉄道百年史』二・四(一九七〇・七二)

(鈴木勇一郎)

さぬきにっぽう　讃岐日報　高松で発行された日刊紙。明治二十二年(一八八九)三月二十日創刊。同十五年(一八八二)に『腰抜新聞』が廃刊になった後、高松の自由党関係者が新しい日刊紙の計画を模索していたが、二十一年十二月の第三次香川県設置を機に発刊した。新聞編輯人は細谷栄五郎、一時は坂出の飯陽《はんよう》英学校主幹であった永《なが》江《え》為政《ためまさ》が編輯長を務めた。同紙第三号は「告白」と題し「専ら殖産興業の道を拡充し、教育普及の法を勉め、以て国民の元気を発揚」し、「権貴に屈することなく、正邪を弁じ」るとの姿勢を明らかにした。また今後も中《なか》江《え》篤介《とくすけ》、栗原亮一、植木枝盛などに特別寄稿を依頼していると述べている。新聞の定価は一部一銭五厘だったが、ほどなく発行された競争紙の『香川新報』が一銭二厘なので、これをみて五厘値下げするなど販売合戦が始まっている。同紙は二十四年一月十九日をもって廃刊。『讃岐日報』の流れを汲むものに、二十五年二月丸亀で『讃陽日報』が発刊されたが、長くは続かなかった。

参考文献　『香川県史』五(一九八七)　（和田　仁）

さねよしやすずみ　実吉安純　一八四八―一九三二　海軍軍医。嘉永元年三月二十日(一八四八年四月二十三日)に薩摩藩士実吉安福の次男として生まれる。戊辰戦争に従軍後、明治二年(一八六九)六月に順天堂入塾。明治四年十二月に兵部省管轄の海軍病院分課に出仕。明治七年三月に海軍中軍医となる。明治十年(一八七七)三月に西南戦争の征討軍大本営附。明治十二年七月にイギリス留学。明治十九年四月に海軍医学校教授。明治二十四年(一八九一)八月に医学博士。翌年海軍軍医総監。明治三十年(一八九七)四月に医務局長。明治三十三年五月に男爵。明治三十八年十二月に予備役編入。同月に貴族院議員。明治四十年(一九〇七)九月子爵。大正二年(一九一三)二月に後備役編入。大正四年二月に退役。大正九年四月に東京慈恵会医院専門学校校長。昭和七年(一九三二)三月一日没。八十五歳。

参考文献　山下政三『明治期における脚気の歴史』(一九八八、東京大学出版会)、秦郁彦編『日本陸海軍総合事典』(一九九一、東京大学出版会)　（佐藤　宏治）

さのさ　さのさ　明治期の俗曲。不平等条約の改正が実現する明治三十二年(一八九九)ごろに歌い出され、明治末期に至る十年余り、大流行した。純日本的な哀調を帯びた曲調は、こんにちでも心に強く響くであろう。よく歌われた歌詞の一例、「人は武士、気概は高山彦九郎、京の三条の橋の上、遥かに皇居をネ眺むれば、落つる涙は鴨の水、サノサ」。最後の囃子詞《はやしことば》が曲名となった。　（倉田　喜弘）

さのしろう　佐野志郎　生没年不詳　明治時代後期から大正時代の電気学者。竹内鉱業会社の竹内明太郎《たけうちめいたろう》(のちに小松製作所を創設)の資金を受けて欧米に留学し、四十三年(一九一〇)六月に帰国した。同年八月に竹内の推挙で、早稲田大学の創設間もない大学部理工科(理工学部の前身)の電気学科の講師となり、四十四年には教授制発足に伴い教授となった。大正十年(一九二一)まで交流電気理論・電気機械設計・電気工学実験・電気鉄道・計画及製図・家屋構造論を担当した。著書に『交流変圧器』(大正二年)がある。

参考文献　『早稲田大学百年史』二・四(一九八一・九二、早稲田大学出版部)　（佐藤　能丸）

さのすけさく　佐野助作　一八四四―一九一〇　政治家。弘化元年(一八四四)七月淡路島の津名郡塩田村(兵庫県淡路市)に生まれ、下物部村の大地主佐野又六の養子となる。明治八年(一八七五)、名東《みょうどう》県下での区戸長民選運動に加わり、元老院にあて「区戸長民選建白書」を起草した。十五年(一八八二)の淡路自由党の結党にあたって、主管をつとめた。二十年(一八八七)の三大事件建白運動に加わり、その後衆議院議員に三回当選した。その他、物部村長、津名郡会議員、同議長、兵庫県会議員、同議長、洲本町長などを歴任し、また、津名郡水産会会長、津名郡農会会長、所得税調査委員などに就任。二十三年に創刊された『淡路新報』の経営を積極的に援助した。政界引退後は淡路島の殖産興業に活躍し、二十七年に淡路紡績株式会社を創立し、二十九年には淡路製陶株式会社、淡路軽便鉄道株式会社、三十年(一八九七)には淡路製紙株式会社、淡路製竹株式会社などの諸会社を創立して重役をつとめた。「淡路の西郷はん」の異名がある。明治四十三年(一九一〇)九月二十一日死去。六十七歳。

参考文献　前田徳蔵『兵庫県議員総覧』(一九三四、盛弘社)、『兵庫県人物事典』下(一九九八、のじぎく文庫)、田村昭治『ここに人あり―淡路人物誌―』(一九九九)　（布川　弘）

さのつねたみ　佐野常民　一八二二―一九〇二　明治前期の政治家。日本赤十字社の創設者。文政五年十二月二十八日(一八二三年二月八日)に佐賀藩士下村充贇《しもむらみつよし》の五男として佐賀郡早津江《はやつえ》村(佐賀市川副町)に生まれる。幼名鱗三郎。天保三年(一八三二)に藩医佐野常徴《つねみ》の養子となり栄寿と称す。雪津と号す。藩校弘道館で学んだあと、天保八年江戸に出て古賀侗庵《こがとうあん》に師事するも、弘化三年(一八四六)藩主鍋島直正の命により京都へ赴き、広瀬元《ひろせもと》恭《やす》について蘭学を修得。さらに二年後には大坂の緒方洪庵の適塾に入門、ついで江戸の伊東玄朴《いとうげんぼく》のもとで塾頭を務める。嘉永六年(一八五三)佐賀藩の精煉方頭人に任じられ、蓄髪して栄寿左衛門と名のる。精煉方在勤時代に佐野の理化学知識は格段に進歩した。安政二年(一八五五)

佐野常民

十月、長崎海軍伝習所の第一期生として入所し、オランダ人教官から直接航海・造船の技術を学ぶ。同四年佐賀藩海軍創設についての建白書を提出、翌年藩内三重津に海軍学寮が設けられると、その監督として藩海軍の発展と人材育成に務めた。文久三年(一八六三)三月、藩蒸気船凌風丸の建造にあたってはその中心的役割を担い、慶応元年(一八六五)にはこれを完成させた。同三年三月、パリ万国博覧会に藩代表として出席するため渡欧、参加後オランダに注文した軍艦建造交渉の任にあたり翌年五月帰国した。パリ滞在中に戦争負傷者のための国際的な救護組織赤十字社の存在を知る。明治三年(一八七〇)三月、新政府の兵部省に出仕し兵部少丞となるも、外国からの艦船購入問題で半年後に免官、十二月に工部省へ再出仕、翌年工部大丞兼燈台頭として燈台建設事業に携わる。政府がウィーン万国博覧会参加を決めた直後の明治五年二月、その実績を買われて博覧会御用掛に任じられ、十月には博覧会事務副総裁に挙げられた。万博への参加目的上申書の中で、技術伝習生のヨーロッパ派遣と博物館創設について先進的意見を述べる。ウィーン万博参加を国内産業発展の好機と見た政府は、さらに明治六年一月三十一日付で佐野をオーストリアならびにイタリア両国の弁理公使に任じ外交的特権を与えた。同年四月ウィーンに到着、博覧会業務のかたわら外交官として各国要人と会見、文化外交の必要を痛感するとともに人道的な国際組織の発展に関心を抱く。明治七年末に帰国すると報告書の作成に没頭し、翌年『澳国博覧会報告書』として刊行した。同書は調査見聞や技術伝習などの記録を百編ほどに分類しまとめたものである。明治八年七月、元老院議官となる。明治十年(一八七七)二月西南戦争が勃発、負傷者続出に心を痛めた佐野は、同僚議官の大給恒《おぎゅうゆずる》と救護団体の設立に奔走し、四月連名で博愛社設立願書を右大臣岩倉具視へ提出。五月出張先の熊本で征討総督有栖川宮熾仁《ありすがわのみやたるひと》親王から設立許可を得ることに成功、直ちに救護活動を開始した。政府による正式認可を経て翌年六月副総長に就任、国際赤十字への加盟をめざして本格的な活動に乗り出す。明治十三年大蔵卿に就任、六月には内国勧業博覧会副総裁を兼務、日本の博覧会事業の普及にも尽力した。また美術行政にも関心をもち、明治十二年に日本初の美術団体である竜池会(明治二十年(一八八七)日本美術協会となる)を結成し会頭に就任、伝統美術の振興に尽くす。十四年元老院副議長に任じ、翌年議長となる。明治十八年十二月宮中顧問官。同十九年六月、政府がジュネーヴ条約に加盟したことに伴い、二十年五月博愛社の社名を日本赤十字社と改称、初代社長に就任し、子爵を授けられる。同年九月国際赤十字に加盟、二十三年からは日本赤十字社病院で看護教育を開始する。明治二十五年七月、第一次松方内閣で農商務大臣に任じられるがひと月で辞任、同二十七年日清戦争が勃発すると日本赤十字社は戦時救護活動を積極的に推進、その功績により翌年伯爵に昇叙された。明治三十五年(一九〇二)十二月七日静岡県沼津で没。八十一歳。↓日本赤十字《にほんせきじゅうじ》社《しゃ》 ↓博愛社《はくあいしゃ》

参考文献 本間楽寛『佐野常民伝—海軍の先覚日本赤十字社の父—』(一九四三、時代社)、吉川竜子『日赤の創始者佐野常民』(『歴史文化ライブラリー』、二〇〇一、吉川弘文館)

(犬塚 孝明)

さのつねひこ 佐野経彦 一八三四—一九〇六 神道家、神理教教祖。天保五年二月十六日(一八三四年三月二十五日)、豊前国企救郡徳力《とくりき》(福岡県北九州市)に佐野経勝の長男として生まれる。佐野家は饒速日命《にぎはやひのみこと》の後裔とされ、父経勝は、神道を興隆しようとの意志をもっていたという。経彦は少年時代から多くの素養を身につけ、嘉永三年(一八五〇)には西田直養に入門、国学を学んだ。また皇国医道を唱導し、医者として活躍した。明治八年(一八七五)から九年にかけて一種の神秘体験を繰り返し、宗教家に転向。家伝の教えをもとに著作活動を行う一方、盛んな布教活動を行なった。明治十一年(一八七八)、『神理図解』を著わし、翌年には教導職試補の資格を得、二年後、神理教会を小倉に結成した。二十七年(一八九四)には神理教会を一派独立(神理教)へと導き、その初代管長に就任した。その後も精力的な布教活動・著作活動を行い、三十九年(一九〇六)十月十六日没。七十三歳。著書はほかに『本教神理図解』など多数。↓神理教《しんりきょう》

佐野経彦画像

参考文献 田中義能『神道十三派の研究』下(一九八七、第一書房)、井上順孝『教派神道の形成』(一九九一、弘文堂)

(戸浪 裕之)

さのてんせい 佐野天声 一八七七—一九四五 明治から昭和期の小説家、劇作家。明治十年(一八七七)四月二十五日静岡に生まれる。本名角田喜三郎。母(御歌所寄人の娘)や兄(評論家浩々歌客《こうこうかきゃく》)の影響で早くから文学に親しんだ。明治三十二年(一八九九)東京専門学校(現早稲田大学)文科に入学し、中村春雨《なかむらしゅんう》、高須梅渓《たかすばいけい》らと交友があったが、中退。三十五年国民新聞に入社したが、まもなく退社。三十九年五月に小説『露の曲』を、四十年(一九〇七)二月に戯曲『不死の誓い』をそれぞれ出版。後者は最初小説として書かれたが、途中で戯曲に直し、坪内逍遙の閲を受けて改題、出版したもの。このころより戯曲に力を入れはじめ、『早稲田文学』の作品募集に『意志』(明治四十年)を、『都新聞』の懸賞には『大農』(同四十年)を応募してそれぞれ当選。これらには天声作品の特色である意志の力を写したものが多い。以後、大正から昭和にか

けて活躍し、昭和二十年(一九四五)六月二十九日吉祥寺で没。六十九歳。

参考文献 川野希典「ある劇作家の墓標―佐野天声の点と線―」(『新劇』一五ノ七・八、一九六八)　(梅澤　宣夫)

さののぶかつ　**佐野延勝**　一八四九―一九一五　陸軍軍人。嘉永二年七月十七日(一八四九年九月三日)に江戸で生まれる。明治四年(一八七一)に少尉となり、その後、西南戦争にも出征。同十九年(一八八六)、大佐に進級し、陸軍省騎兵局長に就任する。同二十年(一八八七)に騎兵監に任命される。同二十四年には少将に進級。同三十一年(一八九八)には中将に進んだが、予備役に編入された。同二十九年には男爵の爵位を授与された。大正四年(一九一五)六月二日没。六十七歳。

参考文献 外山操編『陸海軍将官人事総覧』陸軍篇(一九八一、芙蓉書房)　(山本　智之)

さはらじゅんきち　**佐原純吉**　生没年不詳　明治時代前半期の数学教育者。純一とも称した。福山藩士の子として生まれるも生年未詳。慶応二年(一八六六)正月当時、開成所数学教授出役、明治二年(一八六九)四月当時、開成学校三等教授、三年十一月当時、大学中助教、五年十月当時文部省八等出仕となっている。他方、四年十月より町田久成《まちだひさなり》を社長とする共学舎を辻新次《つじしんじ》と三名で組織し、佐原は数学を教えているが、十一年(一八七八)限りで閉校した。職員録では十六年から十七年の時期では文部省一等属、広島県士族となっている。文部省が長期にわたって分担訳出していったチェンバーズ『百科全書』の内「算術及代数」を佐原は翻訳している。それ以降の履歴は未詳、したがって没年は不明である。　(宮地　正人)

さぼうほう　**砂防法**　砂防設備の管理や砂防工事の施行などによって治水を行う砂防行政の基本法として明治三十年(一八九七)三月三十日に制定された法律。同法によれば、内務大臣が指定した区域において、地方行政庁(府県)は、㈠指定区域の監視、㈡砂防工事の施行、㈢砂防設備の管理などを行わなければならない。その費用は原則として府県が負担するが、砂防工事の費用については一部国庫の補助を受けることができる。同法はまた、砂防のために必要であれば、行政庁が土地・森林所有者の権利を制限できると定めた(土石・砂礫などの供給強制、土地への強制立入、障害物の強制除却など)。このような砂防法の内容は、同じく治水を目的とする明治二十九年(一八九六)四月の河川法とほぼ同じものであった。砂防法に基づく砂防工事の実績を見ると、総工費の伸びが著しい(三十一年を基準として大正二年は六・七倍)のに比べ、国庫補助額の伸びが鈍く(三・六倍)、その分地方が過大な負担を蒙らざるをえなかった(一二・四倍)。

参考文献 農商務省山林局『砂防工事調査書』(一九〇八)、内務省土木局編『治水事業ニ関スル統計書』一―四(一九一七―二三)　(橋本　誠一)

サマーズ　**James Summers**　一八二八―九一　御雇い教師。日本ではじめて英文学の講義をし、シェイクスピア劇を講読したといわれている。一八二八年七月五日、英国ケント州リッチフィールドに生まれた。研究心に富んでいたが高等教育を受けるほど家計は豊かでなく、若くして中国に渡り香港、広東、上海、北京などに住み、中国語(の方言)を習得した。一八四八年香港の英華学校聖ポーロ学校の英語教師。一八五一年に帰国、翌年ロンドン大学キングス=カレッジの中国語教授となり、アーネスト=サトウ Ernest Satow らを教えた。一八六三年中国や日本を紹介する『支那日本雑纂』The Chinese and Japanese repository 1863-65(『実事求是』)を編集し、一八七〇年には月刊誌『鳳凰』The phoenix 1870-73を創刊している。一八七二年岩倉大使一行はロンドンを訪れた折にサマーズを知る。翌一八七三年一月ロンドン在留中の長州藩士南貞助の協力を得て邦字新聞『大西新聞』を発行。そして明治六年(一八七三)岩倉具視の斡旋によって開成学校(明治七年、東京開成学校と改称)の英文学教師に招聘され、十月に来日した。月俸三百円。生徒に井上哲次郎、岡倉覚三(天心)、嘉納治五郎《かのうじごろう》などがいた。シェイクスピアの作品では『ハムレット』や『ヘンリー八世』を取り上げた。明治九年九月新潟英語学校に英語教師(月俸二百五十円)として赴任するが、翌十年(一八七七)二月同校廃校となり解雇。ついで九月大阪英語学校に移った(月俸百三十円、のち百五十円)。明治十三年には札幌農学校に転じ(月俸百八十円)、そこで志賀重昂《しがしげたか》や武《たけ》信由太郎《のぶよしたろう》らを教えた。教科書の一つは開成学校でも使用していたアンダーウッド F. H. Underwood の『英文学文集』A Hand-book of English Literature。明治十五年御雇い教師の生活を終え、東京に戻り、明治十七、八年ころ英語学校欧文正鵠学館《おうぶんせいこくがっかん》(一般にサンマー学校と称された)を開いた。岡倉由三郎《おかくらよしさぶろう》は最初の生徒の一人。明治二十四年(一八九一)十月二十六日没、満六十三歳。横浜の外国人墓地に埋葬。

サマーズ

参考文献 昭和女子大学近代文学研究室編『近代文学研究叢書』二(一九五六)、重久篤太郎『お雇い外国人』五(一九六八、鹿島研究所出版会)　(茂住　實男)

さむかわそこつ　**寒川鼠骨**　一八七五―一九五四　俳人。本名陽光《あきみつ》。明治八年(一八七五)十一月三日伊予松山三番町に生まれる。松山中学二年の明治二十二年(一八八九)夏、幼友達の河東碧梧桐《かわひがしへきごどう》宅で正岡子規にはじめて会う。

明治二十六年京都第三高等中学校に入学する。二十八年七月、従軍の帰途病が重くなって神戸病院に入院していた子規を、碧梧桐とともに見舞う。子規崇拝の念が高まり、京阪満月会の仲間と句に熱中した挙句、三高を中退する。明治三十一年(一八九八)、陸羯南の推輓で日本新聞社に入社する。子規没後日本新聞社を退社し、のちに『日本及日本人』の編集にたずさわる。大正十二年(一九二三)以降、子規の偉業編纂に力を注ぎ、『子規全集』『分類俳句全集』『子規遺墨集』『子規画日記』などをまとめた。東京根岸の子規庵保存にも努めた。句は『新俳句』『春夏秋冬』などに採録されている。『新囚人』(明治三十四年、俳書堂)を筆頭に、『寒玉集《かんぎょくしゅう》』第二篇や『写生文集』には、彼の写生文が収められている。『寒川鼠骨集』および『随攷子規居士《ずいこうしきこじ》』『正岡子規の世界』は、近代俳句史の上でも貴重な資料である。昭和二十九年(一九五四)八月十八日没。満七十八歳。

参考文献　福田清人『写生文派の研究』(一九七二、明治書院)
（瓜生　鐵二）

サムライしょうかい　サムライ商会　野村洋三が横浜で創業した東洋古美術店。明治二十七年(一八九四)来日外国人への販売と欧米への輸出を企図して開業し、鎧兜・仏像仏具・屏風・錦絵・陶磁器・横浜家具などを商った。閻魔像やシャチホコを据え付け赤く塗られた建物の外観は人目を引き、みずから鑑定した商品のみを扱い、趣向をこらした営業活動を行なって、たちまち来日外国人の評判を呼び、英文広告に「骨董王(キュリオ＝キング)」と記した。さらに、工芸品の名工たちに生活保証をしながら新規製作を依頼した。明治三十年代には外国の日本美術愛好家の間で鑑定家としても知られるようになり、質の高いコレクション形成に貢献した。フリーア美術館(ワシントン)所蔵の鎌倉時代の『地蔵縁起絵巻』や、ホノルル美術館に結実したクック夫人の東洋美術コレクションは、その例証である。太平洋戦争の勃発は経営を直撃し、昭和二十年(一九四五)五月の横浜大空襲によって開業以来五十年の歴史を閉じた。→野村洋三《のむらようぞう》

参考文献　白土秀次『野村洋三伝』(一九六五、神奈川新聞社)、フリーア美術館編『フリーア美術館』二(『世界の美術館』三六、一九七二、講談社)
（猿渡紀代子）

さめじまかずのり　鮫島員規　一八四五—一九一〇　海軍軍人。弘化二年五月十日(一八四五年六月十四日)、薩摩藩士新左衛門の長男として鹿児島城下平之町(鹿児島市)に生まれる。明治四年(一八七一)海軍少尉補、竜驤乗組。八年中尉、鳳翔乗組。十年(一八七七)大尉。十三年比叡乗組、インド洋回航。十五年少佐。十八年軍事部第三課長。十九年参謀本部海軍部第一局第一課長、大佐。二十年(一八八七)参謀本部海軍部第二局長。二十二年金剛艦長、二十三年扶桑艦長。二十四年六月松島回航委員長。

鮫島員規

困難を極めた厳島回航の前例から、フランスで入念に慣熟運転実施。二十六年五月横須賀鎮守府参謀長、二十七年常備艦隊参謀長。日清開戦に伴い連合艦隊参謀長、同年少将。第一遊撃隊司令官、西海艦隊司令官を歴任。二十九年、東郷平八郎の後任として海軍大学校校長。三十年(一八九七)中将。三十一年横須賀鎮守府長官、三十二年常備艦隊司令長官。三十三年佐世保鎮守府司令長官。三十八年大将。四十年(一九〇七)予備役、男爵。四十三年十月十四日没。六十六歳。
（藤田　賀久）

さめじましげお　鮫島重雄　一八四九—一九二八　陸軍軍人。嘉永二年九月六日(一八四九年十月二十一日)、現在の鹿児島県に生まれる。明治六年(一八七三)、教導団に入り、伍長となる。台湾征討に参加する。同八年、少尉(工兵)に任官。西南戦争では、第一旅団参謀として参加する。西南戦争後、参謀本部管東局員、近衛師団参謀、陸軍大学校副幹事心得、監軍部参謀などを歴任。日清戦争には、近衛師団参謀長として出征。日清戦争後、中部都督部参謀長となり、少将に進級。日露戦争では、当初こそ大本営付勤務であったが、旅順作戦中の土屋光春師団長が負傷し、後任の第十一師団長に任命された。東鶏冠山北堡塁の占領に成功し、旅順攻略に貢献した。日露戦争後、男爵となり、大将にまで進級したが、後備役となった。鮫島は、工兵出身のはじめての師団長であり、しかも大将にまで進級したのは、上原勇作と井上幾太郎の三名だけである。昭和三年(一九二八)四月十七日没。八十歳。

参考文献　藤井非三四『(都道府県別に見た)陸軍軍人列伝』西日本編(二〇〇七、光人社)、半藤一利・横山恵一・秦郁彦他『歴代陸軍大将全覧』明治篇(『中公新書ラクレ』、二〇〇八、中央公論新社)
（山本　智之）

さめしまたけのすけ　鮫島武之助　一八四八—一九三一　外務官僚、政治家。嘉永元年十一月十日(一八四八年十二月五日)に薩摩国に生まれる。明治六年(一八七三)慶応義塾を卒業し、米国留学後、外国語学校教師となる。十四年(一八八一)東京府に勤め、外務省書記生に転じ、ワシントンに駐在する。その後外務大臣秘書官、ローマ公使館書記生、総理大臣秘書官、弁理公使などを経て第三次および第四次伊藤博文内閣書記官長となった。内務大臣の諮問機関である鉄道会議の議員もつとめ、二十九年(一八九六)勅選貴族院議員となる。明治三十六年(一九〇三)には退官し、日本銀行監事となった。昭和六年(一九三一)二月二十日に没す。八十四歳。
（伊藤　真希）

さめしまなおのぶ　鮫島尚信　一八四五—八〇　明治時

鮫島尚信

代前期の外交官。通称誠蔵。弘化二年三月十日(一八四五年四月十六日)鹿児島藩士鮫島尚行(淳愿)の子として生まれる。慶応元年(一八六五)寺島宗則・五代友厚らの率いる鹿児島藩第一次遣英使節団留学生として、英国の制度、軍事、科学技術の修得を目的に留学。このとき、密航のため幕府側官憲の眼を欺く必要から、野田仲平の変名を使用した。明治元年(一八六八)六月帰国。同年七月徴士・外国官権判事に任じられ、十月東京府権判事を兼任する。翌二年七月には東京府権大参事、三年四月には東京府判事、七月には東京府大参事にすすんだ。八月外務大丞に任ぜられ、閏十月少弁務使としてフランス在勤を命ぜられた。五年十月弁理公使、六年十一月特命全権公使となる。七年四月一時帰国し、八年十一月外務大輔。九年十二月から議定官を兼任。明治十一年(一八七八)一月再び特命全権公使としてフランス在勤、ベルギー公使も兼任。十三年三月からポルトガル・スペイン両国公使を兼任。同年十二月四日パリで執務中に死去。三十六歳。パリのモンパルナス墓地に葬られた。また東京の青山墓地に分骨埋葬。正三位を贈られた。

参考文献 内閣修史局編『百官履歴』下(『日本史籍協会叢書』、一九七三、東京大学出版会)、犬塚孝明『明治維新対外関係史研究』(一九八七、吉川弘文館)

(熊本 史雄)

さるしばい 猿芝居 常設の興行は、江戸では浅草の奥山で天保期(一八三〇—四四)から、京都では明治五年(一八七二)からだという。猿にできない芸は二つ、食べ物を持たせるとすぐ口へ入れる、水の入った茶碗を持って歩かせるとこぼす。これ以外は人間と同じで、忠臣蔵や朝顔日記、さらに白浪五人男も演じる。しかしそれを喜ぶ客も少なくなり、大正末期には衰退した。猿回しの方は盛んで、明治末には全国で二、三百人を数えたという。

参考文献 雨之助「猿芝居」(『大阪毎日新聞』、一九〇八年一月二—七日付)、内山正居「猿芝居」(『新小説』一三ノ二・三、一九〇八)

(倉田 喜弘)

さるわかざ 猿若座 ⇨中村座《なかむらざ》

さわかい 茶話会 貴族院の院内会派。明治二十四年(一八九一)十一月に、平田東助が中心となり、貴族院議員細川潤次郎を囲んで会合を行なったことが端緒となって会派の設立準備が開始された。同年十二月二十三日に、前日新たに勅選議員に選出された小原重哉《おはらじゅうさい》、南郷茂光、武井守正、馬屋原彰《うまやばらあきら》らを加えて新会派を設立することが決定、二十五年七月二十二日に組織的団体として発足した。同二十八年、議会事務局に正式に届け出たが、その際の所属議員数は二十二名で、子爵一名、男爵一名、勅選十九名。平田東助・大浦兼武《おおうらかねたけ》ら山県系勅選議員が中心に立ち、第二次山県内閣下の明治三十二年(一八九九)十二月には第一次無所属派とともに社交団体幸倶楽部を設立、反政党勢力の結集に努めた。政友会設立後の第四次伊藤内閣に対しては強硬な態度を示し、桂園時代には研究会とともに桂内閣の与党的立場に立った。明治末年には六十名以上の議員を擁する大会派に成長したが、その後減少傾向に転じ、昭和三年(一九二八)二月一日解散、第二次無所属派と合併して同和会が結成された。

参考文献 『貴族院の政治団体と会派』(一九八四、尚友倶楽部)

(真辺 将之)

さわだごいち 沢田吾一 一八六一—一九三一 明治から昭和時代にかけての数学者、歴史家。文久元年九月二十三日(一八六一年十月二十六日)美濃国厚見郡野一色村(岐阜市)出身。中学校卒業後、明治十五年(一八八二)陸軍省御用掛となり測量業務に従事する。同十九年菊池大麓の推薦で第一高等中学校に転じて、同二十三年(一八九〇)、帝国大学理科大学物理学科に編入して翌年卒業。第四高等中学校教授、陸軍教授、東京高等商業学校教授を歴任する。特に高等商業学校では経済数学・生命保険数学などを教授した。大正六年(一九一七)に退職。同九年に東京帝国大学文学部国史学科に入学し、上代史を専攻した。同十二年(一九二三)卒業。その成果は『奈良朝時代民政経済の数的研究』(昭和二年、復刻版は同四十七年に柏書房より刊行)としてまとめられた。奈良時代の人口推計、斗量の算出を主とした内容であるが、学界に多大な影響を与えた。ほかの著作に、『日本数学史講話』(昭和三年)などがある。昭和六年(一九三一)三月十二日没。七十一歳。

(佐藤 賢一)

沢田吾一

さわだしゅんぞう 沢田俊三 一八五二—一九〇九 弁護士、法学者。嘉永五年七月十三日(一八五二年八月二十七日)に武蔵国に生まれる。明治三年(一八七〇)藩洋学校教授となる。四年上京、ついで横浜でアメリカ人法律家ジョージ=ヒルに法律を学ぶ。明治五年製作寮に出仕、十年(一八七七)には判事補となるも、まもなく辞して弁護士を開業する。明治十八年から十九年にかけて東京府会議員(東多摩郡選出)となる。ついでアメリカに留学してエール大学を卒業して二十年(一八八七)十二月に帰国、二十一―二十三年および二十九年には東京代言人組合副会長となる。東京専門学校(現早稲田大学)および慶応義塾の講師や王子製紙取締役もつとめた。明治四十二年(一九〇九)五月五日没。五十八歳。著作として『文明各国往来』(明治六年、紀伊国屋源兵衛)、『法律上に於ける日本人種論』(明治四十年、同労舎)がある。

参考文献 『読売新聞』、人事興信所編『人事興信録(第二版)』(一九〇八)、『新撰大人名辞典』(一九三七、平凡社)

(櫻井 良樹)

さわたりひろもり 猿渡容盛 一八一一―八四 国学者、神主。文化八年五月十七日(一八一一年七月七日)武蔵国府中六所宮(大国魂神社)の神主猿渡盛章《もりあき》の子として生まれる。豊後、左衛門と称し、また無位と号した。天保六年(一八三五)、父に従って小山田与清《おやまだともきよ》に入門して国学を学ぶ。また同時に多くの学者や文人たちとも交流し、知見を広めた。安政五年(一八五八)には水戸の徳川斉昭の諮問を受け、対外問題を論じた建白書を提出している。また容盛は、神祇官再興に関する建白書を著わし、そのために力を尽くすとともに、父の遺志を継承して『武蔵総社誌』(三巻)、『総社或問』(一冊)を著わした。明治二年(一八六九)明治新政府に出仕し、大学中助教や諸陵允、宣教少博士を経て、教部省や内務省、宮内省に勤務し、主として陵墓の考証・調査に従事している。明治十二年(一八七九)には官を退いて隠居。同十七年八月八日、七十四歳で没。著書に『類題新竹集』(三巻)、『万葉通』(二十巻)などがあり、また未定稿として『諸国総社誌』が確認される。

参考文献 神道文化会編『明治維新神道百年史』五(一九六六、神道文化会)、『多摩の人物史』(一九七七、武蔵野郷土史研究会)

(中村 聡)

さわたろうざえもん 沢太郎左衛門 一八三四―九八 幕末から明治期の幕臣、海軍軍人。天保五年六月四日(一八三四年七月十日)幕臣奥火之番沢太八郎の長男として江戸に生まれる。蘭学、荻野流砲術を学び、江川太郎左衛門英竜にも師事、安政四年(一八五七)には長崎海軍伝習所に入る。万延元年(一八六〇)築地の軍艦操練所教授方手伝出役に、文久二年(一八六二)軍艦組出役になる。同年、幕府のオランダ留学生に選ばれ渡蘭、海軍諸術を学びながら次第に関心を火薬製造に向ける。ベルギーの火薬工場で一工員となって実地に学ぶなど、手を尽くして習得し、慶応三年(一八六七)幕府が購入した開陽丸を回航して帰国する。軍艦役並勤方、明治元年(一八六八)に軍艦役、軍艦頭並と進み、開陽丸の副船将に任じられた。鳥羽伏見の戦後、大坂城を脱出した徳川慶喜ら幕府首脳を江戸へ送り届けた。江戸城開城後は榎本武揚らと開陽丸で東北へ脱出、箱館政権の開拓奉行となる。同二年から五年まで入獄、その後許されて同五年開拓使御用掛、それから海軍兵学寮分課、砲術掛総督、海軍兵学寮大教授・教授総監と役を変えた。その後、沢がオランダで購入してきた器材を擁した板橋火薬製造所(東京砲兵本廠板橋火薬製造所)の指導にあたることとなり、留学の経験を活かす機会を得た。同七年欧米出張、翌八年兵学権頭・兵学大教授、同九年兵学寮から改組した海軍兵学校の教務課長となる。同十二年(一八七九)兵学校砲術課長、同十五年兵学校教務副総理となり、勲五等を賜与される。翌十六年二等教官、十八年に一等教官となる。同十九年に非職。同二十二年(一八八九)には正五位に叙される。明治三十一年(一八九八)五月九日没する。六十五歳。従四位追贈。

参考文献 宮永孝『幕末オランダ留学生の研究』(一九九〇、日本経済評論社)

(榎本 浩章)

さわのぶよし 沢宣嘉 一八三五―七三 幕末期・明治時代初期の尊皇攘夷派公家、政治家。天保六年十二月二十三日(一八三六年二月九日)、権中納言姉小路公遂《あねがこうじきんかつ》を父として京都に生まれる。嘉永五年(一八五二)、民部大輔沢為量《さわためかず》の養嗣子となる。六年、主水正に任ぜられる。安政五年(一八五八)、江戸幕府が日米修好通商条約締結の許可を朝廷に求めると、義父為量や中山忠能《なかやまただやす》、岩倉具視らとともにこれに抗議し、条約締結を幕府に委任しないよう訴えた(いわゆる廷臣八十八卿列参事件)。以後、尊攘派の公卿として活躍した。文久三年(一八六三)二月、姉小路公知《あねがこうじきんとも》、正親町実徳《おおぎまちさねあつ》らとともに関白鷹司輔熙に庶政刷新と攘夷決定を建言。同月、尊攘派公卿らとともに新たに設置された国事寄人に任ぜられ、同年七月六日(八月十九日)には他の国事寄人と連署して攘夷親征を天下に布告し人心一新を図るべしと建言した。翌月の八月十八日(九月三十日)の政変により禁足を命ぜられると、「七卿落ち」の一人として三条実美らとともに長州藩へと出奔。これにより官位を停止される。長州三田尻に到着後ほどなく、平野国臣らに擁立されて長州を出港し、同年十月十二日(一八六三年十一月二十二日)には但馬国生野代官所を占拠するも(生野の変)、翌十三日に周辺諸藩が出兵したとの報を聞き同日夜当地を逃亡。備前、讃岐、伊予などを経て、元治元年(一八六四)に再び長州へ戻り、以後、慶応三年(一八六七年)十二月に王政復古の大号令がなるまで同地潜伏を続けた。王政復古とともに位階を復せられると、明治元年(一八六八)正月には帰京し、直ちに明治新政府に列席。参与、九州鎮撫総督兼外国事務総督、長崎裁判所総督、長崎府知事などを歴任したのち、

沢 宣 嘉

明治二年六月より外国官知事、同年七月の官制改革により外務省が設置されると初代外務卿に列せられる。外務卿として、ハワイとの貿易条約締結の全権を担ったほか、外務省設置に際して定められた外務省法則にその名を遺す。四年七月に外務卿を辞した後、盛岡県知事に任ぜられるもわずか二週間余りで免官。六年二月には特命全権公使として露国在勤を命ぜられたが、病を得て赴任せぬまま同年九月二十七日死去。三十九歳。

参考文献 沢宣一・望月茂『生野義挙と其同志』(一九三三、春川会)

(高橋 和宏)

沢辺正修画像

さわべせいしゅう 沢辺正修 一八五六―八六 明治時代前期の自由民権家、京都府会議員。丹後宮津藩の儒者沢辺淡蔵の長男として安政三年正月十日(一八五六年二月十五日)、丹波国与謝郡宮津柳縄手(京都府宮津市)に生まれる。幼名友吉。八歳から藩校礼譲館に学び、明治三年(一八七〇)藩費生として京都に遊学する。この年、正修と改名。同五年、小学校教員の職に就く。十年(一八七七)に教員を辞職。同年二月、西南戦争の勃発に際して、国事犯の嫌疑で拘留される。十月に釈放されると、宮津の天橋義塾幹事に就任。翌年社長に選出され、その運営に尽力するとともに、丹後の自由民権運動の指導者として活動することとなる。十三年九月ごろに私擬憲法「大日本国憲法」を起草。十一月、国会期成同盟第二回大会に出席、幹事に選出される。十四年には精力的に遊説を行い、九月の近畿自由党結成に参加した。十月ごろに結成された立憲政党にも参加、幹事・常議員、『日本立憲政党新聞』の会計長を務めた。十七年、京都府会議員となるが、病状が悪化、十九年六月十九日、三十一歳で死去。

参考文献 原田久美子「沢辺正修評伝」(『京都府立総合資料館紀要』三、一九七四)、飯塚一幸「京都府における国会開設運動の展開―私擬憲法案「大日本国憲法」の成立と沢辺正修―」(『史林』九二ノ二、二〇〇九)

(金井 隆典)

沢 辺 琢 磨

さわべたくま 沢辺琢磨 一八三四―一九一三 日本正教会最初の日本人司祭。聖名パウェル。旧名山本数馬。天保五年正月五日(一八三四年二月十三日)、土佐潮江村(高知市)に生まれる。父山本代七は坂本竜馬の従兄弟。土佐藩の攘夷派の志士だったが、その後北海道へ渡る。箱館の神明社、沢辺家の女婿となる。在箱館ロシア領事館付き司祭だったニコライを「邪宗」を伝える者と見て加害せんと接近したが、逆に説得されてニコライの門に入り、さらに酒井《さかい》篤礼《とくれい》と浦野大蔵を誘い教理を学ぶ。三人は、明治元年(一八六八)四月、ニコライから密かに受洗、日本正教会最初の信徒となった。また沢辺は新井常之進を介し旧仙台藩の若侍たちを函館に呼び寄せた。かれらは正教伝道集団の中核となった。明治八年、沢辺は函館でカムチャツカの主教パウェルによって司祭に叙聖。豪胆な活動家で、仙台、佐沼、一関、白河などに布教し、長きにわたり長老司祭として正教会内に大きな力を持った。晩年は息子悌太郎とともに東京麴町教会を管轄。明治四十四年(一九一一)九月、その土地をイエズス会のホフマン(上智大学初代学長)に売却、現在の山手教会への移転の道を開いた。大正二年(一九一三)六月二十五日没。七十九歳。

参考文献 中村健之介監修『宣教師ニコライの全日記』(二〇〇七、教文館)、石川喜三郎編『日本正教伝道誌』(一九〇一、正教会編輯局)、福永久寿衛『沢辺琢磨の生涯』(一九七九)

(中村健之介)

さわむらげんのすけ 沢村源之助 一八五九―一九三六 歌舞伎俳優。四代目。屋号紀伊国屋。三代目源之助の養子。安政六年三月十四日(一八五九年四月十六日)大坂に生まれる。初舞台の年代は諸説ある。初名沢村清子《せいし》、清三郎《ざぶろう》、清十郎《せいじゅうろう》を経て、明治十五年(一八八二)十一月、東京新富座(猿若座名義の興行)で四代目襲名。二十四年(一八九一)小劇場の三崎座に出演したため、大劇場から疎外される。晩年は大芝居にも出演するが主に浅草の小芝居宮戸座に出、「切られお富」など伝法肌の女性の役や黙阿《もくあ》弥《み》物で観客を魅了した。「田圃《たんぼ》の太夫」と呼ばれる。昭和十一年(一九三六)四月二十日東京下谷で没。七十八歳。

参考文献 「名家真相録(其廿九)沢村源之助」(『演芸画報』一九〇九年二月)、渥美清太郎「源之助の一生」(『演芸画報』一九三六年六月)、佐藤靄子『沢村源之助』(一九七四、光風社書店)

(佐藤かつら)

さわむらこい 沢村胡夷 一八八四―一九三〇 詩人、美術史家。明治十七年(一八八四)一月一日滋賀県彦根生まれ。本名専太郎。第三高等学校時代に、北原白秋と文庫派新人の双璧をなすほど『文庫』で活躍。老陰陽師が西方の変を占う場を描いた五四調の史詩「壇の浦」(明治三十八年)はその代表作。京都帝国大学時代の明治四十年(一九〇七)に編んだ『湖畔の悲歌』はそのころの作を収めたもので、唯一の詩集となった。題名となった冒頭詩は、琵琶湖畔の伝説を題材にした大長篇。詩壇は象徴詩の開花期にあったが、雅語を用いた胡夷の詩風は、より抒情的・浪漫的といえる。四十二年京都帝国大学卒。『国華』編集に携わり、美術史研究を本格化させた時期に、創作をほぼやめた。美術史家としては、与謝蕪村研究・山水画研究へと進み、東洋美術にも精通した。大正八年(一九一九)京都帝国大学に迎えられ、昭和五年(一九三〇)五月二十三日没。四十七歳。『日本絵画史の研究』などが門下の手で編まれた。「第三高等学校逍遙の歌」の作者としても知られる。

参考文献 大嶋知子「詩人沢村胡夷」(『明治文化研究』三所収、一九六八、日本評論社)
(高橋 広満)

さわむらざ 沢村座 東京の劇場。二座が存在する。(一)最初の沢村座は明治五年(一八七二)に東京府が従来の江戸三座以外の劇場設立を認めたことにより官許を得、三代目沢村田之助《たのすけ》を座元として京橋南鞘町(東京都中央区)に六年七月九日に開場。経営難で八年四月中橋座と改称。九年十一月に焼失後は再建されず終る。(二)のちの沢村座は小芝居の浄瑠璃座を前身とし、明治二十五年(一八九二)四月九日浅草新猿屋町(東京都台東区)に鈴木定松《すずきさだまつ》を座元として開場した小劇場。最初七代目沢村訥子《とっし》らの一座が出演した。翌年六月には浅草座と改称。二十七年には川上音二郎一座が探偵劇『意外』『又意外』『又々意外』を上演し、さらに八月の『壮絶快絶日清戦争』の大入りで、壮士芝居の評価が不動のものとなる。その後も川上一座や伊井蓉峰《いいようほう》一座などの新派、歌舞伎、子供芝居などが舞台に掛けられる。三十六年(一九〇三)十月に国華座と改称。多く新派劇が掛けられ、四十三年(一九一〇)一月には蓬萊座、大正六年(一九一七)九月には駒形劇場とそれぞれ改称。大正十二年(一九二三)九月の関東大震災で焼失した。
(佐藤かつら)

さわむらそうじゅうろう 沢村宗十郎 歌舞伎俳優。(一)七代 一八七五—一九四九 本名沢村福蔵。明治八年(一八七五)十二月三十日東京府新富町(東京都中央区)で生まれる。四代源平、四代訥升《とつしょう》を経て、四十一年(一九〇八)九月東京歌舞伎座で七代目宗十郎を襲名。四十四年三月以降帝国劇場専属となる。『神霊矢口渡《しんれいやぐちのわたし》』お舟、『蘭蝶《らんちょう》』蘭蝶、『苅萱桑門筑紫轢《かるかやどうしんつくしのいえづと》』夕しで・苅萱道心など。和事と女形を得意とし、当たり役を選んだ「高賀《こうが》十種」が制定された。巡業先の姫路で昭和二十四年(一九四九)三月二日没。七十五歳。(二)八代 一九〇八—七五 本名沢村寿雄。寿利とも。明治四十一年(一九〇八)一月八日に生まれる。七代の三男。大正二年(一九一三)十一月帝国劇場で五代源平として初舞台。五代訥升、市川松莚(二代目左團次の養子)を経て、昭和二十八年(一九五三)九月歌舞伎座で八代目宗十郎を襲名。五十年(一九七五)十二月二十五日没。満六十七歳。

参考文献 『名家真相録 沢村宗十郎』(『演芸画報』一九〇八年九月)、阿部豊「おだやかな老紳士宗十郎をおもふ」(『演劇界』一九四九年三月)、国立劇場調査資料課編『歌舞伎俳優名跡便覧(第三次修訂版)』(二〇〇六、日本芸術文化振興会)
(寺田 詩麻)

さわむらたのすけ 沢村田之助 歌舞伎俳優。屋号紀伊国屋。(一)三代 一八四五—七八 弘化二年二月八日(一八四五年三月十五日)に生まれる。五代目沢村宗十郎《そうじゅうろう》の次男。沢村由次郎《よしじろう》として嘉永二年(一八四九)七月に江戸中村座で初舞台。安政六年(一八五九)正月、中村座で三代目田之助を襲名。翌万延元年(一八六〇)正月、十六歳で守田座の立女方となる。美貌で芸がうまく、人気絶大、河竹黙阿《かわたけもくあ》弥《み》の『切られお富』などを初演した。幕末に脱疽を煩い慶応三年(一八六七)の左脚をはじめとして右脚・手を切断、横浜にいたヘボンの手術も受けた。明治五年(一八七二)に一世一代の舞台を勤めたがその後も舞台に立ち、六年七月には中橋の沢村座の座元となり、のち京阪にも出演したが、十年(一八七七)発狂し翌十一年七月七日東京浅草で没。三十四歳。(二)四代 一八五七—九九 安政四年(一八五七)に生まれる。三代目田之助の養子。初名沢村百之助《ひゃくのすけ》。明治一四年(一八八一)一月に東京市村座で四代目を襲名。病気がちでふるわず、三十二年(一八九九)四月三日旅芝居先の埼玉県で没。四十三歳。

参考文献 伊原敏郎『明治演劇史』(一九三三、早稲田大学出版部)
(佐藤かつら)

さわむらまこと 沢村真 一八六五—一九三一 家畜飼養学を大成させた農学者。慶応元年六月十日(一八六五年八月一日)、肥後国飽託《ほうたく》郡花園村(熊本市)に生まれる。明治二十年(一八八七)七月東京農林学校を卒業し、二十六年高知県農学校校長、のちに石川県農学校校長となり、三十五年(一九〇二)三月東京帝国大学農科大学助教授、三十六年七月、農学博士号を授けられた。四十三年(一九一〇)五月より四十四年六月まで欧州に私費留学し、同年十一月教授となって農芸化学第三講座を担任した。家畜飼料とその消化を研究し、腸液の消化酵素に関する研究(明治三十五年)、健康体における消化酵素の効果(大正二年)、健康動物の消化力に対するヂアスターゼの働き(四年)、酒精の草食獣の消化力に及ぼす影響(五年)、アミドの消化吸収に関する研究(五年)などがある。『家畜飼養学』(大正二年)を著わした。大正十五年(一九二六)三月定年退官し、昭和六年(一九三一)一月四日、六十七歳で没した。

参考文献 『東京帝国大学学術大観』医学部・伝染病研究所・農学部(一九四二)、『幕末明治海外渡航者総覧』(一九九二、柏書房)
(宮地 正人)

さわやなぎまさたろう 沢柳政太郎 一八六五—一九二七 明治時代後期から昭和時代初期に活躍した文部官僚、教育学者、教育家。大正自由教育の中心校の一つ成城学園の創設者。慶応元年四月二十三日(一八六五年五月十七日)に信濃国松本藩の藩士、沢柳信任の長男として生まれた。明治維新後父親の転職にしたがって甲府の徽典館、松本の開智学校、東京師範学校附属小学校と転校し、東京府中学校、東京大学予備門を経て明治十七年(一八八四)、東京大学に入学、二十一年(一八八八)七月に帝国大学文科大学哲学科を卒業し文部省に入った。この間の学友には、上田万年《うえだかずとし》、岡田良平《おかだりょうへい》、日高真実《ひだかまさね》、清沢満之《きよざわまんし》、狩野亨吉《かのうこうきち》らがいる。文部省では総務局報告課課長、文書課課長、記録課課長、文部大臣秘書官、大臣官房図書課課長などを歴任するが、明治二十五年十一月修身教科書機密漏洩事件で引責辞任した。その後、清沢満之の勧めもあって二十六年九月、京都の大谷尋常中学校校長に就任し、浄土真宗大谷派教学顧問も務め、清沢とともに僧風の刷新に努めた。二十七年九月、同校を真宗第一中学寮に改組後沢柳は解職され、二十八年二月に群馬県尋常中学校校長に就任した。沢柳には文部省入省からこの時期までに多くの著作があり、『公私学校比較論』では教育行政官としての観点から私立学校の改良を論じ、『格氏普通教育学』『格氏特殊教育学』では大学以来の研究を生かしてヘルバルト派教育学者ヘルマン＝ケルンの翻訳紹介を行い、『教育者の精神』『ペスタロッチ』では教育者の使命と倫理を説くなど教育学的な研鑽を深めた。明治三十年(一八九七)四月、第二高等学校校長に就任、翌三十一年七月には第一高等学校校長に転じたが、同年十一月、山県有朋内閣の樺山資紀《かばやますけのり》文相の就任に際し再び文部省に迎えられて普通学務局局長に就任した。さらに明治三十九年七月には西園寺公望内閣の牧野伸顕文相の下で文部次官となり、四十一年(一九〇八)七月まで務めた。この約十年間にわたる二回目の文部省時代には文部行政の中枢を担い、明治時代後期の公教育制度の整備拡充に辣腕をふるった。沢柳の関わった主な改革としては、中学校令、高等女学校令の制定など中等教育制度の確立整備(明治三十二年)、四年間の無償制義務教育制度を確立した第三次小学校令の制定(同三十三年)、国定教科書制度の確立(同三十六年)、義務教育年限の六年間への延長(同四十年)、師範学校規程の制定(同四十年)、高等教育機関の拡張などがある。また、高等師範学校、広島高等師範学校、東京高等商業学校などの校長ないし校長事務取扱も務めた。退官後は精力的に著述に取り組み、なかでも『実際的教育学』(同四十二年)は従来の日本の教育学が移入的で空漠であると批判し、教育の事実に基づく実証的研究を提唱したが、今日においても教育学研究の「原点」的な評価を得ている。ほかに『教師及校長論』『学修法』『我国の教育』『孝道』や中等学校の修身教科書などがある。明治四十三年には貴族院議員、四十四年には新設の東北帝国大学初代総長となり、帝国大学に女子学生を入学させる道を開いた。大正二年(一九一三)五月には京都帝国大学総長に就任したが、教授の任免権限と運用の在り方をめぐって総長と法科大学教授会とが対立した京大沢柳事件により、三年四月退官した。同年七月文学博士。大学退官後は臨時教育会議、文政審議会などの委員に就任するほかは官職に就かず、大正五年帝国教育会会長となって教育界のオピニオンリーダーとして活躍し、特に第一次世界大戦後には国際協調と和平を尊重する国際教育の推進に尽力した。また、大正六年には成城小学校を東京牛込に創設し校長となった。沢柳は元来みずからが関わって構築した明治の公教育、とりわけ初等教育の優秀性への自負が強かったが、この時期、画一的な制度の中に「個」の価値が埋没し、自発的自律的な学びが見失われることを危惧し、世界的な動向となっていた経験主義的、自由主義的教育革新を手がかりに新たな自律的学習の成立を探求していた。この探求に科学的基礎を与えて全国の初等教育改造の起点とするとともに、念願であった教育学建設のための実験学校として、同校は構想されたのである。同校は大正自由教育の中心校の一つとして重要な役割を果たし、やがて七年制高等学校を持つ成城学園へと発展した。昭和二年(一九二七)十二月二十四日没。六十三歳。著作は成城学園沢柳政太郎全集刊行会編『沢柳政太郎全集』(全十巻、別巻一、昭和五十一—五十五年、国土社)として刊行されている。

沢柳政太郎

[参考文献] 新田貴代『沢柳政太郎—その生涯と業績—』(一九七一、成城学園沢柳研究会)、『成城学園六十年』(一九七七)、「沢柳政太郎私家文書目録」(『成城学園教育研究所研究年報』別巻、二〇〇三)、北村和夫・小国喜弘「沢柳政太郎私家文書解題」(同)、新田義之『沢柳政太郎—随時随所楽シマザルナシ—』(『ミネルヴァ日本評伝選』、二〇〇六、ミネルヴァ書房)

(北村　和夫)

さわやまぽーろ　沢山保羅　一八五二—八七　日本最初の牧師、教育家。周防国吉敷(山口市)で嘉永五年三月二十二日(一八五二年五月十日)生まれる。幼名馬之進。吉敷憲章館で学ぶ。明治三年(一八七〇)ごろ神戸で宣教師D・C・グリーンから英語とキリスト教を学ぶ。五年米

沢山保羅

国ノースウエスタン大学予科に入学、同年受洗。宣教師H・H・レビットより伝道者としての帰国を勧められ、九年帰国。十年(一八七七)日本最初の自給独立の教会として浪花《なにわ》教会を設立、日本人最初の牧師に就任。十一年梅花女学校を設立、十六年より校長に就任。明治十一年日本基督伝道会社を設立し、各地に伝道者を派遣。十九年同社は自給の教会から成る日本組合基督教会になる。明治十六年自給による教会、学校の運営を説く『教会自給論』を発表、注目をあびる。結核のため二十年(一八八七)三月二十七日三十六歳で死去。信徒のために毎日祈った「祈りのカード」が残された。遺稿に『真理の証』(明治二十一年、福音社)がある。妻たか(多可)との間に二女があったが、ともに天折した。梅花学園沢山保羅研究会代表茂義樹編『沢山保羅全集』(平成十三年、教文館)がある。

参考文献 今泉真幸編『天上の友』一(一九一五、日本組合基督教会教師会)、武本喜代蔵・古木寅三郎『沢山保羅伝』(一九一〇、警醒社)、芹野与太郎『祈の人沢山保羅』(一九三〇、日曜世界社)、佐波亘編『植村正久と其の時代』一—四(一九三七—三八、教文館)、佐野安仁・茂義樹・笠井秋生『沢山保羅』(一九七七、日本キリスト教団出版)、Jinzo Naruse: A Modern Paul in Japan: an account of the life and work of the Rev. Paul Sawayama (Boston: Congregational Sunday-School and Publishing Society: 1893)

(茂 義樹)

さんあくぜいはいしうんどう 三悪税廃止運動 明治四十一年(一九〇八)の塩専売法、織物消費税、通行税、大正三年(一九一四)の営業税、織物消費税、通行税の三税を廃止にしようとする運動。廃税運動とも。明治四十年後半からの日露戦後不況の到来の中で、日露戦時の戦費調達への協力によって地位を高めつつあった財界は、公債整理と税制整理を第一次西園寺内閣に求めた。都市中小商工業者の間でも、日露戦時以来の重税負担の軽減を求める動きが、特に商業会議所連合会を中心に起り、明治四十一年一月から全国をあげての三悪税廃止、営業税軽減、軍備拡張反対運動を開始した。この動きは民間にも広がり、いわゆる国民主義的対外硬派も参加して、明治四十一年一月二十日には非増税大演説会が開かれた。このように民衆の中においても激しい意思表示がなされる中、第二十四帝国議会に第一次西園寺内閣は若干の増税を行うことを言明、二月四日の衆議院本会議は政友会の賛成により酒税関連法案などを可決した。これに対して二月十三日に三悪税廃止案を島田三郎率いる猶興会が政府に提出し、明治四十一年度予算案も猶興会・憲政本党が反対したものの否決され、原案通り可決された。このような衆議院の姿は、実業家たちの不満を高め、同年五月の総選挙で当選した商工業者たちを中心に戊申倶楽部が組織されることとなった。三悪税廃止運動は、大正二年末から再び盛り上がりを見せた。これは織物業者や東京市会の廃税運動と決議をきっかけに営業税撤廃同盟会が中心となったもので、営業税および三悪税廃止の廃止を掲げ、それに国民党・中正会らが中心の憲政擁護会が第一次山本権兵衛内閣攻撃の一環として利用したことにより、大正三年一月から二月にかけて全国的に広がっていった。たまたまシーメンス事件の発覚もあり、騒乱に発展した地方もあった。野党により提出された廃税法案に対して政府は営業税の軽減案を提出して対抗し、二月十六日の議会で政府案が通過したことにより廃税法案は否決され貴族院に回付された。貴族院は運動に同調せず、三月二十三日に政府案は成立したが、予算自体の不成立により山本内閣は退陣することになった。

参考文献 衆議院・参議院編『議会制度百年史』帝国議会史上(一九九〇)、松尾尊兊『大正デモクラシー』(一九七四、岩波書店)、江口圭一『都市小ブルジョア運動史の研究』(一九七六、未来社)

(山下 大輔)

さんいんしんぶん 山陰新聞 島根県松江で明治十五年(一八八二)五月一日に創刊した新聞。当初はタブロイド判四ページ、隔日刊ながら定期刊行される島根県初の新聞であった。発行本社は松江白潟本町《しらかたほんまち》三十七番地、山陰新聞社。十二年八月創刊の『松江新聞』を譲り受けた形で創刊された。初代社長勝部修《かつべおさむ》、編集長神田仙太郎、印刷長福岡世徳《ふくおかつきのり》(のちの初代松江市長)が就任し、主筆には門田正経《かどたまさつね》(のち『大阪毎日新聞』主筆)を東京から迎えた。前年結成された山陰自由党の機関紙的色彩が強く、政府批判の論陣を展開し、発刊当初には何度も発行停止、記者の拘留などの処分を受けた。二十三年(一八九〇)十月から日刊、翌年からはブランケット判四ページになった。三十年代まで島根県下で最大の発行部数をもつ地方紙であった。三十四年(一九〇一)に発刊された『松陽新報《しょうようしんぽう》』との間で昭和十年代まで激しい対立競争を繰り広げた。昭和十七年(一九四二)一月『松陽新報』と合併して『島根新聞』となり、現在の『山陰中央新報』に継承されている。

『山陰新聞』第1号

参考文献 吉岡大蔵「島根県新聞史」(『地方別日本新聞史』所収、一九五六、日本新聞協会)、山陰中央新報百年史編さん委員会編『新聞に見る山陰の世相百年』(一九八三、山陰中央新報社)

(内田 融)

さんいんせん 山陰線 京都—幡生《はたぶ》間(約六七七キロ)で、京都・兵庫・鳥取・島根・山口の各府県を横断し、路線上で多くの陰陽連絡線が分岐する日本海側の国有鉄道幹線の一つ。その起源は鉄道敷設法第一期線の京都―舞鶴間鉄道で、そのうち京都―園部間は明治三十二年(一八九九)に京都鉄道が開業したが、以西区間は山間渓谷で工事費が嵩むために頓挫していた。明治三十九年に建設を再開し、四十三年(一九一〇)に園部―綾部間が開通した。また、山陰線は当初陰陽連絡線として計画された境―姫路間鉄道を編入して西進工事を進め、明治四十三年に出雲今市(現出雲市)まで開通した。その後さらに以西区間を浜田線として建設し、そして津和野線(現山口線)の一部を編入して、最終的に上記の日本海沿岸縦貫線(山陰本線)が全線開通したのは昭和八年(一九三三)であった。一九八〇年代から陰陽連絡経路ごとに分割した電化が進んだため、縦貫線の一貫性が失われて現在に至っている。

参考文献 『日本国有鉄道百年史』六(一九七二、交通協力会)、松下孝昭『近代日本の鉄道政策―一八九〇～一九二二―』(二〇〇四、日本経済評論社)　(三木　理史)

三角測量　槍ヶ岳の二等三角点

さんかくそくりょう　三角測量　地球表面上の諸点の相互関係を厳密に決める測量の方法。地表に設置した複数の三角点の位置関係を確定し、この三角網を地球楕円体(準拠楕円体)上に投影して正確な地図作りに役立てる。最も早く組織的な三角測量を行なった機関は明治四年(一八七一)設置の工部省測量司で、英国人の指導下、基線を越中島―弁天島間に取り東京府下十三ヵ所に三角点を設けて実施した。この事業は内務省地理寮に受け継がれ、明治十五年(一八八二)ごろまでに全国の一等三角点約百点の測量を終えた。また北海道開拓使地理課は明治八年から函館に測量原点、勇払《ゆうふつ》に基線を定めて全道を測量した。他方、陸軍省参謀局は明治七年より仏国人の指導下に測量を担当したが、十五年には理論的背景の確立したドイツ方式を採用した。明治十七年測量業務が陸軍省参謀本部測量局の管轄に統合され、二十一年(一八八八)には陸地測量部が新設されて測量体制が整った。以降大正二年(一九一三)までに一等三角点の測量を終了させ、二・三等三角測量も推し進められた。日清・日露戦争後は台湾や樺太でも三角網が整備された。　→測量《そくりょう》　→測《そく》量司《りょうし》　→地理寮《ちりりょう》

参考文献 『測量・地図百年史』(一九七〇、建設省国土地理院)　(山田　俊弘)

さんぎ　参議　太政官制における、おおかた薩長土肥出身の実力者たちが任ぜられた重要官職。明治二年七月八日(一八六九年八月十五日)制定の職員令により太政官に、左右大臣、大納言などとともに置かれた。八月二十日(九月二十五日)の改定で官位は従三位から正三位に、職掌は大納言と同様、「参預大政、献替可否、敷奏宣旨」とされた。同四年七月二十九日(一八七一年九月十三日)、廃藩置県直後に改定された太政官職制では太政官に正院、左院、右院が設置され、正院に太政大臣、納言(まもなく左右大臣に)に次いで置かれ、「太政ニ参与シ官事ヲ議判シ大臣納言ヲ補佐シ庶政ヲ賛成スルヲ掌ル」とされた。翌月十日(九月二十四日)に出された官制等級改定では「太政大臣左右大臣参議ノ三職」は「天皇ヲ輔翼スルノ重官」で「諸省長官ノ上タリ」、よって「等ヲ設ケス」とされている。そして六年五月になされた太政官制の潤飾においては、「内閣ノ議官ニシテ諸機務議判ノ事ヲ掌ル」とされ、また内閣とは、天皇が「参議ニ特任シテ諸立法ノ事及行政事務ノ当否ヲ議判セシメ凡百施政ノ機軸タル所タリ」と規定され、正院の中枢的位置を占めた。六年十月征韓論政変直後には正院の権限強化策として、参議の省卿兼任が実施される。その後十三年(一八八〇)二月分離する体制となるが十四年十月には再び兼任体制となった。十八年十二月二十二日、太政官制度廃止、内閣制度開始により廃官。

参考文献 稲田正次『明治憲法成立史』上(一九六〇、有斐閣)、松尾正人『維新政権』(『日本歴史叢書』、一九九五、吉川弘文館)　(犬飼ほなみ)

さんぎ・きょうぶんり　参議・卿分離　明治十三年(一八八〇)二月二十八日に実施された、参議と各省卿の兼任を解く措置。明治六年(一八七三)以来、原則的に太政官内閣の参議は各省の長官である卿を兼任していたが、この措置によって大隈重信・伊藤博文・寺島宗則・西郷従道・川村純義《かわむらすみよし》・山田顕義《やまだあきよし》の六名はそれぞれ兼任を解かれ専任参議となり、大蔵卿佐野常民らが新たに専任省卿として任命、続いて三月三日太政官は法制・会計・軍事・内務・司法・外務の六部制となり、各参議がそれぞれの部を担任することとなった。ただし井上馨外務卿の兼任は例外とされ、黒田清隆開拓使長官ら三名の省卿以外の職との兼任も継続した。明治八年の大阪会議で木戸孝允らによって主張され、明治十一年侍補グループによっても主張されていた構想であるが、この時期実現した政治的背景としては、大隈重信大蔵卿が主導する大蔵省の政策への介入をはかり、あわせて内閣における参議の地位を大臣に対して強化しようとする伊藤博文の意図などが指摘されている。明治十四年政変後兼任に戻された。

参考文献 御厨貴「大久保没後体制―統治機構改革と財政転換―」(近代日本研究会編『幕末・維新の日本』所収、一九八一、山川出版社)、坂本一登『伊藤博文と明治国家形成―「宮中」の制度化と立憲制の導入―』(一九九一、吉川弘文館)　(松沢　裕作)

さんぎけんぽういけんしょ　憲法意見書《けんぽういけんしょ》　参議憲法意見書　⇩諸参議《しょさんぎ》

さんぎゅうばくみあいほう　産牛馬組合法　政府馬匹調査会の意見に基づき、明治三十三年(一九〇〇)二月二十六日に発布された法律。畜産団体の育成強化により、牧畜業の発展、振興をはかるのが狙いであり、この法律に基づき産牛馬組合が多数組織され、地方における牛馬生産の中核的存在となった。組合の業務は、種牛馬の飼養と種付けによる畜牛馬の改良、産駒せり市の開催、品評会・共進会の開催、講話講習会の開催、牛乳・酪製品の販売振興などであった。中には消費地神戸を背景に成功を納めた兵庫県多賀種牛生産販売組合(明治四十一年(一九〇八)組織)のような優秀な組合が多数出現した。この法律では組合への加入は必ずしも強制ではなかったため、一部畜産家のみが参加していたが、大正四年(一九一五)一月に畜産組合法が出され、取り扱う範囲を牛馬から牛馬羊豚に拡大させつつ、産牛馬組合はすべて畜産組合へと改組され、畜産家は強制的に加入させられることとなった。　↓畜産組合《ちくさんくみあい》

参考文献　農林省畜産局編『畜産発達史』(一九六六―七七、中央公論事業出版)　(山崎　有恒)

さんきょうかいどう　三教会同　明治四十五年(一九一二)二月二十五日の神仏基三宗教協議。明治末期の社会主義・無政府主義・自然主義などによる思想的混迷を憂い、第二次西園寺内閣の床次竹二郎《とこなみたけじろう》内務次官が神仏基三教会同を計画。国民思想善導への宗教家協力が必要と考えた床次は、原敬内務大臣や元勲、宗教学者姉崎正治らに意見を求め賛成を得た。教育界・宗教界の反対、政教分離への抵触論も存在する中、明治四十五年二月二十五日華族会館に内務大臣原敬主催で神道十三名・仏教五十一名・基督教七名、司法大臣・逓信大臣・海軍大臣・各省次官局長らが集った。協議・懇談後、「吾等は各々其教義を発揮し皇運を扶翼し、益々国民道徳の振興を図らん事を期す」「吾等は当局者が宗教を尊重し政治宗教及び教育の間を融和し国運の伸張に資せられんことを望む」の二点を決議。地方自治・時代風潮健全などへの宗教家協力が期待された本協議は、教育家宗教家懇談会、帰一協会設立などの国民教化の動きのほか、宗教の社会的地位向上に繋がったとされる。

参考文献　桜井匡『明治宗教史研究』(一九七一、春秋社)、李元範「日露戦後の宗教政策と天理教―「三教会同」政策をめぐって―」(『宗教研究』六六ノ三、一九九二)　(宮本　誉士)

さんぎょうかくめい　産業革命　機械の導入を基礎に、国民経済が資本主義的に編成され終る画期を産業革命という。もっとも、産業革命の祖国イギリスでも資本主義経営が隅々まで展開したわけではなく、農村や都市下層部には多くの小生産者が存続し、産業予備軍の供給源と失業者のプールとなった。日本では、明治十九年(一八八六)からの企業勃興を起点とし、日露戦争直後の明治四十年(一九〇七)前後をもって終点とみるのが通説である。もっとも、この通説の元になった山田盛太郎『日本資本主義分析』では、産業革命を社会構成全体の変革と見る立場から、日本での産業革命は萎縮して不発に終ったと把握されていたが、一般的には産業革命は産業資本の確立と同様な意味で用いられている。ただし、日本産業革命を把握するためには、不平等条約に制約された後進国の産業革命として、先進国の産業革命との類型差を考慮しなければならない。具体的には、産業革命の終期を画する機械などの労働手段の生産については、関税自主権が明治四十四年まで完全には回復しなかったこともあって、輸入に依存する度合いが大きいため、技術的に製造が可能な民間経営が出現したことをもって生産の「見通し」が確立したものと見なすことにしたい。その意味では、明治三十八年(一九〇五)の池貝鉄工所におけるアメリカ式旋盤製作と、明治四十一年の三菱造船所における汽船天洋丸の竣工が、機械工業の世界水準到達の指標となろう。紡績機械の全プラントの製作は第一次大戦後のことであるが、技術的には明治末年には製作可能であったと証言されている。他方、産業革命の始期は、明治十九年からの紡績・鉄道・鉱山業における企業勃興であり、綿紡績業は明治三十年に綿糸輸出量が輸入量を上回った時点で産業資本として確立した。製糸業では、官庁統計にある器械糸の生産量が座繰《ざぐり》糸のそれを上回った明治二十七年(一八九四)に確立したとされてきたが、国内向けの座繰糸の生産量は実際には統計よりも多く、器械糸の生産量がそれを凌駕するのは日露戦争後のことと推定されている。織物業では力織機との競争によって手織機台数が減り始める明治四十一年をもって、力織機工場が支配的になったといえよう。後進国日本における資本形成の特徴は、当時の国際常識であった先進国からの資本導入をほとんど行わなかったことにあった。これは、不平等条約のために明治三十二年までは外国人への裁判権がなかったことが一因であるが、外国商人の内地通商権を否定したことは、貿易関連の日本商人に有利なビジネスチャンスを与え、彼らは蓄積した商業利潤を産業企業に投入し、諸銀行も零細資金を集中し、産業企業への直接・間接の融資を行なった。さらに、政府の殖産興業政策に密着した政商のなかには、官営事業の払下げを受けて財閥に成長するものも現われた。繊維部門では急速な資本・金融市場の発展と結びついて、世界的な大企業も現われた。大正二年(一九一三)の鐘淵《かねがふち》紡績の設備四十六万錘は世界第四位であり、明治四十四年に三千釜以上の設備をもつ製糸家片倉組・山十組・小口組は世界最大規模であった。その対極には、無数の零細織物業者や零細製糸経営があり、民主主義の担い手たるべき中小ブルジョアジーの成長は順調ではなかった。日本産業革命のいま一つの限界は、農業面に全く波及しなかったことにあった。農村では商品経済の浸透に伴い地主・小作関係が展開し、

零細な小作人経営は高率小作料を払いつつ生計を維持するためにさまざまな副業を行うだけでなく、その子女を繊維工場へ出稼ぎに送り出した。繊維工場での低賃金労働と農村での高率小作料は、その意味で相互規定的な関係にあったのである。重工業や鉱山業の労働者は、旧職工や没落農民・都市下層民の出身者からなり、男子の熟練職工や熟練鉱夫は各地の職場を渡り歩く「渡り職工」や「渡り鉱夫」となり、彼らはもっとも進んだ階級意識をもち、労働組合の結成や労働争議の中核をなした。

[参考文献] 大石嘉一郎編『日本産業革命の研究―確立期日本資本主義の再生産構造―』(『東京大学社会科学研究所研究報告』、一九七五、東京大学出版会)、高村直助『日本資本主義史論―産業資本・帝国主義・独占資本―』(一九八〇、ミネルヴァ書房)、石井寛治『日本の産業革命―日清・日露戦争から考える―』(『朝日選書』、一九九七、朝日新聞社)、石井寛治・原朗・武田晴人編『日本経済史』二(二〇〇〇、東京大学出版会)

（石井 寛治）

さんぎょうくみあい　産業組合 明治三十三年(一九〇〇)九月一日に施行された産業組合法により設立された協同組合。組合員に対して資金貸付や貯金の便宜をはかる信用組合、組合員の生産した物を売却する販売組合、産業または生活に必要な物を購入して組合員に売却する購買組合、組合員の生産した物を加工または組合員の産業に必要な物を共同利用させる生産組合の四つの組合からなる。農村における協同組織の必要性は早くから唱えられており、明治三十三年の法制化以前にも産業組合の類似組織は各地で生まれていた。明治前期には主要輸出品であった生糸と茶の販売組合が生まれた。明治二十年代になり農村への商品経済の浸透が深まると、これに対応するために組合の設置が進んだ。特に明治二十五年(一八九二)以降は、信用組合・販売組合が急増し、三十一年に産業組合の数は三百五十一にのぼった。産業組合法は、これらの組合をさらに普及させるために施行されたが、法制化以前に設立されていた組合のうち、同法によって許可されたのは十四にとどまった。これは、各地に自生した既設の組合は信用事業と販売事業を行なっていたが、産業組合法では信用組合における多種事業の兼営を許可していなかったためである。日露戦後の資本主義発展に伴って産業組合運動は積極化し、明治三十九年四月に産業組合法が改正されて事業の兼営が認められ、信用事業と販売事業や購買事業を兼営する組合が増加していった。また同年は日露戦後の恐慌から脱出した年でもあり、組合数が急増して二千四百七十まで達した(前年は千六百七十一)。明治四十二年(一九〇九)四月の改正では、組合組織の強化がはかられた結果、翌四十三年には産業組合の中央指導機関として産業組合中央会が設立された。この年の組合数は七千三百八にまで増加した。

[参考文献] 産業組合史編纂会『産業組合発達史』一(一九六五)、暉岡衆三『日本農業史―資本主義の展開と農業問題―』(一九八一、有斐閣)

（國 雄行）

さんぎょうくみあいほう　産業組合法 明治三十三年(一九〇〇)三月七日に公布、九月一日に施行された法令。全九十条。昭和二十三年(一九四八)廃止。明治初年からすでに産業組合に類似する団体が生まれていたが、政府は国力増進のために産業組合を法制化して、その設立を推進しようと考えた。品川弥二郎内務大臣は日本の中産階級以下の人々に資金融通の道を開こうとして、明治二十四年(一八九一)、ドイツにおける都市手工業者の信用組合を参考にした信用組合法を立案したが実現しなかった。一方、農商務省はドイツの農村の信用組合を参考にした産業組合法を立案した。この案が修正され、明治三十三年に公布された。第一条では、産業組合とは、産業・経済の発達を企図するため設立された団体で、信用、販売、購買、生産の四つの組合からなると記されている。明治三十九年四月の改正により多種事業の兼営が可能となり、四十二年(一九〇九)四月の改正により、購買組合の加工事業(肥料配合・精米事業など)が認められるとともに、組合の組織強化がはかられ、産業組合連合会・産業組合中央会が設立された。

[参考文献] 産業組合史編纂会編『産業組合発達史』一(一九六五)、暉岡衆三『日本農業史―資本主義の展開と農業問題―』(『有斐閣選書』、一九八一、有斐閣)

（國 雄行）

さんぎょうこうしゅうじょ　蚕業講習所 蚕業試験場の後身で、明治二十九年(一八九六)に設立された国の蚕糸業研究・教育機関。西京にも設立せよとする帝国議会の建議に基づき、三十二年(一八九九)に京都府葛野《かどの》郡衣笠村(京都市北区)に京都蚕業講習所が設立されたが、これに先立ち二十九年、東京にあった蚕業試験場が閉鎖され、新設の東京蚕業講習所がその設備・業務を引き継いだ。両所で蚕病検査や試験・調査を行うようになったが、東京蚕業講習所は三十五年に製糸部を新設して製糸工場管理者・教婦の養成や製糸試験を開始し、四十二年(一九〇九)には長野県松本市に夏秋蚕部を設けた。四十四年の原蚕種製造所の設立によって両講習所の試験研究業務は同所に移管され、両講習所は純粋の教育機関となったが、当時まだ養成業務を始めていなかった夏秋蚕部のみは試験機関として残されて原蚕種製造所松本支所となった。両講習所は大正二年(一九一三)に農商務省から文部省に移管されて、東京高等蚕糸学校・京都高等蚕糸学校となり、明治四十三年設立の上田蚕糸専門学校とともに蚕糸教育の中軸を担った。

[参考文献] 『日本蚕糸業史』四(一九三五、大日本蚕糸会)

（井川 克彦）

さんぎょうしけんじょう　蚕業試験場 国立の蚕糸業(養蚕・製糸業)研究機関。農務局蚕病試験場が明治二十年(一八八七)に農務局蚕業試験場と改称されたもの。前身の蚕病試験場は、七年(一八七四)に内務省勧業寮の内藤試験場の内に作られた施設に端を発するが、十二年

（一八七九）ごろから国の蚕糸業試験業務は一時中断され、十七年四月に至って蚕病試験場が麴町区山下町（東京都千代田区）に設立された。同場の研究に基づき十九年八月に蚕種検査規則が発布され、蚕種の蚕病検査が全国的に実施されるようになった。これに伴い検査員の養成が急務となり、同場は北豊島郡西ヶ原村（東京都北区）に移転され（十九年十月）、二十年度から微粒子病検査法と養蚕業に関わる学理・実地の伝習を行なった。二十年四月、農務局蚕業試験場と改称され、さらに二十九年の勅令によって、蚕業試験場は廃止され、その設備・業務は新設の蚕業講習所に引き継がれた。

参考文献　『日本蚕糸業史』四（一九三五、大日本蚕糸会）、土金師子「明治初期養蚕政策と佐々木長淳」（『史艸』四八、二〇〇七）　（井川　克彦）

さんぎょうち　三業地　芸者屋・料理屋・待合（茶屋）を三業と呼び、これらが集まって営業している地域のことを三業地と呼んだ。花街・花柳街とほぼ同義である。一般に、客は芸者屋から芸者を呼び、料理屋・待合（地域によっては引手茶屋）で遊ぶ。料理屋は料理を出すのが本業であり席料は取らないが、待合は席料を主たる収入とし、料理は料理屋からとることになっていた。これら芸者屋・料理屋・待合は合同で三業組合を組織していた。三業地は、近代日本社会における主要な遊興地帯であったといえる。

参考文献　松川二郎『全国花街めぐり』（一九二九、誠文堂）　（小野沢あかね）

ざんぎり　斬切り　男子の髪型の一つ。散切、ジャンギリとも記される。断髪後の髪型には惣髪など数種あり、斬切りは短髪（いが栗頭）や長髪（なでつけ）を指すという（『新聞雑誌』二号、明治四年）。幕末には横浜など開港場の商人および洋学者や洋兵に官軍・諸藩問わず断髪が見られるが、男子の洋髪では欧米使節団の岩倉具視や留学生によるものが知られ、これは丁髷《ちょんまげ》が西洋人に奇異と評されたことによる。文明開化の時流に乗り、断髪は流行したが、髪型・服装ともに和洋折衷、「百花繚乱」の状況を呈したことから、明治四年（一八七一）八月太政官よりいわゆる「散髪脱刀令」（『法令全書』第四巻目録中の名称は「散髪制服略服脱刀随意ニ任セ礼服ノ節ハ帯刀セシム」）が布告された。同布告では断髪は随意とされたが、明治六年の明治天皇の断髪が流行に拍車をかけた。一方で結髪を野蛮と断じ、あるいは身体保護を理由に半ば断髪を強要した府県では反発を招き、血税一揆の要求項目に斬髪をあげた地域さえあった。　→洋髪《ようはつ》

斬切り（「諸工職業競舶来仕立職」）

参考文献　中山泰昌編『（新聞集成）明治編年史』二（一九三五、財政経済学会）、石井研堂『明治事物起原』一（『ちくま学芸文庫』、一九九七、筑摩書房）、百瀬響『文明開化失われた風俗』（『歴史文化ライブラリー』、二〇〇八、吉川弘文館）　（百瀬　響）

ざんぎりもの　散切物　歌舞伎狂言の分類の一。明治期に西洋から移入された新しい事物（電信・鉄道・新聞など）や風俗、新制度の中での出来事を舞台に描いた世話物。「散切」とは、明治四年（一八七一）八月の断髪廃刀令で現われ始めた散切り頭という髪型に由来する言葉である。その嚆矢は五年十一月に京都の南北両座で上演された、中村正直訳『西国立志編』を脚色した『鞋補童教学《くつなおしわらんべのおしえ》』と『其彩色陶器交易《そのいろどりとうきのこうえき》』（佐橋富三郎脚色）といわれる。東京では六年十一月新富座の河竹黙阿弥《かわたけもくあみ》作『東京日新聞《とうきょうにちにちしんぶん》』がはじまりとされる。大阪では河竹能進《のうしん》・勝諺蔵《かつげんぞう》父子が、八年九月角の芝居『早教訓開化節用《おしえぐさかいかせつよう》』をはじめとして新聞種や小説から多くの散切物を作った。東京の散切物は多く五代目尾上菊五郎が主演し、風俗や人物の写実的な表現に工夫を凝らした。黙阿弥作の散切物として代表的なものに『綴合於伝仮名書《とじあわせおでんのかなぶみ》』（十二年）、『島衛月白浪《しまちどりつきのしらなみ》』（十四年）、『水天宮利生深川《すいてんぐうめぐみのふかがわ》』（十八年）などがある。旧来の世話物の作劇から脱し得ていないという評価をされるが、近年その評価の見直しもされている。　→世話物《せわもの》

参考文献　伊原敏郎『明治演劇史』（一九三三、早稲田大学出版部）、渡辺保『黙阿弥の明治維新』（一九九七、新潮社）、神山彰『近代演劇の来歴―歌舞伎の「一身二生」―』（『明治大学人文科学研究所叢書』、二〇〇六、森話社）　（佐藤かつら）

さんぐん　参軍　明治二十一年（一八八八）五月十四日の、参謀本部条例改正と参軍官制公布に伴って設置された、陸海全軍を統轄する軍令機関の長官。参軍はその管下に陸軍参謀本部と海軍参謀本部を置き、天皇直隷の全軍参謀長として、出師計画や国防・作戦計画などの軍令に係わる職務を掌った。参軍には皇族の大将ないし中将が選任される規定で、この年の五月十四日、陸軍大将有栖川宮熾仁《たるひと》親王が就任した。また陸軍参謀本部長には小沢武雄中将、海軍参謀本部長には仁《に》礼《れ》景範《かげのり》中将が任命され、陸海軍それぞれの参謀本部における職務全体を統理するとともに、参軍の補佐を行なった。こうした参軍官制は、陸海軍の軍令機関を一元化することを目的に施行されたものだったが、翌明治二十二年三月九日に廃止された。かくて参謀本部は陸軍の軍令機関となり、海軍参謀本部も海軍大臣の隷下に置かれることとなって、軍令機関の一元化は崩れるに至った。

参考文献　陸軍省編『明治軍事史』上（『明治百年史叢書』、一九六六、原書房）、防衛庁防衛研修所戦史部編『大本営陸軍部』一（『戦史叢書』、一九六七、朝雲新聞社）　（淺川　道夫）

ざんけい　斬刑　⇩斬罪《ざんざい》

さんごかく　珊瑚閣　江戸・東京の書肆。高橋金十郎が創業。儒学関係の和本なども扱っているが、西洋啓蒙書の翻訳本の取扱いに特徴があり、特に中村正直の著作を、『西国立志編』(明治十三年)のほか、数多く刊行・販売している。

参考文献　三橋猛雄『明治前期思想史文献』(一九七六、明治堂書店)　（鵜飼　政志）

さんごくかんしょう　三国干渉　日清講和条約に基づく日本の遼東半島領有に対し、ロシア・ドイツ・フランスがその清国への返還を勧告した干渉。極東地域に利権を持ったイギリス・ロシア両国は日清戦争に多大な関心を持ち、開戦回避のための調停や介入を試みた。開戦直後も、ロシアはイギリスと協調して早期講和をめざす政策を採用し、ニコライ二世即位後の日本の勝利が確実となった明治二十八年(一八九五)二月段階でも、極東の太平洋艦隊を増強するとともに、講和交渉で日本が過度の要求をした場合に備えて英仏との協調の確保を決めた。またイギリスは、ロシアの単独介入を阻止するためにロシアとの協調維持をはかるとともに、ロシアに対抗する勢力としての日本を重視し始めた。明治二十七年十月にイギリスが提唱した日本へ講和を迫る共同講和案は実現しなかったが、ロシアが直ちにこのイギリス提案に賛同したことにも英露協調があらわれている。明治二十八年三月二十日から下関講和会議が始まり、李鴻章狙撃事件で一時中断の後、四月一日に日本が遼東半島割譲を含む講和条約案を清国側に提示した。つづいて列国もこれを知ると、ロシアは四月八日、列強に遼東半島放棄を日本に勧告することを提案し、ドイツとフランスはこれに同意したものの、イギリスは日本との対立を好まず、また講和条約中の通商関係特権拡大を知り、干渉への参加を拒絶した。イギリスの干渉離脱は深刻な影響をロシアにもたらし、四月十一日に開催された特別会議では、海軍大将アレクセイ＝アレクサンドロヴィッチ大公に代表される対日敵対行動が日本という強力な敵を作り出し、しかも日本をイギリス側に追いやることを危惧する意見もあったが、ウィッテ蔵相の主張する武力行使をも想定した干渉を行い、日本の南満洲進出を阻止すべきであるとの意見が多数を占め、この結果ロシアは対日干渉を決断し、ドイツとフランスの同意を得て、遼東半島返還を日本に勧告した。日清講和条約と付属諸協定は明治二十八年四月十七日に、日清両国全権によって調印されたが、四月二十三日、三ヵ国の駐日公使は外務省に林董《はやしただす》次官を訪ね、遼東半島の日本による領有は北京に対する脅威となるのみならず、朝鮮の独立を有名無実と為し、極東の平和に障碍を与えると述べて半島放棄を迫った。勧告に接した日本政府は四月二十四日、伊藤博文首相・山県有朋陸相・西郷従道海相と大本営高級幕僚による御前会議で、㈠勧

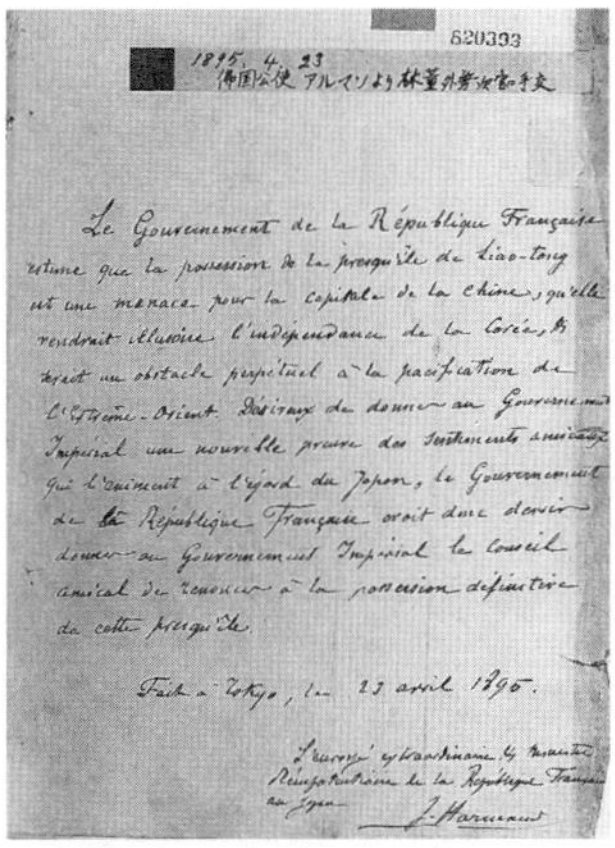
620393
1895. 4. 23　佛国公使アルマンより林董外務次官へ手交

Le Gouvernement de la République Française estime que la possession de la presqu'île de Liao-tong est une menace pour la capitale de la Chine, qu'elle rendrait illusoire l'indépendance de la Corée, et serait un obstacle perpétuel à la pacification de l'Extrême-Orient. Désireux de donner au Gouvernement Impérial une nouvelle preuve des sentiments amicaux qui l'animent à l'égard du Japon, le Gouvernement de la République Française croit donc devoir donner au Gouvernement Impérial le conseil amical de renoncer à la possession définitive de cette presqu'île.

Fait à Tokyo, le 23 avril 1895.

L'envoyé extraordinaire et ministre plénipotentiaire de la République Française au Japon
J. Harmand

三国干渉の際の列国側勧告覚書

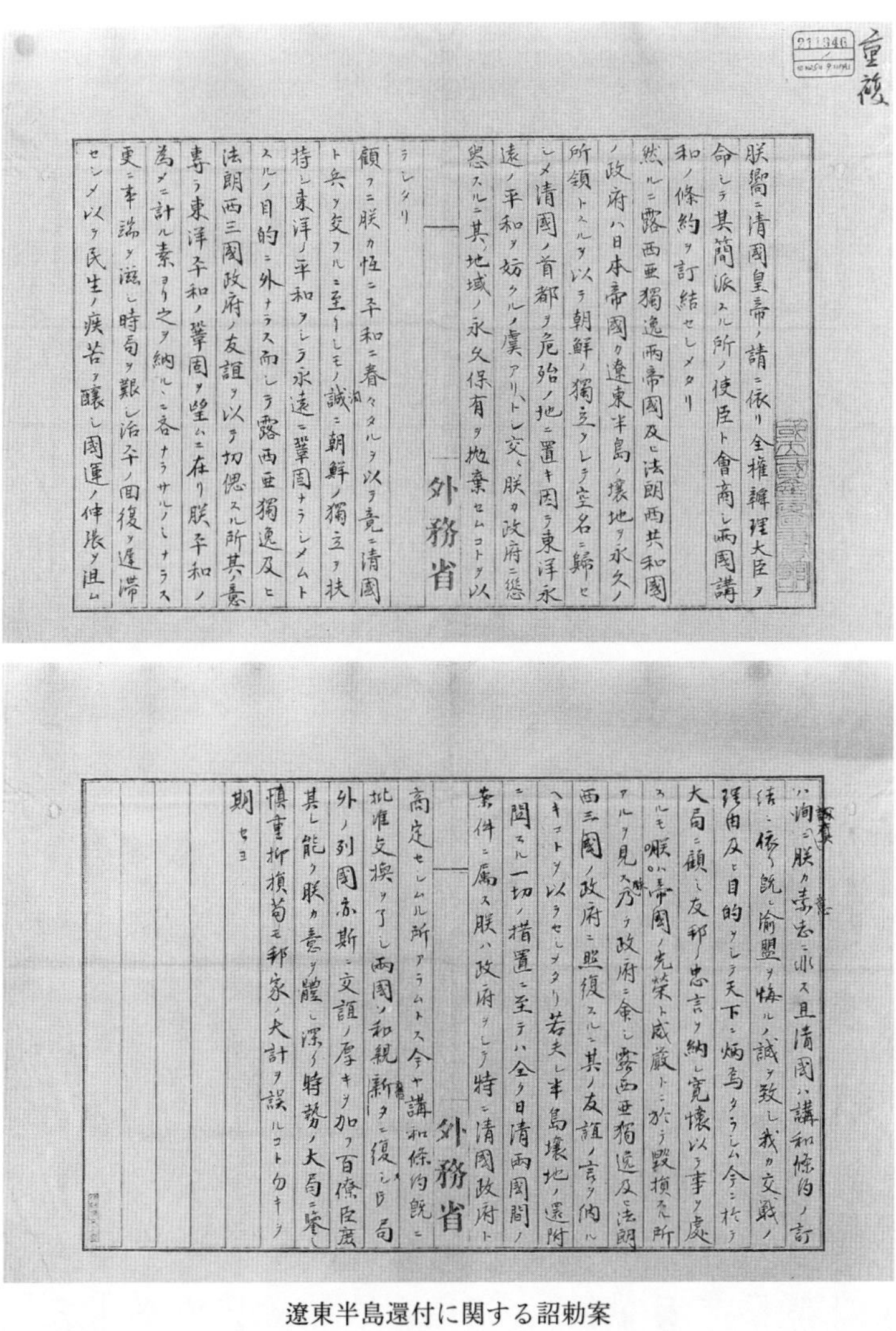
外務省

朕曩ニ清國皇帝ノ請ニ依リ全權辨理大臣ヲ命シテ其簡派スル所ノ使臣ト會商シ兩國講和ノ條約ヲ訂結セシメタリ
然ルニ露西亜獨逸兩帝國及ヒ法朗西共和國ノ政府ハ日本帝國カ遼東半島ノ壌地ヲ永久ノ所領トスルヲ以テ朝鮮ノ獨立ヲシテ空名ニ歸セシメ清國ノ首都ヲ危殆ノ地ニ置キ因テ東洋永遠ノ平和ヲ妨クルノ虞アリトシ交々朕カ政府ニ慫慂スルニ其ノ地域ノ永久保有ヲ拋棄セムコトヲ以テシタリ
顧フニ朕カ恆ニ平和ニ眷々タルヲ以テ竟ニ清國ト兵ヲ交フルニ至リシモノ誠ニ朝鮮ノ獨立ヲ扶持シ東洋ノ平和ヲシテ永遠ニ鞏固ナラシメムトスルノ目的ニ外ナラス而シテ露西亜獨逸及ヒ法朗西三國政府ノ友誼ヲ以テ切偲スル所其ノ意專ラ東洋平和ノ鞏固ヲ望ムニ在リ朕平和ノ爲メニ計ル素ヨリ之ヲ納ルヽニ吝ナラサルノミナラス更ニ事端ヲ滋シ時局ヲ艱シ治平ノ回復ヲ遲滯セシメ以テ民生ノ疾苦ヲ釀シ國運ノ伸張ヲ沮ム

外務省

ハ洵ニ朕カ素志ニ非ス且清國ハ講和條約ノ訂結ニ依リ既ニ渝盟ヲ悔ルノ誠ヲ致シ我カ交戰ノ理由及ヒ目的ヲシテ天下ニ炳焉タラシム今ニ於テ大局ニ顧ミ友邦ノ忠言ヲ納レ寛懷以テ事ヲ處スルモ朕ハ帝國ノ光榮ト威嚴トニ於テ毀損スル所アルヲ見ス乃チ政府ニ命シ露西亜獨逸及ヒ法朗西三國ノ政府ニ照復スルニ其ノ友誼ノ言ヲ納ルヘキコトヲ以テセシメタリ若夫レ半島壌地ノ還附ニ關スル一切ノ措置ニ至テハ今ク日清兩國間ノ案件ニ屬ス朕ハ政府ヲシテ特ニ清國政府ト商定セシムル所アラムトス今ヤ講和條約既ニ批准交換ヲ了シ兩國ノ和親新タニ復シ局外ノ列國亦斯ニ交誼ノ厚キヲ加フ百僚臣庶其レ能ク朕カ意ヲ體シ深ク時勢ノ大局ニ鑒ミ愼重[illegible]苟モ邦家ノ大計ヲ誤ルコト勿キヲ期セヨ

遼東半島還付に関する詔勅案

告拒絶、㈡列国会議による遼東半島問題処理、㈢勧告を容れて遼東半島返還、の三案を議論して、第二案の列国会議案を内定した。翌日伊藤首相は舞子で静養中の陸奥宗光外相を訪ね、デニソン顧問、松方正義蔵相、野村靖内相を交えて議論し、陸奥の意見にしたがい列国会議案を否定、清国に対しては一歩も譲らず、三国に対しては干渉の撤回ないし緩和を求めて交渉することを決定した。日本政府は英・米・伊への援助要請、ドイツの切り崩し、金州庁(旅順・大連湾を含む)を除く遼東半島返還案の提案などを試みたが効果なく、また清国が講和条約批准書交換延期を提議したので、五月四日勧告を受諾することを決定し、翌五日三ヵ国に勧告受諾を回答、講和条約は予定通り五月八日批准書交換が行われた。遼東半島還付問題をめぐる交渉は露独仏三国と、ついで清国との間で行われ、十一月八日遼東半島還付条約と付属議定書が調印され、日本は還付報償金庫平銀三千万両《テール》を得て、明治二十八年末までに遼東半島から撤兵した。国民は五月十日付の遼東半島還付詔書で事情を知り、対外硬派の代表的新聞『日本』は三宅雪嶺「嘗胆臥薪」上・中(五月十五日・二十七日)と陸羯南「遼東還地の事局に対する私議」(五月二十七日)を掲載した。「臥薪嘗胆」という言葉を最初に使った三宅はロシアに対する敵愾心を煽る意味で使ったのではなく、また陸の主張は国際情勢を読み誤った伊藤内閣の外交政策の過ちと責任を厳しく追及するもので、彼自身は政府の進める軍備拡張に反対したが、「臥薪嘗胆」は本来の意味を離れて、対露敵愾心と軍備拡大を煽る流行語に転じてしまった。→日清講和条約《にっしんこうわじょうやく》

[参考文献] 陸奥宗光『蹇蹇録(新訂)』(『岩波文庫』、一九八三)、鹿島守之助『日清戦争と三国干渉』(『日本外交史』四、一九七〇、鹿島研究所出版会)、中山治一「三国干渉と英独関係」(『史林』三二ノ一、一九四八)、佐々木揚編訳『十九世紀末におけるロシアと中国―「クラースヌィ・アルヒーフ」所収史料より―』(『東京外国語大学アジア・アフリカ言語文化研究所東アジア史資料叢刊』一、一九九三、巌南堂書店)、檜山幸夫「戦争終末の外交活動と三国干渉」(奥村房夫監修『近代日本戦争史』一所収、一九九五、同台経済懇話会)、有山輝雄『陸羯南』(『人物叢書』、二〇〇七、吉川弘文館)
(大谷　正)

ざんざい　斬罪　明治時代前期の死刑の一つ。明治三年(一八七〇)十二月頒布の新律綱領《しんりつこうりょう》、六年六月公布の改定《かいてい》律例《りつれい》は、絞・斬二つの死刑をおき、ほかに兇残のはなはだしき者を梟示《きょうじ》とした。斬刑は斬罪とも称された。新律綱領は名例律で「およそ斬はその首を斬る。遺骸は親族請う者あれば下付す」と定めた。八年九月に始まる司法省の刑法草案編纂会議において、死刑として絞首・斬首のどちらを採用するか議論があり、当初斬首論が優勢だったが、十三年(一八八〇)七月に公布された刑法は、第一二条で絞首を採用した。十四年七月八日、太政官は第三六号布告を発してこの刑法(いわゆる旧刑法)を十五年一月一日より施行するとした。東京で十四年七月二十四日の執行を以て斬罪を廃止したというのは、第三六号布告が関係しているのだろう。新律綱領・改定律例のもとで斬罪に処された人数は、明治六年七〇九人、七年六〇一人、八年三七一人、九年三四一人、十年一〇一人、十一年一三一人、十二年一三五人、十三人一一九人、十四年九三人に上った。八代山田朝右衛門《やまだあさえもん》は大晦日には二、三十人の首を斬ったという。→梟首廃止《きょうしゅはいし》

[参考文献]『司法省刑事統計年報』一―七(?―一八八三)、『明治史要(復刻版)』附表(一九六六、東京大学出版会)、山田吉亮「首斬朝右衛門」(『明治百話』所収、一九九六、岩波書店)
(新井　勉)

さんさがくしゃ　三叉学舎　明治初年の英学塾。幕府天文方・蕃書調所教授手伝・津山藩士箕作秋坪《みつくりしゅうへい》が明治元年(一八六八)十一月、東京府日本橋蠣殻町(東京都中央区)の津山藩邸に開いた。近くを流れる隅田川に三方から潮流が集まるところがあり、これを三叉といったので学舎名にしたという。文法・地理・歴史・窮理・経済・天文などを英書で教えた。教場規則によると学業を素読と独見に大別し、独見を会読と輪講に分けて生徒に協同学習させると同時に進度を十等にして(素読生は等外)学習を競わせた。漢籍を英書に替えただけで漢学塾の学習法と変わらない。漢学と数学も教えていたといわれる。授業料は月一円。生徒数は明治四年三月、百六名(『新聞雑誌』五)で、慶応義塾・共立学舎・鳴門義民塾《なるとよしたみ》に次ぐ大私塾であった。塾生は津山の士族が多く、阪谷芳郎《さかたによしろう》・平沼淑郎《ひらぬまよしろう》・平沼騏一郎《ひらぬまきいちろう》などの偉材を輩出した。文部省作製の「諸学校表」(『文部省年報』一一―七所載)では三叉学舎は明治七年から九年まで私立外国語学校、十年(一八七七)から十二年まで私立中学校になっている。

[参考文献] 手塚竜麿『東京の英学』(『東京都史紀要』一六、一九五九、東京都都政史料館)、神辺靖光『明治初期東京の私塾―創立者を中心として―』(『城右叢書』一、一九八〇、城右高等学校)
(神辺　靖光)

さんじ　参事　明治初年代の地方職制における長官に次ぐ官名。明治元年(一八六八)閏四月の政体書により地方制度として府藩県三治制が布かれていたが、版籍奉還後の二年七月職員令により府藩県にほぼ同様の職制が定められ、長官として知事、それに次ぐ官職として大参事・権大参事、少参事・権少参事が置かれた。廃藩置県後の四年十月制定の府県官制では、府県ともに知事・権知事に続き、参事(ただし府は五等、県は六等)・権参事(府六等、県七等)が置かれた。十年(一八七七)一月参事・権参事は廃止された。
(犬飼ほなみ)

さんじいん　参事院　内閣の命により法律規則の制定、審査に参与するため、明治十四年(一八八一)十月二十一日に太政官八九号達をもって、太政官中の六部を廃止して太政官に設置された機関。主な職務権限は、㈠参事院の発議または内閣の命により法律規則案を起草し、理由を具えて内閣に上申すること、㈡各省から上稟する法律

規則案を審案し、意見を具えあるいは修正を加えて内閣に上申すること、㈢元老院が議決した法案を審査することや元老院へ再議を要求すること、㈣内閣の命により参事院の委員を派遣して元老院と協議すること、㈤行政官と司法官との権限争いや地方議会と地方官との間の法律上または権限上の争いを審理すること、㈥法律規則について省・使・庁・府県の質問に答えることなどである。職務権限は、明治十七年の改正によりいくらか縮小されるが、翌十八年十二月二十二日の内閣制度創設によって廃止されるまで、政府の中枢機関として政策決定、統治機構の構築作業に重要な役割を果たした。構成員には官僚中のエリートが任命された。参事院廃止直後の翌二十三日内閣に法制局が置かれた。 →内閣法制局《ないかくほうせいきょく》

参考文献　山崎丹照『内閣制度の研究』(一九四二、高山書院)、山中永之佑『日本近代国家の形成と官僚制』(一九七四、弘文堂)、同『日本近代国家と地方統治―政策と法―』(一九九四、敬文堂)、吉井蒼生夫『近代日本の国家形成と法』(『神奈川大学法学研究叢書』一一、一九九六、日本評論社)、笠原英彦「内閣法制局前史小考―法制官僚と行政立法―」(『法学研究』七一ノ一、一九九八)

(山中永之佑)

さんじかん　参事官　内閣法制局や各省などにおかれた奏任の官吏。内閣制度の創設に伴い、明治十八年(一八八五)十二月の法制局官制で、行政・法制・司法の「各部ニ分属シ法律命令ノ起草審査ヲ掌ル」二十名の参事官がおかれ(同二十六年(一八九三)十月の改正で「専任八人」となる)、翌年二月の各省官制通則で、「大臣又ハ次官ノ諮詢ニ応シ意見ヲ具ヘ及審議立案ヲ掌」り、また「其省ノ便宜ニ従ヒ局課ノ事務ヲ兼任シ若クハ臨時命ヲ承ケテ其事務ヲ助クル」ものとして各省にもおかれ、定員は各省の部について定めるものとした。また、明治二十三年十月の地方官官制改正で、「知事ノ諮詢ニ応シ意見ヲ具ヘ及審議立案ヲ掌ル」二名の参事官(奏任三等以下)が各府県にもおかれた。その後、大正十三年(一九二四)十二月の各省官制通則改正で、人員整理や機構改革の一環として各省の参事官は廃止されたが、法制局には存続した。また各府県の参事官は、明治三十八年(一九〇五)四月の地方官官制改正で廃止された。

参考文献　『内閣制度百年史』(一九八五、大蔵省印刷局)

(吉井蒼生夫)

さんしぎょうくみあい　蚕糸業組合　明治十八年(一八八五)十一月発布の蚕糸業組合準則に則って作られた蚕糸業者の組合。十六年に政府は生糸売込商・直輸出会社代表・製糸家ら二十九名を召集して製糸諮詢《しじゅん》会を開催した。同会は、生産者団結・中間商人排除を志向する直輸出派の主導で進められ、粗製濫造防止・販路拡張のため地方組合・中央機関からなる系統的組織を作って生糸流通を一元化し統一的生糸検査を行うべきとする答申を議決し、同時に資金貸下げなどの直輸出保護を出願した。また直輸出派は大日本蚕糸協会を組織し、十八年に蚕糸業組合設立を農商務省に建言。同省は蚕糸業組合準則を発布し組合設立を認可した。十九年に蚕糸業組合中央部が開設されると、直輸出派は中央部の主流派となって組織化運動を進め、各県の蚕糸業組合取締所が相ついで設立された。これに対し横浜の生糸売込商は強制的な生糸中央検査は専制であるとして蚕糸業組合からの脱退を表明。長野・福島・群馬県でも中央部への反対が強くなり、明治二十二年(一八八九)、中央部はみずから廃止を議決し、地方の蚕糸業組合も解散されるに至った。

参考文献　『横浜市史』三上(一九六二)

(井川　克彦)

さんしぎょうほう　蚕糸業法　生糸輸出発展のために蚕種の統一を図って明治四十四年(一九一一)三月二十九日に公布された法律(実施は翌年一月一日)。日本においては、蚕種(蚕卵紙)の製造業はすでに江戸時代に養蚕業から分化し、福島・群馬・長野県などの大養蚕農家によって行われていたが、製造される蚕種は非常に多種類で雑然としていた。明治以降、蚕種製造者も漸次会社化していき、新興養蚕府県における蚕種製造も増えていくが、蚕種の統一は進まず、器械製糸が普及した明治半ばには生糸の品質向上を阻害している大きな要因として問題視されるに至った。この法律によって従来の蚕病予防法は廃止され、蚕種製造が免許制になり、また国の原蚕種製造所が開設されて、大正三年(一九一四)に原蚕種(原々種)の府県への配布が開始され、以降蚕種統一事業が急速に進んだ。

参考文献　『日本蚕糸業史』三・四(一九三五・三六、大日本蚕糸会)、石井寛治「一九一〇年前後における日本蚕糸業の構造」(大塚久雄他編『資本主義の形成と発展―山口和雄博士還暦記念論文集―』所収、一九六八、東京大学出版会)

(井川　克彦)

さんししゃ　三師社　福島県の民権結社。明治十年(一八七七)四月、田村郡三春町に成立。河野広中を中心に、豪商の松本芳長や影山正博、士族の松本茂、神官の田母野秀顕、戸長の野口勝一(茨城県人)らにより結成された。入社については、財産の多少、貴賤の別なきことをうたい、天賦人権説や社会契約説にもとづいた自由民権を説き、士族的反動とは一線をかくした。設立当初においては一般農民を組織する動きはなく、あくまでも三春城下近在の豪農商を中心とした自由民権であり、参政のための政治研究を目指した結社であった。私塾正道館において地域の青年に政治教育を行い、演説会や討論会を通じて民権思想を啓蒙普及した。また福島県内・東北地方の民権結社統一へむけては、石川郡石川村の石陽社とともに中心的役割を果たした。明治十三年の愛国社第四回大会へは、河野広中・松本芳長を代表として派遣、福島県における国会開設運動を主導し、自由党福島部結成への展望をひらいた。

参考文献　高橋哲夫『福島民権家列伝』(一九六七、福島民報社)、『三春町史』三(一九七五)、大石嘉一郎編『福島県

の百年』(『県民百年史』七、一九八二、山川出版社)

(田崎　公司)

さんしゅ　蚕種　養蚕に用いる蚕卵のこと。糊付けした紙に卵を産ませ、蚕卵紙として売買する。近世期には奥州の伊達・信夫郡が冥加金を三年間納入して「本場」の地位を獲得し、それまで蚕種製造が盛んだった結城地方(茨城県)に代わり、奥州で蚕種製造業が隆盛した。安政六年(一八五九)の横浜開港後、欧州で蚕病が流行したことから日本産蚕種は需要が伸び、高値で取引されたが、明治時代以降、蚕種貿易好調に伴って蚕種の偽造、劣質な蚕種原紙の使用など蚕種の粗製濫造が表面化した。さらに、優良な蚕種が海外に輸出されたために国内養蚕用蚕種の品質が悪化し、日本生糸の質を悪化させた。そのため、明治政府は蚕種製造規則や蚕種取締規則などを設けて鑑札免許制度を軸に蚕種製造規制に努めたが、こうした干渉が自由貿易協定に反すると外国商人から批判され、粗製濫造政策は一進一退を繰り返した。統一的な蚕種政策が行われないまま、欧州の蚕病が回復し、明治十年(一八七七)を境に蚕種輸出が減退すると、翌年蚕種業に関する規則などは廃止され、蚕種政策は放任となった。しかし、明治十年代半ばに日本で微粒子病の流行が危ぶまれると、政府は十七年に蚕病試験場を設置し、微粒子病の研究に着手し、十九年八月に蚕種検査規則を発布して顕微鏡での蚕種検査を行うようにし、検査済のもののみ販売できるとした。三十年(一八九七)三月には蚕種検査法を制定して検査標準を統一し、三十八年二月に蚕病予防法を公布して微粒子病以外の蚕病に対しても検査を開始した。四十四年(一九一一)三月には蚕糸業法が成立し、蚕種製造業者を免許制とするなど蚕種製造に厳しい規定が設けられた。明治時代後期は蚕糸業に立法措置が取られ、蚕種研究や蚕糸業関係の人材育成が積極的に行われたが、長らく黙認されてきた蚕種の種類統一問題は大正期に持ち越された。

参考文献　『日本蚕糸業史』三(一九三五)、農林大臣官房総務課編『農林行政史』三(一九五八、農林協会)、庄司吉之助『近世養蚕業発達史』(一九六四、御茶の水書房)

(土金　師子)

さんじゅうさんしょはなのやま　三十三所花野山　明治二十年(一八八七)、大阪の稲荷彦六座で初演された人形浄瑠璃の作品名。現在の文楽では、奈良壺坂寺の縁起を記した部分が『壺坂観音霊験記』の外題で、東大寺二月堂の良弁杉《ろうべんすぎ》の由来を描いた部分が『良弁杉由来』の外題でそれぞれ伝わり、文楽や歌舞伎で上演されている。幕末に流行した西国三十三ヵ所の観音霊場巡礼を、松本《まつもと》喜《き》三郎《さぶろう》が東京浅草で生人形《いきにんぎょう》として興行しこれが大当りをとり、大阪千日前でも公開されたのに影響されて、明治十二年(一八七九)十月、大阪大江橋席の人形浄瑠璃で『観音霊場記』が上演された。各寺一段の構成で全三十三段。「壺坂寺　沢の市住家」では、生人形の名場面を座頭《ざがしら》三代吉田辰五郎が沢の市と観世音を早替りで勤めた。番付によれば作者は玉龍亭定一で、これは当時の文士伊東橋塘《いとうきょうとう》とも宇田川文海《うだがわぶんかい》とも福地桜痴ともいわれ、はっきりしない。作曲は里暁《りぎょう》(二代豊澤團平)。大道具や衣裳代に経費がかかり赤字だったと伝えられる。明治二十年になって生人形の興行が再び千日前で催されるのに際し、彦六座では『観音霊場記』を再構成し、『三拾三所花野山』として同年二月に初編、九月に後編が上演された。特に壺坂寺を扱った「沢市内」(初編)は、團平とその妻千賀が大幅に手直しし、沢市の妻お里の比重を大きくして生まれ変わらせた。三代竹本大隅太夫の語りも好評を博した。以後は稲荷座、明楽座、堀江座などのいわゆる彦六座系での上演しかなかったが、三十六年(一九〇三)五月、大隅太夫がはじめて御霊文楽座へ出勤した際に『壺坂霊験記』として上演し、以後は文楽座でもたびたび上演されるようになる。良弁杉の由来の方は、彦六座系でのみ上演されていたが、その系譜が途絶えた大正十年(一九二一)五月、御霊文楽座において『観音霊験記』の外題で良弁上人と壺坂のみが上演された。同十四年には『良弁杉由来』の外題で良弁上人関係の場面(「志賀の里」「桜宮物狂い」「東大寺」「二月堂」)のみが上演され、現在に至っている。

参考文献　石割松太郎「名人團平と『壺坂』」(『人形芝居雑話』所収、一九三〇、春陽堂)、後藤静夫「『壺坂霊験記』の成立についての一考察—特に舞台面における活人形の影響—」(『楽劇学』三、一九九六)

(桜井　弘)

さんじゅうさんねんのゆめ　三十三年の夢　宮崎滔天《みやざきとうてん》(一八七〇—一九二二)が執筆した自叙伝。中国革命運動に参加した日本人の回顧談の代表的な著述として知られる。明治三十五年(一九〇二)一月から六月にかけて『二六新報』に連載され、同年八月、国光書房より公刊された。まず、幼少時における自由民権運動への関心、徳富蘇峰の大江義塾での学生生活と同僚との対立、キリスト教への入信と幻滅など、私生活も含めて煩悶の中にあった滔天が、兄の弥蔵の説く中国革命の支援を手がかりとしたアジアの興隆という計画に没頭していく過程が記されている。さらにシャム植民の失敗、弥蔵の夭折、そして日本亡命中の孫文との邂逅を通じて、本格的に中国革命へと参加していく。他方で立憲派の康有為とも知り合い、革命派との連携を図ろうとするが失敗に終った事情などにも触れられている。孫文らの武力蜂起である恵州事件(明治三十三年)にも積極的に協力するが挫折、『二六新報』に「三十三年の夢」を連載中の明治三十五年三月に浪花節師桃中軒雲右衛門を訪ね、その弟子となるまでが描かれる。弥蔵の語った「心を支那人にして」革命に協力すべきであるという主張を忠実に実行しようとした点は、中国革命に参加したほかの日本人と滔天との相異を示すものとして興味深い。明治三十六年には上海で二種類の中国語訳が出版され、滔天の名が中国の知識人のあいだにも知れわたることになる。大正十五年(一九二六)には吉野作造が復刊、そののち滔天の息子の竜介が校訂して昭和十八年(一九四三)に出版、戦後には東洋文庫(昭和四十二年)、『宮崎滔天全集』第一巻(平凡社、昭和四十六年)、岩波文庫(平成五年)などで刊行されている。なお、滔天は明治四十年(一九〇七)に雑誌『黒竜』に「続三十三年の夢」と題する文章を執筆し、兄の宮崎民蔵・弥蔵、および中国革命の同志としてともに活動した清藤幸七郎の三名を取り上げてその事跡を描写している。 ↓宮崎《みやざき》滔天《とうてん》

参考文献 古江研也「宮崎滔天『三十三年の夢』論」(学術文献刊行会編『国文学年次別論文集』昭和六十年近代四所収、一九六七、朋文出版) (萩原 稔)

さんしゅきいとあらためしょ 蚕種生糸改所 ⇩生糸蚕《きいとさん》種紙改所《しゅしあらためじょ》

さんしゅきいとぜい 蚕種生糸税 明治時代初期に維新政府によって生糸・蚕種に課された税。明治元年(一八六八)、大総督府会計裁判所は、輸出向けの生糸・蚕種を牧野駿河守邸(江戸呉服橋内(東京都千代田区))に設置した改所へ回送し、印税を収めて改印を受けた後に横浜へ出荷するよう、全国の産地に布達した。この後松平和泉守邸(北八丁堀(東京都中央区))へ改所を移してこの制度が続行されたが、二年に民部省は、東京のほか大阪・諸開港場の改所で改印を受けてもよい旨布告し、その際に徴収する蚕種・生糸などの税額を定めた。また、蚕種については三年に蚕種製造規則によって製造人鑑札・製造高許可制が実施され、製造税が課された。生糸については、明治六年から生糸製造取締規則・生糸改会社規則にもとづいて鑑札・製造印紙制が実施され、商人らが組織する地方生糸改会社と横浜生糸改会社によって地方検査・開港場検査の手数料が徴収されることになり、蚕種検査(改印)も横浜生糸改会社が行うことになったが、明治十年(一八七七)にこの制度は廃止された。

参考文献 『横浜市史』三上(一九六二) (井川 克彦)

さんしゅけんさほう 蚕種検査法 明治三十年(一八九七)三月二十四日に公布された蚕病対策のための法律。政府は、同法制定以前には十九年(一八八六)八月公布の蚕種検査規則をもって蚕病、特に微粒子病検査を行なったが、各府県が設置した検査所においておのおのの基準で検査を実施していたこと、蚕種以外の蛹や蛾の検査は行わなかったことから、蚕病根絶には至らなかった。そのため、全国一律の基準をもって強制検査を行うことが望まれ、第一議会において蚕種検査法案は政府から提出された。しかし、検査手数料は民業圧迫であるとの理由で藤本善右衛門など有力蚕種業者から反対運動が起き、同法は三十年の第十議会においてようやく制定された。同年六月には施行細則が発布され、製糸用の蚕種は蚕卵およびその種繭の検査を受けて合格したもののみ製糸用に使用できるとした。三十三年の改定で不越年蚕種も検査することが定められたが、蚕病予防を徹底するために三十八年二月蚕病予防法が公布され同時に同法は廃止となった。

参考文献 農林大臣官房総務課編『農林行政史』三(一九五八、農林協会)、富沢一弘『生糸直輸出奨励法の研究—星野長太郎と同法制定運動の展開—』(二〇〇二、日本経済評論社) (土金 師子)

さんしゅせいぞうきそく 蚕種製造規則 明治三年八月二十日(一八七〇年九月十五日)に民部省より公布され、蚕種製造免許制、蚕種組合の自治統制、通商司による輸出蚕種改め、原紙漉元免許制を規定した規則。蚕種生産者・地方行政機関・中央主務省と中央集権体制を生かした規制体系である。製造枚数および蚕種製造人を把握するため、蚕種製造人のうち本部種(蚕種台紙の表面に間隙なく産附したもので、明治初期は百～百二十蛾附二枚で本部一枚としていた)二十五枚(紙数五十枚)以上の製造者に免許鑑札を渡すこととし、製造枚数の申告義務を課した。二十五枚未満の者は数人の組合を組織させて免許鑑札を下付することとし、組合は最寄りの百人を一組合として組織させ、任期四年中に二人交代で世話人(方)を置き、管轄省へ組内の養蚕景況を伝える一方、組内の養蚕指導を行なった。また、輸出用蚕種紙については通商司に鑑札と蚕種を差出し、許可を得てから販売することとし、蚕種原紙については紙の漉元に鑑札免許を与え、地方行政機関で改印料を納入し、改印後に販売可能とした。同規則は数回の改定後、六年四月公布の蚕種取締規則制定により廃止。

参考文献 加藤知正編『蚕業大辞典』(一九二〇、勧業書院)、『日本蚕糸業史』三(一九三五)、『横浜市史』三上(二〇〇三) (土金 師子)

さんしゅゆしゅつもんだい 蚕種輸出問題 一八四〇—六〇年代、欧州で蚕病が流行したために日本産蚕種の需要が増え、日本では輸出用蚕種が大量に生産・輸出された。しかし、蚕種景気に乗じて蚕種の粗製濫造が起ったたけでなく、優良蚕種が海外に出ることで生糸生産用蚕種(国内用蚕種)に劣悪な蚕種が目立ち、生糸の品質悪化を招いた。そのため、明治政府は明治三年(一八七〇)八月に蚕種製造規則、六年四月に蚕種取締規則を制定して蚕種の粗製濫造防止・国内用蚕種優先の方針を取った。しかし、大量に日本産蚕種を輸入していたイタリアからの猛烈な批判によって七年六月に蚕種の国内用・輸出用の区別を撤廃することとなり、再び輸出用蚕種製造量が増加したが、欧州の蚕病が回復を見せたことで外国商人は買渋り、生産過剰・価格暴落となった。渋沢栄一らはこの状況を鑑み、七年十月に蚕種買入所を横浜弁天通に設け、政府の資金援助のもとで余剰蚕種を買取り、その大半を焼却処分した。

参考文献 農林大臣官房総務課編『農林行政史』三(一九五八、農林協会)、『横浜市史』二』三上(二〇〇三) (土金 師子)

さんしょう 三商 江戸時代から明治時代にかけて盗品を扱う恐れがあったことから江戸幕府や明治政府から規制の対象となった質屋・古手(着)屋・古道具屋の総称。

大坂では盗品流通の取締りの必要性から少なくとも十七世紀半ばごろには三商それぞれに株仲間が公認された。仲間構成員は盗品の特徴が記された触書によって、手元の商品が盗品ではないことを確認する義務を負った。三商の各仲間は天保の株仲間解散以降、惣年寄の支配となったが、明治元年（一八六八）七月には三商に新規の営業鑑札が下付され、同二年十二月には四大組の区分に従い東西南北の四組となり、さらに各組を小組に分け組頭が置かれた。明治五年の株仲間廃止後、不正が多発したために同七年、三商はそれぞれ組合を結成した。大阪府は明治十一年（一八七八）に三商取締規則を布達し、三商は同一法規の取締りを受けることになった。

参考文献 『大阪市史』（一九二七）、『明治大正大阪市史』（一九六六、清文堂出版）、井戸田史子「古手屋仲間」（原直史編『商いがむすぶ人びと』所収、二〇〇七、吉川弘文館）

（井戸田史子）

さんじょうきょうそく　三条教則　明治五年四月二十八日（一八七二年六月三日）に神官・僧侶など教導職にむけて教部省から出された説教の基準。三条教憲などと称された。「敬神愛国ノ旨ヲ体スヘキ事」「天理人道ヲ明ラカニスヘキ事」「皇上ヲ奉戴シ朝旨ヲ遵守セシムヘキ事」の三ヵ条よりなる。同年の「学制」による学校が欧米移入の教育内容であったのに比して、天皇や国家への政治的・宗教的な統合が強調された。大教院を中心とした説教の基準となったため、三条教則を解説した書籍が多く出版された。明治八年に大教院は廃止となるが、この神仏合同布教を停止した五月三日の教部省達書第四号には「猶《なお》厚《あつ》三条ノ教則ヲ遵奉シ」と述べられており、その後も神仏各派に影響を与えた。

参考文献 辻善之助『明治仏教史の問題』（『立文学書』一、一九四八、立文書院）

（高橋　陽一）

さんじょうさねとみ　三条実美　一八三七—九一　幕末・明治時代前期の政治家。幼名は福麿《よしまろ》、諱は実美。梨堂と号す。贈右大臣三条実万《さねつむ》の第四子として、天保八年二月八日（一八三七年三月十四日）、京都に生まれる。母は土佐藩主山内豊策の女紀子。安政元年（一八五四）に兄公睦の死で三条家を継ぎ、従五位上、侍従となり、同三年九月に右近衛権少将に任じられた。父実万は日米修好通商条約締結や将軍継嗣問題で幕府を批判して落飾謹慎を命じられたが、実美は実万の志を継ぎ尊王攘夷派として活動。大老井伊直弼が暗殺された後の公武合体策に対しても、長州藩などの攘夷派が朝廷内で影響力を強め、実美は文久二年（一八六二）八月に左近衛権中将、九月に議奏加勢、十月に議奏となった。同十月には勅使となって江戸に下向し、十一月に将軍徳川家茂に対して攘夷督促の勅書を交付。十二月に国事御用掛が新設されると、議奏として同掛に任じられて活躍した。翌三年八月十八日（一八六三年九月三十日）の政変で長州藩攘夷派が京都から排除されると、実美および三条西季知《さんじょうにしすえとも》・東久世通禧《ひがしくぜみちとみ》・壬生基修《みぶもとなが》・四条隆謌《しじょうたかうた》・錦小路頼徳《にしきこうじよりのり》・沢宣嘉《さわのぶよし》らの七卿は京都を追われ、官位を褫奪《ちだつ》され、三田尻から山口に向かった。復権を企図した長州藩の反撃が元治元年（一八六四）の禁門の変で敗退すると、慶応元年（一八六五）正月に三条西・東久世・四条・壬生らの四卿とともに山口から太宰府へ移された。幕府は第二次長州戦争で敗れると、福岡藩などに実美らの京都送還を命じたが、慶応三年十二月に王政復古が断行され、同月九日（一八六八年一月三日）の朝議で官位復旧、入京を許された。実美は太宰府から帰京した十二月二十七日（一月二十一日）に議定に任じられ、翌明治元年正月九日（一八六八年二月二日）に議定・副総裁になって外国事務取調掛を命じられ、岩倉具視とともに新政府の中枢に位置した。三月の天皇親征・大阪行幸に供奉し、閏四月二十一日（六月十一日）の官制改革では議定兼輔相に就任。また関東大監察使を兼ねて江戸に赴き、同月二十九日に徳川家後嗣を田安亀之助《たやすかめのすけ》（のちの徳川家達）に命じ、五月二十四日（七月十三日）に輔相兼関八州鎮将に任じられて関東の政務を管した。七月に江戸が東京と改められると、駿河以東十三国を管轄する鎮将府の鎮将となり、十月に江戸城を東京城と称した皇居に東幸の天皇を迎え、鎮将を辞した。同年十二月に東京を発して帰京し、翌明治二年三月の再幸でふたたび東京城に戻る。五月十三日（一八六九年六月二十二日）の公選で改めて輔相に任じられ、七月八日（八月十五日）の太政官制改革で右大臣に就任し、九月に復古賞典として永世禄五千石を与えられた。二年六月の版籍奉還断行後の兵制議論で急進的な木戸孝允らと漸進的な大久保利通らが対立し、三年七月の民部・大蔵省の分離問題でも実美が頼みとする木戸と大久保・岩倉らとの間で反目が強まると、政府内の合意形成に苦心するようになった。三年秋に大久保の提起で藩力の動員が計画されると、政府に批判的な島津久光の上京に苦心し、十一月の岩倉勅使の鹿児島・山口派遣に全力をあげた。四年には藩力の動員と西郷隆盛の出仕が具体化し、七月に鹿児島（薩摩）・山口（長州）両藩関係の有力者の合意の中で廃藩置県断行に成功した。同年六月には右大臣のまま神祇伯宣教長官を兼ね、廃藩置県後の七月二十九日（一八七一年九月十三日）には太政大臣兼神祇伯宣教長官となった。岩倉特命全権大使の欧米派遣後は、天皇の西国巡幸、太政官制の潤飾、朝鮮問題の緊迫などに苦心。明治六年十月の征韓論をめぐる政争では、西郷隆盛・江藤新平らの征韓派と大久保・岩倉

三条実美画像（キヨソーネ筆）

らの非征韓派の対立が激化し、決断に苦しんで実美は病に倒れ、辞表を提出した。非征韓派は、天皇が病床の実美を見舞った後に岩倉へ太政大臣摂行を命じる画策をもって、朝鮮への遣使派遣を否定した。実美は、天皇から国家多事の折に疾を扶けて輔翼するように命じられ、再度の親任をうけて太政大臣に復帰。八年一月の木戸・大久保および板垣退助の大阪会議では、木戸の参加に尽力し、漸進的な立憲政体樹立の合意のもとで、元老院・地方官会議・大審院の創設に至った。島津久光を内閣顧問、左大臣に任じたが、久光が復旧論を繰返し、立法と行政の分離を主張する板垣と連携して太政大臣の統括責任を糾弾した際には、実美も反論を上奏し、八年十月に島津久光・板垣退助が下野する結果となった。九年七月には開拓が急がれた北海道巡視を命じられ、十年(一八七七)一月には天皇の大和・京都行幸に供奉。二月に西南戦争が勃発すると、天皇に供奉して京都にとどまり、島津久光への勅使派遣などに尽力した。十一年三月に賞勲局総裁、十二年五月に修史館総裁を兼任した。その後も十三年六月には天皇の山梨・三重・京都行幸に供奉し、十六年一月には華族会館館長に就任した。明治元年閏四月の輔相就任から一貫して太政官政府の最高位の職にあったが、十八年の憲法制定に向けた制度改革では、責任内閣制の制定と内閣総理大臣を置くことを奏上し、伊藤博文を推薦して自身は十二月に内大臣に任じられた。二十二年(一八八九)十月に黒田清隆総理大臣が辞職した折、内大臣をもって同年十二月まで一時内閣総理大臣を兼任。清華家の品位と高尚な資質は、政府内の調整役として重視され、晩年は天皇に近侍し、多くの栄誉職に就任した。二十四年二月十八日に病死。五十五歳。墓所は東京都文京区の護国寺。公爵、正一位。夫人は鷹司輔熙《たかつかさすけひろ》女治子。

参考文献 宮内省図書寮編『三條実美公年譜』(一九〇一、宗高書房)、徳富猪一郎『三条実万公・三条実美公』(一九三五、梨木神社鎮座五十年記念祭奉賛会)

(松尾 正人)

さんしょうていからく 三笑亭可楽 東京の落語家。㈠四代 ?―一八六九 本名榊原鎌三郎。幕臣の家に生まれる。福寿庵可録門人可重《かじゅう》から二代目可楽の養子となり翁家《おきなや》さん馬を襲名する。のち、朝寝坊むらく(三代目)となって「三題噺の会」に途中から加わるなどしたのち四代目可楽を襲名。明治維新のおり、薩長軍の江戸入りを阻止しようと会津藩重役と計って江戸市中に爆薬を仕掛けようと画策するも発覚。一時逃走していたが捕縛され、佃島で獄死。このエピソードから「爆弾可楽」の異名がある。明治二年(一八六九)没。

㈡六代 一八四六―一九二四 本名中村勘三郎。弘化三年九月十五日(一八四六年十一月三日)に生まれる。六代目桂文治門下で文鶴から大和となり、明治十七年(一八八四)に六代目翁家《おきなや》さん馬を襲名。大正二年(一九一三)に六代目可楽を襲名するが、明治末から可楽・さん馬の二つの名を使い分けていた。古風な語り口の上手さがあったが、面白みには欠けるとされ、道具入り芝居噺、人情噺を得意とした。大正十三年(一九二四)八月十八日没。七十九歳。

(今岡謙太郎)

さんじょうないかく 三条内閣 ⇨黒田内閣《くろだないかく》

さんじょうにしすえとも 三条西季知 一八一一―八〇 幕末・維新期の尊攘派公家。文化八年二月二十六日(一八一一年三月二十日)京都に生まれる。父は三条西実勲、母は三条実起女。文久二年(一八六二)十二月国事御用掛となり、翌三年八月十八日の政変で参内他行禁止の処分を受け、同夜三条実美ら六卿とともに長州へ向かい、三田尻・湯田などに流寓。第一次長州征伐後の慶応元年(一八六五)正月に筑前太宰府の延寿王院に移された。慶応三年十二月の王政復古で復位し帰京、翌明治元年二月十九日(一八六八年三月十二日)に新政府の参与となる。明治二年八月二十二日(一八六九年九月二十七日)に侍従、同年十一月八日(十二月十日)に歌道御用掛となる。明治七年一月十三日神宮祭主。翌年七月十二日に同職を免ぜられ、八月十日に麝香間《じゃこうのま》祗候を仰せつけられる。明治十三年(一八八〇)八月二十四日没。七十歳。文久三年八月より慶応三年十二月までの日記が『維新日乗纂輯』一(『日本史籍協会叢書』)に収められている。

(内山 一幸)

さんしょく 三職 王政復古直後、摂関と幕府両制度廃止にかわって政策決定を行う総裁・議定・参与の三職をいう。慶応三年十二月九日(一八六八年一月三日)の王政復古の大号令の中で総裁に有栖川宮熾仁《たるひと》親王、議定に皇族二名・公卿三名・大名五名、参与に公卿五名と西郷隆盛ら薩土芸尾張越前五藩士十五名が任命されたが、これは太政官再興までの仮措置であることにも言及されていた。明治元年正月九日(一八六八年二月二日)、議定のまま三条実美と岩倉具視が副総裁に任じられ、十三日九条道孝邸が太政官代とされ、十七日神祇・内国・外国・海陸軍・会計・刑法・制度七科の職制が定められ議定と参与が分督・分掌した。二十七日には太政官代が二条城に移された。閏四月二十一日(六月十一日)政体書が発布されて三職制度が廃止され、かわって議政官・行政官・会計官・神祇官・軍務官・外国官・刑法官の七官が太政官に置かれ、行政の最高責任職として輔相が設けられ、三条と岩倉が任じられた。なお明治四年八月十日(一八七一年九月二十四日)の官制改正の中で太政大臣・左右大臣・参議を三職とも呼んでおり、この場合には明治十八年(一八八五)十二月内閣制度の発足時まで存続していた、ということができる。

(宮地 正人)

さんしんぽう 三新法 明治十一年(一八七八)七月二十二日太政官から布告された最初の統一的地方制度で郡区町村編制法、府県会規則、地方税規則からなる三つの新しい法の総称。それまでの官治的、中央集権的な大区・小区制によって展開された地租改正、徴兵、教育などの政策や江戸時代以来の村の自治的慣行などを否定する政策に反対する農民騒擾や国会開設を求める自由民権運動に対処するため各地に生まれてきた地方民会を統一、規制し、豪農商層など有産者に限定的参政権、「自治」権を与えて反政府的な運動を抑制することをねらった。法案の端緒となったのは、同年三月の内務卿大久保利通の意見書「地方之体制等改正之儀上申」である。郡区町村編制法の要点は、㈠大区・小区の重複を除いて費用を節約する、㈡従前の郡町村制に復する、㈢郡長を設け内務卿、府知事・県令の指揮下に町村を監督することにある。町村は行政区画であると同時に自治団体であるとされ町村に一定の自治性と戸長公選制が公認された。府県会規則は、地租五円以上、十円以上の納入者をそれぞれ選挙・被選挙権者とする公選制の府県会設置を認めたが、府県会の権限を地方税をもって支弁すべき経費の予算とその徴収方法の議定に限り、議決事項も府知事・県令の認可を必要とし、府知事・県令・内務卿に会議中止権、解散権を持たせるなど府県会を厳しい官僚統制の下に置いた。地方税規則は、従来、府県税、民費の名で徴収した府県費・区費を改めて地方税として府県税に統合し、府県財政を強固にした。こうして政府は、府県―郡(区)の官僚行政系列を整備、強化し人民統治の確保・安定を図った。明治十年代後半の民権運動などの反政府運動の高揚に対して、政府は府県会に対する官僚的統制の強化、明治十七年には戸長官選、連合戸長役場の設置などを行い人民統治の確保・安定につとめた。明治二十一年(一八八八)市制町村制、二十三年郡制・府県制の施行によって廃止された。→郡区町村編制法《ぐんくちょうそんへんせいほう》 →地方税《ちほうぜい》 →府県会規則《ふけんかいきそく》

参考文献　大石嘉一郎『近代日本の地方自治』(一九九〇、東京大学出版会)、大島美津子『明治国家と地域社会』(一九九四、岩波書店)、山中永之佑『日本近代国家の形成と官僚制』(一九七四、弘文堂)、同『日本近代地方自治制と国家』(一九九九、弘文堂)

(山中永之佑)

さんすいじんけいりんもんどう　三酔人経綸問答　明治二十年(一八八七)五月、東京集成社書店から出版された中江兆民の著書。本の体裁は四六判、目次二頁、本文一三八頁からなる。なお、冒頭から「法朗西王路易第十六《ふらんすおうるいだいじゅうろく》幸福《こうふく》を得たり」までの部分は、先に民友社の『国民之友』第三号(明治二十年四月十五日発行)に「酔人之奇論」と題して発表されている。その後『兆民文集』(明治四十二年)と『明治文化全集』第七編(昭和四年)に収録されたが、昭和四十年(一九六五)三月、桑原武夫《くわばらたけお》・島田虔次《しまだけんじ》による現代語訳がはじめて『岩波文庫』から出た。兆民が自由民権思想の理論的指導者であることは多くの人が認めるところであるが、彼は同じ自由民権運動家でも馬場辰猪や植木枝盛らとちがって、明治十四年(一八八一)に結成された自由党に入党せず、党の機関紙『自由新聞』の編集に独自の立場で協力するなど、政党とは不即不離の立場を堅持した。その彼が民権勢力の再結集をめざして全国有志大懇親会を開き、後藤象二郎の大同団結運動にコミットし、さらに第一回衆議院議員総選挙に立候補して積極的な政治活動に乗り出すのは、本書が発刊された明治二十年当時のことである。本書は当時の政治的背景や思想状況がよく反映されている。内容を紹介してみよう。「洋学紳士」「豪傑君」「南海先生」という三人の架空の人物が登場して、それぞれ日本が直面する内政・外交上の課題について鼎談する。「洋学紳士」は西洋文明を信奉し、政治上の進化論に立って、専制君主政治から民主共和制に進展し、自由平等の制度を構築して、官尊民卑や官僚制をなくし権力の分量の公平を実現すること、そして軍備撤廃・常備軍反対を説いて侵略放棄を強調した。さらにサン=ピエールやルソー、カントの平和論を高く評価して、国際平和機構の創設の可能性に言及する。君主制を維持し、恐怖のバランスに国防の原理を求める大国のおろかさを笑って、弱小国は即刻、民主制を採り、軍備を撤去すべしという主張を展開したのである。それに対して「豪傑君」は動物の闘争本能から戦争不可避論を説く。「争いは個人の怒り」「戦争は国の怒り」「憤怒は道義心のあらわれ」として、「武威によって国を救わんとする」立場が明らかにされている。このような主張の背景には、プロイセンとフランスはヨーロッパで競り合い、ロシアとイギリスはアジアに進出して優位を争い、という世界政治の大勢認識があり、国際法が紛争解決に無能力な状況下にあって、外国征服は時代の要求に合致した不可避の選択肢であるというのが主張の骨子である。しかし、「豪傑君」には国粋主義的な対外侵略論と同時に、リアリズム、現実直視の姿勢がある。たとえば、それは政治の決断にとって必要な時と場所の要件(「時と地とにより各々其の手段を異にす」)の指摘や官民の別なく存在する守旧派の「昔なつかしの元素」はガン細胞であり、国内政治を整備し文明国となるために、必要な改革を妨げるそうした守旧党の「昔なつかし」グループを除去せよと叫ぶ。「南海先生」は、漸進的で穏健な進歩の思想を提示して両者の意見に対する中庸の立場を示す。すなわち、紳士君の直線的な進化主義を批判して、実際はもっと複雑で曲線を描きながら歴史が進展することを説き、政治の民主化も国民の意向にしたがい、知的水準に見合った平穏な楽しみが必要であるとして、専制から一挙に民主制に入るのは正しい順序ではないという。また、民権には英仏流の「回復の民権」と後進国にみられる「恩賜の民権」の二種類があり、実質内容は違わないのであるから人民はたとい「恩賜の民権」であっても、それを大切に守り道徳と学問の力で培養してゆく必要があると説く。そして安全保障の問題について、「洋学紳士」「豪傑君」の両者に共通の病源としてヨーロッパ諸国の形勢に対する「思い過ごし」があると警告して、英露独仏四国のバランス=オブ=パワーがもたらす国際平和の側面を強調する。このように、三人の対立する主張と同時にそこには進化論やリアリズムの共有もみられる。そして、それぞれが兆民の分身と考えられる三人の登場人物の討論が、三者鼎立というスタイルであい交錯しながら進展してゆく。激動の明治後半から昭和初期にあらわれた思想系譜

を予見する文献であり、兆民の代表作であるだけでなく明治思想史の古典的名著といえる作品である。↓中江《なかえ》兆民《ちょうみん》

参考文献 桑原武夫・丸山真男「中江兆民のこと」(『図書』一八九、一九六五)

(西田 毅)

さんせいそうらん 三正綜覧 明治十三年(一八八〇)十二月に刊行された暦の対照表。内務省御用掛塚本明毅監修のもとで、内務省地理局が編刊。二冊本。孝元元年(始皇帝三十三年、ローマ暦(ユリウス暦)紀元五四〇年、西洋暦(グレゴリオ暦)紀元前二一四年)から明治三十六年(光緒二十九年、回暦(イスラム暦)一三二〇年・一三二一年、西洋暦一九〇三年)までの、日本暦・中国暦・イスラム暦、太陽暦(ユリウス暦・グレゴリオ暦)との対照表が掲載されている。そのほか、日本暦・中国暦・イスラム暦の毎月の朔日干支と月の大小も記載されている。日本の暦については、宝永三年(一七〇六)刊行の中根元圭著『皇和通暦』に依拠して作成されている。陰陽暦対照表としては、内務省図書局編『太陽太陰両暦対照表』三冊(明治七年・九年・十一年)、ブラムセン William Bramsen編『和洋対暦表』一冊(明治十三年一月)が刊行されていたものの、暦を換算する際には本書が広く用いられ、昭和五十年(一九七五)に内田正男『日本暦日原典』(雄山閣出版)が刊行されるまで長く使用された。ただし本書は、史料との対校が十分ではなく、誤植も多いことが指摘されている。

参考文献 洞富雄「ブラムセンの『和洋対暦表』と『三正綜覧』」(『日本歴史』一九九、一九六四)、内田正男「日本長暦から三正綜覧まで」(『東京天文台報』一八ノ四、一九七九)

(真辺 美佐)

さんせいどう 三省堂 明治時代前期創業以来の老舗の出版社。幕臣の家に生まれた亀井忠一《かめいただかず》が明治十四年(一八八一)四月八日に東京市神田区裏神保町一番地に商号「三省堂」として古書籍業を開業したことに始まる。「三省堂」の由来は『論語』学而編の「曾子曰吾日三省吾身」(曾子曰く吾れ日に三たび吾が身を省みる)にちなんでいる。翌年に、亀井は古書籍業と平行して出版書店への準備を進め、十六年に実兄石川貴知(古書籍業桃林堂書店経営)・従弟加藤鎮吉(書店開新堂経営)・岩藤錠太郎(書店十字屋経営)とともに同盟四書房を組織して、主に翻訳・翻刻物の出版を始め、『(ウィルソン氏第一リードル)独案内』『(ミル氏)代議政体』を刊行した。翌十七年には西山義行編『英和袖珍字彙』(三省堂最初の英語辞書)を刊行し、大平俊章(書店日進堂経営)・江草斧太郎(書店有斐閣経営)も加わって同盟六書房となり、さらに翌年には銀座十字屋と文明堂を加えて同盟八書房となった。以後明治二十年(一八八七)ごろまでは、『(バーレー氏)万国史』『ユニオン第四リーダー』などを刊行した。だが、翻刻出版から自主企画へ路線を改めて二十一年に『安遜氏契約法』上・下を三省堂の単独出版として開始し、この年には四六判一八〇〇頁という棚橋一郎・イーストレーキ共編『(ウェブスター氏新刊大辞書)和訳字彙』を刊行して英和辞典の和訳本の単独出版をも始めて積極的な冒険事業に乗り出した。この浩瀚な大字彙は亀井の妻万喜子が三十歳を過ぎてから多くの子女を抱えながら英学塾に夜間通学して語学修得した実感から必要と考えて創案・工夫に与ったもので、「その時代に英語を学んだほどの青少年学徒は誰彼となく、(中略)恩恵を受けた」という。亀井は二十二年十二月に印刷所を新設し、東京書籍出版営業組合に加入し、翌年にはその組合委員に就任し、二十四年には三省堂編輯所を新設して事業を拡大した。だが、二十五年四月の神田大火で三省堂書店は東京堂・冨山房などとともに類焼して、古本業はこの年をもって中止して、以後は新本の小売業と出版を営むこととなった。神田大火から立ち直った三省堂は、中等教科書、英和・和英や国語などの辞書、漢和大字典、地図、地理教科書等々を矢継ぎ早に刊行した。三十一年(一八九八)には全一巻の総合的大百科辞典の刊行が企画され三十六年に具体的に着手された。編纂は伊原青々園《いはらせいせいえん》・幸田露伴・高橋大華《たかはしたいか》・前田健次郎らにより担当編集などが進められ全一巻から全三巻本に脹らみ、四十一年(一九〇八)十一月に『日本百科大辞典』第一巻が刊行された時には全六巻・索引一巻の予定と発表された。以後、大正元年(一九一二)八月に第六巻までが刊行されたが、その直後の十月十八日に三省堂は倒産に見舞われた。これは、『日本百科大辞典』の度重なる経費増や経営面の不備や金融対策の拙劣などによるものであった。創業以来、辞書・教科書・参考書で手堅い伸張を遂げて教育界・出版界では三省堂の名は確立していたのであったが、『日本百科大辞典』の刊行が「三省堂三〇年の蓄積を食い潰すことになっていった」(『三省堂の百年』)。この大辞典は日本百科大辞典完成会(理事長阪谷芳郎)に引き継がれ、大正八年に第十巻の刊行で完結した。明治時代の三省堂は明治の終焉とともに破綻したが、大正四年九月に株式会社三省堂として資本金七万円で社長小林箕三郎のもとで新発足し、出版と印刷部門を法人化して、書店は個人商店で継続することになった。以後、躍進して太平洋戦争勃発ごろまでに戦前期の黄金期を迎え、昭和十八年(一九四三)には社員総数七百三十三名を擁するに至っている。戦後には廃墟と混乱の中から再建されて昭和五十六年(一九八一)には創業百周年(取締役社長亀井辰朗)を迎えて現在に至っている。

参考文献 『三省堂書店百年史』(一九六八)、三省堂百年記念事業委員会編『三省堂の百年』(一九八二)

(佐藤 能丸)

サンソム George Bailey Sansom 一八八三―一九六五 イギリス外務省の一員として日本に赴任し、のちコロンビア大学東亜研究所初代所長などを歴任した、日本学の第一人者。一八八三年十一月二十八日ロンドンに生まれ、フランス(リセー＝マレルブ)・ドイツ(ギーセン大学・マールブルク大学)で学び、明治三十九年(一九〇六)

から昭和十五年(一九四〇)まで日本に滞在。第二次大戦後の昭和二十一年(一九四六)には日本管理のための最高機関極東委員会英国代表として来日した。一九四七年渡米、コロンビア大学東亜研究所初代所長、スタンフォード大学顧問教授などを歴任した。一九六五年三月八日アリゾナ州で死去。満八十一歳。東京の国際文化振興会、米国アジア学会が追悼を表明した。代表作は、英米仏日各国で刊行された『日本文化小史』(一九三一年刊行、邦訳昭和二十六年)、西欧世界と日本の衝突・融合を広い視野から明らかにした『西欧世界と日本』(一九五〇年刊行、邦訳昭和四十一年)。『日本歴史』三巻では、古代から十九世紀の開国までの日本の歴史を、歴史人物を浮き彫りにしながら描き出した。

参考文献 『国際文化』一三二(ジョージ・サンソム卿特集号、一九六五)

(杉本 史子)

さんだいじけんけんぱくうんどう 三大事件建白運動 明治時代中期の政治運動。租税の軽減、言論・集会の自由、外交失策の挽回の三案件を政府に建白して解決しようとした、旧自由党員を中心とする自由民権運動収斂期の運動である。その端緒は明治十九年(一八八六)五月からの井上馨外相の不平等条約改正問題であり、翌二十年(一八八七)七月に井上案に反対する司法省法律顧問ボアソナードの反対意見書や農商務大臣谷干城《たにたてき》の反対意見書などが政府外に洩れて旧自由党の星亨《ほしとおる》らが秘密出版し、世論が高騰した。当時大同団結運動を進めていた星らは、大同団結が立憲改進党との間で停滞する中で条約改正交渉反対を格好の時事問題とし、目標を転じて政府攻撃を開始した。転換の背景には前年後半に長崎清国水兵事件・ノルマントン号事件が発生し、二十年四月の鹿鳴館の仮装舞踏会に批判が集まるなど、対外問題への国民的関心の高まりがあった。またこの転換で星は志操と情熱のある壮士を新たな運動の担い手として重視した。七月末に谷が辞職すると、学生・壮士は靖国神社で名誉表彰運動会を催すなど、以後東京では自由民権派壮士による運動会などの示威運動が相ついだ。政府が条約改正交渉を無期延期して九月中旬には井上外相を更迭すると、民権派の志気は上がり、条約改正交渉反対を軸に運動を拡大していくことが求められた。折から五月に政府の懐柔策で板垣退助・後藤象二郎・大隈重信らに伯爵が授けられると、板垣に民権派の批判が集まったが、これに対し八月に板垣は政府批判の封事を提出し、対決姿勢を強めた。土佐派は板垣への批判払拭を意識しつつ、九月三日に板垣が星亨と協議して三大事件建白方針を決定し、これにより各地で建白の気運が盛り上がった。主導した高知県の背景としては、租税の軽減では十七年に県下で減租請願運動が起きており、十九年には物部川堤防事件で豪雨被害による広範な堤防修繕費の負担を農民側が全面的に退けるなど、農民の負担軽減が課題であったこと、言論・集会の自由では十五年に『高知新聞』発行停止に対し「高知新聞葬」を行うなどの抵抗の伝統があり、板垣の封事も政府の取締りを強く批判していたことが挙げられる。高知では二十年九月三十日に植木枝盛が建白書を脱稿し、天下に「内乱亡国ノ徴《きざし》」が現れており、それを救うには「唯《た》ダ速カニ此三大事ヲ決行スルニ在リ」として「生キテ奴隷ノ民タラン与《よ》リハ、死シテ自由ノ鬼タラン」との有名な言葉で結んだ。亡国や死を賭す意識は、枝盛が同時期に創作した新体詩『自由詞林』に通じている。十月末から高知県の代表片岡健吉・坂本直寛《さかもとなおひろ》をはじめ各地有志・壮士が上京を始め、協議の会合や懇親会が持たれ、十二月まで、建白書を元老院などに提出するとともに大臣・元老院議官らの自宅を訪ねて面会を求めるなどの実践的活動が続いた。上京者は二千人を超えたともいわれる。各地の建白をみると、三大事件としたものは全四十三件のうち高知からが三十件と圧倒的で、ほかに愛媛・千葉県・大阪府が各二件、三重・栃木・茨城・愛知・兵庫・島根県・京都府が各一件であり、そのほかに愛媛県から地方自治を加えた「四大事件」建白が二件、福島県から条約改正に限った建白が十二件提出されるなどした。北海道・岩手・埼玉・鳥取・香川・徳島県や九州地方からの建白はなく、全国的運動には発展しなかった。こうした有志・壮士による首都東京に集中した運動は政府の直接的な脅威となり、また十一月の上野公園での示威運動会では兵隊までもが見物に加わるなど、支持の広がりをみせた。危惧した政府は十一月二十八日以降秘密出版事件で星らを検挙・入獄させ、十二月二十六日に保安条例を公布して皇居外三里四方から高知県人を中心に四百五十一人を追放したため、運動は一気に収束した。→大《だい》同団結運動《どうだんけつうんどう》

参考文献 遠山茂樹『自由民権と現代』(一九八五、筑摩書房)、公文豪「三大事件建白運動と土佐」(土佐自由民権研究会編『自由は土佐の山間より』所収、一九八九、三省堂)、安在邦夫「三大事件建白運動と大同団結運動」(江村栄一編『自由民権と明治憲法』所収、一九九五、吉川弘文館)、福井淳「三大事件建白の精神」(高知市立自由民権記念館編『土佐自由民権運動群像―二〇〇七年度特別展・三大事件建白運動百二十年記念―』所収、二〇〇七)

(福井 淳)

さんだいせつ 三大節 明治・大正時代の代表的な三つの祝日。「新年」と「紀元節」と「天長節」をさすが、三大節というのは自然に流布した通称であって、法令用語ではない。いずれにも宮中で祭儀が行われ、また群臣が参内し饗宴を賜わり、さらに全国の官庁や学校などで奉祝式典が催された。このうち、紀元節と天長節は、明治六年(一八七三)一月から「祝日」とされ、新年については同年六月、一月三日の「元始祭」と一月五日の「新年宴会」が「年中祭日・祝日」と定められている(太政官布告)。しかし、新年といえば、むしろ元日の「四方拝」(神《しん》嘉《か》殿前庭)と「歳旦祭」(宮中三殿)および元日から二日にわたる「新年朝賀(拝賀・参賀)の儀」(宮殿)をさすとみら

れる。現に同二十六年(一八九三)から、文部省より全国の小学校に告示された祝日大祭日の唱歌は、「紀元節」「天長節」とともに千家尊福《せんげたかとみ》作詞・上真行《うえさねゆき》作曲の「一月一日」である。この三大祭の奉祝式典では国歌の「君が代」と各節の唱歌を斉唱し教育勅語を奉読することになっていた。昭和二年(一九二七)から「明治節」を加えて、四大節という。

参考文献 所功『「国民の祝日」の由来がわかる小事典』(『PHP新書』、二〇〇三、PHP研究所)　(所　功)

さんちせいど　三治制度　⇩府藩県三治制《ふはんけんさんちせい》

サンディカリズム　サンディカリズム　労働組合(サンディカ)によるゼネストなどの経済的直接行動で資本主義制度を倒壊し、新しい社会の樹立を目指す社会運動・思想。社会民主主義による改良主義的な議会・政党運動に対する反動として起り、十九世紀末から第一次大戦までの時期にフランス・イタリア・スペインなどの運動に大きな影響を与えた。アナキズム(無政府主義)と結びついたものがアナルコ＝サンディカリズム Anarcho-syndicalism である。日本にサンディカリズム的な思想が入ってくるのは、明治三十八年(一九〇五)に渡米、IWW(世界産業労働組合)の運動などに接した幸徳秋水の帰国後である。直接行動論と呼ばれた幸徳の主張は、のちにアナルコ＝サンディカリズムの指導者となる大杉栄《おおすぎさかえ》などに支持され、当時の社会主義運動に大きな影響を与えたが、同時に運動内部での意見対立(片山潜《かたやません》ら議会政策派との対立)を招き、また大逆事件(明治四十三年(一九一〇)発生の一要因ともなった。日本においてサンディカリズム(アナルコ＝サンディカリズム)がもっとも高揚するのは、第一次大戦後である。　→直接行動論《ちょくせつこうどうろん》

参考文献 ソレル・木下半治『サンジカリズム』(『社会思想新書』一〇、一九四七、鱒書房)、西尾陽太郎『幸徳秋水』(『人物叢書』、一九五九、吉川弘文館)、大河内一男・松尾洋『日本労働組合物語』明治(一九六五、筑摩書房)、岡本宏『日本社会主義政党論史序説』(一九六八、法律文化社)、萩原晋太郎『日本アナキズム労働運動史』(一九六九、現代思潮社)、小松隆二『日本アナキズム運動史』(『青木新書』、一九七二、青木書店)　(杉山　裕)

さんでんこさく　散田小作　散田とは八・九世紀から現われる語で、基本形態から外れた田地のことを意味する。近世においては、死亡や逃散によって本来の耕作者がいなくなった田や、荒廃した悪田をさす。福島県下では、幕末から明治初期に、散田小作とよばれる特殊小作制度が存在したという指摘がある。これは、伊達・信夫・安達郡地方にみられる請負小作のことで、田畑だけでなく家屋敷も散田に含まれていた。同地方では、散田という語は中世末から近世前期に現われており、請作の形態による近世の村の独立ののち、幕末・明治初期にもその名残をとどめているといえる。

参考文献 庄司吉之助「福島県下の特殊小作『散田小作』に就いて」(『社会経済史学』九ノ一、一九三九)、藤田五郎『藤田五郎著作集』五(一九七一、御茶の水書房)　(大豆生田稔)

さんとうなおと　山東直砥　一八四〇—一九〇四　官吏、英学者。号は三栗。天保十一年(一八四〇)生まれ。和歌山の栗栖儀平の子で母方の姓を名乗る。少年期に三年ほど高野山で修行、のち一郎と称し勤皇派の漢詩家河野鉄《こうのてっ》兜《とう》に従って播州、さらに京摂の間に遊び、松本奎堂《まつもとけいどう》や坂本竜馬らと親交を結ぶ。北辺防備に関心を持ち、慶応二年(一八六六)箱館を訪れロシア語を学ぶ。明治初年に箱館裁判所権判事、ついで内国事務局権判事、のち早稲田の旧高松藩下屋敷(のちの大隈重信邸)に北門社明治新塾をおこす。同塾の英語教師は尺振八《せきしんぱち》、林董《はやしただす》であった。同五年(一八七二)同郷の陸奥宗光神奈川県令のもとで八等出仕、ついで参事となるが同八年に辞する。明治十一年(一八七八)九月の愛国社大会に参加、児玉仲児らと自由民権運動にも関わる。さらに陸奥が獄中でベンサムの著作を『利学正宗』として同十六・十七年に訳出刊行した際には出版人となる。同二十五年(一八九二)にキリスト教に入信、また明治学院理事をつとめる。同三十七年(一九〇四)二月十四日没、六十五歳。編著書に『新撰山東玉篇英語挿入』(明治十一年、稲田佐吉ら)、『悔改事《くいあらためのもと》歴《すえ》』(明治二十五年、堀卯三郎)などがある。

参考文献 山東直砥『悔改事歴』(一八九二)、高嶋雅明『和歌山県の百年』(『県民百年史』三〇、一九八五、山川出版社)、萩原延寿『陸奥宗光』(一九九七、朝日新聞社)　(鈴木　栄樹)

さんねんげんえきせい　三年現役制　⇩徴兵令《ちょうへいれい》

さんば　産婆　妊婦・産婦・褥婦および胎児・生児の世話をするのを業務とする婦人。伝統的には経験のある年を重ねた女性が業務に従事していたので産婆という呼称が成立した。産婆に関する最初の法制は明治元年(一八六八)十二月の「近来産婆の者共、売薬の世話又は堕胎の取扱等を致し候者これある由相聞へ、以ての外の事に候」との堕胎幇助禁止令である。近代医学に則ったまとまった産婆のあるべき姿は七年八月とりあえず三府に施行された医制の中に示された。産婆は資格を要すること、免状は四十歳以上の女性で、解剖・生理・病理の大意に通じ、産科医の眼前で平産十人、難産二人を扱った実験証書を所持するものを試験して与えること、経過措置として従来より営業してきた産婆には仮免状を、医制発布後十年間に新たに営業しようとする者は実験証書を検した上で免状を与えられること、産婆は急迫の場合以外は、医師の指図を受けず、みだりに手を下してはならないこと、と規定された。そして十年(一八七七)には内務省衛生局所定の産婆営業免許状書式が決められた。この基本方針に基づき府県ごとに産婆に関する制度がつくられていった。東京府では明治九年九月東京府病院内に産婆教授所が設けられ、技術的な教授を行うとともに試験の上仮免状を下付、すでに開業している産婆もここで再教育

を行うとされ、同年十一月にはこの教授所に二十歳以上三十歳以下の女子三十名を限り入学が許されている。この教授所の卒業試験に及第した者は内務省より本免状が下付された。しかしその後この教授所は廃止され、私立の産婆学校が府下に設立されることとなる。東京府は二十一年(一八八八)四月、府下の産婆に産婆会を組織するよう勧告し、その結果六月には産婆会規則・規約が制定されたが、二十二年七月二十三日付『朝野新聞』は、府下の産婆六百十五人、内訳は内務省本免状取得者二百十六人、府庁仮免状取得者三百九十九人と報じている。石川県の場合では二十三年の産婆は四百九十三人、内訳は内務省本免状取得者三人、県免許取得者四百九十人、また二十八年の県下の産婆は六百五人、内訳は内務省本免状取得者四人、県免許取得者六百一人となっている。府県免許の場合には内務省本免状取得者に比べかなりレベルが低かったと考えられる。この段階はとりあえずすでに存在する産婆を法規のもとに掌握し管理していこうとするのが方針だったといえよう。全国的統計では明治二十四年現在産婆総数は三万三千三百五十九人となっている。三十二年(一八九九)七月産婆規則が制定されるが、経過措置として、(一)従来内務省または地方庁より産婆免状を取得して営業してきた者は本規則施行六ヵ月以内に地方長官に届出れば産婆名簿に登録することができる、(二)産婆の乏しい地域に限り地方長官の履歴審査により業務地域および五ヵ年以内の期限を定めて産婆の営業を許可する、という方法が採用された。産婆規則制定により全国各地で産婆養成所がつぎつぎと開設されていった。女子の就職の機会が大きく開かれたのである。四十三年(一九一〇)五月には産婆規則が改正され、内相の指定した学校・講習所の卒業生は無試験で産婆名簿に登録することができるとされた。このため産婆学校の法的条件が必要となり、四十五年六月私立産婆学校産婆講習所指定規則が内務省令として定められた。そこには、(一)生徒の定員に対し相当な教授用建物・器具・機械および妊婦を入院せしむべき産室があること、(二)高等小学卒業もしくは高等女学校三年以上の課程を修業しまたはこれと同等以上の学力を有すること、(三)年限は学説・実習を通じて二年以上、(四)主要な学課は一年以上産科診療に従事した医師に担当させること、(五)生徒一人につき在学中五回以上臨産実験を行わせる成算があり、内三回以上は入院妊婦であることとの条件が規定されていた。この結果、明治三十三年では試験及第二百二十八人、従来開業二万三千五百三十三人、限地開業千三百二十九人(旧産婆二万四千八百六十二人、新産婆二百二十八人)だったものが、四十四年には試験及第一万八百七十一人、従来開業一万六千三百五十九人、限地開業千百二十九人(旧産婆一万七千四百八十八人、新産婆一万八千七十一人)と変化していき、さらに指定学校・講習所卒業生二十三人が大正三年(一九一四)はじめて誕生し、大正十四年(一九二五)になると、試験及第三万三千九百三十五人、従来開業六千八百二十五人、限地開業七百二十五人、指定校卒業生千三百九十二人(旧産婆七千五百五十人、新産婆三万五千三百二十七人)と逆転していくのである。ここに昭和二年(一九二七)五月、産婆の全国的統一団体である日本産婆会が結成されることとなる。

参考文献 厚生省医務局編『医制百年史』(一九七六、ぎょうせい)、西川麦子『ある近代産婆の物語—能登・竹島みいの語りより—』(一九九七、桂書房)
(宮地 正人)

さんばがっこう 産婆学校 産婆を養成する教育機関。産婆の学校体系としては各種学校として取り扱われた。産婆の規定が全国的に整備されたのは、明治三十二年(一八九九)七月の産婆規則においてである。第一条では「産婆試験ニ合格シ年齢二十歳以上ノ女子ニシテ産婆名簿ニ登録ヲ受ケタル者ニ非サレハ産婆ノ業ヲ営ムコトヲ得ス」とし、第三条では「一箇年以上産婆ノ学術ヲ修業シタル者ニ非ザレバ産婆試験ヲ受クルコトヲ得ス」とした。同年九月の産婆試験規則は「産婆学校産婆養成所等ノ卒業証書若クハ修業証書又ハ産婆若クハ医師二名ノ証明アル修業履歴書ヲ沿ヘ地方長官ニ願出ヘシ」と定めた。明治四十三年(一九一〇)五月に産婆規則が改正され内務大臣指定学校などを卒業した者に無試験検定制度(「産婆名簿ニ登録ヲ受ケタル者」)が適用された。『全国学校案内』(博文館、明治四十一年)は「此の種類の学校若くは講習所」は「全国到る処に設置せられ」「其の程度、内容、入学資格等の如きも、殆んど皆相等しきものである」「入学資格は、概ね十六歳乃至十八歳以上の女子」「高等小学校卒業生又は之れと同等以上の学力ある」者で、「修業年限は一般に一年乃至一年半位」「在学中教授する学課は、先づ産婆学を専らとし、其の他解剖学、生理学及び産場に於ける実地練習」と記している。『最近調査女子東京遊学案内』(博文館、明治四十三年)には東京産科婦人科病院附属東京産婆講習所・水原産科婦人科病院内産婆学校・桜井病院附属東京産婆学校・日本産婆学校・神田病院附属高等産科婦養成所などが掲載されている。たとえば、桜井病院附属東京産婆学校の目的は「産婆を養成するにあり」、入学資格は「年齢十八年以上にして高等小学校卒業者または看護婦試験及第者若くは試験の上之と同等以上の学力ありと認めたる者」とす、学費は「入学金一円五拾銭授業料一箇月金壱円参拾銭」、修業年限は「一箇年」とある。

参考文献 厚生省医務局編『医制百年史』(一九七六、ぎょうせい)、土方苑子編『各種学校の歴史的研究—明治東京・私立学校の原風景—』(二〇〇八、東京大学出版会)
(菅原 亮芳)

さんばきそく 産婆規則 産婆の資格を定めた法令。明治三十二年(一八九九)七月勅令第三四五号により産婆規則が制定され、はじめて全国共通の産婆資格が設けられた。それによると産婆は(一)地方長官が挙行する産婆試験に合格し年齢満二十歳以上の女子で産婆名簿に登録された者、(二)受験資格者は一ヵ年以上産婆の学術を修業した者、㈢妊婦産婦褥婦胎児生児に異常を認めた時は医師の診断を求むべきこと、㈣消毒・臍帯切断・灌腸以外の医術を施すこと不可、と定められている。本規則を受け同年九月内務省令第四七号により産婆試験規則が発せられた。それによると、試験には学説試験と実地試験の二つがあり、前者では㈠正規妊娠分娩その他の取扱法、㈡正規産褥の経過および褥婦生児の看護法、㈢異常の妊娠分娩およびその取扱法、㈣妊婦産婦褥婦生児の疾病消毒方法および産婆心得が試験され、後者は学説試験合格者のみが受験することができるとされた。また本規則は、受験希望者は産婆学校・産婆養成所などの卒業証書または産婆か医師二名の証明ある就業履歴書を添え地方長官に出願すべしとした。

参考文献　厚生省医務局編『医制百年史』(一九七六、ぎょうせい)

(宮地　正人)

さんぱちしきしょうじゅう　三八式小銃　日露戦争後に日本陸軍が採用した小銃で歩兵銃と騎兵銃がある。幕末・維新期に欧米の中古兵器の市場であった日本には、新旧雑多の小銃が輸入された。陸軍は、小銃の国産化を急ぎ、幾重にも改良を重ねたすえ、口径六・五ミリ、五連発式の三十年式小銃を開発した。日露戦争は、三十年式小銃で戦われた。そして南部麒次郎らは、三十年式小銃をさらに改良し、新式銃を開発した。これが三八式歩兵銃で、明治三十八年(一九〇五)に開発されたことから三八式と命名され、それが天皇から貸与されたという意味を持たせるために菊の紋章が刻まれた。三八式は、口径六・五ミリ、数発の弾丸を一度に装塡して一発ずつ発射したが、引き金操作のみで連続して発射することはできなかった。開発に際しては、日露戦争でロシア軍負傷兵の回復が早かったことなどもあり、殺傷力を強化して、口径を七ミリ台とするかどうかが議論となった。結局、口径は六ミリ台とし、殺傷力よりも弾丸製造のための資源節約を重視した。三八式は、銃剣を装着し白兵突撃に使用することができ白兵戦重視の日本陸軍の戦術思想が端的に表れた。後継の九九式小銃が全軍に行き届かず、アジア太平洋戦争時も主力小銃のままであった。

参考文献　加登川幸太郎『陸軍の反省』上(一九九六、文京出版)、山田朗編『戦争二―近代戦争の兵器と思想動員―』(『「もの」から見る日本史』、二〇〇六、青木書店)、佐山二郎『日本の小火器徹底研究―小銃拳銃機関銃入門―』(『光人社NF文庫』)

(山本　智之)

さんぱちしきほへいじゅう　三八式歩兵銃　⇨三八式小《さんぱちしきしょう》銃《じゅう》

さんぱちしきやほう　三八式野砲　日本陸軍を代表する大砲。幕末・明治維新期にかけて、日本ではフランス式の大砲を使用していたが、明治十年(一八七七)年に日本陸軍は、イタリア式の七・五センチ砲を採用・国産化して日清戦争を戦った。日清戦争後、有坂成章《ありさかなりあきら》は、弾丸の発射時間を短縮した口径七・五センチ、最大射程六二〇〇メートルの三十一年式速射野砲を開発し、陸軍に実戦配備された。日露戦争ではこの砲が主力となったが、射程がロシア軍の砲に比べて短く苦戦の原因となったことから、同三十八年(一九〇五)九月、日本陸軍は、クルップ社(ドイツ)の砲身後座式野砲を取り入れることを決定した。明治四十年(一九〇七)に三八式野砲として制式・国産化した。制式化のための研究開始が同三十八年であったことから三八式と命名された三八式野砲は、口径七・五センチという点では三十一年式速射砲と同じだが、最大射程は、八三五〇メートルと長く、一分間に十～十二発程度発射できたという。三八式野砲は、国力の限界から後継の新式砲が開発されず、三八式改野砲として改良されながらも、アジア太平洋戦争終結まで長期にわたり実戦配備された陸軍を代表する大砲であった。→有坂砲《ありさかほう》

参考文献　加登川幸太郎『陸軍の反省』上(一九九六、文京出版)、木俣滋郎『陸軍兵器発達史―明治建軍から本土決戦まで―』(『光人社NF文庫』)、高橋典幸・山田邦明・保谷徹他『日本軍事史』(二〇〇六、吉川弘文館)

(山本　智之)

さんぱつ　散髪　⇨斬切《ざんぎ》り

さんびか　讃美歌　プロテスタントのキリスト教徒が礼拝、集会で神に捧げる讃美・感謝・祈り・信仰の告白、心情の歌の総称。現在同じプロテスタントでも日本聖公会と福音系では、Hymn の訳語である「讃美歌」を「聖歌」と訳し、またカトリック、正教会でも「聖歌」(典礼聖歌、聖歌譜)を主に使用している。プロテスタント教会の日本語讃美歌は明治期アメリカから来日した宣教師が訳した翻訳から始まり、広まった。このため当時アメリカで使用された讃美歌の影響を日本は強く受けることになった。当時アメリカは福音唱歌(ゴスペルソング)、日曜学校(子供)讃美歌が全盛を極めていた。明治期最初の日本語讃美歌は明治五年(一八七二)の第一回宣教師会議の席上でのクロスビー訳「エスワレヲ愛シマス」とゴーブル訳「ヨキ土地アリマス」である。この二篇はともに日曜学校讃美歌を代表するものであった。またカトリック、正教会でも同時期に日本語の聖歌が歌われた記録が残っている。これ以前に江戸時代末期勝海舟がオランダ語から訳した「なにすとて」が知られている。これらアメリカ人宣教師と日本人教師によって訳された讃美歌は教会の成立とともに讃美歌集に纏められていった。明治七年には七種類の讃美歌集が誕生し、約三十年を経て教派共通の讃美歌集が生まれた。これが三十六年(一九〇三)刊、五教派(一致教会・組合教会・バプテスト教会・メソジスト教会・基督教会)共通の『讃美歌』である。これ以前に一致教会・組合教会共通の二十一年(一八八八)の『新撰讃美歌』が存在する。この讃美歌集は新体詩に影響を与えたことで知られ、近代文学史としての研究もなされている。共通讃美歌刊行以前、五教派の内、一致教会では七年の『教のうた』が最も古い讃美歌集である。幻の六年版の存在も想定されるが発見されていない。その後

十四年(一八八一)—十六年に『讃美歌　全』、十六年『讃美歌(改正増補)』を刊行した。組合教会では七年『無題(讃美歌)』を刊行した。これは各教派を通じて現存する最も古い讃美歌集である。そして十五年に全ての讃美歌に楽譜のついた『讃美歌并楽譜』を刊行した。バプテスト教会系では七年の『聖書之抄書』が嚆矢となり、二十年、二十九年に『基督教讃美歌』が刊行された。メソジスト教会系では七年の『讃美のうた』が最初の讃美歌集となり、十七年に『基督教聖歌集』、二十八年に『基督教聖歌集(訂正増補)』が刊行された。讃美歌に貢献した人物は教派別では、奥野昌綱、H・ルーミス、T・M・マクネア(一致教会)、松山高吉、W・W・カーチス、G・オルチン(組合教会)、N・ブラウン、A・A・ベネット(バプテスト)J・C・デヴィソン・松本(永井)えい子、別所梅之助(メソジスト)の名があげられる。五教派以外福音系では、二十七年に松野菊太郎・笹尾鉄三郎編『救の歌』、三十一年に三谷種吉編『基督教福音唱歌』、四十二年(一九〇九)に中田重治編『リバイバル唱歌』を刊行した。聖公会系では九年の『使徒公会之歌』が嚆矢となった。さまざまな讃美歌集の刊行後、二十五年の『聖公会讃美歌』は宣教団体合同の讃美歌集となり、三十五年の『古今聖歌集』へと収斂されていった。救世軍は二十八—二十九年にW・ブース、E・ライト編『救世軍軍歌』、三十四年にH・ホッダー編『救世軍々歌』を刊行した。そのほか小教派、個人がさまざまな讃美歌集を刊行した。また二十三年から『日曜学校うたあつめ』『童蒙讃美歌完』、二十五年A・L・ハウ編『幼稚園唱歌』、三十四年C・L・ブラウン編『ゆきびら』、四十二年『讃美歌(第二編)』など子供讃美歌集が刊行されている。この間カトリックの宣教はローマからパリ外国宣教会に委ねられており、音楽もフランスの影響を受けていた。十一年『オラシヨ並ニヲシエ』の付録『きりしたんのうたひ』、十六年・二十二年・二十六年にルマレシャル編『聖詠(歌詞版)』、十九年『天主公教会拉丁聖歌』、三十六年にラゲ編、三十九年にルマレシャル編『公教会羅甸歌集』、四十年にルマレシャル編『日本聖詠』、四十三年マルモニエ編『天主公教会聖歌』、四十四年にドーマンシュール編『公教聖歌』を刊行し、十三年には手書きの『歌詞集』も存在する。正教会では、奉神礼がすべて歌唱されるので各種典礼書は聖歌集であるともいえる。独立した聖歌集として二十六年にヤコブ・チハイ訳『聖歌譜』を、刊行年不明の『諸祭日唱歌譜』『諸祭日聖歌譜』を刊行した。また大橋荘二による手書きの『聖歌譜』、日野千春による『復活大祭』も現存する。

参考文献　海老沢有道『日本の讃美歌』(一九四七、香柏書房)、原恵・横坂康彦『賛美歌—その歴史と背景—(新版)』(二〇〇四、日本基督教団出版局)、手代木俊一『日本プロテスタント讃美歌・聖歌史事典』明治篇(二〇〇八、港の人)
(手代木俊一)

さんぶけいざいせい　三部経済制　大都市所在の府県に認められた、特例的な府県財政制度。府県財政を市部(地方三新法期は区部)、郡部、連帯の三部に分け、市(区)部と郡部は別個に財政運営を行うが、市(区)部と郡部の共通の経費については、連帯の財政で費目ごとに市(区)部・郡部の負担割合を決定していく。したがって府県会もその内部に市部会・郡部会が設置され、市部・郡部の財政をそれぞれ市部会・郡部会が、連帯の財政を府県会が審議、議定する。三部経済制は商工業の発達した都市部と、そうではない郡部農村との間の、経費と負担をめぐる対立が背景にあり、明治十四年(一八八一)に東京府・京都府・大阪府・神奈川県で、その後兵庫県、愛知県、広島県でも施行された。二十三年(一八九〇)五月公布の府県制では、三部経済制の施行は三府に限定されたが、三十二年(一八九九)三月改正の府県制に基づき、従前の三府四県における三部経済制の施行が再指定された。多くの府県では昭和初期に廃止。

参考文献　自治振興中央会編『府県制度資料』(一九四一)、『広島県史』近代一(一九八〇)
(谷口裕信)

サンフランシスコがくどうかくりじけん　サンフランシスコ学童隔離事件　一九〇六年十月十一日、サンフランシスコ市学務局において、日本人学童を東洋人学校に移籍する決議が採択されたことを指す。これに先立つこと六ヵ月前の四月十八日、サンフランシスコで大地震があった。この地震の後、教室が不足しているとの理由から、命令が下されることになったのである。しかしその背景には排日風潮の増大があり、この決議も「日韓人排斥同盟」なる団体の圧力によってなされたものであるとされる。当時、同市には九十三名の学童がいたが、いずれも直接的な影響を受けることとなった。アメリカ政府も決定の十日後にはこのことを知り無効命令を発したが、「州権の尊重」を政治的伝統としていることから政治介入は難しかった。日本政府は同問題によって日米両国間の感情がもつれることを懸念して冷静な態度を示した。結局、ハワイからの日系移民の転航を禁止する大統領令で市学務局は学童隔離を撤回し、一方で一九〇七年末から翌年にかけての日米紳士協定で、日本政府はアメリカ移民を自主規制することを約束した。→カリフォルニア州排日運動《しゅうはいにちうんどう》

参考文献　簑原俊洋『カリフォルニア州の排日運動と日米関係—移民問題をめぐる日米摩擦、一九〇六～一九二一年—』(『神戸法学双書』三三、二〇〇六、有斐閣)
(山下大輔)

さんぼう　参謀　高級指揮官の職務を補佐し、作戦の立案や情報分析、用兵などの軍令業務を専門的に行う将校。陸軍の参謀本部や海軍の軍令部など中央の軍令機関に属したほか、将官が指揮する部隊の司令部にも配置された(通常、陸軍では旅団以上、海軍では戦隊・警備府以上)。また、大使館付武官および同補佐官や侍従武官、陸海軍大学校校長および同兵学教官も参謀職とされていた。参

謀には大尉以上の兵科将校が任じられ、陸海ともに大学校がその教育を担い、右肩の参謀飾緒によって身分を示した。参謀の職務は指揮官の補佐であり、指揮権は持たない。しかし、メッケルに大きな影響を受けた旧日本陸軍では、作戦参謀がエリートとされ独断専行を許す傾向にあり、指揮官に代わって作戦を指導するなどの越権行為もしばしばおこった。なお、幕僚は参謀よりも広義の意味を持つ。陸軍では参謀と副官、海軍ではさらに主計長、機関長、軍医長までを含んだ。

参考文献 秦郁彦編『日本陸海軍総合事典』(一九九一、東京大学出版会)

（土屋　直子）

さんぼうそうちょう　参謀総長　日本陸軍の軍令管掌機関である参謀本部の長。大元帥である天皇に直隷し、統帥事項を司った。軍令に関する事項は参謀総長が管理、参画し、天皇の親裁を経て平時は陸軍大臣が、戦時は直接師団長、軍司令官に伝え施行した。参謀科の将校や、陸軍大学校、在外大公使館付武官を統轄、管轄した。明治十一年(一八七八)十二月、陸軍においてはじめて独立した軍令管掌機関である参謀本部が設置された。長官の名称は、参謀本部長であった。同時に参謀本部条例が施行され、参謀本部長は帷幕の機務に参画するものを司る者と定められた。その後、陸軍職制の制定により、陸軍卿と参謀本部長との関係が明確となり、参謀本部長は、軍令に関する事項を司り、参謀科の将校を統轄する者となった。十九年三月には陸・海軍の軍令管掌機関を統一したものとして参謀本部が設置され、本部長には皇族が勅任された。二十一年(一八八八)五月、参軍官制が施行され、参軍の下にそれまでの陸軍部、海軍部だったものが陸軍参謀本部、海軍参謀本部となり、それに伴い、本部長は参軍となり次長が陸・海軍参謀本部長となった。二十二年三月、軍令管掌機関は陸・海軍に分かれ、陸軍の軍令管掌機関として参謀本部が成立した。また、この時に参謀総長という名称が確立した。↓参軍《さんぐん》

参考文献 防衛庁防衛研修所戦史室編『大本営陸軍部』一(『戦史叢書』、一九六七、朝雲新聞社)

（太田　久元）

さんぼうほんぶ　参謀本部　日本陸軍の軍令管掌機関。陸軍省から独立し、天皇に直隷し天皇の統帥権を輔翼した。陸海軍統合の軍令管掌機関であった時期もあった。日本陸軍は軍政を掌る陸軍省、軍令を掌る参謀本部の二元組織を採用していた。これは、ドイツ陸軍をもとにしたものであった。軍政とは、軍隊の編制、予算案の作成、給与、検閲、規律など行政に関わる部分を指す。軍令とは、国防計画、作戦計画、平戦両時の兵力運用などの作戦用兵を中心とする事項や、それらに関わる事項の命令などを指す。明治四年(一八七一)七月、兵部省の別局として参謀局が設置され、機務密謀をはかる機能をもち、兵部大輔を都督とした。六年四月、陸軍省条例により参

参謀本部

謀局が第六局となったが、軍令事項は第一局が管掌することとなった。七年二月、再び参謀局が設置され、六月には参謀局条例が制定され、参謀局長は平時においては地理や政治制度を調査研究し、戦時においては戦略を区画する者となった。同時に在外公使館付武官を管掌した。西南戦争を経た日本陸軍は、ドイツから帰国した桂太郎を中心に軍令機関の設置を推進し、山県有朋の援助を受け、十一年(一八七八)十二月、参謀本部が陸軍省から独立し、天皇に直隷した陸軍軍令管掌機関が成立した。本部長の下に次長が置かれ、機構としては総務課および管東局、管西局の一課二局制を採った。管東局は第一軍管(東京鎮台所管)、第二軍管(仙台鎮台所管)および北海道の地理政誌を明らかにし、樺太、満洲、カムチャツカ、シベリアに及ぶことを、管西局は第三軍管(名古屋鎮台所管)、第四軍管(大阪鎮台所管)、第五軍管(広島鎮台所管)、第六軍管(熊本鎮台所管)の地理政誌を明らかにし、朝鮮、清国に及ぶことを管掌した。十八年七月、管東局、管西局は廃止され、新たに第一局、第二局が設置された。第一局中、第一課は出師計画、第二課は団隊編制布置、第三課は軍隊教育、第二局中、第一課は外国兵制地理政誌、第二課は運輸法および全国地理政誌、第三課は諸条規調査であった。十九年三月、参謀本部は陸海軍統一の軍令管掌機関となり、本部長に皇族が就任し、その下に陸軍部、海軍部が置かれた。二十一年(一八八八)五月、参軍官制が制定され、本部長が参軍に、次長は本部長に陸海軍部はそれぞれ陸軍参謀本部、海軍参謀本部となった。二十二年三月、陸海軍統一の軍令管掌機関は分かれ、参謀本部と海軍参謀部となった。海軍参謀部は海軍大臣に属していた。二十九年五月、参謀本部条例が改正され、参謀本部は「国防及用兵ニ関スル一切ノ事ヲ掌ル」と改められた。組織面では、副官部(庶務、人事、経理、陸軍文庫)、第一部(作戦、要塞、兵器弾薬団隊布置)、第二部(動員、団体編制、兵器材料弾薬装具、戦時諸条規)、第

三部(外国軍事及地理、課報、軍事統計)、第四部(運輸交通、軍用通信)、編纂部(戦史、兵要地誌及政誌、翻訳)から構成する六部編制となった。三十二年(一八九九)一月、各部の担当業務が改変され、総務部が新設され、庶務、人事、戦時編制、平時編制などの起案を行い、第一部が名古屋―金沢以北の師団管区、ロシア、朝鮮、満洲、中欧、バルカン、北欧の作戦、情報を、第二部が大阪以西の師団管区、台湾、清国、イギリス、オランダなどとその植民地、中近東、アフリカ、アメリカなどの作戦、情報を掌るように改められた。四十一年(一九〇八)十二月、参謀本部条例が改正され、「参謀本部ハ国防及用兵ノ事ヲ掌ル所トス」と規定した。これは海軍軍令部が参謀本部と同格となったことを受けてのことであった。組織面では課制がとられ、総務部は庶務課(庶務、人事、演習)、第一課(編制、動員)、第一部は第二課(作戦、兵站)、第三課(攻城、要塞)、第二部は第四課(課報)、第五課(兵要地誌)、第三部は第六課(鉄道、船舶)、第七課(通信、航空)、第四部は第八課(内国戦史)、第九課(外国戦史)から構成し、以後、基本的にはこの体制が続くことになった。
↓参軍《さんぐん》 ↓陸軍参謀本部条例《りくぐんさんぼうほんぶじょうれい》

参考文献 防衛庁防衛研修所戦史室編『大本営陸軍部』一(『戦史叢書』、一九六七、朝雲新聞社)、秦郁彦編『日本陸海軍総合事典(第二版)』(二〇〇五、東京大学出版会)

(太田 久元)

ざんぼうりつ 讒謗律 明治八年(一八七五)六月二十八日、太政官布告第一一〇号により公布された日本最初の名誉保護法規。全八条中、第一条で讒謗《ざんぼう》とは讒毀《ざんき》(名誉を毀損《きそん》する)と誹謗《ひぼう》(事実を示さず公然と悪名を広める)の二語を綴って示したものと規定している。以下、第二条と第三条で天皇や皇族に、第四条で官吏に、第五条で一般人に対する名誉毀損罪の規定を設けている。天皇ないし皇室に対する名誉の保護は、戦前を通じ現在に至っても程度の差はあれ継続している。その意味で讒謗律は新聞紙条例や出版条例と並び、言論取締法規の基本になった法規といえよう。讒謗律の制定には、小野梓らの雑誌『共存同衆』を中心とする法律家・官吏・実業家などの会員たちが、名誉保護立法の必要性を説き、政府に建白書を提出したことが直接的契機となっている。しかし実際には同日公布された新聞紙条例と併せ、政府に対する批判的な言論報道活動を封殺するために運用された。讒謗律が公布される前年に、板垣退助らが民撰議院設立の建白書を提出して以来、政府批判の言動は激化していた。征韓論の決裂後、不平士族による政府攻撃も高まる一方であった。こうした状況の中で、政府は第四条に対する違反を根拠として民権運動の取締と弾圧にあたり、数多くの記者を投獄し罰金刑に処した。そのため各新聞社の記者たちは讒謗律の内容に関して議論し合い、政府へ意見書を提出している。その際、新聞界で最も議論の対象となったのは、何が讒毀や誹謗にあたり、どのような表現が官吏の侮辱なのかという、抽象的な条文をどのように解釈するかにあった。しかし換言すれば、抽象的な条文だからこそ、政府は任意に条文を解釈して取締上の運用効果を上げられたのである。なお讒謗律は十三年(一八八〇)七月十七日に公布、十五年一月一日に施行された旧刑法に吸収される形で廃止された。

参考文献 美土路昌一編『明治大正史』一(一九三〇、朝日新聞社)、小野秀雄『日本新聞史』(一九四八、良書普及会)、岡本光三編『日本新聞百年史』(一九六二、日本新聞連盟)

(中園 裕)

さんまいかいりょう 産米改良 産米の品質を管理し向上させ、米の商品化や流通の円滑化をはかること。明治初年の領主制の解体、地租の金納化により年貢が最終的に消滅し、領主の厳格な貢租米チェックがなくなると、収穫後の調整過程の粗略化が進んで粗悪米・粗製米が発生し諸産地に蔓延した。明治十年代半ば以降、地主小作関係が進展し、小作地率が増加して小作米収納が拡大するが、一般に地主・小作人間にはその品質に関する定めはなかったため、不十分な乾燥で容量が不足したまま、俵装も粗雑な産米が収納にあてられるようになった。もともと気候や風土の制約により乾燥が不徹底な地域もあった。また、多収穫の追求は石灰肥料の増投を促し、品質の低下をもたらした。乾燥不良の米は翌年初夏になると変質・腐敗するが、秋田県南部の仙北・平賀・雄勝三郡地方の産米が「秋田腐米」などと称されていたのはその一例である。多くの産地で粗悪米の問題が生じたため、東京や兵庫・大阪など中央市場の有力問屋は、円滑な取引を実現するため産米の規格化・標準化を要請した。明治十年代後半から始まる初期の産米改良はそれに応じたもので、乾燥の徹底、四斗俵への統一、二重俵による俵装の堅固化など、産米の調整過程を改良して米の有利な商品化をねらうものであった。このため、産地の主要な積出地では、商人たちによる米穀検査が始まるほか、県庁が積極的に改良に乗り出す地域もあった。明治後期になると調整過程にとどまらず、耕地整理などによる乾田化、石灰肥料の制限、優良品種の導入など、農法の改良が進んでいく。ある産地における産米改良の着手・進展は、他産地にもそれを促すことになり産地間の競争をもたらした。明治後期からは府県営の米穀検査が広より、植民地においても検査が始まることになった。

参考文献 持田恵三『米穀市場の展開過程』(一九七〇、東京大学出版会)、大豆生田稔『お米と食の近代史』(『歴史文化ライブラリー』、二〇〇七、吉川弘文館)

(大豆生田稔)

さんまいけんさ 産米検査 産地が産米の声価を高めるため、品質向上と荷造り規格の統一を行う目的で実施した米穀検査。幕藩体制期には厳格な米穀検査の機構があり、各藩ごとに米穀の品質改善や俵装・容量は統一されていた。明治六年(一八七三)の地租改正によって貢米制度が廃止され、地租の金納化を契機として米質・乾燥・

調整が悪化し俵装・容量もまちまちとなる粗悪米の氾濫が全国で生じた。明治十三年(一八八〇)、大分県宇佐の吉田長次郎は米穀商を中心に組合を結成して米の検査を始め、宇佐郡内の産米改良運動をすすめた。この結果宇佐米の評価が高まり、これに刺激を受けて各地に産米改良運動がひろがった。こうした動きを受け、明治政府は最初の粗悪米対策となる同業組合準則を明治十七年十一月に布達した。これによって各府県では同様の同業組合準則を公示するだけではなく、米改良組合規約準則のような米を直接対象とする組合準則が西日本を中心に広がっていった。各府県の米改良組合の準則には、林遠里《はやしおんり》の改良米作法に基づいた詳細な耕作法が指示されており、その中の一部分として販売米の検査も組合事業に位置づけられていた。この改良組合は地主・耕作者・商人を地域ぐるみで組織化したものだが組合加入への強制力はなく、いわゆる老農や豪農といわれた手作り地主層の指導的活動に期待するところが大きかった。そのため松方デフレ以降手作り地主層が寄生化すると改良組合の活動は行き詰まっていった。明治三十年(一八九七)、強制力を欠いた準則に代わり重要輸出品同業組合法が制定され、明治三十三年三月には輸出品にとどめず物産一般に拡大した重要物産同業組合法が制定された。これによって九州・中国地方の輸出米産地で同業組合検査が展開されたが、それは米穀商などによる移輸出港での移出検査であって産米改良に対する効果は不十分であった。それを補うものとして系統農会によって生産検査が奨励されたが、産業革命の進展に伴う地主の寄生化によって普及し得なかった。その一方で米穀市場が急激に膨張して産地間競争も強まり、市場の制度化が要請された。明治三十四年、大分県では各郡の米改良組合などの賛成と農商務省の認可を受け、米穀検査規則および米穀検査費一万五千余円を県会で可決し、全国最初の県営検査を実施した。これ以降米穀県営検査が全国に普及し、地方庁が県の事業として米穀検査を強制することとなった。明治三十九年には第二十二回帝国議会で穀物検査に関する県議案が可決され、明治四十年(一九〇七)には深川米穀問屋が中心となって開かれた第一回全国米穀業者大会で米穀検査法の制定施行の決議がなされている。こうして明治四十三年以前には八県にとどまっていた県営生産検査は大正四年(一九一五)には二十五県にまで増加した。米穀生産検査は、昭和十七年(一九四二)二月の食糧管理法により国の手に移っていった。

参考文献 玉真之介「米穀検査制度の史的展開過程―殖産興業政策および食糧政策との関連を中心に―」(『農業総合研究』四〇ノ二、一九八六)

(渡辺 新)

さんゆうていえんしょう 三遊亭圓生 東京の落語家。

㈠三代 一八三九―八一 本名嶋岡(野本とも)新兵衛。天保十年(一八三九)に生まれる。はじめ「のしん」と名乗ったというが、亭号は未詳。この「のしん」は役者時代の名ともいう。歌舞伎役者から四代目桂文治門下となり万治、のちに三遊亭圓朝門下で圓楽(初代)となり、明治二年(一八六九)、三年ごろに三代目圓生を襲名。五年には師の圓朝から芝居噺を譲られ、道具入り芝居噺で名をあげた。初代圓馬、二代目圓橘、三代目圓喬(四代目圓生)と並んで圓朝門下四天王と称されたが、養母の死去の際、邪険にされたから祟ってやるといわれたのを気病みにして早世したといわれる。明治十四年(一八八一)八月十六日没。四十三歳。

㈡四代 一八四六―一九〇四 本名立岩勝次郎。弘化三年(一八四六)八月に生まれる。小間物屋の養子となったが放蕩の末勘当、十九歳の時に三遊亭圓朝門下となり鯉《り》朝《ちょう》。圓朝最古参の弟子の一人で、慶応三年(一八六七)には師の前名を継いで二代目小圓太となる。入夫して商売を営んでいた時期もあったが離縁となり、明治七年(一八七四)に落語家に復帰。翌年三代目三遊亭圓喬を襲名して真打となる。十五年(一八八二)四代目圓生を襲名。二十三年(一八九〇)には昔話頭取もつとめたが、三十五年(一九〇二)夏ごろから舌癌を患い、三十七年一月二十七日に没した。五十九歳。軽妙洒脱な芸風で名人と称された。特に落し噺に関しては師の圓朝が「圓生にはかなわない」といったとの話が伝わる。『木乃伊取り』『三枚起請』など廓話に特に優れていたほか、『文七元結』『鰍沢《かじかざわ》』など一席物の人情噺、また『真景累ヶ淵』『江島屋騒動』など連続物の人情噺も得意にした。今日伝わる『首ったけ』『遠山政談』の作者とも伝わる。圓朝没後の三遊派を率いる存在であった。門人には五代目橘家圓太郎、橘家三好などがいるが、特に有名なのは「品川の圓蔵」と通称された四代目橘家圓蔵である。また息子も落語家となり四代目圓喬門下で小圓喬となったが早世した。

(今岡謙太郎)

さんゆうていえんちょう 三遊亭圓朝 落語家。

㈠初代 一八三九―一九〇〇 本名出淵治(次)郎吉。天保十年四月一日(一八三九年五月十三日)江戸湯島切通町(東京都文京区)に生まれる。父は落語家初代橘屋圓太郎。七歳で小圓太を名乗り初高座、九歳で父と同じく二代三遊亭圓生に入門、十歳で二ツ目に昇進したものの廃業、奉公に出たり歌川国芳に浮世絵を学ぶなどした揚句、安政二年(一八五五)十七歳で高座に復帰、初代圓生の墓で当時不振の三遊派再興を念じ、圓朝と改め場末の真打となる。五年、背景などをみずから描いて始めた鳴物入り

三遊亭圓朝㈠

道具咄で人気を得、翌年二十一歳で都心でも真を打つ。ところが助演に頼んだ圓生が素咄ながら圓朝の出し物を先に演ずるという異常な行動をとり、しかも連夜に及んだため、ついに創作を志し(『真景累ヶ淵《しんけいかさねがふち》』)、『圓朝全集』を残す契機となった。明治二年(一八六九)、時勢の変化に思いを巡らし素咄に転じたところ、同年十月五日に歌舞伎同様の演じ方が禁じられ、先見の明を示した。当初より素咄の『塩原多助一代記』は十一年(一八七八)に完成、いかにも当代に相応しい主人公を生みだした。このような時代感覚は欧州小説の翻案を手懸けた点にも窺えるが(明治十三―十四年刊『雪月花三遊新話』など)、速記術普及のために依頼された『怪談牡丹燈籠』が十七年に刊行されるや大成功を収め、言文一致体小説の文体や描写手法に影響を与え、十九年十月七日創刊『やまと新聞』は圓朝の速記で部数を伸ばした。圓朝は文学史の空白期を埋める存在となるとともに、実際の高座との相異が疑問として残ることとなった。「ネンバリ」「ネトネト」などとみずから評する口調は速記向きで、増加する地方出身者に歓迎された反面、江戸の空気を吸った連中には受け容れ難く、みずから泣くような芸風は世話講談に近いと見做された。二十二年(一八八九)六月三十日、かねての念願であった「三遊塚」が木母寺(東京都墨田区)境内に完成、初代・二代圓生の追福を行い、各界の名士が参列、圓朝生涯の盛事となった。翌二十三年には九月二十七日より『読売新聞』に「三遊亭圓朝の履歴」が連載され、二十四年には単行本化されたのは、寄席芸人として空前の出来事であった。一方、二十四年一月限りで寄席より退隠する事態が起った。席亭の横暴、三遊派独立の頓挫、門弟間の抗争などの要因が重なっての決断と思われるが、大阪浪花座(二十五年九月)、東京の各種演芸会などには顔を出している。二十五年は圓朝物が歌舞伎の原作として適切と認識された年で、一月『塩原多助一代記』、七月『怪談牡丹燈籠』が、ともに歌舞伎座、五代尾上菊五郎主演で大当りを取った。もっとも圓朝が芝居咄の作者であるため脚色しやすく、狂言作者は腕の揮《ふる》い所に乏しいとされた。三十年(一八九七)十二月から寄席に再勤したものの病弱で休席が多く、三十二年十月が最後の高座となり、下谷区車坂町五十六番地(東京都台東区)の自宅で、進行性麻痺兼続発性脳髄炎により没した。六十二歳。本葬は九月十一日、全生庵(東京都台東区)に葬る。上品な高座振りで幾多の門弟を育て、今も大師匠と仰がれ、茶の湯に造詣深く書をよくし、ことに井上馨の贔屓を得た。臨済宗の僧であった異父兄の玄昌や山岡鉄舟の影響を受け、明治十三年九月開悟し、滴水禅師より無舌居士の号を付与された。しかし家庭的には恵まれず、実子朝太郎が能力はありながら、社会人として自立し得なかったことに悩み抜いた。→塩原多助一代記《しおばらたすけいちだいき》 →真《しん》景累ヶ淵《けいかさねがふち》 →牡丹燈籠《ぼたんどうろう》

㈡二代　一八六〇―一九二四　本名沢木勘次郎。万延元年六月十五日(一八六〇年八月一日)、本郷竹町(東京都文京区)に生まれ、父は(水戸)徳川家御作事方。十五歳で二代三遊亭圓橘に入門して橘六、三橘を経て、明治十五年、二十三歳で圓右と改め初代圓朝の薫陶を受け、翌十六年真打に昇進。大正十三年(一九二四)十月二十四日、肺炎をこじらせ、病床で二代目を襲名したものの寄席で披露することなく十一月二日没。六十五歳。切れ味のよい芸で、圓朝の衣鉢を嗣ぐ芝居咄、人情咄のほか、『火事息子』などの落語にも秀で名人と謳われた。実子は二代圓右(沢木松太郎、一八九一―一九五一)。

参考文献　四代目桂文之助著・山本進校注『古今落語系図一覧表―文之助系図・家元本―』(国立劇場調査室編『演芸資料選書』八、二〇〇四、日本芸術文化振興会)、斎藤忠市郎「落語史外伝」(『落語界』二一―三一、一九七九―八二)、永井啓夫『三遊亭円朝(新版)』(一九九八、青蛙房)

(延広　真治)

さんゆうていえんゆう　三遊亭圓遊　一八五〇―一九〇七　東京の落語家。本名竹内金太郎。嘉永三年五月二十八日(一八五〇年七月七日)生まれ。紺屋の奉公を経て三遊亭圓朝へ入門を希望するも果たせず二代目五明楼玉輔《ごめいろうたますけ》の門下となり志《し》う雀《じゃく》、その後明治五年(一八七二)ごろに改めて圓朝門下となり圓遊を名乗る。圓遊の名は本来三代目だが、彼があまりに有名となったため、俗に初代といわれる。明治十二(一八七九)、三年ごろに高座で立ち上がって演じる「ステテコ踊り」が時流に乗り大評判となった。「ステテコの圓遊」、また大きな鼻を売り物にしたところから「鼻の圓遊」との仇名があった。「郭巨《かっきょ》の釜掘り」の立川談志(四代目)、「へらへらの」三遊亭万橘(初代)とともに四天王といわれた。本格的な噺では当時の大看板にかなわないと、二代目柳家(禽語楼)小さんとともに滑稽噺に新機軸を打ち出した。天性のおかしみに加え、明治の新風俗を取り込んだ新作、改作で人気を呼び、それまで人情噺中心だった東京の落語界に新たな滑稽の息吹を吹き込んだ。『野ざらし』のように彼の改作によって今日まで命脈を保った噺の数は多い。明治四十年(一九〇七)十一月二十六日没。五十八歳。

二遊亭圓遊

(今岡謙太郎)

さんようかい　三曜会　貴族院の院内会派。明治二十三年(一八九〇)十一月四日、公爵近衛篤麿を中心に貴族院議員三十余名によって設立された同志会を淵源とし、翌年三月二十四日会名が三曜会と改められた(会名は月水金

の三曜日に会合すると定めたことによる)。この時に趣意書・規約書を発表し、不偏不党の立場から皇室と憲法を守るという立場を明らかにした。中心メンバーは近衛篤麿のほか、公爵二条基弘・子爵松平乗承《まつだいらのりつぐ》らで、所属議員のすべてが有爵議員であり、勅選議員は含まなかった。藩閥政府に対峙する硬派として、第二議会では谷干城《たにたてき》の勤倹尚武建議案に賛成し、第三議会では政府の選挙干渉問題を追及、さらに第五・第六議会では対外硬運動の一翼を担うなど、谷干城らの懇話会と共同歩調を取ることが多かった。明治三十一年(一八九八)五月二十五日、会の主軸であった近衛・二条が朝日倶楽部へ移り、さらに六名が懇話会へ移るなどして所属議員が急減し、明治三十二年二月に朝日倶楽部に合流して消滅した。

参考文献 近衛篤麿日記刊行会編『近衛篤麿日記』(一九六八―六九、鹿島研究所出版会)、『貴族院と華族』(一九八八、霞会館)、小林和幸『明治立憲政治と貴族院』(二〇〇二、吉川弘文館)　(真辺　将之)

さんようしんぽう　山陽新報　岡山で明治十二年(一八七九)一月四日に創刊した新聞。弱冠二十歳の青年西尾吉太郎《にしおきちたろう》が社主となって創刊し、これに編集者として小松原英太郎《こまつばらえいたろう》・万代義勝《まんだいよしかつ》が加わり、顧問格として岡山師範学校・岡山中学の副校長野崎又六《のざきまたろく》が協力した。「普子《あまね》ク山陽ノ事情」を報道する地方紙として『山陽新報』と命名され、岡山区栄町十五番邸(岡山市表町)の旧本陣田原屋跡を社屋とした。当初は隔日発刊であったが、同年五月十七日の第六八号から連日発行した。十二年より十三年にかけて国会開設運動の指導的立場をとったため、岡山県令高崎五六の怒りをかい、発行停止処分や暴漢の襲撃をうける一方、対抗する『吉備日日新聞』の圧迫をうけて廃刊寸前の危機におちいった。明治二十五年(一八九二)には坂本金弥《さかもときんや》の政治機関紙『中国民報』が発行されるが、『山陽新報』は不偏不党の立場を堅持し、日露戦争中には紙数一万部を達成した。昭和十一年(一九三六)十二月一日『山陽新報』と『中国民報』は合併して『山陽中国合同新聞』となり、翌年九月一日からは『合同新聞』となった。

『山陽新報』第1号

参考文献 『山陽新聞百二十年史』(一九九九、山陽新聞社)　(太田　健一)

さんようてつどうがいしゃ　山陽鉄道会社　神戸―下関間を結ぶ鉄道を経営した会社。明治九年(一八七六)、兵庫県出仕の村野山人《むらのさんじん》が中心となり、県内沿線の地域的な利害に基づく神戸―姫路間の鉄道を計画。その後、大阪の藤田伝三郎、東京の荘田平五郎、神奈川の原六郎らの有力者を巻き込み、十九年(一八八六)に敷設を出願。対政府折衝の過程で、鉄道局長井上勝らの意見により下関までの計画となった。二十一年(一八八八)、私設鉄道条例に基づく初の免許を取得し山陽鉄道会社が創立。同年、兵庫―明石間を開業し、すぐに明石―姫路間も延伸、翌年には神戸―姫路間を結んだ。初代社長の中上川彦次郎《なかみがわひこじろう》のもと、複線用地を当初から確保するとともに勾配は一〇パーミル以下とし、車輌には高速運転に適した真空ブレーキを装備するなど、先進的な取り組みを行なった。三十一年(一八九八)には日本初の寝台車を導入。姫路以西は政府補助を受け建設を進め、工事の進捗とともに西進。二十四年に岡山、二十五年に三原(のち糸崎)、二十七年に広島、三十一年に三田尻(のち防府)までそれぞれ開業し、三十四年に赤間(のち下関)まで達した。一方、用地の確保については日本鉄道同様に一旦政府が買い上げたのち会社に払い下げる方式を願い出たものの、容れられなかった。部分開業時から海運との連絡輸送を行い、下関開業後は関門航路を介して九州鉄道とも連絡した。二十六年、商法施行により山陽鉄道株式会社と改称。この時期、筆頭株主であった三菱の岩崎久弥に加え三井高保《みついたかやす》が第二位に名を連ねるようになった。三十六年に播但鉄道を、三十七年に讃岐鉄道を買収し、三十八年には海軍省の働きかけで大嶺の採炭所と厚狭《あさ》を結ぶ大嶺線も開業。三十九年、国有化された。

参考文献 『日本鉄道史』上・中(一九二一、鉄道省)、『日本国有鉄道百年史』二(一九七〇、日本国有鉄道)、老川慶喜編『山陽鉄道会社』(『明治期私鉄営業報告書集成』四、二〇〇五、日本経済評論社)　(高嶋　修一)

さんよかん　参与官　第一次大隈内閣が各省に設置した自由任用の政務官。明治三十一年(一八九八)六月、わが国初の政党内閣として誕生した第一次大隈内閣は日清戦後経営を進める上で行政整理を実行することを主たる課題としていた。とりわけ、それは従来のような部局の統廃合や人員整理にとどまらず、政党内閣に適応する行政機構整備を行うところに特色を有した。そのため、従来の勅任参事官を廃して新たに設置されたのが参与官(勅任官)である。その職掌は「大臣ノ命ヲ承ケ省務ニ参与ス」(明治三十一年勅令第一五七号)であり、政党内閣による省庁への影響力拡大が図られた。そのため同官には与党憲政党の有力者が配された(当時、勅任官には特定の任用資格に関する通則規定がなかった)。結果、同内閣が崩壊すると同官は存在意義を失い、三十三年、第二次山県内閣によって廃止された(勅任参事官が復活)。のち、大正三年(一九一四)には参政官・副参政官が、十三年(一九二四)には政務次官・参与官が設置されるが、大正期の参与官は帝国議会との交渉を主たる職掌とし、省庁への浸透を図った明治期のそれとは性格を異にする。

参考文献 日本公務員制度史研究会編『官吏・公務員

制度の変遷』(一九八六、第一法規出版)、奈良岡聰智「政務次官設置の政治過程(一)―加藤高明とイギリスモデルの官制改革構想―」(『議会政治研究』六五、二〇〇三)、清水唯一朗『政党と官僚の近代―日本における立憲統治構造の相克―』(二〇〇七、藤原書店)

(清水唯一朗)

さんりくしょうしゃ　**三陸商社**　明治時代初期における東北地方の貢米輸送機関。三陸商社の前身は明治二年(一八六九)に石巻に設置された商法司出張所が、当地の物産を東京に送るために設けた商社集会所である。翌三年に商法司が通商司に改称された際に、仙台・石巻の商人からの出資を得て石巻商社と改称した。同年十一月に開催された三陸会議の際に、石巻商社の狭隘な経済基盤を是正するために三陸商社へと改組された。同社は蒸気船東海丸を買い入れ為替方を担うとともに、四年には登米・仙台・一関・若松四県の貢米廻漕をも請負った。幕藩的な領有体制の解体によって生じた徴税機構の混乱という過渡期にあって、徴税請負的な機能を担った機関であるといってよい。

参考文献　千田稔・松尾正人『明治維新研究序説―維新政権の直轄地―』(一九七七、開明書院)、安孫子麟『宮城県の百年』(『県民百年史』四、一九九九、山川出版社)

(佐々木寛司)

さんりくつなみ　**三陸津波**　明治二十九年(一八九六)六月十五日午後七時三十二分、三陸沖を震源とする震度二～三の緩やかな地震の三十分後に巨大な津波が襲来、青森三百十六人、岩手一万八千百五十八人、宮城三千四百四十六人、三県で二万千九百二十人の死者が出た津波地震。三十七年後にほぼ同じ地域を襲った昭和三陸津波(昭和八年(一九三三))と区別して、一般には明治三陸津波と呼ばれる。地震の震度が大きくないのに巨大な津波が襲う場合を津波地震というが、岩手県綾里《りょうり》白浜(大船渡市)では三八メートルの津波高を記録したといわれる。しかし、当時の潮位などがわからないため、信頼できる値かどうかについては検討が必要とされている。被害が特に集中して死者一万八千百五十八人を出した岩手県の場合、たとえば東閉伊《ひがしへい》郡田老村(宮古市)戸数三百四十五戸二千二百三十八人のうち、三百四十五戸すべて流失、死亡は千八百六十七人(八三%)に及んだが、同県ではこうした事例が少なくなかった。当時の災害救済法の備荒儲蓄金による救済費は青森の場合七千四百円(地方負担四千四百円、政府負担三千円)、宮城県四万七千百二十五円(地方負担三万七千百二十五円、政府負担一万円)とされるが、岩手県の場合には政府負担五万円のほか、同県負担額は不明とされている。これに加えて国庫からは第二予備金四十五万二千六百二十三円の支出がなされた。しかしながら、被害戸を個別に救済する備荒儲蓄金はそもそも農民の凶作に備えた災害救済法であり、これを読み替えての救済は、漁業に従事する地域の漁民が壊滅的打撃を受けた津波災害に対応できるものではなかった。このため、岩手県から海嘯《かいしょう》被害地授産方法取調を委嘱された遠野出身の山奈宗真(一八四七―一九〇九)が津波発生から約一ヵ月半後の七月二十七日被害地の調査に出発した。気仙郡気仙村(岩手県陸前高田市)から三陸沿岸を北上して、九月八日北九戸郡種市村(同県九戸郡洋野町)まで四十日間をかけて、被害戸数、死者、負傷者、津波遡上高、津波襲来以前の漁業、産業、民俗などにも言及する内容の調査報告書を作成しており、津波後の漁業の復興についての示唆を得ようとしたことがわかる。山奈は明治三十六年(一九〇三)にこの調査報告七冊を国立国会図書館に寄贈しているが、ほかの関係書類は遠野市立博物館が所蔵する。

三陸津波　宮城県の被害

参考文献　『津波をみた男―百年後へのメッセージ―』(展覧会図録、一九九七、大船渡博物館)、中央防災会議災害教訓の継承に関する専門調査会編『一八九六明治三陸地震津波報告書』(二〇〇五)

(北原糸子)

さんりんかい　**山林会**　林業の知識交流を目的に結成された府県単位の団体。明治十五年(一八八二)大日本山林会発足の前後、各地方で中小規模の林業団体が誕生し始めた。そのなかには林業組合もあったが、大日本山林会と連携しつつ、三十年代から大和(奈良)・信濃(長野)・愛知など林業の盛んな府県から山林会が結成され始め、昭和二年(一九二七)の沖縄県山林会結成で全国に及んだ。多くの山林会の運営は府県庁が担当したが、熱心な会員の多い山林会は集会や会誌発行など大日本山林会に劣らない活動を行なった。大正十三年(一九二四)には全国の山林会が全国山林会連合会を組織したが、これは昭和十四年(一九三九)の森林法改正を契機として、十六年に全国森林組合連合会に吸収され、府県の山林会は府県森林組合連合会に吸収合併された。

→大日本山林会《だいにほんさんりんかい》

参考文献 松波秀実『明治林業史要』(一九一九、大日本山林会)、『農林水産省百年史』上(一九七九) (小林富士雄)

さんりんぎょうせい 山林行政 明治以前、幕藩有林・村持山・個人持山に分かれていた林野所有を近代化することが明治政府の重要課題の一つであった。まず政府は明治二年(一八六九)版籍奉還の断行によって、幕府・各藩の山林・原野を接収し、これを主体とする官林・官有山林原野を政府と地方庁の管轄下においた。個人持山は明治五年の地所永代売買の解禁に続く地券交付によって民有地となった。官・個人いずれにも属さず村民が共同利用してきた村持山は、七年から始まり十四年(一八八一)に終了する官民有区分事業によって、公有地と分離され、かなりの山林が官有地に編入され、これが国有林下戻要求として後日に大きな問題を残した。明治四年から山林行政を所管した大蔵省は伐採の自由と併せ、財政資金調達のため官林・官有山林原野の無制限払い下げを行なったが、六年新設の内務省に移管されて払い下げは原則中止された。そのころ、海軍主船寮による造艦用材伐採が天城などで行われたが、艦船鋼材化とともに中止された。明治新政府は殖産興業政策を具体化すべく、七年五月大久保利通内務卿の建議になる「本省事業ノ目的ヲ定ムルノ議」のなかで、林政を農工商・警察・海運とならんで早急に着手すべき事項とした。これを受けて内務省地理寮に設立された木石課(のち山林課)は、ドイツ林学を学んだ松野礀《まつのはざま》などの提案を基に、官林の調査事業とこれに続く直営伐採事業を青森ヒバ・秋田スギ・木曾ヒノキなどで行なったが、この事業は技術者不足などのため数年で打ち切られた。十二年に内務省山林局が設立され、山林局は十四年設置の農商務省に移管され、官有山林のほか民有林を含む山林行政全般を対象とすることになった。民有林は江戸時代から消費地とのつながりが深い林業地に多く伝統的経営を継承した。所有権の確立と木材・薪炭需要の増大を契機として、二十年代から民有林業に活気が戻った。民有林の指導奨励を目的に、明治十五年山林局主導で大日本山林会が設立され、篤林家たちはここに集まり、民有林業の先導的役割を担った。十五年に西ヶ原樹木試験場を基盤として東京山林学校(東京大学農学部林学科の前身)が設立され、林業技術者養成に着手した。林学教育は明治末年、札幌農学校から昇格した東北帝国大学、新設された盛岡・鹿児島の高等農林学校や各地の農林学校で盛んになった。十九年山林局はドイツに倣い林区署制を採用し、全国の官有山林を大・小林区署で管理することになった。その前年、宮内省に皇室財産を管理する御料局が設置され、二十二年(一八八九)、東北・中部ほか全国に散在する官林が内地御料林に編入された。翌年北海道の官有山林原野を加え皇室財産の編入を一旦完了したが、二十六年拓殖政策を推進するためという内務省北海道庁の要請により分割され、内務省の官林原野が生まれた。御料林は宮内省帝室林野局傘下で昭和二十二年(一九四七)の林政統一まで続く。山林局は官林・官有山林原野を統一し改称した国有林について、明治三十二年(一八九九)国有林特別経営事業に着手した。これは不要林野を払い下げた資金による特別会計で施業案編成・造林など長期的な事業を行うものである。これによって国有林野事業が近代化への路線にのった。基本的法制である森林法の原案は明治十五年から数次にわたって付議されたが不成立に終った。三十年三月に国土保全的性格の第一次森林法がようやく成立し、続いて三十二年三月国有林野法、同年四月国有土地森林原野下戻法の二法が成立した。この森林法は、活発化する国有林野下げ戻しの動きのなかでこの二法を条件に成立したものである。当時頻発した大水害を契機に国土保全が重視され森林治水事業が開始された。第一次森林法制定によって民有林指導に関する路線が定まり、さらに四十年(一九〇七)三月、森林組合規定をとりこむなど民間林業活動促進の色彩を加えた第二次森林法が成立し、造船・建築・鉄道・パルプなど増大する木材需要によって、民間林業は新産業分野の一角の地位を確立した。 ↓営林署《えいりんしょ》 ↓官有林《かんゆうりん》下戻請願運動《さげもどしせいがんうんどう》 ↓高等農林学校《こうとうのうりんがっこう》 ↓国有土地森林原野下《こくゆうとちしんりんげんやさげ》戻法《もどしほう》 ↓国有林《こくゆうりん》 ↓国有林野法《こくゆうりんやほう》 ↓森林法《しんりんほう》 ↓大日本山《だいにほんさん》林会《りんかい》 ↓帝室林野局《ていしつりんやきょく》 ↓東京山林学校《とうきょうさんりんがっこう》 ↓民有林《みんゆうりん》 ↓林《りん》業試験場《ぎょうしけんじょう》

参考文献 林業発達史調査会編『日本林業発達史―明治以降の展開過程―』上(一九六〇、林野庁)、萩野敏雄『日本近代林政の基礎構造―明治構築期も実証的研究―』(一九八四、日本林業調査会)、手束平三郎『森のきた道―明治から昭和へ・日本林政史のドラマ―』(一九八七、日本林業技術協会) (小林富士雄)

さんりんきょく 山林局 林野庁の前身。山林事務を管掌する部局は、明治二年(一八六九)に民部省地理司の所管となって以降、同四年に大蔵省租税寮、同七年に内務省地理寮へと移管された。国有林野は官林・山林・原野に区別されていたが、同十一年(一八七八)に内務省地理局出張所が設けられて以降、官林の調査・保護・経営に乗り出し、同十二年に専管部局として山林局が設立され、同十四年には、農商務省新設によって同省へ移管された。さらに、同二十二年(一八八九)には各府県が管理していた官林のすべてが、同三十一年(一八九八)には森林法施行により官有山林原野が山林局の直轄となった。その後、同局は、大正十三年(一九二四)、新設された農林省に移管され、さらに第二次大戦後の昭和二十二年(一九四七)、農林省外局として林野局に改組され、同二十四年に林野庁となった。 ↓営林署《えいりんしょ》

参考文献 松波秀実『明治林業史要』(一九一九、大日本山林会) (鵜飼 政志)

し

じあいかい　自愛会　在京熊本県人による民権結社。皇室翼戴・立憲政体・国権拡張を綱領とする紫溟会《しめいかい》が明治十四年(一八八一)九月一日熊本で結成されると安場保和《やすばやすかず》らが在京熊本県人にも紫溟会加盟を働きかけた。これに対し大田黒惟信《おおたぐろこれのぶ》(元熊本県民会議長)、林正明(『近事評論』発行元の共同社社長、のち自由党幹事)、矢野駿男《やのとしお》(『近事評論』記者)や学生の沢村友義、来海実《くるみみのる》、村上純らは紫溟会には加盟しなかった。これら反紫溟会派は同年十月中に自愛会を結成し結合大旨・規則を発表している(『近事評論』三五五号、明治十四年十一月三日)。規則には「第一条吾党ハ自由ヲ伸暢シ権利ヲ拡張スルヲ以テ主義トス／第二条吾党ハ社会ノ幸福ヲ増進スルヲ以テ目的トス／第三条吾党ハ立憲王政ヲ以テ適当ノ制度ト信ス」とある。自愛会は熊本の民権派に影響を与え、相愛社・立憲自由党とともに公議政党を結成した(明治十五年二月九日)。

参考文献　水野公寿「国会開設の勅諭と熊本紫溟会」(『熊本県高等学校社会科研究会紀要』一六、一九八六)

(水野　公寿)

しあんばしじけん　思案橋事件　明治九年(一八七六)十月二十九日夜、東京府小網《こあみ》町思案橋(東京都中央区)で起きた元会津藩士の永岡久茂《ながおかひさしげ》らによる警察官殺傷事件。永岡は戊辰戦争で各地を転戦した後、二年許されて、陸奥斗南《となみ》藩権少参事、廃藩置県後は青森県権大属を勤めたが、辞職して上京した。士族救済の現場での経験から反政府意識を強め、八年、『評論新聞』の創刊に加わり、反政府の論陣を張るとともに、征韓論政変で下野した萩の前原一誠と交流を持った。前原が九年十月二十八日、萩で挙兵したとの電報を受け、同志らと千葉県庁の襲撃を計画した。二十九日夜、東京新富座に集まった永岡ら十三人は思案橋から小舟に分乗して出発しようとしたが、不審に思った船宿の主人が警察に通報した。駆けつけた警察官と抜刀乱闘となり、警察官二人が死亡した。永岡も負傷し、捕まったのち、獄死した。ほかの十二人のうち、鹿児島に逃れた一人を除いては捕縛され、三人が死刑になった。

(奥　武則)

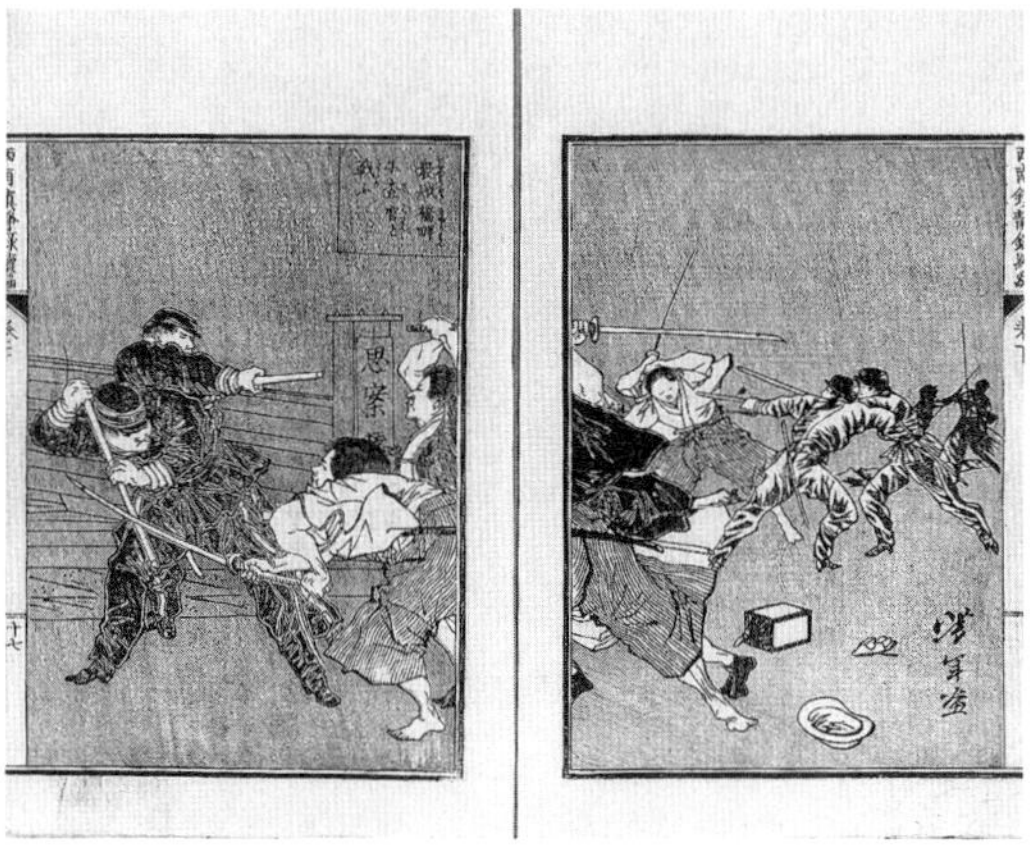
思案橋事件(『西南鎮静録』下より)

しいおべんきょう　椎尾弁匡　一八七六—一九七一　浄土宗僧侶、仏教学者、政治家。増上寺八十二世。僧名は順蓮社性誉随阿法海、号は節堂。愛知県春日井郡庄内村(名古屋市西区)真宗高田派円福寺椎尾順位の五男として明治九年(一八七六)七月六日に生まれる。名古屋の浄土宗瑞宝寺原弁識につき得度。第一高等学校を経て東京帝国大学哲学科宗教学を卒業、宗教大学(現大正大学)教授に就任。その後、早稲田大学講師、東海中学校長、日本大学教授、大正大学学長を歴任。大正期、仏教を個人から社会へ解放し、社会的救済をめざして「共生道」を提唱、財団法人共生会を結成。来世往生を説く浄土教の浄土建設を現実社会で実態化しようとする社会運動を展開、昭和三年(一九二八)第一回普通選挙で初の僧侶議員として衆議院議員に当選、三選し辞職する同十七年(一九四二)まで活動を続ける。東京二本榎《にほんえのき》清林寺、名古屋建中寺、京都清浄華院法主を経て、昭和二十年(一九四五)増上寺法主、昭和四十六年(一九七一)四月七日死去。満九十四歳。著書・講演集は『椎尾弁匡選集』全十巻(昭和四十八年、山喜房仏書林)に収録。

参考文献　林霊法編『椎尾弁匡先生追悼録』(一九七一、東海学園仏教青年会)、峰島旭雄「弁栄と弁匡」(同編『近代日本の思想と仏教』所収、一九八二、東京書籍)

(今堀　太逸)

シーボルト　Alexander Georg Gustav von Siebold　一八四六—一九一一　明治政府の外交を担ったドイツ人一八四六年八月十六日フィリップ＝フランツ＝フォン＝シーボルトと、ヘレーネ＝イダ＝カロリネ、ガーゲルン男爵令嬢の間の長男としてライデンで生まれた。夫妻の五人の子供の中で、次男ハインリヒとともに、父親を継いで日欧の架け橋として活躍した。十三歳の時に父親の第二回来日に同行し、安政六年(一八五九)初来日した。文久元年(一八六一)父が江戸から長崎に移らざるをえなかった時にも、英国の通訳として江戸に止まった。明治三年(一八七〇)日本政府に雇用された。明治五年岩倉使節団同行、ウィーン万国博覧会参加に尽力した。また条約改正交渉に携わった。明治二十年(一八八七)プロイセン国籍を取得しヨーロッパに渡り、ハインリヒとともに『日本』第二版を刊行した。明治四十三年(一九一〇)日本政府から勲二等瑞宝章が贈られた。一九一一年一月二十三日療養先のイタリアのペリで死去した。満六十四歳。

参考文献　ハンス＝ケルナー『シーボルト父子伝』(竹

内精一訳、一九七四、創造社)、アルレッテ＝カウヴェンホーフェン・マテイ＝フォラー『シーボルトと日本―その生涯と仕事―』(フォラーくに子訳、二〇〇〇、Hotei Publishing)　(杉本　史子)

シーボルト **Heinrich Philipp von Siebold**　一八五二―一九〇八　明治時代前半期にオーストリア＝ハンガリー帝国の日本外交に携わったドイツ人。一八五二年七月二十一日、フィリップ＝フランツ＝フォン＝シーボルトと、ヘレーネ＝イダ＝カロリネ、ガーゲルン男爵令嬢の間の次男として、ライン河畔ボッパルトに生まれた。明治二年(一八六九)兄アレクサンダーを追って初来日。明治五年、オーストリア＝ハンガリー公使館の通訳官として採用された。また日本政府のウィーン万国博覧会参加の仕事にも従事した。オーストリア＝ハンガリー帝国横浜領事館領事代理、上海総領事に任命されるも、明治二十九年(一八九六)ヨーロッパに帰国。父の遺品の整理、『日本』第二版に携わる。ハインリヒ自身も日本コレクションを集積し、日本滞在中考古学の研究に取り組んだ。明治十年(一八七七)大森貝塚を発掘し、また北海道で考古学・民族学調査を行なった。一九〇八年八月十一日フロイデンシュタイン城で死去。満五十六歳。

参考文献　ハンス＝ケルナー『シーボルト父子伝』(竹内精一訳、一九七四、創造社)、アルレッテ＝カウヴェンホーフェン・マテイ＝フォラー『シーボルトと日本―その生涯と仕事―』(フォラーくに子訳、二〇〇〇、Hotei Publishing)　(杉本　史子)

ジェヴォンズ **William Stanley Jevons**　一八三五―一八八二　イギリスの経済学者、論理学者、科学者。メンガー、ワルラスと並ぶ限界効用学者として著名。一八三五年九月一日、リヴァプール出身。ロンドンのUniversity College School卒業後、University Collegeへ進学。数学を教えていたAugustus de Morganの強い影響を受ける。卒業を待たずに、オーストラリアの王立造幣局の金属分析官に就任。一八五四年、シドニーへ到着後、本業の傍ら気象学の研究に勤しむ。一八五六年以降、経済学に関心が移り、一八五九年に帰国。同年十月にUniversity Collegeへ復学、一八六二年六月には修士号を取得する。同年九月、イギリス科学促進協会F(経済科学・統計学)部会にNotice of a general mathematical theory of political economy、他一編を報告したが、注目されなかった。翌年マンチェスターのOwens Collegeに職を得る。一八六五年にThe Coal Questionで脚光をあびる。その後、リカード、ミルの古典的価値論を批判し、効用概念と数理経済学を主張したThe Theory of Political Economy(1871)によって、国際的な評価を確立。しかし過労により健康を害し、一八七三年にOwens Collegeを辞す。一八七六年からUniversity Collegeで再び教鞭をとり、その間、山辺丈夫ら七人の日本人留学生が受講した。講義が不得手だった彼と日本人留学生は何ら親密な関係をもたなかった。しかし、山辺が講義ノートを残しているほか、部分訳も含め、明治二十年代までの彼の著作のほぼすべてが邦訳され、原本とともに、経済学、論理学の教科書、啓蒙書として重要な役割を果たした。一八八〇年に再び過労による健康不良から辞職。一八八二年八月十三日、休暇中に溺死。満四十六歳。著書はほかにElementary lessons in Logics(1870), Money and the Mechanism of Exchange(1875), Primer of Logic(1876), Primer of Political Economy(1878), The State in relation to Labour(1882)などがある。また、自筆書簡が関西学院大学図書館デジタルライブラリで公開されている。

参考文献　小泉信三『近代経済思想史』(一九六七、慶応通信)、間宮陽介『市場社会の思想史―「自由」をどう解釈するか―』(『中公新書』、一九九九、中央公論新社)、H. C. G. Matthew and Brian Harrison ed., Oxford Dictionary of National Biography : In Association with the British Academy : from the Earliest Times to the Year 2000, 60vols (Oxford : Oxford University Press : 2004)、R・ケーネカンプ、丸山徹『ジェヴォンズ評伝』(一九八六、慶応通信)、井上琢智『ジェヴォンズの思想と経済学―科学者から経済学者へ―』(一九八七、日本評論社)、杉本貴志「明治初期における生活協同組合の紹介と研究」(『第二回「生活協同組合研究奨励助成」研究報告論文集』所収、一九九四、生協総合研究所)、同「経済学者と協同組合―イギリス、アメリカ、そして日本―」(白石正彦監修『新原則時代の協同組合―持続的改革に向けて―』所収、一九九六、家の光協会)、井上琢智『黎明期日本の経済思想―イギリス留学生・お雇い外国人・経済学の制度化―』(二〇〇六、日本評論社)、同編『幕末・明治初期邦訳経済学書』(二〇〇六、ユーリカ・プレス)　(岡部　泰子)

ジェーンズ **Leroy Lansing Janes**　一八三八―一九〇九　熊本洋学校教員で「熊本バンドの父」。一八三八年三月二十七日オハイオ州に生まれ、陸軍士官学校に学ぶ。南北戦争に従軍し、陸軍大尉(キャプテン)となる。退役後、G・H・F・フルベッキらの紹介で、明治四年(一八七一)熊本洋学校教員となる。軍隊式訓練を重視したことからも、「キャプテン＝ジェーンズ」と呼ばれた。五年の勤務中、彼の感化でキリスト教に共鳴する生徒が続出し、花岡山盟約事件にまで発展。そのため、学校は廃校、ジェーンズは再契約されなかった。信徒になった生徒は、同志社英学校に送られ、京都で「熊本バンド」と呼ばれた。明治十年(一八七七)に帰国した後の生活は不遇で、教え子の小崎弘道《こざきひろみち》らが就職斡旋に奔走。その結果、一時(明治二十六年(一八九三)―三十二年(一八九九))、京都や鹿児島で旧制高等学校の英語教員を務めた。一九〇九年三月二十七日にサンノゼで死去した。満七十一歳。

→熊本《くまもと》バンド　→熊本洋学校《くまもとようがっこう》

参考文献　F・G・ノートヘルファー『アメリカのサムライ―L・L・ジェーンズ大尉と日本―』(飛鳥井雅

道訳、『叢書・ウニベルシタス』三一七、一九九一、法政大学出版局）

（本井　康博）

ジェフェリース　H・S・ジェフェリース　生没年不詳　慶応義塾外国語教師。アーサー＝ロイドに日本で働きたいという旨の手紙を送ったことをきっかけに、イギリスから来日。前橋の中学校で外国人教師として働いた。その後、明治二十三年（一八九〇）七月から明治二十五年一月まで慶応義塾に職場を移す。慶応義塾では、大学部文学科において歴史・ラテン語、大学部法律科においてラテン語、普通部において英語を担当した。マスター＝オブ＝アーツの称号を持つ。

参考文献　『慶応義塾百年史』中前（一九六〇）

（久保田　哲）

しおいうこう　塩井雨江　一八六九―一九一三　詩人、国文学者。明治二年正月三日（一八六九年二月十三日）、但馬国豊岡（兵庫県豊岡市）生まれ。本名正男。帝国大学在学中の明治二十六年（一八九三）、恩師落合直文《おちあいなおぶみ》のあさ香社に加わる。二十七年にはスコットのThe Lady of the Lakeを「湖上の美人」の題で、七五調の新体詩に訳出。恋と騎士道のこの物語詩は、落合の「孝女白菊の歌」に次ぐほど愛唱された。二十八年『帝国文学』創刊に関わり、みずから創作詩「深山の美人」などを発表、擬古派詩人として注目された。大学院に進んだ二十九年には、『帝国文学』の仲間武島羽衣《たけしまはごろも》・大町桂月《おおまちけいげつ》との合著『花紅葉《はなもみじ》』を上梓、詩のほか美文を載せた。流麗な作風が一時代に愛され、新体詩普及の功績は大きいが、その雅文趣味は近代詩の可能性を切り開くものではなかった。やがて和歌・古典研究者、教育者として立つ。『香川景樹』『新古今和歌集詳解』などの成果があり、日本女子大学校・奈良女子高等師範学校で教鞭をとった。大正二年（一九一三）二月一日没。四十五歳。

参考文献　塩田洋子・佐藤信子「塩井雨江」（昭和女子大学近代文化研究室編『近代文学研究叢書』一三所収、一九五九、昭和女子大学光葉会）

（高橋　広満）

しおかわぶんりん　塩川文麟　一八〇八―七七　幕末から明治初年の日本画家。文化五年（一八〇八）、京都で代々安井宮門跡に仕える家に生まれる。字は子温《しおん》、通称図書《ずしょ》。はじめ同門跡（蓮華光院）の侍臣となるが、門主の勧めで岡本豊彦に入門し、四条派を学ぶ。弘化二年（一八四五）の豊彦没後、江州地方を遊歴し、韓人安豎の山水画に感銘を受けたという。安政二年（一八五五）の禁裏造営では襖絵を制作。また慶応二年（一八六六）には如雲社を結成し、京都画壇を代表する画家となった。門下に、のちに多くの俊秀を育てた幸野楳嶺《こうのばいれい》を輩し、近世・近代の京都画壇をつないだ役割は大きい。「嵐山春景」（明治八年）など、山水画を中心に京洛の風物を多く描いた。また夜闇に蛍の光を描いた「蛍図屏風」（スペンサー美術館所蔵）や、水中の魚群を空気遠近ならぬ水中遠近のように描いた作品など、西洋画研究のあとも見える。作品は西洋人に好まれ、欧米のコレクションに秀作が含まれている。明治十年（一八七七）五月十一日没。七十歳。

参考文献　神崎憲一『京都に於ける日本画史』（一九二九、京都精版印刷社）、内山武夫『京都画壇』（『原色現代日本の美術』三、一九七八、小学館）

（佐藤　道信）

しおざわまささだ　塩沢昌貞　一八七〇―一九四五　教育者、経済学者。明治三年十月二十日（一八七〇年十一月十三日）水戸下市荒神町（水戸市）に生まれ、明治二十一年（一八八八）東京英語学校を卒業後、東京専門学校（現早稲田大学）英語政治科に入学し二十四年に卒業。経済学研究のため二十九年アメリカのウィスコンシン大学に自費留学して三十三年（一九〇〇）にPh. Dを授与され、三十四年に東京専門学校派遣留学生としてドイツに渡り、ハレ大学とベルリン大学で財政学と経済学を学ぶ。帰国した三十五年に早稲田大学講師となって経済学を教えるかたわら、明治四十四年（一九一一）―大正八年（一九一九）大学部政治経済学科長、明治四十四年―大正九年専門部政治経済科長、大正四―六年および大正七年―昭和二十年（一九四五）理事、大正十年（一九二一）―十二年学長（十一年に総長と改称）、大正十二年―昭和十七年（一九四二）政治経済学部長を務め、十八年に定年で教授を退職した。二十年七月七日没。七十六歳。留学中に大きな影響を受けた経済学は講壇社会主義派のものであるが、青年期から歴史を愛好した彼の経済学は短期的分析よりも長期的分析を重視する傾向があり、社会、法制度、倫理、技術等々の諸条件を経済学体系にどう採り込むかに腐心した。著書を遺さず、論文も寡作であったが、底知れぬ薀蓄を持っていたと評される塩沢が、最も深い関心を寄せたのは労働問題であった。明治四十年の社会政策学会第一回大会で「労働の本質を論じて労働者と資本家との関係に及ぶ」と題して講演し、労働者と資本家との関係は対等の人格関係であるべきで、現実には資本家と対等の競争力を持ちえない労働者にそれを与えるような政策が実現されなければならないと主張する。明治後期の経済変動にあおられて労働者の団結が活発化する一方で、すでに三十三年には治安警察法が施行されていたなかで、このような大胆な主張を展開していることは注目に値しよう。学会や研究会で、また官庁、実業界、各種団体主催の講演会で、薀蓄を傾けた講演を数多く行なっており、大学の枠を超えて広範な人々に多大な影響を与えた。個人資料は早稲田大学大学史資料センターに寄贈されている。

参考文献　早稲田大学大学史編集所編『塩沢昌貞先生略歴・著作年譜』（一九七二）、久保田明光「塩沢昌貞」（『近代日本の社会科学と早稲田大学』所収、一九五七、早稲田大学社会科学研究所）、『早稲田大学百年史』一―五・別巻一（一九七八―九七）、南部宣行「経済学　塩沢昌貞」（早稲田大学大学史資料センター編『早稲田大学学術研究史（ＣＤ－ＲＯＭ）』所収、二〇〇四、早稲田大学）

（松本　康正）

しおせんばいせいど　塩専売制度　政府による塩の生産・

販売の独占をいう。わが国では、近世以来、財政収入のため、諸藩で塩の専売が行われていた。しかし、明治四年(一八七一)の廃藩置県とともに、藩営専売制度も解体され、生産流通組織の解体に伴う製塩業の混乱も生じたが、瀬戸内海の十州塩業同盟を中心に新たに塩産会社の設立が行われるなど、塩業者も時代の変化に対応していった。政府は、十四年(一八八一)の農商務省設置に伴い、塩業政策を積極的に推進したが、日清戦後の物価騰貴による塩業の逼迫や外国の塩輸入による国内塩業の圧迫は、国内製塩業の保護・育成を急務とさせた。そのため、政府は塩業保護を目的に塩専売法案を帝国議会に提出した。議会では、塩の売り下げ率を限定して可決され、三十八年(一九〇五)一月に公布(六月一日施行)された。その内容は、㈠政府が塩の専売権を独占して製塩業者を許可制とし、㈡製塩業者に政府に塩を納入する義務を課し、代わりに相当の賠償金を交付し、㈢政府は製造塩を定価で販売することなどであった。塩専売法は、塩業保護の目的以外に当時の日露戦争財源に必要とされた増収総額の二割に相当する約千六百万円の増収がはかられ、戦費調達目的で創設された事実上の塩消費税であった。以後、議会に塩専売法廃止法案がたびたび提出された。一方、塩業者は販路の保証や賠償価格の引き上げもあって一時盛況を呈したが、生産過剰などの問題も生じたため、政府は新規許可の抑制や不良塩田乗せ入りを行うなどの措置を講じた。また、政府は第一次大戦以降の国内経済状況の変化に伴う専売益金の減少により、大正八年(一九一九)以降、従来の収益主義を棄てて塩の需給・価格安定や国内塩業育成を目的とする公益専売に方針転換した。昭和二十四年(一九四九)の日本専売公社発足に伴い、塩の専売は同公社に引き継がれた。→専売局《せんばいきょく》

参考文献 『日本塩業史』(一九五八、日本専売公社)、井出文雄『要説近代日本税制史』(一九五九、創造社)

(矢切　努)

しおたさぶろう　塩田三郎　一八四三―八九　外交官。天保十四年十一月六日(一八四三年十二月二十六日)生まれ。文久三年(一八六三)に横浜鎖港談判使節に随行して渡仏。帰国後の慶応三年(一八六七)外国奉行支配組頭となる。明治維新後、明治三年(一八七〇)四月に民部省に出仕し同年六月民部権少丞となり、八月外務権少丞に転じた。そして十月には弁務権大記として鮫島尚信弁務使の渡欧に同行し、翌年には一等書記官として岩倉遣外使節に随行した。明治六年に帰国後、外務少丞、外務大丞、外務大書記官、条約改正取調掛、取調局局長、外務少輔、参事院議官などを歴任。明治十八年(一八八五)十二月清国駐劄《ちゅうさつ》特命全権公使に任ぜられ、日清修好条規の改正にあたるも交渉は難航した。明治二十二年(一八八九)五月十一日、在任中北京にて死去。四十七歳。

参考文献 石原千里「塩田三郎とその旧蔵洋書をめぐって」(『英学史研究』一六、一九八三)

(浜井　和史)

しおのぎさぶろう　塩野義三郎　一八五四―一九三一　明治から昭和時代初期の薬業家。安政元年三月十七日(一八五四年四月十四日)、大坂の道修町《どしょう》薬種中買仲間塩野屋吉兵衛の三男として道修町三丁目(大阪市中央区)に生まれる。明治七年(一八七四)に分家、同十一年(一八七八)に同じ町内で薬種問屋塩野義三郎商店を開くと同時に薬種商組合に加入した。当初から洋薬の製造・取扱に積極的で、田辺五兵衛・武田長兵衛らと共同出資でヨード製造の広業舎や醋酸製造の広栄組を起こした。また官立の衛生試験所が検査の対象外とした薬品を扱うため、同二十一年(一八八八)に田辺五兵衛らと大阪薬品試験会社を創設した。同二十五年には北区相生町の工場で実験的に製薬を行なっている。同二十九年には局方薬の国産化をめざして塩野ら道修町薬業家が結集し、大阪製薬株式会社を設立した。次男長次郎が東京帝国大学薬学科を卒業したのを機に、同四十三年(一九一〇)、大阪府西成郡鷺洲《さぎしま》村海老江(大阪市福島区海老江)に塩野製薬所を設立。新薬の開発に着手した。大正八年(一九一九)株式会社塩野義商店を設立。田辺五兵衛・武田長兵衛(四代目)とともに道修町の製薬業発展に尽力し、道修町の「御三家」とたたえられている。昭和六年(一九三一)十二月二十八日没。七十八歳。

塩野義三郎

参考文献 『二代塩野義三郎伝』(一九六二)、『シオノギ百年』(一九七八)

(野高　宏之)

しおのやこうたろう　塩谷恒太郎　一八六四―一九五〇　法学者、弁護士。元治元年五月二十九日(一八六四年七月二日)に上野国邑楽《おうら》郡館林に生まれる。父は明治初期の県令塩谷良翰《りょうかん》。明治二十一年(一八八八)帝国大学法科大学卒業後、大学院に進むも判事となり、横浜および東京地方裁判所に勤務。二十五年弁護士となり、三十年(一八九七)に若手弁護士によって組織された江湖倶楽部の一員となり、一度は政友会の院外団に属したが、三十六年脱党し無名会を組織。三十三年には谷中村救済会で弁護活動。三十六年桜田倶楽部、三十四年および三十八年講和問題同志連合会に参加した。日露戦後は三十九年の東京市街鉄道合併・値上げ反対運動、四十四年(一九一一)の市有反対運動にかかわり、四十二年十一月朝鮮問題同志会に参加して合邦世論の喚起につとめ、辛亥革命に際して革命派を応援、大正七年(一九一八)にはシベリア出兵をめざす東亜自衛出兵期成会の運動にもかかわった。明治三十年より日本弁護士会理事、三十六年に東京弁護士会副

会長、大正五年六月東京弁護士会会長。昭和二十五年(一九五〇)三月六日没。満八十五歳。編著に塩谷良翰述『回顧録』(大正七年、私家版)、訳書にJ・R・V・マーチャント『英国弁護士制度』(昭和三年、酒井書店)がある。

参考文献 人事興信所編『人事興信録(第五版)』(一九一八)、酒田正敏『近代日本における対外硬運動の研究』(一九七八、東京大学出版会) (櫻井 良樹)

しおのやせいざん 塩谷青山 一八五五—一九二五 明治・大正期の漢文学者。名は時敏、字は修卿、青山は号。安政二年正月二十七日(一八五五年三月十五日)江戸青山に生まれる。塩谷宕陰の弟でのちに宕陰の養子となった塩谷簣山の子。家業を受け、昌平黌に学び、維新後は芳野金陵・島田篁村《しまだこうそん》・中村敬宇に師事した。青山の子、塩谷温《おん》(節山)もまた漢学を継承した。簣山没後、家塾で教授して、明治八年(一八七五)太政官修史局に出仕、翌年辞し、十七年(一八八四)再び出仕、二十二年(一八八九)第一高等中学校教授に任ぜられ、大正九年(一九二〇)退任した。東京帝国大学文学部にも出講した。その間明治三十年(一八九七)小石川久堅町に居を移して塾舎菁莪書院を新築、子弟に教授した。大正十四年(一九二五)二月二日没。七十一歳。漢詩文に長じ明清の文を好み、また書法に精しく空海に傾倒した。著書に『青山文鈔』(明治三十八年)、『文章裁錦』(同四十年)、『漢文類別』(同三十九年)がある。

参考文献 『漢字者伝記集成(復刻)』(『辞典叢書』三一、一九九七、東出版)、神田喜一郎編『明治漢詩文集』(『明治文学全集』六二、一九八三、筑摩書房)、『斯文』三八(節山塩谷温先生追悼号、一九六二) (大島 晃)

しおばらたすけいちだいき 塩原多助一代記 上州から江戸へ出て成功を収めた多助の伝を三遊亭圓朝が人情咄に仕組んだもの。実在の人物名は太助(一七四三—一八一六)で、本所相生町(東京都墨田区両国)で炭屋を営み、道路の改修や燈台を築くなど世のために財を散じた。明治九年(一八七六)八月から九月の間に取材し、十一年(一八七八)に完成、十八年一月より六月にかけて十八分冊で速記法研究会より刊行。当初は塩原家に関わる怪談に興味を抱いたものの、調査を進めるにつれ、節倹に努め身を起した初代太助に引かれ、講談「越後伝吉」など先行作を取り入れる一方、当時の社会情勢をも反映させて創り上げた。二十五年(一八九二)一月、歌舞伎座で上演し大入り、同年刊行の修身の教科書二種(『尋常小学修身』一、『尋常小学修身訓』二)にも採録されたが、「多助」と表記。没後「塩原多助後日譚」が『日出国《やまと》新聞』三十三年(一九〇〇)十一月一日より連載された(未完)。→三遊亭圓朝《さんゆうていえんちょう》

参考文献 青木正次「『塩原多助一代記』の性格」(『藤女子大学文学部紀要』四、一九六六)、越智治雄『近代文学成立期の研究』(一九八四、岩波書店)、倉田喜弘解題「三遊亭圓朝遺稿『塩原多助後日譚』」(『文学』増刊「円朝の世界」、二〇〇〇) (延広 真治)

塩原又策

しおばらまたさく 塩原又策 一八七七—一九五五 横浜出身の製薬業者で三共株式会社の創始者。明治十年(一八七七)一月十日横浜に生まれる。在米の高峰譲吉とタカジアスターゼの日本での販売契約を結び、三十二年(一八九九)三月三共商店(その後三共合資会社となる)を組織し同薬試売を開始した。三十五年来日した高峰からタカジアスターゼの日本での一手販売権およびアドレナリンの代理販売権を獲得、同年、代理店として横浜に鳥居徳兵衛商店、大阪に武田長兵衛商店を選び、従来の本業だった羽二重売込み事業を放棄して日本橋南茅場町に薬舗を開いた。三十七年セントルイス大博覧会視察のため渡米し高峰二薬の製造販売会社パークス＝デイビス社を訪問、そこで薬品工業経営の基本を学び、欧州を廻って三十八年に帰国、日本橋箱崎町に製薬工場を建設、四十一年(一九〇八)には北品川の空工場を買収した。オリザニン・アベリ酸・テトロドトキシンなどを製造し、大正二年(一九一三)高峰を社長にすえて、三共株式会社に改組した。第一次大戦で清酒防腐剤サルチル酸が高騰、塩原は巨大な機械設備によるサルチル酸大量生産に成功し、製薬工業の基礎を築いた。昭和三十年(一九五五)一月七日没。満七十七歳。

参考文献 青潮出版株式会社編『日本財界人物列伝』一(一九六三) (宮地 正人)

しかい 史海 鼎軒田口卯吉《たぐちうきち》主宰の歴史雑誌。経済雑誌社発行。明治二十四年(一八九一)五月創刊、同二十九年七月廃刊。当初は月刊で毎巻一〇〇頁程度、定価十銭、第十一巻から九銭。同二十七年三月の第三十二巻で休刊、翌二十八年九月から隔月刊、全三十八巻。「史海発行之旨意」に、「史海には我邦を始め世界各国有名の人物の紀伝及び文明史、教育史、商業史、工芸史等を掲載するを主とし又交ふるに小説にして歴史に裨補あるもの及び論文にして歴史の参照となるべきものを以てす」とある。「史癖は佳癖」を主張した田口の歴史愛好の個人雑誌的色彩がつよく、毎巻巻頭に田口の「武内宿禰《たけのうちのすくね》」に始まる「皇位に関する争乱」に関係した古代人物史論を掲げ(総計約二十篇、明治二十五・二十七年に『史海日本之部』上下二冊にまとめて刊行)、「考証」と「批評」欄を設けて重野安繹《しげのやすつぐ》と久米邦武《くめくにたけ》の論説や『史海』批評文などを積極的に掲載する誌面構成をとり、さらに巻末に全国各地の諸新聞・諸雑誌上の評言をも広く収録しており、史料的価値が高い。なかでも第八巻(明治二十五年一月 十五

『史海』第1巻

日発兌)に「神道は祭天の古俗」を全文一括転載したことは、久米邦武筆禍事件の直接的契機ともなって、同巻は三月五日発禁処分を受けた。第九巻から第一一巻に久米論文に対する好意的批評を収集し、田口「神道者諸氏に告ぐ」や落後生(吉田東伍《よしだとうご》)の反駁文を転載、擁護につとめた。迫害後の久米も多数寄稿しており、誌上の考証・史論・人物論をめぐって田口・重野・久米・吉田・平出《ひらで》鏗二郎《こうじろう》らが自由な相互批評をたたかわせた。日清戦争前後のアカデミズム史学の成立、史論の流行期にあって、考証史学をも交えたサロンの観を呈し、歴史研究の実践的啓蒙の役割を果たした意義は大きい。第三八巻末に「総目録」があり、復刻版五冊が名著普及会から刊行されている(昭和六十三年)。

参考文献 小沢栄一『近代日本史学史の研究―一九世紀日本啓蒙史学の研究―』明治編(一九六八、吉川弘文館)、大久保利謙編『田口鼎軒集』(『明治文学全集』一四、一九七七、筑摩書房)、大久保利謙『『史海』解題―鼎軒田口卯吉と『史海』―』(『史海(復刻版)』五所収、一九八八、名著普及会)

(今井 修)

しかいがっこう 歯科医学校 歯科医を養成する学校。古くから医術の一部門に口歯科があり、江戸時代には咽喉を含む口中科があって歯痛や義歯をはめこむ治療を行なっていたが、西洋流の歯科医が登場するのは明治初年からである。明治三年(一八七〇)アメリカ人エリオットが横浜で、六年フランス人アレキサンドルが東京築地で歯科医を開業し、十一年(一八七八)にはサンフランシスコの歯科医バンデンボルフについて米国歯科医の資格を取得した高山紀斎《たかやまきさい》が東京銀座で開業した。エリオットの門人小幡英之助《おばたえいのすけ》は八年十月、東京医学校(東京大学医学部の前身校)から歯科医の免状を下付された。ただし東京医学校は歯科医の教育をしていたわけではない。十六年十月公布の医術開業試験規則の中に歯科試験があり、この受験のための講習会が東京はじめ大阪・神戸・山口などに開かれたが、二十三年(一八九〇)東京市芝区伊皿子《いさらご》町(東京都港区)に高山紀斎による高山歯科医学院が開校した。これが日本で最初の歯科医学校である。同校は紀斎の門弟血脇守之助《ちわきもりのすけ》に引き継がれ三十三年(一九〇〇)東京歯科医学院と改称、神田区三崎町(千代田区)に移転、四十年(一九〇七)から専門学校令による東京歯科医学専門学校になった。同年、日本歯科教育会の会長中原市五郎《なかはらいちごろう》が同会の事業として歯科講義会の人々と共立歯科医学校を開設し、四十二年、麹町区富士見町(千代田区)に校地校舎を購入して専門学校令による日本歯科医学専門学校を設立した。これより前、三十九年五月に歯科医師法が制定され、歯科医師は文部大臣が指定する専門学校を卒業するか従来の歯科医師試験に合格するかせねばならなくなった。前記二校は歯科医師法に対応したものであり、歯科医師の学力・技術力とともに社会的地位を高めようとしたものである。明治初年以来、官立医学校・医科大学は西洋医学各科を充実してきたが、昭和三年(一九二八)官立東京高等歯科医学校(現東京医科歯科大学)が開設されるまで歯科医学には手を染めなかった。明治・大正期を通じて歯科医学の研究と歯科医師の養成は私立歯科医学専門学校によってなされたのである。

参考文献 手塚竜麿編『東京の理科系大学』(『都史紀要』一一、一九六四、東京都)、『日本歯科大学六〇周年誌』(一九七一)、『東京歯科大学百年史 一八九〇―一九九〇』(一九九一)

(神辺 靖光)

しかいしほう 歯科医師法 歯科医師の資格を定めた法律。明治三十九年(一九〇六)五月法律第四八号として公布され、同年十月一日より施行された。その条件は、㈠文部大臣の指定している歯科医学校を卒業した者、㈡歯科医師試験(明治十六年(一八八三)十月布達の医術開業試験規則に定められた歯科試験)に合格した者、㈢外国歯科医学校を卒業し、または外国で歯科医師免許を得た者、とされた。日本の場合歯科医師は他の医師から差別されてきており、彼らは医師会に加入する方が自己の地位を確保するのに有利だと考えていたが、明治三十六年段階で歯科医師養成の特殊性に鑑み、別個に歯科医師法を制定すべきだと判断、三十九年議員立法で医師法案が議会に提案されるや、急遽歯科医師法案を作成、議員立法として医師法と同時に成立させたのである。しかし政府は富国強兵政策に直接はかかわらない歯科医師養成方針をこの時点まで定めてはおらず、民間の私塾的医育機関が歯科医師養成を担ってきていた。本法律成立後の三十九年十月文部省令第一七号により公立私立歯科医学校指定規則がつくられ、明治期では四十三年(一九一〇)二月私立東京歯科医学専門学校(四十年九月設立)が、同年六月私立日本歯科医学専門学校(四十二年八月設立)が歯科医師法第一条の指定学校資格を獲得した。昭和七年(一九三二)段階では官立の東京高等歯科医学校(昭和三年十月設立)以外は私立歯科医学校八校となっている。

参考文献 厚生省医務局編『医制百年史』(一九七六、ぎょうせい)

(宮地 正人)

しがきよし 志賀潔 一八七〇―一九五七 明治から昭和時代にかけての細菌学者。明治三年十二月十八日(一八七一年二月七日)陸前国仙台に、仙台藩士佐藤信《さとうまこと》の五男として生まれる。幼名は直吉。同十五年(一八八二)宮城中学入学、このころ母方の志賀家の養子となり、名を潔と称した。四年後に卒業して上京、ドイツ語を学び、同二十年(一八八七)第一高等中学校に入り、五年後に帝国大

志 賀 潔

学医科大学に入学、同二十九年卒業後伝染病研究所に入り、細菌学を研究する。翌年赤痢菌発見に関する報告を発表、世界的に名を知られてゆき、同三十四年(一九〇一)ドイツに留学し、エールリッヒに師事して免疫学・化学療法などの研究を行い、治療剤トリパンロートを発見。同三十八年に帰国、伝研移管問題では北里柴三郎所長らとともに辞職し、北里研究所創立に参画する。のち慶応義塾大学教授、京城帝国大学総長などを歴任、戦後は仙台市名誉市民となる。昭和三十二年(一九五七)一月二十五日死去。満八十六歳。市民葬であった。

参考文献 高橋功『志賀潔』(一九五七、法政大学出版)、志賀潔『或る細菌学者の回想』(『科学者随想叢書』、一九六六、雪華社) (林 彰)

しがくかい 史学会 帝国大学文科大学内に明治二十二年(一八八九)十一月、史学研究を行うことを目的に結成された学会。今日まで活動を継続しているが、設立当初は会員九十九名で出発している。設立のきっかけは三つあった。第一は史学科が明治二十年九月に文科大学に増設されたことである。明治十九年(一八八六)段階で帝国大学はドイツ公使館に対し、史学科開設につき適切なるドイツ人研究者の教師雇傭の斡旋方を依頼、ランケ門下のリース(当時英国留学中)の推薦をうけて英国に電報を以て来学方を照会したところ、リースは快諾し直ちに帰国、数日にして赴任の途に就き、二十年二月横浜に上陸、同年九月の史学科誕生となった。リースと坪井九馬三《つぼいくまぞう》が教師となった。第二は内閣臨時修史局が二十一年十月に帝国大学に移り臨時編年史編纂掛が学内に設置されたことである。移転に伴い日本史に関する厖大な史料も移動し来り、日本史研究の客観的条件が生まれた。第三に、第二の結果、日本史研究者としての経験を蓄積しつつあった重野安繹《しげのやすつぐ》・久米邦武《くめくにたけ》・星野恒《ほしのひさし》という考証学的漢学の豊かな伝統を備えた三学者を教授として、渡辺洪基《わたなべこうき》帝大総長が二十二年六月文科大学に国史科(ただし二十六年九月の講座制では国語学国文学国史講座というまとまりの中に置かれ、史学科とは別個だったことに注意)を文部省と協議して増設したことである。以上の三つのことが相互に作用しあって二十二年十一月一日文科大学第十番教室の来会者二百名の創立会に至ったのである。当日重野は「本会設立の事は余従来修史の職を奉じ、帝国大学へ転任以後、御雇教師独逸人リース氏と面晤し、氏の学会を設け雑誌を発行するの必要なる説を聴き、余も亦其必要を感じて属僚に其旨を伝へたり」と経緯を述べている。坪井史学科教授は設立には(一)リース、(二)重野・星野・久米・田中義成《たなかよしなり》・松浦辰男《まつうらたつお》ら旧修史局の人々、(三)学生では史学科卒業直後の下山寛一郎や史学科学生小川銀次郎、(四)三上参次《みかみさんじ》・上田万年《うえだかずとし》ら文科大学卒業生がかかわっていたと回想し、学生の小川銀次郎は、上田万年に説き、史学科学生の白鳥庫吉《しらとりくらきち》・磯田良《いそだりょう》にも図って諸先生を訪問し、哲学会(明治十七年一月創設)にならって史学会をおこしたと述べている。創立会では下山寛一郎(史学科第一回出身)が史学会設立の由来ならびに目的について語り、文科大学教授小中村清矩《こなかむらきよのり》が「歴史の語」を、重野が「史学に従事する者は其心至公至平ならざるべからず」を講演した。同月十五日重野が正式に史学会会長に推薦され、同月十八日史学会の体制が整えられた。会長より書記として小川銀次郎と山県昌蔵《やまがたしょうぞう》(臨時編年史編纂掛職員)、会計に土岐恭(同上)、雑誌編纂委員には史学科学生の磯田良と白鳥庫吉、三上参次(文学士)、上田万年(文学士)、高津鍬三郎《たかつくわさぶろう》(文学士)、下山寛一郎(史学科卒の文学士)のほかに臨時編年史編纂掛の星野・田中・久米・日下寛《くさかひろし》・松浦辰男の五名となった。創立当初はこのように旧修史局の比重が高いのが特徴であるが、二十三年十一月の編纂委員改選で大学出身者は磯田・小川銀次郎・白鳥・下山・三上・高津の六名に対し旧修史局からは田中義成と鈴木円二の二名に減少した。史学会が軌道に乗ったからだと思われる。明治二十二年十二月『史学会雑誌』が創刊され、以降毎月刊行されていった。創設期の史学会では史料蒐集の件に関心を寄せ、二十三年九月に相談会が開かれ、旧幕期のことに関し事実質問会を組織することが決定された。委員には磯田・小川・三上・山県昌蔵が選ばれ、二十四年一月第一回の聞取りが行われたが、二年後に廃絶した。その成果はのちに『旧事諮問録』として印刷されることとなる。二十五年には『史学会雑誌』二三・二四・二五号掲載の久米「神道は祭天の古俗」論文が田口卯吉の『史海』に転載されたことをきっかけに二月久米の文科大学教授非職という久米事件が勃発し、史学会内部にも多大な影響を与えた。二十五年十二月雑誌名を『史学雑誌』と改称し、二十六年四月史誌編纂掛が廃止された直後の六月、編纂委員の内一名を常置編纂委員とすることとなり田中義成が当選、二十七年六月改選で三上参次が当選、この二十七年に評議員制度が敷かれ、星野・田中・久米・岡田正之《おかだまさゆき》(以上旧修史局系)・高津・坪井・箕作元八《みつくりげんぱち》・白鳥庫吉の八名が評議員となっている。久米事件の後遺症もあり、それ以降活動が停滞するが、三十二年(一八九九)四月、年一回の大会を開催するころから活動が再び盛んになっていった。『史学会叢書』として重要な歴史書を刊行することも始まり、リースの『台湾島史』(明治三十一年)、星野の『竹内式部君事迹考』(二十二年)、『稿本国史眼』洋装合本(三十四年)、『崔東壁遺書』(三十六年)、『弘安文禄征戦偉績』(三十八年)などが出版され、国際学会にも坪井九馬三がローマの万国東洋学会(明治三十二年)、村上直次郎がローマの万国史学会(三十五年)、三上・白鳥・村上直次郎・中山久四郎がハンブルグの万国東洋学会(三十五年)に出席するようになっていった。文科大学が三十七年それまでの分立九学科制を哲学・史学・文学の三学科制に改編したことも史学会の発展に寄与した。四十二年(一九〇九)十一月には創立二十周年記念の臨時大会が開かれ、記念事業として一―二〇巻の総目録と『本朝通鑑《ほんちょうつがん》』の刊行が決定され、後者は大正九年(一九二〇)の第一七冊出版で完結した。明治四十四年三月には評議員が八名から十二名に増員され、また重野が明治四十三年十二月に死亡したため会長の職名をなくして評議員長に星野を選んだ。この時の評議員は磯田良・斎藤阿具《さいとうあぐ》・黒板勝美・白鳥庫吉・幣原坦《しではらたいら》・萩野由之《はぎのよしゆき》・坪井九馬三・三上参次・箕作元八・村川堅固《むらかわけんご》・市村瓚次郎《いちむらさんじろう》および星野の十二名である。日露戦後の国力の増大は史学会の会員数の増大に如実に反映し、明治二十九年末の三百六十五名が四十二年には七百名にも増大してきており、四十五年からは大会が二日間開催されることになった。大正二年からは大会に合わせて史料展覧会が開催されることになり、また三年からは国史・東洋史・西洋史の三つの部会が開かれることになるのである。
↓史学雑誌《しがくざっし》

参考文献 『(創立五十年記念)史学会小史』(一九三九)

(宮地　正人)

しがくかいざっし　史学会雑誌　⇩史学雑誌《しがくざっし》

しがくきょうかい　史学協会　漢文ではなく国文を以て、万世一系の天皇の日本統治を明らかにする目的を以て宋の呂祖謙編纂の『大事記』をモデルとして日本史を編纂するために明治十五年(一八八二)十二月に結成された組織。国学者井上頼圀《いのうえよりくに》と飯田武郷《いいだたけさと》が発意し、長子の飯田永《なが》夫《お》と鈴木弘恭《すずきひろやす》が奔走して会員を勧誘、約百名が賛成、十二月に第一会会合を開いて規則を定めた。翌十六年六月に正式に発足し、七月に機関誌『史学協会雑誌』が創刊された。研究・蒐集すべき分野として開闢史・神祇史をはじめとして二十四分野が挙げられていた。十六年十二月段階では会長心得が副島種臣《そえじまたねおみ》、副会長心得が谷干城《たにたてき》、幹事長が丸山作楽《まるやまさくら》と井上頼圀、編纂委員が木村正辞《きむらまさこと》・黒川真頼《くろかわまより》・田中頼庸《たなかよりつね》・平田胤雄《ひらたたねお》・池原香穉《いけはらかわか》・飯田武郷・小中村清矩《こなかむらきよのり》・杉榲邨《すぎすぎむら》・鈴木弘恭・物集高見《もずめたかみ》・高平真藤・小中村清矩・矢野玄道《やのはるみち》・本居豊穎《もとおりとよかい》・久保季茲《くぼすえしげ》・大沢清臣《おおさわすがおみ》・久米幹文《くめもとぶみ》・塙忠韶《はなわただつぐ》・松野勇雄《まつのいさお》・大和田建樹《おおわだたけき》の十九名となっている。ただし事業は進捗せず、十八年一月にはとりあえず『神皇正統記』のような歴史書の編纂を矢野玄道・井上頼圀・栗田寛《くりたひろし》・久米幹文の四名に依属することにした。この時幹事が丸山・井上・内藤耻叟《ないとうちそう》の三名、事務所が皇典講究所となった。十九年四月大八洲《おおやしま》学会が発足するに際し、そこに合流し、自然と史学協会は廃会となった。

(宮地　正人)

しがくきょうかいざっし　史学協会雑誌　史学協会の月刊機関雑誌。明治十六年(一八八三)七月に創刊され第三四号(明治十九年六月刊)が最終号となった。史学協会は国文を以て君臣の義に基づく本格的な日本史を編纂することを目的としていた。創刊号には蒐集すべき史料の分野として開闢史・神祇史・朝綱史・職官史・典礼史・車服史・音楽史・文学史・兵制史・兵器史・法律史・食貨史・農業史・商業史・工業史・美術史・医術史・数学史・星学史・封建史・地理史・風俗史・外交史・仏教史の二十四分野が挙げられている。この大目的を達成するため、蒐集した史料と口碑および日本史上に関する理論と考証を掲載するための雑誌として本誌が刊行されることとなった。したがって誌上では協会活動報告とともに、分野史の骨格となる朝綱史(黒川真頼《くろかわまより》)、暦学史(飯田武郷《いいだたけさと》)、開闢史(久保季茲《くぼすえしげ》)などや史実考証と史料紹介がなされていった。中には飯田永夫《ながお》の「史論」(第二六号)のように欧米の歴史叙述を明白に意識した論文も掲載されている。十九年『大八洲《おおやしま》学会雑誌』の創刊とともに本誌は自然消滅した。

(宮地　正人)

しがくけんきゅうほう　史学研究法　東京帝国大学文科大学史学科教授の坪井九馬三《つぼいくまぞう》が明治三十六年(一九〇三)十月、早稲田大学出版部から刊行した日本で最初の史学研究方法論。体系的なものとして長らく読まれ続け、大正二年(一九一三)には同出版部から訂正版が、大正十五年(一九二六)には第二版(東京京文社)が、昭和五年(一九三〇)には第三版(京文社)が刊行されている。初版序文によれば、坪井が史学研究法の先行業績として参照したのは、英国のフリーマン、独のベルンハイム、仏のセニョーボスの三学者の著作である。「予不敏なりと雖、史学研究法を講ずる爰に年あり、科学的研究法を史学に応用し聊か得たるところあるを自信す」と坪井は自分の著述資格を語っている。再版序では、史学の生命は「確実なる証拠物件を収むるを以て研究の鍵鑰《けんやく》(かぎ)と為す」と断じており、この姿勢から、本書での歴史哲学の位置づけはきわめて低くなっている。全体は第一巻総論、第二巻史料編、第三巻考証編、第四巻史論編の四部から構成されている。総論では歴史を物語・鑑《かがみ》・史学の三つに分け、史学は社会の細胞としての人の「働作」の発展を研究する科学、社会を動く姿においてとらえることを目的とする科学と定義づける。史料編では史学の材料を論じるとともに、補助学として言語学、古文書学、地理学、年代学、考古学、系譜学、古泉(古銭)学の七つも論じている。考証編では史料批判を外在的批判と内在的批判の両側面から詳細に論じており、前者では贋造・攙入《ざんにゅう》・模様変之等の方法に注意を促し、後者では「可然《しかるべき》程度」、史料の系統、史料の等級、史料の分析の四項に分けて説明し、「一等史料」を、起った当時・当地において担当主任者の作成したものと定義づけている。史論編では史学の根本条件は物理・心理・文化の三条件だとし、文化条件の中に学芸・制度・経済を挙げ、独のマルクス、英のロジャース、米のセリグマンらにより歴史における経済条件が重視されてきたが、「段々この流義の人々が殖えて参りまするのは我等甚だ喜ぶところである」と経済史研究の発展に強い期待を寄せている。 →坪井九馬三《つぼいくまぞう》

（宮地　正人）

しがくざっし　史学雑誌　史学会が学会機関誌として明治二十二年(一八八九)十二月に創刊した歴史学の月刊雑誌。創刊号から二十五年十一月号までは『史学会雑誌』、十二月号から『史学雑誌』と改称して今日まで続いている。十二月十五日付の創刊号には帝国大学総長渡辺洪基《わたなべこうき》の漢文序が掲載されており、大学側の期待をうかがわせる。その雑録には「歴史と地誌との関係」と題する史学科学生白鳥庫吉《しらとりくらきち》のノートもあるが、大半を占めているのは旧修史局系の面々が日本全国の史料調査の中でつよめた自信を反映するものである。十一月一日の創立会での重野安繹《しげのやすつぐ》の演説「史学に従事する者は其心至公至平ならざるべからず」や久米邦武《くめくにたけ》の考証「日本幅員の沿革」、田《た》中義成《なかよしなり》の考証「甲越事蹟考」、星野恒《ほしのひさし》の解題「吾妻鏡考」と田中の解題「信長記考」、雑録では日下寛《くさかひろし》の「天下布武の印」など、発表の機会を待ち望んでいたかのごとくである。その後重野は「川田博士の外史弁誤の説を聞て」(二十三年五月号)、星野恒は「本邦の人種言語に付鄙考を述て世の真心愛国者に質す」(二十三年十月号)、久米邦武は「英雄は公衆の奴隷」(二十三年九月号)、「太平記は史学に益なし」(二十四年四月号)、「勧懲の旧習を洗て歴史を見よ」(二十四年六月号)を続々と執筆、そして「神道は祭天の古俗」(二十四年十・十一・十二月号)を書くに至るのである。そのほかにも松浦辰男《まつうらたつお》は明治二十三年一月号より「尊号記略」を連載し、菅政友《かんまさとも》は二十四年九月号に「高麗好太王碑考」を書くなど、考証学から近代史学への糸口が見えたかのような誌面であった。しかし二十五年三月の久米事件により、「古俗」論文掲載の『史学会雑誌』は発売禁止となり、雑誌そのものに甚大な影響を与えた。二十六年二月号の「史学に対する世評に就いて」の中で、星野は史学への攻撃は、㈠忠臣義士の事跡は破壊すべからずということ、㈡歴史の効用はもっぱら勧善懲悪に在りということ、㈢歴史は科学として研究すれば害ありということ、の三つの立場からなされているとしながらも、それへの反駁をなんらなすことなく、弁解に終始している。萎縮の時代、研究と教育の明確な二重基準の時代に入ったのである。ただし二十七年六月号に坪《つぼ》井九馬三《いくまぞう》が「和蘭東印度会社使節支那紀行」を執筆しているように日本帝国の膨張とともに対外交渉史と朝鮮・満洲・中国本土という東アジア全域への歴史研究の発展も雑誌の中に如実に反映されていくことになった。また、下記のように、東京帝国大学において日東西の史学研究の体制が明治三十年代から確立していったことも雑誌のアカデミズムの質の向上と手堅い実証主義の性格を強めるのに大きく貢献した。明治二十六年以降「国語学国文学国史」講座と一くくりにされていたものが、三十四年(一九〇一)九月から国史第一・第二講座が新設され「国語学国文学」講座と分離し、三十八年には国史学第一講座・第二講座と改称され、四十四年(一九一一)には第三講座が増設されたのである。三上参次《みかみさんじ》・田中義成・萩野《はぎの》由之《よしゆき》が教授として論文を指導した。他方明治二十二年六月漢文学科が改称された漢文科は二十六年より「漢文支那語学」(三講座)の体制をとり、三十八年三月より「支那哲学支那史学支那文学」講座(三講座)と改称した。ところで文科大学は明治三十七年には哲学科・史学科・文学科の三学科体制に移行し、これにより史学科のもとに国史学・支那史学(四十二年より東洋史学)・西洋史学の三受験学科がおかれることになり、四十三年の改正により史学科のもとに国史学・東洋史学・西洋史学の三専修科がおかれる制度にかわったのである。市村瓚次郎《いちむらさんじろう》と白鳥庫吉が担任する東洋史は講座名では依然として「支那哲学・支那史学・支那文学」講座でありつづけたが、大正七年(一九一八)東洋史学二講座が新設されることにより講座として独立することになり、東洋史は市村および白鳥庫吉両教授体制となるのであった。西洋史は日露戦後期は坪井九馬三・箕作元八《みつくりげんぱち》・村川堅固《むらかわけんご》(明治四十五年より教授)の三教授制をとっていた。なお、昭和五年(一九三〇)第一―四〇編までの件名・著者名・図録三分類の総目録が刊行されている。 →史学会《しがくかい》

（宮地　正人）

『史学雑誌』改題号

しがくせいど　視学制度　学事の視察を主たる任務とする文部行政制度。地方の学事視察の制度化は、学制制定時から開始されており、明治六年(一八七三)年八月、文部省に大・中・少監学、大・中・少視学を設置するように規定した。これが視学制度の前身である。本格的には、明治十九年(一八八六)二月の文部省官制で、視学官が設置されたことにより始まる。奏任官で、職務は「学事視察」に従事することであった。明治二十三年(一八九〇)の文部省官制改正で、これが「学事ノ視察及学校検閲」と変更された。その翌年の明治二十四年八月の文部省分課規程改正により、文部省に視学部が設けられ、視学官、視学委員が設置された。その後、明治二十六年の行政整理で視学官は廃止され、文部省参事官がその任務を兼務した。明治三十年(一八九七)八月の文部省官制改正で視学官は復活し、大正二年(一九一三)に督学官と名称が変更され、昭和十二年(一九三七)の教学局設置により教学官が置かれるまで存続した。一方、地方の視学制度は、明治三十年道府県に地方視学を設置したことにより本格化する。明治三十二年の地方官制改正で、視学官、視学、

そして郡視学が設けられた。この中で、視学官は新設であり、県の内務部第三課長兼任で、学事の視察、学事に関する事務を掌った。視学は、地方視学を改めたもので、視学官のもとで視学行政に従事した。郡視学は、明治二十三年の第二次小学校令発布以降に置かれた職で、郡長の指揮のもとに郡内の教育事務の監督にあたり、学務委員がその補助機関となった。大正十五年(一九二六)の郡制廃止で、郡視学が廃止となり、教育事務が道府県に集中するようになった。視学制度は、地方レベルで教員の人事権を実質的に掌握するなど、中央集権的な監督的教育行政の象徴であった。

(小野　雅章)

参考文献　国立教育研究所編『日本近代教育百年史』一(一九七三)

しがけん　滋賀県　近畿地方の北東部に位置する県。近世には近江国と呼ばれ、天領や三十有余の藩領・飛地領のほか、旗本領・宮家公卿領・社寺領などが入り組み、錯雑した領有関係のもとにあった。なかには、一村に数人の領主がいる事例(相給《あいきゅう》)もあり、特に蒲生《がもう》・野洲《やす》・甲賀・滋賀・高島の各郡で顕著であった。明治元年三月七日(一八六八年三月三十日)新政府は大津代官所の地に大津裁判所を設置、公家の長谷信篤《ながたにのぶあつ》を総督とし、近江・若狭両国の幕領を支配させた。閏四月二十五日(六月十五日)に大津県と改め、幕府直轄領のほかすでに上地されていた二藩・二宮家・八十六旗本の所領や知行地を管下に置き、明治四年六月には大溝藩を併せた。同年七月十四日(一八七一年八月二十九日)の廃藩置県により膳所《ぜぜ》・水口《みなくち》・西大路・彦根・山上・宮川・朝日山の各藩と、ほかに本拠があった十五藩領がそれぞれ県となったが、同年十一月二十二日(一八七二年一月二日)には大津県(蒲生・野洲・甲賀・栗太《くりた》・滋賀の六郡)と長浜県(高島・伊香《いか》・浅井《あざい》・坂田・犬上・愛知《えち》・神崎の六郡)の両県に統合された。大津県令には松田道之《まつだみちゆき》、長浜県令には神山郡廉《こうやまくにきよ》が就いた。大津県は明治五年正月十九日(一八七二年二月二十七日)に滋賀県となり、県令には引き続き松田が就任、ついで籠手田安定《こてだやすさだ》(当初は権令《ごんれい》)、中井弘と交替した。他方、長浜県は神山県令のまま同五年二月二十七日(一八七二年四月四日)犬上県と改称された。同年九月二十八日(同年十月三十日)犬上県は滋賀県に合併して、ここに現在の滋賀県が形成された。県令は明治二十三年(一八九〇)五月二十一日まで中井が務めた。なお、明治九年八月二十一日敦賀県の敦賀・三方《みかた》・遠敷《おにゅう》・大飯《おおい》の四郡が滋賀県に編入されたが、同十四年(一八八一)二月七日には再び分離して福井県に入った。県庁所在地は当初の大津裁判所から寺院などへ移転、特に明治二年正月以降、同二十一年現在地に旧庁舎が竣工するまでは三井寺《みいでら》内の円満院に置かれた。明治三十一年(一八九八)十月一日に大津が市制を施行するが、次の彦根の市制施行は昭和十二年(一九三七)二月十一日に実現。彦根では県庁移転を望む動きも強かった。

(鈴木　栄樹)

〔明治初年農民一揆〕　明治元年(一八六八)春、蒲生《がもう》郡のうち松井周防守康英《まついすおうのかみやすひで》領地が、同郡西大路藩主へ当分取り締まりを命ぜられたが、九月に松井家への復領が命じられると、それを嫌忌した農民たちが動揺を見せたため見合わされた。しかし十月下旬になって同月晦日の引き渡しが命令されると、二十八日(十二月十一日)から翌日にかけて三千人の農民が屯集したため、西大路藩が説諭に努め、ついで新政府の刑法官からも吏員が派遣された。この騒擾の背後には西大路藩主市橋家家臣の煽動があったといわれ、政府は同藩藩士四名を謹慎ならびに禁錮とし、他方松井康英には善政を布くようにとの訓戒が与えられた。明治三年九月十八日(一八七〇年十月十二日)の暴風雨により家屋や田畑の被害を受けた彦根藩内犬上郡東方の約千名の村民たちが、城外の大堀村(彦根市)に群集し、田畑荒廃は米の騰貴を狙った米商沢田宗七の祈禱によるものとし、城下に押し入って宗七宅を襲撃した。彦根藩では藩兵を出して鎮圧、複数の死者も出た。二十八日には北方の樋口村(米原市)などで米商四軒が打ち毀しにあい、宗七も取調のため入牢を命じられた。この米宗騒動では、流言を広めた罪で同郡五僧《ごそう》村(多賀町)の弥平が斬首された。明治五年六月、坂田郡内の醒ヶ井《さめがい》宿(米原市)と柏原宿(米原市)では、陸運会社の開業に際して、両宿の農民が旧幕時代以来の宿方永続基金と称される金員をめぐって騒擾となった。この基金は、延宝年間(一六七三―八一)に幕府より下げ渡されたもので各宿に八百八十円余りあった。これが郡山県に預けられていたが、同県の廃止に伴って村役人や勧業会社へ預けようとしたところ、小前農民が分与を主張したという。官員が出張、調査したところ、村役人が分与の不可と陸運会社への協力を懇諭して醒ヶ井宿の農民は鎮まったものの、柏原宿では不服として暴談に及んだという次第が判明した。そのため官員が柏原宿に対して説諭して承服させた。この騒擾の背景には、当時の犬上県での深刻な干魃による農民の窮状があったと推測される。

参考文献　土屋喬雄・小野道雄編『明治初年農民騒擾録』(一九三一、南北書院)、青木虹二『明治農民騒擾の年次的研究』(『日本史学研究双書』、一九六七、新生社)

(鈴木　栄樹)

〔民権結社〕　八幡の高田義甫《よしすけ》は、明治四年(一八七一)から八年にかけて東京に在住したのち、明治十年(一八七七)秋から大津に居住して勧善社(舎)と称する活版印刷業を営み、また晩年速成義塾や九皐《きゅうこう》義塾などの私塾を開いて成人教育や中等教育の普及に尽力した。高田は、すでに東京在住中の明治六年五月に協立社(舎)を設けて出版事業を営み、また『窮理贈答年中帖』(明治六年)や『自由譚』(明治七年)などの著作を公刊し、自主自由の大義を唱えていた。他方、彦根では明治七年、前年十月の政変後に彦根に戻った大東義徹《おおひがしぎてつ》・大海原尚義《おおみはらひさよし》らが彦根議社の結成を進めた。そして翌八年一月には、大東・大海原のほか西村捨三・橋本正人・石黒務《いしぐろつとむ》・田部密・大音竜太郎《おおどりゅうたろう》・外《との》村《むら》省吾ら八名が発起人となって、「彦根議社旨趣綱領」が制定された。同社は自主独立の結社とされ、結成にあたっては板垣退助や副島種臣らとも相談したという。その後、彦根議社は集義社へと改編された。同年九月制定の「集義社大旨」などによれば、法学教育に重きが置かれていたことがわかる。明治十年の西南戦争の勃発に際しては、大東・大海原・大音らが西郷軍に呼応したとの嫌疑をうけて、一時拘束され、他方西村が内務省の官吏となるなど、民権的な学習結社としてのまとまりが崩れ、その機能は弱まっていった。しかし、ついで明治十三年七月から八月にかけて植木枝盛が来県し、栗太郡片岡村(草津市)や彦根町で演説会が開催された。明治十五年には滋賀県自由党と近江大津自由党が組織された。湖北を中心とする前者には、伏木孝内や村田豊らが参加した。浅井郡の伏木は、明治十三年三月の愛国社大会に集まった二府二十二県の代表百十四名中、滋賀県代表として『自由党史』に記された人物である。また後者は湖南地方を中心とし、大津の代言人酒井有や滋賀郡鳥居川村(大津市)の医師大島健夫、さらに片岡米太郎・片岡伍三郎らが加わった。なお、この両党の具体的活動は明らかでない。

参考文献 『新修大津市史』五(一九八二)、伝田功『滋賀県の百年』(『県民百年史』二五、一九八四、山川出版社)
(鈴木 栄樹)

〔新聞〕県下初の新聞紙として、滋賀郡松本村(大津市)の薩埵文蔵が発起人となり、明治五年(一八七二)十月に『滋賀新聞』が創刊された。旧膳所《ぜぜ》藩士山岡景命《やまおかかげのぶ》が編集人、発行元の新聞会社本局は大津下大門町(大津市)に置かれた。創刊当時は和紙使用の木版刷、袋とじ七枚つづりの冊子仕立てで、月三回発行、定価一部二銭、のちに月十回、定価一部一銭で販売、文明開化に関する記事や県の布告などを掲載し県民の啓蒙に努めた。同紙は、同十一年(一八七八)四月『淡海新報』と改題、洋紙両面に活字印刷、県下初の活字日刊新聞となった。同十三年二月、前年三月創刊の『大津日報』と合併して『滋賀日報』と改称、翌十四年二月再び両紙に分かれ、『淡海新報』発行元の滋賀新聞会社では山岡景命を社主として『淡海日報』を発行した。同紙は同年四月『江越日報』と改称したが、経営不振のため同十五年十二月に廃刊する。他方、明治五年十一月、甲賀郡石部《いしべ》村(湖南市)の藤谷九郎次らが大津船頭町(大津市)に会社を設立、翌六年三月に『琵琶湖新聞』を発刊した。木版刷で半紙二つ折り十二枚、一部二銭五厘、当初は月三回、のち四〜五回発行、県の布告などを中心に掲載する官報的な色あいが強く、また小学校教科書などを付録として発行、これが本紙よりも評判であった。経営困難のため同八年七月から休刊、同十二年十月二十五日廃業した。同十七年六月『近江共同新聞』が創刊されたが、同二十一年(一八八八)四月に廃刊となる。同月『さゝ浪新聞』が創刊、同紙は従前の各紙に比べると新聞らしい体裁を整えていたが、同二十三年五月に廃刊となった。同年二月十一日、宮脇剛三を社長に改進党系の新聞として『淡海新報』が創刊、のち西川太治郎が社長に就任、昭和十四年(一九三九)八月一日廃刊。また、大正十年(一九二一)十一月に政友会系の『江州日日新聞』が創刊され、戦時期の新聞統合により『近江日日新聞』、『滋賀新聞』と改称された。

参考文献 日本新聞協会編『地方別日本新聞史』(一九五六)、東京大学法学部明治新聞雑誌文庫編『明治新聞雑誌文庫所蔵新聞目録—昭和五十二年四月現在—』(一九七七、東京大学出版会)、伝田功『滋賀県の百年』(『県民百年史』二五、一九八四、山川出版社)
(鈴木 栄樹)

〔雑誌〕明治期に滋賀県下で刊行された雑誌は、現存状況からみても、きわめて少ない。初期のものとしては、明治十年(一八七七)から十一年にかけての『湖山雑誌』九—一一号が現存する。これは『滋賀新聞』の附録で、七〜八丁だて、時論のほか詩歌を掲載した。明治中期になるといくつかの雑誌が刊行された。明治二十三年(一八九〇)に、滋賀県の仏教青年団体たる近江協会が、「仏教海の現状を報道せんとす」るため、月刊の『近江協会雑誌』を刊行した。現存は、第三号(五月)—第七号(九月)のみである。明治二十四年十二月に創刊された『活眼《かつがん》』は創刊号のみ現存している。発行兼印刷人は田所種実、編輯人は三浦光包《みうらみつかね》で、いずれも京都市上京区東丸太町居住。発行所が、大津町(大津市)の滋賀活眼社となっている。同社は、「自由平等平民主義」を謳い、「愛欲憎悪なく最も公平無私なる活眼を開ひて社会万般の現象を直言直論し、社会の人をして活眼を開かしむべし」とし、「平民社会の利益となるべき、政治、法律、経済、衛生、宗教、農工商等の論説を記載」するとしていたが、同時に投稿の掲載に主眼を置いていたようにも思われる。なお、蒲生郡馬淵村(近江八幡市)の遠沾協会滋賀第三支部が刊行した同名の雑誌が第六号(明治二十六年四月)から第一〇号(同年八月)まで現存(ただし八号は欠巻)している。明治二十五年三月に滋賀県商業学校内に置かれた近江尚商会(会頭は溝部惟幾《みぞべいいく》、副会頭は磯村音介《いそむらおとすけ》)が『近江尚商会々誌』を刊行、一—三・五—七・一〇・一七の各号が現存している。同誌発行の趣旨は、「世運の進歩に従ひ、旧を去て新に就き、鋭意時勢に遅れさらん事を勉む」ことにより、「近江商人の名声を将来に維持すること」に置かれ、そのため「学理と実際との併行一致を期し」ていた。ほかに明治二十年創立の滋賀県私立教育会の機関誌として『滋賀県私立教育会雑誌』が刊行され、その後数度の誌名の変遷を経て大正八年(一九一九)一月より『近江教育』と改まった。

参考文献 『滋賀県教育会五十年史』(一九三六)、『明治新聞雑誌文庫所蔵雑誌目録—昭和五十四年三月現在—』(一九七九、東京大学出版会)
(鈴木 栄樹)

〔私立学校〕滋賀県の私立学校では天台宗と浄土真宗という宗派立の学校が明治初年に創設された。前者は、現在の比叡山中学校・高等学校の前身である天台宗総黌《そうこう》で、明治六年(一八七三)に比叡山上に設けられた。同十二年(一八七九)に中学校となり、比叡山と東京とに分設され、比叡山の方は天台宗第一号中学校と改まった。その後、同十八年天台宗西部大学校・本校付属中学校、同二十三年(一八九〇)天台宗西部中学校、明治三十八年(一九〇五)私立天台宗尋常中学校と変遷した。この時期の生徒数は約六十名。翌明治三十九年には坂本本町(大津市)の新校舎へ移転、大正八年(一九一九)には天台宗比叡山中学となった。大正初期の生徒数は約百名。他方、明治九年十月、彦根城(金亀《こんき》城)構内の旧藩校の建物を買収して設けられた金亀教校が開校した。同校は、県下の真宗本願寺派の寺院によって創設された中等程度の仏教教育機関であり、開校当時の生徒数は約四十名。その後、金亀教校は、明治三十三年金亀仏教中学、明治三十五年第三仏教中学と改称され、明治四十二年(一九〇九)には京都へ移転して私立平安中学校となる。現在の竜谷大学付属平安中学校・高等学校の前身である。同じく彦根では明治九年八月に第三大学区第十一番中学区彦根学校が元川町に開校した。初代校長は外村省吾《とのむらしょうご》で、翌十年には県立に移管されて彦根伝習学校、さらに頻繁に名称の改変を経て明治三十四年に滋賀県県立第一中学校となり、現在の彦根東高等学校へ至る。女子教育では、同二十年五月、現在の彦根西高等学校の前身となる私立淡海女学校が開校した。設立の中心は、校主ともなった旧彦根藩士武節貫《むせつかん》治《じ》である。生徒数は同二十一年ごろには百名前後になったが経営が苦しく、同二十四年に彦根町へ移管して町立彦根女学校となった。また、明治四十一年に山本清一郎が訓盲院を開設、大正十三年(一九二四)に私立彦根盲学校に改称、昭和三年(一九二八)には県立となって現在に至る。

参考文献 長坂金雄編『全国学校沿革史』(一九一四、東都通信社)、『平安学園百年のあゆみ』(一九七六)、木全清博『滋賀の学校史―地域が育む子どもと教育―』(二〇〇四、文理閣)

(鈴木 栄樹)

〔銀行〕 県下初の銀行は、明治九年(一八七六)七月設置の三井銀行大津出張店であった。ついで県下に本店を置いた最初の銀行として、明治十年(一八七七)長浜に設立された第二十一国立銀行がある。同行は、柴田源七・松本藤十郎らが創設にあたった。いずれも生糸・縮緬《ちりめん》・米肥などの商人であり、彦根藩御用達をつとめ、維新後に長浜商社・彦根融通会社などに関与した人々である。同行は、同二十一年(一八八八)十一月に伊香《いか》郡木之本《きのもと》村(長浜市)に設立された江北銀行、同三十二年(一八九九)創立の伊香銀行とともに、昭和四年(一九二九)湖北銀行となった。他方、明治十一年七月には大津に第六十四国立銀行が創設された。これは、前年に大津町(大津市)と彦根町(彦根市)から出願された国立銀行の設立が許可されず、両者合同して出願することを余儀なくされた結果であった。大津町では宮脇政幹(睡仙)・本多豊七郎ほか地元有力商人の森弥三郎・北村兵右衛門ら、彦根町では旧藩主井伊直憲《いいなおのり》のほか旧藩士伊関寛治・広野古矩《ひろのひさつね》らと御用商人弘世助三郎《ひろせすけさぶろう》・竹村吉平らが発起人となり、大津町に本店が、彦根町に支店が置かれた。しかし翌年四月には彦根側が分離し第百三十三銀行が設立されて四月から開業した。その後第六十四銀行は、県内最大の国立銀行となったが、同十七年には経営不振に陥り、同三十一年に大津銀行と改称後、同四十一年(一九〇八)には近江銀行に合併された。他方、第百三十三銀行は、同十四年十二月に設立された八幡《はちまん》銀行と昭和八年十月に合併して滋賀銀行となった。八幡銀行の創立に関わったのは、江戸時代から商業活動に従事してきた西川貞二郎・森五郎兵衛ら有力な八幡商人であった。そのほか、明治二十八年から同三十二年にかけて長浜(下郷伝平《しもごうでんぺえ》)・湖東(前川善三郎)・彦根商業(広野織蔵)・高島(川島宇一郎)・甲賀(滝川昇)・松井(松井仁兵衛)・伊香(大音《おおど》九郎)などの銀行が設立され、県下に本店をもつ銀行は同三十二年末には二十二行となったが、明治末年には十四行へと減少した。

参考文献 高橋久一『明治前期地方金融機関の研究』(『日本史学研究双書』、一九六七、新生社)、伝田功『滋賀県の百年』(『県民百年史』二五、一九八四、山川出版社)、『滋賀銀行五十年史』(一九八五)

(鈴木 栄樹)

しがしげたか 志賀重昂 一八六三―一九二七 明治・大正時代の言論人、政治家、歴史地理学者。号矧川《しんせん》。文久三年九月十五日(一八六三年十月二十七日)、一説に十一月十五日(十二月二十五日)に岡崎藩の藩校儒者志賀重職・淑子の長男として生まれる。上京して近藤真琴の攻玉社、精算学舎、東京大学予備門(中退)を経て、明治十三年(一八八〇)八月に札幌農学校に入学し、人跡未踏の秘境探検に熱中した。翌年の明治十四年の政変を機会に政治への関心を深くして、十六年には福島事件の裁判を東京高等法院で傍聴する。十七年七月札幌農学校を卒業し、長野県立長野中学校教諭となり植物学を担当、同県師範学校で地理学、警察官に英語も教えたが、翌年、豪放磊落のあまり木梨精一郎《きなしせいいちろう》県令に鉄拳を下したため同中学校を免職となる。上京して、一時丸善書店に勤務したが、この年暮れに海軍兵学校練習艦筑波で英国の巨文島占領の状況を視察。十九年二月から十一月まで筑波でカロリン諸島、豪州、ニュージーランド、サモア諸島、ハワイなどの南洋を巡航して、植民地をめぐる列強の激しい争奪戦の実情をつぶさに目撃して世界認識を新たにし、

志賀重昂

翌年四月その見聞を警鐘の意を込めて『南洋時事』として発表した。このころより地理学を本格的に研究する。二十一年(一八八八)ごろから杉浦重剛《すぎうらしげたけ》の東京英語学校で地理学を担当し始める。四月三日杉浦重剛・三宅雪嶺《みやけせつれい》・宮崎道正《みやざきみちまさ》・菊池熊太郎・今外三郎《こんそとさぶろう》ら十二人と政教社を結成して機関誌『日本人』を創刊し編輯人となり、事実上の主筆として国粋主義の旗手として論陣を張る。二十二年三月三宅雪嶺らと大赦出獄の河野広中を福島県に訪ねて上京を促したり、六月から十一月にかけて同志と日本倶楽部(好友会と改称)を結成して大隈重信外相の条約改正案に対して反対運動を展開。二十三年から翌年にかけて『新潟新聞』『中国民報』『国会』でも論陣を展開し、また、二十五年から二十六年にかけて野口米次郎を書生として寄宿させた。二十七年二月松野鉄千代と結婚。六月尾崎行雄・佐々友房《さっさともふさ》らと自主的外交主義・責任内閣完成を唱えて中央政社を結成し、十月に対外硬六派連合の幹事となり全国百二十余の新聞雑誌同盟の代表者に推されて強硬対外政策の政治運動を推進した。他面、同月従来の景観美を転換させた『日本風景論』を発表し明治期有数のロングセラーとなし、翌年九月から東京専門学校(早稲田大学の前身)講師となり、地理学を担当し始める。二十九年三月の進歩党結成に際して名誉幹事となり、三十一年(一八九八)六月の憲政党の第一次大隈重信内閣(隈板内閣)成立に伴い外務省勅任参事官となったが、内閣瓦解で下野して憲政本党に属した。だが、三十三年八月に「脱党理由書」を公にして政敵の伊藤博文結成の立憲政友会に加入して、党報『政友』の編集を統督し、三十五年八月から三十七年二月まで岡崎選出の衆議院議員(政友会)として議会活動を展開するなど、明治中期の政教社系の国粋主義者の中で最も現実の政治活動に深くかかわった。だが、三十七年の総選挙での落選以後は、政治活動から離れて、世界旅行家・啓蒙的地理学者としての面を一段と強くし、明治末期から大正期にかけて三度世界大旅行を敢行した。特に大正十二年(一九二三)から翌年にかけての中近東・欧州・北米巡遊では、中近東で列強の利権争奪戦を目の当たりにして「石油は黄金なり」の認識を深め、遺跡より政治的現状に留意して視察したため現代のアラブ・イスラエル紛争の萌芽を最も早く目撃して、その対応策を提言した日本人となった。この間明治四十四年(一九一一)七月から早稲田大学教授となり、地理学などを講じ、昭和二年(一九二七)四月六日在職中に没した。六十五歳。長男の志賀富士男編『志賀重昂全集』全八巻(昭和二―四年、志賀重昂全集刊行会)がある。→南洋時事《なんようじじ》 →日本風景論《にほんふうけいろん》

参考文献 後藤狂夫『我郷土の産める世界的先覚者志賀重昂先生』(一九三一、警眼社・松華堂)、松田道雄「志賀重昂」(朝日ジャーナル編集部編『日本の思想家』二所収、一九六三、朝日新聞社)、本山幸彦『明治思想の形成』(『福村叢書』、一九六九、福村出版)、岩井忠熊『明治国家主義思想史研究』(一九七二、青木書店)、宇井邦夫『志賀重昂―人と足跡―』(一九九一、現代フォルム)、中野目徹『政教社の研究』(一九九三、思文閣出版)、戸田博子編『(生誕百三十年記念誌)志賀重昂―回想と資料―』(一九九四)、佐藤能丸『明治ナショナリズムの研究―政教社の成立とその周辺―』(一九九八、芙蓉書房出版)

(佐藤　能丸)

しがたいざん　志賀泰山　一八五四―一九三四　林学教育と森林経理学を確立した林学者。宇和島藩の侍医志賀天民の次男として、安政元年八月二十一日(一八五四年十月十二日)伊予国宇和郡近永村(愛媛県北宇和郡鬼北町)に生まれ、八歳にして蘭学を学ぶ。明治四年(一八七一)大学南校入学、ついで東京開成学校で物理・化学・数学を履修。十年(一八七七)より大阪師範学校、大津師範学校、東京高等師範学校、大学予備門で教師を歴任。十六年招かれて東京山林学校助教授となり物理学を講義。十八年林学研究のためドイツのターラント高等森林専門学校留学。二十一年(一八八八)帰国し山林局勤務、翌年東京大林区署長。二十三年帝国大学農科大学発足時に教授兼任で森林設制学(経理学)と森林数学(測樹学)を担当。大学では森林経理学中心の近代林学の教育体制を確立し、山林局では国有林の施業案編成を創始するなど、官学にわたって林学の必要性を示した。二十八年『森林経理学』前編出版。三十二年(一八九九)林学博士。三十六年官職を退き、木材防腐の研究と事業に没頭し、四十年(一九〇七)木材防腐株式会社設立。昭和九年(一九三四)二月五日東京本郷で死去。八十一歳。

志賀泰山

参考文献 佐藤鉦五郎「志賀泰山先生を偲う」(『山林』六一六、一九三四)、片山茂樹「志賀泰山」(『林業先人伝―技術者の職場の礎石―』所収、一九六二、日本林業技術協会)

(小林富士雄)

しがっこう　私学校　西郷隆盛が中心となって鹿児島に設立した学校。明治維新において大きな役割を果たした薩摩藩士の多くは、維新政府の体内外政策に大きな不満をもっていた。西郷隆盛が征韓論問題で敗れて辞職帰郷すると、県出身の軍人、文官で西郷について帰郷するものが数百人に及んだ。これらの青年に近い将来に予測される内憂外患に対処するために、一定の方向を与え、指導教育するために、明治七年(一八七四)六月、私学校が設立された。学校は銃隊学校と砲隊学校からなり、前者は旧近衛兵を収容し、五百～六百人の生徒を篠原国幹《しのはらくにもと》が監督し、後者は旧砲隊出身のものを収容し、約二百人の

生徒を村田新八《むらたしんぱち》が監督した。生徒は午前中、『孫子』『呉子』などの戦術や、『論語』などの漢学、篠原国幹ら幹部の精神訓話などを学んだ。私学校の教育方針は私学校綱領にあるとおり、国難に臨み、血戦奮闘して国に殉じた善士を育てることである。本校のほかに市内各方限《ほうぎり》に十二の分校と諸郷にも分校が設けられた。県令大山綱良《おおやまつなよし》は西郷に協力し、私学校の経費を県庁の金庫から支出した。明治八年、地租改正検地に際し紛争が起ると、大山は、西郷に相談して私学校の人材を選抜して県内各地の区長・副区長・警察官などに採用したので、私学校派が県内の行政・警察権を握るようになった。しかも全国的に反政府運動が高まると、私学校の若者たちの多くはこれに同調し、また政府の兵器・弾薬の引き揚げ、中原尚雄《なかはらなおお》らの西郷視察(刺殺)事件などの挑発もあり、ついに私学校派が決起して西南戦争を引き起こすに至った。私学校跡には西南戦争により焼失した石塀と弾痕跡が随所にある。県指定文化財(史跡)。

参考文献 『鹿児島県史』四(一九六七)、『鹿児島大百科事典』(一九八一、南日本新聞社)　(皆村　武一)

志賀直哉

しがなおや　志賀直哉　一八八三―一九七一　小説家。明治十六年(一八八三)二月二十日、志賀直温《なおはる》・銀の次男として宮城県牡鹿郡石巻村(石巻市)に生まれる。長男が早世していたため、事実上は志賀家の嗣子で、生後まもなく東京に戻り、学習院高等科から東京帝国大学英文科に入学、国文科への転科を経て中退した。この間、武者小路実篤らと親交を結んで小説家を志し、回覧雑誌『望野』を経て明治四十三年(一九一〇)四月に『白樺』を創刊、創刊号の「網走まで」や「清兵衛と瓢簞」など、優れた短編作家として頭角を現した。大正期には、初期の長い沈黙期を経て、長年の父との確執の解決を描いた「和解」や「城の崎にて」「小僧の神様」などの代表作がつぎつぎと書かれ、また大正十年(一九二一)には、主人公時任謙作の暗中模索の歩みを描いた長編「暗夜行路」の連載が開始、昭和十二年(一九三七)に至って完結を見た。強靱な個性と平明簡潔な文体に貫かれたその作品は、近代の散文表現の規範として尊崇され、時に「小説の神様」をもって称された。戦後、文化勲章を受章し、静謐なたたずまいのうちに昭和四十六年(一九七一)十月二十一日、死去した。満八十八歳。『志賀直哉全集』全二十二巻・補巻六巻(平成十一―十四年、岩波書店)が刊行されている。

参考文献 本多秋五『志賀直哉』(『岩波新書』、一九九〇、岩波書店)、阿川弘之『志賀直哉』(一九九四、岩波書店)　(宗像　和重)

しかまとつじ　四竈訥治　一八五九―一九二八　音楽教育家、ジャーナリスト。安政六年三月十二日(一八五九年四月十四日)仙台藩士四竈彌右衛門信直の長男として生まれる。藩校養賢堂に学び、維新後宮城県雇員となる。雇員時代に八雲琴《やくもごと》などの邦楽器や明清楽《みんしんがく》を嗜む。明治十七年(一八八四)十二月、宮城県派出伝習生として音楽取調掛に入学、二ヵ月前に入学した弟仁邇《じんじ》とともに音楽を学んだ。翌年有楽町の自宅に小学校教員などを対象とした私塾東京唱歌会を開き、二十二年(一八八九)から翌年にかけて『撰曲唱歌集』を刊行、ルルー作曲「抜刀隊の歌」などを紹介している。二十三年九月、日本最初の音楽専門誌『音楽雑誌』を創刊。洋楽・邦楽・明清楽など音楽全般を対象とし、ニュース・評論・演奏会批評とともに、新曲を含む楽譜を掲載、のちの音楽雑誌の原型を作る。創刊時から六年間編集をほとんど一人で行い、二十九年九月(五九号)より共益商社書店に移譲。この間に琴・琵琶・月琴にヴァイオリンの要素を加えた新楽器僊華琴《せんかきん》を考案。また二十七年十二月には東京少年音楽隊を結成、のち各地に設立された少年音楽隊の先駆をなした。二十九年八月に父の急病のため帰郷、およそ十年間を故郷で過ごす間に東北音楽会を主宰、のちの陸軍軍楽隊長大沼《おおぬま》哲《さとる》(当時米沢新聞社少年音楽隊に在籍)を見出し、帰京後も門下生として迎え入れている。薩摩琵琶錦心流《きんしんりゅう》曲「石堂丸」の作詞者としても知られる。次弟仁邇は宮城県教育界の指導的存在、四弟孝輔は海軍中将、侍従武官などを務める。昭和三年(一九二八)七月九日東京で没。七十歳。主要著書・編著に『楽器使用法』『懐中ヲルガン弾法』(明治二十一年)、『手風琴独習之友《てふうきんどくしゅうのとも》』(二十三―二十五年)、『家庭唱歌』(二十一―二十三年)、『古今雑曲集』(二十五―二十六年)、『管属楽器独習之友』第一集(二十八年)などがある。

参考文献 増井敬二「『音楽雑誌(おむがく)解題』」(『音楽雑誌(復刻版)』補巻所収、一九九四、出版科学総合研究所)　(林　淑姫)

しがやませい　志賀山せい　一八二六―八八　日本舞踊志賀山流家元(十三代)。文政九年(一八二六)に生まれる。三代目中村仲蔵の妻となっていたが離縁され、離縁状代わりに系図を杵屋六翁(四代六三郎)の娘で、本名せん。三代目中村仲蔵の妻となっていたが離縁され、離縁状代わりに系図を譲られ、天保十四年(一八四三)に志賀山せいを名乗って、十三代家元を継いだ。明治二十一年(一八八八)十二月二十一日没。六十三歳。遺言により、弟子の勢喜(一八六〇―一九四四)が十四代家元を継ぎ、志賀山勢以と改めた。志賀山流は、元禄期の志賀山万作(初代中村伝次郎(?―一七二九))を流祖とする日本舞踊諸流中最古の流派。安永・天明期に最盛期を迎え、江戸の歌舞伎舞踊に数々の名品を残す。六代家元の初代中村仲蔵は役者として活躍し、「仲蔵振」と呼ばれる特殊な用語をも生んでいる。しかし、八代目以降の家元が女性で、劇場との関係が薄れたことなどが原因となり、流勢は伸び悩んだ。

参考文献 「舞踊家を訪ねて―志賀山せい―」(『演芸画報』一九三〇年五月)、小寺融吉「志賀山家元の「山姥」」(同一九三〇年七月)　(岡田万里子)

しがらみそうし　しがらみ草紙　文芸雑誌。明治二十二年(一八八九)十月二十五日、同年八月『国民之友』に掲載された訳詩集「於母影《おもかげ》」の稿料五十円を原資に創刊され、森鷗外の日清戦争出征によって、同二十七年八月二十五日発行の五九号で休刊(実質的に廃刊)となるまで、五十九冊を刊行した。月刊。四三号まで新声社、四四号(二十六年五月)より柵社《しがらみ》発行。実際の運営には鷗外と弟篤次郎(三木竹次)があたった。誌名には「滔々たる文壇の流れに柵をかける」との含意があり、刊行の趣旨は創刊号掲載の「「しからみ草紙」の本領を論ず」(鷗外筆)に尽くされている。文学界の革新を目指す評論活動が本誌の主眼であり、西欧流の「詩学」を「準縄」とする原理的批評から外山正一《とやままさかず》との画題論争、石橋忍月《いしばしにんげつ》との『舞姫』『うたかたの記』をめぐる論争、坪内逍遙との没理想論争など、鷗外の一連の批評活動がその中心をなした。また、鷗外訳「埋もれ木」「即興詩人」(誌上では未完)や小金井喜美子訳「浴泉記」などの翻訳作品も評論とともに本誌の声価を高めた。創作としては鷗外「うたかたの記」や幸田露伴「艶魔伝」などを掲載した。臨川書店より復刻版が刊行されている。→めさまし草《ぐさ》

『しがらみ草紙』第１号

参考文献 吉田精一「『しからみ草紙』」(『文学』二三ノ三、一九五五)　(酒井　敏)

じかんのうちもんだい　辞官納地問題　王政復古クーデター直後における前将軍徳川慶喜および徳川宗家の処遇問題。当初、討幕派の岩倉具視や大久保利通らは、幕府制度の廃止と同時に、慶喜の官職剝奪と旧幕府領の削地・返上を画策していた。王政復古クーデター当日の慶応三年十二月九日(一八六八年一月三日)夜に開かれた小御所会議で、討幕派は公議政体派を押し切り、慶喜への辞官納地下命を決定したものの、その仲介は公議政体派の議定徳川慶勝・松平慶永に委任され、両派の譲歩・妥協が図られた。翌十日、両名が二条城に赴き慶喜に朝旨を伝達したところ、慶喜は奉承猶予を願ったので、十二日には武力衝突を回避するため慶喜および旧幕府・会津・桑名勢を大坂城に退去させた。その後、尾張・越前・土佐三藩は、朝命による領地返上ではなく、慶喜みずから政府用途に充てるため領地の一部献上を奏請し、その勅許後、召命により参内して議定職を拝命するとの周旋案の実現に奔走するが失敗。結局、二十四日の三職会議で、官職は前内大臣とし、政府用途とすべき領地は天下の公論により確定するとの朝旨を慶喜に伝達する沙汰書案が決定された。ただし、討幕派が主張した領地返上の文言は、公議政体派の周旋により削除となった。二十八日、慶喜はこの朝命を奉承。ひとまず討幕派と旧幕府勢力との衝突は回避されたが、翌年正月三日(一八六八年一月二十七日)に鳥羽・伏見の戦が勃発したため、公議政体派の努力は水泡に帰した。

参考文献 維新史料編纂事務局編『維新史』五(一九四一、明治書院)、原口清『戊辰戦争』(『塙選書』、一九六三、塙書房)　(箱石　大)

しがんへいせいど　志願兵制度　創設当初の陸軍は御親兵、壮兵(諸藩の志願兵)からなっていた。明治六年(一八七三)一月の徴兵令は原理的には軍制を徴兵制度に統一し、志願兵制度を否定するものであったが、実際にはその後も徴兵と壮兵が軍隊内に混在する状況がしばらく続いた。それどころか佐賀の乱、台湾出兵の際には新たに士族兵を募集して兵員をまかなっていた。西南戦争でも兵力不足を補うべく事実上の志願兵制度が導入され、士族の志願者を形式上巡査として採用、新選旅団などと称して戦線へ投入した。しかし同戦争で徴兵の兵士たちが善戦したこともあり、以後そのような施策がとられることはなかった。日清戦争で志願兵運動が起ったときも天皇の詔勅により却下された。海軍は徴兵令の公布に先立つ明治四年、兵員には熟練を要するという理由から志願兵制度を導入して水卒(のちの水兵)の募集を開始、翌五年九月には海軍兵員徴募規則を布告した。海軍が志願兵と徴兵の二本立てとなったのは、明治十六年(一八八三)の徴兵令改正を経た明治十八年からである。その明治十六年徴兵令改正により、十七歳以上の者は二十歳にならずとも志願により陸軍現役に服することが可能とされた。このとき陸軍は一年志願兵制度も導入、服役中の費用自弁可能な者を志願させ、一般徴兵より短い一年間の服役をさせることにした。この制度の当初の目的は看護卒の養成にあったとされるが、明治二十二年(一八八九)の同令改正により、戦時において消耗の激しい下級将校の予備的養成へと変化した。

参考文献 松下芳男『徴兵令制定史』(一九八一、五月書房)、『日本海軍史』一(一九九五、海軍歴史保存会)、加藤陽子『徴兵制と近代日本―一八六八―一九四五―』(一九九六、吉川弘文館)　(一ノ瀬俊也)

しぎけんぽう　私擬憲法　大日本帝国憲法の制定以前、私的に起草された憲法案。自由民権運動とのかかわりから、その存在が注目されてきた。現在、政府当局者・反民権派のものも含め、九十四点の憲法構想がリストアップされている(未発見も含む)。時期別に見ると、慶応三年(一八六七)から明治十一年(一八七八)までが二十点、

十二年から十四年までが五十五点、十五年から二十年（一八八七）までが十九点である。特に明治十四年は三十九点と全体の四一%が集中している。しかし、国会開設の勅諭後は急速に減少し、政府側が草案づくりに着手した十九年以後は、わずか八点にすぎない。これは、勅諭が国会の組織・権限は天皇自身が定めるとし、不満をいだき「国安」を乱すものは処罰すると威嚇していたこととともかかわっている。政府系では、明治六年（一八七三）から七年にかけて起草されたと考えられる青木周蔵の案が最も早く、プロイセン憲法に模して起草している。民間では、十二年ごろの嚶鳴社《おうめい》案・共存同衆案が最も早い。ともに都市知識人の結社によるものであり、二院制の議会と議院内閣制を基本とするイギリス流の国家体制を構想している。十三年には地方でも憲法案起草の動きが目立つようになったが、特に同年十一月、国会期成同盟第二回大会が翌年の大会までに憲法草案を起草してもちよることを決めたことから、各地で憲法の研究・起草作業が本格化した。地方の憲法研究には、都市知識人の結社の憲法草案が影響を与えたと考えられる。岩手県で発見された「憲法草稿評林」は、元老院の国憲案（第三次）を書写したものにある人物が評論を加え（書き手については諸説がある）、上の欄でさらに別人が元老院国憲案と下欄評者の両方に評論を加えている。この文書が注目されるのは君主制に対する構想であり、下欄の評者は、皇帝の位をつぐべき血統が絶えた時には、人民一般の投票によって国民の中から皇帝を選ぶか、帝政をやめて「統領」を選ぶことができるとしている。また、皇帝が憲法を守らず、「暴威」をもって人民の権利を抑圧した時には、全国民の投票によって「廃立の権」、つまりリコールを行うことができるとしている。また、上欄の評者は、天皇といえどもみずから責任を負う法則をたてなければならないとして、「廃帝の法則」、つまり皇帝を廃止する法則を設けるように主張している。現在、東京都あきる野市に含まれる五日市の地域では、千葉卓三郎が青年たちの学習・研究活動を基礎として二百四ヵ条にわたる憲法案を起草した。明治十四年四月に発表された交詢社《こうじゅん》の憲法案は、大隈重信の憲法意見との同質性から、伊藤博文・岩倉具視らの危機感を増幅し、大隈排撃論の伏線となった。高知の植木枝盛は、立志社の憲法草案として「日本国国憲案」全二百二十ヵ条をつくり、思想・信仰・言論・集会・結社・学問・教育・営業など、幅広い国民の権利と自由を無条件で保障しようとした。しかも、日本人民は無法に抵抗することができる、政府が憲法に違反して人民の自由権利を抑圧したときは、これを倒して新しい政府を樹立することができるとした。明治十四年十月、国会期成同盟第三回大会に集まった全国の代表は相談会を開き、自由党の組織案をまとめたが、その第五条には「国憲制定」が掲げられていた。さらに、本会議に提出された盟約・規則案にも、「日本帝国ノ憲法ヲ制定シ国会ヲ開設シ善美ナル立憲政体ヲ確立スルヲ以テ急務トス」とあった。つまり、憲法の起草を重要なテーマとして自由党は結成されようとしていたのである。しかし、実際に決定された盟約では、「吾党ハ善美ナル立憲政体ヲ確立スルコトニ尽力スベシ」となり、憲法起草は課題からはずされた。以後、自由党が憲法について本格的な検討をすすめることはなかった。一方、立憲改進党系では小野梓が明治十五年から十七年にかけて『国憲汎論』全三巻を刊行し、明治十六年には同党系のメンバーからなる壬午協会が憲法研究を行なって草案をまとめた。→五日市《いつかいち》憲法草案《けんぽうそうあん》 →嚶鳴社憲法案《おうめいしゃけんぽうあん》 →交詢社《こうじゅんしゃ》 →日本国国憲案《にほんこっこくけんあん》

参考文献 家永三郎・松永昌三・江村栄一編『明治前期の憲法構想（増訂版）』（一九八五、福村出版）、江村栄一編『憲法構想』（『日本近代思想大系』九、一九八九、岩波書店）、新井勝紘編『自由民権と近代社会』（『日本の時代史』二二、二〇〇四、吉川弘文館）

（大日方純夫）

じきそ　直訴　ある訴えを、法的手続きを取ることなく管轄の役所あるいは政府の高官に直接訴えること。ふつう歴史用語としては近世以前の直訴（越訴《おっそ》）を指して用いられ、明治時代以後においては比喩的に用いられる。近代に入って建白書の提出や、議会に対する請願や陳情・上奏が認められ、あるいは新聞に対する投書などの行動が取れるようになったため、近世以前の直訴とは様相が異なる。近代においても高位高官に対してなされたが、直訴として注目を浴びたのは、天皇などの皇室に対するものであった。太政官はそれを禁止し、民衆に対してそれが心得違いであり法律違反であることを徹底させ、訴願建言等規則（詳細不明）により差し出せば取り上げる旨を伝えて懇諭するよう達した（たとえば明治九年（一八七六）二月八日第一三号達）が、直訴はしばしば発生した。直訴事件として最も有名なものが明治三十四年（一九〇一）十二月の田中正造による足尾鉱毒問題に関するものである。この事件後には直訴が増えた（たとえば明治三十五年五月に皇后や皇太子に対する直訴事件が続発し、翌年十一月および十二月にも起きた）。直訴者は不敬罪に問われ、あるいは説諭されることが多かったが、明治後半になると田中正造が「狂人」として不起訴処分とされたように、訴えの内容は明かされず「狂人」や「精神異常者」として発表・処理されることが多くなった。このような状況は、すでに検討が始まっていた請願令の制定と何らかの関係があったのではないかと推測される。請願令は大正六年（一九一七）四月四日勅令第三七号として公布された。その第一〇条には「天皇に奉呈する請願書は封皮に請願の二字を朱書し内大臣府に宛て其他の請願書は請願の事項に付職権を有する官公署に宛て郵便を以て差出すへし」と定められ、第一六条では「行幸の際沿道又は行幸地に於て直願を為さむとしたる者は一年以下の懲役に処す」と直訴行為が禁じられている。ただしその後も直訴行為がなくなったわけではなく、たとえば昭和二年（一九二七）の野田醤油争議が長期化した際に行われた昭和天皇への

直訴(昭和三年三月二十日)事件によって調停が進捗したような例もある。

参考文献 『読売新聞』、国分航士「大正六年の請願令制定と明治立憲制の再編」(『史学雑誌』一一九ノ四、二〇一〇)

(櫻井　良樹)

しきたとしはる　敷田年治　一八一七―一九〇二　江戸時代後期から明治時代初期の国学者、神職。文化十四年七月二十日(一八一七年九月一日)、豊前国宇佐郡敷田村(大分県宇佐市)の二葉山神社祠官宮本常陸介兼継《かねつぐ》の次男として出生。天保十年(一八三九)に豊前国宇佐郡四日市町の蛭子神社祠官吉松能登守の養子となり、その後、弘化三年(一八四六)に敷田年治に改名、江戸へ遊学、黒川春村、鈴木重胤《すずきしげたね》らと交友する。文久三年(一八六三)十一月に和学講談所の教官、明治元年(一八六八)七月には大阪国学講習所講師となり、国文を講じた。二年には佐土原藩の藩校で国典を教授した。その後、大阪で隠遁生活を送っていたが、同十四年(一八八一)に神宮教院本教館学頭に就任、翌十五年に開学した神宮皇学館の教頭となり同館を率いたが、十六年に病のため辞任した。明治三十五年(一九〇二)一月三十日没。八十六歳。

参考文献 高梨光司『敷田年治翁伝』(一九三六、播仁文庫)、梅田義彦「敷田年治大人の業績と人物」(『明治聖徳記念学会紀要』三四、一九三〇)、牟礼仁「敷田年治」(『皇学館百二十周年記念誌―群像と回顧・展望―』所収、二〇〇二)

(藤本　頼生)

しきぶりょう　式部寮　明治時代前期、祭祀・式典を管轄した官庁。明治四年七月二十九日(一八七一年九月十三日)、太政官正院に式部・雅楽・舎人の三局が設置され、式部局は内外の儀式および図書を掌るとされたが、翌八月十日に、三局は廃止、式部局は式部寮と改められた。五年三月十四日(一八七二年四月二十一日)神祇省の廃止により、同二十三日、「神祇省被廃候ニ付祭事祀典自今式部寮ニ於テ執行候事」と布告、六年五月の太政官職制には式部頭を「寮中諸官員ノ首長ニシテ式礼一切ノ事務ヲ管理スルコトヲ掌ル」とした。八年三月には式部寮職制章程が定められ、儀式課・祭事課・賞牌課・雅楽課・庶務課・記録課の六課とし、祝日の礼典や外国人の拝謁接伴、宮中および神宮以下諸官社の祭祀、位記・勲等、雅楽や楽器の管理などに関する事務を管轄した。翌月十四日に宮内省に移管されたが、同年十二月に再び太政官正院の管轄となる。十七年(一八八四)に廃止されて式部職が新設された。なお第二次大戦後、一時宮内庁に式部寮がおかれた。

参考文献 『法規分類大全』一(一八八九―九一、内閣記録局)、高原光啓「式部寮達「神社祭式」の制定過程」(『神道宗教』一九三、二〇〇四)、相曾貴志「「式部寮記録」と宮内省式部寮の成立」(『史潮』六二、二〇〇八)

(星野　光樹)

じきゆしゅつ　直輸出　居留外国商人を介さず日本人の手で直接輸出を行うこと。幕末開港以来、輸出・輸入業務を行い日本・外国間取引のリスクを負ったのは居留している外国商人・商社(外商)であった。明治に入ると日本人商人(内商)もイギリス人のように海外に出て直接貿易取引を行うべきだとする声(福沢諭吉ら)が高まった。特に横浜に集荷されて売込商を介して外商へ販売されていた生糸・茶などの取引現場から、不合理な取引慣行や相場操作によって輸出の利益が外商に奪われているとする世論が形成され、内商の手に商権を取り戻そうとする運動(商権回復運動)が展開していった。明治八年(一八七五)に大久保利通は「海外直売ノ基業ヲ開クノ議」を建白し、直輸出奨励が基本政策となった。この政策は西南戦争や大久保暗殺などによる停滞の後、十三年(一八八〇)から本格的に実施され、居留地外国銀行から貿易通貨(洋銀)・外国為替の実権を取り戻すべく横浜正金銀行が設立され、同行を介して直輸出業者に金融を与える輸出荷為替制度が開始された。政府内には前田正名《まえだまさな》がいて直輸出論を高唱し、外商に加えて売込商をも生産者利益を搾取する存在として批判した。民間では直輸出会社が続々と設立され、売込商排除の志向を持ちつつ直輸出を試みた。しかしその多くは海外業務に未熟ですぐに破綻し政府系貸金をコゲツカせた。十四年の連合生糸荷預所事件と政変を経た後、十七年ごろから政府は輸出荷為替制度を改変し、直輸出保護を後退させた。売込商排除をも志向するような運動は衰退していったが、三井物産・横浜生糸合名など横浜で売込商から生糸を買い取って輸出する日本人商社が発展して外商から輸出業務を取り戻していき、大正期にはほとんどの生糸が内商によって輸出されるようになった。こうして内商が輸出を担うという意味では直輸出が実現したが、売込商が荷主から生糸を集荷して輸出商に委託販売する体制は昭和恐慌まで存続した。

→生糸直輸出《きいとじきゆしゅつ》　→製茶直輸出《せいちゃじきゆしゅつ》

参考文献 海野福寿『明治の貿易―居留地貿易と商権回復―』(『塙選書』、一九六七、塙書房)、石井寛治『日本蚕糸業史分析―日本産業革命研究序論―』(『東京大学産業経済研究叢書』、一九七二、東京大学出版会)

(井川　克彦)

じきょうしゃ　自郷社　石川県坂井郡波寄村(福井市)に、同村出身の杉田定一が設立した自由民権政社。杉田は、高知立志社の板垣退助らが説く民権論に共感し、愛国社再興を期して立志社社員と西日本を遊説し、愛国社再興大会の後に帰郷。明治十二年(一八七九)七月二十日に、自宅の酒倉を改築して自郷学舎を開き、翌月二十四日に自郷社を設立した。その趣旨書には、「弘ク同感ノ人ヲ集メ公道ノ存スル所大義ノ存スル所ヲ討究磨励シ天賦活潑ノ自主自治ノ精神ヲ発揮シ以テ社会開明国家富強ノ実ヲ致シ(後略)」とみえる。運営は、社長の杉田以下、五名の委員と坂井郡各村一名ずつの世話掛が担った。一二年十一月の第三回愛国社大会から加盟し、国会開設請願の署名運動を行なった。十四年九月、組織を坂井郡から越前全体に拡大するために自郷社を解散して天真社を設立、さらに翌年十二月、民権政社の南越自由党に発展した。

参考文献　『福井県大百科事典』(一九九一、福井新聞社)、『福井県史』通史編五(一九九四)　(三上一夫)

しくかいせい　市区改正　明治二十年代より東京を当初の対象として実施された都市改造事業。市区改正は、明治十七年(一八八四)ころより内務少輔兼東京府知事芳川顕正によって立案されたが、財源問題についての大蔵省との対抗や、井上馨主導の臨時建築局の計画との競合などにより実施が遅れ、二十一年(一八八八)八月に東京市区改正条例が制定された。市区改正の中心は、近代都市に適合した道路・鉄道などの市街地交通網の整備であったが、水道改造事業を優先した東京市会の意向により、市街地交通網の整備は遅れた。水道改造事業が終了し、市街鉄道敷設が行われていた三十六年(一九〇三)に設計を縮小しつつ事業が促進されたが、日露戦争の影響により事業進展は遅れた。三十九年に再度計画を縮小して事業が促進され、大正三年(一九一四)に事業は終了した。大阪などの要望を受けて、大正七年に大阪・京都・横浜・名古屋・神戸に準用が認められ、大正八年四月公布の都市計画法に継承された。

参考文献　藤森照信『明治の東京計画』(一九八二、岩波書店)、越沢明『東京の都市計画』(『岩波新書』、一九九一、岩波書店)、渡辺俊一『「都市計画」の誕生―国際比較からみた日本近代都市計画―』(『ポテンティア叢書』、一九九三、柏書房)　(中嶋久人)

しけいはいしろん　死刑廃止論　新律綱領《しんりつこうりょう》・改定律例《かいていりつれい》のもとで絞・斬の死刑に処される者は毎年多数に上った。そういう時代に、ベッカリーアの影響をうけた津田真道が明治八年(一八七五)の『明六雑誌』に発表した「死刑論」は、死刑廃止を主張して、日本における死刑廃止論の先駆となった。民権運動の高潮期たる明治十四年(一八八一)には、植木枝盛が立志社において憲法調査を行う傍ら、機関誌『愛国新誌』上で死刑廃止論を展開した。その後、二十四年(一八九一)二月には、第一議会衆議院において、田辺有栄《たなべありひで》が大逆罪・尊属殺人罪を除く死刑を廃止する動議を提出した。明治時代後期の議会において、政府が繰り返し提出する旧刑法改正案に対して、村田保《むらたたもつ》(貴族院)や花井卓蔵《はないたくぞう》(衆議院)が死刑廃止を主張したが、功を奏さなかった。しかし、明治四十年(一九〇七)刑法が、旧刑法の折衷主義を主観主義に転換させ、各犯罪に対する刑罰の範囲を拡大したことから、謀殺罪・強盗殺人罪などについて、裁判所が死刑を選択しなくてよい余地が生まれた。その後、大正十五年(一九二六)十一月、臨時法制審議会が発表した「刑法改正ノ綱領」の中に、死刑にあたる罪を減少することという一項があった。しかし、この綱領に基づいて編纂された昭和十五年(一九四〇)四月の改正刑法仮案は、死刑減少の方針を全く後退させてしまっていた。

参考文献　三原憲三『死刑廃止の研究(第五版)』(二〇〇六、成文堂)　(新井勉)

しげのきよひこ　滋野清彦　一八四六―九六　陸軍軍人。弘化三年二月八日(一八四六年三月五日)、現在の山口県萩市に生まれる。明治七年(一八七四)十月、陸軍省第一局第三課長。同年二月に起った佐賀の乱では、征討総督幕僚参謀として出征している。同十一年(一八七八)に大佐へと進級。陸軍省第一局副長、東部監軍部参謀などを歴任する。同十五年に少将に進級し、名古屋鎮台司令官に任命される。同十八年に歩兵第四旅団長となると、翌年に陸軍士官学校校長、翌々年には将校学校監に任命されている。同二十二年(一八八九)には休職をする。同二十五年には中将に進級したが、予備役に編入された。明治二十年には、男爵の爵位を与えられている。同二十九年九月十六日没。五十一歳。

参考文献　外山操編『陸海軍将官人事総覧』陸軍篇(一九八一、芙蓉書房)　(山本智之)

しげのけんじろう　重野謙次郎　一八五四―一九三〇

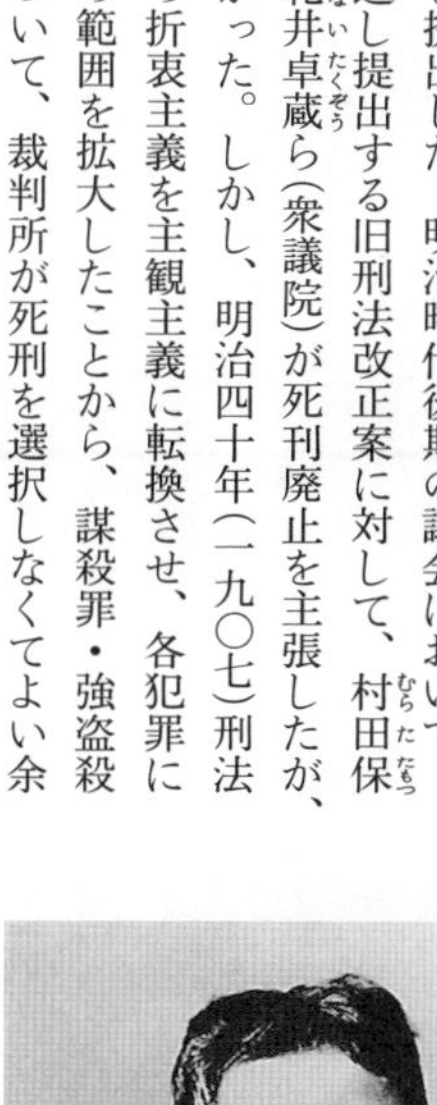

重野謙次郎

明治から昭和前期の政治家、法曹。安政元年十一月十日(一八五四年十二月二十九日)、出羽国天童藩士重野謙次郎の長男に生まれる。奥羽征討に参加。藩校養正館で学び、明治二年(一八六九)選ばれて東京に派遣され漢学を、のち講学社で仏法学を学んだ。十年(一八七七)、代言人試験に合格。帰郷後開業する一方で、十四年、山形に東英社を創設し自由民権運動を展開する。同年から山形県会議員、副議長、議長、山形市会議員、初代議長を務め、県政・市政に活躍する。二十年(一八八七)、保安条例適用を受け皇居三里外に二年間追放の身となった。第一回、第二回衆議院総選挙に相ついで落選するも、二十六年の補欠選挙を皮切りに、第三・四・六・七回と計五回当選。自由党、憲政党を経て立憲政友会の創立に参加するが、三十五年(一九〇二)に党指導部の対政府方針に対し、井上角五郎・田健治郎らと「浜ノ屋組」を結成して対立、除名処分となる。昭和五年(一九三〇)十一月五日没。七十七歳。

参考文献　諏方武骨『山形名誉鑑』上(一八九八)、山崎謙編『衆議院議員列伝』(一九〇一、衆議院議員列伝発行所)　(清水唯一朗)

しげのしちろう　滋野七郎　一八三五―八六　江戸時代後期から明治時代にかけての志士、神職。天保六年十二月十九日(一八三六年二月五日)、越後国頸城郡糸魚川《いといがわ》町寺町《てらまち》(新潟県糸魚川市)に生まれる。刈羽《かりわ》郡平井(新潟県柏崎市)の哲道和尚の弟子となり恵白の名で各地をまわって修行したのち、嘉永六年(一八五三)、清崎《きよさき》藩松平家の祈願所で、近在の当山派修験の頭である持命院の院主となり、当山派の醍醐三宝院宮から権大僧都に補せられ、越佐両国の袈裟頭となった。幕末に田村弥平・小川長秋・銀林綱男《ぎんばやしつなお》らと親交を結び、勤皇思想を奉じた。戊辰戦争に際して方義隊に加わり、明治二年(一八六九)に神祇伯白川資訓《しらかわすけのり》の実弟白川資義《すけよし》が筑波山神社の祭主に任じられるとこれに従って同社に奉仕した。青海神社祠官を務めたのち、弥彦神社で禰宜、権宮司、宮司を歴任した。また、大橋一蔵の呼びかけに共鳴して明治十六年(一八八三)三月の明訓学校の設立に加わった。明治十九年一月に皇典講究所分所長となったが、同年三月十六日に死去した。五十二歳。

参考文献 牧田利平編『越佐人物誌』上(一九七二、野島出版) (遠藤 潤)

しげのてんらい 繁野天来 一八七四―一九三三 詩人、英文学者。明治七年(一八七四)二月十六日徳島生まれ。本名政瑠《まさる》。中学時代から新体詩を雑誌に投稿。明治二十七年(一八九四)東京専門学校(現早稲田大学)に入り、長編物語詩「霜夜の月」などを『早稲田文学』に載せた。三十年(一八九七)、三木天遊《みきてんゆう》との合著詩集『松虫鈴虫』を刊行、「天来詩集」として二十編収録した。詩壇で主流の七五調の作もあるが、大半が五七調で、五五調も含むなど、律格上の工夫がある。「瓜盗人」などで、貧苦や不遇を描いた点も注目される。この時期の早稲田派を代表したが、知的な反面、即興性からくる荒い印象も残り、日夏耿之介『明治大正詩史』中には「時として」「拙劣」といった評言もみられる。同年刊の宮崎八百吉(湖処子)編『抒情詩』、島崎藤村『若菜集』のような感化力は持ちえなかった。三十二年中学の英語教師となるころより、英語教育界・英文学研究界に転じた。のち早稲田大学教授となり、昭和七年(一九三二)『ミルトン失楽園研究』(研究社)で博士号を得た。昭和八年三月二日没。六十歳。

参考文献 平井法・岸本光子「繁野天来」(昭和女子大学近代文化研究室編『近代文学研究叢書』三四所収、一九七一、近代文化研究所) (高橋 広満)

重野安繹

しげのやすつぐ 重野安繹 一八二七―一九一〇 幕末から明治時代の歴史学者、漢学者。文政十年十月六日(一八二七年十一月二十四日)、重野太兵衛の長男として薩摩国鹿児島郡坂元村上町(鹿児島市)に生まれる。母は弓削氏。厚之丞と称し、成斎と号す。字は士徳。手習・学問の傍ら大倉流の小鼓を習い御能方として鹿児島藩に出仕。天保十年(一八三九)より鹿児島藩の藩校造士館に学び、同十三年句読師助寄《くとうじのすけより》、弘化四年(一八四七)句読師助。嘉永元年(一八四八)古賀増《こがまさる》の門人として昌平坂学問所に入り書生寮詩文掛、ついで舎長。安政元年(一八五四)昌平坂学問所を退き造士館句読師となるも公金横領の嫌疑を受け奄美大島に配流。文久三年(一八六三)赦されて帰国、御庭方となり薩英戦争後のイギリスとの折衝などに従事。造士館助教に転じ、元治元年(一八六四)十月より島津久光の命を受け『大日本史』を編年体に改めた『皇朝世鑑』を編纂(慶応元年(一八六五)十二月脱稿)。明治元年(一八六八)造士館の孔廟廃止に反対して寺社方取次に遷る(十二月復職)。同年冬島津忠義に従い京に上り、大阪に私塾成達書院を開く。この時の門人に岩崎弥太郎・弥之助らがいる。三年九月上京。四年十二月文部省八等出仕、五年五月太政官左院中議生、同年十月左院三等書記官、六年一月同二等書記官、七年四月太政官六等出仕を経て、八年四月太政官修史局の設置により同局副長。以後約十八年間にわたり修史事業に参画。同年九月一等修撰、十年(一八七七)一月太政官修史館一等編修官、十四年十二月編修副長官。十七年九月東京大学教授を兼任して古典講習科の講義を担当。十九年一月内閣臨時修史局編修長。二十一年(一八八八)五月文学博士の学位を受ける。同年十月元老院議官。同年十一月、修史事業の帝国大学移管により文科大学教授を兼任(二十四年三月まで)、臨時編年史編纂委員長。二十三年九月貴族院議員。二十六年四月史誌編纂委員長嘱託を解かれ、同年九月には文科大学講師の嘱託を解かれる。この間の二十二年十一月には史学科のルードヴィッヒ=リースの助言により久米邦武・星野恒《ほしのひさし》らと史学会を設立、会長に就任。三十一年(一八九八)九月東京帝国大学文科大学教授となり漢学支那語学第一講座を担当(三十四年七月まで)。三十九年二月東京帝国大学名誉教授。退官後は岩崎弥之助の支援により日下寛《くさかひろし》・植松彰とともに『国史綜覧稿』を編纂、歴史学の発展に貢献。また十二年五月東京学士会院会員に選出、二十二年八月同幹事、三十九年七月帝国学士院幹事、四十年(一九〇七)には帝国学士院の代表としてウィーンで開催の万国学士院総会に出席、日本の学界の発展に尽力。さらに本務のほかに十九年十二月小学校用歴史編纂旨意書審査委員、二十年六月高等小学校読本編纂審査委員、二十一年一月応募編纂小学校用歴史審査委員、二十一年十月臨時全国宝物取調掛(同年十一月取調委員)、二十二年四月帝室制度取調委員、三十五年四月国語調査委員会委員を歴任。四十三年十二月六日、東京市牛込区市ヶ谷仲町の自宅で死去。八十四歳。その研究方法は清国の考証学を歴史学に展開しつつヨーロッパの歴史学にも学んだもので、実証に基づき儒教的な勧善懲悪史論を否定し、さらには講談などで著名な人物の否実在論を展開したため「抹殺博士」と非難された。歴史学に関わる研究業績は薩藩史研究会編『重野博士史学論文集』にまとめられている。

参考文献 西村時彦編「成斎先生行状資料」(『重野博士史学論文集』上所収、一九三八、雄山閣)、『東京大学史料編纂所史史料集』(二〇〇一、東京大学史料編纂所)

(杉山 巌)

重野は、嘉永元年(一八四八)江戸に出て昌平黌に入ると、古学派、考証学の著作に親しみ、二十五歳の時に詩文掛、のちに舎長となって漢詩文の指導にあたった。造士館に設置された史局の主任となってからは、『大日本史』を編年体に改めた『皇朝世鑑』を完成させたほか、『万国公法』の和訳に従事した。維新後、私塾の成達書院を大阪に開いたが、門人に岩崎弥之助がおり、これが縁でのちに静嘉堂文庫創設に尽力した。その後帝国大学文科大学教授、史学会会長となり、考証学とアカデミズム歴史学を連結する役割をになない、興亜会、斯文学会における活動、『教育勅語衍義』の刊行、講書始に漢籍を進講するなど、当時屈指の漢学者として遇され、日本最初の漢和辞典『漢和大字典』の監修者でもある。元老院議官、貴族院勅選議員にも任じられた。

(山内 弘二)

しげむねほうすい 重宗芳水 一八七三―一九一七 明治・大正時代の電気技術者、企業家。明治六年(一八七三)七月十一日、山口県岩国にて江木清高・千代子の次男として生まれ、十五年(一八八二)に重宗信之の養子となる。同二十年(一八八七)に遠縁の三吉正一《みよししょういち》が経営する三吉電機工場に職工として入職し、二十二年から夜学の東京工手学校機械科に学んだ。同三十年(一八九七)十二月に独立して東京築地に工場を開業。翌三十一年から明電舎として本格的に営業を開始したが、初期の経営は困難を極めた。三河電力発注(同三十四年)の回転界磁形三相交流発電機の製造や米国ワーレン社製発電機の改造・改良などを通して、明電舎は徐々に独自技術の構築を図り、三相誘導電動機「明電舎モートル」で大きな成功を収めた。明電舎モートルは精米、印刷・製本、製材業者などの中小工業者に広く普及した。大正元年(一九一二)に棚倉電気株式会社を設立、六年に明電舎を株式会社化し、初代社長に就任したが、同年十二月三十日に四十五歳で死去。

参考文献 重宗雄三編『重宗芳水伝』(一九三四、故重宗芳水君伝記編纂会)、田村栄太郎『日本電気技術者伝』(一九四三、科学新興社)、『明電舎百年史』沿革・資料編(一九九八)

(岡部 桂史)

重宗芳水

しげやませんさく 茂山千作 一八六四―一九五〇 明治時代中期から昭和時代中期の能楽師。大蔵流狂言方。九代茂山千五郎正虎(初代千作)の次男として元治元年九月二十七日(一八六四年十月二十七日)京都に生まれる。初名市蔵。通称十代千五郎。実名正重。隠居名二代千作。町衆気質に富み活動的な性格で、狂言を広く京都市民に普及させた。晩年は円満な人柄を反映した枯淡の芸が高く評価された。芸談および追憶文集に『(茂山千作)狂言八十年』(昭和二十六年、都出版社)がある。昭和二十五年(一九五〇)二月五日没。満八十五歳。

(小林 責)

しげやまちゅうざぶろう 茂山忠三郎 一八四八―一九二八 明治時代前期から昭和時代初期の能楽師。大蔵流狂言方。初代茂山忠三郎義直の三男として嘉永元年十一月十九日(一八四八年十二月十四日)京都に生まれる。初名吉次郎。通称二代忠三郎。実名良豊。明治十年代には皮革業を営みつつ狂言師としても活躍、二十年代に入ると東京に移住、山本東次郎家と共演して東京風の芸を身につける。明治三十年(一八九七)ごろ京都へ戻り、以後狂言に専従して京阪能楽界に重きを成す。技巧を弄さぬスケールの大きな舞台によって「無双の名手」と称賛された。昭和三年(一九二八)八月二十一日没。八十一歳。

(小林 責)

じこう・じどく 侍講・侍読 天皇に学問を講義する官職。侍講は、明治二年(一八六九)正月、平田大角(鉄胤《かねたね》)と中沼了三が任じられたのを端緒とする。なお、これに先立つ同元年六月、秋月種樹《あきづきたねたつ》が御前において「経史御講筵」をなすよう「侍読」に仰せ付けられた。同二年四月の講義日課によれば、秋月・平田・中沼、および同月「侍講」となった福羽美静も進講を担当しており、このように同時期に侍講と侍読が並置されている。侍講が制度化されたのは、同八年一月、宮内省の新置官として六等に分けられたことにより、後日、福羽が二等侍講、加藤弘之が三等侍講、元田永孚《もとだながざね》が四等侍講にそれぞれ任じられた。ついで、同十年(一八七七)九月制定の宮内省職制では三等に分けられ、「講筵ニ侍シ兼テ御府ノ図書ヲ掌ル」ものとされた。同十九年二月の宮内省官制(宮内省達第一号)により廃された。

参考文献 渡辺幾治郎『明治天皇の聖徳』(一九四一、千倉書房)

(篠田 孝一)

しこくかいぎ 四国会議 四国を単位とした地方議会。倒幕維新の過程において四国内十三藩の指導的地位を獲得した土佐藩は、版籍奉還への不満が内乱を引き起こすことを恐れ、四国内諸藩の結束を図るため、明治二年(一八六九)二月、四国会議を提案した。参政板垣退助は、小監察松下与膳(綱武)と前野敬次郎(長順)を四国諸藩勧説に送り出した。そして四月十日(一八六九年五月二十一日)、讃岐の丸亀に集会を開いた。その結果、会議所は琴平に常置し、各藩公議人を選んで常駐すること、期を定めて連絡会議を開くことになった。会議所においては相互に情報交換、時勢対策の検討がなされ、文武修行の学生交換もなされた。琴平での会議は、第一回は十月六日(十一月九日)から、第二回は、明治三年四月十九日(一八七〇年五月十九日)から、第三回は、同年九月十七日(十月十一日)から開かれた。ところが、八月二十八日(九月二十三日)、高知・徳島両藩公用人に会議所解散の内勅があり、九月二十七日(十月二十一日)にそのことが参加各藩に通告された。

参考文献 『高知県議会史』上(一九六二) (松岡 信二)

しこくしゃっかんだん 四国借款団 ⇩六国借款団《ろっこくしゃっかんだん》

しごせんかいぎ 子午線会議 International Meridian Conference 一八八四年十月、前年の(国際)万国測地学会議(ローマ)の要望により、アメリカ合衆国のアーサー大統領の呼びかけで二十五ヵ国の代表が出席し、本初子午線(経度原点)や標準時の採用を論じた会議。一八八四年十月一日—十一月一日に開催され、グリニッジ天文台の子午儀の中点を通る線を本初子午線とする提案が採択された。日本もこれに従い、東経一三五度の子午線を通る平均太陽時を日本の標準時とすることとなった(明治十九年(一八八六))。この会議以前は、国によって異なる本初子午線が採用されており、航海の拡大や鉄道網の発達につれて不都合が生じていた。会議では、海運国として諸国に採用されていた星図を発行していたイギリスとグリニッジ子午線を基準としていたアメリカに対し、フランスなどが別個の案を主張した。日本からは東京大学理学部長の菊池大麓《きくちだいろく》が代表として派遣されており、多くの支持を得たイギリス・アメリカ案に賛成した。フランスも一九一一年にはグリニッジ子午線を採用した。 (岡本 拓司)

しこみづえ 仕込杖 細身の刀剣を仕込み、武器としても使用できるようにした杖。明治九年(一八七六)の廃刀令によって帯刀が禁止されて以降、護身用としてこれを携帯する者があらわれた。明治十五年(一八八二)五月八日付の『東京日日新聞』は、全国で仕込杖が流行していることを報じ、「近々右の取締法が頒布せらるると云う」と記している。また、明治二十年(一八八七)十二月二十五日に公布された保安条例(勅令六七号)は、その第五条で、内閣は、治安を妨害するおそれのある地方に対して「銃器、短銃、火薬、刀剣、仕込杖の類すべて携帯、運搬、販売を禁ずる事」ができる旨を定めた。しかし、その後も、仕込杖がからむ事件が続発しているところからみて、当局によって仕込杖の携帯などが規制されることはなかったようである。明治二十二年二月十一日、文部大臣森有礼は、山口県士族西野文太郎《にしのぶんたろう》に出刃包丁で殺害されたが、この時、大臣に随伴していた文部属座田秀重《さいだひでしげ》は、携帯していた仕込杖を抜いて西野に三太刀を浴びせ、これを死に至らしめている(座田は、同月二十三日、正当防衛により無罪という言渡しを受ける)。明治二十年代における政党間の抗争では、いわゆる壮士と呼ばれるグループによる暴行傷害事件が多発したが、仕込杖は、彼ら壮士が好んで携帯する武器であった。明治二十五年の『須長漣造日記』は、当時の「三多摩壮士」の風貌について、「白布ニテ鉢巻ヲナシ、襷ヲカケ、二尺余ノ仕込杖ヲ携ヘ或ハステッキ、棍棒、ピストルを持、着蓙《きござ》ニ檜笠《ひがさ》ヲ帽シ、恰モ異様ノ出立」と描写している。なお、明治二十八年十月八日、朝鮮京城の王宮内で起きた閔妃殺害事件の際も、仕込杖を携えた洋服姿の日本壮士数名が、アメリカ人によって目撃されている(同月十五日付の『東京日日新聞』による)。

参考文献 『明治ニュース事典』(一九八三—八六、毎日コミュニケーションズ出版部) (礫川 全次)

じさい 自裁 閏刑《じゅんけい》の一つ。明治三年(一八七〇)十二月頒布の新律綱領《しんりつこうりょう》は、笞・杖・徒・流・死の五刑を定める一方で、士族に対する閏刑として、謹慎・閉門・禁錮・辺戍《へんじゅ》・自裁という五つの刑罰をおいた。すなわち、死刑は、一般の人に対する絞・斬・梟示《きょうじ》に代えて、士族には自裁が科された。名例律に「およそ自裁は自ら屠腹せしめ、世襲の俸禄はなおその子孫に給す」とあり、腹を切らせたのである。六年六月公布の改定律例《かいていりつれい》が士族の閏刑を禁錮一つとし、自裁を禁錮終身と改めたことで、自裁は一般刑法上は終止符をうたれた。ただ、士族に対して死刑が廃止されたのでなく、新律綱領も改定律例も、士族にして盗・姦など廉恥を破ることははなはだしき者には正刑を科した。自裁の例をあげると、明治二年八月、金沢藩執政の本多政均《ほんだまさちか》を城中で刺殺した二人は自裁を命じられた。また、四年十一月、二人の連累者を殺害した(加賀の忠臣蔵として有名な事件)本多家の旧臣十二人も自裁を命じられた。なお、自裁は、四年の海陸軍刑律(なぜか陸海軍刑律という名称ではない)が将校に対する正刑の一つとしたことから、制度としては十四年(一八八一)年末まで存続した。

参考文献 『法規分類大全』刑法門一(一九八〇、原書房) (新井 勉)

しさんじかい 市参事会 明治二十一年(一八八八)四月に定められた市制において規定された合議制執行機関。市長・助役・名誉職参事会員から構成される。市長は有給吏員であり、市会が候補者三名を推薦して内務大臣の上奏により天皇が裁可することになっていた。助役も有給吏員であり、市会選挙によって選出された。名誉職参事会員は、市公民中満三十歳以上で選挙権を有する者より市会が選挙して選出した。市参事会は、市会への提案権と市会議決の執行権を有し、市営造物や市の歳入、さらに市有財産などの管理権や、市長を除く市吏員の監督権を持ち、また外部に対して市を代表し市の名義で訴訟および和解について他庁や民衆と交渉するなど広範な行政執行の権限を保有していた。その執行は過半数の議決で決められ、市長は議長であったが、その一員に過ぎなかった。明治四十四年(一九一一)の市制改正で執行機関は市長となり、市参事会は、市会の副議決機関、市長の諮問機関となった。

参考文献　山中永之佑他編『近代日本地方自治立法資料集成』二・三(一九九四・九五、弘文堂)、櫻井良樹『帝都東京の近代政治史』(二〇〇三、日本経済評論社)

(中嶋　久人)

じじしょうげん　時事小言　福沢諭吉が、政権を強大化する必要性と、そのために国会開設が不可欠であることを論じた書。表紙には明治十四年(一八八一)九月出版と印されているが、大隈重信らに宛てた福沢書簡から同年十月初旬の刊行と考えられる。初版は、四六判一冊、洋紙活版刷、緒言九頁、目次一頁、本文三二〇頁。明治十三年に『国会論』の続編として書き始め、その後、「随時窃に書き記し」(緒言)た原稿を六編にまとめた一書。福沢は、『学問のすゝめ』(明治五―九年)などにより民権の重要性を説いて来た。しかし明治十年代になると、民権論は普及したものの、同時に不平分子の政府転覆論の具となり、不必要に政治的安定を脅かす源ともなっていた。そのような状況に対して、本書は、明治政府の相対的な開明性を評価しつつ、国内の政治的安寧を維持し対外的に競争しうる「内安外競」を実現する方途を説いている。「内安」すなわち国内安定の鍵は、国会を開設し、多数をもって政府の基礎として、そのことにより政権を強大ならしめることと断じる。さらに財政難の打開には、人民が国費を負担する必要があり、そのためには商工業を発展させる以外にないと経済成長論の立場をとっている。また、「外競」すなわち対外的な国権の確立に関しては、弱肉強食の国際世界を前提とし、軍事力の増強を強く主張。その武力をもって清国・朝鮮の「進歩を脅迫する」ことも可とした。徹底して政治的リアリズムを説く本書は、明治十年代以降の福沢の国権論への傾斜を示す代表的な著作とも見なされるが、過激化しつつある民権論を漸進路線に修正するため、福沢一流のバランス感覚からあえて書かれた面も無視できない。また、明治十四年政変直前に刊行された本書は、大隈重信・伊藤博文・井上馨らの政府内開明派と協調し、彼らに援護射撃を与え、混乱なく国会開設を実現しようという意図で書かれた、時論的な著作ともいわれている。→福沢諭吉《ふくざわゆきち》

参考文献　坂野潤治「明治国家の成立」(梅村又次・山本有造編『日本経済史』三所収、一九八九、岩波書店)

(小室　正紀)

じじしんぽう　時事新報　明治十五年(一八八二)三月一日に福沢諭吉によって創刊された東京の日刊紙。諭吉は『西洋事情』『学問のすゝめ』などのミリオンセラーを著わし、『民間雑誌』を発行し、『明六雑誌』の同人である代表的な啓蒙思想家である。かれの新聞ジャーナリズムとの関係は、藤田茂吉《ふじたもきち》・犬養毅など慶応義塾出身者の新聞界進出を媒介した間接的なものであった。かれが直接、関係をもち始めたのは十四年の政変直前のことであった。それは大隈重信ら政府首脳の依頼で政府御用新聞発行を内諾したときである。ところが政変による大隈の下野で、この計画は中止になったので、諭吉は独力で新聞を創刊する決意をした。中上川彦次郎《なかみがわひこじろう》(福沢の甥)を社長として慶応義塾出版社から出る。社名を十七年に時事新報社とする。政府が民党や民党機関紙の弾圧に成功した十年代後半には、政党から独立して経営、編集されている『時事新報』のような大新聞《おおしんぶん》は政府の弾圧・統制からまぬがれやすかった。『時事新報』は十六年十月に一週間ほど発禁処分をうけたが、そのほかには処分らしきものをほとんどうけていない。これは弾圧を巧妙に回避する諭吉の指導に加えて、「独立不羈」の編集方針に負うところが大きい。『時事』は大新聞のなかではもっとも報道活動を重視し、その充実につとめた。もともと同紙は実業界に指導者を輩出した慶応義塾の同窓会新報的な役割を果たしていたので、かれら商工階層の欲求にこたえるべく、経済情報を中心にした報道内容の多様化に努力していた。だから興隆期にある産業資本の申し子ともいうべき報道新聞としての性格を強くもっていた。「独立不羈」方針も資本主義を担うかれら産業資本家・商業資本家ならびに交詢社に参加する豪農商たちの新聞観にマッチしていたし、独立採算をねらう経営方針にも好都合だった。『時事』はこれら経済力のあるブルジョアジーに支持されて販売収入ばかりか広告収入が多かったからこそ、経営的に安定し、政府からも政党からも独立性をたもつことが可能であった。そうはいっても一つの私学を基盤にして創刊されたばかりの新聞である。先の発禁処分をうけた直後、『時事』は苦しかった。それにもかかわらず、創刊早々、売薬無効論を掲載して、当時の大広告主である売薬業者から広告ストップ・営業毀損訴訟をうけながら、四年間もたたかった同紙の姿勢から、「独立不羈」の新聞としての『時事』の健在ぶりがある程度確認されよう。同紙は次第に商人・商店小僧・実業家・会社銀行員など商工読者に支持されてきた。株式・期米・生糸などの商況はもとより、内外金融・為替相場、さらには政府の財政金融政策、財界の動向など、経済情報が「東洋一」と誇称する広い紙面に大量に注ぎ込まれていた。しかもその鮮度は高く、かつ正確であった。量・質ともに経済専門紙『中外商業新報』に劣らない。また社説欄には経済論のみならず経済解説までものっている。さらに「本日掲載の広告目録」欄の存在が象徴するように、広告は絶対的・

『時事新報』第1号

相対的に他紙を圧していた。明治三十年代に入ってからも版数の増加、長距離電話の活用、年中無休刊制の実施などによって、経済記事の充実特に情報の鮮度維持に努力していた。産業革命の進行に伴う商工階層の増大と分解を背景に、かれらの経済情報への欲求・関心の強まりに応えた。それとともに文学や論説の比重は低下してきた。つまり資本主義と新聞とが相関し始めたこと、すなわち新聞が資本主義体制の枠内に入り始めたことを同紙は示していた。三十四年(一九〇一)の諭吉の死後は彼が敷いた路線を石河幹明《いしかわみきあき》主幹が引き継ぎ、日露戦争前後には「東洋のタイムス」との地位を築いた。時事新報社は福沢捨次郎《ふくざわすてじろう》社長の下で三十八年三月『大阪時事新報』を発刊した。これは『朝日新聞』や『毎日新聞』の東京進出攻勢への反撃であったが、同紙への広告掲載を取りやめさせる両紙の広告主への徹底的な圧力などを受けて、毎年の累積赤字が東京の本家の屋台骨を揺るがせるほどとなった。そのため『大阪時事新報』を経営不振で大正十二年(一九二三)に売却した。その一ヵ月後に関東大震災で社屋が焼失。小山完吾《こやまかんご》・武藤山治《むとうさんじ》といった義塾出身者が社長になって再建を図ったが失敗し、昭和十一年(一九三六)十二月二十五日に『東京日日新聞』に吸収合併され、五十五年の歴史を終えた。戦後旧関係者によって昭和四十六年(一九七一)復刊されたが、五年で『産経新聞』に吸収された。

参考文献 慶応義塾編『福沢諭吉全集』一六(一九六一、岩波書店)、日本経営史研究所編『中上川彦次郎伝記資料』(一九六九、東洋経済新報社)、富田正文『考証福沢諭吉』下(一九九二、岩波書店)、松田尚士『武藤山治と時事新報』(二〇〇四、扶桑社)
（山本　武利）

ししどたまき　宍戸璣　一八二九―一九〇一　幕末・明治時代の政治家。長州藩士安田直温の三男として、文政十二年三月十五日(一八二九年四月十八日)に萩で生まれた。山県太華の養子となって山県半蔵を称す。世子毛利定広の侍読となり、機務に参与。幕府の長州征討に対して、名を宍戸備後助と改めて幕府側の問罪使と広島で応接し、帰藩後に家老宍戸備前の末家となり、直目付に列した。明治二年(一八六九)十月に山口(長州)藩権大参事、三年十月には刑部少輔に任じられて新律綱領の制定に尽力した。四年七月に司法少輔、十一月に司法大輔、翌五年五月から十年(一八七七)一月まで教部大輔に任じられ、五年十月から六年九月まで文部大輔兼任。十年一月に元老院議官に就任。十二年三月には清国特命全権公使に任じられ、琉球の日本帰属を詳記した覚書を清国総理衙門に提出した。十五年八月に宮内省出仕、十七年四月に参事院議官となり、二十三年(一八九〇)七月に貴族院議員に選任された。三十四年(一九〇一)十月一日に死去。七十三歳。子爵。

宍　戸　璣

参考文献 植田捷雄「琉球の帰属を繞る日清交渉」(『東洋文化研究所紀要』二、一九五二)、我部政男『明治国家と沖縄』(一九七九、三一書房)
（松尾　正人）

ししのなかば　宍野半　一八四四―八四　幕末・明治維新期の国学者、教派神道の一派である扶桑教の組織者。弘化元年九月九日(一八四四年十月二十日)、薩摩国隈之《くまの》城《じょう》(鹿児島県薩摩川内市)の郷士、宍野休佐衛門の次男として誕生。十六歳で薩摩藩校国学局に入り国学を学ぶ。明治元年(一八六八)、平田鉄胤《ひらたかねたね》の門人となり同五年に上京、教部省に入り薩摩藩出身の田中頼庸《たなかよりつね》、岩下方平《いわしたまさひら》のもとに仕えるが翌年辞職。大教院大講義となり、さらに富士浅間神社の宮司に就任し富士信仰復興と富士講結集の志を立て、明治六年、富士一山講社を設立した。明治七年には富士山中の拝所の神道化を行うとともに翌八年には伊藤六郎兵衛の丸山講(のちの丸山教)を傘下に収めて神道事務局所属の扶桑教会を設立。同十五年(一八八二)にはこれを扶桑教として一派独立させ、初代管長に就任した。また、のちに国学院大学の設立母体となる皇典講究所の創立にも力をつくし、井上頼圀《いのうえよりくに》や久保季茲《くぼすえしげ》らとともに『皇典講究所創設告文』を著わしている。明治十七年五月十三日に死去。四十一歳。その葬儀は田中頼庸が斎主を務めた。→扶桑教《ふそうきょう》

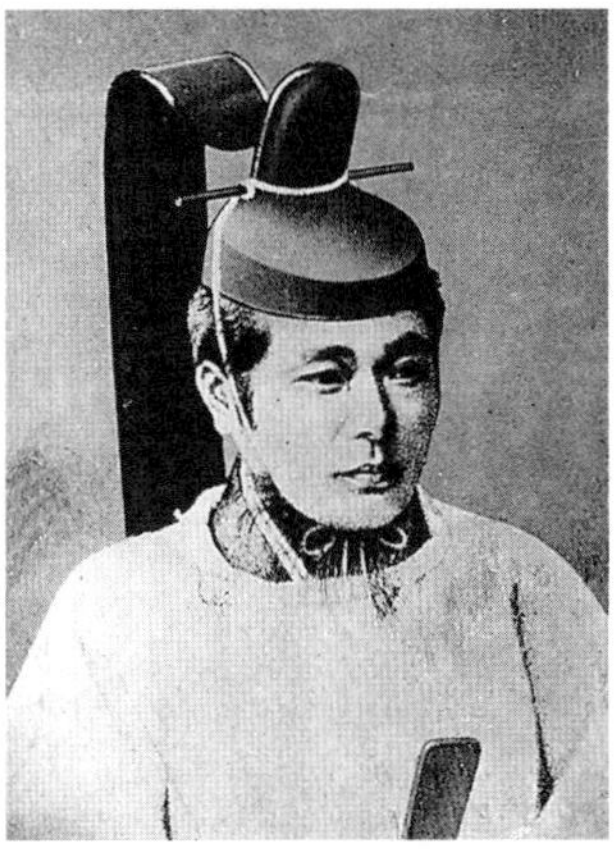

宍　野　半

参考文献 田中義能『神道扶桑教の研究』(一九三四、日本学術研究会)、岩科小一郎『富士講の歴史―江戸庶民の山岳信仰―』(一九八三、名著出版)、井上順孝他編『新宗教教団・人物事典』(一九九六、弘文堂)
（中山　郁）

ししへんさんがかり　史誌編纂掛　明治二十四年(一八九一)三月より二十六年四月の二年一ヵ月の間、帝国大学の中に設置された修史ならびに地誌編纂機関。明治十八年(一八八五)十二月太政官制度が廃止されて内閣制度が成立したことは、太政官という東洋的国家機関には固有で重要な任務であった修史事業を国家が行う義務がなくなったということを意味した。ただし事業を中断することはできず、修史館は廃止されたが、かわって期限をつけ

られた臨時修史局が十九年一月内閣の中に設置された。他方史学科を有する帝国大学はその中に日本史に関わる事業をかかえることは史学研究上の利便性からみて有利だと判断し、二十一年十月内閣臨時修史局を大学に移管してほしいとの上申書を提出、同月三十日内閣臨時修史局は廃止され、かわって帝国大学直属の臨時編年史編纂掛が設置され、重野安繹《しげのやすつぐ》を編纂委員長、久米邦武《くめくにたけ》と星野《ほしの》恒《ひさし》の両編纂委員のもとに編纂事業が継続されることとなった。地誌編纂も太政官制度のもとでは固有で重要な任務であったのだが、内閣制度の発足とともに無用視され、二十三年九月内務省地理局地誌課は帝国大学に移管され同年十月地誌編纂掛が設けられた。二十四年三月臨時編年史編纂掛と地誌編纂掛を合併して史誌編纂掛が設けられ、文科大学に所属することとなった。地誌編纂関係の責任者は河田羆である。史料蒐集とともに『大日本編年史』出版のための作業が開始された。このような時、久米邦武の「神道は祭天の古俗」論文事件（久米事件）が発生し、久米は二十五年三月非職を命じられた。事態はここにとどまらなかった。実証主義的な研究に基づく歴史研究は神道界のみならず政府からの不満も増大させていった。二十六年四月十日帝国大学史誌編纂事業は停止させられ、史誌編纂掛は廃止された。公的な説明としては、㈠史料の収集・整理・編纂は必ずこれを国家事業としなければならないが、史書編述は一私人として行うべきである、㈡今日の時節にあたり国史叙述は漢文ではなく国文で行うべきであるというものであった。なお史誌編纂掛の廃止とともに、内務省から帝国大学に引きつがれた郡村誌（明治二十三年引継時三千十九冊、郡村図五千八百四十枚）などの皇国地誌史料が史誌編纂掛から帝国大学図書館に移管されたが、大正十二年（一九二三）九月の関東大震災によって史料編纂掛にあったごく一部のものを除いて焼失した。記録では「郡村誌約六四〇〇」となっている。 →史料編纂掛《しりょうへんさんがかり》 →臨時編年史編纂掛《りんじへんねんしへんさんがかり》

参考文献 『今日の古文書学』一二（二〇〇〇、雄山閣）、『東京大学史料編纂所史料集』（二〇〇一）（宮地 正人）

ししまい 獅子舞 獅子頭をかぶって行う舞。太鼓をたたき笛を吹き、新年より一軒ずつ訪ねては無病息災、家内繁栄、五穀豊穣などを祈る門付芸。無断で家の中へ入り込み、金の出し方が悪ければ悪口を言い散らす。中には町内の鳶《とび》の者が印半天《しるしはんてん》などを着て付き添い、銭をもらって歩いた。そこで明治四十一年（一九〇八）、各地の警察は厳しく取り締まるようになる。なお静岡では獅子頭をかぶって、「桂川の道行」など芝居を演じたりした。（倉田 喜弘）

じじゅう 侍従 宮内省に置かれた天皇側近の官職。令制で中務省に属した侍従は、明治二年（一八六九）七月制定（八月改正）の職員令で宮内省の下に置かれたが、「掌常侍規諫。拾遺補闕」との職掌は令制と同じであった。翌三年十一月、次侍従（翌年九月廃止）、ついで翌四年七月、侍従長が置かれ、「常侍奉仕ヲ掌ル」と改められた侍従には、宮廷改革の一貫として、それまで旧公家出身者のみで占められていた状態から、はじめて米田虎雄ほか士族出身者が任じられた。さらに翌五年三月、侍従番長が置かれるが、同十年（一八七七）八月、侍従長・侍従番長とともに廃され、侍補や侍従試補が新設された（侍従長は翌十一年十二月再置）。同十七年三月、侍従長・侍従・侍従試補をいったん廃して侍従職を新設し、改めて侍従長や侍従、同年十一月には侍従試補の官制が定められた。以後、侍従長を輔ける侍従職幹事の設置（同二十三年（一八九〇）十月）などの変遷はあったが、侍従職に侍従長以下の侍従が置かれる制度に大きな変化はなかった。戦後の宮内庁にも侍従職は置かれ、侍従長・侍従次長・侍従などの職員がいる。（篠田 孝二）

じじゅうちょう 侍従長 宮内省に置かれた天皇側近の官職の長。明治四年（一八七一）七月、宮内省に新設され、「常侍規諫兼テ侍従ヲ監スルヲ掌ル」ことを職掌とし、徳《とく》大寺実則《だいじさねつね》・河瀬真孝《かわせまさたか》・東久世通禧《ひがしくぜみちとみ》が順次任じられた。同十年（一八七七）八月、侍補の設置に伴って廃されたが、翌十一年十二月再び置かれ、「常侍奉仕兼テ侍従ヲ監スルヲ掌ル」こととなり、山口正定・米田虎雄の両名が任じられた。同十七年三月、侍従長以下はいったん廃され、新設の侍従職に改めて侍従長以下が置かれた。この時再び侍従長に任じられた徳大寺実則は、明治二十四年（一八九一）二月以降内大臣も兼ね、大正元年（一九一二）八月まで二十八年間これを務めている。その職掌は、明治十九年二月の宮内省官制（宮内省達第一号）により、侍従とともに内豎《ないじゅ》の監督も掌ることになった。なお、同二十三年十月の宮内省達第一八号では、「侍従長ヲ輔ケ職務ヲ整理シ職員ヲ監督ス」る侍従職幹事が置かれた。（篠田 孝二）

じじゅうぶかん 侍従武官 陸海軍人が任じられた天皇側近の官職。明治二十九年（一八九六）四月、勅令第一一三号の侍従武官官制により設置され、参謀官が任じられた。定員は陸軍将官・佐官・尉官で計五人、海軍将官・佐官・尉官で計三人。そのうち「高級故参ノ者」が侍従武官の勤務を規定し監督する侍従武官長に就いた。侍従武官は「天皇ニ常侍奉仕シ軍事ニ関スル奏上・奉答及命令ノ伝達ニ任ジ、又観兵・演習・行幸、其他祭儀・礼典・宴会・謁見等ニ陪侍扈従ス」ることを職掌とし、演習その他軍事上の視察のため差遣されることもあった。同四十一年（一九〇八）十二月、侍従武官官制は廃止、侍従武官府官制（勅令第三一九号）制定により侍従武官府に侍従武官長と侍従武官を置くことを定めたほか、侍従武官長には陸軍大中将か海軍大中将を任ずること、侍従武官の定員は陸軍中少将・佐官・大尉で計五人、海軍中少将・佐官・大尉で計三人とすることと改められた。ただ、実際に侍従武官長となったのは、全員が陸軍大将か中将で、明治期には岡沢精《おかざわくわし》と中村覚の二人が就任している。昭和二十年（一九四五）十一月に廃止された。

参考文献　西岡香織「日清戦争の大本営と侍従武官制に関する一考察」(『軍事史学』三〇ノ三、一九九四)、大沢博明『近代日本の東アジア政策と軍事』(二〇〇一、成文堂)
(篠田　孝二)

しじょうたかうた　四条隆謌　一八二八―九八　幕末・維新期の政治家、軍人。文政十一年九月九日(一八二八年十月十七日)、権大納言四条隆生《たかあり》の次男として生まれる。幕末期は幕府への外交委任問題などをめぐり、尊攘派公卿として岩倉具視などとともに活躍した。八・一八政変で失脚。王政復古で官位復旧され、戊辰戦争では錦旗奉行・中国四国追討総督・仙台追討総督などを務め、明治以降は主に軍人畑を歩んだ。明治二年(一八六九)に陸軍少将となり、以後、大阪・名古屋・仙台の各鎮台司令長官を務め、十四年(一八八一)に陸軍中将に進んで退役、元老院議官となる。明治二十四年(一八九一)から三十一年(一八九八)まで貴族院議員を務めた。明治三十一年十一月二十三日死去。七十一歳。

四条隆謌

参考文献　衆議院・参議院編『貴族院・参議院議員名鑑』(『議会制度百年史』、一九九〇、大蔵省印刷局)、霞会館華族家系大成編輯委員会編『(平成新修)旧華族家系大成』下(一九九六、霞会館)、阪谷芳直『三代の系譜』(『洋泉社MC新書』、二〇〇七、洋泉社)
(小川原正道)

じしょしちいれかきいれきそく　地所質入書入規則　明治初年における土地担保金融に関する規則。田畑永代売買解禁、壬申地券の交付によって土地所有権の保障が法認され、本格的な地租改正、地券発行事業の実施が予定されていたことを承け、新政府は改租事業に先立って従来の粗漏な質入慣習を是正するための土地担保金融の整備を急いだ。明治六年(一八七三)一月十七日に発布されたこの規則によると、貸主に地所を引渡すのが質入、引渡さずに利息を支払うのが書入と定義され、質入期間が旧来の十年から三年に短縮され土地の長期担保が排除された。また、旧来の書入は担保物権としての効力を有していなかったがこの規則では担保物権として設定されるとともに、その手続きについても戸長の奥書割印を課すなどの整備がはかられた。これ以後、書入が広く普及して質入をしのぐまでになり、土地金融に大きな作用を及ぼした。

参考文献　大蔵省租税局編「地租改正例規沿革撮要」(大内兵衛・土屋喬雄編『明治前期財政経済史料集成(復刻版)』七所収、一九六三、明治文献資料刊行会)、福島正夫『地租改正』(『日本歴史叢書』、一九六八、吉川弘文館)
(佐々木寛司)

じじょしゃ　自助社　明治七年(一八七四)八月に設立され、明治十一年(一八七八)九月に廃社となった徳島の民権結社。土佐の立志社について、小室信夫《こむろしのぶ》・井上高格《いのうえたかのり》ら旧藩士が自助社を設立、社長には井上高格が就いた。具体的活動としては、徴兵令の趣旨の県内普及、愛国社創立大会への参加などがあるが、特に明治八年の漸次立憲政体樹立の詔の趣旨を県民に懇諭しようとして『通諭書』を出版・配布したことがあげられる。この『通諭書』で、天皇も「国王ト云フ御役人」であり、軍事・条約・課税・法律・予算など、すべて「人民議院」で決定されねばならないとして、明治新政府の問題点を具体的に指弾し、一刻も早く国会開設をするように主張した。この内容は大久保利通ら参議の間で国家の重大事であると認識され、新居敦二郎《にいあつじろう》・井上高格らは国事犯として大審院で裁判・処断された。この『通諭書』事件により指導者を失い、明治十一年九月に社員協議の結果、廃社となった。

参考文献　手塚豊編『近代日本史の新研究』二(一九八三、北樹出版)、正木明子「徳島自助社の研究」(『徳島の研究』五所収、一九八三、清文堂出版)、宇山孝人「阿波『自助社』関係史料―徳島県立文書館所蔵史料の紹介―」(『史窓』三三、二〇〇三)
(宇山　孝人)

じしん　地震　理科年表に載る明治期の被害地震は三十九件、このうち、濃尾地震や明治三陸津波などを除き、比較的被害が大きく名称が付けられているものは、明治五年(一八七二)浜田地震(石見地方、全潰五千、死者五百五十人)、二十七年(一八九四)東京地震(東京湾北部、死者三十一人)、二十七年庄内地震(庄内平野、全潰二千八百五十八、全焼二千百四十八、死者七百二十六人)、二十九年陸羽地震(秋田・岩手両県、全潰五千八百九十二、死者二百九人)、三十八年(一九〇五)芸予地震(広島、全潰五十六、死者十一人、ほかに松山でも被害)、四十二年(一九〇八)江濃(姉川)地震(虎姫、全潰九百七十八、死者四十一人)、四十四年喜界島地震(喜界・沖縄・奄美の各島で全潰四百二十二、死者十二人)などである。このうち、地震の観測体制、救済体制も整わない時期の浜田地震、首都としての体裁を整えつつあった東京を襲った東京地震、庄内酒田町(山形県酒田市)を地震後の火災で焼き尽くした庄内地震について、それぞれ震災後のこの時期を特徴付ける社会対応は以下のようであった。(一)浜田地震　明治五年二月六日(一八七二年三月十四日)島根県那賀郡の日本海沿岸地帯で震源浜田町(浜田市)沖、震度六の地震が発生、死傷者千百人以上、家屋の全半潰一万軒弱に及ぶ被害が出た。浜田浦では土地の隆起と沈降が生じて田畑の損壊が著しかった。この災害に対する救済は、廃藩置県直後でもあり、県治条例(明治四年十一月)附則の窮民一時救助規則に基づく救済金が政府から支給された。その内容は、男三合、女二合の救助米五十日分が支給され、潰家四千五百七十五軒の約四分の一を窮民とみなし一軒七両(五ヵ年賦)、半潰家八千三百六十五軒の四分の一に一軒三両(三ヵ年賦)、総額一万六千三百七十二両の貸付金を与えるというものであった。被災者に無料で与えられる救助米の基金は「被下金」、家屋損壊者への貸付金は「拝借金」と称される点は前時代の強い名残を感じさせる。㈡東京地震　明治二十七年六月二十日午後二時四分ころ、東京湾北部を中心とするマグニチュード七・〇の強い地震があり、東京地震と呼ばれはするが東京市と神奈川県を中心に一府三県に被害が及んだ。被害の特徴は東京の死者二十四人のうち煉瓦構造物、煙突の崩壊によるものが二十人、家屋全半潰九十、破損四千九百二十二、煙突全半潰四百七十六、亀裂四百五十三、横浜市と橘樹《たちばな》郡で死者七人、家屋全半潰四十、破損九百七十七、煙突全半潰百九十四など、近代化途上の都市的災害が色濃いが、神奈川県で山崩れ四十七ヵ所が発生した。このほか埼玉県、千葉県では死者は出ていないが、建物破損、堤防破損・亀裂などが発生した。この地震が煙突地震と呼ばれる理由は被害の様相からうかがうことができる。濃尾地震後発足した震災予防調査会によるこの地震の被害調査は、中央庁舎、陸海軍武器庫などの煉瓦造り官公舎に属する例が多く、また、そのうちでも煉瓦造りの煙突部分に被害が集中した様子が詳細なスケッチで残されていることによるのだろう。特に煙突の被害は当時最新の技術であった写真撮影がなされ、印画紙、台張写真、彩色されたガラス乾板などの形で残されているが、これらの写真が調査報告書のスケッチの元になっていると推定されている。㈢庄内地震　明治二十七年十月二十二日、庄内平野を中心にマグニチュード七の地震が発生、当時の「山形県震災被害一覧表」によると、全潰家屋二千七百七十七、住家焼失千四百八十九、死者七百二十三人の大きな被害を出した。特に火災が発生し大きな被害を出した酒田では江戸時代西廻り海運の回米で繁栄を誇った回船問屋衆の建物も一挙に崩壊し、これ以降かつての繁栄を取り戻すことはなかった。また、山形県はこの年、飽海《あくみ》郡月光・日向川洪水、山形市大火などの災害が続き、県費からの災害救助費の捻出ができなかったため、国会請願運動などを起したが、わずかに四万六千円の災害救助費が得られたに過ぎなかった。この災害に際しては、震災予防調査会が大森房吉・中村達太郎を調査のために現地に派遣、これに伴って地震学や建築学を専門とする学生もともに現地調査に従事して報告書を作成した。濃尾地震で災害現場を捉える意義が社会に認められた写真は、この災害においても海岸地帯に多く発生した液状化現象や小学校などの洋風建物や神社などの損壊状況を正確に捉えるものとして、地震学者や建築学者の間で活用された。

庄内地震　酒田町の惨状

参考文献　『震災予防調査会報告』四・五・七(一八九五)、茅野一郎「明治中期の〝煙突地震〟」(『地震ジャーナル』八、一九八九)、大迫正弘・金子隆一「一八九四年の東京地震の写真資料」(『国立科学博物館研究報告E類』二七、二〇〇四)、北原糸子「災害と写真メディア—一八九四年庄内地震のケーススタディー」(人類文化研究のための非文字資料の体系化第三班編『環境と景観の資料化と体系化に向けて—人類文化研究のための非文字資料の体系化—』所収、二〇〇四、神奈川大学二十一世紀COEプログラム研究推進会議)、同編『日本災害史』(二〇〇六、吉川弘文館)

(北原　糸子)

じしんがく　地震学　地震現象ならびに、地震波を利用して地球の内部構造などを研究する学問。地震については古今東西さまざまな人によって論じられてきたが、近代的な地震学は、明治初期に日本に来ていた御雇英国人教師ユーイングらによって、地震の揺れを連続的に記録できる地震計が開発されたことに伴って始まったとされる。明治十三年(一八八〇)には、地震に関する世界ではじめての学会である日本地震学会が外国人を中心にして創立され、地震の専門雑誌 Transactions of the Seismological Society of Japan が誕生した。明治期の日本で地震学の発展の基礎を築いたのは、英国人のミルン・ユーイング、関谷清景《せきやきよかげ》・大森房吉・今村明恒らであったが、彼らの研究は主に地震計の開発や地震現象の解明、地震災害の軽減に向けられていた。これに対して西欧では、地震波が地球の内部を通過して遠くまで伝わる性質を利用して、地球の内部構造などを研究するもう一つの地震学が発展した。　→日本地震学会《にほんじしんがっかい》

参考文献　藤井陽一郎『日本の地震学—その歴史的展望と課題—』(『紀伊国屋新書』、一九六七、紀伊国屋書店)、『気象百年史』(一九七五)、萩原尊礼『地震学百年』(『UP選書』、一九八二、東京大学出版会)

(泊　次郎)

しずおかがくもんじょ　静岡学問所　静岡藩藩校。静岡という呼称は明治二年(一八六九)六月に制定されたもので、それ以前は府中学問所とよばれた。静岡藩は成立当

初から、もとの英仏留学生、開成所教官、外国奉行所支配下職員を教師とした大規模な和漢洋三学藩校設立を計画し、明治元年十月駿府で漢学のみを先行して開講、翌十一月に英仏蘭独四ヵ国学問をも開講した。藩士だけでなく社家・出家・百姓・町人およびその子弟・厄介・召仕までの有志の者の出席稽古が許可された。同月国学稽古も開始された。学問所の責任者として漢学者向山黄村《むこうやまこうそん》と洋学者津田真道《つだまみち》が任じられ、三年三月段階では一等教授中村敬宇・外山正一《とやままさかず》ほか一名、二等教授三名、三等教授十名、四等教授十二名、五等教授十五名の堂々たる陣容となっている。また構内には三年十一月より十八歳以下を小学生、それ以上を小学校員外生とする小学校も授業を始めた。さらに四年十月には学問所内に伝習所を設け、E・クラークを招いて英語・物理・化学・数学の授業と自然科学の実験がなされた。しかし五年八月旧来の公的教育機関は画一的に廃するとの政府の方針に従い静岡学問所・小学校・伝習所ともに廃止された。

参考文献 樋口雄彦『静岡学問所』(『静新新書』、二〇一〇、静岡新聞社) （宮地 正人）

しずおかけん 静岡県 本州中部の太平洋側に位置する県。現在の静岡県域は、近世には、東から伊豆、駿河、遠江の三国があった。伊豆に韮山代官所、駿河に駿府城代、遠江に中泉代官所が置かれ、駿河には沼津藩・小島藩・田中藩、遠江には、掛川藩・相良藩・横須賀藩・浜松藩があった。戊辰戦争中の明治元年(一八六八)七月、前将軍の徳川家に駿河・遠江・三河七十万石が与えられ、駿遠の七つの藩は房総地方に移封された。伊豆には、韮山県が設置されるが、同県には相模・武蔵の旧韮山代官所支配地と伊豆諸島も含まれていた。四年七月の廃藩置県で静岡藩支配地は静岡県となるが、十一月、駿河に静岡県、遠江に浜松県、三河に額田県が設置された。また旗本大沢右京太夫が浜名湖に面した所領五千石を一万石と上申したため、大名となって堀江藩に昇格、廃藩置県後は堀江県とされたが、虚偽申告として取消され、大沢は投獄された。韮山県のうち相模・武蔵などは、東京府、入間県、神奈川県になったが、伊豆・伊豆諸島は足柄県に属した。六年ころより各県とも大区小区制を施行。また三県とも地租改正に着手し、農民代表の会議を開催しこれを民会と称したが、浜松県のみは九年七月女性を含む戸主の選挙権を認めた民会議員の選挙を行なった。九年足柄県は分割され、相模西部は神奈川県に、伊豆と伊豆七島は静岡県に合併された。同年九月浜松県も廃止され、静岡県に合併された。浜松県民会は、静岡県の遠江州会としてしばらく存続したが、女性の選挙権は削除された。なお伊豆諸島は十一年(一八七八)東京府へ移管された。同年郡区町村制を施行、二十三郡(伊豆四郡、駿河七郡、遠江十二郡)となり、静岡のみ区制を施行した。また同年府県会規則により県会を設置した。二十二年(一八九〇)市制町村制を施行し、静岡区のみ市制を施行した。二十九年郡制を施行し、従来の二十三郡を十三郡に再編した。

参考文献 原口清・海野福寿『静岡県の百年』(『県民一〇〇年史』二二、一九八二、山川出版社) （田村 貞雄）

〔明治初年農民一揆〕 現在の静岡県の県域においては、明治初年には静岡藩中泉郡政役所支配下の遠江国豊田郡、磐田郡(磐田市域が中心)を中心とする蓑かぶり一揆のみ記録されている。明治元年(一八六八)夏に天竜川左岸で洪水があり、さらに翌二年も台風により塩害があり、米価が暴騰し、十二月には豊田郡・長上《ながかみ》郡・麁玉《あらたま》郡・引佐《いなさ》郡で騒動が起った。この地は移封したばかりの徳川家の静岡藩であったが、浜松および掛川郡政役所は年貢の一割引を約束したものの、磐田郡・豊田郡を管轄する中泉郡政役所は弾圧した。そこで同郡政役所を糾弾する声が高まった。ついに豊田郡七十三ヵ村の名主連名で、三年一月、豊田・山名・磐田の三郡の農民三千名余が蓑笠をかぶって集結し、嘆願のため東海道を東へ進んだ。袋井宿を経て掛川宿に近づいたところで掛川郡政役所の騎馬隊に阻止された。農民代表の鈴木孫三郎が役人に事情を嘆願し、役人側も中泉郡政役所への取次ぎを約束した。鈴木孫三郎ら指導者は、懲役四年などの処分を受けたが、年貢は九厘(九%)減免された。

参考文献 『磐田市史』通史編下(一九九四) （田村 貞雄）

〔民権結社〕 静岡県で本格的な演説結社とされるのが、明治十二年(一八七九)一月に誕生した参同社である。遠江・駿河・伊豆の旧三国の親睦と協同をめざして結成された参同社は、「演説を起し一切人民の知識を開達する」として文学、教育、勧業、衛生、法律の五部を設置し、県民啓蒙の先導役になった。中心となった人々は磯部物外《いそべぶつがい》、平山陳平、江原素六《えばらそろく》、岡田良一郎、依田佐二平《よださじべい》などの著名な官吏、士族知識人、豪農商である。やがて新聞『函《かん》右《ゆう》日報』を創刊し、マスメディアでも一翼を担う。同年浜松に己卯社《きぼうしゃ》、志太《しだ》郡藤枝に扶桑社が誕生する。この三社は県下の国会開設運動で口火を切る役割を果たした。民権運動の全国的な高揚のなか、県下でも国会開設運動が広がりやがて政党の結成へと進むが、相つぐ地域結社の誕生はこうした動きに刺激を受け、またそれを促進するものとなった。県下に生まれた結社の数は、明治十四年をピークとして十七年ごろまでに延べて七十を優に超える(明治二十三年までには百前後になると思われる)。これら結社の多くは、演説・討論を興し親睦と交流・知識の交換を行い、社会の公益を図ることを目的としていた。社名によく使われた協和、協同、共済、共益、共心などの語句はそれを表わしている。その活動の内容は、教育・勧業・衛生・法律などの分野に重点をおき、政治運動とは一線を画す傾向が強い。社則などで政談の排除を明示した結社もある(政談結社は前島豊太郎・広瀬重雄らが明治十二年静岡に結成した静陵《せいりょう》社一社のみ)。県下の結社に目立つ非政治的な傾向は、官憲の弾圧への配慮からだけでなく、中核となる豪農商層の目標としたものが地域社会の振興(地域の親睦・開化、殖産興業など)にあったことによっている。

（加藤　善夫）

参考文献　『静岡県史』通史編五(一九九六)

〔新聞〕現在の静岡県域ではないが、当時伊豆地方が属していた足柄県の小田原で、明治五年(一八七二)『足柄新聞』が刊行された。静岡県では、翌明治六年静岡提醒社から『静岡新聞』が刊行されたが、「官板」を銘打っていたため、のちの同名の新聞と区別するため『官板静岡新聞』と呼んでいる。月三回刊で、断続的に八年の四〇号まで刊行された。浜松でも聚珍社から『浜松新報』が刊行されたが、二号しか残っていない。九年には『官板静岡新聞』を引き継ぐ『重新静岡新聞』が隔日発行で創刊された。同年浜松でも月二回刊の『浜松新聞』(明九社)と、月十回刊の『浜松読売新聞』(進盛社)が刊行された。しかし両紙ともわずかしか残っていない。十年(一八七七)『重新静岡新聞』は一一三号で終刊し、それを引き継ぐ『静岡新聞』(第二次)が創刊された。当初隔日刊であったが、まもなく日刊となった。十二年参同社から『函右日報《かんゆうにっぽう》』が創刊された。函右とは箱根から見て右方、すなわち駿河を指す。翌十三年印刷兼発行人平山陳平の兄で県会議長だった磯部物外を社長とする函右日報社が刊行を引き継いだ。『静岡新聞』(第三次)は一時衰えていたが、十三年再刊した。これが第四次『静岡新聞』である。十三年ころから自由民権運動が高揚し、新聞の主張もしだいに尖鋭化した。十四年十月創刊の自由党系の『東海暁鐘新報』は、当局の弾圧で社主や記者の逮捕、発行禁止がたび重なった。十七年改進党系の『静岡大務新聞』が創刊され、翌年『函右日報』も吸収した。二十年(一八八七)『東海暁鐘新報』の号数を継承する『絵入東海新聞』が創刊されたが、二十一年には『東海日報』と改題している。二十四年には『この花新聞』と解題したが、詳細は不明である。二十四年立憲改進党系の『静岡民友新聞』、二十八年自由党系の『静岡新報』がそれぞれ創刊され、活発な言論を展開、県民の世論を二分した。

参考文献　田村貞雄・春山俊夫「明治前期静岡県内発行新聞所在目録」(『静岡県近代史研究』五—八、一九八一—八三)、日本新聞協会編『地方別日本新聞史』(一九五六)、荻野長太郎「静岡新聞小史」(『静岡市史研究紀要』一、一九六二)、『静岡県印刷文化史』(一九六七)、『静岡新聞四十年史』(一九八二)

（田村　貞雄）

〔雑誌〕静岡県は東京に近く、新聞雑誌や出版物の刊行は盛んであった。雑誌ではまず明治十二年(一八七九)に『鶯蛩新報』(鶯蛩新報社)が創刊されているが、植木枝盛の「普通教育論」を掲載するなど、自由民権論の影響が強かった。十三年創刊の『泰平楽雅奇《らくがき》面白誌』(笑門福来社)は、明治十年東京で創刊された滑稽風刺雑誌の『団々《まるまる》珍聞』を真似たものである。旧幕臣で静岡に移って書店を開いた吉見義次の編集で、文明開化の世相を諷刺した記事が多かった。十八年創刊の『静岡県隆美協会雑誌』(静岡県隆美協会事務所)は、勧業教育衛生の総合誌だが、勧業雑誌としては、明治十二年創刊『勧業新報』(勧業新報社)、十九年創刊『改良農事月報』(改良農事月報社)、二十六年(一八九三)ころ創刊『農事之友』(浜名郡白脇村(浜松市)、農事之友雑誌社、のち帝国矯農倶楽部)、三十四年(一九〇一)ころ創刊の『帝国実業協会報』(帝国実業協会、浜名郡白脇村)などがある。製茶業関係では、四十年(一九〇七)創刊の『茶業之友』(静岡県茶業研究会、小笠郡勝間田村(牧之原市))があり、四十三年創刊の『茶業会』(静岡県茶業組合連合会議所)に引き継がれた。教育雑誌としては、明治二十五年の創刊『私立静岡県教育会報告』(私立静岡県教育会報告事務所)がある。静岡県の文化レベルを示す二つの学会誌がある。一つは明治二十二年創刊の『静岡県国家学会論纂』(静岡県国家学会)で、報徳社社長で衆議院議員でもある岡田良一郎らの創刊。主な執筆者は著名な学者や官僚たちで、杉亭二《すぎこうじ》・穂積《ほづみ》八束《やつか》・末岡精一・渡辺洪基・岡田良平(良一郎長男)・一木《いちき》喜徳郎《きとくろう》(良一郎次男)・阪谷芳郎・林田亀太郎・加藤弘之・末松謙澄らの名がある。また二十四年創刊の『晴耕雨読』(静岡大務新聞社)は、旧幕臣で初代静岡県知事であった関口隆吉の養嗣子隆正が創立した帯経学会の機関誌である。多くの文人が詩文を寄せており、静岡県の文壇の高いレベルを示していた。

（田村　貞雄）

〔私立学校〕明治五年(一八七二)の「学制」公布以降、各地にあった私塾は閉鎖され、その後各地に小学教科を卒業した年齢の者を対象とする私立学校が設立された。明治五年静岡学問所廃止ののち、同所集学所学頭であった人見勝太郎(寧《やすし》)は賤機舎《しずはたしゃ》を設け、そこではカナダ人宣教師マクドナルドによって英学が教授された。また七年には、見付宿で英国人を招聘した語学校が設立されるなど、英語を主体とした私立学校がつくられた。その後十年代には、漢学や裁縫・習字などを教える私立学校もつぎつぎとつくられた。なかでも十年(一八七七)、岡田良一郎が佐野《さや》郡倉真《くらみ》村(掛川市)に設立した冀北《きほく》学舎(十二歳から十七歳を対象とした)は、英語を主体にしながら漢学も教授するというものであった。十六年に設立された静岡英学校(のち静岡英語専門学校)には渋江《しぶえ》抽斎《ちゅうさい》の七男保《たもつ》が教頭として来ている。またそこでは山路愛山が英語を学び、のちに青山学院院長となった高木《たかぎ》壬太郎《みずたろう》と交遊関係にあった。なお渋江は十九年設立の静岡英華学校、静岡文武館でも英語を教授した。二十年(一八八七)静岡英和女学校が創立された。カナダメソジスト教会系の手になるもので、県下女子教育の先駆であった。二十一年には三島に薔《ばら》花女学校が開設された。この女学校もアメリカプロテスタント系であったが、反キリスト教の風潮のなか二十五年廃校となった。二十六年静岡市長星野鉄太郎らによって私立高等女学校が創立された。しかし三十二年(一八九九)二月の高等女学校令により県立の高等女学校を創設しなければならなくなったことから三十六年廃校となった。校長杉原正市《すぎはらしょういち》は同校の設備を使用して静岡精華女学校を創立した。同年フランスのサンモール修道会により仏英女学校が開設され、四十年(一九〇七)には私立和仏英女学校と改称された。このほか、浜松に、三十五年私立浜松裁縫女学校、三十九年には私立女子高等技芸学校が、焼津には三十五年松永裁縫教授所が創設された。静岡県では、静岡を中心にキリスト教系が、そのほかの地域には裁縫を学ぶ私立学校が創設された。いずれも女学校であった。

参考文献 静岡県立教育研修所編『静岡県教育史』通史編上(一九七三、静岡県教育史刊行会)、『静岡英和女学院百年史』(一九九〇)、『静岡県史』通史編五(一九九六)

(小池 善之)

〔銀行〕明治初期の金融について特筆すべきは、伊豆の韮山生産会社と遠江の資産金貸付所である。明治六年(一八七三)足柄県権令柏木忠俊《かしわぎただとし》は伊豆韮山の仁田大八郎《にったたいはちろう》に金融会社創設を説いた。その結果組織されたのが韮山生産会社で、資本金三万円を元手に勧業金融を行なった。下田・松崎・三島に分社を置き、開墾・養蚕・寒天製造などを行い、伊豆の産業発達を担った。のち十四年(一八八一)一月伊豆銀行となる。資産金貸付所は、明治六年浜松県により創設され、報徳思想を奉ずる豪農などの献金、貯蓄米の売却代金を原資に、殖産興業や救貧を目的とする非営利の融資を行なった。業務は県の御用掛が担った。翌七年政府より民営化を命令され私設機関に変更された。明治二十二年(一八八九)から普通銀行業務を開始、二十六年には資産銀行と改称した。駿河にはこのような勧業金融を目的とした金融機関はなかったが、明治二年渋沢栄一が旧旗本救済のために設立した商法会所、十九年岡野喜太郎が始めた月十銭の掛金による貯蓄組合(のちの駿河銀行の端緒)があった。なお明治九年の改正国立銀行条例により、十一年から翌年にかけて浜松に第二十八銀行、静岡に第三十五銀行、沼津に第五十四銀行、見付に第百二十四銀行、二俣《ふたまた》に第百三十八銀行が創立された。十六年四月末、国立銀行は三(浜松・静岡・二俣)、私立銀行は遠江二十三、駿河四、伊豆二、銀行類似会社三十を数え、二十六年末時点では、静岡県の銀行数は全国最多で、資本金額も東京に次いで第二位であった。産業構造・交通の便による旺盛な資金需要、豊かな資金源があったからであるが、金融業がもっとも発達したのは遠江で、茶業が盛んで、報徳運動により勤倹貯蓄が奨励されたからであった。また三十一年(一八九八)には全国に先駆けて静岡農工銀行が誕生している。静岡県の銀行数(銀行類似会社も含む)は、三十四年をピークに減少に転じた。経済活動の拡大に対応できない中小の銀行が合併したり、姿を消していったからである。

参考文献 『静岡銀行史』(一九六〇)、『静岡銀行史—創業百十五年の歩み—』(一九九三)

(小池 善之)

静岡事件謀議想像図(『絵入自由新聞』1104号)

しずおかじけん　静岡事件　明治十九年(一八八六)六月、旧自由党員を中心とする挙兵計画および政府高官暗殺計画が発覚し一斉検挙が行われた事件。逮捕者の多数が静岡県関係者であったため静岡事件といわれる。鈴木音高・湊省太郎・中野二郎三郎らは明治十六、十七年ごろから政府打倒武装蜂起を計画し、その軍資金獲得のために静岡県内各地で強盗を行なった。しかし各地の激化事件が失敗に終る十七年半ばごろから湊らは大臣暗殺を計画、結局挙兵と暗殺の両計画が一部メンバーの重複のもとに進められた。当局は密偵によって彼らの動向を察知し、十九年六月十一・十二の両日に東京で、十三日以降は静岡県各地および愛知県・岐阜県で一斉検挙を行なった。明治二十年(一八八七)七月、被告二十六名が有期徒刑十五年以下に処せられ、重罪の者は北海道の監獄に送られた。強盗罪として取りあげられ、国事犯としての本質がまったく無視された。

参考文献 原口清『明治前期地方政治史研究』下(一九七四、塙書房)、村上貢『自由党激化事件と小池勇』(一九七六、風媒社)、原口清『自由民権・静岡事件』(一九八四、三一書房)

(田崎 公司)

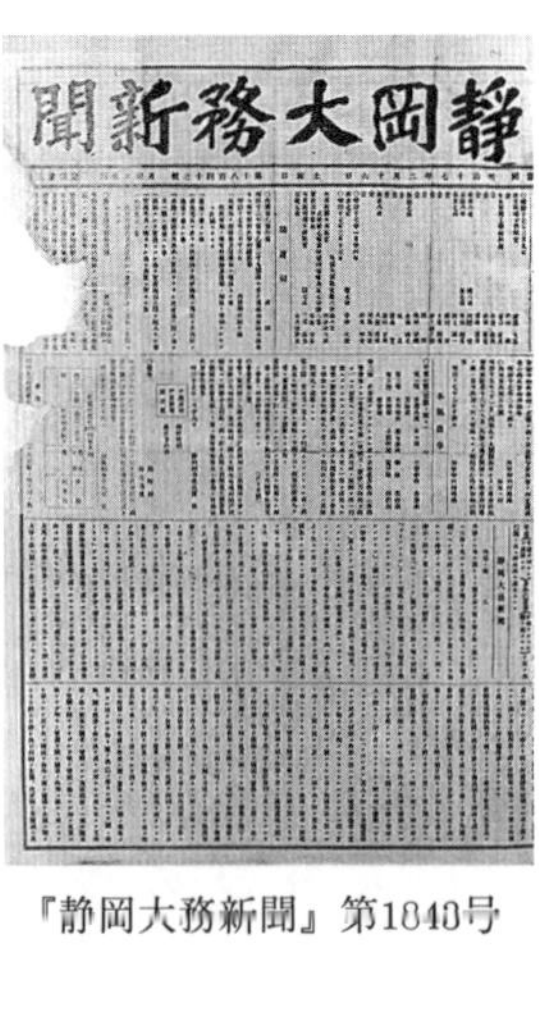
静岡大務新聞

『静岡大務新聞』第1848号

しずおかたいむしんぶん　静岡大務新聞　明治時代中期に静岡県で発行された新聞。明治十七年(一八八四)二月十日創刊。紙名の大務は、イギリスの『タイムス』から命名した。明治九年(一八七六)創刊の『重新静岡新聞』を引き継いだ『静岡新聞』が経営難で廃業したのを引き継いだもので、十八年には『函右日報《かんゆうにっぽう》』(明治十二年六月一日創刊)を合併して、県内最大の発行部数の新聞となった。社論は立憲改進党に近く、山田一郎・坂井牧之助・斎藤和太郎・近藤壮吉らが記者として活躍した。十八年の松方デフレ期に県内各地の「巡察報告」を連載したのが特筆される。二十三年(一八九〇)に内訌が起り、山梨易司・森田勇次郎・井上彦左衛門らが退社し、二十四年に『静岡民友新聞』を創刊すると、にわかに経営不振となり、翌二十五年に廃刊した。

参考文献 『静岡新聞四十年史』(一九八二) (田村 貞雄)

しずおかバンド 静岡バンド 静岡メソヂスト教会の出身者・文化的活動の総称。エドワード＝クラーク Edward Warren Clark に教えられた旧幕臣の学生たちは、明治七年(一八七四)四月にクラークの後任として招かれた、カナダメソヂスト教会のマクドナルド宣教師のもとで育てられ、同年九月に十一人の青年がキリスト教に入信した。これが静岡教会の濫觴となったが、この中には聖書研究会で通訳を務めたのちの民俗研究者山中笑《やまなかえむ》(共古《きょうこ》)、遠州森の城主土屋家の養子土屋彦六、村松一、露木精一《つゆきせいいち》、英学者佐藤顕理《さとうけんり》(ヘンリー)らがいた。やがてこのグループに追従した者にジャーナリスト山路愛山、政治家・教育者江原素六《えばらそろく》などがあり、この静岡のカナダメソヂスト教会信徒らは、信仰・文化・教育などの諸分野で大きな働きをした。中村正直はこのカナダメソヂスト教会の宣教師カックラン(コクラン)から受洗し、静岡出身の旧幕臣グループの一角に連っている。W・S・クラークの札幌バンド、L・L・ジェーンズによる熊本バンドと並んで、この人々を静岡バンドと呼んでいる。 (塩入 隆)

しずおかみんゆうしんぶん 静岡民友新聞 明治時代中期の静岡県の有力新聞。明治二十四年(一八九一)十月二十日創刊。『静岡大務新聞』の内紛で分離した山梨易司や井上彦左衛門が静岡民友新聞社を創立、社主が山梨、社長が井上となった。主筆は森田勇次郎、記者に富田一筆庵・松島廉作などがおり、一貫して立憲改進党(進歩党、憲政本党、憲政会、立憲民政党と変遷)を支持し、自由党・立憲政友会支持の明治二十八年創刊の『静岡新報』に対抗した。一九一〇年代に入ると東京の有力紙が県内に進出して押され気味になり、大正五年(一九一六)八千代生命の小原達明に経営が移った。昭和十六年(一九四一)一県一紙への新聞合同により『静岡新報』など県内五紙と合併し『静岡新聞』が創刊されたが、旧静岡民友新聞社の社屋を使用するなど、合同の中心となった。

参考文献 『静岡県印刷文化史』(一九六七)、『静岡新聞四十年史』(一九八二) (田村 貞雄)

『静岡民友新聞』第127号

しずたにがっこう 閑谷学校 明治期郷学を継承した私立学校。明治三年(一八七〇)九月岡山藩政の一新により十七世紀より続いた閑谷学校は閉鎖された。明治五年中川横太郎らが山田方谷《やまだほうこく》を迎え、陽明学の教育を中心に再開した(閑谷精舎《しずたにせいしゃ》)。明治十年(一八七七)には資金が欠乏して休校となったが、岡山区内下西川町《しもにしがわ》(岡山市)に支校を設置した。明治九年岡山藩学校遺芳館《いほうかん》を継承する私立遺芳館が閑谷の地へ移転し閑谷遺芳館を運営するが、十年五月には休校した。閑谷黌《しずたにこう》の再興は明治十四年花房端連《はなぶさたんれん》・森下景端《もりしたけいたん》・新庄厚信《しんじょうあつのぶ》が発起人となって企画し、十七年八月一日西毅一《にしきいち》を教頭(のち校長)に迎えて開校した。明治二十年代には中学校令に則して英学・漢学・数学を教授し、二十七年(一八九四)より県費年額千円の補助を受けた。明治三十年代には財政危機を迎え、三十六年(一九〇三)より県費三千円の補助を受けて私立中学校となった。明治十七年から同三十五年の生徒数千八百四十一人、卒業生は百四十一人。

参考文献 『閑谷学校史』(一九七一、閑谷学校史刊行会) (太田 健一)

しせいさいばんしょ 市政裁判所 明治維新期に短期間東京に置かれた行政組織。幕府の江戸町奉行所の業務(行政・警察・裁判など)を継承したもの。明治元年(一八六八)四月、江戸城が開城されると、征討軍司令部である大総督府が江戸城に入り、江戸の行政を管掌して軍政を敷いた。翌月、征討軍が上野の彰義隊を壊滅させると、東国十三ヵ国の軍事・行政組織として江戸鎮台府をおき、江戸町奉行所にかえて市政裁判所をおいた。なお、寺社奉行・勘定奉行(勘定所)はそれぞれ寺社裁判所・民政裁判所となった。市政裁判所は町奉行所が行なってきた江戸市中の行政・警察・司法を継承し、奉行所の与力・同心らはそのまま職にとどまった。七月、江戸が東京と改称されると江戸鎮台府は東京鎮将府となり(ただし行政のみを管掌)、翌月、東京府がおかれた。東京府は市政裁判所の業務を継承したが、その支配地域は旧朱引内とされたので、旧町奉行の支配地域よりも広くなった。 (藤田 正)

しせい・ちょうそんせい 市制・町村制 地方公共団体である市・町・村の組織、権限、運営を定めた制度。わが国では、市制・町村制は、明治二十一年(一八八八)四月二十五日に公布され、翌二十二年四月一日以降各地方の情況をみて内務大臣の指定する地方に順次施行された。市制・町村制は、明治二十年にアルバート＝モッセが山県有朋に提出した「地方官政及共同行政組織要領」を基礎につくられた「地方制度編纂綱領」にしたがって立案され、閣議決定を経て元老院会議に付議され修正ののち、再度閣議を経て成案となり、大日本帝国憲法発布に先立って公布された。山県ら政府官僚が、民党勢力の影響が地方行政に波及することを避けて地方統治の確保・安定をはかろうとしたためである。市制・町村制は市町村に法人格を認め、条例規則の制定権を与えるとともに住民の権利義務について規定した。市の執行機関は市長・助役および名誉職参事会員で組織する市参事会とされた。市長は市会が推薦した三名の候補者のうちから内務大臣が上奏裁可を経て選任し、助役・名誉職参事会員は市会で選挙された。町村の執行機関である町村長も町村会で選挙し、府県知事の認可をうけた。市町村会議員の選挙権は、市町村の公民、すなわち帝国臣民で満二十五歳以上の一戸を構える(明治四十四年改正以後は、独立の生計を営む)男子で二年前からその市町村の住民となり、市町村の負担を「分任」し、かつ地租あるいは直接国税二円以上を納める者だけに与えられた。いくらかの例外を除き選挙権者は被選挙権を持った。地租以外に新たに直接国税二円以上を納める者にも選挙・被選挙資格を与えることによって地主以外の商工ブルジョアジーなどにも地方政治に進出する機会をつくったのである。市町村会議員選挙では等級選挙制が採用された。市会議員の場合は三級選挙制、町村会議員の場合は二級選挙制である。二級選挙制とは選挙人のうち直接町村税の納税額の多い者から順にその納税額を合計し、それが選挙人全員の納税総額の半分に達する者を一級、それ以下の者を二級とし各級ごとに議員定数の二分の一を選挙する制度である。多額納税者である少数の地主の納める町村税が選挙人の納税額の半分に達することは容易である。その少数の地主が一級選挙人となって町村会議員の半数を選出することになる。市会議員選挙における三級選挙制も級を三つに分けただけで同様である。要するに等級選挙制は納税額の多い地主・ブルジョアほど多くの議員を選挙し、地方政治への発言権を大きくする制度である。「市制町村制理由」が「地方ノ名望アル者ヲ挙ケテ」「公同ノ事務」の「任ニ当ラシメル」ことを求めた、いわゆる地方名望家支配体制が制度上に実現されたのである。しかし、市制(都市)と町村制(農村)では、法構造上の差異がある。市制では市長・助役は市の公民であることを要せず、有給吏員であるから必ずしも名望家であることを求められておらず、むしろ行政専門家であることが求められていた。市制で、名望家の概念にあてはまる「名誉職」は参事会員と市会議員である。したがって、市制では執行機関である参事会において、それを構成する名望家=名誉職参事会員の意向を反映させ、その意向に沿って市長・助役に実質上、市政を執行させることによって名望家支配体制が構築・維持される仕組みとなっていた。それに対して町村制では、名望家支配体制は、町村公民から等級選挙制によって選挙された名誉職町村会議員によって構成される町村会とそれを基盤として選ばれた名誉職の町村長・助役によって構築・維持される仕組みとなっている。この法構造上の差異は、町村長に比較して、市長には都市行政を行いうる専門技能が求められるという理由から名望家であるよりも行政専門家であることが求められたことを示すものである。また市制・町村制では徴兵・徴税・戸籍など政府の行政事務の一定部分を市町村に委任してその必要費用は市町村が負担することが定められていた。この国政委任事務は強制予算制によって、その遂行が確保された。しかも、国はその財源について考慮しなかったため、市町村は創設時から財政窮乏にあえぎ自主的な自治事務を行うことはできなかったのである。市制・町村制は、明治四十四年(一九一一)に市の執行機関を独任制の市長にするなど全文改正され、大正十年(一九二一)には公民権の拡張と市会議員選挙制を三級から二級へ変更する改正が行われた。同十五年には、衆議院選挙における普通選挙制の施行に伴い、市町村においても普通選挙制が採用され、等級選挙制が廃止されたほか、市会への市長選任権の付与、町村長、市町村助役などの選任についての知事認可権の廃止など、市町村の自治権行使に対する国の監督権が緩和される一方で、市町村長権限の拡大、強化や市参事会権限の縮小などが行われた。ついで昭和四年(一九二九)の改正では、市町村長権限がさらに拡大、強化され、名誉職市長が法認された。これは、市町村段階における住民=国民統合の強化を意味した。昭和十八年(一九四三)の改正では戦時体制に即応する市町村自治の厳しい制限が行われ、町内会・部落会が法認された。市町村は、完全に国の末端機関となり、すでに極度に制限されていた自治すら崩壊した。戦後、昭和二十二年(一九四七)五月の地方自治法施行によって市制・町村制は廃止された。→市制特例《しせいとくれい》 →島嶼殊制《とうしょしゅせい》

参考文献 亀卦川浩『明治地方制度成立史』(一九六七、柏書房)、都丸泰助『地方自治制度史論』(一九八二、新日本出版社)、大石嘉一郎『近代日本の地方自治』(一九九〇、東京大学出版会)、山田公平『近代日本の国民国家と地方自治―比較史研究―』(一九九一、名古屋大学出版会)、大島美津子『明治国家と地域社会』(一九九四、岩波書店)、山中永之佑『日本近代国家と地方統治―政策と法―』(一九九四、敬文堂)、同『近代市制と都市名望家―大阪市を事例とする考察―』(一九九五、大阪大学出版会)、同『日本近代地方自治制と国家』(一九九九、弘文堂)

(山中永之佑)

しせいどう 資生堂 西洋薬局から多角化した企業。資生堂の名は明治五年(一八七二)、陸軍軍医総監松本順と海軍病院薬局長を辞して西洋式医薬分業の民間薬局を創業した福原有信が相談して決めた。福原はこの年に海軍病院の同僚二人と結成した三精社の薬局を銀座に、この

資生堂 練り歯磨の宣伝

三名にほかの出資者を加えた西洋薬舗会社「資生堂」の薬局を日本橋に開設し、ともに資生堂と称した。日本橋の会社は七年に三井組に経営を譲り、三精社は翌年に兼営の医院を閉鎖して福原の個人経営とした。その後、西洋薬の流行と、売薬の製造、販売への進出で経営が好転し、健胃強壮の保健薬ペプシネ飴、国産初の練り歯磨などを発売した。三十年(一八九七)からは化粧品、三十五年には銀座ではじめてソーダ水を販売して話題を呼び、日露戦後には無鉛練り白粉を発売した。初期の事情から資生堂の名称は福原の経営に限られなかったので、福原資生堂などと表記したが、明治末年には知名度の上昇で銀座資生堂が固有名詞化した。

参考文献 『資生堂百年史』(一九七二)　(鈴木　淳)

しせいどう　思誠堂　明治十年代の銀座にあった活版印刷専門の出版社。望月誠が経営し、兎屋《うさぎや》の名前で知られた。家庭向け実用書や戯作物、実録読み物などを数多く粗悪な状態で出版し、誇大な新聞広告や三～四割の大幅値引き、景品付き販売、書籍切手(現在の図書券のさきがけ)の発案などで成長したが、虚偽の広告で信用を失い明治二十三年(一八九〇)ごろに閉店した。

参考文献 前田愛『近代読者の成立』(『有精堂選書』、一九七三、有精堂)、石塚純一「『うさぎ屋誠』考—明治初期のある出版人をめぐって—」(『比較文化論叢』五、二〇〇〇)　(鵜飼　政志)

しせいとくれい　市制特例　明治二十二年(一八八九)四月の市制施行に際し、東京・京都・大阪の三市のみに施行された特別の市制。明治二十二年三月二十三日公布。一般の市制においては、市の執行機関である市参事会は、市会の推薦した候補者のうちから内務大臣が上奏、裁可を請うて選任した市長と市会が選挙した助役、名誉職参事会員によって構成されていた。有給吏員たる市長、助役には行政専門家＝行政専門官僚の就任を予定し、市参事会において名誉職参事会員の意向を反映させることにより、その意向に沿って行政専門家である市長・助役に実質上、市政を執行させることが意図されたのである。これに対し東京・京都・大阪のような大都市では、人口や経済規模などから中・小都市を対象として立案された一般の市制は適用できないとの元老院の意見書が契機となって、きわめて官治的な市制特例が施行され、市長・助役が置かれず、市長・助役の職務は府知事・書記官が行なった。執行機関の市参事会は府知事・書記官と名誉職参事会員によって構成されたが、内務官僚である府知事・書記官の権威の前に、名誉職参事会員は十分に意見を述べることもできず、閉塞状態にあったものと思われる。こういった事態を打開するため、主に都市名望家によって構成される市会議員から市制特例廃止案が市会に提出された。このような市会の動きは、市会議長より府知事宛に市制特例廃止の建議書が提出されるまでに至る。市制特例廃止の動きは、帝国議会にも反映され、初期議会から衆議院において都市名望家の意見を代表する立憲改進党系・自由党系その他民党会派系議員らによって市制特例廃止法案が提出された。市制特例廃止法案が衆議院において可決されても、政府・官僚やその意向をうけた貴族院において審議未了あるいは廃案となった。しかし、第十二回帝国議会において政府側や貴族院側の大した反対もなく市制特例廃止法案が可決、成立し、明治三十一年(一八九八)十月、市制特例廃止が実現される。その背景には、日清戦後における主に都市名望家によって構成される資本家層の政治勢力としての成長があり、彼らの要求する市制特例廃止を容認せざるをえなかったものと考えられる。

参考文献 亀卦川浩『明治地方制度成立史』(一九六七、柏書房)、山中永之佑『近代市制と都市名望家—大阪市を事例とする考察—』(一九九五、大阪大学出版会)、同『日本近代地方自治制と国家』(一九九九、弘文堂)　(山中永之佑)

しせきしゅうらん　史籍集覧　『群書類従』(正編)に範をとり、そこから漏れた書物を予約により出版したもの。明治十四年(一八八一)に事業を開始し、十八年三月和装本三百六十四部、四百六十七冊、総目解題一冊として完結した。編者の近藤瓶城《こんどうへいじょう》は三河岡崎藩の儒者であったが、維新後東京に出て活版所を起し、古典の収集・復刻を志し、通記・編録・類纂・雑纂の四部に分けたこの予約出版を企画したのである。瓶城はその後改定を意図したが明治三十四年(一九〇一)に没し、この事業をひきついだ者は子の圭造であった。新たに『朝野群載』『信長記』『異称日本伝』『正続善隣国宝記』『山城名勝志』『西宮記』『政事要略』『参考源平盛衰記』など百六十余種の書物を加え、通記・纂録・別記・雑・篇外の各部にわけ、明治三十三年から三十六年にかけ、『(改定)史籍集覧』四百六十四部(旧版以降に出版された『栄華物語』『大鏡』などの典籍は収録しなかった)、三十二冊、総目解題および書目索引一冊を洋装本で刊行した。刊本を避けたのは『群書類従』『続群書類従』と同じだが、それらが安土桃山時代・江戸時代の史籍を対象としなかったのに対し、本叢書はそれらを多く採用している。　(宮地　正人)

しせきめいしょうてんねんきねんぶつほぞんほう　史蹟名勝天然紀念物保存法　史蹟・名勝・天然紀念物を国家が保護する法律。大正八年(一九一九)第四十一回帝国議会に貴族院より提出され、政府の同意を得て法律第四四号として成立。四月十日公布、六月一日施行されたもの。出発は明治四十四年(一九一一)三月十一日、貴族院において徳川頼倫《とくがわよりみち》・徳川達孝《さとたか》・田中芳男《たなかよしお》・三宅秀《みやけひいず》の四名が発議者となって提出された「史蹟及天然記念物保存ニ関スル建議案」にある。同月十五日三宅が、これらは直接間接に破壊湮滅させられている、古来の歴史美術工芸に関する国粋的遺物については保存策が講じられているが、天然記念物には保存の計画がない、と趣旨説明を行なっている。名勝に関しては同じく三月十一日に衆議院で

「名所旧蹟古墳墓保護ニ関スル建議案」が提出された。同年十二月徳川頼倫たちは史蹟名勝天然紀念物保存協会を設立、立法運動を進め始めた。本法は大正八年より昭和三年(一九二八)十一月までは内務省が主管し、十二月より文部省の主幹に移った。昭和二十五年(一九五〇)五月、文化財保護法制定で本法が廃止されるまで、史蹟六百三件、名勝二百五件、天然紀念物七百七十二件が国によって指定された。

参考文献 文化庁編『文化財保護法五十年史』(二〇〇一、ぎょうせい)　　（宮地 正人）

しせつてつどうじょうれい　私設鉄道条例　明治時代前期の私設鉄道に対する監督法規。明治二十年(一八八七)五月十八日、勅令第一二号として公布。松方デフレが終息した明治十九年(一八八六)以降、日本最初の企業熱が生じる中で、それまで日本鉄道など例外的にしか私設鉄道を認めなかった政府は、財政上の理由などから幹線を含めて私設鉄道を広く許可する方針を示した。しかし、私鉄に対する一般的な監督法規がなく、会社ごとに長文の命令書で規定する不便があったため、政府は日本鉄道会社特許条約書をもとに取捨増補を施して私設鉄道条例を制定した。この条例にもとづく私設鉄道は、二段階にわたる免許制度、官設鉄道と同等の線路規格、免許状下付の日から満二十五年後における政府の買上権など厳しい条件のもとに置かれたが、出願方法が標準化されたこともあって以後各地で多数の鉄道会社が創設された。明治三十三年(一九〇〇)三月、私設鉄道の監督法規として新たに私設鉄道法が公布され、十月一日の同法施行とともに私設鉄道条例は廃止された。

参考文献 鉄道省編『日本鉄道史』上(一九七二、清文堂出版)、星野誉夫「日本鉄道会社の設立と幹線官設主義」(野田正穂他編『日本の鉄道―成立と展開―』所収、一九八六、日本経済評論社)　　（渡邉 恵一）

しせつてつどうほう　私設鉄道法　明治時代後期から大正時代中期の私設鉄道に対する監督法規。明治三十三年(一九〇〇)三月十六日、法律第六四号として公布。明治二十年(一八八七)五月に制定された私設鉄道条例は私設鉄道会社に対する監督法規の役割を果たしてきたが、二十三年四月に旧商法が制定され、三十二年三月にそれを全面改正した現行商法が制定されると、関係条項に大幅な改訂を加える必要が生じた。他方、この間における私設鉄道の発達による法規面での不備も表面化してきたため、私設鉄道条例に代わり私設鉄道法が制定された。同法にもとづく私設鉄道の監督行政は私設鉄道条例と同じく厳しかったが、明治三十九―四十年(一九〇七)に主要十七私鉄が国有化されると、残された中小私鉄にとっては厳格に過ぎるものとなり、新規の免許出願も激減した。四十三年四月に軽便鉄道法が制定された後は同法へ指定変更を受ける私設鉄道が相つぎ、大正七年(一九一八)度には私設鉄道法に準拠する私鉄が皆無となった。大正八年四月、地方鉄道法の制定によって廃止された。

参考文献 鉄道省編『日本鉄道史』上・中(一九七二、清文堂出版)、『日本国有鉄道百年史』三(一九九七、成山堂書店)　　（渡邉 恵一）

じぜんじぎょう　慈善事業　宗教的、道徳的、倫理的な動機によって貧窮者・災害罹災者・病人・身体障害者・棄児などの社会的弱者に対して援助・救済を行うこと。社会的弱者への援助・救済は、成立間もない明治政府にとっても社会の秩序安定という観点から大きな政治的、行政的課題であった。そのため政府は、棄児《すてご》養育米給与《よういくまいきゅうよ》方規則《かたきそく》(明治四年(一八七一)六月公布)・恤救規則《じゅっきゅうきそく》(七年十二月公布)・備荒儲蓄法《びこうちょちくほう》(十三年六月公布)などによって社会的弱者への援助・救済の体制を徐々に整備した。しかし、これらの施策は中央に権限を集中したかたちで行われたものであり、大きな問題をはらんでいた。他方、明治十年代になると民間側からも、孤児院・慈恵院などのかたちで援助・救済事業があらわれてきた。明治十三年(一八八〇)、長崎県奥浦でマルマン神父らによって設立された奥浦慈恵院などがその先駆的な例である。また明治十年代から二十年代にかけての資本主義の形成期においては、農村・都市ともに階層分解と窮乏化が顕在化し、特に大都市においては「都市下層社会」が形成され、貧窮などが「社会問題」として表面化した。まず石井十次は、明治二十五年(一八九二)、前年の濃尾地震で被災した孤児のために名古屋市に孤児院を開設し、さらに翌二十六年には、彼らを引き取り岡山市で岡山孤児院を設立した。またこの年には東京市広尾で福田《ふくでん》慈恵院が設立された。また、これらの動きを受けて同志社出身で北海道空知《そらち》監獄の教《きょう》誨《かい》師を勤めた留岡幸助《とめおかこうすけ》は、三十一年(一八九八)、『慈善問題』(警醒社)を著わした。他方、三十年代には帝国議会では、国家の義務として窮民を救済する救貧法案が何度となく提出された。しかし結局は、義務救助は惰民を助長するという論理のもと成立が見送られた。そのかわり伝染病予防法(明治三十年)・精神病者監護法(明治三十三年)・北海道旧土人法(明治三十二年)などに救貧的な要素が含まれることになった。しかし、これらの法律等は、基本的には公費の削減と親族扶養という考え方が基調となっていたことが問題であった。日露戦争後になると感化救済事業が起きた。感化救済事業は、明治四十一年(一九〇八)、内務省が主催する感化救済事業講習会の開催によって広く知られるようになったが、地方名望家などへの感化と国民相互の救済を結合させ、窮民の救済体制を整備しようというものであった。それまでの個人による慈善を超えた社会全体の救済という視角が前面に出され、その意味で、慈善事業を、より組織的な活動としての社会事業へと脱皮させようとしたものであった。また、その中で四十一年、留岡幸助らによって慈善団体の中央連合組織である中央慈善協会も設立された。しかし、この感化救済という概念も、公費の削減が大きな目的であったばかりでなく、折からの労働運動の勃興への思想対策的な性格が濃厚であった。また、感化救済事業に限らず、明治期の慈善事業は、全体としては社会的弱者に対する一方的な同情・憐憫などを軸にし、社会的弱者への人権感覚を欠如させたものになりがちであった。そして大正デモクラシーの流れの中で、民間の慈善事業は紆余曲折を経て、民間社会事業というかたちで発展していった。 →感化救済事業《かんかきゅうさいじぎょう》 →中央慈善協会《ちゅうおうじぜんきょうかい》

参考文献 日本社会事業大学救貧制度研究会編『日本の救貧制度』(一九六〇、勁草書房)、吉田久一『日本社会事業の歴史(全訂版)』(一九九四、勁草書房)　(岡田　洋司)

じそうきんし　自葬禁止　明治五年六月二十八日(一八七二年八月二日)の太政官布告で、僧侶の引導や神官の司祭によらずに葬式を行うことを禁じたこと。古代・中世の大部分の庶民は聖や念仏講の同行《どうぎょう》によって葬送や供養を営んできたから、本来は自葬であった。それが江戸時代の寺檀制度で、元来の自葬の上に寺院の葬儀が重なったのが、近世の葬送の実情であった。しかし近世でも排仏主義の藩の中には自葬を推奨した所もあった。明治政府の自葬禁止は江戸幕府の寺檀制度を強化することとなった。　(浅香　勝輔)

しぞく　士族　版籍奉還に伴って旧武士身分に一律に付与された身分称号。士族は華族と平民との中間に位置づけられ、戸籍に記載されたが、平民との間に法令上の取り扱いの差はなかった。明治二年(一八六九)六月に版籍奉還が聴許された結果、諸侯の封建的領主権は法制上消滅し、したがって藩主でなくなった。ゆえに論理的必然として藩士との間の主従関係も解消された。要するに藩主がなくなった反射効果として藩士の存在意味もなくなった訳である。そこで藩士の代わりに士族と称することになり、六月二十五日(一八六九年八月二日)に「一門以下平士ニ至ル迄総テ士族ト可称事」との行政官達が発せられた。これまで藩士内部に存在していた複雑な階層秩序が簡易化され、一律に士族と称されるようになったのである。士族の称号を付与されたのは基本的に旧武士身分だったが、そのほかに非蔵人、官人、執次など公家地下人、あるいは神官や寺院家士なども実情に応じて士族に編入された。ここで問題となったのが足軽など武家奉公人の扱いであった。彼らは慣例的に卒とされたが、地域別に扱いが不均一であって士族と卒との境界が曖昧な場合が多く、不公平や紛争が生じた。そこで明治五年正月二十九日(一八七二年三月八日)、太政官は、「各府県貫属卒ノ内、従前番代ノ節、(中略)自然世襲ノ姿ニ相成居候分ハ、時今士族ニ可被仰付候(中略)但シ新規一代ノ輩ハ平民ニ復籍セシメ」と布告し、卒を廃止して士族と平民に分離整理することにした。戸籍寮の調べによると、右記太政官布告当日の全国士族人数は二十五万八千九百五十二人、同家族人数は百二万三千二百十五人、卒人数は十六万六千八百七十五人、同家族人数は四十九万二千百九十九人、合計は百九十四万千二百四十一人だった。そして卒属籍整理完了後の明治九年一月一日現在では、士族人数は四十万八千八百六十一人、同家族人数は百四十八万五千九百二十三人、合計は百八十九万四千七百八十四人となっている。 →官家士族《かんけしぞく》 →卒《そつ》

参考文献 深谷博治『華士族秩禄処分の研究(復刻版)』(一九七三、吉川弘文館)　(毛利　敏彦)

しぞくじゅさん　士族授産　秩禄処分によって常職を失った士族階級(旧武士階級)を産業につかせ、その生活を救済するための政策。政府の採った方策の主要なものとしては、開墾移住の奨励、銀行設立の奨励、産業資金の貸し付けなどがあった。政府は士族の就産事業の中で、農業をもっとも適当と認め、そのため極力士族の開墾移住の奨励を図った。明治政府は明治三年(一八七〇)十二月以来、農商業従事を出願する士族に一時金を下賜し、同六年には家禄奉還を許し、現金および公債を交付すると同時に官林荒蕪地払下規則を公布し、時価の半額での払下げなどの便宜を与えた。また政府は山林原野の払下げだけでなく、地租改正の過程で官有地に編入された山林原野などを政府の恩恵によって借地を許す拝借の方法で士族階級に土地を貸与して開墾させる政策もとった。この拝借の制度は特別の法令を制定して一般に公布するという方法ではなく、人民の願い出のたびに調査の上これを許可するという方法をとった。ことに西南戦争以降、華士族の授産事業が緊急の問題になると、官有地の拝借による開墾の数も増加することとなった。これらの政策も士族授産とみなすことはできるが、本格的な事業は明治十二年(一八七九)以来の起業基金を原資として進められた。政府は、同九年八月金禄公債証書発行条例を発布し、華士族の全面的な秩禄処分を断行した。その際、士族戸数の六五%にあたる二十六万二千三百七十戸は七分利付公債価格千百円以下しか支給されず、彼らの一年間の取得利子は七十七円にすぎなかった。当時は士族反乱が続発し、その征討費などのため政府は不換紙幣を濫発し、諸物価が高騰し、公債利子収入に依存する士族を困

士族の商法

窮させた。また公債を元本とした諸事業も、士族の商法といわれるように、そのほとんどが失敗に帰したとされる。このような状況に置かれた士族の困窮は、反政府運動特に自由民権運動に武士を加担させる一因ともなっていた。政府が本格的な士族授産政策に乗り出すのはこのような状況を背景としていた。明治十一年三月六日、内務卿大久保利通は太政大臣三条実美に対し、「一般殖産及華士族授産ノ儀ニ付伺」を提出した。その中で大久保は、「華士族ヲ通観セハ其ノ恒産ヲ有スルモノ実ニ千中ノ二三ニ及ハス、多クハ徒食放懶《らん》ニシテ、居常鬱屈不平ヲ銜《ふく》ム、禍機ノ陰晦潜匿スル」状況を一日も早く打破しなければならないと主張する。そしてその趣旨を具体化するため、戸数一万三千戸の華士族に官有荒蕪地を貸与し、開墾に必要な居宅・種肥・食料・農具・農馬を給与して一戸当り一～三町歩の田畑・宅地所有農家とするなどと提案した。この方針は彼の死(十一年五月)後に実施され、その基金として大蔵省が六分利付起業公債千二百五十万円を募債した。この起業資金の中から明治十二年から十六年にかけて、士族授産のために総額二百六万余円が支出され、給与対象となった士族七万六千余戸が開墾・絹綿紡績・牧羊・マッチ製造などの産業に従事した。しかし、この起業資金による士族授産事業は所期の成果をほとんど挙げることができなかった。そこで政府は、改めて十五年度から二十二年度の八ヵ年にわたって一般会計から年々五十万円を勧業資本金として支出し、さらにそれを補充するために、勧業委託金を設けて府県知事の需要に応じて支出することにした。勧業資本金予算額四百万円のうち、北海道屯田兵費や猪苗代湖疎水工費などを除いた純粋な士族授産費は二百九十一万余円であり、また勧業委託費二十八万余円のうち士族授産費は十五万円余であった。個々の士族授産事業を仔細にみると失敗といえるような状況が多い。しかしながら、これらの士族授産事業、たとえば士族開墾によって全国の耕地面積は増加し、農業生産は増大した。したがって、「資本主義的生産様式の結果ではなくそれの出発点であるような蓄積」としての本源的蓄積の一契機として歴史的な意義をもつ事業として評価すべきである。

参考文献　我妻東策『士族授産史』(一九四二、三笠書房)、吉川秀造『(全訂改版)士族授産の研究』(一九四二、有斐閣)、桐原邦夫『士族授産と茨城の開墾事業』(二〇一〇、岩田書院)

(桐原　邦夫)

しぞくはんらん　士族反乱　明治初年における不平士族の反政府武力反乱。明治政府は発足当初から、その開化政策のために攘夷派士族の反発をうけることになった。それはまず、高官暗殺(横井小楠・大村益次郎・広沢真臣)というかたちで示された。さらに明治三年(一八七〇)には公家の外山光輔《とやまみつすけ》・愛宕通旭《おたぎみちてる》を擁する政府転覆計画が露見し、政府は丸山作楽《まるやまさくら》・小河一敏《おごうかずとし》ら官員を含む連累者を一斉に検挙、処罰した。明治六年一月、徴兵制が布かれ、士族はその階級的意義を否定されるに至るが、西郷隆盛の征韓論はその士族に活躍の場を与え、不満を外にそらすという側面をもっていた。しかし、大久保利通らの内治優先論に敗れ、西郷隆盛・板垣退助・江藤新平ら征韓派参議は同年十月下野。これを機として、下野参議という結集核を得た士族の反政府の気運は盛り上がる。そして、明治七年二月には元参議江藤新平を擁する征韓党と元秋田県令島義勇《しまよしたけ》を擁する憂国党が佐賀にて決起する。これは一ヵ月余りで鎮圧されるが(佐賀の乱)、その後いくばくもなく、政府が台湾出兵に踏み切ったのは、小規模の外征によって士族たちの不満を外にそらすという目的もあった。明治九年二月、日朝修好条規締結により日朝問題を解決し、士族から征韓という活躍の機会を奪った政府は、以後、士族の特権剝奪を本格化させていき、同年三月に廃刀令、同年八月に秩禄処分を断行する。明治九年十月、熊本で勃発した神風連の乱は廃刀令に反対して起った士族反乱であった。この神風連の乱に呼応して、秋月士族、萩の前原党が蜂起するが十分な連携がとれず、いずれも数日の内に鎮圧された(秋月の乱、萩の乱)。その後、明治十年(一八七七)二月、それまで各地の士族からの決起の要請を固く拒み続けていた西郷隆盛が、自身の暗殺計画について政府に問い質すため、鹿児島士族に擁され蜂起する。これには都城隊・熊本隊・協同隊・中津隊・人吉隊・延岡隊など各地の不平士族も呼応した。決起の目的はさまざまであったが、政府有司に対する反感とそれを象徴する西郷隆盛の人格が彼らを一つにしていた。しかし、同年九月に西郷軍は平定され、この西南戦争を最後に士族反乱は姿を消し、自由民権の時代へ移行していく。→秋月《あきづき》の乱《らん》　→佐賀《さが》の乱《らん》　→神風連《しんぷうれん》の乱《らん》　→西南戦争《せいなんせんそう》　→萩《はぎ》の乱《らん》

参考文献　落合弘樹『明治国家と士族』(二〇〇一、吉川弘文館)、猪飼隆明「士族反乱と西郷伝説」(松尾正人編『明治維新と文明開化』所収、二〇〇四、吉川弘文館)、小川原正道『西南戦争―西郷隆盛と日本最後の内戦―』(『中公新書』、二〇〇七、中央公論新社)

(友田　昌宏)

しぞくみんけん　士族民権　⇩自由民権運動《じゆうみんけんうんどう》

じだいとう　事大党　近代朝鮮において独立党と対立した政府要人を指す呼称の一つ。事大とは、『孟子』梁恵王章句下の「小を以て大に事うる者は天を畏るる者なり」「天を畏るる者は其の国を保んず」などにちなむ言葉で、小国である朝鮮が、礼をもって大国である中国に仕えることを意味する。一八八四年十二月四日、金玉均らが日本公使竹添進一郎と結んで甲申政変を起こし、閔泳翊・尹泰駿・韓圭稷・李祖淵・閔泳穆・閔台鎬・趙寧夏を殺傷して(閔泳翊以外は死亡)、新政府を樹立するも、六日に清軍が介入して政変は失敗した。金玉均ら甲申政変の主導者を独立党、その排除対象となった閔氏戚族を中心とする政府要人を事大党と呼ぶことがある。これは、八二年の壬午軍乱以後、独立党が清との宗属関係を打破しようとしたのに対し、事大党は開国政策を採りつつも、

宗主権を強めた清の指導・援助を求めたことによる。独立党・事大党の用語がいつから使われ始めたか審らかではないが、『時事新報』明治十七年(一八八四)十二月十五日「朝鮮事変」に、「本年九月下旬頃朝鮮京城よりの来状」として引用された文章に見られることから、甲申政変以前に日本人の間で使われていたことが推測できる。戦前の書籍では、菊池謙譲『近代朝鮮史』下(鶏鳴社、昭和十四年)で金玉均ら「急進派」と対立した「事大党」とされ、古筠記念会編『金玉均伝』(慶応出版社、昭和十九年)で「独立党」と対立した「事大党」とされているが、田保橋潔『近代日鮮関係の研究』上(朝鮮総督府中枢院、昭和十五年)では、「事大党」ではなく「戚族」「戚族閔氏・趙氏」とされている。今日の日本の朝鮮史研究者の間では、「独立党」は「急進開化派」「変法的開化派」と、対する「事大党」は「閔氏政権」「守旧派」(ただし、同時代的には「守旧派」は主に大院君ら開国反対派を指す)と呼ばれることが多い。→甲申事変《こうしんじへん》 →独立党《どくりつとう》

参考文献 原田環『朝鮮の開国と近代化』(一九九七、渓水社) (月脚 達彦)

じだいへいそくのげんじょう　時代閉塞の現状　石川啄木の評論。東京朝日新聞社の校正係を務めていた啄木が、『東京朝日新聞』に載った魚住折蘆《うおずみせつろ》「自己主張の思想としての自然主義」(明治四十三年八月二十二日―二十三日)に触発されて書いたものだが、生前未発表のまま残され、大正二年(一九一三)五月、東雲堂書店刊の『啄木遺稿』にはじめて収録された。「強権、純粋自然主義の最後及び明日の考察」という副題が付されている。スフィンクスのように形の変わるものとして「自然主義」を捉え、その歴史性や意味を正しく直視しない限り、その限界を乗り越えられないという基本認識のもと、明治期の時代思想や自然主義の変容を分析、魚住論文を超えるために、「強権」=国家権力への凝視と、組織的な「明日の考察」の必要性を説く。同年の大逆事件への思いが、こうした論旨に反映されており、現代を「時代閉塞」と捉える斬新な視点とともに、明治という時代の行き着いた姿を浮かび上がらせている。→石川啄木《いしかわたくぼく》

参考文献 助川徳是『啄木と折蘆―「時代閉塞の現状」をめぐって―』(一九八三、洋々社)、中山和子『差異の近代―透谷・啄木・プロレタリア文学―』(『中山和子コレクション』二、二〇〇四、翰林書房) (中島 国彦)

じだいまつり　時代祭　平安時代から幕末にかけての時代装束姿で、京都御所から平安神宮まで練り歩く時代行列。明治二十八年(一八九五)、平安遷都千百年紀念祭の一環として、西村捨三《にしむらすてぞう》の提案により開催された。服装取調委員には熊谷直行《くまがいなおゆき》・久保田米僊《くぼたべいせん》・今泉雄作《いまいずみゆうさく》・湯本文彦《ゆもとふみひこ》ら八人が任命された。費用は平安講社の寄付でまかなわれ、十月二十五日に挙行された。当初の行列は延暦時代から江戸時代の六列で、時代の古い順に構成された。運営は平安講社の構成と同様、上・下京六十学区を六区域(社)に分け、各社が一列ごと受け持つこととし、北桑田・南桑田両郡の山国隊と弓箭隊も列外参加した。紀念祭の紀念殿が平安神宮として保存されたため、翌年からは、桓武天皇の神輿の神幸列が加わるなど、平安神宮の祭礼と一体化した。開催日も十月二十二日に変更され、行列の順序も現在と同様、江戸時代から延暦時代まで時代をさかのぼるという構成になった。以後周辺市町村の京都市編入に伴い、参加社は増加し行列の数も増えた。戦後には、時代祭と平安神宮の祭礼が区別され、女人列や室町時代列が加わるなど、時代とともに変化しつつある。

参考文献 所功『京都の三大祭』(『角川選書』、一九九六、角川書店)、『平安神宮百年史』(一九九七、平安神宮) (小林 昌代)

じだいもの　時代物　歌舞伎・人形浄瑠璃の作品の分類の一。「世話物」の対。近世以前の時代に起った戦乱や出来事を題材にし、公家・武家の社会を扱う。作品の内容を分類する用語である一方で、「時代」という言葉には従来演技・演出の方法という意味も含まれている。明治期の歌舞伎の時代物としては、歴史を「事実」に従い正確に描き、その時代の風俗なども含め再現することを目指した「活歴物」が有名である。→活歴物《かつれきもの》 →世話物《せわもの》

参考文献 今尾哲也「述語としての「時代」」(『歌舞伎〈通説〉の検証』所収、二〇一〇、法政大学出版局) (佐藤かつら)

しだこうたろう　志田鉀太郎　一八六八―一九五一　明治から昭和時代の商法学者。明治元年八月二十日(一八六八年十月五日)、東京の牛込で生まれる。二十七年(一八九四)七月帝国大学法科大学を卒業後、三十年(一八九七)六月高等商業学校教授となり、三十一年から三十五年三月までドイツに留学、帰国後の同年九月学習院大学教授、また法学博士号を三十六年一月に授けられた。三十六年七月から四十五年(一九一二)六月の間は東京帝国大学法科大学教授となり、三十六年七月より三十九年七月には民法第一講座を担任した。四十一年九月より清国に招かれて商法の編纂に従事した。大正元年(一九一二)八月、東京高等商業学校教授となり、七年五月依願免本官となって安田銀行に入社した。その後明治大学教授となり、昭和十三年(一九三八)には明治大学学長に選ばれ、十八年に退職した。明治大学商学部設立の功労者でもある。著書には『商法要義』(明治三十五年)、『保険判例集』(三十六年)、『商法講義案』(三十七年)などがある。日本保険学会の創立にも尽力した。昭和二十六年(一九五一)三月十三日、満八十二歳で没した。

参考文献 『大日本博士録』一(一九二一、発展社)、『日本人名大事典(覆刻)』七(一九七九、平凡社) (宮地 正人)

したてやぎんじ　仕立屋銀次　一八六六―?　明治期のスリの親分。慶応二年(一八六六)、紙屑屋・銭湯を営む富田金太郎の子に生まれる。本名富田銀蔵。仕立屋銀次は通称。東京日本橋旅籠町の仕立屋井阪に奉公したあと、二十一歳で独立し、日本橋で仕立屋を開業。二十八歳の

時に針子の広瀬くにと世帯を持つが、くにがスリの親分清水熊（清水文蔵《ぶんぞう》）の妾腹であったことから、スリたちから若親分と呼ばれるようになり、明治三十年（一八九七）には、清水熊の跡目を継ぎ、仕立屋銀次を名乗る。銀次は、独自の盗品管理（子分が掏った盗品をすべて買い上げて処分するなど）によって縄張りを広げ、この世界で全国の頂点に立った。明治四十一年（一九〇八）以降、スリの取締りが強化されていたが、四十二年三月、仕立屋の身内吉沢彦太郎が神戸で検挙され、神戸検事局の福鎌文也検事に対し、仕立屋の内情を暴露する。同年六月、前文部次官の柏田盛文が東京の市電の車中で金時計（伊藤博文から贈られたもの）を掏られる。被害届を受けた赤坂警察の本堂平四郎署長は、仕立屋一家の犯行と見て、被害品の提出を命じるが、銀次はこれを拒否。激怒した本堂署長は同月、日暮里《にっぽり》村元金杉（東京都荒川区）の銀次宅を襲って銀次を逮捕するとともに、人力車三台、荷馬車二台分の盗品を押収した。ただし、柏田盛文事件は、仕立屋一家の犯行ではなく、湯島一家の書生徳（荒井徳太郎）によるものであった。同年暮れ、神戸検事局から東京検事局に、吉沢彦太郎の調書が送付され、翌明治四十三年五月二十七日、仕立屋一家の九名に対し、懲役・重禁錮・罰金などの判決が下った。銀次は、贓物罪（窃盗などによって得た財物であることを知りながら、これを取引きする罪）により、懲役十年、罰金二百円の刑。大正九年（一九二〇）にも、同じく贓物罪によって懲役八年、罰金二百円刑を受けている。没年は、昭和十年（一九三五）ともいわれるが、定説はない。

参考文献　無用学博士（尾佐竹猛）『法曹珍話閻魔帳』（一九二六、春陽堂）、本田一郎『仕立屋銀次』（一九三〇、塩川書房）、小泉輝三朗『スリ大検挙―明治五大事件と裁判―』（『犯罪ドキュメントシリーズ』、一九六六、東京法経学院出版）

（礫川　全次）

しだとし　志田順　一八七六―一九三六　明治時代後期から昭和時代前期にかけての地球物理学者。明治九年（一八七六）五月二十八日千葉県佐倉に生まれた。明治三十四年（一九〇一）東京帝国大学理科大学物理学科を卒業後、広島高等師範学校教授、第一高等学校教授などを経て、明治四十二年（一九〇九）京都帝国大学理工科大学助教授になり、大正二年（一九一三）同教授になった。上賀茂観測所でレボイル＝パシュビッツの水平振り子を使って地球潮汐の観測を始め、海水の重さによって地殻が変形するのに着目して、地球と地殻の剛性を算出した。地震の初動の方向（押しか引き）は、震央を通って直角に交わる二つの直線でつくる四象限に規則的に分布することを発見し、地震発生メカニズム研究の先鞭をつけた。大正十年（一九二一）に京都帝国大学の地球物理学科新設を実現したほか、別府、阿蘇、阿武山に観測所をつくった。深発地震が存在することにもはじめて言及した。昭和十一年（一九三六）七月十九日没。六十一歳。

志田順

参考文献　『京都帝国大学史』（一九四三）、日本科学史学会編『地球宇宙科学』（『日本科学技術史大系』一四、一九六五、第一法規出版）、萩原尊礼『地震学百年』（『UP選書』、一九八二、東京大学出版会）

（泊　次郎）

しだもとのぶ　信太意舒　一八三九―一九一二　秋田藩士。天保十年二月二十九日（一八三九年四月十二日）、秋田藩士信太意正の子として生まれる。安政五年（一八五八）家督を相続。文久元年（一八六一）四月、物頭となり、ついで同三年、檜山城代多賀谷長門に属し槍隊長として海岸警備にあたる。慶応元年（一八六五）二月、軍事係となり洋式操縦砲館の設立に尽力。また、同二年には義兄の小《お》野崎通亮《のざきみちすけ》や豊間源之進《とよまげんのしん》とともに雷風義塾を開き、平田国学の普及を図った。同年、藩命により上京、御所日ノ御門の警衛を勤める。明治元年（一八六八）の戊辰戦争においては、奥羽鎮撫副総督沢為量《さわためかず》の接待係を勤め、秋田藩の動向に不信を抱き領外に転陣しようとする沢を引き止める。さらに、七月には藩論を転換すべく、沢らと相談の上、仙台藩使節志茂又左衛門《しもまたざえもん》一行暗殺を策し、これに反対する藩内勢力の排斥を図った。戊辰戦争後は藩の権大参事まで昇進し、廃藩後も秋田県大属に任じられたが、いくばくもなく職を辞した。その後、秋田藩権少参事のとき、八坂丸購入にあたっての外債の返済証書に独断で藩印を押したことが発覚し、明治七年に懲役三十日、贖金二円五十銭の刑に処されている。明治十四年（一八八一）、佐竹家から家政の委嘱を受けて上京し十七年までこれを勤めた。明治二十五年（一八九二）四月十八日、東京で没。五十四歳。

信太意舒画像

（友田　昌宏）

したやくまんねんちょう　下谷区万年町　明治期の東京における三大貧民窟の一つ。下谷区（東京都台東区）に所在した。幕臣黒鍬者の拝領地であったが、元禄十二年（一六九九）に町奉行支配下となり山崎町と命名された。すでに近世には乞胸が町内に居住していた。明治二年

(一八六九)、下谷万年町と改称した。東隣の山伏町とともに一大貧民窟を形成した。『最暗黒之東京』(明治二十六年)で、松原岩五郎は下谷区万年町周辺を「あたかも蒸気客車が連絡せるごとき棟割の長屋にして、東西に長く南北に短く斜に伸びて縦横に列なり」と述べ、同所から取材活動を開始した。また、『日本之下層社会』(明治三十一年)で、横山源之助は「稼業は人足日傭取、人力車夫に次いで屑拾頗る多し、寧ろ万年町の特色なりと言ふべきか」と指摘した。なお、同書によると、下谷区万年町の戸数は総計で八百六十五戸、人口は三千七百四十九名となり、東京市下二番目に位する規模の貧民窟であった。

参考文献 『角川日本地名大辞典』一三(一九七八、角川書店)

(中嶋　久人)

しだりんざぶろう　志田林三郎　一八五五―九二　わが国最初の電気工学教授で、電気学会創立の主唱者。安政二年十二月二十五日(一八五六年二月一日)、肥前国多久生まれ。工部省工学寮(のちの工部大学校、東京帝国大学工科大学)の電信科でエアトンに学んだ。志田は明治十二年(一八七九)に同科第一回生として卒業し、これは世界で最初の電気工学ディプロマ＝エンジニアの誕生でもあった。卒業後はイギリスへ派遣されてグラスゴー大学でケルビン卿に学び、明治十四年にパリで開催された世界最初の国際電気博覧会を視察、Report on the Electrical Exhibition at Parisをまとめた。帰国後は、工部大学校電信科教授(のち帝国大学工科大学電気工学科教授)、東京電信学校校長を務め、明治二十一年(一八八八)には電気学会を創立した。逓信省工務局長を併任したが、逓信省の後藤象二郎大臣と前島密次官との対立に関連して明治二十三年に非職となり、二十五年一月四日に死去した。三十八歳。志田の早世は、わが国の官庁における技官の地位低下プロセスのひとこまと見ることができる。

参考文献 志田文雄編『志田林三郎同富子記念録』(一九七七)

(高橋　雄造)

しだん　師団　常備兵団として最大単位の部隊。歩・騎・砲・工・輜の諸兵科の連合した部隊で、日本陸軍においては統御・経理・衛生の機能を備えた建制部隊で独立して作戦行動を行える戦略単位部隊となる。師団編成以前は鎮台と歩兵連隊を置いて常備軍としたが、清との対立に備え、明治二十一年(一八八八)五月制定の師団司令部条例により、プロイセンの短期・挟撃作戦を範に機動性の高い師団制に改編、六鎮台を第一―第六師団とした。師団の原型は、師団司令部・二個歩兵旅団(歩兵連隊各二をもつ)・騎・砲(野砲または山砲)・工・輜重兵の連隊が各一個を原型とし、これに通信・衛生・野戦病院などを加えて陸軍編成の基本とする。戦時には数個の師団を合わせて軍、または独立師団として使用。陸軍動員計画令に基づく常設の師団と、戦時特設の師団とがある。近衛都督(近衛兵)については二十三年の近衛司令部条例の制定によって近衛都督の職務権限が師団長と同一になり、二十四年に師団編成に伴い近衛師団となった。師団長は陸軍中将が親補され管下の諸部隊を統率するが、内地の師団は天皇に、朝鮮半島では朝鮮軍司令官に隷属し、軍政・人事は陸軍大臣、動員・作戦計画は参謀総長、教育に関しては教育総監から区処を受ける。師団長は戦時においては軍司令官の隷下に入り、外地では平時から隷下に入るのを通例とした。師団司令部の組織は軍司令部に準じており、そのうち参謀部と副官部が幕僚で、参謀部は参謀長の大佐と他の数名により構成されて動員・作戦・兵站・教育を掌握し、副官部は副官の佐尉官と幕僚書記の下士官によって衛戍勤務・軍隊内務・徴兵・召集・馬匹を掌る。ほかに師団司令部付少将がおり、徴兵・簡閲点呼・在郷軍人の監督を行なった。対露戦に備えて三十三年(一九〇〇)までに第七―十二師団の増設(近衛師団を含めて十三個師団)。日露戦争ではさらに増設を図ったが戦争中に間に合ったのは二個師団のみで、前線に出ない部隊や本土で訓練従事中や再編成中の部隊による後備師団が編成された。大正期には近衛師団を含む十九個師団となった。→鎮台《ちんだい》

参考文献 防衛庁防衛研修所戦史部『陸海軍年表』(『戦史叢書』一九八〇、朝雲新聞社)

(伊勢　弘志)

しだんかい　史談会　幕末維新期の史料収集を目的とした団体。明治二十二年(一八八九)四月に成立、昭和十三年(一九三八)まで存続した。聞取り作業を積極的に行い、明治二十五年九月『史談会速記録』を創刊。昭和十三年に終っている。明治二十一年七月島津忠義《しまづただよし》・毛利元徳《もうりもとのり》・山内豊景《やまうちとよかげ》・徳川篤敬《とくがわあつよし》(水戸家)四家に、嘉永六年(一八五三)以降明治四年(一八七一)七月までの各家の国事鞅掌始末を調査し、向こう三ヵ年の内に編製するよう御沙汰書が下った。また翌月三条実万《さんじょうさねつむ》・実美父子と岩倉具視の行実取調責任者に宮内書記官足立正声《あだちまさな》が任命された。帝国議会開設に備え勤王事蹟を明らかにすることがその目的であった。明治二十二年四月四家と三条・岩倉調査組織六団体が史料収集と情報交換を目的に史談会を組織した。廃藩直後と西南戦争の両度、藩庁文書を焼失した旧薩藩の市来四郎《いちきしろう》と甥の寺師宗徳《てらしむねのり》が史談会の中心となった。全体の動きをとらえる必要から史談会は宮内省にほかの大名華族への降命を要請、二十二年七月徳川宗家など六家、二十三年十二月鍋島など六家、二十四年六月九十七家、二十五年三月百三十九家に、各家の史料収集とその提出が命ぜられ、これらの家史編集員の結集する場に史談会は発展していった。史談会は幕末維新史そのものの編纂

『史談会速記録』第1輯

も計画し史料も収集しつづけたが、藩閥側はそれを好まず、断念した史談会は収集史料二千五百余冊を三十八年（一九〇五）十二月文部省に納付した。史談会は幕末維新変革は各藩の貢献だけではなく、多数の活動家によって遂行されたものであり、勤王・佐幕の差別なく広く活動家を顕彰する中で史料を発掘していくべきだ、との発想をいだくようになり、この目的実現のため、『戦亡殉難志士人名録』（四十年）、『国事鞅掌報効志士人名録』（四十二年）、同第二集（四十四年）を編纂・刊行していくが、この動きは勤王の大義を否定するものだとの藩閥勢力側の猛反撥を惹起し、史談会から島津家・毛利家・水戸徳川家などが脱会し、また四十四年（一九一一）五月勅令第一四五号を以て文部省内に事務局を置く維新史料編纂会が設置された。四十五年五月史談会の指導的人物だった寺師宗徳が没したのを機に、史談会は志士表彰請願の継続を中止し、速記録の刊行のみを目的とすることとなった。

参考文献 宮地正人「政治と歴史学—明治期の維新史研究を手掛りとして—」（西川正雄・小谷汪之編『現代歴史学入門』所収、一九八七、東京大学出版会）
（宮地 正人）

しちいちざっぽう　七一雑報　日本最初のキリスト教週刊新聞。明治八年（一八七五）十二月二十七日、神戸の雑報社で発行された。七日に一回発行するため、「七一」と名付けられた。アメリカン＝ボード（米国伝道会社）のオラメル・H・ギューリックが企画したもので、当初は「文明開化」「キリスト教化」を目標にし、百科全書的な啓蒙記事が多く、次第に教会事情などのキリスト教の情報がふえ、神戸中心の地方的な性格を脱して、全国的な性格を帯びるようになった。特定の教派に偏しているわけではないが、組合教会系の関係者が多く、神戸女学院や、もともと関係の深い同志社の記事が多い。また、小崎弘道なども寄稿している。自然科学、特に医学、衛生関係の記事も多く、『天路歴程』の最初の翻訳が掲載された。途中から諸教派、各教会の動静が詳しく報じられるようになり、明治十六年（一八八三）七月三日から『福音新報』と改題され、翌年から日刊『太平新聞』となったが、一ヵ月で廃刊した。

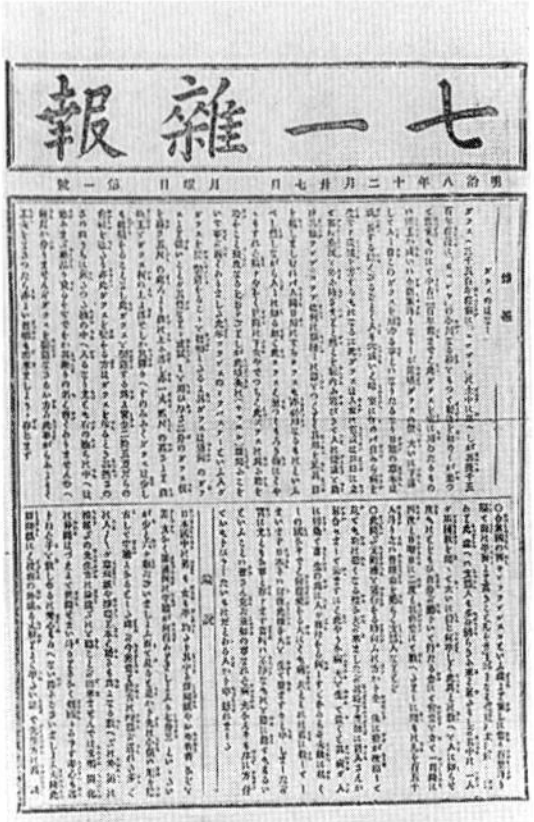

『七一雑報』第1号

参考文献 『兵庫県大百科事典』上（一九八三、神戸新聞出版センター）、同志社大学人文科学研究所編『「七一雑報」の研究』（『同志社大学人文科学研究所研究叢書』一九、一九八六、同朋舎出版）
（布川 弘）

じちけんきゅうかい　自治研究会　明治時代中期の政治・学術団体。議会開設に向けて、井上馨は、藩閥政府の与党勢力の結集を目指して政党（いわゆる自治党）設立を企図するが、自治研究会はその母体となることを目論んで結成された団体。自治制研究会・自治制度研究会とも呼ばれる。中等以上の財産家をはじめ、少壮官僚や実業家などを網羅することを目論み、井上は明治二十一年（一八八八）十月五日、鹿鳴館において発会式を挙行し、自治に関する研究とともに、将来的に団体として政治経済の実務を担当することを発表し、政党の設立を目標に据えた。井上とともに設立に尽力したのは、渋沢栄一・野村靖・青木周蔵・益田孝・小松原英太郎らであった。しかし、こうした井上の政党結成の動きに対しては、政府部内から反対の意見が出るなどして頓挫し、政党の結成は実現しなかった。その後、自治制研究会には地方の知事や中産階層の人物の入会もあったが、明治二十二年中には有名無実の姿となり、自然消滅するに至った。

参考文献 井上馨侯伝記編纂会編『世外井上公伝』四（一九三四、内外書籍）、坂野潤治『明治憲法体制の確立—富国強兵と民力休養—』（一九七一、東京大学出版会）、御厨貴『明治国家形成と地方経営—一八八一～一八九〇年—』（一九八〇、東京大学出版会）
（真辺 将之）

じちとう　自治党　議会開設前夜の政党。明治二十年（一八八七）九月、条約改正に失敗して外相を辞任した井上馨が、来るべき議会開会に向けて藩閥政府の与党勢力結集を目論んで結成しようとした政党。正式結党には至らずに消滅した。明治二十一年四月、市制・町村制が発布され、地方自治の制度が整うと、井上はこの地方自治制度を基盤に自治の精神を国民に普及し、官民協力のもと国政を議するべきであると考え、同月より六月にかけて中部・近畿地方を遊説する。同年七月に井上は黒田内閣に入閣するが、入閣の条件として改進党と並ぶ穏健な保守党の結成を条件として掲げ、同年十月には政党結成の母体として自治制研究会を組織した。少壮官僚や実業家、地方有力者を基盤にすることを目指したが、当時大隈外相が入閣していたことから改進党との関係悪化を懸念する山県有朋など、自治党結成の動きを懸念するむきもあり、また『東京日日新聞』を機関紙にしようという動きも主筆関直彦の反対によって頓挫するなどし、自然消滅することとなった。

参考文献 井上馨侯伝記編纂会編『世外井上公伝』四（一九三四、内外書籍）、坂野潤治『明治憲法体制の確立—富国強兵と民力休養—』（一九七一、東京大学出版会）、御厨貴『明治国家形成と地方経営—一八八一～一八九〇年—』（一九八〇、東京大学出版会）
（真辺 将之）

しちねんし　七年史　文久二年（一八六二）正月より明治元年（一八六八）十二月までの七年間の政治過程を編年体で叙述したもの。明治三十七年（一九〇四）八月、啓成社から全二十巻、上下二冊で刊行された。著者は旧会津藩士北原雅長で、会津藩家老神保利孝次男に生まれ重臣北原家を継ぎ、幕末期には主君に従って京地にあって奔走した人物である。著者は例言で、和文体で執筆すること、後世の談片とすべきものは政治に関せざるものも採録すること、事実は明記して忌避・省略はしないこと、時に口伝を採るも多くは書冊によること、正確の事実を述べるを旨としみだりに評論はしないこと、と執筆原則を断っているが、当然旧会津藩士の体験をもととしており、その立場からの主君の雪冤を兼ねた彼の同時代史である。序で同藩士だった南摩《なんま》綱紀《つなのり》が、「吾友北原君雅長、大いに此に感ずるあり、嚮《さき》に守護職小史四巻を著し、吾旧主の忠誠、公の京都守護職中の事を詳記せり、今又文を拡充し、曾て京摂間に居り、身其事に関し、其状を目観するものを以て基と為し、東披西索、或は断墨片簡を拾い、或は故老の談話に証し、参五考訂、真を採り偽を捨て務めて正確なる者を択ぶ」と評しているごとき叙述となっている。山川浩の『京都守護職始末』とならぶ幕末維新期の会津藩を知る必読書であるとともに、幕末期そのものを学ぶ上でも不可欠な好著である。　（宮地　正人）

しちはくしいけんしょ　七博士意見書　明治三十六年（一九〇三）六月、東京帝国大学教授の戸水寛人、寺尾亨、高橋作衛、金井延《かないのぶる》、小野塚喜平次《おのづかきへいじ》、富井政章《とみいまさあきら》と学習院教授の中村進午の計七名の学者によって出された対露強硬を唱える建議書。建議書に名を連ねた七名のうち、小野塚喜平次、富井政章を除く五人は、日清戦後の対外硬運動の指導者であった近衛篤麿らが設けた政治倶楽部南佐荘に出入りする対外硬の学者であった。明治三十六年五月三十一日、戸水ら七博士は南佐荘で近衛と会談した際、桂太郎首相ら政府当局者に建議書を提出することが議題に上り、高橋が文章の起草にあたることになった。六月七日、高橋の草稿が戸水のもとに送られ、戸水は他の博士らと協議して、草稿に修正を加えた。こうして完成した建議書は、六月十日、桂太郎首相、小村寿太郎外相、寺内正毅陸相、山本権兵衛海相、山県有朋・松方正義の両元老のもとへ持参あるいは郵送された。六月下旬、伊東巳代治が経営する『東京日日新聞』が建議書を批判する論説を発表すると、これに猛反発した七博士が建議書の内容を「覚書」という形で公表した。その結果、戸水らの対露強硬を唱えた建議書の存在は広く世間で知られるようになり、のちに「七博士意見書」と呼ばれるようになった。

参考文献　戸水寛人『回顧録』（一九〇四）、佐々木隆『メディアと権力』（『日本の近代』一四、一九九九、中央公論新社）　（小宮　一夫）

しちぶつみきん　七分積金　江戸の町入用を節約し積み立てる制度で、寛政改革のときに導入された。江戸町入用の節減高の七〇％を積み立て、町会所がその管理・運用にあたった。積金は非常時に備えての囲籾購入の資金や下層窮民の救済資金、場末の小地主層への貸付資金として運用された。積金は明治新政府に引き継がれ、江戸における官軍の費用などの賄いに利用されたほか、困窮財政に苦しむ新政府のもとでさまざまな方面への利用が模索された。明治五年（一八七二）五月町会所の廃止に伴ってこの制度も廃絶されたが、同年八月に設立された営繕会議所が同十月に東京会議所となってからは、この積金を共有金として社会事業施設としての養育院をはじめとして、営繕事業としての道路・橋梁・水道の修築、ガス事業の起工、墓地の開拓、商法講習所の経営などに活用した。

参考文献　『七分積金―その明治以降の展開―』（『都史紀要』七、一九六〇、東京都）　（佐々木寛司）

しちぶりつきがいこくこうさい　七分利付外国公債　秩禄処分の一環として実施された家禄奉還者に対する秩禄公債交付の資金源として、明治六年（一八七三）にイギリスで発行された公債。秩禄処分をめぐって留守政府内部で意見の対立が生じていたことや、実質金利七％という条件が当初予定していたアメリカの金融事情（金利一二％）とそぐわず、現地の銀行との交渉は難航していた。外債募集にあたった大蔵少輔吉田清成の努力で、ようやくイギリスの東洋銀行（オリエンタル＝バンク）を引受先とする契約が成立した。その条件は発行総額二四〇万ポンド（千百七十一万円）、年利七％、二ヵ年据置二十三ヵ年で償還、毎年四十万石の米を買い上げて担保とするというものであった。この公債の実収額千八十三万円の大半は家禄奉還者への現金支給にあてられた。明治三十年（一八九七）に償還終了。

七分利付外国公債百円証書

参考文献　明治財政史編纂会編『明治財政史（復刻版）』八・九（一九七二、吉川弘文館）、落合弘樹『秩禄処分―明治維新と武士のリストラ―』（『中公新書』、一九九九、中央公論社）　（佐々木寛司）

しちや　質屋　動産を担保として貸付を行う古来の庶民金融機関。質屋は生活用品を質草に、主として生活資金を貸し付けていた。利率は年二割前後、質流れの期限が一年になる場合が多い。個人高利貸などの金融業者、呉服その他商人によって兼営されるものが少なくない。明治時代初・中期の農家から労働者、俸給生活者および零細商工業者などへと貸付対象の広がりに伴い増加した。その貸付口数は農村では同二十五年(一八九二)まで緩やかに増加したが、大都市では二十年から三十五年(一九〇二)ごろにかけて飛躍的に増加し以降漸増傾向にあった。その質草も、衣類中心から時計、装身具、債権類へと徐々に移されていた。時代と場所にかかわらず、質屋の大きな悩みは紛失物・盗品の質入である。これに対応するため、質屋の株仲間の自主規制以外に、江戸時代から受け継がれた各府県の取締規則があり、それらの規則の集大成が十七年(一八八四)三月の質屋取締条例であった。二十八年三月に質屋取締法が公布された。また、明治三十年代からの社会政策に関する世論の形成は、大正元年(一九一二)以降の公益質屋の設立につながった。

参考文献 朝倉孝吉『明治前期日本金融構造史』(『金融経済研究所研究叢書』一、一九六一、岩波書店)、渋谷隆一『庶民金融の展開と政策対応』(二〇〇一、日本図書センター)

(陳　玉雄)

しちょうへい　輜重兵　武器・弾薬・糧食・被服・諸材料など軍需品の輸送および補給を担う陸軍の一兵科。「輜」とは衣類を載せる幌付きの車、「重」は荷車の意。日本陸軍においては、明治六年(一八七三)一月の徴兵令によって輜重兵部隊がはじめて創設され、各鎮台に一隊六十名とされた。明治二十一年(一八八八)の師団への改編に伴い、戦時編制の野戦師団では糧食五縦列および馬廠からなる輜重兵一個大隊とされ、もっぱら糧食輸送を任務とした(弾薬輸送は砲兵隊が行なった)。日清戦争開戦以前の輜重兵は駄馬編成であったが、作戦地の関係で人力をもって車両を曳く徒歩車輌が一部採用され、戦争後期には輜重車輌(一馬曳二輪車)編成とするための準備も行われた。日露戦争では輜重車輌が乗車式となったものの、輜重兵は依然として糧食縦列編成であり、輜重兵のほか武器を持たない輜重輸卒も輸送に従事した。日本陸軍では輜重兵を軽視し大将まで昇進した者はいないが、南極探検(明治四十三年(一九一〇)―四十五年)で有名な白瀬矗《しらせのぶ》中尉は輜重兵である。

参考文献 『輜重兵史』上(一九七九、輜重兵会)、百瀬孝『(事典)昭和戦前期の日本―制度と実態―』(一九九〇、吉川弘文館)

(横山　久幸)

しちょうぼくほう　史徴墨宝　明治時代中期刊行の複製版古文書集。太政官修史館ついで内閣臨時修史局さらに帝国大学臨時編年史編纂掛(東京大学史料編纂所の前身)では明治十八年(一八八五)から二十二年(一八八九)にかけて、重野安繹《しげのやすつぐ》・星野恒《ほしのひさし》・久米邦武《くめくにたけ》らが緻密実証的な修史編纂のために古文書の全国的捜索に努めて多くの貴重な史料を発見し蒐集した。編年史編纂委員長の重野は二十二年十二月に「本局採訪文書。起于明治十八年。初関東六県。次畿内及滋賀県。次西海。次南海及兵庫県。今年又訖福島宮城山梨長野静岡諸県。(中略)至畿内。珍書異蹟特多。(中略)西南諸国亦有難獲之宝。」(第二編『史徴墨宝考証』第三巻奥識)と記し、二十年七月から十二月に九州七県に史料採訪した久米も、栄西寄寓の誓願寺で多くの自筆文書を確認して「尽ク珍賞スヘシ」と喜び、五条家文書調査に際して「後醍醐帝崩御ノ日ニ発シタル綸旨ハ即其遺詔ニテ天下ニ惟此一通アリ、敬重スヘシ」(「鎮西文書採訪日記」(『久米邦武文書』一、平成十一年、吉川弘文館))と感を深くしている。現在知られている歴代天皇の宸翰、文武名臣・高僧ら著名人士の筆蹟書状などの主なるものは多くこの蒐集作業中に発見されたものといわれ、この史料採訪は日本近代史学の成立に一大画期をもたらした。これらの蒐集史料の中から代表的な文書を精選して大奉書搨本版(原寸大の石摺の墨帖)として印行された複製版古文書集が本書である。本書は(第一編)『史徴墨宝』二帖(「後白河天皇宸翰御手印」以下全七十三通)とその解説書『史徴墨宝考証』上巻・下巻が内閣修史局蔵版として明治二十年十一月に発行御用大成館から刊行され、その後、増補の刊行に迫られて、第二編『史徴墨宝』上巻・下巻の二帖(「後鳥羽天皇宸翰」以下全七十八通)と第二編『史徴墨宝考証』第一―第三巻が帝国大学編年史編纂掛蔵版として明治二十二年十月と十二月に印刷御用大成館から刊行された。各考証には文書一通ずつの綿密な解読と緻密な解説文が施されている。その後、第三編『史徴墨宝』一冊(「亀山天皇宸翰」以下全十八通)と第三編『史徴墨宝考証』第一巻が明治二十七年七月に重野安繹編輯として内田芳兵衛・古書画出版協会から刊行されている。以上の墨宝と考証は東京大学史料編纂所に所蔵されており、早稲田大学中央図書館(所蔵は墨宝。第一編・第二編が乾・坤と表記)・同戸山図書館(所蔵は考証)にも所蔵されているが、以上と体裁が同じ別の『史徴墨宝元』(中央図書館の「逍遙文庫」、「一條関白内経公筆」以下全九通)も所蔵されている。これら墨宝と考証は前近代の古文書の研究と解読・解説を学習するための貴重な文献ともなっている。のち、昭和五十四年(一九七九)十一月に第一編・第二編の墨宝が五冊、その各考証が五冊として知道出版から覆刻されている。

(佐藤　能丸)

じつがくとう　実学党　肥後藩天保期の藩政改革派。明治期になると実学派ともいう。細川重賢が宝暦の改革の文教政策として宝暦五年(一七五五)に開校した藩校時習館は十九世紀になると「けしつぶの中くりほぎて館立て一間々々の細註を読む」と狂歌に揶揄されたように訓詁的な註釈をもっぱらとする傾向に堕していた。これに対して天保十四年(一八四三)長岡是容《ながおかこれかた》(米田監物)・横井小楠・下津久馬・元田永孚《もとだながざね》・荻昌国らは朱子学本来に立ち返り普遍的価値をめざす学問を追求して会読を開始した(天保十二年説もある)。この学派を実学党といい、時習館主派を学校党と呼んだ。実学党は安政二年(一八五五)横井小楠が開国論に転じ(親民派・沼山津《ぬやまづ》派、豪農派)と従来の尊王攘夷論をとる長岡是容(明徳派・坪井派・藩士派)とに分裂した。実学党は明治三年(一八六七)五月―六

年五月の藩政を担当し肥後の明治維新を実現した。　↓学校党《がっこうとう》

参考文献　山崎正董『横井小楠』伝記篇・遺稿篇(一九三八、明治書院)、松浦玲『横井小楠』(『ちくま学芸文庫』、二〇一〇、筑摩書房)　(水野　公寿)

じっかこうとうじょがっこう　実科高等女学校　明治四十三年(一九一〇)十月に高等女学校令の改正により設けられた高等女学校の一類型。高等女学校は明治三十二年(一八九九)二月の高等女学校令で「女子ニ須要ナル高等普通教育」を授けるものと規定されていたが、学校数が全国で二百校に近づいた明治四十三年に、従来の技能専修科を拡大する形で「主トシテ家政ニ関スル学科目ヲ修メムトスル者ノ為」の学科として実科が置かれた。より簡易で実生活に直結した家政的技能を教えることが目的とされたのである。また実科だけを置く高等女学校も認められ、その場合に実科高等女学校と称することとされた。修業年限は尋常小学校(四年)卒業の場合は四年、高等小学校一年(五年)修了では三年、高等小学校(六年)卒業では二年とされていた。また高等小学校に付設することも認められた。学科目は高等女学校令施行規則で修業年限別に示されたが、年限三・四年については修身・国語・歴史・数学・理科および家事・裁縫・図画・唱歌・実業・体操、年限二年については修身・国語・数学・家事・裁縫・実業・体操であった。いずれの場合も裁縫の比重がかなり大きく、実業が科目として加えられた。高等女学校が都会を中心に設置されたのに対して、実科はそれ以外の地域に広がった。学科課程や授業時間数については地域の状況により変更することができ、専科生制度も設けるなど、各地域で簡易かつ柔軟に設置・運営ができるものであった。学校数は制度が始まった明治四十四年には四十九校であったが、大正四年(一九一五)には百四十三校、生徒数二万人余り、昭和四年(一九二九)には二百十三校まで増加するが、その後は減少し、昭和十八年(一九四三)一月の中等学校令で廃止された。制度上は女子の中等教育機関であったが、実際には主婦に必要な技能を授ける小学校の補習教育機関の性格が強く、男女の制度的教育格差を見ることができる。　↓高等女学校《こうとうじょがっこう》

参考文献　文部省普通学務局編『全国高等女学校・実科高等女学校ニ関スル諸調査』一(『文部省教育統計・調査資料集成』三三、一九八六、大空社)、武井洋子「実科高等女学校の成立と実施の経過について」(『東京学芸大学紀要第六部門』二三、一九七二)、山村俊夫「中等教育における教育過程の変遷―実科高等女学校の場合―」(『日本私学教育研究所紀要』二〇ノ一、一九八四)　(友野　清文)

じつかわえんじゃく　實川延若　大阪の歌舞伎俳優。幕末から三代続いた。

(一)初代　一八三一―八五　天保二年六月二十三日(一八三一年七月三十一日)、大坂に生まれる。本名は天星庄八。二代實川額十郎の門弟。一時、四代尾上菊五郎の養子になって尾上梅幸《ばいこう》を名乗ったことがある。文久三年(一八六三)延若となり、中村宗十郎《なかむらそうじゅうろう》と道頓堀の人気を分かった。上方特有の和事《わごと》をよくし、『天網島《てんのあみじま》』の治兵衛、『雁《かり》のたより』の三二五郎七、『鐘もろとも恨鮫鞘《うらみのさめざや》』の八郎兵衛などが当り役。明治十八年(一八八五)九月十八日没。五十五歳。

(二)二代　一八七七―一九五一　明治十年(一八七七)十二月十一日、大阪に生まれる。初代の長男。本名は天星庄右衛門。明治十九年延二郎の名で初舞台。大正四年(一九一五)二代目を継ぐ。『油地獄』の河内屋与兵衛、『積雪情《つもるゆきなさけの》乳貰《ちもらい》』の四郎次郎など、和事に上方芸の楽しさを見せる。また『大晏寺堤《だいあんじづつみ》』の春藤治郎右衛門や『楼門《さんもん》五《ご》三桐《さんのきり》』の石川五右衛門で、芸格の大きさを示した。昭和二十六年(一九五一)二月二十二日没。満七十三歳。長男の延二郎(一九二一―九一)が昭和三十九年(一九六四)に三代目を継いだ。

参考文献　高谷伸『明治演劇史伝』上方篇(一九四四、建設社)、山口廣一『延若芸話』(一九四六、誠光社)　(倉田　喜弘)

しっかわぶんぞう　後川文蔵　一八六八―一九三一　明治から昭和期初頭にかけての事業家。明治時代前期の新聞広告業の先駆者の一人。明治元年七月三日(一八六八年八月二十日)に生まれ、慶応義塾に学ぶ。その後、内閣法制局、衆議院事務局、鉄道院、逓信省を経て、明治二十八年(一八九五)に独立し、京都に新聞広告代理店の合資会社京華社を設立した。この前後で東京・大阪・京都にて複数の広告代理店が誕生した。その後、京華社は関西にて万年社とならぶ有力な広告代理店へ成長した。また明治三十五年(一九〇二)に京都通信社を設立するなど、新聞広告の普及に努めた。大正元年(一九一二)に京都自動車株式会社を創設し自動車の輸入販売に着手し、大正九年京都日出新聞社長に就任した。大正十四年(一九二五)には、東京、大阪、神戸、名古屋に続く五番目の地区ロータリークラブの京都での設立に参加した。昭和六年(一九三一)十二月二十二日、京都日出新聞社長在任中に没した。六十四歳。

参考文献　『京都新聞百年史』(一九七九)　(山根　伸洋)

じっきぼうせき　十基紡績　⇩二千錘紡績《にせんすいぼうせき》

じつぎょうがっこう　実業学校　農業・商業・工業などの実業関係の中等教育機関。明治新政府の実業教育の方策については、明治五年(一八七二)八月の「学制」や明治十二年(一八七九)九月の教育令では詳細には示されていなかったが、明治十三年十二月の改正教育令に実業教育機関の名称として農学校・商業学校・職工学校が列挙された。この改正教育令以降、明治十六年四月に農学校通則、同十七年一月に商業学校通則が制定され、実業学校制度化の第一歩となった。この二つの通則は、いずれの学校も第一種と第二種の課程を置くとした。第一種は

小学中等科卒業の学力を有する年齢十五歳以上の者を入学させ、修業年限二年の教育を施す課程とし、第二種の課程は初等中学科卒業の学力を有する年齢十六歳以上の者を入学資格とし、修業年限は三年とした。これによって中等教育機関としての実業学校がはじめて制度化されることになった。その後、わが国の産業は時代の趨勢によって著しく躍進することとなり、文部大臣井上毅は、実業教育制度の整備発展に尽力した。明治二十六年(一八九三)十一月には実業補習学校規程が制定された。実業補習学校は、初等教育の補習機関であると同時に生徒の従事する実業に関する知識技能を授けることを目的とし、入学資格を尋常小学校卒業程度以上とし、修身・読書・習字・美術および実業に関する科目を課し、修業年限三年以内の学校とした。さらに同二十七年七月には徒弟学校規程と簡易農学校規程が制定された。徒弟学校は、工業要員の養成を目的とし、入学資格を年齢十二歳以上・尋常小学校卒業程度以上、修身・算術・幾何・物理・化学・図画などの一般教科のほか職業に直接関係のある諸教科および実習を課す修業年限六ヵ月以上四年以内の学校とした。簡易農業学校は、満十四歳以上の農村青少年を対象とし農閑期を利用して簡単な農業教育を施す学校とした。実業補習学校とともにいずれも勤労青少年を対象とする学校であった。他方、井上文相の実業教育振興方策によって明治二十七年六月に実業教育費国庫補助法が公布され、地方実業教育の普及振興が図られることになり、各種の実業学校が全国各地で増設されるようになった。そこで明治三十二年(一八九九)二月七日に実業学校令が制定公布され、実業学校が制度的に整備されることになった。実業学校令の制定とともに同年二月二十五日には工業学校規程、農業学校規程、商業学校規程、商船学校規程が制定され、これらの諸規程によって各種の実業学校は、甲種と乙種の二種類となった。甲種は年齢十四歳以上、高等小学校卒業を入学資格とし、修業年限三年とした。乙種は年齢十二歳以上(商業学校・商船学校は十歳以上)、尋常小学校卒業を入学資格とし、修業年限三年以内(商船学校は二年以内)とした。工業学校で乙種にあたるのは徒弟学校であった。乙種の実業学校や徒弟学校ならびに実業補習学校を除く甲種の実業学校のみが、その卒業年齢が中学校と同じであったので中等教育機関の基本的体制と合致するものであった。実業学校の学科課程の編成は、各学校さまざまな方針であったが、修身・読書・作文・数学・物理・化学・図画・体操などの普通学科をその基礎とし、それぞれの実業に基づく学科と実習が授けられ、全国各地に設置された実業学校は地方産業界の求める人材育成に大きな役割を果たした。明治三十四年十二月には水産学校規程制定によって水産学校が加えられた。明治三十六年三月の専門学校令の制定により、程度の高い実業学校は実業専門学校となり、実業教育制度の質的水準の向上が図られた。実業学校の設置数は、明治三十八年に二百七十二校、その内訳は工業学校三十校、農業学校百十九校、水産学校十校、商業学校五十九校、商船学校七校、徒弟学校四十七校であった。実業学校の学校種別に制定された規程は、昭和十八年(一九四三)三月に廃止され、新しく実業学校規程として一本化された。 ↓実業専門学校《じつぎょうせんもんがっこう》 ↓実業補習学校《じつぎょうほしゅうがっこう》 ↓商船学《しょうせんがっ》校《こう》 ↓徒弟学校《とていがっこう》 ↓農学校《のうがっこう》

参考文献 文部省編『産業教育八十年史』(一九六六、大蔵省印刷局)、海後宗臣監修『日本近代教育史事典』(一九七一、平凡社)、文部省編『学制百年史』(一九七二、帝国地方行政学会)

(寄田 啓夫)

じつぎょうがっこうれい 実業学校令 明治三十二年(一八九九)二月七日に制定された実業学校制度に関する勅令。明治二十七年(一八九四)六月の実業教育費国庫補助法の制定によって工業農業商業などの実業教育関係の諸学校が急激に増加したため、これらを中等実業学校として統一的に整備する必要性によって制定されたものである。まず第一条で「実業学校ハ工業農業商業等ノ実業ニ従事スル者ニ必須ナル教育ヲ為スヲ以テ目的トス」と規定し、つづいて第二条では実業学校の種類が定められた。これによって実業学校は、工業学校・農業学校・商業学校・商船学校・実業補習学校とし、蚕業学校・山林学校・獣医学校・水産学校は農業学校とみなし、徒弟学校は工業学校の種類とした。また実業学校は、北海道・府県において設置できるとし、文部大臣が土地の情況に応じて府県に設置を命ずることができるとした(第三条)。さらに郡市町村(区)においても区域内の小学校教育に施設上に妨げがなければ設置できるとし(第五条)、私人も実業学校を設置できるとした(第六条)。そのほか実業学校の設置廃止、学科およびその程度(教育課程)、教員資格、編制および設備に関する規則などは、この法令によって文部大臣が定めるとした。なお、実業学校令は、各種の実業学校に適用される基本的な規程条文が掲げられただけであったので、その詳細な事項は引き続いて制定された諸学校に関する規程に示された。ところで明治三十六年三月二十七日には専門学校令が制定され、同時に実業学校令が一部改正された。これによって程度の高い実業学校は実業専門学校となり、この種の学校は専門学校令の規定によることとなり、中等教育機関としての実業学校とは切り離された。

参考文献 文部省編『学制百年史』(一九七二、帝国地方行政学会)

(寄田 啓夫)

じつぎょうせんもんがっこう 実業専門学校 実業学校よりも程度の高い実業関係の専門教育機関。明治三十年代の後半になると、中等教育の発達に伴って上級の学校への進学者も増加し、合わせてわが国の産業の発達に伴って実業分野の人材養成が要請されたことによって実業専門学校の制度が成立することになった。すなわち明治三十六年(一九〇三)三月二十七日の実業学校令一部改正により「実業学校ニシテ高等ノ教育ヲ為スモノヲ実業専

門学校トス。実業専門学校ニ関シテハ専門学校令ノ定ムル所ニ依ル」(第二条)とする規定が付加され、同日専門学校令が制定・公布された。専門学校令では専門学校は「高等ノ学術技芸ヲ教授スル学校」(第一条)と定め、入学資格は中学校卒業以上、修業年限は三年となっている。この制度のもとに実業専門学校となった学校は、札幌農学校、盛岡高等農林学校、東京高等商業学校、神戸高等商業学校、東京高等工業学校、大阪高等工業学校と京都高等工芸学校であった。その後実業専門学校は増設の一途をたどり、明治時代後期の四十三年(一九一〇)ごろの設置数は、工業関係では東京・大阪・京都に加えて名古屋・熊本・仙台・米沢の各高等工業学校ならびに秋田鉱山専門学校の計八校と私立の明治専門学校の設置も認可された。農業関係は札幌・盛岡に加えて鹿児島高等農林学校・千葉県立園芸専門学校・私立東京高等農業学校の計五校、そして商業関係は東京・神戸に加えて山口・長崎・小樽の各高等商業学校計五校が設立された。実業専門学校は時代の要請ならびに大正期の高等教育拡張計画によりさらに増設されたが、その後は昭和十八年(一九四三)一月の専門学校令の改正によって専門学校と実業専門学校の区別が廃止され、工業専門学校・農林専門学校・経済専門学校など、専門学校という名称に統一された。→高等工業学校《こうとうこうぎょうがっこう》 →高等商業学校《こうとうしょうぎょうがっこう》 →高等農林学校《こうとうのうりんがっこう》 →専門学校令《せんもんがっこうれい》

参考文献 文部省編『産業教育八十年史』(一九六六、大蔵省印刷局)、同編『学制百年史』(一九七二、帝国地方行政学会)

(寄田 啓夫)

じつぎょうどうしクラブ 実業同志倶楽部 明治時代後期の衆議院院内小会派。第十議会会期中の明治三十年(一八九七)一月、特定政党に制約されることを好まない実業派議員が集まり結成した。所属代議士数は結成時十八人、第十一議会開会当時で二十二人。当選一回か、もともと無所属ないし中立系の者が多い。次の第五回総選挙を迎える中で自然消滅したが、再選された者はそのまま実業派系会派の山下倶楽部に流れた者が多く、実業家の政界における独自の動きの先駆として注目される。

参考文献 衆議院事務局編『衆議院議員党籍録』第一回帝国議会—第九十二回帝国議会(一九五七)

(村瀬 信一)

じつぎょうのせかい 実業之世界 明治四十一年(一九〇八)五月、野依秀市《のよりひでいち》を主幹として創刊された経済雑誌。野依は、明治三十六年(一九〇三)に郷里の大分県中津町(中津市)を出て上京し、慶応義塾商業夜学に通い始め、三十八年にダイヤモンド社の創業者石山賢吉《いしやまけんきち》の協力を得て『三田商業界』を創刊した。一時、『三田商業界』から離れたが、明治四十一年三月に富士紡績専務の和田豊治《わだとよじ》の勧めで再び同誌の主幹となり、同年五月に和田の寄付金二千円を元手に、『三田商業界』を『実業之世界』と改題した。改題と同時に、『時事新報』『報知新聞』『朝日新聞』に一頁大の広告が掲載された。『実業之世界』は、明治四十三年に東京電燈の電力料金三割値下げを提唱し注目を浴び、四十二年二月の名古屋での『実業之世界』の読者大会に渋沢栄一を講演者に招いた。また、明治四十四年には、著名な経済学者を執筆陣に動員して「国民生活と財政経済」という特別号が発刊された。

『実業之世界』改題号

参考文献 『野依秀市』(一九六八、実業之世界社)

(老川 慶喜)

じつぎょうのにほん 実業之日本 明治三十年(一八九七)六月十日、大日本実業学会によって創刊された月刊の経済雑誌。大日本実業学会は、光岡《みつおか》威一郎《いいちろう》が、二十八年(一八九五)五月、会頭に公爵二条基弘、副会頭に前田正《まえだまさ》名《な》を戴き、「帝国実業の発達振興を図る」ことを目的に創立したもので、主として義務教育修了者のために「農科」と「商科」の講義録を発行していた。明治三十三年五月、光岡は病のため、『実業之日本』の発行・編集権を、同誌の創刊にかかわった『読売新聞』記者の増田義一に譲渡した。増田は読売新聞社を退社、大日本実業学会雑誌部を独立させて実業之日本社とし、みずから社長に就任した。『実業之日本』は、同年六月一日発行の第三巻第九号から、発行所実業之日本社、編集兼発行者増田義一となった。明治三十六年五月十日に創刊以来初の臨時増刊号「成功大観」を発行し、六月末までに三版を重ねた。このころから、成功・修養の記事が大幅に増え、日本の実業界の発展に貢献した。なお、増田は、明治三十九年一月三日に『婦人世界』の刊行を始め、実業之日本社の発展に大きく貢献した。

『実業之日本』第1号

参考文献 実業之日本社社史編纂委員会編『実業之日本社百年史』(一九九七、実業之日本社)

(老川 慶喜)

じつぎょうほしゅうがっこう 実業補習学校 小学校教育の補習と簡易な職業に関する知識技能を施すことを目的とした勤労青少年を対象とした教育機関。明治二十三年(一八九〇)十月に公布された小学校令で実業補習学校

を小学校の種類とすると名称だけ示されていた実業に従事する青少年の教育は、明治二十六年十一月制定の実業補習学校規程によって統括され、実業補習学校の充実整備がなされることになった。これによって実業補習学校の入学資格は尋常小学校卒業程度以上で、教科目は修身・読書・習字・算術および実業に関する科目、修業年限は三年以内とした。授業形態としては勤労青少年のための学校であるので日曜日や夜間に行われ、また状況によっては季節を限定して設けられることが認められた。明治三十二年(一八九九)二月の実業学校令により実業補習学校は実業教育機関に位置付けられ、全国に百八校の実業補習学校(工業補習学校二十一校、農業補習学校六十二校、商業補習学校二十五校)であった。実業補習学校のうち農村部の特殊事情から農業補習学校の発展が特に目覚ましく、明治三十八年には農業補習学校の数は二千四百五十校となり、そのほかの実業補習学校数は、工業補習学校九十五校、商業補習学校百三十三校と新たな種類の補習学校として加わった水産補習学校が六十七校、商船補習学校一校、総計二千七百四十六校となり、その後も増加の一途をたどった。実業補習学校は、昭和十年(一九三五)に青年訓練所と合体して青年学校が創設されたことによって廃止となった。

参考文献 文部省編『学制百年史』(一九七二、帝国地方行政学会) (寄田 啓夫)

じっこうきょう 実行教 富士信仰をもとに形成された教派神道教団で、いわゆる神道十三派の一つ。万物の根源である天祖参神(天御中主神・高皇産霊神・神皇産霊神)を崇拝対象とする。その前身は富士講の一派の不二道である。教祖は不二道第八世の小谷三志(禄行)の教えを受け継いだ柴田花守《しばたはなもり》(咲行《しょうぎょう》)で、明治十一年(一八七八)、教名を実行社とし、明治十五年政府の認可を得て神道実行派(のちに実行教)の初代管長となった。花守は本庁を東京牛込東五軒町(東京都新宿区)に置き、山岳信仰にとどまらず、わが国固有の惟神の道を教団の教えに反映させながら布教活動を行なった。また、二代目管長で花守の長男の柴田礼一は、明治二十六年(一八九三)、米国シカゴで開催された万国宗教会議に神道家としてただ一人出席している。以後、代々の管長を柴田家で世襲し、今日に至っている。本部はさいたま市。教派神道連合会に加盟している。→柴田花守《しばたはなもり》

参考文献 千葉幸吉『神道実行教』(一九三三、実行教教義講究所)、田中義能『神道実行教の研究』(一九三六、日本学術研究会)、『行名』(一九七〇、不二出版部)、井上順孝他編『新宗教教団・人物事典』(一九九六、弘文堂) (中山 郁)

じっせんじょがっこう 実践女学校 明治三十二年(一八九九)、下田歌子(一八五四―一九三六)が帝国婦人協会の教育事業の一環として、良妻賢母の理念のもと、ひろく一般女性を教育することを目的に創設した私立学校。現在の学校法人実践女子学園の前身。実践女学校・女子工芸学校を濫觴とする。この二校は四十一年(一九〇八)に合併し実践女学校となる。四十四年には高等女学校令に基づき学則改正。今日の実践学園の基礎が築かれた。女子教育の基調が良妻賢母の路線上で確立していく時代の流れに沿って、「本邦固有の女徳」と「日進の学理」の統一による実学重視の実践教育を行なった。歌子が宮内省御用掛であったことや華族女学校(学習院女子部の前身)学監として華族子女の教育にあたったことなどから学園と皇室との関係は密接で、三十五年に移転した際の敷地は宮内省の常盤松御料地が与えられたほか、教育面でも歌子は皇室至上主義に徹しその精神を卒業生たちに伝えた。

参考文献 『実践女子学園六十年史』(一九五九)、『実践女子学園一〇〇年史』(二〇〇一) (佐藤裕紀子)

しっぱんしゃしん 湿板写真 「ガラス生撮り写真」とも称され、写真技法名としては「アンブロタイプ Ambrotype」と一般的にいわれる。撮影技術としては、一八五一年、イギリス人フレデリック＝スコット＝アーチャー Frederick Scott Archer(一八一三―五七)が発明した湿式コロディオン法 Wet Collodion Process による。ガラス板にヨウ化カリなどを混合したコロディオン溶液を塗布し、硝酸銀溶液で感光性を与える。乾燥しない内に撮影し、硫酸第一鉄溶液で現像、シアン化カリなどで定着する。もともとはこれを原板として鶏卵紙などに密着焼き付けをするが、露光を切りつめて撮影して画像濃度を薄くし、裏側に黒布を敷くもしくは黒色塗料を塗ることによって灰白色のネガ像をポジ像として見る方法が湿板写真(アンブロタイプ)である。日本の写真はこの撮影技術によって本格的な幕開けがなされた。桐箱に収められた湿板写真は、幕末から明治初期には盛んに行われ、欧米と比べると特徴的である。乾板の普及とともに明治二十年代はじめごろから徐々に行われなくなったといわれる。 (金子 隆一)

じつようしんあんほう 実用新案法 明治三十八年(一九〇五)三月十五日に公布され、七月一日から施行された実用新案制度に関する法律。石井研堂『明治事物起原』は、「実用新案の始め」を次のように述べている。「明治三十八年七月一日より、実用新案法を実施す。世上にすでに存在する物品について、たんにその形状構造または組み合はせの上に新工夫を加へしくらゐのものは、いはゆる創造と認むべからず、しかもかかる新工風は、実用の価値あるものにして、すなはち実用新案となるなりとは、特許局にて、発明ものの専売と実用新案の性質の区別をしたる理由なり」。すなわち、発明としては特許を受けられないが、実用的な考案として保護の対象となるものを実用新案とするとしたもので、ドイツの実用新案保護法がモデルとされている。明治三十八年七月一日、陶磁器成形機に実用新案登録第一号が付与された。また、亀の子束子も同四十一年(一九〇八)に実用新案が認められ、

大正八年(一九一九)には松下幸之助がソケットで実用新案を取得している。

参考文献　経済産業省特許庁『特許から見た産業発展史』(工業所有権情報・研修館)　(吉村　保)

しではらきじゅうろう　幣原喜重郎　一八七二―一九五一　外交官。明治五年八月十一日(一八七二年九月十三日)、堺県門真(大阪府門真市)に豪農の次男として誕生。幣原坦《たいら》は兄。帝国大学法科大学卒。二十九年(一八九六)外交官試験合格。ロンドンや釜山在勤を経て三十七年(一九〇四)―四十四年(一九一一)本省勤務。その間、電信課長(当時は全機密事項に触れるため重職とされた)や取調局長(条約改正に尽力)を歴任。三十六年加藤高明夫人の妹雅子と結婚。大正三年(一九一四)駐オランダ公使。四年外務次官。八年駐米大使。ワシントン会議では全権として活躍。十三年(一九二四)六月加藤高明内閣外相。以後田中義一内閣期の昭和二年(一九二七)四月―四年七月を除き、六年十二月まで二期にわたり外相を務め、その合理主義的外交は幣原外交と称される。満洲事変収拾に失敗後は野に下り、二十年(一九四五)十月内閣総理大臣。約六ヵ月の短命内閣であったが戦争放棄と非武装の条項挿入など新憲法起草に関与。二十四年衆議院議長。二十六年三月十日心筋梗塞で死去。満七十八歳。

幣原喜重郎

参考文献　幣原平和財団編『幣原喜重郎』(一九五五)、服部龍二『幣原喜重郎と二十世紀の日本―外交と民主主義―』(二〇〇六、有斐閣)　(冨塚　一彦)

しではらたいら　幣原坦　一八七〇―一九五三　明治から昭和時代の南島史・東洋史学者、教育官僚。明治三年九月十八日(一八七〇年十月十二日)堺県茨田郡門真村(大阪府門真市)に生まれる。二十六年(一八九三)に帝国大学文科大学国史科を卒業したのち、山梨県立中学校校長や東京高等師範学校教授などを歴任。三十七年(一九〇四)「東人西人分党ノ研究」「考論少論分党ノ研究」で文学博士。三十八年二月から二年余り韓国学政参与官を務める傍ら、三十九年には文部省視学官となり、さらに四十三年(一九一〇)からは東京帝国大学文科大学教授を兼ねて三上参次《みかみさんじ》・田中義成《たなかよしなり》とともに国史学第一講座を担当した。大正・昭和期には広島高等師範学校校長、文部省図書局局長、台北帝国大学初代総長、枢密顧問官などを務めている。昭和二十八年(一九五三)六月二十九日死去。満八十二歳。著書に『南島沿革史論』(明治三十二年、冨山房)や『日露間之韓国』(三十八年、博文館)などのほか、『文化の建設―幣原坦六十年回想記―』(昭和二十八年、吉川弘文館)がある。

幣　原　坦

参考文献　『枢密院高等官履歴』八(一九九七、東京大学出版会)　(伊藤　信哉)

じてん　辞典　語や文字を一定の規準によって配列し、その発音、意味、用例などを明らかにした書籍。辞書、字書ともいう。辞典は、さまざまに分類できるが、語彙を広く網羅した一般的な普通辞典と特定の分野の語彙を対象とした特殊辞典に大別できる。明治期の普通辞書である国語辞書に先行して、江戸時代末期の辞書や幕末の対訳辞書があった。江戸時代末期の三大辞書といわれる『倭訓栞《わくんのしおり》』『雅言集覧《がげんしゅうらん》』『俚言集覧《りげんしゅうらん》』は、いずれも、それまでの漢字中心ではなく仮名による見出しを立てて、語釈の後、例文を提示している。これらは、いずれも増補版が明治期に刊行されている。たとえば、『(増補語林)倭訓栞』(明治十年)は、先駆的かつ総合的な国語辞書で、古語、俗語、方言などを五十音順に配し、語釈、出典、用例を備えている。アメリカの宣教師ヘボンは、慶応三年(一八六七)『和英語林集成(A Japanese and English Dictionary; with an English and Japanese Index)』を編纂した。その初版は約二万の日本語をローマ字によって見出しを立て、これを片仮名と英文で表記し、英語によって説明している。明治五年(一八七二)に改訂増補の再版が、十九年(一八八六)に第三版が刊行されている。明治新政府は、近代国家確立のための一つとして、国語辞書の編纂を試みた。明治四年、文部省は木村正辞《きむらまさこと》ら、十人の学者に官製国語辞書の編纂を命じた。しかし、語の収録や解釈を巡って、意見がまとまらず、その辞書『語彙』は明治四―十七年刊行の初編十三冊にとどまり、ア行の「衣《え》」部で頓挫した。その体裁は、『倭訓栞』『雅言集覧』を想起させるもので、古語辞典のようである。また、文法が確立していなかったので、語と句が区別されていない。明治二十一年(一八八八)、高橋五郎編『(漢英対照)いろは辞典』は和英雅俗の普通語を対象とした最初の普通辞典である。しかし、見出し語の選択に一定の基準もなく、語釈も同意語の置き換えであるという批判がある。明治二十二年、外国留学から帰った上田万年《うえだかずとし》は「日本大辞書編纂に就て」という演説のなかで見出し語、その収集、辞書の体裁について意見を開陳している。先の『語彙』の中絶を受け、文部省は大槻文彦《おおつきふみひこ》に単独で辞書の編纂を

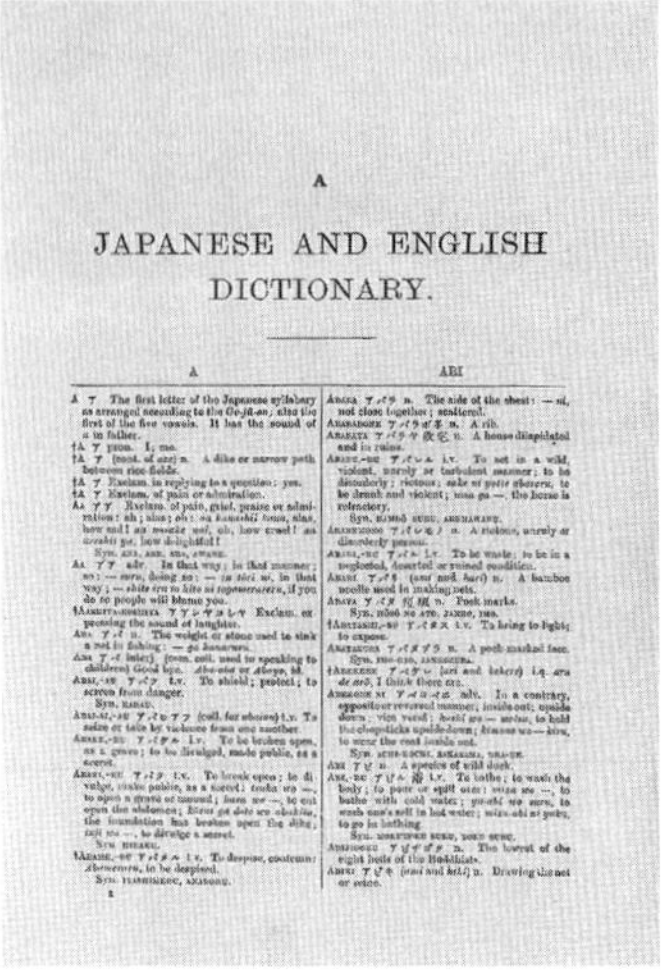
A
JAPANESE AND ENGLISH
DICTIONARY.

『(和英英和)語林集成(第3版)』(明治19年)

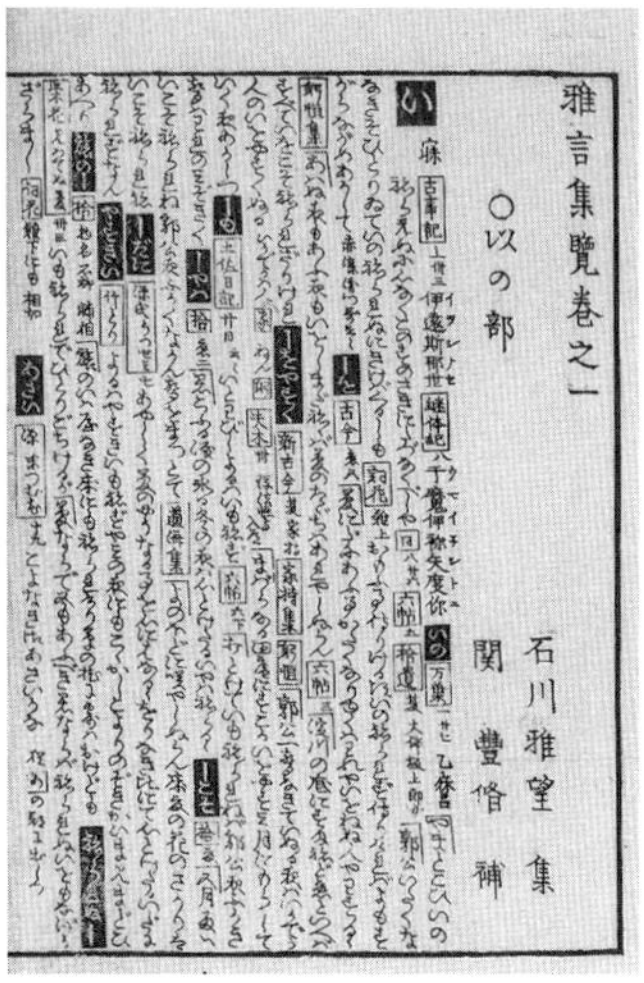
雅言集覧巻之一
○以の部
石川雅望 集
関 豊脩 補

『雅言集覧』(文政9～明治20年)

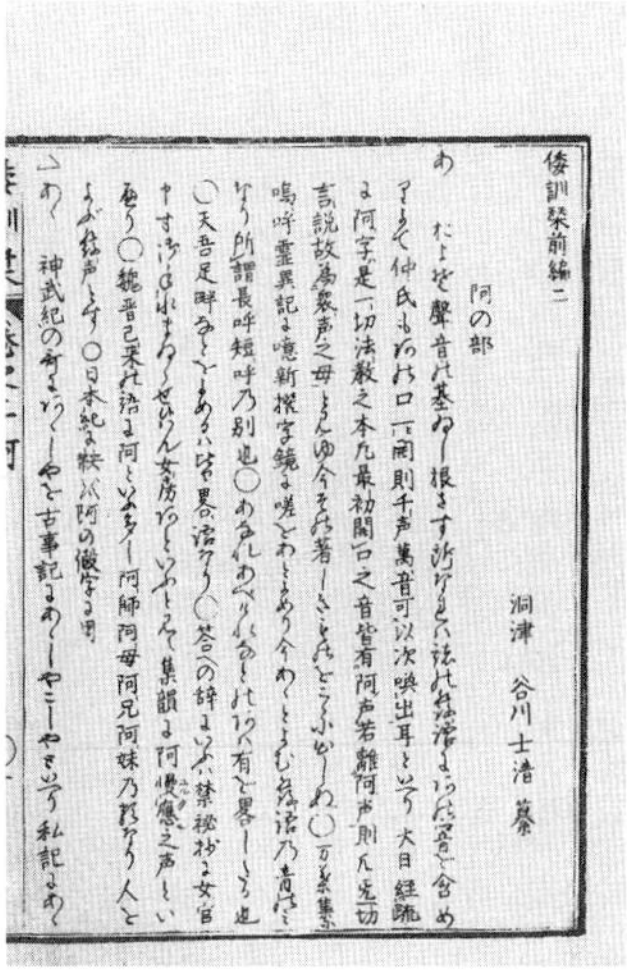
倭訓栞前編二
阿の部
洞津 谷川士清 纂

『倭訓栞』(安永6～明治20年)

日本大辞林
あ
物集高見 撰

『日本大辞林』(明治27年)

言海
あ

『言海』(明治24年)

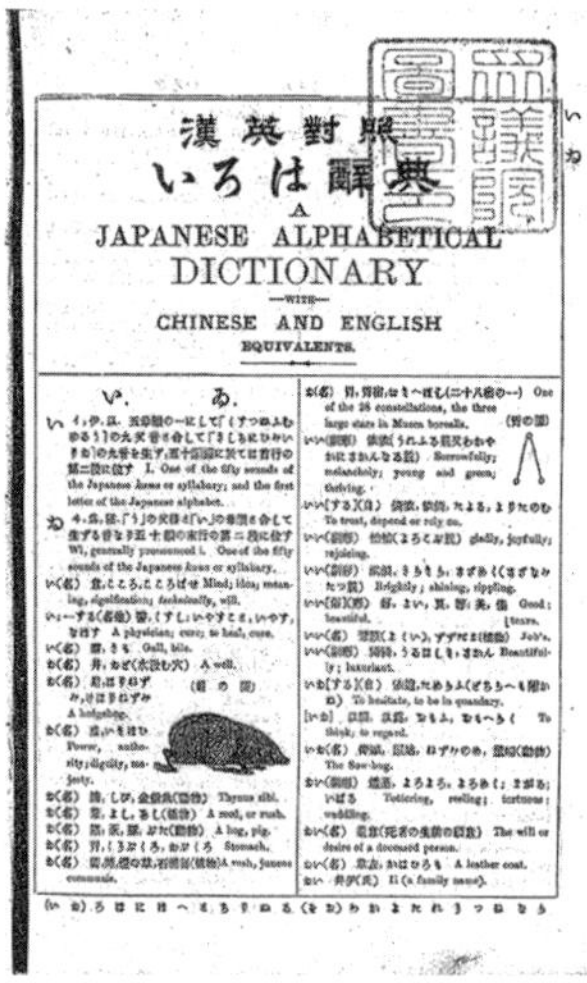
漢英對照
いろは辭典
A
JAPANESE ALPHABETICAL
DICTIONARY
—WITH—
CHINESE AND ENGLISH
EQUIVALENTS.

『(漢英対照)いろは辞典』(明治21年)

漢和大字典
文學博士重野安繹
文學博士三島毅 監修
文學博士服部宇之吉
三省堂編輯所編纂

『漢和大字典』(明治36年)

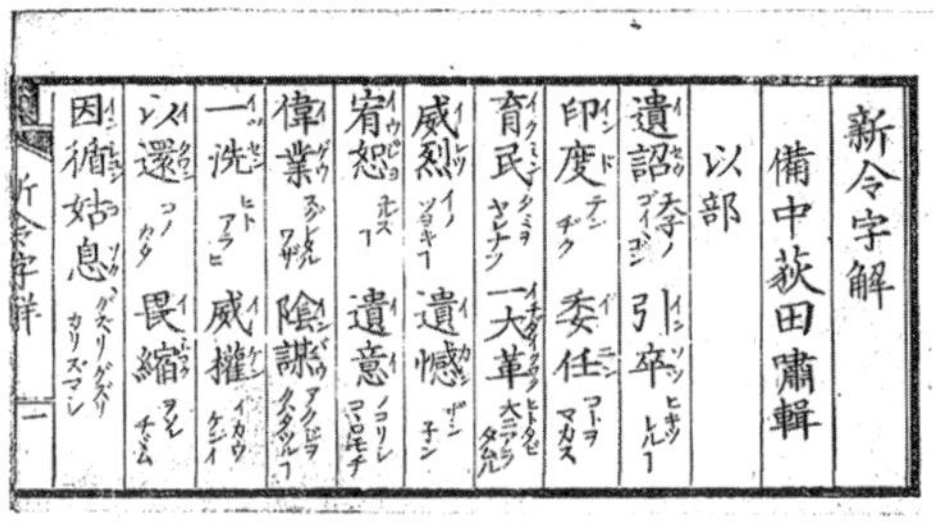
新令字解
備中荻田嘯輯
以部
遺詔 引卒 印度 委任 育民 一大革 威烈 遺憾 宥恕 遺意 偉業 陰謀 一洗 威權 畏縮 因循 姑息

『新令字解』(明治元年)

命じた。明治二十二―二十四年、大槻は大変な苦労の末、一個人で『言海』を出版した。これは、アメリカのウェブスター英語辞書の簡略版を手本として、固有名詞や学術専門語を排し、古今雅俗の普通語、方言、訛語、漢語、外来語を見出し語とした、最初の近代的な国語辞典である。当初は和装本の大判四分冊として刊行された。『言海』は近代的辞書編集論に基づき、見出し語について㈠発音㈡語別(品詞)㈢語原㈣語釈㈤出典を提示している。その記述は平明・簡潔である。この辞書が昭和二十四年(一九四九)に千版を数えるほど広く普及し、愛用されたのは、豊富で精選された見出し、論理的で正確な語釈などに求めることができる。他方、新聞雑誌にみられる「科学」「工場」「討議」「労働者」など日常の漢語の過半が漏れているという批判がある。明治二十五―二十六年、言文一致の作家山田美妙は『日本大辞書』十二冊を刊行した。この辞書は、説明がはじめて口語体なこと、見出し語に東京アクセントを添えるなどの特徴があったが、販売不振のため、その版権はすぐに譲渡されてしまった。その後、大型国語辞典として、明治二十七年、物集高見《もずめたかみ》『日本大辞林』、二十九年藤井正男・草野清民《くさのきよたみ》『帝国大辞典』、明治三十一(一八九八)―三十二年落合直文『ことばの泉』などが刊行された。漢語辞典は「漢和辞典」となって発展した。明治新政府は「王政復古」「応接」「裁判」「布告」など大量の漢語を案出し、用いた。このような新しい漢語の読み方、意味を示す『新令字解』(明治元年)など多数の漢語辞書が出版された。明治十八―二十一年にかけて刊行された『明治字典』は全四十巻という雄大な構想をもっていたが、十九巻で中絶した。明治三十六年の三省堂編集所編『漢和大字典』は、『明治字典』と同じく親字を『康熙《こうき》字典』、熟語を『佩文韻府《はいぶんいんぷ》』に拠っていた。しかし、同字典は、ひらがな書きによって、漢字を平易かつ秩序正しく訓釈するものであり、現在の漢和辞典の形式の原型となった。また、「漢和」という書名を冠したはじめての辞典となった。

参考文献 見坊豪紀「日本語の辞書」二(『(岩波講座)日本語』九所収、一九七七、岩波書店)、惣郷正明・朝倉治彦編『辞書解題辞典』(一九七七、東京堂出版)、山田忠雄『近代国語辞書の歩み―その模倣と創意と―』上(一九八一、三省堂)、惣郷正明編『目で見る明治の辞書』(一九八九、辞典協会)、倉島長正『「国語」と「国語辞典」の時代』上(一九九七、小学館)、倉島長正『国語辞書一〇〇年―日本語をつかまえようと苦闘した人々の物語―』(二〇一〇、おうふう)

(川井 良介)

自転車 宮田製銃所の試作自転車

じてんしゃ 自転車 人力を主たる動力源として車輪を回転させて走る車。日本における自転車の導入の端緒についてはいくつか説があるが、明治三年(一八七〇)ごろということはまちがいないだろう。このように導入は比較的早かったが、人力車に較べてその普及の歩みは遅れた。これは技術的に未成熟であったことがその要因の一つであったとされているが、安全車が導入され、運転が容易になってくる明治三十年(一八九七)前後から通勤などの利用が次第に見られるようになっていった。当初の自転車の多くを輸入に頼っていたが、明治二十年(一八八七)代には宮田製銃所をはじめとして国産自転車も見られるようになっていった。また金物などが盛んであった堺でも明治三十年代には自転車製造業に進出するようになっていたが、第一次世界大戦によって外国からの輸入が途絶するとともに国内需要が急増すると、これらの国産メーカーの多くは、生産を活発化させ、国産自転車の生産体制を確立していった。

参考文献 佐野裕二『自転車の文化史―市民権のない五、五〇〇万台―』(一九八五、文一総合出版)、斎藤俊彦『くるまたちの社会史―人力車から自動車まで―』(『中公新書』、一九九七、中央公論社)、鈴木淳『新技術の社会誌』(『日本の近代』一五、一九九九、中央公論新社)

(鈴木勇一郎)

じてんしゃきょうそう 自転車競走 日本で最初の自転車競走は、明治三十一年(一八九八)十一月に上野不忍池畔で開催された内外連合自転車競走運動会であるとされる。この競技会は、同年に東京神田で結成された双輪クラブが主催し、二六新報社の後援によって実現したもので、以後春秋二回開催されていった。その後、大阪の住吉公園、桜宮をはじめ全国各地の町村でも競走会が開かれ、大きな人気を呼ぶとともに、輸入自転車の貿易商社が宣伝用に自転車選手を養成しはじめたため、彼らノンプロ選手たちが競走会で上位を占めるようになる。同三十八年ごろからは、九州一周競走や大阪―日光往復競走といった長距離ロードレースが始まり、またたく間に全国に広がった。同四十三年(一九一〇)、東京輪士会によって競走会に関する規定が明文化され、選手のランキング制度なども次第に整備されていった。現在行われている競輪は、戦後、昭和二十三年(一九四八)に始まったものである。

参考文献 日本自転車振興会編『競輪三十年史』(一九七八)
(坂上 康博)

じてんしゃとりしまりきそく 自転車取締規則 自転車の運転などを規制する法令。自転車の運転などを取り締まる法令は、日本に自転車が導入された当初にさかのぼるとされている。明治三年(一八七〇)大阪府は路上での自転車の運転を禁止する命令を発し、また警視庁も同年自転車の運転規制を行なっている。同三十一年(一八九八)六月一日警視庁令第二〇号により自転車取締規則が出され、号鈴の装備、燈火の点燈、競争の禁止などを定めた。これに続き同三十四年には大阪府および愛知県でも同様の命令が発せられているが、この時期自転車の運転を規制する法令は、法律や勅令ではなく、府県ごとの規則などによって定められていた。明治三十一年の警視庁令第二〇号は、全七ヵ条の簡単なものであったので、同三十四年十月には十六ヵ条の新規則に全文改正され、大正末期にはさらに改正された。このように、自転車数の増大に対応する形で、自転車を規制する規則も次第に充実、強化されていった。

参考文献 佐野裕二『自転車の文化史―市民権のない五、五〇〇万台―』(一九八五、文一総合出版)、斎藤俊彦『くるまたちの社会史―人力車から自動車まで―』(『中公新書』、一九九七、中央公論社)
(鈴木勇一郎)

じどうしゃ 自動車 機械動力により動く車輛。ここでは三輪以上のものをあつかう。明治期には自働車の文字が一般的。明治三十一年(一八九八)フランス人マリー＝テブネがフランス製ガソリン自動車を東京築地から上野公園まで走らせたが、買い手がつかず再輸出された。三十三年にサンフランシスコ在留邦人が皇太子成婚記念に献納した電気自動車は、危険とされ東宮御所でお蔵入りした。三十四年にはブルウル兄弟商会がアメリカ製蒸気

第5回内国勧業博覧会出品の自動車

自動車を輸入し、また英国公使館員が東京市内で三輪自動車を用いた。三十六年には三井呉服店が配送用にフランス製ガソリン車クレメントを導入し、大阪の第五回内国勧業博覧会でも蒸気自動車六種と電気、ガソリン自動車各一種が展示されて広く知られ、同年京都で二井商会が乗合自動車営業を始めた。輸入と並行して国内生産も試みられたが、継続は難しく、事跡も不明の点が多い。蒸気自動車では三十七年に岡山の電機工場主山羽虎夫が製作したものが著名だが、最初にこの車輛を受注した大阪の中根鉄工所との役割分担や車輛の実用性には疑問がある。ガソリン車では四十年(一九〇七)ごろの吉田真太郎と内山駒之助による吉田式自動車、別名タクリー号が知られる。フォードA型のシャーシとエンジンを用いるところから模倣生産に進み、十台程度を作って、三年ほどで途絶えた。トラック輸送では四十一年にフランス製ド＝ディオンブートン＝クレメント十一台を用いた帝国運輸自働車株式会社が設立されたが営業不振で、翌年から車輛をバスに改造して運転手とともに各地の乗合自動車営業者に貸与するなどした後、四十四年に解散した。東京では警視庁の規制の厳しさと市電の発達から、大正二年(一九一三)に京王電気軌道が軌道未開通部分の連絡に用いるまで乗合自動車営業はなく、タクシーは大正元年八月にタクシー自動車株式会社が開業したのが最初だ

三井呉服店のクレメント号

った。『帝国統計年鑑』によれば大正二年三月末、全国で五百三十五台の自動車があった。

参考文献 中岡哲郎『自動車が走った―技術と日本人―』(『朝日選書』、一九九九、朝日新聞社)、佐々木烈『日本自動車史―日本の自動車発展に貢献した先駆者達の軌跡―』(二〇〇四、三樹書房)
(鈴木 淳)

じどうしゃとりしまりきそく 自動車取締規則 明治四十年(一九〇七)二月十九日、警視庁によって制定された自動車事業に関する取締規則。自動車事業に関する取締規則は、明治三十六年(一九〇三)八月に愛知県で公布された自動車営業取締規則を嚆矢とし、同年十月には京都市でも同様の規則が公布された。また、大阪府では明治三十八年に公布され、警視庁ではさらに遅れて明治四十年に公布された。このように自動車取締規則は、それぞれの地方の事情に応じて制定されてきたので、時速の制

限においても愛知県八哩、京都府市内二里・郡部三里半、大阪府市内五哩・その他八哩、警視庁市部八哩・郡部十哩などと各地方庁で異なっていた。東京市では明治三十三、四年頃から自動車が出現したのにもかかわらず、自動車取締規則の交付が遅れたのは自家用自動車が多かったからであるが、規則が公布されるまでは、馬車や人力車並みの取締りを受けていたという。

（老川　慶喜）

参考文献　岡村松郎編『日本自動車交通事業史』(一九五三、自友会)

じどうぶんがく　児童文学　わが国の児童文学は一般的に明治二十四年(一八九一)一月に博文館から『少年文学』第一編として刊行された巌谷《いわや》小波《さざなみ》の『こがね丸』から始まるとされる。それ以前にもイソップ物語やグリムの童話が紹介されたり、『少年園』『小国民』『少年文武』などの少年雑誌が刊行されたり、子ども向けに戸川残花『なでしこ』(明治二十三年一月)、三輪弘忠『少年之玉』(同年十一月)といった作品も刊行されたが、何といっても日本の児童文学を確立したのは、『こがね丸』であった。小波は「凡例」で、「少年文学」は少年用文学の意味で、Jugendschrift (Juvenile Literature)にならい、「我邦に適当の熟語なければ、仮に斯くは名付けつ」というが、その後には「お伽噺」という呼称が用いられ、大正期に鈴木三重吉が使った「童話」という名称に取ってかわられるまで一般的に使用された。博文館の「少年文学」シリーズは小波のほか、尾崎紅葉、江見《えみ》水蔭《すいいん》、山田美妙、幸田露伴、村井弦斎などの筆者を起用し、明治二十七年十一月まで三十二冊を刊行したが、歴史ものの伝記や翻案ものが多く、純粋な創作としては『こがね丸』のほか、川上《かわかみ》眉山《びざん》『宝の山』など二、三点にとどまった。博文館は明治二十八年一月に巌谷小波を主幹に迎えて『少年世界』を創刊、小波は毎号巻頭に自作のお伽噺を掲載して人気を博した。また小波は『幼年世界』『幼年画報』『少女世界』の主筆も兼任し、これらの編集活動のかたわら『日本昔噺』全二十四編、『日本お伽噺』全二十四編、『世界お伽噺』全百編、『世界お伽文庫』全五十編なども刊行。明治期の児童文学界に第一人者として君臨して、子どもたちから「お伽のおじさん」と親しまれた。一方、巌本善治の『女学雑誌』には早くから子どもへ読み聞かせる話を紹介する「子供のはなし」欄が設けられたが、明治二十三年八月から二十五年一月まで若松賤子《わかまつしずこ》「小公子」(バーネット原作)が掲載された。また『少年世界』には二十九年三月から十月まで森田思軒「十五少年」(ジュール＝ベルヌ原作)が連載され、ともに児童文学の枠を超える名訳として知られる。明治三十三年(一九〇〇)には押《おし》川《かわ》春浪《しゅんろう》の海島冒険奇譚『海底軍艦』が刊行されたが、ジュール＝ベルヌの科学的空想小説に多大な影響を受けたこの海洋冒険小説はナショナリズムの高揚した時代に大いに歓迎された。以後、春浪は『武俠の日本』『新造軍艦』『武俠艦隊』『新日本島』『東洋武俠団』と愛国武俠六部作を完成することになる。明治三十九年十一月には『早稲田文学』を刊行していた金尾文淵堂から島村抱月編の『少年文庫』が創刊されたが、壱之巻を出したのみで廃刊。が、この『少年文庫』の実質的な編集は小川未明が担当し、未明自身「海底《うなぞこ》の都」「青帽探検隊」などの童話を書き、竹下夢二が口絵のほかに「春坊」などの童話や童謡を寄せ、教訓臭をもたない新しい芸術としての童話童謡の運動の先駆的な役割を果たした。未明は明治四十三年(一九一〇)十二月に京文堂から第一童話集『赤い船』を刊行、明治期のお伽噺の世界に清新な作風を示した。明治期の児童文学は小波をはじめとする博文館グループが支配するかたちで展開されたが、明治末には児童書の出版にも力を注ぐ新興出版社もあらわれ、実業之日本社からは明治三十九年に『日本少年』が、四十一年には『少女の友』が創刊された。実業之日本社は著名作家にも児童文学を執筆させて、大正二年(一九一三)から三年にかけて「愛子叢書」として島崎藤村『眼鏡』、田山花袋『小さな鳩』、徳田秋声『めぐりあひ』、与謝野晶子『八つの夜』、野上弥生子『人形の望』の五冊を刊行。この企画は長続きしなかったが、既成作家の目を児童文学へも向けさせ、大正七年に『赤い鳥』を創刊する鈴木三重吉への橋渡し的な役割を担った。

参考文献　木村小舟『(改訂増補)少年文学史』明治篇(一九四九、童話春秋社)、桑原三郎『諭吉　小波　未明―明治の児童文学―』(一九七九、慶応通信)

（千葉　俊二）

『幼年画報』第2巻第1号

『少女世界』第3巻第1号

『日本少年』第5巻第6号

じどうろうどう 児童労働 ⇩年少労働《ねんしょうろうどう》

じどく 侍読 ⇩侍講《じこう》・侍読《じどく》

しながく 支那学 ⇩漢学《かんがく》・支那学《しながく》

しながわガラスせいぞうじょ 品川硝子製造所 明治初期の官営工場。東京品川東海寺の線路沿いの土地に、明治六年(一八七三)、三条実美の家臣丹羽正庸《にわまさつね》らの興業社の工場として設立され、目的の板ガラス製造が未達成のまま同九年に買収されて工部省製作寮品川硝子製造所となった。工部省は工場の規模を拡大して翌年に操業を開始、主にフリントガラスで舷燈、理化学器具、食器などを製造し、切子、押型の技法も用いた。旧佐賀藩精煉方出身者が指導的立場に立ち、イギリス人技術者を招いて在来の技能者などに伝習し、洋式ガラス工業の技術移転の場となった。明治十年(一八七七)品川工作分局と改称、十四年に板ガラス製造に着手したが、成功をみないまま十七年に工場は稲葉正邦、西村勝三に貸与され、翌年西村と磯辺栄一に払い下げられた。二十一年(一八八八)西村らは品川硝子会社を設立してビール瓶の製造などを行なったが、二十五年に解散した。製造所の煉瓦造建物一棟が明治村に移築され現存。

工部省品川硝子製造所

参考文献 井上曉子「品川硝子とその周辺」(『セラミックス』一八ノ一一—一二、一九八三) (鈴木 淳)

しながわこうさくぶんきょく 品川工作分局 ⇩品川《しながわ》硝子《ガラス》製造所《せいぞうじょ》

しながわしょてん 品川書店 福井市の書店。明治十二年(一八七九)、品川太右衛門為吉が、品川書籍店として創業。漢籍・仏典を主とし、木版で仏教本なども出版し、その後、郷土史や地理書、さらには地方教科書などの出版も手がけていった。明治十八年、県内新聞、『大阪朝日』『毎日』『万朝報』の諸新聞の取次・販売も始める。明治二十四年(一八九一)には、石川県の宇都宮源平、富山県の磯野小兵衛、福田金次郎などとともに北国組出張所(のちの北隆館)を東京に設立し、主として東京の新聞を取次ぎ、地方へ発送した。明治三十七年(一九〇四)、国定教科書の福井県特約販売所の指定を受け、県内の売り捌きを担当。明治四十五年(一九一二)には、創設された福井県書籍業組合の初代組合長に品川太右衛門が就任した。平成四年(一九九二)四月に廃業した。

参考文献 尾崎秀樹・宗武朝子編『日本の書店百年—明治・大正・昭和の出版販売小史—』(一九九一、青英舎) (鵜飼 政志)

しながわやじろう 品川弥二郎 一八四三—一九〇〇 政治家。天保十四年閏九月二十九日(一八四三年十一月二十日)萩松本村(山口県萩市)に生まれる。父は、長川藩士品川弥市右衛門。安政四年(一八五七)吉田松陰の門に入り、翌年吉田が野山獄に捕らわれると、その罪名を藩の有司に糾さんと試み謹慎を命ぜられた。吉田やその門下生の影響を受けて過激な尊王攘夷派となった。文久二年(一八六二)十一月、高杉晋作・久坂玄瑞らと攘夷を誓い血盟し、神奈川などで外国人を襲い、十二月御殿山に建設中のイギリス公使館の焼打ちにも加わった。文久三年八・一八政変の後、三条実美らの七卿が長州に逃れる際に同行した。元治元年(一八六四)七月禁門の変で奮戦、同八月四国艦隊下関砲撃に際して和議の非を論じた。慶応元年(一八六五)十二月藩命により木戸孝允に随行して京都に上る。この後、京都・藩地を往復して討幕運動を進めた。明治元年(一八六八)鳥羽伏見の戦の後、有栖川宮熾仁《たるひと》親王が東征総督として進発するにあたり「宮さん宮さん」という「とことんやれ節」をつくった。戊辰戦争では長州藩整武隊参謀として箱館戦争に参加、榎本武揚軍と交戦した。二年十二月弾正少忠。三年正月山口の諸隊暴動の鎮撫にあたる。同八月普仏戦争状況見聞のためヨーロッパへ差遣、四年六月英国滞在。六年十一月青木周蔵一等書記官の帰国中ドイツ公使館事務取扱、在仏弁理公使、七年三月外務二等書記官ドイツ国公使館在勤、同六月在独公使代理、八年三月外務一等書記官、九年三月帰国。同四月権大史兼内務大丞、同十月山口県差遣、

品川弥二郎

十年(一八七七)一月内務大書記官、同十二月勲四等。十一年六月御巡幸御用掛、七月巡幸供奉、十二年四月家屋火災保険事務取調委員として大蔵省へ出務、五月地理局長、十月横浜生糸繭共進会開設につき出張。このころより殖産興業政策を推進し、農業振興・牧畜・鉱業・織物・窯業・山林開発などの実況見分のため各地に出張した。十三年二月内務少輔、三月勧農局長、三月山林局長心得、四月内国勧業博覧会事務官長、六月御巡幸供奉先発、十四年四月農商務少輔。このころ大日本農会、大日本山林会開会式、大日本水産会などに積極的に関わった。十五年六月農商務大輔、七月共同運輸会社設立にも関与。八月和蘭国万国博覧会事務副総裁、十一月勲三等。十六年二月諸有志と大日本私立衛生会を設立。十七年二月絵画共進会・繭糸織物陶器漆器共進会幹事長、五月武井守正山林局長海外派出中同局長心得として事務兼勤、七月野村靖駅逓総官欧州出張中駅逓総官兼任。七月華族令制定に伴い子爵。十八年六月大日本織物協会会頭、七月来る明治二十三年(一八九〇)の亜細亜大博覧会開設につき該会組織取調委員副長、九月特命全権公使・農商務省御用掛兼勤、十月ドイツ国在勤を命ぜられ、二十年六月までベルリン在勤。二十年十一月勲二等、旭日重光章、二十一年四月枢密顧問官、十二月宮中顧問官、二十二年五月宮内省御料局長官兼任、二十四年六月大津事件による内閣改造で第一次松方内閣の内務大臣となる。同月皇室経済顧問、二十五年三月選挙干渉事件により責任を追及され内務大臣辞任、枢密顧問官となるが、まもなく辞任し、同六月西郷従道らと国民協会を組織して、副会頭となった。同八月第二次伊藤内閣成立後、内閣が自由党と接近すると対外硬派を形成して対抗した。また議会開設後も殖産興業の推進の熱意は高く、産業組合の組織に一貫して取り組んだ。なお、明治二十年京都の別邸に尊攘堂を建て勤王の名士の遺墨遺物の収集にあたりその顕彰につとめた。二十六年九月京都霊山の招魂場において甲子殉難三十年祭を行う。二十九年八月京都天竜寺において甲子殉難三十三年忌大法会執行、三十年(一八九七)五月靖国神社において大政維新三十年紀念祭を行なった。尊攘堂ならびに文庫は、死後の三十三年十月に京都帝国大学に寄贈された。三十二年七月枢密顧問官(三度目)、三十三年二月二十六日肺炎のため五十八歳で死去、正二位、勲一等旭日大綬章。

参考文献　尚友倶楽部品川弥二郎関係文書編纂委員会編『品川弥二郎関係文書』(一九九三―、山川出版社)、村田峯次郎『品川子爵伝』(一九一〇、大日本図書)

(小林　和幸)

しなのきょういく　信濃教育　長野県内教育者の職能団体信濃教育会発行の機関誌。明治十九年(一八八六)七月創立の信濃教育会の事業として十月二十五日に月刊『信濃教育会雑誌』(明治四十年『信濃教育』と改称)を持主兼印刷人岡村雄海、編輯人塩沢寅太郎とし、四六判青色表紙で創刊。発刊の主旨は会員の「臓腑胸臆ノ反射鏡」をめざし、教育者たちの「心力一致」で「見栄アルモノ」を作り出すこと、体裁は論説・雑報・報告の三種で二三頁、付録は学事関係令規類三九頁、発行部数二百八十部であった。第二号から編纂委員三人、常議員十七人を置く。創刊三周年の明治二十一年(一八八八)十月第二五号から菊判・淡紅表紙、記事を本会記事・論説・雑録・彙報の四欄とした。二十五年七月号の発行部数が千五部に増え、三十六年(一九〇三)十二月号が千九百八十部に達した。編纂委員に明治三十一年六月渡辺敏ら三人、三十三年六月矢沢米三郎らを加え、三十五年十一月村松民治郎が就任。三十六年一月号から「新刊紹介」欄、翌二月号から「教材」欄を設けた。四十年(一九〇七)十月号から同誌の革新で、四六倍判で『信濃教育』と誌名を改め、編輯長の佐藤熊治郎(長野師範学校附属小学校主事)と委員四人を置く。四十四年にも改革し、守屋喜七など五人を編輯委員とした。以後、同誌は時代により変更を加え、平成期まで続く。

参考文献　清水暁昇代表著『信濃教育会五十年史』(一九三五)、『長野県教育史』二(一九八一)

(上條　宏之)

しなのきょういくかい　信濃教育会　長野県内教育者による職能団体。前身は、明治十七年(一八八四)三月十二日認可の長野教育談会(秋野太郎ら二十六人)で、十二月二十五日認可で長野教育会(十八年三月会長に小早川潔を選出)へと変更。同年九月の東筑摩郡教育会、翌年の上高井・上伊那・南安曇《みなみあずみ》・下高井などの教育会の設立を経て、長野教育会が十九年会員を県内に広げて募集、七月十八日長野県学務課主導で、規則を定め、同志が結合してわが国教育の普及・改良と上進を図ることを目的に八月十一日信濃教育会となる。会長を県学務課長とし、月例常集会、毎年七月の総集会、月刊誌発刊、演説・談話・討議・講義・質疑と報道を事業に決めた。二代会長に長野県師範学校校長が就任して以後、明治期は同師範学校校長が会長か副会長(会長が県視学官のとき)を務めた。発足時の会員百四十五人、二十七年(一八九四)は千十人で小学校教員の三分の一強、四十年(一九〇七)に千八百十九人(小学校教員四千二百六十七人)となる。明治二十五年信濃教育会員図書縦覧所を長野町に開設。明治二十年四月北佐久教育会支会を置き、二十一年から支会を部会と変え設置を奨励したが、全市郡教育会の部会化は大正二年(一九一三)の長野市部会設立による。信濃博物学会(明治三十五年)や信濃数物化学会(三十九年)を組織。四十年三月清国留学生二十九人を招致し二学年制の信濃宏文学院を開設。

参考文献　『長野県教育史』一・二(一九七六・八一)

(上條　宏之)

しなのしゃかいしゅぎけんきゅうかい　信濃社会主義研究会　明治三十七年(一九〇四)七月の平民社全国遊説の一環として木下尚江が長野市に来た影響で結成された黒潮会(三十七年八月発足、丸茂天霊《まるもてんれい》・佐藤桜哉《さとうおうや》・物集女得《もずめとく》三《ぞう》)を発展させ、四十一年(一九〇八)一月新村忠雄・丸茂・山口元吉・青木潤・宮本昌二(秋露)らが結成した初期社会主義者の団体。会員は日刊『平民新聞』を購読し、全国の初期社会主義者と交流、長野市内で月一回研究会を開催。新村は、幸徳秋水の直接行動論の影響を受けており、同研究会は四十一年三月議会政策論者の半田一郎(小県《ちいさがた》郡傍陽《そえひ》村(上田市))らと決別、群馬県内の直接行動論派の人々と密接に交流した。新村は『東北評論』(明治四十年五月創刊)第三号の印刷名義人を引き受けたことから、新聞紙条例違反で告訴され(十月二十日)、前橋監獄に収監(十二月四日)。同研究会は、四十一年七―十一月に雑誌『高原文学』(十一月十五日発刊の第五号まで、事務所長野市長門町山口元吉方)を「文芸雑誌」として発刊。同誌維持会員は七十三人であった。新村の『東北評論』事件での収監、『高原文学』終刊後の同研究会の活動は、個人的連絡にとどまり、大逆事件で完全に活動を停止。

参考文献　松本衛士『長野県初期社会主義運動史』(一九八七、弘隆社)　(上條　宏之)

しなのにっぽう　信濃日報　(一)『長野新報』(明治六年(一八七三)七月五日創刊)を後継し『信濃毎日新聞』の前身となる新聞。長野県上水内《かみみのち》郡長野町(長野市)の信濃日報社(社長島津忠貞)発行。『長野日日新聞』(日刊紙)を経て明治十三年(一八八〇)八月三十日、『信濃日報』(七九一号)と改題。編集長川口万次郎(奨匡社社員)・主幹青木匡《あおきただす》(東京嚶鳴社社員)で、長野町の自由民権運動を主導し、憲法問題・地方官公選問題などを論じ、権堂鶴賀座の政談演説会などを企画。十四年五月二十五日限りこの紙名を九四九号で廃し、六月七日『信濃毎日新聞』と改題・発行。→信濃毎日新聞《しなのまいにちしんぶん》

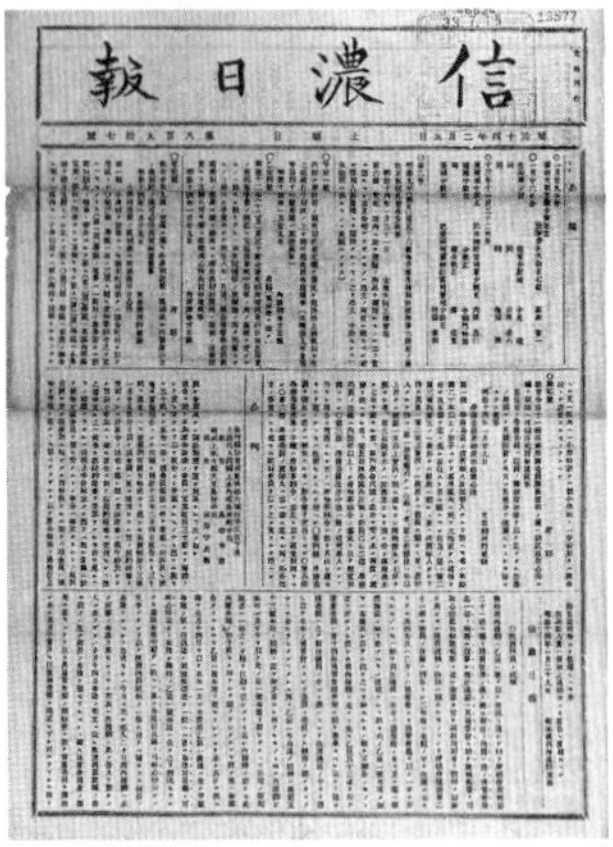
信濃日報

『信濃日報』(一)第897号

(二)長野県松本町(松本市)で発行された日刊紙。明治十六年四月新聞紙条例改正によって、松本の政論紙は存続できなかったが、十七年一月伊藤久蔵・江橋厚らが『松本日日新聞』を発行。しかし当局の厳しい締め付けのため経営困難となり、元官報局局長青木貞三の出資を得て十九年八月十一日『信濃日報』と改題。青木は降旗元太郎《ふりはたもとたろう》を社長として経営を一任、編集長吉田復平次、主筆木下尚江の陣容で発行。青木の死後は地元有志家の援助で発行を続けた。木下は松本への県庁移転には賛成したが、分県には反対し地元の有志家と対立、二十三年(一八九〇)十月十四日廃刊に追い込まれた。降旗は二十四年五月九日『信府日報』を創刊、主筆を栗山賚四郎《くりやまらいしろう》とし、二十六年栗山退社後は主筆に石川半山を招いた。石川は、松本新聞界で『信府日報』(改進党系)、『信濃自由』(自由党系)、『信濃』(対外硬派の国民協会系)鼎立状況の解消・合同に尽力、二十七年九月二十五日『信濃日報』と改め、降旗社長のもとで発行。昭和十五年(一九四〇)七月一日の戦時新聞統合で『信濃民報』と統合するまで続く。

参考文献　『百年の歩み―信濃毎日新聞―』(一九七三)、『長野市誌』五(一九九七)　(上條　宏之)

しなののくに　信濃の国　唱歌。明治三十三年(一九〇〇)発表。作詞は長野県師範学校教諭浅井洌《あさいれつ》(きよしとも、一八四九―一九三八)で、信濃教育会より委嘱され三十二年に発表。作曲は翌年青森県師範学校から転任してきた同校教諭北村季晴《きたむらすえはる》。「信濃の国は十州に／境連ぬる国にして」に始まり、長野の地理歴史を綴る全六節の歌詞より成る。楽曲はヨナ抜き長音階、四拍子の軽快な曲調で、第四節をトリオとした複合三部形式。長野県民に長く愛唱され、昭和四十三年(一九六八)県歌に制定。

参考文献　中村佐伝治『県歌「信濃の国」を考える』(一九九〇、ほおずき書籍)　(林　淑姫)

しなのまいにちしんぶん　信濃毎日新聞　明治時代から現在まで続く長野県の新聞。第二号は同年十月、第三号は翌年一月の発行。明治六年(一八七三)七月書籍商蔦屋岩下伴五郎は需新社(長野大門町)を興し、長野県初の新聞『長野新報』を発行。県の指導で政府の布告令達などを広告した。その後、新聞名称を幾度か変えたが、岡本孝平による『信濃毎日新報』との二紙合併が成功し、明治十四年(一八八一)六月七日、『信濃毎日新聞』が誕生した。岡本は長野旭町の長野活版社(のち信濃新聞から信濃毎日新聞へと改称)で県の印刷物のほか新聞発行に奮闘。しかし彼は明治三十一年(一八九八)十二月、衆議院議員で財界人の小坂善之助に同紙を売却した。小坂は明治三十二年四月から三十六年暮まで山路愛山を、同四十一年(一九〇八)九月からは桐生悠々《きりゆうゆうゆう》を主筆として招いた。彼らの筆勢は不偏不党で報道に公平性が貫かれており、大正デモクラシー期の閥族打破・憲政擁護論に影響を及ぼした。岡本社長時代から実利主義・実業主義を前面に押し出し、筆致は主筆に一任し、経営者は干渉しないという姿勢ができていた。→信濃日報《しなのにっぽう》

参考文献　佐藤貢「明治期の有力な郷土新聞鳥瞰」(『長野』二四、一九六九)、信濃毎日新聞社編『信濃毎日新聞に見る一一〇年』明治大正編(一九八三、信濃毎日新聞社)　(横山　憲長)

しなほぜんろん　支那保全論　列強による中国分割の動きに反対して明治末期に主唱された中国保全論。アジア主義の一種。近衛篤麿に代表される。日清戦争後、欧米列強による中国分割の動きはさらに進み、日本国内でもこれに便乗しようとする動きが出ていた。明治三十一年(一八九八)一月、近衛篤麿は、雑誌『太陽』に「同人種同盟、附支那問題研究」の必要を発表、日本人の中国に

対する「驕慢の心」や「欧洲人と合奏して支那亡国を歌うの軽浮」を戒めた。ヨーロッパに留学し、欧米人の人種主義(レイシズム)や帝国主義を熟知していた近衛は、これに対処するためには日本と中国が「与に携へて東洋の事に従ふ」(工藤武重『近衛篤麿公』)ことが必要と考えていたのである。なお、このような近衛の考え方には、日清戦争後の領土割譲と賠償金要求に反対した原初の大陸浪人荒尾精《あらおせい》の思想が影響しているともいわれている。同年十一月、近衛は荒尾精の門下生らとともに東亜同文会を結成、同会は近衛の主唱に基づき、「支那を保全す」「支那の改善を助成す」など四項目を発会決議に掲げた。同三十二年から三十三年にかけての義和団事件・北清事変は、日本が中国分割に参加する絶好の機会となったが、東亜同文会は「支那保全」決議をなし、この動きを牽制した。また、同三十三年近衛は対外硬団体国民同盟会を組織したが、これは北清事変終了後もロシアが満洲駐留を続けたためであり、「支那保全」論の当然の帰結であった。「支那保全」論は、康有為や劉坤一など清朝開明派官僚からも一定の評価を与えられており、孫文も近衛を高く評価している。しかし、第二次世界大戦後は、日本のための「支那保全」であったとの批判が日中双方から出されている。確かに、日本のためにも「支那保全」が唱えられたことは否定できないが、近衛の思想のなかに「与に携へて東洋の事に従ふ」という考えがあったことは紛れもない事実であり、単なる侵略主義と同一視することはできない。

参考文献 栗田尚弥『上海東亜同文書院—日中を架けんとした男たち—』(一九九三、新人物往来社)、趙軍『大アジア主義と中国』(一九九七、亜紀書房)、相原茂樹「近衛篤麿と支那保全論」(岡本幸治編『近代日本のアジア観』所収、一九九八、ミネルヴァ書房)

(栗田 尚弥)

じぬしのうせい　地主農政　地主保護の農業政策。明治三十年代に寄生地主制が確立すると、農業生産力を高めるための、農業政策が出揃った。いわゆる地主的農政確立の時代である。すなわち明治三十一年(一八九八)の明治民法(六月、地主的土地所有権の法認)、明治三十二年の耕地整理法(三月)、府県農事試験場国庫補助法(六月)、農会法(六月)、翌三十三年の農会令(二月)、産業組合法、また広義には治安警察法(三月、小作騒動圧迫条項)は地主の階級的利害にそう政策であった。しかし、他方で官僚は明治二十九年(一八九六)四月に勧業銀行、農工銀行法を制定し、明治三十二年には地租増徴、所得税法改正(二月)、また日露戦争のための戦費調達を目的にした、第一次、第二次非常特別税の創設(明治三十七・三十八年)は、農村部面に蓄積された地主資金を、国家や商工業セクターに移動させる資本擁護の租税政策、配当所得優遇政策であった。したがって、地主農政という言葉で、地主本位の政策が一義的に貫徹したとみるのは正しくない。むしろ、明治国家の租税・金融政策と地主農政との内的関連を重視すべきである。明治国家は「地主国家」ではないのである。むしろブルジョア・地主ブロックを基礎とする「官僚的地主的農政の確立の時代」というほうが適切である。

参考文献 中村政則『近代日本地主制史研究—資本主義と地主制—』(一九七九、東京大学出版会)

(中村 政則)

しのだうんぽう　篠田雲鳳　一八一〇—八三　儒者、女子教育者。文化七年正月二十二日(一八一〇年二月二十五日)伊豆下田の弥治川に生まれる。父は下田で医業を営む化斎、母は中村氏。田中藩の儒者であった石井縄斎は叔父である。本名はふぢ、または儀。雲鳳は号である。幼時より才に恵まれ、江戸に出て文政元年(一八一八)には中井董堂《なかいとうどう》に書を学び、翌年朝川善庵《あさかわぜんあん》に入門して経学を習う。十代にして漢詩を作り始め、大沼枕山《おおぬまちんざん》、小野湖山《おのこざん》らの大家と交流する。文政七年、遠山雲如編『寰内奇詠』に叔父縄斎とともに詩が掲載され、天保二年(一八三一)には、菊池五山編『五山堂詩話』に詩三篇を紹介され、都下に閨秀詩人としての名を馳せた。経学、詩学に加えて、麗筆もまた認められるところで、二十六歳の天保六年には、往来物『岐岨乃花布美《きそのはなふみ》』の版下を書いた。維新後は、明治五年(一八七二)七月より明治七年十月まで、東京芝増上寺内清光院にあった北海道開拓使仮学校(北海道大学の前身)で、御雇教員として和漢の学を講じ、明治八年一月から三年間は私塾知新塾を開業し、ここでは漢籍の素読を授け、書を教えた。二度の結婚に失敗したのち、天保七年ごろには蔵前の札差工藤藤兵衛(俳号怡年)に嫁ぎ、万延元年(一八六〇)八月に二年ほど住んだ弘前でその死をみとった。明治十六年(一八八三)五月二十日、七十四歳で没した。

参考文献 信夫恕軒撰「雲鳳女史墓碣銘」(『恕軒文鈔』三下所収、一八八八)、田澤正「篠田雲鳳と弘前」(『江戸期おんな考』四、一九九三)、壬生芳樹「篠田雲鳳伝考」(宮地正人編『明治維新の人物像』所収、二〇〇〇、吉川弘文館)、壬生芳樹・小川進編『(郷土の儒者)篠田雲鳳伝考—篠田雲鳳生誕二百年—』(二〇一〇)

(池澤 一郎)

しののめざっし　東雲雑誌　アメリカ本土で日本人移民が発行した最初期の日本語新聞の一つ。明治十九年(一八八六)前後、サンフランシスコで創刊された。題号は第一四号からSHINONOMEとローマ字表記になる。代表者は中村隼雄。こんにゃく版による印刷で、当初は一部五セントの価格で二十部ほどが発行された。題号には「雑誌」とあるが、当時は「雑誌」と「新聞」の媒体としての違いは現在ほど明確でなかった。『東雲雑誌』は「新聞」の形式をとっていることから、主要な先行研究の多くで「新聞」として位置づけられている。時事的なニュースだけでなく、現在でいう社説・文芸・投書・広告欄もあった。存在そのものは古くから知られていたが、一部の号しか現存しておらず、なお未知の部分が多い。創刊号が発見されていないため創刊年にも諸説があるが、アメリカ本土で発行されたはじめての日本語新聞だと考えられている。

参考文献 蛯原八郎『海外邦字新聞雑誌史』(一九三六、学而書院)、伊藤一男「海外初の邦字紙『東雲雑誌』を発見—第二号『大東振起新報』も桑港で発行—」(『季刊海外日系人』一六、一九八四)、相川之英「謎につつまれた明治邦字紙の原形—海外で初めて発行された『東雲雑誌』一挙転載—」(『汎』一、一九八六) (水野 剛也)

しののめしんぶん 東雲新聞 明治二十一年(一八八八)に大阪で発刊された民権派新聞。保安条例によって東京を追放された中江兆民らが大阪に活動の場を求めて、二十一年一月十五日に創刊した。兆民以外では、栗原亮一、江口三省《えぐちさんせい》、宮崎夢柳《みやざきむりゅう》、植木枝盛らが記者となった。また寺田寛《てらだひろし》ら高知出身で大阪在住の代言人が創業に尽力した。当時大阪に有力な民権派新聞がなくなっていたため人気を博し、二十二年の一日平均発行部数は約三万三千部に達した。二十一年二月、大阪府下渡辺村の住民の寄書として掲載された、兆民による「新民世界」は部落差別を存在させている社会を厳しく告発したものとして知られる。大同団結運動分裂後、大阪苦楽府が『東雲新聞』を支えたが、対立する月曜会が『関西日報』を創刊、兆民も政治活動の場を東京に移したことから衰え、二十四年十月二十九日ごろ終刊。『復刻東雲新聞』(全四巻・別巻二)が刊行されている。

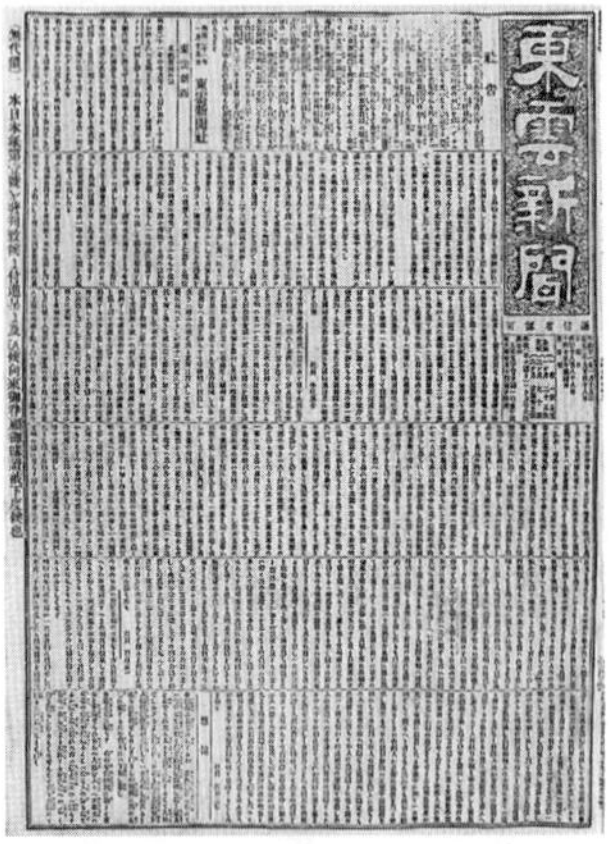
『東雲新聞』第1号

参考文献 白石正明「中江兆民と被差別部落」(『歴史公論』二ノ一、一九七六)、後藤孝夫「東雲新聞略史」(部落解放研究所編『復刻東雲新聞』別巻所収、一九七七) (竹田 芳則)

しののめぶし 東雲節 流行歌。ストライキ節とも。明治三十三年(一九〇〇)、四年に大流行。明治初期以来の廃娼運動が盛り上がり、裁判所の判決や内務省の取締規則も、娼妓の自由廃業を支援した。そうした風潮のもと、東雲と名乗る名古屋の娼妓が自由になったのを歌ったという。熊本の東雲楼から歌い出されたという説もあるが、どちらも確証はない。なお歌詞の中にある「東雲のストライキ」が、曲名のいわれである。 (倉田 喜弘)

しのばずのいけけいばじょう 不忍池競馬場 上野公園不忍池周囲に明治十七年(一八八四)十月竣工、一周約一五〇〇メートル、上等・中等の馬見所(スタンド)、五棟の厩舎を備えていた。明治十二年設立の共同競馬会社が、不忍池の改修工事を含めて総工費約十二万円、半年間の工期をかけて建設、農商務省、のちに帝国博物局と借地契約を締結して、春秋二回の開催を行なった。日本の西洋化をアピールする屋外の鹿鳴館としての役割も担っており、明治十七年十一月第一回の開催をはじめとして折にふれて天皇が臨幸、また外国公使や多くの内外の婦人たちも姿を現わした。その象徴が、女性の間から寄付金を募り、女性みずからが勝者に賞金を授与するレース(婦人財嚢《ざいのう》競走)の実施だった。明治二十三年(一八九〇)第三回内国勧業博覧会の際には、全国の競走馬が参加した競馬会が開かれた。鹿鳴館の夜会が姿を消していくのと平行するかのように、明治二十五年十一月の秋季開催が最後となり、二十八年には馬見所などの施設が撤去された。→共同競馬会社《きょうどうけいばかいしゃ》

不忍池競馬場

参考文献 『日本競馬史』二(一九六七、日本中央競馬会)、日高嘉継・横田洋一『浮世絵明治の競馬』(『ショトル・ミュージアム』一九九八、小学館)、立川健治『文明開化に馬券は舞う—日本競馬の誕生—』(『競馬の社会史』一、二〇〇八、世織書房) (立川 健治)

しのはらくにもと 篠原国幹 一八三六—七七 陸軍軍人。通称冬二郎。天保七年十二月五日(一八三七年一月十一日)薩摩藩士篠原善兵衛の子として鹿児島城下平町中小

篠原国幹

路に生まれる。藩校造士館で和漢学を修め、薬丸半左衛門について剣術を学ぶ。文久二年(一八六二)、有馬新七に従い京都で挙兵を企てるも、寺田屋事件で藩に鎮圧され、国許で謹慎を命ぜられた。翌三年の薩英戦争では沖小島砲台によって戦い、元治元年(一八六四)の禁門の変では三番隊伍長として奮戦。明治元年(一八六八)の戊辰戦争に際しては、三番小隊長として鳥羽・伏見に戦い、ついで上野戦争や東北各地の戦いに参戦して功を挙げた。鹿児島凱旋後、常備隊の大隊長となる。明治四年、親兵の大隊長として上京、陸軍大佐に任じられ、翌年陸軍少将に昇進する。また、兵部省参謀局出仕、近衛局出仕なども勤めた。明治六年、西郷隆盛が下野すると、大久保利通の意をうけた黒田清隆の必死の説得にもかかわらず、職を辞して鹿児島に帰郷。その後、私学校を設立し青年子弟の教育にあたる。明治十年(一八七七)の西南戦争では西郷軍の一番大隊長として奮戦するも三月四日の吉次峠の戦において敵弾に倒れた。四十二歳。↓西南戦争《せいなんせんそう》

参考文献 黒竜会編『西南記伝』下二(『明治百年史叢書』一九六九、原書房) (友田 昌宏)

信夫淳平

しのぶじゅんぺい 信夫淳平 一八七一―一九六二 明治から昭和時代の外交史学者、国際法学者、国際政治学者。明治四年九月十三日(一八七一年十月二十六日)信夫恕軒《じょけん》の長男として鳥取に生まれる。二十三年(一八九〇)に東京専門学校(現早稲田大学)の英語普通科、二十七年に高等商業学校の本科を卒業した。明治三十年(一八九七)から大正六年(一九一七)まで外交官として活躍。その後、早稲田大学で教壇に立つ傍ら、『新愛知』の主筆を務めるなど新聞界でも活動した。有賀長雄の弟子にあたり、その学風をよく受け継いでいる。さらに昭和二年(一九二七)から早稲田大学で国際政治論を担当するなど、わが国における国際政治学の先駆者の一人でもあった。昭和三十七年(一九六二)十一月一日東京で死去。満九十一歳。著書に『大正外交十五年史』(昭和二年、国際連盟協会)、『国際政治の進化及現勢』(『国際政治論叢』、大正十四年、日本評論社)、『戦時国際法講義』(昭和十六年、丸善)などがある。

参考文献 一又正雄『日本の国際法学を築いた人々』(『国際問題新書』三七、一九七三、日本国際問題研究所)、『新聞人信夫韓一郎』(一九七七、『新聞人信夫韓一郎』刊行会)、『早稲田大学百年史』別巻一(一九八〇、早稲田大学出版部) (伊藤 信哉)

しのぶじょけん 信夫恕軒 一八三五―一九一〇 漢学者、文章家。天保六年五月五日(一八三五年五月三十一日)鳥取藩医信夫正淳の子として江戸藩邸に生まれる。名は粲《あきら》、字は文則、号は恕軒のち天倪。家塾を奇文欣賞塾と称した。青年期、海保漁村《かいほぎょそん》・大槻磐渓《おおつきばんけい》・芳野金陵《よしのきんりょう》について経史、漢文そして徹底した経世の意識を学ぶ。維新後は内国勧業博覧会事務局に出仕したり、また東京師範学校、東京大学、東京専門学校(現早稲田大学)、攻玉社などに教鞭をとったりした。一時三重県や和歌山県の中学に専任教員としておもむいたこともあるが、その癇癪持ちで狷介な性格から長続きせず、生涯定職に縁うすく新聞や雑誌における売文で糊口をしのいだ。漢学者としては大沼枕山《おおぬまちんざん》・成島柳北《なるしまりゅうほく》・中村敬宇《なかむらけいう》(正直)・依田学海《よだがっかい》・菊池三渓《きくちさんけい》らと親しかったが、片や三遊亭圓朝・五世尾上菊五郎ら芸能人、また日蓮宗の僧侶らとも交わっている。その雅俗にまたがる広い交友は、かれの性格が単に偏頗なもののみではなかったことを表しているが、それがそのまま彼の文章の多彩な題材と、振幅に富んだ表現として生かされることとなった。また、彼は赤穂義士の顕揚鼓吹者として各地で講演活動を行なっている。それをまとめたのが『赤穂義士実談』『赤穂誠忠録』で、玄人顔負けの話芸の反映した文章が好評を博したとみえ、かなり版を重ねた。諧謔と機智に富んだ爽快な口調は彼の書く漢文にも表れており、特に「記」「伝」などの叙事文に威力を発揮、その表現は経史に立脚しつつもリアルに新時代の現象や人物像を描きだして、単なる漢学者の悲憤慷慨に陥っておらず、資料性も高い。数度の離婚を経験しているが子孫には恵まれ、子に国際法学者信夫淳平、孫に新聞人信夫韓一郎、歴史学者信夫清三郎がいる。明治四十三年(一九一〇)十二月十一日没。七十六歳。その多くの漢文作品は『恕軒文鈔』初―三篇(明治十一―二十一年)、『恕軒遺稿』(大正七年)に収まる。

参考文献 依田学海「信夫恕軒先生伝」(信夫淳平編『恕軒遺稿』所収、一九一八)、『漢詩文集』(『新日本古典文学大系』明治編二、二〇〇四、岩波書店) (宮崎 修多)

しばうらせいさくしょ 芝浦製作所 東芝の前身会社の一つで明治期東京の代表的機械工場。からくりや儀右衛門の名でも知られる田中久重が明治八年(一八七五)に新橋南金六町に設けた電信機工場を、養子二代田中久重が同十五年(一八八二)芝浦に移転、拡張した田中製造所は、海軍の水雷関係品を中心に製造したが、海軍の方針転換のため経営困難となった。二十六年(一八九三)十一月に経営を引き継いだ三井銀行は、芝浦製作所と改称した。翌年に三井工業部が設けられると、その一事業所として藤山雷太支配人のもとで電気機械の製造に活路を見出し、二十八年には系列の鐘紡兵庫工場向けに当時国産最大規模の千三百馬力蒸気機関を製造した。三十一年(一八九八)に三井鉱山合名に移管され、三十七年に株式会社化した。四十四年(一九一一)と翌々年に東京石川島造船所と製品

協定を結んで電機製造専門となり、昭和十四年（一九三九）東京電気と合併して東京芝浦電気株式会社となった。

参考文献 『東芝百年史』（一九七七）　（鈴木　淳）

しばかわまたえもん　芝川又右衛門　一八五三―一九三八　明治・大正期の文人実業家。嘉永六年十月七日（一八五三年十一月七日）、大坂伏見町四丁目（大阪市中央区）に唐物商百足屋又右衛門の長男として生まれた。幼名又次郎。雅号得々。明治六年（一八七三）、二十歳で第一商社を創設し外国との直接貿易を試みるが失敗する。同八年に家督を継ぎ二代目又右衛門となった。その後、平栗種吉がランプ口金（バーナ）の製造法を考案すると、村山竜《むらやまりょう》平《へい》（のちの大阪朝日新聞社長）から資金の提供を受け、日本初のバーナ製造工場三平舎を起こす。三平舎の製品はほかを圧倒し近隣諸国に輸出された。明治後半からは村山らと大阪植林合資会社を作り和歌山での植林業を始め、兵庫県甲東園《こうとうえん》では大果樹園経営に着手した。文学・美術にも造詣が深く、数万巻の蔵書を有した。幼年から漢詩、晩年には俳句に親み、書は竟山流を極めたが、南画を最も得意とした。茶道は抹茶・煎茶に通じ、一八会なる茶会を主催した。また漆工・蒔絵の技術を保存・養成するため、明治二十一年（一八八八）に浪華蒔絵学校を道修《どしょう》町四丁目（大阪市中央区）に開設した。これはその後日本蒔絵合資会社から芝川漆器合名会社へ発展する。甲東園にあった別荘は現在、明治村に移築・保存されている。昭和十三年（一九三八）六月九日没。八十六歳。

参考文献 『東区史』五（一九三九）、宮本又次「大阪商人」（『宮本又次著作集』八所収、一九七七、講談社）　（野高　宏之）

しばくしんあみちょう　芝区新網町　明治期の東京における三大貧民窟の一つ。芝区（東京都港区）に所在。寛永七年（一六三〇）に網干場として下賜され、同十一年（一六三四）に漁夫の居住町屋が建設されて新網町となった。化政期の家数は六百三十二軒であったが、明治五年（一八七二）には戸数五百四十七戸、人口二千百六十五名と減少した。三十一年（一八九八）には戸数五百三十二戸、人口三千二百二十一名となり、戸数は増加せず、人口が急増した。規模においては東京の三大貧民窟中第三位であったが、松原岩五郎『最暗黒之東京』（二十六年）では、「日本一貧乏者の麕園」「日本一の塵芥場」と評された。松原は、新網町は北と南にわかれており、南は商家に接近して貧困の程度も軽く、野菜や駄菓子などの商店もあったが、北は全くの無職業の一帯で半ば乞食の境界であったと述べている。横山源之助『日本之下層社会』（三十一年）では、かっぽれ・ちょぼくれ・大道軽業・辻三味線などの芸人が多いと指摘されている。

参考文献 『角川日本地名大辞典』一三（一九七八、角川書店）　（中嶋　久人）

しばこうえん　芝公園　東京都港区にある公園。三縁山増上寺の境内地（東京都港区芝大門一丁目、芝公園一―四丁目の全部または一部）が社寺上地令で官有地となり、明治六年（一八七三）公園に指定された。明治三十年（一八九七）当時の現況図によれば、公園地面積十六万八千余坪。園内は、東照宮・台徳院ほか徳川家霊廟を一号地とし、増上寺本堂が二号地、有章院ほか徳川霊廟が三号地という具合に時計回りに二十五号地まで区画され、水路部（四号地）・勧工場（六号地）・紅葉館《こうようかん》（二十号地）・正則尋常中学校（二十四号地）などの施設がみえる。このほか旅館・温泉・住宅などがあり、この貸地料収入が公園維持の財源となった。その後、国有土地森林原野下戻法や二次にわたる境内地処分法によって増上寺および関係寺院や東照宮に境内地が返還されたことと、昭和二十二年（一九四七）以降の公園地指定解除によって芝公園はその中心部を失い、環状のベルト的公園に変化し現在に至っている。

参考文献 『港区史』（一九六〇）、東京都建設局公園緑地部編『東京の公園―その九〇年の歩み―』（一九六三）、『新撰東京名所図会』芝公園之部（『風俗画報臨時増刊』一四三・一四五・一四九、一八九七、東陽堂）　（白石　弘之）

しばこうようかん　芝紅葉館　芝公園にあった明治時代の代表的社交場。紅葉館が正式名称。公園の管理者東京府の勧奨と援助を受け、子安峻《こやすたかし》・小野義真《おのぎしん》らが外国の倶楽部組織などを参考に「勉めて猥雑を避け、極めて過厳に渉らず、集会談話を恣にし、共遊歓楽を尽くす」ことのできる集会所をめざして設立した。明治十四年（一八八一）二月開館。紅葉館の名称はこの地がかつて金地院境内紅葉山であったことによる。純日本式の建物と庭園で万事高尚優美を旨とし、野辺地尚義《のべちなおよし》が幹事として運営にあ

紅葉館舞台開図（楊洲周延画）

たった。明治二十二年（一八八九）新館増築。最初会員制であったが、明治二十六年合資会社となったのを契機に一般の利用も可能となった。その後株式会社組織に変更。広く内外の名士に利用され、芝紅葉館、メープルクラブと呼ばれ親しまれた。太平洋戦争中の昭和十八年（一九四三）閉鎖。建物は昭和二十年（一九四五）三月十日の東京大空襲で焼失した。会社は昭和三十五年（一九六〇）日本電波塔株式会社と合併し解散。現在その跡地に東京タワーが建っている。

参考文献『新撰東京名所図会』芝公園之部（『風俗画報臨時増刊』一四三・一四五・一四九、一八九七、東陽堂）、『東京市史稿』遊園篇五（一九三二）、池野藤兵衛『料亭東京芝・紅葉館―紅葉館を巡る人々―』（一九九四、砂書房）

（白石　弘之）

柴　五　郎

しばごろう　柴五郎　一八五九―一九四五　明治から大正時代にかけての陸軍軍人。四兄は政治小説『佳人之奇遇』著者の東海散士こと柴四朗。安政六年七月二十五日（一八五九年八月二十三日）、会津藩御物頭柴佐多蔵の五男として若松（会津若松市）に生まれる。明治元年（一八六八）春、藩校日新館に入校。明治二年夏、会津戦争の俘虜として東京に護送されるが年末に脱走し、土佐藩邸に潜む。三年旧会津藩が下北半島に転封され斗南藩となると、家族とともに田名部（むつ市）に移住する。四年青森県給仕に任命される。陸軍幼年学校を経て、十三年（一八八〇）十二月陸軍士官学校を卒業（旧三期）。大阪鎮台砲兵第四大隊付、近衛砲兵第二中隊付となった後、十七年六月参謀本部に出仕し、十月英独仏の動向や軍閥について調査するため、福建省福州に派遣される。十九年四月北京に移り兵要地誌の作成にあたる。二十一年（一八八八）四月帰朝後、陸軍省砲兵課課員、陸軍士官学校教官、参謀本部第二局局員などを経て、二十六年四月川上操六参謀次長らと韓国と清国を訪問。二十七年三月英国公使館付陸軍武官心得に補されロンドンへ渡るが、七月日清戦争が勃発すると帰朝命令を受け帰国し、十一月少佐に進級と同時に広島大本営参謀となり明治天皇を補佐する。二十八年五月台湾総督府陸軍参謀に任じられ台湾に赴く。二十八年九月英国公使館付陸軍武官となる。武官在任中アメリカやキューバに出張し、米西戦争を観戦する。三十二年（一八九九）十月中佐に昇級。三十三年四月清国公使館付武官に着任する。六月北京の東交民巷（各国公使館区域）が義和団に襲われると、各国公使館付武官と協力して公使館を防衛する。八月連合国によって北京が占領されると、軍事警察衙門長官に選任され、占領地区の治安維持にあたる。三十四年六月野戦砲兵第十五連隊長に補される。三十五年十二月大佐に進級。三十七年二月日露戦争が起ると、同連隊を率いて満洲に渡り、南山の戦や奉天会戦などに参加する。戦闘中砲弾の破片を受けて負傷する。三十九年三月英国公使館付陸軍武官に補されロンドンに渡る。四十年（一九〇七）十一月少将に進級後、佐世保要塞司令官、重砲兵第二旅団長などを歴任。大正二年（一九一三）八月中将昇級と同時に下関要塞司令官に補される。八年八月大将に進級し、台湾軍司令官、軍事参議官をつとめ、大正十二年（一九二三）停年により予備役編入。昭和二十年（一九四五）十二月十三日死去。八十七歳。

参考文献　柴五郎・服部宇之吉『北京籠城・北京籠城日記―附・北京籠城回顧録―』（『東洋文庫』、一九六五、平凡社）、石光真人編著『ある明治人の記録―会津人柴五郎の遺書―』（『中公新書』、一九七一、中央公論社）、村上兵衛『守城の人―明治人柴五郎大将の生涯―』（一九九二、光人社）

（広中　一成）

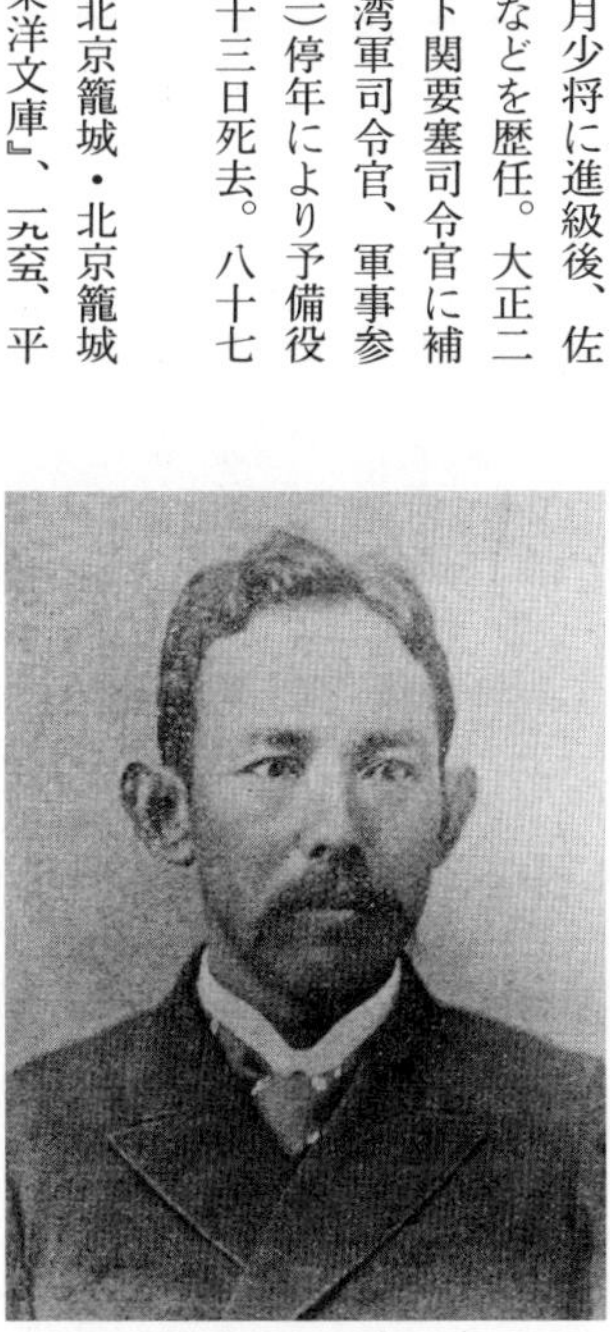
柴　四　朗

しばしろう　柴四朗　一八五二―一九二二　政治家、小説家。号東海散士。会津藩士柴佐多蔵由道の四男として、安房富津で嘉永五年十二月二日（一八五三年一月十一日）に生まれる。弟に陸軍大将の五郎がいる。藩校日新館で漢学を学んで上洛、鳥羽伏見の戦いに出陣したが、会津に敗走する。明治元年（一八六八）九月、官軍の会津攻撃で、白虎隊に編入されていたが、病弱のため籠城。母・次兄・妹を失い、みずからも降人として東京で拘禁される。放免後、旧会津藩の英語学校、北門社などに学び、五年弘前の東奥義塾、六年会津日新館を転々として、上京。横浜税関長柳谷謙太郎の書生となり、十年（一八七七）西南戦争に従軍して戦報を『東京曙新聞』などへ送る。凱旋後、戦史編纂御用掛に命ぜられ、谷《たに》干城《たてき》将軍、豊川良平の知遇を得る。岩崎弥太郎の従弟豊川との関係から三菱の援助により、十二年に米国留学、サンフランシスコの商法学校卒業、さらにハーバード、ペンシルベニア大学で経済学を専攻、保護貿易主義を『東海経済新報』などへ寄稿する。学位を得て十八年帰朝、東海散士を主人公にした『佳人之奇遇』を執筆、二十年（一八八七）まで初編から三編を出版し、甲申政変失敗後、日本に亡命してきた金玉均・林泳孝らを支援する。明治十九年、農商務大臣になった谷に随行して米欧を巡歴、シュタインに学び、エジプトの独立運動指導者アラービー＝パシャや、トルコの英雄オスマン＝パシャ、ハンガリーの革命家ルイス＝コッシュートと会う。翌年帰国、欧化主義批判の意見書を提出した谷に従って、大臣秘書官を辞任。『佳人之奇遇』四編(明治二十—二十一年刊)にハンガリー亡国史を描き込み、大同団結運動に尽力する。二十一年、欧化政策を風刺した『東洋之佳人』を刊行、陸羯南《くがかつなん》主筆の『東京電報』に「高島炭坑視察実記」を連載、『大阪毎日新聞』主筆となり、『経世評論』を創刊する。翌年陸の新聞『日本』社友に転じ、後藤象二郎の入閣で大同団結運動は分裂、谷派として大隈重信の条約改正案に反対、『埃及《エジプト》近世史』を出版する。二十三年の第一回衆議院選挙の立候補は辞退して、散士の帰朝から再度の洋行までを描く『佳人之奇遇』五編(同二十四年刊)に東亜策論を展開、翌年の東邦協会設立を支援する。二十五年の第二回総選挙で福島第四区から立候補して当選、同盟倶楽部に参加、藩閥政治と対決した。二十六年、鈴木《すずき》天眼《てんがん》主筆の『二六新報』編集同人として政府批判を展開する。二十七年第三回総選挙でも再選され、責任内閣制、国威発揚の立憲革新党結成に参加、対外強硬策を主張するとともに、朝鮮の親日開化派を支援する。第四回総選挙も当選、三《み》浦梧楼《うらごろう》の公使赴任に伴って渡韓、親露派と組んだ閔妃の殺害事件で兇徒嘯集謀殺罪に問われるが、証拠不充分で免訴される。二十九年進歩党の常議員となり、松隈内閣に協力する。翌年進歩党と内閣の提携が破れるとともに、大隈が辞職して松方内閣は総辞職する。この年、再度の洋行から二十八年の渡韓までを描く『佳人之奇遇』六編から八編を出版する。三十一年(一八九八)の第五回総選挙も当選して、進歩・自由両党合同の憲政党を結成。第六回総選挙も当選、隈板内閣で農商務省次官に就任するが、尾崎行雄文相後任問題で大隈と板垣退助が衝突、憲政党も分裂して、憲政本党に所属する。三十三年、義和団事件後の清国を漫遊、三十五年の第七回総選挙でも当選したが、翌年の第八回総選挙では若松市から立候補して落選。日露戦争を予測した『(日露戦争)羽川六郎』を出版する。翌年の第九回総選挙で返り咲き、三十九年憲政本党の内紛から大同倶楽部に移籍。四十一年(一九〇八)の第十回総選挙も当選するが、四十五年の第十一回総選挙で落選、『世界盲人列伝』(昭和七年刊)を執筆する。大正四年(一九一五)の第十二回総選挙で、立憲同志会派から出て当選、第二次大隈内閣で外務参政官に就任する。十一年(一九二二)九月二十五日没。七十一歳。↓埃及《エジプト》近世史《きんせいし》　↓佳人之奇遇《かじんのきぐう》

参考文献　柳田泉『政治小説研究』上(『明治文学研究』八、一九六七、春秋社)、石光真人編著『ある明治人の記録—会津人柴五郎の遺書—』(『中公新書』、一九七一、中央公論社)

（山田　俊治）

しばたあさごろう　柴田浅五郎　一八五一—一九二三　自由民権運動家。嘉永四年九月十二日(一八五一年十月六日)出羽国秋田藩領平鹿《ひらか》郡中吉田村(秋田県横手市)の中農柴田久三郎の長男として生まれる。十七歳の時に戊辰戦争を体験し、明治八年(一八七五)に絵図書きとして地租改正に参加。翌九年地券を資本に銀行設立を企画し、出願のため上京、この時自由民権思想にふれる。明治十二年(一八七九)土佐に行き、板垣退助の立志社に入社はできなかったが、約一年間民権思想を学び、十三年帰国して民権政社の結成に取り組む。さいわい『秋田遐邇《かじ》新聞』が好意的に報道してくれたこともあり、農民・士族の間に運動がひろがり、同年八月十日秋田川反《かわばた》与偕軒《よかいけん》において秋田立志会が結成され会長となった。十一月には二千六百四十五名の代表として上京し、国会期成同盟第二回大会に参加、急進派の一人として国会開設請願を続けた。翌十四年三月東北有志会に参加したあと秋田に帰り、農民・士族を対象に運動を進めているうち、平鹿郡内で強盗・殺人事件が起き、これは立志会員による事件と見なされ、かねてから内情を探っていた官憲により、柴田はじめ六十余名が捕らえられた。厳しい取調べのうえ、内乱陰謀の国事犯として裁判に付され処罰された(秋田事件という)。柴田は重懲役十年で入獄、二十二年(一八八九)出獄したが体調を害し、明治二十六年四月十三日没す。四十三歳。↓秋田事件《あきたじけん》　↓秋田立志会《あきたりっしかい》

参考文献　小沢三千雄編『秋田県社会運動の百年—その人と年表—』(一九七八、みしま書房)、長沼宗次『夜明けの謀略—自由民権運動と秋田事件—』(一九八三、秋南文化社)、田口勝一郎『秋田県の百年』(『県民一〇〇年史』、一九八三、山川出版社)

（田口勝一郎）

しばたいちのう　柴田一能　一八七三—一九五一　日蓮宗僧侶。慶応義塾哲学教師。明治六年(一八七三)一月十日、京都府宮津町(宮津市)生まれ。幼名松蔵。高等小学校卒業後、和歌山の中学に入るも病気退学。しかし、篤志の僧に知られ上京し、二十三年(一八九〇)四月、明治学院に入学。二十六年十二月、徴兵され、日清戦争に従軍。戦功により勲八等白色桐葉章を下賜される。二十九年一月、慶応義塾に入学。在学中は風紀刷新を目的とする革新同盟団の中心メンバーとして活躍し、また僧籍にあったことから、福沢諭吉より癩《らい》患者の世話を勧められたという。三十四年(一九〇一)三月、大学部文学科を卒業。同年四月、日蓮宗海外留学生としてエール大学に留学。三十六年六月卒業し、マスター＝オブ＝アーツの学位を受ける。同年十一月帰国。三十九年四月、慶応義塾大学部講師となり、昭和十二年(一九三七)七月に退職するまで哲学を講じた。本立寺、常円寺住職。著書に『日蓮宗聖典』(山田一英と共編、明治四十五年)、『大正の青年と日蓮主義』(大正六年)など。二十六年(一九五一)四月八日死去。満七十七歳。

参考文献　『慶応義塾百年史』中(一九六〇・六四)

（堀　和孝）

しばたかもん　柴田家門　一八六二―一九一九　法制官僚、政治家。文久二年十二月十八日（一八六三年二月六日）に山口県士族柴田英祐の長男として生まれる。一高を経て、明治二十三年（一八九〇）帝国大学法科大学法律学科（英法）を卒業し、内閣試補となる。内閣書記官、法制局参事官兼内閣書記官、法制局第二部長、内務省地方局長を経て、三十四年（一九〇一）第一次桂太郎内閣書記官長となる。三十六年から勅選貴族院議員となる。四十一年（一九〇八）第二次桂内閣書記官長、四十四年より拓殖局総裁を兼任するが桂内閣退陣とともに辞任。大正元年（一九一二）第三次桂内閣文部大臣となる。大正八年八月二十五日に没す。五十八歳。養嗣子正光は陸軍中将藤井《ふじい》幸槌《こうつち》の三男。　（伊藤　真希）

しばたけいさく　柴田畦作　一八七三―一九二五　明治時代後期から大正時代の土木工学者。明治六年（一八七三）七月六日岡山県に生まれる。明治二十九年（一八九六）、帝国大学工科大学土木工学科卒業。同年、九州鉄道会社に入社し技師となり、翌年退社。第三高等学校工学部講師、京都帝国大学理工科大学講師（土木工学第三講座担当）を経て、明治三十一年（一八九八）、第三高等学校教授、翌年第五高等学校教授、明治三十三年、東京帝国大学工科大学助教授（土木工学第一講座分担、明治三十四年、材料強弱学講座分担）。明治三十五年、震災予防調査会委員。明治三十八年、工学博士。明治四十一年（一九〇八）より二年間、フランス・ドイツ・アメリカに留学したのち、明治四十三年、教授に昇任。橋梁工学を担当し、鉄道工学を分担。応用力学、構造学を専門とし、鉄筋コンクリートの導入に尽力、京都の四条大橋・七条大橋の鉄筋コンクリートアーチや明治神宮の神橋を設計し、磐城原町の無線電信所の六百六十尺の高塔を鉄筋で建造した。著書に『初等工業力学』（博文館、明治四十年）、『工業力学』（丸善、明治四十三年）がある。大正十四年（一九二五）一月五日死去。五十三歳。　（岡本　拓司）

しばたけいた　柴田桂太　一八七七―一九四九　明治から昭和期にかけての植物学者で植物生理化学の開拓者。明治十年（一八七七）九月二十日東京府下駿河台（東京都千代田区）で薬学者柴田承桂《しょうけい》の子として生まれる。柴田家は代々尾張藩藩医の家であった。東京帝国大学理科大学植物学科を明治三十二年（一八九九）に卒業し、四十年（一九〇七）第一高等学校教授、四十一年東北帝国大学農科大学教授を経て、四十二年東京帝国大学理科大学講師となった。柴田は理学博士号を授けられた明治三十七年の「カビ類におけるアミド分解」論文により植物生理化学への研究志向を強め、四十三年より二年間ドイツに私費留学し、ライプツィヒ大学のペッファーのもとで植物生理学を専攻、フランクフルト大学のフロイントからは有機化学を学び、シダ精子の走化性や光学活性物質の研究に従事した。帰国後の四十五年に助教授、大正七年（一九一八）に教授となり、同年「植物界におけるフラボン体の研究」で帝国学士院恩賜賞を受賞した。昭和八年（一九三三）に理学部長、十三年（一九三八）に退官、十四年に帝国学士院会員、十六年より文部省資源科学研究所長に就任した。昭和二十四年（一九四九）十一月十九日に没した。七十三歳。

柴田桂太

参考文献　大場秀章編『植物文化人物事典―江戸から近現代・植物に魅せられた人々―』（二〇〇七、日外アソシエーツ）　（宮地　正人）

しばたしょうけい　柴田承桂　一八四九―一九一〇　薬学者、有機化学者。植物生理学者柴田桂太と無機化学者柴田雄次の父。嘉永二年五月十二日（一八四九年七月一日）、名古屋藩医永坂周二の次男として生まれる。幼少にして柴田竜蹊の養嗣子となる。明治二年（一八六九）貢進生として大学東校に入学、翌年ドイツに留学、ベルリン大学のホフマンのもとで有機化学を専攻、さらに薬学、衛生学も研鑽した。六年に帰国し東京医学校（のちの東京大学医学部）製薬学科教授となる。その後、東京試薬場（のちの国立東京衛生試験所）長、大阪司薬場長を歴任。明治三十六年（一九〇三）薬学博士。『日本薬局方』の編纂に重要な役割を果たした。文部省刊『百科全書』の翻訳事業にも加わった。「薬剤師」の命名者でもある。日本赤十字社の創立にも参画した。四十三年（一九一〇）八月二日没。六十二歳。

参考文献　山科樵作「柴田承桂先生」（『化学』一八ノ五、一九六三）　（古川　安）

しばたぜしん　柴田是真　一八〇七―九一　幕末から明治期にかけての漆工家、日本画家。文化四年二月七日（一八〇七年三月十五日）江戸両国に生まれる。父は宮彫師柴田市五郎。幼名は亀太郎、のちに順蔵。字は儃然、号は令哉、枕流亭、対柳居。十一歳で古満寛哉《こまかんさい》に蒔絵を、十六歳で四条派の鈴木南嶺《すずきなんれい》に絵を学ぶ。天保元年（一八三〇）から翌年まで京都に滞在し、四条派の岡本豊彦に入門。同十一年（一八四〇）王子稲荷神社に奉納した「鬼女図額」は江戸市中の評判を呼んだ。蒔絵では古来より途絶えていた青海波塗を復活させ、また小川破笠《おがわはりつ》の風を模すなどした。明治期には伝統的な技法や画題に洋画的質感も加えた作風が注目を集め、明治五年（一八七二）ウィーン万国博覧会で「富士田子浦蒔絵額面」（福富太郎コレクション資料室蔵）が進歩賞を、同十年（一八七七）第一回内国勧業博覧会で「温室盆栽蒔絵額面」（宮内庁三の丸尚蔵館蔵）、「秋色野辺茸狩蒔絵額面」が竜紋賞を受賞するなど、内外の博覧会で受賞を重ねた。明治二十三年(一八九〇)帝室技芸員となるが、翌二十四年七月十三日東京にて没。八十五歳。

参考文献　郷家忠臣編著『柴田是真名品集—幕末・開化期の漆工・絵画—』(一九八一、学習研究社)、高尾曜『柴田是真生誕二百年展』(図録、二〇〇七、ギャラリー竹柳堂)、Joe Earle and Goke Tadaomi: Meiji no takara:〔Shibata Zeshin meihinshū〕=Tresure of imperial Japan: masterpieces by Shibata Zeshin (The Nasser D. Khalili Collection of Japanese Art: Shibata Zeshin): London: Kibo Foundation: 1996)　(塩谷　純)

しばたはなもり　柴田花守　一八〇九—九〇　不二道第十世の教主であり、教派神道の一派、実行教の教祖。文化六年正月八日(一八〇九年二月二十一日)、肥前小城《おぎ》藩士の子として誕生。元服後、藩命によりシーボルトの高弟である眼科医高良斎《こうりょうさい》に師事した。十八歳の時、不二道統第八世の小谷三志《こたにさんし》(禄行《ろくぎょう》)が長崎を訪問した際に入門し、のちに不二道第十世となり咲行《しょうぎょう》と称した。また、国学・神道・仏教・儒教・蘭学・詩歌・書を修めたほか、幕末には諸国を巡って不二道の布教を行うかたわら、多くの勤皇派の志士たちとも交わった。明治維新後は復古神道に基づき不二道の教えの改革を図り、明治十一年(一八七八)に実行社を創設。同十五年には神道実行派(のちに実行教)として一派独立を果たし初代管長に就任し、本庁を東京牛込東五軒町(東京都新宿区)に置いた。以後も富士登山や布教を行うとともに、皇室崇敬の念から五年間に渡り新嘗祭の供米を献上したり、皇居造営に際しては土工三千名を献上するなどした。明治二十三年(一八九〇)七月十一日没。八十二歳。　↓実行教《じっこうきょう》

参考文献　田中義能『神道実行教の研究』(一九三八、日本学術研究会)、井上順孝他編『新宗教教団・人物事典』(一九九六、弘文堂)　(中山　郁)

しばちゅうさぶろう　斯波忠三郎　一八七二—一九三四　明治時代後期から昭和時代前期の船用機関学者。明治五年三月八日(一八七二年四月十五日)、金沢に生まれる。明治二十七年(一八九四)、帝国大学工科大学機械工学科を卒業し、同大学院入学、船舶機関学を専攻、また川崎造船所技師を務める。明治二十九年、工科大学助教授。明治三十二年(一八九九)、イギリス、フランス、ドイツに留学して船舶機関学を研究。明治三十四年、東京帝国大学工科大学教授。明治三十五年、工学博士。明治三十九年、海軍大学校教授嘱託。明治四十年(一九〇七)、タービン式巨船の天洋丸・地洋丸の建造計画が起ると、機関部の工事監督を行なった。大正二年(一九一三)、初の国産歯車減速タービン汽船安洋丸が建造されたが、同船の初航海において歯車の一部が損傷した原因を明らかにした。大正六年、貴族院議員。大正九年、東京帝国大学評議員。大正十二年(一九二三)、航空研究所所長。昭和六年(一九三一)、長距離機の設計・制作を企図し、いわゆる「航研機」開発の端緒を開いた。昭和七年、教授を辞し、翌年、航空研究所所長を辞する。昭和九年十月三日死去。六十三歳。　(岡本　拓司)

しばていきち　斯波貞吉　一八六九—一九三九　明治から昭和前期にかけてのジャーナリスト、政治家。明治二年八月十七日(一八六九年九月二十二日)、福井藩士斯波有造の長男として生まれる。同二十二年(一八八九)渡英してオックスフォード大学に学び、同二十四年帰国。同二十六年帝国大学文科大学英文科選科に入学し同二十八年修了。同年八月県立盛岡中学校の英語教師となったのち、高輪仏教高等中学校・仏教大学などでも教えた。同三十一年(一八九八)『万朝報』入社。外報記者を務めたほか、論説も担当した。幸徳秋水・堺利彦らと親しく、彼らが万朝報を退社して『週刊平民新聞』を創刊した際には、一時同紙の英文欄を担当。同三十八年には山路愛山と国家社会党を組織している。同四十一年(一九〇八)編集長に就任、大正九年(一九二〇)には主筆兼編集長となった。同十四年(一九二五)二月退社。同年七月から十二月まで『大勢新聞』社長。大正十三年衆議院議員。立憲民政党に所属。昭和十四年(一九三九)十月十四日死去。七十一歳。著書に『国家的社会論』(明治二十五年)、『実用英語対話』(同三十六年)などがある。　(中嶋　晋平)

しばのうがくどう　芝能楽堂　⇩能楽堂《のうがくどう》

しばはらやわら　柴原和　一八三二—一九〇五　政治家。播磨国竜野藩士柴原左五七の三男として天保三年二月七日(一八三二年三月九日)に生まれる。名は宗吉、順治、字は士節、靖盧と号した。若くして江戸・京畿に出、大槻盤渓・安井息軒・梁川星巌・森節斎らに学び、藩校の助教に進み一家を興した。明治二年(一八六九)十月待詔院に出仕、甲府・岩鼻県大参事を経て四年七月に宮谷《みやざく》県権知事、ついで十一月に木更津県権令に就任した。六年二月に印旛県権令を兼ね、同年六月に木更津・印旛両県合併により千葉県権令となった。以後六年余の間、先駆的な地方民会や地租改正、育児策など特徴的な開明政策を推進し、近代千葉県の基礎づくりにあたった。十三年(一八八〇)三月に元老院議官に転じ、刑法の審議では妾存置論を主張した。十九年七月に山形県知事、二十二年(一八八九)十二月に香川県知事に就任、二十四年四月に退任した。二十七年一月に貴族院議員となり、三十八年(一九〇五)十一月二十九日に死去した。七十四歳。著作に『県治方向』(明治八年)、『県治実践録』(明治十年)がある。

参考文献　近藤美編「靖盧柴原和君実歴」一—四(小原大衛編『房総郷土研究資料』六〇—六三、一九三七)、三浦茂一「元老院議官になった柴原和」(『西上総文化会報』六六、二〇〇六)　(三浦　茂一)

しばふじつね　芝葛鎮　一八四九—一九一八　宮内省楽師・楽長。嘉永二年正月二十八日(一八四九年二月二十日)奈良に生まれる。笛と左舞《さまい》を専門とする南都方楽家の出

身。明治三年(一八七〇)十一月に東上し少伶人に任官した後、大正六年(一九一七)の退官まで宮内省楽部に勤務、明治三十一年(一八九八)楽師長、四十年(一九〇七)楽長に昇任した。明治七年に始まった欧州楽伝習ではバス・トロンボーンを担当、十二年(一八七九)にはピアノ伝習に加わるとともに、管絃楽伝習のための有志団体、洋楽協会の設立を主導した。西洋音楽を学ぶ若手楽師の中心人物として、十三年文部省御用掛兼務を命じられ音楽取調掛に勤務したが、二十年(一八八七)からは楽部に専念した。明治十一二十年代には雅楽音階にもとづく唱歌を数多く作曲、祝日大祭日唱歌「元始祭」、陸軍儀礼曲「皇《すめら》御国《みくに》」などが残る。楽長在職中、明治天皇大喪に奥好義《おくよしいさ》・林広継《はやしひろつぐ》らとともに誄歌《るいか》を再興した。日記が、天理大学附属天理図書館所蔵『芝家日記集』に収められている。大正七年二月十九日没。七十歳。

参考文献 塚原康子『明治国家と雅楽』(二〇〇九、有志舎)

(塚原 康子)

しばやまかげつな　柴山景綱　一八三五―一九一一　警察官僚。天保六年十一月十一日(一八三五年十二月三十日)に生まれる。旧鹿児島藩士であり、元治元年(一八六四)に禁門の変に参戦し、また寺田屋騒動でも活躍した。明治元年(一八六八)薩兵三小隊の監事として越後口征討軍に参加した。五年兵部省に出仕するが、同年転じて東京府に出仕し、九年警視庁に移り、十年(一八七七)一等大警部となるが、年末には転じて山形県に出仕し東置賜《ひがしおきたま》郡長、ついで十五年に福島県一等属兼警部に転じて、十六年に福島県信夫《しのぶ》郡長、十九年には二等警視、二十年(一八八七)に福島県警察本署次長となる。のちに宮内省御料局技師となり、二十六年に退官した。明治四十四年(一九一一)病没する。七十七歳。

(伊藤 真希)

しばやまやはち　柴山矢八　一八五〇―一九二四　海軍軍人。嘉永三年七月十三日(一八五〇年八月二十日)に薩摩藩医柴山良庵の三男として生まれる。従弟に海軍大将東郷平八郎。孫に彫刻家の土方久功。戊辰戦争に従軍後、明治四年(一八七一)二月に開拓使の選抜でアメリカに留学。明治七年八月に海軍中尉任官。明治十二年(一八七九)九月に水雷術練習所所長。明治十八年六月に大佐へ昇進。翌年七月より欧州出張。明治二十六年(一八九三)十二月、海軍兵学校長。翌年七月に少将昇進、佐世保鎮守府司令長官。明治三十年(一八九七)十月に中将昇進、常備艦隊司令長官。明治三十二年一月に海軍大学校校長。翌年五月に呉鎮守府司令長官。明治三十八年一月、旅順口鎮守府司令長官。同年十一月に大将に昇進。明治四十年(一九〇七)二月、予備役。同年九月男爵。大正四年(一九一五)七月に後備役。大正十三年(一九二四)一月二十七日没。七十五歳。

参考文献 外山操編『陸海軍将官人事総覧』海軍篇(一九八一、芙蓉書房出版)、秦郁彦編『日本陸海軍総合事典』(一九九一、東京大学出版会)

(佐藤 宏治)

しばりきゅう　芝離宮　現在の東京都港区海岸一丁目にあった離宮。延宝六年(一六七八)芝金杉沖海面埋立地を老中大久保忠朝《おおくぼただとも》が屋敷地として拝領したのがはじまり。弘化三年(一八四六)以降紀州徳川家の別邸であったが、明治五年(一八七二)有栖川《ありすがわ》宮邸となる。同八年六月、英照皇太后非常立退所として皇室買い上げとなり、翌九年二月芝離宮となった。明治二十四年(一八九一)庭内に洋館が完成し外賓接待所として使用された。大正十二年(一九二三)の関東大震災では主要な建物を焼失、庭園も一部損傷を受けた。翌年二月皇太子御成婚記念として東京市へ下賜され、四月二十日旧芝離宮庭園として開園した(のちに旧芝離宮恩賜庭園と改名)。周囲は埋立が進み、臨海庭園としてのかつての趣を失ったが、江戸時代に流行した回遊式築山泉水庭園で潮入りの池の遺構を今でもよく保存している。昭和五十四年(一九七九)国の名勝に指定された。

参考文献 東京都建設局公園緑地部編『東京の公園―その九〇年のあゆみ―』(一九六三)、小杉雄三『旧芝離宮庭園』(『東京公園文庫』三六、一九八一、郷学舎)

(白石 弘之)

しばりょうかい　司馬凌海　一八三九―七九　幕末維新期の蘭方医、通訳官。天保十年二月二十八日(一八三九年四月十一日)に佐渡国新町(新潟県佐渡市)に島倉栄助の子として生まれる。本名は盈之《みつゆき》、幼名は亥之吉。凌海は通称である。いつから司馬姓を名のったかは不明。幼少のころから儒学を学び、十二歳のとき祖父とともに江戸に出て漢学を修めたが、医師を志し、幕府の奥医師松本良甫《まつもとりょうほ》の塾、ついで佐倉順天堂塾で学び、帰郷した。安政四年(一八五七)松本良順《りょうじゅん》に帯同し長崎に行き、ポンペから医学を学び、通訳もする。その後帰郷し、相川奉行から医官兼洋学師範役に採用され、傍ら鉱山御雇い英国人の通訳をする。明治元年(一八六八)上京し、医学校三等教授、のち少博士、大学東校の大助教、文部省・宮内省五等出仕などを歴任。のち愛知県病院医および医学教師となる。この間、東京下谷(台東区)で日本初の独学塾である春風社を開く。語学の天才といわれた。神奈川県戸塚で明治十二年(一八七九)三月十一日に死去。四十一歳。

参考文献 入沢達吉「司馬凌海伝」(『中外医事新報』一一五三、一九二九)

(林 彰)

しはんがっこう　師範学校　一般的には、昭和二十二年(一九四七)四月に学校教育法が施行されるまで存続した初等教員の養成機関をさす。しかし、初等学校教員の養成機関を師範学校と称するようになったのは明治三十年(一八九七)十月の師範教育令以降である。それ以前については、明治十九年(一八八六)四月の師範学校令において、初等教員の養成機関は尋常師範学校と呼ばれ、中等教員の養成機関である高等師範学校とともに師範学校と総称されていた。さらにそれ以前についても同様であり、明治五年(一八七二)八月の「学制」より十九年の師範学校令までは小学校、師範学校、中学校、高等女学校の教員を養成する学校をさしていた。三十年の師範教育令において「初等教員の養成機関を師範学校と称する」との考え方が示されて以降の一つの画期は、四十年(一九〇七)四月に制定された師範学校規程である。この制定の背景には、同じく四十年四月から実施された義務教育年限六年制に伴う小学校教員の量的確保と資質の向上があった。師範学校規程は、それまでの師範学校諸規程を改正し一括したものであり、その後改正はあったものの、昭和十八年(一九四三)の師範教育令改正までの師範教育制度の基本となった。師範学校規程による制度改革およびその後の改正の要点は次のようである。㈠師範教育の根本方針は師範教育令以来「順良信愛威重」の「徳性」の涵養に置かれてきたが、これに加えて師範学校規程で忠君愛国の志気、精神鍛練、徳操磨励などが求められた。㈡学科は本科を分けて第一部および第二部とした。第一部は従来の本科の課程で、修業年限を男女とも四ヵ年とし、三年制高等小学校卒業程度を入学資格とした。また、予備科を設け得ることとし、修業年限は一ヵ年、高等小学校第二学年修了程度を入学資格とした。第二部は新設であり、中学校卒業者を入学させて一ヵ年、または高等女学校の卒業者を入学させて二ヵ年ないし一ヵ年の教育を施すこととした。この後、予備科は大正十四年(一九二五)に廃止され、本科第一部の修業年限を五ヵ年とし、二年制高等小学校卒業もしくは十四歳以上でこれと同等以上の学力を有することが入学資格とされた。第二部については、大正四年(一九一五)に男子の修業年限を二ヵ年まで延長し得ることとされたが大正十四年にその延長制は廃され、昭和六年(一九三一)に二ヵ年と定められた。㈢大正十四年修業年限一ヵ年の専攻科が設けられ、本科修了者およびこれと同等以上の学力を有する者を入学させることとした。昭和十六年四月に発足した国民学校の教員を養成するために、昭和十八年三月に師範教育令が改正され、長らく師範学校において養成されるべき生徒像であった「順良信愛威重」の「徳性」に変えて、「皇国ノ道ニ則リテ国民学校教員タルベキ者」を養成する所とされた。またこの改正によって、師範学校は道府県立から官立へ移管されるとともに、予科二年本科三年の組織となり、中等教育を修了した者を収容する専門学校程度の教育機関となった。これは、長らく中等教育程度に留め置かれた師範学校がようやく専門学校程度の学校になり得たことを表しており、これにより戦後の新制大学創設における母体の一つとなった。昭和二十四年五月の国立学校設置法により、師範学校は、昭和十九年に設置された青年師範学校とともに学芸大学、または総合大学の学芸学部または教育学部の母体となった。 →高等師範学校《こうとうしはんがっこう》

参考文献 海後宗臣編『教員養成』(『戦後日本の教育改革』八、一九七一、東京大学出版会)、『日本近代教育百年史』三―五(一九七四、国立教育研究所)、中内敏夫・川合章編『教員養成の歴史と構造』(『日本の教師』六、一九七四、明治図書)

(船寄 俊雄)

しはんがっこうれい 師範学校令 明治十九年(一八八六)四月十日に公布され、戦前の師範学校制度の根本となった勅令。全文十二条からなり、第一条では師範学校生徒が兼ね備えるべき三つの「気質」として「順良信愛威重」が明示された。これは、本令制定時の文部大臣森有礼が、小学校教育の成否はその運営に携わる教員の「人物」に左右されると強く考えていたことの表われであった。本令は、明治三十年(一八九七)十月の師範教育令により廃止されたが、この三つの「気質」は、「徳性」と称されるようになったものの「順良」「信愛」「威重」の文言に変更はなく、昭和十八年(一九四三)三月の師範教育令全面改正により姿を消すまで維持された。森は、三つの「気質」養成のために、兵式体操や行軍旅行を導入し、身体を鍛えると同時に集団における規律の育成を図った。また寄宿舎を兵営化することによって、飲食起居に至るまで行動を統制し、学年間の上下の秩序を形成しようとした。本令により、師範学校は高等と尋常の二種類に分けられ、前者の高等師範学校は東京に一校、後者の尋常師範学校は各道府県に一校設置された。前者が中等教員の養成を担当し、文部大臣の管理に属し国費によって運営され、後者が小学校教員の養成を担当し、文部大臣の認可のもとに地方税によって運営された。養成すべき教員像だけでなく、生徒募集、卒業後の教職従事義務、学科の内容・程度・使用すべき教科書がすべて文部大臣の認可制となるなど国家統制のもとに置かれるようになり、この制度構造は戦後の教育改革が行われるまで続いた。

参考文献 中内敏夫・川合章編『教員養成の歴史と構造』(『日本の教師』六、一九七四、明治図書)

(船寄 俊雄)

しはんきょういくれい 師範教育令 戦前の師範学校制度の根本となった勅令である師範学校令を整備した勅令。明治三十年(一八九七)十月六日に公布され、翌年四月一日より施行された。この後、昭和十六年(一九四一)年二月に一部改正されるまで一切改正されなかった。本令により尋常師範学校の名称が師範学校に改称された。全十一条からなり、第一条で高等師範学校は「師範学校、尋常中学校及高等女学校ノ教員タルヘキ者」を、女子高等師範学校は「師範学校女子部及高等女学校ノ教員タルヘキ者」を、師範学校は「小学校ノ教員タルヘキ者」をそれぞれ養成する所と規定した。師範学校令第一条に規定されていた「順良信愛威重」という三つの「気質」は、「徳性」と称されるようになったもののその文言に変更はなく、昭和十八年の師範教育令全面改正により姿を消すまで維持された。第二条、第三条で、高等師範学校と女子高等師範学校は従来どおり東京に各一校設けるものとされたが、師範学校は一府県に複数設置できることとされ、女子師範学校の設置も認められた。その後、明治三十五年に広島高等師範学校が、明治四十一年(一九〇八)

に奈良女子高等師範学校が設置されたが、この規定はそのままであった。また第三条で、師範学校の管理について、師範学校令が規定していなかった地方長官に属することが明記された。第五条で、文相森有礼が認めようとしなかった私費生が新たに認められた。第八条では、予備科、小学校教員講習科、幼稚園保姆講習科を設置することも新たに規定された。昭和十八年三月六日に全面的に改正され、師範学校がすべて官立の修業年限三年の専門学校程度の学校に昇格することになった。これに伴い、師範学校の目的が先の三徳性から「皇国ノ道ニ則リテ国民学校教員タルベキ者ノ錬成ヲ為ス」ことに改められた。昭和二十二年(一九四七)三月の学校教育法の公布により廃止された。

参考文献 中内敏夫・川合章編『教員養成の歴史と構造』(『日本の教師』六、一九七四、明治図書)

(船寄 俊雄)

しぶかい 市部会 ⇩三部経済制《さんぶけいざいせい》

しぶかわげんじ 渋川玄耳 一八七二―一九二六 新聞記者。本名は柳次郎。筆名は藪野椋十《やぶのむくじゅう》。渋川柳左衛門の次男として明治五年四月二十八日(一八七二年六月三日)、佐賀県杵島《きしま》郡西川登村(武雄市)に生まれる。明治二十一年(一八八八)、長崎県立商業学校卒業。上京し東京法学院、国学院に学ぶ。高等文官試験、弁護士試験に合格し、福島県平町の裁判所に勤務する。明治三十一年(一八九八)、第六師団法務官となり日露戦争に従軍する。明治四十年(一九〇七)、『東京朝日新聞』社会部長となる。夏目漱石の朝日新聞入社に尽力する。石川啄木を歌壇選者に起用。大正元年(一九一二)、朝日新聞社を辞め中華民国に渡る。大正十一年(一九二二)、『大阪新報』の主幹に迎えられるも半年で辞任。大正十四年、結核のため療養。著書に『従軍三年』(明治四十年、春陽堂)、『東京見物』(明治四十年、金屋文淵堂)、『わがまま』(大正二年、誠文堂書店)など。大正十五年四月九日没。五十五歳。

参考文献 谷口雄市『渋川玄耳略伝』(一九六八、武雄市文化会議)、古賀行雄『評伝渋川玄耳』(二〇〇五、文芸社)、森田一雄『野暮たるべきこと―評伝渋川玄耳―』(二〇〇五、梓書院)

(河崎 吉紀)

しぶさわえいいち 渋沢栄一 一八四〇―一九三一 明治・大正・昭和にわたる実業界の代表的指導者で、第一国立銀行頭取で子爵。天保十一年二月十三日(一八四〇年三月十六日)武蔵国榛沢《はんざわ》郡血洗島村(埼玉県深谷市)に生まれ、幼名栄二郎、篤太夫、号青淵。父美雅(晩香)とともに、農業・養蚕・藍作に従事、藍玉売買や貸金業も営んで村内有数の豪農となった。従兄尾高惇忠《おだかあつただ》を通じて水戸学派の尊王攘夷に傾き、文久三年(一八六三)には高崎城襲撃、横浜洋館焼打などの暴挙を企てたが、結局京都へ移り、翌元治元年(一八六四)一橋家に仕え殖産興業や兵制改革に功績をあげた。徳川慶喜が慶応二年(一八六六)徳川幕府第十五代将軍となったため幕臣となる。翌三年徳川昭武に従い渡仏、万国博覧会見学をはじめスイス・オランダ・ベルギー・イタリア・イギリス各国を歴訪し、ヨーロッパの政治経済制度にふれて、後進国日本の近代化の必要性を痛感する。明治元年(一八六八)十一月帰国、幕臣として静岡藩に赴き大久保一翁の下で翌二年春商法会所を設立した。のちの合本事業の嚆矢ともいうべき常《じょう》平倉《へいそう》と改めるが、東京では肥料(〆粕・乾鰯《ほしか》など)を、大阪では米穀を買入れ売買し、駿遠領内の村々への貸付も

渋沢栄一

行なった。この経験がのち大蔵省版『官版立会略則』(明治四年九月)刊行となる。ところが、同年十月、朝廷政府からの召状により出仕、十二月初旬に大蔵省租税司正に任ぜられた。大蔵大輔は大隈重信、同少輔は伊藤博文であったが、雑務改良のため、租税司・監督司・駅逓司からも役員を集め、旧静岡藩中から前島密・赤松則良・杉浦愛蔵も加わった。度量衡改正、貨幣制度・禄制改革、鉄道布設案などを提案した。四年七月、廃藩置県が断行され、大蔵省の事務は繁忙を極めた。当時大蔵卿は大久保利通、大蔵大輔は井上馨、渋沢は大蔵大丞であったが、歳入出予算表の作成や公表など財務改良に苦心を重ねた。しかし大久保利通・大隈重信の積極財政と衝突して明治六年五月井上馨と連袂で辞職下野した。以後渋沢は、実業の世話役として縦横無尽の活躍を展開する。貨幣制度の整理、第一国立銀行の創立、手形交換所の整備をはじめとして、王子製紙・東京海上火災保険・大阪紡績・大阪商船・日本鉄道・山陽鉄道・九州鉄道・北海道炭礦鉄道・北越鉄道・岩越鉄道・参宮鉄道・八重山糖業・大日本製糖などである。これら渋沢栄一が役職に就任した会社、発起や創立段階で関与した会社、株主と経営者の利害が錯綜する株主総会への関与などをみると、以下四つの特徴が明らかとなろう。第一は、当然ながらそれまでの日本には存在しなかった先進諸国から知識や技術を導入した業種がきわめて多いこと、第二は鉄道・港湾・炭鉱など近代的なインフラが多いこと、第三としては、主要な役職者として渋沢が関係する場合、一業種一社を基本原則とし、鉄道や炭鉱など同一業種でも、複数会社の役職就任の場合、地域的に重複しないことを原則としていたのである。さらに関与会社の役員構成を検討すると、渋沢が関与した会社は、少数の特定の経営者たちが集中的に関与していたわけではなく、多数の経営者たちと一緒に会社経営を担当していた。なかでも数少ない重複経営者としては、財閥系経営者層からは、三井の益田孝、

三菱の荘田平五郎といった少数のキーパーソンに限られており、ほかに浅野総一郎の七社、大倉喜八郎の六社の役員兼任が際立っている。また西園寺公成、尾高次郎（淳忠の息子、淳忠は渋沢の妻千代の長兄）など、渋沢栄一の機関銀行ともいうべき第一（国立）銀行との役員兼任者も多い。さらに渋沢は多数の会社に対して設立後もいろいろな立場で関係を保ち、特に株主総会において、会社の存廃、他社との合併など長期的な将来性についての重要議決には大きな役割を果たした。合併による株主構成の変化に対し、株主利害と経営の安定性といった両側面から判断できると考えられる人物に新経営陣の選定を委託している。さらに会社に紛議が生じた場合、その事後処理にあたる経営者の人選も託されている。渋沢の企業者活動と経営管理で特徴的なことは、情報重視にあったが、それには面談を基本とした。それは、面談が情報の収集・伝達・処理のあらゆるプロセスを含み、戦前期にあっては、その面談により言葉以上のニュアンスや意識といった暗黙知レベルの情報の収集・伝達・共有が可能になったからである。ちなみに、従兄尾高惇忠の妹千代は、渋沢栄一の最初の妻であり、その長女歌は、日本法曹学界の大御所穂積陳重に嫁ぎ、同じく次女琴は、第一次西園寺内閣の蔵相として、日露戦後経営を推進した阪谷芳郎に嫁している。昭和六年（一九三一）十一月十一日没。九十二歳。

参考文献 『雨夜譚—渋沢栄一自伝—』（長幸男校注、『岩波文庫』）、『渋沢栄一伝記資料』（一九五五-七一）、第一銀行八十年史編纂室編『第一銀行史』（一九五七-五八、第一銀行）、穂積重行『明治一法学者の出発—穂積陳重をめぐって—』（一九八八、岩波書店）、同編『穂積歌子日記—明治一法学者の周辺一八九〇—一九〇六—』（一九八九、みすず書房）、島田昌和『渋沢栄一の企業者活動の研究—戦前期企業システムの創出と出資者経営者の役割—』（二〇〇七、日本経済評論社）（加藤幸三郎）

しぶさわきさく 渋沢喜作 一八三八—一九一二 実業家、横浜を代表する生糸売込商。渋沢栄一の従兄で、天保九年六月十日（一八三八年七月三十日）に武蔵国榛沢《はんざわ》郡血洗島《ちあらいじま》村（埼玉県深谷市）に生まれた。喜作が世に出たのは元治元年（一八六四）で、平岡円四郎の推挙によって一橋家に仕官してからのことであった。慶応二年（一八六六）には幕臣となり、戊辰戦争に際しては各地で新政府軍と戦った。新政府軍に降伏したのは箱館の五稜郭で、入牢後、明治四年（一八七一）に赦免され、栄一の推薦によって大蔵省の役人となった。その後、大蔵省を辞め、一時期、小野組に入ったが、同七年に独立し渋沢商店を開業、東京深川で廻米問屋を営んだ。横浜への進出は明治十二年（一八七九）で、生糸売込商吉村屋幸兵衛から店の経営権を譲り受けた。実業家としての手腕は、米相場や銀相場で大損失を出し、栄一の援助を受けるなど問題があったといわれる。大正元年（一九一二）八月三十日没。七十五歳。

参考文献 『渋沢栄一伝記資料』（一九五五-七一）（西川 武臣）

しぶさわざいばつ 渋沢財閥 渋沢栄一の影響下にあると考えられた企業群。渋沢栄一が発起人、株主、重役などとして関係した企業には、大阪紡績会社・王子製紙会社をはじめとして総計約五百社に上るといわれる。渋沢栄一自身は、特定の企業を所有・支配しようとはしなかったが、大正四年（一九一五）に設立された渋沢同族株式会社は、渋沢家の財産を集中管理して投資活動を行うためであった。その主な投資先には、第一銀行・東京貯蓄銀行・渋沢倉庫・石川島造船所などがあり、渋沢財閥の事業網とみなされることもある。渋沢家の持株比率はそれほど高くなく、有力財閥と比べると渋沢家の封鎖的な支配力に乏しく、資本規模も小さい。

参考文献 『渋沢栄一伝記資料』（一九五五-七一）、西野入愛一『浅野・渋沢・大川・古河コンツェルン読本』（『日本コンツェルン全書』九、一九三七、春秋社）、島田昌和『渋沢栄一の企業者活動の研究—戦前期企業システムの創出と出資者経営者の役割—』（二〇〇七、日本経済評論社）（加藤幸三郎）

しぶはんりつきえいかこうさい 四分半利付英貨公債 日露戦争開始後、累増する戦費を調達するために二回にわたって発行された外国債。政府は非常特別税による増税に加え内国債発行により戦費調達に努めたが十分ではなく、日本銀行副総裁高橋是清を財務官として米英に派遣し外国債発行の道を探った。折から明治三十二年（一八九九）に発行した第一回四分利付英貨公債の価格が暴落しており交渉は難航したが、高利、比較的短期で煙草専売益金を担保とする不利な条件を受け入れ、他方、反ロシアのユダヤ系アメリカ銀行家J・H・シフSchiffの協力もあり実現にこぎつけた。募集地では、戦況の好転もあり応募は盛況となった。第一回は明治三十八年三月、三千万ポンド（二億九千二百八十九万円）が英米で、第二回は同年七月同額が英米独で発行された。発行条件は利率四・五％、発行価格は額面の九〇％、償還期限二十年であった。大正十三年（一九二四）に外国債による借換えで償還を終えた。対外戦争の遂行に英米金融界からの資金協力が不可欠であることを示した。

参考文献 大蔵省編『明治大正財政史（復刻）』一二（一九五六、経済往来社）、上塚司編『高橋是清自伝』（『中公文庫』、一九七六、中央公論社）（金澤 史男）

しぶやてんがい 渋谷天外 ?—一九一六 喜劇俳優。初代。明治十五年（一八八二）一月生まれか。本名渋谷博《ひろ》喜智《きち》。俄師鶴家団十郎の門下で団治といったが、四十年（一九〇七）曾我廼家《そがのや》箱王（のちの中島楽翁《なかじまらくおう》）とともに喜劇に新生面を開くべく一座を組織し、翌年七月より楽天会と称する。陽気で軽快な芸が特徴。大正五年（一九一六）十二月十七日、名古屋御園座出演中に発病し没。没年齢に諸説あり、三十五歳とも三十八歳とも。二代目は初代の実子で大正・昭和期の喜劇俳優。

参考文献 三田純市『上方喜劇 鶴家団十郎から藤山寛美まで』(一九九三、白水社)　(佐藤かつら)

しぶりつきえいかこうさい　四分利付英貨公債　日清戦後から日露戦後の時期にポンド建で主としてイギリスにおいて三回にわたって発行された外国債。第一回は明治三十二年(一八九九)六月、日清戦後経営を支える鉄道、製鋼、電話の施設整備を目的とし一千万ポンド(九千七百六十三万円)、第二回は明治三十八年十一月、日露戦争時の内国債整理償還を目的とし二千五百万ポンド(二億四千四百七万五千円)で英米仏独で、第三回は明治四十三年(一九一〇)五月、五分利付内国債の整理償還を目的とし千百万ポンド(一億七百三十九万三千円)がそれぞれ発行された。起債条件は利率がいずれも四%、発行価格の額面比率は第一・二回九〇%、第三回九五%、償還期限は第一回五十五年、第二回二十五年、第三回六十年であった。特に第一・二回では発行価格が低く抑えられ応募者利回りは高く設定されたが、それでも表面利率の低位、長期、無担保の条件が実現し植民地的条件からの脱却過程にあることを示した。なお第三回とほぼ同時期(同年四月)に同目的で四分利付仏貨公債が発行されている。

参考文献 大蔵省編『明治大正財政史(復刻)』一二(一九五六、経済往来社)　(金澤 史男)

しぶんがっかい　斯文学会　明治十三年(一八八〇)に設立された漢学者の団体。漢学(儒学)の復興を目ざした。明治十年ころまでの文明開化の風潮のなかで、儒教的なものは軽視される傾向にあったが、明治十年代に入ると、岩倉具視らによって、漢学(儒学)にもとづいて思想を養成し、国家の基礎を固めようという方策が唱えられるに至った。岩倉は股野琢《またのたく》・広瀬進一の二人に諮り、さらに谷干城《たにたてき》・川田剛・重野安繹《しげのやすつぐ》らも加わって学会設立の機運が高まり、明治十三年二月に設立趣意書を頒布、六月六日、学習院で発会式が行われた。発会にあたっては宮内省から経済的支援を受け、岩倉が各地方官に会員の募集を委嘱し、明治十三年中に千五百余名の会員を得た。会長に有栖川宮熾仁《たるひと》親王、副会長に谷干城が就任し、「道義宣揚」を掲げ、「学校」「講説」「著撰」の三つを活動の柱とした。「学校」としては、明治十六年八月斯文黌を設立、修身学(教授根本通明・豊島毅)、文章学(教授岡本監輔)、史学(教授内藤耻叟《ないとうちそう》)、書学(講師巌谷修など)などの学科を設けた。「講説」は、明治十四年三月から、毎週火曜日に講義が行われ、根本通明・三島中洲・中村正直・小中村清矩《こなかむらきよのり》・岡松甕谷《おかまつおうこく》などが講師を務めた。「著撰」については、『斯文一斑』(会員の詩文集)、『斯文学会講義筆記』、『斯文学会雑志』(講説・文苑・雑記を収録)、『斯文学会報告書』、『斯文学会講義録』の五種類の雑誌を刊行した。明治二十八年(一八九五)五月、財団法人斯文学会と改称。大正七年(一九一八)九月、研経会・孔子祭典会・孔子教会・東亜学術研究会と合併し斯文会に改組され、今日に至っている。

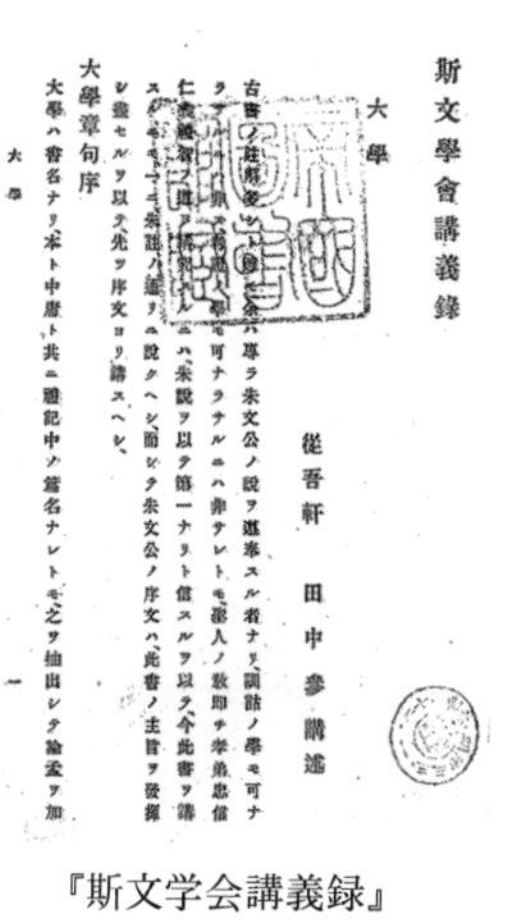

『斯文学会講義録』

参考文献 『斯文学会報告書』一—一七(一八八一—八三)、陳瑋芬「「斯文学会」の形成と展開—明治期の漢学に関する一考察—」(『中国哲学論集』二一、一九九五)　(真辺 美佐)

しへい　紙幣　紙を材料として製造した貨幣。太政官政府は明治元年(一八六八)五月より二年七月まで、四千八百万円もの「太政官会計局」名の太政官札(銅版印刷)を発行、また二年九月小貨幣欠乏のため二歩以下の民部省札を発行した。両者とも印刷が粗悪で贋造横行のため、精巧な紙幣製造をドイツに発注し、四年十二月、百円・五十円・十円・五円・二円・一円・半円・二十銭・十銭の新紙幣(ゲルマン紙幣とよばれる)を発行し旧紙幣(旧藩札も含む)と引換える旨を布告した。五年二月よりドイツから送られてきた紙幣に「明治通宝」印と官印(「大日本帝国大蔵卿」)の加刷作業が大蔵省紙幣寮で行われ、同年中より引換えが開始された。しかし紙質が悪く損傷紙幣が多出したため、十年(一八七七)からは原版を取り寄せ国産紙を用いて日本で製造するようになった。銅版技師キヨソーネが紙幣寮に雇傭されるのは明治八年五月のことである。彼は十年国立銀行紙幣(水兵札)や十一年国立銀行紙幣(鍛冶屋札)の図柄を彫刻しているが、十四年には偽造防止の工夫を施し、耐久力に富む日本特産のミツマタを使用し「大日本帝国政府紙幣」と印刷された神功皇后図柄(キヨソーネ彫刻)の一円札が発行された。紙幣史で改造紙幣といわれているものの最初である。つづいて同一図柄の十円札と五円札が発行され、旧紙幣と引換えられた。十八年不換紙幣の償却が進んだのを踏まえ、日本銀行は「日本銀行兌換銀券」と印刷した大黒図柄(キヨソーネ彫刻)の大黒札を発行した。以降紙幣は日本政府名にかわりすべて日本銀行より発行されることになる。二十年(一八八七)九月それまでは券種の異なる紙幣にも同一の図柄が使われていたが、以降は各券種別に異なった人物の肖像を使用することが閣議決定され、日本武尊、武内宿禰、藤原鎌足、聖徳太子、和気清麻呂、坂上田村麻呂、菅原道真の七名が選ばれた。二十一年五円兌換銀券(菅原道真像)、二十二年一円兌換銀券(武内宿禰像)、二十三年十円兌換銀券(和気清麻呂像、イノシシ札ともいわれる)、二十四年百円兌換銀券(藤原鎌足像、メガネ札ともいわれる)が発行されていったが、ともにキヨソーネの彫刻である。金本位制に移行して初の日本銀行兌換金券は三十二年(一八九九)に発行されたが、この時

新紙幣　十円券(明治５年発行)

民部省札　二分札
(明治２年発行)

太政官札　十両札
(明治元年発行)

国立銀行紙幣新券　五円券(明治11年発行)

改造紙幣　一円券(明治14年発行)

日本銀行兌換銀券　一円券(明治18年発行)

日本銀行兌換券　百円券(明治33年発行)

には作図・彫刻は日本人が行うようになっていた。

参考文献 『大蔵省印刷局百年史』(一九七一−七四)
(宮地　正人)

しへいりょう　紙幣寮　⇩印刷局《いんさつきょく》

シベリアてつどう　シベリア鉄道　ヨーロッパ・ロシアと極東ロシアを結ぶ九二九七キロの鉄道路線。終点はウラジオストック。極東防衛とシベリア開発のため、明治二十四年(一八九一)に着工。起工式は同年五月三十一日、ウラジオストックでニコライ皇太子によって行われた。ニコライは同地訪問前に立ち寄った日本で大津事件の被害に遭っている。ロシアは、同二十九年の露清密約により、清国領内を通過してウラジオストックに至る東清鉄道(シベリア鉄道の分線)の敷設権も獲得した。同線の開通は一九〇一年である。日露開戦時の一九〇四年、未開通であったバイカル湖畔の路線が完成、これによってシベリア鉄道本線が全通し、日本軍に対する圧力となり、戦局に多大な影響を与えた。なお、シベリア鉄道の全線開通は一九一六年である。総工費は約十五億ルーブル、対仏借款の依存度が多かった。

参考文献 H・タッパー『大いなる海へ―シベリヤ鉄道建設史―』(鈴木主悦訳、一九七一、フジ出版社)
(鵜飼　政志)

じほ　侍補　君徳輔導のため、明治十年(一八七七)八月二十九日、侍講の元田永孚《もとだながざね》(熊本)の提言により宮内省に設置。同年九月六日の宮内省職制及事務章程には、「常侍規諫闕失ヲ補益スルヲ掌ル」と規定。奏任官で三等に区分。当初、一等侍補に宮内卿兼任の徳大寺実則《とくだいじさねつね》(公卿)、元老院議官の吉井友実《よしいともざね》(薩摩)、調査局長官の土方久元(土佐)、二等侍補に侍講兼任の元田、侍従番長の高崎正風《たかさきまさかぜ》(薩摩)、三等侍補に侍従番長の米田虎雄《こめだとらお》(熊本)、侍従の鍋島直彬《なべしまなおよし》(旧鹿島藩主)、同山口正定(水戸)を任命。のちに、元老院議官の佐佐木高行(土佐)が一等侍補、建野郷三《たてのごうぞう》(小倉)が三等侍補に任命。侍補らの目的は天皇親政の実現にあり、そのために君臣の親和を図り宮中内外の隔たりを排除する必要を感じた。そこで十年九月十一日より、夕食後七時から九時まで侍補二名が当番制で天皇から毎日の出来事や相談事を訊く内廷夜話を開始。同年十一月、毎週金曜日に大臣や参議も交えた陪食の制を開始。翌年一月、毎週月水金曜日を参議の祗候《しこう》日と定める(参議輪番祗候)。このように、天皇が政治に関心を持つよう、政府高官から政務報告を受ける機会を増やした。さらに聖業補佐を全うするため、君徳培養に熱心な内務卿大久保利通の宮内卿就任を侍補らは望んだ。伊藤博文の賛同を得たが、同十一年五月十四日の大久保暗殺により計画は頓挫。侍補らは善後策を協議して万機親裁の実を挙げることを急務とし、その趣旨を奏請。また大臣参議が天皇補佐の大任を尽くしていないことを問責。政府は、天皇の閣議臨御を決定したが、その際に侍補が陪侍して行政機密を聞くことは宮中府中の別を乱すとして拒否。さらに、同年七月の侍補による井上馨入閣阻止運動や翌年の元田と伊藤博文との教育論争で侍補の権限をめぐる対立は解決しなかった。同年十二月、侍補らは制度改革を要求し、侍補職を勅任官として侍講の上位となった。しかし元田の「寧ロ侍補ヲ罷メラレテ参議ヲ以テ侍補ノ責任ニ代フル」とする軽率な発言を政府は侍補廃止の好機と捉え、同十二年十月十三日に侍補職は廃止。

参考文献 宮内庁編『明治天皇紀』(一九六八−七七、吉川弘文館)、坂本一登『伊藤博文と明治国家形成―「宮中」の制度化と立憲制の導入―』(一九九一、吉川弘文館)、笠原英彦『天皇親政―佐々木高行日記にみる明治政府と宮廷―』(『中公新書』、一九九五、中央公論社)
(川田　敬一)

じほう　時法　時刻の制度。弘化元年(一八四四)始行の天保暦まで、暦には一日を十二等分し、十二支名で呼ばれる十二辰刻定時法が用いられた。しかし、一般には夜明けと日暮れを基準として昼夜を分け、それぞれを六辰刻に分ける不定時法が用いられた。各辰刻の前半を初刻、後半を正刻に分け、正刻のはじめに時の鐘を撞いた。そのため、各正刻のはじめから「九つ」「八つ」と称えるようになり、十二支名で呼ばれる辰刻に半辰遅れる時鐘数による辰刻が広く用いられた。明治六年(一八七三)一月一日から太陽暦が施行され、同時に一日二十四時間定時法が実施されたが、すでに開港以来、公私の間で欧米から輸入された時計に示される時刻が「何字時」あるいは「何字」として用いられていた。また、これに合せて大阪鎮台では明治三年六月から、東京では翌四年九月から正午に大砲をうって市中に定時法による時刻を知らせた。二十四時間定時法は各地の真太陽時、または平均太陽時によって運用されていたが、明治十二年(一八七九)から東京の地方平均太陽時に統一され、さらに明治二十一年(一八八八)から国際標準時制を採用して、東経一三五度の子午線の時刻をもって日本の標準時と定めた。なお、明治二十八年に台湾および澎湖群島を領有することにより、東経一二〇度以西を西部標準時とし、これまでの標準時を中央標準時と改称した。　↓太陽暦採用《たいようれきさいよう》　↓午砲《どん》　↓標準時《ひょうじゅんじ》

参考文献 橋本万平『日本の時刻制度』(『塙選書』、一九六六、塙書房)
(岡田　芳朗)

しほうかんぞうほうようきゅうもんだい　司法官増俸要求問題　明治三十四年(一九〇一)、司法官による増俸要求運動に関わって、司法官が処分を受けた事件。第四次伊藤博文内閣は、司法官の待遇改善のための増俸予算額を組み込んだ三十四年度予算原案を議会に提出したが、衆議院は、財政整理の後に行うべきとの理由で、増俸予算を削った。これに対して、東京地方裁判所の判事検事を中心に貴族院での増俸予算額復活を目指した運動が展開され、これが各地の司法官に波及し、集会と決議、内閣あるいは貴族院への陳情、意見書の提出が見られた。貴族院では増俸予算額が復活したものの、結局、両院協議会での協議を経て、同年三月二十三日最終的に増俸額

が削除された。この結果を受けて、東京地方裁判所の判検事は、辞表提出という形で抗議の意志を示し、この連袂辞職行動は、大阪、そして全国各地に波及した。これに対して、政府・司法省は、最初に辞表を提出した東京地方裁判所の判検事十六名の辞表を受理して、依願免官に追い込み、これによって連袂辞職による判検事の抗議運動を鎮静化させた。その後、増俸運動の主導者二名を依願免官させ、一名に譴責、百三十二名に諭告を言い渡した。

参考文献 楠精一郎『明治立憲制と司法官』(一九八九、慶応通信)
(三阪 佳弘)

しほうかんろうかじけん　司法官弄花事件　明治二十五年(一八九二)、当時の大審院長児島惟謙を含む大審院判事ら多数が待合で芸妓らを交えて花札賭博をしていたとして大きな社会問題になった事件。同年四月二十八日の新聞各紙が一斉に報道した。司法大臣田中不二麿は児島に辞任を促したが、児島は拒否した。児島は前年五月十一日、来日中のロシア皇太子ニコライが警護の巡査津田三蔵に切られて負傷した大津事件の際、極刑を求める政府に抗して司法権の独立を貫いたことで知られる。児島ら大審院判事七人は判事懲戒法による懲戒裁判に付されたが、証拠不十分で免訴となった。児島は二十五年八月、新たに司法大臣となった山県有朋に検事総長松岡康毅《まつおかやすたけ》の辞職を条件に辞表を提出し、大審院長を辞任した。事件の背景には前年の大津事件があり、このとき政府と鋭く対立した児島の失脚をねらって、山県らが仕組み、新聞に対して情報操作が行われたとする見方もある。

参考文献 我妻栄他編『日本政治裁判史録』二(一九六九、第一法規)
(奥 武則)

しほうけんのどくりつ　司法権の独立　公正な裁判を行い国民の権利を保障するためには、裁判機関が外部からの不当な圧力や干渉を排し、独立していることが必要であるという考え方、またはそのための制度。近代立憲主義の基本原則の一つ。歴史的には行政権からの独立に始まったが、司法権の内部においても、裁判官の職権の独立と地位の独立を保障し、裁判官が良心と法律のみに従って裁判することが求められる。その独立のあり方は各国によって異なる。明治元年(一八六八)閏四月の政体書には、「太政官ノ権力ヲ分ッテ立法行法司法ノ三権トス」とあり、権力分立制を採用したが外見的なものにとどまり、司法権は中央では、刑部省・弾正台・民部省・大蔵省に分掌され、地方では府藩県の地方官が裁判官を兼任していた。明治四年に司法省が設置され、初代司法卿に江藤新平が就任すると、中央の司法権の統合をはかるとともに、地方官の抵抗を排して、各地に裁判所を開設、地方の司法権を回収し、全国の司法権の統一を進め、行政権からの独立の起点となった。その後、明治八年の大阪会議により立憲政体樹立の方針が出され、司法行政と司法権を分離独立させるために、大審院が設置された。大審院は、民事刑事の上告を受け、下級裁判所の不法な審判を破毀し、みずから審判することもでき、また重大な国事犯についても裁判権をもった。もっとも行政裁判所や軍法会議などの特別裁判所が管轄する事項は扱えないなどの制約があった。明治二十二年(一八八九)の大日本帝国憲法において司法権の独立が定められ、翌年の裁判所構成法においても裁判所の権限が強化され、裁判官の職権の独立、地位の独立についても規定されたが、特別裁判所を認め、司法大臣に人事権や広範な司法行政上の監督権を許していたため、司法権の独立は十全ではなく、明治二十四年の大津事件においても問題になった。

参考文献 佐藤功「司法権独立の思想と制度」(『世界』三〇八、一九七二)、毛利敏彦『江藤新平—急進的改革者の悲劇—』(『中公新書』、一九八七、中央公論社)、菊山正明『明治国家の形成と司法制度』(一九九三、御茶の水書房)
(市川 訓敏)

しほうしょう　司法省　司法行政を担当する中央官庁。明治四年七月九日(一八七一年八月二十四日)、刑部省・弾正台を廃止し、その管掌事務を引き継ぎ、執法・申律・折獄・断訟・捕亡を総判する機関として設置。当初、断獄課・断刑課・申律課・贓贖課・庶務課の五課が設けられたが、申律課は同年九月の明法寮の設置により廃止され、また同月、大蔵省が管掌していた聴訟事務を引き継いで聴訟課が設置され、刑事・民事の裁判権を統一して管掌することとなった。なお、八月には東京府の聴訟断獄事務を接収して省内に東京府裁判所を設置する一方(十二月)、捕亡・囚獄事務を地方官に移管している。翌五年八月の司法職務定制により、司法省は、全国法憲を司り各裁判所を統轄する機関として、省務は裁判所・検事局・明法寮の三つに分けられた。同八年の大審院の設置に伴う職制改正により、司法卿は諸裁判官の監督・庶

司法省

務の総判・検事の管摂・検務の統理を掌るが「裁判ニ干預セス」と定められ、もっぱら司法行政を担当することとなったが、判事の任免の権限は留保されていた。その後、同十三年(一八八〇)に省内に議事局・刑事局・民事局が置かれ、さらに、内閣制度の導入に併せた同十九年の職制では、司法大臣は司法行政・司法警察・恩赦に関する事務を管理し、大審院以下の諸裁判所を監督すると定められた。省内には総務局・民事局・刑事局・会計局が置かれ、民事局が判事登用試験・代言人試験などの事項を所管することとした。同三十三年(一九〇〇)七月には内務省から監獄事務を引き継いで省内に監獄局が設置され、同三十六年三月の地方官官制改正・監獄官制制定により、すべての監獄が司法省の直轄とされた。その後、供託事務、少年審判・矯正事務が所管事項に加えられたほか、部局の改組・改称がなされたが、昭和二十二年(一九四七)の日本国憲法および裁判所法により大幅に変革され、翌年二月に法務庁に改組された。 ↓刑部省《ぎょうぶしょう》 ↓弾正台《だんじょうだい》

参考文献 池田寅二郎『司法ニ関スル法制』(『司法資料』一〇四、一九三七、司法省調査課)、司法省編『司法沿革誌』(一九三八、法曹会) (出口 雄二)

しほうしょうさいばんしょ　司法省裁判所 明治時代初期の上訴裁判所。明治五年五月二十七日(一八七二年七月二日)東京に設置された。同年八月仮定の本省職制並ニ事務章程(司法職務定制)では、司法省裁判所は、府県裁判所の判決に対する上訴について覆審を行い、裁判所未設の府県が判断し難い民刑事件について判断を示し、勅奏任官および華族の犯罪を司法卿の命令を受けて取調べる権限を有したが、「国家ノ大事ニ関スル事件」「裁判官ノ犯罪」は司法省臨時裁判所の管轄とされ、また「疑讞及ビ死罪」については司法省の判断を仰ぐこととされた。司法省裁判所長は司法卿が兼掌した。司法省裁判所と同一権限を持った出張裁判所の設置が予定されたが、実現しなかった。明治五年十一月、行政事件も司法裁判所が扱うこととされ、司法省裁判所に直接提訴することも認められたことから、翌六年司法省裁判所を始審とする裁判については、司法省臨時裁判所に覆審を求めることができることになり、司法省裁判所は事実上二等裁判所となった。司法卿による所長兼掌制も廃止された。明治八年大審院創設に伴い、司法省裁判所は廃止され、これに替えて東京上等裁判所が設置された。

参考文献 浅古弘「司法省裁判所私考」(杉山晴康編『裁判と法の歴史的展開』所収、一九九二、敬文堂) (浅古 弘)

しほうしょうほうがっこう　司法省法学校 明治初期の法曹養成のため、司法省が設置した法学の専門教育機関。明治四年(一八七一)九月、司法省内に明法寮が設置された。五年八月、南校仏語学生から九名を含む二十名が入学した。ボアソナード(一八二五―一九一〇)らフランス人御雇い教師によって法学教育が実践された。在学生が卒業後に次期生徒を募集する教育形態で、修業年限の規定はない。八年五月に明法寮は廃止され、司法省直轄の法学校となる。九年三月、十八―二十歳を対象として生徒百名の全国募集を実施した。学科は普通学と専門学。修業年限八年。同年七月、百四名の入学。明治十七年(一八八四)十二月、法学校は速成科(明治九年設置)のみを司法省管轄下に残し、正則科(明治五年設置)は予科・本科とも文部省に移管されて東京法学校と改称した。十八年八月、予科が分離されて、東京外国語学校独仏両語学科とともに東京大学予備門に合併。同年九月、本科も東京大学法学部に合併された。東京法学校は十ヵ月足らずの期間しか存在しなかった。東京大学法学部は、従来の学部を法学部一科、旧東京法学校を法学部二科とした。法学部二科は、十八年十二月に法学部が法政学部と改称されるに伴い、法政学部二科とした。十九年三月の帝国大学法科大学では、当初仏法を主とする法律学第二科は存続されたが、フランス人御雇い教師らの退職などもあって廃止される。司法省に残された法学校速成科は、二十年(一八八七)十二月まで授業が行われた。十九年四月、旧東京大学法政学部別課法学生徒四十七名が文部省から司法省へ移管され、法学校速成生徒に加えられた。東京大学が帝国大学となっても、大学別課法学生は帝国大学に継承されなかったのである。明治十二年以来の速成課程卒業生数は三百三十名以上で、正則課程の三倍に相当する数であった。

参考文献 『東京大学百年史』通史一(一九八四) (谷本 宗生)

しほうしょうほうがっこうせいとたいがくじけん　司法省法学校生徒退学事件 明治前期に多発した官立学校の生徒・学生騒擾のなかでも代表的な事件。明治十二年(一八七九)四月、司法省法学校の生徒であった福本日南《ふくもとにちなん》(一八五七―一九二一)・国分青厓《こくぶせいがい》(一八五七―一九四四)・加藤恒忠(一八五九―一九二三)らが、賄征伐《まかないせいばつ》(賄方と衝突し、食堂で乱闘する)をして退学となる。この退学処分をめぐって、同窓の陸羯南(一八五七―一九〇七)と原敬(一八五六―一九二一)が代表となって賄征伐をした生徒の退学撤回を求めて大木喬任司法卿まで陳情運動をしたが、同様に退学を命じられた。当時の賄征伐について、東京農林学校校長も務めた経験をもつ高橋是清(一八五四―一九三六)がその背景を分析している。それによれば、学校では賄料を生徒から取り、賄一切を学校指定の賄方に委任していた。生徒の側では、賄方は学校懇意なものという情実人事で、食事がいつも不味くて賄方から生徒は不利益を被っているという不平不満が根底にあったものとみる。のちに、旧制高等学校で頻発する賄征伐も共通する問題を有していたといえる。明治十六年(一八八三)十一月、東京大学でも賄征伐など反抗する学生らに対する退学事件が生じている。予備門生六十六名も含め、計百四十六名が退学を命じられた。退学者のなかには、

奥田義人《おくだよしと》（一八六〇—一九一七）・平沼騏一郎《ひらぬまきいちろう》（一八六七—一九五二）・日置益《ひおきえき》（一八六一—一九二六）らもいた。十六年事件の放校者は結果的には悉く復校したが、退学処分の際には官・公・私立学校への入学を禁ずると通達されたのであった。

参考文献 高橋是清『高橋是清自伝』上（『中公文庫』）、『東京大学百年史』通史一（一九八四）、森銑三『新編明治人物夜話』（『岩波文庫』）

（谷本 宗生）

しほうせいど 司法制度 具体的な争訟について法を適用・宣言することによりこれを裁定するために設けられた国家の制度。明治二十二年（一八八九）二月制定の大日本帝国憲法と翌年二月制定の裁判所構成法によって、近代的な司法制度が本格的に成立したが、ヨーロッパ大陸法の考え方に基づいて、その対象を民事・刑事の裁判に限定していた。その成立を促した要因は、不平等条約の改正という課題であり、とりわけ領事裁判権の撤廃による日本裁判権の回復のためには、「泰西主義 Western principles」に範をとって、法典編纂を行い、司法制度を整備・確立することが、欧米列強との条約改正交渉において強く要求されたためである。こうした整備は、廃藩置県による明治政府への権力集中を前提に行われた明治四年（一八七一）七月の司法省設置、翌年八月三日の司法職務定制制定に始まる。同定制以前、中央において刑事裁判を管轄したのは、明治元年正月三職七科制の下での刑法事務科、同年閏四月政体書のもとでの刑法官（鞫獄《きくごく》・捕亡・監察の三司、監察機能について同二年弾正台設置）、同二年七月職員令による刑部省である。民事裁判については、会計事務科、会計官租税司、同二年正月会計官訴訟所、同六月民部官聴訟司（「府藩県ニ於テ土地人民之儀ニ付裁判シ難キ訴訟ヲ聴断ス」）そして同七月民部省が管轄した。しかし、民刑裁判権を実際に行なっていたのは府藩県であり、中央政府は、死罪・流罪にあたる事件、府藩県管轄交渉事件、難事件などに限られていた。初代司法卿となった江藤新平は、フランスの司法制度を参考にして司法職務定制を制定し、司法省を「全国法憲ヲ司リ各裁判所ヲ統括」するものと定め、中央行政機関に裁判権の集中をするという点で限界はあったが、全国的・統一的裁判機関の整備を進めた。同定制は「国家ノ大事」と「裁判官ノ犯罪」を管轄する司法省臨時裁判所、上訴裁判所としての司法省裁判所・同出張裁判所、第一審裁判所としての府県裁判所・区裁判所を設けるとともに（実際に府県裁判所が設置されたのは三府、開港場、関東近隣県）、検事局設置による検察制度の整備、「代言人」「代書人」「証書人」規定による近代的な法律専門職制度の整備、また民事刑事手続規定などを規定することによって、司法制度に関する基本法としての性格を有していた。八年四月十四日の立憲政体に関する詔書は、司法権の最高機関としての大審院を設立することにより、司法権を行政権から独立させ、近代的司法制度を発足させる契機となった。同年五月の大審院諸裁判所職制章程は、上告審としての「全国法憲ノ統一ヲ保スル」大審院、控訴審としての上等裁判所、第一審裁判所としての府県裁判所（翌年九月には区裁判所設置）を設けた。この段階では府県裁判所未設置県が存在していたが、同九年九月に二県もしくは三県を合して一つの地方裁判所を設置し、翌年二月に地方官の判事兼任規定が削除された。以上を通じて独立の裁判機構が成立し、司法省（司法卿）は司法行政機関として、裁判所の監督、司法官の人事権などを管轄し「裁判ニ干与セス」とされた。同十三年（一八八〇）七月には治罪法の制定に伴い、裁判所の位置管轄の区画改正が行われ、上等裁判所は控訴裁判所（東京・大阪・長崎・宮城に加えて、名古屋・広島・函館にも設置）に、地方裁判所は始審裁判所（九十ヵ所）、区裁判所は治安裁判所（百八十一ヵ所）にそれぞれ改称された。しかし、治罪法上治安裁判所が第一審管轄権を持つとされた違警罪については、翌年に当分の間警察署が裁判することとされ、この措置が同十八年の違警罪即決例によって恒久化され、弊害を残すこととなった。十八年十二月の内閣制度発足に伴い、翌年二月司法省官制、同年五月に裁判所官制が制定された。後者は、裁判官・検察官の任用資格と登用方法を定め、控訴裁判所を控訴院に改称し、「裁判官ハ刑事裁判又ハ懲戒裁判ニ依ルニアラサレハ其意ニ反シテ退官及懲罰ヲ受クルコトナシ」と規定することによって、はじめて裁判官の身分保障を明文化した。大日本帝国憲法は、司法権を「天皇ノ名ニ於テ」裁判所が行い、その範囲を民事・刑事事件に限定し、別に特別裁判所の設置、行政庁の違法処分による権利侵害事件を管轄する行政裁判所の設置を予定するとともに、裁判官の身分保障、公開裁判の原則規定を定めた。これら規定をうけて裁判所構成法が制定され、大審院、控訴院、地方裁判所、区裁判所からなる裁判機関を設け、裁判官・検察官の任用資格、身分保障規定を規定した。特別裁判所としては、軍法会議、皇室裁判所が設置され、行政裁判所に関しては、同二十三年六月行政裁判法、同年十月「行政庁ノ違法処分ニ関スル行政裁判ノ件」（法律一〇六号）が制定された。裁判所構成法によって整備された司法制度の基本的な骨格は、第二次世界大戦後の日本国憲法制定に伴う司法制度改革まで維持された。

→行政裁判所《ぎょうせいさいばんしょ》 →刑部省《ぎょうぶしょう》 →区裁判所《くさいばんしょ》 →刑法官《けいほうかん》 →控訴院《こうそいん》 →裁判所構成法《さいばんしょこうせいほう》 →司法省《しほうしょう》 →司法省裁判所《しほうしょうさいばんしょ》 →大審院《だいしんいん》 →治安裁判所《ちあんさいばんしょ》 →地方裁判所《ちほうさいばんしょ》 →府県裁判所《ふけんさいばんしょ》

参考文献 石井良助編『明治文化史』法制編（一九五八、洋々社）、染野義信『近代的転換における裁判制度』（一九六八、勁草書房）

（三阪 佳弘）

しほんゆしゅつ 資本輸出 資本主義の帝国主義段階を特徴付ける対外活動の一種で、通常は国内で有利な投資先を見出せなくなった独占資本が資本輸出を行うが そうした内発的条件を欠く後発帝国主義も先進帝国主義との対抗上、資本輸出を行うことが多い。近代日本の対外投資は、独占資本が未成熟な日露戦争以前の段階では、植民地台湾での鉄道・銀行・糖業部門への直接投資や、朝鮮への綿糸布輸出を促進するための交通・銀行部門への直接投資が、官民共同で行われた。中国への投資は、三井物産・内外綿・日本綿花という貿易商社による在華紡の先駆的投資や官営製鉄所の原料鉄鉱石確保のための大冶《たいや》鉄山(湖北省大冶県)への借款供与が見られた。日露戦後には、ロシアから利権を引き継いだ南満洲鉄道が大規模な直接投資として活動するが、日本政府が一億円の現物出資をしたほかは、民間出資は二千万円(当初払込二百万円)にすぎず、当初はイギリスでの社債発行に頼っての資本輸出であった。

参考文献 安藤彦太郎『満鉄—日本帝国主義と中国—』(一九六五、御茶の水書房)、高村直助『近代日本綿業と中国』(『歴史学選書』、一九八二、東京大学出版会)、石井寛治『近代日本金融史序説』(一九九九、東京大学出版会)

(石井 寛治)

しほんろん　資本論　カール＝マルクスが著わした資本制社会の経済構造を総体として究明した書物。原題はDas Kapital, Kritik der politischen Ökonomieである。第一巻はマルクス自身が一八六七年に刊行したが、第二巻、第三巻は、友人のエンゲルスが遺稿を整理して、それぞれ一八八五年、九四年に刊行した。明治二十六年(一八九三)の『国家学会雑誌』掲載の草鹿丁卯次郎《くさかちょうじろう》「カル・マルックス」がはじめて『資本論』を日本に簡単に紹介し、幸徳秋水『社会主義神髄』(明治三十六年(一九〇三)刊)は、『資本論』英訳本によりつつ、資本家が労働力商品の購買を通じて「剰余価格」を掠奪すると論じた。明治四十年(一九〇七)の『大阪平民新聞』六—九号に山川均が書いた「マルクスの『資本論』」は正確に『資本論』第一巻を紹介し、そこで山川が用いた「使用価値」「交換価値」「相対的剰余価値」などの訳語はその後の翻訳の基礎となった。『資本論』の日本語全訳の最初は、大正九年(一九二〇)から十三年(一九二四)にかけて刊行された高畠素之《たかばたけもとゆき》による『資本論』全訳十冊である。↓高畠素之《たかばたけもとゆき》 ↓マルクス

参考文献 鈴木鴻一郎『「資本論」と日本』(一九五九、弘文堂)、久留間鮫造他編『資本論辞典』(一九六一、青木書店)

(石井 寛治)

しまいせい　島惟精　一八三四—八六　明治時代前期の地方官。天保五年四月一日(一八三四年五月九日)に生まれる。旧豊後国府内藩士であり、勤皇の志があり国学に通じたため投獄された経験を持つ。明治元年(一八六八)に弁官となるが、録事に転じて若松県判事に進む。参事となり、三年民部権少丞兼大蔵権少丞となる。四年盛岡県参事、盛岡県権令、六年岩手県令に進む。十年ほどの岩手県令の間には教育・水利灌漑に力を入れた。ついで内務省へ転じ、十七年(一八八四)に土木局長、参事院議官となる。十八年茨城県令となるが、明治十九年五月十一日に病没。五十三歳。

(西尾林太郎)

しまかこく　島霞谷　一八二七—七〇　幕末から明治維新期の絵師、写真家。文政十年(一八二七)栃木県栃木町の旅籠角屋仁三郎の子として生まれる。弘化四年(一八四七)江戸に上り椿椿山《つばきちんざん》に大和絵を学ぶ。美人画をよくした。安政二年(一八五五)隆《りう》と結婚する。この間西洋人に写真と洋画を習ったという。文久二年(一八六二)江戸下谷に隆が写真館を開く。文久元年ごろ寺沢三男三郎の名を借りて開成所に入ったとみられる。慶応三年(一八六七)絵図取調役方に任ぜられ測量図製作を学び、また写真や洋画を多く遺した。同年三男三郎母実家の姓を継ぎ島姓となる。明治元年(一八六八)十一月一橋徳川家召抱えとなり、仁三郎と改名。二年十月大学東校にて画師、中写字生、三年四月大写字生となり、大学東校の教科書類のため独自に鋳造法を研究して活字鋳造・活版印刷に取組み、十月完成させるが、その活字が使用されるのを見ず、明治三年十月二十九日(一八七〇年十一月二十二日)死去。四十四歳。

参考文献 『(幕末幻の油絵師)島霞谷』(展覧会図録、一九九六、松戸市戸定歴史館)、府川充男「和文鋳造活字の「傍流」」(印刷史研究会編『本と活字の歴史事典』所収、二〇〇〇、柏書房)

(府川 充男)

しまきあかひこ　島木赤彦　一八七六—一九二六　明治・大正時代の歌人。本名久保田俊彦。別号、柹《かき》の村人、柹陰山房主人。明治九年(一八七六)十二月十七日、長野県諏訪郡上諏訪村(諏訪市)に、父塚原浅茅(小学校教員)、母さいの四男として生まれる。二十七年(一八九四)、長野県尋常師範学校入学。同級に太田水穂《おおたみずほ》がいた。『文庫』『少年園』『青年文』『もしほ草』などに新体詩や短歌を投稿。三十年(一八九七)、下諏訪町高木の久保田政信の養嗣子となり、翌年長女うたと結婚。三十一年三月、師範学校を卒業して、北安曇郡池田尋常小学校訓導となる。三十三年新聞『日本』の正岡子規の応募短歌に、一首がとられる。三十五年、妻うたが死に、妹ふじと結婚。妻追慕の新体詩を『文庫』に掲載。三十六年、矢ケ崎奇峰《やがさききほう》、太田水穂らと『比牟呂《ひむろ》』を創刊。短歌や歌論を掲載する。また創刊された根岸短歌会機関誌『馬酔木《あしび》』に短歌を載せ、翌年には伊藤左千夫《いとうさちお》が上諏訪を訪れ、歌会を開催。三十八年太田水穂と合著詩歌集『山上湖上』を刊行。山百合と号して新体詩を載せる。四十二年(一九〇九)、広丘村小学校校長となり、同校に赴任してきた中原静子《なかはらしずこ》と知る。四十二年『比牟呂』は『アララギ』と合併。四十

島木赤彦

五年諏訪郡視学となる。大正二年(一九一三)中村憲吉《なかむらけんきち》との合著歌集『馬鈴薯の花』を、久保田柿人の号で刊行。のちは島木赤彦を筆名とする。三年、視学を退職し上京、私立淑徳高等女学校の講師をし、翌年の二月号から『アララギ』の編集人となる。以後没年まで編集人をつとめ、大正期のアララギ全盛期を支えた。四年第二歌集『切火』、九年第三歌集『氷魚』を刊行。また十三年(一九二四)、歌論集『歌道小見』を刊行。万葉集の「原始的な強さと太さ」を尊び、感情の直接表現、全心の集中としての「写生道」「鍛錬道」を唱えた。同年、自然、人生の「寂寥相」に触れると賞される第四歌集『太虚集』を刊行。十四年『万葉集の鑑賞及び其批評』前編を刊行。十五年、胃癌を宣告され、三月二十七日没。五十一歳。没後第五歌集『柿蔭集』が刊行された。また昭和四年(一九二九)から『赤彦全集』(全八巻)が刊行され、四十四年(一九六九)に全九巻、別巻一で再版。

参考文献 『伊藤左千夫・長塚節・島木赤彦集』(『日本近代文学大系』四四、一九七二、角川書店)、上田三四二『島木赤彦』(一九六七、角川書店)

(内藤　明)

しまざきとうそん　島崎藤村　一八七二―一九四三　詩人、小説家。本名春樹。明治五年二月十七日(一八七二年三月二十五日)、島崎正樹・縫《ぬい》の四男として長野県に生まれた。生家は代々旧中山道馬籠《まごめ》宿で本陣・問屋・庄屋を兼ねた家柄で、父正樹は平田派の国学に傾倒していた。明治十四年(一八八一)、数え十歳で兄と上京。泰明小学校などを経て明治学院に学ぶ。同窓の馬場孤蝶《ばばこちょう》・戸川秋骨《とがわしゅうこつ》らとの交流やキリスト教への入信によって文学開眼へと導かれていった。巌本善治《いわもとよしはる》の『女学雑誌』に寄稿する一方、明治女学校の教師となり、北村透谷《きたむらとうこく》・星野天知《ほしのてんち》・平田禿木《ひらたとくぼく》らを知った。二十六年(一八九三)一月『文学界』の創刊に参加。初期習作を掲げたが、翌年、生涯の先達として兄事しつづけた北村透谷が自殺、家庭でも長兄が未決監に入れられるなど、若い藤村に苦難の日々がつづいた。二十九年仙台の東北学院に赴任。心の解放を得て、詩篇を相ついで発表。仙台赴任前後から発表した詩篇を集めて、三十年(一八九七)八月第一詩集『若菜集』が刊行された。以下『一葉舟《ひとはぶね》』『夏草』『落梅集《らくばいしゅう》』によって詩人としての名声を築きつづける一方、三十二年には小諸義塾の教師として信州小諸に赴任、自然と人生への観察を深め、詩人から小説家への転身の準備期間を迎える。三十九年三月、最初の長編小説『破戒』を『緑蔭叢書《りょくいんそうしょ》』第一編として自費出版。三人の子を相ついで失う悲しみの中で完成に至った『破戒』は、島村抱月《しまむらほうげつ》ら多くの評家から絶賛され、藤村は作家的地位を確立した。次作『春』では自伝的作風に転じ、透谷を中心とする『文学界』時代の青春を回顧した藤村は、つづいて第三の長編『家』に取りかかる。一族の二大旧家をモデルに、その没落していく過程を内部から精緻な眼で描いた『家』は自然主義を代表する傑作となった。ここからしばらくの間、藤村の作家活動は停滞期を迎え、短編小説が多く書かれることになる。背景には実生活上の深刻な問題が存在した。藤村は『家』執筆中の四十三年(一九一〇)八月妻冬子を失ったが、家事手伝いとして四人の子どもたちの世話をしていた姪こま子(次兄の娘)と肉体的な過失を犯していたのである。やがて過ちを悔い、問題の解決の道を求めて大正二年(一九一三)四月、藤村は遠くフランスへと旅立った。フランス滞在中、『朝日新聞』に寄せられた「仏蘭西だより」は『平和の巴里』『戦争と巴里』として刊行された。大正五年七月帰国。フランスでの三年間は謹慎の日々ではあったが、一方でヨーロッパ理解の好機ともなり、日本の近代を問い直すきっかけとなっていく。その成果は帰国後発表された紀行感想集『海へ』における独特の文明批評に見られる。こま子との関係は、帰国後ふたたび復活。懊悩の末に選んだ自己救抜の方法は、背徳の事実を新聞小説の形で世間に公表するという大胆なものであった。頽廃からの起死回生を企図した『新生』は、世間的に大反響を呼ぶと同時に、次兄とは義絶、こま子は台湾へ行くことになった。十一年(一九二二)四月、婦人のための雑誌『処女地』を創刊。『嵐』に描かれたように四人の子どもたちの成長を見守りつつ、昭和三年(一九二八)加藤静子と再婚、藤村文学の集大成ともいうべき大作『夜明け前』の準備を進める。座敷牢で悶死した父正樹をモデルに主人公青山半蔵の悲劇的生涯を描いた『夜明け前』は、嘉永六年(一八五三)から明治十九年まで幕末維新の流れをたどった壮大な歴史物語であり、完成までに七年を要した。昭和十年(一九三五)日本ペンクラブが結成され、会長に就任した藤村は翌年七月、第十四回国際ペンクラブ大会に出席のためアルゼンチンに赴き、欧米を視察して翌年一月帰国した。十七年日本文学報国会名誉会員となり、騒然たる時勢の中、最後の長編『東方の門』の連載を始めたが、稿半ばの十八年八月二十二日、神奈川県中郡大磯町東小磯の自宅で七十二歳の生涯を閉じた。　→破戒《はかい》

島崎藤村

参考文献 笹淵友一『「文学界」とその時代―「文学界」を焦点とする浪漫主義文学の研究―』(一九五九・六〇、明治書院)、十川信介『島崎藤村』(一九六〇、筑摩書房)、三好行雄『島崎藤村論(増補版)』(一九六四、筑摩書房)、平野謙『島崎藤村』(『岩波現代文庫』、二〇〇一、岩波書店)

(小仲　信孝)

しまざきまさき　島崎正樹　一八三一―八六　庄屋、国

学者、神職。幼名は重寛。号は璞堂《あらたまのや》、静舎《しずのや》など。天保二年五月四日（一八三一年六月十三日）、信濃国筑摩郡神坂《みさか》の馬籠《まごめ》宿（岐阜県中津川市）に生まれる。父は島崎重韶《しげつぐ》で、家は中山道の本陣で庄屋を兼ねていた。中津川宿の医師馬島靖庵《まじませいあん》のもとで国学を学び、文久三年（一八六三）正月に平田篤胤《ひらたあつたね》の没後門人と認められる。王政復古後は学事掛、神坂敬義学校教諭を務めたが、欧化政策に反発し、運動のために明治七年（一八七四）に上京する。田中不二麿の配慮で教部省考証課の雇となったが、明治天皇の車駕に自作の歌を記した扇子を投じ、捕縛される。釈放後、飛騨一宮水無神社宮司となり、権中講義を兼務した。明治十三年（一八八〇）の東山道巡幸に際し、馬籠で休息中の天皇に時流を批判する献言を試み、斥けられる。晩年、発狂し、明治十九年十一月二十九日に五十六歳で没す。鈴木昭一編『島崎正樹（重寛）全歌集』（平成十九年、藤村記念館）がある。末子の島崎藤村《とうそん》（春樹）が著わした小説『夜明け前』の主人公青山半蔵は、正樹がモデルであるが、作中には山林解放運動での中心的役割や戸長免職など、藤村によって創作された部分や誤謬もある。

参考文献 鈴木昭一『「夜明け前」探求―史料と翻刻―』（一九九八、おうふう）、北條浩『島崎藤村『夜明け前』リアリティの虚構と真実―木曾山林事件にみる転落の文学の背景―』（一九九九、お茶の水書房）、沼田哲「変革期における一豪農の思想と行動―木曾馬籠・島崎正樹の場合―」（羽賀祥二編『幕末維新の文化』所収、二〇〇二、吉川弘文館）

（落合　弘樹）

しまじもくらい　島地黙雷　一八三八―一九一一　浄土真宗本願寺派改革僧。天保九年二月十五日（一八三八年三月十日）周防佐波郡の本願寺派専照寺円随の四男として生まれる。弘化四年（一八四七）から同郡乗円寺法瑞の錦園塾に学び、安政四年（一八五七）からは九州に遊学して肥前の原口針水《はらぐちしんすい》に師事。慶応二年（一八六六）同郡島地村妙誓寺に養子として入寺し島地姓となる。明治元年（一八六八）、大洲鉄然《おおずてつねん》・赤松連城《あかまつれんじょう》らと本山・教団組織改革の建議書を提出して容れられ、弊風一洗に乗り出す。明治五年正月、門主代理梅上沢融《うめがみたくゆう》の随行として海外教情視察にヨーロッパに赴き、翌年七月帰国。現地で岩倉欧米使節団としばしば会い、三条教則批判建白書・大教院分離建白書などを日本政府に提出、政府宗教政策の批判、真宗の大教院分離要求の先頭に立った。帰国後は大内青巒《おおうちせいらん》による雑誌『報四叢談』に参加、ほとんど毎号執筆して仏教改革を提唱。同十一年（一八七八）・十二年の本山における長州勢力排除には、島地が三条実美・伊藤博文の力を借りて落着を図り収拾。同十七年に『令知会雑誌』創刊。監獄教誨、海外開教に積極的姿勢をとり、同二十六年（一八九三）本山執行長に就く。終生、仏教論説を数多く雑誌に発表。同四十四年（一九一一）二月三日没、七十四歳。著書に『四恩弁衍義』『三国仏教略史』『真宗大意』『観経通俗講義録』『信因称報義』『仏教と戦争（傷病軍人慰問講話）』、『島地黙雷全集』五巻など。

参考文献 「島地黙雷上人略伝」（『警声』一八四）、花山信勝「島地黙雷」（『現代仏教』一〇五）、『自伝略史』、「年譜」（『島地黙雷全集』五所収、一九七八、本願寺出版部）

（木場　明志）

島地黙雷

しまだいちろう　島田一良　一八四八―七八　参議兼内務卿大久保利通の暗殺者。通称助太郎、一郎とも書く。嘉永元年（一八四八）加賀藩大組頭島田金助の子として金沢で生まれる。明治元年（一八六八）戊辰戦争に藩兵隊に属して参加、のちに陸軍に入って大尉に進む。同七年、帰郷して忠告社に加入したが、分かれて三光寺派を組織した。間もなく明治十一年（一八七八）五月十四日午前八時すぎに、同志六名で東京紀尾井坂において太政官に出勤する大久保を乗せた馬車を襲って斬殺。斬姦状には、「公議を杜絶し、民権を抑圧し、以て政事を私する」「法令漫施、請託公行、恣に威福を張る」「不急の土木を興し、無用の修飾を事とし、国財を徒費する」「慷慨忠節の士を疎斥し、憂国敵愾の徒を嫌疑し、以て内乱を醸成する」「外国交際の道を誤り、国権を失墜する」と理由が記されていた。七月二十七日、大審院臨時裁判所から斬罪を宣告、執行された。三十一歳。→紀尾井坂《きおいざか》の変《へん》

参考文献 黒竜会編『西南記伝（復刻版）』下二（『明治百年史叢書』、一九六九、原書房）

（毛利　敏彦）

島田一良

しまだかん　島田翰　一八七九―一九一五　漢籍書誌学者。名は翰、字は彦楨。明治十二年（一八七九）一月二日、島田重礼（篁村）の三男として東京小石川小日向に出生。幼時より吃音に難渋。明治二十四年（一八九一）高等師範学校附属尋常中学科に進み、ついで明治三十年（一八九七）―三十三年まで高等商業学校附属外国語学校清語本科に学ぶ。永井荷風は中学・外語の同級、田中慶太郎は外語清語別科に在籍し、ともに親交があった。明治三十一年の父没後、その遺命により竹添進一郎に師事。宮内大臣田中光顕《たなかみつあき》の知遇を得て、図書寮の古写本『春秋経伝集解』

を用い竹添の『左氏会箋』(明治三十六年刊)校勘作業に才能を発揮。明治三十六年、北京に遊び、また徳富蘇峰と相知る。明治三十八年、清国を再訪し兪樾と筆談、帰国後、明治三十九年—四十年(一九〇七)陸心源旧蔵書の静嘉堂文庫購入を斡旋。金沢文庫の古写本『文選集注』を持ち出して清人に売却したことが発覚し、収監を前に大正四年(一九一五)七月二十八日、横浜で自殺。三十七歳。著作に『古文旧書考』『訪余録』『皕宋楼蔵書源流攷』がある。

参考文献　『(続)蘇峰とその時代—小伝鬼才の書誌学島田翰—』(一九九八、徳富蘇峰記念館)　(町　泉寿郎)

しまだぐみ　島田組　江戸時代中期から明治時代初期にかけて活躍した豪商。山城国綴喜郡出身の島田義房(八郎左衛門)が京都に出て呉服商を創業。ついで江戸・大坂にも開店して、両替商も営む。屋号は、はじめ徳田屋、のち将軍徳川吉宗より蛭子を描いた盃を拝領したことから蛭子《えびす》屋とした。当主は代々島田八郎左衛門を襲名、宝暦二年(一七五二)、金銀御為替御用達十人組に加入した。幕末維新期の激動のなかで、木綿・繰綿・真綿売買をも営んだが、明治維新後には、新政府の三井組・小野組らと為替方となり、金穀出納所献納や会計基立金への献金や調達を命ぜられた。さらに太政官札の発行にも携わり、明治政府の財政を支えた。商法会所・通商会社・為替会社の運営にも参加し、香川・北条・小田・岡山・鳥取・宮崎・敦賀・山梨・茨城の九県の府県為替方となったが、公金取扱いに対する抵当増額令の期限(明治七年(一八七四)十二月)に間に合わず、小野組とともに閉店に追い込まれた。

参考文献　加藤幸三郎「政商資本の形成」(揖西光速編『日本経済史大系』五所収、一九六五、東京大学出版会)、三井文庫編『三井事業史』本篇二(一九八〇)　(加藤幸三郎)

しまだこうそん　島田篁村　一八三八—九八　漢学者。名は重礼、字は敬甫、通称は源六郎、号は篁村。天保九年八月十八日(一八三八年十月六日)、武蔵国荏原郡大崎村(東京都品川区)に島田重規の八男として生まれる。はじめ大沢赤城《おおさわせきじょう》に入門し、ついで海保漁村《かいぼぎょそん》、安政六年(一八五九)—万延元年(一八六〇)には安積艮斎《あさかごんさい》に師事し、さらに文久二年(一八六二)十一月(一説に文久三年二月とも)昌平黌に入って塩谷宕陰《しおのやとういん》に学ぶ。慶応元年(一八六五)、昌平黌における試業に甲科で合格し助教に抜擢される。慶応三年、外国調役並を拝したが辞退し、諸藩からの聘も辞し、ただ越後村上藩から賓師の俸を稟け、食を節して書を購う赤貧生活を続けた。維新後、明治二年(一八六九)、下谷長者町(のち練塀小路、台東区)に双桂精舎開塾。明治七年、東京師範学校雇、明治八年、太政官修史局三等協修を経て、東京大学文学部に教鞭を執り、明治十二年(一八七九)に講師、明治十四年に教授となり、帝国大学文科大学でも明治十九年に教授に任じられた。目録学の知識に基づく中国哲学史講義はその創始にかかり、中国古典の演習は厳格かつ詳細をきわめた。講座制のもと明治二十六年(一八九三)から漢学支那語学第一講座を担当し、明治三十一年(一八九八)八月二十七日、在職のまま六十一歳で没した。ほかに東京女子師範学校にも出講した。海保漁村の師大田錦城《おおたきんじょう》以来の漢宋兼学の学風のもと、服部宇之吉・狩野直喜《かのなおき》・安井小太郎・滝川亀太郎・岡田正之らの人材を輩出し、近代的な中国古典学の基礎を築いた功績は大きいが、講義録・講演記録のほかは論著に乏しく、その学績は十分に顕れていない。明治二十一年の文学博士、明治二十五年の東京学士会院会員は、ともにその創設時の授与・任命にかかる。蔵書は海保漁村の旧蔵本を多く含み、ほぼ東京大学総合図書館などに伝存する。妻澄は塩谷宕陰の外孫、長男鈞一《きんいち》は第一高等学校・東京文理科大学教授、その妻絲子は川田剛の次女、三男は翰《かん》、長女琴子は安井小太郎夫人、次女繁子は服部宇之吉夫人、鈞一の男俊彦は武蔵大学教授、翰の次男春雄は国学院大学教授。著作に『篁村遺稿』がある。　(町　泉寿郎)

しまださぶろう　島田三郎　一八五二—一九二三　明治中期から大正期の政治家。嘉永五年十一月七日(一八五二年十二月十七日)、江戸赤坂に御家人鈴木智英の三男として生まれる。徳川家の駿府移封により沼津に移り　明治二年(一八六九)九月沼津兵学校に入学、ついで大学南校、大蔵省附属英学校に学んだ後、横浜に出て宣教師ブラウンの英学塾に入った。明治十九年(一八八六)一月に至り、植村正久より洗礼を受けたのはその影響であるという。また、『横浜毎日新聞』に入り海外電報や外字新聞などを翻訳する一方、明治七年同社の社員総代島田豊寛《とよひろ》の養子となり、島田三郎を名乗った(号沼南)。明治八年七月元老院大書記生となり法律調査局に勤め、ベンサムの『立法論綱』を翻訳。元老院の副議長河野敏鎌《こうのとがま》が文部卿となったのに伴い文部省に移り、明治十三年六月文部権大書記官となった。旧幕臣で元老院権大書記官であった沼間《ぬま》守一《もりかず》との関係も深く、沼間の組織した嚶鳴社《おうめいしゃ》の有力社員となっている。明治十四年の政変が起ると免官となり、沼間の経営する『東京横浜毎日新聞』に再び入り、また翌年成立した立憲改進党に沼間とともに入党した。明治十五年二月神奈川県会議員に当選、三月同議長に就任。明治十七年改進党に解党論が起った際はこれに反対したが、党運動は停滞、明治二十一年(一八八八)三月から翌年八月まで欧米に外遊した。明治二十三年七月最初の衆議院議員選挙が行われ、神奈川県第一区より当選、以後死去するまで横浜市を根拠に連続十四回当選を果たした。帝国議会が開設されると、改進党系の論客として活躍、第三議会では第一次松方内閣による選挙干渉を弾劾した。議会における島田の雄弁ぶりは、その民党議員としての名声とともに広く知られるようになった。第七議会では衆議院副議長に就任(明治二十七年十月—三十年十二月)、明治二十九年三月改進党が解党し進歩党が結成されると、

島田三郎

同党に所属、毎日系の領袖とみなされた。しかし、進歩党による薩派との提携には反対し、同党を与党とした第二次松方内閣下では党内非主流の位置におかれた。さらに、自由党との合同による憲政党を経て、その分裂により成立した憲政本党(旧進歩党系)に所属したが、党議に反して地租増徴に賛成、明治三十一年(一八九八)十二月脱党し、無所属議員となった。以後、議会では政交倶楽部・猶興会《ゆうこうかい》・又新会《ゆうしんかい》などの民党系の院内会派に所属、逓相星亨(第四次伊藤内閣)の東京市疑獄への関与を追及するなど、いわゆる硬派として歴代内閣に反対するところが多かった。また、明治三十年ころより労働問題や社会正義への関心を強め、足尾銅山鉱毒問題に取り組んだほか、労働組合期成会の評議員、活版工組合会長となり、明治三十二年横山源之助の『日本之下層社会』に序文を寄せた。積極的な廃娼運動も展開し、明治三十三年には廃娼同盟会を結成、四十四年(一九一一)には廓清会《かくせいかい》会長に就任している。しかし、島田の主張を社会に宣明し続けた『東京毎日新聞』(明治二十七年社長就任)は経営難に陥り、島田は明治四十一年十二月同社より退いた。立憲国民党の創立に参加し、明治四十三年三月その成立の後は党幹部と目されたが、大正二年(一九一三)一月、官僚系の桂太郎首相による新党計画(のち立憲同志会)に呼応し脱党。このため、世論の攻撃を浴びたが、翌年一月海軍の汚職(シーメンス事件)を議会で追及、世論を喚起し、第一次山本内閣は総辞職に追い込まれた。大正三年四月立憲同志会などを与党とした第二次大隈内閣が成立すると、衆議院議長に就任(大正四年五月―六年一月)。大正五年十月、立憲同志会を基礎とした憲政会結成により、その顧問となった。しかし、党主流とは次第に乖離し、軍縮問題や普選運動に没頭するに至った。大正十年(一九二一)三月憲政会を脱党、十一年十一月革新倶楽部へ参加。翌年十一月十四日東京市麹町区六番町(東京都千代田区)の自宅で死去した。七十二歳。葬儀は生前の信仰にもとづきキリスト教式であった。著書に井伊直弼の伝記『開国始末』、また『日本改造論』などがある。全集に『島田三郎全集(編集復刻増補版)』全七巻(平成元年、竜渓書舎)がある。→開国始末《かいこくしまつ》

参考文献　高橋昌郎『島田三郎伝』(一九六八、まほろば書房)、井上徹英『島田三郎と近代日本―孤高の自由主義者―』(一九九一、明石書店)、櫻井良樹「日露戦後における島田三郎の政治軌跡」(横浜近代史研究会・横浜開港資料館編『横浜の近代―都市の形成と展開―』所収、一九九七、日本経済評論社)　(木下　恵太)

しまだしげのり　島田重礼　⇨島田篁村《しまだこうそん》

しまだたかゆき　島田孝之　一八五〇―一九〇七　明治時代中期の政治家。嘉永三年五月三日(一八五〇年六月十二日)のち富山県東砺波《ひがしとなみ》郡般若野《はんにゃの》村(高岡市)に生まれる。少時より頭角を現わし、明治七年(一八七四)新川《にいかわ》県講習所を卒業。新川県学区取締に就任、明治十二年(一八七九)青森県野辺地《のへじ》警察署長となったが、民権運動の高揚に伴い職を棄てて帰郷、明治十四年北辰社《ほくしんしゃ》を設立。翌年越中改進党を結成、上京して大隈重信に面会し、中央の立憲改進党に合流した。明治十五年、石川県会議員に当選、富山が分県して富山県会議員となり、明治十九年県会議長に就任。この前年より改進党系の『北辰雑誌』を発刊、明治二十三年(一八九〇)最初の衆議院議員選挙より四期連続当選した。北陸方面における立憲改進党・進歩党勢力の中心人物の一人であったが、資産を喪失したため政治活動を断念、明治三十年(一八九七)四月みずからが設立に尽力した富山日報社の社長、また中越鉄道株式会社社長、富山県農工銀行頭取となった。明治四十年(一九〇七)一月十五日農工銀行在行中に倒れ、死去した。五十八歳。

参考文献　『中田町誌』(一九六八)、松田富雄編『島田孝之とその生涯』(一九七〇、島田孝之先生顕彰会)、大久保利夫『衆議院議員候補者列伝―一名帝国名士叢伝(復刻)―』(『列伝叢書』一三、一九九五、大空社)　(木下　恵太)

しまだともはる　島田友春　一八六五―一九四七　明治から昭和時代の日本画家、教育家。慶応元年二月十日(一八六五年三月七日)島田蕃根《しまだばんこん》の子として周防国徳山(山口県周南市)に生まれる。東京麹町区の番町学校小学科を終えて安田老山《やすだろうざん》、河鍋暁斎《かわなべきょうさい》に師事し、さらに上海に渡航して銭吉生、沈心海に人物画を、葉新濃に北京語を学んだ。明治二十二年(一八八九)東京美術学校に第一期生として入学し、絵画科を卒業後、同二十七年同校公認予備校共立美術学館の教員、ついで館長となった。同三十一年(一八九八)東京美術学校日本画助教授となり、同校卒業生の団体である精芸会や丹青会でも活躍し、仏教や歴史上の人物を題材とする堅実で穏やかな作風を示したが、同三十四年退職して女子美術学校講師となる。同三十六年私立日本女子美術学校(現都立忍岡高校)を設立し、同四十年(一九〇七)同校を退いた後、千葉県高等女学校教員となった。昭和二十二年(一九四七)四月十六日没。八十三歳。

参考文献　『東京都立忍岡高等学校創立九十周年記念誌』(二〇〇二)　(吉田千鶴子)

しまだばんこん　島田蕃根　一八二七―一九〇七　仏教学者。文政十年十一月八日(一八二七年十二月二十五日)、周防国徳山(山口県周南市)に天台宗本山派修験道行者の家に生まれる。徳山藩主の命により興譲館で教えたほか

大参事となる。明治五年（一八七二）、教部省に勤務し、明治十年（一八七七）同省廃止後は内務省社寺局、記録局、修史局に勤務する。明治十二年、福田行誡《ふくだぎょうかい》らとともに『大蔵経』刊行を企画する。山東直砥《さんとうなおと》らとともに弘教書院を設立し、『縮刷大蔵経』を刊行した。明治四十年（一九〇七）九月二日没。八十一歳。

参考文献 島田蕃根翁延寿会編『島田蕃根翁』（一九〇八）、斎藤兼蔵「先代琳琅閣とその周囲」（反町茂雄編『紙魚の昔がたり』所収、一九七八、臨川書店）

（川邉 雄大）

しまだよしなり 島田佳矣 一八七〇―一九六二 明治から昭和時代の図案家、図案指導者。号景州。明治三年七月十四日（一八七〇年八月十日）加賀国金沢に生まれる。石川県工業学校卒業後上京、岸光景《きしこうけい》に師事し、同二十二年（一八八九）東京美術学校に第一期生として入学。同二十七年絵画科を卒業後、東京工業学校図案科助教授となり、同三十五年（一九〇二）東京美術学校図案科教授に就任。日本・西洋の図案を総合した図案教程を確立し、昭和七年（一九三二）まで指導に携わったほか、全国各地で工芸図案の指導をし、内外博覧会や図案及応用作品展覧会（農展）の図案の審査に従事した。日本の古美術、工芸の研究に造詣が深く、東京美術学校が受託した高級な献上品の図案などに多く携わってその本領を発揮した。明治四十四年（一九一一）に『工芸図案法講義』（興文社）を出版。代表作の一つに昭和三年完成の御成婚奉祝献上書棚二基の図案がある。同三十七年（一九六二）五月十二日没。満九十一歳。

参考文献 磯崎康彦・吉田千鶴子『東京美術学校の歴史』（一九七七、日本文教出版）

（吉田千鶴子）

しまちどりつきのしらなみ 島鵆月白浪 歌舞伎狂言。散切物。五幕。明治十四年（一八八一）十一月、東京新富座初演。河竹黙阿弥《かわたけもくあみ》の引退披露興行での作品。盗賊の活躍する芝居（白浪物）を多く書いてきた黙阿弥にふさわしく主役はすべて盗賊で、最後に改心する。主役の三人、望月輝《もちづきあきら》に九代目市川團十郎、明石の島蔵に五代目尾上菊五郎、松島千太に初代市川左團次。明治二年（一八六九）創建の招魂社（靖国神社）を終幕の場面に設定し人気を得たことも特色といえる。 →河竹黙阿弥《かわたけもくあみ》

参考文献 『河竹黙阿弥集』（『新日本古典文学大系』明治編八、二〇〇一、岩波書店）

（佐藤かつら）

しまづげんぞう 島津源蔵 ㈠初代 一八三九―九四 企業家。島津製作所の創業者。天保十年五月十五日（一八三九年六月二十五日）島津清兵衛の次男として京都に生まれ、家業の仏具製作に従事。明治八年（一八七五）京都木屋町二条で理化学器械製造工場を開業した。京都舎密《せいみ》局のオランダ人薬学士ヘールツやドイツ人技師ワグネルから指導を受け、理化学機器の組立・修理に携わった。同十一年（一八七八）有人の水素ガス軽気球の飛揚に成功。工場経営も次第に軌道に乗り、同十四年の第二回内国勧業博覧会に蒸溜機（有功二等賞入賞）やマグデブルグ半球、アトウッド落体試験機などを出品した。同十五年に日本最初の理化学器械のカタログ『理化器械目録表』を刊行、十九年には『理化学的工芸雑誌』を発刊した。工場内に設けた理化学会を通じて科学知識・技術の普及・啓蒙に力を注ぎ、同年京都師範学校金工科の指導を委嘱された。工場兼店舗も徐々に拡張、事業も順調に発展した。同二十七年（一八九四）十二月八日、五十六歳で死去。

島津源蔵㈠画像

参考文献 『島津製作所史』（一九六七）、島津製作所総務部編『島津の源流』（一九九五）

㈡二代 一八六九―一九五一 発明家、企業家。明治二年六月十七日（一八六九年七月二十五日）初代源蔵の長男として京都に生まれる。幼名梅治郎。小学校に数年就学したのみで、父の工場の見習いをしながら科学的知識・技術を学ぶ。同十七年（一八八四）弱冠十六歳でウィムシャースト式感応起電機を完成させ、二十年（一八八七）から二十五年まで京都師範学校で教壇に立った。同二十七年に初代源蔵が急死、二代源蔵を襲名して島津製作所主となり、二十九年に日本初のエックス線写真の撮影に成功。翌年京都帝国大学の依頼を受けて蓄電池を製造し、以後本格的に蓄電池の生産開発に取り組む。同三十六年（一九〇三）河原町工場を新設、翌三十七年末に大容量の一五〇アンペア時のクロライド型据置用蓄電池の国産化を実現した。大正六年（一九一七）日本電池株式会社を設立し、同年島津製作所を株式会社に改組して社長に就任した。昭和五年（一九三〇）宮中にて本邦の十大発明家の一人として顕彰された。同二十六年（一九五一）十月三日、満八十二歳で死去。

島津源蔵(一)

参考文献 田村栄太郎『日本電気技術者伝』（一九四三、科学新興社）、『島津製作所史』（一九六七）、島津製作所総務部編『島津の源流』（一九九五）

（岡部 桂史）

しまづせいさくしょ 島津製作所 現在まで続く京都の

理化学器械製造業者。鋳物、金工技術をもった仏具製造家島津源蔵は明治四年（一八七一）に自宅の隣地に開設された京都府の舎密《せいみ》局に出入りし、明治八年に理化学器械製造工場を創業した。文部省京都司薬場の雇オランダ人ヘールツから冶金術などを学び、十年（一八七七）には第一回内国勧業博覧会で褒状を受け、また槇村正直知事の求めで水素気球を作り有人浮揚した。十一年に舎密局に来任したワグネルから指導を受けて実験器具を製造修理し、十四年の同局廃止後は学校用理化学器械の製造で営業を拡大した。二十七年（一八九四）に初代源蔵が没して子の梅治郎が後を継ぎ、二十九年に第三高等学校の教官と協同してエックス線写真の撮影に成功、以後エックス線装置の製造に乗り出す。三十年代には鉛蓄電池の国産化と改良にも取り組んだ。電池部門は大正六年（一九一七）に分離して、現在ジーエス・ユアサコーポレーションとなっている。

参考文献　島津製作所総務部編『島津の源流』（一九九五）

（鈴木　淳）

島津製作所　木屋町本店

しまづただあきら　島津忠亮　一八四九―一九〇九　伯爵、貴族院議員。号は霞峰、東洋、穆山。佐土原藩主島津忠寛の長男として、嘉永二年五月十一日（一八四九年六月三十日）、佐土原にて生まれる。維新ののち、アメリカに留学する。西南戦争の際は勅使柳原前光《やなぎわらさきみつ》とともに鹿児島に派遣される。弟の啓次郎らが西郷軍に加わったため、佐土原に赴いて士族を説諭し、地元の殖産興業や教育の振興に尽力した。明治十二年（一八七九）に初代の赤坂区長となる。明治十七年七月の華族令で子爵に叙せられ、明治二十四年（一八九一）には維新時における父の功績により伯爵に昇爵する。明治二十三年の帝国議会開設から明治四十二年（一九〇九）まで二十年近くにわたり貴族院議員を務めた。書家としても知られている。明治四十二年六月二十六日に死去する。六十一歳。

参考文献　桑原節次『佐土原藩史』（一九九七、佐土原町教育委員会）

（落合　弘樹）

しまづたださだ　島津忠貞　一八四五―一九〇七　自由民権家、代議士。弘化二年正月十日（一八四五年二月十六日）信濃国水内《みのち》郡飯山《いいやま》町（長野県飯山市）生まれ。幼名謹二。十七歳で町庄屋となり、明治六年（一八七三）飯山町長を経て、大区小区の戸長、第一大学区第十五中学区学区取締に就任し、明治十年（一八七七）十月設立の飯山国立第二十四銀行（十五年八月閉鎖）の発起人、取締役兼支配人。十三年八月『信濃日報』（長野町（長野市））を発行した信濃日報社社長。この間の明治十二―二十三年（一八九〇）に長野県会議員に連続四回当選し、二十一年三月県会議長となった。傍ら明治十五年北信自由党・信陽自由党の中心的存在であった。十八年長野県産牛馬組合創立で本部会長、翌十九年四月長野町で開かれた長野県蚕糸業組合の創立会議議長となり蚕糸業取締規則などを定めた。二十年信濃大懇親会による条約改正反対運動で中心的活躍をし、二十二年六月二十九日発足の長野県内の政社連合組織信濃倶楽部結成に起草委員として参画、八月二十三日長野町で信濃協和会を結成し常議員に就任。上部団体の全国組織大同協和会常議員にも就き、二十三年八月立憲自由党結成に参画し常議員。二十三年第一回、二十七年第三回・第四回の衆議院議員選挙に当選。四十年（一九〇七）六月二十七日没、六十三歳。

参考文献　江口善次・日高八十七編『信濃蚕糸業史』上（一九二七、大日本蚕糸会信濃支会）、佐藤政男『北信濃の歴史』（一九七八、文献出版）、上條宏之他『飯山の先人―市制施行五十年記念　飯山の先人進歩住夢記録集―』（二〇〇五、飯山市）

（上條　宏之）

しまづただなり　島津忠済　一八五五―一九一五　玉里島津家当主。安政二年三月九日（一八五五年四月二十五日）、鹿児島城下の重富島津邸で生まれる。父は島津久光、薩摩藩主島津忠義の弟。万延元年（一八六〇）父久光が重富島津家から本家に復し、文久元年（一八六一）には忠済も本家に入った。明治六年（一八七三）五月二十二日、桜田邸への明治天皇臨幸の際には、父島津久光とともに謁見。明治二十年（一八八七）十二月に久光が死去すると、玉里島津家のあとを継ぐ。同二十三年貴族院議員となる。大正四年（一九一五）八月十九日没。六十一歳。

参考文献　鹿児島県歴史資料センター黎明館編『鹿児島県史料―玉里島津家史料―』（一九九二―二〇〇一）

（寺尾　美保）

しまづただひろ　島津忠寛　一八二八―九六　佐土原藩主、佐土原藩知事。日向国佐土原藩の第十代藩主島津忠徹の子として、文政十一年二月十日（一八二八年三月二十五日）に江戸三田屋敷で生まれる。母は宗家島津斉宣の女。天保十年（一八三九）、父の死により家督を継ぐ。軍事や財政の改革、産業振興、教育の普及に努めたほか、領内での堕胎・間引きを禁止した。宗家の島津久光が文久二年（一八六二）に勅使大原重徳を擁して江戸に参府した際はこれに随行し、久光の代理を務めることもあった。明治元年（一八六八）に戊辰戦争が勃発すると、藩兵は越後口や会津若松で戦闘に参加し、功により明治二年に政府から賞典禄三万石を付与された。同年、広瀬(宮崎市)に陣屋を築き政庁を移す。廃藩後は麝香間祇候となる。明治十七年(一八八四)七月の華族令で子爵に叙せられ、のちに伯爵に昇爵する。三人の息子を留学させたが、啓次郎は西南戦争で戦死した。明治二十九年(一八九六)六月二十日、六十九歳で没した。

参考文献 竹下勇一郎『佐土原藩譜』一(一九六七、宮崎県立図書館)　(落合　弘樹)

しまづただよし　島津忠義　一八四〇―九七　薩摩藩主。天保十一年四月二十一日(一八四〇年五月二十二日)、薩摩藩主島津家一門重富島津家当主島津久光の世子として鹿児島に生まれる。はじめ又次郎、忠徳。安政六年(一八五九)、薩摩藩主島津斉彬の遺言により襲封、茂久《もちひさ》と改める。茂久が薩摩藩主となった後、父久光は万延元年(一八六〇)に重富島津家より本家に復し、茂久を補佐するようになる。斉彬の集成館事業を引継ぎ、近代化に尽力した。慶応三年(一八六七)倒幕の密勅をうけ上京、小御所会議に出席した。明治元年(一八六八)忠義と改名。版籍奉還後は鹿児島藩知事となる。四年、廃藩置県で藩知事を辞し、同六年から十年まで年々賞典録五万石を学校建設資金に寄付したほか、士族授産事業に基金を投じ、西南戦争では中立の立場をとった。明治十七年(一八八四)公爵、二十一年(一八八八)より許可を得て鹿児島に帰り、磯島津邸に暮らす。二十二年勲一等、二十三年貴族院議員、二十八年従一位、同三十年(一八九七)十二月二十六日没。国葬。五十八歳。

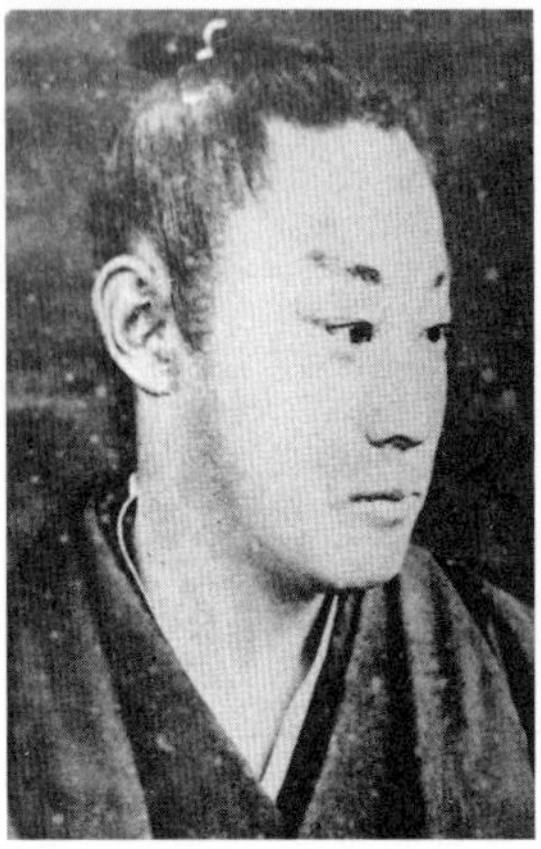

島津忠義

参考文献 鹿児島県維新史料編さん室編『鹿児島県史料―忠義公史料―』(一九七四―八〇)　(寺尾　美保)

しまづひさはる　島津久治　一八四一―七二　薩摩藩家老。天保十二年四月二十五日(一八四一年六月十四日)、薩摩藩主島津家一門の重富島津家島津久光の次男として生まれる。薩摩藩主島津忠義の弟。嘉永五年(一八五二)二月、宮之城島津家久宝《ひさたか》の養子となり、三月、家督を継いで十五代当主となる。安政五年(一八五八)、領地である宮之城に文武館を建てて子弟に文武を奨励。文久三年(一八六三)の薩英戦争では、兄忠義の名代として薩摩藩を指揮し、元治元年(一八六四)には京都に赴き、御所の警備にあたる。蛤御門の変では総督となり、薩英戦争の講和修交使として長崎に赴き活躍する。慶応二年(一八六六)七月、家老格に任ぜられ藩政にあたり、その後家老首席となる。戊辰戦争時には、私領四番隊を編成し越後から会津に向かわせた。その後家老職を辞職し、明治五年正月四日(一八七二年二月十二日)、三十二歳で死去する。

参考文献 『島津図書久治及先世ノ事歴』(一九三三)、『宮之城町史』(一九七四)　(寺尾　美保)

しまづひさみつ　島津久光　一八一七―八七　重富島津家当主。薩摩藩主島津忠義の実父。文化十四年十月二十四日(一八一七年十二月二日)、鹿児島鶴丸城に生まれる。薩摩藩主島津斉興《なりおき》の五男。母は側室お遊羅《ゆら》。幼名普之進《かねのしん》、のちに又次郎、山城、周防、和泉、三郎。諱は忠教《ただゆき》、邦行、文久元年(一八六一)以降は久光。文政元年(一八一八)三月、種子島領主久道の養子となるが、同八年本家に復し、同年十一月、薩摩藩主島津家一門重富島津家忠公《ただきみ》の娘千百子《ちもこ》の婿養子となり、重富島津家に入る。天保十年(一八三九)家督を継ぎ、嘉永元年(一八四八)から藩政に参与する。安政五年(一八五八)、咸臨丸が鹿児島を訪問した際に、異母兄で薩摩藩主島津斉彬とともに勝海舟と対面する。同年七月に斉彬が死去すると、遺言により長男忠義が家督を嗣ぎ、久光の実父島津斉興が藩政を補佐していたが、安政六年に斉興が死去すると久光が事実上藩政を後見することとなった。同六年十一月には忠義と計らい「精忠士の面々へ」との諭書を出し、過激な倒幕運動をいさめた。また、万延元年(一八六〇)三月に大久保利通と会談後、大久保を通じて誠忠組とも接近し、藩内の分裂を防ぐ道筋をたてた。久光は、同年島津本家に復し、忠義はこれを国父の礼で迎えることとなり、以後、公式に藩政を後見することとなった。文久二年三月十六日(一八六二年四月十四日)、小松帯刀《こまつたてわき》・大久保利通ら千余の兵を従えて東上する。四月十三日(五月十一日)、伏見に入り、近衛家に意見書を提出、朝廷から浪士鎮撫の勅命を得る。二十三日には寺田屋事件が起る。八月に江戸にのぼり、一橋慶喜の将軍職後見と松平慶永の政治総裁職への任用を認めさせ、幕政改革の建言を行なった。また、国事に対する意見を求められた久光は建白書を近衛家に提出し、九月七日(十月二十九日)鹿児島にもどった。途中、生麦村(横浜市)を通行する際、行列を横切ったイギリス人の一行を薩摩藩士が殺傷、いわゆる生麦事件が勃発する。薩摩では文久三年七月に薩英戦争が起る。文久三年には、一橋慶喜・松平慶永・山内容堂らも集結し久光の到着を待って攘夷に関する方針を話し合う算段であった。しかし、三月四日(四月二十一日)に将軍徳川《とくがわ》

島津久光

家茂《いえもち》が入京し、久光も十四日に二度目の入京を果たし、自身の意見を述べるも有益な回答が得られないことに失望し、すぐに帰国する。八月十八日の政変後、再び請われて上京、九月十二日(十月二十四日)、藩兵を引き連れ鹿児島を出発し、十月三日(十一月十三日)、京都二本松の薩摩藩邸に入った。三度目の入京では、元治元年(一八六四)四月まで京都にとどまり、この間、朝廷に対し厳しい意見をなげかけた。その後、孝明天皇からの宸翰を受取り、これに答えた。その後、元治元年正月二十一日(一八六四年二月二十八日)、将軍家茂が上洛し、孝明天皇から宸翰を受け取る。この時の宸翰作成には、久光および薩摩藩の関与がうかがえる。久光は朝廷参予に任ぜられるが、早々に鹿児島に帰った。薩摩藩では、慶応二年(一八六六)六月、鹿児島を訪問したイギリス公使パークスと歓談、岩下方平《いわしたまさひら》らをパリ万国博覧会へ行かせ、慶応三年、四度目の上京を果たす。五月に松平慶永らと将軍慶喜に面会、長州処分と兵庫開港問題について議論する。六月、薩土盟約、九月に鹿児島に帰る。倒幕の密勅を受けた後は息子である薩摩藩主島津忠義が上京、小御所会議に出席した。久光自身は王政復古後、藩地にとどまっていたが、明治二年(一八六九)に促されて上京を果たす。三月六日(四月十七日)従三位に叙せられ、参議兼左近衛中将となるも、辞退の意向を示す。六月には、従二位、権大納言に叙せられた。同三年、久光の願いにより従三位に復す。翌年の廃藩置県後は、賞典禄の半分をもって一家の創設を命じられ、以後、玉里島津家の当主となる。九月、改めて従二位に叙せられた。明治六年、ようやく上京するが、八年には左大臣の辞表を提出、許可される。九年、鹿児島に帰り、西南戦争を迎える。西南戦争では中立の立場をとり、以後、玉里邸で読書三昧の日々を送り、十七年(一八八四)、公爵となる。二十年(一八八七)十二月六日死去。七十一歳。国葬を賜る。

参考文献 『鹿児島県史料―玉里島津家史料―』(一九九二―二〇〇二)、芳即正『島津久光と明治維新―久光はなぜ、討幕を決意したか―』(二〇〇二、新人物往来社)、佐々木克『幕末政治と薩摩藩』(二〇〇四、吉川弘文館)

(寺尾 美保)

しまづひさよし　島津久芳　一八二二―八五　薩摩国伊佐郡黒木郷領主。島津久豊(一三七五―一四二五)の三男季久《すえひさ》を祖とする豊州島津家十六代。文政五年(一八二二)五月に生まれる。通称隼人。天保末年より江戸に学ぶ。番頭より小姓与番頭に進み、軍役方となる。嘉永六年(一八五三)、ペリー来航時には江戸の田町沿岸の警護にあたり、藩主島津斉彬が水軍隊を創設した際には、隊員の指導にあたった。薩英戦争時には英艦砲撃に任じられ、長州征伐では筑前に出陣、戊辰戦争では番兵五・六番、苗代川隊、私領四番隊などを率いて長岡城を攻落した。明治二年八月十七日(一八六九年九月二十二日)私領返上。世録三百石。西南戦争では自邸を征討軍の本営となし、有栖川宮熾仁親王《ありすがわのみやたるひと》の宿舎にあてた。明治十八年(一八八五)十二月八日没。六十四歳。

参考文献 『鹿児島県史』三(一九四一)、『祁答院町史』(一九八五)

(寺尾 美保)

しまづもちひさ　島津茂久　⇨島津忠義《しまづただよし》

しまなかゆうぞう　島中雄三　一八八一―一九四〇　大正から昭和時代初期にかけて活躍した著述家、政治・社会運動家。明治十四年(一八八一)、奈良県に生まれ、畝傍中学を卒業後、東京法学院(現中央大学)に進んだ。文学評論雑誌『火鞭《かべん》』同人、文化学会を主宰し、社会民衆党中央執行委員、東京市会議員などに就任。『浄瑠璃に現はれた女の情操』(大正九年)、『社会民衆党宣言解説』(同十五年)、『日本無産階級は満蒙問題をどう見る』(片山哲・小池四郎と共著、昭和六年)、『全労働収益権史論・軍国主義論』(『社会思想全集』第二一巻、著者代表、昭和五年)、訳書に『産業自治論』(G・D・H・コール原著)などの著書がある。筆名翠湖。文芸文化運動から政治的実践までその関心対象は広いが、彼はまた「隠れたる婦人問題の研究者」で「やや急進的なフェミニズムの主張者」である、とは『浄瑠璃に現はれたる女の情操』に序文を寄せた宮田修《みやたしゅう》の評価である。日露戦争前後の初期社会主義と大正デモクラシー状況のなかで、その自我意識と社会意識が形成されていったことは、彼のその後の政治・文化運動の軌跡がよく示している。文化学会の主宰者は発起人の彼のほかに下中弥三郎、安部磯雄、北沢新次郎、杉森孝次郎、満川亀太郎らが顔を並べている。老壮会にも名を連ねており、大川周明や北一輝、権藤成卿《ごんどうせいきょう》ら国家社会主義者とのつながりもあった。また、島中は日本フェビアン協会(大正十三年)のメンバーで、安部や石川三四郎、秋田雨雀、藤森成吉、菊池寛らと一緒に第一回協議会に参加している。政治的実践活動は昭和四年(一九二九)、汚職事件のために解散に追い込まれた第十期東京市会議員選挙に、はじめて候補者を立てた無産政党から堺利彦らとともに選ばれ、新人議員として東京市政の浄化刷新に向け取り組んだ。その余勢を駆って、翌五年二月の第十七回衆議院議員選挙に社会民衆党から立候補したが、落選した。大正デモクラシーの論客島中は社会主義を標榜したが、その基本的なスタンスは社会民主主義とヒューマニズムにあり、科学的社会主義の立場とは一線を画するものであったといえよう。中央公論社社長の嶋中雄作《しまなかゆうさく》は実弟。昭和十五年(一九四〇)九月十六日病死。六十歳。

参考文献 森長次郎編『ああ島中雄三君』(一九四二、中央公論社)、『近代日本社会運動史人物大事典』二(一九九七、日外アソシエーツ)

(西田 毅)

しまねけん　島根県　中国地方の北西部に位置する県。出雲・石見・隠岐の三国からなる。出雲国の松江藩(親藩、松平氏)・広瀬藩・母里《もり》藩(ともに松江藩支藩)は明治四年(一八七一)七月廃藩置県で松江県・広瀬県・母里県となり、同年十一月に統合して島根県となった。石見国東部の大森代官所管下の天領は二年八月に大森県、三年正月に浜田県とされたが、九年四月、出雲国を管轄する島根県に統合された。この間、天領で松江藩預かり支配の隠岐国は、隠岐騒動後の鳥取県移管を経て二年二月に隠岐県となり、さらに同年八月大森県に統合された。また石見国西部では、廃藩置県直前の四年六月、みずから廃藩した津和野藩(外様、亀井氏)領が浜田県に統合され、第二次幕長戦争後に長州藩支配地となっていた石見国中部の元浜田藩(親藩、松平氏)領も、廃藩置県で浜田県に統合された。その後九年八月、因幡・伯耆二国を管轄する鳥取県を併合して島根県は出雲・石見・隠岐・因幡・伯耆の五国を管轄したが、十四年(一八八一)九月に鳥取県が再置され、現在に続く島根県域が確定した。なお、隠岐島西北海上の竹島(韓国名独島)は、日露戦争中の三十八年二月(一九〇五)、島根県告示第四〇号により島根県所属・隠岐島司所管とされた。また、島根県では、二十二年(一八八九)四月の市制・町村制施行、二十九年八月の郡制施行を経て三十一年四月に府県制を施行した。歴代県庁舎の中の第三代庁舎は、松江城旧三の丸にルネッサンス様式を基調とする京都府庁を範として建設され、四十二年(一九〇九)に完成したが、敗戦直後の昭和二十年(一九四五)八月二十四日、徹底抗戦を主張する一団に焼き討ちされて全焼した。歴代県令・知事の中で籠手田《こてだ》安定《やすさだ》(在任明治十八-二十四年)は、産業振興と松江城など史跡の整備顕彰に努めたことで知られ、高岡直吉《たかおかただよし》(明治四十四-大正三年(一九一一-一四))は島根県出身者としてはじめて島根県知事となった。日本海に面し中国山地を県域にもつ島根県は、農林水産業を主産業とするが、明治後期に洋式製鉄が展開するまでたたら製鉄が盛んで、和鉄生産高は日本一であった。

参考文献　『島根県史』(一九二一-三〇)、『新修島根県史』(一九六五-六八)、内藤正中『島根県の百年』(『県民百年史』三二、一九八二、山川出版社)、松尾寿・田中義昭・渡辺貞幸・大日方克己・井上寛司・竹永三男『島根県の歴史』(『県史』三二、二〇〇五、山川出版社)

(竹永　三男)

〔明治初年農民一揆〕明治初年の出雲・石見両国では、連年の災害・凶作を背景に農民騒擾が続発した。能義《のぎ》郡では、明治二年(一八六九)六月末、広瀬村(安来市)で米価を引き上げた米商が群衆に襲撃され、七月にはその捕縛者の解放を求めて萱町住民が屯集するなどの町場の動きに続き、同月、西比田村(安来市)で十数人の小作人が凶作を理由に自前検見して地主に飯米買い受けを嘆訴し、八月に山中の村々で飯米確保を哀訴する動きが起った。神門《かんど》郡越峠《こえど》村(出雲市)でも、七月、富籤興行の禁止や出雲大社参詣人の減少による景気低迷の中、豪家が救助依頼を断ると二千五百人が蜂起し、頭分宅や搗米屋を打ち壊した。三年正月、大森県浜田支庁管下では、元長州藩諸隊の解散に不満をもつ前田誠一らが、前年に諸隊への取立てに応じていた者など町方小前を組織し、百五十人が市中の人家を襲撃して金円などを強請した。廃藩置県後の四年八月、旧母里《もり》藩では元知藩事松平直哉を引き留めようと多数が屯集した。邇摩《にま》・安濃《あの》・邑智《おおち》三郡では、十月、大小神社氏子取調に危機意識をもった浄土真宗の僧侶、氏子改めが神祇不拝の教義に反すると考えた門徒、年貢増徴を強いられた農民などが、人や牛が異人に引き渡されるとの風聞も相まって社人・戸長打ち払い、畑年貢増徴拒否などを主張するなど動揺が拡がった。六年六月には鳥取県会見《あいみ》郡の徴兵令反対一揆を逃れて島根県第七十八区に入った巡査を「生血絞取の者」と誤解した村民が捕縛するという事件があり、神門郡・楯縫《たてぬい》郡でも、徴兵命令拒否の主張者に数百人が呼応し、美談《みだみ》村(出雲市)では徴兵受書押印抹消願書に連印・集会する動きが見られた。さらに七年三月、出雲郡・能義郡で、前年の学校設立・地租改正に水害・旱害が加わって民費賦課額が倍加したことで村吏の不正を疑った村民の騒擾があり、四月には意宇《いう》郡熊野村(松江市)で前年の水害・旱害による困窮から村内が動揺し、五月には騒擾に発展した。さらに八年十月には、那賀《なか》郡追原《おいばら》村(浜田市)・乙明《おとあけ》村(同)で地租改正に伴う小作米増額について県庁に嘆訴を企てる動きがあった。

参考文献　『島根県歴史』(府県史料島根、島根県立図書館所蔵本)、土屋喬雄・小野道雄編『明治初年農民騒擾録』(一九五三、勁草書房)

(竹永　三男)

〔民権結社〕明治十二年(一八七九)一月に島根県松江で「演説会」(演説会社)が設立届出された。会員の多くは旧松江藩士族によって構成されていた。三月末に大阪で開催された愛国社第二回大会には雲州尚志社の代表として野口敬典《のぐちけいてん》が参加した。両者は同じ組織と思われる。その後愛国社との結盟の賛否をめぐって対立分裂し、園山勇・渡部潤一らは脱会した。愛国社との結盟存続を主張する若山茂雄・野口・佐川環《さがわたまき》らは笠津《かさつ》社を設立した。笠津社は政談演説会を中心にした遊説活動を松江周辺各地で精力的に展開した。千人規模の集会を開催し、米子には分社を設置していた。一方では「過半ハ放蕩無頼ノ者」「十中ノ八九ハ不品行者」「各所ニ於テ散財或ハ飲食シ」など粗暴な行動も報告された。「演説会」の会主であった酒井《さかい》多膳《たぜん》が笠津社員の不品行を批判して笠津社を脱退するに及び、以前に演説会を脱会していた園山らと連合して尚志社が結成届出されたという記録も残る。同様のメンバーによって法律会あるいは法律研究会といった組織の活動もみられる。笠津社の代表であった若山は愛国社常置委員に就任し上阪したため、笠津社の活発な活動は秋以降はみられなくなった。しかし、十二年十一月の愛国社第三回大会には「出雲笠津社　若山茂雄」として、また十三年四月の国会期成同盟の「国会ヲ開設スルノ允可ヲ上願スル書」にもその名を残した。尚志社(法律研究会)と同じメンバーによって十三年の春、有志の名で国会開設請願運動が組織される。その後、笠津社のメンバーであった野口・佐川らを含めて、十四年十一月に山陰自由党が結成される。島根県下の民権結社ということでは、津和野で十二年三月に士族公井哲以下十名によって「演説会」が結成届出され、翌年には有志が時言社を設立して政談演説会を開催したことなどが伝えられているが、詳細は不明である。

参考文献 内藤正中「山陰地方の自由民権運動Ⅰ」(『山陰文化研究紀要』一、一九六〇)、内田融「松江の民権政社について」(『山陰史談』二〇、一九八四)　(内田　融)

〔新聞〕島根県下で初の新聞は明治六年(一八七三)三月、富村雄《とみむらお》らによって発行された『島根新聞誌』である。和半紙二つ折りの冊子体、木活字刷り。七年には浜田で同じ体裁の『浜田新聞誌』が発行された。両紙とも十号程度発行されたが、まもなく廃刊した。十二年(一八七九)、岡崎運兵衛《おかざきうんべえ》らの発起で『松江新聞』が創刊された。月に七～八回発行していたが、『山陰新聞』に吸収される形で廃刊になる。明治十五年五月、本格的な新聞形式を整えた『山陰新聞』が創刊された。主筆には東京から門田正経《かどたまさつね》を迎えた。隔日刊であったが定期的に発行される県下初の新聞であった。前年結成された山陰自由党の関係者によって発行され、反政府的な論陣をはり、たびたび発行停止などの処分を受けた。十四年ごろに『島根公報』、十八、九年ごろに『八雲新聞』『雲陽新聞』が創刊されているが詳細は不明である。『山陰新聞』創刊の有力メンバーであった岡崎運兵衛らが政治的な立場を異にして、二十三年(一八九〇)新たに『松江日報』を創刊した。タブロイド判四ページ、当時山陰唯一の日刊紙であった。主筆には福沢諭吉の推薦で藤原銀次郎(のち王子製紙社長、商工大臣)を招いた。岡崎はこの年の第一回総選挙に出馬し当選。三十四年(一九〇一)経営難から政友会系の経営に移り『島根新報』と改題、三十七年には廃刊。『山陰新聞』が自由党(政友会)を政治的な基盤として発行されているのに対し、政府与党的な立場を主張する『松陽新報《しょうようしんぽう》』が三十四年に創刊された。創刊したのは幾度も新聞創刊にかかわった岡崎である。岡崎は翌年の総選挙で返り咲く。『松陽新報』はその後憲政会(民政党)を政治的基盤とし、二紙は経営面のみならず紙上で激しい論戦を繰り広げ、時には紙上選挙戦を展開した。営業面では早くに『松陽新報』が『山陰新聞』を追い抜き一貫して優勢であった。二紙の対立は昭和十七年(一九四二)合併して『島根新聞』となるまで続く。

参考文献 吉岡大蔵「島根県新聞史」(『地方別日本新聞史』所収、一九五六、日本新聞協会)、山陰中央新報百年史編さん委員会編『新聞に見る山陰の世相百年』(一九八三、山陰中央新報社)　(内田　融)

〔雑誌〕県行政関係では、明治十九年(一八八六)十二月に島根県令・訓令・告示などを掲載した『島根県令月報』が創刊された。産業・経済関係では、二十九年(一八九六)二月に創設された島根県農会が、島根県内務部第五課発行の『産業別報』の継承誌として、三十一年(一八九八)六月、農・商・工・水産業の振興を目的として月刊の『産業報告』を創刊した。同誌の内容は、論説・農事等関係記事・島根県農会および郡村農会記事・農事などに関する質問と回答・雑報からなる。この『産業報告』は、三十三年九月の第二九号から『島根県農会報』と改題したが、その臨時増刊号として、のちに単行書として発行される県内各町村の『農事調査報告書』を刊行した。ついで四十三年(一九一〇)七月に松江商業会議所が、その事業刷新の一環として『松江商工彙報』を創刊した。同誌は、論説・調査・沿革記事・統計と商業会議所・同業組合記事を掲載し、明治期には年間三～四号を発行した。教育界では、「同志結合シテ本県下教育ノ普及改良及ビ其上進ヲ図リ合セテ教育上ノ施政ヲ翼賛スル」目的で十七年十月に創設された島根県私立教育会が、十八年二月に機関誌として月刊の『島根県私立教育会雑誌』を創刊した。同誌は官令・論説・教育の景況・教育会記事などを載せた。以上の県内発行雑誌に対して、東京在住の島根県出身者は、東京・島根県および全国各地に在住する島根県関係者を対象とした総合雑誌として、同郷人雑誌を発行した。この中、在京の石見出身者は、同郷人の啓発・誘導により「石見一州ノ利益ヲ図」ることを目的として『石見郷友会雑誌』を発行した。同誌創刊号は未見だが、その内容は、二十四年三月刊行の第二号で森鷗外が詳細かつ好意的に紹介している。旧浜田藩・鶴田藩関係者も、二十五年三月に『浜田会誌』を創刊した。同誌は、論説・彙報のほか、旧藩事績や旧藩主家顕彰記事、会員の消息・名簿を掲載している。

参考文献 森鷗外「石見郷友会雑誌第一号を評す」(『鷗外全集』三八所収、一九七五、岩波書店)、『島根県近代教育史』(一九七八-七九、島根県教育委員会)、竹永三男「同郷会の成立」(高井悌三郎先生喜寿記念事業会編『歴史学と考古学』所収、一九六八、真陽社)　(竹永　三男)

〔私立学校〕藩校が閉鎖されてから中等教育の充実をみるまでの間、私塾(私立学校)の果たす役割は大きかった。明治十年代初め、松江には内村鱸香《うちむらろこう》の相長舎《そうちょうしゃ》をはじめ六校、広瀬に山村勉斎《やまむらべんさい》の修文館、平田に雨森精翁《あめのもりせいおう》の亦楽舎《えきらくしゃ》などの私立中学(私塾)があった。このほかにも今市(出雲市)には勝部其楽《かつべきらく》が九年(一八七六)に英語学校として設立した包蒙義塾《ほうもうぎじゅく》があり、四十二年(一九〇九)まで存続した。十五年(一八八二)ごろ、跡市(江津《ごうつ》市)に石東義塾《せきとうぎじゅく》、大田に石見義塾が開校した。これらは石見立憲改進党など自由民権期の政党結社が関与したものである。松江では教員伝習校の教師の経験をもつ渡部寛一郎と尾原惣八によって、それぞれ普通学舎と共進学舎が開設された。二十一年(一八八八)、渡部らは進取学館を設立した。二年後、同時期に存立していた松江義塾と合併し、校名を旧藩校の名を継承して修道館とした。これらには女子部も設けられており、県下ではじめての近代的な私立学校といってよいものであった。二十九年尋常中学修道館と改称し、四十年には市立工業学校修道館に、翌年には県に移管された。十九年の中学校令で示された一県一中学の方針により、浜田中学(島根県第二中学校)が廃止されたことが契機となって、石見地方にいくつかの私立学校の設立をみる。中野(邑南町)の修進館(館長菅真教《かんしんきょう》)、大国(大田市)の大国英和学校、温泉津(大田市)の普通私立学校、大浜(同)の私立石見女学校、益田の進徳義塾などである。このうち大国英和学校は安井好尚《やすいこうしょう》によって設立されたもので校舎も新築していた。浜田中学が再置された翌年の二十七年まで存続した。真宗の教学を目的に浜田にあった楓川《ふうせん》教校は、三十二年(一八九九)楓川仏教中学校として認可を受けた。三十五年からは大田に移り、菅真教を校長に迎えたが、四十一年に閉校した。このほか法律の専門学校として松江法律学校が、桑原羊次郎《くわばらようじろう》によって二十三年に開設されたが、存続したのは短期間であった。

[参考文献] 島根県教育庁総務課・島根県近代教育史編さん事務局編『島根県近代教育史』一(一九七六、島根県教育委員会)、内藤正中『島根県の教育史』(『都道府県教育史』、一九六五、思文閣出版)　（内田　融）

〔銀行〕明治維新後の島根県の金融機関は、明治四年(一八七一)、田部長右衛門《たなべちょうえもん》・糸原権造《いとはらごんぞう》・桜井三郎右衛門《さくらいさぶろうえもん》ら旧松江藩鉄山師が松江末次本町に設立した融通会社に始まるが、明治五年十一月の国立銀行条例に基づく県内最初の銀行は、旧津和野藩士が主唱して佐々田懋《ささだすすむ》・堀伴成ら大地主・鉱山主が参加し、明治十二年(一八七九)鹿足《かのあし》郡津和野で開業した津和野第五十三国立銀行である。これ以後明治期に県内で設立された銀行は、転出・廃業したものを除くと、その全てが最終的には後述する山陰合同銀行に統合されるが、その数は二十六行にのぼる。これらの銀行は、地域別には出雲部に十六行、石見部に十行あり、隠岐では設立をみない。また、設立主体に着目すると、旧藩士族が主体となった津和野第五十三国立銀行、糸原武太郎《ぶたろう》らのたたら製鉄を営む山林大地主が主体となって三十三年(一九〇〇)に仁多郡横田村(奥出雲町)で設立された八雲銀行、商人資本が中心となって、三十一年に簸川《ひかわ》郡西浜村(出雲市)で設立された雲州西浜銀行があるが、そのほかは県内の大地主・都市資本家が設立したものである。この中、三十年に簸川郡今市町(出雲市)で設立された簸川銀行は吉井常也簸川郡長が、四十五年(一九一二)に松江市殿町で設立された八束貯蓄銀行は熊谷頼太郎八束郡長がそれぞれ主導し、大地主らを糾合して設立した銀行である。なお、三十一年に島根県農工銀行が松江市に設立され、大正十一年(一九二二)、日本勧業銀行島根支店となった。これらの銀行は、「一経済地域一中心銀行主義」(小宮陽、一般に一県一行主義)の原則により昭和十六年(一九四一)七月一日、松江銀行(明治二十二年(一八八九)設立、本店松江市)と米子銀行(明治二十七年・鳥取県米子市)が合併して設立した山陰合同銀行に集約される。同行は続いて矢上銀行(明治三十三年、邑智郡矢上村(邑南町))、石州銀行(大正十二年改組設立、那賀郡浜田町(浜田市))、山陰貯蓄銀行(明治二十九年、松江市)を順次合併し、山陰両県に本店をもつ唯一の銀行となった。なお、山陰合同銀行本店には行史資料室SAN-IN GODO MUSEUMがある。

[参考文献]『山陰合同銀行五十年史』(一九九二)　（竹永　三男）

しまねけんおきそうどう　島根県隠岐騒動　⇨隠岐騒動《おきそうどう》

しまむらていほ　島村鼎甫　一八三〇―八一　幕末から明治時代前期の洋学者、医学者。字は紘仲、柴軒と号す。天保元年(一八三〇)備前国上道郡沼村(岡山市)に、医者格津下古庵の次男として生まれ、のち島村家を継ぐ。はじめ姫路の仁寿山校、大坂の後藤松陰《ごとうしょういん》に学び、ついで緒方洪庵の適塾に入門、江戸に出て伊東玄朴《いとうげんぼく》に学び、阿波徳島藩の藩医となり、さらに文久二年(一八六二)医学所教授として出仕した。維新後の明治元年(一八六八)十二月坪井為春《つぼいいしゅん》らとともに医学校の二等教授となり、このころから鼎と改名する。翌年には少博士となり、同五年五月には長与専斎《ながよせんさい》らとともに東校の中教授に任命されたが、まもなく病気のため退官、その後は訳書に専念した。訳書として、『生理発蒙』十四巻(慶応二年刊)、『創痏新説』二巻(同年刊)などがある。明治十四年(一八八一)二月二十五日に死去。五十二歳。

[参考文献]『東京帝国大学五十年史』上(一九三二)、中山沃『岡山の医学』(『岡山文庫』四二、一九七一、日本文教出版)、松尾耕三「近世名医伝」三(芳賀登・杉本つとむ・森睦彦他編『日本人物情報体系』五一所収、二〇〇〇、皓星社)　（林　彰）

しまむらはやお　島村速雄　一八五八―一九二三　明治から大正時代末期にかけての海軍軍人。安政五年九月二十日(一八五八年十月二十六日)、土佐藩士島村左五平の次男として高知で生まれる。幼名は午吉。明治十三年(一八八〇)十二月海軍兵学校を首席で卒業(第七期)。浅間乗組などを経て、二十一年(一八八八)六月イギリス留学。帰国後、海軍参謀部第一課員、高雄分隊長兼砲術長、常備艦隊参謀などを勤め、日清戦争では参謀心得として旗艦松島に乗船し、黄海海戦や威海衛の戦などに従軍。二十七年十二月少佐に進級。その後、軍令部第一局員、海軍大学校戦術教官などを経て、三十年(一八九七)四月駐イタリア日本公使館付海軍武官に任命される。十二月中佐に昇級。三十一年三月軍令部第二局長兼東宮御用掛に転補され帰国。三十二年九月大佐に昇進して軍令部第

島村速雄

二局長に補されるが、十月須磨艦長に転補。三十三年六月義和団事件の対応を協議するために天津で開かれた列国武官会議に出席する。その後、常備艦隊参謀長、海軍教育本部第一部長、初瀬艦長を歴任。日露戦争では連合艦隊兼第一艦隊参謀長として東郷平八郎司令長官を補佐する。三十九年十一月海軍兵学校校長に就任する。四十年(一九〇七)六月オランダのハーグで開かれた第二回万国平和会議に海軍省の専門委員として参加。四十一年八月中将に進級。その後、第二艦隊司令長官、佐世保鎮守府司令官、海軍教育本部長兼海軍将官会議議員を歴任し、大正三年(一九一四)四月軍令部長に親補される。四年八月大将に進級し、五年七月男爵を授位する。九年十二月軍事参議官に任命される。十二年(一九二三)一月八日死去。同日元帥に叙される。六十六歳。

参考文献　生出寿『(深謀の名将)島村速雄―秋山真之を支えた陰の知将の生涯―』(一九九五、光人社)

（広中　一成）

島村抱月

しまむらほうげつ　島村抱月　一八七一―一九一八　文学研究者、新劇指導者。明治四年正月十日(一八七一年二月二十八日)石見国那賀郡久佐村(島根県浜田市)に生まれる。本名滝太郎。旧姓佐々山。実家の窮乏により薬局や裁判所で働く。検事島村文耕《ぶんこう》の養子となり上京、二十四年(一八九一)東京専門学校(現早稲田大学)に入学し坪内逍遥と大西祝《おおにしはじめ》に師事。三十一年(一八九八)講師。美学を専攻し、著書『新美辞学』(三十五年、東京専門学校出版部)をまとめる。三十五年イギリス・ドイツへ留学。この間に演劇への関心を強めた。三十八年帰国。翌年『早稲田文学』を再刊・主宰。以降は「文芸上の自然主義」などの論文により、ありのままの現実を観照して「真」に至ろうとする思想傾向として自然主義を援護する立場に立った。四十二年(一九〇九)二月逍遥の設立した文芸協会に参加するが、松井須磨子との恋愛事件を起す。協会解散後松井と芸術座を興し、大正二年(一九一三)九月東京有楽座で第一回公演。大当りをとった『復活』のほか『マグダ』『サロメ』など外国劇の翻訳・翻案を多く上演し、全国を巡演して新劇の普及につとめた。牛込芸術倶楽部で、大正七年十一月五日没。四十八歳。没後『抱月全集』全八巻(大正八―九年、天佑社)が編纂された。

参考文献　川副国基『島村抱月―人及び文学者として―』(『早稲田選書』、一九五三、早稲田大学出版部)、尾崎宏次『島村抱月』(『日本近代劇の創始者たち』一、一九六五、未来社)、岩佐壮四郎『抱月のベル・エポック―明治文学者と新世紀ヨーロッパ―』(一九九八、大修館書店)

（寺田　詩麻）

しまむらみつ　島村光津　一八三一―一九〇四　蓮門教教祖。天保二年三月十八日(一八三一年四月三十日)長門国豊浦郡田部村(山口県下関市)に梅本林蔵の次女として生まれる。弘化四年(一八四七)小倉の島村音吉と結婚したと伝わる。明治初年小倉藩士柳田市兵衛の祈禱で重病が快癒、その門人となり「事《じ》の妙法」を学ぶ。明治十年(一八七七)小倉で事の妙法敬神所を開く。お籠り・神水が再三の警察干渉に会い、同十五年上京、神田に布教所を開設。コレラ流行も手伝い信者が集まり注目され警察に拘留。公認布教の必要性を痛感し、教導職試補の資格取得、神道大成教蓮門講社として布教再開。以後御神水により教勢拡大、明治二十三年(一八九〇)に大成教大教正となり信徒九十万余とされる大教団となったが、同二十七年『万朝報』から半年間「神道に非ざる淫祠邪教性」を攻撃され教団解散が求められる。新聞各紙も追随、『万朝報』連載開始より一ヵ月後、大成教は光津の大教正教職を剝奪し、教団改革条項を受諾させた。信者は激減し内部分裂が起り、教勢低迷のまま明治三十七年(一九〇四)二月十三日死去。七十四歳。　→蓮門教《れんもんきょう》

参考文献　武田道生「蓮門教の崩壊過程の研究―明治宗教史における蓮門教の位置―」(『日本仏教』五九、一九八三)、同「日本近代における新宗教教団の展開過程―蓮門教の崩壊要因の分析を通して―」(『大正大学大学院研究論集』八、一九八四)、井上順孝・孝本貢・対馬路人他編『新宗教教団・人物事典』(一九九六、弘文堂)

（宮本　誉士）

島本仲道

しまもとなかみち　島本仲道　一八三三―九三　司法官。土佐国土佐郡潮江《うしおえ》村(高知市)に土佐藩士島本卓次の次男として天保四年四月十八日(一八三三年六月五日)に生まれる。その後江戸に出て安井息軒《やすいそっけん》に入門。帰国後土佐勤王党に参加し、文久三年(一八六三)勤王党の獄で永牢処分を受けたが、許されて五条県大参事を経て司法省に入り、江藤新平の信任を得て、明治五年(一八七二)司法大丞、大検事、警保頭になった。その間、改定律例の編纂に尽力したほか、山城屋事件・尾去沢銅山《おさりざわどうざん》事件など政府高官の腐敗を追及し、小野組転籍事件では京都府参事槇《まき》村正直《むらまさなお》を拘留するが、江藤新平が政変により下野して槇村も釈放されると、これに抗議して辞職した。その後立

志社の創立に参加、代言人となり、自由党の顧問にも就任したが、保安条例により三年間の東京退去を命じられた。著書に『大塩平八郎伝』『夢路の記』などがある。明治二十六年(一八九三)一月二日に東京麴町(千代田区)の寓居にて死去した。六十一歳。

参考文献 瑞山会編『維新土佐勤王史』(一九二三、冨山房)、松村巌「島本北洲」(『土佐史談』四九、一九三四)、寺石正路『土佐偉人伝』(一九七六、歴史図書社) (市川 訓敏)

しまや 島屋 東京市本郷区湯島(東京都文京区)にあった、別所平七の書肆。満書堂とも呼ばれた。平七は、古書定市《じょういち》の会主としても有名。任俠肌の人であり、よく人の急を救ったともいわれている。晩年、明治十年(一八七七)ごろの漢籍の盛んな売れ行きに注目して、『史記辞林』五十冊を刊行したことでも知られている。

参考文献 三橋猛雄『明治前期思想史文献』(一九七六、明治堂書店)、反町茂雄編『紙魚の昔がたり』明治大正篇(一九九〇、八木書店) (鵜飼 政志)

しまやすじろう 島安次郎 一八七〇—一九四六 明治時代後期から昭和時代前期の鉄道技術者。明治三年八月七日(一八七〇年九月二日)和歌山に生まれる。明治二十七年(一八九四)帝国大学工科大学機械工学科卒業、大学院入学、同年、関西鉄道株式会社入社、機関車の改良により高速化に成功。明治三十四年(一九〇一)、逓信省鉄道局に移り、鉄道国有の準備に従事。明治三十六年から翌年にかけて、日本鉄道株式会社嘱託として欧米に渡航、ドイツで機関車の製作監督。帰国後、機関車形式の統一(明治三十九年)、連結器の改良(大正十四年(一九二五)に自動連結器へ一斉切り換え)などに従事。また、民間造船会社による鉄道車両の国産化を図り、民間での車両製造と鉄道工場による保守・修繕の分業化を実施。明治四十二年(一九〇九)、東京帝国大学工科大学教授を兼任(大正八年(一九一九)まで)。明治四十三年、欧米へ渡航、スイスのベルンで第八回万国鉄道会議に参加、ドイツで鉄道電化に関する調査と過熱機関車の製作監督。明治四十五年の帰国後、車両・部分品・標準材料の規格統一を日本標準規格に先だって実施。大正二年、工学博士。大正四年より広軌鉄道改築取調委員となり、軌幅変更とこれに伴う車両の改造を短期間に実行し、他の改良は順次実行する改主建従の改築案を策定するが、実現したのは政界で主流の建主改従案であった。大正七年、鉄道院技監。大正八年、鉄道院を辞し、南満洲鉄道株式会社理事(大正十二年まで)。昭和九年(一九三四)、汽車製造株式会社取締役会長。昭和十四年(一九三九)、鉄道省の幹線調査会会長、いわゆる弾丸列車(新幹線)建造計画に携わる。鉄道国有化と広軌化・電化全般に広く尽力したが、鉄道院工作局長時代には制式機関車の設計・製作も行なった。昭和二十一年(一九四六)二月十七日死去。七十七歳。

参考文献 朝倉希一「島安次郎先生の事業」(『日本機械学会誌』五一ノ三五二、一九四八)、島秀雄「父・島安次郎」(日本放送協会編『NHK歴史への招待』二七所収、一九九〇、日本放送出版協会)、三輪修三「鉄道広軌化と電化の推進者 島安次郎」(前田清志編『日本の機械工学を創った人々』所収、一九九四、オーム社) (岡本 拓司)

しまよしたけ 島義勇 一八二二—七四 幕末・明治時代初期の行政官、政治家。通称団右衛門、号は楽斎・桜陰。佐賀藩士島市郎右衛門有師《ありみつ》の長男として文政五年九月十二日(一八二二年十月二十六日)に肥前国佐賀城下で生まれる。藩校弘道館《こうどうかん》に学んだ後諸国を遊学、水戸の藤田東湖とも親交を結んだ。弘道館目付、藩主鍋島直正の外小姓を経て、安政三年(一八五六)直正の命で蝦夷地・樺太の探検を敢行。戊辰戦争では佐賀藩の軍艦奉行、大総督府軍監として従軍した。明治元年(一八六八)以降、江戸鎮将府権判事、会計局判事などを歴任した後、二年七月開拓使判官となり、札幌を開拓の中心地と定めた。三年大学少監、四年侍従、秋田県権令などを経て、明治七年二月、佐賀の乱が起ると憂国党の首領として政府軍と戦ったが敗れ、四月十三日除族の上梟首された。五十三歳。蝦夷地・樺太の探検を記録した『入北記』をはじめ、多くの日記・報告書類がある。大正五年(一九一六)従四位に復位。→佐賀の乱《さがのらん》

参考文献 杉谷昭「島義勇」(『日本歴史』二五三、一九六九) (飯塚 一幸)

しまりえもん 志摩利右衛門 一八〇九—八四 阿波藍商人。文化六年(一八〇九)、阿波国名西《みょうざい》郡東覚円《ひがしかくえん》村(徳島県名西郡石井町)で代々藍商を営む組頭庄屋の家に生まれた。文政二年(一八一九)に家業を継ぎ、天保三年(一八三二)ころには、畿内・伊勢・尾張・奥羽・加能・両越・防長など、三十一ヵ国に売り場を持つ大藍商となった。また阿波煙草の販売にも尽力した。天保十二年(一八四一)以降の徳島藩の財政改革に深く関わり、市郷の富豪から御用金を調達し彼らを御銀主役と称して各種恩典を与える手法で、財政改革を成功させた。弘化四年(一八四七)には藩による塩専売制度を完成させた。尊王の志があり、頼山陽《らいさんよう》と親交を深め尊王攘夷運動に関わり、文政十二年(一八二九)に開いた京都四条通御旅町の煙草専門の支店は尊攘派の集会所になった。文久三年(一八六三)の足利三代将軍木像梟首事件で逃走中の小室信夫《こむろしのぶ》・中島錫胤《なかじまますたね》をかくまうなど援助した。また、俳諧をよくし、堯年と号した。明治十七年(一八八四)一月十四日没。七十六歳。

参考文献 岡本由喜三郎編『贈従五位志摩利右衛門』(一九二六)、徳島新聞社調査事業局編『徳島県百科事典』(一九八一、徳島新聞社) (宇山 孝人)

しみずうさぶろう 清水卯三郎 一八二九—一九一〇 出版・貿易商、民間学者。瑞穂屋卯三郎。文政十二年三月四日(一八二九年四月七日)に武蔵国埼玉郡羽生(埼玉県羽生市)の酒造業を営む商家に生まれる。学問に志し、芳川波山、ついで嘉永二年(一八四九)六月江戸に出て寺門《てらかど》静軒《せいけん》に漢学を学ぶ。安政元年(一八五四)ロシア艦隊が来

航すると、幕吏筒井政憲《つついまさのり》に従って下田に赴き公務の傍らロシア語を学び、また箕作阮甫《みつくりげんぽ》に蘭学、さらに英語を学ぶ。開港後に横浜に「たなべや」を出店し貿易に従事、万延元年（一八六〇）に著わした『えんぎりしことば　あきうどの　もちひ　ならびに　あひはなし』は初期の商業英会話書の一つ。文久三年（一八六三）薩英戦争時には、イギリス側から頼まれて軍艦に通訳として乗艦し、その処理にあたったことが、福沢諭吉『福翁自伝』に記されている。慶応三年（一八六七）、幕府の呼びかけに応じて日本製品を紹介するために徳川昭武《とくがわあきたけ》とともにパリ万国博覧会に赴き、日本館で茶屋を開く。終了後、欧米各国を視察し、浅草ついで日本橋の瑞穂屋で西洋書籍や石版印刷機、陶器焼付絵の具、歯科医療器械、西洋花火などの輸入販売、書籍の訳述・出版を行なった。明治二年（一八六九）三月より四月まで『（官許）六合新聞《りくごう》』を発行した。かな活字を鋳造して、西洋印刷技術の導入をはかったが、同時にひらがな論者として、西周のアルファベット採用論に駁して国字改良論「平仮名ノ説」を『明六雑誌』（七号、明治七年五月）に寄せている。明六社参加にあたって、商人という身分から反対もあったが、森有礼・福沢諭吉の賛成により入社を許された。明治十六年（一八八三）に大槻文彦《おおつきふみひこ》、高崎正風《たかさきまさかぜ》らの「かなのとも」に加わり、機関誌『かなのみちびき』を発行した。明治四十三年（一九一〇）一月二十日没。八十二歳。著書に『当世言逆論政体篇《とうせいいいきかいろん》』（明治十五年、丸屋善七）、訳書にとます・ていと著『ものわりのはしご』（明治七年、瑞穂屋）などがある。

参考文献　石井研堂「清水卯三郎小伝」（『（増補改訂）明治事物起原』上、一九四四、春陽堂）、長井五郎『しみづうさぶらう略伝』（一九七〇）、沢護「清水卯三郎—一八六七年パリ万国博をめぐって—」（『千葉敬愛経済大学研究論集』一九、一九八二）、長井五郎『（焰の人）しみづうさぶらうの生涯—自伝〝わがよのき上〟改題—』（一九八四、さきたま出版会）

（櫻井　良樹）

しみずぎいち　清水義一　一八七七—？　明治から昭和戦前期の物理学者。明治十年（一八七七）十月二十三日、三重県三重郡日永村（四日市市）に生まれる。三十七年（一九〇四）七月、京都帝国大学理工科大学電気工学科を卒業し、翌八月阪神電気鉄道会社に技師として就職した。四十年（一九〇七）三月、京大理工科大学助教授となり、大正九年（一九二〇）九月、組織改正のため京大教授工学部勤務となった。この年八月から第五講座を担任し、十三年（一九二四）十月、北海道帝国大学工学部に移り電気工学第一講座担任となるまで続いた。工学博士号を授与されたのは大正十年三月、正弦波交流発電機の研究によってである。北大では昭和八年（一九三三）七月より十年（一九三五）六月までの二年間工学部長を勤め、十五年七月、北大名誉教授となった。

参考文献　『大日本博士録』五（一九三〇、発展社）

（宮地　正人）

しみずきすけ　清水喜助　一八一五—八一　清水屋（現在の清水建設）の二代棟梁。文化十二年（一八一五）十一月、越中国砺波《となみ》郡井波《いなみ》町（富山県南砺《なんと》市）の小間物商を営む家の次男清七として生まれた。本姓藤沢。天保初年に同郷の清水屋の初代棟梁喜助を頼って江戸に上り、弟子入りをした。同十年に初代喜助の女婿となり、安政六年五月八日（一八五九年六月二十八日）に初代喜助が急逝すると家督を相続し、二代喜助を襲名した。幕末から明治期にかけて、横浜や江戸で築地ホテル館、三井組ハウス（第一国立銀行）、為替バンク三井組などを建築し、江戸建築の伝統を明治に引き継ぐとともに、新しい洋風の設計をもこなし、和洋折衷様式を創案した大工棟梁として活躍、清水屋の事業を著しく拡大した。明治十四年（一八八一）八月九日、風邪をこじらせて六十七歳で死去し、事業は武家出身の養子三代清水満之助に引き継がれた。清水屋は、大工棟梁の時代に終りを告げ、建築請負業の個人経営の時代となった。　→清水組《しみずぐみ》

参考文献　清水建設『清水建設百七十年』（一九七三）

（老川　慶喜）

しみずきっそん　清水橘村　一八七九—一九六五　詩人。本名孝教《たかのり》。明治十二年（一八七九）三月二十九日茨城県東茨城郡水戸城下下町生まれ。父が入植した東茨城郡橘《たちばな》村（茨城県小美玉《おみたま》市）で少年期を過ごす。雅号はその村名に由来。貧苦から学校に通えず、奉公の後、明治三十一年（一八九八）上京。投稿詩が掲載されて以来、『文庫』を中心に活躍した。三十四年刊の第一詩集『野人』は、破調の作も含むが、基本は七五調の浪漫的抒情詩集。三十八年には『文庫』を離れ、雑誌『国詩』発刊、また正富汪洋《まさとみおうよう》との共著詩集『夏ひさし』を刊行。まもなく詩作が激減し、四十一年（一九〇八）の第二詩集『筑波紫』を最後にほぼ活躍を終えた。用語・格調両面で薄田泣菫《すすきだきゅうきん》の影響が濃いが、自然主義に通じる世界観を示すなど独自の可能性も孕む。明治期には『国益新聞』および『東京日日新聞』の、大正初期・中期は『時事新報』の記者。その後占術の道に入り、『生れ日の神秘四柱推命学』（昭和六年）などを高木乗《たかぎじょう》の名で刊行。運命学で一家をなした。刀剣研究も有名。昭和四十年（一九六五）十月二日没。満八十六歳。

参考文献　小野孝尚『茨城の近代詩人』上（『ふるさと文庫』、一九六六、筑波書林）

（高橋　広満）

しみずぐみ　清水組　現在、ゼネコン大手五社の一つといわれる建設会社。富山出身の初代清水喜助（一七八三—一八五九）は、江戸神田鍛冶町（東京都千代田区）で、文化元年（一八〇四）清水屋の屋号で開業した。彦根藩や佐賀藩の屋敷に出入りを許され、また、天保九年（一八三八）には江戸城西丸御造営に参加した。嘉永二年（一八四九）には江戸牛込の高田八幡宮随身門を手掛け、嘉永四年には寛永寺と浅草寺の御用達大工を拝命した。安政六年（一八五九）には、逸早く横浜に進出し、洋風建築を手掛けることになる。また、この年、初代喜助が死亡し、娘

婿の清七(一八一五―八一)が二代目清水喜助を襲名し、神奈川ドイツ公使館(慶応三年(一八六七))など洋風建築を積極的に手掛けた。明治元年(一八六八)の幕府特命で完成させた築地ホテル館は、わが国の擬洋風建築の代表作品として知られている。これ以降、横浜外国人応接所(明治四年)、海運橋三井組ハウス(明治五年)、駿河町為替バンク三井組(明治七年)といったわが国を代表する一連の擬洋風建築を手掛け、清水組の名は広く知れ渡ることになる。明治十四年(一八八一)、二代目喜助が亡くなり、養子の満之助があとを継ぐが、明治二十年(一八八七)には死亡する。そのため、清水組では渋沢栄一を相談役として迎え、渋沢の援助もあり、営業規則(明治二十年)、旅費支給規則(明治二十一年)などを定める一方、明治二十二年竣工の英吉利《イギリス》法律学校の工事ではわが国ではじめて工事請負契約書を手交するなど近代的な建設業の確立を目指した。なお、大正四年(一九一五)に合資会社清水組、昭和十二年(一九三七)株式会社清水組、昭和二十三年(一九四八)清水建設株式会社に改組した。

参考文献 『清水建設二百年』(二〇〇三、清水建設株式会社)

(内田 青蔵)

しみずしきん　清水紫琴　一八六八―一九三三　民権家、作家、ジャーナリスト。明治元年正月十一日(一八六八年二月四日)、備前国和気郡で父清水貞幹、母留以の第五子として生まれる。本名トヨ。のち岡崎姓、古在《こざい》姓。筆名はとよ・豊子・秋玉・生野ふみ子・つゆ子・紫琴など。哲学者古在由重《よししげ》の母。父の京都府出仕に従い、二歳から京都麩屋町で育つ。京都府女学校小学師範諸礼科卒業後の十七歳ころ、自由党系の弁護士岡崎晴正と結婚。国会開設を前にした大同団結運動のなかで民権家が設立した興和会と寧楽交詢会に夫妻で参加。会の演説活動の一環として明治二十年(一八八七)十一月奈良県で開かれた集会で「女学校の設立を望む」という演題で演説。興和会の機関誌『興和の友』にも岡崎とよ、清水秋玉名で「敢て同胞兄弟に望む」などの評論を執筆し、女権拡張論・婦人参政権要求を展開。以後、弁論活動を続けるなかで植木枝盛・中江兆民らとも交流。同二十二年初めに離婚、晴正の重婚が原因とみられる。二月大阪事件の出獄者を迎え、景山(福田)英子と数ヵ月間行動をともにし、女性の大同団結を図る組織作りと女権拡張が目的の雑誌『女権の魁《さきがけ》』発行を企てるが実現せず。同じころ「一夫一婦建白書」を京都府経由で元老院に提出し、婦人白標《はくひょう》倶楽部に参加。二十三年五月上京して女学雑誌社に入社し、草分けの女性記者として本名の清水豊子のほか生野ふみ子、つゆ子などの名で探訪記や評論を執筆。半年後には主筆になり、論説に筆を揮う。集会及政社法制定に対して「何故に女子は政談集会に参聴することを許されざる乎」を、衆議院規則案で女性の議会傍聴が禁止されると、政治家に働きかけるとともに「泣《な》て愛する姉妹に告ぐ」を書いてその不当性を訴えた。これらが功を奏して女性の傍聴禁止は削除された。また「当今の女学生の覚悟如何」では、結婚への無邪気な夢想や誤想を戒め、隷属するな、自主性を持て、そして家庭の変革者たれと読者の女学生たちに呼びかけた。結婚とは女にとって何であるかを鋭く問うたこの評論と思想的立場を同じくするのが明治二十四年一月に発表した小説『こわれ指環』で、女性の筆になるはじめての離婚小説。記者として作家として縦横の活動は二十四年五月から一年余中断する。立憲自由党の分裂から改組自由党までの動きの渦中にあった大井憲太郎を、自由党の党友として支持する立場から親しくなったのか、同年十一月大井の子家邦を産み、兄の養子にした。もとより結婚の意志はなかったが、女権拡張の同志景山英子も大井の子を産んでおり、景山から激しく誹謗中傷された。女学雑誌社に復帰したのは二十五年九月。このころには帝国大学農科大学につとめる学究古在由直《よしなお》から交際を求められ、過去を打ち明けたうえで互いの人格を尊重しつつ親交。小説『一青年異様の述懐』(『女学雑誌』三三〇、明治二十五年十月二十二日)は、人格主義・精神主義の恋愛観に貫かれており、同時進行の二人の恋愛の内実をうかがわせる。同年十二月に古在と結婚したのちも記者として生野ふみ子名で随筆や実用記事を執筆する。二十六年長男出産。二十七年春女学雑誌社を退社して以降は随時の寄稿者となる。二十八年三月夫がヨーロッパに留学したため、京都に移って義母や幼子と暮らしながら、清水紫琴名で随筆や小説を発表。小説は短編が多いが、『移民学園』(『文芸倶楽部』明治三十二年八月)は被差別部落を扱った社会派小説で、島崎藤村の『破戒』より七年早い。三十三年(一九〇〇)七月夫が帰国し東京帝国大学農科大学教授になる。三十四年一月露子名の『夏子の物思ひ』を最後に筆を絶つ。その後は四人の子をもうけ、家庭人として生きる。昭和八年(一九三三)七月三十一日没。六十六歳。作品は古在由重編『紫琴全集』全一巻(昭和五十八年、草土文化)に収録されている。

参考文献 山口玲子『泣いて愛する姉妹に告ぐ―古在紫琴の生涯―』(一九七七、草土文化)、駒尺喜美「紫琴小論―女性学的アプローチ―」(古在由重編『紫琴全集』所収、一九八三、草土文化)、北田幸恵『書く女たち―江戸から明治のメディア・文学・ジェンダーを読む―』(二〇〇七、学芸書林)

(江刺 昭子)

しみずとおる　清水澄　一八六八―一九四七　明治・大正・昭和期の官僚、法学者。表具師清水吉三郎の長男として明治元年八月十二日(一八六八年九月二十七日)加賀国金沢で出生。明治二十七年(一八九四)帝国大学法科大学卒業後、内務省に入省。同三十一年(一八九八)学習院教授に任ぜられ、翌年より国法学および行政学研究のためヨーロッパに留学。同三十八年法学博士。翌年行政裁判所評定官に就任し、同四十一年(一九〇八)より枢密院書記官を兼任。大正四年(一九一五)宮内省御用掛、同九年東宮御学問所御用掛に任ぜられ、法制・憲法などを進講する。昭和七年(一九三二)行政裁判所長官。同九年に枢密顧問官に転じ、同二十一年(一九四六)に枢密院議長に就任、翌二十二年五月の廃止まで務めた。同年九月二十五日静岡県熱海市で自殺。八十歳。官僚として栄達を重ねる一方、法学者としても活躍し、主著『国法学』全三巻(明治三十七―四十三年、清水書店)をはじめ、多数の編著書を残す。

参考文献 鈴木安蔵『日本憲法学史研究』(一九七五、勁草書房)、清水澄博士論文・資料刊行会編『清水澄博士論文・資料集』(一九八三、原書房)、所功「清水澄博士の法制・憲法御進講」(『憲法研究』三〇、一九九八) (小野　博司)

しみずなんざん　清水南山　一八七五―一九四八　大正から昭和時代初期の彫金家。明治八年(一八七五)三月三十日広島県豊田郡佐江崎村大字能地(三原市)に、父鹿太郎と母うめの長男として生まれる。本名は亀蔵。東京美術学校開校の翌二十四年(一八九一)に入学し、加納夏雄《かのうなつお》や海野勝珉《うんのしょうみん》に学ぶ。三十五年(一九〇二)に研究科修了後、東京で自営するが家督を相続するため帰郷する。四十二年(一九〇九)に香川県立工芸学校教諭となるが大正四年(一九一五)に辞職し、妻子を生家に預けて四国八十八ヵ所を巡礼した後、法隆寺に止宿し、約一年余りの間奈良の古美術研究に没頭する。自営の四年間を経て、大正八年から昭和二十年(一九四五)までの二十六年間東京美術学校彫金科教授を勤めた。昭和二年(一九二七)に帝国美術院展覧会工芸部設置とともに委員となり、審査員を命ぜられる。その後、帝展・文展・日展で審査員を数回務める。九年に帝室技芸員、十年(一九三五)に帝国美術院会員になる。二十年七月東京美術学校を退官して郷里に疎開し、終戦を迎える。二十三年十二月七日に東京の自宅で死去。七十四歳。

参考文献 広島県立美術館編『紫水と南山展―近代日本工芸の巨匠―』(一九八六) (横溝　廣子)

しみずのじろちょう　清水次郎長　一八二〇―九三　幕末・維新期の侠客。本名山本長五郎。清水次郎長は通称。文政三年正月一日(一八二〇年二月十四日)駿河国清水湊(静岡市)の船持船頭高木三右衛門(通称雲不見《くもみず》三右衛門)の三男に生まれ、母の弟である米問屋甲田屋山本次郎八の養子となる。養父の死後、甲田屋の家業に精を出していたが、天保十三年(一八四二)、二十三歳にして博徒の群に投じ、周辺の博徒との抗争を繰り返す。なかでも甲州黒駒勝蔵《くろこまのかつぞう》、尾州保下田《ほげた》の久六、伊勢桑名の安濃徳《あのうとく》(穴太徳太郎《あのうのとくたろう》)との抗争は有名。明治元年(一八六八)三月、駿府町差配役伏谷如水《ふせやじょすい》から「東海道探索方」を命じられる。同年四月、宿敵の黒駒勝蔵が、鎮撫使四条隆謌《しじょうたかうた》の親衛隊長「池田数馬」として東上の途中、駿府を通過した。このとき、土地の大親分安東文吉《あんどうぶんきち》の仲介で勝蔵と和解したという説がある。同年九月、清水湊に漂着した幕軍の咸臨丸を官軍の軍艦三隻が砲撃し、咸臨丸の乗組員の死体十三が海面に浮かんだが、官軍の威光を恐れて、誰ひとり片づけようとしない。持ち前の侠気から、これらの死体を回収し、厚く葬ったのが次郎長であった。旧幕臣の山岡鉄舟《やまおかてっしゅう》(当時駿府に在住)はこれを聞いて感激し、以後、厚い交友を結ぶ。明治七年以降、山岡鉄舟らの勧めによって、富士裾野の開墾事業などの「正業」に従事する。明治十七年(一八八四)一月四日に賭博犯処分規則が布告されたのに伴い、同年二月二十五日に逮捕。自宅からゲベール銃二十三挺ほか多数の武器が押収された。懲役七年、過料四百円に処せられて静岡井之宮監獄に収監される。同年四月、山本鉄眉《やまもとてつび》(天田五郎《あまだごろう》)の『東海遊侠伝』が刊行される。これは、当時、次郎長の養子だった著者が、次郎長本人から聞き取った話を構成したものであるが、その出版は次郎長の釈放運動の一環でもあった。明治十八年、仮出所。『東海遊侠伝』によって、清水次郎長の侠名は全国に知られるようになり、次郎長を訪ねる知識人も現れる。明治二十六年(一八九三)六月十二日死去。七十四歳。

清水次郎長

参考文献 小笠原長生『大豪清水次郎長』(一九三六、実業之日本社)、田村栄太郎『やくざ考』(一九五八、雄山閣)、佐橋法竜『清水次郎長伝―博徒の虚像と実像―』(『三一新書』、一九七二、三一書房)、高橋敏『清水次郎長―幕末維新と博徒の世界―』(『岩波新書』、二〇一〇、岩波書店) (磯川　全次)

しみずまこと　清水誠　一八四五―九九　マッチの国産化功労者。弘化二年十二月二十五日(一八四六年一月二十二日)加賀藩士嶺新兵衛の第六子として生まれ、同藩の清水氏を嗣ぐ。長崎と横須賀で学んだのち明治二年(一八六九)藩の留学生としてフランスに渡り、六年エコール＝サントラルに入学するが、翌年春帰国を命じられ、フランス政府の金星太陽面経過観測班の一員として帰国して神戸諏訪山で観測を行なった。吉井友実《よしいともざね》の勧誘を受けて八年四月に吉井別邸でマッチを試製、同年六月から九年十二月までは海軍の横須賀造船所にも勤務したが、九年九月に本所柳原町に創設した新燧社《しんすいしゃ》で国内初のマッチの商業生産にあたった。十一年(一八七八)に洋行して各地の工場を視察、翌年に全国の唐物商を組織して開興社を設け自社製品を販売させ輸入品を駆逐した。二十一年(一八八八)新燧社の解散により金沢に隠棲したが、のち摺付木軸排列機を発明して、二十九年に特許を得て一年あまりで五百台以上を売り、大阪に工場旭燧社《きょくすいしゃ》を開いた。三十二年(一八九九)二月八日肺炎で死亡した。五十五歳。

参考文献　松本三都正編『清水誠先生伝―本邦燐寸の創始者―』(一九六五、清水誠先生顕彰会)、米田昭二郎「日本マッチ工業の開拓者清水誠」(『日本海地域史研究』四二、三〇二)

（鈴木　淳）

しめいかい　紫溟会　明治十四年(一八八一)九月一日に結成された皇室中心・国権主義の地方政社。紫溟会結成の直接の契機となったのは、明治十四年二月、すでに上京していた高橋長秋《たかはしちょうしゅう》のほか、佐々友房《さっさともふさ》・木村弦雄《きむらつるお》・白木《しろき》為直《ためなお》ら学校党の人物がこぞって上京し、井上毅・安場保《やすばやす》和《かず》・古荘嘉門《ふるしょうかもん》・山田信道《やまだのぶみち》らの熊本出身官僚と会合を開き、立党の計画をたてたことである。その設立趣旨草稿は井上毅の手になる。九月一日には、熊本の諸政治勢力を統合する目的で紫溟会の結党集会が開催された。しかし民権派の相愛社は、国体・政体論争の結果脱会し、十一月には、実学派も本部との間の主権論争により脱会した。この結果、孤立した紫溟会は、まず地域の教育・殖産に力を注ぎ、明治十五年三月一日には『紫溟雑誌』、八月七日には新聞『紫溟新報』も発行した。社主は、実学派から参加した津田静一《つだせいいち》であった。明治十七年三月には、道義講習団体紫溟学会に名称と性格を変更した。→学校《がっこう》党《とう》　→熊本国権党《くまもとこっけんとう》

参考文献　「紫溟会歴史抜抄」(『紫溟雑誌』一―一二、一八八二)、佐々博雄「教育勅語成立期における在野思想の一考察―熊本紫溟会の教育・宗教道徳観を中心として―」(『国士舘大学人文学会紀要』二〇、一九八八)、『新熊本市史』通史編五(二〇〇一)

（佐々　博雄）

しめかす　〆粕　魚類や豆類、菜種、胡麻などの搾油に際し生じる絞りかす。肥料や飼料に利用された。近世中期から明治時代初期を代表する鰯〆粕や鰊〆粕などの魚肥は金肥と称され、地力の維持、農業生産力の発達に重要な役割を果たした。鰯〆粕は、鰯漁の盛んな千葉・北海道・茨城・愛知を中心に生産され、干鰯と並び、当時魚肥の代表的な地位を占めた。しかし、明治二十年代以降、不漁のために両者とも衰退し、代わって鰊〆粕が急速に生産量を伸ばしていった。北海道では、鰊〆粕の乾燥に石炭の火力を用いるなど、開拓使時代から製造技術の向上に努めていた。そのため生産力は圧倒的で、北海道の鰊〆粕は国内総生産高の九九％、肥料総額の七六％に達した(明治二十四年(一八九一))。大正期以降、大豆油粕の輸入増加や化学肥料の普及、農村不況により魚肥の需要が低下したため、魚肥の生産量は一時的に減少した。その後鰯の漁獲量は徐々に回復し、昭和に入って鰯〆粕の生産量が再び鰊〆粕を上回った。しかし長期にわたる不漁のため、鰊〆粕の回復は以後絶望的となった。

参考文献　農商務省編『水産事項特別調査』(一八九四、農商務省)、山口和雄『水産』(『現代日本産業発達史』一九、一九六五)、大蔵省編『開拓使事業報告』三(一九八三、北海道出版企画センター)

（高村　聰史）

しもおかちゅうじ　下岡忠治　一八七〇―一九二五　明治から大正時代の官僚、政治家。明治三年十月二日(一八七〇年十月二十六日)、摂津国川辺郡広根村(兵庫県川辺郡猪名川《いながわ》町)で酒造業の下岡直一の次男に生れる。家は代々庄屋をつとめた。明治二十八年(一八九五)帝国大学法科大学を卒業し、内務省に入り地方官、法制局参事を経て、秋田県知事、農商務次官、枢密院書記官長を歴任し、山県有朋の知遇を得る。大正三年(一九一四)に内務次官、四年兵庫県より衆議院議員総選挙に出馬し連続四回当選する。交友倶楽部を組織し、第二次大隈内閣を援助した。五年交友倶楽部の一部が参加した憲政会には与せず、中正会の花井卓蔵らと公正会を組織したが、六年の総選挙後に憲政会に合流し、幹部となった。第二次護憲運動で活躍し、十三年(一九二四)に加藤高明内閣を実現させたが、入閣できず、朝鮮総督府政務総監となった。大正十四年十一月二十二日、十五年度の予算折衝のため上京中に病没。五十六歳。

（西尾林太郎）

しもおかれんじょう　下岡蓮杖　一八二三―一九一四

下岡蓮杖

写真師。文政六年二月十二日(一八二三年三月二十四日)、伊豆下田に生まれる。通称は久之助。父の桜田与惣右衛門は相州浦賀船改御番所勤番であった。十三歳のころ画家を目指して江戸に出るが果たせず、下田に戻り足軽となり、弘化元年(一八四四)、江戸の狩《か》野《のう》董川《とうせん》に入門し董《とう》円《えん》の号を得る。このころ、ダゲレオタイプを見る機会を得、その描写に驚愕し写真術の習得を志す。しかし科学の知識のない蓮杖は、外国人と接触してその技術を習得しようする。誰からということは諸説あるが、確かなのは安政六年(一八五九)に横浜が開港され、そこで出会ったアメリカ人貿易商ショイヤーの紹介で宣教師の娘ラウダから湿式コロディオン法の写真術の手ほどきを受け、さらにアメリカ人写真師ジョン＝ウィルソンから本格的な技術を習得したことである。そして文久元年(一八六一)の暮れ、ウィルソンが日本を離れる際に写真器材一式と写場を引き継ぎ、翌年、横浜野毛《のげ》に写真館を開業、のちに横浜弁天通り五丁目に移り写真館として確たる地位を築くようになる。さらに慶応三年(一八六七)に、横浜馬車道太田町に「相影楼」「全楽堂」の看板を掲げて新たに開業、支店も設け隆盛を極めてゆく。一方写真以外の事業として乗り合い馬車の営業、牛乳販売、ビリヤード場の営業などをてがける。明治九年(一八七六)には東京浅草公園に移転し、パノラマ画や石版画の制作を行い、初期の洋画家としても活躍する。特に台湾出兵と箱館戦争

のパノラマ画は浅草で展示され評判になる。下岡蓮杖は、同年に長崎で開業する上野彦馬《うえのひこま》と並んで日本における写真の開祖とされる。最初の営業写真館は、前年の文久元年に江戸薬研堀《やげんぼり》に開業した鵜飼玉川《うがいぎょくせん》によるが、横山松三郎や鈴木真一、臼井秀三郎など明治を代表する写真師が蓮杖の下から輩出されたことを考えると、決して開祖の名に恥じないといえよう。あわせて起業家としての蓮杖は、成功者にはなれなかったが、忘れてはならない側面であろう。大正三年(一九一四)三月三日没。九十二歳。

(金子　隆一)

しもせかやく　下瀬火薬　下瀬雅允《まさちか》が発明した海軍で用いられた火薬。下瀬は広島英学校で学んだ後、上京し工部大学校に入り化学を専攻、明治十七年(一八八四)卒業後、二十年(一八八七)に海軍造兵廠に入り、炸薬の開発に従事した。数年の苦難を経て開発された下瀬火薬は純粋ピクリン酸爆薬で炸裂力も強かったため、明治二十六年に制式採用されたが、日清戦争には間に合わなかった。下瀬火薬を使った日本海軍の弾薬システムは、欧米のものが徹甲弾炸薬に用いるため混合ピクリン酸を使用したのに対して、単純ピクリン酸を鍛鋼榴弾に用いて爆発の制御に成功した点に特徴があった。火薬に適合した砲弾の開発(たとえば伊集院信管と組み合わせることなど)にも時間がかかったが、それが完成され本格的に用いられた日露戦争時には大いに威力を発揮した。下瀬は明治三十二年(一八九九)に博士号を授与され、同年四月に東京市外の滝野川に設けられた海軍下瀬火薬製造所長となった。製造所は明治三十四年に操業を開始し、大正三年(一九一四)には東京海軍造兵廠に包含されることになり、大正八年四月に海軍火薬廠が設置されると同廠の爆薬部となった。なお日露戦後に現われた下瀬火薬万能の傾向は、その後の海軍の火薬改良を遅らせることになった側面がある。

参考文献　松原宏遠『下瀬火薬考』(一九四三、北隆館)、同『下瀬火薬発明記』(一九四四、葛城書店)、小池重喜『日本海軍火薬工業史の研究』(二〇〇三、日本経済評論社)、同「日露戦争と下瀬火薬システム」(『高崎経済大学論集』四九ノ一、二〇〇六)

(櫻井　良樹)

しもせまさちか　下瀬雅允　一八五九―一九一一　下瀬火薬の発明者。安政六年十二月十六日(一八六〇年一月八日)広島藩士下瀬徳之助の長男として広島に生まれる。祖父孫平は広島藩鉄砲方として火薬の研究を行なった。雅允は明治十年(一八七七)東京の工部大学校に入学。ダイバースについて化学を学ぶ。同十七年に同校化学科を卒業。印刷局に就職し、紙幣用印刷インキを改良し、黒色捺染用インキを発明した。同二十年(一八八七)に海軍省兵器製造所に入った。上司の原田宗助に「世界の炸薬の観念を一変させるような発明をせよ」と激励されて、欧米で用いられていた綿火薬とは異なるピクリン酸鉄塩を研究し、三〇〇〇度の高熱を発する下瀬火薬を同二十一年に発明し、同二十六年日本海軍の制式爆薬として採用された。下瀬火薬は日露戦争における黄海の海戦で大きい威力を発揮し、日本海海戦の勝利の因となった。下瀬火薬はその後昭和時代初期にTNT火薬が採用されるまで長く使用され、陸軍でも黄火薬と称して用いられた。下瀬は明治三十年(一八九七)に海軍造兵廠主幹となり、欧米に三年間出張し、帰国後工学博士となり勲三等旭日章を受けた。その後も下瀬火薬製造所長として貢献した。同四十四年(一九一一)九月六日に死去。五十三歳。

下瀬雅允

参考文献　松原宏遠『下瀬火薬考』(一九四三、北隆館)、芝哲夫「歴史に学ぶ―明治の日本の化学者たち―」(『有機合成化学協会誌』四八ノ八、一九九〇)、同『日本の化学の開拓者たち』(『ポピュラー・サイエンス』、二〇〇六、裳華房)

(芝　哲夫)

しもだうたこ　下田歌子　一八五四―一九三六　明治から昭和時代初期の歌人、教育家。安政元年八月八日(一八五四年九月二十九日)、美濃国恵那郡岩村町(岐阜県恵那市)の岩村藩士平尾家に生まれる。父鍒蔵、母房子。幼名鉐《せき》。平尾家は曾祖父の代より漢学をもって知られ、父は勤王派でもあった。幼少より、漢学や和歌を学ぶ。明治四年(一八七一)、一家は上京して麴町平河町に居住。五年、宮中に出仕。和歌の才を皇后に認められ、歌子の名を与えられる。八年権命婦に任じられ、また和漢洋の学を学ぶ。十二年(一八七九)、病気のため職を辞すが、下田猛雄と結婚。猛雄は剣客として知られていたが、十七年には死去。十三年麴町に私立桃夭《とうよう》女塾を創設。十七年、宮内省御用掛になり、華族女学校創設に関わり、十九年には同女学校幹事兼教授、翌年学監となる。二十六年(一八九三)『家政学』二巻を刊行。二十六年から二十八年まで欧米を視察し、ビクトリア女王に拝謁。三十一年(一八九八)、帝国婦人協会を創設し、翌年附属実践女学校、女子工芸学校を麴町に創立して校長となる。三十二年『泰西婦女子風俗』を刊行。三十四年、愛国婦人会を

下田歌子

設立。三十九年、華族女学校は学習院に併合されて学習院女子部となり、同教授、女学部長となるが、四十年(一九〇七)、同職を辞す。院長の乃木希典の方針との対立がいわれている。四十四年『婦人礼法』を刊行。大正九年(一九二〇)、愛国婦人会会長。昭和十一年(一九三六)十月八日没。八十三歳。女子教育に貢献し、『和文教科書』『小学読本』ほか多くの編著や啓蒙書を刊行し、また『詠歌の栞』『新題詠歌捷径』などの作歌手引き書、紀行『花吹雪』、『源氏物語講義』第一巻などを残す。板垣弘子編『下田歌子著作集』資料編全九巻(平成十—十一年、実践女子学園)がある。 ↓愛国婦人会《あいこくふじんかい》 ↓実践女学校《じっせんじょがっこう》 ↓帝《てい》国婦人協会《こくふじんきょうかい》

参考文献 塩田良平編『明治文学全集』八一(『明治女流文学集』一、一九六六、筑摩書房)、実践女子大学図書館編『下田歌子関係資料総目録』(一九八〇、実践女子学園)、故下田歌子校長先生伝記編纂所編『下田歌子先生伝—伝記・下田歌子—』(『伝記叢書』、一九八九、大空社)

(内藤　明)

しもつけしんぶん　下野新聞　明治十一年(一八七八)発行の『栃木新聞』を前身とする新聞。『栃木新聞』は五ヵ月三十七号で廃刊。ついで翌年八月二日に新たに『栃木新聞』が発行された。『栃木新聞』は明治十七年県庁の栃木町から宇都宮への移転に伴って三月七日、『下野新聞』と改題した。経営が軌道にのるのは明治十九年以降、特に二十七年(一八九四)に池上町(宇都宮市)に移転してからで、この間二十二年に待望の日刊紙発行が実現し「不偏不党」の社是も決定した。経営陣では、憲政本党の横尾輝吉が『新下野』を創刊して『下野新聞』の主筆山菅《やますげ》与一郎《よいちろう》が引き抜かれ、後任には明治三十五年(一九〇二)、桐生悠々が主筆に迎えられた。彼は自由主義者で官憲と戦い抜いた新聞記者である。同社は明治二十六年・二十八年・三十八年と政府攻撃の記事で発行停止となったが、報道の公正を期す社是を守り通した。昭和五十四年(一九七九)社屋を建設、栃木県唯一の新聞として存在し、主なる事業は下野奨学会の運営・下野県民賞の表彰など、教育・文化・産業・スポーツにおいて県民とともに歩んでいる。

『下野新聞』第1号

参考文献 『下野新聞百年史』(一九八四、下野新聞)

(大町　雅美)

しもにたしゃ　下仁田社　西群馬地方の改良座繰《ざぐり》結社。碓氷社・甘楽《かんら》社とともに南三社といわれ、組合製糸の元祖とされる。明治十三年(一八八〇)に甘楽郡内の共同揚返組織(十三組)を結集して創立された北甘楽精糸会社(のち甘楽社)は、富岡町(群馬県富岡市)に本社を、下仁田(同県甘楽郡)に支所を置いたが、二十六年(一八九三)に下仁田支所所属の組合が独立して下仁田社を結成した。他の農民系結社と同様に、組合員農家が座繰製糸した生糸を集めて、共同揚返などを行なった上で共同出荷し、全国有数の巨大荷主となった。二十八年に直輸出を廃止して横浜生糸売込商への出荷とし、四十二年(一九〇九)ごろから器械製糸を本格化させ、大正期には出荷のほとんどが器械製生糸となった。四十三年に産業組合法による有限責任信用販売組合連合会下仁田社に改組したが、このころには群馬県に加え長野・新潟県などにも加盟組合を有した。昭和十七年(一九四二)、他の組合製糸とともに県糸連(保証責任群馬県繭糸販売組合連合会)に統合された。 ↓碓氷社《うすいしゃ》 ↓甘楽社《かんらしゃ》

下仁田社の正門

参考文献 『群馬県蚕糸業史』上(一九五五、群馬県蚕糸業協会)、『群馬県史』通史編八(一九八九)

(井川　克彦)

しものせきじつぎょうにっぽう　下関実業日報　明治三十八年(一九〇五)五月五日末光鉄之助が、『馬関物価日報』を譲渡され、改題して発行した日刊新聞。本社は山口県下関市。『馬関物価日報』は、明治十三年(一八八〇)一月七日松野武左衛門が赤間関区(下関市の前身)で発行。日刊で物価を中心とする経済市況を報道し、好評を博した。

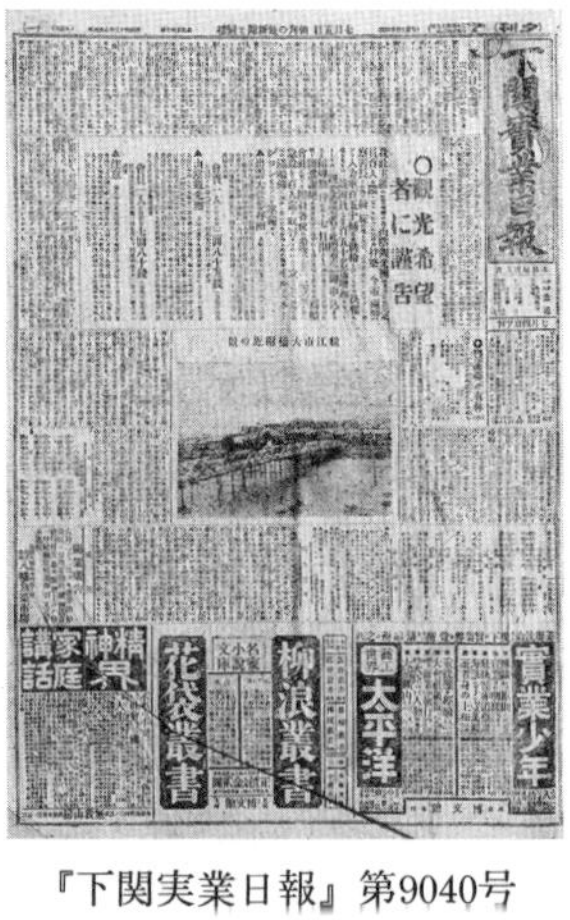
『下関実業日報』第9040号

『下関実業新報』は、紙面を拡張して一般紙となり、さらに四十四年(一九一一)六月十五日『関門日日新聞』と改題して、発行部数を伸ばし、県内トップの有力紙に躍進した。昭和十七年(一九四二)の一県一紙への新聞合同により『防長新聞』などと合併して、同年一月三十日『関門日報』となった。これは『関門日日新聞』への吸収合併であったが、県庁所在都市以外の地方新聞を認めないとする県警察部の圧力で、昭和二十年(一九四五)五月一日『防長新聞』と改題した。本社の山口移転は実現しなかったが、末光家は経営から排除された。

参考文献　武智一一「山口県新聞史」(『新聞研究』六一、一九五六)、田村貞雄「明治期における山口県の新聞」(『山口地方史研究』八二、一九九九)　(田村　貞雄)

しものせきしょうきん　下関償金　幕末から明治時代初期に日本政府が外国政府に支払った四国連合艦隊下関砲撃事件に対する賠償金。元治元年(一八六四)九月、長州藩は四国連合艦隊と停戦協定を結び、下関の町を焼かなかった代償および遠征費用を支払うことを約束した。長州藩から交渉を引き継いだ幕府は、九月二十二日(十月二十二日)、英・仏・蘭・米国に対して、総額三〇〇万ドルの賠償金を支払開始日より三ヵ月ごとに六回分割払いで支払うことを取り決めた。外国側は、償金免除の代替に下関開港を要求し、その実現のため法外な金額を請求したが、幕府は償金支払いを選択した。しかし、幕府は慶応元年(一八六五)七月に第一回分を支払ったものの、以降の支払い延期を求めた。同年九月、イギリス公使パークス主導で四国連合艦隊は兵庫沖へ移動し、兵庫・大坂早期開放と条約勅許および税率引下げを条件に、残額二〇〇万ドル減免を提案した。朝廷から兵庫開港同意を得られなかった幕府は、同年十二月から翌年四月にかけて、第二・三回分を支払った。幕府はなお支払延期を求め、同年五月の貿易に関する協定(いわゆる改税約書)を締結せざるをえなかった。四回目を支払うべきであった三年四月に、幕府は改めて残額一五〇万ドルの二年間支払延期を要請し、利息は支払うことを条件に明治二年(一八六九)四月まで延期が認められた。幕府が倒れ明治新政府になってからも支払延期の要請は行われ、茶・生糸増税約書の実施延期を代償に五年四月まで延期が認められた。米国で償金返還議論が起り、岩倉使節団はそれに乗じて各国と残額免除交渉を行なったが、英・仏・蘭国の態度は冷淡であり、英国はさらに内地旅行などの代償を迫った。結局、日本政府は、明治七年一月・四月・七月に三ヵ国に残額を完済し、米国へも六月・七月に完済した。米国では、一八八三年二月に返還法案が両院で可決され、ほぼ元金全額が返還された。返還金はとりあえず公債化され、その後横浜港改築工事に使用された。

参考文献　鵜飼政志『幕末維新期の外交と貿易』(『歴史科学叢書』、二〇〇二、校倉書房)　(森田　朋子)

しものせきじょうやく　下関条約　⇨日清講和条約《にっしんこうわじょうやく》

しもはしゆきおさ　下橋敬長　一八四五―一九二四　明治から大正期の有職故実家。弘化二年五月十六日(一八四五年六月二十日)京都に生まれる。出自は、代々、摂家一条家の家臣を務めてきた家系。十二歳で一条家の御側出仕、続いて装束召具方となった。明治元年(一八六八)には明治新政府の創立した教育機関皇学所の監察助勤を仰せ付けられた。国文・和歌の知識に富み、また能筆でもあった。生涯、京都を拠点として、英照皇太后、明治天皇、昭憲皇太后の三度の大葬に供奉するなど、皇室とともに歩んだ人生だった。これを反映して幕末・維新期の宮廷の細事にわたり精通していた。大正十三年(一九二四)七月四日没。八十歳。大正十年に宮内省図書寮の図書頭心得五味均平らが下橋を招聘し、幕末期の宮廷の談話を速記させたのが『幕末の宮廷』(宮内省図書寮、大正十一年)である。同書は『東洋文庫』三五三(平凡社、昭和五十四年)に、羽倉敬尚《はぐらけいしょう》による下橋の経歴や、読書上の基礎知識が補足され刊行されている。　(佐多　芳彦)

しもむらかいなん　下村海南　一八七五―一九五七　官僚。本名は宏。旧和歌山藩士下村房次郎の長男として明治八年(一八七五)五月十一日、和歌山に生まれる。明治三十一年(一八九八)、東京帝国大学法科大学政治学科卒業。逓信省に入り為替貯金局長を務める。大正四年(一九一五)、台湾総督府民政長官となり、大正八年、法学博士を受ける。大正十年(一九二一)、取締役として朝日新聞社に迎えられ、昭和五年(一九三〇)に副社長となり朝日新聞社の近代化に尽くす。昭和十一年(一九三六)三月退社。昭和十二年、貴族院議員となる。昭和十八年五月、日本放送協会会長。鈴木貫太郎内閣で国務相兼情報局総裁を務め、木戸幸一らとともに玉音放送にたずさわる。戦後は公職を追放される。昭和二十八年(一九五三)、参議院選挙に落選する。著書に『新聞に入りて』(大正十四年、日本評論社)、『終戦秘史』(昭和二十五年、大日本雄弁会講談社)など。昭和三十二年(一九五七)十二月九日没。満八十二歳。　(河崎　吉紀)

しもむらかんざん　下村観山　一八七三―一九三〇　明治から昭和時代の日本画家。明治六年(一八七三)四月十日、和歌山小松原通に下村豊次郎、寿々の三男として生まれる。本名晴三郎。代々紀州徳川家に仕えた能の小鼓の家であったが、明治十四年(一八八一)一家で上京する。明治十五年狩野芳崖《かのうほうがい》に就き北心斎東秀の号を授けられる。芳崖の紹介で橋本雅邦に託され、二十二年(一八八九)東京美術学校の第一期生として入学し観山の号を用いる。二十七年卒業と同時に同校助教授となるが、三十一年(一八九八)東京美術学校事件で岡倉天心に殉じて辞職。日本美術院創立に正員として参加。三十六年渡英。三十八年帰国後、天心に随って茨城県五浦(北茨城市)に移住。第一回文展出品の「木間の秋」では酒井抱一の手法を採り入れて琳派研究の成果を見せる。文展審査員を務めるが大正三年(一九一四)横山大観とともに審査員を辞して院を再興する。第一回展に「白狐《びゃっこ》」、第二回展に「弱法師《よろぼし》」

などの名作を出品して院の支柱となる。帝室技芸員となるが、在野精神を貫いて昭和五年（一九三〇）五月十日に没した。五十八歳。

参考文献 『下村観山―その人と芸術―』（開館記念特別展図録、一九八〇、山種美術館）、『下村観山』（一九八一、大日本絵画）

（古田あき子）

しもむらこじん　下村湖人　一八八四―一九五五　作家、教師、社会教育活動家。明治十七年（一八八四）十月三日、佐賀県に生まれた。明治三十一年（一八九八）佐賀中学校に入学、在学中、内田夕闇という名で詩歌を雑誌に投稿。翌年、佐賀中学校校友会誌『栄城』の編集委員。明治三十六年第五高等学校文科に入学。翌年、「五高」校友会誌『竜南』の編集委員。明治三十九年東京帝国大学文科大学に入学し英文学を専攻する。明治四十一年（一九〇八）『帝国文学』の編集委員として活躍。大学卒業後、佐賀中学校に英語教師として赴任。のち、唐津中学校、台中第一中学校各校長などを歴任。昭和四年（一九二九）台北高等学校校長に就任。昭和六年に教育職を離れ、昭和八年大日本連合青年団講習所所長となる。昭和十六年（一九四一）小説『次郎物語』を出版し、同二十九年（一九五四）までに全五部を刊行。昭和三十年（一九五五）四月二十日病没。満七十歳。

参考文献 高田保馬「下村湖人の人と作品」（『人生』一ノ五、一九五五）、加藤善徳『下村湖人の人間像』（一九六六、新風土会）、永杉喜輔『下村湖人伝―『次郎物語』のモデル―』（一九七〇、柏樹社）

（菅原　亮芳）

しもむらぜんたろう　下村善太郎　一八二七―九三　群馬県前橋の大生糸商、有力者。文政十年四月二十八日（一八二七年五月二十三日）、前橋本町に生まれるが米相場に失敗し、八王子に移って糸屋源兵衛の協力を得て生糸・繭類の売買を行い成功した。横浜開港後、輸出生糸の売買で巨万の富を作って前橋に帰郷し、以降、前橋五大生糸商の一人として大量の生糸を横浜に出荷した。文久二年（一八六二）、前橋藩糸会所取締に任ぜられ、その功により一代苗字を許され、慶応二年（一八六六）凶作に際して前橋の細民のため南京米の廉売・恵与を行う。明治に入ってから新道開通・十八郷小学校開設・桃井小学校新築や、明治九年（一八七六）の県庁の前橋への移転、十三年（一八八〇）の高崎線の前橋までの延長など公共事業に尽力した。十二年に改良座繰《ざぐり》生糸の出荷のために昇《しょう》立社《りゅうしゃ》を設立し、多量の賃挽《ちんびき》・買次《かいつぎ》生糸を集めて揚返して横浜に出荷した。二十五年（一八九二）選挙により初代前橋市長になる。二十六年六月四日に病没。六十七歳。市会決議によって市葬が行われた。

参考文献 『群馬県蚕糸業史』上（一九五五、群馬県蚕糸業協会）、『群馬県史』通史編八（一九八九）

（井川　克彦）

しもやまおうすけ　下山応助　生没年不詳　幕末・明治時代初期の御嶽《おんたけ》行者で御嶽教の組織者。生没年や出身地、来歴などほとんど伝わっていないものの、普寛《ふかん》行者の流れを汲む御嶽行者で、江戸浅草平右衛門町（東京都台東区）に住み油屋を営みながら代々講を結成したという。明治六年（一八七三）、御嶽講の組織化を志して御嶽教会を設立、これを十三年（一八八〇）に平山省斎《ひらやませいさい》の大成教会と合同させ御嶽総教会を称し、その総理として各地の御嶽講の結集と神道化を進めた。その結果、御嶽総教会は大成教会の半ばを占める勢力を擁するに至ったことから明治十五年七月、下山は大成教からの「別派独立願」を内務省に提出。九月二十八日に差し許され神道御嶽派として別派独立が達成され、同十一月、御嶽教と改称。御嶽教立教後の事跡も不明な点が多いものの、管長への就任を固辞して平山省斎や鴻雪爪《おおとりせっそう》の各管長のもとで教団の実務を担当したとされており、『長野県史』所収の公文書などからは、明治十八年まで教団の総理として草創期の御嶽教の組織化に勉めたことが断片的ながら伺うことができる。正確な没年の記録も見当たらず、その最後も詳しく伝わっていないため、失踪説や暗殺説もあるが、教団関係の文書のなかには明治二十四年（一八九一）一月に没したと記したものが存在する。→御嶽教《おんたけきょう》

参考文献 御嶽教大本庁宣教部『御嶽教の歴史』（一九七九）、中山郁『修験と神道のあいだ―木曾御嶽信仰の近世・近代―』（二〇〇七、弘文堂）、本正院寛心『御嶽山と先覚の大行者』（二〇〇七、御嶽教直轄本庄普寛大教会）

（中山　郁）

しもやまじゅんいちろう　下山順一郎　一八五三―一九一二　薬学者。嘉永六年二月十八日（一八五三年三月二十七日）尾張国犬山藩の藩士下山健治の長男として生まれる。幼少期に藩校敬道館で漢学と本草学を学び、藩の貢進生に選ばれ、明治三年（一八七〇）十月大学南校独語科に入学、三年後に第一大学区医学校製薬学科に入学し、同十一年（一八七八）東京大学医学部製薬学科卒業。製薬局助手として職を得て、同時に通学生教師を兼任した。同十三年には在京の製薬士・学生らと日本薬学会を創立、翌年助教授となり、脚気病院審査掛も兼任した。同十六年九月ドイツに留学、ストラスブルク大学で生薬学・製薬化学を学び、同二十年（一八八七）六月に帰国。帝国大学医科大学教授となり、薬学科担任として以後同四十五年（一九一二）に急死するまで、多数の著作を残したほか、薬学博士第一号となり、東京薬剤師会長などを歴任、学習用薬草園を造設して実物教育に役立てた。同四十五年二月十二日に死去。六十歳。

下山順一郎

参考文献 橋詰静子「日本薬学界の先覚者下山順一郎」（『日本の『創造力』―近代・現代を開花させた四七〇人―』六所収、一九九二、日本放送出版協会） （林 彰）

シモンズ Duane B. Simmons 一八三四―八九 幕末に来日して明治時代前期まで活躍したアメリカ人医師、宣教師。一八三四年ニューヨークに生まれる。医師の履歴は不明。米国和蘭改革派教会に属していたシモンズは、同派の日本派遣宣教師となり、安政六年（一八五九）来日して横浜で布教をしていたが、翌年宣教師を辞めて文久二年（一八六二）居留地で医師として開業した。医師としての評判はよかったが、その後アメリカに帰国、ドイツ・フランスで医学修行をしたのち、明治二年（一八六九）再び来日し、フルベッキのすすめで翌年三月から、ウィルスの後任として一時期大学東校での教師となる。この年には病気の福沢諭吉を診察し、回復させ、同四年には横浜病院のち十全医院に勤め傍ら、伝染病予防規則の施行を神奈川県令に要請するなど衛生行政面で活躍した。同十五年（一八八二）にアメリカに帰国、同十九年来日し、福沢諭吉の世話で慶応義塾内に住む。同二十二年（一八八九）二月十九日に死去した。

参考文献 大滝紀雄「ヘボン、シモンズとエルドリッジ」（宗田一・蒲原宏・長門谷洋治他編『医学近代化と来日外国人』所収、一九八八、世界保健通信社） （林 彰）

ジャーディン＝マセソンしょうかい ジャーディン＝マセソン商会 Jardine, Matheson & Co. 十九世紀後半期―二十世紀の東アジアにおける最有力のイギリス商社。中国名は「怡和洋行」。一八三二年七月に、ともにマニアック商会の共同出資者であった元東インド会社の船医ウィリアム＝ジャーディン（一七八四―一八四三）と貿易商ジェイムズ＝マセソン（一七九六―一八七八）の二人のスコットランド人が広東で設立した。地方貿易商人の代表的存在としてインド―中国間のアヘンや茶の貿易を行い、自由貿易を主張した。アヘン戦争時の一八四一年に拠点を香港に移し、四六年に上海、五九年に横浜など支店・代理店網を拡大し、六〇年代には東アジアで最大規模の貿易商社となった。一八四七年にはロンドンにマセソン商会を設立し、ロンドン金融市場との連携を強化した。商会経営は同族主義にもとづく共同出資形態をとり、五一年にマセソン家が退いて以降はジャーディン家の単独経営となり、現在では姻戚関係のケズィック家が中心になっている。同商会は、生糸や茶の輸出、綿糸・綿織物や機械・金属類の輸入などの商品取引だけではなく、香港や上海を中心に造船、精糖、紡織、製糸などの製造業のほか、船舶・運輸、金融、保険、倉庫、不動産など貿易関連の流通・サービス業にも進出して多角化した。中国市場での取引仲介のために、初期から買弁として唐景星ら有力な紳商と契約関係を結んだ。一八九八年には、香港上海銀行と共同で中英公司を設立して対中国鉄道借款に参加し、一九〇六年には資本金一二〇〇万香港ドルで株式会社となり、一大コンツェルンを形成した。四一年日本軍による香港陥落以降、拠点をインドに移し、太平洋戦争後上海を本店としたが、四九年の中華人民共和国成立を機に中国から撤退し、香港に拠点を移転した。六〇年代以降はアジアを中心に金融・流通などサービス部門を中心とする世界的規模の総合商社として発展した。八四年には、九七年の香港の中国への返還を前提として、持株会社をバミューダへ移転した。

参考文献 浜下武志「香港―ジャーディン・マセソン商会の歴史と現状」（米川伸一・小池賢治編『発展途上国の企業経営―担い手と戦略の変遷―』所収、一九八六、アジア経済研究所）、石井摩耶子『近代中国とイギリス資本―一九世紀後半のジャーディン・マセソン商会を中心に―』（一九九八、東京大学出版会） （杉山 伸也）

しゃかい 社会 社会学研究会（会長加藤弘之）の機関誌。

『社会』第1巻第1号

明治三十二年（一八九九）一月三十一日創刊、第四巻第一号（三十五年二月）より『社会学雑誌』と改題して継続発行、三十六年四月二十五日（第五巻第二号）で終刊。発刊の辞に、社会学研究会は「社会を研究し社会を指導する」ことを任務とし、その目的を遂行する一方策として本誌を刊行すると謳っている。有賀長雄・高木正義・布川静淵らによる社会学理論、岡百世によるギッヂングスやタールドの学説研究、留岡幸助・村井知至《むらいともよし》らの社会事業論などの論説のほか、雑録欄にも、コントやスペンサーの評伝、社会学・社会問題・社会政策に関する論文があり、彙報・時評の欄には、泰西社会学界事情、人口・慈恵救済・労働・婦人・犯罪などの社会問題の記事・論評が掲載されている。『社会学雑誌』と改題されてから表紙に「社会学社会問題及社会政策上の評論」という副題が添えられ、The Journal of Sociology と英訳題名が付され、学術誌の性格を強めている。 →社会学研究会《しゃかいがくけんきゅうかい》

参考文献 『明治期社会学関係資料（復刻版）』一（一九九一、竜渓書舎）、秋元律郎『日本社会学史―形成過程と思想構造―』（一九七九、早稲田大学出版部） （児玉 幹夫）

しゃかいがく 社会学 社会の構造と機能を人間の社会的行為の視点から実証的に究明する学問。日本語になかったソシオロジー sociologie は「世態学」とか「交際学」のような訳語で、東京帝国大学系の人びとによって使用されていたが、慶応義塾系の識者たちによって採用されていた「社会学」の訳語が定着するようになった。社会

学は「人民の結んで一体の社会(ソサイティの訳語としての初出)となりたる時代」(キゾー著・永峰秀樹訳『欧羅巴文明史』、明治十年、奎章閣)認識を反映している。はじめオーギュスト＝コント Auguste Comte の綜合社会学が「百学連環」の学として西周や津田真道ら啓蒙思想家たちによって紹介された。その後導入されたハーバート＝スペンサー Herbert Spencer の考え方が時代と社会に与えたインパクトは特大であった。彼の著作は一八七八年から八五年までの八年間に、わかっているだけでも十九冊を数える。当時の印刷出版事情を考えると決して少なからぬ冊数である。それらは人から人へ手渡され口伝えられ自由民権の熱い思いの伝導体となった。「此に於てかスペンセルの平権論、松島剛の手により訳せられ、此好潮に乗じ入り来れり。(中略)其一たび訳述せられるや先ず之がため最初の洗礼を受けたるものは板垣退助なりき。此大首領が一たび此書を手にしたりとの報あるや、社会活火の導口たる果敢有為の好少年挙つて好書を繙きしかば、社会平権の精神は浩々滔々として社会に注入し来り」(竹越与三郎『新日本史』、明治二十四・二十五年)と。コントとスペンサーという二つの流れがぶつかり合う中で、社会学は官学化し治者の学となる。明治三十四年(一九〇一)建部遯吾《たけべとんご》が東京帝国大学の社会学講座を担当し、三十六年同大学に社会学研究室が開設され、国家有機体説が社会学的に展開される。他方、明治三十四年社会民主党が結成され、三十六年幸徳秋水『社会主義神髄』、片山潜『我社会主義』が出版され、平民社が創設される動向の中で、社会制度の改革による社会問題の解決を志向する社会学が構想された。明治三十六年に結成された早稲田社会学会がその好例である。→スペンサー →早稲田社《わせだしゃ》会学会《かいがっかい》

参考文献 河村望『日本社会学史研究』上(一九七三、人間の科学社)、秋元律郎『日本社会学史―形成過程と思想構造―』(一九七九、早稲田大学出版部)　(浜口 晴彦)

しゃかいがくけんきゅうかい　社会学研究会　全国的規模においては日本最初の社会学研究組織。明治三十一年(一八九八)結成。会長は加藤弘之、評議員に元良勇次郎《もとらゆうじろう》・有賀長雄・小河滋次郎・戸水寛人・呉文聡《くれあやとし》・高木正義、委員に武井悌四郎・岡百世・富尾木知佳・布川孫市・十時弥・高桑駒吉・五来欣造が名を連ねている。会則に「本会の目的は社会学の原理、社会問題及び社会改善策を研究する」とある。会員は帝国大学出身の学者と学生が中心であったが、井上哲次郎・外山正一・松島剛・岸本《きしもと》能武太《のぶた》・島田三郎・遠藤隆吉・坪内雄蔵(逍遙)・片山潜など多彩なメンバーから構成されていた。年一回の大会のほか、談話会、研究会(討論)、講演が行われ、月刊の機関誌『社会』(のちに『社会学雑誌』と改題)を刊行した。社会問題や社会政策に関する論考も多いが、政治的主張、特に過激な社会主義とは一線を画し、「純然たる学理研究」団体としての性格が強い。明治三十六年解散。→社会《しゃかい》

参考文献 川合隆男『近代日本社会学の展開―学問運動としての社会学の制度化―』(二〇〇三、恒星社厚生閣)、秋元律郎『近代日本と社会学―戦前・戦後の思考と経験―』(二〇〇四、学文社)　(児玉 幹夫)

しゃかいがっかい　社会学会　日本で最初の社会学の学会。明治二十九年(一八九六)結成。明治女学校で社会学を講じていた布川孫市(静淵)が主宰。設立趣旨によれば、「本会は社会学の原理、社会主義、社会問題等を考究するを以って目的」とするものであった。社会学は、社会の進化開展の理法を究め、実際社会の生活を調査し、将来社会改良の方針を示すものと考えられ、翻訳調社会学を脱して、貧民問題・土地問題・労働問題や民俗気風宗教などの社会心理的現象をも、科学的見地より考究し、社会政策・慈善事業を講じて問題の予防・調整を図ることを目指して設立された。月例会をもち、機関誌『社会雑誌』を発行。参会者・寄稿者には、キリスト教関係者で社会事業家や社会運動家、社会問題研究者など在野の思想家を中心に、官学系の学者も加え、多様な思想傾向の人々が含まれていた。明治三十一年(一八九八)に消滅。短命に終わったが、学会ができたことで社会学への関心を高めた。→社会雑誌《しゃかいざっし》

参考文献 高橋徹「日本における社会心理学の形成」(同・富永健一・佐藤毅『今日の社会心理学』一所収、一九六五、培風館)、川合隆男『近代日本社会学の展開―学問運動としての社会学の制度化―』(二〇〇三、恒星社厚生閣)　(児玉 幹夫)

しゃかいきょういく　社会教育　制度的に組織された学校教育以外で行われるさまざまな学習活動や、主として生活の基盤を学校以外に置く社会人の学習活動のこと。明治期には、通俗教育と称された。日本における社会教育は、文部省の設置とともに開始された。明治新政府は、明治四年(一八七一)に文部省内に博物局を設置し、翌五年に博物館を開館した。同じく、明治五年に文部省は書《しょ》籍館《じゃくかん》を設置し、近代図書館の基を作った。これらを通じて、科学教育や読書など民衆生活の近代化を奨励した。この動きは地方にも波及し、漸次地方でも博物館や図書館が設置されるようになった。その一方で、明治新政府は、復古的な皇国思想により民衆思想の統一化を目指す大教宣布運動を展開したが、これは、民衆の生活の近代化を後退させる勢いを示した。これは、官主導の国民運動の端緒といえよう。このように、日本の社会教育は、当初から官主導であったことが特徴であり、市民階級が社会教育の担い手となった欧米とは著しい違いが見られた。日本においても、明治十年代の自由民権運動や、キリスト教青年会運動、明治二十年代の地域青年会運動など民間主導による社会教育の組織化の動きが見られたが、自由民権運動は、明治政府の弾圧の対象となり、地域青年会運動は官主導の社会教育運動に抱え込まれる運命をたどった。官主導の社会教育は、上からの国民形成という課題のもとに実施された。立憲体制の確立に伴い、国

民形成のための施策として、義務教育修了後徴兵年齢に至る期間の教育が重視された。明治二十六年(一八九三)に実業補習学校規程が定められ、実業補習学校が各地で設置された。実業補習学校は、義務教育修了後の青年を対象に、修身・国語・算術と簡易な実業教育を施した。年限は三年以内、授業形態は日曜・夜間・季節開講を認めた。小学校を卒業した後、地域で活動する青年の交流の場として、文化的・社会教育的な機能を果たした。その後、官主導の社会教育が大きく進展したのは、日露戦争後のことであった。文部省は、明治三十八年(一九〇五)九月に、地方青年会の向上発達に関する通牒を発するなど、日露戦争終結直後から青年層の教育に大きな関心を示していた。これにより、従来の村落共同体的秩序である若者組を解体して官製の青年会に再編成して、新段階に達した天皇制国家体系のなかに包摂させようとした。こうした動きをさらに加速化させたのが、戊申詔書(明治四十一年)の趣旨徹底策として内務省によって展開された地方改良運動であった。地方行政の効率を高め、町村段階での殖産の実をあげることを目的に、事務整理、基本財産の造成、教化事業の促進、産業奨励などを積極的に実施した。教育との関連では、自治民の育成を最重要課題と位置づけ、そのために、町村における学校中心自治民育成や、青年会・戸主会・婦人会などの地域団体の実践的教化活動を積極的に推進した。このように、社会教育団体が国家の民衆に対する要求を浸透させる役割を果たした。その後、社会教育の重要性が認識されるようになり、明治四十四年(一九一一)に文部省内に通俗教育調査委員会が設けられ、図書や映画の認定を行い、適当と認められるものを紹介するとともに、各府県に対しても展覧会や講演会などの開催を奨励した。こうして、文部省は、民衆を天皇制国家の中へ確実に取り込むための手段として、官主導による社会教育(通俗教育)の原型を、明治後期の地方改良運動のなかで作り上げた。さらに、大正四年(一九一五)に内務省・文部省による共同訓令が発せられ、青年団が修養の機関であることが明確化され、最高年齢二十歳までの義務教育修了者で組織され、市町村を区域として設置され、小学校長か市町村長を指導者とすることが規定された。こうして、官製の青年団を中心に展開される戦前日本の社会教育制度が確立したのである。 →実業補習学校《じつぎょうほしゅうがっこう》 →青年会《せいねんかい》

参考文献 国立教育研究所編『日本近代教育百年史』七(一九七四)、碓井正久編『日本社会教育発達史』(『講座現代社会教育』二、一九八〇、亜紀書房)、山本悠三『近代日本社会教育史論―東京家政大学研究報告書―』(二〇〇三、下田出版)
(小野 雅章)

『社会雑誌』第1巻第1号

しゃかいざっし 社会雑誌 明治二十九年(一八九六)に設立された社会学会の機関誌。三十年(一八九七)四月十七日創刊。主筆、布川孫市。「発刊の要領」によれば、本誌は、社会発展の理法を究め社会生活を調査し社会改良の方針を示すことを期し、社会学・社会主義・社会問題などを論議する専門誌であるとしている。社会問題としては、貧富の懸隔、地主・小作関係、労資の衝突、孤児、犯罪に注目し、その弊毒を除去し、慈善事業を助長し、人情風俗気風など社会心理的現象の研究・論評を試み、思想に立脚して根本義より社会の改良をはかろうとするが、政党政派にも、宗教上の宗派にも偏せず、権力金力になびかず、全く社会学的見地に基礎を置き、貧民の友、労働者の味方となり、小作人のために愁声を訴え、人類の価値を高め国民の進歩をはかることを目指していた。第七号から『日本宗教』を合併、三十一年八月二十五日(第一五号)をもって終刊。当時の社会問題の動向を知る上で貴重な資料である。川合隆男編『明治期社会学関係資料』(平成三年、竜渓書舎)の第一・二巻に第一―一五号が復刻され、所収されている。 →社会学会《しゃかいがっかい》

参考文献 河村望『日本社会学史研究』上(一九七三、人間の科学社)
(児玉 幹夫)

しゃかいしゅぎ 社会主義 生産手段の社会的共有によって貧富の差をなくし、平等な社会を実現しようとする思想・運動。近世中期の安藤昌益の思想などに自生的な社会主義の源流を求める見方もあるが、一般的には明治維新直後の啓蒙思想家による欧米からの移入学説から始まる。明治三年(一八七〇)『真政大意』を著わした加藤弘之は「コムミュニスメ」と「ソシアリスメ」という「二派の経済学」として紹介するが、それは「尤も害ある制度」という警戒すべき対象としてである。十一年(一八七八)六月の『東京日日新聞』における福地源一郎の論説「僻説の害」では「社会の貧富を相等うし、所謂愛無差等を主義」とするとしつつ、「今日の社会に実行すべからざる」とした。同志社で経済学を講じていたアメリカ人ラーネッドが十三年ごろ、講義で用いたのが「社会主義」という翻訳語の嚆矢とされる。中江兆民も主宰する『政理叢談』にたびたび「社会党」を取りあげた。明治二十年代には徳富蘇峰の『国民之友』誌上に、酒井雄三郎が欧州の社会問題や社会主義の現状を通信する。『平民叢書』として二十六年(一八九三)に刊行された民友社編『現時之社会主義』は理論と歴史をはじめて体系的に叙述したもので、この書により社会主義に導かれた者は多い。長《なが》沢別天《さわべってん》らが「過激なる社会主義」の予防策として「中和なる社会主義」を唱え、そこから国家社会主義に進んだこと、陸羯南《くがかつなん》・三宅雪嶺《みやけせつれい》らが「貧民」の窮状の救済を訴えるなど、政教社系の社会主義観も見逃せない。羯南・

雪嶺の幸徳秋水や堺利彦らへの親近感も、思想の根底につながるものがあるからである。社会改良の立場に立つドイツの講壇社会主義は和田垣謙三らによって紹介され、桑田熊蔵・金井《かない》延《のぶる》らが二十九年に創立する社会政策学会に引きつがれた。三十四年(一九〇一)に結成され、すぐに禁止となった社会民主党の創立者六人のうち幸徳を除き、安部磯雄・片山潜・木下尚江《きのしたなおえ》・西川光二郎・河上清はすべてキリスト教徒であり、貧しい人々や虐げられた人々の救済というキリスト教の人道主義精神から、社会問題や社会主義に接近してきた。三十六年創立の平民社では反戦・平和の旗印のもとに唯物論的社会主義者と活動をともにするが、平民社解散後、両者は分離する。『新紀元』によって平和主義と普通選挙を掲げるが、その廃刊とともにキリスト教社会主義の役割は閉じた。幸徳が中江兆民の弟子として薫陶を受けたこと、木下や堺が自由民権思想左派の影響を受け、社会へ関心を喚起されたことに示されるように、日本の社会主義の源流の一つは自由民権思想にさかのぼる。欧米の社会主義理論を導入し、日本の民権運動の思想的遺産を継承するにあたって、伝統的な儒教の志士仁人意識が受容の土壌となり、促進剤となった。社会民主党の実際綱領にある軍備縮小や貴族院廃止、国家による労働者や小作人の保護などは、民権運動の残した民主的課題を引き継ぐものであった。宣言書の「社会主義を経とし、民主主義を緯として」が週刊『平民新聞』の「自由、平等、博愛」につづくように、経済的平等・反戦平和の希求とともに、民主主義は未決の問題として重い位置を占めた。平民社が発行した絵はがきではマルクス、エンゲルス、ラサール、ベーベル、クロポトキン、トルストイの六人が一組となっていたように、広義の社会主義が共存していたところに初期社会主義前半の思想的特徴があり、混沌ゆえの魅力と可能性が秘められていた。『共産党宣言』などが翻訳されるようになると、堺や西川らによって科学的社会主義に収斂される流れができる一方、滞米生活から無政府主義に傾いて帰国した幸徳は足尾銅山暴動事件にも刺激されて「労働者の革命は、労働者みずから遂行せざるべからず」という直接行動論を提唱し、革命の担い手を「志士仁人」に求めた。大杉栄・荒畑寒村《あらはたかんそん》ら血気盛んな青年は魅了されたが、赤旗事件の契機となった三本の赤旗に「無政府共産」「無政府」「革命」の文字が書かれていたように、無政府主義への傾斜は心情的なものであった。大逆事件の逼塞のなかで、堺は「マルクス主義の旗印」を鮮明にする一方で、大杉は「社会的個人主義」とよばれる独自の無政府主義へ、荒畑は革命的労働組合主義《シンディカリスム》へ、初期社会主義後半の思想形成に突き進んでいく。なお、明治期から大正の中ごろ(一九一〇年代末ごろ)までの思想・運動の未分化の下では「社会主義」と「共産主義」はほぼ同義にとらえられつつ、用法としては「社会主義」が独占していた。しかし、それ以降は、日本共産党という結党名にみられるように科学的社会主義(マルクス主義)が「共産主義」として打ち出されるのに対抗して、無産政党側は社会民主主義的意味を込めて「社会主義」を用いるようになる。↓キリスト教社会主義《きょうしゃかいしゅぎ》 ↓サンディカリズム ↓社会主義運動《しゃかいしゅぎうんどう》 ↓無政府主義《むせいふしゅぎ》

参考文献 赤松克麿『日本社会運動史』(『岩波新書』、一九五二、岩波書店)、太田雅夫『明治社会主義政党史』(一九七一、ミネルヴァ書房)、山泉進編『社会主義事始―「明治」における直訳と自生―』(『思想の海へ「解放と変革」』八、一九九〇、社会評論社)、荻野富士夫『初期社会主義思想論』(一九九三、不二出版)

(荻野富士夫)

しゃかいしゅぎ　社会主義 『労働世界《ろうどうせかい》』が明治三十六年(一九〇三)三月から改題された雑誌。「従来より一層激烈に社会主義を説くの必要を時勢に迫られて感じ、社会主義を真に明白に大胆に説くには其の旗標も亦明白ならざるべからず」という理由による。三十七年十二月で廃刊となるまで、一年目は西川光二郎と片山潜が、二年目は渡米した片山に代わり山根吾一が編集にあたった。社会主義協会の機関誌的役割を果たした。注目すべきは平民社結成以前の非戦論の掲載で、幸徳秋水が三十六年六月の社会主義協会例会で行なった演説「非戦論」、十月の同演説会における堺利彦「戦争は人類の最大罪悪なり」、安部磯雄「露国内部の潮流を見よ」などの講演筆記が載る。渡米した片山は、アメリカにおける日本人労働者の組織化の活動ぶりや第二回インターナショナル大会の様子を報じた。第八巻第一号から表紙に「渡米者の良友」の文字が印刷され、第五号以降は渡米協会機関誌となり、渡米記事が多数載る。運動の中心が平民社・『平民新聞』に移るとともに役割を終え、三十八年一月以降は『渡米雑誌』と名称を変えた。復刻版は『明治社会主義史料集』補遺五―七として、昭和三十八年(一九六三)に明治文献資料刊行会より出版されている。↓労働世界《ろうどうせかい》

参考文献 太田雅夫『明治社会主義政党史』(一九七一、ミネルヴァ書房)

(荻野富士夫)

しゃかいしゅぎうんどう　社会主義運動 社会主義社会の実現をめざす政治・思想運動。自由民権思想の影響を受け、「道徳」「平等」などの東洋思想を根底に、明治十五年(一八八二)五月樽井藤吉《たるいとうきち》は長崎県島原に東洋社会党を結成した。「社会公衆の最大福利」を目的とし、農民を中心に三千人をこえる党員がいたというが、内務省は解散を命じた。同年十月には奥宮健之《おくのみやけんし》らが人力車夫を糾合し、共済的性格を有した車会党を結成するが、奥宮の入獄などにより消滅する。これらを前史として日清日露戦間期の労働運動・普通選挙運動の勃興と密接に関連して「初期社会主義運動」が展開される。明治四十三年一九一〇の大逆事件検挙と裁判・処刑により運動は逼塞を余儀なくされ、いわゆる「冬の時代」が襲来する。ここを画期とみてそれまでの平民社・社会党の運動を「明治社会主義」と呼ぶこともあるが、近年の大勢は一九一〇年代の思想的営為の豊かさと持続性を重視して、大正九年

(一九二〇)の日本社会主義同盟創立から十一年(一九二二)の日本共産党創立という、思想の未分化混在状態から運動・組織化の段階に転換する時期を下限として、「初期社会主義」と把握するようになっている。ただし、ここでは「初期社会主義運動」の前半に焦点をあてる。明治三十年(一八九七)二月、樽井・中村太八郎らは「学理と実際とに拠り社会問題を研究する」社会問題研究会を結成、三十一年十月、そのなかから「社会主義の原理と之を日本に応用するの可否を研究する」社会主義研究会に発展、研究会や公開講演会を開催する。実行的性格を強め街頭宣伝に進出、三十三年一月には社会主義協会とあらためた。十月の社会主義学術大演説会では八百人の聴衆を前に西川光二郎・木下尚江《きのしたなおえ》・幸徳秋水・片山潜・安部磯雄が講演、この五人に河上清を加えて、三十四年五月最初の社会主義政党である社会民主党が結成された。安部の起草した宣言書は冒頭で「如何にして貧富の懸隔を打破すべきかは実に二十世紀における大問題なりとす」とし、「社会主義と民主主義」による解決をめざすとした。それは八つの基本的綱領と二十八の実際的綱領に具体化されるが、特に後者の普選実施・貴族院廃止・軍備縮小・治安警察法廃止などの民主化要求が政府の忌避を受け、届出当日に結社禁止となった。政治活動は当分見込みがなくなり、社会主義協会による啓蒙宣伝活動が中心となった。『労働世界』を改題した『社会主義』を機関誌とし、片山・西川らは各地に遊説を進め、出版活動も盛んだった。ロシアとの緊張が高まり、主戦論が優勢になるなか『万朝報』で非戦論を展開していた幸徳と堺利彦は、『万朝報』が主戦論に転じると退社し、三十六年十一月平民社をおこし、週刊『平民新聞』を創刊、「自由、平等、博愛」を旗印とする。それは平民主義=民主主義・社会主義・平和主義を意味し、国際連帯も志向した。運動は全国的に広がり、各地に読書会や研究会が生まれた。政府の抑圧は強まり、三十七年十一月社会主義協会は解散を命ぜられ、三十八年一月『平民新聞』も廃刊を強いられた。三十八年九月の平民社解散後、運動は思想的相違を主な理由に分裂をたどる。まず『新紀元』による木下・石川三四郎らのキリスト教社会主義と、『光』による幸徳・堺らの唯物論者の対立が生じた。西園寺公望内閣の抑圧緩和を受けて、三十九年一月日本社会党が結成され、大同団結が実現し、日刊『平民新聞』を発刊、東京市電の電車賃値上げ反対運動などを展開するが、普通選挙の採用をめぐり、幸徳らの直接行動派と片山らの議会政策派の対立が激しくなり、四十年二月結党禁止となった。政府は出版や集会の取締を強め「裁判責め」を繰りかえし、特に四十一年六月の赤旗事件以降は運動を封じ込めた。これに反発した管野スガ・宮下太吉らは天皇暗殺謀議に走り、大逆事件のフレーム=アップにあう。片山らは『社会新聞』により労働者の組織化をつづけた。大逆事件後、運動が全面的に逼塞を余儀なくされるなかで、堺は売文社で残存同志の生活を守りつつ『へちまの花』を刊行して搦め手からの抵抗を試み、大杉栄・荒畑寒村《あらはたかんそん》は文芸雑誌『近代思想』の発刊を通じて新たな思想的営為を行なっていく。

参考文献 赤松克麿『日本社会運動史』(『岩波新書』、一九五二、岩波書店)、太田雅夫『明治社会主義政党史』(一九七一、ミネルヴァ書房)、山泉進編『社会主義事始―「明治」における直訳と自生―』(『思想の海へ「解放と変革」』八、一九九〇、社会評論社)

(荻野富士夫)

しゃかいしゅぎきょうかい　社会主義協会　社会主義の啓蒙・実践を目的とする団体。明治三十三年(一九〇〇)一月二十八日の社会主義研究会第十一回研究会において、社会主義の実践運動に着手するために名称を社会主義協会にあらため、安部磯雄を会長に、河上清を幹事に選んだ。研究会に参加していなかった木下尚江と西川光二郎も加わったが、五月以降は休止状態となった。三十四年一月活動を再開、三月にははじめて社会主義学術大演説会を開催し、成功をおさめると、社会主義政党結成の機運が高まり、準備会を経て社会民主党の結成となる。しかし、社会民主党・社会平民党が禁止されると、社会主義の啓蒙と宣伝に力を注ぐことに転換し、組織の拡張をはかり、全国各地に支部もできた。三十五年から三十六年にかけての活動は例会・茶話会・演説会・遊説と活発で、平民社創設以後は人的にも密接な関係にあり、非戦論を展開した。三十七年十一月安寧秩序の妨害を理由に警視庁から結社禁止命令をうけた。禁止時の会員数は百八十余名だった。

参考文献 太田雅夫『明治社会主義政党史』(一九七一、ミネルヴァ書房)

(荻野富士夫)

しゃかいしゅぎけんきゅうかい　社会主義研究会　明治三十一年(一八九八)十月十八日、中村太八郎・樽井藤吉《たるいとうきち》らによって創立された社会問題研究会のなかから社会主義に関心をもつ者と、『六合雑誌』のユニテリアン派が集まり、「社会主義の原理と之を日本に応用するの可否を考究するを目的」に設立された団体。村井知至《むらいともよし》を会長に、豊崎善之助を幹事とし、片山潜・河上清らが当初の会員だった。幸徳秋水は片山と村井の勧めで第二回目から入会した。京都にいた安部磯雄は上京後に加わり、その編集する『六合雑誌』は研究会関係の論文を多く掲載した。のちの社会民主党の創立者六人のうち、安部・片山・幸徳・河上はここで関係が生まれた。惟一館を会場に、月一回の研究講演を行うが、明治三十三年一月二十八日の第十一回研究会において、今後は社会主義の各論の実際的研究を行うこととし、名称を社会主義協会にあらためた。→社会問題研究会《しゃかいもんだいけんきゅうかい》

参考文献 太田雅夫『明治社会主義政党史』(一九七一、ミネルヴァ書房)

(荻野富士夫)

しゃかいしゅぎしんずい　社会主義神髄　初期社会主義の理論的礎石を据えた幸徳秋水の著作。日露戦争勃発を前に明治三十六年(一九〇三)七月、朝報社より刊行。「社

会主義とは何ぞや」という問いに簡潔に答える。幸徳はみずから『万朝報』紙上で「日本に於ける社会主義者の正直なる主張たり、誠実なる宣言たり、同志に対する檄文たり、反対者に対する決闘状たり得べき」著作と語る。マルクス、エンゲルス、トーマス＝カーカップ、リチャード＝イリーらの著作が参照され、「稿を代ふること十数回、時を費す半年の久しき」(「自序」)とあるように、苦心の労作であった。緒論では産業革命のもたらした「暗黒なる窮乏と罪悪」に着目し、第二章では「貧困の原由」として分配の偏重が論述され、生産機関の公有を解決策とする。第三章では「産業制度の進化」を論じ、資本家制度は進化の極点に達し、新時代の到来を歴史の必然とする。第四章以下は社会主義の具体的な説明で、その新時代がもたらすもの、第五章では社会主義に向けられた非難や誤解に反駁を加え、その特質が「一面に於て民主主義たると同時に、他面に於て偉大なる世界平和の主義」にあるとする。第六章で社会的革命の実現方法を説く。暴力革命を望むものではなく、議会主義・普通選挙運動の立場をとるのは、後年の直接行動論とは異なる。結論では「実に科学の命令する所、歴史の要求する所、進化的理法の必然の帰趨」と述べ、「志士、仁人は起て」と結ぶ。付録として「社会主義と国体」「社会主義と婦人」など五編が付される。はじめて科学的社会主義の大綱を紹介したものとして、第七版まで広く読まれ、多くの青年を社会主義に導いた。→幸徳秋水《こうとくしゅうすい》

参考文献 大原慧『幸徳秋水の思想と大逆事件』(一九七七、青木書店)、西尾陽太郎『幸徳秋水』(『人物叢書』、一九八七、吉川弘文館)
(荻野富士夫)

しゃかいしゅぎでんどうぎょうしょう　社会主義伝道行商　平民社社員によって東北・甲信地方で行われた社会主義の普及活動。「平民新聞」と白字で染め抜かれた赤塗りの箱車を引いて各地をまわった。明治三十七年(一九〇四)三月三日から十日ごろまで行われた小田頼造《おだらいぞう》による千葉県での伝道行商から始まる。小田・山口孤剣《やまぐちこけん》・荒畑寒《あらはたかん》村《そん》・深尾韶《ふかおしょう》・原子基《はらこもとい》らが主たる活動者であった。小田・山口による明治三十七年十月五日から百十四日間に及ぶ東海道・山陽道の行商は成果をもたらし、新たな社会主義者六十五人を引き入れ、演説会十八回、『平民文庫』などの書籍千九十七冊百八十一円三十一銭の売上げをあげた。その活動は静岡で彼らを受け入れた、深尾・原子を刺激し、両者を甲信伝道行商へと旅立たせるが、数日内に官憲により検束され商品・商売道具を一時没収される。明治三十八年九月まで続けられる。キリスト教が大きく影響した活動であった。

参考文献 労働運動史研究会編『週刊平民新聞(復刻版)』(『明治社会主義史料集』別冊三・四、一九六二、明治文献資料刊行会)、荒畑寒村編『社会主義伝道行商日記』(一九七一、新泉社)、加藤善夫「埋もれた明治社会主義者たち—静岡三人組　深尾韶・原子基・渡辺清太郎のこと—」上(『思想の科学』九四、一九七八)
(後藤あゆみ)

しゃかいしょうせつ　社会小説　日清戦争後、明治三十年代前半に提唱された近代小説の一形態。早くは、高田半峰「当世書生気質の批評」(明治十九年一、二月『中央学術雑誌』)に、「複密高尚にして時世に適合する」「曾シヤル、能ベル(社会小説)」という用例があるが、ロマンスに対する写実的人情小説を意味していた。日清戦争後の観念小説・悲惨小説の流行を経て、明治二十九年(一八九六)十月に『国民之友』に「社会小説出版予告」が載り、「念頭を実在の社会に置き」「社会、人間、生活、時勢といへる題目に着眼」「文壇の革新」を期して、民友社が書き下ろし作品を継続出版する予告が出た。斎藤緑雨・広《ひろ》津柳浪《つりゅうろう》・幸田露伴・後藤宙外・嵯峨のや主人・尾崎紅葉の名が予告されたものの、刊行は実現しなかった。しかし、そうした風潮に乗って、「社会小説」の名称で、社会と文学の関係を自覚的に積極的に論ずる文章が、雑誌・新聞に数多くみられた。『帝国文学』『早稲田文学』『太陽』『世界之日本』『八紘』『毎日新聞』などの論調を整理した『早稲田文学』(明治三十年二月)の「彙報」欄は、賛否両論の実態について、「「社会小説」といへる語義の確定せられざるに因由する」と整理したが、島村抱月・高山樗牛《たかやまちょぎゅう》の発言を経て、金子筑水「所謂社会小説」(『早稲田文学』明治三十一年二月)で一応の整理がなされ、「社会小説の主要範囲」が規定された。その中に、「近世の社会主義《ソシアリズム》に関する事想を画けるもの」の一項がみえるのも、日清戦後社会的矛盾が顕在化し、のちの社会主義運動を誘発する契機が存在することの証である。議論が先行し、実作に目立った作品が少ないが、内田魯庵《うちだろあん》の小説『くれの廿八日』(明治三十一年三月)、評論「政治小説を作れよ」(同三十一年九月)、諷刺小説『社会百面相』(同三十五年六月)が記憶される。明治三十年代前半の小栗風葉《おぐりふうよう》・後藤宙外・徳冨蘆花の作にも「社会小説」と呼べるものも見られるが、同じように社会性の強い明治三十年代半ばのゾライズムの作品や、島崎藤村『破戒』(同三十九年三月)などを「社会小説」の名で括ることはしない。あくまでも、明治三十年代の一時期の文学用語として記憶される。なお、この時期の「社会小説」論議の主要文献は、その時代をうかがわせる諸文とともに『近代文学評論大系』二(昭和四十七年、角川書店)に集成されている。

参考文献 佐藤勝「社会小説論」(『講座日本文学』九所収、一九六九、三省堂)、山田博光「社会小説論—その源流と展開—」(『日本近代文学』七、一九六七)、稲垣達郎「社会主義文学の展開」(『稲垣達郎学芸文集』三所収、一九八二、筑摩書房)
(中島　国彦)

しゃかいしんかろん　社会進化論　ダーウィンの生物学上の進化論の影響を受けて、それを国家や社会の分析・解釈に適用した政治・社会学説。社会は、生物界と同様に、生存競争・自然淘汰・適者生存・優勝劣敗の法則に基づいて進化発展すると主張した。スペンサーを創始者とするこの社会進化論(社会ダーウィニズム)は、十九世

紀の後半から二十世紀の初頭にかけて、日本を含む世界各国に広がり、多様な現われ方や機能を果たした。明治期の日本では、自己の政治的・思想的立場を正当化する論拠として、社会進化の法則を援用する現象が現われた。加藤弘之が優勝劣敗の法則に基づいて、優者としての藩閥政府の支配を正当化したことや、立憲主義者の浮田和民が、文明社会は生存競争の法則に基づいて、専制政治が適する第一期から立憲政治が適合する第二期へと進化してきたという論拠に基づいて、自己の思想的立場を正当化したことなどはその好例である。↓進化論《しんかろん》 ↓スペンサー ↓ダーウィン

参考文献 栄沢幸二『大正デモクラシー期の政治思想』(一九八一、研文出版)、田中浩『近代日本と自由主義』(一九九三、岩波書店)

(栄沢 幸二)

しゃかいしんぶん 社会新聞 廃刊となった日刊『平民新聞』を継承し、明治四十年(一九〇七)六月二日「社会主義中央機関」として創刊された新聞。当初は週刊で、議会政策派に属する西川光二郎が編集し、片山潜は財政上の責任を負った。直接行動派の幸徳秋水や堺利彦らも寄稿するが、次第に対立を深め、九月には議会政策派の機関紙となり、直接行動派は『日本平民新聞』に拠った。労働者階級を労働組合に組織し、普通選挙権の獲得により合法的な社会主義の実現をめざす論が基調である。有力な論者として田添鉄二が加わり論陣を張るが、その死後に片山と西川・赤羽巌穴《あかばがんけつ》らは衝突し、四十一年三月十五日西川らは『東京社会新聞』を発刊する。四月月刊とし、運動への圧迫と財政難のなか、片山らは大逆事件後の四十四年八月三日の第八〇号まで粘り強く発刊をつづけた。普通選挙の主張を持続させるほか、労働者の立場に立つ工場法制定の必要を繰りかえし論じ、政府の工場法案をきびしく批判した。『社会新聞』の復刻版は『明治社会主義史料集』六・七として、昭和三十七年(一九六二)に明治文献資料刊行会より出版されている。

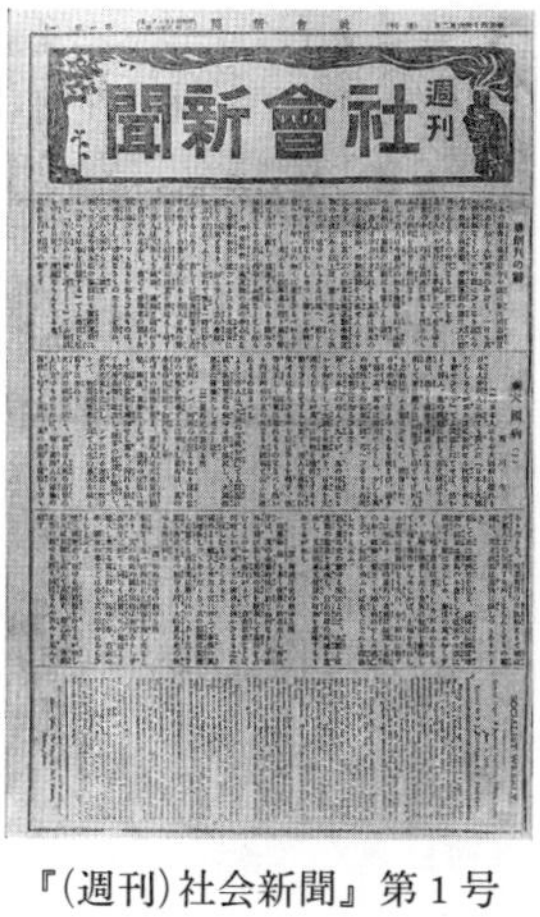

『(週刊)社会新聞』第1号

参考文献 太田雅夫『明治社会主義政党史』(一九七一、ミネルヴァ書房)

(荻野富士夫)

しゃかいせいさくがっかい 社会政策学会 明治二十九年(一八九六)に設立された研究啓蒙団体。翌年、社会政策学会と命名。労働問題が社会問題として浮上する傾向をつかみ、ドイツ社会政策学会をモデルとして、金井延《かないのぶる》・桑田熊蔵・高野岩三郎《たかのいわさぶろう》・山崎覚次郎らによって創立された。三十一年(一八九八)には工場法の制定促進を目的とする講演会を開催し、本格的な社会活動を開始する。同四十年(一九〇七)からは毎年、労働問題にとどまらず、小農保護、移民、中小企業、関税、中間階層などの問題を取り上げる公開大会を開催し、広く影響を与え、学会には全国から社会科学系の研究者や官僚が集まった。内部に思想対立を抱える中、大正十三年(一九二四)の第十八回大会を最後に休眠状態に入る。昭和二十五年(一九五〇)に再開されるが、戦後のそれは純粋な学術団体となり、戦前とは大きく性格を変えた。

参考文献 社会政策学会史料集成編纂委員会編『社会政策学会史料』(一九七七—七八、御茶の水書房)、関谷耕一「社会政策学会史」一・二(『商学論集』二六ノ四、二七ノ一、一九五八)、『社会政策叢書』編集委員会編『社会政策学会一〇〇年—百年史の歩みと来世紀にむかって—』(『社会政策叢書』二一、一九九八、啓文社)

(清水唯一朗)

しゃがいせん 社外船 ⇩社船《しゃせん》

しゃかいとう 車会党 明治十五年(一八八二)に結成された人力車夫の組織。人力車は明治初年から人々の足として重要な役割を果たしてきたが、明治十五年、東京馬車鉄道の開業と営業拡大は、その挽手である車夫の生活に脅威を与えた。自由党の奥宮健之《おくのみやけんし》は、東京駿河台の車夫の親方である三浦亀吉とはかり、車夫の示威運動を行うべく十月四日神田明神で集会を開いた。集まった約三百人の車夫を前に、奥宮は馬車鉄道の廃止のため同盟すべきと演説をし、人力車夫懇親会を結成した。これがのちに車会党と名づけられた。車会党はその後、各所で集会も催したが、十一月二十四日浅草井生村《いぶむら》楼での演説会は集会条例によって解散を命じられた。数日後、組織の指導者である奥宮・三浦が公務執行妨害で検挙され有罪判決を受け入獄すると車会党は自然消滅した。組織の成熟を見ることなく、その活動はわずか二ヵ月ほどで終焉を迎えたのである。

参考文献 田岡嶺雲『明治叛臣伝』(一九〇九、日高有倫堂)

(大矢悠三子)

しゃかいびょうけんろん 社会平権論 明治十四年(一八八一)—十六年に刊行されたハーバート＝スペンサーの著書Social Statics(『社会静学』、一八五一年)の松島剛による翻訳書。全六冊。明治十七年には合冊本が出版された。「平権」という書名と、個々人の「同等自由ノ法則」の強調、「道義感情」に基づいた功利主義批判、国家＝必要悪観に基づいた社会進化に伴う国家権力の縮小の必然性の指摘といった本書の内容が、中央集権化を推進する明治政府に対抗する自由民権運動に大きな反響を巻き起こした。本書は「民権の教科書」と称され、注文が相つぎ、製本が間に合わない状態だったという。また、民権家宮地茂平は本書の「国家を無視する権理」という一節に感激し、「日本国籍脱管届」を提出したとされ、加波山事件参加者の一人は東京湾上の汽船の中で本書を読み、参加を決心したと公判で述べたと伝えられている。本書は明

治前期日本のスペンサーの流行に大きく貢献した。→スペンサー →松島剛《まつしまごう》

参考文献 明治文化研究会編『明治文化全集』二(一九六七、日本評論社)、山下重一『スペンサーと日本近代』(『御茶の水選書』、一九八三、御茶の水書房)（金井　隆典）

しゃかいへいみんとう　社会平民党　日本で二番目の社会主義政党。明治三十四年(一九〇一)五月二十日、社会民主党が結社禁止となる事態に、幸徳秋水や片山潜らの創立メンバーは社会主義政党の再結成を企てた。「民主」が当局の忌避するところと判断し、党名は社会平民党とし、軍備撤廃・貴族院廃止などの政治的な事項を綱領からのぞき、経済問題に限定することにした。さらに幹事を幸徳と西川光二郎に、事務所も幸徳方に変更し、結社の届出を行なったが、成立したばかりの桂太郎内閣の内海忠勝内相は即日結社禁止とした。これによりしばらく政党結成は断念せざるをえなくなり、社会主義協会に後退して社会主義の宣伝・啓蒙にあたることになった。

参考文献 太田雅夫『明治社会主義政党史』(一九七一、ミネルヴァ書房)、山泉進編『社会主義の誕生―社会民主党百年―』(二〇〇一、論創社)（荻野富士夫）

しゃかいみんしゅとう　社会民主党　日本初の社会主義政党。労働組合期成会、社会主義協会、普選運動の三つの流れが交錯しつつ、最初の社会主義政党結成の機運が高まり、明治三十四年(一九〇一)四月からの準備会を経て、五月十八日結成されたが、すぐに治安警察法第八条により結社禁止となった。党首格の安部磯雄、創設の中心となった片山潜、幸徳秋水、木下尚江《きのしたなおえ》、西川光二郎、河上清がメンバーで、幸徳を除く五名がキリスト者だった。木下宅に事務所を置いた。党名も含めドイツ社会民主党をモデルとし、安部起草とされる宣言書は「如何にして貧富の懸隔を打破すべきかは実に二十世紀に於ける の大問題なり」で始まる。党則第一条で「我党は社会主義を実行するを目的とす」と社会主義的変革をうたいつつ、宣言書で「社会主義を経とし、民主主義を緯として」とあるように、民主主義的変革も志向されていた。基礎的綱領八ヵ条では人類同胞主義・軍備全廃・階級制度全廃などを、実際的綱領二十八ヵ条では鉄道の公有・労働者や小作人の保護・死刑全廃などとともに、貴族院の廃止・軍備縮小・治安警察法廃止・新聞条例廃止という民主主義的要求を掲げたが、これらが政府の忌避するところとなった。自由・民主・博愛の精神は平民社に受け継がれた。

参考文献 太田雅夫『明治社会主義政党史』(一九七一、ミネルヴァ書房)、山泉進編『社会主義の誕生―社会民主党百年―』(二〇〇一、論創社)（荻野富士夫）

しゃかいもんだいけんきゅうかい　社会問題研究会　(一)明治二十五年(一八九二)自由党員の一部と中江兆民の門下生らが組織した研究会。社会問題の解決を主張したが、板垣退助の批判を受けて自然消滅した。

(二)進歩的知識人を集大成したような組織。「学理と実際とにより社会問題を研究」することを目的として設立。背景に、日清戦争後の好景気が明治三十年(一八九七)を頂点として不況に反転し、労働者は賃金値下げと失業不安に襲われ、労働争議を中心とする社会問題が顕著となった状況があった。この深刻な問題の解決方法を模索するさまざまなグループが生まれ、同年四月三日、中村《なかむら》太八《たはち》郎《ろう》・樽井藤吉《たるいとうきち》・西村玄道《にしむらげんどう》らの主導によって設立された組織が社会問題研究会である。約二百名で構成され、その中から巌本善治・石川安次郎・片山潜・田口卯吉・陸実(羯南)・天野為之・三宅雄二郎(雪嶺)をはじめとする三十名の評議員が選出された。毎週一回役員会を、そして月一回例会の研究会を開催し、普選問題・土地問題・都市問題・社会政策・社会問題などの社会問題に関する熱心な報告を行なった。しかし、幹事である中村が郷里の松本での選挙問題で検挙され、西村が死去するなど、会の世話役がいなくなったこともあり、翌年に入ると労働組合の組織化が進む一方で、社会問題研究会は有名無実の存在となった。しかし、明治三十一年に社会学研究会と社会主義研究会の二つの研究会が発足した。そのため社会問題研究会は、一年余りで自然消滅。社会学研究会は、同年十一月十二日、東京帝国大学の教授と生徒らを中心に八十名余りが参加して組織された。監獄事務官や統計専門家など社会学と関連する分野にかかわる人物も参加した。会長は加藤弘之。評議員には井上哲次郎・小《お》河滋次郎《がわしげじろう》・元良勇次郎《もとらゆうじろう》ら七名が就任。会の目的は社会学および社会問題の研究であった。一方、社会主義に関心がある人たちを中心に同年十月十八日に社会主義研究会が組織された。十一月二十日の第二回研究会で、社会主義研究会概則を決定し会長に村井知至《むらいともよし》、幹事に豊崎善之介《とよさきぜんのすけ》を選出した。→社会学研究会《しゃかいがくけんきゅうかい》 →社会主義研究会《しゃかいしゅぎけんきゅうかい》

(三)明治三十四年八月九日、仙台の五城館にて発会式が行われた団体。仙台市の実業家・職工・新聞記者・宗教家・教育家などで組織された。翌年一月十二日に第一回総会で、宣言・綱領・会則を決め、沢来太郎《さわきたろう》・佐藤庸男《さとうつねお》・門屋直哉《かどやなおや》が幹事に選出された。

参考文献 太田雅夫『初期社会主義史の研究―明治三十年代の人と組織と運動―』(一九九一、新泉社)（太田　雅大）

しゃくい　爵位　明治十七年(一八八四)七月の華族令により、明治二年(一八六九)以来の華族と維新以来の功労者(新華族)に授けられた。最初の授爵は五百四家。公侯伯子男の五爵に区分される。元来、中国の官制。叙爵の基準は、公爵は、王・諸王(皇族男子)から臣籍に降下(皇籍離脱)した者、旧摂家、徳川宗家、国家に偉功ある者(島津・毛利)。侯爵は、旧清華家、徳川旧御三家、旧大藩知事(十五万石以上)、旧琉球藩主、国家に勲功ある者。伯爵は、大納言まで宣任された例の多い旧堂上、徳川旧御三卿、旧中藩知事(五万石以上)、国家に勲功ある者。子爵は、慶応三年(一八六七)の大政奉還前に家を起した

旧堂上、旧小藩知事(五万石未満)、大政奉還前に諸侯であった家、国家に勲功ある者。男爵は、大政奉還後に華族に列せられた者、国家に勲功ある者。華族に列せられ爵位を授与される者は、爵親授式に臨む。最終的に千十六名が叙爵。昭和二十二年(一九四七)の華族制度廃止時の華族は八百九家。

参考文献　百瀬孝『(事典)昭和戦前期の日本―制度と実態―』(一九九〇、吉川弘文館)　(川田　敬一)

じゃくえつしんぶん　若越新聞　明治三十一年(一八九八)十一月二十二日に創刊された新聞。明治三十一年十月憲政党の再分裂、第一次大隈内閣の瓦解という政局を背景に従来微妙な対立を蔵しつつ並立してきた自由党系『新福井』の松原栄と同系『若越自由新聞』の大橋松二郎との間の合併交渉、県農工銀行を足場に県政界に再登場した竹尾茂の斡旋、新金主として藤井五郎兵衛の弟で紙問屋を継いだ寺西市右衛門の参画という条件が揃い、時世の要求、県下の事情という名目で両紙の合併が成立して創刊された。これまで実現できなかった自由党系統一紙の発行であり、憲政党県支部による自由党系政治勢力の安泰を一度は保障するものであった。同紙は以後県内の自由党系新聞として継続し改進党系(憲政本党)の第四次『福井新聞』と対峙していったのであるが、三十六年の政友会県支部の分裂を契機に自由党派の新聞としての一体的機能を失い、漸次社運を傾け結局社主の没落により三十七年十一月に廃刊した。　(池内　啓)

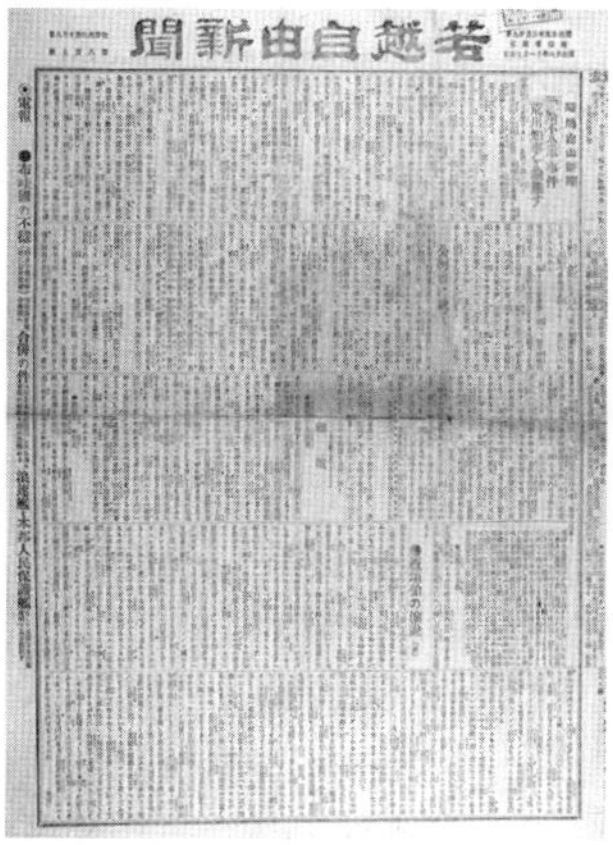

『若越自由新聞』第807号

しやくじょう　司薬場　贋敗輸入薬品を除去するための試験所。明治七年(一八七四)以降設置されていった。明治初年の衛生行政責任者長与専斎《ながよせんさい》は、輸入される洋薬に贋造薬が横行しているのを憂い、明治七年三月東京府に司薬所を設立、独人マルチンを教師として輸入薬品を検査させた。八年二月京都府舎密《せいみ》局内に司薬所を設け、長崎医学校教師蘭人ゲールッツを招いて教師とし、翌三月には大阪府のもと理学校校舎に司薬所をつくり、府下精々舎雇蘭人ドワルスを教師としてそれぞれ洋薬の試験を行わせた。当初の法令文面では司薬所と表記されたが、すぐ司薬場に変更となっている。八年六月には試験済印紙が統一され、東京司薬場から各地司薬場に配布された。同月衛生事務は文部省から内務省に移管され、司薬場は内務省の所管となった。九年八月京都司薬場は事務量が減少したため廃止となり、洋薬輸入の中心である横浜と、淘汰された不良医薬品が集積する恐れのある長崎両港に司薬場を開設することとなり、横浜は十年(一八七七)五月ゲールッツを教師として、長崎は十年十月エイクマンを教師として開設された。十年三月内務省は司薬場試験条例を制定し、事務は場長が責任をとり、教師は薬物試験の責任を負い、試薬師は助手として教師のもとで働くことと定め、また日本薬局方が未制定なのでおのおの其本国の局方により品位を定めることとするが、二十二種の毒薬・劇薬に関してはすでに定式があるので、それによることとした。各司薬場は薬品検査のほかに薬舗伝習生の養成や飲料水の試験、鉱泉分析なども行なった。また外国人教師は十四、十五年までに皆無となった。明治十年コレラが流行したので東京司薬場は消毒薬たる石炭酸を製造した。十四年七月長崎司薬場が廃止され、予算と人員がほかの司薬場に移された。同年十二月、薬品検査のほかに衛生に関する事項をひろく試験することが司薬場に指示された。十六年五月司薬場は衛生局試験所と改称されたが、この時点で衛生局東京試験所、横浜試験所、大阪試験所の三ヵ所が活動を行なっていた。→衛生試験所《えいせいしけんじょ》

参考文献　厚生省医務局編『医制百年史』(一九七六)　(宮地　正人)

しゃくせいたん　釈清潭　一八七〇―一九四二　明治時代中期から昭和時代初期の僧侶、漢詩人。名は万切・妙馨、別号は天台山客・大獅子吼林主、俗姓は小見《おみ》氏。明治三年(一八七〇)八月生まれ。東叡山寛永寺の学僧。一時、清国に滞在、帰国後は哲学館(現東洋大学)講師のち専任教員となり、『(国訳)漢文大成』正・続編の編輯に携わる。明治二十年(一八八七)春、下谷吟社に入り詩を大《おお》沼枕山《ぬまちんざん》に学び、枕山没後は中根半嶺《なかねはんれい》の不如学吟社に入る。雑誌『仏教』文苑欄の撰者をつとめ、正岡子規とも交遊があり、吟社・淡社を主宰した。弟子に「浜辺の歌」の作詞者である林古渓がいる。著書に『和漢高僧名詩新釈』(明治四十三年、丙午出版社)、『狐禅狸詩《こぜんりし》』(大正二年、丙午出版社)、『懐風藻新釈』(昭和二年、丙午出版社)などがある。昭和十七年(一九四二)七月没と思われる。

参考文献　林古渓『新修平仄字典』(一九三五、明治書院)、神田喜一郎編『明治漢詩文集』(『明治文学全集』六二、一九八三、筑摩書房)、『東洋大学百年史』(一九八八―九五)　(川邉　雄大)

しゃくそうえん　釈宗演　一八五九―一九一九　明治から大正時代前期の臨済宗僧侶。若狭国大飯《おおい》郡高浜村(福井県大飯郡高浜町)の一瀬五右衛門の子として安政六年十二月十八日(一八六〇年一月十日)に生まれる。僧名は洪嶽宗演。室号は楞伽窟。のちに釈を氏とした。明治三年(一八七〇)に京都妙心寺の越渓守謙《えっけいしゅけん》について得度。諸寺で修学ののち、岡山曹源寺の儀山善来《ぎさんぜんらい》、ついで鎌倉円覚寺の今北洪川《いまきたこうせん》に師事した。十八年(一八八五)より三年間慶応義塾に学ぶ。福沢諭吉・山岡鉄舟・鳥尾得庵らの資金援助で、卒業とともにスリランカに渡り梵語を研究。

二十五年(一八九二)円覚寺派管長。翌年九月、シカゴで開催された万国宗教大会に出席して日本仏教を紹介し、帰国後は建長寺派管長も兼任した。二十九年、巌本善治らと計って第一回宗教家懇談会を開催。日露戦争では第一師団司令部に所属し、満洲に従軍布教を行う。明治三十八年(一九〇五)、実業家ラッセルの招きで渡米し、鈴木大拙の通訳で禅を説いた。帰途、ヨーロッパおよびインドを訪ね、その後も朝鮮半島・満洲・台湾に巡教。このころ座禅が流行し、明石元二郎・河野広中・鈴木大拙・寺内正毅・徳富蘇峰・夏目漱石・野田卯太郎・浜口雄幸などが居士として参禅した。肺炎のため大正八年(一九一九)十一月一日に鎌倉東慶寺において死去。六十一歳。著書は多数に及び、主要なものは『釈宗演全集』全十巻(昭和四―五年、平凡社)に収録される。

参考文献 釈敬俊編『楞伽窟年次伝』(一九四二、大中寺)、禅文化編集部編『明治の禅匠』(一九八一、禅文化研究所)
(伊藤 克己)

しゃくちょうくう 釈迢空 ⇩折口信夫《おりくちしのぶ》

しゃくはち 尺八 竹製の日本の伝統楽器。歴史的には、中国から伝来し正倉院に残る六孔《こう》の尺八、室町時代から江戸時代初期に使われた五孔で節が一つしかない一節切《ひとよぎり》、江戸時代に普化宗《ふけしゅう》の虚無僧《こむそう》が吹奏した五孔の普化尺八が存在したが、三種の尺八の関係は明確でない。普化尺八は、明治四年(一八七一)の普化宗廃止後、独奏のほか地歌箏曲との合奏にも加わり、滑らかで安定した音を志向したため、内管に漆地を施した地塗り尺八が一般化した。

参考文献 志村哲『古管尺八の楽器学』(二〇〇二、出版芸術社)
(塚原 康子)

じゃこうのま・きんけいのましこう 麝香間・錦鶏間祗候 大日本帝国憲法下の宮中の席次・待遇における優遇資格。麝香間祗候は、華族や明治維新の功労者を優遇するために設けられた栄誉の称で、俸給はなく親任官(天皇みずから任命する最高位の官)待遇であった。明治二年(一八六九)五月、天皇の相談役として前議定蜂須賀茂韶《はちすかもちあき》らを京都御所内の麝香間に隔日出仕させたのをはじまりとする。錦鶏間祗候は、麝香間祗候の下位に位置する栄誉の称で、勅任官(勅命で任命する高等官一・二等の官)待遇。維新前の朝廷において、議奏・武家伝奏など関白につぐ要職者を退職後錦鶏間(御学問之間)に祗候させたのを例に、明治二十三年(一八九〇)十月、非職元老院議官優遇のため新たに設けられた。勅任官を五年以上つとめた者および勲三等以上の者のうち特に功労があった者に与えられた。
(真辺 美佐)

じゃこうのましこう 麝香間祗候 ⇩麝香間《じゃこうのま》・錦鶏間祗候《きんけいのましこう》

しゃさい 社債 株式会社の資金調達方法の一つであり、不特定多数の投資家から長期借入を一括して行う場合に発行する流通性のある証券。株式会社制度の導入とともに、明治二十三年(一八九〇)四月商法と同年八月の法律第六〇号、同二十六年三月改正商法と農商務省の二十六年七月「株式会社債券に関する細則」(同省令第二号)によって漸次、会社資本とは区別された社債の関係法規が整備された。さらに同三十二年(一八九九)三月新商法、同三十八年三月担保付社債信託法により日本の社債法の基礎ができた。こうした事業債のほかに、明治三十年代に入ると特別法に基づいて設立された日本勧業銀行、農工銀行、北海道拓殖銀行、日本興業銀行が銀行債券(金融債)を発行し、また日露戦後には南満洲鉄道株式会社や東洋拓殖株式会社が特別法によりいわゆる特殊債の発行を認められた。最初の社債発行は、明治二十三年四月の大阪鉄道会社(期間五年、利率一〇%、発行高二十六万八千五百円)、工事資金不足の補塡が目的であった。明治二十三年恐慌以降、徐々に社債発行が始まる。明治期における事業債の発行業種は、鉄道、紡績から海運・造船、鉱業、電力と広がっていくが、鉄道国有化までは鉄道会社が最大の発行者であった。

参考文献 公社債引受協会『日本公社債市場史』(一九八〇)、野田正穂『日本証券市場成立史』(一九八〇、有斐閣)、有沢広巳監修『日本証券史』一(一九九五、日経文庫)
(佐藤 政則)

しゃじきょく 社寺局 神道・仏教行政を管掌するために置かれた内務省の一局。明治政府樹立後、宗教行政を司る機関は、神道と仏教に別置されていたが、明治五年(一八七二)三月に神道と仏教を管掌する機関として、教部省が太政官内に設置されて統一をみた。この背景には、宣教使による国民教化活動の失敗があり、神仏合同の布教体制を確立する必要を政府は考えた。同年四月、三条教則を宣布し、その担い手として教導職制度を設け、神官・僧侶を教導職に任命し、さらに教導職養成機関として大教院を立ち上げた。しかし、浄土真宗の離脱を機に、明治八年五月に教導職制度を残して大教院は解散した。同年十一月、信教の自由保障が口達されてからは、一連の大教宣布運動も事実上終焉をむかえ、教導職の廃止運動が展開し、教派独立の機運が高まりを見せ、政教分離への動きが活発になった。明治十年(一八七七)一月、教部省が廃止されて、機能が内務省社寺局へ引き継がれると、その中で教導職の廃止がみられた。十五年一月、まず神職における教導職が廃止となり、ついで十七年八月、全ての教導職が廃止となった。さらに十九年には神社課と寺院課が局内に設置され、所管が明確に区分された。その後、神道は国家によって宗祀するものであるから、ほかの宗教と同じように取り扱うものではないとされ、明治三十三年(一九〇〇)四月、社寺局を廃止して、神社局と宗教局に別置した。 ↓教部省《きょうぶしょう》 ↓宗教局《しゅうきょうきょく》 ↓神社局《じんじゃきょく》

参考文献 文部省編『学制百年史』(一九七二、帝国地方行政学会)、同編『学制百二十年史』(一九九二、ぎょうせい)、羽賀祥二『明治維新と宗教』(一九九四、筑摩書房)
(安中 尚史)

しゃしょう　車掌　列車に乗務し主として旅客サービスに従事する鉄道従業員。創業期から判任官の身分を持つ官員が任命された。『日本鉄道史』(鉄道省、大正十年)によれば、明治十六年(一八八三)五月「関西ノ例ニ倣ヒ従来列車乗務車長一人ナリシヲ二人トス」とあり、業務多端だったことがうかがえる。旅客案内、検札などに加え明治期の客車には外側から扉に鍵をかけるタイプのものがあり、駅に着くたびにホームから鍵の開け閉めをしなくてはならなかった。また、ブレーキも機関車と直結された直通ブレーキでなかったために、車掌が客車のブレーキをかけなくてはならなかった。官設鉄道では、創業時には「車長」と称したが、明治三十三年(一九〇〇)に定められた鉄道係員職制により「車掌」に変更された。同年、新橋―神戸間に夜行列車が運転されるようになると、犯罪防止のために「乗客保護車掌」が乗務するようになり、明治三十七年には「客扱専務車掌」がこれに代わった。貨物列車にも車掌が乗務して、貨車の切り放し、増結などの監督をした。

参考文献　村上心『日本国有鉄道の車掌と車掌区』(二〇〇六、成山堂書店)　(中川　洋)

しゃじりょうじょうち　社寺領上地　明治初年に維新政府が封建的勢力の一掃と近代的土地制度改革を図るために行なった、旧来の封建諸勢力に係わる領地の収公政策を神社・寺院に対しても適用したもの。この政策によって社寺の近代的な「境内」概念が形成される一方、社寺の経済的側面に深刻な影響をもたらした。明治二年(一八六九)七月の版籍奉還を契機として、維新政府による封建的土地制度の改革が進められたが、社寺のみ未だ「土地人民私有ノ姿」が続いていたため、明治四年正月五日(一八七一年二月二十三日)、太政官布告として社寺領上知令が出された。政府は、「現在ノ境内ヲ除ク外」、すべての社寺領(従来の朱印地、黒印地、除地などの田畑、山林、荒蕪地、宅地など)を収公させることで、幕府・諸藩により設定されていた免税特権を解除し、社寺の経済的基盤を剝奪した。政府は、この反対給付(補償措置)として、旧社寺領の現収納高の五分を給与する半租給与を行なったが、明治七年には、社寺に対する半租給与廃止と十年間に限った逓減禄支給の導入を条件として、官国幣社経費の国庫支出がなされた。通説では、本法令の目的が幕府・諸藩の知行権の取り上げにあるとみなされ、「上知令」と記されることが多い。ただ、多くの社寺境内地では土地所有関係が複雑に絡み、知行返上というだけでは解決がつかなかった。つまり、明治六年の太政官布告「地所名称区別」などにより地種が確立されるとともに、同八年の地租改正事務局達「社寺境内外区画取調規則」などで社寺境内は「祭典法要ニ必需ノ場所」であると定められ、上地の前提として近代的土地所有制度の確立を目的とする「境内外区別」の諸施策が行われた。このことから、地租改正による全国の土地・租税改革の一環としての「上地」事業とも捉えられよう。社寺領上地の政策は、現在とほぼ同様の、社殿・堂宇などを囲む一定の空間・敷地や祭典・法要などの執行、ならびに公衆の参拝のために必要な参道や広場が、社寺の「境内」の概念であると法的に規定される端緒でもあったのである。

参考文献　大蔵省管財局編『社寺境内地処分誌』(一九五四、大蔵財務協会)、豊田武『宗教制度史』(『豊田武著作集』五、一九八二、吉川弘文館)、阪本是丸『国家神道形成過程の研究』(一九九四、岩波書店)、河村忠伸「上地事業における境内外区別」(阪本是丸編『国家神道再考―祭政一致国家の形成と展開―』所収、二〇〇六、弘文堂)　(藤田　大誠)

しゃしん　写真　感光性物質の光化学変化を利用して、人物や物体の画像をつくる技術。また、その画像。幕末に欧米から伝来した写真術は、新時代の実用的な技術・文化の一つとして急速に普及していく。明治初期には湿板写真が中心であったが、明治十六年(一八八三)に乾板が輸入され、江崎礼二が乾板写真を発表した。湿板は取扱いが煩雑であったため、中期以降は露出時間も短く、取扱いの容易な乾板写真が広がっていく。明治の写真師たちは、おのおのの写真館で肖像写真を撮影するかたわら、役者や芸者などの有名人、風景や建築物、風俗などを撮影し、それらの写真を販売していた。また、北海道の開拓や各地での近代化事業、探検調査、地震・水害・噴火などの自然災害、戦争などの写真撮影にも携わった。それらの写真もばらで販売されたほか、写真帳や幻燈(スライド)や絵葉書にされて売り出された。司法や天文、医学の分野でも写真の利用が試みられた。横浜では、風俗写真に着色し、豪華なアルバムに仕立てた「横浜写真」が外国人のみやげ物として好評を博していた。新政府が写真利用に積極的だったこともあり、写真師たちはさまざまな分野・対象の撮影に挑戦し、多くの記録を残した。乾板の登場は撮影の対象を広げるとともに表現への関心を深めさせ、写真製版技術とともに写真の新時代を開いた。写真機材は高価であったため、初期のアマチュアは上流層に限られていたが、研究熱心な写真師たちは、アマチュアや写真機材商の小西本店(現コニカミノルタ)・浅沼商会とともに親睦・研究のための団体を結成し、欧米の新知識の吸収に努め、博覧会などに作品を出品して技を競った。また、両機材商は写真機材の国産化や安価なカメラの製作に力を注ぐ一方で、機関誌を発行するなどしてアマチュアの開拓・育成にも努めた。ほかにも手引き書などが発行され、明治末年にはアマチュアの裾野が広がる。アマチュアの台頭とともに写真は芸術写真の時代に入り、三十七年(一九〇四)に結成されたゆふつづ社などを中心に、芸術写真の研究と制作が進められていく。→小西六《こにしろく》　→湿板写真《しつぱんしやしん》　→写真館《しやしんかん》　→写真師《しやしんし》　→写真製版《しやしんせいはん》　→写真報道《しやしんほうどう》　→従軍写真師《じゆうぐんしやしんし》

参考文献　小沢健志編『写真の幕あけ』(『日本写真全集』一、一九八五、小学館)、小沢健志『幕末・明治の写真』(『ち

くま学芸文庫』)、『田本研造と明治の写真家たち』(『日本の写真家』二、一九九九、岩波書店)　(井上　祐子)

しゃしんがほう　写真画報　写真を中心に編集した雑誌形式の刊行物。『風俗画報』(東洋堂)に代表されるように明治中―後期には各種雑誌・印刷物に画像が取り入れられて、視覚化が進む。その中で、写真を売り物にする雑誌も登場するが、写真を印刷する技術が未熟だったため、明治期の画報は写真だけでは成り立たず、年を経るにつれて写真が多くなるものの、ほとんどが写真と絵画を併用していた。『日清戦争実記』(博文館)は写真網版印刷による口絵写真で評判をとったが、本格的な写真画報が出版されるのは日露戦争からで、日露戦争開始とともに『日露戦争写真画報』(博文館)や『戦時画報』(近時画報社)、『軍国画報』(冨山房)など戦場や将兵の写真を多数掲載した雑誌が相ついで発行された。戦争が終ると、これらの雑誌は『写真画報』(博文館)や『近時画報』(近時画報社)と改題し、時事的な話題や政治、芸能やスポーツなどの写真に切り替えていく。明治三十八年(一九〇五)には、女性を対象にした『婦人画報』(近時画報社)も創刊された。→近時画報《きんじがほう》　→風俗画報《ふうぞくがほう》　→婦人画報《ふじんがほう》

『戦時画報』第67号

参考文献　黒岩比佐子『編集者国木田独歩の時代』(二〇〇七、角川学芸出版)、印刷博物館編『ミリオンセラー誕生へ!―明治・大正の雑誌メディア―』(展覧会図録、二〇〇八、東京書籍)　(井上　祐子)

しゃしんかん　写真館　写場をもち、客の注文に応じてその人の写真を撮るところ。明治初期には光源の問題から露天写場で撮影する写真館もあったが、有名写真師たちは、天井の北側をガラス張りにした立派な洋館を建てて撮影にあたるようになる。明治十年代には、主要都市で写真術を身につけた写真師たちが、地方都市に写真館を建てて開業しはじめる。湿板時代には露出に十秒前後かかっていたため、写場には首をおさえる器具があり、ほかに写真のバック(書割)やテーブル、椅子などが備えられていた。各写真館はそれらの小道具や写真の台紙に趣向を凝らして人気を競ったが、肖像写真においては修整の技術も必要であった。明治初期には「写真を撮ると魂が抜かれる」などの迷信もあり、撮影料も高かったため、客層は外国人や富裕層などに限られていたが、日清・日露戦争期には出征の記念に自身や家族の写真を撮る人が増え、庶民の間にも写真館に足を運び、写真を撮影・保持するという習慣が広がっていった。

参考文献　東松照明「営業写真」(日本写真家協会編『日本写真史一八四〇―一九四五』所収、一九七一、平凡社)、『写真館のあゆみ―日本営業写真史―』(一九八九、日本写真文化協会)　(井上　祐子)

しゃしんし　写真師　写真の撮影・現像・焼付を職業とする人。湿板の撮影には光化学の知識と高度な技術が必要だったため、湿板時代(明治初期)の写真師は文明開化を象徴する花形職業であった。湿板の技術は師弟間で受け継がれる秘法であり、一人前の写真師になるには時間を要したが、明治十年(一八七七)ごろには、東京の写真師番付に百数十名の名が上がり、関西でも同様の番付が作られるほどになっていた。しかし、乾板の時代になると秘法伝授の必要はなくなり、二十年(一八八七)前後から留学などによって欧米の最新の技術や知識を習得した写真師たちが台頭してくる。初期から中期にかけての写真師たちは、写真館での撮影のかたわら地域の事業や災害などの撮影も手がけ、社会的にも貢献していた。しかし、機材の改良で写真撮影が容易になる明治後期には、営業のみを目的とする写真師も増え、写真界は過当競争に陥る。組合の結成など解決も図られるが、アマチュアの増加もあり、写真師の社会的地位は次第に低下していった。→従軍写真師《じゅうぐんしゃしんし》

参考文献　東松照明「営業写真」(日本写真家協会編『日本写真史一八四〇―一九四五』所収、一九七一、平凡社)、飯沢耕太郎『日本写真史を歩く』(一九九二、新潮社)、森田峰子『中橋和泉町松崎晋二写真場―お雇い写真師、戦争・探検・博覧会をゆく―』(二〇〇二、朝日新聞社)　(井上　祐子)

しゃしんせいはん　写真製版　写真技術を応用して印刷用の版を作る方法。写真製版にはさまざまな方法があるが、日本で最初に実用化された方法は、写真師小川一真が明治十七年(一八八四)にアメリカ留学から持ち帰ったコロタイプ印刷であり、彼はこの方法を用いて美術雑誌『国華』などの印刷を行なった。小川は続いて二十六年(一八九三)に写真網版印刷機一式をアメリカから持ち帰り、翌二十七年、『日清戦争実記』(博文館)の口絵写真を写真網版法で製版する。一方、国内でも陸軍参謀本部陸地測量部の彫刻師堀健吉が同法の研究に取り組み、その製版に成功していた。堀も独立して明治二十三年に写真製版工場猶興社を設立する。網点の大きさによって濃淡を表現できる写真網版法は、図像の印刷にとって画期的な発明であった。写真と活字を同時に印刷するにはさらなる技術開発を要したが、三十七年(一九〇四)からは新聞本紙に写真を組み込むことが可能になり、日露戦争期には写真報道が盛んになる。三十年代には三色版製版法の研究も進められ、末年にはグラビア印刷の研究も始まる。

参考文献　『写真製版工業史』(一九六七、東京写真製版工業組合)、印刷学会出版部編『『印刷雑誌』とその時代―

実況・印刷の近現代史―』(二〇〇七、印刷学会出版部)
(井上　祐子)

しゃしんはんけんじょうれい　**写真版権条例**　明治二十年(一八八七)に出された写真の著作権に関する条例(勅令第七九号)。明治六年(一八七三)―七年ごろから役者や芸者、風景などの写真の販売が盛んになるが、それに伴って紛争も発生するようになり、八年には大阪で裁判がおこされた。一方、東京では出版条例の改正により版権がはじめて規定されたのにならって、写真師松崎晋二が写真版権を願い出た。これらの事情から、翌九年六月に写真条例(全七条)が制定される。同条例では所定の届出を行なった写真師に対して、写真版権として五年間の専売権を認めることを定めた。二十年十二月二十八日に同条例が改正されて写真版権条例(全十二条)となる。主な改正点は、写真版権の保護年限が五年から十年に延長されたことと、他人からの委嘱をうけて撮影した写真の版権についてのみ委嘱者に属すると規定したことである。写真版権条例は、明治三十二年(一八九九)三月に版権法・脚本楽譜条例とともに著作権法に引き継がれた。
(井上　祐子)

参考文献　日本写真家ユニオン編『写真著作権―写真家・著作権継承者海外写真家団体一覧―』(二〇〇三、草の根出版会)

しゃしんほうどう　**写真報道**　写真を利用して時事的な出来事を広く伝えること。写真を印刷することが難しかった明治中期までは、災害や戦争を伝える視覚メディアとしては絵画が中心であり、二十年代には錦絵に替わって石版や木口木版による報道画が台頭した。それらの中には写真をもとにしたものもあり、写真帳や幻燈も作られたが、印刷物による本格的な写真報道が始まるのは、日清・日露戦争以後である。日清戦争では、『日清戦争実記』(博文館)が口絵写真で評判をとり、新聞には写真付録がつけられた。しかし、それらは動きのない戦闘の跡地の写真や軍人の肖像写真だった。日露戦争の始まる三十七年(一九〇四)になって、新聞の本紙紙面への写真印刷が可能になり、主要日刊紙や各雑誌は肖像写真だけでなく、戦地や行軍の様子、任務につく各軍将兵、あるいは敵艦の写真などを掲載した。災害や各種行事の写真も同じように雑誌から新聞へと広がっていくが、写真が普及するにつれて写真の取締りも厳しくなっていった。→従軍写真師《じゅうぐんしゃしんし》

日清戦争時　松島艦大砲之図(『日清戦争実記』第7編より)

日露戦争時　遼陽攻撃の我が銃砲(『日露戦争実記』第35編より)

参考文献　奥平康弘「写真表現の自由と規制の歴史」(日本写真家協会編『日本写真史一八四〇―一九四五』所収、一九七一、平凡社)、紅野謙介「写真のなかの「戦争」―明治三十年代『太陽』の口絵をめぐって―」(小林陽一・酒井直樹・島薗進他編『近代知の成立』所収、二〇〇二、岩波書店)、木下直之「写真は出来事をどのようにとらえてきたか」(神奈川大学二十一世紀COEプログラム「人類文化研究のための非文字資料の体系化」研究推進会議編『版画と写真―十九世紀後半　出来事とイメージの創出―』所収、二〇〇六)
(井上　祐子)

しゃせつ　**社説**　新聞や雑誌などで、その編集をしている社の主張としてのせる論説のこと。英語 editorial の訳語で、明治初期から用いられたが、新聞や雑誌に実際に「社説」と題した欄は明治前期にはあまりみられず、各新聞はその紙名と同じ題が付いた欄、たとえば『東京日日新聞』であれば「東京日日新聞」と題した欄に論説を掲載しており、これが社説欄のはじまりといえる。しかし当時の論説にはふつう個人の署名があり、無署名の場合も一般的にその新聞雑誌の主宰者ないし主筆が執筆したものと考えられた。つまり論説は個人の主張を展開するものであり、明治前期の知識人向けの新聞雑誌はそうした主筆の論説が読者を引きつける大きな要因になっていた。一方、庶民向けの小新聞にはこうした論説がなかったが、『朝日新聞』は早くから論説の掲載を試みはじめ、ほとんどの有力紙が論説を常設する道を開いた。日露戦争ごろから、主筆が書く論説ではなく無署名で「社説」

と題した欄が登場するようになり、複数の論説記者による会議を経て社論を統一する傾向が現われた。たとえば『大阪朝日新聞』は大正三年（一九一四）論文規定と論文主任制を定めて社論の統一を図った。また『読売新聞』では昭和六年（一九三一）に「社説」欄が登場した。「社説」欄は新聞雑誌の企業化とともに定着したといえる。昭和以降の大手新聞社では二十名以上いる論説委員が毎日、論説会議を開き、最新情報を踏まえながら社説にするテーマを選び討議し、基本的な論旨を固めて、担当する分野が近い論説委員が執筆し、その内容を再度複数の論説委員がチェックして決定稿を提出するという作業で社説を掲載している。大手新聞社の社説の文章は、昭和初期から専門学校などの入試に採用され、一九五〇年代以降は各種の社説集が出版され、現代文の手本とされるようになった。一方で、社説は個性が乏しいという評価が定着し、近年の記事別閲読率調査では二割を切る状態が続いている。 （土屋 礼子）

しゃせん 社船 政府補助をうけて遠洋を中心に海外定期航路を経営する海運企業。日清戦争前には会社形態をとる日本郵船・大阪商船を呼んだが、日清戦後に東洋汽船が加わった。政府は海外航路拡充のため航海奨励法・特定航路助成・遠洋航路補助法などによる助成政策を展開したがこれらは基本的に社船育成策であり、三社は助成政策を梃子に、日本郵船が欧州航路・北米シアトル航路・豪州航路、東洋汽船が北米サンフランシスコ航路を開設。日露戦争後には東洋汽船が南米西岸航路、日本郵船が南米東岸航路、大阪商船が北米タコマ航路などを開設した。これに対し、不定期航路を主とする個人船主あるいは小規模海運企業を社外船と呼ぶ。日清戦後から次第に近海の不定期船経営に進出し、第一次大戦期に急成長した。戦後遠洋定期航路に進出して社船との区別は事実上意味がなくなった。三井物産船舶部・川崎汽船・国際汽船・大同海運・山下汽船が社外船大手五社とされた。

参考文献 浅原丈平『日本海運発展史』（一九七八、潮流社）
（小風 秀雅）

しゃたく 社宅 社員やその家族のために会社が所有し、管理する住宅や寮。わが国に社宅が整備されるようになったのは、明治二、三十年代の紡績工業ならびに鉱業の発展に応じたものであった。全国各地でその現存が確認される社宅の遺構も旧三菱合資会社生野銀山鉱員社宅（兵庫県朝来《あさご》市、明治九年（一八七六））、旧古河鉱業足尾鉱業所掛水役宅（栃木県日光市、明治四十年（一九〇七）ころ）、旧新日本製鉄株式会社高見社宅（福岡県北九州市、明治四十年代）などで、鉱業を中心としたものが多い。生野銀山鉱員社宅や高見社宅がそれぞれ官営生野銀山官員官舎、官営八幡製鉄所高見官舎として、明治政府の殖産興業政策に基づき設置されたものであったという背景を持つように、こうした社宅の中には、政府官営の時期に官舎として建設されたものも少なくない。多く木造平家建の伝統的な和風住宅の形式を採るが、上は八十坪前後から下は三十、四十坪前後と一・五倍程度の規模差が設けられており、その住居形態にも、上はいずれも一戸建の形式を採るのに対し、下は長屋の形式になり、職階（官職）に応じた明確な差が設けられていた。また、旧古河鉱業足尾鉱業所掛水役宅の一部では、応接用の洋室が住宅の一角に配されているものも確認でき、社宅における洋風化の一端を垣間見ることができる。各企業に住宅設備の拡充が有力な労働力誘因として認識され、社宅が積極的に整備されるようになるのは昭和十四年（一九三九）、十五年以降といわれるが、明治期またはそれ以降に整備された社宅の数々もおそらくは政府によって整備された官舎に範をおいた、多分に官舎の建築的特徴を受継いだものであったことが察せられる。

参考文献 西山夘三『住宅問題』（『建築新書』七、一九四二、相模書房）、有泉亨編『給与・公営住宅の研究』（『東京大学社会科学研究所研究報告』九、一九五六、東京大学出版会）、社宅研究会編著『社宅街 企業が育んだ住宅地』（二〇〇九、学芸出版社）
（藤木 竜也）

しゃっかんほう 尺貫法 長さに尺、質量に貫をとった日本固有の度量衡単位系を指し、明治二十四年（一八九一）三月公布の度量衡法により国際的なメートル法との関係が確定した。長さの単位の一尺は十寸、十尺が一丈、六尺が一間、六十間が一町、三十六町が一里、建築用の曲《かね》尺《じゃく》一尺は三〇・三センチ、裁縫用の鯨尺一尺は曲尺の一・二五倍であり、重さの単位の一貫は千匁で、約三・七五キロ、一斤は百六十匁であった。また、面積は、一歩＝一坪＝六尺平方＝約三・三平方メートル、三十歩が一畝＝約一アール、十畝が一反（段）、十反（段）が一町＝約一ヘクタールであり、容量の一升は、近世の新京枡に合わせ内法が曲尺四寸九分平方、深さ二寸七分、約一・八リットルとされた。明治四十二年（一九〇九）には、ヤード＝ポンド法も認められ、三種類の計量単位が混用される状態になった。尺貫法が公的には廃止されたのは、昭和四十一年（一九六六）のことである。→度量衡法《どりょうこうほう》

参考文献 小泉袈裟勝『度量衡の歴史』（一九六一、コロナ社）
（石井 寛治）

しゃっきんとう 借金党 ⇨困民党《こんみんとう》

シャノワーヌ Charles Sulpice Jules Chanoine 一八三五―一九一五 フランス陸軍参謀士官、幕末の第一次フランス陸軍顧問団の団長。一八三五年十二月十八日、フランスのディジョン生まれ。サン＝シール陸軍士官学校を卒業。五九年中国遠征軍参謀となり、アロー戦争に従軍。六六年十一月、日本派遣軍事顧問団の団長に任命され、翌年一月十三日（慶応二年十二月八日）、横浜へ到着。滞在中に陸軍参謀中尉から大尉へ昇任した。幕府の三兵（歩騎砲）調練を横浜の太田陣屋で開始し、翌慶応三年五月江戸へ移す。将軍徳川慶喜へ幕府の士官学校開設などの陸軍改革案を提出した。戊辰戦争の際には旧幕側に抗戦論を説くが容れられず、契約解除によって一八六

八年十一月十七日(明治元年十月四日)に日本を去った。その後、明治政府による第二次陸軍顧問団(明治五年来日)の招聘があり、参謀本部でその編制を行う。一八九八年九月に陸軍大臣となるが、ドレフュス事件のため、一ヵ月余りで退任。シャンパーニュ州ボードマンに隠退した。一九一五年一月二十九日死去。満七十九歳。史料集 Documents pour servir à l'histoire des relations entre la France et le Japon(一九〇七年)を著した。

参考文献 西堀昭『日仏文化交流史の研究—日本の近代化とフランス人—』(一九八一、駿河台出版社)、篠原宏『陸軍創設史—フランス軍事顧問団の影—』(一九八三、リブロポート) (保谷徹)

じゃはなのぼる 謝花昇 一八六五—一九〇八 行政官、社会運動家。同治四年(慶応元)九月二十八日(一八六五年十一月十六日)に沖縄の島尻《しまじり》郡東風平《こちんだ》間切《まぎり》東風平村(島尻郡八重瀬町)に生まれ、明治十四年(一八八一)、間切から選抜されて、師範学校に入学し、翌年太田朝敷《おおたちょうふ》・岸本賀昌《きしもとがしょう》らとともに第一回県費留学生として上京、学習院から東京山林学校へ移ったが、その後同校は東京農林学校となり、謝花は帝国大学農科大学へ入学した。「日本近代農学の父」といわれた横井時敬《よこいときよし》のもとで学び、同二十四年(一八九一)に卒業し、平民出身で沖縄初の学士として沖縄県技師に任命され、高等官となった謝花は、「階級打破の象徴」とされた。その当時は、奈良原繁が知事として赴任、旧慣諸制度改革として土地整理事業や学校教育整備などにより沖縄の近代化を進めていた時代である。謝花は貢糖制度の廃止による砂糖生産の拡大、杣山《そまやま》払下げの推進、土地整理事業などへの関与で、県庁のエリート官吏への道を歩み、杣山開墾事務主任の解任、待遇面での差別などを受けるが、同三十一年(一八九八)には高等官五等・従六位に叙せられる昇進を続けた。糖業問題では著書の『沖縄糖業論』で啓蒙活動も行なっているが、このころから奈良原の専制的な施政と旧支配層に対抗し、農民層の立場に立った県政改革活動を始めた。同三十一年、沖縄県農工銀行の常務取締役に就任し、県庁官職を辞して上京し参政権運動に専念する。在京の当山久三《とうやまきゅうぞう》らとともに沖縄倶楽部を結成、「平民進歩主義」を掲げて機関紙『沖縄時論』を刊行、反奈良原・反閥族の運動を開始し、杣山民有化の主張、共有金問題の追及、参政権要求などで、奈良原を中心とする外来勢力・旧支配層との対立を深めた。奈良原一派と旧支配層は、これに対して執拗に攻撃を加え、同三十三年の農工銀行重役改選で完敗した謝花らの郡部派組織は壊滅した。謝花は家産をすべて失い職を求めて上京、山口県の新任地に赴く途中神戸駅で発狂し帰郷した。以後七年間を東風平で病気と貧困の中で過し、同四十一年(一九〇八)十月二十九日に死去。四十四歳。

謝花昇

参考文献 『沖縄大百科事典』(一九八三、沖縄タイムス社)、田里修「東風平謝花—栄光と挫折—」(『新琉球史』所収、一九九二、琉球新報社)、伊佐真一『謝花昇集』(一九九八、みすず書房) (田里修)

ジャパン=アドバタイザー The Japan Advertiser 明治二十三年(一八九〇)十一月一日、横浜外国人居留地でアメリカ人印刷業者、R・ミークルジョン Robert Meiklejohn が創刊した日刊英字新聞。広告紙として出発したが、当時の有力英字紙『ジャパン=ガゼット』の記者、ロバート=ヘイ Robert Hay を迎え入れ、本格的な日刊紙へと脱皮をはかった。経営者が何度か交替したのち、明治四十二年(一九〇九)にフィラデルフィア出身のフライシャー Benjamin Wilfrid Fleisher が経営権を握ると経営の立て直しが図られ、本社を東京に移し、極東で著名なアメリカ系新聞へと成長した。イギリスの『デーリー=メイル』や『タイムズ』などの特派員を編集部に招き、またのちにロンドン・ワシントン・北京に特派員を派遣するなどして豊富な国際ニュースと外電の多用を特徴とした。昭和十五年(一九四〇)十月、日本外務省寄りの『ジャパン=タイムズ』に吸収合併され、事実上廃刊した。

参考文献 長谷川進一編『The Japan Times ものがたり—文久元年(一八六一)から現代まで—』(一九六六、ジャパンタイムズ) (中武香奈美)

ジャパン=エクスプレス The Japan Express アメリカ人競売業者ラファエル=ショイヤー Raphael Schoyer が横浜で発行した英文のミニコミ紙。木版で和紙に印刷されていた。ショイヤーは競売品のカタログを主体とする「サーキュラー」を発行していた。それには時事ニュースも添えられていたであろう。その関係を逆転し、時事ニュースを主体として、毎週土曜日に刊行するようになったものと考えられる。創刊号は発見されていないが、一八六二年五月二十四日(文久二年四月二十六日)に刊行されたと推測される。一八六一年十一月二十三日(文久元年十月二十一日)に創刊された本格的な英字紙『ジャパン=ヘラルド』より遅い。それにもかかわらず複数の居留民によって『ジャパン=エクスプレス』が「横浜最初の新聞」と記憶されたのは、「サーキュラー」をも含めてのことと思われる。

参考文献 横浜開港資料館編『横浜もののはじめ考』(一九八八) (斎藤多喜夫)

ジャパン=エコー The Japan Echo 明治時代中期の英字新聞。明治二十三年(一八九〇)十一月一日創刊。月二回刊。L・サラベルにより東京築地で始められ、編集にジェームズ＝マードック、挿絵でジョルジュ＝ビゴーが協力した。数号しか発行されず、明治二十四年春ごろ廃刊。（河崎 吉紀）

ジャパン＝ガゼット The Japan Gazette ジャパン＝ヘラルド社の社員であったイギリス人ブラック John Reddie Blackらが、オランダ商人ノールトフークヘフト Noordhoek Hegtなどの資金援助を得て、一八六七年十月十二日（慶応三年九月十五日）に横浜居留地で創刊した英字新聞。広告を主体とするジャパン＝ヘラルド社やジャパン＝タイムズ社の日刊朝刊紙に対して、時事ニュースを主体とする日刊夕刊紙として新機軸を打ち出した。海外向けの『ガゼット＝サマリー＆マーケット＝レヴュー』や居留地の商工名鑑も刊行した。ブラックの退社後、アングリン James Raymond Anglinらの手で経営が続けられ、『ジャパン＝ヘラルド』とともに日本政府に対する批判的な論調で知られた。大正期には衰退して紙面を縮小、関東大震災の打撃から立ち直れず、廃刊となった。

『ジャパン＝ガゼット』第2789号

参考文献 浅岡邦雄「新聞と雑誌」（横浜市中央図書館編『横浜の本と文化』所収、一九九四）、鈴木雄雅「日本における初期欧字紙について」（『日本初期新聞全集』別巻所収、二〇〇〇、ぺりかん社）（斎藤多喜夫）

ジャパン＝タイムズ The Japan Times (一)横浜居留地で発行された週刊英字新聞。一八六三年五月十二日（文久三年三月二十六日）、ポルトガル人ダローザにより、同居留地で週刊英字紙『ジャパン＝コマーシャル＝ニュース』が創刊されたが、一八六五年五月二十四日（慶応元年四月三十日）をもって休刊した。『ジャパン＝タイムズ』はイギリス人リッカビー Charles D. Rickerbyがそれを買収し、同年九月八日（七月十九日）に創刊した。当初は毎週金曜日発行、のち土曜日に変更される。十三日には日刊の『ジャパン＝タイムズ＝デイリー＝アドヴァタイザー』、三十日には海外向け隔週刊の『ジャパン＝タイムズ＝オーヴァーランド＝メイル』が発行されている。ジャパン＝タイムズ社の社員の多くは、横浜に駐屯していたイギリス陸軍第二十連隊の兵士であった。その後経営難に陥り、一八七〇年（明治三）、ハウェルとレイに売却されて『ジャパン＝メイル』紙に変わる。 →ジャパン＝メイル

参考文献 浅岡邦雄「新聞と雑誌」（横浜市中央図書館編『横浜の本と文化』所収、一九九四）、鈴木雄雅「日本における初期欧字紙について」（『日本初期新聞全集』別巻所収、二〇〇〇、ぺりかん社）（斎藤多喜夫）

『ジャパン＝タイムズ』(二)162号

(二)明治時代後期の英字新聞。明治三十年（一八九七）三月二十二日創刊。日刊。伊藤博文の渉外秘書を務めた頭本《ずもと》元貞《もとさだ》が政府や福沢諭吉、財界の支援を受けて発行した。山田季治が社長となり私財を投じた。主筆に頭本元貞、副主筆に武信《たけのぶ》由《よし》太郎《たろう》を擁する。明治三十年四月、ロイターと契約。大正七年（一九一八）三月より国際通信社のジョン＝ラッセル＝ケネディの支配下に入り、『ジャパン＝タイムズ＝アンド＝メイル』と改題する。

参考文献 長谷川進一編『ジャパンタイムズものがたり―文久元年（一八六一）から現代まで―』（一九六六、ジャパンタイムズ）（河崎 吉紀）

ジャパン＝パンチ The Japan Punch イギリス人画家ワーグマン Charles Wirgmanが一八六二年（文久二）春ごろに横浜居留地で創刊した英文の風刺漫画雑誌。中断ののち一八六五年（慶応元）から第二シリーズが刊行される。当初は木版刷で、不定期刊だがおおむね月刊、一八七二年（明治五）以降、表紙に刊行月が記されるようになり、正式に月刊となった。一八八三年（同十六）から石版刷に変わり、一八八六年二月以降はミークルジョン社から発行された。最終号は一八八七年（同二十）三月号、約二十五年間にわたり、二百二十冊余が刊行された。漫画の主題は多岐にわたるが、外交問題や居留地内の出来事を取材したものが多い。戯画化されているとはいえ、よく特徴をとらえた居留民の似顔絵が含まれている。一八六九年の時点で一号一ドルとかなり高価だったが、愛読者は東アジア全域にわたったという。『絵新聞日本地』や『団団《まるまる》珍聞《ちんぶん》』など、日本人の手になる風刺雑誌に与えた影響も大きい。

『ジャパン＝パンチ』第1号

参考文献 斎藤多喜夫「『ジャパン・パンチ』と横浜居留地」（『チャールズ・ワーグマン』所収、一九九〇、神奈川県立博物館）（斎藤多喜夫）

ジャパン＝ヘラルド The Japan Herald　長崎で日本最初の本格的な新聞『ナガサキ＝シッピング＝リスト＆アドヴァタイザー』を刊行したイギリス人ハンサード Albert William Hansard が、横浜に移って創刊した横浜最初の英字新聞。創刊号は一八六一年十一月二十三日(文久元年十月二十一日)発行された。当初は四ページ、毎土曜日夕方発行、年間購読料は二五ドルであった。一八六三年十月二十六日(文久三年九月十四日)には広告主体の日刊朝刊紙『デイリー＝ジャパン＝ヘラルド』を創刊、日本最初の日刊紙である。海外向け隔週刊版や居留地の商工名鑑も刊行し、欧米系新聞社の基本的な活動スタイルを創出した。一八六八年(明治元)ごろからは日刊夕刊紙『ジャパン＝デイリー＝ヘラルド』が出版の中心となる。一九〇五年(同三十八)には四人のドイツ人が経営するドイツ系英字紙となったが、ドイツを対戦国とする第一次世界大戦中の一九一五年(大正四)に発行停止となり、廃刊した。

The Daily Japan Herald
SHIPPING INTELLIGENCE.

『デイリー＝ジャパン＝ヘラルド』第61号

参考文献　浅岡邦雄「新聞と雑誌」(横浜市中央図書館編『横浜の本と文化』所収、一九九四)、鈴木雄雅「日本における初期欧字紙について」(『日本初期新聞全集』別巻所収、二〇〇〇、ぺりかん社)
(斎藤多喜夫)

ジャパン＝メイル The Japan Mail　イギリス人のハウエル William Gunston Howell とレイ Horatio Nelson Lay がジャパン＝タイムズ社を買収して創刊した。四本立ての構成で、中心をなす週刊紙『ジャパン＝ウィークリー＝メイル』の創刊号は一八七〇年一月二十二日(明治二年十二月二十一日)に出版された。ほかに広告を主体とする日刊紙の『ジャパン＝メイル＝デイリー＝アドヴァタイザー』、海外向け隔週刊の『ジャパン＝オーヴァーランド＝メイル』(のち『ジャパン＝メイル』)、海外のニュースを主体とする『ジャパン＝メイル＝エクストラ』があった。一八八一年(明治十四)、イギリス人ブリンクリー Francis Brinkley が社主になると親日派の傾向を深め、特に条約改正の是非をめぐって、反日的な『ジャパン＝ガゼット』や『ジャパン＝ヘラルド』と盛んに論戦を交わした。一九一二年(大正元)のブリンクリーの死後東京に移転したが振わず、一九一八年ジャパン＝タイムズ社に合併された。→ジャパン＝タイムズ

参考文献　斎藤多喜夫「『ジャパン・ウィークリー・メイル』について」(『復刻版ジャパン・ウィークリー・メイル』第一回配本別冊付録、二〇〇五、エディション・シナプス)
(斎藤多喜夫)

しゃふ・ばてい 車夫・馬丁　車夫は明治初年に出現した人力車を引くことを生業とする者、馬丁は馬ひき・馬子のことで、乗馬の口取りのこともいう。車夫は、輿夫だけでなく、士族・丁稚・農夫ら数多の職業から転業した者で構成された。その数は明治三十五年(一九〇二)辺りが最高頂点とされ、東京府下で四万五千人ほどを数えた。車夫には、主人を持つ「おかかえ」、部屋住み車夫で親方に収入の一部を支払い得意客の呼び出しに応じる「やど」、一般の人力車夫で「ばん」と呼ばれる組合に加入する者、組合に加入せず中等・下等の人力者挽きをする「もうろう」などに分類することができる。「ばん」に加入する車夫は、駐車場で客を待ち、客を得るとくじ引きで挽き手を決めたという。しかし次第に客の争奪戦となり、その機能は発展しなかった。また、車夫の労働形態としては、人力車を所有する独立営業、貸車に歯代を支払い単に労力のみを提供する借車挽や挽子があった。明治十五年(一八八二)、東京馬車鉄道の開業に際し、車夫は反対の拠点として車会党を結成したが、ほどなく崩壊するなど組織としての成長を得ることはなかった。また、車夫の収入は、和泉要助らの人力車総行司時代は、肉体労働に見合うだけのものがあったが、その期間はごく短く、人力車台数の激増とともに同業者間の競争が激化し収入は減少していった。その後、馬車鉄道が東京電車鉄道となり、交通の発達の中で車夫は下層社会の構成員へと組み込まれていったのである。→車会党《しゃかいとう》

参考文献　横山源之助『日本の下層社会』(『岩波文庫』)、松田良一『近代日本職業事典』(一九九三、柏書房)
(大矢悠三子)

ジャポニスム ジャポニスム　十九世紀後半の欧米にまきおこった日本美術ブーム(ジャポニスム Japonisme はフランス語)。その地域はフランスを中心に、ヨーロッパ各国からアメリカまで広範に及んだ。浮世絵と工芸品を中心とする日本美術への強い関心は、新たな表現原理を模索していた十九世紀の西洋美術に、印象派やアールヌーボーなどを生み、そうした美術がまた日本に還流する現象を生んだ。ジャポニスムは表現においてだけでなく、多くの日本美術コレクションも生み、大規模なものとしては、アメリカボストン美術館のフェノロサ、ビゲロー、モースコレクション、フリア美術館のフリアコレクション、イギリスの大英博物館のアンダーソンコレクションなどがある。ヨーロッパの王宮にも、しばしば漆器や陶磁器の日本美術コレクションがあるが、それらは江戸時代に出島からオランダ貿易によってもたらされたもので、ジャポネズリーとして区別されている。ジャポニスムは、二十世紀初頭のフォービスム以降のさまざまな美術の出現により、一九一〇年代には終息し、ヨーロッパの関心はアフリカ美術や中国美術へと移行していった。ジャポニスムの起点は、幕末の開港後、漸次、美術工芸品が海を渡り、一八六二年のロンドン万国博覧会に、駐日英国公使オールコック収集の日本美術が出陳されたことに始

まる。慶応三年(一八六七)のパリ万博にも、幕府・薩摩・佐賀藩が出品したが、ジャポニスム隆盛の契機となったのは、明治六年(一八七三)のウィーン万博である。新政府初の参加となった同万博で、顧問となったワグネルは、未熟な工業技術ではなく高度な工芸技術を前面化した出品方針をとり、これが功を奏した。以後、ジャポニスムは明治時代全期にわたって続いており、明治期の美術政策は、基本的にジャポニスムの存在を前提にしたといってもいい。これが、大正期以降の美術政策と大きく異なる点である。つまり明治の日本が日本美術を示そうとした西洋とは、ジャポニスムが存在する西洋だったことになる。対西洋の視点から見た明治期の美術政策は、大きく富国論と文化戦略の二つに分けられる。時期的には、富国論は、特に植民地化の回避が至上命題だった明治時代前半期に、文化戦略は、条約改正にむけた「一等国」の文化表象として、明治二十年代以降に本格化する。まず富国論は、ジャポニスムの嗜好が、工芸品に大きな比重があったことをふまえ、殖産興業政策による各地の地場産業の振興と、その輸出がはかられた。ここで中心事業となったのが、博覧会事業である。万博で試売によるマーケットリサーチを行い、内国勧業博覧会で授賞による指標の提示と競争原理を導入し、府県での地方博覧会で、各地の状況に応じて特化した振興をはかった。つまり三種類の博覧会をシンクロさせることで、日本の生産地とジャポニスムの需要を、直結させようとしたのである。明治十年代から二十年代にかけて、美術工芸品は総輸出額の約十分の一を占め、重要輸出品目とされている。またこの殖産興業下では、古美術保護と当代美術振興も、「考古利今」の論理で結びつけられていた。博物館で古美術品を収集、展示し、啓蒙によって良質の当代輸出美術の生産に結びつけようとしたからである。そもそも美術館も、明治十年(一八七七)の第一回内国勧業博覧会で、工業館や農業館とならぶ一つの産業館としてつくられたものだった。つまり「考古」の古美術保護と博物館、「利今」の博覧会と美術館という補完関係があったといえる。一方、文化戦略としての美術政策は、明治二十年代から始まる。大日本帝国憲法発令・議会開設など、近代国家体制の整備にあわせるように、明治二十年(一八八七)東京美術学校、二十二年帝国博物館が設置された。その使命は、近代日本の国家像を美術で示すことにあり、東京美術学校はそれを当代美術、帝国博物館は古美術で示そうとするものだった。担当省は、前者が文部省、後者が宮内省である。ここでの美術は、ジャポニスムの嗜好にあわせるのではなく、あるべき姿を示威的に示すことを目的とした。そのため、富国論では工芸が中心だったのに対して、ここでは西洋美術のジャンル体系に合わせて絵画・彫刻が中心とされた。また古美術保護は、殖産興業へのサポート機能から分離され、古社寺保存法(三十年(一八九七))による流出防止がはかられた。その上で、『稿本日本帝国美術略史』(一九〇〇年パリ万博出品)を編纂し、モノではなく本による歴史イメージ体系として、「日本美術史」が西洋に提示されたのである。しかし結果から見れば、文化戦略としての日本像の提示が、ジャポニスムの日本像を変えることはなかった。しかもその後、ジャポニスムが終息し、日本では文化戦略による日本美術観が定着したことで、西洋、日本での日本美術観は、分立状態のまま現在に至ることになる。

参考文献　国立西洋美術館学芸課編『ジャポニスム展』(図録、一九八八)、東京国立博物館編『明治デザインの誕生―調査研究報告書「温知図録」―』(一九九七、国書刊行会)、高木博志『近代天皇制の文化史的研究―天皇就任儀礼・年中行事・文化財―』(『歴史科学叢書』、一九九七、校倉書房)、佐藤道信『明治国家と近代美術―美の政治学―』(一九九九、吉川弘文館)、ジャポニスム学会編『ジャポニスム入門』(二〇〇〇、思文閣出版)、東京国立博物館他編『世紀の祭典万国博覧会の美術―パリ・ウィーン・シカゴ万博に見る東西の名品―』(図録、二〇〇四、ＮＨＫ)

(佐藤　道信)

しゃりょうこうぎょう　車両工業　民間力により鉄道車両などを製造する産業の一つ。日本初の京浜間官設鉄道開業時の車両は全てがイギリス製であり、阪神間官設鉄道開業時には御雇い外国人技術者の指導で木製二軸ボギー式客車が神戸工場で一両製造された。客貨車は蒸気機関車に比べて製造技術レベルが低く、輸入品を模範に新橋・神戸両工場で盛んに製造された。これら官設鉄道工場とは別に日本鉄道、山陽鉄道など幹線的私設鉄道の工場でも客貨車を製造した。ところで初期の民間車両製造会社には東京砲兵工廠内の平岡工場(明治二十三年(一八九〇)創業)のほかに、愛知県名古屋市で二十九年野田益《のだます》晴《はる》が創業した鉄道車輌製造所とその近隣に奥田正香《おくだまさか》が創業した日本車輌製造がある。前者は三十五年(一九〇二)に閉鎖、東京砲兵工廠熱田兵器製造所となった。東京では三十年天野仙輔《あまのせんすけ》が創業した天野工場があったが、これも大正九年(一九二〇)日本車輌製造の傘下入りした。このほかには明治四十年(一九〇七)雨宮敬次郎《あめみやけいじろう》(一八四五―一九一一)が東京で創業した雨宮鉄工所や、明治二十二年梅鉢安太郎《うめばちやすたろう》が大阪で創業した梅鉢鉄工所などがある。高度な機械技術が必要な蒸気機関車の製造は、明治九年(一八七六)官設鉄道京都延長による貨物用機関車二両の旅客用機関車化改造工事をそのはじめとする。明治二十七年六月鉄道局神戸工場で完成した二二一号(のちの八六〇形)は一両ながらも歴史に残る複式(片方のシリンダで使った蒸気を他方のシリンダに導き二度膨張させる方式)蒸気機関車であった。客貨車同様、幹線的私設鉄道の工場でも蒸気機関車が多数製造された。明治三十九年三月鉄道国有法が成立し幹線的私設鉄道十七社が国有化されたが、有事の際に軍用列車直通運転を迅速に行うためには車両の標準化が急務とされた。四十一年に鉄道院が新設されると工作課長島安次郎《しまやすじろう》(一八七〇―一九四六)は鉄道工場の業務を車両の保守・補修作業に限定、国内工業力の向上も併せて車両製造を民間鉄道車両製造会社に任せた。大正元年(一九一二)、川崎造船所(明治十一年(一八七八)川崎正蔵《かわさきしょうぞう》(一八三七―一九一二)が開業した川崎築地造船所が前身、明治十九年工部省兵庫造船局を譲り受け移転)と汽車製造会社がともに鉄道院指定工場になったのはこのためである。→汽車製造会社《きしゃせいぞうかいしゃ》

参考文献 臼井茂信『機関車の系譜図』三、(一九七六、交友社)、堤一郎『近代化の旗手、鉄道』(『日本史リブレット』、二〇〇一、山川出版社)　(堤　一郎)

シャンド　Alexander Allan Shand　一八四四―一九三〇　明治時代初期の御雇銀行家。一八四四年、スコットランドのアバーディーンに生まれたといわれる。元治元年(一八六四)より横浜のマーカンタイル銀行に勤務し、横浜支店支配人となった。この当時、高橋是清が同家にボーイとして住み込んだことがある。明治五年(一八七二)、国立銀行設立に伴い、経営に関する外国人教師としてシャンドが大蔵省紙幣寮によって雇傭された。契約は明治五年八月より三ヵ年、月四百五十円、二・三年目は月五百円とされた。六年八月、男子を亡くしたため、同年十一月、一年間休職して帰国、七年十月に再来日した。九年十一月、再び一年間の継続契約をしたが、西南戦争のため十年(一八七七)三月解職され帰国した。シャンドは顧問のかたわら『銀行簿記精法』(明治六年八月)や『銀行大意』(十年五月)などを著わして銀行業務の発展に尽力した。国立銀行条例改正には反対の立場をとり、九年四―五月には、(一)ヨーロッパ主要諸国の中央銀行制度が正しく、米国の制度は正しくない、(二)不換紙幣は発行すべきではない、インフレーションをもたらすことになるとの意見書を書いている。十四年四月、大隈重信参議はシャンドに再来日を要請、彼は五月、一大中央銀行を設立し、ここに銀行券発行権を集中し兌換制度を確立すべし、自分は横浜正金銀行の支配人ないし本店総監役を希望すると返事し、九月大隈の意を帯した横浜正金銀行副頭取小泉《こいずみ》信吉《のぶきち》が渡英し、シャンドに面会したが、十月政変により、この人事は成立しなかった。帰国後、パースバンクの重役となり、一九〇二年七月、渡英中の渋沢栄一が面会し、また〇四年二月、日本銀行副総裁の高橋是清が外債募集のため渡英した際、シャンドの世話になっている。一九三〇年四月十二日に没した。若いころはグラッドストーンの崇拝者であった。

参考文献 土屋喬雄『お雇い外国人』八(一九六八、鹿島出版会)、ユネスコ東アジア文化研究センター編『資料御雇外国人』(一九七五、小学館)　(宮地　正人)

シャンハイこうろ　上海航路　最初の海外定期航路であり日中間最大の幹線航路。明治八年(一八七五)二月三日に三菱商会が、香港―サンフランシスコ線の支線として運航していたパシフィック＝メイルに対抗して、週一回の横浜―神戸―馬関―長崎―上海線を開設。八年九月内務省は上海航路での郵便逓送を命じて三菱助成を本格化、三菱は競争の末航路を買収。同時に接続契約を結び横浜でパ社の太平洋航路と接続。翌年のP&Oとの競争では、政府は三月に外国船乗組規則を制定し日本人の外国船乗船に煩瑣な手続きを課し乗船を阻止した。P&Oは半年で撤退。同航路の国際郵便輸送実績が万国郵便連合加盟の根拠となる。十八年(一八八五)日本郵船が継承。命令航路として経営、三十九年(一九〇六)週二回に増便、門司《もじ》寄港開始。四十年(一九〇七)日清汽船と貨客接続契約を締結。四十二年週一回の神戸―上海線を開始、大正四年(一九一五)週一回に増便。大正十二年(一九二三)週二回の長崎―上海線開始。

参考文献 日本経営史研究所編『日本郵船株式会社百年史』(一九八八、日本郵船)、小風秀雅『帝国主義下の日本海運―国際競争と対外自立―』(一九九五、山川出版社)　(小風　秀雅)

シャンハイにっぽう　上海日報　上海で発行された日本語新聞。明治三十六年(一九〇三)十二月二十六日に創刊された週刊紙『上海新報』を前身とする。『上海新報』の創立者竹川藤太郎は、同時期に創刊されたライバル紙『上海週報』との提携に失敗したことなどにより、三号を発行した後に編集から離れた。一二号からは『上海日報』と解題し、同三十七年六月の六九号まで刊行した後、『同文滬報』を発行していた井手三郎により買収された。再出発した七〇号からは日刊紙となっている。昭和四年(一九二九)十一月井手は故郷の熊本に帰るため波多博に同紙を売却した。その際の発行部数は約三千部であった。日中戦争時には社屋が全焼したが、藤山愛一郎や津田信吾などの援助を受けて発行を続けた。昭和十三年(一九三八)十二月三十一日をもって停刊となり、上海で発行されていた他の日本語新聞二紙(『上海日日新聞』『上海毎日新聞』)とともに、『大陸新報』に統合された。

『上海日報』第12号

参考文献 中下正治『新聞にみる日中関係史―中国の日本人経営紙―』(一九九六、研文出版)　(竹内　桂)

シャンボン　Jean Alexis Chambon　一八七五―一九四八　カトリック東京大司教。フランスのクレルモン司教区で一八七五年三月十八日に生まれる。一八九八年パリ外国宣教会入会、翌年に司祭叙階。明治三十三年(一九〇〇)来日し、函館司教区の初代司教ベルリオーズのもとで日本語を学んでのち、一関教会で司牧、翌年仙台小神学校に赴任。三十八年函館司教座聖堂の主任司祭となった。大正三年(一九一四)第一次世界大戦に応召するため

フランスに帰国し、看護兵として従軍。八年再来日し、十年(一九二一)パリー外国宣教会総長の顧問会に在日会員代表として召喚され、総長の顧問ならびに秘書を務めた。昭和二年(一九二七)東京大司教に選ばれ、パリで叙階。同年着座し、東京大神学校の設立に尽力するなど日本人司祭養成に努めた。十二年(一九三七)東京大司教区が日本人司教に任されることになったのに伴い、同区から分割された横浜司教区の初代司教となった。十五年退任。二十三年(一九四八)九月八日没。満七十三歳。横浜外国人墓地に埋葬。

参考文献 カトリック山手教会教会史編纂委員会編『聖心聖堂百二十年史―横浜天主堂から山手教会への歩み―』(一九八二、カトリック山手教会)

(小川早百合)

じゅういがっこう 獣医学校 獣医を養成する学校。明治七年(一八七四)陸軍がフランスの獣医アンゴーを招いて病馬院内馬医学舎で獣医養成の授業を始めた。ついで九年、内務省がイギリス人マックブライトを招いて農事修業場で獣医教育を開始した。明治の獣医学校は軍馬の需要、馬耕の要請から始まり推進されたのである。駒場農学校でも獣医学が始まり、その系譜をひく東京農林学校(のち帝国大学農科大学)にも獣医学科が置かれた。明治十年代には宮城県農学校・新潟県農学校に獣医講習会や講習所が附設され、二十一年(一八八八)創立の大阪府立農学校は農科と獣医科の二科制になった。独立の獣医学校は明治十四年(一八八一)創立の私立獣医学校に始まる。これは前述の陸軍馬医学舎の卒業生有志が東京市小石川(東京都文京区)の護国寺境内に開校したものである。しかし教師が陸軍獣医として各地に転出したため二十二年、閉校。三年後その卒業生が牛込区市ヶ谷(新宿区)に東京獣医学校として再興したが、三十五年(一九〇二)またも閉校。四十四年(一九一一)、日本獣医学校として荏原郡目黒村(目黒区)に再々興した。現在の日本獣医畜産大学に続く。一方、明治二十六年、東京府荏原郡に陸軍獣医学校が、二十七年、麻布区(港区)に麻布獣医学校が開かれた。麻布獣医は、東京農林学校獣医学部長与倉東隆が二十三年に始めた東京獣医講習所を昇格させ、農商務省の獣医免許無試験の認可を得たはじめての学校であった。四十五年麻布獣医畜産学校となり後年に続く。現在の麻布大学である。制度的には農商務省が獣医開業試験規則(十八年五月)、獣医及蹄鉄学則認可規定(二十三年十一月)を公布して獣医と獣医学校の地位を保障し、実業学校令(三十二年二月)で獣医学校を農業学校の一種と規定した。以後、青森・鹿児島・大分などにこの種の学校・学科ができ、三十六年には専門学校令による盛岡高等農林学校獣医学科ができた。明治後期になると酪農牧畜が盛んになったので軍馬耕馬だけでなく畜産一般の学校になっていった。

参考文献 文部省実業学務局編『実業教育五十年史』(一九三四、実業教育五十周年記念会)、江藤武人・高橋正栄・藤田剛志編『日本獣医畜産大学百年史』(一九八一、財界評論新社教育調査会年史編纂室)、麻布獣医学園百周年史編纂委員会編『百年のあゆみ』(一九九一、麻布獣医学園)

(神辺 靖光)

じゆういみん 自由移民 ⇨移民《いみん》

しゅうえいしゃ 秀英舎 大日本印刷株式会社の前身の活版印刷所。明治九年(一八七六)十月に佐久間貞一、大《おお》内青巒《うちせいらん》らが設立。京橋区西紺屋町(東京都中央区)の旧高橋活版所を買収して出発した。当初の印刷物は、仏教系の『明教新誌』と神道系の『開知新聞』で、これは明治七年以来佐久間が関わっていた大教院の『教会新聞』が、大教院分離に伴って二誌に分離したものであった。その後、中村正直『西国立志編』の活版での刊行、ついで十二年(一八七九)十一月から沼間守一の『東京横浜毎日新聞』の刊行を引受け、十四年に活字の鋳造を開始し、十六年には民間印刷工場としてはじめて蒸気機関を動力として用いるなど急速に発展した。著書や新聞の刊行を承諾した中村、沼間は佐久間と同じく旧幕臣であり、旧幕臣の言論界での位置の高さが同社の発展の背景にある。職工の待遇に心を砕いた工場としても著名である。昭和十年(一九三五)日清印刷と合併して大日本印刷となり現在に至る。

秀英舎本社

参考文献 『株式会社秀英舎沿革誌』(一九〇七)

(鈴木 淳)

しゅうかいおよびせいしゃほう 集会及政社法 集会条例を継承した集会・結社規制法規。明治二十三年(一八九〇)七月二十五日、帝国議会の開設に先立って公布された。枢密院への法案提出に際して、山県内閣側は集会条例制定・改正時に比して社会情勢は大きく変化したとしており、このような観点から、集会条例にあった地方長官の管轄内演説禁止権、内務大臣の全国演説禁止権は削除され、また、事前認可制は届出制(三日以内)となって規制がゆるめられた。しかし、臨監警察官による集会の解散権、内務大臣の結社禁止権、支社設置の禁止、他社との連絡の禁止などの規定はそのまま残された。また、新たに未成年者、女子、公権を有しない男子の政談集会・政社への参加を禁止する規定を加えて規制対象を拡大し、屋外集会・多衆運動への規制措置を新たに加えた。公布前の第一回総選挙で過半数を制した反政府勢力が連携・合同の動きをとっていたため、警察当局は早速この法律によって各政社の横断的な連合を妨害しようとした。また、二十五年の第二回総選挙の際にも、自由党と立憲改進党が提携しようとしているとして弾圧が加えられた。これに対して、言論・集会・結社の自由をもとめる民党側は、第一議会以来、毎議会に同法の改正案を提出して、政府側と対立した。政党側は特に公衆誘導・支社設置・他社との連絡通信の禁止規定を削除するように主張した。四度の議会提出ののち、第四議会において衆議院を通過し、貴族院での修正可決を経て、二十六年四月十四日改正法が公布された。集会届出は四十八時間前から二十四時間前に変えられ、支社設置の禁止は解除されたが、政社の連合・通信禁止に関する規定は残った。この改正によって、ようやく政党は支部を設置することができるようになった。その後も議会には改正案が提出されたが、三十三年(一九〇〇)二月二十三日、第十四議会に至って同法の全面改正として治安警察法が成立し、三月十日に廃止された。 →治安警察法《ちあんけいさつほう》

参考文献 大日方純夫『自由民権運動と立憲改進党』(一九九一、早稲田大学出版部)　(大日方純夫)

しゅうかいじょうれい　集会条例　自由民権運動の規制を目的とした法律。明治十一年(一八七八)七月、政府は愛国社の再興をめざす自由民権運動の高まりに対抗して、政治結社・演説会を警察官が視察し、民心扇動・国安妨害にわたると認めた場合には、地方長官は演説者のその後の演説を禁止できるとしていたが、さらに国会開設請願運動が全国的に高揚する状況に対抗して、十三年四月五日、集会条例(全十六条)を制定。立法にあたって、プロイセンの集会・結社規制に関係する法が参考にされた。政談演説会・政治結社は事前に警察署に届け出て認可を受けるべきこと、警察署は届出に際し国家の安全に害があると認めたときには認可しないこと、制服警察官を会場に派遣して監視し、この警察官は集会を中止・解散できること、軍人・警察官・教員・生徒の政談集会参加と政治結社加入を禁止すること、集会の広告、他の政治結社との連絡・通信を禁止すること、屋外集会を禁止することなどが定められた。ついで同年十二月には、地方長官(東京は警視長官)は政治結社を解散し、また、特定の人物については管内での演説を一年以内、禁止できると改定した。十四年十月から翌年にかけて自由党・立憲改進党をはじめとする政党が結成されると、十五年六月、政党は政治結社にあたるとして、集会条例の規制下に入ることを政党に求め、届け出て認可をうけるべきことを強制した。また、内務卿に一年以内の全国での演説禁止権を付与するとともに、政治結社の支社設置を禁止し、他社との連絡を禁止する追加改定を行なった。これによって、政党は支部の設置と相互の提携・連絡を禁止されることとなった。十五年中の同条例違反者は八十六人、集会・結社の解散は三百五十一回。この条例は集会・結社の自由を奪い、自由民権運動の活動を大きく制約した。帝国議会開設に先立って二十三年(一八九〇)七月に制定された集会及政社法に継承された。

参考文献 中原英典『明治警察史論集』(一九八〇、良書普及会)　(大日方純夫)

じゆうかく　自由閣　東京の書肆。西村富次郎が経営。明治中期に、戯作文学、政治小説、絵本、法律書、欧米啓蒙書の翻訳本などを刊行・販売している。

参考文献 三橋猛雄『明治前期思想史文献』(一九七六、明治堂書店)　(鵜飼政志)

しゅうがくりょこう　修学旅行　学習活動の一環として、教師の引率のもとに行う旅行。近代日本の教員養成に明確な方針をつけた初代文部大臣に就任した森有礼《もりありのり》は明治十九年(一八八六)四月に師範学校令を定めた。その第一条の但し書きに「生徒ヲシテ順良信愛威重ノ気質ヲ備ヘシムルコトニ注目スヘキモノトス」と目指すべき教員像を明記した。この「順良信愛威重」の三気質を育成するために軍隊式の教育を師範教育に採用しようとした。そうした教員養成の考えは師範学校令制定以前から師範教育の現場に入り込んでおり、前年五月には兵式体操の実施が東京師範学校に対して示達され、行軍旅行も行うようにとの議が起っていた。この議を受けて明治十九年二月に東京師範学校では房総方面に行軍旅行を実施することにしたが、高嶺秀夫《たかみねひでお》校長は文部省の意向に抵抗を示して学術研究の要素を盛り込むこととして実施したのが修学旅行のいわれとなった。翌二十年(一八八七)三月に高等師範学校は修学旅行の規程を定め、この規程に基づいて行われた最初の修学旅行と銘打たれた旅行が同年八月六日から九月四日にかけて実施された。汽車で横川まで行き、そこから徒歩で信州甲州を横断し、富士登山を経て箱根を経由し、国府津《こうづ》より汽車で戻るというルートである。このように始まった修学旅行は全国の師範学校はもとより中等学校に広まり、明治の終りころには女学校、初等学校にも広がりを見せた。行軍に端を発するものであったが、翌年は行軍の装備は取らず、磐梯山の爆発直後の状況を観察に行っている。徒歩ではあるが、それは当時の交通機関の発達状況がそうさせているものであって、鉄道網が延伸するにしたがって移動手段は鉄道を中心としたものに変わっていく。学術研究という旅行の目的も温泉の水質検査や名所旧跡の教員による解説など師範教育の専門性とは遠い曖昧さを持ち、おおむね広義の社会見学という傾向をもつようになる。それは交通機関の発達と絡み、物見遊山的性質を強めることになった。

参考文献　佐藤秀夫編『学校行事を見直す』(『日本の教育課題』五、二〇〇二、東京法令)、新谷恭明「日本最初の修学旅行の記録について—平沢金之助「六州游記」の紹介—」(『九州大学大学院教育学研究紀要』四、二〇〇二)　(新谷　恭明)

しゅうかんへいみんしんぶん　**週刊平民新聞**　⇨平民新聞《へいみんしんぶん》

しゅうぎいん　**衆議院**　貴族院とともに帝国議会を構成する公選議員による立法機関。明治二十二年(一八八九)二月十一日公布の大日本帝国憲法・議院法・衆議院議員選挙法によって、組織・権限・運営・選挙などが定められ、翌二十三年十一月二十九日に開院した。貴族院と同等とされたが、帝国憲法で予算先議権が与えられている。議員定数は当初三百人であったが、三十三年(一九〇〇)に三百六十九人に増え、その後大正八年(一九一九)に四百六十四人、同十四年(一九二五)に四百六十六人となった。任期は四年であるが、天皇の命令による解散があった。政府と政党の対立によるものである。明治期には、㈠二十四年十二月二十五日(第二議会、松方正義内閣)、㈡二十六年十二月三十日(第五議会、伊藤博文内閣)、㈢二十七年六月二日(第六議会、伊藤博文内閣)、㈣三十年十二月二十五日(第十一議会、松方正義内閣)、㈤三十一年六月十日(第十二議会、伊藤博文内閣)、㈥三十五年十二月二十八日(第十七議会、桂太郎内閣)、㈦三十六年十二月十一日(第十九議会、桂太郎内閣)の七回の解散があった(大正期は四回、昭和期は七回)。選挙権者は当初、直接国税(地租と所得税)十五円以上を納める満二十五歳以上の男子で選挙地に一年以上居住する者であった。その後、三十三年に納税要件が直接国税十円以上に引き下げられた。大正期に入り、八年に納税額が三円に引き下げられ、十四年(一九二五)には納税要件が撤廃されて普通選挙制となった。なお、北海道と沖縄県および小笠原島には当初施行されなかったが、明治三十三年に北海道の札幌・函館・小樽三区に、三十六年六月に北海道の三区以外の地域、四十五年(一九一二)三月に沖縄県にもそれぞれようやく施行されるようになった。被選挙権者は当初、満三十歳以上の男子で納税要件は選挙権者と同じであるが、本籍・住居要件はなかった。その後、三十三年に納税要件は撤廃された。明治期の総選挙は、㈠二十三年七月一日、㈡二十五年二月十五日、㈢二十七年三月一日、㈣二十七年九月一日、㈤三十一年三月十五日、㈥三十一年八月十日、㈦三十五年八月十日、㈧三十六年三月一日、㈨三十七年三月一日、(一〇)四十一年五月十五日、(一一)四十五年五月十五日の計十一回行われた(大正期は四回、昭和期は七回)。各選挙による会派別議員数は次のとおりであった(概数)。㈠第一議会　弥生倶楽部(立憲自由党)百三十一、大成会八十五、議員集会所(立憲改進党)四十三、無所属四十一。㈡第三議会　弥生倶楽部(自由党)九十二、中央交渉部八十四、議員集会所三十八、独立倶楽部二十五、東北同志会九、無所属五十二。㈢第六議会　弥生倶楽部百二十一、議員集会所五十二、公同倶楽部(立憲革新党)四十、国民協会二十七、独立倶楽部十二、中立倶楽部十、旧大日本協会・政務調査所派九、湘月派七、無所属二十二。㈣第七議会　自由党百七、立憲改進党四十九、立憲革新党三十九、国民協会三十二、帝国財政革新党五、中国進歩党四、無所属六十四。㈤第十二議会　自由党九十八、進歩党九十一、山下倶楽部五十四、国民協会二十六、同志倶楽部十四、無所属十七。㈥第十三議会　憲政本党百三十一、憲政党百十三、国民協会十八、同志倶楽部十、無所属二十八。㈦第十七議会　立憲政友会百九十一、憲政本党九十二、壬寅会二十七、帝国

帝国議会衆議院外観

衆議院本会議場

党十七、同志倶楽部十三、無所属三十五。(八)第十八議会　立憲政友会百八十五、憲政本党八十四、中正倶楽部三十、帝国党十七、政友倶楽部十二、同志倶楽部九、無所属三十九。(九)第二十議会　立憲政友会百三十、憲政本党九十一、甲辰倶楽部三十九、無名倶楽部二十四、自由党二十一、帝国党十九、無所属五十九。(一〇)第二十五議会　立憲政友会百九十二、憲政本党六十五、又新会四十五、戊申倶楽部四十二、大同倶楽部三十、無所属五。(一一)第二十九議会　立憲政友会二百十二、立憲国民党八十七、中央倶楽部三十四、無所属四十八。↓帝国議会《ていこくぎかい》

参考文献　升味準之輔『日本政治史』二(一九八八、東京大学出版会)、衆議院・参議院編『議会制度百年史―議会制度編―』(一九九〇、衆議院)、同編『議会制度百年史―院内会派編衆議院の部―』(一九九〇、衆議院)

(勝田　政治)

しゅうぎいん　集議院　明治二年七月八日(一八六九年八月十五日)官制改革により設置された諸藩の正権大参事等による議事機関。明治元年、府藩県三治体制を支える公議の形成を図るため、維新政府は各藩の執政・参政などからなる公議人の議事機関として公議所を設けたが、公議政体論の立場から士族層の意見を代弁する者が多く、洋学者との対立が激化し二年六月閉鎖された。その後、同年七月官制改革により公議所の後継機関として創設されたのが集議院である。集議院では、計十五回議事が行われ、贋金対策、刑律、大学校規則などについて審議した。しかし、政府は、公議所で認められていた公議人の議案提出・審査を廃止し議事を政府議案の諮問に限定したうえ、同年十二月から翌三年五月まで閉院したため、政治上の役割は建白書の処理などに限られていった。再開後、議事は藩政改革の準備に限定され、同年九月に藩制が布告されると再び閉院、議員は帰国を命じられた。明治四年八月集議院は左院の管下となり、六年六月集議院の称も廃止された。↓公議所《こうぎしょ》

参考文献　「集議院日誌」(『明治文化全集』一所収、一九六七、日本評論社)、『法規分類大全』一編官職門官制(一九七七―八〇、原書房)、山崎有恒「明治初年の公議所・集議院―議員の意識と行動―」(鳥海靖・三谷博・西川誠他編『日本立憲政治の形成と変質』所収、二〇〇五、吉川弘文館)

(横山百合子)

しゅうぎいんぎいんせんきょほう　衆議院議員選挙法　衆議院議員の選出方法を定めた法律。明治二十二年(一八八九)二月十一日、法律第三号として大日本帝国憲法とともに公布された。全十四章百十一条。二十年三月ころから金子堅太郎が井上毅および伊東巳代治と協議し、ロエスレルの批評も取り入れながら草案を起草し、これに伊藤博文が加筆・修正して原案を二十一年五月ころに作成した(全十四章百二条)。原案を審議する枢密院会議は、二十一年十一月二十六日から十二月十七日まで八回開かれ、金子が出席して説明にあたった。選挙区画・選挙権・被選挙権・選挙人名簿・選挙期日場所・投票・選挙会・当選手続き・議員の任期・補欠選挙・投票所取締・当選訴訟・罰則などから成っている。なお、補則で北海道・沖縄県・小笠原島は「将来一般の地方制度を準行する時」まで施行しないとされた。各府県の選挙区画と議員定数は、附録で定められた。小選挙区制を採用し、一選挙区から一人選出であるが二人選出区も若干設け(一人区二百十四、二人区四十三、計二百五十七区)、議員定数は三百人。選挙権者は、(一)満二十五歳以上の日本臣民男子、(二)選挙人名簿作成の期日前満一年以上その府県内に本籍を定め居住し、なお引き続き居住する者、(三)選挙人名簿作成の期日前満一年以上その府県内において直接国税(地租および所得税)十五円以上を納め、なお引き続き納める者。ただし、所得税は満三年以上とされた。農村部の地主に有利な選挙資格であった。有権者数は、二十三年七月現在で約四十五万人、人口の一・一%であった。被選挙権者は、満三十歳以上の日本臣民男子で、納税要件は選挙権者と同じであるが、本籍・住居要件はなかった。投票は、単記(二人区は連記)記名式で捺印も必要であった。最初の総選挙は二十三年七月一日に行われ(投票率全国平均九二%)、第一回帝国議会が同年十一月二十九日から開かれた。この第一議会から三十一年(一八九八)の第十三回帝国議会まで、ほぼ毎議会に改正案が提出されたが、いずれも可決されることはなかった。大選挙区制採用や選挙権(被選挙権)の納税資格の引き下げが主な改正要求であった。その後、三十三年に第二次山県有朋内閣時の第十四回帝国議会で改正が行われた(三月二十九日公布)。議員定数を六十九人増やして三百六十九人とし、選挙区制

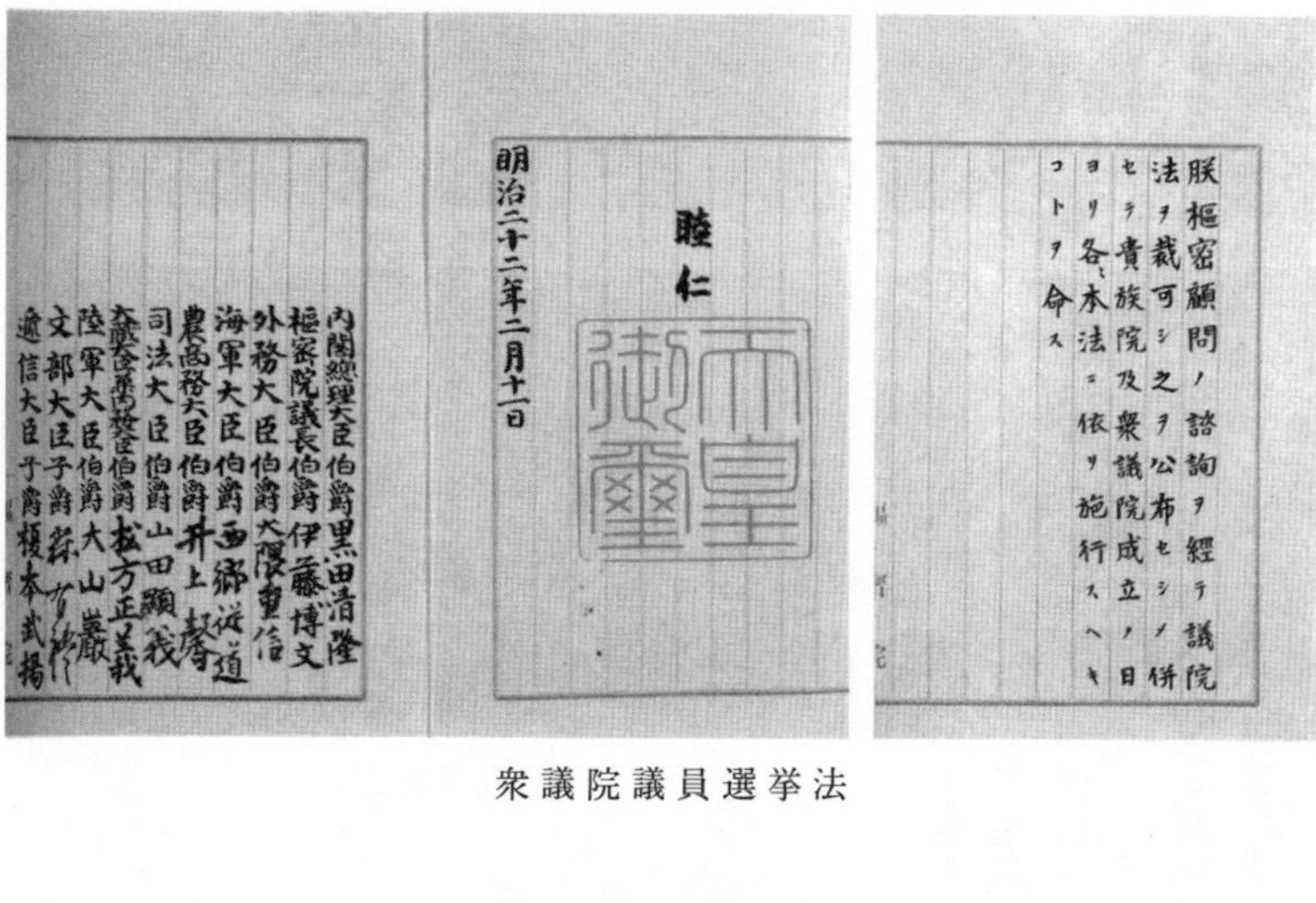

衆議院議員選挙法

を小選挙区制から府県を単位とする大選挙区制とし、別に市を独立選挙区とした(九十七区)。選挙権者は、(一)満二十五歳以上の日本臣民男子(変更なし)、(二)本籍要件を廃し、府県内居住を改めて選挙人名簿作成の期日前満一年以上その選挙区内に居住し、なお引き続き居住する者、(三)納税要件は満一年以上地租十円以上、または満二年以上地租以外の直接国税十円以上、もしくは地租とそれ以外の直接国税とを合わせて十円以上納める者。都市部の商工業者にも選挙権を与えることになった。有権者数は、三十五年八月現在で約九十八万人、人口の二・二%に増加した。被選挙権者は、満三十歳以上の日本臣民男子で変更ないが、納税要件は撤廃された。投票は、記名式をやめて単記無記名とした(秘密投票制)。なお、北海道の札幌・函館・小樽三区にも施行されることとなった。その後、三十六年六月に北海道の三区以外の地域、四十五年(一九一二)三月に沖縄県にもそれぞれようやく施行された。明治期の改正は以上の一回であるが、大正八年(一九一九)三月に原敬内閣時の第四十一回帝国議会で改正が行われた(五月二十三日公布)。議員定数を四百六十四人に増やし、選挙区制を小選挙区制に戻し(例外として二人区と三人区も設けた)、選挙権の納税要件を三円以上に引き下げた。その後、同十四年(一九二五)三月に加藤高明内閣時の第五十回帝国議会で改正が行われた(五月五日公布)。議員定数を四百六十六人に増やし、選挙区を中選挙区制とし、選挙権の納税要件を撤廃した(普通選挙制)。昭和期に入り、戦後改革のなかで二十年(一九四五)十二月の改正により、女性参政権の実現とともに選挙権の年齢要件が満二十歳に引き下げられた。
→普選運動《ふせんうんどう》

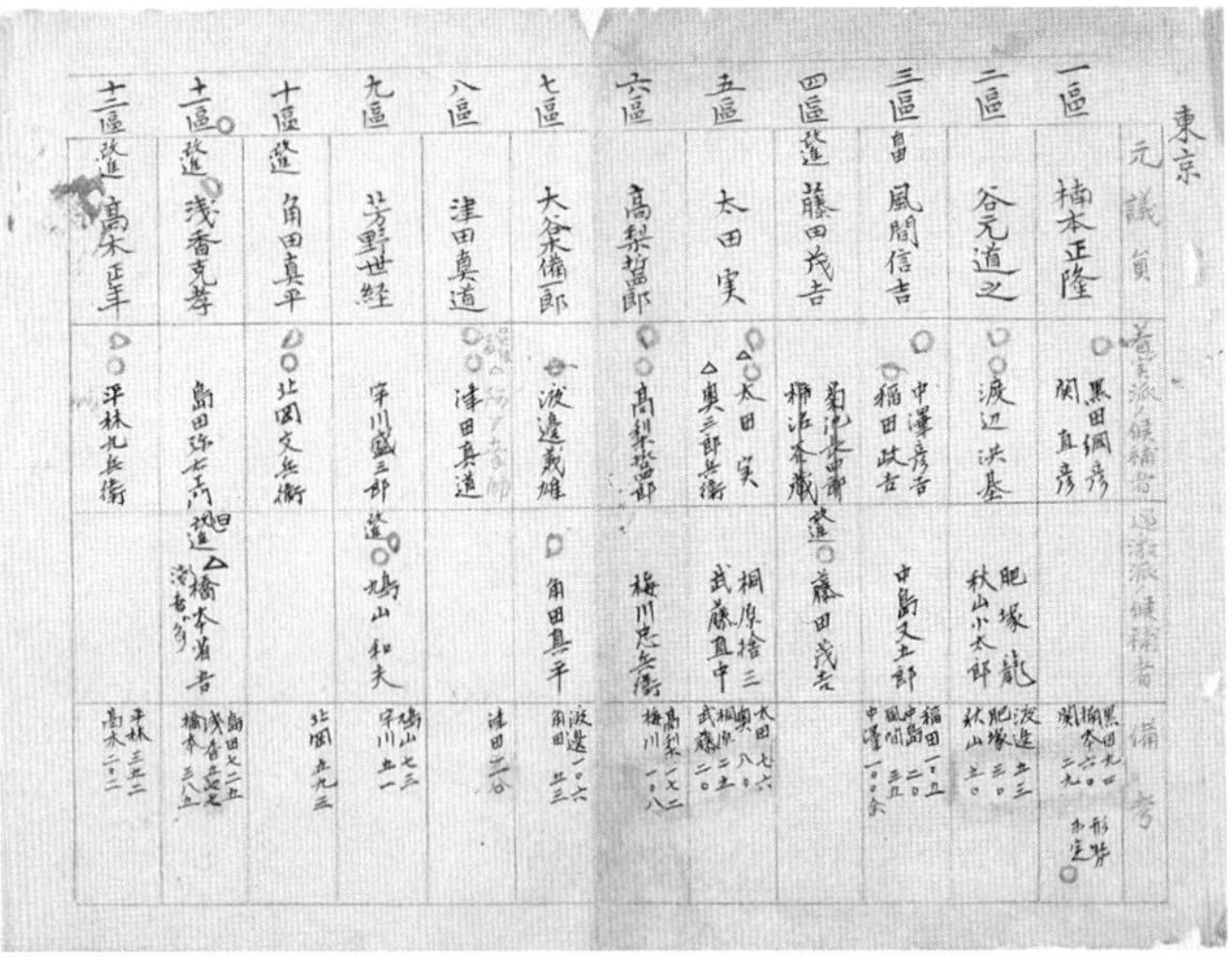

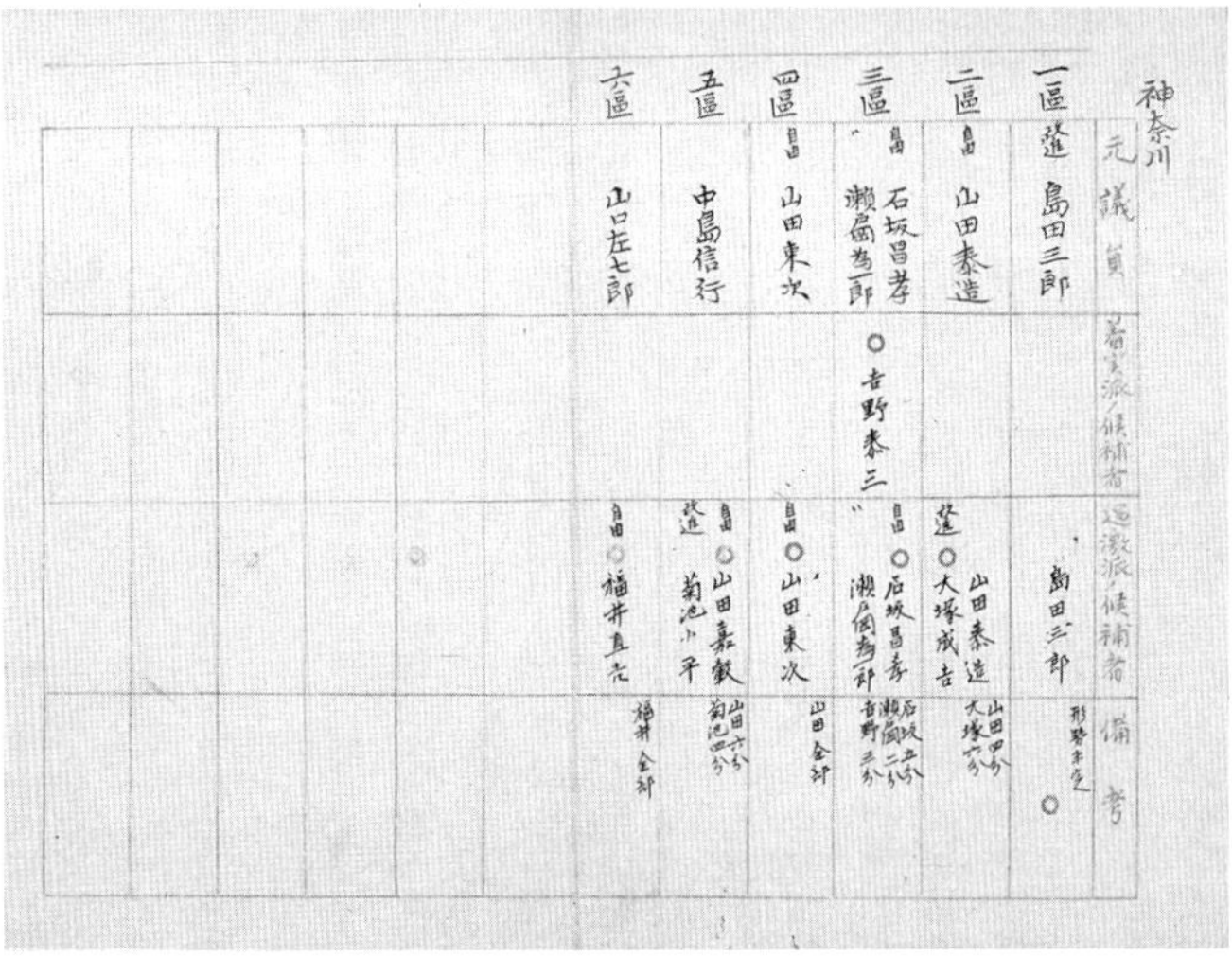

衆議院選挙候補者名簿(明治25年2月ごろ)

参考文献　升味準之輔『日本政治史』二(一九八八、東京大学出版会)、衆議院・参議院編『議会制度百年史—議会制度編—』(一九九〇、衆議院)
(勝田　政治)

しゅうきこうれいさい　秋季皇霊祭　⇨皇霊祭《こうれいさい》

しゅうきょうきょく　宗教局　仏教・キリスト教・教派神道など、神道以外の宗教を管掌するために内務省に置かれた一局。明治五年(一八七二)三月に宗教行政を総合的に司る機関として太政官の内に教部省が置かれたが、十年(一八七七)一月に教部省は廃止され、内務省の一局として社寺局へその機能が移される。その後、十九年に神社課と寺院課が社寺局内に設置され、所管区分が明確化された。さらに、三十三年(一九〇〇)四月、社寺局を廃して神社局と宗教局に分けて、神道行政と他宗教行政が完全に分離された。すなわち、神道を国民の統一イデオロギーとする国家としては、大日本帝国憲法で認められた「信教の自由」の枠外に神道が置かれ、神道を非宗教とする解釈が展開し、ほかの宗教と行政のうえでも同じ取り扱いをするべきでないとして、神社局と宗教局に

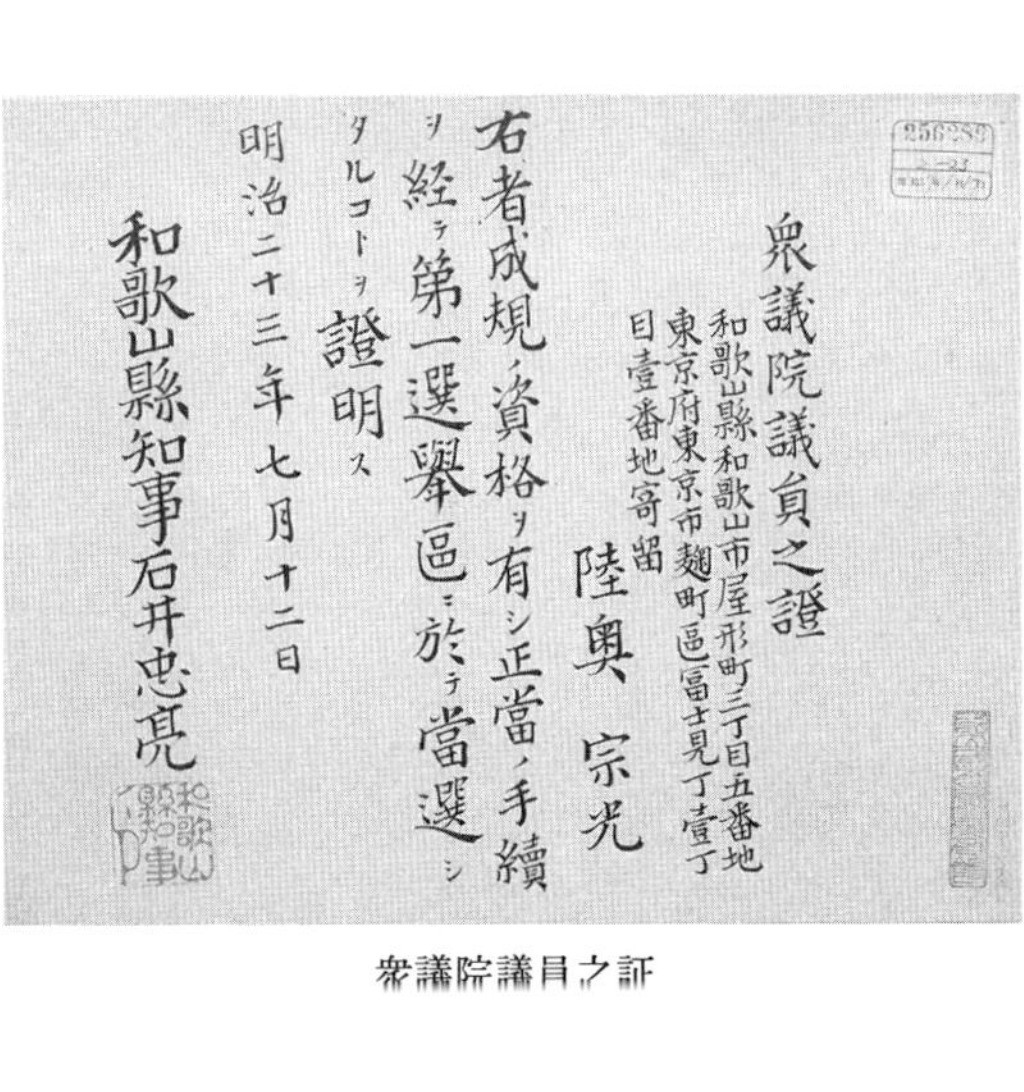
衆議院議員之證
和歌山縣和歌山市屋形町三丁目五番地
東京府東京市麴町區富士見丁壹丁目壹番地寄留
陸奥宗光
右者成規ノ資格ヲ有シ正當ノ手續ヲ經テ第一選擧區ニ於テ當選シタルコトヲ證明ス
明治二十三年七月十二日
和歌山縣知事石井忠亮

衆議院議員之証

別置された。その後、大正二年(一九一三)六月、宗教局が文部省内に移されてからも、神道を除くすべての宗教行政が所管された。また、宗教団体を監督するための宗教法の整備については、内務省社寺局時代から計画され、その後は宗教局に引き継がれ、大正十五年(一九二六)に宗教局で立案された原案が貴族院で提出された。しかし、多くの反対によって審議未了となり、結局は戦時下の昭和十四年(一九三九)四月に宗教統制を目的にした、宗教団体法の成立までみられなかった。一方昭和十七年十一月、戦時下における行政簡素化に伴う文部省官制の改正によって、宗教局は教化局に再編された。 ↓社寺局《しゃじきょく》 ↓神社局《じんじゃきょく》

(安中 尚史)

参考文献 文部省編『学制百年史』(一九七二、帝国地方行政学会)、同編『学制百二十年史』(一九九二、ぎょうせい)

しゅうきょうときょういくについて　宗教と教育に就いて　帝国大学文科大学教授の井上哲次郎が明治二十五年(一八九二)十一月『教育時論』に「宗教と教育との関係につき井上哲次郎氏の談話」を発表し、その中でキリスト教は教育勅語と相容れないと主張した。この談話を契機にして、キリスト教と教育勅語との関係についての論争が始まった。この談話に対して、キリスト教徒の横井時雄らが反論し、明治二十六年六月心理学者の元良勇次郎《もとらゆうじろう》が『教育時論』に「宗教と教育の関係に就いて」を発表して冷静に議論を展開する必要性を強調したが、井上の談話などにより「教育と宗教の衝突」へと発展した。この論争の社会的背景として、明治二十四年一月のいわゆる「内村鑑三不敬事件」があげられる。第一高等中学校の教育勅語奉読式で、内村鑑三が宸署(天皇がみずから署名すること)の教育勅語に対して軽く頭を下げるにとどまったことから、ただちに「不敬事件」としてジャーナリズムに取り上げられ、内村個人に対してだけでなく、キリスト教やキリスト教徒に対しても非難が浴びせられた。井上哲次郎は、先述の談話の中で、宗教と教育との関係を、キリスト教と教育勅語の関係に限定して、キリスト教を四つの点で勅語の精神に反すると主張した。第一に勅語は国家主義であるのに、キリスト教は非国家主義である、第二に勅語の精神は重きを現世におくのに、キリスト教は常に重きを未来においている、第三に勅語の「博愛」はまず自分の父を敬い、そのあとで他の父に及ぶ差別的愛であるのに、キリスト教の愛は、無差別的な愛である、第四に勅語は忠孝の徳を非常に重視するのに、キリスト教は忠孝の徳をほとんど説いていない点である、とした。井上の見解に対して、哲学者の大西祝《おおにしはじめ》は、キリスト教を非国家主義というならば、このことは仏教についても諸哲学についてもいうことができるとし、キリスト教を教育勅語の忠孝と相反するというのは、キリスト教の教理をゆがめるものだと厳しく批判している。 ↓井上哲次郎《いのうえてつじろう》 ↓教育と宗教の衝突《きょういくとしゅうきょうのしょうとつ》

(泉谷周三郎)

参考文献 今井淳・小澤富夫編『日本思想論争史』(一九七九、ぺりかん社)、小沢三郎『内村鑑三不敬事件』(『キリスト教史双書』、一九八〇、新教出版社)

しゅうきょうほう　宗教法　明治三十二年(一八九九)十二月九日、第二次山県内閣時に第十四回帝国議会へ提出された「宗教法案」は貴族院で否決された(第一次宗教法案)。明治二十年代後半から統一的体系的な法による宗教と国家との関係を定める動きが存在し、政府は幾度か宗教法制定を企図したが、いずれも議会では成立せず、昭和十四年(一九三九)四月に公布された宗教団体法までは、単行法令による宗教行政に終始し、宗教に対する統一的法規は存在しなかった。明治三十二年の第一次宗教法案提出の背景には、明治三十一年六月公布の民法施行法第二八条における「民法中法人ニ関スル規定ハ当分ノ内、神社、寺院、祠宇及ヒ仏堂ニハ之ヲ適用セス」との規定により、神社・寺院、宗教が民法の法人規定から除外され、特別法制定が予定されていた事情があった。内務省社寺局において「神社法」「寺院法」「宗教法」として起案され、後者二案を合わせたものが第一次宗教法案として議会に提出されたのである。明治三十二年は改正条約の実施期であり外国人内地雑居に備えて基督教に対する規定が求められており、同年七月二十七日には内務省令第四一号で基督教に対する初の法規定が為された。同時期、仏教界は基督教との対抗上、仏教公認教運動を展開し仏教各宗合同で委員を選出し、仏教法案を起草して同年八月下旬公表する。如上の背景で提出された第一次宗教法案は、新聞雑誌多数が進歩性を指摘した神仏基三教同一待遇の国家・宗教間の根本的関係を示す法律制定を意図していたが、仏教界の強硬な反対や貴族院の不賛成で成立しなかった。

(宮本 誉士)

参考文献 『明治以降宗教制度百年史』(一九七〇、文化庁文化部宗務課)、小林和幸「第二次山県内閣「宗教法案」をめぐる諸相」(『青山学院大学文学部紀要』二九、一九八七)、井上順孝・中牧弘允・孝本貢他編『新宗教事典』(一九九〇、弘文堂)

じゆうクラブ　自由倶楽部　自由党の院外団体。自由党の院外者によって、明治二十七年(一八九四)四月中旬、社交クラブとして結成され、五月五日、東京芝浦の大野屋にて創立大会を開催、森久保作蔵《もりくぼさくぞう》・竜野周一郎・上野岩太郎・鈴木治三郎・中野寅次郎の五名が委員に選ばれた。このほか、所属者には板垣退助—星亨《ほしとおる》のラインに連なる人物が多かった。第二次伊藤内閣への板垣退助の入閣に全面賛意を表す一方、同内閣末期に大隈重信の入閣が取りざたされると強硬に反対、檄文を撒くなどの運動を行なって、同内閣を総辞職に導いた。次の第二次松方内閣(大隈重信が入閣したいわゆる松隈内閣)には反対の姿勢を取った。明治三十年(一八九七)十二月十五日に自由党青年大会が開催され、以後自由党青年会が継続設置されることとなったため、同月十八日に解散した。

参考文献　『自由党党報(復刻)』(一九七九、柏書房)

(真辺　将之)

じゅうぐんきしゃ　従軍記者　戦争の際に軍隊に従って戦地に行き、戦況を報道する記者。明治七年(一八七四)の台湾出兵に、『東京日日新聞』の記者だった岸田吟香《きしだぎんこう》が従軍したのをはじめとする。岸田は通信文に写生画を併用した記事を送り同紙の評判を上げた。十年(一八七七)の西南戦争では、『東京日日新聞』の社長だった福地源一郎が従軍し「戦報採録」と題する通信を送っている。また『郵便報知新聞』の犬養毅も「戦地直報」という通信記事で評判を呼んだ。従軍記者の実見に基づいた記事は、戦況に関心を寄せる人びとの新聞購読欲を刺激した。またこれまで政論記事を中心に掲載してきた新聞界に、報道の重要性を痛感させる役割も果たしている。しかし当時の軍当局は、従軍記者による誤報や軍事機密の漏洩を防ぐため、取締の強化に比重を置いた。三十七年(一九〇四)二月十日の日露開戦にあたり、陸軍省は陸軍従軍記者心得を告示し、十二日には海軍省も海軍従軍記者心得を告示している。

参考文献　相馬基編『東日七十年史』(一九四一、東京日日新聞社・大阪毎日新聞社)、日本新聞協会編『地方別日本新聞史』(一九五六)、春原昭彦『日本新聞通史―一八六一年―一九八六年―』(一九八七、新泉社)

(中園　裕)

じゅうぐんきしょう　従軍記章　対外戦争に従軍した軍人・軍属らへ、階級の上下や軍功の有無にかかわりなく授与された記念章。授与対象者の官姓名は『従軍記章簿冊』に登記され、登記番号を記載した証書が、記章とともに交付された。最初の従軍記章は征台役に係わる記念章で、これは明治八年(一八七五)四月十日布告の「勲等賞牌及び従軍牌」にもとづいて制定されたものだった。その後昭和十二年(一九三七)に勃発した日中戦争まで、従軍記章は計八回にわたって制定されており、うち明治時代の戦役・事変に係わるものとしては、征台役の「明治七年従軍記章」、日清戦争の「明治二十七八年従軍記章」、北清事変の「明治三十三年従軍記章」、日露戦争の「明治三十七八年従軍記章」がある。なお従軍記章は、「内国ノ紛乱ニ方《あた》リ鎮定ノ功ヲ奏スト雖モ之ヲ賜ハルモノニアラズ」とされており、佐賀の乱や西南戦争といった内乱に際しては制定をみなかった。

参考文献　金子空軒『陸軍史談』(一九四三、陸軍画報社)、太田臨一郎『日本の軍服―幕末から現代まで　写真集―』(一九八〇、国書刊行会)

(淺川　道夫)

日清戦争の従軍記章証書

日清戦争の従軍記章

じゅうぐんしゃしんし　従軍写真師　事変や戦争の際に軍に従って戦地に赴き、報道や記録のために写真撮影を行う写真師のこと。明治初期の台湾出兵や西南戦争の際にも従軍して写真を撮影した写真師はいるが、軍が正式に従軍を認めたのは日清戦争からであり、日清・日露両戦争では陸軍参謀本部陸地測量部の部員や雇員(民間人)が大本営写真班として写真撮影にあたった。軍は写真班に対して必ずしも好意的ではなかったが、写真班は日清戦争では約千点、日露戦争では約五千点の写真を撮影した。それらの一部は雑誌や新聞に掲載され、また写真帳として販売された。日清戦争にはそのほかに、亀井茲明《かめいこれあき》伯爵や遠藤陸郎らが従軍しており、戦地の光景に加え、避難民や現地の風俗の写真なども残している。日露戦争では、海軍にも光村利藻《みつむらとしも》が結成した光村写真班が従軍し、

日清戦争で仁川港へ上陸する第一軍司令部

日露戦争で奉天に向けて前進する野戦砲兵第五連隊

写真撮影にあたった。新聞・雑誌各社からも多数従軍者があり写真師もいたが、中にはみずから写真撮影を行う記者もあった。両戦争に際しては、軍から「従軍記者心得」が公布され、写真師もそれに従うことが求められた。↓従軍記者《じゅうぐんきしゃ》 ↓写真報道《しゃしんほうどう》

参考文献 亀井茲明『日清戦争従軍写真帖—伯爵亀井茲明の日記—』(一九九二、柏書房)、小沢健志編『写真明治の戦争』(二〇〇一、筑摩書房)、同編『写真日露戦争』(『ちくま学芸文庫』) (井上 祐子)

じゆうげきじょう　自由劇場　劇団名。二代市川左團次は松居松葉《まついしょうよう》とともにフランス、イギリス、アメリカへ洋行し、各地の演劇を見聞して帰国後、東京明治座で改革興行を行うが失敗した。しかし年に一、二回研究的な演劇を行いたい意志が強く、若年からの知己で、東京真砂《まさご》座で研究的な新派劇の経験があった小山内薫《おさないかおる》とともに明治四十二年(一九〇九)二月本劇団を創立した。第一回試演は、同年十一月二十七—二十八日有楽座でイプセン作・森鷗外訳『ジョン＝ガブリエル＝ボルクマン』。その後大正八年(一九一九)九月までに九回公演を行なった。観客動員は会員会費制で、技芸員は左團次一座の歌舞伎俳優を中心とし俳優の養成は行わなかった。また俳優に報酬を出さず、固有の劇場を持たなかった。イプセン、ハウプトマン、ゴーリキー、チェーホフらによるヨーロッパの近代戯曲を中心に上演し、以後の日本の劇作家たちに創作活動上多大な影響を与えたことにより、日本の新劇草創期の劇団として重要な意義を持つ。↓新劇《しんげき》

参考文献 市川左團次・小山内薫『自由劇場』(一九一二、自由劇場事務所)、戸板康二『対談日本新劇史』(一九六一、青蛙房)、曾田秀彦『小山内薫と二十世紀演劇』(『遊学叢書』七、一九九九、勉誠出版) (寺田 詩麻)

じゅうごぎんこう　十五銀行　明治十年(一八七七)華族によって設立された第十五国立銀行を前身とする銀行。華族銀行ともいう。明治五年(一八七二)旧徳島藩主蜂須《はちす》賀茂韶《かもちあき》は華士族の家禄家財によって鉄道会社を創立する発案を行なったが、松方正義は岩倉具視に公債を資本金にできる国立銀行設立を勧めた。ほとんどの華族から出資を受けた同行の資本金は千七百八十二万円と大規模であったが、店舗は本店のみという特殊な形態であった。初代頭取には毛利元徳《もうりもとのり》が就任、代理人が銀行事務を執行した。創業当初同行は大蔵省へ千五百万円もの貸出を実施、その資金は西南戦争の戦費へと充当された。明治十四年日本鉄道会社が設立されると同社へ積極的に投資し、鉄道建設を促進した。国立銀行営業満期に伴い同三十年(一八九七)同行は普通銀行へ転換、経営の刷新が図られることとなる。新たに頭取に就任した園田孝吉《そのだこうきち》のもと、預金増加、経営合理化、支店設置といった改革が行われ、三十九年の鉄道国有化以降は業務の多角的な拡張が進められた。

十五銀行

参考文献 三井銀行八十年史編纂室『三井銀行史話』(一九五六、三井銀行)、『三井銀行八十年史』(一九五七、三井銀行)、石井寛治『開国と維新』(『大系日本の歴史』一二、一九九三、小学館) (邉 英治)

しゅうさくじん　周作人　Zhou Zuoren　一八八五—一九六七　近現代中国の文学者。一八八五年一月十六日浙江省紹興の旧家に生まれる。一九〇六年(明治三十九)兄魯迅(周樹人)の再来日に従い日本に留学。和仏法律学校法政大学予科を経て立教大学に進学、古典ギリシャ語と英文学を学び、〇九年(明治四十二)には兄とともに翻訳小説集『域外小説集』を発表する。一一年辛亥革命直前に帰国し、浙江省視学など郷里の教育界の要職を歴任

する。一七年(大正六)北京大学に迎えられ、間もなく教授に就任。このころは、魯迅とともに、新文学運動の担い手として、雑誌『新青年』を中心に活躍した。しかし、日中戦争勃発後は占領下の北京にとどまった結果、対日協力者となることを余儀なくされ、日本の降伏後は「漢奸」として投獄された。四九年(昭和二十四)共産党により釈放され、以後は著作活動に従事したが、対日協力者と批判され、文革時代は魯迅の妻許広平にも攻撃された。六七年五月六日失意のうちに病死。八十三歳。自叙伝『知道回憶録』など著作多数。

参考文献 木山英雄『北京苦住庵記—日中戦争時代の周作人—』(一九七八、筑摩書房)、同『周作人「対日協力」の顛末—補注『北京苦住庵記』ならびに後日編—』(二〇〇四、岩波書店) （栗田 尚弥）

しゅうさんば 集産場 地元の産業を振興するために、その地の産品を陳列して宣伝するとともに販売も行う場所。明治四年(一八七一)に京都府は、府下の物産を奨励するため河原町(京都市)に勧業場を設置していたが、九年には勧業場の南に集産場を設置し、他府県の客に対して物産を紹介、販売した。同様の施設は、勧工場、物産(物品、商品)陳列所などと称されて各地に設置された。広島県では明治十一年(一八七八)に中町(広島市)に博物館を設置し、県下の物産などを陳列して毎週日曜日に公開した。翌十二年には集産場と改称し、物産の流通をはかるため毎日開場することとなったが、十三年には廃止した。福岡県では、明治十二年に天神町(福岡市)に博物館を設置し、十七年に博物館内に県下の重要物産と他府県の物産を収集して販売するため、集産場を設置したところ、大変な人気となったため、天神社内にも集産場を設置した。集産場の設置は周辺の商店に影響を与え、掛け値の弊習、店員の態度の改善に役だったという。→商品陳列所《しょうひんちんれつじょ》

参考文献 福岡県『福岡県勧業年報』六・七・八(一八八三—八五)、京都府立総合資料館編『京都府百年の資料』二(一九七二)、『新修広島市史』三(一九五九) （國 雄行）

しゅうじがく 修辞学 弁論や叙述の技法に関する学問Rhetoric(英語)の訳語。漢文の修辞法は歌学や詩学として行われていたが、西洋のレトリックは、西周《にしあまね》が私塾育英舎で講義した「百学連環」(明治三—四年)に、「文辞学」と訳出したのを嚆矢とする。明治十年代には、自由民権運動の中で演説法として広まった。「華文学」と訳した尾崎行雄『公会演説法』正続(明治十・十二年)は「心志は物なり、能弁は之を運搬するの道なり」として、「心志を磨く」必要を説き、黒岩大『雄弁美辞法』(同十五年)は、比喩を「話色」と訳して、「詞格」として文体について言及している。ほかに、矢野文雄『演説文章』組立法』(同十七年)、馬場辰猪『雄弁法』(同十八年)などの著書が出版された。チェンバー『百科全書』を翻訳した菊池大麓《きくちだいろく》「修辞及華文」(同十二年)は、体系的に修辞法を解説して影響力があった。明治二十年代には、高田早苗『美辞学』(同二十二年)が、ベインやカッケンボスなどを参照して独自な体系化を図り、坪内逍遙「美辞論稿」(同二十六年一—九月『早稲田文学』)、島村抱月『新美辞学』(同三十五年)など、早稲田系修辞学の系譜を形成することになった。スペンサー『文体の哲学』が高等学校の教科書として流行し、明治三十三年(一九〇〇)から始まった文部省による中学教員の国漢科の検定試験には修辞学の設問があり、修辞学は必修の学問だった。それに伴い、大和田建樹『修辞学』(同二十六年)、武島又次郎『修辞学』(同三十一年)、佐々政一『修辞法』(同三十四年)など多くの修辞学書が出版されたが、明治期の修辞学を集大成したのは、五十嵐力《いがらしちから》『新文章講話』(同四十二年)である。自然主義小説の無技巧の技巧を明らかにし、詳細な文彩の分類や、西洋や日本の修辞学史の解説など、思想内容と一致した文章の表出法が求められた。しかし、言語が思想を規定するという言語論的転回以後、言語を思想の伝達手段とする発想は、旧修辞学と称されるようになった。

参考文献 速水博司『近代日本修辞学史—西洋修辞学の導入から挫折まで—』(一九八八、有朋堂)、原子朗『修辞学の史的研究』(一九九四、早稲田大学出版部) （山田 俊治）

しゅうしかん 修史館 修史のため太政官に設置された官庁。明治十年(一八七七)一月より十九年一月まで存在した。十年一月の減租の詔により、一月二十六日規模を修史局の二分の一に減じられた修史館が発足した。開館時の体制では第二局甲科が南北朝から織豊時代、乙科が江戸時代、第三局甲科が『復古記』、乙科が地誌担当となっていたが、十月には旧第四課が宮内省に移り、十二月には地誌業務が内務省に移った。人員削減のもとでの業務再編は十四年十二月に行われた。後醍醐天皇即位より王政復古までの正史を漢文編年体を以て完成させることが第一目的とされ、そのために史料を編纂するという関係になった。また『復古記』編纂は中止された。反対派の川田剛《かわだたけし》は宮内省に、依田学海《よだがっかい》は文部省に去った。ただし『復古記』編纂は責任者長松幹《ながまつかん》の強い要求により十五年六月より再開された。十七年七月府県史編纂事業が修史館に引き継がれるが、十九年一月、編纂廃止を命ぜられた。明治十八年十二月内閣制度が発足するが、太政官制度と異なり修史事業は内閣が行う任務には性格上入っておらず、したがって十九年一月修史館は廃止され、改めて臨時修史局が内閣内に設置されるのである。→修史局《しゅうしきょく》 →臨時編年史編纂掛《りんじへんねんしへんさんがかり》

参考文献 『東京大学史料編纂所史料集』(二〇〇一、東京大学出版会) （宮地 正人）

しゅうじかん 集治監 フランス刑法の影響を受けた重罪犯の集禁監獄。西南戦争などに関連した国事犯の収容を主たる目的とした東京・宮城集治監のほか、徒刑を島地で行うことを規定した旧刑法(明治十三年(一八八〇))を受け、徒刑・流刑・終身刑対象者の収容を予定して北

樺戸集治監

海道樺戸《かばと》集治監(その後、樺戸を本監として空知《そらち》・釧路・網走・十勝に分監が設置)および福岡県三池集治監が設置された。集治監が北海道に多く設置されたのは、長期受刑者を北海道に送り自給自足させることによって本州における拘禁の負担を減少させるとともに危険分子を排除して社会的治安の維持を図ること、囚人の労働力を活用して北海道の開拓にあたらせることで国家資源の開発を行わせること、受刑者の悔過遷善を促し人口稀薄な北海道に安住の天地を与えて自立更生させることなどの理由から集治監の最適地と考えられていたことによる。集治監は明治四十一年(一九〇八)三月の監獄法により廃止された。→監獄《かんごく》

参考文献 網走監獄保存財団編『北海道集治監論考』(一九九七、弘文堂)、重松一義『史料北海道監獄の歴史』(二〇〇四、網走監獄保存財団)、同『日本獄制史の研究』(二〇〇五、吉川弘文館)

(田中亜紀子)

しゅうしきょく　修史局　修史のため太政官に設置された官庁。明治八年(一八七五)四月より十年(一八七七)一月まで存在した。明治二年七月の太政官制では大学校別当は「国史を監修」し、大中少博士は「国史を修撰」すると定められたが、修史事業は同月十二日中止された。他方岩倉遣米欧使節団が携える日本現代史『復古攬要』編纂の成果を踏まえ五年十月太政官記録課分局として歴史課が設置され、併せて皇統皇親系図取調べの事業が加わった。七年七月、文部省で行なっていた国史編輯事業担当者川田剛《かわだたけし》がその仕事を担って歴史課に転じ、十一月には現代史編纂のため府県史編輯例則を作成、府県に示している。八年四月歴史課は八十名以上の修史局に拡大改組され、同月重野安繹《しげのやすつぐ》が入局、九月には内務省の地誌課が合併されて修史局地誌掛となった。この新体制下、修史事業が大きく推進されることとなり、川田たちの第一課が応永元年(一三九四)—慶長十九年(一六一四)、重野たちの第二課が元和元年(一六一五)—慶応三年(一八六七)、長松幹《ながまつかん》たちの第三課が『復古記』、谷森善臣《たにもりよしおみ》たちの第四課が万寿二年(一〇二五)—明徳四年(一三九三)の史料と皇親譜編纂を分担することとなった。しかし十年一月の減租の詔により太政官組織の縮小再編が不可避となり、一月十八日修史局は廃止され、一月二十六日修史館として再発足することとなった。→修史館《しゅうしかん》

参考文献 『東京大学史料編纂所史史料集』(二〇〇一、東京大学出版会)

(宮地　正人)

しゅうししゃ　集思社　東京の出版社。明治八年(一八七五)に、海老原穆《えびはらぼく》・横瀬文彦・小松原英太郎らが設立。『評論新聞』を創刊し、過激な民権論と国権拡張論を唱え、たびたび政府による弾圧の対象となり、同年に公布された讒謗律《ざんぼうりつ》によって休刊させられた。なお海老原は、西南戦争に呼応して決起を計画したが、未然に露見して逮捕され、懲役刑を受けている。

参考文献 明治文化研究会編『明治文化全集(新版)』五(一九五五、日本評論社)、後藤靖他編『自由民権思想』(『資料日本社会運動思想史』明治期一、一九六六、青木書店)

(鵜飼　政志)

じゆうしそう　自由思想　直接行動派の社会主義雑誌。幸徳秋水は、明治四十一年(一九〇八)、赤旗事件が起ると、直接行動派の組織的な立て直しのために、高知から上京。直接行動派は、「社会革命に志せる人々の通信機関」として、熊本から『平民評論』を発行するが、新聞紙条例で発売禁止処分を受け、途絶。幸徳はその後を受けて、千駄ヶ谷の平民社から『自由思想』を発行した。発行兼編集人は管野スガ、印刷人は古河力作だった。一号は、明治四十二年五月二十五日、二号は六月十日に発行されているが、どちらも新聞紙法違反で告発され、発売禁止処分となった。誌名が示すように、その姿勢が、権力の弾圧に一切拘泥せずに、「大胆聡明なる自由思想を要求す」るというものであったためである。管野は、このため病床から拘引され、下獄した。当局の弾圧と資金難から二号で廃刊となる。各号とも一面には、小川芋銭《おがわうせん》が挿絵を寄せている。復刻版が労働運動史研究会編『明治社会主義史料集』別冊二(昭和三十七年、明治文献資料刊行会)に収載されている。

(後藤　彰信)

じゅうじやしょかん　十字屋書館　明治時代前半期の売捌所、出版社。十字屋・十字屋書舗ともいう。開業の詳細には不明な点が多いが、美濃大垣藩主戸田采女正氏正の庶子で、のちに最も早い政治小説『(民権演義)情海波瀾』(明治十三年)の作者となり、自由民権家となるキリスト教徒の戸田欽堂が明治五年(一八七二)に米国より帰国後、東京銀座三丁目に唐物店を開業し、六年にキリスト教徒の旧幕臣原胤昭《はらたねあき》とこの唐物屋にキリスト教関係の書肆十字屋を併設し、聖書やキリスト教関係書を販売したのがはじまりであるという。明治九年に耶蘇教書売捌所として『(改正)讃美歌』を販売しているが、十年(一八七七)に倉田繁太郎が十字屋を譲り受けて、やはり、キリス

ト教書や洋書の輸入翻刻を主に販売するようになった。明治十二年には英国慕維廉著『(儒釈道回耶蘇)五教通考』、十三年に高橋五郎論述『(訂正増補)仏道新論―付仏教哲学一斑耶仏優劣論―』と高橋吾良論述・版『神道新論』と飯島静謙訳述・版『絵入心の鏡』、十四年にスイス人ゴーセン原著・和田秀豊重訳『世界開闢記』とシーレー述・小崎弘道訳『宗教要論』と高橋吾良『諸教便覧』と葉納清著・辻静訓点『斥儒真道衡平』、十五年に英国わるとん女著・香雨女史訳『世を渡るたつきの風琴』と『絵入世界周遊記』、十六年に『メレイライヲン一代記』と仏ベルモレー著・林庸介訳『社会論』第一巻と福住正兄《ふくずみまさえ》口述・大沢彦一筆記『(報徳教祖)二宮尊徳翁略伝』と英国米尹原著・森田隆智訳釈『政治論理法』と奥野昌綱訳述『新約全書　雅各書註釈』、十七年に演者イビー・堀江景宣筆記訳述『第一東京演説』等々のキリスト教をはじめ宗教や修養関係書を多く販売している。十七年以降には楽器の販売を開始し音楽書を出版するようになったという。閉店時期不詳。

参考文献　三橋猛雄『明治前期思想史文献』(一九七六、明治堂書店)

(佐藤　能丸)

じゆうしゅっぱんがいしゃ　自由出版会社　東京の書肆。明治十四年(一八八一)、角田真平《つのだしんぺい》(一八五七―一九一九)らが創業。政治学や政治思想関係など外国語書籍邦訳本の予約出版を行なったことで有名。角田は明治十三年に代言人となり、明治十五年の立憲改進党結成に参加。このほか、東京府会議員や東京市参事会員を歴任した。また、俳人としても著名であった。

参考文献　三橋猛雄『明治前期思想史文献』(一九七六、明治堂書店)

(鵜飼　政志)

しゅうしょいん　集書院　京都府が明治五年(一八七二)九月に、三条通東洞院東入る(現在の中京郵便局の位置)に設立した図書館。これに先立ち、明治五年四月、村上勘兵衛・大黒屋太郎右衛門らの発起により「集書会社」が開設された。これは、府が集書院を設立するまでの事業として発足したもので、一般に日本最初の図書館といわれる文部省の東京湯島博物館内の書籍館《しょじゃくかん》の設立よりも数ヵ月早かった。集書会社の試みは先進的なもので、貧しい書生でも自由に閲覧できると話題を呼んだ(『京都新聞』第二八号)。京都府は、同年九月集書院を設立し、翌年から集書会社に経営を委ねた。しかし、経営は成り立たず、明治十五年(一八八二)に閉鎖された。この蔵書は、京都府中学校・師範学校や、北野神社などに移管され、建物は京都商報会社(社主浜岡光哲、のち日出新聞社)に買収された。その後、明治二十三年(一八九〇)十二月京都府教育会附属図書館が開館された際にはこの時の蔵書が下付され、明治三十三年(一九〇〇)設立の京都府立図書館に引き継がれた。

集　書　院

参考文献　『京都府誌』上(一九一五)、田中緑紅編『明治文化と明石博高翁』(一九四二、明石博高翁顕彰会)、竹林熊彦『近世日本文庫史』(一九四三、大雅堂)、竹林忠男「集書院についての史的考察」(『資料館紀要』二、一九七三)、『京都の歴史』八(一九七五、学芸書林)、馬場俊明「集書院の成立と衰退に関する史的考察」(『図書館文化史研究』一四、一九九七)、多田建次『京都集書院―福沢諭吉と京都人脈―』(一九九八、玉川大学出版部)

(秋元　せき)

じゅうじょうたもつ　重城保　一八三三―一九一二　政治家。天保四年四月八日(一八三三年五月二十六日)、上総国望陀《もうだ》郡高柳村(千葉県木更津市)に生まれる。はじめ名は安右衛門、字は子道、青崖と号した。正木幽谷、大槻盤渓、嶺田楓江に学び漢詩文や書に秀で、織本東岳《おりもととうがく》、重野安繹《しげのやすつぐ》、南摩綱紀《なんまつなのり》らと交流した。安政五年(一八五八)父の死で高柳村名主をつぎ、明治元年(一八六八)上総に入った旧幕府撤兵隊勢に米百俵を提供した。木更津県の郡中地券掛、議事会代議人、千葉県の議事会代議人、第四大区区長などをつとめ、明治十一年(一八七八)千葉県会で公選による初の議長となった。ついで同年安房など四郡郡長、同十四年望陀など三郡郡長に任じ、コレラ病対策、道路建設、教育などに尽力した。同二十三年(一八九〇)衆議院議員に当選、独立倶楽部に属した。以後は二十年間久津間海岸での開墾事業に打ち込み、十七町歩の良田を造成した。大正元年(一九一二)九月十三日、明治天皇大喪の日に奉悼の詩を書して直後に死去した。八十歳。菱田忠義・重城良造編『重城保日記』全十巻(平成二―九年、うらべ書房)が刊行されている。

参考文献　重城良造『重城家の血脈』(一九八二)

(三浦　茂一)

しゅうしんきょういく　修身教育　小学校などの教科として行われる道徳教育。「修身」の語は『大学』に由来するが、明治期以降の小学校の教科名として確立し、第二次世界大戦後の戦後教育改革で廃止された。教育内容は初期の欧米からの翻訳から揺れ動き、教育勅語をもって標準を確立し、教育方法は初期の口授(講話)から教科書や掛け図を使用した方式、さらに国定教科書の使用へと移行した。明治五年(一八七二)の「学制」においては、下等小学の教科に「修身」の「解意」が規定され、小学教則では「修身口授」が「ぎょうぎのさとし」という読みで規定された。これらは下等小学の半年ごとの第八級から第五級までという最初の二年間の教科であり、教師が口頭で教える初歩的なものであった。フランスの道徳書の翻訳である箕作麟祥《みつくりりんしょう》訳編『泰西勧善訓蒙』(前編三冊、明治四年)などの翻訳修身書が教師による教授の参考に用いられ、近世の儒教や同時期の大教院の三条教則による民衆教化とは異なり、修身教育は西洋道徳の移入が基調とされた。明治十二年(一八七九)九月に「学制」に代わる教育令が出されて自由教育令と呼ばれたが、修身は教科としては最下位に置かれた。しかし、翌十三年十二月に改正教育令や干渉教育令と呼ばれた教育令が出されると、「小学校ハ普通ノ教育ヲ児童ニ授クル所ニシテ其学科ヲ修身読書習字算術地理歴史等ノ初歩トス」と規定され教科の筆頭にあげられ、これを受けて十四年に小学校教則綱領が定められた。十九年の小学校令をはじめ、それ以後も修身は教科の筆頭としての位置を保った。この時期の修身教育の方針をめぐっては、明治十二年八月ごろに明治維新以後の修身教育を「智識才芸」の尊重だと批判して「仁義忠孝」の重視を主張した教学聖旨が明治天皇の意をうけたとして元田永孚《もとだながざね》によって作成された。同年九月にはこの反論として西洋の知識と制度の移入を評価する伊藤博文が井上毅の起草による教育議を明治天皇に上奏するといった論争があった。翻訳に活躍した明六社メンバーの西村茂樹が編纂した『小学修身訓』(全二巻、明治十三年)では日本・中国・西洋の道徳の例話を挙げて和洋漢の道徳を折衷する姿勢を明確にし、同著『日本道徳論』(明治二十年)でも折衷的姿勢を示した。元田永孚は、宮内省から学校に配付された勅撰修身書である『幼学綱要』(七巻、明治十五―十六年)では儒教の徳目により例話を日本と中国から採録している。二十年(一八八七)から二十三年にかけては徳育論争が展開され、修身のあり方や神道・儒教・仏教・キリスト教との関係が議論されるに至った。このように修身教育の路線が定まらないなか、二十三年二月の地方長官会議の「徳育涵養ノ義ニ付建議」を契機として、十月三十日に井上毅と元田永孚の起草による「教育ニ関スル勅語」(教育勅語)が明治天皇から文部大臣芳川顕正《よしかわあきまさ》に下付され、「父母ニ孝ニ」などの儒教起源の徳目と「博愛」などの西洋近代起源の徳目が混在しつつも最後に「天壌無窮ノ皇運ヲ扶翼スヘシ」という天皇への忠誠へと収斂する道徳論を示した。翌二十四年一月の第一高等中学校の内村鑑三不敬事件をはじめ、その後も教育勅語に関する論争や事件が継続することとなったが、同年の小学校教則大綱では「修身ハ教育ニ関スル勅語ノ旨趣ニ基キ児童ノ良心ヲ啓培シテ其徳性ヲ涵養シ人道実践ノ方法ヲ授クルヲ以テ要旨トス」と規定されて、教育勅語が修身教育の標準として定められた。同年の小学校修身教科用図書検定標準により教科書の内容にも反映し、さらに同年の小学校祝日大祭日儀式規程でも学校儀式で教育勅語の「奉読」が規定された。明治三十三年(一九〇〇)には文部省に修身教科書調査委員会が置かれ、教科書疑獄事件を契機として国定教科書編纂へと動き、三十七年度からは文部省著作の『尋常小学修身書』が修身科教科書とされ、四十三年(一九一〇)には第二期の修身教科書が刊行された。なお、修身科は、ほかの教科と同様に成績評価の対象とされる教科であるが、明治二十四年の小学校教則大綱では教科書の理解にとどまらず平常の児童の心性や行為までが対象とされ、三十三年の小学校令施行規則では学籍簿に「操行」欄を設けて品性や行為が記されることとなった。 ↓教育議《きょういくぎ》 ↓教育勅語《きょういくちょくご》 ↓教学聖旨《きょうがくせいし》 ↓徳育論争《とくいくろんそう》 ↓幼学綱要《ようがくこうよう》

[参考文献] 海後宗臣『教育勅語成立史の研究』(『明治教育史研究』一、一九六五、厚徳社)、久木幸男・鈴木英一・今野喜清編『日本教育論争史録』一(一九八〇、第一法規)、佐藤秀夫編『教育―御真影と教育勅語―』(『続・現代史資料』八―一〇、一九九四―九六、みすず書房)

(高橋　陽一)

じゆうしんぶん　自由新聞　明治十―二十年代の自由党の機関紙。

㈠明治十五年(一八八二)六月二十五日に創刊された。「自由党組織の主意は自由を拡充して輿論の勢力を培養するに在れば、則ち新聞紙を発行して吾党の主義を拡充するの第一着手となす」という文章を「新聞規則」のトップに掲げていた。自由党のイデオロギーを天下の民衆に伝達し、自由党支持の輿論を形成し、自由党の組織を拡大し、組織を団結させることを目的としていた。また「発行主意」では、「政党に新聞なきは軍隊に武器なきと一般なり、何を以て其の敵手たる反対党を征服して勢力を社会に伸ぶるを望む可けんや」といった戦闘的な姿勢をとっていた。ライバルの立憲改進党に比べ弱体な機関紙、系列紙の勢力を一気に高めることをねらっていた。したがって党首の板垣退助が新聞社の社長となった。島本仲道が主幹、社説掛には板垣・馬場辰猪・中江篤介(兆民)・田中耕造・田口卯吉・末広重恭(鉄腸)を擁し、社説材料には植木枝盛を配した。社主は大石正巳であった。同紙は前年刊行され、華族筆頭の西園寺公望が社長となりながら、天皇の内勅や政府の強い干渉によって西園寺が退

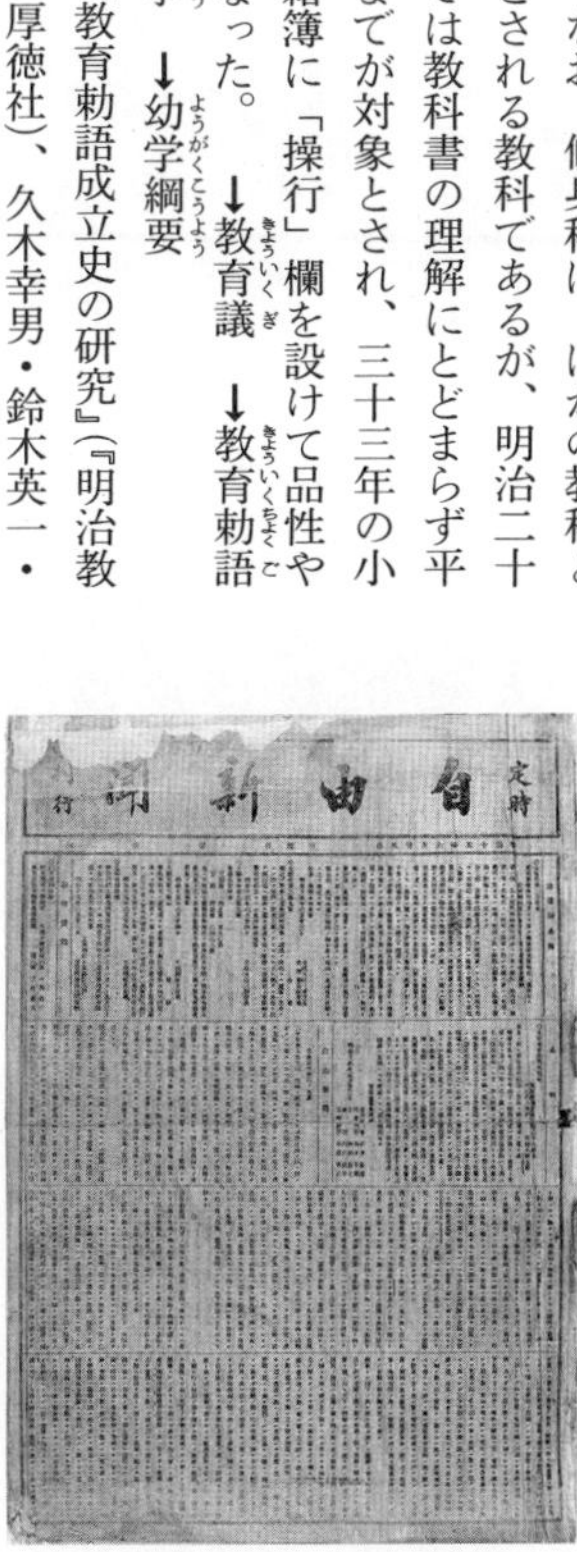

『自由新聞』㈠第１号

社し、三四号で廃刊となった当時から話題の『東洋自由新聞』の再興との説がある。しかし『自由新聞』に残ったのは兆民だけで、しかも彼は主筆でなく、一社説掛にすぎない。ともかく自由党が総力をあげて創刊したが、まもなく板垣洋行問題が発生し、洋行費の出所が政府ではないかと疑う馬場・大石・末広・田口らが、出所の説明と、板垣の洋行中止を求めたが容れられず、脱党・分裂の党内紛争となった。馬場・田口・末広が同紙を去り、続いて中江兆民の署名も消えた。同年十月に大阪の自由党機関紙『日本立憲政党新聞』から古沢滋が主幹として迎えられた。改進党機関紙からはさんざん批判されたため、自由党は改進党に絶交をつきつけるだけでなく、同党を三菱から資金援助された偽党であると反論し、偽党撲滅のキャンペーンを紙上で行なった。両党の中傷、誹謗の攻撃合戦は、民党読者の間では藩閥勢力に漁夫の利を与えるものと認識され、そのあくなき抗争で、両党の読者の新聞離れが加速された。さらに十六年四月の新聞紙条例改正で、同紙はしばしば発行停止を受けた。その直後、帰国した板垣には、自由党はむろんのこと、同紙の頽勢を挽回するだけのパワーも情熱もなかった。自由党は十七年十月に解散したが、同紙は十八年三月三日に廃刊届を出した。末期には星亭が中心となって発行したが、最終号は確認されていない。なお『絵入自由新聞』は十五年九月に創刊された『自由新聞』の庶民向けの小新聞《こしんぶん》であったが、本家よりも生きながらえ、明治二十年(一八八七)初めまで存続したらしい。また十七年五月に創刊された『自由燈《じゆうのともしび》』は自由党幹部だった星亭が資金を出した小新聞で、『絵入自由新聞』よりも『自由新聞』と連携して改進党を攻撃し、その廃刊後は同紙の伝統を継ごうとしたし、旧自由党員も購読や投書で応援したらしい。

㈡立憲自由党の機関紙として二十三年十月二十日に創刊された。今回も板垣退助が社長であったが、当初から波乱含みであった。なぜなら同紙よりも先だつ同年二月に立憲自由党の左派グループが『江湖新聞《こうこしんぶん》』を機関紙として創刊していたからである。ともかく『自由新聞』は板垣一派の栗原亮一《くりはらりょういち》が主筆をつとめ、植木枝盛などが補佐していたが、主導権をめぐり抗争したため、二十四年四月二十二日に『自由』と改題された。同紙は栗原を主筆として発行されたが、翌月廃刊された。

『自由新聞』㈡第1号

㈢『自由』が二十六年七月一日に『自由新聞』として改題された。自由党直轄として江口三省《えぐちさんせい》が主筆、栗原が編集幹部であった。その末期には幸徳秋水も在社したらしいが、二十八年二月からは党直轄を離れた。

参考文献　西田長寿編『東洋自由新聞』(一九六四、東京大学出版会)、西田長寿『明治時代の新聞と雑誌』(『日本歴史新書』、一九六六、至文堂)、松尾章一編『自由燈の研究—帝国議会開設前夜の民権派新聞—』(一九九一、日本経済評論社)、『朝日新聞社史』明治編(一九九五)

(山本　武利)

しゅうじんろうどう　囚人労働　明治初年から中期にかけて、労働者を集めにくい鉱山や北海道開拓事業などにおいて囚人を労働者として就労させた方式。労働条件が劣悪で自由意思によっては必要な質と量の労働者が集まらないという条件のもとで強制力によって人々を使役した点でアメリカの奴隷労働と共通する。一八七〇年代には官営企業において、一八八〇年代には民営企業を含めて、囚人が組織的に使役されているが、一八九〇年半ば以降減少している。幌内《ほろない》炭坑とともに囚人労働への依存度が高かった三池炭坑は、官営時代の明治六年(一八七三)に囚人労働の導入が始まり採炭部門では労働者総数の半数以上を囚人が占めていたが、明治二十一年(一八八八)に三井財閥に払下げられて以降も囚人の使用が継続許可されている。一方、官営横須賀造船所では、一貫して囚人を使用したのではなく、明治元年には一時的に増加した土木作業用に、明治十三年(一八八〇)には農繁期に人足が帰農してしまったのを補充するために、それぞれ囚人を使用し、いずれも数年後にその使用をやめている。囚人労働はいくつかの炭坑などでは相当の比重を占めていたが、鉱山・炭坑全体に投入されていた囚人労働は明治二十三年前後に二千人台であったと推計されており、全国平均的に見れば労働者総数の二%台にとどまったという。囚人労働が減少に向かった原因は、労働のインセンティブが得にくく労働能率が低いこと、監視労働にコストがかかるうえにしばしば紛争・暴動が生じる危険があったこと、地主制の進展に伴って貧窮化した農家世帯から勤労意欲の強い労働者が調達できるようになったこと、明治二十一年の高島炭鉱事件によって炭坑労働の過酷さに対する社会的な批判が強まったことなどを指摘できる。

参考文献　上野英信編『鉱夫』(『近代民衆の記録』二、一九七一、新人物往来社)、中村政則『労働者と農民』(『日本の歴史』二九、一九七六、小学館)、二村一夫『足尾暴動の史的分析—鉱山労働者の社会史—』(一九八八、東京大学出版会)、西成田豊『経営と労働の明治維新—横須賀製鉄所・造船所を中心に—』(二〇〇四、吉川弘文館)

(加瀬　和俊)

しゅうせいしゃ　集成社　明治時代前期創業の出版社。はじめは集成社書店とも記す。創設者の赤坂亀次郎は安政五年(一八五八)五月に生まれ、明治十一年(一八七八)

に慶応義塾を卒業し、横浜の丸家商社の社員となり、東京の丸善本店出版部支配人を経て、東洋館の経営を引き継いで、十五年ごろに東京神田小川町十番地(千代田区)に出版と販売の集成社を創立した。明治十七年に米国ヘンリー=ケリー著・犬養毅訳『圭氏　経済学』を、十九年に尾崎行雄『経世偉勲』、中江篤介『理学鈎玄』、中江篤介編・版『革命前法朗西二世紀事』を、また、この年六月から法学会編『東京法学雑誌(The jurist)』を発行し、二十年(一八八七)に徳富猪一郎『新日本之青年』、中江篤介『三酔人経綸問答』を、二十一年に尾崎行雄『退去日録』(博文堂と)、シエクスピーア著・渡辺治訳『鏡水水月』、末兼八百吉(宮崎湖処子《みやざきこしょし》)『国民之友及日本人』、尾崎行雄『帝室論』を、二十二年に澳国スタイン講義・河島醇《かわしまあつし》編・吉田新六訳『憲法及行政法要義』、望月小太郎《もちづきこたろう》・永島今四郎共訳『第十九世紀政海泰斗グラッドストン公伝』(博聞社と)等々を刊行し、中でも、中江兆民や徳富蘇峰の代表作の刊行が注目される。店主の赤坂自身も英国トーマス=ラーレー『政治一斑』(明治二十二年)、英国ヘンリー=ダンニング=マクレオツド『麻氏財理学』(同)、トーマス=ラーレー『政学原論』(三十五年)を訳して刊行している。この間、赤坂は二十年十二月創立の東京書籍出版営業者組合の協議員となり、二十二年には副組長になっており、大正元年(一九一二)には組合の功労者として表彰されている。他面、明治二十年代初めごろに京橋南鍋町一丁目(中央区)に日曜社を創設して、民党系の『日曜新聞』(二十五年一月二十八日に『毎朝新聞』と改題)を創刊し、上遠銀行株式会社取締役も務め、明治二十年代後半から政治に関心を寄せ三十六年(一九〇三)三月の第八回総選挙では福島県から当選し(憲政本党、一期のみ)、議会活動も行なっている。こうした多彩な活動のためか明治後半の出版動向は不明で、大正後半には河津暹『国民経済の組織及発達』『経済思想の変遷と経済政策の根本義』、マーネス著、青木節一・小島精一共訳『労働保険論』、泉二新熊『刑事学研究』、鯵坂国芳『修身教授の実際』上・『教育改造論』、芸術教育会編著『学校劇の研究』、小山内薫《おさないかおる》『演劇と文学』などを刊行し、大正十二年(一九二三)四月には芸術教育会編『芸術教育』も創刊している。昭和期は不詳で、赤坂は昭和十七年(一九四二)十二月に没している。

参考文献　衆議院・参議院編『議会制度百年史』衆議院議員名鑑(一九九〇、大蔵省印刷局)

(佐藤　能丸)

じゅうぜんびょういん　十全病院　横浜の最初の公立病院。明治四年(一八七一)春、一つの病院もないことを憂いた早矢仕有的《はやしゆうてき》は弁天通に仮病院を設立したが類焼、県令大江卓《おおえたく》は病院再建に尽力し、五年七月太田町六丁目に横浜市中病院を建設した。市民は本病院の設立を希望し、三井八郎右衛門・茂木惣兵衛・原善三郎など二十数名が六千円を寄付したので、野毛山修文館の建物敷地を買収、米医シモンズを招き横浜共立病院と称したが、七年二月十全病院と改称した。これより神奈川県庁が管理したが、二十四年(一八九一)四月市の経営に移り、あわせて避病院(万治病院)も十全病院付属とされた。同病院は三十八年(一九〇五)四月十全病院から独立する。大正十二年(一九二三)九月関東大震災により全焼し、浦舟町に移転、十五年十一月に落成式が行われた。戦後の昭和二十四年(一九四九)四月、横浜市立医学専門学校が横浜医科大学となったので、十全病院の名は横浜医科大学病院と改称された。創立当初は治療主任が置かれ、シモンズ、ブッケマン(蘭)、ボェーラ(英)、エルドリッチ(米)が就任、明治二十二年四月より院長制度が敷かれ、広瀬佐太郎が就任した。

参考文献　横浜市立大学経済研究所編『横浜経済・文化事典―一八五九―一九五八―』(一九五八)

(宮地　正人)

しゅうだんかい　集談会　共進会などの産業奨励会の開催に付随して行われる同業者による意見交換会。明治十二年(一八七九)に政府が横浜で製茶共進会を開催した際、茶業者が一堂に会したことを利用して集談の席「茶事集談」を設けたことに始まる。集談会の構想は、『明治十年内国勧業博覧会出品報告』において、御雇い外国人ワグネルが、共進会に集まった農民たちに演説・討論させることを提言しているところに表われている。明治十二年の茶事集談は六日間にわたり開催され、内務省の委員と茶業者二十八名が、茶の培養・製造・販売などについて意見を交換し、その成果は『共進会報告』として刊行された。翌十三年に大阪で行われた綿糖共進会では綿集談会・砂糖集談会が開催された。これ以後、集談会は各地に普及し、生糸・綿・砂糖のほか、織物・陶器・漆器・蚕糸・産馬・水産などの集談会が開催され、共進会とともに地方における産業振興手段として活用されていった。

参考文献　『明治前期産業発達史資料』八ノ四・五、九ノ一・二(一九六五、明治文献資料刊行会)

(國　雄行)

じゆうとう　自由党　自由民権期・明治時代前期の政党で、日本最初の本格的な政党。明治十三年(一八八〇)十一月開催の国会期成同盟第二回大会では、国会開設請願書の受理拒否と集会条例による弾圧体制の強化という政府側の態勢をいかに打開すべきかが論議され、その中で政党結成問題が提起された。議論の結果、期成同盟自体は従来のままとし、自由党は別に組織することが決定され、十二月、有志が集まって自由党を結成した(自由党準備会と呼ぶ)。これには国会期成同盟系の地方民権家とともに、嚶鳴《おうめい》社系の都市民権家も参加し、事務所は仮に嚶鳴社系の東京横浜毎日新聞社内におかれた。その後、事務は期成同盟委員の松沢求策《まつざわきゅうさく》らが代行し、ついでその後任に土佐派の林包明《はやしかねあき》が就任するに及んで嚶鳴社排除の動きが強まった。他方、結合による勢力の強化が運動の課題となり、各地で政党結成へむけての準備がすすんだ。十四年十月、北海道開拓使官有物払下げ事件で政府批判が最高潮に達しているなか、国会期成同盟第三回大会のために集まった参加者は、二日、全国の有志を結集して政党を結成することを確認し、自由党組織原案の起草に着手した。国会開設の勅諭が出される前のことである。十二日から相談会を開催し、十八日、本会議を開いて盟約・組織案の審議を開始。十九日からは自由党規則などを審議し、二十九日、総理(党首)板垣退助、副総理中島信行、常議員後藤象二郎らを選出して結党した。組織の中核となったのは、土佐派と国友会の馬場辰猪《ばばたつい》・末広重恭《すえひろしげやす》・大石正巳《おおいしまさみ》である。盟約原案には憲法制定・国会開設を目指すことが記されていたが、結党に際しこれは削除され、目的には自由の拡充、権利の保全、善美な立憲政体の確立が掲げられた。東京に中央本部を置き、各地に地方部を置いて(現在、三十以上の地方部が確認されている)、党勢を拡大した。国会未開設段階の日本の政党は未熟な「創業の政党」であるから、細かい政策については争わず、大政党として団結すべきだとの立場をとった。十五年六月、機関紙『自由新聞』を創刊。十五年六月の集会条例改正追加により同条例の規制下におかれ、地方部を解散させられた。九月には板垣の洋行をめぐって内紛がおこり、洋行に反対する馬場・末広・大石を常議員から罷免。『自由新聞』の編集からも追放した。また、洋行を批判した立憲改進党との関係が険悪化し、改進党を「偽党」と攻撃。十六年四月の定期大会以後、攻撃を本格化したため、両党の抗争は泥試合の様相を呈することとなり、その結果、両党の組織的な提携の可能性は消滅した。政府による弾圧強化と松方デフレによって党員の離脱傾向が広がり、党指導部は武力蜂起をめざす党員を統制することができず、十七年十月に解党した。解党の真相には不明な点が多いが、党資金募集計画の失敗、蜂起派・決死派の台頭による板垣らの平和革命路線の崩壊、組織は消滅しても「精神的結合」は存続するという認識の存在、などが解党を促した要因として指摘されている。その後、旧自由党員は二十年(一八八七)十月、後藤象二郎が提唱した大同団結運動に再結集したが、後藤の入閣によって運動は河野広中らの大同倶楽部と大井憲太郎らの大同協和会に分裂。大井は板垣をたてて自由党を再興しようとしたが、板垣が愛国公党を結成したため、二十三年一月、大井らのみで自由党(再興自由党)を結成した。第一回総選挙後の二十三年九月、旧自由党系の大同倶楽部・愛国公党・再興自由党は立憲自由党を結成。帝国議会では「民力休養・政費節減」を掲げ、立憲改進党とともに民党として政府に対抗した。二十四年三月、自由党と改称し、ついで十月、代議士中心の院内政党に改組。第四議会以後、政府がすすめる積極主義的な民力育成路線に同調する動きを見せ、政府との接近をはかった。三十一年(一八九八)六月、進歩党と合同して憲政党となった。なお、旧自由党系の勢力は、三十三年の立憲政友会の結成に際し、これに参加した。 →憲政党《けんせいとう》

再興自由党結成式(明治23年1月)

参考文献 遠山茂樹・佐藤誠朗校訂『自由党史』(『岩波文庫』)、松岡八郎『明治政党史』(一九六六、駿河台出版社)、江村栄一『自由民権革命の研究』(『叢書・歴史学研究』、一九八四、法政大学出版局)、寺崎修『明治自由党の研究』上(一九八七、慶応通信)

(大日方純夫)

じゅうどう　柔道　広義には、素手または短い武器をもった相手と闘う武術全般をさすが、狭義には、明治十五年(一八八二)に嘉納治五郎によって創始された講道館柔道のことをいう。素手で相手に対する武術は、江戸時代中期より柔《やわら》や柔術などと称されるようになり、多くの流派が存在したが、幕末の軍制改革や明治維新後の西洋化の中で、衰退を余儀なくされた。嘉納がはじめて柔術を習ったのは明治十年で、流派は天神真楊流であったが、当流師範の没後、同十四年からは起倒流を学んだ。そして天神真楊流から固め技・当身技、起倒流から投げ技を取り入れるなど、旧来の柔術から技術を取捨選択しつつも、それらと明確に区別するために名称を柔道とし、さらにその理念についても、体育・勝負・修心の三つの目的をもつ、「心身の力を最も有効に使用する道」と定義づけた。講道館柔道は、技の分類とその原理(崩し・作り・掛け)の明確化、新しい形の制定、乱取と試合の採用、ルールの制定(投げ技・固め技以外の技の禁止など)、段位制度の採用などによって柔術の近代化を主導し、明治末には他の柔術諸流派を圧倒するようになる。さらに大正四年(一九一五)ごろより、嘉納は講道館柔道の理念の再定義を試み、「精力善用、自他共栄」という新たな定義を確立する。柔道という名称は同八年に大日本武徳会で、同十五年(一九二六)には学校体育でも用いられるようになる。柔術・柔道は明治十二年以降警察官の訓練法として、同四十四年(一九一一)からは中学などの体育教材として採用され、また部活動としても盛んに行われ、大正末期からは全国規模の大会も開催されるようになり、大正十三年には三本勝負から現在のような一本勝負への変

更がなされた。こうして柔道は学校や警察、接骨医を兼ねた町道場などを基盤に普及し、昭和十五年(一九四〇)には、講道館の有段者だけで十万人を超えた。戦後のGHQによる禁止を経て、同二十六年(一九五一)には国際柔道連盟が設立され、同三十九年(一九六四)の東京オリンピックから正式種目となった。→嘉納治五郎《かのうじごろう》 →講道館《こうどうかん》

参考文献 老松信一『(改定新版)柔道百年』(一九七六、時事通信社)、井上俊『武道の誕生』(『歴史文化ライブラリー』、二〇〇四、吉川弘文館)　(坂上　康博)

じゆうとうし　自由党史　自由民権期の政党である自由党に関する歴史書。明治四十三年(一九一〇)三月、五車楼から上・下二巻で刊行された。明治三十三年(一九〇〇)九月、憲政党(自由党の後身)解党大会で編纂が決定され、残務委員の末松謙澄《すえまつけんちょう》・星亨《ほしとおる》・林有造・松田正久・片岡健吉が編纂を担当。自由党史編纂所が設置され、具体的な編集作業は宇田友猪《うだともい》が推進した。三十四年、第一次稿本がまとまり、稿本と史料は板垣退助邸に設置された自由党史編纂事務所に引き継がれて、板垣の監修のもと、多数の史料を加えて和田三郎が編纂を継続し、完成をみた。全十編から構成され、明治元年(一八六八)の王政復古から二十二年(一八八九)の大日本帝国憲法の発布までを扱う。自由党系の動向を中心に自由民権運動の展開過程を叙述しているが、党の主流を占めた板垣ら土佐派の立場が中心となっている。運動の流れを系統的に叙述している点で画期的である。貴重な史料も多数活用・掲載しており、その意義は大きい。『青木文庫』『岩波文庫』に収録。　(大日方純夫)

じゆうのことわり　自由之理　ジョン＝スチュアート＝ミル著『自由論』(John Stuart Mill, On Liberty, London, 1859)の一八七〇年版を、明治四年(一八七一)初冬に中村敬太郎(正直、敬宇)が『自由之理』と題して翻訳し、翌五年和綴本として静岡藩から刊行したもの。敬宇は、静岡藩学問所一等教授。本書の構成は、巻之一序論、巻之二思想及ビ議論ノ自由、巻之三人民ニ独自一箇ナルモノ、アルハ福祥安寧ノ原質ナルコトヲ論ズ、巻之四仲間会所(即チ政府)ニテ人民各箇ノ上ニ施コシ行フ権勢ノ限界ヲ論ズ、巻之五施用ヲ論ズ、の五章からなる。本文の前に、E・W・クラークのIntroduction、大久保一翁の国文序、南摩綱紀《なんまつなのり》の漢文叙、敬宇の自序と弥爾《ミル》小伝を掲げる。本文中には、随所に漢文による枠取りした頭注があり、また「此書ハ、シヴーイル リベルテイ(人民ノ自由)即チソーシアル リベルテイ(人倫交際上ノ自由)ノ理ヲ論ズ、即チ仲間連中(即チ政府)ニテ各箇ノ人ノ上ニ施シ行フベキ権勢ハ、何如ナルモノトイフ本性ヲ講明シ、幷ビニソノ権勢ノ限界ヲ講明スルモノナリ」と訳した後には、「仲間連中」についての、敬宇による詳しい解説注がある。前訳書『西国立志編』の脱稿に引き続いて翻訳が開始され、スマイルズとミルの思想は、本書末尾で「一国ノ貴トマル、トコロノ位価ハ年次ノ久シキヲ経テ人民各箇ノ貴トマル、モノ、次第ニ合併シタル位価ナリ」の頭注に「予曩所訳立志編第一巻可弁考」としているように、同一線上に位置付けられていた。磐前《いわさき》県の副戸長にあった河野広中が「動もすれば攘夷をも唱へた従来の思想が一朝にして大革命を起し、人の自由、人の権利の重んず可きを知」(『河野磐州伝』上、大正十二年)って自由民権運動に身を挺していったように、植木枝盛、田中正造ら多くの青年に大きな感激を与え、自由民権思想へも少なかざる影響を与えた。また田口卯吉のような批判者も現れた(畠山機智「読自由之理」、『横浜毎日新聞』十年八月二十二日)。『明治文化全集』二(昭和三十年、日本評論社)に収録されている。→中村正直《なかむらまさなお》 →ミル

参考文献 J・S・ミル『自由論』(塩尻公明・木村健康訳、『岩波文庫』)、高橋昌郎『中村敬宇』(『人物叢書』、一九六六、吉川弘文館)、松沢弘陽『近代日本の形成と西洋経験』(一九九三、岩波書店)　(川崎　勝)

じゆうのともしび　自由燈　自由党の幹部であった星亭が明治十七年(一八八四)五月十一日に創刊した小新聞。自由党の「通俗新聞」として東京京橋区鎗屋《やりや》町(中央区銀座)の見光社から発刊され、翌年三月に自由党機関紙『自由新聞』が廃刊するとその身代わり紙として機能した。八頁建て、一部一銭二厘。執筆陣は坂崎斌《さかざきさかん》(紫瀾)、小室《こむろ》信介《しんすけ》(案外堂)、宮崎富要《みやざきとみやす》(夢柳)、高橋基一《たかはしきいち》(愛山)、若菜《わかな》貞爾《さだみつ》(胡蝶園)、斎藤賢《さいとうまさる》(緑雨)、是沢正義《これさわまさよし》(桂洲)などで、大蘇芳年《たいそよしとし》が挿絵を描いた。貧富の問題や男女同権などの社会問題を取り上げた社説を多く掲げ、自由民権思想を啓蒙する意図であったが、小室の「自由艶説女文章」、当時の自由党と改進党の対立を諷刺した若菜の「今浄海六波羅譚」、宮崎による仏革命を扱った「西の洋血潮の暴風」、ロシア虚無党を題材とした「鬼啾々」といった政治小説が、政府との対立が激化する当時の民権運動と響きあって多数の読者を引きつけ、創刊半年後の明治十七年十月二十二日から十二月九日まで四十九日間の発禁処分を受けたものの、発行部数を東京で第二位にまで伸ばした。だが明治十八年十月に星が半年の禁錮刑を終えて出獄して復帰するとまもなく小室、宮崎、坂崎らが退社し、明治十九年一月十四日より『燈新聞』と改題。挿絵は修《しゅう》斉国泰《さいくにやす》・豊原国周《とよはらくにちか》などに交替、小説や雑報の比重は減り、社説は原則無署名となり、欧州の政界事情を紹介する「海外相談欄」が設けられた。星亭、加藤平四郎、荒川高俊、高橋基一などが国会開設を目前にした政体論、貧困をはじめとする社会問題、地方自治論などを展開した。明治二十年(一八八七)二月十五日から三月二十三日まで発行停止となり、千円以上の損害を出す。同年三月星亭は廃刊の意向を示したが、板倉中《いたくらなかば》・君塚省三《きみづかせいぞう》の資金援助を得て、規模を縮小して存続することにし、同年四月一日『めさまし新聞』と改題したが、結局翌年七月大阪の朝日新聞社に売却され『東京朝日新聞』に変じた。→めさまし新聞《しんぶん》

参考文献　松尾章一編『自由燈の研究―帝国議会開設前夜の民権派新聞―』(一九九一、日本経済評論社)

（土屋　礼子）

じゆうはいぎょううんどう　自由廃業運動　前借金返済以前の娼妓の廃業を手助けした運動。娼妓の廃業届は、楼主の連署がないと認められなかったため、前借金返済以前の娼妓の廃業は事実上できなかった。これに抵抗して、明治三十三年(一九〇〇)前後の時期には、何人かの娼妓が弁護士の支援のもと、廃業届への楼主の連署を請求する裁判を起した。北海道函館の娼妓坂井フタは、明治三十三年二月、大審院で、「身体を拘束するを目的とする契約に至りては」「法律上の契約の効力を有するものにあらす」、つまり、娼妓が楼主に対して一定の年限一定の場所において娼妓を営むべき旨の契約を締結するのは無効であるとの判決を勝ち取った。以後、アメリカ人宣教師モルフィらの尽力で何人かの娼妓が同様の判決を勝ち取った。その後、救世軍などが各遊廓で自由廃業の宣伝を行い、一時期自由廃業する娼妓が相ついだ。島田三郎が社長を勤めた毎日新聞社や、秋山定輔《あきやまさだすけ》の二六新報社も自由廃業を宣伝した。自由廃業の手助けのため、娼妓に会いに遊廓へ赴いた救世軍のイギリス人少佐が、遊廓業者から暴行を受けた事件は、日本政府にとってゆるがせにできない問題となった。明治三十三年十月には、内務省令第四四号娼妓取締規則が発布され、娼妓の自由廃業の権利が認められた。しかし、娼妓名簿削除の申請は、「自ら警察官署に出頭して之を為すにあらされば受理せさるものとす」との法文が悪用されたことなどにより、自由廃業はその後も困難を極めた。また、自由廃業を成し遂げた後、楼主に財産を差し押さえられた娼妓大熊きんとその父親が起した裁判は、娼妓の楼主からの借金に関する返済の義務の有無を巡って、明治三十三―三十五年にかけて争われたが、娼妓側の敗訴に終った。つまり、娼妓の廃業は自由であるが、前借金は返済しなければならないとされたのである。この結果、娼妓の自由廃業はきわめて困難となった。

自由廃業をした娼妓たち

参考文献　山室軍平『社会廓清論』(一九七七、中央公論社)、伊藤秀吉『日本廃娼運動史(復刻版)』(一九八二、不二出版)

（小野沢あかね）

じゆうびょうどうけいりん　自由平等経綸　明治時代中期の自由党系政論雑誌。明治二十四年(一八九一)三月一日に東京の自由平等経綸社から創刊、菊判で四〇～五〇頁だてで、一日・十五日の月二回発行された。社長に新井章吾、主筆に中江兆民、記者には生原盛之《いくはらもりゆき》・河島醇《かわしまあつし》・江口三省《えぐちさんせい》・天野政立《あまのまさたつ》・三崎亀之助《みさきかめのすけ》・曾田愛三郎《そだあいざぶろう》らがいた。立憲自由党の機関雑誌として、自由平等主義に立った実際的施策を打ち出し、政治的公論の発達に寄与しようとする趣旨で刊行された。立憲自由党は、旧愛国公党・旧大同倶楽部・旧再興自由党の旧自由党系三派の鼎立状況が続いており、政党として充分に機能していなかったため、議院外党員・人民との結合による同党立て直しを党員に訴え、また立憲国にふさわしい議院内閣制の主張が展開された。終刊時期は不明だが、第三一号か三二号まで刊行された模様で、発行部数は毎号一万二千部と広告している。東京大学明治新聞雑誌文庫・国立国会図書館に所蔵されている。

『自由平等経綸』第１号

参考文献　西田長寿『明治時代の新聞と雑誌』(『日本歴史新書』、一九六一、至文堂)、松永昌三『中江兆民の思想』(一九七〇、青木書店)

（松崎　稔）

じゆうぼうえき　自由貿易　⇩貿易政策論《ぼうえきせいさくろん》

じゆうみんけんうんどう　自由民権運動　明治時代前期、国会開設・憲法制定・地租軽減・条約改正・地方自治などを求めて展開された政治運動。〔開幕と高揚〕明治七年(一八七四)一月、板垣退助らの民撰議院設立建白書の提出をきっかけに生起。同建白書は議会開設をめぐる論争を引き起こし、民権の主張を掲げて激しく政府を攻撃する新聞・雑誌もあらわれた。これに対し政府は、八年六月、新聞紙条例と讒謗律《ざんぼうりつ》を定めて弾圧を強めた。一方、七年四月、板垣らは土佐に立志社を創立し、これにつづいて士族中心の結社が各地で結成され、八年二月には全国の結社の連絡組織として愛国社が創立された。愛国社は板垣が政府に復帰したため自然消滅。運動の担い手が士族のため、しばしば士族反乱と共同歩調をとることもあったが、西南戦争での政府軍の勝利は武力抵抗が不可能なことを悟らせた。十年(一八七七)六月、立志社は政府に建白書を提出し(却下)、国会開設・地租軽減・条約改正などを要求。地租問題は豪農層が運動に参加する契機となった。翌年、立志社は各地に呼びかけて愛国社を再組織。各地の豪農層は結社をつくり、学習活動をすすめながら、演説会の開催、署名集めなどに取り組んだ。新聞は民権の主張を掲げて政府を批判し、各地の運動の様子を全国に伝えた。都市では新聞記者、代言人、私塾の教師などが結社をつくって演説会を開き、民権の主張を強めた。十三年三月、大阪で開催された愛国社主唱の国会開設願望者有志大会には、愛国社加入の政社だけでなく、未加入の政社からも代表が多数参加して、愛国社とは別に国会の開設をめざす全国組織として国会期成同盟を結成。四月には国会開設請願書を政府に提出した(受理されず)。各地の代表者も続々と上京して建白書や請願書を政府に提出しようとしたが、政府はこれらを受け入れようとせず、かえって集会条例を定めて取締りを強めた。十一月、国会期成同盟は第二回大会を開き、翌年の大会までに各政社が憲法草案を起草してもちよることなどを決定。また、運動の力を強めるために政党を結成しようとする動きも起った。北海道開拓使官有物払下げ事件を契機に政府批判の世論が最高潮に達するなか、十四年十月、期成同盟第三回大会に集まった活動家は板垣退助を総理(党首)に自由党を結成した。一方、十五年三月には前年の政変で政府を追放された大隈重信を総理(党首)に立憲改進党が結成された。〔衰退と終幕〕十五年、政府は集会条例・新聞紙条例を改めるなどして取締りを強め、運動の切り崩しをねらって板垣を洋行させようとした。板垣は一部党員の反対を押し切ってヨーロッパに出発。立憲改進党側は旅費の出所などを問題にして外遊を批判し、自由党側は大隈と三菱の癒着を取り上げて改進党を攻撃するなど、両党関係は険悪化した。一方、同年十一月、福島県で自由党員・農民と警察が衝突する福島事件が起り、事件後、関東地方の自由党員の中では、政府の弾圧に対して挙兵とテロで対抗しようとする急進的な傾向が強まった。松方デフレ下の経済情勢がこの傾向を加速。負債をかかえた東日本の蚕糸業地帯の農民たちは、各地で地主や高利貸に負債の利子減免、元金の年賦払いなどを要求する行動を起した。十七年五月、群馬県の自由党員は農民たちを組織して政府を倒すことを計画したが、高利貸を襲撃しただけで失敗に終った。福島・栃木・茨城の自由党員は、県令・大臣らの暗殺を計画し、九月、茨城県の加波山で挙兵したが、敗れて各地で逮捕された。自由党本部は党員のこのような動きを統制することができなくなり、十月末、解党を決定。弾圧の強まりや党の財政難が原因ともいわれる。同じころ、立憲改進党の中にも解党問題が起り、十二月、大隈らの幹部が党を離れた。一方、自由党解党の直後、埼玉県秩父地方の困民党は農民数千人を革命軍に組織して蜂起し、一時、秩父地方一帯を制圧したが、軍隊の出動によって壊滅した。以後、旧自由党員の蜂起計画が相ついで弾圧され、十八年には大井憲太郎らが武力による朝鮮の内政改革をくわだてて逮捕された(大阪事件)。こうして運動はいったん衰退したが、国会開設が近づいた十九年、旧自由党員らの大同団結の呼びかけで再び運動は盛り上がる気配をみせた。二十年(一八八七)夏からは地租軽減、言論・集会の自由、外交の挽回(条約改正)を要求する三大事件建白運動が全国に広がった。これに対し政府は十二月に保安条例を定め、運動の中心人物を東京から追放した。二十一年には大同団結運動が高揚したが、国会で民権派

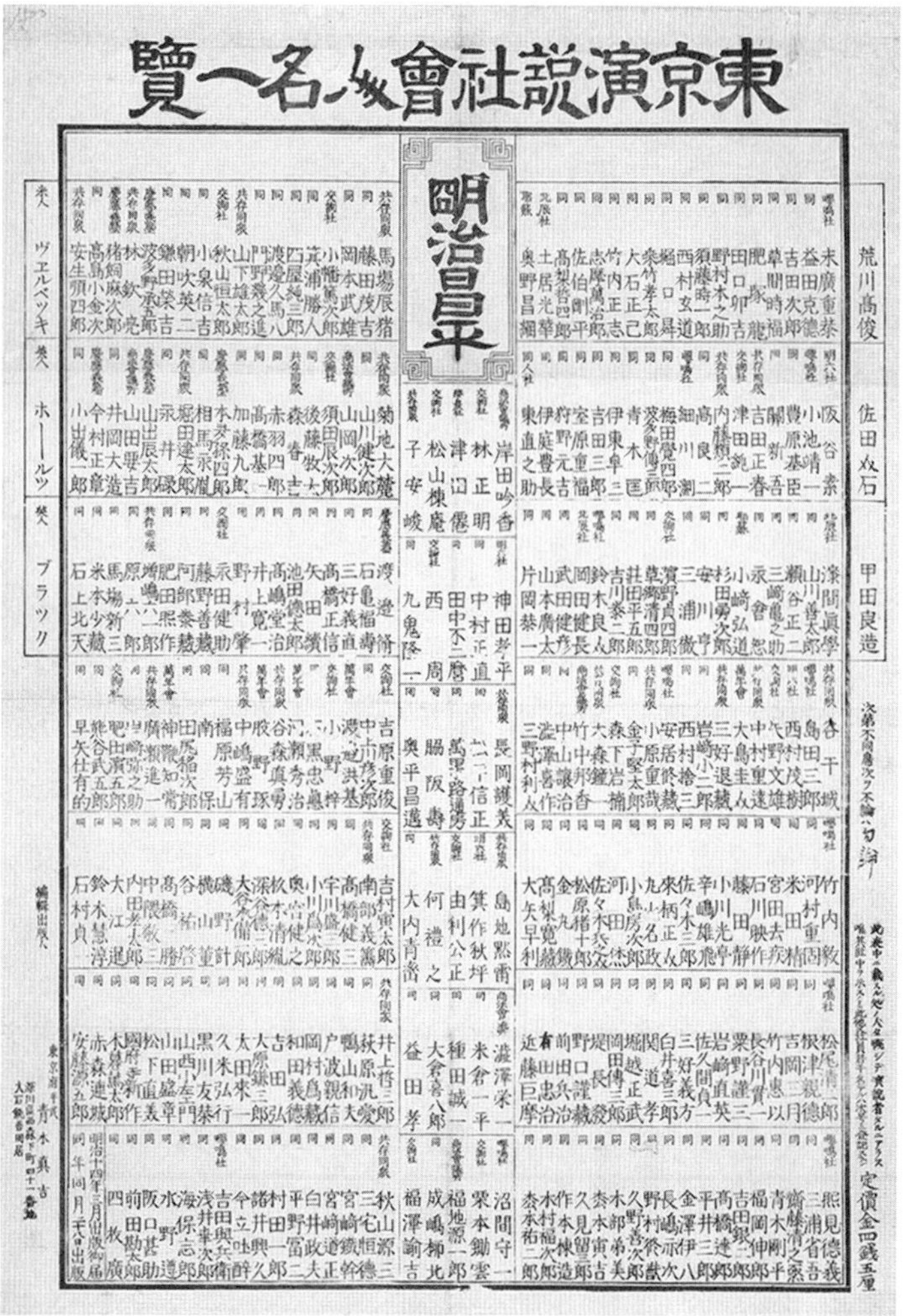

自由民権運動　東京演説社会人名一覧

が勢力を占めることに運動の主眼は変化。二十二年の憲法制定と翌年の国会開設で十数年にわたる運動は終幕を迎えた。初期議会期の民党の活動に運動は継承されたが、地主政党・代議士政党に変質した自由党は、次第に政府との妥協の道を歩んだ。→国会開設運動《こっかいかいせつうんどう》 →三大事件《さんだいじけん》建白運動《けんぱくうんどう》 →大同団結運動《だいどうだんけつうんどう》 →都市民権運動《としみんけんうんどう》

参考文献 江村栄一『自由民権革命の研究』(『叢書・歴史学研究』、一九八四、法政大学出版局)、同編『自由民権と明治憲法』(『近代日本の軌跡』二、一九九五、吉川弘文館)

(大日方純夫)

じゅうもんじしんすけ 十文字信介 一八五二―一九〇八 政治家、実業家。嘉永五年(一八五二)十一月、陸奥国涌谷伊達家の家臣の家に生まれる。明治四年(一八七一)上京、英書を箕作秋坪に学ぶ。また津田仙の学農社に入って農業雑誌の編集長となる。のち広島県勧業課長となり、著書『農学啓蒙』を出す。明治十七年(一八八四)郷里宮城県の勧業課長となり、宮城農学校の初代校長も兼任した。十九年仙台区長に選出され、宮城郡長を兼任。市政実施とともに区長を退いた。二十三年(一八九〇)七月の第一回総選挙に宮城三区から当選、大成会に属した。第一議会終了後に大成会の再編問題が浮上すると、同会所属の東北選出代議士の中で、再編問題からは離れて、独自に東北地方の利益を代表する奥羽連合同志会なる団体をつくる動きがおきた。十文字もそれに同調したと推測されるのだが、二十四年暮れに第二議会が解散されると、翌二十五年二月の第二回総選挙には出馬せず、政治家としての活動を終えた。狩猟にたくみで、海山猟夫の号がある。明治四十一年(一九〇八)八月十二日没。五十七歳。

参考文献 木戸照陽編『日本帝国国会議員正伝』(一八九〇、田中宋栄堂)、村瀬信一「「吏党」大成会の動向」(『日本歴史』四五四、一九八六)

(村瀬 信一)

自由民権運動 大熊及海坊主退治

しゅうよううんどう 修養運動 明治時代中期以降、自己形成や人格完成を中核理念として展開された思想運動。二十世紀初頭、富国強兵など近代化を突き進み、日露戦争に勝利した日本において、青年層を中心に一種の生き甲斐喪失状況が生まれた。その対応の中で、修身の教化や修養運動が起きた。運動を推進したのは、仏教やキリスト教など宗教関係者や知識人が多く、多様な展開が見られる。日本力行会は明治三十年(一八九七)日本民族の心と生活の救済「霊肉救済」を旗印に、島貫平太郎牧師が創立した。清沢満之《きよざわまんし》は、浄土真宗の信仰と西洋哲学の素養の上に立ち、浩々洞《こうこうどう》にて『精神界』(明治三十四年)を創刊した。蓮沼門三《はすぬまもんぞう》は、東京府師範学校内で「修養団」を創立(同三十九年)、機関誌『向上』を創刊。「愛と汗」を基本理念として社会教育活動をした。新渡戸稲造は儒教的な「礼」をキリスト教の「愛」として受容するなど、大衆に向け「修養」論を展開した。ほかには、自己覚醒を目ざす静坐を岡田虎次郎が主唱。全体との関わりにおける人格的人間形成を目ざした田沢義鋪《たざわよしはる》の青年団運動、路頭・托鉢の生活に真実を見出す西田天香《にしだてんこう》の一燈園《いっとうえん》などがある。人格主義を特徴とした当時の修養論は、その後、青年運動においてみずからの社会生活を中心とした社会改造と不可分なものとして展開したものもある。

参考文献 筒井清忠『日本型「教養」の運命―歴史社会学的考察―』(一九九五、岩波書店)、瀬川大「『修養』研究の現在」(『研究室紀要』三一、二〇〇五)

(桑原 哲朗)

しゅうようだん 修養団 明治時代末期から現代に至る民間の社会教化団体。文部科学省所管の財団法人。機関誌『向上』発刊。明治三十九年(一九〇六)二月十一日東京府師範学校学生の蓮沼門三によって創設された。日露

戦争後の個人主義的な快楽主義、官能主義の風潮に対して、「流汗鍛錬《りゅうかんたんれん》、同胞相愛《どうほうそうあい》」をスローガンに社会協調、勤倹努力を説き、国民の人格の向上による風紀改善をめざした。大正時代に、キャンプなどの野外研修を通して地域青年運動と結合、急速に勢力を伸ばした。大正六年(一九一七)田尻稲次郎《たじりいなじろう》(子爵、東京市市長)を初代団長に迎え、十三年(一九二四)に司法界の大立者平沼騏一郎《ひらぬまきいちろう》が二代目団長に就任、同年、宮内省から修養団会館建設地の無償貸与を受け、皇室の知遇を得る。昭和期には国民精神総動員運動を民間の側から推進した。敗戦後も解散をまぬがれ、伊勢に神都国民道場伊勢青少年研修センターをもち、団員ばかりでなく企業の社員も受け入れ、教化教育を行なっている。→蓮沼門三《はすぬまもんぞう》

参考文献 『修養団運動八十年史—わが国社会教育の源流—』(一九八五、修養団) (宮崎 晶行)

じゅうようぶっさんどうぎょうくみあいほう 重要物産同業組合法 同一地域内商工業者の業種別組織である同業組合に関する法。明治三十三年(一九〇〇)三月七日公布、四月一日施行。維新政府による株仲間解散に伴う市場や商取引の混乱に対し、商工業者側から秩序の回復を求める動きが起り、明治十七年(一八八四)十一月同業組合準則(農商務省達)が府県に通達された。しかし非加入者に対する制裁を欠くために効果が上がらず、明治三十年四月に重要輸出品同業組合法が公布され、指定を受けた輸出品について地域内の同業者に強制加入を義務付け、産地の同業組合に製品検査を行わせた。これが三十三年重要物産同業組合法に改められ、国内向けにも適用された。同法に基づく同業組合は全国に数多く設立されたが、昭和期に入り工業組合・商業組合がおのおの法制化されると役割は低下し、昭和十八年(一九四三)三月商工組合法制定に伴って廃止された。→同業組合《どうぎょうくみあい》

参考文献 由井常彦『中小企業政策の史的研究』(一九六四、東洋経済新報社)、藤田貞一郎『近代日本同業組合史論』(一九九五、清文堂) (満薗 勇)

しゅくさいじつ 祝祭日 明治初年から太平洋戦争終了まで、国によって休日と定められた祝日と大祭日。明治政府は成立直後の明治元年(一八六八)八月に、明治天皇誕生日九月二十二日を天長節とし、祭祀と祝宴が行われた。同年十一月十八日(十二月三十一日)の新嘗祭《にいなめ》には、京都および山城国内の仏事を禁止し、庶民に至るまで五穀豊穣と天下泰平を祈願することを命じた。明治三年三月に同月十一日を神武天皇祭と定め、さらに、同年四月には正月朔日・正月十五日・三月三日・五月五日・七月七日・七月十五日・八月朔日・九月九日・九月二十二日を祝日とし、商船などに国旗日の丸の大旗を掲揚することとした。明治五年十一月十五日(一八七二年十二月十五日)、『日本書紀』の記述のまま正月一日を神武天皇即位日と定めた。太陽暦実施直後の明治六年一月四日、従来の五節句などの祝日を廃止し、祝日は天長節と神武天皇即位日のみとした。同年三月七日、神武天皇即位日を紀元節と改称し、『日本書紀』の紀年を逆算して二月十一日に固定した。さらに同年十月十四日、次の祝祭日を休暇日と定めた。一月三日元始祭・一月五日新年宴会・一月三十日孝明天皇祭・二月十一日紀元節・四月三日神武天皇祭・九月十七日神嘗祭《かんなめ》・十一月三日天長節・十一月二十三日新嘗祭。このほか、すでに同年一月七日に「一月一日ヨリ三日迄 十二月二十九日ヨリ三十一日迄」を休暇日と布告してあるので、一月一日四方拝《しほうはい》は右祝祭日休暇日に含まれていない。なお、明治十一年(一八七八)に

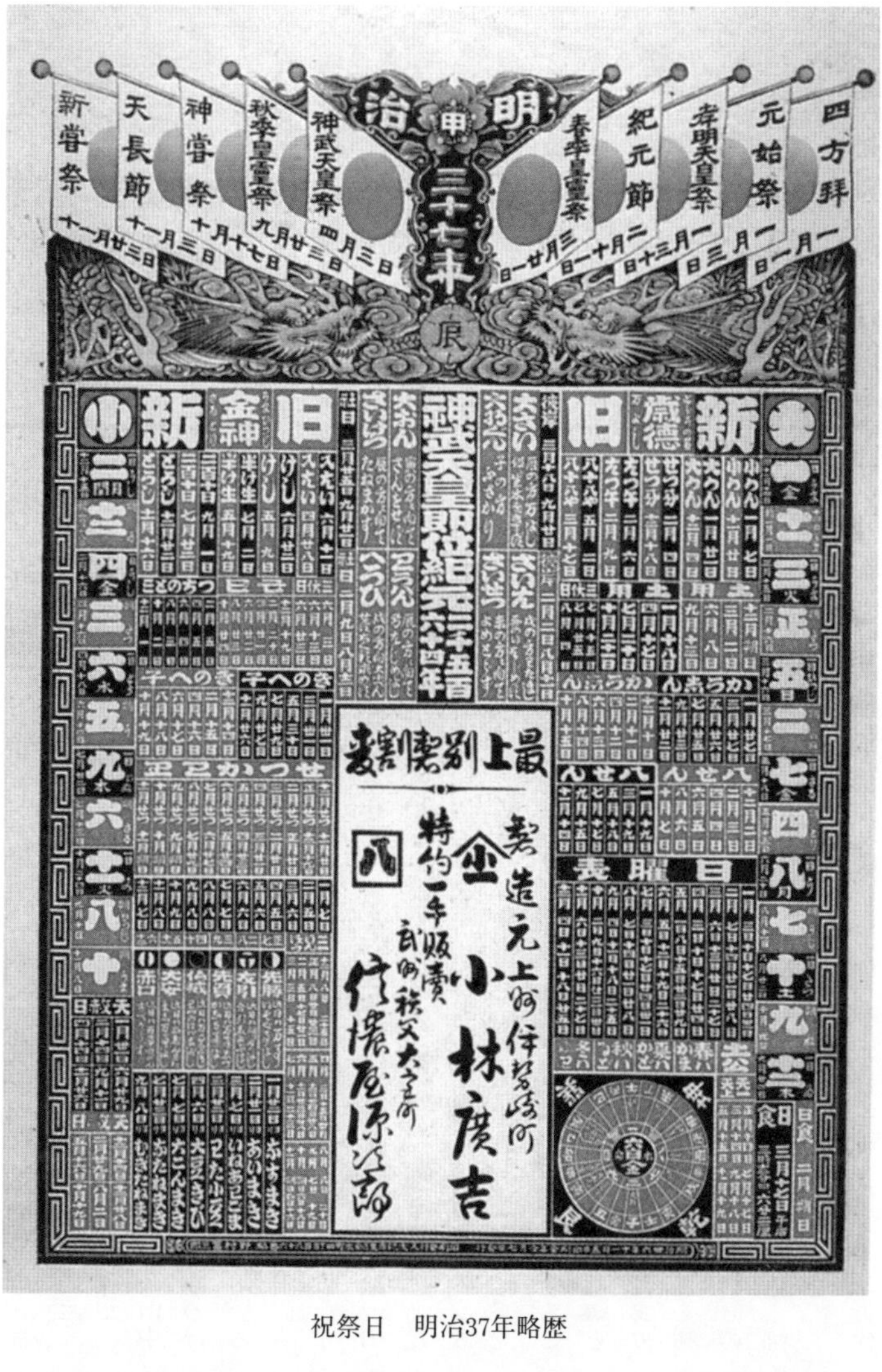

祝祭日 明治37年略歴

春季皇霊祭(春分)・秋季皇霊祭(秋分)が追加され、明治十二年に神嘗祭が十月十七日に変更された。大正時代には先帝祭と天長節の日付が変更されたが、天長節が八月三十一日と盛夏であったため、別に天長節祝日十月三十一日が設けられた。昭和になって明治節十一月三日が加えられた。祝祭日のうち四方拝・紀元節・天長節は三大節(昭和には明治節を加えて四大節)として盛大な祝典が催された。このように、日本近現代の祝祭日は皇室の祭祀と行事を軸に形成されたもので、祝祭日には国旗の掲揚が義務付けられるようになり「旗日」と呼ばれた。官公庁や教育の場において、御真影の奉拝・教育勅語奉読・国歌・式歌の斉唱などを通じて、皇室崇拝や国家主義の高揚に役立たされた。→学校儀式《がっこうぎしき》 →休暇制度《きゅうかせいど》 →休《きゅう》日《じつ》

参考文献 八束清貫『祭日祝日謹話』(一九三三、内外書籍)、所功『日本の祝祭日―日の丸・門松・鯉のぼり…そのルーツと歴史を探る―』(『二十一世紀図書館』七三、一九八六、PHP研究所)
(岡田 芳朗)

しゅくさいじつしょうか　祝祭日唱歌　文部省が明治二十六年(一八九三)八月十二日、『官報』で告示した祝祭日に歌う唱歌。次の八曲である。「君が代」古歌、林広守《はやしひろもり》作曲。「勅語奉答」勝安芳《かつやすよし》作歌、小山作之助作曲。「一月一日」千家尊福《せんげたかとみ》作歌、上真行《うえさねみち》作曲。「元始祭」鈴木重嶺《すずきしげね》作歌、芝葛鎮《しばふじつね》作曲。「紀元節」高崎正風《たかさきまさかぜ》作歌、伊沢修二《いさわしゅうじ》作曲。「神嘗祭《かんなめさい》」木村正辞《きむらまさこと》作歌、辻高節《つじたかみさ》作曲。「天長節」黒川真頼《くろかわまより》作歌、奥好義《おくよしいさ》作曲。「新嘗祭《にいなめさい》」小中村清矩《こなかむらきよのり》作歌、辻高節作曲。告示に先立つ二十年十一月三日、「天長節の歌」(高崎正風作歌)が華族女学校で歌われた。翌年二月十一日には文部大臣森有礼《もりありのり》出席のもと、神武天皇の徳を頌した「紀元節」や「君が代」を、東京音楽学校の生徒らが合唱した。文部省は忠君愛国の志気涵養を目的に二十四年六月十七日、小学校祝日大祭日儀式規定を定め、楽曲は二十六年に告示した。この祝祭日唱歌は、第二次世界大戦が終わるまで、儀式とともに歌い続けられた。

参考文献 『文部省例規類纂(復刻版)』一(一九八七、大空社)、東京芸術大学百年史編集委員会編『東京芸術大学百年史―東京音楽学校篇―』一(一九八七、音楽之友社)
(倉田 喜弘)

しゅくしんのうぜんき　粛親王善耆　Suqinwang Shanqi 一八六六―一九二二　清朝の皇族。一八六六年鑲白旗出身。清朝皇族八大家筆頭である粛親王家の第十代目にあたる。諡は忠。八六年に二等鎮国将軍に封じられ、九八年に父粛良親王の死とともに粛親王を襲爵した。義和団事件では、戦火により多くの家財を失った。清廉な政治家で、崇文門税務衙門監督に就くと汚職の取締りを強化した。工巡局管理事務大臣の時に川島浪速と知り合う。一九〇六年理藩院管理事務大臣、翌年民政部尚書、一一年には慶親王内閣の民政大臣(のちに理藩大臣に転任)を歴任し、開明派として政治改革を進めた。辛亥革命に際しては皇帝退位に反対、一二年二月、北京を脱出して旅順に亡命し、日本の支援のもと、宗社党の中心人物として蜂起独立を画策するが失敗した。一六年には日本の反袁政策から、再度独立計画の実施を試みるが、日本の方針変更により中止となった。二二年二月十七日、旅順で病死した。五十七歳。川島芳子は第十四王女。

粛親王善耆

参考文献 石川半山『粛親王』(一九一六、警醒社書店)、愛新覚羅連紘「粛親王家雑記」(畑中幸子・原山煌編『東北アジアの歴史と社会』所収、一九九一、名古屋大学出版会)、波多野勝『満蒙独立運動』(『PHP新書』、二〇〇一、PHP研究所)
(北野 剛)

じゅけいかく　聚圭閣　東京の書肆。柳心堂とも。山中喜太郎が経営。明治初年から中期にかけて、和漢籍のほか、啓蒙書、政治学書、史書などを刊行・販売している。

参考文献 三橋猛雄『明治前期思想史文献』(一九七六、明治堂書店)
(鵜飼 政志)

しゅけんせん・りえきせんろん　主権線・利益線論　山県有朋首相が日清戦争前の海軍拡張の必要を説くにあたって、明治二十三年(一八九〇)三月に提出した「外交政略論」に使用された語句。国家独立自衛のためには、主権線(領土)を守禦するだけでなく、利益線を防護することが必要であるという論理が展開されている。利益線とは、主権線の安危と深く関係する区域を指すものであり、国家が独立を維持しようとすれば、主権線だけでなく利益線も防護しなければならないというもので、この時の利益線とは具体的には朝鮮半島を指していた。この主権線・利益線論は、しばしば当時の国際環境を離れて、主権線を拡張し続けた(したがって利益線も拡大する)近代日本の膨張主義的侵略政策を都合よく表している語句として使用される。しかし当時の歴史的文脈としては、日本の膨張や朝鮮を日本の支配下に置こうとするものではなく、ロシアの朝鮮への進出を阻止するために、朝鮮の中立化が必要であり、そのために英国やドイツと連合し、日清も提携して朝鮮の保全を図るという、他力に依存する外交政策論であった。そもそも一八八五年の巨文島事件は、ロシアによるシベリア鉄道建設計画をきっかけにした英露対立が表面化したものであった。山県有朋は、この東アジアにおける軍事的緊張に際して、明治十九年(一八八六)ごろに「軍事意見書」を起草し、東洋における数年内の一大波乱を予想し、日本の兵備完整の急務を説き、また英露開戦の場合に日本は局外中立を守るかロ

シアあるいは英清に与するか、いずれかを選択しなければならないと述べていた。加藤陽子によれば、主権線・利益線論は、明治二十二年六月に山県がウィーンを訪ねた際に面会したローレンツ＝フォン＝シュタインから学んだ概念であり、先の「軍事意見書」にその趣旨が加わり「外交政略論」が成立したという。つまり「外交政略論」の背景にある山県の海外情勢認識は、明治十八年ごろのものを引き継いでおり、第一回帝国議会(十二月六日)での主権線・利益線論の再説は朝鮮中立化論には言及されてはいないものの、海軍拡張予算の獲得が日清開戦のためのものではなく、東アジアの有事に備えてのものであったことを示している。

参考文献 「衆議院第一回議事速記録第四号」(『官報』号外、明治二十三年十二月七日)、大山梓編『山県有朋意見書』(『明治百年史叢書』、一九六六、原書房)、加藤陽子『戦争の日本近現代史―東大式レッスン！征韓論から太平洋戦争まで―』(『講談社現代新書』、二〇〇二、講談社)

(櫻井 良樹)

しゅげんどう 修験道 奈良時代、役行者《えんのぎょうじゃ》によって山岳信仰と神道・仏教・道教などを習合して確立された宗教。近世においては天台宗系の本山派と真言宗系の当山派に分類されたが、明治五年(一八七二)に廃止され、本山派は聖護院を本寺とする天台宗に、当山派は醍醐寺三宝院を本寺とする真言宗にそれぞれ編入した。編入後の両宗派内での修験両派の立場は弱く、儀礼や衣服の着用、組織的な活動なども悉く禁じられた。しかし修験者たちは政府や宗派に対して再三にわたって独立を求め、また修験者と信者が集まって修験独自の儀礼が執り行われるなど、その活動は継続されていた。さらに編入先の両宗派において、天台宗では山門派と寺門派の分離、真言宗では醍醐寺からの智山派・富山派の独立などによって、特に教団運営の面において修験寺院の存在を軽視することができなくなり、修験側の覚醒と相まって各宗派内で独自の活動が認められるようになった。

参考文献 宮家準『神道と修験道―民俗宗教思想の展開―』(二〇〇七、春秋社)

(安中 尚史)

じゅさんきょく 授産局 明治九年(一八七六)八月五日に金禄公債証書発行条例が出され家禄・賞典禄廃止と公債支給が実施され、士族の授産が急務となったことをうけて、同月十日内務省内に設けられた機関。杉浦譲《すぎうらゆずる》の献策によるものである。職務の内容は、士族救済・授産の一切の事務を管掌することで、授産局は、授産の方法規則・開墾規則の創定および改正、直轄授産場の統括・資金投入、各地方官の指揮する授産方法・規則の検認にあたり、松方正義大蔵大輔が授産局長を兼任した。具体的事業としては、陸羽・下野の荒蕪地を内務省用地とし、開墾者に資金を貸与し開墾事業の推進と統括にあたった。その後、機構改変により明治十年(一八七七)一月十九日授産局という機関名はなくなったが、業務は内務省勧農局に吸収されて継続された。

参考文献 落合弘樹『明治国家と士族』(二〇〇一、吉川弘文館)

(横山百合子)

じゅさんじょ 授産所 困窮者に職業を授ける公私施設。明治期は時期により内容が異なってくる。廃藩置県以降十年代後半までは府県困窮士族授産のための施設であり、内務省も明治九年(一八七六)八月授産局を設置、十二年(一八七九)安積《あさか》疏水起工などの士族授産事業を推進した。二十年代に入ると都市貧民の増大が社会問題になり始め、慈善家や慈善団体による救護活動が行われるようになった。三十二年(一八九九)三月法律第九三号行旅病人及行旅死亡人取扱法が公布されたことにより、市町村と所轄警察署において困窮行旅病人の預け入れ先が法的に必要となってきた。さらに日露戦争による軍人遺族救護の課題が社会に重くのしかかってくる。ただし明治中後期は公営授産施設は未だ設立されなかった。明治末期段階では、大阪の小林佐兵衛の小林授産場、神戸の熊野卯助の熊野授産場などは、浮浪者狩りや警察から送られてくる出獄人の受け入れを当局から依頼されて土地の侠客が設立した施設であり、大阪の場合は旧幕期の御救小屋の流れを受け継いでいた。仙台市の阪琢治(医師)経営の宮城授産所や福島市の菅藤留吉(元侠客)経営の福島授産所などでは市より行路病人や捨子が預けられていた。東京・大阪・富山などの愛国婦人会支部は軍人遺族と廃兵の救護を目的とした授産事業を行なっている。特徴的なことは横須賀・佐世保・呉・舞鶴などでは海軍下士卒家族共励会が組織されており、そこが授産事業を展開していることである。海軍側の被服などの業務発注がそこには関係していた。内務省としても四十三年(一九一〇)には全国の感化救済事業を調査しており、四十四年には社会事業家の原胤昭《はらたねあき》が詳細な「全国慈善事業視察報告書」を作成しているが、公的機関が授産事業にかかわるのは、横浜市では大正十三年(一九二四)横浜市婦人授産所、東京市では大正十五年市中央授産所というように、大正期も第一次大戦後のこととなる。

参考文献 社会福祉調査研究会編『戦前日本社会事業調査資料集成』九(一九九四、勁草書房)

(宮地 正人)

しゅしこうかんかい 種子交換会 ⇨農談会《のうだんかい》

しゅぞうぎょう 酒造業 清酒・濁酒・味醂《みりん》・焼酎などの酒類を製造し、明治七年(一八七四)府県物産表では工産物価額の一七%を占めた、当時最大の製造業。清酒醸造の場合、蒸した粳米《うるち》を麴菌で発酵させ濾過したのち加熱殺菌、貯蔵、調合、容器詰めの各工程を要し、製麴・製樽・製壜・販売など関連産業も展開した。近世後期まで酒造家は都市から在方へと広がりつつも酒造株で制限されていた。四年七月の「清酒濁酒醤油鑑札収与並ニ収税方法規則」が免許料と引き換えに新規開業自由を認めると、自家産米を利用する地主副業型の零細業者を中心に明治十年代前半にかけて参入者が急増した。その結果、㈠高い技術を持ち大都市ほか広範な市場向けに高価な酒を生産する灘など酒造先進地の大規模専業型、㈡相対的に技術水準が低く安い酒を少量生産する地主副業型の二類型が生じた。酒造税則(十三年九月)や酒造税法(二十九年三月)など一連の増税策により生産性の低い零細醸造家の経営環境が悪化する一方、大規模醸造家の中には鉄道など交通機関の発達を背景に地方市場開拓の度を強めて銘柄の確立や瓶詰めの採用など変革を進めるものも現われ、専業化・大規模化が進んだ。国税収入に占める酒税の割合は八年の一%から十三年(一八八〇)九%、二十三年(一八九〇)二〇%と急上昇後、三十三年(一九〇〇)三八%、四十三年(一九一〇)二七%と高い水準で推移した。これに伴い税源涵養の観点から酒造業の保護育成策が図られた。元来、腐造対策を中心に十年代から酒造技術向上への関心は官民通じて高く、各地に置かれた税務管理局が造石検査の一方で技術指導と監督にあたった。三十二年には市場確保のため自家用酒生産が禁止されたほか、七月には酒造組合規則が制定され強制力を伴う業者組織化への道を開いた。三十七年に大蔵省醸造試験所が設置され、四十一年に日本醸造協会主催の第一回酒造講習会が開催されるなど技術向上のための全国的支援体制が整えられるにつれ、地方酒造家の技術も向上した。また四十年から開催された全国清酒品評会における秋田・広島など地方酒の入賞も、その市場評価を高めるのに貢献した。

参考文献 藤原隆男『近代日本酒造業史』(『Minerva 日本史ライブラリー』八、一九九九、ミネルヴァ書房)
(差波亜紀子)

しゅぞうぜいそく 酒造税則 全国の酒造業者のみを対象としたものとしては初の課税規則。明治十三年(一八八〇)九月二十七日布告。醸造酒・蒸留酒・再製酒の三種類につき免許税と造石税の賦課方法を定めた。免許税は共通で従来一営業者ごと十円のところ一酒造場につき三十円とし、造石税は清酒を含む醸造酒の場合、一石につき一円から二円に引き上げた。また酒造検査の厳格化、脱税に対する罰則強化を打ち出し、十五年改正では新規開業の条件として造石高最低基準(清酒は百石以上)、地方同業者五人以上の連印の二項も加えられた。一方、一石未満の自家用飲料酒醸造は例外として認めたため、安価な酒を少量生産し地方需要に応じていた多数の零細醸造家の経営環境悪化を招き、酒屋会議の原因となった。背景には、定額地租に依存する政府財政が西南戦争後のインフレで危機的状況になったが地租増徴は困難だったことや、零細醸造家の淘汰を促し大規模醸造家中心の構造のうえに安定した徴税体制を築こうという政策意図があった。→酒屋会議《さかやかいぎ》

参考文献 藤原隆男『近代日本酒造業史』(『Minerva 日本史ライブラリー』八、一九九九、ミネルヴァ書房)
(差波亜紀子)

しゅぞうぜいほう 酒造税法 明治二十九年(一八九六)三月二十八日公布の酒類造石税に関する法律。日清戦後経営の財源確保を目的とした税制改革の一環として制定された。免許税は同年制定の営業税に吸収され、第一種(清酒・白酒・味醂)、第二種(濁酒)、第三種(焼酎・酒精)についてそれぞれ造石税一石あたり七円、六円、八円を課すとした。清酒の場合、十五年(一八八二)酒造税則改正による一石四円からの引上げだったが、好景気のもと大反対はなかった。その後景気は悪化するも、三十一年(一八九八)改正で同十二円、三十四年改正で同十五円(アルコール度数二〇度以下、超過分は一度につき七十五銭加算)と増徴されると、地方零細業者を中心に酒造業者数は減少、全体の造石高も減少した。この間、増税反対・従価税への転換などを求める運動もおこったが、零細業者と主産地大規模業者との足並みが揃わず成功しなかった。ただ三十二年の自家用飲料酒醸造禁止、三十四年三月の麦酒税創設は清酒市場拡大の可能性を広げ、三十二年七月の酒造組合規則制定は同業者組織化の足掛かりを与えた。

参考文献 藤原隆男『近代日本酒造業史』(『Minerva 日本史ライブラリー』八、一九九九、ミネルヴァ書房)
(差波亜紀子)

シュタイシェン Michael A. Steichen 一八五七―一九二九 カトリック司祭、パリー外国宣教会会員。ルクセンブルグのデュドランジュで一八五七年十二月十七日に生まれる。一八八六年司祭叙階。子供のころ、教会で日本の殉教者の話を聞き、日本に思いを馳せたといわれる。明治二十年(一八八七)来日。盛岡で司牧、次に東京築地の神学校でラテン語・神学などを教え、二十四年から東海道地区宣教の総責任者となる。三十八年(一九〇五)宣教資金集めのため渡欧米。四十年(一九〇七)に日本に戻り、四十二年には聖心女子学院付き司祭となる。大正元年(一九一二)からは公教雑誌『声』の主幹として活動した。大正七年には築地神学校校長となる。高橋五郎の協力で、福音書の和訳『聖福音書』上下(明治二十八・三十年)を出版している。著作に仏文の『島原乱』(一八九八年)、『切支丹大名記』(一九〇四年。吉田小五郎訳、昭和五年)などがあり、キリシタン史研究者として、明治期に先駆的役割を担った。昭和四年(一九二九)七月二十六日没。満七十一歳。東京の青山霊園外人墓地に埋葬。

参考文献 「故シュタイシェン師追悼号」(『声』六四四、一九二九)、松崎実「シュタイヘン師の憶出」(『明治文化』五ノ九―一〇、一九二九)
(小川早百合)

シュタイン Lorenz von Stein 一八一五―九〇 ドイツの国家学者。一八一五年十一月十五日にシュレスビッヒで生まれた。キール大学で学び、その後パリに留学し、一八四二年に『フランス現今の社会主義と共産主義』を著わした。五五年ウィーン大学法学部教授となり、国家学という学問体系のもと法学・経済学・行政学・社会学・教育学など、社会科学の全領域を網羅するような分野で業績を積み重ねた。明治十五年(一八八二)伊藤博文が立

憲政体を調査するためヨーロッパに渡り、八月八日から十一月五日までウィーンに滞在した時に十七回にわたって英語で講義を行い、伊藤に最も大きな影響を与えた。伊藤に授けた国家論(立憲政体論)は、次のようなものであった。国家は三つの要素を備えなければならない。すなわち、国家の自己意識を具現化する君主、国家の意思を形成する立法部、国家の行為を司る行政部である。立憲制とはこれら三要素が相互に独立しながらも、互いに規律し合いながら調和を作り出す政体である。君主一人が政治を主導するならば専制君主政となり、立法部がそうならば絶対民主政となり、行政部がそうならば独裁政となり、いずれも立憲制とは対立するものである。このなかでも特に強調したのが、絶対民主政の弊害であった。民主主義は国家の一機関にすぎない立法部(議会)の専横を招き、立憲政治を否定する危険性がある、と共和政治や国会政治を批判する。また、君主は行政部や立法部の決定を裁可し、国家統一を表わすシンボルにとどめるべきである、と専制君主政も批判する。こうして、国家の生命を維持し統治作用を担うものが、君主や立法部から自律した行政部(官僚)であるとする。伊藤はこのような国家論を学び立憲政体構築に向った。伊藤の後、「シュタイン詣で」と呼ばれるように、大山巌・陸奥宗光・谷干城・西郷従道・黒田清隆・山県有朋・金子堅太郎らがウィーンに赴いた。一八九〇年九月二十三日没。満七十四歳。→伊藤博文憲法調査《いとうひろぶみけんぽうちょうさ》

参考文献 瀧井一博『文明史のなかの明治憲法―この国のかたちと西洋体験―』(『講談社選書メチエ』、二〇〇三、講談社)
(勝田 政治)

しゅちいんだいがく 種智院大学 ⇨真言宗連合京都大学《しんごんしゅうれんごうきょうとだいがく》

じゅっきゅうきそく 恤救規則 明治七年(一八七四)十二月八日に太政官達一六二号として布告された救貧のための立法。明治政府は成立当初、救貧についても太政官の決裁が必要とし、地方官が独自に行うことを禁止した。しかし七年に滋賀県から大量の救貧の申請が出されたのをきっかけに、内務省が従来の救貧を太政官の専断事項とする体制を改め、内規により基準を定めようとした。これに対して大蔵卿大隈重信は、それでは救貧の迅速性が保証できないと異議を唱えた。その結果、内規ではなく府県に公達するものとし、一定の期間内の恤救に関しては、地方官の専決を認めた。そのための法令が恤救規則である。これによって明治政府による社会的弱者救済策の中央集権的性格が払拭されたわけではないし、なによりも「恤救(＝恵みをほどこす)」という言葉に明治政府の姿勢があらわれている。昭和七年(一九三二)一月一日の救護法施行まで存続した。

参考文献 福島正夫編『戸籍制度と「家」制度―「家」制度の研究―』(一九五九、東京大学出版会)、古田久一『日本社会事業の歴史(全訂版)』(一九九四、勁草書房)
(岡田 洋司)

しゅっぱんぎょう 出版業 明治時代以降の日本の文筆活動、とりわけ近代文学は、「明治になつて鉛活字が入り更に紙型が取れるやうになつて出版部数が激増するにつけ、出版業者と文筆家との関係は近代企業制度の下に合理化され、と共に所謂専門文筆業者ができた訳である」(塩田良平『現代日本文芸史』)という指摘があるように、活版印刷の移入と普及による近代的出版業の成立・発展とその軌を一にしている。明治初年代にはまだ、仮名垣《かながき》魯文《ろぶん》『西洋道中膝栗毛』、成島柳北《なるしまりゅうほく》『柳橋新誌』、服部撫松《はっとりぶしょう》『東京新繁昌記』などの戯作戯著を出した山城屋政吉をはじめ、個人名を冠した版元による家内工業的な段階に止まっていた。これらは和紙和装本で、木版印刷も広く行われていたが、明治十年代前後からの翻訳文学隆盛のなかで、坂上半七《さかがみはんしち》を版元とするロード＝リットン原作、丹羽純一郎訳『花柳春話』など、体裁においても洋装のボール表紙本が登場する。この間、福沢諭吉は慶応義塾での自家出版に乗り出して積極的な著作に従事し、学術団体明六社も機関誌『明六雑誌』を発行するなど、学術啓蒙の分野での出版活動が盛んになるが、明治八年(一八七五)に原亮三郎が創業した金港堂は、文部省の『小学読本』の翻刻を契機として日本屈指の教科書出版社に成長。二葉亭四迷『浮雲』の出版や、山田美妙《やまだびみょう》を中心とする文芸雑誌『都の花』の創刊、また『金港堂小説叢書』の刊行など、二十年(一八八七)前後の近代文学の興隆期に大きな足跡を残した。一方、和田篤太郎が明治十一年(一八七八)に創業した春陽堂は、硯友社の尾崎紅葉らを積極的に起用して、二十年代から『新作十二番』『聚芳十種』『文学世界』『探偵小説』『小説百家選』などの小説叢書をつぎつぎと刊行。紅葉の『金色夜叉』をはじめとする名作話題作の刊行も枚挙に暇がなく、いわゆる逍遥紅露の活躍期を現出するとともに、文芸雑誌『新小説』を発行して新人作家にも門戸を開いた。この春陽堂が、文芸出版の老舗として明治大正の文壇と最も深い関係を結んだのに対して、明治を代表する総合出版社として発展したのが博文館であった。明治二十年、当時刊行されていた各種の雑誌から諸名家の論説を抜粋編集した『日本大家論集』を創刊して経営の基礎を築いた大橋佐平は、『新撰百科全書』『帝国文庫』『帝国百科全書』などの大規模な全書類を相ついで刊行して出版界を席捲するとともに、二十八年には総合雑誌『太陽』、文芸雑誌『文芸倶楽部』などを創刊して日清戦争後の文壇の新機運にいち早く呼応し、また『一葉全集』『紅葉全集』などの近代作家の個人全集の刊行においても先鞭をつけた。同じく、明治二十年に徳富蘇峰が起した民友社は、平民主義を標榜して雑誌『国民之友』や『国民新聞』を発行したが、『国民叢書』や『十二文豪』などの硬派な時論・史論・伝記などのシリーズに定評があり、宮崎湖処子《みやざきこしょし》『帰省』や徳冨蘆花『不如帰《ほととぎす》』なども評判を博した。これらに少し遅れて、日清戦争後の明治二十九年に新声社を起して雑誌『新声』

を創刊した佐藤義亮は、三十六年(一九〇三)に社名を新潮社と改称してあらたに文芸雑誌『新潮』を創刊。日露戦争後の自然主義文学の全盛期に再会して、国木田独歩、徳田《とくだ》秋声《しゅうせい》、正宗白鳥《まさむねはくちょう》らの話題作を刊行、新鋭文芸出版社として大正期以後も旺盛な出版活動を続け、今日に至る。息の長い出版活動という点では、安政四年(一八五七)に近江屋半七が創業し、『国史大系』『古事類苑』などの基礎資料を編纂刊行してきた吉川弘文館、明治十四年に亀井忠一が開業した古書籍店から出発し、棚橋一郎・イーストレーキ共編『ウェブスター氏新刊大辞書・和訳辞彙』や、『日本百科大辞典』などの大部の辞書類の刊行に特色を発揮した三省堂書店(この『日本百科大辞典』刊行途上の大正元年(一九一二)に倒産し、大正期に再出発を遂げる)、小野梓の書肆東洋館を母胎として坂本嘉治馬が明治十九年に創業し、吉田東伍著『大日本地名辞書』、芳賀矢一・下田次郎編『日本家庭百科事彙』などの明治期を代表する大辞典の出版で知られた冨山房などがある。また明治末期の四十二年(一九〇九)には、野間清治が弁論の普及を使命として大日本雄弁会を設立、翌年から雑誌『雄弁』を刊行(発行元は大日本図書株式会社)し、さらに四十四年には講談社をおこして雑誌『講談倶楽部』を創刊。大正末期には大日本雄弁会講談社と改称し、未曾有の部数を刊行した雑誌『キング』をはじめとする華々しい雑誌王国を築いた。ほかにも取り上げるべき出版社は数多いが、一般には明治期に出版業を営んだ書店や会社は数百にのぼるといわれ、昭和十一年(一九三六)版の『出版年鑑』掲載「出版図書数(納本数)暦年表(内閣統計局調査)」によれば、明治十四年から四十五年までの明治期の納本数の総数は約七十万冊に及んでいる。なお、これら出版業者の組合として明治二十年に東京書籍出版営業者組合が発足。三十五年に東京書籍商組合と改称し、のち販売業者も加えて昭和期には三千を越える組合員を擁するに至った。 ↓稲田政吉《いなだまさきち》 ↓金港堂《きんこうどう》 ↓講談社《こうだんしゃ》 ↓三《さん》省堂《せいどう》 ↓春陽堂《しゅんようどう》 ↓新潮社《しんちょうしゃ》 ↓博文館《はくぶんかん》 ↓冨山房《ふざんぼう》 ↓民《みん》友社《ゆうしゃ》 ↓吉川弘文館《よしかわこうぶんかん》

参考文献 岡野他家夫『日本出版文化史』(一九五九、春歩堂)、瀬沼茂樹『本の百年史―ベスト・セラーの今昔―』(一九六五、出版ニュース社)

(宗像 和重)

しゅっぱんじょうれい 出版条例 出版物取締法規。明治二年五月十三日(一八六九年六月二十二日)布告。出版の事前許可、納本義務、版権保護、出版禁止事項を定めた。昌平学校、開成学校に書名、著述者、出版人、大意を届け出て官許を得た。明治八年九月、自由民権運動を警戒して改正、管轄が内務省に移り罰則が厳格化する。明治二十年(一八八七)十二月の改正では版権保護を版権条例として独立させ、明治二十六年四月、出版法に引き継がれる。 ↓版権《はんけん》

(河崎 吉紀)

しゅっぱんほう 出版法 出版物取締法規。明治二十六年(一八九三)四月十四日公布。出版条例の改正を求め、議員立法として出版法案が提出され、第四議会で成立。納本期限を発行十日前から三日前に改めた。差し押さえの権限を検査官から検事に変更。内務大臣の発売頒布禁止は残され、出版条例と基本的には変わらない。昭和九年(一九三四)、第六十五議会で改正案が成立し、五月二日に公布された。出版禁止事項として「皇室ノ尊厳ヲ冒瀆」「安寧秩序ヲ妨害」「扇動」が加えられる。レコードの取締りに準用されることも決定した。昭和二十年(一九四五)十月四日、GHQの「政治的市民的及宗教的自由に関する制限撤廃に関する覚書」により失効。昭和二十四年五月の法律九五号により廃止。

(河崎 吉紀)

じゅっぺいじぎょう 恤兵事業 対外戦争の拡大により将兵の戦病死・傷病・遺家族の生活困窮という社会問題が発生するなか、日清戦争期から地域の有志により始まった出征兵士の送迎・慰問・家族支援。官民一体の兵事義会・兵事義済会・徴兵慰労義会などが各地で組織され、町村ごとに軍事公債や義損金を割当徴収し、草鞋《わらじ》・晒《さらし》木綿・手拭・半紙・足袋などが献納された。初の国家的総力戦となった日露戦争では戦争の長期化とともに留守家族の生活苦・廃兵問題・未亡人問題などが生起した。留守家族支援の醵金《きょきん》・国債募集・学童の軍資献納も行われた。内務省は全国的な戦時下の「事績調」を行なったが、その項目は徴兵慰労義会・郡会慰問状・出征軍人家族・戦病死者法会・出征軍人遺族訪問・国庫債券・徴発・赤十字社・愛国婦人会・義勇艦隊・尚武会など多岐にわたっている。たとえば神奈川県下だけでも恤兵会・軍人家族救護会などが三百三十七団体にのぼった。以後、政府は国家的な軍事救護政策に取り組む。

参考文献 神奈川県知事官房編『戦時後援誌』(一九〇六)

(滝澤 民夫)

しゅとう 種痘 天然痘に対する免疫性を獲得させるため牛痘を人体に接種する方法。天然痘は天然痘ウィルスが空気伝染によって人体、特に幼小児の体内に入りこみ、十二日間の潜伏期のあと突然激烈な頭痛を伴う高熱で始まり、全身に水疱ができて膿疱にかかわり、その周辺の皮膚は硬くなり、膿疱の上部には必ず凹みができ、八～九日で皮膚病変が乾き始め、治癒傾向に入るが、この間致死率二〇%台と非常に高く、回復しても多くの場合アバタができてしまうおそろしい病気である。「天然痘にかかったことのない子供はわが子と思うな」と親達を戒める言葉ができるほど天然痘で死ぬ子供たちが多かった。予防法として患者の着物を着せたり痘痂《かさぶた》を鼻に吹きこむ人痘種痘法が十八世紀から日本では施療されていたが危険性も大きかった。蘭方医の間ではジェンナー種痘法(英国での公認は一八〇二年)が知られ、蘭船により数次牛痘苗が将来されたがすでに効力を失っており、嘉永二年(一八四九)モーニケがもたらした痘痂での牛痘がはじめて成功し、蘭方医ネットワークを介してまたたく間に全国に伝播した。王政復古直後、大阪では明治元年(一八六八)二月に旧幕時の尼ヶ崎町種痘所を復興、東京では同年八月

に旧医学館を種痘所に充て種痘防疫事業が再開した。三年三月大学東校に種痘館（四年十一月種痘局と改称）が付設され、全国種痘事業の中枢機関として位置づけられた。同館は種痘医養成機関も兼ね、同館の種痘免状を有する者に限り種痘を許可するという専門医制をとり、痘苗の種継・頒布も職務とした。この体制を前提に同年四月全国府藩県にあまねく種痘実施を命じ、大学種痘館が実施方法を授けるとした。他方嘉永伝来のモーニケ苗の力が衰えたため、四年春到来の新苗（明治四年苗）を大学東校より頒布する旨、同年五月全国に公布された。廃藩置県後教育行政機関大学が文部省に変わり、五年九月には各府県でも種痘医免許を与えることになったため種痘医数は急増した。六年三月文部省初代医務局長となった長与《ながよ》専斎《せんさい》はみずから子牛から牛痘を得ることに成功し、良質の牛痘を確保するため七年六月東京の馬喰《ばくろ》町に牛痘種継所を開設、ここに良苗の国内量産・頒布が可能となった。種痘事業は八年六月衛生行政が内務省に移った後も同省衛生局の第一等の職務となった。二十一年（一八八八）十一月、衛生局所管下谷牛痘種継所は大日本私立衛生会に移管され、また需要に応じるため民間での牛痘製造者が続出して牛痘の粗製乱造の弊が生じてきたので、二十九年三月再び官立とされ、四月東京痘苗製造所が、十月大阪痘苗製造所が設立された。三十五年（一九〇二）痘苗製造所は東京一ヵ所となり、三十八年四月伝染病研究所に移管された。種痘の普及は各地の医師組織と行政当局の協力により進展していったものの、民間の種痘への危惧はなかなか消滅せず、群馬県では明治十年代でも未種痘児が三割もいたといわれている。このような状況のもと、天然痘は明治期に四度も大流行した。第一回は十八年（一八八五）から二十年にかけ、患者合計十二万五千八百七十五人、死亡三万千九百七十四人、致死率二五・四％、第二回は二十五年から二十七年にかけ、患者合計八万八千九十五人、死亡二万三千六百三人、致死率二六・八％、第三回は二十九年から三十年にかけ、患者合計五万二千六百五十人、死亡一万五千六百六十四人、致死率二九・七％、第四回は四十一年（一九〇八）で、患者合計一万七千八百三十二人、死亡四千二百六十五人、致死率二三・九％であり、致死率平均は二六・七％の高率である。明治二十九年末から三十年にかけての大流行に際しては、警視庁は三十年一月二十五日付で告示を出し、五十歳以下で、㈠二十九年一月以降種痘を行わざる者、㈡二十九年一月以降行いたるも種痘済証を所持せざる者、㈢二十九年一—十月の間種痘を行いたるも善感証書を所持せざる者は二週間以内に種痘し種痘済証書を受くべしと示達している。この一月一日より二十二日までの三週間で東京府では患者千九百六十七人、死亡五百人、大阪府患者千百二十一人、死亡四百二十九人と報道されている。

参考文献　厚生省医務局編『医制百年史』（一九七六、ぎょうせい）、内藤記念くすり博物館編『天然痘ゼロへの道—ジェンナーより未来のワクチンへ—』（一九八三、エーザイ）

（宮地　正人）

しゅとうほう　種痘法　種痘の二回の強制接種を定めた法律。明治四十二年（一九〇九）四月法律第三五号として公布された。また本法により種痘済か否かを戸籍に入れること、種痘実施責任が市町村にあることが明示された。種痘法制は明治初年から整備されていった。七年（一八七四）十月の種痘規則では種痘医の免許制が定められ、満一歳までに第一回接種、その後に二回、計三回接種すること、種痘済証の交付と種痘実施数の報告が定められた。九年四月の種痘医規則により種痘医以外の医師も種痘が行えるようになり、同年五月の天然痘予防規則により生後一年以内に第一回、その後五～七年の間に二回、計三回の強制接種が義務づけられるとともに、送籍の際種痘済証の提示が定められた。十八年（一八八五）十一月の太政官布達第三四号種痘規則はこの種痘医規則と天然痘予防規則を整理統合して制定され、全ての医師が種痘を行えるようになり、また種痘済証の戸長役場への提出が定められた。種痘法はこの種痘規則を改正したものである。

参考文献　厚生省医務局編『医制百年史』（一九七六、ぎょうせい）

（宮地　正人）

シュピンナー　Wilfrid Spinner　一八五四—一九一八　普及福音新教伝道会の宣教師。一八五四年十月、スイスのチューリッヒに生まれる。チューリッヒ大学で哲学、神学を修め、一八七八年牧師となる。新しい宗教観、キリスト教観による伝道、つまりキリスト教の伝道がなぜ正当であるのか、また実際にはどのように実行すべきかを表明していたエルンスト＝ブースらと一八八四年ワイマールに普及福音新教伝道会を設立。その初代宣教師として明治十八年（一八八五）九月来日した。ドイツ人のための教会を設立、独逸学協会学校で教え、日本人の教会でも説教に応じた。独協、東京大学予備門の学生をはじめ家庭集会で婦人・官吏たちにも伝道を拡げたが、やがて既存の保守的なキリスト教会との見解の違いのために、弟子たちの要請を受けて明治二十年（一八八七）普及福音壱岐坂会堂が設立された。ついで新教神学校開校、教会叢書、教会機関誌『真理』が発刊された。その冒頭の論説で教派、宗派にとらわれないイエスの信仰に立ち、歴史的批評による聖書、教理の解釈が学問と調和すべき立場を鮮明にした。これは新神学とも自由主義神学とも呼ばれた。またドイツ語による学術的な論評・討議の場と

シュピンナー

しての学生のためにソールオリエンス会を設けた。これら日本における伝道の功績によってチューリッヒ大学から神学博士号を授与されている。日本ではスピンネル先生として親しまれ、永井荷風の小品『下谷の家』にもスピンネル博士として登場する。一九一八年八月三十一日没。満六十三歳。著書に『明治キリスト教の一断面―宣教師シュピンナーの「滞日日記」』(ハーマー編・岩波哲男・岡本不二夫訳、平成十年、教文館)がある。

参考文献 向軍治「スピンネル先生略伝」(スピンネル『基督教約説』所収、一九二一)、三並良『日本に於ける自由基督教と其先駆者』(一九三五、文章院)、鈴木範久『明治宗教思潮の研究―宗教学事始―』(一九七九、東京大学出版会)

(赤司 繁雄)

ジュ＝ブスケ Albert Charles Du Bousquet ⇩デュ＝ブスケ

シュミーデル Otto Schmiedel 一八五八―一九二六 ドイツの宣教師。一八五八年生まれ。「シュミーデル氏は数百の宣教師の中で聖書批評学を専門とする最初唯一の宣教師なり。日本の教会は未だ批評学を何か知らない時に、その必要性を説きたるはシュミーデル氏のみ」。明治二十年(一八八七)ドイツ普及福音新教伝道会より新妻とともに日本に派遣され五年間独逸協会学校・新教神学校で教え、『六合雑誌』でも論陣を張ったシュミーデルの離日の送別会での横井時雄の辞である。ライプツィヒ大学で旧約聖書学を学び私的イエスを研究。教授法に生徒との討論を採用し、家庭を開放し、生徒を夕食に招き、専門に囚われない自由な読書を薦め、みずからもピアノ演奏をよくし、特に自宅に若いクリスチャン男女を下宿させるなど前任の独身のシュピンナーには道徳観の欠如としか映じなかった。夫人は滞日中に二男一女に恵まれ、ミッション所有の「刺繡教室」の臨時教員も務めた。陶芸家の飛鳥井幸太郎は愛弟子である。一九二六年没。

(紺野 義継)

しゅりょうきそく 狩猟規則 明治二十五年(一八九二)十月六日勅令第八四号として、明治六年(一八七三)一月の鳥獣猟規則に代わって定められた狩猟法制。改正された内容は、猟具の規制範囲が従来の銃器だけでなく、各種の網・放鷹・もちなわ・はごを含めたこと、遊猟・職猟の免許を甲種(銃器以外の猟法)と乙種(銃器によるもの)に分けたこと、農商務大臣の許可を得て個人の所有地に猟区を設定し、入猟希望者より料金をとれるようにしたこと、捕獲禁止鳥獣としてツルなど十五種類を指定し、またキジなど十八種類に捕獲禁止期間を設けたことなどである。本規則において、はじめて野生鳥獣の保護を重要視する考えが導入された。しかし、狩猟規則は勅令であったので、狩猟の権利に関るものとして法律で定めるべきとの意見が優勢となり、まもなく衆議院で憲法違反と決議された。このため明治二十八年三月に狩猟法が成立し、狩猟規制がはじめて法律として公布されることになった。→狩猟法《しゅりょうほう》

参考文献 鳥獣保護研究会編『鳥獣保護制度の解説』(一九八一、大成出版社)

(牧田 勲)

しゅりょうぜい 狩猟税 一般に禁止されている狩猟行為の免許者に対して賦課する租税のこと。狩猟法(明治二十八年(一八九五)三月)に規定された狩猟免許税の略称として用いられた。狩猟免許希望者は、地方長官に願い出て免状を受けなければならなかったが、その免状には銃器を使わないで狩猟する甲種免状と、銃器を用いて狩猟する乙種免状があった。狩猟免許税は、納付者の負担能力を考慮して応分に賦課するものであり、所得税や地租の多寡によって一等、二等、三等に分かれ、それぞれ甲種と乙種の別があった。すなわち一等は所得税十五円以上もしくは地租二百円を納める者で、甲種は五円、乙種は十円であった。ついで二等は所得税三円以上もしくは地租四十円を納める者、または一等に相当する者の家族で、甲種は一円五十銭、乙種は三円であった。これに対し三等は一等・二等以外の者であり、甲種は五十銭、乙種は一円であった。

参考文献 林野庁編『狩猟法規関係の沿革』(一九六〇、大日本猟友会)

(牧田 勲)

しゅりょうほう 狩猟法 明治二十八年(一八九五)三月二十日にはじめて法律として公布された狩猟に関する法規制(法律第二〇号)。勅令として定められた明治二十五年十月の狩猟規則が衆議院で憲法違反とされたため、新たに法律として制定されたものである。内容的にはそれまでの狩猟規則と大きく変わることはないが、職猟と遊猟の区分を廃止したこと、免許料を免許税に改め、税額を所得税と地租に応じ三段階に区分し、各段階を甲種・乙種に分けたこと、地方の慣行にもとづいて一定区域内で共同狩猟する者は農商務大臣の免許を要するとしたこと、猟区の制度を廃止したこと、保護鳥獣の種類および鳥獣捕獲期間の期限に関する規制を省令にゆだね、保護鳥獣の販売を禁止したほか、捕獲禁止となっている鳥類の卵や雛の採取、販売を禁じたことなどが主な改正点である。なお、狩猟法は明治三十四年(一九〇一)に全面改正された(法律第三三号)。→狩猟規則《しゅりょうきそく》

参考文献 鳥獣保護研究会編『鳥獣保護制度の解説』(一九八一、大成出版社)

(牧田 勲)

シュルツェ Emil A. W. Schultze 一八四〇―一九二四 御雇いドイツ人医師。一八四〇年三月二十八日に、プロシア王国のベルリンに生まれる。幼少期を経て、フランス系ギムナジウムを卒業し、ベルリンのフリードリッヒ＝ウィルヘルム陸軍軍医学校に入学、六三年に卒業した。軍医として、七〇年から始まった普仏戦争に従軍。戦後はロンドンでリスターにつき学び、石炭酸消毒法(リスター消毒法)を習得して、七二年にベルリンに戻る。明治七年(一八七四)九月に三年契約が成立し、十二月ミュルレルの後任として東京医学校に着任した。彼は外科学を担当し、契約終了後はドイツに帰国したが、同十一

年(一八七八)七月に再来し、同十四年四月まで日本医学の近代化にかかわった。週四回の講義のあとに外来診察をし、優れた手術者として尊敬された。ドイツに帰国後は、ステッチンの市立病院長を長く勤め、その後は陸軍病院に勤務した。一九二四年六月十六日に死去した。満八十四歳。

参考文献　酒井シヅ「シュルツェとスクリバ」(宗田一・蒲原宏・長門谷洋治他編『医学近代化と来日外国人』所収、一九八八、世界保健通信社)

(林　彰)

しゅんきこうれいさい　春季皇霊祭　⇩皇霊祭《こうれいさい》

じゅんこう　巡幸　行先が二ヵ所以上になる行幸。明治天皇は、明治五年(一八七二)から同十八年(一八八五)にかけて日本全国を巡幸(六大巡幸)した。六大巡幸の目的は、㈠天皇中心の近代国家構築を知らせること、㈡天皇の威厳と慈悲とを国民に示し、一般国民との一体感を強化すること、㈢高齢者・孝子・節婦・公益事業の功労者に対する褒章、㈣各地の行政・司法・教育の視察・監督、㈤地方産業の奨励などである。巡幸先では、主に県庁・裁判所・学校・工場を訪問。地元の県令や裁判長および官吏・有力者らと言葉を交わし、農作業や漁撈も見学して、土地の民情に親しむよう努めた。また各地で下賜もあった。明治二年に戊辰戦争が終り、同四年の廃藩置県、同六年の征韓論政変、同八年の漸次立憲政体の詔や江華島事件、同十年の西南戦争、明治十四年の政変、開拓使官有物払い下げ問題、同十七年の甲申事変など、政治の不安定や民情不安の状況にあったこの時期に、巡幸したことに意味があろう。六大巡幸の期間・日数・経路は別表のとおりである。第一回巡幸は、薩摩出身の参議西郷隆盛、陸軍少輔西郷従道《さいごうつぐみち》、海軍少輔川村純義《かわむらすみよし》らが随行。巡幸先の鹿児島には、廃藩置県や欧化政策に反対した島津久光が隠棲していた。その島津に直接会い、上京を促すことも巡幸の目的であった。しかし、島津は、現在の政体では国運が次第に衰え、天皇による国家統治も共和政治の悪弊に陥り、欧米の属国になる可能性があると政府を批判した。さらに、西郷隆盛や大久保利通を政治に参与させることにも同意しなかった。第二回巡幸は、東北・箱館両戦争(戊辰戦争)のあった地方への訪問であった。福島では、磐前・若松両県の招魂社および戊辰戦没殉国者の墳墓に金幣を下賜するとの勅があった。巡幸を終えた天皇が明治丸で横浜港に戻ったのは、同九年の七月二十日である。その帰港の日が平成八年(一九九六)に「海の日」に定められたのである。第三回巡幸は、北陸道・東海道への巡幸で、警察関係者だけで約四百名も随行。これは、同十一年(一八七八)五月の大久保利通暗殺の加害者が巡幸先の石川県士族島田一良《しまだいちろう》らであり、また同年八月二十三日には竹橋事件(近衛砲兵の反乱)が起きたためである。金沢では、市内の小路ごとに警官一人を配置する非常警戒態勢であった。第四回巡幸は、山梨・三重・京都への巡幸である。山梨では製糸工場や葡萄酒醸造所を訪問。伊勢神宮へも参拝。巡幸中、陸路は主に馬車による移動であったが、大津停車場から京都七条停車場・

六　大　巡　幸

回	期　　間	日数	経　　路
1	明治5年5月23日～7月12日 (陽暦6月28日～8月15日)	49	品川～鳥羽・伊勢～大阪・京都～下関～長崎～熊本～鹿児島～丸亀～神戸～横浜
2	明治9年6月2日～7月21日	50	埼玉一茨城一栃木一福島一磐前一宮城一岩手一青森～函館～横浜
3	明治11年8月30日～11月9日	72	埼玉一群馬一長野一新潟一富山一石川一福井一滋賀一京都一岐阜一愛知一静岡一神奈川
4	明治13年6月16日～7月23日	38	山梨一長野一愛知一三重一滋賀＝京都＝神戸～横浜
5	明治14年7月30日～10月11日	74	埼玉一茨城一栃木一福島一宮城一岩手一青森～北海道～青森一秋田一山形一福島一栃木一埼玉
6	明治18年7月26日～8月12日	18	横浜～神戸～山口～広島～岡山～兵庫～横浜

～は海路、一は陸路、＝は鉄道を表わす

明治九年六月二日奥羽御巡幸万世橋之真景

大阪梅田停車場を経て神戸停車場まで鉄道で移動した。第五回巡幸は、第二回の巡幸で行かなかった山形・秋田および北海道を訪問。北海道では、屯田兵舎のある山鼻村で屯田兵の農業を視察。また牧場や農場などへも臨幸。山形の鶴岡では、旧藩主酒井忠篤と面会。第六回巡幸は、第一回巡幸で行かなかった山口・広島・岡山の各県庁を訪問。明治二十三年(一八九〇)以降は、地方の視察を伴う巡幸は次第に行われなくなる。なお、大正天皇は、大正四年(一九一五)に、大礼のため京都・三重・奈良を巡幸。昭和天皇は、戦後の昭和二十一年(一九四六)から二十九年まで全国を巡幸した。 ↓行幸《ぎょうこう》

参考文献 宮内庁編『明治天皇紀』(一九六八―七七、吉川弘文館)、笠原英彦『天皇親政—佐々木高行日記にみる明治政府と宮廷—』(『中公新書』、一九九五、中央公論社)、同『明治天皇—苦悩する「現想的君主」—』(『中公新書』、二〇〇六、中央公論社) (川田 敬一)

じゅんさ 巡査 警察官の一番下の階級。呼称は「巡邏査察」にちなむ。明治七年(一八七四)一月創設の東京警視庁が羅卒《らそつ》を巡査と改称。地方ではさまざまな呼称が用いられていたが、八年三月、行政警察規則によって羅卒に統一され、ついで巡査と改称された。二十一年(一八八八)十月、警察官吏配置及勤務概則で内勤と外勤に分けられ、外勤巡査は警察の最前線で民衆と直接に接し、犯罪の予防・取締りをはじめ、営業・風俗・交通・衛生など、広範な警察活動を担当した。管轄区域内を日常的に巡邏して動静を監視し、戸口調査によって住民の職業・性行・生活状態などを把握することが義務づけられた。明治維新によって失職した士族層の主要な就職先となったことから、武士的な特権意識と警察官としてのそれとがあいまって、民衆に対する尊大さを生み出した。地位・待遇面でエリート警察官層との格差は大きく、階級社会ゆえの鬱屈した不満が民衆に対する横柄さを増幅した。 ↓邏卒《らそつ》

参考文献 大日方純夫『天皇制警察と民衆』(『日評選書』、一九八七、日本評論社)、由井正臣・大日方純夫校注『官僚制・警察』(『日本近代思想大系』三、一九九〇、岩波書店)、大日方純夫『日本近代国家の成立と警察』(『歴史科学叢書』、一九九二、校倉書房) (大日方純夫)

じゅんさつし 巡察使 明治初年、各地域を巡察した臨時的な視察官。古代の職名を踏襲。戊辰戦争で戦場となった東北地方に派遣され、明治二年三月十三日(一八六九年四月二十四日)、新五郎に奥羽民政巡察を命じたのが最初(ただし、出発に至らず解任)。ついで五月四日(六月十三日)、岩代国巡察使を置き、平松時厚《ひらまつときあつ》を任じたが、平松の病気辞職願により侍従四条隆平《しじょうたかとし》にかえた。五月十三日には若松巡察使を置き、監察司知事松岡嘉之助をこれに任じた。六月十日(七月十八日)、両羽巡察使と三陸巡察使を設置し、前者には坊城俊章《ぼうじょうとしあや》を、後者には久我通久《こがみちつね》を任命したが、久我が辞任したため醍醐忠順《だいごただおさ》に代え、醍醐も辞任したため、六月十四日、両羽巡察使を廃して坊城を三陸巡察使に任じ、ついで十八日には磐城巡察使も兼ねることとした。七月八日(八月十五日)、按察使が設置されたため廃止(三陸は八月五日(九月十日)、岩代は八月二十五日に廃止)。なお、三年十二月から翌年にかけ、豊後国の日田騒動や信州地方の農民一揆にも派遣された。 ↓按察使《あんさつし》

参考文献 松尾正人「明治初年の按察使—三陸磐城両羽按察使を中心として—」(『中央大学大学院研究年報』三、一九七三)、佐藤公彦「明治初年の按察使」(『国学院雑誌』七六ノ二、一九七五) (大日方純夫)

じゅんしんのうさいれい 醇親王載灃 Chun qinwang Zaili 一八八三—一九五一 清末の皇族。宣統帝溥儀の実父、摂政監国王。一八八三年二月十二日、北京生まれ。満洲正黄旗人。愛新覚羅姓。光緒帝の異母弟。九〇年、父奕譞の死により襲爵。一九〇一年、義和団事件の対独謝罪首席特使として訪欧し、帰国後西太后の命により重

醇親王載灃

臣栄禄の娘と結婚。〇六年、溥儀誕生。〇八年、軍機大臣。同年光緒帝・西太后が没すると幼帝の実父として集権を図り、袁世凱や慶親王奕劻ら実力者を追放して体制の一新に努めたが、革命勃発により袁世凱を内閣総理大臣に起用し全権を委任。南京を革命派に奪われた一一年十二月六日に摂政王を辞任し政界を引退、天津に隠居。のちに満洲国皇帝となった溥儀の「太上皇」として新京(吉林省長春市)で歓待されたこともあったが、わずかな滞在で天津に帰り、北京の醇王府に移って生活費のみを満洲国政府から受給して生活した。共和国成立後の五一年、北京で没。六十九歳。

参考文献 中国人民政治協商会議全国委員会文史資料研究委員会編『辛亥革命回憶録』六(一九六三、中華書局)、入江曜子『溥儀—清朝最後の皇帝—』(『岩波新書』、二〇〇六、岩波書店) (澁谷 由里)

じゅんてんじほう 順天時報 北京で発行された中国語新聞。北清事変が勃発した直後、清国政府が北京から西安に遷都していた間隙を縫って、明治三十四年(一九〇一)に東亜同文会の中島真雄が旧知の間柄にあった順天府尹の陳璧の協力を得て北京で創刊した。当初は『燕京時報』と題したが、陸羯南が『順天時報』と改題した。明治三十七年の日露戦争の際、ロシアは北京で『燕都報』を発行して『順天時報』と宣伝戦を展開したが、『順天時報』の強硬論により廃刊を余儀なくされた。三十八年三月の

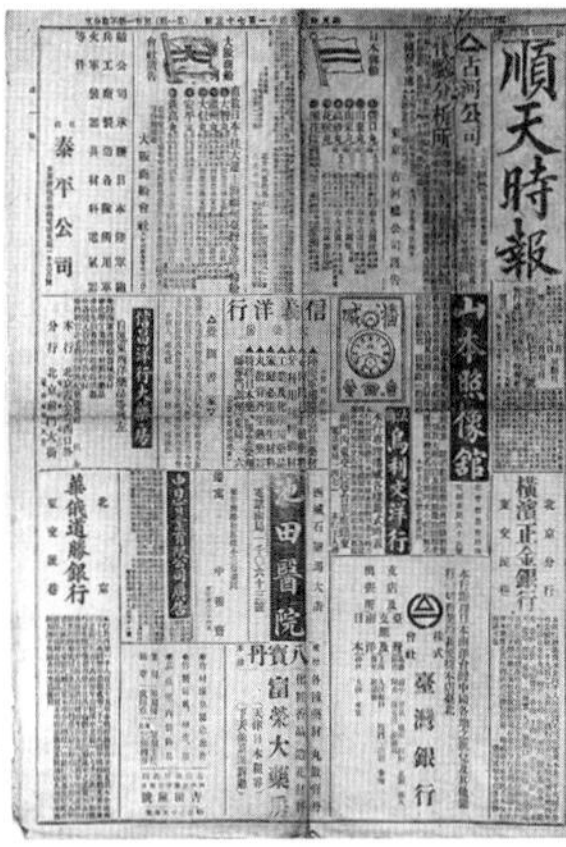
順天時報

『順天時報』第4173号

奉天会戦ののち、外務省が買収し、中島は社長を辞して満洲に向かい、代わって内田康哉北京公使の招きにより上野岩太郎が社長に就任した。上野が社長に就任した際の発行部数は約三千部で、購読者は清国政府の中流以上の官吏が多かった。明治四十三年(一九一〇)十一月、亀井陸良が社長となって社業を拡張させた。袁世凱の帝制運動には反対の論陣を張った。大正六年(一九一七)、渡辺哲信が社長に就任し、廃刊まで務めた。昭和三年(一九二八)六月に北伐軍が北京に入場すると『順天時報』への圧迫が強まった。同年十月に北京特別市反日会が結成され、同会は翌四年二月に「順天時報抵制条例」を発布して、同紙を読んだ者に対して十元以下の罰金を課することを定めた。こうした動きから、昭和五年三月に日本の外務省は『順天時報』廃刊を決定し、九月に閉鎖された。

参考文献 中下正治『新聞にみる日中関係史―中国の日本人経営紙―』(一九九六、研文出版)　(竹内　桂)

じゅんてんどう　順天堂　天保九年(一八三八)、長崎留学から戻った佐藤泰然《さとうたいぜん》が江戸の薬研堀に開いた蘭学塾(和田塾)を起源とする医学塾・病院。同十四年(一八四三)に下総国佐倉に移転し、順天堂と称した。同時に、泰然は佐倉藩医も兼ねた。順天堂は医育・医術(外科手術など)の名声により全国から西洋医学を学ぶため、多くの門人が入塾し、門人の中から養嗣子となった佐藤尚中《しょうちゅう》が第二代の主となる。明治維新後、大典医などを兼ね、大博士として東京大学医学部の前身である大学東校の主宰者となった尚中は、日本医界で最高の地位につくが、明治五年(一八七二)に辞任。その後東京の下谷に病院を開き、順天堂の名称を用い、同八年四月湯島に移転・開院した。日本初の本格的な私立病院である。同年八月、尚中の養嗣子であり、わが国で最初にベルリン大学医学部を卒業した佐藤進はドイツ留学から帰り、診療・講義・著述などを通じてドイツ医学の指導を行なった。順天堂は第三代の主の進の時代に順天堂医院と改称、その全盛期をむかえる。一方、佐倉順天堂は岡本道庵(佐藤舜海《しゅんかい》を襲名)が尚中の養嗣子として第三代の主となる。また、『順天堂医事雑誌』を発行、順天堂門生医学研究会(のち順天堂医事研究会)を結成し、同二十六年(一八九三)には看護婦有志に看護学の講義が始まる。同三十三年(一九〇〇)、順天堂はそれまでの個人経営から組合規約ができ、組合組織となったが、同族組合の性格が強い。同四十三年(一九一〇)には近代的な大病院が完成し、大正九年(一九二〇)には進の養嗣子である佐藤達次郎が正式に順天堂の院長となり、翌年には順天堂研究所が設立された。昭和十八年(一九四三)十二月、順天堂医学専門学校が設立認可され、翌年四月に開校。同二十一年(一九四六)五月、順天堂医科大学が設置認可され、学長には佐藤達次郎が就任した。翌年六月、大学予科第一回入学式を行い、同二十七年順天堂大学医学部と改称し、今日に至る。

順天堂(明治8年ごろ)

参考文献 『順天堂史』上(一九八〇)、神谷昭典『日本近代医学の定立―私立医学校済生学舎の興廃―』(一九八四、医療図書出版社)　(林　彰)

じゅんびきん　準備金　政府紙幣の兌換準備にあてる目的で設置された政府特別会計の一種。明治二年(一八六九)十月、政府紙幣、公債回収・償還のための基金として、また国庫の予備費にあてる目的で始まった積立金制度を前史とし、同五年六月の準備金規則の公布により成立し、二十三年(一八九〇)年に廃止された。政府紙幣の兌換準備という本来の目的に加えて、金銀地金の購入による正貨蓄積、減債基金、日本銀行・正金銀行などへの出資とその事業補助、民間への貸付金、海外荷為替取組資金、米穀・昆布の官営貿易などの機能を果たした。廃止に至る二十数年間に収入・支出はそれぞれ一億三千万円にも及んでおり、政府はこの制度を通して巨額の財政資金を保有した。この資金によって常用部(一般会計)だけではまかないきれない国家財政を補完しつつ多様な機能を担い、資本主義の育成に重要な役割を果たした。準備金として蓄積された正貨は明治十四年(一八八一)から始まる紙幣整理の基金として十八年までにおよそ二千二百万円の紙幣償却にも寄与した。さらに、十九年から政府紙幣の銀貨兌換も開始され四千三百万円余が交換された。残された政府紙幣は準備金制度の廃止後、紙幣交換基金特別会計に継承された。なお、十八年五月から日本銀行兌換銀行券が発行された。以上のように、準備金はきわめて広範な財政的機能を果たしたが、本来的には貨幣制度の重要な構成要素であり、その意味で金融と財政とが不可分に結びついたところに準備金の性格が表われており、そこに当時の財政制度の特質をみることができる。

参考文献 明治財政史編纂会編『明治財政史(復刻版)』九(一九七二、吉川弘文館)、高橋誠『明治財政史研究』(一九六四、青木書店)

(佐々木寛司)

じゅんようかん　巡洋艦　軽快な中小型の艦種。中口径砲を装備し、相応の装甲を有しつつ、高速で航洋性を持った艦である。十九世紀における蒸気機関の発達とともに防護巡洋艦、装甲巡洋艦、軍縮条約による各種巡洋艦などに発展し、広汎な用途に使用された。日本では明治三十一年(一八九八)艦船類別標準において巡洋艦種が正式に制定される。原型は帆船時代におけるスループ、コルベットである。前者は三年(一八七〇)に佐賀藩から朝廷に献上された日進(初代)であり、後者は十一年(一八七八)に完成した装甲コルベット金剛(初代)、比叡(初代)である。十九年、イギリスで竣工した浪速、高千穂は最初の防護巡洋艦である。日清戦争における三景艦(松島・厳島・橋立)や、竣工当時世界最高速艦であった吉野(二三ノット)などがある。また、日露戦争前には六隻の装甲巡洋艦が各国で建造され、日本海海戦などで活躍した。その後、ロンドン海軍軍縮条約で保有量が制限されたが、主力艦の代用として建造された。

(太田　久元)

巡洋艦吉野

しゅんようどう　春陽堂　明治時代前期創業以来現在に続く老舗の出版社。創業者は和田篤太郎《わだとくたろう》(号鷹城)。篤太郎は安政四年八月二十三日(一八五七年十月十日)に美濃国不破郡荒川村(岐阜県大垣市)の農家和田耕之助の第三子として生まれた。十六歳で上京し、奉公の後巡査となったが間もなく西南戦争に従軍し、明治十一年(一八七八)二月に東京芝の日影町の借家で小さな小売と行商の店を開いた。これが春陽堂の創立で、ほどなく芝の新桜田町(東京都港区)に移り十五年から出版業を開始し、南園竹翠『三ツ巴恋の白雪』、長谷川薫著纂輯『(国権奮起)政論規範』、原田潜『(自由提綱)財産平均論』、石川正美纂輯『加藤弘之氏著人権新説駁撃新論』第一巻などを、翌年には石川正美抄訳『各邦政体類鑑』、ルソー原著・原田潜訳『民約論覆義』、高畠藍泉『一舎時雨笠森』などを、十七年に京橋区南伝馬町一丁目(中央区)に移り、『(実録文庫)松前屋五郎兵衛一代記』上巻その他を、十九年に青田節『内地雑居之準備』その他をつぎつぎに刊行して、二十年(一八八七)に日本橋区通四丁目五番地(中央区)に落ち着いてから軌道に乗った。この年に山口元徳『(世人の注意)銀行の内幕』第一編、松永道一『(内地雑居)経済未来記―一名未来之商人―』、大久保常吉『(内地雑居)東京未来繁昌記』、辻治之助『(政哲論談)破窓之風琴』などを、二十一年に中山整爾『通俗将来之日本社会』、小室重弘『(改造社会)真妝婦』、中村千太郎『伊藤内閣史』、独ブルンチュリー著、平田東助・平塚定二郎共訳『国家論』などの政治経済や思想関係書を刊行している。この二十年ごろは近代文学の草創期で、非常に目先の利いた篤太郎は文芸出版に力を注ぐようになり、尾崎紅葉と親しくなり、二十二年一月五日に春陽堂の名を飛躍的に高め、春陽堂といえば『新小説』といわれるほどの小説中心の雑誌を創刊した。この第一期『新小説』は、二十三年三月の通巻二八号まで出し、須藤南翠《すどうなんすい》、森田思軒《もりたしけん》、饗庭篁村《あえばこうそん》が順次編集主任となった。この間、須藤南翠「朧月夜」・饗庭篁村「苦楽」などが連載され、坪内逍遙「英国小説之変遷」も掲載された。第二期『新小説』は二十九年七月二十七日に編集主任を幸田露伴として創刊され、以後石橋《いしばし》忍月《にんげつ》・後藤宙外《ごとうちゅうがい》・本多直次郎・田中純・小峰八郎へと続き、尾崎紅葉・坪内逍遙・森鷗外・幸田露伴の大家とともに、やはり新人の文壇への登竜門の雑誌として大正十五年(一九二六)十一月まで続いた。この間、泉鏡花・徳田秋声・柳川春葉・小杉天外・国木田独歩・島崎藤村・永井荷風・正宗白鳥・大塚甲山(反戦詩「今はの写しゑ」)・夏目漱石(「草枕」)・中村星湖・小川未明・田山花袋(「蒲団」)・昇曙夢・生田長江・森田草平・中村吉蔵・芥川竜之介・谷崎潤一郎・志賀直哉・菊池寛・葛西善蔵・滝井孝作・山本有三・川端康成・坪田譲治・阿部次郎(「三太郎の日記」)等々枚挙に暇がない作家の作品を、特定の文学派にこだわらず文壇を網羅して、つぎつぎに掲載した。この雑誌と並行して、篤太郎好みの意匠装幀の文芸書で世人を引き付け、『新作十二番』『聚芳十種』『文学世界』『春陽文庫』『小説百家選』『現代文芸叢書』などの叢書のほかに、紅葉の『新色懺悔』『多情多恨』『金色夜叉』等々大半の作品、漱石の『虞美人草』『三四郎』『それから』『門』『彼岸過迄』『坊っちゃん』等々、藤村の『若菜集』『一葉舟』『夏草』『落梅集』とこの四つの合本『藤村詩集』

などを出版する、まさに明治・大正期の文学史上に最も貢献した出版社となった。この間の明治三十二年(一八九九)に篤太郎が四十三歳で死去し、二代目を妻のうめが継ぎ、日露戦争で『征露記念絵葉書』『大捷絵葉書』『戦場絵葉書』などを大量に発行して活況を呈した。三十九年に五十三歳でうめが死去すると、うめの連れ子のきん(夫は春陽堂の後見人となった)の子供(孫)の静子を養女にしていたので、この静子が十六歳で三代目となり(静子の奥付時代)、静子が大正四年(一九一五)に博文館印刷所に勤務していた利彦と大橋新太郎夫婦の媒酌で結婚すると、利彦が四代目となった。この代に関東大震災で一切を灰燼に帰した。だが、伝統の公益優先主義を堅持して復興し、大正末期から昭和初年にかけての円本時代が現出すると、改造社の『現代日本文学全集』に対抗して激しい企画・宣伝合戦を展開して二十数万の予約者を獲得し、昭和二年(一九二七)から『明治大正文学全集』全五十巻・追加の『昭和編』全十巻を完結(昭和七年、付、史料価値の高い『春陽堂月報』全六十号)させ、また、昭和六年から『春陽堂文庫』も発刊させた。その後、嗣子欣之介が五代目となり春陽堂書店として昭和の戦後の発展に続けている。なお、明治十五―四十五年の刊行図書目録が、山崎安雄『春陽堂物語―春陽堂をめぐる明治文壇の作家たち―』(昭和四十四年、春陽堂書店)に収録されている。

参考文献 小川菊松『出版興亡五十年』(一九五三、誠文堂新光社)、岡野他家夫『日本出版文化史』(一九八一、原書房)、久保欽哉編『春陽堂書店発行図書総目録―一八七九年～一九八八年―』(一九九一、春陽堂書店)
(佐藤 能丸)

じょい 女医 明治政府が実施した試験に合格し免許を得て新規に開業した女性の医師。政府は明治元年(一八六六)十二月に江戸時代の家業継承とは異なる西洋医術医師免許制を立て、明治七年の医制において具体化し明治八年から暫時試験を行なった。女性の受験希望者は明治十一年(一八七八)東京府にあらわれたが、当初内務省は女性の受験を認めなかった。明治初期は従来開業の漢方医・蘭学医は認めるという政府方針のもと産科や在地医療を担当する女性医療者も少数とはいえ存在していたのだが、政府は新規西洋医に女性を認めなかったのである。しかし、各府県に創設された病院や私立医学塾で学び、医制に規定された受験資格を獲得した女子も出現、明治十四年五月二十四日には長崎県より佐賀病院医学場の各科を卒業した女子が受験を請願したとの照会があり、また明治十六年六月には西洋医学を東京府病院などで学んだ生《いく》沢《さわ》クノ(一八六四―一九四五)や高階医学塾(好寿院《こうじゅいん》)で学んだ荻野吟子《おぎのぎんこ》(一八五一―一九一三)らが受験請願を出すが、これらはいずれも却下された。この間に受験要領の整備がすすみ太政官は明治十六年十月二十三日に医師免許規則を布告、受験資格を前期試験は一年半以上修学した者、後期試験はさらに一年半修学した者とし明治十七年一月より実施した。これにも女性受験請願者が相ついだため、明治十七年六月二十日内務省は「女子たりとも相当之手続を為し候上は差許」と女性の受験を許可した。明治十七年九月の前期試験および翌十八年三月の後期試験に合格し女医の第一号となったのは荻野吟子である。荻野は夫からうつされた性病の治療を男性医師により行われたことへの忌避感から女医を目指したとされる。翌明治十九年十一月には生沢クノが、つづいて明治二十年(一八八七)三月には高橋瑞子《たかはしみずこ》(一八五二―一九二七)が医師免許を獲得した。官立大学および欧米諸国医学大学の卒業者は無試験開業を認められていたので、明治二十二年には米国ペンシルベニア女子医科大を卒業した岡見《おかみ》京《けい》子《こ》(一八五九―一九四一)が帰国後五番目の女医として医籍登録している。女医の養成について、内務省は明治十七年八月二十九日教育令の男女別学のもとでも女子は医学校へ入学できるとした。しかし、男女共学否定や男尊女卑の風潮のもとで実際には医学校で学ぶことのできる女性は少なく、東京本郷の私塾済生学舎《さいせいがくしゃ》などで修行し受験する女性が多かった。明治二十五年に女医となった吉《よし》岡弥生《おかやよい》(旧姓鷲山《わしやま》、一八七一―一九五九)らである。しかし、済生学舎は医学専門学校卒業生のみを試験有資格者としようとする文部省の方針を先取りし専門学校への格上げをめざし女子生徒を閉め出す。これに対し、吉岡弥生は自宅の一室を東京女医学校として女子の受験修業の場をつくった。吉岡は、医師は女性向きと思い、また母の人生から女性には経済的自立が必要とも考えてのことであった。明治三十年代後半には、日露戦争前後の経済発展を背景にした女子の職業熱の勃興により女医志望者は増加していくが、文部省が明治三十七年(一九〇四)には医術開業試験を十年後に廃止、新制度は受験有資格者を医学専門学校卒業生に限ると発表したため、女子生徒を受け入れていた神田の私立日本医学校なども専門学校格上げをめざして女子を追い出した。そのため吉岡弥生は女子のための医学専門学校設立を決意、金策に苦労しながら明治四十五年(一九一二)三月財団法人東京女子医学専門学校(東京女子医科大学の前身)を認可させて翌月開校し以後女医養成に邁進する。一方、当時は女医を一段劣等に見る男性医師たちが多かったため女医を雇う病院は少なく、また都会では開業しても来院する患者は少なかった。こうした風潮に、日本女子大学校校医となった前田園子《まえだそのこ》は九十名をこえた女医たちを結集して明治三十五年に日本女医会を結成、女医たちの学術増進や交流をめざす。日本女医会は明治四十五年には会員二百名余りとなっている。

参考文献 吉岡弥生女史伝記編纂委員会『吉岡弥生伝』(一九四一、東京連合婦人会出版部)、厚生省医務局編『医制百年史』(一九七六、ぎょうせい)、『日本女医会百年史』(二〇〇二、日本女医会)、石崎昇子「岡見京子」「吉岡弥生」(新井美耶子・新宿女性史研究会編『新宿 歴史に生きた女性たち』所収、二〇〇五、ドメス出版)、北海道女性医

師史編纂刊行委員会編『北の命を抱きしめて―北海道女性医師のあゆみ―』(二〇〇六、ドメス出版)　（石崎　昇子）

じょいじょうれい　叙位条例　栄典の一つである位階制度について定めた勅令。明治二十年(一八八七)五月制定。わが国における位階制度は聖徳太子の定めた冠位十二階に始まるとされる。維新後、政府は明治二年(一八六九)七月に、『養老令』の三十階を正一位から従八位までの十六階に大少初位を加えた十八階に改めた。その後、幾度かの変更がなされたが、叙位条例は、正一位から従八位までの十六階を定め、従四位以上を勅授、正五位以下を奏授とした。また、従四位以上は、爵に準ずる礼遇を与えられた。叙位の対象は、華族、勅奏任官、国家に勲功ある者、表彰すべき功績ある者とされた。なお、叙位などの栄典授与は、大日本帝国憲法第一五条により大権事項とされた。天皇による栄典大権の行使は、天皇制支配を正当化し、かつ権威づける役割を果たした。大正十五年(一九二六)十月二十一日の位階令制定により廃止された。→位階勲等《いかいくんとう》

参考文献　秦郁彦『戦前期日本官僚制の制度・組織・人事』(一九八一、東京大学出版会)、西川誠「明治期の位階制度」(『日本歴史』五七七、一九九六)　（小野　博司）

ショイベ　Heinrich Botho Scheube　一八五三―一九二三　明治時代前期の御雇いドイツ人医師。一八五三年八月十八日メルゼブルク州のザイツに生まれる。七六年ライプチヒ大学を卒業し、内科学の助手となる。ベルツの後輩にあたり、彼のすすめで明治十年(一八七七)十月、京都府立の療病院・医学校(現京都府立医科大学)に、蘭医マンスフェルトの代わりに着任した。以来、延長期間を含めて同十四年一月まで在職し、教育・臨床・研究に貢献した。当時の府立医学校は予科三年、本科三年の正則コース(ドイツ語による教育)であったが、同十二年八月日本語で教育される「通則医学」が設置された。彼は午前中から午後にかけて、講義、入院患者の回診、さらに外来診察を行い、夜は研究に努め、また施療患者制度を設けて往診も実施した。内科を中心に、眼科・婦人科などの診察も行い、脚気・寄生虫病などを研究した。帰国後は大学に復職するが、一九二三年三月死去した。満六十九歳。

ショイベ

参考文献　藤田俊夫「ヨンケルとショイベ」(宗田一夫・蒲原宏・長門谷洋治他編『医学近代化と来日外国人』所収、一九八八、世界保健通信社)　（林　彰）

しょう　妾　男性が正妻以外に恒常的に金銭授受によって性関係を持ちつづける女性の呼称。めかけ。権妻と記すこともある。古代九世紀までの正妻と区別されない妾、以後多妻制のもとで嫡妻と区別される妾、重婚禁止の近世において家存続のため正当化され、奉公人契約を結ぶ妾など、時代や階級によって異なる妾の地位は、明治三年(一八七〇)十二月頒布の新律綱領において正妻とともに身分法上二等親と規定された。条文では正妻より劣位に規定されたが、明治六年には戸籍に妻の次に妾を記載する太政官指令がだされた。こうした法制下で明治維新以後、妾をもつ男性が急増した。妾規定は近代の一夫一婦制原則に反するため民間や元老院で妾の存在をめぐって賛否の論争が展開した。明治十三年(一八八〇)七月公布の刑法は条文から妾の称号を廃止したため(但し庶子タームは存続)、妾制度は消滅した。しかしながら戸籍には明治三十一年(一八九八)の戸籍法改正まで妾名称は残存するとともに、皇室典範の皇位継承資格規定および三十一年民法における庶子の認知・入籍規定において、実質的に正妻以外の女性とその間の子の存在を認めている。

参考文献　石井良助『日本婚姻法史』(『法制史論集』二、一九七七、創文社)、高柳真三『明治前期家族法の新装』(一九八七、有斐閣)、早川紀代『近代天皇制国家とジェンダー―成立期のひとつのロジック―』(一九九八、青木書店)　（早川　紀代）

じょういとうごう　情意投合　明治四十四年(一九一一)一月二十九日に、第二次桂太郎内閣が立憲政友会との提携を発表した際に、桂太郎が演説で用いた言葉。官僚勢力を代表する桂と、次第に力を増しつつあった政党(立憲政友会)勢力を代表する西園寺公望との提携(桂園体制)は、すでに日露戦争終結前後から始まっていたが、これは日露戦後経営の遂行の必要からなされたもので、本来政治的に両者は牽制しあう関係にあった。明治四十一年に成立した第二次桂内閣は、当初は衆議院の二大政党である立憲政友会と憲政本党に対して「一視同仁」の態度を取り、両党間の対立関係を利用して議会をコントロールしようとしたが、議席数にまさる政友会を切り崩すことはできず、同党との妥協・提携路線に舞い戻ることになった。明治四十二年十月二十六日に伊藤博文が暗殺されると、翌月、桂と西園寺は会談を持ち、今後の政局について話し合いを持った。桂は元老に頼らない政治体制の構築をめざし始めており、今後も西園寺との協力体制をとりたいという意志表示をした。桂にとって政友会との妥協は、予算を通過させ韓国併合、条約改正などを進めるためにも不可欠のものであった。この時期に政友会をリードしていた原敬は、藩閥官僚勢力との提携のもとで官僚機構に対する影響力を強め、また政党の地方基盤を強固にして党勢拡大を図るために妥協を図っていた。明治四十三年後半に入ると桂内閣の後継問題が浮上し、第二次西園寺内閣の成立をめざして原は行動を開始した。情

意投合という語がはじめて登場するのは、桂と原の間に立って働いていた野田卯太郎の同年十一月二十七日の日記である。一月二十六日に桂は西園寺と原敬・松田正久同席のもとに会見し、政府と政友会とのあいだに「妥協以上の妥協」が成立したことを確認し、越えて二十九日、桂は政友会所属両院議員および主だった役員を精養軒に招待して、政友会と「情意相投合シ、協同一致シテ以テ憲政ノ美果ヲ収ムルコト」が自分の希望であり、政友会の意志であると思っていると演説した。そして桂は三月二十三日に西園寺に次期内閣組閣を託し、八月二十五日に第二次桂内閣は後任に西園寺を指名して総辞職した。↓桂内閣《かつらないかく》 ↓桂園時代《けいえんじだい》 ↓西園寺内閣《さいおんじないかく》

参考文献 立命館大学西園寺公望伝編纂委員会編『西園寺公望伝』三(一九九三、岩波書店)、季武嘉也『大正期の政治構造』(一九九六、吉川弘文館)

（山下　大輔）

じょうえつせん　上越線　群馬県高崎と新潟県長岡(宮内)を結ぶ路線。新潟県南魚沼郡長や衆議院議員などを務めた岡村貢《おかむらみつぎ》は、高崎と新潟を結ぶ鉄道建設を構想し、明治二十七年(一八九四)に毛越鉄道(翌年に上越鉄道と改称)を立ち上げ、高崎—新潟(沼垂《ぬったり》)間の建設を計画したものの、資金面や技術的な困難に直面して、同三十四年(一九〇一)に解散を余儀なくされた。その後も、群馬県選出の衆議院議員の高津仲次郎《たかつなかじろう》らとともに実現に向けて尽力したものの実現には至らなかった。明治四十年(一九〇七)には、新潟県会で「上越線建設ニ関スル建議」が採択された。大正七年(一九一八)の第四十回帝国議会で、鉄道敷設法における第一期予定線への高崎—長岡間の編入が可決された。同年度から高崎および長岡から建設に着手され、清水トンネルの完成を経て、昭和六年(一九三一)九月一日に高崎—長岡間が全通した。

参考文献 鉄道省編『上越線建設概要』(一九三一)、松本和明「新潟県・京浜地域間交通史」(『鉄道史学』一二二、二〇〇四)

（松本　和明）

しょうか　唱歌　歌を歌うこと、あるいは歌。幕末期にSong、Song-singingの訳語としても用いられ、明治五年(一八七二)八月の「学制」頒布において、小学校の音楽教科を英米の「Singing」に倣い、「唱歌」と定めることにより広く用いられることになった。初期には「しょうが」と発音されていたが、明治十年代に至って「しょうか」と呼び慣わされるようになったという(吉丸一昌)。今日の一般的理解としては、明治期から太平洋戦争期までの教育を目的とした歌、特に教材としての楽曲を指すことが多く、子どもの歌としては大正期に生まれた創作童謡と区別して用いられる。なお、伝統音楽の分野において古くから用いられる「唱歌(しょうが)」は、楽器教習の際に伝えられる旋律を擬音的に詞章化したいわゆる「楽器旋律唱法」(吉川英史の命名)である。明治政府の近代化、西欧化推進策に伴い、学校における音楽教育も欧米の音楽を積極的に受け入れてきた。唱歌教育はその中心をなすものであったが、五年の「学制」頒布の際には「当分之ヲ欠ク」とされた。学校という近代的な制度のもとで教授するべき音楽の性格を確定することができなかったという事情がある。唱歌教育の準備は岩倉使節団に随行した文部理事官田中不二麻呂《たなかふじまろ》が各国の音楽教育を視察、日本への導入を推進したことに始まる。六年に解禁されたキリスト教各派の日本語による讃美歌、聖歌の指導も唱歌教育に影響を与え、十年(一八七七)には教材としての「唱歌集」の編纂が開始された。東京女子師範学校が雅楽課伶人に作曲を依頼した『保育唱歌』(明治十—十三年)などがそれにあたるが、文部省による本格的な洋楽教材の編纂は音楽取調掛設置後、伊沢修二・メーソン Luther Whiting Mason らによって進められた『小学唱歌集』全三編(十五—十七年)を嚆矢とする。その後『幼稚園唱歌集』(二十年)、『中等唱歌集』(二十二年)が続くが、この時期すでに大和田建樹《おおわだたけき》『明治唱歌』(二十一—二十五年)、伊沢修二『小学唱歌』(二十五—二十六年)など個人編纂による各種の唱歌集が刊行された。アメリカの教科書に範を求めて作られたこれらの唱歌集には、「庭の千草」(「菊」)「蛍の光」(「蛍」)「埴生の宿」「故郷の空」など英米の愛唱歌が多く取り入れられているが、歌詞は必ずしも原詩に基づかず、文語の雅文体で作詞された。教育勅語発布後、二十六年(一八八三)の「大祭日祝日唱歌」制定により「一月一日」「紀元節」など国の祝祭日に歌うべき八曲が定められて、国民教化の一環としての唱歌が浸透し、日清戦争期には鳥居忱《とりいまこと》『大東軍歌』(十八年)をはじめ多数の軍歌(軍歌集)が現われる。軍歌の多くは検定唱歌として教育の場でも用いられ、戦時唱歌の性格が強い。三十年代の文学界における言文一致運動の高まりは音楽の領域にも及び、「鉄道唱歌」(多梅稚《おおのうめわか》作曲、大和田建樹作詞、三十三年)など一般にも広く流行した歌を生むが、教育の現場でも言文一致唱歌が提唱され、田村虎蔵《たむらとらぞう》・納所《のうしょ》弁次郎《べんじろう》『教科適用幼年唱歌』(三十三—三十五年)が刊行された。「キンタロウ」「兎と亀」など子どもになじみ深い昔噺などを題材にした口語体の歌詞と歌いやすい旋律は、以降の唱歌に大きな影響を与えた。唱歌は伝承されてきた日本音楽の要素を部分的に取り入れた洋楽スタイルの歌である。歌詞は教訓的な題材を基本として自然の美しさや故郷を歌い、起承転結の四行詩の形式をとる。音階はほとんどがヨナ抜き長音階(ドレミソラドの五音音階)、さもなければ普通の七音の長音階である。拍子は四分の二、四分の四などが多く、八分音符と十六分音符を組み合わせた付点リズム(ピョンコ節)も特徴的である。文部省は四十三年(一九一〇)『尋常小学読本唱歌』、翌年より『尋常小学唱歌』を順次刊行する。いわゆる「文部省唱歌」のはじまりであり、昭和期の『新訂尋常小学唱歌』、戦時期「芸能科音楽」の教科書に至るまでこの時期の唱歌のスタイルをほぼ踏襲している。↓国民唱歌集《こくみんしょうかしゅう》 ↓祝祭日唱歌《しゅくさいじつしょうか》 ↓小学唱歌集《しょうがくしょうかしゅう》 ↓鉄道唱歌《てつどうしょうか》 ↓文部省唱歌《もんぶしょうしょうか》

参考文献 岩井正浩『子どもの歌の文化史—二〇世紀

前半期の日本―』(一九九八、第一書房)、『原典による近代唱歌集成』(二〇〇〇、ビクターエンタテインメント)

（林　淑姫）

しょうかいせき　蔣介石　Jiang Jieshi　一八八七―一九七五　中国の軍人、政治家。浙江省奉化県出身。一八八七年十月三十一日生まれ。一九〇六年(明治三十九)に八ヵ月ほど日本に留学した。保定にあった陸軍の学校で学んだのち、〇八年(明治四十一)に再び来日して、東京の振武学校に入学し、中国同盟会にも参加した。振武学校卒業後は、新潟県高田の陸軍第十三師団野戦砲兵第十九連隊に士官候補生として勤務した(一〇年十二月―一一年十月)。辛亥革命が起ると帰国し、上海をおさえる陳其美都督のもとで活躍した。二四年には、孫文の信任を受けて黄埔の軍官学校初代校長に任じられた。孫文の死後、国民党内で軍事指導者として勢力を強め、二六年には国民革命軍総司令として北伐を主導しつつ、二七年には四・一二クーデタで共産党を鎮圧した。南京に国民政府が成立すると政府の中枢を担ったが、対抗する勢力の分立に苦しんだ。満洲事変後も日本との直接対決を避け共産党の排除を優先していたが、三六年の西安事変では張学良から一致抗日の要請をうけ、三七年以降の日本との全面抗戦では戦争を指導して勝利に導いた。しかし、共産党との内戦には敗北して四九年には台湾に移ったが、かえって権力は安定し、ながく中華民国総統の地位にあった。七五年四月五日に死去し、台湾省桃園県大渓の山中に葬られた。八十九歳。

蔣　介　石

参考文献　野村浩一『蔣介石と毛沢東―世界戦争のなかの革命―』(『現代アジアの肖像』二、一九九七、岩波書店)、黄自進主編『蔣中正先生留日学習実録』(二〇〇一、中正文教基金会、台北)、黄自進『蔣介石と日本―友と敵のはざまで―』(二〇一一、武田ランダムハウスジャパン)

（吉澤誠一郎）

しょうがくきょういんでんしゅうじょ　小学教員伝習所　明治時代初期の「学制」および教育令期、道府県に設立された小学校教員の速成的養成および現職教育を担った施設。明治五年(一八七二)八月の「学制」発布に伴い、近代的小学校を運営し、教育を掌る教師を早急に養成する必要が生じ、全国七つの大学区本部、すなわち東京・大阪・仙台・名古屋・広島・長崎・新潟に各一校ずつ官立の師範学校が設けられた。また、明治七年には東京に官立の東京女子師範学校が設けられ、女子教員の養成も開始された。しかし、それら官立師範学校の卒業生だけではとても教員需要を満たすことはできないので、各道府県では速成的な教員養成に着手せざるを得なかった。それらの機関は各道府県で多種多様に設けられ、小学講習所・師範講習所・伝習学校などとも呼ばれた。教育の内容も程度も修業年限もまちまちであったが、おおむねその内容は、文部省が示した小学教則の内容を子どもたちに伝える授業法の伝習が中心であった。学制期後半、明治十年(一八七七)から翌年にかけて政府は官立師範学校を閉鎖し、各道府県へ小学校教員養成の事業を委託するようになった。その結果、次第に小学教員伝習所の整備が進み、教育内容も単なる授業法の伝習から教員に必要な種々の学科目が教えられるようになり、また、修業年限も数ヵ月であったものが二～五年に及ぶようになり、名称も師範学校を名のる場合が増えていった。明治十三年十二月に改正された教育令では、「師範学校ハ教員ヲ養成スル所トス」と定め、道府県に師範学校設置を義務づけたので、ますます伝習所から師範学校への転換が進行した。その後文部省が、十四年八月に師範学校教則大綱を、十六年七月に府県立師範学校通則を制定し、道府県立師範学校の整備が急速に進展した。→師範学校《しはんがっこう》

参考文献　中内敏夫・川合章編『教員養成の歴史と構造』(『日本の教師』六、一九七四、明治図書)

（船寄　俊雄）

しょうがくしょうか　小学唱歌　⇨唱歌《しょうか》

しょうがくしょうかしゅう　小学唱歌集　日本初の音楽教科書。音楽教育の開始に際して文部省(音楽取調掛)が小学校用に編纂したB6判の横細長本。木版刷の和綴三冊。初編は明治十五年(一八八二)四月刊(見返しの「十四年十一月刊行」が延期)で三十三曲、第二編は十六年三月刊で十六曲、第三編は十七年三月刊で四十二曲、合計九十一曲を掲載。各作品の題材には、孔孟の教えや中国の漢詩文、また記紀万葉以降の日本の名歌や故事が多い。歌詞のねらいは徳性涵養にあり、音楽取調掛長伊沢修二《いさわしゅうじ》の指導のもと、佐藤誠実ら四人が作詞。楽曲は、御雇い外国人のメーソンがアメリカから持参した音楽書や唱歌掛図を参考にして製作、別に世界各国の歌曲や民謡、ならびに雅楽部の芝葛鎮《しばふじつね》の曲も採用された。「蛍の光」(原題「蛍」)や「あふげば尊し」ほか、今も歌う楽曲が掲げられている。教科書としての使命は四十四年(一九一一)、『尋常小学唱歌』の刊行で終った。

参考文献　東京芸術大学百年史編集委員会編『東京芸術大学百年史―東京音楽学校篇―』一(一九八七、音楽之友社)、倉田喜弘編著「小学唱歌集」(『新日本古典文学大系』明治編一一所収、二〇〇六、岩波書店)

（倉田　喜弘）

しょうがっこう　小学校　明治維新以降(わが国における近代国家成立以降)にすべての国民に対し共通な初歩的・基礎的教育を施すことを目的として設けられた初等教育

機関。学齢上少年期(児童期)の子どもを対象に、その時代の最低限度の国民的教養・基礎学力の提供を目的とする。小学校は、明治初期に、それまでの寺子屋・私塾・郷学・啓蒙所などを母体として欧米の教育を模範に成立した。明治五年(一八七二)八月「学制」が発布され、近代学校制度が形成された。「学制」では、下等小学(四年制・八級制)と上等小学(四年制・八級制)の二段階でこれを尋常小学とし、その他村落小学・女児小学などを規定した。これらは、「必ず邑に不学の戸なく家に不学の人なからしめん」(「学制布告書」)ために「人民一般必ス学」(「学制章程」第二一章)ぶべきものとされた。「学制」期の教育内容と教材は地域の実情や教員の裁量に委ねられていた。「学制」の強権的施行に対する民衆の反発などにより明治十二年(一八七九)九月「学制」が廃止され第一次教育令が公布された。しかしこの教育令も翌明治十三年十二月には改正された。自由主義的教育政策の基調は一変し、教育政策は次第に中央集権的な国家管理のもとで運営されるようになった。第二次教育令(改正教育令)に基づき、翌同十四年五月小学校教則綱領が定められ、そこで教育内容と程度が詳細に定められると同時に小学校は初等科三年、中等科三年、高等科二年の編成となった。内閣制度発足後の明治十九年四月第一次小学校令において、小学校は尋常、高等に区分され、それぞれが四年制でほかに小学簡易科(三年)も認められた。使用される教科書は文部大臣の検定を経たものと規定された。同二十三年(一八九〇)十月第二次小学校令では小学校の目的を「小学校ハ児童身体ノ発達ニ留意シテ道徳教育及国民教育ノ基礎並其生活ニ必須ナル普通ノ知識技能ヲ授クルヲ以テ本旨トス」と規定した。同年の教育勅語発布を受け、小学校の目的を、(一)忠君愛国を軸にした道徳教育、(二)建国以来の体制とされるものへの同調化を内容とする国民教育、(三)将来の生活上に必要な知育・技能教育、と三要素に区分し目的を序列化した。同三十三年(一九〇〇)八月第三次小学校令で、市町村の学校設置義務(第六条)、保護者の就学義務の一層緻密な規定(第三二条)、学齢児童を雇用して就学を妨げることの禁止(第三五条)、市町村立尋常小学校の授業料を不徴収とする原則(第五七条)などが明記された。ここに尋常小学校四年制の義務教育体系が成立し、その二年後には早くも就学率は九〇%を越えた。同三十六年小学校教科書が検定制度から国定制度に変わったが、教育勅語の徹底とも合わせ、成立した義務教育制度が天皇制イデオロギーの国民への徹底に不可欠な役割を果たすことになった。同四十年(一九〇七)には義務教育年限が六年に延長された。大正期に入ると、硬直した公教育に対する批判の中から新たな教育観・子ども観に立脚した教育運動・学校づくりが広がりを見せるようになる。大正新教育運動といわれる運動である。

小学校の授業　小学入門教授図解

鈴木三重吉《すずきみえきち》『赤い鳥』、ドルトンプラン、生活綴方運動などが生まれた。また沢柳政太郎《さわやなぎまさたろう》が成城小学校を、野口援《のぐちえん》太郎《たろう》が池袋児童の村小学校を組織するなど新たな学校づくりも生まれ、小学校の教育内容と方法の改革に大きな影響を与えた。昭和期以降教育行政全体が超国家主義・軍国主義的傾向を強め、戦時教育への色彩を強めていく。昭和十六年(一九四一)三月国民学校令が公布され小学校は国民学校と改称した。同令では国民学校の目的を「国民学校ハ皇国ノ道ニ則リテ初等普通教育ヲ施シ国民ノ基礎的錬成ヲ為スヲ目的トス」と規定した。ここに小学校は、初等普通教育を「皇国ノ道」に従属させ児童を少国民として「錬磨育成」する、いわば総力戦に対応した国民動員システムの一環を担うようになった。

[参考文献] 佐藤秀夫『学校の構造』(小野雅章他編『教育の文化史』一、二〇〇四、阿吽社)　(荒井　明夫)

しょうがっこうきょういんこころえ　小学校教員心得　明治十四年(一八八一)六月、小学校教員が「恪守実践」するべきものとして文部省達第一九号によって公布、各小学校教員に配布された文書。文部省が小学校教員の守るべき心得を説いた最初の文書でもある。これは戦前を通じて小学校教員の守るべき準則とされた。小学校教員免許状授与方心得・学校教員品行検定規則とともに、自由民権運動に対抗する、教員統制策の一環であった。文部大輔田中不二麻呂が中心となった、明治十二年(一八七九)の第一次教育令の自由主義的教育行政が、教育界における自由民権運動の高揚を助長し、地域の知識人としての教員が政治運動に積極的にかかわることを可能とした。田中不二麻呂が司法卿に転出した後、文部卿に就任した河野敏鎌《こうのとがま》は、第一次教育令を改正する前提として、諸督励策を打ち出したが、その中に「教師ノ訓条」を定めて教員への規制を図る方針があった。河野は、明治十四年の政変により文部省を去ったが、その後任の文部卿福岡孝弟も教員の統制策を継承し、小学校教員心得を公布した。前文と全十六項目からなっている。直接の起草者である江木千之《えぎかずゆき》によれば、同心得の知育・徳育・学校管理等教員の任務について触れた第二項以下は、当時の欧米教育書からの翻案引用とするところが多いが、第一項、すなわち、「人ヲ導キテ善良ナラシムルハ多識ナラシムルニ比スレハ更ニ緊要ナリトス故ニ教員タル者ハ殊ニ道徳ノ教育ニ力ヲ用ヒ生徒ヲシテ皇室ニ忠ニシテ(下略)」だけは、水戸学を参考に、江木自身の発案に基づくものであり、かつ重要である。徳育の知育よりの優先、尊王愛国の「公徳」を孝悌信義など「私徳」に優先させ、示範と薫化を教員の第一義の任務とした点など、それ以前の啓蒙主義的な教員観とは異質であり、教育政策が明治十四年の政変以降、保守主義的政策へと転換する象徴的なものであった。

[参考文献] 国立教育研究所編『日本近代教育百年史』三(一九七四)　(小野　雅章)

しょうがっこうきょういんにんようれい　小学校教員任用令　明治二十六年(一八九三)十二月二十一日に発せられた市町村立小学校の教員の任用に関する勅令。正式には、市町村立小学校教員任用令という。小学校教員の任用などの詳細は、第二次小学校令第五九条の規定を変更するために発せられた。第二次小学校令は第五九条で、市町村立小学校教員の選考は、市町村長が推挙する三名以下の候補者から府県知事が任用すること、さらに、府県知事が候補者について適当でないと判断した場合は推挙を経ずして任用できた。これが、同令によって、公立小学校教員は、市長または郡長の推薦によって、小学校教員銓衡委員の銓衡を経てから府県知事が任用すること(第一条)、そして、その小学校銓衡委員は、府県知事が指名する府県高等官、判任官各一名、尋常師範学校長およびその教員二名によって組織されること(第二条)に改められた。ここに、公立小学校教員の銓衡に関する制度が整備された。

[参考文献] 国立教育研究所編『日本近代教育百年史』一(一九七三)　(小野　雅章)

しょうがっこうきょうそくたいこう　小学校教則大綱　明治二十四年(一八九一)十一月十七日に発せられた、小学校における教育課程の大枠を定めた文部省令。前年に公布された第二次小学校令に基づいて制定された。これを直接編成したのは、当時の文部省普通学務局長江木千《えぎかず》之《ゆき》であった。全二十四条からなり、第一条で小学校教育の目的に関連して、徳性の涵養、全ての教科が道徳教育・国民教育の観点で取り扱われるべきこと、知識技能の確実性と実用性を重視すること、各教科の相互連絡と補完の重要性を示すとともに、尋常・高等小学校の各教科目の要旨、教授内容・方法とその実施上の諸点、補習科について規定した。この大綱は、小学校教育を、国民教育のための完成教育の場と考え、義務教育修了、すなわち、ほとんどの国民が、尋常小学校卒業後、すぐに社会に出ることを前提にしていた。小学校教則大綱により、この国の教育課程・内容の全国的統一が促進したといわれている。

[参考文献] 国立教育研究所編『日本近代教育百年史』四(一九七四)　(小野　雅章)

しょうがっこうしゅくじつたいさいびぎしききてい　小学校祝日大祭日儀式規程　明治二十四年(一八九一)六月十七日文部省令第四号として制定された小学校の祝日・大祭日儀式の基本方式を定めた規程。国家の祝祭日に学校儀式を挙行することは、明治二十一年ごろから初代文部大臣森有礼の指示により、公立中等教育機関への御真影下付政策と対の政策として挙行されていた。しかし、森の指示が法的命令でないこと、さらに御真影の下付も公立中等学校に限られていたことから、儀式の挙行は、一部に限られていた。ところが、明治二十三年十月三十日の教育勅語発布とその「奉読式」の全国一斉の実施は、学校儀式のあり方に大きな変化をもたらした。また、教育勅語発布の直前に公布された第二次小学校令は、その第一五条で「祝日大祭日ノ儀式ニ関シテハ文部大臣之ヲ規定ス」と規定した。ここで、小学校において祝日だけでなく国家神道式日の大祭日にも学校儀式を挙行する方向を示した。この条文に従い制定されたのが、小学校祝日大祭日儀式規程である。全八条からなるこの規程は、儀式の基本を、御真影拝礼、天皇・皇后の万歳奉祝、教育勅語奉読、校長訓話、式歌斉唱などとした。式目にはそれぞれの式日により違いがあるが、三大節・七祭日全てに学校儀式を挙行するように定めた。三大節のみならず大祭日にも学校儀式挙行を命じたことは、国家神道の公教育への介入を意味していた。さらに、儀式を厳かなものに仕立て上げるため、唱歌斉唱を導入するとともに、「遊戯体操」など学校行事の実施と儀式とを結びつけたのもこの規程の特徴であった。その後、明治二十六年五月五日、文部大臣井上毅が文部省令第九号を発し、儀式規程の適用を原則として三大節に限るという措置をとった。この趣旨がのちの小学校令施行規則においても継承されることにより、小学校祝日儀式の基本原則となった。

↓学校儀式《がっこうぎしき》

参考文献 佐藤秀夫編『御真影と教育勅語』一(『続・現代史資料』八、一九九四、みすず書房)、同『学校の構造』(『学校の文化史』一、二〇〇四、阿吽社) （小野 雅章）

しょうがっこうれい 小学校令 明治十九年(一八八六)四月から昭和十六年(一九四一)三月末までの間、日本の初等教育制度を規定した単独勅令。最初の小学校令は、明治十九年四月に初代文部大臣森有礼により発せられたが、過渡的性格故に、発布から四年後に廃止され、明治二十三年(一八九〇)十月に新たな小学校令が発布された。それも十年後の明治三十三年(一九〇〇)八月に全面改正された。これは、明治三十六年四月の教科書の国定制と明治四十年(一九〇七)三月の義務教育年限の延長にかかわる重要な部分改正がなされたが、昭和十六年(一九四一)三月に全面改正され、国民学校令と改称されるまで維持された。それぞれ、その性格が大きく異なることから、これらを第一次小学校令、第二次小学校令、第三次小学校令と呼ぶ。小学校制度は、その設立維持の母体となる地方行政制度と一体不可分の関係にある。この点で、森有礼による第一次小学校令が発布された当時は、内務大臣山県有朋のもとで市制・町村制の策定準備が進められている段階であって、地方制度そのものが未確定の状況にあったため、第一次小学校令は過渡的性格が強かった。さらに、森有礼の思想的個性を強く反映した啓蒙的性格を帯びているという特徴を持っていた。条文も全十六条という簡略なものであった。小学校の編成は、尋常小学科四年、高等小学科四年を基本とし、これに並列する小学簡易科とからなっていた。尋常小学科・高等小学科が授業料を徴収したのに対し、小学簡易科は公費で維持することとし、大衆向けの教育機関に成長することを念頭においていた。地方制度は、山県有朋の指導のもと、明治二十一年四月、市制・町村制が公布され、翌明治二十二年四月から順次施行された。これに伴い、小学校の設立維持について、新しい地方制度との間で新たな規定が必要となり、小学校令の改正作業が開始されることになった。この改正準備作業は、明治二十一年、当時の文部大臣森有礼の指示により開始された。しかし、明治二十二年、森の不慮の死により一旦中断されたが、後任の文部大臣榎本武揚のもとで、学校制度全体の改革構想と関連付けられながら再開され、明治二十三年三月に文部省案としてまとめられた。この改正案は、森文政の流れを汲む内容を含んでいた。その後、文部大臣が榎本武揚から芳川顕正に交代するにおよび、小学校令の改正作業は大きく変容した。先述の改正案は、法制局と文部省との折衝で全体を大きく修正され、法律案「小学校法」となり、同年六月二十四日に再度閣議に提出された。これは、教育勅語の発布を意識する内容のものであり、森有礼の教育政策とは一線を画する性格を有していた。この法案は、八月に上奏され、同十九日に枢密院に諮詢された。その際、教育基本法令に議会が関与することを忌避する枢密院の意向により、勅令として発するように変更され、当初の案文中法律として規定せざるを得ないものは別途法律とするなどの手続きの後、明治二十三年十月に勅令として第二次小学校令が発布された。小学校教育の目的を明文化し、不評の小学簡易科を尋常小学校に改編したが、尋常小学校に三年制と四年制を設けるなど小学校の多種化を志向した。また、明治二十四年に小学校令施行上の諸細則が一括制定され、その翌年から全面実施された。その後、明治三十三年八月に諸学校の改定や整備などの状況を受け、再度小学校令が改正された(第三次小学校令)。そこでは、尋常小学校が四年制に統一され、義務教育が単一の課程となった。義務教育の規定が厳密化され、尋常小学校の授業料徴収が基本的に廃止された。さらに、第二次小学校令では各別に制定された施行上の細則が単一の小学校令施行規則として公布され、そこで教育課程の国定化が実施される一方で、教科目や教授内容の整理削減もなされた。この第三次小学校令をもって、戦前日本の初等教育制度の一応の確立と定着を見たと判断できる。 ↓義務教育《ぎむきょういく》

参考文献 国立教育研究所編『日本近代教育百年史』四・五(一九七四)、佐藤秀夫『学校の構造』(『教育の文化史』一、二〇〇四、阿吽社) （小野 雅章）

しょうぎ 将棋 相対する二人が盤に配置した駒を交互に動かし、相手の王将を詰め、勝ちとするゲーム。古代インドに発祥し、西に伝わってチェス(立体人形状駒三十二枚)、朝鮮将棋(八角形駒三十二枚)、日本将棋(五角形駒四十枚)となった。日本では小将棋《しょうしょうぎ》・中将棋《ちゅうしょうぎ》・大将棋《だいしょうぎ》・大々将棋《だいだいしょうぎ》・摩訶大々将棋《まかだいだいしょうぎ》・泰将棋《たいしょうぎ》などが考案されるが、小将棋に飛車と角行を加え、取った駒を持駒として使う現在の形になった。奈良興福寺より康平元年(一〇五八)

日付木簡とともに出土した駒が最も古い。文献では、十一世紀の藤原行成著『麒麟抄《きりん》』『新猿楽記』『二中暦《にちゅうれき》』に、また室町時代の公家日記『実隆公記』『言継卿記』に中将棋などの記述がみられ、国宝『鳥獣戯画』に僧侶が将棋を指す場面がある。将棋が職業的に確立したのは、慶長年間(一五九八―一六一五)徳川幕府が大橋宗桂《おおはしそうけい》に扶持を与え、家元・名人・将棋所を制度化してからで、寺社奉行管轄のもと幕府年中行事として、毎年十一月十七日(現将棋の日)江戸城で対局を上覧し、歴代名人は詰将棋図式百番を献上した。伊藤宗看《いとうそうかん》・看寿《かんじゅ》兄弟の「無双」「図巧」、和算家久留島喜内の「妙案」など不朽の名作といわれる。明治維新により俸禄返上した家元は衰退し、収入維持のため他を排し一派を構える割拠競合の時代となった。ジャーナリズムの勃興が混迷の棋界に活路を与えた。明治十四年(一八八一)『有喜世新聞《うきよしんぶん》』、二十三年(一八九〇)『郵便報知新聞』の将棋掲載に始まり、日露戦争後の新聞の飛躍的発展は、『万朝報《よろずちょうほう》』『時事新報』『国民新聞』など各紙主催勝抜棋戦が常設化し、新聞を通しての将棋普及が進んだ。この時代の小学適用唱歌集のなかに高崎正風歌・上眞行曲「忠愛唱歌将棋の盤」がある。関東大震災の翌年、鼎立の関根・土居・大崎の三派は合同し、東京将棋連盟を結成し今日に至る。昭和十一年(一九三六)『東京日日新聞』の協力を得て関根金次郎十三世名人は世襲名人制を廃止し、短期実力名人制が始まり、昭和二十一年(一九四六)から現行の順位戦制となった。

参考文献 増川宏一『将棋』(『ものと人間の文化史』、一九七七、法政大学出版)、山口恭徳『明治時代の新聞将棋』(一九七九、明治大学政済セミナー)、越智信義『将棋の博物誌』(一九六五、三一書房)

(越智 信義)

じょうききかん 蒸気機関 蒸気を利用する産業革命期の基本的な原動機。蒸気を冷却することで生じる凝縮力、すなわち大気圧を利用する大気圧機関から発展したワットの蒸気機関は、シリンダ(気筒)の中で、ボイラー(汽罐)で作られた蒸気の膨張力とコンデンサー(凝縮器)で冷却された蒸気の凝縮力とを交互に作用させてピストンを往復させる往復動機関であった。十九世紀に入ってから、より高圧の蒸気を使用して小型化し、またコンデンサーを省略することが可能になって蒸気機関車に応用された。その後、より高圧の蒸気を利用して高圧用と低圧用の二つの気筒で順次膨張させる二段膨張式(連成)、さらに三段膨張式も登場して経済性が向上した。二十世紀に入るころから、蒸気で回転翼を回す蒸気タービンが実用化され、大型機関ではこれが主流となった。日本ではペリー来航直前から小蒸気船用などに製作が開始されたが、工作機械を用いなかったため限界があり、本格的には安政五年(一八五八)以降、長崎製鉄所で改修ないし製作されたのが実用化の起点である。長崎に移入された技術は高圧の機関の製作が可能な水準のものであったから、国内では当初から高圧機関が作られ、外国人経営や官営工場からの技術伝播で、明治十年(一八七七)ころからは民間中小工場でも生産された。二段膨張式は工部省兵庫工作分局で明治十三年に、三段膨張式は長崎の三菱造船所で明治二十三年(一八九〇)に汽船用に作られたのがそれぞれ最初である。陸上用の三段膨張式は明治二十九年に石川島造船所が東京電燈の発電用に、また芝浦製作所が鐘紡兵庫工場用にそれぞれ製作したが品質や納期の問題から、この種の大型機関は以後も輸入されることが多かった。タービンは明治四十一年(一九〇八)から輸入品が艦船に用いられ、また三菱長崎造船所で陸上用のものが生産され、四十四年には三菱長崎造船所製タービンを積んだ初の汽船天洋丸が竣工した。

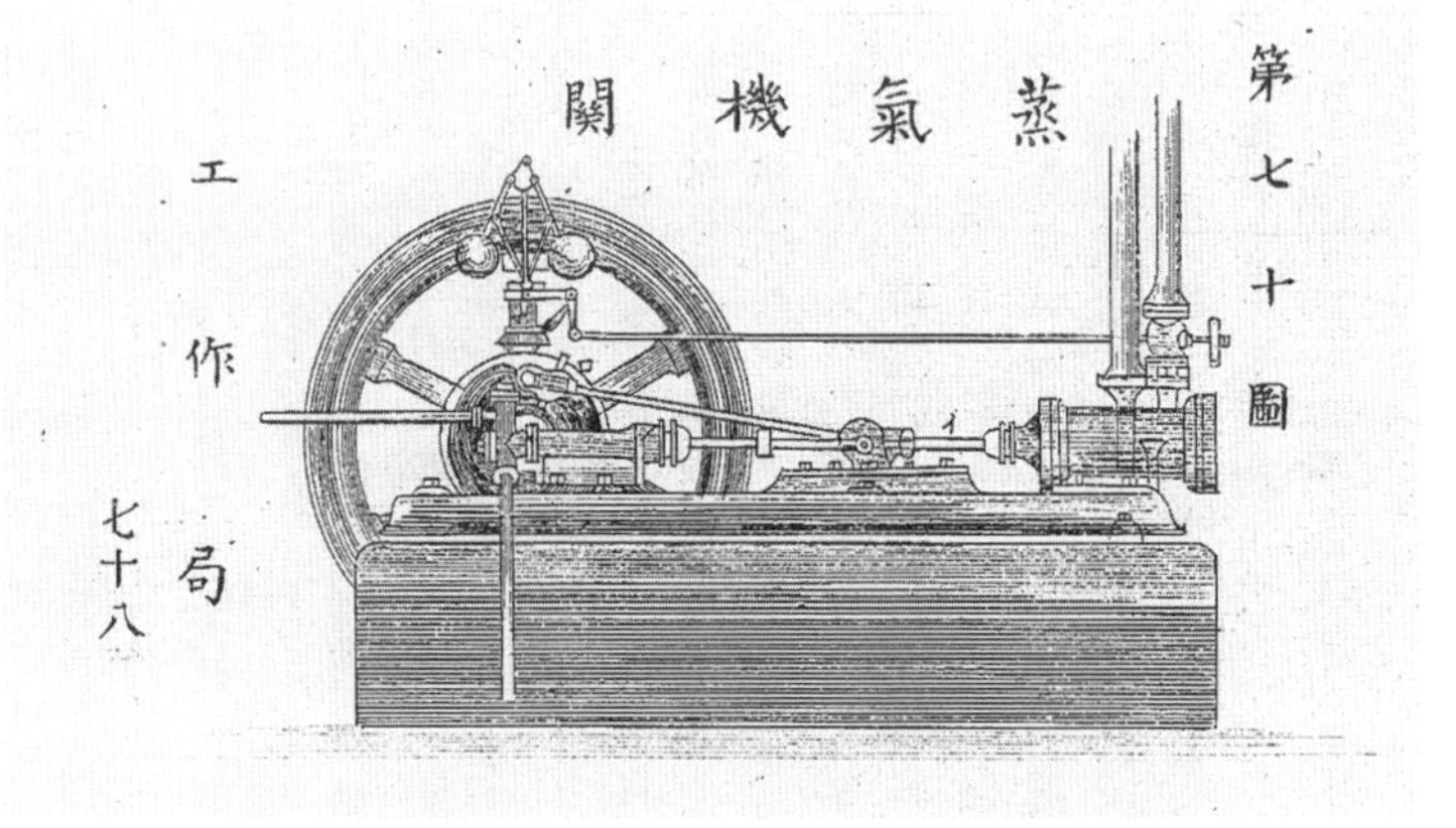

第１回内国勧業博覧会に工作局が出品した蒸気機関

参考文献 H・W・ディキンソン『蒸気動力の歴史』(磯田浩訳、一九九四、平凡社)、中岡哲郎『日本近代技術の形成―〈伝統〉と〈近代〉のダイナミクス―』(『朝日選書』、二〇〇六、朝日新聞社)

(鈴木 淳)

じょうききかんしゃ 蒸気機関車 ボイラで発生した高温の水蒸気をシリンダに供給し膨張させてピストンを動かし、その運動を動輪に伝達して動力を伝達する方式の機関車。世界初の高圧蒸気機関搭載の蒸気機関車は、一八〇四年二月イギリスのリチャード＝トレヴィシック(一七七一―一八三三)により発明された。一八二五年、イギリスのストックトン＝アンド＝ダーリントン鉄道向けにジョージ＝スチーブンソン(一七八一―一八四八)が開発したロコモーション号と、一八二九年に世界初の公共用鉄道リバプール＝アンド＝マンチェスター鉄道向けに製造したロケット号が著名。日本では明治五年(一八七二)十月京浜間官設鉄道開業時にイギリスからタンク式蒸気機関車十両を輸入、陸蒸気《おかじょうき》と呼ばれ親しまれた。明治七年五月阪神間官設鉄道開業時に使用のイギリス製五〇〇形が、石炭と水を搭載した炭水車《たんすいしゃ》を連結した日本初のテンダ式蒸気機関車である。初の国産蒸気機関車は明治二十七年(一八九四)六月鉄道局神戸工場で完成した二二一号(のちの八六〇形)で、リチャード=トレヴィシックの直孫リチャード=フランシス=トレヴィシック(一八四五―一九一三)の指導で森彦三《もりひこぞう》(一八六七―一九五八)、太田吉松《おおたきちまつ》(?―一九二七)らが完成させた。明治四十一年(一九〇八)十二月新設の鉄道院では旅客用八六二〇形と貨物用九六〇〇形が、大正九年(一九二〇)五月設置の鉄道省では旅客用C五一形、C五七形などと貨物用D五〇形、D五一形が量産された。→電気機関車《でんききかんしゃ》

参考文献 菅建彦『英雄時代の鉄道技師たち―技術の源流をイギリスにたどる―』(一九八七、山海堂)、堤一郎『近代化の旗手、鉄道』(『日本史リブレット』、二〇〇一、山川出版社) (堤 一郎)

しょうぎどう 彰技堂 明治時代前期の西洋画塾。明治七年(一八七四)国沢新九郎が東京麹町に開設する。国沢将来の銅版画などを手本とした基礎学習、木炭による石膏像の素描などが教授された。モデルを用いた油彩画制作のための「実物写真の室」、油彩画展覧会場のほか、いくつかの分校も設けられた。国沢による画論などの講義には高橋由一や荒木寛畝《あらきかんぽ》らも訪れ、油彩絵具の製造実験も行われた。九年設立の工部美術学校に多数の入学者を送り、国沢が亡くなる明治十年(一八七七)までの門人数は地方士族や陸軍関係者ら九十余名を数え、本多錦吉郎《ほんだきんきちろう》・浅井忠・守住勇魚ら多くの画家、また図画教員らを輩出した。国沢没後、一時塾生は十一会研究所などに預けられたが、十二年からは本多を校主とする私立専門学校として牛込で活動を再開。英書の訳述による画法論や美術解剖学などの講義を重視しつつ、鉛筆画・水彩画・油彩画が教授され、丸山晩霞《まるやまばんか》・小川芋銭《おがわうせん》らが育った。二十八年(一八九五)廃校。

彰技堂塾生(明治9年6月麹町平河町時代)

参考文献 金子一夫『近代日本美術教育の研究―明治時代―』(一九九二、中央公論美術出版)、志賀秀孝「明治十二年までの彰技堂について」(『府中市美術館開設準備室研究紀要』二、一九九八) (太田 智己)

しょうぎとりしまりきそく 娼妓取締規則 明治三十三年(一九〇〇)十月二日に内務省令として公布された法令。明治六年(一八七三)十二月に東京府が娼妓規則を公布して以来、府県でまちまちであった娼妓に対する規定を統一したもの。これにより、娼妓は警察への登録制となり、年齢も十八歳以上に限定された。そして、娼妓には警察指定の医師や病院による性病検診を受けることが義務付けられ、性病感染で就業に耐えないと診断された場合やほかの感染症に罹患していると診断された場合は、治療を受け、治癒と診断されるまでは就業を禁止された。さらに、娼妓は、事実上、貸座敷営業地内に居住を制限され、外出には警察の許可が必要とされた。こうして風紀取締りと性病予防を前提とした国家による買売春管理体制である公娼制度が確立した。なお、外出禁止条項は、海外からの公娼制度への批判をかわすために昭和七年(一九三二)に削除された。→公娼制度《こうしょうせいど》

参考文献 藤野豊『性の国家管理―買売春の近現代史―』(二〇〇一、不二出版) (藤野 豊)

しょうぎょう 商業 安政五年(一八五八)日米修好通商条約調印により翌年から横浜その他で自由貿易が始まった。同条約はアジアで唯一外国人の国内通商を禁止する規定をもち、貿易は居留地の外国商人に対して、輸出生糸・茶などの売込商や、輸入綿糸布などの引取商が取引する形で行われた。売込商・引取商は外国商人の侵入を防ぐ上で重要な役割を果たしたが、明治初年には居留地貿易の限界を越えて日本人商人による直貿易を求める声が高まり、明治六年(一八七三)大倉組商会、七年起立工商会社、九年森村組、広業商会、三井物産会社といった貿易商社が設立された。日本人商社は多くの失敗と試行錯誤を重ねながら外国商社と対抗し、明治時代後期から末期にかけてシェアを高めていった。なかでも三井物産は総合商社化を果たして他を圧倒する存在に成長した。他方、国内商業も含め、明治初年には封建的諸規制が撤廃され、商人活動の活性化が図られた。明治元年五月新政府は商法大意により営業の自由を布達、独占的な株仲間を否定した。これにより近世的な仲間組織の多くが解散して自由な商取引が活発となった反面、一時的に市場や商取引の混乱が生まれた。そのため商工業者の側から秩序回復を求める声が高まり、卸売市場については明治十年(一八七七)の東京府をはじめ府県レベルで市場規則が制定され、業種別組合組織については十七年十一月政府により同業組合準則が公布された。ただし、同業組合準則は非加入者への制裁を欠くため効果が上がらず、明

治三十年（一八九七）四月加入強制の規定を加えた重要輸出品同業組合法、三十三年三月には適用範囲を拡大した重要物産同業組合法が公布された。こうしたなかで近世以来の問屋・仲買を中心とする複雑な流通機構が一定の変容を遂げつつ再編された。近世的な問屋・仲買の区分は崩壊し、明治十一年十二月の太政官布告第三九号が営業税につき会社および卸売商、仲買商、小売商の三区分を導入して問屋・仲買をともに卸売商とし、仲買をブローカー的なものと規定、これが三十年施行の営業税法にも継承された。社会的な呼称として問屋・仲買の語は根強く残ったものの、時代や地域、業種によりおのおのが意味するところはさまざまで混乱を極めた。以上に述べた明治時代前期における貿易や国内商業の展開は、郵便・電信・新聞といった情報通信網の整備や、銀行設立をはじめとする金融の近代化に支えられたが、明治時代後期以降は鉄道網の整備が国内流通のあり方を変容させた。輸送手段の転換に伴い商取引のあり方も変化し、米穀をはじめとして、他の諸条件が絡み合いながら、一般的には集散地問屋の役割を減じていくこととなった。加えて、鉄道の発達により人の移動も活発となって商圏が広がった結果、小売業の近代化も進展した。明治三十八年一月、全国主要新聞各紙に掲載された三越呉服店の「デパートメントストア宣言」は日本における百貨店の幕開けを告げ、以後大手呉服店の百貨店化が進行し消費文化を牽引した。また同時期には、明治三十六年『実業世界太平洋』（博文館）、翌三十七年『商業界』（同文館）が創刊され、百貨店経営者や商業ジャーナリストが実地に即した近代的小売ノウハウを小売業者に指南する雑誌が登場して、従来の貿易情報を中心とした民間商業雑誌に新たなジャンルが加わった。商業教育機関としては、明治初年に商法講習所や商業講習所が各地に開かれ、商業学校通則（明治十七年文部省達第一号）に基づき商業学校となったが、本格的な整備は明治時代後期に進んだ。明治十七年以来高等商業学校は東京における一校のみであったが、三十四年に市立大阪商業学校が高等学校に昇格、三十五年神戸、三十八年山口・長崎、四十三年（一九一〇）小樽に官立高等商業学校が設立され、全国各道府県に設立が相ついだ中等商業学校とともに、商業近代化を担う人材を輩出していった。

参考文献　山口和雄・石井寛治編『近代日本の商品流通』（『東京大学産業経済研究叢書』、一九六六、東京大学出版会）、石井寛治『日本流通史』（二〇〇三、有斐閣）、中西聡・中村尚史『商品流通の近代史』（二〇〇三、日本経済評論社）、石原武政・矢作敏行編『日本の流通百年』（二〇〇四、有斐閣）、石井寛治編『近代日本流通史』（二〇〇五、東京堂出版）

（満薗　勇）

しょうきょういん　小教院　大教院の下部組織の一つ。もともとは仏教側が大教院の下部組織として構想していたもの。明治六年（一八七三）三月十四日の大教院事務章程に基づき、各府県の各神社・寺院がこれにあてられ、生徒の指導、氏子や檀家に対する説教を担当した。→大教院《だいきょういん》　→中教院《ちゅうきょういん》

（戸浪　裕之）

しょうぎょうかいぎしょ　商業会議所　商工業者により地域別に組織された経済団体。明治十一年（一八七八）三月東京商法会議所を嚆矢として、八月大阪、十月神戸がこれに続き、十四年までに全国三十四の商法会議所が組織された。議員の定数は定めず紹介による加入制をとり、各種の建議・答申、調査・報告を行なった。十六年五月勧業諮問会・勧業委員会設置の太政官布達第一三号が出され、商法会議所はこれに基づく商工会に改編できることになると、同年東京商法会議所は東京商工会に改組、府下の同業組合・主要会社の代表者を会員としておのおのの分担金により活動を行う経済団体となり、法的団体としての性格を有するに至った。長崎、大津、名古屋で同様に改組（名称は商工会議所）の動きが生じたが、大阪など非改組を選択する会議所も多かった。明治二十三年（一八九〇）九月十二日商業会議所条例が公布され、一定の所得税を納める商工業者が選挙権をもち経費を負担、選挙された会員が運営を行うという法的団体としての商業会議所制度が確立した。同年十二月神戸商業会議所の設立認可を皮切りに、各地の商工会・商法会議所は商業会議所に改組され、二十五年には全国組織として商業会議所連合会が発足した。二十八年の条例改正を経て、三十五年（一九〇二）三月二十五日商業会議所法が公布され、会議所構成員に関する規定が整えられるとともに、経費の強制徴収権が定められた。同年六月農商務省令第一六号が出され、有権者資格となる納税額が高額に設定されると反発が起り、省令は改正されて地方ごとに独自の有権者資格が定められた。以後、明治四十二年（一九〇九）桂内閣が廃税運動への弾圧策として経費の強制徴収権を

大阪商法会議所

剝奪するまで全国の有権者数は増大し、地域ごとに異なる階層構成を抱えながら、それぞれが個性的な活動を展開していった。昭和二年(一九二七)四月商工会議所法公布により商工会議所に改組された。→大阪商業会議所《おおさかしょうぎょうかいぎしょ》 →東京商業会議所《とうきょうしょうぎょうかいぎしょ》 →東京商工会《とうきょうしょうこうかい》

参考文献 商業会議所連合会編『日本商業会議所之過去及現在』(一九二四)、石井寛治「『商業会議所報告』解題」(商品流通史研究会編『近代日本商品流通史資料』六、一九七九、日本経済評論社)、通商産業省編『商工政策史』七(一九八〇)

(満薗 勇)

しょうぎょうかいぎしょれんごうかい 商業会議所連合会 商業会議所の全国的連合組織。明治二十三年(一八九〇)九月商業会議所条例により全国主要都市に商業会議所の設立が相つぐと関西五会議所(大阪・京都・神戸・大津・堺)を中心として全国的連合組織結成の気運が高まり、二十五年九月京都で全国十五の会議所による第一回連合会が開催された。ここで規則を採択し、定期会・臨時会開催による会議体の形の連合組織が誕生した。大正十一年(一九二二)六月連合会規則を改正し、会長・副会長および常務委員を設けて常設事務局を東京商業会議所内におき、議事細則・会計規定を定めた。昭和二年(一九二七)四月商工会議所法公布により翌年四月日本商工会議所に改組した。特に日本工業倶楽部(大正六年(一九一七))・日本経済連盟会(十一年)が設立されるまでは、唯一の全国的経済団体として内外の経済問題に対し大きな役割を果たした。

東京商業会議所

参考文献 商業会議所連合会編『日本商業会議所之過去及現在』(一九二四)、竜門社編『渋沢栄一伝記資料』二二(一九五八、渋沢栄一伝記資料刊行会)、通商産業省編『商工政策史』七(一九八〇)

(満薗 勇)

しょうぎょうこうしゅうじょ 商業講習所 明治時代前期の商業教育機関。明治八年(一八七五)東京に商法講習所が開所すると、開港場神戸でも同様の機関を求める動きが生じた。明治十年(一八七七)十一月福沢諭吉と兵庫県令森岡昌純《もりおかまさずみ》との間に約束書が交わされ、県費支給の上で経営や教育内容について慶応義塾の協力を得ることとなり、翌十一年一月に十六名の生徒を入学させて神戸商業講習所の開所式が行われた。同年二月兵庫県から文部省へ設置伺を出し、三月に許可を得た。東京の洋式教育と異なって日本語で実地に即した教育を行い、福沢の実学思想の影響が随所に見られた。十三年には慶応義塾出身者の呼びかけを受けた大阪商人の発起により大阪商業講習所が設立され、翌年府立に移管された。それぞれ府立大阪商業学校(十八年)、県立神戸商業学校(十九年)に改組され、商業学校通則(明治十七年一月文部省達第一号)による第一種校(中等段階)に位置づけられた。

参考文献 三好信浩『日本商業教育成立史の研究—日本商業の近代化と教育—』(一九六五、風間書房)

(満薗 勇)

しょうぎょうこうしんじょ 商業興信所 日本最初の信用調査機関。元日本銀行大阪支店長外山脩造は、欧米視察の経験をもとに、銀行の手形割引業務や一般の信用取引の発達を図るために興信所の設置が必要と考えて運動を展開、明治二十五年(一八九二)四月、大阪市内の銀行業者を糾合して大阪市西区土佐堀通一丁目(大阪市西区)に商業興信所を創立した。外山は所長となり、二十八年三月第一回『商工資産信用録』を発行、同年九月には二十六年から逐年刊行された『日本全国諸会社役員録』の編集・発行を引き継いだ。二十九年神戸に支所を設け、大正時代末期には京都・神戸・名古屋・門司に支所、金沢ほか二十八ヵ所に出張所を有するに至った。東京興信所は商業興信所にならって明治二十九年二月に設置され、大阪と相互に連携を図った。明治末年には両興信所とも英・独・仏など外国の興信所と提携し、内外の商工業者の信用に関する情報交換を行なった。

参考文献 阿部直躬『三十年之回顧』(一九三三、商業興信所)、武内義雄『軽雲外山翁伝』(一九二八、商業興信所)

(満薗 勇)

しょうきょうしゃ 奨匡社 明治十三年(一八八〇)に元老院・太政官などへの国会開設請願運動を主導した長野県民による政治結社。明治十二年十一月二十日から、『松本新聞』編集長松沢求策《まつざわきゅうさく》を中心に県会議員・教員らが政治結社創立に動き猶興社を結成、十三年一月六日代言人の法律研究会と合併。二月一日、町村会議長・戸長層など約百人が浅間温泉で親睦会を開き、檄文・規則を定めた。社名を奨匡社、目的を民権伸暢・国権拡充・人民本分の義務の講明に置き、創立の基礎を国会開設とし、創立委員二十名を投票で選んだ。『月桂新誌』『松本新聞』や印刷物、演説会・遊説により「愛国心アル者」から社員を募り、維持金を支払った者の加盟を促し、社員名簿

に名を連ねた者は千六十四人。第四回愛国社大会・第一回国会期成同盟大会（明治十三年三月）に松沢らを、千四百五十人総代として派遣、全国自由民権運動に合流、松沢は国会願望書起草員に指定された。四月十一日の同社創立大会は、松本南深志《みなみふかし》町青竜寺で七百四十五人を集めたが、四月五日布告の集会条例が、教員・生徒などの政治結社加入を禁止したので混乱。しかし社長に江橋厚（代言人）を決め、五―七月、松沢・上條螘司《かみじょうありじ》を、信濃国二万千五百三十五人の代表として上京させ、請願権は民衆固有の権利と主張、独自な国会請願運動を展開、建白書としての提出を拒否。十一月の国会期成同盟第二回大会には、松沢・上條・太田伯一郎を社員千二百五十六人・格外社員二万八十九人総代として派遣。翌十四年十月の国会期成同盟および自由党合併の協議会には、県内民権家による信濃親睦会に板垣退助を迎え松本で開催予定であったが、板垣不参加で流産し、奨匡社は衰退した。

参考文献 有賀義人・千原勝美編『〈長野県自由民権運動〉奨匡社資料集』（一九六三、信州大学教育学部松本分校奨匡社研究会）、上條宏之「活字印刷文化の導入と自由民権運動―一八八〇年結成の信州松本奨匡社の動向から―」（『長野県短期大学紀要』五八、二〇〇三）

（上條 宏之）

じょうきょく 上局 明治初年の立法諮問機関。上局は、明治元年閏四月二十一日（一八六八年六月十一日）政体書により設置された議政官を下局とともに構成した。議定、参与、史官、筆生からなり、議定・参与の職務は、政体の創立、法制の制定、機務の決定などであった。しかし、議定のうち二人が行政官の長官たる輔相を兼任したため、上局と行政官は実際にはほぼ一体化した。翌二年五月の議政官廃止後に改めて設置、同月二十一日（一八六九年六月三十日）から上局会議が開かれたが、以後開催されることはなかった。→議政官《ぎせいかん》

参考文献 稲田正次『明治憲法成立史』上（一九六〇、有斐閣）、松尾正人『維新政権』（『日本歴史叢書（新装版）』、一九九五、吉川弘文館）

（小野 博司）

しょうきょくさいてんいち 松旭斎天一 一八五三―一九一二 明治期に重きをなした奇術師。初代。嘉永六年（一八五三）、越前国生まれ。西洋の斬新で近代的な奇術で一世を風靡。明治期における奇術界の第一人者である。幼くして孤児となり、少年期は仏門で過ごす。その後、放浪生活などを経て、手品や水芸を身に付け、明治十一年（一八七八）松旭斎天一を名乗る。アメリカの奇術師ジョネス一座に加わって修業。西洋の近代的奇術を体得した後、一座を結成し興行を始める。明治二十二年（一八八九）には天覧の栄誉に浴す。その後、中国巡業に続き欧米を巡演。海外でもその技は高く評価された。中でも水芸を得意とし、今日にその衣鉢は継承され具現化されている。帰国後も歌舞伎座などで興行を続けていたが、四十四年（一九一一）引退。翌年六月十四日、療養先の福島で死去。六十歳。門人に松旭斎天勝《てんかつ》、松旭斎天洋らがいる。二代は明治末から大正期に活躍した、小天勝改め天華。

松旭斎天一

参考文献 青園謙三郎『松旭斎天一の生涯』（一九七六、品川書店）、小沢昭一他編『めくらます―手品の世界―』（『芸双書』四、一九八一、白水社）、山田恭太郎編『技芸偉観』（一八九四、陽濤館）

（土居 郁雄）

しょうきょくさいてんかつ 松旭斎天勝 一八八六―一九四四 明治末期から昭和期にかけて活躍した奇術師。明治十九年（一八八六）五月二十一日東京生まれ。家産が傾いたことが契機で松旭斎天一の門人となる。美貌と師匠譲りの冴えた奇術で一座の花形に。師匠引退後は一座を結成。レビュー的新舞台演出で、その最盛期を迎えた。昭和九年（一九三四）から二年かけた引退興行は国内外で行われ、惜しまれながら、現役を退いた。話題の水芸は、十一年（一九三六）三月封切のＰＣＬ映画「魔術の女王」に残っている。昭和十九年十一月十一日没。五十九歳。門人に、二代松旭斎天勝、同松旭斎天花ら。

松旭斎天勝

参考文献 桜井忠七他編『日本の芸談』七雑芸（一九七九、九芸社）

（土居 郁雄）

しょうきんとくべつかいけい 償金特別会計 日清戦争の賠償金を一般歳入歳出と区別して経理するために明治二十八年（一八九五）度に設置された会計。日清戦争の賠償金（英貨三八〇〇万ポンド、邦貨換算三億五千八百三十六万円）の額は明治二十八年度の一般財政歳出額の四・二倍にのぼった。賠償金は清国が外債により調達したものであり、それをイングランド銀行に預託し、貧弱な正貨準備を補強した。賠償金を在外正貨として懸案であった金本位制度を拡充するとともに、償金特別会計に繰り入れられた賠償金は日清戦争後の積極経営の主要な財源としての役割を果たした。明治二十八―三十八（一九〇五）年度の特別会計の歳出構成では、海軍拡張費（三八・二％）、陸軍拡張費（一五・七％）、臨時軍事費特別会計繰入（日清

戦争の臨時軍事費の不足の補てん、二一・九%）など軍事費で約八割と圧倒的割合を占めた。償金特別会計は明治三十八年度限りで廃止された。

参考文献　坂入長太郎『明治後期財政史(改訂版)』(『日本財政史研究』二、一九八八、酒井書店)

(町田　俊彦)

しょうくんきょく　賞勲局　叙勲などの栄典事務を取り扱う機関。前身は明治六年(一八七三)三月設置の褒牌《ほうはい》取調御用掛にさかのぼる。八年四月に賞牌制度を制定、事務機関整備のため九年十月に太政官正院に賞勲事務局が設置されたが、同十二月に改称して賞勲局となった。翌年六月制定の賞勲局章程では叙勲の議定および事務を掌るとされた。正副長官・議定官などから成り、初代長官は参議伊藤博文が兼任、同十一年(一八七八)三月には正副長官は正副総裁となり、太政大臣三条実美が総裁を兼ねた。同二十三年(一八九〇)九月、賞勲局官制を制定、改めて内閣に属し、叙勲・年金などの事務機関と位置づけられ、同二十六年十月になって賞勲会議規程が制定された。同局は昭和二十四年(一九四九)六月に総理府設置法制定に伴って廃止されたが、内閣総理大臣官房賞勲部が栄典事務を継承し、同三十九年(一九六四)四月の叙勲再開をうけて、同七月に総理府賞勲局が発足した。平成十三年(二〇〇一)には中央省庁再編により内閣府所管となった。

参考文献　総理府賞勲局編『賞勲局百年資料集』(一九七八-七九)

(川越　美穂)

しょうげきじょう　小劇場　小規模の劇場。東京では明治二十三年(一八九〇)八月二日の劇場取締規則改定によりこの名称が使われる。当時東京に公的には道化踊と称する小芝居が存在し、実質的には歌舞伎を上演していたので、実体に合わせて以前の劇場を大劇場、道化踊の興行場を小劇場とした。規模と設備の上での区別だったが大劇場が小劇場を差別する意識は以前と変わらなかった。三十三年(一九〇〇)十一月十五日の演劇取締規則公布により区別が廃止されるが意識上の差別は存続。なお、大正・昭和期の小劇場運動における「小劇場」とは意味合いが異なる。→小芝居《こしばい》　→大劇場《だいげきじょう》

参考文献　佐藤かつら『歌舞伎の幕末・明治―小芝居の時代―』(二〇一〇、ぺりかん社)

(佐藤かつら)

しょうけんぎょう　証券業　株式・公債・社債などの売買における仲介業。明治期においては株式引受や公社債募集・売出業務などの比重は小さく、証券業という業態は確立していなかった。業者としていえば、一般的には明治十一年(一八七八)五月の株式取引所条例下においては取引所仲買人、明治二十六年(一八九三)三月の取引所法においては取引所会員と取引所仲買人を指す。明治十三年四月の条例改正により、仲買人には免許制が導入された。取引所制度を確立させたとされる明治二十六年取引所法の定める仲買人資格は、日本臣民(明治三十二年(一八九九)内地雑居により廃止)であり、二年以上取引所の営業部類に属する商業に従事した年齢二十五歳以上の商人で、免許を受け免許料および身元保証金を納める者であった。やがてそれは員数および兼業の制限や呑み行為の禁止(大正三年(一九一四)三月)、仲買人の取引員への改称や取引方法の実物取引と精算取引への区分、有価証券取引期限の三ヵ月から二ヵ月への短縮など(大正十一年(一九二二)四月)の投機性を抑える改正を経て業界らしくなっていった。一方仲買人の側でも組合を結成し取引形式などについて約束しあった。このような団体の最初のものが明治二十六年の東京株式取引所仲買人組合で、ついで各地に、また扱う対象商品ごとに成立していった。大正十一年の法改正によって、取引所組織に商議員会が設けられたが、その際に取引員代表が商議員に入ることにより、取引員は取引所制度に組み込まれることになった。業者は明治十年代に金禄公債や国債を扱うことによって成長し、やがて諸産業の発展に伴って鉄道株・紡績株などを盛んに取り引きした。多くは個人商店的なものであり投機的取引を行い相場師として名を馳せたものもあったが、日露戦後の第二回公債借換にあたって東京株式取引所の有力仲買人であった小池国三《こいけくにぞう》、神田鐳蔵《かんだらいぞう》、福《ふく》島浪蔵《しまなみぞう》が団結して引受銀行団に対して再下受を申し入れ募集にあたるなどの活躍によってステータスを高め、明治末から合資会社、第一次世界大戦期に株式会社形態に移行するものも出はじめた。多くのものは依然として個人商店的であった中で、昭和期の金融恐慌における淘汰過程を経て六大証券(野村、日興、山一、小池、藤本ビルブローカー、大阪商事)が成立し、第二次世界大戦後の四大証券(野村、日興、大和、山一)に引き継がれていった。なお全国レベルでの業界団体の設立は、大正十一年の全国株式取引員組合連合会である。

参考文献　東洋経済新報社編『金融六十年史』(『東洋経済叢書』一、一九二四)、日本証券経済研究所編『体系証券辞典』(一九七七、東洋経済新報社)、小林和子「証券業者及びその団体」(『日本証券史資料』戦前編五所収、二〇〇七、日本証券経済研究所)

(櫻井　良樹)

しょうけんこうたいごう　昭憲皇太后　一八四九―一九一四　明治天皇の皇后。従一位・左大臣一条忠香の第三女として誕生。母は新畑大膳種成の女民子。嘉永二年四月十七日(一八四九年五月九日)誕生。はじめ勝子《まさこ》と命名され、富貴君《ふきぎみ》と呼ばれた。安政五年六月十二日(一八五八年七月二十二日)皇女富貴宮誕生につき、その名前を避けて寿栄君《すえぎみ》と改称した。慶応三年五月十四日(一八六七年六月十六日)新帝の女御に内定、六月二日(七月三日)帝より三歳年上であることが世俗四ツ目と称して忌避されて、嘉永三年(一八五〇)の出生と改められる。同二十八日(八月五日)女御治定、女御御方と称す。明治元年十二月二十六日(一八六九年二月七日)、名を美子《はるこ》と改め、従三位に叙せられる。同二十八日入内、女御宣下があり、ついで皇后に冊立された。明治二年七月八日(一八六九年八月十

昭憲皇太后(キオソーネ筆)

五日)皇后宮職が設置され、同五年四月二十四日(一八七二年五月三十日)にかけて従来の女官が総免職となり、皇后主宰による新しい女官制が開始される。明治二年十月二十四日(十一月二十七日)、東京の皇城に移居。同二十年(一八八七)一月十七日には「婦女子の洋装及び国産服地に関する思召書」を内閣各大臣・勅任官および華族一般に示達し、洋服および国産服地を奨励する。同年八月三十一日嘉仁《よしひと》親王(大正天皇)を儲君に治定するにあたり、皇后の実子と定める。同二十二年二月十一日大日本帝国憲法発布の式典にあたっては、高御座の右側に座が設けられて同席、同日観兵式のため青山練兵場に馬車に天皇と同乗して行啓する。同二十七年三月九日大婚二十五年祝典の際も、馬車に天皇と同乗して観兵式のため青山練兵場に行啓した。同四十五年(一九一二)七月二十九日天皇が崩御し(七月三十日発喪)、翌日皇太子嘉仁親王が践《せん》祚《そ》すると、皇太后となり、皇太后宮職が設置され、翌大正二年(一九一三)七月二十一日より青山御所に遷御した。大正三年四月九日沼津御用邸において静養中に崩御(四月十一日発喪)。六十六歳。御陵は京都市伏見区桃山町古城山の伏見桃山東陵《ふしみももやまひがしのみささぎ》。五月九日昭憲皇太后と追号され、大正九年十一月一日に、明治天皇とともに明治神宮の祭神とされた。皇后として、富岡製糸場をはじめ勧業場・織工場へたびたび行啓を行い、蚕業などの殖産興業を奨励した。また、東京女子師範学校(現お茶の水女子大学)および華族女学校(現学習院女子部)を創設し、婦女子教育のための教科書『婦女鑑《ふじょかがみ》』を西村茂樹に編纂させるなど女子教育の振興に力を注ぎ、さらに東京慈恵医院・日本赤十字社・愛国婦人会などの社会事業の発展にも寄与した。特に、明治四十五年の赤十字国際委員会への寄付金をもとに昭憲皇太后基金 Empress Shoken Fund が設立され、赤十字社の平時における救護活動の先例となり、現在でも世界各国の赤十字社助成のために活用されている。和歌への造詣が深く、生涯に三万首を超える和歌を詠んだとされるが、その一部が『昭憲皇太后御集』として編まれている。中でも、明治八年十一月二十九日に、東京女子師範学校開業式に令旨を賜うと同時に下賜した御歌「磨かずば玉も鏡も何かせむ　学びの道もかくこそありけれ」はよく知られている。さらに、明治二十年三月十八日に華族女学校に下賜した御歌「金剛石」「水は器」も、尋常小学校唱歌として広く歌われた。

参考文献　宮内庁編『明治天皇紀』(一九六八-七七、吉川弘文館)、渡辺幾治郎『昭憲皇太后の御坤徳』(一九四二、東洋書館)、片野真佐子『皇后の近代』(『講談社選書メチエ』、二〇〇三、講談社)、小田部雄次『昭憲皇太后・貞明皇后』(二〇一〇、ミネルヴァ書房)　　(真辺　美佐)

しょうけんとりひきじょ　証券取引所　⇨株式取引所《かぶしきとりひきじょ》

しょうこうかい　商工会　⇨商業会議所《しょうぎょうかいぎしょ》

しょうこうき　昇降機　エレベーターのこと。動力を用いたエレベーターの出現は一八三五年の蒸気機関を利用したものが最初で、一八四五年には水圧を利用したものが出現した。現在のブレーキ装置付きのエレベーターの出現は、E・G・オーチスによるものとされ、一八五三年にニューヨークで安全装置付きのエレベーター製造会社オーチス社を設立し、翌年、ニューヨークで開催されたクリスタル＝パレス博覧会で、安全装置のデモンストレーションを行なった。人間の移動用としての使用は、一八五七年にオーチスがニューヨークの店舗にはじめて乗用エレベーターを設置したことに始まる。日本でのエレベーターは、天保十三年(一八四二)に水戸藩主徳川斉昭が偕楽園内の好文亭に酒肴や図書を運ぶ運搬装置を設けたものが最初であるという。動力を用いたエレベーターの出現は、明治八年(一八七五)の王子製紙十条工場の水圧式荷物用エレベーターが最初で、また、乗用エレベーターの出現は明治二十三年(一八九〇)の凌雲閣が最初で、エレベーターは二台で、広さは三畳大、周囲にベンチがあったという。その後、エレベーターは普及し、明治二十四年の帝国ホテル、明治二十九年の日本銀行に採用された。また、明治四十四年(一九一一)、大阪の植田鉄工所でエレベーターの研究が開始され、大正二年(一九一三)、国産第一号が完成した。また、大正三年の東京大正博覧会ではエスカレーターが登場し、同三年に完成した日本橋三越呉服店では、五台のエレベーターとともにエスカレーターも五台設置し、話題となった。建物の高層化とともに、こうした昇降機は、必要不可欠な装置となったのである。

参考文献　渡部功編『日本におけるエレベーター百年史』(一九九〇、日本エレベーター協会)　　(内田　青蔵)

しょうこうし　小公子　小説。原題 Little Lord Fauntleroy。作者バーネット Frances E. Burnett(アメリカ、一八四九-一九二四)。訳者は若松賤子《わかまつしずこ》。初出初版は明治二十三年(一八九〇)八月-二十五年一月『女学雑誌』連載。二十四年十月『小公子』(前編)、女学雑誌社刊。全訳は三十年(一八九七)一月、博文館刊。父を失いやさしいアメリカ人の母エロル夫人とニューヨークの裏町で暮らしていた七歳の少年セドリックは、イギリスの貴族である父方の祖父ドリンコート侯爵の跡をつぐことになり、イギリスに迎えられる。そこでは最愛の母とも引き離され、冷たく偏狭な圧制者の祖父と暮らすが、セドリックの無邪気なあたたかい愛情によって祖父の心が次第に変わってゆき、エロル夫人とも和解する様が感動的に描かれる。

独立戦争後、英米両国のしっくり解け合わない国民感情の橋渡しをした。平易明晰な言文一致体で訳され、序文には「幼な子こそが人を教化しうる能力とミッションを担う」とある。→若松賤子《わかまつしずこ》

参考文献 巖本善治編『巖本嘉志子』(英文遺稿集 In Memory of Mrs. KASHI IWAMOTO、一八九六)、桜井鷗村編『忘れかた美』(一九〇三、博文館・東京堂)、山口玲子『とくと我を見たまえ―若松賤子の生涯―』(一九八〇、新潮社)、尾崎るみ『若松賤子―黎明期を駆け抜けた女性―』(『港の人児童文化研究叢書』一、二〇〇七、港の人)

(橋詰 静子)

しょうこくみん 小国民 本誌は、明治二十二年(一八八九)七月十日、学齢館《がくれいかん》(社主高橋省三《たかはししょうぞう》)から創刊され、『少年園』『少年文武』とともに、日本の近代児童文学史の草創期を代表する三大児童雑誌の一つである(あるいは、これに『日本之少年』『少年文庫』を加えて「五大児童雑誌」と称する人もいる)。はじめ、月刊であったが、一四号より半月刊、創刊号の発行部数は、「初版二千五百部を売り尽くして直に再販」されたという。発行兼編集人は石井《いしい》研堂《けんどう》。その編集方針は、アメリカの児童雑誌に学んだ。口絵は、尾形月耕や小林清親らの多色刷石版画を用いた。記事は、ありますう調の言文一致体口語体、五号活字で読みやすく組み、小学校の各教科の補助機関的に編集している。石井をはじめ、高橋太華・中川《なかがわ》霞城《かじょう》、高橋省三らが中心となって作品を発表する一方、読者の投稿欄を通じて、添削指導を行なっている点が本誌の大きな特色である。その後、明治二十八年一月一日発行の第七年第一号に掲載した「海軍の信号」をめぐり、海軍省から告発を受けて裁判に発展し、九月十五日発行の第七年第一八号に掲載された無署名論説「嗚呼露図」が国策を批判し、治安を妨害したとして当局の忌諱にふれ、発行停止処分を受けた。本誌停刊から約二ヵ月後の十一月十日、学齢館は、『少国民』と改題して第一号を世に送り、再生を図った。以後、明治三十五年(一九〇二)十二月一日発行の第十四年第二八号をもって終刊を迎えた。平成十年(一九九八)・十一年、復刻版(十七冊)が不二出版より刊行された。

参考文献 鳥越信『児童雑誌「小国民」解題と細目』(二〇〇一、風間書房)

(小熊 伸一)

しょうこけんせいきち 尚古軒清吉 明治初年にあった沼津の書肆。小幡篤次郎訳述『生産道案内』(明治三年)や福沢諭吉訳『童蒙をしへ草』(明治五年)などを刊行した。

参考文献 三橋猛雄『明治前期思想史文献』(一九七六、明治堂書店)

(鵜飼 政志)

しょうこどう 尚古堂 東京の書肆。佐久間嘉七の経営。岡田屋嘉七とも。福沢諭吉『西洋事情』の初版(慶応二年)を売り捌いたことで知られる。福沢諭吉の門人であり、福沢が出版事業(福沢屋諭吉)を営むため書林仲間に加入しようとした際の保証人・身元引受人でもあった。尚古堂では、その他、欧米啓蒙書の翻訳本やイギリスなどの学術書や、歴史地理関係の翻訳本から娯楽書に至るまで、さまざまな書籍を刊行・販売している。

参考文献 三橋猛雄『明治前期思想史文献』(一九七六、明治堂書店)

(鵜飼 政志)

しょうこんしゃ 招魂社 幕末維新期以来の殉難志士や戦没者を慰霊するためにその霊魂を祀った神社。文久二年(一八六二)の京都霊山での霊祭や、元治元年(一八六四)の長州藩桜山招魂場の祭祀を直接的源流とする。太政官が明治元年(一八六八)に発した二つの布告に基づき、明治二年には東京九段坂上に東京招魂社(明治十二年(一八七九)に靖国神社と改称し別格官幣社に列格)が創建され、各地にも藩設の招魂社(場・墳墓)が設けられた。明治四年の廃藩置県後、政府は明治七年に招魂社への官費支給を決め、翌八年には、従来京都東山に合祀されてきた殉難者・戦没者および各地の招魂社で祀る霊魂を東京招魂社に合祀することとしたが、各地の招魂社などは存置し、その名称を「招魂社」に統一した。明治三十四年(一九〇一)には、官費支給の招魂社を官祭招魂社とし、地域住民などの自発的意志に基づいて設立された官費支給のない招魂社を私祭招魂社と称した。招魂社は一般神社と異なり、正規の神職は設けられておらず、祭祀規定も欠き、地方公共団体からの神饌幣帛料も供進されていなかったため、昭和十四年(一九三九)には、招魂社は護国神社と改称し、「内務大臣ノ指定セル護国神社」(指定護国神社)は府県社、その他の指定外護国神社は村社と同等の扱いを受けることとなった。→靖国神社《やすくにじんじゃ》

参考文献 小林健三・照沼好文『招魂社成立史の研究』(『国学研究叢書』、一九六九、錦正社)、大原康男「招魂社について」(『静岡県護国神社史』所収、一九九一、静岡県護国神社創立九十周年社名改称五十周年記念事業委員会)、国学院大学研究開発推進センター編『霊魂・慰霊・顕彰―死者への記憶装置―』(二〇一〇、錦正社)

(藤田 大誠)

しょうしがいしゃ 抄紙会社 日本の先駆的洋紙製紙会社、王子製紙の前身。明治五年(一八七二)末、製紙事業の必要を説いた大蔵少輔事務取扱の渋沢栄一が呼びかけ、三井組・小野組・島田組が共同で洋紙製造事業の設立を政府に出願、翌六年二月に資本金十五万円で設立された。七年末に島田組、小野組が破綻したため株式の大半は三井に移った。外国人技術者の指導のもと洋紙生産を開始、九年には大蔵省抄紙局からの申し入れで混同されやすい社名を製紙会社と改称した。当初は洋紙需要の不足に悩んだが、九年政府から地券用紙の大量注文を受けて苦境を脱し、また新聞雑誌用紙需要の拡大を受けて民間への販路が開かれていった。原料は当初木綿ボロであったが、コスト削減を目指し明治十五年(一八八二)には稲藁、二十二年(一八八九)に木材からのパルプ製造に成功した。二十六年に社名を王子製紙に改称、三十一年(一八九八)に三井との対立から渋沢が退社したのちは、名実ともに

抄紙会社開業式

三井系企業となっていった。→王子製紙会社《おうじせいしがいしゃ》

参考文献 成田潔英『王子製紙社史』一(一九五六、王子製紙社史編纂所)、四宮俊之『近代日本製紙業の競争と協調—王子製紙、富士製紙、樺太工業の成長とカルテル活動の変遷—』(一九九七、日本経済評論社)

(市川　大祐)

しょうししゃ　尚志社　島根県松江にあった民権結社。明治十二年(一八七九)三月の愛国社第二回大会に「雲州尚志社」の野口敬典《のぐちけいてん》と佐川環《さがわたまき》が参加した。七月ごろに結成届出という記録も残っている。旧士族を中心とする組織で「松江独立の一社を設け」「従来松江士族の因循の汚名をそそぐべし」といった旧松江藩士族の矜持も主張していた。会主ははじめ野口、四月以降は酒井多膳《さかいたぜん》。愛国社との結盟をめぐって内部で対立や分裂を生み、十一月の愛国社第三回大会には尚志社としての参加はない。主要なメンバーは法律研究会を結成し、表面的には政治活動から遠ざかるように見えるが、十三年の春、愛国社の運動とは別に渡部潤一・園山勇《そのやまいさむ》ら出雲国有志人民総代による国会開設請願運動を組織した。さらに十四年の山陰自由党の結成につながる。尚志社趣意書の全文が『自由党史』に収載されている。成立事情や成立時期、松江におけるもう一つの民権結社である笠津社《かさつ》との関係など不明な点が多い。

参考文献 内藤正中「山陰地方の自由民権運動I」(『山陰文化研究紀要』一、一九六〇)、内田融「松江の民権政社について」(『山陰史談』二〇、一九八四)

(内田　融)

しょうしゃ　商社　貿易を中心とした商取引を行う会社。幕末の外国貿易は居留地の外国商館を相手とする取引にすぎなかったため、明治期に入ると日本人商人による貿易商社を求める声が高まり、明治六年(一八七三)大倉組商会、七年起立工商会社、九年森村組、広業商会、三井物産会社が設立された。政府融資を受けた起立工商会社や広業商会は放漫経営で破綻したが、大倉組や三井物産は政商として発展の足場を築き、森村組は独自に陶磁器の直輸出を行なって成功した。明治二十年代後半以降、三井物産が政商から脱却し総合商社となって他を圧倒するとともに、日本綿花会社(明治二十五年(一八九二)設立)、横浜生糸合名会社(二十六年)、原商店輸出部(三十三年(一九〇〇))、江商(三十八年)など繊維系商社の成長も目覚ましかった。試行錯誤を重ねて外国商社に対抗しつつシェアを高めた日本商社の取扱率は、明治三十年に輸出入合計の三割以上となり、明治末には五割を超えるに至った。

参考文献 宮本又次・栂井義雄・三島康雄編『総合商社の経営史』(一九七六、東洋経済新報社)、粕谷誠『豪商の明治—三井家の家業再編過程の分析—』(二〇〇二、名古屋大学出版会)、石井寛治『日本流通史』(二〇〇三、有斐閣)

(満薗　勇)

じょうしゅうやそうしち　上州屋惣七　江戸・東京の書肆。中外堂惣七とも。上州屋惣七は、大伝馬町二丁目(東京都中央区)の水菓子屋であり、実際には幕府開成所教授の洋学者柳河春三《やながわしゅんさん》が惣七の名前を借りて新聞・雑誌や書籍を出版していた。店舗は日本橋区本町四丁目(東京都中央区)にあった。維新直後に、柳河春三『中外新聞』(明治元年)や加藤弘之『立憲政体略』(明治元年)、『公議所日誌』(明治二年)、加藤弘之『交易問答』(明治二年)、柳河春三校刻『(仏朗西陸軍部)西洋軍制』(明治二年)など、旧幕府、開成所関係者の著作物版権を得て、刊行・販売している。→中外堂《ちゅうがいどう》

参考文献 尾佐竹猛『柳河春三—新聞雑誌の創始者—』(『高山叢書』一、一九四〇、高山書院)、三橋猛雄『明治前期思想史文献』(一九七六、明治堂書店)

(鵜飼　政志)

しょうせいじろう　荘清次郎　一八六二—一九二六　明治から大正時代前期にかけての実業家。文久二年正月二十日(一八六二年二月十八日)肥前大村藩士荘新右衛門の長男として生まれる。幼少時に父が自刃、生活難の中で長崎医学校に学ぶが同校の廃校により上京。岩崎家から学資援助をうけながら大学予備門、東京大学法学部へと進み明治十八年(一八八五)に卒業、翌年には岩崎久弥《いわさきひさや》に同行して渡米、エール大学大学院に学ぶ。同二十二年(一八八九)に帰国、三菱社(のち三菱合資会社)に入る。大阪支店副支配人、神戸支店支配人などを経て本社庶務部長、内事部長を歴任、さらに大正五年(一九一六)総務部専務理事兼管事に就任するなど、三菱合資の総務部門を中心に活躍した。また三菱製紙や三菱倉庫の経営にも参画、猪苗代水力電気、旭硝子などの重役も兼ねた。ほかにも理化学研究所常務理事、飛行協会理事、養育院理事など公的事業にも参与した。同七年に職を退き晩年は閑居療養につとめるが、昭和元年(一九二六)十二月二十五日、六十五歳で病没。

参考文献 実業之世界社編輯局編『財界物故傑物伝』

上(一九三六)　　　　(本宮　一男)

しょうせつしんずい　小説神髄　明治時代前期の本格的な小説理論書。表紙は文学士坪内雄蔵著、内題は文学士坪内逍遙述。明治十八年(一八八五)九月から翌十九年四月にかけて、上下二巻を九分冊の和紙袋綴じ形式で松月堂から発行。十九年五月には、跋と正誤を付し、上下二冊本として刊行。上巻は原理篇で、「緒言」「小説総論」「小説の変遷」「小説の主眼」「小説の種類」「小説の裨益」から成り、下巻は技術篇で、「小説法則総論」「文体論」「脚色の法則」「時代小説の脚色」「主人公の設置」「叙事法」から成る。逍遙は少年期に名古屋の貸本屋大惣で江戸期の作品を読み漁り、東京大学では西洋小説を耽読するなど、文学・演劇などへの思いを深めていく中で、東大在学中の明治十四年に、ホートン教授のシェークスピアの試験の失敗を契機として、図書館などで外国雑誌の評論や文学史、修辞書、心理学書などを調べ、翻訳、研究した成果を「小説文体」(『明治協会雑誌』二五―二八、明治十六年)や『(開巻悲憤)慨世士伝』の「はしがき」(明治十八年)、「仮作物語の変遷」(『中央学術雑誌』一・二・五、明治十八年)などとして発表し、やがてそれらが最終的に『小説神髄』として纏められることになる。文献、資料として和漢洋にわたる新旧作品類が用いられ、そこから「小説の主眼」の章に見られるように、小説は「勧懲といふ人為の模型」を排して、「人情」を「模写」(写実)することで、「人生の因果の秘密」や「人生の大機関」を明らかにして、「人生の批判をもて其第一の目的」とすることにある、という主張がなされる。『小説神髄』の理論体系がたとえ不十分であったとしても、当時の小説論としては世界的に見て、先駆的な内容であったことは間違いない。小説の改良を目指した『小説神髄』の登場によって、日本の近代文学が始まり、後に続いた二葉亭四迷らの新たな文学論・文学作品をもたらすことになったといえる。『日本近代文学大系』三(昭和四十九年、角川書店)などに収録されている。　↓坪内逍遙《つぼうちしょうよう》

参考文献　柳田泉『「小説神髄」研究』(『明治文学研究』二、一九六六、春秋社)、関良一『逍遙・鷗外―考証と試論―』(『日本近代文学研究叢刊』、一九七一、有精堂)、越智治雄「『小説神髄』の母胎」(『近代文学成立期の研究』所収、一九八四、岩波書店)、亀井秀雄『「小説」論―『小説神髄』と近代―』(一九九九、岩波書店)　　　　(梅澤　宣夫)

しょうせんがっこう　商船学校　船員を養成する教育機関。日清戦争後、船員教育の振興が強く打ち出され、明治三十二年(一八九九)二月、実業学校令に基づいて商船学校規程が制定された。これによって商船学校は甲乙二種のほかさらに高度なる商船学校を設けることができる(ただし高度なる商船学校の具体的な事項については定められず、のちに削除)とし、修業年限・教育内容・入学資格などを規定した。甲種商船学校は修業年限を三年以内とし、学科目は修身・読書・作文・数学・物理・地理・外国語・図画・体操ならびに実業に関する各科の科目および実習とし、化学や法規なども便宜加設し得るとした。実業に関する各学科の科目は、航海科に運用術・航海術・機関術大意・海上気象学大意・造船学大意など、機関科に機関術・機械製図・力学・応用力学・電気学大意など、それぞれ選択・分合して定めることとした。入学資格は十四歳以上で高等小学校卒業以上とした。乙種商船学校の修業年限は二年以内、学科目は修身・読書・作文・数学・体操ならびに実業に関する各科の科目および実習とし、実業に関する科目としては航海科に運用術大意・航海術大意・海上気象学大意など、機関科に機関術大意・機械製図・物理・化学などがあげられた。入学資格は十歳以上、尋常小学校卒業以上とした。甲種商船学校には予科を設けることができるとしている。公立の商船学校(甲種)の設立状況としては、明治三十年に山口県大島郡立大島海員学校、香川県三豊郡立粟島航海学校、同三十二年に広島県豊田郡組合立芸陽商船学校、三重県鳥羽町立鳥羽商船学校、同三十四年に北海道庁函館商船学校、同三十五年に愛媛県越智郡組合立弓削《ゆげ》甲種商船学校、佐賀県佐賀郡立甲種商船学校、同四十年(一九〇七)島根県隠岐郡組合立甲種商船学校が設立された。なお、逓信省所轄の東京商船学校は、文部省の実業学校令・商船学校規程による学校に含まれていない。　↓東京商船学校《とうきょうしょうせんがっこう》

参考文献　文部省編『学制百年史』(一九七二、帝国地方行政学会)、中谷三男『海洋教育史』(二〇〇四、成山堂書店)　　　　(寄田　啓夫)

しょうせんきそく　商船規則　日本最初の船舶法。明治三年正月二十七日(一八七〇年二月二十七日)公布。二年十月に西洋形帆船および汽船の所有が認可されたことを受けて、和船に代わる西洋型船舶の所有や運航を保護するため、船舶免状のほか、海上衝突・開港場における貨物積卸しの際の税関免許・船舶の出入港・乗組み・船積みに関する届出・船税その他を定めた。国旗掲揚義務が定められた点でも注目される。同規則の公布と同時に蒸気郵船規則が制定され廻漕会社が設立され、汽船海運保護が開始された。その後十二年(一八七九)に船籍・登録についての規定(太政官布告五号、二月十日)や、船籍証明のための西洋形商船登簿船免状規則(太政官布告一九号、五月十五日)が出されて、国旗・船籍・船舶登録に関する制度が整備されていった。三十二年(一八九九)三月八日船舶法の公布により廃止。　↓船舶法《せんぱくほう》

参考文献　内閣記録局編『法規分類大全』運輸門八(一九八〇、原書房)、谷川久「海事法」(鵜飼信成他編『講座日本近代法発達史』四所収、一九五八、勁草書房)　　　　(小風　秀雅)

じょうせんたろう　城泉太郎　一八五六―一九三六　明治時代前期の英学者、教育者、自由民権活動家。安政三年七月十七日(一八五六年八月十七日)、越後長岡藩士・藩校崇徳館《そうとくかん》教授河井喜兵衛(篤治資信《すけのぶ》、明治初年、本姓城

に復し泉と改名)の長男として越後国長岡に生まれる。泉太郎資生《すけなり》と称した。崇徳館で漢学を学び、藩主の面前での応命読で抜群の成績を残した。戊辰戦争時に少年隊に属して従軍し、藩主の嗣子牧野鋭橘に従い仙台に脱出した。戦後長岡に帰り、三島《さんとう》郡入軽井村(長岡市)の遠藤軍兵塾に入り漢学を修めやがて塾頭となった。すでに明治二年(一八六九)五月に慶応義塾に入学していた従兄藤野善蔵の手ほどきにより英語を学び、三年六月に慶応義塾に入学した。五年末から十一年(一八七八)三月まで教員として在職。後年、吉野作造に宛てた書簡(大正十五年(一九二六)十月三十日付)で義塾教員時代について回顧し、「義塾内の教師一両名学生五六名と折々寄宿室に会合し、社会共和組《ソシアルデモクラシー》と称する秘密結社見たやうのものを設け、熱心に社会主義と共和主義を研究しました」といい、ルソー、バックル、ベイコン、ホッブス、ロック、ヒューム、コント、ラッサール、モア、サン＝シモン、プルードンなどを愛読したと述べている。明治九年三月、徳島慶応義塾に矢野文雄に代わり校長として着任し、阿波自助社の民権運動にも関わった。同年十月に帰京し、十一年三月には土佐立志学舎英学科教員としてふたたび派遣され、同年七月まで教職のかたわら各地の政談演説活動にも従った。同年九月より藤野善蔵の後任として長岡学校に赴任、十六年四月まで英学教師として勤務し、また草間時《くさまとき》福《よし》を主筆とする『北越新聞』の刊行に関与した。同年七月より十二月まで和歌山の英学校である自修私学校に着任、翌年十一月には立志学舎の後身として設立された高知共立学校に転じた。二回目の高知赴任であるが、二十年(一八八七)二月までの在任中、英学教師としての仕事のほか前回とは異なり政治活動はほとんど見られず、アメリカ人宣教師グリナンとの交流や、時事新報社の通信員として電報で当地の情報を頻繁に送るなどの活動が目立っている。高知からの帰京については、後藤象二郎より中江兆民らとともに大同団結運動への参画を要請されたことによると伝えられているが、実際の活動のあとはほとんど見えず、以後、むしろ旺盛な翻訳著述活動が始まっている。主な著訳書に『通俗進化論』『(賦税全廃)済世危言』『(清朝滅亡)支那の大統領』などがある。『通俗進化論』は、イギリスの動物学者で進化論の普及に努めたハクスリー Thomas Henry Huxley の『進化論三講』Three Lectures on Evolution (1876)と、アメリカ人のユーマンス Edward Livingston Youmans によるスペンサー小伝を合わせて翻訳したもので明治二十年十月に出版された。『(賦税全廃)済世危言』は、貧困の原因を土地私有による地主階級の不労所得に求め、単に地税のみを賦課することにより問題を解決しようというアメリカの土地単税論者ヘンリー＝ジョージ Henry George の『進歩と貧困』Progress and Poverty (1879)と『社会問題』Social Problems (1887)の二著の抄訳によって構成したもので、二十四年三月に出版された。『(清朝滅亡)支那の大統領』は「英国無名氏述、日本無名氏補」として、日本軍の侵攻により清朝が滅亡した中国に新たに無名氏が大統領に当選し、土地単税政策を実施してこれに抗議する各階層の人びとと論争するという仮構の物語で、二十五年脱稿、二十七年に加筆成稿したが未刊のままとなり、ようやく昭和四十三年(一九六八)に全文翻刻されたものである。山路愛山はこれらの城の業績について、明治二十年代の先駆的社会政策論として評価しているが、昭和二年(一九二七)八月に憲兵隊から召喚され取り調べを受けたためか多くの原稿類も処分され、特に後半生については史料に乏しく不分明なところが多い。昭和十一年(一九三六)一月八日没。八十一歳。山下重一・小林宏編『城泉太郎著作集』(『長岡市史双書』三七、平成十年)がある。

[参考文献] 昆野和七「土地単税論者城泉太郎の生涯」(一)(二)(『歴史と生活』一ノ三・四、一九三八)、山下重一「城泉太郎の生涯と著述」(『国学院法学』九ノ二、一九七一)

(松崎　欣一)

しょうそうしょう　章宗祥　*Zhang Zongxiang*　一八七九—一九六二　清末民国初年の官僚。浙江省呉興県出身。一八七九年生まれ。明治三十二年(一八九九)、日本に留学し、『日本留学指南』(明治三十四年)を著わして後進に助言を与えた。一九〇三年に帰国したのち、進士の地位を獲得し、中央政府の官僚として法律の制定などの任務に従事した。一二年、袁世凱が臨時大総統となると、総統府秘書となり、ついで法制局局長、大理院長を務め、その後も閣僚を歴任した。一六年、駐日公使に任じられてからは、寺内正毅内閣の段祺瑞援助政策のもとで西原借款の導入に関与し、日華共同防敵協定(一八年)も担当した。一九年の五四運動の際には、たまたま曹汝霖の居宅にいて、学生に殴打されたうえ、つづいて学生から罷免の要求を出され、まもなく職をとかれた。のち国民政府からも追及をうけ、二八年以降は青島に住んだ。日中戦争中に対日協力政権に関係したとして、戦後は漢奸とされたが、人民共和国成立後は上海で暮らした。六二年十月一日、上海で死去した。八十四歳。

[参考文献] 章宗祥「東京之三年」(中国社会科学院近代史研究所近代史資料編輯組編『近代史資料』三八、一九七九、中華書局、北京)、佐藤三郎『中国人の見た明治日本—東遊日記の研究—』(二〇〇三、東方書店)

(吉澤誠一郎)

しょうたい　尚泰　一八四三—一九〇一　琉球国最後の国王。道光二十三年(天保十四)七月八日(一八四三年八月

尚　泰

三日）、首里城下に生まれる。尚泰は同二十八年（嘉永元、一八四八）、父尚育《しょういく》王の死去により六歳で王位に就き、第二尚氏第十九代の国王となった。即位後は、外交面で宣教師伯徳令（ベッテルハイム）の逗留、清国人苦力の引き起こした反乱事件（ロバート＝バウン号事件）、仏英国船の来琉と通商要求、日本の開国を迫るペリーの来航、そして国政では三司官《さんしかん》人事をめぐる疑獄事件（牧志《まきし》・恩河《おんが》事件）、飢饉の発生と農村の慢性的疲弊といった、まさに多難の連続であった。同治五年（慶応二、一八六六）に中国の同治帝の冊封を受けていたが、明治五年（一八七二）九月に琉球藩が設置され「藩王」に改められ、明治十二年（一八七九）四月の廃藩置県で廃位に追い込まれた。置県後、政府は勅使侍従富小路敬直《とみのこうじひろなお》を派遣し、同年五月に病気を理由に上京延期を申し出ていた尚泰を強制的に上京させて、麴町区富士見町（東京都千代田区）の二千坪の邸宅を下賜した。尚泰の処遇にはかなりの優遇措置が講じられ、家禄の算定を二万円に見積もり、この家禄額を一割利息として二十万円の金禄公債証書を下賜して毎年二万円の金禄を支給し、証書の年数や利率において特例的な恩典を与えた。それは四十万石の大名にも匹敵するほどの経済保証であった。さらに私有財産についても、首里城は私有財産から除外されたが、尚泰の請求どおりに中城御殿《なかぐすくウドゥン》・大美《うふんみ》御殿などの邸宅・敷地をはじめ別荘六・社寺七・墓地五を全て尚家の財産として認定している。上京後、尚泰は旧王府士族を中心に中国に密航して執拗に展開された「復国」と「復君」を訴える琉球復国運動に対して、一貫して否定的な姿勢を堅持し、運動の昂揚を危惧した政府の意向を受け、明治十七年八月に一時帰省した際に、旧王府士族に対して琉球復国運動を厳しく非難し政府への恭順を求める「諭達」を下している。華族令の発布により、同十八年に侯爵となる。明治三十四年（一九〇一）八月一九日に東京で死去。五十九歳。亡骸は首里の王家の墓陵である玉陵《タマウドゥン》に葬られた。

参考文献　東恩納寛惇編『尚泰侯実録』（『明治百年叢書』、一九七一、原書房）、松田道之『琉球処分』（『明治文化資料叢書』四、一九六二、風間書房）（赤嶺　守）

しょうだかずえ　勝田主計　一八六九―一九四八　明治から昭和期の官僚、政治家。明治二年九月十五日（一八六九年十月十九日）、松山藩士勝田久廉の五男として松山に生まれる。二十八年（一八九五）帝国大学法科大学を卒業後、大蔵省に入省。函館税関長を経て約二年間欧州に出張。帰国後、臨時国債整理局第一課長、理財局長を歴任。大正元年（一九一二）十二月から三年四月まで大蔵次官を務め、同年貴族院議員（勅選）となる。四年十二月から約一年間朝鮮銀行総裁を務め、再度大蔵次官を経て、五年十二月から七年九月まで寺内内閣の大蔵大臣を務める。蔵相時代は、朝鮮時代からの構想であった中国への借款（西原借款）を実施。その後、大正十三年（一九二四）一月から六月まで清浦内閣で二度目の蔵相を務め、関東大震災の善後処理として外債発行を実施。昭和三年（一九二八）五月から四年七月まで田中義一内閣の文部大臣を務めた後は、政府役職を退き、昭和二十三年（一九四八）十月十日没。八十歳。官僚時代・蔵相時代の資料として『勝田家文書』（マイクロフィルム、『近代諸家文書集成』、昭和六十二年、ゆまに書房）がある。

参考文献　勝田竜夫『中国借款と勝田主計』（一九七二、ダイヤモンド社）、鈴木武雄監修『西原借款資料研究』（一九七二、東京大学出版会）（早川　大介）

しょうだていいちろう　正田貞一郎　一八七〇―一九六一　明治から昭和時代の実業家。明治三年二月二十八日（一八七〇年三月二十九日）横浜で出生したが、翌年父作次郎が急死したため、上野国館林の祖父正田文右衛門（三代目）のもとで生育。同二十四年（一八九一）高等商業学校（一橋大学）本科三年を卒業し、祖父が始めた醬油醸造業に従事。同三十三年（一九〇〇）、輸入粉に対抗する近代的な機械製粉事業を起すため館林製粉株式会社を創立、同四十年（一九〇七）横浜の日清製粉株式会社を合併し、社名を日清製粉株式会社と改称、大正十三年（一九二四）同取締役社長に就任。同十五年東洋最大の工場といわれた鶴見工場を増設し、国内第一位の製粉会社へと躍進、満洲・北支（中国北部）市場にも進出。昭和二十一年（一九四六）貴族院議員に勅選された。同二十四年カトリック教会で洗礼。同三十一年（一九五六）藍綬褒章を受章。同三十三年館林市名誉市民第一号に推挙され、同三十六年十一月九日死去。満九十一歳。三男英三郎（日清製粉名誉会長）の長女が美智子皇后。→日清製粉会社《にっしんせいふんがいしゃ》

参考文献　『正田貞一郎小伝』（一九六五、日清製粉）（手島　仁）

しょうだへいごろう　荘田平五郎　一八四七―一九二二　実業家。三菱財閥の経営者。弘化四年十月一日（一八四七年十一月八日）豊後国海部《あまべ》郡仁王座《におうざ》村塩田（大分県臼杵市）に臼杵藩士荘田雅太郎の長男として生まれる。藩校学古館に学び、慶応三年（一八六七）江戸の青地信敬《あおちしんけい》塾に入門し英学を学び、のち鹿児島藩開成所で洋学を学ぶ。明治二年（一八六九）上京し、慶応義塾に入学。五年から教師を兼ね分校設立のため大阪・京都に赴任。七年三田の慶応義塾で教壇に立つ。八年三菱会社に入社。同年三菱汽船会社規則の制定にあたり、会社・使用人の身分と職務などを定め会社組織を整える。明治十年（一八七七）郵便汽船三菱会社簿記法において、各船・各支社別勘定によ

荘田平五郎

る損益把握、減価償却の実施などの会計処理を行う西洋複式簿記を導入する。十三年管事に就任。十八年日本郵船会社理事に就任するが、翌年三菱社の設立とともに本社支配人に復帰。明治二十一年(一八八八)再び管事となる。二十三年岩崎弥之助と丸の内買取りを進め、近代的ビジネス街の建設に貢献する。二十六年三菱合資会社に改組されると、社長岩崎久弥を監務弥之助とともに補佐した。明治三十年(一八九七)長崎造船所支配人を兼任し長崎に赴き、ドックや工場などの設備拡張を行い、造船所の会計制度を整備した。傭使人扶助法《ようしにんふじょほう》・職工救護法《しょっこうきゅうごほう》を定め従業員の福祉を図り、造船所内に技士《ぎし》・技工《ぎこう》養成のための工業予備学校を設立した。弥太郎、弥之助、久弥の三代社長のもと、三菱の事業拡張と管理体制の構築に貢献した。明治四十三年(一九一〇)退職。明治十二年、東京海上保険会社を開業。十三年東京府市区改正委員。十四年明治生命保険会社設立。十八年旧臼杵藩士らの出資による第百十九国立銀行が経営不振に陥ると三菱に経営をすすめた。二十年東京倉庫会社を創立し取締役となる。二十四年東京海上保険会社取締役、二十六年貨幣制度調査委員会委員、二十九年東京海上火災保険会社取締役会長、大正六年(一九一七)明治生命保険会社取締役会長を勤める。大正十一年(一九二二)四月三十日没。七十六歳。

参考文献 宿利重一『荘田平五郎』(一九三二、対胸舎)、森川英正「岩崎弥之助時代の三菱のトップ・マネジメント」(土屋守章・森川英正編『企業者活動の史的研究』所収、一九八一、日本経済新聞社)、武田晴人「長崎造船所と荘田平五郎の改革」(『三菱史料館論集』三、二〇〇二)

(森田 貴子)

しょうだよもぞう　勝田四方蔵　一八四五―一九一八　陸軍軍人。弘化二年十一月二十日(一八四五年十二月十八日)、現在の山口県に生まれる。明治五年(一八七二)、中尉。同十七年(一八八四)、工兵第一方面提理。同二十年(一八八七)には、工兵会議議長に任命された。同年、大佐に進級。明治二十二年には、工兵第二方面提理。日清戦争では、第二軍工兵部長に任命されて参戦する。戦争中に少将にも進級している。同三十年(一八九七)、東京湾要塞司令官。同三十二年には、下関要塞司令官に就任。翌年、中将に進級した。日露戦争では、留守第十二師団長を務めた。同四十年(一九〇七)、予備役に編入されたが、日露戦争の功績が認められて男爵の爵位を与えられた。大正七年(一九一八)七月七日没。七十四歳。

参考文献 外山操編『陸海軍将官人事総覧』陸軍篇(一九八一、芙蓉書房)

(山本 智之)

じょうちがくいん　上智学院　カトリック修道会イエズス会を母体とする学校法人。教皇ピウス十世の委嘱によりイエズス会は日本にカトリック大学を創設するため明治四十一年(一九〇八)ダールマンら会員三人を派遣。明治四十三年来日のホフマンによって大学設置のために財団法人上智学院が組織され、翌年四月、文部省により認可される。大正二年(一九一三)三月専門学校令により文学部と商学部をもつ上智大学が旧江戸の外濠内の一等地麴町区紀尾井町に開校した。上智の名は「聖母マリアの連禱」の Sedes Sapientiae の Sapientiae の訳名に由来し、同じ意味の Sophia「知恵」からソフィア学院とも称される。学院は創設以来ドイツ管区に所属したためドイツ語を第一語学とした。昭和三年(一九二八)大学令により大学に昇格し文学部と商学部に加えて予科と大学院を附置した。昭和十二年(一九三七)国際的学術誌 Monumenta Nipponica を発刊、キリシタン文庫を創設。昭和四十八年(一九七三)上智短期大学、昭和五十一年(一九七六)に福祉専門学校を開設した。

参考文献 『上智大学史資料集』(一九八〇–九五)、ヨゼフ＝ロゲンドルフ編『イエズス会―再渡来五十周年を迎えて―』(一九五八、イエズス会日本管区)、『上智大学五十年史』(一九六三)

(五野井隆史)

しょうちく　松竹　明治期から現在に至る、演劇、映画、演芸、テレビ番組、アニメ、ゲーム制作などを対象とする興行会社、松竹株式会社の略称。芝居小屋の売店主大谷竹吉の息子である大谷竹次郎・白井松次郎の双生児が、明治三十五年(一九〇二)に新京極の劇場阪井座(のちの京都歌舞伎座)を入手したのを機に創設した。当初は松竹《まつたけ》合名社と称した。同年、関西新派で人気のあった静間小次《しずまこじ》郎《ろう》一座と手を組み、京都明治座を掌握し、三十九年には南座を手中に納め、京都の劇場のほとんどを押さえた。同年には、大阪で絶大な人気のあった初代中村鴈治郎《なかむらがんじろう》と関係を深め、徐々に大阪へも進出した。四十三年(一九一〇)には関西地区を白井松次郎に託し、大谷竹次郎が東京に進出、新富座・本郷座等々多くの劇場を買収して直営とし、同時にそれらの劇場で人気のあった曾我廼家《そがのや》の喜劇、新派劇の一座を傘下におさめる経営手腕を発揮した。四十二年には、文楽の座員、劇場ともに買い取り、興行を続けた。四十五年には、自由劇場での活動も行い、新時代の演劇の旗手であった二代市川左團次が座頭を勤める明治座の興行にも出資して参画し、すぐに左團次を自社の専属にした。大正二年(一九一三)に歌舞伎座の営業相談役を委任され、翌年には、はじめて歌舞伎座で興行を行なった。このころから、主要な歌舞伎俳優を続々と専属としている。六年に明治座の実権を握り、翌年には、当時隆盛を極めた浅草の興行街にも進出していき、東京の演劇・演芸興行の大半を掌中に収めた。一方、関西に残った白井松次郎は、大阪の道頓堀界隈の江戸時代以来の劇場をすべて直営に収め、数名を除く関西の歌舞伎俳優を専属とする手腕を見せている。やがて、当時隆盛しつつあった活動写真(映画)に着目し、九年には映画の世界にも進出し、松竹キネマ合名社を創立、制作を開始した。十二年(一九二三)には、関東大震災で東京のすべての劇場を失ったが、昭和三年(一九二八)までにすべて再建を果した。同年には、市村座、五年には帝国劇場の経営も任され、東京の大劇場と、歌舞伎・新派の全俳優は松竹傘下に収まることになった。六年に松竹興業株式会社と改称、十二年(一九三七)には、演劇・映画を統合した松竹株式会社として、大谷竹次郎が社長に就任した。その間にも、五年には築地に東京劇場を開場、大阪歌舞伎座を直営にした。大正十一年にはレビューにも進出し、昭和十二年には松竹少女歌劇団を中心とする浅草国際劇場を開場した。十四年には、新橋演舞場の経営にも加わっている。二十年(一九四五)には、戦災により、東京のみならず大阪の劇場もそのほとんどを失ったが、終戦後、直ちに、残された劇場で演劇・映画・演芸の興行を打ち、同時に劇場再建に向い、二十六年の東京の歌舞伎座再開場で、すべてが再建された。松竹の演劇、映画から演芸に至るすべての娯楽作品の提供には、明治期から昭和期に至る、観客・大衆の欲求の反影があり、その盛衰には、大衆の求めるものの推移が如実に現われている。特に、大正期映画の勃興、昭和期の東宝という大きな興行会社の存在とが、松竹の興行拡大の大きな要因となっている。昭和戦後期には、三十年代からのテレビ隆盛時代とともに大衆の求める娯楽が変質し、文楽内部の分裂などもあり文楽の興行から離脱することもあったが、歌舞伎については、きわめて困難な時期も大谷竹次郎の力によって維持してきたことは大きい。新派や松竹新喜劇も含めて、商業演劇といわれるジャンルや映画の形成、発展、盛衰を見るには、明治期以来の、松竹の歴史を視野にいれなくては不可能である。

参考文献 永山武臣監修『松竹百年史』(一九九六、松竹)

(神山 彰)

じょうちだいがく 上智大学 ⇩上智学院《じょうちがくいん》

じょうちょく 詔勅 天皇の意志を表明するために発する公式文書。詔書、勅書、勅語、勅諭などの種類があり、その淵源は令制の公式令にさかのぼる。『養老令』の公式注釈書である『令義解』巻七公式令第二十一に「詔書、勅旨、同じく是綸言、但し臨時の大事は詔と為し、尋常の小事は勅と為す也」とあり、明治政府の詔勅も、当初は、この規定を踏襲した。明治十六年(一八八三)までの法令・規則を収載した『法規分類大全』第一篇政体門三の詔勅式では、「詔」「勅」それぞれの定義と種類を挙げている。「詔」は、「広ク大事ヲ宣布スル者概ネ詔ヲ以テシテ勅ヲ以テスルコトナシ」とされ、明治元年二月二十八日(一八六八年三月二十一日)の「親征ノ詔」が最初の事例とされる。その後、「国是ヲ定ムル詔」(五箇条の誓文)、改元、公議所開設、大教宣布、改暦、徴兵令、地租改正、地方官会議の開閉、立憲政体樹立などの重大事項の宣布の場合に発せられた。また詔の対象としては、地方官会議議員に対して発するという例のように対象を明確に限定するものと、広く一般に公布するものとがあり、後者の場合には、「衆庶」「有衆」などの文字を冒頭に挿入した。これに対し、「勅」は、勅書、勅旨、勅諭、勅語、宣命、御沙汰書などからなり、原則「勅」は「小事」とされたものの、国会開設の勅諭、教育勅語などのような重大事項についても「勅」の形式をとる場合もあった。ただし「勅」は、「徴召」「発遣」「賞賜」「褒貶」「慰問」「奨励」のほか、「臨時職ヲ命シ」「事ヲ命シ」「委任シ」「式場ニ幸シ旨ヲ賜フノ類概ネ勅ト称ス」とするように、一般に公布されるより、個人に対して下賜される事例が多い。このように「勅」には多様な種類の形式がみられるものの、明治十五年一月四日に発せられた軍人勅諭までは「詔」と「勅」とは明確に区別されていた。ところが、明治十七年七月七日に出された五爵制定の詔書は、『法規分類大全』では、「華族ニ栄爵ヲ賜フノ詔」と題されて収載されているが、明治十六年七月に創刊された『官報』や、明治十八年一月以降編纂が開始される『法令全書』では、題名を付せずに「詔勅」として収載している。これは、『法令全書』が明治十四年十月十二日に出された国会開設の勅諭を「詔勅」欄に「勅諭」と明示したうえで収載しているのとも異なっており、このことは明治十七年以降、両者の区別がなくなり「詔勅」と一括されることとなったことを意味しよう。明治十九年二月には公文式(勅令第一号)が制定され法律・命令の公布方式が整えられたが、「詔勅」については規定されなかった。その後、明治四十年(一九〇七)二月一日、公式令(勅令第六号)が定められ、はじめて「詔勅」の発布形式が規定・整備されるに至る。そこでは「詔書」とは、一般に「皇室ノ大事ヲ宣誥シ及大権ノ施行ニ関スル勅旨ヲ宣誥スル」(第一条)ものと定義し、親署ののち、御璽を鈐し、皇室に関するものは宮内大臣が年月日を記入し内閣総理大臣とともに副署し、大権の施行に関するものには内閣総理大臣が年月日を記入・副署するか、または他の国務大臣とともに副署するものとされた。一方、「勅書」は、一般に「文書ニ由リ発スル勅旨ニシテ宣誥セサルモノ」(第二条)と定義され、親署ののち、御璽を鈐し、皇室に関するものは宮内大臣が、国務大臣の職務に関するものは内閣総理大臣が、それぞれ年月日を記入し副署するものとした。公式令が制定された背景には、明治二十二年(一八八九)十二月(勅令第一三五号)の内閣官制によって一般に「各省専任ノ行政事務」に関しては内閣総理大臣の副署を要しない(第四条)と規定したものを、公式令の規定によって、すべての詔勅・法令・条約に内閣総理大臣の副署を要するよう改めたことからうかがえるように、総理大臣の権限強化を図るという政治的意図があった。しかしそれにとどまるものではなかった。『公文類聚』には、公式令制定理由について述べた文書が残されているが、そこでは、㈠法律と命令の施行期限に相違があり均衡を決している、㈡公文式に詔勅の規定がない、㈢皇室典範・大日本帝国憲法改正についての公式がない、㈣官記・爵記・位記・勲記の規定がない、㈤皇室典範に基づく諸規定がない、という問題点を指摘している。すなわち、明治十七年以降二十余年間にわたって、天皇の意志を発する文書が

「詔勅」として区別されることなく一括されていた状況を改め、その形式を整備すること自体が公式令制定の重要な理由の一つであったのである。

参考文献 大久保利謙「文書からみた幕末明治初期の政治—明治文書学への試論—」(『明治維新の政治過程』所収、一九八六、吉川弘文館)、神田文人「明治十四年政変のさいの『勅諭』」(『日本史研究』三〇九、一九八八)、同「天皇の詔勅と公式令」(同三一八、一九八九)

（大庭　邦彦）

じょうつねたろう 城常太郎 一八六三—一九〇五 労働運動の先駆者。文久三年(一八六三)正月熊本竹屋町に生まれる。西南戦争で一家流離、神戸の西村勝三のもとで靴工として修業する。明治二十一年(一八八八)十月単身で渡米、サンフランシスコで靴直し兼造靴店を開く。二十四年夏高野房太郎・沢田半之助らと欧米の労働問題を研究し日本の労働問題の解決に備えるために労働義友会を組織、二十六年一月白人靴工の圧迫に対抗する日本人靴工同盟会を関根忠吉らと創立する。二十九年二月帰国、三十年(一八九七)三月高野・沢田らと東京に職工義友会を再組織し、同六月二十五日日本最初の労働問題演説会の弁士をつとめる。同七月五日結成の労働組合期成会の仮幹事となる。神戸に移り労働組合研究会を設立、三十二年七月清国労働者非雑居期成同盟に加わる。実業界に転じ、三十四年天津製靴会社を設立する。三十八年七月二十六日神戸で死去した。四十三歳。

参考文献 永原丞「城常太郎と労働運動」(『近畿大学九州工学部教養論集』五ノ三・六ノ三、一九九二・九六)、牧民雄『ミスター労働運動城常太郎の生涯』(二〇〇六、彩流社)

（荻野富士夫）

しょうてん 掌典 宮中の祭祀を掌る職員。明治四年(一八七一)八月、その二年前に復興した神祇官を神祇省として太政官の下に置いた際、従来の大少祐などが大中少掌典・大中少神部と改められ、また賢所《かしこどころ》に奉仕する内侍所刀自《とじ》も内掌典・権内掌典と改められた。ついで翌年三月、神祇省の廃止に伴い、祭典事務は式部寮に移り、この式部寮が同十年(一八七七)九月から宮内省の所管とされた。その際、式部寮事務章程に定める「四方拝其外朝廷ノ諸礼式(中略)賢所及宮中神殿ノ祭祀」を掌る大中少掌典・大中少神部が、単に掌典・掌典補と称されることになったのである。さらに同十七年十月、この式部寮が式部職に昇格した際、掌典部が設けられ掌典長が置かれた。同四十年(一九〇七)一月公布の宮内省官制によれば、掌典長一人(勅任)・掌典次長一人(勅任か奏任)・掌典十二人(奏任)・内掌典六人(判任)・掌典補八人(判任)と定められている(ほかに若い男性の出仕や女性の雑仕なども各数人)。これが昭和十五年(一九四〇)一月から掌典職に昇格されたが、戦後同二十二年(一九四七)五月、掌典職は内廷に置かれ、員数も削減された。内掌典・雑仕はすべて未婚者で、賢所の北側の候所に部屋住いしながら、年中奉仕する。

参考文献 川出清彦『祭祀概説』(一九七八、学生社)、高谷朝子『宮中賢所物語—五十七年間皇居に暮らして—』(二〇〇六、ビジネス社)

（所　功）

しょうてんろく 賞典禄 ⇩家禄《かろく》・賞典禄《しょうてんろく》

しょうねんせかい 少年世界 明治二十八年(一八九五)一月一日、博文館から創刊され、昭和八年(一九三三)一月に終刊を迎えた児童雑誌。最初は、毎月一日と十五日の月二回刊行され、のちに月刊誌となった。発行部数は、

『少年世界』第１号

初版五万部、再販以下三万部、計八万部であった。また、同誌は、同社発行の『幼年雑誌』『日本之少年』『学生筆戦場』『少年文学』『幼年玉手箱』などを合併して生まれた。そのため、誌面構成も、「論説」「史伝」「科学」「遊戯」「文学」「奇書」「雑録」の各欄を基本とし、主筆巌谷《いわや》小波《さざなみ》がお伽噺「日の丸」で小説欄を担当し、江見《えみ》水蔭《すいいん》が冒険談「海上の初日の出」を執筆し、依田《よだ》学海《がっかい》・佐佐木信綱・大和田《おおわだ》建樹《たけき》などを揃え、新年大付録として宮崎三《みやざきさん》昧《まい》「小判軻《しょうけいか》」、川上《かわかみ》眉山《びざん》「一夜天下」、渡辺《わたなべ》霞亭《かてい》「雷神」の三編を収録するなど多彩であった。なかでも、巌谷小波のお伽噺、少女欄の若松《わかまつ》賤子《しずこ》、小説欄の泉鏡花・徳田秋声らの作品、森田《もりた》思軒《しけん》訳『十五少年』、押川《おしかわ》春浪《しゅんろう》・桜井《さくらい》鷗村《おうそん》らの冒険小説などに人気があった。他方、本誌は、谷崎潤一郎をはじめ、百田《ももた》宗治《そうじ》・浜田《はまだ》広介《ひろすけ》など、のちに文芸活動を行う人物や野間清治・佐藤義亮など出版界の人物たちの少年時代の投稿が散見でき、投書雑誌的な性格をもっていた。なお一巻一号より九巻一六号は、平成三年(一九九一年)、名著普及会日本文化グループ編『特集・少年世界』(『名著サプリメント』二ノ一五、一九八九、名著普及会)より復刻された。

参考文献 名著普及会日本文化グループ編『特集・少年世界』(『名著サプリメント』二ノ一五、一九八九、名著普及会)

（小熊　伸二）

しょうのう 樟脳 クスノキの幹・根・葉を蒸留し、その液を冷却して製造した結晶。防虫剤やカンフル注射などの医薬品として利用されるが、明治・大正期はセルロイド(人造象牙)の原料として国際的に重要な意味を持った。江戸時代から九州で造られ、明治十五年(一八八二)の輸出品目では生糸、茶、米、石炭に次ぐ第五位、八十七万円の価格を生み出していた。日清戦後台湾を領有するや、台湾総督府は特産商品の台湾樟脳に対し、二十九年(一八九六)には樟脳税則を制定して徴税を行い、三十二年(一八九九)には樟脳専売制度を実施し、税収を増加させようとした。しかし国際価格の上昇とともに日本内地の樟脳生産と輸出が急増し、明治三十一年の二十六万

斤が三十三年には百三十八万斤となり、国際価格を低落させた。このため政府は三十六年六月法律第五号樟脳専売法を成立させ、台湾・内地共通の専売制を確立、内地では鹿児島・長崎・熊本・福岡・神戸に樟脳事務局を設置した。これにより日本は樟脳の国際市場を独占することが可能となった。樟脳専売収入は明治四十三年(一九一〇)では台湾が五百五十三万円、内地が百五十九万円となっている。 →専売局《せんばいきょく》 →台湾樟脳局《たいわんしょうのうきょく》 (宮地 正人)

じょうのでんぺい 条野伝平 一八三二―一九〇二 戯作者、新聞経営者。天保三年九月一日(一八三二年九月二十四日)江戸日本橋長谷川町(東京都中央区)生まれ。生家は地本問屋と伝えられる。本郷の有名な呉服屋伊豆蔵の番頭となる傍ら風流を好み、十七歳で五世川柳に入門。老中阿部正弘伊勢守の知遇を得て、梅亭金鵞《ばいていきんが》、仮名垣魯文などの戯作者と交わり、山々亭有人、朧月庵、東籬園などの号で戯作を始める。明治元年(一八六八)四月福地桜痴とともに『江湖新聞《こうこしんぶん》』を創刊。翌月福地が逮捕され発禁となる。落合芳幾《おちあいよしいく》、西田伝助らとともに日報社を起こし、浅草にあった条野の自宅を編集局として明治五年二月『東京日日新聞』を創刊。明治十七年(一八八四)十月新たな小新聞として『警察新報』を創刊。同十九年十月『やまと新聞』を創刊し社長となる。同時に採菊散人の号で小説を執筆し始める。東京府会議員、神田区会議長などの公職を務め、歌舞伎座創立にも尽力した。明治三十五年(一九〇二)一月二十四日没。七十一歳。画家鏑木清方の父。

参考文献 土谷桃子『江戸と明治を生きた戯作者―山々亭有人・条野採菊散人―』(二〇〇八、近代文芸社) (土屋 礼子)

じょうばしようれい 乗馬飼養令 明治十七年(一八八四)八月一日に公布され、俸給百円以上の勅奏任文武官に乗馬の飼養を義務付けた法令。百―三百円未満は一頭、三百―四百円未満は二頭、四百―五百円未満は三頭というように増えていき、俸給の多寡で飼養せねばならない乗馬数は異なった。この法令が出された目的は、直接的には戦時や事変に際して軍馬を供給することであり、不足する軍馬の確保であったが、欧化政策に伴う儀礼や社交の場で、乗馬が高級官吏や華族にとってステータスを演出するものであったため、彼らに乗馬を奨励しようとした一面があった。馬は、望みにより陸軍省より官馬が払い下げられたが、官吏は自費でそれを購入しなければならなかった。高級官吏の多くは馬術の心得がなかったため、無様な乗馬姿をさらしたり、馬術の修得や厩の用意に伴う出費がかさみ、また馬や馬具も高騰したため、彼らの不満は高まり、結局明治二十四年(一八九一)七月に廃止された。

参考文献 立川健治『文明開化に馬券は舞う―日本競馬の誕生―』(『競馬の社会史』一、二〇〇八、世織書房) (牧田 勲)

しょうばやしかずまさ 庄林一正 一八三二―? 尾張藩士、民権運動家。愛国交親社副社長。天保三年(一八三二)生まれ。維新後、戊辰戦争参加者とともに名古屋で剣の見世物(撃剣興行)を行なった。尾張藩では幕末に民兵部隊を組織したが、廃藩置県後解散させた。それに怒った集団は士族籍の復活などを請願し一部は明治十一年(一八七八)に要求を獲得した。内藤魯一《ないとうろいち》とは愛知県内の民権運動を進めるなかで接触する。明治十三年名古屋大須の七ッ寺で会議を行い、翌年愛知県交親社を結成、愛国社第四回大会に参加。交親社の財政は旅館を経営していた庄林の資力による部分が大きく、同社の実質的指導者であった。同時に内藤らの民権路線(自由党)とは異なって交親社は自作農以下を基礎としており、両者が衝突したのが一宮市で起きた朝宮事件である。この衝突を教唆したとして拘引されるが、その後、三大事件建白・大同団結運動にも参加していった。 (佐藤 政憲)

じょうばんせん 常磐線 東京の日暮里《にっぽり》駅から千葉の我孫子《あびこ》、茨城の水戸、助川《すけがわ》(現在の日立)、福島の平《たいら》(現在のいわき)などの駅を経て宮城の岩沼駅に至る三四三・一キロの線。田端《たばた》―隅田川間四・八キロ、北千住―隅田川間四・三キロ、水戸―那珂川《なかがわ》間一・一キロの枝線を含み、総営業キロ三五三・三キロ。東北線に属し、太平洋側の縦貫線の一部をなす。当初、日本鉄道株式会社は、常磐線の区間を隅田川線(隅田川―三河島《みかわしま》間)・土浦線(三河島―土浦―友部間)・磐城《いわき》線(水戸―岩沼間)の三つに分けて建設を進める。明治二十二年(一八八九)の友部―水戸間の開通を皮切りに、明治二十九年十二月には隅田川線と土浦線が全区間開通、同三十一年(一八九八)八月に磐城線が開通し、常磐線の区間は全通。同三十三年には上記三線が統合され海岸線となる。さらに同三十九年十一月鉄道国有法により国鉄に移管され、常磐線と改称されるに至る。線名はこの線が通っている常陸《ひたち》と磐城両国の頭文字からとったものである。

参考文献 野田正穂他編『日本鉄道株式会社沿革史』二(『明治期鉄道史資料』二、一九八〇、日本経済評論社)、日本国有鉄道編『鉄道辞典』下(一九五八)、高村直助「鉄道開通と炭鉱開発―常磐の場合―」(『明治日本経済史再考』所収、二〇〇六、ミネルヴァ書房) (西谷 直樹)

じょうばんたんでん 常磐炭田 福島県から茨城県にかけての阿武隈《あぶくま》山地の東側に、南北九五キロ・東西五～二五キロにわたって広がる炭田。北部では硫黄分の多い有煙炭が、南部では硫黄分の少ない無煙炭が産出された。しかしどちらもカロリーは低く、一般燃料用として用いられた。嘉永四年(一八五一)に常陸国多賀郡上小津田村(茨城県北茨城市)で神永喜八によって開坑されたのが、常磐炭田における採掘のはじまりである。明治十六年(一八八三)に浅野総一郎と渋沢栄一によって磐城炭礦社が設立され、二十六年(一八九三)には株式会社化している。また二十八年に白井遠平ら地元資本により入山採炭株式会社が設立された。一九一〇年代から二〇年代にかけてが生産量のピークである。昭和十九年(一九四四)一月には、両社は企業整備令によって合併し、常磐炭礦株式会社となった。しかし、採掘条件の悪化・エネルギー革命・公害問題などによって昭和三十年代前半から閉山が相つぎ、五十一年(一九七六)の西部鉱の閉鎖をもって終った。

参考文献 清宮一郎編『常磐炭礦概要』(一九三四、常磐石炭鉱業会)、清宮一郎『常磐炭田史』(『尼子会双書』、一九五五、尼子会事務局)、高須梅渓『白井遠平伝』(一九一三、白井遠平翁銅像建設協賛会)
(宮地 英敏)

しょうひせいかつきょうどうくみあい 消費生活協同組合 消費者が良質・安価な生活用品を継続的に入手することを目的として組織した協同組合であり、理念的には協同組合制度によって利潤を廃した社会を実現しようとする協同組合主義(産業組合主義)と密接に関わっていた。日本における本格的な消費組合運動は賀川豊彦らによって第一次大戦期以降に展開されており、明治時代に永続的に成功した事例はない。明治初頭には外国制度・思想の翻訳・導入の一環としてロッチデール主義が紹介され、明治十二(一八七九)・十三年に東京・大阪・神戸で米の購入を中心に官吏・知識人などによって消費組合が組織されたことがあるが、短期間で途絶してしまった。労働者の自主的な消費組合的活動としては明治三十一年(一八九八)に労働組合期成会が消費組合の結成を呼び掛け、高野房太郎が規約を作成し、労働運動の一環として消費組合を育成するという位置づけのもとに共働店の名称で十二の組織が軍工廠、民間大企業内各所に店舗をもったが、三十三年には途絶えてしまった。この流れは日露戦争前後にも安部磯雄・石川三四郎らの主張として継続された。なお、本来の意味での自主的な協同組合ではないが、官庁・企業内の購買組合としては八幡製鉄所(明治三十四年)、横須賀海軍工廠(三十六年)、鐘紡兵庫工場(同年)などが知られており、これらも消費生活協同組合の源流をなしている。

参考文献 産業組合史編纂会編『産業組合発達史』一(一九六五)、山本秋『日本生活協同組合運動史』(一九八二、日本評論社)、日生協創立五〇周年記念史編纂委員会『現代日本生協運動史』(二〇〇二、日本生活協同組合連合会)
(加瀬 和俊)

じょうびへいりょく 常備兵力 陸軍および海軍の平時における兵力。治安維持などを目的とし、御親兵と四ヵ所の鎮台が明治四年(一八七一)に創立された時は陸軍約一万四千八百人、海軍約千八百人に過ぎなかった。明治十年(一八七七)の西南戦争以後、外征を目的として陸海軍ともに再編と強化が進み、日清戦争時には陸軍で七師団、海軍では軍艦二十八隻を保有していた。戦後から日露戦争までの軍拡はさらに大規模に進み、開戦時において陸軍では十三師団(将兵数では約九万人)、海軍では艦艇百五十二隻(同約四万人)に至った。終結後、明治四十年(一九〇七)に帝国国防方針が出され、陸軍では二十五師団、海軍では八八艦隊が平時における必要兵力とされた。これに対し、陸軍では大正十年(一九二一)に二十一師団(同約二十六万人)となり、海軍も建艦競争を経て兵力数を増した。その後も軍縮が行われた大正末から昭和初期を除き、終戦に至るまで増大を続けた。

参考文献 山田朗『軍備拡張の近代史—日本軍の膨張と崩壊—』(『歴史文化ライブラリー』、一九九七、吉川弘文館)
(土屋 直子)

しょうひょうじょうれい 商標条例 明治十七年(一八八四)六月七日に布告され、十月一日から施行された商標制度に関する法令。明治七年(一八七四)ころ、文部省の御雇い外国人のアメリカ人ダヴィッド=マレー博士から「米国では発明・商標・版権の三つは(中略)財産中でも一番大切なものとしている故に、日本でも発明及び商標は版権と共に保護せねばならぬ」と聞かされた高橋是清は大英百科辞典で商標のことを調べ、農商務省の取調主任に相談した。農商務省では、東京と大阪の商業会議所に照会したところ、「東京は商標登録条例の制定に反対したが、大阪讃成」であった。反対の理由は、「商標と暖簾とを混同して」、暖簾は忠勤した番頭に分けて与えるもので、登録して他人が使えなくなるのは「我が商慣習に悖る」ということであった(『高橋是清自伝』)。『東京日日新聞』は六月九日「商標トハ英語ノ「トレードマルク」ニシテ即チ商品ニ附着シテ其ノ販売者ノ信ヲ需要者ニ与フルノ標識」「販売ノ進路ニ於テ強ノ威力ヲ有スル商標」と報じた。
(吉村 保)

しょうひょうとうろく 商標登録 明治十七年(一八八四)六月七日に布告され十月一日から施行された商標条例第一条は、「商標ハ農商務省ノ商標簿ニ登録ヲ経タルトキハ其所有主ニ於テ登録ノ日ヨリ十五年間之ヲ専用スルノ権ヲ有ス可シ」と定められ、第二条には「商標ヲ専用セント欲スル者ハ願書ニ見本並明細書ヲ添ヘ登録ヲ願出」ると定められていた。商標は登録によって「専用スルノ権」が付与されたわけで、その手続きについては、同日、商標登録手続が布達された。その第一条「商標ニ関スル願出届書ハ都テ地方庁ヲ経テ農商務省ニ差出ス可シ」とし、第二条で登録を願い出るについては、「商標見本五枚及手数料ヲ添ヘ願書並明細書各二通ヲ差出」すことと定められていた。農商務省も十月一日に府県に対して、「郡区役所又ハ戸長役場ニ於テ登録商標見本衆庶ノ観覧ニ供」するようにと達を出した。明治二十一年(一八八八)十二月十八日、「商標専用ノ年限ハ二十年」とするなどの改正が行われた。
(吉村 保)

しょうひょうとうろくせいど 商標登録制度 商品につける商標を登録し、不正な使用から保護する制度。明治十七年(一八八四)十月一日から施行された商標条例は、商標を登録することにより「専用スルノ権」を付与すること、「登録商標主其専用権ヲ侵サレタルトキハ之ヲ告訴シ並要償ノ訴ヲ為スコトヲ得」(第一五条)と登録商標を保護するとともに、「登録商標ヲ偽造シタル者」(第一六条)、

「登録商標ニ相紛ラハシキ商標ヲ造リ使用シタル者」(第一七条)など商標条例違反についても定めている。商標登録制度という概念が世間にどの程度流布していたか不明だが、明治四年(一八七一)九月にイギリスのペース社のビールの商標が盗用されたと東京府が抗議を受けたとのことだが、この当時は商標登録制度はなかった。また、商標と暖簾を混同し、暖簾分けができなくなるという誤解もあった。明治三十七年(一九〇四)に「高島屋が丸に高の商標」を登録したこと、同四十三年(一九一〇)にニッポノホンが鎌倉大仏を商標登録したとのことである。
(吉村　保)

しょうひょうほう　商標法　明治三十二年(一八九九)三月二日に公布され、七月一日から施行された商標登録制度に関する法律。法律第三八号。明治政府が幕末からの不平等条約の改正に努め、著作権に係るベルヌ条約、工業所有権に係るパリ工業所有権条約加入を約定し、国内法の整備に努めた。商標条例を商標法として制定したのもそのためである。明治二十七年(一八九四)十一月二十七日のアメリカとの通商航海条約では、「専売特許、商標及意匠」の「同一ノ保護」を定めている。商標法第一条で「自己ノ商品ヲ表彰スル為商標ヲ専用セントスル者」と商標の目的を明記し、「外国ノ登録商標ニシテ帝国ニ於テ登録ヲ受ケタルモノノ専用権」(第三条二項)、「工業所有権保護同盟条約国ニ於テ商標登録ヲ出願シタル者」(第九条)などを規定し、条約国との関係に配慮している。同時に公布された特許法、意匠法および著作権法は不平等条約改正の結果であり、また、わが国の近代化を促進するための法制度でもあった。
(吉村　保)

しょうひんちんれつじょ　商品陳列所　商品を陳列し、紹介、販売する産業振興のための施設。官設最初の商品陳列所は、明治十年(一八七七)の第一回内国勧業博覧会の終了後、売れ残った出品物を販売するために設置された物品陳列所である。府県では共進会を契機として陳列所が設置される場合が多かった。これら商品陳列所の設置は、当時の商品販売形式に影響を与え、従来の店頭に商品を陳列しない座売りは、陳列による販売に変わっていった。明治十年代後半になると政府は輸出市場の獲得を積極的に進め、十九年、外務省が輸出入品の見本を展示する通商博物館を構想したが実現しなかった。しかし、明治二十三年(一九四八)には大阪府が商品陳列所を設立し、外務省と農商務省の協力をえて輸出入業者の参考として国内外の商品見本を陳列した。また、同所では荷造法の改善や内外商品売買の斡旋なども行なった。明治二十九年に農商務省は貿易品陳列館(翌年、商品陳列館と改称)を設置すると、明治三十年代には各地で多くの商品陳列所が設立され、四十二年(一九〇九)には全国陳列所協議会が設置された。→集産場《しゅうさんば》

参考文献　初田亨『都市の明治―路上からの建築史―』(一九八一、筑摩書房)、高嶋雅明「商品陳列所について」(角山栄編著『日本領事報告の研究』所収、一九八六、同文館)
(國　雄行)

しょうひんとりひきじょ　商品取引所　商品の需要と供給を調整するための公開市場。日本の場合、商品取引所の近代的法整備が済み、多数の取引所の設置を見たのは日清戦後のことであるが、米の延取引(先物取引の一種)はすでに江戸時代からあり、実物取引と反対売買(リスク回避のため当初約束した売買と逆の売買を行うこと)による差金決済取引が並行して発達してきた。維新政府は空米相場の投機性を危険視したため、明治二年(一八六九)四月、大阪堂島の石建米商内ならびに各地の米会所の取引を禁止し、他方で、政府は貿易商社を組織させ、同年六月よりこれに正米取引をさせた。ところが仲買人の反対にあい、明治四年四月には大阪堂島米商会所の再興を許可し、明治六年三月、東京商社(貿易商社の改称)に堂島米会所の制度に倣った米取引を許した。株式取引条例が明治七年十月に発布されると、すでに許可していた米会所もこれに準拠させるため、同年十二月、米・油限月売買をいったん禁止し、改めて右条例に基づいて許可を受けるよう命じた。明治九年八月には米商会所条例が公布され、このとき大阪堂島米商会所、東京商社、中外商行社が設立された。明治十一年(一八七八)五月、投機的取引を容認する現実的な立場に切り替えた政府は、新たに株式取引所条例を制定し、先の株式取引条例を廃止した。だが、明治十五年十二月、株式取引所条例中に改正を追加、取引所の賠償責任を法定し、同時に仲買人納税規則を制定して売買取引に重税を課したため、松方デフレと相まって取引市場は収縮した。明治二十年(一八八七)五月、取引所条例を発布し、米商会所と株式取引所を同一規定の下に立たせ、同年六月、取引所条例施行細則を発布した。政府は旧取引所の営業を三ヵ年延期する一方、取引所法規の改正に着手し、明治二十六年三月三日法律第五号により取引所法が公布され、これが昭和二十五年(一九五〇)に新たに商品取引所法が公布されるまで存続した。

参考文献　『東京株式取引所五十年史』(一九二八)、倉八正・高原基『商品取引所要論』(一九五〇、時事通信社)
(小林　延人)

しょうへいりん　章炳麟　Zhang Binglin　一八六九―一九三六　清末民国初年の学者、革命家。号は太炎。一八六九年一月十二日、浙江省余杭県に生まれた。若くして考証学を修めたが、次第に排満思想の立場にたつようになり、一九〇三年には『蘇報』に反清の文を掲載して逮捕された。獄中では、仏教によって思索を深めた。〇六年、出獄すると日本に渡って中国同盟会に入り、革命派の機関誌『民報』に筆をふるった。まもなく、孫文とは対立し、光復会に拠って反清活動を展開した。将来の国名として「中華民国」を考案したのも章炳麟だとされる。辛亥革命の後は、一時、袁世凱から官職に任じられたが、まもなく袁に反対して幽閉された。その後も政治

活動を続け、共産党を批判した。彼は、伝統学術を集大成し、これを「国学」として再生させようとした。また明治日本の文献を通じて知った近代思潮と対峙した。主著『訄書《きゅうしょ》』（一九〇〇年、のち〇四年に改訂出版）では、きわめて晦渋な文体を用いて、古今東西の思想に広く言及しながら、独自の体系をめざしている。章炳麟の経学の立場は古文経書を重視するもので、今文学派の康有為を徹底的に批判した。三六年六月十四日、蘇州で病死した。六十八歳。西順蔵・近藤邦康編訳『章炳麟集―清末の民族革命思想―』（『岩波文庫』、平成二年、岩波書店）が刊行されている。

参考文献　湯志鈞編『章太炎年譜長編』（一九七九、中華書局、北京）、小林武『章炳麟と明治思潮―もう一つの近代―』（二〇〇六、研文出版）　（吉澤誠一郎）

しょうほう　商法　形式的意義においては明治三十二年（一八九九）三月九日公布、同六月十六日施行された法律をいい、実質的意義においては企業および企業活動に関する法律全体をいう。明治時代初期から十年代にかけて、政府の殖産興業政策による会社制度の導入、啓蒙的商事立法の制定、政府各機関による会社法の編纂などが行われたが、不十分なままで終わった。しかし、政府の急激な資本主義化を法的に支え、また条約改正の進展を図る上でも体系的な商法が必要とされた。そこで、ロエスレルによる商法草案を基礎とした旧商法が、法律取調委員会での審議を経て、同二十三年（一八九〇）四月二十六日に公布され、翌年一月一日から施行されることになった。旧商法は「総則」および「商ノ通則」「海商」「破産」の三編千六十四条から成り、編別はフランス法系、内容はドイツ法系であった。ところが、旧商法は外国法の模倣であって日本の商慣習を無視しているなどの批判から商法典論争が生じ、国家機関、経済界の対立を背景に帝国議会での激しい議論の末、施行が延期された。しかし、経済発展に伴う会社制度の弊害の是正などが急務となり、同二十六年七月一日に旧商法の会社法・手形法・破産法が修正の上施行された。その後、法典調査会で梅謙次郎《うめけんじろう》、岡野敬次郎らによる商法修正案が審議され、帝国議会の可決を経て公布・施行された。商法は「総則」「会社」「商行為」「手形」「海商」の五編六百八十九条から成り、ドイツ旧商法によっていた。同四十四年（一九一一）五月三日には、日露戦争後の飛躍的な経済発展に伴う商法の不備・欠陥を是正する二百条余りの改正が行われた。その後、昭和十三年（一九三八）改正、英米法を大量に導入した同二十五年（一九五〇）改正、同五十六年（一九八一）改正など、日本経済の変化に伴う多くの改正を経て、平成十七年（二〇〇五）七月には、商法から「会社」が分離し、新たに会社法が公布されたために、商法は「総則」「商行為」「海商」の三編となった。→商法典論争《しょうほうてんろんそう》

参考文献　福島正夫『日本資本主義の発達と私法』（一九八八、東京大学出版会）、三枝一雄『明治商法の成立と変遷』（『明治大学社会科学研究所叢書』、一九九二、三省堂）、志田鉀太郎『日本商法典の編纂と其改正（復刻版）』（一九九五、新青出版）　（高倉史人）

しょうほうかいぎしょ　商法会議所　⇨商業会議所《しょうぎょうかいぎしょ》

しょうほうかいしょ　商法会所　明治元年（一八六八）閏四月、商業振興のための金融を目的として設置された商法司の下におかれた機関。商法司は金札（太政官札）の前貸機関であり、「日本全国ノ物産方」の役割を期待されて設けられたが、その機能は各地におかれた商法会所が担った。その目的は金札の流通促進と全国的流通機構の再編にあった。実態は旧来の株仲間を商法会所に強制的に再編し、商品を抵当として金札を貸し付ける旧来の国産会所と同様の方式であった。その運営に関して商法司・商法会所は強権的であり、また旧都市特権商人が主導していたこともあって、「買占会所」などと批判された。金札発行額四千八百万両のうち六百五十六万両（一四％弱）が、商法会所を通じて貸し付けられた。しかし、金札の価値下落がその流通を困難にしたため、当初の目的を達成することなく、明治二年三月、商法司は廃止され商法会所も消滅した。→商法司《しょうほうし》

参考文献　大蔵省紙幣寮編『明治貨政考要』（大内兵衛・土屋喬雄編『（明治前期）財政経済史料集成（復刻版）』一三所収、一九六四、明治文献資料刊行会）、新保博『日本近代信用制度成立史論』（『神戸経済学双書』七、一九六八、有斐閣）　（佐々木寛司）

しょうぼうぐみきそく　消防組規則　全国の消防制度を統一するため、明治二十七年（一八九四）二月十日公布された勅令。消防に関する事務は市町村または一部の有力者に委任されてきたが、この規則によってすべて府県知事（東京府は警視総監）の警察権に委ねられた。設置にあたって区域は一般に市町村の区域によることとされたが、適宜、一市町村内で二組以上設置することもできるとした。人員は組頭・小頭・消防手をもって組織。その人事権は警察が握り、組頭・小頭は警部長（府県の警察本部長）もしくはその委任をうけた警察署長が任免し、消防手は警察署長が任免した。消防組は警察署長の指揮監督をうけ、警察官の指揮に従って行動する組織とされた。火防とともに水防も任務とし、平時の警戒・巡邏も職務となった。こうして警察の下部組織化されたが、費用は市町村が負担した。この規則により従来の消防組はいったん廃止され、官設機関として設置された。→消防制度《しょうぼうせいど》

参考文献　日本消防協会百周年記念事業委員会編『日本消防百年史』一（一九八二、日本消防協会）、大日方純夫『近代日本の警察と地域社会』（二〇〇〇、筑摩書房）　（大日方純夫）

しょうほうこうしゅうじょ　商法講習所　明治時代前期の商業教育機関。一橋大学の前身。明治八年（一八七五）九月元アメリカ弁理公使森有礼《もりありのり》が米国人教師ホイットニーを招聘して東京に商法講習所を開いた。森はまもなく清国駐劄全権公使に任命されたため、その経営を東京会

議所に依頼、九年五月には東京府に移管された。初代所長には矢野二郎が就き、ホイットニーらとはかって欧米商業学校の実践的な教育課程を導入した。明治十四年(一八八一)東京府会が講習所経費の支弁を拒否して七月に廃所を決議するも、九月に農商務省の補助金下付を得て再開、十七年三月には農商務省所管の官立学校となり東京商業学校に改称され、翌十八年文部省に移管された。

↓東京高等商業学校《とうきょうこうとうしょうぎょうがっこう》

参考文献 東京都編『商法講習所』(『都史紀要』八、一九六〇)、作道好男・江藤武人編『一橋大学百年史』(一九七五、財界評論新社)、三好信浩『日本商業教育成立史の研究—日本商業の近代化と教育—』(一九八五、風間書房)

(満薗 勇)

しょうほうし　商法司　会計官の司の一つ。明治元年閏四月二十五日(一八六八年六月十五日)、商業に関する事務を管掌する機関として設置された。本司を京都に、支署を大阪および東京に置き、東京支署には横浜出張所が附属した。小野組手代西村勘六《にしむらかんろく》をはじめ、三都や横浜の有力商人が知事・判事以下の役職に任命された。酒造・醸造業の規制、諸営業者に対する鑑札の交付を担当したほか、各地に商法会所を設けて商人を組織、太政官札を勧業資金として商人に貸し付けて正貨で返済させ、また は産物を商法司が直接外商に売却して、太政官札の流通を促進すると同時に正貨の蓄積をはかる政策を展開した。このような政策は会計官副知事由利公正《ゆりきみまさ》の発案によるもので、由利の出身藩である福井藩の物産総会所仕法をモデルとしたものであったといわれているが、由利の辞職後明治二年三月十五日(一八六九年四月二十六日)廃止、その機能は通商司・出納司に引き継がれた。

↓商法会所《しょうほうかいしょ》　↓通商司《つうしょうし》

参考文献 『大蔵省沿革志』(大内兵衛・土屋喬雄編『明治前期財政経済史料集成』二・三所収、一九三二、改造社)、間宮国夫「商法司の組織と機能—横浜出張商法司を中心として—」(『社会経済史学』二九ノ二、一九六三)、同「明治初年における商法司政策の展開」(『社会科学討究』一一ノ三、一九六六)

(松沢 裕作)

しょうぼうせいど　消防制度　江戸時代、江戸には火消組織があり、地方の城下町にも武家火消・町火消があるところがあった。農村では名主のもと、五人組を中心に火災の際、臨時に駆け付けて火消にあたるなどしていた。明治維新後も、東京など一部を除いてこうした江戸時代の制度が続いており、新たな消防制度が萌芽するのは明治十年代にはいってからのことである。東京では、明治元年(一八六八)、定火消など武士による火消制度を廃止し、定火消役員を軍務官所属の火災防禦隊に編成した(二年七月廃止)。町火消は明治元年五月設置の東京南北市政裁判所の所属下で存続したが、八月東京府に移管。二年二月東京府消防局の所属となった。四年八月東京府の消防事務は司法省警保寮に移管。五年二月町火消を廃止し、消防組を編成して、三十九組二千五百五十八人を六大区に配置した。十月再び東京府に移管され、六年十二月の内務省警保寮移管を経て、七年一月東京警視庁の創設によりその所管となった。西欧で警察制度とともに消防制度を視察してきた大警視川路利良《かわじとしよし》のもと、消防章程が制定され、消防の理念とその組織方法が明示された。十三年(一八八〇)三月西洋諸国の制度を参考にして消火卒三百人を募集。六月内務省警視局に消防本部を創設し(東京消防庁の始まり)、九月消防組・喞筒《ポンプ》組・別手組を編成した。十四年一月消防本部を消防本署、消火卒を消防手と改称。六月中隊編成の消防隊を廃止して、消防分署六署を設置し、消防官を指揮官とする消防組に改組した。一方、地方については、維新当初、名主・庄屋が消防管理にあたっていたが、明治五年大区小区制により戸長・副戸長の所管となった。旧城下町などはこれまでの消防組織を継承していたが、次第に新たな制度化がはかられ、明治十年代には各府県が独自に消防に関する規則を制定するなどしていった。消防組織も、私設を公設に組織替えしたり、新たに公設として発足するなどして、消防組の組織化が進み、明治二十年(一八八七)前後には、公設・私設の消防組が全国的に設立されていった。しかし、その組織・運営がまちまちであったため、明治二十七年二月、政府は勅令を発して消防組規則を公布し、全国の消防制度の統一をはかった。消防事務はこれまで市町村または一部の有力者に委任されてきたが、この規則によってすべて府県知事(東京府は警視総監)の警察権に委ねられることとなった。これまでの消防組はすべていったん廃止され、消防組は官設の機関として警察権のもとにおかれることとなった。火防とともに水防も任務とし、さらに平時の警戒・巡邏も職務となった。消防組は地域の中に根差した警察の下部組織となり、警察の補助的活動を担うことが期待された。設置にあたって、区域は一般に市町村の区域によることとされたが、適宜、一市町村内で二組以上設置することもできるとした。人員は組頭・小頭・消防手をもって組織することとし、これ以外の職員を設けることは禁止された。人事権は警察が握り、組頭と小頭は警部長もしくはその委任をうけた警察署長が任免し、消防手は警察署長が任免した。消防は警察事務の一部とされ、指揮監督は知事の警察権に属した。消防組は警察署長の指揮監督をうけ、警察官の指揮に従って行動する組織となった。ただし、費用は市町村が負担すべきものとされた。第八条で水火災警防のため以外に集会・運動することを禁止しているのは、当時、政党による選挙活動などに消防組が動員され、政治的な行動をとることがままあったためである。第一〇条では、消防組の挙動が治安に妨害あると認めた時は、府県知事はこれを解散することができるとして、知事に解散権を与えた。勅令および内務省令消防組規則施行概則のもと、各府県では消防組の設置をすすめた。こうして消防活動に従事する地域住民組織の全国的統一がはかられ、警察

の統制と指揮のもとに組み込まれていった。→消防組《しょうぼうぐみ》規則《きそく》

参考文献　日本消防協会百周年記念事業委員会編『日本消防百年史』一(一九八二、日本消防協会)

(大日方純夫)

しょうほうてんろんそう　商法典論争　明治二十三年(一八九〇)四月公布された商法(旧商法)の施行の是非をめぐる論争。民法典論争とともに法典論争と呼ばれる。明治二十二年法学士会が「法典編纂ニ関スル意見書」を発表し論争の口火を切った。ドイツ人レースラー起草の商法は民法よりも早く二十四年一月施行とされたが、これに対して東京商工会が延期論を唱え大阪商法会議所が断行論を主張するなど、各地の実業家団体が論争に参加した。民法施行期日まで延期を決した第一議会を経て、第三議会で民商法の施行延期が決するまで議会内外で論争が続いた。断行派は条約改正への影響や商業社会の法的安定性、延期派は商号・商業帳簿などの日本固有の商慣習の尊重や民法規定との矛盾重複などをそれぞれ訴えた。民法典論争と異なって論争は実際的で、特に会社法・破産法の必要性は延期派の多くも認めるところで、これが商法の一部施行へつながった。→商法《しょうほう》　→民法商法《みんぽうしょうほう》施行延期《せこうえんき》　→民法典論争《みんぽうてんろんそう》

参考文献　今井潔・浅木愼一「法典論争と国産会社法の成立―明治三二年商法成立―」(浜田道代編『日本会社立法の歴史的展開―北澤正啓先生古稀祝賀論文集―』所収、一九九九、商事法務研究会)、高倉史人「商法」(石川一三夫・中尾敏充・矢野達雄編『日本近代法制史研究の現状と課題』所収、二〇〇三、弘文堂)、小沢隆司「経済法の整備―条約改正の政治経済学―」(杉山伸也編『「帝国」の経済学』所収、二〇〇六、岩波書店)

(小沢　隆司)

しょうぼうポンプ　消防ポンプ　放水による消防に用いるポンプ。江戸時代の竜吐水は十七世紀初頭のオランダの腕用消防ポンプに類似する。西洋では十七世紀中に放水用の水管と吸水用の吸管を加え、十八世紀に連続放水のため空気室を設け、十九世紀には蒸気ポンプも実用化した。日本へも開港後早期に輸入され、開港場以外では蒸気、腕用ポンプともに明治四年(一八七一)に東京府が最初に導入した。当初の腕用は四十六人掛の大型で使いこなせず、明治八年以降警視庁が導入して国産化したフランス式十二名用の甲号ポンプや、より小型で十七年(一八八四)に導入された六名用ドイツ式乙号ポンプが各地に普及した。蒸気ポンプは東京では明治十七年以降持続的に用いられ、三十二年(一八九九)に国産化された。蒸気式消防自動車の初輸入は明治四十四年(一九一一)の大阪府で、ガソリン式は大正三年(一九一四)、国産ガソリンポンプの実用化もほぼ同時期である。

参考文献　鈴木淳『町火消たちの近代―東京の消防史―』(『歴史文化ライブラリー』、一九九九、吉川弘文館)

(鈴木　淳)

じょうもうきょうかいげっぽう　上毛教界月報　明治から昭和時代前期にかけて出された群馬県のキリスト教系月刊誌。群馬県安中《あんなか》教会の牧師柏木義円《かしわぎぎえん》が明治三十一年(一八九八)十一月から昭和十一年(一九三六)十二月まで四百五十九号にわたり月刊で主宰発行した。柏木は同志社に学び、同教師を経て安中教会に赴任。同志社時代は『同志社文学』で井上哲次郎のキリスト教批判に反論。月報は群馬県の諸教会の伝道誌であるとともに、柏木が巻頭で論陣を張り、政府のキリスト教への介入・利用を嫌い、臣民教育に反対し、幸徳秋水『廿世紀之怪物帝国主義』を紹介するなど社会主義思想を取り上げ、たび重なる発売禁止にも関わらず、軍国主義を批判し非戦・平和論を展開。足尾鉱毒事件から天皇機関説事件まで、近代史の諸問題を鋭く論じ、柏木の社会時評・人間論・教育論に同調する知識人の投稿などを得て、群馬県安中という地方から、わが国の教育文化思想界に大きな影響を与えた。復刻版(全十二巻、昭和五十九―六十年、不二出版)がある。

参考文献　武田清子『人間観の相剋―近代日本の思想とキリスト教―(改訂版)』(一九七三、弘文堂)

(手島　仁)

じょうもうしんぶん　上毛新聞　明治二十年(一八八七)十一月一日創刊号を出して以来、現在まで続く群馬県唯一の日刊紙。明治十四年(一八八一)にも同名の新聞が創刊されたが、同年中に廃刊となっており本紙と関係はない。明治十九年十一月八日勢多郡小暮村(前橋市)の県会議員須田又八郎が創刊した第二次ともいうべき『上野新《こうずけしん》報《ぽう》』と、県印刷局を退官後、前橋で成立舎《せいりゅうしゃ》という印刷所を経営していた篠原叶《しのはらかのう》が二十年三月十一日に創刊した『群馬日報』とが合併して、これも第二次となる『上毛新聞』が誕生した。合併の主導権はすぐ篠原側が握ることになる。紙面の体裁は二つ折り四面、五段組、一部一銭五厘から始まった。同紙が二十六年、一時『関東日報』と改題したころは経営難に陥ったが、紙名を戻した翌年以降立ち直りその後は順調に発行部数をのばしていった。発行部数トップの座を三十六年(一九〇三)ごろ高崎の『板《ばん》東日報《どうにっぽう》』に、四十一年(一九〇八)ごろやはり高崎の『上野日日新聞』に奪われたが、それ以降は常に県下一を誇り、戦前の一県一紙の新聞統制時代も存続、平成十九年(二〇〇七)創刊百二十周年を迎えた。

『上毛新聞』第77号

参考文献 『上毛新聞百年史』(一九八七)、『群馬県史』通史編九(一九九〇)、清水吉二『ぐんまの新聞』(二〇〇五、みやま文庫)
(清水 吉二)

じょうもうのせいねん　上毛之青年　上毛青年連合会の機関誌。明治二十年(一八八七)一月五日、群馬県前橋町桑町《くわまち》(前橋市千代田町)の旅館住吉屋で上毛青年会が結成された。上毛青年会は明治二十二年一月十五日、機関誌『上毛青年会雑誌』(月刊)を刊行し、社会や政治の問題に目を向けていった。このころ、県内には多くの青年会が結成されていた。青年会は、明治二十二年七月十四日連合して上毛青年連合会となった。機関誌名も同月二十日発行の第七号から『上毛之青年』と改題した。連合した青年会は、上毛青年会をはじめとして室田《むろだ》青年会、南甘楽《みなみかんら》青年会、岩鼻《いわはな》少年会、上白井《かみしろい》青年会など十七団体であった。その後加盟団体はさらに増加し、本誌を核として廃娼運動(公娼廃止運動)を大きく前進させていった。上毛青年連合会は、大会を開くと同時に、県下各地で約六十回に及ぶ廃娼演説会を開き世論を喚起した。これは県会での廃娼活動とともに車の両輪のように働き、世論と県会の議論がかみあって制度の改革を実現し、明治二十六年末、群馬県の公娼を廃止させた。復刻版および解説・総目次・索引が不二出版より平成五年(一九九三)に刊行。

参考文献 『群馬県史』通史編七(一九九一)、石原征明「公娼制と廃娼運動—群馬県を事例として—」(『歴史評論』五四〇、一九九五)
(石原 征明)

じょうやくかいせい　条約改正　幕末・明治初年に日本が欧米諸国と締結した諸条約を改正するために行われた交渉。日本の国際法理解が不十分な時代に結ばれた諸条約は、協定関税制度と条約締結国民に対する領事裁判権を規定し、外国側への片務的最恵国待遇を認めている点で「不平等条約」とされ、日本の近代国家制度形成に影響を与えた。安政五年(一八五八)以降、徳川幕府は崩壊まで合計十一ヵ国と通商条約を締結したが、幕末段階ではその「不平等」性よりも、調印者(国家主権者)が誰かという点が争点となった。諸条約の継承を宣言した明治政府は、成立当初から条約改正の意向を駐日各国代表に通達した。しかし条約改正期限は、明治五年五月二十六日(一八七二年七月一日)以降と規定されており、また明治政府に具体的な構想があったわけではなく、逆にオーストリア＝ハンガリーなどと新たな「不平等」条約に調印し、国際法への理解不足を露呈させている。明治四年、外務省に置かれた条約改正掛が「擬新定条約草本」を作成したが正式に採用されなかった。翌年、岩倉遣外使節は、法権問題の是正に重点をおいた条約改正の意向を歴訪各国に打診した。これに対して、アメリカは自国に有利な対日新条約を他国に先駆けて結ぼうと画策し、岩倉使節も交渉に応じたが、最恵国待遇の存在により中止となった。岩倉使節は欧州各国にも条約改正の意向を照会したが、反応は消極的であった。同九年四月、外務卿寺島宗則は税権回復に重点を置いた改正方針を、新条約調印の意向を示したアメリカから開始すべく、駐米公使吉《よし》田《だ》清成《きよなり》に訓令した。同十一年(一八七八)七月二十五日、吉田は国務長官エバーツとの間で、日本の関税自主権を承認した吉田・エバーツ条約に調印するが、同条約の実施は欧州諸国と同様の条約調印後とする留保条項があり、イギリスなどの反対によって、結局発効しなかった。同十二年九月十日、外務卿に就任した井上馨は、改正方針を税権・法権の一部回復・各国共同交渉に変更した。政府は、法権回復の前提として国内法典整備を急ぎ、同十三年、改正刑法および治罪法を公布すると同時に条約改正草案を各国に提示し、交渉委員の東京派遣を要請した。同十五年に開催された条約改正予備会議(予議会)において、議長の井上は、新法典下における外国人裁判官任用、日本側法権に服した外国人への内地開放の意向を伝えた。しかし英仏公使の反対により結論をみず閉会となった。同十九年五月、東京で条約改正本会議(改正会議)が開催された。井上は、予議会で妥結をみていた増税と法権の一部回復を骨子とした新条約草案を提案したが、英独が反対して新たな条約草案を提出、結局、内地開放の条件として法典公布の事前通告などが新たに合意された。しかし、外国人判検事の任用に対する政府内部の反対意見などもあり、翌年、井上は会議の無期延期を通達した。同二十一年(一八八八)、外相となった大隈重信は、「条約励行」を主張する一方で、交渉方針を各国別交渉方式に変更した。また、同年十一月三十日、メキシコとの間で対等条約に調印し、他国との交渉に影響を与えようとした。大隈の交渉は国内には全くの秘密主義をとっていたが、税権については井上案を踏襲し、法権も外国人判事の大審院に限る特定期間任用などの修正を行なったにすぎなかった。そのため、翌年四月十九日、ロンドンの『タイムス』紙が合意された日米新条約を掲載、それが国内に伝えられると世論は激昂し、同年十月十八日、玄洋社来島恒喜《くるしまつねき》の投じた爆弾によって大隈は重傷を負い、十二月十日、政府は交渉延期を決定した。新外相青木周蔵は、大審院への外国人判事任用を撤回するなど大隈案を大幅修正すると同時に、各国に対しては議会開設により政府が従来のような交渉に応じられない点を強調した。しかし国際情勢の変化を受けて、イギリスは青木案に理解を示し、同二十四年三月に日英新条約の調印が予定されたが、同年五月に発生した大津事件の責任をとって青木は辞職し、交渉は中止された。後任の榎本武揚は、青木案を踏襲した方針をとったが、議会対立の激しさから交渉は進展しなかった。翌二十五年八月八日、陸奥宗光が第二次伊藤博文内閣の外相に就任する。陸奥は議会に対して強硬姿勢をとると同時に、イギリスとの交渉合意に力を注ぐため、青木周蔵を駐英公使に任命し、同二十七年七月十六日、日英通商航海条約の調印に成功した。同条約は、治外法権の全廃と内地開放、最恵国待遇の相互平等主義、協定関税を英・独・仏との重要輸入品五十品目に限定した。また他の欧米諸国とも同様の条約を調印し、新条約は五年後の同三十二年(一八九九)から実施されて法権の回復に成功した。なお、関税自主権の回復は、小村寿太郎外相時代、同四十四年(一九一一)の新日米通商航海条約などによって実現している。→岩倉使《いわくらし》節団《せつだん》　→関税自主権《かんぜいじしゅけん》　→条約改正掛《じょうやくかいせいがかり》　→条約改正予議会《じょうやくかいせいよぎかい》　→条約励行運動《じょうやくれいこううんどう》　→領事裁判権《りょうじさいばんけん》

参考文献　日本学術振興会編『(条約改正関係)日本外交文書』(一九四一-五三、日本国際連合協会)、川島信太郎『条約改正経過概要』(一九五〇、日本国際連合協会)、下村冨士男『明治初年条約改正史の研究』(一九六二、吉川弘文館)、石井孝『明治初期の国際関係』(一九七七、吉川弘文館)、鵜飼政志『幕末維新期の外交と貿易』(『歴史科学叢書』、二〇〇二、校倉書房)、藤原明久『日本条約改正史の研究―井上・大隈の改正交渉と欧米列国―』(二〇〇四、雄松堂出版)

(鵜飼　政志)

じょうやくかいせいかいぎ　条約改正会議　税権・法権の一部回復を目指した井上馨外相時代、東京で開催された条約改正のための関係各国会議。日本および英仏独など十一ヵ国代表が参加。明治十五年(一八八二)に二十一回開催された予備会議(予議会)をうけ、同十九年五月一日から翌二十年(一八八七)七月十八日まで合計二十七回本会議(改正会議)が開催された。予議会では、税権について増税で妥協がみられたが、法権回復については英仏公使の反対で結論がみられなかった。その後も日本政府は、新条約調印を目指す方針で英独公使を中心に交渉を続けていたが、明治十六年、新駐英公使プランケットは、条約改正のための本会議開催に異存がない旨を伝えた。日本政府は関係各国と調整を重ね、予議会で妥結した新税率および審議した法権の一部回復を新通商条約に盛り込むことを提案し、これに各国代表の意見を加えて修正した改正条約草案を作成した。本会議では日本側草案が審議の基準とされたが、第六回会議において日本案に不満を抱いた英公使プランケットおよび独公使ホルレーベンが別個の修正案(英独案)を提示し、第七回以降は英独案が基準となった。英独案は、(一)日本が欧米型法典編纂を関係各国承認のもと実施する、(二)外国人裁判官の任用、(三)外国人への内地開放と動産・不動産の所有認可を骨子とした。第二十六回会議では、英独案に大幅修正を加え、内地開放(内地雑居)・法典公布の事前通告・外国人判検事の任用・輸入税を平均一一%に引き上げるなどの項目を議決した。しかし、当時の国内社会が内地雑居を激しく批判していたことに加え、ノルマントン号事件(同十九年)の影響もあって排外感情が高潮化し、さらに政府内部でも谷干城農商務相や法律顧問ボアソナードなどが英独案を基礎とする条約改正案を批判、伊藤博文首相も井上外相の交渉方針に反対するに至った。そのため、井上は会議の延期声明を発し、交渉は事実上中止になった。

→条約改正予議会《じょうやくかいせいよぎかい》

参考文献　日本学術振興会編『(条約改正関係)日本外交文書』別冊会議録(一九四八、日本国際連合協会)、川島信太郎『条約改正経過概要』(一九五〇、日本国際連合協会)、藤原明久『日本条約改正史の研究―井上・大隈の改正交渉と欧米列国―』(二〇〇四、雄松堂出版)

(鵜飼　政志)

じょうやくかいせいがかり　条約改正掛　安政五ヵ国条約の条約改正期限(一八七二年七月一日)が到来するにあたり、前年の明治四年(一八七一)二月、外務省内に設けられた改正条約案の調査機関。神田孟恪《かんだつとむ》(孝平《たかひら》)・津田真道・田辺太一・渡辺洪基《わたなべこうき》らが改正条約案の下調御用掛に任命され、現行諸条約の比較・異同などを調査し、あわせて改正条約草案として、同年四月、「擬新定条約草本」を作成した。「草本」は、領事裁判権の双務化、民事裁判における混合裁判の採用、総務的最恵国待遇のほか、燈台税およびトン税の新設、開港場間の輸送規定削除などを内容とするが、関税自主権などに関する言及はなく、現行条約の部分的修正を意図したものと考えられる。ただし、当時の政府内部において条約改正に対する基本方針には、さまざまな意見があって、岩倉使節団の出発直前まで容易に統一されることがなく、「擬新定条約草本」が日本側の公式な改正条約案となることもなかった。

参考文献　下村冨士男『明治初年条約改正史の研究』(一九六二、吉川弘文館)、稲生典太郎『条約改正論の歴史的展開』(一九七六、小峯書店)、石井孝『明治初期の国際関係』(一九七七、吉川弘文館)

(鵜飼　政志)

じょうやくかいせいはんたいうんどう　条約改正反対運動　明治時代、政府が欧米列国との間で推し進めたその時々の条約改正に対し、改正内容を不服とし、改正による利益よりも不利益の方がはるかに大きいので交渉を中止すべきだとして民間を中心に繰り広げられた政治運動。条約改正反対運動は、政府の欧米列国に対する外交姿勢を「卑屈」「軟弱」と非難する対外硬運動の形を借りた反政府運動の性格を有していた。そのため、自由党系や改進党系は、時には条約改正反対運動を通じて国権派勢力と提携したりするなど、明治二十年代には野党勢力結集の鍵となった。領事裁判権、協定関税、片務的最恵国待遇は条約の不平等性を体現する条項である。だが、幕末に徳川幕府が欧米列国と条約を締結した折には、これらの条項により日本が「不平等」条約を締結したという認識はほとんどなかった。条約の不平等性がはっきり認識されるようになるのは、「万国対峙」「不羈独立」を掲げる明治政府の誕生後である。それよりも、条約反対派は、開港し、列国と貿易を行うことそのものを問題視していた。居留地や協定関税の存在は日本の主権の制約にほかならず、明治政府が徳川幕府から引き継いだ欧米列国との条約を改正しなければならないという気運が政府内で次第に醸成されるようになった。こうして、明治政府にとって条約改正問題は明治前半においては朝鮮問題と並ぶ最重要の外交課題となった。「不平等」条約を改正し、

対等な条約を締結するということは、「不平等」条約を締結している側から見れば本来望ましいことである。では、なにゆえ政府の条約改正に反対する運動が生じるようになったのか。それを解く鍵がナショナリズムの勃興である。明治十年代（一八七〇年代後半から八〇年代前半）に高まりを見せた自由民権運動は、社会に「民権」（デモクラシー）とともに「国権」（ナショナリズム）を流布させた。「国権」意識の高まりは、条約改正を渋る欧米列国との条約改正に臨む政府の後押しをするどころか、むしろ阻害要因となった。政府の条約改正に反対する勢力は、改正内容を不服とし、改正による利益よりも不利益の方がはるかに大きいので交渉を中止すべきだとして、㈠政府の条約改正案は対等なものではないため、たとえ改正しても「不平等」的な性格は残る、㈡法権回復によって国権の喪失が回復されたとしても、内地雑居の実現によって新たな多大な不利益が生じる、といった論理で政府を攻撃し、在野で反政府運動を展開したからである。条約改正反対運動の嚆矢は、明治二十年（一八八七）の井上馨外相による条約改正交渉によるものである。司法省法律顧問ボアソナードや谷干城《たにたてき》農商務大臣ら政府内の人間が井上改正案にあった外国人法官任用問題をやり玉に挙げ、これが在野に飛び火して、同年七月末、条約改正交渉は無期延期となったのである。そして、星亨《ほしとおる》ら民権派によって三大事件建白運動が展開されるが、そのなかで「外交の挽回」という形で政府（井上外相）の条約改正が批判されたのである。次は、憲法が発布された明治二十二年の大隈条約改正交渉をめぐるものである。大隈重信の改正案では、外国人法官の任用は大審院に限られるなど井上の改正案よりも漸進した内容であった。しかし、旧自由党系や国権派は大審院への外国人法官任用は、官吏の国籍を日本国籍に限るとする憲法に違反するとして、条約改正に猛反対した。条約改正反対運動は大同協和会、大同倶楽部、保守中正派、政教社・『日本』新聞グループ、九州団体連合などの五団体に九つの新聞・雑誌が加わって展開された。なお、改進党の大勢は大隈条約改正を支持したため、条約改正反対運動には参加せず、これに対抗して条約改正断行を行う者もあった。反対運動の高揚と政府内の意見分裂、大隈の遭難（十月十八日）によって、改正交渉はまたしても無期延期となった（十二月十日）。これ以降、政府は独立国の尊厳を損なう外国人法官の任用を欧米列国との改正交渉の取引材料とすることを止めたので、条約改正反対派が持ち出す争点は内地雑居反対、さらには内地雑居尚早に収斂していく。自由党系を中心に明治二十五年四月二十三日に結成された条約改正研究会は、第三議会に内地雑居を容認する「条約改正上奏案」を提出した（審議未了）。これが契機となって、非内地雑居派は六月十二日に、内地雑居講究会を組織した。第四議会下の明治二十六年二月十五日、自由党・改進党などの賛成で条約改正上奏案が百三十五対百二十一で可決された。内地雑居講究会に参加する対外硬派は同年十月、同会を発展的に解消して大日本協会を結成した。大日本協会は、内地雑居に賛成し、第二次伊藤内閣の陸奥宗光外相による条約改正を後押しする自由党の真のねらいを、これを梃子に内閣と提携することにあると見なし、伊藤内閣と自由党を主敵と見なした。また、自由党との対立を深めつつあった改進党が現行条約の励行によって欧米人に不便な思いをさせ、それにより列国側から条約改正を求めさせるという現行条約励行論を掲げると、大日本協会はこれに同調し、明治二十六年末の第五議会において、改進党と大日本協会に多くの参加者がいる国民協会、政務調査会などが反伊藤内閣・反自由党で手を組み、対外硬派連合を結成した。そして、大日本協会に参加する代議士らによって現行条約励行建議案が出され、条約改正を進める伊藤内閣の前に敢然と立ちはだかった。この建議案を「鎖国攘夷的」と批判する陸奥外相の進言もあり、伊藤内閣は対外硬派が三分の二を占める議会を解散し、さらに大日本協会も解散に追い込んだ。明治二十七年の第三回総選挙で対外硬勢力は過半数に到達しなかった。しかし、キャスティングボートを握る無所属議員たちが対外硬陣営についたことにより、第六議会下の五月三十一日に伊藤内閣批判の上奏案が可決され、伊藤内閣は六月二日、再度の議会解散に追い込まれた。日清開戦の直前の七月十六日、領事裁判権の撤廃などが明記された日英通商航海条約が調印されると、対外硬派による条約改正反対運動は雲散霧消した。こうして、明治二十年代運動に内政問題とリンクして折にふれて激しく燃え上がった条約改正反対運動は終焉を迎え、その幕を閉じた。

参考文献 酒田正敏『近代日本における対外硬運動の研究』（一九七八、東京大学出版会）、伊藤之雄『立憲国家の確立と伊藤博文―内政と外交一八八八～一八九八―』（一九九九、吉川弘文館）、小宮一夫『条約改正と国内政治』（二〇〇一、吉川弘文館）、五百旗頭薫『条約改正史―法権回復への展望とナショナリズム―』（二〇一〇、有斐閣）

（小宮 一夫）

じょうやくかいせいよぎかい 条約改正予議会 法権・税権の一部回復、列国共同交渉を条約改正方針とした井上馨外務卿時代に開催された条約改正の予備会議（予議会）。明治十三年（一八八〇）七月、井上外務卿は、日本側改正条約草案を各国代表に提示、これを基礎に東京での列国会議開催を提案した。イギリス外相グランヴィルは提案に反対し、関税・地方行政・警察規則に限定した予備会議開催を主張、日本側がこれに同意したため、明治十五年一月二十五日から七月二十七日まで合計二十一回が開催された。議長は井上外務卿、参加国は英・仏・独・蘭など十ヵ国。会議中、井上外務卿は、新法典下における外国人裁判官任用の意向を伝え、日本側法権に服する外国人への内地開放を宣言した。しかし、税権問題については、ドイツ公使の斡旋もあり増税の方向で妥協が成立したが、法権問題については特に英仏公使が日本側提案

に反対したため、結局、結論のでないまま閉会となった。→条約改正会議《じょうやくかいせいかいぎ》

参考文献　鹿島守之助『条約改正問題』(鹿島平和研究所編『日本外交史』二、一九七〇、鹿島研究所出版会)、藤原明久『日本条約改正史の研究—井上・大隈の改正交渉と欧米列国—』(二〇〇四、雄松堂出版)

(鵜飼　政志)

じょうやくれいこううんどう　条約励行運動　明治二十六年(一八九三)の第五帝国議会において、大日本協会などの対外硬派が採用した政府攻撃戦術。第二次伊藤内閣(外相陸奥宗光)の条約改正阻止を目標とした。理論自体は、大隈重信外相(明治二十一—二十二年)が条約改正交渉にあたって採用した条約励行主義の系譜に属する。大隈外相は、顧問ボアソナードやデニソンの説を採用し、安政五ヵ国条約調印以来、日本が条約締結国民に与えてきた諸権利(内地旅行、工業所有権商号保護など)は現行条約に規定されていないとして、履行を拒否する態度をとることで外国人に不便を覚えさえ、条約改正交渉に応じさせようとした。大隈条約改正は成功しなかったが、第五議会において、内地雑居に反対する大日本協会などの対外硬派が、条約励行論を採用していた改進党との共闘を考えて、政府攻撃の理論として援用した。同年十二月四日には、同盟倶楽部の河島醇・中村弥六・鈴木重遠が現行条約の有効性および政府の履行責務に関する質問を行い(条約は有効であり、政府は条約責務を履行していると陸奥外相答弁)、同月八日には安部井磐根《あべいいわね》の名で「現行条約励行建議案」(連名代議士三十三名)を、また佐々友房・大岡育造・元田肇《もとだはじめ》らが「外国条約取締法案」を提出した。「現行条約励行建議案」は、現行条約の励行によって、安政条約以来、損なわれてきた国権を回収することができ、欧米諸国の側から対等条約締結の要求がでてくると主張するものであった。しかし実際には、条約励行によって政府が欧米諸国との間に軋轢を生じさせ、それによって陸奥外相の条約改正交渉を失敗させようとするものにほかならなかった。交渉への悪影響を懸念した伊藤内閣は、同月十九日に議会を十日間の閉会とし、再開後の二十九日、陸奥外相が条約励行反対演説を行なった後に再度停会、大日本協会に対しては解散を命じる強硬措置をとった。→大日本協会《だいにほんきょうかい》

参考文献　酒田正敏『近代日本における対外硬運動の研究』(一九七八、東京大学出版会)、小宮一夫『条約改正と国内政治』(二〇〇一、吉川弘文館)、藤原明久『日本条約改正の研究—井上・大隈の改正交渉と欧米列国—』(二〇〇四、雄松堂出版)

(鵜飼　政志)

しょうゆ　醬油　大豆・小麦・塩を主原料として作る日本の伝統的液体調味料。製造過程は、蒸し大豆と炒って細かく砕いた小麦に麴菌を加えて醬油麴を作る「製麴」、醬油麴に食塩水を加えた諸味《もろみ》を木桶やタンクに移す「仕込み」、麴菌の作りだした酵素が諸味中の大豆タンパク質をアミノ酸に、小麦でんぷんを糖分に変えた後、乳酸菌と酵母の働きで味や香り、色をつくる「発酵」、その後の「熟成」、諸味から醬油を搾りだす「圧搾」、殺菌などを目的とした「火入れ」の各工程からなる。同じ伝統的調味料である味噌に比べ商品流通の展開が早く、近世には紀州湯浅や播州竜野、下総銚子や野田など、それぞれ京阪神や江戸という大消費地を控えた有力産地も形成された。しかし嗜好に地域性が強いため流通範囲にはおのずと限りがあり、地方ごとに特色ある醬油醸造家が存在した。一方、農村では自家醸造が広範に行われた。明治四年(一八七一)酒造業とともに醬油醸造業も免許料・従価税が全国一律に課税されるとともに新規開業自由とされ、八年の税法改正による国税賦課廃止をはさんで、十八年(一八八五)五月制定の醬油税則では営業税と造石税が課されることになった。従量課税は商品単価の低い業者により重い負担となり、また三十七年(一九〇四)の税改正まで一定規模内の自家醸造は免税とされたので、中小地方醸造家の経営は次第に圧迫された。関東地方についての研究では、消費水準が向上するにつれ、自家醸造を止め地方中小醸造家の醬油を購入し始め、さらにはより高価な有力産地の大規模醸造家の醬油を購入するようになるという動向が明らかになっている。農村へ販売用醬油が浸透するのはおおむね大正期以降である。海外輸出の面では、近世にかなりの量がヨーロッパ向けに出荷されていたものの、幕末から価格競争力の点で勝る中国産やインドネシア産に押され在留邦人の需要を満たす程度という状態が続いた。醬油税則では輸出振興の観点から輸出下げ戻し金が認められた。

(差波亜紀子)

参考文献　林玲子・天野雅敏編『東と西の醬油史』(一九九九、吉川弘文館)

しょうゆうかい　尚友会　華族の社交団体で研究会の選挙団体。明治二十四年(一八九一)十一月に貴族院の政府擁護派が研究会を結成したが、有爵互選議員が中心だったことから、子爵議員補欠選挙前の二十五年七月に選挙母体として尚友会が創設された。正式な発会式は八月四日で、伯爵大原重朝《おおはらしげとも》・子爵堀田正養《ほったまさやす》らが発起人となった。運営は研究会幹部があたった。子爵が最も多数であったため、明治三十年(一八九七)七月改選を機に、千家尊福《せんげたかとみ》を中心とする男爵議員が離脱した(会派としては木曜会)。明治四十四年(一九一一)選挙に向けては、伯爵では大木《おおき》遠吉《えんきち》を中心に伯爵同志会が結成され(会派としては扶桑会)、また子爵でも秋元興朝《あきもとおきとも》を中心とする親政友会派が明治四十二年二月子爵談話会を結成したが、ともに選挙で敗れた。貴族院の有爵者の選挙は同爵間において連記記名投票を行うため、多数派の支配を崩すことは容易ではなかった。大正七年(一九一八)十月、離脱していた伯爵も再び入会、以降伯爵・子爵議員の選挙母体となった。なお昭和三年(一九二八)九月に研究会の事務所管理のために社団法人尚友倶楽部が設立されている。→研究会《けんきゅうかい》

参考文献　霞会館『貴族院と華族』(一九八八)、内藤一成

『貴族院と立憲政治』(二〇〇五、思文閣出版)　（西川　誠）

しょうゆぜいそく　**醤油税則**　全国の醤油醸造業を対象とした課税規則(伊豆七島・小笠原・沖縄・北海道は除く)。明治十八年(一八八五)五月八日制定、七月一日施行。四年(一八七一)七月制定の「清酒濁酒醤油鑑札収与並ニ収税方法規則」は全国一律に、免許料一両一分と引き換えに新規開業自由とし、販売代金の〇・五%を課した。同規則が八年二月の酒類税則制定に伴い廃されると、国税としての醤油税は一時廃止されたが醤油税則で復活、製造場一ヵ所につき五円の営業税、製造高一石につき一円の造石税が賦課されることになった。従量税への転換が、高品質の醤油生産を行う大規模醸造家を利することになったのは、酒造税則と同様である。輸出振興の観点から、輸出向け醤油については造石税相当分の下げ戻しを認めた。また自家醸造については三十七年(一九〇四)まで一定規模内での免税を認めており、これが高い自家醸造比率を制度的に支えていた。

参考文献　林玲子編『醤油醸造業史の研究』(一九九〇、吉川弘文館)　（差波亜紀子）

しょうようしんぽう　**松陽新報**　島根県松江市で明治三十四年(一九〇一)十一月に創刊した新聞。ブランケット判四ページ建て。創刊当時の本社は松江市殿町四十三番地。日曜・祭日も無休の山陰ではじめての本格的日刊紙であった。創立者は岡崎運兵衛《おかざきうんべえ》、主筆には笹川潔《ささがわきよし》(東花)を東京から招いた。岡崎は、過去に『松江新聞』や『山陰新聞』創刊の有力メンバーの一人でもあったが、政治的立場を異にして決別、その後『松江日報』をみずから創刊したが経営難から撤退していた。また、第一回総選挙以来二度衆議院議員に当選していたが、創刊当時は落選して議席を失っていたこともあり、政友会系の『山陰新聞』に対抗して創刊したものである。やがて政友会と憲政会(民政党)の二大政党の対立をそのまま反映して、二紙による並立競合対立時代を現出した。昭和十七年(一九四二)一月、両紙が合併して『島根新聞』となり、現在の『山陰中央新報』に継承されている。

参考文献　吉岡大蔵「島根県新聞史」(『地方別日本新聞史』所収、一九五六、日本新聞協会)、山陰中央新報百年史編さん委員会編『新聞に見る山陰の世相百年』(一九八三、山陰中央新報社)　（内田　融）

しょうらいのにほん　**将来之日本**　徳富蘇峰が最初に公刊した本で、いわゆる蘇峰の出世作と称される作品。田口卯吉が主宰する経済雑誌社から明治十九年(一八八六)十月に出版された。本の体裁は四六判並製で本文二一八頁の冊子。執筆は明治十八年後半から始まって脱稿したのは十九年の上半期、草稿は三度書きかえられた苦心の作であった。そして明治十九年夏、成稿を示さんとして向った先は、土佐の板垣退助であった。期待に反して板垣から批評は返ってこなかったが、上京して島田三郎に会い、島田は蘇峰のために多数の紹介状を書いたという。東京での面会者の中には、大隈重信、河野敏鎌、陸奥宗光らがあったが、結局、田口の経済雑誌社から出版することになった。出版費用は姉婿の湯浅治郎が引き受けた。なお、出版に先立って受けた警保局の検閲で、文中、革命とある文字は悉く改革に代えさせられた。本書の執筆にあたって、彼は「予の当時有する総ての思想、一切の知識、あらゆる学問を傾倒し尽さんと企てたばかりでなく、その覚悟で始め、又その覚悟で終わったものである」と記している。すなわち、若き蘇峰の思想形成に与ったスペンサーの進化論、ミルの功利主義、コブデン＝ブライト流のマンチェスター＝スクールの自由主義経済論、そして横井小楠の世界平和思想などを援用しながらみずからの見識を打ち立てたとその自伝(『蘇峰自伝』)で述べている。本書は全体で十六章からなり、世界史を大観して、武備機関の衰退から平和的生産機関の発達へと進展し、時代の思潮もそれに従って平民主義が盛んになること、わが国の将来はこれに順応すべきことを唱道した。論旨は過去の「腕力世界」から「兵」と「富」の二大主義の角逐する十九世紀の「平和世界」(それはまた、生産主義と武備主義の一大戦場でもある)という対立の構図で一貫している。「緒言」で揚言されるように、出版の目的は「日本全体ノ利益ト幸福」の実現にあるが、「議論ノ標準」(本位)はあくまでも「一ノ茅屋中ニ住スルノ人民」に置かれた。その理由は、「此等ノ人民ノ利益ト幸福トヲ進歩スルヲ得ルハ、全体ノ利益ト幸福トヲ進歩スルハ敢テ論ヲ俟タザレバナリ」という視座が明示されている。ここに、明治二十年代初頭に風靡した進歩的な平民主義思想の宣言をみることができよう。本書はまた、思想の斬新さに加えて、旧来のスタイルを脱却した翻訳調の漢文体という新しい文体が、多くの読者を惹きつけたことに注目すべきであろう。『明治文学全集』三四(筑摩書房)などに所収。　→徳富蘇峰《とくとみそほう》　（西田　毅）

じょうるりざっし　**浄瑠璃雑誌**　明治中期から昭和中期まで刊行された、義太夫節・人形浄瑠璃の雑誌。『(浪花名物)浄瑠璃雑誌』。明治三十二年(一八九九)二月、浪花名物浄瑠璃雑誌社創刊。編集発行人は樋口伊兵衛(素人浄瑠璃の名は二代目吾笑)。昭和二十年(一九四五)二月まで、四百二十五冊が発行された(ほかに別冊が一冊ある)。当初は義太夫界の情報誌であったが、雑誌『浄瑠璃世界』と合併した三五一号(昭和十一年(一九三六)八月)から石井琴水が編集に加わり、また昭和十四年十月から同人組織制を採用して、大西重孝・武智鉄二らが加わったことで、演劇研究・批評誌としての性格が強化された。佐藤彰「浄瑠璃雑誌主要目次」(『静岡女子短期大学研究紀要』一九、昭和四十八年)がある。　（桜井　弘）

しょうれい　**省令**　各省大臣がその主任の事務につき発する命令。明治十九年(一八八六)二月公文式および各省官制通則ではじめて定められ、明治四十年(一九〇七)二月公式令においても踏襲された。各省大臣は法律・勅令の範囲内において、その職権もしくは特別の委任により法律・勅令を施行しまたは安寧秩序を保持するため、省令を発することができる。省令は各省大臣が年月日を記入して署名し官報により公布する。省令には罰金・禁錮の罰則を附すことができる。これははじめ各省官制通則の定めるところであったが、大日本帝国憲法公布後、独立命令を担保するため、法律で命令への罰則の委任を定めることとなった(明治二十三年(一八九〇)法律第八四号・勅令第二〇八号)。

参考文献 山内一夫「法令形式」(内閣官房編『内閣制度七十年史』所収、一九五五、大蔵省印刷局)、小嶋和司「明治二三年法律第八四号の制定をめぐって―井上毅と伊東巳代治―」(『明治典憲体制の成立』所収、一九八八、木鐸社)、岩谷十郎「明治太政官期法令の世界」(『日本法令索引「明治前期編」データベース利用のために』所収、二〇〇七、国立国会図書館調査及び立法考査局)

(小沢 隆司)

じょうれい 条例 地方団体の定める自治立法。明治二十一年(一八八八)四月公布の市制町村制は市町村の条例制定権を定めた。市町村はその住民の権利義務または市町村の事務に関して市町村条例を制定することができる。条例の制定・改廃には市町村会の議決を要し、原則として監督官庁の許可を要した。府県および北海道の条例制定権は府県制に明文を欠いたためその有無が争われた(昭和四年(一九二九)六月府県制改正で明文化)。また、中国の天津などに設立された居留民団は、在外居留地に居住する帝国臣民を構成員とする公法人で、条例制定権を有した(明治四十年(一九〇七)四月外務省令第二号、居留民団法施行規則)。なお、明治期には出版条例・集会条例・国立銀行条例など、国の法令に条例という名称をつけたものも少なくないが、法的には全く別のものである。

参考文献 斎藤誠「条例制定権の歴史的構造―「アウトノミー」と「自主法」―」一―四(『自治研究』六六ノ四―六六ノ七、一九九〇)、佐藤文俊「自治立法権の沿革」(岩崎忠夫編『条例と規則』所収、一九九〇、ぎょうせい)、木村健二「在外居留民の社会活動」(『膨張する帝国の人流』所収、一九九三、岩波書店)

(小沢 隆司)

しょうろくぜい 賞禄税 明治八年(一八七五)から九年にかけて、華士族・平民の賞典禄に対して賦課された税。賞典禄は王政復古・戊辰戦争の功労者に対し維新後新たに政府により頒賜されたが、家禄とともに新政府の財政を逼迫させた。六年十二月の家禄税では賞典禄は課税対象から除外されたが、その時の家禄奉還制度により賞典禄の解消が進められた。八年十二月には布告により、八年分より当分の間、賞典禄にも課税されることとなった。同時に六年十二月の禄税則が改正され、新たに六万五千石から六万九千石までの四等級を追加し全三百三十九等級に区分し、華士族・平民の賞典禄を家禄と合算して禄税を課した。禄高の多い者に厳しく少ない者に寛にする累進課税が採用された。しかし、皇族の賞典禄や近衛鎮台兵免役の際の年限賞典などは課税されなかった。九年八月の金禄公債証書発行条例による家禄・賞典禄の全面廃止に伴い、賞禄税も自然消滅した。

参考文献 『法規分類大全』一編租税門雑税二(一八九一、内閣記録局)、『明治財政史』六(一九〇四、丸善)、石井研堂『明治事物起原』上(一九四四、春陽堂)

(矢切 努)

しょうわいないかく 松隈内閣 ⇩松方内閣《まつかたないかく》

しょうわてんのう 昭和天皇 一九〇一―一九八九 一九二六―八九在位。明治三十四年(一九〇一)四月二十九日、大正天皇の第一皇男子として誕生。裕仁《ひろひと》と命名、迪《みちの》宮《みや》と称する。同年七月、皇室のしきたりにならい薩摩藩士の出身で元参議・海軍卿の伯爵川村純義のもとにあずけられる。川村邸では翌年誕生した弟の淳宮《あつのみや》(秩父宮雍仁《やすひと》親王)とともに過ごしたが、明治三十七年に川村が死去した後は、赤坂御用地内の皇孫仮御殿に居住する。明治四十一年(一九〇八)四月学習院初等科に入学、当時の院長乃木希典より薫陶を受けた。初等科五年の明治四十五年七月三十日明治天皇の崩御、父大正天皇の践祚に伴い皇太子となる。大正二年(一九一三)三月、高輪御殿を東宮仮御所として移転した(翌年三月高輪御殿を東宮御所と改称)。初等科卒業後は東宮御所内に新たに設けられた東宮御学問所に学ぶ。また軍務に関しては、大正元年九月九日陸軍歩兵少尉・海軍少尉に任官し、所属は近衛歩兵第一連隊付・海軍少尉第一艦隊付となる。大正七年九月からは参謀本部付・海軍軍令部付が加わる。任官以来、順次階級を陞任させ、最終的に陸軍歩兵少佐・海軍少佐となる。大正五年十一月立太子の礼、同八年五月成年式を行い、大正十年(一九二一)三月より九月にかけ欧州を巡遊する。同年十一月摂政に就任、同十三年一月、久邇宮邦彦王第一女子良子《ながこ》女王と結婚した。大正十五年十二月二十五日、大正天皇の崩御をうけて践祚、六十二年余りという歴代天皇として史上最長の在位期間の末、昭和六十四年(一九八九)一月七日崩御。満八十七歳。

参考文献 永積寅彦『昭和天皇と私』(一九九二、学習研究社)、升味準之輔『昭和天皇とその時代』(一九九八、山川出版社)、古川隆久『昭和天皇―「理性の君主」の孤独―』(『中公新書』、二〇一一、中央公論新社)、伊藤之雄『昭和天皇伝』(二〇一一、文芸春秋)

(内藤 一成)

ショー Alexander Croft Shaw 一八四六―一九〇二 英国国教会宣教師、在日英国公使館付き牧師。一八四六年二月五日英領カナダのトロント市で生まれる。同市のトリニティ＝コレッジで神学を専攻、ロンドンで聖職者としての訓練を受け、明治六年(一八七三)九月に海外福音宣教協会(SPG)から日本へ最初に派遣された宣教師としてW・B・ライトとともに来日。七年四月より三年間福沢諭吉が慶応義塾内の自宅の隣に建てた家に住み福沢の子供たちに英書や算数を教え、慶応義塾でも課外に「モラル」を講義。十二年(一八七九)、東京芝に聖アンデレ教会を設立。日英間の不平等条約改正に力を入れ二十三年(一八九〇)には在日英国宣教師の署名を集めて条約改正の陳情書を英国外務大臣に送ったり、日清戦争における日本兵の残虐性を報じた英国の『タイムズ』に日本擁護論を寄稿したりした。軽井沢とも深くかかわり、現在もショー記念礼拝堂がある。三十五年(一九〇二)三月十三日、芝の自宅で没。満五十六歳。

参考文献 日本聖公会歴史編集委員会編『あかしびとたち―日本聖公会人物史―』(一九七四、日本聖公会出版事業部)、白井堯子『福沢諭吉と宣教師たち―知られざる明治期の日英関係―』(『慶応義塾福沢研究センター叢書』、一九九九、未来社)

(白井　堯子)

しょか　書家　明治時代は、それまで全盛をきわめた御家流(青蓮院の系統を引く和風の書法)に代り、中国からの影響を受けた唐様書法が広く行われるようになり、六朝風の書法が大いに広まった。明治の人気書家は大半が清朝の書法と書学を受容してみずからのものとした人たちである。この流れに大きく貢献したのは明治十三年(一八八〇)清国公使館員として来日した書家楊守敬(一八三九―一九一五)で、彼の来日とそのもたらした大量の古碑法帖が、日本の近代書道史の出発点となったといわれているほどである。しかし、明治の初年にはまだ日本の書道も、書道家もはっきりした形をとっていなかった。明治十年と十四年、第一回・第二回内国勧業博覧会には書の部門があって、次のような人たちが出品しているが、これはやや東京に偏っているものの、当時の人気書家と見てよいであろう。

大沼枕山《おおぬまちんざん》　中根半嶺《なかねはんれい》　佐瀬得所《させとくしょ》　大沼蓮斎《おおぬまれんさい》　高斎単山《こうさいたんざん》
成瀬大域《なるせたいいき》　跡見花蹊《あとみかけい》　野口二洲《のぐちにしゅう》　松岡環翠《まつおかかんすい》　小川観斎
平戸星洲《ひらとせいしゅう》　柳田正斎《やなぎだしょうさい》　服部波山《はっとりはざん》　長三洲《ちょうさんしゅう》　小曾根乾堂《こそねけんどう》
日下部鳴鶴《くさかべめいかく》　猪瀬東寧《いのせとうねい》　谷口藍田《たにぐちらんでん》

この名前を見ると、この中で書で生計を得ているのは中根半嶺と佐瀬得所ぐらいである。あと、成瀬大域は漢学者として知られ、大沼枕山は下谷《したや》吟社《ぎんしゃ》を率いる漢詩人、長三洲は文部省の、日下部鳴鶴は太政官の官員であった。また、唯一女性として名を連ねている跡見花蹊も書家というより和歌国文の花蹊塾の主催者・女子教育者としての方が有名であった。つまりまだこの時代は書は文人の教養として見られる面が大きかったのである。また、書くものもいわゆる四角い文字が中心であり、明治十八年に出版された『東京流行細見記』という社会を吉原に見立てた人気一覧では、書家の世界は「千金屋一字郎(一字千金)」というふざけた名称がつけられ、筆頭は長三洲、ついで巌谷《いわや》一六《いちろく》・日下部鳴鶴・高斎単山・高林《たかばやし》二峰《にほう》・市《いち》河万庵《かわまんなん》・中根半嶺以下の唐様の字を書く書家の名が並んで、仮名は書家のうちに入れられていない。樋口一葉の師であった中島歌子《なかじまうたこ》なども歌塾の主宰者であって、書家とは見られていなかったようだ。こうした傾向は明治中期まで続いている。明治二十二年(一八八九)に没した画家河鍋暁斎《かわなべきょうさい》はきわめて交際の広い人で、当時の書・画家の交流会であり、宣伝と資金調達の場であった「書画会」に盛んに出席し、その記録を残しているが、それによって交流のあった書家と目される人たちの名は数十名にのぼる。主なものだけ拾っても、前記の人たちのほか小野《おの》湖山《こざん》・山岡鉄舟《やまおかてっしゅう》・西川春洞《にしかわしゅんどう》・勝海舟・高橋泥舟《たかはしでいしゅう》・森槐南《もりかいなん》・福羽美静《ふくばよししず》・副島蒼海《そえじまそうかい》などがいる。しかしまだ、書は教養を示すものという風潮は強い。仮名書道で知られる小野《おの》鵞堂《がどう》が、書家にまじってその地歩を固めたのは明治二十年代も後半である。鵞堂は大蔵省に勤めていたが、明治二十三年「斯華会」を設立し、新時代の郵便を利用する「通信添削」という方法で書の通信教育を始めた。この新しい手法は時代に適応し、鵞堂の書家としての地位を固めるとともに、仮名書道を書として認めさせることとなった。それまでは暁斎の書画会の「席画図」を見ても、画中に示される書はすべて漢字ばかりだったのである。明治三十七年(一九〇四)刊の『東京明覧』というガイドブックや四十年(一九〇七)日本書道会が文展に書の部門を設けてほしいと請願した代表者の一人に、鵞堂の名を見ることができる。明治の書道界もようやく唐様一点張りを脱して、このころには仮名を書道として見るようになったようである。しかし仮名が漢字と並んで本格的に書道家の作品として認められるのは、やはり大正以降であった。

参考文献 成田山書道美術館・河鍋暁斎記念美術館編『河鍋暁斎と幕末明治の書画会』(二〇〇八、思文閣出版)

(小野　一成)

じょがくざっし　女学雑誌　女性啓蒙雑誌。明治十八年(一八八五)七月二十日創刊、明治三十七年(一九〇四)二月十五日廃刊。全五百二十六号。編集人は近藤賢三から巌本善治。五二四から五二六号は青柳有美《あおやぎゆうび》(猛)。発行所は万春堂から女学雑誌社。一国の文明の有様は女性の地位に示される。「吾等の姉妻が何故にかく世に軽ろしめられるのかを憂い、婦女改良をめざして誕生した。その目的は「欧米の女権と吾国従来の女徳」を融合させることにあった。女性の地位向上のための教育、家政技術、職業紹介を行い、結婚の改良、廃娼を主張した。また女性の地位向上や主張をする場としての団体の結成を呼びかけ、その動向を紹介した。それにこたえて婦人矯風会、婦人衛生会などがつくられた。明治二十二年(一八八九)には従来の学術雑誌から保証金を納めて時事問題を論じるようになる。その後中島俊子、田辺花圃、若松しず子(賤子)など八名を記者として招き、清水豊子を主筆とし、

『女学雑誌』第1号

女性の問題を女性自身が論じ、呼びかける場をあたえた。六五、四六六、五〇八号が発行禁止にあう。文芸記事の中からは若松賤子、星野天知、石橋忍月、三宅花圃、山田美妙、北村透谷、島崎藤村などが巣立っている。

参考文献 井上輝子「『女学雑誌』の執筆者構成—明治二十年代ジャーナリズム構造解明のための試験—」(『出版研究』二、一九七二)、西村みはる「女学雑誌にみる廃娼論とその影響—巌本善治を中心に—」(『日本女子大学紀要文学部』三一、一九八一)、野辺地清江『女性解放思想の源流—巌本善治と「女学雑誌」—』(一九八四、校倉書房) (三鬼 浩子)

じょがくせい 女学生 女子教育機関の生徒。明治五年(一八七二)の「学制」公布の時期から都市部を中心にミッション系女学校や官立の東京女学校(明治五年開設)などが開設され、女学生が出現した。「学制」期は開化・男女同権の気運が盛んで、男袴をつけた「女書生」スタイルが流行した。森有礼文相時代(明治十八—二十二年)には欧化政策のもと洋服が一時期取り入れられたが、欧化政策の終了とともに和服に戻された。明治三十二年(一八九九)高等女学校令が公布され女子中等教育が制度化されたころから、下田歌子が宮中の服制に範をとって考案したとされるロングスカート風の女袴が女学生の間に広く着用されるようになった。当時の女学生は袴にブーツのいでたちから「海老茶式部」と呼ばれ、新聞や雑誌などに盛んに取り上げられた。そのことから「海老茶式部」は明治期の女学生の典型的なイメージとして定着した。このスタイルは大学の卒業式の女子学生の服装として現在に受け継がれている。

参考文献 本田和子『女学生の系譜—彩色される明治—』(一九八〇、青土社)、佐藤秀夫「服装・頭髪と学校解説」(『教育の文化史』四所収、二〇〇五、阿吽社) (桑田 直子)

じょがくせいとじてんしゃ 女学生と自転車 着物と袴

自転車に乗る女学生(小杉天外『魔風恋風』明治36年)

に靴をはき、リボンをつけた女学生が自転車に乗る姿。自転車は明治初年移入されたが、実用的な交通手段になったのは三十年(一八九七)以後。明治三十二年高等女学校令が出され、一般的な女学生は華美と質素を兼ねた海老茶袴が制服であった。翌年三浦環《みうらたまき》は東京音楽学校へ入学し、紫の袴をはいて自転車に乗って上野の森へ通った。自転車は高価で女の人は乗らない時代のことで在学中から評判となる。三浦環がモデルとされた小杉天外の小説「魔風恋風」が明治三十六年二月から九月、『読売新聞』に連載された。「魔風恋風そよそよと」と学生たちに歌が流行し、女学生たちは「海老茶式部」と呼ばれた。『女学世界』などの女性雑誌がつぎつぎ創刊され、時代のヒロインとして女学生が登場する小説が読まれていく。新しい女性のあり方も問われ、中流以上の家庭で高等女学校の学歴が「嫁入りの条件」とする考えが出てくる。

参考文献 自転車産業振興協会編『自転車の一世紀—日本自転車産業史—』(一九七三)、高橋晴子『年表近代日本の身装文化』(二〇〇七、三元社) (小和田美智子)

じょがくせかい 女学世界 明治時代後期から大正期にかけて刊行された月刊誌。発行元は博文館。明治三十四年(一九〇一)一月五日付から大正十四年(一九二五)六月一日付、増刊号を含めて三百五十号が刊行された。編集者は大正五年(一九一六)までが松原岩五郎《まつばらいわごろう》、その後は岡村千秋。出版部数は数万といわれ類書の中で最も読まれ

『女学世界』第1巻第1号

たといわれる。発刊の辞によれば「女子に必要なる事柄を網羅し」「賢母良妻たるに資」することが刊行の目的であった。義務教育制度の普及と女子の中等教育制度確立を背景として出現した「女学生」や近代的家庭を担う「主婦」が購読層であった。記事は論説・読み物・実用記事・作品投稿欄など、総合雑誌として多様であり、読者からの手紙の欄も置かれた。後期には文芸雑誌の性格が強くなるが、明治末からの競合誌の登場により廃刊となった。小山静子『女学世界明治期復刻版』(柏書房)が刊行されている。

参考文献 川村邦光『オトメの祈り—近代女性イメージの誕生—』(一九九三、紀伊国屋書店) (友野 清文)

しょきぎかい 初期議会 通例、明治二十三年(一八九〇)開設から二十七年日清戦争にかけての時期の、特に第一回から第四回までの帝国議会を初期議会とよぶ。自由民権運動の流れをくむ民党(自由党・立憲改進党)は「政費節減・民力休養」を掲げ、予算案を削減して地租の軽減を実現すべく政府に迫り、藩閥政府と民党との厳しい対立関係が生まれた。しかし、自由党系勢力が次第に藩閥政府への接近傾向を示すようになったことから妥協が成立していった。以下、その経緯をみよう。第一議会は明治二十三年十一月二十九日に開院され、反政府系の民党が議席の過半数を占めた。首相山県有朋は施政方針演説で、一国の独立を維持するためには、主権線を守るだけでなく、領土の防衛に必要な利益線を保持しなければな

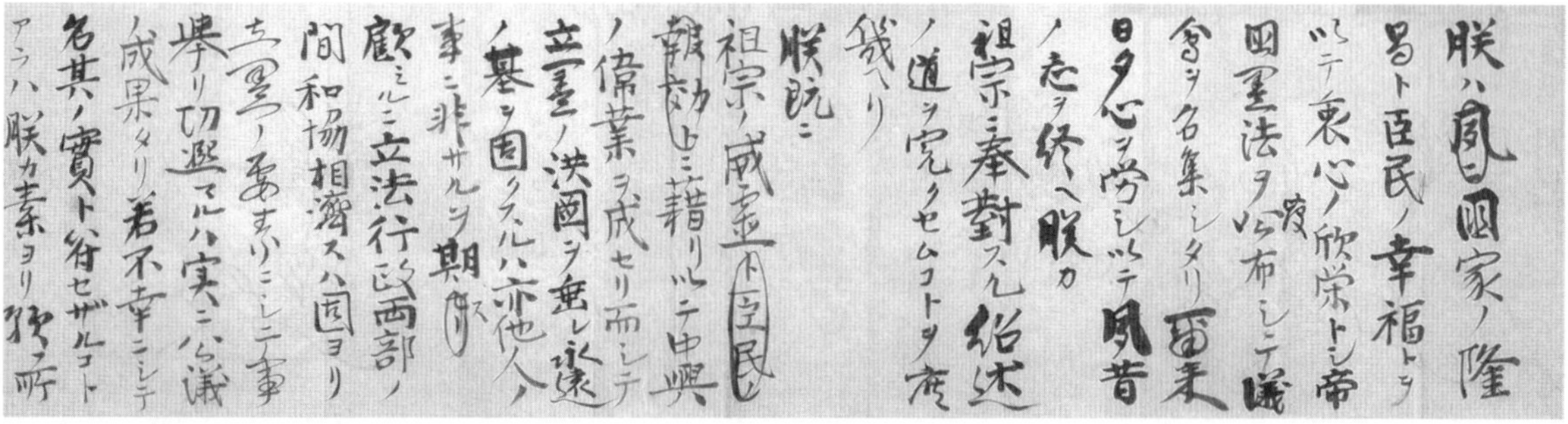

初期議会　和衷協同の詔勅案

らないと主張し、歳出の大部分を陸海軍経費にあてた予算の趣旨を説明した。政府提出の二十四年度予算案に対し、衆議院は官庁経費や官吏俸給などを大幅に削減する査定案を決定したが、政府側は削減が予算審議権の範囲を越え、天皇の大権にかかわる費目にまで及んでいると問題視して、大日本帝国憲法第六七条の解釈をめぐる対立に発展した。しかし、政府系政党の動議に土佐派を中心とする立憲自由党議員の一部が同調し、政府側は危機を乗り切って予算修正案を成立させた。第二議会は二十四年十一月二十六日に開会。自由党総理板垣退助と立憲改進党の事実上の党首大隈重信が、議会開会前に会談して両党の連携を強化し、民党連合が成立していた。一方、松方内閣は歳出予算の膨張をいとわず積極的に政府事業をおこし、また、民業の振興をはかる方針をとって、前年度の予算額を大幅に上回る積極主義の予算案を議会に提出した。他方、引き続き「政費節減・民力休養」を掲げる民党側は、消極主義の立場から行政費と合わせて事業費を大幅に削減する査定案を予算委員会で決定した。これに対し松方内閣は一切の譲歩を拒否。両者の対立は激化した。こうしたなか、軍艦製造費の削減に憤慨した樺山資紀《かばやますけのり》海相がいわゆる蛮勇演説を行なって、議場を騒然とさせた。民党側は政府提出の私設鉄道買収法案、監獄費国庫支弁法案などを否決し、政府は十二月二十五日、天皇大権を発動して衆議院を解散した。翌二十五年二月実施の第二回総選挙で政府側が地方官や警察官を動員して大々的な選挙干渉を行なったため、自由党は二十三議席減、立憲改進党は六議席減となって衆議院の過半数は割ったが、民党は依然として衆議院の多数を占めた。二十五年五月六日に開会された第三特別議会では、松方内閣の選挙干渉が追及され、両院で選挙干渉に対する決議が可決された。これに対し松方内閣は七日間の停会で対抗した。しかし、民党側は追加予算案や鉄道関係法案審議の際、必ずしも第二議会のように全面削除の方針はとらず、柔軟な姿勢を示した。これは、自由党の「民力休養」論が手詰まりとなり、政府の積極主義的な路線に同調しようとする傾向が同党のなかにあらわれてきたこととかかわっていた。自由党による改進党排除、政府接近の動きは次第に顕著となり、両党の共闘関係はくずれていった。第三議会後の七月三十日、松方内閣は辞職し、かわって元勲クラスが顔をそろえた第二次伊藤内閣(元勲内閣)が成立した。十一月二十九日、第四議会が開会。自由党は水面下で政府がすすめる積極主義的な民力育成路線に同調する動きを見せていたが、表面的には依然として政府に対する対決姿勢をとった。衆議院に提出された明治二十六年度予算案に対し、民党側は行政費の削減などを中心とする査定を行い、また、酒造税・煙草税の増税案を否決した。予算をめぐって政府側と衆議院側は対立を深め、二十六年一月十七日、衆議院は予算案の修正案に同意できない場合は総辞職か衆議院解散かを選ぶべしとの動議を可決して、みずから五日間の休会を決した。休会明けの二十三日、衆議院に内閣不信任上奏案が提出されたが、ただちに十五日間の停会が宣言された。停会明けの二月七日、衆議院は内閣不信任上奏案を可決して天皇に提出したが、これに対し天皇は伊藤博文の要請をうけて「和衷協同の詔勅」を発し、政府・議会の双方に譲歩をもとめた。この詔勅によって局面は一変し、両者の交渉の結果、ようやく予算案が成立した。第四議会を契機に伊藤内閣と自由党の接近は明白となり、他方で立憲改進党と自由党の亀裂が深まって、初期議会における藩閥政府と民党の対立の構図は変貌を遂げていくこととなった。こうしたなか、立憲改進党は大日本協会など対外強硬策を政府に迫る政治勢力と連携して、条約改正問題での政府攻撃を強めていった。二十六年十一月二十八日開会の第五議会で改進党は大日本協会系議員と共闘して、現行条約励行案を提出。政府・自由党と対抗して、十二月三十日の議会解散に至った。→第一議会《だいいちぎかい》

参考文献 林茂・辻清明編『日本内閣史録』一(一九八一、第一法規)、内田健三他編『日本議会史録』一(一九九一、第一法規)　(大日方純夫)

じょきょういん　女教員　女性の学校教員。女性教員とも呼ばれる。明治五年(一八七二)の「学制」によって形式上男女の区別のない学校制度が構想され(女児小学を除く)、少数ながらも女子児童・生徒が小学校・中学校に通い始めた。明治六年より文部省顧問であったアメリカ人ダビッド＝モルレーは、女性の教師としての適性を認め、「女子ハ児童ヲ遇スルニ其情愛忍耐アルコト男子ニ優レリ」として女性教員が児童や女子生徒の教育に適していると主張した。文部大輔田中不二麻呂《たなかふじまろ》はこの意見を取り入れて明治八年東京に官立の女子師範学校を設立した。また同年公立の石川県女子師範学校も開設された。小学校の数が増加するにつれて明治十三年(一八八〇)には九府県に十二校の独立した女子師範学校が設立され、さらに七校の師範学校において女子生徒が学んだ。しかし当時は女子師範教育が「女学ノ模範」と捉えられていたことや卒業後の服務義務が厳格でなかったこと、女性の就職そのものが一般的でなかったことなどから、卒業後家庭にとどまるものも多かった。また入学者に対して卒業者の数も少なく、女性教員の数は伸び悩んだ。明治十年代以降は儒教主義的な教育政策のもと男女別学が一層推し進められ、女性教員は女児小学用の要員と見なされ、需要が減少した。明治十八年には女性の師範学校生徒数は全国で千五人に達したが、それでも男子を含めた全生徒数の一二・九%にすぎなかった。その後松方財政下における地方財源の困窮化などを背景に、独立した女子師範学校は廃校され、男子の師範学校の女子部として統合された。中途退学者が多く、卒業後の需要も少ない女性教員養成は県や市町村の財政逼迫の直接のあおりを受けて予算削減の対象となったのである。しかし女子高等師範学校規程が制定され、明治二十三年(一八九〇)に東京女子高等師範学校が再び官立の中等教員養成機関として独立し、女性教員養成の制度が整備された。独立した女子師範学校も明治三十三年(一九〇〇)から再開され、同四十一年(一九〇八)、二校目の官立校である奈良女子高等師範学校が開設された。ただし明治二十年代前半までは女性教員の割合は、低賃金や女子児童・生徒数の伸び悩みなどを背景に低いままにとどまっていた。たとえば明治十七年の女性教員の総数は四千六百一人であり、全教員数の四・七%にすぎなかった。明治二十五年の時点でも五・七%であった。ところが明治三十年代に入ると教員数は増加に転じる。明治二十五年から同三十九年の間、男性教員は一・六倍の増加であったのに対して女性教員は七・二倍の増加であった。また小学校における女性教員の割合は明治二十三年には六%であったが明治三十八年には二〇%に達した。その原因の一つに女子児童の就学率の上昇がある。明治三十二年の全国連合教育会では「女児の就学を増加する方法如何」が審議され、女性教員の増加を求める答申が出された。明治三十三年八月小学校令が改定公布され、すべての児童の義務修学規定と授業料の廃止が定められ、女子児童の就学率は向上した。この背景には、日清戦争を契機として女子に近代的な学校教育を受けさせて国民として位置づけるという国家的教育政策がある。そして女性教員は女児就学を促し、定着をはかるために必要とされたのである。ところで女子師範学校・女子高等師範学校における学校生活は、全寮制のもと、厳しい規則に管理されたものであり、これがのちに「師範タイプ」と呼ばれる規則順応的な教師像を生み出した。起床から就寝までのタイムテーブルは細かく定められ、面会や外出にも厳しい規制が課された。生徒の多くは経済的に高等女学校などへ進学できなかった中層以下の家庭の出身であり、学費や寮費がすべて公費負担される師範学校は富裕層以外の女性の数少ない進学の道であった。また教員は女性が安定して勤務できる重労働を伴わない数少ない職業の一つであった。しかし賃金は男性教員に比べて安く抑えられ、産・育休の制度も整っていなかったため、女性教員が長く働き続けることには困難が伴った。

参考文献 木戸若雄『婦人教師の百年』(『明治図書新書』、一九六八、明治図書)、深谷昌志・深谷和子『女教師問題の研究―職業志向と家庭志向―』(一九七一、黎明書房)、国立教育研究所編『日本近代教育百年史』三・四(一九七四)　(桑田直子)

しょくいんれい　職員令　明治初年の官制に関する規定。版籍奉還後の明治二年七月八日(一八六九年八月十五日)公布。祭政一致の精神にもとづき神祇官を太政官の上位に位置づけ、太政官には天皇を補佐し大政を総理する左大臣・右大臣各一人と大納言・参議各三人を置き、その下に民部・大蔵・兵部・刑部・宮内・外務の六省を設けた。この二官六省のほか、集議院、大学校、弾正台、海軍、陸軍等の諸機関を定め、府、藩、県や留守官、開拓使、按察使らの地方行政機関も規定された。また、旧来の百官を廃し新たな官位相当表を定めた。従来議政官を含めた中央官庁の総称であった太政官は、行政官の後身として各省を隷下に置く国政の最高機関となり、この太政官の称は明治十八年(一八八五)内閣制度創設まで続いた。進歩的な面もみられるが、古代令制にならった復古的官制改革で、太政官制に内在する諸矛盾を解決することはできず、明治四年七月の官制改革に至った。

参考文献 笠原英彦『明治国家と官僚制』(『RFP叢書』、一九九一、芦書房)、松尾正人『維新政権』(『日本歴史叢書(新装版)』、一九九五、吉川弘文館)、吉井蒼生夫「中央権力機構の形成」(『近代日本の国家形成と法』、一九九六、日本評論社)　(小沢隆司)

しょくいんろく　職員録　⇨官員録《かんいんろく》・職員録《しょくいんろく》

しょくぎょうしょうかいじょ　職業紹介所　明治時代になると前近代的な雇用関係の解体がすすむと同時に、悪質な事業を行うものが少なくない従来の営利職業紹介が問題となった。東京府は明治五年(一八七二)十月に男女雇人請宿渡世規則を定めるなど、政府・各県は職業紹介規制をすすめ、営業者数は減少傾向をたどる。日露戦争を境に労働紹介を行う町村が現われ、明治三十年代には宗教関係者などによる私立の公益職業紹介所が発足した。内務省は公益職業紹介所を勧奨するため明治四十二年(一九〇九)に東京・大阪・京都など六大都市に補助金を交付、都市を中心に公益職業紹介所が増加した。また、東京市は明治四十四年一月にわが国最初の公営職業紹介所を芝と浅草に設置、大阪市は明治四十五年に市の外郭団体が公益職業紹介所を設置した。これらの職業紹介機関は社会的救済事業のための機関という性格が強かった。なお、戦前の日本で公的職業紹介所網の整備が始まるのは、職業紹介法が公布される大正十年(一九二一)ごろからである。

参考文献　豊原又男編『職業紹介事業の変遷』(一九四三、職業協会)、間宏監修・解説『職業紹介事業』(『日本労務管理史資料集　第三期』三、一九九三、五山堂書店)、保谷六郎『日本の社会政策史』(一九九四、中央経済社)

(杉山　裕)

しょくさんこうぎょう　殖産興業　明治時代前期に政府が主導した産業育成・振興政策。欧米の近代技術の導入と在来産業の育成に重点が置かれた。殖産興業政策を担当した部局により三期に分けることができる。第一期は明治三年(一八七〇)の工部省の設立をもって始まる。工部省は、「工学開明」「百工褒勧」を目標に、鉱山・鉄道・工作・電信・燈台等の事業に着手した。特に鉄道と鉱山に経費の大半が注がれた。この結果、明治五年に東京—横浜間の鉄道が開通、鉱山では洋式の掘削技術が導入された。工作部門では、長崎・神戸造船所のほか、赤羽、品川、深川に工作分局が設置され、赤羽では機械製造、深川ではセメント、品川ではガラスが製造された。工部省期の殖産興業政策は、国内の軍事的、政治的、経済的統一と開発の必要に応じて機械技術が導入されたが、その間に統一した方針は見られなかった。このため、無統一な西欧化政策であると評価されている。しかし、はじめて海外技術を導入する場合、統一的な技術導入は困難で試行錯誤を繰り返すものである。第二期は明治六年の内務省の設置をもって始まる。この時期の殖産興業政策は大久保利通内務卿が指導し、輸入超過を是正するために民業育成に重点が置かれた。大久保は明治七年に「殖産興業に関する建議書」を提出し、在来産業衰退の現状を嘆くとともに、国家の富強は政府が人民を誘導奨励する力にかかっていると説き、国家主導による民業育成策を提唱した。勧農事業としては、駒場農学校や三田農具製作所が設置され、西洋農法を導入した在来農法の改良が試みられた。牧畜事業では下総牧羊場を開設、農産加工事業としては愛知紡績所、千住製絨所、堺紡績所を設置して輸入防遏につとめた。そのほか、貿易を進展させるために三菱を保護するなど海運を奨励し、外国商人を介さない直輸出を奨励した。また欧米で開設されていた万国博覧会を模範として内国勧業博覧会を開設し、国内産物の増進、改良を推進した。さらに内務省は、明治十二年(一八七九)に製茶共進会、生糸繭共進会、同十三年には綿糖共進会を開催するなど産業奨励会を積極的に開設した。以上のように、内務省の殖産興業政策は、輸入防遏と輸出増進に重点がおかれたため、農産加工業の移植と改良に力が入れられた。第三期は明治十四年の農商務省設置に始まる。大隈重信・伊藤博文による「農商務省創設の議」には、農商の事務を簡素化・改良するとともに、それらの事務を一省にまとめて経費節減することが記されている。つまり、農商務省は、緊縮財政の要請から殖産興業政策の整理縮小を目標としていた。同省は、工部・内務省が設置した官営事業が必ずしも良好な成績をおさめていなかったので、軍事工業、鉄道・電信事業をのぞく工場などの払い下げを開始した。当初、払い下げは難航したが、政商を中心に払い下げが進むようになり、近代企業家の誕生に貢献した。官営事業が縮小されるなか、博覧会や共進会などの産業奨励会は継続して開催されていった。明治十四年には全国から老農が集められ農業改良について話し合われる農談会が開催された。農談会にみられる老農の登用は、これ以後の農政に大きな影響を与えていった。殖産興業政策が遂行された時期は、日本における工業化の始動期にあたり、さまざまな欧米技術を導入して在来技術を改良しようとした。これらは必ずしも予期した成果を上げることはなかったが、殖産興業政策における技術導入、工場設立は明治二十年代に企業が勃興していく基盤を整備したといえよう。

↓官営鉱山《かんえいこうざん》　↓官営事業《かんえいじぎょう》　↓共進会《きょうしんかい》　↓工部省《こうぶしょう》　↓内国勧業博覧会《ないこくかんぎょうはくらんかい》　↓農商務省《のうしょうむしょう》

参考文献　石塚裕道『日本資本主義成立史研究—明治国家と殖産興業政策—』(一九七三、吉川弘文館)、永井秀夫『明治国家形成期の外政と内政』(一九九〇、北海道大学図書刊行会)

(國　雄行)

しょくどうしゃ　食堂車　旅客用の厨房と食卓が備えられた鉄道車両。『日本鉄道史』(鉄道省、大正十年)によれば、明治三十二年(一八九九)五月に山陽鉄道の急行列車に連結されたのを嚆矢とする。現在のJR山陽本線を経営していた山陽鉄道は瀬戸内海の汽船と競って先進的なサービスを展開していた。最初期の食堂車は、一等寝台と食堂の合造車で座席はわずか八席だった。官設鉄道では、明治三十四年十二月から、新橋—神戸間の急行列車に食堂車を連結したが、機関車の牽引能力の関係で峠越えのある区間では切り離された。一等旅客向け洋食専門でスタートしたが、明治三十九年四月からは三等急行にも食堂車が連結され和食を供した。当初は高いサービス水準を誇ったが、明治四十二年(一九〇九)三月十三日の『東京日日新聞』は、「食堂車と云えば、直ぐ不味い料理かと汽車通は顔を顰めるほどに、従来のは高価で不味かったものなり」と断じている。このため当局は全ての食堂車を業者請負とし相互に競わせて改善を促した。

参考文献 かわぐちつとむ『食堂車の明治・大正・昭和』(二〇〇二、グランプリ出版)

(中川　洋)

しょくひんこうぎょう　食品工業　農・水産物類を加工して飲食物を製造する産業。大正三年(一九一四)『工場統計表』は飲食物工場として、醸造業(酒類・調味料類)、製糖業、煙草業、製茶業、精穀・製粉業、ラムネ・氷・鉱泉業、菓子製造業、缶詰・瓶詰業、畜産品製造業、水産品製造業、雑業(豆腐・蒟蒻《こんにゃく》・麵類・漬物・香辛料・調味料品など)の十一種類をあげ、化学工場の内に食用を含む製油業を掲げた。同統計での飲食品総生産額は二億二千四十三万八千余円、工業生産総額中の一六%を占めた。内訳は醸造品五一%(内酒類四〇%)、砂糖二二%、小麦粉一一%、菓子五%、氷他飲料三%、缶詰瓶詰二%、水産品、製茶各一%である。伝統的食生活を支える品々に加え、洋酒・パン・乳製品など開港後の新しい嗜好を反映したもの、缶詰や化学調味料など新製法によるものが登場し生産を拡大、このうち保存性と携帯性に優れた缶詰と軍用パンは日露戦争の軍需で特に生産を伸ばした。地域・階層によって異なる多様な需要に応えるため、あるいは原料および製品の保存性に問題があることから、伝統的食品を中心に多くの零細業者が各地に分布した。一方、輸入品と競合せざるをえない食品を中心に、株式会社組織をとり機械制生産方式を採用するものが日清戦後から目立つようになった。製糖業、製粉業、ビール醸造業などである。これに関連し明治四十二年(一九〇九)と大正三年の『工場統計表』を見ると、飲食物工場全体に占める無動力工場の比率はそれぞれ七九%、六二%だが、製糖業では同五九%と三六%、製粉業では判明する大正三年のみ二%、ビール醸造業は両年とも〇%であった。→缶詰製造業《かんづめせいぞうぎょう》　→酒造業《しゅぞうぎょう》　→醬油《しょうゆ》　→製茶業《せいちゃぎょう》　→製糖業《せいとうぎょう》　→製粉業《せいふんぎょう》　→ビール醸造業《じょうぞうぎょう》　→味醂《みりん》　→ワイン醸造

参考文献 笹間愛史『日本食品工業史』(一九七九、東洋経済新報社)

(差波亜紀子)

しょくぶつえん　植物園　植物学研究のために必要な植物を蒐集・栽培する施設。公衆に開放し一般教育の普及や慰安・娯楽に供されることが多い。明治期では東京大学小石川植物園が著名である。江戸幕府は小石川御薬園で実用的な薬草を生産していたが、明治元年(一八六八)に東京府大学病院附属御薬園となり、二年三月に大学に移管されて医学校薬園から大学東校薬園に、四年七月には文部省博物局所管となり、さらに文部省内で所属の変遷を経、十年(一八七七)四月東京大学附属植物園(理学部主管)、十九年には学制改革に伴い帝国大学理科大学管理となり、三十年(一八九七)六月に東京帝国大学理科大学附属植物園となって植物学教室が園内に設置され、園長に松村任三《まつむらじんぞう》が任用された。ここの雌の大イチョウを使い明治二十九年(一八九六)に平瀬作五郎がイチョウの精子を発見した。高山植物の研究教育のため植物学教室は三十五年日光の仏岩に日光分園を設置(場所狭隘のため四十四年(一九一一)日光の花石に移転)した。また札幌農学校では宮部金吾により明治十九年に植物園が建設された。なお新宿御苑は、もと明治五年大蔵省所管の内藤新宿試験場で、七年に内務省所管となったが、十二年より宮内省所轄となり宮中への御料を供する「植物御苑」にかわり、三十九年フランス式庭園が完成、国民へは昭和二十四年(一九四九)に公開されたものである。

参考文献 岩槻邦男『日本の植物園』(二〇〇四、東京大学出版会)

(宮地　正人)

しょくぶつがく　植物学　生物学の一分科で植物を研究対象とするものの総称。日本の場合は江戸時代に発達した漢方医学の本草学《ほんぞう》から成長していった。明治十四年(一八八一)、江戸時代の学問を受け継いだ伊藤圭介《いとうけいすけ》と賀《か》来飛霞《くひか》は『東京大学小石川植物園草木図説』を刊行している。また小野職愨《おのもとよし》と田中芳男の両名は飯沼慾斎《いいぬまよくさい》の『草木図説』を改訂、学名をつけた『新訂草木図説』を明治八年(一八七五)に、さらに八年から二十年(一八八七)にかけ『有用植物図説』全八冊を刊行している。西洋流の植物学を一八七二年よりコーネル大学で学んだ矢田部良吉は、明治十年東京大学理学部に動物学と植物学を兼ねた生物学科が設けられるや植物学担当教授となって泰西植物学を教えるとともに日本の植物標本蒐集に努めた。十年小石川植物園に就職した松村任三《まつむらじんぞう》は、十五年矢田部や伊藤圭介と図り東京植物学会を創立する(昭和七年(一九三二)、日本植物学会に改称)。また矢田部の弟子の斎田功太郎と染谷徳五郎は『植物生理学』(明治二十二年)や『植物形態学』(二十五年)を共訳し、『植物学入門』(二十三年)を共著で出版した。矢田部の毒舌や活発な専門外活動による専門の不十分化が各方面から嫌われ、二十四年三月突如非職とされ、かわって十九－二十一年ドイツに私費留学して分類学を学んだ松村任三が明治十九年に独立した植物学科主任となり、二十八年二講座に増設されるや植物分類学と植物利用を担当することとなった。第二講座(植物生理学)は明治二十四年よりドイツに留学、植物生理学を学んだ三好学《みよしまなぶ》が担当した。三十九年(一九〇六)第三講座(細胞を含む植物形態学)が新設されるや明治三十四年よりドイツに留学、植物解剖学や遺伝学を学んだ藤井健次郎が担任し、大正七年(一九一八)寄付講座で植物遺伝学が独立講座となるや藤井がその担当となった。明治四十五年(一九一二)東京帝国大学助教授となった柴《しば》田桂太《けいた》は植物生理化学の講義を開始し、大正十三年(一九二四)植物生理化学講座が新設されるや、それを柴田が担任した。分類学・形態学の発展も著しく、明治二十九年には平瀬作五郎によるイチョウの精子、池野成一郎によるソテツの精子の発見がなされ、植物学科と複雑な関係にあった牧野富太郎は明治二十五年助手、四十五年に講

師となり、大正十四年『日本植物図鑑』を刊行、分類学の発達は大正十一年隠花植物学の講義と実験の独立化という形となっても具体化していった。

参考文献 外山正一「故矢田部博士追悼会に於ける演説」(『東京茗渓会雑誌』二〇一、一八九九)、『東京帝国大学学術大観』理学部・東京天文台・地震研(一九四二)、大場秀章『植物学史・植物文化史』(二〇〇六、八坂書房)

(宮地 正人)

しょくみんきょうかい 殖民協会 明治二十六年(一八九三)、榎本武揚が中心となって設立したメキシコ移民推進団体。設立目的は、㈠過剰人口を予防するため殖民を盛んにする、㈡殖民という平和的手段によって日本人種の繁殖をはかる、㈢殖民とともに航海事業を盛んにして日本の海権を拡張する、㈣殖民を推進して日本の商権を拡張する、㈤殖民により対外の精神を発揮して新知識を導入し、鎖国のために萎縮した人心を一変させる、である。殖民協会は会費と寄付金を財源とし、メキシコに調査員を送るとともにその報告会を行い、機関誌として月刊『殖民協会報告』(明治三十二年に『殖民時報』と改題)を刊行した。調査の結果、メキシコ南部チアパス州に日本人殖民地を建設してコーヒー栽培を行うこととなった。明治三十年(一八九七)にはメキシコ政府と官有地の払い下げを契約し、三十四人の移民団が出発した。しかし、調査不足、資金不足、土地不良などを理由に殖民は失敗し、榎本も殖民事業から手を引くこととなった。

参考文献 殖民協会『殖民協会報告(復刻版)』(一九八七、不二出版)、角山幸洋『榎本武揚とメキシコ殖民移住―榎本武揚の理想と現実―』(一九八六、同文館出版)、上野久『メキシコ榎本殖民』(『中公新書』、一九九四、中央公論社)、柳沼孝一郎「ディアス政権の産業振興・殖民政策と日本人移民―メキシコのコーヒー産業と日本人殖民構想の史的背景―」(『ラテンアメリカ論集』三三、一九九九)

(國 雄行)

しょくみんち 植民地 明治期における植民地という概念は、資本主義が発達していく十九世紀になってから、ヨーロッパ国家によって政治的・経済的に支配された地域として捉えられるようになり、さらに帝国主義段階になるとこの概念がさらに拡大され保護国、保護地、租借地、特殊会社占有地、委任統治領など、法的な形態にかかわらず帝国主義国が支配する全ての異民族や異国異域異境地を包括的に指す用語として積極的に使われるようになっていった。日本で一般的に用いられる「植民地」という用語概念も、この影響を受けて古代ローマ帝国時代や大航海時代の植民地とは異なる異民族支配のかたちとして規定されたもので、それは近代における欧米資本主義列強による非ヨーロッパ諸国などへの植民地獲得および支配の正当化を理論的前提としていた。戦後日本の植民地研究に大きな影響を及ぼした矢内原忠雄も、『帝国主義下の台湾』を著わして「非帝国主義国の帝国主義的実践」としての日清戦争の結果として獲得した台湾を「帝国主義的日本の植民地」と位置付けて論じていたため、帝国主義段階に達していなかった清国の台湾支配を、「清国の属領」論のなかでしか捉えきれず「植民地支配」論を普遍化することはできなかった。だが、この論理は戦後日本の歴史学界の底流となり、かつては「他民族の居住している国土を軍事的、政治的に支配して自国の領土とした土地」(『国史大辞典』)として論じられた時期もあったが、そこでも、「支配」と「領土」との混乱がみられ、さらにその用法が「植民地帝国日本」といった近代日本にしか適用できない特殊なもので、普遍的にも東アジア史といった地域的概念にもなっていない。このため、現代の研究視点のグローバル化や現代国際社会の複雑化や変質、戦後の国際政治の進展と学問研究の発展に対応していくためには、中華帝国をも規定しうる東アジア世界における異民族支配を説明する新しい用語か再定義、または改めて普遍的な概念規定が求められていよう。なお、従来的概念による近代日本の植民地とされるのは、台湾・南樺太・朝鮮国・南洋諸島・新南群島・関東州となり、満洲を含めるか否かについては議論が分かれるが、それ以外の十五年戦争下軍事占領地を含めるのは理論的には無理がある。もっとも、帝国日本の時代に積極的に用いられた植民地の用語認識は、欧米帝国主義国家の帝国意識と先導者意識による特権主義的で優越主義的論理によるものであった。

(檜山 幸夫)

〔台湾〕 台湾は、面積三万五八三四平方キロの台湾本島と一二六平方キロの澎湖列島に紅頭嶼・火焼島・亀山島など七十七の附属島嶼からなり、人口は領台期がおよそ本島人が二百五十七万人余りであったが、昭和十五年(一九四〇)国勢調査では内地籍三十一万人余り、台湾籍が漢族系五百三十八万五千人、原住民十二万五千人であった。台湾島には、旧石器時代晩期に属し五万年から三万年前ころから先住民が住んでおり、独自の文化を育んでいた。先住民の後に渡ってきたのが、台湾原住民族と自称するオーストロネシア語族系の住民で、現在の人類学上の分類ではタイヤル族・サイシャット族・ブヌン族・ツォウ族・ルカイ族・パイワン族・ピュマ族・アミ族・ヤミ族と漢族化した平埔族(熟蕃・化蕃)とに分けて呼ばれる民である。そのすべては呼び方を含めて他称であることから、名称を含めて原則に戻って概念論から再構築する必要がある。台湾の地理的名称も、中国の文献から見ると琉球(大琉球)・東蕃・台員・大寃(Taioan、タイオアン)・台湾(Taiwan、タイアン)・東都・東寧、日本の文献では高砂・高山国、ポルトガルのフォルモサ(Formosa、美麗島)とあるように、これも基本的に他称である。このような民族・部族名や地名に象徴される台湾の歴史性からみると、台湾はまさしく移民の島、植民の地となろう。それらを踏まえ改めて台湾島と台湾原住民に主体を置き台湾の植民史をみると、その開始は一五四四年のポルトガル船の来航から八十余年、オランダ人が大員(安平)にゼーランダ城を築いた一六二四年であった。ここに、台湾植民の歴史が始まる。一六二四年から六二年までがオランダ植民地期(一六二六年から四二年までスペインが基隆・淡水を中心に北部台湾を占拠したがオランダに駆逐される)、鄭成功がオランダを駆逐しゼーランダ城を安平鎮にプロヴィデンチア城を承天府と改め天興県・万年県の二県を設け台湾西部を治下に置いた一六六二年(明永暦十六・清康熙元)から鄭克塽が清軍に降した一六八三年(康熙二十二)までの鄭氏植民地期、一六八三年から一八九五年(光緒二十一)の清朝植民地期、一八九五年(明治二十八)から一九四五年(昭和二十)までの日本植民地期、一九四五年(民国三十四)から現在までの中華民国化期に区分される。台湾島の住民のなかで圧倒的多数を占める漢族系には、オランダ・鄭氏・清朝期に移民してきた泉州・潮州人からなる閩南人《びんなんじん》と客家人の漢族系住民と、中華民国期に征服者として渡ってきた台湾省行政長官陳儀麾下の軍官などや国共内戦に敗れて大陸各地から台湾に逃れてきた蔣介石麾下三百万余人の人々がいる。現在は、漢族系住民を主体とした考え方で、前者を本島人、後者を外省人と呼び両者を分けている。だが、そこにおいても漢族植民地下台湾との認識は薄い。さらに、現代では、「植民地」という用語概念が確立されておらず、その定義は困難である。明治期日本の台湾領有や韓国併合は、帝国主義的形態を保ちながらも欧米帝国主義国とは異なる支配領域の平面的拡大による包括的全支配という、同化による統合と吸収という東アジア世界の伝統的対外膨張方式によって行われたため、そこでの支配は単純な植民地収奪的構造にはなっておらず、結果論的に被支配国に近代化をもたらすことになった。日本統治下台湾の特徴を示す日本人の職業就業区分からみると、昭和十五年の日本人三一二三八六人中、農業二・六%、水産業〇・八%、鉱工業八・九%、商業六・〇%、交通業三・六%、自由業五・一%、その他三・八%、官公吏は七・四%(無職業者が六一・九%)と上層を占め、台湾人社会には根付いていなかった。産業経済を生産額でみると、明治三十五年(一九〇二)を一〇〇とすると、大正元年(一九一二)と昭和十八年では、農業一六四と八七三、水産業一四八と三〇九八、工業三八九と五七二八、鉱業二一九と一一一七、米一四三と三二三のように、めざましい発展をみせた。鉄道敷設では、明治三十二年に九七・三キロが大正元年に四七二・五キロ、さらに昭和十八年には九二四キロと十倍になった。また台湾の悪弊でもある阿片取締政策の効果を吸食者数でみると、明治三十三年を一〇〇とすると、大正元年に五三、昭和十八年では三にまで激減させていった。このような社会経済の発展と台湾経営の成果は台湾総督府の財政に反映し、明治三十二年を一〇〇としたときの歳入歳出額でみると、歳入と歳出では大正元年が三四五と二八九、昭和十八年(予算額)は三三八二と三五〇四と、三十数倍に増加していた。これは、台湾経済そのものが飛躍的に発展していったことを示すもので、それを移出入でみると、大正元年は移入額が二二七二で移出額が一一六三、昭和十八年ではそれぞれ一三九一〇と七八三九と、台湾は大きな生産力と消費力を備えていたことがわかる。↓台《たい》湾経営《わんけいえい》　↓台湾総督府《たいわんそうとくふ》　　(檜山　幸夫)

〔朝鮮〕韓国併合から日本の敗戦に至るまでの約三十五年のあいだ、日本の統治下におかれた朝鮮半島のこと。広義には、明治三十八年(一九〇五)乙巳保護条約(第二次日韓協約)により日本が韓国の外交権を奪って統監府を置いたことをもって始点とする。明治四十三年(一九一〇)八月二十九日の「韓国併合に関する条約」の公布により、日本は韓国を完全な植民地とした。国号を朝鮮に改め、統治機関として朝鮮総督府を設置した。朝鮮総督は天皇に直隷する親任官であり、内閣総理大臣の監督を受けずに政務を統轄できるとされた。総督は、朝鮮に配置された陸海軍に対する統率権を有し、陸海軍大臣から選任された。さらに、総督は、法律にかえて制令を制定する権限を与えられていた。このように朝鮮総督は、行政と立法において強大な権力を掌握したのである。総督の権力を支える総督府官僚機構においては、高等官の主要なポストは日本人によって独占されていた。司法制度に関しては、内地の裁判制度とは別個の三審制裁判制度が設けられた。一九一九年の三・一独立運動をきっかけに、総督府はそれまでの武断政治から文化政治へと方針を転換した。併合後、憲兵が警察機構の中枢を掌握し、文官警察官とともに普通警察業務を担当してきたが、同年、憲兵警察制度は普通警察制度に再編された。総督の陸海軍統率権を廃して総督の任用範囲を文官にも広げた。ただし、結果的には以後の総督もすべて現役の陸海軍大臣であった。同九年の地方制度改定により、道・府、郡・面という地方制度のうち、道・府・面に諮問機関として協議会が設置された。昭和六年(一九三一)には都市的性格を有する面が邑とされ、邑と府に議決機関である邑会・府会が置かれた。また同八年には道の議決機関として道会が設けられた。日本の敗戦直前の一九四五年四月には、朝鮮・台湾において直接国税十五円以上納入者に選挙権が付与された。昭和十八年(一九四三)に朝鮮人・台湾人に兵役制度が適用された代償という意味があった。ただし、行使の機会のないままに敗戦を迎えた。立法過程に住民の意思が反映される仕組みが部分的には導入されたものの、地方レベルに止まった。しかも、議決機関では日本人議員も少なくなかった。朝鮮人は、立法・行政過程の中枢からは一貫して疎外されていたのである。日本政府は、「同化」を朝鮮支配の基本方針として掲げ、同化教育をその根幹に置いた。しかし、教育制度において「国語を常用としない者」と「する者」という範疇が設けられ、実質的に朝鮮人用と日本人用の学校という区別が生じた。後者は内地の制度に準拠したのに対して、前者では初等教育と実業教育が重視された。三・一運動以後、朝鮮人のあいだで教育熱が高まり初等学校である公立普通学校の数が急増した。大正十五年(一九二六)には京城帝国大学が設立されている。しかし、朝鮮人が高等教育機関に進学する機会はきわめて限定されていた。こうした教育制度の特質と官僚任用制度における学歴主義とが結合することで、立法・行政過程からの朝鮮人の疎外という構造が再生産されたのである。朝鮮総督府の政策は、大きくは、帝国本国の利害に規定されていた。大正七年(一九一八)の米騒動を受けて同九年に開始された産米増殖計画は、一九二〇年代における総督府の重点的施策であったが、昭和恐慌による内地での米価低落を受けて昭和九年に中断された。同十五年に朝鮮増米計画として再開され、戦時食糧増産が推進された。また、総督府は、明治四十三年十二月に会社令を公布して朝鮮における企業設立を抑制したが、第一次大戦期の好況を受けて大正九年に同令を廃止して日本資本の流入を図った。一九三〇年代初めには重化学工業化政策を開始し、日中戦争期には軍需工業を誘致して朝鮮の兵站基地化を進めた。一九三〇年代以降、朝鮮では日本資本主導のもとで工業化が急速に進展した。あるいは、朝鮮人の内地渡航に関して、一九三〇年代末までは内地での失業の深刻化あるいは独立運動の活発化を恐れて一貫して抑制政策が執られたのに対して、昭和十四年以降は、戦時下での労働力不足の顕在化に応えるために一転して強力な労働力動員政策が実施された。募集・官斡旋・徴用によって百万人を超える朝鮮人が内地に動員されている。文化政治への転換過程で、出版や結社の自由が緩和された。大正九年には民族紙『東亜日報』『朝鮮日報』が相ついで創刊された。一九二〇年代以降、都市部には近代的な消費文化が成立した。民族主義や社会主義の思想が広まり、民族運動、労働・農民運動が活発化して植民地支配に対する批判を強めた。総督府の弾圧によって戦時期には朝鮮内での運動は、表面上は姿を消した。その間、地下や中国大陸で命脈を保ち、解放後の政治過程において決定的な役割を果たしていくことになる。　→朝鮮総督府《ちょうせんそうとくふ》

[参考文献] 山崎丹照『外地統治機構の研究』(一九四三、高山書院)、河合和男『朝鮮における産米増殖計画』(『朝鮮近代史研究叢書』五、一九八六、未来社)、堀和生『朝鮮工業化の史的分析』(『京都大学経済学叢書』二、一九九五、有斐閣)、樋口雄一『戦時下朝鮮の農民生活誌―一九三九～一九四五―』(一九九八、社会評論社)、武田幸男編『朝鮮史』(『新版世界各国史』二、二〇〇〇、山川出版社)

(松本　武祝)

しょくみんちきょういく　植民地教育　西洋帝国主義による植民地支配では「進歩への寄与の責任」(詩人キップリング「白人の責務」)として、蒙昧無知なる植民地住民を誘掖啓発するためとされたが、本質的には宗主国が植民地統治を効率的に行なっていくための人材育成の手段。外地としての台湾や朝鮮における教育の基本方針は、一視同仁に基づき教育上の機会均霑を旨とし同化主義に基づく有為の日本帝国民の育成にあった。このため、教育機関は初等教育機関である公学校のほかに、高等教育機関の中学校・高等女学校・高等学校・大学予科や、各種学校の医学校・幼稚園・盲唖学校が、教育文化施設としても図書館・博物館がつくられた。教育の特徴は、日本化された近代文明と西洋文化を基礎としたものであったことから近代的基盤の形成に大きな役割を果たした。しかし、教育上の機会均霑とはいえ、実際には異民族・異文化と発展段階的差から漸次拡充整備による臨機の施策によったため、系統的な学制による教育制度は大正十一年(一九二二)二月の台湾教育令の施行までは創られなかった。それでも、日本と台湾・朝鮮との宗主国支配従属関係による差別構造は解消されていない。〔台湾〕台湾人の初等教育は、明治二十九年(一八九六)三月の直轄諸学校官制による国語伝習所を嚆矢とするが、近代教育としての教育機関の設置は同三十一年(一八九八)七月の台湾公学校令による。教育の内容は、徳育・実学と日本国民たる資質を涵養し国語に精通させることを本旨とし、修学期間六ヵ年、修学年齢八歳以上十四歳以下、修身・国語・算術・唱歌・体操などを修得させ、地域により夜間休日などに国語を教授する速成科を設置した。同三十七年三月台湾公学校規則により、生活に必須なる普通の知識技能が加えられ、修学年齢満七歳以上十六歳以下、あらたに漢文のほか女児に裁縫が、地域により手工農商業などが加設、二年の補習科が置かれた。四十年(一九〇七)からは、修学年限を原則六年、地域により四年ないし八年とし、国語の授業時間数を大幅に増加した。一方、台湾原住民に対する本格的な教育は、三十八年に「蕃人ノ子弟」への教育として開始された。修業年限四年、修身・国語・算術と地域によって農業・手工・唱歌が加えられた。〔朝鮮〕朝鮮統治下における教育制度は、併合前の朝鮮王朝時代における伝統的な儒学を本とし科挙に応じるを目的とした成均館・東西南中の四学・郷校・書堂と、大韓帝国時代の教育制度改革を基に、日本的に改編していったものであった。明治四十三年韓国併合後の植民地教育では、翌四十四年八月二十四日勅令第二二九号をもって布告された朝鮮教育令を嚆矢とする。そこでの教育目標は、「忠良ナル国民ヲ育成」という国民教育と国語の普及にあった。これによって設置されたのが、八年以上の者への四年制の普通学校(土地の状況に応じて一年を短縮)、十二年以上の男子を対象に国民たるの性格を陶冶し生活に有用なる知識技能を授けるための四年制の高等普通学校と三年制の女子高等普通学校、これに教員育成のために併設された一年制の師範科と一年以下の教員速成科、修業年限二年ないし三年の農業学校・商業学校・工業学校・簡易実業学校などの実業学校、高等普通学校を卒業した者に修業年限二年ないし三年で高等の学術技芸を教授する専門学校であった。その後、二回の大きな制度改革が行われている。第一回改革が、大正十一年二月六日勅令第一九号朝鮮教育令によるもので、これにより

内地人と朝鮮人の共学を本体とし、それまで内韓で異なっていた学制を統轄し、内地の諸学校に連絡せしめ、新たに大学と予備教育を加えるという教育制度の整備がなされた。しかし、そこにおいても実質的には国語を常用する者とせざる者という「国語」を基準とした差別が設けられ、前者の普通教育のみ小学校令・中学校令・高等女学校令を適用し、後者には修業年限六年制を導入したり高等科や補習科を置くなどの内地の制度に近づける改革がなされたものの、基本的には従来の普通学校制が適用された。このため、高等普通学校・女子高等普通学校における教育目標に、「国語に熟達」が加わえられていた。また、大正十三年には勅令第一〇三号京城帝国大学官制が布告され、総合制官立大学として法文学部と医学部からなる京城帝国大学が設置され大正十五年度より開学した。第二回改革は、昭和十三年(一九三八)三月四日勅令第一〇三号朝鮮教育令によるもので、普通・実業・専門・大学の全ての教育は全て内韓人均しく内地の法規のもとに行われることとなり、普通教育も内韓の区別が撤廃され学校名称も小学校・中学校・高等女学校に統一された。その後、昭和十六年三月二六日勅令第二五四号によって国民学校令が施行されて国民基礎教育の確立が図られ、ついで、同十八年三月九日勅令第一一三号朝鮮教育令改正によって教育の一貫的体制が完整した。 →国語伝習所《こくごでんしゅうじょ》 →台湾公学校《たいわんこうがっこう》 →朝鮮教育令《ちょうせんきょういくれい》 (檜山 幸夫)

しょくみんちそうとくぶかんせい 植民地総督武官制 日本の植民地支配時代、台湾と朝鮮に設置された総督府長官に関する官制。台湾では、明治二十九年(一八九六)三月の台湾総督府条例により、総督は陸海軍大将または中将に限られ、管轄区域の陸海軍を統率し、法律と同等の効力を有する命令を発する権限が付与された。朝鮮では明治四十三年(一九一〇)九月の朝鮮総督府官制により、総督は親任官の陸海軍大将とされ、朝鮮軍の指揮、および内閣総理大臣の監督を受けることのない政務権、法律に代わる「制令」を発する権限が与えられた。台湾・朝鮮ともに、大正八年(一九一九)の官制改革により、総督の任用資格を武官に限る条件が解除され、文官でも就任できることになった。これにより、台湾では同年から昭和十五年(一九四〇)まで文官が任命されたが、朝鮮では、敗戦まで引き続き武官が任命されている。

参考文献 井出季和太『台湾治績志』(『南方資料叢書』、一九八八、青史社)、朝鮮総督府編『朝鮮総督府三十年史(増補)』(一九九九、クレス出版) (鵜飼 政志)

しょくみんちまい 植民地米 ⇨外地米《がいちまい》

じょくんじょうれい 叙勲条例 栄典の一つである勲章の授与基準について定めた法。明治十六年(一八八三)一月四日制定。叙勲条例は、「叙勲条例ハ文武官ノ勲労アル者ヲ叙シ及ヒ進級セシムルノ例」(第一条)を定める。叙勲手続きは、各庁において本人の履歴明細書を作成し、長官が証認状を副えて毎年一月または八月に賞勲局総裁に申牒した後、賞勲局総裁が検閲審査し議定官会議においてその当否を議定して上奏することとされた。初叙は、勅任官が勲三等、奏任官は勲六等、判任官以下は勲八等よりとされたが、勲労年数により一定の範囲で進級することが可能であった。なお、勲章授与式は毎年四月と十一月と定められた。明治二十一年(一八八八)九月に閣令第一五号をもって廃止された。同日、文武官勲章内則及取扱手続が代わりに定められたが、同二十五年十二月に全文改正されて叙勲内則となった。 →位階勲等《いかいくんとう》

参考文献 総理府賞勲局編『勲章百年の歩み—附・栄典事務提要—』(一九七四、行政通信社) (小野 博司)

じょこう 女工 雇用され、工場や作業場で労働に従事する女性。工女ともいう。雇用されて働く女性は明治期以前にも見られたが、繊維産業を中心とする工業化の進展により、その数は急増した。明治三十五年(一九〇二)末現在、職工十人以上の工場で働く職工数は表のとおりであり、職工総数の六割以上を女性が占めていた。製糸業や織物業では職工十人未満の小規模経営で働く職工も多かったが、それでも繊維産業で働く女工は全体の七五%を占めた。もちろん、女性の圧倒的多数は第一次産業や商業などの自営業部門で就労する家族従業者であり、第二次産業を中心とする雇用女性労働者は少数であったが、工場で働く彼女らが日本の工業化を担っていたことになる。その多くは製糸業で繰糸に従事する製糸女工であった。日本製糸業は、世界生糸市場の変化に伴う対米輸出の拡大により、一八八〇年代半ば以降急速な発展を遂げた。当初は窮迫した士族の子女らが多く従事したが、明治十年(一八七七)以降になると貧農の子女が中心となり、その賃金はきわめて低く、口減らしか家計補助の役割を担う程度であった。長野県を中心に器械製糸業が急速な発展を遂げると、必要な労働力を確保するため、遠隔地からの募集が行われるようになり、寄宿舎を設けることが一般化した。もともと製糸業では年間の操業期間が限られていたため一日の労働時間がきわめて長く、早朝から作業を開始するためには遠方からの通勤は困難であるという事情もあった。製糸業の労働時間は、一日十

工場労働者数(明治35年) (千人)

	総数	男工	女工
染織工場	266	35	231
(製糸業)	(127)	(8)	(119)
(紡績業)	(79)	(16)	(63)
(織物業)	(53)	(7)	(47)
機械工場	34	33	1
化学工場	79	36	43
飲食物工場	30	17	13
雑工場	79	62	17
合 計	488	183	305

農商務省商工局工務課『工場通覧』(明治35年)より

五、六時間に及んだが、女子による二交代制昼夜業を導入した紡績業では一日十二時間を超えることはなかった。とはいえ、深夜業や長時間に及ぶ労働は、寄宿舎の栄養・衛生事情の悪さと相まって、女工の健康を蝕み、定着率を悪化させ、労働生産性の低下を招いた。そのため、女工の定着による熟練度の向上を目指す企業では、寄宿舎の改善や既婚女工の就労支援策を講じるようになり、多くの企業で「福利」政策の導入が進んだ。明治四十年代に入ると、労働環境は大規模経営を中心に一定の改善が見られたものの、中小製糸経営や織物業では依然として劣悪な状況がみられた。また、「福利」政策にはジェンダー規範が強く作用し、農村出身の未婚の若年女子を雇用し、数年間労働に従事させたうえで農村に返すという方針が堅持された。結婚して仕事を離れる方が良いとする価値観は、繊維産業で働く女性を若年者に限定し続けることになった。　→寄宿舎制度《きしゅくしゃせいど》　→工女虐待《こうじょぎゃくたい》　→製糸工《せいしこう》　女同盟罷工《じょどうめいひこう》

[参考文献]『職工事情』上(犬丸義一校訂、『岩波文庫』)、隅谷三喜男「日本賃労働史論—明治前期における労働者階級の形成—」(『隅谷三喜男著作集』一所収、二〇〇三、岩波書店)、ジャネット＝ハンター『日本の工業化と女性労働—戦前期の繊維産業—』(阿部武司・谷本雅之監訳、二〇〇八、有斐閣)

(榎　一江)

じょこうでんしゅうじょ　女工伝習所　明治初年の女子の技術訓練施設。明治新政府は女子に勧業のために新しい技術を訓練させる施設として、明治六年(一八七三)七月一日に工部省工作局勧工寮の中に女工伝習所を設置した。伝習所には英国女教師アダムス＝ミルラーを雇い、月謝を取って、襟袪の装飾や縫箔などの西洋手芸を教え、九月からは生徒に英語も兼学させた。十一月十九日に勧工寮の廃止により製作寮所管となった。ミルラーと生徒が作製したスモーラルット(長腰掛)一脚とユシエン(椅褥)一坐を献納したところ八年六月五日に宮内省より薩摩焼花瓶一対の下賜があった。この月二十五日に規則を改めて月謝を廃止して裁縫用具を官給とした。だが、維持の困難と学制により女子の学校も設立されるようになったため、九年一月二十一日に廃止された。各地に授産と教育のために設置された女紅場とは異なる官設であったが、開設以来入学した伝習生徒は七十六名であった。

[参考文献]『工部省沿革報告』(一八八九、大蔵省)

(佐藤　能丸)

じょこうば　女紅場　⇨にょこうば

しょさんぎけんぽういけんしょ　諸参議憲法意見書　明治十二年(一八七九)十二月から十四年五月にかけて提出された諸参議の憲法(立憲政体)意見書。九年(一八七六)九月に明治天皇が元老院に憲法草案の起草を命じ、政府内部で憲法案作成の動きが本格化した。元老院は一ヵ月後の十月に第一次案(日本国憲按)を作成し、さらに修正を加えて十一年七月に第二次案、十三年七月に第三次案を完成させ、十二月に天皇に提出したが不採択となった。元老院で作業が進められていた十二年六月、元老院議長有栖川宮熾仁《ありすがわのみやたるひと》親王は参議山県有朋に立憲政体に関する意見を求め、山県は十二月に意見書を提出した。山県は、憲法はいずれ制定しなければならないが時期尚早であり、まずは府県会中から徳識者を選出して特選議会を設立し、そこで憲法の条件や立法事項を審議して数年の経験を経た後民会とし、民会により憲法制定に向かうべきであると主張した。この山県意見書を契機として、右大臣岩倉具視が太政大臣三条実美に対し、各参議に意見を求めて憲法制定方針を確立すべきであると具申し、山県にならいほかの参議にも意見が求められた。以後、黒田清隆・山田顕義《やまだあきよし》・井上馨・伊藤博文・大隈重信・大木喬任《おおきたかとう》の六参議が提出した。十三年二月十二日、黒田清隆が三条・岩倉に提出した。黒田意見書は、民間における国会開設運動は、五箇条誓文や漸次立憲政体の詔および府県会の開設などを口実としているが、実態は不平を持つ人々による政府への抵抗運動でしかなく、その主張も生半可な欧米知識によるものである。こうした状況での国会開設は時期尚早であり、民間の要求は断然排斥して後年をまつべきである。今日なすべきことは、国会に先立って民法・刑法を整備し、学校教育に操練を導入し、農商務省を新設して農業をはじめとする諸産業を振興させることである。全国民が競って産業に従事するようになれば、不平無頼の徒による運動も鎮静化し、実用の人材が輩出するようになる。この時において国会を開くことで遅いことはない。黒田意見書提出後の二月二十八日、三条・岩倉と左大臣兼元老院議長有栖川宮熾仁親王の三大臣は協議し、国体に基づく憲法を早急に制定することを確認した。その後、六月に山田顕義が提出した。山田意見書は、政府は五箇条誓文以来立憲政体に向けた政策を実施しているので、国民から参政権を求める理はないが、専制政治は弊害があるので古来の慣習と現時の勢いを参酌し、次の四点について国民に参政権を与えるべきであるとする。国民一般権利に関する法律議定、租税徴収および費用報告書の検査、費用予算書の検査、府県境の変換。こうして憲法を仮定して四、五年間は元老院と地方官会議で試みて可否を考究し、その後に憲法を確定して布告すべきである。続いて七月には井上馨が岩倉に提出した。井上意見書は、国会開設運動という世論に従って国会を開き政府組織を一変しなければならないという。しかし、それには順序や準備が必要である。まず民法を編纂し、ついで憲法を制定して皇室・政府・国民の権限を明確にし、その後に国会を開設すべきである。そして、民法・憲法制定の準備として上議院の設立を主張する。元老院を廃して上議院を設け、議員は華士族(公選と勅選)と平民(学識者と国家勲功者から勅選)で構成し、予算・法律の議定権を与える。そして、民法・憲法は内閣委員が起草し、その草案を上議院で議決するが、議論が分かれた場合は天皇の裁定によって決定するものとし、国会開設

運動が主張する下議院の審議にかけるべきではない。そして十二月十四日には伊藤博文が提出した。伊藤意見書は、士族の不満の高まりやヨーロッパ革命思想の流入という現状に対し次の三策を提起する。第一は、元老院議官を華士族から公選し、法律案の審議にあたらせる。これにより士族を政府につなぎとめて皇室の輔翼とすることができる。第二は、府県会議員から公選検査官を選出して財政公開の道を開き、立憲政治の初歩とする。第三は、憲法制定は天皇の専有権限であり、国民が議論することではないので、立憲政体樹立の詔勅を出して政府の方針を国民に明示する。十四年に入り三月、大隈重信が有栖川宮熾仁親王に提出した。大隈意見書は、国会開設運動に先手を打つ政府主導の欽定憲法論であるが、十四年に憲法を制定して十六年に国会を開設するとし、さらにイギリス流の政党内閣制の導入を提案した。その後、五月に大木喬任が最後に提出した。大木意見書は世界に比類のない日本の国体に合う憲法を制定し、国会開設の時期を公示すべきであると主張する。ヨーロッパの学説が政体を君主独裁、君民同治、共和政治と区分しているが、これらは日本に適用できないとして独自憲法の必要性を説いている。しかし、具体的な内容や国会開設時期は明示されていない。以上の諸参議のなかでは、大隈意見書が突出していた。その特徴は急進性と政党内閣制論であり、これが明治十四年の政変を引き起すことになった。→大隈重信国会開設奏議《おおくましげのぶこっかいかいせつそうぎ》

参考文献　多田好問編『岩倉公実記』下（『明治百年史叢書』六八、一九六八、原書房）、稲田正次『明治憲法成立史』上（一九六〇、有斐閣）　（勝田　政治）

じょさんぷ　助産婦　分娩を助ける婦人。明治七年（一八七四）八月の医制では「産婆は四十歳以上」と日本の伝統的な通念で規定されていたが、初期より産婆学校の入学年齢は二十歳以上と、若い女性が資格をもつようになっており、産婆名称への違和感は早くから発生していた。『佐賀新聞』は、明治三十二年（一八九九）七月唐津養生院に「助産婦学校」が設立されたと報道している。助産婦という語は、このように明治中後期より産婆の新語として一般化していった。ドイツ語の Geburtshelferin の訳語だといわれている。しかしながら法律用語として定着するのは昭和期になってからであり、昭和十七年（一九四二）二月法律第七〇号国民医療法の中で助産婦の名が保健婦・看護婦とならび医療関係者として出された。二十二年（一九四七）五月勅令第一八八号により助産婦規則が制定されたが、それは従来の産婆規則の内容がほとんど改められないままのものであった。→産婆《さんば》

参考文献　厚生省医務局編『医制百年史』（一九七六、ぎょうせい）　（宮地　正人）

じょしえいがくじゅく　女子英学塾　明治時代後期に設立された女子高等教育機関。津田塾大学の前身。女性の英語教師の養成を目的として明治三十三年（一九〇〇）に、津田梅子により設立された。梅子は農学者であった津田仙の次女として生まれ、明治初年の北海道開拓使女子留学生の一人として渡米した。明治十五年（一八八二）に帰国するが、二十二年（一八八九）に再渡米。その後華族女学校と女子高等師範学校で教鞭を執るが、三十三年に両校を辞し、東京市麹町区一番町（千代田区）の六畳二間の借家で開校した。最初の学生は十名であったといわれるがその後は増え、三十五年に麹町区五番町に移転。三十七年に専門学校としての認可を受け、翌年には英語科教員無試験検定の資格が、女子の学校としてははじめて与えられた。梅子がみずからの学校を創設しようとしたことの背景には、明治三十二年二月の高等女学校令と同年八月の私立学校令により女子の中等教育機関としての高等女学校が整備され、私学も女学校設立が可能となったことがあった。女学校の急速な拡大にもかかわらず、そこでの女性教師を養成する機関は女子高等師範学校だけであった。同時に長い米国滞在を経て、日本の女性の地位向上の必要性を感じていた梅子は、女性の英語教師という専門職を養成することで、女性の自立を図ろうとした。塾の教育は単に職業教育に止まらず「全き女性」（オール＝ラウンド＝ウーマン）が目指された。また「家庭的薫陶」と「日夕の温育感化」がモットーとされた。昭和四年（一九二九）に梅子は没するが、七年に小平に新校舎が完成、翌年に津田英学塾と改称した。その後津田専門学校を経て、昭和二十三年（一九四八）に津田塾大学となる。女性の女子高等教育機関として、同時に英語教師養成機関として明治期以来果たしてきた役割は非常に大きい。

女子英学塾（1901年3月）

参考文献　『津田英学塾四十年史』（一九四一）、『津田塾大学百年史』（二〇〇三）　（友野　清文）

じょしきょういく　女子教育　広義には女性に対する教育の制度・思想・実践などを指すが、狭義には男女別学が制度化されていた旧学制下の女子教育機関における学

校教育を指す。なお近年の研究においては「女子教育」と括弧でくくり、従来の「女子教育」研究の枠組みの限界を問い、教育と性差の問題として、あるいは男女の関係性の視点から捉え直す立場もある。明治五年(一八七二)八月の「学制」によって男女の区別を行わない教育の制度が示され(女児小学を除く)、中学校には少数ながら女子生徒も在籍するなど、一部で男女共学が行われた。これは開化期の男女同権の気運の高まりの反映と見られる一方、現実的にこの時期の女子の就学率は男子に比べて著しく低く、女子向けの制度が整備されていなかったためであるとする見方もある。男女別学が制度化されたのは明治十二年(一八七九)九月の教育令第四二条に「男女教場ヲ同クスルコト得ス」と明記されて以降のことである。まず小学校に関しては、明治二十四年(一八九一)十一月の学級編成等ニ関スル規則において、学級編成上可能な場合、公立尋常小学校第三学年以上の児童を別学とすることができるとされた。その後私立学校や高等小学校においても別学が可とされた。また明治三十三年(一九〇〇)八月の小学校令施行規則において尋常小学校第三学年以降女子のみに裁縫が課された。中等教育段階以降は教育令以降完全な別学体制が敷かれた。しかし「学制」公布前後にはすでに女学校の開設が始まっていた。官立の学校としては明治五年東京女学校、開拓使《かいたくし》仮学校《かりがっこう》女学校、公立では同年京都府に新英《しんえい》学校・女紅場(のちに英女学校)、私立では明治三年東京のA六番学校、同年に横浜にフェリス女学校などが開設された。その後女学校は私立学校を中心に増加し、特にキリスト教主義の学校は男子に比べて制度化が遅れていた女子教育の分野に積極的に進出した。しかし男子と比較すると教育令期においても女子の中等教育は振わず、明治十八年の高等女学校数は全国で九校、中学校の生徒数のわずか四%であった。ただし明治十五年以降文部省は徐々に女子中等教育に注目しはじめ、同年東京の女子師範学校に附属高等女学校が開設されるとともに、『文部省年報』において高等女学校についての統計がとられるようになった。また同年文部省は「女子高等普通学科編成方」につき普通学務局通牒を各府県に発し、徳育・情操教育・家事教育に重点をおいた女子中等教育の教育方針を示した。森有礼文相時代(明治十八―二十二年)には国家主義的な立場から女子教育が重視され、また欧化政策が進められた。そのことから欧米的な教育を行う私立女学校、特にキリスト教系の学校がさらに増加した。高等女学校は明治二十四年十二月中学校令改正の際に制度的に簡単に規定されたのを皮切りに、明治二十八年一月高等女学校規程、明治三十二年二月高等女学校令によって中等教育機関として制度的に位置づけられた。これによって府県は府県立の高等女学校を一校は設置することが義務づけられた。高等女学校は女子の「高等普通教育」を行い「良妻賢母」を育成する機関とされ、在学年限は三～五年(明治四十年から四～五年)とされた。ただし男子の中学校と比べて教育内容の程度は低く抑えられ、大学への進学も認められていなかった。文部省は明治三十二年八月に「法令ノ規定アル学校」において宗教教育や宗教儀式を行うことを禁じたいわゆる「訓令一二号」を発し、キリスト教主義の女学校の多くは高等女学校となることができず、各種学校にとどまった。このことはのちに専門学校への進学や文部省教員検定受検に関してこれらの学校に大きな制約を加えることとなった。ところで当時の高等女学校生徒の一ヵ月の最低必要経費は通学生で二円五十銭、寄宿舎生で六円五十銭前後であった。したがって高等女学校やそれに類する各種学校への進学の機会は事実上女性の教育に熱心で比較的富裕な層に限られていた。生徒の出身階層は士族層・専門職・近代的なホワイトカラー・進歩的な考えを持った地主や商家の家庭が多かった。明治四十四年(一九一一)「主トシテ家政ニ関スル学科目」を教授する学校として実科高等女学校の制度が作られた。入学資格や修業年限は多様であり、主として農村における高等女学校の普及に貢献した。明治四十年代には公立高等女学校の数が増え、明治三十八年の八十八校から、明治四十三年の百四十五校となった。師範学校教育については、児童の教育には女性が適当であるという「天分論」に基づいて明治八年東京に官立女子師範学校、公立の石川県女子師範学校が開設された。しかし明治十八年財政困窮から独立した女子師範学校は一時期姿を消し、師範学校の女子部として存続した。明治二十三年東京女子高等師範学校が再び独立し、女子師範学校および高等女学校教員の養成にあたった。明治四十一年には奈良女子高等師範学校が開設され、独立した女子師範学校も明治三十三年から再開された。学資が支給される女子師範学校は高等女学校進学が困難な階層から生徒を集めた。旧学制下では女子の大学入学や女子大学の設置は認められていなかったため、進学希望の生徒は明治三十六年三月の専門学校令に基づいた専門学校や各種学校の専攻科などへ進んだ。代表的な専門学校に日本女子大学校・東京女子医学専門学校・女子美術学校などがあった。このように明治期の女子教育は初期を除いて男女別学体制のもと性別による制限の大きなものであった。

参考文献 国立教育研究所『日本近代教育百年史』三・四(一九七四)、小山静子『良妻賢母という規範』(一九九一、勁草書房)、高等女学校研究会『高等女学校の研究―制度的沿革と設立過程―』(一九九四、大空社)、水野真知子『高等女学校の研究―女子教育改革史の視座から―』上・下(二〇〇九、野間教育研究所)

(桑田 直子)

じょしこうかんしゅ 女子交換手 女性が務めた電話の交換手。日本で電話が開通したのは明治二十三年(一八九〇)。東京で百七十五人、横浜で四十五人の加入者で始まり、交換手は東京で十一人、横浜で九人採用され、女性は九人であった。当初は女性のみ採用予定だったが、夜勤があり女性の職業として理解が得られなかった。採用

女子交換手

された女性は全て未婚者で士族籍を持つ逓信省の役人の娘。「官員さん」と呼ばれ、桃割れや高島田に結って人力車で通い、中流階級の先進的な職業として話題になる。日給十五銭。電話の需要が増えるにつれ、神経を集中して相手の声を聞き取り、敏速に手先を動かしながらの応対は女性に向いているとして女性の割合が増え、同三十四年(一九〇一)には男性交換手が廃止されて女性専用の職業になった。この年からは門戸を開放して一般から公募し、東京だけで八十四人が応募、十四人が選ばれた。三十九年からは十八年以上の勤続者に叙勲の道が開かれ、恩給もつくことから、手堅い職業として三十年、四十年という永年勤続者が出る。

参考文献　西清子『職業婦人の五十年』(一九五五、日本評論新社)、村上信彦『明治女性史』中巻後篇(一九七一、理論社)

(江刺　昭子)

じょしこうとうしはんがっこう　女子高等師範学校　昭和二十二年(一九四七)四月に学校教育法が施行されるまで存続した中等学校の女子教員の養成機関。明治五年(一八七二)八月の「学制」発布以降、小学校に就学する男女児童が次第に増加する中で、女子教育を振興する上から女子教員の養成が課題となり、七年一月文部少輔田中不二麻呂が太政大臣に女子師範学校設立の建議を提出し、同年三月東京府に官立女子師範学校設立の件が布達され、八年十一月に開校式が行われた。先行して作られた官立の東京師範学校と比較すると、入学資格・修業年限・教授内容などにおいていずれも異なっていたが、何よりも目的として「育幼ノ責ニ任スル者ヲ養成スル所」と規定され、女性の天分論的観点から女児教育にあたる教員の養成が説かれた点に特色があった。明治九年にはわが国最初の幼稚園が付設され、十一年(一八七八)には「保姆」養成のための保姆練習科が設置された。明治十五年にはわが国最初の高等女学校も付設された。明治十八年八月には本校および附属校園一切が東京師範学校に合併され、東京師範学校女子部となった。明治十九年四月の師範学校令に基づいて、東京師範学校が高等師範学校になると同時に高等師範学校女子部となった。明治二十三年(一八九〇)三月独立して女子高等師範学校となり、女子師範学校・高等女学校および小学校の教員・幼稚園保姆を養成する所と規定された。明治四十一年(一九〇八)三月、奈良女子高等師範学校が増設され、これに伴い、従来の女子高等師範学校は東京女子高等師範学校と改称された。昭和二十年三月に広島に女子高等師範学校が設置され、戦後の学制改革時には全国に三校の女子高等師範学校が存在していた。戦後その三校は、新制大学の母体となった。広島女子高等師範学校は広島文理科大学とともに広島大学に昇格・合併された。東京と奈良の女子高等師範学校は、それぞれ単独に昇格し、お茶の水女子大学、奈良女子大学となった。　→高等師範学校《こうとうしはんがっこう》　→女《じょ》教員《きょういん》　→東京女子高等師範学校《とうきょうじょしこうとうしはんがっこう》　→奈良女子高等師範学校《ならじょしこうとうしはんがっこう》

参考文献　『日本近代教育百年史』三―五(一九七四、国立教育研究所)、中内敏夫・川合章編『教員養成の歴史と構造』(『日本の教師』六、一九七四、明治図書)

(船寄　俊雄)

じょしせいだんえんぜつ　女子政談演説　明治時代前期に女性が行なった政治演説。明治九年(一八七六)十一月東京女子師範学校での演説会が女子演説のはじめとされるが、政談演説ではない。文字通りの女子政談演説のはじめがいつかは判然としない。早いのは明治十三年(一八八〇)三月新潟県新発田《しばた》で吉田ハマ、十四年九月同県柏崎で西巻開耶《にしまきさくや》、十五年二月同県板屋沢村(村上市)で加藤敏子、三月大分県中津で巡査の妻、十月高知県吾川郡で大原千歳などで、それぞれ民権派の集会で男女同権などを主張。本格的な演説家は明治十五年四月立憲政党の演説会で「婦女の道」を演説した岸田俊子。以後各地を遊説するが、十六年十月滋賀県大津での演説が集会条例違反に問われ入獄。このころには各地で女子政談演説が増加、広がりを恐れた政府は明治二十年(一八八七)内務省内達で女子と未成年者の政談演説を禁止。翌年四月東京の福岡てる子が政談演説の計画を警察に届けて不許可になった。二十三年七月に集会及政社法が公布、女性の政談演説禁止が明文化された。　→集会及政社法《しゅうかいおよびせいしゃほう》　→女性《じょせい》と政《せい》談傍聴《だんぼうちょう》　→女性の政治運動禁止《じょせいのせいじうんどうきんし》

参考文献　関口すみ子「演説する女たち」一―五(『未来』三九六・三九九・四〇一・四〇六・四〇七、一九九九―二〇〇〇)、大木基子『自由民権運動と女性』(二〇〇三、ドメス出版)

(江刺　昭子)

じょしびじゅつがっこう　女子美術学校　明治三十三年(一九〇〇)に設立され、翌年本郷弓町(東京都文京区)に開校した女子の美術学校。現在の女子美術大学に続く。第二次大戦前、女子の専門的な美術学校としては唯一永続し、女子美術教育機関として多数の美術家・図画教員を輩出し、また美術を普及させた功績は大きい。昭和四

年(一九二九)には専門学校に昇格した。女子教育家の横井玉子、東京美術学校教授の藤田文蔵《ふじたぶんぞう》たちによって設立された。設立時には、日本画・西洋画・彫塑・蒔絵・刺繡・造花・編物・裁縫の八科があった。開校後すぐに経営危機に陥り、明治三十五年一月、医学者でのちの男爵佐藤進の夫人志津《しづ》に経営が譲られた。四十一年(一九〇八)に火災で全焼したものの、翌年本郷菊坂に新校舎を建て移転した。明治期の教員として日本画科に端舘紫川《はしだてしせん》、西洋画科に磯野吉雄、また美学・美術史担当に岩村透《いわむらとおる》・紀淑雄《きのよしお》などがいた。卒業生は裁縫科が多いが、明治期の西洋画科に亀高文子・犬塚絹子・埴原和代、日本画科に山脇敏子などのちに名を知られた卒業生がいる。

参考文献 『女子美術大学八十年史』(一九八〇)

(金子 一夫)

じょしびじゅつだいがく 女子美術大学 ⇩女子美術学校《じょしびじゅつがっこう》

しょじゃくかん 書籍館 わが国最初の官立有料公開図書館。明治五年(一八七二)八月一日、湯島聖堂内に開館した。文部省博物局の設立になる。博物局はこのころ、博物館・動物園・植物園・図書館(書籍館)からなる一大総合博物館の建設を構想しており、書籍館はその一環として設立されたものである。聖堂内の旧大学講堂がこれに充てられた。蔵書は旧昌平黌《しょうへいこう》から引き継いだ漢籍(昌平坂学問所本)、和学講談所の和書(和学講談所本)、医学館や開成所の洋書がその基礎となっており、七年十二月現在の蔵書数は国書、漢籍、英書、蘭書、合わせて十一万冊であった。書籍館書冊借覧規則によれば、大祭日節句を除いて毎日開館し、閲覧時間は朝八時から夕四時まで。書籍は甲乙二部に分け、甲部は世に稀なる品ならびに高等学者用の専門書、乙部は初学者ならびに普通向きとした。閲覧料は前納制で、半月以下・一月・半年・一年に区分し逓減方式をとり、半月以下の場合、甲部新貨三十銭・乙部同十五銭、一年の場合甲部新貨三円・乙部同二円半であった。六年三月、組織変更により、博物局とともに文部省を離れ太政官正院博覧会事務局の管理下に属した。また、建物と敷地が地方官会議の会場に予定されたため、七年七月大蔵省が管理する浅草八番堀旧米倉跡(東京都台東区蔵前一丁目)へ移転、同八月浅草文庫と改称した。蔵書は、浅草文庫閉鎖後曲折はあったが、昌平坂学問所本・和学講談所本をはじめ、現在その大部分が国立公文書館内閣文庫に収蔵されている。なお、書籍館の浅草移転後、同じ湯島聖堂内において八年五月十七日、文部省の手によって東京書籍館が開館しているが、これはその後、東京府書籍館、東京図書館、帝国図書館を経て現在の国立国会図書館へと繫がっていく。→浅草文庫《あさくさぶんこ》 →帝国図書館《ていこくとしょかん》 →東京府書籍館《とうきょうふしょじゃくかん》

参考文献 『上野図書館八十年略史』(一九五三)、『東京国立博物館百年史』(一九七三)、国立公文書館編『内閣文庫百年史』(一九八五、汲古書院)

(白石 弘之)

しょじょかい 処女会 明治大正期の女子青年の修養団体。主に農漁村で小学校卒業から結婚前の女性を組織した。処女会発生の時期は明らかではないが日露戦時期から戊申詔書の発布(明治四十一年(一九〇八))後、地方改良運動の一環として地域婦人会・青年会の結成に並行して各地で組織化が進んだ。少女会・女子会など名称はさまざまであったが小学校同窓・同級者を単位に生まれたものが多い。年齢の下限は十二～十四歳、上限は二十～二十五歳と規定しているところもあるが多くは小学校卒業後から結婚前の女性を対象としその教育・修養を目的とした。活動の内容は補習教育、裁縫・手芸、講演会、講習会、生活改善、副業奨励など多岐にわたり、小学校長、教員、僧侶、地域の名望家などとその妻や、婦人会員たちが指導にあたった。なかには夜学会や農閑期の学習会という小規模のものもあったが、これを通じて農漁村の女子青年が将来の主婦としての知識・技能をみがき婦徳《ふとく》の涵養《かんよう》をはかることを目的とした。静岡県賀茂郡稲《いな》取《とり》村(東伊豆町)や広島県賀茂郡広《ひろ》村(呉市)の処女会は会則を持って活動し模範例として知られた。稲取村では女子の徳行を進め家事経済看護育児に励むことを、広村では教育勅語の趣旨を遵奉し婦徳の修養、女子に必要な知識技術を増進することを掲げている。静岡県庵原《いはら》郡庵原村(静岡市)で代用教員を務めながら処女会の育成を始めた天野藤男は文部省嘱託として全国の処女会の普及に努めた。大正に入ると内務省・文部省が処女会に対し積極的な指導と調査を行うようになり、大正七年(一九一八)には山脇房子・鳩山春子をはじめ主要な女子教育家や天野藤男を理事に全国的な連絡機関としての処女会中央部がつくられた。女性解放運動の高揚や労働組合による女子労働者の組織化が起ると処女会はこれらへの対抗の姿勢を強め、工場にも働きかけ、大正八年、富士瓦斯紡績保土ヶ谷工場に最初の工場処女会が結成された。このころになると女子青年の修養や補習教育にとどまらず家を守る女性の役割など伝統的な女性観が強調されるようになった。大正十五年(一九二六)には女子青年団と改名、翌昭和二年(一九二七)には大日本女子青年団となる。

参考文献 千野陽一『近代日本婦人教育史―体制内婦人団体の形成過程を中心に―』(一九七九、ドメス出版)、渡辺洋子『近代日本女子社会教育成立史―処女会の全国組織化と指導思想―』(一九九七、明石書店)

(永原 和子)

じょしりゅうがくせい 女子留学生 明治四年(一八七一)開拓使から米国に派遣された日本初の官費女子留学生。派遣の構想を提案し具体化したのは、明治政府が同二年に当時蝦夷《えぞ》と呼ばれていた北海道の開拓事業を推進する目的で設立した開拓使。開拓次官に任命された黒田清隆は同四年欧米に開拓事業の視察に行き、とりわけ米国女性の社会的地位の高さに感銘を受ける。女子教育の重要性を痛感する黒田に、ワシントンの日本弁務使館に勤務する少弁務使森有礼も賛同する。黒田は帰国後政府に提

女子留学生

出した建議書の中で、人材の育成には学術のある母親が不可欠であることを示唆する賢母論を展開し、女学校の設立とともに女子留学生の欧米への派遣を発案。岩倉使節団を特命全権大使として率いる岩倉具視も支持したので急遽女子留学生を募集する運びとなるが、第一回目の募集では希望者がおらず、第二回目の急募で、吉益亮子《よしますりょうこ》(満十四歳)・上田貞子《うえだていこ》(満十四歳)・山川捨松《やまかわすてまつ》(満十一歳)・永井繁子《ながいしげこ》(満八歳)・津田梅子《つだうめこ》(満六歳)が応募する(年齢は日本出国時点)。応募者は旧幕臣出身で、海外事情に通じた父や兄たちが志願に積極的だった。五名は岩倉使節団とともに同四年横浜から渡米。初期の受け入れは、日本の教育について多分野の米国知識人から助言を受け、『日本の教育』Education in Japan(明治六年)という書物にまとめていた森が後見人として担当。健康上の理由から一年で帰国する吉益と上田を除く三名の受け入れ家庭を探す。捨松はコネティカット州ニューヘイブン在住のレナード＝ベーコン牧師宅、繁子は同州フェアヘイブン在住のジョン＝アボット牧師宅、梅子はワシントンで森の秘書を務めた知日家チャールズ＝ランマン宅と、三少女とも知識階層の家庭に託される。両牧師は影響力のある著書を残すなどして奴隷制廃止論や女子教育の改革にも関わりが深い。捨松と繁子はそれぞれヒルハウス高等学校、アボット＝スクールを卒業後、ヴァッサー大学に学び、梅子はスティーブンソン＝セミナリー、アーチャー＝インスティテュートに学ぶ。繁子は明治十四年(一八八一)に、捨松と梅子は同十五年に約十一年の留学生活を終え帰国する。同年開拓使は捨松と梅子の帰国前に廃止される。帰国後は、職業や結婚において三者三様の道を歩むも女子留学生「トリオ」として生涯互いを支えあい、慈善活動・音楽教育・英語教育の分野において、さらに日本女性の教育と地位向上に顕著な足跡を残す。→瓜《う》生繁《りゅうしげ》　→大山捨松《おおやますてまつ》　→津田梅子《つだうめこ》

参考文献　久野明子『鹿鳴館の貴婦人大山捨松―日本初の女子留学生―』(一九八八、中央公論社)、飯野正子・亀田帛子・髙橋裕子編『津田梅子を支えた人びと』(二〇〇〇、有斐閣)、髙橋裕子『津田梅子の社会史』(二〇〇二、玉川大学出版部)、生田澄江『舞踏への勧誘―日本最初の女子留学生永井繁子の生涯―』(二〇〇三、文芸社)

(髙橋　裕子)

しょせい　書生　明治時代の高等教育在学生、学問をしている若者の呼称。「書生」は慶応三年(一八六七)の平文編訳『和英語林集成』に A pupil, scholar, student、明治十三年(一八八〇)の徳山純編『伊呂波分漢語字引』に「ガクモンノシギヤウニン」、二十四年(一八九一)の大槻文彦『言海』に「書ヲ読ミ学ブ人。学業ヲ習フ者」、三十一年(一八九八)の落合直文『言葉の泉』に「学業を習ふものの称。人の家の食客となりて、暇ある時に学問をするわかもの」、四十四年(一九一一)の金沢庄三郎編『辞林』に「未だ官に就かず又は職に就かずして、勉学の時期にある人。学生。かたはら家事を手伝ひかたはら学問する食客」などとあり、「本を読む人、学生の意味であったが、明治時代に入って、家事の手伝いをしながら学問する食客の意味に転じた」(惣郷正明・飛田良文編『明治のことば辞典』、昭和六十一年、東京堂出版)という言葉である。「書生」の語は江戸期の徳川幕府の昌平坂学問所(昌平黌)に全国より遊学してきた各藩の藩士・浪人・処士を収容した書生寮があったように、「書生」とは学問をする若者の意味として使われていた。明治の文明開化期の新聞にも、「森有礼君ハ、先年ヨリ書生ヲ家ニ食ヒ、常ニ書生ヲ食フノ楽ハ妾ヲ蓄フニ勝ルト言ハレシ由」(『評論新聞』明治九年五月)とみえているが、この時期の書生は「年の比二十か二十一二なる一客、手に書籍なるべき小さき風呂敷包を持、めいせんの衣に、紫縮緬《ちりめん》のへこ帯を〆め、手拭を帯に挟み、山桐の角下駄をはきて入り来れるは、問はずと知れし或塾の書生なるべし」(岡三慶『今昔較』、九年)のような姿であった。明治期の文学作品での描写は実に枚挙に暇なく、末広鉄腸《すえひろてっちょう》が「書生兼玄関番をして、八箇間敷先生の小言を聞くのを辛抱して居るのは、法律の稽古でもして独立の身にならうと思ふからのことである」(『花間鶯』、二十年)と記したり、夏目漱石も「実際書生が代助の様な主人を呼ぶには、先生以外に別段適当な名称がないと云ふことを、書生を置いて見て、代助も始めて悟つたのである」(『それから』、四十二年)と記している。末広はさらに「巡査は(中略)書生風の者に至つては一々其の寄留の町名番地屋敷を尋ねて之を手帳に書き留め、其の官私学校の生徒に非らざるかを反覆聞き質し」(『政治小説)雪中梅』、十九年)と集会条例により学校生徒の政談演説会への参加が禁止されていた描写をしている。このころの「書生」の志は緑山散史の「書生歌」に「国ハ何処ぞ百里外。花の都に程遠し。(中略)立てゝハ堅き志、(中略)きつゝなれにし弊衣、いつかハ飾る綾錦。(中略)身を立て名をバ揚雲雀、鶏の群なる鶴となり、千歳にかをる功績を、立てん心を忘れじな。諸葛もむかし書生なり」(山田武太郎編『新体詞選』、十九年)と詠われ、正岡子規も「婚姻」に「余ハ書生にして女とイチャックを見てハ唾きせんと欲する也」(『筆まかせ』、二十年)と記して

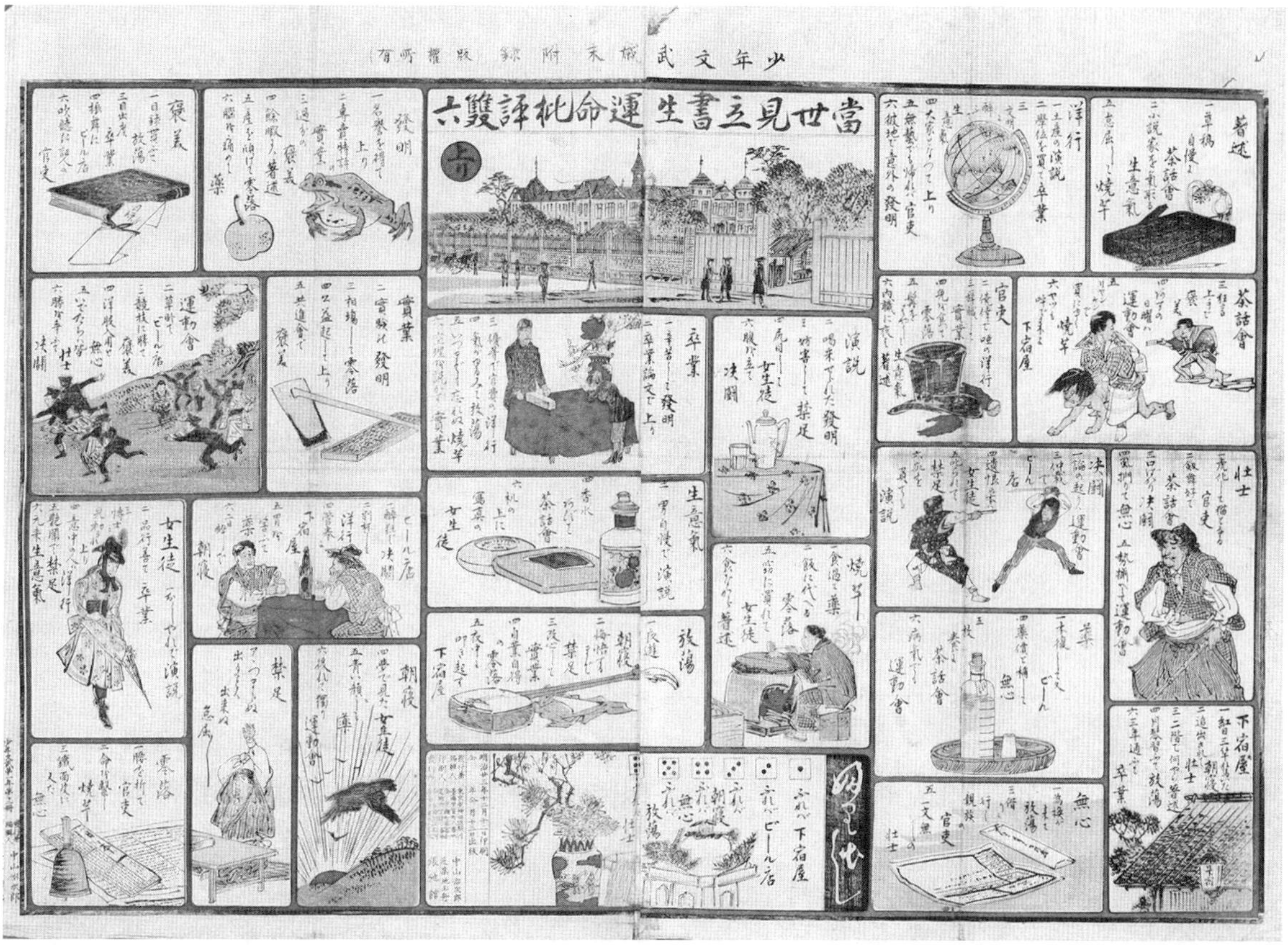

当世見立書生運命批評双六

おり、広津柳浪《ひろつりゅうろう》の『(名物)松原饅頭』(三十七年)にも「渡瀬さんは実に佳い方で、彼様に勉強なさる方は、今の書生さんには滅多にありはしないよ。此まで随分多勢書生さんにも交際つて見たがね、彼位な方は初めてだよ。彼方は屹度出世する方だよ」と、立身出世を目指す勤勉な書生像が示されている。この間に、東京大学出の坪内逍遙の『(一読三歎)当世書生気質』(十八—十九年)が出て、「書生」社会のイメージが瞬く間に広がった。これをうけて内田魯庵《うちだろあん》が「山田美妙大人の小説」で「此頃の新小説家は大抵書生社会にありしもの多ければ此社会の情態を写す事尤も得意なるは怪むべきにあらざれど」(『女学雑誌』、二十一年十一月)と、近代文学誕生への作家の世代交代を指摘している。また、政治青年の「壮士」と「書生」を描写して森鷗外は『ヰタ・セクスアリス』(四十二年)で「三人の客は、壮士と書生の間の子といふ風で、最も壮士らしいのが霽波、最も普通の書生らしいのが安斎である。二人は紺飛白《こんがすり》の綿入に同じ羽織を着てゐる」とも記している。他方、山路愛山は『現代金権史』(四十一年)で「書生」が「官員」へではなく、「岩崎家は又書生を事務に用うるの端を開きたり(中略)之を用ふる場所としては政府の外に良好なる奉公口なく(中略)斯くて荘田平五郎氏も来り、大石正巳氏も来り、犬養毅氏も来り、加藤高明氏も来り政府以外に明治の書生は始めて其棲息すべき他の王国を発見したり」と民間の一流企業への進出を活写している。総じて、明治前半期の「書生」は日本の産業革命の急速な進展以前の、新時代の秩序立った学校や官僚機構の制度・試験の整備期に「書生」から「官員」への「立身出世」を夢見た「書生」群像であって、明治後半から大正期にかけての産業革命の進展とともに顕在化してきたさまざまな歪みや社会問題を目の当たりにしながら高等教育機関に身を置いて、やがて、大正デモクラシー期に、これらを解決する社会運動に邁進していくような「学生」群像とは異なるものであった。

参考文献　墨堤隠士『大臣の書生時代』(一九〇三、大学館)、同『陸海将校の書生時代』(一九〇四、大学館)、鈴木三八男『「昌平黌」物語―幕末の書生寮とその寮生―』(一九七三、斯文会)、中野目徹「書生と官員」(『日本歴史』五三九、一九九三)、八本木浄『近代「書生気質」の変遷史―日本文学に描かれた学生像―』(二〇〇六、丸善プラネット)

(佐藤　能丸)

じょせいかいほううんどう　女性解放運動　政治生活や経済生活、社会生活のなかで、また文化や宗教生活において、さらに家族生活その他の私的人間関係のなかで、女性が女性ゆえに、あるいは性別役割分業の体制によって受けている社会的抑圧、男女不平等な両性関係を改善また改革、さらに廃止することによって、女性が個人として自由と平等を実現しようとするさまざまな主張・思想および運動。近代の国家および社会の形成は、いずれの国家においても政治・社会の領域では男権・男性支配が、私的領域の家族では夫権・夫の支配が基礎にある。そのため女性は政治運営から排除され、財産所有も制限され、高等教育の機会をもたなかった。私領域に配置された女性は補助「国民」として位置づけられた。西欧諸国が廃止ないしは制約した君主権力を再編した天皇制と立憲議会制の二重構造をもつ日本の近代化は、西欧諸国に共通する男女両性の不平等規定の上に他のファクターを付け加え、女性の生活に深い影響を与えた。たとえば、西洋諸国と対峙する基盤である万世一系の万国無類の国体を保障する、皇室典範(明治二十二年(一八八九)制定)第四条の庶子をふくむ男系の男子による皇位継承規定は、統治権を総攬する天皇の待妃制(側室制)を近代国家の基本法において是認するものであった。明治三十一年(一八九八)民法は幕藩体制の軌軸であった家督単独相続制を存続させると同時に家督財産を資本制経済に対応させて個人財産としたが、家督継承者を保障するために庶男子による相続制を導入した。さらに戸主を中心とする国(臣民の家族のまとまりが、天皇を頂点とする国家のまとまりの土台であるとした国民道徳の規範(教育勅語、家族国家観)を創出した。これらのことは天皇および一般国民男性の放縦な性関係と女性の性の蔑視を公娼制の再編・存続と相まって日本近代に刻印したことを意味し、また家督相続制は、夫権を伴う夫妻中心の近代家族と並行して、見合い結婚をし、夫の家に入家する妻＝嫁と舅姑との関係が夫妻関係に優先し、妻を「家」の嫁として拘束した。女性の具体的な権利にかんして、政治領域では女性は国政および地方政治の(被)選挙権を付与されず、さらに政治結社への加入や政談演説会の主催と参加を否定され(集会及政社法・治安警察法)、政治にかかわる新聞・雑誌発行の禁止(新聞紙条例)など、請願権およびキリスト教婦人矯風会や自由民権運動によって実現した国会傍聴権を除いて、ほとんどの政治活動が否定された。専門・大学教育も否定された。さらに経済行為にかんして妻の訴訟権もなく、妻のみに科罰される姦通罪、嫡出女子に先行する庶男子の家督相続権、夫が管理する妻所有の財産、妻姦通の事実・夫姦淫罪という裁判離婚における夫妻の事由の相違、夫単独による庶子認知・入籍は、妻を劣位においた。また柔和、忍耐、従順などの道徳を含む日本的良妻賢母教育が女学校で行われた。このような環境のなかでどのような女性解放運動が明治期に生まれ、展開しただろうか。一夫一婦制の確立は幕末期に福沢諭吉によって主張されて以来明治期に一貫して追求された。幕末期の女性解放論から、明治四十四年(一九一一)に平塚らいてうたちが一人の人間として覚醒し、前進することを宣言した『青鞜』の発刊まで五十年弱の間に誕生し、展開した女性解放運動の概略はつぎのようなものである。政治領域においては幕末に野村望東尼《のむらもとに》、松尾多勢子《まつおたせこ》、黒《くろ》沢登幾《さわとき》など尊王攘夷運動に加わる女性たちが存在した。明治期になって一八八〇年前後から二十県をこえる地域の女性たちが、自由民権運動の政治演説会に参加・演説し、また演説会を主催した。さらに岡山女子懇談会など女性の民権団体を結成し、自由党に加入する女性たちも存在した。楠瀬喜多、岸田(中島)俊子、景山(福田)英子、清水(古在)豊子らが民権女性として名高い。彼女たちは男性民権家が言及しない教育、政治参加など女性の権利を要求した。こうした女性の政治活動は明治二十三年七月の集会及政社法、明治三十三年三月制定の治安警察法第五条一・二項によって禁止された。明治三十八年から社会主義の団体平民社の女性たち、福田英子らが行なった治警法改正の運動は、『青鞜』の流れをくむ新婦人協会の運動によって政談演説会への参加のみが大正十一年(一九二二)に実現した。近代産業発展の主要な担い手である女性労働の分野では、雨宮製糸工場や天満紡績工場など繊維工場で働く女性たちによって賃下げなどに反対する争議が一八八〇年代後半から展開した。男性と平等な専門教育・資格を求める動向は荻野吟子がはじめて医師開業試験受験資格を明治十七年(一八八四)に獲得し、翌年医師資格を得たのち、女性医師が漸増していく。私領域では、男女によって異なる性の対立規範に対して男性の品行批判が、つぎに日本キリスト教婦人矯風会による一夫一婦制請願が、また廃娼運動が救世軍・廓清会とともに展開される。理想的な女性のライフサイクル―女学校卒・見合い結婚・妊娠・出産・育児・介護―にたいする女性の異議申し立てが、文学作品、その他を通じて一九〇〇年前後から広がり、これらの「新しき女たち」を背景に『青鞜』が発刊される。

参考文献　丸岡秀子『婦人思想形成史ノート』上(一九七五、ドメス出版)、千野陽一『近代日本婦人教育史―体制内婦人団体の形成過程を中心に―』(一九七九、ドメス出版)、外崎光弘『日本婦人論史』上・下(一九八六・八六、ドメス出版)、児島恭子・早川紀代編『女性史の視座』(総合女性史研究会編『日本女性史論集』一、一九九七、吉川弘文館)、金子幸子『近代日本女性論の系譜』(一九九九、不二出版)、

早川紀代『近代天皇制と国民国家―両性関係を軸として―』(二〇〇五、青木書店)　(早川　紀代)

しょせいしばい　書生芝居　⇩壮士芝居《そうししばい》

じょせいしょう　徐世昌　Xu Shichang　一八五五―一九三九　清末民初の文官、中華民国第四代大総統。一八五五年生まれ。直隷省天津県出身。字は卜五、号は菊人、退耕老人など。河南省各地で下級官吏を務めていた青年時代に、地元の名家出身である袁世凱と親交を結び、その援助で八六年に科挙の最高資格である進士に及第。日清戦争後、袁に招かれて営務処参謀など軍務の幕僚ポストを歴任。実績が評価されて新政の最前線に躍進し、巡警部尚書、民政部尚書、東三省総督、郵伝部尚書など中央・地方の新設官庁の長官を相ついで務めた。革命後も袁の筆頭ブレーン(国務卿)として帝政取り消し(一九一六年)まで補佐し、没後の一八年にはみずから大総統にも就任したが、二二年、第一次奉直戦争に勝利した直隷派に迫られて辞任し、天津に引退。三九年六月六日、同地で没。八十五歳。編著書『東三省政略』『退耕堂政書』など。

徐　世　昌

参考文献　沈雲竜『徐世昌評伝』(一九七四、伝記文学社、台北)　(瀧谷　由里)

じょぜいち　除税地　明治六年(一八七三)三月二十五日太政官布告第一一四号地所名称区別において設定された地目の一つ。同布告では、地券を発行するか否か、および租税を負担するか否かを基準に、土地を八種類に分けた。地券を発行せず、地租を負担しない土地として、皇宮地・神地・除税地の三種類を設けたが、そのうち除税地は、「市街郡村ニ属スル埋葬地制札場行刑場道路堤塘及ヒ郷社寺院ノ類」をいうとされた。除税地は、地券を発行しないが地方庁の帳簿に面積が記載されることとした。明治七年十一月七日の太政官布告第一二〇号地所名称区別改正によって、除税地も官有地もしくは民有地のいずれかに分類されることになり、この名称は消滅した。

参考文献　北条浩『入会の法社会学』上(二〇〇〇、御茶の水書房)　(矢野　達雄)

じょせいとせいだんぼうちょう　女性と政談傍聴　明治時代前期から中期、女性が政談演説を聴いたり議会を傍聴したりすること。自由民権運動の最盛期、女性が政談演説を聴くのは珍しくなかった。高知県で明治十年(一八七七)立志社の公開演説の女性席が狭いという記録があり、すでに女性の傍聴者がいたことがわかる。他地域でも屋外の演説会や懇親会には、参加者以外の男女の見物客がおおぜいいたという。娯楽の少ない当時、大げさな身振りの演説は村芝居に匹敵した。地方では演説会場に民家や寺が使われることが多く、夫とともに参加した妻の姿も民権家の日記に登場する。岸田俊子が演説家として登場後はますます女性の関心が高まった。これに対して政府は、明治二十三年(一八九〇)七月公布の集会及政社法第四条で女子の政談傍聴を禁止した。東京婦人矯風会は司法大臣に建議書を提出、清水紫琴《しみずしきん》は『女学雑誌』誌上で女子が政談集会に参加すると何の不都合があるのか、女子も男子と同様政治に関心をもつ必要があると述べたが、法律は施行された。政談傍聴の権利が回復するのは、大正十一年(一九二二)新婦人協会の運動により、集会及政社法を引き継いだ治安警察法第五条が改正されて以降。議会傍聴で早いのは、明治十一年七月二十日開会の高知県州会に一人の女性が弁当持参で日参したという新聞報道がある。同十二年の東京府神田区会、愛知県会などの地方議会にも女性傍聴人がいる。明治二十三年政府は衆議院規則案第一六五条で女性の帝国議会傍聴を禁止にしたが、女性たちの反対運動で十二月三日公布の衆議院規則から禁止規定が削除された。十二月六日久留島通簡の妻ら三人が貴族院を、九日佐々木しげ子ら三人、十五日西洋人ゲロー姉妹、二十七日反対運動の先頭に立った佐《さ》々城豊寿《さきとよじゅ》と新島八重子が衆議院を傍聴。明治三十年代から始まった女性の政治的権利回復運動は、この傍聴権を活用して進められた。→集会及政社法《しゅうかいおよびせいしゃほう》　→女子政談演説《じょしせいだんえんぜつ》　→婦人参政権運動《ふじんさんせいけんうんどう》

参考文献　鈴木裕子編・解説『日本女性運動資料集成』一(一九九六、不二出版)、大木基子『自由民権運動と女性』(二〇〇三、ドメス出版)　(江刺　昭子)

じょせいのせいじうんどうきんし　女性の政治運動禁止　明治時代前期から中期にかけて、女性が政治演説をしたり聞いたり、政治結社や政党に参加したのに対し、政府が条例や法律で規制したこと。明治十三年(一八八〇)四月制定の集会条例は、自由民権運動の高揚に対応した法律で、政談集会や政治結社の規制が目的。第七条で警察官や教員学校生徒の政談集会合同や政治結社加入を禁じているが、女性は規制対象になっていない。この時期、女性が政治運動にかかわることは政府の想定外だったようだ。したがって女性の集会条例違反例は少ない。十三年十月京都で芸妓三人が警察官に演説会場から外に出されたのは、女紅場《にょこうば》の生徒だったからである。十五年十一月新潟県で西巻開耶《にしまきかいや》の演説に罰金が科されたのは教員身分が理由。岸田俊子が十五年に二度、演説の中止解散命令を受け警察署に召喚されたのは、演説内容が治安を妨害したとする第六条および第一七条違反。十六年十月大津で学術演説と銘打って演説した「函入娘《はこいりむすめ》・婚姻の不完全」が改正集会条例第一六条違反に問われて罰金刑を受けたのは政談演説に及んだため。いずれも女性であることが理由ではないが、岸田の活躍は政府に衝撃を与えた

とみられる。さらに自由党加入者、女性だけの民権結社創立、政談演説をする女性の増加に加え、秩父事件・飯田事件などの武装事件にも女性が参加。特に景山(福田)英子の大阪事件連座が政府の危機感をあおったのか、二十一年(一八八八)内務省の内達で女性の政談演説、二十三年政治結社への加入を制限。同年二月再建自由党への大井ゆき子の加入が不認可になったのは、この内達による。同二十三年七月集会及政社法が公布され、第三条で政談集会の発起人になること、第四条で政談集会への会同、第二五条で結社への加入禁止が明文化された。明治憲法体制は公領域である政治世界から女性を排除したことになる。集会及政社法の禁止規定は明治三十三年(一九〇〇)三月公布の治安警察法第五条にそのまま引き継がれた。→集会及政社法《しゅうかいおよびせいしゃほう》 →女子政談演説《じょしせいだんえんぜつ》 →治安警察法《ちあんけいさつほう》 →婦人参政権運動《ふじんさんせいけんうんどう》

参考文献 市川房枝編集・解説『日本婦人問題資料集成』二(一九七七、ドメス出版)、関口すみ子「演説する女たち・その五―明治二十三年の現実―」(『未来』四〇六、二〇〇〇)、大木基子『自由民権運動と女性』(二〇〇三、ドメス出版)

(江刺　昭子)

じょせいのせいとうかにゅう　女性の政党加入　明治時代前期から中期にかけて、女性が政党や民権結社に参加、あるいは女性だけの民権結社を結成したことを指す。明治十三年(一八八〇)四月制定の集会条例は第二条で政治結社(政党)に社員名簿を警察に届けて許可を受けるよう義務づけた。この規定により許可を受けた女性は、明治十三年十二月現在で嚶鳴社《おうめい》に竹内エイ、十五年十一月までに自由党に渋沢マツ・若林みね・斎藤まき・新井うめ・若林よねの五人。豊橋の村雨のぶも三河自由党員を自称。柏崎の西巻開耶《にしまきかいや》は青年自由党員。自由民権運動の広がりとともに政治結社に準ずる女性の民権結社が各地に誕生。さらに国会開設を前に再興自由党が結成され、女性の政治参加の機運が高まったのに対して政府は、内達で女子の政治結社加入を制限。取締りの裁量権は各地の警察署にあり、足並みはそろっていないが、明治二十三年(一八九〇)二月自由党幹事の天野政立が党員氏名追加認可願を警察署に提出したところ、大井ゆき子のみ認可されず、以後女性の加盟を届け出ても認可しないと口達された。同年七月集会及政社法が公布され、第二五条で結社加入禁止が明文になった。『女学雑誌』は社説「今日の女子、政党に入る可らず」で、男女は同権だが政治上の同権ではないと政府の処置を追認。女性たちからの反対運動もなかったが、衆議院議員植木枝盛は女性も斎しく一国の人民だから結社加入を認めるよう主張し、これを受けて第一回帝国議会で民権派が集会及政社法改正案を提出。これに対し、政府委員清浦奎吾は女子の政党加入は女子の本分に背くことであり、道理上からも国益上からも認められないと答弁。改正案は衆議院で可決されたが貴族院で審議未了、廃案となった。集会及政社法の禁止規定は治安警察法に引き継がれ、女性の政党加入禁止は、アジア・太平洋戦争敗戦後の昭和二十年(一九四五)十一月治安警察法が廃止されるまで続いた。→集会及政社法《しゅうかいおよびせいしゃほう》 →治安警察法《ちあんけいさつほう》 →婦人参政権運動《ふじんさんせいけんうんどう》

参考文献 鈴木裕子編・解説『日本女性運動資料集成一』(一九九六、不二出版)、大木基子『自由民権運動と女性』(二〇〇三、ドメス出版)

(江刺　昭子)

しょせいぶし　書生節　書生が歌う流行歌の総称。国会開設以降でいえば演歌師の歌を指す。別に、「書生書生と軽蔑するな、フランスナポレオンも元は書生」のような歌が明治十四(一八八一)、五年ごろに歌われたと、藤沢《ふじさわ》衛彦《もりひこ》は『はやり唄と小唄』(大正五年刊)に記している。さかのぼって明治三(一八七〇)、四年にも同類の歌があったと、同人は『明治流行歌史』(昭和四年刊)に記す。これらを「書生節」と名付けた記録は目睹したことがないので、藤沢の著書に拠っておく。→演歌《えんか》

(倉田　喜弘)

じょせいみんけんか　女性民権家　自由民権運動に直接、あるいは支援者としてかかわった女性。自由民権運動は男性を中心にした政治運動で、長く政治や社会運動から遠ざけられてきた女性の参加は遅い。男性民権家が要求する自由や諸権利の主体は男性であって、女性も同じ自由や諸権利を要求するには、まず男女同等・同権の主張から始めなければならなかった。その先頭をきった民権家は岸田俊子で、演説と文筆で男女同権を主張し、心ある女性たちの目を覚ました。景山英子は大阪事件に参加することで女も国民の一人として政治に参加すべきという姿勢を示した。西巻開耶《にしまきかいや》は短期間だが民権家の懇親会などで演説した。明治二十年代に入って大同団結運動のなかで登場し、女性を政治から排除した明治憲法体制を演説で、あるいは文筆で批判した清水紫琴《しみずしきん》(古在豊子)・佐々城豊寿《ささきとよじゅ》・山崎竹も民権家といえる。主張がはっきりわかっていないために民権家と断定しにくいが、各地に結成された女性の民権結社の主だった人を挙げる。岡山女子懇親会(岡山県)の津下《つげ》久米・竹内エイ、豊橋婦女協会(愛知県)の村雨のぶ、遠陽婦女自由党(静岡県)の中野いと、仙台女子自由党(宮城県)の成田梅、鹿児島婦女同盟党(鹿児島県)の鈴木島子・吉田八重子、愛甲婦女協会(神奈川県)の天野八重・山川えんらがいる。彼女たちはほとんど男性民権家の母、妻、娘など身内である。区会選挙の投票権を要求したことで知られる高知県の楠瀬喜《くすのせき》多《た》は演説会にもたびたび足を運んでいる。民権家とはいえないが、各地で民権家の演説会や懇親会を聞きに行った女性は多い。民権運動を支援して演説会や懇親会の会場を準備した女性もいる。都市部では貸席の経営をしたり、地方では寺院などの場所を用意して警察の許可をとり弁士を招いている。筆禍事件や舌禍事件の被告への寄付や差し入れをした女性もおおぜいおり、自由民権運動を周辺で支えた。

参考文献 外崎光弘「人間にめざめた女性たち―山崎

竹と土佐の女流民権家―」(見田宗介編『自由と民権』所収、一九六八、三一書房)、大畑哲「明治女性史に関する二つの新史料―景山英子と相州の婦人民権運動―」(『神奈川県史研究』二八、一九七五)、市原正恵「静岡県の民権女性群像」(鈴木裕子編・解説『日本女性運動資料集成』月報一、一九九六)、大木基子『自由民権運動と女性』(二〇〇三、ドメス出版)
(江刺　昭子)

しょせきがいしゃ　書籍会社　明治五年(一八七二)に企図された大阪の書肆。当初は、新聞発行なども意図されていた。河内屋喜兵衛・前川善兵衛ら大阪書肆四名のほか、村上勘兵衛、島林専助の京都書肆が参加した。明治初年から中期にかけて、和漢書籍のほか、洋書や諸国の新聞の売り捌き、さらには辞典・経済・法律・教育関係書籍の刊行・取次販売を行なっている。

参考文献　三橋猛雄『明治前期思想史文献』(一九七六、明治堂書店)
(鵜飼　政志)

ジョセフ＝ヒコ　Joseph Hico　⇨浜田彦蔵《はまだひこぞう》

じょぞく　除族　明治六年(一八七三)六月制定の改定律例一四条に規定された、姦盗など華族・士族・卒の破廉恥罪に対する閏刑の一種。華族・士族・卒が懲役百日以下に相当する罪を犯した場合、華・士・卒の身分を剝奪して庶人(平民)とするにとどめ、これを除族と称した。同十年(一八七七)十一月、除族したうえ本刑を加えると変更された。同十三年七月刑法改定により廃止。

参考文献　高柳真三『明治前期家族法の新装』(一九八七、有斐閣)
(横山百合子)

じょちゅうぎく　除虫菊　ダルマチア原産のキク科植物。花部に殺虫力を有するピレトリンを含み、採集・乾燥の上粉末化し蚊取線香やノミ取粉とする。日本では古くよりカヤの葉をくべて蚊を防いできた。明治十九年(一八八六)、国内数ヵ所で除虫菊栽培が開始されたが、成功したのは慶応義塾卒業の和歌山県有田郡柑橘問屋上山英一郎《かみやまえいいちろう》である。この年彼は柑橘苗木と交換に米国から植物種子を輸入、その中に除虫菊もあり、当初は観賞用に栽培していたが、ドイツより輸入するインセクトパウダーの原料が除虫菊であることをつきとめ、県下をはじめ近畿・中国・四国地方に種子や苗木を送り、栽培方法書を印刷して生産を奨励する一方、二十三年(一八九〇)世界最初の棒状蚊取線香「金鳥香」を工夫、三十五年(一九〇二)に渦巻形にして燃焼時間を飛躍的に延ばすことに成功した。明治末からは輸出も増大し、第一次大戦の際ダルマチア産にかわり米国市場を獲得、北海道・広島・岡山が三大産地となり、昭和十年(一九三五)には世界生産量の九〇%を日本が占めた。現在はピレトリン含有量が高いケニア産が中心となっている。

参考文献　農林省大臣官房総務課編『農林行政史』二(一九五七、農林協会)、大場秀章編『植物文化人物事典―江戸から近現代・植物に魅せられた人々―』(二〇〇七、日外アソシエーツ)
(宮地　正人)

除虫菊　棒状の蚊取り線香

しょっき　織機　経糸《たていと》・緯糸《よこいと》を組み合わせて布を織る道具・機械を指す。明治時代に用いられた織機は、大別して、人力による手織機と、動力を利用した力織機に分けられる。手織機(木製)は、明治期にも根強く残る自家用綿布の製織だけでなく、市場向け生産を行う各地の織物生産地でも主たる生産手段として用いられていた。ただしその機構はさまざまな進化を遂げている。すでに幕末には、縞《しま》木綿生産地を中心として、床に座って作業を行ういざり機《ばた》(地機、下機ともいう)から、腰かけて作業を行う高機《たかはた》への転換が進んでいたが、一八八〇年代にはこれに飛杼《とびひ》装置(片手で紐をひいて杼箱の中から杼をはじき出し、杼に仕込まれている緯糸を通す機構)を加えたバッタンと呼ばれる織機が普及し、製織速度は約二倍となった。明治二十年(一八八七)ごろには、経糸の巻き取り機の付いた太鼓機が、明治二十年代後半には、二本の踏み木を踏むことで製織作業の全運動が連動する足踏機が開発され、さらに製織速度は上がった。また、多様な縦組織の組み合わせを特徴とする紋織物では、ジャカード装置の導入が、江戸時代以来の空引機《そらびきばた》では紋揚げ手によって担われていた経糸の綜絖《そうこう》引き上げ作業を自動化することになり、四倍の能率増進があったといわれる。飛杼やジャカード装置は、明治初年代にヨーロッパに派遣された織工などが持ち帰った技術であった。手織機においても、その進化の過程には、西欧技術の導入・改良・適応のプロセスが含まれていたのである。一方力織機では、当初は広幅用で高価な欧米からの直輸入品が中心であったため、導入先は資本力のある紡績会社の兼営織布工場などに限定された。しかし明治半ば以降、国産力織機の開発がおもに在来的な小幅織物の分野で進行し、織物生産地への普及も始まった。これらの国産品は、織機価格を下げるために、極力鉄の使用を減らした木製や半鉄半木製のものが多い。豊田式(豊田佐吉、明治三十年(一八九七)完成)や、津田式(津田米次郎、明治三十三年完成)はその代表例であり、その後の日本での力織機生産発展の先駆けとなった。
豊田織機《とよだしょっき》　↓バッタン　↓足踏織機《あしぶみしょっき》　↓高機《たかばた》　↓地機《ちばた》　↓力織機《りきしょっき》

参考文献 内田星美『日本紡織技術の歴史』(『日本技術史叢書』、一九六〇、地人書館)、阿部武司『日本における産地綿織物業の展開』(一九八九、東京大学出版会)、鈴木淳『明治の機械工業―その生成と展開―』(『Minerva 日本史ライブラリー』、一九九六、ミネルヴァ書房)　(谷本 雅之)

しょっこうぎゆうかい　職工義友会　労働組合期成会の前身となる労働運動推進の団体。明治二十四年(一八九一)夏、サンフランシスコ在住の高野房太郎・城常太郎・沢田半之助らにより、将来の労働問題に備えて欧米諸国における労働問題の現状を研究し、日本国内に労働組合の結成を促すために組織された。日本に帰国した高野・城らは「日本における労働運動の時期はすでに熟せり」として、三十年(一八九七)三月ごろ、東京麴町区で職工義友会を再建し、本格的に労働組合の組織化に乗りだした。その第一弾として「職工諸君に寄す」という印刷物を広く工場に配布し、六月二十五日には最初の労働問題演説会を主催し、松村介石《まつむらかいせき》・佐久間貞一《さくまていいち》・片山潜のほか、高野と城が登壇した。大盛況の勢いを得て、十日後には、労働組合期成会の結成をみた。　→労働組合期成会《ろうどうくみあいきせいかい》

参考文献 二村一夫『労働は神聖なり、結合は神聖なり―高野房太郎とその時代―』(二〇〇八、岩波書店)　(荻野富士夫)

しょっこうじじょう　職工事情　農商務省商工局工務課が工場調査掛を置いて明治三十三年(一九〇〇)―三十五年に調査を実施し、三十六年に印刷した工場労働者の労働事情についての報告書。当時多数の労働者を擁していた綿糸紡績業、製糸業、織物業を中心とし、さらにガラス、セメント、マッチ、煙草、印刷業などの工場で聞き取り調査を実施し、その結果を職工種類・労働時間・休日・徹夜業・募集事情・賃金・賞罰・衛生・労働災害対策・教育・慈善施設などの項目別に整理して記述している。労働運動が起り始めた時代状況を背景に、工場法案審議のための実態把握の必要から実施された。付録として収録されている労働者らの談話を含めて、劣悪な労働実態をそのまま記録していることもあって広く公刊されることはなかったため、一般読者が読めるようになったのは第二次大戦後であった。

参考文献 中村政則『労働者と農民』(『日本の歴史』二九、一九七六、小学館)、『職工事情』(犬丸義一校訂、『岩波文庫』)　(加瀬 和俊)

しょっこうじょうれい　職工条例　工場労働者の労働条件を定めた工場法は明治四十四年(一九一一)三月に制定されているが、その法律制定の可否をめぐる審議は一八八〇年代から職工条例制定問題として議論が始められた。農商務省が編纂した『興業意見』(明治十七年)には、「職工条例ノ要領」が収録されているが、各府県からの報告文の中には、産業発展のために移動を制限するなどの内容を含む労働者取締のために職工条例の制定を要請している意見もあり、労働者保護と取締は未分化の状態であった。農商務省は明治二十年(一八八七)六月に「職工条例案」「職工徒弟条例案」を作成し、年少者・女子に対する保護的措置をはじめて規程している。二十四年七月、農商務省商工局は「職工条例制定ノ要否」について全国の商業会議所に諮問し、二十五年にその答申を得たが、堺以外はすべて制定に反対した。三十二年に農商務省工務局は従来の職工法案を工場法案と名称を変更し、以後、工場法案制定問題として議論されることになった。　→工場法《こうじょうほう》

参考文献 労働省編『労働行政史』(一九六一、労働法令協会)、通商産業省編『商工政策史』八(一九六二)　(加瀬 和俊)

しょとくぜい　所得税　所得を課税対象とする税。わが国では、海防費の充実、租税負担の均衡、商工業者に政治参加の道を開くなどの目的で、明治二十年(一八八七)三月に設けられた。資産・営業・勤労による個人所得に累進税率で賦課するもので、法人所得は対象外とされた。三十二年(一八九九)、日清戦後経営の第二次増税計画のもとで重要な改正がなされ、所得を第一種法人所得、第二種公債・社債利子、第三種個人所得の三種に分け、前二者は定率課税、後者は十二級一・〇～五・五%の累進課税であった。大正二年(一九一三)、超過所得にのみ適用される超累進課税制度と勤労所得の一割控除制度が採用された。同九年、法人・個人併課(総合課税)に改正、勤労所得控除の増加および扶養家族特別控除の新設などの措置がとられた。大正七年度に所得税は租税収入の首位に立ち、以後、わが国の租税体系の中軸を占めた。昭和十五年(一九四〇)に法人税が独立税となった。

参考文献 林健久『日本における租税国家の成立』(一九六五、東京大学出版会)、高橋誠「初期所得税制の形成と構造―日本所得税制史論　その一―」(『経済志林』二六ノ一、一九五八)、同「明治後期の所得税制―日本所得税制史論　その二―」(同二七ノ一、一九五九)、同「現代所得税制の展開―日本所得税制史論　その三―」(同二八ノ一、一九六〇)、堀口和哉「明治三十二年の所得税法改正の立法的沿革」(『税務大学論叢』二八、一九九七)　(矢切 努)

じょゆう　女優　女性の俳優。日本では女性が演劇興行に出演する機会が、取締上と日本の芸能の多くに共通する習慣との両方によって非常に限られていた。しかし明治以降徐々に女性が舞台に出演するようになる。伊井蓉峰《いいようほう》の済美館《せいびかん》に出演した千歳米坡《ちとせべいは》、女役者市川九女八《いちかわくめはち》(守住《もりずみ》月華《げっか》)、川上音二郎の妻貞奴《さだやっこ》は近代日本の女優のさきがけであるが、ヨーロッパの影響を受けた新しい演劇の中で女性の役を演ずることを職業とする本格的な女優の養成は、明治四十一年(一九〇八)川上音二郎・貞奴により設立され、翌年帝国劇場に移管された帝国女優養成所をはじめとする。出身女優に森律子・村田嘉久子《むらたかくこ》・鈴木徳子《すずきとくこ》らがいる。文芸協会出身の松井須磨子は、その強烈な個性から明治四十四年の登場以来新時代の女優として迎え

られた。大正期以降はさまざまな新劇団から女優が生まれ、活躍の場を広げる。また映画の発達により、女優は映画にも出演するようになった。宝塚・松竹に代表される少女歌劇団も女優を多く育成している。↓俳優《はいゆう》

参考文献　秋葉太郎『日本新劇史』(一九五五－五六、理想社)、戸板康二『物語近代日本女優史』(一九八〇、中央公論社)、大笹吉雄『日本現代演劇史』明治・大正篇(一九八五、白水社)　（寺田　詩麻）

じょらんしゃ　如蘭社　国学者・漢学者を中心とする学問結社。社名は、「同心之言、其臭如蘭」という易の言葉から来ている。明治二十年(一八八七)五月の「如蘭社ヲ設ルノ趣旨」(『如蘭社話』巻一、附録、同年九月出版)によれば、天文・地理・神祇・職官・典礼・制度・律令・車服・軍事・兵器・文学・譜第・孝義・音楽・風俗・言語・飲食・農耕・工芸・販粥・医卜・仏教・善隣・遊戯・稗史・雑款の科目について、「苟モ古ヲ稽ヘ今ヲ徴シ、学事ニ裨補アル者、各自聞見スル所ヲ筆録シ、交互相示シ、彼我相益シ、積テ以テ社談ヲ編成スル」ことを目的とする。当初、隔月第三水曜日の午後三時を会日と定め、各自筆録した物を持ち寄って検討し、それらを印刷・刊行することとしていた。設立時の社長は川田剛《かわだたけし》と小中村清矩《こなかむらきよのり》が務め、社員数は七百七十九人を数えた。『如蘭社話』は、明治二十六年の巻三十七で一旦休刊した後、同四十三年(一九一〇)の第三十八で復刊、大正元年(一九一二)の巻五十まで刊行。同二年六月には後編巻一として再度復刊され、同五年七月の後編巻二十まで出版された。

参考文献　深萱和男『明治の国文学雑誌』(『笠間選書』、一九七六、笠間書院)、木野主計『明治期国学研究雑誌集成』解題・総目次(マイクロフィルム版)(一九九六、雄松堂出版)　（藤田　大誠）

しょりょうりょう　諸陵寮　皇室の陵墓に関わる宮内省の一部局。律令官制で治部省に属した諸陵司《みささぎのつかさ》(のち寮)は、「陵の霊」を祭り喪葬・凶礼・諸陵および「陵戸の名籍」を掌った。それが衰微した中世から陵墓も荒廃したが、近世に入ると幕府の助力で調査と修復が行われた。特に幕末の文久二年(一八六二)山陵奉行となった戸田忠至《とだただゆき》のもとで修陵調方《しらべかた》として実地踏査に努めた谷森善臣《たにもりよしおみ》の報告書『山陵考』を受け継ぎ、明治元年(一八六八)二月山陵修補奉行が置かれた。ついで同二年七月、神祇官に諸陵寮を付属させたが、同四年八月、いったん廃止。同十九年(一八八六)二月四日制定(のち大正十年(一九二一)改正)の宮内省官制により、あらためて諸陵寮を設け、陵墓の管理と調査のため、寮頭・主事および陵墓守長・同名誉守部など(のち考証官・同補も)を置いている。その陵墓の「墓籍」は、正本を図書寮、副本を諸陵寮で保管する(大正十五年公布皇室陵墓令)。なお、昭和に入っても、長慶天皇および歴代外(尊称・追尊)の後高倉帝・崇道尽敬皇帝や三后(尊称・贈后も含む)で陵所の不明者が六十八方、さらに一般皇族の墓所不明者は千数百方にのぼるため、同十年(一九三五)六月、宮内省に臨時陵墓調査委員会を設けて調査を進めた。戦後の昭和二十四年(一九四九)図書寮と合併した宮内庁書陵部の陵墓課が、それを引き継いでいる。

参考文献　上野竹次郎編『山陵(新訂版)』(一九八九、名著出版)　（所　功）

しょりんがいしゃ　書林会社　明治初年にあった大阪の書肆。啓蒙書・教育書などを取次・販売した。

参考文献　三橋猛雄『明治前期思想史文献』(一九七六、明治堂書店)　（鵜飼　政志）

しょんがえぶし　しょんがえ節　端唄《はうた》、民謡の曲名。歌の末尾を「しょがえ」「しょがいな」「しょんがいな」などと歌い納める曲の総称。宝永三年(一七〇六)成立『若緑』の「しょがえぶし」以来、曲種は多い。端唄の曲名は「梅は咲いたか」で、明治三(一八七〇)、四年の流行期には、「横浜繁盛で横須賀まだかいな…」などと歌われた。民謡では茨城県の「潮来《いたこ》音頭」や山梨県の「縁故《えんこ》節」が有名。軽快でリズミカルな曲調である。　（倉田　喜弘）

ジョンまんじろう　ジョン万次郎　⇨中浜万次郎《なかはままんじろう》

しらいうざん　白井雨山　一八六四―一九二八　明治時代中期から昭和時代初期の洋風彫刻家。元治元年三月一日(一八六四年四月六日)伊予国宇和郡鬼ヶ窪村(愛媛県西予市)の米商の四男として生まれる。本名保次郎。別号真城、晩翠軒主人、環中子など。南画を学び、教員となるが、明治十八年(一八八五)上京して西洋画と日本画を学んだ。四年後東京美術学校彫刻科に第一期生として入学、二十六年(一八九三)卒業、石川県工業学校彫刻科教諭となる。三十年(一八九七)東京美術学校雇、翌年助教授となり、同期生の大村西崖と塑造科設置に尽力した。三十四―三十七年彫刻で初の文部省留学生としてフランスでジャン＝アントワーヌ＝アンジャルベールに師事、帰国後教授に就任した。四十一年(一九〇八)第二回文部省美術展覧会出品作「箭調べ」での写実的な手堅い人体表現は、当時の彫刻界の傾向をよく表わす。文展審査委員。大正九年(一九二〇)退官後関西に移り、昭和三年(一九二八)三月二十三日没。六十五歳。翌年『雨山先生遺作集』刊行。

参考文献　『東京美術学校百年史―東京美術学校編―』一(一九八七、ぎょうせい)　（田中　修二）

しらいししょういちろう　白石正一郎　一八一二―八〇　幕末・明治時代初期の豪商、志士。文化九年三月七日(一八一二年四月十八日)、清末《きよすえ》藩領長門国竹崎浦(山口県下関市)の廻船問屋白石卯兵衛の長男として生まれる。下関の廻船問屋として活躍し、特に薩長交易に深くかかわり、西郷隆盛ら薩摩藩士と親交があった。また、長州藩の高杉晋作をはじめ広く諸国の尊王攘夷の志士と交流し、下関を通過する志士の多くは白石家に立ち寄り、その数は四百名を超えた。文久三年六月七日(一八六三年七月二十二日)、高杉晋作は白石家で奇兵隊を結成し、正一郎は

直ちに入隊し、会計方を努めた。慶応二年(一八六六)六月からの幕長戦争小倉口戦争において、白石家がしばしば作戦会議の場として用いられている。これらの運動を財産をなげうって支援し、そのために資産を傾けた。維新後は仕官せず、明治十年(一八七七)赤間宮の宮司となった。明治十三年八月三十一日死去。六十九歳。

参考文献 下関市教育委員会編『白石家文書』(一九六八)、中原雅夫『白石正一郎―幕末の豪商志士―』(一九七〇、三一書房)
(三宅 紹宣)

しらいしなおじ 白石直治 一八五七―一九一九 土木工学者、代議士。安政四年十月二十九日(一八五七年十二月十五日)土佐国長岡郡で郷士の子として生まれ、明治十四年(一八八一)東京大学理学部卒。農商務省、東京府勤務を経て十六年に文部省派遣で米欧留学、明治二十年(一八八七)に帰国して帝国大学工科大学教授。二十三年に技術指導を行なっていた関西鉄道の社長に転じ、三十一年(一八九八)まで務めたのち、三菱合資和田建築所長、若松築港会社社長、猪苗代水力電気専務取締役として、三十七年の竣工時に東洋一と称せられた長崎造船所の第三船渠や神戸での鉄筋コンクリート造の倉庫と岸壁用ケーソン、猪苗代の発電所や東京への長距離送電施設の建設などに土木技術を発揮しつつ経営にあたり、日韓瓦斯電気、日本窒素肥料の取締役も務めた。叔父が中島信行、岳父が竹内綱で、四十五年(一九一二)に政友会に入り、高知から衆議院議員に選出されて土讃線建設に尽力し、土木学会会長に選ばれて間もなく、大正八年(一九一九)二月十七日議員在職のまま没した。六十三歳。

参考文献 南海洋八郎『工学博士白石直治伝』(一九四三、工学博士白石直治伝編纂会)、藤井肇男『土木人物事典』(二〇〇四、アテネ書房)
(鈴木 淳)

しらいしもとじろう 白石元治郎 一八六七―一九四五 明治から昭和時代の実業家。慶応三年七月二十一日(一八六七年八月二十日)陸奥国白河郡の榊原藩武士前山孫九郎の次男として生まれる。のち明治十五年(一八八二)伯父白石武兵衛の養子になる。明治二十五年(一八九二)帝国大学法科大学英法科を卒業し、渋沢栄一などの紹介で浅野総一郎が経営する浅野商店に就職し石油部支配人となる。また明治二十八年総一郎の次女万子と結婚する。翌年の二十九年総一郎が社長として創立した東洋汽船株式会社に入り支配人となる。明治三十六年(一九〇三)には取締役に就いた。その後白石は、大倉喜八郎や今泉嘉一郎が当時の日本が輸入に全面依存する鋼管の生産を計画していることを学友の今泉から知り、日本鋼管株式会社創立へ向けて動いた。販路の確保さえ解決すれば会社は軌道に乗ると判断し、他の鉄鋼業社とは異なり、軍需に頼らず民需を開拓することで活路をみいだした。浅野や渋沢、大川平三郎、岸本吉右衛門の協力を得て財界人四十七名が発起人となり明治四十五年(一九一二)日本鋼管が設立された。日本鋼管は継ぎ目なしの鋼管を生産するとともに圧延鋼材をも市場に供給する本格的な鉄鋼業であった。白石は創業時から社長に就任し、インド銑鉄の輸入を安定確保しながら、製鋼―圧延事業を中心に今泉が導入したトーマス転炉を活用し、安いコストで鉄鋼を大量生産するシステムを確立した。また日本鋼管は昭和九年(一九三四)国策による製鉄合同で設立された日本製鉄株式会社(略称日鉄)には参加しないで、民間のそれも民需を中心とした鉄鋼会社として存続していくのである。

白石元治郎

白石は日本鋼管を発展させると同時に系列会社である川崎窯業、鉄鋼証券、華中鉄鉱、日満鋼管、浅野セメントなどの社長、取締役となった。昭和二十年(一九四五)十二月二十四日、七十九歳で没した。
(野原 建一)

しらいまつじろう 白井松次郎 一八七七―一九五一 明治から昭和期の興行師。明治十年(一八七七)十二月十三日京都市に生まれる。父大谷栄吉が興行場の売店経営者だったため、双生児の弟大谷竹次郎とともに、幼時より興行の世界になじむ。二十三年(一八九〇)祇園館に出演した初代中村鴈治郎《なかむらがんじろう》を知る。三十年(一八九七)に、新京極の夷谷座《えびすだにざ》の売店主白井亀吉の養子となる。三十五年に、竹次郎と松竹《まつたけ》合名社を創設した。京都では、南座を直営にするなど実績を残し、竹次郎が東京に進出したあとの、大阪道頓堀の劇場街をつぎつぎに手中に収めていった。また、関西の歌舞伎俳優を全て掌握するなど、関西の興行街を席捲していった。大正期に入ると映画にも手を伸ばし、大正九年(一九二〇)には、松竹キネマ合名社を作った。十一年(一九二二)には松竹楽劇部を大阪で、昭和三年(一九二八)には東京で発足させ、大スターの誕生により戦後まで人気を博した。十二年(一九三七)に竹次郎とともに演劇・映画などの業務を松竹株式会社と一体化し、近代的な興行組織の基礎を作った。昭和二十六年(一九五一)一月二十三日没。満七十三歳。 →松竹《しょうちく》

参考文献 永山武臣監修『松竹百年史』(一九九六、松竹)
(神山 彰)

しらいみつたろう 白井光太郎 一八六三―一九三二 植物学者。東京帝国大学教授。福井藩士の息子として文久三年六月二日(一八六三年七月十七日)江戸に生まれる。明治十九年(一八八六)帝国大学理科大学植物学科を卒業し、同年東京農林学校助教授。二十三年(一八九〇)帝国大学農科大学助教授。三十二年(一八九九)ドイツ留学。三十九年、植物病理学講座の新設に際し初代の教授に就任。いもち病菌の発見(明治二十年)などの病源菌の研究

に成果を上げ、明治四十三年（一九一〇）理学博士。大正六年（一九一七）日本植物病理学会創立時の会長となる。本草学にも造詣が深く、明治二十四年『日本博物学年表』を著わし、収集した和漢洋の本草学文書は現在、国立国会図書館白井文庫に収められている。史蹟名勝天然記念物の保護に草創期から携わり、天然記念物の実地調査を行うなど尽力した。植物採集のため各地に赴いた。また明治三十六年の東北大飢饉に際して『救荒植物』を著わすなど、実践的な研究を行なった。昭和七年（一九三二）五月三十日、薬草の研究中、みずから試飲し中毒により死去。七十歳。『白井光太郎著作集』（木村陽二郎編、昭和六十年―平成二年、科学書院）がある。

（篠田真理子）

しらかば　白樺　文芸雑誌。明治四十三年（一九一〇）四月一日に、学習院出身の文学青年たちによって創刊され、関東大震災直前の大正十二年（一九二三）八月一日発行の第一四巻第八号まで、百六十冊を刊行した月刊雑誌。その前史として、武者小路実篤、志賀直哉、木下利玄《きのしたりげん》、正《お》親町公和《おぎまちきんかず》らの回覧雑誌『望野』、同じく里見弴《さとみとん》、園池公致《そのいけきんゆき》、児島喜久雄、田中雨村らの『麦』、柳宗悦《やなぎむねよし》、郡虎彦《こおりとらひこ》らの『桃園』があり、彼らに有島武郎とその弟の有島生馬が加わって創刊、さらに一年ほど遅れて長与善郎《ながよよしろう》、小泉鉄《こいずみまがね》らが参加した。創刊号には、武者小路が夏目漱石への敬愛に裏打ちされた評論「「それから」に就て」や志賀の小説「網走まで」などを掲載、創刊の辞に「白樺は自分達の小なる力でつくつた小なる畑である。自分達はこゝに互の許せる範囲で自分勝手なものを植ゑたいと思つてゐる」とあるように、なにものにもとらわれない徹底した個性の伸長を主張して、同年に創刊された『三田文学』や第二次『新思潮』などとともに、反自然主義の立場から大正文学の新しい担い手を輩出することになった。初期には、武者小路の率直無類な雑感や志賀の短編小説、有島武郎の長編「或る女のグリンプス」などが注目されるほか、有島生馬によるセザンヌの紹介や、彫刻家ロダンをはじめて本格的に特集した『ロダン号』（明治四十三年）の発行など、後期印象派を中心とする西洋美術の移入紹介に果たした役割も大きく、ここから高村光太郎、梅原竜三郎、バーナード＝リーチ、岸田劉生らの美術家とも密接な関係が生まれた。大正期に入ると、武者小路を中心として理想主義・人道主義的傾向を強め、その強い影響のもと、『エゴ』『生命の川』などの『白樺』衛星誌と呼ばれる多くの同人誌が誕生。また創刊同人の多くが『白樺』から独立してそれぞれの存在感を示す一方、千家元麿《せんげもとまろ》、倉田百三《くらたひゃくぞう》、近藤経一《こんどうけいいち》、犬養健《いぬかいたける》らの新しい作家の寄稿も相ついで膨大な人脈を形成し、「「白樺」文化圏は、戦前の知識人の多くを領略、その影響力は今日まで及んでいる」（紅野敏郎）と評されるような大きな足跡を残した。

参考文献　紅野敏郎・深萱和男「『白樺』の形成と展開・「白樺」総目次」（『白樺（復刻版）』附録二三、一九六九、岩波ブックサービスセンター）

（宗像　和重）

『白樺』第１巻第１号

しらかばは　白樺派　明治四十三年（一九一〇）四月に創刊され、大正十二年（一九二三）八月まで続いた文芸雑誌『白樺』の同人たちおよびその周囲に結集した芸術家のグループに対する呼称。『白樺』を創刊したのは学習院出身の文学仲間で、武者小路実篤、志賀直哉、木下利玄《きのしたりげん》、柳《やな》宗悦《むねよし》、郡虎彦《こおりとらひこ》、有島三兄弟といわれる有島武郎、有島生馬、里見弴《さとみとん》、少し遅れて加わった長与善郎《ながよよしろう》らがいる。トルストイの強い影響を受けた武者小路実篤を筆頭に、彼らに共通していたのは「自己の為」という徹底した個性伸長の主張だけであったが、明治末年には「その心持の純であり、素樸であり、また若々しくみづ〳〵しくもあるのは白樺の人々である」（片上天弦「四十四年文壇の記憶」）と評されるに至っている。「白樺派」という呼称そのものは、大正五年（一九一六）の赤木桁平「白樺派の諸作家」「白樺派の傾向、特質、使命」などによって流通したと考えられ、赤木はこのなかで、「白樺派の文学は、その本質的方面に於いて著しく人道主義的であり、その形式的方面に於いて著しく無技巧的であると云へる」と概括しつつ、「文学史上に有する白樺派の意義なり影響なりに就いて」好意的な立場からはじめて本格的に論じた。これに対しては、生田長江《いくたちょうこう》が「武者小路氏及び氏によつて代表されてる所謂白樺派の文芸及び思潮が、本当にオメデタイものであることを言明し得られる」として、自然主義文学の洗礼を受けていない「自然主義前派の跳梁」（大正五年）と非難、武者小路との論争にも発展した。その後、芥川竜之介は「大正八年度の文芸界」（八年）において、文芸上の理想を「真」の一字に置いた自然主義に対して、「美」を標語とする反旗を文壇に翻した永井荷風らの唯美主義の運動と、「善」の理想に奉仕しようとする武者小路らの人道主義の運動という見取り図を提示し、大正文学の大きな水脈の一つとして白樺派の文学が位置づけられるとともに、こうした「三派鼎立」の視点が、文学史の通説として受け継がれることになった。

参考文献　本多秋五『『白樺』派の文学』（『ミリオン・ブックス』、一九五五、講談社）、西垣勤『白樺派作家論』（『有精堂選書』三〇、一九八一、有精堂出版）

（宗像　和重）

しらかわよしのり　白川義則　一八六八―一九三二　明治・大正・昭和時代に活躍した陸軍軍人。現在の愛媛県松山市の出身で、明治元年十二月十二日（一八六九年一月二十四日）に生まれる。同十七年（一八八四）、教導団に入

白川義則

る。同二十一年(一八八八)、陸軍士官学校入学。同二十三年、陸軍士官学校卒業(一期)。同二十六年、陸軍大学校入学。日清戦争に参加した後、陸軍大学校卒業。歩兵第二十一連隊中隊長。陸軍士官学校教官、近衛師団参謀を歴任。同三十六年(一九〇三)、少佐に進級。日露戦争では、歩兵第二十一連隊大隊長として出征し、奉天の戦などに加わる。その後、第十三師団参謀として樺太占領作戦に従事している。同四十二年(一九〇九)、大佐に進級。大正二年(一九一三)、中支那派遣隊司令官。大正十年(一九二一)には第十一師団長に任命されて、シベリア出兵に参加する。その後、第一師団長、陸軍次官、関東軍司令官、陸軍大臣へと進んだが、第一次上海事変の時の派遣軍司令官であった白川は、爆弾テロ(昭和七年(一九三二)四月二十九日の天長節)により負傷し、それがもとで、五月二十六日に六十五歳で死亡した。『昭和天皇独白録』には、この時の停戦交渉における白川の功績に対する記述がある。

参考文献　藤井非三四『(都道府県別に見た)陸軍軍人列伝』西日本編(二〇〇七、光人社)、半藤一利・横山恵一・秦郁彦他『歴代陸軍大将全覧』大正篇(『中公新書ラクレ』、二〇〇九、中央公論新社)　(山本　智之)

しらかわりよう　白河鯉洋　一八七四―一九一九　新聞記者。本名は次郎。明治七年(一八七四)三月二日、福岡県に生まれる。明治三十年(一八九七)、東京帝国大学文科大学漢学科卒業。学生時代に『江湖文学《こうこぶんがく》』を創刊する。明治三十一年、『神戸新聞』で主幹を勤め、明治三十二年、『九州日報』主筆となる。明治三十六年、清の南京において江南高等学堂の総教習となる。帰国後、早稲田大学講師を経て、明治四十五年(一九一二)、『大阪日報』、ついで『関西日報』の主筆となる。大正六年(一九一七)、大阪府から衆議院議員に当選、立憲国民党に所属する。著書に『孔子』(明治四十三年、東亞堂書房)、『諸葛孔明』(明治四十四年、敬文館)など。大正八年十二月二十五日没。四十六歳。　(河崎　吉紀)

しらさわやすみ　白沢保美　一八六八―一九四七　樹木学者にして林業試験場中興の祖。明治元年八月十八日(一八六八年十月三日)長野県南安曇《みなみあずみ》郡明盛《めいせい》村(長野県安曇野市)の生まれ。二十年(一八八七)新設の東京農林学校に一期生として入学、二十七年帝国大学農科大学林学科卒業。山林局嘱託を経て三十年(一八九七)農商務省技師。目黒試験苗圃(林業試験所の前身)創設に係わり、三十三年初代主任となる。以降三年の間に欧州各国に調査出張、ドイツに留学する。三十六年林学博士。四十一年(一九〇八)初代所長松野礀《まつのはざま》のあと四十二歳で山林局林業試験所所長となり、これを改称した林業試験場の場長となり、延べ二十三年間、場長を勤めた。主業績は、初の樹木図鑑というべき『日本森林樹木図譜』二巻、『日本竹類図譜』、樹木・樹木生理・林木種子・造林の論文のほか、トガサワラほか樹木数種の新記載、カイノキ・ヒマラヤスギ・ユリノキほか外国産樹木の初導入が有名。日本林学会会長、日本農学会会長、興林会理事長、勅選貴族院議員。昭和二十二年(一九四七)十二月二十日没。八十歳。

参考文献　佐藤敬二「白沢保美伝」(『近代日本の科学者』二所収、一九四三、人文閣)、玉手三棄寿・佐藤敬二「白沢保美」(『林業先人伝―技術者の職場の礎石―』所収、一九六二、日本林業技術協会)　(小林富士雄)

しらすたいぞう　白洲退蔵　一八二九―九一　幕末の三田藩儒、明治時代の官僚。文政十二年七月十五日(一八二九年八月十四日)、兵庫三田藩の藩士の家に生まれ、篠崎《しのざき》小竹《しょうちく》、古賀謹一郎《こがきんいちろう》に学び、藩校教授となる。万延元年(一八六〇)に藩政改革係に抜擢、また町奉行兼代官として西洋兵制採用を献策し、藩財政再建に従事した。維新前から福沢諭吉の影響を受け、神戸開港に際して貿易業にかかわるとともに、藩論を討幕に導いた。維新後は三田藩大参事となる一方、明治五年(一八七二)に志摩三商会という貿易会社を設立し社長となる。明治十三年(一八八〇)兵庫県会議員となった。明治十五年に横浜正金銀行に官選取締役が設けられると、神戸支店の関係で選任され、ついで副頭取に挙げられ、明治十六年には小野光景《おのみつかげ》をついで頭取となり、経営の立て直しにつとめたが、まもなく辞任した。教育に関しても関心が深く、維新以前に藩校造士館の教授をつとめるとともに、維新後は神戸英和女学校(現神戸女学院)の設立に協力した。明治二十四年(一八九一)九月十日没。六十三歳。白洲次郎は孫にあたる。

参考文献　横浜正金銀行編『(復刻)横浜正金銀行史』(一九七六、坂本経済研究所)、『兵庫県大百科事典』(一九八三、神戸新聞出版センター)　(櫻井　良樹)

しらせのぶ　白瀬矗　一八六一―一九四六　明治時代後期の探検家。文久元年六月十三日(一八六一年七月二十日)出羽国由利郡金浦《このうら》村(秋田県にかほ市)の浄土真宗常蓮寺に住職白瀬知道と槇枝の長男として生まれる。幼名知教《ちきょう》。

白瀬矗

陸軍下士官養成所の教導団を経て明治十四年(一八八一)に伍長として仙台鎮台に配属となったが、輜重少尉の時に武官結婚条例廃止の投書により二十五年(一八九二)に予備役となった(三十八年(一九〇五)に中尉)。翌二十六年に予備役海軍大尉郡司成忠《ぐんじなりただ》の報効義会に参加して、北極探検の第一歩として千島探検を行い、最北端占守島《しゅむしゅ》で三年余を過ごした。この後、独自に南極探検を計画し、大隈重信が南極探検後援会会長を引き受け新聞・雑誌の協力を得ることができたが、資金の多くは借金であった。四十三年(一九一〇)十一月二十九日に二重橋に伺候し、芝浦で大隈会長の激励を受けて二十七名の隊員と郡司大尉の手にあった第二報効丸を開南丸(船主旗は後援会幹事三宅雪嶺《みやけせつれい》の考案)と改称して、品川沖を出帆した。まず、四十四年三月に南緯七四度一六分まで至ったが、上陸できずシドニーに後退した。態勢を整えて、ついに日本人としてはじめて南極に上陸し、四十五年一月二十八日に南緯八〇度五分、西経一五四度(自著『南極探検』)の地点にまで達し、日章旗を立ててその雪原を大和雪原と命名する快挙を成し遂げた。白瀬は南極の入り江の一つを大隈湾と名づけ、四十五年六月に帰国した際、ペンギンなど三羽の剝製を天皇に奉呈し、大隈・三宅にもペンギンの剝製(三宅立雄蔵)を土産として贈呈した。探検の模様は八ミリフィルムに記録されている(早稲田大学蔵)。帰国後は講演・執筆活動を展開したが、借金の返済に苦労した。昭和九年(一九三四)九月に郷里の金浦町沖の島公園に「日本南極探検隊長白瀬矗君偉功碑」、十一年(一九三六)十二月に東京芝浦の埠頭公園に「南極探検記念碑」が建立された。十七年に東京武蔵野に住んだが、二十一年(一九四六)九月四日愛知県西加茂郡挙母《ころも》村(豊田市)で淋しく没した。八十六歳。著書に『千島探検録』(明治三十年、東京図書出版)、『南極探検』(大正二年、博文館)がある。また、郷里の秋田県にかほ市黒川字岩潟に白瀬南極《なんきょく》探検《たんけん》隊記念館がある。　→南極探検

参考文献　南極探検後援会編『南極記』(一九一三)、木村義昌・谷口義也『白瀬中尉探検記』(一九四二、大地社)、綱淵謙錠『極―白瀬中尉南極探検記―』(『新潮文庫』、一九八〇、新潮社)　(佐藤　能丸)

しらとりくらきち　白鳥庫吉　一八六五―一九四二　東洋史学者。慶応元年二月四日(一八六五年三月一日)、上総国長柄郡長谷《ながや》村(千葉県茂原市)生まれ。戸籍上の名は倉吉。那珂通世《なかみちよ》が総理(校長)であった千葉県立中学校を卒業後、明治十六年(一八八三)東京大学予備門(学制変更後の第一高等中学校)に入学、三宅米吉《みやけよねきち》の家塾に寄寓した。二十年(一八八七)、帝国大学文科大学史学科に第一回生として入学、西洋史を講じたドイツ人教師リースからランケの学風を学んだ。二十三年卒業後、学習院教授となり、三十三年(一九〇〇)に文学博士の学位を得、翌年にはヨーロッパに視察留学、帰国の翌年の三十七年には東京帝国大学文科大学教授を兼任した(四十四年(一九一一)以降は東京帝大教授が本官)。明治四十年、亜細亜学会(のちの東洋協会学術調査部)を設立、翌年には後藤新平を説いて、南満洲鉄道東京支社に満鮮地理歴史調査室を創設して主任となり、大正十三年(一九二四)三菱の岩崎久弥購入のモリソン文庫を基礎に東洋文庫を設立、理事研究部長となった。また大正三年(一九一四)から十年まで東宮御学問所御用係として、国史、東洋史、西洋史を進講した。朝鮮、満蒙、西域の諸民族の歴史や言語、中国古代史、日本古代史の研究など幅広い業績を残して、昭和十七年(一九四二)三月三十日死去した。七十八歳。『白鳥庫吉全集』(昭和四十四―四十六年、岩波書店)がある。　(山内　弘一)

白鳥庫吉

しらねせんいち　白根専一　一八四九―九八　官僚、政治家。嘉永二年十二月二十二日(一八五〇年二月三日)、長州藩士でのちに埼玉県令を務めた白根多助の子として萩に生まれる。藩校明倫館に学び、のち上京して慶応義塾に学ぶ。明治五年(一八七二)司法省に出仕し、木更津《きさらつ》県権大属、秋田県権大属、少書記官、大書記官を経て十二年(一八七九)に内務省に入り少書記官となり、翌十三年に庶務局長、十七年に大書記官、十八年に総務局次長兼戸籍局長、十九年に内務書記官となる。二十一年(一八八八)愛媛県知事に転じ好評を得、二十二年、愛知県知事。二十三年、第一次山県内閣に西郷従道内務大臣の下で次官に就任し、第一議会に対応する。続く第一次松方内閣では品川弥二郎内務大臣の下で活躍し、内務省主導の議会対策を維持すべく行動し、政務部を破綻させる端緒を作る。二十五年の第二回衆議院総選挙に際しては激しい選挙干渉を行う。選挙後、品川が干渉の責任をとって辞職すると後任の副島種臣の排撃をはかり辞職に追い込む。白根自身も辞職に追い込まれ、宮中顧問官に転じるが、地方官を中心として白根の人気は高く、白根次官更迭は同内閣崩壊の一因となった。伊東巳代治に近い内務官僚

白根専一

が文治派と称されたのに対し、白根系の官僚は武断派と称された。二十八年、第二次伊藤内閣で逓信大臣として入閣。三十年(一八九七)、男爵となり、貴族院議員も務めた。山県系官僚の有力者として将来を嘱望されていたが、明治三十一年六月十四日、五十歳で没した。岡田内閣の書記官長を務めた白根竹介は後嗣。

参考文献 通信史研究所編『逓信大臣列伝』(一九六三、逓信研究会)、佐々木隆「壮士次官・白根専一」(『日本歴史』五〇〇、一九九〇)　(清水唯一朗)

しらねたすけ　白根多助　一八一九―八二　明治時代前期の地方官。文政二年五月六日(一八一九年六月二十七日)に周防国吉敷《よしき》郡吉敷村佐畑(山口市吉敷佐畑)に山口藩士太田直猷の七男として生まれ、白根兼清の養子となる。はじめ美禰郡宰となり、大坂藩邸勤務となる。文久三年(一八六三)には中山忠光らの京都脱出を支援し、また勤皇の志士の活動資金の調達に努めた。元治元年(一八六四)山口に帰り、所帯方役として会計職につき藩財政の維持を行なった。慶応二年(一八六六)手廻組に入り、明治元年(一八六八)山口藩会計庶務方、三年美禰部署管事、会計大属となった。四年には埼玉県権参事に転じ、八年埼玉県県令となる。この間他府県に先駆けて税法を整えた。十五年(一八八二)三月十五日死去。六十四歳。次男は男爵の白根専一。　(西尾林太郎)

しらのかうん　白野夏雲　一八二七―九九　明治時代初期の官僚、博物家。文政十年閏六月二十六日(一八二七年八月十八日)甲斐国都留《つる》郡白野村(山梨県大月市笹子町白野)に左官今泉茂助の長男として生まれる。初名耕作。官学徽典館への入学を許され、学頭岩瀬忠震《いわせただなり》に見出され、江戸に出てその用人となり、太田耕作と名乗る。岩瀬の死後文久二年(一八六二)五月幕臣・御中間となり、明治元年(一八六八)二月に両番格歩兵指図役頭取まで進んだ。同年八月静岡藩士となり、鉱石調査にあたる。なお幕臣となってのち白野、維新後夏雲を名乗る。三年一月十勝開業方となり、状況報告書と『十勝州略志説』を作成。五年一月開拓使九等出仕となり、大判官岩村通俊《いわむらみちとし》の辞職後の翌年八月に辞任。八年三月内務省地理寮十一等出仕となり、十九県の土石調査を行なった。明治十二年(一八七九)五月岩村が県令である鹿児島県四等属となり、勧業・物産取調にあたる。海産物図鑑『麑海魚譜《げいかいぎょふ》』やトカラ列島の地誌『十島図譜』などを作成する。十七年十一月農商務省に転じ、十九年七月岩村が長官の北海道判任官二等に転じた。晩年は札幌神社宮司となり、明治三十二年(一八九九)九月八日札幌に没した。七十三歳。東京地学協会、大日本水産学会に属し、著書は民俗学上貴重な史料とされ、柳田国男は田代安定、笹森儀助とともに「島の三大旅行家」と評している。

参考文献 白野仁『白野夏雲』(一九八四、北海道出版企画センター)　(西川　誠)

しらはまあきら　白浜徴　一八六五―一九二八　明治時代後期の図画教育政策に関わった東京美術学校教授。慶応元年十二月八日(一八六六年一月二十四日)長崎五島列島の福江に生まれる。明治十七年(一八八四)に長崎外国語学校退学後、東京大学予備門に入学するが翌年病気のため退学する。二十二年(一八八九)東京美術学校に第二期生として入学し、二十七年に絵画科卒業。二十八年に高等師範学校助教授、三十四年(一九〇一)に東京美術学校教授となる。東京大学予備門で同級であった東京美術学校長正木直彦《まさきなおひこ》を中心とする教育的図画政策に携わる。三十五年設置の普通教育ニ於ケル図画取調委員会委員となり西洋図画教育の調査をする。同委員会報告の教育的図画の理念を実現するために、白浜は三十六年に文部省図画教授法講習会講師、国定図画教科書編纂委員となる。三十七年に図画教育調査のため欧米に留学する。四十年(一九〇七)に帰国し、新設の東京美術学校図画師範科の主任教授となる。旧国定教科書の改訂版『毛筆画帖』と新編集の国定教科書『新定画帖』の編集を担当した。昭和三年(一九二八)四月九日死去。六十四歳。

参考文献 金子一夫『近代日本美術教育の研究―明治時代―』(一九九九、中央公論美術出版)　(金子　一夫)

しらやなぎしゅうこ　白柳秀湖　一八八四―一九五〇　明治時代後期から昭和期の小説家、社会評論家、民間史論家。明治十七年(一八八四)一月七日、静岡県引佐《いなさ》郡気賀町(浜松市)に生まれた。本名は武司、雅号の秀湖は浜名湖にちなむ。菓子商の長男で実業家を志して同三十二年(一八九九)上京、書生奉公をしながら郁文館中学に通い、島崎藤村や鉱毒問題に強い関心をもつ。同三十五年早稲田大学入学、文学科哲学科在学中の同三十七年加藤時次郎の直行団に入って機関誌『直言』の編輯を任された。翌年に山口孤剣《やまぐちこけん》、中里介山《なかざとかいざん》らとプロレタリア文学運動の先駆となった火鞭《かべん》会を結成して『火鞭』にクロポトキン、トルストイなどのロシア文学思想を意欲的に紹介。卒業した同四十年(一九〇七)には労働文学として「駅夫日記」の創作を発表、隆文館入社と一年間の軍隊生活のあと、実業之日本社に入って週刊誌『サンデー』記者となる。この間、『離愁』『鉄火石火』『黄昏』などを出したが、大逆事件以後は文学を離れて社会評論に健筆をふるい、同四十四年には社団法人実費診療所設立に加藤との関係で参加し、大正三年(一九一四)創刊の『生活の力』(のち『実生活』に改題)の編輯に従事。「町の歴史家」として経済的観点、社会のなかでの人間関係の展開に着眼

白柳秀湖

した特色ある史論も、明治四十三年の『町人の天下』(隆文館)を手始めに、同年から大正三年にかけて『親分子分』三部作(東亜堂書房)を続刊。昭和四年(一九二九)には明治政治史を「黄金」の視点から活写した主著『財界太平記』(日本評論社)を出し、『民族日本歴史』五部編(昭和十年、千倉書房)、『明治大正国民史』五部編(昭和十一―十三年、同)など多数の著述を精力的に刊行した。大学の講壇歴史学に強烈な反感をもち、一般大衆を読者として「通俗史家」とも非難されたが、『歴史と人間』(昭和十一年、千倉書房)で愛読した福沢諭吉はじめ「明治の史論家」を論じ、秀湖の史論も同一系譜上にあることを示す。昭和二十五年(一九五〇)十一月九日死去。満六十六歳。死後も多数の著書が復刻され海賊版もある。

参考文献 小田切進編『明治社会主義文学集』一(『明治文学全集』八三、一九六五、筑摩書房)、白柳夏男編『戦争と父と子と—白柳秀湖伝—』(一九七一、日本商工出版)

(今井　修)

しらやましょうさい　白山松哉　一八五三―一九二三　明治から大正期の漆芸作家。嘉永六年九月二十二日(一八五三年十月二十四日)江戸日本橋大伝馬町(東京都中央区)に生まれる。本姓は細野、名は福松。明治三年(一八七〇)に小林好山《こばやしこうざん》のもとで蒔絵を修める。十三年(一八八〇)に起立工商会社の工人となり、羽毛を表わした研出《とぎだし》蒔絵に代表されるような精巧繊細な蒔絵に高い評価を受け、同社より松哉の号を与えられた。内外の博覧会に出品して受賞を重ね、二十四年(一八九一)、小川松民《おがわしょうみん》没後に東京美術学校助教授となり、二十六年に一旦はその職を辞すが、三十八年(一九〇五)に教授として復帰して後進の指導にあたった。この間、三十三年パリ万国博覧会に「雁来紅色漆蒔絵屏風」を出品して名誉大賞を受賞し、三十九年には帝室技芸員に任命された。大正十二年(一九二三)八月七日没。七十一歳。

参考文献 荒川浩和監修『近代日本の漆工芸』(一九八五、京都書院)

(五味　聖)

しりつがっこうれい　私立学校令　私立学校の設置や教育活動などを監督するための勅令。明治三十二年(一八九九)八月三日勅令第三五九号として公布され、同日に文部省令第三八号の私立学校令施行規則も公布されて、昭和二十二年(一九四七)三月三十一日の学校教育法および学校教育法施行規則により廃止された。また関連して明治三十二年八月三日に文部省訓令第一二号「一般ノ教育ヲシテ宗教外ニ特立セシムルノ件」が出されている。私立学校令がこの時期に制定された契機は、諸外国との条約改正に伴う内地雑居にあたって外国人設立のキリスト教系私立学校の監督が意図されたことによる。私立学校に関する法令は、明治五年(一八七二)八月の「学制」における私塾・家塾の規定、十二年(一八七九)九月の教育令の各種学校規定、十九年四月の諸学校通則などがあった。中学校令が私立の中学校も対象としうるように法令の規定のある私立学校については監督が明確であるのに対して、多くの私立学校はほかの法令で規定が不明確なまま地域において多数を占めており、これらの監督が目的となった。私立学校令は二十条で構成され、第一条に私立学校の監督者を地方長官と定め、第二条で設立の認可、第三条で校長の認可、第四条以下では教員などの欠格事項や取消しなど、第八条で私立小学校以外の学齢児童の就学の不可、第九条で設備や授業の変更命令、第一〇条で閉鎖命令、第一一条では学校類似行為の本令への依拠など、以下に罰則なども含めて定めており、包括的な監督権を地方長官に与えている。中学校のように中学校令が別に定められている学校には新たに閉鎖命令などが私立学校令により規定されることになり、各種学校などはもっぱら私立学校令により認可や監督がなされることになった。その後、明治四十四年(一九一一)七月三十一日勅令第二一八号による改正で中学校と専門学校の設立について、大正八年(一九一九)二月七日勅令第一九号でさらに大学と高等学校の設立について、財団法人の設立を条件とする改正が行われた。私立学校令施行規則は私立学校設立手続きや学則の記載事項などを定めた。私立学校令の原案では私立学校における教育から宗教を分離する規定が考えられていたが、法典調査会などの検討を経て関連条項が勅令から除外され、別に文部省訓令一二号として出された。これは官公立学校のほか私立学校においても「学科課程ニ関シ法令ノ規定アル学校」について宗教教育や儀式を禁止したものである。学科課程が規定されている小学校・中学校・高等女学校では禁止されるが、規定のない私立専門学校では宗教教育はもちろん聖職者養成も認められた。この訓令の法的拘束力の有効性は当時において問題となり事実上の空洞化が行われたが、文言どおり私立学校での宗教教育が全面的に禁止されたものと理解した学校も多く、その後に至っても法令番号の「訓令一二号」がそのまま固有名詞として宗教教育関係者に語られた。こうして私立学校令とこれから派生した文部省訓令第一二号が、法令に規定のある学校での宗教教育を抑制しつつ、各種学校の設立認可などの保護を含めた監督権を包括的に国家と道府県が有する体制として機能した。

参考文献 教育史編纂会編『明治以降教育制度発達史』四(一九三八、竜吟社)、久木幸男「訓令十二号の思想と現実(一)」(『横浜国立大学教育紀要』一三、一九七三)

(高橋　陽一)

じりつしゃ　自立社　明治十一年(一八七八)十月新潟で設立された自由民権系の政治結社。この年二月新潟町で設立された言志会のサロン的性格に飽き足らない人々が、一国独立の前提としての一人一人の自立精神実現などを掲げて結成。中心となったのは新潟町で早くから新聞などの印刷・出版を進めてきた坪井良作で、ほかに八木原《やぎはら》繁祉《しげと》(高田藩)・奥畑義平(村松藩)・堀小太郎(新発田《しばた》藩)らの士族や、農民出自で、やがて県下民権家の中心となる山際七司《やまぎわしちし》なども参加している。『新潟新聞』に発表した「告自立社諸君」によれば、自立の精神を人民に培養し、自由民権の権利を伸張することをうたっていて、開明的な新潟町民など知識人を一定度結集したと思われる。政治体制や経済の仕組みなどを研究し、演説会を開いて研鑽・討議したり、『喚醒雑誌』を発行して広く一般に訴えるなどしたが、会員のなかにはこうした活動に批判的な意見もあり、政治運動を行うまでに至ることなく終った。

参考文献 『新潟県史』通史編六(一九八七)、『新潟市史』通史編三(一九九六)

(溝口　敏麿)

しりつほうりつがっこうとくべつかんとくじょうき　私立法律学校特別監督条規　発足直後の帝国大学に対し、東京府下の私立法律学校中五校の監督を命じた文部大臣達。明治十九年(一八八六)八月二十六日付で森有礼文部大臣名により大学宛に達せられ、翌二十年(一八八七)一月から実施され、二十一年五月四日に廃止された。実施期間はわずか約一年四ヵ月で、大臣が「適当ト認ムル」東京府下の法律学校に対して帝国大学総長をして「監督セシムル事アルヘシ」(第一条)と規定して、必ずしも強制的でないかのような文言を使っていたが、監督行為は実際に行われた。対象となったのは専修学校(現専修大学)、明治法律学校(現明治大学)、東京専門学校(現早稲田大学)、東京法学校(法政大学の一源流)、英吉利法律学校(現中央大学)の当時五大法律学校と称されていた学校であった。総長(帝国大学令によって法科大学長を兼任)を委員長とする四名の監督委員(法科大学教頭穂積陳重《ほづみのぶしげ》、同教授富井《とみい》政章《まさあきら》、木下広次《きのしたひろじ》、助教授植村俊平)が選任され、穂積を委員長として監督にあたった。監督の程度について本条規は「常時及試験ノ時ニ於テ該学校ヲ臨監」(第一条)する、というきわめて厳格な監督様式を定めていた。対象校は修業年限、入学資格、校則、学年暦、成績評価とその方法、時間割表、授業担当者、学科目の学年配当などについて、随時、施行状況や変更について帝国大学の委員たちに届け出る定めであり、委員たちはその内容について「諭告」することもできたし、また実際に「臨監」したことも記録されている。すなわち対象各校は、法学教育のカリキュラムと内容に関して深部に及ぶ規制と監督を受けた。さらに、この対象校の卒業生には無試験で判任官見習となる資格を与える(第七条)とされ、加えて、各校の卒業者中優等の者には、帝国大学において大審院検事長立ち会いのもとに、監督委員による口述試験が行われた。その中の優秀者には「法科大学試験及第証書」が授与され、後日司法省判事登用試験受験の特典が与えられた。本条規廃止の翌日にあたる二十一年五月五日には私立法律学校の一部を特別認可学校とする特別認可学校規則が制定されて、その監督権は文部大臣に移った。すなわち本条規の発布と施行は明治期の行政官僚育成システム形成史上の一経過措置と見ることもできるが、中央行政担当者供給機能の帝国大学法科大学への集中、私立学校の学校自治権の侵害という意味を持つ事件であった。関係史料は東京大学にすべて保存されており、実施当時の対象各校の実態を物語る資料ともなっている。

参考文献 寺崎昌男・酒井豊「東京大学所蔵私立法律学校特別監督関係資料」(『東京大学史紀要』三、一九八〇)、『東京大学百年史』通史一(一九八四)、寺崎昌男『(増補版)日本における大学自治制度の成立』(二〇〇〇、評論社)

(寺崎　昌男)

しりょうたいかん　史料大観　明治三十一年(一八九八)—三十三年に哲学書院から刊行された史料叢書。黒川真頼《くろかわまより》・小杉榲邨《こすぎすぎむら》・栗田寛《くりたひろし》・井上頼圀《いのうえよりくに》校閲、高頭忠造《たかとうちゅうぞう》編輯兼発行。刊行の経緯はよく分からないが、三巻四冊の洋装上製本として刊行され、このほか洋装仮装本(五冊)・和装本(二十一冊)も出版されている。第一巻には藤原頼長(一一二〇—五六)の日記『台記』(槐記・宇槐記・宇左記・宇治左府記・治相記とも称される)や日記とは別に頼長が重要事項を類別に書きとめた『台記別記』、台記を抄録した『宇槐記抄』『台記抄』が収録されている。『台記』は、原本の紅葉山文庫本(目録をのぞき、本文は保延二年(一一三六)—久寿二年(一一五五)まで収録)を、八条隆栄所蔵本・小中村清矩《こなかむらきよのり》所蔵本・前田家本・久松定謨《ひさまつさだこと》献本(紅葉山文庫改め内閣記録課(現国立公文書館)所蔵)・深川文庫本(内閣記録課所蔵)・榊原芳野献本(帝国図書館(現国立国会図書館)所蔵)との校合の上で収録されており、その異同について本文の下に註記されている点に特色がある。なお第一巻はのちに増補史料大成刊行会編『増補史料大成』(平成元年、臨川書店)に収録された。第二巻には、堀直格編『扶桑名画伝』が収められている。檜山義慎『皇朝名画拾彙』、谷文晁編『本朝画纂』などに比し、国学者黒川春村(黒川真頼の養父)の協力を得て幅広い記事が網羅されており、また編者により浩瀚な書物にあたって精確な考証がなされていることからこれを収録したという。第三巻には、近衛家熙の言行を山科通安が筆記した『槐記』(享保九年(一七二四)—二十年(一七三五))が収められている。これは蜂須賀家本を原本とし、近衛家本・榊原芳野所蔵本・川崎千虎所蔵本・帝国図書館本と校合し訂正増補されて正篇七巻・続篇四巻からなっている。なお第三巻は、栗田寛を除くメンバーで校閲がなされており、近衛篤麿の題字、細川潤次郎の序文が付されている。

(真辺　美佐)

しりょうつうしんそうし　史料通信叢誌　史料通信協会が、毎月出版して会員に配布した雑誌。史料通信協会は、井上頼圀《いのうえよりくに》・平瀬亀之輔を発起人とし、歴史家・好事家などに歴史・小説・雑誌・演劇・落語の材料を提供することを目的に、旧東京市麴町区(東京都千代田区)皇典講究所印刷部内に設けられた。会費は毎月二十八銭。本誌は、近藤瓶城《こんどうへいじょう》(一八三二—一九〇一)が中心となって編輯・発行にあたった。明治二十六年(一八九三)十月一日より同三十年(一八九七)九月十五日まで出版され、十四編二十八冊からなる。内容は、古書類(社寺・旧藩・故家・町村の記録・留書など)、古文書類(社寺・旧藩・故家・町村の縁起・文書、方言・古伝の童謡・俚歌など)、古器物品類(社寺・旧藩・故家・町村の所蔵品、古建築・古塚・旧墟の採掘遺器・瓦石などの絵図、祭祀・仏会・土地の奇習・異観・遺物などの図面)の三種類について、全国会員から蒐集した史料が収録されている。なお、史料には「考案」「批評」が付されているのも特徴である。収録史料の対象時期は、上古より安政初年ころの米国軍艦来航以前までとしている。完結後、地方別に編成し合冊しなおして、再刊された。

(真辺 美佐)

しりょうへんさんがかり　史料編纂掛　明治二十八年(一八九五)四月より昭和四年(一九二九)七月まで東京帝国大学文科大学(大正八年(一九一九)四月以降は文学部)に所属した史料収集・編纂機関。昭和四年七月に史料編纂所と改称された。明治二十六年四月、文相井上毅は史誌編纂掛を廃止したが、史料収集事業だけは再開させようと、文科大学長外山正一《とやままさかず》や文科大学助教授三上参次《みかみさんじ》と協議の上、二十八年四月より五ヵ年を期して六国史のあとを継ぎ慶応三年(一八六七)までの史料収集・編纂を完成させる計画を立て、この結果二十八年四月一日文科大学内に史料編纂掛が設置され、文科大学教授星野恒《ほしのひさし》(物品管理者)、同助教授三上参次、田中義成《たなかよしなり》の三名が史料編纂委員、第一高等学校教授小中村義象《こなかむらよしかた》が史料編纂委員嘱託という体制で事業が再開された。同時に久米事件の再発を防ぐため、「各自歴史上ノ論説考証等ヲ公ニスルカ為メニ本掛史料編纂事業ニ対シテ世上ノ物議ヲ招クカ如キ嫌アルモノハ厳ニ之ヲ避クヘシ」と厳重な掛員規定が制定された。三十二年(一八九九)一月三上参次が文科大学教授に昇格すると同時に彼は史料編纂掛主任となり、全局を統轄する責任者となった。三十二年末までに史料稿本六千六百余冊、古文書古記録等約十三万点となるに及び、到底五ヵ年の期限で完成するどころの話ではなくなり、この厖大な基本史料群を十五年間に出版する計画が樹立され、第十四議会(三十二年十一月—三十三年二月)の承認を得た。これをうけ三十三年四月より史料編纂掛は三部体制をとることになり、三上参次・星野恒・田中義成の三名が部長に任命され、三上は史料編纂掛一切の事務を「掌理」する事務主任となった。なお星野は部長を兼ねたまま三十四年九月より「漢学支那語学」講座を担当することとなり、三十八年以降は史料編纂掛との関係はなくなっている。出版に備え、明治三十三年段階では第四・六・十二編の三部および古文書編纂・出版が事業を開始し、三十四年二月に『大日本史料』第六編之一(田中部長担当)が、四月に『大日本史料』第十二編之一(三上部長担当)が、七月に『大日本古文書』巻之一(正倉院文書)が刊行された。しかし史料調査・収集の過程で続々と新史料が発見・採訪されていき、また原史料は現地保存の原則をつらぬくため、影写・謄写・写真撮影などの複本作成の事業も増加する一方であった。他方、十五年間の臨時事業という性格から、恩給もふくめ編纂員の身分はきわめて不安定であり、有為の人材は安定した身分を求め移動していった。この矛盾を解決するには、この事業を経常事業に転化しなければならなかった。また歴史学研究の基礎をなすものとして、史料の収集・研究・編纂事業が大学の中に次第に位置づけられていった。このような情況下において三十八年三月史料編纂官官制が勅令によって制定された。文科大学内に『大日本史料』『大日本古文書』編纂のため、史料編纂官専任五人、史料編纂官補専任十人、史料編纂書記専任三人を置くというものである。同時に作成された史料編纂掛処務規定により事務主任と編纂主任の二役職が設けられ、前者に三上が、後者に田中が任命された。経常体制となった直後の四十一年(一九〇八)度での史料編纂掛の職員は、史料編纂官八名、史料編纂官補十名、史料編纂書記三名、史料編纂補助嘱託二十二名、史料編纂掛雇七名、事務附属傭二名、写字生四十六名、臨時傭五名、製本職工一名、小使九名のスタッフとなっている。ところで日露戦時期、外務省は嘉永六年(一八五三)から王政復古に至る外交文書集の編纂を行なっていたが、その事業と伝来文書などの文科大学史料編纂掛への移管が三十九年八月に行われ、四十三年三月『大日本古文書』幕末外国関係文書第一巻が刊行された。この体制のもとに大正期に入るが、大正九年七月辻善之助が史料編纂掛事務主任になるに及び、彼は史料編纂掛の大拡張を全力で推進し、他方で関東大震災により改めて史料の消滅を危惧する念が非常に強まり、第四十九特別議会(大正十三年(一九二四)六—七月)が辻事務主任の拡大要求案を承認した結果、史料編纂官専任が十二名に、史料編纂官補専任が二十四名に、史料編纂書記が五名に、それぞれ定員増が実現した。さらに昭和三年八月赤門脇庁舎から図書館に連接する新館に移転、百数十名のスタッフを擁する機関にふさわしく史料編纂所と改称し、それまでの事務主任の名称は所長と改称された。編纂出版体制は、当初第四・六・十二編の三部体制で出発したが、明治四十年に幕末外国関係文書部が、四十三年に第八編部が、大正三年に第一編部が新設されていった。古文書部(黒板勝美)の名称は明治四十四年から現われてくる。大正九年に第四編が完了したので引続き第五編部が発足し、十二年に第三編部が新設され、大正十三年九月の大拡張により第二・七・九・十・十一編の五部が一挙に設置されるに至った。→史誌編纂掛《ししへんさんがかり》

参考文献　『東京大学史料編纂所史料集』(二〇〇一、東京大学出版会)

(宮地 正人)

しりょうへんさんじょ　史料編纂所　⇨史料編纂掛《しりょうへんさんがかり》

しろきや　白木屋　呉服店から転換した代表的百貨店の一つ。寛文二年(一六六二)大村彦太郎により小間物店として江戸日本橋にて創業、江戸時代に大手呉服店へ成長した。慶応二年(一八六六)の大火による全焼後バラック建築で営業を続けたが、明治十一年(一八七八)に本建築が完成。十九年には他の呉服店に先立ち洋服部を創設す

るなど先取の気風に富み、二十八年(一八九五)十代彦太郎(大村和吉郎)が八年間の洋行から帰朝した後は百貨店化へ向けて経営改革を進め、三越と覇を争った。明治三十六年(一九〇三)和洋折衷の新店舗(三階建て)落成とともに陳列販売方式を導入、翌年PR誌『家庭のしるべ』を発刊(三十九年『流行』へ改題)、取扱商品の多角化も進んだ。大正八年(一九一九)株式会社に改組、昭和七年(一九三二)本店玩具売場から火災発生。昭和三十三年(一九五八)東横百貨店に吸収合併され、四十二年(一九六七)東急百貨店へ改称された。

参考文献 『白木屋三百年史』(一九五七)　(満薗　勇)

白木屋(明治44年)

しろとりせいご　白鳥省吾　一八九〇―一九七三　明治から昭和時代の詩人。明治二十三年(一八九〇)二月二十七日、宮城県栗原郡築館《つきだて》村(栗原市)生まれ。早稲田大学英文科在学中の四十三年(一九一〇)、『劇と詩』を舞台に詩壇に登場。大正三年(一九一四)、試作期を抜け出た明治四十五年以降の詩を集めた第一詩集『世界の一人』を刊行。象徴派風は残るが、大半が平明な口語自由詩で、世界にただ一人の自分を肯定的に歌うなど、自由詩という入れ物に見合う新しさが盛られた。高村光太郎『道程』とともに口語自由詩創成期を代表する。そのころからホイットマン紹介に力を入れ、民主的な詩・評論を発表、雑誌『民衆』でも活躍した。八年、反戦詩「殺戮の殿堂」を含む第二詩集『大地の愛』、訳詩集『ホイットマン詩集』、評論集『民主的文芸の先駆』を刊行。民衆詩派の代表的存在となり、芸術派の北原白秋と論争したりした。十五年(一九二六)『地上楽園』創刊。昭和期には民謡集などを出し、童謡・歌謡・校歌を含め、戦後も活発に詩作。昭和四十八年(一九七三)八月二十七日没。満八十三歳。

参考文献 田中清光『大正詩展望』(一九九六、筑摩書房)　(高橋　広満)

しろやま　城山　薩摩琵琶の曲名。明治十年(一八七七)の西南戦争における鹿児島城山での西郷隆盛の最期を題材に、勝海舟が作詞し、西幸吉《にしこうきち》が作曲した。明治期に作られた薩摩琵琶曲で最も有名なものの一つ。ほかに、橘《たちばな》旭翁《きょくおう》作曲の筑前琵琶の同名異曲がある。　(塚原　康子)

しろんしがく　史論史学　史料蒐集と実証を重んじて歴史の事実を解明しようとする史学ではなくて、歴史を自由に論じるという史学の思想潮流。「史論史学」の呼称は遠山茂樹が「三宅雪嶺著「同時代史第一巻」―史論史学への郷愁―」(『歴史学研究』一四二、昭和二十四年十一月)で名づけたのがはじまりと思われ、遠山は本書によって久し振りに歴史の面白さを思い出させられたと論じている。明治時代における日本史学の大まかな変遷は、明治前期の文明史論(福沢諭吉『文明論之概略』明治八年、田口卯吉『日本開化小史』十―十五年、藤田茂吉『文明東《とう》漸《ぜん》史』十七年など)から太政官修史館(のち内閣臨時修史局)史学(重野安繹《しげのやすつぐ》・久米邦武《くめくにたけ》・星野恒《ほしのひさし》らによる史料蒐集と緻密実証的な『大日本編年史』の編纂(十五―二十年)、『(稿本)国史眼《こくしがん》』(二十三年)など)を経て官学アカデミズム史学(帝国大学(のちの東京帝国大学)文科大学国史科の開設(二十二年)、修史局が同大学に移管された臨時編年史編纂掛(のち史料編纂所)、『史学会雑誌』(のち『史学雑誌』)など)による学術的な日本近代史学の成立と、他方、明治二十年代から言論界で起ってきた史論史学(民友社系史論(徳富蘇峰・竹腰三叉《たけこしさんさ》(与三郎)・山路愛山ら)・政教社系史論(陸羯南《くがかつなん》・三宅雪嶺《みやけせつれい》・福本日南《ふくもとにちなん》ら))と私学系史学(特に早稲田大学における吉田東伍《よしだとうご》の研究やはじめての通史である同大学出版部の『大日本時代史』全十巻(明治四十―四十一年))の勃興、また、これらと平行しての日本近代史総合研究の呼び水としての先駆的な動き(雑誌『太陽』などの幕末以来の諸回顧記念特集、大隈重信撰『開国五十年史』上下巻(明治四十―四十一年)、大日本文明協会(明治四十一年設立)の昭和初年にかけてのさまざまな幕末・明治回顧記念事業)などが注目され、大正期に入り大正デモクラシー史観による日本歴史の研究から(津田左右《つだそう》吉《きち》ら)、昭和初年のマルクス主義史観に立つ本格的な日本近代史研究の開始に至る、と概観できる。こうした中で、明治中期から大正前期にかけての史論史学の第一人者山路愛山は明治末期に「日本現代の史学及び史家」(『太陽』一五ノ一二、明治四十二年九月)で、明治中期の史論史学を総括して、島田三郎『開国始末―井伊掃部頭直弼伝―』(明治二十一年)、福地源一郎『幕府衰亡論』(二十五年)、徳富蘇峰『吉田松陰』(二十六年)、竹越三叉『二千五百年史』(二十九年)を代表作として挙げて、「多く読まれ、多大の興感を人心に与へたるもの」と論じている。これに竹越『新日本史』(二十四―二十五年)と指原安三《さしはらやすぞう》『明治政史』(二十五―二十六年)と山路自身の『現代金権史』(四十一年)を加えれば、明治中期から末期への史論史学の代表作が大体揃う。これらの史論家は当時在官したりアカデミズムの中で歴史学を専門にした者ではなく、ジャーナリストにして政治家や学者や哲学者であるというように幾つもの分野に身を置いて活躍した者が多く、新聞雑誌で自由闊達に歴史を論じたのである。特に、蘇峰の『吉田松陰』は、松陰を「彼は維新革命に於ける、一箇の革命的急先鋒なり」と位置付けて明治維新の革命的意義を浮き彫りにしており、「彼が殉難者としての血を濺ぎしより三十余年。維新の大業半は荒廃し。更らに第二の維新を要するの時節は迫りぬ。第二の吉田松陰を要するの時節は来たりぬ。彼の孤墳は、今既に動きつゝあるを見ずや」と、現実の政治が藩閥政治の横行に満ちて維新の精神が形骸化していると断じ、明治維新の初心に立ち返るべきことを主張している。また、三叉は『新日本史』で、明治維新を「革命」と捉えて、ペリー来航の記述で、「米艦一朝浦賀に入るや、(中略)三百の列藩は兄弟たり、幾百千万の人民は一国民たるを発見し、日本国家なる思想ここに油然として湧き出でたり」と論じて、「国家」なる観念の台頭と近代的「国民意識」の形成の萌芽をこの時期に求めて、まさしく幕末維新期を近代国家の形成時期であると意義付けている。明治政府の王政復古史観や旧幕臣たちの佐幕派史観とは全く異なる平民主義の在野的維新史観の表明である。愛山の『現代金権史』は、「財力の所在と権力の所在」の章で、財界人の成長とそのしたたかさを縦横に論じて「世人の人は気楽にも憲法の、議会の、政党のと騒ぎ廻はり居る共間に富豪は次第に其勢力を長じ、憲法を運用する人、議会に立つ人、政党の大将分たる人々を金の轡にて制し、自由自在に之を廻して至らざる所なからんとす。此分にては天下の政治家は富豪の御用を勤むるものにして、政治家対御用商人の昔の関係は一変して富豪対御用政治家(富豪の御用政治家なり)の関係となるの日決して遠きに非ざるべし」と看破している。このように、史論史家たちは自由な史論の中に鋭い切り込み方を随所に散りばめて、現実の社会を撃つ在野の政論家であった。こうした史論史学は大正から昭和にかけて白柳秀湖《しらやなぎしゅうこ》・小泉三申・木村毅《きむらき》などを経て戦後にまで続くことになる。

参考文献 永原慶二・鹿野政直編『日本の歴史家』(一九七六、日本評論社)、佐藤能丸「明治期の民間史学」(『歴史と地理』三六七、一九八六)、大久保利謙『日本近代史学の成立』(『大久保利謙歴史著作集』七、一九八八、吉川弘文館)

(佐藤　能丸)

しんあいち　新愛知　大島宇吉により明治二十一年(一八八八)七月五日に創刊した新聞。自由党の闘士であった大島は同志と報文社を発行所とした新聞を明治十九年(一八八六)三月に発行した。この新聞は題名がなかったので『無題号新聞』とよばれた。資金は同志による共同出資であったため経済的状況は厳しく創刊当初は定期的に発行することができなかった(翌年より日刊)。二十年七月には大島の経営で同じく報文社から『愛知絵入新聞』(日刊)を創刊している。『無題号新聞』と同様、官憲批判であったため、たびたび発行禁止の処分を受け、二十一年四月に突然廃刊。翌五月復刊するが、六月に発行停止処分を受け七月四日付で廃刊、翌五日『新愛知』が創刊した。『新愛知』も第二号で長期の発行停止の処分を受けるが、こうした官憲の弾圧に耐え地元新聞社の中でも圧倒的な発行部数を誇るようになる。明治三十九年(一九〇六)に『名古屋新聞』(憲政会系)が創刊されると愛知県会・名古屋市会を二分して対立、実際の政治的社会的運動にも及ぶ激しい競争を繰り広げるようになる。昭和十七年(一九四二)九月一日、新聞統合の国策により『名古屋新聞』と合併して『中部日本新聞』となる。

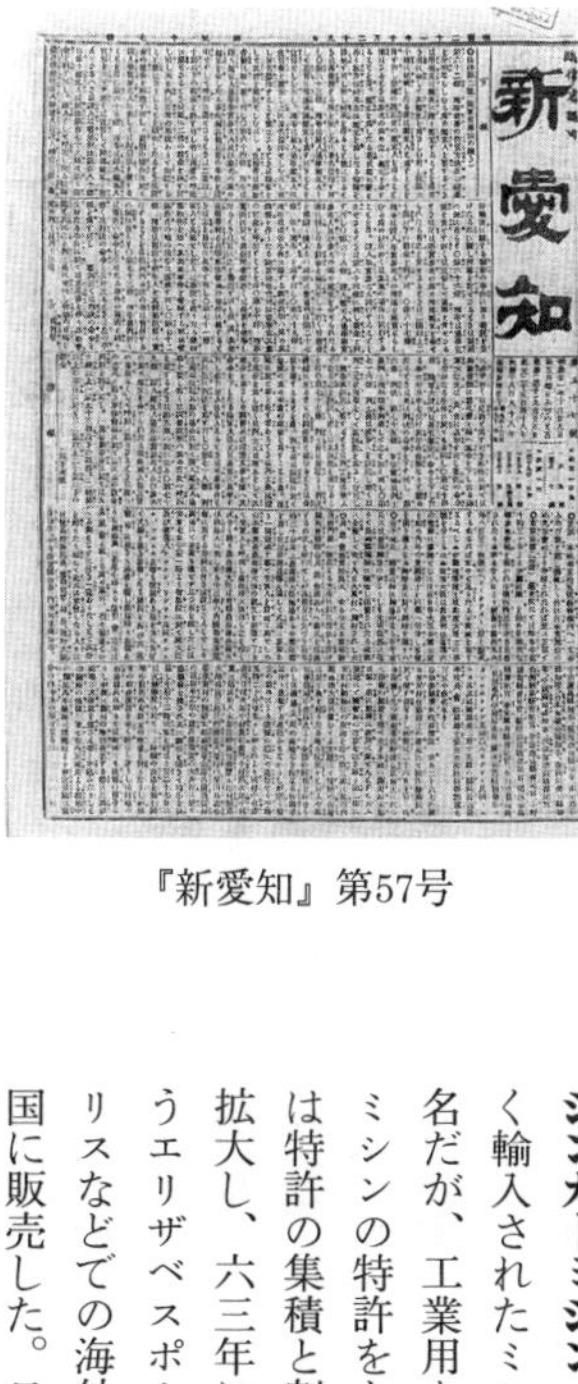

『新愛知』第57号

参考文献 『新修名古屋市史』五(二〇〇〇)

(後藤　真二)

しんえつせん　信越線　群馬県高崎と新潟県直江津・新潟を結んだ路線。現在は高崎—横川および篠ノ井—新潟間。明治十五年(一八八二)に、新潟県西頸城《にしくびき》郡長の室孝《むろこう》次郎《じろう》が中心となり上田—直江津間の鉄道建設を目的に信越鉄道を立ち上げたが実現には至らなかった。明治政府は、同十六年に高崎—大垣間の中山道線の建設を決定し、これへの資材運搬のために十八年に直江津—上田間を直江津線として着工した。同年十月には高崎—横川間が開通している。翌十九年八月に直江津—関山間が開通し、二十一年(一八八八)に長野、上田、軽井沢まで延伸した。同二十八年十二月二十日には信越線と改称し、四十年(一九〇七)八月に北越鉄道が国有化されると直江津—新潟間も加えられた。横川—軽井沢間はアプト式軌条が施されたが、輸送力向上のために、同四十五年に横川発電所が完成し、電気機関車の運転が開始された。

参考文献 『新潟県史』通史編六(一九八七)、松本和明「新潟県・京浜地域間交通史」(『鉄道史学』二二、二〇〇四)

(松本　和明)

シンガーミシン　シンガーミシン　明治時代後期から多く輸入されたミシン。シンガー会社の製品は家庭用が著名だが、工業用を含め多くの種類がある。一八五一年にミシンの特許をとったアメリカのアイザック＝シンガーは特許の集積と割賦販売方式の導入によって生産規模を拡大し、六三年に会社化した。七三年には大量生産を行うエリザベスポート工場を設置し、一九〇三年にはイギリスなどでの海外生産も含め年間百三十五万台を世界各国に販売した。日本には明治三十四年(一九〇一)に横浜に極東支社を置き、明治三十九年にはそのもとで七十の販売店を展開し、年間輸入台数は約一万台に達した。歩合制の販売店従業員は比較的高所得の家庭を訪問して月賦契約で販売した。また購買者のもとに明治四十一年(一九〇八)に東京に開いたシンガーミシン裁縫女学院で養成した女性裁縫指導員を派遣するなど、使用法を普及しながらの割賦販売で国内市場を制した。

参考文献　桑原哲也「初期多国籍企業の対日投資と民族企業―シンガーミシンと日本のミシン企業、一九〇一年～一九六〇年代―」(『国民経済雑誌』一八五ノ五、二〇〇二)　（鈴木　淳）

しんがいかくめい　辛亥革命　武昌における軍隊の反清蜂起ののち中華民国が建国され清朝が滅亡するに至る政治変動。辛亥とは、一九一一年の干支。清朝の打倒をめざす運動は、十九世紀最末期に始まる。孫文は、一八九四年、ハワイで興中会を設立し、つづいて翌年、香港でその組織を再編したうえで広州において蜂起をめざしたが失敗して亡命した。孫文らの革命運動には、内田良平・平山周《ひらやまあまね》・宮崎滔天《みやざきとうてん》などの大陸浪人・壮士ふうの日本人が多く関与していただけでなく、犬養毅のような政界要人もときに支援を与えていた。一九〇五年(明治三十八)に東京で成立した中国同盟会は、さまざまな革命運動が大同団結したという意義をもつ。孫文は、広東省など南方での武装蜂起をめざしていたが、何度も失敗した。これに対して、宋教仁らの中部同盟会は、長江中流域での蜂起をめざし、軍隊のなかに支持者を集めていった。当時の軍隊は、新式の装備・編成をもっていて新軍と呼ばれ、教育を受け新しい時勢に敏感な若者が多く含まれていた。湖北省の武昌の新軍でも、そのような革命宣伝が進められていた。一一年、清朝が交通網整備のため幹線鉄道を国有化して外国資金によって建設する計画を発表すると、各地の有力者も清朝に対して不満を強め、四川では郷紳の運動に哥老会《かろうかい》という民間結社も加わった。その鎮圧のため武昌の新軍が移動させられるのと前後して、密かに練られた蜂起計画が発覚しそうになると、一一年十月十日についに蜂起が決行された。蜂起した新軍は、たちまちのうちに武昌をおさえ、指揮官の黎元洪をいただいた革命政権を発足させた。これに引き続き、各地で蜂起が相つぎ、南方の諸省はいずれも清朝からの独立を宣言した。この過程では、それまで清朝の立憲改革を要求していた各地有力者までが清朝から離反して新政権に参加する動きを示した。この状勢をアメリカ合衆国で知った孫文は、ヨーロッパ経由で帰国した。そのころまでには、各省の代表者が南京に集まって新政権について議論しており、孫文を臨時大総統に推した。こうして、一二年一月一日、共和制の中華民国臨時政府の成立が宣言された。新政権は、陽暦を採用し、被差別民の解放をめざすなど、新機軸を打ち出した。これよりさき、清朝側は、それまで郷里に隠居させていた袁世凱を起用し、革命軍の鎮圧を任せようとした。しかし、袁世凱は、革命陣営と取り引きし、自分が中華民国大総統になるかわりに、清朝皇帝を退位させることにした。こうして袁世凱の圧力のもとで、一二年二月十二日に宣統帝(溥儀)は退位し、ついに清朝の政権は倒れた。南京の参議院は、臨時約法を制定し、国家の基本的枠組みを作った。袁世凱は、南京にゆくのを拒否し、同年三月十日に北京で臨時大総統に就任した。中華民国政府は、清朝の行なった国際的な取り決めを継承し、一三年、アメリカ合衆国の承認を得たのをはじめ、各国と外交関係をもった。日本も、同年に中華民国を承認した。なお、同時代の日本では、武昌蜂起に始まる政治変動を「清国事変」などとするいい方もあったが、明快さに欠けるため、今日では用いられない。辛亥革命の歴史的性格については、「ブルジョワ革命」と見なす観点がかつて有力であった。また、これを推進した要因としては、孫文らの革命派や新軍の役割、また郷紳勢力の指導やこれに抵抗する民衆反乱に着目する議論も積み重ねられてきた。今日では、これら多元的な要素が複合的にからみあって、革命が展開したものと考えることが多い。近年の研究においては、清朝が〇一年以降に開始した「新政」の意義が大きくとらえられている。「新政」の軍事改革が新軍を生み出し、また教育改革が日本への留学を勧めて若者が革命思想にふれる機会をつくった。また、地方自治の進展は郷紳層の政治的力量を高めるとともに、改革の負担を民衆に押しつけて民衆暴動を頻発させた。清朝が延命のためにとった近代化策が結局のところ、意図しない効果をもたらして、革命に帰結したということができる。　→別刷〈戦争〉

参考文献　北一輝「支那革命外史」(『北一輝著作集』二所収、一九五九、みすず書房)、野沢豊『辛亥革命』(『岩波新書』、一九七二、岩波書店)、小野川秀美・島田虔次編『辛亥革命の研究』(一九七八、筑摩書房)、宮崎滔天『三十三年の夢』(島田虔次・近藤秀樹校注、『岩波文庫』)、孫文研究会編『辛亥革命の多元構造―辛亥革命九十周年国際学術討論会(神戸)―』(『孫中山記念研究叢書』四、二〇〇三、汲古書院)、野村浩一『近代中国の政治文化―民権・立憲・皇権―』(二〇〇七、岩波書店)　（吉澤誠一郎）

しんかいたけたろう　新海竹太郎　一八六八―一九二七　明治時代中期から昭和時代初期の官展系彫刻家。山形の中心部に仏師の長男として明治元年二月五日(一八六八年二月二十七日)に生まれ、家業を継ぐ傍ら漢学者細谷風翁《ほそやふうおう》・米山《べいざん》父子に学ぶ。明治十九年(一八八六)軍人を志し上京、在隊中に薦められて、除隊後彫刻家後藤貞行に師事した。三十二年(一八九九)「北白川宮能久親王《きたしらかわのみやよしひさ》銅像」木彫原型を完成させ、翌年渡欧。パリを経てベルリンでアカデミズムの大家エルンスト＝ヘルターに師事、オーギュスト＝ロダンらの新潮流にも接し三十五年帰国。太平洋画会に参加、同会研究所で堀進二、中原悌二郎らを育てた。四十年(一九〇七)第一回文部省美術展覧会に出品した女性裸体像「ゆあみ」での端正な表現、四十五年に発表した

「浮世彫刻」と名づけた作品群での人間への鋭い視線など、塑造と木彫、丸彫と浮彫を駆使し、また大塚保治《おおつかやすじ》や内田《うちだ》魯庵《ろあん》らとの交友を通して幅広い表現を生み出した。東京にて昭和二年(一九二七)三月十二日没。六十歳。甥に彫刻家新海竹蔵。

参考文献 新海竹蔵撰『新海竹太郎伝』(一九八二)、田中修二『彫刻家・新海竹太郎論』(二〇〇二、東北出版企画)

(田中 修二)

しんがくげきろん　新楽劇論　坪内逍遙の新舞踊劇論。明治三十七年(一九〇四)十一月、早稲田大学出版部刊。「我が邦(国)の史劇」(『早稲田文学』四九—五一、五五、六一号、明治二十六年十月—二十七年四月)につづく逍遥第二の演劇革新論。日露戦後の国際理解を視野にいれた文化対策としても発想された。舞踊(「振事」)を基礎とする楽劇を国劇として提唱し、実践作として『新曲浦島』を同時刊行。『新曲浦島』は三十九年二月の文芸協会発会式で序之幕前曲のみ長唄として発表され、舞踊劇としては翌四十年(一九〇七)十一月同第二回演芸部大会で序之幕の前曲と第四段を初演(十三代杵屋六左衛門、五代杵屋勘五郎作曲、藤間勘右衛門振付)。→新曲浦島《しんきょくうらしま》 →坪内《つぼうち》逍遙《しょうよう》

(林 淑姫)

しんかじょうれい　新貨条例　明治新政府が制定した統一的な貨幣制度に関する法律。明治新政権の発足時には諸種の金銀銭貨が流通し、さらに贋造紙幣も大量に出回っており、幣制は極度の混乱を示していたため、安定した貨幣制度の創出は資本主義の育成や外国貿易の円滑化のためにも必要な施策であった。明治四年(一八七一)五月十日に制定された新貨条例は、貨幣単位を旧来の両分朱の四進法から円銭厘の十進法へと変更するとともに、金貨を本位貨幣、銀・銅貨を補助貨幣とする金本位制を採用した。純金一五〇〇ミリグラム《ミリグラム》(〇・四匁)が一円とされ、当時の事実上の本位貨幣二分判金一両、ならびに東アジアの貿易通貨である墨銀(メキシコドル)と等価であった。こうした措置が功を奏して新幣制への移行に伴う混乱は生じなかった。また、東アジア世界の国際通貨たる墨銀に対応させて貿易一円銀も鋳造されたが、この貿易銀は同時に国内通用も認められていたので、この新幣制は実質的には金銀複本位制といってよい。鋳造された新貨幣は、本位金貨五種(二十円・十円・五円・二円・一円)、銀貨四種(五十銭・二十銭・十銭・五銭)、銅貨四種(二銭・一銭・半銭・一厘)、ならびに貿易一円銀であった。→円《えん》・銭《せん》・厘《りん》

参考文献 明治財政史編纂会編『明治財政史(復刻版)』一一(一九七二、吉川弘文館)、加藤俊彦『本邦銀行史論』(『東京大学社会科学研究所研究叢書』九、一九五七、東京大学出版会)

(佐々木寛司)

しんかぶきじゅうはちばん　新歌舞伎十八番　九代市川團十郎が得意とし、制定した、歌舞伎の演目群。父の七代團十郎が、代々の團十郎が得意としたとされる演目に『勧進帳』を加えて、「歌舞伎十八番」を天保十一年(一八四〇)に制定したのに続き、自身の得意芸を集めて「新歌舞伎十八番」制定を企てたが、二作品のみを選定して没した。その遺志をついで、九代團十郎が、明治二年(一八六九)から三十年(一八九七)の間に、三十本の演目を加えて、『高時』『鏡獅子』『桃山譚《ももやまものがたり》』合計三十二の演目を選んだ。したがって、この「十八番」は、得意芸という意味である。前半期の演目には、活歴《かつれき》と呼ばれる史実尊重の歴史劇が多く、後半の演目には、能や狂言に題材をとった舞踊劇が多くなる。九代團十郎の特徴や趣味を現わしているだけでなく、明治という時代の特徴的な一面を現わしている演目群として興味深いものがある。現在も、三割ほどは歌舞伎のレパートリーとして残っている。

参考文献 松井俊諭『歌舞伎家の芸』(二〇〇二、演劇出版社)

(神山 彰)

しんかろん　進化論　地球上に現在存在しているあるいは過去に存在していたさまざまな種の生物が、単一の生命に由来しており、そこから発展してきたものであるという考え方、あるいはどのようにしてそのような多数の生命種の誕生が生じるに至ったかに関する学説。欧州のキリスト教社会では、生命の研究においても、特殊創造説すなわち個々の生物種は神によって個別に創造されたという考え方が支配的であったが、十八世紀ごろより、徐々に進化の思想が広がっていく。その後、十九世紀にダーウィンによって自然選択説が打ち立てられて進化の仕組みに関する議論も盛んになったのち、日本においても進化が論じられるようになってきた。明治期になって伝えられたさまざまな思想や学問と同様、日本では近代的・西洋的な考え方の一つと見なされて導入された。専門家として進化論を伝えた人物に、御雇い外国人生物学教師であるヒルゲンドルフやモースがいる。モースが東京大学で明治十二年(一八七九)の三月から四月にかけて講じた内容は、十六年に石川千代松によって日本語訳が出版されて、日本における進化論の最初のまとまった紹介となった。他方で、日本における導入期の進化論は、生物学上の事実あるいは学説として理解されるにとどまらなかった。生命の一員である人間を論じるための基礎的知識として社会科学の基礎に置こうとする哲学的態度が広がり、とりわけ人間社会に適応してさまざまな解釈や社会政策上の指針を与えるものと理解された。ダーウィンのような生物学テキストだけでなく、H・スペンサーの議論が援用された。進化メカニズムに関する説としても、自然選択説だけでなく、獲得形質の遺伝説がそれなりの広がりを見せた。こういったことからも、進化論が単なる生物学上の議論としてではなく、社会学説として広まったことがわかる。これが社会進化論あるいは社会ダーウィニズムと呼ばれるものであり、加藤弘之をはじめとして、そのほか大杉栄、北一輝などの政治思想家にもその影響を見ることができる。→社会進化論《しゃかいしんかろん》 →ダーウィン

参考文献 阪上孝編『変異するダーウィニズム―進化論と社会―』(二〇〇三、京都大学学術出版会)

(林　真理)

しんかん **宸翰** 天皇・上皇の宸筆(自筆)による文書。簡単に書翰(書状)だけでなく宸記(日記)・願文・写経・懐紙・色紙・短冊などから歌論書・有職書など書籍類まで含む。現存するのは、奈良・平安時代のものは少なく、ほとんどが鎌倉時代以降、とりわけ江戸時代のものが多い。天皇や皇太子などは、七歳前後から王羲之流や世尊寺流・法性寺流などの字形を手本によって練習する「御手習」「御習字」に励んでいる。近代の宸翰として注目すべきは、幼少時から有栖川宮《ありすがわのみや》幟仁《たかひと》親王や参議広橋胤保《ひろはしたねやす》に就いて書道を学んだ明治天皇が明治の初めにつぎつぎと出した宸翰＝「御沙汰書」(勅書)である。具体的にあげれば、同元年(一八六八)三月、五箇条の御誓文の趣意を全国民に示すため出した宸翰、同年閏十月、副総裁三条実美を関東に下し「万民安堵」を構ぜしめた御沙汰書、翌二年四月、三条実美を修史局の総裁に任じて修史を激励したもの、同年五月、輔相・議定・参与の三職を置き「公選ノ法」(投票)で決めることを命じたもの、同年六月、薩摩藩の島津久光と長州藩主毛利敬親に上京を促し版籍奉還を決断せしめたもの、同四年正月、岩倉具視を山口藩庁に遣わし敬親に半年後の廃藩置県へ向け協賛を求めたもの、同六年十二月、太政大臣三条実美に辞職を慰留したものなどである(以上いずれも帝国学士院編『宸翰英華』(初版昭和十九年、復刻再刊版同六十三年)所収)。また明治天皇は、御学友裏松良光の回想によれば、和歌を「五つ六つの頃からお作りになって(中略)御詠草ができれば、まず御母后へささげて添削を受けられ、それを(睦仁)親王さま自ら奉書に清書して御父帝にたてまつり御批評を乞わせられた」という(木村毅『明治天皇』新人物往来社所引)。そして六十年近い生涯に詠んだ御製は約十万首にのぼるが、そのうち十首の宸筆、および幼少時から有栖川宮幟仁親王を書道の師として習った十歳の時(文久元年(一八六一))の清書「梅花」(横書二大字)や皇嗣大正天皇誕生の御七夜に命名した御名記「嘉仁」(折紙縦書)などが『宸翰英華』に収められている。なお、京都御所の東山御文庫に伝わる古来の宸翰類の調査は、明治五年ころから侍従職で毎年秋に行われ、特に大正十三年(一九二四)から三年間で宮内省の臨時取調掛において一通り調査を完了している。

(所　功)

しんかんしょくせい **神官職制** 明治四年五月十四日(一八七一年七月一日)の太政官布告によって定められた神宮以下の神官の職制。この布告によって、神社は「国家の宗祀」とされ、神官の世襲が廃された。神宮では祭主以下、大宮司、少宮司、禰宜、権禰宜、主典、権主典、宮掌、官国幣社でも同様に宮司、権宮司、禰宜、権禰宜、主典(官幣大社、国幣大社では大宮司、少宮司が置かれた)が置かれ、官吏として、それぞれ位階に相当する職に就いた(明治十年(一八七七)に再制定)。その後、明治二十年(一八八七)三月十八日に神宮を除き、官国幣社以下の神社の神官は廃され神職と呼称、官吏待遇となり、同三十五年(一九〇二)二月十日の勅令二七号官国幣社職制において宮司、権宮司、禰宜、主典、宮掌とされた。なお、府県社以下は当初より神官ではなく神職として区別されていたが、明治二十七年二月二十八日に「府社県社以下神社ノ神職ニ関スル件」により祠官、祠掌が社司、社掌となった。

参考文献 神祇院総務局監輯『最新神社法令要覧』(一九四一、京文社)

(藤本　頼生)

しんかん・しんしょく **神官・神職** 神社の祭祀執行や維持・経営に従事する職員。明治四年(一八七一)、神官の世襲を廃し「精撰補任」することとなり、伊勢の神宮に祭主、大・少宮司、禰宜、権禰宜、主典、権主典、宮掌、官国幣社に大・少宮司、宮司、権宮司、禰宜、権禰宜、主典、府(藩)県社・郷社以下に祠官、祠掌という「神官」が置かれ職制が定められた。しかし明治六年には府県社以下神社の神官は月給支給が停止され、明治十二年(一八七九)には、府県社以下の祠官、祠掌の等級を廃し、「身分取扱ハ一寺住職ト同様」とされた。そして明治二十年(一八八七)には、「官国幣社保存金制度」という国家からの神社切り捨て策に伴い、官国幣社の「神官」を廃して「神職」とし、宮司は内務省、禰宜と主典は北海道庁・府県、靖国神社の宮司以下は陸海軍省において補され、宮司は奏任、禰宜・主典は判任の待遇を受けることとなった(待遇官吏にすぎないものとなる)。これにより法的な意味の「神官」(官吏)は、神宮の大・少宮司、禰宜、権禰宜、宮掌のみとされた(明治三十三年(一九〇〇)設置の神宮神部署職員は神職の取扱い)。なお、この時点では府県社以下は「神官」だったが、明治二十七年、祠官、祠掌を社司、社掌と改めて「神職」とした(昭和十四年(一九三九)には、護国神社に社司、社掌が置かれた)。

参考文献 阪本健一編『明治以降神社関係法令史料』(一九六八、神社本庁明治維新百年記念事業委員会)、岡田包義『神祇制度大要』(一九三六、政治教育協会)、梅田義彦『(改訂増補)日本宗教制度史』近代篇(一九七一、東宣出版)

(藤田　大誠)

しんカントは **新カント派** ドイツにおいて十九世紀末から一九三〇年代まで隆盛した哲学運動。ヘーゲル哲学が自然科学の進歩と調和しないということが明らかになって、カント哲学に再びもどり、その論旨を引き継ごうとするドイツの哲学者たちによって担われた。カント哲学との関係では、三つの変化がある。第一は、カントを理解し、カントを超えて前進すること。第二は、「物自体」の仮説を捨てること。第三は、認識論を刷新することである。新カント派内では二つの学派が成立した。ヘルマン＝コーエン、パウル＝ナトルプ、エルンスト＝カッシーラーなどが属する「マールブルク学派」と、ヴィルヘルム＝ヴィンデルバント、ハインリヒ＝リッケルトなどが属する「西南ドイツ学派」である。マールブルク学派は、認識論と科学論に関心を注ぎ、西南ドイツ学派は、特に価値の問題を研究した。エルンスト＝トレルチやマックス＝ヴェーバーは、西南ドイツ学派の影響を受けている。ドイツにおけるこの時期は、ちょうど日本の明治維新から大正を経て昭和の初期に至る時期と重なっていたため、日本の思想研究は、この派の影響を受けた。新カント派を主題として取り上げた著作が、一九二〇年代から出始め、人文系・社会系の学問に大きな影響があったことを示している。渡部政盛『新カント派の哲学とその教育学説』(大正十二年、啓文社書店)、勝部謙造『新カント学派の教育説』(同十四年、大村書店)、ナトルプ著・伊藤吉之助訳『カントとマールブルク学派』(昭和三年、岩波書店)、波多野鼎《はたのかなえ》『新カント派社会主義』(昭和三年、日本評論社)が出た。哲学では、桑木厳翼《くわきげんよく》がヴィンデルバントの『哲学史』を抄訳した。また、この派の哲学の総説としては、昭和八年(一九三三)、『現代の哲学』(『(岩波講座)哲学』六)に京都学派の高坂正顕が「新カント学派」を書いている。高坂は、さらに『カント学派』(同十五年、弘文堂書店)を公刊した。

参考文献　大塚三七雄『明治維新と独逸思想(新版)』(一九七七、長崎出版)　(大久保正健)

じんぎかん　神祇官　明治初年、祭政一致と神道国教化政策を実行するために設置された中央官庁。王政復古直後は神武創業のはじめに返ることが国是とされ、明治元年正月十七日(一八六八年二月十日)に神祇事務科、二月三日(二月二十五日)に神祇事務局が置かれ、閏四月二十一日(六月十一日)には神祇官が七官の一つとして設けられた。二年七月八日(一八六九年八月十五日)太政官体制実施に際しては太政官の上に神祇官が列次され、伯・大副・少副・大祐・少祐・大史・少史などの官制がつくられた。同年九月十三日(十月十七日)は官内に諸陵寮を設置し、十月九日(十一月十二日)、それ以前の七月八日に太政官に設置された宣教使を所管することとなり、十二月十五日(一八七〇年一月十六日)には神祇官内に仮神殿を完成させ、旧儀を復活して八神とともに天神地祇、歴代皇霊の鎮座・鎮魂祭を当日執行した。三年正月三日(一八七〇年二月三日)大教宣布の詔が発せられ、神祇官は宣教使活動を組織化するとともに長崎に宣教使を派遣して神道国教化に務め、四年七月四日(一八七一年八月十九日)には大小神社氏子調を実行した。そのほかにも社寺領の上知、神官世襲制度の廃止、神宮官国幣社郷村社制度の制定などを行なったが、廃藩置県直後の八月八日(九月二十二日)神祇省に改組された。　→神祇省《じんぎしょう》　(宮地　正人)

じんぎかんふっこううんどう　神祇官復興運動　幕末以来近代を通し、敬神家たちにとって祭政一致具現化のための最大の課題とされた神祇官(神祇特別官衙)の設置を目指して全国的に展開された運動。幕末以来の根強い神祇官復興論を反映し、一旦は明治元年(一八六八)に神祇官が設置され、明治二年には太政官から特立したが、明治四年には太政官内の神祇省に改組された。明治五年以降、神社行政は教部省(のち内務省社寺局)で寺院と同じ所管のものとして取り扱われ続けたため、以後も断続的に神祇官復興論が提出された。大日本帝国憲法制定後の明治二十三年(一八九〇)ころには、神職や国学者、政府の一部高官や帝国議会議員などによって強力に「神祇官興復運動」が推進された。彼らの地道な運動は、明治三十三年(一九〇〇)、行政的に神社を他宗教とは明確に区別した内務省神社局の設置にまで漕ぎ着けることとなる。しかし、それは未だ一小局にすぎなかったため、これ以降も神祇特別官衙設置運動(立官運動・特官運動)として継続され、昭和十五年(一九四〇)、内務省外局として神祇院が設置される原動力となった。

参考文献　塙瑞比古『国会開設前後に於ける神祇官興復運動』(一九四一、笠間稲荷神社社務所)、『明治維新神道百年史』四・五(一九六六、神道文化会)、阪本是丸編『国家神道再考―祭政一致国家の形成と展開―』(『久伊豆神社小教院叢書』、二〇〇六、弘文堂)　(藤田　大誠)

しんきげき　新喜劇　演劇のジャンル名。明治三十七年(一九〇四)二月大阪浪花座で曾我廼家《そがのや》五郎・十郎一座が『無筆の号外』そのほかで旗揚げ興行を行なった際「新喜劇」と名乗った。語としては大正期に志賀廼家《しがのや》、楽天会などの関西系喜劇団による使用例がある。昭和戦前の東京では新宿ムーラン＝ルージュなどで行われた文芸的な要素を含む軽演劇を指した。関西では昭和二十三年(一九四八)曾我廼家五郎劇を部分的に継承しつつ渋谷天外《しぶやてんがい》らにより結成された松竹新喜劇と、三十四年(一九五九)結成の吉本新喜劇を指す。

参考文献　『日本演劇』(一九四五)、大槻茂『渋谷天外伝』(一九六二、主婦の友社)、三田純市『上方喜劇―鶴家團十郎から藤山寛美まで―』(一九九三、白水社)　(寺田　詩麻)

しんきげん　新紀元　(一)言文一致の普及を目指す言文一致協会が発行する機関誌。明治三十五年(一九〇二)二月創刊。菊判、七六頁。言文一致の普及に関しては、前年三十四年林甕臣《はやしみかおみ》の言文一致会が組織され、機関誌『新文』(明治三十四年四月創刊)が出ていたが、泉鏡花らを起用した文芸路線が当たり、それをよしとした主筆山川臥竜(直信)が占有し、会そのものが分裂、内紛状態となっていた。言文一致会の腐敗を批判した朝倉外茂鐵《あさくらともてつ》が中心となり、明治三十五年二月に言文一致協会ができ、文芸雑誌を超えて、政治・経済・社会・芸術など多方面の記事を載せる機関誌を企画し発刊。幹事・編輯主任は桐生悠々《きりゅうゆうゆう》(政次)で、「論説」「文芸時評」「小説」「雑俎」などの欄に、桐生のほかに渋沢栄一・三島霜川《みしまそうせん》・草村北星・宮川春汀・幸徳秋水・堺枯川《さかいこせん》(利彦)らが寄稿、読者には言文一致の懸賞文なども呼び掛けた。創刊号のみ確認、二号以下の発行は未詳。　(中島　国彦)

(二)キリスト教社会主義を標榜する月刊雑誌。第一次平民社解散後に、木下尚江の発起により、石川三四郎と安部磯雄が加わって、発刊された。第一号は明治三十八年(一九〇五)十一月十日発行。木下と安部が主に論説を、石川が編集を担当した。社外からは、内村鑑三も発刊に際し祝詞を寄せた。この雑誌の発行は、非戦論が結集軸たり得なくなった日露戦後、「社会主義は物質的基督教也」「基督教は精神的社会主義也」をモットーに、キリスト教社会主義と唯物論派社会主義との差異を明らかにし、思想と運動をともに純化することを目的とした。また、各教会の保守的性格がすでに露わになっていたこともあり、

『新紀元』(二)第1号

キリスト教社会主義者の拠点ともなった。新紀元社の活動としては、木下と石川が中心になって、田中正造の谷中村買収反対運動を組織的にも支えていたことが特筆される。しかし、木下が、終刊号(第一三号、明治三十九年十一月十日発行)に、『新紀元』の試みは、キリスト教と社会主義とを両全しようとした偽善だったと表明して、運動から離脱。石川は日本社会党に入党し、『新紀元』も日刊『平民新聞』発刊に合流し、廃刊した。復刻版が労働運動史研究会編『明治社会主義史料集』第三集(昭和三十八年、明治文献資料刊行会)として刊行されている。
→平民新聞《へいみんしんぶん》

参考文献 『初期社会主義研究』一九(特集『新紀元』―社会主義と基督教―、二〇〇六)

(後藤　彰信)

じんぎしょう　神祇省　明治四年(一八七一)八月から五年三月までの八ヵ月間存在した中央官庁。太政官の上に列次された神祇官の神道国教化政策が仏教側の抵抗にあい、七月廃藩置県が断行されて新たな教化政策が模索される中で神祇官を縮小して仮に設置されたものである。この間の神祇省の最大の仕事は明治四年十一月十七日(一八七一年十二月二十八日)東京で挙行された大嘗祭の準備と当日の祭祀執行であった。他方祭事祀典と教化活動を兼ねていた神祇官のあり方が検討され、九月十四日(十月二十七日)には省内の仮神殿で祭っていた歴代神霊が皇居賢所《かしこどころ》に移された。これは皇室神道の形成につながっていく。また七月二十九日(九月十三日)に太政官内につくられた式部局が八月十日(九月二十四日)式部寮に改称され、国家儀式を司るとされたが、同寮との任務分担も検討されていった。明治五年三月十四日(一八七二年四月二十一日)神祇省が廃されて神道仏教協同しての国民教化官庁としての教部省が発足したことにより、宣教使がなくなるとともに、一方では三月十八日仮神殿の天神地祇と八神が宮中に遷座し、他方では三月十五日に大掌典以下祀典関係の官が式部寮に移り、同月二十三日には旧神祇省管轄の祭事祀典すべてが式部寮で執行されることとなった。　→教部省《きょうぶしょう》　→式部寮《しきぶりょう》　→神祇官《じんぎかん》

(宮地　正人)

しんきゅうこうさいしょうしょはっこうじょうれい　新旧公債証書発行条例　財政逼迫に悩む明治新政府が旧藩の債務処分を公債交付という手段で解決するために明治六年(一八七三)三月二十五日に制定。内国債の嚆矢。明治四年、廃藩置県後に旧藩債務を継承した新政府は、諸藩の債務を負債発生期に対応して古債・中債・新債の三種に峻別し、天保十四年(一八四三)以前の債務を古債としてすべて破棄、それ以降の弘化元年(一八四四)―慶応三年(一八六七)の債務を中債、明治元年(一八六八)―五年の債務を新債として継承した。新旧公債証書発行条例では、政府が継承した中債に対しては明治五年より無利息、五十ヵ年賦の旧公債を交付し、新債に対しては二十五ヵ年賦、三ヵ年据置、四分利付の新公債を交付するとした。いずれの公債も五百円、三百円、百円、五十円、二十五円の五種とし、二十五円以下の債務は一割引で現金償還とした。　→藩債処分《はんさいしょぶん》

参考文献 明治財政史編纂会編『明治財政史(復刻版)』八(一九七二、吉川弘文館)、千田稔「藩債処分と商人・農民・旧領主―藩債取捨政策に限定して―」(『社会経済史学』四五ノ六、一九八〇)、坂入長太郎『明治前期財政史―資本主義成立期における財政の政治過程(明治維新―明治二十三年)―』(『日本財政史研究』一、一九八八、酒井書店)

(佐々木寛司)

しんきょうごく　新京極　京都の繁華街の一つ。寺町通の一筋東の通りで、四条通から三条通までの通り。明治五年(一八七二)ごろ、槇村正直《まきむらまさなお》が、東京遷都によって打撃を受けた京都の振興をはかるために設けた新しい繁華街で、寺町通の旧称である「京極」にちなんで「新京極」と名づけたという。もともと、寺町通は寺院が集住させられていたところであったが、明治四年の上知令《あげちれい》によって、付近の寺地が摂収された。その空き地に遊興施設が建てられたのが新京極のはじまりで、この背景には江戸時代に付近の寺院で盛んに行われていた芝居興行などの伝統があったと考えられる。

参考文献 京都市編『京都の歴史』八(一九七五、学芸書林)

(小林　昌代)

しんきょうのじゆう　信教の自由　宗教を信じる自由。幕府に代わって登場した明治新政府は王政復古を掲げ神祇官を再興、祭政一致の神道国教化政策をとった。それによる「神仏判然」の布告は排仏毀釈を招き仏教側が抗議、やがて神祇官は神祇省、さらに教部省となり、「敬神愛国」「天理人道」「朝旨遵守」の三条の教則による国民の思想的教化と統合をはかる。運動の拠点となった大教

院の教導職には神官のみならず仏教僧侶も動員された。他方、新政府が出現してもキリスト教禁制の方針は変らず、不平等条約改正のため米欧に派遣された岩倉使節団は諸国から抗議を受けた。明治六年(一八七三)、キリシタン禁制の高札は撤去され、キリスト教の伝道は黙認となる。国民教化運動に動員された仏教側からは、真宗の島地黙雷らが「大教院分離建白書」を出してこれを批判、やがて明治八年、大教院の解散を招く。同年、神仏各管長あての教部省口達においては「信教の自由」を認め、教導職が各派の教えに応じた教導を可能とした。教導職そのものの廃止は明治十七年(一八八四)になる。キリスト教側からは、高札の撤去前から森有礼、中村敬宇などにより信教自由論が著わされたが、撤去後も葬儀は神官および僧侶に限られ、キリスト教式葬儀は禁止のままだった。このため「公許」を求める建白が相ついだ。ようやく大日本帝国憲法が明治二十二年(一八八九)に発布され、国家の「安寧秩序」を乱さず「臣民タルノ義務」に背かないかぎり信教の自由は認められた。しかし、明治三十三年(一九〇〇)、神社局と宗教局を分離、行政上「神社非宗教」の方向がとられる。明治四十五年(一九一二)、内務省主導の神仏キ三教の三教会同が開催されるなど、天皇の神格化に反する宗教や思想に対し、国家による干渉と利用はつづいた。昭和十四年(一九三九)に成立した宗教団体法は、戦時下のきびしい宗教弾圧を招き、真の信教の自由の実現は昭和二十一年(一九四六)の日本国憲法の公布をまつことになる。

参考文献 開国百年記念文化事業会編『明治文化史』六宗教編(一九五四、洋々社)、小沢三郎『日本プロテスタント史研究』(一九六四、東海大学出版会)、文部省文化局宗務課監修『明治以後宗教関係法令類纂』(一九六八、第一法規出版)、山口輝臣『明治国家と宗教』(一九九九、東京大学出版会)

(鈴木　範久)

しんきょくうらしま　新曲浦島　坪内逍遙作。自作『新楽劇論』(明治三十七年)の実践作で、浦島伝説による楽劇。音楽は長唄が基本で、人物、場所、時代に応じて、謡曲、清元、洋楽など十種目が使用される。明治三十九年(一九〇六)二月の文芸協会発会式に、序之幕の「前曲」のみ長唄で演奏。作曲は五代目杵屋勘五郎。中之幕「竜宮」は大正三年(一九一四)、六代目尾上菊五郎が帝国劇場で上演。全曲上演は平成十年代に実現した。→新楽劇論《しんがくげきろん》 →坪内逍遙《つぼうちしょうよう》

(倉田　喜弘)

じんぐうきょう　神宮教　明治中期に一時期、教派神道の一派とされた団体。そもそもは教部省の設置により、政府が神仏合同布教を進めるために大教院を東京麴町(のち芝増上寺)に、また全国各地の社寺を中心に中教院、小教院を設置した際、教導職が大教宣布に従事するため、明治五年(一八七二)七月に神宮少宮司であった浦田長民《うらたながたみ》が神宮教会の開設を願出、各地の神宮教会にて衆庶を教導する人物養成のための中枢機関として神宮教院が設置されたことに端を発する。神宮教院には度会県の中教院が置かれるとともに、各地の神宮教会と神風講社のもと、神宮神官の教導職による全国的な教化活動を行おうとしたが、同八年に大教院は解散、十五年(一八八二)に神宮神官の教導職兼務も廃止されたため、神宮教会についても神宮司庁から分離して神道神宮派(のち神宮教)が発足した。設立当初の管長には神宮前宮司であった田中頼庸《たなかよりつね》が就任。その後、明治三十二年(一八九九)に解散、神宮崇敬団体として新たに財団法人神宮奉斎会が発足した。→神宮奉斎会《じんぐうほうさいかい》

参考文献 阪本健一『明治神道史の研究』(一九八三、国書刊行会)、西川順土『近代の神宮』(『神宮教養叢書』九、一九八八、神宮司庁)

(藤本　頼生)

じんぐうこうがっかん　神宮皇学館　明治十五年(一八八二)四月三十日に神宮祭主久邇宮朝彦《くにのみやあさひこ》親王の令達により、伊勢の神宮神官の子弟に皇学に関する教育を行うため、伊勢の神宮の林崎文庫内に創立された高等教育機関。その源流には、内宮の林崎文庫、外宮の豊宮崎文庫があり、同五年(一八七二)に神宮の神官の教導活動のために発足した神宮教院がその前身にあたる。明治十八年一月より講義を開始した。開設後は四年制の本科をもち、同二十年(一八八七)には宇治浦田町に校舎が新築された。その後、同二十九年に宇治館町に校舎を移転、同三十六年(一九〇三)八月三十一日に勅令をもって神宮皇学館官制が公布され、神宮司庁のもとにおかれた官立の専門学校となったが、内務省所管の官立学校であったため、同年三月に公布された専門学校令にはよらない特別な官立専門学校であった。明治三十三年二月十八日に総裁であった賀陽宮《かやのみや》邦憲《くにのり》王より令旨を賜り、これが現在でも建学の精神となっている。大正七年(一九一八)に宇治館町から倉田山に校舎移転、研究教育体制の拡充が行われ、国語学者の上《うえ》田《だ》万年《かずとし》や山田孝雄《やまだよしお》らが館長を務めた。なお、同時期に創立された皇典講究所とともに神職養成を担っており本科、専科、普通科の卒業生は無試験で奏任、または判任待遇の神職に任用された。昭和十五年(一九四〇)四月二十三日には勅令をもって神宮皇学館大学官制が公布、内務省所管の官立専門学校から、大学令による文部省所管の官立大学に昇格、学部(祭祀・政教・国史・古典の四専攻)、予科、附属専門部からなる大学となった。昭和二十年(一九四五)の敗戦により、同年十二月にGHQより神道指令が出され、同二十一年三月三十一日をもって官制廃止、廃学となった。その後、再興の動きが高まり、昭和三十七年(一九六二)に元首相であった吉田茂が総長に就任。私立の皇学館大学として再興され現在に至っている。

参考文献 『神宮皇学館五十年史』(一九三二)、『(創立九十年再興十年)皇学館大学史』(一九七二)、『皇学館百二十周年記念誌―群像と回顧・展望―』(二〇〇二)

(藤本　頼生)

じんぐうしきねんせんぐう　神宮式年遷宮　伊勢の神宮にて二十年に一度、内宮、外宮の正殿、諸殿舎をはじめとして、別宮などの各社殿を新たに造替するとともに千

数百点に及ぶ御装束・御神宝などを新たに調進し、殿内に奉納した後に新たな正殿に御神霊を遷す一連の儀式などのことをいう。古来より皇家第一の重事、神宮無双の大営ともいわれ、神宮で最も重要な祭儀とされる。式年遷宮の事由としては、祭典遷宮説、社殿の耐久年限説、技術継承説、暦法による原点回帰説、二十年を一区切りとする時代生命更新説などがあるが、定説はない。この式年遷宮の制がたてられたのは、天武天皇十四年(六八五)であるとされ、実際に第一回が行われたのは、皇大神宮が持統天皇四年(六九〇)、豊受大神宮が同六年である。中世期に一時中断はあったものの継続し、明治期には明治二年(一八六九)、二十二年(一八八九)、四十二年(一九〇九)の三度の遷宮が行われた。平成二十五年(二〇一三)に第六十二回式年遷宮が予定されている。

参考文献 桜井勝之進『伊勢神宮』(一九六九、学生社)、中西正幸『神宮式年遷宮の歴史と祭儀』(一九九五、大明堂)、桜井勝之進『式年遷宮の理由』(一九九七、伊勢神宮崇敬会)

(藤本　頼生)

じんぐうしちょう　神宮司庁　明治四年七月十二日(一八七一年八月二十七日)神祇官宛太政官御沙汰により伊勢神宮の大改革が実施された際、皇太神宮境内に取建てられた官庁。これにより従来の大宮司付属の世襲職掌はすべて廃止され、師職と彼らの諸国郡檀家との関係や大麻配布も完全に停止された。かわって任命制の祭主・大宮司・少宮司・禰宜・権禰宜・主典・権主典・宮掌の官制が定められた。明治二十九年(一八九六)十一月勅令神宮司庁官制では祭主は親任で皇族が任じられ、大御手代《おおみてしろ》として奉祭するが、公爵を以て任ずることもありとされた。

(宮地　正人)

じんぐうたいま　神宮大麻　伊勢の神宮の神札のうちの一つ。天照皇大御神《あまてらすすめおおみかみ》を日々拝するための大御璽とされる。毎年、年末に氏神神社を通じて全国各地の家庭に頒布されており、平成十九年(二〇〇七)現在、全国で約九百万体が頒布されている。神宮大麻の起源は平安時代にさかのぼり、室町―江戸時代に御師《おし》と呼ばれる神宮の神職が頒布従事者となって、御祓大麻と呼ばれる現在の神宮大麻の原型となる神札を全国各地の檀家に配布することにより広まった。江戸時代後期には外宮の御師のみで四百二十一万八千五百八十四体を頒布した記録(『安永六年外宮師職檀方家数改帳』)もあり、全国総戸数の約九割にものぼった。維新後、明治四年(一八七一)の神宮改革で御師は廃止となり、神宮大麻と名称も改められ、頒布経路も地方庁から、神宮教院、神宮奉斎会、全国神職会へと変更となり、昭和二十一年(一九四六)以降は神社本庁が委託を受け、頒布を行なっている。

参考文献 神社本庁教学研究所編『「神宮大麻に関する研究会」報告書』(『神社本庁教学研究所紀要』九・一〇、二〇〇四・〇五)

(藤本　頼生)

じんぐうちょうこかん　神宮徴古館　明治四十二年(一九〇九)から現在の神宮関係博物館で農業館と徴古館がある。神宮の神宝類は、明治六年(一八七三)以来、説教所時雍館などで随時展示されたが、二十七年(一八九四)参宮鉄道開通にあたり「撤下御物陳列所」で常時展示となった。明治十九年(一八八六)に神苑の整備・宝物の陳列・神都の整備を目的に有志が設立した神苑会は、当初より歴史博物館建設を企図し、二十四年五月まず豊川町(三重県伊勢市)に農業館を開館。二十六年に農業館付属館(工芸館)で古代資料の陳列を開始した。二十七年十月に工芸館の陳列品を二見浦の賓実館に移し、仮徴古館として観覧させた。明治三十六年(一九〇三)の第五回内国勧業博覧会(大阪)による神宮参拝者の増加を予測した神苑会は、倉田山を整備し農業館・徴古館の新築・移転を計画。三十七年農業館が開館、四十二年徴古館も開館。四十四年両館は神宮に献納された。御物陳列所の神宝も翌年徴古館に収蔵された。徴古館は戦災で全焼したが、昭和二十八年(一九五三)復旧した。

参考文献 古川真澄「神宮徴古館農業館」(神宮司庁編『神宮・明治百年史』上所収、一九六八、神宮司庁文教部)

(西川　洋)

じんぐうぶんこ　神宮文庫　伊勢神宮の文庫。国宝・重要文化財など約二十四万冊を収蔵。神宮の文庫の歴史は、奈良時代の内宮文殿と鎌倉時代の外宮神庫に淵源がある。貞享四年(一六八七)宇治会合衆が創設した丸山文庫(のちに林崎文庫)が、明治六年(一八七三)神宮司庁に献納された際、内宮文殿・外宮神庫も林崎文庫に収納。その後狭隘などの理由で書庫新築を計画し、明治三十八年(一九〇五)文庫の新設を内務省に申請、認可された。場所も宇治館町(三重県伊勢市)に移し三十九年十二月落成、翌四十年(一九〇七)四月開館。総建坪八十一坪で、開館時の蔵書数は約五万冊。他方、外宮権禰宜度会延佳《わたらいのぶよし》らが慶安元年(一六四八)に創設した宮崎文庫(豊宮崎文庫ともいう)は、明治四年から籍中(同文庫の参加維持者)、十四年(一八八一)からは法人組織で管理されたが、次第に衰退し一時個人所有となった。四十三年神苑会(神域の整備・宝物の陳列などを目的に十九年創立)が買収し、本文庫に献納した。大正十一年(一九二二)から文庫の管理は神宮皇学館に移管、十四年に倉田山の現在地に移築し、現在に至る。

参考文献 西川元泰「神宮文庫」(神宮司庁編『神宮・明治百年史』上所収、一九六八、神宮司庁文教部)、神宮司庁編『神宮文庫沿革資料(復刻版)』(『神宮文庫叢書』四、一九七〇、神宮文庫)

(西川　洋)

じんぐうほうさいかい　神宮奉斎会　伊勢の神宮の奉賛、崇敬団体。明治十五年(一八八二)の神官教導職分離の際に、神宮司庁と明治五年(一八七二)に設けられた神宮教院が分離し、教導職を中心として神宮教院が所属していた神道事務局(明治八年設立)より独立した神道神宮派(のち教派神道の一つ神宮教)を明治三十一年(一八九八)七月の民法施行により、翌三十二年九月にあらためて神宮崇敬団体として解散、財団法人神宮奉斎会として新たに組織化された。当初、東京日比谷にあったが、のちに飯田町へと移転した。神宮教時代には全国の伊勢講を結集し、布教活動をはじめ神宮大麻・伊勢暦の頒布活動への従事を行なっていたが、大麻頒布については昭和二年(一九二七)以降、全国神職会へ委託された。のち二十一年(一九四六)二月の神祇院の廃止に伴って皇典講究所、大日本神祇会とともに解散、合併し、神社本庁が発足した。↓神宮教《じんぐうきょう》

参考文献 岡田米夫編『東京大神宮沿革史』(一九六〇)、神道文化会編『明治維新神道百年史』(一九六四)

(藤本 頼生)

しんけいかさねがふち 真景累ヶ淵 下総国岡田郡羽生村(茨城県常総市)に展開する累伝説の流れを汲んで三遊亭圓朝が創った因縁の絡み合った怪談咄。安政六年(一八五九)に高座にかけた「累ね草紙」(「累ヶ淵後日の怪談」)を練り上げた作。道具入り正本芝居咄として演じたが、明治に入って素咄に改めたものの、林家正雀は芝居咄を今日に伝える。『やまと新聞』連載の後、明治二十一年(一八八八)五月、井上勝五郎刊。按摩宗悦を手討ちにした旗本深見新左衛門の遺児新五郎・新吉と、宗悦の遺児お園・お志賀の恋慕にまつわる筋と、羽生村名主惣次郎の弟惣吉が、兄夫婦の仇を討つ筋より成る。実景に即して造化の真を描く意の絵画用語「真景」に「神経」を通わせ、幽霊が見えるのは神経病が原因とし、幽霊の存在を表向き否定せざるを得なかった文明開化の時代相を反映した演題として知られる。『新日本古典文学大系』明治編六(平成十八年、岩波書店)に収める。↓三遊亭圓朝《さんゆうていえんちょう》

(延広 真治)

しんげき 新劇 演劇のジャンル名。歌舞伎、新派などに対して、ヨーロッパ演劇の影響を受け明治三十年代末から起った演劇を呼ぶ。ただしこの意味での明治期の用例は少なく、大正初めごろまでは「新しい芝居」などの名称が用いられた。淵源には明治二十年代に行われた演劇改良運動、坪内逍遙や森鷗外らによる演劇論争の影響を見ることができる。また三十年代の伊井蓉峰《いいようほう》の東京真砂座での研究劇、川上音二郎の正劇も、関係者や内容の多くが重なっている。しかしふつう新劇団のはじまりは、明治三十九年(一九〇六)に設立された逍遙の文芸協会と、四十二年(一九〇九)に設立された二代目市川左團次・小山内薫《おさないかおる》の自由劇場とする。新劇は旧来の演劇の習慣から離れようとする傾向があり、そのため素人を俳優に養成することが課題となり続けた。おもな養成機関として、明治四十一年藤沢浅二郎が設立した東京俳優養成所、同年川上音二郎・貞奴《さだやっこ》が設立し帝国劇場に移管された帝国女優養成所、四十二年設立の文芸協会演劇研究所がある。大正期は島村抱月《しまむらほうげつ》と松井須磨子が設立した芸術座のほか、上山草人《かみやまそうじん》・伊庭孝《いばたかし》らの近代劇協会、東儀鉄笛《とうぎてってき》らの無名会・新文芸協会、青山杉作らのとりで社・踏路社、畑中蓼坡《はたなかりょうは》の新劇協会など多くの小劇団が離合集散した。影響を受けた新派や歌舞伎の活動として、井上正夫の新時代劇協会、河合武雄の公衆劇団、六代目尾上菊五郎の狂言座、十三代目守田勘弥《もりたかんや》の文芸座などがある。また翻訳劇だけでなく日本の作家の創作戯曲を上演することも増える。そして明治末から関東大震災まで東京の新劇で多く使用された劇場が有楽座と帝国劇場であった。震災後の大正十三年(一九二四)、小山内と土方与志《ひじかたよし》によって設立された築地小劇場は、その後の新劇運動の原点となる劇団であった。昭和初期はプロレタリア演劇、左翼演劇と相互の影響・対立があり、戦後は文学座・俳優座・民芸をはじめとする多くの劇団が、商業演劇や小劇場演劇などと拮抗・協調しながら活動している。↓自《じ》由劇場《ゆうげきじょう》 ↓文芸協会《ぶんげいきょうかい》 ↓別刷〈新劇・西洋音楽〉

参考文献 秋葉太郎『日本新劇史』(一九五五－五六、理想社)、田中栄三『明治大正新劇史資料』(一九六四、演劇出版社)、大笹吉雄『日本現代演劇史』明治・大正篇(一九八五、白水社)

(寺田 詩麻)

じんけんしんせつ 人権新説 明治大正期の政治学者で教育家であった加藤弘之(一八三六－一九一六)が明治十五年(一八八二)十月に谷山楼から刊行。幕末・維新期に『鄰艸』『立憲政体略』『真政大意』などの著述を通して、欧米立憲政治思想を積極的に日本に紹介してきた加藤が、東京大学綜理、学士院会員の要職にあった明治十五年、天賦人権説に立って主張してきたそれまでの「初期三部作」(『立憲政体略』『真政大意』『国体新論』)を絶版にして、ドイツ学的な実証主義の方法論に基づく社会的ダーヴィニズムを主唱した『人権新説』を公刊した。世にいう加藤の学説の転向を象徴する書物である。それに対して矢野文雄・外山正一・馬場辰猪・植木枝盛らの反駁が相つぎ活発な『人権新説』論争が起った。本書は、「第一章天賦人権の妄想に出ずるゆえんを論ず」、「第二章権利の始生および進歩を論ず」、「第三章権利の進歩を謀るについて要すべき注意を論ず」の三章から成り、生存競争と優勝劣敗を論じて、天賦人権説が実証に堪え得ない学者の妄想であることを説いた。加藤の立論は終始、国家主義的で支配層擁護の姿勢をとり続けた。たとえば、近代欧米の政権をにぎる「上等平民」の支配を目して、それは自然社会における生存競争と自然淘汰の事実が発展して、もっとも「精神力の優大なる」第三階級、すなわち「大地主・大財主および富商・豪農もしくは学者・技芸者」こそ「天下の大勢を左右するの実権を有する」という定則に従うものである、と時の政治支配を進化論的実証主義によって合理化せんと試みた。また、権利の起源は強固な社会たる国家の出現によって生ずること、国家成立以前の社会においては人民の権利はないと説いた。そして権利の進歩は漸進的に行われるべきであり、革命は不可であるとも強調した。ルソーが「古来未曾有の妄想論者」にあげられ、「貴賤貧富の別なく」神の前の平等を説いたキリスト教や釈迦の教えまで天賦人権に類する教義

に数え上げた彼の主張は、具体的には、民撰議院設立をめざして活発な反政府運動を展開する自由民権グループに対する政府防衛の立場の表明であったといえよう。なお、本書の所説がより学問的に整備されたのが、ドイツ語で発表された『強者の権利の競争』(明治二十六年)である。→加藤弘之《かとうひろゆき》

参考文献 田畑忍『加藤弘之の国家思想』(一九三六、河出書房) (西田 毅)

しんこうろん 新公論 明治から大正時代にかけて刊行された総合雑誌。明治三十七年(一九〇四)二月十日創刊。新公論社発行。月刊誌。主幹は『中央公論』でも主幹をつとめていた桜井義肇《さくらいぎちょう》で、桜井が中央公論社を辞して立ち上げた雑誌である。創刊号冒頭で、おなじ総合雑誌『中央公論』に引き続いて『新公論』を刊行すると桜井みずからが述べるように、『中央公論』の後継誌という位置づけにある。そのため創刊号の号数も、『中央公論』の巻号をうけて第十九年第一号となっている。主軸の論説には、大隈重信・田口卯吉・三宅雪嶺・安部磯雄らが寄稿している。また、現代の思潮を一望しようという目論見のもと、全国の有力雑誌から評論を抜粋掲載した「万報一覧雑誌之雑誌」欄も、雑誌の柱となっている。大正十年(一九二一)九月一日刊、第三六巻第九号をもって終刊。原誌は国立国会図書館などが収蔵しているほか、明治期刊行分の復刻版が平成五年(一九九三)—六年にゆまに書房より刊行されている。→中央公論《ちゅうおうこうろん》

『新公論』第19年第10号

参考文献 紅野謙介「日露戦争下の雑誌から(六八)『新公論』」(『日本古書通信』六九ノ六、二〇〇四) (磯部 敦)

しんこえんげきじゅっしゅ 新古演劇十種 五代尾上菊五郎が得意とし、制定した、歌舞伎の演目群。菊五郎家の得意演目であった妖怪変化が登場し、民間伝説として浸透していた題材や能・狂言からとった演目が多く、河竹黙阿弥《かわたけもくあみ》と組んだ舞踊劇である『土蜘《つちぐも》』『茨木』『戻橋《もどりばし》』などが、現在もよく上演される。五代目は九種しか制定しなかったが、大正期に六代目が岡村柿紅《おかむらしこう》の『身替座禅《みがわりざぜん》』を追加して完成した。

参考文献 松井俊諭『歌舞伎家の芸』(二〇〇二、演劇出版社) (神山 彰)

しんこくじんりゅうがくせいとりしまりじけん 清国人留学生取締り事件 明治三十八年(一九〇五)十一月二日公布の文部省令第一九号「清国人ヲ入学セシムル公私立学校ニ関スル規程」(同三十九年一月一日施行、全十五条)を契機として清国人留学生約八千人が休学ストライキを行い、日中間の政治問題にまで発展した事件。当局は、清国人留学生の増加に伴って問題化した営利目的の設備や教育内容の不十分な学校を改善し、清国人留学生が安んじて志望の学術技芸を修得し留学の目的達成を期するため、としていた。本省令制定の起源は、明治三十六年六月二十七日に張之洞湖広総督が内田康哉駐清公使を訪問し、東京での革命派の活動取締りと在日清国留学生奨励を目的とした規則を制定したい、と持ちかけたことに求められる。この会談の結果、明治三十七年十月一日付で「約束遊学生章程」「鼓励畢業生章程」が公布され、関連諸校に配付され、同年十一月前述の規程が文部省令として制定された。全十五条に及ぶ規程では、入学願書への清国公館紹介書の添付(第一条)、学籍簿の設置(第二条)、転退学時の清国公館承認(第四条)、年二回の文部省あて清国人員数報告(第五条)、清国人の寄宿舎への収容および校外の取締り(第九条)、性行不良者と退校者の入学の禁止(第十条)などを定めていた。このうち特に第九・十条に在京清国人が反発した。十二月八日、『民報』編集長の陳天華が大森海岸で投身自殺を遂げたことを受け、留日学生界では即時帰国を主張する秋瑾・田桐らの強硬派と、隠忍自重を主張する汪兆銘・胡漢民らの穏健派が対立する事態となった。結局、穏健派の主張が勝り、省令に妥協するかたちで事態は収拾した。こうした留日学生界の動向は、明治三十八年八月東京に成立した中国同盟会による、清国政府への反抗運動の一例ともいえる。

参考文献 永井算巳「所謂清国留学生取締規則事件の性格—清末留学生の一動向—」(『信州大学紀要』二、一九五二)、さねとうけいしゅう『日中非友好の歴史』(一九七三、朝日新聞社)、永井算巳『中国近代政治史論叢』(一九八三、汲古書院)、孫安石「清国留学生取締規則事件の諸相—政治考察五大臣、上海、そして韓国との関連を中心に—」(『中国研究月報』四九ノ三、一九九五) (熊本 史雄)

しんこくすいへいぼうこうじけん 清国水兵暴行事件 明治十九年(一八八六)八月、長崎で発生した暴動。長崎事件ともいう。同月十三日、長崎に寄港した水師提督丁汝昌の率いる軍艦定遠・鎮遠・威遠・済遠の上陸水兵五名が貸座敷で暴れ、警察官に逮捕され、清国領事館に引渡されたことに端を発する。同月十五日、清国水兵約四百数十名が上陸し、一部の現地華僑とともに警察署を包囲、日本人警官もこれに応酬して抜刀するものなどがあり、多数の民衆も参加して暴動に発展し、日本側死亡者二名・負傷者二十九名、清国側死亡者四名・負傷者四十六名を出した。当初、日本側は冷静に現地で事件の処理交渉にあたろうとしたが、現地新聞による中国批判報道に不快感を示した清国側が態度を硬化させ、容易に解決しなかった。そのため、同年十二月六日、井上馨外務大臣・徐承祖清国公使の合意によって交渉を東京に移し、翌二十年(一八八七)二月、相互の死傷者に撫恤金を支払

い、両国の法律によって暴動の嫌疑者を処罰することでようやく解決した。

参考文献　井上馨侯伝記編纂会編『世外井上公伝』三（一九三四、内外書籍）、安岡昭男『明治前期日清交渉史研究』（一九九五、厳南堂書店）、横山宏章『長崎が出会った近代中国』（『海鳥ブックス』、二〇〇六、海鳥社）

（鵜飼　政志）

しんこくちゅうとんぐん　清国駐屯軍　明治三十四年（一九〇一）より中国の天津に駐留した日本陸軍部隊。三十三年義和団事件（北清事変）が険悪化し、在留邦人保護の必要性が生じたことから、日本陸軍は六月十五日、参謀本部第二部長の福島安正少将を司令官とする混成支隊を天津に派遣した。しかし、戦局が悪化したことから、陸軍は七月五日、新たに第五師団長山口素臣《やまぐちもとおみ》中将率いる増援部隊を急派することを決めた。さらに陸軍は三十四年四月二十二日、清国駐屯軍を編成して天津に増派することを決定し、同日清国駐屯軍勤務令が制定された。清国駐屯軍は編成完了後、第九師団長大島久直中将の指揮下に入り、山口部隊と守備を交代した。九月七日、清国政府と列国との間で北京議定書（辛丑和約）が成立し、また、三十五年七月天津還付に関する列国との交換公文が取り交わされたことにより、清国駐屯軍は正式に駐兵権が認められた。清国駐屯軍は司令部を天津海光寺に置き、部隊は天津、塘沽、唐山、灤県（灤州）、昌黎、秦皇島、山海関などに分駐して在留邦人の保護ならびに鉄道沿線の守備にあたった。部隊編成は駐屯軍司令部、守備隊司令部、歩兵二個大隊、騎兵中隊、野戦砲兵大隊、工兵大隊、第一・第二野戦病院、野戦兵器廠、憲兵隊、軍楽隊から成り、駐兵数は三十四年四月の列国司令官会議で最大二千六百人と定められた。日露戦争では満洲軍将校や公使館付武官らと連絡を取りながら、露清間の関係を探ったり、戦地に軍需品を輸送したりするなど後方支援にあたった。明治四十五年（大正元、一九一二）一月、中華民国が建国されると、大正二年八月部隊名を支那駐屯軍（天津軍）と改めた。

参考文献　海光寺会編『支那駐屯歩兵第二聯隊誌』（一九七七、支那駐屯歩兵第二聯隊誌編纂委員会）、秦郁彦『盧溝橋事件の研究』（一九九六、東京大学出版会）

（広中　一成）

しんこくばいしょうきん　清国賠償金　日清講和条約により、清国から日本に支払われた賠償金。明治二十八年（一八九五）から同三十一年（一八九八）までの三年にわたって総額庫平銀二億三千五十万両（約三億五千八百万円）が支払われた。賠償金の内訳は、軍事賠償金二億両、威海衛守備費償却金百五十万両、遼東半島還付報償金三千万両であった。賠償金はすべて英ポンドで支払われ、ロンドンで正貨として金銀塊購入がなされた。なお、このことを契機として同三十年から在外正貨を基礎とする金本位制が導入されている。本賠償金は日清戦後経営にあてられ、その使途は戦費補充、陸海軍拡張費、八幡製鉄所創立費、台湾経営費、帝室御料編入、軍艦水雷艇補充、災害準備金、教育基金などに振り分けられることとなった。しかし、その大部分を軍事拡張費に費やしたため、戦後経営のために増税をせざるをえない結果を現出した。主に地租増徴に注目が集まり議会が紛糾する遠因になった。

→日清戦後経営《にっしんせんごけいえい》

参考文献　明治財政史編纂会編『明治財政史』二（一九七一、吉川弘文館）、伊藤之雄『立憲国家の確立と伊藤博文―内政と外交一八八九～一八九八―』（一九九九、吉川弘文館）

（山下　大輔）

しんこくりゅうがくせい　清国留学生　日本人の中国留学は明治四年（一八七一）に薩摩・佐賀藩出身の青年六人が大蔵卿大久保利通によって派遣され、中国語の学習とともに国情調査を行なったのが最初とされるが、それとの対比でいうと、中国からの留学は、当時日中間で起こっていた外交懸案解決に役立つ人材を養成すべく一八八〇年代に何度か東京の清国公使館に青年を派遣し、日本人講師を招いて日本語を習わせるとともに日本事情を学ばせたことに始まるといってよい。しかし現在の研究状況では、上記の動きは公使館内に限定された行動ゆえに留学とはみなさず、九六年（明治二十九）に同じく公使館に呼ばれた十三人の青年が東京高等師範学校校長嘉納《かのう》治《じ》五郎《ごろう》の援助を得て、師範学校内に設けた特別班で学んだことをもって、中国人日本留学の開始ととらえられているので、以下それに従って述べる。中国は一八九四―九五年の日清戦争に敗れると、明治維新を経て急速に近代化した日本に注目することになり、康有為ら知識人は政治改革と近代教育の導入を主張し、そのためにも日本に学ぶべきだと訴えた。また清朝高官の張之洞も『勧学篇』を著わして、日本と中国とは近距離にあり費用が安く済む、風俗習慣が似ており文化的に近い、日本にはすでに西洋の学問が多く紹介されていることなどをもって日本への留学を推奨した。さらに、日本の役人や参謀本部も両国の政治・文化上の提携の必要性を強調して中国側に日本への留学を働きかける者がいた。九七年（明治三十）以降北京の中央官庁および各省が国費（中国語では「官費」）で留学生を派遣し始め、特に一九〇三年に留学を奨励する規則（「鼓励游学章程」）が制定されて、留学を終えて優秀な成績で帰国すると従来の科挙試験で得たのと同等の官吏になる資格をもらえることが明らかになると（〇五年に科挙試験が完全に廃止されるとなおさら）、競って留学することになった。当初は国費の派遣がほとんどだったのが、地方の公共団体が資金を出す「公費」生も現われるようになり、〇三年以降はさらに私費（中国語では「自費」）で留学する者が急速に増えていって、〇五年から〇六年にはピークに達して八千人とも一万人を超えていたともいわれるほどになった。ここで清国留学生の歴史を〇六年を境にして前期と後期に分けて、それぞれの特徴をまとめる。前期は、それまで留学生を派遣した経験のない官庁や省が手探りで開始したこともあり、自分のところで役立つ分野の知識を短時間で習得して帰国することを求めるあまり、通訳付きで三ヵ月、半年、あるいは一年の授業で帰国するいわゆる「速成科」コースが主流を占めた。彼らが受講した分野は法科・商科・師範などが主なものだが、ほかに警察・鉄道・農林などさまざまな分野での留学があり、それに対応して日本の大小の学校が彼らを受け入れるコースを作ったものの、速成の効果はあまり芳しくなかった。この時期、列強に諸権利を奪われ国内の混乱も収められない清朝の支配を変えなければ国は亡びると考える青年が主には自費生として来日しており、彼らは雑誌を発行し集会を開いて啓蒙活動を展開し、さらには革命結社を組織する者もいて、留学途中で帰国する者が多かった。〇五年に孫文をリーダーとして中国同盟会が東京で結成されたが、その活動を一一年(明治四十四)に辛亥革命が成功するまで支えたのが日本留学出身者であったことはよく知られた事実である。〇五年、留学生が革命活動に参加していることに恐怖した清国政府が日本政府に働きかけることで、文部省がいわゆる清国留学生取締規則を出すと、それに反対する留学生は同盟休校をして抗議し二千名が一斉帰国している。後期は、清国政府が留学生の管理を強化すべく〇六年に東京の公使館内に「清国游学日本学生監督処」をつくったことに始まる。それまでは留学生を派遣した省がそれぞれ監督を東京に置いていたのを監督処が統一して管理することにし、国費も省や官庁が支給していたのを監督処経由で統一的に支給することにした。速成教育は禁止して専門教育を重視し、国立(当時は「官立」)大学に入学した者、その中でも理科系を専攻した者に優先して国費を支給することにした。そうすることで、清国政府は優秀な科学知識を習得した研究者を育てて祖国の再建に役立てようとしたのだが、その願いは辛亥革命によって頓挫することになる。しかし留学生の側に立ってみると、とりわけ後期の高等教育重視の政策が実施される中でそれぞれの専門知識を身につけていった者も少なからずおり、陸軍士官学校に留学した学生の中にも帰国後革命に参加する者が多く、総じて中華民国以後に各分野で活躍する人物が輩出しているのである。

参考文献 さねとうけいしゅう『中国人日本留学史(増補版)』(一九八一、くろしお出版)、阿部洋『中国の近代教育と明治日本』(『異文化接触と日本の教育』六、一九九〇、福村出版)、大里浩秋・孫安石編『中国人日本留学史研究の現段階』(二〇〇二、御茶の水書房)

(大里 浩秋)

じんごじへん 壬午事変 一八八二年(明治十五)に朝鮮でおきた兵士・民衆の反乱と大院君による政変。壬午軍乱ともいう。日本と清国が出兵し国際的な紛糾事件となった。閔氏政権の開国・開化政策のもと、冷遇された旧式軍隊の兵士や経済変動で生活難にあった民衆の間に不満が高まり、鎖国・攘夷を唱える衛正斥邪派の運動が活発化していた。久々に支給された俸禄米に糠や砂が混ざっていたことを契機とし、同年七月二十三日に兵士らは閔氏高官の邸宅を破壊したあと、大院君の示唆を得て武器庫を襲い、獄舎から仲間を解放するとともに、日本公使館を襲撃する。翌二十四日には多数の民衆と合して王宮に突入、閔謙鎬らの要人を殺害した。国王の命を受けて大院君が入闕し政権を掌握する。公使館を脱出した花《はな》房義質《ぶさよしもと》公使らは仁川にのがれ、沖合で測量中のイギリス船に収容されて長崎に帰着した。日本政府は兵力を付して花房を帰任させることを決定したが、清国も宗主国として出兵を決め、日本に対して調停を申し入れるとともに、八月十日には丁汝昌率いる艦船で馬建忠が仁川に入港した。日本は清国の調停を拒否して直接の交渉をめざし、花房は十二日に仁川へ上陸、十六日に兵を率いてソウルに入り損害賠償などの要求を突きつけたが、回答が得られないと二十三日には仁川に退去して引き揚げるそぶりを示す。一方、呉慶長率いる清国の陸軍は二十日にソウル南方に位置する南陽湾馬山浦に到着し、二十三日には花房が退去したあとのソウルに入京した。清国軍は二十六日夕、大院君を捕らえて馬山浦から軍艦で天津へ連行し、さらに二十八日夜から翌日未明にかけて兵士・民衆の拠点への掃討を行い、反乱は完全に鎮圧された。大院君政権は崩壊し、復活した閔氏政権が派した李裕元・金弘集が、仁川で花房との間に済物浦条約を締結した。開国・開化の方向が確立するとともに、清国の宗主権をめぐって、日清の対抗が鮮明となった。 →済物浦条約《さいもっぽじょうやく》 →別刷〈戦争〉

(吉野 誠)

じんこつくろやきじけん 人骨黒焼き事件 明治三十五年(一九〇二)十月、黒焼きした人骨の粉末を梅毒の特効薬として販売した男が摘発された事件。同年三月明らかになった野口男三郎《のぐちおさぶろう》事件(十一歳の少年を殺害し、その臀部の肉を切り取り、スープにしてハンセン病を患っていた義理の兄に飲ませたとされた。野口はこの件では無罪となったが、別の謀殺事件で死刑)とともに世間の猟奇的な関心をそそった。男は、島根県に住んでいた七十九歳の持田捨太郎。持田は同年三月、六年前に死んだ男の墓を掘り返して、頭骨全部と手の骨一本を持ち出した。これを粉砕して土瓶にいれて密閉して焼き、粉末にし、さらに木炭とイタチの黒焼きを混ぜ、梅毒薬として一週間分六十銭で販売した。持田が梅毒に対する黒焼き人骨の効能を信じていたのかどうかは不明だが、野口男三郎事件同様、まだ効果的な治療がなかったハンセン病や梅毒の治療に関する迷信が背景にあったことは確かだろう。

参考文献 三宅雪嶺『同時代史』三(一九五〇、岩波書店)

(奥 武則)

しんごんしゅうこぎだいがくりん 真言宗古義大学林 ⇩高野大学《こうやだいがく》

しんごんしゅうれんごうきょうとだいがく 真言宗連合京都大学 京都の東寺におかれた僧侶養成の宗教学校。種智院大学の前身。明治十四年(一八八一)四月雲照律師がおこした真言宗総黌《そうこう》に始まる。三十四年(一九〇一)に真言宗京都高等中学林となり、四十年(一九〇七)十二月真言宗連合京都大学と改称し、その後専門学校として認可され、大正六年(一九一七)三月には真言宗京都大学となり、昭和四年(一九二九)三月京都専門学校と校名を変更した。法律上の名称は「京都専門学校」となったが、一般には真言宗京都専門学校と呼ばれていた。本校の歴史は明治三十三年の真言宗各派の分立、四十年の独立の動きと表裏一体のものであり、高野山大学の軌跡と重なっている。 (宮地 正人)

しんこんりょこう　新婚旅行　新婚の夫婦がともにする旅行。明治以後、欧米の風習が移入された。明治二十六年(一八九三)高島小金次と大倉喜八郎の娘が結婚式を挙げてアメリカに「結婚旅行」に出かけた(『郵便報知』三月三十一日付)。これまで家を式場とする伝統的な結婚式が行われてきたが、華族女学校長細川潤次郎が『新撰婚礼式』(明治三十二年)を著わし神前結婚式を提唱して以来、都市で流行していく。料理屋などの披露宴会場から直接旅行に行くようになり「蜜月旅行」と称した。新婚旅行の宿で「とくと我をみたまえ」と、互いの人格を尊重するようにせまった若松賤子《わかまつしずこ》と夫の巌本善治《いわもとよしはる》は対等な愛を確認し合った。大正期に入ると『主婦之友』には、夫と妻が今後の家庭のあり方や家計の分担を話し合った新婚旅行の体験が掲載されていく。新婚旅行は婚礼行事の一つとなるが、昭和に入り戦時下体制運動の中で「ぜいたくは敵」とされ廃止を求められた。

参考文献　永原和子「民俗の転換と女性の役割」(女性史総合研究会編『日本女性生活史』四所収、一九九〇、東京大学出版会)、小和田美智子「結婚の簡素化と戦意昂揚—静岡県下の事例を中心に—」(『日本女性史論集』四所収、一九九八、吉川弘文館) (小和田美智子)

しんさいよぼうちょうさかい　震災予防調査会　濃尾地震の副産物として生まれた国家が主導する地震防災の調査機関。明治二十五年(一八九二)六月勅令五五号(震災予防調査会官制)をもって発足し、関東大震災後の大正十四年(一九二五)まで存続した。当初は計測機器を発注するために四万千余円の予算額で出発、以後はほぼ二万五千円前後の経常費で運営された。恒常的な独立の研究機関ではなく、帝国大学の教員、政府機関の技師、嘱託としての同大大学院生などが災害の現地調査にあたるなど、随時調査体制が組まれる組織であったため、経常予算は小額に留められた。調査会発足当時大学院生、のちに日本の地震学を代表する存在となる大森房吉は、嘱託として調査会に参加、一九一〇年代以降は調査をほとんど一人で担い、『震災予防調査会報告』を刊行した。関東大震災時には国際会議出席中であったが、病身で帰国、留守を預かる今村明恒が関東大震災に際して震災予防調査会の総力を挙げた調査報告六冊を刊行して解散、その機能は東京帝国大学地震研究所に引き継がれた。

参考文献　中央防災会議災害教訓の継承に関する専門調査会編『一八九一濃尾地震報告書』(二〇〇六)、村松郁栄・松田時彦・岡田篤正『濃尾地震と根尾谷断層帯—内陸最大地震と断層の諸性質—』(二〇〇二、古今書院) (北原 糸子)

しんさくのう　新作能　主として明治期以降に作られた能。一般に、古典として継承され今日も演じ継がれている室町時代のスタンダードな能に対し、江戸時代から明治以降の作品を呼び、江戸時代初期の『舜旧記』慶長九年八月十四日(一六〇四年九月七日)の条に「新儀能」の言葉もみえるが、狭義には、明治以降に作られた近・現代の能をさし、その数は三百五十曲を下らない。明治の新作能は、時代を映す鏡のごとく、日清・日露の戦役(高千穂・祐享《ゆうこう》・鷲・いくさ神・海戦・資時《すけとき》・征露の談・二見・旭桜《あさひざくら》・勝軍祝《かちいくさのいわい》)、南朝の忠臣(菊水・楠露《くすのつゆ》・桜井駅・高徳《たかのり》・舟上山・鳳駕迎《ほうがむかえ》・正行《まさつら》・湊川)、明治の英傑(希典)、豊国祭(豊国詣)、海難(鹿の瀬)など、時事や事件に取材した作品が多く、謡本も出版された曲も少なくないが、一時的なものに終っている。ほかに、碇引・神代桜・兼六園・杉・多賀・日触詣《ひむれもうで》・松原詣・夜須良為《やすらい》など寺社縁起や名勝を描く曲、清麻呂・鞠の勲など復古的な皇道賛美曲、天理教祖・御蔭の雨・御蔭の命など新興宗教の布教曲、舌切雀など童話に取材した曲も作られ、ほとんどの作品が謡本まで発行されたが、一時の興味に終り、現在、流儀の公定曲となっているのは、家元が関わった曲のうちの、楠露・大典《たいてん》(観世流)と夜須良為(金剛流)のみ。概して近代の新作能は、主題が、戦争賛美、皇道精神の発揚、忠臣の景仰など軍国主義的な曲が多い。様式も旧套になずんだものがほとんどで、内容も類型的、文章も難解かつ冗長な作品が目立つ。芸術的な動機から生まれた新作能は、大正五年(一九一六)の高浜虚子作『鉄門』に始まる。死への恐怖と運命の神秘を象徴的に描いたメーテル＝リンクの戯曲『タンタジールの死』を能に翻案した意欲作で、能の象徴的な手法を駆使し、間《あい》狂言の活用もうまい。囃子や演出にも工夫が凝らされ、全体に主題は斬新に、形式は従来の形に準拠しつつ構成の引き締まった夢幻能である。成功の要因に、虚子が能の本質を把握した俳人で、謡や型に明るかったことが指摘できる。新作能の方向を示した先駆的な能であったが、時代が早すぎたか、上演を重ねることが少なく埋もれてしまったのは惜しまれる。

参考文献　高浜虚子「新作能試演所感」(『能楽』一九一六年二月号)、池内信嘉『能楽盛衰記』下(一九二六、能楽会)、横道万里雄・西野春雄・羽田昶『能の作者と作品』(『(岩波講座)能・狂言』三、一九八七、岩波書店)、西野春雄「新作能の百年」(『能楽研究』二九・三〇、二〇〇五・〇六) (西野 春雄)

しんしちょう　新思潮　文芸雑誌。〔第一次〕明治四十年(一九〇七)十月—明治四十一年三月発行。全六冊。潮文閣発行。編集発行人小山内薫《おさないかおる》。自由劇場の創立以前、真砂座座付き作者にすぎなかった小山内が創刊した雑誌。

「文芸は「人生其者」でありたい」「文学を用ふる勿《なか》れ、文学となれ」の姿勢により、十九世紀末の西洋の、ビヨルンソン・イプセンなどの戯曲、アナトール＝フランス、スタンダールなどの作品紹介に力を注ぐ。口絵にはクールベ・ミレー・モロウなどの絵画を挿入。小山内自身はチエホフ『決闘』の翻訳を連載。ほかに岩野泡鳴《いわのほうめい》「新体詩史」、蒲原有明《かんばらありあけ》・薄田泣菫《すすきだきゅうきん》などの創作詩も掲載。イプセン会における、イプセンの「作品合評」からは当時の演劇熱が窺える。〔第二次〕明治四十三年九月—明治四十四年三月発行。全七冊。新思潮社発行。谷崎潤一郎・和辻哲郎・後藤末雄・大貫晶川・恒川陽一郎・木村荘太らの、主に東京帝国大学文科の学生を同人とする。発行人小山内薫。第一次の意図は、「自由劇場号」(五号)や吉井勇の戯曲「河内屋与兵衛」掲載(三号)などに継承されている。小山内はショウの翻訳、モスコウ芸術座「夜の宿」の舞台写真などを提供して協力。演劇青年の和辻は創作戯曲「常盤」や同時代の演劇批評を掲載。谷崎は戯曲「誕生」「象」、小説「刺青」「麒麟」などの耽美的な作品を発表、のちに華やかな存在になる契機になった。ほかに後藤末雄の小説「推移」など、都会的で反自然主義的な雰囲気に特色を見せた。第二次以後、大正三年(一九一四)には第三次、五年には第四次と、東京帝大文科学生による同人雑誌として継承され、芥川竜之介・久米正雄・菊池寛などが参加し、のちに彼らは「新思潮派」と呼ばれるなど、雑誌としての重要性を増した。以後も昭和の戦後に至るまで、東京帝大学生による同人誌として引き継がれている。臨川書店より第一次から第四次までが復刻されている。 (石割　透)

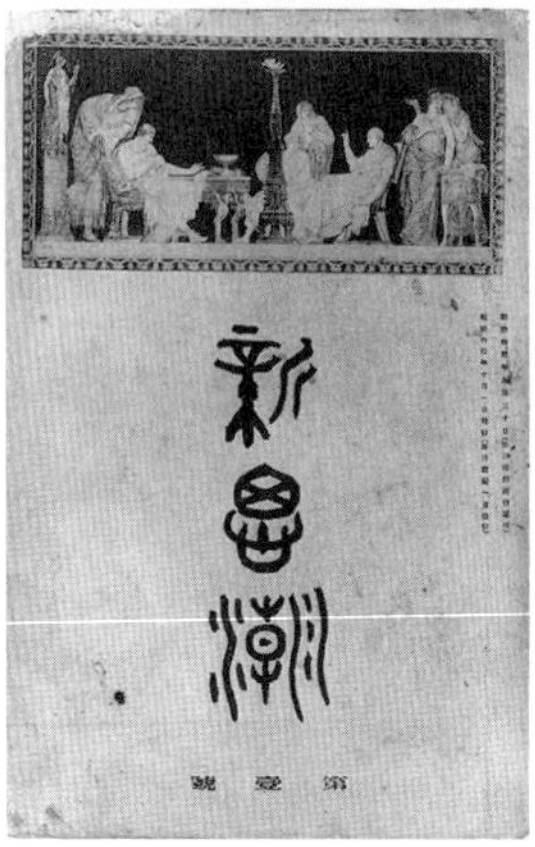

第一次『新思潮』第１号

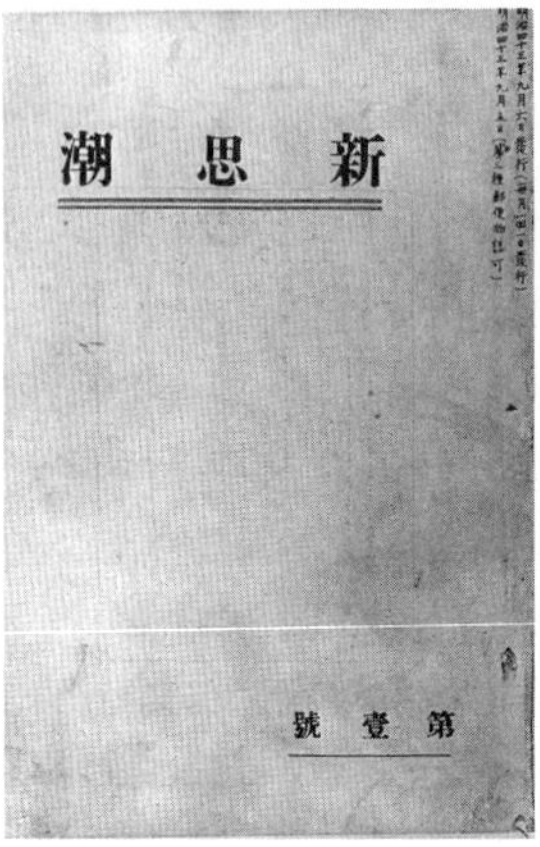

第二次『新思潮』第１号

じんじゃうじことりしらべきそく　神社氏子取調規則　明治四年七月四日(一八七一年八月十九日)に太政官第三二二として制定された大小神社氏子取調規則のことを指す。この氏子取調を実施するための前提として同日に太政官布告三二一の郷社定則が布告された。氏子調は七項目からなり、郷社を主体として実施された。各地域で子どもが出生すると各戸長の証書をもって神社に持参することとなっており、主目的としては戸籍法の不備を補完するものとして出生証書的な機能をも果たしていたが、各地で出産証書の条例などが整備されたこともあって、その有用性が薄くなったことから、実施より二年後の明治六年五月二十九日の太政官布告第一八〇号により廃止された。しかし、実際には氏子取調とは無関係に郷社定則を軸とした氏子制度は存続しており、また山口県や広島県などでは氏子取調の実施が有効とされ、明治十三年(一八八〇)ごろまで氏子札が授与され続けた地域もあった。→氏子調《うじこしらべ》

参考文献　阪本是丸『国家神道形成過程の研究』(一九九四、岩波書店)　(藤本　頼生)

しんしゃかい　新社会　矢野竜渓著の対話形式によるユートピア小説。明治三十五年(一九〇二)七月、大日本図書より出版。理想的に美しい公園で邂逅した金尾徳太郎と田美野悦蔵は、豊かな人々の壮麗な都市の美を語り合っていると、居合わせた老紳士に招待される。二人が訪問すると、老紳士は犯罪や訴訟もなく、和楽する国の組織について語り出す。随意競争の末に資本が寡占化した旧社会は貧富の格差を拡大して改革されたが、新社会は私有物を買い上げて公債証書を発行し、生産、流通、貿易が国家管理されて、国家単位の資本で対外的な流通に対応する社会主義社会であることが明らかにされる。老紳士は、さらに国内を視察した二人に、需要供給が管理された工業や商業や農業の組織を語り、私有を前提として生産性が維持され、貧窮者を出さない社会組織が確立されたと語る。政治は、中央政府と地方自治体からなり、一院制の代議政体だが、重要案件は国民の直接選挙によって決せられ、選挙権は二十一歳以上の男子に与えられていた。最後に「共同主義《コムムニズム》」と違って私有財産を許す制度であり、懶惰者は制裁されることが示される。老紳士の話に感じ入った二人は、各地を巡覧するために出発しようとして転び、書斎の中で目覚める。「孟爾《モア》の「優都美《ユートピア》」は遂に是に至るに由なし」と自負されたこの小説が出版されると、幸徳秋水や堺利彦などが社会主義論として好意的に評価して、四ヵ月で十五版を重ねる反響を呼ぶ。しかし、小説的には物語展開が単純で、立憲君主制や私有財産制が肯定されるなど、ブルジョア的民権ユートピアの限界が指摘されてきた。その反面、共産主義的社会体制が市場経済によって変質している現在からすると、私有財産制を残して、労働意欲を喚起する方策などが留意されている点で、再評価が促されている。→矢野文雄《やのふみお》

参考文献　宮井敏「矢野竜渓の『新社会』—明治近代化過程におけるユートピア思想の意義—」(『人文学科』一〇、一九九九)、蔦木能雄「明治期社会主義の一考察—矢野文雄と『新社会』—」(『三田学会雑誌』八六ノ二、一九九三)　(山田　俊治)

じんじゃきょうかい　神社協会　明治三十五年(一九〇二)二月十八日に内務省神社局の主導により発足した団体。発足当初の会頭には神社局長桜井勉、理事には内務省参事官で神社局第一課長兼第二課長の中川友次郎が就任し、委員にものちに神社局長となる水野錬太郎や井上友一など内務省の参事官・書記官クラスや井上哲次郎、穂積八《ほづみや》束《つか》、穂積陳重《のぶしげ》、三上参次《みかみさんじ》らの学識経験者も就任しており、さらには神社局内に事務所を置くなど、神社局の実質的な代弁組織でもあった。各県に支部を置きながらも活動としては機関誌である『神社協会雑誌』(月一回)の発行が主であり、明治三十五年三月の第一号から昭和十三年(一九三八)八月まで計四百二十九号が刊行された。廃刊にあたってはその使命を全国神職会の『皇国時報』に承継するとして終刊、神社協会自体も解散した。

参考文献　田中卓「神社協会雑誌の復刻に当たつて」(『神社協会雑誌(復刻本)』一所収、一九六四、国書刊行会)

(藤本　頼生)

じんじゃきょく　神社局　明治三十三年(一九〇〇)四月二十七日に内務省官制が改正されたことにより、内務省に社寺局を宗教局とに分ける形で設置され、昭和十五年(一九四〇)十一月九日の同省官制改正により、同省外局として神祇院に発展改組されるまで存続した神社行政を掌る中央官庁の一局。内務大臣を務めた湯沢三千男や最後の神社局長を務めた飯沼一省《いいぬまかずみ》の言によれば、官制では内務省局内の首位に置かれていたが省内での実質的な扱いは、警保局が一等局とされ、神社局は三等局としての扱いであったとされる。同局の所管事項は、主に㈠神宮に関する事項、㈡官国幣社、府県郷村社、招魂社などの神社に関する事項、㈢神官、神職に関する事項であった。神職養成については皇典講究所や神宮皇学館に委託しており、神社祭祀のみならず神社・神職に関する全般的な行政事項を掌っていた。　↓社寺局《しゃじきょく》　↓宗教局《しゅうきょうきょく》

参考文献　神祇院教務局調査課編『神社局時代を語る―懇談会速記―』(一九四二)、阪本是丸『近代の神社神道』(二〇〇五、弘文堂)

(藤本　頼生)

じんじゃごうし　神社合祀　複数の神社が合併し、祭神を合わせ祀って一社になること。狭義には内務省地方局の主導にて実施された地方改良運動の一環として、明治三十九年(一九〇六)ごろから本格化し、大正六年(一九一七)ごろに終息した神社整理施策のことを指す。この時期に全国で約七万二千社の神社の整理が実施された。明治初期にも神社の統廃合は実施されたが、神社合祀が政府において検討されるようになったのは、明治三十三年の内務省神社局設置以後のことであり、そのねらいは小規模の村社や無格社を整理統合し、府県社や郷村社に対する神饌幣帛料を供進できるような体制を創出することにあった。実際には明治三十九年四月三十日の勅令第九六号「府県社以下神社ノ神饌幣帛料供進ニ関スル件」、同年八月十日の勅令第二二〇号「社寺合併並合併跡地譲与ニ関スル件」により、各県の神社の統廃合が進んだが、府県差が大きく、和歌山・三重のように激減した県もあれば、京都や熊本のように全く進捗しない府県もあった。

参考文献　森岡清美『近代の集落神社と国家統制―明治末期の神社整理―』(『日本宗教史研究叢書』、一九八七、吉川弘文館)、桜井治男『蘇るムラの神々』(一九九二、大明堂)

(藤本　頼生)

じんじゃさいしき　神社祭式　神社祭祀の施行細則に関する法令。明治維新以降、祭政一致の布告に基づき、国家の祭祀として行う神社祭祀の再編・祭典式の統一化が進められた。明治四年(一八七一)五月には神社の社格が制定、五年三月神祇省廃省を経た後、式部寮が中心となって官幣社・国幣社に応じた祭祀の施行細則を作成することとなり、その集大成として、明治八年三月に上奏し、明治天皇の裁可を経て、四月十三日に式部寮より「神社祭式制定ノ件」が布達され、式部頭坊城俊政《ぼうじょうとしただ》・式部助五《いつ》辻安仲《つじやすなか》・式部権助橋本実梁《はしもとさねやな》撰『神社祭式』が刊行された。官国幣社で執り行う祈年祭・新嘗祭・官幣社の例祭、国幣社の例祭、および山陵遙拝・大祓・神嘗祭遙拝・仮殿遷座・本殿遷座について、その行事次第・供物の品目・祝詞などが定められた。なお、行事次第の内容は、明治元年の吉田・白川両執奏家の廃止、神仏判然令以降における神社での私祭・祈禱儀礼の基準ともなった。

参考文献　阪本是丸『国家神道形成過程の研究』(一九九四、岩波書店)、沼部春友『神道儀礼の原点』(二〇〇〇、錦正社)、高原光啓「式部寮達「神社祭式」の制定過程」(『神道宗教』一九三、二〇〇四)

(星野　光樹)

じんしゃてつどう　人車鉄道　軌道上の車両を人力で押して旅客、貨物を輸送する小規模な鉄道。明治二十四年(一八九一)に開業した藤枝焼津間人車鉄道が最初で、以降大正期にかけて全国で二十九社が開業した。小田原―熱海間の豆相《ずそう》人車鉄道(明治二十八年開業)、金町―柴又間の帝釈人車軌道(明治三十二年(一八九九)開業)など幹線鉄道の駅と市街地、観光地、産地を結ぶ路線が多かった。六人乗り程度の小さな車両を一人か二人の車夫が押していた。『明治事物起原』には「乗客は、喘ぎながら推し進める其推進者の労苦の様に、不快を感ぜざる者なく、間も無く廃業せり」とある。経営基盤が脆弱だったために、ごく一部が近代的な動力を導入した鉄道に衣替えしたが、大半は大正末までに廃止になっている。最も遅くまで残ったのは静岡県の島田軌道で昭和三十四年(一九五九)まで存続した。

参考文献　佐藤信之『人が汽車を押した頃―千葉県における人車鉄道の話―』(『ふるさと文庫』、一九九六、崙書房出版)、伊佐九三四郎『幻の人車鉄道―豆相人車の跡を行く―』(二〇〇〇、河出書房新社)、『帝釈人車鉄道―全国人車データマップ―』(『かつしかブックレット』一五、二〇〇六、葛飾区郷土と天文の博物館)

(中川　洋)

しんしゅ　浸種　稲作の作業で、籾など農作物の種子を水に浸して発芽を促し虫害を駆除すること。浸種につい

て近世の農書に記述があるが、明治期の農事改良にも取り入れられて、多くの農書に説明される。林遠里《はやしおんり》の『勧農新書』には、「種子を浸し置くには、最も流水をよしとするなり。水の替わるがゆえに種子の気滞らずして、季節に至り芽ざし速やかなり」、奈良専二の『新撰米作改良法』には「籾種を水に浸すは清明前後四五日を度とす、桶もしくは瓶に浸し水にあること十五日ないし二十日を度とす」とある。林遠里の説く寒水浸法は、寒水に浸した種子を土中に囲う土囲い法とともに、その農法の特徴の一つとなり、その適否をめぐって農学者や技術者の間で稲作論争が生じた。

参考文献 『明治農書全集』一・二(一九八三・八五、農山漁村文化協会)、西村卓『「老農」時代の技術と思想―近代日本農業改良史研究―』(『Minerva 日本史ライブラリー』一、一九九七、ミネルヴァ書房) (大豆生田稔)

しんしゅうおおたにだいがく　真宗大谷大学 ⇨大谷大学《おおたにだいがく》

しんしゅうきょう　神習教 神道十三派の一つ。教祖の芳村正秉《よしむらまさもち》は幕末に鞍馬山で回心体験を得、大中臣《おおなかとみ》の神道を継ぎ、これを世に明らかにするという使命を悟ったという。維新後、神祇官僚として活躍するが、教部省の政策に反対してこれを去り、伊勢内宮に勤めた。やがて各地の霊山で修行を始め、実践的な神道家として歩み始めることになる。明治十四年(一八八一)、これまで結集していた講社を教会組織に改編すべく、神習教会を設立。翌十五年五月には、のちの神宮教・出雲大社教などとともに一派独立を果たした。正秉は教団組織の編成に尽力するとともに、教義と行法の面で体系化を図った。また御嶽講の一部を繰り入れたことは、その教勢の拡大にもつながったが、このように多少信仰内容の異なる教会も合同していたため、教団としての統一性はそれほど強くなかった。本部は東京都世田谷区にある。 ↓芳村正秉《よしむらまさもち》

参考文献 田中義能『神道十三派の研究』上(一九八七、第一書房)、井上順孝『教派神道の形成』(一九九一、弘文堂) (戸浪裕之)

しんしゅうだいがく　真宗大学 ⇨大谷大学《おおたにだいがく》

しんじゅくぎょえん　新宿御苑 東京都新宿区・渋谷区にある庭園。信州高遠《たかとお》藩内藤家下屋敷の玉川園と呼ばれた名園に由来する。明治五年(一八七二)十月、大蔵省が買収し農業の改良と研究を目的とする内藤新宿試験場を設置した。明治七年一月九日内務省に移る。明治十二年(一八七九)五月六日宮内省所管となり、植物御苑と改称、以後数度の名称変更があった。皇室の御料を担い、鴨猟の場となり、動物園も置かれた。のちに内苑頭《ないえんのかみ》となる福《ふく》羽逸人《ばはやと》を中心に園芸に加え園遊の場とすることが企画され、明治三十五年(一九〇二)から西洋庭園が建設された。また日本庭園も整備された。明治三十九年五月三十一日全域を新宿御苑と改称。大正期以降は観桜会、昭和期には観菊会も開催され、また大正期以後は西洋庭園が皇室のゴルフ場としても使用された。大正天皇・昭和天皇の大喪の場でもある。戦後昭和二十四年(一九四九)五月二十一日から国民公園として厚生省の管理下で一般に公開。同四十六年(一九七一)七月より環境庁所管(現在は環境省)。附属の建造物はほとんど戦災で焼失、戦災を免れた明治二十九年(一八九六)竣工の洋館御休所は平成十三年(二〇〇一)に重要文化財に指定されている。

参考文献 『明治天皇紀』(一九六八―七五、吉川弘文館)、金井利彦『新宿御苑』(『東京公園文庫』一、一九八〇、郷学舎) (西川誠)

しんじょうあつのぶ　新庄厚信 一八三四―一九〇三 幕末から明治期の政治家、実業家。天保五年四月十七日(一八三四年五月二十五日)岡山藩士の家に生まれ、同藩新庄作右衛門のあとを継ぐ。嘉永六年(一八五三)ペリー来航以来藩論沸騰する中で尊皇攘夷論を唱え、諸藩と交流した。元治元年(一八六四)藩命により長州藩に赴き、藩主の入京を止め、幕府が征長の軍を起すと阻止のため藩の外交掛の一人として斡旋に尽力した。明治元年(一八六八)権弁事となり、翌年八月柏崎県権知事、四年十一月岡山県参事となりついで権令に昇進したが辞職。七年九月置賜《おきたま》県権令となるが翌年廃県によって辞職。岡山に帰り十年(一八七七)花房端連《はなぶさたんれん》・杉山岩三郎らと第二十二国立銀行を設立、頭取または取締役となり、岡山紡績所設立などに尽力した。明治二十二年(一八八九)市制町村制が施行されると岡山市会議員、市参事会員に選ばれ、翌年十月岡山市長に就任。教育施設の整備、旭川改修工事などを手がけ、明治三十六年(一九〇三)三月八日病没した。七十歳。

参考文献 『岡山市百年史』上(一九六八)、『岡山県歴史人物事典』(一九九四、山陽新聞社) (坂本忠次)

じんじょうしょうがっこう　尋常小学校 ⇨小学校《しょうがっこう》

しんじょうしんぞう　新城新蔵 一八七三―一九三八 明治時代後期から昭和時代前期の天文学者。明治六年(一八七三)八月二十日、若松県会津若松(福島県会津若松市)に酒造業新城平右衛門の六男として生まれる。第二高等中学校を経て、明治二十八年(一八九五)、帝国大学理科大学物理学科を卒業し、明治三十年(一八九七)、陸軍教授砲工学校付、明治三十三年、京都帝国大学理工科大学助教授。明治三十八年から四十年(一九〇七)までドイツのゲッティンゲン大学に私費留学、同大学天文台長であったK・シュワルツシルトの影響を受ける。明治四十年、帰国、京都帝国大学理工科大学教授、明治四十二年、理学博士。大正七年(一九一八)、宇宙物理学講座担任、大正十二年(一九二三)から十四年まで、理学部長。昭和四年(一九二九)、京都帝国大学総長、昭和八年、依願免本官。昭和十年(一九三五)、上海自然科学研究所長に就任。地球物理学関連の研究としては、田中舘愛橘《たなかだてあいきつ》、長岡半太郎とともに行なった重力・地磁気の測定があり、京大に移った後も継続した。天文学関連では、流星圏、回転天体、連星系、太陽、変光星進化論などの研究を発表

したほか、京大における天体観測の基盤整備にも尽力した。中国の古代天文学史の研究でも知られ、中国年代学を自然科学の観点から検討した。昭和十三年八月一日、南京で病死。六十六歳。

参考文献　荒木俊馬「故新城新蔵博士」(『科学』八ノ一三、一九三八)、『自然』八(新城所長追悼号、一九三八)、佐伯修『上海自然科学研究所—科学者たちの日中戦争—』(一九九五、宝島社)、日本天文学会百年史編纂委員会編『日本の天文学の百年』(二〇〇八、恒星社厚生閣)

(岡本　拓司)

しんじょかい　新女界　キリスト教主義による女性啓蒙雑誌。明治四十二年(一九〇九)四月一日創刊、大正八年(一九一九)二月終刊の月刊誌。全百十九号。発行所は新人社。明治三十三年(一九〇〇)に海老名弾正が主宰する東京の本郷教会を拠点として創刊された『新人』(新人社)の「妹」として、海老名が主幹、安井哲子が主筆となり発刊された。その目指すところは「技芸と趣味とを以て強健ならざる意志を惑わしつつある(中略)厭うべき世界を矯正」するため「東西の女徳を調和」して、荒らされた女学界を救済するためとする。その思想の中核として社会改良と連動する家庭改良、すなわち男女同等の協力による健全な家庭建設を目指し、女性の教育や権利・責任についての啓蒙的役割を果たした。海老名みや子、野《の》口《ぐち》精子《せいこ》、小橋三四子《こはしみよこ》、元良《もとら》よね子その他多くの女性が、雑誌発行の実務、執筆にかかわっている。最後は男女別の『新人』『新女界』と分ける必要がなくなったとして、『新人』に吸収された。　↓新人《しんじん》

参考文献　同志社大学人文科学研究所編『「新人」「新女界」の研究—二〇世紀初頭キリスト教ジャーナリズム—』(『同志社大学人文科学研究所研究叢書』三一、一九九九、人文書院)

(三鬼　浩子)

しんしょく　神職　⇩神官《しんかん》・神職《しんしょく》

しんしろく　紳士録　交詢社発行の代表的な人名録。正式名称は、『日本紳士録』。第一版は明治二十二年(一八八九)六月「紳士」の交際や取引を促す目的で発行され、所得税法(二十年三月公布)に基づく所得納税者を基礎に東京・横浜の二万五千名を収録し、氏名・職業・住所を記した。第二版は二十五年一月発行、京浜地区のほか大阪・京都・神戸の所得納税者を加えた。第三版は二十九年十一月発行、東京十五区に郡部、横浜全市と神奈川県郡部を加えた範囲で、所得納税者と地租十五円以上を納めた者を収録。税額を掲載したのが大きな特色で電話番号も記された。第四版以降は掲載範囲を関西・中京地区に拡げ、掲載基準は明治三十五年(一九〇二)十二月刊の第八版では所得税五円以上もしくは電話所有者とされ、以後目まぐるしく変更された。ほぼ毎年版を重ね、昭和十九年(一九四四)五月に第四十七版を出版して戦争のため中絶、昭和二十九年(一九五四)より復刊された。

参考文献　『交詢社百年史』(一九八三)、永谷健『富豪の時代—実業エリートと近代日本—』(二〇〇七、新曜社)

(満薗　勇)

しんじん　新人　明治から大正時代にかけて刊行されたキリスト教系の雑誌。明治三十三年(一九〇〇)七月十日、第一巻第一号刊行。新人社発行。月刊誌。論説欄・教壇欄・文苑欄などが設けられ、宗教道徳に関する真理の普及を軸としながら教育・哲学・美術などに関する問題を議論した。主筆は海老名弾正で、浮田和民らが論説を寄稿している。当初は、政治とは一線を画したところで社会の諸問題を公平に論じようというスタンスをとっていたが、大正十二年(一九二三)十二月刊の躍進準備号を境に、青年運動や階級闘争など社会主義的な論文が多く掲載されるようになる。これは、十三年三月の日本フェビアン協会の設立に伴うものであった。編集後記によれば、読者も協会員が多く、準機関誌的な意味合いを持つものであったという。しかし大正十四年十二月、同協会の解散に伴って雑誌の地盤を失い、翌十五年一月十五日刊行の三〇一号が最終号となった。昭和六十三年(一九八八)—平成四年(一九九二)に竜渓書舎より復刻版が刊行されている。

(磯部　敦)

じんしんこせき　壬申戸籍　戸籍法に基づいて、壬申年の明治五年(一八七二)に編成された、維新後はじめての全国統一戸籍。明治四年四月四日(一八七一年五月二十二日)戸籍法が公布され、戸籍区および戸籍担当者としての区戸長設置が定められたが、同年中の施行は三府・開港場の寄留人調査と鑑札交付に限られた。五年二月から全国で施行され壬申戸籍が完成した。戸籍は、国民の身分登録制度の一種であるが、壬申戸籍では、脱籍浮浪者の把握による治安維持が重視された。編成においては、近世の身分別の人身把握方式を改め、男性戸主を中心とする男系・尊属優位の形式により、戸の構成員として属地的に把握する方式が採用された。その後、本籍地で戸籍登録を行い寄留によって異動を把握する壬申戸籍の編成方法では正確に実態を把握することが難しくなり、明治十九年(一八八六)、明治十九年式戸籍の導入によって全面的な戸籍の改定が行われた。壬申戸籍には、賤称記載が含まれるものがあり、昭和四十三年(一九六八)法務省民事局長通達により、閲覧を許さないよう指示された。

参考文献　福島正夫編『「家」制度の研究』資料編一—三(一九五九—六七、東京大学出版会)、同『日本資本主義と「家」制度(改訂版)』(『東大社会科学研究叢書』、一九六九、東京大学出版会)、横山百合子『明治維新と近世身分制の解体』(『山川歴史モノグラフ』、二〇〇五、山川出版社)

(横山百合子)

じんしんちけん　壬申地券　明治初年、地租改正に先立って土地所有者にその証としての地券を発行した新政府の土地政策。旧幕藩体制の時代から土地所持者はなし崩し的に土地所有者としての実質を備えるようになっていった。その歴史的趨勢を追認するかたちで明治五年二月十五日(一八七二年三月二十三日)に田畑永代売買の解禁

が実施され、それを承けて同月二十四日(四月一日)、大蔵省から土地売買譲渡につき地券渡方規則が達せられ、土地の売買・譲渡のたびに地券を発行することとされた。つまり、土地所有権が移動する際の証明書として地券が交付されることになったのである。同年七月にはその趣旨がさらに徹底され、売買・譲渡に限らず全国の土地所有者すべてに地券を交付し、その所有権が保障されることになった。新政府はこの事業を「各所持地ノ沽券ヲ改メ、全国地代金ノ惣額ヲ点検」することに目的を設定していたため、この地券段階で新たな地租が賦課されたわけではない。税は旧貢租が引き続き徴収されており、新地租に関しては未調査である。旧貢租が新地租に転換するのはのちの地租改正の竣功をまってのことである。したがってこの券面には、土地所有者の申告に基づいた面積・地価・所有者名などが記載されているが、新地租額は記されてはいない。地券の交付事業は府県単位で実施されたが、この事業が総検地の準備であるとか、年貢のほかにさらに地価に応じた地租が徴収されるなどのさまざまな憶測や流言が各地に乱れ飛んだことに加えて、政府方針の未整備なども絡んだため交付作業は停滞を余儀なくされた。壬申地券の交付実績は政府関係の報告書「地租改正報告書」によるとおよそ半分、地租改正の研究史では三分の一程度とされている。該当者すべてに地券を交付しその事業を完了させた県もあったが、多くの府県は壬申地券の交付を中途で切り上げ、土地の実地調査を伴う地租改正事業へと突入してゆくことになる。

参考文献 地租改正資料刊行会編『明治初年地租改正基礎資料』(一九五三―五六、有斐閣)、大内兵衛・土屋喬雄編『(明治前期)財政経済史料集成(復刻版)』七(一九六三、明治文献資料刊行会)、福島正夫『地租改正の研究(増訂版)』(一九七〇、有斐閣)、佐々木寛司『地租改正―近代日本への土地改革―』(『中公新書』、一九八九、中央公論社)

(佐々木寛司)

しんしんどう 駸々堂 大阪の書肆。創業者は、京都の大谷派真敬寺住職の大淵渉。明治十四年(一八八一)に書店を創業。屋号を駸々堂とした。翌年、雑誌『人情美也子新誌』を創刊、唄や講談、戯作文学などを刊行。その後、妹に養子を迎えて住職を継がせ、明治十六年、大阪心斎橋に移転。時刻表・旅行案内書、文芸書(尾崎紅葉ほか著名人多し)、実用書、演芸速記本から法律書まで幅広い出版活動を行なった。

参考文献 三橋猛雄『明治前期思想史文献』(一九七六、明治堂書店)、『京都出版史―明治元年～昭和二十年―』(一九八一、日本書籍出版協会京都支部)、平野翠「明治期大阪の出版と新聞」(吉川登編『近代大阪の出版』所収、二〇一〇、創元社)

(鵜飼政志)

じんしんばいばいきんし 人身売買禁止 人身売買は、強制労働や強制売春などを目的に人間を商品として売買する行為。古来しばしば禁止されてきたが、例外規定も多かった。明治五年(一八七二)のマリア＝ルス号事件の国際裁判を契機に同年十月政府は、人身売買や売買同様の行為を禁じ、娼妓芸妓など隷属的奉公人の人身を解放し、その貸借金に関する裁判の不受理を決めた。これを娼妓解放令ともいう。しかし雇用主らは脱法のため貸座敷業者として独立した娼妓に座敷を貸す形で営業を続け、かえって公然と売春が行われた。その後世界の女性運動のなかで公娼制度廃止が唱えられ、日本でも婦人矯風会などの団体が廃娼運動を行なったが、戦時下において従軍慰安婦が動員されるなど運動は制限された。第二次世界大戦後、基本的人権の尊重という観点から種々の施策が実施され、昭和三十一年(一九五六)売春防止法の制定により公娼制度が廃止されたが、今日も解決に至ってはいない。 ↓芸娼妓解放令《げいしょうぎかいほうれい》

参考文献 牧英正『日本法史における人身売買の研究』(『大阪市立大学法学叢書』一七、一九六一、有斐閣)、同『人身売買』(『岩波新書』、一九七一、岩波書店)、吉田容子『人身売買をなくすために』(二〇〇四、明治書店)

(市川訓敏)

じんしんばいばいきんしれい 人身売買禁止令 ⇩芸娼妓解放令《げいしょうぎかいほうれい》

しんすいしゃ 新燧社 明治時代初期のマッチ工場。明治七年(一八七四)にフランスで吉井友実《よしいともざね》が留学中の清水誠にマッチの国産化を勧めたことが起源。翌年、清水の帰国後に三田四国町の吉井の別邸に仮工場を設け、九年九月には本所柳原町に本工場を設けて製造を開始した。社長は清水誠で、『大隈文書』中には清水と吉井のほか陸《くが》原惟厚《はらこれあつ》、武内才吉を社員とし、横浜でのアメリカ人による同業の企画を挫くべく品川忠道が積極的に関与したことを示す文書がある。十年(一八七七)九月はじめて上海にマッチを輸出し、翌年からの清水の洋行中に工場が焼失するが、十三年には新たな輸入機械を据え、また東京の深川と長崎にも工場を設けた。『東京府統計書』によれば十五年に同業七工場中唯一蒸気機関を利用し、職工男子百六名、女子三百十六名の規模である。このころから同社の技術を受け継ぐ同業者が増え、粗製乱造で海外での信用を落とし、その影響で経営が悪化して二十一年(一八八八)十二月に解散した。

参考文献 松本三都正編『清水誠先生伝―本邦燐寸の創始者―』(一九六五、清水誠先生顕彰会)

(鈴木淳)

しんせい 新声 投書雑誌、文芸雑誌。月刊。第一期＝明治二十九年(一八九六)七月十日―三十六年(一九〇三)八月十五日、第二期＝明治三十六年九月二十日―三十七年六月五日(新声社発行)。復刊＝明治三十八年二月一日―四十三年(一九一〇)三月一日(隆文館発行)。のちに新潮社社長となる佐藤橘香《さとうきつこう》(義亮《ぎりょう》)が創刊。創刊号の発行部数は八百部、表紙の両袖に「「新声」は次代国民の声なり」「満天下同志の投書を歓迎す」と刊行の趣旨が示されている。創刊当初は、投稿を中心に詩歌・論説・小品などが掲載され、佐藤みずからも硯友社など文壇の大家の批評

新劇・西洋音楽

新劇の台頭　西洋の影が色濃く漂い始めた明治初期、芸能の各ジャンルも近代化路線を走りだす。演劇では、横浜居留地のゲーテ座で活躍していた外国人を新富座の舞台に登場させ、日本演劇との融合を図ろうとする。すでに自由民権運動が台頭し、ひいては演劇改良の声が起こるなか、改良劇場として歌舞伎座が誕生してくる。「新演劇」ないしは「新派」も、もてはやされる時代になった。そして明治の後半、川上音二郎一座による海外公演の成功、ならびに世界を見据えるという視野の広がりもあって、西洋の翻訳劇に取り組む「新劇」が台頭して若い世代を引き付ける。さらに洋式の帝国劇場が建ち、ステージに登場する女優たちは若い女性に夢を抱かせ、女性全体の人間形成にも多大の影響を与えていく。明治期における日本の演劇は、かつてない変貌を遂げた。　　　　　（倉田　喜弘）

1　**「西南雲晴朝東風」**（豊原国周画）　明治10年(1877)の西南戦争を扱った演劇。新しい息吹が感じられる現代劇で、新富座の大入り後は日本各地で演じられた。

２　「高貴演劇遊覧ノ図」（楊洲周延画）　明治20年（1887）、天皇は外務大臣井上馨邸に行幸。その際、歌舞伎『勧進帳』が天覧に供された。俳優は向かって右から市川左團次（富樫左衛門）、市川團十郎（弁慶）、中村福助（義経）である。

３　「古今東京名所府下第一の劇場新富座」（歌川広重画）　新富座は明治5年、浅草猿若町から今の中央区新富町へ移転し、来日する外国貴顕の接遇場所にもなった。

4　歌舞伎座　演劇改良熱の高まる明治22年(1889)、福地桜痴(東京日日新聞社長)が木挽町に建てた劇場。歌舞伎の殿堂としてゆるぎない地位を築いていく。

5　「伽羅先代萩」(楊洲周延画)　明治18年、浅草猿若町に建った文楽座へ、大阪から人形浄瑠璃の一座が大挙東上した。明和元年(1764)から120年ぶりのことで、「新文化出現」と受け止めた若者も多い。

6　川上音二郎と貞奴　来日経験のある英人オズマン＝エドワーズは1901年、ロンドンで出版した“Japanese Plays and Playfellows”（日本演劇と俳優たち）に、川上夫妻を新演劇のリーダーだと紹介した。

7　おっぺけぺー歌　明治22年（1889）、川上音二郎の作。政治や風俗、あるいは社会の慣行などを諧謔交じりに風刺した歌で、明治24年の舞台から大流行した。演歌第1号ともいえる。

8　パリの貞奴（ポスター）　明治33年、パリ万博で絶賛を博したサダ＝ヤッコ。その容姿は咲き匂うサクラに寄せて日本の美だと受け止められ、長さ2.31mのポスターに描かれた。

9　文芸協会第2回公演『人形の家』『人形の家』はノルウェーの劇作家イプセンの著作。松井須磨子が演じる主人公ノラに託された思想は、明治44年(1911)の日本社会に大きな衝撃を与えた。

11　松井須磨子(明治45年5月、有楽座にて)ドイツの作家ズーデルマンが著した『故郷』で、松井須磨子はヒロインのマグダを演じた。

10　文芸協会『ハムレット』パンフレット表紙　坪内逍遙の興した文芸協会が、明治44年に出演した帝国劇場のプログラム。

12　**自由劇場第3回試演『夜の宿』**　ロシアのゴーリキー作。自由劇場(小山内薫と市川左團次が創立)が明治43年(1910)に演じ、新劇を代表する演目になった。

13　**帝国劇場**　外国貴顕の招待にふさわしい洋風の劇場で、明治44年の開場。歌舞伎はもとより、来日音楽家や女優劇の上演が評判になった。

14　**帝劇女優**　帝国劇場が養成した女優で、明治44年の開場前後の写真。フランスの雑誌『イリュストラシオン』で、森律子らがヨーロッパに紹介された。

西洋音楽の受容　西洋音楽の導入は軍隊から始まった。旧幕時代は海軍が長崎の伝習所で、各藩の陸軍は英仏独、あるいはオランダの軍楽を個々に導入した。兵制が整えられた明治初期、軍隊は英仏あるいは独の軍楽を採用する。また文部省では音楽取調掛を設け、教科書の作成と教員の養成を始める。そして多くの小学校では、明治20年(1887)ごろから唱歌教育を実施した。22年には東京音楽学校が開校。演奏会も始まるが、一般庶民への洋楽浸透は遅々たるものであった。

15　**薩摩バンド**　明治2年9月、鹿児島藩兵32名が横浜で軍楽の伝習を始めた。指導するのはイギリスの軍楽隊長フェントン。日本の洋楽は軍楽隊によって幕明けを迎える。

16　**『小学唱歌集』初編**　小学校の唱歌導入に先立って、文部省ははじめて教科書を作成した。唱歌の歌詞は慎重に検討され、奥付の年号より1年後の明治15年に刊行された。

17　**小学唱歌之略図**(楊洲周延画)　明治20年、鹿鳴館時代の服装で、オルガンの伴奏により小学唱歌を歌っている図。中央上段に記された歌詞から、ごく初歩の曲をレッスンしていることがわかる。

18　日比谷音楽堂　明治38年(1905)、日比谷公園に竣工した音楽堂。陸軍と海軍の軍楽隊が交互に、4～11月の土曜日ないし日曜日、市民慰安の奏楽を行なった。

19　歌劇『オルフォイス』　はじめて日本人が演じたオペラで、ギリシャ神話に取材したドイツ人グルックの作曲。明治36年、東京音楽学校の卒業生と在校生が同校で催した。

20　東京音楽学校卒業生　東京音楽学校の奏楽堂(明治44年)。御雇いドイツ人教師ユンケル(左端手前)の薫陶を受けた人たち。

やゴシップを執筆した。この時期、金子薫園《かねこくんえん》・蒲原有明《かんばらありあけ》らの寄稿があった。明治三十年代になると、高須梅渓《たかすばいけい》・中根駒十郎《なかねこまじゅうろう》が編集・営業に加わり、投書雑誌から有力な文芸雑誌へと展開、大きな役割を果たした。しかし、三十四年の文壇照魔鏡事件と経営不振のため雑誌は新声社に譲渡され、佐藤が『新潮』を創刊するに及んで休刊。その後発行所を隆文館に移して復刊された。昭和五十八年(一九八三)、ゆまに書房より復刻。→新潮《しんちょう》

参考文献 『新潮社一〇〇年』(二〇〇五) (十重田裕一)

しんせいたいい　真政大意　加藤弘之が明治三年(一八七〇)に出版した、為政者が立憲政治の実現・運用上、認識し守るべき統治上の原則を中心に解説した啓蒙書。治国の本義は、かれによると安民にある。この目的を達成するために必要な急務は、憲法を制定し、政府と臣民や、臣民相互間の権利と義務の関係が、互いによく行われるようにすることである。それというのも人は自分の権利だけを主張し、他人のそれを敬重する義務を果たそうとしない傾向があり、その結果弱肉強食の世界を生みだすことになるからである。政府には臣民の生命・権利・私有の保護と人民を教化・撫育する勧導の職務とがある。後者の任務はこれを文明化の度合いに従って軽減させ、臣民の自由な競争にゆだねるようにすべきである。なお一君のために億兆の民があるという国学者流の国体論は間違いである。改革は漸進的で国情に適合したものでなければならないと説いていた。植手通有編『日本の名著』三四、『明治文化全集』二に収める。→加藤弘之《かとうひろゆき》 (栄沢幸二)

しんせいはんたいいっき　新政反対一揆　明治四年(一八七一)七月の廃藩置県より明治六年十一月内務省設置のころまで太政官政府の新政策に反対して各地で勃発した大規模な農民一揆をいう。廃藩置県を断行した政府は、万国対峙と条約改正を早急に実現するため、一方では岩倉遣米欧使節を派遣して条約改正の予備交渉を各国政府と行うとともに、他方では条約改正を可能にする国内の風俗改良を含む体制創りを強行した。そこには戸籍・刑事法・学制・徴兵などの諸法律制定も地券交付も幕藩体制下の身分制度解体もキリスト教防遏のための神道仏教合同布教政策(教部省政策)も太陽暦採用も含まれていたが、農民にとっては総じて上からの文明開化政策の強制と受けとられ、強烈な反発をひきおこした。散髪と違式詿違《いしきかいい》条例強制への怒りはその象徴となった。一般農民は王政復古後の政府の方針を日本の伝統と慣習に異質な欧化押付け政策と警戒していたが、廃藩措置は異質な権力による欧化主義の強行ととらえられたのである。旧藩主引留めを名目とする農民一揆は廃藩直後の八月から広島・高松・大洲・松山などでおこり、この名目はその後も使われていくが、藩廃止は権力が空白となったという意識を引きおこし、世直し状況を生み出して豪農豪商への打毀しがなされた。農民の伝統意識の中には根強い被差別部落民に対する蔑視感が含まれ、明治四年十月の播磨・但馬大一揆をはじめ各地の一揆に解放令撤回の要求が入ることとなる。新政反対一揆の中でも明治五年十二月の大分県一揆、明治六年三月の越前一揆、五月の美作国北条県一揆、六月の福岡県一揆・鳥取県一揆、阿波讃岐両国を管轄する名東県一揆はそれぞれ万単位の農民が結集する巨大一揆に発展した。留守政府は各地の不平士族がこの動きと結合するのを恐れて征韓論を具体化するようになり、国家行政と一般農民との板挟みとなって末端行政の担い手層が減少するのを憂慮して内地優先主義を取る大久保利通は政策の大幅な手直しと内務省設立を断行するのである。この新政反対一揆は地租改正事業の地租確定段階で勃発する地租改正反対一揆につながることとなる。

なお、各地で起きた明治初年の農民一揆については、道・府・県の項目にそれぞれ小見出しを立てて解説されている。

参考文献 土屋喬雄・小野道雄編『明治初年農民騒擾録』(一九三一、南北書院) (宮地正人)

しんせきこうか　臣籍降下　皇族(皇親)が姓(家名)を賜わり臣籍に下ること。奈良時代には皇孫(二世)以下、平安時代には皇子・皇女(一世)にも賜姓降下の例が多いのに対して、中世・近世にはきわめて少ない(皇子が出家入寺したり、皇女が公家に降嫁しても、皇籍を離れたわけではない)。幕末から明治の初め、還俗して親王となった新立宮家は、一代限りで二代から臣籍に下り華族に列する方針であった。しかし、同二十二年(一八八九)二月制定の皇室典範では、五世以降の王も皇族とする永世皇族制が採られ、次第に皇族(宮家)が増大して、さまざまの問題を生じかねない状況となった。そこで、同四十年(一九〇七)公布の皇室典範増補により、五世以下の王は勅旨か情願によって「家名ヲ賜ヒ華族ニ列セシム」ことも「華族ノ養子トナル」こともできる(ただ、臣籍に降った者は皇族に戻ることができない)と定めている。しかし、これによって降下した者は一例しかなかったので、大正九年(一九二〇)五月に至り皇族ノ降下ニ関スル施行準則が裁可され、「皇玄孫ノ子孫タル王(五世以下)」は(宮家を継ぐ長男系統以外の次男以下、また長男系統でも九世になると)順次すべて自動的に臣籍降下しなければならないことになった。その結果、十二名が華族に列したが、さらに昭和二十二年(一九四七)GHQの皇室財産凍結政策により十一宮家五十一人の皇族が皇籍離脱を余儀なくされた。

参考文献 宮内庁書陵部編『皇室制度史料』皇族三(一九八五、吉川弘文館) (所功)

じんせんおきのかいせん　仁川沖の海戦　日露開戦時、韓国仁川港に派遣されていたロシアの軍艦を日本海軍が攻撃し、自沈させた海戦。開戦当時、仁川港には各国が居留民保護を名目に艦艇を停泊させており、ロシアの太平洋艦隊も巡洋艦ワリャーグと砲艦コレーツを派遣して

いた。陸軍の臨時派遣隊輸送船の護衛とこのロシア艦艇排除を目的に出撃した日本海軍の瓜生戦隊（装甲巡洋艦一、巡洋艦四、水雷艇八、計十三隻）は、明治三十七年（一九〇四）二月八日、仁川港入口で遭遇した砲艦コレーツを攻撃して引き返らせ、ロシア軍艦二隻を港内に封じ込めて陸軍臨時派遣隊の上陸を援護した。上陸完了後の九日朝、瓜生戦隊はロシア艦艇に正午までに退去しなければ攻撃すると通告し、正午過ぎにロシア艦艇二隻が出港してきたところを港外で待ち構えていて集中攻撃をあびせた。二隻は損傷を受けながらも仁川港に戻ったが、進退窮まって自沈した。

参考文献　ロストーノフ編『ソ連から見た日露戦争』（及川朝雄訳、一九七〇、原書房）、山田朗『世界史の中の日露戦争』（『戦争の日本史』二〇、二〇〇九、吉川弘文館）

（井口　和起）

しんぜんびにほんじん　真善美日本人　明治時代中期の国粋主義の代表的な論策。三宅雪嶺《みやけせつれい》の著作。明治二十四年（一八九一）三月、政教社刊。明治二十一年四月に政教社の結成に参画し『日本人』を創刊した雪嶺らは鋭く政府批判を展開したため発行停止を命じられ、本書はその発行停止の中で刊行された。雪嶺らの国粋主義は、日本固有の価値の顕現を通じて世界文明発展への寄与という道を見出すことで新しいナショナリズムを構築するという姿勢であった。本書の表紙に大書されている「自国の為に力を尽くすは世界の為に力を尽くすなり。民種の特色を発揚するは人類の化育を裨補するなり。護国と博愛と奚ぞ撞着すること有らん」という言葉にこの姿勢がよく表われている。本書は「日本人の本質」「日本人の能力」「日本人の任務」から成っている。「日本人の本質」で日本人を歴史的観点より捉えた後で、「日本人の任務」を「大に其の特能を伸べて、白人の欠陥を補ひ、真極り、善極り、美極る円満幸福の世界に進むべき」とする。そして、この真善美の三価値に分けた一大任務に日本人がはたして堪えうるかどうか、ということを考察したのが次の「日本人の能力」である。ここでは日本人の体格・智力・人種的考察がなされて、日本人には右の一大任務を遂行する能力が厳として備わっていることを強調する。そして、日本人が世界に寄与すべき道を真（学術の伸張）・善（正義の伸張）・美（芸術の伸張）の各分野に分けて「日本人の任務」を具体的に説いている。雪嶺は、真・善・美の顕現によって日本人が世界の発展に寄与できることを説いたが、これは本書に明記した「異なれる境遇に於ける異なれる経験により獲得せる極めて多くの異なれる事理を彙集し、同異を剖析し、是非を甄別し、以て至大の道理に帰趨する」という認識に基づくものであった。このように、雪嶺の国粋主義は、世界における日本という発想から出発し、「愛国と汎愛」が矛盾することなく観念されており、日本および日本人の有する優れた固有性（国粋）を発揮することで普遍化への道（世界文明発展への貢献）を探ろうと試みた書である。→三宅雪嶺《みやけせつれい》

参考文献　鹿野政直編『陸羯南・三宅雪嶺』（『日本の名著』三七、一九七一、中央公論社）、生松敬三編『日本人論』（『冨山房百科文庫』、一九七七、冨山房）、佐藤能丸『明治ナショナリズムの研究―政教社の成立とその周辺―』（一九九八、芙蓉書房出版）

（佐藤　能丸）

しんせんりょだん　新選旅団　西南戦争の際、臨時徴募された巡査から構成された旅団。明治十年（一八七七）五月、西南戦争の長期化に伴い、政府は東北・北陸を中心とする士族を巡査として徴募する。その目的は兵力を補充すること、全国士族の西郷軍への呼応を防ぐことにあった。まず、内務省が士族を巡査として徴募し、その後に陸軍に管轄を移し旅団を編制するという方法は、徴兵制を前提としつつ士族を動員せんとするものであった。徴募にあたっては内務省から各県令へ指令が下されたほか、右大臣岩倉具視により旧藩を単位とする徴募も行われ、岩倉の要請をうけた旧藩主やその代理である家令などから士族たちに呼びかけられた。後者のようなやり方は徴兵制を否定し、封建時代の軍制へと逆行するものであるとの批判が出たが、これは、すでに多くの士族が巡査として徴集され、人員確保が困難な情況のもとでの苦肉の策でもあった。七月、歩兵四大隊を中心とする新選旅団は戦線に投入されるも、西南戦争終結後の十月、解隊された。

参考文献　大日方純夫「西南戦争における『巡査』の臨時徴募」（『日本歴史』三六二、一九七八）

（友田　昌宏）

しんそうさい　神葬祭　神道による葬儀と先祖祭祀。特に葬儀を指していうことが多い。江戸時代には、幕府がキリシタン対策などのために仏葬を義務づけており、儒葬や神葬は認められるとしても例外的であった。吉田家では十七世紀以降に神道の様式による葬儀が行われたことが確認されるが、当初は当主らに限定されたものだった。十七世紀後半、宋学と深く関わりながら成立した垂加神道では、生前に自己の神霊が祀られるとともに、門流の一部で神葬への関心が生じて儀式書などが著わされた。江戸時代後期には、神職を中心に、寺院・僧侶によらない神道の形式による葬儀である神葬祭を望む者が増加し、訴えが出されたものに対して幕府や藩は原則として、吉田家や白川家から神職としての許状を得ていることを前提に、神職およびその嫡子に限って神葬祭を許可した。神葬の具体的内容については吉田家では比較的早い時期から儀式書が成立していたが、国学者らは古典などの研究を通じて日本固有の葬儀の方法を求め書籍にも記した。明治時代になると、葬儀への仏教・寺院の独占的関与が新政府によって廃され、神葬祭をめぐる状況は一変した。明治元年（一八六八）閏四月に神職に対して神葬祭を義務づけ、明治三年には東京に神葬用の墓地が用意されるなどした。明治四年の氏子調など、キリシタン対策の面で近世の仏教の役割を神祇崇拝に代替させる試

みも政府によって行われたが実現せず、やがてキリスト教の禁制が廃止されて葬儀は自由化された。神葬祭について政府は統一的祭式を定めるべく調査を進め、明治五年九月には千家尊福《せんげたかとみ》・近衛忠房《このえただふさ》が『葬祭略式』を制定した。このような明治初年の動向のなかで仏葬を離れて神葬へと改式する一般の人々も多く現われたが、のちに仏葬に復帰する人も少なくなかった。明治十三年(一八八〇)からのいわゆる祭神論争を契機として、明治十五年一月に政府は神官と教導職の分離を定め、官国幣社の神官の葬儀執行を禁じた。神葬は府県社以下の神社の神職や教会・講社および教派神道の教導職によって担われることになった。教派神道では一派として独立する前後に葬祭式を制定する団体が多かった。

参考文献 阪本是丸『国家神道形成過程の研究』(一九九四、岩波書店)

(遠藤　潤)

しんそうぼう　新総房　千葉県の改進党系新聞。明治二十七年(一八九四)一月に創刊された改進党系の『千葉民報』が前身。同紙は二十九年から三十年(一八九七)にかけて『新総房』と改題して月二回の雑誌となるが、千葉県出身の民権家で『総房共立新聞』を主宰した桜井静《さくらいしずか》が後援して三十年十月十日に日刊の『新総房』となった。桜井との関係から中央紙の『報知新聞』の応援を受け、進歩党・憲政本党系の新聞として政友会系の強い千葉県では野党系の新聞であったため経営は苦しかった。社長を弁護士の宇佐美《うさみ》佑申《すけのぶ》が、主筆をのちの衆議院議員関和《せきかず》知《とも》や弁護士の高山孝之助らが務め、高山は三十四年の社会民主党結成・即日禁止に際し政府を批判する論説を掲げた。編集方針は政論だけでなく社会面も充実させた。支援者の千葉県出身の実業家浦辺《うらべ》襄夫《じょうふ》の死去で経営が行き詰まり、大正九年(一九二〇)ころ廃刊した。

参考文献 千葉県史料研究財団編『千葉県の歴史』通史編近現代一(『県史シリーズ』六、二〇〇三)

(高林　直樹)

しんだいかぎり　身代限　明治時代前期、債務を弁済しえない債務者の一般財産に対する裁判所の強制執行。明治五年六月二十三日(一八七二年七月二十八日)太政官一八七号布告華士族平民身代限規則が制定された。江戸幕府法上の債務不履行者の総財産に対する強制執行である身代限の語を用いているが、フランス民事訴訟法の差押・競売・配当手続を参考にして立法された。日常生活必需品は、華士族・平民ともに差押禁止物件とされたが、華士族の場合、家禄・大小刀が加えられた。身代限の申付は、債務者宅・裁判所門前・高札場に三十日間掲示される(明治五年六月二十三日太政官一八八号布告、明治六年二月二十五日太政官七〇号布告により六十日に改正)。身代限財産は「入札払」とし、その代金を債務弁済にあてる。掲示期間内にほかの債権者は、身代限財産の配当を訴えることができる。身代限規則は、その後整備されたが、明治二十三年(一八九〇)四月二十一日法律二九号民事訴訟法が強制執行に関する規定を設け、同年八月二十一日法律六九号家資分散法が民事訴訟法の強制執行処分により弁済資力なき債務者に対し裁判所の決定をもって家資分散者の宣告をなすと定め消滅した。

参考文献 滝川叡一『明治初期民事訴訟の研究—続・日本裁判制度史論考—』(二〇〇〇、信山社)

(藤原　明久)

しんたいけんさ　身体検査　学校や軍隊などで身体的発育状況や健康状態を調査記録する検査のこと。わが国における学校身体検査ないし健康診断の最初は、体操伝習所において行われた活力検査である。明治十二年(一八七九)体操伝習所主幹伊沢修二は教師リーランドの指導のもと、伝習所生徒ならびに東京師範学校、東京女子師範学校生徒の体格・体力を毎学期測定し、「活力統計」として調査結果を発表した。調査目的は、体操による身体発達・体力増強の効果を測定することで、調査項目は、身長・体重・胸周囲(充盈・空虚・常時)・臂囲(上・下、左・右)・指極・肺量・握力(左・右)などであった。明治二十一年(一八八八)文部省は「学生生徒ノ活力ニ関スル訓令」によって、直轄学校に対する身体検査を制度化するとともに体格・体力を中心とした検査項目に視力検査など健康診断的項目を加えた表式を整備した。さらに明治三十年(一八九七)三月、三島通良《みしまみちよし》など医学衛生学関係者の意見を入れて、新たに「学生生徒身体検査規定」(訓令第三号)を公布。身体検査を医師が行うこととし、脊柱・体格(強健・中等・薄弱)のほか、眼疾・聴力・耳疾・歯牙などの測定項目を加え、健康診断としての色彩を強化したものである。これによって、測定器具や方法を統一し、報告に際して、計測値については最大、最少、および平均を示させ、胸囲については盈虚の差も記すことになった。また従来年齢の雑多な学級単位の統計表であった報告形式を年齢別に整理した。さらに身体検査を年に四月、十二月の二回実施することとし、現在に連なる貴重な学校保健統計報告書の基礎が作られた。↓学校衛生《がっこうえいせい》

参考文献 日本学校保健会編『学校保健百年史』(一九七三、第一法規出版)

(大久保英哲)

しんだいしゃ　寝台車　旅客用の寝台が備えられた鉄道車両。寝台を使わないときは座席として使用できる。明治三十三年(一九〇〇)四月、山陽鉄道(現在のJR山陽本線)の列車に寝台付一等客車が連結されたのがはじまり。官設鉄道(のちの国鉄)でも米・英両国から四両の寝台車を購入して、同年十月から新橋—神戸間急行に連結、営業を開始した。一等旅客運賃のほかに寝台使用料が夜間のみでも三円と高価だったが営業開始直後には予約が殺到したという(明治三十三年十月七日付『東京朝日新聞』)。山陽鉄道では、三十六年に二等寝台と寝台使用料不要の三等寝台が登場、官設鉄道では明治四十三年(一九一〇)に二等寝台が営業を開始した。『中外商業新報』によれば、山陽鉄道の三等寝台は理髪床の自在椅子と類似のものであったという。山陽鉄道の最初の寝台車は通路の両側の

座席を夜間寝台にする開放寝室(プルマン)式であったのに対し、官設鉄道では片側に通路を寄せ一室四人の個室を設けた区分寝室(コンパートメント)式であった。 →夜行列車《やこうれっしゃ》

参考文献 吉川文夫『東海道線百三十年の歩み』(二〇〇三、グランプリ出版) (中川 洋)

しんたいどう 津逮堂 京都の御用書肆であった大谷仁兵衛の経営した書肆。屋号は吉野屋。堂号が津逮堂。文政年間(一八一八―三〇)創業。上方読本と心学の出版で世に知られ、草紙類の出版で栄えた。明治年間は、和漢書のほか、教科書、道徳書、法律書関係書籍などの出版・販売を手がけている。大正年間、法規関係の法律書専門店になる。大谷仁兵衛は、大正九年(一九二〇)、内外出版株式会社を創立、初代社長となる。

参考文献 三橋猛雄『明治前期思想史文献』(一九七六、明治堂書店)、『京都出版史―明治元年〜昭和二十年―』(一九八一、日本書籍出版協会京都支部) (鵜飼 政志)

じんだいふっこせいがんうんどう 神代復古誓願運動 明治十八年(一八八五)に小林与平《こばやしともひら》と子の与兵衛が始めた神代への復古運動。小林与平がみずから記した「手続キ書」によれば、与平は明治二年(一八六九)以降、集議院、左院、教部省、神道事務局などへ建白書や請願書を提出し、大教正鴻雪爪《おおとりせっそう》の許可を受けて自宅で数年講義を行なったが、思ったような成果は得られなかったという。明治十八年二月、当時東京赤坂区赤坂裏(東京都港区元赤坂)に住んでいた与平と与兵衛は神代復古誓願書を起草した。二人はこのなかで神代を人々が平等で理想的な世界ととらえ、それを再度実現しようとした。与平は明治二十年(一八八七)十二月に京都に誓願発起人事務所を開設し、ここを拠点として誓願書、同盟規約書などを印刷して、署名者や資金を集める運動を展開した。各地には支部である主任者事務所がおかれた。翌二十一年二月に、下京警察署から出版条例違反の嫌疑を受け、与平が弁明書を提出した。二十二年六月に明治天皇への請願書提出を目指すが、直前に集会条例にもとづいて結社禁止の処分を受けた。与平は牛込《うしごめ》区牛込若松町《うしごめわかまつ》(東京都新宿区若松町)に集会場の黄金館を設置し、「皇国語学会」という組織名で同盟者の募集を継続するが、二十三年二月にこの活動もまた集会条例違反とされ、罰金刑を受けた。その後「帝国大柱会」へと組織を改めるが、同年十二月に解散を命じられた。与平らの考える神代は、五箇条の誓文を重視したもので近世国学者らの論とは必ずしも一致しないが、そこに理想状態を認める点は共通している。

参考文献 鶴巻孝雄『近代化と伝統的民衆世界―転換期における民衆運動とその思想―』(一九九二、東京大学出版会) (遠藤 潤)

じんたん 仁丹 大阪の薬種商森下博《もりしたひろし》が食物の消化と毒消しに抜群の効果ありと明治三十八年(一九〇五)二月十一日に発売を開始した懐中薬。中国市場を当初から見込んで仁丹と命名した。森下博は明治二十六年(一八九三)より大阪で売薬店を開業、二十八年二月十一日には香袋「金鵄麝香」を、三十一年二月十一日には内服美容剤「肉体美白丸」を、三十三年二月十一日には梅毒新剤「毒滅」を、それぞれ大々的な広告で発売、「毒滅」広告では新聞一頁大の全面広告をはじめて実行した。仁丹広告では「陸海軍軍医総監両閣下有効御証明」などの権威づけや大礼服着用士官像の商標化を行い、新聞や電柱・看板広告を徹底的に活用、たちまちのうちに家庭常備薬のトップにおどり出た。また仁丹発売の際、それまでの森下南陽堂を森下博薬房と改称している。容器にも工夫をこらし、発売当時は金属製丸型容器だったものを大正二年(一九一三)にはブック容器に変えた。卓越したアイディアマン森下博の宣伝優先主義が成功の源泉であった。

仁丹の看板

参考文献 青潮出版株式会社編『日本財界人物列伝』一(一九六三) (宮地 正人)

しんちょう 新潮 文芸雑誌。月刊。発行所は新潮社。明治三十七年(一九〇四)五月五日、佐藤橘香《さとうきっこう》(義亮《ぎりょう》)が『新声』の後継雑誌として創刊、有力な文芸雑誌として現在まで続いている。創刊号は、四六倍判、八〇頁、定価十二銭、表紙は平福百穂《ひらふくひゃくすい》、日露戦争下の時局を反映した内容となっている。創刊当初は、『新声』の主な執筆者であった田口掬汀《たぐちきくてい》・金子薫園《かねこくんえん》・高須梅渓《たかすばいけい》が寄稿。ほかの執筆者に、中村春雨《なかむらしゅんう》・徳田秋声《とくだしゅうせい》・柳川春葉《やながわしゅんよう》・真山青果《まやませいか》・小栗《おぐり》風葉《ふうよう》・永井荷風らがいた。自然主義文学が席巻するなかで発表された、青果の「南小泉村」(一、二章、明治四十年五月)が話題を呼んだ。ほかにも、ラフカディオ＝ハーン(小泉八雲)「怪談」(同年三月)、正宗白鳥「口入宿」(同四十四年七月)、田山花袋「自然主義の前途」(同四十一年三月)、島村抱月「作品に現はる可き作家の主観」(同四十二年八月)など、多数の小説・評論の寄稿があった。また、定期的に掲載された編集部執筆の時評・人物評が、読者の好評を博した。 →新声《しんせい》

『新潮』第1巻第1号

参考文献 紀田順一郎監修『新潮社一〇〇年図書総目録』(一九九六、新潮社)、『新潮社一〇〇年』(二〇〇五、新潮社)

(十重田裕一)

しんちょうしゃ 新潮社 明治時代中期の創立以来現在に続く出版社。秋田県仙北郡角館町(仙北市)出身の佐藤儀助(のちに義亮)は明治二十八年(一八九五)に十八歳で上京して秀英社の勤務の傍ら雑誌に投稿していたが、二十九年七月に新声社を創業して、「次代国民の声」として月刊投書雑誌『新声』を創刊した(後身である新潮社はこの年を創立の年としている)。三十年(一八九七)七月に神田区(東京都千代田区)の借家に新声社の看板を掲げ、翌年から三十五年にかけて田岡嶺雲『嶺雲揺曳』、河東碧梧《かわひがしへきご》桐《どう》『俳句評釈』、田山花袋『重右衛門の最後』を刊行して本格的な出版事業に乗り出し、『新声』に作家・評論家・研究者らが寄稿し、独自の文芸雑誌となった。しかし、全国の小売店からの送金が滞り、儀助は新声社と『新声』の出版権を譲渡して、三十七年五月に新潮社を創立し、『新声』の後身として月刊誌『新潮』を創刊し再発足した。これを機に儀助は義亮と改名し、社則三条(良心に背く出版は殺されてもせぬ事、どんな場合でも借金をしない事、決して約束手形を書かぬ事)を定めて、三十年代後半の文学史上に大きな地歩を占める『新潮』の発展と単行本の刊行に邁進した。同誌では『新声』以来の多くの寄稿者に加えて新進の作家群像が活躍し、明治末までに小説・詩和歌俳句・評論・翻訳書など多くの単行本を刊行した。新潮社にとって明治期はまだ黎明時代で、目覚しい躍進は大正から昭和に入ってからである。義亮は大正二年(一九一三)に牛込区矢来町(新宿区)にはじめて自家(現本館の隣接)を持ち、三年から小型版翻訳叢書『新潮文庫』を創刊し、明治以来の名作の集大成『代表的名作選集』全四十四編、四年に『情話新集』全十二冊、『近代思想十六講』、『最新社会問題十二講』を、以下大正末年まで『トルストイ叢書』全十二冊、『得るテル叢書』(ウェルテル叢書)全十八冊、『ドストエーフスキイ全集』全十二巻、『ツルゲエネフ全集』全十巻などの翻訳小説も刊行した。この間五年に文芸投書雑誌『文章倶楽部』を創刊し、看板雑誌の『新潮』は新企画と新連載などで躍進し、十三年(一九二四)には月刊誌『演劇新潮』も創刊した。他方、十五年刊行開始の『社会問題講座』全十三巻は近代日本の社会問題を二百五の講座に幅広く検討したもので研究史上の史料価値が高い。昭和初年の円本時代には、二年(一九二七)から五年にかけて『世界文学全集』全三十八巻、三年から『現代長篇文学全集』全二十四巻、五年から第二期『世界文学全集』全十九巻、この間『蘆花全集』全二十巻などの円本をつぎつぎに発刊し、『新興芸術派叢書』全二十四冊等々で文芸出版社の地位を強固にした。七年には『日本文学大辞典』全三巻・別冊と月刊大衆雑誌『日の出』を創刊し、以後戦時出版界の中で生き抜き、十九年(一九四四)に組織を株式会社とした。戦後は『新潮』『小説新潮』『芸術新潮』『週刊新潮』で特質を示し、著名作家の全集を刊行して老舗の出版社として発展し、この間二十六年(一九五一)に義亮が死去している。

参考文献 栗田確也編『新潮社 佐藤義亮』(『出版人の遺文』六、一九六六、栗田書店)、紀田順一郎監修『新潮社一〇〇年図書総目録』(一九九六、新潮社)、『新潮社一〇〇年』(二〇〇五、新潮社)

(佐藤能丸)

しんとうけいこうとうきょういく 神道系高等教育 神職養成は明治期に文部省所管の高等教育として形成された。仏教では各宗派の学林など近世に発達したため近代高等教育機関へと移行しやすかったが、神道では社家の後継者養成や国学者の私塾などが小規模であり、近代の高等教育には接続しなかった。また、国学が学問的権威を失うなかで西洋の人文科学の方法と交流しうる古典研究として再構成されたため、神道系高等教育は国語国文学や国史学を中心とし、神職のみならず中等教員養成の機能を担うこととなった。明治二年(一八六九)に祭政一致の原則から宣教使に国学系人材が登用されたが小規模にとどまり、五年に置かれた神仏合同の大教院において教導職養成が取り組まれたことが制度的な神職養成の契機となる。八年に大教院が真宗の反対から廃止されると、神道側は東京に神道事務局を置いた。これを基盤として、十五年(一八八二)四月、東京に皇典講究所が置かれて、八月に内務省所管となり、さらに九月には府県に皇典講究所分所が置かれ、同月に内務省より府県社以下の神職は皇典講究所の卒業や試験合格が求められることで、皇典講究所が神職養成機関として制度化されることとなった。さらに二十三年(一八九〇)には皇典講究所内に私立国学院を設けて国史国文を教えることとなり、三十七年(一九〇四)には専門学校令による専門学校(文学に関する専門学校)として私立国学院となり、三十九年には専門学校のまま国学院大学と改称し、近代学校制度の高等教育機関として位置づけられた。一方で伊勢神宮では大教院の段階でも神宮教院と称して独自の権威を保ったが、明治十五年四月には、神宮皇学館が神宮神職の皇学研究のために林崎文庫(神宮文庫)に設置され、その後も教育機関としての教育課程を整え、明治三十六年には勅令第一三〇号により神宮皇学館は内務大臣の管轄する神宮司庁に置かれる官立学校となり、同年の専門学校令の特別規程によるものとなった。なお、大学が大正七年(一九一八)の大学令まで帝国大学以外には認められなかったので、これら二校は明治期には専門学校としての位置づけであった。官立学校には神道研究の学科課程はないが、明治十五年に東京大学文学部に国学者の小中村清矩《こなかむらきよのり》を教授として置かれた古典講習科は、神道・国学を継承した近代人文科学を形成する場となっており、官立大学での人文学研究と私立の神道系高等教育は人材上の交流を保つこととなった。 →皇典講究所《こうてんこうきゅうしょ》 →国学院大学《こくがくいんだいがく》 →神宮皇《じんぐうこう》学館《がっかん》

(高橋陽一)

しんとうこっきょうか 神道国教化 神道を中心理念と

する国民教化。明治二年(一八六九)九月、神祇官内に宣教使を設置し、「惟神之大道」を宣布する大教宣布運動が開始された。しかし、教義面での混乱や人員不足などの理由から成果が挙がらず、五年三月神祇省の廃省、教部省の新設に伴い、宣教使は廃止された。この間、神祇省では、神社祭祀の意義を宮中における皇祖神祭祀に連結させ、神道の教義と祭祀を図る建議がなされたが、いずれも廃案となっている。教部省では、新たな国民教化策として教導職を設置し、三条の教則に基づく神仏合同布教が行われたが、教化方針において神道的色彩が強いことに仏教側が反発し、八年四月に合同布教は挫折、同年十一月には信教の自由が口達された。明治十年(一八七七)に教部省が廃省、教導職も十七年に廃止された。なお、近代以降の天皇の神権的秩序や、祭政一致を前提とする皇室祭祀・神社祭祀を含めて、神道の国教化と解釈する場合もある。　↓教導職《きょうどうしょく》　↓宣教使《せんきょうし》　↓大教宣布《たいきょうせんぷ》

参考文献　安丸良夫・宮地正人校注『宗教と国家』(加藤周一・遠山茂樹・中村政則他編『日本近代思想大系』五、一九八八、岩波書店)、阪本是丸『明治維新と国学者』(一九九三、大明堂)、同『国家神道形成過程の研究』(一九九四、岩波書店)　(星野　光樹)

しんとうじむきょく　神道事務局　明治八年(一八七五)から十九年(一八八六)まで存続した神道布教全国組織。明治八年五月神仏各宗合併布教が差止められ、自今各自教院を取設け布教勉励すべき旨が教部省から達せられた。これを受け大教院に奉斎していた四柱大神その他神道に関する神具類が伊勢神宮東京事務所に遷され、ここが神道事務局となった。下部機構として府県に分局が設置され、また神道事務局には教導職養成機関が設けられた。これ以降神道の自由布教は大きく前進していった。しかし神道は主祭神その他の宗教的教義問題で統一的に活動するのには困難な問題をかかえ、九年一月には三管長制が、同年十月には四管長制が敷かれたが、問題は解決できなかった。また九年十月には神道黒住《くろずみ》派、神道修成派が別派を許可されるなど、神道系大教団は府県分局に関わりなく布教することが可能となったため、神道事務局の組織そのものが十分に機能しなくなっていった。さらに十三年神道事務局神殿建設に伴い、大国主神を合祭するかしないかをめぐって全国の神官教導職を二分する祭神論争が深刻化し、十四年一月勅裁を以て、宮中奉斎の神霊遥拝が命ぜられ、事務局総裁に有栖川宮幟仁《たかひと》親王が任ぜられた。翌十五年一月の神官教導職兼補廃止・神官葬儀従事禁止令により神道宗教化の道は基本的に断たれ、同年五月の神道中各教会特立許可により宗教化を志向する大規模な神道各派が教派神道として布教する枠組みが示されたことにより、神道事務局の使命はさらに不明確となった。十七年八月神仏教導職が廃止され、かわって神道各派に管長を定むべしとされたことにより、神道事務局は稲葉正邦を管長に戴き教派神道への道を進みはじめた。明治九年以降の神道各派独立の傾向の中でも金光教会・天理教会・丸山教会をはじめ数多くの宗教団体は神道事務局附属教会としてしか布教が許されていなかったからである。神道事務局は十九年神道本局と改名し、「神道」という教名で教派神道の一派として扱われることとなった。昭和十五年(一九四〇)、教名は神道大教と改められた。　↓神道本局《しんとうほんきょく》　(宮地　正人)

しんとうしゅうせいは　神道修成派　神道十三派の一つ。教祖の新田邦光《にったくにてる》は勤王の志が強く、幕末には尊皇攘夷活動を行なっていた。また、嘉永元年(一八四八)に神道を興隆し、人民を教導・啓発する志を立て、神道家としての活動を始める。しかし維新後、飛騨国取締りにあたった際に嫌疑をかけられ、一時忍《おし》藩に幽閉されたのを機に、政治活動から身を引き、宗教活動に専念した。明治五年(一八七二)、教導職となり、翌年に修成講社を創立。門人の増加に伴い、九年十月二十三日、黒住講社とともに一派独立を果たした。教派神道のなかでは最も早く独立した教団の一つということになる。明治時代中期ごろ、御嶽信仰や富士信仰の教会を傘下に入れたことで、急速に教勢を拡大したが、後期以降は教勢があまり伸びなくなった。本部は東京都杉並区にある。　↓新田邦光《にったくにてる》

参考文献　宇野正人「神道教派一派特立の過程―明治九年における展開―」(『維新前後に於ける国学の諸問題―創立百周年記念論文集―』所収、一九八三、国学院大学日本文化研究所)、田中義能『神道十三派の研究』上(一九八七、第一書房)、井上順孝『教派神道の形成』(一九九一、弘文堂)　(戸浪　裕之)

じんとうぜい　人頭税　十七世紀のころから沖縄の宮古・八重山《やえやま》地方で行われてきた税制で、十五歳から五十歳までの男女に頭割りで課された。村を上・中・下の三等級に、人民を年齢によって四等級に分け、それを組み合わせて十二段階とし、等級ごとに税額が定められた。人頭税は土地所有者だけでなく隷属農民や小作農民にも課せられた点で人別割《にんべつわり》に似ている。しかし、各戸ではなく各個人に課せられた点で人別割とは異なり、人民にとって、より過酷な負担を強いられる制度であった。人頭税は、明治になっても行われていた。沖縄県になって、明治二十五年(一八九二)に宮古島を訪れた新潟県出身の中村十作《なかむらじゅうさく》と農事試験場技師の城間正安《ぐすくませいあん》の尽力もあって、人頭税廃止を求める農民運動がおきた。明治二十六年、人頭税を廃止して地租とすることを求める帝国議会への請願が行われ、明治三十六年(一九〇三)、沖縄県にも地租条例が公布されて人頭税はようやく廃止された。

参考文献　沖縄国際大学南島文化研究所編『近世琉球の租税制度と人頭税』(二〇〇三、日本経済評論社)、八重山人頭税廃止百年記念事業期成会記念誌部会『あさばな』(『人頭税廃止百年記念誌』、二〇〇三)　(石川　一三夫)

しんとうだいかいぎ　神道大会議　明治十四年(一八八一)二月に全国の神道教導職の有力者を一堂に会し行われた神道事務局の組織・祭神・管長選定などを議するための

会議。神道事務局における造化三神・天照大神を中心とした天神地祇奉斎の神殿建設に際して、出雲大社宮司の千家尊福《せんげたかとみ》ら出雲派が大国主神を表名合祀すべきことを提議し、これを神宮宮司の田中頼庸《たなかよりつね》ら伊勢派が反対したことで神道界を二分した祭神論争が生じた。政府は神道界の紛擾を憂慮して、明治十三年十二月に神道事務局の組織・祭神・管長選定などを議するための会議開設を指令した。神道事務局内では会議に先立ち伊勢派と出雲派の調整が図られ、勅裁による祭神および管長選定を太政官に進達した。神道大会議は神道事務局を会場とし、教導職教正や官国幣社宮司、神道事務分局長ら百十八名のほか、政府要員として桜井能監らが参加した。十四年二月三日に一同が参集し、七日から十四日まで計六回にわたる審議がなされ、十九日に閉会式が催された。会議開催中には千家・田中連署による大教官設置の建議が政府に提出されたといわれる。会議終了後の同月二十二日に有栖川宮幟仁親王を神道教導職総裁とし、神道事務局神殿を宮中奉斎の神霊（賢所・歴代皇霊・天神地祇）の遙拝所とする勅裁がなされた。

参考文献　藤井貞文『明治国学発生史の研究』（一九七七、吉川弘文館）　（齊藤　智朗）

しんとうはさいてんのこぞく　神道は祭天の古俗　久米《くめ》邦武《くにたけ》の神道研究論文。明治二十五年（一八九二）三月に帝国大学教授を依願免官となった筆禍事件の原因、攻撃対象にされた。前年十月、十一月、十二月に『史学会雑誌』二編二三号、二四号、二五号の三回に分けて連載、翌二十五年一月二十五日発行の田口卯吉《たぐちうきち》（鼎軒）主宰雑誌『史海』八巻に田口の懇請によって一括全文転載されるに及んで、神道家はじめ国家主義勢力からの激しい論難にさらされた。論文の構成を小見出しによって示せば、「国民敬神の結習」「東洋祭天の起り」「新嘗祭・神嘗祭・大嘗祭」「大神宮も天を祭る」（以上二三号）「賢所及び三種神器」「神道に地祇なし」「神道に人鬼を崇拝せず」「神は不浄を悪む」（以上二四号）「祓除は古の政刑」「神道の弊」「儒学・仏教・陰陽道の伝播」（以上二五号）。『史学会雑誌』では初回は「論説」欄の巻頭論文であったが、二回目以後は「考証」欄に移され、三回あわせて八四頁の長編。『史海』も「考証」欄で二段組み二八頁、前後に田口の序文・批評を付し、「久米邦武君の史学に於ける古人未発の意見実に多し」「余は此篇を読み、私に我邦現今の或る神道熱信家は決して緘黙すべき場合にあらざるを思ふ」などと挑発的に久米論文の意義を強調した。なお転載にあたって若干の字句の修正などの校訂、圏点の付け直しがある。論旨の核心は冒頭に記す「蓋神道は宗教に非ず。故に誘善利生の旨なし。只天を祭り攘災招福の祓を為すまでなれば、仏教と並行はれて少しも相戻らず。故に敬神崇仏を王政の基本となして今日に至り、其習俗は臣民に結び着て、堅固なる国体となれり」という点にあり、「現在の国民敬神の結習により、溯りて東洋祭天の古俗を尋究し、朝廷の大典なる新嘗祭・神嘗祭・大嘗祭の起り、伊勢内外宮及び賢所はみな祭天の宮にして、諸神社に鏡玉剣を神体に象る由来、神道には地祇人鬼を崇拝する習俗なく、死穢・諸穢を忌避して潔癖を生じ、祓除を科する法より弊風を生じ、利害交《こもごも》ありて、人智の発達するに従ひ、儒学・仏教・陰陽道等を伝へて、其欠乏を補完矯正するの必要に論及し、千余百年来敬神崇仏の国となりて、今に至るまで、敬神の道は崇仏と並行はれて、隆替なきことの考へを述んと」した内容であって、以上を主要論点とする。久米にあっては同年発表の「太平記は史学に益なし」や「勧懲の旧習を洗ふて歴史を見よ」に続く論説であり、重野安繹《しげのやすつぐ》や久米を中心とした修史館史学・草創期史学会に顕著な特色であった前代以来の名分論的史観を厳しくしりぞけて、「史学の責任」を果たそうとした啓蒙的にして大胆な立論であった。「神道仏教儒学に偏信の意念を去りて、公正に考へる」ことを課題とし、方法的には中国・朝鮮その他の史籍・伝説をも博引旁証しての比較史的視点を打ち出している。論難の渦中で『読売新聞』への四月七日付「寄書」（久米邦武「正誤を求む」）にある「今日に当りて学問のみ鎖国し比較宗教比較言語比較法律を逃避し史学人類学社会学を防止することは得べからず」との一文は、久米の意図を端的に表明するものであり、論文末尾の「世には一生神代巻のみを講じて、言甲斐なくも、国体の神道に創りたればとて、いつ迄も其襁褓の裏にありて、祭政一致の国に棲息せんと希望する者もあり。此活動世界に、千余百年間長進せざる物は、新陳代謝の機能に催されて、秋の木葉と共に揺落《ゆりおと》さるべし。或は神道を学理にて論ずれば、国体を損ずと、憐れ墓なく謂ものもあり。国体も皇室も、此く薄弱なる朽索にて維持したりと思ふか」との強烈な神道家批判のむすびとなっていた。「開国の思想」を促進し、「時運に応じて、順序よく進化してこそ」皇室の尊栄と国家の強盛がはかられるとの久米なりのつよい使命感と抱負あっての神道研究論文であった。　→久米邦武《くめくにたけ》　→久米邦武筆禍《くめくにたけひっか》事件

参考文献　松島栄一編『明治史論集』二（『明治文学全集』七八、一九七六、筑摩書房）、松本三之介編『明治思想集』二（『近代日本思想大系』三一、一九七七、筑摩書房）、斉藤孝編『歴史の思想―誰が歴史をつくるのか―』（『思想の海へ「解放と変革」』二七、一九九一、社会評論社）、田中彰・宮地正人校注『歴史認識』（『日本近代思想大系』一三、一九九一、岩波書店）、大久保利謙編『久米邦武の研究』（『久米邦武歴史著作集』別巻、一九九一、吉川弘文館）　（今井　修）

しんとうほんきょく　神道本局　神道事務局の後身で、教派神道の一派である「神道」（現在の神道大教）の教務本庁を指すが、一般には教派名と解する者も多かった。明治八年（一八七五）神道教導職の拠点として神道事務局が創建されるも、十七年（一八八四）の教導職制度の廃止により、十九年に稲葉正邦を管長に教派名を「神道」と称

し、同局は神道本局と改められた。「神道」は宮中三殿の神霊を奉斎し、記紀二典およびこれに関する国学の学説を奉じ、「三条の教憲」(三条教則)に基づいて惟神《かんながら》の大道(神道)を実践・宣揚することを目的とした。組織は全国を七十五教区にわけて分・支局を設け、信徒子弟の教育を中央の神道本校を中心に地方の分・支校で行なった。また神道系教会を管下に置き、教会には直轄と普通の二種があった。神道布教・宣布するところを教院と呼び、神道本院を中央に、神道分・支院を地方に設け、大正期には大教院・中教院・小教院・祠宇・一般教会の五種とした。昭和十五年(一九四〇)の宗教団体法施行に伴い教派名を神道大教と改め、教務を総管するところを本局と称するようになった。 →神道事務局《しんとうじむきょく》

参考文献 『宗教大観』(一九三二、読売新聞社)、田中義能「神道本局の研究」(『教派神道の研究(復刻版)』下所収、一九八七、第一書房)、『神道大教「要論」(増補復刻版)』(二〇〇四、神道大教本局・神道大教院) (齊藤　智朗)

しんとみざ　新富座　明治期から昭和期に至る劇場名。元来、江戸時代の初期より幕府公認の江戸三座と呼ばれた代表的な劇場の一つであり、幕末には強制移転により、浅草猿若町に移った森田座(のちに守田座と改称)の後身である。その座元の後継者で、進取の気性の強かった十二代守田勘弥《もりたかんや》は、浅草の地を捨て、明治五年(一八七二)に、当時は外国人居留地に近く、また鉄道の出発駅新橋駅にも近い築地新富町(東京都中央区)に進出した。二度ほど焼失したが、十一年(一八七八)に新開場した際には、大道具方で、当時の慣例どおり劇場設計者も務めた十二代長谷川勘兵衛が、江戸時代の劇場では普通だった、舞台が見え難い席を排し、可能な限り可視性を高め、運動場というロビーにあたる空間を作り、観客の利便に配慮した。外国人向けに椅子席を置ける貴賓席の用意もあり、元アメリカ大統領グラント将軍をはじめ、ドイツ、イギリス、フランスからの貴賓を招いている。

参考文献 神山彰『近代演劇の来歴―歌舞伎の「一身二生」―』(二〇〇六、森話社) (神山　彰)

しんにほん　新日本　(一)明治時代中期の政論雑誌。明治二十二年(一八八九)十二月十五日創刊。明治二十年、米国オークランドに創刊された邦字紙『新日本』は、明治政府を批判し日本国内で発売頒布禁止となる。関係者である畑下熊野・中西元治郎・中島半三郎は帰国後、新日本同盟社を結成し東京で大同倶楽部の支援を受け『新日本』を創刊した。明治二十三年二月一日の第二号が治安を妨げるとして発行停止となった。

参考文献 新井勝紘・田村紀雄「在米日系新聞の発達史研究―五自由民権期における桑港湾岸地区の活動―」(『東京経済大学人文自然科学論集』六五、一九八三)、藤野雅己「自由民権家時代の畑下(山口)熊野」(『日本歴史』四五二、一九八六)

(二)大正期の総合雑誌。明治四十四年(一九一一)四月創刊。発行所は冨山房。大隈重信が主宰した。永井柳太郎・樋口秀雄を主筆とし、楠山正雄《くすやままさお》が編集を担当した。加藤弘之、渋沢栄一、坪内逍遙など各界から編集顧問を迎える。大隈重信の巻頭論文を掲載。大正七年(一九一八)十二月廃刊。 (河崎　吉紀)

しんにほんし　新日本史　三叉竹越与三郎著述の明治維新史論。徳富蘇峰、山路愛山ら平民主義の立場からする民友社史論史学の代表作の一つ。竹越にあっても『二千五百年史』(明治二十九年、警醒社)とともに史論家としての代表作をなす青年時代の傑作。三巻の構想で上巻を明治二十四年(一八九一)七月、中巻を翌年八月に出版したが、下巻は未刊に終った。民友社発行。四六判仮綴。上巻は目録九頁、本文四二〇頁、中巻が目録三頁、本文三〇三頁。定価は四十銭と三十銭。刊行直後から版を重ね、上巻は二十四年中に五版となり、「本書に対する各新聞批評の一班」や「新日本史年表」が添付され、同二十六年一月の第七版では「七板新日本史に題す」を付加する。中巻も同二十五年十一月の再版時に「新日本史に題す」を巻頭に掲げ批評に応えており、いずれも本書の執筆意図や歴史叙述の方法を理解する上で注目される。増刷・改版ごとに補筆や修正があるが、構成と内容は上巻が「政変　維新前記」(四章)、「政変　維新後記」(十二章)、「外交の変遷」(二章)の三篇からなるペリー来航前夜から国会開設までの幕末維新政治史と条約改正・対外問題の変遷を叙述し、中巻は「社会、思想の変遷」(五章)、「宗教」の二篇で明治中期までの社会思想史を宗教を独立の一篇に立てて詳述する。なお中巻最終頁に「新日本史下巻の目録」が示されており、「新日本由来論」を最後に置くなど予定していた内容骨子がわかる。流麗な筆致のなかに藩閥専制と「王政復古」維新観に対する批判が鮮明で、「戊辰慶応の革命は、新政を理想せる理想的の革命にもあらず、王朝を回顧する復古的革命にもあらず、社会自身土崩瓦解せんとする乱世的革命」であると規定し、「民権の勢力」による「社会変革の潮流」を重視して、「維新の大革命」の「本来の大動機、大目的は、社会的変化にあり」とするところが核心をなし、この「大目的に立ち帰らんことを望む」との民友社の「第二の維新」論の主張を共有している。西田毅校注で『岩波文庫』(平成七年)に収録されている。 →竹越与三郎《たけこしよさぶろう》

参考文献 松島栄一編『明治史論集』一(『明治文学全集』七七、一九六五、筑摩書房)、西田毅編『竹越三叉集』(『民友社思想文学叢書』四、一九八五、三一書房)、田中彰『明治維新観の研究』(一九八七、北海道大学図書刊行会) (今井　修)

しんにほんのせいねん　新日本之青年　徳富蘇峰の著作。本書ははじめ、明治十八年(一八八五)十月に私家版で『第十九世紀日本ノ青年及其教育』という題名で印刷され、限られた同好の士に頒布された。早速、田口卯吉が『東京経済雑誌』誌上に書評を載せるなど、読書界の評判がすこぶる良好であったので、江湖の求めに応じて改題し、

明治二十年(一八八七)四月、東京の集成社から発行された。体裁は四六判並製の本文一七四頁。のちに民友社が版権を取得する。本書『新日本之青年』は、『将来之日本』とある意味で姉妹編といえる。すなわち、前者が「社会ニツィテ観察ヲ下シ」、「社会ガ平民的トナル所以ヲ論」じ、後者は「一個人ニ於テ観察ヲ下」し、「平民的ノ社会ニ立ツ一個人ハ如何ナル資格ヲ要ス可キカ」の問題を論じたと両冊子の関係について蘇峰は述べている。全体の構成は八章から成り、さらに、明治二十年の公刊本には、「新日本之青年」と題する巻頭の一編(総論)が付け加えられた。まず各章のタイトルを紹介すると、「社会及其継続者」(第一回)、「維新前後学問及教育ノ変遷　上下」(第二・三回)、「現時ノ所謂ル教育主義、第一復古主義、第二偏知主義、第三折衷主義」(第四回)、「折衷主義ヲ駁ス」(第五回)、「学問及教育世界ノ現状ヲ一変セザル可ラズ」(第六回)、「然ラバ則チ如何ニシテ一変ス可キ乎」(第七回)、「第十九世紀日本ノ青年」(第八回)となっている。目次から分かるように、明治十年代後半の教育界における儒教的封建主義の復活(「復古主義」)に対する反発が執筆の動機となった。論旨は当時の教育の世界に優勢な「偏知主義」「折衷主義」を批判し、「東洋道徳、西洋芸術」式の折衷的な西洋文明の摂取を排して、「精神文明」と「物質文明」の両者を含む全面的な導入が必要であることを力説し、あわせて徳育と知育の並行を強調した。さらに、明治の世界にみられる「冷笑的傾向」と「批評的の境遇」、立身出世主義を批判し、「明治の青年」は、「泰西自活的の人」となって、「自営自活」の平民社会の実現に向かって「天保の老人」を導く責務があると力説している。ここには、初期蘇峰における精神主義が、回天の主体としての青年に対する力強いアピール(青年論)と「明治の青年」対「天保の老人」という世代論として展開されている点も注視すべきであろう。『日本現代文学全集』二福沢・中江・岡倉・徳富・三宅集(講談社)、『明治文学全集』三四(筑摩書房)に収録。　→徳富蘇峰《とくとみそほう》

(西田　毅)

しんにんかん　親任官　一般には大日本帝国憲法下における最高位の官吏。明治十九年(一八八六)三月発布された高等官官等俸給令において、勅任官中、特に親任式をもって叙任する官職を親任官として区分した。辞令は天皇の親署ののち御璽を鈐し、内閣総理大臣が副署することとされた。当初は、内閣総理大臣、各省大臣がこれに該当した。のちには陸海軍大将、枢密院正副議長、枢密顧問官、内大臣、宮内大臣、特命全権大使、台湾総督、朝鮮総督、大審院長、検事総長、会計検査院長などが加えられた。

参考文献　内閣官房編『内閣制度九十年資料集』(一九七五、大蔵省印刷局)

(大庭　邦彦)

しんねんえんかい　新年宴会　新年を祝賀する皇室の恒例行事。古代の朝廷では、唐風の新年元日儀礼として、天皇が冕服《べんぷく》で大極殿に出御し朝堂院に列立する礼服の群臣から祝賀を受ける「朝賀《ちょうが》」(朝拝)の儀が行われ、引き続き(七日にも)隣の豊楽《ぶらく》殿で「正月節会《せちえ》」(宴)が催された。それは平安時代中期から衰退し、代わりに清涼殿の東庭で殿上人の拝賀する「小朝拝」などが続けられてきた。それらを承けて、「朝賀」(拝賀)の儀が明治の初め(二年(一八六九)・五年・八年に改正)、元日と二日の両日あり、三日「元始祭」、四日「政始《まつりごとはじめ》」の儀が続くため、あらためて五日に「新年宴会」が行われることになった。皇室儀制令によれば、朝賀の儀には、宮殿の鳳凰の間で天皇が皇后とともに以下の全皇族および文武高官と駐日外交官(いずれも男女同伴)から祝賀を受ける。それに対して新年宴会は、豊明殿へ天皇が皇族を従えて出御し(皇后・女性皇族は同伴せず)、新年の勅語を下すと、内閣総理大臣と駐日外交官代表から奉対文を奏し、酒膳の宴を賜わる。その宴中、晴天なら殿庭で舞楽があり、雨天なら殿内で雅楽が演奏された。戦後は、このような新年宴会が廃され、元日に従来の「朝賀」にあたる「新年祝賀の儀」(二日に「新年一般参賀」)があり、別室で簡単な祝酒を頂くのみとなった。

参考文献　井原頼明『皇室事典』(一九三八、冨山房)

(所　功)

しんぱ　新派　従来からあるものに対して別に新機軸を立てようとする場合、従来のものを「旧派」、新機軸を出そうとするものを「新派」という。文芸界では俳諧に用いられたのが最初で、日清戦争の開戦以前から、正岡子規ら『日本』新聞の一派は「新派」と呼ばれた。子規は「俳諧の新派と旧派と云ふ名前は何時の間にか誰かに附けられた」と、「俳諧新旧派の異同」(『太陽』明治三十四年四月号)で語っている。「明治二十八年の文学」を総括する『国民新聞』(二十九年一月三日付)は、子規を新派とした上で、小説においても尾崎紅葉を旧派、泉鏡花や樋口一葉を新派とする。演劇界では三十四年(一九〇一)ごろから散見されるが、「新派」の文字を強く印象づけたのは、三十六年六月ではなかろうか。その月、川上音二郎一座は「正劇《せいげき》」の名で、『江戸城明渡』と『マアチャント＝オブ＝ヴェニス』を明治座で上演した。その『江戸城明渡』を、中村芝翫《なかむらしかん》(のち五代中村歌右衛門)や市川高麗蔵《いちかわこまぞう》(のち七代松本幸四郎)らが『時事新報』紙上で酷評した。そこで「新派演劇委員」という肩書きで、佐藤歳三《さとうとしぞう》・藤沢浅二郎《ふじさわあさじろう》・福井茂兵衛《ふくいもへえ》・高田実《たかたみのる》の四人は、「新派一同の総代」という資格で芝翫らに立会演劇を申し込む。この四人は、「新派演劇創興以来茲《ここ》に拾数年」とも記す。川上が歌舞伎とは違う演劇を横浜、東京で始めたのは二十三年(一八九〇)、それを意識した表記に違いない。当時のマスコミは「壮士芝居」「書生芝居」と報じたが、やがて川上が「新演劇」と唱えると、歌舞伎は「旧演劇」「旧劇」と呼ばれるようにもなる。明治三十四年ごろか、新演劇に「新派」の別名が生じるが、その芝居はピストル、裁判、芸者が付きもの。社会教育を目指す「川上演劇」は、新派劇と

は相容れない。川上は存命中、「新派」の名を用いることはなかった。→壮士芝居《そうししばい》 （倉田　喜弘）

しんばしていしゃじょう　新橋停車場　日本初の鉄道であった新橋―横浜間鉄道の起点。竜野・仙台・会津各藩の上屋敷地跡にあたる民部省用地（汐留一丁目）に建設された。ごく近隣には築地居留地が設置されている。明治三年（一八七〇）に測量を開始。当初は汐留停車場として計画されたが、五年の開業前に新橋と改められた。本屋は米国人建築家ブリジェンスの設計。十二年（一八七九）―十三年、鉄道技師平岡熙《ひらおかひろし》が新橋倶楽部という野球チームを結成し、構内にグラウンドを造成して試合や練習を行なったこともある。十四年には東京馬車鉄道が駅前に乗り入れたが、当時は敷地の大部分が草地で、同社の厩舎も設置されていた。同年、客車庫の増設などの拡張工事を行なっている。大正三年（一九一四）、東京駅の開業および電車運転の開始とともに貨物駅となり、汐留と改められた。鉄道開業以来の本屋は存置されていたが、関東大震災の際に火災で焼失した。

新橋停車場

参考文献　『日本鉄道史』上（一九二一、鉄道省）、『日本国有鉄道百年史』一（一九六九）、「汐留駅史」（野田正穂他編『大正期鉄道史資料』二集六所収、一九八四、日本経済評論社） （高嶋　修一）

しんばし―よこはまかんてつどう　新橋―横浜間鉄道　東西両京間鉄道の支線として建設された鉄道。明治二年（一八六九）に建設が決定し、翌年に測量開始。鉄道用地確保に際して、鉄道を管掌する民部省と建設予定地を管理していた兵部省との間で対立が生じる一帯もあったが、民部省の意向が優先された。三年の工部省設置で鉄道は同省に移管、五年五月に品川―横浜間で一日二往復の旅客列車により仮開業した。同年九月、新橋までの工事完成に伴い十二日（一八七二年十月十四日）に開業式を実施し、明治天皇が新橋―横浜間を往復した。このときに発した勅語には「此便利ニヨリ貿易愈繁盛庶民益富盛ニ至ランコトヲ望ム」と述べられており、鉄道の経済効果が強調されていた。貨物輸送は六年九月に開始した。九年、新橋―品川間の複線化に伴い芝田町二丁目に田町停車場を設け区間列車を設定した。この列車は収支状況が悪く翌年に廃止されたが、十二年（一八七九）から十四年にかけ全区間が複線化され、十五年には品川・神奈川のみ停車する急行の運転が開始された。十八年に日本鉄道の赤羽―品川間開業に伴い同線との直通運転を開始、二十年（一八八七）に横浜―国府津間が開業して東海道鉄道の一部となり、支線としての性格は大きく変ずることとなった。

参考文献　『日本鉄道史』上（一九二一、鉄道省）、『日本国有鉄道百年史』一・二（一九六九・七〇、日本国有鉄道） （高嶋　修一）

しんぷうれんのらん　神風連の乱　明治九年（一八七六）の熊本における士族反乱。「じんぷうれんのらん」とも。攘夷に固執し新政府の開化政策を批判していた敬神党（神風連とも）によるもの。明治九年三月に発せられた廃刀令は、それまで「神事は本、人事は末」という師林桜《はやしおう》園《えん》の教えに従い、隠忍していた敬神党を沸騰させ、首領太田黒伴雄が宇気比によって神慮を問うた結果、決起と決した。その後、秋月・萩の反政府勢力とも連絡を取るなど準備を進め、十月二十四日に決起、愛敬正元《あいきょうまさもと》宅に集まった面々は各部隊に編成され、第一隊は熊本鎮台司令官種田政明、参謀長高島茂徳、歩兵第十三連隊長与倉友《よくらとも》実《ざね》、熊本県令安岡良亮、熊本県民会議長大田黒惟信の邸宅、第二隊は砲兵営、第三隊は歩兵営を襲撃した。敬神党は種田・高島の首級をあげ砲兵営を占拠するも、その後持ち直した鎮台兵の反撃をうけ、残った党員は高橋へ退却。近江津で解散し他日の再挙をはかった。しかし、すでに厳重な警戒が張られており、ある者は自刃、ある者は捕縛され、ある者は自首し、敬神党は壊滅した。→敬神党《けいしんとう》　→別刷〈戦争〉

参考文献　石原醜男『神風連血涙史』（一九三五、大日社）、荒木精之『神風連実記』（一九七一、新人物往来社）、渡辺京二『神風連とその時代』（一九七七、葦書房） （友田　昌宏）

しんぶっきょううんどう　新仏教運動　明治時代後期から大正時代初期に行われた仏教の革新運動。堕落した既成仏教と訣別し、仏教の回生をめざして、高嶋米峰・境野哲・渡辺海旭などの哲学館（東洋大学の前身）関係者らが中心となり仏教清徒同志会が結成された。彼らは古河勇が中心となっていた経緯会の活動を引き継ぐもので、経緯会の機関誌的な存在であった『仏教』に論考を寄せていた。明治三十三年（一九〇〇）七月、仏教清徒同志会は機関誌『新仏教』を発行し、その中で「我徒の宣言」として六条からなる綱領を定め、活動方針を明らかにした。同誌は総合雑誌の体裁をなし、仏教・宗教の論文や評論をはじめ、足尾銅山鉱毒事件・公娼制・日露戦争・大逆事件などの社会問題にも言及し、幾度にもわたって発売禁止処分を受けながら多くの読者を集めていた。しかし、政府の圧力がより激しくなると経営難に陥り大正四年(一九一五)八月をもって廃刊となり、運動自身も終りを告げることとなった。

参考文献　吉田久一『日本近代仏教史研究』(一九五九、吉川弘文館)、赤松徹真「新仏教運動とその歴史的性格」(『『新仏教』論説集』下所収、一九八二、永田文昌堂)
(安中　尚史)

しんふつせんそう　清仏戦争　ベトナム(越南)の宗主権をめぐって、清国とフランスとの間で行われた戦争。一八八三年十二月から翌年五月まではベトナム領内で、八四年六月から翌年四月までではベトナムと清国領内で戦闘が繰りひろげられた。六二年以降、ベトナム南部を植民地としていたフランスは、八二年、北部の利権確保を企図し、H・リビエールを派遣してハノイを占領したが、翌八三年、宗主国である清国の劉永福に率いられた黒旗軍にリビエールは敗北し、フランス軍は撤退した。そこでフランスのフェリー内閣は攻勢に転じ、ベトナムの首都フエに派兵して同地を占領、さらに北上して清国を脅かして、アルマン条約を強制し、ベトナムに対するフランス保護権の設定、黒旗軍の否認・駆逐を約束させた。しかし清国は、劉永福を越南東京《トンキン》(ベトナム北部)経略大臣として北部に派兵、フランス軍はこれを駆逐して北部を占領したため、李鴻章は一八八四年五月、天津《てんしん》協定を結んで北部からの撤兵を約束した。しかし六月、中越国境に近いバクレで清軍はフランス軍を大敗させた。フランスはこれを口実に、八月、クールベ提督に福州の清国南洋艦隊を壊滅させ、さらに台湾を封鎖した。清国はフランスに宣戦布告を行い、中越国境を侵犯したフランス軍を撃退し、その後も善戦を続けた。そのため、戦局は一時的に清国に有利となり、これを契機として、一八八五年三月、クレマンソー内閣の成立とともに和議が進み、同年六月、李鴻章と駐清公使パトノートルとの間で清仏修好通商和平条約(天津条約)が締結された。これにより、清国はベトナムに対する宗主権を放棄して雲南を解放した。これにより、ベトナムはフランスの保護国となった。

参考文献　山本達郎編『ベトナム中国関係史―曲氏の台頭から清仏戦争まで―』(一九七五、山川出版社)
(鵜飼　政志)

神仏分離令　取り壊される鶴岡八幡宮境内大塔
(『ザ＝ファー＝イースト』1870年８月16日付)

しんぶつぶんりれい　神仏分離令　神仏判然令ともいい、維新政府が、奈良時代から続いていた神仏習合(混淆)を禁止し、神仏を明確に区分するために出された一連の法令(行政的措置)。近世には高まっていた一般の神仏隔離意識や、儒学者や国学者らの排仏論を背景とする維新政府の神仏分離政策は、平田派主流の国学者が主導したのではなく、早くから神仏分離構想を有していた政府首脳の岩倉具視らの意を受け、慶応三年(一八六七)以来、津和野藩内で神仏混同の禁止や神葬祭の普及による比較的穏健な神道興隆策の経験を持っていた藩主亀井茲監《かめいこれみ》と福羽美静《ふくばよししず》という津和野派国学者が神祇事務局の官員であった時に推進した。明治元年(一八六八)、亀井らは石清水社など朝廷に関係の深い大社から順次「神仏判然」を遂行するため、一連の神仏判然令案を作成。そのうち「諸国神社の別当・社僧復飾令」は、明治元年三月十七日(一八六八年四月九日)に諸社宛に命じたとされているが、実際にはその日に全国に布告されたわけではなくタイムラグが生じたため、住吉社などで社家と社僧との軋轢があった。それは、権現号などを使用する神社にその由緒を調査させ、仏像を神体とする神社はそれを改め社前の仏像・仏具を取り除くことを命じた三月二十八日付布告も同様である。しかし四月一日(四月二十三日)、この事情を知る神祇事務局権判事で日吉社社家の樹下茂国《じゅげしげくに》が、先の二十八日付布告を口実として日吉社に乱入し「排仏毀釈」を行なった。これを受けた政府は、四月十日(五月二日)に社人の「私憤ヲ霽シ候様之所業」を戒め、「神仏判然」は十分に慎重たるべきことを要請した。すなわち政府が推進したのは「廃仏毀釈政策」ではなく、あくまでも「神仏判然政策」であって、過激な「廃仏毀釈」にその真意があったわけではない。確かに明治初年の神仏分離は、政府の意図に反し、神仏判然令に乗じた神職や儒教思想を持つ地方官らの主導による「廃仏毀釈」の事例も全国的に存したことは事実だが、寺院や仏具の激しい破壊が行われた場合もあれば、一方では穏便に神仏分離が遂行された例も多く、その実態は一様ではない。
→廃仏毀釈運動《はいぶつきしゃくうんどう》

参考文献　辻善之助・村上専精・鷲尾順敬編『新編・明治維新神仏分離史料』(一九八四、名著出版)、阪本是丸『明治維新と国学者』(一九九三、大明堂)、田中秀和『幕末維新期における宗教と地域社会』(一九九七、清文堂)
(藤田　大誠)

しんぶん　新聞　幕末に長崎・横浜の外国人居留地で英字新聞が刊行されたのを皮切りに、幕府の手による翻訳新聞・筆写新聞がつぎつぎと創刊される。しかしこれらの新聞は、外国人や幕府の高官に読者が局限され、一般の日本人の目に触れることはきわめてまれであった。また維新の内乱期には日本人による日本人むけの新聞が創刊されたが、維新政府による発禁処分などを受けて、きわめて短命であった。近代新聞の出現は、明治三年(一八七〇)創刊の『横浜毎日新聞』を待たねばならなかった。東京の最初の日刊新聞は、明治五年に創刊された『東京日日新聞』である。この新聞は民間人の手で創刊され、鉛活版・洋紙を用いた本格的な新聞であったが、創刊早々から『横浜毎日新聞』『新聞雑誌』とともに、大蔵省によって一府県三枚ずつ買い上げられたという点でも、政府の支援を受けていた。『東京日日新聞』より少し前に『日新真事誌』が創刊された。同紙はイギリス人ジョン＝ブラックが創刊したものであったが、治外法権の地位を活用して、幅広く内外の情報を掲載した活気のある日本語新聞であった。政府の支援は読者の開拓にも向けられていた。その一つが新聞解話会の設置である。同じく政府の援助で新聞縦覧所が各地に開設され、東京・大阪の新聞や地元の新聞を展示して、無料で民衆に開放していた。政府は新聞社あての原稿の郵送無料化の布達をだした。これは『郵便報知新聞』あての郵便局員による郵送の無料化を、すべての国民と新聞に拡大したものであり、これを契機に各県読者からの通信や投書が各紙の紙面をにぎわすこととなった。政府がさまざまな新聞保護育政策を講じた理由は、新聞が政府の文明開化政策を援護射撃してくれるだけでなく、幕府を倒し文明開化を推し進める政府の上意下達のコミュニケーション＝システムの一翼を担うことになんの疑問もいだかず、むしろそれを誇りとしていたことにあった。ところが自由民権運動の起爆剤となった民撰議院設立建白書が左院に提出され、

明治時代中期の主要新聞(『各社新聞毎夕評論』第１号、明治25年)

左院御用の『日新真事誌』に掲載されるに及んで、政府と新聞との蜜月時代にピリオドがうたれた。それは明治七年一月のことであった。これを機に新聞界は、言論活動中心の大新聞《おおしんぶん》(政論新聞)と、娯楽活動中心の小新聞《こしんぶん》とに二大別され、さらに「大新聞」は早期議会開設を要求する急進的な民権派新聞と政府の政策を支持する漸進的・改進的な御用新聞(官権派新聞)とに分けられるようになった。駅逓寮御用だった『郵便報知新聞』には栗本鋤雲《くりもとじょうん》、『朝野新聞』には成島柳北《なるしまりゅうほく》といった旧幕府の高官たちが、反藩閥世論の喚起に一役買い、駅逓寮御用ではなくなった。『日新真事誌』も左院御用を捨て、独自の新聞活動を展開するようになった。一方、『東京日日新聞』には福地源一郎(桜痴)が入社し、太政官記事印行御用を掲げて名実ともに御用新聞となり、政府提供の情報伝達を売物にするようになった。それまでは新聞解話会・縦覧所設置といった新聞奨励策にもかかわらず、民衆の新聞への関心は低く、みずから金を払ってまで購読しようとする民衆はきわめて少なかった。ところが建白書スクープを契機とした新聞活動の活性化が、民衆の新聞への接触意欲を高めた。そこで経済的に余裕ある者はみずから購読し、余裕のない者は縦覧所に足を運ぶようになった。新聞を中心とした反政府世論の高揚に苦慮し始めた政府は、明治八年六月、新聞紙条例を定め、掲載禁止事項や違反責任者の範囲を拡大した。同時に讒謗律《ざんぼうりつ》も公布され、皇族不敬罪・官吏侮辱罪などが設けられた。これらの法令によって民権派の新聞はしばしば発行停止となり、記者は投獄される。西南戦争後、自由民権運動は新聞・雑誌などジャーナリズムを媒介して再燃し、さらに明治十四年(一八八一)から十六年にかけて最高潮に達する。記者・投書家であり、演説家であり、同時に党員・社員であるという人々が、マスコミとクチコミを駆使して、民衆への自由民権思想の普及と反政府世論の喚起に奮闘していた。新聞への読者の参加が当然視される時代であり、記者と読者が一体化し、運命共同体のなかで協力しあっていた新聞ジャーナリズム史上、もっとも幸せな時代であった。しかし政党機関紙主流時代は、ごく短期間にすぎなかった。それは『自由新聞』の短命に象徴される。十五年六月に創刊されたものが、十八年三月には廃刊している。『東京日日新聞』は十六年の立憲帝政党解党とともに政党機関紙ではなくなった。民党やその機関紙の衰退は、カウンター＝パワーのメディアとしての政府党機関紙のジャーナリズム界での存在意義をも低下させることとなった。ところで民権期では東京の小新聞の代表格の『読売新聞』は改進党機関紙に入っている。しかし同じ改進党機関紙の『郵便報知新聞』に比べると、機関紙色は薄かった。そのため発行停止処分を受けて経営上の体力を消耗させることは少なかった。『読売新聞』の編集方針を参考にして創刊されたのが、大阪の『朝日新聞』であった。同紙は創刊まもなく京都、東京に通信員をおくなど、取材陣の拡充に努めている。この報道重視の姿勢を示す『朝日新聞』は、商人階層に歓迎され、部数は明治十年代前半で大阪第一位、さらにその後半では全国第一位を誇るまでに急増していった。一方民権期に民党は系列の小新聞を創刊し、庶民階層へのイデオロギーの普及を図っている。『絵入自由新聞』(明治十五年刊)、『絵入朝野新聞』(同十六年刊)、『改進新聞』(同十七年刊)などが代表例である。二十年代の議会開設期になると、西南戦争前後に見られたような多種多様な「大」「小」新聞の群雄割拠は見られなくなり、「大」「小」が編集・経営面で競合しながら、次第に「中新聞」の方向へと一元化していく胎動があらわれてきた。福沢諭吉が十五年に創刊した『時事新報』はあくまで「独立不羈」を編集方針の原点とし、その原点からの距離の遠近によって、批判の強弱を決めている。同紙は大新聞の類型に入る新聞であったが、その主張は、政党や政府といった外部の勢力に左右されるような機関紙とはまったく異質であった。また報道活動も重視する点で、『朝日新聞』や『読売新聞』に共通していたが、その情報の取捨選択の際も「公平無私」といったあいまいな立場ではなく、「独立不羈」の立場が貫かれていた。こうした点で『時事新報』は日本最初の独立新聞ということができる。二十二年(一八八九)の新聞『日本』、二十三年の『国民新聞』、二十五年の『万朝報』が、この期に誕生した代表的な独立新聞である。『万朝報』は、日清戦争前後は三面新聞であったが、『国民新聞』『日本』といった新聞が独立新聞としての勢力を失っていく三十三年(一九〇〇)前後から、「勇肌」の独立新聞として台頭していく。また二十六年に創刊されてまもなく廃刊した『二六新報』も、三十三年の復刊から独立新聞として急成長をとげるようになる。この時期の新聞界は、自由民権衰退期に台頭した「中新聞」の傾向が、『朝日新聞』の東京進出や『郵便報知新聞』の『報知新聞』への改題に伴う家庭新聞化などによって一層加速される。このような「中新聞」は、陸羯南《くがかつなん》のいう「営業的新聞」の典型にほかならなかった。この傾向はまた、新聞が政論ジャーナリズム時代を離れて、「不偏不党」の報道新聞を担い手とした商業ジャーナリズム時代へ転回していくことを示唆している。新聞ジャーナリズムの世界では、日清戦争前後から「不偏不党」・正確・迅速な報道を売物とする新聞が、主流を占め始めるようになる。そして日露戦争で大衆の報道新聞への関心が強まり、新鮮な戦況を満載した東西の『朝日新聞』が全国紙として経営基盤を固め、そして議論好きの知識人には「不偏不党」の論説や小説で浸透していく。

参考文献　山本武利『近代日本の新聞読者層』(『叢書・現代の社会科学』、一九八一、法政大学出版局)、『朝日新聞社史』明治編(一九九五)
(山本　武利)

〔台湾の新聞〕明治二十九年(一八九六)六月十七日の始政紀念日に台北で創刊された『台湾新報』が、日本統治期台湾における新聞紙の嚆矢となる。同紙は、草創期の台湾総督府にあって総督府の法令などを掲載する準官報的役割を担っていた。だが、翌年五月に『台湾日報』が発刊され、ここに両紙相対峙し反目するという事態が生まれた。児玉源太郎総督時代となり、事態を憂慮した台湾総督府の指導のもとに両紙が併合され三十一年(一八九八)五月に『台湾日日新報』が創刊された。その後、本島地方文化の向上と地方行政事情のために地域を区切っての発行が求められ、同三十二年に台南に『台澎日報』(のちの『台南新報』)が、同三十四年には『台中毎日新聞』(のちに『中部台湾』を経て『台湾新聞』)が創刊された。このほか、代表的な新聞には『東台湾新報』『高雄新報』と『台湾新民報』(のちの『興南新聞』)で台湾人による唯一の新聞)があるが、昭和十九年(一九四四)四月戦争完遂のためこの六紙が解体され『台湾新報』に統合された。

(檜山 幸夫)

〔朝鮮の新聞〕朝鮮の新聞の歴史は、統理衙門博文局が発行した『漢城旬報』(一八八三年十月三十一日創刊)から始まる。朝鮮政府は一八八二年からハングルを用いた新聞刊行を準備したが、実際に刊行された『漢城旬報』は漢文で書かれた。甲申政変の際に博文局が焼失したため、『漢城旬報』は八四年十月十七日付をもって終わったが、八六年一月十五日に後継紙としてハングルと漢文を混用した『漢城周報』が創刊され、博文局が廃止される八八年七月まで続いた。なお、この二つの新聞には、福沢諭吉の斡旋で朝鮮政府に招聘された井上角五郎《いのうえかくごろう》が関与している。これらの新聞が政府機関から発行され、官報の性格が強かったのに対し、九六年四月七日に徐載弼によって創刊された『独立新聞』(九九年十二月四日付まで刊行)は、朝鮮最初の民間紙であり、清との宗属関係の破棄を受けた独立の気運の高まりの中で、漢文を使わずハングルのみを使ったことに特徴がある。その後、九〇年代末までに『協成会会報』(九八年一月一日創刊、のちに『毎日新聞』と改題)、『帝国新聞』(九八年八月十日創刊)、『皇城新聞』(九八年九月五日創刊)などが創刊され、日露戦争後には『大韓毎日申報』(一九〇四年七月十八日創刊)、『国民新報』(〇六年一月六日創刊、一進会系)、『万歳報』(〇六年六月十七日創刊、天道教系)、『京郷新聞』(〇六年十月十九日創刊、カトリック系)、『大韓民報』(〇九年六月二日創刊、大韓協会系)などが創刊された。中でも社長にイギリス人を据えた『大韓毎日申報』は、治外法権を逆手にとって規制をかわしながら、日本を批判する論説を掲げた。一〇年の韓国併合とともに、『大韓毎日申報』は朝鮮総督府の御用紙『毎日申報』に改編され、そのほかの朝鮮語新聞は一部を除いて廃刊させられた。一方、日本人が発行する日本語新聞としては、一八八一年十二月十日に釜山で創刊された『朝鮮新報』が嚆矢である。その後、釜山では『朝鮮時報』(九四年二月創刊)、『釜山日報』(一九〇五年二月創刊の『朝鮮日報』が『朝鮮時事新報』を経て〇七年十月に改題)などが発行された。一八八三年に開港された仁川では、九〇年一月二十八日に佐野識之によって創刊された『仁川・京城隔週商報』(九一年九月一日に『朝鮮旬報』と改題)を前身とする『朝鮮新報』(九二年四月十五日改題)があった。日清戦争中に一時中断するが、戦後、青山好恵《あおやまよししげ》・菊池謙譲《きくちけんじょう》・中村忠吉らによって運営された。『朝鮮新報』は一九〇八年十二月に『朝鮮タイムズ』(今井忠雄が創刊)と合併して『朝鮮新聞』となり、社長に萩谷籌夫が就いた。この新聞はのちに京城(ソウル)に本社を移し、四二年(昭和十七)に朝鮮総督府によって新聞が統制されるまで続いた。ソウルでの日本人経営の新聞は、『漢城新報』に始まる。これは一八九四年(明治二十七)十月に駐朝鮮日本公使になった井上馨に熊本国権党の安達謙蔵《あだちけんぞう》が持ちかけたもので、朝鮮政府の安駉寿の協力を得、さらに千二百万円の外務省機密費を得て九五年二月十七日に創刊された。紙面は四面のうち二面が朝鮮語で、残り二面が日本語だった。一九〇六年七月末まで発行されたのち、統監府によって買収され『京城日報』となった。〇四年四月に元漢城新報社社長の菊池謙譲によって創刊された『大東新報』は、日本語版と朝鮮語版をもっていたが、これも統監府によって買収され『京城日報』に吸収された。その後、菊池謙譲は峯岸繁太郎とともに、〇七年十一月三日、『京城新報』を創刊し、韓国併合後の一一年まで続いた。そのほか、韓国併合の時期までに、平壌・木浦・大邱・大田・全州・咸興・馬山・群山・光州・新義州・清津・羅南・開城などでも日本語新聞が発行された。なお、日本人経営の英字新聞としては、『ソウル=プレス』(『セウル=プレス』と呼ばれることもある)があった。

参考文献 李海暢『韓国新聞史研究(改定増補版)』(一九八三、成文閣、ソウル)、佐々博雄「熊本国権党と朝鮮における新聞事業」(『国士舘大学文学部人文学会紀要』九、一九七七)

(月脚 達彦)

〔外地の新聞〕自由民権運動が政府の弾圧を受けると、国内政治に不満をもつ青年が米国に渡ることもあった。明治二十年(一八八七)に米国オークランドで発行された『新日本』は、畑下熊野《はたしたゆや》・中島半三郎らが海外から明治政府を批判する政論新聞であった。また、保安条例により退去を命じられた人々もサンフランシスコに向かい、明治二十一年、愛国有志同盟を結成して『新日本』へ合流した。米国で発行された新聞は日本に持ち込まれ、発禁処分を受けた。明治二十五年、日刊紙『桑港新聞』が創刊。政論を中心とし『桑港時事』と改題するが、経営が成り立たず明治三十年(一八九七)に廃刊する。『ジャパン=ヘラルド』は明治二十九年に誕生し、『北米日報』を合併して明治三十二年、安孫子《あびこ》久太郎《きゅうたろう》の『日米』へと引き継がれた。明治末期に米国への移民が激増し、西部で排日運動が展開されると、邦字紙は抵抗を試みている。また、ハワイへの移民は明治十八年(一八八五)、政府が制度化して、明治二十五年には民間に任された。ホノルルで明治二十五年、小野目文一郎《おのめぶんいちろう》により発行された『日本週報』

は長続きしなかった。明治二十六年には、内田重吉が週刊紙『布哇新聞』を始め、明治二十七年には、志保沢忠三郎・笠松正之助・加藤秀平らが日刊紙『布哇新報』を創刊した。明治三十二年に誕生した日刊紙『ほのるゝ新聞』は、鶴島半蔵が社長となって継続し、明治三十六年に『布哇日日新聞』と改題。『布哇新報』『布哇日日新聞』は、貧しい移民労働者を搾取から守る論陣を張った。移民の教育程度が低く、ハワイでの邦字紙は明治後期になるまで発展しなかった。朝鮮半島では明治二十八年、外務省機密費により『漢城新報』が創刊され、明治三十九年に朝鮮統監となった伊藤博文が『漢城新報』『大東日報』を買収して新たに『京城日報』を立ち上げた。初代社長には伊東祐侃《ゆうかん》が就き、服部暢幹が主筆を務めた。明治四十年(一九〇七)に『中央新聞』副社長、大岡力《おおおかつとむ》が社長兼主筆として乗り込むが、明治四十三年に韓国を併合、初代総督に寺内正毅が就任すると、『京城日報』は総督府の機関紙として強化される。『国民新聞』から徳富蘇峰を迎えて監督に据え、多額の援助を与える一方、他の新聞を弾圧した。峯岸繁太郎が経営する『京城新報』は明治四十年に創刊するが、総督府を批判したため、明治四十五年に廃刊となった。また、明治二十八年、日本の統治下に入った台湾では、明治二十九年に『台湾新報』、明治三十年に『台湾日報』が台北に誕生する。明治三十一年に両紙は合併し『台湾日日新報』が発刊された。総督府の情報を付録として添付、機関紙として多大な便宜を受けた。『台湾民報』は総督府に批判的であり、発売頒布禁止を受けて弾圧され、明治三十七年に廃刊となる。明治三十三年に出た『台湾週報』は、明治三十四年に改題して夕刊紙となる。その後、弾圧を受けまもなく廃刊した。明治二十九年、中国大陸では宗方小太郎《むなかたこたろう》が漢口で『漢報』を創刊する。北京では明治三十四年、中島真雄により『順天時報』が立ち上げられた。明治三十八年、日本軍政下の営口では『満洲日報』が創刊する。『遼東新報』は明治三十八年、末永純一郎が遼東守備軍司令部の許可を得て始めた。明治四十年に南満洲鉄道本社が大連に進出すると、機関紙『満洲日日新聞』が創刊され、買収に応じなかった『遼東新報』は弾圧された。

参考文献 蛯原八郎『海外邦字新聞雑誌史』(一九三六、学而書院)、森山茂徳「現地新聞と総督政治」(『文化のなかの植民地』所収、一九九三、岩波書店)、李相哲『満州における日本人経営新聞の歴史』(二〇〇〇、凱風社)、李承機「植民地新聞としての《台湾日日新報》論—「御用性」と「資本主義性」のはざま—」(『植民地文化研究』二、二〇〇三)

（河崎 吉紀）

しんぶんきしゃ 新聞記者 江戸時代中期に生まれた富山の薬売りに代表される行商人、高野聖などの行脚僧、旅芸人などが、共同体と共同体の間を徘徊しながら、そこに住む人々に他郷の情報を提供する人間的なメディアの役割をはたしていた。かれらの外界の情報への渇望を満たし、かれらのコミュニケーション生活を多少なりとも活性化させてくれるのが、柳田国男が「世間師」とか「遊行者」とよぶ人々であった。出版・新聞など新しいメディアの都市での誕生は、「世間師」の都市への定着なくしてはありえなかった。また「世間師」こそは記者のルーツそのものである。そしてかれらはもっとも都市的な職業であった。その職業に従事する人たちは、情報に敏感な都市の人々を満足させるために、村落共同体の人々に対する以上の情報への感性とサービス精神が必要とされた。そして、都市での情報メディアの形成は、「世間師」から情報提供サービスの機能を奪い、かれらの共同体での存在意義を減少させるものであった。維新期になるとニュー＝メディアとして新聞が誕生し、自由民権期になると各アクターがメディアを創刊し自己に有利な世論形成を行い始める。特に民権派は機関紙での「演説筆記」といった記事欄の新設に見られる新聞活動と演説活動の結合、つまりマスコミとクチコミの有機的な連携を通じて、強力な反政府活動を展開させている。記者は投書家を動員し、読者と記者との「往来交通」を活性化させているだけではない。投書は新聞を媒体に、下から上へ、さらには横から横への世論形成にも寄与している。このように認識した権力者は、新聞紙条例や讒謗律《ざんぼうりつ》を改正し、また集会条例を制定し、記者と投書家と演説家を区別なく弾圧し始めた。特に投書家へのきびしい弾圧に注目しなければならない。民権派新聞の読者・演説家として、さらには民党の党員ないしはシンパとして、政党とその機関紙を支える地方の幹部であった。かれらは記者と一般読者のみならず、新聞を読まない一般民衆とのパイプ役を兼ねる、彼らこそもっとも政治情報に詳しく、そして対立意識の強い民権期の草莽の志士なのであった。民権運動の衰退とともにこうした記者・読者・投書家の三位一体的な構造、都市と農村の有機的一体構造は崩壊する。各アクターの対立意識を背負った新聞意識は失われ、そして日清・日露の戦況報道合戦に完勝した「不偏不党」の報道新聞が政論新聞や新興の独立新聞を経営的な危機に追い込んだのが明治末期であった。さらに明治末期には大物記者は新聞界から消え、個性がなく、ただ組織臭しかしないサラリーマン記者が闊歩するようになった。特に政府は記者クラブを媒体とした情報下達のルートづくりを明治末期には完成させ、新聞記者を通じた世論操縦を行うことになった。政府の都合のよい情報が報道新聞を媒体に中央から地方へと流れる勢いを強めた。地方情報も政府機構や中央紙支局を通じて一度中央に吸収され、濾過された後に、中央紙を通じて地方の読者に還流されるシステムが次第に完成される。長谷川如是閑《はせがわにょぜかん》がいうように、「不偏不党」の新聞は時代を指導する力の表示を必要としない大量生産の商品となって、新聞記者は、その学識や経験や批判力をもって、その商品の影に働く無名の戦士となってしまった。明治前期の記者には、地方・中央の各紙を転々としながら取材の腕を磨く「世間師」のような者が多かったが、明治末期には一つの新聞に一生勤めあげる者が多くなった。新聞界に年功序列・終身雇用が浸透する過程で、自社以外では働いたことがなく、社内では派閥関係に気を配るあまり、社外には視野が及ばず、ただただその社の臭気を周囲にまきちらすのみの人物が、次第に新聞界に横行するようになった。報道記者はみずからの責任で情報を取捨選択する努力を怠り、報道する情報への責任を社の幹部やニュース＝ソースに転稼する安易な報道姿勢をとることになる。新聞と読者は生産者と消費者のクールな関係になった。「不偏不党」化した報道新聞は、中央の権力の情報を全国の底辺読者に伝達する上意下達のメディアとなった。そこで働く記者は、権力側の情報のポーターとなり、権力を支えるサポーターともなった。天下国家を論じる政論記者の識見は無用の長物となり、報道記者の数のみが増え、その頭よりも足が尊重される時代となった。「往来交通」革命は、新聞で見るかぎり、上から下への情報伝達の片道交通革命に終った。封建社会になかった有力なメディアとしての新聞は、中央政府に好都合な情報を大量に、画一的・均質的に流すようになったため、近代社会は封建社会よりも、その上意下達のコミュニケーション＝チャンネルは完備され、その機能は強化されたということができよう。→記者《きしゃ》クラブ

参考文献 長谷川如是閑「新聞文学」(『長谷川如是閑選集』四所収、一九七〇、栗田出版会)、山本武利『新聞記者の誕生—日本のメディアをつくった人びと—』(一九九〇、新曜社)　(山本　武利)

しんぶんざっし　新聞雑誌　⇨東京曙新聞《とうきょうあけぼのしんぶん》

しんぶん・ざっしはっこうきんし　新聞・雑誌発行禁止　明治元年に明治政府は旧幕府系の新聞を取り締まるため、無許可の新聞発行を禁止した。明治二年(一八六九)二月、新聞紙印行条例を公布。明治六年十月に新聞紙発行条目を公布し、自由民権運動が激しさを増すなか、明治八年六月に新聞紙条例を制定する。このときより発行禁止、発行停止が定められた。明治政府はいまだ盤石ではなく、西南戦争を目前に佐幕派を意識した取り締まりが主であった。明治九年には、内務卿による発行禁止、停止を追加。明治十六年(一八八三)四月の改正で、さらに取り締まりを強化する。掲載禁止事項が増え、差し押さえや発売禁止、印刷機の差し押さえも可能となった。明治二十年(一八八七)十二月の改正でも行政による発行禁止、停止は削除されず、議会が開かれるたびに改正案が提出された。明治三十年(一八九七)、行政による発行禁止、停止は廃止され司法による判断にゆだねられる。明治四十二年(一九〇九)五月、新聞紙法が制定され、内務大臣の任意による発売禁止が認められた。

参考文献 内川芳美『マス・メディア法政策史研究』(一九八九、有斐閣)　(河崎　吉紀)

しんぶんしいんこうじょうれい　新聞紙印行条例　明治二年二月八日(一八六九年三月二十日)、戊辰戦争に勝利した明治政府が、許可主義のもとに新聞の発行を定めた条例。幕末維新期の新聞は佐幕派の発行したものが多く、記事内容も政府に批判的だった。そのため政府は明治元年閏四月二十八日(一八六八年六月十八日)、出版物の無許可発行を禁じた。これにより同年五月五日(六月二十四日)、『江湖《こうこ》新聞』に「強弱論」と題して痛烈な官軍批判記事を掲載した福地源一郎は官軍に捕らわれ、同紙は発行禁止となった(日本最初の新聞筆禍事件)。しかし新聞を全面的に禁止した結果、かえって流言飛語を呼んだため、政府は本条例を定めて新聞紙の発行を許可した。ただし政府批判の記事を禁じ、東京府発行の新聞は開成学校、他の府県発行の新聞は当該府県の裁判所で検閲することとしている。新聞の発行を許可制にし、記事の内容を検閲することで反政府的言論を抑制し、与論の統一を図ろうとしたわけである。

参考文献 美土路昌一編『明治大正史』一(一九三〇、朝日新聞社)、日本新聞協会編『地方別日本新聞史』(一九五六)、岡本光三編『日本新聞百年史』(一九六二、日本新聞連盟)、春原昭彦『日本新聞通史—一八六一年—一九八六年—』(一九八七、新泉社)　(中園　裕)

しんぶんしじつれき　新聞紙実歴　明治時代初期に『東京日日新聞』主筆として活躍した福地源一郎(桜痴)が明治二十七年(一八九四)四月『懐往事談』の付録として刊行した回顧録。初出は雑誌『国民之友』。郷里長崎でオランダ人からの風説書を通じて新聞紙の存在をはじめて知ったことから書き起こされ、遣欧使節に随行した際に実際に体験した新聞記事の迅速さと詳細さへの感嘆、内外の政治に関して輿論を左右する新聞の力への驚きがのちに新聞記者への志望につながったこと、戊辰戦争に際しては『江湖新聞《こうこしんぶん》』を刊行し非恭順論を主張し薩長への批判を行い逮捕されて発禁に処せられたこと、西南戦争では従軍記者として活躍し明治天皇に戦況を奏上する栄誉を得る一方で、政府よりの言論で御用新聞記者と呼ばれたこと、『官報』発行により内閣の機関紙たる望みは断たれたことなど、明治初期の新聞界に関する貴重な証言が詰まっている。『明治文化全集』など復刻は数種あり。→福地源一郎《ふくちげんいちろう》　(土屋　礼子)

しんぶんしじょうれい　新聞紙条例　明治八年(一八七五)六月二十八日、太政官布告第一一一号で発令され、明治期を通じて威力を発揮した新聞取締法。自由民権運動による反政府的言論活動に対処するため讒謗律《ざんぼうりつ》とともに公布された。新聞の発行を許可制とし、編集人や記者の法的責任を明示し、手続き違反に対しては投獄ないし罰金刑を科するなど、はじめて行政処分を定めている。特に政府を変壊する記事や成法を誹毀《ひき》する記事を掲載した場合、投獄ないし罰金刑を設けたことは新聞界を驚愕させた。条文内容が抽象的かつ曖昧なため、どの程度の記事内容で行政処分となるのかが新聞界には不明瞭だったか

らである。このことは政府に条文の運用解釈に関する相当の余地を与え、取締上大きな利点をもたらした。この後、明治十四年の政変を経て、憲法論を中心に政府批判や政党どうしの抗争が激化する。そのため政府は十六年（一八八三）四月十六日、太政官布告第一二号で新聞紙条例を改正した。改正の主眼点は新聞の発行に対して保証金制度を新設し、検閲を施すために納本制を設定。治安妨害や風俗壊乱の記事内容に対し、内務卿に発行禁止ないし発行停止の権限を与え、陸海軍卿と外務卿に軍事外交記事の差止命令を与えたことにあった。だが厳罰化する同条例に対し、新聞界や議会から改正運動が起る。その結果、二十年（一八八七）十二月二十九日、勅令第七五号によって新聞の発行許可制が届出制に改められた。けれども、依然として内務大臣の発行禁止と停止の権限は廃止されなかった。政府にとって、この権限こそ反政府的な記事内容を封殺できる最も効果的なものだったからである。しかし言論尊重の主張を掲げた松隈内閣により、三十年（一八九七）三月二十四日、法律第九号で内務大臣の発行禁止と停止の権限は廃止された。なお新聞紙条例は四十二年（一九〇九）五月六日公布の新聞紙法に継承される形で廃止される。→新聞紙法《しんぶんしほう》

参考文献　美土路昌一編『明治大正史』一（一九三〇、朝日新聞社）、日本新聞協会編『地方別日本新聞史』（一九五六）、奥平康弘「日本出版警察法制の歴史的研究序説」（『法律時報』三九ノ四・六－一一、一九六七）、春原昭彦『日本新聞通史－一八六一年－一九八六年－』（一九八七、新泉社）、内川芳美『マス・メディア法政策史研究』（一九八九、有斐閣）　（中園　裕）

しんぶんしはっこうじょうもく　新聞紙発行条目　征韓論が決裂する直前の明治六年（一八七三）十月十九日に、太政官布告第三五二号として発令された取締規定。新聞の発行許可制を基本とし、国体の誹謗《ひぼう》や政治外交の論評を禁じるなど、政府の施策に対する批判の封殺を意図して発令された。征韓論の決裂後に政府批判の新聞が激増することを予期して制定された側面が強い。第一五条に官吏の職務上の情報漏洩を防止する項目がある。この項目は同年五月七日、大蔵大輔の井上馨と同三等出仕の渋沢栄一が、財政改革意見に対する建議書を提出したところ、写しが『日新真事誌《にっしんしんじし》』に掲載されて物議を醸したことに端を発している。同誌は政府が保護し奨励していた「御用新聞」の一つだった。だが、この事件によって政府は新聞を保護するより、むしろ警戒の目を強めるようになった。なお新聞紙発行条目は八年六月公布の新聞紙条例により廃止された。

参考文献　美土路昌一編『明治大正史』一（一九三〇、朝日新聞社）、日本新聞協会編『地方別日本新聞史』（一九五六）、岡本光三編『日本新聞百年史』（一九六一、日本新聞連盟）　（中園　裕）

しんぶんしほう　新聞紙法　明治四十二年（一九〇九）五月六日、法律第四一号により公布され、大正期から敗戦期まで威力を発揮した新聞取締法。日清・日露戦争後、資本主義の発展によって台頭した社会主義や無政府主義の取締を意図して制定された。新聞紙法は新聞紙条例を廃止して成立しているが、内容的には同条例を継承している。それは新聞の発行に際して届出制を採用し、検閲のために納本を義務づけ、保証金の納入を課した点に顕著である。だが、同条例の改正で廃止された内務大臣の発売頒布禁止命令を復活させるなど、記事内容に対する検閲や取締規定はむしろ強化された。また検事と陸海軍および外務大臣にも、管轄事項に関する記事差止命令を与えている。新聞紙法は敗戦後に廃止されるまで一度も改正されずに威力を発揮した。その点で、明治維新前後より構築されてきた諸法規の成果を集約した、近代日本新聞取締法規の完成態と見なせよう。→新聞紙条例《しんぶんしじょうれい》

参考文献　榛村専一『新聞法制論』（一九三三、日本評論社）、奥平康弘「検閲制度－全期－」（鵜飼信成・川島武宜・辻清明他編『講座日本近代法発達史』一一所収、一九六七、勁草書房）、内川芳美『マス・メディア法政策史研究』（一九八九、有斐閣）、中園裕『新聞検閲制度運用論』（二〇〇六、清文堂）　（中園　裕）

しんぶんじゅうらんじょ　新聞縦覧所　明治期に設けられた、新聞雑誌を置いて自由に閲覧できるようにした施設。明治五年（一八七二）に横浜で開設した新聞紙縦覧館がその最初といわれる。東京では翌年神田に設けられた新聞縦覧所が嚆矢で、同様の施設が各地で有志の後援などによって開設された。当時は新聞雑誌が数多く発刊されるようになったものの個人で講読するには高価で、公共図書館も少なかったため、啓蒙の目的で設けられた。ふつう利用者は一銭から二銭の見料を払い、常備された十以上の新聞雑誌を、時には音読し時には喫煙談話しながら自由に閲覧した。中には茶を出す所もあった。特に民権派が地方に設けた無料の縦覧所は地方の政治に大きな影響を与えた。明治中ごろに激減し、閲覧は無料だが飲食を提供して経営を成立させる店が登場、東京では店に従業する女性を目当てに学生や若い男性が出かける場所に変質した。新聞閲覧場所としての機能は、喫茶店などに継承された。

参考文献　山本武利『近代日本の新聞読者層』（『叢書・現代の社会科学』、一九八一、法政大学出版局）　（土屋　礼子）

しんぶんだん　新文壇　㈠文芸雑誌。月刊。明治二十九年（一八九六）一月一日－六月二十五日。発行所は文学館、編集者は高瀬文淵。明治二十八年六月十七日から刊行されていた『小文学』を改題し、創刊された。田山花袋・江見水蔭《えみすいいん》・広津柳浪《ひろつりゅうろう》・泉鏡花ら硯友社を中心にその文芸作品が掲載され、樋口一葉「裏紫」の寄稿もあった。文淵の評論は、森鷗外・田岡嶺雲《たおかれいうん》らと論争を引き起し、文壇において話題となった。

㈡投書雑誌、文芸雑誌。明治四十一年（一九〇八）十一月

二十一日—大正五年(一九一六)三月二十一日。発行所は日本文章学院。この学院の出版部は新潮社。佐藤義亮《さとうぎりょう》が創刊。創刊当初は、日本文章学院の院生向けの講義録を添付したタブロイド判、その後、明治四十二年十月二十一日より雑誌の体裁となる。執筆者には、水野葉舟《みずのようしゅう》・徳田秋声・小林愛川《こばやしあいせん》・真山青果《まやませいか》・徳田秋江《とくだしゅうこう》・佐藤紅緑《さとうこうろく》・小川未明《おがわみめい》・松原至文《まつばらしぶん》・三島霜川《みしまそうせん》・正宗白鳥・田山花袋・中村星湖《なかむらせいこ》・生方敏郎《うぶかたとしろう》らがいる。後継雑誌の要素をもつ雑誌に、大正五年五月一日新潮社創刊の『文章倶楽部』がある。

(十重田裕一)

しんぶんにっし　新聞日誌　戊辰戦争の折に発行された幕末新聞の一つ。明治元年五月十五日(一八六八年七月四日)に第一号、五月十七日に第二号が発行されているが、発行人・発行所ともに不明。半紙二つ折り製版で六丁という体裁で、両号とも彰義隊などが集まった上野山の戦の記事が中心で、一号には上野寛永寺周辺の詳しい絵地図が二丁にわたって記載され、二号には官軍側の死者の名前などが詳しく報道されている。記述の仕方から薩長側に味方した出版物のようである。また、明治元年閏四月に「御一新幣貨定価附」という「金譜」すなわち天正年間(一五七三—九二)に鋳造された大判から始まり文政・天保年間(一八一八—四四)までの大判小判の金貨を紹介した号数不明の二十二丁の冊子が発行されており、その彩色はすばらしい。なお、二号の末尾に「信州上田落城の始末くはしく第三号に記すへし」とあるが三号は出されなかったらしい。『日本初期新聞全集』第一四巻および第一五巻に影印が掲載されている。

(土屋　礼子)

しんぶんひっかじけん　新聞筆禍事件　政府や官憲当局の忌諱《きい》に触れる内容を新聞に掲載して記者や新聞社が処罰を受け、社会や世相に影響を与える事件をいう。幕末に新聞が登場して以来、明治初期の自由民権運動が隆盛だったころに頻発している。近代以降、最初の筆禍事件は、明治元年(一八六八)五月、福地源一郎が『江湖《こうこ》新聞』に書いた「強弱論」によって、同紙の版木が没収されて発行禁止となり、福地自身も逮捕された事件である。当時は佐幕的で反官軍的な新聞が多かったため、政府は同年六月に布告を発し、出版物の無許可発行を禁じた。福地の記事はその布告内容に抵触して処罰されたわけである。それでも佐幕的な新聞が後を絶たないため、政府は改めて布告を発し、政府の許可なく新聞を発行することを禁じた。これによって一時期ほとんどすべての新聞が東京から姿を消した。新聞筆禍事件は、政府に新たな取締法規の制定を着手させる契機となる場合が多い。こうした事態は、法制度の運用をめぐる政府と新聞社の対応関係が合理化されていなかった明治初期に多く見られる。この時期が近代国家の構築期にあたり、さまざまな法制度の新設期にあたっていたことも影響していた。また自由民権派が新聞を活用して政府を攻撃し、反政府的な記事を掲載し続けたことも、政府に取締法規制定の必要性を痛感させた。それは明治八年(一八七五)六月の讒謗律《ざんぼうりつ》と新聞紙条例の発令に顕著である。政府は些細な政府批判記事でも取締の対象とし、新聞社側は処分回避策をとらずに政府への対決姿勢をあらわにした記事を掲載し続けた。そのため新聞紙条例の発令以降、五年間で処分数は二百件以上に及んだ。特に政府が九年七月の太政官布告で、国安を妨害する記事に対し内務卿に発行禁止と発行停止の権限を付与し、それが十六年(一八八三)四月の新聞紙条例改正により明文化されたことで筆禍事件の件数は激増した。それゆえ新聞社側にとっては、民権運動と並び新聞紙条例の改正も重要な運動項目になった。ところが民権運動の衰退と資本主義の勃興によって、新聞自体が政論新聞から脱却し、企業化するようになると筆禍事件は大幅に減少する。また政府の取締や弾圧を回避するため、官憲当局に記事の内閲を実施するなど、新聞社側が法制度の運用を柔軟に解釈し出したのも、筆禍事件の減少に大きく起因している。こうした状況の中で、二十九年(一八九六)に起きた二十六世紀問題は、新聞界のみならず世相を騒がせた筆禍事件として特筆されよう。高橋健三主宰の政論雑誌『二十六世紀』が、宮内大臣の土方久元を非難する記事を掲載。それを『日本』が再録した結果、土方が記事の取消を求め、両紙ともに処分を受けた筆禍事件である。この処分をめぐり新聞界では論戦が展開され、高橋が第二次松方正義内閣の内閣書記官長だったことから、政府と宮内省の内紛にまで事が発展している。この事件は折からの新聞紙条例改正運動にも大きな影響を与えた。同条例は三十年(一八九七)三月に改正されるが、このとき新聞界の宿願だった内務大臣の発行禁止と発行停止の権限が削除されている。しかし改正新聞紙条例の第三二条には、新たに皇室の尊厳を冒瀆する記事を掲載した場合の罰則事項が明文化された。この条文追加によって、皇室関連記事は検閲の重要な対象事項となり、新聞社側も一定の掲載制限を強いられるようになった。この条文は同条例が廃止され、新聞紙法が公布されても継承され明文化された。この結果、皇室の尊厳を冒瀆する記事は、昭和戦前期に至り最も厳しい取締事項となっていくのである。なお大正期以降では、大正七年(一九一八)八月に『大阪朝日新聞』が起した白虹《はっこう》事件が、日本新聞史上最大の筆禍事件として有名である。また昭和十八年(一九四三)一月の中野正剛事件や翌年二月の竹槍事件も、戦時下の筆禍事件としてよく知られている。→二十六世紀問題《にじゅうろくせいきもんだい》

参考文献　美土路昌一編『明治大正史』一(一九三〇、朝日新聞社)、小野秀雄『日本新聞史』(一九四九、良書普及会)、日本新聞協会編『地方別日本新聞史』(一九五六)、岡本光三編『日本新聞百年史』(一九六二、日本新聞連盟)、春原昭彦『日本新聞通史—一八六一年—一九八六年—』(一九八七、新泉社)

(中園　裕)

しんへいみん　新平民　「解放令」によって賤称が廃止されたあとに被差別部落民を特定するために、社会がつく

り出した差別語の一つ。明治四年（一八七一）八月、明治新政府は太政官布告を出して穢多・非人などの呼称、身分、職業をいっさい廃止することを宣言したが（いわゆる「解放令」）、民衆は「旧習」すなわち「解放令」以前の状態への復帰を求め続け、依然、日常生活のなかで排除と差別を続けた。民衆が排除・差別を行うにはその集団を何らかの形で名指しする必要があり、したがって「解放令」後は、元穢多・旧穢多、そして新たに「平民」に組み入れられたという意味で「新平民」などと呼ばれ、それらの呼称が乱立していた。明治末に部落問題をテーマに書かれた島崎藤村の小説『破戒』（明治三十九年）にも「新平民」ということばが用いられているように、そのなかで「新平民」が定着していった。それゆえに今日もしばしば「新平民」が政府のつくり出した正式な呼称であるかのように誤用されるが、政府は呼称を廃止したのであり、これはあくまで差別語の一つである。日露戦争後に政府が用い、広く使用されるようになった「特殊部落」という呼称は、被差別部落民は異種であるとする認識と不可分であったが、「新平民」が用いられるようになった段階ではまだ「解放令」以前の身分とそれに纏わる種姓観念、けがれ観以外には差別の根拠が見い出されていなかった。それゆえに呼称も「旧穢多」「元穢多」などともいわれており、旧身分に由来するものにとどまっていたと考えられる。（黒川みどり）

じんぽことら　神保小虎　一八六七―一九二四　明治・大正期の地質学・鉱物学者。慶応三年五月十七日（一八六七年六月十九日）、幕臣神保長繁の長男として江戸駿河台で生まれる。明治二十年（一八八七）七月帝国大学理科大学地質学科を卒業し、大学院に進む。同二十一年八月北海道技師試補となり、北海道の地質調査をもっぱらとする。同二十三年『北海道地質略論』（欧文）、同二十五・二十六年『北海道地質報文』（欧文）を出版。同二十五年ドイツに渡り、地質学、地理学、鉱物学、古生物学を修める。

神保小虎

明治二十七年欧文で北海道のアンモナイトについて報告する。同二十七年急死した菊池安《きくちやすし》のあとをうけて帝国大学理科大学鉱物学講座の助教授となる。シベリア大陸を横断し黒竜江沿岸の地質を調査して帰国した。同二十九年教授となる。同三十二年（一八九九）『日本の鉱物』（欧文）で日本産鉱物百二十六種を報告した。同四十年（一九〇七）には鉱物学科が地質学科より独立。大正十三年（一九二四）一月十八日没。五十八歳。

参考文献　『日本地質学会―日本地質学会六十周年記念―』（一九五三）（矢島　道子）

しんぽとう　進歩党　明治時代中期の政党。日清戦争後の第九議会では、自由党は第二次伊藤内閣と公的な提携関係に入った。これに対し、対外硬連合派は三国干渉による「遼東半島還付問題」および日本公使による閔妃殺害事件をとらえ、厳しく伊藤内閣を追及した。以上の対外硬連合派、すなわち立憲改進党・立憲革新党・帝国財政革新会・中国進歩党・大手倶楽部は議会末期の明治二十九年（一八九六）三月一日、無所属議員を加えて進歩党を結成した。党には議決機関として常議員会が設置され、尾崎行雄、大東義徹《おおひがしぎてつ》、犬養毅、長谷場純孝《はせばすみたか》、柴四朗が総務委員に選任された（執行部としての正式な選出は十一月）。また、約五万を数える党員に対して多くの支部を設立、地方組織の強固な自由党への対抗を図った。進歩党は衆議院議席数ではじめて自由党に並ぶ有力政党となったが、その内部には多くの原理的な民党主義者を抱え、旧改進系と旧革新系が融和を欠くなど、党内の結束は薄弱であった。二十九年四月、自由党総理板垣退助は伊藤内閣の内相として入閣したが、対抗的に進歩党の首領格である大隈重信と薩派の松方正義との接近がはかられ、九月大隈を外相とする第二次松方内閣が成立、進歩党はその与党となった。党の主導により、第十議会では行政処分における新聞の発行禁止権を廃した新聞紙条例改正を成立させ、議会終了後にはその有力党員を次官、局長、知事、勅任参事官につぎつぎと就官させた。しかし、内閣における『二十六世紀』事件への対応、台湾高等法院長罷免問題（高野孟矩事件）、行財政整理の遅延、地租増徴計画などにより、閣内薩派勢力に対する党の不満は極点に達し、明治三十年（一八九七）十月内閣との提携断絶を宣言、大隈以下党の任官者も一斉に辞職した。翌三十一年一月に第三次伊藤内閣が成立したが、伊藤との提携は実現せず、伊藤が地方議員の利益を害する地租増徴に固執したこともあり、進歩党は代わって自由党に接近した。第十二議会解散後の総選挙を前にして、両党は六月二十二日合同して憲政党を結成した。→憲政党《けんせいとう》

参考文献　大津淳一郎『大日本憲政史』四（一九二七、宝文館）、『進歩党党報（復刻版）』（一九八六、柏書房）、阿部恒久「松隈内閣下における進歩党の非盲従運動―市島謙吉を中心に―」（『近代日本地方政党史論―「裏日本」化の中の新潟県政党運動―』所収、一九九六、芙蓉書房）（木下　恵太）

じんまくきゅうごろう　陣幕久五郎　一八二九―一九〇三　江戸時代末期・明治時代前期の力士、相撲頭取。のちに第十二代横綱に数えられる。文政十二年五月三日（一八二九年六月四日）生まれ。出雲国の出身、本名石倉慎太郎。はじめ大坂相撲頭取朝日山の門に入り、江戸では年寄秀ノ山に師事、阿波蜂須賀家に抱えられて強豪を謳われた。蜂須賀家の財政的事情から抱えを解かれた後

は薩摩島津家に抱え替えとなり、幕末の動乱期には志願して江戸と京の間を使節として往来している。慶応三年(一八六七)に吉田司家から横綱免許を受けたが、同年末には江戸の行く末を見限って大坂へ赴き、大坂相撲頭取総長としてその組織化に尽力した。明治十三年(一八八〇)に相撲界を離れた後、晩年は自身を含む力士の顕彰に努め、東京深川の富岡八幡宮内の「横綱力士碑」をはじめ各地に多数の碑を建立した。明治三十六年(一九〇三)十月二十一日没。七十五歳。現在巷間に用いられている「歴代横綱」の一覧は、「横綱力士碑」建立に際して陣幕が谷風以前にさかのぼって案出したものを基とし、爾後の横綱を加えたものである。

参考文献 酒井忠正『日本相撲史』中(一九六四、日本相撲協会)、『大相撲人物大事典』(二〇〇一、ベースボール・マガジン社)

(新田 一郎)

しんまちくずいとぼうせきしょ **新町屑糸紡績所** 明治十年(一八七七)に群馬県緑野《みどの》郡新町(高崎市)において設立された日本最初の絹糸紡績工場。工部省八等出仕の佐《さ》々木《さき》長淳《ちょうじゅん》は、ウィーン万国博覧会参加と同時に製糸・養蚕技術伝習を命ぜられ、スイスなどで屑糸紡績機械を見学し、帰国後の同七年(一八七四)に屑糸・屑繭を利用した絹糸紡績所設立を建白した。同所はドイツ・スイス人工師を雇い、十年七月に内務省勧農局屑糸紡績所として営業を開始し、佐々木が初代所長となった。十四年、農商務省所管工務局となるが、経営難により二十年(一八八七)には三井家へ払い下げられ、新町三越紡績所と改称した。さらに三十五年(一九〇二)に三井など五社が合併して絹糸紡績株式会社が創設されると同社新町工場となるが、四十四年(一九一一)に鐘淵紡績株式会社の経営下に入った。大正十年(一九二一)に生糸部を設置し、昭和にかけて成長したが、昭和五十年(一九七五)に操業中止となった。

参考文献 『群馬県蚕糸業史』下(一九五四)、岡本幸雄・今津健治編『明治前期官営工場沿革—千住製絨所、新町紡績所、愛知紡績所—』(一九八三、東洋文化社)

(土金 師子)

しんみまさおき **新見正興** 一八二二—六九 江戸時代末期の幕臣。遣米使節正使。通称房次郎、豊前守・伊勢守と称し、閑水と号す。文政五年(一八二二)五月西丸《にしのまる》小《こ》納戸《なんど》三浦義詔《みうらよしつぐ》の次男に生まれ、同十二年(一八二九)六月大坂町奉行新見正路の養子となり、嘉永元年(一八四八)家督を相続。天保十年(一八三九)小姓を皮切りに、奥小姓、小普請組《こぶしんぐみ》支配、小姓組番頭を歴任。安政六年(一八五九)七月外国奉行へ進み神奈川奉行を兼任。万延元年(一八六〇)正月日米修好通商条約批准書交換のため、副使村《むら》垣範正《がきのりまさ》・監察小栗忠順《おぐりただまさ》らを従え米艦ポーハタン号で横浜を出航、太平洋を横断しサンフランシスコへ渡る。閏三月二十八日(五月十八日)ワシントンで大統領ブカナンと謁見、翌日批准書を交換した。国会議事堂・海軍造船所などを見学し、五月ニューヨークを出航、大西洋・インド洋を経て九月品川へ帰着。海外の見聞を活用することもかなわず、慶応二年(一八六六)十二月隠居。明治元年(一八六八)上総に帰農、翌二年十月十八日(一八六九年十一月二十一日)東京で病没。四十八歳。紀行文『亜行詠《あこうえい》』がある。

参考文献 日米修好通商百周年行事運営会編『万延元年遣米使節史料集成』二(一九六一、風間書房)、尾佐竹猛『幕末遣外使節物語—夷狄の国へ—』(『講談社学術文庫』)

(嶋村 元宏)

じんみん **人民** 明治時代後期の憲政党・立憲政友会系(旧自由党系)新聞。自由党系の『めさまし新聞』『東京新聞』の後身。『めさまし新聞』は、自由平等の主義をもって社会良民の思想を啓発するとして、東京京橋区山下町(中央区)のめさまし新聞社から、明治二十六年(一八九三)十一月十五日にブランケット判六頁で創刊された。主筆は小松三省《こまつさんせい》、助筆者は坂崎斌《さかざききかん》(紫瀾《しらん》)が務めた。同紙は、二十八年二月十五日、憲政の保護、自由の先鋒を標榜して『東京新聞』(ブランケット判六頁)と改題、社名も東京新聞社(所在地は同じ)に改めた。主筆に安芸喜代香、寄稿者として板垣退助・小室重弘・栗原亮一・山口熊野《やまぐちゆや》らが名を連ねた。同紙は、三十一年(一八九八)十月十六日まで発行し、同月十九日からは菅原伝《すがわらつたう》・日向角太郎《ひゅうがかくたろう》(輝武《てるたけ》)が東京新聞社を人民新聞社(所在地は同じ)に改組し、新聞名も『日刊人民』(ブランケット判六頁)に改題した。社長に菅原、社主に日向が就任している。菅原・日向に加え、星亨《ほしとおる》も論説を掲載している。三者は、移民会社や京浜銀行の経営などで近しい関係にあった。三十三年社の中枢には菅原・日向、記者に茅原華山《かやはらかざん》・塚越芳太郎《つかこしよしたろう》(停春楼《ていしゅんろう》)・中野寅次郎《なかのとらじろう》・岡野敬胤《おかのけいいん》(知十《ちじゅう》)らがいた。三十五年一月一日からは「日刊」の文字を取り、『人民』と改称、ブランケット判四頁に変更された。三十八年十月十八日さらに『人民新聞』(ブランケット判四頁)と改題しながら、立憲政友会(旧自由党)系の立場から論陣を張った。しかし、人民新聞社内の方針対立や経営難から四十年(一九〇七)八月二十八日を最後に経営を譲渡し、休刊となった。『めさまし新聞』から通してつけられた号数は四千四百九十九号にのぼる。同年中に、同じ京橋区山下町に東亜新報社が設立され、『東亜新報』(ブランケット判六頁)が刊行され、『人民新聞』の後継紙となった。紙面は帝国主義的色彩を濃厚にした。同紙は、四十一年七月九日付まで

日刊人民

『日刊人民』第1454号

発行確認ができる。発行部数については不詳。↓めさまし新聞《しんぶん》
（松崎　稔）

じんむてんのうさい　神武天皇祭　神武天皇のいわゆる命日にその神霊を祀る大祭。『皇統譜』で初代とされる神武天皇は、『日本書紀』に「神日本磐余彦天皇（中略）辛酉年正月庚辰朔（一日）、天皇即二帝位於橿原宮一、（中略）七十有六年三月甲辰（十一日）、天皇崩二于橿原宮一、時年一百二十七歳」と伝えられる。このような即位や崩御の年月日は、後世（おそらく聖徳太子か天武天皇のもとで）国史の編者が、古伝をもとに記入したものと考えられる。しかし、幕末に至り孝明天皇が元治元年（一八六四）から、毎年三月十一日に清涼殿で神武天皇陵の遙拝式を行い山陵に勅使を派遣している。それを承けて明治天皇も明治三年三月十一日（一八七〇年四月十一日）、神祇官で親祭を行い、翌四年、全国の神社での遙拝式が定められた。さらに同六年、右の記事を新暦に換算して、即位日の二月十一日を「紀元節」と称する祝日、崩御日の四月三日を「神武天皇祭」と称する祭日（大祭日）に定めたのである（太政官布告）。当日、宮中においては天皇が皇霊殿で拝礼して御告文を奏し（皇后以下の皇族と文武高官も拝礼）、殿前で御神楽・東遊《あずまあそび》がある。また、奈良県橿原市の畝傍山東北陵には勅使が遣わされて幣帛を奉り、全国の神社では遙拝式を行うことが皇室祭祀令に定められ、この日は、諸官庁も全国各学校も休業日とされた。さらに大正初年から、この日が「愛林日」と名づけられ全国的に記念植樹を行なっている。

参考文献　所功『「国民の祝日」の由来がわかる小事典』（『PHP新書』、二〇〇三、PHP研究所）
（所　功）

しんむらいずる　新村出　一八七六―一九六七　明治から昭和時代の国語学者、言語学者。明治九年（一八七六）十月四日、山口県で県令関口隆吉、静子の次男として生まれ、のちに新村家の養子となる。東京帝国大学文科大学博言学科で上田万年《うえだかずとし》に学び明治三十二年（一八九九）に卒業。東京高等師範学校教授を経て、四十年（一九〇七）に京都帝国大学に転出し、独・英・仏に留学した後、明治四十二年より昭和十一年（一九三六）の退官まで京都帝国大学教授として言語学講座を担任する。昭和三十一年（一九五六）文化勲章受章。西洋の言語学を紹介し日本の言語学を構築し、日本言語学史における語源や音韻の研究に取り組み、『東方言語史叢考』（昭和二年）、『東亜語源志』（同五年）など多くの著作をあらわした。また南蛮研究やキリシタン資料の紹介に努め、広く読まれた『南蛮記』（大正四年）、『南蛮更紗』（同十三年）などの著作があるほか、大正十二年（一九二三）には『吉利支丹遺物の研究』で浜田耕作と大阪府茨木のザビエル画像などを発掘・紹介した。明治期の国語調査委員会をはじめ、会長をつとめた日本言語学会、敗戦後の在野における京都文化院など、その活動は多岐にわたった。『広辞苑』の編者としても著名。『新村出全集』が筑摩書房より刊行されている。昭和四十二年（一九六七）八月十七日に死去。満九十歳。

新　村　出

参考文献　新村猛『美意延年―新村出追悼文集―』（一九八一、新村出遺著刊行会）
（高木　博志）

しんもんたつごろう　新門辰五郎　一八〇〇―七五　幕末・維新期の鳶職、町火消、俠客。寛政十二年（一八〇〇）江戸下谷《したや》山崎町（東京都台東区）の錺職《かざりしょく》中村金八の長男に生まれ、幼くして上野輪王寺の家来町田仁右衛門の養子となる。輪王寺宮舜仁准后《しゅんにんじゅごう》の浅草寺別当伝法院への隠居に伴って通用門が新設された時、仁右衛門はその番人に任命された。「新門辰五郎」という通称は、これに由来する。本姓は町田。鳶職・町火消となった辰五郎は（当時の町火消は、鳶人足が町抱えにされる場合が多かった）、火消としての度胸と技量を認められ、「を組」計二百八十九人の頭となり、さらに十番組火消（「と組」から「を組」までの六組）計七百二十一人の頭取となった。弘化二年（一八四五）、十番組と柳川藩の大名火消との間で大喧嘩があり、柳川側に十数名の死傷者が出た。辰五郎は、十番組の責任者として、町奉行所に自訴し、江戸十里外に追放となる。しかし、夜ひそかに妾宅に通っていたため、佃島《つくだじま》に流された。ここで、多摩の俠客小金井小次郎《こがねいこじろう》と相知り、兄弟分の契りを交わす。翌年正月、本郷丸山から発した大火が佃島に及ぼうとした時、小金井小次郎とともにこれを防ぎ、その功によって赦免される。元治元年（一八六四）、禁裏御守衛総督に任じられた一橋慶喜に呼ばれ、子分二百人を率いて上洛し、警衛防火などに尽力した。当時の辰五郎は、河原町に本宅と妾宅を構え、大坂にも別宅を置くなど、富と権勢を誇ったという。明治元年（一八六八）正月の鳥羽・伏見の戦に敗れた慶喜が退く際、大坂城中に大金扇の馬標（徳川家康の遺品）を置き忘れたが、命を受けた辰五郎は、炎上する城に飛び込んでこれを回収し、無事江戸に送り届けた。のち、慶喜が水戸へ謹慎した時は、高齢にもかかわらず、御用金二万両の護送にあたった。明治八年九月十九日、浅草馬道《うまみち》の自宅で没する。七十六歳。

参考文献　大内青巒「新門辰五郎の信仰」（『日本及日本人』五四九、一九一二）、中山泰昌編『新聞集成明治編年史』（一九三四-三六、財政経済学会）
（礫川　全次）

しんやぎょう　深夜業　深夜（工場法では二十二時から翌朝の四時まで、大正十二年（一九二三）の改正工場法では二十二時から翌朝の五時まで）に労働すること。明治初期の工場は近世期の習慣を引き継いで農作業などと同様に、

労働時間は日出から日没までが自然な状況であったが、大阪紡績(明治十六年(一八八三)操業開始)の企業的成功によって紡績業には深夜業が普及した。機械が希少財であった当時は、機械をフル稼働させることが経営的には合理的であり、深夜業を実施することの利益が大きかったからである。このため紡績業では十二時間労働の昼夜二交替制がとられたが、これは、寄宿舎の部屋のスペースも夜具も節約できる点でも経営に有利であった。しかし深夜業による女工の健康への悪影響からこれを危惧する意見も多く、一八八〇年代から開始された職工条例案(工場法案)論議において年少労働者・女子の深夜業を禁止するか否かは大きな争点となった。工場法は施行(大正五年)十五年後に二十歳未満の女子と十四歳未満の男子の深夜業を禁止することを定めていたが、国際労働会議が一九一九年に女子・年少者の深夜業禁止を決議すると日本への批判が強まった。深夜業が実際に廃止されたのは昭和四年(一九二九)七月であった。

参考文献 『職工事情』(犬丸義一校訂、『岩波文庫』)、通商産業省編『商工政策史』八(一九六二)、中村政則『労働者と農民』(『日本の歴史』二九、一九七六、小学館)

(加瀬 和俊)

しんようくみあい 信用組合 産業組合法に基づく協同組織形態の金融機関。内務大臣品川弥二郎と内閣法制局部長平《ひら》田《た》東助《とうすけ》によって明治二十四年(一八九一)に帝国議会に提出された信用組合法案が信用組合法制化の最初の試みである。しかし同案は農商務省の反対にあった上に議会の解散によって審議未了となり、また品川が大臣を辞任したために実現しなかった。とはいえ、下野した品川と平田が全国に組合の設立を勧奨した結果、二十九年には百一の信用組合が存在した。信用組合の法制化は三十三年(一九〇〇)九月の農商務省によるドイツの協同組合法に範をとった産業組合法の施行で実現した。同法は産業組合の機能として信用・販売・購買・生産を規定し、信用組合を、組合員に貸付を行い、また貯金の便宜を与えるものと規定した。同法制定後、信用組合は農村部を中心に急速に設立され、大正元年(一九一二)には七千七百三十六組合となった。

参考文献 全国信用金庫協会編『信用金庫史』(一九五九、全国信用金庫協会)、宮本又郎・高嶋雅明『庶民の歩んだ金融史』(一九九一、プロダクションエフ)

(今城 徹)

しんりがく 心理学 原語はpsychologia。字義どおりにはpsychē(こころ)のlogos(理)、つまりこころの理法を研究する学問を意味するが、今日では、精神活動と精神活動に起因する行動を環境との関連において研究する学問をいう。わが国で心理学という語がはじめて使用されたのは、明治六年(一八七三)に開設された東京大学の前身、開成学校の科目名としてであった。御雇教師のE・W・サイルがこの科目を担当し、原書で講義した。明治二、三十年代までは、哲学者や教育学者によって主にイギリス系の心理学の紹介が行われた。明治八年には、文部省が西周にヘブンの『精神哲学』を翻訳させて『(奚般氏著)心理学』として刊行させた。続いて、明治十五年(一八八二)には井上哲次郎がベインの著作の抄訳である『倍因氏心理新説』を出版した。教育機関においては、明治十年に設立された東京大学で外山正一がベイン、スペンサーなどによって心理学を講義したほか、東京師範学校・慶応義塾・東京専門学校(早稲田大学の前身)などで心理学の科目が設置された。また、明治十二年までに開設された全国各県の師範学校では、教科の一つとして心理学(あるいは心理学を含む教育学)が置かれ、『(奚般氏著)心理学』や『倍因氏心理新説』などが教科書として広く使用された。このようにして西欧の心理学は漸次わが国に導入され、明治二、三十年代、元良《もとら》勇次郎《ゆうじろう》・松本《まつもと》亦太郎《またたろう》らの登場を待って、本格的な心理学研究が始められることとなる。元良勇次郎はアメリカのジョンズ＝ホプキンス大学でホールに師事して心理学を研究した。学位を得て帰国した後、明治二十一年(一八八八)帝国大学文科大学講師嘱託に任ぜられ、明治二十三年には教授に就任し、日本における本格的な心理学研究の基礎を築いた。元良は松本亦太郎の協力を得て、明治三十六年(一九〇三)、東京帝国大学に心理学実験場を設立して心理学研究のために必要な環境を整えた。また、従来のように欧米の学説を紹介するだけではなく、独自の視点から心理学を体系化することを目指した。その成果が明治二十三年に著わされた『心理学』である。松本亦太郎はアメリカでラッド、およびスクリプチャーに学んで学位を取得した後、ドイツに留学しヴントの指導を受けた。留学中より、心理学実験場を視察したり、実験機器の購入をはかったりするなどして心理学実験場の設立のために尽力している。帰国後、東京高等師範学校教授、京都帝国大学初代心理学教授、東京帝国大学教授を歴任した。松本亦太郎が京都帝国大学時代に指導した門下生からは、生理学的あるいは教育心理学的傾向の強い研究者が輩出した。明治四十年(一九〇七)代になると、心理学を世間一般に広めることを目的とする啓蒙運動がおこってくる。たとえば、明治四十二年、東京帝国大学で心理学を学んだ大月快尊・倉橋惣三・菅原教造・上野陽一などによって心理学通俗講話会が設立された。この会は、会規によれば、「心理学上の事実、及び各種の現象に対する心理学的観察を、通俗なる講話に依って一般人士に伝え、以て心理学に対する興味と知識とを普及する」ことを目的としている。講話会は、明治四十五年までに、地方での講演も含めて約三十回開かれ、数百人、多い時には二千人もの聴衆を集めたといわれている。また、講演内容を記した『心理学通俗講話』も好評を博し、よく読まれた。明治四十五年には『心理学通俗講話』を継承する形で雑誌『心理研究』が発刊されて、大正十四年(一九二五)二十八巻まで続いた。『心理学通俗講話』、および『心理研究』は心理学の知識を一般に普及させ、心理学のすそのを広げる効果をもたらした。明治期のこうした導入期を経て、大正期以降は行動主義やゲシタルト理論、ついでフロイトの精神分析などがつぎつぎと受容されていくのである。

参考文献　佐藤達哉・溝口元編『通史日本の心理学』(一九九七、北大路書房)、心理科学研究会歴史研究部会編『日本心理学史の研究』(一九九八、法政出版)、佐藤達哉『日本における心理学の受容と展開』(二〇〇二、北大路書房)

（大久保紀子）

じんりきしゃ　人力車　人が牽引する一人乗りないし二人乗りの車。江戸時代には、街道筋での車両の通行が原則的に禁じられていたが、幕末になると大八車などの荷車に人や荷物を載せて運賃をとる商売が成立していた。開国後、人や荷物の往来が盛んになり、また西欧の文物が入ってきたことにより、輸送需要が高まり新しい乗り物が人々の耳目を集めた。そのようななかでインフラ整備が不要で小資本で開業でき、利便性の高い人力車のブームが到来する。発明者については諸説あるが、最初に出願して許可されたのは和泉要助・鈴木徳次郎・高山幸助の三人で、明治三年(一八七〇)三月に連名で東京府に出願、許可されている。のちに彼らは人力車総行事に任じられ、人力車の製造と営業、新規営業者への許可から車税の徴収まで明治六年に「僕婢馬車人力車等諸税規則」が布告されるまで、その権限を独占的に手中にした。明治三十三年(一九〇〇)三人に対して賞金が下賜され、募金により人力車発明記念碑が建立された(東京青山の善光寺に現存)。人力車の改良に功があったのは秋葉大助で、二代にわたり乗り心地や機能の改良に尽力し、今日見るようなスタイルを確立した。秋葉はシンガポールや香港をはじめアジア各地への輸出も積極的に行なった。和泉らの公認から一年後の明治四年には、東京だけで二万五千台と爆発的な勢いで増加し、全国に普及、『日本帝国統計年鑑』によれば明治十年(一八七七)には全国で十万台を突破、明治二十九年(一八九六)のピークには二十一万台を超えた。鉄道が開業する以前は、市街地だけでなく東京—仙台間、神奈川—京都間など長距離の継ぎ立て輸送網も存在した。鉄道や路面電車の開業により明治後期には減少の一途をたどり、大正期以降はタクシーや自転車にその地位を脅かされて衰退した。一方、海外向けの生産は、国内需要にかげりがみえてきた明治三十年代後半から大きく伸びてピークの明治四十三年(一九一〇)には年間一万四千台が輸出されている。　→車夫《しゃふ》・馬丁《ばてい》

人力車(「東京往来車尽」より)

参考文献　斎藤俊彦『人力車』(一九七九、産業技術センター)

（中川　洋）

しんりきょう　神理教　神道十三派の一つ。教祖の佐野《さの》経彦《つねひこ》は西田直養に国学を学んだ人物で、明治八年(一八七五)から九年にかけて一種の神秘体験を繰り返し、医師から宗教家に転向した。やがて自宅で講席を開くなどの盛んな布教活動を行い、門人も増加してきたので、明治十三年(一八八〇)、小倉に神理教会を結成した。神理教会ははじめ神道本局に所属し、北九州を中心に信者を増やしたが、教勢が拡張するにつれ、教会内では一派独立を願う声が強まり、二十一年(一八八八)に御嶽教《おんたけきょう》に転属した。さらに二十四年十一月、九百九十人の信徒総代と連署し、神理教会独立を帝国議会に提出。翌年五月には、信徒総代とともに独立願いを内務省に提出した。二十七年十月十九日に神理教として一派独立、経彦は初代管長に就任した。本部は福岡県北九州市にある。　→佐野《さの》経《つね》彦《ひこ》

参考文献　田中義能『神道十三派の研究』下(一九八七、第一書房)、井上順孝『教派神道の形成』(一九九一、弘文堂)

（戸浪　裕之）

しんりつこうりょう　新律綱領　明治三年(一八七〇)明治政府が全国に施行した最初の刑法典。府藩県に多様な刑法が行われていた状態を統一し、江戸時代には部外秘であった刑法典をはじめて全国に頒布した点に最大の意義がある。中国律系で全六巻百九十二条。明律四百六十条・清律四百三十六条に比して、綱領の名のごとく小規模である。贖罪収贖例図などの八図を巻頭に、名例律・職制律・戸婚律・賊盗律・人命律・闘殴律・罵詈律・訴訟律・受贓律・詐偽律・犯姦律・雑犯律・捕亡律・断獄律の各律を備える。名例律は現在の刑法総則に近く、以下の律は各則にあたる。刑は笞・杖・徒・流・死の五刑。笞・杖は身体を叩き、徒は拘禁労役、流は離島に配し、死は斬絞二種。婦女・官吏・老小廃疾・庶人過失犯などは、本刑に換え贖金を許した。各条は番号によらず、「凡」で始まる律形式。犯罪内容が明確でない「不応為」「断罪無正条」を規定するなど、罪刑法定主義ではなかった。政府は、明治元年十月に、刑政は「故幕府へ御委任の刑律」すなわち徳川幕府の公事方御定書によることを全国に通達し、部内では、明清律研究先進地熊本藩関係

者の編纂した仮刑律を用いた。通達は「新律御布令迄」として新法制定を明確にし、御定書・仮刑律体制は暫定措置であった。新律綱領編纂は、二年昌平学校一等教授水本成美《みずもとなるみ》を主任とし、教授試補長野卓之允(文炳)・同鶴《つる》田皓《たあきら》・同村田保を加えて刑法官で始まり、刑部省に引継いで三年十月には草案たる新律提綱が成立した。提綱は省内で用いられ、同年十二月、完成した新律綱領が府藩県に頒布された。公布でなく頒布のため、各府藩県への到達日限差や各地の事情によって、施行期日は一定しない。全国的に新律綱領が施行されたのは、四年七月の廃藩置県以後と考えられている。六年六月には新律綱領を補充する改定律例が頒布され、明治十五年(一八八二)の西洋式旧刑法施行まで、綱領・律例が並び行われる律系刑法典の時代が続いた。→改定律例《かいていりつれい》

参考文献 石井紫郎・水林彪校注『法と秩序』(『日本近代思想大系』七、一九九二、岩波書店)、手塚豊『明治刑法史の研究』上(『手塚豊著作集』四、一九八四、慶応通信)、藤田弘道『新律綱領・改定律例編纂史』(二〇〇一、慶応義塾大学出版会)

(山田　勉)

しんりんくみあい　森林組合　法律に基づいて組織された森林所有者を組合員とする協同組合。森林組合の規定は明治四十年(一九〇七)四月の第二次森林法で誕生した。当初は生産力向上と国土保全を目的とする社団法人とされ、森林所有者(公有林を含む)の三分の二の同意で設立でき、設立された組合の地区内は強制加入とされた。施業・保護・造林・土工の四組合で、その組み合わせも可能とした。四十四年ごろから共同施設補助金や融資など奨励策で徐々に組合数は増えたが、施業より林道開設の土工組合が多かった。戦時体制に入った昭和十四年(一九三九)の森林法改正によって設立・加入とも強制の施業直営と施業調整の二形態となり、施業案編成、出資制度などを導入した。第二次大戦後は加入脱退自由となり、昭和五十三年(一九七八)森林組合法の成立により協同組合となった。

参考文献 加納秀雄『森林組合読本』(一九六〇)、全国森林組合連合会森林組合制度史編纂委員会編『森林組合制度史』(一九七三)、『農林水産省百年史』上(一九七九)

(小林富士雄)

しんりんほう　森林法　全国の森林資源の保全・監督・経営を目的とする林野行政の基本法。明治三十年(一八九七)四月十二日公布。明治政府の林野行政は、版籍奉還・廃藩置県により諸藩所領の直轄林野を官林に編入したことに始まる。当時の政府の関心は、財政基盤の確立や士族授産を目的とする官林の開墾や払下にあった。その後、地租改正に伴う官民有区分により全国の林野は官有地か民有地のいずれかに区分された。その際、膨大な面積の入会林野(農民の共同利用地)が官有地に編入された。その後、林野行政の基本法とすべく森林法の立法化が進められ、数度の挫折を経て、明治二十九年(一八九六)の第九帝国議会に法案が提出された。その審議の過程で明らかになったのは、政府側が森林荒廃防止や造林奨励を目的に行政監督権の強化を意図したのに対し、議会側の関心は官民有区分で不当に官有地に編入された林野の下戻や地元住民の林野使用権の明確化にあったということである。結局、両者の対立は、森林法(明治三十年四月)、国有林野法(同三十二年三月)、国有土地森林原野下戻法(同三十二年四月)という三つの法律(いわゆる森林三法)の制定によって決着をみた。このうち森林法は、(一)公有林・社寺林に対する営林方法指定制度を創設し、(二)すべての森林において土砂崩壊防止・水源涵養などを目的とする保安林制度を導入し、(三)林業関係業者・防火等の警察的取締を目的とする森林警察規定と森林犯罪規定(森林窃盗など)を新設した。しかし、その後、造林振興が林野行政の主要課題となるにつれ、森林経営に関する積極的規定を有しない森林法の不備が次第に明らかとなった。そこで、明治四十年(一九〇七)四月二十三日、改正森林法が制定され、新たに(一)営林監督権限を私有林にまで拡大し私有林にも施業方法指定制度を導入し、(二)林産物運搬のために必要な場合における土地使用・収用制度を導入し、(三)森林荒廃防止・森林協同施業などの事業を営む森林組合の設立規定を新設した。

参考文献 永田漸『改正森林法釈義』(一九〇九、有斐閣書房)、中尾英俊「林野関係法」(鵜飼信成・福島正夫・川島武宜他編『講座日本近代法発達史』一〇所収、一九六一、勁草書房)

(橋本　誠一)

じんるいがく　人類学　動物の一種である人類を研究する学問。日本での出発は東京大学理学部動物学教師モースの活動とその蒐集資料である。生物学科で動物学を学んでいた坪井正五郎は同志とともに、明治十七年(一八八四)十一月「人類ノ体格起原変遷移住開化等ノ事ヲ研究談論シテ人類ト他物トノ関係ヲ明ニスル」ことを目的とした人類学会を組織し、十九年二月より『人類学会報告』を刊行、同年六月英文目次を付して海外諸学会・博物館・大学などと出版物交換をすることにし、会名を東京人類学会と変更(昭和十五年(一九四〇)、日本人類学会と改称)、会誌も改称した。坪井は十九年七月動物学科を卒業して大学院に進み、その間足利町の古墳や吉見横穴を発掘調査し、二十二年(一八八九)―二十五年英国に留学、二十五年十月帝国大学理科大学教授となり、二十六年九月開設の動物学科人類学講座を担任した。坪井は自然と文化両面にわたる人類学を構築すべく努力した。彼個人としては石器時代が研究の中心となり、解剖学者小金井良精《こがねいよしきよ》との間でコロボックルかアイヌかの日本先住民論争を展開したが、その幅広い学問的視野は東アジア人類学開拓者の鳥居竜蔵《とりいりゅうぞう》や台湾民族学開拓者で柳田国男に多大な影響を与えた岩手県遠野の伊能嘉矩《いのうかのり》らを育てた。他方で帝国博物館(三十三年(一九〇〇)に東京帝室博物館に改称)に集まってくる遺物などを解明しなければならない実践的要請から、明治二十八年四月小杉榲邨《こすぎすぎむら》や三宅米吉《みやけよねきち》らは

考古学会を設立、二十九年十二月に『考古学会雑誌』を創刊した。大正二年(一九一三)五月坪井の突然のロシアでの客死や理科大学内に設けられた動物学科人類学講座という客観的制約は次第に講座の形質人類学・自然人類学的性格を強めさせていき、その後講座に関わった人々は、石田収蔵はカラフトアイヌ、松村瞭《まつむらりょう》・須田昭義は生体人類学、昭和十四年二月に創置された人類学科を主宰する長谷部言人《はせべことんど》は自然人類学を専攻する研究者であった。当然坪井が土俗学と訳出したエスノグラフィー(民族誌)は柳田国男と高木敏雄の『郷土研究』(大正二年創刊)に引きつがれ、天皇制との関わりで国内での科学的研究がきわめて制約される考古学では、大正五年から京都帝国大学文科大学考古学講座を担当する浜田耕作にしろ、大正三年から東京帝国大学文科大学考古学講義(講座開設は昭和十三年)を担当する原田淑人《はらだよしと》にしろ、その科学的研究の中心は朝鮮・満洲・内蒙古・中国本土という日本帝国主義の進出地域となったのである。

参考文献 『東京帝国大学学術大観』理学部・東京天文台・地震研(一九四二)、『東京帝国大学学術大観』総説・文学部(一九四二)

（宮地 正人）

す

ずあいぶね 図合船 近世後期から明治期にかけて東北・北海道で使用された小型和船。「ずあいせん」ともいう。弁才船《べんざいせん》に似た船型で百石未満の船を指す。鰊漁で使用された船は幅によって小型のものから、磯船《いそぶね》、保津知船《ほっちせん》、三半船《さんばせん》、乗替船《のりかえせん》、図合船、中遣船《なかやりせん》、大中遣船《おおなかやりせん》と名付けられ、図合船は幅六尺から七尺までをいう。漁船といわれるのは図合船まででそれより大型の中遣船以上は主に物資の輸送や魚場への往復に使用された。六人が乗船。昆布漁や近場の移動手段としても使用された。アイヌやサンタン人などが使用する船も図合船と呼ばれることがあり、文化五年(一八〇八)に間宮林蔵が樺太を島であると確認した調査で使用した船も図合船であった。明治期にも沿岸漁業で使用されていたが、明治時代末期に動力船が導入されたことにより次第に衰退。

参考文献 留萌市海のふるさと館編『留萌漁業沿革史』(『留萌市のふるさと館『郷土史料集』』、一九九五)、『大樹町史』(一九六九)、『湧別町百年史』(一九八二)、佐々木史郎『北方から来た交易民―絹と毛皮とサンタン人―』(『NHKブックス』、一九九六、日本放送出版協会)

（小風 秀雅）

すいえい 水泳 水面あるいは水中を泳ぐ運動。游泳とも表記し、游は水面を泳ぐこと、泳は水中を泳ぐ(潜る)ことを指した。江戸時代には諸藩の武術の一つとして確立し、水術・水練とも記された。明治時代になると、各流派は各地で道場を開設した。特に隅田川は向井流・神伝流・水府流太田派の道場が開設され賑わい、明治二十年代に全盛を極めた。これら各流派の泳法は平体・横体・立体の三体の姿勢に大別され、また足の使い方から扇足系、蛙足系、踏足系に分類される。明治三十一年(一八九八)と翌三十二年に行われた水府流太田派と横浜アマチュア＝ローイング＝クラブによる競泳大会の開催、同三十八年の大阪湾十哩大競泳会(大阪毎日新聞社主催)の実施により、競泳への関心も高まった。一方大学などの水泳部による水泳大会の開催も競泳への関心を高めた。明治三十五年の慶応義塾の水上運動会(葉山)と東京帝国大学の水泳大会(伊豆・戸田)、明治三十九年東京高等師範学校・第一高等学校の関東連合游泳大会(北条)などで各流派にある最速の泳法を使って速さを競った。クロール泳の導入は、オリンピック(第七回アントワープ)の水泳に初出場した大正九年(一九二〇)まで待たなければならなかった。なお、各流派の泳ぎは現在では日本泳法と総称され、現在十二の流派が日本水泳連盟によって、公認されている。→遠泳《えんえい》

参考文献 『水連四十年史』(一九六九)、日本水泳連盟日本泳法委員会編『日本泳法十二流派総覧』(二〇〇二)

（中村 哲夫）

すいがい 水害 河川から洪水が溢れ、周辺に被害が及ぶこと。原因に台風や前線、低気圧の活動による集中豪雨や長雨、融雪による雪代洪水などがある。沖積平野や盆地に生活圏が集中する日本では、古来、水害多発地域が多く、自衛策が発達した。平野部での居住に微高地が求められ、それを囲む屋敷林、避難用の水屋や水塚、舟の常備、扇状地では敷地を山方向に突出させる舟形屋敷(富山県)などが有名。河川の洪水対策は地域ごと地先の築堤に始まり、それらが連続された。濃尾平野では耕地も含む一帯を囲む輪中堤が発達した。不連続な堤は近代から霞堤《かすみてい》と呼ばれ、堤防越流の河道還元や、堤内地での一時的な遊水に効果を発揮した。堤防に平行して水防林も発達した。治水手法である河川の分水、分離、遊水地

明治29年信濃川大洪水の惨状(新潟県西蒲原郡黒鳥村)

の利用、河道の狭窄などは近代以前から行われた。しかし、平野部の大規模な水害対策には明治二十九年(一八九六)四月の河川法公布を待つ必要があった。明治の水害状況は近世の延長にあった。大河の溢流は平野や盆地を泥海とし、沿川民家を浸水、破損、流失、全壊させ、耕地を損耗、多くの人命を奪った。洪水時には河川両岸の対立ともなり、対岸堤防や道路盛土を故意に破るなど、生活維持のため不穏な事件も発生した。減水時には、家屋内の泥流し、堤防の締切りなど、行うべき作業があった。下流部では滞留する洪水を川へ戻すために堤防が切られることもあった。破堤跡は「おっぽり」と呼ばれ、池にもなった。特異な水害例に、渓谷にある奈良県十津川郷は二十二年八月の洪水で激甚な被害を受け、避難民二千六百名(六百戸)が北海道へ移住し新十津川村を開いている。明治政府は初頭、特に淀川治水、信濃川の分水工事に着目、後者は近世以来の土工技術力の限界と、御雇い外国人技術者の批判で中止となる。そして、政府の河川改修の主眼が内水面運輸の活性化に移り、舟運路整備の低水工事が主となる。また、河川法公布前の高水工事(治水工事)は近世の慣例に続き地方に委ねられ経費も府県負担であった。その後、一部大河川で地方負担の築堤が行われたが抜本的な水害対策とならず、直轄の治水工事が要望される。二十三年開設の国会議論を経て河川法が公布、国庫負担で国直轄の流域に広く及ぶ大規模な治水工事が始まる。議論の中心は淀川改修で、特に十八年(一八八五)の大水害で受けた農耕地と大阪市街地の全面的な被害が影響した。淀川は近世以来、上流部の樹木伐採などによる流砂が問題で、下流の河床が上昇し、浚渫がたびたび施されたが抜本的な治水策は講じられなかった。明治に入り砂防と治水は強く意識される。明治中期までには日本人土木技術者が成長・自立し始め、コンクリート材料や土木施工機械、数式による自然科学的判断の利用など、近代的土木技術が駆使できる段階となった。河川法公布で淀川の放水路開削を含む改良工事、木曾三川の完全分離工事(宝暦年間(一七五一―六四)開始)、筑後川改修などから実施される。関東では特に四十三年(一九一〇)の大水害が影響し、利根川の計画流量が改訂、荒川の放水路計画が出される。四十年から信濃川、四十四年から北上川の分水事業のほか、選定河川での治水事業が大正・昭和初期に完工、水害時の湛面積、湛水深が減少し始める。新潟平野が穀倉地帯と成るには信濃川の大河津分水路や他の放水路群の完成や電動式堰扉、排水ポンプなど電力駆動機械が重要であったが、自由な利用は昭和に入る。大規模な遊水地(例、渡良瀬遊水地)での洪水調節は明治末期から、ダムの利用は明治末期からの水力発電の発達と相まって大正末期に始まる。水防活動は明治十三年四月の区町村会法布告から法的体系に組込まれ、町村会や水利土功会が水防の自治組織として認定、二十三年六月の水利組合条例で法的根拠が付与、四十一年四月の水利組合法制定で水防が法体制として確立、水利組合と水害予防組合が誕生。戦後、水利組合は農林水産省、水防組織は建設省(現国土交通省)へ二分される。

→河川法《かせんほう》 →水利組合《すいりくみあい》 →治水事業《ちすいじぎょう》

参考文献 『淀川百年史』(一九七四)、小出博『利根川と淀川―東日本・西日本の歴史的展開―』(『中公新書』、一九七五、中央公論社)、建設省北陸地方建設局編『信濃川百年史』(一九七九、北陸建設弘済会)、宮村忠『水害―治水と水防の知恵―』(『中公新書』、一九八五、中央公論社)、『利根川百年史―治水と利水―』(一九八七、建設省関東地方建設局)、大熊孝『洪水と治水の河川史―水害の制圧から受容へ―』(『平凡社・自然叢書』七、一九八八、平凡社)、建設省東北地方建設局編『北上川百十年史』(一九九一)、山本三郎『河川法全面改正に至る近代河川事業に関する歴史的研究』(一九九三)

(知野　泰明)

すいげんこうとうのうりんがっこう　水原高等農林学校　朝鮮京畿道水原に所在した朝鮮総督府所管の官立専門学校。農林業に関する専門教育機関。明治三十九年(一九〇六)に大韓帝国農商工部所属の農商工学校(三十七年設立)から分立して農林学校が漢城(ソウル)に設置された。修業年限は三年(四十二年(一九〇九)以降)で、校長は勅任官あるいは奏任官、教授は奏任官と規定された。同四十年に水原に移転し、同四十三年の韓国併合と同時に朝鮮総督府農林学校と改称された。朝鮮において日本式農業を普及させるため、農業技術者・経営者を育成することを目的として設置された農業試験施設である。大正七年(一九一八)、水原農林専門学校と再度改称され、勧業模範場の所属を離れた。さらに第二次朝鮮教育令を受けて同十一年(一九二二)、水原高等農林学校と改称された。

参考文献 朝鮮総督府編『朝鮮教育要覧』(『日本植民地教育政策史料集成』朝鮮篇一・三、一九八七、竜渓書舎)、『水原高等農林学校要覧』(同朝鮮篇四八、一九八九、竜渓書舎)

(小川原宏幸)

すいこうしゃ　水交社　海軍に設けられた親睦および学

術研究を目的とする団体。奏任官以上の海軍士官および高等文官に社員(会員)の資格が与えられた。明治九年(一八七六)三月東京芝の真乗院において発会。当初は水交会と称した。十一年(一八七八)十一月に水交社と改称。社名の「水交」は荘子の一節「君子之交淡若水(君子の交わりは淡きこと水のごとし)」から名付けられた。毎週定例会議を行うほか、集会の開催や専門別の学術研究会も行われた。二十年(一八八七)海軍の発展に必要な学術研究の掲載を目的に掲げた『水交雑誌』を創刊、売買禁止の非売品として社員に頒布された。各士官の寄稿による専門分野の記事のほかに、欧米の文献の翻訳記事も掲載される。二十三年六月に『水交社記事』と改題。日本海軍の軍事思想に影響を与えることになったアメリカ海軍士官アルフレッド＝セイヤー＝マハンの著書『海上権力史論』も当初は『水交社記事』に翻訳が掲載され、二十九年に水交社訳として東邦協会から出版された。水交社は創設以来数度の移転を行い、明治二十三年十二月築地に移転、以降築地に本社を置く。水交社は社員間の親睦を深め社交の場を提供するクラブとしての役割も持っており、施設は社員のほかに家族も利用できることになっていた。施設内にはビリヤード室や洋食を提供する食堂が併設され、各種の集会だけではなく皇族を招いた祝勝会が催されることもあった。二十七年日清戦争の際に各地の寺社から海軍に寄せられた護符を合祀した水交神社が施設内に作られ、のちに戦死した社員も合祀されるようになる。昭和三年(一九二八)五月に財団法人化、海軍大臣が社長を兼任することになり、各鎮守府および要港部にも水交社が設立されるようになる。昭和二十年(一九四五)解散、同二十七年に財団法人水交会として復活。

『水交社記事』第１号

参考文献　沢鑑之丞『海軍七十年史談』(一九四二、文政同志社)
（小林　瑞穂）

すいさいが　水彩画　アラビアゴムを色料の接着剤とする絵画技法。透明水彩と不透明水彩(グアッシュ)に大別される。日本には油彩技法と同時に西洋から受容された。はじめはスケッチや下絵などに主に用いられたが、明治二十年代後半にアルフレッド＝イースト、アルフレッド＝パーソンズらイギリスの水彩画家の作品が紹介されて盛んになり、水彩画を専門とする画家も登場した。三十四年(一九〇一)の大下藤次郎『水彩画之栞』刊行によって広く普及。明治三十七年、水彩画家を目指す三宅克己《みやけこっき》と洋画家鹿子木孟郎《かのこぎたけしろう》の間でいわゆる水彩画論争が起る。四十年代には水彩画も官展に入選、受賞するなど油彩画同様の位置づけを得ていたが、大正期以降、官展からは姿を消す。一方、大正二年(一九一三)年に日本水彩画会が結成されるなど、油彩画とは異なる絵画ジャンルとして確立された。
（山梨絵美子）

すいさんぎょう　水産業　⇩漁業《ぎょぎょう》

すいさんきょく　水産局　わが国初の水産行政機関。初代局長は旧薩摩藩士奥青輔、主任技師は旧加賀藩士関沢明清。わが国の水産行政は、明治十年(一八七七)、内務省勧農局に水産掛が設置されたことに始まる。関沢らの進言による影響が大きいとされ、大久保利通内務卿のもとで同係の設置が決定した。その後十三年、水産課に昇格。翌年農商務省農務局に移管され、十八年二月に独立し水産局となった。初期に農政の一部として処理されていた水産行政が、はじめて分離したことに大きな意義があり、同局は漁務・製造・試験・庶務の四課に分かれ、各種調査試験のほか、水産振興を目的とした漁業技術の研究や、統一的漁業法制定に向け準備を進めた。二十三年(一八九〇)に行政整理のため廃止。しかし有志らの反対で三十年(一八九七)に再置。歴代水産局長のうち第七代の牧朴真《まきなおまさ》は、八年間にわたり在任。漁業法の制定、外国領海水産組合法の制定など、近代日本の水産行政基盤構築に重要な役割を果たした。昭和二十三年(一九四八)に水産庁となった。

参考文献　片山房吉『大日本水産史』(一九三七、農業と水産社)、岡本信男『近代漁業発達史』(一九六五、水産社)、高橋美貴「一九世紀末　日本における水産政策の特徴と同時代史的位置」(『日本史研究』五三三、二〇〇七)
（高村　聰史）

すいさんくみあい　水産組合　水産物の製造や販売業者が、改良や繁殖保護などに関して共同の利益を得ることを目的とした組織。漁業権に基づき漁業経営者が組織する漁業組合とは異なる。水産組合は、明治三十四年(一九〇一)四月制定の漁業法(旧漁業法)に基づいて組織された。同組合規定に関しては、漁業法以外に、大正五年(一九一六)六月に制定された水産組合規則により、重要物産同業組合法などが準用された。多様な水産品目が象徴するように、水産組合を構成する団体には、各業種別の「同業組合的」性格のものと、「水産業関係者全体の地域的団体」とがあった。しかし大正十年(一九二一)四月の水産会法制定により、後者の多くが水産会に移行したため、以後水産組合は同業組合が主となった。水産組合の数は大正十三年から昭和十年(一九三五)までの間に三十六から六十二に増加した。その後、昭和十八年三月に水産業団体法が公布されると、組合、漁業組合、漁業協同組合、水産会はすべて統制機関となった。

参考文献　片山房吉『大日本水産史』(一九三七、農業と水産社)、水産社編『漁業組合年鑑―昭和一五年版―』(一九三九、水産社)、山口和雄編『水産』(『現代日本産業発達史』一九、一九六五)
（高村　聰史）

すいさんこうしゅうじょ　水産講習所　明治二十一年(一八八八)十一月に大日本水産会(明治十五年(一八八二)創立)によって東京府京橋区(東京都中央区)に水産伝習所として設けられ、翌二十二年一月に開所した水産に関する実業学校。現在の東京海洋大学の前身。旧来の水産業に新しい技術を導入するための実務的な教育を目指した。明治三十年(一八九七)三月に農商務省が水産講習所を開設したことにより、大日本水産会の水産伝習所の生徒と教職員の大部分は講習所に引き継がれた。昭和二十二年(一九四七)四月、下関に水産講習所が設けられたことに伴い、第一水産講習所と改称。二十四年五月に農林省所管の東京水産大学となり、水産学部を設けた。翌二十五年には文部省所管の大学となる。平成十五年(二〇〇三)に東京商船大学と統合して東京海洋大学となる。もう一つの水産講習所として、明治三十二年八月の農商務省の府県水産講習所規定により、漁労・繁殖などの講習を行う機関として各府県に一ヵ所ずつ設立されたものがある。これらの多くは三十四年の水産学校規定により、水産学校に移行した。戦後の教育改革により、これらのほとんどすべては新制高等学校の水産学科となった。

参考文献　『東京水産大学百年史』(一九六九)　(湯川　次義)

すいさんしけんじょう　水産試験場　水産に関する試験・研究を行う国立・公立・私立の機関の総称。わが国で組織的に水産に関する研究が行われるようになったのは、明治時代になってからである。明治十年(一八七七)に内務省に水産掛が置かれ、十四年に農商務省の新設に伴い水産課が置かれ、十八年に水産局が設置され、その中に試験課が設けられた。わが国の官制の水産試験・研究のはじまりは明治二十六年(一八九三)に水産調査所が設置され、四十二年(一九〇九)に本格的な海洋調査が「漁業基本調査」として始められてからである。そのころは江戸時代から栄えていた沿岸漁業の漁獲量が落ち込む一方、遠洋漁業が奨励される時代であった。明治二十六年の水産調査所の処務規定によると、㈠水産動植物の調査ならびに水産動植物の繁殖の試験、㈡遠洋漁業および漁具・漁船・漁法・漁場の調査ならびに漁撈試験、㈢水産物製造および製塩の調査ならびに試験、㈣水産物の販路・漁業経済・統計ならびに水産に関する慣行調査を行うことになっていた。この方針に沿って地方庁の水産試験場も各地に設立された。明治二十七年にはわが国最初の県水産試験場が愛知県幡豆《はず》郡一色《いっしき》町に設立され、昭和五年(一九三〇)までに全県に設立された。ところで昭和五年ころから第二次世界大戦が激化するまでは日本海・太平洋東北海域など沖合の漁場海域を中心とした大規模な観測が行われていた。戦後になると水産試験場を廃止し、地域的特徴に対応した八海区(北海道・東北・東海・南海・西海・日本海・内海・淡水)の水産研究所体制に改変され、食糧難対策、東北冷害対策などの緊急事業に取組んだ。また昭和三十八年(一九六三)の全国的異常冷水現象を契機に水産海洋研究が発足し、同四十五年(一九七〇)以降、沿岸域の環境汚染問題などが水産研究の課題として取組まれてきた。

参考文献　水産研究一世紀事業記念出版編集委員会編『水産試験研究一世紀のあゆみ―水産庁研究所―』(二〇〇〇、中央水産研究所)　(山口　徹)

すいしゃ　水車　水の位置・運動エネルギーを回転動力に変換する装置。江戸時代から主に横軸の竪型水車が揚水、精米、製粉などに用いられてきた。陸軍が精米に利用可能な水車を調査して明治十八年(一八八五)に整備した『徴発物件一覧表』には全国五万七千七百八十一の水車場が記録されている。日本式より回転が安定し、高い落差の利用にも適した洋式水車は明治十年に新町紡績所に輸入されたジョンバン式のタービン水車が初とされ、明治十四年には愛知紡績所に横須賀造船所で製造されたフルネイロン式タービン水車が設置された。『本邦綿糸紡績史』第二巻によれば、この製作にあたったのは鹿児島で維新期に薩摩藩銃薬所用のタービン水車を作った経験者であったという。その後タービン水車の中心となったフランシス式は縦軸で、羽根車とその外周の導羽根を用いて水圧によって水中で生じる水流で羽根車を回転させた。これに対してペルトン式は、角型の二つの椀を横に並べた形状のバケットを連ねた水車に空中で水圧の高い水を鉄管から噴射し、バケットの中心部でこれを受けて回転し、少ない水量で高い落差を利用できる場合に適した。大正元年(一九一二)末に職工十名以上の工場の動力源は蒸気機関の四七万二〇〇〇馬力に対し、タービン水車が一〇万六〇〇〇馬力、ペルトン水車は五万八〇〇〇馬力、日本型水車が三〇〇〇馬力程度であった。また、発電用ではこの年に水力が火力を上回り、二三万三〇〇〇キロワットが水力であった。小型の洋式水車は国内生産されたが大型は輸入品が中心であった。器械製糸の中心地諏訪では、大正初年まで大型の日本型水車が材料の一部に鉄材を用いながら製糸工場の主要な動力源であり続けた。日本型精米用水車は電力普及地域で減少する一方、従来使われていなかった地方に普及したため大きな増減がなく、小規模工業での利用の拡大を含めると、明治期を通じて日本型水車の全体数は増える傾向にあったと思われる。

参考文献　今津健治「明治期における蒸気力と水力の利用について」(社会経済史学会編『エネルギーと経済発展』所収、一九七九、西日本文化協会)、末尾至行『水力開発=利用の歴史地理』(一九八〇、大明堂)、出水力『水車の技術史』(一九八六、思文閣)、高村直助「明治後期諏訪製糸業における水車動力」(『再発見明治の経済』所収、一九九五、塙書房)　(鈴木　淳)

すいしゃぼう　水車紡　⇨臥雲紡績機《がうんぼうせきき》

すいたじけん　吹田事件　滞日中のドイツ皇孫一行が、大阪府島下《しましも》郡小路《おじ》村(吹田市岸部北)にて住民と紛紜を起し、国際問題となった事件。明治十三年(一八八〇)二月七日、皇孫ハインリッヒ一行は、神戸から上陸して小路村に微行し、禁猟地で狩猟を行なった。そして駆けつけた住民に暴行を加えたほか、制止に入った警官の職務を妨げ、さらに大阪府庁でも質問への応答を拒むなど不遜な態度を示した。事件の翌日、ドイツ側が不敬の廉で抗議すると、府知事は皇孫側の非違を指摘するなど、毅然たる態度で交渉に臨む。その結果、いったんは穏便に解決する方向で話がまとまりかけた。しかしその後、ドイツ側が態度を硬化させ、また外務省が全面的に陳謝する姿勢を見せたことで事態は急転。結局、要求通り現地で謝罪式を挙げたほか、関与した警官はすべて処罰され、うち八名が免職となった。さらに政府の対応を批判した新聞は発行停止となり、関係者は罰金や禁獄に処せられた。

[参考文献] 外務省編『日本外交文書』明治期一三(一九五〇、日本国際連合協会)、内山正熊「吹田事件(一八八〇年)の史的回顧」(『法学研究』五一ノ五、一九七八)

(伊藤　信哉)

すいどうじぎょう　水道事業　沈澱池で原水中の懸濁物質を沈澱除去したのち、一日四〜五メートルの速度で濾過し、砂層表面や砂層内部の生物濾過膜によって不純物を除去し、鉄管の中を有圧で常時供給する事業。一日一二〇〜一五〇メートルの速度で濾過する急速濾過法は明治四十五年(一九一二)、京都の蹴上浄水場ではじめて導入されたが、戦前期では大部分が冒頭に述べた緩速濾過方式が用いられつづけた。また水の消毒操作が行われるようになるのは大正十年(一九二一)以降であって明治期にはなされてはいない。江戸時代にも水道施設自体は存在していたが、川や池の水、湧泉水などを自然流下で導いたものであり、また住民の大部分は井戸水を使用していた。幕末期からはコレラに代表される水質汚染による伝染病が猛威を振い、近代的上水道建設が必須となった。外国貿易の拠点横浜では、明治十六年(一八八三)現在、市街地の井戸一〇六の内、飲用に適するものわずか三三という劣悪な事態であり、飲料水需要の増大、伝染病対策、居留地からの要求、外国船への給水といった諸課題から、神奈川県は英人技師パーマーの力を借り、政府から借金し、百七万円の費用を以て十八年四月相模川を水源とする近代的水道建設を開始した。二十年(一八八七)九月用水取入所の揚水式を行い、ついで導水管に通水し、十月十七日市内各地域への配水を始めたのである。国レベルでは明治五年(一八七二)二月文部省内に医務課が設けられて水道事務を管轄、八年六月以降内務省所管に移った。二十年六月の閣議で上水道公営原則が決定され、英人技師バルトンを招聘して内務省衛生局雇技師とし水道事業の指導・研究を担当させた。二十一年に入り内務省は水道事業への国庫補助を三府五港に行う方針を決定、また本事業は河水引用権問題や水道施設などの土木工事問題がからむため、水道事業は衛生局と土木局の共管事務となった。国庫補助は日露戦後になると重要産業都市や師団所在都市にも適用されるようになっていった。また明治四十二年には、内務省は市町村に対し、水道建設資金の低利融資の途を開いた。法制的に体制がかたまるのは明治二十三年二月、法律第九号水道条例が公布されることによってであるが、その第二条には「水道は市町村その工費を以てするにあらざれば、これを布設することを得ず」と規定され、経営主体が市町村であることが明確にされた。敷設状況は明治二十年の横浜が最初であり、二十二年函館、二十四年長崎、二十八年大阪、三十一年(一八九八)広島と東京、三十三年神戸、三十八年岡山、三十九年下関という順序で竣工していき、四十年以降の明治期内で竣工したのは青森・秋田・若松・佐世保・水戸の五水道である。四十四年現在の事業数は二十三ヵ所、計画給水人口四百十八万人、総人口の八・四%に達し、水系伝染病の大発生は抑えることができるようになった。水道条例に基づいて建設された最初の水道は大阪市水道であり、東京市は明治二十五年に起工し、三十一年に完成、玉川上水を淀橋浄水場に導いて鉄管により給水するシステムを取り、竣工とともに玉川上水は廃止された。ところで水道事業には当然なこととして厖大な量の鉄管が必要となり、外国からの輸入品を使用するか国内製造品にするかで東京市会は大議論の末、日本鋳鉄合資会社に決定した。しかし明治二十八年大量の不正鉄管が同社より納入されていた事実が暴露され、市会汚職事件として大問題となり、結局三十一年六月市制特例の廃止、十月東京市役所開庁という結果をもたらしている。なお明治期に着工し大正期に竣工したのは、京都・小樽・堺・新潟・高崎・名古屋・甲府・門司・小倉の九水道である。

[参考文献] 大霞会編『内務省史』三(一九七一、地方財務協会)、日本産業技術史学会編『日本産業技術史事典』(二〇〇七、思文閣出版)

(宮地　正人)

すいどうてっかんのうにゅうじけん　水道鉄管納入事件　⇨東京《とうきょう》市《し》疑獄《ぎごく》事件《じけん》

すいらい　水雷　魚雷(魚形水雷)、機雷などの兵器の総称。安政年間(一八五四―六〇)に薩摩藩で、翻訳書を頼りに木製の電気点火式水雷を製造し、文久三年(一八六三)の薩英戦争で使用した例がある。海軍では明治十一年(一八七八)最初の機雷を、また同十三年に水雷艇を輸入した。これには当初外装水雷を装備したが、同十七年以降は魚雷の輸入・開発が始まった。当初の魚雷は射程が短く、接近する前に敵の砲火に晒されることから、水雷艇による停泊艦の夜襲が想定されていた。日清戦争では、威海衛で実際に夜襲が行われて戦果を挙げた。そして日露戦争においては、旅順港では小田喜代蔵開発の二号機雷がロシア艦を沈没させ、また日本海海戦では水雷艇隊が逃げるロシア艦を掃討するなど、海戦での水雷の役割は次第に大きくなった。その後水雷艇の役割は駆逐艦に移っていった。この間、同十二年には水雷練習所が置かれ、以後変遷を経て同四十年(一九〇七)に水雷学校が置かれた。

参考文献 海軍水雷史刊行会編『海軍水雷史』(一九七九)、海軍歴史保存会編『日本海軍史』一(一九九五)

(榎本 浩章)

すいりくみあい 水利組合 農業水利として用水・排水・分水施設の維持管理を行う共同組織。水利組合の端緒は中世郷村制の成立までさかのぼるが、荘園制が崩壊して戦国大名による新田開発が進むと同一水系に井組や水組と呼ばれる組織が形成された。井組・水組は江戸時代に村落ごとに整備され、同一水系に組合や連合の広がりをみせるようになった。水利の管理維持は水利慣行に基づき自治的統制が実施された。河川の大規模な治水事業は幕府や藩などが担ったが、旧来の水利秩序は領主層によって認められていたため用排水の管理や水利慣行の維持は井組・水組が担当した。明治以後も井組・水組による用排水の管理や水利慣行の維持は行われていたが、新しい地方自治制度の整備に伴い水利組織の再編が急がれた。特に明治六年(一八七三)の地租改正によって近代地主制の形成が促進されると、地主的土地所有者を基礎にした郡区町村編成法が明治十一年(一八七八)七月に制定された。この法律は近世以来の自然村を合併して行政村(区町村)を誕生させたが、近世村落を基礎にした井組・水組などの水利組織と行政村が合致せず支障が生じた。そのため明治十三年四月に制定された区町村会法の中に「水利土功ノ為メノ集会」を設け、近世以来の井組や水組などを温存しながら地元関係者が協議を行えるようにした。区町村会法が明治十七年に改正されると水利土功会は制度化され、国や府県・郡役所による水利組織支配への道を開いた。明治二十二年(一八八九)に憲法制定・帝国議会開催を前提に本格的な地方制度を制定するため市制町村制が施行されたのに伴い、制度化されつつあった水利土功会を法制度化する水利組合条例が明治二十三年六月に定められた。この条例によって水利土功会は利水のための普通水利組合と治水のための水害予防組合に改編された。普通水利組合の設置によって農村の水利組織は内務省・府県・郡役所の監督のもとに一本化されたが、組合役員は地主の互選によって選出され、灌漑排水の運用管理は区費負担が原則とされた。他方で明治三十八年(一九〇五)二月に耕地整理法の目的の中に「灌漑用水に関する設備ならびに工事」が加筆され、明治四十二年(一九〇九)四月の改正では灌漑排水事業が主目的となった。このため水利組合条例も明治四十一年四月に水利組合法に代わり、普通水利組合は灌漑排水に関する事業のために設置すると改められた。この結果、農商務省所管の耕地整理組合と内務省所管の普通水利組合という二つの灌漑排水に関わる組合が併存することとなり、灌漑排水工事は耕地整理組合、工事完了後の水利施設の運用は水利組合というような業務区分がなされた。昭和二十四年(一九四九)六月に水利の基本法として土地改良法が制定されると普通水利組合と耕地整理組合は土地改良区に改編され、農林省の所管に一本化された。

参考文献 今村奈良臣他『土地改良百年史』(一九七七、平凡社)、玉城哲・旗手勲・今村奈良臣編『水利の社会構造』(『国連大学プロジェクト「日本の経験」シリーズ』、一九八四)

(渡辺 新)

すいりくみあいじょうれい 水利組合条例 明治二十三年(一八九〇)六月二十一日に公布された法律。それまで農業水利に関する団体としては、区町村会法(明治十三年(一八八〇)四月太政官布告一八号)にもとづく水利土功会が存在したが、本条例はこれを水利組合に再編した。すでに明治二十一年四月に市制・町村制が公布されていたので、水利事務は、市町村行政として取り扱う場合、町村制第六章の町村組合として組織された団体による場合、本条例による水利組合による場合と、三種類に分かれることになった。本条例では、普通水利組合と、水害予防組合の二種類の組合が規定された。前者は、「用悪水等専ラ土地保護ニ関スル事業ノ為設置」されるもので、土地所有者が組合員とされた。後者は、土地および家屋所有者が組合員とされた。水利組合は、官任の管理者によって運営され、起債も内務・大蔵両大臣の許可を必要とするなど官の監督下にあることが強調されているが、実態は旧藩時代以来の井組の慣行が維持されたところが多い。

参考文献 渡辺洋三『農業水利権の研究(増補版)』(『東京大学社会科学研究所研究叢書』四、一九六三、東京大学出版会)、森実『水の法と社会―治水・利水から保水・親水へ―』(一九九〇、法政大学出版局)

(矢野 達雄)

すいりくみあいほう 水利組合法 明治四十一年(一九〇八)四月十三日に公布された法律。明治二十三年(一八九〇)六月の水利組合条例と比べて、灌漑排水に関する事業を行う普通水利組合と水害防御に関する事業を行う水害予防組合の二種を規定したこと、これらは特別の事情によって府県その他地方の公共団体の事業となすことができない場合に設置することができること(第一条)などは、変化がない。両団体の法的性格について、本法では、法人と明文で規定した。また、組合の連合の設置に関する規定も新設された。本法の所管は団体規制の観点から内務省とされ、全体として管理者(官任)および監督庁の権限は強化されている。なお、明治四十二年三月新耕地整理法によって農商務省所管の耕地整理組合が設立する可能性が生まれた。第二次大戦後、昭和二十四年(一九四九)六月土地改良法(法律一九五号)によって、旧水利組合・耕地整理組合は解体され、土地改良区に再編された。

参考文献 柴田寿雄『水利組合法要義』(一九一〇、大成会)、渡辺洋三『農業水利権の研究(増補版)』(『東京大学社会科学研究所研究叢書』四、一九六三、東京大学出版会)、森実『水の法と社会―治水・利水から保水・親水へ―』(一九九〇、法政大学出版局)

(矢野 達雄)

すいりどこうきそく　水利土功規則　地元住民の水利土功に関する集会開催ならびに水利土功会の設置のための規則で、農業水利管理のための行政措置。水利土功の「土功」は「土工」とも書き、土の切り取り・盛り土・運搬など土砂を扱う水利土木工事を意味する。明治十一年(一八七八)七月に制定された郡区町村編成法によって近世以来の自然村が合併されて行政村が生まれたが、近世村落を基礎にした井組・水組などの水利組織と行政村が合致せず支障が生じた。そのため明治十三年四月に制定された区町村会法第八条において「水利土功(公共ノ水利土功ニシテ全町村ノ利害ニ関渉セス或ハ数町村ノ幾分ノミ其利害ニ関係スルモノ又ハ利害ニ関係ナキモ従来組合等ノ慣行アルモノヲ云)ノ為メ町村会ノ議決ヲ以テ其関係アル人民若シクハ町村ノ集会ヲ要スルトキハ其地方ノ便宜ニ従ヒ規則ヲ設ケ府知事県令ノ裁定ヲ受クヘシ」と水利土功に関して区町村会で協議して規則を設け処理する道が開かれた。明治十七年の同法改正で同法第一四条において区町村会のほかに水利土功会を開設できるようになり、水利土功会に関する規則は府県令の監督に服すること、町村会に準じて運営することが定められた。これによって大きな井組・水組では行政区域とは別に水利土功規則を設けて土功会を設置し水利工事や水利組織の整備を行なった。明治二十三年(一八九〇)六月に水利組合条例が定められ、水利土功会は利水のための普通水利組合と治水のための水害予防組合に改編された。

参考文献　今村奈良臣他『土地改良百年史』(一九七七、平凡社)、玉城哲・旗手勲・今村奈良臣編『水利の社会構造』(『国連大学プロジェクト「日本の経験」シリーズ』、一九八四)

（渡辺　新）

すいりょくはつでん　水力発電　発電方式の一つで、水が落下するエネルギーで発電機を回し、電気を起こす。日本最初の本格的な水力発電所は、古河市兵衛が経営する栃木県の足尾銅山で明治二十三年(一八九〇)十二月に稼動した間藤原動所である。同原動所からの発生電力は、揚水用ポンプと捲揚機など、銅山の動力として使用された(一部は電燈用にも使われた)。間藤原動所は、ジーメンス社製の横軸水車(四百馬力)と、揚水用の八十馬力、捲揚用の二十五馬力、電燈用の六馬力の三台の発電機を擁して、発電にあたった。この発電所の建設は、ジーメンス社のドイツ人技師ヘルマン＝ケスラーの指導によって、可能となった。足尾銅山は、その後も坑外運搬用鉄道の電化(明治二十四年)、坑内運搬における電気機関車の使用(明治三十年(一八九七))など、設備の電化を推進した。一方、日本最初の一般供給用水力発電所は、京都市が明治二十四年十一月に運転を開始した蹴上発電所である。蹴上発電所の建設工事は、琵琶湖―京都間の疏水工事の一環として明治二十三年一月に着手され、明治三十年五月に完成した(総出力一七六〇キロワット)。蹴上発電所の運転開始以前にも水力発電所は存在したが、それらはいずれも自家用であった。明治三十九年度末の時点では、日本全体の発電設備総出力の七二%が火力発電所によって占められ、水力発電所の比率は二八%にとどまった。このように、電気事業の草創期における日本の電源構成は、火力中心であった。しかし、明治四十年(一九〇七)に東京電燈が山梨県桂川水系の駒橋水力発電所から東京までの遠距離高圧送電を実現したことにより、「水力発電ブーム」が生じた。その結果、明治四十五年には、全国的にみて、水力の発電設備出力が火力のそれを凌駕するに至った。ここに、日本の電気事業は、当初の「火主水従」時代から「水主火従」時代へ、大きな転換をとげたのである。

（橘川　武郎）

スウィントン　William Swinton　一八三三―九二　アメリカで活躍した軍事史家、教育者、教科書ライター。邦名「須因頓」または「斯因頓」。一八三三年四月二十三日、スコットランド出身。一八四三年に家族とカナダに移住。トロントのKnox Collegeで学んだ後、米国マサチューセッツのAmherst Collegeに進学。父の意向を受け、長老派牧師になるべく、一八五三年から伝道活動を開始。同じころ、ノースカロライナやニューヨークで教鞭をとる。一八五八年のニューヨークタイムズ社入社を機に牧師の道を断念。南北戦争開戦後は前線特派員となる。しかし、彼の非常識な情報収集活動、高度な軍事専門知識と軍への酷評は、軍当局の不愉快を買い、従軍記者の資格を剝奪の上、軍への出入り禁止となる。その後、軍事史関連の著作を重ねた後、一八六九年にUniversity of Californiaの教授となるが、学長と対立し五年で辞職。ニューヨークのブルックリンへ戻り、幅広い分野の教科書執筆に従事。彼の教科書は、公立私立を問わず、広く採用され、大成功をおさめる。一八七八年のパリ万博では金メダルを賞された。特にOutlines of the World's History(1875)は当時大流行し、明治の日本でも第一高等中学校などの教科書として広く使用され、数種の翻訳および、原書の翻刻が出版されている。しかし、金銭感覚に乏しい彼は、多大な印税収入にもかかわらず、しばしば困窮した。一八九二年十月二十四日、ブルックリンで没。満五十九歳。兄のJohn Swinton(一八三〇―一九〇一)もジャーナリスト、社会改良者として有名。

参考文献　Obituary(The New York Times, 1892. 10. 26); William Swinton's Career(The New York Times, 1892. 12. 11); Stanley J. Kunitz and Howard Haycraft ed., American Authors 1600-1900 A Biographical Dictionary of American Literature(New York: H. W. Wilson Co.: 1938); James Grant Wilson and John Fiske ed., Appletons' Cyclopaedia of American Biography, 7 vols. (Detroit: Gale Research Company: 1968); The National Cyclopaedia of American Biography, 63vols. (New York: James T. White & Company: 1906); Dumas Malone ed., Dictionary of American Biography, 20vols. (New York: Charles Scribner's Sons, 1928-

1936)、田中彰・宮地正人校注『歴史認識』(『日本近代思想大系』一三、一九九一、岩波書店)　(岡部　泰子)

スウェーデンたいそう　スウェーデン体操　十九世紀初頭スウェーデン人リングの創始した体操。生理学・解剖学を基礎とした体操で、教育・医療・兵式・美的の四部門に分かれているが、主に教育と医療に活用され、二十世紀には世界四十ヵ国に普及した。元来スウェーデン体操は解剖学的知識に基づいた科学的性格を有し、徒手体操のほか、肋木《ろくぼく》、鉄棒、跳び箱などの器械・器具を用いた体操である。その特色は、(一)指導が累進的であること、(二)年齢に応じた発展的な配列が可能であること、(三)年齢や性差に関係なくできること、(四)身体各部の運動を含み、普遍的であること、(五)保健的・矯正的特色を持っていること、(六)準備運動・整理運動として優れていることであり、教師の号令によって大勢の人間が体操を行う集団体操である。明治三十年(一八九七)に医学研究のため渡米した医学研究者川瀬元九郎《かわせもとくろう》が明治三十三年に帰朝、スウェーデン体操を伝え、日本体育会体操学校で熱心にこれを唱導するとともに、『スエーデン式教育的体操法』『スエーデン式体操法』の二書を著した。いずれもニルス＝ポッセ(一八六二—九五)『教育的体操特殊運動学』(明治二十七年)の訳述を主としたものである。また明治三十二年文部省から体育研究のためアメリカに留学を命ぜられた井口《いのくち》あくりは、ボストン体操師範学校などで体操の講習を受け、明治三十六年帰朝後、女子高等師範学校教授となり、スウェーデン体操の普及に努めた。スウェーデン体操は大正二年(一九一三)わが国初の学習指導要領ともいうべき「学校体操教授要目」に学校体操の中心教材として位置づけられた。徒手体操や器械体操など、戦前の体操科の体操イメージはこのスウェーデン体操によって形成された部分が大きい。わが国で桜井恒次郎《さくらいつねじろう》などの医学者がスウェーデン体操に着目したのは、その合理性とともに、胸郭を鍛える運動などが結核対策としてもその効果が期待できると考えられたからである。

参考文献　竹之下休蔵・岸野雄三『近代日本学校体育史』(一九五九、東洋館出版)、野々宮徹「ゴート思想とスウェーデン国民体育」(岸野雄三他『体育・スポーツ人物思想史』所収、一九七九、不昧堂)、成田十次郎「リング『体育の一般原理』」(松田岩男・成田十次郎編『身体と心の教育—健康を育てる—』所収、一九八二、講談社)　(大久保英哲)

すうがく　数学　幕末から明治時代初期にかけて、日本の数学は制度的にも内容的にも大転換を遂げている。すなわち、和算から洋算(近代西欧数学)へという変化である。近代日本が直面していた最重要課題の一つに、科学技術の速やかな導入があったが、基礎となる数学の理解なくしてその実現はなしえないものであった。近世日本にも伝統的な数学(和算)はあったものの、この課題に到底答えられないことは幕末以来の軍事技術などの導入の経験によって明らかとなっていた。明治五年(一八七二)に制定された「学制」では、公教育を西洋数学(洋算)によるものと規定し、計算道具であるそろばんを除いて和算的なものは排除された。明治時代初期の数学書を見ると、和算、洋算、そして中国で翻訳された西洋数学書などが混然と流通していたことがわかる。特に中国で翻訳された近代数学の概念(微分や積分など)を日本の数学者は積極的に受容していた。高等教育では、明治十年(一八七七)に東京大学が開設され、初代数学科の教授としてイギリス留学から帰国した直後の菊池大麓が任命された。菊池は本格的にヨーロッパで数学教育を受けた人で、彼の尽力によって日本の数学の高等教育・研究体制は軌道に乗ることになる。その門下からは高木貞治など、世界的な業績を挙げる数学者が生まれている。学会組織としても、やはり明治十年に東京数学会社が設立され、数学の啓蒙と普及がはかられた。しかし当初この会は和算家たちによって占められており、西洋数学の普及活動が本格化し、研究論文が発表されるようになるには数年の時間がかかっている。明治二十年代以降になると、ようやく国内で西洋数学を学んだ世代が第一線で活躍するようになり、前代の和算的な雰囲気は学界から消えていくことになる。　→和算《わさん》

参考文献　『日本の数学一〇〇年史』上(一九八三、岩波書店)　(佐藤　賢一)

すうざんぼう　嵩山房　享保三年(一七一八)創業になる小林新兵衛の書肆。商号は荻生徂徠《おぎゅうそらい》による命名である。東京市日本橋区通二丁目(東京都中央区)にあった。『唐詩選』の版元であったことでも有名である。明治期には、芸術書をはじめとして、教養書・実用書・教育書・歴史書・軍事書など幅広い分野の出版を行なったが、明治四十二年(一九〇九)—四十三年ごろに廃業したものと思われる。

参考文献　宇野史録「出版書肆興亡史録」(橘篤郎編『綜合ヂャーナリズム講座』五所収、一九三二、内外社)、三橋猛雄『明治前期思想史文献』(一九七六、明治堂書店)、大久保久雄監修『日本書籍商史—明治大正昭和戦前期—』一(『文圃文献類従』一一ノ一、二〇〇七、金沢文圃閣)　(鵜飼　政志)

すうみついん　枢密院　大日本帝国憲法下における天皇の最高諮問機関。枢府とも称する。設置の直接的契機は、伊藤博文を中心に起草が進められてきた憲法・皇室典範の草案についての諮詢に応えることにあった。創設は、明治二十一年(一八八八)四月二十八日(官報掲載は三十日)、「朕元勲及練達ノ人ヲ撰ミ、国務ヲ諮詢シ、其啓沃ノ力ニ倚ルノ必要ヲ察シ、枢密院ヲ設ケ、朕ガ至高顧問ノ府トナサントス」との上諭とともに公布された、官制・事務規程(勅令第二二号)による。官制では、枢密院を「天皇親臨シテ重要ノ国務ヲ諮詢スル所トス」(第一条)と天皇親臨の国務諮詢機関であることを明記し、組織は、議長・副議長各一人、顧問官十二人以上、書記官長一人および

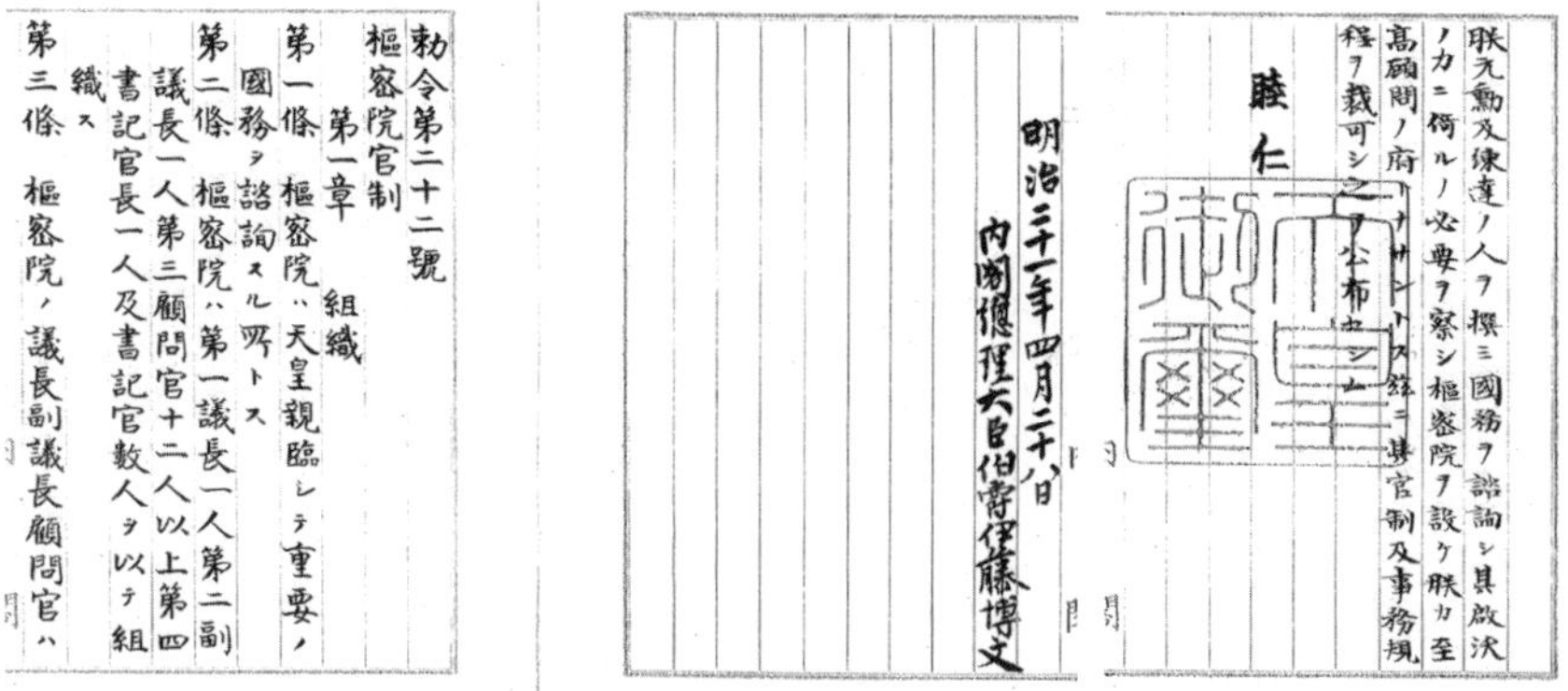
朕元勳及練達ノ人ヲ撰ミ國務ヲ諮詢シ其啟沃
ノ力ニ倚ルノ必要ヲ察シ樞密院ヲ設ケ朕カ至
高顧問ノ府トナサントス玆ニ其官制及事務規
程ヲ裁可シ之ヲ公布セシム

睦仁

天皇御璽

明治二十一年四月二十八日
内閣總理大臣伯爵伊藤博文

勅令第二十二號
樞密院官制
第一章 組織
第一條 樞密院ハ天皇親臨シテ重要ノ國務ヲ諮詢スル所トス
第二條 樞密院ハ第一議長一人第二副議長一人第三顧問官十二人以上第四書記官長一人及書記官數人ヲ以テ組織ス
第三條 樞密院ノ議長副議長顧問官ハ

枢密院官制

枢密院会議室

枢密院外観

枢密院会議之図(楊洲周延画)

書記官数名によって構成され(第二条)、何人も年齢四十歳に達しなければ、議長・副議長・顧問官に任ずることができないとした。職掌は、諮詢事項について、会議を開き、「意見ヲ上奏シ、勅裁ヲ請フ」(第六条)こととされた。諮詢事項は、(一)憲法および憲法に付属する法律の解釈に関し、および予算その他会計上の疑義に関する争議、(二)憲法の改正または憲法に付属する法律の改正に関する草案、(三)重要なる勅令、(四)新法の草案または現行法律の廃止・改正に関する草案、列国交渉の条約および行政組織の計画、(五)前項までに掲げるもののほか、行政または会計上重要の事項に付き、特に勅命をもって諮詢された時、または法律・命令によって特に枢密院の諮詢を経ることを要する時の五点とされた。このように枢密院は、憲法をはじめすべての法律、重要な勅令を起草・改正する権限、憲法・諸法令の解釈をめぐる権限、さらには条約や行政組織の計画、予算をはじめとする会計上の疑義といった国務全般にわたって関与することが可能となるような広範囲な権限を有する機関として設置をみた。その一方で、「枢密院ハ行政及立法ノ事ニ関シ天皇ノ至高ノ顧問タリト雖モ、施政ニ関与スルコトナシ」(第八条)と、あくまで顧問府であって実際の施政には関与しないと明記したが、これは枢密院権限の強大化を抑止することを意図したものといえる。会議の定足数は、顧問官十名で、国務各大臣は職権上から顧問官としての地位を有し、議席に列し表決する権利を有した。議事は多数決により、議決された事項については、書記官長または書記官が意見を起草し、議長の検閲を経たのち理由を付して(重要事件については討論の要領書を付属する)、議長から天皇に上奏することとされた。なお丁年以上の親王も会議に列する権限を与えられていたが、出席しないのが慣例であった。枢密院設置の目的は、設置を主導した伊藤博文の意図によれば、議会開設後に予想される行政府と立法府との政治的対立を克服し、天皇大権を規定した憲法を擁護することにあった。しかし、枢密院の役割・権限については、伊藤の構想を、「最上裁判所」を設置することに等しいと井上毅が批判したように、立憲制下にどのように位置づけるかをめぐって曖昧さをのこした。そのため、その後も権力を構成する政治的諸勢力の力関係が変容するのに伴い、枢密院の役割・権限も変化していく。明治二十三年十月七日、発布をみた憲法との整合性を図るため枢密院官制の改正が行われた(勅令第二一六号)。主な改正点としては、顧問官の定員を二十五人に制限したこと、旧官制で諮詢事項とされた新法の草案または現行法律の廃止・改正に関する草案に関する事項を削除したこと、議会閉会時の緊急勅令、皇室典範においてその権限に属することとした事項を新たに追加したことなどであり、改正の目的は、議会開設という新たな状況を踏まえ、皇室に関する事項に対する議会の掣肘を防ぐこと、議会の職掌・権限との区分の明確化といった点にあった。さらに会議について、「会議ヲ開キ、意見ヲ上奏シ、勅裁ヲ請フ」との旧官制の規定を「諮詢ヲ待テ会議ヲ開キ意見ヲ上奏ス」(第六条)と改められた。これは、枢密院の他動性をより強化しようとした当時の首相山県有朋の意図に基づくもので、天皇の枢密院への諮詢が、内閣の奏請に基づいて行われるという内閣の主導性を確保するためであった。しかし、諮詢事項の一項に「前諸項ニ掲グルモノ、外臨時ニ諮詢セラレタル事項」が設けられたことは、その後の枢密院にさらなる性格の変化をもたらすこととなる。明治三十一年(一八九八)六月成立した第一次大隈重信内閣は、成立当初から勅任官への政党員の登用を推進するとともに、与党憲政党内では文官任用令を全廃して、全官吏の自由任用を求める動きを強めた。これに対し、閣内分裂で倒れた大隈内閣の後を襲った第二次山県内閣は、翌三十二年三月、文官任用令を改正し、文官分限令と文官懲戒令を公布して、官僚機構のなかに政党勢力が浸透するのを阻止する障壁とした。これら文官制度は、改正官制では諮詢事項に該当しなかったにもかかわらず、「臨時ニ諮詢セラレタル事項」を適用し諮詢に付されて制定された。さらに明治三十三年四月九日には御沙汰書が出され、文官の任用・服務・懲戒・試験に関する勅令のほか、教育制度の基礎に関する勅令、内閣官制に関する勅令、各省官制通則に関する勅令、台湾総督府官制に関する勅令などが、新たに諮詢事項に加えられた。以後、一部にその違法性が指摘されつつも、昭和十三年(一九三八)十二月の官制第六条改正の際に明文化されるまで、御沙汰書の内容は公開されることなく、枢密院運営の根拠とされた。こうして政党勢力の力が拡大し、内閣への影響力を強めるにつれて、枢密院は官僚派の牙城として、内閣に対峙・対立していくこととなる。昭和二十二年(一九四七)五月二日、日本国憲法施行に先立って廃止された。

参考文献 鈴木安蔵「枢密院制度の創設と史的意義」(『太政官制と内閣制』所収、一九四四、昭和刊行会)、稲田正次『明治憲法成立史』下(一九六二、有斐閣)、由井正臣編『枢密院の研究』(二〇〇三、吉川弘文館)

(大庭 邦彦)

すうみつこもんかん 枢密顧問官 明治二十一年(一八八八)四月に創設された天皇の最高諮問機関である枢密院の構成員。枢密院官制では、当初、顧問官は十二名以上とされ、議長・副議長・書記官長各一名および書記官数名とともに枢密院を組織した。定員はその後、明治二十三年二十五名、明治三十六年(一九〇三)二十八名、大正二年(一九一三)二十四名と改定された。顧問官には、四十歳以上で、「元勲」および「練達ノ人」を天皇みずからが選ぶとされ、議長・副議長とともに親任官とされた。また各省大臣は、職権上から顧問官の地位を有し表決権を有した。枢密院設置直後は、大日本帝国憲法・皇室典範をはじめとする立憲君主制の根幹をなす法律案の審議にあたり、明治二十二年二月発布された大日本帝国憲法第五六条において「枢密顧問ハ枢密院官制ノ定ムル所ニ依リ天皇ノ諮詢ニ応ヘ重要ノ国務ヲ審議ス」と規定され、国制上の位置が確定された。明治二十一年四月三十日、初代議長に伊藤博文、書記官長には井上毅が内閣法制局長官兼任で任ぜられ、同時に、顧問官として大木喬任・東久世《ひがしくぜ》通禧《みちとみ》・川村純義・吉井友実・品川弥二郎・勝安芳・河野《こうの》敏鎌《とがま》・副島種臣・福岡孝弟・佐佐木高行・寺島宗則・佐野常民の十二名が最初に任命された。その後五月十日に至って副議長に寺島宗則が就任し、顧問官に元田《もとだ》永孚《ながざね》・土方久元・吉田清成、さらに六月十四日鳥尾小弥太、十一月二十日には野村靖が任命された。その出身は、薩摩四、土佐四、肥前三、長州三、公卿・幕臣・肥後各一名で、薩長土肥を中心とする藩閥的構成をとっていた。また前職については大木・東久世が元老院正副議長、吉田・鳥尾は元老院議官、品川・副島・福岡・佐佐木・寺島・佐野・元田は宮中顧問官、土方・吉井は宮内大臣・次官との兼任で任命されており、当初は元老院や宮内省高官がその中心であった。その後の補充人事では各省大臣・大審院長といった官歴所有者から選ばれた。明治四十二年(一九〇九)に議長伊藤博文が暗殺され、山県有朋が議長に再任されて以降は、山県系官僚が多くを占めるようになっていった。大正十一年(一九二二)二月山県が死去すると西園寺公望の意向もあり、枢密院の政治色を薄めようとの動きがあったものの、伊東巳代治らが実権を掌握したあとも、政党内閣を掣肘する牙城として機能し、顧問官の陣容も官僚出身者中心という構成に一貫して変化はなかった。

参考文献 伊藤博文『憲法義解』(宮沢俊義校註、一九四〇、岩波書店)、遠山茂樹・安達淑子『近代日本政治史必携』(一九六一、岩波書店)、稲田正次『明治憲法成立史』下(一九六二、有斐閣)

(大庭 邦彦)

すえおかせいいち　末岡精一　一八五五―九四　公法学者。安政二年六月二十日(一八五五年八月二日)に周防国熊毛郡宿井村(山口県熊毛郡田布施町)に生まれる。明治七年(一八七四)東京英学校に入り、明治十四年(一八八一)東京大学文学部卒業後、文学部兼法学部准講師となり、大日本帝国憲法制定作業に関連して明治十五年よりドイツ、オーストリアに留学して国法学を学ぶ。十九年十二月の帰朝後より帝国大学法科大学教授として国法学を担当した。その師であるドイツ人御雇い教師カール＝ラートゲンを受け継ぎ、主流となったドイツ流国家学を説いた。明治二十四年(一八九一)、法学博士。明治二十七年一月二十一日没。四十歳。遺稿として中村進午《なかむらしんご》が編纂した『比較国法学』(明治三十二年、博文館)がある。そのほか、講義録として『行政裁判法』(明治二十七年、日本法律学校)、『行政法汎論講義』(出版年不明、日本同盟法学会)がある。

参考文献 『新撰大人名辞典』(一九三七、平凡社)、西村捨也編『明治時代法律書解題』(一九五四、酒井書店)

(櫻井 良樹)

すえながじゅんいちろう　末永純一郎　一八六七―一九一三　明治時代後期から大正期にかけての新聞人。号は鉄巌。慶応三年三月二日(一八六七年四月六日)筑前国筑紫郡住吉町(福岡市)の住吉神社の神官茂世の長男として生まれる。幼いころより国学・漢学を学び、明治十六年(一八八三)上京、杉浦重剛の称好塾で学び、同二十年(一八八七)九月帝国大学法科大学法律学科選科に入学。同二十一年同科修了後、『芸備日日新聞』の記者となり、同二十二年二月十一日陸羯南・福本日南らによる国民主義の新聞『日本』に入社、日清戦争では従軍記者を務めた。同三十三年(一九〇〇)東邦協会幹事となり、孫文らを助けた。同三十八年四月大連に渡り、関東州民政長官石塚英蔵らの援助を得て十月二十五日『遼東新報』を創刊、日本語・中国語双方による紙面構成や経営に心を砕いたが、大正二年(一九一三)十二月三十一日病のため同地で死去。四十七歳。

(中嶋 晋平)

すえひろきょうじ　末広恭二　一八七七―一九三二　明治から昭和時代の船舶工学者。明治十年(一八七七)十月二十四日、東京に生まれる。父は文筆家の重恭《しげやす》(鉄腸《てっちょう》)。明治三十年(一八九七)、第一高等学校卒業、明治三十三年、東京帝国大学工科大学造船学科卒業(明治三十一年より特待生)、長崎三菱造船所に入社。明治三十四年、同社を辞して大学院入学、および講師嘱託。明治三十五年、助教授。明治四十二年(一九〇九)より二年間、応用力学研究のためドイツ・イギリスに留学、また同年、工学博士。明治四十四年、帰国し教授、力学・応用力学・船舶工学などを担当。波浪による船の揺れ、船舶の胴体に加わる剪断応力の分布、タービンに船の動揺が及ぼす影響などを研究。大正九年(一九二〇)、学術研究会議会員。大正十一年(一九二二)、トーションメーターの設計により帝国学士院賞。地震学にも関心をもち、共鳴体を並べて地震動を分析する装置や、パラフィンの混合物を用いた二階建て日本家屋の模型などを作った。大正十四年、地震研究所長事務取扱。昭和二年(一九二七)、帝国学士院会員。昭和七年、アメリカ土木技術者協会の招きで地震動の建築物への影響に関する講演を行い、帰国途中にたちよったフランスでも船舶の揺れについて講演した。帰国から一月ほど後の四月九日、病死。五十六歳。末広恭二博士記念事業会編『末広恭二論文集』(昭和九年)がある。

参考文献 寺田寅彦「工学博士末広恭二君」(『科学』二ノ六、一九三二)

(岡本 拓司)

すえひろしげお　末広重雄　一八七四―一九四六　明治から昭和時代初期の政治学者、京都帝国大学教授。明治七年(一八七四)七月八日、ジャーナリスト末広重恭《しげやす》(鉄腸《てっちょう》)の長男として生まれる。明治三十二年(一八九九)東京帝国大学法科大学卒業、大学院に進学して外交史を専攻する。同三十四年京都帝国大学法科講師、ついで同助教授となり同年よりヨーロッパに留学、三十八年帰国し教授に昇任、政治学政治史講座を担当した。四十年(一九〇七)法学博士号を得る。大正八年(一九一九)より十年まで法学部長を務める。近代ヨーロッパ政治・外交史の該博な知識を基礎に、時事問題も活発に論じた。『北米の日本人』(大正四年)、『我国の現状と青年』(同十三年)、『支那の対外的国民運動』(同)などの著書、また監修を務めた『日支外交六十年史』四巻(昭和八―十一年)がある。昭和八年(一九三三)の滝川事件では最終的に辞表撤回・残留の態度をとって教授会の分裂を招いた。翌九年に定年退官。その後の著書に『東亜新秩序の建設と米国のモンロー主義』(昭和十七年)がある。昭和二十一年(一九四六)没。七十三歳。

(伊藤　孝夫)

参考文献　『大日本博士録』一(一九二一、発展社)、『京都帝国大学史』(一九四三)

すえひろしげやす　末広重恭　⇨末広鉄腸《すえひろてっちょう》

すえひろちゅうすけ　末広忠介　一八七一―一九三八　明治から昭和時代初期の電気冶金学者。明治四年十二月十三日(一八七二年一月二十二日)、山口県に生まれる。明治三十年(一八九七)、東京帝国大学工科大学採鉱冶金学科卒業、同助教授。明治三十五年、採鉱冶金学研究のためドイツ・アメリカに留学、明治三十九年、帰国、教授、工学博士。当時の日本では銅と少量の銀が電気冶金によって精製されているのみであったが、明治四十年(一九〇七)、日本鉱業会第三回臨時大会において電気冶金の必要を説き、翌年には亜鉛の電気冶金に関する外国の状況を紹介した。明治四十四年、九州帝国大学工科大学に転任。昭和二年(一九二七)、九州帝国大学工学部長(昭和四年まで)。昭和七年、依願免官、名誉教授。昭和九年、関東州小野田セメント、朝鮮小野田セメントの監査役に選ばれる。昭和十三年(一九三八)九月十三日、脳溢血のため死去。六十八歳。

(岡本　拓司)

すえひろてっちょう　末広鉄腸　一八四九―九六　新聞記者、小説家、政治家。嘉永二年二月二十一日(一八四九年三月十五日)、伊予宇和島に生まれる。本名重恭《しげやす》。藩の勘定役の禎助の末子で、幼少から漢籍を学ぶ。明治二年(一八六九)、二十一歳で藩校明倫校の教授になるほどの秀才であった。七年上京し、大蔵省に入ったが、自由民権運動の勃興に際し、新聞記者として輿論を指導する道に天職を見出した。『朝野新聞』への入社の運動を起こそうとしたときに、たまたま『東京曙新聞』の社主青江秀《あおえしゅう》に誘われ、八年四月編集長に採用された。新聞紙条例・讒《ざん》謗律《ぼうりつ》が発布された直後の同年八月七日の紙上で条例が過厳であるとの意見を載せた。すると政府は鉄腸を禁獄二ヵ月、罰金二十円の刑に処した。これは条例犠牲者の第一号である。鉄腸が自宅監禁中のとき、青江は井上馨、木戸孝允ら政府要人と接触し、鉄腸を連れ出した。そして鉄腸は、井上邸で井上から政府への協力を求められる。彼は青江が政府に買収されたことを察知したので、禁獄が終ると、『朝野新聞』の編集長に転じた。同年十月七日の紙上で成島柳北《なるしまりゅうほく》と謀って、条令制定に関与した高官を風刺する文章を載せた。すると禁獄八ヵ月、罰金二百円の柳北の二倍の刑罰を受けた。今度は自宅ではなく、監獄に入れられた。この筆禍を契機に、両人ことに鉄腸の文名は高まり、同紙の売れ行きも三倍増の一万八千部になった。彼の論説活動を補佐する小松原英太郎《こまつばらえいたろう》・横瀬文《よこせふみ》彦《ひこ》・城多虎雄《きたとらお》・草間時福《くさまときよし》・馬場辰猪《ばばたつい》らの論客が集まってきた。同紙は自由民権運動の最有力メディアになった。

末広鉄腸

彼は馬場らと国友会を結成し、演説でも鋭い政府批判を展開し、板垣退助の自由党の有力メンバーになり、十五年(一八八二)創刊の自由党機関紙『自由新聞』では社説を担当した。一方柳北は大隈重信と意気投合し、改進党を彼のコラム「雑録」で支持した。鉄腸と柳北は、硬軟・緩急自在の名コンビであった。相互に長短所を認識し、補完し合っていた。そして、両者でもって比較的幅広い読者層を『朝野』に吸収し得た。幅広さといえば、政党政派の読者についてもいえた。両党の幹部が一つの新聞の両輪であるため、一方が自由党読者を、他方は改進党読者を民権運動高揚期に獲得した。『東洋新報』(十五年七月十五日)が各紙を党派別に色分けしたときには、『朝野』を両党いずれにも分類していない。しかし、両党が板垣外遊問題や偽党問題で相互に攻撃しだすと、紙面のアンバランスが目立ちだす。特に、明治十六年になって両党間の抗争が激化すると、『朝野新聞』は、自由党から、さらには『東京日日新聞』からも「成島氏ノ如キ末広氏ノ如キハ改進党或ハ自由党ノ党員ナルニ、之ヲ朝野新聞ノ要地ニ置キ、社説雑録ノ任ニ当ラシムルハ、抑モ何ノ故ゾヤ」(十六年六月二十六日)と痛いところを衝かれるようになった。ことに、鉄腸が馬場辰猪らとともに板垣洋行問題で『自由新聞』を離れたあと、自由党は、こともあろうに敵対すべき政府御用新聞『東京日日新聞』(十六年一月八日)に、『朝野』は自由党機関紙ではないとの広告をだす仕末となった。喜んだ『東京日日新聞』は同日の雑報記事トップにこの広告掲載を報じている。鉄腸は明治十六年九月八日まで離党していなかったが、個人的な党との絶縁関係を『朝野』紙上で書いている(十五年十月二十一日)。しかし、各紙の論客ばかりでなく、読者からの編集方針の不統一への不満や疑問も高まる。そこで苦しまぎれにだしたのが、「吾輩記者ハ常ニ不偏不倚ノ地位ニ立」(十六年六月二十四日)つという「不偏不倚」宣言である。このような過程を見るとき、柳北と鉄腸、特に前者の新聞社最高幹部としてのしたたかさがわかる。民党間に党派的な不統一があっても、無理な紙面統一を図らずに、『朝野新聞』は特定の民党派色を結果的に薄めてしまう。そうすることによって、民党派を中心とした読者を幅広く獲得することにつながる。したがって民党系新聞衰退期において『朝野新聞』は『自由新聞』が見せたような廃刊を避けられた。しかし十七年十一月に柳北は死去したので、彼が獲得していた改進党系読者が減った。自由党支持層の新聞離れが激しかったので、鉄腸でかつての読者を維持できなくなった。彼自身も病弱となったので、政治小説を連載して読者維持を図った。「雪中梅」や「花間鶯」といった創作は連載中から好評を博し、さらに単行本はベストセラーとなった。この印税で二十一年(一八八八)は外遊。さらに国会開設後の第一回総選挙で愛媛六区から当選。だが民党派としては藩閥に妥協的であったため、二回落選し、政治家としては実績がなかった。二十九年二月五日没した。四十八歳。→雪中梅《せっちゅうばい》

[参考文献] 末広恭雄「末広鉄腸」(『三代言論人集』四所収、一九六三、時事通信社)、鈴木秀三郎『本邦新聞の起原』(一九六七、ぺりかん社)、山本武利『新聞記者の誕生—日本のメディアをつくった人びと—』(一九九〇、新曜社)

(山本　武利)

すえふゆじろう　陶不窳次郎　一八五二—一九二三　民権家、県官。嘉永五年正月二十一日(一八五二年二月十日)、伊予国喜多《きた》郡八多喜《はたき》村(愛媛県大洲《おおず》市)、典医菊山玄渓《きくやまげんけい》の三男に生まれた。慶応元年(一八六五)陶隆尹の養子となり、明治元年(一八六八)松山藩鎮撫に出兵、大洲藩主加藤泰秋の上京に従い、明治天皇の行幸の先駆に加わった。二年藩校明倫堂司読、神山《かみやま》県・愛媛県等外二等として出仕。七年板垣退助が土佐立志社を設立すると、高知に行って面談し、帰郷して九月、大洲藩士族を軸に集義《しゅうぎ》社《しゃ》を結成し、『起民会之義』を左院に提出、愛国社に加盟した。十一年(一八七八)十二月、県令岩村高俊に抜擢され喜多郡長となった。その後、高知県警部、十五年京都府警部長、十八年山形県警部長、二十五年(一八九二)北海道庁警部長を歴任、三十二年(一八九九)依願退官、四十一年(一九〇八)喜多郡久米村(大洲市)に帰郷し、大正十二年(一九二三)三月二十五日に死去した。七十二歳。

[参考文献]『愛媛県史』人物(一九八九)、島津豊幸「愛媛県伊予地域における自由民権運動の発端」(『えひめ近代史研究』六三、一九九九)

(三好　昌文)

すえまつけんちょう　末松謙澄　一八五五—一九二〇　政治家、文学者、法学者。安政二年八月二十日(一八五五年九月三十日)、大庄屋末松房澄の四男として豊前国京都《みやこ》郡前田村(福岡県行橋《ゆくはし》市)に生まれる。幼時には村上仏山《むらかみぶつざん》の私塾水哉園《すいさいえん》に入り、その才能は師に嘱望されるところとなったが、一家離散の憂き目にあう。明治四年(一八七一)上京し、大槻磐渓《おおつきばんけい》・近藤真琴に師事する。明治五年七月東京師範学校に三百余名の受験者の中から定員二十名の難関を突破して入学するが、学校に不満を抱き中退。これより先、佐佐木高行の書生をつとめるかたわら高橋是清、フルベッキから英語を学んだ。明治七年漢学と英語の素養を買われて東京日日新聞入社、社長の福地源一郎《ふくちげんいちろう》の信任を得て、外国新聞の記事翻訳や論説を執筆した。明治八年工部卿伊藤博文の知遇を得て官界入りし、十二月正院御用掛に任命され、特命全権弁理大臣黒田清隆に随行して朝鮮国へ出張し、明治九年三月帰朝する。同四月工部権少丞兼四等法制官、同七月専任四等法制官、同十月太政官権少書記官・法制局専務に任命された。西南戦争時には陸軍卿山県有朋が伊藤博文と交渉して陸軍省に転出させ、明治十年(一八七七)六月兼陸軍省七等、陸軍卿秘書として従軍する。明治十一年一月英国公使館付一等書記生見習としてイギリスに渡り、翌十二年ケンブリッジ大学に入学して文学・法学を学ぶ(法学博士と文学博士を取得)。明治十二年十二月外務三等書記生・ロンドン公使館在勤、明治十三年十二月官を辞す。一方、文学への思いは断ち難く、明治十五年世界ではじめて『源氏物語』を英訳・出版した。また英国の詩人トマス＝グレイやシェリー、バイロンの詩を漢訳したほか『成吉斯汗《ジンギスカン》』などの著書を滞英中に執筆している。明治十九年三月、八年間の留学を終えて帰国すると、外山正一《とやままさかず》・福地源一郎らと演劇改良運動にあたった。この間、明治十九年三月文部省参事官、同四月内務省参事官、明治二十年(一八八七)三月内務省県治局長を歴任。また、明治二十一年六月、中村正直らとともに文学博士の学位を授与、明治二十二年伊藤博文の長女生子《いくこ》と結婚。明治二十三年七月第一回衆議院議員選挙では、在官のまま福岡県から当選、第一議会から第六議会の明治二十七年六月まで衆議院議員を務める。明治二十五年九月から明治二十九年九月まで法制局長官、明治二十六年十月から明治二十九年九月まで第二次伊藤内閣の内閣恩給局長を兼任する。明治二十八年四月から同七月兼大本営付、明治二十八年十月男爵を授与される。明治二十九年六月互選により貴族院議員となり、明治三十九年(一九〇六)三月まで務める。明治三十一年一月から六月まで第三次伊藤内閣の逓信大臣として入閣、明治三十三年九月、西園寺公望・尾崎行雄・星亨・金子堅太郎らと伊藤を総裁とする立憲政友会の創立に参画し、同年十月から明治三十四年六月まで内務大臣に就任した。明治三十七年日露戦争が始まると渡英し、英国世論が日本支持に向かうように尽力し、明治三十九

末松謙澄

年二月までの二年間英仏に駐在した。帰国後の明治三十九年三月から枢密顧問官となり、翌明治四十年（一九〇七）九月日露戦争の勲功により子爵に叙せられた。その間文筆活動も活発に行い、遺作となった『防長回天史《ぼうちょうかいてんし》』（十二巻）の編纂は当時の二州の歴史を包括した大作である。大正九年（一九二〇）十月枢密院出席中、体調を壊し、五日東京市芝区西久保城山町（東京都港区）の自宅で死去した。六十六歳。→演劇改良意見《えんげきかいりょういけん》　→防長回天史《ぼうちょうかいてんし》

参考文献　佐々木満子・福山トシ「末松謙澄」（昭和女子近代文学研究室編『近代文学研究叢書』二〇所収、一九六三）、玉江彦太郎『青萍・末松謙澄の生涯』（一九八五、葦書房）、秋山勇造「末松謙澄―生涯と業績―」（『人文研究』一三〇、一九七七）　（朝井佐智子）

すがいかいてん　須貝快天　一八六一―一九二九　明治から昭和期の農民組合の指導者。文久元年十一月三日（一八六一年十二月四日）越後国蒲原《かんばら》郡中条村（新潟県胎内《たいない》市）生まれ。全国的に地主制が日本資本主義の発展と対応して展開するにつれ、新潟県の大地主は、農事改良（耕種改善）と同時に米質改善にも努力を重ねてきた。明治四十年度から県下に「輸出米検査規則」を公布して小作米の品質向上をはかり、同時に農業生産力水準の向上に伴う小作料額の騰貴傾向には、反面で小作人の負担を重加した。小作人側は、明治四十一年（一九〇八）に新潟県北蒲原郡中条町に「中条郷小作協会」を結成、新潟県最初の小作争議を起した。その後大正期に向け、「米穀生産検査」施行・強制に加え、大正十一年（一九二二）には「納米一俵ニ付三升ノ補償米ノ支給」を地主に要求する「三升米事件」が北蒲原郡下の各村に展開した。須貝は、北蒲原・岩船両郡下の小作人四千人を糾合して「下越農民協会」を結成、小作争議・農民運動の本格的な昂揚期に活躍した。昭和四年（一九二九）七月十一日没。六十九歳。

参考文献　山田盛太郎『日本農業生産力構造』（一九六〇、岩波書店）、布施柑治『ある弁護士の生涯―布施辰治―』（『岩波新書』、一九六三、岩波書店）、西田美昭『近代日本農民運動史研究』（一九九七、東京大学出版会）　（加藤幸三郎）

すがいたけきち　菅井竹吉　一八七一―一九四四　明治時代から昭和時代にかけての主にハンセン病を専攻した医学者。明治四年（一八七一）十二月一日、京都府何鹿《いかるが》郡山家《やまが》村（綾部市）の商家に生まれ、明治二十一年（一八八八）上京、翌二十二年薬剤師試験に合格。それから済生学舎で学び、二十四年に医術開業試験後期に合格した。東京、富山、大阪の病院で経験を積んだのち、東京帝国大学の山極勝三郎《やまぎわかつさぶろう》教室選科生を経て、三十一年（一八九八）東京市養育院に勤務。そこで数多くのハンセン病患者に出会い、診療にあたった。同僚の光田健輔《みつだけんすけ》と共同で論文も執筆している。三十四年（一九〇一）に養育院を退職し、翌三十五年、大阪府立高等医学校の教員となり、そして同校校長の佐多愛彦の推挙で四十二年（一九〇九）四月、最初の公立ハンセン病療養所の一つである外島《そとじま》保養院に医長として赴任した。大正十一年（一九二二）七月に辞任するまでの間、明治四十三年にはいわゆる試験医師として は異例の博士号取得、大正八年（一九一九）には政府の保健衛生調査会で隔離政策にかんして強硬な意見を述べている。ハンセン病以外の論文・著作も数多く遺した。外島を去って以降は大阪天王寺で開業、昭和十九年（一九四四）二月、大阪帝国大学医学部附属医院にて没した。七十四歳。

参考文献　桜井方策「旧外島保養院誌」三・四・九・一二（『楓』三三〇・三三五・三三八、一九六八―六九）、平井雄一郎「ハンセン病医学者・菅井竹吉の履歴、特に東京市養育院時代の事績について」（『日本医史学雑誌』五六ノ二、二〇一〇）　（平井雄一郎）

すがうんきち　菅運吉　一八一七―七七　近世末から近代初期の材木商。文化十四年（一八一七）三月出羽国秋田藩領雄勝《おがち》郡川井村（秋田県湯沢市）の肝煎《きもいり》菅太右衛門の子として生まれる。天保四年（一八三三）大凶作の折、減租を藩に願い出、村民を救う。同六年十九歳の時、近在の山守《やまもり》を勤め、藩用材の杣出《そまだ》しに功績をあげ、次第に登用され、藩の木材移出に深く関わる。嘉永二年（一八四九）藩の用達《ようたし》として江戸に出で、秋田屋仁左衛門と称して材木問屋を開店、幕府・御三家の木材用達も兼ねて成功をおさめ、幕末の「紀文《きぶん》」と称された。戊辰戦争後の明治四年（一八七一）秋田に帰り、秋田杉の集散地能代に本拠をおき、木材業を営み、能代木山方《きやまかた》・土崎湊出入役所・久保田材木場など旧藩施設の払下げをうけ、木材業者の中心となって活躍した。さらに土崎港では回漕業も兼ねるなど、明治初年秋田県の経済界に重きをなした。その精神は子の礼治、孫の礼之助に引き継がれ、実業界のリーダーとして広く知られている。明治十年（一八七七）八月十日没。六十一歳。

参考文献　秋田県総務部秘書広報課編『秋田の先覚―近代秋田をつちかった人びと―』一（一九六八）、『能代木材産業史』（一九七九）　（田口勝一郎）

すがぬまていふう　菅沼貞風　一八六五―八九　明治時代前期の歴史家。慶応元年三月十日（一八六五年四月五日）平戸大垣で平戸藩士菅沼量平の長男として生まれる。名は貞一郎、明治十六年（一八八三）貞風《ただかぜ》と改名するが、一般には「ていふう」とよばれている。字は伯狂。明治十二年楠本端山《くすもとたんざん》の漢学塾に入り、十三年六月より旧藩公松《まつ》浦《ら》詮《あきら》の諸公子侍伴となり、同年九月に旧藩公が創設した猶興書院に直ちに入学した。学資が不足し十四年七月長崎県北松浦郡僱出仕となり、十六年大蔵省関税局が貿易沿革史作成のため長崎県に平戸貿易の材料提出を命じるや、この作業に従事し、同年独力で『平戸貿易志』を編纂して提出した。その非凡な力量を認められ、松浦家の援助により十七年一月猶興書院給費生として上京を命じられ、三月島田篁村《しまだこうそん》塾に入り、同年九月東京大学文学部古典講習科漢書課後期（十七年九月―二十一年七月）に入

学した。他方で明治十九年九月より専修学校(専修大学の前身)で経済学を聴講、さらに東京大学所蔵の多くの古今書籍の調査・研究に没頭した。二十一年(一八八八)七月漢書課修了に際しては、通例は漢文で提出する卒業論文にかえ、和文で長編論文「大日本商業史」を提出した。校長矢野二郎の懇望で同年九月より高等商業学校(一橋大学の前身)に勤務した。ところで欧米列強の太平洋進出に対応し、日本でも南進論が成長してきたが、そのはじめは明治十九年十月刊行の『樊噲夢物語《はんかいゆめものがたり》—一名新平民回天談—』である。杉浦重剛《すぎうらしげたけ》立案、福本誠(日南《にちなん》)筆記で、日本のフィリピンへの進出を説いたものであり、貞風にも多大の影響を与えた。ついで志賀重昂《しがしげたか》の『南洋時事』が二十年四月に刊行された。志賀は明治十九年二月軍艦筑波に乗船し、カロリン群島、シドニー、フィジー、サモア、ホノルルなどを実見し、十ヵ月の航海経験を踏まえ短期間に本書を書き上げた。特にサモアをめぐる独英米三ヵ国の抗争部分は圧巻であり、日本人ハワイ移民問題についても理論的な考察を加えている。貞風はこのような風潮にも刺激され、卒業直前の二十一年六月「新日本の図南の夢」を執筆した。同時期福本日南と知り合い南進論を熱く語って意気投合している。図南の夢止み難く二十二年三月七日学校を退職、漢書課同期卒業生斉藤担蔵の財政援助を受け四月九日横浜を出航、同月二十五日マニラに入り公使館において猛烈にフィリピン調査を開始、五月二十一日マニラに入った福本とも交流を重ねたが、七月六日コレラのため二十五歳の若さで急死した。二十五年東邦協会から『大日本商業史』が、大蔵省提出後も手を加えつづけた『平戸貿易志』を付録として刊行された。

参考文献 江口礼四郎『南進の先駆者菅沼貞風伝』(一九四二、八雲書林)
(宮地 正人)

すがのじょゆう　菅野序遊　一中節の三味線方名。菅野派の家元名。江戸時代後期から昭和時代まで五代を数える。

(一)四代　?—一九一九　幕末から大正時代にかけて活躍。江戸吉原の茶屋に生まれ(天保十三年(一八四二)とも)、嘉永四年(一八五一)四代序遊を襲名。菅野序国(品川の芸妓)に師事し、美声で名人と称された。『江戸紫』『道成寺』『品川八景』などの作品がある。大正八年(一九一九)九月二十三日没。七十八歳。

(二)五代　一八八六—一九六一　大正、昭和時代に活躍。四代の甥で養子。明治十九年(一八八六)三月二十六日生まれ。本名平太郎。大正八年(一九一九)十二月五代序遊を襲名。品格ある語り口であったと伝えられる。作品に『銀鱗』がある。昭和三十六年(一九六一)八月二十日没。満七十五歳。
(千葉潤之介)

すがまさとも　菅政友　⇨かんまさとも

すがもびょういん　巣鴨病院　明治時代から大正時代にかけての東京府立による精神病者施設。明治十二年(一八七九)七月、上野護国院跡地内にあった救貧施設養育院内の「狂人室」が独立するかたちでまず東京府癲狂院《てんきょういん》が設立された。十月に養育院が移転したのち、癲狂院だけは同地に残ったが、十四年八月に本郷区向ヶ岡(文京区)に移転、そしてさらに十九年六月に小石川区巣鴨駕籠町(文京区)に移転した。東京府巣鴨病院と改称されるのは二十二年(一八八九)三月である。この間、十五年十月に入院した芦原将軍こと芦原金次郎はその奇抜な言動がマスコミに報じられて一大著名人となり、昭和十二年(一九三七)に亡くなるまで病院のシンボル的存在であり続けた。また、旧相馬藩主相馬誠胤《そうまともたね》の脱走(明治二十年一月)に始まるいわゆる相馬事件は一大政治スキャンダルへと発展し、三十三年(一九〇〇)三月公布の精神病者監護法制定のきっかけとなった。勤務した医師の中で最も重要な人物は二十四年六月から大正十四年(一九二五)六月まで医員・医長・院長として勤めた(東京帝国大学教授と兼任)呉秀三《くれしゅうぞう》であり、拘束具の使用禁止、入院者の室外運動の自由化など数々の人道的改革を行なった。森田療法で知られる森田正馬《もりたまさたけ》、斎藤茂吉《さいとうもきち》も医員として勤務した。大正八年(一九一九)十一月、より広い敷地を求めて荏原郡松沢村(世田谷区)に移転し、東京府立松沢病院と改称された。

参考文献 岡田靖雄『私説松沢病院史—一八七九～一九八〇—』(一九八一、岩崎学術出版社)、松沢病院百二十周年記念誌刊行会編『松沢病院百二十年年表』(二〇〇〇、星和書店)
(平井雄一郎)

すがりょうほう　菅了法　一八五七—一九三六　僧侶。桐南と号する。菅了雲の子として安政四年二月七日(一八五七年三月二日)、出雲国に生まれる。明治十二年(一八七九)、慶応義塾卒業。交詢社員として『交詢雑誌』を編集する。本願寺真宗学庫に学び、宗教視察のため英国に派遣される。帰国後、本願寺で教育にたずさわるが意見が通らず上京。明治二十年(一八八七)、『西洋古事神仙叢話』としてグリム童話を翻訳する。明治二十一年、後藤象二郎の『政論』で記者を務め筆禍により入獄する。明治二十三年七月、島根県から衆議院議員に当選、独立倶楽部に所属。明治二十三年十二月、『東洋新報』を創刊する。明治二十八年、鹿児島県に別院を建立し、川内町(薩摩川内市)で光永寺の住職となる。築地本願寺出張所長、本願寺内局執行を務める。著書に『哲学論綱』(明治二十年、集成社)、『倫理要論』(明治二十一年、金港堂)など。昭和十一年(一九三六)七月二十六日没。八十歳。
(河崎 吉紀)

スキー　スキー　明治四十四年(一九一一)にオーストリア=ハンガリー帝国の軍人テオドール=フォン=レルヒ少佐によって日本に紹介された。雪上を滑る道具、スポーツ。それまで、日本には子どもの「雪滑り」遊びはあったが、長い板を両足に付けて滑るスキーはなかった。レルヒは来日中、祖国で経験したスキー技術を、明治四十四年一月十二日から新潟県高田で将校や県内の体操教

明治44年ころの高田でのスキー訓練風景

師たちに教えた。内容は、アルペンスキー技術を中心に、スキーツアー・スキー競技会・軍隊スキー(将校だけ)であった。アルペンスキー技術は、一本の杖(ストック)を使い、両足をハの字に開いたシュテムの姿勢を基本の動作として組み立てられていた。また、レルヒはスキー技術が上達すると、スキーツアーやスキー競技会の楽しさも紹介した。高田の越信スキー倶楽部は、スキー普及のために明治四十五年から毎年講習会を開催し、全国からの受講希望者にスキー指導を実施した。以後、スキーは全国に普及していった。 →レルヒ

参考文献 山崎紫峰『日本スキー発達史』(一九三六、朋友堂)、小川勝次『日本スキー発達史』(一九五六、朋文堂)

(新井 博)

すぎうらしげたけ 杉浦重剛 一八五五―一九二四 明治・大正時代の教育家、思想家。号梅窓・天台道士・鬼哭子。安政二年三月三日(一八五五年四月十九日)に近江国膳所《ぜぜ》藩士杉浦重文・八重の長男として生まれる。明治三年(一八七〇)に東京の大学南校に膳所藩貢進生として入学し、同校後身の開成学校・東京開成学校で学び、九年から十三年(一八八〇)まで英国ロンドンに留学して化学・物理学・数学などを修め、留学中に一種の精神学説「理学宗」を考案した。帰国後、東京大学理学部博物場掛取締ついで文部省準奏任御用掛となり、十五年東京大学予備門長・同寄宿舎掛取締となり、明治中期から各界で活躍する多くの俊秀を指導した。十八年七月に東京英語学校(日本学園の前身)を創立し、十九年一月より『読売新聞』に論説を寄稿し(二十一年七月まで)、この年十月に未解放部落民の南洋移住論を提起した『樊噲夢物語』《はんかいゆめものがたり》を発表した。二十年(一八八七)より実際の社会運動や政治運動にも乗り出し、同年には小村寿太郎・高橋健三らと乾坤社《けんこん》を結成して井上馨外相の条約改正案や翌々年の大隈重信外相の条約改正案の反対運動を展開し、翌年七月の第一回総選挙で衆議院議員となった(翌年三月辞任)。この間、二十一年四月の三宅雪嶺《みやけせつれい》らの政教社創設や翌年二月の陸羯南《くがかつなん》の新聞『日本』の創刊を深く支援して明治中期の国粋主義の論客たちを育成した。三十年代からは、国学院学監・皇典講究所幹事長・東亜同文書院院長を歴任し、大正期には、三年(一九一四)五月から十年(一九二一)三月まで東宮(のちの昭和天皇)御学問所御用掛となり倫理を担当し(内容の一部は『倫理御進講草案』として没後に刊行)、また、良子《ながこ》女王(のちの昭和天皇の皇后、香《こう》淳《じゅん》皇后)御学問所でも倫理科を担当した。大正十三年二月十三日没。七十歳。修得した自然科学と儒教道徳との融合を目ざした著作が多く、『日本教育原論』『哲学こなし』『天台道士教育論纂』『倫理書』『知己八賢』『天台道士著作集』などがあり、明治教育史研究会編『杉浦重剛全集』全六巻(昭和五十七―五十八年、杉浦重剛全集刊行会)がある。

杉浦重剛

参考文献 大町桂月・猪狩史山『杉浦重剛先生』(一九二四、政教社)、海後宗臣『西村茂樹 杉浦重剛』(『日本教育家文庫』三、一九三六、啓文社)、松本三之介編『政教社文学集』(『明治文学全集』三七、一九八〇、筑摩書房)

(佐藤 能丸)

すぎうらチカ 杉浦チカ 一八七六―一九六八 声楽家、ピアノ教師。名は千歌とも。明治九年(一八七六)八月十七日日本橋南茅場町(東京都中央区)に生まれる。三十一年(一八九八)高等師範学校附属音楽学校専修部を卒業し、昭和三年(一九二八)まで同校(東京音楽学校)にて唱歌とピアノを指導。明治三十一年から三十三年まで勤めた東京女学館では柴田(のちの三浦)環《たまき》に声楽を勧めた。作曲に『中学唱歌』(明治三十四)所収「遠別離」(中村秋香《あきか》作詞)。昭和四十三年(一九六八)八月三十一日没。満九十二歳。

参考文献 『東京芸術大学百年史』東京音楽学校篇一・二・演奏会篇一(一九八七・二〇〇三・一九九〇、音楽之友社)

(橋本久美子)

すぎうらばいたん 杉浦梅潭 一八二六―一九〇〇 政治家、漢詩人。名は誠、字は求之《きゅうし》、号は梅潭。文政九年正月九日(一八二六年二月十五日)、幕臣久須美祐義《くすみすけよし》の長男として江戸に生まれる。二十三歳で旗本杉浦家へ入籍、家督相続(五百石)。儒者大橋訥庵《おおはしとつあん》に入門して外交や思想を考究し、将軍徳川家茂に政策を奏上するなど、勘定奉

行まで昇進した祖父久須美祐明《すけあきら》譲りの才能を発揮し、洋学所頭取から目付となる。水戸の不穏な浪士たちの動向に揺さぶられつつも開港を主張したため、老中板倉勝静《いたくらかつきよ》などの幕閣らとともに一時罷免。慶応二年(一八六六)、箱館奉行に任命され、折しも日露の国境交渉が進む中、樺太での曖昧な位置づけにより、ロシアによる幕吏拘禁や無断住居建設など、現地に起った紛争の処理にあたる。明治元年(一八六八)に召還命令を受けるも、紛糾を避けるために新政府役人の着任まで箱館を動かず、よくその任を全うした。維新後は駿府の公議人となるも明治二年、その外交手腕がかわれて開拓使権判官として再び北地に赴く。明治十年(一八七七)大判官として致仕したのちは、師大沼枕山《おおぬまちんざん》に比肩すべき得意の詩作にふけり、旧幕臣の向山黄村《むこうやまこうそん》と晩翠吟社を組織して以後は、東都漢詩壇の目付たるべき地位を得る。その清雅な宋詩風は森春濤《もりしゅんとう》らの艶麗な清詩風と一線を画していたが、勝海舟ら旧幕臣らをはじめ、多く漢学者も彼に詩の削正を受けていたことは、政治と文学の見事な調和の実例として注目されてよい。明治三十三年(一九〇〇)五月三十日死去。七十五歳。詩集に『梅潭詩鈔』(明治三十五年)。日記草稿類は国文学研究資料館に蔵される。また、稲垣敏子編『杉浦梅潭目付日記―文久二年―元治元年―』(平成三年、みずうみ書房)、同編『杉浦梅潭箱館奉行日記―慶応二年―慶応四年―』(平成三年、みずうみ書房)が刊行されている。

参考文献 田口英爾『最後の箱館奉行の日記』(『新潮選書』、一九九五、新潮社)
(宮崎 修多)

すぎうらゆずる 杉浦譲 一八三五―七七 初代駅逓正。天保六年九月二十五日(一八三五年十一月十五日)、甲斐国山梨郡府中二十人町(甲府市)に生まれる。外国奉行所支配定役勤務中の文久三年(一八六三)には横浜鎖港談判使節の池田筑後守の随員として、さらに慶応三年(一八六七)にはパリの万国博覧会に、渋沢栄一らとともに徳川昭武の随員として渡欧。渋沢栄一の勧誘で明治三年二月二十日(一八七〇年三月二十一日)に民部省改正掛に出仕し、二ヵ月早く出仕していた駿府藩仕官時代からの友人前島密とともに新式郵便の創設に尽力。杉浦は明治三年六月十七日(七月十五日)に駅逓権正を前島と交替するが、それからの一年二ヵ月は、わが国の新式郵便にとって最重要な時期であり、原則的に前島の路線を踏襲しながら、実態に即する修正を加えて準備を進めた。そのことは『正院本省郵便決議簿』の重要な決済文のほとんどに杉浦の印が押されていることをみるだけでも、充分に判断できる。さらに、定飛脚問屋との交渉・調停・郵便規則類の整備、郵便切手の製造、横浜をはじめ神戸・長崎・新潟・函館の五港への郵便役所の開設など、活動は多岐にわたっており、陸運会社の創設にも尽力した。明治四年三月一日(一八七一年四月二十日)の新式郵便創業直後の三月十日(四月二十九日)に駅逓正に昇格した杉浦は、横浜郵便路線開設を計画し、同年七月十五日(八月三十日)に横浜郵便役所の開設式を挙行し臨席するが、それから二週間後の七月二十九日(九月十三日)に大蔵少丞出仕を命ぜられ、正院(太政官)に転出した。従来は、駅逓司勤務が短期間だったこともあって前島の陰に隠れて注目されなかったが、近年は郵政省編『郵政百年史』にも「わが国における近代郵便は、前島密の構想に杉浦譲の推進力が加わって創始された」とあるように正当に評価されている。杉浦は郵便・陸運のみでなく、明治五年の官営

杉浦譲

富岡製糸場の創設に関わり、七年一月には内務卿大久保利通により内務大丞に抜擢されて地理頭兼戸籍頭、同年二月には地租改正掛、六月には条約改正掛を命じられて、内務大書記官として近代日本の形成に尽力し、明治初期の優れた典型的官僚として将来を嘱望されるが十年(一八七七)八月二十四日に死去する。四十三歳。『杉浦譲全集』全五巻(昭和五十三―五十四年、杉浦譲全集刊行会)が刊行されている。

参考文献 高橋善七『初代駅逓正杉浦譲―ある幕臣からみた明治維新―』(『NHKブックス』、一九七七、日本放送出版協会)
(藪内 吉彦)

すぎえすけと 杉江輔人 一八六二―一九〇五 英語教育家、言論人。号雲外。文久二年十月十六日(一八六二年十二月七日)に広島藩士の子として生まれる。広島英語学校を経て、明治十七年(一八八四)七月に東京大学文学部政治理財学科を卒業後、十九年四月まで会計検査院御用掛となり、退任直後の六月より二十年(一八八七)三月まで宮城師範学校兼宮城中学校一等教諭となった。上京して杉浦重剛《すぎうらしげたけ》の東京英語学校その他の私立学校で英語訳読を担当した。二十一年四月結成の政教社の同人となり、国粋主義を主張し、かたわら、同年八月創刊の東京の江東義塾内の『学』編集人、その代替誌で二十二年五月創刊の『筆之力』(振文社、発行人兼印刷人はのちの政教社同人長沢別天《ながさわべってん》)の主筆となった。この年十月ごろから日本郵船会社社長吉川泰次郎《よしかわたいじろう》の委嘱で翻訳・調査を行い、さらに三十年(一八九七)二月より三十五年八月まで同社員となって翻訳・調査事務に従事した。退社後、著述・翻訳を行い、政教社同人の棚橋一郎創立の郁文館で英語を担当し、さらに、三十六年九月より早稲田大学講師となり、その死去まで高等予科で英語(訳読)を担当した。三十八年四月二十六日没。四十四歳。

参考文献 「履歴書」(早稲田大学大学史資料センター保管『明治三十二年ヨリ同三十六年ニ至ル文部省関係書

類』)、大屋専五郎編『現今名家記者列伝』上(一八九九、春陽堂)
（佐藤　能丸）

すぎがんあみ　杉贋阿弥　一八七〇―一九一七　劇評家。明治三年二月十日(一八七〇年三月十一日)新見藩阿哲《あてつ》郡(岡山県)に生まれる。本名諦一郎《ていいちろう》。十九年(一八八六)上京、はじめ法律を志すが断念し『朝野《ちょうや》新聞』に入社。『絵入朝野新聞』『報知新聞』に関わったのち、二十七年(一八九四)『毎日新聞』に入社して、社会面を担当。三十八年(一九〇五)五月文士劇若葉会に参加。さらに岡鬼太郎らと毎日新聞演劇会を結成し『一谷嫩軍記《いちのたにふたばぐんき》』熊谷直実《くまがいなおざね》などを演じた。四十一年(一九〇八)退社後は劇評中心に活動。大正六年(一九一七)五月十三日没。四十八歳。没後『舞台観察手引草《ぶたいかんさつてびきぐさ》』(大正七年、玄文社)がまとめられた。

参考文献　『故杉贋阿弥追想録』(『演芸画報』一九一七年六月)、「杉贋阿弥令息杉正作氏に訊く」(『演劇界』一二ノ八、一九五四)
（寺田　詩麻）

すぎこうじ　杉亨二　一八二八―一九一七　わが国統計学の始祖。文政十一年(一八二八)十月十日(一説に八月)長崎生まれ。はじめ緒方洪庵、ついで杉田成卿に師事し、蘭学を学んだ。神田孝平《かんだたかひら》は杉田時代の同門。嘉永六年(一八五三)勝海舟と知りあい、その後同塾の塾長となった。この縁で老中阿部正弘の侍講を勤めた。万延元年(一八六〇)蕃書調所教授手伝、元治元年(一八六四)開成所教授。開成所時代にオランダの新聞記事から統計学に興味を抱き、留学先から帰国した津田真道・西周を通じて書籍やノートを入手し、この新興の学問を学んだ。明治二年(一八六九)、徳川家に従って駿河国に赴いた杉は、ここで人口センサスを計画した。この計画は完遂されることなく終ったが、一部は『駿河国原政表』『駿河国沼津政表』として刊行された。明治四年太政官政表課大主記となった杉は、各官庁からデータを収集し政表編纂にあたる。明治十二年(一八七九)、『甲斐国現在人別調』を実施。これは個票に基づく近代的人口センサスである。これにつづいて人口動態調査ならびに全国レベルのセンサスが計画されていたが、明治十七年末に統計院が廃止され、計画は頓挫した。杉はまた、共立統計学校を設立するなど統計教育にも尽力し、また国勢調査実現に向けて後進への助力を惜しまなかった。大正六年(一九一七)十二月四日没。九十歳。

杉　亨　二

（佐藤　正広）

すぎたきこ　杉滝子　一八〇七―九〇　吉田松陰の母。文化四年正月二十四日(一八〇七年三月二日)、萩の村田家に生まれる。児玉太兵衛の養女となり、文政九年(一八二六)萩藩士杉百合之助の妻となる。杉家は当時家禄二十六石、極貧の中城東松本村で農業と馬飼いで生計を立てていた。長男(梅之助)民治、次男寅次郎(松陰)以下四女・一男の育児に加えて一時は姑と叔母の介護にも携わった。貧窮多忙の生活の中で子どもたちの教育に力を注ぎ、寅次郎が吉田家を継ぎ、松下村塾を継承するとその塾生たちの世話にもあたった。安政六年(一八五九)十月寅次郎が刑死、四女は夭折、三男も早世した。久坂玄瑞《くさかげんずい》と結婚した三女は禁門の変で夫を失った。寅次郎の名誉回復と塾生たちの国家権力中枢進出による安定もつかの間、明治九年(一八七六)前原一誠《まえばらいっせい》の乱に嫡孫小太郎をはじめ一族の男たちが加担して死去した。その後、明治十六年(一八八三)以降朝廷よりたびたび下賜品を受け、志士の母という地位が確立した。明治二十三年(一八九〇)八月二十九日死去。八十四歳。

参考文献　山口県教育会編『吉田松陰全集』八(一九七二、大和書房)、杉民治「太夫人実成院行状」(同一〇所収、一九七四、大和書房)、大阪府学務部編『女子鑑』(一九三六、大阪府教育会)
（桜井　由幾）

すぎたげんたん　杉田玄端　一八一八―八九　幕末から明治期の蘭方医。名は拡、通称玄端。文政元年九月二十日(一八一八年十月十九日)、元尾張藩医幡頭家に生まれる。天保五年(一八三四)杉田玄白の子立卿《りゅうけい》に入門し、蘭学・医術を学ぶ。天保九年、立卿の養子となる。弘化二年(一八四五)江戸四谷塩町で開業。翌年、杉田家宗家養子となる。嘉永六年(一八五三)小浜藩医、安政五年(一八五八)、蕃書調所出役教授手伝、翌年同教授職並、万延元年(一八六〇)洋書調所教授職、文久二年(一八六二)家督相続。慶応元年(一八六五)外国奉行支配翻訳御用頭取となり、英学、ドイツ語を学習した。明治元年(一八六八)、沼津兵学校創設により付属病院沼津陸軍医学所に勤務。明治五年、沼津兵学校の東京移転後も、私立病院を開き沼津に残った。同八年東京に移り、翌年、共立病院を創立した。同十三年(一八八〇)学士会院会員となった。訳著に『地学正宗』『民間内外科要法《ぼう》』『化学要論』『写象新《しゃしょうしん》法』『解剖生理略論』『健全学』など。明治二十二年(一八八九)七月十九日麻布で病没。七十二歳。

参考文献　石橋絢彦「沼津兵学校職員伝」(『同方会誌』四六、一九一八)、鈴木要吾「杉田玄端小伝」(『松山棟庵先生伝』所収、一九四三、松山病院)、池田哲郎「杉田玄端訳『解剖生理略論』」(『蘭学資料研究会研究報告』一六六、一九六五)
（青木　歳幸）

すぎたていいち　杉田定一　一八五一―一九二九　明治・大正時代の自由民権家、政治家。嘉永四年六月二日(一八五一年六月三十日)、越前国坂井郡波寄村(福井市)に、父杉田仙十郎、母隆《りゅう》の長男として生まれる。幼名は鶴吉郎。杉田家は越前屈指の豪農で、代々大庄屋をつとめた。十歳から三国の滝谷寺で道雅上人に学び、定一の名と鶉山《じゅんざん》の号を受ける。その後、福井の吉田東篁《よしだとうこう》に師事。明治元年(一八六八)から大阪や東京に遊学、洋学を学ぶとともに政治への関心を深めていく。八年、政治家を志し上京、『采風新聞』発刊に関与。その後、同紙や『中外新聞』などで政府批判、自由民権論を展開し、筆禍を受け、二度投獄される。十年(一八七七)西南戦争勃発後、高知に入り、植木枝盛らと愛国社再興のために奔走。紀州・加賀・九州を遊説し、十一年九月の愛国社再興大会に参加する。翌年帰郷、福井に民権結社自郷社を結成し、国会期成同盟に参加、国会開設請願運動に尽力する。また、越前の地租改正反対運動を指導し、大幅な減租を獲得した。十四年、著書『経世新論』が筆禍に問われ、入獄する。翌年出獄後、南越自由党を結成し、『北陸自由新聞』を刊行する。十七年、渡清、十九年から欧米を漫遊。二十一年(一八八八)に帰国後は、大同団結運動に参加、中央と福井のパイプ役を務め、福井に南越倶楽部を結成した。二十二年、県会議員に選出される。二十三年、第一回衆議院議員総選挙に福井県から立候補し当選。以後第四回を除き第十回総選挙まで連続当選を果たす。二十三年に立憲自由党に入党、その後、憲政党結成、立憲政友会結成に尽力する。三十一年(一八九八)発足の第一次大隈内閣(隈板内閣)では北海道長官を務め、三十六年に衆議院副議長、三十九年衆議院議長、四十一年(一九〇八)政友会幹事長を歴任、党の重鎮として活動し、四十五年貴族院議員に勅選された。また、この間、二回の欧米視察を伴う福井における絹織物業の発展、九頭竜川・日野川・足羽川改修工事の推進、三国鉄道の敷設など福井の振興に尽力した。昭和四年(一九二九)三月二十三日死去。七十九歳。政治活動に家産をなげうったため、晩年は貧しかったという。

杉田定一

参考文献 家近良樹・飯塚一幸編『杉田定一関係文書史料集』一(『大阪経済大学日本経済史研究所史料叢書』八、二〇一〇、大阪経済大学日本経済史研究所)、雑賀博愛編『杉田鶉山翁』(一九二八、鶉山会)、『経済史研究』一二(特集「杉田定一関係文書」が語る世界、二〇〇九)、保科英人「新聞報道から見た政党政治家杉田定一」(『日本海地域の自然と環境─福井大学地域環境研究教育センター研究紀要─』一六、二〇〇九)
(金井　隆典)

すぎまごしちろう　杉孫七郎　一八三五―一九二〇　幕末の長州藩士、維新後は宮内官僚、政治家。天保六年正月十六日(一八三五年二月十三日)、植木五郎右衛門の次男として周防国吉敷《よしき》郡御堀《みほり》村(山口市)に生まれ、杉家の養子となる。文久元年(一八六一)、藩命により幕府の遣欧使節の竹内保徳《たけうちやすのり》・松平康直らに従って欧州各国を視察する。その後、長州藩では他藩人応接掛、直目付などの諸職をつとめ、しばしば他藩に差遣された。明治元年(一八六八)、戊辰戦争に出征、帰藩後は藩幹部として活躍し、二年九月には山口藩権参政ついで大参事となる。四年の廃藩後には宮内大丞に就任する。五年七月に一旦は秋田県令となるが、翌年五月、宮内大丞に復帰する。以後、七年六月に宮内少輔、十年(一八七七)十二月には宮内大輔となり、十一年十二月、侍補を兼任する(翌年十月廃止)。十五年、特命全権公使を兼任し、ハワイ国王の戴冠祝賀のために特派される。十七年四月、皇居造営事務局長を仰せ付けられ、また宮内省二等出仕に補され、内蔵頭、皇太后宮大夫を兼任する。十九年二月には皇太后宮大夫兼内蔵頭に任ぜられる。二十年(一八八七)五月には勲功により華族に列せられ、子爵を授けられる。二十五年九月、正倉院御物整理掛長を仰せ付けられ、正倉院御物の保存に尽す。二十六年二月には東宮御所御造営調査委員、二十七年九月には東宮職御用掛を仰せ付けられるなど、皇太子(大正天皇)の輔導にも尽力する。三十年(一八九七)、英照皇太后の崩御により皇太后宮職が廃止となると、同年枢密顧問官に就任する。四十四年(一九一一)、維新史料編纂会委員を仰せ付けられ、大正元年(一九一二)八月には東宮職御用掛より宮内省御用掛に転ずる。大正九年五月三日、死去。八十六歳。宮内官僚としても政治家としても、表立った政治活動は少ないが宮中では隠然たる力をもち、また木戸孝允とは親しい関係にあるなど長州派の実力者として重要な地位にあった。

杉孫七郎

(内藤　一成)

杉孫七郎は、名は重華、通称は新介・少輔九郎・徳輔・孫七郎。聴雨のほか鯨肝・松城・呑鵬とも号する。藩校明倫館に学び、また吉田松陰の薫陶を受けた。文久元年(一八六一)、遣欧使節の随員としてヨーロッパ各地を訪れ、各地で目にした事物を漢詩に詠んだのが『環海詩誌』(明治三十四年)である。明治二十年(一八八七)には子爵を賜った。詩人としては岡本黄石の主宰する麴坊吟社に参加した。大正九年(一九二〇)五月三日死去。八十六歳。

参考文献 神田喜一郎編『明治漢詩文集』(『明治文学全

集』六二、一九六三、筑摩書房)、揖斐高「幕末の欧米見聞詩集」(『近世文学の境界』所収、二〇〇九、岩波書店)

(杉下　元明)

すぎむらそじんかん　杉村楚人冠　一八七二—一九四五　明治・大正期のジャーナリスト。明治五年七月二十五日(一八七二年八月二十八日)、和歌山に、旧紀州藩士杉村庄次郎勝信、富の長男として生まれる。本名は広太郎。縦横という号も使った。和歌山の小学校、和歌山中学と進むが、明治十九年(一八八六)、学級新編成について校長と意見が合わず、同志多数と同盟退学する。二十年(一八八七)、法律家を志して上京し、英吉利《イギリス》法律学校(現中央大学)、ついで国民英学会で学ぶが、病のため和歌山に帰郷した。明治二十五年十月、『和歌山新報』主筆となるが、翌年退社して上京。ユニテリアンの自由神学校に通うかたわら、同郷の古河老川《ふるかわろうせん》らと経緯会を結成し、新仏教運動を提唱した。また、在学中から『国民新聞』で英文翻訳の仕事をしたり、雑誌『宗教』『仏教』『反省雑誌』などの編集に関わったりする一方、アメリカ大使館で翻訳の仕事にも携わった。社会主義に接近し、幸徳秋水・堺利彦らと交友を持ち、『週刊平民新聞』に「余は如何にして社会主義者となりし乎」という論文を掲載している。明治三十六年(一九〇三)十二月、池辺三山に招かれ、東京朝日新聞社に入社、外電係となる。同社主催の世界一周旅行会や白瀬矗《しらせのぶ》中尉の南極探検などの事業や、社会部部長渋川玄耳《しぶかわげんじ》とともに社会面の刷新に尽力した。明治四十四年(一九一一)六月、新設された調査部の部長に就任。大正八年(一九一九)七月、朝日新聞社の株式会社化に伴い監査役となる一方、十年(一九二一)二月から夕刊の「今日の問題」に千回を超えるコラムを執筆した。十一年十月、記事審査部を新設。同年十一月にはグラフ局局長となり、翌年一月『アサヒグラフ』を創刊した。昭和十年(一九三五)五月、監査役を退き、相談役となる。昭和二十年(一九四五)十月三日、心臓病により没した。七十四歳。『最近新聞紙学』(大正四年)、『新聞紙の内外』(昭和二年)などの著作は、日本における新聞学の先駆として評価されている。著作は『楚人冠全集』全十八巻(同十二—十八年、日本評論社)として刊行されている。

参考文献　『三代言論人集』八(一九六三、時事通信社)、黒川貢三郎「評伝・杉村楚人冠」(『政経研究』三四ノ三、一九九八)

(井川　充雄)

すぎむらふかし　杉村濬　一八四八—一九〇六　外交官。嘉永元年二月十六日(一八四八年三月二十日)、杉村秀三を父として陸奥国岩手郡盛岡に生まれる。長男は国際連盟事務局事務次長を務めた杉村陽太郎。台湾出兵に参加、明治十一年(一八七八)横浜毎日新聞社に勤務して朝鮮論を説く。同十三年十月外務省御用掛として釜山領事館在勤、十五年十月副領事のち仁川領事、十八年六月公信局勤務、十九年三月公使館書記官を命ぜられるも無任所交際官として待命、四月に通商局勤務を命ぜられる。同年夏に京城へ赴任、二十年(一八八七)四月外務省参事官兼任通商局勤務、二十二年五月バンクーバー領事。二十四年京城公使館書記官兼領事として日清戦争前夜の対朝鮮外交の中心として活動。戦後は閔妃殺害事件に三浦梧楼公使とともに参画。二十九年一月広島地裁予審で免訴となるも、同年四月依願免官。台湾総督府事務官を経て、三十二年(一八九九)六月外務省通商局長として外務省に復職。三十八年一月弁理公使に任じられブラジルに駐劄、移民事業に尽力するも、脳出血のため三十九年五月十九日任地で病死。五十九歳。著書に『(明治廿七八年)在韓苦心録』(昭和七年、『韓国併合史研究資料』三九として平成十五年(二〇〇三)に竜渓書舎より復刻)がある。

参考文献　田保橋潔『日清戦役外交史の研究』(『東洋文庫論叢』、一九五一、刀江書院)、福島新吾「壬午・甲申・閔妃事件関連の「杉村君日記」—研究と史料解読—」(『専修史学』二一・二二、一九八九・九〇)、菊池孝育「カナダ日系移民史研究ノート—カナダにおける杉村濬—」(『盛岡大学短期大学部紀要』一四、二〇〇四)

(熊本　史雄)

すぎやきてん　すぎやき店　⇩牛鍋屋《ぎゅうなべや》

すぎやまいわさぶろう　杉山岩三郎　一八四一—一九一三　実業家。岡山城下で天保十二年八月十五日(一八四一年九月二十九日)岡山藩士中川亀之進の次男に生まれ、安政六年(一八五九)岡山藩士杉山家を嗣ぐ。岡山の奇才中川横太郎は実兄。文久三年(一八六三)より明治二年(一八六九)にかけて京都禁裏の警衛や戊辰戦争に従軍した。廃藩置県後に岡山県典事・七等出仕を経て明治五年九月島根県権参事に就任するが、十二月には辞職して帰郷した。旧岡山藩士族の中心人物として花房端連《はなぶさたんれん》らとともに第二十二国立銀行・岡山紡績所を創立し、明治十九年(一八八六)には児島郡興除《こうじょ》沖に七十余町歩の杉山開墾を完成させた。明治二十七年(一八九四)には馬越恭平《まごしきょうへい》・立石岐《たていしまた》・香川真一《かがわしんいち》を誘って中国鉄道株式会社を設立し、同三十一年(一八九八)には岡山—津山間(中国線、現在の津山線)を開通させた。さらに同年には吉備鉄道株式会社を買収し、同三十七年に岡山—湛井《たたい》間(吉備線)を開業させた。このほか、児島郡日比や邑久《おく》郡犬島に製錬所を開設した。「備前西郷」と称され、自由民権期には『山陽新報』に対抗して『吉備日日新聞』を発行し、また明治二十五年の選挙干渉の時は内務省・県知事を裏面で支援し、政界にも隠然たる力を発揮した。大正二年(一九一三)七月十八日没。七十三歳。

参考文献　杉謙二編『岡山県名鑑』(一九一一)

(太田　健一)

すぎやましげまる　杉山茂丸　一八六四—一九三五　玄洋社幹部。政界の黒幕。号は其日庵。元治元年八月十五日(一八六四年九月十五日)、福岡藩士杉山三郎平の長男に生まれる。父の家塾に学ぶ。明治十七年(一八八四)、熊本に赴き、佐々友房《さつさともふさ》と会見。同年十二月、宋秉畯に会見し大陸志向となる。十八年、佐々の紹介で頭山満《とうやまみつる》を知り、以後、その盟友として玄洋社の活動に尽瘁、特に資金創出のために炭鉱事業などさまざまな経済活動を行なった。二十一年(一八八八)以降、たびたび香港に赴き、荒尾精《あらおせい》と親交を結んで清国の知識を深める。二十八年、日清講和会議の行われた下関春帆楼で、伊藤博文全権に対し遼東半島領有は日本亡国の基となると説く。三十一年(一八九八)の日本興業銀行創立に尽力。三十二年には後藤新平台湾総督府民政長官に台湾銀行設立を献策。日露戦後には後藤の南満洲鉄道株式会社総裁就任に尽力。また日韓合邦運動の推進に努める。三十九年、伊藤博文統監の韓国赴任に先立ち、内田良平の起用を伊藤に勧めて内田の嘱託就任を実現。みずからは東京にあって桂太郎、山県有朋、寺内正毅らに合邦を説き、来日した李容九や宋秉畯とこれら政府要路との仲介役を果たす。四十二年(一九〇九)六月、曾禰荒助《そねあらすけ》の統監赴任後、一進会顧問に就任。一進会と西北学会・大韓協会の大同団結が成立すると、内田と宋の三人で合邦建白書の立案を協議。内田や葛生能久《くずおよしひさ》らが案文を起草し、杉山が桂首相に示して同意を得る。同年十二月四日の合邦建白後、曾禰の反対に遭うと曾禰更迭を内田らと画策。四十三年二月二日の桂・杉山会見では、桂が合邦に賛成し一進会の多年の活動に理解を示している旨を覚書にまとめ、菊池忠三郎が携行して一進会に示し、同会活動を鼓舞した。併合後の一進会解散に同情、後継団体として侍天教の組織を武田範之《たけだはんし》らと提案。大正四年(一九一五)、インド独立運動家ビハリ＝ボース来日の際は、同人庇護に尽力。昭和十年(一九三五)七月十九日、脳溢血で死去。七十二歳。

参考文献 黒竜会編『東亜先覚志士記伝』(『明治百年史叢書』、一九六六、原書房)、一又正雄『杉山茂丸―明治大陸政策の源流―』(一九七五、原書房)、野田美鴻『杉山茂丸伝―もぐらの記録―』(一九九二、島津書房)、堀雅昭『杉山茂丸伝―アジア連邦の夢―』(二〇〇六、弦書房)

(冨塚 一彦)

すぎやましげよし 杉山重義 一八五七―一九二七 明治から大正時代の英語学者、教育家。安政四年(一八五七)に伊予国松山藩士の子として生まれ、藩校明教館を経て慶応義塾に学んだが中退して、大阪の米人ゴールドンに洋学を学び、キリスト教徒となり、宣教師アッキンソンと親交した。このころから自由党の活動家と交わり、明治十年(一八七七)二月創刊の自由民権派の雑誌『攪眠新誌《こうみんしんし》』(大阪の進取社発行)の編輯長となり、十一年十一月に『政談』(仏国ギゾーの原著『欧羅巴代議政体起立史』の抄纂、前川善兵衛・山口恒七刊)を、十四年三月に『通俗国会之組立』(法木徳兵衛・漸進堂刊)を著わして、自由民権運動に加わった。十五年の福島事件に連坐し、翌年まで六百五十日獄中にあり、また、十七年にも自由党北陸七州懇親会に出席した際に拘引されて百日余り入獄したが、いずれも無罪となった。二十七年(一八九四)に米国のハートフォード社会学校・神学校に留学し、三十年(一八九七)に帰国して岡山教会牧師となり、関西中学校教師を経て、三十三年四月に東京専門学校(三十五年九月早稲田大学と改称)の講師となった。四十四年(一九一一)五月の教授制発足に伴い商学部・高等予科教授となった。また、早稲田実業学校校長、第二高等学院初代院長にも就任した。講師就任以来大正十四年(一九二五)十月まで政学部、文学部、大学部政治経済学科・商科、商学部、高等予科、第二高等学院で英語(訳読・訳解・音読・作文・文法・会話・書取・輪読・英訳及英文和訳・講読)・倫理・原書研究・名著研究・国民科を担当した。学外では、綱島佳吉《つなしまかきち》・村井知至《むらいともよし》・小崎弘道《こざきひろみち》らのキリスト教の指導者と親交し、ユニテリアン系の『六合雑誌《りくごう》』の同人として同誌に多くの論考を発表した。著書に『都市発達論』(明治三十五年、早稲田大学出版部)、『商業道徳』(三十九年度、早稲田大学出版部)、『食糧問題の解決としての産児制限の価値』(大正十五年、文明協会)、『犯罪の悪化増加及救治』(昭和三年、私家版)がある。昭和二年(一九二七)一月死去。七十一歳。

参考文献 「故杉山重義氏をしのぶ」(『早稲田学報』、一九二七年二月)、『早稲田大学百年史』一―四(一九七八―九二、早稲田大学出版部)

(佐藤 能丸)

すぎやましょきせいさつがいじけん 杉山書記生殺害事件 明治三十三年(一九〇〇)六月十一日に在清国日本公使館の杉山彬書記生が清国兵の手で惨殺された事件。このとき山東省で発生した宗教的武術会党(義和団)を中心とする騒乱が北京に及んでいた。のちに北清事変に発展するものである。これにより北京―天津間の通行が遮断され、北京の列国居留民は事実上幽閉状態に陥った。大沽沖で事態を警戒していた列国海軍は、イギリス中国艦隊司令長官エドワード＝シーモア中将率いる海軍部隊二千人余を北京に向かわせ事態の打開を図ろうとした。天津を列車で六月十日に出発し、翌日北京に着く予定であった。杉山書記生は、このシーモア部隊の列車が北京郊外の馬家堡停車場に到着したかを確認するため、馬車で駅に赴く途上永定門外で殺害されたのである。結局シーモア部隊は義和団や清国軍の攻撃に遭って前進を阻まれ、天津に戻った。殺害の事実は十四日朝に日本政府に知らされた。翌日山県有朋内閣は日本陸軍部隊の派遣を決定する。二十日には駐清ドイツ公使も殺害されている。事変終結後の明治三十四年六月十八日に、清廷は杉山書記生の死に関し天皇に遺憾の意を表明する特使を派遣する旨の上諭を発した。これは北清事変最終議定書第三条に明記された。

参考文献 外務省編『日本外交文書』三三ノ別冊(一九五六―五七)、斎藤聖二『北清事変と日本軍』(二〇〇六、芙蓉書房出版)

(斎藤 聖二)

すぎやまれいきち 杉山令吉 生没年不詳 明治時代後期から昭和時代前期の商学者。バチェラー＝オヴ＝ローズの学位を得て、明治三十六年(一九〇三)九月から早稲田大学講師となり、四十四年(一九一一)五月の教授制発足に伴い大学部商科(商学部の前身)・高等予科教授となった。大正六年(一九一七)八月末現在で講師となっているが、昭和十五年(一九四〇)三月まで、高等予科・大学部商科・専門部商科で商業作文・商業文・作文・書法・作文書法・漢文・書翰文及書法を担当した。市島謙吉《いちしまけんきち》宛の書簡が早稲田大学図書館(古典籍)に所蔵されている。

参考文献 『早稲田大学百年史』二—四(一九八一—九二、早稲田大学出版部)　(佐藤　能丸)

スクーナー　スクーナー　西洋形帆船の一種。帆船の帆は、進行方向に対して縦に張る縦帆と横に張る横帆に大別される。横帆が追風に適しているのに対して縦帆は風上にさかのぼることが容易。多くの帆船はこの両方を装備しているが、縦帆だけの帆船をスクーナー schooner と呼ぶ。横帆の多い帆船に比べ操作が容易で逆風帆走性能に優れ少ない乗組員で運航できるのが特徴。安政元年(一八五四)伊豆で難破したロシア軍艦ディアナ号乗組員が建造したヘダが二檣《しょう》スクーナーであり、日本人の西洋形船の建造技術の習得に寄与した。幕府は君沢《きみざわ》形と称して輸送船数隻を建造。文久三年(一八六三)に進水した国産初の蒸気軍艦千代田もスクーナー形の帆機併用船であった。明治期に輸入された西洋形帆船の主流となり、汽船とともに海運近代化を促進した。スクウネル船・縦帆船とも呼ばれた。和船に西洋式技術を採り入れた合子《あいのこ》船にもスクーナー形が採り入れられ、外見上は区別がつかなくなった。

参考文献 山高五郎『図説日の丸船隊史話』(『図説日本海事史話叢書』四、一九八一、至誠堂)、安達裕之「明治の帆船」(永原慶二編『講座・日本技術の社会史』八 交通・運輸所収、一九八五、日本評論社)　(小風　秀雅)

スクリバ　Julius Karl Scriba　一八四八—一九〇五　御雇いドイツ人医師。一八四八年六月五日ヘッセン大公国のワインハイムに生まれる。父親は薬剤師であった。ギムナジウムを卒業後、六九年ハイデルベルグ大学に入学し、医学と植物学を学び、在学中に普仏戦争に一年志願兵として出征、七四年同大学を卒業。さらにベルリン大学助手として外科学を研究、論文を発表して私講師の資格を得て、明治十四年(一八八一)六月前任者のシュルツェに代わり、東京大学医学部外科学教授として着任し、以後同三十四年(一九〇一)九月まで在職する。外科手術に優れた腕前を発揮し、五百名以上の学生を育て、日本の外科術を発展させた。外科以外にも、眼科・皮膚科などの講座を担当し、少ない収入の外科医の手術料取得を主張した。退職後は聖路加病院の外科主任として勤めたが、同三十八年一月三日死去した。満五十六歳。内科のベルツと並び称され、日本人の妻をむかえている。

スクリバ

参考文献 近藤次繁「スクリバ先生」(『中外医事新報』一二四〇、一九三七)、田代義徳「スクリバ先生」(同、一九三七)、酒井シヅ「シュルツェとスクリバ」(宗田一・蒲原宏・長門谷洋治他編『医学近代化と来日外国人』所収、一九八八、世界保健通信社)　(林　彰)

スケート　スケート　ヨーロッパ北部を中心に競技スポーツとして発達を遂げたが、日本への紹介は、明治十年(一八七七)、札幌農学校のアメリカ人教師W・P・ブルックスによるものが最初とされている。その後の普及も北海道が早く、新渡戸稲造が留学先から帰国し、アメリカ製のスケート靴三足を持ち帰った明治二十四年(一八九一)ごろには、札幌の学生生徒のあいだでスケートクラブが結成されるようになる。その後、スケートは次第に南下し、全国へと広がっていった。同三十五年(一九〇二)ごろには、仙台で舶来のスケート靴を模倣した下駄スケートが開発され、長野県諏訪湖地方でもその製作がなされるようになり、スケートの大衆化を促した。同三十八年の中央線の開通によって全国のスケート愛好家が諏訪湖に集まるようになり、同四十二年(一九〇九)には第一回諏訪湖一周氷滑競走会が開催されるなど、当地を中心として競技スケートの発展の基礎が築かれていった。

参考文献 日本スケート史刊行会編『日本スケート史』(一九七五)　(坂上　康博)

すけごうかいさん　助郷解散　特定村から人馬を宿駅に強制的に徴発する助郷制度が明治五年(一八七二)、宿駅制度とともに廃止されたことをいう。助郷は元禄年間(一六八八—一七〇四)に、参勤交代などによる交通量の増大に対処するための制度として確立され、五街道だけでなく脇往還にも設定されるようになった。しかし助郷の範囲が拡大するにつれて駅郷付近の農民の負担も増大し、近世後期には負担免除訴願が相ついだ。特に幕末維新の動乱期になると人馬の往来が激しくなり、新政府はこうした事態に対処するため、明治元年全国一円助郷化の方針を定め助郷制度の一層の強化をはかった。この方針は貫徹はされなかったものの、官軍の通行のため臨時に再編された助郷村の編制は翌二年になっても存続し、政府や県の官吏が通行する際には沿道の村々から人馬が徴発されたのである。このため駅郷付近の村々からの助郷に対する反抗や賃金の相つぐ値上げ、輸送の非能率化などによって宿駅制度は廃止され、陸運会社による相対(自由契約)の人馬継立業がこれに代わった。→陸運会《りくうんかい》社《しゃ》

参考文献 山本弘文『維新期の街道と輸送』(『叢書・歴史学研究』、一九七二、法政大学出版局)　(菅谷　務)

スコット　Marion McCarrell Scott　一八四三—一九

スコット

二二　明治期に来日したアメリカの教育家。一八四三年八月二十一日、アメリカ合衆国ケンタッキー州ヴァレン郡に生まれる。同州ウラニア＝カレッジを卒業後、バージニア大学の法学部を卒業したとされている。一八六四年にカリフォルニア州の教育局に勤務し、その後サンフランシスコのワシントン＝グラマースクール（初等中学校）の校長に就任する。この校長職にあったときに日本政府より招聘されて明治四年（一八七一）八月に来日した。三年間の契約で南校（現在の東京大学）の英語教師および普通学教師となる。授業時間数は一日六時間であった。翌五年五月に文部省は小学教員養成のため師範学校の設立令を発し、九月には東京の昌平黌建物内に師範学校を設立した。スコットはすでに八月にはその師範学校に転傭されている。同じ時期、南校に出仕していた坪井玄道《つぼいげんどう》も師範学校掛となってスコットの通訳としてともに小学校教員養成に携わる。スコットの授業の運営方法はすべてアメリカ方式で、従来寺子屋などで行なっていた各人の暗誦方式での学習ではなく、クラス全体の一斉教授法（学習法）を伝習した。まず、在籍していた上等生（助教、二十四名在籍）を小学生とみなしてスコットが授業法を理解させまた伝習し、その後にその上等生が同じく在籍していた下等生（生徒、九十名在籍）に同様の授業を実地訓練式に施す、といった指導法をとった。また当時は教科書すらない時代だったので、スコットがアメリカから教具とともに教科書を取り寄せて使った。志賀重昂《しがしげたか》が「日本師範教育の元祖」といっているように、スコットはこのように教員養成法や近代的教授法を導入しつつ、日本の師範教育制度の制定にも尽力した。明治八年三月には東京英語学校（同十年（一八七七）には東京大学予備門と改称）に移籍し、スコット＝メソッドと称されるような英語教育を施し、優秀な人材を育てた。そのなかには内村鑑三や新渡戸稲造らがいた。内村は「スコット氏のメソッドは私等をして英語の勉強に多大の興味を覚えさせるに至つた。（中略）此人の英語教授を大学予備門に於てうけた時、私等は全く一の新天地に導き入れられたやうに感じた」といっている。スコットは明治十四年（一八八一）一月には解雇されることになり、一旦はアメリカに帰国するも、すぐにハワイに赴きホノルルで教職生活を続けた。一九二二年五月三日ホノルルで死去。満七十八歳。

参考文献　重久篤太郎『お雇い外国人』五（一九六八、鹿島出版会）、内村鑑三「スコット　メソッドの復活と浦口君のグループ　メソッド」（『内村鑑三全集』三〇所収、一九八二、岩波書店）、武内博「我が国師範教育の父スコット」（国立教育会館編『日本の近代化をになった外国人―フォンタネージ・クラークとケプロン・スコット―』所収、一九九二、ぎょうせい）、平田宗史『エム・エム・スコットの研究』（一九九五、風間書房）
（庭野　吉弘）

すざきよしさぶろう　須崎芳三郎　一八六三―一九四九　新聞記者。蹇堂・黙堂と号する。文久三年十一月九日（一八六三年十二月十九日）、武蔵国多摩郡砂川村（東京都立川市）に生まれる。明治二十二年（一八八九）七月、帝国大学法科大学政治学科卒業。十月より渡辺洪基《わたなべこうき》の雑誌『利囶新誌』にたずさわる。明治二十三年、『近江新報』の主筆となる。明治二十七年、岡山県立中学校校長を勤め、明治三十一年（一八九八）八月より『大阪朝日新聞』に入る。翌年、退社して欧米を周遊。明治三十四年、『日本』に入る。明治四十一年（一九〇八）、『報知新聞』に移り論説を担当する。大正五年（一九一六）に書いた「宮中闖入事件」は筆禍を被る。大正八年に編集顧問となり昭和二年（一九二七）から取締役を務める。著書に『教育革新論』（明治三十六年、松村書店）、『露国侵略史』（明治三十七年、博文館）など。昭和二十四年（一九四九）四月二十八日没。八十七歳。
（河崎　吉紀）

ずしかいせいちゅうがくせいとそうなん　逗子開成中学生徒遭難　明治四十三年（一九一〇）一月二十三日、逗子開成中学（五年制の旧制中学、現在の逗子開成中学校・高校）生徒ら十二人が乗ったボートが鎌倉七里ヶ浜で転覆し、救助後死亡した一人を含めて全員が死亡した海難事故。哀悼歌「七里ヶ浜の哀歌」（「真白き富士の根」「真白き富士の嶺」）が作られ、広く愛唱されている。当日は日曜日で、生徒らは同日朝、ボート部のボートを無許可で引き出していた。乗っていたのは二十一歳から十四歳までの中学生十一人と逗子小学校高等科二年の一人（十歳）。ボートは七人乗り程度の短艇で、天気は悪くなかったが、北風が多少強く、突風で転覆したらしい。「七里ヶ浜の哀歌」は米国の作曲家ジェレミー＝インガルスの曲に、当時鎌倉女学校（現鎌倉女学院）の数学教師だった三角錫子《みすみすずこ》が詞を付けた。二月六日の追悼大法会で鎌倉女学校の生徒によって最初に歌われた。この歌が愛唱されるとともに、事故は映画化もされた。

参考文献　『逗子開成百年史』（二〇〇三、逗子開成学園）
（奥　武則）

ずしょひろたけ　調所広丈　一八四〇―一九一一　薩摩藩士、官僚。天保十一年四月一日（一八四〇年五月二日）薩摩藩家老調所広郷の三男として鹿児島郡坂本村（鹿児島市）に生まれる。旧名は藤内左衛門。小姓役、小納戸《こなんど》役などを経て、戊辰戦争では小隊長として鳥羽伏見、越後、奥羽を転戦、黒田清隆とともに春日丸に乗船し、五稜郭の戦いに参戦した。明治五年（一八七二）正月に開拓使八等出仕となったことを皮切りに初期の北海道行政に携わる。主に民事と学務を担当し、開拓使仮学校校長(明治七年四月)、札幌学校校長(明治九年八月)、札幌農学校校長(明治十一年十一月)を兼務した。明治十五年(一八八二)二月に開拓使が廃止されると札幌県令として引き続き道内行政に携わり、豊平川の築堤や対雁に移したカラフトアイヌの授産に努めた。また北海道産物を常食とする食物改良を主唱した。明治十九年一月二十六日に北海道庁が設置されたことにより、元老院議官に転じる。明治二十二年(一八八九)六月八日高知県知事に就任、第一次松方内閣のもとで行われた明治二十五年の第二回衆議院議員総選挙において県下の官吏に対して民党系議員の再選を妨害するよう警察に指示し、その結果、民党系だけでも死者十名、負傷者六十八名を出しており、最も激しい選挙干渉を行なった知事とされる。選挙後に民党系代議士の選挙活動を妨害したことを追及されたため辞職を願い出たが、希望に反し留任となる。その後の人事により明治二十五年七月二十日、高知県知事から鳥取県知事となる。同二十七年九月五日に鳥取県知事を依願免官、黒田清隆の周旋により同年十月十五日第二次伊藤内閣の時に貴族院議員に勅選された。明治三十二年(一八九九)十二月錦鶏間《きんけいのま》祗候を仰せつけられる。翌三十三年五月九日勲功により男爵に列せらる。明治四十四年(一九一一)十二月三十日没。七十二歳。

参考文献　北海道編『新北海道史』三(一九七二)、末木孝典「明治二十五年・選挙干渉事件の一考察—高知県第二区の場合—」(『法学政治学論究』五九、二〇〇三)

(内山　一幸)

ずしょりょう　図書寮　皇室の図書などに関わる宮内省の一部局。律令官制で中務省に属した図書寮《ふみのつかさ》は、国史の撰修や朝廷の書籍などを掌った。それに対して、明治初期に再興された太政官の宮内省では、京都御所の蔵書類や宮家・旧公家・旧幕府・社寺などからの献納書類を、式部寮・主殿寮・侍従職などで分散管理していたが、同十七年(一八八四)八月、新たに図書寮を設置し、それらを一括保管することになった。本寮の主な職掌は、同四十年(一九〇七)公布(同四十三年・大正十年(一九二一)改正)の宮内省官制によれば、『皇統譜』や皇室典範・皇室令・詔書・勅書の正本を尚蔵し、世伝御料の台帳や図書(伝来本・献納本)と公文書類を保管し出納するとともに、「天皇・皇族・王族及公族実録ノ編纂」をすることなどである。その実録編纂は、大正から昭和十年代まで続けられ、歴代天皇と皇族の実録および特別に臨時編修局で『明治天皇紀』が編纂されている。戦後の昭和二十四年(一九四九)六月、本寮と諸陵寮を合併して正倉院の事務も統括する宮内庁書陵部となり現在に至る。その蔵書は約四十万冊にのぼり、『和漢図書分類目録』などが公刊されている。

参考文献　所功「『天皇・皇族実録』の成立過程」(『産大法学』四〇ノ一、二〇〇六)、中村一紀「古文書めぐり—宮内庁書陵部と所蔵資料群—」(『古文書研究』六二、二〇〇六)

(所　功)

すずきうめしろう　鈴木梅四郎　一八六二—一九四〇　実業家、政治家。実費診療所創立者。文久二年四月二十六日(一八六二年五月二十四日)、信濃国上水内郡安茂里村(長野市)に生まれる。慶応義塾に入学し、福沢諭吉の薫陶を受け、明治二十年(一八八七)の卒業後は時事新報社に入社、『大阪名護町貧民窟視察記』の探訪を行う。『横浜貿易新報』主筆を経て三井銀行、王子製紙で頭角を現す。「智識あり技能ありて収入少なき」中等階級下層の多数者の「盛衰消長は直に国家社会の盛衰消長となる」として、医療面の救済を志し、杉山茂丸《すぎやましげまる》・池田成彬《いけだしげあき》らの賛同を得て、四十四年(一九一一)九月実費のみで診療する実費診療所を加藤時次郎の病院内に設立した。横浜・大阪などに支部ができたが、診療者数の増加に対する各地の医師会の抵抗は大きかった。昭和三年(一九二八)刊行の『医業国営論』では、衛生省を頂点とする医療国営を提唱する。衆議院議員となり、立憲国民党に所属、独自の社会政策を展開した。昭和十五年(一九四〇)四月十五日七十九歳で死去。

参考文献　田中省三『医療の社会化を実践した人物・鈴木梅四郎』(一九九五、医史研究会)

(荻野富士夫)

すずきうめたろう　鈴木梅太郎　一八七四—一九四三　農芸化学者、栄養学者。明治七年(一八七四)四月七日に浜松県榛原郡堀野新田村(静岡県牧之原市)で出生。二十九年(一八九六)帝国大学農科大学農芸化学科を卒業。三十三年(一九〇〇)、農科大学助教授、四十年(一九〇七)、東京帝国大学教授に就任。四十三年、米ヌカから脚気に効果のある物質を抽出、オリザニンと命名した。今日のビタミンB_1であるが、当時は世界的に細菌による感染症説が信じられていたため、彼の説は無視され、日の目を見ることはなかった。大正六年(一九一七)、理化学研究所主任研究員の兼務となり、十一年(一九二二)には合成清酒を発明、二年後には理研酒の名称で市販された。昭和九年(一九三四)東京帝国大学を辞するが、その間に、盛岡高等農林学校教授を兼務した。昭和十八年(一九四三)、文化勲章を受章。同年九月二十日に死去した。七十歳。著書に『研究の回顧』(昭和十八年、輝文堂書房)などがある。

鈴木梅太郎

(西尾　敏彦)

すずきうらはち　鈴木浦八　一八五二—一九一八　地方政治家、農事指導者。嘉永五年十二月一日(一八五三年一月十日)遠江国豊田郡《とよだ》加茂西村(静岡県磐田市)に生まれる。明治六年(一八七三)加茂西村戸長、明治十六年(一八八三)県会議員となるなど地方政治に関わる。十八年、遠江報徳社に加盟、加茂西報徳社の社長として報徳運動を担う。浦八が行なった代表的な事業は、耕地整理であった。すでに明治五年、山名郡彦島《ひこじま》村(静岡県袋井市)の名倉太郎《なくらたろ》馬《ま》が耕地整理に着手するなど、静岡県は耕地整理に積極的に取り組んでいた。浦八の構想は、畦畔・水路の直線化、交換分合による農科所有地の集中的配置により、耕地面積の拡大、農道・排水路の整備を行い、牛馬などを投入し農業労働の合理化・生産性の上昇を図ろうとするものであった。明治二十年(一八八七)十二月加茂西村の田畑約五十町歩の耕地整理に着手、二十四年に完成した。その後、県内をはじめ、全国で耕地整理の指導を行なった。このほか、池田銀行の創設、郷学校の設立、天竜川池田橋の架橋、天竜川の治水・利水事業に携わった。大正七年(一九一八)十月三十日没。六十七歳。

参考文献 山田万作『嶽陽名士伝』(一八九一)、静岡県内務部編『静岡県之産業』一(一九一三)、『静岡県磐田郡誌(復刻)』(一九七一、名著出版)、『豊田町誌』資料編六(二〇〇一)

(小池 善之)

すずききさぶろう 鈴木喜三郎 一八六七—一九四〇 明治時代後期から昭和時代前期にかけての司法官、政治家。慶応三年十月十一日(一八六七年十一月六日)武蔵国橘樹《たちばな》郡大師河原町(神奈川県川崎市)の農家川島市太郎の次男として出生。明治十五年(一八八二)天台宗明長寺住職鈴木慈孝の養子となり家督を相続。同年上京し東京外国語学校、第一高等中学校、帝国大学法科大学を経て、司法界に入り、麹町区裁判所、東京地方裁判所、東京控訴院の各判事、東京地方裁判所長、司法省刑事局長、同法務局長を経て、大正三年(一九一四)司法次官に就任。大正十二年(一九二三)十月より同十三年一月まで検事総長を務めた。同月清浦奎吾内閣の司法大臣となったが、同年六月内閣総辞職に伴い辞任。司法界において活躍中は、検察の大御所平沼騏一郎と組んで一大派閥を形成し、司法大臣任命中も平沼が設立した国粋主義団体国本社の理事としてこれに参加した。大正十四年立憲政友会に入党。昭和二年(一九二七)田中義一内閣内務大臣に就任し、議会中心主義否認を唱え、わが国最初の男子普通選挙(昭和三年)の実施にあたり大弾圧や選挙干渉を加え、野党側から強い非難をこうむった。また選挙直後には三・一五事件など、社会運動大弾圧を相ついで行なった。昭和三年、鈴木内相弾劾の野党攻勢のため内務大臣を辞任。昭和六年犬養毅内閣司法大臣に就任(のちに内務大臣になる)。昭和七年五月の五・一五事件による犬養暗殺後、立憲政友会総裁となり、リットン報告書反対、天皇機関説排撃などの活動を活発に行なった。昭和十四年(一九三九)総裁を辞任。昭和十五年六月二十四日、死去。七十四歳。

(小田中聰樹)

鈴木喜三郎

すずききゅうごろう 鈴木久五郎 一八七七—一九四三 相場師。明治十年(一八七七)八月、埼玉県粕壁(春日部市)の旧家に生まれる。十三歳で上京し、米穀問屋で奉公するとともに、東京専門学校(現早稲田大学)で学ぶ。二十歳で故郷に戻り、兄が経営する鈴木銀行に入り、明治三十五年(一九〇二)には東京支店長となる。イギリス留学の途次の明治三十七年十一月、上海で相場師となる決心をし、明治三十八年から東京鉄道株、東株、鐘紡株などの仕手戦で成功し巨利を博し、鈴久と呼ばれた。しかし明治四十年(一九〇七)恐慌の到来によって破綻した。その後、明治四十一年から衆議院議員(群馬県高崎市選出)を一期つとめたが見るべき活動はしていない(中央倶楽部所属)。昭和十八年(一九四三)八月十六日没。六十七歳。

参考文献 衆議院・参議院編『議会制度百年史』(一九九〇、大蔵省印刷局)、鍋島高明『(栄光と挫折を分けた大勝負)日本相場師列伝』一(『日経ビジネス文庫』、二〇〇六、日本経済新聞社)

(櫻井 良樹)

鈴木久五郎

すずききゅうだゆう 鈴木久太夫 一八二九—九一 幕末・明治時代前期の篤農家。文政十二年五月二十九日(一八二九年六月三十日)、武蔵国荏原郡上北沢村(東京都世田谷区)にて鈴木正助の長男として生まれる。同村菅沼勝右衛門に農事を学び、傍ら工匠も修得した。特に、選種・接木・挿し木に習熟し、弘化元年(一八四四)より穀物・野菜の試作に努め、千種以上の種苗を近隣の有志に頒布した。また、同年、棕櫚《しゅろ》縄を代用する菖蒲縄を考案し、安政三年(一八五六)には穀物の種を土に混ぜて保存する穀種子土囲法を案出した。維新後、米国産小麦の試作に従事し、砂糖の手搾器械・軽便測量器・改良鍬など多くの農業用器械を発明し、内国勧業博覧会などに出品した。さらに、内国勧業博覧会世話掛をたびたび勤め、明治十四年(一八八一)には荏原郡農談会会頭に就任した。これらの活動によりしばしば賞を受け、二十四年(一八九一)には緑綬褒章が授与された。同年四月九日死去。六十三歳。
参考文献　「鈴木久太夫氏小伝」(『大日本農会報告』一一九、一八九二)　（中嶋　久人）

すずきけんたろう　鈴木券太郎　一八六二―一九三九　明治から昭和時代初期の新聞記者、教育者。文久二年(一八六二)十二月生まれ。号は、醇庵・乳水陳人・毛山狂生。『大阪日報』の記者を務めた後、横浜に戻り嚶鳴社員として地方遊説に出る一方、明治十三年(一八八〇)斎藤忠太郎らと演説討論結社顕猶社を組織、弁士として活躍する。明治十四年十月国友会の政談討論演説会に参加、十五年には嚶鳴社《おうめいしゃ》の機関誌『嚶鳴雑誌』の幹事を務めた。同年三月から六月まで『東京横浜毎日新聞』記者、十六年ごろには湘南社講学会講師も務める。その後『日本立憲政党新聞』に移り、十八年五月には『山陽新聞』主筆となる。二十年(一八八七)十月に退社し、政教社に入社、『日本人』『亜細亜』などに執筆の後『日本』記者となる。その後、群馬県・函館・天王寺の各中学校長を歴任するなど、教育界に転じた。昭和十四年(一九三九)三月十四日没。七十八歳。著書に『やまと経済学』『日本婚姻法論略』『亜細亜人』『犯罪論及女性犯人』、訳書に『治肺新論』『貨幣論綱』『(修養処世)自己測量』がある。
参考文献　宮武外骨・西田長寿『明治新聞雑誌関係者略伝』(『明治大正言論資料』二〇、一九八五、みすず書房)　（松崎　稔）

すずきこそん　鈴木鼓村　一八七五―一九三一　箏曲京極流の創始者。明治八年(一八七五)九月九日宮城県生まれ。晩年には那智俊宣《なちとしのぶ》、また穂積朝臣《ほづみあそん》とも号した。山下《やました》松琴《しょうきん》、高野茂(以上箏曲)、永井建子《ながいけんし》(洋楽)、野田聴松(筑紫箏)らに師事。また与謝野鉄幹夫妻らと親交を結び、近代詩を用いた新しい純箏曲を提唱し、明治四十年(一九〇七)ころからみずからの箏曲を京極流と称した。作品に「紅梅」「静」などがある。なお、鼓村は『日本音楽の話』など日本音楽史の歴史的記述における先駆者でもある。昭和六年(一九三一)三月十二日京都で没。五十七歳。　（千葉潤之介）

すずきさぶろうすけ　鈴木三郎助　一八六七―一九三一　明治から昭和時代前期にかけての実業家、味の素創業者。慶応三年十二月二十七日(一八六八年一月二十一日)相模国三浦郡堀内村(神奈川県三浦郡葉山町)で米穀酒類商初代鈴木三郎助の長男に生まれる。幼名泰助。藤沢の耕余塾に学び、明治十七年(一八八四)二代三郎助を襲名し家業を継ぐが、米相場で失敗。二十年(一八八七)ごろ母ナカらが昆布を原料に沃度《ヨード》製造を始めると間もなく参加、事業を拡張した。日露戦後不況対策として四十年(一九〇七)五月同業者と日本化学工業株式会社を創立し専務取締役に就任したが、事業の一部は同年設立の合資会社鈴木製薬所に残した。翌年味の素事業に着手して業績を上げると、大正六年(一九一七)これに専念する株式会社鈴木商店を設立し初代社長に就任した。一方、化学工業関連では同年東信電気株式会社を創設したのをはじめ電力事業に進出し、また昭和三年(一九二八)には昭和肥料株式会社を創設した。昭和六年三月二十九日没。六十五歳。
→味の素《あじのもと》
参考文献　味の素株式会社編『味をたがやす―味の素八十年史―』(一九九〇)　（差波亜紀子）

鈴木三郎助

すずきさんぞう　鈴木三蔵　一八三二―一九一五　明治時代前期の農業指導者。天保三年五月十八日(一八三二年六月十六日)、美濃国苗木藩の足軽清吉の長男として苗木村の津戸(岐阜県中津川市)に生まれる。幕末の藩政改革により勧農係、領内三十三ヵ村取締方を勤めた。明治七年(一八七四)から八年にかけて近江に赴き当地の牛耕技術を苗木に移入し、同十四年(一八八一)には東京で開かれた第二回内国勧業博覧会の会場で目にした持立犂を購入して持ち帰りその普及に努めた。十年には恵那《えな》郡北部十五ヵ町村連合農談会の会頭に、そして十三年には恵那郡南北農区連合農談会の北農区会頭に就任した。こうした活動の背景には報徳思想の実践による農村の救済という思いがあり、二十七年(一八九四)には蛭川《ひるかわ》村で安弘見《あびろみ》報徳社を結成させている。また、鈴木は愛知県と南北街道沿いの村々を結ぶために木曾川に架橋する(明治三十年竣工)など地域の社会資本の整備にも尽力した。大正四年(一九一五)六月二十五日没。八十四歳。
参考文献　吉岡勲『岐阜県の歴史』近代(一九七六、大衆書房)　（黒田　隆志）

すずきしげとお　鈴木重遠　一八二八―一九〇六　幕末期の伊予松山藩重臣で、明治期の愛媛県政を代表する政治家。文政十一年十一月十九日(一八二八年十二月二十五日)、松山藩士鈴木超勝の四男として誕生。通称は七郎右衛門、梁坡と号す。昌平黌で漢学を修めた後、嘉永六年(一八五三)から蘭学も学び、開国論を唱えた。安政四年(一八五七)奉行兼側用人となり、神奈川砲台築造の功績により、文久三年(一八六三)家老に抜擢される。藩主松平勝成・定昭のもとで混乱する藩政を担った。明治元年(一八六八)朝敵となると主戦論を唱えたため、免職蟄居の処罰を受けるも、赦されたのちは藩の執政・大参事として藩政改革に努めた。同四年の廃藩置県で辞職後、十一年(一八七八)から二十年(一八八七)まで海軍省属官として横須賀造船所に勤務。翌二十一年より改進党員として愛媛県内の大同結運動を指導し、二十三年以降愛媛県より衆議院議員に選出されること四回、二十五年全院委員長に推薦された。晩年には神鞭知常《こうむちともつね》らと対露同志会を組織した。三十九年(一九〇六)四月七日に七十九歳で死去。

参考文献 『国事鞅掌報効志士人名録』一(一九〇九、史談会)、『愛媛県史』人物(一九八九)　(藤田　正)

すずきしげよし　鈴木重義　一八三八—一九〇三　幕末・維新期の水戸藩士。天保九年(一八三八)、常陸国に誕生。父は鈴木重照、母は大場景命の女。諱ははじめ重睦。通称は内蔵次郎、靫負、縫殿《ぬい》。嘉永三年(一八五〇)四月、兄重道の養子となり、家督相続し五百石を受ける。小普請組、使番、寄合指引、新番頭、書院番頭を経て、万延元年(一八六〇)に江戸詰、戊午の密勅降下後の水戸藩政平定に尽力した。文久三年(一八六三)には藩主徳川慶篤《とくがわよしあつ》の上京に随従し、滞京して松平昭訓《まつだいらあきのり》(余四麿)、ついで松平昭徳(のち徳川昭武)の補佐にあたった。元治元年(一八六四)に鎖港促進の命を受け東下し、五月二十八日(一八六四年七月一日)に執政となった。同年七月の禁門の変に際して上京し、慶応二年(一八六六)に京都守衛に任じられた。同三年には慶喜の兵庫開港論に反発し、慶喜の兄弟にあたる岡山・鳥取両藩主にこれを訴えた。明治元年(一八六八)正月、藩政改正の勅を奉じて東下し、三月に水戸入城を果たす。四年に水戸藩大参事。廃藩により辞職し、晩年は瑞竜山にある旧藩主の墓守となり、明治三十六年(一九〇三)一月三十一日死去。六十六歳。大正四年(一九一五)十一月に従四位を贈位された。

参考文献 『水戸藩史料』下(一九七〇、吉川弘文館)、田尻佐編『贈位諸賢伝(増補版)』上(一九七五、近藤出版社)、『水戸市史』中ノ五(一九九〇)　(藤田　英昭)

すずきしゃてい　鈴木舎定　一八五六—八四　岩手県の自由民権運動家。安政三年(一八五六)二月、南部藩士鈴木舎従の長男として盛岡新築地に生まれ、藩校作人館で漢学を学んだ。明治四年(一八七一)に上京、中村敬宇の同人社やアメリカ人宣教師カロゾルスの英学校で、英学とキリスト教を学んだ。『東京新報』の編集にも従事していた。明治十年(一八七七)末から十一年初めごろ、盛岡に帰郷して、民権結社求我社とその機関誌『盛岡新誌』で活躍した。そもそも求我社は明治六年十二月に旧藩有志によって設けられた士族子弟のための書籍展覧場であった。鈴木は、国会期成同盟、東北有志会、東北七州自由党に参加し、自由党幹部および常議員を務めた。明治十七年一月一日、盛岡で死去。二十九歳。著作には、明治十四年二月、岩手県盛岡で刊行された『国会手引草』がある。わが国に国会開設が必要かつ急務であることを、天賦人権論をはじめとする十の理由をあげて説明している。一般の人々にもよくわかるように、やさしい文章で書かれているのが特色である。また、鈴木を中心とした作品に、舎定の甥である鈴木彦次郎の著作『自由の征矢—岩手民党夜話—』(昭和三十一年、岩手日報社)がある。

鈴木舎定

参考文献 森田敏彦「求我社と鈴木舎定(一)」(『宮城学院女子大学研究論文集』四九、一九七九)、名須川溢男「鈴木舎定と自由党再構築の課題」(岩手史学会編『東北の歴史と文化』所収、一九八七、熊谷印刷出版部)、太田愛人『開化の築地・民権の銀座—築地バンドの人びと—』(一九八九、築地書館)、大島晃一『岩手県近代史覚書』(二〇〇三、木の風景社)　(大内　雅人)

すずきしょうじ　鈴木昌司　一八四一—九五　新潟県の自由民権運動家。天保十二年九月十八日(一八四一年十一月一日)、越後国頸城郡北代石村《きただいし》(新潟県上越市)に生まれた。明治十年(一八七七)に明十社を、同十四年に頸城自由党を結成。明治十六年の高田事件では、県会に出席していたため、新潟で捕らわれ高田に護送されて、同年七月に出獄した。明治二十年代の条約改正反対運動に参加し、大同団結運動に奔走した。第一回衆議院選挙で当選後、立憲自由党での活動を主張した鈴木は、国民自由党に入党する山際七司《やまぎわしちじ》と分裂した。第三回・第四回衆議院選挙では次点で落選。明治二十八年(一八九五)四月三十日、東京で死去。五十五歳。

鈴木昌司

参考文献 『吉川町史』資料集四(一九九四)、『吉川町史』二(一九九六)、横山真一『新潟の青年自由民権運動』(二〇〇五、梓出版社)　(大内　雅人)

すずきしょうてん　鈴木商店　昭和時代初期の金融恐慌により破綻した商社。明治十年(一八七七)ころ大阪船場長堀(大阪市中央区)の砂糖商辰巳屋の神戸支店を、同店番頭鈴木岩治郎が引き継いで独立、兵庫の弁天浜(神戸市中央区)にて新興糖商(洋糖引取商)として出発した。ほかに樟脳、茶、肥料、鰹節などを取り扱い、十九年には神戸有力八大貿易商の一つに数えられた。明治二十七年(一八九四)岩治郎没後、妻よねが店主となり、経営は金子直吉・柳田富士松の両番頭に任された。金子は日清戦後の植民地台湾に注目、明治三十二年(一八九九)六月台湾樟脳及樟脳油専売規則成立を機に、樟脳油の六五%につき一手販売権を取得して躍進の基盤を作った。三十五年合名会社に改組(資本金五十万円)、明治末ころまでに多角化を進めて第一次世界大戦中急成長を遂げた。大正九年(一九二〇)戦後恐慌により業績が深刻に悪化、以後台湾銀行による救済融資を重ねたが、昭和二年(一九二七)融資の停止を受けて倒産した。

参考文献 桂芳男『総合商社の源流—鈴木商店—』(『日経新書』、一九七七、日本経済新聞社) (満薗　勇)

すずきしょうとう　鱸松塘　一八二三—九八　漢詩人。名は元邦、字は彦之、通称は甫、松塘と号し、別号に小塘・十髯叟堂・東洋釣史などがある。文政六年(一八二三)十二月、安房国平《へい》郡谷《や》向《むかい》村(千葉県南房総市)に生まれる。もと鈴木氏だが、彼の代に鱸と改めた。累代土地の素封家で名主を務め、かれの父道順は兼ねて眼科の名医であった。青年期に江戸の玉池吟社《ぎょくちぎんしゃ》の盟主であった梁川星巌《やながわせいがん》に教えを受け、小野湖山《おのこざん》・大沼枕山《おおぬまちんざん》とともに星巌門下において詩名をはせる。明治に入って東京に出、浅草向柳《むこうやなぎ》原《はら》に居をかまえて七曲吟社《ななまがりぎんしゃ》を起し、大島怡斎《おおしまいさい》、福島柳圃《ふくしまりゅうほ》、青木碧処《あおきへきしょ》、関鴨渚《せきおうしょ》など多くの俊秀を育てたが、また師星巌のごとく各地を遊歴して全国に門人を得ている。山内容堂・松平春嶽・松平確堂(斉民)ら元大名との親炙もあった。また女弟子も多く『七曲吟社閨媛絶句』(明治十年)をみずから編んで世に問うたり、家産あったゆえに世塵に超然として享楽的な生活を行いえたことなどは、清の文人袁枚の風姿をなぞるものでもあろう。多作にして多彩な詩風であったが、基本的に温和な南宋詩とくに陸放翁を慕いつつ、袁枚詩論の影響もむろん大きい。また文もよくした。晩年は房州に帰り、明治三十一年(一八九八)十一月二十四日郷里で生涯を終えた。七十六歳。詩集は『超海集』(明治九年)、『香山遊草』(明治十一年)、『房山楼集』初—三篇(明治十八—二十七年)など数多い。

参考文献 安房先賢偉人顕彰会編『安房先賢偉人伝』(一九三九、安房同人会) (宮崎　修多)

すずきしょうねん　鈴木松年　一八四八—一九一八　京都の日本画家。嘉永元年六月十四日(一八四八年七月十四日)、鈴木百年の長男として京都に生まれる。幼名桃太郎。父に絵を学んではじめ百僊と号し、また山田梅東に詩文を学ぶ。明治十三年(一八八〇)京都府画学校出仕、翌年父の後任として北宗科教員となった。少時から覇気にとみ、鈴木派を率いて幸野楳嶺《こうのばいれい》と京都画壇の覇を競った。内国絵画共進会で受賞し、内国勧業博覧会でも二十三年(一八九〇)第三回「雪景山水図」、二十八年第四回「嵐山春景」がともに妙技三等賞。三十三年(一九〇〇)のパリ万国博覧会でも「松澗水声」が銅賞を受賞した。日本美術協会でも受賞を重ねているが、文部省美術展覧会には参加しなかった。豪毅な性格とともに、筆力雄健な画風は、「今蕭白」と称され、「宇治川合戦図」(明治四十四年)など、晩年までその画風は衰えを見せていない。また天竜寺天井画「蛟竜図」のほか、かつて富士山頂に画竜碑を建てたという。上村松園・土田麦僊《つちだばくせん》もはじめ松年に学んでいる。大正七年(一九一八)一月二十九日没。七十一歳。

参考文献『日本美術院百年史』一上図版編(一九八九、日本美術院)、毎日新聞社編『絵画の明治—近代国家とイマジネーション—』(一九九六) (佐藤　道信)

すずきだいせつ　鈴木大拙　一八七〇—一九六六　明治から昭和時代の仏教学・宗教学者。仏教、ことに禅を中心に研究し、海外にまでその思想を広く紹介した。本名は貞太郎。大拙は、釈宗演《しゃくそうえん》より受けた居士号である。明治三年十月十八日(一八七〇年十一月十一日)に金沢市本多町の医師鈴木良準・増の四男として生まれる。第四高等中学校本科を家計の事情で退学し、小学校の英語教師となる。在学中に同校の数学教師であった北条時敬《ほうじょうときよし》に影響を受け、禅に関心をもつ。明治二十三年(一八九〇)、母が亡くなると宗教哲学の研究を志し、翌年上京して東京専門学校に学ぶかたわら、鎌倉円覚寺の今北洪川《いまきたこうせん》、ついで釈宗演に参禅した。二十四年、帝国大学文科大学哲学科選科に入学。三十年(一八九七)、釈宗演の推薦で渡米し、イリノイ州ラサールの出版社オープン＝コート社で中国語文献の翻訳などにたずさわりつつ独学で仏教思想や東洋哲学を研究した。三十八年、釈宗演がラッセルの招きで渡米した時には、通訳として講演旅行に同行。アメリカでは、一九〇〇年に『大乗起信論』を英訳し、一九〇七年に『大乗仏教概論』を英文で出版した。明治四十一年(一九〇八)、イギリス・ドイツ・フランスをめぐり、イギリスでは万国宗教史学会東洋部副会長に推される。翌年四月に帰国すると学習院の講師に招かれ、四十三年教授に就任。東京帝国大学文科大学の講師もつとめた。同年、釈宗演を会長とする禅道会の主幹となり、機関紙『禅道』を創刊。居士禅の中心的存在となった。四十三年にアメリカ人のビアトリス＝レーンと結婚。大正十年(一九二一)三月に大谷大学教授となり、学内に東方仏教徒協会を設立してEastern Buddhistを創刊した。昭和八年(一九三三)「楞伽経の研究」で文学博士。昭和二十年(一九四五)、鎌倉東慶寺に松ヶ岡文庫を設立した。二十四年、学士院会員・文化勲章受章。二十五年から三十三年(一九五八)まで、アメリカの多くの大学で仏教哲学を講義。Zen Buddhism and Its Influence on Japanese Culture(一九三八年、The Eastern Buddhist Society、北川桃雄訳『禅と日本文化』正・続、昭和十五—十七年、

鈴木大拙

岩波書店)・『浄土系思想論』(同十七年、法蔵館)・『日本的霊性』(同十九年、大東出版社)ほか英文・和文の著書が多数あり、久松真一・山口益・古田紹欽編『鈴木大拙全集(増補新版)』全四十巻(平成十二―十五年、岩波書店)・『鈴木大拙禅選集(新版)』全十一巻・別巻一巻(同十三年、春秋社)・『鈴木大拙英文著作集(日本版)』全三巻(昭和二十四―三十年、法蔵館)などに収められる。昭和四十一年(一九六六)七月十二日没。満九十五歳。

参考文献 『鈴木大拙の人と学問』(『鈴木大拙禅選集(新装版)』別巻、二〇〇一、春秋社)、西村恵信編『西田幾多郎宛鈴木大拙書簡―億劫相別れて須臾も離れず―』(二〇〇四、岩波書店)、秋月竜珉『鈴木大拙』(『講談社学術文庫』)

(伊藤 克己)

すすきだきゅうきん 薄田泣菫 一八七七―一九四五 明治・大正期の詩人、随筆家。明治十年(一八七七)五月十九日、岡山県浅口郡連島《つらじま》村(倉敷市)に生まれる。本名淳介《じゅんすけ》。岡山県尋常中学校を中退し、二十七年(一八九四)上京。漢学私塾聞雞《ぶんけい》書院の助教をしながら、和漢の古典や西洋文学を独学。キーツ詩を愛読して詩作を試みる。三十年(一八九七)、ソネット形式を日本に最初に移したとされる作を含む十三編を、「花密蔵難見《はなみつにしてかくれてみえがたし》」の題で『新著月刊』に投稿、後藤宙外《ごとうちゅうがい》や島村抱月《しまむらほうげつ》に認められた。以来、同誌を中心に作品を載せ、三十二年それら五十編を収めた第一詩集『暮笛集《ぼてきしゅう》』を刊行した。頭韻を効かせた巻頭詩「詩のなやみ」や、キーツのオードに学んだとされる「古鏡賦《こきょうのふ》」、さらに、二者の対話で成る「兄と妹」などの佳作があり、清新な浪漫的抒情詩として愛誦されるとともに、詩壇での地位を築いた。三十三年、『小天地』の編集主任となり、みずからも、芸術の永遠性を力強く歌った「石彫獅子の賦」(明治三十四年)、雄大な自然を渾身の力で讃えた「公孫樹下にたちて」(同三十五年)など、この期の代表作を発表、それぞれ第二詩集『ゆく春』(同三十四年)、第三詩集『二十五絃』(同三十八年)に収めた。島崎藤村が退いた後の詩壇の第一人者となっていた。『二十五絃』でもすでに歴史的古典的風土に根ざした作が目立ったが、続く第四詩集『白羊宮《はくようきゅう》』(同三十九年)は、難解な古語の放つ象徴的性質を生かした作品を多く含む。古代憧憬を秀麗に歌った「ああ大和にしあらましかば」の完成度は高く、泣菫の象徴詩の代表とされるが、四十年(一九〇七)ごろより、にわかに詩に力を失い、やがて小説に手を染めるが成功しなかった。三十年代に一度勤めた大阪毎日新聞に大正元年(一九一二)再入社。連載コラム「茶話《ちゃばなし》」が広く読まれるなど、随筆家として名をなし、学芸部長として辣腕をふるったが、パーキンソン病のために大正十二年(一九二三)休職、のち完全に退いた。その後は、口述筆記で『艸木虫魚《そうもくちゅうぎょ》』(昭和四年)など数冊の随筆集を出した。昭和二十年(一九四五)十月九日故郷で没。六十九歳。

薄田泣菫

参考文献 野田宇太郎『公孫樹下にたちて―薄田泣菫評伝―』(一九八一、永田書房)、黒田えみ『薄田泣菫の世界』(『岡山文庫』、二〇〇七、日本文教出版)

(高橋 広満)

すずきちゅうじ 鈴木忠治 一八七五―一九五〇 明治から昭和期にかけての実業家。味の素創業者である二代鈴木三郎助の弟。明治八年(一八七五)二月二日、神奈川県三浦郡堀内村(葉山町)で米穀酒類商初代鈴木三郎助の次男に生まれる。藤沢の耕余塾を経て、二十七年(一八九四)に横浜商業学校を卒業。家業の沃度《ヨード》製造を手伝いながら化学を独学し、鈴木家諸事業の技術責任者を務めた。四十年(一九〇七)五月創立の合資会社鈴木製薬所では業務執行社員に就任した。大正六年(一九一七)六月株式会社鈴木商店の設立にあたっては専務取締役に就任、二代三郎助没後は昭和六年(一九三一)四月から十五年(一九四〇)八月まで第二代社長を務め、あとを三代三郎助に譲った。またその後昭和電工株式会社第二代社長を務めたが、同社は先代三郎助が設立した昭和肥料株式会社と、その専務取締役でもあった三郎助の事業仲間森矗昶《もりのぶてる》が設立した日本電気工業株式会社との合併で設立された会社である。昭和二十五年(一九五〇)十二月二十九日没。満七十五歳。 →味《あじ》の素《もと》

鈴木忠治

参考文献 味の素株式会社編『味をたがやす―味の素八十年史―』(一九九〇)

(差波亜紀子)

すずきてんがん 鈴木天眼 一八六七―一九二六 明治・大正期の新聞人、政治家。本名は力。慶応三年七月八日(一八六七年八月七日)福島二本松で会津藩士習の長男として生まれる。幼いころから頭脳明晰で、藩校日新館を最優秀で卒業したという。明治二十一年(一八八八)『独尊子』を著わし、尾崎行雄・犬養毅らに注目され、保安条例によって追放された星亨に代わって自由党の機関紙『公論新報』主筆に就任。同二十三年雑誌『活世界』を主宰、同二十六年秋山定輔に招かれて『二六新報』の主筆となるが、翌年東学党の乱が起こると、同志とともに朝

鈴木天眼

鮮に渡る。同三十一年(一八九八)坂井伊之吉らと『九州日の出新聞』を創刊し、その社長兼主筆となる。同三十五年一月みずから『東洋日之出新聞』を創刊し、崎陽言論界に重きをなした。同四十一年(一九〇八)代議士に当選。大正十五年(一九二六)十二月十日死去。六十歳。著書に『護国之鉄壁』(明治二十一年)、『長崎土産』(同二十三年)がある。

参考文献 栃木利夫「辛亥革命と鈴木天眼—一人の対外硬論者の対応—」(『歴史評論』二九五、一九七四)

(中嶋 晋平)

すずきとうざぶろう 鈴木藤三郎 一八五五—一九一三 製糖実業家、発明家。安政二年十一月十八日(一八五五年十二月二十六日)遠江国周智郡森町(静岡県周智郡森町)の古着商太田文四郎の末子に生まれ、菓子商鈴木伊三郎の養嗣子となる。家業の傍ら氷糖製造を志し、同町出身の工部大学校生石川吉二郎らの助言を得て明治十六年(一八八三)末に成功、翌年東京日本橋の砂糖問屋村山仁兵衛商店と専売特約を結び新設工場で大量生産を開始、同二十二年(一八八九)東京府南葛飾郡砂村(江東区)に工場を移して鈴木製糖所とし、香港産精製糖を原料に中国産氷糖を駆逐した。紋鼈《もんべつ》製糖会社技師斎藤定雋《さいとうていしゅん》らに学びつつ同二十三年には精糖工場設立、翌年鈴木鉄工部を設けて機械改良も手掛け、同二十五年に氷糖十万貫を凌ぐ精製糖五十万貫を製した。同二十八年第三十九国立銀行東京支店長長尾三十郎らと日本精製糖会社を設立し専任取締役兼技師長、同三十六年(一九〇三)社長に就任するが、同三十九年合併問題を巡る対立から退社。同三十三年台湾製糖会社設立には益田孝・井上馨の要請で参画、同社初代社長を三十八年まで務めた。生涯に特許百五十九件を取得、衆議院議員に二回当選。大正二年(一九一三)九月四日、五十九歳で病没。

参考文献 鈴木五郎『鈴木藤三郎伝—日本近代産業の先駆—』(一九五六、東洋経済新報社)、植村正治『日本精糖技術史—一七〇〇～一九〇〇—』(一九九八、清文堂出版)

(差波亜紀子)

すずきとくじろう 鈴木徳次郎 一八二七—八一 人力車の共同発明者。文政十年(一八二七)武蔵国多摩郡上高田村(東京都中野区)に生まれた。明治元年(一八六八)に割烹店を開き、東幸賄御用を勤め、同じ御用の和泉要助《いずみようすけ》と知り合い、二年車大工の高山幸助と三人で人力車を製作、三年三月三名は人力車営業を許可され、同年十月、三名は人力車総行事に任命された。六年一月僕婢馬車人力車等諸税規則が出されたため、同年五月三名は総行事職を解かれ、従来の手数料として百円ずつが下付、また同年十二月一時金二千円が慰労金として三名に与えられた。十四年(一八八一)三月二十六日、五十五歳で死去した。三十三年(一九〇〇)三月、人力車発明人という功績が評価され、遺族の神田区台所町鈴木民次郎に二百円の賞金が下賜された。 →人力車《じんりきしゃ》

参考文献 斎藤俊彦『人力車』(一九七九、産業技術センター)

(宮地 正人)

すずきひゃくねん 鈴木百年 一八二五—九一 京都の日本画家。文政八年五月二十八日(一八二五年七月十三日)、京都に生まれる。名は世寿。父は播州赤穂の大石氏の血族で、天文に通じ陰陽寮に出仕していた関係から、百年も天文図を写すことに通じていた。のち大西椿年《おおにしちんねん》に入門して四条派を学び、また和漢の画蹟を研究し書もよくした。四条派の写生に南画風を加味した山水花鳥を描き、「競馬図」(嘉永五年(一八五二))のような雄勁な筆致の作品を制作。その画風は、門下の今尾景年《いまおけいねん》や鈴木松年《しょうねん》に受け継がれた。文人墨客の中で重きをなし、幕末明治初年の京都画壇で鈴木派と称され、一家をなした。明治十三年(一八八〇)京都府画学校の設立に際しては、北宗科の副教員となっている(翌年退任)。十五年第一回内国絵画共進会で銅印、十七年第二回で銀賞を受賞。他の博覧会や共進会でも受賞した。門下に今尾景年、息子の鈴木松年のほか、久保田米僊《くぼたべいせん》も学んでいる。明治二十四年(一八九一)十二月二十六日死去。六十七歳。

参考文献 神崎憲一『京都に於ける日本画史』(一九二九、京都精版印刷社)、内山武夫『京都画壇』(『原色現代日本の美術』三、一九七八、小学館)

(佐藤 道信)

すずきひょうけん 鈴木豹軒 一八七八—一九六三 中国文学研究者、漢詩人、京都帝国大学教授。諱は虎雄、字は子文、豹軒・葯房と号す。明治十一年(一八七八)一月十八日、新潟県蒲原郡粟生津村《あおうづ》(燕市)に医師で漢学者の健蔵の八男として生まれ、幼少より漢学を修める。明治三十三年(一九〇〇)東京帝国大学文科大学漢学科を卒業し、日本新聞社、台湾日日新報社などでの勤務を経て、明治四十一年(一九〇八)京都帝国大学文科大学助教授となり、同年陸羯南《くがかつなん》の次女鶴代と結婚。大正八年(一九一九)同教授・文学博士、昭和十三年(一九三八)退官、三十三年(一九五八)文化功労者、三十六年文化勲章授与。三十八年一月二十日、兵庫県芦屋市民病院にて没。満八十五歳。王国維と交流する中で中国戯曲に関心を持ち、著書『支那詩論史』は最初の中国文学評論史であり、中国文学を漢学から独立させた人物である。漢詩は生涯に一万首以上を作詩しており、漢詩集『豹軒詩鈔』『豹軒退休集』などがあるほか、根岸短歌会に所属し、歌集『葯房主人歌草』がある。

参考文献 「先学を語る—鈴木虎雄博士—」(『東方学』五二、一九七六)

(川邉 雄大)

すずきぶんじ　鈴木文治　一八八五―一九四六　労働運動指導者。明治十八年（一八八五）九月四日、宮城県栗原郡金成村（栗原市）の酒造家の長男に生まれる。家が没落するなか、古川中学・山口高校を経て東京帝国大学法科大学を卒業。同郷の吉野作造・小山東助らと親しく、海老名弾正の本郷教会に属し、『新人』の編集にあたる。印刷会社秀英社を経て東京朝日新聞社入社。浮浪人研究会を組織し、明治四十四年（一九一一）に退社後は、統一基督教弘道会の社会事業部長に就任。同四十五年二月労働者講話会を始め、浮浪人研究会や日本社会政策学会の協力を得て、八月一日友愛会を結成し会長となる。当初は労働者修養を説く穏健で共済的な団体だったが、次第に労働組合としての性格を強め、大正十年（一九二一）には日本労働総同盟に発展させ、その後も労働運動右派の中心であった。日本農民組合結成など農民運動にも関わるほか、十五年の社会民衆党の創立にも参加し、普選第一回の総選挙で当選した。戦後は日本社会党結成時に顧問となるが、昭和二十一年（一九四六）三月十二日死去した。六十二歳。

参考文献　松尾尊兊『大正デモクラシーの研究』（『歴史学研究叢書』、一九六六、青木書店）、吉田千代『評伝鈴木文治―民主的労使関係をめざして―』（一九八八、日本経済評論社）　（荻野富士夫）

すずきぶんたろう　鈴木文太郎　一八六四―一九二一　解剖学者。京都帝国大学医科大学教授。元治元年十二月三日（一八六四年十二月三十一日）、加賀藩藩校壮猶館《そうゆうかん》教師で蘭医の鈴木儀六の長男として生まれ、帝国大学医科大学を卒業した。その後、第四高等中学校医学部教授に任命され、在職の数年間に手製の解剖標本を数多く作製した。二十九年（一八九六）七月、解剖学研究のため文部省から留学生としてドイツへ派遣された。三十二年（一八九九）七月、鈴木の帰国に伴い開設された京都帝国大学医科大学解剖学第一講座の教授に就任し、標本・書籍・器械などの設備の充実を図り、また新校舎の設計も担当し、京大解剖学講座の創設に尽力した。研究対象は解剖学・比較組織学で、特に『解剖学名彙』が知られる。三十四年、医学博士の学位を取得。また、美術工芸にも精通し、四十二年（一九〇九）、京都市立絵画専門学校の美工嘱託教員に任命された。大正十年（一九二一）一月七日、京都の自宅にて病没。五十八歳。

参考文献　『大日本博士録』二（一九二三、発展社）、『金沢大学医学部百年史』（一九七二）、富田仁編『海を越えた日本人名事典』（二〇〇五、日外アソシエーツ株式会社）　（吉川　芙佐）

鈴木馬左也

すずきまさや　鈴木馬左也　一八六一―一九二二　明治から大正期の実業家。文久元年二月二十四日（一八六一年四月三日）、高鍋藩家老の水筑家に生まれ、鈴木家の養子となる。東京帝国大学法科大学政治学科卒。明治二十年（一八八七）、内務省に入省。愛媛県書記官時代の二十三年、住友が稼行する別子《べっし》開坑二百年祭に来賓として参加、その後、大阪府書記官・農商務省参事官などを歴任。二十九年、伊庭貞剛《いばていごう》の勧めで住友に入る。三十二年（一八九九）からは別子鉱業所支配人として別子銅山の近代化と煙害問題の解決に尽力した。三十七年、住友家総理事となる。電線製造所・肥料製造所・伸銅鋼管・大阪北港・土佐吉野川水力電気などの設立に関わり、日米板硝子・日本電気の経営にも参加した。人材育成に長け、みずから禅の精神に親しみ、社会事業・教化活動にも理解が深かった。「正義公道を踏んで国家百年の事業を計らねばならぬ」と述べ、徳義重視・国益優先の姿勢を経営の方針とした。大正十年（一九二一）には住友総本店を合資会社へと改組したが、翌年十二月に総理事を退き、同月二十五日に兵庫県武庫《むこ》郡御影《みかげ》町郡家《ぐんげ》（神戸市東灘区）の自宅で死去した。六十二歳。

参考文献　鈴木馬左也翁伝記編纂会編『鈴木馬左也』（一九六一）　（海原　亮）

すずきまさゆき　鈴木雅之　一八三七―七一　幕末から明治初期にかけての国学者。天保八年（一八三七）下総国埴生《はぶ》郡南羽鳥《みなみはどり》村畑中（千葉県成田市）の小農の家に生まれた。幼名一平。長じて昌平、のち雅之。号に霞山・霞岳・霞堂がある。二十歳のころから、神山魚貫《かみやまなつら》に師事して和歌を学んだ。この前後、妹に婿を迎えて家督を相続させた。自身は学問のために、下総国香取《かとり》郡三倉《みくら》村（千葉県香取郡多古町）に転居した。数年後、高萩《たかはぎ》村（千葉県香取市）に移住し、近村の子弟を教えながら学問を営んだ。維新後、香取郡佐原《さわら》村（千葉県香取市）出身で、和歌を魚貫に学んでいた伊能穎則《いのうひでのり》の招きによって上京し、明治二年（一八六九）十月に大学校少助教となった。明治三年三月、神祇官宣教使中講義生に任じられた。孝道について講義を行い、宣教使に関してその充実を建白した。明治四年四月に少博士に任命するという内意を提示されたが、同月二十一日（一八七一年六月八日）に叙任を待たずに病没した。三十五歳。著書のうち刊行されたものに、『撞賢木《つきさかき》』『天津祝詞考《あまつのりとこう》』『治安策』『清風集』がある。　（遠藤　潤）

すずきマツ　鈴木マツ　生没年不詳　窃盗犯。文久三年（一八六三）ごろの生まれか。明治三十二年（一八九九）七月九日付の『読売新聞』の記事によると、マツは生れつき怪力の持ち主で、「妲妃《だっき》のお松」と綽名をつけられていた。千葉県東葛飾郡松戸町（松戸市）在住の折、当時三十六歳前後のマツは、すでに窃盗前科二犯、近村の豪農の家に忍び込んで玄米四斗入りの俵を三俵も担ぎ出したという。マツが捕らえられたのは東京浅草区三筋町。そこに住んでいた杉野外吉(二十二歳)を情夫として、彼に盗んだものを数ヵ所にわけて質入れさせていたが、その質入れから足がつき明治二十三年(一八九〇)七月七日逮捕された。そもそも妲妃は古代中国の多くの男性を惑わした魅惑的でもある希代の悪女で、日本でこの「妲妃」と冠されて有名なのが、江戸時代の宝暦年間(一七五一—六四)に世間を騒がせた秋田騒動の「妲己のお百」である。

参考文献　中山泰昌編『(新聞集成)明治編年史』八(一九三五、財政経済学会)、綿谷雪『近世悪女奇聞』(『青蛙選書』五六、一九七九、青蛙房)　(岩見　照代)

すずきまんじろう　鈴木万次郎　一八六〇—一九三〇　明治・大正・昭和期の政治家、医師。万延元年三月十五日(一八六〇年四月五日)、磐城国岩瀬郡須賀川(福島県須賀川市)に生まれる。生家は代々医師の家柄であった。福島県師範学校予科および外国語学校に学び、のち東亜医学校修了、医師となる。大石正巳らと大同団結運動に参加した後、明治二十三年(一八九〇)の第一回総選挙に定数二の福島三区から河野広中ともども当選。全国最年少の代議士であった。以後も河野と多く行動をともにした。ちなみに、明治十六年(一八八三)には『河野広中君小伝』(有斐閣)を刊行し、河野が明治二十六年五月に朝鮮を訪問した際にも同行している。総選挙は第一回に続いて第二・第六・第十一・第十二・第十七回の計六回当選。河野に従い、憲政本党、立憲国民党、立憲同志会と所属を変えた。立憲民政党成立後はその院外団長もつとめたが、昭和五年(一九三〇)二月の第十七回総選挙に久々に出馬、当選直後の同月二十六日に病死した。七十一歳。医師として東京府北豊島郡医師会会長もつとめ、愛国生命などいくつかの会社の取締役にもなった。

参考文献　山田偵・武部竹雨編『在野名士鑑』二(一八九三、竹香館)、『福島県史』通史編四(一九七一)　(村瀬　信一)

鈴木三重吉

すずきみえきち　鈴木三重吉　一八八二—一九三六　小説家、童話作家。明治十五年(一八八二)九月二十九日、広島区猿楽町(広島市中区)に生まれる。第三高等学校を経て、東京帝国大学英文科へ入学。休学中の明治三十九年(一九〇六)、夏目漱石へ書き送った「千鳥」が高く評価され、漱石の推賛の辞とともに『ホトトギス』同年五月号に掲載された。引き続いて「山彦」(明治四十年一月『ホトトギス』)、「お三津さん」(同年五月『中央公論』)などを発表し、漱石門下のネオ=ロマン派の新進作家として作家的地位を築いた。大学卒業後、千葉県成田中学校に教頭として勤務するかたわら、「文鳥」(明治四十二年十一月『国民新聞』)、長編「小鳥の巣」(同年三—十月『国民新聞』)などを書き、四十四年(一九一一)五月には創作に専念するために成田中学校を辞めて上京。「影」(同四十四年九月『文章世界』)、「桑の実」(大正二年七—十一月『国民新聞』)など情感あふれる作品を多く発表したが、次第に創作に行き詰まり、「八の馬鹿」(同年四月『中央公論』)を最後に小説の筆を断った。以後、漱石ほか現代作家の代表作を集めた『現代名作集』全二十編や、『三重吉全集』全十三巻などの出版事業に打ちこみ、また西洋童話の出版を企画し、大正五年(一九一六)十二月、第一童話集『湖水の女』を春陽堂から刊行した。さらに翌年から十五年(一九二六)にかけて『世界童話集』全二十一編を同じく春陽堂から出版。この間、大正七年七月、初の童話童謡雑誌『赤い鳥』を創刊した。昔話の再話、翻案を発表する一方、芥川竜之介、菊池寛、北原白秋、西条八十ら、有力な文壇作家・詩人による芸術的価値のある童話・童謡を掲載するなど、編集者として活躍。また山田耕筰らの協力を得て童謡運動を起し、『赤い鳥』の投稿欄を通じて児童を対象とする綴り方、自由詩、自由画の運動を展開、児童教育に大きな影響を与えた。昭和十一年(一九三六)六月二十七日没。五十五歳。

参考文献　小宮豊隆『漱石・寅彦・三重吉』(一九四二、岩波書店)、桑原三郎『「赤い鳥」の時代—大正の児童文学—』(一九七五、慶応通信)　(千葉　俊二)

鈴木唯一

すずきゆいち　鈴木唯一　一八四五—一九〇九　明治時代前半期の英学者。鈴木暢《とおる》とも称した。弘化二年(一八四五)、江戸に生まれる。英語を箕作麟祥《みつくりりんしょう》に学び、慶応期では開成所の英字新聞翻訳事業に関与し、慶応三年(一八六七)六月当時は英学教授方出役となっている。明治元年(一八六八)十月、新政府に徴せられ、議事取調御用掛、刑法官判事試補を経て、二年前半には開成学校二等教授、同年七月当時は大学中博士となり、四年二月には学事諮問のため欧州留学を命ぜられ(四年七月文部省中教授となる)、五年に帰国した。帰国後は太政官正院六等出仕、七年には五等出仕となったが、八年に官を辞した。十年(一八七七)春には汎愛社を組織して社長となり、雑誌『教育新誌』を創刊した。また牛込区会議員や東京府会議員に選出されている。十五年文部省准奏任御用掛(普通学務局)となり十七年までその職にあった。晩年は東京市教育会のために尽力した。訳書としては、『英政如何』(五冊、明治元年)、モンテスキュー英訳書の重訳『律例精義』(八年)、『英国律法要訣』(十三年、中村正直・村田文夫・堀《ほり》越愛国《こしあいこく》と共訳)などがある。また明治元年から二年の間に発刊された『遠近《おちこち》新聞』にも関係した。四十二年(一九〇九)二月十一日、千葉県大原塩田浦の別邸にて、六十五歳で没した。（宮地　正人）

すずきよねじろう　鈴木米次郎　一八六八―一九四〇　音楽教育家。旧旗本鈴木重教の次男として明治元年二月六日(一八六八年二月二十八日)江戸麻布(東京都港区)に生まれる。明治二十一年(一八八八)東京音楽学校卒。高等師範学校、東京音楽学校で教鞭をとる傍ら、唱歌、軍歌の作曲を手がけた。三十年(一八九七)上原六四郎らと明治音楽会を結成、管弦楽団に加わる(ヴァイオリン担当)。四十年(一九〇七)東洋音楽学校(現東京音楽大学)を創立。四十三年岩崎小弥太の後援を得て東京フィルハーモニー会を設立、オーケストラ運動の展開を図った。著書に『新式唱歌　一名トニックソルファ唱歌集』(明治三十年)などがある。昭和十五年(一九四〇)十二月二十五日没。七十三歳。

参考文献　東京音楽大学創立百周年記念誌刊行委員会編『音楽教育の礎―鈴木米次郎と東洋音楽学校―』(二〇〇七、春秋社)（林　淑姫）

スタウト　Henry Stout　一八三八―一九一二　アメリカのオランダ改革教会より日本に派遣された五番目の宣教師。一八三八年一月十六日ニュージャージー州生まれ。ラトガース大学卒業後ニューブランズウィック神学校へ進学し六八年卒業。このころ、長崎にいたフルベッキより協力者の派遣要請が改革教会海外伝道局にあり、スタウトが選ばれて来日したが、来日一ヵ月前にフルベッキは明治政府の招聘を受けて上京しなければならなくなり、フルベッキの後任として広運館(済美館より改称)の英語教師を務めながら宣教の機会を模索。明治八年(一八七四)には居留地内の土地二十四坪を購入して自宅兼会堂を建て、聖書教育を始めた。この宣教活動から瀬川浅《せがわあさし》など日本人キリスト教指導者が生まれ、長崎日本基督公会が組織されることになった。同二十年(一八八七)、神学部と普通部を備えたスティール＝メモリアル＝アカデミー(東山《とうざん》学院、昭和七年(一九三二)明治学院と合併)と女子教育部であるスタージス＝セミナリー(梅香崎女学校、現梅光女学院)を開校し、九州地区における神学教育・普通教育・女子教育と宣教活動に力を注いだ。明治三十九年(一九〇六)帰国し晩年はニュージャージーの教会で牧師を務めた。一九一二年二月十六日没。満七十四歳。

参考文献　G・D・レーマン『ヘンリー・スタウトの生涯―西日本伝導の隠れた源流―』(峠口新訳、一九八六、新教出版社)、中島耕二・辻直人・大西晴樹『長老・改革教会来日宣教師事典』(『日本キリスト教史双書』、二〇〇三、新教出版社)（辻　直人）

すてごよういくまいきゅうよかたきそく　棄児養育米給与方規則　明治四年六月二十日(一八七一年八月六日)に太政官より各道府県に達として出された棄児救育のための規則。棄児《きじ》養育米規則ともいわれる。幕藩体制下においては経済的要因からくる間引・堕胎はかなり広範に行われており、棄児も多かった。そうした状況は明治維新後も続き、政府は間引・堕胎・棄児等の取り締まりを強化した。しかし取り締まりだけでは状況は改善されず、各地で棄児院の設置や育児規則の制定などが行われた。棄児養育米給与方規則も政府としてのそうした状況への対応であった。政府は、まず明治三年に脱籍無産之輩復籍規則を制定し、戸籍に登録されていない貧窮者の戸籍を確定しようとした。これを前提として四年四月には、生所不明の棄児には居住地で、復籍した者については復籍した地で生活が成り立つようにすることを各地方官に命じた。こうした流れのうえに制定・公布されたのがこの棄児養育米給与方規則であった。内容としては、〇歳から十五歳までの棄児に一年に米七斗を下げ渡すというものであった。しかし、六年四月には、費用の削減を目的に上限が満十三歳まで引き下げられた。さらに八年には、現物支給ではなく、その地域の下米《げまい》平均相場によって換算された金銭支給に変わった。この棄児養育米給与方規則をはじめとする規則などに示される明治政府の救育観は、まだ慈恵的な観点、富国強兵政策のもとでの人口増殖的観点によるものであり、棄児の人権を尊重するものとはいえなかった。また同時に中央集権的な発想が強く、地方官の独自性はきわめて制約されていた。昭和七年(一九三二)一月一日の救護法施行によって廃止された。

参考文献　日本社会事業大学救貧制度研究会編『日本の救貧制度』(一九六〇、勁草書房)、吉田久一『日本社会事業の歴史』(一九六四、勁草書房)（岡田　洋司）

ステッセリ　Анатолий Михайлович Стессель　一八四八―一九一五　帝政ロシアの陸軍軍人。日本ではステッセルとも。一八四八年六月二十八日(西暦七月十日。以下露暦)生まれ。六六年パヴロフスキー陸軍士官学校卒。七七―七八年露土戦争、一九〇〇―〇一年義和団事件鎮圧に参加。〇一年中将。〇三年八月から旅順要塞司令官、日露開戦後数日の〇四年二月この地位にはスミルノフ中将が就くも、三月にはステッセリが関東防衛軍管区司令官となり、要塞は再び同人の管轄下に戻る。〇四―〇五年日露戦争を戦うも、スミルノフとの確執は〇四年十二月二十日(西暦〇五年一月二日)の同要塞陥落まで続き、作戦遂行上の障害となって表れ、従軍報道機関の統制にも失敗する。〇六年九月解任。翌〇七年軍法会議にかけられ、主として日本軍に降伏したかどをもって死刑を求刑される。判決は十年の禁錮刑。〇九年皇帝により恩赦。

一九一五年没。死亡月日は不明なるも一月五日(西暦十八日)説がある。

参考文献 Большая советская энциклопедия 3-изд.(Советская эциклопедия：М.：1969-1978).Б.Г.Краснов и В.О.Лайнес：Русский военно-исторический словарь(М.：Изд-во Олма-пресс：2001).

(有泉 和子)

すどうぎえもん　須藤義衛門　一八六一―一九三三　明治から昭和戦前期の獣医学者。文久元年二月十一日(一八六一年三月二十一日)、仙台に生まれる。明治十年(一八七七)、宮城英語学校を出て駒場農学校獣医学科に入学し、十五年七月卒業後、農商務省御用掛を経て駒場農学校助教授心得になったのち、十九年農商務省属、二十年(一八八七)札幌農学校助教授、二十一年教授となった。二十六年九月帝国大学農科大学教授に移り、外科・産科・眼科を扱う獣医学科家畜内科学家畜外科学第二講座を担任し、三十二年(一八九九)三月獣医学博士号を授けられた。病体解剖を好み、このため四十三年(一九一〇)、五十歳の時脾脱疽《ひだつそ》にかかったが、北里柴三郎の血清療法が効を奏し一命を取りとめている。著書には『家畜外科手術学』(二冊、明治四十一―四十二年)、『家畜産科学』(二冊、大正四年)、『家畜外科総論』(五年)がある。大正十三年(一九二四)に退官し、昭和八年(一九三三)二月二十三日、七十三歳で没した。

参考文献 『日本人名大事典(覆刻)』三(一九七九、平凡社)、『東京帝国大学学術大観』医学部・伝染病研究所・農学部(一九四二)

(宮地 正人)

すどうさだのり　角藤定憲　一八六五―一九〇七　壮士芝居の俳優。慶応元年六月十六日(一八六五年八月七日)岡山に生まれる。中江兆民の後援を受け、明治二十一年(一八八八)十二月、大阪新町座で「日本改良演劇」と銘打ち自作の小説『剛胆之書生《ごうたんのしょせい》』の劇化作品ほかを上演。以後西日本各地を巡業、二十七年には上京するが、すでに有名であった川上音二郎らに比べ反響は少なかった。四十年(一九〇七)一月二十日、神戸大黒座で没。四十三歳。壮士芝居の元祖といわれるが異論もある。

参考文献 柳永二郎「角藤定憲考」(『新派の六十年』所収、一九四八、河出書房)、倉田喜弘『近代劇のあけぼの―川上音二郎とその周辺―』(『毎日選書』、一九六二、毎日新聞社)

(佐藤かつら)

すどうときいちろう　須藤時一郎　一八四一―一九〇三　銀行家、都市政治家。天保十二年(一八四一)九月、幕府代官元締高梨仙太夫の長男として江戸に生まれる。沼間《ぬま》守一《もりかず》・高梨哲四郎の実兄。幕府外国方となり文久三年(一八六三)の池田長発《いけだながおき》の遺仏使節に随行、帰国後は歩兵指図役をつとめた。維新後は尺振八《せきしんぱち》の英語塾の教師となるも、明治五年(一八七二)大蔵省に入り翻訳係となり、紙幣助となる。明治九年に官を辞し、嚶鳴《おうめい》社に入り民権運動にかかわりを持つ。明治十三年(一八八〇)より東京府会議員、明治二十二年(一八八九)より東京市会議員(浅草区選出)となり、東京市成立以来の参事会員として市政執行にあたり、不正鉄管鋳造事件で東京市会が解散後に市会議長となり(明治二十九年)、再度の三浦安《みうらやすし》東京府知事の不信任案を通過させ辞職に追い込んだ。明治二十七年の第四回総選挙で当選(浅草区)して衆議院議員を一期つとめ、帝国財政革新会に所属し都市派議員のさきがけとなる。第一銀行取締役(明治二十四年)や監査役(明治二十九―三十五年(一九〇二))もつとめ、東京瓦斯、東京貯蓄銀行にもかかわりを持った。著作に『(傍訓)英語韵礎』(尺振八と共著、共立学舎、明治五年)、『万国道中記』(吉田賢輔と共述、須原屋伊八、明治五年)、『銀行実験論』(校閲、紙幣寮、明治九年)、『中外銀行説一斑』(校閲、製紙分社、明治十一年)などがある。明治三十六年四月十五日没。六十三歳。

参考文献 第一銀行八十年史編纂室『第一銀行史』上(一九五七)、河野幸之助『第一銀行を築いた人々』(一九七〇、日本時報社出版局)、三橋猛雄編『明治前期思想史文献』(一九七六、明治堂書店)、衆議院・参議院編『議会制度百年史』衆議院議員名鑑(一九九〇、大蔵省印刷局)

(櫻井 良樹)

すどうなんすい　須藤南翠　一八五七―一九二〇　小説家、新聞記者。安政四年十一月三日(一八五七年十二月十八日)、伊予国に生まれる。本名光暉《みつてる》。松山師範学校卒業、小学校教員を退職して上京する。明治十一年(一八七八)『有喜世新聞』に入り、時事批判的戯文を発表する。十五年結成の立憲改進党に同調、翌年『開花新聞』として改題再興されたが、引き続き在社して「昔語千代田刃傷《にんじょう》」(四―八月)などを連載する。十七年『改進新聞』と改題されても在社し、十九年には明治維新を民権運動として描いた『(慨世悲歌)照日葵《てるひのあおい》』や、改進党の地方自治論を具象化した『(雨窓漫筆)緑簑談《りょくさだん》』、女性の理想像を仮託した『(一顰一笑)新粧之佳人』などを連載、出版して、文名を挙げる。明治二十二年(一八八九)八月、著作集『こぼれ松葉』全十巻を春陽堂より刊行し始める。二十五年、『大阪朝日新聞』に招かれて移住、『浪花文学』を発行する。三十八年(一九〇五)退社して、東京に戻り、金尾文淵堂の『高僧伝叢書』に『愚禿親鸞』(明治四十二年)などを執筆する。大正九年(一九二〇)二月四日、大阪で実業家の伝記『土居通夫伝』を執筆中に没。六十四歳。

参考文献 柳田泉『政治小説研究』中(『明治文学研究』九、一九六八、春秋社)

(山田 俊治)

すとうりくぞう　首藤陸三　一八五一―一九二四　明治から大正時代前期の政治家。仙台藩重臣登米《とめ》伊達氏の家臣の子として、嘉永四年三月十五日(一八五一年四月十六日)、登米郡寺池村(宮城県登米市)に生まれる。上京して尺振八《せきしんぱち》の共立学舎に英学を学ぶ。明治五年(一八七二)新潟県九等出仕(英学教授)、翌年小倉県徳育学校教授を経て、同八年大蔵省翻訳課、同十年(一八七七)東京府書籍《しょじゃく》館《かん》に勤務。同十一年宮城県五等属・学務課長として仙台師範学校校長を兼務し、仙台初の自由民権結社鶴鳴社《かくめい》の創立に参加した。同十三年から四期、宮城県会議員、同副議長にも選出され民権派の論客として地方自治の拡張に努めた。同二十一年(一八八八)には宮城協成会(翌年改組して東北倶楽部)を結成。同二十七年立憲改進党候補として衆議院議員に初当選し、以後、進歩党、憲政本党、立憲同志会から立候補して大正四年(一九一五)の選挙まで六回当選。明治十九年には私立宮城女学校(のち宮城学院)の創立に尽力した。大正十三年(一九二四)五月三十一日死去。七十四歳。

参考文献 『宮城県議会史』一・二(一九六六・七四)、安孫子麟『宮城県の百年』(『県民百年史』四、一九九六、山川出版社)　(難波　信雄)

ストーンウォールごうよくりゅうじけん ストーンウォール号抑留事件　明治元年(一八六八)、戊辰戦争時の局外中立方針により、米国から購入した軍艦の引渡しが拒否された事件。慶応三年(一八六七)四月、幕府勘定吟味役小野友五郎らは、ワシントンで米国政府からストーンウォール号を購入した。一八六四年、南北戦争時の南軍の発注によりフランスボルドーの造船所で建造された衝角付木造装甲艦(砲三門、一三五八トン)であった。戊辰戦争が始まると、明治元年正月二十五日(一八六八年二月十八日)に諸外国の局外中立が布告され、米国公使ヴァルケンバーグ(ファルケンブルグ)は「軍艦あるいは軍隊輸送のための輸送船」の販売あるいは貸借を禁じた。そのため、日本艦として回航され、四月二日(一八六八年四月二十日)横浜へ入港した同艦は米側に抑留され、旧幕・新政府双方への引渡しが拒否された。十二月、東北戦争が終結して局外中立が解除されると、翌年二月新政府へ引き渡され、その後は甲鉄艦と改称(のち東艦)、箱館戦争に動員された。

参考文献 石井孝『明治維新の国際的環境(増訂版)』(一九六六、吉川弘文館)　(保谷　徹)

ストライキ ストライキ　労使関係のなかで発生する集団的な作業停止のことであり、労働者が自分たちの要求を実現するため、あるいは資本側の諸措置の修正・撤回を迫るために実施される。同盟罷業あるいは同盟罷工ともいう。明治期に入ると、日本でも資本主義的生産様式の展開によって賃金労働者の蓄積がすすみ、労使間の利害対立も顕在化するようになった。日本における最初のストライキStrikeは、明治十九年(一八八六)、甲府の雨《あめ》宮《みや》製糸場で発生したものとされるが、これは労働条件の改悪に反対した女工たちによる自然発生的なものであった。労働者組織が関与するという意味でストらしいストが発生するのは労働組合期成会の発足(明治三十年(一八九七)七月)以後のことである。一九〇〇年代の重工業大経営のストでは、争議組織の端緒的成立や投票による罷工の決定、明確な闘争目標の設定、労働者相互の連帯性(犠牲者への救助金)といった特徴が見られるようになり、ストはいっそう組織的なものとして遂行されることとなった。なお、組織性などの点で先駆的ともいえるストの事例は、明治三十一年二月に発生した日鉄ストライキである。この時期のストの特徴としては、争議団が嘆願書を提出することから始まるものが多かったこと、上役による依怙贔屓《えこひいき》や職工に対する差別的な取り扱いに対する不満がストの背景にあったことなどがある。日清戦争・日露戦争後とくに後者の時期には、戦争終結に伴う残業収入の減少と戦争による物価騰貴のための生活難などを背景にストが多発した。明治四十年(一九〇七)は第一次世界大戦前のスト件数ピークの年である。ストに対する経営や国家の対応は当初より厳しいものであったが、特に明治三十三年三月に公布された治安警察法は、ストの大きな制約となった。明治四十年以降は、慢性的な不況過程に突入したこと、福利厚生施策の拡充など労務管理の進展があったこと、大逆事件(明治四十三年)によって労働運動が「冬の時代」を迎えたこともあり、スト件数は減少傾向をたどった。→雨宮製糸争議《あめみやせいしそうぎ》　→製糸工女《せいしこうじょ》　同盟罷工《どうめいひこう》　→日鉄《にってつ》ストライキ　→労働争議《ろうどうそうぎ》

参考文献 『日本労働運動史料』一・二・三(一九六二・六三・六六)、兵藤釗『日本における労資関係の展開』(『東大社会科学研究叢書』三二、一九七一、東京大学出版会)、西成田豊『近代日本労資関係史の研究』(一九八八、東京大学出版会)、藤本武『ストライキの歴史と理論』(一九九四、新日本出版社)、法政大学大原社会問題研究所編『社会・労働運動大年表』(一九九五、労働旬報社)、同編『日本の労働組合一〇〇年』(一九九九、旬報社)　(杉山　裕)

ストレンジ Frederick William Strange　一八五三―八九　わが国にスポーツおよびスポーツマンシップを指導し、近代スポーツ発展に大きな役割を果たしたイギリス人。一八五三年十月二十三日ロンドンに生まれる。父はジェームズ=トンプソン、母はマーサ。一八六八年、ロンドン大学の予科(ユニバーシティ=カレッジ=スクール)に入学した。この時、日本からの幕府留学生外山捨八(のちの正一《まさかず》、のち帝国大学総長・文部大臣)、林董三郎(董、のち外務大臣)、箕作大六(のちの菊池大麓、のち東京帝国大学総長、文部大臣)と知り合ったと見られる。二学期間在学した後、一八六八年秋ケント州東部海岸沿のターネット=カレッジエート=スクールに転じた。来日後のストレンジの陸上競技やクリケットなどのスポーツ活動の基礎はここで培われたものと見られる。一八七〇年ころ、新政府留学生として、再訪英した菊池大麓とともにボートに熱中した。明治八年(一八七五)三月二十三日横浜に到着(従来菊池大麓に伴われて来日したとの説が流布されていたが、菊池はまだケンブリッジ大学在学中であり帰国不可能)、私費単独の来日であった。しかし四月十二日には東京英語学校長から文部大輔宛にストレンジ雇用の伺い書が提出されており、教師としての就職がほぼ約束されていたものと見られる。菊池大麓はスポーツの効用を高く評価しており、幹旋役を果たしていたも

のと思われる。ストレンジは大学予備門、帝国大学、第一高等中学校で英語教師を務めるかたわら、生徒たちに陸上競技、ボートをはじめとして種々の英国流のスポーツを伝えた。明治十六年(一八八三)六月東京大学で行われた第一回陸上運動会はストレンジの指導したものであり、内容はトラック＆フィールドであった。この東京大学の運動会は明治二十年以後年中行事となり、世人の人気を呼ぶとともに、日本各地の学校に校友会組織を生みだし、日本のスポーツ発展に先導的役割を果たした。また明治十六年Outdoor Gamesを出版、十七種の遊戯ないし球技と十四種の陸上競技種目を紹介した。当時何の知識もなかった学生たちにとって、格好のスポーツ指導書となったものと見られ、間もなくそれを骨子に下村泰大編『西洋戸外遊戯法』(明治十八年)などの訳書を生み出した。わが国のスポーツ発展がその後も学生を中心に発展したこと、また明治日本の指導者層がスポーツの性格陶冶に果たす役割を重視するパブリック＝スクール風のスポーツ観を身につけ、教育の一環としてスポーツを奨励することになった意義は大きい。ストレンジはその最初のきっかけを作った人物である。明治二十二年(一八八九)七月五日自宅で急死。満三十五歳。一高の生徒たちはストレンジの死を悼み、遺体を講堂に安置して校葬を営み、青山霊園まで葬列を組んで行進し、外国人墓地に埋葬したといわれる。

[参考文献] 渡辺融「F・W・ストレンジ考」(『体育学紀要』七、一九七三)、『日本陸上競技連盟七十年史』(一九九五、日本陸上競技連盟)、阿部生雄「F・W・ストレンジ像の再構成・生い立ちと業績」(『体育史研究』二六、二〇〇九)、高橋孝蔵「ストレンジの教育と日本へのきっかけ」(同)、Richarad Lewis and Rae Fether: F. W. Stranges participation in sports after his educational and while a resident of Drove Park(Chisewic) and hammersmith on the Thames river, England, age 17 to 21(1871-1874)

(大久保英哲)

スナイドルじゅう　スナイドル銃　幕末期に輸入された小銃。スナイダー銃とも表記される。一九世紀中ごろまで小銃の主流は前装式(先込め、弾を銃身の先から装塡)だったが、弾薬の改良で後装式(元込め、手前側の装置から装塡)実用化への道が開けたことから、世界中で後装式への移行が進んだ。イギリスでも一八六六年、当時制式だった前装式施条(ライフル)銃エンピール(エンフィールド)銃を更新することになり、すでに普及している同銃を後装式に改造したものをスナイドル銃として制式にした。日本には開発後早期に輸入が始まり、戊辰戦争時には主に新政府方で他の銃とともに使用され、装塡の早さで大きな効果を発揮した。廃藩置県で各藩の武器は政府に集められ、スナイドル銃はエンピール銃(順次スナイドル銃へ改造)などとともに軍の制式となり、士族反乱の鎮圧に戦果を挙げ、西南戦争のころまで陸軍の主力装備として活躍、村田銃の登場まで活用された。→エンピール銃《じゅう》

[参考文献] 床井雅美『世界の銃器』(一九七九、ごま書房)、鈴木真哉『鉄砲と日本人―「鉄砲神話」が隠してきたこと―』(一九九七、洋泉社)

(榎本　浩章)

すながれんぞう　須長漣造　一八五二―一九四〇　武相困民党指導者。嘉永五年五月二十五日(一八五二年七月十二日)、武蔵国多摩郡谷野村(東京都八王子市)に生まれる。明治五年(一八七二)に谷野村戸長、十二年(一八七九)から十七年まで谷野・左入・宇津木・滝山四ヵ村戸長をつとめる。松方デフレの影響下で負債に苦しむ村民の生活維持に奔走し、石阪昌孝《いしざかまさたか》ら自由党員による負債農民と金融会社との仲裁活動が不調に終わった後の、十七年十一月十九日に武相困民党の大会議が開かれたころから、困民党指導者として活躍を始める。この大会で組織された年賦党では、事務主任・嘆願委員をつとめ、裁判所への合法的請願運動を担う。しかし、ともに幹部をつとめた人々の拘引により組織は崩壊、運動は終息した。みずからもこの時期に資産を傾け、その後は医療器具の行商販売を行う傍ら、吉野泰三の政治活動を支持する立場となる。昭和十五年(一九四〇)十月十九日死去。八十九歳。

[参考文献] 色川大吉『自由民権の地下水』(『同時代ライブラリー』、一九九〇、岩波書店)、鶴巻孝雄『近代化と伝統的民衆世界―転換期における民衆運動とその思想―』(一九九二、東京大学出版会)

(松崎　稔)

スネル　Schnell　生没年不詳　幕末維新期の来日外国人。兄ヘンリー(Henry)と弟エドワルド(Edward)の兄弟。日本側史料には原音に近いシュネルではなくスネルと表記される。兄弟ともオランダ国籍を持つが、両親はドイツ出身。慶応三年(一八六七)には、兄は駐日プロイセン公使館書記官となり、弟は横浜を拠点にオランダ商人として活動しながら、駐日スイス総領事館書記官も勤めていた。同年末、兄は内乱を予見して書記官を辞し、戊辰戦争が勃発すると奥羽・北越地方に潜行。日本名の平松武兵衛を名乗り、会津・米沢・長岡藩など奥羽越列藩同盟側の軍事顧問となった。一方、弟も兄と連携して、列藩同盟が管理する新潟港に渡航して交易を行い、同盟諸藩へ武器・弾薬を供給した。戊辰戦後、兄は日本人移民団を組織して渡米し、カリフォルニアへ入植するが失敗。弟は明治政府に対して、戦争中の負債および物品損害の賠償を請求し、四万ドルを受領。しばらく商業活動に従事した。ただし、兄弟ともにその後の消息は不明。

[参考文献] 田中正弘『幕末維新期の社会変革と群像』(二〇〇八、吉川弘文館)

(箱石　大)

すはらてつじ　須原鉄二　江戸・東京の書肆。須原屋鉄二とも。号は畏三堂。姓は長島。日本橋区西河岸町(東京都中央区)にあり、幕末から書画骨董品の取扱において名を知られていた。また明治以降、警視庁の御用書物師として法令書を刊行、内務省や司法省関係の刊行物を売り捌いて成長している。このほか、政府内外の要人や知識人たちの交流もあって漢籍や文学書、語学書や啓蒙書の

刊行・販売を手がけたほか、書画骨董品に関しては、書画の展覧会をみずから開催して収入を得ていたほどであった。なお、明治二十二年(一八八九)に法律書を専門に取り扱う清水書店を創業した葉多野太兵衛は、須原鉄二の奉公人であった。

参考文献 三橋猛雄『明治前期思想史文献』(一九七六、明治堂書店)、藤實久美子「畏三須原鉄二と「北信濃の文人」山田家」(国文学研究資料館アーカイブズ研究系編『近世・近代の地主経営と社会文化環境―地域名望家アーカイブズの研究―』所収、二〇〇八、名著出版)

(鵜飼 政志)

すはらや 須原屋 (一)江戸・東京の著名な書肆須原屋の支配人を務めていた鈴木荘太郎(三重県出身)が、書籍部の閉店にあたり経営権を譲渡され、明治三十七年(一九〇四)、東京市京橋区南伝馬町(東京都中央区)に創業した書店。その後、同区畳町(中央区)に移転。宗教書・工芸書などの出版・販売も手がける。また、須原屋の別商号である千鐘房も継承した。

参考文献 東京書籍商組合編『東京書籍商伝記集覧』(『日本書誌学大系』二、一九七八、青裳堂書店)、日外アソシエーツ編集部編『日本出版文化史事典―トピックス一八六八―二〇一〇―』(二〇一〇)

(二)江戸・東京の書肆。北沢伊八が経営し、須原屋を称した。初代は、須原屋茂兵衛に奉公し、明和年間(一七六四―七二)に独立。その後、浅草茅町(東京都台東区)に店舗を構え、『江戸名所図会』の版元として知られる。三代伊八は、明治七年(一八七四)、埼玉県御用書肆の免許を得て、明治九年、浦和宿の高野忠蔵所有地に支店を設け、丸山幸吉(のち高野幸吉)に経営を任せた。幸吉は明治十四年(一八八一)に本店より独立、その後は教科書などの刊行を手がけ、現在に至る経営を続けているが、浅草須原屋は明治二十年(一八八七)に閉店している。

参考文献 高野嗣男『須原屋の百年』(一九七六、須原屋)、尾崎秀樹・宗武朝子編『日本の書店百年―明治・大正・昭和の出版販売小史―』(一九九一、青英舎)

(鵜飼 政志)

すはらやもへえ 須原屋茂兵衛 江戸・東京の書肆。北畠氏、明治期になって松枝氏。千鐘房(堂)・月花軒と号した。須原屋一統の総本家で万治年間(一六五八―六一)に紀伊国有田郡栖原《すはら》(和歌山県有田郡湯浅町)から日本橋通一丁目(東京都中央区)に移転。武鑑および江戸絵図類の版元として著名であり、江戸では幕府の御書物師も務めた最大の書物問屋であった。明治になっても、九代茂兵衛充親《みつちか》は、明治元年(一八六八)、京都の書肆村上勘兵衛とともに、官版『太政官日誌』の印刷業務を請け負い、和泉屋市兵衛とともに『東巡日誌』『還幸日誌』を刊行している。明治四年には『万国新聞』を創刊したほか、明治六年には山中市兵衛(和泉屋)、村上勘兵衛とともに、太陽暦暦本の出版権を与えられている。しかし、新時代の潮流には抗することができず、明治三十七年(一九〇四)に閉店した。

参考文献 村田勝麿編『日本出版大観』上(一九二八、出版タイムス社)、今田洋三『江戸の本屋さん―近世文化史の側面―』(『NHKブックス』、一九七七、日本放送出版協会)

(鵜飼 政志)

スバル スバル 文芸雑誌。明治四十二年(一九〇九)一月一日、前年十一月に一〇〇号で廃刊した『明星』の後継誌として詩歌中心の浪漫的抒情性を持ちつつ、自然主義文学を生み出した日露戦後の空気をも共有しながら、森鷗外を精神的支柱として創刊された。なお、誌名を選定したのも鷗外であり、表紙以外では「昴」と表記されている。月刊。当初は石川啄木・木下杢太郎《きのしたもくたろう》・吉井勇・平出修《ひらいでしゅう》らが持ち回りで編集を担当し、彼らは詩歌や戯曲・小説も発表して活躍した。ほかに、文壇再活躍時代のスタートを切った鷗外の旺盛な執筆活動や、萱野二十一・谷崎潤一郎・久保田万太郎らの戯曲、永井荷風・上田敏《うえだびん》・与謝野寛らの訳詩、北原白秋・高村光太郎・佐藤春夫らの創作詩、啄木や春夫の評論が注目される。本誌は文芸思潮としての自然主義に飽き足りない作風を示し、翌年創刊される『白樺』『三田文学』『(第二次)新思潮』へと続く、反自然主義・耽美主義文学の潮流の源となった。平出修の病気により大正二年(一九一三)十二月一日発行の第五年第一二号で廃刊。通巻六十冊。万造寺斉《まんぞうじひとし》の『我等』が後継誌と目される。臨川書店より復刻版が刊行されている。 ↓明星《みょうじょう》

『スバル』第1号

参考文献 三枝康高「『スバル』」(『文学』二四ノ二、一九五六)、野田宇太郎『文芸雑誌「我等」について―附目次総目録―』(『我等(複製版)』別冊、一九七三、臨川書店)

(酒井 敏)

スピンネル Wilfrid Spinner ⇨シュピンナー

すふこうへい 周布公平 一八五〇―一九二一 地方官。長門国大津郡三隅村(山口県長門市)にて勤皇家周布政之助の次男として、嘉永三年十二月六日(一八五一年一月七日)生まれる。下関事件、長州戦争に従軍、維新後にベルギー、イギリスに留学し、明治九年(一八七六)司法権少丞を皮切りに、商法編纂などに携わった。明治二十年(一八八七)外務省参事官となり、イタリア公使館に在勤。明治二十二年に帰国後、第一次山県内閣の内閣書記官長をつとめ、翌年貴族院議員に勅選された。明治二十四年兵庫県知事(三十年(一八九七)まで)、行政裁判所長官を経て、同三十三年神奈川県知事に就任、地方改良運動や

殖産興業に努めた。明治四十五年(一九一二)退官後、枢密顧問官となるが、県知事時代に山県有朋に県庁備品の金屏風を贈ったことが問題化、大正二年(一九一三)に公職を辞した。明治四十一年男爵。大正十年(一九二一)二月十五日没。七十二歳。著書に『周布政之助伝』(昭和七年)、『白耳義国史』(明治十年、静養書楼)。

参考文献 大岡力『地方長官人物評』(一八九二、長島書店)、『神奈川県会史』三・四(一九五五・五六)

(松本　洋幸)

スペンサー　Herbert Spencer　一八二〇―一九〇三　イギリスの哲学者、社会学者。私立学校経営者の父ウィリアム＝ジョージ＝スペンサーと母ハリエットの長男として、一八二〇年四月二十七日、イングランドのダービー市に生まれる。少年時代に父、ヒントンで私立学校を経営する叔父から学問を学んだ。父から科学尊重の態度を、叔父から自由放任の思想を叩き込まれたという。彼は、正規の高等教育は受けず、数学、物理学、博物学に没頭し、古典の学習をほとんどしなかった。十七歳の時から鉄道技師として働き始め、働きながら独学を続けた。四一年に技師の職を辞し、雑誌『非国教徒』に論文「政府の固有領域」を発表、普通選挙権同盟に加入し、政治活動に従事した。四五年からの約一年間の技師への復帰を経て、本格的な思索と著述活動に入る。四八年から雑誌『エコノミスト』の副主筆に就任、五一年に著書『社会静学』Social Staticsを刊行する。五三年には、副主筆の職を辞し、著述家として独立。以後、在野の研究者として著述に専念し、多くの著作を発表する。六〇年からは、自然から社会に至るまでの全領域を網羅・統合する大著『綜合哲学体系』A System of Synthetic Philosophyの執筆を開始、三十年以上の年月をかけて完成させた。コントと並んで社会学の創始者の一人とされるスペンサーの思想・理論の特徴には、個人の自由と平等に基づいた徹底した自由主義、社会進化論、社会有機体論がある。彼は、この世界のあらゆる現象に通底する単一原理としての普遍的進化の法則が存在するとした。個人は社会に先行して存在し、社会はその成員である個人の利益のために存在するが、社会は、個体有機体同様に、内部的諸機能、その構成組織である個人の相互に密接な連関から成り立っている。そして、進化に伴い、その規模は増大、機能分化が進み、内部的諸機能はより統合され、相互依存を高め、多様、複雑かつ明確になっていく。その結果、社会は、自発的協働に基づく産業型社会へと進化し、完成社会に至る。社会進化の極致である完成社会において個人の自由と平等は全面的に実現され、同質性から多様性へという進化の過程に伴う社会の機能分化によって、政府の機能と権限は限定され、極小化していくとする。

スペンサーの思想・理論は、明治前期の日本に大きな影響を与えた。著作の多くが翻訳され、その流行は、政治領域からアカデミズム、文学領域に至るまで広範、多岐にわたっていた。政治領域では、自由民権運動と明治政府という対立する両陣営にスペンサーは影響を与えている。自由民権運動は、自由主義と、社会進化に伴う国家権力の必然的縮小という思想に、一方明治政府は、社会進化論に基づく漸進主義的発展の思想に共鳴した。明治十四年(一八八一)―十六年に刊行された松島剛による『社会静学』の翻訳書『社会平権論』は、ベストセラーとなり、「自由民権の教科書」と称された。十六年五月、外遊中の板垣退助は、駐英公使森有礼の紹介でスペンサーと会見している。明治十三―十七年駐英公使を務めた森有礼はスペンサーと親交を結び、みずからの憲法草案に対しスペンサーから「保守的な忠告」を受けている。伊藤博文の側近として大日本帝国憲法起草に参画した金子堅太郎も、明治二十三年(一八九〇)にスペンサーと会談した時に、制定直後の憲法に対し、スペンサーから、社会進化論に基づいた漸進主義的、保守主義的な忠告を与えられた。アカデミズムの分野では、スペンサーの著作は、各地の大学で教科書として使用された。明治十年代の東京大学では、政治学、哲学、史学、文学などの講義においてスペンサーが援用された。東京大学文法理学部綜理加藤弘之は、スペンサーの社会進化論に触れ、「天賦人権論」を放棄、天賦人権論を批判する『人権新説』を著わす。この著書は大きな論争を巻き起こすこととなった。東京大学文学部に学んだ有賀長雄は、スペンサーの社会進化論によりつつ、明治十六―十七年に日本初の社会学の体系的大著である『社会学』(三巻)を著わした。スペンサーは、一九〇三年十二月八日ブライトンにて没。満八十三歳。翌年、日本唯一の哲学専門雑誌『哲学雑誌』は、四月号をスペンサー追悼号とした。→社会学《しゃかいがく》　→社会《しゃかい》進化論《しんかろん》　→社会平権論《しゃかいびょうけんろん》

参考文献 ジェイ＝ラムネー『スペンサーの社会学』(山田隆夫訳、一九七〇、風媒社)、山下重一『スペンサーと日本近代』(『御茶の水選書』、一九八三、御茶の水書房)、槇林滉二「H・スペンサー哲学受容の様相―『東洋学芸雑誌』、『六合雑誌』、『中央学術雑誌』を中心に―」(『国文学攷』一〇八・一〇九合併号、一九八六)、富永健一『思想としての社会学―産業主義から社会システム理論まで―』(二〇〇八、新曜社)

(金井　隆典)

ズボン　ズボン　洋服の基本的な衣服の一つで、腰と両脚部を別々に覆う。幕末の開国によって、幕府や各藩の洋式の軍事調練の際に着用され、明治時代に男子服の洋装化とともに普及した。明治三年(一八七〇)に陸軍と海軍の制服、四年に郵便職員と邏卒《らそつ》(巡査の旧称)、五年に鉄道職員の制服が制定されるなど、ズボンは近代化に伴う新しい職業の制服として着用されるようになった。明治中期から後期にかけては、官吏、会社や大商店の従業員なども次第に洋服を着用するようになり、フロック＝コート、背広などに伴うズボンが普及した。足首までの丈のものがほとんどであるが、乗馬やスポーツの際には丈の短いズボンも着用された。また、男児のズボンの多くは半ズボンである。ズボンの語は、フランス語のジュ

ポン jupon(女子のアンダー＝スカートなどを意味する)が転訛したという説がある。また、明治三十一年(一八九八)刊の落合直文編『ことはのいつみ』には、幕末のころ、幕臣の大久保誠知がズボンと足が入るからズボンだと言い始めた、と記されている。↓制服《せいふく》

参考文献 昭和女子大学被服学研究室編『近代日本服装史』(一九七一、近代文化研究所)、太田臨一郎『日本近代軍服史』(『風俗文化史選書』五、一九七二、雄山閣出版)

(植木 淑子)

スマイルズ Samuel Smiles 一八一二—一九〇四 イギリスの著述家。邦名「斯邁爾斯」。一八一二年十二月二十三日、スコットランドのハディントンに生まれる。ハディントンのパトリックハーディースクールおよびハディントン＝アカデミーを修了後、開業医で見習い奉公をする。一八二九年十一月にエジンバラ大学に合格し、医学を学ぶ。一八三二年十一月六日に医療免許を取得し、ハディントンで開業する。収入不足を補うために、間もなく化学・生理学・健康について講義する傍ら、Edinburgh Weekly Chronicle へ寄稿する。一八三八年五月、自己の海外見聞を深めるべく、ハディントンを去る。一八三八年十一月よりLeeds Times の編集長となる。穀物法反対運動を支持し、急進的論調の社説を多く執筆していたが、チャーチスト運動への警戒により弱まっていく。そして、社会構造の改革よりも、個人の向上に期待するようになる。一八四二年にLeeds Times を辞し、著述、講演活動に従事する一八四九年から一八五四年の間にEliza Cook's Journal に掲載された論説は、彼の思想の変化をよく反映している。一八四〇年六月にNorth Midland Railway の開業に出席し、蒸気機関車の発明者であるスティーブンソン George Stephenson にはじめて出会う。一八四五年から一八五四年まで the Leeds and Thirsk Railway の鉄道書記、一八五四年から一八六六年まで the South Eastern Railway の鉄道書記として、鉄道事業に二十一年間にわたり従事する。リーズにいる間、スマイルズはスティーブンソンとの交流を深め、一八四八年に彼が亡くなると、翌年に回想録をEliza Cook's Journal に掲載した。そして彼の息子のロバートを説得して、スティーブンソンの伝記を書くことの許しを得た。これは一八五七年にThe Life of George Stephenson として出版され、非常な売れ行きをみせた。一八四五年三月にリーズの労働者の学習サークルに招かれて行った講演が評判となり、その講演をもとに出版されたのが、Self-Help, with Illustrations of Character and Conduct である。原題はThe Education of Working Classes; An address delivered by Dr. Smiles to the Memders and Friends of the Leeds Mutual Improvement Society であった。この原稿は一八五五年にRoutledge 社から出版拒否された後、一八五九年にJohn Murray 社から出版された。同書は飛ぶように売れ、初年度に二万部、一九〇五年までに二十五万八千部も売れた。グラットストンから名もない労働者まで幅広い読者を得ただけでなく、各国で翻訳され、特に日本とイタリアで顕著であった。スマイルズは、個人と社会改良の鍵として、個々人の善い気質が日々の問題に適応されることの重要性を強調し、それを具体的に説明するために、伝記を例示として添えた。そしてCharacter (1871)、Thrift (1875)、Duty (1880) と出版を続けた。これらはSelf-Help とあわせてスマイルズの四福音書といわれるが、一八九〇年代にはベストセラー作家としての生命は終りを迎えていた。スマイルズは一八七一年以来、病に悩まされ、節制に努めていたが、一九〇四年四月十六日ケンジントンで没す。満九十一歳。日本では、Self-Help は中村敬宇の訳で『西国立志編』として明治四年(一八七一)に出版された。一八六八年、英国留学から帰国の折、友人のフリーランド Humphry W. Freeland (1819–92) から餞別にSelf-Help を贈られた敬宇は、帰国の船中、同書を愛読し、半分は諳誦するに至った。『西国立志編』は、明治から大正にかけて息の長い大ベストセラーであり、明治末までには百万部を売ったといわれる。そのため、敬宇の私塾・同人社は同書の収入で運営され、他から寄付援助をうけることがなかった。読者層は幅広く、元田永孚が進講のテキストに選び、天皇に同書を講じているだけでなく、小学校の修身の教科書としても使用された。明治六年春には第三編の陶工培那徳・巴律西(ベルナルド・パリッシー)の条が「其粉色陶器交易」(そのいろどりとうきのこうえき)として、第十二編の鞋工邦治(ジョン・パウンズ)の事蹟が「鞋補童教学」(くつなおしわらべのおしえ)として、佐橋富三郎により劇化され、京都で競演された。同年、岩手で投獄された田中正造が、獄中でどもりの矯正をかねて愛読したのも『西国立志編』であった。また、トクヴィルが日本人に知られるようになったきっかけは、同書に紹介された彼の人物像である。↓西国立志編《さいごくりっしへん》

参考文献 H. C. G. Matthew and Brian Harrison ed., Oxford Dictionary of National Biography: In Association with the British Academy: from the Earliest times to the year 2000, 60vols (Oxford: Oxford University Press: 2004)、藤村作編『日本文学大辞典』(一九五〇–五二、新潮社)、高橋昌郎『中村敬宇』(『人物叢書』、一九六六、吉川弘文館)、木下尚江「臨終の田中正造」(『近代日本思想大系』一〇所収、一九七五、筑摩書房)、松沢弘陽『近代日本の形成と西洋経験』(一九九三、岩波書店)、松田宏一郎「義気と慣習 明治期政治思想にとってのトクヴィル」(松本礼二・三浦信孝・宇野重規編『トクヴィルとデモクラシーの現在』所収、二〇〇九、東京大学出版会)

(岡部 泰子)

すみ 炭 狭義には木炭を、広義には石炭などを含む炭化燃料の総称を意味する。木炭は薪材を蒸し焼きにして炭化させたものであり、主成分は炭素である。ただし、成分中に炭酸カルシウム分も含まれているため、酸素の

少ない状態でも燃焼が可能であり、またカロリーも高いために、薪に替わって古来より用いられている。明治期に入ると工業用としては石炭にその地位を奪われたが、家庭用燃料としては山間部を中心にして昭和中期まで用いられた。石炭は、植物が菌類や微生物に分解されないまま地中に埋まり、長い年月をかけて炭化した物質である。燃焼時のカロリーが高く、近代には工業用として盛んに用いられた。工業化を支えて多くの労働者の雇用を生み出し、「黒いダイヤ」とも呼ばれた。また石炭を蒸し焼き(乾留)にするコークスは、より高いカロリーを得られる。しかし燃焼時の残滓《ざんし》や高すぎるカロリーから、家庭用燃料としては取り扱いが困難であった。

参考文献 内田正次郎「石炭・コークス・木炭及煉炭」(共立社編『実用製造化学講座』五所収、一九三五、共立社)、岸本定吉『炭』(一九七六、丸ノ内出版)　(宮地　英敏)

スミス　Erasmus Peshine Smith　一八一四―八二　外務省法律顧問となった最初の人物。一八一四年三月二日にニューヨーク市で生まれる。三三年にハーバード法科大学院を修了し、法曹界に身を置いた。その傍ら、地元紙で論説記者や編集者を務めたり、ニューヨーク州のロチェスター大学で数学の講座を担当したり、さらには著書 A Manual of Political Economy (New York, 1853) を出版したりと、多彩な才能を発揮している。国務省の法律顧問だった明治四年(一八七一)に同省の推薦を受け、駐米森有礼少弁務使と雇用契約(三ヵ年、年俸一万ドル)を結び、十月に来日して外務省の法律顧問となった。明治五年に発生したマリア=ルス号事件(日本最初の国際裁判)では、みずから中心となって解決に尽力している。同事件の処理のため、契約をさらに二年延長し、明治九年秋に帰国。一八八二年十月二十一日、ロチェスターで死去した。満六十八歳。

参考文献 重久篤太郎「外務省顧問エラスマス・スミス」(『開化』二ノ四、一九三八)、今井庄次『お雇い外国人』一二(一九七五、鹿島出版会)　(伊藤　信哉)

すみたまたべえ　住田又兵衛　一八四二―一九〇三　長唄囃子(笛)方。二代目。天保十三年(一八四二)三月生まれ。師の初代に従い安政元年(一八五八)には幼名の由之助で中村座に出勤。のち婿養子となり、文久三年(一八六三)二代又兵衛を襲名。新富座では、数度にわたる九代市川團十郎の『勧進帳』や『花見踊』『土蜘』『茨木』『船弁慶』『紅葉狩』の初演を勤める。義兄の息子、杵屋六四郎らが始めた長唄研精《けんせい》会に三十五年(一九〇二)八月の第一回から翌年三月の第七回まで参加。三十六年十一月一日没。六十二歳。笛の名手であった。　(配川　美加)

すみともきちざえもん　住友吉左衛門　一八六四―一九二六　明治・大正期の実業家。元治元年十二月二十一日(一八六五年一月十八日)に京都の公家右大臣徳大寺公純《とくだいじきんいと》の六男として生まれる。幼名は隆麿《たかまろ》。明治天皇の侍従長兼内大臣をつとめた徳大寺実則《さねつね》、総理大臣・元老として有名な西園寺公望は実兄。明治二十五年(一八九二)四月に住友家の養嗣子となり、翌年四月に家督を継いで住友家十五代となり、吉左衛門を称し、諱を友純《ともいと》とした。以来、広瀬宰平《ひろせさいへい》・伊庭貞剛《いばていごう》・鈴木馬左也《すずきまさや》ら歴代の重役とともに、別子銅山を中心とした家業の発展に努め、炭坑・伸銅・鋳鋼・銀行・倉庫・化学・不動産・林業へと事業を拡張した。住友を重化学工業中心の企業体に育て上げ、大正十年(一九二一)に住友総本店が合資会社に改組されると社長に就任した。寄付など社会貢献活動にも熱心で、別子開坑二百年を記念した楠公銅像の皇居前広場への建立、大阪図書館(府立中之島図書館)の開館、東北帝国大学鉄鋼研究所の設立、天王寺の美術館用地の提供などを行なった。東北帝大の本多光太郎が発明したKS鋼は、住友吉左衛門の名にちなんで命名された。明治三十年(一八九七)貴族院議員に選任され(同三十三年病気療養のため辞退)、明治四十四年(一九一一)には男爵を授与された。また公家出身の素養をもとに多彩な趣味を持ち、春翠と号し、みずからの茶室にちなんで好日庵・知足斎とも称した。書画骨董にも造詣がふかく、松本重太郎・村山竜平・藤田伝三郎・上野理一など関西実業界の同好十八名による十八会に参加して、数寄者として名を馳せた。ことに中国古銅器の収集家と知られ、そのコレクションはみずから出版した図録『泉屋清賞』『増訂泉屋清賞』などを通じて紹介され、現在は京都の泉屋博古館で公開されている。大正十五年(一九二六)三月二日没。六十三歳。

↓住友財閥《すみともざいばつ》

参考文献 『住友春翠』(一九五五)　(安国　良一)

すみともぎんこう　住友銀行　明治二十八年(一八九五)に住友吉左衛門の個人銀行として設立。その資本金百万円は全国屈指の規模。同四十五年(一九一二)に資本金千五百万円の株式会社に改組。産銅業の住友家であるが金融業との関わりも古く、別子銅山開杭以前の寛文二年

住友銀行

（一六六二）における両替業が最初。明治時代以降では、同八年（一八七五）に始めた並合業《なみあい》（商品・証券担保貸付）が拡大し在阪銀行と並ぶ規模となり銀行設立の機運が高まる。しかし幕末・維新の動乱において住友事業の危機を救い、別子銅山経営を再建した総理代人広瀬宰平《ひろせさいへい》が強く反対し実現せず。同二十七年の広瀬引退を機に、伊庭《いば》貞剛《ていごう》支配人（のち総理事）のもとでようやく設立。その後の拡充は急テンポで進み、明治末には三井、第一両行に次ぐ業容となる。これには住友家の高い社会的信用や伝統的な堅実経営のほかに、住友傘下事業の出納の集中的取扱い、他行に先駆けた外国為替業務の開始（大正五年以降は積極的な海外店舗の開設）、銀行経験者や大学卒業者の採用、志立鉄次郎（日銀）など幹部の招聘が寄与した。

参考文献　『住友コンツェルン読本』（『日本コンツェルン全書』、一九三七、春秋社）、『住友銀行史』（一九五五）、『日本の会社百年史』（一九七五、東洋経済新報社）、作道洋太郎編『住友財閥史』（一九七六、教育社）、『住友銀行八十年史』（一九七九）、宮本又次・作道洋太郎編『住友の経営史的研究』（一九七九、実教出版）、作道洋太郎編『住友財閥』（一九八二、日本経済新聞社）、麻島昭一『戦間期住友財閥経営史』（一九八三、東京大学出版会）、中瀬寿一『住友財閥形成史研究―幕末・維新期における比較史的考察―』（一九八四、大月書店）、麻島昭一編『財閥金融構造の比較研究』（一九八七、御茶の水書房）、畠山秀樹『住友財閥成立史の研究』（一九八八、同文舘出版）、宮本又次『住友家の家訓と金融史の研究』（一九八八、同文舘出版）、藤本鐵雄『「明治期」の別子そして住友―近代企業家の理念と行動―』（一九九三、御茶の水書房）、瀬岡誠『近代住友の経営理念―企業者史的アプローチ―』（一九九八、有斐閣）

（佐藤　政則）

すみともざいばつ　住友財閥　大阪を中心に、別子銅山・住友炭礦など素材産業を基盤とした総合財閥。近世大坂の豪商（屋号泉屋）で、近世初期以降、銅精錬・銅貿易・銅鉱業を営み、二代友以《とももち》が泉屋住友家を興した。銅精錬から銅鉱業に進出、東北地方の諸鉱山を手掛け、元禄四年（一六九一）からは、別子銅山を永代請負して、昭和四十七年（一九七二）の閉山まで一貫して稼行《かこう》した。開坑後数年して生産二百五十万斤（一五〇〇万トン）となり、日本の産銅高の二五％を占めた、近世を通じて銅輸出の大黒柱となり、御用鉱山として保護をうけた。江戸幕府崩壊の影響で苦境に陥り没収されかかったが時の別子銅山支配本役広瀬宰平《ひろせさいへい》が嘆願して取戻し明治政府の御雇外国人コワニェらを招聘して意見を求め、フランス人技師ラロックの雇い入れや留学生の海外派遣を通じて、近代技術の導入に成功した。その結果、別子銅山は住友事業の中心的存在に復活、明治十年（一八七七）総理事に昇進した広瀬宰平は産銅業を基礎に経営の多角化を開始した。この過程で製糸・製茶・樟脳・貿易・海運などの事業からは撤退した。広瀬宰平の甥であった伊庭貞剛《いばていごう》が、明治十二年住友に入社したが、広瀬が二十七年（一八九四）引退すると、別子鉱業所支配人として煙害問題収拾のために別子銅山製煉所を瀬戸内海の四阪島に移転。さらに伊庭が明治三十年（一八九七）に総理事心得、三年後に総理事に昇進すると本格的に多角化を推進し、銀行・倉庫・伸銅・鋳鋼・電線・肥料などの諸事業へと進出した。明治八年（一八七五）に住友本店を設置、十六年には、運営規範として「住友家法」を制定した。四十二年（一九〇九）に住友総本店と改称、大正十年（一九二一）には、従来個人経営だった住友総本店を住友合資会社に改組し、傘下の直営部門を逐次分離独立させた。家長と呼ばれた住友吉左衛門は象徴的な存在で、運営の実際は専門経営に任せる番頭政治で、財閥本社に総理事、理事を頂点とする強固な集権的な統括機構をそなえ、直営の八販売店をもち商社を設置しなかった。

参考文献　広瀬満正『宰平遺績』（一九二六）、住友春翠編纂委員会編『住友春翠』（一九五五）、広瀬宰平著・住友修史室編『半世物語（復刻版）』（一九八二）、宮本又次・作道洋太郎編『住友の経営史的研究』（一九七九、実教出版）、作道洋太郎編『住友財閥』（一九八二、日本経済新聞社）、麻島昭一『戦間期住友財閥経営史』（一九八三、東京大学出版会）、中瀬寿一『住友財閥形成史研究―幕末・維新期における比較史的考察―』（一九八四、大月書店）、畠山秀樹『住友財閥成立史の研究』（一九八八、同文舘出版）

（加藤幸三郎）

すみともしんどうじょう　住友伸銅場　住友家が明治三十年（一八九七）に日本製銅を買収して設置した銅加工を目的とした事業所。別子鉱山の銅を原料に銅線や板・棒などの伸銅品の製造を行い、住友の金属加工部門への進出の第一歩となった。三十一年にアルミ加工、四十一年（一九〇八）には被覆電線やケーブルなどの事業に進出したが、四十四年に躍進著しい電線事業を住友電線製造所（のちに住友電気工業）に分離するとともに、翌年鋼管工場が完成して国内初の冷間引抜継目無鋼管の製造を開始し、大正二年（一九一三）に住友伸銅所と改称した。住友電線は外国技術の導入によって古河電気工業、藤倉電線と並ぶ電線メーカーに発展したが、他方、住友伸銅所は海軍向けの製品などに展開し、十五年（一九二六）に住友合資会社から住友伸銅鋼管株式会社として分離独立、昭和三年（一九二八）大阪桜島に新工場を建設して事業の拡張を図った。十年（一九三五）住友鋳鋼所と合併して住友金属工業に改組され、以後事業の主力を製鋼業におくことになった。

参考文献　『住友金属工業六十年小史』（一九五七）、『社史住友電気工業株式会社』（一九六一）

（武田　晴人）

すみともでんせんせいぞうじょ　住友電線製造所　明治四十四年（一九一一）に設立された電線・電話線製造会社。現在の住友電気工業株式会社の前身会社。住友電線製造所が設立された背景には、日本の近代化に伴い、本格的な遠距離高圧送電時代が到来したこと、電話網の拡充が進んだことなどの事情が存在した。住友電線製造所は、明治三十年(一八九七)に開設され銅板・銅棒・銅線の製造にあたっていた住友伸銅場の電線製造部門が、分離独立する形で発足した。住友電線製造所は、設立後まもなくして国産初の高圧地下送電線ケーブル(一万一〇〇〇ボルト)を納入し、大正五年(一九一六)には大阪に新工場を開設した。その後、エナメル線の製造も手がけ、大正九年には、アメリカの電線製造会社ウェスタン＝エレクトリック社と資本・技術提携して、株式会社住友電線製造所となった。社名を現在の住友電気工業株式会社に変更したのは、昭和十四年(一九三九)のことである。

(橘川　武郎)

すもう　**相撲**　日本の伝統的な格闘技芸。角力、角觝などとも表記される。相撲は、きわめて早い時期から専業化・興行化が進み、その淵源を平安朝の朝廷行事に求めつつ、観客の観覧に供される技芸としての様式を整えていた。中世には、寺社の祭礼などに際して相撲を演じる専業者集団が活動しており、その流れをうけて近世には、幕府への届出上、寺社修造など公共的事業のための喜捨を募る「勧進」の名目を掲げながら、その実は専業者の渡世のための営利興行が、各地で行われるようになる。十八世紀末ころからは、毎年江戸で二度、京・大坂で各一度の本場所興行が定例化したが、現在の日本相撲協会のように相撲興行全体を統括する組織があったわけではない。全国各地に相撲集団が割拠して(それらのうちには、大名抱えの相撲集団として扶持を受けたものも少なくない)、日常的には独立の興行を打っており、本場所ごとに開催地の興行師集団によって組織される相撲会所が、各地の相撲取集団を招請し合併興行を打つならいであった。近代に入ると、各地に割拠した相撲集団の多くが大名による扶持を失い、本場所興行の収益に対する依存性を高めたことに対応して、東京・大阪にそれぞれ恒常的な実体を持った興行体制が組織される。しかし明治初年には経理の継続性や責任の所在も判然としなかったため、興行収益の配分処理が裁判で争われた事例もある。東京では、明治前半期に年寄高砂の主導のもとに相撲会所組織の整備が進められ、明治十一年(一八七八)に角觝営業内規則の制定を経て、二十二年(一八八九)には東京大角力協会と名を改めている。一方、大阪では、明治初年に江戸から大阪に本拠を移した横綱力士陣幕久五郎《じんまくきゅうごろう》によって組織化が図られたものの、しばらくは分裂抗争が繰り返され、明治三十年(一八九七)にようやく組織改革を断行し大阪角力協会が発足した。この間、旧時代の蛮風として廃止を求める論難に対して、大相撲界は組織整備や綱紀粛正に努める。近世、女性の相撲見物は上位力士が出場しない千秋楽(興行の最終日)に限って認められていたが、それは、荒っぽい空気の漂う相撲場には婦女子は近づかぬもの、という風潮に根ざした慣習であった。女性の見物が全日にわたり解禁されたのは明治十年のことだが、それは、相撲場の風紀を乱そうとする志向に対応した措置であった。政府部内に伊藤博文はじめ好角家がいたことなども幸いし、明治十七年の明治天皇の天覧相撲の開催に至って、大相撲は国民の娯楽としての地位を確立することになる。江戸・東京の本場所は、天保年間(一八三〇―四四)以来本所回向院《えこういん》境内を定場所とし、小屋がけ「晴天十日」興行を定例としており、大阪などでもそれに準じて本場所ごとの仮建築で天候次第の興行を常としていた。ときには本場所を終えるのに一ヵ月以上を要することもあり、興行の安定を図る上での障碍となっていたが、明治後期に東京相撲に人気力士が多数輩出し、日清・日露戦争後のナショナリズム昂揚にも後押しされて、常設相撲館が建設された。これが国技館と命名されたことを機に、「国技」の称が世間に定着する。なお、非専門家による相撲は、近世以来村々において大相撲体制の外延に連なる形で行われていた草相撲以外に、学生などアマチュアへの広がりを見せる。第一高等学校で明治中ごろから相撲部が活動していた記録があるのが早い例だが、「学校体育に相撲を」という嘉納治五郎《かのうじごろう》の提言もあって、二十世紀に入ると多くの学校で相撲部の活動が見られる。明治末から大正年間(一九一一―二六)にかけては各地で大会が開催され、大相撲興行の「伝統」的演出との間に微妙な距離をとりながら、スポーツとしての展開を見せるようになる。一方、女性による相撲は、近世中期以降やや際物的な見世物興行として行われ、二十世紀半ばころまでなお一部の地方に残存した。あらためてアマチュアスポーツとしての展開を見せるのは、くだって二十世紀末のことになる。　→国技館《こくぎかん》

迎賓館延遼館での天覧相撲(明治17年3月10日)

参考文献　能見正比古『相撲部屋物語』(一九七七、講談社)、風見明『相撲、国技となる』(二〇〇二、大修館書店)、新田一郎『相撲の歴史』(『講談社学術文庫』)

(新田　一郎)

すわせいしどうめい　**諏訪製糸同盟**　長野県諏訪地方の製糸家(器械製糸場経営者)が主として男女工(労働者)の引き抜きなどの経営間移動の問題を解決するために結成した同盟。正式名称は製糸同盟。器械製糸業の急発展に

より男女工の争奪が激化したため、諏訪郡平野村・川岸村(長野県岡谷市)の片倉組などの有力製糸家は、明治三十四年(一九〇一)度から男女工の経営間移動の禁止を協定し、三十六年度から男女工の登録制度を実施した。やがて登録事務を行う同盟事務所には工場調査権が付与され、引き抜いた男女工の解雇と罰金が違反した製糸家に義務付けられた。しかし男女工の移動はなくならず、四十一年(一九〇八)度からは移動した男女工を解雇して同盟外に追い出す代わりに、登録男女工に対する権利を同盟製糸家の間で賃借する形で処理する方式が導入された。製糸同盟は長野県工場課の強い要請によって大正十五年(一九二六)に廃止された。

参考文献 石井寛治『日本蚕糸業史分析―日本産業革命研究序論―』(『東京大学産業経済研究叢書』、一九七二、東京大学出版会)、東條由紀彦『製糸同盟の女工登録制度―日本近代の変容と女工の「人格」―』(一九九〇、東京大学出版会)、中林真幸『近代資本主義の組織―製糸業の発展における取引の統治と生産の構造―』(二〇〇三、東京大学出版会)
(井川 克彦)

すんてつ 寸鉄 陸奥宗光が後藤象二郎や大江卓らの協力を得て発刊した日刊新聞紙。明治二十四年(一八九一)十一月二十一日に創刊号が出た。当時、陸奥は第一次松方内閣の農商務大臣(先の第一次山県内閣から留任)であったが、薩摩閥と意見が合わず、閣内の言論不統一が不満で『寸鉄』を発刊し松方内閣の施策を批判した。スタッフはE・G・リットン卿原著『花柳春話』Ernest Maltraversの翻訳で知られる『朝日新聞』記者の織田純一郎が編集を担当。三木愛花、山口松五郎、水谷乙次郎らが記者として活躍。陸奥自身も論説を執筆するほか、中島信行・大江卓・岡崎邦輔らが匿名で寄稿している。「社告」によれば、「我社新聞『寸鉄』は政党の機関にあらず、又世に所謂御用新聞にあらず、威権に屈せず、世論に佞せず、不羈独行、讜議直論、其言わんと欲する所を言ひ、其行かんと欲する所に行く、魔来らば魔を打ち、仏来らば仏を打ち、筆刀向ふ所、乱絲立ろに断つ、寸鉄能く人を殺し、又能く人を活す、真に是れ社会の殺人剣、又活人剣」とある。営利を目的にしない独立新聞、そしてその主張は「最も進歩せる理想的精神より溢出せる快論痛言、其記する所は確実神速、文章は簡明流暢、(中略)徒に紙幅を広大にし、慎むるに冗長無益の記事と、偏頗固陋の学説とを以てするの愚に倣はず」と宣揚している。なお、社友に著名な多数の政治家・学者・「技術家」・実業家を擁していたが、往々にしてほかの新聞雑誌が、きらびやかな社友の氏名を掲げて読者を瞞着し、「羊頭を掲げて狗肉を売る」弊害を避けるため、あえて社友の名前を公表しないと断わるなど、独立心旺盛で稜々たる気骨にあふれている。紙価も一枚五厘と低廉であった。第一号は全八頁、付録二頁で発刊された。翌明治二十五年十二月二日廃刊になった。
(西田 毅)

『寸鉄』第1号

せ

せいいん 正院 明治四年(一八七一)年七月に、太政官政府の最高意思決定機関として設置されたもの。天皇が親臨して大臣・納言が輔弼、参議が参与して庶政を奨督し、左院・右院から上達される立法施政司法の事務を「裁制」する機関とされた。翌月に納言は廃止され太政大臣・左右大臣・参議、および史官などから構成されることになる。同年十月、正院内史のもとに履歴・監部各課が、外史のもとに庶務・記録・歴史・地誌・用度の五課および翻訳・印書の二局が設置された。同六年五月には参議権限を強化するなど正院の各機関統制能力を強め、法制度の立案と議決、賞罰、歳入出、貨幣製造、兵制改革、各国条約などを専掌する機関とされた。これに伴い内史所管として財務・法制・庶務・歴史・地誌の五課および翻訳局が配置され、外史は記録・用度二課および印書局・博覧会事務局の二局のみ所管した。同八年四月に大阪会議をうけて正院職制章程を改定したものの、章程上は政府中枢機関としての性格に変更はなく、同十年(一八七七)一月の官制改革で正院は廃止された。

参考文献 内閣記録局編『法規分類大全』一編官職門(一九七八、原書房)、稲田正次『明治憲法成立史』上(一九六〇、有斐閣)、吉井蒼生夫「中央権力機構の形成」(福島正夫編『日本近代法体制の形成』所収、一九八一、日本評論社)
(川越 美穂)

せいえいどう 正栄堂 京都の書肆。明治十二年(一八七九)創業。前田正次郎の経営になる。当初は小売業であったが、のち出版にも進出する。大正五年(一九一六)、大盛社と改称し、雑誌取次に転業した。大正十一年(一九二二)に株式会社化。

参考文献 大久保久雄監修『出版・書籍商人物情報大観—昭和初期—』(『文圃文献類従』一二、二〇〇八、金沢文圃閣)、日外アソシエーツ編集部編『日本出版文化史事典—トピックス一八六八—二〇一〇—』(二〇一〇) (鵜飼 政志)

せいえんぎょう 製塩業 塩を製造する産業のこと。日本には岩塩が存在せず、降雨量が多いことから、塩田を利用して海水より塩を採取する、塩田塩業の方法が採られた。塩田塩業の特質は、海水から濃い塩水(鹹水《かんすい》)を採取し(採鹹《さいかん》作業)、その上で煮焚き(煎熬《せんごう》作業)するといった二つの工程によって行われている点にある。この点は、古代から現在に至るまで変わらない。製塩業が盛んだったのは、比較的降雨量が少ないとされる瀬戸内海沿岸であったが、十七世紀前半以来、同地域に展開した塩田は潮の干満差を利用しながら海水を導入する入浜《いりはま》塩田が主流を占めていた。明治時代も、この入浜塩田が主流を占めている。入浜塩田の特徴は、個々の単位当たりの塩田面積は一町から一町五反程度で、釜屋や浜子小屋などを装備した一軒前にある。この一軒前では浜主が浜子を七〜十名程度雇用し作業が行われた。この入浜塩田による製塩法は、昭和二十七年(一九五二)の流下式塩田に切り換わるまで三百年間近く続く。明治三十六年(一九〇三)の統計によれば、瀬戸内海に面した六県で国内の製塩高の約八割を生産していた。塩は生活必需品であることから、生産性の問題とは別にその確保が求められ、明治前期の段階では各地で製塩業が行われていた。とりわけ能登半島では、潮水を塩田まで汲み上げ採鹹作業を行う揚《あげ》浜《はま》式塩田があった。明治四十三年(一九一〇)度—四十四年度にかけて、不良塩田の整理を意図して第一次製塩地整理が行われる。以後、専売局のもとで日本各地に点在していた製塩地は淘汰されるようになる。

参考文献 渡辺則文『広島県塩業史』(広島県塩業組合連合会、一九六〇)、同『日本塩業史研究』(一九七一、三一書房) (落合 功)

せいがいは 青海波 清元の曲名。青海波は清元節家元の定紋。明治三十年(一八九七)六月二十日、四代清元延《えん》寿《じゅ》太夫の養子栄寿《えいじゅ》太夫は、五代延寿太夫の襲名披露を両国の中村楼で催した時に開曲。海の四季を歌い、あわせて延寿太夫家の繁栄を願った内容である。作詞永井《ながい》素岳《そがく》。作曲二代清元梅吉。

参考文献 倉田喜弘編著「青海波」(『新日本古典文学大系』明治編四所収、二〇〇三、岩波書店) (倉田 喜弘)

せいかぎょう 製靴業 革靴を製造する産業。明治維新を迎え、軍隊の洋式化が進み、西洋式革靴が導入されると、その需要に支えられる形で製靴業が発展した。当初軍隊用の靴は輸入品でまかなわれたが、日本人の足に合わず、靴の国産化は国家的急務となった。そのため文久年間(一八六一—六四)に来日し、政商西村勝三の伊勢勝製靴所(のち桜組)に迎えられたオランダ人靴工レマルシャンのように、多くの西洋人の指導のもとで、タンニンなどを用いて皮革を化学的に変化させる先進的技法が導入された。製靴業は民間を主体に経営されたが、軍からの発注が一定しなかったため、弾直樹《だんなおき》(旧関八州えた頭)や西村勝三(伊勢勝製靴所)ら初期の製靴業経営者はしばしば倒産を余儀なくされ、またさまざまな迷信により伝習者が集まらないという困難にも見舞われたが、不屈の闘志でこの難業に挑んだ。明治十四年(一八八一)の第二回内国勧業博覧会では、西村勝三が最高賞を受賞、弾直樹の出品作も高い評価を得ている。明治十年代には西南戦争、朝鮮内乱などにより、軍隊用革靴の需要が拡大、ついで明治二十年代から三十年代にかけて、日清・日露戦争が勃発し、さらに軍需は拡大した。明治十二年に製靴業に参入した政商大倉喜八郎は、藤田伝三郎が経営する藤田組製靴所と合同して明治二十年(一八八七)内外用達会社を設立、革靴をはじめとする軍用品の納入を手がけるなど、陸軍との深いパイプを背景に成長を遂げた(明治二十六年合名会社大倉皮革製造所へ改組)。明治三十三年(一九〇〇)には弾直樹系列の皮革製造所にも資本参加して、東京製皮合資会社を成立させた。こうしてこの業界に重きをなした大倉は、明治三十五年品質の均質化を求める軍の要請を入れ、大手製革業者の製靴部門を統合した日本製靴株式会社を成立させ、ドイツ製の製靴機械を導入して大量生産に備え、手縫い靴から機械製靴への転換を主導した。また日露戦後の明治四十年(一九〇七)には、桜組、東京製皮合資会社、大倉皮革製造所の三者を合併させて日本皮革株式会社を創設、会長に就任した。同社はクロームを用いた技術革新に成功、やがて革靴底も国産化できるようになり、昭和初期までには輸入品の防遏に成功した。

参考文献 『靴産業百年史』(一九七一、日本靴連盟) (山崎 有恒)

せいかじゅんび 正貨準備 ⇨外貨準備《がいかじゅんび》

せいかどう 盛化堂 埼玉県鴻巣町の書肆。江戸時代後期から明治期にかけて長島為一郎が経営。明治初年から中期にかけて、学校教科書、郷土史・地誌関係、実用書、政府関係印刷物などの刊行・取次を手がけている。

参考文献 三橋猛雄『明治前期思想史文献』(一九七六、明治堂書店)、稲村坦元「出版より見たる埼玉文化」(『埼玉史談』九ノ一、一九六二)、青木忠雄「埼玉における明治期出版活動覚書(一)—鴻巣「盛化堂」の展開—」(同四二ノ二、一九九六) (鵜飼 政志)

せいかどうぶんこ 静嘉堂文庫 明治二十五年(一八九二)、岩崎弥之助(弥太郎の実弟、三菱二代社長)が創立し、重野《しげ》安繹《やすつぐ》が管掌した文庫。和漢書の散逸を防ぐため、重野安繹に蒐書と管掌を委任し、重野の修史事業を援け、重野安繹『国史総覧稿』(明治三十九年、静嘉堂文庫)が著わされた。明治四十年(一九〇七)までに、青木信寅・中村《なかむら》敬宇《けいう》(正直)・鈴木真年《すずきまとし》・宮島藤吉・楢原陳政《ならはらのぶまさ》・田中頼庸《たなかよりつね》・小越幸介・山田以文・色川三中《いろかわみなか》・高橋残夢《たかはしざんむ》・竹添光鴻(進一郎)・島田重礼《しまだしげのり》ら旧蔵の和漢書を蒐書した。明治四十年には、清国の武人・学者で清末の四大蔵書家の一人であった陸心源の宋・元時代の稀覯本を多く含む旧蔵書四万三千二百十八冊を購入し、静嘉堂文庫の中心とした。弥之助の嗣子小弥太(三菱四代社長)も文庫の拡充に努め、木内重四郎の朝鮮本、松井簡治《まついかんじ》の和書、大槻如電《おおつきじょでん》の蘭学関係書、諸橋轍次《もろはしてつじ》の『春秋』関係漢籍を蒐書した。文庫は、はじめ駿河台の岩崎邸内に設けられたが、小弥太は高輪邸の新館に移し、大正十三年(一九二四)に世田谷区岡本の弥之助の納骨堂(コンドル設計)の傍らに文庫を新築し、現在に至る。昭和十五年(一九四〇)に財団法人とし、昭和二十三年(一九四八)には国立国会図書館の支部図書館となり、昭和四十五年(一九七〇)財団に復帰した。弥之助は、廃刀令後、刀剣が暴落し海外に流出するのを憂え、明治十年(一八七七)ごろから刀剣の収集を始め、明治三十三年(一九〇〇)日本刀剣会を作り、古刀の保存に努めた。弥之助・小弥太の書籍・古美術品の収集品は、昭和二十一年と五十年(一九七五)の二回にわたりすべてが文庫に寄贈された。現在、文庫は書籍の保存管理と公開、収蔵美術品の展示を行なっている。収蔵書籍は約二十万冊、うち漢籍十二万冊、和書八万冊。美術品は約五千点。「倭漢朗詠抄」(平安時代)、「曜変天目茶碗」(南宋時代)、俵屋宗達「源氏物語澪標図屏風」(江戸時代)など国宝七点、野々村仁清「色絵法螺貝形香炉」(江戸時代)、「宋版周礼(蜀大字本)」(南宋時代)など重要文化財八十二点、重要美術品七十九点を含む。

静嘉堂文庫

参考文献 『静嘉堂文庫略史』(一九二四)、岩崎家伝記刊行会編『岩崎弥之助伝』上(『岩崎家伝記』三、一九七九、東京大学出版会)、同編『岩崎小弥太伝』(同六、一九七九、東京大学出版会)

(森田　貴子)

ぜいかん　税関　関税・屯税・内国税の賦課徴収、輸出入貨物・船舶・旅客の検査・取締り、保税倉庫・保税工場・通関業者の監督、外国為替管理・金輸出規制・両替業務の監督といった港湾事務を行う行政機関。明治初年の開港場では、貿易に付随する税務および外交事務を執行するために運上所が設けられていた。運上所が、外務省から大蔵省の所管に移されたのは明治四年(一八七一)八月のことで、翌五年十一月二十八日(一八七二年十二月二十八日)には、これまでの運上所が税関という新しい名称に統一された。明治十年(一八七七)一月、大蔵省に関税局が設置され、各港税関はすべて同局の主管となっている。明治十七年五月二十日、大蔵省の租税・関税の二局が廃止、主税局が設置されたのに伴い、税関は主税局の主管に移ったが、明治十九年二月には、大蔵省に再び関税局が設けられた(明治二十四年(一八九一)八月、関税局は再度主税局に統合)。翌三月には税関官制(勅令第七号)が制定され、税関の職制、分課などが明確に規定された。明治二十三年九月には、法律第八〇号をもって税関法が公布され(同年十一月施行)、同時にその施行に関する税関規則が制定されて、税関行政に関する国内法規の整備は進められたが、税率はもとより、輸出入手続、関税取締りなどのすべてについて、条約による拘束が加えられていた。条約改正は明治二十七年—三十年(一八九七)の間に各国との間で新条約の調印が終り、三十二年七—八月からその実施を見たが、これと並行して三十年三月には関税定率法および保税倉庫法、三十二年三月に関税法および屯税法、三十三年四月には税関仮置場法、三十四年四月には税関貨物取扱人法がそれぞれ制定され、自

明治6年ころの横浜の税関(『ザ＝ファー＝イースト』より)

主的な税関行政の基礎が確立された。

参考文献 大蔵省関税局編『税関百年史』上(一九七二、日本関税協会)　(小林　延人)

せいかんいんのみや　静寛院宮　⇨親子内親王《ちかこないしんのう》

せいがんきそく　請願規則　人民が各自の利害に関し行政上の処分を請願できることを定めた法。明治十五年(一八八二)十二月十二日制定。明治八年(一八七五)の元老院章程第一条は立法に関する建白の受理を認めたが、行政上の処分については成法上規定が存在しなかった。そこで請願規則が定められ、人民に対して行政上の処分の請願がはじめて認められた。請願は、行政処分より五年が経過する前に、請願人みずからが署名捺印をし、かつ族籍住所を記したうえで戸長の奥印を受けた請願書を、郡区長・戸長、府県知事・県令、主務卿、太政官に提出することによって行う。ただし、建白に属するような請願は、その内容が人民各自の利害に関するものであっても受理しないとされた。また、同規則では、請願の受理を強要する者、官吏に抗論し喧擾に渉る者、請願書を新聞紙などに公表した者、訴願により他人を誣告する者に対しての罰則規定が備えられていた。明治二十三年(一八九〇)十月の訴願法制定により廃止された。

参考文献 石井良助『法制編』(『明治文化史』二、一九五四、洋々社)　(小野　博司)

せいかんのたたかい　成歓の戦　朝鮮牙山東北の成歓で起った日清両国軍による日清戦争最初の陸戦。明治二十七年(一八九四)七月二十三日の朝鮮王宮の占領ののち、大島義昌《おおしまよしまさ》混成旅団長は平壌の清軍を攻撃する前に、まず牙山の清軍を掃蕩する必要を認め、歩兵三千、山砲八門を中核とする部隊を編成、二十五日に南進を開始した。同部隊は自前の輜重《しちょう》能力が貧弱で現地調達の人夫と牛馬に依存したため、所属の人馬が逃亡した古志正綱大隊長が自刃するなどの混乱が生じた。二十八日夜半から行動を開始した日本軍は、二十九日早朝、成歓に布陣した聶《じょう》士成《しせい》の約三千、砲八門の部隊を攻撃、午前八時ころ清軍の陣地を占領した。ついで大島は軍を牙山に進めたが、すでに清軍は南方の天安・公州方面に撤退済みのため追撃を断念してソウルに帰還した。この戦は、死んでも口から喇叭を離さなかった木口小平《きぐちこへい》などの軍国美談を生み、一方で清国支持が多かった朝鮮の官民に衝撃を与え、日本への協力者が発生した。

参考文献 参謀本部編纂『明治二十七八年日清戦史』一(一九〇四、東京印刷)、大谷正「「文明戦争」と軍夫」(原田敬一・大谷正編『日清戦争の社会史―「文明戦争」と民衆―』所収、一九九四、フォーラム・A)　(大谷　正)

せいかんれんらくせん　青函連絡船　⇨鉄道連絡船《てつどうれんらくせん》

せいかんろん　征韓論　幕末・維新の時期に主張された朝鮮侵略論。朝鮮半島の国家はもともと天皇に服属する存在だとみる古代以来の蕃国観に淵源し、天皇中心の国体を回復するという明治維新の理念と結びついて昂揚した。宮本小一の報告『朝鮮論』(明治二年)が批判的に紹介する「王政復古し大号令天皇陛下より出る上は、朝鮮は古昔の如く属国となし、藩臣の礼を執らせねばならぬ也。宜しく速に皇使を遣わして其不庭を責め、苞茅の貢を入れさしむべし」というような主張である。維新を通告する明治元年(一八六八)の対馬藩書契が「皇」「勅」の文字の使用にこだわった背景にもこうした思想があり、書契の授受をめぐる紛糾がつづくなか、朝鮮を攻撃すべしという意見が勢いを増した。平等の権利を謳った明治九年の日朝修好条規締結により、征韓論が対朝鮮政策に直接的な影響を及ぼした時期は終了するが、朝鮮への進出を国是とするにおいて征韓思想が果たした役割は大きい。　(吉野　誠)

せいぎしゃ　精義社　金沢の士族政治結社。明治十一年(一八七八)の紀尾井町事件以後、愛国社勢力の遊説に刺激をうけてできた政治結社耕腸《ようちょう》社を前身とする。はじめ本光寺派と称した。その後、蓮昌寺派から古屋虎太郎、関時叙らが参加して組織が充実し、十二年精義社と称した。同年十一月の愛国社の国会開設オルグに際し、受け皿となり、翌十三年三月の第四回愛国社全国大会(大阪大会)には、吉田栄潟遒《よしだきざし》と高島伸二郎が参加、国会開設請願運動にも加わった。この大阪大会に先立って、同社員は高岡や福井の民権論者と提携、北陸連合の大会も金沢で開かれた。この会合は、豪農層を含む民権家の北陸連合の最初の形態で、北陸聯合会(社)の結成に至る。精義社自体は、十四年ころ内紛により衰退し、その地位を盈進《えいしん》社に譲る。なお、精義社の高島伸二郎が、大正デモクラシー期に石川県立憲青年党のリーダーとして活躍したことも注目されよう。

参考文献 『石川県社会運動史』(一九六六、能登印刷出版部)、森山誠一「加越能自由民権運動史料(四)―加賀「忠告社」関係資料―」(『金沢経済大学論集』二五ノ三、一九九二)　(本康　宏史)

せいきそうげいさい　世紀送迎祭　明治三十三年(一九〇〇)十二月三十一日の夜、慶応義塾大学部の学生荻原純一が発起人となり、社頭福沢諭吉以下の教職員や卒業生および在校生など五百名が参加して、東京三田の慶応義塾校内で開かれた、新しい時代の到来を慶祝する式典。参加者は当日午後八時から学内の大広間に集まり、発起人の開会の辞に続いて、数名が演説した。当時若い教員であった、のちの塾長林毅陸《はやしきろく》が朗読し感銘を与えた三千字におよぶ美文の「世紀送迎の辞」は、この行事の意図をよく示しているが、それは次のように結ばれている。「嗚呼満堂の我党の士、四千余年来伝へ来り偉人傑士の養はれたる此文明の花を茲《ここ》に相続するに当り、諸君の感慨果して如何。顧みれば我日本帝国は十九世紀の後半期以来孜々として各種の改革に努め、史上に類ひなき長足の進歩を為したりと雖、猶前世紀の余弊遺物は決して少なからず。旧思想、旧制度、旧習慣、紛々として朽骨腐肉の厭ふ可き者到る所に堆し。新文明の発達を図るには、先づ此汚物の一掃より着手せざる可らず。諸君、慶応義塾は由来文明軍の勇士を以て自任す。願くば茲に十九世紀を送りて二十世紀の新天地を迎ふるに当り、我党の抱負をして特に明赫雄大ならしめよ。」続いて晩餐会に入り、十九世紀を象徴する骸骨が二十世紀を示す子供に駆逐される余興寸劇が演じられて、喝采を博した。その後十二時近くなって会場を運動場に移して、そこに掲げられた、十九世紀とともに葬りさられるべき旧習悪弊を象徴的に描いた三枚の大風刺画に向かって、三十名の学生が一斉射撃を行い、同時に点火してこれを焼き払って万歳を三唱し、十二時二十分に散会した。　（坂井　達朗）

せいきょうじほう　盛京時報　奉天で発行されていた中国語の日刊新聞。満洲における日本軍の軍政が明治三十九年（一九〇六）七月三十一日に解除された直後の十月十八日に創刊された。創立者は中島真雄で、日露戦争後における日本の満洲経営にあたり、民衆に対する宣伝や言論機関設立の必要があるという判断から創刊された新聞である。日露戦争前にロシアが『盛京報』という新聞の発行を計画していたものを引き継いで紙名がつけられた。同四十年（一九〇七）からは日本の外務省が資金の援助を行なっている。大正十四年（一九二五）十一月には株式会社化し、日本の外務省や満鉄が大株主となったことで経営も安定するようになった。昭和二十年（一九四五）の日本の敗戦まで続刊された。

参考文献　中下正治『新聞にみる日中関係史―中国の日本人経営紙―』（一九九六、研文出版）　（竹内　桂）

せいきょうしゃ　政教社　明治時代中期から昭和期までの国粋主義の思想団体、出版社。明治二十一年（一八八八）のはじめごろに創設され、四月三日に東京府神田区南乗物町三番地の政教社から機関誌『日本人』を創刊した。創刊の辞に名を連ねたのは、帝国大学文科大学哲学科選科卒業加賀秀一（央堂、岐阜出身、士族）・札幌農学校卒業農学士今外三郎《こんそとさぶろう》（夢卜、弘前出身、士族）・島地黙雷《しまじもくらい》（縮堂・雨田、山口出身、浄土真宗西本願寺執行）・慶応義塾医学所中退（か）松下丈吉《まつしたじょうきち》（久留米出身、士族）・東京大学文学部哲学政治学科卒業文学士辰巳小次郎（塵廼舎・塵廬、尾張出身、士族）・東京大学文学部哲学科卒業文学士三宅雄二郎（雪嶺、加賀出身、士族）・札幌農学校卒業農学士菊池熊太郎（東巍、岩手釜石出身、平民）・東京大学文学部政治理財学科卒業文学士杉江輔人《すぎえすけと》（雲外、広島出身、士族）・東京大学文学部哲学科卒業文学士井上円了（甫水、越後三島出身、浄土真宗慈光寺）・東京大学文学部和漢文学科卒業文学士棚橋一郎（竹荘、竹窓、岐阜出身、士族）・札幌農学校卒業農学士志賀重昂《しがしげたか》（矧川《しんせん》、岡崎出身、士族）・の十一名で、彼らを支援した恩師にあたる大学南校卒業杉浦重剛《すぎうらしげたけ》（天台、近江膳所《ぜぜ》出身、士族）・東京大学理学部化学科卒業理学士宮崎道正（山楽、越前大野出身、士族）の全十三名が同人である。ほとんどが、非藩閥の藩士・儒者・僧侶の士族層の家系で、最新最高の官学で文科系と理科系の洋学を学び、この前後に、官から離脱した者や批判者に転じた者、教育への従事者、政教社以外の言論紙誌でも活躍し、非キリスト教徒であることが共通している。創刊の辞に、「当代ノ日本ハ創業ノ日本ナリ然レバ其経営スル処転タ錯綜湊合セリト雖モ今ヤ眼前ニ切迫スル最重最大ノ問題ハ蓋シ日本人民ノ意匠ト日本国土ニ存在スル万般ノ囲外物トニ恰好スル宗教、教育、美術、政治、生産ノ制度ヲ撰択シ以テ日本人民ガ現在未来ノ嚮背ヲ裁断スルニ在ル哉吁嗟斯ノ千載一遇ノ時機ニ際シ白眼以テ世上ヲ冷視スルハ是レ豈ニ日本男児ノ本色ナランヤ余輩不肖自ラ惴《はばか》ラズト雖モ斯ノ境遇ニ逢遭シテ黙々叉手セバ半生所得スル学術ノ用ハ竟ニ何タルヲ知ラザル也（中略）一雑誌ヲ発行シ以テ各自ガ抱負スル満腔ノ精神ヲ澆ギ盡ントス」と記し、修得した最新最高の学術の成果を現実社会に活用発揮したいとの意気込みを宣言した。彼らは最高の近代官立教育機関で洋学を身に着けて、日本の在来の思想や価値観と葛藤しながら西洋の価値観を咀嚼し、その上に新しい日本の価値ある思想を構築しなければならないと考えた同志であった。当時の欧化という「近代」志向に「伝統」の意識を対峙させて、その中から新しい可能性を見出して非西欧型の日本の近代化を模索して国粋主義を主張した。二十二年二月創刊の陸羯《くがかつ》南《なん》社長の新聞『日本』グループとは思想と行動と人的に全く異名同体の同志的関係にあった。ともに政治的には、政府の鹿鳴館風の欧化政策に反対し、対外独立の路線をとって、日本に不利な条約改正案と藩閥政治に果敢に反対し続けた。このため、『日本人』と『日本』はしばしば発行停止を受け、『日本人』は代替誌『亜細亜』を発行した。思想・文化面では、大日本帝国憲法に明記された政府の進める「臣民」像に対置させて「国民」像の構想を提示し、欧米文化の無批判的な模倣に反対し、日本の固有性の追求と顕彰に努めた。特に三宅などは、日本の有する真善美の再評価と伸張を主張し、「自国の為に力を尽すは世界の為に力を尽すなり、民種の特色を発揚するは人類の化育を裨補するなり、護国と博愛と奚ぞ撞着すること有らん」（『真善美日本人』）と、世界の文明発展に貢献できるナショナリズムの主張を展開した。このようにこの時期の政教社系国粋主義は昭和前期の狂信的な排外主義の国粋主義とは異質のものであった。初期は志賀・三宅が中心で、やがて内藤湖南《ないとうこなん》・畑山呂泣《はたけやまろきゅう》・長沢別天《ながさわべってん》らの若い世代が同人となり、志賀が政治の実践活動を強めたため、三十一年（一八九八）ごろから三宅が中心となり、台頭してきた足尾鉱毒事件などの社会問題にも誌面を費やし、初期社会主義の幸徳秋水や堺利彦らにも誌面を提供するなど、時代の進展に敏感に反応した。また、この間前後の日清・日露戦争には強くこの戦争を支持する論調を展開した。陸の病気により『日本』の経営が伊藤欽《いとうきん》亮《りょう》に移ると、その商業主義に反対した長谷川如是閑《はせがわにょぜかん》・河《かわ》東碧梧桐《ひがしへきごどう》・国分青厓《こくぶせいがい》・古島一雄・三宅雪嶺らが連袂退社して政教社に合流し、四十年（一九〇七）一月『日本人』を『日本及日本人』と改題し、経営には井上亀六があたり、編集その他は三宅が中心となり、四十五年一月からは表紙に「三宅雪嶺主筆」「主筆三宅雪嶺」と明記されるようになった。三宅の個性を反映して、寄稿者は当時の言論界・学界などの著名人全てといっても過言ではないほど多彩であった。大正十二年（一九二三）の関東大震災直後に内紛が起こり三宅の離脱により、創設以来の使命を閉じた。だが、政教社そのものは存続し、著しく保守的傾向を強め、昭和二十年（一九四五）二月まで『月刊日本及日本人』を発行し続けた。刊行書は三宅の著作など大変多い。

参考文献　末兼八百吉（宮崎湖処子）『国民之友及日本人』（一八八八、集成社）、鹿野政直編『陸羯南・三宅雪嶺』（『日本の名著』三七、一九七一、中央公論社）、都築七郎『政教社の人びと』（一九七四、行政通信社）、日本近代史料研究会編『雑誌「日本人」・「日本及日本人」目次総覧』（一九七七―八四）、松本三之介編『政教社文学集』（『明治文学全集』三七、一九八〇、筑摩書房）、中野目徹『政教社の研究』（一九九三、思文閣出版）、佐藤能丸『明治ナショナリズムの研究―政教社の成立とその周辺―』（一九九八、芙蓉書房出版）

（佐藤　能丸）

せいけいがくえん　成蹊学園　明治三十九年（一九〇六）、中村春二《なかむらはるじ》（一八七七―一九二四）が自宅に設立した学生塾成蹊園を濫觴とする私立学校。日露戦争後の社会不安のなかで、学資欠乏から勉学の途を閉ざされたものを救い、国家社会の中堅として育成することを目的とした。校名は『史記』「李将軍列伝」の「桃李不言下自成蹊」に由来。四十五年（一九一二）には岩崎小弥太・今村繁三《いまむらしげぞう》の賛助を得て成蹊実務学校を設立。続いて中学校、小学校、実業専門学校、女学校を開校。戦後、小学校から大学まで四つの教育機関を有する学校法人成蹊学園へと発展している。春二の展開した草創期の成蹊教育は当時の公教育とはまったく異質なもので、当時の公教育を形式主義、注入主義、威圧主義的なものとして排する一方、個性尊重、人格陶冶を謳い、自主自奮を促し、「凝念法」「心力歌」「鍛錬主義教育」などを取り入れた教育を展開。中学校教育の改造が課題とされた時代にあって、その独自性は社会的な注目をあつめた。　↓中村春二《なかむらはるじ》

参考文献　成蹊学園創立五〇周年記念行事委員会編『成蹊学園五十年のあゆみ』（一九六二）、『成蹊学園六十年史』（一九七三）

（佐藤裕紀子）

せいげき　正劇　⇩川上音二郎《かわかみおとじろう》

せいこうかい　清交会　明治時代末期に存在した山県系の男爵議員の会派。親政友会の千家尊福《せんげたかとみ》の影響力が弱まり、山県系の大浦兼武《おおうらかねたけ》・杉渓言長《すぎたにときなが》ら十六名が脱会して明治四十三年（一九一〇）三月十五日に結成した。選挙母体としては清交倶楽部を作った。四十四年三月には大浦と田健治郎《でんけんじろう》が画策して清交倶楽部を勲功華族中心の男爵議員選挙母体である協同会に合同させた。四十四年七月改選では木曜会は大敗、役目を終えた清交会は解散し、第二十八議会では所属議員は茶話会《さわかい》と無所属に移った。　↓木曜会《もくようかい》

参考文献　霞会館『貴族院と華族』（一九八八）、内藤一成『貴族院と立憲政治』（二〇〇五、思文閣出版）

（西川　誠）

せいこうかい　聖公会　聖書・使徒信経にもとづく「一つの聖なる公同の教会」という普遍的な教会像として表現される言葉。十六世紀に誕生したイギリス国教会の流れをくむキリスト教一教派の名称。教派としての聖公会は、歴史的主教制と祈禱書による礼拝を共有するローマ＝カトリック教会や東方正教会と、宗教改革の原基である聖書のみと信仰義認を共有するプロテスタント諸派との橋渡し的教会（ブリッジ＝チャーチ）を自負している。安政六年（一八五九）渡来の米国聖公会、明治元年十二月（一八六九年一月）来航のイギリス国教会伝道協会、明治六年来日の福音宣教協会の三派合同により、同二十年（一八八七）に日本聖公会が設立された。大正十二年（一九二三）に世界の聖公会ではじめてとなる管轄権をもつ現地人主教が東京と大阪に誕生し、日本人主教区が実現するが、太平洋戦争直前まで、日本聖公会の大多数の地方部は外国人主教が管轄した。

参考文献　日本聖公会歴史編纂委員会編『日本聖公会百年史』（一九五九、日本聖公会教務院文書局）、大江満「宗教的植民地化の断章―在日英米聖公会主教管轄権問題―」（『日本研究』三〇、二〇〇五）

（大江　満）

せいこうざっししゃ　成功雑誌社　東京の書肆。本郷区弓町（東京都文京区）にあった。明治後期に、『探検世界』などの月刊誌を刊行したことで知られるほか、啓蒙書、英語などの語学書、学校教科書、内外の偉人伝、冒険や探検小説類、海外旅行案内といった時代を反映したユニークな書籍の刊行・販売を行なっている。

参考文献　『新聞集成明治編年史』一三（一九三六、財政経済学会）

（鵜飼　政志）

せいこうしゃ　精工舎　服部時計店の時計製造工場。明治二十五年（一八九二）東京市本所区石原町（東京都墨田区）で創業。技師長は服部時計店の輸入懐中時計の側の機械彫刻を引き受けてきた吉川鶴彦で、当初は人力で工作機械を駆動し、アメリカ製掛時計を模造生産した。二十八年に懐中時計の製造に成功し、三十二年（一八九九）には国産初の目覚まし時計を製造した。日露戦争時には軍需品生産を引き受け、従来五百三十名余りであった職工が最大千八百名に達するほどの急拡大を行なった。明治四十年（一九〇七）から懐中時計エキセレントが外国製に代わって学校優等卒業者向けの恩賜の時計に用いられるなど、唯一の懐中時計メーカーとして輸入代替を進め、明治末年には懐中時計の清国輸出も開始した。のち各部門が分離独立して現在のトプコン、セイコーインスツル、セイコーエプソンの起源となり、本体は昭和四十五年

精工舎工場正門（明治30年ごろ）

（一九七〇）に服部時計店から離れ、株式会社精工舎、現セイコークロック・セイコープレシジョンとなった。
→服部時計店《はっとりとけいてん》

参考文献　内田星美『時計工業の発達』（一九六五、服部セイコー）　（鈴木　淳）

せいさんちょうさかい　生産調査会　政府の産業経済に関する諮問機関で、明治四十五年（一九一二）に設置され、以降五回開催された。日露戦後の衰退した産業・貿易の状態を調査するため、明治四十三年の生産調査会官制により設置された。農商務大臣小松原英太郎が会長、渋沢栄一が副会長をつとめ、委員は官僚・議員・実業者・学識者で構成された。政府からの諮問事項は、㈠蚕糸業発達・改善、㈡外国貿易助長の方法など、㈢不正競争取締、㈣公有林野開発、㈤主要穀物増収・改良、㈥工場法案、㈦工業発達の助長、㈧重要物産同業組合法改正、㈨魚市場法制定、の九項目であった。一方、委員からは二十九もの建議案が提出されたが、そのうち、工場法制定の必要、生産と運賃の調査、製茶輸出貿易の助長、魚鳥の繁殖・保護、生産に関わる行政の調和統一、工業試験場の設置、重要輸出品・輸入防遏品の選択助成など、十三項目が建議された。本会の成果として、工場法・蚕糸業法・米穀法が成立し、森林法・重要物産同業組合法が改正された。

参考文献　原田三喜雄『近代日本と経済発展政策』（二〇〇〇、東洋経済新報社）　（國　雄行）

せいじがく　政治学　政治を研究対象とする学問。明治期政治学の特徴は、一方で政治論、他方で公法学と未分化なことで、尊王論、攘夷論、国体論、自由民権論などの言論や、明治初年の議会開設論争、十四年（一八八一）の主権論争などの諸論争もこの未分化状態の中で行われた。福沢諭吉、加藤弘之、中江兆民、植木枝盛、馬場辰《ばばたつ》猪《い》、小野梓などが初期の代表者。東京大学＝帝国大学の政治学講義は、フェノロサ Ernest Fenollosa（一八五三―一九〇八）やラートゲン Karl Rathgen（一八五六―一九二一）など外国人が中心で、日本人の講義は東京専門学校（のちの早稲田大学）における山田一郎、高田早苗などが英国流立憲主義を機軸として論じたものが早い。東京帝大最初の政治学専任日本人教授小野塚喜平次の『政治学大綱』（明治三十六年）は、イエリネック Georg Jellinek（一八五一―一九一一）の国家学（国家を法学的・政治学的に考察する学問分野として十九世紀後半から二十世紀前半のドイツを中心に体系化された）などに依拠した「総論」と国内・国際政策の諸問題・諸類型を略述した政策論から成る。「政治の悪魔性」が露わになる第一次大戦の前夜に明治は終り、明治政治学は概して牧歌的印象を与えるが、青年北一輝の『国体論及び純正社会主義』（三十九年）は、明治維新を民主革命、藩閥・財閥支配を反革命ととらえ、普通選挙を通じての社会民主主義的平和革命を説いて刺激的である（刊行後直ちに発行禁止）。明治最後の年四十五年（一九一二）の天皇機関説論争において、美濃部達吉は福沢諭吉『帝室論』（十五年）を承継し、天皇の非政治化による立憲制の樹立という一種の政治戦略を説いている。視野を拡げれば、森鷗外『津下四郎左衛門』がエリートによる大衆誘導、『かのやうに』が政治におけるタブーの問題について鋭い政治学的洞察を示している。

参考文献　蠟山政道『日本における近代政治学の発達』（一九四九、実業之日本社）、吉村正『政治科学の先駆者たち―早稲田政治学派の源流―』（一九八二、サイマル出版会）、田口富久治『日本政治学史の源流―小野塚喜平次の政治学―』（一九八五、未来社）　（長尾　龍一）

せいしぎょう　製糸業　繭を原料として生糸を生産する業。江戸時代には糸引き（糸挽《いとひき》）・糸繰《く》りと呼ばれた。生

製糸業　上州富岡製糸場之図（一曜斎国輝画）

糸は絹織物の原料になり、製糸業と繭を作る養蚕業を蚕《さん》糸《し》業と総称する。蚕《かいこ》は蛹《さなぎ》になる前に微細な糸を吐き続けて繭を作る。製糸の中心作業である繰糸《そうし》は、煮て柔らかくした繭から引き出した極細の糸(繭糸《けんし》)を複数本撚《よ》り合わせながら切断しないように巻き取るものである。蚕糸業は江戸時代の「鎖国」体制下で商業的に発展して農家に普及し、特に福島・群馬・長野(県)を中心とする東日本で盛んになった。当初は生糸の多くが西陣絹織物業・糸問屋を有する京都へ向けられたが、江戸時代中期以降、桐生・足利・八王子などの絹織物産地が発展し、東日本産生糸の多くはこれらに向けて販売されるようになった。その生産・流通は、前橋生糸市などを中心とし、農民層出自などの新興の地方商人の活躍によってかなり成熟し、これが横浜開港後の製糸業発展の前提となった。横浜に居留した外国商人(外商)は日本生糸を積極的に買い求めたが、これに応じて地方商人が積極的に横浜へ出荷し、また横浜に店を構えて外商への生糸販売を代行する生糸売込商が地方商人層から生み出されていった。幕府は貿易の利を独占すべく五品《ごひん》江戸廻《まわ》し令などによって生糸流通・生産の統制を図ったが、統制ができないまま倒れることになった。そもそも中国・日本の生糸を欧州が求めたのは、低賃金水準に基づく中国・日本生糸の生産費の低さという基本的要因に加え、欧州の主要蚕糸国フランス・イタリアが蚕病《さんびょう》流行によって大打撃を受けていたからであった。しかし明治に入ると、蚕病が克服されてイタリア蚕糸業が再び発展を始め、また手挽《てびき》・座繰《ざぐり》製であった日本生糸の「粗製濫造」による品質悪化が顕著となり、その売れ行き不振が大問題となった。政府は輸出不振に悩む外商の助言を入れて生糸改良政策を実施し、蚕《さん》種《しゅ》輸出の抑制や生糸改会社《きいとあらためがいしゃ》の設立などを行い、同時に洋式器械製糸技術の導入を図った。官営富岡製糸場(明治五年(一八七二)開業)や築地製糸場、深山田《みやまだ》製糸場(長野県諏訪郡)などが設立され、これらに倣って器械製糸場を設立することが奨励された。これに応じて長野県諏訪地方を筆頭として東日本農村部に小規模器械製糸場が続々と設立され、十年代半ばには器械製糸業への転換が大勢となった。明治二十七年(一八九四)に生糸量において器械製糸が座繰製糸を上回るに至り、生糸生産は、器械製糸場の経営者である製糸家と貧しい農家出身の工女(女子労働者)との労使関係を基本とするものになっていく。これと同時に輸出相手国の転換が進行した。熟練職工・手機《てばた》・家内工業の特徴をもつ欧州絹織物業に対し、力織機《りきしょっき》・工場制の絹織物業を勃興させたアメリカは、工場制生産に適した大量斉一の比較的安価な生糸を他国に求めた。在米外交官らの勧奨を契機として日本生糸のアメリカ向け改良が積極的に推し進められ、明治十年(一八七七)ごろから群馬県において多数の農家などを組織して共同揚返・共同出荷を行う経営体(改良座繰結社)が生まれ、座繰製ながらある程度の大量斉一性をもった生糸を出荷して成功を収めた。ついで諏訪地方の器械製糸家が共同揚返・共同出荷を行う製糸結社を続々と組織して大量斉一の生糸を出荷し、アメリカ市場における信州器械糸の声価を確立した。製糸金融の発展もこれらと同時に進行した。一連の銀行政策によって日本銀行を頂点とする体系的銀行網が誕生し、製糸資金が中央から銀行・売込商を介して地方の製糸家に融資される仕組みが整備されていった。拡大するアメリカ市場において、器械製・優良・高価のイタリア生糸、非器械製・低級・安価の中国生糸と競争する日本製糸業にとって、品質・生産費を適切に管理する能力をもった製糸経営を選び、それらを優遇して資金を融通することが極めて重要であったが、それは製糸金融の要に据わった横浜売込商の手で行われた。売込商・銀行・製糸家が市場経済的機能を分担して製糸業を発展させた点を高く評価する見解が現在有力である。器械製糸業は個別器械製糸場の規模を拡大させながら発展し、明治末に日本の生糸輸出は中国、イタリアを追い抜いて世界一になった。↓改良座繰《かいりょうざぐり》 ↓生糸貿易《きいとぼうえき》 ↓絹織物《きぬおりもの》業《ぎょう》 ↓組合製糸《くみあいせいし》 ↓座繰製糸《ざぐりせいし》 ↓製糸結社《せいしけっしゃ》 ↓養蚕業《ようさんぎょう》

参考文献 『横浜市史』二・三上・四上(一九五九・六一・六五)、石井寛治『日本蚕糸業史分析—日本産業革命研究序論—』(『東京大学産業経済研究叢書』、一九七二、東京大学出版会)、井川克彦「製糸業とアメリカ市場」(高村直助編『企業勃興—日本資本主義の形成—』所収、一九九二、ミネルヴァ書房)、花井俊介「軽工業の資本蓄積」(石井寛治・原朗・武田晴人他編『日本経済史』二所収、二〇〇〇、東京大学出版会)、中林真幸『近代資本主義の組織—製糸業の発展における取引の統治と生産の構造—』(二〇〇三、東京大学出版会)

(井川　克彦)

せいしぎょう　製紙業　木材など植物から繊維をパルプとして取り出して紙を漉く工業。パルプ工業と区別する場合は紙を漉く事業のみを指す。日本には古来から手漉きによる和紙製造が行われていたが、明治期以降、新聞・雑誌・書籍の用紙など印刷に適した紙を大量生産するには、西洋の製紙技術導入は不可欠となった。重要性を認識した渋沢栄一の呼びかけで明治五年(一八七二)抄紙会社が設立され、相前後して有恒社《ゆうこうしゃ》、大阪の蓬萊社《ほうらいしゃ》などが順次洋紙生産を開始した。当初は洋紙需要の少なさに苦しんだが、九年より政府から地券用紙の注文を受けて苦境を抜け出し、西南戦争後は新聞・雑誌の部数が伸びたことで、需要をつかんでいった。各工場では当初、原料として木綿ボロを使用していたが、製紙会社(九年に抄紙会社から改称)は、米国から技術導入を進めて十五年(一八八二)により安価な稲藁原料、二十二年(一八八九)には木材パルプ原料の洋紙生産に成功、二十六年に王子製紙と再度改称、中部工場を増設して洋紙生産を拡大する。しかし山間部工場の立地上の不利と、下級印刷用紙の木材パルプへの原料転換が進まないことから、輸入洋紙との競争の中、業績は低迷した。これに対し二十年設立の富士製紙会社は、王子製紙に追随して木材パルプ製造を

開始、下級印刷用紙にも木材パルプを積極的に利用して、有力企業として急速に台頭した。以後、王子製紙と富士製紙の二大企業は、日露戦後に豊富な木材資源と電力利用を目的に北海道へ進出して大規模化し、洋紙の国産化が進展した。さらに大正期に入ると、大正二年(一九一三)設立の樺太工業、王子製紙、富士製紙の三社が樺太への進出をはかり、北海道・樺太の木材伐採権を掌握して他社の進出を排除、洋紙商系列化と相まって三社による寡占化を進め、製紙連合会を拠点にカルテル活動を実施した。不況の中、統制も限界となった昭和八年(一九三三)王子製紙が富士製紙と樺太工業を合併し、巨大トラストが成立した。

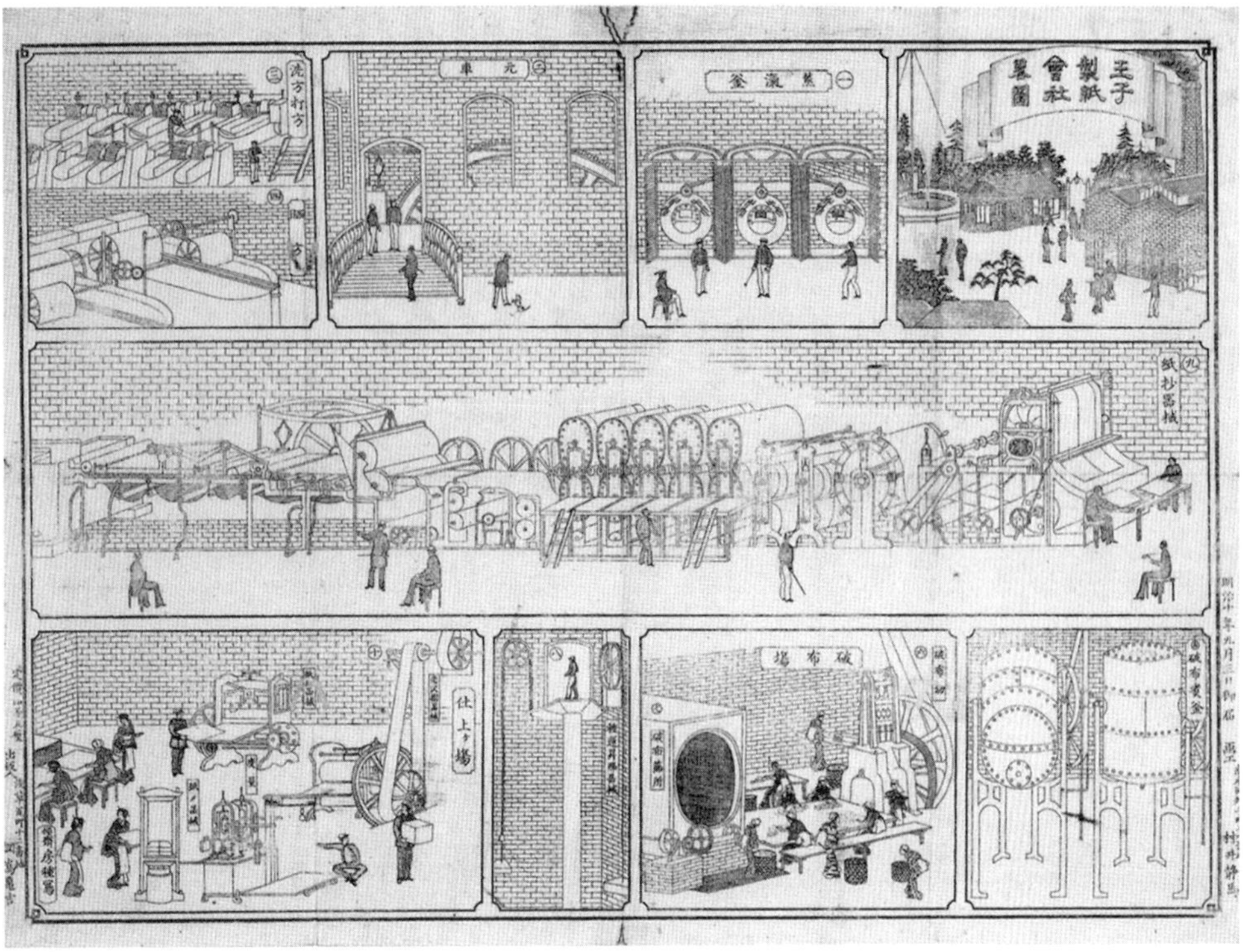

王子製紙会社略図(明治10年)

参考文献 成田潔英『王子製紙社史』(一九五六-五九、王子製紙)、鈴木尚夫編『紙・パルプ』(『現代日本産業発達史』一二、一九六七、交詢社出版局)、四宮俊之『近代日本製紙業の競争と協調―王子製紙、富士製紙、樺太工業の成長とカルテル活動の変遷―』(一九九七、日本経済評論社)

(市川 大祐)

せいしけっしゃ 製糸結社 器械製糸家が集まって作った共同組織。明治十年(一八七七)ごろからアメリカの生糸需要が急増し、従来の欧州向けとは異なった品質の生糸が求められた。手機《てばた》を主とする欧州絹織物業に対し、工場制のアメリカ新興絹織物業は太さなど品質の揃った大量の生糸荷を求めたが、当時の日本では器械製糸場といっても工女数十人の小規模なものがほとんどであり、個別の製糸家単独では大量斉一の生糸を出荷できなかった。そこで上州の改良座繰《ざぐり》結社に続き、諏訪地方では十年以降製糸結社が続々と結成され、共同出荷を行なった。特に十七年の開明社を皮切りに、各結社は各製糸家が作った生糸小枠を揚返《あげかえし》場に集めて共同で揚返・検査・選別・荷造《にづくり》を行い、結社の商標を付して共同出荷した。こうして大量斉一化を進めた信州器械糸はアメリカ市場で声価を確立した。個別製糸家の生産規模拡大が進むと不要となり、明治三十年(一八九七)ごろから結社は解散されていった。→開明社《かいめいしゃ》

参考文献 石井寛治『日本蚕糸業史分析―日本産業革命研究序論―』(『東京大学産業経済研究叢書』、一九七二、東京大学出版会)、井川克彦「製糸業とアメリカ市場」(高村直助編『企業勃興―日本資本主義の形成―』所収、一九九二、ミネルヴァ書房)、中林真幸『近代資本主義の組織―製糸業の発展における取引の統治と生産の構造―』(二〇〇三、東京大学出版会)

(井川 克彦)

せいじげんろん 政治原論 数え年二十五歳の青年山田

一郎の、明治十七年(一八八四)東京専門学校(のちの早稲田大学)における講演録。総論と政党論の二部からなる。総論において、学者の「政論」(理論政治学)と政治家の「政談」を区別し、著者は前者を試みることを宣言する。この部分は、政治学を国家学から独立させた画期的業績だという評価がある。政党論においては、英国の政治論と現状認識を基礎に、体制内大政党間の平和的競争を通じての政権の授受が常態とされる。日本の現状に関しては、自由党は自由を強調するのみで現実的政策を欠き、自己変革なしには政権政党としての資格に欠けるとし、立憲改進党と、やがて成長すべき政府党との、選挙を通じての競争体制を望ましい未来として描き出す。政党政治は国民の知的水準を向上させ、国民の支持によって権力を強固にし、不満を鬱積させないため社会平和を促進するという。明治十五年東京大学卒、鷗渡会で小野梓の薫陶を受け、東京専門学校で政治学を講じ、天才青年として期待された山田一郎であるが、この直後に箱根で事故に遭って脳に負傷し、それをその後の「奇行」と関連づける観方がある。以後も選挙に落選したり、フリージャーナリストとして小文を諸紙に寄稿したりしつつ、旅館に寝泊りする一種の放浪生活を送った。→山田一郎《やまだいちろう》

参考文献 薄田斬雲編『天下之記者―一名・山田一郎君言行録―』(一九二六、実業之日本社)、小林堅三編『愛川遺稿』(一九一五)、高島俊男『天下之記者―「奇人」山田一郎とその時代―』(『文春新書』、二〇〇八、文芸春秋)

(長尾 龍一)

せいしこうじょどうめいひこう 製糸工女同盟罷工 製糸工女によるストライキ。明治十九年(一八八六)の雨宮製糸争議以来、製糸工女たちは、しばしば集団的に業務を停止して製糸家に対抗した。とりわけ、器械製糸業の発達した山梨県でストの頻発が伝えられている。同年だけでも、甲府市野井製糸(六月二十八日)では労働時間延長に抗議して、丸山製糸(七月十八日)では雇主への不平から、桜町長田製糸(八月二日)では規約以下の賃金に対して、製糸工女が立ち上がり、要求を実現した。明治三十一年(一八九八)には群馬県の富岡製糸場での同盟罷工が大きく報じられたが、ストを貫徹することは次第に困難となっていった。明治三十九年九月、山梨県の駒井製糸では賃金からの罰金控除に対して、中込製糸場では賃下げに反対してストを行なったが、いずれも貫徹できなかった。初期のストが比較的短期のうちに製糸工女側の要求が通る形で終結したのに対し、このころには製糸家側も対抗策を講じていたといえよう。→雨宮製糸争議《あめみやせいしそうぎ》

参考文献 労働運動史料委員会編『日本労働運動史料』一・二(一九六二―六三)

(榎 一江)

せいじしょいん 政治書院 東京の書肆。木滝清類《きたきせいるい》が経営。郁文堂とも。『板垣君意見要覧』(明治十四年)や奥宮健之訳『共和政体論』(明治十六年)など、特に自由民権期における内外政治学関係の書籍刊行・販売が特徴的である。

参考文献 三橋猛雄『明治前期思想史文献』(一九七六、明治堂書店)

(鵜飼 政志)

せいじしょうせつ 政治小説 政治的な主張の宣伝啓蒙を目的とした小説。自由民権運動を背景として一八八〇年代に流行する。明治十年(一八七七)の西南戦争以後、自由民権運動は地主・豪農・中貧農・商工業者などの各社会層への浸透を図り、十一年の愛国社の再興、国会開設を中心的要求とした国民運動となり、十三年には愛国社が国会期成同盟と改称して、二十四万余の国会開設の請願署名を獲得した。こうした高揚期を迎えるにあたり、文明開化期の風俗取締の対象となっていた小説や芸能が、政治的主張を宣伝啓蒙する手段として甦ることになる。浅野乾「講談ヲ論ズ」(明治十二年四月二十三日、『朝野新聞』)などは、「下等社会ヲ誘導」するには「人情ヲ模写スル小説院本ニ及バズ」と説き、民権講談や民権歌謡などが作られる一方で、小説に対する社会的認知も進み、十三年には国会開設を寓意した戸田欽堂『(民権演義)情海波瀾』や、風頼子『(竜宮奇談)黒貝夢物語』などが出版された。しかし、政府は集会条例による取締を強化して、十四年の政変では大隈重信一派を追放し、北海道官有物払い下げ事件による政府批判に応えて、国会開設の勅諭を出すような事態になった。民権側は自由党を結成し、翌年には立憲改進党も結成を見て、政党活動に重点が移っていった。しかし、集会条例の改正(同十五年六月)、新聞紙条例の改正(同十六年四月)によって、反政府的な言論が規制強化される中で、小説の役割が一層注目されるようになる。十五年六月創刊の自由党機関紙『自由新聞』は、創刊号から桜田百衛《さくらだももえ》訳「(仏国革命起源)西の洋《うみ》血潮の暴風《あらし》」を連載、宮崎夢柳《みやざきむりゅう》訳「(仏蘭西革命記)自由の凱歌《かちどき》」や坂崎紫瀾《さかざきしらん》訳「(仏国革命)修羅の衢《ちまた》」(同十七年)などのフランス革命物を連載して、革命的気運を醸成させる紙面作りを行なった。九月創刊の『絵入自由新聞』は、夢柳「冤枉《むじつ》の鞭笞《しもと》」などを連載、十七年五月創刊の『自由燈《じゆうのともしび》』は、小室案外堂《こむろあんがいどう》「自由艶舌女文章」などを創刊号から連載、夢柳の代表作「(虚無党実伝記)鬼啾啾《きしゅうしゅう》」も連載され、政党系小新聞は積極的に小説を掲載して読者の獲得と啓蒙をはかっていた。一方で、『日本立憲政党新聞』の「我国ニ自由ノ種子ヲ播殖スル一手段ハ稗史《はいし》戯曲等ノ類ヲ改良スルニ在リ」(同十六年六月)や、『絵入自由新聞』の「政事に関する稗史小説の必要なるを論ず」(同年八月)などで、小説を政治的啓蒙の手段として改良する提案も同時になされたのである。しかし、こうした小説の功利的利用を排して、序文で「唯身自ラ遭ヒ易カラサルノ別天地ヲ作為シ巻ヲ開クノ人ヲシテ苦楽ノ夢境ニ遊ハシムルモノ是レ則チ稗史小説ノ本色ノミ」と、小説を芸術と捉えた矢野竜渓の『経国美談』(同十六年・十七年)の出版は画期となった。斉武《テーベ》が民政を回復する物語は、露骨な寓意性を排除した虚構の歴史を創作した点で注目され、政治小説をジャンルとして自立させることに

なった。しかし、自由民権運動は、自由党と立憲改進党が対立し、秩父事件などの激化事件を起して鎮圧され、解党状態に追い込まれるような状況であった。そうした政治状況を打開するために書かれたのが、末広鉄腸《すえひろてっちょう》『(政治小説)雪中梅』(同十九年)や、政党の再興を描いた『(政事小説)花間鶯』(同二十・二十一年)であった。場面が物語を進行させる構成など、模写小説としても鑑賞に堪える内容で、東海散士『佳人之奇遇』(同十八―三十年)の憂国の才子佳人が英雄的に活躍する政治的ロマンとともに評判となった。このほか、須藤南翠『(雨牕漫筆)緑簑談《りょくさだん》』(同十九年)、尾崎行雄『新日本』(同十九・二十年)、広津柳浪『(女子参政)蜃中楼』(同二十年)など見逃すことのできない政治小説が創作された。しかし、坪内逍遙『小説神髄』(同十八―十九年)が提起した、人物の内面を描く人情小説とのジャンル間の闘争の中で、政治的言説を優位におく政治小説は通俗的な読み物として批判され、明治二十年代の国権小説や、三十年代の社会小説論議の中で復活することはあったが、芸術小説として顧みられなくなった。

参考文献 柳田泉『政治小説研究』(『明治文学研究』八―一〇、一九六七-六八、春秋社)、越智治雄『近代文学成立期の研究』(一九八四、岩波書店)、西田谷洋『政治小説の形成―始まりの近代とその表現思想―』(二〇一〇、世織書房)

(山田 俊治)

せいしゃ 政社 政治運動において特定の政治的目的を実現するために結成された結社のこと。政治結社に同じ。ほかの目的で結成されて政治色を帯び政社化した結社もある。当時結社は政治・学術・学習(演説会・討論会)・情報(新聞・雑誌などの発行)・産業・扶助(訴訟などの代言事務)・懇親など多彩な活動を行なっており、政社も場合により、ほかの活動も併せて行なった。政党と比べると、政社は政治的目的が個別の集団・地域などの狭い利益に限定されていたり、規約レベルを超えた綱領を備えていない運動体とされるが、実態をみると政党との境界線は明確ではない。組織原理では、前近代の政治集団に比べ、地縁・血縁によらない自由参加の自発的結社(ボランタリー=アソシエーション)としての近代的な性格が顕著であった。源流は幕末の政治運動で生まれた士族集団で、明治時代初期の一定の政治色を帯びた士族授産団体や、政治も研究する明六社など啓蒙派知識人結社の結成を前提としつつ、本格的な政社は自由民権運動において誕生した。明治七年(一八七四)一月に板垣退助・後藤象二郎らが民撰議院設立建白を企図し、まず東京銀座に同志集会の場として倶楽部形式の幸福安全社を結成し、ついで同社を基礎として同月に「人民の通義権理」の保護主張を目的として最初の本格的政社である愛国公党が結成された。建白に先立って政社が結成されたことは、それが運動に不可欠の基本単位とみなされたことを示す。「公党」とは「私党」ではないとの意味であるが、これを最初の政党とする見方もある。さらに板垣は同年四月に高知で立志社を結成するが、趣意書で同志は欧米人民のように結社という「結合」によってはじめて目的を達成できると謳った。政治運動において結社の結合こそが基本であることを表明した最初であり、以後こうした「結合論」は政社組織論の中心となった。なお立志社は演説会や建白などの政治活動を中心としつつ、士族授産・学習・情報・扶助などの活動も併せて行なった。八年二月に立志社が主唱して政社連合体である愛国社を作ると、その影響により金沢の忠告社、福岡の矯志社・堅忍社などの士族結社、福島県三春の石陽社・三師社などの豪農結社、東京の集思社(『評論新聞』を発行)・采風社(『采風新聞』を発行)などの知識人結社が生まれた。十年(一八七七)には立志社が建白書を提出し、国会開設に加え地租改正・条約改正を求めて民権運動の三大要求を訴え、そのほか各政社も、憲法制定・地方自治、言論集会の自由や地域での課題実現を掲げた。十一年九月に愛国社が再興されると、やがて三師社や同じく豪農の結社である石陽社、福井の自郷社、また一部の都市民権結社も加わり、愛国社系政社の潮流を形成した。こうした民権運動の潮流にはほかに在地民権結社の潮流、都市民権結社の潮流があり、十二年十一月の愛国社第三回大会から本格的に合流した。十三年三月には愛国社の延長線上に新たな政社連合体である国会期成同盟が作られ、これに関係して同年十二月に自由党準備会が結成されたが、その組織論はより大きな結合を目指すというもので、原理は政社と変わるところはなく、十四年十月の自由党もその延長線上に結成された。しかし自由党に合流した政社は限られ、そのほかは各地で独自の活動を続け、一部は十五年三月の立憲改進党に合流した。つまり政社は必ずしも政党の前段階ではなく、固有の存在でもあった。以後、明治期の各種政治運動において政社の結成は相ついだ。一方政府の動きをみると、まず自由民権運動での政社の活動に規制を加えるため、十一年七月の太政官達第二九号で政社などを警察官に視察させて民心扇動・国安妨害の場合は禁止させることを決め、十三年四月の集会条例では第二条で政社は社名・社則・会場・名簿の認可制とし、同年十二月の同条例但書追加では政社の解散も定めた。自由党に対しても、十五年六月に自由党も結社であるとの論法で認可を受けるよう警告し、結局同党は政社としての届を余儀なくされ、立憲改進党もこれにならった。さらに二十三年(一八九〇)七月の集会及政社法では政社の社名・社則などを届出制にして政談集会や加入などに規制を加え、三十三年(一九〇〇)三月の治安警察法では政社の届出制に加え、屋外の運動も届出制として社会主義政社のデモやストライキの活動も規制した。

参考文献 江村栄一「自由民権運動とその思想」(『(岩波講座)日本歴史』一五所収、一九七六、岩波書店)、寺崎修『明治自由党の研究』上(一九八七、慶応通信)、福井淳「多彩な結社の活動」(江村栄一編『自由民権と明治憲法』

所収、一九九五、吉川弘文館）　　　（福井　淳）

せいしょ　聖書　キリスト教の聖典。旧約聖書と新約聖書からなる。すでにキリシタン時代に聖書の一部の日本語訳が試みられていた。新約聖書のうちの「ヨハネによる福音書」と「ヨハネの手紙」全部の最初の日本語訳は、中国でギュツラフ Karl F. A. Gutzlaff が訳した『約翰福音之伝』『約翰上中下書』（天保八年）であった。琉球に入ったベッテルハイム Bernard J. Bettelheim により安政二年（一八五五）に『路加伝福音書』などの琉球語訳が作られた。開国後の安政六年、来日したプロテスタントの宣教師たちは、禁制下にも日本語の学習につとめ聖書の日本語訳に着手。明治四年（一八七一）、国内最初の日本語訳聖書『摩太福音書』がゴーブル Jonathan Goble により訳され刊行された。翌年、ヘボン James C. Hepburn およびブラウン Samuel R. Brown により『新約聖書馬可伝』『新約聖書約翰伝』が刊行。同年開催されたプロテスタントの宣教師会議は共同事業として新約聖書の日本語訳を決議、ヘボン・ブラウン・グリーン Daniel C. Greene らによる翻訳委員会が設けられた。委員会では新約聖書の各篇ごとに訳された部分を分冊で刊行、新約聖書全部の翻訳は明治十二年（一八七九）に終了、翌年には一冊本の『新約全書』として刊行した。なお旧約聖書も委員会が設けられ、ヘボン・ファイソン Philip K. Fyson・フルベッキ Guido H. F. Verbeck らが参加、同じく分冊で刊行され、明治二十年（一八八七）に訳了した。これら委員会による聖書は委員会訳聖書または明治元訳聖書と呼ばれる。テキストにはギリシア語の新約聖書、ヘブライ語の旧約聖書が用いられたが、英訳聖書はもちろん、特に中国語訳聖書が参考にされた。委員として参加した宣教師には中国における伝道経験者が多く、助手として奥野昌綱・松山高吉・高橋五郎らが協力した。新約聖書では、とりわけアメリカ系のブリッジマン Elijah C. Bridgman とカルバートソン Michael S. Culbertson 訳の中国語訳聖書が、両書の語彙を比較すれば直ちに判明するように強い影響を与えた。中国では、やはり翻訳委員会が作られていたが、theos (God) の訳語として「上帝」を主張するイギリス系の宣教師に対し「神」を主張するアメリカ系の宣教師が対立、それぞれ別に聖書を発行、ブリッジマンとカルバートソン訳は後者の「神」を用いた聖書であった。翻訳委員として実際に日本語訳に従事した宣教師は、ほとんどアメリカ人であったから、委員会訳聖書では「神」の語になった。このことがキリスト教の神と日本の神々との間に混乱を招くことになる。他方、キリスト教の伝道のうえでは誤解を生じたり、キリスト教受容者の神観念を規定したりした。逆に、従来の日本語としての「神」の意味をキリスト教的にふくらませた面もある。また、仏教語としては否定的に用いられていた「愛」の言葉は、今ではキリスト教的な意味をもつ。そのほか、「栄光」「使徒」「聖霊」「パラダイス」「福音」「預言者」などの言葉は、もはや今日では十分日本語になっている。「目からウロコ」「狭き門」「明日のことを思いわずらうなかれ」「一粒の麦」など、現代の日本人が日常的に用いている表現で聖書由来のものは少なくない。旧約聖書の翻訳には外国人のみならず植村正久・井深梶之助・松山高吉も訳者として参加、植村らのたずさわった詩篇は名訳とされ、日本の文学にも影響を与えている。ギリシア正教からはニコライ Nikolai Ioan D. Kasatkin の『我主イイススハリストスノ新約』（明治三十四年）、カトリックではラゲ Emile Raguet の『我主イエズスキリストの新約聖書』（明治四十三年）が出ている。その後委員会訳は大正六年に『改訳　新約聖書』、昭和三十年（一九五五）に口語訳の『聖書』、昭和五十三年（一九七八）にカトリックとプロテスタント共同の『新約聖書共同訳』、昭和六十二年（一九八七）に『聖書新共同訳』が刊行された。また岩波書店刊行の聖書以下、個人訳も少なからず刊行されている。

参考文献　門脇清・大柴恒『門脇文庫日本語聖書翻訳史』（一九八三、新教出版社）、海老沢有道『日本の聖書―聖書和訳の歴史―』（『講談社学術文庫』）、鈴木範久『聖書の日本語―翻訳の歴史―』（二〇〇六、岩波書店）　　　（鈴木　範久）

せいしょう　政商　明治時代初期の殖産興業政策や士族授産、戦争などで政府と協力した商人や企業家。山路愛山が「最初の明治政府、ことにその中心の人格たる岩倉、大久保諸公が国家自ら主動の位置を取りて民業に干渉し、人民の進まぬ前に国家先ず進み、世話焼と鞭撻と、奨励と保護とを以て一日も早く、日本国を西洋の様に致したしと（中略）さアどうだ、是れでも眼がさめぬか、これでも進まぬかと、しきりに人民の尻をたたき立てり。さてかように政府が自ら干渉して民業の発達を計るに連れておのずからできたる人民の一階級あり。我等は仮りにこれを名づけて政商という」（『現代金権史』）と説明している。さらに一九六〇年代以降、財閥形成の論理と結びつけて、「政商資本」という概念規定をめぐり研究が進展する。もちろん、戦前の日本資本主義論争以来、山田盛太郎の「特殊的寄生地主的政商（三井、三菱、古河、藤田、田中、川崎、浅野等）へ低廉値で払下げ、以つて巨大財閥を創出」（『日本資本主義分析』）や平野義太郎の「典型的純粋的には商業資本を産業資本に転化する強力としてあらはれてゐる新政権が、それを、かくも著しき比重で商業・高利貸ブルジョアジー（巨大財閥・政商の発端）に依存せしめた」という指摘も前提にされるべきであろう。たとえば、藤田組（藤田伝三郎）は、長州萩の桂小五郎の生家に近い醸造家に生まれ、明治維新後井上馨など長州閥を背景に小坂鉱山の払下げをうけて活躍、藤田農場も経営しのちに男爵となる。また三菱財閥の基礎をつくった岩崎弥太郎は土佐藩出身であり、川崎正蔵は薩摩藩出身で兵庫造船局の払下げをうけ明治二十年（一八八七）に川崎造船所を創立、さらに日清戦争時には、広島県宇品に出張所を設け、戦地に技師・労働者を派遣して艦船の応急修理を行なったという。

参考文献　加藤幸三郎「政商資本の形成」(揖西光速編『日本経済史大系』五所収、一九六五、東京大学出版会)、小林正彬『政商の誕生―もうひとつの明治維新―』(一九八七、東洋経済新報社)

(加藤幸三郎)

せいじょううえ　正条植　苗の条例を等間隔に整えて植付ける農法。その利点は、苗の生育環境の統一、管理・収穫時における作業能率の向上にある。その実施にあたり、鳥取県久米郡の中井太一郎は明治十七年(一八八四)に田植定規、同二十五年(一八九二)に中耕除草機である太一車を考案した。また、県知事や農会は正条植を積極的に奨励した。山口県の場合、農商務省の試験場において正条植の効果が実証されたため、古沢滋知事は、同三十四年(一九〇一)以降正条植を本格的に推奨し、その結果、県下の正条植の普及率は、同四十年(一九〇七)時点で九六%に達した。さらに同三十六年には、農商務大臣が農会に対して農事改良に関する十四項目を論達した。その中でも特に実行すべき事項として、㈠米麦種の塩水選・短冊形共同苗代、㈡正条植、㈢堆肥の改良、㈣牛馬耕の実施、㈤耕地整理を掲げていた。これらは、警察官の「サーベル」の力を借り強権的に励行されたのであった。

参考文献　小川国治『山口県の百年』(『県民の一〇〇年史』三五、一九八三、山川出版社)、暉峻衆三『日本の農業一五〇年―一八五〇―二〇〇〇年―』(『有斐閣ブックス』、二〇〇三、有斐閣)

(白田　拓郎)

せいじょうがっこう　成城学校　明治十八年(一八八五)一月十五日、日高藤吉郎により東京に創設された軍人志望者のための私立教育機関。翌十九年、名称を文武講習館から成城学校に改称、幼年科・青年科を設けて、陸軍士官学校、幼年学校への予備教育を施した。校名は『詩経』にある「哲夫成城」に由来する。明治二十四年(一八九一)には宮内省から現在地の牛込原町の校地を下賜された。歴代校長には川上操六、児玉源太郎らも名を連ね、軍関係学校への進学者が多く、同校はのちに十五名の陸軍大将を輩出したといわれる。中国からの留学生も長年受け入れた。校運が衰退を見せた大正五年(一九一六)、帝国教育会会長の沢柳政太郎を校長に招聘し、翌年私立成城中学校と改称するとともに校内に大正自由教育の実験校成城小学校を設けた。自由教育系の成城小学校と成城第二中学校(大正十一年(一九二二)設置)はのちに移転分離し、成城学園となった。成城中学校は昭和二十三年(一九四八)、新制の成城中学校、成城高等学校となり、男子中等学校として現在まで継続している。

参考文献　『成城学校八十年』(一九六五)、『成城学校百年―一八八五／一九八五―』(一九八五)

(北村　和夫)

せいしょのけんきゅう　聖書之研究　明治三十三年(一九〇〇)九月三十日付で内村鑑三が創刊した聖書の研究雑誌。札幌農学校の学生時代にキリスト教に入信した内村鑑三は、米国のアマスト大学に在学中、The Old Testament Student と題する旧約聖書の研究雑誌に接し、将来日本でも同じような雑誌の発行を志す。帰国後、明治三十一年六月十日に主筆として『東京独立雑誌』を刊行、代わって明治三十三年『聖書之研究』(月刊)を創刊した。世の批判を掲げた前者に対し、後者は人心の建設をうたった。表紙の上部には The Biblical Study と雑誌の英文名を掲げ、その下にラテン語で Pro Deo et Patria および「基督の為め国の為め」が付されている。無教会主義を唱える内村は同誌の刊行とあわせ聖書研究会を開き、両者は一生の事業になる。「ロマ書の研究」の連載をはじめ、キリスト教界内外の思想に大きな影響を与えた。没後の昭和五年(一九三〇)四月二十五日、三五七号で終刊。→内村鑑三《うちむらかんぞう》　→東京独立雑誌《とうきょうどくりつざっし》

参考文献　鈴木範久『内村鑑三日録―一九〇〇～一九〇二―』(一九九四、教文館)

(鈴木　範久)

せいしれんごうかい　製紙連合会　日本の製紙業の代表的同業者団体。明治十三年(一八八〇)十二月二十六日に製紙所連合会の名称で製紙業者によって設立された。近代鉱工業分野では日本最初の全国的同業者団体である。設立後すぐに二年間の印刷用紙の販売価格協定を実施したが、輸入洋紙との競合のため市価統制の効果がなく失敗に終った。以後はカルテル団体としての性格を薄め、加盟企業の情報機関としての活動が中心となった。特に明治三十二年(一八九九)、三十九年、四十三年(一九一〇)には、洋紙輸入税の引き下げ・撤廃を求める新聞業界に対抗して、輸入税撤廃反対運動を展開したが、言論機関である新聞の活動に比べ劣勢で、譲歩を余儀なくされた。三十二年に日本製紙所組合、三十九年に日本製紙連合会と改称した。→日本製紙連合会《にほんせいしれんごうかい》

参考文献　鈴木尚夫編『紙・パルプ』(『現代日本産業発達史』一二、一九六七、交詢社出版局)、四宮俊之『近代日本製紙業の競争と協調―王子製紙、富士製紙、樺太工業の成長とカルテル活動の変遷―』(一九九七、日本経済評論社)

(市川　大祐)

せいしんじょしがくいん　聖心女子学院　女子修道会イエズスの聖心会によって設立。高等教育のためのカトリック学校を求める日本からの要望を知った教皇ピウス十世は、女子教育を同会に委ねた。オーストラリア管区からB・ヘイドンら先遣隊四名が明治四十一年(一九〇八)来日、東京麻布に修道院を開き、伊東義五郎男爵の二人の娘に英仏語の個人教授を始めた。受講希望者の増加もあり、同年非公式ながら最初の学校、聖心女子学院外国人部(通称語学校)を開校した(現聖心インターナショナルスクール)。四十三年ヘイドンを校長として芝白金三光町(東京都港区)に幼稚園・小学校・高等女学校を開校した。大正五年(一九一六)には予科二年・本科三年の英文科の高等専門学校を開校、カトリック女子高等教育機関としては日本最初。第二次世界大戦後の学制改革で、女子専門学校を女子大学にする方針が出されたため、渋谷区に

校地を取得、昭和二十三年（一九四八）最初の新制大学公私立十二校の一つとして認可を受け開学した。姉妹校に小林《おばやし》聖心女子学院（大正十三年住吉に開校、二年後、小林に移転）、不二聖心女子学院（前身は温情舎、昭和三十二年より現名称）、札幌聖心女子学院（昭和三十八年）がある。

参考文献　岩下きよ子「日本に於ける聖心会教育小史」（『聖心女子大学論叢』一一、一九五八）、聖心女子学院編『聖心女子学院創立五十年史』（一九五八、聖心女子学院）、伊庭澄子監修『私たちをつなぐもの―聖心女子学院のあゆみ―』（一九九四、聖心女子学院）　（小川早百合）

せいしんびょういん　精神病院　精神病者の収容・治療施設。明治十年代までは癲狂院《てんきょういん》と呼称されたが、その名称が忌避され、東京府巣鴨癲狂院は明治二十二年（一八八九）巣鴨病院と、京都の私立岩倉癲狂院は二十五年岩倉精神病院と改称している。三十三年（一九〇〇）三月法律第三八号精神病者監護法が公布され、精神病者の自宅監護が法的に公認され、監護義務者のいない時は患者所在地の市区町村長が監護義務を負うとされた。東京府の場合、明治三十六年現在、公立は巣鴨病院のみ、ほかは根岸病院・東京精神病院など私立七病院、公私併せて千百余名の患者を収容するにとどまっていた。また同年末の府下自宅監置者は百三十五名となっている。四十四年（一九一一）三月衆議院で山根正次《やまねまさつぐ》が官立精神病院の設置を建議し、精神病院わずか三十一ヵ所、うち官公立八ヵ所のみ、収容患者二千四百名、政府統計ですら二万四千余名の患者に達するのに「国家として何等の設備を有せざるは聖代の一大欠陥」と緊急性を述べている。大正八年（一九一九）第四十一議会に「精神病院法案」が政府より提出され、床次竹二郎《とこなみたけじろう》内相は、患者数六万有余なるに収容患者わずかに四千余名、公共の安寧上、人道上、社会政策上から改善しなければならないと提案趣旨を説明し、三月法律第二五号として成立した。昭和六年（一九三一）現在、公立精神病院六（定員千七百十二人）、私立精神病院七十八（定員一万五百二十五人）など、種々の収容施設総計百八十九ヵ所、定員一万三千八百四十四人となっている。

↓癲狂院《てんきょういん》

参考文献　厚生省医務局編『医制百年史』（一九七六、ぎょうせい）　（宮地　正人）

せいしんびょうしゃかんごほう　精神病者監護法　精神病者に監護義務者を定めてその者以外による監置を禁じ、精神病者の監置手続きを定めた、明治三十三年（一九〇〇）三月十日に公布・施行された法律。背景には、明治初期より各府県が「精神病者取扱規則」などを定めていたが全国的な法がなかったこと、旧藩主の監禁をめぐって起った明治十―二十年代の相馬事件による精神病者処遇への関心の高まり、政府が不平等条約改正に向けた国内法整備を急務としていたなどがある。本法の「監護」の内容は「監置」のみで、医療・保護の規定はない。監置場所は、私宅につくる監置室、精神病院、精神病室とし、行政庁の許可を得ること、治癒・死亡、行方不明などの場合に届け出ることを規定。違反の場合の罰則を定めた。精神病院設立は進められず私宅監置が増加した。呉秀三《くれしゅうぞう》らは私宅監置の実態を調査し精神病院設置を訴えた。大正八年（一九一九）三月精神病院法が成立したが本法は廃止されず、昭和二十五年（一九五〇）五月の精神衛生法公布まで存続した。

参考文献　呉秀三・樫田五郎『精神病者私宅監置ノ実況及ビ其統計的観察（復刻版）』（『精神医学古典叢書』一、二〇〇〇、創造出版）、岡田靖雄『日本精神科医療史』（二〇〇二、医学書院）　（板原　和子）

せいせいこう　済々黌　明治十五年（一八八二）二月十一日、熊本の紫溟会《しめいかい》の教育機関として開校された私立中学。西南戦争後の熊本教育復興のため、佐々友房《さっさともふさ》・高橋長秋《たかはしちょうしゅう》らを中心として、明治十二年に開校した同心学舎・同心学校をその源とする。その教育の特徴は、当時の欧化主義に抗した徳育を重視した教育であり、その教育方針は「正倫理明大義、重廉耻振元気、磨知識進文明」の三綱領にあらわれている。初代黌長は佐々友房の伯父飯田熊太、副黌長は古荘嘉門《ふるしょうかもん》であった。その後、明治政府の教育方針に合致した済々黌は、宮内省からの下賜金を契機に施設・規約の整備を行い、明治二十年（一八八七）には、官立同等の認可を受け徴兵猶予の特典を得た。その後、私学合同「九州学院」の普通部となるが、二十七年分離し、熊本県尋常中学済々黌と改称。その後、東京高等師範学校卒の井芹経平《いせりつねひら》を黌長に迎え、明治三十三年（一九〇〇）分黌を設け、本黌共々、県立へ移管した。

参考文献　佐々克堂先生遺稿刊行会『克堂佐佐先生遺稿』（一九三六、改造社）、『済々黌百年史』（一九八二）、『新熊本市史』通史編五（二〇〇二）　（佐々　博雄）

せいせんかい　盛宣懐　Sheng Xuanhuai　一八四四―一九一六　清末の実業家、官僚。洋務運動の推進者。一八四四年九月二十四日生まれ。江蘇省武進県出身。字は杏蓀、号は愚斎。科挙の初級資格である秀才（生員）保持者で、一八七〇年、李鴻章の幕僚となり洋務に協力。官督商弁（官僚が監督し民間人が経営する）方式や、官商合弁方式で海運業・綿紡績業・電報事業などを設立・改組・運営。日清戦争（九四年（明治二十七）―九五年）後は製鉄・鉄道・銀行業など、資本主義経済の基幹的な産業にも進出。義和団事件（一九〇〇年）時には長江流域の洋務産業を守るため、東南互保条約締結を斡旋して列強の侵入を

盛　宣　懐

防ぎ、外交面でも活躍。しかし対外借款に依存した資金調達法が非難され、日露戦争後(〇五年(明治三十八))の利権回収運動高揚に遭遇して政財界から引退。〇九年、政敵・袁世凱の一時的失脚により復帰を果たし、一一年一月、郵伝部尚書、同五月同大臣。鄭孝胥の建策を容れ鉄道国有政策を実施しようとしたが、借款による国益損失と財政難を危ぶむ四川省民が暴動を起し、革命の発端を開いた。革命後日本に亡命、一二年上海に帰り、一六年四月二十七日同地で没。七十三歳。上奏文・電報・書簡などを編纂した『愚斎存稿』がある。

参考文献 夏東元『盛宣懐伝』(一九八八、四川人民出版社)、鈴木智夫「一九世紀九〇年代の中国における綿業近代化の二つの道―『申報』論説を中心に―」(『洋務運動の研究―十九世紀後半の中国における工業化と外交の革新についての考察―』所収、一九九二、汲古書院)

(澁谷 由里)

せいそくえいごがっこう 正則英語学校 明治二十九年(一八九六)、明治英学三大家の一人、斎藤秀三郎(一八六六―一九二九)が正しい英語教育を行うために創設した私立学校。現在の学校法人正則学園の前身。校名の正則英語とは、読解中心の英語教授法に対する反省から生まれた英語教授法で、音声面を重視し訳読・音読・会話・文法等を総合的に教授するとともに直読直解能力を養うことを目指した。草創期は日清戦争後の日本の国際的地位の向上に伴い外国語教育の必要性が切実化した時期に相当し、三十二年(一八九九)には生徒数三千名を越えるまでの隆盛を極め、三十五年に正則予備学校、三十九年に小川町分校、四十年(一九〇七)に芝分校を設置したが、その後急速に衰退。昭和八年(一九三三)には創設から関わってきた村田祐治《むらたゆうじ》により正則商業学校として引き継がれた。戦後は学校法人正則学園と組織を改め、平成七年(一九九五)以降、普通科のみの私立高等学校となり現在に至っている。

正則英語学校

参考文献 大村喜吉『斎藤秀三郎伝―その生涯と業績―』(一九六〇、吾妻書房)、『正則学園史―紫紺百年の時を刻みて―』(一九九六)

(佐藤裕紀子)

せいたいごう 西太后 Xitaihou 一八三五―一九〇八 清朝咸豊帝の側室、同治帝の生母、同治・光緒両朝の事実上の最高権力者。姓は葉赫那拉、幼名は蘭児、満洲旗人の中級官僚恵徴の長女。慈禧皇太后などとも呼ばれる。諡号は孝欽皇太后。一八三五年十一月二十九日生まれ。一八五二年宮中に入り、五六年咸豊帝の長男(のちの同治帝)を生む。六一年、咸豊帝が没し同治帝が立つと、東太后および恭親王奕訢と結び宮廷政変を起こし、東太后とともに摂政となる。六五年恭親王より議政王の称号を剝奪、以後四十年以上にわたり権力を保持した。七五年、同治帝病没に際し、清朝の祖制に反し咸豊帝の弟醇親王奕譞の子で甥になる載湉を立て光緒帝とした。光緒帝親政後も政治に容喙し、日清戦争後の九八年、光緒帝が康有為を登用し戊戌変法を開始すると、これを弾圧し光緒帝を幽閉した。一九〇〇年、義和団を支持して列国に宣戦、敗戦を招き西安に逃避。〇一年以後、光緒新政と呼ばれる改革を進め、〇八年、醇親王載灃の子溥儀を皇太子に指名、光緒帝崩御の翌日十一月十五日に死去。七十四歳。

参考文献 左書諤『慈禧太后』(『清帝列伝』附冊、一九九三、吉林文史出版社、長春)、加藤徹『西太后―大清帝国最後の光芒―』(『中公新書』、二〇〇五、中央公論新社)

(佐々木 揚)

せいたいしょ 政体書 王政復古後はじめて政府組織の構成を定めた法令。明治元年閏四月二十一日(一八六八年六月十一日)公布。復古後、仮に三職を置き八局を設けて事務を分課しただけだったのを、五箇条の誓文で政府方針が明確になったため、それを骨子に政府組織を組みたてることが和漢洋の制度・法令に通じていた福岡孝弟と副島種臣に命じられ、両人は『西洋事情』や『連邦志略』を参考として原案を作成し、宸裁を経て公布された。冒頭に国是として五箇条の誓文がおかれ、㈠一切の権力を太政官に帰し、㈡太政官の権を立法・行政・司法の三権に分かちて相侵すことなからしめ、㈢議事の制度を立てて各藩から貢士名の議員を選出させ、㈣官吏公選の法を採用し、㈤地方の行政も五箇条の誓文に基づいて施行させ、国家の権利を侵すことを厳禁した。この体制を機能させるには、それまでの身分制をこわさなければならず、必然的に議定には二位、参与には四位、弁事には五位という、旧幕期には夢想すらされなかった位階の授与が伴われた。

参考文献 文部省維新史料編纂事務局編『維新史』五(一九四一)

(宮地 正人)

せいたいのえき 征台の役 ⇨台湾出兵《たいわんしゅっぺい》

せいだんかいじょう 政談会場 自由民権運動などにおいて政談演説・討論や政治的議論を行なった施設のこと。その最初は福沢諭吉らの東京の三田演説会が演説・弁論の普及のために明治八年(一八七五)五月一日に開館式を行なった三田演説館である。同館は慶応義塾校内に設けられた木造の一部二階建てで外部は瓦屋根・海鼠壁《なまこかべ》の擬洋風建築であるが、内部は正面に半円形の舞台を設け、一階に平土間の客席、二階部分の両側の壁に席を作るなど、米国の公会堂建築を基本に歌舞伎の劇場の造りも参

政談会場　三田演説館

政談会場の様子(『絵入自由新聞』明治21年1月4日付)

考にした。建坪は約五十七坪で約四百人を収容し、開館式後の演説から一般公開制をとった。当時同演説会は民権運動の影響により民権結社化しており、常設の政談会場とされた。国指定重要文化財として現存する。また啓蒙結社の共存同衆《きょうぞんどうしゅう》は十年(一八七七)二月に東京の新橋日吉町に共存衆館を建設し、民権色を帯びて政談演説を催し、高知の立志社は十年に社内に「仮演説場」、十三年以降は「演説場」「演説堂」を設けた。福沢は三田演説館が手狭で場所も校内と不便であるため、門下生の矢野文雄・馬場《ばば》辰猪《たつい》・藤田《ふじた》茂吉《もきち》らを発起人に十四年一月に京橋木挽《こびき》町《ちょう》に明治会堂を竣工させた。名称は元号から採り、木造二階建てで外部は壮麗な擬洋風建築となっているが、内部は三田演説館に類似し、講堂は正面に舞台を設けて背後に西洋ルネサンス式のアーチ・支柱の装飾を施し、一階に平土間の客席、二階部分の両側の壁に席を作り、約千五百人を収容した。食堂や二つの五十人規模の小講堂も二階に設けた。建坪は約二百坪で、設計は福沢の甥の藤本寿吉。同会堂は慶応系の民権結社である経世社・豈好同盟・東洋議政会などの会場として主に用いられ、十五年四月には立憲改進党の結党式も行われたが、多額の建設費から維持が困難となり、福沢の手を離れて十七年四月に厚生館と改称された。その他東京では、七年ごろ結成の沼間《ぬま》守一《もりかず》・河野《こうの》敏鎌《とがま》ら官吏による演説・討論の練習のための法律講習会は、下谷上野町の徳大寺(摩利支天)別当所を会場とした。寺社は聴衆の収容能力の多さや公共の場としての性格に加え、世俗の権力から離れた一種のアジール(宗教的聖域)でもあったため、全国で広く使用された。豪農の民権結社の最初である八年四月結成の埼玉県熊谷の七名社は養平寺を会場と定め、十一年二月結成の児玉仲児らによる和歌山県那賀郡粉河《こかわ》(紀の川市)の実学社は千光寺を会場に結成され、十三年一月結成の静岡県沼津の観光社は浅間神社で演説会をすると定め、十六年三月の北陸七州有志大懇親会は高岡の瑞竜寺を会場とした。また十七年十月には自由党解党大会が大阪北野大猶寺で行われた。小学校・師範学校などの学校や劇場・寄席・貸座敷・料亭、さらに豪農の屋敷などの個人宅も収容能力などから用いられた。学校では、八王子の第十五嚶鳴社《おうめいしゃ》が十三年一月の演説会を八王子学校で行い、劇場では、十四年の北海道開拓使官有物払下事件で八月に嚶鳴社が京橋新富町の新富座で有名な反対演説会を行なった。前述の法律講習会は十年に嚶鳴社に改組され、十一年七月から演説会・討論会は料亭の柳橋万八楼《まんぱちろう》を会場とし、十三年一月から演説会は都下有数の貸席である浅草井生村楼《いぶむらろう》に分離した。同楼は瓦屋根の和風二階建てで、文学・芸術・芸能などの場として使われていた。十四年からの国友会の演説会、十四年十月の自由党結成大会、十五年十一月の車夫政談演説会、十八年二月および十九年四月の立憲改進党大会、十九年十月の全国有志大懇親会などの会場となり、その後鷗友館と改称され、二十年(一八八七)四月から二十二年九月の立憲改進党各大会、二十年十月および十一月の全国有志懇親会の会場などとなり、その後は社会運動の会場ともなった。万八楼・井生村楼は隅田川に面しており、水辺も一種のアジールであった。その他会場となった料亭は東京の江東中村楼、高知の得月楼などがある。また西洋料理店では、二十年十月に後藤象二郎による有志懇親会が芝公園の三縁亭《さんえんてい》で行われた。個人宅では、十年六月に高知の立志社が社員の西森拙三寓所ではじめて公開演説会を行なったとされ、十一年五月の多摩町田の積善会は会場を社員の自宅を順番に用いることを規約で定めている。なお明治三十年代以降の普選・社会主義・労働運動などでは、東京では神田錦町の貸席の錦輝館、神田美土代町の東京基督教青年会館がしばしば会場となった。　→演説《えんぜつ》

参考文献　絲屋寿雄・麻生三郎他『自由民権・東京史跡探訪』(一九六四、昭和出版)、田辺健雄・杉田謙「三田演説館と明治会堂について」(『日本建築学会関東支部研究報告集』一九八九年度、一九九〇)、福井淳「都市民権結社の誕生と展開のメカニズム―東京の結社から考える―」(『社会科学討究』一一八、一九九五)
（福井　淳）

せいちゃぎょう　製茶業　江戸時代までの茶樹栽培は大部分は畑あるいは庭の四隅に植えた茶園や山で自然に繁殖させた山茶などであったが、明治になり静岡を中心に平坦地を開墾した栽培樹園の造成が進められた。幕末、開港後の日本では生糸と茶が二大輸出産品であり、明治

十五年(一八八二)には国内生産量の八二%が輸出され、輸出量の八〇%以上はアメリカ、一〇%前後がカナダへの輸出であった。明治二年(一八六九)に牧ノ原への士族授産の入植後に茶園が開墾され、明治十年には五百町歩へと拡大したのも茶が有望な商品作物として期待されていたためである。輸出量の増加とともに茶の粗製乱造が問題となり、一八八二年にアメリカ議会で不正茶輸入禁止条例が成立し、アメリカ向けの輸出が伸び悩んで茶業界に大きな影響を与えた。政府は、日本茶の信用を保護するため、明治十七年一月に茶業組合準則を発布し、中央茶業組合を東京に設置して輸出茶の品質検査と粗悪茶の取り締まりを行なった。当時の茶輸出の実態をみると、茶を取り扱うことができるのは横浜・神戸・長崎の三港と決められており、外商が輸出を担っていた。静岡を例に取れば、県内で生産された茶は一旦海路で横浜港へ陸揚げされ、外国資本による再製工場で仕上げ加工、包装されたのち海外へと輸出されていた。このような現状を打破すべく、明治二十九年(一八九六)に清水町長望月万太郎ほか地方政財界、茶業界の役員が名を連ね政府へと働きかけ開港外貿易港の指定を獲得し、明治三十二年(一八九九)に清水港は全国二十二港の一つとして外国貿易の開港場に指定された。静岡県茶業組合連合会議所海野孝三郎は静岡製茶再製所を創設、日本郵船との交渉の末外国航路が開け、明治三十九年に日本郵船の神奈川丸が清水港に入港した。輸出量の増大とともに茶の製造能力と品質向上を目指して手揉み技術の改良が進められた。明治三十一年に埼玉県平沢村(日高市)医師高林謙三は茶葉粗揉機を完成させたが、地元の狭山茶に採用されず静岡茶に持ち込んだ。静岡でも望月発太郎によって明治二十九年に揉捻機が、明治三十一年に揉燥機が発明され、以後静岡県立農事試験場茶業部を中心に各種の製茶機械が考案実用化され、大正期から機械製茶が普及していった。しかし、日本茶の輸出は第一次世界大戦期の特需を例外とすれば、明治二十四年の二・四万トンをピークに低迷していった。低迷の要因は、(一)アメリカにおいても紅茶の消費が増え、一九一〇年代には紅茶の輸入量が緑茶を上回るに至った、(二)一八九〇年代以降絹織物、綿糸、綿織物のシェアが上昇し、茶の輸出に頼らなくてもよくなった、(三)生産者の立場からは輸出に頼らずとも内需に頼ることができるようになり、大正年間には輸出と消費が逆転したことにある。明治十六年の全国茶生産量に占める静岡の割合は一三%にすぎなかったが、大正九年(一九二〇)には四〇%を静岡が占めるようになった。静岡の産地化が急速に進み茶産業の寡占化をおし進めたのは、清水港からの茶の直接輸出とともに国内市場の拡大に支えられたためである。

参考文献　茶業組合中央会議所編『日本茶業史』(一九一四-三六)

(渡辺　新)

せいちゃじきゆしゅつ　製茶直輸出　居留外国商人の手によってではなく日本商人・商社が製茶を輸出すること。本格的な製茶直輸出は明治十年代前半の直輸出運動の一環として登場した。二十年代初頭にかけて狭山会社(埼玉県)・積信社(静岡県)・有信社(同)・清水製茶会社(同)・静岡県製茶直輸出会社・三重県製茶会社・山城製茶会社などが政府や県の保護・奨励を受けて直輸出を行なったが、安定的に経営できず、直輸出率(対製茶輸出全体量)最大の二十年(一八八七)・二十一年でも四・五%にすぎなかった。二十年代には製茶業の全国団体による直輸出が試みられたが、団体内部の対立が著しく、成功しなかった。明治二十七年に静岡県の豪農らが設立した日本製茶会社がはじめて安定的な直輸出経営を行い、続いて静岡県茶業組合が設立した東陽製茶貿易株式会社(三十二年(一八九九)開業)の成功によって製茶直輸出は確立の途をたどった。明治末には直輸出率が五割を超えたが、それは、製茶が主要輸出品ではなくなり、主要輸出港が横浜から清水に移り、静岡県が国内の一大産地として比重を高める過程でもあった。

参考文献　『横浜市史』三上・四上(一九六一・六五)

(井川　克彦)

せいてつぎょう　製鉄業　鉄を作る産業。江戸時代の製鉄は砂鉄を原料とするたたら製鉄であったが、安政四年(一八五七)に大島高任が洋書に学んで釜石に作った大橋高炉で、木炭高炉による鉄鉱石からの銑鉄生産が始まった。銑鉄は鋳物に用いられ、圧延材は明治初期には錬鉄、明治後期には鋼が一般的であった。不平等条約によって日本の関税率は先進国が産業革命期に鉄に課した税率の十分の一程度の五%にとどめられたので、輸入圧力の中で製鉄業を確立するのは容易ではなかった。工部省は明治七年(一八七四)から釜石鉄山を官営し、十一年(一八七八)には民営で外国人技師を招いて高炉を設けていた中小坂鉄山も官営化して、釜石でコークス高炉と錬鉄生産、中小坂で木炭高炉と製鋼を行なったが、初期特有の技術的困難と輸入製品との競合のため採算が取れず、十五年には事業の停止を決めた。釜石の払い下げを受けた田中長兵衛のもとで現場を担当した横山久太郎は地元や中小坂の経験者をたよって高炉を設け、試行錯誤の末十九年に安定した操業を始め、以後釜石で近代製鉄技術の発達が見られた。木炭高炉技術は付近にも伝わり、仙人鉄山が釜石に次ぐ規模で高炉製銑を行なった。農商務省は明治三十七年(一九〇四)まで広島鉄山を官営し、小花冬吉、ついで黒田正暉がたたらの改良や鉄滓吹き用の角炉の開発などを行なったが、日清戦争期には高炉での製銑がたたらでの生産を上回った。兵器国産化のため陸海軍は小規模な特殊鋼製造を直営するとともに、意図的に国内産鋼鉄を購入し、またその利用方法を研究して国内製鉄事業の振興をはかったが、製鉄事業そのものへの国の本格的な取り組みは、日清戦争後に鉄道などの産業での需要も考慮して農商務省所管で建設される八幡製鉄所を待たざるをえなかった。日露戦争後には民間製鋼企業も登場し、明治四十四年(一九一一)の関税改正で国産可能な鉄鋼材を中心に二〇%までの関税引き上げが行われた。

参考文献 岡田広吉編『たたらから近代製鉄へ』(『近代日本の技術と社会』二、一九九〇、平凡社)、大橋周治編『幕末明治製鉄論』(一九九一、アグネ)、日本産業技術史学会編『日本産業技術史事典』(二〇〇七、思文閣出版)

(鈴木 淳)

せいてつゆめものがたり 西哲夢物語 明治二十年(一八八七)十月発行の秘密出版物。「グナイスト氏談話」「普魯西憲法」「原規」の三篇が収録されている。「グナイスト氏談話」は明治十八年(一八八五)から十九年にかけてドイツに滞在した伏見宮貞愛《さだなる》親王と土方久元に対するグナイストの講義の筆記とみられるもの、「普魯西憲法」はプロイセン憲法の日本語訳・注釈、「原規」は内閣顧問ドイツ人ロエスレルの起草による日本の憲法案である。いずれも憲法制定に関わる政府の機密文書であった。当時、政府により憲法案が起草されている最中であり、その内容は秘密とされていた。その一方、明治二十年なかばころより外務大臣井上馨の条約改正交渉が問題化し、旧自由党系勢力を中心として反政府運動が高まりを見せていた。本書の出版も、そうした流れの中で、政府主導による憲法制定作業を妨害しようとする目的で出版されたものと考えられている。明治二十一年二月、この秘密出版に関与したとして、星亨《ほしとおる》・荒川高俊らが出版条例違反で検挙され、軽禁錮に処せられた。なお標題は、幕府批判の書である高野長英『夢物語』(天保九年)を踏まえたものである。『明治文化全集』(憲政篇)に今中次麿による解題が収載されている。→秘密出版事件《ひみつしゅっぱんじけん》

参考文献 伊藤仁太郎(談)「『西哲夢物語』秘密出版事件の真相」上・下(『明治文化全集(第三版)』二八別冊(月報『明治文化』)所収、一九六八、日本評論社)、堅田剛「西哲夢物語、あるいは明治憲法制定始末」(『独協法学』四五、一九九七)

(真辺 美佐)

せいとうぎょう 製糖業 甘蔗《かんしゃ》または甜菜《てんさい》から砂糖を製造する産業。原料圧搾・糖汁清浄・濃縮・煎糖(結晶化)・分蜜の諸工程を要する。原料収穫から加工まで短時間であるほど砂糖収量が多い。産地で原料から直接製造されるものを粗糖、粗糖の再溶解・再結晶化で純度を高めたものを精製糖といい、粗糖はさらに含蜜糖と分蜜糖に分かれる。十六世紀以降欧州では奴隷労働を利用した南米など植民地産の甘蔗粗糖を原料に手工業的精製糖業が展開、十九世紀前半には奴隷制廃止を背景としつつ蒸気駆動の圧搾機、真空結晶缶、遠心分離機などが発明され価格低下・大量生産を実現した。同時期、温帯産甜菜を原料とする製糖業も発達した。安政六年(一八五九)貿易開始当時、琉球・奄美などでは黒糖(含蜜糖)を、讃岐・阿波・駿河などでは白糖(分蜜糖)いわゆる和糖を産した。低関税で輸入された香港産甘蔗精製糖・欧州産甜菜糖などは国内砂糖消費を拡大したが、明治十年代半ばの洋銀相場の下落と世界的供給過剰による砂糖国際価格の下落とによる輸入糖価格の低下は和糖生産量の急減を招き、奄美・沖縄・小笠原での黒糖生産は増加したものの砂糖自給率は二割程度に低下した。政府は洋式製糖場設置による和糖振興、東北・北海道への甜菜導入と機械制甜菜糖製造(紋鼈《もんべつ》製糖所など)を試みたが、同二十八年(一八九五)台湾領有まで事態は改善せず、輸入粗糖を原料とした精製糖業が先行して発達した。台湾総督府は交通機関などの不備を踏まえ、石油発動機・蒸気機関の導入による在来糖部の改良と大規模製糖工場誘致の二本立てで糖業振興を進めた。同三十三年(一九〇〇)の台湾製糖設立に際し鉄道敷設と甘蔗耕作改良などによる原料供給円滑化への努力が約束され、同三十五年には日本初の機械制分蜜糖工場となる同社橋仔頭工場が操業開始した。以後製糖各社の設立と分蜜糖工場設置が相つぎ、明治末には台湾・内地の合計産糖量(割合四対一)が国内消費予想を上回った。国産糖は品質・価格両面で国際競争力に欠けたため、同四十三年(一九一〇)に生産能力制限令が出され台湾製糖工場の新・増設は抑制された(大正六年(一九一七)撤廃)。

参考文献 植村正治『日本精糖技術史―一七〇〇～一九〇〇―』(一九九八、清文堂)、糖業協会編『糖業技術史―原初より近代まで―』(二〇〇三、丸善プラネット)

(差波亜紀子)

せいどうぎょう 製銅業 銅の製錬、加工を行う産業。錫《すず》との合金である青銅器が考古学的な出土品に多くみられることから、銅は最も古くから使われていた金属と推定されている。真鍮《しんちゅう》などの合金が作りやすく、耐食性があること、展延などの加工が容易であること、熱伝導性と電導性に優れていることなどの特徴から、銅銭などの補助貨幣材料、容器などの器具類、屋根材などの建築材料、仏像などの鋳造材料などに広く使われてきた。国内での産銅の記録は七世紀末にさかのぼり、十世紀半ばにかけてこれにより銅銭が鋳造されたが、金属鉱業の盛況が訪れるのは、尾去沢《おさりざわ》・阿仁《あに》・別子・足尾などの銅山が相ついで発見された十七世紀以降であった。これらの産銅は長崎貿易の重要輸出品となったほか、銅銭材料として使用された。江戸時代後期には技術的な限界から各地の銅山は衰微を余儀なくされ、明治維新後に西欧技術の導入によって再開発が試みられることになった。もっとも金銀鉱山が官収されたのに対して、銅山の多くは民営のまま開発が進められたことが特徴で、明治前半期には別子・足尾が、後半期にはこれに小坂・尾去沢・荒川・日立などが加わって世界有数の産銅国として復興を遂げ、これらの有力鉱山を取得した住友・古河・三菱・藤田などに多大の利益をもたらし、財閥への発展の基盤となった。銅は近代にはいって電気の利用が普及すると、電線の主原料として電力線・通信線などに広く活用された。これらの加工部門には、住友・古河が早くから進出したほか、電線・伸銅などの分野に企業が活発に参入したが、

第一次大戦後には財閥系企業の傘下に統合されていった。銅の製錬は、硫化鉱など銅を含む鉱物を選鉱したのち、熔鉱炉などで熔融(熔鉱工程、アメリカなどではこの工程には熔鉱炉ではなく反射炉が用いられる)し、さらに生成して粗銅とする。粗銅には微量の貴金属などが含まれるために、これを電気精銅法によって電気銅として分離することで、純度の高い原料銅が得られる。このような方法が定着するのは二十世紀の初頭のことであるが、熔鉱炉による排煙には高濃度の亜硫酸ガスが発生するために、煙害による農作物被害、健康被害などの鉱毒問題が発生した。 →鉱毒問題《こうどくもんだい》

参考文献 武田晴人『日本産銅業史』(一九八七、東京大学出版会) (武田 晴人)

せいとうしゃ 青鞜社 平塚らいてう(本名明《はる》)を中心に若い女たちが集まり、機関誌『青鞜』を発行した、日本史上初の女のみの結社。明治四十四年(一九一一)九月から大正五年(一九一六)二月まで、通巻五十二号を世に送った。明と保持研《やすもちよし》の二人が、主として日本女子大学校の同窓生に呼びかけ、中野初《なかのはつ》(編輯兼発行人)、木内錠《きうちてい》、物《も》集和《ずめかず》(事務所)の計五人を発起人に、岩野清《いわのきよ》、茅野雅《ちのまさ》、尾《お》島菊《じまきく》、田村とし、荒木郁《あらきいく》らの十八人を社員として発足した。生田長江《いくたちょうこう》の助言により、与謝野晶《よさのあき》、長谷川時雨、岡田八千代ら、名のある女性文学者を賛助員とした。『青鞜』の名称は、十八世紀のイギリスで、芸術・文学を論じた女性たちに与えられた「ブルーストッキング」の呼び名に由来する。「青鞜社概則」第一条は、「本社は女流文学の発達を計り、各自天賦の特性を発揮せしめ、他日女流の天才を生まむ事を目的とす」と謳ったが、のちにらいてうの草案にあった「本社は女子の覚醒を促し」へと戻している。最初の印刷費百円は明の母の光沢《つや》が出してくれた。創刊号は、巻頭に「山の動く日来《きた》る」に始まる与謝野晶の詩十二篇(「そぞろごと」)を置き、またらいてうの創刊の辞「元始女性は太陽であつた。―青鞜発刊に際して―」を組み、長沼智恵(のち高村)の筆になる女性立像を表紙絵として、今日なお女性を鼓舞する記念碑的な一巻となった。十月号には「ヘッダ、ガブラア合評」を載せ、翌年一月号では、一〇〇ページを超える「附録ノラ」を特集するなど、女性問題への関心の深さを示している。文学の分野では、短歌の三ヶ島霞《みかしまよし》、岡本かの、小説の加藤みどり、杉本まさを(のちの清谷閑子《きよたにしずこ》)らが育った。また上野葉《うえのよう》は、主として評論で両性関係を問いなおした。さらに生田花世、伊藤野枝らの強い個性が、地方から参集してきた。創刊二周年が近づくころの、三千部売れたという最盛期の社員数は九十名前後と推定される。明治四十三年の『白樺』の発刊、大逆事件の検挙という、政治的反動と新思潮の暗流が渦巻く中での、女たちの旗揚げは、大きな波紋を巻き起した。「新しい女」の呼称が非難となって投げつけられ、「五色の酒」「吉原登楼」などがスキャンダラスな色彩を帯びて喧伝された。らいてうはその逆風を逆手にとって、「自分は新しい女である」と、大正二年新春の『中央公論』で宣言し、『青鞜』の一月号と二月号で新しい女についての特集を組んだ。社の活動は『青鞜』の刊行のみに止まらず、書籍の刊行や講演会の企画に及んだ。前者としては、大正元年十二月、岡本かの子の『かろきねたみ』が『青鞜叢書』第一編として、また翌年二月には『青鞜小説集』第一が、社員・賛助員十八人の作品を並べて出された。後者としては大正二年二月、キリスト教青年会館で「青鞜社第一回公開講演会」を開き、満員の聴衆を前に、保持白雨(研)、伊藤野枝、岩野清、生田長江らが講演した。続けて四月からは、断念に追い込まれたものの、公開の文芸研究会とその講義録の発行を計画した。それらの活動は、官憲からの弾圧を招いた。荒木郁「手紙」(明治四十五年四月号)、福田英「婦人問題の解決」(大正二年二月号)と二度の発禁処分を受け、事務所も転々としなければならなかった。この窮地に立ってらいてうは、『青鞜』大正二年四月号の「世の婦人たちに」で、「今日の社会制度では結婚といふことは一生涯に亘る権力服従の関係」と断じ、良妻賢母主義の空疎さを鋭く衝いた。それが日本婦人の美徳を乱すとして、警視庁高等検閲係から注意をうけたが、それにも臆せず同文章を含めた第一評論集『円窓《まどき》より』を出版、それが発禁になると即座に『扃《とざし》ある窓にて』と改題

青鞜社の同人　左から小林哥津、岩野清、中野初、荒木郁、保持研、平塚らいてう

『青鞜』第1号

し、「世の婦人たちに」と序詞を削除して再出版、『青鞜』六月号の「扃ある窓にて」では、民衆・政府・識者など、あらゆる「旧きもの」を糾弾した。そのころらいてうと奥村博(のち博史《ひろぶみ》)との恋が実り、大正三年のはじめに両親の家を出て、法手続抜きの「共同生活」を始めた。すでに『青鞜』の売れ行きは落ち、人は去ってゆき、らいてうは事務所を自宅に引き取って、編集と事務の一切を負うことになる。野枝ひとりが彼女を支えたが、疲れきったらいてうは、辛うじて「三周年紀年号」(十月号)をまとめ、後事を野枝に託すこととなる。らいてうには廃刊の意志があったが、野枝は意欲的で、結局編集と経営の一切を野枝に譲ることにし、大正四年一月号に二人がその事情を書いた。野枝は社員組織を解体し、編輯兼発行人も自分の名義とした。野枝が編集した『青鞜』は、貞操の価値を問うた貞操論争、堕胎罪が厳然とあった当時の社会で堕胎の自由を主張した堕胎論争、公娼を廃止すべきか否かを論じた売春論争と、論争の時期を迎える。そのなかで堕胎論争の原田皐月「獄中の女より男に」(六月号)が三度目の発禁をもたらした。青鞜社の闘いの核心は、男の秩序・家父長制の破砕にあり、それが大衆に引火すれば、国体の根幹を揺るがす要素を内包していた。それゆえこの百人にも満たない女の結社に、官憲は厳しい警戒心を向けたのだった。大正五年五月二十四日、野枝は生後八ヵ月の末子のみ抱いて、辻潤と暮らした家から大杉栄のもとへ奔った。この日青鞜社は終り、『青鞜』は二月号をもって無期休刊となった。そののち長く歴史の片隅に置かれてきた青鞜社は、一九七〇年代のウーマン＝リブとともにめざましく蘇り、第一次フェミニズムと位置づけられるようになった。『青鞜』は昭和五十五年(一九八〇)竜渓書舎から復刻された。

参考文献 平塚らいてう『元始、女性は太陽であった—平塚らいてう自伝—』上下(一九七一、大月書店)、井手文子『『青鞜』の女たち』(一九七五、海燕書房)、堀場清子『青鞜の時代—平塚らいてうと新しい女たち—』(『岩波新書』、一九八八、岩波書店)、らいてう研究会編『『青鞜』人物事典—一一〇人の群像—』(二〇〇一、大修館書店)、岩田なつ『文学としての『青鞜』』(二〇〇三、不二出版)

(堀場 清子)

せいとうないかく 政党内閣 議会、特に下院(衆議院)で多数を占める政党または諸政党が組織する内閣。内閣の存立が国民の選出した議員によって構成される議会の意思で決定される、議院内閣制のもとで実現するものであり、内閣は連帯して議会に責任を負う。首相をはじめとする閣僚の大多数が政党員の国会議員であり、内閣は国会の首班指名と信任によって成立し維持できる。十七世紀末のイギリス名誉革命で議会主権が宣言され、十八世紀前半に下院の多数党から内閣構成員が任命されたことが起原となり、以後各国に広まった。日本では明治前期に自由民権運動家が作成した私擬憲法で提起された。明治十四年(一八八一)四月二十五日の『交詢《こうじゅん》雑誌』四五に発表された交詢社の「私擬憲法案」である。太政官権大書記官矢野文雄を中心として小幡篤次郎・中上川彦次郎・馬場《ばば》辰猪《たつい》らが起草した。この憲法案の第二章内閣には、「内閣宰相」(閣僚)は元老院議員(特選議員と民選議員)もしくは国会院議員(民選議員)に限らなければならず連帯責任を負い、内閣が元老・国会両院の意見と合わない場合は総辞職か国会院を解散しなければならないという条文がある。交詢社はさらに同年五月から九月にかけて、条文の詳細な趣旨説明を付した「私考憲法草案」を『郵便報知新聞』に発表した。そのほか、同年七月の兵庫国憲法講習会「国憲私考」、同年七月から十月にかけての『山陽新報』掲載「私草憲法」(起草者は永田《ながた》一二《かずじ》と推定)、同年十月から十一月にかけての『東海暁鐘新報《とうかいぎょうしょうしんぽう》』掲載「(各国対照)私考国憲案」などは議院内閣制を明記していた。また、議院内閣制を明記してはいないが、その原理を取り入れている憲法案は多く存在していた。自由民権運動のなかで唱えられた政党内閣制を政府内で提起したのが参議大隈重信であった。大隈は十四年三月、左大臣有栖《ありす》川宮《がわのみや》熾仁《たるひと》親王に意見書(大隈重信国会開設奏議)を提出した。起草者は、矢野文雄であった。意見書は全七項目から成っており、その第二項目は次のように政党内閣の必要性を説いていた。立憲政治において国民の輿望を表示するのが「国議院」(国会)であり、国会の過半数を得た政党の党首が国民の輿望の帰する人物である。したがって、イギリスのように君主が輿望を察して国会での多数党の党首に内閣を組織させ、党首が党内の有力者を閣僚に配するのである。そして、その政党が国民の輿望を失って国会内の多数勢力が他の政党に移ったならば、君主は新たな政党党首に内閣を組織させるべきである。こうしたイギリス流政党内閣制に最も反対したのが太政官大書記官井上毅であった。井上は政党内閣制を採るイギリス流立憲政治を排斥し、君主権の強いプロイセン(ドイツ)流憲法の採用を右大臣岩倉具視に説き、岩倉が井上の意見を取り入れて議院内閣制を否定する意見書を提出した。明治十四年の政変により岩倉意見が政府の基本方針として確定した。政府が議院内閣制を否定しても、十八年九月に刊行された小野梓『国憲汎論』下のように自由民権運動では政党内閣制採用が主張され続けた。二十二年(一八八九)二月十一日公布の大日本帝国憲法は、内閣を構成する国務大臣は独立して天皇を輔弼して責任は天皇に負うとした(内閣の項目は設けられていない)。議院内閣制の規定はなく、大臣の議会に対する責任が明記されなかったように、制度的には政党内閣が成立するのは困難であった。政府も超然主義を標榜していた。しかし、法律制定や予算議定には議会(特に衆議院)の承認が必要なことから、政府は円滑な政治運営を行うため衆議院の基盤である政党との提携を進めざるを得なくなった。また、政党勢力も増大して三十一年(一八九八)六月に最初の政党内閣が成立した。憲政党を与党とする第一次大隈重信内閣であり、陸相と海相を除く全閣僚が憲政党員であった。しかし、自由・進歩両党の合同で結成された憲政党の内紛・分裂により、同内閣は約四ヵ月で総辞職した。その後三十三年九月、伊藤博文と旧自由党の憲政党が提携して立憲政友会が結成された。伊藤が党首となって同年十月に第四次内閣を組織し、閣僚は外・陸・海相以外は立憲政友会員であった。その後、西園寺公望が立憲政友会の二代目党首として二回組閣したが、立憲政友会は同時期の非政党内閣である桂太郎内閣にも与党的立場をとったように、明治期に政党内閣が定着することはなかった。大正七年(一九一八)九月、原敬が立憲政友会を与党とする本格的政党内閣を組織した。原が暗殺されたのち高橋是清が立憲政友会内閣を受け継いだが、閣内対立により約七ヵ月で退陣し、以後は再び非政党内閣となった。十三年六月、加藤高明内閣(憲政会・立憲政友会・革新倶楽部の三党連立)が成立し、以後昭和七年(一九三二)の犬養毅内閣(立憲政友会)まで政党内閣が続いたが、五・一五事件で犬養が暗殺されて終りを告げた。昭和二十一年(一九四六)十一月公布の日本国憲法が議院内閣制を規定し、政党内閣制が確立した。

参考文献 升味準之輔『日本政治史』一—三(一九八八、東京大学出版会)、家永三郎・松永昌三・江村栄一編『明治前期の憲法構想(新編)』(二〇〇五、福村出版)

(勝田 政治)

せいどきょく 制度局 明治二年(一八六九)八月に官制調査のために設置された機関。その前身は明治元年九月設置の議事体裁取調所であり、その廃止後に設置された制度寮や制度取調所(二年五月設置)を継承した。翌三年二月には御用掛に江藤新平や大隈重信らが任命され、四年六月末から七月にかけては寺島宗則や井上馨・佐々木高行・大久保利通らを新たに任命、廃藩置県後の官制改革を実現した。同年八月に廃止となり、左院に吸収された。→議事体裁取調所《ぎじていさいとりしらべしょ》

参考文献 修史局編『百官履歴』(『日本史籍協会叢書』、一九二七—二八、日本史籍協会)、日本史籍協会編『太政官沿革志』五(一九八七、東京大学出版会)

(川越 美穂)

せいどじむきょく 制度事務局 明治元年二月三日(一八六八年二月二十五日)に設置された、官職制度名分儀制撰叙などを司る中央官庁。前身は正月十七日(二月十日)設置の参与万里小路《までのこうじ》博房《ひろふさ》を事務総督とする制度事務科である。二月三日博房は制度事務局輔となり、二月二十日(三月十三日)の人事で議定鷹司輔熙《たかつかさすけひろ》が事務局督、参与堤《つつみ》哲長《あきなが》が権輔、参与福岡孝弟と同松室重進が判事に任じられた。その後鍋島直正・寺島宗則・副島種臣・横井平四郎が制度事務局に加わり制度改革を検討し、閏四月二十一日(六月十一日)政体書に従った官制改革により廃官となった。

(宮地 正人)

せいどとりしらべきょく 制度取調局 立憲制の採用に向けて、憲法・皇室典範の起草および諸制度の調査・改革を担当した機関。ヨーロッパでの憲法調査から帰国した参議伊藤博文の提言によって、明治十七年(一八八四)三月十七日、宮中に設置され、長官には伊藤自身が就任した。さらに伊藤は、二十一日、宮内卿も兼任したが、これは宮中の制度的整備も並行して推進することを意図してのことであった。同局が太政官ではなく宮中に置かれたのは、欽定憲法制定の方針から天皇自身が憲法起草や諸制度の改革を指揮する態勢をとるためである。御用掛には参事院議官井上毅、同尾崎三郎、同議官補伊東巳代治、太政官権大書記官金子堅太郎、東京大学教授小中《こなか》村清矩《むらきよのり》らが兼務した。彼らは、華族令の制定をはじめ、伊東巳代治を中心に二院制の議会制度構想である「国会規則案」を起草したり、井上毅が「内閣職制改正私案」を起草して太政官制の抜本的改革案を具体化するなど、国制の根幹に関わる制度改革に関与した。明治十八年十二月二十二日、内閣制度が発足し法制局が新設されたことに伴い参事院とともに廃止された。

参考文献 春畝公追頌会編『伊藤博文伝』中(『明治百年史叢書』、一九七〇、原書房)、宮内省編『明治天皇紀』六(一九七一、吉川弘文館)

(大庭 邦彦)

せいなんきでん 西南記伝 明治時代末期に刊行された、西南戦争に関する代表的な研究書。明治四十一年(一九〇八)、同四十二年、同四十四年、それぞれ上中下巻各二冊計六冊が黒竜会によって刊行された。編纂主幹の川崎三郎(紫山)はすでに『西南戦史』(明治二十六年、博文館)を著わしており、『西南記伝』の執筆はライフワークとしての自著の改訂でもあった。「征韓論」に始まる内容は、関係者の略伝を掲載し、聞き取りや書簡など個人的な記録を豊富に用いて時局の大勢を叙述するなど、一級史料として高い価値をもつ。こうした史料の有効性から西南戦争研究には不可欠であるが、結果的には西南戦争叙述の枠組みを縛り続けているともいえる。また、黒竜会主幹内田良平による序文に「韓国を擁護し、清国を保全し、東亜大陸を経営して」とあるように、国家主義的思想から征韓論と韓国併合を結びつける側面もみられる。昭和四十四年(一九六九)『明治百年史叢書』として原書房から全冊復刻された。

参考文献 大谷正「歴史書と「歴史」の成立—『西南記伝』の再検討—」一(『専修法学論集』一〇〇、二〇〇七)

(北口 由望)

せいなんせんそう 西南戦争 明治十年(一八七七)二月—九月、西郷隆盛を擁し九州全土を巻き込んだ士族反乱。征韓論争に敗れた参議・近衛都督・陸軍大将西郷隆盛は、明治六年(一八七三)十月二十三日に辞表を提出、陸軍大将だけ在職のまま下野した。陸軍少将桐野利秋・同篠原《しのはら》国幹《くにもと》ら数百人の鹿児島士族が追随して鹿児島へ帰郷した。鹿児島に創設された私学校はかかる士族たちの受け皿となり、その勢力は県の実権を掌握していった。鹿児島に戻った西郷は隠遁生活を始めるが、特権を奪われていった士族たちは政府に対する不満を募らせていく。明治七

年二月に佐賀の乱、明治九年十月に熊本、秋月、萩で相ついで不平士族の反乱が勃発する。明治十年一月、政府は情報収集のため中原尚雄《なかはらなおお》らの視察団を鹿児島に派遣したが、その最中、政府管下にあった旧鹿児島藩の造兵機関から弾薬などを運び出そうとした。これを不服とし、一月二十九日、私学校の一派は草牟田の陸軍火薬庫を襲撃して小銃・弾薬を掠奪、さらにつぎつぎと火薬庫や造船所を襲撃した。また視察団の目的が西郷暗殺にあるとし、中原らは逮捕され、二月五日、暗殺を自供する口供書が作成された。二月十二日、西郷もついに「政府へ尋問の筋これ有り」として鹿児島県令大山綱良へ率兵上京の届けを出して、十五日に鹿児島から出軍した。これに対して政府の対応は素早かった。十九日には征討令を発し、征討総督有栖川宮熾仁《たるひと》親王、参軍に山県有朋、川村《かわむら》純義《すみよし》を任じ、二個旅団を神戸から出帆させた。二十五日西郷・桐野・篠原らは官位を剝奪される。薩軍一万六千が向かった熊本鎮台は司令長官谷干城《たにたてき》がまもっていた。その兵力は三千数百名ほどであったため、谷は籠城戦を決意する。二月十九日、熊本城は突然出火し、焼失した。二十一日、薩軍は城下に突入し、熊本城の包囲戦が開始された。その後薩軍には、熊本や宮崎の士族隊が続々と参加し、その兵力は三万人を超えたという。二月二十二日、政府軍二個旅団は福岡に到着し、薩軍も一手を割いてその南下に備えた。両者は要衝田原坂《たばるざか》で衝突し(田原坂の戦)、激しい銃撃戦は一進一退を繰り返した。三月四日、南方の吉次越えでは薩軍篠原国幹が戦死する。政府軍は薩軍の白刃攻撃にも悩まされたが、みずからも士族を徴募した警視隊による抜刀攻撃にも出た。三月二十日、政府軍はついに田原坂を突破したが、その後戦線は再び停滞する。政府側は電信網と海軍を掌握し、艦船動員の面でも圧倒的優位にあった。三月八日、勅使柳原前光《やなぎわらさきみつ》が海路鹿児島を訪れ、視察団の身柄を引き取るとともに、大山県令を連行した(大山はのちに斬罪)。政府側は勅使護衛兵などを中心に長崎で別働隊(背面軍)を編成し、熊本城との連絡を図った。三月十九日、背面軍は海路日奈久南方に上陸、八代を占領した。その後黒田清隆参軍のもと、山田顕義《やまだあきよし》・川路利良《かわじとしよし》らが率いる別働旅団がつぎつぎと八代に上陸し、四月十四日ついに熊本城を開通して戦局は大きく転換する。四月二十七日、川村純義は高尾艦で鹿児島に上陸し制圧した。五月二日、新県令岩村通俊《いわむらみちとし》が到着し、薩軍と鹿児島攻防戦が展開されたが、六月二十二日、春日艦・竜驤《りゅうじょう》艦の援護で薩軍を一掃する。一方熊本をあきらめた西郷らは、四月二十八日人吉に集結、態勢建て直しを図ったが、政府軍の追撃は激しく、六月一日人吉も落ちた。以後薩軍は宮崎から延岡方面を転戦し、再び五百ほどの兵力で鹿児島を目指した。九月一日鹿児島中心部を奪還するが、二十四日いわゆる城山総攻撃によって壊滅する。西郷も自刃して内戦は終結した。戦後、長崎の九州臨時裁判所で薩軍加担者は裁かれ、首謀者・参謀クラスは二十二人が斬罪となったが、各種隊長クラス二千人ほどはそれぞれ十年以下の懲役に、一般兵士ら四万人余は免罪された。しかし西郷自身は明治二十二年(一八八九)、維新の功績により正三位の贈位をうけ、名誉回復されている。この戦争における政府側の動員兵力は六万人、ほかに多くの軍夫が動員された。政府軍の戦死者は六千二百七十八人(負傷死含む)、薩軍は約五千といわれる。また政府軍の戦費は総計四千百五十六万円余(うち戦闘費三千五百二十九万円余、『明治史要』)にのぼった。西南戦争は武力を用いた最後の士族反乱となり、明治維新の終期をここに置くことが多い。政府に対する不平・不満は民権運動などの新たなかたちで展開されていくことになる。 →田原坂《たばる ざか》の戦《たたかい》 →別刷〈戦争〉

〔参考文献〕 参謀本部陸軍部編纂課編『征西戦記稿』(一八八七、陸軍文庫)、鹿児島県維新史料編さん所・鹿児島県歴史資料センター黎明館編『鹿児島県史料』西南戦争(一九七八-二〇〇八)、小川原正道『西南戦争―西郷隆盛と日本最後の内戦―』(『中公新書』、二〇〇七、中央公論新社)、猪飼隆明『西南戦争―戦争の大義と動員される民衆―』(『歴史文化ライブラリー』、二〇〇八、吉川弘文館) （保谷　徹）

せいねんかい　青年会　明治時代中期以降、地域で普及した青年を対象とする年齢階梯《かいてい》集団。日露戦後以降は、青年団と呼ばれることが多い。近世の農漁村においては未婚の男女青年の年齢階梯集団としての若衆組・若者組・娘組などがあった。これらは、共同体のルールを学ぶ場として、また男女交際の場として機能していた。また祭礼や警備などを担う役割を与えられていた。これらの組織は、近代に入っても存続していた。しかし、特に若衆組・若者組はしばしば共同体の秩序を逸脱することもあり、批判が強まった。他方、明治十年代から二十年代にかけて、各地で各種の学習、農事改良などを目的として自発的に結成される結社があらわれてきた。そうした結社の一つに明治二十三年(一八九〇)設立の広島県沼隈《ぬまくま》郡千年《ちとせ》村(福山市)の好友会という会があった。この会は、この村の青年教師山本滝之助が、松方財政下で荒廃した地域社会を建て直すことと、自分たちを地域社会をになうにふさわしい主体として形成する目的で結成したものであった。山本は、こうした団体を青年会と称し、その重要性と全国の同種の団体を糾合することを訴えて全国をまわった。これが近代青年団運動の嚆矢とされる。青年会は、特に日露戦争後、折からの内務省主導の地方改良運動のなかで注目され、明治四十三年(一九一〇)には、名古屋市で第一回青年団大会が開催されるに至った。このころには、青年会は「青年団」と呼ばれることが一般的となったが、同時に純粋な地域の自発的集団ではなく、行政の中に組み込まれた官製の集団へと変化し、学校教育と軍隊の間にあって青年を国家に繋ぎ止める役割を期待された。さらに、大正六年(一九一七)には、全国組織として青年団中央部が、また、十三年(一九二四)には大日本連合青年団(十四年、大日本青年団と改称)が設立され、各地域の団体は、青年団としてその傘下に入った。なお、女子は女子会などを経て処女会によって組織化され、昭和二年（一九二七）大日本連合女子青年団となった。

参考文献　熊谷辰治郎『大日本青年団史』（一九四三、日本青年館）、平山和彦『青年集団史研究序説』上・下（一九七八、新泉社）

（岡田　洋司）

せいねんぶん　青年文　文芸雑誌、投書雑誌。月刊。明治二十八年（一八九五）二月十日―三十年（一八九七）一月十日。全二十四冊。発行所は少年園。田岡嶺雲《たおかれいうん》と山県五十雄《やまがたいそお》が創刊。山県の兄悌三郎《ていざぶろう》は少年園の主宰者。青年向けの投稿雑誌『少年園』『文庫』で成功をおさめた発行元から、日清戦争前後の好景気を背景に発刊された。創刊に際しては、停滞する文学界に新しい文学者を紹介する狙いがあった。誌面は、論文・和歌・俳句・新体詩・漢詩・小説・随筆などによって構成された。嶺雲と五十雄の執筆した文壇時評「時文」欄が評判になり、文壇の一角をしめる雑誌となる。ほかに、記者として加わった、佐々醒雪《さっさせいせつ》・笹川臨風《ささかわりんぷう》らの文芸時評など話題を呼んだ。投書欄では、河井酔茗《かわいすいめい》・伊良子清白《いらこせいはく》・金子薫園《かねこくんえん》らの新体詩が掲載され、この雑誌の特色の一つとなった。平成十五年（二〇〇三）、不二出版より復刻。

（十重田裕一）

せいびょう　性病　性行為を通じて感染する病気の総称。性病学の権威土肥慶蔵《どひけいぞう》が大正十二年（一九二三）に『性病学』を著わしたことによって、それまでの花柳病《かりゅうびょう》の名称が性病という呼び名に変わりはじめたが、土肥は本書で性病を黴毒《ばいどく》、淋病《りんびょう》、軟性下疳《げかん》の三種とした。その後の研究で鼠蹊《そけい》リンパ肉芽種症が性病に追加された。全身に発症する黴毒の治療薬としてはながらく水銀剤とヨードカリが使用されてきたが、一九一〇年ドイツのエールリッヒが特効薬サルヴァルサンを創り出し、難病治療に革命的変化をもたらした。性病の病理および治療法の研究が日本で本格化したのは、東京帝国大学医科大学に明治三十一年（一八九八）はじめて設置された皮膚病学黴毒学講座主任教授に土肥慶蔵が就任したことによってであった。彼は三十六年四月には日本花柳病予防会結成の中心となり性病とその予防知識普及にも尽力していくこととなる。性病患者は各国海軍水兵にきわめて多く、そのため娼婦の検黴がはじめて行われたのは万延元年（一八六〇）、ロシア海軍の要請をうけ蘭人医師ポンペとその弟子松本良順による長崎でのそれである。ついで慶応三年（一八六七）横浜で英国海軍軍医ニュートンが同地の娼婦に検黴を行なった。これ以降日本政府は性病患者本人ではなく娼妓検黴を徹底することにより性病拡大を阻止しようとした。明治初年より東京・大阪その他の地に検黴所または駆黴医院で娼妓を検黴するように努め、九年（一八七六）四月各府県に達し娼妓営業を許可する地での検黴実施を督励した。法的制度が整うのは三十三年六月法律第八四号行政執行法第三条および同年十月内務省令第四四号娼妓取締規則によってであった。第三条では密淫売者への強制健康診断実施を規定し、規則では娼妓名簿無登録者の営業禁止、娼妓の強制的健康診断、疾病中の営業禁止が定められた。四十三年（一九一〇）七月勅令第三一〇号は、道府県費で娼妓などを入院させるための病院などを設置すべしと命じている。黴毒病院数は大正二年（一九一三）段階で一三三、娼妓病床数四五九六となっている。性病対策は日本の陸海軍も戦力の良好維持のため熱心にならざるをえなかった。大正元年現在、兵卒千名につき陸軍では二二・八人、海軍では一四〇・七人もが性病患者であり、明治四十四年度の徴兵検査では壮丁千人につき東京では三七・三五人、大阪では三七・九九人が性病にかかっており、明治四十二年から昭和九年（一九三四）の平均でも壮丁千人につき性病患者二四・五三人となっている。しかも患者千人に対し、赤痢《せきり》が六・六人にとどまっているのに対し黴毒は九・六人と死亡率はきわめて高く、また重症患者は戦闘に従事させることが不可能だったからである。

→日本花柳病予防会《にほんかりゅうびょうよぼうかい》

参考文献　川上武『現代日本医療史―開業医制の変遷―』（一九六五、勁草書房）、厚生省医務局編『医制百年史』（一九七六、ぎょうせい）、福田真人・鈴木則子編『日本梅毒史の研究―医療・社会・国家―』（二〇〇五、思文閣出版）

（宮地　正人）

せいふく　制服　明治政府は成立直後、公の場で何を着るべきかをめぐって非常に混乱した。明治政府は武家と公家の折衷的な政権であったために、どちらの衣服を採用するかが、どちらの政権であるかを示すことになったからである。さらには、西洋化に伴い洋服を採用するかどうかということも、混乱に拍車をかけた。明治元年（一八六八）には、政府高官に意見を求めるという事態になり、さらに混乱を招いた。そういったなか、明治三年十一月五日（一八七〇年十二月二十六日）に、官吏の非常用または旅行用の和洋折衷の衣服が作られた。この時に、『大宝律令』から言葉を借用し、これを「制服」と呼んだのが近代における「制服」のはじまりである。この「制服」は五年には廃止されることになるが、以後「制服」という言葉が一般化していった。結局、新服制は五年十一月十二日（一八七二年十二月十二日）に発布された。従来の衣冠束帯・烏帽子直垂を祭服とし、その他の公家服と武家服はすべて廃止され、勅任官・奏任官・判任官に対して、洋服の大礼服と通常礼服を定めた。これを契機に、礼服以外の衣服も洋服化していくこととなった。大礼服はイギリスの宮廷にならったもので、桐花葉と日蔭蔓の装飾がされた。その後、明治十七年（一八八四）には有爵者大礼服、侍従職・式部職大礼服が制定され、四十四年（一九一一）に「宮内官服制令」がまとめられた。大礼服の制定に先がけ、洋服の制服を採用し、衣服の洋服化に大きな影響を与えたのが軍服である。軍隊における制服は、天保十一年（一八四〇）に高島秋帆《たかしましゅうはん》が西洋式の軍隊編成のために、筒袖の和服を採用したことが嚆矢である。江戸幕府は、慶応二年（一八六六）にはズボンに陣羽織、慶応三年には洋服を採用し、官軍も明治元年に一部洋服を採用するが、以後も洋服に足袋やわらじを履いたり、司令官は着物を着用したりと和洋折衷的であり、近代的な軍服とはいいがたいものであった。明治三年に、明治政府から各藩に常備軍編成の通達が出されると、フランス式の陸軍将校服・兵卒服、イギリス式の海軍士官服・下士官兵服が定められた。海軍はその後、大きな変更はなかったが、陸軍は訓練や編成方針をフランス式からドイツ式に切り替えると、十八年から十九年にかけてこれに合わせて制服も変更し、三十七年(一九〇四)に日露戦争が勃発すると、カーキ色の軍服を採用した。三十八年には「陸軍戦時服服制」が発布され、それまでの肋骨服を詰襟にあらためた。四十五年には制帽・制服を改正した。軍隊以外にも、制服はつぎつぎと定められた。四年には邏卒《らそつ》の制服が制定され、笠帽子・マント・チョッキ・ズボン・革バンド・雨衣・塗り木刀・捕縄が支給された。のちの四十一年に改正が行われ、立ち襟の上衣に袖章をつけたものに変わり、同年、消防官も警部と同じ制服を着用することが定められた。明治四年に国営の郵便制度が始まると、同時に制服が制定された。黒毛織の上下で、赤い衿と徽章が付けられ、ズボンの外側にも赤い筋が入れられ、黒網代笠をかぶった。十五年には衿とズボンの赤筋が廃止され、二十一年(一八八八)には徽章が「〒」に変更された。明治五年に鉄道が開通されると、ここでも制服が制定された。三十九年に鉄道国有法が出されると、軍の様式に倣った制服が制定された。また、軍隊、官員以外に、学生の制服も制定された。明治十五年には官立学校の男子制服が制定され、十九年に帝国大学で詰め襟・金ボタンの制服が着られるようになった。女子においては、明治八年に東京女子師範学校で洋服が着られたのをはじめ、二十年には華族女学校で洋装運動服が採用され、二十年に秋田女子師範・宇都宮女子師範でも洋服が制服として採用されるが、二十七年の日清戦争以降和服へと回帰していった。三十年には実践女学校で校長の下田歌子考案とされる、海老茶袴に靴を履く制服が考案された。また、女性の職業に制服が定められるようにもなった。二十七年、看護婦の制服が定められ、折衿の上衣に袴を穿き、黒革靴を履いた。四十三年には救護員章が定められた。三十二年、東京電話交換局では、「交換手の執務上の服装は筒袖の着物に袴を付けること」が定められた。 →軍服《ぐんぷく》 →大礼服《たいれいふく》 →洋服《ようふく》

参考文献 『日本洋服史—一世紀の歩みと未来展望—』(一九七七、洋服業界記者クラブ「日本洋服史刊行委員会」)、中山千代『日本婦人洋装史』(一九八七、吉川弘文館)、日本ユニホームセンター編『ざ・ゆにふぉーむ—ファッション・デザインの原点—』(一九八一、源流社)

（井上　雅人）

せいふんぎょう　製粉業　小麦から小麦粉を製造する産業。明治以前の日本では水車動力の石臼製粉が主に製麺原料として消費された。いわゆる、うどん粉である。開港後、在来種と異なる小麦を原料とし、近代的工場で原料の精選・挽砕・純化(小麦の胚乳部分の分離)・篩分・仕上げを経て製造されたメリケン粉が輸入されたが、割高でもあり用途は主に京浜地区での製パン・製菓原料に限られ、明治三十年(一八九七)ごろまで国内需用の一割をも満たさなかった。近代的製粉業の移植は、北海道での小麦栽培とパン食普及構想を背景として明治六年(一八七三)に設立された開拓使札幌製粉所に始まった。輸入石臼製粉機を洋式水車で駆動する仕組みは九年に蒸気動力へと改められ、十八年(一八八五)九月操業開始の札幌製粉場では日本初のロール式製粉機(製粉能力五〇バーレル)を導入、これは翌年後藤半七らに年賦で払下げられた。民業では明治十二年、洋式石臼製粉の泰靖社が東京で創業したが、ロール式製粉の起業ブームは、まず戦時の兵糧パン体験と戦後好況を背景とした日清戦後に生じ、三十二年一月実施の関税改正と日露戦時の関税引き上げを追い風に、日露戦後に本格化した。ロール式製粉の製粉能力は明治三十三年の三六五バーレルが、四十年(一九〇七)には三六六五バーレル、さらに四十二年には七三六五バーレルへと急増し、同年の国内需要の約六割をまかなうまでになった。結果として販売競争が激化すると、日本製粉・日清製粉など日清戦後にできた有力企業を軸に合併が進み、また四十四年に日本・日清・東亜の関東三社が製粉連合会を結成して操業短縮を行うといった動きが生じた。さらに大正期には、元来原料小麦がほぼ国産であったことから小麦産地か大都市市場のいずれかに置かれていた製粉工場が、外国産小麦の利用とアジアへの輸出に便利である臨海地帯に新設される例が現われた。

参考文献 笹間愛史『製粉・製油業の近代化』(『国連大学人間と社会の開発プログラム研究報告』、一九八二、国際連合大学)、日本製粉株式会社編『日本製粉社史—近代製粉百二十年の軌跡—』(二〇〇一)

（差波亜紀子）

せいぶんどう　正文堂　東京の書肆朝野書店の別商号。初代朝野泰平が文政十二年(一八二九)に創業。五代目の弟文三郎(佐原生)は、明治八年(一八七五)に上京・分家、山中市兵衛のもとで明治十八年(一八八五)まで勤めた後に帰郷。翌年に再度上京、明治二十一年(一八八八)から出版事業を始める。明治二十四年から二年間は江島伊兵衛と共同で『改進新聞』の専売を行う。翌年から、日本橋区蠣殻町(東京都中央区)に図書出版および売薬店を開くも失敗。明治三十年(一八九七)に神田区橋本町(東京都千代田区)に移転、講談や語学書、教科書、浮世絵などの刊行・販売を手がけた。

参考文献 三橋猛雄『明治前期思想史文献』(一九七六、明治堂書店)、東京書籍商組合編『東京書籍商伝記集覧』(『日本書誌学大系』二、一九七八、青裳堂書店)

（鵜飼　政志）

せいぶんどう　成文堂　東京の書肆。明治中期に政治学、政治小説、自由民権運動関連の書籍を中心とした刊行・

販売を行なっている。

参考文献 三橋猛雄『明治前期思想史文献』(一九七六、明治堂書店)　（鵜飼　政志）

せいへい　生兵　陸軍入隊後六ヵ月以内の兵卒を指す。生兵とは中国での古来からの言葉で十分訓練されていない兵士のことを意味した。廃藩置県直後の日本陸軍でも明治六年(一八七三)四月の各鎮台宛陸軍省指示に「諸鎮台新兵生兵中」云々と新兵とほとんど区分なく使用している例がある。生兵が明確に規定されるのは明治七年十月十七日陸軍省布第三七一号達生兵概則によってである。第四章第一条に「徴兵入隊後小隊科卒業迄は生兵と称」すると定められ、徴兵六ヵ月以内に生兵が演習するものとして体操術・生兵運動・小隊運動・撤兵運動・射的術の六種が定められ、その間下士官から陸軍一般および勤務一般の心得・規則が口授されるものとされた。生兵期間を終えると二等卒になるのである。入営の翌日、新兵は読法《とくほう》を読み聞かされ、忠勤を尽くすこと、上官の命令に服従すること、脱走しないこと、漫りに帰省を出願しないことなどの誓文に署名することと概則は規定している。明治二十年(一八八七)十一月十五日生兵概則は廃され、同日、新兵入隊定則が出されたことにより、新兵は直ちに二等卒になることになり、生兵の名称は消滅した。　（宮地　正人）

せいほうりゃく　性法略　シモン＝フィッセリング講述・神田孝平訳の自然法書。明治四年(一八七一)刊。本書は西周と津田真道が文久二年(一八六二)から慶応元年(一八六五)まで、幕命でオランダ留学中、ライデン大学教授フィセリングから受けて性法(自然法)、万国公法・国法・経済学・統計学の五科目の口授筆記の一つである性法を翻訳したものである。西周が帰国後「性法説約」という題名で翻訳したが、刊行前に訳稿を紛失したため、神田訳が刊行された。本書は近代ヨーロッパの自然法思想に基づいて、生存権、所有権など法学上の諸権利を、包括的に表示した条文集としての形態をとっており、西洋法学の権利に関する最初の専門的な邦文文献だとされている。明治期の啓蒙思想においては、個人の自由・権利が「天賦」であるとか、「性法」に基づくものであるとかされたが、『性法略』はこのような考え方を正当化する論拠としての役割を果たした。『明治文化全集』一三、『西周全集』二に収める。 →神田孝平《かんだたかひら》 →フィッセリング　（米沢　幸二）

せいまぎょう　製麻業　植物繊維である麻(大麻、苧麻《からむし》、亜麻《あま》、黄麻《おうま》、ジュートなど)を原料とする製造業の総称であるが、明治期については、おもに亜麻を原料とする機械制製麻業を指す。江戸時代までの日本では、大麻 Hemp ないしは苧麻 Ramie を原料に、麻織物や蚊帳の生産が発展しており、生産地域名を冠した著名な製品(奈良晒、越後上布、八幡蚊帳など)の流通もみられた。幕末開港以降、ヨーロッパ製の麻製品が流入する中で、明治政府の内務省技師吉田健作が西欧流の麻紡績に着目し、フランス留学から帰国した明治十四年(一八八一)に、官営リンネル製造所の設立を上申した。この提案は実現しなかったが、吉田の働きかけや、麻糸の輸入代替を望む農商務省の資金補助策が功を奏して、明治十七年、近江地方の民間資金を動員した近江麻糸紡織会社が大津に設立された。これが日本における機械制麻紡績業の嚆矢である。吉田は続いて、北海道庁の補助を得て、明治二十年(一八八七)に北海道製麻会社の創立を果たしたが、この製麻会社の設立は、亜麻作の移植の契機となった。以後、気候の適する北海道が、日本における亜麻耕作の中心地となっていく。一方、江戸時代からの大麻の主産地であった下野(栃木県)でも、同年、民間主導の下野麻紡織会社が設立された。これに明治二十九年設立の日本織糸株式会社を加えた四社が、明治三十六年(一九〇三)の近江・下野・日本織糸の三社合同(日本製麻株式会社)を経て、明治四十年(一九〇七)帝国製麻株式会社として大合同に至るのである。この帝国製麻は、亜麻耕作から紡績・織布・精白・仕上げに至る一貫生産体制をとっている点に大きな特徴があった。製品は和装用の着尺地、洋服地、帆布といった麻織物や、蚊帳糸、魚網糸が主なものである。亜麻製品(リネン製品)は、在来の大麻や苧麻製品に比べ柔らかく、新たな民間需要開拓の余地があり、また優れた耐久性から、軍服などの軍需関係品としても受け入れられた。機械制麻製品の生産量は明治期を通じて顕著に増大している。

参考文献 高谷光雄『日本製麻史』(一九〇七、法貴定正)、帝国製麻編『日本の製麻業』(一九三六)、同『帝国製麻株式会社三〇年史』(一九三七)　（谷本　雅之）

せいみがく　舎密学　江戸時代末期から明治時代初期にかけて使われた化学の古称。化学は蘭学者宇田川榕庵《うだがわようあん》が天保八年(一八三七)に著わした『舎密開宗《せいみかいそう》』(復刻版は昭和五十年、講談社より刊行)によってはじめて日本に紹介された。榕庵は化学を意味するフランス語系のオランダ語 Chemie の音訳の「せいみ」の語に「舎密」の漢字を充てた。また別にオランダ語の Scheikunde に相当する「分析学」「分離学」「離合学」や「精錬学」「製煉術」などの語も使われた。日本語として「化学」が用いられたのは川本幸民《かわもとこうみん》が文久元年(一八六一)に著わした訳書の題名『化学新書』が最初で、これは中国の使用例に従ったものである。「舎密」は幕末から明治にかけて用いられていたが漸次「化学」にとって替わられた。 →化学《かがく》

参考文献 『舎密局必携(復刻版)』(上野彦馬抄訳、一九七六、産業能率短期大学出版部)　（芝　哲夫）

せいみきょく　舎密局　幕末・明治時代前期に設置された理化学教育機関。名称はオランダ語の chemie(化学の意)に由来する。大阪と京都に置かれたものが特に知られている。大阪の舎密局は、外国副知事小松帯刀《こまつたてわき》と大阪府知事後藤象二郎の建言により、明治二年(一八六九)五月に開講した。教頭にオランダ陸軍医ハラタマを招き、

他に三崎嘯輔《みさきしょうすけ》、松本銈太郎《まつもとけいたろう》、田中芳男などが教育を担当した。舎密局では教育以外にも、貨幣や温泉などの分析や生野銀山の調査も行われていた。舎密局は、化学所、理学所への改称ののち、明治三年十月に開成所の分局となった。その後、開成所は学校制度の変遷に伴い改編が繰り返され、最終的には第三高等学校になる。京都の舎密局は、ハラタマに学んだ明石《あかし》博高《ひろあきら》の建議により明治三年十二月に開設された。オランダのヘールツ、ドイツのワグネルの指導のもと、石鹼・氷砂糖・陶磁器・ガラス・ビール・写真術などの製造研究をはじめ多彩な事業が展開された。明治十四年(一八八一)に明石に払い下げられたが、同十七年に廃絶した。

参考文献 藤田英夫『大阪舎密局の史的展開―京都大学の源流―』(一九九五、思文閣出版)　(西山　伸)

せいみやひでかた　清宮秀堅　一八〇九―七九　江戸時代後期から明治時代初期の国学者。字は穎栗。通称は秀太郎・総三郎。家を継いだ後は利右衛門を名乗る。棠陰・縑浦漁者と号す。文化六年六月一日(一八〇九年七月十三日)下総国香取郡佐原村(千葉県香取市)に生まれる。父は清宮尚之、母は田口氏。天保十三年(一八四二)より約二十年にわたって領主津田氏の財政管理を担当した。明治五年(一八七二)印旛《いんば》県より招聘され地理を講じる。翌年には新治《にいはり》県から地誌編纂を命じられ、香取郡・海上《かいじょう》郡・匝瑳《そうさ》郡を歴訪し『三郡小誌』を著わした。佐原村周辺の道路改修や地租改正などにも貢献している。明治十二年(一八七九)十月二十日没す。七十一歳。若年のころから久保木竹窓・宮本茶村ら近隣の文化人たちと交流し、著述に熱心であった。主な著作は完成に三十年をかけた労作である『下総国旧事考』や『新撰年表』『北総詩誌』『古学小伝』などがある。

参考文献 千葉県教育会編『千葉県教育史』(一九七九、青史社)、『佐原市史』(『千葉県郷土誌叢刊』、一九六六、臨川書店)　(坂井　飛鳥)

せいむかん　政務官　大日本帝国憲法体制のもと、国務大臣を補佐して、国会との交渉や政策の立案・審議などの政務に関与し、機密事務を掌る官吏の総称。具体的には内閣書記官長、法制局長官のほか、明治二十六年(一八九三)十月三十一日に全面改正された各省官制通則(勅令第一二二号)・地方官官制(勅令第一六二号)でその職務が規定された各省次官・局長・参事官・秘書官・府県知事などをいい、大部分は勅任官であった。日清戦争後、それまでの藩閥政府が政局を主導するいわゆる超然主義的な政治運営が行き詰まり、政党勢力との提携が不可欠になると、政党員による政務官への進出＝猟官運動が顕著となり政治問題化することとなる。三十一年(一八九八)六月わが国最初の政党内閣として発足した第一次大隈重信内閣(隈板内閣)は、同年十月、各省官制通則を一部改正(勅令第二五七号)して、勅任官の範囲を広げるため各省次官のもとに参与官を新設し、局長をすべて勅任とするなど、自由任用による政党員の政務官就任の余地を拡大した。その結果、大臣を除く与党憲政党員の就官者は、内閣書記官長、法制局長官以下、各省の次官・局長・参与官・秘書官、さらには警視総監・府県知事を含め三十六名にのぼり、猟官熱はますます高じて、大隈内閣瓦解の一因ともなった。こうした状況に対し第二次山県有朋内閣は、三十二年三月二十八日、文官任用令を改正(勅令第六一号)して、それまで規定のなかった勅任文官の任用規定を明文化し、自由任用の途を閉ざした。と同時に文官分限令(勅令第六二号)・文官懲戒令(勅令第六三号)を公布して官吏の身分保障をより鞏固なものとした。このような対応は、政党勢力による官僚機構への浸透を前にした官僚勢力の危機感を反映したものであった。

参考文献 内閣官房編『内閣制度九十年資料集』(一九七五、大蔵省印刷局)、坂野潤治『明治憲法体制の確立―富国強兵と民力休養―』(一九七一、東京大学出版会)　(大庭　邦彦)

ぜいむしょ　税務署　明治二十九年(一八九六)に設置された、大蔵省の下部収税機関。明治十一年(一八七八)十二月、国税金領収順序が制定され、国税の徴収は郡長・区長に委任されて、その下の戸長が国民から税金を徴収した。明治十七年六月、国税金収納順序を定め、府県官の中に設置された収税長(大蔵省の官吏を任命)が新たに徴税事務のいっさいを管理し、郡長・区長および戸長が徴税の実際にあたる体制に改めた。各府県には収税課(明治十九年に収税部になる)と下部機関として同出張所が設置され、収税長、収税属がこれを統括した。明治二十三年の国会開設を前に明治二十二年三月に国税徴収法が制定され、国税徴収上の国と市町村の関係を明らかにした。日清戦争後の明治二十九年十月、徴税機構を府県の管轄から大蔵省の管轄に移すという大改革が行われ、全国二十三の税務管理局と下部収税機関として五百二十の税務署が設置された。税務署ができても戦前までは地租・所得税・営業税などは、税務署が直接徴収しないで、市町村に徴収を委託していた。

参考文献 『大蔵省百年史』上(一九六九、大蔵財務協会)、高木勝一『日本所得税発達史―所得税改革の発展と歴史　創設期から現在まで―』(二〇〇七、ぎょうせい)　(町田　俊彦)

せいめいほけん　生命保険　⇩保険業《ほけんぎょう》

せいやくぎょう　製薬業　医薬品を製造する産業のこと。日本においては幕末開港以後、洋薬の輸入および需要の増加に伴い、洋薬を製造販売しようとする者が増えた。明治五年(一八七二)、大阪造幣局がはじめて硫酸を製造し、同八年ごろから東京・大阪・京都など各地で小規模な製薬業者が出現し、ヨードや丁幾《チンキ》・舎利別《シャリベツ》(シロップ)類などのいわゆるガレヌス製剤を中心に、家内工業生産をした。明治九年五月、政府は製薬免許規則を布達し、製薬人を公認し、品質純良な製品を保護奨励し、製薬の国産化を期待したが、製薬業者には価格の低廉を競い、劣質粗悪な薬品を製造する傾向があった。この意味で、薬品試験および製薬の基準となる日本薬局方(明治十九年(一八八六)六月制定)と、薬品に関する近代的法律である薬品営業並薬品取扱規則(いわゆる「薬律」、明治二十二年(一八八九)三月制定)の施行が、製薬業が進展する制度的基盤となった。明治十八年五月、内務省衛生局長長与《ながよ》専斎《せんさい》の発議による半官半民出資の大日本製薬会社(資本金十万円)の営業が開始され、日本薬局方所定の薬品を製造した。明治二十九年には、大阪道修町《どしょうまち》(大阪市中央区)の薬種問屋資本が結集して大阪製薬株式会社を設立したが、三十一年(一八九八)に経営不振の大日本製薬会社を買収し、改めて大日本製薬株式会社と社名を変更し、その後、四十一年(一九〇八)には大阪薬品試験株式会社を合併した。また三共商店が、高峰譲吉《たかみねじょうきち》博士のタカジアスターゼとアドレナリンを発売し、明治四十年に三共薬品合資会社とし、大正二年(一九一三)には二百万円の株式組織となった。日露戦争後は、ドイツその他の諸外国からの輸入薬品が激増したが、その主なものは、バイエル、ロシュ、ヘキスト、バーゼルなど各社の新薬類であった。従来の薬種貿易業者の中には、みずから新薬を製造しようとする者が現われ、東京・大阪・京都各地で新薬が製造されるようになった。

参考文献　池田松五郎『日本薬業史』(一九二九、薬業時論社)、清水藤太郎『日本薬学史』(一九四九、南山堂)、『武田二百年史』(一九八三、武田薬品工業株式会社)

(二谷　智子)

せいゆうかい　政友会　⇩立憲政友会《りっけんせいゆうかい》

せいゆうクラブ　政友倶楽部　明治時代後期の衆議院院内会派。立憲政友会内で総裁を中心とする幹部専制を批判し、役員の公選などの党内刷新を主張するグループに属した板倉中や竜野周一郎らは、こうした一連の活動が反党行為と受け取られ、立憲政友会を明治三十六年(一九〇三)四月十八日に除名された。彼らを中心に無所属議員の一部が結集し、計十三名の代議士によって第十八議会(特別会)召集日の当日、明治三十六年五月八日に結成された。しかし、第十八議会終了後の同年六月六日に解散し、わずか一ヵ月で歴史の舞台から姿を消した。なお、岡崎邦輔や尾崎行雄らが大正政変後、立憲政友会を脱党して結成した政友倶楽部は、明治期の政友倶楽部と同名であるが、因果関係はない。

参考文献　衆議院・参議院編『議会制度百年史』院内会派編衆議院の部(一九九〇)、山本四郎校訂『立憲政友会史—伊藤博文総裁時代—(補訂版)』一(一九九〇、日本図書センター)、伊藤之雄『立憲国家と日露戦争—外交と内政　一八九八～一九〇五—』(二〇〇〇、木鐸社)

(小宮　一夫)

せいようおんがく　西洋音楽　幕末以降、日本にヨーロッパ音楽が流入・定着し、明治後期には洋楽という呼称も現われた。開国以前にも、限定的だが長崎出島のオランダ商館での音楽活動、ピアノなど西洋楽器の流入、書物を介した西洋音楽知識の受容などの事例があった。開国後は、開港地に設けられた居留地での外国人による音楽活動(キリスト教各派や横浜駐屯の英国陸軍軍楽隊の活動を含む)のほか、洋式軍制導入に伴う蘭式・英式・仏式の鼓笛・喇叭《ラッパ》が幕府・諸藩で行われ、戊辰戦争時にはさまざまな方式の鼓笛・喇叭の信号やマーチが鳴り響いた。明治維新後、西洋音楽は西洋型の式典や饗宴の場を通して、軍と宮廷にまず吹奏楽が導入される。明治二年(一八六九)九月、薩摩藩は軍楽伝習生三十二名を横浜に派遣し、前年に来日した英国陸軍第十連隊第二大隊軍楽長フェントン John William Fenton に軍楽の指導を依頼した。これをもとに四年に兵部省軍楽隊が結成され、同年九月の陸軍部・海軍部の分離により、仏式の陸軍軍楽隊と英式の海軍軍楽隊が分立する。海軍軍楽隊は引き続き十年(一八七七)までフェントンを雇い入れ、十二年からはドイツから軍楽教師エッケルト Franz Eckert を招聘してドイツ式に転換し、水準を高めた。陸軍軍楽隊は五年に来日したフランス軍事顧問団の喇叭教官ダグロン Gustave Charles Dagron に十六年まで指導を受け、十七年フランスから陸軍歩兵第七十八連隊軍楽長ルルー Charles Edouard Gabriel Leroux を招いて、二十二年(一八八九)まで基礎教育の充実と軍楽隊改革を実施した。フェントンは初代の「君が代」を作曲し、エッケルトは現行の「君が代」の編曲、ルルーは軍歌「抜刀隊」とそれに基づく「陸軍分列行進曲」を残した。陸海軍とも二十年代半ば以降は日本人楽長が指導する体制に移行し、新人の養成制度も整えられた。明治十九年、加川力《かがわつとむ》ら海軍軍楽隊退役者が結成した市中音楽隊を嚆矢に民間で活動する職業バンドが生まれ、三十年代には活動写真の伴奏・宣伝などにも進出した。一方、明治の宮廷で行われた西洋型饗宴にも西洋音楽が導入された。当初は海軍軍楽隊が奏楽を依頼されたが、明治七年十二月から雅楽を伝承する式部寮伶人に吹奏楽を兼修させ、九年の天長節に初演奏を行い、宮中での陪食や国賓への晩餐会などでの奏楽が定例化した。十二年からは饗宴にふさわしい奏楽をめざして伶人の有志が管絃楽に取り組み、二十年には正式科目となった。キリスト教各派が礼拝に用いるオルガン伴奏付の讃美歌・聖歌は、西洋音楽に日本語を合わせる試みのはじまりとなった。プロテスタント教会の讃美歌には明治五年から日本語の歌詞が付けられ始め、会派ごとの讃美歌集の刊行後、三十六年(一九〇三)に超会派的な『讃美歌』が刊行された。カトリック教会、ロシア正教会もそれぞれ独自の聖歌を広めた。明治五年の学制で規定された「唱歌」実施のため、十二年文部省内に設置された音楽取調掛では、伊沢修二《いさわしゅうじ》とメーソン Luther Whiting Mason らが「蛍ノ光」など西洋曲に日本語を付した歌を多く含む『小学唱歌集』を編纂し、音楽取調掛伝習生にはピアノ・バイオリンなどの実技のほか、楽典・和声・音楽史などが講じられた。音楽取調掛は二十年に東京音楽学校と改称、翌年オーストリアからディットリヒ Rudolf Dittrich を招き、ドイツ音楽を中心とした西洋音楽の本格的学習に傾斜していく。二十三年には日本初のコンサートホール奏楽堂が竣工したが、当時の演奏会は西洋音楽だけでなく邦楽・明清楽《みんしんがく》を並べるのが一般的だった。明治二十年、西洋音楽の普及と向上のため、東京音楽学校・陸海軍軍楽隊・宮内省楽部関係者らが日本音楽会を結成、のちに明治音楽会も発足し定期的な演奏会を実施した。明治二十年代まで日本人による創作は唱歌・軍歌がほとんどだったが、明治二十七年幸田延《こうだのぶ》「バイオリン・ソナタ」、三十年滝廉太郎のピアノ曲「メヌエット」、「花」を含む組歌「四季」などが作曲され、西洋音楽の芸術的な作曲活動が始動した。→音楽取調所《おんがくとりしらべしょ》 →軍楽隊《ぐんがくたい》 →讃美歌《さんびか》 →唱歌《しょうか》 →東京音楽学校《とうきょうおんがくがっこう》 →別刷〈新劇・西洋音楽〉

参考文献 『東京芸術大学百年史』東京音楽学校篇一・二（一九八七・二〇〇三、音楽之友社）、中村理平『洋楽導入者の軌跡―日本近代洋楽史序説―』（一九九三、刀水書房）、塚原康子『十九世紀の日本における西洋音楽の受容』（一九九三、多賀出版）、中村洪介著・林淑姫監修『近代日本洋楽史序説』（二〇〇三、東京書籍）

（塚原　康子）

せいようがし　西洋菓子　西洋船来の製法によって作られた菓子。洋菓子とも。カステラやビスケットのごとく、南蛮菓子の伝統を継承した場合もあるが、多くは新たに受容されたもので、東京両国若松町の和菓子店米津風月堂の米津松造は西洋人の職人を雇って、明治十年（一八七七）には百種ほどの菓子を、翌年にはチョコレートを発売している。十二年には東京麹町区山本町の開進堂村上光保が、美味と滋養を売物にみずからカステラや西洋菓子を製造、十七年の松造の店には、カステラもあり、ゴーフルやボンボンもあり、またシュークリームやエクレアもあった。東京の西洋菓子店としては、外国人職人を招聘し、また輸入菓子やクリスマス＝ケーキを並べた和菓子兼業の壺屋チェーン、当初赤坂に、のち芝区田町に工場を持って、株式会社化に至った森永製菓などもあるが、四十年（一九〇七）には亀井まき子『和洋菓子製法』が博文館の『家庭百科全書』第四編として刊行された。それは一一三ページを西洋菓子に配当する本格的なものであった。信州出身の米津松造が没した四十一年、その支店は長野、上田、甲府などにも存在した。料理とは異なり、菓子は単品として流通しやすい。風月堂の西洋菓子も、そのクリームの柔らかな色合いを地方の家庭にももたらしたのである。

参考文献 大藤時彦「風俗」（『図説日本文化史体系』一一所収、一九五六、小学館）

（前坊　洋）

せいようけん　精養軒　明治初年に開業した代表的な西洋料理店。北村重威《きたむらしげたけ》が岩倉具視らの支援を受けて、明治五年（一八七二）初めに丸の内馬場先門前に西洋料理店を開業した。同年五月十五日（六月二十日）の『日新真事誌《にっしんしんじし》』には「木挽《こびき》町五丁目二ノ橋角精養軒」との広告記事がみえる。この年銀座大火があったが、翌六年、築地の外人居留地近くの京橋采女《うねめ》町（東京都中央区銀座五丁目のうち）に、その後のわが国の西洋料理界に大きな影響力を及ぼすもととなった築地精養軒ホテルを創業し、フランス系の西洋料理を食べさせた。設立まもない明六社の集会もここを利用している。九年に上野公園内には支店（現上野精養軒）が新築された。文明開化の象徴として西洋料理と洋風の建物は社交の場としても人気を博した。来日した外国の要人や日露戦争での凱旋祝賀会などさまざまなイベントが行われた。精養軒の名前は北村透谷、夏目漱石、森鷗外、永井荷風など著名な文学者の作品にも登場している。築地精養軒は明治四十年（一九〇七）に重厚なドイツ式のホテルに改築されたが、大正十二年（一九二三）の関東大震災で全焼したため、上野精養軒はこのときより本店機能を果たすこととなった。

参考文献 『新撰東京名所図会』一（一八九六）、『京橋区史』下（一九四二）、『明治文学全集』別巻（一九八九、筑摩書房）、清水正雄『東京築地居留地百話』（二〇〇七、冬青社）

（松平　康夫）

せいようざっし　西洋雑誌　幕末維新期に刊行された啓蒙雑誌。西欧にある「マガゼイン」にならって「雑誌」という語を題名に用いた日本最初の近代的雑誌。慶応三年（一八六七）十月、洋学者の柳河春三《やながわしゅんさん》が江戸開物社より創刊。柳河は元治元年（一八六四）から開成所教授として外字新聞の翻訳にあたる傍ら、筆写した新聞を「日本貿易新聞」などの題を付けて回覧する同人、会訳社を組織していたが、その廃止後、ヨーロッパ諸国の歴史や学術、特に理工学関係の記事を紹介するために、個人で刊行した。神田孝平《かんだたかひら》・宇都宮三郎・田中芳男なども寄稿した。木版で半紙十数葉を一冊として、五巻までは月刊で出された。明治元年（一八六八）二月に柳河は『中外新聞』を創刊し、戊辰戦争時における佐幕派新聞として好評を博

精　養　軒

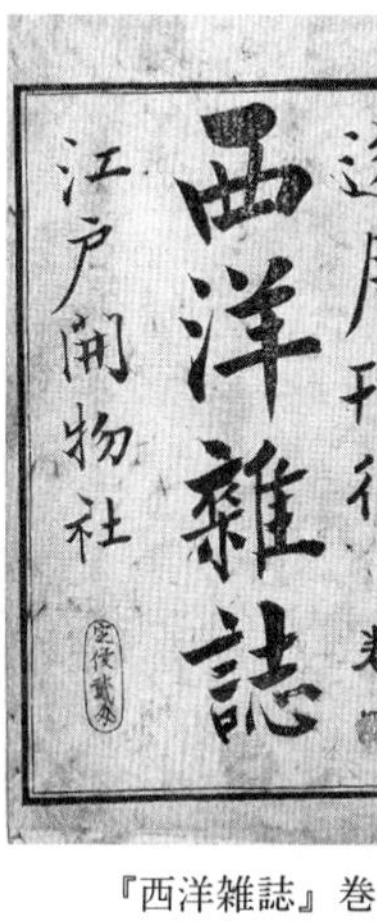

『西洋雑誌』巻1

したが、『西洋雑誌』は明治二年九月に六巻が刊行されたのみで、翌年二月に柳河が急死したため、そのまま廃刊となった。『明治文化全集』に復刻あり。 （土屋 礼子）

せいようじじょう　西洋事情　『学問のすゝめ』『文明論之概略』とならぶ福沢諭吉の代表的著作。本書について福沢は、当時、朝野の西洋文明を談じて開国の必要を説く者でこれを座右に置かぬ者はなく、「余が著訳中最も広く世に行はれ最も能く人の目に触れたる書」であって、その「初編の如き著者の手より発売したる部数も十五万部に下らず、之に加ふるに当時上方辺流行の偽版を以てすれば二十万乃至二十五万部は間違ひなかる可し」といい、あたかも「無鳥里《とりなきさと》の蝙蝠《かわほり》、無学社会の指南」ともいうべき書物であったと述べている(『福沢全集緒言』)。初編三冊、外編三冊、二編四冊の計十冊より成る。刊記に、初編「慶応二年初冬」、外編「慶応三年季冬」、二編「明治三年初冬」とあるが、外編の実際の刊行は慶応四年(明治元年、一八六八)五月から八月までの間であったと推定されている。「外篇」巻之三巻末に「不許偽版」、「二篇」巻之四巻末にも「禁偽版」と大書されているが、本書には膳所藩士黒田行次郎による『(増補和解)西洋事情』など多くの偽版が刊行されている。初編巻之一の「小引」によれば、「文明の治」を助け「武備の闕」を補うためには、これまでのような窮理、地理、兵法、航海術などの洋書の翻訳だけでは不足であって、「各国の政治風俗」の実情を知ることが肝要であり、「英亜開版の歴史地理誌数本」を「抄訳」して、西洋各国の歴史、政治、軍備、財政の特質を「史記」「政治」「海陸軍」「銭貨出納」の四項目のもとにまとめて示すとしている。このことを具体化したのが、初編巻之二、三におけるアメリカ合衆国、オランダ、イギリス、二編巻之二―四におけるロシア、フランスについての記述である。また、西洋文明社会の本質の理解のためには各国個別の事情にとどまらず、わが「国俗」とは異なる「西洋一般普通の制度風俗」のあることを知らねばならないとして、文久遣欧使節団の一員としての福沢の見聞記録を基礎とし、英文の「経済論等の諸書」を参考にして、初編巻之一に、政治、収税法、国債、紙幣、商人会社、外国交際、兵制、文学技術、学校、新聞紙、文庫、病院、貧院、唖院、盲院、癲院、痴児、博物館、博覧会、蒸気機関、蒸気船、蒸気車、伝信機、瓦斯燈について「備考」として取り上げ、たとえば「政治」の項では「立君モナルキ」「貴族合議アリストカラシ」「共和政治レポブリック」の三形態があることなどの解説がなされている。さらに同様の趣旨で、外編巻之一―三では、バートンによる「政治経済学読本」(John Hill Burton: Political Economy, for use in Schools, and for Private Instruction)の翻訳を軸とし、あわせて諸書を抄訳して、人間、家族、人生の通義及び其職分、世の文明開化、貴賤貧富の別、世人相励み相競う事(「ワット」の伝、「ステフエンソン」の伝)、人民の各国に分るゝを論ず、各国交際、政府の本質を論ず、政府の種類、国法及び風俗、政府の職分、人民の教育、経済の総論、私有の本質を論ず(勤労に別あり功験に異同あるを論ず、発明の免許、蔵版の免許)、私有を保護する事、私有の利を保護する事、について記述している。二編巻之一においても同じ趣旨で「備考」と題して、ブラックストーンの『英法講義』(William Blackstone: Commentaries on Laws of England)によって「人間の通義」として基本的人権の理念を解説し、ウェーランドの『経済書』(Francis Wayland: The Elements of Political Economy)によって「収税論」を論じている。前者では、「英国人民の自由、一身を安穏に保するの通義、一身を自由にするの通義、私有を保つの通義」についてそれぞれ解説し、これらの「通義を達する所以の安心」を延べて結びとしている。「通義」は英語 right の訳語である。後者では、「一国の公費を給するの法、収税の主意、一国の財を費す可き公務」について論じている。『福沢諭吉全集』一(昭和三十三年、岩波書店)、『福沢諭吉選集』一(昭和五十五年、岩波書店)、『福沢諭吉著作集』一(平成十四年、慶応義塾大学出版会)などに所収。 →福沢諭吉《ふくざわゆきち》

参考文献　富田正文「後記」(『福沢諭吉全集』一・一九所収、一九五八・一九六九、岩波書店)、同『福沢諭吉書誌』(一九六四、大塚巧芸社)、松沢弘陽「解説」(『福沢諭吉選集』一所収、一九八〇、岩波書店)、アルバート・M・クレイグ「ジョン・ヒル・バートンと福沢諭吉―『西洋事情外編』の原著は誰が書いたか―」(西川俊作訳、『福沢諭吉年鑑』一一所収、一九八四、福沢諭吉協会)、Albert M. Craig: John Hill Burton and Fukuzawa Yukichi(『近代日本研究』一、一九八五)

（松崎 欣一）

せいようどうちゅうひざくりげ　西洋道中膝栗毛　十一編までを仮名垣魯文著、十二編以下は総生寛《ふそうかん》作、一恵斎《いちけいさい》芳幾《よしいく》・立斎広重・惺々暁斎《しょうじょうきょうさい》画の滑稽本。明治三年(一八七〇)秋に初編と二編、四年春に三編・四編・五編、夏に六編・七編・八編、秋に九編・十編、五年春に十一編、七年一月に十二編、十二月に十三編、九年三月に十四編・十五編を万笈閣より出版。内題は『(万国航海)西洋道中膝栗毛』。栃面屋弥次郎兵衛、北利喜太八の孫弥次と喜太八が、横浜の大商人大腹屋広蔵の手代となり、英国の竜《ロン》動《ドン》博覧会へ赴く航海中の滑稽譚。福沢諭吉『西洋旅案内』や『西洋事情』、また内田正雄『輿地誌略《よちしりゃく》』などを材源とし、フランス帰りの富田砂燕《とみたさえん》の帰朝談を参照する。西回りの航路を取り、アデンでは通詞郎が普仏戦争の軍談を

語り、『安愚楽鍋《あぐらなべ》』の宣伝があるなど、際物性を発揮する。また十一編の久保田重信の序には「欧羅巴諸国にも小説草冊子の等類あり然れども稗史《はいし》戯作など丶支那風に卑《いや》め号《とな》へず」と、小説を高く評価する点が注目される。昭和三十三年(一九五八)に小林智賀平による校訂で『岩波文庫』から出版されている。↓仮名垣魯文《かながきろぶん》　(山田　俊治)

せいようりょうり　西洋料理　西洋舶来の調理法によって調製された料理。イギリス、フランス料理を中心とするが、イタリア料理、インド料理などもあり、通常、その出自の問われることはなく、その共通項は牛肉の重用とされた。これは、永続した建前としての牛肉食禁忌の裏返しであって、ベジタリアンの存在などはほとんど無視されるところとなった。反面、その受容は大転換であったから、それを促す力として栄養の観念が動員された。近世においても、例外として、長崎出島の蘭館で紅毛料理を楽しんだ人々は存在したが、西洋料理の本格的普及は、明治九年(一八七六)の東京に十五店、二十三年(一八九〇)の東京に九十店以上を数えることとなる西洋料理店の展開を待たなければならなかった。西欧においては、給仕が料理をそのつど配膳するロシア式サービスが採用されたころで、この新風を無意識に受容した日本で、会席料理よりも安価であった西洋料理は、杯盤狼籍とは対照的な簡潔性を賞され、また女性の外食への抵抗感を減らすこととなった。↓洋食《ようしょく》

参考文献　日本風俗史学会編『近代日本風俗史』五(一九六八、雄山閣出版)、前坊洋『摸擬と新製』(二〇一〇、慶応義塾大学出版会)　(前坊　洋)

せいようりょうりてん　西洋料理店　『武江年表』慶応二年(一八六六)のころに、西洋料理店と号する店が所々にできて、西洋風の造作を施しているという記事がある。これは西洋料理店として早い方であろう。このあと明治六年(一八七三)七月の『新聞雑誌』一五六号に「近来府下各所に西洋料理店開店の者、日を追うて繁昌せり」とあってその代表として采女《うねめ》町西洋(精養の誤)軒、築地日新亭、茅場町海陽亭をあげている。精養軒の北村重威《きたむらしげたけ》はもと京都仏光寺の台所役人で、岩倉具視の家来となり上京して西洋料理を学び、開業した。西洋をもじった家号は岩倉の命名という。明治九年に上野公園に支店を開いたが、これは現在まで続いている稀有な例である。当時の店内の様子は『トバエ』三号(明治二十年(一八八七)三月十五日)に仏人ビゴーが見事に活写している。ウェイトレスは洋服だが、客は帽子を冠り、コートを着たままで、黒眼鏡をかけて妙な手付で食事をしているのが面白い。↓精養軒《せいようけん》　(小野　一成)

西洋料理店(『トバエ』1887年3月15日号より)

せいりこうさい　整理公債　明治十九年(一八八六)十月整理公債条例に基づき多種にわたる高利債を整理する目的で発行された国債。銀本位制の確立、明治十九年一月政府紙幣の銀兌換の開始、政府紙幣と銀貨の比価の安定、銀行制度の整備が進み金利の低落傾向が顕著となったことから、政府は松方正義大蔵大臣の提議に基づき維新以降発行した国債のうち利率六%以上を対象として大規模な借換えを実施した。年利五%、償還期限五十年で、明治十九年から三十年(一八九七)までの間に合計一億七千五百万円が発行された。整理の対象は金禄公債が最も多く(七分利付約二千七百二十万円、六分利付約六百九十二万円)、その他征討費借入金、起業公債、中山道鉄道公債、金札引換公債、金札引換無記名公債であった。明治四十三年(一九一〇)に四分利債への借換により償還を終了した。整理公債条例の国債発行に関する手続きなどの規定は、明治三十九年七月に「国債ニ関スル法律」、国債規則が施行されるまで国債に関する基本法規となった。

参考文献　大蔵省編『明治大正財政史(復刻)』一一(一九五六、経済往来社)、『明治財政史(第三版)』八(一九七二、吉川弘文館)　(金澤　史男)

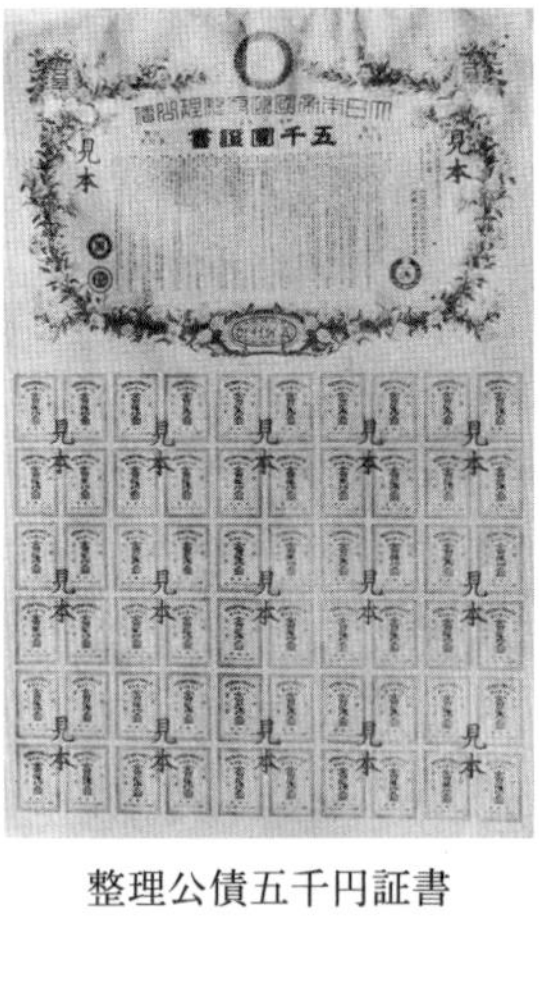

整理公債五千円証書

せいりこうさいじょうれい　整理公債条例　明治初年に発行された種々の国債を整理するために発行された整理公債に関する規定。明治十九年(一八八六)一月十六日勅令第六六号にて公布。整理公債の発行額、利率、償還期間などの基本事項を定めただけでなく、無記名を原則とすること、応募者多数の場合は応募価格の高い者から交付すること、抽選償還の方法などが定められた。また、利子支払い日(六月、十二月)、汚染や毀損した公債証書の処理をはじめ国債に関する手続と大蔵省および日本銀行本店・支店の役割などが明記され、さらに明治十九年

戦　　争

ここでは明治期における戦争を広くとらえ、日清戦争・日露戦争という明治時代の二大対外戦争および台湾出兵や北清事変などの海外派兵に限らず、明治初年から西南戦争に至る内乱、日本(人)と関係のある海外における騒乱(壬午事変、甲申事変、義兵運動、辛亥革命)を含めて戦争ととらえて示した。ここではほぼ時代順に並べ、特に最近研究の進展した戦争報道や慰霊に関する図版を多く掲げた。ここに掲げた、特に対外戦争を描いた絵画などは、実際に見て描いたものではないため、史実としては正確とはいえないものが多い。しかしそこには自ずとその時代特有の見方が反映する。そういう意味である種の真実を表わしているともいえよう。　(櫻井　良樹)

戊辰戦争　明治は、戊辰戦争によって始まった。慶応３年(1867)10月14日の大政奉還、12月9日の王政復古の大号令後、明治元年(1868)１月３日の鳥羽・伏見の戦をもって火蓋が切られたのが戊辰戦争である。戦争は徳川慶喜の大坂からの逃亡により全国に波及し、東征軍は２月から東進を開始、江戸開城(４月11日)と上野戦争(５月15日)、奥羽越列藩同盟との東北地方をめぐる戦い(９月22日会津藩降伏)、そして箱館五稜郭での戦い(明治２年５月18日榎本武揚降伏)などである。明治元年10月天皇は東京にはじめて着き、その後いったん京都に戻ったが、翌年３月再び東京に入り、実質的に東京が首都となった。

1　**錦の御旗**(浮田可成『戊辰所用錦旗及軍旗真図』)

2　**「山崎合戦官軍大勝利之図」**(部分)　鳥羽・伏見の戦の一風景。

3 **「白虎隊英勇鑑」** 会津若松城落城の際における白虎隊自刃の物語は有名である。

4 **上野戦争で焼け残った寛永寺黒門** 明治40年(1907)、彰義隊士を祀る円通寺(東京都荒川区)に移築された。

5 **「東京府銀座通之図」**(月岡芳年写　年景画) 天皇東幸を描いた図。はじめて天皇が東京に下って来た光景は、錦絵として多く残されている。これは東京の銀座通りを行進しているもの。

台湾出兵　日本の近代領土確定過程で問題の一つとなったのが、琉球の帰属であった。明治４年(1871)琉球からの難破船が台湾南部に流れ着き、原地民によって殺害される事件(牡丹社事件)が起こった。日本は清国政府の責任を追及したが清国政府は拒否したために起こされたのが、明治７年５月からの台湾出兵であった。

6　**牡丹社で殺害された琉球人の墓**

7　**征台軍幕僚**　司令官は西郷従道。

佐賀の乱・神風連の乱　明治維新政府の諸改革(廃刀令や徴兵制)に対して不平士族たちの乱が明治６年の政変後に相次いで起こった。江藤新平を中心とする佐賀の乱(７年)、９年の神風連の乱、秋月の乱、萩の乱(前原一誠が中心)などである。これらに対して政府は厳しい態度で臨み、鎮台兵により鎮圧された。

8　**佐賀の乱戦没者記念碑**　佐賀市　建設されたのは大正期。

9　**「熊本之賊徒ヲ討伐之図」**（永島孟斎画）　神風連の乱を描いたもの。

西南戦争　明治期最大の内乱である西南戦争は、明治10年(1877)２月に開始され、薩摩軍は21日から熊本鎮台を包囲攻撃したが、堅牢で落ちず、戦線は田原、鳥巣、植木、山鹿方面に拡大した。薩摩軍には、宮崎県の飫肥隊や延岡隊のほか、大分の中津隊なども加わった。官軍は、徴兵制による軍隊のほか、急遽徴募した巡査を中心とする新撰旅団も加わった。３月に激しく戦われた田原坂の戦がクライマックスで、４月中旬には薩摩軍は撤退開始、人吉に本営を移した。６月１日人吉が陥落、都城に移るも７月下旬には官軍の有に帰した。追いつめられた薩摩軍は９月１日に鹿児島に戻り城山に籠もるが、24日に西郷隆盛が自刃し戦火は止んだ。両軍の死者は合わせて約13,000人であった。

10　**「西南役熊本籠城」**（近藤樵仙画）　薩摩軍の攻城を描いたもの。

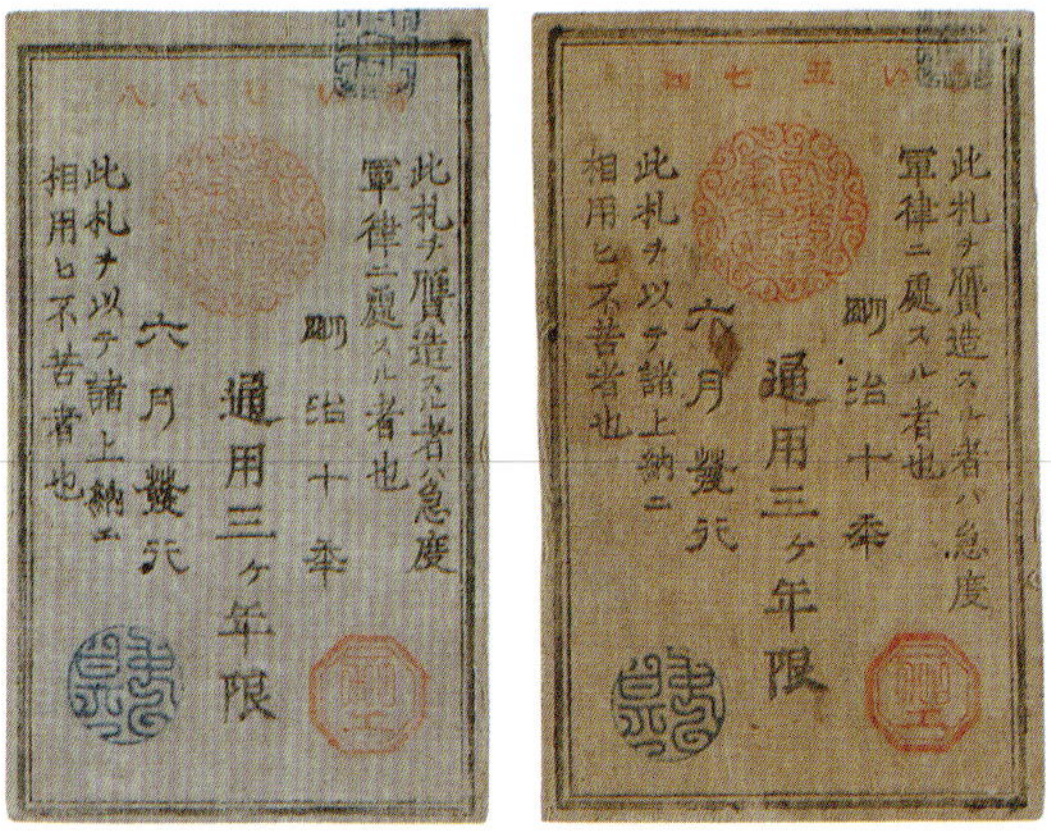

11　**西郷札**　西南戦争の際に軍費調達のために薩摩軍が発行。布製。

12　**ワーグマンの風刺画**(『ジャパン=パンチ』1877年３月号)　平民から徴兵された政府軍兵士が西郷軍とよく戦っていることを、薩摩芋を食べている姿で諷刺したもの。

13　南洲墓地　鹿児島市　西南戦争で敗れた賊軍兵士（西郷隆盛を含む）の墓は、明治12年（1879）に見晴らしがよく桜島を望む現在地に集められ埋葬された。

14　明治紀念標　西南戦争鎮圧の中心となった大阪鎮台の有志により明治16年に大阪中之島に建設され、明治35年に大阪城内の大阪偕行社前に移設された。

15　靖国神社　明治20年頃　戊辰戦役の官軍戦没者を祀る施設として大村益次郎の献策により明治２年に東京九段に建立された東京招魂社は、西南戦争の官軍戦没者を合祀し、明治12年に靖国神社と改称され、軍が管轄する特別な神社として、次第に重みを増していった。

江華島事件・壬午事変　明治維新後の日朝関係は、江戸時代の外交慣例を日本側が改めたことにより断絶した。征韓論は斥けられたものの、明治８年(1875) ９月の江華島事件をきっかけとして、明治９年２月に日朝修好条規が結ばれ国交が復活された。日朝修好条規は朝鮮を開国させたものであり、日本の影響力が高まると、従来からの宗属関係を主張する清国との対立が深まり、壬午事変(明治15年)・甲申事変(17年)のような朝鮮政治をめぐる日清対立事件が起こった。

16　江華府外郭鎮海門　江華府は朝鮮の首府である漢城への出入り口に位置する江華島の中心であった。明治９年条約交渉の時期に写されたもの。

17　「朝鮮暴徒防御図」(歌川国松画)　壬午事変の様子を描いたもの。

18　朝鮮戦役記念の碑　仙台市榴岡公園　この碑は、甲申事変時に日本公使館護衛にあたっていた仙台から派遣されていた歩兵第四連隊第一大隊の戦いを記念したもの。甲申事変の記念碑は珍しい。

19　**文明の拳銃**(『時事新報』明治27年8月8日)　戦争が始まった時、福沢諭吉は「文野の戦争」という語句を使って戦争を支持した。近代化に努め「文明」を代表する日本と、古い体制に固執し「野蛮」な清国という姿である。この諷刺画にも、朝鮮を擁して文明という拳銃の弾で戦う日本という構図で描かれている。

日清戦争　日清戦争は、明治27年(1894)に、日本と清国の朝鮮に対する影響をめぐる対立を原因として、日本軍による朝鮮王宮占領(7月23日)をもって始まった。宣戦布告は8月1日であった。この戦争により清朝を中心とする華夷秩序が否定されることになった。戦争には約2億3千万円の軍費が費やされ、24万人の兵士と15万人以上の民間人の雇(軍夫)が、おもに補給要員として動員され、多くの死者(病死が多かった)が出た。戦争は日本の全勝に終わり、日清講和条約は清韓宗属関係の否定、台湾割譲、賠償金支払いなどを定めていた。

20　**「平壌攻撃電気使用之図」**(小林清親画)　戦争にはサーチライトなど最新の技術が用いられた。

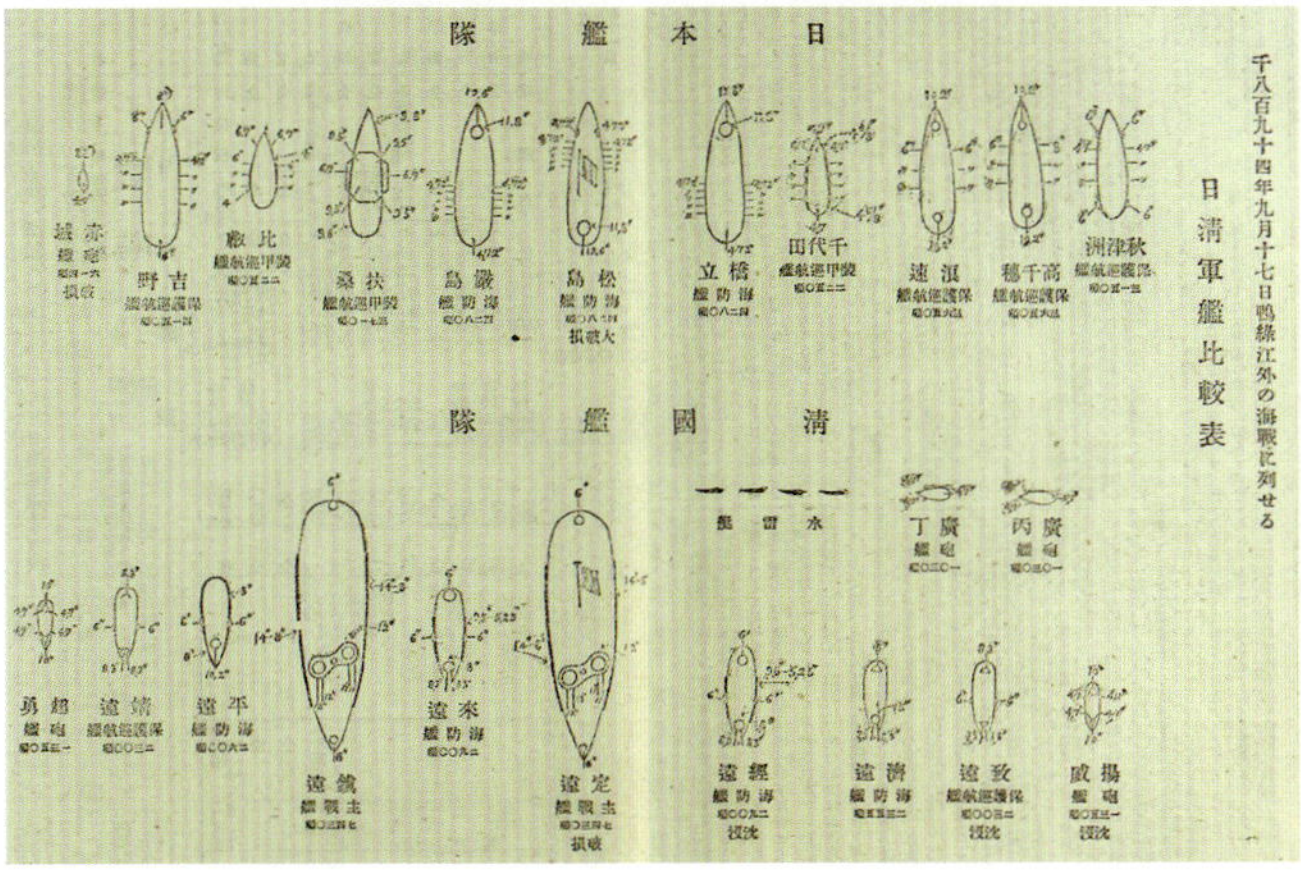

22　**日清軍艦比較表**(『日清戦争実記』第19編、明治28年)　日本の主力艦である三景館(松島、橋立、厳島)と清国の主力艦(定遠、鎮遠)の大きさを比べたとき、清国艦隊が日本より優っていたことを示している。

21　**「威海衛上陸進軍之図」**(小林清親画)　厳冬期(明治28年1月)の行軍を描いている。

24　**「旅順戦後の捜索」**（浅井忠画）　浅井忠は戦争報道のための画家として日清戦争に従軍した。これは明治28年（1895）の内国勧業博覧会に出品されたもの。占領直後の旅順の様子を示す。

23　**広島大本営**（『風俗画報』 第81号（『日清戦争図絵』第３回）、明治27年）　戦争が始まると、出征部隊の基地となった広島に大本営が移され、天皇が臨幸して諸種の会議が開催された。

25　**軍夫と兵士と従軍記者**（久保田米僊『日清戦闘画報』 第４編、明治28年）戦争遂行にあたり、主に補給要員として参加したのが軍夫（画面右側で銃を持った兵士の後ろ）であった。左隅が従軍記者で、久保田も画家として従軍した。

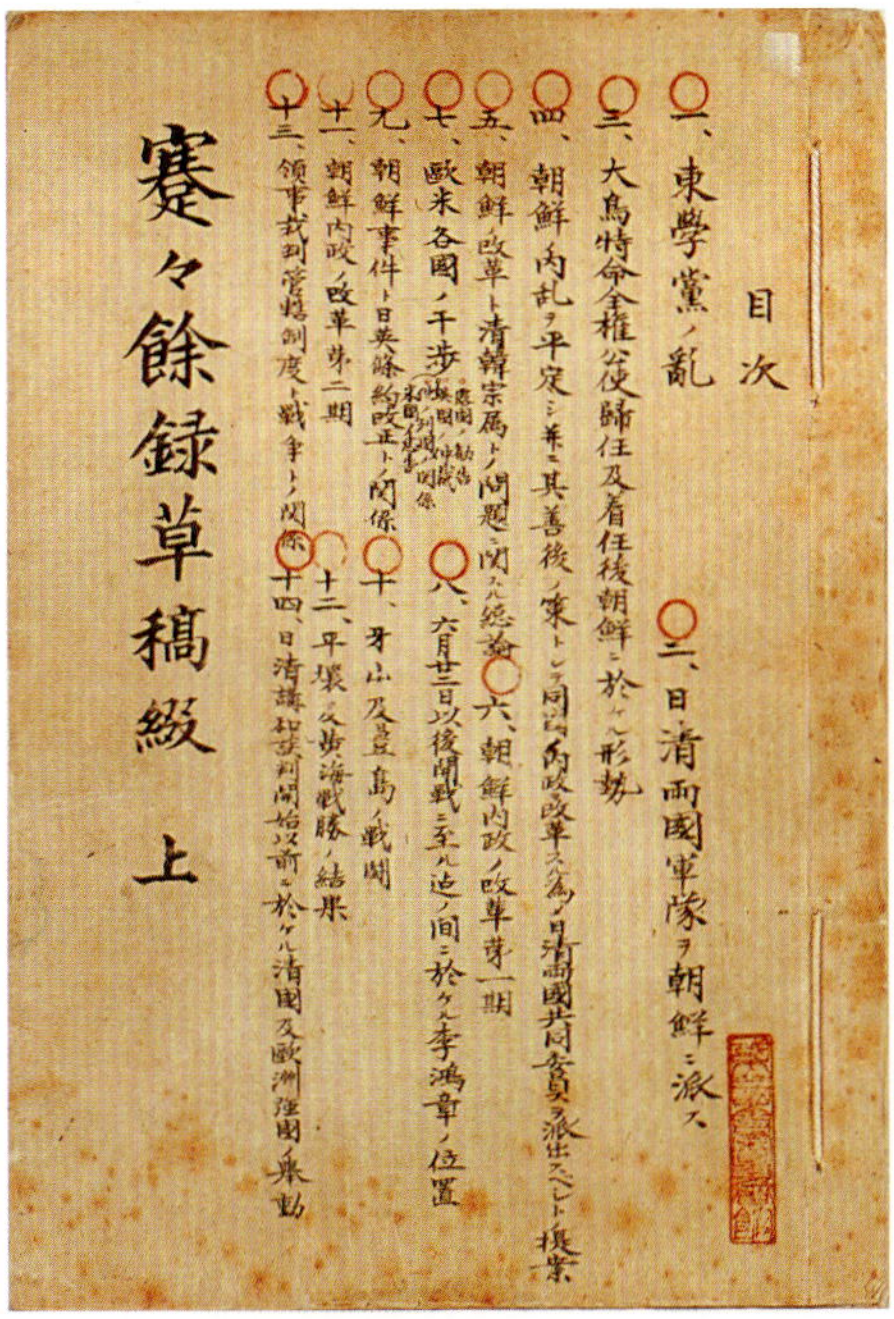

蹇々餘録草稿綴　上

目次

一、東學黨ノ亂

二、日清兩國軍隊ヲ朝鮮ニ派ス

三、大鳥特命全權公使歸任及着任後朝鮮ニ於ケル形勢

四、朝鮮内亂ヲ平定シ並ニ其善後ノ策トシテ同國内政ヲ改革スル爲メ日清兩國共同委員ヲ派出スヘシトノ提案

五、朝鮮改革ト清韓宗屬トノ問題ニ關スル總論

六、朝鮮内政ノ改革第一期

七、歐米各國ノ干渉

八、六月廿三日以後開戰ニ至ルマテノ間ニ於ケル李鴻章ノ位置

九、朝鮮事件ト日英條約改正トノ關係

十、牙山及豐島ノ戰鬪

十一、朝鮮内政ノ改革第二期

十二、平壤及黄海戰勝ノ結果

十三、領事裁判管轄制度ト戰爭トノ關係

十四、日清講和談判開始以前ニ於ケル清國及歐洲強國ノ舉動

27 **『蹇蹇余録草稿綴』上**（「陸奥宗光関係文書」） 陸奥宗光外相は本書において日清戦争の指導を回顧した。その一節では「戦争における勝利は外交において失敗せり」という政府非難が起こったとしている。

26 **山根支隊の前衛竹林を突貫する図**（『風俗画報』第101号、明治28年） 日清講和条約の結果、割譲されることになった台湾では、一時独立を宣言する動きがあった。日本は、台湾を占領するために軍隊を派遣し制圧したが、「土匪」と呼ばれる抗日ゲリラとの戦いは、その後も長く続いた。この絵は竹林の中での戦闘を描いている。手前が「土匪」。

28 **「大日本大勝利　分捕品縦覧之図」** 戦利品は日本に運ばれ、祝捷の場などで展示された。

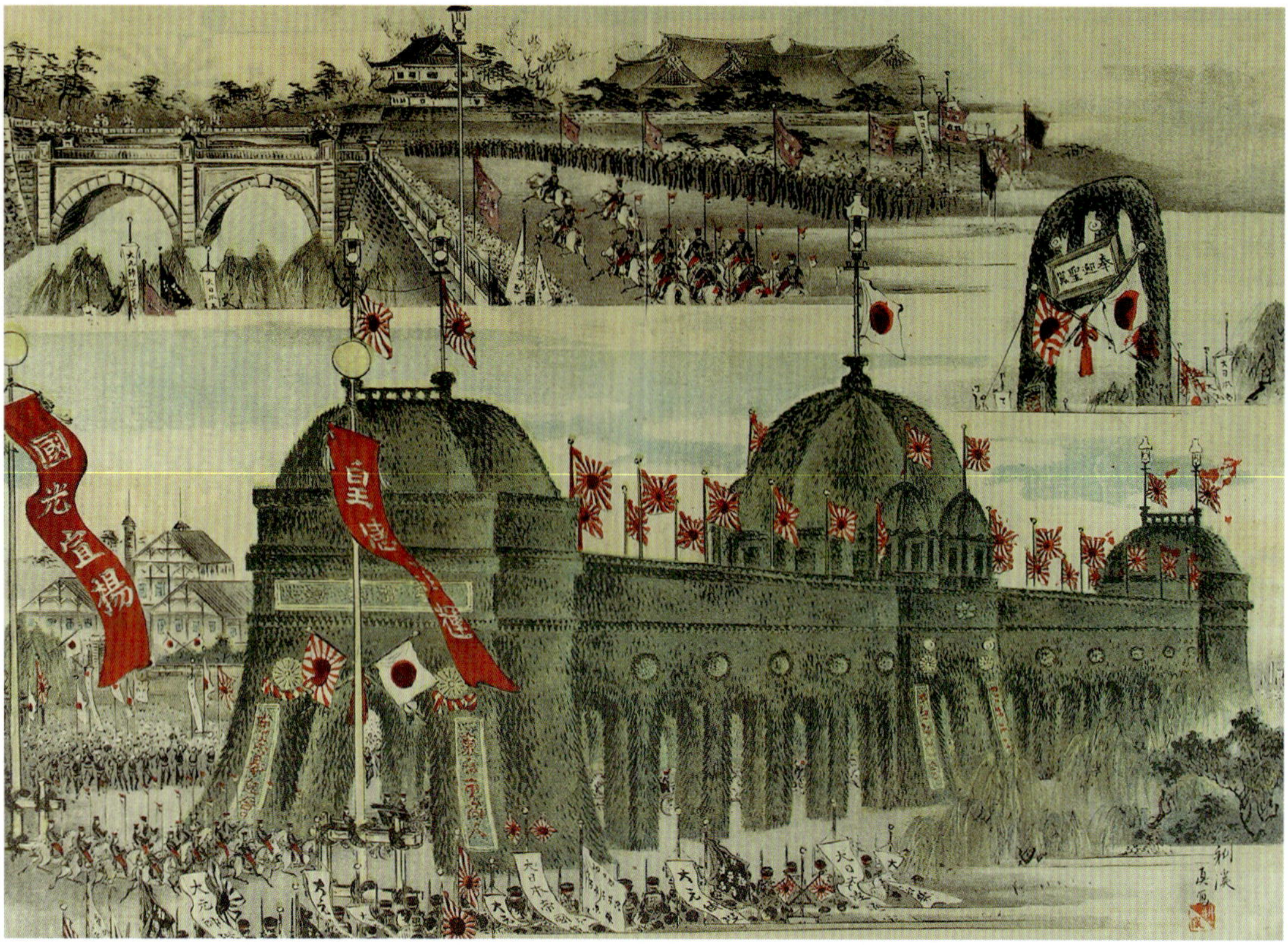

29　日清戦争凱旋門(『風俗画報』第96号(『征清図会』第10編)、明治28年)
上は皇居前、下は日比谷の凱旋門。門は杉の緑色の葉で飾られていた。

30　明治紀念堂　新潟県佐渡市　佐渡の僧侶本荘良寛によって建てられた本堂には日清戦争以後の遺影(左図)が飾られ、天井(上図)には地球の内側からの視点による左右反転の地図が描かれている。

北清事変　山東半島から始まった義和団は排外的側面を持ち、1900年(明治33)に入ると６月には北京にまで拡大し、各国公使館区域を取り囲んだ。清国政府は、６月21日に列国に宣戦布告し、８ヵ国が連合して出兵する北清事変になった。戦争は８月14日の連合国軍の北京入城で実質的には終わったが、講和条約である北京最終議定書(辛丑和約)が調印されたのは翌年９月７日のことであった。これにより列国および日本は、華北に駐屯する軍隊を設置する権利を得た。

31　**北清戦役紀念碑**(『天津写真帖』)　天津日本租界大和公園内。

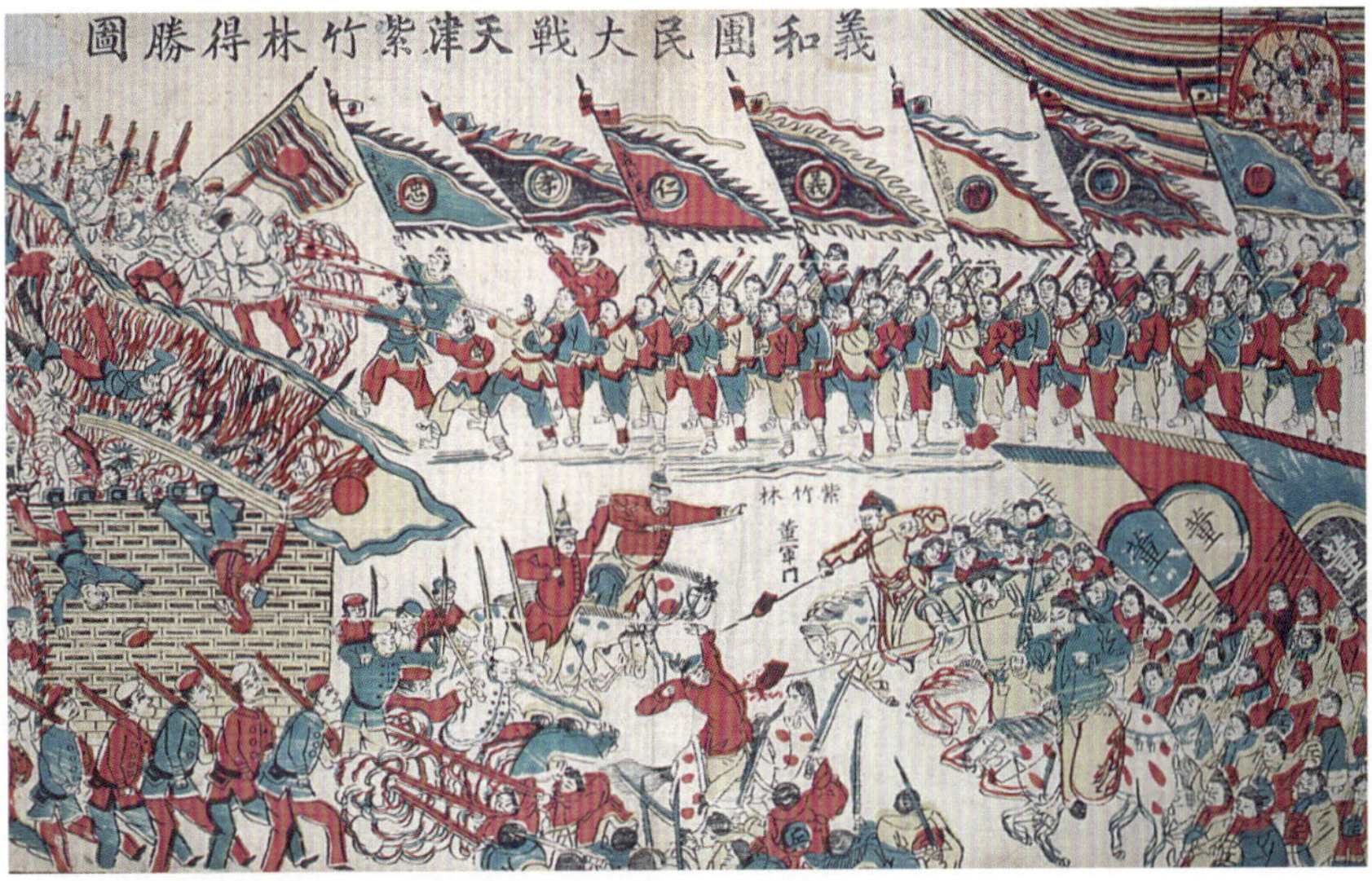

32　**「義和団民大戦天津紫竹林得勝図」**　義和団の様子を描いたもの。旗に義和団民と記されている。

33　**北京最終議定書会議全権団**　右側が清国側。

日露戦争　明治37年(1904)2月から翌年9月にかけて日本は朝鮮・満洲を戦場として２度目の対外戦争を戦う。動員された兵士は陸軍だけで約108万人、戦費は日清戦争の約８倍の約18億2600万円、日本は国内の総力を尽くして戦い、戦死者の数も約６万人に達した。それだけに講和条件は不満足なものと受け止められ、日比谷焼打事件などのような騒擾を引き起こすことになった。

34　三六式無線電信機(複製)　戦艦三笠で用いられた無線機。

35　28サンチ砲による砲撃
同砲は対艦砲だが、旅順攻略にあたって特別に使用されたことで有名となった。

36　馬賊鉄道破壊(『日露交戦画帖』)　ロシア軍の後方補給線攪乱のために組織されたのが「満洲義軍」で、馬賊を利用して鉄道破壊工作にあたった。右端の下から「満洲より蒙古に亘り数十万の兵を集め大義軍と称し巧に出没して日露の戦争を好機として満洲鉄道を破壊す」と記されている。

38　戦況を報じる新聞社　中央新聞社前の人々。戦争には多くの従軍記者が従軍し、新聞の発行部数は拡大した。新聞社はこのように壁新聞のような形でも戦況を速報した。

37　軍　票　軍事占領下の満洲で使用された。

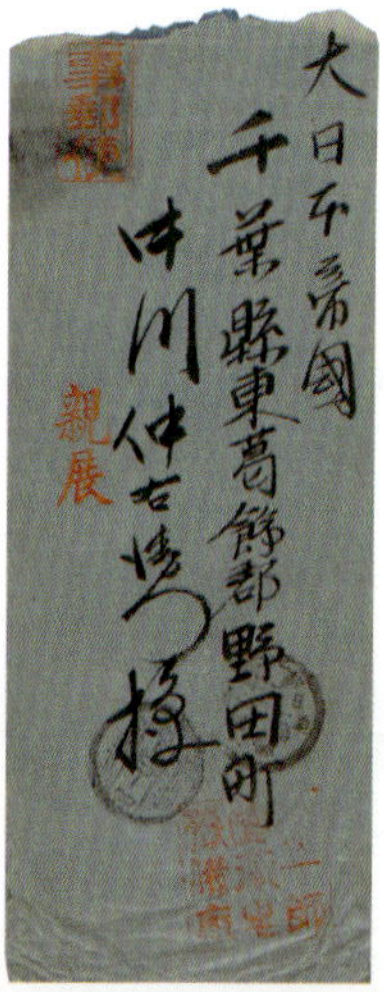

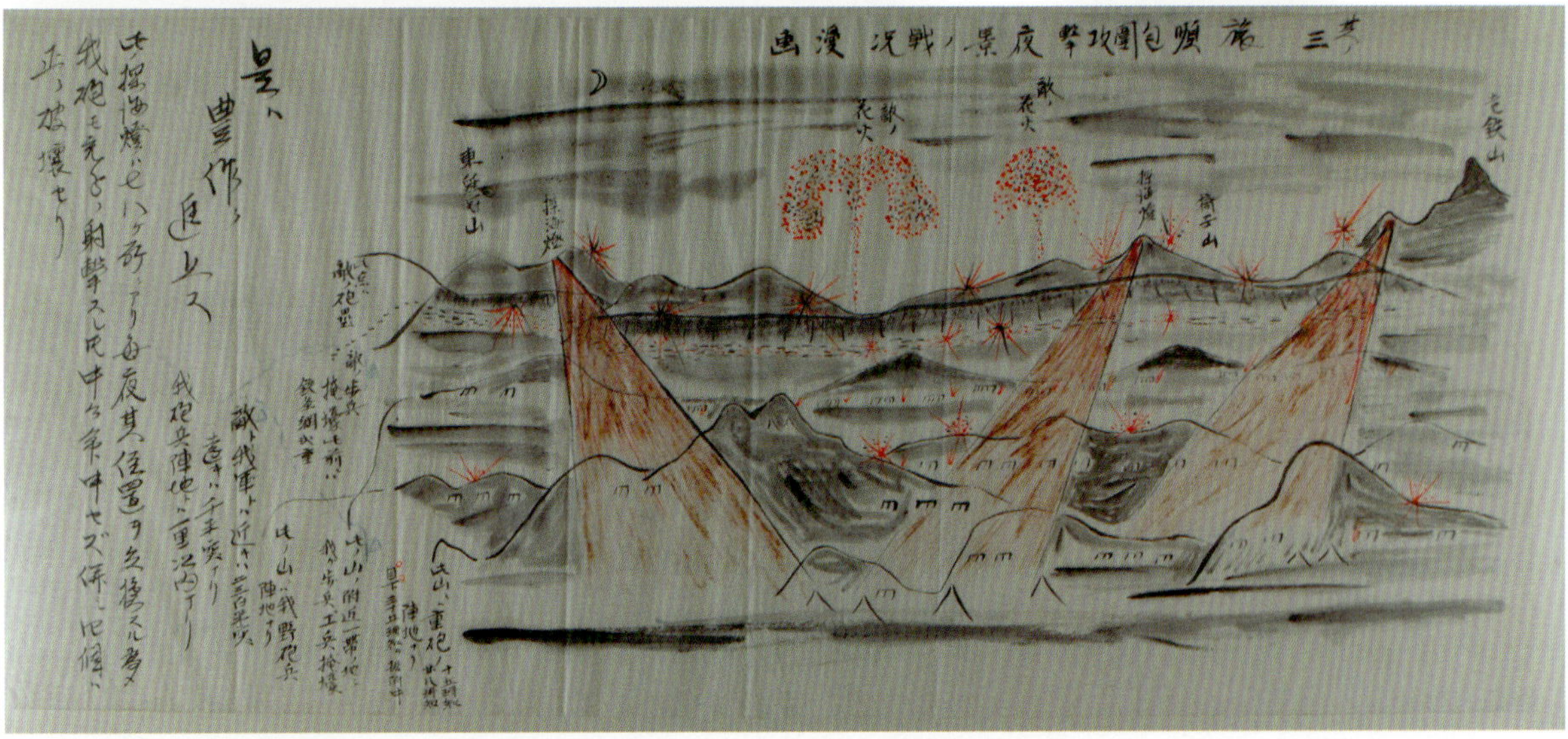

39　絵入りの軍事郵便　第一師団の衛生予備廠の分隊長として従軍した中川仲右衛門(のちに野田町長となる)は、実家にあてて絵入りの軍事郵便を多数送っており、現地の様子を文と絵で活写している。

40　半分の鮭（『団団珍聞』明治38年9月7日号）
樺太の南半分領有を諷刺したもの。

41　日露講和条約批准書　外務省外交史料館に残されているものはロシア語で記されている。

42　国民大会弁士絵葉書　前列右側から細野次郎、大竹貫一、小川平吉、後列は河野広中、山田喜之助、桜井熊太郎。

43　日比谷公園正門前絵葉書　無賠償の講和条件は、国内に激しい反対運動を引き起こすことになり、９月５日に日比谷公園で開催された国民大会に集まった群衆は、散会後暴動化した。この絵葉書は裏側から光を当てると光景が浮かびあがる仕組となっている。

45　奉天の捕虜習志野へ護送の図(『風俗画報』 第315号(『征露図会』第22編)、明治38年)　日清戦時とは異なり日露戦争に際しては、ハーグ条約に基づいた捕虜の取り扱いがなされた。

44　「軍人の妻」(満谷国四郎画)　形見として届いた帽子と軍刀を戴く女性の表情を描いたもの。戦争の持つ悲惨さを感じさせる作品

46　山田の凱旋門　鹿児島県姶良市　国内に現存するものは、このほか静岡県浜松市引佐にしかない。

47　花電車(『風俗画報』 第328号(『出征軍隊凱旋図会』)、明治38年)

49　鎮魂碑(『日置黙仙老師満韓巡錫録』)　激戦の地であった金州(遼東半島)の南山に建てられた。

48　露兵之墓　旅順ロシア人墓地(蘇軍烈士陵園)に今も残る。

義兵運動・辛亥革命　韓国では、1907年(明治40)７月の第３次日韓協約により軍隊が解散された後、抵抗運動(義兵運動)が激化し、韓国駐箚軍は軍事力により鎮圧につとめた。中国大陸では、1911年10月10日に辛亥革命が勃発し、翌年１月には中華民国が建国された。日本政府は清王朝を援助し影響力拡大を図ったが、民間では革命派を支援する声が高かった。

50　義　兵　『朝鮮の悲劇』を著したカナダ人ジャーナリストのマッケンジー撮影によるもの。

52　辛亥革命博物館と孫文像　革命勃発の地(武昌起義軍政府旧址)に建てられた。

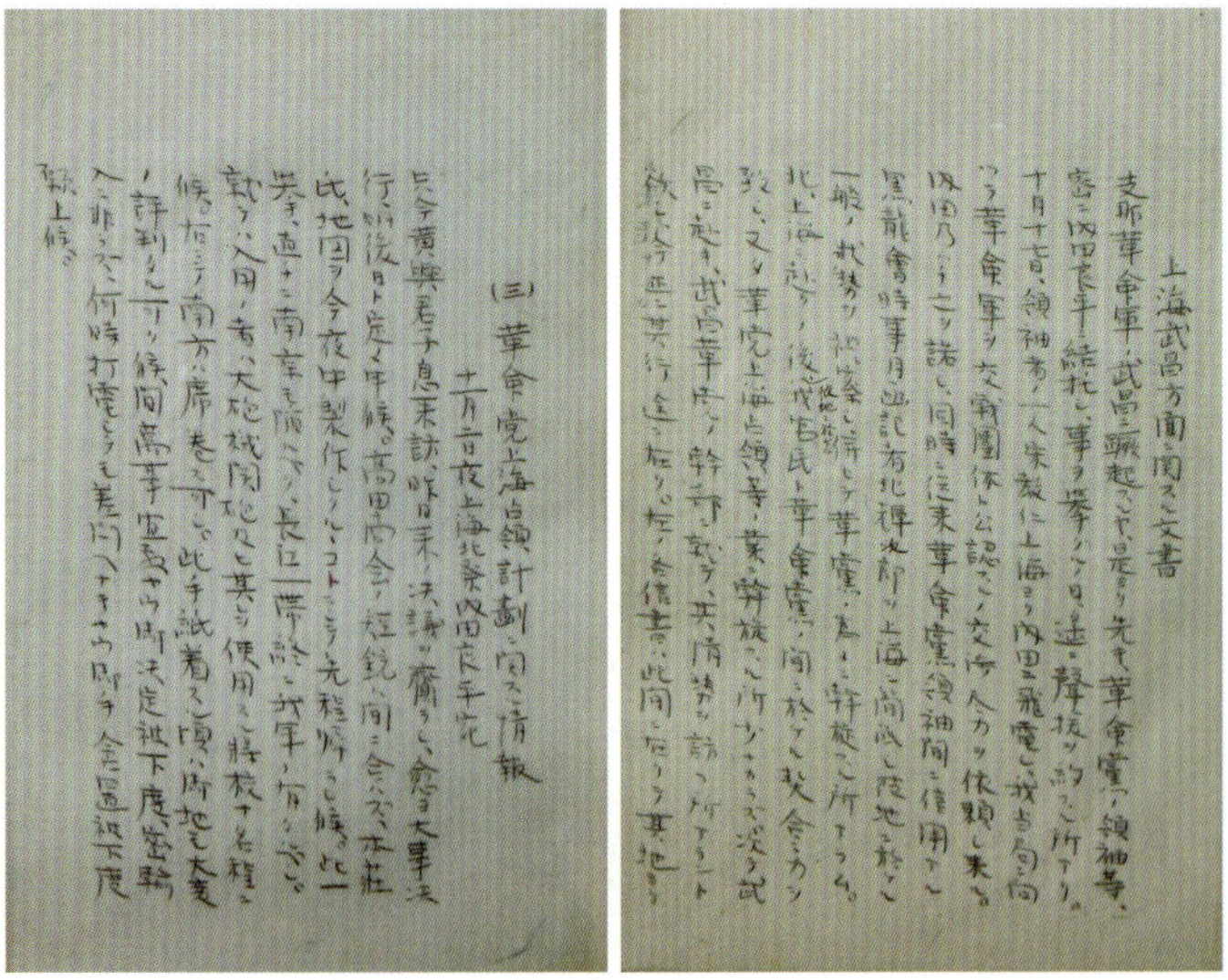
上海武昌方面ニ関スル文書

(三)革命党上海占領計劃ニ関スル情報

十一月三日夜上海北発内田良平宛

51　革命情況を報じる黒竜会宛北一輝電報(「内田良平関係文書」)　辛亥革命の勃発に際して、黒竜会は北輝次郎(一輝)を上海に派遣して革命派を支援した。この文書は北の状況報告電報をまとめたもの。

十月十九日大蔵省令第三〇号整理公債取扱順序で細かく規定された。以後の公債発行に関する勅令(条例)ないし法律では起債総額、利率、償還期間および特記事項のほかは整理公債条例によると規定されることとなった。この意味で明治三十九年(一九〇六)七月に「国債ニ関スル法律」、国債規則が施行されるまで国債に関する基本法規となった。

参考文献 大蔵省編『明治大正財政史(復刻)』一一(一九五六、経済往来社)、『明治財政史(第三版)』八(一九七一、吉川弘文館) (金澤 史男)

せいりそうだん 政理叢談 明治時代前期、中江兆民が主宰する仏学塾より刊行された雑誌。明治十五年(一八八二)二月二十日創刊。同年五月二十五日刊の第七号より『欧米政理叢談』となる。フランスを中心とした欧米諸国の政治思想に関する論説を翻訳紹介する。ルソーの『社会契約論』は、兆民の手により「民約訳解」として第二号より訳載された。訳者としてはほかに田中耕造、野村《のむら》泰亨《やすゆき》らがいる。明治十六年六月五日刊の第三七号までは仏学塾出版局より発行されていたが、同月十五日刊の第三八号からは日本出版会社叢談局発行となる。刊行頻度は、創刊より第二一号(明治十五年十二月二十日)まで月二回の刊行だったが、第二二号(十六年一月五日)から第四六号(同年九月五日)まで月三回の刊行となり、第四七号(同年十月八日)より第五三号(同年十一月十九日)まで週刊となる。その後、第五四号(同年十二月九日)・第五五号(同年同月十七日)と不定期に続き、終刊となった。以後は『欧米政学協会雑誌』に受け継がれていく。明治十七年三月十一日刊行の同誌第一巻稟告では、明治十六年四月の新聞紙条例による出願手続きなどの事務処理が『政理叢談』休刊の理由としているが、日本出版会社内に設けられた政学協会との関係が原因とする説もある。

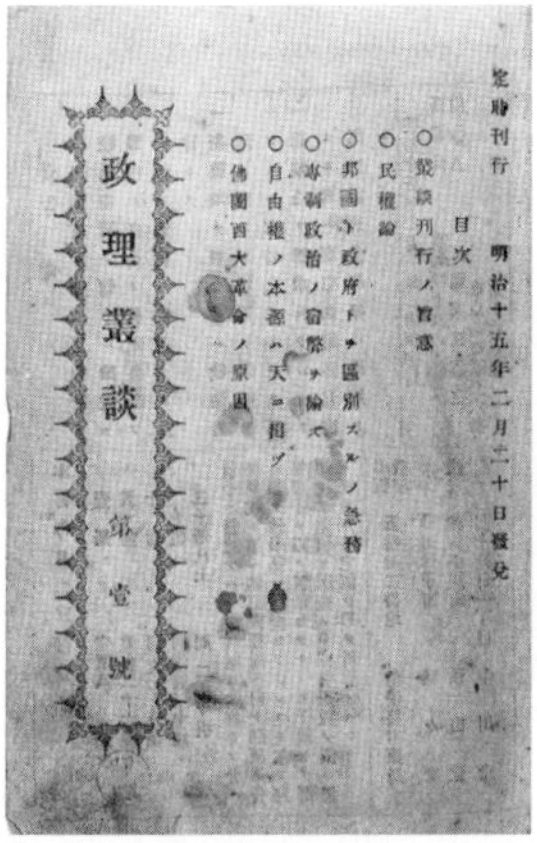
『政理叢談』第1号

参考文献 井田進也「兆民研究における「政理叢談」の意義について」(『文学』四三ノ九、一九七五)、同「『政理叢談』原典目録ならびに原著者略伝」(『東京都立大学人文学報』一二六、一九七八)、山室信一編『明治期学術・言論雑誌集成(マイクロフィルム版)』別冊(一九八七、ナダ書房) (磯部 敦)

せいれい 制令 日本統治下の朝鮮において法律に代わってなされた朝鮮総督による命令。明治四十四年(一九一一)三月法律第三〇号「朝鮮に施行すべき法令に関する法律」において、内地の法律の全部または一部は勅令をもって朝鮮に施行されると定められた。その他、朝鮮に施行する目的で制定された一部の法律を除いて、法律は朝鮮には施行されなかった。その代わりに、法律第三〇号は、法律を要する事項を朝鮮総督の命令をもって規定することができることを定めている。この命令を制令と称した。朝鮮総督は、制令に関して内閣総理大臣を経て勅裁を得なければならず、得られない場合には、制令の無効を公布しなければならなかった。こうした制約はあったものの、実質的に朝鮮総督は、朝鮮における立法権の全面委任を得たことになる。なお、制令は、内地の法律をそのまま朝鮮に適用するための規定と朝鮮に独自の規定とに区分できる。

参考文献 山崎丹照『外地統治機構の研究』(一九四三、高山書院) (松本 武祝)

せいれつどう 井冽堂 東京の書肆。山中孝之助が経営。明治期を通じて、実用書、小説、修養書(啓蒙書)、仏教書、小学教科書などを刊行・販売している。

参考文献 三橋猛雄『明治前期思想史文献』(一九七六、明治堂書店) (鵜飼 政志)

せいろがん 征露丸 ⇨クレオソート

せいろん 政論 明治時代中期の政論雑誌、新聞。明治二十一年(一八八八)に大同団結運動の主導権を握った後藤象二郎が六月一日に自派の機関誌として創刊した。発行所は東京京橋区采女町(中央区銀座)の政論社で、翌年三月の一二号から同区日吉町に移った。当初月二回発行で一二号から判型が大きくなり週刊、定価は当初八銭で一二号から五銭となる。発行部数は第一号初刷が六千部で、好評で売り切れのため三刷まで行なって公称一万五千部となり、社告で「全国雑誌中に甲たり」と謳った。第二号も三刷。編輯員は菅了法《すがりょうほう》・大石正巳《おおいしまさみ》・安岡雄吉《やすおかおきち》・甲藤大器《こうとうたいき》ら後藤側近で、論説を交代で起稿して合議評決を経て無署名で掲載した。発行の趣旨は第一に政治上の意見を公示して同志を求めること、第二に政治上重要な

『政論』第1号(明治21年)

『政論』第1号(明治22年)

事件は常に考究詳論すること、第三に都市と地域の状況を確実に報道して有志者相互の事情を明らかにすることであり、七月から始まる後藤の各地遊説をにらんで全国の組織化を図るための雑誌であったといえる。論説には大同団結論をはじめ政党論・憲法論・政党内閣論などがあり、第一二号まで続く雑報の「地方有志者に関する報道」が地域の運動状況を詳細に伝えている。二十一年十一月六日の第一一号の論説が新聞紙条例違反により発行停止となり、菅・大石らが処罰された。後藤入閣後の二十二年四月八日の第一七号で廃刊となり、七月十日に中江兆民を主筆とする日刊新聞となるが、翌年六月一日に『大同新聞』と改称された。

参考文献 鳥海靖「雑誌「政論」における政党組織の構想」(『東京大学教養学部人文科学科紀要』三六、一九六五)

(福井 淳)

せかいくにづくし 世界国尽 福沢諭吉の著作。全六冊、刊記に「明治二年初冬」とある。福沢は本書について、前年まで「唐天竺」を「世界の末端」と心得ていた「幾千年来蟄居の人民」に、「旧時」に比して「幾倍」にも拡がった「世界を観ること、日本国内を観ると同様ならしめん」(『福沢全集緒言』)として著わしたものであると述べている。色刷りの世界地図や豊富な挿絵が組み込まれ、大ぶりの行書体で示された七五調の平易な本文により世界地誌の体系的な知識が吸収できるような工夫がなされている。本文の補足説明を「頭書」として付し、漢字にはすべて振り仮名がつけられている。明治五年(一八七二)には、本文のみを習字手本風に大書し、世界地図を付しただけの『素本世界国尽』、同八年には、本文を漢字片仮名交じりとした『真字素本世界国尽』が刊行された。「学制」公布と同時に出された「小学規則」にも、本書は教科書にふさわしい書物として例示され、『西洋事情』『学問のすゝめ』と並び福沢の著訳書中もっとも普及した。巻六の奥付には「禁偽版」と大書されているが、実際には本書の字句をわずかに改めただけの広瀬為政『地球往来』など多くの偽版が横行した。巻一の「凡例」によれば、本書は英米で出版された「地理書」「歴史類」を取り集め、「私の作意」は毫も交えずにその「肝要の処」だけを「通俗に」翻訳したものという。全六冊の内、巻六は、「地理学の総論」「天文の地学」「自然の地学」「人間の地学」の項からなる地理学概論である。「人間の地学」の項では、「天然の地理」は万代不易であるが、「人間の地理」は不易ではなくさまざまな区別を生ずるとして、「混沌」から「蛮野」へ、さらに「未開又は半開」から「文明開化」へという文明の発達段階による相違のあること、また、「帝国」「王国」「公国」「侯国」「共和政治の国」といった国家形態の違い、あるいは、「モナルキ(立君の政体)」(「独裁立君(君主制)」と「定律立君(立憲君主制)」の二種がある)、「貴族合議」、「共和政治あるいは合衆政治」といった政体の違いがあることなど、それぞれの概念がかなり具体的に説明されている。巻一から巻五までは、亜細亜州に始まり、西廻りに阿非利加州、欧羅巴州、北亜米利加州、南亜米利加州、大洋州の順で各地域を概観し、また国ごとの歴史や特色を説いている。たとえば巻一本文の「亜細亜州」は、「円き地球のかよひ路は、西の先にも西ありて、まはれば帰るもとの路、環の端の際限なき太平海の西の方、亜細亜州の東なる、我日本を始とし、西の方へと乗出し、その国々を尋るに」と書き出され、まず中国について、「仁義五常」を重んじた国として「四千歳」の年を経て来たにもかかわらず「文明開化」に遅れ、「風俗」次第に衰えてイギリスとのアヘン戦争に敗れ多額の賠償金と五港開港という犠牲を払わざるを得なくなったことなどが説かれている。また、巻三「欧羅巴州」では、ヨーロッパの地勢的な枠組みのあらましの説明に続けて、大小さまざまな国々のうちに、「魯西亜」「普魯士」「墺地利」「英」「仏」という「当時日の出の五大国」のあることについてふれ、これらの国々も実は「渾沌無智」の段階から「封建の世」を経て、「文明開化」の今日の有様まで「追々開け進むに」及んだのだと説き、特にイギリスについては、「さまで大国にもあらず、凡日本国位のもの」であるけれども、「鉄、石炭、蒸気器械」によって生み出された国力によって、「遠方に飛び地多く」、「世界の広さの六分の一」ほどの「領分」をもって「威名耀く一強国」であるとその実情を紹介している。このような中国とイギリスあるいはヨーロッパをめぐる対照的な叙述にみるように、巻六の地理学概論の記述と相まって、本書には当時の日本の進むべき道筋について文明史の大きな枠組みの中に位置づけようという福沢の確かな視点がある。『福沢諭吉著作集』二(平成十四年、岩波書店)、『福沢諭吉全集』二(昭和三十四年、慶応義塾大学出版会)などに所収。 →福沢諭吉《ふくざわゆきち》

参考文献 富田正文『福沢諭吉書誌』(一九六四、大塚巧芸社)、芳賀徹「解説」(『福沢諭吉選集』二所収、一九八一、岩波書店)

(松崎 欣一)

せかいのにほん 世界之日本 総合雑誌。明治二十九年(一八九六)七月二十五日創刊。開拓社発行。第一巻第一〇号(二十九年十二月十四日)まで月二回の刊行。第一巻第一一号(三十年一月二日)から第一巻第三〇号(三十一年八月一日)まで月一回の刊行。第二巻第一号(三十一年九月十日)から最後の第五巻第五六号(三十三年二月二日)まで週刊となる。『国民新聞』記者であった竹越与三郎(三叉)が主幹となり、陸奥宗光・西園寺公望の支援のもとで創設・創刊された。当初約七万部だった刊行部数は、以後、十一万部、十八万部と着実に増えていった(『警視庁統計書』)。明治三十年(一八九七)一月五日から同年十月十六日まで、同タイトルの日刊紙『世界之日本』を雑誌と並行して刊行している。執筆陣は伊藤博文・尾崎行雄・島田三郎などといった西園寺・陸奥人脈のほか、内村鑑三・新渡戸稲造・松本君平・福地源一郎など多彩な顔ぶれが並ぶ。発刊の目的は以下のとおり。曰く、日清戦争

『世界之日本』第１号

を経て、これからの日本は東洋から世界という視野で見据えねばならない。そのために制度・法律・学術・工芸・教育・軍制などの諸分野における世界列国の現況を報告・議論する。同時に、国の行方を決定づける外交にも注目し、日本の外交力の発展と外交知識普及が望まれる。およそこういった内容の社説「世界の日本」が創刊号巻頭に据えられている。無署名であるが、主幹であった竹越三叉が書いたとみてよろしかろう。竹越の進歩主義的な視点は西園寺の世界主義的な思想と共鳴するもので、西園寺が考え出したという「世界之日本」という誌名も、彼らの思想を反映した端的な名称であったといえよう。巻末社告に「特に小説を歓迎す」とあるように小説掲載にも力を入れており、夏目漱石・田山花袋・小栗風葉・内田魯庵といった執筆陣は、こうした社の姿勢によるものであった。正岡子規・高浜虚子・河東碧梧桐といった新派の発句や俳論もみられる。明治三十三年、竹越の外遊という理由から、三月二日発行の第五巻第五六号をもって終刊する。平成四年(一九九二)に柏書房より復刻版が刊行されている。全十巻。第一巻には福井純子による解題が収載されている。

参考文献　佐々木隆「陸奥宗光と『世界之日本』」(『メディア史研究』七、一九九八)、上野隆生「陸奥宗光の死と政界再編―日刊『世界之日本』をめぐって―」(『和光大学人間関係学部紀要』七ノ一、二〇〇三)

(磯部　敦)

せかいふじん　世界婦人　女性啓蒙の新聞形式の雑誌。明治四十年(一九〇七)一月一日創刊。明治四十二年七月五日三八号で廃刊。月二回刊から月刊。世界婦人社。編集・発行・経営は福田英子。法律上の編集人兼発行人は石川三四郎から神崎順一、石川三四郎と変わる。発刊の目的で「現社会の一切の事情は、皆な婦人の天性を圧迫」しており、そこから解放されるための社会運動の「鼓吹者たらしめたい」との抱負を述べている。二号からは、女性の政治活動を禁じた治安警察法第五条撤廃請願運動の状況をつぶさに伝え、女性の政治的権利を主張した。

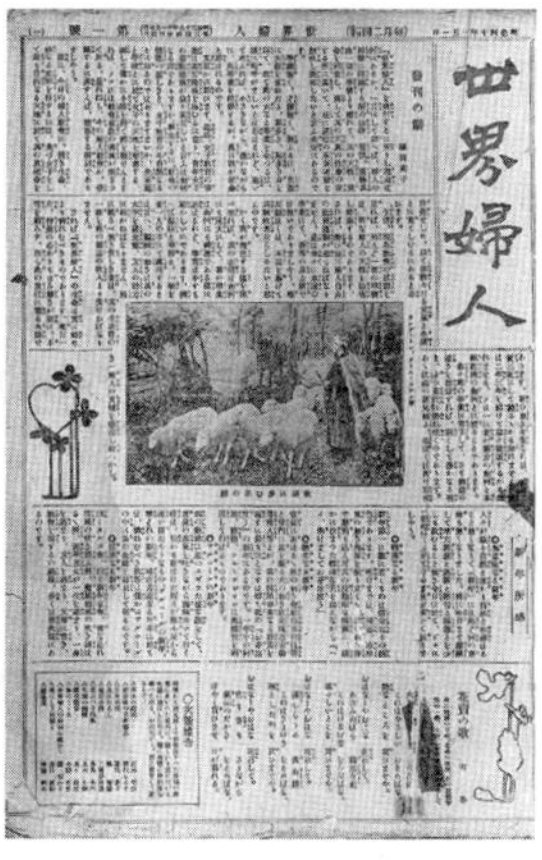

『世界婦人』第１号

海外時事・海内時事欄では世界各地における女性の政治活動、国内外の女性の労働状態や労働運動が伝えられる。また足尾鉱毒の谷中村問題に強い同情と支援を寄せ、義捐金を募集している。主な執筆者は福田英子、石川三四郎、木下尚江、安部磯雄、西川光二郎、幸徳秋水、田添鉄二など。二八、三二号が新聞紙条例違反で発売禁止、三八号が安寧秩序紊乱で発行禁止になったことが廃刊の要因になった。

参考文献　村田静子『福田英子―婦人解放運動の先駆者―』(『岩波新書』、一九七九、岩波書店)、村田静子・大木基子編『福田英子集』(一九九八、不二出版)

(三鬼　浩子)

せがわじょこう　瀬川如皐　一八〇六―八一　歌舞伎の狂言作者。三代目。文化三年(一八〇六)江戸日本橋に生まれる。せり呉服商だったが五代目鶴屋南北に師事し、天保十一年(一八四〇)初出勤、初名絞吉平、次に姥尉輔《うばじょうすけ》、藤本吉兵衛を経て、嘉永三年(一八五〇)に三代目瀬川如皐を襲名。嘉永期に『東山桜荘子《ひがしやまさくらのそうし》』『与話情浮名横櫛《よわなさけうきなのよこぐし》』の代表作がある。明治七年(一八七四)七月、横浜港座の開場に黒船来航から王政復古を題材とした『近世開港魁《きんせいみなとのさきがけ》』を脚色(原作『近世史略』)、話題を呼ぶ。晩年は久松座などの作者。十四年(一八八一)六月二十八日、東京浅草馬道の居宅で没した。七十六歳。四代目が明治後期より存在した。

参考文献　仮名垣魯文「三世瀬川如皐の伝」(『歌舞伎新報』五四九・五五一・五五四、一八八五)、河竹繁俊『歌舞伎作者の研究』(一九四〇、東京堂)、小笠原幹夫「瀬川如皐晩年の著作について」(『日本文学』三七ノ五、一九八八)

(佐藤かつら)

せきかずとも　関和知　一八七〇―一九二五　明治時代後期から大正期に至る政治家。「わち」とも読む。明治三年(一八七〇)十月上総国長柄郡綱田村(千葉県長生郡一宮町)に生まれる。地元で太田和斎に漢学を学び、上京して明治二十八年(一八九五)東京専門学校政治科(現早稲田大学)を卒業した。改進党系の新聞『千葉民報』の記者となったが、同紙廃刊後、同二十九年十二月進歩党千葉県支部機関誌『新総房』を創刊した。ついで同三十年(一八九七)十月桜井静らの援助を得て日刊新聞『新総房』を発行した。その後渡米し五年間、エール大学、プリンストン大学で政治学を修め明治三十九年に帰国し、万朝報や東京毎日新聞の記者となった。同四十二年(一九〇九)七月衆議院議員補欠選挙に千葉県から立候補・落選し、十一月繰上げで当選を果たした。以後、大正十三年(一九二四)まで七回当選を重ね、この間、憲政会総務、加藤高明内閣の陸軍政務次官などをつとめた。大正十四年二月十八日に死去した。五十六歳。著書に『普通選挙』(大正九年)がある。

(三浦　茂一)

せきぎょくほ　積玉圃　⇩河内屋《かわちや》

せきぐちたかよし　関口隆吉　一八三六―八九　明治時代前期の地方官。天保七年九月十七日（一八三六年十月二十六日）江戸本所相生町《あいおい》（東京都墨田区）に幕府の御持弓与力の関口隆船の息子に生まれる。剣道を学んだ斎藤弥九郎塾で水戸学に触れ、大橋訥庵《おおはしとつあん》に朱子学を学び攘夷派志士と交わる。勝海舟を襲った経験もある。戊辰戦争では徳川慶喜の恭順を主張した。明治五年（一八七二）三潴《みづま》県権参事、置賜《おきたま》県参事、山形県参事、六年山形県権令、八年山口県令となり、九年には萩の乱の鎮圧に尽力した。

関口隆吉

十四年（一八八一）元老院議官となり、十六年地方巡察使として東京・千葉・茨城など一府八県を視察。その際の復命書は我部政男編『地方巡察使復命書』（三一書房）に収められる。十七年静岡県令、十九年初代静岡県知事となり、治水・治山に尽力した。図書館設立も計画した。二十二年（一八八九）四月愛知県招魂祭出席の途中の列車事故による負傷が原因で、同年五月十七日に没す。五十四歳。蔵書は静岡県立中央図書館に「久能文庫」として所蔵。（西尾林太郎）

せきざわあききよ　関沢明清　一八四三―九七　日本近代漁業の先進的実践者。天保十四年二月十七日（一八四三年三月十七日）、加賀に生まれる。江戸遊学後、藩から密許を得てイギリスに留学。帰国後、明治政府のもとでオーストリア、アメリカ両国の博覧会に調査出張、帰国後水産振興の急務を大久保利通内務卿に進言した。これを受けて明治九年（一八七六）には内務省勧業寮に水産係が置かれ、関沢が主任となった。水産業の進展には博覧会による当業者の啓発が不可欠と考えた関沢は、河野敏鎌農商務卿を通じて同会開催を太政官に進言。民間有志を援助しつつ、水産博覧会の審査部長として活躍した。二十年（一八八七）四月には鯨油精製販売を目的とした日本水産会社を創設し、二十四年には金華山沖でアメリカ式捕鯨を実践したが、事業不振のため二十五年に退官、千葉県館山に拠点を移して会社経営を継いだ。また水産技術者養成のため水産伝習所創設に尽力し、明治二十一年十二月には初代所長に就任した。三十年（一八九七）一月九日没。五十五歳。

参考文献　片山房吉『大日本水産史』（一九三七、農業と水産社）、『東京水産大学七十年史』（一九六二）、関根仁「明治一六年水産博覧会の開催」（『日本歴史』六七一、二〇〇四）（高村聰史）

せきざわかあん　関沢霞庵　一八五四―一九二五　明治から大正時代の漢詩人。安政元年六月二十一日（一八五四年七月十五日）、佐竹の支藩出羽岩崎に生まれる。明治の初め、羽後川辺郡椿台《つばきだい》の藩黌文武館に学び、藩黌の岩崎移転に伴い、雄勝郡岩崎の勅典館に学んだ。廃藩後、上京して友人と夢草吟社《むそうぎんしゃ》を結成して詩作に励んだ。明治十六年（一八八三）ごろ、晩翠《ばんすい》吟社において大沼枕山《おおぬまちんざん》、向山《むこうやま》黄村《こうそん》らの指導を受け、二十三年（一八九〇）には森槐南《もりかいなん》の星《せい》社に参加してのちは槐南に師事した。三十年（一八九七）、雲門会を主宰して、岩渓裳川《いわたにしょうせん》、大江敬香《おおえけいこう》、本田種竹《ほんだしゅちく》らと交わり、また、江木冷灰《えぎれいかい》の檀欒《だんらん》会、永坂石埭《ながさかせきたい》の一半児《いっぱんじ》詩社などに加わった。四十一年（一九〇八）、森槐南が随鷗《ずいおう》吟社の盟主に推されたため、補助担当客員、常務主事として会務運営や後進の指導にあたった。大正十四年（一九二五）十月二十二日没。七十二歳。詩集に『霞庵詩鈔』（六巻）がある。

参考文献　神田喜一郎編『明治漢詩文集』（『明治文学全集』六二、一九八三、筑摩書房）、三浦叶『明治漢文学史』（一九九八、汲古書院）（山辺　進）

せきざわふさきよ　関沢房清　一八〇八―七八　金沢藩士。通称六左衛門・安左衛門、号遯翁。文化五年（一八〇八）生まれ。天保二年（一八三一）二百五十石の家督をつぎ、翌年馬廻頭支配に組入。天保の飢饉時、私財を投じ窮民振恤を行い、藩内初の甘藷栽培を行う。弘化四年（一八四七）割場奉行、嘉永四年（一八五一）御厩方御仕法主附、御馬奉行兼任。農村立直し、産業統制を掲げて藩実権を握った黒羽織党の中心として藩政改革にあたる。同六年小松馬廻番頭、小松町奉行を兼任するが、安政元年（一八五四）黒羽織党の失脚に伴い、免職。文久三年（一八六三）復帰し、元治元年（一八六四）京都守衛詰。禁門の変の際、馬廻頭並に昇格。小荷駄方、割場奉行を兼任し、京都守衛人員の補充にあたる。慶応二年（一八六六）第二次征長戦争に参加。同三年二月京都政局情報を収拾する聞番御用へ加わり、翌年一月の鳥羽伏見の戦いに際しては、徳川援兵のため進軍を開始した国許へ、その不可を伝える使者となった。北越戦争には、銃隊馬廻頭、藩監軍として参戦。七月越後府民政局に請われ、柿崎民政方となり、ついで民政局権判事。金沢藩徴士に推薦されるが、老齢と病気を理由に辞退、八月隠居。明治十一年（一八七八）七月八日、東京にて死去。七十一歳。

参考文献　前田育徳会編『加賀藩史料』幕末編（一九五八、広瀬豊作）、『石川県史』二（一九二八）、田中鐵太郎『美川町史』（一九四二、美川町）（大江　洋代）

せきしんご　関新吾　一八五四―一九一五　新聞記者、官吏。安政元年（一八五四）五月生まれ。岡山藩士。明治初年同藩士小松原英太郎と相前後して上京、一時慶応義塾に学ぶ。『東京曙新聞』に投書して記者となり、明治八年（一八七五）当時最も過激といわれた『評論新聞』の記者となり編集長としても活躍した。同年末大阪に招かれ、翌年二月二十日創刊『大阪日報』の編集長となるが、

『評論新聞』掲載記事の筆禍により、同年三月に禁獄一年六ヵ月の判決を受けて服役。出獄後、『大阪日報』に復帰。明治十三年(一八八〇)五月末、元老院准奏任御用掛に採用されてのちは官界を歩み、内務書記官などを経て最後は福井県知事となって明治三十二年(一八九九)退官。大阪に戻って三十五年『大阪朝日新聞』に入社し通信部長となる。四十一年(一九〇八)岡山の『山陽新報』第二代社長に就任。岡山市議などもつとめる。大正四年(一九一五)九月十三日六十二歳で没した。 (土屋 礼子)

せきしんしゃ 赤心社 北海道の開拓を目的として、明治十三年(一八八〇)八月に発足した組織。同社の開拓事業の基礎にはキリスト教があり、入植者にもキリスト教徒が多い。摂津国三田藩士であり、神戸で米国人宣教師に学んだ鈴木清(一八四八―一九一五)が初代社長となった。学農社の津田仙の助言を受け、また北海道開拓使とはかり、明治十四年から中国・四国地方の移民を率いて、日高の浦河郡荻伏村(北海道浦河郡浦河町)に集団で入植した。翌十五年には福沢諭吉門下の沢茂吉《さわしげきち》が採用され、移民を募集して入植し、外国製農具や畜力を利用して開墾が進んだ。さらに十九年から牧畜が社業として営まれるようになった。特に、良種を購入して産馬の改良や繁殖をはかり、日高産馬は名声を博すようになった。そのほか、商店経営や、養蚕・果樹園芸・醬油醸造など多角的な事業を展開した。

赤心社事務所(明治末)

参考文献 本多貢『ピュリタン開拓―赤心社の百年―』(一九八六、赤心) (大豆生田稔)

せきしんしゃ 積信社 静岡県で設立された製茶の直輸出会社。明治十年(一八七七)三月沼津城内町(静岡県沼津市)で創業。外国商人の手を経ず、直接製茶をアメリカに輸出することを目的に設立された。旧幕臣江原素六が社長、駿東《すんとう》郡東沢田村(沼津市)の豪農江藤俊平らが副社長、沼津の茶商坂三郎らが幹事に就任し、沼津を中心とする駿東郡の豪農たちが株主となった。製茶農家から茶を集め、それを再製・梱包して横浜港へ送り出し、販売は三井物産ニューヨーク支店に委託した。十二年八月来日したグラント前アメリカ合衆国大統領を工場に案内したほか、社員を技術指導のため他県に派遣するなどの活動も行い、十四年には第二回内国勧業博覧会に出品し二等有功賞を受賞した。しかし、商況の調査不足や不良品の返品などが原因で、十三年以降は経営が悪化、十六年には多額の負債を抱え解散した。十一年には、積信社にならった同様の直輸出会社として、有信社が遠州城東郡比木村(御前崎市)で設立された。

参考文献 村松五一編『静岡県駿東郡茶業史』(一九一二、静岡県駿東郡茶業組合)、江原先生伝記編纂委員編『江原素六先生伝』(一九二三、三圭社)、『静岡県茶業史』(一九二六)、『沼津市史』史料編近代一(一九九七) (樋口 雄彦)

せきしんぞう 関信三 一八四三―七九 明治時代初期の教育家。天保十四年正月二十日(一八四三年二月十八日)三河国幡豆《はず》郡一色村(愛知県幡豆郡一色町)の安休寺に生まれ、僧名を猶竜と称した。東本願寺派の熱心な仏教徒で、当時禁制のキリスト教探索の諜者として、安藤劉太郎の名で活動した。明治五年(一八七二)東本願寺現如上人の欧州視察に随行後、イギリスに滞留し、七年に帰国、関信三と改名した。八年東京女子師範学校の創設に伴い、同校の英語教師となり、翌九年十一月に附属幼稚園が設立されるとその初代監事(園長)に就任した。英語が堪能で、首席保姆松野クララの通訳を務める傍ら、外国幼稚園書の翻訳を手がけ、『幼稚園記』全四巻(明治九―十年)を刊行した。また、諸書を参看して、「幼稚園創立法」(同十一年)、『幼稚園法二十遊嬉』(同十二年)を著わし、創設期の幼稚園教育の基盤作りに多大な影響を与えた。『幼稚園法二十遊嬉』は清朝末期に『幼稚教育思物図説』(明治三十六年)として漢訳され、中国におけるフレーベル主義幼稚園の導入にも一定の役割を果たした。明治十二年(一八七九)十一月五日没。三十七歳。

参考文献 湯川嘉津美『日本幼稚園成立史の研究』(二〇〇一、風間書房)、国吉栄『関信三と近代日本の黎明―日本幼稚園史序説―』(二〇〇五、新読書社) (湯川嘉津美)

せきしんぱち 尺振八 一八三九―八六 幕末から明治時代前半にかけての英学者、英学塾共立学舎経営者。天保十年八月九日(一八三九年九月十六日)江戸の神田佐久間町(東京都千代田区)で下総高岡藩御典医鈴木伯寿とその後妻の間に生まれ、はじめ仁寿と称し、のちに振八と改名した。幼少のころから病弱であったが、才能には恵まれていた。田辺石庵、藤森天山に儒学を学ぶ。石庵のもとでその次男太一(一八三一―一九一五)を知る。安政五年(一八五八)ころ御家人である尺兼次郎(兼治)の養弟となり、尺姓を称え、ついで幕府学問所昌平黌寄宿寮に入る。その後病気となり自宅療養中のところ、外国方で横浜開港関係の事務に係わっていた太一から、今後は一日も早く洋学を修めるべし、との助言を得て、幕府洋学

尺 振 八

校蕃書調所の教授杉田玄端に蘭学を学ぶ。ついで万延元年(一八六〇)中浜万次郎、西吉十郎(成度《しげのり》)に英語を学び、さらに翌文久元年(一八六一)には横浜に出て外国商人の下働きとなって会話を勉強した。同年八月吉十郎の推薦で矢野二郎、益田孝とともに外国方通訳を命ぜられる。しばらくして麻布の善福寺境内に設けられたアメリカ公使館詰めとなったが、ここで通訳をしながら、同館通訳のポルトマン A. L. C. Portmann や館員プリュイン Robert C. Pruyn らについて一層英語学力をつけた。またそのころ振八、矢野、益田と津田仙の外国方通訳の四人は立石斧次郎の英語塾にも通っていた。同三年十二月から翌元治元年(一八六四)七月まで横浜鎖港談判使節池田長発《いけだながおき》に従い通詞御用出役でフランスに赴く。パリで撮影した写真に、髷をおろした西洋風の髪型で洋服姿のものがある。振八の心の変化をよく示すものだが、その写真が原因で幕府より処分を受けている。帰国後しばらくして振八、矢野、益田はそろって外国方を辞し、三人で英語修業に専念する。一年ほど経った慶応元年(一八六五)十月ころ振八は請われてアメリカ公使館通訳となるが、同三年正月二十三日(一八六七年二月二十七日)第二回遣米使節団の英語通訳として横浜を出発。アメリカでは国務長官、ついで大統領との会見を通訳した。帰国後はアメリカ公使館通訳に復帰し兵庫などへ出向いている。幕府が崩壊した後も通訳を続ける一方、横浜で英語の塾を開く(生徒に高梨哲四郎、渡辺福三郎)。明治三年(一八七〇)東京の本所相生町(墨田区)に英学塾共立学舎を開く。同塾は翌年四月の『新聞雑誌』(第五号)によれば塾生数百十一名で、慶応義塾(三百二十三名)、鳴門義民の鳴門塾(百四十一名)に次いでいる。同五年に大蔵省翻訳局局長となり(本人の希望で任官ではなく雇)、翻訳だけではなく、翻訳局官費生の英語教育にもあたった。生徒に上述の高梨や、田口卯吉、島田三郎などがいた。同八年大蔵省を辞して共立学舎に復帰するが、病を得て明治十三年(一八八〇)に閉鎖。この間にスペンサー Herbert Spencer の Education: Intellectual, Moral, and Physical を翻訳し、『斯氏《すし》教育論』と題して同年四月に文部省から発行した。海後宗臣《かいごときおみ》によれば、同書は当時の思想界に台頭していた「自由」の思潮に乗じて世に出たものであって、明治初年の自由教育論を代表する一つの有力かつもっとも広く読まれた文献であり、また翌十四年文部省は同書を絶版とするが、当時の自由教育か強迫教育かの思想界の混乱をよく示している、と位置けされる。同十八年に『明治英和字典』の第一分冊を刊行した。当時初学者に適した英和辞書がなく、これをつくろうとウエブスターの National Pictorial Dictionary を主とし、さらにほかの諸辞典を適宜参考にして訳述したものである。「一時点を画した」(永嶋大典)と評される本字典の完成は、振八没後の明治二十二年(一八八九)。訳述の途中で振八の病状が悪化し、その後は永峯秀樹が代わって訳述を続け完成させるが、同字典に永峯は名を掲げなかった。明治十九年十一月二十八日病死、四十八歳。『明治文化全集』一〇(教育篇、昭和四十三年、日本評論社)に著作が収載されている。↓共立《きょうりつ》学舎《がくしゃ》

参考文献 森川隆司「英学者・尺振八とその周辺」(『英学史研究』一一、一九七八)、尺次郎『尺振八伝』(一九九六、はまかぜ新聞社)、永嶋大典『蘭和・英和辞書発達史』(一九七〇、講談社)

(茂住 實男)

せきぞろ 節季候 門付芸。女が節季に米銭をもらい受けるのを真似て、男が化粧し、頭に裏白を結び付けるなどして女に見せかけ、家々を回った。「せきぞろ代々、お家もご繁盛」と唱えながら太鼓をたたき、年末の忙しい時に現われるので、迷惑がられて早々に米銭が与えられ、追い払われた。東京府は明治九年(一八七六)十二月十八日、新年に来る「万才」、年越や節分の夜に来る「厄払い」、それらとともに廃止した。

参考文献 「節季候の事」(『風俗画報』二四三、一九〇二)

(倉田 喜弘)

せきたんぎょう 石炭業 石炭を採掘・販売する産業。石炭は前近代には発見され利用もされていたが、その用途は産地近傍の家庭用か塩田用に限られていた。幕末開港期に外国船舶用に利用・輸出され始めると、国内における石炭採掘に注目が集まった。高島炭坑への外資流入を契機として、炭鉱・鉱山所有の本国人主義が強く意識され、明治五年(一八七二)三月には鉱山心得書が、翌年七月には日本坑法が制定されている。明治政府では三池炭鉱、高島炭坑、油戸炭鉱、幌内《ほろない》炭鉱などをつぎつぎと接収して官営事業を開始し、排水ポンプや捲揚機などの近代技術をつぎつぎと導入した。当初は囚人労働も利用されている。しかし農商務省設立後に官営事業の払い下げへと方針転換されると、三井や三菱などの政商へと譲渡された。明治二十年(一八八七)代に企業勃興期を迎えると、それまでの塩田用や外国船舶用に加えて国内船舶・鉄道・工業用へと販路が拡大したため、運搬部門や排水部門の機械化が広まり、中央資本と地元資本がせめぎあって開発を行うことで石炭業は飛躍的な発展を遂げた。北海道・常磐・筑豊・三池・宇部などが日本を代表する産炭地である。しかし開発に伴って炭塵爆発やCO中毒などの大規模な労働災害も頻発し、多くの犠牲者を発生し続けた。労働は納屋《なや》制度と呼ばれる請負制が採られてきたが、採炭部門の機械化や長壁法の導入などによって

労働の集約化が進み、一九一〇年代から三〇年代にかけて直轄制度へと順次移行した。一九二〇年恐慌後に競争が激化していくと、それまで地方ごとに設立されていた協調機関を母体に、全国的なカルテル組織である石炭鉱業連合会と販売カルテルとしての昭和石炭株式会社が設立されていった。第二次世界大戦時には国家統制へと移行している。また戦時には中国人捕虜も労働力として用いた。戦後の昭和二十一年(一九四六)には基幹産業である石炭業は傾斜生産方式の対象としていち早く復興したが、一九五〇年代後半からの石炭から石油へというエネルギー転換によって縮小・廃止へと向かい、昭和三十四年(一九五九)の三池争議をはじめとして大規模な労働争議が頻発した。

参考文献 隅谷三喜男『日本石炭産業分析』(一九六八、岩波書店)、田中直樹『近代日本炭礦労働史研究』(一九八四、草風館)、正田誠一『九州石炭産業史論』(一九八七、九州大学出版会)
（宮地 英敏）

せきどかくぞう 関戸覚蔵 一八四四―一九一六 政治家、代議士。弘化元年十一月八日(一八四四年十二月十七日)、常陸国行方《なめかた》郡潮来《いたこ》村(茨城県潮来市)に郷士家柄の長男として生まれた。幕末期、この地域の村々は天狗党対諸生党(佐幕派)という水戸藩内の内部抗争に巻き込まれ、諸生党にくみしていた関戸家は維新直前の一時期、一家離散の悲劇に遭っている。明治七年(一八七四)、東京師範学校の官費生となったが、翌八年には病気のため退校して潮来村副戸長となり地租改正事業に携わった。十一年(一八七八)に行方郡書記となるが、翌年職を辞し自由民権運動に参加した。十三年、磯山清兵衛《いそやませいべえ》らとともに民権政社公益民会を設立し、鹿島・行方両郡の国会開設署名運動をリードした。同十四年には県会議員に当選し、議会では県北派の論客として活躍したが、十九年には県属となり勧業を担当した。同二十五年(一八九二)には衆議院議員に当選し、同時にいはらき新聞社を設立して『いはらき』を創刊した。同三十一年(一八九八)に政界から身を引いたのちは著述に専念し、同三十六年には加波山事件の顛末を記した『東陲民権史《とうすいみんけんし》』(昭和四十一年に明治文献より復刻)を執筆した。大正五年(一九一六)五月九日、七十三歳で没した。

参考文献 『郷土史にかがやく人びと』(一九七一、青少年育成茨城県民会議)
（菅谷 務）

関 直 彦

せきなおひこ 関直彦 一八五七―一九三四 明治から昭和時代初期の政党政治家、新聞人、弁護士。号は黙子。安政四年七月十六日(一八五七年九月四日)に、紀州藩士である関平兵衛の三男として生まれる。明治十六年(一八八三)七月、東京大学法学部を卒業。在学中の十五年より『東京日日新聞』に寄稿し、卒業後に同紙を発行する日報社に入社した。社説などを執筆し、福地源一郎社長を補佐。十七年、『法理学』(オースチン著)を訳刊して主権在君論の立場から主権論に一石を投じ、政治小説『春鶯囀』(ディズレリー著)の翻訳も刊行した。二十年(一八八七)三月、社命でケンブリッジ大学に留学したが、二十一年六月に日本に呼び戻され、七月に福地の後任として日報社社長兼主筆に就任。福地社長期に政府と密接な関係にあった『東京日日新聞』のイメージ転換を図るため、「不羈独立」を掲げて政府と一定の距離をとる。二十四年十一月に社長を辞任・退社し、二十五年に弁護士となる。十九年から二十三年まで東京専門学校(現在の早稲田大学)講師を務め、法理学・帝国憲法などを担当。二十三年七月の第一回総選挙で和歌山から出馬して当選以後、衆議院議員に当選十回(四回目から東京選出)。同郷の陸奥宗光と親しく、側近として、陸奥系代議士の取りまとめ役も務めた。当初は無所属だったが、のちに協同倶楽部・独立倶楽部・憲政党・憲政本党・立憲国民党・革新倶楽部・革新党に所属し、非政友会系の政党政治家として活動。国民党では常議員、幹事長、総務を歴任した。また、憲政擁護会に参加し、第一次憲政擁護運動で活躍。大正元年(一九一二)八月から三年十二月まで、衆議院副議長も務めた。昭和二年(一九二七)四月に貴族院議員に勅選。大正十二年(一九二三)以後、東京弁護士会会長に三度選ばれた。昭和七年七月、安達謙蔵らと国民同盟を結成し、顧問に就任したが、議員在職中の九年四月二十一日没。七十八歳。『英国訴訟法註釈』(ブルーム原著、明治十九年、錦森閣)、『立憲王道論・立憲宰相論・立憲政治の人民』(明治二十一年、日報社)、『七十七年の回顧』(昭和八年、三省堂および平成五年、大空社)など多数の著訳書がある。

参考文献 佐藤又造『護憲之神関直彦翁追慕』(一九三五、関直彦追悼会)、東京日日新聞社編『東日七十年史』(一九四一)
（片山 慶隆）

せきねきんじろう 関根金次郎 一八六八―一九四六 十三世将棋名人。明治元年四月一日(一八六八年四月二十三日)、下総国東葛飾郡東宝珠花《ひがしほうじゅばな》村(千葉県野田市)に生まれる。十一歳のころ東京に出て伊藤宗印《いとうそういん》に入門。「宝珠花小僧」と呼ばれ、各地を将棋行脚。明治三十八年(一九〇五)神戸新聞嘱託となり「棋道談笑」を連載。四十一年(一九〇八)『万朝報』の勝抜棋戦開設に伴い棋士二十三名と「将棋同盟社」を結成。名人候補坂田三吉《さかたさんきち》・井上義雄《いのうえよしお》・小菅剣之助《こすげけんのすけ》を抑えて、大正十年(一九二一)五十四歳で十三世名人となる。関東大震災の翌年、鼎立の三派を合同し東京将棋連盟を結成。土居市太郎・花田長太郎・

木村義雄《きむらよしお》ら多くの門下を育成。昭和十年(一九三五)『東京日日新聞』の協力により終世名人制を廃止、短期実力名人制を実現し引退した。故郷の日枝神社に鳥居・狛犬ほか数多く寄進。二十一年(一九四六)三月十二日没。七十九歳。野田市いちいのホールに関根名人館が、同ホール図書館内に「清水孝晏将棋文庫」が開設されている。著書に『棋道半世紀』(昭和十五年、博文館)がある。

参考文献 『関根金次郎実戦集』(『将棋大全集』、一九三〇、誠文堂)、倉島竹二郎『小説関根名人—勝負に生きる男—』(一九五六、大日本雄弁会講談社)　(越智　信義)

せきねしせい　関根只誠　一八二五—九三　演劇研究家。本名七兵衛。文政八年(一八二五)江戸茅場《かやば》町(東京都中央区)に生まれる。幕末に幕府の御魚御用を勤める。維新後は本郷日蔭町(東京都文京区)に住み、読書や著作に励む。小中村清矩《こなかむらきよのり》や条野採菊《じょうのさいぎく》・仮名垣魯文らと交わり河竹黙阿弥《かわたけもくあみ》とは親友。歌舞伎の故実に詳しく「劇神仙《げきしんせん》」と呼ばれた。明治二十六年(一八九三)四月十八日東京本郷の自宅で没。六十九歳。著書が多く、『誠垓只録《せいがいしろく》』、『名人忌辰録』(明治二十七年、吉川半七発行)、『東都劇場沿革誌』(大正五—六年、珍書刊行会、演芸図書同好会)など。子息に国文学者関根正直《まさなお》、演劇・芸能研究家関根黙庵がいる。

参考文献 服部幸雄「関根只誠と『東都劇場沿革誌料』」(国立劇場芸能調査室編『東都劇場沿革誌料』下所収、一九六四)　(佐藤かつら)

せきねまさなお　関根正直　一八六〇—一九三二　考証派国学者。万延元年三月三日(一八六〇年三月二十四日)、幕府の御用商人で『名人忌辰録』の著者関根只誠《しせい》とふさの長男として、江戸日本橋茅場町薬師附近で生まれた。維新後、谷中の英学塾、鷲津毅堂《わしづきどう》や島田重礼《しまだしげのり》に学んだが、随筆を好み、考証を好むに至る。小中村清矩《こなかむらきよのり》が尽力して明治十五年(一八八二)五月三十日に認可された「一種の国学科」である東京大学文学部附属古典講習科に入学し、同じ一期生の池辺義象《いけべよしかた》や萩野由之《はぎのよしゆき》、落合直文《おちあいなおぶみ》、松本愛重《まつもとよりしげ》らと交わり、同十九年七月に卒業した。同年九月から高等中学漢文教科書編纂に従事し、翌年九月から二十七年(一八九四)四月まで『古事類苑』の編纂に参加し、居処の部を担当したという。同二十一年九月、華族女学校助教に任ぜられ、同二十七年に同校教授、同二十九年一月に学習院教授を歴任し、同三十二年(一八九九)四月から大正十三年(一九二四)四月まで、女子高等師範学校教授を務めた(以後は講師)。その傍ら、東京専門学校(現早稲田大学)文学科講師、国学院講師(同三十六年から研究科の指導講師)を兼ね、明治三十四年から同三十七年まで東京帝国大学文科大学講師を兼任した。同三十五年以降、高等女学校教授要目取調委員、第一臨時教員養成所国語国文科の講師、中等教育機関の教員夏期講習会講師、国語調査委員会の国語に関する調査業務、教員検定委員会臨時委員、教科用図書調査委員会委員を歴任し、同四十二年(一九〇九)、文学博士の学位を授与された。大正六年(一九一七)に宮内省御用掛となり、同十五年には御講書始に国書進講を務め、同年九月から昭和二年(一九二七)まで東京女子大学に出講、同三年に帝国学士院会員、大礼使典儀官に任命された。このほか、明治神宮造営局から神宝宝飾に関する取扱を嘱託され、大正・昭和両度の大礼に際しては、『大礼要話』編纂などに従事した。神職高等試験臨時委員、御物管理委員会臨時委員や東京帝室博物館学芸員なども務めた。著書は、『(随筆雑話)からすかご』『公事根源新釈』など多数。昭和七年五月二十六日没。七十三歳。

関根正直

参考文献 「関根正直」(日本文学資料研究会編『国学者伝記集成』続所収、一九三五、国本出版社)、「関根正直」(昭和女子大学近代文学研究室編『近代文学研究叢書』三三所収、一九七〇、昭和女子大学)、藤田大誠『近代国学の研究』(『久伊豆神社小教院叢書』、二〇〇七、弘文堂)　(藤田　大誠)

せきねやさく　関根矢作　一八〇三—九六　幕末・維新期の農村指導者。享和三年四月十七日(一八〇三年六月六日)下野国河内郡大室村(栃木県日光市)に生まれ農業に意をつくし、日本三老農の一人とよばれている。彼は早くから殖産興業に意を用い十一歳段階で荒地開墾のため水路開削の実行に着手。大谷川の水を瀬川の地で分水し森友に引き、余分な水を大室に引く計画であった。約三ヵ年後の文政元年(一八一八)に溝渠開削を完成し六町三反の土地を加えることとなった。天保七年(一八三六)の飢饉では二百六十俵余りの種籾を購入し、日光領二十三ヵ村の窮民に貸し与え混乱を一時的にしのぐことができた。幕末になって二宮尊徳巡村の際、荒地開発の謝礼として矢作は金十両を与えられた。彼はこの金の利子で鍬を作り「二宮」の字を刻して農民に分与してはげましたという。尊徳死後安政五年(一八五八)日光地方は暴風雨にみまわれ奉行は領内九十二ヵ村の普請工事監督を関根に申しつけた。明治期に入って学校設置に関心をもち家ごとに縄をないその金千五百余両を教育費にあてた。八年(一八七五)には栃木県布教周旋役、教導職試補となり、十二年(一八七九)には栃木県勧業委員取扱いとなった。十九年には県で最初の藍綬褒章をうけている。明治二十九年(一八九六)七月三十日没。九十四歳。　(大町　雅美)

せきのただし　関野貞　一八六七—一九三五　明治・大正・昭和時代前期の建築史家。慶応三年十二月十五日

関　野　貞

(一八六八年一月九日)、高田藩士関野峻節《たかとき》の次男として越後国高田にて出生。明治二十八年(一八九五)に帝国大学工科大学造家学科卒。明治二十九年から奈良県技師として古建築の修理、調査に従事。明治三十四年(一九〇一)に東京帝国大学工科大学建築学科助教授。大正九年(一九二〇)教授。昭和三年(一九二八)定年退官、同名誉教授。その間、明治三十六年から内務技師(のちに文部技師)を兼務し、古社寺保存法の運用を担当、昭和三年に退任。東京帝国大学退官後は、東方文化学院東京研究所研究員として中国建築の調査研究に従事した。昭和十年(一九三五)七月二十九日死去。六十九歳。工学博士。日本国内の調査ののち、朝鮮・中国を広く踏査して、多数の古建築・遺跡・仏像・石碑などの文化財価値を確定し、東アジアの文化財学の誕生に大きな役割を果した。建築・仏像・瓦などの様式史的研究の方法を開拓し、また遺跡調査に際して文章・写真・精密な実測図からなる調査報告の形式を確立した。これらは現在においても最も基礎的な方法として認識されている。『朝鮮古蹟図譜』に対して、大正六年、フランス国学士院よりスタニスラス＝ジュリアン賞受賞。著書に『朝鮮古蹟図譜』『支那仏教史蹟』(常盤《ときわ》大定《だいじょう》との共編)、『日本の建築と芸術』『朝鮮の建築と芸術』『支那の建築と芸術』『関野貞日記』など。

参考文献　藤井恵介・早乙女雅博・角田真弓・西秋良宏編『関野貞アジア踏査』(『東京大学コレクション』二〇、二〇〇五、東京大学出版会)　(藤井　恵介)

せきはじめ　関一　一八七三―一九三五　大阪市助役、市長。幕臣関近義《ちかのり》・ヨシの長男として明治六年(一八七三)九月二十六日、足柄県那賀郡仁科村(静岡県賀茂郡西伊豆町)に生まれる。同二十三年(一八九〇)高等商業学校本科に進学、同二十六年同校を卒業。その後大蔵省監督局銀行課勤務、県立神戸商業学校教諭などを経て、同三十年(一八九七)母校高商教授に就任した。ベルギー・ドイツに留学し、交通政策・経済政策・社会政策を研究し、社会改良主義を主張して工場法実現に協力した。東京高等商業学校の大学昇格問題で文部省と対立、関は活動の新天地を求めて大正三年(一九一四)大阪市助役に転じ、同十二年(一九二三)十一月には大阪市長に就任した。助役・市長の約二十年間、都市計画、各種社会事業、高速鉄道などの市営事業、大阪商科大学設置などの施策を実行に移し、産業革命で都市問題が激化した大都市大阪で改良主義的な都市改造政策の実現をめざした。昭和十年(一九三五)一月二十六日市長在職中に腸チフスで死去した。六十三歳。

参考文献　関一研究会編『関一日記―大正・昭和初期の大阪市政―』(一九八六、東京大学出版会)、芝村篤樹『関一―都市思想のパイオニア―』(『しょうらい社人物双書』二、一九八九、松籟社)、宮本憲一「関一の都市政策の理論と実績」(『都市政策の思想と現実』所収、一九九九、有斐閣)　(広川　禎秀)

せきばん　石板　粘板岩などの水成岩の平板なスレートをB5判サイズ程度の大きさに切り、蠟石を筆状に細かく切断した「石筆」を使用して、字や絵を書き付ける文具。石板に書きつけた蠟石の筆跡は、布などで作られた「石板拭き」で消去することができ、何度でも繰り返し書き直すことができた。のちには、子どもの使用の便を考え、周囲に木枠を付すようになった。主として低学年用の筆記用具として、学制(明治五年(一八七二))期ごろから小学校に導入された。ノートや鉛筆が普及するまで、文字学習や計算学習における必須の文具として、書籍(教科書)と並び、生徒が小学校に持参する最も基本的な学習用具であった。しかし、「書き付ける」面積に限りがあること、「書き付ける」内容が短い文章や簡単な数式に限られること、さらには、記録性がないこと、という欠点があった。そのため、国産の安価な鉛筆と洋紙(ザラ紙)が日本の各学校に普及するに従い、その存在意義が急速に失われ、教育実践場から姿を消すことになった。

参考文献　佐藤秀夫『ノートと鉛筆が学校を変えた』(『学校の文化史』、一九八八、平凡社)　(小野　雅章)

せきばんいんさつ　石版印刷　水と油の反発力を利用した印刷。細かい穴が多く明いた石灰石である石版石に脂肪性のインキで画像を描き、硝酸を少量加えたアラビアゴム水溶液を塗布する。これに油性の印刷インキをつけると、脂肪酸が石版石の細孔から浸透した画像部分はインキを受付け、他は水分がインキをはじき、版となる。一七九八年にミュンヘンで発明され、一八三七年には多色刷りも可能になった。日本へは万延元年(一八六〇)にプロイセン使節が幕府に石版石などを献上して伝えられた。政府では紙幣寮が明治七年(一八七四)に石版の研究を始め、九年から雇アメリカ人ポラルドの指導を受け、十四年(一八八一)の『国華余芳』で多色刷りの技術導入の成果を示した。民間では黒一色のものが多かったが、明治後期からは多色刷りの大型ポスターも作られた。大正九年(一九二〇)に写真技術が応用されるまでは、手書きする描版技術者の能力が製品の出来を左右した。

参考文献　凸版印刷株式会社印刷博物誌編纂委員会編『印刷博物誌』(二〇〇一、凸版印刷)　(鈴木　淳)

せきひろなお　瀬木博尚　一八五二―一九三九　博報堂の創業者。嘉永五年十月六日(一八五二年十一月十七日)富山前田藩士瀬木博重《ひろしげ》の長男として出生。戊辰戦争に官

瀬木博尚

軍方として参加、維新後は富山県桜木町役場の書記・区長を歴任。明治二十二年(一八八九)ごろ上京、自由党星《ほし》亭《とおる》の知遇を得て『めさまし新聞』で活動。石川島監獄で宮武外骨《みやたけがいこつ》との交流が始まる。二十八年東京日本橋に雑誌広告取次業博報堂を創立、博文館の広告を扱って信用を高めた。三十二年(一八九九)神田出版街に社屋を移転し、業名を新聞雑誌広告取次業博報堂とする。三十八年『東京朝日新聞』第一面の全面広告化に成功して飛躍的に業績を伸ばす。四十三年(一九一〇)通信業に進出、『内外通信』を発行して社名を内外通信社博報堂と改称。大正十五年(一九二六)私財十五万円を投じて、宮武外骨のコレクションを元に明治新聞雑誌文庫を設立、東京帝国大学法学部に寄贈する。昭和十四年(一九三九)一月二十二日没。八十八歳。

参考文献 内外通信社博報堂編『瀬木博尚追憶記』(一九四〇)、瀬木博信編『広告六十年』(一九五五、博報堂)、山本武利「瀬木博尚―活字文化を支えた広告人―」(土屋礼子編『近代日本メディア人物誌』創始者・経営者編所収、二〇〇九、ミネルヴァ書房)

(松田 裕之)

せきやきよかげ 関谷清景 一八五四―一八九六 日本最初の地震学者。美濃大垣藩士関谷玄助の長男として安政元年十二月十一日(一八五五年一月二十八日)に生まれる。明治三年(一八七〇)大垣藩の貢進生に選ばれ、大学南校(のちに東京開成学校)に入学。明治九年ロンドンに留学したが、肺結核に罹患したため翌年帰国し、療養生活を送る。明治十三年(一八八〇)に東京大学理学部準助教(翌年から助教授)となり、ユーイング教授の主宰する地震観測所で地震の研究を始めた。明治十九年帝国大学発足とともに世界最初の地震学専任教授となった。明治十八年からは内務省験震課長も兼務し、グレー・ミルン・ユーイング地震計を、日本各地の測候所に順次据えつける一方、微震、弱震、強震、烈震の四段階からなる震度階を創設するなど、世界最初の地震観測網をつくりあげる基礎を築いた。結核が悪化したため、明治二十三年(一八九〇)から休職になり、明治二十九年一月八日死去した。四十三歳。

参考文献 『気象百年史』(一九七五)、橋本万平『地震学事始―開拓者・関谷清景の生涯―』(『朝日選書』、一九八三、朝日新聞社)、『東京大学百年史』部局史二(一九八七)

(泊 次郎)

せきやすのすけ 関保之助 一八六八―一九四五 明治から昭和期にかけての有職故実研究者。明治元年四月十日(一八六八年五月二日)生まれ。日本画(歴史画)家を目指し東京美術学校絵画科を卒業。乱視のため叶わず、歴史画の創作基盤である有職故実の学に転身した。帝室博物館美術部に勤務。多岐にわたる美術・博物館活動に参加し、わが国の近代文化財行政草創期に果たした役割は大きい。また母校東京美術学校、京都帝国大学、国学院大学、女子美術学校などの教壇にも立った。一方、有職故実関連の資(史)料蒐集にも心血を注ぎ、そのコレクションは膨大な量であったといわれる。関の研究は、遺品・絵画・文献を慎重に分析、編年的もしくは時代的な特色などを検出、堅実な見解を求めるものであった。ただ、惜しむらくはきわめて寡作であったことで、大小の研究成果の公刊が望まれる。昭和二十年(一九四五)五月二十五日夜半から二十六日払暁にかけての空襲のため戦災死。七十八歳。なお、関の研究の一端は、斉藤忠・末永雅雄編『沼田頼輔・関保之助』(『日本考古学選集』五、昭和五十年、築地書館)にある。

(佐多 芳彦)

せきやまござえもん 関矢孫左衛門 一八四四―一九一七 草莽活動家、のち地方政治家、北海道開拓者。弘化元年正月二十四日(一八四四年三月十二日)、越後国刈羽郡新道《しんどう》村(新潟県柏崎市)の素封家飯塚家の四男に生まれる。安政五年(一八五八)、魚沼郡並柳の庄屋関矢家の養嗣子となり、慶応年間(一八六五―六八)には兄村山空谷らと勤王活動に挺身、戊辰戦争起るや、越後各地の有志と結成した居之隊《きょしたい》隊員として各地を転戦。維新後は長岡に設立された第六十九銀行の頭取や大区長、地元の北魚沼郡郡長、さらには南魚沼郡郡長も務めるなど、地域の指導者として貢献。その一方で、民権運動では明治十五年(一八八二)魚沼改進党を結成、二十三年(一八九〇)の第一回衆議院選挙で改進党系候補となり当選した。この間明治十九年に大橋一蔵らと北越殖民社を設立、越後の貧窮農民の救済をはかって北海道開拓を進めたが、大橋が死去したこともあって事業が頓挫すると、二十三年に衆議院議員をも辞して北海道に渡り、以後、江別・野幌などの開拓に尽力。大正六年(一九一七)六月二十一日死去。七十四歳。

参考文献 『新潟県史』通史編六・別編三(一九八七)

(溝口 敏麿)

せきゆぎょう 石油業 原油を採掘・精製して販売する産業。原油は古来より燃える水として知られてきたが、前近代には出油地の近傍で家庭用に用いられるのみであった。幕末開港期に石油ランプが日本に紹介されると、その燃料として外国産燈油の輸入が盛んに行われた。このため、燈油の国産化を目的に日本国内での石油業が模索され、石坂周蔵、滝沢安之助、中野貫一《なかのかんいち》らが試みたがいずれも失敗した。そこで大鳥圭介《おおとりけいすけ》の働きかけを受けて明治政府では、明治九年(一八七六)に御雇外国人ライマンに石油地質調査を行わせ、内務省勧業寮や工部省工作局で官営事業を計画した。当初は手掘で採油を試みたため出水に悩まされ、機械掘への転換を図ったが実現を見ず、明治十五年(一八八二)には官営事業は廃止された。しかしライマンによる地質調査と官営事業での技術は引き継がれ、明治二十年(一八八七)代に入ると新潟県長岡市の西山油田でのちの日本石油が、東山油田でのちの宝田石油が、新潟県新津市の新津油田で中野貫一の中野興業が採油を始めた。手掘の一種である上総《かずさ》掘から機械掘への転換も順調に行われた。最初は燈油とガソリンや重油とを分離する精製技術も未熟であり、石油取締規則(明治十四年八月制定)での取り締まりも行われたが、次第に整備されて解決した。新潟県以外では秋田県黒川地域でも出油をみた。一九〇〇年代に入ると国内各社および輸入油間で激しい競争が始まった。そこでカルテルが何度も試みられたが成功せず、大正十年(一九二一)には日本石油と宝田石油の対等合併が行われ、国内産油量の大半を掌握した。しかし、急増する石油需要に対応することができず、国内石油業者も外国油の精製業へと業務を拡大していった。昭和十六年(一九四一)には採油部門は国策会社である帝国石油に統合された。第二次世界大戦後は外国油の輸入・精製・販売が主たる業務である。石油は自動車や家庭用燃料などへの供給とともに、電力業や石油化学工業の原料としても利用されるようになっている。

参考文献 日本石油株式会社秘書課編『石油便覧(改訂第三版)』(一九二七、石油時報社)、日本石油株式会社『日本石油史』(一九五八)、内藤隆夫「官営石油事業の挫折」(高村直助編『明治前期の日本経済―資本主義への道―』所収、二〇〇四、日本経済評論社)

(宮地 英敏)

せきゆとりしまりきそく 石油取締規則 明治十四年(一八八一)八月十三日の太政官布告第四〇号により制定された法令。倉庫・貯油所・品質などについて定められた。明治十六年二月十五日の布告第六号により改正され、摂氏三〇度以上の温度でなければ発煙しない石油のみを点燈用に供すること(それ以外は製薬・調剤・物理・化学・工芸上の利用に限定された)が定められたため、国内外から大きな反発を招き、三月十六日には告示第一〇号が発せられて施行の無期限延期と再改正された。その後は、国内石油業の発達および外国油の流入・精製には、各府県ごとの県令・監督により取締りを行なっていた。国内最大の産油県である新潟県では、明治二十二年(一八八九)十月に石油坑業取締規則を施行している。しかし製油技術(精製技術)の発展に伴って揮発油と燈油の分離が完全に行われるなど、次第に国内石油業者の技術水準も向上を遂げたため、明治二十四年に施行された。

参考文献 小野強『北越石油業発達史』(一九〇九、鉱報社)、日本石油株式会社営業部編『石油便覧(改訂版)』(一九三四、石油時報社)

(宮地 英敏)

せきゆランプ 石油ランプ 開港後に輸入され、植物性油脂を利用していた行燈・ロウソクに代わって幕末より普及した照明用具。硝子燈・玻璃燈とも称す。熱量が強く、残滓が少なく、運搬が便利で、廉価であった燈油(沸点は当初は摂氏一七〇~二五〇度、のちには摂氏一五〇~三〇〇度、比重は〇・七八~〇・八三)を燃料として、燈心に点火して用いる。ほかへの引火を防ぐためにホヤで覆って利用した。一八五九年にアメリカのペンシルベニアで石油採掘が始まったことに伴い世界的に普及した照明器具であり、七〇年代後半には国内ガラス業者による国産化により急速に普及した。街燈としてはガス燈に早くから市場を奪われたが、室内照明用としては大正期まで用いられている。しかし、燃料としての燈油の利用は火災の発生原因ともなったため、電力業の発達に伴って電燈が普及し始めると、次第に衰退していった。その後はガラス工芸としてのみ石油ランプは残っている。

参考文献 小野強『北越石油業発達史』(一九〇九、鉱報社)、山本研一「石油及天然ガス」(共立社編『実用製造化学講座』二所収、一九三九、共立社)

(宮地 英敏)

せきようしゃ 石陽社 福島県の民権結社。明治八年(一八七五)八月、磐前《いわさき》県石川郡石川村(福島県石川郡石川町)に前身が創立した。当時、石川村の区長を勤めていた河野広中を中心に、吉田正雄(豪農)・吉田光一(神官)らにより有志会(または有志会議)として組織され、明治十年(一八七七)に石陽社に改名する。東北地方における民権結社のさきがけであり、同年に田村郡三春町に設立された三師社と同様、豪農商を中心とした結社である。設立当初は、立憲政体樹立の詔勅にこたえた、参政準備のための穏和なものであった。また設立趣意書には、財産の多少を問わず入社を許可し、入社の後は尊卑の別なしと記された。公議輿論にもとづく政治、志を同じくする結社の連合の必要性がとかれ、学塾石陽館を通じて青年の政治教育が行われ、河野らをのりこえる急進的な民権運動家も生まれた。国会開設運動がたかまるなか、東北地方の政社統一運動の中心として急速に組織を拡大し、明治十四年十二月の自由党福島部結成にも大きな役割を果たした。

参考文献 高橋哲夫『福島民権家列伝』(一九六七、福島民報社)、大石嘉一郎編『福島県の百年』(『県民百年史』七、一九九二、山川出版社)、『石川町史』六(二〇〇五)

(田﨑 公司)

せきり 赤痢 糞便中の赤痢菌が飲食物を介し経口的に感染する伝染病。夏期に流行する。潜伏期は二~三日で発熱し、下痢が一日に二、三十回もおきて水のようになり、絞られるような腹痛を伴って脱水症状をおこし、心不全のため死に至ることがある。幼児で感染すると脳障害を伴う激烈な中毒反応を引きおこす(疫痢)。赤痢は古来からの西日本での地方病であったが、明治十六年(一八八三)ごろより勢力を増し、二十三年(一八九〇)までには九州・四国一円に蔓延し、二十四年から東進を開始し、二十九年には関東に侵入、三十二年(一八九九)には福島・岩手・青森にまで及んだ。患者数の最高は明治二十六年の十六万七千余名(死者四万千余名)だが、四十四年(一九一一)にも三万二千名もの患者が発生した。志賀潔が明治三十一年に赤痢菌を発見するが、その後数十種の赤痢菌が発見されていった。一九三五年特効薬サルファ剤が開発されるまでは下痢促進のための下痢剤使用とオモユによる食餌療法が施されたが、重症者には効力がなく、脱水・心衰弱・栄養低下・浮腫をきたし、死に至ることもあった。

参考文献 厚生省医務局編『医制百年史』(一九七六、ぎょうせい)

(宮地 正人)

せこかくたろう 世古恪太郎 一八二四―七六 幕末の勤王家。文政七年(一八二四)正月、伊勢国松坂の商家に生まれる。幼名は雅次郎、字は子直。喜兵衛とも称す。儒学を斎藤拙堂《さいとうせつどう》に、国学を本居内遠《もとおりうちとお》・足代弘訓《あじろひろのり》に学ぶ。上京し、三条実万《さんじょうさねつむ》の知遇を得る。水戸藩の密勅事件に関与し、安政の大獄で獄につながれた。のち釈放され、三条実美に従い活動。維新後、延世《のぶよ》と名乗る。伊勢山田の市井曹長に任じられ、徴士・行政官権弁事・京都府判事・留守権判官を歴任。明治四年(一八七一)宮内権大丞となり、伊勢神宮正遷宮式の弊習の改革を唱える。また、古社寺の綸旨・古文書・宝物の保存に努め、大隈重信に建言して古社寺保存会をつくる。明治九年九月二十二日、五十三歳で没す。著書に『唱義聞見録』『銘肝録』などがあり、安政の大獄関係の貴重な文献である。

参考文献 松本秀業「世古恪太郎延世略伝」(『三重県史談会会誌』三ノ四、一九二三)、三重県編『先賢遺芳』(一九二五)、浅野松洞『三重先賢伝』続(一九三三、別所書店)

(岡本 愛美)

せたのりみ 勢多章甫 一八三一―九四 有職故実家。天保二年五月二十二日(一八三一年七月一日)生まれ。本来は中原姓で、出自は、朝廷の検非違使・明法博士・大判事の家系。明治維新後は皇学所、大学校、宮内省に勤務した。朝廷の儀式典礼のみならず、細かな風俗習慣や官職・法制度にも精通していた。博覧強記で『嘉永年中行事考証』『嘉永年中行事』『宮殿並調度沿革』『装束沿革』『御服喪例』など、儀式儀礼から調度・服装、宮廷風俗全般に至るまできわめて広範な内容の著作を数多く残した。なかでも『思ひの儘《まま》の記』(『日本随筆大成』七所収、昭和二年、吉川弘文館)は、外部からは知りえないような宮中の細事を載せ、さらに光格・仁孝・孝明各天皇の在位期の諸事を記し、安政元年(一八五四)の内裏燃亡、文久三年(一八六三)の賀茂社・石清水八幡宮行幸、また和宮御縁組一件にまで言及する。当該期の朝廷の動向に関する一級史料の側面も持つ重要な歴史資料である。明治二十七年(一八九四)十二月八日京都にて没。六十四歳。

(佐多 芳彦)

せっかどう 雪華堂 京都の書肆。現在の法蔵館の前商号。創業者の西村七兵衛が、本家の丁字屋から独立(嘉永三年(一八五〇))してしばらくの間使用した。→法蔵館《ほうぞうかん》

参考文献 『京都出版史―明治元年～昭和二十年―』(一九九一、日本書籍出版協会京都支部)

(鵜飼 政志)

せっけん 石鹸 苛性ソーダと動植物脂から製造される洗剤。天文期にポルトガル人がシャボン jabão(英語 soap)を日本に将来した。他方一五九〇年に刊行された李時珍の『本草綱目』には、山東省済寧で生産される石鹸はよく垢を取るとされ、蕎麦の焼灰および粉麺を蕎麦の浸し水と混じ凝固させて製造すると述べられている。この結果江戸時代にはすでにシャボンの漢字表記に石鹸の語があてられたが、一般にはシャボンで通用していた。石鹸の名が一般化するのは明治十四年(一八八一)、十五年からである。蘭方医は苛性ソーダと油からシャボン(蘭語 zeep)を製造したが、目的は洗浄用というよりは薬用であった。明治に入り日本人として製造を開始したのが横浜の堤磯右衛門である。横浜製鉄所の工事に従事していた際、仏人ボエルに石鹸の製法と効用を教えられ、またその輸入量が多いのを知り、国益のため明治六年(一八七三)三吉町に製造所を建設して洗濯石鹸と化粧石鹸を造ることに成功、十年の内国勧業博覧会では花紋賞牌を受賞し、輸出も行なった。十四年ごろが最盛期であったが、二十四年(一八九一)に磯右衛門が没し、二十六年には堤石鹸製造所は廃業した。堤以外にも石鹸製造に従事する者が生まれ、明治二十一年統計では会社数七、職工数百二十七人となっている。同年の輸入額は苛性ソーダ十八万九千円、獣脂一万四千円、ヤシ油四万八千円、また同年の石鹸輸入高三万六千円、輸出高四万円である。石鹸輸入は日清戦後、特に三十年代に急増したので、国内生産もそれに対応することとなり、二十八年には大阪硫曹株式会社がルブラン法ソーダ製造装置を完成してソーダの国内自給を図り、三十五年(一九〇二)には花王石鹸の長瀬(富郎)商店請地工場が蒸気鹼化釜を以て操業を開始し、機械化による石鹸の大量生産に大きく歩を進めた。四十四年(一九一一)統計では石鹸国内生産額四百八十六万七千円(内化粧石鹸三百二十四万円)、輸入八十八万四千円、輸出四十六万九千円となっている。また大正元年(一九一二)の石鹸製造工場数は二百十一、職工数は千五百三十九人であった。

参考文献 小林良正・服部之総『花王石鹸五十年史』(一九四〇)、横浜開港資料館編『横浜もののはじめ考』(一九八八)

(宮地 正人)

せっけんせいぞう 石鹸製造 石鹸はヨーロッパ各地で古来製造され、一八一一年に化学的組成が解明されてから、人工のソーダとさまざまな油脂によって安価に作られるようになり、一八三〇年代末からは鹼化釜の加熱に蒸気が用いられ始めた。日本では十六世紀から輸入されていたが、生産は十九世紀に入ってから蘭方医によって薬用に自製されたのが起源で、営業としては明治六年(一八七三)に横浜の堤磯右衛門が蘭方医から薬品・書籍

輸入商に転じた早矢仕有的《はやしゆうてき》(丸屋善八)の技術指導を受けて堤石鹼製造所を開業したのが最初である。その知識の普及により、同十年(一八七七)の第一回内国勧業博覧会には七人が国産石鹼を出品し、十二年には国産額が輸入を上回り、このころに関西から中国への輸出も始まった。十年代後半には椰子油を用いた水分の多い粗製品が乱造されて国産品の評判を落としながらも地方に普及し、十八年には輸出が輸入を上回り、東京吉村工場が棉実油から羽二重製造用の絹練石鹼を創始するなど製品も多様化した。明治三十年代には動力を利用した機械練による冷製石鹼の製造法が普及し、従来の煮沸法では一ヵ月程度を要した乾燥期間が不要となった。鹼化釜は従来直火で加熱されていたが、明治三十五年(一九〇二)に建設された長瀬商店請地工場ではじめて蒸気加熱の設備が設けられた。この工場は花王石鹼を製造し、四十四年(一九一一)にはじめて廃液からのグリセリン回収を工業化するなど技術的には最も進んでいたが、同年の職工数は六十五名にとどまった。この年にはライオン石鹼工場もグリセリン回収を開始しており、石鹼製造が手工業から本格的な化学工業へ一歩を踏み出したといえる。しかし明治三十六年の第五回内国勧業博覧会には十八府県の百七名が石鹼を出品するほど生産者が増加しており、四十三年には東京と大阪を中心に全国二十三道府県で百七十五の製造家が千三百五十四名の職工を使い、零細工場が中心であった。

参考文献 小林良正・服部之総『花王石鹼五十年史』(一九四〇)、飯島孝『日本の化学技術—企業史にみるその構造—』(一九八一、工業調査会) (鈴木 淳)

ぜったいしゅぎ 絶対主義 君主(国王など)が絶対的な権力を持つ、中央集権的な専制政治の体制を指す。絶対王政、もしくは絶対君主制とも呼ばれる。ヨーロッパでは、中世の封建国家から近代の市民国家へと移行していく中間の時期における君主制を示すものと位置づけられる。代表的なものとして、イギリスのテューダー王朝、フランスのブルボン王朝、オーストリアのハプスブルク王朝、プロイセンのホーエンツォレルン王朝などがあげられる。国王が官僚と常備軍を背景として、教会や封建貴族などを抑制して領域の統一を実現し、あわせて重商主義政策を採用して自国の強化を図ったことに大きな特徴がある。その点から、のちの国民国家の形成条件を整備したともいえる。しかし、結果的には国王の絶対的権力に対する市民の不満が高まり、市民革命などを経て、共和制ないし立憲君主制へと多くの国が移行していった。日本では、明治維新後の近代天皇制国家を絶対主義国家としてとらえることができるかどうかがしばしば議論の対象となってきた。江戸時代の幕藩体制においては、幕府が直接的に支配する地域(天領)とは別に地方に諸侯(大名)が配置されており、それぞれの自主性も一定程度認められていた。しかし、明治四年(一八七一)に廃藩置県が断行され、それ以後は明治政府による中央集権制が実現した。このことにより、天皇の絶対的権力のもとに封建制の解体が行われたという解釈もなされた。他方で、明治維新を市民革命(ブルジョワ革命)と位置づけ、明治国家は絶対主義体制ではないと考察する解釈もあり、昭和時代初期のマルクス主義者のあいだでは、前者の立場を採る講座派と、後者の立場を採る労農派の激しい議論が展開された。大日本帝国憲法制定以後の日本は、天皇大権(統帥権など)の存在はあるものの、立憲君主としての制約が事実上存在していたことを考えれば、絶対主義と立憲主義の両面を含むものと解釈するのが妥当と考えられる。 →天皇制《てんのうせい》

参考文献 藤田省三『天皇制国家の支配原理』(一九六六、未来社)、中村政則「近代天皇制国家論」(『大系日本国家史』四、一九七五、東京大学出版会) (荻原 稔)

せつちゅうばい 雪中梅 末広鉄腸《すえひろてっちょう》著の政治小説。上編は明治十九年(一八八六)八月、下編は十一月に、博文堂より出版。表題は角書きをもつ『(政治小説)雪中梅』である。明治百七十三年に、国会開設の功労者国野基の伝記が発見されたという未来記の設定になっている。自由民権運動家の国野は、井生村楼の演説会で国会開設を訴えるが、武田猛への手紙から嫌疑を受けて下獄、出獄後の療養地箱根で一人の美人を知る。彼女は富永春で、深谷梅二郎という許嫁がいたが、秘かに国野を慕って援助していた。後見人の叔父や政敵川岸萍水の奸計によって窮地に立った春は、国野に相談し、彼が許嫁の深谷であったことが判明して、二人は結ばれる。場面でストーリーを進行させる写実的な手法を取って破綻がなく、男女が精神的にも結ばれるという恋愛が描かれ、国野の演説などに国会開設前夜の政治的課題を明らかにするなど、政治小説の佳作といえる。山田俊治・林原純正校注『政治小説集』一(『新日本古典文学大系』明治編一六、平成十五年、岩波書店)に収載されている。 →末広鉄腸《すえひろてっちょう》 (山田 俊治)

せっつぼうせきがいしゃ 摂津紡績会社 第一次企業勃興期に誕生した有力紡績会社。大阪船場の商人らにより明治二十二年(一八八九)四月資本金百二十万円で設立され、株金私消事件で社長は高田久右衛門から平野平兵衛に代わったが、翌年十一月、プラット社製リング紡績機一万九千二百錘で大阪府西成《にしなり》郡難波《なんば》村(大阪市中央区)で開業した。菊池恭三工務支配人のもと工場を増設、三十五年(一九〇二)大和紡績を買収、平野紡績を合併し十万錘規模に成長した。輸出向け十六・二十番手太糸中心に高能率の生産を行なって高率配当を実施した。郡山紡績買収(四十年(一九〇七))、明石工場建設に続いて、菊池が竹尾治右衛門に代わって社長になった大正四年(一九一五)には、高田第二・大垣工場を建設して織布に進出するとともに二十万錘規模を超えた。七年には社長が共通で中心製品の異なる尼崎紡績に対等条件で合併し、大日本紡績になった。

摂津紡績会社

参考文献　絹川太一『本邦綿糸紡績史』四(一九三六、日本綿業倶楽部)、『ニチボー七十五年史』(一九六六)、高村直助「摂津紡績会社」(山口和雄編『日本産業金融史研究』紡績金融篇所収、一九七〇、東京大学出版会)　(高村　直助)

せとぐちとうきち　瀬戸口藤吉　一八六八—一九四一　軍楽家、作曲家。明治元年五月十日(一八六八年六月二十九日)鹿児島生まれ。一時養子として大山姓を名乗る。明治十五年(一八八二)海軍軍楽隊に入隊、エッケルトらに師事し、アンナ＝レーヤにピアノを学ぶ。三十年(一八九七)に発表した「軍艦」(鳥山啓《とりやまひらく》作詩)は人気を博し、これを吹奏楽に編作した「軍艦行進曲」(三十三年発表)は日本人による初期の本格的行進曲として現在でもよく知られる。三十六年軍楽長に就任、管弦楽の編成を推進して軍楽隊の可能性を広げた。四十四年(一九一一)英国国王ジョージ五世の戴冠式に隊長として派遣され、管弦楽編成としては初の海外演奏を行う。また大正六年(一九一七)に退官するまで日比谷公園音楽堂での演奏を指揮し、音楽の普及にも務めた。昭和十二年(一九三七)作曲の「愛国行進曲」も有名。十六年十一月八日東京で没。七十四歳。

参考文献　瀬戸口良弘『軍艦マーチ物語—作曲家・瀬戸口藤吉伝—』(一九九六、南日本新聞開発センター)、谷村政次郎『行進曲「軍艦」百年の航跡—日本吹奏楽史に輝く「軍艦マーチ」の真実を求めて—』(二〇〇〇、大村書店)　(末永理恵子)

ぜにや　銭屋　京都の書肆。佐々木惣四郎春重が経営。竹苞楼《ちくほうろう》とも。宝暦元年(一七五一)、銭屋儀兵衛の元から二十九歳で独立。銭屋平八と名乗る。宝暦九年、銭屋惣四郎と改め、以後、代々襲名した。四代春明のとき、元治元年(一八六四)の禁門の変で家屋が焼失。和漢書と法帳を数多く出版し、『近世畸人伝』は江戸時代の奇人二百人余の伝記を収載し、著名である。また、明治初年には数種の『万国公法』を発兌・売り捌いている。

参考文献　三橋猛雄『明治前期思想史文献』(一九七六、明治堂書店)、『京都出版史—明治元年～昭和二十年—』(一九九一、日本書籍出版協会京都支部)　(鵜飼　政志)

セメントこうぎょう　セメント工業　石灰石・粘土などを粉砕し、煆焼・焼成して土木建築用の無機質接合材を製造する工業。江戸幕府が横須賀製鉄所の建設にあたってセメント輸入を行い、明治政府に接収された後も横須賀造船所建設に大量のセメントを輸入したため、セメントの国産化が議題に上った。明治六年(一八七三)には宇都宮三郎により工部省深川摂綿篤《セメント》製造所が建設され、翌々年より製造を行なっている。その後は民間でもセメント工業が計画され、明治十年代中盤には山口県では士族笠井順八らによるセメント製造会社(のちの小野田セメント)が、高知県では板垣退助らによる川南セメントが、愛知県では国貞廉平《くにさだれんぺい》県令の呼びかけで東洋組がそれぞれ設立されている。また政府の工場払下げの方針から、明治十七年(一八八四)に深川工作分局セメント工場は浅野総一郎と渋沢栄一に払い下げられた。石灰石は日本各地で産出されるため、一八九〇年代に入ると、企業勃興による国内需要の急増と輸出を目的に、国内各地にセメント会社が設立されている。当初は竪窯によって焼成されたが、明治三十六年(一九〇三)の浅野セメント東京工場に導入された横型の回転窯(キルン)を皮切りに、一九一〇年代末までには技術転換を遂げた。しかし輸送コストの占める割合が大きかったため、地域ごとに市場が分断されていた。また東アジア・東南アジアへの資本輸出も積極的に行われた。大正十三年(一九二四)に十八社が参加したセメント連合会の設立によって、これ以後はカルテル活動がたびたび行われたが、有力メーカーがアウトサイダーとなることも多く効果は限定的であった。第二次世界大戦後には各メーカーとも在外工場を失ったが、朝鮮戦争と高度経済成長の波に乗って需要は急増した。しかし他業種からの参入も多く見られ、マクロ景気の動向とは無関係に過当競争による好不況が訪れている。昭和三十年代の生コン車の登場によるバラ輸送の実現も競争を激化させた。また石油危機ではエネルギーコストが急騰したため、昭和五十年(一九七五)には不況カルテルも認められている。

参考文献　日本経営史研究所編『小野田セメント百年史』(一九八一)、日本セメント株式会社社史編纂委員会編『百年史』(一九八三)、セメント新聞社編『セメント年鑑』五九(二〇〇七)　(宮地　英敏)

せらしゅうぞう　世良修蔵　一八三五—六八　萩藩寄組浦靱負《うらゆきえ》家臣。天保六年七月四日(一八三五年七月二十九日)、周防国大島郡椋野村(山口県大島郡周防大島町)中司八郎右衛門徳熹の三男に生まれる。おもに月性の時習館での影響が大きく、一時益田家につかえ重富康蔵・大野修蔵と改称した。文久三年(一八六三)萩藩寄組浦靱負の家臣木谷良蔵の養子となってから、同年奇兵隊に入って書記となり、南奇兵隊(のちに第二奇兵隊)創設にあたっては軍監となった。しかし、赤根《あかね》武人《たけと》の一件に連座して謹慎、慶応二年(一八六六)二月ごろから世良氏を名乗った。第二次長州征伐のときには大島口で戦い、その後山口の海軍局に入る。王政復古後、鳥羽・伏見の戦に参戦、明治元年(一八六八)三月奥羽鎮撫総督府の参謀に任じられる。会津攻略を強硬に主張していたことで、穏便な処置を目指す仙台藩士らから狙われ、福島に滞在していたとき、閏四月二十日(六月十日)仙台藩瀬上主膳らによって捕まえられ、河原で斬首された。三十四歳。首は白石に送られて実検され、その後月心院に埋葬され、明治九年陣場山に改葬された。

参考文献 「維新功労者履歴」(『毛利家文庫』七三ノ七〇、山口県文書館蔵)、「世良修蔵遭難一件」(同六七ノ八一)、「忠節事蹟」(同七三ノ二一)、『定本奇兵隊日記』(一九九八、マツノ書店)、谷林博『世良修蔵』(一九七四、新人物往来社)、藤原相之助『仙台戊辰史(復刻版)』(二〇〇五、マツノ書店)、『柳井市史』通史編(一九八四)

(岸本　覚)

セル　セル　「セル」は、毛職物の「サージ serge」から転訛した「セルジス」が日本語化したもので、梳毛《そもう》糸《し》によって織られた平織りの毛織物を指す。幕末開港後に輸入品として流入し、明治期には和装品の素材として重用された。和装着物の素材として用いられることが多いため、着尺セルの語が一般化したが、袴の素材としても広く利用された。国内でのセル生産は、明治二十年代に愛知県尾西《びさい》地方の機業家によって着手されたのが嚆矢とされる。尾西地方は、江戸時代後期から在来綿織物生産地として発展した地域であり、先染め綿織物の桟留《さんとめ》縞《じま》・結《ゆう》城《き》縞《じま》や、各種の絹綿交織物が生産されていた。ラシャやモスリンといったほかの毛織物の生産が、官営工場や株式会社形態をとる大規模工場によって担われていたのに対して、セル生産は、在来的な系譜を引く比較的小規模な機業家層によって、技術の導入・定着が図られた点に特徴があった。明治末以降、尾西地方は毛織物に特化した中小機業家の集積地となり、日本最大のセル織物生産地として発展した。

参考文献 玉城肇『愛知県毛織物史』(『愛大中産研究報告』、一九五七、愛知大学中部地方産業研究所)、政治経済研究所編『日本羊毛工業史』(一九六〇、東洋経済新報社)、中江克己編『染織事典―日本の伝統染織のすべて―(新装版)』(一九九六、泰流社)

(谷本　雅之)

セルギイ　Сергий　一八七一―一九四五　日本正教会の府主教。俗姓チホミーロフ Тихомиров。一八七一年ロシアのノヴゴロド県グージ村の司祭の子として生まれる。神学校を経てペテルブルグ神学大学に学ぶ。修道司祭となり、三十四歳でペテルブルグ神学大学学長となるが、三年後の明治四十一年(一九〇八)六月、大主教ニコライを補佐するため京都の主教として来日。明治四十五年二月のニコライ死去のあとは、その後継者となり、日本宣教団第二代目団長となる。一九一七年のロシア革命でロシア正教会の存続も危うくなり、日本正教会への送金も途絶えると、教役者を削減、京都正教女学校を廃し、東京の男女神学校を縮小した。大正十二年(一九二三)、関東大震災で東京復活大聖堂(ニコライ堂)が損壊。セルギイはこれを復興すべく各地へ募金行脚を続けた。また正教会の各地の土地や家屋も売却し、昭和四年(一九二九)十二月、復興工事を完成した。大正十年に大主教、昭和五年に府主教に昇叙。しかし、ソ連の正教会と絶縁しなかったためもあって、昭和十五年(一九四〇)日本正教会代表の座を逐われた。二十年(一九四五)四月、スパイ容疑で逮捕、憲兵隊本部に四十日間拘留。同年八月十日、東京板橋で死去。満七十四歳。

参考文献 大正・昭和初期の『正教時報』(正教会)、長縄光男『ニコライ堂遺聞』(二〇〇七、成文社)

(中村健之介)

セルロイドこうぎょう　セルロイド工業　硝化綿を樟脳とアルコールで溶解してセルロイドを作る工業。樟脳の主要生産地である台湾を領有したことで、有力輸出産業として成長をとげる。日本には明治十年(一八七七)にドイツから神戸二十二番館に、翌十一年に横浜二十八番館に輸入され、十八年以降は三井物産が取り扱いを開始して順次拡大した。輸入された生地は、さんご珠や櫛、カラー、カフス、胸当などに加工された。鼈甲職人でセルロイド加工に従事した小蝶六三郎は、加工技術の改良に努め、セルロイドを加熱圧縮法によって擬さんご珠を製造し、原料生地を大幅に節減することに成功した。やがて小蝶は、加工からさらに進んでセルロイド生地製造を試み、明治二十二年(一八八九)から甥の宮沢倉吉《みやざわくらきち》とともに昇光舎工場を開設し、日本初のセルロイド生産に乗り出した。宮澤はのち小蝶と分かれ広営舎工場を開設し、セルロイド生産とともに擬さんごと擬孔雀石への加工も行なった。東京の三輪善兵衛は斎藤《さいとう》子訥《しとつ》とともにセルロイド製造に乗り出し、英国より水圧機を輸入してセルロイド板の製造に成功した。このように中小業者中心であったセルロイド事業は、明治四十年代に財閥が進出することで大規模化する。すなわち同四十一年(一九〇八)には三菱・岩井商店・鈴木商店の資本を集めて日本セルロイド人造絹糸が設立され、同年、三井の出資のもとに堺セルロイド会社が設立された。大正期には自給が達成され、第一次世界大戦が勃発すると、日本セルロイド人造絹糸は火薬製造に乗り出すなど軍需への転換を行い、他方堺セルロイドは輸出を拡大させた。大戦中、セルロイド関連企業が多数設立されたが、大正八年(一九一九)には日本セルロイド人造絹糸、堺セルロイドなど八社が合同して大日本セルロイド会社となった。同社は樟脳専売制のもと原料の一手供給を受け生地生産と輸出を拡大させ、昭和八年(一九三三)には日本のセルロイド生地生産は世界一となった。

参考文献　大日本セルロイド株式会社編『大日本セルロイド株式会社史』(一九五二)、日本工学会編『明治工業史』(『明治百年史叢書』四三二、一九六四、原書房)

（市川　大祐）

せわもの　世話物　歌舞伎・人形浄瑠璃の作品の分類の一。「時代物」の対。当代の世間に起った事件などを題材とし、町人の社会を描く現代劇。作品の内容を分類する用語である一方で、「世話」という言葉には従来演技・演出の方法という意味も含まれている。明治期の歌舞伎の世話物としては、文明開化の世に題材をとり、新しい事物や風俗・出来事を描き、新しい髪型「散切り頭」から命名された「散切物」が有名である。↓散切物《ざんぎりもの》　↓時《じ》代物《だいもの》

参考文献　今尾哲也「述語としての「時代」」(『歌舞伎〈通説〉の検証』所収、二〇一〇、法政大学出版局)

（佐藤かつら）

せん　銭　⇩円《えん》・銭《せん》・厘《りん》

せんいんほう　船員法　船員となるための手続きや船員の権利義務を定めた法律。海洋を航行する二〇総トンまたは二百石以上の船員に適用。明治三十二年(一八九九)三月八日公布。最初の海員に関する法規は、高級船員(士官)の資格を定めた明治九年(一八七六)六月の西洋形商船船長運転手及機関手試験免状規則であった。一般船員については十二年(一八七九)二月には西洋形船員雇入雇止規則において船員の保護および船内規律が規定された。これは国際的水準の労働保護立法で海運業の国際性をよく表わしていた。日清戦後に至り、前者は二十九年(一八九六)四月七日公布の船舶職員法に受け継がれ、後者は船員法に受け継がれた。船舶に関する基本法規である船舶法、水先人は日本人に限るとした水先法、市町村長に海難救護を義務づけた水難救護法とならんで近代的な海事法体系の核となった。同法が和船にも適用されたことで和船の退潮に拍車がかかった。同法公布により西洋形船員雇入雇止規則は廃止。

参考文献　谷川久「海事法」(鵜飼信成他編『講座日本近代法発達史』四所収、一九五六、勁草書房)

（小風　秀雅）

せんかくしょとう　尖閣諸島　中国大陸から東シナ海へ延長する広大な大陸棚の東側の最先端に位置する島嶼群。八重山《やえやま》群島の北方約一五〇キロの海域に点在する魚釣《うおつり》島・久場《くば》島・北小島・南小島および大正島の五島と沖の北岩・沖の南岩・飛瀬《とびせ》の三つの岩瀬で構成されている。明治十七年(一八八四)三月に、福岡県出身の寄留商人古賀辰四郎が当時無人島であった魚釣島などを探検し、翌年九月に沖縄県令西村捨三から国標建設の上申がなされていたが、政府は領有権をめぐり中国との外交問題に発展することを危惧し、その認可を延期している。尖閣諸島の日本領土編入は、日清戦争の戦時下の明治二十八年(一八九五)一月に内閣決議をもって行われ、翌年三月五日の郡編制の勅令公布により、政府は沖縄県を島尻《しまじり》・中頭《なかがみ》・国頭《くにがみ》・宮古《みやこ》・八重山の五郡とし尖閣諸島を八重山郡に編入している。同年九月に古賀辰四郎へ魚釣島・久場島・北小島・南小島の三十年間の無償貸与が認可され、本格的な開拓が開始された。

参考文献　『季刊沖縄』六三(特集「尖閣列島第二集」、一九七二)、井上清『「尖閣列島」―釣魚諸島の史的解明―』(一九九六、第三書館)、浦野起央『尖閣諸島・琉球・中国―日中国際関係史―』(二〇〇二、三和書籍)

（赤嶺　守）

せんかくどう　仙鶴堂　東京市日本橋区新大阪町(東京都中央区)にあった小林(鶴屋)喜右衛門の書肆。鶴喜とも呼ばれた。江戸時代からの大手版元であり、絵双紙店で『田舎源氏』を出版したことなどでも有名。明治時代にも、俳諧書、語学書、歴史書、教育書、地図などを出版していたが、のちに店質を廃して、地方専門の卸屋になった。

参考文献　三橋猛雄『明治前期思想史文献』(一九七六、明治堂書店)、大久保久雄監修『日本書籍商史―明治大正昭和戦前期―』一(『文圃文献類従』一一ノ一、二〇〇七、金沢文圃閣)

（鵜飼　政志）

せんがつるたろう　千賀鶴太郎　一八五七―一九二九　明治・大正期の国際法学者、京都帝国大学教授。安政四年二月十日(一八五七年三月五日)、岡山に生まれる。岡山で勉学ののち、東京同人社で英文の教員をしていたが、明治十七年(一八八四)よりドイツ留学の機会を得、同地にとどまって学位論文 Gestaltung und Kritik der heutigen Konsulargerichtsbarkeit in Japan(「現時日本の領事裁判の形態と批判」)によりベルリン大学から法学博士号を授与される。明治三十二年(一八九九)帰国、直ちに新設の京都帝国大学法科大学教授に任じられた。羅《ロー》馬《マ》法講座・国際公法講座を担当したが、専門は国際法学の問題全般に及び、主著に『国際公法要義』(明治四十二年)がある。大正十二年(一九二三)、京都大学における教授停年制創設により退職した。昭和四年(一九二九)没。七十三歳。斬馬剣禅《ざんばけんぜん》『東西両京の大学―東京帝大と京都帝大―』(明治三十六年)は、貧困を苦にせず学問に没頭した留学時代の千賀の勉学姿勢と、帰国後も変わらぬその超脱的態度とを紹介・賞賛して「学界得易からざるの奇人」と描写している。

参考文献　『大日本博士録』(一九二二、発展社)、『京都帝国大学史』(一九四三)

（伊藤　孝夫）

せんかん　戦艦　軍艦の一種で、巡洋艦より装甲が厚く、武装が強力な艦のことをいう。明治三十一年(一八九八)艦船類別標準が海軍省達三四号で定められ、はじめて艦船が類別され、戦艦という艦種が定められた。一等戦艦(一万トン以上)と二等戦艦(一万トン未満)に区分された。それ以前における装甲艦が戦艦に類する。日清戦争以前においては、日本において装甲艦は扶桑一隻のみで、しかも旧式でトン数も少なく、清の北洋艦隊が有していた装甲艦定遠、鎮遠に対抗できなかった。威海衛の占領によ

り、鎮遠が接収され、日本海軍に編入された。三十一年当時では一等戦艦四隻、二等戦艦二隻であった。その後、戦艦より高速な巡洋戦艦が戦艦とともに主力艦となった。ワシントン海軍軍縮条約による主力艦の定義では、一万トン以上または、備砲八インチ以上の軍艦のことを指した。日本はこれにより、主力艦は十隻となり、太平洋戦争において二隻が増え、十二隻となった。 （太田　久元）

戦　艦　富　士

戦　艦　三　笠

せんきょうし　宣教使　明治二年（一八六九）七月、神祇官の職掌として「監宣教」が定められ、同年九月に設置。同三年正月三日（一八七〇年二月三日）、「神祇鎮祭詔」とともに発布された「大教宣布の詔」にある「惟神之大道」の宣布を行うことを目的として設置された国民教化機関。明治新政府は、浦上キリシタン問題を契機として、外教防禦と国民への新国家に対する啓蒙を試み、宣教使の職制を定め、長官・次官・正権判官・主典・史生を置き、正権大中少の宣教使と講義生を設けた。判官以上は神祇官員の兼務とされることに定まり、神祇伯中山忠能《なかやまただやす》が宣教長官、同少副福羽美静《ふくばよししず》は同次官に任命された。神祇官内には大教殿が設置され、宣教使ならびに講義生による教義講究と講説がなされ、特に長崎には出張所が設けられ、キリシタンへの教化が実践された。明治四年八月、神祇官が神祇省へ改組されるに伴い、宣教使は同省被接とされたが、翌年三月に神祇省が廃されるに及んで同じく廃された。その後、新たに教導職が置かれ、「三条教則」に基づく国民教化へと展開した。　→教導職《きょうどうしょく》　→大教宣《たいきょうせん》布《ぶ》

参考文献　藤井貞文「宣教使の研究」（『国学院雑誌』四九ノ五・六、一九四三）、阪本健一『明治神道史の研究』（一九八三、国書刊行会）、阪本是丸『明治維新と国学者』（一九九三、大明堂） （中村　聡）

せんきょせいど　選挙制度　衆議院議員の選挙方法は、衆議院議員選挙法によって規定された。明治二十二年（一八八九）二月公布の同法は、一人一区の小選挙区制を採用し、例外的に若干の二人区を設けた。人口標準は十二万人につき議員一人とし、一人区二百十四、二人区四十三、合計二百五十七区で、議員定数は三百人。投票区は原則として市町村の区域によった。選挙人の資格は、日本臣民の男子で年齢満二十五歳以上の者、選挙人名簿調整期日前満一年以上当該府県内に本籍を定め、住居し、なお引き続き住居する者、選挙人名簿調整期日前満一年以上（所得税は満三年以上）当該府県内において直接国税（地租および所得税）十五円以上を納めている者、であった。被選挙人の資格については、納税要件は選挙人と同様で、年齢は満三十歳以上、本籍・居住の要件はなかった。選挙人・被選挙人となりえないのは、瘋癲白痴の者、身代限りの処分を受け負債の義務を免れない者、公民権を剥奪され、または停止中の者、刑余後満三年を経過していない者、選挙犯罪により選挙権および被選挙権停止中の者、刑事訴追を受け拘留または保釈中の者、現役中の陸海軍軍人および休職停職中の者、華族の当主、であった。被選挙人となりえないのは、宮内官・裁判官・会

計検査官・収税官・警察官、府県および郡の官吏(管轄区域内のみで欠格)、選挙の管理に関係する市町村の官吏(その選挙区のみで欠格)、神官および諸宗の僧侶または教師、であった。投票立会人は二人以上五人(市区の場合は七人)以下とし、投票区内の選挙人中から市区町村長が選任した。投票時間は午前七時から午後六時まで。投票は公開投票制を採り、投票用紙には候補者の氏名のほかに、選挙人の氏名・住所を記載し、捺印することになっていた。なお、文字を自筆することができない選挙人に対しては、吏員による代理記載を認めた。不在投票制はなかった。候補者については立候補制を採らず、投票総数の最多数を得たものを当選人とした。選挙運動の方法・費用については特別の制限はない。同法改正案は三十一年(一八九八)と三十二年、帝国議会に提案されたがいずれも不成立。三十三年三月の第十四議会で成立した。これによって選挙権の納税要件は十円に引き下げられ、住所の本籍要件もはずされた。その結果、有権者は九十八万人余に増加し、総人口の約二・二%となった。被選挙権の納税要件も撤廃された。選挙区は府県を単位とする大選挙区制とし、別に市を独立の選挙区とした。原則として人口十三万人に議員定数一人を配分し、一人区四十六、二人区三、三人区二、四人区五、五人区十二、六人区十、七人区五、八人区三、九人区四、十人区三、十一人区三、十三人区一で、合計九十七選挙区となった。議員定数は三百六十九人で、六十九人増。投票方法は秘密投票主義に改められ、議員定数が複数の選挙区も単記投票制に改められた。当選人の決定方法には法定得票制が導入され、有効投票の最多数を得た者で、しかも選挙人名簿の登録者数を当該選挙区の議員定数で割った数の五分の一以上を得票した者を当選人とすることとなった。なお、衆議院議員選挙法については、その後、三十五年の改正で人口増加と市政施行に伴う選挙区・議員定数の増加をはかったのち、大正八年(一九一九)の改正(小選挙区制採用と納税要件の引下げ)を経て、十四年(一九二五)の男子普通選挙法の公布に至った。一方、地方政治については、明治十一年(一八七八)七月公布の郡区町村編制法によって町村の長である戸長が民選となり、住民が選んだ戸長を府知事・県令が任命するかたちとなった(十七年官選に変更)。十三年の区町村会法によって町会・村会が設置され、その議員選出方法は各府県長官に委ねられた。二十一年四月公布の町村制では、町村会議員の選挙権・被選挙権を、二年以上その町村の住民であり、地租を納め、もしくは直接国税二円以上を納めている男子に認めた。等級選挙制を採用し、選挙人中の直接町村税の納税額が多い者をあわせて選挙人全員が納める総額の半分にあたる者を一級とし、その他の選挙人を二級として、各級それぞれが議員の半数を選挙する仕組みとした。すなわち、納税額の半分を占める少数の富裕者が議員の半数を選ぶこととなった。また、町村長は町村会議員の投票によって選ばれた。なお、同時に公布された市会では、三級制が採られた。府県については、明治十一年七月の府県会規則で府会・県会が開設され、その議員は郡の大小により各郡五名以下が記名投票によって公選された。選挙権者は満二十歳以上の男子で、その郡内に本籍を定め、その府県内で地租五円以上(被選挙権は十円以上)を納める者。二十三年五月の府県制で府県議会の議員を市会・市参事会・郡会・郡参事会の構成員が選ぶ複選制が採られたが、三十二年の改正で廃止され、直接国税三円以上の納付者による直接選挙となった。

[参考文献] 大島美津子『明治のむら』(『教育社歴史新書』一九七七、教育社)、選挙制度七十年記念会編『選挙法の沿革』(一九五九、第一法規)、杣正夫『日本選挙制度史—普通選挙法から公職選挙法まで—』(一九八六、九州大学出版会)

(大日方純夫)

せんきょだいかんしょう　選挙大干渉　明治二十五年(一八九二)二月実施の第二回総選挙に際し、当局側が行なった大々的な選挙妨害活動。松方正義内閣の内務大臣品川弥二郎は地方長官に内訓を発し、内務次官白根専一の陣頭指揮のもと、府県知事・郡長・官吏・警察官などを動員して民党所属候補者の選挙活動を妨害し、政府系候補者の推薦とその運動に対する援助を行なった。一月二十八日には予戒令を公布して即日施行。一定の生業をもたない者、他の集会を妨害する者、他人の行為に干渉する者などを取締る権限を地方長官(東京は警視総監)に与え、各地でこれを執行した。高知県・佐賀県などでは保安条例を適用した。二月九日には自由党・立憲改進党

選挙大干渉　高知県民吏両党の激戦

が連携して民党の候補者を推薦したのは集会及政社法違反だとして、板垣退助・大隈重信以下、両党の中心メンバーを裁判所に告発した。高知・佐賀・熊本・石川・富山・福島などの各県では、特に官憲側の干渉が激しく、民党側も壮士を動員するなどしてこれに対抗した。こうして各地で流血をみる事態が発生し、高知県で民党側七人、吏党側三人の死者が出たのをはじめとして、全国の死者は二十五人、負傷者は三百八十八人を数えたという。高知・熊本両県では憲兵も出動した。大干渉にもかかわらず、選挙の結果、民党は百六十三人(自由党九十四、立憲改進党三十八、独立倶楽部三十一)となり、吏党の百三十七人をしのいで勝利をおさめた。この選挙干渉が政府内部の対立を引き起こし、三月、品川内相と陸奥宗光農商務相は辞職。また、五月に開かれた第三回帝国議会では、貴族院・衆議院が選挙干渉問題を取り上げて、政府の措置を厳しく追及した。なお、明治天皇は、選挙に先立って現在の議員を再選したのでは何度も解散をしなければならなくなるとの意思を表明し、選挙の際には選挙対策費を提供していた。さらに選挙後、天皇は石川・福岡・佐賀・高知各県に侍従を派遣した。

参考文献 『高知市立自由民権記念館紀要』三(選挙大干渉百年全国集会報告集、一九九三)
(大日方純夫)

せんきょとりしまり 選挙取締 明治二十二年(一八八九)二月、衆議院議員選挙法は詐欺登録・詐欺投票・買収・暴行・強逼・騒擾などについての罰則を設け、二十三年五月には、酒食・車馬・運賃の提供、選挙人に対する脅逼・拐引などに対する罰則を追加した。三十一年(一八九八)二月、選挙運動者の鉄砲・刀剣など兇器となりうる物の携帯を禁止し、同年七月、従来の罰則を整備。三十三年三月、供応、利益誘導、投票の秘密侵害、虚偽事項の公表などの罰則を規定。以上の選挙取締規定とあわせて、警察は集会及政社法(三十三年から治安警察法)、予戒令、保安条例などの取締法規を動員して選挙を取締り、政党勢力の活動を規制した。明治二十五年二月の第二回総選挙がその典型で、警察は政党側の選挙活動を妨害するとともに、個別訪問・投票勧誘などを行なって政府系候補者の運動を援助した。なお、警察は高等警察によって恒常的に政党員・議員を監視し、政党に関する情報を収集していた。

参考文献 大霞会編『内務省史』二(一九七〇、地方財務協会)、大日方純夫『近代日本の警察と地域社会』(二〇〇〇、筑摩書房)
(大日方純夫)

せんげたかとみ 千家尊福 一八四五―一九一八 明治・大正期の神道人、政治家。弘化二年八月六日(一八四五年九月七日)、杵築大社(出雲大社)国造邸に第七十九代出雲国造千家尊澄《たかずみ》の嫡男として出生。明治五年(一八七二)一月に出雲大社大宮司に任ぜられ(十年の神社制度改正により宮司)、十一月第八十代出雲国造となる。教導職権少教正や大教正に補任され、全国の神道教導職の中心的役割も担った。出雲大社の教化活動を推進して、六年に出雲大社敬神講を結成し、その後出雲大社教会と改称して組織を強化した。祭神論争では、神宮宮司田中頼庸《たなかよりつね》ら伊勢派に対する出雲派の指導者として活躍した。十五年(一八八二)の神官教導職分離により出雲大社神官の教化活動や葬儀関与が禁止されると、神道教化の重要さを感じて宮司職を辞し、出雲大社教会を基盤に神道大社派(大社教)を特立して初代管長に就任した。十七年の華族令により男爵を授爵。二十一年(一八八八)には伊藤博文の推選により元老院議官となって政界へ進み、二十三年以降は貴族院議員のほか、文部省普通学務局長、埼玉県・静岡県・東京府の各知事を歴任して、四十一年(一九〇八)には第二次西園寺公望内閣の司法大臣に就任した。大正七年(一九一八)一月三日没。七十四歳。著作は『大道要義』(佐々木幸見・長谷川静義筆録、明治十四年、千家武主出版)、『国の真柱』(同二十一―二十三年)、『出雲大神』(大正二年、大社教東京分祠)など多数に及ぶ。

千家尊福

参考文献 藤井貞文「千家尊福」(島根県教育委員会編『明治百年島根の百傑』所収、一九六八)、出雲大社教教学文化研究室編『千家尊福公―御生誕百五十年記念―』(一九九四、出雲大社教教務本庁)
(齊藤 智朗)

ぜんこくしんしょくかい 全国神職会 全国各道府県の神職団体の統合的な組織。明治三十一年(一八九八)十一月十五日に平田盛胤《ひらたもりたね》、久保悳鄰《くぼのりちか》、高階幸造《たかしなこうぞう》、丹治経雄《たんじつねお》、塙豊樹《はなわとよき》、佐伯有義《さえきありよし》、立花照夫《たちばなてるお》ら有志二十五名によって創立された。翌三十二年八月に『全国神職会会報』を発行し、大正九年(一九二〇)十二月まで二百六十五号を発行、その後同誌は十年(一九二一)一月より改称して『皇国』となり、昭和五年(一九三〇)一月には『皇国時報』と再改称され、十九年(一九四四)ごろまで出版された。大正十五年十月に財団法人として認可、昭和七年五月二十日には全国神職会館が豊多摩郡渋谷町若木町(現在の渋谷区東の国学院大学敷地内)に竣工した。同会は神宮大麻頒布問題への尽力や神祇院の創設につながる神祇特別官衙設置運動で大きな功績を残した。昭和十六年七月十四日に改組し大日本神祇会と改称。昭和二十一年(一九四六)二月の神祇院の廃止に伴って皇典講究所、神宮奉斎会とともに解散、合併し、神社本庁の発足となった。

参考文献 全国神職会編『全国神職会沿革史要』(一九三五)、太田真一『全神時代を語る』(一九七〇、金沢大神宮社務所)
(藤本 頼生)

ぜんこくのうじかい　全国農事会　農会法による法制団体が発足する以前の系統農会の中央組織。政治活動には反対意見が強かった大日本農会から、前田正名《まえだまさな》の指導により明治二十八年（一八九五）に分離独立し、系統農会の設立を要望する農政運動をすすめた。その結果、同三十二年（一八九九）六月に農会法、三十三年二月に農会令が公布され、府県農会・郡農会・町村農会が認可されたが、強制加入と会費の強制徴収は実現せず、また全国組織としての全国農事会も認められなかった。中央組織としては日露戦争前後の農事改良を督励するほか、農政運動を継続して同四十年（一九〇七）には帝国農会と改称した。同四十三年に中央組織である帝国農会の設立認可をまって、同年十一月に解散した。↓大日本農会《だいにほんのうかい》　↓帝国農会《ていこくのうかい》

参考文献　『帝国農会史稿』（一九七二、農民教育協会）　（大豆生田稔）

せんごくみつぐ　仙石貢　一八五七―一九三一　明治・大正時代の鉄道事業家、政治家。安政四年六月二日（一八五七年七月二十二日）高知藩士の次男として城下永国寺町（高知市）に生まれる。致道館で学びまた医学所で英国人から英語を学ぶ。明治五年（一八七二）志を立て上京、第一中学校に入学、十一年（一八七八）東京大学理学部土木学科を卒業する。東京府土木掛に出仕、さらに十四年東北鉄道に入社、同社の工事が工部省所轄となったため十七年同省御用掛となり鉄道局に勤務、栗橋―白河間の工事を担当する。その監督振りは荒っぽいものであったという。明治十九年には甲武鉄道の敷設事業に従事、用地選定で大きな力を発揮したといわれる。明治二十一年（一八八八）から一年半欧米を巡遊、帰国後の二十三年鉄道三等技師となり官房で事務にあたる。翌年工学博士。二十六年鉄道庁第二部長心得から逓信技師兼逓信省鉄道技師・鉄道局管理課長となる。日清戦争に際しては陸軍御用掛として朝鮮に出張、戦後の明治二十九年鉄道技監を最後に官を辞し、筑豊鉄道社長さらに三十一年（一八九八）九州鉄道社長となり、その発展に尽くす。三十九年南満洲鉄道創立委員となりその基礎を固める。四十四年（一九一一）には猪苗代水力電気社長に就任。大正十年（一九二一）土木学会会長。他方政界にも進出し、明治四十一年衆議院議員選挙に高知市より立候補して当選、通算で三期を務める。最初は戊辰倶楽部に所属するが国民党に入党、党の内紛で除名されるも、桂新党に参加し同志会、憲政会と移る。この間、大正三年（一九一四）第二次大隈内閣では鉄道院総裁を務める。大正十三年護憲三派加藤高明内閣が成立すると鉄道大臣に就任、大正十五年貴族院議員に勅選されるがすぐに辞任。また、昭和四年（一九二九）浜口雄幸内閣では満鉄総裁となる。憲政会時代においては、三菱の金庫番で加藤総裁のお目付役であったといわれる。昭和六年十月三十日死去。七十五歳。

仙石貢

参考文献　花房吉太郎・山本源太編『日本博士全伝』（一八九二、博文館）　（季武嘉也）

せんじこうさい　戦時公債　戦費調達のために発行される公債。日清戦争では、二次にわたり八千万円の戦時公債が募集され、応募額はその一・五倍の一億千六百八十一万円に達した。戦費の大半を経理する臨時軍事費特別会計の歳入決算額は二億二千五百二十三万円であり、過半は戦時公債であった。日露戦争では、戦時公債のうち内国債では開戦中五次にわたる国庫債券の募集を行なった（実収額四億三千四百八十九万円）。賠償金がとれなかったため、戦後、軍隊の引揚げの経費を賄うために、明治三十九年（一九〇六）三月、臨時事件公債を募集した（実収額一億八千九百六十六万円）。在外正貨を補充するため、日本銀行副総裁高橋是清を外債使節に選び、四回にわたって外債を募集した（実収額六億八千九百六十八万円）。臨時軍事費特別会計の歳入決算額は日清戦争の七・六倍にのぼる十七億二千百二十一万円であり、戦時公債への依存度が八二・四％に高まるとともに、公債金の五一・五％は外債に依存した。

参考文献　坂入長太郎『明治後期財政史（改訂版）』（『日本財政史研究』二、一九八八、酒井書店）　（町田俊彦）

せんじこくさいほう　戦時国際法　戦時に適用される国際法をいう。戦時国際法は戦争行為における人道的な配慮と私的利益の保護という要求が高まった十九世紀中ごろに確立した。戦時国際法には、交戦国間に適用される交戦法規と、交戦国と第三国との間を規律する中立法規とが含まれ、交戦国を平等に扱うことが大前提とされていた。交戦法規は、戦闘手段とその行使方法、捕虜の取扱などについて規制する。幕末からの国際法の受容とともに戦時国際法の知識が日本に入ってきた。列強から文明国としての認知を受けて不平等条約を改正しようとする明治政府は戦時国際法の受容と実践に熱心であった。大陸進出をねらう日清・日露戦争では戦時国際法の遵守に特別な注意が払われた。明治三十年（一八九七）に設立された国際法学会では戦時国際法が中心的な研究対象となり、また、日清・日露戦争では国際法学の先駆者たちが日本軍の軍事行動を正当化する論陣を張ることになった。↓国際法《こくさいほう》

参考文献　藤田久一『国際人道法（新版再増補）』（二〇〇三、有信堂高文社）　（岩村等）

せんじだいほんえいじょうれい　戦時大本営条例　戦時における陸海両軍の統一的な指揮運用のための最高統帥機関である戦時大本営を規定する条例。明治二十六年

(一八九三)一月に海軍が海軍参謀本部の創設案を内閣に提出し、内閣が天皇にこの勅裁を仰ぐと、参謀総長との権限の齟齬を懸念した天皇は有栖川宮《ありすがわのみや》熾仁《たるひと》親王(参謀総長・陸軍大将)に下問した。これ以前から陸軍は戦時における諸編制の策定に取り組んでおり、特に明治二十五年からは戦時大本営の編制を起草していたが、有栖川宮は軍部の主幹たる陸軍の参謀総長を唯一の幕僚長とすべきで、海軍はこれを輔翼すべきとする意見を上奏したため、天皇は有栖川宮に陸海軍両省の長次官、参謀本部次長および山県有朋陸軍大将との会議を求めた。その結果、海軍に参謀部を設置することは認めるが、戦時大本営参謀長は参謀総長を唯一とすることと規定しておくことになった。これが明治二十六年五月二十二日公布の勅令第五二号として制定された、天皇の大纛《たいとう》(天皇旗)のもとに最高の統帥部を置き大本営とすること(第一条)、陸海軍による大作戦の計画は参謀総長の任とすること(第二条)、陸海軍将校によって幕僚を組織すること(第三条)、大本営には各機関の高等部を設置すること(第四条)を定めた戦時大本営条例である。日清戦争はこの条例により指導されている。戦争終結後、参謀総長に優越がある戦時大本営の形式に対して海軍側から反対意見が出された。三十二年(一八九九)一月に海軍は、海軍の拡張に伴い両軍の対等な権限を求める改正を主張したが、山県有朋首相と桂太郎陸相が反対したため、山本権兵衛海相は帷幄上奏《いあくじょうそう》による改正を求めた。すると桂も反対意見を単独上奏したため、帷幄上奏が繰り返され、両軍の政治紛争になることを憂慮した天皇はいずれも裁可しなかった。しかし、日露関係の険悪化を背景として解決に迫られて、明治三十六年十二月二十八日公布の勅令第二九三号による戦時大本営条例では海軍軍令部長にも参謀総長と同等の作戦への参画を認め「陸海両軍ノ策応協同ヲ図ル」ことが定められた(第三条)。日露戦争はこの条例のもとに統帥部の権限が対等となった陸海軍によって行われた。戦時大本営条例は昭和十二年(一九三七)十一月の大本営令制定まで存続する。→大本営《だいほんえい》

参考文献 松下芳男『明治軍制史論』下(一九五六、有斐閣)、稲葉正夫編『大本営』(『現代史資料』三七、一九六七、みすず書房)、防衛庁防衛研究所戦史部『陸軍軍戦備』(『戦史叢書』、一九七六、朝雲新聞社)

(伊勢　弘志)

せんじびょういん　戦時病院　戦時に設置される臨時病院。戊辰箱館戦争では、戦闘部隊の衛生事務は出征各藩藩医の掌る所であり、大半は漢方医療を施し、蘭科でも綿撒糸《めんざんし》に阿列布油を浸し包帯を巻くだけの手当であった。薬品は越後国では大阪の、奥羽国では東京の商人が材料を供給した。明治元年(一八六八)閏四月横浜には「天朝病院」といわれた戦時病院が開設され、同年六月下谷の旧幕府医学所跡に移って大病院となり、英国医師ウィリスが院長として活動した。京都府にも軍務官治療所と称された病院が設けられたが、明治二年八月に廃止された。福井藩の橋本綱維・綱常兄弟は越後国出征時、動病院と不動病院を設け、野戦病院の原形を考案した。七年の佐賀役では熊本鎮台の戦傷者は百余名にとどまり、本格的な戦時病院は設けられなかった。七年四月からの台湾出兵では陸軍病院長以下七十七名の軍医・下士が同伴した。そこでは戦傷者二十五名に対し多数のマラリアなど熱帯風土病患者が発生、キニーネ(アモイから購入)の消費は三万グラムにも達した。十年(一八七七)の西南戦争では繃帯所—旅団病院—軍団病院という態勢がとられ、当初福岡と久留米に軍団病院が、高瀬その他の枢要の地に軍団支病院が配置された。四月一日に陸軍臨時病院が大阪に置かれるや、福岡軍団病院にいた患者は大阪に移送されて福岡のそれは閉鎖され、同月十五日の熊本城連絡後は久留米軍団病院は長崎に移り、高瀬軍団支病院は熊本に進んだ。大阪の陸軍臨時病院収容患者は傷者五千九百九十人、病者二千五百七十九人となっている。十八年の戦時病院服務規則では、戦時病院は軍団病院、軍団支病院、師団病院、師団支病院、旅団病院、大繃帯所(A)(連隊単位)、小繃帯所(B)(大隊単位)の七種とされた。戦線・B間は七町、B・A間は二十町、A・旅団病院間は二時間行程とされ、戦友兵卒が戦傷者をBまで運び、Bには二十名、Aには四十名の輜重《しちょう》輸卒が付属し、B・A・旅団病院間を運搬すると定められていた。二十年(一八八七)に改正されたものでは、大繃帯所四つが衛生隊(治療部と担架部にわかれる)一つに、また大小繃帯所の区別はなくなり、旅団病院一つが野戦病院二つに編成替された。師団単位の衛生隊は軍医・看護長、看護手、看護卒および輜重輸卒から編成された。この態勢で日清・日露の両戦争が闘われたが、ここでは日露戦争の例をみてみよう。衛生隊は近衛師団から第十二師団までの十三隊以外に、第一師団第二衛生隊、第十二師団第二衛生隊、さらに近衛・第一・第三・第四・第五・第九・第十・第十一の各師団に臨時衛生隊がつくられ、また後備第一師団衛生隊も加わって二十四の衛生隊が編成された。衛生隊の繃帯所患者総数は十万七千四百八人である。激戦の続いた旅順戦線では、第一師団衛生隊は三十七年(一九〇四)五月三十日より翌年一月二日までに実務日数が五十六日、患者数七千六百三十五人、第九師団衛生隊は七月三十日より翌年一月三日までに実務日数が百二十三日、患者数は八千六百八十七人である。第八師団衛生隊も戦闘ごとに繃帯所を設置していったが、その数二十二ヵ所、戦線との距離は一〇〇〇〜三〇〇〇メートル、奉天会戦では三千三百二十九人を収容したが、それでも第八師団全傷者の七〇%未満にとどまった。野戦病院に関しては、旅順戦線では第一師団が四、第七師団が三、第九師団が三、第十一師団が三、計十三の病院を設けた。また大会戦となった奉天戦線では第一軍の近衛師団が三、第二師団が四、第十二師団が四、第二軍の第三師団が三、第四師団が四、第五師団が四、第八師団が三、第三軍の第一師団が五、第七師団が三、第九師団が三、第三師団が一、第四軍の

第六師団が四、第十師団が三、第四師団が一、第五師団が一、鴨緑江軍の第十一師団が三、後備第一師団が四、計五十三の野戦病院を設けた。兵站病院は数個師団を一単位とする軍団ごとに設けられ、第一軍は二十一、第二軍は十五、第三軍は十三、第四軍は九、鴨緑江軍は九、樺太軍は二、遼東守備軍は十六、韓国駐劄軍は十六の病院を置いた。なお野戦病院と兵站病院を仲介する組織として衛生予備員が開設する定立病院が軍団ごとに設けられ、第一軍が四十四、第二軍が二十、第三軍が二十、第四軍が十、鴨緑江軍が五の病院を置いた。

参考文献　野戦衛生長官部『明治三十七八年戦役衛生勤務統計的査覈事項』、陸軍軍医団編『陸軍薬制沿革』(一九一二)、川上武『現代日本医療史―開業医制の変遷―』(一九六五、勁草書房)

(宮地　正人)

せんしゅ　選種　稲など作物の収穫のなかから、翌年度以降に播種する種籾を選択すること。よく成熟した優良な種籾を選ぶ方法には、篩《ふるい》や唐箕《とうみ》などを使用したり、寒水浸や塩水選とよばれる方法を用いた。前者は真水による浸種であるが、後者は塩を溶かして比重を大きくした塩水による選種法である。塩水の濃度を調節することにより、粃《しいな》や不成熟の種籾が浮かび、充実した実は沈んで種籾として選別された。明治十三年(一八八〇)に駒場農学校を卒業した農学者の横井時敬《よこいときよし》が、福岡県農学校教諭時代の明治十五年に塩水選を考案したといわれる。二十三年(一八九〇)に農商務省農務局第一課長となり、翌二十四年には『重要作物塩水撰種法』を著わした。

参考文献　農業発達史調査会編『日本農業発達史―明治以降における―』二(一九五四、中央公論社)

(大豆生田稔)

せんしゅうがいしゃ　先収会社　明治初年の商社。三井物産の前身。明治六年(一八七三)五月に大蔵大輔を辞官した井上馨が翌七年三月に創立。もともと同年一月に井上は政商岡田平蔵と協力して岡田組を創立して鉱山経営、米穀取引を行なったが、直後に岡田が急死したため井上が単独で引き継ぐ形となった。本店を東京におき、大阪・横浜・神戸に支店を設けた。鉱産物、米穀などの取引を行い、陸軍省御用を務めた。社長井上の特殊な政治的地位と、御用商としての特権、山口県からの地租引当米の大量買付けを拠り所に、短期間に巨大な利益を挙げた。井上の官界復帰に伴い閉社の方針が立てられると、同時期に政府の意を受けて外国貿易商社の新設を計画していた三井組が同社の人材・業務を継承することとなり、明治九年七月に三井物産会社が創立された。初期の三井物産の中心には、益田孝や木村正幹ら旧先収会社幹部が名を連ねた。　→三井物産会社《みついぶっさんかいしゃ》

参考文献　田村貞雄「政商資本成立の一過程―先収会社をめぐって―」(『史流』九、一九六八)、三井文庫編『三井事業史』本編二(一九八〇)

(満薗　勇)

せんしゅうがっこう　専修学校　明治十三年(一八八〇)九月に設けられた法律・経済の専門教育機関で、専修大学の前身。校名は一科専修の専門学校という意味。創立者は相馬永胤《そうまながたね》・田尻稲次郎《たじりいなじろう》・目賀田種太郎《めがたたねたろう》・駒井重格《こまいしげただ》の四人で、彼らはアメリカ留学時に日本語で経済学と法学を講じる専門教育機関の創設を企画した。創立者たちは青年を教育・指導することによって社会に「報恩奉仕」しようとし、それが同校の建学精神となり、「質実剛健・誠実力行」を学風とした。同校の経済科は日本で最初の経済部門の高等教育機関で、法律科は私学では最初の高等教育機関とされる。「経理の専修」として著名な存在であった。当初は夜間の二年制であったが、明治十六年九月には三年制となる。創立当初は京橋区木挽町(東京都中央区)にあったが、十八年七月に現在の神田校地に移転した。十九年の私立法律学校特別監督条規により、いわゆる五大法律学校として東京大学総長の監督下におかれ、二十一年(一八八八)には特別認可学校となった。しかし、法科の志願者が激減したため、二十六年からは法律科の生徒募集を停止した。明治三十六年(一九〇三)十一月には専門学校令による専修学校となり、大正二年(一九一三)には専修大学と改称。十一年(一九二二)五月に大学令による専修大学となり、法文・経済の二学部、大学予科、専門部を置いた。昭和二十四年(一九四九)二月に新制大学としての専修大学になり、商経・法学部を設けた。平成二十二年度において、昼間七学部・夜間三学部、六研究科を設けている。併設校として、北海道短期大学(開設昭和四十三年(一九六八))、石巻専修大学(同昭和六十三年(一九八八))がある。

参考文献　『専修大学百年史』(一九八一)

(湯川　次義)

せんしゅうだいがく　専修大学　⇨専修学校《せんしゅうがっこう》

せんじゅせいじゅうしょ　千住製絨所　羊毛の紡績、製織、染色などを行なった官営工場。東京府下千住南組字西耕地、現在の東京都荒川区南千住六丁目に位置した。ドイツで羊毛工業を学んだ井上省三の帰国を受け、明治九年(一八七六)二月に内務卿大久保利通が牧羊の拡大と並行して羊毛製品の国産化をはかるべく設立を建議し、十二年(一八七九)九月に内務省に属する工場として開業した。井上が再びドイツに渡って機械の買い付けと技能者の雇い入れにあたり、日本への近代的羊毛工業の技術移転の場となった。十四年に農商務省の所管となり、十五年には大倉喜八郎への払下が認められたものの、条件が折り合わず、二十一年(一八八八)に陸軍省に移管されて軍服、外套、大砲の装薬を収める薬嚢の生地などの軍用毛織物、二十七年以降は毛布も生産し、民間業者の指導にもあたった。なお羊毛の国産化は進まずオーストラリア産のものが多く用いられた。昭和十五年(一九四〇)陸軍製絨廠に改編された。

参考文献　千住製絨所『千住製絨所五十年略史』(一九二八)、岡本幸雄・今津健治『明治前期官営工場沿革―千住製絨所、新町紡績所、愛知紡績所―』(一九八三、東洋文化社)

(鈴木　淳)

せんしょうぼう　千鐘房　⇩須原屋茂兵衛《すはらやもへえ》

ぜんじりっけんせいたいのみことのり　漸次立憲政体の詔　明治八年(一八七五)四月十四日に発せられた詔書。五箇条の誓文に基づき、元老院、大審院を設置、地方官会議を開催し、漸次に立憲政体を目指すことを内容とする。同日太政官布告第五八号として公布された。明治八年一月から二月に大久保利通・伊藤博文と、下野していた木戸孝允・板垣退助らの間でひらかれた大阪会議での合意に基づくもので、原案作成には政体取調掛に任ぜられた木戸・大久保・板垣・伊藤四参議があたった。主として木戸の構想に沿う内容で、直接的には木戸の政権復帰の条件という色彩の強いものであったが、内容はいずれも実施に移され、その後の政治的・制度的な影響は大きかった。　↓大阪会議《おおさかかいぎ》

参考文献　稲田正次『明治憲法成立史』上(一九六〇、有斐閣)　(松沢　裕作)

ぜんしんどう　漸進堂　法木徳兵衛《のりきとくべえ》の書肆。法木書店。初代の徳兵衛は、江戸深川生まれ。幼少にして法木氏の養嗣子となる。明治四年(一八七一)、『横浜毎日新聞』の東京支局主任となり、翌年、法木書店を創業。明治十一年(一八七八)ごろから、人形町(東京都中央区)で『東京日日新聞』『郵便報知新聞』などの新聞売り捌きを始めた。また、その傍らで新聞連載の小説を単行本として出版したほか、国文学や教科書などさまざまな種類の出版を手がけた。その間、二代目徳兵衛が数度にわたって閉店・再開を繰り返した後、明治四十年(一九〇七)に廃業。翌年から俗曲稽古本の刊行を専業とする書店として再出発した。

参考文献　宇野史録「出版書肆興亡史録」(橘篤郎編『綜合ヂャーナリズム講座』五所収、一九三二、内外社)、東京書籍商組合編『東京書籍商伝記集覧』(『日本書誌学大系』二、一九七八、青裳堂書店)、日外アソシエーツ編集部編『日本出版文化史事典―トピックス一八六八―二〇一〇―』(二〇一〇)　(鵜飼　政志)

第一潜水艇　明治38年進水時

せんすいかん　潜水艦　水中を航走し得る艦艇の総称。ただし、当時の潜水艦は潜ることが可能な可潜艦にすぎず、長時間水中を航走することはできなかった。日露戦争開戦後の明治三十七年(一九〇四)五月、海軍は潜水艇の建造提議を採用。十一月アメリカからホーランド型潜水艇(一二〇トン)五隻の材料を購入し、横須賀工廠において、組み立て工事を開始。三十八年八月、一号艇が完成した。五隻の竣工後、第一潜水艇隊(司令小栗孝三郎中佐)が編成され、十月二十三日には横浜沖で行われた連合艦隊の凱旋観艦式に参加した。その後も艦艇整備計画により潜水艇の建造が続けられたが、日本の造船技術では独自の潜水艇を建造できず、イギリス、フランス、イタリアから輸入、建造し技術の導入に努めた。大正七年(一九一八)十一月には、第一次世界大戦の戦利品としてドイツから七隻が譲渡され、実験、研究に利用された。日本の独自開発による潜水艦は大正八年に完成した海中型である。その後、大型潜水艦が開発され、海大型、巡潜型などの建造が始まり、潜水艦艇の整備が続けられた。　(太田　久元)

せんぜい　船税　⇩噸税《とんぜい》・船税《せんぜい》

せんそ　践祚　宝祚を践み皇位に即《つ》くこと。祚は本来「阼」(天子の登る階段)で『礼記』に「践《ミ》レ阼《ヲ》臨《ム》ニ祭祀《ニ》一」とみえる。わが国の令制では、践祚が即位と同義に用いられ、その践祚儀礼は中臣が「天神《ノ》寿詞」を奏し忌部が「神璽《ノ》鏡剣」を奉る神祇官の儀礼として行われた。しかし、平安時代初頭ころから、践祚のあとで即位の儀礼が行われるようになり、践祚の際も新帝に剣と璽を奉るのみとなった(神鏡は賢所《かしどころ》に奉祀し移動しない)。そこで、明治天皇の場合、慶応二年十二月二十五日(一八六七年一月三十日)に崩御した孝明天皇の大喪を公表した二十九日、剣璽が内々に移され、翌三年正月九日(一八六七年二月十三日)、清涼殿代の小御所であらためて剣璽を承け継ぐ践祚の儀が行われている。それをふまえて、明治二十二年(一八八九)二月制定の皇室典範第一〇条に「天皇崩ズルトキハ皇嗣即チ践祚シ祖宗ノ神器ヲ承ク」と定められた。ついで同四十二年(一九〇九)二月公布の登極令第一条と付式には、天皇践祚の時、掌典長に賢所で祭典を行わせ、儀場で剣と璽および御印(御璽・国璽)を承け継ぎ、その直後、宮殿で全皇族と文武高官らに会見して勅語を賜うことなど、「践祚ノ式」が詳しく決められている。それから三年後の四十五年七月三十日未明、明治天皇の崩御により同日午前この付式に基づく践祚式がはじめて行われ

たのである。

参考文献 日本学士院編『帝室制度史』四(一九七九、吉川弘文館) (所 功)

せんそうぶんがく　戦争文学　「戦争(を題材にする、と従来あいまいに定義されてきた)文学」のテクストは、近代的自我史観などに基づく日本の近代文学史に意識的に統合されてきたとは言い難い。それは資本制の発展史が、その裏面にある戦争経済の実態を正史に組み入れない関係に相似している。たとえば、文学史家木村毅は、「戦記文学」という呼称をあてて「小説」と区別し、それらが修辞的レベルや通俗性の点から「文学」史に登録できないと見ている(「解題」『明治文学全集九七　明治戦争文学集』昭和四十四年、筑摩書房)。しかし、修辞の力はそもそも何に対峙してあるのかという点で、「武」(戦争)を度外視して、「文」(文学)の価値を測定することはできない。こうした対抗的価値への認識の欠如が、依然として「反戦文学」というありうべきカテゴリーを成立させにくい要因ともなっている。だが、戦争の視座から文学史を見直してみるならば、明治文学の一頂角を形成する「舞姫」(『国民之友』明治二十三年一月)は、作家でなかった軍医森林太郎(鷗外)のいわば余技に成立した。また『破戒』(明治三十九年三月、自費出版)も、日露戦争に従軍し損なった島崎藤村が「人生の従軍記者」(序『緑葉集』明治四十年一月、春陽堂)としてその埋め合わせに創作した面がある(部落差別のテーマ自体、国民統合(四民平等)の矛盾を突く内戦(＝階級闘争)の問題でもある)。これら著名な例にとどまらず、「演劇も、講釈も詩も歌も、流行も、遊戯も、総て戦争化せり」(「彙報」『早稲田文学』七二、明治二十七年九月)というのが明治期日本社会の文化の特質であるならば、物語内容においてそれを扱う直接間接の差はあれ、戊辰戦争、継続的なアイヌ民族制圧、台湾派兵、西南戦争、琉球派兵、甲申政変での朝鮮派兵、日清戦争、東学農民軍殲滅戦争、台湾征服戦争、義和団蜂起制圧、日露戦争、と切れ目なく続いた諸戦争と無関係な文学などありえないという視座が必要になる。島崎藤村とともに自然主義の双璧をなす田山花袋は、(西南戦争で戦死した父を追慕しつつ)博文館から第二軍従軍写真班主任として遼東半島の戦地に赴き(明治三十七年(一九〇四)四—九月)、のちの(傍観者的・感傷的な)自然主義者となる礎《いしずえ》を築いた。『第二軍従征日記』(明治三十八年一月、博文館)、感傷的な厭戦小説「一兵卒」(『早稲田文学』明治四十一年一月)、「砲弾」(『中学世界』明治四十三年十一月)などがある。この花袋と同じ第二軍に属した軍医部長森鷗外は『うた日記』(明治四十年九月、春陽堂)を出した。「陣中の竪琴」(佐藤春夫)とも称されるが、猛烈な交戦が将卒の心に不可避に迫った「詩」にすぎず、また職位のためか戦争自体に対する批評も慎まれている。硯友社系作家は雑誌『戦争文学』(明治三十七年二月—三十八年二月、育英舎)などで時流に乗った。わずかに泉鏡花は「海城発電」(『太陽』明治二十九年一月)などに反軍の感性が見られる。戦争文学のなかで特筆すべきは、みずからも重傷を負った陸軍歩兵中尉桜井忠温《さくらいただよし》による日露(旅順)戦記『肉弾』(明治三十九年四月、丁未出版社)である。十数ヵ国語に翻訳され、頒布の規模千数百版を重ねた長期ベストセラーである点、「陛下の御為、御国の為」に「頭から顔へ掛けてグチャ〳〵に砕かれ、脳味噌の湧き出し」た戦友の姿を描きながら、戦争の根本原因を「涙」に曇らせ、「悲惨」「必死」のみに意識がふさがれる点などは、著者の主観はともかく今日の戦争美化プロパガンダの祖形とみえる。同様に海軍大尉・水雷艇長水野《みずの》広徳《ひろのり》の日本海海戦記『此一戦』(明治四十四年三月、博文館)も叙事詩的だが広く読者を得た。なお、水野はのちに徹底した平和主義者に転向する。しかし一方で、こうした作為《プロパガンダ》、帝国主義の本質を見抜く文学・思想も存在した。社会主義者の幸徳秋水、堺利彦は、創立した平民社による週刊『平民新聞』(明治三十六年十一月創刊時八千部超)に拠って、主戦論になびく諸メディアを尻目に「戦争の原因を以て経済」(少数階級と金貸し業の懐勘定)と看破、反戦の思想と文筆の道標たりえた。のちに『大阪平民新聞』創刊に資金醵出する石上露子《いそのかみつゆこ》にははやく反戦小説「兵士」(『婦女新聞』明治三十七年四月十一日)や反戦歌があり、遅れて与謝野晶子「君死にたまふこと勿れ」(『明星』明治三十七年九月)、大塚楠緒子「お百度詣」(『太陽』明治三十八年一月)がよく知られた。キリスト者では木下尚江の非戦小説「火の柱」(『毎日新聞』明治三十七年一—三月)が資本家・政治家・軍人の底なしの悪辣さを暴露している。総じて戦争とメディアの発達は相即しており、感化《プロパガンダ》は児童・少年にも及ぶ。矢野竜渓『(報知異聞)浮城物語』(明治二十三年四月、報知社)の侵略主義的国権発揚に色濃く影響を受けた押川春浪の『(海島冒険奇譚)海底軍艦』(明治三十三年十一月、文武堂)は熱狂的に受容され、帝国主義的感性の文化的地ならしをした。少年雑誌の主柱『少年世界』(博文館)連載の尾上新兵衛(久留間武彦)の軍隊紹介物語なども児童に親しみやすい姿形をとって広く浸透した。なお、サハリン(樺太)、北海道、沖縄など国内植民地における戦争ないし反戦文学の発掘と考究は依然十分ではない。

参考文献 『国文学―解釈と鑑賞―』三七ノ一〇(特集「日清・日露戦後の文学」、一九七二)、同三八ノ一一(特集「戦争文学の展開」、一九七三)、平岡敏夫『日露戦後文学の研究』(一九八五、有精堂出版)、『社会文学』三二(特集「日露戦争と文学」、二〇一〇) (辻 吉祥)

せんそうぶんこ　浅草文庫　⇩あさくさぶんこ

せんそうみぼうじん　戦争未亡人　夫を亡くした妻は、寡婦・やもめ・後家・未亡人《びぼうじん》と呼ばれてきたが、日清・日露戦争後、夫を戦争で亡くした妻に尊称が加味され未《み》亡人《ぼうじん》と呼称されるようになった。特に「歩兵の消耗戦」(大江志乃夫『日露戦争と日本軍隊』、昭和六十二年、立風書房)ともいわれた日露戦争は、多くの戦争未亡人を生み出し、各新聞・雑誌が「正義の為」「文明の為」に「名誉の戦死」をとげ、「手柄」をたてた兵士たちの家族訪問といった連載を開始。「名誉の戦死」者の「妻」は、「未亡人」として生涯の独身を誓う断髪姿で、遺児とともに遺影の前にぬかずくといった構図で描きだされてゆく。こうした神聖不可侵の英霊の妻が、未亡人自身の内面的規範となり、他から尊敬される未亡人像として定着していくなかで、反対の声を上げたのが『時事新報』の社説「軍人の妻女」(明治三十七年(一九〇四)七月十一日)である。「終身未亡人たらしむるは本来の人間の天性に反する」と、従来の「貞婦二夫に見えず」という女性観の変容を迫り、「未亡人再婚」容認説を繰り広げた。これに対して『万朝報』は、「武士道」の見地から強く反対、後顧に憂いなく戦勝を保証するためにも、死後も「神聖」な夫婦関係を保つべきだとした(明治三十七年八月十八日・十九日)。女性の論者はより現実的な論を展開した。たとえば塚本はま子は、当時七〜八万部の発行部数を誇り、多くの女性に影響力をもった『女学世界』(博文館)で、生計をたてるために再婚しない方がよいと説き(「戦時に於ける婦人自活の必要」明治三十七年七月)、棚橋絢子《たなはしあやこ》も、軍事援護事業は、慈善事業と同じで留守家族・遺族問題の根本的な解決には役立たない、やはり女性も「生計の途を立て」る必要があると論じた(「戦後の心得」『婦人界』明治三十七年十月)。大塚楠緒子《おおつかくすおこ》は、「(軍事小説)一美人」(『女学世界』明治三十七年九月)で、夫の出征後実家に復籍して、裕福な実業家に嫁ぐ奔放な女性を描き、その後「ひとあし踏みて夫思ひ」と、厭戦詩「お百度詣」(『太陽』明治三十八年一月)を発表した。未亡人の「恋愛」を重視した内田魯庵は「戦死者の妻」(『太陽』明治三十七年十二月)を書き、夏目漱石は「趣味の遺伝」(『帝国文学』明治三十九年一月)で、未亡人の一生を束縛することは「残酷な事」だと、戦争で息子を失った老母の悲哀と重ねてその苦悩をリアルに描いた。また田山花袋は「蒲団」(『新小説』明治四十年九月)で、「恩給と裁縫」で暮らす未亡人を描いた。いち早く未亡人再婚説に与した二葉亭四迷は、『女学世界』に「未亡人と人道問題」という創作予告を発表した(明治三十九年十月)。「日露戦役後の大現象である軍人遺族」の「少佐クラスの未亡人」がヒロインで、恋愛相手は財産ある大学教授、妻は社会事業に従事する欧米婦人を理想とし、自分も慈善事業に手を染める基督教信者、そして未亡人とは学校友達という設定だが、これは当時の「未亡人」像の一般的表象ともなっている。そしてあえて「三十三四の、脂肪《あぶらぎ》切つた未亡人」と書くことで、「未亡人」につきまとう性的関心が露骨になってきたこともうかがえる。しかしこうした未亡人像は、あくまで「上流階級」のことである。『滑稽新聞』の「遺族訪問録」(明治三十七年五月七日・二十日)は、大阪市の最下層の家庭を訪ねた記事で、女性自身が常に働き手であり、狭い一室に何家族とも雑居せざるを得なかった「未亡人」の存在を可視化した。彼女たちは、まず「生存」することで精一杯で、「恋愛」や「離婚」「再婚」も問題にならず、社会が期待する「未亡人」規範からも「埒外」であった。ところで寡婦をさすことばは、「ゴケ」「ヤモメ」であったが、「未亡人」という語が、「ビボウジン」という読みで立項された早い例を、明治二十一年(一八八八)『漢英対照いろは辞典』(高橋五郎著)にみることができる。そして意味も読み方も「ミボウジン」と定まってきたのが日露戦後のことである。たとえば『(机上宝典)誤用便覧』(大町桂月・佐伯常麿共著、明治四十四年、文栄閣・春秋社)に、「自称の未亡人が今では全く他人の敬称となり、「びばうじん」と言うべきなのを、大方は「みばうじん」と言うとある。『明治のことば辞典』(惣郷正明他編、昭和六十一年、東京堂出版)は、「未」は漢音ビ、呉音ミであるから、ビボウ(バウ)ジンは漢音読み、ミボウ(バウ)ジンは呉音と漢音の混交読みであるから「誤用」だと整理している。ちなみにこの辞書に、森鷗外が戯曲仕立てのことばの「誤用」を皮肉った序文を書いている。未だ死んではいないが死ぬべきはずの女という意味をこめた「ミボウジン」が、日露戦後の期待される女性像として、「未亡人」となっていったのである。

参考文献 高橋富子「婦人雑誌にみる日露戦争―『女学世界』と『婦人界』を中心に―」(近代女性文化史研究会編『婦人雑誌の夜明け』所収、一九八九、大空社)、大久保健治「文学的欲望の行方―日露戦争期における〈未亡人小説〉の消長―」(『日本近代文学』六〇、一九九九)、茶園敏美「日露戦争下のおんなたち―風刺雑誌『滑稽新聞』を中心に―」(『女性・戦争・人権』二、一九九九)、青木デボラ『日本の寡婦・やもめ・後家・未亡人―ジェンダーの文化人類学―』(二〇〇九、明石書店)

(岩見照代)

せんだいいがくせんもんがっこう　仙台医学専門学校　明治三十四年(一九〇一)年四月、仙台の第二高等学校か

仙台医学専門学校正門(明治44年)

ら医学部が分離されて設立された学校。二高医学部の建物や職員・生徒を引き継いで同年六月開校記念式を挙行した。医学科と別科の薬学科を置き、新規入学生を加えて同年九月に二期制、修業年限四年で発足した。同三十六年三月の専門学校令により高等教育機関として医学士の養成にあたる。三十七年九月から一年半、中国人留学生として同校に学んだ周樹人(魯迅)は敬愛する解剖学担当の藤野厳九郎《ふじのげんくろう》教授との交流を作品『藤野先生』に描いている。同四十四年(一九一一)一月、仙台に東北帝国大学の理科大学が開設されるとこれに併合されることになり、翌年三月に仙台医学専門学校は廃止され、東北帝国大学に付属する医学専門部が開設された。大正四年(一九一五)には東北帝国大学に医科大学が開設され、医学専門部も廃止されることになった。

参考文献 『宮城県史』六・一一(一九六七、ぎょうせい)、阿部兼也『魯迅の仙台時代—魯迅の日本留学の研究—』(一九九九、東北大学出版会)、『魯迅と仙台—東北大学留学百周年—』(二〇〇四、東北大学出版会)　(難波　信雄)

せんだいきんこうどう　仙台金港堂　宮城県仙台市の現在に続く書店。現在の埼玉県春日部生まれの藤原佐吉が、浅草須原屋で修業後、前橋で県庁の御用商人として教科書出版に携わる。明治十年(一八七七)ごろ、同業者であった横浜の金港堂に入社。その後、教科書が検定から国定になったことにより、単行本や雑誌販売に尽力するもうまくいかず、辞職。明治四十三年(一九一〇)、五十九歳の時、未知の土地であった仙台で藤原金港堂として新規開業する。教科書販売などをはじめとした東北六県および函館での卸売りで事業を拡大していった。昭和五年(一九三〇)、仙台金港堂に改称。

参考文献 尾崎秀樹・宗武朝子編『日本の書店百年—明治・大正・昭和の出版販売小史—』(一九九一、青英舎)　(鵜飼　政志)

せんだいこうとうこうぎょうがっこう　仙台高等工業学校　日清戦争後の工業化促進の時代的要請を受けて、明治三十二年(一八九九)二月に実業学校令が公布されて高等工業学校設立が進められ、東京・大阪・京都・名古屋に続き同三十九年、熊本とともに仙台に文部省直轄校として設立された。修業年限三年、土木・機械・電気の三工学科と採鉱冶金学科からなる。翌年、県から宮城県第一中学校の敷地・校舎の寄付を受け開校の予定であったが火災・焼失により仮教室で授業を開始し、新築校舎が四十一年(一九〇八)十月に竣工、さらに一年後の十月に開校式を挙行した。同四十五年四月、東北帝国大学の所管になり工学専門部となったが、大正十年(一九二一)三月、独立して仙台高等工業学校が再興され、昭和二十四年(一九四九)に東北大学に合併されるまで存続した。開校以来、市民に通俗工学講話会や成人教育講座を公開するなどの啓蒙活動を続けて親しまれていた。

参考文献 『宮城県教育百年史』(一九七五—七六、ぎょうせい)、『宮城県史』一一(一九六七、ぎょうせい)　(難波　信雄)

せんだいじょしじゆうとう　仙台女子自由党　明治十六年(一八八三)に成田うめが仙台に結成した自由民権運動の結社。明治十一年に仙台初の民権結社鶴鳴《かくめい》社が結成された。その五年後、十六年三月十四日付『朝野新聞』は清元の師匠「成田梅女(四十六)」が仙台女子自由党を組織し、月二回の雑誌発行の計画があることを記している。うめは天保九年(一八三八)仙台の柳町で小川徳兵衛の三女として生まれ、成田善作と結婚。自由党員であった長男善次郎は全国遊説中に死亡。その後うめは三男と上京し、大正八年(一九一九)没。同党結成の背景として、㈠成田うめに影響を与えたといわれる深間内基《ふかまうちもとい》(ジョン＝スチュアート＝ミル『男女同権論』の訳者)が明治十二年に仙台東一番丁大新亭で「男女同権ノ説」と題して演説している、㈡仙台近隣の長町《ながまち》村(仙台市)で十三年作成とされる「名取郡長町村々会規則」のなかで村会議員の選挙権を、村内に本籍があり、一年以上在住、二十歳以上であれば男女に与えることが明記されていることなどが確認される。

参考文献 宮城県・みやぎの女性史研究会編『みやぎの女性史』(一九九九、河北新報社)、『仙台市史』通史編六(二〇〇八)　(佐藤和賀子)

せんだぐんのすけ　千田軍之助　一八五六—一九一四　和歌山県の政治家。安政三年二月十日(一八五六年三月十六日)、紀伊国那賀郡南志野村(和歌山県紀の川市)に生まれ、漢学・蘭学・英学を学んだ。明治七年(一八七四)に副戸長。九年には、地租改正に反対する粉河騒動に関与して収監される。その後、地元の実学社に加入して自由民権運動を担い、十一年(一八七八)には愛国社大会に参加した。その後、和歌山県官房主事・学務課長に就任。陸奥宗光が井上馨の自治党計画に接近し、千田の協力者児玉仲児《こだまちゅうじ》が陸奥に呼応すると、千田は児玉と袂を分かち同志会を設立した。同志会は伊都郡の自助同盟会・海草郡の親友会などと連携して「自由派」を形成、千田は、同派の中心的存在となる。明治二十一年(一八八八)には『紀陽新聞』を創刊して主筆になる。第三回総選挙で那賀郡を基盤に当選、以降、断続して四回当選した。所属は自由党・政友会。産業保護に尽力し、地租軽減や監獄費国庫支弁を推進した。大正三年(一九一四)三月十日没。五十九歳。

参考文献 『粉河町史』一(二〇〇三)　(重松　正史)

せんちょうぶじぬし　千町歩地主　耕地所有規模千町歩以上の巨大地主。明治二十三年(一八九〇)「貴族院多額納税者互選人名簿」の納税額(地租)から推計すると、千町歩以上の巨大地主は日本全国で八戸存在していた。このうち日本最大の地主は山形県庄内地方の本間光弥家(ピーク時約千八百町歩、合資会社組織をとっていたので、個人名では出てこない)、また秋田県には池田文太郎家があった。ついで千町歩地主が一番多いのは、新潟県で、市島徳厚、白勢正衛、二宮孝順、佐藤伊左衛門の四家、さらに高知県の浅井藤十郎、佐賀県の田中清輔がいた。ついで明治三十年代になると、新潟県では田巻堅太郎家(南蒲原《かんばら》郡)、伊藤文吉家(中蒲原郡)、斎藤彦太郎家(北蒲原郡)が付け加わり、宮城県の斎藤善右衛門も、千町歩地主として浮上した。こうした巨大地主の出現は、江戸時代の商人資本による請負い新田開発の型と、高利貸的貸金業を通じて抵当流れ地を集積する第二の型があった。第一の型は明治維新で領主権力が倒れると、第二の型が主流となる。日本地主制は、千町歩以上の巨大地主を頂点に、五十～百町歩の大地主、十～五十町歩の中地主、三～十町歩の小地主、在村耕作地主の序列で、ピラミッド型の構成をとっていた。うち地価一万円以上(ほぼ三十～五十町歩)地主の比重は戸数(五千四百余戸)で〇・一%、その所有地価合計は全体の六・五%に過ぎない。これらの巨大地主、大地主の成立条件をみると、地形的に平坦部で、治水・灌漑などの条件が整っていた。さらに農業技術の改善、水稲品種の改良、金肥の導入などによって、米の反収が高いところが多い。地域によっては、信濃川の氾濫で没落した中小地主の土地三十町歩を一挙に購入した新潟県中蒲原郡の伊藤家のように、没落地主に小作地の管理を委ねる方法をとった。巨大地主の所有地は居村のみならず、多くは他郡にまたがっていたので(不在地主)、支配人(差配、番頭、世話人など)に小作料の徴収、小作人の監督、納税事務などを依頼した。いわば巨大地主、大地主の伝統的威光と支配人としての権威を結合させて、小作人支配の体制をつくりあげたのである。→本間家《ほんまけ》

[参考文献] 古島敏雄・守田志郎『日本地主制史論―千町歩地主の成立と展開―』(一九五七、東京大学出版会)、渋谷隆一・石山昭次郎「明治中期の地主名簿」(『土地制度史学』八ノ二、一九六六)
(中村 政則)

せんとう 銭湯 料金を取って入浴させる施設。明治期の法律用語では湯屋《ゆや》と呼ばれ、入浴料は湯銭《ゆせん》ともいわれた。新聞では「洗湯」という漢字表記がみられる。東京府の場合、明治五年(一八七二)の違式詿違《いしきかい》条例では、戸口を明け放ったり二階に見隠《みかく》しの簾を垂れない業者への処罰が明記されている。十二年(一八七九)にはザクロぐち形式の風呂場設置が禁止されて温泉場の浴場の形となり、また同年十月の湯屋取締規則で火焚所・烟出しでの防火対策が指定され、二十三年(一八九〇)一月の同規則では「前日用ヒタル湯水又ハ汚水ヲ浴用ニ供スベカラス」と衛生面での規制もなされるようになってきた。湯銭は明治十二年の大人一銭、子供五厘から四十年(一九〇七)の大人三銭、子供二銭に上昇していた。三十六年(一九〇三)末の湯屋は浅草区百五、本所区八十七、日本橋区八十四など、市部八百五十四軒、郡部二百四十八軒である。京都市の場合では、明治十年に百六軒、三十六年二百四十二軒、大正九年(一九二〇)三百一軒と増加しており、明治四十二年では大人二銭、子供一銭五厘、もっとも京都市では蒸風呂もあって、この年では大人から三銭、子供から二銭をとっていた。

[参考文献] 京都市社会課編『京都の湯屋』(一九二四)、厚生省医務局編『医制百年史』(一九七六、ぎょうせい)
(宮地 正人)

せんとうてい 宣統帝 ⇨溥儀《ふぎ》

せんにんばり 千人針 千人の女性が、肌に巻く晒《さらし》、木綿の腹巻、たすきに赤糸などで一針ずつ縫って結び目をつくり、これに社寺のお守りを縫い籠めたり、五銭の白銅貨・十銭の穴あき硬貨などを縫い付けたもの。しらみや虫除けのためにシコロの木の皮で黄色く染めあげたり、梅干しの赤い汁で染めたりもした。千人針の糸模様は女性の陰毛の生え方ともいわれる。多くの人の念願で地域共同体内の成員の危難を回避させようとする民衆の素朴な願掛け風習が、対外戦争と戦傷病死者の増加に伴って、日清戦争・日露戦争時から始まったという。日露戦時下には、「千人力」(『明治卅七八年徳島県の戦時史』)・「千人結び」(桜井忠温《ただよし》「戦時の安心」『銃後』)と呼ばれた「弾避《たまよ》け」の習俗があった。日中戦争時には、「死戦(四銭)を越える、苦戦(九銭)を免れる」といった語呂合わせや「虎は千里を行き千里を帰る」という故事から寅年生まれの女性からはその年齢分縫ってもらうとする風潮もあった。アジア太平洋戦争末期には物資不足から衰退した。

[参考文献] 大江志乃夫「「徴兵よけ」の神から千人針まで」(『科学と思想』三九、一九八二)、森南海子『千人針』(一九九五、情報センター出版局)
(滝澤 民夫)

ぜんのけんきゅう 善の研究 西田幾多郎《にしだきたろう》が明治四十四年(一九一一)に刊行した哲学書。純粋経験・実在・善・宗教の四編で構成。その全体に通ずる基本概念「純粋経験」は心理学上の意味だけではなく、すべての現象の根底にある「真実在」の意味を担っている。それは禅仏教の「見性」の立場に由来する解釈であるため、書中で援用されているジェームズの純粋経験説と同一の概念ではない。西田の純粋経験は、それの発展のうちから真なる知(第一編)、真実在(第二編)、真の善(第三編)が本来の姿において実現されるという立場であるうえ、さらには神との合一(第四編)にまで至るとされている。その性質にはヘーゲルの絶対精神に相似した部分がある。そのため、刊行当初高橋里美により、心理学上の純粋経験とヘーゲルの絶対精神について、両者に同じ要素が含まれていることは否定できないものの、その媒介性について十分な説明が与えられていないことについて、批判がなされた。→西田幾多郎《にしだきたろう》
(平山 洋)

せんばいきょく 専売局 明治三十一年(一八九八)十一月に設置され、昭和二十四年(一九四九)六月に廃止されるまで煙草・塩・樟脳の専売事業を管轄した大蔵省の内部部局。明治二十九年(一八九六)三月の葉煙草専売法公布後、四月に大蔵省主税局に調査課が置かれて、三十一

年十一月に専売局となった。同三十七年三月には煙草専売法によって葉煙草専売から煙草製造専売に移行するとともに専売局は煙草専売局に改められた。翌三十八年一月の塩専売法実施によって煙草専売局とは別に主税局内に専売事業課と専売技術課が設けられ、地方には塩務局が置かれた。樟脳はすでに同三十二年から台湾総督府で実施されていたものの、国内における樟脳の増産に伴い、競合が発生、同三十六年に主税局所管のもとに専売制に移行された。当初は以上のように三分割されていたが、同四十年(一九〇七)九月に専売局官制が制定され、三専売事業は専売局のもとに統一された。それに伴い各種専売局は廃止されることとなった。↓塩専売制度《しおせんばいせいど》 ↓樟《しょう》脳《のう》 ↓煙草《タバコ》専売法《せんばいほう》 ↓葉煙草《はタバコ》専売法《せんばいほう》

参考文献 大蔵省専売局編『専売二十五年誌』(一九三三)

(山下 大輔)

せんばいじぎょう　専売事業 特定物資を政府が一手販売を行う独占事業。明治時代の専売事業として知られるのは、煙草、樟脳そして塩である。煙草専売は、最初の専売事業として知られる。当初は、明治三十一年(一八九八)に煙草税を切り替え、政府財政の収入増を意図し、葉煙草の収納・販売を管理する葉煙草専売が行われた。それが、明治三十七年、日露戦争開戦に伴う増税案に基づき、葉煙草の買い入れから、煙草の製造、販売に至るまで政府が独占事業とする煙草専売に切り替えられた。この煙草専売は、昭和六十年(一九八五)まで続く。樟脳専売は、すでに明治三十二年に台湾総督府が実施している。台湾樟脳が国内の樟脳業を脅かすようになると、競合を防ぐ意味から、明治三十六年十月、台湾の財源確保と国内樟脳の品質維持のため、製造を許可制とし、政府は粗製樟脳、樟脳油を一手収納し、精製業者、輸出業者に販売する樟脳専売を実施するようになった。樟脳専売は昭和三十七年(一九六二)まで続く。塩専売制は、国内塩業の保護育成と日露戦争に伴う国内財源のために、明治三十八年に実施された。塩専売制は、塩製造を許可制とし、政府が一手収納、一手販売を行なった。この塩専売制は平成九年(一九九七)まで続くことになる。大蔵省外局に専売局が設置されたのは、明治四十年(一九〇七)のことで、これにより、煙草、樟脳、塩の専売事業が統一的に実施された。昭和二十四年(一九四八)に専売局は日本専売公社へ改組され、昭和六十年に日本たばこ産業株式会社へ改編されることになる。↓塩専売制度《しおせんばいせいど》 ↓樟脳《しょうのう》 ↓煙草《タバコ》専売法《せんばいほう》 ↓葉煙草《はタバコ》専売法《せんばいほう》

参考文献 大蔵省編『明治大正財政史』九・一〇(一九五五-五六、経済往来社)

(落合 功)

せんばいとっきょじょうれい　専売特許条例 明治十八年(一八八五)四月十八日に公布された特許制度に関する法令。太政官布告第七号。「専売特許条例別冊ノ通制定シ明治十八年七月一日ヨリ施行ス但明治四年四月七日(一八七一年五月二十五日)布告専売略規則及明治五年三月第百五号布告ハ廃止ス」と規定された。このとき廃止された専売略規則が特許法の嚆矢にあたるもので、その前文に「何品ニ寄ラス新発明致シ候者ハ爾来専売御差許相成候間府藩県管下ニ於テ願人有之節ハ別紙規則ニ照準シ当分ノ内民部省へ可伺出事」と定められたが、明治五年三月二十九日(一八七二年五月六日)に「当分被廃止候尚御取調ノ上追テ被仰出候」と布告され、十八年四月の専売特許条例の布告に至ったものである。十八年四月十九日午前付の『東京日日新聞』の論説は「専売特許ノ事タル発明者ヲ奨励シ其ノ名誉ヲ保護スル為メニ必需ノ法律」であるが、明治四年当時は「維新ニ日浅ク且ツ人智開達ノ度もいまだしであったが、「我国工業ノ発達ヲ奨励スル為ニ公用ナル」条例の布告が望まれるとした。↓特許条例《とっきょじょうれい》

(吉村 保)

せんぱくほう　船舶法 日本船としての資格・特権・船舶登録・船籍・積量測度・国旗掲揚義務などが定められた船舶に関する基本法規。明治三十二年(一八九九)三月八日公布。部分改正を経て現行法として機能している。同法公布により明治三年(一八七〇)二月制定の商船規則は廃止された。第三条で外国船の国内廻漕貨物の積取りを禁止する。内国航路における外国船の航行の禁止は、明治時代初期から国家主権の一つとして認識されており、政府は明治三年三月に不開港場取締心得方規則を定めて外国船の不開港場寄港を制限、九年三月十八日に出された外国船乗組規則では煩雑な手続きを課すことで内国航路における日本人の外国船乗船を阻止するなどの措置を講じたが、不平等条約下においては外国船の開港場間輸送を禁止することができず条約改正の実現により立法化が可能となった。ただ実際には外国船による沿岸貨客輸送は十三年(一八八〇)ころまでに消滅していた。↓商《しょう》船規則《せんきそく》

参考文献 小風秀雅『帝国主義下の日本海運―国際競争と対外自立―』(一九九五、山川出版社)

(小風 秀雅)

せんぷうき　扇風機 電気扇風機のこと。数枚の羽根が付いた軸を電気で回転させて風を起こす装置。最初に日本に扇風機が輸入されたのは明治二十六年(一八九三)。国産は二十七年で、芝浦製作所(東芝の前身)が直流エジソン式扇風機を製作している。真っ黒で分厚い羽根をつけ、金網のカバーで囲った頑丈な扇風機の原型である。扇風機はアイロンと並んで最も早く国産化された家庭電気製品である。しかし明治時代、扇風機は一部の金持ちしか使えない高価品であった。扇風機には天井に取り付けるタイプもあり、これは大きな羽根がついていて、金網のカバーはついていなかった。西洋館やしゃれたオフィスビルで用いられた。扇風機の量産が進むのは大正に入ってからで、関東大震災後になると、次第に家庭に普及していった。しかしそれでも贅沢品で、本当に大衆化するのは第二次大戦後、昭和三十年代に入ってからである。羽根も金属から合成樹脂に変わり、色も明るくなった。

(小泉 和子)

ぜんほうじゅん　全琫準　Chŏn Pongjun　一八五五―九五　朝鮮王朝末期の甲午農民戦争指導者。一八五五年(五六年説もある)生まれ。出生地についても、高敞、古阜、全州、井邑など諸説ある。在地両班階層の出身と考えられるが生活は困窮しており、父に従って流浪生活を余儀なくされていた。その父が全羅道古阜で郡守趙秉甲の不法収奪に抵抗したため殺されたことが政治的活動への契機となった。また、この時期(おそらく九二年ごろ)に東学に入教したが、九三年の東学の金溝集会では早くも指導者の一人に数えられている。九四年二月十五日、趙秉甲の虐政に抵抗して武装蜂起し、これが甲午農民戦争の口火となる。古阜の蜂起自体は短期間に収束してしまうが、彼を含む指導部は農民の苦境の元凶とみなされた閔氏政権打倒を当初より計画しており、古阜蜂起のエネルギーを農民戦争へと繋げるべく奔走した。東学の中では異端派の南接に属し、この南接のネットワークを通じて短期間のうちに農民軍を構築、「輔国安民」のための体制変革の必要を叫んで蜂起した。全州和約後も完全には武装を解かずに再起に備え、同年十月に第二次蜂起を決行するが、火力で圧倒的に優位に立つ日本軍に各地で惨敗、逃避行の末、九四年の年末に全羅道淳昌で捕らえられた。彼は農民戦争の指導者ではあっても主観的には両班であり、国家の転覆を志向したわけではなかった。第一次蜂起は、腐敗した中間勢力を排除して「一君万民」的な、あるべき王朝支配へ回帰することを目的としていたし、第二次蜂起も義兵意識から「忠君愛国」のために立ち上がったもので、その意味では儒教的な旧知識人であった。小柄だったことから「緑豆将軍」と呼ばれて民衆から慕われたといい、彼に面会した日本人も一様にその人品を賞賛して助命活動も行われたが、九五年四月十二日、ソウルで処刑された。→甲午農民戦争《こうごのうみんせんそう》

参考文献　趙景達『異端の民衆反乱―東学と甲午農民戦争―』(一九九八、岩波書店)

(林　雄介)

せんぼんまつきすけ　千本松喜助　一八五二―一九一五　揚繰《あぐり》網を発明普及した漁業家。嘉永五年十月九日(一八五二年十一月二十日)千葉県海上《うなかみ》郡椎名内《しいなうち》村(旭市)に生まれる。屋号伝九郎。鰯の不漁を機に新しい網の改良に取り組み、明治二十一年(一八八八)四月に成功した。翌年一月十日の『東海新報』では「新製の漁網」の見出しで「僅の日子間に鰮百四十九杯を捕獲し七百三十余円を得た」と報じられ、二十三年には第三回内国勧業博覧会に「改良網」の図面を出品している。その後さらに改良が加えられて揚繰網として全国に広まった。青森・福岡・茨城・北海道・新潟・福島などの漁業家の要請により網の製造法や使用法を出張伝授し、二十九年十二月に「一ノ軽便ナル揚繰網ヲ発明シ且、其結方用法ヲ衆ニ教ヘ」た功績で緑綬褒章を下賜された。四十四年(一九一一)にみずから記した「産業上履歴書」などが千本松家文書として千葉県文書館に寄託されている。大正四年(一九一五)没。六十四歳。

参考文献　杉本勝二郎『明治忠孝節義伝―一名・東洋立志編―』三(一八九八、国ノ礎社)、水産庁水産資料館編『漁船動力化前におけるあぐり・巾着網漁業技術の発達』(『漁業発達資料』一、一九六二)、松浦眞二「明治後期の千葉県における揚繰網の登場と発展―漁具改良と普及に貢献した漁業家たち―」(『千葉県史研究』一四、二〇〇六)

(松浦　眞二)

せんもんがくむきょく　専門学務局　高等教育行政および学術行政を所管した文部省の局。設置されていた期間は㈠明治十四年(一八八一)十月―十八年二月、㈡二十年(一八八七)十月―三十年(一八九七)十月、㈢三十一年十月―昭和十七年(一九四二)十月。明治三十年十月から三十一年十月までは高等学務局と改称されていた。昭和十七年十一月からは学術行政の一部が新設の科学局に移され、専門学務局は専門教育局に改組、改称された。所掌事項は文部省官制によって規定されていた。たとえば明治三十一年制定の官制では「帝国大学及高等学校ニ関スル事項」「専門学校ニ関スル事項」「海外留学生及教員ノ海外派遣ニ関スル事項」「図書館及博物館ニ関スル事項」「天文台気象台及測候所ニ関スル事項」「学術技芸ノ奨励及調査ニ関スル事項」「学士会院ニ関スル事項」「学位及之ニ類スル称号ニ関スル事項」などが挙げられていた。歴代局長は、㈠浜尾新《はまおあらた》、㈡浜尾新、牧野伸顕、木下広次《きのしたひろじ》、菊池大麓、㈢高田早苗、上田万年《うえだかずとし》、松井直吉、福原鐐二郎、松浦鎮次郎、粟屋謙、西山政猪、赤間信義、伊東延吉、山川建、石黒英彦、関口鯉吉、永井浩。

(米田　俊彦)

せんもんがっこうれい　専門学校令　専門学校制度を規定した勅令。明治三十六年(一九〇三)三月二十七日勅令第六一号をもって公布された(同年四月一日より施行)。菊池大麓文部大臣が制定作業を推進。第一条で「高等ノ学術技芸ヲ教授スル学校ハ専門学校トス」と定め、「高等ノ学術技芸ヲ教授スル学校」であれば、特別の定めがない限り、強制的に専門学校とするものとした。北海道・府県・市・私人は専門学校を設置でき(第二・第三条)、公立私立専門学校の設置廃止の認可は文部大臣が行うこととした(第四条)。入学資格は、原則として中学校・修業年限四年以上の高等女学校の卒業者またはこれと同等以上の学力を有すると検定された者以上の程度で定めることとし(第五条)、修業年限は三年以上(第六条)とされた。既存の千葉・仙台・岡山・金沢・長崎の各医学専門学校、東京外国語学校、東京美術学校、東京音楽学校が本令施行と同時に専門学校となった(第一六条)。またこの専門学校令公布と同日に勅令第六二号をもって実業学校令が一部改正され、第二条ノ二として「実業学校ニシテ高等ノ教育ヲ為スモノヲ実業専門学校トス」「実業専門学校ニ関シテハ専門学校令ノ定ムル所ニ依ル」の二項が加えられ、高等工業学校、高等農業学校、高等商業学校などが専門学校の一種とされた。公立私立専門学校の設

置基準にあたる公立私立専門学校規程(明治三十六年三月三十一日文部省令第一三号)や中学校・高等女学校を卒業しない者について検定によって入学資格を付与するための専門学校入学者検定規程(同日文部省令第一四号)が定められた。専門学校令は昭和二十二年(一九四七)三月の学校教育法で廃止されるまでに昭和三年(一九二八)一月と同十八年(一九四三)一月の二回改正されている。前者の改正では第一条第二項として「専門学校ニ於テハ人格ノ陶冶及国体観念ノ養成ニ留意スヘキモノトス」が加えられ、後者の改正で第一条第一項が「専門学校ハ皇国ノ道ニ則リテ高等ノ学術技芸ニ関スル教育ヲ施シ国家有用ノ人物ヲ錬成スルヲ以テ目的トス」に変更された。井上毅文部大臣(明治二十六年(一八九三)―二十七年在任)が高等学校を専門教育機関化することを試みたものの挫折した。官立の医学専門学校、高等工業・農業・商業学校が各地に設置され、あるいは公立私立の高等教育機関が増加し、これらさまざまな高等教育機関を根拠づける制度が欠落した状態にあった。専門学校令公布直後(明治三十六年・三十七年中)に専門学校となったのは、前記官立学校のほか、東京慈恵医院医学専門学校、京都府立医学専門学校、愛知県立医学専門学校、東京法学院大学、明治大学、法政大学、大阪府立高等医学校、京都法政専門学校、哲学館大学、浄土宗高等学院、関西法律学校、専修学校、明治学院神学部・高等学部、東洋商業専門学校、慶応義塾大学部、熊本医学専門学校、青山学院高等科、台湾協会専門学校、日本女子大学校、東北学院専門科、青山学院神学部、同志社専門学校、曹洞宗大学林、同志社神学校、大阪三一神学校、女子英学塾、日本大学、真宗勧学院高等科、高輪仏教大学、青山女学院英文専門科、市立大阪高等商業学校高等科、天台宗大学、早稲田大学、日蓮宗大学林、国学院、真宗大学、東京三一神学校である(府県・市立学校以外はすべて「私立」の二文字が冠されているが、ここでは省略した)。宗教学校までが正規の学校制度に包括された。専門学校令は、高等学校・帝国大学と並ぶ第二の高等教育制度としての専門学校制度を創出した。大正七年(一九一八)十二月の大学令で大学制度が拡張されて官立単科大学や公立私立大学が認められたが、その後も専門学校制度は複線型高等教育制度の一翼を担い続けた。私立専門学校の多くは私立大学に転換しつつ改めて大学附属専門部が設置され、専門学校としても存続した。資本主義の発展に応じた高等教育機関の普及、拡張のための制度的対応ではあったが、一方で(帝国)大学との間の格差構造を形成した。また、女子の入学資格を一年下げ、かつ男子の専門学校への女子の入学をほとんど認めなかったことにより、高等教育機会に男女格差をもたらした。→実業専門学校《じつぎょうせんもんがっこう》

参考文献 天野郁夫『近代日本高等教育研究』(一九八九、玉川大学出版部)

(米田 俊彦)

せんゆう 戦友 唱歌。作詞は京都府師範学校訓導真下《ましも》飛泉《ひせん》(一八七八―一九二六)。作曲は京都府第三高等小学校教員三善和気《みよしかずおき》(一八八一―一九六三)。明治三十八年(一九〇五)成立。その年、日露戦争で負傷した飛泉の親戚が帰還した。体験談を聞いた飛泉は「出征」「露営」「戦友」と書き綴る。文語体が普通であった歌詞に日常語を用いて、「学校及家庭用言文一致叙事唱歌」と銘打った。「出征」は好評を博したが、「戦友」はそれ以上のヒット作となった。飛泉は教育勅語の「朋友相信じ」を歌にしたというが、「ここはお国を何百里」の歌い出しや全編を貫くヒューマニズムが、聴く者の心に強く響いた。「戦友」のあとは、「負傷」「看護」「凱旋」「夕飯」「墓前」「慰問」「勲章」「実業」「村長」と続く。なお昭和十二年(一九三七)まで、「戦友」は出征兵士の見送りでは必ず歌われた。しかし戦局が厳しくなる八月、厭戦的だと解されて「日本陸軍」に変えられた。

参考文献 昭和女子大学近代文学研究室編『近代文学研究叢書』二五(一九六六、昭和女子大学)、阪田寛夫『戦友―歌につながる十の短編―』(一九八六、文芸春秋)

(倉田 喜弘)

せんりょう 染料 幕末開港以降、インド藍や欧米からの輸入合成染料が使用されるようになり、特にドイツの合成藍輸入によって、手工業的に相当の発展をみていた徳島の藍など近世来の染料生産も衰退に向かった。明治期には合成染料の国産化は達成されず輸入依存が続いたが、第一次世界大戦の勃発により、輸入染料の大半を占めていたドイツからの染料輸入が途絶して染料価格が高騰、苦境に陥った染色業者の中から合成染料生産に乗り出す者が現われた。特に備後・岡山・福山地域を中心に、市販の石炭酸を原料に硫化染料の生産を開始する中小業者が多数生まれ、なかでも大正五年(一九一六)に設立された帝国染料は大手染料メーカーとして発展をとげた。また、染色業者出身の和歌山の由良浅次郎も、同三年に由良精工を設立、ベンゾール原料でアニリンの製造を開始する一方、翌年には石炭酸の工業化にも成功し、硫化染料業者に原料を供給した。こうした需要家サイドからの合成染料製造に対し、ガス・タール会社においても副産物を利用した染料生産の技術開発が進み、第一次世界大戦期から染料生産に進出した。三井鉱山でも三池染料工業所を設立しアリザリンを国産化、続いて大正五年ごろより、技術的に困難とされたインディゴ合成の研究に乗り出し、同十五年(一九二六)に工業化に成功する。政府も大戦期より合成染料工業の育成に乗り出し、同四年に染料医薬品製造奨励法を制定、翌五年には国家補助のもと日本染料製造会社(日染、のち住友化学工業)が設立され、大阪瓦斯会社と大阪舎密《せいみ》工業会社の染料製造設備を買収して製造を開始した。大戦後は再びドイツ染料などの輸入圧力を受けることになるが、同十四年制定の染料製造奨励法など保護育成策のもと日染・三井鉱山(のち三井東圧化学)・保土谷曹達(のち保土谷工業)・帝国染料などが生産を増加させて、昭和五年(一九三〇)には染料

輸出が輸入を上回り、世界第三位の染料生産国となった。

参考文献 渡辺徳二編『化学工業』上(『現代日本産業発達史』一三、一九六八、交詢社出版局)、下谷政弘『日本化学工業史論—戦前化学企業の多角的展開についての研究—』(一九八二、御茶の水書房)

(市川 大祐)

せんりょうちぐんせい 占領地軍政 軍によって占領地の限定的、臨時的な統治がなされている状態。単に軍政とも呼ばれる。日清戦争では占領地の行政は武官ではなく外交官または領事官が担当する予定であったことから明治二十七年(一八九四)十月、小村寿太郎が占領後の安東県の民政長官に任命された。しかし日本の陸海軍の制度では武官と文官が分立する立場であり、文官出身の行政官が管轄地域の軍隊に対し命令を下すことや懲罰を与えることは不可能であった。そのため軍政長官を陸軍武官へ交替する必要性が生じ、同年十二月に小村に替わり福島安正《ふくしまやすまさ》中佐が任命され軍政を担当することとなった。北清事変では当初より天津城内の東北部や北京城内の北半部において日本による軍政が陸軍将校によって行われた。日露戦争では満洲軍政委員会が設置され、任命された陸軍将校が軍政を担当した。日露戦争での占領地は樺太を除き中立国の清国の領土である満洲および韓国領の朝鮮半島北部であったため、ロシアの租借地であった遼東半島では領土同様の軍政が可能であったものの、ほかの満洲占領地では清国の地方官吏が存在し、満洲軍政委員会は清国官吏を軍政に協力させるよう努めた。三十七年(一九〇四)九月、戦争の進展に伴い遼東守備軍が編成され遼陽以南の満洲占領地の軍政方針が統一されたが、奉天会戦後新たに遼東兵站監部が設置され軍政を担当することとなり満洲軍政委員と遼東守備軍が廃止された。三十八年十月、関東総督府が業務を開始、関東総督には陸軍大将または中将が任命され、満洲各地の軍政を統轄することとなった。講和条約が締結され日露両軍の撤兵後でも戦後経営の名で軍政が継続されていたが、関東都督府が平時の行政機関として設置され日露戦争での軍政は撤廃されるに至った。日露戦争での占領地軍政では清国地方官吏の民政を尊重する方針であったが、現実としては日本の軍政機関が直接に地方の下部組織を指揮命令する状態であった。

参考文献 大山梓『日露戦争の軍政史録』(一九七三、芙蓉書房)、大江志乃夫『日露戦争と日本軍隊』(一九八七、立風書房)

(藏満 茂明)

そ

そうあいしゃ 相愛社 熊本を代表する自由民権結社。西南戦争後、協同隊の生還者や東京から帰郷した池松豊《いけまつとよ》記《き》・松川杢造らが明治十一年(一八七八)五月に結成、池松豊記が社長となった。同十三年末旧協同隊幹部のうち特赦で帰郷した有馬源内・高田露《たかだあきら》・田中賢道《たなかけんどう》らが参加し、翌十四年には組織を確立させた。相愛社は植木学校を源流としていたが、実学派青年層徳富猪一郎(蘇峰)らも参加し、最盛期には社員五百八十余名を数えた。機関紙『東肥新報』(十四年七月一日創刊)を発行した。相愛社は愛国社再興大会(十一年九月)以来国会期成同盟の各大会に代表を出席させており、愛国社系の士族民権結社であった。その主張は国会開設・民権拡張は共通としながら、主権の所在については主権在民と君民共治、政体については立憲君主制と共和制の幅がみられる。九州改進党結成には実学派とともに重要な役割を果たした。壬午軍乱への対応で分裂、明治十六年一月十日解散した。→東《とう》肥新報《ひしんぽう》

参考文献 水野公寿「士族民権結社の展開過程—熊本相愛社の場合—」(熊本近代史研究会編『近代における熊本・日本・アジア』所収、一九九一)

(水野 公寿)

ぞうい 贈位 生前の功績をたたえて死後に位階を贈ること。明治維新までは従五位以上の勅授位に限って贈位することとされていた。明治二年七月二十七日(一八六九年九月三日)の勅奏判任位階区別により官位制度が改められ、従四位以上を勅授位とし、正五位以下を奏授位と定

めた。その後明治十六年（一八八三）、元弘・建武朝期の諸功臣に贈位宣下された際に桜山茲俊《さくらやまこれとし》が正五位を贈られたが、これが贈位に奏授位が加えられた最初の事例となった。その後贈位は正五位を下ることはなかったが、明治十七年十二月の甲申事変の際、殉職した朝鮮公使館付武官に従六位を贈位したことをめぐって、贈位の濫発を危惧する意見が政府内に生じた。これは贈位が「死者ヲ褒恤シ永クソノ功績ヲ表彰スル重典ノ一ニシテ後人ヲシテ其死者ヲ敬慕シ国家ニ尽瘁スルノ念慮ヲ熾ンナラシムル所以」のものであって、濫発すべきものではないとするものであった。しかし日清戦争の勃発によって、多数の戦死者が続出するなかで、陸海軍から戦死者に対する贈位をルール化することを求める要請が上申された。これは正八位などの下位に叙せられた将校が戦死した場合、贈位は正五位以上とするとの前例との間に大きなギャップが生じることが懸念されたからである。この上申に対し、政府は、「戦死者贈位並叙位ノ件」を裁可して、贈位はあくまで従五位以上にとどめ、贈位が過当な場合は、生存中の功労を記録するものとして、たとえ死後であっても、生存中の年月日を記した位記を賜ることとした。この方針に沿って明治三十年（一八九七）四月十六日戦死者贈位並叙位進階内則が定められた。

参考文献 内閣官房編『内閣制度九十年資料集』（一九七五、大蔵省印刷局）

（大庭 邦彦）

ぞうかがっかい 造家学会 造家学（建築学）の団体。明治十九年（一八八六）に設立。工学系の学会は工部大学校の第一回卒業生が設立した工学会が最初で明治十二年の設立であり、そこから分離独立する形で同十九年に設立された。分野別の学会としては同十八年設立の日本鉱業会に次ぐ。創立時の正員は二十六名であり、十九名が工部大学校卒、ほかは山口半六《やまぐちはんろく》・小島憲之《こじまのりゆき》・妻木頼黄《つまきよりなか》らの外国大学卒業者らであった。初代会長は辰野金吾《たつのきんご》。会員は四年後には五百名を越え、明治末年には二千五百余名まで増加した。正員は少数で帝国大学卒の学士（明治期には東京・京都・東北・九州のみ）に限られていた。会員の大多数は准員であり、工手学校・実業補習学校・徒弟学校・実業学校・工業学校などの卒業生であった。機関紙は月刊で『建築雑誌』が発行された。明治期の内容は、建築士の職能確立問題、准員向けの啓蒙的な技術講義、地震問題、美術建築評論、日本・アジアの建築史、新築建築の作品紹介などの記事・論文が多く、建築学・建築を取巻く社会の主要な課題を網羅している。中村達太郎《なかむらたつたろう》は膨大な量の記事を書き、特に啓蒙的な技術講義はほぼ彼の手になる。明治三十年（一八九七）に即物的な名称「造家」を改め建築学会へと名称変更がされた（翌年、帝国大学でも造家学科が建築学科に名称変更された）。のちに学術団体としての性格を強め、戦後昭和二十二年（一九四七）に日本建築学会と名称変更され、さらに昭和三十三年（一九五八）に法人化されて社団法人日本建築学会となって、現在に至る。

参考文献『日本建築学会百年史』（一九九〇）、『日本建築学会百二十年略史』（『建築雑誌』増刊一二二集、二〇〇七）

（藤井 恵介）

そうきょうじん 宋教仁 Song Jiaoren 一八八二―一九一三 清末民国初年の革命家、政治家。湖南省桃源県出身。一八八二年四月五日生まれ。長沙で黄興らが組織した華興会に参加して反清の活動を始めたが、一九〇四年秋に蜂起をはかって失敗し、日本に逃れた。東京で雑誌『二十世紀之支那』を刊行したのち、中国同盟会の活動に参加した。日露戦争をきっかけにして「馬賊」に関心をもち、〇七年、吉林省に渡り、この経験を生かして『間島問題』（〇八年）を著わした。また、長江流域での蜂起をめざして中部同盟会を組織し、辛亥革命の成功に大きく貢献した。南京臨時政府では法制局局長となり、臨時約法の制定に関わった。つづいて、同盟会を改組して他の小党とあわせて国民党とし、初の国会選挙では、大勝をもたらした。国会の多数派を占めた国民党を束ねて議会制民主主義をめざしたが、暗殺者によって上海駅で襲われ、一三年三月二十二日死去した。三十二歳。北一輝は、宋教仁を高く評価して、行動を多くともにしている。松本英紀訳注『宋教仁の日記』（平成元年、同朋舎出版）がある。

宋教仁

参考文献 松本英紀『宋教仁の研究』（二〇〇一、晃洋書房）、片倉芳和『宋教仁研究―清末民初の政治と思想―』（二〇〇四、清流出版）

（吉澤誠一郎）

そうこぎょう 倉庫業 生産と消費を結ぶ流通の一段階として貨物の保管・管理を担う。倉庫証券（荷預証書）を発行し、商品売買や商品抵当金融に大きな役割を果たす。近代的な倉庫業は海運業や金融業と深く関係しながら発展した。その好例が三菱である。政府保護を受けて海運業を発展させた岩崎弥太郎は明治九年（一八七六）に開始した荷為替業務を母体に金融業に進出、十三年（一八八〇）四月一日に開業した三菱為換店は深川で倉庫業を開始。倉敷業または貸蔵業と称して商品保管・貸倉庫・運送業務を行い、倉庫証券を発行し為換店の金融部門がこれを担保に貸付を行なった。受託貨物の小運送や保管は廻漕業者のサービスという慣習であったこの時期、東京・大阪の荷積問屋は強く反発したが、三菱はこれを排除し、三菱の流通独占と批判されるまでに発展した。しかし共同運輸会社との海運競争が激化するなか金融・倉庫業務でも競争が激化し、為換店は十七年に休業、金融業務は第百十九銀行に承継されるとともに、十八年六月倉庫業務を三菱会社の直営としたが十月の日本郵船会社設立とともに休止した。大阪では八年に住友が所有倉庫を利用して商品抵当による金融を始め、神戸では十七年五代友厚らの主唱によって設立された神戸桟橋会社が海陸連絡業務のほかに倉庫業を経営した。明治二十年代以降、金融の付帯業務であった倉庫業は次第に独立。二十年(一八八七)四月十五日三菱から東京倉庫会社が独立して業務を再開。住友銀行の担保品保管倉庫業務は三十二年(一八九九)に住友倉庫として営業を開始。同年三井銀行が倉庫業の兼営を開始、四十二年(一九〇九)東進倉庫株式会社が独立した。そのほか各地で、明治二十年京都倉庫、二十三年新潟倉庫、二十五年横浜貿易倉庫、二十七年名古屋倉庫、三十年渋沢倉庫などが開業。日清戦後には経済発展に伴って急成長し、三十二年十二月には倉庫業者連合会が結成された。三十六年日本倉庫業連合会に改組。

参考文献 『三菱倉庫七十五年史』(一九六二)、岩崎弥太郎・岩崎弥之助伝記編纂会編『岩崎弥太郎伝』下(一九六七)、日本倉庫協会編『日本倉庫業史改定版』(一九七〇)
(小風 秀雅)

そうこくはん 曾国藩 *Zeng Guofan* 一八一一—七二 清国の官僚、政治家。字は伯涵、号は滌生、湖南省湘郷県の人。一八一一年十一月二十六日生まれ。一八三八年の進士。翰林院での諸職や内閣学士を経て、四九年礼部右侍郎に昇任した。五二年、太平天国軍が湖南に進入するころ、母の喪に服するために帰郷、翌年初、朝命により団練(自警団)を組織、のちこれを拡充して湘軍とし各地で太平天国軍と戦う。湘軍は血縁・師弟・同郷などの個人的関係で集めた儒教的教養を有する読書人を将校とし、質朴な農民を兵士に採用、給与を厚く規律・訓練を厳しくした新しい軍隊で、対太平天国戦の主力となる。のち湘軍に倣い李鴻章が淮軍を、左宗棠が楚軍を組織した。六〇年両江総督に任命され、翌年には江蘇・安徽・江西・浙江四省の軍事・行財政の大権を賦与さる。李鴻章に江蘇平定を、左宗棠に浙江平定を命じ、六四年実弟の曾国荃に太平天国の首都天京(南京)を攻略させた。太平天国鎮定の最大の功労者として侯爵に封ぜらる。六五年以降、山東・河南・安徽一帯の農民反乱たる捻軍の鎮圧に従事、六八年直隷総督に転じた。七〇年、天津の民衆による反キリスト教暴動・フランス領事殺害の事後処理にあたり、外国に屈服したとして世論の批判を受けた。また日清条約締結予備交渉の任務を帯びて天津へ来た柳《やなぎ》原前光《わらさきみつ》一行を接見、条約締結の必要を朝廷に進言し、日清修好条規草案の作成にも関与した。同年両江総督に復し、七二年三月十二日に病没。六十二歳。対太平天国戦を通じて西洋の武器・艦船の優秀性を知り、六一年安慶内軍械所を、六五年には李鴻章と共同で江南機器製造総局を設立、またアメリカへの留学生派遣計画を推進するなど、初期洋務運動の中心となる。桐城派の学者・文章家としても著名で、儒教古典についての著述に加え、個人の修養から政治・外交に至るまでに関する多数の文章を残した。人材の育成にも意を用い、その幕下から李鴻章をはじめ多くの政治家・学者・軍人が輩出した。『曾文正公全集』『曾文正公手写日記』がある。

参考文献 坂野正高『近代中国政治外交史―ヴァスコ・ダ・ガマから五四運動まで―』(一九七三、東京大学出版会)、朱東安『曾国藩伝』(『中国近代史専題研究叢書』、一九八五、四川人民出版社、成都)、並木頼寿・井上裕正『中華帝国の危機』(『世界の歴史』一九、一九九七、中央公論社)
(佐々木 揚)

そうし 壮士 明治の政治青年の一種。明治初年には「たくましきわかもの」(松屋貫一編『新撰字類』、明治三年八月、青山堂)を意味していたが、議会開設直後には「定マッタ職業モナク、漂泊シテ人ノ依頼ヲ受ケ、談判脅迫ナドヲ行フ一種ノ人物」(山田美妙編『日本大辞書』、明治二十六年二月、明法堂)をも意味するようになり、明治年間この意味が定着した。特に明治十年代の自由民権運動とともに生まれ、自由党結党前後に結成された高知の各結社は「大義名分といふことを主張したる腕力壮士の集合」(『東京日日新聞』、十四年十一月十二日号)などとみなされ、立憲改進党の結党とともに改進党系壮士も誕生した。これら壮士は板垣退助・後藤象二郎・谷干城《たにたてき》・星《ほし》亨《とおる》ら政党の領袖や下野政府高官との間に親分子分の関係をつくって周辺に集まった。特に谷農商務相が井上馨外相の条約案に反対して下野した際の二十年(一八八七)八月一日靖国神社で開催された「谷君名誉表彰運動会」は有名で、旧自由党員林包明《はやしかねあき》主唱のもとに壮士三百余名が参集して大旗を翻して大示威運動を展開している。壮士の大半は士族層であり無宿・無資産・無職の政治家志望で、彼らは政治集会や懇親会に杖・鉄棒・刀剣を携えて会場を仕切り、「暴言ヲ吐キ暴行ヲ恣ニシ演説ノ会ヲ譟シ懇親ノ宴ヲ駭カシ以テ自カラ快トナス者」「方今我国ノ政治社会ニ於テ最モ嫌忌セラレ最モ排斥セラレ到ル所世人ノ為ニ恐怖指弾セラルルモノハ其レ今日ノ壮士」(斎藤新一郎『壮士論』、二十二年十二月、蝸牛堂、なお本書は来る二十世紀の歴史は東洋の歴史となり新日本の壮士の舞台は東洋となると大陸浪人の出現を予言していることが注目される)と蛇蝎視され厄介者視された。二十年代初頭に「壮士」を冠した書物が十冊余あり、二十四年二月ごろの壮士は全国に百五十一人で、立憲自由党百三人(内、大井憲太郎五十人、星亨三十人)、国民自由党四十二人(内、遠藤秀景《えんどうひでかげ》二十八人、古荘嘉門《ふるしょうかもん》・山際七司《やまぎわしちし》・稲垣示《いながきしめす》ら十四人)、立憲改進党六人(内、尾崎行雄二人)、大成会にはなし(『朝野新聞』、二十四年二月二十日号)と報道されている(翌年ごろには各政党所属壮士団体二十九、壮士四百五十四という記録もある(関山直太郎「明治二十五年頃の政党員壮士の数」))。こうした中から、壮士節や川上音二郎・角藤定憲《すどうさだのり》らの壮士芝居が派生したが、これらはあくまでも政治運動の一環としての演劇であった。やがて、三十八年（一九〇五）八月の第七回総選挙のころには、「新選挙法励行の為か何れにしても棍棒仕込杖の壮士的運動は殆ど跡を絶」（『時事新報』、三十五年八月十一日号）つようになった。その存在は、「明治の壮士は封建武士層の近代市民社会への解消過程における産物」（福地重孝）とみられ、自由民権・条約改正・大同団結・議会開設などの政争の中で政党の近代的な脱皮への過渡期に政治社会に特殊な層を形成し、その後の院外団・大陸浪人や戦後の政治ゴロに通じる一源流となった。

参考文献　指原安三『明治政史』（一八九二―九三、冨山房）、関山直太郎「明治二十五年頃の政党員壮士の数」（『明治文化』五ノ九、一九二九）、福地重孝『士族と士族意識―近代日本を興せるもの・亡ぼすもの―』（一九五六、春秋社）、安在邦夫「高田早苗の「壮士認識」考」（早稲田大学大学史資料センター編『高田早苗の総合的研究』所収、二〇〇三）　（佐藤　能丸）

ぞうしかん　造士館　⇨第七高等学校造士館《だいしちこうとうがっこうぞうしかん》

そうしげまさ　宗重正　一八四七―一九〇二　幕末維新期の対馬藩主。幼名は善之允。襲封して義達《よしあき》となり、のち重正と改名。宗義和《よしより》と勝井タミの子として、弘化四年十一月六日（一八四七年十二月十三日）に対馬府中（厳原）で生まれる。尊王攘夷派に擁立されて文久二年（一八六二）襲封。長州藩と同盟し、攘夷の勅書を賜り、賀茂社・石清水八幡宮の行幸に扈従。文久三年の幕府への毎年三万石援助要求と朝鮮進出論提起、元治元年（一八六四）の勝井騒動をはじめとする藩内抗争と尊攘派の衰退、徳川慶喜政権による朝鮮への使節派遣計画への協力などに藩主として関わった。明治元年（一八六八）新政府により引き続き朝鮮通交を家役とされ、王政復古通告の使節を朝鮮に派遣したが、一方的な書式変更を理由に朝鮮は拒絶。翌年の版籍奉還で厳原藩知事となり、明治四年の廃藩により免職。外務大丞としてこじれた朝鮮との交渉のため渡韓を命じられたが、実現しなかった。明治三十五年（一九〇二）五月二十五日に死去。五十六歳。

参考文献　『新対馬島誌』（一九六四）、『長崎県史』藩政編（一九七三、吉川弘文館）　（木村　直也）

そうしばい　壮士芝居　自由民権思想の鼓吹を目的に壮士が演じた芝居。明治二十一年（一八八八）十二月、角《す》藤定憲《どうさだのり》らが大阪の新町座で、角藤の作『剛胆之書生』を脚色した『耐忍《がまん》之書生貞操佳人』、それに上野の彰義隊を扱った幸徳秋水の作『勤王美談上野の曙』、この二作を演じたのがはじまりだとされている。それより前の二十年、川上音二郎は大阪や神戸で「民権ニワカ」「改良演劇」を演じた。横浜では二十三年、朝鮮独立の支援をもくろむ大井憲太郎らの事件を『明治二十年国事犯事件』と題し、「滑稽演劇《おどけしばい》」の名で上演する。取締当局をはばかっての命名であるが、在京マスコミは「壮士芝居」「書生芝居」などと報じた。二十四年、川上は旗幟を鮮明にして「新演劇」と名乗る。演劇界は地殻変動を起こし、各地に壮士芝居が誕生し始める。歌舞伎しかなかった日本演劇界に、多少は政治思想のにおいがする現代劇が生まれてくる。

→新派《しんぱ》

参考文献　倉田喜弘『近代劇のあけぼの―川上音二郎とその周辺―』（『毎日選書』四、一九八一、毎日新聞社）　（倉田　喜弘）

そうしょかく　叢書閣　東京の書肆。別商号として武蔵屋。明治十六年（一八八三）、丸善の系列店的な位置づけとして創業。丸善では扱いにくかった日本語書籍の古本売買が主たる開業の目的であった。翌年に丸善から独立、さらにその翌年から早矢仕民治（有的《ゆうてき》の義理の従兄弟）が経営を任せられた。民治は古本販売よりも、戯作文学、特に近松門左衛門作品の翻刻に力を入れ、内田魯庵《うちだろあん》などの援助もあって、武蔵屋本とよばれる戯作集を刊行し、明治期の近松研究に大きく貢献した。明治三十一年（一八九八）に閉店。

参考文献　東京書籍商組合編『東京書籍商伝記集覧』（『日本書誌学大系』二、一九七八、青裳堂書店）、『丸善百年史―日本近代化のあゆみと共に―』上（一九八〇）　（鵜飼　政志）

そうじょりん　曹汝霖　Cao Rulin　一八七七―一九六六　中国近代の政治家。一八七七年一月二十三日生まれ。本籍、江蘇省上海県。一九〇〇年（明治三十三）日本に留学。早稲田専門学校（現早稲田大学）入学後、東京法学院（現中央大学）に転校。〇五年帰国後、商務部を経て外務部に入る。一一年外務部副大臣に就任。中華民国成立後一時弁護士となるも、一三年に参議院議員、憲法起草委員、総統府顧問を経て、外交部次長に就任。一五年には、いわゆる対華二一ヵ条要求に対する外交交渉を担当。一六年四月、交通総長に就任（翌月から外交総長兼任）。一七年、交通銀行総理を経て交通総長に就任。一九年の五・四運動では、対華二一ヵ条要求に屈した親日「売国奴」として、自宅が焼き討ちにあう。その後、実業界の要職を歴任し、二七年財政委員会委員、三六年冀察政務委員会委員、三七年中華民国臨時政府最高顧問、四〇年華北政務委員会諮詢委員会諮詢委員、に就任。四九年台湾に亡命。五〇年香港を経て日本に移住。五七年米国に移住し、六六年八月四日ミシガン州で没。九十歳。

参考文献　山田辰雄編『近代中国人名辞典』（一九九五、霞山会）、徐友春主編『民国人物大辞典（増訂本）』（二〇〇七、河北人民出版社）　（松重　充浩）

ぞうせんしょうれいほう　造船奨励法　軍事的見地からの大型船舶確保と国内造船業の発展を促進することを目的に、明治二十九年（一八九六）三月二十四日、海外航路全般の拡充をめざす航海奨励法と同時に公布。造船規定に合格した七〇〇トン以上の汽船（鉄または鋼製）に対し、船体総トン数一トンにつき二十円（一〇〇〇トン以上、それ以下は十二円）、機関一馬力につき五円の奨励費支給を定めた。しかし航海奨励法は、奨励法適用船舶に製作国の区別を設けなかったため、造船奨励法の国内造船業育成方針と齟齬を来した。航海奨励法の全面改正により三十二年(一八九九)十月以降輸入船に対する支給率を半減したが、航路補助を優先したため造船補助との円滑を欠いていた。四十二年(一九〇九)の改正では船舶の等級に応じた補助率が設定され、同時に公布された遠洋航路補助法で助成航路の使用船舶は原則国産とされたこととあわせて造船業の発展を促進し、日本の重工業発展の基礎を形づくった。→遠洋航路補助法《えんようこうろほじょほう》 →航海奨励法《こうかいしょうれいほう》

参考文献 寺谷武明『日本近代造船史序説』(一九七九、巌南堂書店)、小風秀雅『帝国主義下の日本海運—国際競争と対外自立—』(一九九五、山川出版社) (小風 秀雅)

そうぞくぜい 相続税 財産税の一種で、相続や遺贈により財産を取得した個人に対して相続財産を課税標準として課される直接国税。わが国では、明治三十八年(一九〇五)一月一日、日露戦費調達のための第二次増収計画の一環として創設された。徴収は被相続人の遺産に課税する遺産税方式が採用された。相続は家督相続と遺産相続に区分されたが、明治民法に規定された戸主制度、長男による家督相続制度と家産保護措置に伴い、前者を優遇する税率・免税点が設定された。前者は価格千円以上に一五%〜一・二%、後者は価格五百円以上に一六%〜一・五%の超過累進税率が採用された。およそ相続税の国税中に占める比率は、創設以来一〜二%程度である。戦後には、GHQによる民主化政策の一環として、家督相続制度の廃止とともに、贈与税の創設、申告納税制度が採用され、取得税方式を基本としつつ実際の遺産分割に関わらず決定する遺産税方式を加味した方式が採用された。

参考文献 大蔵省編『明治大正財政史』七(一九二八、財政経済学会)、井手文雄『要説近代日本税制史』(一九五九、創造社) (矢切 努)

そうだきいちろう 左右田喜一郎 一八八一—一九二七 明治から昭和戦前期の経済哲学者。明治十四年(一八八一)二月二十八日、横浜に生まれる。三十一年(一八九八)横浜商業学校を出て三十五年七月、東京高等商業学校本科を卒業したが、在学中家業の合資会社左右田銀行社員となっている。三十七年七月同校専攻部銀行科を出、同月より私費で米英を経てドイツに留学、三十八年夏よりフライブルグ大学でフックスの経済学、リッケルトの哲学を学び、フックスがチュービンゲン大学に移ったため、四十二年(一九〇九)同大学で博士号を得た。四十五年夏より大正二年(一九一三)夏までパリに滞在し、二年七月帰国、家業の都合により講師の資格で東京高等商業学校において教えた。四年三月、父の死亡により左右田銀行取締役となり、五年四月、法学博士会推薦によって法学博士となった。十四年(一九二五)には貴族院多額納税議員に選ばれている。学問的には貨幣価値論から出発して経済哲学を構想し、カント・リッケルトの影響のもと、文化主義・人格主義的哲学を構築していった。著作には『メルカンチルシステムニ関スル学説ノ発展』(明治三十六年)、『信用券貨幣論』(三十八年)、Geld und Wert(博士論文、一九〇九年)、『経済哲学の諸問題』(大正六年)、『極限概念の哲学』(十年)、『文化価値と極限概念』(十一年)、『経済法則の論理的性質』(十二年)などがあり、大正十三年、博士論文および前年の著作に帝国学士院賞が授けられた。昭和二年(一九二七)の金融恐慌で銀行が三月二十二日休業となり、失敗者として貴族院議員も辞し、同年八月十一日、四十七歳で没した。『左右田喜一郎全集』全五巻(昭和五—六年、岩波書店)がある。

左右田喜一郎

参考文献 左右田博士五十年忌記念会編『左右田哲学への回想』(一九七五、創文社) (宮地 正人)

そうちつりょう 宗秩寮 皇族などの事務を掌った宮内省の一部局。明治四十年(一九〇七)十月公布(同四十三年改正)の宮内省官制によれば、侍従職・式部職について十二あった寮の筆頭に置かれ、皇族をはじめ王族・公族や華族・朝鮮貴族・有位者および爵位など(その誕生・命名・婚嫁・降下・叙爵・薨去などすべて)に関する事務を掌るため、総裁(親任か勅任)と主事二人(勅任か奏任)のもとに庶務課・宗親課・爵位課を置き、皇族・王族・公族に付属する職員を監督させた。また、皇族・王族・公族や華族・朝鮮貴族に関する重要事項について諮詢に応じたり意見を上奏するため、枢密顧問官三人と宮内勅任官四人と有爵者五人(公侯伯子男各一人)合計十二人の宗秩寮審議官から成る審議会を置く(議長は上席者)と定められている。 (所 功)

そうていきょういくちょうさ 壮丁教育調査 徴兵検査実施の際に行われた壮丁の教育程度・学力調査。軍事上の要請から国民の学力に関心をもった陸軍が明治三十二年(一八九九)に徴兵検査の一環として調査を始め、翌三十三年に教育行政機関も加わって大阪・京都を含む数府県において簡易な学力調査を実施、三十八年に文部省が全道府県にその調査と報告を要請した。大正十四年(一九二五)度から同省普通学務局が『壮丁教育成績概況』と題して調査結果の統計化を行い、昭和十八年(一九四三)年度まで継続された。

参考文献 文部省社会教育局編『壮丁教育調査概況』一(『近代日本教育資料叢書』史料篇四、一九七四、宣文堂書店) (一ノ瀬俊也)

そうとうしゅうだいがく 曹洞宗大学 東京都世田谷区駒沢に所在する学校法人駒沢大学の前身。曹洞宗が僧侶

育成のために設立した教育機関。明治十五年(一八八二)十月、東京市麻布区日ヶ窪(港区)に曹洞宗大学林専門学本校として開校した。文禄元年(一五九二)に江戸駿河台(千代田区)の吉祥寺に設立された会《え》下《か》学寮《がくりょう》を発祥とし、これが駒込村(豊島区)に移って旃檀林《せんだんりん》と改称。明治九年(一八七六)、前年六月に芝青松寺獅子窟学寮内に置かれた曹洞宗専門学本校と合併し、十五年(一八八二)、麻布日ヶ窪に校舎を新築して曹洞宗大学林専門学本校となった。二十三年(一八九〇)、曹洞宗大学林となる。三十七年(一九〇四)には専門学校令による大学として認可され、翌年校名を曹洞宗大学と改めた。大正二年(一九一三)、現在地の東京府荏原郡駒沢村に移転し、十四年(一九二五)に大学令に基づき駒沢大学となった。

参考文献 駒沢大学百年史編纂委員会編『駒沢大学百年史』上・下(一九八三)、駒沢大学開校百二十年史編纂委員会編『駒沢大学百二十年史』(二〇〇三) (伊藤　克己)

そうにんかん　奏任官　一般には大日本帝国憲法下における高級官吏。古代令制の選叙令において使用された呼称である。明治二年(一八六九)七月に発布された職員令、官位相当表により、それまでの三十階を正一位から従九位および大少初位の二十階に簡素化し、そのうち五位・六位を奏任とした。明治十九年(一八八六)三月の高等官官等俸給令により勅任官とともに高等官と定められ、一等から六等までの六官等に区分された。各省の課長以下の事務官や技師などが相当する。任官にあたっては内閣総理大臣、各省に所属する場合は主任大臣がそれぞれ「奏薦」することとされ、辞令には内閣の印を「鈐シ」、内閣総理大臣が「宣行」することとされた。明治二十年(一八八七)七月の文官試験試補及見習規則では、奏任官試補の任用に際しては高等試験に合格することが要件とされたが、法科大学・文科大学・旧東京大学法学部および同文学部の卒業生は試験を免除された。しかし、明治二十六年十月発布された文官任用令により奏任官への任用は原則として文官高等試験(高等文官試験)合格者のみに限られることとなった。昭和二十一年(一九四六)四月の各庁職員通則により、勅任・判任の呼称とともに奏任の呼称は廃止された。

参考文献 内閣官房編『内閣制度九十年資料集』(一九七五、大蔵省印刷局) (大庭　邦彦)

ソウパー　Julius Soper　⇨ソーパー

そうばし　相場師　各種商品取引や株式などの有価証券取引あるいは為替相場において、営業上の必要や長期的な投資が目的ではなく、利鞘稼ぎを主として市場に参加する者のうち、巨額な資金を元手に市場を動かし巨利を博そうとした者たち。他称として用いられる。一般的には奇利を得たことにより有名となり、多くは相場に失敗して消えていった。反対語は実業家であろうが、明確に区別することはできない。商品市場では江戸以来の米市場や生糸市場、洋銀相場などが活躍の場となったが、明治十一年(一八七八)に株式取引所が成立すると、相場師の活動の場は兜町(東京株式取引所)や北浜(大阪株式取引所)に移った。個人投資家から仲買人(証券業者)までもが相場師に含まれることがあるのは、財閥系企業の株式公開が進んでおらず、取り引きされる株式が一部企業に限られて投機性が高かったという事情にもよる。明治期の有名な相場師には、諸戸《もろと》清六《せいろく》(西南戦争時の米買い占め)、今村清之助(洋銀相場で財をなす)、田中平八《たなかへいはち》(天下の糸平)、日露戦後からの株式市場では村上太三郎(飛将軍)、鈴木《すずき》久五郎《きゅうごろう》(鈴久)、岩本栄之助(北浜の風雲児)、福沢桃介《ふくざわももすけ》(の ちの電力王)などがいる。

参考文献 日本証券経済研究所編『体系証券辞典』(一九七一、東洋経済新報社) (櫻井　良樹)

そうぶてつどう　総武鉄道　はじめて千葉県を走る鉄道として、明治二十七年(一八九四)に開業した鉄道会社。現在の東日本旅客鉄道(JR東日本)の総武本線である。千葉県では明治二十年代初頭に、本所(錦糸町)・佐倉・成田・佐原を結ぶ武総鉄道、本所・佐倉・八日市場・銚子を結ぶ総州鉄道などが発起されたが、利根川と江戸川を連絡する利根水運事業への影響から認可を得られなかった。その後、両者は共同し、明治二十一年二月、本所・千葉・佐倉・八街《やちまた》を結ぶ総武鉄道を出願し、翌年認可を受けた。創立願書には、八街地方の発展と千葉県下に設置されている陸軍駐屯地への交通連絡が軍事上有益であることが謳われていた。開業は、二十七年七月二十日の市川―佐倉間からであるが、同年十二月、江戸川橋梁が落成し、始点である本所と佐倉間が結ばれ、三十年(一八九七)六月一日には、全長七一マイル七七チェーン、全十七駅の本所―銚子間全通を迎えた。三十七年四月五日、西進し、両国橋(両国)―本所間を開業、両国橋をターミナル駅とした。この区間は日本最初の高架線であり東京名所ともなった。同線との接続を起点とする鉄道路線も多く開業し、総武鉄道の敷設は千葉県の首都圏化に大きな役割を担った。また三十四年に成田―我孫子《あびこ》間を開業させ、日本鉄道(現常磐線)と上野―成田間を連絡運転していた成田鉄道とのサービス競争は有名である。三十九年三月に公布された鉄道国有法により、四十年(一九〇七)九月一日国有化され官設鉄道の総武本線となった。

参考文献 三浦茂一・高林直樹・長妻廣至他『千葉県の百年』(『県民一〇〇年史』一二、一九九〇、山川出版社)、白土貞夫『ちばの鉄道一世紀』(一九九六、崙書房) (大矢悠三子)

そうへい　壮兵　明治初年に徴兵ではない兵士、すなわち志願した雇い兵を指して使われた言葉。山県有朋は「論主一賦兵」(明治五年)において壮兵と賦兵(＝徴兵)の優劣を論じて前者を退け後者の制度を設けることを主張した。しかし士族兵制を唱える意見も陸軍内には根強く、実際に徴兵令が公布(明治六年(一八七三)一月)されたのちも、徴兵より長期間服役し、給料も高い近衛兵が軍隊内に存続した。明治八年(一八七五)二月、陸軍省は近衛および各鎮台に壮兵を漸次解除すべき旨を達したが、明治十年（一八七七）の西南戦争時には徴兵の不足が生じ、徴兵制度の建前を守るため巡査募集という形式で兵士を募集、新撰旅団と称して実戦に参加させた。しかしこの西南戦争で徴兵の戦績が認められたことから徴兵制度が一国の兵力調達制度として確定した。全国の兵が全部徴兵で充当されたのは明治十六年のこととされる。

参考文献 松下芳男『徴兵令制定史（増補版）』（一九八一、五月書房）
（一ノ瀬俊也）

ぞうへいきょく 造幣局 明治二年二月五日（一八六九年三月十七日）西洋式機械を導入して新貨幣を鋳造することを目的に創設された中央官庁。場所は二年三月大阪の川崎に定められた。新貨鋳造は前年四月に決定され、翌月貨幣司が大阪に設けられたが、本格的に事業を推進する段階に入り造幣局と改組されたものである。二年七月八日（一八六九年八月十五日）大蔵省設置とともに造幣寮と改称され、初代の造幣頭には井上馨が任命された。三年十一月英人ウォートルスの設計・監督のもとに建物が竣工し、四年二月十五日（一八七一年四月四日）開業式が盛大に挙行され、右大臣三条実美みずからが機関を運転させた。これにより同年五月新貨条例が公布される。同年八月造幣寮職制・事務章程が制定されたが、それによると地金局・分析所・鎔金局・試験分析局・極印局・伸金局・焼生局・秤量所・器具貯蔵所・彫刻所・機関所・銅細工所・轆轤所・鍛冶所・硫酸製造所・瓦斯製造所・コークス製造所などが置かれることとされている。十年（一八七七）一月に造幣局と改称、同年六月現在では官員外傭共百八名、職工・小使等四百十名、ほかに外国人三名、四十五年（一九一二）三月現在では勅任二名、奏任三名、判任三十二名、傭四十一名、工長二十一名、給仕職工小使等百八十名の規模であった。→貨幣司《かへいし》

造幣寮

参考文献 朝倉治彦編『明治官制辞典』（一九六九、東京堂出版）
（宮地正人）

そうへいしゅん 宋秉畯 Song Pyŏngjun 一八五七―一九二五 大韓帝国期の政治家。一八五七年、咸鏡道長津に生まれる。一八五八年十月七日（陰暦八月二十日）生まれといわれてきたが、姜昌一によれば一八五七年が正しいという。若くして武科に合格し官吏生活を送っていたが、九五年に日本に渡り、野田平次郎と名乗って養蚕事業などを展開した。日露戦争勃発とともに大谷喜久蔵少将の通訳として帰国。一九〇四年八月、維新会（直後に一進会と改称）を組織し、会員を率いて日本の戦争遂行に協力した。常に一進会の中枢にあって日本との提携を主張、統監府との関係も深く、農商工部大臣、内部大臣などを歴任、ハーグ密使事件後の高宗皇帝廃位の際にも積極的な役割を果たした。韓国併合後、朝鮮貴族として日本政府から子爵（のち伯爵）位を受け、中枢院顧問などを歴任したが、日本の朝鮮統治のあり方を批判する意見書を発表したりもした。二五年二月一日没。六十九歳。韓国政府は二〇〇七年、その活動を親日反民族行為と決定した。

参考文献 林雄介「一進会の前半期に関する基礎的研究―一九〇六年八月まで―」（武田幸男編『朝鮮社会の史的展開と東アジア』所収、一九九七、山川出版社）、同「一進会の後半期に関する基礎的研究―一九〇六年八月～解散―」（『東洋文化研究』一、一九九九）
（林雄介）

そうまあいぞう 相馬愛蔵 一八七〇―一九五四 明治から昭和期にかけての実業家、中村屋創業者。明治三年十月二十五日（一八七〇年十一月十八日）信濃国安曇郡白金村（長野県安曇野市）で代々庄屋を務める相馬安兵衛の三男に生まれる。二十三年（一八九〇）東京専門学校（現早稲田大学）卒業。在学中に受洗し帰郷後は養蚕研究の傍ら禁酒運動とキリスト教普及に努めた。三十四年（一九〇一）体調を崩した妻りょう（黒光）を連れて上京、本郷の東大前でパン屋中村屋を開業した。四十年（一九〇七）に新宿支店開設、四十二年にこれを拡張移転し本店とした。大正十二年（一九二三）株式会社中村屋に改組、昭和二年（一九二七）には喫茶部を設け、和洋中の菓子類、カリーやボルシチに及ぶ多様な品を扱った。事業の傍ら、妻黒光とともに店に出入りする国内外の芸術家・文学者のほか、インド独立運動家ロス＝ビハリ＝ボースなど社会運動家を庇護したことで知られる。昭和二十九年（一九五四）二月十四日没。満八十三歳。著書に『蚕種製造論』（明治二

相馬愛蔵

十七年、経済雑誌社)、『一商人として』(昭和十三年、岩波書店)などがある。 ↓中村屋《なかむらや》

参考文献 宇佐美承『新宿中村屋相馬黒光』(一九九七、集英社)

(差波亜紀子)

そうまぎょふう　相馬御風　一八八三―一九五〇　評論家、詩人、歌人。明治十六年(一八八三)七月十日、新潟県西頸城《にしくびき》郡糸魚川《いといがわ》町(糸魚川市)に生まれる。本名昌治《しょうじ》。早稲田大学在学中、岩野泡鳴《いわのほうめい》らと東京純文社を興して、詩歌誌『白百合』を創刊。詩集『睡蓮』を刊行。三十九年(一九〇六)早大文学部英文学科を卒業し、『早稲田文学』編集に参加。評論の面から自然主義文学運動を支え、四十年(一九〇七)、三木露風《みきろふう》・野口雨情らと早稲田詩社を興して口語自由詩を提唱した。また、早大講師となる。評論集『黎明期の文学』(大正元年)刊行。その後、自我主義的傾向を強め、一時大杉栄に接近、評論集『自我生活と文学』(大正三年)刊行。師島村抱月の芸術座結成にも参加、このころから思想的煩悶に加えて、家庭的事情、師をめぐる人間関係にも苦しみ、やがてトルストイに共鳴、心境を『還元録』(大正五年)一巻に告白、文壇および東京の生活一切を清算して郷里糸魚川に退住。以後、宗教的自修、良寛研究、作歌に励み、一人雑誌『野を歩む者』を発行。『凡人浄土』『大愚良寛』『相馬御風随筆全集』全八巻、そのほか『良寛さま』など児童向けの物語や童謡、短歌など著書多数。「早稲田大学校歌」ほか二百を超える校歌を作詞したことでも有名。昭和二十五年(一九五〇)五月八日死去。満六十六歳。

参考文献 相馬文子・紅野敏郎『相馬御風の人と作品』(『さみっと双書』、一九八二、名著刊行会)、谷沢永一『大正期の文芸評論』(『中公文庫』)、昭和女子大学近代文学研究室『近代文学研究叢書』六八(一九九四、昭和女子大学近代文化研究所)、相馬文子『若き日の相馬御風―文学への萌芽―』(一九九五、三月書房)

(田中　夏美)

相馬御風

そうまこっこう　相馬黒光　一八七六―一九五五　明治から昭和期にかけての実業家、文筆家。黒光は号で本名はりょう。夫は中村屋創業者の相馬愛蔵。明治九年(一八七六)九月十二日、元仙台藩士星喜四郎の三女として生まれる。家が没落するなかキリスト教に傾倒し二十二年(一八八九)に受洗した。知己のキリスト者島貫兵太夫の紹介で相馬愛蔵を知り、三十年(一八九七)明治女学校卒業を機に牛込の教会で挙式、穂高の相馬家に嫁ぐ。学生時代から文学を志し、結婚後も『女学雑誌』などで随筆の発表を続けた。体調を崩したのを機に三十四年家族で上京、本郷でパン屋中村屋を開業。夫婦で事業に励む傍ら、四十年(一九〇七)新宿に支店を設けたのちは、そこに出入りする国内外の文学者・芸術家・社会運動家らを庇護したことで知られた。昭和三十年(一九五五)三月二日没。満七十八歳。著書に『田舎人の見たる東京の商業』(愛蔵との共著、明治四十年、中村屋)、『黙移』(昭和十一年、女性時代社)ほか多数がある。 ↓中村屋《なかむらや》

参考文献 宇佐美承『新宿中村屋相馬黒光』(一九九七、集英社)

(差波亜紀子)

相馬黒光

そうまじけん　相馬事件　現在の福島県相馬市周辺の旧中村藩六万石の藩主だった相馬家の相続をめぐって明治十六年(一八八三)から二十年代にかけて起きた事件。旧藩士を名乗る錦織剛清《にしごりたけきよ》が当主を謀殺したとして相馬家関係者を告発するなどの行動を繰り返し、『万朝報』をはじめとした新聞が大きく報道し、世間の耳目を集め、多くの関連書籍も刊行された。中村藩最後の藩主だった相馬誠胤《ともたね》が精神疾患を理由に明治十二年四月、屋敷内に幽閉された。翌年一月、錦織は誠胤の異母弟を当主にする陰謀として前藩主の側室だった女性や相馬家家令の志賀直道(作家志賀直哉の祖父)、医師らを私擅《しせん》監禁で告発した。告発は取り上げられなかったが、二十年(一八八七)一月、錦織は癲狂院に入院した誠胤を連れ出し、重禁錮一月の判決を受けた。二十五年二月、誠胤が死去すると、翌年七月、錦織は誠胤を毒殺したとして、相馬家関係者八人を謀殺で告発した。この時期以降、『万朝報』が「相馬家毒殺騒動」というタイトルの連載などセンセーショナルな報道を大展開した。錦織は各界の有力者に支援を募り、当時内務省衛生局長だった後藤新平も支援者の一人だった。九月、青山墓地に埋葬されていた誠胤を発掘して毒物検査が行われたが、解剖の結果、毒物は検出されず、告発されていた八人は免訴となり、拘引されていた六人も釈放された。逆に誣告で告発されていた錦織らが拘引され、東京地方裁判所予審判事の山口淳も収監された。山口は錦織が私文書偽造で告発された事件の予審を担当し、以後、錦織とかかわり、収賄と誣告教唆が問われた。二十七年五月、東京地方裁判所で錦織は重禁錮四年、山口は重禁錮五年の有罪判決。控訴・上告後、八月、大審院が上告を棄却し、二人の刑は確定した。誣告の共犯として起訴された後藤は一審の段階で無罪となった。相馬

誠胤の病状に関しては、帝国大学医科大学最初の精神病理学講座教授榊俶《さかきはじめ》の診断書などが知られている。日本ではじめて精神疾患を対象とした法律である精神病者監護法は相馬事件が海外で報道されたことを契機として三十三年(一九〇〇)三月に制定された。

参考文献 奥武則『スキャンダルの明治―国民を創るためのレッスン―』(『ちくま新書』、一九九七、筑摩書房)、鶴見祐輔『正伝・後藤新平』二(『後藤新平の全仕事』、二〇〇四、藤原書店)
(奥　武則)

そうまともたね　相馬誠胤　一八五二―九二　相馬中村藩主。嘉永五年八月五日(一八五二年九月十八日)生まれる。慶応元年(一八六五)藩主に就任。明治元年(一八六八)戊辰戦争時には奥羽越列藩同盟に加盟したが、八月三日(九月十八日)総督軍が迫るや降伏した。同四年冬から翌五年にかけて二宮尊徳仕法を導入した士族授産を行なった。同十年(一八七七)には二宮尊徳の弟子富田高慶《とみたたかよし》を社長とする士族授産会社興復社が設立され、相馬家も士族授産には財政支援している。しかし、同十年ごろから相馬誠胤は狂暴性精神病を患い、同十二年には監督官庁許可のもと座敷牢に入れられた。旧相馬藩士錦織剛清《にしごりたけきよ》がそれを不当として相馬家家職を裁判所に告訴し、いわゆる相馬騒動に発展した。相馬騒動はその後も訴訟の繰り返しになったが、興復社関係者は相馬家側に立ち、最終的に相馬家が勝訴している。誠胤は明治十八年には東京大学教授三宅秀らによって「精神障碍病」と診断され、同二十五年(一八九二)二月二十五日死亡した。四十一歳。

参考文献 後藤致人『昭和天皇と近現代日本』(二〇〇三、吉川弘文館)
(白石　烈)

そうまながたね　相馬永胤　一八五〇―一九二四　彦根藩士、銀行家。嘉永三年十一月二十二日(一八五〇年十二月二十五日)彦根に生まれる。明治二年(一八六九)安井《やすい》息《そっ》軒《けん》のもとで儒学を学び、藩命により大東義徹《おおひがしぎてつ》とともに鹿児島に留学中、明治四年貢進生に選ばれ、アメリカのコロンビア大学およびエール大学大学院で法律学・経済学を学んだ。明治十二年(一八七九)帰国後、元老院雇員、司法省付属官選代言人、明治十四年には横浜・東京始審裁判所判事となるも、まもなく辞める。明治十三年、留学中に知り合った田尻稲次郎《たじりいなじろう》、目賀田種太郎《めがたたねたろう》らとともに東京専修学校の創立に関わり初代校長に就任、大正二年(一九一三)専修大学と改称されると学長となった。明治十八年、横浜正金銀行取締役となり、明治三十年(一八九七)には頭取に就任し、同行の業績回復に功績があった(明治三十九年まで)。その傍ら日本興業銀行監査役などを務めた。第一回衆議院議員選挙で当選(滋賀県第四区)。大正十三年(一九二四)一月二十六日病没。七十五歳。

参考文献 『財界物故傑物伝』上(一九三六、実業之世界社)、衆議院・参議院編『議会制度百年史』(一九九〇、大蔵省印刷局)、専修大学編『専修大学百二十年―一八八〇―二〇〇〇―』(一九九九)
(櫻井　良樹)

そうまはんじ　相馬半治　一八六九―一九四六　製糖技術者、実業家。明治二年七月八日(一八六九年八月十五日)犬山藩士田中庵の三男に生まれる。小学校訓導を務めたのち陸軍教導団に入り、同十九年(一八八六)卒業。五年間現役を務め、二十九年(一八九六)東京工業学校応用化学科を卒業し同校助教授就任、同三十二年(一八九九)から糖業・石油業研究のため欧米留学。帰朝の翌三十七年台湾総督府糖務局技師に転任。同三十九年かねて主張の大規模新式製糖工場設立を実現すべく大阪精製糖会社の小川錦吉らに図り同年末の明治製糖会社創立に先立ち依願免官、専務取締役に就任した。大正四年(一九一五)取締役社長に就任、昭和七年(一九三二)明治製糖脱税事件の責任を取り退くが十一年(一九三六)復任、十六年取締役会長となった。関連会社社長・諸団体理事など多数の役職を務めた。この間明治三十一年旧南部藩士下斗米精三家に婿入り家督継承、三十八年同家旧姓相馬に復した。昭和二十一年(一九四六)一月七日病没。七十八歳。

相馬半治

参考文献 相馬半治『還暦小記』(一九二九)、『不況と震災の時代』(牧野昇・竹内均監修『日本の「創造力」―近代・現代を開花させた四七〇人―』九、一九九三、日本放送出版協会)
(差波亜紀子)

そうもうざっし　草莽雑誌　明治初年の自由民権派政治評論雑誌。明治九年(一八七六)三月十二日、東京小石川金富町(文京区)の自主社より半紙半截二ッ折十丁内外で発行された。社長は栗原亮一、編輯は第一号では木庭繁《きにわしげる》、第二号以降馬越章造《まごししょうぞう》が、記者は天野徹《あまのとおる》・越智介《こしともすけ》・波多野《はたの》克己《かつみ》・轟信次郎《とどろきしんじろう》・千賀鶴太郎《せんがつるたろう》・武内正志《たけうちまさし》らが務めた。他の民権派雑誌と比べ国権論的主張は強くなかったが、沢井尚次「圧政政府ハ転覆ス可キノ論」、守屋貫造「暴虐官吏ハ刺殺ス可キノ論」、佐藤義雄「義死論」、大賀大八「圧政ヲ破滅スルハ論者ノ義務タル論」など、急進的政府批判の論説を掲載し、自由民権思想の宣伝普及に努め、運動の発展に貢献した。同年七月五日の国安妨害新聞・雑誌発行禁止条例(太政官布告第九八号)で同月十一日に発行禁止となり、第六号(七月五日)で廃刊、記者四人が禁

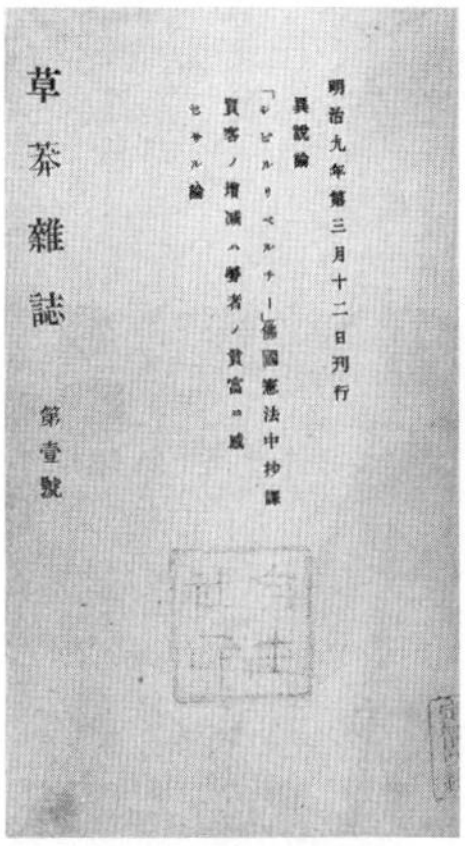

『草莽雑誌』第1号

獄処分を受ける。自主社は直ちに『莽草雑誌』と改題、発行禁止処分批判を展開したが、これも同年九月第五号で発行禁止となった。『明治文化全集』五に収録。

参考文献 西田長寿『明治時代の新聞と雑誌』(『日本歴史新書』、一九六一、至文堂)、沢大洋『都市民権派の形成』(一九九八、吉川弘文館)　(松崎　稔)

そうもうたい　草莽隊　幕末の内憂外患の情勢のもと、在野の有志(草莽)が政治参加する流れの中で、その方法が「処士横議」から志士的直接行動へと展開するに際し誕生した武装集団。富裕な農商・浪士・神官などを中核として多様な身分の者から成るが、主に尊王攘夷思想に基づく行動理念によって結束する点で一般の民兵と異なり、常設ではなくある目的のために一時的に組織される。多くは公的権力の後ろ盾を持たず、そのためしばしば悲劇的末路をたどった。その発生は文久三年(一八六三)ごろに一つのピークを迎え、攘夷親征の先駆けたるべく大和に挙兵した天誅組と、この救援を企図して但馬生野に起った一群のほか、東国でも真忠組《しんちゅうぐみ》・天朝組・慷慨組などが奔出したが、いずれも計画の破綻や鎮圧によりその目的を遂げ得なかった。慶応三年(一八六七)に入り、三田薩摩藩邸に屯集する浪士隊の一部が出流山《いずるさん》糾合隊として討幕を掲げ挙兵、三田の本隊とともに関東攪乱を行い、十二月の薩邸焼討を惹起して戊辰開戦の遠因を作ったとされる。翌明治元年(一八六八)の東征に際しては、山国隊(丹波)・報国隊(遠江)・方義隊(越後)など義勇軍的性格の草莽隊が多く組織され、藩兵とともに各地に従軍。また高野山に兵を挙げた鷲尾隊(鷲尾隆聚《わしのおたかつむ》)や九州に突出した花山院隊(花山院家理《かざんいんいえのり》)、東征初期に官軍の先鋒たらんとした赤報隊(綾小路俊実・滋野井公寿)と高松隊(高松実村)がそれぞれの公卿を擁し登場するが、鷲尾隊を除き暴徒や偽官軍として処断されている。戊辰戦争において諸藩の恭順が進む中で草莽隊は次第に軽視され、維新後、一部に御親兵編入・官吏への登用があったものの、その処遇は総じて雄藩出身者より低く、大半は戦後の論功行賞も不充分なまま解隊・帰郷した。さらに攘夷をめぐる新政府への不満も加わり、パークスの参内行列を襲撃した三枝蓊《さえぐさしげる》(天誅組)・朱雀操《すざくみさお》(鷲尾隊)や、大村益次郎暗殺・雲井竜雄《くもいたつお》事件への加担者を出すこととなった。

参考文献 栗原隆一『幕末諸隊始末』(一九七二、新人物往来社)、高木俊輔『明治維新草莽運動史』(一九七四、勁草書房)、同『それからの志士―もう一つの明治維新―』(『有斐閣選書』、一九八五、有斐閣)　(西澤　朱実)

そうやせん　宗谷線　北海道の旭川から稚内方面へ北上する鉄道。明治三十年(一八九七)「石狩国旭川ヨリ北見国宗谷ニ至ル鉄道」(北海道鉄道敷設法)の一部にあたる旭川―永山《ながやま》―蘭留《らんる》間が手塩線として開業し、明治三十二年に和寒《わっさむ》まで、翌年に士別《しべつ》まで、明治三十六年に名寄《なよろ》までそれぞれ開業した。明治四十二年(一九〇九)、蘭留―和寒間の塩狩《しおかり》峠で列車の連結が解放し車輌が逸走したのを、乗客として乗り合わせた鉄道員の長野政雄が身を呈して止め殉職した事故が発生。のちに三浦綾子が小説『塩狩峠』(昭和四十一年)のモチーフとした。明治四十三年に宗谷線と改称され、翌年に恩根内《おんねない》まで、大正元年(一九一二)に音威子府《おといねっぷ》まで開業。大正十一年(一九二二)に音威子府―稚内《わっかない》(昭和十四年、南稚内に改称)間が延伸され宗谷本線と改称されるも、大正十一―十五年にかけ同区間に幌《ほろ》延《のべ》経由の天塩線が開業。昭和五年(一九三〇)に後者が宗谷本線に編入され、前者は北見線として分離された(昭和三十六年(一九六一)に天北《てんぽく》線と改称)。

参考文献 『日本鉄道史』中・下(一九二一、鉄道省)、『日本国有鉄道百年史』四・六・八・九(一九七一―七三)、『北海道鉄道百年史』上(一九七六、日本国有鉄道北海道総局)、『旭川・鉄道八十八年の歩み』(一九八七、日本国有鉄道旭川鉄道管理局)　(高嶋　修一)

そうよしあき　宗義達　⇩宗重正《そうしげまさ》

そうりょうじ　総領事　⇩外交官《がいこうかん》・領事官官制《りょうじかんかんせい》

そうりょさんせいけんかくとくうんどう　僧侶参政権獲得運動　大正時代におこった僧侶の被選挙権を獲得するための運動。大正十四年(一九二五)五月、普通選挙法が成立して満二十五歳以上の成年男子に選挙権・被選挙権が与えられることになったが、それ以前は、僧侶に対して被選挙権は認められなかった。明治二十二年(一八八九)に衆議院議員選挙法(二月)や貴族院伯子男爵議員選挙規則(六月)などが定められたが、その中で僧侶は被選挙権を与えられない者として取り扱われた。また、明治三十三年(一九〇〇)三月に出された治安警察法では、僧侶の政治結社加入や政治演説会の参加が禁じられていた。こうした状況のもと、国家権力への接近、地位の向上、不平等の解消などを理由に、大正五年(一九一六)に仏教連合会は、各宗派管長の名で政府に僧侶の参政権を求めた。また、大正九年に東京仏教護国団は、寺院出身者を衆議院議員に当選させて議会に働きかけをした。さらに、翌年には仏教連合会と各地の仏教護国団が協賛し、東京芝増上寺で僧侶参政権問題仏教徒大会を開いた。そのほかにも各地で参政権を獲得するための動きが見られたが、結局は普通選挙法の成立まで実現しなかった。

参考文献 蓮生観善『宗教法研究』(一九二二、中央仏教社)、柏原祐泉『日本仏教史』近代(一九九〇、吉川弘文館)　(安中　尚史)

そうりょにくじきさいたいもんだい　僧侶肉食妻帯問題　僧侶の世俗化を目指した行動からおこった問題。明治五年四月二十五日(一八七二年五月三十一日)、政府は太政官布告第一三三号として自今僧侶肉食妻帯蓄髪等可為勝手事を発令して、それまで僧侶には認められていなかった肉食・妻帯・蓄髪を許可することとした。この発令の背景には、僧侶の地位低下を目論む政府の考えが理解できる。政府は神道国教化政策を推進するために、神祇の祭祀と行政の充実をはかるとともに、仏教排撃運動を展開していった。しかし、政府の政策は行き詰まりを見せ、結局は政策の転換を余儀なくされた。仏教を国民教化の担い手と位置づけ、神仏を融合させた新たな神道国教化政策を推進するための一策として、この布告を発した。一方仏教界は仏教排撃運動が激しさを増す中で、僧侶身分の存続に危機感をいだき、僧侶の世俗化が効果的であると考え、多くの反発を覚悟のうえで肉食妻帯の公認を求める行動があった。この布告発令に対して、各宗派では議論がたたかわされ、多くは戒律遵守の結果を招いたが、一部の僧侶においては世俗化を歓迎する様相が見えた。その後、明治二十年代には、寺院の後継問題と僧侶の妻帯問題が論ぜられることとなり、さらに明治三十年代に至ると、妻帯に対する肯定的な意見が多く出され、なし崩し的に容認された。

参考文献 池田英俊『明治仏教教会・結社史の研究』(一九九四、刀水書房)　(安中 尚史)

ソウル＝プレス Seoul Press 韓国統監伊藤博文が明治三十九年(一九〇六)十二月五日、自分の機密費から同年九月創刊の日本語日刊新聞『京城日報』と同様に発行した英字日刊新聞。韓国統監府の「機関紙」の一翼を担った同紙は、日本の韓国保護政治を批判していた在韓英国人ベッセル創刊の英字紙『コリア＝デイリー＝ニュース』および米国人ハルバート創刊の英字誌『コリア＝レビュー』に対抗し、日本の対韓政策の正当性を韓国内外の外国人に宣伝した。同紙の初代社長には、『ジャパン＝タイムズ』の創刊者でこの時伊藤の公報秘書だった頭本《ずもと》元貞《もとさだ》が就いた。同紙は、明治四十三年(一九一〇)八月の日本の韓国併合後も、日本の朝鮮統治を行なった朝鮮総督府の「機関紙」として発刊されつづけ、日本の朝鮮統治の正当性を内外に宣伝した。ただ、部数は創刊時から伸びず、採算面では苦しい状況が続いたため、昭和五年(一九三〇)には『京城日報』に合併され、その七年後には自主廃刊した。

参考文献 李錬『朝鮮言論統制史』(二〇〇二、信山社)、鄭晋錫『大韓帝国の新聞を巡る日英紛争』(李相哲訳、二〇〇八、晃洋書房)　(長田 彰文)

そえじまぎいち 副島義一 一八六六―一九四七 明治から昭和時代前期の法学者、政治家。慶応二年正月五日(一八六六年二月十九日)佐賀に生まれる。明治二十七年(一八九四)帝国大学法科大学(現東京大学法学部)を卒業し、翌年東京専門学校(現早稲田大学)講師となって憲法・行政法の講義を担当し、慶応義塾大学部など他校でも憲法・行政法を講じた。明治三十五年(一九〇二)東京専門学校の留学生としてドイツに赴き、ベルリン大学でドイツ国法学を学び、憲法および行政法の研究に取り組んだ。『帝国憲法講義』(明治三十二年)など数種の憲法講義録を刊行したのち、明治三十八年主著である『日本帝国憲法論』を公刊した。「副島の憲法」として当時洛陽の紙価を高からしめた本書は、その後も版を重ね広く読まれた。その学説は、大日本帝国憲法の立憲的側面を中心に理解しようとする立憲学派、あるいはまた天皇は法人としての国家を代表し統治の権能を行使する最高機関であるとする天皇機関説学派の系統に連なる。大正元年(一九一二)第一次護憲運動に参加し政党政治の実現を目指す一方、黎元洪の招聘をきっかけに中国に渡り、孫文の法政顧問として活躍し、終始辛亥革命の推移に強い関心とかかわりをもった。大正四年五月対支連合大会に参加し、対外強硬論の立場から第二次大隈内閣による二十一ヵ条要求などの対中国政策を批判した。大正九年五月の第十四回総選挙に佐賀から立候補して当選し(無所属)、政界に進出した。その後昭和六年(一九三一)に中華民国政府法律顧問に就任し、早稲田大学教授を辞職した。昭和九年九月から同十二年(一九三七)二月まで国士舘中学校校長(同十年三月から国士舘専門学校校長を兼任)を勤める。昭和二十二年(一九四七)一月二十七日死去。八十二歳。主な著書には、『日本帝国憲法論』(明治三十八年)のほか、『行政法総論』(大正十五年)、『日本行政法汎論』(昭和三年)などがある。

参考文献 中村吉三郎「副島義一」(『近代日本の社会科学と早稲田大学』所収、一九五七、早稲田大学社会科学研究所)、家永三郎「副島義一の憲法思想」(『日本近代憲法思想史研究』所収、一九六七、岩波書店)、松下佐知子「清末民国初期の日本人法律顧問―有賀長雄と副島義一の憲法構想と政治行動を中心として―」(『史学雑誌』一一〇ノ九、二〇〇一)　(吉井蒼生夫)

そえじまたねおみ 副島種臣 一八二八―一九〇五 肥前国佐賀藩士、明治政府の官僚、政治家。蒼海・一々学人と号す。文政十一年九月九日(一八二八年十月十七日)佐賀城下に生まれる。藩儒枝吉《えだよし》忠左衛門の次男。父や兄枝吉神陽《えだよししんよう》の影響から佐賀藩の尊王運動を推進。嘉永五年(一八五二)京都遊学、矢野玄道《やのはるみち》らと交わり、ペリー来航後は尊攘運動に奔走。帰藩後、藩校弘道館の国学教授。安政六年(一八五九)佐賀藩士副島利忠の養子となる。元治元年(一八六四)学監として長崎の致遠館に赴任し、フルベッキから英学や国際法を学ぶ。慶応三年(一八六七)大隈重信と脱藩するも捕縛、藩命で謹慎処分。明治元年(一八六八)鳥羽伏見開戦で奉行逃亡後の長崎行政を処理。同年三月新政府の参与職制度事務局判事となり、福岡孝弟《ふくおかたかちか》と政体書を起草(閏四月公布)。明治二年七月参議。四年五月樺太境界談判で露領ポシェット湾へ差遣。四年十一月外務卿。外務省国際法顧問のスミスやルジャンドル

副島種臣

の献策で「国権外交」を展開。五年のマリア＝ルス号事件では英米の善処要求に応えて清国苦力を解放。六年三月特命全権大使として日清修好条規批准のため渡清。北京での清帝謁見では列国公使に先順謁帝を主張し単独謁見で国書捧呈。台湾漂流琉球漁民の殺害事件に関する交渉では、清国側方針が台湾は「化外の地」で台湾の内政外交には不干渉主義で臨むと確認、七月帰国して征台論を唱える。六年の対露樺太談判では買収案提示も実らず。六年十月十三日参議兼任。翌十四日の廟議で西郷隆盛らと征韓論を主張。同二十四日辞職し下野。七年一月愛国公党結成に参加。同月十七日民撰議院設立建白書に連署したが自由民権運動には参加せず。十二年（一八七九）宮内省御用掛一等侍講。以後、宮中顧問官、枢密顧問官を歴任。十七年伯爵。二十四年（一八九一）枢密院副議長。二十五年内務大臣、選挙干渉事件の善後策に尽瘁。辞職後は再び枢密顧問官。三十八年（一九〇五）一月三十一日病没。七十八歳。島善高編『副島種臣全集』著述編全三巻（平成十六―十九年、慧文社）が刊行されている。

参考文献　丸山幹治『副島種臣伯』（『Misuzu reprints』二、一九八七、みすず書房）　（富塚　一彦）

そえじまやそろく　副島八十六　一八七五―一九五〇　南進論者。明治八年（一八七五）八月六日、旧佐賀藩士副島真担の八男として生まれる。二十四年（一八九一）上京して青山学院ほかで学ぶ。三十年（一八九七）南洋方面に渡航、以後、インド・南洋との親善に尽力。のちに日印協会の専務理事となる。三十六年東方協会講談会で「南方経営論」と題する講演を行い、大正五年（一九一六）『帝国南進策』を著わすなど、南進論を展開した。明治二十九年九月八日病床にあった樋口一葉を訪れていて、最晩年の一葉と交流があったことでも知られる。四十年（一九〇七）大隈重信撰『開国五十年史』の編集を行う。そのほか、大正三年に『義太夫新論』を著わしていて（昭和十七年（一九四二）増補改訂して『義太夫盛衰論』を刊行）、人形浄瑠璃の愛好家としても知られている。昭和二十五年（一九五〇）二月二十日死去。満七十四歳。　（日比野利信）

そえだあぜんぼう　添田唖蟬坊　一八七二―一九四四　演歌師。作詞家。明治五年十一月二十五日（一八七二年十二月二十五日）、足柄県（神奈川県）大磯に生まれる。本名、平吉。二十四年（一八九一）から三浦半島や房総半島を流す。三十五年（一九〇二）一月、東京の本所に東海矯風団を設け、「社会穴さがし」「雪中行軍の歌」を発売。三十九年には、前年から流行する「ラッパ節」の替歌を作る。このころ社会主義に傾倒し、たとえば「大臣大将の胸元にピカピカするのは（中略）兵士の髑髏《しゃれこうべ》」のような「ラッパ節」を作った。同年、神長瞭月《かみながりょうげつ》の「松の声」がヒットすると、その替歌「あゝ金の世」を作るが発売禁止。「嗚呼分らない」「平和ラッパ節」も発禁。四十四年（一九一一）秋、「紫節」が九州で流行と聞いてその替唄を作った。のちに、演歌の本道を歩いたと自画自賛するが、はたしてそうか。曲目の成立などについて誤解を招く発言を重ねた罪は、大きいのではないか。昭和十九年（一九四四）二月八日没。七十三歳。

参考文献　「ちょいとネの元祖」（『やまと新聞』一九〇二年二月十三日夕刊―十八日夕刊）、添田唖蟬坊「演歌流行史」（『改造』一九二五年六―七月号）、西沢爽『日本近代歌謡史』（一九九〇、桜楓社）　（倉田　喜弘）

そえだじゅいち　添田寿一　一八六四―一九二九　明治より昭和初年の大蔵官僚、財界人。元治元年八月十五日（一八六四年九月十五日）、筑前国遠賀郡島門村（福岡県遠賀郡遠賀町）に生まれる。大阪英語学校を経て、明治十七年（一八八四）七月、東京大学文学部政治学理財学科を卒業、直ちに大蔵省主税局御用掛となったが、旧藩の黒田《くろだ》長成《ながしげ》に随行して同年九月より二十年（一八八七）八月まで英独に渡り（その間非職）、帰国後主税官となり、三十一年（一八九八）七月には大蔵次官にまで至った。しかし同年十一月辞職し、翌三十二年六月より三十四年十一月まで台湾銀行頭取、三十五年三月から大正二年（一九一三）二月まで日本興業銀行総裁となり、六年一月から八年五月の間、報知新聞社長、十四年（一九二五）九月から没するまで台湾銀行監査役を勤め、十四年十二月より没するまでの間、貴族院勅選議員に選ばれている。添田は財政学に通じ、経済問題・社会問題にも関心が深く、財界の立場から啓蒙活動を盛んに行なった。著作には『東西洋婦人乃状態』（明治二十二年）、『歳計論』（二十四年）、『財政通論』（二十五年）、『応用経済学』（二十六年）、『外国貿易論為替論』（二十七年）、『土地及ビ貴族制度』（三十年）、『法制経済大意』（三十二年）、『法制教科書』（三十四年）、『富国策論』（四十四年）、『破壊思想と救治策』（四十四年）、『戦後国民経済策』（大正八年）、『財界不安と善後策』（昭和二年）などがある。また明治三十二年三月には、法学博士会推薦により法学博士号が授けられた。昭和四年（一九二九）七月四日、六十六歳で没した。

添田寿一

参考文献　『大日本博士録』一（一九二一、発展社）、秦郁彦編『日本近現代人物履歴事典』（二〇〇二、東京大学出版会）　（宮地　正人）

そえだひゅうたろう　添田飛雄太郎　一八六四―一九三七　日露戦後から大正期にかけての政党政治家。元治元年十一月七日（一八六四年十二月五日）佐竹南家重臣の長男として湯沢町（秋田県湯沢市）に生まれる。幼少時には漢学を学ぶが、文明開化を時代の流れと認識しみずから勉強するために湯沢に英学塾麗沢会を開く。深く学ぶため明治十九年(一八八六)上京しさらに二十一年(一八八八)渡欧を決意、学費で苦労しながらもドイツのチュービンゲン大学に入学する。そこで憲法学、政治学、経済学を学び同じ留学生の後藤新平と知り合う。明治二十六年帰国、東京専門学校(現早稲田大学)講師に就任するが、三十一年(一八九八)には後藤が民政長官を務める台湾に行き彼の施政を助ける。三十六年に秋田中学校校長となり、秋田の文化向上に尽力する。四十一年(一九〇八)念願の衆議院議員に秋田県より当選、憲政本党に所属する。以後は県の同志代議士とともに桂太郎新党に参加、同志会、憲政会に所属する。特に普選運動には大きな足跡を残した。昭和十二年(一九三七)一月二十五日死去。七十四歳。

参考文献　秋田県総務部広報課編『秋田の先覚―近代秋田をつちかった人びと―』五(一九七二)　(季武　嘉也)

ソーパー

ソーパー　Julius Soper　一八四五―一九三七　アメリカ＝メソジスト監督教会初代の来日宣教師の一人。一八四五年二月十五日メリーランド州プールスビルに生まれる。ジョージタウン大学、ドゥルー神学校卒業後、直ちに明治六年(一八七三)八月八日来日。東京を中心に関東一円および北海道に伝道。最初の十年間に津田仙夫妻とその子供たちをはじめ約四百人に洗礼を授ける。青山学院の前身の一つ耕教学舎の創設(明治十一年(一八七八))をはじめ、津田仙とともに青山学院初期の発展に重要な役割を果たす。築地教会・銀座教会・九段教会の設立に貢献。明治二十九(一八九六)―四十四年(一九一一)青山学院神学部教授。この間、同三十四(一九〇一)―四十一年同神学部長を務める。明治期キリスト教界に人格者として知られた。明治四十四年夫人の病により帰米。カリフォルニアにおいて日本人間に伝道。一九三七年二月五日同州グレンデールで没。満九十一歳。娘モード Maud も一時期宣教師として日本に伝道した。

参考文献　関根要八編『恩師ソーパル博士』(一九三八)、『青山学院九十年史』(一九六五)、ジャン・W・クランメル編『来日メソジスト宣教師事典―一八七三―一九九三―』(一九九六、教文館)　(氣賀　健生)

ソーブレット　Guillaume Sauvlet　生没年不詳　オランダ人ピアニスト、教師。ソーブレーとも。明治十八年(一八八五)マスコット歌劇団 The Mascotte Opera Companyおよびエミリー＝メルビル歌劇団 The Emilie Melville Opera Company のピアノ伴奏者として来日、横浜を中心に演奏会を開く。十九年四月から二十二年(一八八九)一月まで音楽取調掛(二十年十月東京音楽学校と改称)で唱歌、ピアノ、オルガン、管絃楽、和声、作曲を担当。日本を題材とした作品『日本皇帝に捧ぐ』(十九年)、『日本ワルツ』(同)がある。

参考文献　『東京芸術大学百年史』東京音楽学校篇一(一九八七、音楽之友社)　(橋本久美子)

そかい　租界　⇨居留地《きょりゅうち》

そがすけのり　曾我祐準　一八四三―一九三五　明治・大正時代の海・陸軍軍人、政治家。天保十四年十二月二十五日(一八四四年二月十三日)、筑後国山門郡柳河城内坂本小路(福岡県柳川市)で、柳河藩士曾我祐興の次男として生まれた。元治元年(一八六四)十一月、柳河藩砲兵隊の一員として長州征伐に出陣。慶応元年(一八六五)長崎へ遊学して西洋流砲術や洋学を学び、翌二年には密航して上海・香港・シンガポールを周遊した。明治元年(一八六八)二月、柳河藩所有の千別丸の艦長に任ぜられるとともに、軍事参謀兼務を命じられた。ついで同年閏四月には、海軍御用掛として軍務官へ出仕。翌二年の箱館戦争に際しては、海軍参謀として青森表へ出張した。その後陸軍へ身を転じ、大村益次郎亡きあとの兵部省で権大丞に就任。大阪に陸軍の根拠を定めるという大村の遺策実現に携わった。明治四年陸軍大佐に任ぜられて大阪鎮台へ出仕。明治六年には陸軍少将となり、兵学頭・陸軍参謀局御用兼務・陸軍士官学校校長をつとめる。明治十年(一八七七)の西南戦争では第四旅団長として出征し、各地を転戦する。その後熊本鎮台司令官・大阪鎮台司令官・中部監軍部長心得・参謀本部次長などを歴任し、明治十六年に陸軍中将となった。明治十七年子爵を授けられる。同年、仙台鎮台司令官を経て参謀本部次長に復帰したが、明治十九年、陸軍省と参謀本部の権限対立によって陸軍士官学校校長に補せられると、出仕することなく軍籍を失った。陸軍部内において、曾我は非主流派の谷干城《たにたてき》・三浦梧楼《みうらごろう》・鳥尾小弥太《とりおこやた》らと近い関係にあり、山県有朋ら藩閥的な主流派に対して批判的だった。その後宮中顧問官・貴族院議員・日本鉄道会社社長・枢密顧問官となるが、大正十二年(一九二三)静岡県の熱海に隠棲。昭和十年(一九三五)十一月三十日、同地で死去した。九十三歳。

曾我祐準

参考文献 曾我祐準『曾我祐準翁自叙伝―天保より昭和―八拾八箇年―』(一九三〇、曾我祐準翁自叙伝刊行会)、渡辺幾治郎『人物近代日本軍事史』(一九三七、千倉書房)
(淺川　道夫)

そがのやごろう　曾我廼家五郎　一八七七―一九四八　喜劇俳優。本名和田久一。筆名一堺漁人《いっかいぎょじん》。明治十年(一八七七)九月六日、堺に生まれる。最初歌舞伎の中村珊瑚郎《なかむらさんごろう》の弟子となり中村珊之助《さんのすけ》。二十六年(一八九三)に初舞台。三十六年(一九〇三)、女方の中村時代《ときよ》とともに一座を結成、俄を参考に新喜劇を志す。三十七年より珊之助は曾我廼家五郎、時代は十郎を名乗り、二月大阪浪花座で「改良大喜劇」と銘打ち旗揚げ興行、さらに東京新富座などで公演。大正三年(一九一四)以降十郎と袂を分かち独立。千本以上といわれる脚本を書き、日本の喜劇の確立に貢献。昭和二十三年(一九四八)十一月一日大阪で没。七十二歳。著書に『十五年の足跡』(昭和十四年、双雅房)。

参考文献 上田芝有編『喜劇一代男―曾我廼家五郎自伝―』(一九四八、大毎書房)、『生誕一三〇年曾我廼家五郎の喜劇展』(二〇〇七、阪急学園池田文庫)、鍛治明彦「曾我廼家喜劇その成立の軌跡」(『歌舞伎―研究と批評―』四二、二〇〇九)、同「曾我廼家喜劇上演記録」(一)―(三)(同四三―四五、二〇〇九・一〇)
(佐藤かつら)

そがのやじゅうろう　曾我廼家十郎　一八六九―一九二五　喜劇俳優。本名大松福松《おおまつふくまつ》。明治二年四月二十六日(一八六九年六月六日)伊勢松坂に生まれる。二十三年(一八九〇)歌舞伎の初代中村時蔵(のち三代目中村歌六)の弟子となり女方の時代《ときよ》と名乗る。三十六年(一九〇三)、中村珊之助とともに一座を結成、新喜劇を志す。三十七年より時代は曾我廼家十郎、珊之助は五郎を名乗り、二月大阪浪花座で「改良大喜劇」と銘打ち旗揚げ興行。俄からくすぐりなどを除いて改良することを目指した。大正三年(一九一四)以降に五郎と袂を分かった。喜劇の脚本も書く。十四年(一九二五)十二月四日大阪で没。五十七歳。

参考文献 なの字「曾我の家十郎」(『演芸画報』一九〇七年十月)、鍛治明彦「曾我廼家喜劇その成立の軌跡」(『歌舞伎―研究と批評―』四二、二〇〇九)、同「曾我廼家喜劇上演記録」(一)―(三)(同四三―四五、二〇〇九・一〇)
(佐藤かつら)

そがんほう　訴願法　大日本帝国憲法・日本国憲法のもとでの訴願について定めた法律。明治二十三年(一八九〇)十月十日制定。明治二十三年(一八九〇)六月制定の行政裁判法第一七条は、行政裁判所への出訴に事前の訴願提起を求めた(訴願前置主義)。訴願は、処分を受けてから六十日が経過する前に、不服の要点理由要求および訴願人の身分職業住所を記載し、署名捺印した訴願書をもって、処分庁を経由して直接上級庁に提起すべきとされた。ただし、訴願事項は、法律および勅令で制限された。訴願の提起は、行政処分の執行を停止するものではなく、行政庁は口頭審問ではなく訴願書により裁決を下した。訴願法改正は幾度か計画されたが実現せず、戦後も昭和二十三年(一九四八)七月の行政事件訴訟特例法が訴願前置主義を採用したために存続した。昭和三十七年(一九六二)九月の行政不服審査法により廃止された。

参考文献 石井良助『法制編』(『明治文化史』二、一九五四、洋々社)
(小野　博司)

そくいしき　即位式　新天皇が践祚後あらためて皇位に即いたことを内外に示す就任儀式。平安時代初期から幕末まで、元日の「朝賀」と同様のきわめて唐風色の濃い儀礼が繰り返されてきた。しかし、明治天皇の場合は、践祚から一年半以上経った明治元年八月二十七日(一八六八年十月十二日)、旧儀を一変した「新式」で行われている。すなわち、維新政府の輔相岩倉具視は、同年八月、神祇大輔の亀井茲監(津和野藩主)に対し、従来の唐風を払拭した「皇国の神裔」にふさわしい「御礼式」を作成するよう依頼し、それを承けて神祇大輔の福羽美静《ふくばよししず》(同藩の国学者)らが「神国の古典」に基づき「御即位新式」を考案した。まず天皇や諸臣の装束は、唐風の「袞冕《こんべん》十二章」や礼服を廃して和風の束帯や衣冠に改め、また天皇の玉座は、高御座《たかみくら》(当時焼失)の代わりに簡素な御帳台《みちょうだい》を用い、さらに紫宸殿の南庭に飾る幡旗なども、「榊の枝に鏡・剣・璽(及び紙垂《しで》)など」を付けた大幣旗・日幣旗・月幣旗などを樹て、いわば「神武天皇の始」に復古したことを表わしている。しかも、殿庭から香爐の焼煙により天帝に即位を奉告したような従来の唐風を廃し、また殿前に大地球儀(水戸の徳川斉昭より献上)を置き天皇がみずから「正面をさして御足をあげ」天下に壮大な気宇を示そうとしている(ただ当日は、小雨模様のため地球儀は殿庭の南の承明門内に置かれた)、その上、これまで皇族と公家に限られた即位式の就役・参列者が、武家出身の新政府官人(九等官)にまで広げられ、さらに翌日、その儀場の拝観が一般庶民にも認められている。その後、天皇は東京へ遷ったが、明治十年代に将来の大礼は京都で行う方針が決められた。それが同二十二年(一八八九)二月制定の皇室典範第一一条に「即位ノ礼及大嘗祭ハ、京都ニ於テ之ヲ行フ」と明文化され、しかも同四十二年(一九〇九)二月公布の登極令に詳しい条文と付式が定められている。その特徴は、即位礼と大嘗祭(併せて大礼という)を諒闇あけの「秋冬ノ間」に引き続き行うこと、実務担当のため「宮中ノ大礼使ヲ置ク」こと、大礼の行事ごとに宮中三殿および伊勢の神宮と主要な山陵に奉告すること、大礼のため賢所《かしこどころ》を奉じ全皇族を伴って京都へ行幸すること、即位礼当日の午前「賢所大前ノ儀」を行うこと、即位礼には紫宸殿の高御座で天皇がみずから「即位ノ勅語」を読みあげること、大嘗祭の翌日と翌々日に「大饗」を三回催して内外の参列者に宴を賜ることなどである。大正四年(一九一五)と昭和三年(一九二八)の大礼は、これに基づいて実施された。

参考文献 日本学士院編『帝室制度史』四(一九七六、吉川

弘文館)　(所　功)

ぞくがくせんりつこう　俗楽旋律考　日本音楽論。東京音楽学校教授として音響学を講じていた上原六四郎(一八四八―一九一三)の著作。明治二十八年(一八九五)八月、金港堂書籍より和装本の体裁で刊行。陸軍師範学校・高等師範などで教えていた著者は、尺八の名手で、改良された新しい尺八譜を作り、その後東京音楽学校で教え、物理学の素養から日本音楽の音階を研究、明治二十五年七月にこの著作を脱稿した。日本音楽が二つの五音音階から成ることを証明、さらに世に伝わるさまざまな俗楽が、半音のある都会の「都節《みやこぶし》」と、半音のない田舎の「田舎節《いなかぶし》」の二つに分けられるとし、前者の音階を「陰旋」、後者の音階を「陽旋」と呼んで区別した。日本音楽を対象に詳細に分析された画期的な研究だが、材料が十分でない部分もあり、問題点を残したのは、惜しまれる。→上原六四郎《うえはらろくしろう》

参考文献　兼常清佐「俗楽旋律考について」(『俗楽旋律考』所収、一九二七、岩波書店)　(中島　国彦)

ぞくぐんしょるいじゅう　続群書類従　塙保己一編『群書類従』(以下正編と記す)に続いて、同書に収められていない諸書を収集・編纂した叢書。二千百三種千巻千百八十五冊からなる。正編と同様に、神祇・帝王・補任・系譜・伝・官職・律令・公事・装束・文筆・消息・和歌・連歌・物語・日記・紀行・管弦・蹴鞠・鷹・遊戯・飲食・合戦・武家・釈家・雑の二十五部に分類されている。同書は、享和三年(一八〇三)ごろ、塙保己一によって企画・編集が開始された。しかし文政四年(一八二一)同人が没したため、子の忠宝《ただとみ》(検校)が業を継いで目録を補訂し、校訂・浄書などを進めた。文久二年(一八六二)忠宝が暗殺された後はその子忠韶《ただつぐ》に継がれ、明治四十四年(一九一一)完結した。その編纂については、正編と同じく諸方より原拠本を借用して行われたが、特に昌平坂学問所の蔵書や黒川春村・中山信名の蔵書に負うところが多く、黒川春村は本を提供するだけでなくその編纂校勘にも関与した。原本は、宮内省図書寮(現宮内庁書陵部)に納められ、その控えとして影鈔されたものが静嘉堂文庫に所蔵されている。なお内閣文庫(現国立公文書館)にも写本が蔵されている。明治三十一年(一八九八)には、正編の活版化を完結した経済雑誌社が刊行に着手したが、大正三年(一九一四)に第十九冊目を最後に中断。大正十一年(一九二二)、太田藤四郎を中心に続群書類従完成会が創立され、再び刊行が開始され、昭和三年(一九二八)活版化が完結した。戦後、酣燈社と提携して重版を出してはいたが、欠巻補充による改訂版を出す必要性から、太田藤四郎亡きあと、次女節子を主事とし、次男善麿の指導のもと昭和三十二年(一九五七)続群書類従完成会が再開され、四十七年(一九七二)完結をみた。本書は、正編のほぼ二倍にあたる文献が収録され、かつ厳密な校訂が施されているため、「類従本」として歴史学・国文学のみならず、日本文化研究界に恩恵を与えるものとして尊重されてきており、また本書の編纂により散逸を免れた史料も多く史料的価値も高い。

参考文献　川瀬一馬「続群書類従の編纂について」(『日本書誌学之研究』所収、一九四三、講談社)、市橋鐸「新続群書類従目録とその編者」(『名古屋商科大学論集』六、一九六一)、石井英雄「『続群書類従』の完結」(『日本古書通信』三八ノ二、一九七三)　(真辺　美佐)

ぞくぞくぐんしょるいじゅう　続々群書類従　塙保己一編『群書類従』(以下正編と記す)・『続群書類従』(以下続編と記す)にならい、明治期に編集された叢書。(一)古書保存会編。五冊・付図一枚。明治三十六年(一九〇三)―三十七年刊。吉川弘文館を中心に結成された古書保存会が古今の貴重図書刊行の目的で編纂した叢書。「帝王部・釈家部・地誌部」「釈家部・雑部」「帝王部・官職部・文筆部・合戦部」「公事部・雑部」「装束部」の五回に分けて配本されたものの以後中絶された。本叢書には十六編・図一葉が収録されている。(二)国書刊行会編。明治三十九年―四十二年(一九〇九)刊。明治三十八年に創立された国書刊行会が、井上頼圀《いのうえよりくに》・佐伯有義・萩野由之などの監修のもとで編纂した叢書。十六冊に分けて刊行され、正編・続編に収録されていない古典・古記録や江戸期に記述・編纂された典籍など約三百編が収録されている。なお、正編・続編はじめ『史籍集覧』『続史籍集覧』『存採叢書』『帝国文庫』などの既刊書についてはおおむね収録が避けられて編集されている。本叢書の特徴は、その大部分が写本であり、厳密な校訂を経て編集されている点である。また、正編・続編が二十五部門(神祇・帝王・補任・系譜・伝・官職・律令・公事・装束・文筆・消息・和歌・連歌・物語・日記・紀行・管弦・蹴鞠・鷹・遊戯・飲食・合戦・武家・釈家・雑)に分類されていたのに対し、本叢書では十部門(神祇・史伝・記録・法制・地理・教育・宗教・詩文・歌文・雑)に改めて分類されている点にも特徴がある。『大日本古記録』『大日本古文書』に匹敵する基本史料であり、諸学の利用に多大な便宜を供する一大叢書となっている。なお昭和四十四年(一九六九)から五十三年(一九七八)まで、続群書類従完成会(国書刊行会の後身)により、(一)の古書保存会編を「第十七巻雑部」二(『南都七大寺巡礼記』は国書刊行会編と重複するため除く)として加え、全十七冊で覆刻された。　(真辺　美佐)

ぞくはつ　束髪　丸い毛たぼを入れて髪を頭にまとめ、残りの毛で髷《まげ》をつくり、鬢《びん》をなくして西洋風に束ねた髪型。日本髪の洗髪は大仕事で一年に数回程度であった。医師渡辺鼎は明治十八年(一八八五)六月東京衛生会で、衛生・経済上から束髪を提唱した。八月に経済雑誌社の石川映作の協力で婦人束髪会を設立し、女学雑誌社内に置いた。『女学雑誌』は束髪キャンペーンの中心になり、上流社会の女性が多く束髪にした。第一次流行がおき今川小路女髪結古沢タキは日夜上巻・英吉利結などの方法

を学び、「開化婦人」からの依頼で忙しくなった(『朝野新聞』明治十八年九月三日付)。鹿鳴館時代の終焉とともに衰退し、二十年代は保守的な女性像が求められて束髪は反時代的で民権・女権論者に重ねてイメージされた。貴婦人か女学生以外結わなくなる。三十年代半ば和服にあう庇《ひさし》髪の束髪が流行。大正九年(一九二〇)ころから著しく欧風化し、マーガレット・二百三高地などが流行し庶民に定着した。

参考文献　『風俗・性』(加藤周一他編『日本近代思想大系』二三、一九九〇、岩波書店)、南ちゑ『日本の髪型』(一九八一、紫紅社)　(小和田美智子)

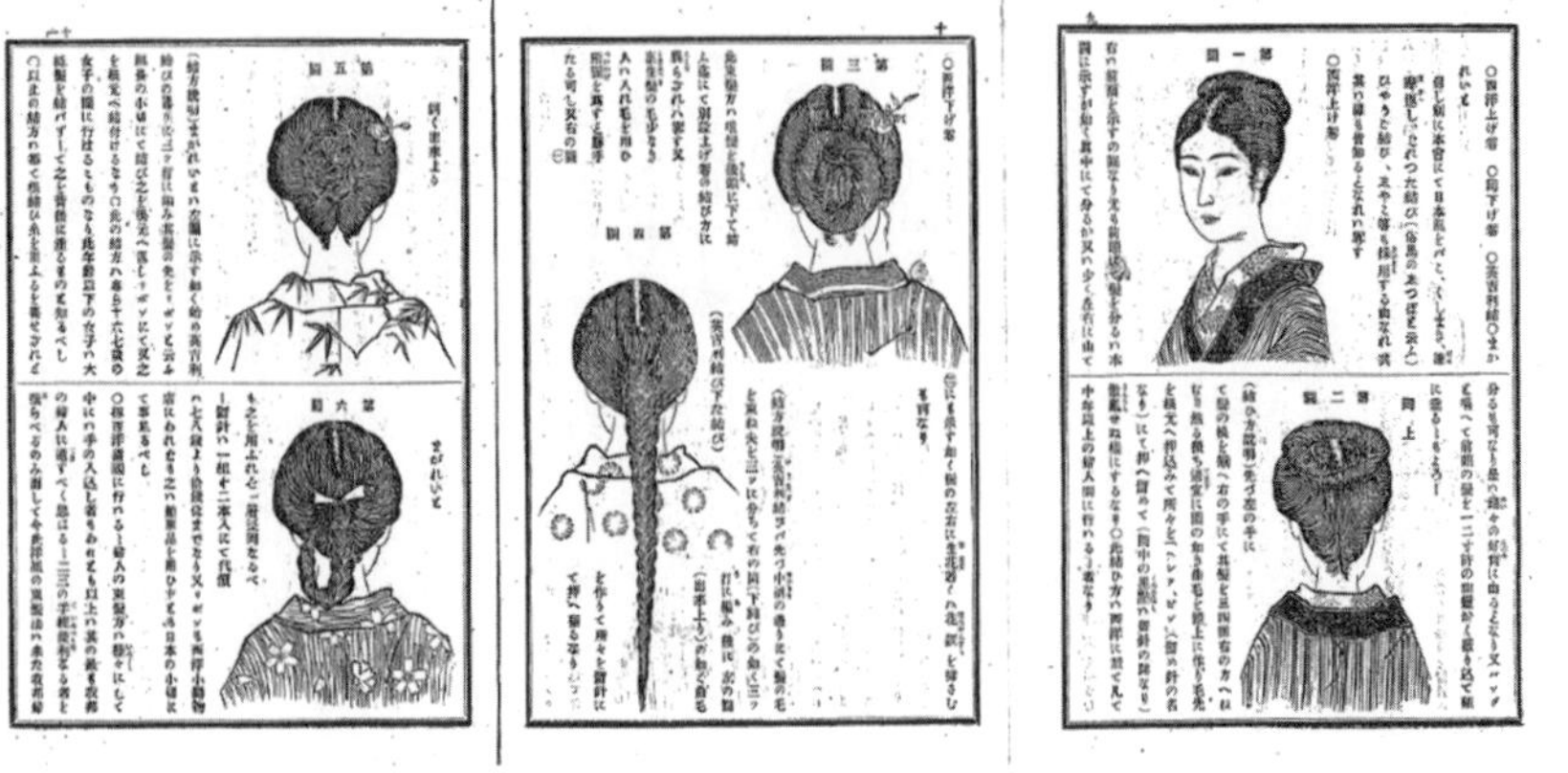
束髪　村野徳三郎編『洋式婦人束髪法』(明治18年)

そくりょう　測量　地球表面上の形状や諸点の相互関係を測定し、図示すること。測量という言葉は中国でいう「測天量地」から来ており、地表の諸点の相互関係を決定して正確な地図を作成する測量術は江戸時代に発展していた。通常『伊能図』をもって近代測量のはじまりとするが、測地学 geodesy など近代科学に基づく測量事業は、明治四年(一八七一)工部省に設置された測量司による東京府下の三角測量に始まり、内務省地理局から陸軍省陸地測量部に引き継がれる。明治二十年(一八八七)には測地学委員会が発足し、万国測地学協会に加入して国際的な緯度変化の天文測量も担うようになった。このほか重力測量や地磁気測量、震災復旧測量、鉱山測量の分野も発展した。海域においては、明治四年に設置された兵部省海軍部水路局が幕府海軍の柳楢悦《やなぎならよし》らによる沿岸測量を受け継ぎ、翌五年に海図の発行を開始、約半世紀をかけて沿岸水路測量を遂行した。また海底電線の敷設測量は明治七年に津軽海峡で始められ、三十八年(一九〇五)には米国との海底電信の開始に際して逓信省が伊豆・小笠原海域の海底測量を実施した。→海軍水路部《かいぐんすいろぶ》　→三角測量《さんかくそくりょう》

参考文献　『測量・地図百年史』(一九七〇、建設省国土地理院)、海上保安庁水路部編『日本水路史―一八七一～一九七一―』(一九七一、日本水路協会)　(山田　俊弘)

そくりょうし　測量司　明治三年(一八七〇)閏十二月の工部省新設に伴い、翌四年八月工学寮など十寮とともに設置された明治初期の役所名。測量師長は明治元年に来日した英国人マクヴィーン C. A. McVean、測量助師には英国人ジョイネル H. B. Joyner がいた。東京府を手始めに大阪や京都など大都市の三角測量を行う。明治六年五月にはジョイネルの建議により気象観測のための気象台を設けることを決めた。しかし政府は同年八月の太政官達によって測量司を廃し地理寮量地課を置くことを決定、翌七年一月内務省へ移管された。→地理寮《ちりりょう》

参考文献　『測量・地図百年史』(一九七〇、建設省国土地理院)、気象庁編『気象百年史』(一九七五、日本気象学会)　(山田　俊弘)

そごう　十合　呉服店から転換した百貨店。天保元年(一八三〇)十合伊兵衛が大坂坐摩神社隣に古手業大和屋を開業、明治十年(一八七七)二代伊兵衛が転業して十合呉服店を大阪心斎橋筋に開いた。十八年京都に仕入れ店を開設、業績が好調な中で会社組織化を準備するが、明治三十年(一八九七)一月これに不満を持つ店員二十七名が退店し独立を宣言(播磨屋事件)、二十日後に大半が復帰して落着し、五月十合名会社を設立(資本金二十万円)した。以後経営改革を進め、三十二年神戸店開設、翌年本店にショーウインドー設置、三十六年本店で一部に陳

心斎橋筋一丁目の十合呉服店(明治27年)

列販売方式を採用、三十七年地方出張販売を開始、三十八年にはPR誌『衣裳界』を創刊するとともに女子店員三名を初採用した。明治四十一年(一九〇八)本店の新築開店を機に取扱品目を増やして百貨店化を進めた。大正八年(一九一九)には株式会社十合呉服店が設立(資本金十万円、翌年三百万円)された。

参考文献　『株式会社そごう社史』(一九六九)　(満薗　勇)

そこびきあみ　底引網　漁船により海底を曳網して捕獲する漁業。底曳網とも。漁撈方法として最も重要な漁法が網漁業であり、地曳網《じびきあみ》、手繰網《てぐりあみ》・打瀬網《うたせあみ》、揚繰網《あぐりあみ》、刺《さし》網《あみ》、建網《たてあみ》などがある。しかし、地曳網や刺網などが典型的沿岸漁業であるのに対し、手繰網、打瀬網漁業は、時勢に沿い、沖合への発展的要素を有していた。手繰網は本来、魚網を海底に投下して底魚類(カレイ・エビなど)を捕獲する形式であったが、打瀬網はそれを発展させ、漁船の帆走により魚網を海底で引き廻す網漁業であった。同漁業は軽便で能率の高い漁業のため、漁業法制定以前は広範に普及した。その後、漁船動力化に伴い、より漁獲能率の高い機船底曳網漁業として、大正以降急速に発展した。ところが同漁業は、打瀬網漁業の時代から延縄漁業への妨害、幼魚濫獲、漁場荒廃など、沿岸漁業との対立が深刻化していた。それが動力化以降は一層強くなり、従来の打瀬網漁業はもちろん、同じ底曳である汽船トロール漁業との間にも紛争が生じていた。このため大正十年(一九二一)九月に機船底曳網漁業取締規則が制定、十三年十月には、東経一三〇度を境とし「以東」「以西」に漁場を区画調整されて一定の解決をみた。

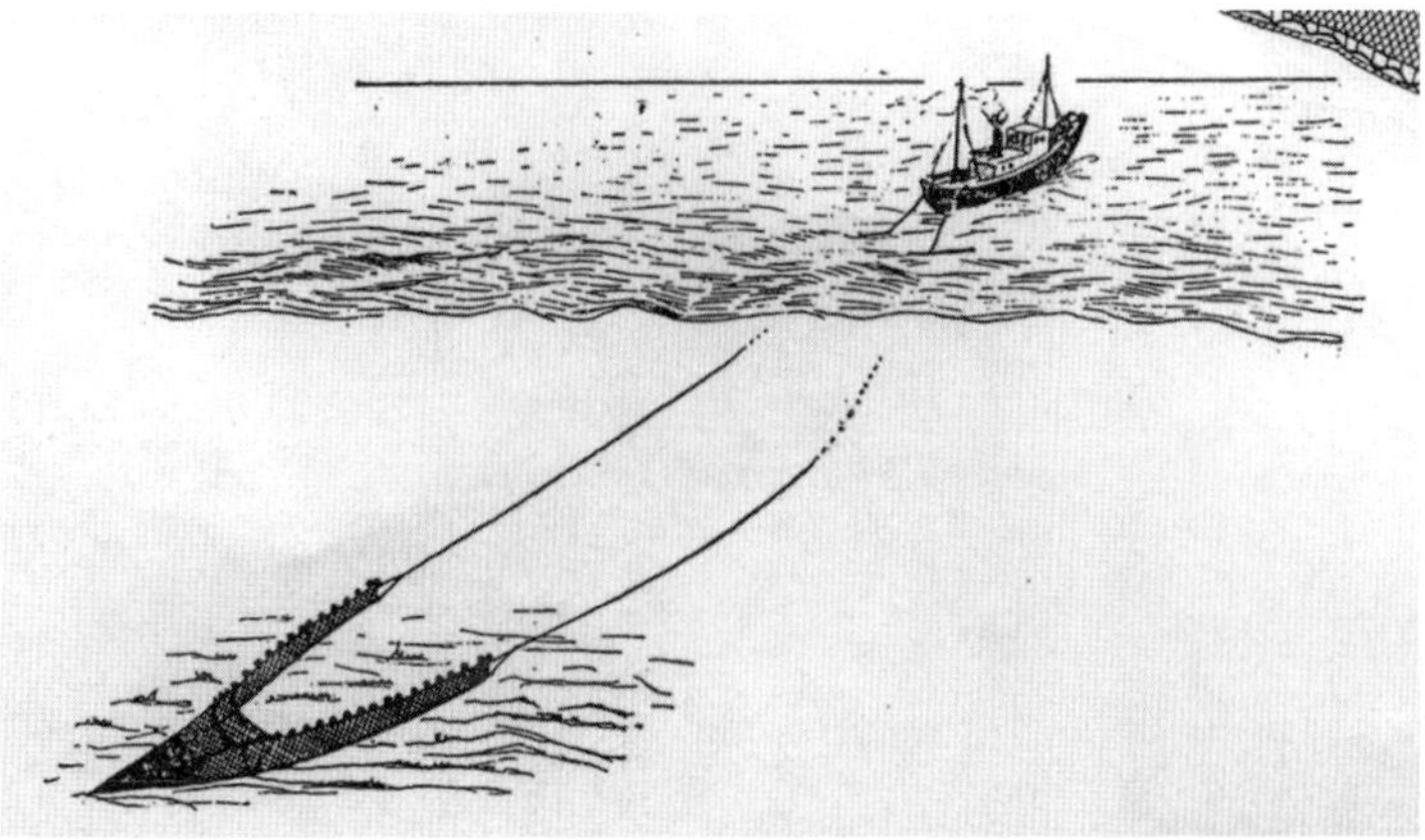

機船底引網

参考文献　日本学士院日本科学史刊行会編『明治前日本漁業技術史』(一九五九、日本学術振興会)、古島敏雄・二野瓶徳夫『以西底曳網漁業技術の展開過程』(『研究資料』一八五、一九六〇、水産研究会)、二野瓶徳夫『日本漁業近代史』(『平凡社選書』、一九九九、平凡社)　(高村　聰史)

そさい　蔬菜　本来蔬菜は食用にされる草の総称であり、野菜は蔬菜の中の野生のものを意味したが、現在はほとんど蔬菜と野菜は同義で食用のために栽培する草本を意味する。販売を目的とした蔬菜栽培は江戸時代初期から若干行われていたが、近代に入り明治政府は西洋蔬菜および果樹の栽培を奨励し、内藤新宿試験場・開拓使官園・三田植物試験場などで欧米・中国などの蔬菜や果樹を試作して種苗を全国に配布する役割を果たした。本来西洋蔬菜は在留外国人の需要を賄う栽培であったが、農民は裏作・畑作で収益性の高い作物を求め、西洋野菜の試作を行い、士族授産事業で各地で試作された西洋蔬菜栽培や果樹栽培の好結果によって本格的栽培へと向かっていった。明治二十年(一八八七)以降の鉄道の発達と都市人口の増大によって蔬菜市場は拡大し、明治二十四年から始まる蔬菜の海外輸出によって蔬菜栽培は各地に根を下ろしていった。蔬菜栽培は金肥・諸材料を多量に使うが、農民は高収益な商品作物を求めて棉から藍へ、藍から蔬菜へと栽培を変遷させた。蔬菜栽培でもっとも集約的な栽培は促成栽培であるが、促成栽培と命名した福羽逸人《ふくばはやと》が低設硝子障子木框温床を普及させると、それを取り入れた愛知や静岡で一九〇〇年代に入り急増していった。

参考文献　日本農業発達史調査会編『日本農業発達史』五(一九七八、中央公論社)　(渡辺　新)

そしゃくち　租借地　⇩関東州租借地《かんとうしゅうそしゃくち》

そすいじぎょう　疏水事業　河川や湖沼を水源として、土木工事により土地を切り開き、灌漑・給水・舟運・発電・排水・上水などのための水路を設備する事業。こうした人工の水路を開鑿する事業は古代からみられるが、江戸時代になると全国各地で事業が展開されるようになった。明治期以降は、民間の事業だけでなく、国や府県による大規模な事業も営まれるようになった。「疏水」という名称のほか、明治用水などのように「用水」の名称を付せられるものも多い。明治期に実施された事業としては、福島県の安積《あさか》疏水、京都府の琵琶湖疏水、栃木県の那須疏水などが著名であるが、ほかにも愛知県の明治用水・牟呂《むろ》用水、兵庫県の淡山疏水、富山県の常西合口《じょうさいごうぐち》用水(常願寺川左岸)、石川県の手取川七ヶ用水、兵庫県の淡河《おうご》川疏水などの灌漑用水の開鑿が多数あった。安積疏水は士族授産と開墾を目的に、政府の事業として明治十二年(一八七九)に着工され、猪苗代《いなわしろ》湖から導水して灌漑や発電を行い、飲料水や工業用水なども供給した。那須疏水も士族授産をはかるため、那須野ヶ原開拓のため政府事業として、明治十八年に着手された灌漑事業である。琵琶湖疏水は、琵琶湖と京都の通船や水力発電、上水の確保などを目的に、京都府の事業として北垣国道《きたがきくにみち》知事により明治十八年に着手された。また、明治用水は近世以来の灌漑計画であり、民間の資金によって、明治十二年に事業が始まった。明治期には、近代的な土木技術が導入され、琵琶湖疏水は京都府御用掛となった工学士田辺朔郎《たなべさくろう》の設計により、また安積疏水は御雇外国人のオランダ人技師ファン＝ドールンの指揮のもとにすすめられた。また、同じオランダの御雇外国人ヨハネス＝デ＝レーケも、各地の疏水事業の技術的な指導にあたった。→安積疏水《あさかそすい》　→琵琶湖疏水《びわこそすい》　→牟呂用水《むろようすい》　→明治用水《めいじようすい》

参考文献　三浦基弘・岡本義喬編『日本土木史総合年表』(二〇〇四、東京堂出版)　(大豆生田稔)

そつ　卒　明治初年における旧武士階級の軽輩の称。明治二年六月十七日(一八六九年七月二十五日)、諸藩の版籍奉還が聴許され、同月二十五日諸藩知事の一門以下平士に至るまで士族と称するとした。同年十二月二日、旧幕臣の中下大夫以下の称を廃止して、すべて士族・卒と称し、禄制を定めた。明治三年九月十日(十月十四日)藩制は、士族・卒のほか、別に級あるべからずとした。藩により士族・卒の基準、各等級が異なり複雑をきわめた。明治四年七月十四日(八月二十九日)の廃藩置県により全国統一を図るべく、翌五年正月二十九日(三月八日)太政官二九号布告は、卒のうち世襲の者を士族に、一代抱えの者を平民に編入し、卒は廃止された。→士族《しぞく》

参考文献　深谷博治『華士族秩禄処分の研究(新訂版)』(一九七三、吉川弘文館)　(藤原　明久)

そっき　速記　簡略化した符号を用いてことばを速く書く行為またその方法。速記は十七世紀から欧米で発達し、幕末に日本に紹介され、shorthand または stenography の訳語として定着した。欧文の速記を学びその便利さと必要性を認識した知識人は少なくなかったが、口語と文語の隔たりの大きかった日本語の速記が確立されるまでには時間を要した。最初に日本語の速記法を開発した田鎖《たぐさり》綱紀《こうき》は、明治十五年(一八八二)『時事新報』に「日本傍聴記録法」を発表したが、まだ不完全なものであった。彼の講習会から林茂淳《はやししげあつ》、若林玵蔵《わかばやしかんぞう》などの有力な速記者が育ち、田鎖式速記法を練り上げ、十六年には矢野竜渓『経国美談』が速記を基に出版され、明治十七年には三遊亭圓朝の講談を速記から起こした『怪談牡丹燈籠』が好評を博し、速記の評価は高まった。ことに講談の速記本は大衆に歓迎され、新聞にも講談速記が連載されるようになった。二十三年(一八九〇)に帝国議会が開かれると、その逐語速記録が始まり、地方議会にも広がった。大正七年(一九一八)には貴族院衆議院それぞれに速記者養成所が設けられ、速記官が国家的に育成されるようになった。また新聞・通信社に電話が普及すると電話速記の需要が生まれ、速記者の数も増加した。速記方式も田鎖式以外にガントレット式、熊崎式、中根式、早稲田式などが発表された。大正期には速記料金の協定問題から日本速記協会が誕生し、速記業界の統一が図られた。大正末からは講談速記が凋落する一方、太平洋戦争後には裁判速記が、速記用印字機(ソクタイプ)の採用などにより実現し、裁判所速記官が誕生した。一九八〇年代には約五千人が速記者として生計を立て、ほぼ同数の人々が速記を学習し活用していたという。しかし、ワープロやパソコン機器の発達により速記法の必要性は薄らぎ、裁判所速記官の養成・採用は平成十年(一九九八)度を以て停止され、平成十八年末には衆参両議院の速記養成所が閉鎖された。

参考文献　藤倉明『言葉の写真をとれ―日本最初の速記者・若林玵蔵伝―』(一九八二、さきたま出版会)、『日本速記百年記念誌』(一九八二、日本速記百年記念会)　(土屋　礼子)

そっきょうしじん　即興詩人　アンデルセン原作・森鷗外訳の翻訳小説。明治二十五年(一八九二)から同三十四年(一九〇一)まで、日清戦争従軍を挟んで九年間にわたって『しがらみ草紙』『めさまし草』に断続連載され、小倉在任中に完結した。鷗外の三十代を注ぎ込んだ訳業といえ、翌年九月に上下二巻本として春陽堂から刊行された。原作は童話作家として著名なアンデルセンの出世作で、イタリア旅行で得た彼自身の感激を核に、類稀《たぐいまれ》な才能を持つ即興詩人アントニオと薄幸の歌姫アヌンチャタとの悲恋を描く。明媚なイタリアの風光とローマ・ナポリ・ベネチアなどの名所古跡を背景に展開する、浪漫的な物語である。鷗外は留学中から本作を愛読しており、和漢洋三体を統一した新文体を模索しつつ、格調高い文語文で翻訳した。独訳からの重訳ではあるが原作以上と評価され、泉鏡花や正宗白鳥など影響を受けた作家も多く、今日まで大勢の愛読者を持つ代表作の一つである。→森鷗外《もりおうがい》

参考文献　長島要一『森鷗外の翻訳文学―「即興詩人」から「ペリカン」まで―』(一九九三、至文堂)、森まゆみ『「即興詩人」のイタリア』(二〇〇三、講談社)　(酒井　敏)

そとまつまごたろう　外松孫太郎　一八四七―一九二六　陸軍軍人。日露戦争時の大本営野戦経理長官。弘化四年八月一日(一八四七年九月十日)現在の和歌山県に生まれる。明治三十年(一八九七)、陸軍省経理局第一課長。翌年、一等監督となる。同三十三年には、陸軍省経理局主計課長に任命された。同三十四年には監督監に進み、陸軍省経理局長に昇格する。その後、会計監督長兼務となった。同三十六年、主計監に進む。日露戦争では、大本営野戦経理長官となり、戦争遂行のために必要な物資調達および会計の責任者となった。そして、主計総監に進んだ。同三十八年十二月に復員する。日露戦争後、男爵の爵位を受け、貴族院議員にも就任し、死去するまで勤めた。大正十五年(一九二六)七月十二日没。八十歳。

参考文献　外山操編『陸海軍将官人事総覧』陸軍篇(一九八一、芙蓉書房)　(山本　智之)

そねあらすけ　曾禰荒助　一八四九―一九一〇　官僚、

曾禰荒助

政治家。号は西湖。嘉永二年正月二十八日(一八四九年二月二十日)、長州藩家老宍戸潤平の三男に生まれ、同藩藩士曾禰高尚の養子となる。藩校明倫館に学び、戊辰戦争に従軍。明治元年(一八六八)降伏兵取締、翌二年、御親兵中隊司令を経て、三年、大阪陸軍兵学寮に入学し、同五年、渡仏。十年(一八七七)に帰国して陸軍省に出仕する。十四年、太政官に転じ少書記官、参事院議官補、十八年に法制局参事官、十九年に内閣記録局長、二十一年(一八八八)に同官報局長などを歴任したのち、二十三年、初代衆議院議員書記官長となり、第一議会の運営に尽力する。二十五年の第二回衆議院議員総選挙に山口県第四区から当選し、中央交渉部・議員倶楽部・国民協会に所属して第三・四議会で星亨議長のもと、衆議院副議長を務めた。二十六年、駐仏公使としてパリに赴任し、三十年(一八九七)に帰朝。翌三十一年には第三次伊藤内閣に司法大臣として初入閣し法典調査会副総裁を務める。同年、第二次山県内閣に農商務大臣、三十四年には第一次桂内閣に大蔵大臣(一時、外務、逓信大臣を兼任)として入閣した。日露戦争に際しては松方正義・井上馨の両元老と密に連絡を取りながら戦費調達に活躍、三十九年、第一次桂内閣の総辞職に際して枢密顧問官に転じ、同年、新設された馬政局長官を兼ねる。四十年(一九〇七)、伊藤博文韓国統監のもと、副統監に就任し手腕を振るった。四十二年、伊藤の辞職に伴い統監に昇任すると、寺内正毅を副統監に迎え、統監統治の安定化に努めた。日韓併合には消極的であったが、翌四十三年、病のため辞職し、同年九月十三日没。六十二歳。三十三年に貴族院勅選議員。三十五年に日英同盟の功により男爵、四十年には日露戦争の功により子爵に陞叙した。詩作で知られ、俗謡も好んだ。著書に『予算ノ事ニ係リ帝国議会ト政府トノ関係ニ付テノ所見』(明治二十四年、曾禰荒助)、『歳計予算論』(同二十五年、丸善)などがある。

参考文献 美濃部俊吉編『西湖曾禰子爵遺稿並伝記資料』(一九一三)、『曾禰家文書(マイクロフィルム版)』一—四(『近代諸家文書集成』五、一九九七、ゆまに書房)、芳川寛治『為政者の大道』(一九五六)
(清水唯一朗)

そねたつぞう　曾禰達蔵　一八五二—一九三七　明治から昭和時代初期の建築家。嘉永五年(一八五二)に唐津藩士曾禰寸斎の子として江戸に生まれる。戊辰戦争時に藩主に従って東北を転戦したのち、唐津に戻り、明治四年(一八七一)藩校耐恒寮で高橋是清に師事する。明治六年、工部省工学寮造家学科に同郷の辰野金吾とともに第一期生として入学し、建築学を学ぶ。卒業後、工部省技手、工部大学校助教授、海軍技師を経て、同二十三年(一八九〇)にコンドルの紹介で建築技師として三菱社に入り、丸の内煉瓦街などを設計する。定年後の明治四十一年(一九〇八)には、明治三十一年(一八九八)に東京帝国大学建築学科を卒業した中条精一郎と曾禰・中条建築事務所を開設し、民間建築家としての道を歩んだ。同世代建築家の厳格な古典主義様式とは異質な作風で、左右対称にこだわらず、角に塔屋を配するなど、都市建築に相応しい外観を好んだ。現存主要作品に、旧三菱銀行神戸支店(明治三十三年)、慶応義塾図書館(明治四十五年、国重文)がある。昭和十二年(一九三七)没。八十六歳。

参考文献 石田潤一郎『ブルジョワジーの装飾』(『日本の建築—明治・大正・昭和—』七、一九八〇、三省堂)
(清水　重敦)

そねとしとら　曾根俊虎　一八四七—一九一〇　海軍軍人。米沢藩儒曾根敬一郎の子として弘化四年十月六日(一八四七年十一月十三日)、米沢で生まれる。藩校興譲館を経て、明治四年(一八七一)十二月東京丸乗組。五年六月海軍少尉、水兵本部分課。十月竜驤乗組。六年十二月海軍中尉。七年九月上海出張。八年十二月帰朝。九年二月清国出張。十一年(一八七八)一月帰朝。十二年三月日進乗組。十二年七月海軍大尉、海軍省軍務局。三月から十一月まで清国出張。十五年八月から十六年一月まで清国出張。十六年六月から十九年四月まで清国出張といったように、しばしば清国へ偵察に派遣された。二十一年(一八八八)筆禍により待命、二十四年、病により海軍を退役した。十三年二月近代日本最初のアジア主義団体である興亜会を設立し幹事となったようにアジア主義者としての側面が強い。その後亜細亜協会にも参加した。清仏戦争では清国を支持した。またのちに社会民主党の創設メンバーである河上清を書生として屋敷において英語を学ばせた。明治四十三年(一九一〇)五月三十一日死去。六十四歳。

参考文献 佐藤茂教「『公文備考』に記載せる曾根俊虎被告事件」(『史学』四六ノ三、一九七五)、並木頼寿「明治初期の興亜論と曾根俊虎について」(『中国研究月報』五四四、一九九三)
(太田　久元)

そのいけきんゆき　園池公致　一八八六—一九七四　小説家。公卿の家柄で、祖父の代に子爵を授爵した園池家の次男として、明治十九年(一八八六)四月二十九日、東京に生まれる。十一歳の時から五年間、侍従職出仕として明治天皇に仕え、その後学習院中等科に進んだが、病弱のため中退した。明治四十一年(一九〇八)に里見弴《さとみとん》・日下諗《くさかしん》らと回覧雑誌『麦』を発行、翌々年の同人雑誌『白樺』創刊にあたっても、従兄弟にあたる正親町公和《おおぎまちきんかず》らとともに参加し、明治から大正初年代にかけて「鏡」「薬局」「勘当」「遁走」「清一と神経衰弱」「二ヶ年の終り」

など多くの作品を発表した。神経衰弱で多感な青年の姿を、ユーモアを潜ませた簡潔な筆致で描いた作品が多く、大正八年(一九一九)四月の『白樺』十周年記念号に寄せた「一人角力《ひとりずもう》」は、広津和郎《ひろつかずお》の称讃をうけた。病弱のため、次第に創作活動からは遠ざかったが、戦後も生成会の同人雑誌『心』などに随筆や回想を発表、昭和四十九年(一九七四)一月三日に死去した。満八十七歳。本多秋五編『初期白樺派文学集』(『明治文学全集』七六、昭和四十八年、筑摩書房)に著作が収載されている。

(宗像　和重)

園田孝吉

そのだこうきち　園田孝吉　一八四八―一九二三　外務官僚、銀行家。嘉永元年正月十九日(一八四八年二月二十三日)大隅国伊佐郡西太良村(鹿児島県伊佐市)に、平佐北郷家の家臣宮内家に生まれ、文久元年(一八六一)園田沢右衛門の養子となる。学芸を弘才館、武芸を講武館に学び、安政六年(一八五九)に鹿児島に召され小姓役となった。元治元年(一八六四)鹿児島開成所に入学して英語を学び、長崎留学を経て、明治二年(一八六九)開成所の教師となる。上京して貢進生として大学南校に入り、明治四年卒業後は文部少助教となるも、まもなく外務省に移り、明治七年ロンドン万国博覧会に事務取扱として出張した。その後十二年(一八七九)に帰国するも、十四年領事として再び渡英、二十二年(一八八九)まで滞英して銀行・金融などの調査を行なった。明治二十三年横浜正金銀行取締役・頭取に就任し(明治三十年(一八九七)まで)、行務の改革に務め、日本銀行との提携、欧米をモデルとする外国為替銀行の基礎を作った。松方正義の信任が厚く、日清戦後賠償金受け取り事務のためロンドンに渡った。明治三十一年、第十五銀行取締役・頭取となり同行を大発展させた。日本興業銀行設立委員、東京銀行集会所副会長、日本郵船や日本鉄道など諸会社の役員を務めた。大正四年(一九一五)実業界を引退する。大正七年永年の勲功により男爵を授けられた。大正十二年(一九二三)九月一日関東大震災の際、二宮で罹災し死亡した。七十六歳。

参考文献　荻野仲三郎『園田孝吉伝』(一九二六、秀英社)、『財界物故傑物伝』上(一九三六、実業之世界社)

(櫻井　良樹)

そのだやすかた　園田安賢　一八五〇―一九二四　明治時代前期の警察官僚、実業家、政治家。嘉永三年九月一日(一八五〇年十月六日)、鹿児島に生まれる。戊辰戦争に従軍し、維新後は警察に入り大警部、石川県警部長などを歴任。明治十一年(一八七八)の川路利良《かわじとしよし》の死後、警察における薩摩閥の中心的存在となり、二十四年(一八九一)には警視総監。二十九年に退任するが、三十一年(一八九八)には第三次伊藤内閣で再び警視総監となる。同年、隈板内閣の成立とともに退任しようとするが、ロシア皇族が来日中で辞意は保留され、この間に警察幹部を集めて政党内閣を批判する演説をした。ロシア皇族の離日とともに警察を去る。その後北海道庁長官となり、開拓十ヵ年計画を推進して開拓事業に貢献。三十九年に退官して朝鮮棉花会社社長や共正銀行頭取などを歴任し、実業界でも活躍。明治二十九年に男爵となり、男爵互選の貴族院議員を十四年間務めた。大正十三年(一九二四)八月七日没。七十五歳。

(西尾林太郎)

そのべひでお　園部秀雄　一八七〇―一九六三　明治―昭和期の薙刀《なぎなた》術師範。明治三年三月十八日(一八七〇年四月十八日)、仙台藩士日下陽三郎の六女として生まれる。幼名たりた。同十九年(一八八六)佐竹茂雄に入門し、同二十一年(一八八八)に直心影流薙刀術の免許を受け、ついで佐竹鑑柳斎から印可を得て秀雄と改名、同二十九年当流宗家十五代目を継承する。同年神戸市の光武館道場主で元伊予西条藩士の園部正利と結婚。以後、姫路師範学校などで薙刀を教え、大正七年(一九一八)に上京してからは、東京の成蹊高等女学校・実践高等女学校などの女学校などで薙刀を教えた。同十五年(一九二六)に大日本武徳会から薙刀術範士の称号を授与され、昭和十一年(一九三六)、園部繁八《そのべしげはち》との共著『学校薙刀道』(成美堂)を著わすとともに、世田谷に修徳館を開設し、薙刀教員養成所を併設して薙刀の指導にあたった。昭和三十八年(一九六三)九月二十九日没。満九十三歳。

参考文献　園部範士顕彰会『残心―薙刀に生きた園部秀雄―』(一九九〇)

(坂上　康博)

そのまさぞう　園正造　一八八六―一九六九　明治から昭和時代にかけての数学者。京都帝国大学教授。明治十九年(一八八六)一月京都に生まれ第三高等学校を経て、四十三年(一九一〇)、京都帝国大学理工科大学数学科を卒業。ここで河合十太郎・三輪桓一郎・吉川実夫に師事する。大正二年(一九一三)に京大数学科の助教授となり、大正八年から渡欧し、英・仏・独各国をめぐる。帰国の翌年、大正十年(一九二一)に教授昇進。昭和二十一年(一九四六)に退職後は、京都府立西京大学(現京都府立大学)初代学長となる。主要な業績として、代数学のイデアル論で先駆的な研究を行い、数理経済学にも関心を持っていた。昭和四十四年(一九六九)十一月二十四日没。満八十三歳。著書に『方程式論』(昭和四年)、『抽象代数学』(同十年)など。

参考文献　『日本の数学一〇〇年史』上(一九八三、岩波書店)

(佐藤　賢一)

そのやまいさむ　園山勇　一八四八―一九二一　自由民

権家、政治家。松江藩士斎藤又右衛門の三男として嘉永元年(一八四八)に生まれ、園山朔助家に入婿、長女カネと結婚。松江藩には儒学をもって仕え、修道館儒学教師を務めた。明治十二年(一八七九)に初会を届け出た松江の民権政社である尚志社に参加し、翌年の出雲国有志人民総代による国会開設請願では上京委員となったほか、明治十四年創立の山陰自由党では幹事となるなど、島根県の自由民権運動の中心人物の一人として活動した。明治十九年、島根郡より島根県会議員に当選、同二十七年(一八九四)の第三回総選挙から三十一年(一八九八)まで連続三期、同三十五年、四十一年(一九〇八)から各一期、自由党・立憲政友会の衆議院議員となった。この間、明治三十一年に長野県知事、翌三十二年に宮崎県知事に転じ、教科書会社五車堂取締役に就任する三十五年まで務めた。また、松江では、松江蚕業会社、山陰瓦斯株式会社に参画するなど、実業界でも活動した。大正十年(一九二一)七月十四日没。七十四歳。

参考文献 『園山勇関係文書』(園山照子所蔵)、内藤正中「山陰地方の自由民権運動」一・二(『山陰文化研究紀要』一・二三、一九六一・八三)　(竹永　三男)

そめざきのぶふさ　染崎延房　一八一八―八六　小説家、新聞記者。文政元年(一八一八)十月、対馬藩江戸下屋敷で生まれる。為永春水没後、二世を継承して、赤穂義士銘々伝『いろは文庫』(初編天保七年)などの人情本を嗣作する。安政二年(一八五五)出版の伝奇的合巻『北雪美談時代鏡』は好評で、明治八年(一八七五)まで書き継がれる。幕末維新期の歴史実録『近世紀聞』は、明治六年初編を条野伝平が編集、二編以降を書き継いで十五年(一八八二)に完成、ほかに『朝鮮事情』(明治七年)、『台湾外記』(同年)などの実録がある。八年末、『平仮名絵入新聞』(のちの『東京絵入新聞』)に編集長として入社、長く印刷人を勤める。多くの無署名の続き物などの記事を執筆、十八年末から「群衛鳴門夕和波《むらちどりなるとのゆふなぎ》」を署名入りで連載する。十九年九月二十七日没。六十九歳。

参考文献 興津要『転換期の文学―江戸から明治へ―』(一九六〇、早稲田大学出版部)　(山田　俊治)

そやまさちひこ　曾山幸彦　一八五九―九二　画家。安政六年十二月二十五日(一八六〇年一月十七日)に鹿児島岩崎に曾山芳徳の次男として誕生(安政四年正月生とも)。幼名富二郎、のちに幸彦、明治二十三年(一八九〇)親戚大野家の養子となり、その後義康に改名。薩摩藩出身の歌人で御歌掛だった高崎正風の進言により九年上京し、麴町の某塾に入門。十年(一八七七)十二月工部美術学校の図学教室に、翌年四月同校画学に入学。教師サンジョヴァンニの信頼篤く、十三年十月画学助手となる。十六年一月画学の修業証を取得し、翌月に工部省御用掛を拝命し工部大学校図学教場掛兼博物掛として生徒を指導。十七年同卒の松室重剛・堀江正章とともに画学専門美術学校を開校するが一年余りで廃校となる。その後永田町の自宅に画塾を開く。門弟に岡田三郎助・和田英作など。作品に十四年の第二回内国勧業博覧会出品の「弓術之図」、二十三年の第三回同会出品の「武者試鵠図」。明治二十五年一月十一日腸チフスにより東京で没。三十四歳。

参考文献 「故大野義康君小伝」(『建築雑誌』六一、一八九二)、山梨俊夫「技術の画家―曾山幸彦をめぐって―」(東京大学編『学問のアルケオロジー』所収、一九九七)、金子一夫『近代日本美術教育の研究―明治・大正時代―』(一九九九、中央公論美術出版)　(河上　眞理)

そらちたんでん　空知炭田　⇨石狩炭田《いしかりたんでん》

そろりしんざえもん　曾呂利新左衛門　一八四四―一九二三　大阪の落語家。本名猪里重次郎。弘化元年十月十五日(一八四四年十一月十四日)友禅染屋の子として生まれる。素人連で落語を演じていたが、これが元で勘当となる。京都、大坂で幇間をしたのち、二十歳を過ぎて初代笑福亭松鶴に入門し松竹を名乗る。のち初代桂文枝門下で文之助と改める。初代桂文団治、文三(のちに二代目文枝)、文都(のちに月亭文都)とともに文枝門下の四天王と称され、人気を集めた。明治十九年(一八八六)、絵画の師である久保田米僊《くぼたべいせん》の薦めによって曾呂利新左衛門と改名。秀吉の御伽衆《おとぎしゅう》にちなんだ名で、「ニセ」と通じる「二世」の新左衛門を称した。四十三年(一九一〇)五月には引退披露興行を行い、以後は絵画など風流三昧の生活を過ごしたという。大正三年(一九一四)には香典保存会と称して存命中に葬式を行うなど、独特の愛嬌ある行動で世間の話題となった。巧者な芸風ではなかったが、独特の味わいで大看板の風格があったという。また、上方落語で用いられる「見台」「膝隠し」を使わずに演じた嚆矢であったとも伝わる。大正十二年(一九二三)七月二日死去。八十歳。　(今岡謙太郎)

そんけいかくぶんこ　尊経閣文庫　旧加賀藩主前田家が収蔵した典籍・文書を保管する図書館。東京都目黒区駒場にある。中核をなすのは五代綱紀時代に収集された写本・刊本だが、明治時代以降に購入したものも少なくない。文庫の名称は、綱紀が自身の収書を「尊経閣蔵書」、文庫を「尊経閣」と呼んだことにちなむ。明治三十九年(一九〇六)、当主前田利為の結婚記念事業として「前田文庫の設立」を企図。四十五年(一九一二)以降、数度にわたって図書館・美術館の建設を評議会に諮問するも、日露戦後や第一次大戦後の不況による財政上の理由で断念。関東大震災を機に、蔵品の処分収益による公益法人設立をめざした。大正十五年(一九二六)三月財団法人前田育徳会が発足。昭和三年(一九二八)四月現在地に書庫を移し、閲覧所を設けた。蔵書の概数は和書七千五百部、漢籍四千百部。「前田家本」の名で呼ばれる重要な伝本も多く、国宝・重要文化財に指定されたものも少なくない。

参考文献 『前田利為』(一九八六、前田利為侯伝記編纂委員会)、石川県立美術館編『前田利為と尊経閣文庫』(展覧会図録、一九九八、石川県立美術館)　(本康　宏史)

そんじょうどう　尊攘堂　明治二十年(一八八七)、品川弥二郎(一八四三―一九〇〇)が、師である吉田松陰の遺志を受け継いで京都に建てた尊攘志士の霊廟で、その遺墨・遺品などの資料を納めた。松陰は、刑死を前に弟子の入江杉蔵宛の書状(安政六年十月二十日(一八五九年十一月十四日)付)に、京都に大学校を興し、それを尊攘堂と名づけ、勤王の志士を祀ることを書き残した。しかし、これは入江に達せず、その後品川がそれを知って実現することとなったという。はじめ尊攘堂は、京都の高倉通錦小路(旧典薬頭三角氏の別邸)に置かれ、尊攘志士の神牌を祀り、志士の遺墨・遺品や関連史料を蒐集した。その後、尊攘堂保存委員を設置して永久保存を目指し、品川没後の明治三十四年(一九〇一)、京都帝国大学への寄贈・移管が決定する。こうして、三十六年大学構内の新築が完成(洋式建築、五十三坪)し、所蔵品千二百点余りを附属図書館に移した。初代総長木下広次は、寄贈品を島文次郎館長に命じて特別に保管させ、通常は図書館の貴重書庫に納め、必要に応じて尊攘堂に展示したという。そして例祭・小祭当日は、祭壇を設けて品川・松陰の座像を置き、総長・学部長以下教職員と尊攘委員らが参列した。大祭には、前述参加者以外に、学外などから招待して講演会を開催し、収蔵品の展覧会を行なった。収蔵品は、掛物・巻物・書物・帖・写真・額面・遺品・屏風などで、著名なものとしては『奇兵隊日記』や幕末・維新期の志士等関係史料などがあげられる(所蔵品については、『尊攘堂遺墨集』『尊攘堂誌』『尊攘堂書類雑記』などを参照)。また、品川没後、遺志を受け継いだ桂弥一が主唱し、毛利家などで財団法人を組織して、昭和八年(一九三三)に山口県の長府功山寺境内に長門尊攘堂を設立した。桂は、長府藩士の家に生まれ、幕末維新期には報国隊に参加し、明治期には農業開発に尽力した。京都の尊攘堂と同一の趣旨でつくられたもので、現在は下関市立長府博物館となっている。

参考文献　奥谷松治『品川弥二郎伝』(一九四〇、高陽書店)、京都帝国大学編『尊攘遺芳』(一九四二)、『京都大学附属図書館六十年史』(一九六一)、『京都大学百年史』総説編(一九九八)、『桂弥一と長門尊攘堂』(展覧会図録、二〇〇〇、下関市立長府博物館)

(岸本　覚)

そんぶん　孫文　Sun Wen　一八六六―一九二五　清末民国前期の革命家。号は中山、逸仙《いっせん》。英語でSun Yat-senということがあるのは「孫逸仙」の広東語読みによる。一八六六年十一月十二日、広東省香山県翠亨村に生まれた(同県は彼にちなんで、一九二五年に中山県と改められた)。兄を頼ってハワイで学んだあと、香港で洗礼を受け医学を修めた。一八九四年、ハワイで興中会を結成し、政治活動を本格的に開始した。翌年、香港で知りあった梅屋庄吉《うめやしょうきち》の援助も得ながら、広州で武装蜂起を試みたが失敗して、海外亡命した。九六年、ロンドンで清朝の公使館に捕らえられたが、香港時代の恩師などの努力によって自由を得た。この体験が、Kidnapped in London (1897)として公刊されると、反清活動家としての名声が高まっていった。ロンドンにおいては、博物学者南方熊《みなかたくま》楠《ぐす》と交流を行なった。その後、日本で宮崎滔天《みやざきとうてん》と知り合ったが、宮崎が半生を振り返った自伝『三十三年之夢』のなかで、恵州蜂起(一九〇〇年)前後の孫文が生き生きと描かれることで、日本でも孫文の活動が知られるようになっていった。一九〇五年、東京で中国同盟会を結成し、革命運動をめざす者の大同団結をはかった。しかし、同盟会内部の足並みは一致せず、また孫文が意図する広東方面での蜂起もうまくいかなかった。一一年の辛亥革命時には、孫文はアメリカ合衆国において武昌蜂起の知らせに接し、ヨーロッパ経由で帰国して、一二年に成立した中華民国の臨時大総統となった。孫文は、袁世凱と取り引きし、清朝皇帝を退位させることを条件に臨時大総統の地位を袁世凱に委ねた。袁世凱による権力集中に反撥した革命派は、一三年に第二革命を起したが、孫文はこれに失敗して日本に逃れ、翌年、自身への忠誠を誓う秘密団体として中華革命党を作った。一七年、孫文は広東に軍政府を成立させ、一九年、中華革命党を大衆政党をめざす中国国民党に改めた。二四年、中国統一について馮玉祥らと会談するために北上することを宣言し、その途上で立ち寄った神戸では「大アジア主義」の講演を行なった。しかし、北京において病が重くなり、二五年三月十二日に死去した。六十歳。

孫　文

参考文献　藤井昇三『孫文の研究―とくに民族主義理論の発展を中心として―』(一九六六、勁草書房)、堀川哲男『孫文』(『人類の知的遺産』六三、一九八三、講談社)、横山宏章『孫文と袁世凱―中華統合の夢―』(『現代アジアの肖像』一、一九九六、岩波書店)

(吉澤誠一郎)

た

ダーウィニズム　ダーウィニズム　⇩進化論《しんかろん》

ダーウィン　Charles Robert Darwin　一八〇九―八二　イギリスの博物学者、進化論者。一八〇九年二月十二日にイングランド西部のシルスベリーで生まれる。祖父のエラズムスは進化思想を唱えた医学者、父ロバートも裕福な医者であった。一八二五年にエディンバラ大学で医学を学んだが退学、ケンブリッジ大学クライスト＝カレッジに入学して牧師になるべく神学を学んだが、この間に博物学や自然科学に没頭した。一八三一年に大学を卒業すると、同年末にイギリス海軍の測量艦ビーグル号に乗船、南アメリカおよび南太平洋諸島を五年かけて周航した。航海中、剥製採取などの博物学的調査を行い、動物相と植物相が場所によって少しずつ変化していること、もとは同種と思われる種が特定の地域に多数散在していることに気づき、種をそれぞれ独立して創造された不変な存在とする神学的な考え方に疑問を抱くようになる。一八三六年の帰国後、ビーグル号の航海記録をまとめる傍ら地質学の研究に従事したが、翌一八三七年ころには一つの種がほかの種へと変化することを確信するようになり、食料の争奪が世界の人口を調整するとしたマルサスの『人口論』からの感化やハトの品種開発の考察から、進化の自然要因として自然選択の原理を着想した。この構想は友人らの勧めもあって一八五八年のリンネ学会でウォレスの論文とともに発表され、翌一八五九年に『種の起源』として出版された。それによれば、すべての生物は同種であってもそれぞれ固体間に親から子に伝えられる変異をもっており、そのうち環境に適応して生存と繁殖に有利な変異を有する固体が生き残り、そのような有利な変異を保存することによって、一つの種から多様な種が生じるとされた。ダーウィンはその様子を実証的に考察し、種の進化の過程を一つの幹から枝分かれしていく樹木にたとえて説明している。『種の起源』は刊行後まもなくベストセラーとなり、賛否両論入り乱れたセンセーショナルな反応を巻き起した。ダーウィンの議論は種を神が創造した不変的なものとする見方を否定し、人間をほかの生物と同じく進歩の過程から生じたものとみなしたために宗教界から猛烈な反発を招いたが、他方で従来の神学的人間観を根本的に問い直す強力な契機となった。そのため、同書の影響は自然科学のみならず人文科学や社会科学にまで及び、自然選択の原理による生存競争、自然淘汰、適者生存などのモティーフを人間社会にそのまま適用しようとする社会ダーウィニズムが登場した。ダーウィン自身は進化論のパースペクティヴを人間社会に直接適用することには慎重であったが、マルクスはここから唯物史観を着想し、スペンサーは自由主義の立場から社会進化論を提唱した。また、自然選択の原理は優生学の発生を促すとともに、強者の論理として帝国主義と植民地支配を正当化する学説としても利用された。『種の起源』は社会ダーウィニズムの言説と時同じくして日本に伝えられ、明治十年（一八七七）に東京大学で生物学を講じたモースによって紹介されたのを皮切りに、同二十九年（一八九六）には立花銑三郎によって『生物始源』の表題で翻訳されている。フェノロサや外山正一らによるスペンサーの紹介で急速に広まった社会ダーウィニズムと同様、『種の起源』は熱心に研究され以後何度も翻訳された。なお、ダーウィンは一八七一年に『人間の由来』を刊行し、個体数の性差や交尾機会の相違によって、異性との交尾をめぐって競争が生じ、それを通して形質が進化するという性選択の原理を提示した。これにより、性が自然科学の考察課題として広く認知されるようになり、以後の研究を促すことになった。一八八二年四月十九日にイングランドのケント州ダウンで死去。満七十三歳。自然科学の発展に寄与した偉大な科学者としてウエストミンスター寺院に埋葬された。『種の起源』については平成二年（一九九〇）八杉竜一訳の『岩波文庫』全二巻などが刊行されている。　↓社会進化論《しゃかいしんかろん》　↓進化論《しんかろん》

参考文献　エルンスト＝マイア『ダーウィン進化論の現在』（養老孟司訳、一九九四、岩波書店）　（馬原潤二）

ダールマン　Joseph Dahlmann　一八六一―一九三〇　ドイツ人イエズス会司祭。一八六一年十月十四日生まれ。コブレンツ Koblenz 出身。一八七八年イエズス会に入り、九〇年司祭に叙階。ベルリン大学などでサンスクリット、インド哲学、中国文学を修め、イエズス会雑誌 Stimmen aus Maria Laach の編集に従事。一九〇二年から三年間アジア諸国を巡歴、日本では大学創設の可能性を探る。〇五年七月教皇ピウス十世に拝謁、イエズス会が東京に大学を設置する許可を得る。明治四十一年（一九〇八）に再来日。大正二年（一九一三）ホフマン Hermann Hoffmann とともに上智大学を設立して教授に就任。ドイツ文学とドイツ哲学を担当。翌年より大正十三年（一九二四）まで東京帝国大学でもドイツ文学とギリシア語を教える。昭和四年（一九二九）脳溢血のため上智大学を退任。翌年六月二十三日東京で没。満六十八歳。言語学と宗教学に関して著述し、代表作に Die Sprachkunde und die Missionen (1891), Indische Fahrten (1908), Japans älteste Beziehungen zum Westen (1542-1614) in Zeitgenössischen Denkmälern seiner Kunst (1923) などがある。

参考文献　『上智大学史資料集』（一九八〇-九五）、『上智大学五十年史』（一九六三）　（五野井隆史）

ダイアー　Henry Dyer　一八四八―一九一八　土木工

学者、機械工学者、御雇い外国人。一八四八年八月十六日、スコットランドのラナークシャのボズウェルに鋳造工の子として生まれる。一八六三年から五年間、山尾庸三《やまおようぞう》の学んだグラスゴーのアンダーソンズ＝カレッジの夜学に通う。一八六八年から七三年までグラスゴー大学において工学者・物理学者のランキンらに学び、学士と修士の学位を得る。明治四年（一八七一）、伊藤博文と山尾は技術教育を行う学校の設立を計画し、翌年八月に教師の人選についてジャーディン＝マセソン商会のマセソンと協議したが、グラスゴー大学の初代工学教授のゴードンの推薦により、ダイアーをこの学校の都検（のちに教頭と称されるが、Principal、つまり校長）に選任した。ダイアーは、明治六年日本に到着し、伊藤・山尾の構想した学校、工学寮（明治十年（一八七七）より工部大学校）を、グラスゴー大学のみならずスイスやドイツの工科学校の特長も併せ持つ、専門職としての技術者を育成する高等教育機関として実質化した。学科課程、諸規程、校舎の構造、教場の配置などもダイアーの計画による。明治十五年、経済的および家庭上の理由などから帰国し、グラスゴー大学やエディンバラ大学の職に応募するが不首尾に終り、一八八七年、新設のグラスゴー・西スコットランド技術カレッジの終身理事となる。帰国後は、工学教育、社会問題や日本での経験に関する著作を発表した。一九〇四年には、工部大学校の卒業生からの情報をもとにして、『大日本』Dai Nippon, the Britain of the East, a Study in National Evolution を著わし、日本の成長を評価しつつもその将来には憂慮を示し、世界平和に対する貢献を望んだ。一九一八年九月、グラスゴーで病没。満七十歳。

参考文献　三好信浩『ヘンリー・ダイアー著作集成』別冊日本語解説（二〇〇六、エディション・シナプス）、北政巳『御雇い外国人ヘンリー・ダイアー―近代（工業）技術教育の父・初代東大都検（教頭）の生涯―』（二〇〇七、文生書院）

（岡本　拓司）

だいいちぎかい　第一議会　第一回帝国議会は、明治二十三年（一八九〇）十一月二十五日に召集され、貴族院では伊藤博文が議長に勅任され、衆議院では立憲自由党の中島信行が議長に選出された。開院式は二十九日、貴族院に天皇が臨席して挙行された。衆議院の党派別議席数は、立憲自由党（院内では弥生倶楽部）百三十、大成会七十九、立憲改進党（院内では議員集会所）四十一、国民自由党五、無所属四十五で、自由民権運動の流れをくむ反政府系の民党（立憲自由党・立憲改進党）が総議席数三百の過半数を制した。一方、政府が衆議院に対抗する拠り所とたのむ貴族院は、合計二百五十一人の議員から構成され、内訳は、皇族十、公爵十、侯爵二十一、伯爵十四、子爵七十、男爵二十、勅選六十一、多額納税四十五、であった。十二月三日、政府は衆議院に二十四年度予算案を提出。陸海軍省経費は一般会計歳出総額の約二六%を占めていた。六日、内閣総理大臣山県有朋は施政方針演説で、一国の独立を維持するためには、主権線（国土）を守るだけでなく、進んで利益線（主権線の安全に密接に関係する地域）を防護しなければならないと主張し、歳出の大部分を陸海軍経費にあてる予算の趣旨を説明した。五日、六十三名からなる予算委員会が成立し、委員長と理事三人にはすべて民党議員が選出された。民党側は「政費節減、民力休養」を掲げて、官庁経費や官吏俸給などを極力削減する方針をもって予算案の審議に臨んだ。委員会での査定案作成の作業は難航。期限内に審査を終えることができず、本会議における議論百出を経て、再度委員会に審査が付託された。二十七日、ようやく審査を終了し、政府原案の歳出額を大幅に削減（約一割にあたる七百八十八万円余）する査定案を議長に報告。休会明けの二十四年一月八日、これは委員長から本会議に報告された。官吏の俸給をはじめとする行政費を政府原案から二〇%削減し、行政整理によって民力の休養を実現しようとするものであった。これに対し政府側は、削減が予算審議権の範囲を越え、天皇の大権にかかわる費目にまで及んでいると問題視して、ここに大日本帝国憲法第六七条の解釈をめぐる対立が生じた。すなわち、第六七条は「憲法上ノ大権ニ基ツケル既定ノ歳出及法律ノ結果ニ由リ又ハ法律上政府ノ義務ニ属スル歳出ハ政府ノ同意ナクシテ帝国議会之ヲ廃除シ又ハ削減スルコトヲ得ス」と規定していたため、これに該当する項目については、憲法上、政府の同意が必要とされた。憲法第一〇条は「天皇ハ行政各部ノ官制及文武官ノ俸給ヲ定メ及文武官ヲ任免ス」と規定しており、官吏の俸給は天皇の大権事項にあたっていた。予算案は全院委員会を経て、二月六日、衆議院本会議に提出され、審議に付された。他方、憲法六七条の費目の削減に関しては、二十日、大成会の天野若円《あまのじゃくえん》が議会決定以前に政府の同意をもとめるという動議を提出し、土佐派を中心とする立憲自由党議員の一部が態度を変じて賛成に回ったため、賛成百三十八票、反対百八票でこれが可決された。いわゆる「土佐派の裏切り」である。二十四日、原案はそのまま可決され、ただちに政府の同意を求める手続きがとられたが、政府は二十六日、衆議院の修正案に不同意を回答。衆議院は同日、予算修正案の取扱いを政府と協議する特別委員を選出する動議を百五十一対百十七で可決し、政府との交渉を開始した。政府原案から七百五十万円を削減しようとする特別委員側と、これに反対する政府側が対立したが、結局、一般会計の歳出から六百三十一万円を削減することなどで妥協が成立し、三月二日、百五十七対百二十五でこれが可決された。予算修正案は貴族院に送付され、三月六日、貴族院で可決・成立した。八日に閉会。なお、会期中の二十四年一月二十日、仮議事堂（麴町区内幸町）が漏電で全焼したため、貴族院は帝国ホテル、衆議院は旧工部大学校で議事を進行した。

参考文献　林茂・辻清明編『日本内閣史録』一（一九八一、

第一法規)、内田健三他編『日本議会史録』一(一九九一、第一法規)　(大日方純夫)

だいいちぎんこう　第一銀行　明治六年(一八七三)に創立された第一国立銀行を前身とする銀行。明治四年国立銀行制度創設の方針が決まると、単独での設立を希望していた三井組に対して、大蔵大丞渋沢栄一は両替商小野組との共同銀行設立を勧めた。創立時は出資者が集まらず、資本金は二百四十四万八百円と半端であった。頭取には三井八郎右衛門と小野善助《おのぜんすけ》が就任したが、渋沢栄一が同行総監役として天下り、実権を握った。草創期の同行は、発券や官金取扱といった特殊銀行業務および預金・貸出といった普通銀行業務の双方を営んでいた。貸出を伸ばすため、渋沢は王子製紙など企業の育成にも力を入れた。国立銀行条例の改正以降、同行の経営は大きく発展し始める。生糸金融をはじめ日本の殖産興業資金を供給、明治十九年(一八八六)から始まる企業勃興期に貸出額は倍増した。二十九年(一八九六)国立銀行営業満期に伴い同行は普通銀行へ転換、日清・日露戦後ブームの中で預金・貸出額とも四~五倍という著しい伸びを示した。

参考文献　『第一銀行史』上(一九五七、第一銀行)、『三井銀行八十年史』(一九五七、三井銀行)　(邉　英治)

第一銀行　東京府下海運橋兜町第壱国立銀行五階造真図(歌川国輝画)

だいいちこうとうがっこう　第一高等学校　高度な普通教育、教養教育を行なった旧制高等学校の一つで、なかでも、官・財・学界において立身出世の登竜門と称される。全国から優秀な生徒が選抜され、皆寄宿舎制を原則とする籠城自治を中心としたエリート教育、大学予備教育が行われた。明治十年(一八七七)四月、東京英語学校を改め東京大学予備門が設置されたのが源流である。法理文三学部の専門諸科に進学するための予備教育機関であった。十九年四月、東京大学予備門を改め第一高等中学校(予科三年・本科二年)となる。二十二年(一八八九)三月、神田一ツ橋(東京都千代田区)から本郷向ヶ丘弥生町(文京区)の新校舎に移転する。二十七年七月、高等学校令に基づき第一高等学校と改称された。三十四年(一九〇一)四月、医学部を分離し千葉医学専門学校が独立する。三十五年三月から四十一年(一九〇八)三月の間、校内に中等教員養成のための第二臨時教員養成所(物理化学科)も設置された。明治四十一年四月から昭和七年(一九三二)三月には、清国留学生のための予備教育機関・特設予科も設置された。昭和七年六月、中華民国留学生のための特設高等科(文・理科の三年制)を設置した。十二年(一九三七)七月、特設高等科に附属予科も設置した。大正十年(一九二一)四月、高等学校令による高等科(文・理科の三年制)に生徒の入学を開始する。第一外国語によって、文科は甲類(英語)・乙類(独語)・丙類(仏語)、理科は甲類(英語)・乙類(仏語)と類別された。十二年九月、関東大震災による校舎倒壊は免れたが、亀裂・破損は甚大であった。昭和十年七月、東京帝国大学農学部の敷地と転換し、目黒の駒場町に移転する。同年二月、本郷向ヶ岡、向陵最後の祈念祭にあたり有志の寄附によって向陵碑が建設された。現在の向陵碑は、東京大学農学部弥生講堂の建設によって移設(平成十一年(一九九九)二月)されたものである。昭和二十五年(一九五〇)三月、新教育制度

本郷時代の第一高等学校正門

に基づき廃止されるが、新制東京大学教養学部の母体となった。　→東京大学予備門《とうきょうだいがくよびもん》

参考文献　『第一高等学校六十年史』(一九三九)、『第一高等学校自治寮六十年史年表』(一九五四、一高同窓会)、橋本襄爾編『向陵―一高百二十年記念―』(二〇〇四、一高同窓会)

(谷本　宗生)

だいいちせいめい　第一生命　わが国初の相互主義による生命保険会社。明治三十三年(一九〇〇)制定の保険業法の作成に関わり、農商務省商工局の初代保険課長を務めた矢野恒太《やのつねた》が第百銀行取締役兼支配人であった池田謙三の協力を得て、財界の実力者および財閥系企業の若手経営者などから基金を集めて同三十五年十月に開業した。営業開始時の同社は養老保険のみの取り扱い、保険金額を千円以上とした「高額契約主義」、日本人の死亡率をベースに作成した生命表である「矢野氏第二表」に基づく保険料の設定、累加配当方式、無代理店主義および外務員の不使用、東京中心の営業を特徴とし、加入時の選択を厳重にする一方、寛大な支払いを行う方針を採った。翌年から外務員を採用したが、無代理店主義を維持したため、創業から数年間の社員(契約者)の増加ペースは遅く、同じ相互会社であった後発の千代田生命に契約額で格差をつけられる状況であった。しかし創業以来の堅実経営により、第五年度(明治三十九年九月から翌年八月)における社員への初配当と、責任準備金の積立方式のチルメル式から純保険料方式への切り換えを実施し、四十四年(一九一一)度末の東京地区の保有契約額において第二位となり、営業基盤を確立した。

参考文献　矢野恒太記念会編『矢野恒太伝』(一九五七)、印南博吉編『現代日本産業発達史』二七(一九六六、交詢社出版局)、第一生命保険相互会社編・日本経営史研究所監修『第一生命百年史』(二〇〇四)

(今城　徹)

たいいんくん　大院君　Taewŏngun　一八二〇―九八　李氏朝鮮末期の政治家。二十六代国王高宗の父。南延君球の四男。名は昰応。号は石坡。一八二〇年生まれる。四三年に興宣君に封ぜられた。六四年一月に二十五代国王哲宗が嗣子なく死去すると、大王大妃(神貞王后、一八〇九―九〇)の命により興宣君の次男が後継の王に指名された。高宗の即位により、大王大妃が垂簾同聴政(摂政)を六六年まで行なったが、興宣君は王の実父として大院君の尊称を受け、大王大妃との連携を利用して政権に関与し、最高実力者となった。二十三代国王純祖の時代以来、外戚として権力を握ってきた安東金氏の勢力、最大党派の老論の勢力を抑える一方、弱小党派の南人・北人、璿派(王族の子孫である全州李氏)、武臣の登用によって権力構造の再編を進め、自己の支持基盤を固めようとした。十六世紀末以来、最高行政官庁であった備辺司を廃止して王朝前半期のように議政府をその地位に復したのをはじめ、軍政機関としての三軍府の復設、景福宮の再建など、王朝初期に復古する形で王室の権威を高めようとした。天主教徒に弾圧を加える一方、開国通商を迫って侵攻してきたフランス艦隊(六六年)、アメリカ艦隊(七一年)を退けた。軍備の強化を図り、そのために地税の増徴、都城門税の徴収などを行なった。また在地両班の勢力を抑え、財源拡充を図るため、書院の撤廃、両班からの奴の名義による軍布(軍事費に充てる綿布)の徴収などを行なった。また、日本の明治政府による外交関係改編の企ても交渉の入口で拒絶した。しかし、大院君への権力集中・再編は高宗や王妃閔氏の一族、老論有力家門の反発をもたらし、七三年、崔益鉉の大院君弾劾上疏を契機に、政権は高宗と閔氏一族に帰し、大院君は退陣した。八二年七月に、閔氏政権の進める開化政策下で冷遇された旧式軍隊兵士の反乱(壬午軍乱)を利用して大院君は再び政権を掌握したが、清軍が出兵してきて、大院君は中国に連行され、直隷の保定に幽閉された。八五年十月にようやく帰国したが、それまでに大院君腹心の勢力は削がれていた。九四年七月に日本の後押しで政権に三たび関与することになったが、同年末には日本公使井上馨によって退けられた。九八年二月二十二日に死去した。七十九歳。

大　院　君

参考文献　糟谷憲一「大院君政権の権力構造―政権上層部の構成に関する分析―」(『東洋史研究』四九ノ二、一九九〇)

(糟谷　憲一)

たいか　大火　火事の大きさを表す言葉に、「小火《ぼや》」や「大火」が使われる。大火の規模の扱いは、文献やその時代の災害の恒常性によって定義が異なっている。現在の定義は、『消防白書』に「大火とは、建物の焼損面積が三万三〇〇〇平方㍍(一万坪)以上の火災をいう」と記述されている。規模の捉え方についても、明治期では東京市などで、現在のような焼失面積の記録があるが、主に焼失戸(棟)数を指標としている。規模の記述として『東京市史稿』変災篇五の明治八年(一八七五)に、「重《じゅう》なる火災として国会議事堂、皇居等重要建物と火災規模五百坪以上および焼失戸数百戸以上の火災を示す」とあるが、明治期の大火を現在の大火の定義に近いものと考え『日本の大火―明治元年～昭和二十年―』の明治期に戸数と焼失面積が併せて記録されている事例から、焼失戸数千戸以上を大火とした。表に示すとおり明治期の全国の大火は、百回を数える。地域としては、東日本に多く、東京、北海道、新潟、神奈川、福井、富山、大阪、山形、長野の順番になっている。特に東京府二十四回(内東京市二十

三回)、北海道十三回(内函館市八回)は他をぬきんでて多い。表には五千戸以上の大火の具体的地名を載せた。これらの大火の発生要因としては、まず、季節風が大きく影響し強風により脆弱な木造が密集している地域で火災が拡がり当時の消防能力(消火栓、消防士や消防ポンプ車など)を越えてしまっていることが挙げられる。もう一つは、地震により同時に多くの火災が発生した場合も大火となっている。なお、戊辰戦争など兵火は除いて表を作成している。以下に代表的な大火を示す。はじめに西洋風煉瓦街建設の契機となった銀座大火(東京丸の内兵部省で、明治五年二月二十六日(一八七二年四月三日)江戸城和田倉門内にあった旧会津藩屋敷から出火し烈風により、銀座一帯から西本願寺・築地ホテルなどを焼失させた大火である。当時条約改正のため市街地を欧米に劣らないものとすることが求められていた東京府は、道路整備と不燃建築をめざすべく政府に働きかけた。銀座煉瓦街は、明治六年六月には着工し、同十年(一八七七)五月に完了した。東京と並ぶ大都市である大阪でも明治四十二年(一九〇九)七月三十一日大阪市北区空心町より出火した大阪北の大火がある。東からの強風のため天満《てんま》堀、曾根崎川を越え、お初天神を焼失、東西に燃え抜けた。死者

明治時代に発生した大火

年	焼失戸数 1,000戸以上(件)	焼失戸数5,000戸以上
明治元年(1868)	1	
明治2年(1869)	3	
明治3年(1870)	1	
明治4年(1871)	1	
明治5年(1872)	1	
明治6年(1873)	4	12月9日　東京神田福田町　5,752戸
明治7年(1874)	3	
明治8年(1875)	1	
明治9年(1876)	1	11月29～30日　東京日本橋数奇屋町　8,550戸
明治10年(1877)	0	
明治11年(1878)	3	3月17日　東京神田黒門町　5,125戸
明治12年(1879)	3	12月26日　東京日本橋箔屋町　10,613戸
明治13年(1880)	9	8月6日　新潟県新潟大川前通り　6,200戸 8月8日　新潟県新潟市　5,554戸
明治14年(1881)	4	1月26日　東京神田松枝町　10,637戸 2月11～12日　東京神田柳町　7,751戸
明治15年(1882)	1	
明治16年(1883)	1	
明治17年(1884)	3	
明治18年(1885)	2	5月31日　富山県富山市餌指町　6,229戸
明治19年(1886)	6	
明治20年(1887)	1	
明治21年(1888)	3	
明治22年(1889)	2	
明治23年(1890)	2	
明治24年(1891)	2	10月28～29日　濃尾地震　岐阜市　2,900戸
明治25年(1892)	2	
明治26年(1893)	2	
明治27年(1894)	3	
明治28年(1895)	2	
明治29年(1896)	2	
明治30年(1897)	3	
明治31年(1898)	2	
明治32年(1899)	5	8月12日　富山県富山市中野新町　6,000戸
明治33年(1900)	2	
明治34年(1901)	0	
明治35年(1902)	1	
明治36年(1903)	2	
明治37年(1904)	1	
明治38年(1905)	1	
明治39年(1906)	1	
明治40年(1907)	1	8月25～26日　北海道函館市東川町　12,400戸
明治41年(1908)	2	
明治42年(1909)	1	7月31日　大阪市北区空心町(大阪北の大火)　14,400戸
明治43年(1910)	2	5月3～4日　青森県青森市安方町　7,519戸
明治44年(1911)	3	4月9日　東京市浅草区新吉原江戸町(吉原の大火)　6,189戸
明治45年(1912)	4	1月16日　大阪市南区難波新町(大阪南の大火)　5,300戸

(1)明治24年濃尾地震による火災は5,000戸未満であるが要因が異なる事例として掲載した。
(2)(　)内は大火の名称。

十二名を出し、警察署員・消防夫約二千六百名が出動した。これを契機として大阪府建築取締規則が制定され、道路幅員が既存の九尺(二・七メートル)から二間(三・六メートル)に拡げられた。地方都市として最も大火が頻発した函館市では、明治四十年八月二十五日東川町より出火、最大毎秒一六・八メートルの暴風と水源の枯渇で消火栓の水を使うことができなかったため大火となった。函館市では明治十二年十二月六日の大火において、前年の市区改正により改造した町への延焼が免れて以降、昭和九年(一九三四)函館大火の復興でも今に残る防火帯が形成されてきた。たび重なる大火としては旧吉原をふくめ江戸時代に二十一回全焼している東京の吉原がある。吉原は、東西二町南北三町の遊廓周囲に堀があり、非常用に跳ね橋が設けられている。この大火は、明治四十四年四月九日新吉原江戸町二丁目より出火、南の烈風にあおられ大火となったが廓内の数千人の娼妓は、跳ね橋などが開放されたため難を逃れた。この大火では東京市消防本部をはじめ全六署の蒸気ポンプが出動し、さらに横浜からの応援のポンプも消火にあたった。地震による大火では、明治二十四年(一八九一)十月二十八日午前六時三十八分に発生した濃尾地震(M八・四)によって岐阜市では市内四ヵ所から出火、そのうち三ヵ所は消し止められたが鍛冶町からの火災で二千戸が焼失した。これを契機に震災予防調査会が設立された。

参考文献 函館消防本部編『函館大火災害誌』(一九三七)、『銀座煉瓦街の建設―市区改正の端緒―』(『都市紀要』三、一九五五)、東京消防庁『東京の消防百年の歩み』(一九八〇)

(西田　幸夫)

たいがいこううんどう　対外硬運動　外交において対外強硬論を掲げ実現させようとする運動。明治期には大きく三つある。㈠明治二十六年(一八九三)第五議会を目前に、国民協会・改進党・同盟倶楽部・政務調査会・同志倶楽部・東洋自由党により形成された対外硬六派連合は現行条約励行建議案を提出し、内地雑居とひきかえに不平等条約改正をめざす政府と鋭く対立し議会は解散となった。その後貴族院の三曜会・懇話会と全国同志新聞雑誌記者同盟が加わり、現行条約の励行による自主的外交の確立、責任内閣の実現を掲げて運動を展開、翌年の第六議会では衆議院は内閣弾劾上奏案を可決して政府を追い詰め、再び解散となった。㈡三十三年(一九〇〇)の北清事変以後、満洲に駐留を続けるロシア軍の撤兵問題をめぐり、三十六年進歩党・帝国党・同志集会所・中正倶楽部・議員集会所・無所属議員によって対露同志会が結成され、ロシアの撤兵・満洲の開放を掲げ閣僚訪問や演説会を行い、対露強硬外交を政府に迫り、日露主戦論を煽った。㈢日露戦争中は挙国一致という立場で活動を停止したが、講和の道筋が見えてくると対露同志会に加えて日東倶楽部・同志記者倶楽部・青年国民党・江湖倶楽部・南佐荘・桜田倶楽部・黒竜会・無所属代議士の九団体が三十八年七月講和問題同志連合会を結成し、戦勝の見返りとしてロシア勢力のアジアからの完全駆逐・賠償金の獲得など多大な成果を要求し各地で演説会を行い政府の講和案を批判。交渉の過程で樺太全土割譲と賠償金獲得が不可能なことが明確になると、講和交渉の中止・断絶を要求し講和反対運動を展開する。九月五日講和条約調印の日、講和反対の国民大会・演説会・懇談会を開いたが、多数の民衆が参加して日比谷暴動へと発展した。その後地方でも非講和大会を開き、政府が条約批准を決定した十月二十日解散し国民倶楽部を作り政府問責をめざした。趣意書は内に立憲主義、外に帝国主義を掲げた。→講和問題同志連合会《こうわもんだいどうしれんごうかい》　→国民倶楽部《こくみんクラブ》　→条約励行運動《じょうやくれいこううんどう》　→対露同志会《たいろどうしかい》　→日露講和反対運動《にちろこうわはんたいうんどう》　→日比谷焼打事件《ひびややきうちじけん》

参考文献 井上清『条約改正―明治の民族問題―』(『岩波新書』、一九五五、岩波書店)、酒田正敏『近代日本における対外硬運動の研究』(一九七八、東京大学出版会)、小宮一夫「全国同志新聞雑誌記者同盟と明治二十七年前半の政局」(『メディア史研究』二、一九九五)

(広瀬　玲子)

だいがく　大学　高度な専門教育機関ならびにそのための語学教育機関などを「大学」と呼ぶことは、少なくとも明治期の初めには一般化していなかった。法令上明瞭に現れたのは大学規則及中小学規則(明治三年(一八七〇)二月、大学制定)である。このとき「大学」ははじめて、和学・漢学・洋学などの国域別区分を離れ専門学の領域区分で編成される教育機関ということが宣言されたが、それに対応する実態はなかった(実施されたのは貢進生制度のみ)。明治十年(一八七七)文部省に東京大学が設置されたのは同時代の工部大学校に比較するときわめて早い例に入るが、なぜ「大学」とだけ称したのかは明らかでない。その後、法令上「大学」という呼称が定着したわけではなかった。これより先、「学制」(追加二編、明治五年八月)は「大学」という語を「専門学校」と対比して使った。しかしその廃止後、明治十年代の一連の教育令では「大学校」(第一次教育令、十二年九月)、「大学校」(第二次教育令、十三年十二月)、「大学校」(第三次教育令、十八年八月)というように一貫して「大学校」という語が使われた。それらの「大学校」は、「学制」の「大学」同様すべて「専門学校」と対比して併用されていた。両者の間にはミッションの差が想定されていたことが窺える。すなわち大学校は「法学理学医学文学等ノ専門諸科」を授けるのに対し、専門学校は「専門一科ノ学術」を授ける(第一次、二次)、また「専門諸科」を教授する大学校に対し、専門学校は「法科理科医科農業商業職工等各科ノ学業」を授ける、といった微妙な違いである。三回の教育令起草段階でこの違いがどのように意識化されたかは定かではないものの、「大学校」は諸専門学の総合的教育機関であるのに対し、「専門学校」は実生活に近い諸学のうち一科だけを教える学校だという観念が、漠然とながら形成されてきたと見ることができよう。ちなみに「大学」という語は、当時漢学古典の『大学』と混同され

ることがあったために、法制度上使用を避けたのかも知れないが、定かでない。ただし維新以来の公教育システム観には、「国民教育は小学校から一貫した学校体系を構築して形成するものだ、そしてその最上段には何らかの学校がなければならない、それを大学校および専門学校という」という国民皆学思想に立つ学校制度志向があった。その限りでは大学も専門学校もレベル差のない高等教育機関であった。しかしこれが一挙に転轍したのが、帝国大学令の公布(十九年三月)であった。大学は文部省一省の管轄に帰し、しかも大学院および分科大学の双方によって構成される最高の研究教育機関になった。「学士」は学位でなく単なる称号になったが、それは全国にただ一校である帝国大学の各分科大学卒業生であることを証明する肩書きとなった。このとき以来、「大学」という機関名称は旧東京大学である帝国大学に独占され、同時に卒業生としての特権や栄称もその機関一本に絞られた。こうして一八九〇年代に入ると、「なぜ自分たちは大学となれないのか」という要求が、特に法律経済を専門とする私立学校を中心に起きてきた。大学昇格運動である。また、慶応義塾は明治二十三年(一八九〇)には大学部を設けた。こうした動きの大きな契機は、学士号を持てないことによる卒業生の不利益を解消することにあった。しかしこの要求は容易に政府の入れるところにならず、三十六年(一九〇三)三月に専門学校令を制定する直前、

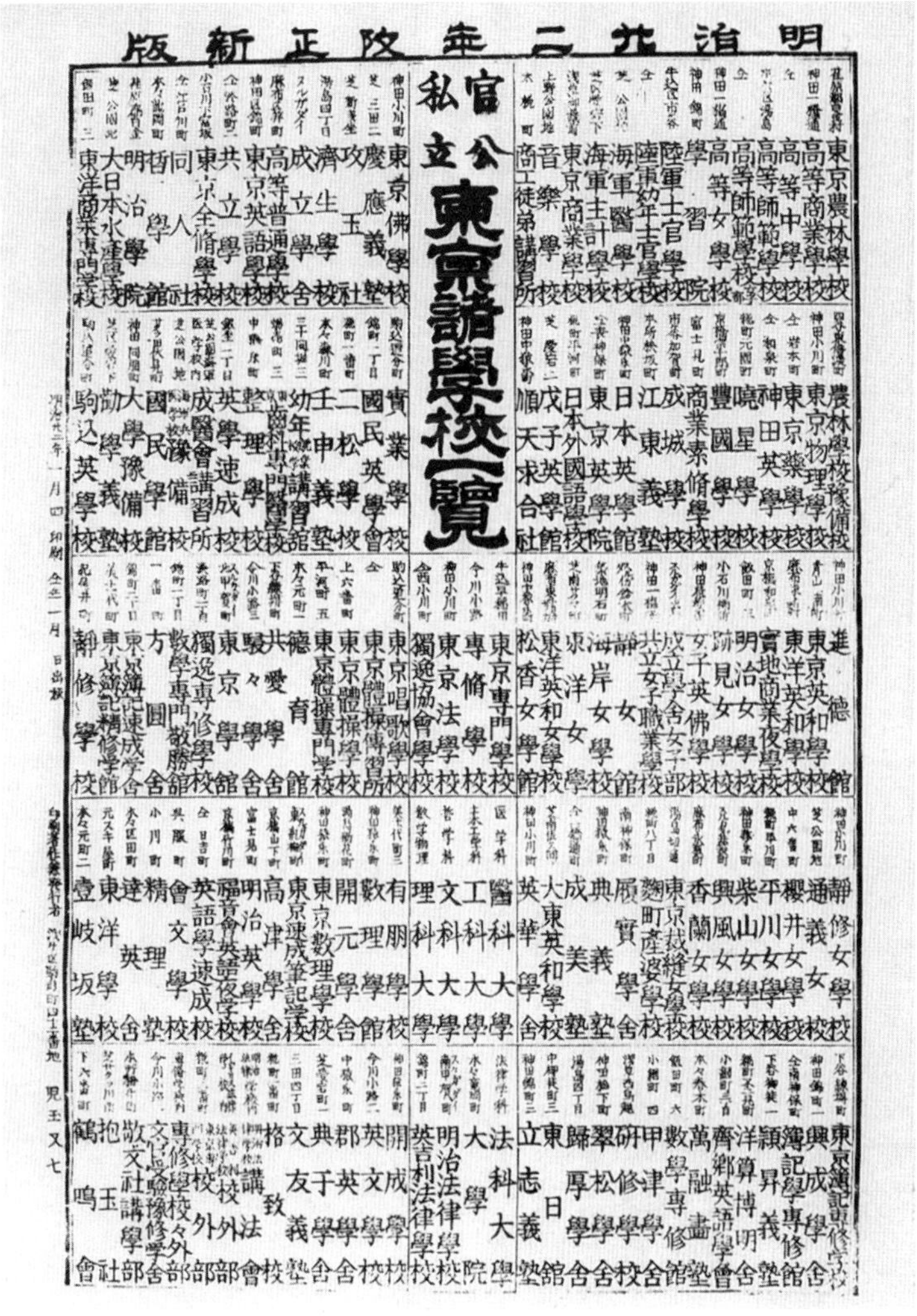

大学　官公私立東京諸学校一覧

文部省はようやく私立の法律経済系専門学校のうち一年半程度の予科を設けるものは「大学」と称することができるという行政措置をとった。これにより、たとえば東京専門学校は三十五年から早稲田大学を公称してその創立記念式典を挙行し、大谷大学校、仏教大学(校)なども同じく大学と称した。専門学校令公布以降は要件を備えた専門学校は、たとえば私立立教学院立教大学というような公的名称のもとに認可された。それらの卒業生も肩書きには早稲田大学学士や法政大学得業生といった学校名入りの肩書きを使うことが社会的に許された。ただし、女性のための高等教育機関は、のちには女子専門学校として認可されるようになったものの、明治期には校名も「大学校」としか許されなかった。三十四年創立の日本女子大学は、「女性のための大学を創る」という創立者成瀬《なるせ》仁蔵《じんぞう》の趣意にもかかわらず、五十年後の戦後改革期まで日本女子大学校というのが正式名称であった。このように、「大学」は明治期を通じて、高等教育機関間の序列シンボルないし卒業生の社会的地位や威信を規定する語として機能した言葉であった。そして具体的には帝国大学だけが大学である、という不可視の行政的原則としても機能し、専門学校や師範学校も加えれば実際には早くから相当な大衆化を遂げていた明治期日本の高等教育との間に矛盾を抱えながらも、帝国大学の特権的性格を象徴する言葉として通用したということができよう。 →学士《がくし》 →五大法律学校《ごだいほうりつがっこう》 →帝国大学令《ていこくだいがくれい》

(寺﨑　昌男)

だいがくいん　大学院　大学において分科大学(のち学部)の上級に置かれた教育・研究機関。明治十九年(一八八六)三月制定の帝国大学令によって帝国大学に設置されたのが最初。帝国大学令では、教育を行う分科大学と並立して研究を目的とする機関として大学院を規定していたが、専任教員や独自の学科課程は存在せず、実質的には分科大学に付随するものだった。就職や徴兵の猶予期間として大学院に進学する者もいる一方、若手研究者の研鑽の

場であり、学部学生への実験、演習などの指導に重要な役割を果たす大学院生も少なくなかった。明治三十年代後半からは一部の私立学校にも大学院に相当する機関が置かれるようになった。大正七年(一九一八)十二月の大学令によって、大学院は学部に置かれる研究科の総称になった。敗戦後の教育改革によって、大学院は独自の地位と使命が与えられ、修士・博士の両課程が置かれて学術研究者や専門的職業人の養成にあたることになった。
(西山　伸)

参考文献　宮原将平・川村亮編『現代の大学院』(一九八〇、早稲田大学出版部)、『東京大学百年史』(一九八四―八七)

だいがくこう　大学校　明治二年(一八六九)六月から四年七月、明治政府が新時代を担う人材の養成をはかるために設置を試みた教育機関。しかし、国・漢・洋三学の激しい対立抗争によって、新政府の試みは短命に終った。明治元年六月、旧幕府の官吏養成機関であった昌平坂学問所を新政府が昌平学校として復興。新時代を担う人材養成のため、その教育機関である大学校の建設を企図した動きであった。昌平学校の入寮生徒数は三百名以上であった。二年六月、太政官から学校規則が発せられ、昌平学校を大学校と改組し、開成学校と医学校をその分局とした。旧昌平学校は大学校の主体・本校とされ、開成学校、医学校を含めてその総合組織を大学校と捉えた。主体とされた大学校は日課も試験もなく、学生自身の自習を重視した。薩摩、金沢、熊本、富山、土佐など有力諸藩出身の学生が多いのも特徴であった。同年十二月、大学校を大学、開成学校を大学南校、医学校を大学東校とそれぞれ改称する。大学校の開設当初から生じた国学者と漢学者との対立は大学となっても混乱紛糾を続け、明治三年二月に大学規則が制定されて洋学者を巻き込む抗争にまで拡大した。事態は収拾することなく、同年七月に大学は閉鎖され、翌四年七月に文部省の設置に伴い大学は廃止された。大学南校と大学東校は、大学の廃止によって南校と東校に改称された。旧大学を当分の間文部省庁舎とし、旧吏員がその事務を取り扱うとした。文部省の設置は、大学校から課題とされた教育機関と中央教育行政機関との機能分離を明確にはかるものであった。

参考文献　『東京帝国大学五十年史』上(一九三二)、『東京大学百年史』通史一(一九八四)、熊沢恵里子『幕末維新期における教育の近代化に関する研究―近代学校教育の生成過程―』(二〇〇七、風間書房)
(谷本　宗生)

だいがくこうざせい　大学講座制　学問の専攻分野に即して教員を配置し、研究教育の職責を果たさせる制度。学内基本組織の一つ。起源はヨーロッパの諸大学にあり、もともと教員が教会・領主などの寄付金を基礎として教会法・歴史学などの講義を行う座卓(ドイツではLehr-stuhl、イギリスではchair、両者とも「座席」を示す)を意味した。近世を経て近代以降も諸国の大学に受け継がれ、日本には明治二十六年(一八九三)、帝国大学各分科大学に導入された。これより先、二十三年ごろから大学側にも導入の意向はあったが、二十六年に文相となった井上毅は、詳細な調査にもとづいて特にフランスの欽定講座制度やドイツ大学のLehr-stuhl制度を参照し、内閣を説得して本格的な導入を実現した。㈠各分科大学教授に「一科専攻」の研究と教育の責任を持たせそれを保障する制度を確立すること、㈡各講座は原則として一人の教授をあてるが、教授を欠く場合は例外的に助教授が担当し、また外国人教師が嘱託講師として担当すること、㈢各講座担当者には講座俸を支給して大学教授の待遇を改善すること、などを主張した。井上は、講座俸(実際には職務俸と称した)の算定にもみずから直接にあたった。法科大学二十二、医科大学二十三、工科大学二十一、文科大学二十、理科大学十七、農科大学二十、合計百二十三講座であった。その後京都などに帝国大学が増設されるにつれて、それらの各分科大学にもまず講座が設置された。明治期を通じて講座は「一人一講座」の制度を厳守し、いわゆる「教授一、助教授二、助手三」といった教員組織(昇任)制度に変わったり、大学内に講座非担当の研究だけに従事する教官が置かれたりしたのは大正期の半ば以後である。大正期および戦後期になると講座制は教授の封建的人事支配をたすけ、また専門領域を固定化するといった批判を浴びるようになったが、明治期にはむしろ大学の専門性を支える自治制の基盤として機能した。講座の設置や種類などは、各帝国大学分科大学ごとに勅令をもって規定された。　→分科大学《ぶんかだいがく》

参考文献　海後宗臣編『井上毅の教育政策』(一九六八、東京大学出版会)、寺﨑昌男『(増補版)日本における大学自治制度の成立』(二〇〇〇、評論社)
(寺﨑　昌男)

だいがくじちろん　大学自治論　「大学自治」の観念ないし言葉が日本でいつから理解され使われるようになったかは定かでない。国法学の領域ではスイス生まれの国法学者ブルンチュリーらの著作によって伝えられていたが(加藤弘之《かとうひろゆき》訳『国法汎論』、明治五年)、慣用的には小野梓《おのあずさ》による東京専門学校開校式演説(明治十五年(一八八二))における「学の独立」宣言に示されるように、「大学・学校の独立」という意味で使われたもののようである。しかし大日本帝国憲法制定直後の明治二十二年(一八八九)三月以降になると文部大臣直轄で国権主義的な帝国大学管理運営体制に対する批判を、多くの新聞雑誌が「大学独立論」として掲げ、なかにはイギリスに倣って大学選出の代議員制度を主張する論もあった。また同年には帝国大学内部から皇室を頂く組織改革案が提案され、内閣でもそれに応ずる教育法令改革案が企図された。当時の自治論の発想は、やがて開設される帝国議会において政党の圧力から予算などの大学関係事項をどう守るかという危機感であったと思われる。一八九〇年代に入ると井上毅の手で講座制導入・分科大学教授会法定が行われた。きっかけは、「帝国大学は行政機関であり、研究教育の当事者は分科大学(教官)や各教場である」という教授たち

の意見であり、それを受け止めたのが欧米近代大学の自治制度を認識していた井上であった。ただし教官人事権と財政自主権とは憲法の天皇大権規定に抵触するため大学自治権から除外されたものの、学科課程制定権、博士学位審査権、学内利害調整権などは認められ、明治末までに各帝国大学に適用されていった。しかし日露戦争前後におきた東京帝国大学の戸水(寛人)教授事件、京都帝国大学の岡田司教授事件などにおいては大学教授の身分と地位ならびに総長の教官人事具状権との関係などが絶えず問題となり、大正初期まで伏流した。他方、井上文相期に、教育は「国家ノ事務」であることが確認され、学校は「学ノ蘊奥」を攻究する大学とは異なるという区別論がいよいよ明瞭になった。戸水事件においても勅令により講座を担当する教授の不利益処分を「俗吏」たる行政官僚が行うのは不当である、という対抗論理が打ち出され、事件は大学側の勝利に終った。言いかえれば「教育」と区分された「学問」の優位が自治論を補強し、大学自治論は帝国大学特権論と表裏をなしていた。他方、大学の位置を与えられなかった私学の「自治」を主張する世論はほとんど見られなかった。

参考文献 家永三郎『大学の自由の歴史』(一九六二、塙書房)、寺﨑昌男『日本における大学自治制度の成立(増補版)』(二〇〇〇、評論社)

(寺﨑 昌男)

だいがくせいのせいだんえんぜつぼうちょうきんし　大学生の政談演説傍聴禁止　明治十六年(一八八三)二月七日、東京大学総理加藤弘之によって出された学生生徒の政治に関する演説の傍聴を禁止した達。この達では、政治談義と紛らわしい学術講演会への立ち入りを禁止しているだけでなく、純粋な学術的演説に関しても傍聴の際には必ず許可を受けることを定めていた。前年来、明治十四年政変や自由民権運動の激化を背景に、現実の政治運動に参加する大学生が増えつつあり、政府は明治十五年六月に集会条例を改正公布し、学術会における政談を禁止した。また、同年十月の東大の学位授与式では、フェノロサが学生の政治活動を戒める演説を行なっており、加藤の達の前提にはこのような政談と学術の関係についての大学の危機感があった。

参考文献 中野目徹『政教社の研究』(一九九三、思文閣出版)

(西山 伸)

だいがくとうこう　大学東校　⇨東京帝国大学《とうきょうていこくだいがく》

だいがくなんこう　大学南校　⇨東京帝国大学《とうきょうていこくだいがく》

だいがくなんこうかいがいしんぶん　大学南校海外新聞　⇨海外新聞《かいがいしんぶん》

だいがくよか　大学予科　明治二十七年(一八九四)六月公布の高等学校令により設けられた制度で、大学進学のための準備教育を行う機関。同令は専門学部を主とし、帝国大学入学者のために予科を設け得ることとし、明治三十年(一八九七)時点で存在した六つの高等学校に置かれていた。しかし医学部・法学部などの専門学科は歓迎されず三十九年四月に高等学校は大学予科のみの学校となった。その後、大正七年(一九一八)十二月に高等学校令が公布され、従来の大学予科は高等学校高等科となった。また同年同月の大学令では、大学は必要に応じて予科を置くことができ、その修業年限・教育課程などは高等学校高等科のそれに準ずるものとされた。これにより官立以外に公私立の大学予科の設立が可能となり、すべての公私立大学および北海道帝国大学、東京商科大学などに設けられた。なお、大学予科は男子のみを収容する機関であったが、昭和二十一年(一九四六)以降女子の入学を認める予科も出現した。しかし、戦後の新学制において予科は廃止された。

参考文献 教育史編纂会編『明治以降教育制度発達史』三・七(一九三八、竜吟社)

(湯川 次義)

だいかぐら　太神楽　大道芸。江戸には、熱田神宮に所属する熱田派と伊勢神宮支配の伊勢派がある。ともに寺社奉行の管轄下に置かれ、初春には市中を回って祝儀を述べた。明治になると、小屋や寄席の出演が主となる。曲芸は傘の曲、かご鞠、獅子舞など十三番あるが、重点は滑稽茶番に置かれた。なお明治十八年(一八八五)、粟田勝之進はボストンで好評を博し、プリンス粟田と賞賛された。十代鏡味仙太郎《かがみせんたろう》(一八五九―一九二九)も洋行経験は豊富である。

太神楽之図(『風俗画報』第100号より)

参考文献 暁紅「太神楽月旦」(『文芸倶楽部』一五ノ三、一九〇九)、倉田喜弘『海外公演事始』(『東書選書』、一九九四、東京書籍)

(倉田 喜弘)

だいかんみんぽう　大韓民報　大韓帝国で発行された朝鮮語新聞。李完用内閣を批判し、一進会と対立する政党を自任した大韓協会の機関紙。一九〇九年六月二日、大韓協会副会長呉世昌を社長に、張孝根を発行人兼編輯人に据えて創刊された。創刊号には、大隈重信・尾崎行雄・犬養毅・河野広中・大垣丈夫《おおがきたけお》(大韓協会顧問)、大岡力《おおおかつとむ》(京城日報社長)、島田三郎(東京毎日新聞社長)、佐藤忍(東京報知新聞主筆)の日本人も祝辞を寄せている。韓国併合に関する条約が公布された翌日の一〇年八月三十日から『民報』と改題し、八月三十一日付をもって廃刊された。基本的な論調は、日本の韓国保護政策を維持させることによって、併合を回避ないし遅延させるというものである。また、一面に掲載された挿画は、朝鮮における最初の新聞連載漫画として評価されている。

参考文献 韓元永『韓国新聞一世紀』開化期篇(二〇〇二、

プルンササン、ソウル）　　　　（月脚　達彦）

たいぎゃくざい　大逆罪　一般に君主（皇帝や国王）の生命・身体に対して害を加える罪のことをいう。日本では天皇に対して危害を加える罪のことをいう。古く唐律《とうりつ》は、社稷《しゃしょく》を危うくする（王朝への攻撃、皇帝への攻撃、両者を含む）謀反の罪と、宗廟《そうびょう》・山陵・宮闕《きゅうけつ》（皇帝の権威を示す建造物・築造物）を毀す大逆の罪を別罪として区別した。のちに明律《みんりつ》・清律《しんりつ》は、謀反大逆の四字で一つの罪名とし、謀反を王朝への攻撃、大逆を皇帝への攻撃と前代の解釈を変更した。この解釈が近世日本に入り、大逆の語（とその概念）は主殺し、親殺しをさす「逆罪」と混同されながら明治時代前期に及んだ。明治三年（一八七〇）十二月頒布の新律綱領《しんりつこうりょう》、六年六月公布の改定律例《かいていりつれい》は、どちらも明律・清律を継受しながら、政府が前将軍や戊辰戦争の際、賊軍に回った藩主らの罪を寛宥したことから、謀反大逆の条文をおかなかった。明治十三年（一八八〇）七月公布の刑法（いわゆる旧刑法）は、ボアソナードを通してフランス刑法の罪刑法定主義を採用した。そのため、天皇に対して危害を加える罪も、政府を顚覆しようとする罪も、刑法中に新設されることになった。その前段階の司法省の刑法草案編纂会議においては、フランス刑法が一括りとする皇帝とその家族の生命・身体を害する罪と政府を顚覆しようとする罪を、ボアソナードの抵抗を抑えて、各則第一章に天皇の身体に対する罪、第二章に内乱に関する罪として分置した。前者は通常罪（常事犯）で、後者は国事犯だから、両者は罪質が異なる、というのが理由である。これは、フランス刑法・ドイツ刑法など十九世紀西欧の刑法典に例をみないやり方で、大逆罪から内乱罪を分離したことを意味する。旧刑法は、司法省草案のやり方をうけついで、各則第一章「皇室ニ対スル罪」の中に天皇に危害を加える罪をおき、第二章「国事ニ関スル罪」の第一節に「内乱ニ関スル罪」として政府を顚覆しようとする罪をおいた。第一章の冒頭は第一一六条「天皇三后皇太子ニ対シ危害ヲ加ヘ又ハ加ヘントシタル者ハ死刑ニ処ス」という条文で、この条文のさす犯罪が（旧刑法のどこにもその言葉はないが）一般に大逆罪と称された。三后とは皇后、皇太后、太皇太后のことをいう。この「加ヘントシタル」が未遂をさすのか、予備・陰謀を含むのかについては、はっきりしなかった。村田保《むらたたもつ》や高木豊三《たかぎとよぞう》は未遂をさすと解釈した。十六年の参事院の改正案は、大逆罪・内乱罪の分置を共和主義の精神だと難癖をつける井上毅らの巻き返しにより、各則第一章、第二章の分章化をやめ、悖乱《はいらん》の罪という章名で括って、各則の第一章に皇室に対する罪、謀反の罪、謀叛の罪の三節をおくとともに、第一一六条「皇室ニ対シ悖逆ヲ謀ル者ハ死刑ニ処ス」として、律と同じく予備・陰謀を死刑に処することを定めた。ボアソナードは、そういう条文が一つあるだけで日本刑法は世界中で最も野蛮な法律だと評されると批判した。明治二十四年（一八九一）の政府の第一議会提出改正案は、各則第一章、第二章の分章化を維持しながら、第一一八条で既遂・未遂を分たず天皇・三后・皇太子らの生命に対する危害者を死刑、身体に対する危害者を無期懲役とし、第一二〇条でそれらの予備・陰謀の刑を減じた。その後、明治四十年（一九〇七）刑法は、各則第一章を「皇室ニ対スル罪」とし、第二章を「内乱ニ関スル罪」として旧刑法の分章化を維持し、第一章冒頭の第七三条を「天皇、太皇太后、皇太后、皇后、皇太子又ハ皇太孫ニ対シ危害ヲ加ヘ又ハ加ヘントシタル者ハ死刑ニ処ス」と定めた。二十二年二月の皇室典範の中に三后の語が記されないので、それを一つずつあげたのである。すでに明治二十年代に旧刑法第一一六条について宮城浩蔵《みやぎこうぞう》や岡田朝太郎《おかだあさたろう》ら有力な刑法学者が予備・陰謀を含むと解釈していたが、四十年刑法においては第七三条の「加ヘントシタル」が予備・陰謀を含むというのは、確乎たる通説となった。近代日本において大逆罪が適用された四つの事件、すなわち明治四十四年の幸徳秋水らの大逆事件、大正十二年（一九二三）の朴烈事件、同じ十二年の難波大助の虎の門事件、昭和七年（一九三二）の李奉昌の桜田門事件のうち、前二者は天皇暗殺の陰謀ないし予備により、幸徳ら二十四人は死刑を宣告され十二人が執行されたし、朴・金子文子夫妻も死刑を宣告されたのち無期懲役に減刑された。摂政（裕仁皇太子）を狙撃した難波も、天皇の車と誤認して他の車に手榴弾をなげた李も死刑に処された。これら大逆罪の裁判は、明治二十三年二月の裁判所構成法第五〇条により、大審院において第一審にして終審の裁判にふされた。明治四十年四月公布の刑法の大逆罪は、不敬罪とともに、昭和二十二年（一九四七）十月公布の刑法の一部改正の際削除された。ちなみに、軍部ファシズムの成長期に進められた改正刑法仮案（昭和十五年（一九四〇）成立）の編纂過程においては、天皇一人について「天皇ニ対シ危害ヲ加ヘ又ハ加ヘムトシタル者ハ死刑ニ処ス」と定められる一方で、天皇をおしこめ摂政をおいたり、譲位を強制したりする場合を想定して「統治権ノ総攬ヲ妨害シ又ハ皇位継承ノ順序ヲ変更スルコトヲ目的トシテ反逆ヲ為シ又ハ為サムトシタル者ハ死刑ニ処ス」という条文が作成されたことがある。

［参考文献］　我妻栄編『日本政治裁判史録』明治（後）・大正・昭和（前）（一九六九-七〇、第一法規）、渡辺治「天皇制国家秩序の歴史的研究序説―大逆罪・不敬罪を素材として―」（『社会科学研究』三〇ノ五、一九七九）、新井勉「明治日本における大逆罪と内乱罪の分離」（『日本法学』七二ノ三、二〇〇六）、同「旧刑法における内乱罪の新設とその解釈」（同七二ノ四、二〇〇七）、同「改正刑法仮案の編纂と内乱罪」（同七三ノ二、二〇〇七）

（新井　勉）

たいぎゃくじけん　大逆事件　明治天皇暗殺を計画したとして多数の社会主義者・無政府主義者が検挙・処刑された事件。その後、虎の門事件・朴烈事件・桜田事件とつづくが、一般的にはこの幸徳事件を大逆事件という。

明治四十一年(一九〇八)六月の赤旗事件により社会主義運動の逼塞化が強まると、内山愚童《うちやまぐどう》や管野スガ・宮下太吉らは天皇制への対決姿勢を深めた。愚童は『(入獄記念)無政府共産』を秘密出版し、宮下は四十二年十一月長野県明科で爆裂弾の投擲実験を行い、四十三年一月管野・宮下・新村忠雄《にいむらただお》・古河力作《ふるかわりきさく》は暗殺計画を練る。同年五月二十五日、警察の探索で宮下の爆裂弾事件が発覚したのを契機に、桂太郎内閣下の検察当局は刑法第七三条の大逆罪を適用して数百名に及ぶ社会主義者・無政府主義者の全国一斉検挙を行なった。首謀者は幸徳秋水と予断され、幸徳が赤旗事件後、土佐から上京の途次に立寄り歓談した和歌山県新宮、大阪・神戸のグループ、さらに熊本の社会主義グループを中心に、拷問を伴う取調べにより、「十一月謀議」と「決死の士」が捏造された。同年八月末の韓国併合との直接的なつながりはないが、いずれも富国強兵の強権的国家体制の到達点の産物といえる。十一月九日、大審院特別刑事部での一審終審の開始が決定され、十二月十日には第一回の公判が非公開で開廷する。審理は約三週間のみで、平沼騏一郎《ひらぬまきいちろう》大審院検事が「動機は信念」と断言するように思想が裁かれた。四十四年)一月十八日、鶴丈一郎《つるじょういちろう》裁判長は幸徳・管野ら二十四人を死刑、二人を爆発物取締罰則違反で懲役刑とする判決を下した。翌日、坂本清馬《さかもとせいま》・高木顕明《たかぎけんみょう》ら十二人が天皇の特赦で無期懲役に減刑された。死刑は二十四日と二十五日に執行された。この司法による強権的な弾圧に、欧米各国の社会主義者・無政府主義者は激しい抗議運動を展開した。無期懲役で服役中の自殺・病死もあった。遺族らは、逆徒の関係者として差別と迫害にさらされつづけた。社会主義運動は「冬の時代」を迎えた。昭和二十二年(一九四七)、生き残った四人が特赦となり、三十六年(一九六一)坂本清馬と森近運平《もりちかうんぺい》の妹栄子が再審請求をおこすが、四十二年(一九六七)最高裁判所は特別抗告を棄却した。近年になり、愚童・高木顕明・峯尾節堂《みねおせつどう》の各仏教宗門内での復権、高知県中村市議会による幸徳、和歌山県新宮市議会による大石誠之助らの復権決議がなされている。

参考文献 糸屋寿雄『大逆事件』(一九六〇、三一書房)、大原慧『幸徳秋水の思想と大逆事件』(一九七七、青木書店)、田中信尚『大逆事件—死と生の群像—』(二〇一〇、岩波書店)
(荻野富士夫)

だいきょういん 大教院 明治時代初期の神仏合同の布教機関。半官半民の機関であり、教導職の講学機関としても機能した。もともとは明治五年(一八七二)五月、仏教各宗の教正たちの建議により、仏教側の機関として設置されたものであるが、その後教部省の介入によって、次第に神殿祭儀・神道説教の場へと変質した。いくたびか場所の変遷があったものの、六年二月六日に芝の増上寺に移転。その本殿を改造し、神殿を設置して、造化三神と天照大御神の四神を奉斎した。同年三月十四日、大教院事務章程を、十月二十七日には大教院規則を制定。その所管事項は、教導職の養成・神殿儀式・講堂説教・中小教院の総括・講社の総括。組織分課として、庶務・講究・編輯・会計の四課があった。機関紙として『官准教会新聞』『教院講録』を発行。資金は神社・寺院の出資に頼っていた。仏教側の反発や神官教導職内部の混乱などによって、八年五月三日に解散した。
→小教院《しょうきょういん》 →中教院《ちゅうきょういん》

参考文献 辻善之助『明治仏教史の問題』(『立文学書』、一九四九、立文書院)、吉田久一『日本近代仏教史研究』(一九五九、吉川弘文館)、阪本健一『明治神道史の研究』(一九八三、国書刊行会)、阪本是丸「日本型政教関係の形成過程」(井上順孝・阪本是丸編『日本型政教関係の誕生』所収、一九八七、第一書房)、羽賀祥二『明治維新と宗教』(一九九四、筑摩書房)、小川原正道『大教院の研究—明治初期宗教行政の展開と挫折—』(二〇〇四、慶応義塾大学出版会)
(戸浪 裕之)

だいきょういんぶんりうんどう 大教院分離運動 明治時代初期に真宗教団によって展開された布教権回復・政教分離運動。明治六年(一八七三)十月から八年五月にかけて展開。大教院解散の大きな要因となった。五年十二月、当時西欧視察の途上にあった真宗本願寺派の島地黙雷《しまじもくらい》は、「教部ノ廃仏」に憤り、パリで三条教則批判建白書を起草。教部省政策を批判した。翌年七月に帰国した黙雷は、大教院の実態を直接目撃し、十月に神道と仏教の分離を要求した。十二月には真宗各派連名による真宗各派のみの大教院分離要求が出されたが、翌七年に内部から興正寺の反対や仏光寺の脱落によって事態は紛糾。さらに興正寺の別派独立要求が出され、さらに事態は紛糾し、大教院分離を要求する真宗各派と興正寺の別派独立を応援する大教院側との全面対決の様相を呈した。翌八年、真宗の大教院分離のみを認めるか、同時に興正寺の別派独立を認めるかで政府部内で揉め、結局、真宗の大教院分離のみを認める決定を下し、四月三十日、神仏各宗合併布教を停止。ついで五月三日に大教院が解散した。

参考文献 辻善之助『明治仏教史の問題』(『立文学書』一、一九四九、立文書院)、吉田久一『日本近代仏教史研究』(一九五九、吉川弘文館)、福嶋寛隆「近代天皇制国家の成立と信教自由論の展開」(『島地黙雷全集』二所収、一九七三、本願寺出版協会)、阪本是丸「日本型政教関係の形成過程」(井上順孝・阪本是丸編『日本型政教関係の誕生』所収、一九八七、第一書房)、新田均『近代政教関係の基礎的研究』(一九九七、大明堂)、小川原正道『大教院の研究—明治初期宗教行政の展開と挫折—』(二〇〇四、慶応義塾大学出版会)
(戸浪 裕之)

たいきょうせんぷ 大教宣布 神道国教化の理論および運動を指す用語。明治二年七月八日(一八六九年八月十五日)制定の太政官官制中には宣教使が設けられ、八月二十日(九月二十五日)改正時に宣教使の任務は「大教を宣布することを掌る」と規定された。浦上キリシタンの各藩移送と彼らの「誨導説諭」からも太政官政府としては緊急に遂行せざるをえない課題であった。九月には宣教使組織が定められ、十月宣教使は神祇官に属することとなり、三年正月、「宜しく治教を明かにし以て惟神《かんながら》の大道を宣揚すべし、因て新たに宣教使を命じ天下に布教せしむ」との大教宣布の詔が発せられた。同年三月には人民教化のため長崎に宣教使が派遣されるとともに、府藩県に命じて宣教使にふさわしい人材を選挙させている。この大教宣布の動きの中で長崎県では氏子改が先行的に行われ、四年七月には太政官より大小神社氏子調が達せられる。また同月太政官より「天孫皇太神の勅を奉じ斯土に君臨し之れを撫字し玉ひしより列皇相承、亦皆太神の心を以て心と為し玉はざるはなし」との「大教御趣意」が改めて全国に達せられた。しかしこの方式の神道国教化政策は抵抗が多く、明治五年三月教部省設置によりキリスト教防遏のため神仏合同布教の方針がとられることとなるのである。　→宣教使《せんきょうし》

（宮地　正人）

だいく・しょうくせい　大区・小区制　明治時代初期、各府県で施行された地方統治制度。明治四年（一八七一）四月制定の戸籍法により、戸籍編成のため従来の町村を複数組み合わせた区画設定をし、戸籍編成者として戸長・副戸長を置いたことに始まる。同五年四月太政官第一一七号では、従来の村役人の名称廃止、戸長・副戸長の称を用いることが定められ、同年十月大蔵省第一四六号では、土地の便宜によって区に区長、小区に副区長などを設置することが認められ、制度の大枠が形成された。多くの場合、府県は大区に、大区は小区に分割され、大区・小区はそれぞれ番号で表わされた。大区には区長、小区には戸長などの役員が任命された。しかし、根拠法令の文言は曖昧で、実際の施行は地方官の裁量に委ねられた。そのため、府県によって実態が異なり、改変も多く、複雑だった。区長・戸長は官吏に準じていたが、区長・戸長に旧村役人層が就任したり、近世の組合村を前提とした区割が行われたりするなど、前代の要素を残していた。大区小区制は、近世以来の町村の再編過程の制度であった。明治十一年（一八七八）七月郡区町村編制法により消滅。

参考文献　奥村弘「『大区小区制』期の地方行財政制度の展開―兵庫県赤穂郡を中心として―」（『日本史研究』二五八、一九八四）、茂木陽一「大小区制下における町村の位置について」（『社会経済史学』五二ノ四、一九八六）、松沢裕作『明治地方自治体制の起源―近世社会の危機と制度変容―』（二〇〇九、東京大学出版会）

（居石　正和）

だいくはらぎんたろう　大工原銀太郎　一八六八―一九三四　わが国土壌肥料学の草分け。明治元年正月三日（一八六八年一月二十七日）、信濃国上伊那郡南向村（長野県上伊那郡中川村）で出生。旧姓鈴木。長じて長野県飯田町（飯田市）大工原家の養子となる。明治二十七年（一八九四）帝国大学農科大学農芸化学科を卒業。翌年、農商務省農事試験場技師となり、畿内支場に勤務した。四十二年（一九〇九）に東京帝国大学講師、大正十年（一九二一）には九州帝国大学教授に就任する。十二年、朝鮮総督府勧業模範場長となるが、十五年には再び九州帝国大学に戻り総長に就任、昭和四年（一九二九）までその職にあった。敬虔なクリスチャンで、九州帝大総長退職後は同志社大学総長に就任、四年半その職にあった。大工原の最大の業績は、それまで腐植酸だけが原因とされた酸性土に鉱質酸性土があることを明らかにし、その改良技術を確立したことである。彼が創始した分析法は大工原法と呼ばれ、国内のみならず海外でも重用された。昭和九年（一九三四）三月九日に京都市で死去した。六十七歳。

参考文献　熊沢喜久雄「大工原銀太郎と酸性土壌の研究」（『肥料科学』五、一九八二）

（西尾　敏彦）

だいくはらしんきち　大工原信吉　生没年不詳　教育家。出身は、仏蘭西語学伝習所に関する回想記事に「松平縫殿頭家来」とあり、『官員録』などに長野出身と記されていることから、松平縫殿頭乗謨《のりたか》（のちの大給恒《おぎゅうゆずる》）を藩主とした田野口藩が所在した信濃国佐久郡と考えられる。慶応元年（一八六五）三月開校の仏蘭西語学伝習所に入学、フランス語を学ぶ。明治二年（一八六九）五月発行『官員録』「開成所」の項目に「教授試補　大工原麿太」の名が、同八月から翌三年の『官員録』「大学」の項目に「大得業生　橘朝臣宗朝　大工原」の名がみえる。四年九月より文部少助教、六年六月当時文部省九等出仕となっている。同年前半、第一大区第一番中学校内に訓蒙学舎を創設することを出願しているが、肩書は「文部省九等出仕、仏学教頭」となっている。七年ごろより東京外国語学校教諭、十八年（一八八五）より東京大学予備門教諭、十九年六月より二十一年（一八八八）九月にかけて第一高等中学校助教諭を務めた。二十三年一月より慶応義塾大学部にフランス語教師として勤務。二十六年七月まで在籍していたことが確認できるが、その後の足跡については不明。

参考文献　平山成信「横浜語学所記事（其二）」（『江戸』三ノ三、一九八六）、西堀昭「幕末の横浜に設立された仏蘭西語学伝習所の成立と背景―わが国における仏語（教育）史―」（『千葉商大論叢A一般教養篇』一一ー一八、一九六九―七三）

（吉岡　拓）

だいげきじょう　大劇場　大規模の劇場。法令上では、東京で明治二十三年（一八九〇）八月二日の劇場取締規則改定によりこの名称が使われる。この時従来の道化踊場（小芝居）を小劇場、劇場を大劇場とした。道化踊場は実体としては歌舞伎を上演する場だった。大小は規模と設備の上での区別だったが、歌舞伎座などに代表される大劇場の側は、小劇場を以前と変わらず差別した。三十三年（一九〇〇）十一月十五日の演劇取締規則公布により区別が廃止されるが意識上の差別は存続した。　→小劇場《しょうげきじょう》

参考文献　佐藤かつら「小芝居の劇場昇格をめぐって」（『歌舞伎の幕末・明治―小芝居の時代―』所収、二〇一〇、ぺりかん社）

（佐藤かつら）

だいげんにん　代言人　訴訟当事者の代理人として裁判所において弁論をなすことを専業とする者。弁護士の旧称。明治五年(一八七二)八月、フランス法の影響を受けた司法職務定制によって導入されたのがはじまり。しかし、当時は、代言人とそれ以外の代理人(代人)との違いは曖昧であった。また、「三百代言」の蔑称をもって呼ばれる時代でもあった。そこで明治九年二月の代言人規則は代言免許制度を導入し、さらに試験、免許料、代言業務、謝金などについて規定することで、専門法曹としての代言人の地位確立に大きく貢献した。さらに十三年(一八八〇)五月の改正代言人規則は、代言人組合の強制設立と代言人の強制加入を規定し、代言人(弁護士)自治への前進を示した。ただ、この時期に至っても代言人の業務独占は確立しておらず、代言免許を持たない者が代人の肩書きで訴訟代理を行うことも多かった。なお、代言人の業務が刑事弁護にまで拡大するのは明治十五年一月の治罪法の施行以後のことであった。→弁護士《べんごし》

参考文献　奥平昌洪『日本弁護士史』(一九一四、有斐閣書房)、日本弁護士連合会編『日本弁護士沿革史』(一九五九)、橋本誠一『在野「法曹」と地域社会』(『静岡大学人文学部学術叢書』一、二〇〇五、法律文化社)　(橋本　誠一)

だいげんにんしけん　代言人試験　代言人規則に基づき代言免許を取得するために課された国家試験。代言人制度は明治五年(一八七二)八月の司法職務定制をもって嚆矢とするが、当時は試験を受ける必要もなく、誰でも代言業に就くことができた。しかし、九年二月の代言人規則の制定により、代言人試験の合格者に代言免許が与えられることになった。代言人試験は各地方官(府知事・県令)ごとに出題され、地方官が合格と判断した者について司法卿の許可・免状下付を仰いだ。その後、明治十三年(一八八〇)五月の改正代言人規則に伴い、試験問題は司法卿から各地方裁判所の検事に送られ、それをもって検事が試験を実施するという方法に改められた。なお、受験資格には学歴要件が含まれていなかったため、学歴の有無にかかわりなく誰でも受験できたが、その一方で司法省は東京大学法学部卒業者に無試験で代言免許を与えるという特権的制度を明治十二年に創設した。二十六年(一八九三)三月の弁護士法制定に伴い、代言人試験は弁護士試験に改められた。

参考文献　奥平昌洪『日本弁護士史』(一九一四、有斐閣書房)、司法省編『司法沿革誌』(一九六〇、法曹会)　(橋本　誠一)

だいごこうとうがっこう　第五高等学校　官立高等学校(旧制)の一つ。中学校令(明治十九年(一八八六)四月)による第五高等中学校として設置。長崎県・福岡県・大分県・佐賀県・熊本県・宮崎県・鹿児島県を設置区域として、二十年(一八八七)四月に熊本を選定して設置された。文部大臣森有礼が設置場所を決定したといわれる。同月、長崎に医学部を開設したが、それは三十四年(一九〇一)に分離独立するまで続いた。明治二十七年、高等学校令の制定により第五高等学校と改称され、建前としては、専門学科教授の場であるが帝国大学入学者のための大学予科を設けることを得る教育機関となった。しかし他の官立高等学校と同じく実際には大学予科を主体とする高等普通教育・大学予備教育機関として発展し、西日本の男子のためのエリート候補教育機関となった。質実剛健の校風を誇り、若い日の夏目漱石が英語教師として赴任したこと、寺田寅彦の出身校であることなどで知られた。　(寺崎　昌男)

第五高等学校本館

だいごただおさ　醍醐忠順　一八三〇―一九〇〇　幕末維新期から明治時代にかけての公家、貴族院議員。天保元年三月十七日(一八三〇年四月九日)醍醐輝弘の三男として京都に生まれる。元老院議官を務めた醍醐忠敬《ただゆき》は次男。天保二年に従五位下に叙され、以後累進し、天保十二年(一八四一)に左近衛権少将、ついで中将となり、弘化元年(一八四四)には正三位となる。嘉永二年(一八四九)に踏歌外弁となり、安政四年(一八五七)に権中納言、文久三年(一八六三)に権大納言となる。安政五年の日米通商条約勅許問題の際には畿内を除き開港開市することを主張した。戊辰戦争では奥羽征討に功があり、王政復古ののちは、参与、内国事務掛、大阪鎮台督、大阪裁判所総督、大阪府知事、皇后宮大夫、宮中伺候を歴任した。明治十七年(一八八四)に侯爵に叙され、明治二十三年(一八九〇)に貴族院議員となる。明治三十三年(一九〇〇)七月四日没。七十一歳。

参考文献　杉本勝二郎『国乃礎―華族列伝―(復刻版)』上(一九八一、霞会館)、霞会館華族家系大成編輯委員会編『平成新修旧華族家系大成』(一九九六、霞会館)　(今津　敏晃)

だいごただゆき　醍醐忠敬　一八四九―九九　幕末・明治時代の公家、元老院議官。嘉永二年十月四日(一八四九年十一月十八日)に醍醐忠順《ただおさ》の次男に生まれる。海軍中将で貴族院議員の醍醐忠重は三男。慶応元年(一八六五)右近衛権少将となり、明治元年(一八六八)二月に奥羽鎮撫副総督、奥羽鎮撫使参謀となり、会津征討に加わる。このときの功績により六百石永世下賜された。明治二年三

月に弁官出仕、以後、留守権判官、宮内権大丞、神祇省出仕などを務める。またその間、吉田祭松尾祭宣命使、欽明天皇陵遙拝勅使、延暦寺法華会勅使、賀茂祭参向、八坂祭宣命使、北野祭宣命使などを務めた。明治二十三年（一八九〇）六月十二日に元老院議官に任ぜられ、同年十月の同院廃止に伴い錦鶏間祗候に任じられた。明治三十二年（一八九九）五月二十三日没。五十一歳。

参考文献　我部政男・広瀬順晧編『国立公文書館所蔵勅奏任官履歴原書』（一九九五、柏書房）、霞会館華族家系大成編輯委員会編『平成新修旧華族家系大成』（一九九六、霞会館）　（今津　敏晃）

だいさんこうとうがっこう　第三高等学校　明治二十七年（一八九四）六月の高等学校令で従来の第三高等中学校が改編されて置かれた教育機関。通称三高。その前身は、化学・物理の学校である舎密局《せいみきょく》と、語学などの教育機関である洋学所という、ともに明治二年（一八六九）に大阪に設置された二つの学校にまでさかのぼることができる。翌三年に両校は合併し、以後学校制度の変遷に伴って改編が繰り返され、明治十九年（一八八六）四月中学校令により第三高等中学校となった。同二十二年に京都に移転、その後高等学校令により第三高等学校となった。この時、進学課程である大学予科を置かずに、専門教育を行う学部（法・医・工）のみを設置した。しかし、明治三十年（一八九七）には大学予科を置き、同三十二年に法・工学部を廃止、三十四年に医学部は岡山医学専門学校として分離されて、以後は大学進学のための教育が主要な役割となった。三高は、長く校長を務めた折田彦市《おりたひこいち》の影響もあって自由の校風で知られ、湯川秀樹・朝永振一郎をはじめ学界・文学界・実業界などに個性的な人材を輩出した。昭和二十四年（一九四九）に京都大学に包括され、翌二十五年に廃校となった。　（西山　伸）

第三高等中学校（明治22年）

たいし　大使　⇩外交官《がいこうかん》・領事官官制《りょうじかんかんせい》

だいしこうとうがっこう　第四高等学校　高度な普通教育、教養教育を行なった旧制高等学校のナンバー＝スクール（第一―第八）の一つ。明治二十年（一八八七）四月、石川県専門学校を母体にして金沢市仙石町に第四高等中学校が設置される。二十七年九月、高等学校令の制定に基づき第四高等学校と改称。三十四年（一九〇一）に医学部が独立して大学予科のみとなる。大正七年（一九一八）十二月の高等学校令によって、文・理科を有する三年制の高等学校となった。第十臨時教員養成所（大正十二年（一九二三）―昭和六年（一九三一））を校内に併設し、物理化学・国語漢文の教員養成も行なった。北陸地域では、「だいし」「しこう」などと称され、地元文化のシンボルとして愛された。四高の校風は、寮の火災に伴う超然主義や第三高等学校との対抗試合に端を発する南下軍に代表される。昭和二十五年（一九五〇）三月、新教育制度に基づき廃止。卒業生は一万二千人に及ぶ。赤レンガの本校舎は国の重要文化財に指定され、石川近代文学館として現存する。

参考文献　『四高八十年』（一九六七）、作道好男・江藤武人編『北の都に秋たけて―四高史―』（一九七二、財界評論新社）、『金沢大学五十年史』通史編（二〇〇一）　（谷本　宗生）

だいしちこうとうがっこうぞうしかん　第七高等学校造士館　官立高等学校（旧制）の一つ。明治二十年（一八八七）十二月、鹿児島県立中学造士館を改めて、中学校令（明治十九年（一八八六）四月）による第七高等中学校造士館として、鹿児島城内に創設された。高等中学校を含めて中学校の設立・運営経費は官費および設置区域の府県負担による制度であったが、同校の場合、校地・経費などは旧鹿児島藩主の負担によるところが大きかった。そのため、設立・維持は地元の負担に負うが管轄は文部省が行うという「管理中学校」（諸学校通則、十九年四月）の形を取り、学校名称は「寄付人ノ望ニ依リ」命名することが認められたため、旧薩摩藩の藩校造士館の名を冠して出発した。同様の管理（高等）中学校としては旧長州藩毛利家を背景とする山口高等中学校があったが、同校はのちに高等商業学校になった。第七高等中学校造士館は、他の官立高等中学校と同じく二十七年の制度改正により高等学校となった。設立当時の経緯はともかく、のちに第八高等学校が名古屋に開設されると、明治期創設のいわゆる「ナンバースクール」の一つと見なされた。　（寺崎　昌男）

たいしゃ　大赦　司法機関の権限にはよらずに、罪の種類を定めその罪を犯した者の全体に対し刑を赦免する行為。大日本帝国憲法はその第一六条で「天皇ハ大赦特赦減刑及復権ヲ命ス」と定め、天皇の大権に属する恩赦の一つであった。恩赦令（大正元年（一九一二）九月二十六日勅令第二三号）はその第二条で、大赦の対象たる犯罪の種類は勅令によって定め、第三条第一項で、当該犯罪について有罪の言渡しを受けた者については、その言渡しの効力を「将来ニ向テ」失わせることを定める。したがって名誉の回復を目的として死者にも適用される。もっとも有罪刑が一度宣告されたことによりすでに失われた官職や恩給権などは、大赦によっても当然には回復しなかった。また同条第二項では、未だ刑の言渡しを受けていない者に対してはその公訴権が消滅する旨が規定され、起訴後であれば免訴が言渡され、起訴前であれば公訴の提起がなされない。もっともこうした被疑者、被告人の段階で大赦が適用されることは異例なことと理解されていた。なお大赦は勅令によるため、その手続きは一般の勅令同様、内閣総理大臣から裁可が奏請されその責任は内閣に属した。

参考文献 美濃部達吉「恩赦ニ就テ」(『法学協会雑誌』三〇ノ一一、一九一二)、佐々木高雄「恩赦令の成立経緯」(『法政理論』三九ノ四、二〇〇七)　(岩谷 十郎)

たいしゃきょう　大社教　出雲《いづも》大社の祭神大国主《おおくにぬし》神を中心とする教派神道の一派。現在は出雲大社教という。明治六年(一八七三)一月千家・北島の出雲国造家により、各地の甲子講や出雲講を統轄する出雲大社敬神講が結成された。敬神講は同年九月に出雲大社教会へと改組され、九年には本部を出雲大社教院と改称するなどの組織強化が行われた。同年祖霊社が建設され、十一年(一八七八)には東京の神田神社境内に東京出張所が置かれた。祭神論争が起きると、出雲派の指導者である出雲大社宮司千《せん》家《げ》尊福《たかとみ》は十二年に立教宣言ともいうべき「開諭文」を示した。十五年一月の神官教導職分離を受けて宮司職をみずから辞した尊福は初代管長として同年五月本院に本祠を設け、出雲大社教会を基盤に神道大社派を特立し、十一月には神道大社教(十九年、大社教)と改称した。この間東京出張所も東京麴町に移転され、分霊が鎮祭されて東京分祠となり、本院出張所として東部の教務を管轄した。組織は本祠・本院を中心に、各地に分祠・分院が設けられ、各院には学寮が具備された。祭神は大国主神のほか造化三神・天照大神・産土神で、教祖は出雲国造の祖天穂日命とし、教典には『教旨大要』『大道要義』がある。十九年より機関誌『大社教雑誌』を発刊し、以後『風調新誌』『風調』『幽顕』と改題して今日に至る。昭和二十一年(一九四六)に教名を出雲大社《たいしゃ》教とし、二十六年に出雲大社《おおやしろ》教と改称した。管長は千家家が代々継承し、現在は出雲大社教統の任も担っている。

参考文献 『宗教大観』(一九三二、読売新聞社)、田中義能「大社教の研究」(『教派神道の研究(復刻版)』上所収、一九八七、第一書房)、出雲大社教教学文化研究室編『千家尊福公―御生誕百五十年記念―』(一九九四、出雲大社教教務本庁)　(齋藤 智朗)

たいしゃれい　大赦令　大赦を定めた勅令。王政復古の勅令以後、天皇の命令による大赦は、明治元年正月十五日(一八六八年二月八日)の明治天皇元服大礼大赦を以て嚆矢とし、「朝敵ヲ除之外一切大赦被仰出候」と各地方に沙汰されたが、実際には各地で大赦施行対象者の認定に手間取ったと見え、同年六月七日(同年七月二十六日)には東京裁判所に対し速やかな大赦施行を命じる沙汰が下された。また、明治二十二年(一八八九)二月十一日に公布された勅令第一二号に基づく大日本帝国憲法発布大赦においては、同勅令第一条が定める赦免の対象者は、一般刑法上の罪として、「皇室ニ対スル罪」(第一一六・一一八条適用者を除く)、「内乱ニ関スル罪」「外患ニ関スル罪」「兇徒聚衆ノ罪」「官吏ノ職務ヲ行フヲ妨害スル罪」(第一三九・一四〇条適用者を除く)、特別刑法上の罪として、「集会条例ノ罪」「爆発物取締罰則ヲ犯ス罪」「新聞紙条例ノ罪」(風俗紊乱の罪を除く)、「出版条例ノ罪」(風俗紊乱ノ罪を除く)、「保安条例ノ罪」の各規定に違反した政治犯であった。同日付にて出された大赦施行手続(明治二十二年司法省訓令第三号)が詳細に大赦の執行の手順を定めた。右勅令により、福島事件の河野広中、飯田事件の村松愛蔵、大阪事件の大井憲太郎、秘密出版事件の星亨らをはじめとして、多くの人々が政界に復帰し、政党結成、国会開設前後の民党運動に大きな影響を与えた。なお右勅令は、陸海の軍刑法上の規定違反者も赦免の対象としており、それらについてもそれぞれ大赦施行手続が定められた(明治二十二年陸軍訓令第一号・同年海軍訓令第一号)。さらに、明治三十年(一八九七)一月三十一日に公布された勅令第八号による英照皇太后大喪大赦は、台湾での施行を目的としており、「台湾新附ノ民ヲシテ皇化ニ霑ハシメムカ為」に「内乱ニ関スル罪」「兇徒聚衆ノ罪」に該当する者の赦免を規定した。なお、大赦についての一般規定は、大正元年(一九一二)九月二十六日の勅令第二三号による恩赦令に盛り込まれたが、同日の勅令第二四号による大赦令は明治天皇大喪大赦により赦免される罪の範囲などを規定した。

参考文献 法務省保護局『明治百年記念恩赦の記録』(一九七〇)、寺崎修「明治憲法発布の大赦令関係資料―裁判所別既未決犯罪表と赦免者名簿―」(『駒沢大学法学部政治学論集』三四、一九九一)　(岩谷 十郎)

だいじょうかん　太政官　⇨だじょうかん

たいしょうきょく　待詔局　明治二年三月十二日(一八六九年四月二十三日)建白を取扱うため東京に設置された中央官庁。明治天皇が二月東京に再幸するにあたり五畿内・西国草莽層の反対がきわめて強く、その鎮静化のため、草莽の徒に至るまで建白を認め有能な者は登庸しようとの布告がなされ、この日待詔局が創設された。四月八日(五月十九日)清岡公張《きよおかともはる》が待詔局知事に任命されたが五月七日(六月十六日)免じられ、同月十二日待詔局に主事・参事が置かれ主事に渡辺昇、権主事に照幡烈之助《てるはたれつのすけ》、参事に三好退蔵《みよしたいぞう》と河野敏鎌《こうのとがま》、権参事に平川和太郎が任じられた。二年七月八日(一八六九年八月十五日)太政官体制が官制的に確立する際、待詔局は上局・下局を有する待詔院と改称され、大久保利通・木戸孝允・板垣退助が上局該当の待詔院学士(ついで出仕)となり、翌九日待詔院下局(七月十日より下院と改称)長官に阿野公誠《あのきんみ》が、十日照幡烈之助が下院次官に任じられた。八月十四日(九月十九日)下院は集議院に合併され阿野は集議院次官に転じた。八月二十日の官制改革では待詔院は名目のみ残るだけの存在となり、建白は集議院の取扱うものとなった。

(宮地 正人)

だいじょうさい　大嘗祭　天皇が即位礼の後に行う大規模な新嘗祭。毎年の新嘗祭を「にいなめのまつり」と訓むのは、本来「ニヘ《え》アヘ《え》のまつり」＝贄《にえ》の新穀で神々を饗《あえ》す(もてなす)祭事だと解される。これは古くから朝廷でも民間でも毎年新穀の収穫後(冬至に近い旧暦十一月中下旬ころ)行われてきた。しかし、それが朝廷で代始の格別な祭儀「大祀」として営まれるようになったのは、七世紀末(天武天皇か持統天皇の代始)からとみられる。この大嘗祭には多大な人手と費用を要したので、室町時代後期から九代二百二十年ほど中断したが、江戸時代前期の貞享四年(一六八七)略儀で再興され、桜町天皇の元文三年(一七三八)から本格的に復興している。ただ、明治の大嘗祭は、天皇が京都から東京へ遷ったことにより、ようやく同四年(一八七一)はじめて東京で行われた。まず五月に悠紀《ゆき》地方に甲斐国巨摩郡、主基《すき》地方に安房国長狭郡が定められ、やがて九月に両地方の斎田で「抜穂《ぬきほ》」(収穫)した新穀(米と粟)が奉納された。ついで十一月十五日(一八七一年十二月二十六日)、皇居内に質素な大嘗宮(悠紀殿・主基殿など)が造立され、翌十六日夜「鎮魂祭」があり、翌十七日(卯日)夜半から翌未明にかけて古式どおりの大嘗祭が執り行われている。しかし、その後の従来三日にわたる節会《せちえ》(宴会)は、翌十八日の豊明節会と翌十九日の外国使節招宴のみとされ、新たに翌二十日から十日間、一般庶民にも大嘗宮の拝観を認めている。その後、急速に衰退した京都を復興する含みもあって、将来の即位礼・大嘗祭(併せて「大礼」という)は京都で行う方針が決まった。それが同二十二年(一八八九)二月制定の皇室典範第一一条に明文化され、さらに同四十二年(一九〇九)二月公布の登極令に詳しい条文と付式が定められている。それによれば、まず諒闇が明けると、大礼の期日(新暦十一月中)が勅定され、次に宮中の神殿前庭で悠紀・主基の斎国が亀卜《きぼく》により定められると、両地方の斎田において御田植から抜穂まで丁重に行われ、十月中旬に乾燥した米と粟を京都へ送る。一方、京都では御苑内(大正も昭和も仙洞御所跡の敷地)に大嘗宮を造立し、当日前夜に「鎮魂の儀」、当日は昼間「賢所大御饌《かしこどころおおみけ》供進の儀」を経て夜半に「悠紀殿供進の儀」、翌未明「主基殿供進の儀」(ともに天皇がみずから神饌を供進して「御告文」を奏した後、その一部をみずから召し上る所作をする)が行われ、翌日「大饗《たいきょう》第一日の儀」、翌々日「大饗第二日の儀」と「大饗夜宴の儀」が続いて催される。これに基づいて、大正四年(一九一五)と昭和三年(一九二八)の大嘗祭が実施された。

参考文献　日本学士院編『帝室制度史』四(一九七九、吉川弘文館)

(所 功)

たいしょうてんのう　大正天皇　一八七九―一九二六　一九一二―二六在位。明治十二年(一八七九)八月三十一日、明治天皇の第三皇男子として青山御産所で誕生。生母は権典侍柳原愛子《やなぎわらなるこ》。嘉仁《よしひと》と命名され、明宮《はるのみや》と称した。その後、中山忠能《なかやまただやす》邸に移り、明治十八年、青山御所内の明宮御殿に移る。他の皇男子が誕生時あるいは幼年のうちに夭折するなか、多病ながらもただ一人成長し、明治二十年(一八八七)八月三十一日には儲君に治定され、皇后美子《はるこ》の実子と定められた。二十二年十一月三日には立太子の儀を行う。学業は当初は学習院、その後は御殿内の御学問所で行われたが、病弱なため中断することも珍しくなかった。明治二十八年に大病をした後は次第に健康が快復し、各地を巡啓するなど積極的に活動するようになる。同じころより漢詩への愛好をつよめ三島中洲らの指導のもと創作に励むようになった。明治三十三年(一九〇〇)五月十日、公爵九条道孝第四女節子《さだこ》と結婚、裕仁・雍仁・宣仁・崇仁の四人の親王を儲けた。軍務に関しては、明治二十二年十一月三日、陸軍歩兵少尉に任じられ、近衛歩兵第一連隊に補される。明治二十五年十一月三日、陸軍歩兵中尉に陞任、日清戦争中は広島に赴き、大本営で明治天皇と対面、ついで陸軍予備病院を見舞い、呉軍港を訪問するなどした。明治二十八年一月四日、陸軍歩兵大尉となる。明治三十一年十一月三日、陸軍歩兵少佐・海軍少佐となり、翌年八月三十一日、近衛師団司令部付・常備艦隊付となる。明治三十四年十一月三日、陸軍歩兵中佐・海軍中佐、三十六年十一月三日、陸軍歩兵大佐・海軍大佐に陞任する。明治三十六年十二月二十八日、第一艦隊付となり、日露戦争では大本営付となった。明治三十八年十一月三日、陸軍少将・海軍少将、四十二年(一九〇九)十一月三日、陸軍中将・海軍中将に陞任する。明治四十三年五月十日以降、定期的に参謀本部に出務することとなった。明治四十五年(一九一二)七月三十日、明治天皇の崩御をうけ、践祚する。即位後は徐々に体調を崩すようになり、大正十年(一九二一)十一月二十五日、皇太子裕仁親王が摂政に就任してからは一線を退き、葉山や日光の御用邸で過ごすことが多くなった。大正十五年十二月二十五日葉山御用邸で崩御。四十八歳。

参考文献　宮内庁書陵部蔵『大正天皇実録』、原武史『大正天皇』(『朝日選書』、二〇〇〇、朝日新聞社)、古川隆久『大正天皇』(『人物叢書』、二〇〇七、吉川弘文館)

(内藤 一成)

たいしょうてんのうごせいこん　大正天皇御成婚　明治三十三年(一九〇〇)に行われた皇太子嘉仁《よしひと》親王(のちの大正天皇)と九条道孝の第四女節子《さだこ》(のちの貞明皇后)との婚儀。同二十六年(一八九三)五月、伏見宮貞愛《さだなる》親王の第一女禎子《さちこ》を皇太子妃とする内約がなされたが、三十二年に禎子の健康状態を理由に解消され、同年八月、九条節子が皇太子妃に内定、三十三年二月十一日に成約が公表された。四月二十五日には皇室婚嫁令が制定され、これに則って五月十日に結婚の礼が行われた。皇太子は束帯、皇太子妃は十二単を身に着け、賢所《かしこどころ》に告文を奏し、神酒を受けた。その後は洋装へと着替えて天皇・皇后と対面、馬車によるパレード、祝宴と続いた。皇太子の結婚は、明治維新後はじめてのことであり、伝統を謳った新たな形式が採用され、結果として、神前結婚式の普及に大きな影響を与えることになった。また表慶館が建設されるなど、各地で祝賀行事・事業が展開された。

参考文献 宮内庁編『明治天皇紀』(一九六八-七七、吉川弘文館)、F・R・ディキンソン『大正天皇―一躍五大洲を雄飛す―』(二〇〇九、ミネルヴァ書房) (山口 輝臣)

たいしょうてんのうりったいし 大正天皇立太子 明治二十二年(一八八九)に明宮嘉仁《はるのみやよしひと》親王を皇太子と定めたこと。典侍柳原愛子《やなぎわらなるこ》を生母とする嘉仁親王は、九歳の誕生日となる二十年八月三十一日、儲君に治定され、皇后の実子と定められた。ついで二十二年二月に制定された皇室典範に基づき、同年十一月三日に詔書が出され、嘉仁親王が皇太子となったことが公布された。同日は徳大寺《とくだいじ》実則《さねつね》侍従長が勅使として、壺切の剣を明治天皇より嘉仁親王へと伝授した。またあわせて皇太子は、陸軍歩兵少尉(近衛第一連隊付)に任官、大勲位に叙せられ、菊花大授章を親授された。さらに東宮職が新設された。立太子の模様は、皇太子の肖像とともに新聞などで盛んに報道されており、次なる天皇としての皇太子の存在が広く定着していくきっかけとなったと考えられる。

参考文献 宮内庁編『明治天皇紀』(一九六八-七七、吉川弘文館)、古川隆久『大正天皇』(『人物叢書』、二〇〇七、吉川弘文館) (山口 輝臣)

だいしょにん 代書人 明治五年(一八七二)八月に発令された司法職務定制に証書人・代言人とともに規定された職制で「各人民ノ訴状ヲ調成」する。その用方は「本人ノ情願」にまかされていたが、「訴答文例」により一時強制され、翌年七月十四日には「代書人用方改定」によりその選任は任意とされた。この過程は、明治八年の差添人任意制度の採用と相まって、訴訟における共同体規制からの脱却の過程と対応する。任意とされたものの、用方改定以後も代書人は用いられつづけ、明治十年代末ごろからその取締のための規則も制定された。不動産登記法の編纂時、法典調査会でもその存在が語られ、登記茶屋を運営するなど、職域を登記事務にまで広げ、大正八年(一九一九)には司法代書人法の制定で法律上の根拠を得ている(のちの司法書士)。なお、代書業は、警察などの行政機関でも行われており、同法制定に伴い、代書人規則が制定され規律された(のちの行政書士)。

参考文献 『日本司法書士史―明治・大正・昭和戦前編―』(一九八一、日本司法書士会連合会)、加藤高「明治初年における諸県聴訟課民事裁判研究のための覚書―明治六(一八七三)年における島根県の代書人(宿)布達とその推移を中心として―」(『修道法学』四ノ二・五ノ二・六ノ二、一九八一-八三)、増田修「広島代言人組合沿革誌―附・広島始審裁判所の官許代書人―」(『修道法学』二八ノ二、二〇〇六) (高橋 良彰)

だいしんいん 大審院 明治八年(一八七五)に設置された最上級の裁判所。同年四月十四日に発出された漸次立憲政体樹立の詔に基づき設置。五月の大審院諸裁判所職制章程において、大審院は民事刑事の上告を受け、上等裁判所以下の審判の不法なものを破毀して「全国法憲ノ統一ヲ主持スル所」と定められ、破毀したものをほかの裁判所に移送または自判することができ、移送を受けた裁判所の審判がその判旨に沿わない場合は判事合員会議で判決すること、さらに、違警罪を除く各判事の犯罪・国事犯の重大なもの・内外交渉の重大な民事刑事事件を審判し、各裁判所から送呈された死罪案を審閲して当否を決定し、法律の「疑条」につき弁明、「闕失」につき補正意見を上奏できるとされた。これらによって司法行政と裁判権は分離される形となったが、判事の任免権限は司法卿に留保されていたほか、司法省は大審院を含む諸裁判所の司法判断に対する影響力を持ち続けた。なお、大審院長は当初左右大臣の一名の兼任とされたが、のちに一等判事をあてることとされ、五月十二日に玉野世履《たまのせいり》二等判事が事務取扱となった。また同年七月、大審院は「開拓使ノ上諸省ノ次」に位置づけられている。その後、同十年(一八七七)には国事犯が管轄から外され、同十九年五月の裁判所官制による裁判官の身分保障が導入された。大日本帝国憲法の発布に伴い、同二十三年(一八九〇)二月に裁判所構成法が公布され(同年十一月施行)、「最高裁判所」の大審院には一もしくは二以上の民事部・刑事部が置かれ、上告・再抗告の終審、皇室に対する罪・国

大 審 院

事に関する罪などの第一審にして終審の裁判権を有し、法律の点について表した意見は「其ノ訴訟一切ノ事ニ付下級裁判所ヲ覊束」し、法律の同一の点についてかつて一もしくは二以上の部で為した判決と相反する意見がある場合、民事・刑事の総部または民刑総部の連合部の判決によるとされた。昭和二十二年(一九四七)の最高裁判所の設置に伴い廃止された。

参考文献 司法省編『司法沿革誌』(一九三九、法曹会)、菊山正明『明治国家の形成と司法制度』(一九九三、御茶の水書房) (出口雄二)

たいしんけんきゅう 耐震研究 近代的な建築学が成立すると、その内部で建築の安全に対する責任感が生じた。それは大きな地震が起きるたびに認識されなおされた。その契機となったのは明治二十四年(一八九一)に起きた濃尾地震であった。濃尾平野を中心に、建物全壊十四万二千百七十七棟、半壊八万百八十四棟、死者七千二百七十三人という甚大な被害があり、伝統的な木造建築のみならず煉瓦造・石造建築も相当な被害を受け、欧米から移植された新しい建築技術の耐震性にも疑問が持たれるようになった。その結果、翌年文部省内に地震対策を検討する震災予防調査会が設置され、地震学などとともに建築学も深く関与することになった。明治二十七年の酒田地震後の復旧指針に木造耐震家屋構造要領などが発表されて、より耐震性の高い木造建築構造が提案された。明治二十年代から三十年代にかけて、鉄骨造と鉄筋コンクリート造の近代的構造方法がわが国に導入され、産業施設に部分的に用いられるようになっていた。一九〇六年四月に米国サンフランシスコで大地震が起き、煉瓦造・石造建築が大きな被害を受けたが鉄骨造で煉瓦を貼り付けた建築にはほとんど被害がなかった。また、地震後に起きた火災で多くの木造建築が延焼したが、鉄筋コンクリートの建築は無事であった。帝国大学教員であった中《なか》村達太郎《むらたつたろう》と佐野利器《さのとしかた》は震災調査のために現地に赴き、鉄筋コンクリート構造が今後の日本において理想的な構造であると確信したという。これ以後、佐野・内田祥三《うちだよしかず》・内藤多仲《ないとうたちゅう》らがその研究を精力的に進めることになった。大正期に入ると高層かつ大規模なオフィス建築を実現するために、アメリカのフラー社から鉄骨造の建築技術が輸入された。内田・内藤らは耐震壁・鉄骨にコンクリート皮膜を作る構造を独自に開発して実現させた。以上のような構造の技術開発に最終的な解答を与えたのは大正十二年(一九二三)に起きた関東大地震であった。煉瓦造・石造は壊滅的な被害を受け、またフラー社の建築も大きな被害を受けた。それに対して内田・内藤の構造設計による建築の被害は微少であり、その方向の妥当性が確認されたのである。以後、国内で開発された耐震技術を基礎として日本独自の建築構造学が発展していったのである。→鉄筋《てっきん》コンクリート構造《こうぞう》

参考文献 村松貞次郎『日本建築技術史』(『日本技術史選書』、一九五九、地人書館)、大橋雄二『日本建築構造基準変遷史』(一九九三、日本建築センター出版部) (藤井恵介)

だいず 大豆 マメ科の一年草。明治前期に年間三〇万トン前後であった大豆の国内生産量は、明治末には四〇万トン台後半に増加した。しかし、作付面積は明治四十一年(一九〇八)の四九万ヘクタール、収穫量は大正九年(一九二〇)の五五万トンをピークとして、明治末・大正初年から大豆作は減少傾向をたどった。一方、大豆の輸入は、中国・朝鮮・関東州から、明治末に二〇万トン前後に達していた。さらに大豆粕輸入が、明治後期から急増して明治四十五年には五〇万トンを超えており、以後大正半ばにかけて急増を遂げていった。大豆の主な産地は中国東北(満洲)であり、日露戦後から同地からの大豆・大豆粕輸入が増加した。特に輸入大豆粕は国内に普及して多肥農法を支え、生産力の上昇に寄与した。大豆需要の拡大は、主として大陸からの輸入によってまかなわれ、国内の大豆作は輸入大豆との競争のもとにあった。

参考文献 『日本貿易精覧』(一九三五、東洋経済新報社)、農政調査委員会編『(改訂)日本農業基礎統計』(一九七七、農林統計協会)、暉峻衆三編『日本の農業百五十年—一八五〇〜二〇〇〇年—』(『有斐閣ブックス』、二〇〇三、有斐閣) (大豆生田稔)

だいずかす 大豆粕 大豆を搾油した後の粕で肥料や飼料として用いられた。豆粕ともいう。江戸時代中期以降、豆粕は、窒素や燐酸などの有機質を多く含み、購入肥料(金肥)として棉作などの商品作物に施用されていた。大豆粕の利用が本格化したのは日清戦後であり、満洲(中国東北)からの大豆粕の輸入が急増した。農事試験場は、この時期に一般的に利用されていた鰊〆粕と比較し、同等の肥効が得られることを証明した。また、価格面において割安であったため、水稲作への購入肥料の導入により生産力向上をはかる明治農法が普及すると、大豆粕需要は年々増加していった。日露戦後には、三井物産会社が満洲から日本に大豆粕を独占的に輸出した。三井物産は、関東州と南満洲鉄道附属地に支店を設置し奥地の農民や糧桟と直接取引し、効率的に大豆を買い集めた。それらの大豆は、三井物産が出資し設立した三泰油房において搾油され、大豆油と大豆粕に加工された。

参考文献 農林大臣官房総務課『農林行政史』(一九五七、農林協会)、坂本雅子『財閥と帝国主義—三井物産と中国—』(『Minerva 日本史ライブラリー』、二〇〇三、ミネルヴァ書房) (白田拓郎)

たいせいかい 大成会 初期議会期の院内会派。明治二十三年(一八九〇)七月ごろより、自由・改進両党に所属しない議員の間で、中立議員の糾合が主張されはじめ、八月二十日より議員七十四名が、芳野世経《よしのつぐつね》を座長として会合し設立を協議、二十二日に至り規約を作成し、翌日趣意書を発表した。「中正不偏」を標榜し、国権の拡張と人民負担の軽減を唱えた。所属議員は、民党に敵対的な

立場の者や現役官僚から、中立的立場の者まで、幅広い立場の者が存在し、第一議会では官制に立ち入らない範囲で予算の削減を行うという立場を取った。設立当初より、会を政社とするか非政社とするかをめぐって路線対立が存在し、当面政社とはせず社交倶楽部を称していたが、第一議会後、政社への改変を主張するグループが別途協同倶楽部を結成した。明治二十四年十二月二十五日、第二議会解散と同時に解散。なお第二回総選挙後、再選された者の多くは新たに結成された中央交渉部に参加した。

参考文献 村瀬信一「『吏党』大成会の動向」(『日本歴史』四五四、一九八六)、佐々木隆『藩閥政府と立憲政治』(一九九二、吉川弘文館)　(真辺 将之)

たいせいかん　大成館　明治時代中期の東京の書肆。歴史書を中心に、政治・教育関係の書籍を刊行している。

参考文献 三橋猛雄『明治前期思想史文献』(一九七六、明治堂書店)　(鵜飼 政志)

たいせいきょう　大成教　神道十三派の一つ。神道大成教ともいう。教祖の平山省斎《ひらやませいさい》は幕末に外国人との折衝を重ねた幕臣であったが、維新後ほどなく宗教家となった人物である。教導職の最高位である大教正になった省斎は、神道を中心とする国民教化の必要を感じ、禊《みそぎ》教会・御嶽講などの信者を結集し、明治十二年(一八七九)、大成教会を結成。十五年五月十五日には、のちの神宮教・出雲大社教・神習教などとともに一派独立を果たした。その名が示すように、蓮門教会・美曾岐教会・淘宮講社・稲荷教会・大道教会など、さまざまな教会を結集した教団であったため、それ以降の教団の展開も規定し、省斎の没後は次第に教勢が衰退に向った。それには、明治二十七年(一八九四)三月から半年間にわたる『万朝報』の蓮門教批判キャンペーンの影響も大きかった。本部は東京都渋谷区にある。　→平山省斎《ひらやませいさい》

参考文献 田中義能『神道十三派の研究』上(一九八七、第一書房)、井上順孝『教派神道の形成』(一九九一、弘文堂)、鎌田東二『平山省斎と明治の神道』(二〇〇二、春秋社)　(戸浪 裕之)

たいせいこくほうろん　泰西国法論　フィッセリング Simon Vissering(一八一八―八八)講述、津田真道訳の西洋近代法学の概説書。オランダのライデンに留学し、文久三年(一八六三)より二年間フィッセリングの講義を受けた西周・津田真道は、帰国後将軍徳川慶喜の命によりその講義録を分担して邦訳した。自然法(邦訳西訳『性法説約』、のちに神田孝平訳『性法略』)・国際法(西訳『万国公法』)・公法(津田訳『泰西国法論』)・経済学(邦訳なし)・統計学(津田訳『政表学』)の五科目で、『泰西国法論』は明治元年(一八六八)出版、原文は残存しない。内容は国家論および文明諸国の法制度の概説で、国家・主権の概念、権力分立、三権の概要、定律国法(憲法)による基本権の保障、議会制などが解説される。刑罰に関しては、その目的を犯罪の予防に求め、罪刑法定主義、自白への補強証拠の必要、拷問の禁止、死刑廃止論や陪審制にも言及されている。暴政「実に止むを得ざる極」に至った場合の抵抗権も認める。社会保障は国家の任務でないとしている。政体論においては、「平民政治」の名で民主制が解説されるが、衆愚制の危険が指摘され、むしろ制限君主制が推奨される。なお冒頭に慶応二年(一八六六)に書かれた津田の西洋法学概説が付されており、西洋における法学の重要性、right などの語の諸意味、奴隷制の反人道性、法と道徳の区別、法の分類などが解説され、日本の斬捨て御免批判もある。福沢諭吉『西洋事情』と並んで、明治初年に広く参照された。『明治文化全集』法律篇(昭和四年)、大久保利謙編『幕末和蘭留学関係資料集成』(昭和五十七年)に所収。　→津田真道《つだまみち》　→フィッセリング

参考文献 大久保健晴『近代日本の政治構想とオランダ』(二〇一〇、東京大学出版会)　(長尾 龍一)

たいせいしんぶん　大西新聞　イギリス人ジェイムズ＝サマーズ(一八二一―九一)が、一八七三年一月三十日、イギリスに暮らす日本からの留学生を対象に、ロンドンで発行した月刊日本語新聞。海外で発行された初の日本語新聞でもある。貧しい家庭環境から大学進学をあきらめたサマーズは、独学で中国語を学び、一八四八年、香港の宣教師養成学校で教えはじめたが、翌年、ポルトガル領事とのトラブルから辞職して帰国し、語学力を買われてロンドン大学キングス＝カレッジで中国語を教えた。彼の教え子には、日本語通訳として来日し、のちに領事となるアーネスト＝サトウ、神戸と横浜で領事を務めたジョン＝ローダーらがいる。サマーズに日本語を教えたのは、長州藩からの留学生で高杉晋作の従弟の南貞助だといわれる。南の助力で刊行された『大西新聞』第一号は全八頁、値段は一シリング。『余暇時間』Leisure Hour という雑誌から転載されたイラスト入りで、ウィンザー城の歴史、ナイアガラの滝の様子、皇帝ナポレオン三世の死、さらには議会での税制改革、最近の犯罪、王立海軍関係の統計など、サマーズが日本人留学生に、そして日本の読者に読ませたいイギリス関連の記事が掲載された。しかしながら、売れ行きは芳しくなく、第一号で廃刊となった。昭和二年(一九二七)明治文化研究会による復刻には、吉野作造が「大西新聞に就いて」という一文を寄せている。サマーズ自身は、一八七二年に遣欧使節団を率いて渡英した特命全権大使、岩倉具視の要請で同紙第一号発刊後に来日し、東京開成学校(東京大学の前身)や札幌農学校などで英語教師を務め、築地居留地に落ち着いた明治十六年(一八八三)には歐文西鵠学館《おうぶんせいこくがくかん》、通称「サマーズ＝スクール」なる英語塾を開設し、明治初期の英語教育に大きく貢献した。　→サマーズ　(井野瀬久美惠)

たいせいほうかん　大政奉還　慶応三年十月十四日(一八六七年十一月九日)、将軍徳川慶喜が朝廷に政権を返上し、

大政奉還

翌十五日、朝廷がこれを許可した政治事件。徳川将軍の政治権力は天皇から委任されたものであるとみなす大政委任論という政治思想は、江戸時代初期から存在していた。江戸時代後期―幕末に至ると、幕府みずから大政委任論を対朝廷政策上の基本方針として意識するようになった。安政年間（一八五四―六〇）以降、対外問題をめぐって分裂した朝幕関係を、公武合体政策により再編・強化しようとした幕府は、これまでみずからの政治方針として認識するにすぎなかった大政委任論を、朝幕間において明確に制度化し、朝廷権威を幕府が独占する体制の確立を目指した。これにより、動揺し始めた幕府権力の強化を企図したのである。その後、文久三年（一八六三）三月、将軍徳川家茂に対して「征夷」の職務のみを委任する勅書が下され、元治元年（一八六四）四月には条件付ながら大政を委任する勅書が下付された。いずれも幕府が期待する内容ではなかったとはいえ、はじめて大政委任が制度化されることになった。しかし、このことは結果としてのちに大政奉還という政策を現実化させる素地となる。当時、禁裏守衛総督として在京中の慶喜は、京都守護職松平容保《まつだいらかたもり》・京都所司代松平定敬《まつだいらさだあき》を指揮下に収め、一方では賀陽宮朝彦《かやのみやあさひこ》親王ら朝廷首脳部と連携し、大政委任の制度化を背景に政局の主導権を掌握する勢いであった。ところが、慶応年間に入り、長州征討策の失敗や、薩摩・長州両藩による討幕運動の進展もあって、国家権力が急速に解体し始めると、体制立て直しを目指す政治改革の試みとして、土佐藩を中心に大政奉還運動が開始された。これは、同藩の坂本竜馬が唱えた説を参政後藤象二郎が採用して藩論としたものであり、幕府に政権を返上させ、朝廷のもとに公議政体を樹立するという公議政体論に基づく考え方であった。土佐藩の大政奉還運動は、慶応三年六月に薩土盟約を結ぶなど、薩長両藩を中心とする討幕運動と提携・競合しつつ展開し、慶応三年十月三日（一八六七年十月二十九日）、前土佐藩主山内豊信の名により、大政奉還の建白書を幕府へ提出するに至る。これを受けて幕府は、在京の幕府諸役人および諸藩重臣を二条城に招集し、その可否を諮問した。多くが確答を避けて退出するなか、薩摩藩の小松帯刀や土佐藩の後藤らが慶喜に決断を促したため、ついに慶喜も意を決し、十四日、大政奉還を朝廷に上奏。翌十五日、勅許された。しかし実際には、政権が返上された当時の朝廷には国政を運営する諸制度が整備されている訳ではなく、人材も欠如していたので、引き続き幕府が行政を担当する形になっていた。このとき討幕派は、水面下で討幕の密勅降下を画策しており、実際に密勅が薩長両藩に下付されるが、慶喜による大政奉還の上表と同日であったため、その実行は当面見合わせることになった（同月二十一日、正式に討幕実行猶予を命じる沙汰書が薩長両藩に下っている）。→公議政体論《こうぎせいたいろん》

参考文献 維新史料編纂事務局編『維新史』四（一九四一、明治書院）、原口清『戊辰戦争』（『塙選書』、一九六三、塙書房）、宮地正人『天皇制の政治史的研究』（『校倉歴史選書』、一九八一、校倉書房）、箱石大「公武合体による朝幕関係の再編―解体期江戸幕府の対朝廷政策―」（家近良樹編『幕政改革』所収、二〇〇一、吉川弘文館）、原口清『幕末中央政局の動向』（『原口清著作集』一、二〇〇七、岩田書院）

（箱石 大）

たいそう　大喪　天皇と三后（皇后・皇太后・太皇太后）の葬儀。およそ七世紀末までの葬礼は、天皇が崩御すると、殯宮《もがりのみや》で遺体を霊柩に安置して関係者が誄《るい》（遺徳を偲

ぶ弔辞)をつぎつぎ奉り、一年ほど経つと古墳に埋葬した例が多い。しかし、持統上皇から明正天皇まで、ほとんど仏式の火葬となり、殯の期間も一ヵ月ほどに短縮された。けれども、後光明天皇から土葬、孝明天皇から円墳も復活され、明治の初め、皇室の葬儀は神式とする方針が決まった。そこで、同三十年(一八九七)英照皇太后の葬儀も大正元年(一九一二)明治天皇の葬儀も神式で行われ、古墳式の山陵に埋葬されている。しかも、そのような実例をふまえて、明治四十二年(一九〇九)六月に皇室服喪令また大正十五年(一九二六)十月に皇室喪儀令および詳細な付式が公布された。その要点をあげれば、天皇が「大行天皇」(先帝)と太皇太后・皇太后・皇后(三后)の崩御により行う葬儀を「大喪」と称し、宮中に置く「大喪使」が実務を掌理すること、その霊柩を宮中の殯宮に安置して五十日まで日供《にっく》を奉り、十日ごとに天皇が出御するなどの「殯宮の儀」を行うこと、五十日目に霊柩を轜車《じしゃ》に奉じて葬場まで葬列を組み、それを葬場殿に安置して「斂葬《れんそう》(葬送)の儀」を行い、再び葬列を組んで陵所に着くと霊柩を玄室に納めること、その後も宮中の権殿《ごんでん》と山陵で天皇が出御して百日祭などを行い、一周年祭の後、霊代を宮中の皇霊殿に奉遷すること、などが定められている。

明治天皇大喪

参考文献　井原頼明『皇室事典』(一九三八、冨山房)

(所　功)

たいそう　体操　明治期から昭和戦前期に至る体育関係の教科。体育に関する教科目は、明治五年(一八七二)の「学制」発布の当初から設定されていた。この時は「体術」と称されていた。その後、翌明治六年五月文部省制定・東京師範学校編集「小学教則」で「体操」と改称された。同じ年、東京師範学校は、体操の教材として『体操図』を刊行して、その普及を目指した。しかし、武術のほかに身体運動の訓練方法が普及していなかった当時において、体操の普及は鈍く、土地の状況において任意に実施されるにすぎなかった。その後、文部省は、明治十一年(一八七八)に学校体育の本格化を目指し、体操伝習所を設立し御雇い外国人リーランド指導のもと、軽体操の普及に努めた。「学制」とともに発足し、明治十年代に普及確立に向かった学校体育は、明治十九年の小学校令により正課の体操科として確立した。その後、体操科は明治三十三年(一九〇〇)の第三次小学校令により必修科目となった。そのため、体操場としての校庭が小学校の必須の施設となった。　↓学校体育《がっこうたいいく》　↓スウェーデン体操《たいそう》

参考文献　岸野雄三『体育史—体育史学への試論—』(『現代保健体育学大系』二、一九七三、大修館書店)

(小野　雅章)

たいそうでんしゅうじょ　体操伝習所　「学制」中に教科として示されながら実施の遅れていた体操科のために文部省が設立した直轄の学校。明治十一年(一八七八)十月、わが国に適した体育法の選定と体操教員養成を目的に、神田一ツ橋に設立された。初代主幹には伊沢修二が任命され、外国人教師にはアメリカのアマスト大学出身の医学者リーランド G. A. Leland が招聘された。通訳には坪《つぼ》井玄道《いげんどう》があたった。わが国に適した体育法として軽体操が指導され、『新撰体操書』『新制体操法』(明治十五年)などの体操指導書が刊行された。軽体操は啞鈴《あれい》・球竿《きゅうかん》・棍棒・木環《もっかん》・豆嚢《とうのう》などの軽手具を用いて行う健康保持のための体操であり、木馬や鉄棒などの器械を用いて行う重体操と区別された。同所はまた、武術調査・歩兵操練調査を行い、わが国へ遊戯やスポーツも移入した。同所は、明治十九年四月に廃止されるが、総計二百五十五名(給費生・伝習員・別課伝習員)の体操指導者を養成し、わが国の近代体育の確立に大きな役割を果たした。以後、体操教員養成の業務は東京師範学校体操専修科に引き継がれ、現筑波大学体育専門学群に至っている。　↓学校体育《がっこうたいいく》

参考文献　今村嘉雄『日本体育史』(不昧堂、一九七〇)、能勢修一『明治期学校体育の研究—学校体操の確立過程—』(一九九五、不昧堂)

(大久保英哲)

たいそうゆうぎとりしらべいいんかい　体操遊戯取調委員会　明治三十年代に混乱したわが国学校体育(体操科)の統一と方向性を探るために設けられた委員会。明治三十年代に入り、普通体操と兵式体操の並立、スウェーデン体操の紹介、さらに遊戯の流行、武道の関心が高まり、現場の学校は混乱した状態に陥った。この混乱に統一と方向性を与えるため、明治三十七年(一九〇四)十月文部省普通学務局長沢柳政太郎《さわやなぎまさたろう》を委員長とし、医学博士三島《みしま》通良《みちよし》、東京高等師範学校教授坪井玄道《つぼいげんどう》、同波多野貞之助《はたのていのすけ》、女子高等師範学校教授井口《いのくち》あくり、東京高師助教授可児《かに》徳《いさお》、体操学校教師川瀬元九郎および高島平三郎の計八名の委員からなる体操遊戯取調委員会が設けられた。同月二十一日第一回委員会を開催して以後、委員会三十七回、

特別委員会三十数回を開き、翌三十八年十一月三十日、調査結果を文部大臣に報告した。報告書で「いわゆるスウェーデン体操は大体において採用すべきもの」と決まり、「運動・遊戯の目的は児童の活動的衝動を満足せしめ、運動の自由と快感とによりて体操科の目的を達し、特に個性及び自治心の発達に資するにあり」として「学校において奨励すべきもの」「学校外において奨励すべきもの」「禁止すべきもの」の三種に分けた。また報告書の「体操科に関する規定中改正を要する事項」の中で、兵式体操を兵式教練と改称し、兵式体操のうち、徒手や器械の運動は学校体操に移し、その他の軍事的形式のものだけは兵式教練の内容としたので、文部省は陸軍省と協議する必要に迫られ、明治四十年(一九〇七)「共同調査委員会」が設けられることとなった。しかしこれによっても学校体操の安定を見ることはできず、結局大正二年(一九一三)の学校体操教授要目の制定をまたねばならなかった。

[参考文献] 竹之下休蔵・岸野雄三『近代日本学校体育史』(一九五九、東洋館出版社)、今村嘉雄『十九世紀に於ける日本体育の研究』(一九六七、不昧堂)

(大久保英哲)

たいそよしとし 大蘇芳年 ⇩月岡芳年《つきおかよしとし》

たいちぐるま 太一車 ⇩田打車《たうちぐるま》

だいどうきょうわかい 大同協和会 大同団結運動の団体。明治二十年(一八八七)十月に本格的に大同団結運動に乗り出した後藤象二郎は、保安条例により星亨《ほしとおる》とその腹心が東京を追放され、さらに星が秘密出版事件に連座すると運動の主導権を握り、機関誌『政論』の発行や東北・北陸等遊説により運動を全国的に高揚させた。しかし、二十二年三月に後藤が閣内からの勢力拡張を唱えて黒田内閣に逓信大臣で入閣すると、それを契機に後藤を批判して無形の団結を貫こうとする大井憲太郎・内藤魯《ないとうろ》一《いち》・新井章吾らは、河野広中ら政社派と袂を分かち、五月十日に東京柳橋万八楼《まんぱちろう》で東京・埼玉・栃木・神奈川・愛知など一府十一県の団体委員八十四名の協議会を催し、大同協和会を結成した。一方河野らは大同倶楽部を結成し、ここに運動は分裂した。大同協和会々則全十一条によれば、各人相互の交際を親密にするため、会館を東京に置いて地方の各団体より組織し、役員は選挙された常議員十五名と幹事二名などを置くとし、常議員には大井・内藤・新井・中島又五郎《なかじままたごろう》・渡辺小太郎《わたなべこたろう》・森隆介《もりりゅうすけ》・石阪昌《いしざかまさ》孝《たか》・美濃部貞亮《みのべていりょう》・斎藤珪次《さいとうけいじ》・矢部忠右衛門《やべちゅうえもん》・小山久之助《こやまひさのすけ》らが選ばれた。折からの大隈重信外相の条約改正案には反対して八月には大同倶楽部や保守中正派・熊本紫溟会《しめいかい》・筑前玄洋社と連合し、演説会・懇親会を催した。その後十一月、大同協和会の大井は板垣退助をかついで自由党の再興に動くが、大同倶楽部が反発したため、板垣は調停のため両派合同の愛国公党構想を打ち出した。しかし大同協和会はあくまで自由党の再興を唱え、板垣と協議するもののまとまらず、結局翌年一月二十一日に単独で東京江東中村楼において「旧名ヲ再興シテ一党ヲ組織」するとして自由党を結成し、創立委員に中島又五郎・山田泰造・島津忠貞・小山久之助らを選んで、大同協和会は解散に至った。以後自由党は庚寅《こういん》倶楽部を経て二十三年九月に愛国公党・九州同志会などと合同して立憲自由党を結成し、旧自由党系勢力の統一に合流した。

[参考文献] 指原安三「明治政史」下(『明治文化全集(初版)』三、一九二八、日本評論社)

(福井 淳)

たいとうきんしれい 帯刀禁止令 明治九年(一八七六)三月二十八日付の太政官布告。大礼服着用、軍人、警察官を除き、士族・庶民にかかわらず帯刀を禁止した。庶民帯刀は早く明治三年に禁止されたが、士族の存在理由に関わる帯刀を否定した点が重要。法制定の直接要因は、八年十二月七日、陸軍卿山県有朋が太政大臣三条実美に上申した廃刀建言書にある。山県の建言は、六年徴兵令制定以来、天皇防備には近衛兵を置き、全国には鎮台兵を配置し、人民保護のためには府県に巡査を設置して治安制度は十分、華士族の帯刀は「兇器ヲ帯フル者国家ニ於テ糸毫ノ益ナキ」ものであり、軍隊警察以外の武装は有害無益とした。明治四年の廃藩、七―九年の秩禄処分で地位・職責・収入を失った不満が充満した士族層に、武士を否定するかのごときこの法令が与えた影響は大きく、布告後の九年十月に熊本神風連の乱、福岡秋月の乱、山口萩の乱、十年(一八七七)には鹿児島西南戦争が勃発した。

[参考文献] 大山梓編『山県有朋意見書』(『明治百年史叢書』、一九六六、原書房)

(山田 勉)

だいどうクラブ 大同倶楽部 (一)大同団結運動の政社。明治二十年(一八八七)十月に本格的に大同団結運動に乗り出した後藤象二郎は、保安条例により星亨《ほしとおる》とその腹心が東京を追放され、さらに星が秘密出版事件に連座すると運動の主導権を握り、機関誌『政論』の発行や東北・北陸等遊説により運動を全国的に高揚させた。しかし、二十二年三月に後藤が閣内からの勢力拡張を唱えて黒田内閣に逓信大臣で入閣すると、それを契機に後藤を支持して運動を政社で行おうとする河野広中・大石正巳《おおいしまさみ》・大《おお》江卓《えたく》ら政社派は、大井憲太郎ら非政社派と袂を分かち、四月末から東京江東中村楼で各府県約百二十団体・二百三十三名の委員の会議を催し、五月十日に大同倶楽部を結成した。一方大井らも大同協和会を結成し、ここに運動は分裂した。大同倶楽部規則全十三条によれば、政治上意見の小異を捨て大同を取るために倶楽部を組織し、目的はわが国独立の大権を鞏固にすること、責任内閣の実行を期すること、財政を整理し民力の休養を謀ること、地方自治の制度を完全にすること、議論集会結社などの自由を期することとし、倶楽部を東京に置き、役員には各府県よりの常議員若干名と学識経験者により政務調査を行う調査委員若干名などを設けるとし、常議員には福島県の河野広中や愛媛県の末広重恭《すえひろしげやす》(鉄腸)を中心に、京都府植木枝盛・新潟県八木原繁祉《やぎはらしげと》・福岡県立花親信・島根県高橋基一《たかはしきいち》・広島県井上角五郎・秋田県大久保鉄作・

富山県稲垣示《いながきしめす》らが選ばれた。折からの大隈重信外相の条約改正案には反対して八月には大同協和会や保守中正派・熊本紫溟会《しめいかい》・筑前玄洋社と連合し、東京で懇親会や演説会を催した。その後十一月に大同協和会が板垣退助をかついで自由党の再興に動くが、大同倶楽部は反発して板垣に抗議したため、板垣は調停のため両派合同の愛国公党構想を打ち出した。しかし大同協和会は翌年一月に単独で自由党を結成し、板垣は同年五月に愛国公党を結成した。この間大同倶楽部は二十二年十二月二十日の大阪中之島洗心亭の臨時総会で約二百五十名を集めて今後自由主義をとることを決定し、翌年五月四日には江東中村楼で約三百名を集めて大会を催したが、七月には新結成の九州同志会により旧自由党系合同の斡旋を受け、八月三日に自由党・愛国公党との合同推進組織である庚寅倶《こういん》楽部結成に参加し、同月十七日に臨時大会を開いて解散を決定した。以後九月に自由党・愛国公党・九州同志会など旧自由党勢力を統一する立憲自由党を結成した。

参考文献 指原安三『明治政史』下(『明治文化全集』(初版)』三、一九二九、日本評論社)、庄司吉之助『日本政党発達史—福島県自由民権運動史料を中心として—』(一九五九、御茶の水書房)、真辺美佐『末広鉄腸研究』(二〇〇六、梓出版社)

(二)明治時代後期の山県有朋・桂太郎系の政党。明治三十八年(一九〇五)十二月二十三日、帝国党・甲辰《こうしん》倶楽部・自由党および中立小団体、一部無所属議員により結成された。当日の大会で発表された宣言によれば、日露戦後経営の大綱として、第一に行政機関の刷新と財政の根本的整理、第二に陸海軍の補充整理、第三に満韓経営での富源開発による国民の勢力発展、第四に海陸交通機関の整備と港湾の修築、第五に農商工業の改良・拡張、第六に教育機関の刷新・振作を行い、ほかに帝国の地位の進捗と堅実化、東亜の平和や清韓の文化の擁護者となり、内に実業奨励・民力培養により富国強兵の基礎を鞏固にして国運発展の実力を扶植することを目的とした。議員数は七十六名で旧帝国党の佐々友房《さっさともふさ》を中心とし、第二十二議会で立憲政友会・憲政本党に次ぐ勢力を占め、政友会に同調して西園寺内閣を支持した。しかし内部で幹部派と非幹部派の対立が起り、三十九年九月の佐々の死去以後安達謙蔵《あだちけんぞう》らが勢力を得るが、党内の混乱は続いた。第二十三議会で政府が郡制廃止法案を提出すると政友会と離れて憲政本党と提携して反対し、以後野党色を強め、第二十四議会では憲政本党などと政府問責決議案を提出した。四十一年(一九〇八)五月の第十回総選挙で二十九議席にまで後退するが、第二十五議会では第二次桂内閣の与党となった。折から憲政本党改革派などを中心に非政友大合同の新党樹立運動が農商務大臣大浦兼武《おおうらかねたけ》の指導を背景に起き、大浦の意を受けて安達らも呼応するが、有力党員が汚職事件(日糖疑獄《ぼしん》)に連座したため不調に終った。ついで安達は戊申倶楽部の幹部中村弥六などと、両党合同による新党を企図して進め、四十三年三月一日に中央倶楽部発会式を挙げ、大同倶楽部は解散した。
→甲辰倶楽部《こうしんクラブ》 →中央倶楽部《ちゅうおうクラブ》 →帝国党《ていこくとう》

参考文献 大津淳一郎『大日本憲政史』六(一九二七、宝文館)、『安達謙蔵自叙伝』(一九六〇、新樹社)、山本四郎『日本政党史』下(『教育社歴史新書』一三三、一九八〇、教育社)

(福井　淳)

だいどうげい　大道芸　大道で行う芸。路上を占拠して芸を演じるものと、一軒ずつ訪れる門付芸の二種がある。路上の一角を占めるものに、松井源水《まついげんすい》の「曲独楽《きょくごま》」や長《なが》井兵助《いひょうすけ》の「居合抜《いあいぬき》」がある。ともに歯の薬や歯磨などを売るのが目的で、人寄せのために芸をした。円を描いて土俵を作り、「一人相撲」を演じる男も名高く、投げ銭が多い方の力士を勝たせる手際は見事だったという。場所をとるといえば、「かっぽれ」もその一つ。数人が一組となり、踊りや茶番を演じる。若者に人気のある「綱渡り」は、路上へ杭を打って綱を張り、その上を女太夫が渡る。下から見上げるのが観客の楽しみであった。頭へタライを乗せ、その中へ菓子を入れて市中を回る「飴《あめ》売り」。大阪では、「銭をくれねば、おっかさんの知らぬ間に盗んでおいで」と、唆す者がいた。捕まって刑罰は敲《たた》き七十(『朝野新聞』明治十一年(一八七八)一月二十九日付)。これら路上見世物の関係者は三十四年(一九〇一)七月現在、東京の市部十五区と四宿(千住・板橋・品川・内藤新宿)で、興行者は四十六人、付属する者は百十一人を数える。この大道芸を警視庁は、通行妨害、風俗紊乱などの理由で、同年十月一日限り禁止した。門付の方は従来どおりである。大半の者が琴三味線を持って、浪花節、法界節、手品、人形遣、鳥追などを流す。幕末から明治初期にかけては、一人で三味線を弾き鉦《かね》・太鼓を打つ紅勘《べにかん》が名高かった。飴売りの猫八もいた。門付のお豊、お嬢、お鶴らも有名であった。ところが明治も半ばになると芸が落ち、浪花節なら「国定忠治」だけ、長唄なら「越後獅

大道芸(『Le Japon Illustré』1870年)

子」、これ一曲しかできないため、日本人は見向きもしなくなる。三十三年、ラフカディオ＝ハーン(小泉八雲)は盲目の女が歌う「心中くどき」の声に魅せられて、深い感動を覚えた。聴衆の中には泣き出す者もいたと、『心』の一節「かどつけ」に記した。そうした流しが、風雪に耐えて今に伝わっている。

参考文献 根本吐芳「大道芸人」(『新小説』五ノ三、一九〇〇)、倉田喜弘編『明治の演芸』一—七(『演芸資料選書』、一九八〇-八六、国立劇場芸能調査室)

(倉田 喜弘)

だいどうしんぶん 大同新聞 ⇩国会《こっかい》

だいどうだんけつうんどう 大同団結運動 明治時代中期の全国的政治運動。旧自由党勢力と衰退した立憲改進党勢力とを合同し、自由民権運動の一達成である民権派政党の統一的再組織を行うことを主な目的とした、自由民権運動収斂期の運動である。その端緒は、明治十八年(一八八五)末の末広重恭《すえひろしげやす》(鉄腸)による『朝野新聞《ちょうやしんぶん》』論説「夢ニナレナレ」(のちに政治小説『二十三年未来記』となる)での、「小異《しょうい》ヲ棄テ、大同ヲ取」る旧自由党・改進党「協和一致」の政党結成の提唱である。末広はこの趣旨で翌年から『朝野新聞』で呼びかけを始める。一方、別に星亨《ほしとおる》が十九年初めから国会準備としての旧自由党の再結集を始め、側近の加藤平四郎・荒川高俊らの演説や『燈《ともしび》新聞《しんぶん》』での「大団結」「大同」による大政党結成の呼びかけが始まり、同年五月に星・荒川らにより旧自由党員懇親会がもたれた。星は十九年夏から末広にも協力を求めて改進党への働きかけを行い、十月には星らと改進党嚶《おう》鳴社派《めいしゃは》の島田三郎・肥塚竜《こいづかりゅう》らの会合が実現した。十月二十四日、星・中江兆民らを発起人とする全国有志大懇親会が浅草井生村楼《いぶむらろう》で催され、代表して星は「今日団結を為さんには、宜しく従来の弊を避け、無形上の懇志を先とし、小異を捨て、大同を旨とすべし」と演説した。翌二十年(一八八七)五月十五日には全国有志懇親会が大阪中之島自由亭で催されるが、この間、改進党は島田ら嚶鳴社派が星らと演説会や懇親会で協調しつつも、四月の党大会では大同団結は議題にのせず、党総体としては関与しないことを明確にした。こうした停滞を破ろうとしたのが末広で、改進党三田派の尾崎行雄らの同調を取り付けた。そして末広・尾崎は、かねて星が引き出しを図っていた、改進党とも近い後藤象二郎に働きかけ、十月三日に後藤は有志を芝公園三縁亭《さんえんてい》に招き、全国有志の懇親会を催した。参加者八十五人のうち、改進党員は十六人を数えた。後藤は同月末に丁亥《ていがい》倶楽部を設立して本格的に運動に乗り出し、以後の全国遊説の皮切りとして十二月に東北地方の福島会津若松、宮城県仙台などに遊説し、地方名望家層の組織化に着手した。一方この間、折からの井上馨外相による条約改正問題を契機として九月に地租軽減、言論・集会の自由、外交失策の挽回を求める三大事件建白運動も大同団結の動きと重なって起き、壮士の動きも活発化するが、十二月の保安条例による運動家の東京追放により建白運動は挫折した。十月四日には三大事件建白での上京者を中心として浅草鷗友館で全国有志懇親会が催され、参加者百七十三人のうち、改進党員は四十人にも上ったが、懇親会後に星配下の壮士による改進党嚶鳴社派リーダー沼間守一《ぬまもりかず》への傷害事件が発生し、これを機に改進党嚶鳴社派は運動に距離を置いた。一方末広は、尾崎・犬養毅ら『朝野新聞』グループをまとめて機会をうかがった。星・後藤らは十一月十五日に浅草鷗友館で全国有志懇親会を催して三百四十八人を集めるが、改進党員の参加は末広に近い尾崎ら三人にとどまった。その後保安条例により星とその腹心が東京から追放され、さらに星が二十一年三月に秘密出版事件で入獄・禁錮刑を受けると、運動の主導権は後藤に移った。後藤は六月に運動の機関誌『政論』を発行し、七月から八月にかけて信越・東北遊説を行い、長野県小諸《こもろ》・長野、新潟県高田・新潟、山形県米沢・山形、秋田県横手・秋田、青森県弘前・青森、岩手県盛岡、宮城県仙台、福島県福島・会津若松などを回った。さらに十二月から翌二十二年一月に北陸・甲信越・東海遊説を行い、三重県四日市・津、愛知県名古屋・熱田、岐阜県大垣・岐阜、福井県武生《たけふ》・福井、石川県金沢・羽咋《はくい》、富山県高岡・富山、新潟県糸魚川《いといがわ》・直江津、長野県長野・松本、山梨県韮崎《にらさき》・甲府、静岡県沼津・静岡、愛知県豊橋・岡崎などを回った。こうした後藤の活発な遊説により、運動は全国的に高揚した。また関西地方では、栗原亮一・植木枝盛らが二十一年十月十四日に大同団結のための全国有志懇親会を催し、とくに九州地方に交渉委員を送った。しかし、同年三月に後藤は閣内からの勢力拡張を唱えて突如黒田内閣に逓信大臣として入閣し、それを契機に二十二年五月に運動は、後藤を支持して運動を政社で行おうとする河野広中・大石正巳《おおいしまさみ》・末広らの大同倶楽部(政社派)と、後藤を批判して無形の団結を貫こうとする大井憲太郎・内藤魯一《ないとうろいち》らの大同協和会(非政社派)に分裂し、大隈外相の条約改正案での協調を経て両派は対立した。その後、大同協和会は板垣退助をかついで自由党の再興に動くものの大同倶楽部が反発したため、板垣は調停のため愛国公党構想を打ち出した。しかし大同協和会は二十三年一月に単独で自由党を結成し、板垣は同年五月に愛国公党を結成した。こうしたなかで九州同志会による斡旋があり、大同倶楽部・自由党・愛国公党・九州同志会などにより同年九月に立憲自由党が結成され、旧自由党系勢力の統一については達成された。→三大事件建白運動《さんだいじけんけんぱくうんどう》

参考文献 鳥海靖「帝国議会開設に至る「民党」の形成」(坂根義久編『自由民権』所収、一九七三、有精堂出版)、福井淳「大同団結運動について—立憲改進党とのかかわりを中心として—」(土佐自由民権研究会編『自由は土佐の山間より』所収、一九八九、三省堂)、安在邦夫「三大事件建白運動と大同団結運動」(江村栄一編『自由民権と明治憲法』所収、一九九五、吉川弘文館)

(福井 淳)

たいとうにっぽう　泰東日報　大連で発行された中国語の日刊紙。明治三十八年(一九〇五)十月に大連で創刊された『遼東新報』の中国語欄が四十一年(一九〇八)十月二十五日に廃止された後、大連華商公議会の出資を受けて創刊された。社長には『遼東新報』の創刊に参画し、中国語欄を担当していた金子雪斎が就任した。当初は四頁紙であったが、四十四年には八頁に拡大された。同年、公議会は経営から離れ、金子と数名の中国人所有の新聞となった。大正十四年(一九二五)に金子が死去した後、玄洋社出身の阿部真言が同紙を継ぎ、さらに昭和十年(一九三五)二月には資本金二十万円の日満合弁株式会社となり、風見章が社長に就任した。創刊から一貫して、初代社長金子雪斎の思想に基づく新聞であった。

参考文献　中下正治『新聞にみる日中関係史―中国の日本人経営紙―』(一九九六、研文出版)

（竹内　桂）

ダイナマイト　ダイナマイト　ニトログリセリンを主原料とする爆薬の総称。アルフレッド＝ノーベルが一八六六年にニトログリセリンを珪藻土《けいそうど》にしみ込ませた爆薬を発明したのが起源であるが、その後七五年に発明されたニトログリセリンとニトロセルロースを混ぜてゲル状にしたブラスチングゼラチンが基本型となった。黒色火薬の五倍という高い爆発力があり、爆発によって発生するガスの中に硫黄や塩素などの有毒成分を含まないなどの特性から閉鎖空間でも使用できるという特徴がある。そのため、日本でも早くも明治十二年(一八七九)にはイギリスから輸入され、翌十三年に箱根の鉄道開削に使用された。その後、鉄道建設におけるトンネル掘進作業などの土木工事だけでなく、十五年に別子銅山、十六年に足尾銅山などの金属鉱山でも用いられるようになり、開坑や採掘などの能率向上に寄与した。ダイナマイトの国産化は、三十八年(一九〇五)に陸軍の岩鼻火薬製造所において試作が開始され、翌年に実現した。

参考文献　鉱山懇話会編『日本鉱業発達史』(一九三二)

（武田　晴人）

ダイナマイト・ドン　ダイナマイト・ドン　明治の俗曲。明治二十七年(一八九四)京都の祇園で流行(『読売新聞』六月五日付)。歌詞には「四千余万の同胞」とある。日本の人口が四千万人だと判明するのは二十四年であろう。また「国利民福」「民力休養」と歌うが、これは二十五年二月の総選挙における民党のスローガンである。そうした歌を添田《そえだ》唖蟬坊《あぜんぼう》は演歌の第一号としたため、演歌の歴史は混乱し、後世の研究者全員が間違えてしまった。

参考文献　添田唖蟬坊「演歌流行史」(『改造』七ノ六、一九二五)、倉田喜弘『「はやり歌」の考古学―開国から戦後復興まで―』(『文春新書』、二〇〇一、文芸春秋)

（倉田　喜弘）

たいなんしんぽう　台南新報　日本統治期台湾の三大新聞の一紙。元台南県学務課長の富地近思《とみちきんし》が明治三十二年(一八九九)六月十五日に台南で創刊した『台澎日報』が前身で、同三十六年一月に三万円の株式会社となるとともに『台南新報』と改称した。大正十四年(一九二五)、情報発信力の強化と読者の獲得のため、社長の富地、経理担当の田中政太郎《たなかせいたろう》らをはじめとする経営陣は、改革を実施し、夕刊の創刊とともに台北、台中、嘉義、高雄、屏東、新竹、東京、大阪に支局を開設した。昭和十二年(一九三七)四月、軍国主義の跋扈と皇民化運動の進展に伴い、すべての新聞における漢文欄が停止されると同時に『台湾日報』と改称。さらに、戦局の悪化と大東亜戦争完遂のために、昭和十九年四月、『台湾日日新報』『興南新聞』『台湾新聞』『高雄新報』『東台湾新報』の五紙と統合され『台湾新報』となった。『台南新報』『台湾日報』の両紙を通じ、終刊は一五二〇二号。

（檜山　幸夫）

臺南新報

『台南新報』第417号

だいにこうとうがっこう　第二高等学校　宮城県仙台市に所在した旧制高等学校。第二高等中学校として明治二十年(一八八七)四月に設置され、帝国大学の予備課程である本部(本科および予科・補充科)のほか医学部(医科・薬学科)が置かれた。初代校長は吉村寅太郎。明治二十七年に第二高等学校(大学予科、医学部)と改称し、三十四年(一九〇一)には医学部が仙台医学専門学校として独立した。校舎は本部(大学予科)・医学部ともに仙台市片平

第二高等学校

に所在。校友会は尚志会。校友会誌『尚志会雑誌』は明治二十六年創刊。校章は蜂のデザイン。三十八年に制定された校歌「天は東北」(土井晩翠作詞)が代表的な学生歌として愛唱された。明治期より都会に対する地方、東北の風土との関わりが校風として意識され、大正時代初期以降は「雄大剛健」がモットーとして定着した。ただし生徒は東北のほか関東出身者も多い。東北帝国大学法文学部の設置に伴い大正十四年(一九二五)仙台市北六番丁に移転し、昭和二十年(一九四五)七月の仙台空襲後は仙台市南部の三神峯《みかみね》に移転した。学制改革により昭和二十四年新制東北大学に包括され二十五年三月に廃止された。

参考文献 阿刀田令造『二高を語る』(一九三七、第二高等学校共済部)、『第二高等学校史』(一九七九、第二高等学校尚志同窓会)

(永田 英明)

だいにほん 大日本 明治二十九年(一八九六)十月二十日松本君平《まつもとくんぺい》が高木信威《たかぎのぶたけ》とともに発刊した月刊の政論雑誌。創刊に際しては、資金提供など伊藤博文・陸奥宗光の全面的な支援があった。紙面から判断すると、憲政党(のちに立憲政友会)とのつながりが強かったようである。八〇頁ほどで定価八銭。首都圏を中心として、関西圏・静岡県でも流通。政治論、経済動向、外交論などを中心として、小説・随筆や風刺画も掲載されている。執筆者には、島田三郎、田口卯吉、江原素六《えばらそろく》、福地源一郎らの名前も散見される。精神の西欧文明化を志向するとともに、世界の中の日本が強烈に意識され、創刊の趣旨では「国民の品性」を高めることが強調されていた。また、多数党の党首が内閣を組織するという議院内閣制を理想として漸進的な政党政治の確立を説いている。明治三十三年(一九〇〇)一月より、『日米通商雑誌』と合併し『日米通商大日本』として発行されている。

参考文献 成瀬公策「松本君平の立憲思想形成と東京政治学校(上)」(『静岡県近代史研究』二七、二〇〇二)

(成瀬 公策)

だいにほんいんさつ 大日本印刷 ⇩秀英舎《しゅうえいしゃ》

だいにほんきしょうがっかい 大日本気象学会 気象事業従事者・気象学者の学会。日本気象学会の前身。明治十五年(一八八二)東京気象学会として発足、同二十一年(一八八八)大日本気象学会と改称、昭和十六年(一九四一)に社団法人日本気象学会となり、現在に至っている。明治十年代に入ると各地に測候所の設置が相つぎ、これらを背景に東京気象台の正戸豹之助《まさとひょうのすけ》の主唱で、観測に従事する技術者の親睦と知識の交換を目的に、東京気象学会が創設された。併せて会誌『気象集誌』第一巻第一号を発行した。会長には正戸が就き、会員数は三十八名であった。設立当初は会の運営が安定せず、同十七年活動を一時中断したが、同二十一年会則を改め、名称も大日本気象学会として会員約二百五十名を集め再開した。会頭には元内務卿の山田顕義が、幹事長には中央気象台長の荒井郁之助が就き、『気象集誌』の月刊を決めた。会頭はその後、同二十五年から四十一年(一九〇八)まで榎本武揚が、幹事長は明治三十一年(一八九八)から大正七年(一九一八)まで中村精男《なかむらきよお》が務めている。会員の多くは気象事業関係者であり、『気象集誌』も初期はこれら会員のための色彩が濃かった。明治三十年ごろになると学会誌の体裁が備わり、同三十七年からは欧文論文が発表されるようになった。同四十四年発行の創刊三十年記念号には藤《ふじ》原咲平《わらさくへい》の「音響の異常伝播に就て」が掲載された。

参考文献 荒川秀俊『日本気象学史』(『科学新書』、一九四一、河出書房)、『日本気象学会七十五年史』(一九五七)、日本科学史学会編『日本科学技術史大系』一四(一九六五、第一法規出版)

(八耳 俊文)

だいにほんきょういくかい 大日本教育会 戦前日本において日本教育の普及・改良・上進などを目的として活動した私立の教育団体。明治十六年(一八八三)九月九日、東京教育会と東京教育協会が「同志結合して我邦教育の普及改良及上進を図り併せて教育上の施設を翼賛する」ことを目的として創設された。初代会長に文部少輔九鬼《くき》隆一《りゅういち》が選出されたが、公務によりアメリカへ渡航したため、辻新次副会長が会長事務を取り扱い、明治十九年四月、辻が会長に選出された。同会は、第一に、結成時から毎月あるいは毎年の定例常集会または総集会を開いて、会員を集め、学者や教育家の講演を聞き、適当な問題について研究、討論をする一方、一般教育のために、教育学術に関する講習を行なった。第二に、機関雑誌『大日本教育会雑誌』を刊行した。第三に、地方教育視察および出張講話の求めに応じるようになった。第四に、各学科講習会を開き、学説や研究の紹介のみならず、明治二十四年(一八九一)八月から夏期講習会を開いた。第五に、出版物として『教育家必携』第一冊(教授法訳書、明治十八年六月刊)・第二冊(技芸教育、明治十八年十一月刊)・第三冊(学校貯金法、明治十九年一月刊)などを刊行した。第六に、本会附属書籍館を開設した。また、明治二十一年以降、研究機関を設置して文部省から諮問を受けるようになり、明治二十三年ごろまでに基礎的な組織体制が確立した。同年五月、全国教育者大集会を主催し、翌二十四年には、全国教育連合会(翌年、全国連合教育会と改称)を開催し、全国各地の府県教育会から代表者を集めて教育問題を審議した。他方、委員会を組織して各種問題を研究調査させ、明治二十五年には、『維新前東京市私立小学校教育法及維持法取調報告書』を発行した。明治二十九年十二月には、「我が国教育社会の中央機関としてその使命を果さんが為」会名を変更し、帝国教育会《ていこくきょういくかい》と改めた。 ↓帝国教育会

参考文献 帝国教育会編『帝国教育会五十年史』(一九三三)、梶山雅史編『近代日本教育会史研究』(『学術叢書』、二〇〇七、学術出版会)

(小熊 伸一)

だいにほんきょういくかいざっし 大日本教育会雑誌 明治十六年(一八八三)十一月三十日に創刊された、大日本教育会の機関雑誌。本誌創刊以前の九月三十日、『大日

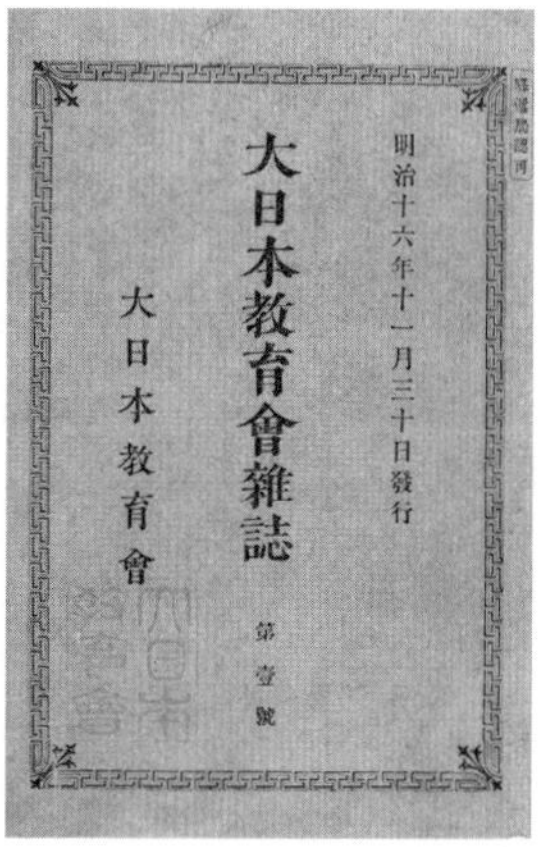

『大日本教育会雑誌』第1号

本教育会誌』第一号が発行されたが、出版条例に従い届け出たところ、第二号から新聞紙条例により願い出るよう内務省から指令されたため、手続きに戸惑い休刊、十一月三十日発行の第一号から『大日本教育会雑誌』に改題して毎月一回発行された。発行部数は、一年後の明治十七年には、四万三百二部であった。また、同誌の欄構成は、「官令」「論説」「内国教育ノ景況」「外国教育ノ景況」「本会録事」「本会広告」から成り立っているが、第九九号から「学術」欄が新設されている。毎号、中央の常集会または総集会において発表される演説、講演、または学科の講義、授業法の研究などを掲載したほか、文部省の布達、各地方からの伺い書、その他教育界の報道を載せた。その後、同誌は、明治二十九年（一八九六）十月一日発行の第一八二号まで継続して刊行されたが、同年十月十五日に開かれた大日本教育会常議員会において、誌面を増やして教育上必要な事項を掲載するため、誌名を『教育公報』と改題して毎月二回発行することになった。昭和四十九年（一九七四）、宣文堂書店より復刻された。

参考文献 上沼八郎「「大日本教育会雑誌」解説—大日本教育会の活動と機関雑誌」（『帝国教育』復刻版刊行委員会編『帝国教育「総目次・解説」』上所収、一九八六、雄松堂）
（小熊 伸二）

だいにほんきょうかい　大日本協会 日清戦争直前の対外硬派政治団体。明治二十六年（一八九三）十月一日内地雑居講究会を解消し発足した。東洋自由党・国民協会・同盟倶楽部・政務調査会の連合組織である。中心は安部《あべ》井磐根《いいわね》・大井憲太郎・神鞭知常《こうむちともつね》・佐々友房《さっさともふさ》らである。不平等条約を改正するには現行の居留地制度を廃止して外国人に内地を開放しなければならないという主張を軟弱外交と非難した。治外法権の撤廃・関税自主権の回復は対等条約には不可欠であるが、居留地制度を廃止して外国人に内地を開放するかどうかは日本の主権に属しており自主的判断にまかされるべきだとし、万一内地を開放すると日本の企業や商人は経済的競争に敗れ、風俗習慣への悪影響、キリスト教の侵入、外国人の土地買占めが起るので、外国人の内地雑居を認めるのは時期尚早だと主張した。会の内地雑居尚早・対外硬の運動は、第四議会で可決された条約改正研究会派の条約改正建議をくつがえすことをねらいとしたが、他方では対外問題を争点化することによって、第四議会以後流動化し始めた政界の指導権を握ろうとするねらいがあった。これが成功し、第五議会には改進党を含む対外硬六派連合が成立する。完全平等の条約改正ができるまでは、現行条約を最大限日本に有利に運用し励行する。たとえば実際には見逃されている一般外国人の開港場所定区域外の旅行の厳しい取締り、外国人への課税、日本の行政規則の外国人への厳格な適用を通じて諸外国から条約改正を要望させるという現行条約励行論を掲げ、第五議会で現行条約励行建議案を提出して政府を追い詰めた。また星亨《ほしとおる》の追い落としや官紀粛正問題でも対外硬六派連合は共闘して政府を追い詰め危機的な政治状況を現出した。当時イギリスとの条約改正交渉を進めていた政府は二度にわたる議会停会で対応し、集会及政社法を適用して会に十二月二十九日解散命令を出し、翌三十日に議会を解散した。

参考文献 酒田正敏『近代日本における対外硬運動の研究』（一九七八、東京大学出版会）、小宮一夫「内地雑居講究会と条約改正問題」（『日本歴史』五四七、一九九三）、同「大日本協会の動向と第二次伊藤内閣」（『日本歴史』五七〇、一九九五）
（広瀬 玲子）

だいにほんこうざんろうどうかい　大日本鉱山労働会 足尾銅山（古河鉱業足尾鉱業所）で明治三十九年（一九〇六）一月に結成された労働者の組織。明治三十六年末に足尾銅山に坑夫として入山、坑夫の組織化を始めた永岡鶴蔵《ながおかつるぞう》は、明治三十七年四月に日本労働同志会を結成する。しかし同年十一月には、飯場《はんば》頭を中心に組織された共和会が同志会より分裂、共和会の攻撃と警察の干渉で同志会は衰退した。しかし、明治三十八年十一月になると同志会と共和会は合併し、翌年一月に大日本鉱山労働会が正式発足した。労働会の特徴は、同志会や大日本労働至誠会足尾支部（明治三十九年十二月結成）が個々人の任意加盟であったのに対し、通洞の飯場所属坑夫が一括加入する組織と推測されること、友子同盟や同志会のような共済機能がなかったことである。労働会は友子同盟の組織を利用しつつ近代的な労働組合を目指すための組織という性格を有していたとされる。鉱業所側の圧力により、労働会の活動はごく短期間しか盛り上がらなかった。
↓日本労働同志会《にほんろうどうどうしかい》

参考文献 中富兵衛『永岡鶴蔵伝』（一九七七、御茶の水書房）、二村一夫『足尾暴動の史的分析—鉱山労働者の社会史—』（一九八八、東京大学出版会）
（杉山 裕）

だいにほんこもんじょ　大日本古文書 東京帝国大学文科大学史料編纂掛が前身機関の時期より蒐集してきた古文書を年次別に編纂して明治三十四年（一九〇一）より刊行を始めた史料集。正式には「だいにっぽんこもんじょ」と読む。明治三十三年七月の出版予告での説明によれば、『大日本古文書』は、詔勅・綸旨・院宣・官符より教書・下文・感状・軍忠状・個人の消息・貸借証文などに至るまでのあらゆる種類の古文書を年次に従って編纂するものであり、奈良時代のものより始め、順次年代を追って刊行していく、と述べられている。当初の予定では蒐集した古文書を年次別に二百冊余刊行しようとしたものであった。第一巻は三十四年七月に刊行された『正倉院文書』の大宝二年(七〇二)より天平六年(七三四)までの戸籍・計帳・義倉帳・雑用帳・税帳・移・解・啓・符など数十通を収めたものであった。『大日本史料』が九世紀後半からの編年史料であるのに対し、時代がさらに古く、しかも説明にもあるように、古文書を「年次に従って編纂する」趣旨にも合致する刊行物となったのである。黒板勝美が明治三十四年四月より史料編纂員となり、以降『大日本古文書』編纂の主裁者となっていった。古文書学的にも工夫をこらし、異体字活字を新鋳し、写真版・木版刷も挿入するなど本シリーズの刊行は学界に歓迎された。ただし宝亀十一年(七八〇)まで六冊を刊行した『正倉院文書』には未だ謄写を終了していないものも多く、編年にしていくことはこれ以上不可能という障害が一方であり、他方でほかの良質の古文書群を古文書学の立場から一刻も早く世に出したいという黒板側の意欲もあったと思われるが、三十七年六月には編年ではなく「家わけ古文書」の体裁をとった『高野山文書』之一が刊行された。『正倉院文書』の第七冊目は『大日本古文書』巻之七編年之七(追加一)という形式で四十年(一九〇七)十月に刊行されるが、その説明では「追加一として天平十三年まで断簡零篇をもすべて之を収めたり」と語っている。未整理史料もその中に厖大に存在する中での編年作業は至難を極めるものとなり、次第に収集古文書の編年体刊行ということは語られなくなり、かわって「大日本古文書家わけ」シリーズは、『高野山文書』に続いて近世大名家古文書の『浅野家文書』や『伊達家文書』、さらに寺社文書の『石清水文書』が刊行されていくことになり、大正十四年(一九二五)には『東寺文書』が発行されはじめ、寺院経済・荘園研究の宝庫として歓迎された。なお、外務省から史料編纂掛に移管された幕末外国関係文書は、『大日本古文書』のタイトルがつけられて明治四十三年三月第一巻が刊行されるが、『大日本古文書』の歴史からは別個のものであり、また編纂スタッフも全く異なっていた。

参考文献 『東京大学史料編纂所史史料集』(二〇〇一、東京大学出版会)

(宮地　正人)

だいにほんさんしかい　大日本蚕糸会　轟木長《とどろきちょう》など農商務省蚕業試験場出身者八名が蚕糸業の改良進歩を図るために組織した全国的民間団体。明治二十四年(一八九一)に創立準備会が開かれ、翌年四月に創立。技術指導や機関誌『大日本蚕糸会報告』(のち『大日本蚕糸会報』、『蚕糸会報』と改題)の発行、品評会、功労者表彰などを事業内容とし、二十七年以降、会員百人以上の地方に支部会が設立されるようになり、地方での活動も盛んになった。創立時に二百六十七人であった会員数は三十四年(一九〇一)には六千六百八人となり、三十八年の社団法人化以降激増し、大正期には約二十万人に達した。明治から大正期は明治四十四年(一九一一)三月公布の蚕糸業法成立過程において政府の諮問に答えるなど積極的に政府に働きかけた。昭和十七年(一九四二)には蚕糸科学研究所と合併し、財団法人大日本蚕糸会となった。現在、蚕糸科学研究所および蚕業技術研究所(元蚕糸科学研究所小平養蚕所)を併設して技術研究を行なっている。

参考文献 『養蚕団体史』(一九六四、全国養蚕農業協同組合連合会)、『大日本蚕糸会百年史』(一九九二)

(土金　師子)

だいにほんさんりんかい　大日本山林会　民間林業振興を目的に設立された団体。明治維新後、官林(国有林)の管理運営の制度化が一段落したあと、本会は民有林の技術指導を担う中央団体として、明治十五年(一八八二)一月、会頭伏見宮貞愛《さだなる》親王、幹事長品川弥二郎で発足した。その前身は、山林の学術知識の交流のため、十三年材木商や山林局員が設立した山林学共会とされる。大日本山林会は林業の改良進歩を図るという目的を掲げ、頻繁に研究集会を開き技術講習会や品評会を行い、また月刊の『大日本山林会報』(現在の『山林』)を刊行するなど、長い間、唯一の中央林業団体として活動した。大正四年(一九一五)社団法人化し民間の林業団体となり、提案・会誌発行・研究会・表彰行事など息長い活動を続けている。ちなみに全国植樹祭は当会が提唱した「愛林日」行事が起源とされている。　→山林会《さんりんかい》

参考文献 宮田重明「大日本山林会の創立」(大日本山林会編『明治林業逸史』所収、一九三一、大日本山林会)、『農林水産省百年史』上(一九七九)、島田錦蔵「大日本山林会の成立」(『山林』一一七二、一九八二)

(小林富士雄)

だいにほんし　大日本史　明暦三年(一六五七)水戸藩主徳川光圀の発意により編修に着手し、明治三十九年(一九〇六)徳川圀順《とくがわくにゆき》の代に至り完成した紀伝体の国史。三百九十七巻二百二十六冊。このほかに目録五巻があるが、それが上木されたのは四十年(一九〇七)一月のことである。正朔を南朝に繋げ、神器京に入るに及んで統を後小松天皇に帰することをはじめ、大義名分のもとに皇統を正閏し、人臣を是非し、尊皇卑覇の意を表わそうとした史書である。神武天皇より後小松天皇に至る帝王本紀が七十三巻、后妃・皇子・皇女・諸臣・将軍・将軍家臣・文学・歌人・叛臣・逆臣など列伝が百七十巻、志類は神祇・氏族・職官・国郡・食貨・礼楽・兵・刑法・陰陽・仏事の十志合せて百二十六巻、表類は臣連二造・公卿・国郡司・蔵人検非違使・将軍僚属の五表二十八巻となって完成した。しかしながら幕末期までは本紀・列伝のみができあがり、志類と表類は未だ形をととのえてはいなかった。この事業をやりとげたのが栗田寛《くりたひろし》とその甥で養子となった栗田勤《つとむ》であった。栗田寛は安政五年(一八五八)、二十四歳の年に水戸彰考館に出仕し、あの激しい水戸政争に超然として『大日本史』編修に従事しつづけ、慶応三年(一八六七)には彰考館物書役となっている。明治二年(一八六九)藩主徳川昭武に『大日本史』志表類の上木に従事

することを請い、廃藩置県直後の四年九月には彰考館編修専門となった。六年には上京し、七年五月左院に神祇官復興を建白などしているが、一貫して『大日本史』完成のことに意を用い、十二年(一八七九)一月には旧藩主徳川昭武より志表を完成さすべき命を受け、この年には職官志の校訂を終り、楽志を修め、国造表一巻を完成、十三年には氏族志の校補を終え、食貨志を補修、十四年には礼楽志を補修、十五年には神祇志二十三巻を編し、仏事志六巻と職官志五巻を上木、十七年には氏族志十三巻を上木、二十六年(一八九三)には神祇志二十三巻を上木、二十八年には陰陽志五巻を上木というように、孜孜として完成に向って努力し、三十二年一月没するに臨んで志表の完成を勤に嘱し、勤はよくその遺嘱を奉じて三十九年完成に至らしめたのである。

参考文献 『国学者伝記集成』二(一九七六、名著刊行会)

(宮地　正人)

だいにほんしりつえいせいかい　大日本私立衛生会　政府の公衆衛生事業を支援した民間団体。政府高官、内務省衛生局、各府県の衛生官僚・医師などにより、衛生思想の普及および各地の衛生団体の連絡統一をはかる組織の設立がはかられ、明治十六年(一八八三)二月、下谷区和泉町(東京都千代田区)の牛痘種継所に仮事務所が設置された。同年五月に大日本私立衛生会として発会式が開かれ、会頭佐野常民《さのつねたみ》(元老院議長)、副会頭長与専斎《ながよせんさい》(衛生局長)などを選出した。明治期に行なった主な事業は、二十一年(一八八八)から二十九年までの牛痘種継所経営、二十五年から三十二年(一八九九)までの伝染病研究所経営、二十八年の衛生事務講習会開設とそれによる講習会開催、コレラやペスト流行の際における避病院看護人慰労・貧困施療券発行・伝染病救済金庫設置・捕鼠方法懸賞募集などである。また娼妓存廃をめぐっても盛んに議論した。三十一年には社団法人となり、そして四十四年(一九一一)六月に麹町区大手町(東京都千代田区)に大規模な会堂が落成して移転した。機関誌は『大日本私立衛生会雑誌』(のち『公衆衛生』に改題)。なお大日本私立衛生会としては昭和六年(一九三一)十二月に解散して、財団法人日本衛生会となり、昭和二十六年(一九五一)一月には日本公衆衛生学会と日本保健協会が合流して、財団法人日本公衆衛生協会となった。

大日本私立衛生会附属伝染病研究所

参考文献 田波幸男「大日本私立衛生会の歩み」(『公衆衛生』三二ノ一、一九六八)、中澤惠子「「衛生知識」の普及活動—大日本私立衛生会の組織と活動—」(『千葉史学』三九、二〇〇二)、阪上孝「黎明期の公衆衛生—「大日本私立衛生会」を中心に—」(『公衆衛生』七四ノ三、二〇一〇)

(平井雄一郎)

だいにほんしりょう　大日本史料　東京帝国大学文科大学史料編纂掛が六国史終了時(仁和三年(八八七)八月)以降慶応三年(一八六七)までの日本にかかわる内外の史料を編年体に編纂して明治三十四年(一九〇一)より刊行を始めた史料集。正式には「だいにっぽんしりょう」と読む。史料編纂掛の前身であった太政官修史館は全国的な史料調査を行なって「大日本編年史料」を編纂し、それをもとに漢文体の『大日本編年史』を刊行する計画を立てていたが、明治二十六年(一八九三)四月史誌編纂掛の廃止とともに漢文体の編年史叙述と刊行の試みは廃棄され、二十八年四月再発足した史料編纂掛は史料集編纂・刊行をその目的とした。カヴァーすべき時期が約千年となるため、全体を第一—第三編(平安時代)、第四・第五編(鎌倉時代)、第六—第十一編(南北朝・室町・安土大阪時代)、第十二—第十六編(江戸時代)の十六の編に分け、「大日本編年史料」(「史料稿本」)の修正が完了した編のものから順次刊行することとした。「大日本編年史料」の名称が『大日本史料』の呼称に変更されたのは刊行の前年三十三年六月のことである。三十三年七月の出版予告での説明によれば、『大日本史料』は上は六国史に接し、王政維新に至るまで、社会の各方面に起った事件を、年月日を追って掲記し、各事件の下に、これに関する日記・旧記・文書をはじめとして随筆・雑著に至るまでの材料を、原文のままに排列するもので、図画の徴証すべきものも挿入する、また材料の正確を旨とするが、濫りに私見を立てて取捨することをせず、そのやや疑わしいものも参考又は異説として存録する、と本史料集の性格を述べている。最初に刊行されたのは三十四年二月、第六編之一(元弘三年(一三三三)五月よりのもの)で担当編纂者は田中義成、つづいて同年四月、第十二編之一(慶長八年(一六〇三)二月よりのもの)で担当編纂者は三上参次、第四編之一(文治元年(一一八五)十一月よりのもの)は翌三十五年八月に和田英松の担当で刊行された。当初は第四・第六・第十二編の三部体制で出発したが、四十三年（一九一〇）には第八編部（応仁元年（一四六七）以降）、大正三年（一九一四）には第一編部（仁和三年八月以降）が新設されていった。

参考文献　『東京大学史料編纂所史料集』（二〇〇一、東京大学出版会）　（宮地　正人）

だいにほんじんぞうひりょうがいしゃ　大日本人造肥料会社　戦前期の代表的肥料・化学メーカー。明治二十年（一八八七）設立の東京人造肥料会社は、翌年より日本初の過燐酸石灰生産を開始し日清戦後急速に販路を拡大したが、工業的に単純であるため新規参入が相つぎ、日露戦後不況期には過剰生産が明らかとなった。カルテルの形成も失敗に終る中、明治四十年代より合併による企業集中を進め、四十三年（一九一〇）には大日本人造肥料と改称して大メーカーである大阪硫曹を合併、資本金六百二十五万円の過燐酸石灰・配合肥料の一大企業となった。その後も第一次世界大戦後の過剰生産の発生を受けて大正十二年（一九二三）に関東酸曹、日本化学肥料を合併し、肥料とともに硫酸、ソーダ製造部門も包摂した。昭和期にはファウザー法を導入して合成硫安生産に乗り出し、化成肥料を製造するが、昭和十二年（一九三七）に日本化学工業に吸収合併され、日産化学工業会社となる。

参考文献　河村九淵『大日本人造肥料株式会社創業三十年記念誌』（一九一七、大日本人造肥料）、大日本人造肥料株式会社編『大日本人造肥料株式会社五十年史』（一九三六）、日産化学工業編『八十年史』（一九六九）　（市川　大祐）

だいにほんすいさんかい　大日本水産会　わが国で最初に結成された水産団体。「汎ク水産上ノ経験智識ヲ交換シ専ラ水産ノ蕃殖改良」を目的として、永井佳之輔、中尾直治ら六名を中心に発足。初代会頭に小松宮彰仁親王を据え、幹事長に品川弥二郎、幹事に丸山作楽《まるやまさくら》、議員には伊庭想太郎《いばそうたろう》、小花作助、内村鑑三らがいた。当時漁業生産力の全般的停滞に対し、政府は何ら有効な手立てを持たなかった。このため永井ら水産振興を目的とする民間有志らは、東京本郷に明治十四年（一八八一）に水産社を結成した。同社は同年七月に日本初の水産雑誌『中外水産雑誌』を刊行、翌十五年一月には同社を基礎に大日本水産会を発足させた。また同会は機関紙『大日本水産会報告』（同年四月創刊、現『水産界』）の刊行、博覧会の開催、また水産伝習所（現東京海洋大学）を設立するなど、関係者や国民に対する漁業知識の普及教育に努めた。また水産局廃止（二十三年（一八九〇））に異論を唱え、代行機関としての水産調査会設置（二十六年）に貢献した。歴代理事長の多くが水産局出身だったため水産行政への影響力は大きかった。

参考文献　片山房吉『大日本水産史』（一九三七、農業と水産社）　（高村　聰史）

だいにほんすうがくし　大日本数学史　明治時代中期に刊行された、近世日本を主とした初の本格的数学史書。遠藤利貞の主著である。明治二十九年（一八九六）刊。著者の遠藤利貞は最後の世代に属する和算家で、明治以後顕著となった西洋数学の普及とそれに伴う和算の衰退を目の当たりにしていた。特に明治十年（一八七七）に設立された東京数学会社において、和算が排斥され、消失の危機にあることは遠藤には耐えがたいものであった。みずからの関流和算家としての知識と、同士などが残した資料に基づき、十六年の歳月をかけて本書は脱稿された。三井財閥の援助を得て初版は刊行された。その後、遠藤みずからの全国的な調査に基づき内容は拡充されたが、遠藤は大正四年（一九一五）に病没。同七年に周囲の尽力により増修版が刊行された。古代から近代初期に至るまでの日本の数学に関する歴史が、主として人物伝とその著作の解説という形で叙述されている。史料批判の不徹底、独断に基づく記述の頻出など、本書に対する批判は多々あるものの、近代日本人に西洋数学とは異なった日本独自の数学の体系があったことを知らしめた価値は大きい。　→遠藤利貞《えんどうとしさだ》

参考文献　遠藤利貞遺著・三上義夫編・平山諦補訂『増修日本数学史（決定第二版）』（一九八一、恒星社厚生閣）　（佐藤　賢一）

だいにほんせいとうがいしゃ　大日本製糖会社　日本有数の製糖会社。鈴木藤三郎らが明治二十九年（一八九六）一月に設立した日本精製糖会社が前身。時限立法の輸入原料砂糖戻税法（三十五年（一九〇二）十月施行、四十四年（一九一一）七月失効）のもと増資を重ね、当初資本金三十万円が三十七年には四百万円となった。三十九年一部株主・役員が大拡張を求めたことから鈴木社長は辞任。同年十一月に酒匂常明《さこうつねあき》を社長に迎え大阪の日本精糖会社を買収、千二百万円に増資して大日本製糖会社と改称。翌年八月鈴木商店から門司の大里製糖所を買収。日露戦後不況による販売不振、砂糖戻税法の満期、砂糖消費税増徴案などを背景に、砂糖戻税法延長・糖業官営を求めた政界工作は日糖疑獄事件となった。四十一年台湾に新式分蜜糖工場を設置。昭和十八年（一九四三）日糖興業会社

大日本製糖会社

と改称。第二次大戦で在外資産を失い、二十五年（一九五〇）大日本製糖として再発足。平成八年（一九九六）明治製糖と合併し大日本明治製糖株式会社となる。 →日糖疑獄《にっとうぎごく》

参考文献 久保文克「大日本製糖の再生と飛躍―再生請負人藤山雷太の創造的適応―」（『商学論纂』四八ノ一・二合併号、二〇〇七）

（差波亜紀子）

だいにほんそぜいし 大日本租税志 上古より明治十三年（一八八〇）までのわが国の租税制度に関する一切の史実とその沿革をまとめた大蔵省の編纂物。明治十五年より十八年にかけ和本七十巻、全三十冊として刊行された。第一―二〇巻（前篇）は田地制度、第二一―五〇巻（中篇）は地租と雑税、第五一―五六巻（後篇）は調庸夫役ほか、第五七―七〇巻（雑篇）は倉廩度量衡を扱っている。また各篇の史料は編年にされており、第一期が上古から治承、第二期が養和から慶応、第三期が明治元年（一八六八）から十三年と、検索に便利な形となっている。編輯員は大蔵権少書記官正七位野中準《のなかじゅん》を責任者に池上誼三・青木可笑・塙忠韶《はなわただつぐ》・赤井直敬・日下部成美・植田正秋・大類久徴・幸田思成《こうだしせい》の総員九名、地租改正という大事業を機に従来の租税制度の実態とその変化を明らかにする目的を以て租税頭松方正義と租税助石渡貞夫が野中に指示して編纂させたものであり、『大日本貨幣史』と並ぶ当該時期の大蔵省による一大編纂物である。明治四十一年（一九〇八）金沢税務調査会より洋装本全一冊、大正十五年（一九二六）から昭和二年（一九二七）朝陽会から洋装本全三冊の複刻がなされた。

（宮地 正人）

だいにほんたいいくきょうかい 大日本体育協会 明治四十五年（一九一二）七月にストックホルムで開催される第五回オリンピック大会に日本選手団派遣のための国内オリンピック委員会National Olympic Committeeとして、同四十四年七月に創設された体育団体。初代の役員は、会長嘉納治五郎、総務理事に大森兵蔵・永井道明・安部磯雄。当初の規約によれば、同協会の目的は「日本国民の体育を奨励する」ことであり、また「国際オリンピック大会に対して日本国を代表する」組織であった。夏に水上大会、秋に陸上大会を開催、そして両大会で行う運動として、「歩行、競走、跳躍、游泳」が選定された。オリンピック大会への参加を通して、諸外国と交流し文明平和の発達に寄与することと、国民体育の普及・発展は同協会創設時には統合的に構想されていた。協会最初の事業は、明治四十四年十一月の羽田運動場におけるオリンピック大会予選競技会の開催であり、その結果、三島弥彦（短距離）と金栗四三《かなぐりしぞう》（マラソン）の二人の選手が、団長嘉納治五郎と監督大森兵蔵とともにストックホルム大会に初参加した。大正期に入ると陸上・水上のほかに、バレーボール、バスケットボール、スキーなどの大会も主催し、スポーツの振興に寄与した。大正十四年（一九二五）、同協会は各種スポーツ競技団体から構成される組織へと改造された。 →オリンピック大会《たいかい》

参考文献『日本体育協会七十五年史』（一九八六）、中村哲夫「二十世紀初頭わが国における国民体育論の一断面―大日本体育協会設立者を中心に―」（成田十次郎先生退官記念会編『体育・スポーツ史研究の展望―国際的成果と課題―』所収、一九九六、不昧堂）

（中村 哲夫）

だいにほんちめいじしょ 大日本地名辞書 「本書は地誌にして、其名辞の索引に便利なる体裁を取りたり、即、地名辞書といふ（中略）我国土の要用時宜に考察する所あり、独断してかかる体裁を取りたり」との著者序言に始まる、「我邦空前の大著」と称えられた大型歴史地名辞書。吉田東伍著。明治二十八年（一八九五）起稿、同三十三年（一九〇〇）三月「第一冊之上」上梓から始まって、四十年（一九〇七）八月上梓の「第五冊之下」までの「各説」十冊、これに同年十月上梓の「汎論・索引」一冊を加え初版全十一冊、総計五一八〇頁。全国地名（郡、郷、神社、寺、川、山、城址、峠など）約四万一千に及び、字数にして約千二百万、十三年を費やした。これが初版。わが国における地誌編纂の試みという点では古くは風土記から国志・郡村志を含む伝統を挙げることはできるが、本書は、明治期において結局は全国地誌編纂をなしえなかった政府行政の視点からではなく、篤志の一在野学者の発想と刻苦による全国地誌の完成として脱稿されたものである。そこには、地名はそれぞれの土地の歴史を語る名辞であるにもかかわらず行政的に画一整理されようとしている事態を見ての民間歴史家としての危機意識があり、また著者家系の中で叔父旗野十一郎が蔵していた大叔父小川心斎の未完の全国地誌稿『国邑志稿』の改修・完成に取り組んだ成果という面もある。記載は、『和名類聚抄』の国郡分類による郷名を起点に地名を蒐集配置して地誌に及び、それぞれの考証資料として古くは六国史から最新の学術論文に至るまで典拠文献を猟渉咀嚼した上で、言語学的考証や偽説論駁などを含め明快な断案・文体を展開。読んで楽しめる辞書を実現している。増補版として、冨山房編集部編『増補大日本地名辞書』（昭和四十四―四十六年、冨山房）が刊行されている。 →吉田東伍《よしだとうご》

参考文献 千田稔『地名の巨人吉田東伍―大日本地名辞書の誕生―』（『角川選書』、二〇〇三、角川書店）

（菊池 紘一）

だいにほんていこくけんぽう 大日本帝国憲法 明治二十二年（一八八九）二月十一日に発布、二十三年十一月二十九日に施行された日本初の近代的成文憲法。七章七六条からなる。「不磨ノ大典」（憲法発布勅語）とされたが、改正規定（七三条）を有し、昭和二十二年（一九四七）五月三日の日本国憲法施行により失効した。日本国憲法に対比させ、旧憲法、明治憲法という。明治維新後、政府内でも国家の安定と発展のため憲法制定が必要であるとの議論があったが、具体化するのは自由民権運動への対応を通じてであった。自由民権運動は天賦人権説を唱え民撰議院設立を主張し、数多くの私擬憲法案を生み出した。

憲法発布式

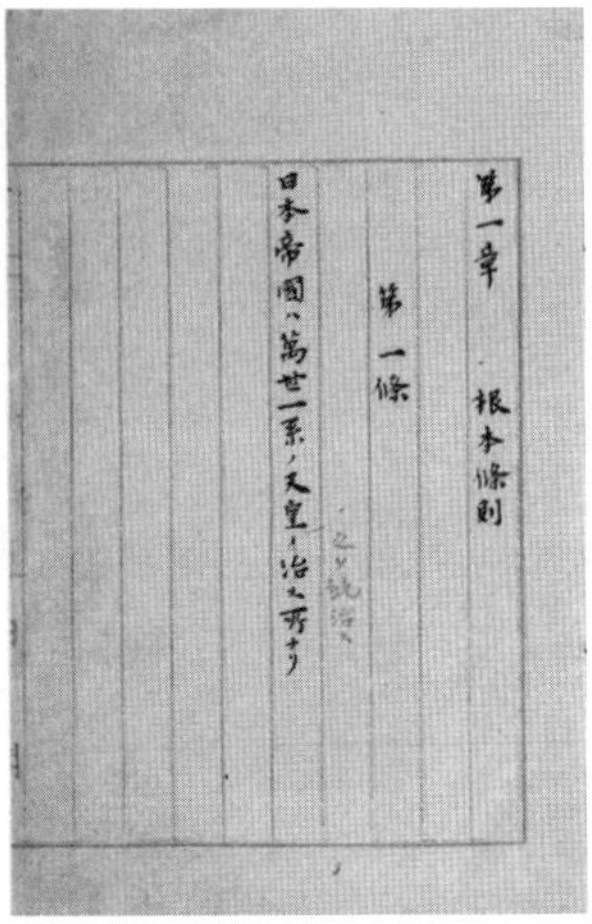

第一章　根本條則
第一條
日本帝國ハ萬世一系ノ天皇ノ治ス所ナリ

憲法夏島草案

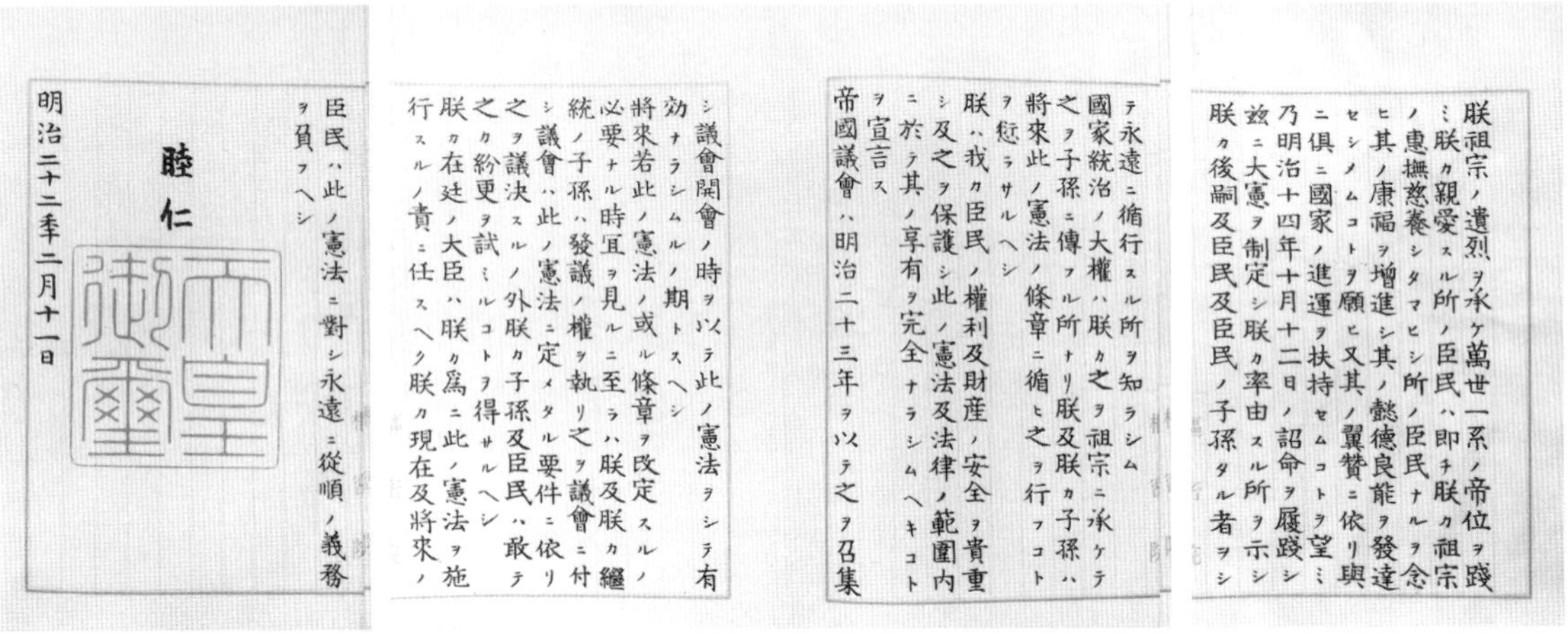

朕祖宗ノ遺烈ヲ承ケ萬世一系ノ帝位ヲ踐ミ朕カ親愛スル所ノ臣民ハ即チ朕カ祖宗ノ恵撫慈養シタマヒシ所ノ臣民ナルヲ念ヒ其ノ康福ヲ増進シ其ノ懿徳良能ヲ發達セシメムコトヲ願ヒ又其ノ翼賛ニ依リ與ニ倶ニ國家ノ進運ヲ扶持セムコトヲ望ミ乃チ明治十四年十月十二日ノ詔命ヲ履踐シ茲ニ大憲ヲ制定シ朕カ率由スル所ヲ示シ朕カ後嗣及臣民及臣民ノ子孫タル者ヲシテ永遠ニ循行スル所ヲ知ラシム

國家統治ノ大權ハ朕カ之ヲ祖宗ニ承ケテ之ヲ子孫ニ傳フル所ナリ朕及朕カ子孫ハ將來此ノ憲法ノ條章ニ循ヒ之ヲ行フコトヲ愆ラサルヘシ

朕ハ我カ臣民ノ權利及財産ノ安全ヲ貴重シ及之ヲ保護シ此ノ憲法及法律ノ範圍内ニ於テ其ノ享有ヲ完全ナラシムヘキコトヲ宣言ス

帝國議會ハ明治二十三年ヲ以テ之ヲ召集シ議會開會ノ時ヲ以テ此ノ憲法ヲシテ有效ナラシムルノ期トスヘシ

將來若此ノ憲法ノ或ル條章ヲ改定スルノ必要ナル時宜ヲ見ルニ至ラハ朕及朕カ繼統ノ子孫ハ發議ノ權ヲ執リ之ヲ議會ニ付シ議會ハ此ノ憲法ニ定メタル要件ニ依リ之ヲ議決スルノ外朕カ子孫及臣民ハ敢テ之カ紛更ヲ試ミルコトヲ得サルヘシ

朕カ在廷ノ大臣ハ朕カ為ニ此ノ憲法ヲ施行スルノ責ニ任スヘク朕カ現在及將來ノ臣民ハ此ノ憲法ニ對シ永遠ニ從順ノ義務ヲ負フヘシ

睦仁　天皇御璽

明治二十二年二月十一日

内閣總理大臣伯爵黒田清隆
樞密院議長伯爵伊藤博文
外務大臣伯爵大隈重信
海軍大臣伯爵西郷従道
農商務大臣伯爵井上馨
司法大臣伯爵山田顕義
大藏大臣兼内務大臣伯爵松方正義
陸軍大臣伯爵大山巖
文部大臣子爵森有禮
遞信大臣子爵榎本武揚

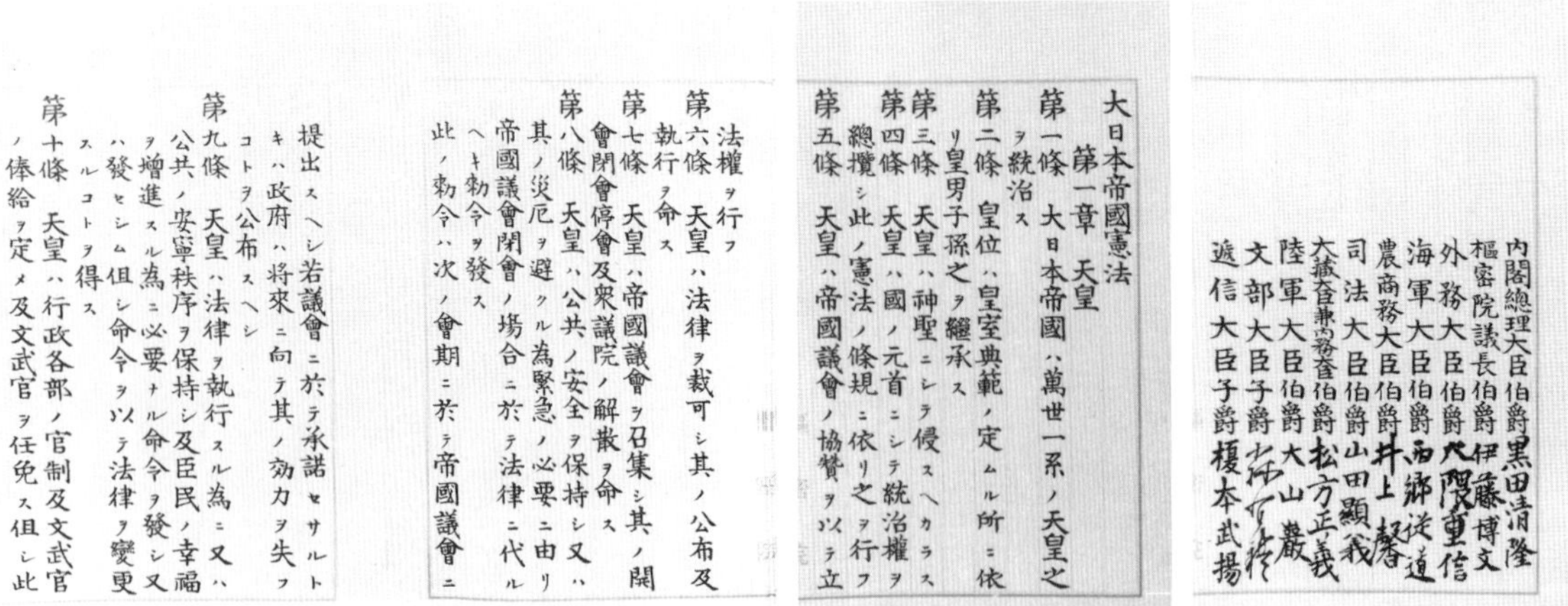

大日本帝國憲法

第一章　天皇

第一條　大日本帝國ハ萬世一系ノ天皇之ヲ統治ス
第二條　皇位ハ皇室典範ノ定ムル所ニ依リ皇男子孫之ヲ繼承ス
第三條　天皇ハ神聖ニシテ侵スヘカラス
第四條　天皇ハ國ノ元首ニシテ統治權ヲ總攬シ此ノ憲法ノ條規ニ依リ之ヲ行フ
第五條　天皇ハ帝國議會ノ協贊ヲ以テ立法權ヲ行フ
第六條　天皇ハ法律ヲ裁可シ其ノ公布及執行ヲ命ス
第七條　天皇ハ帝國議會ヲ召集シ其ノ開會閉會停會及衆議院ノ解散ヲ命ス
第八條　天皇ハ公共ノ安全ヲ保持シ又ハ其ノ災厄ヲ避クル為緊急ノ必要ニ由リ帝國議會閉會ノ場合ニ於テ法律ニ代ルヘキ勅令ヲ發ス
此ノ勅令ハ次ノ會期ニ於テ帝國議會ニ提出スヘシ若議會ニ於テ承諾セサルトキハ政府ハ將來ニ向テ其ノ效力ヲ失フコトヲ公布スヘシ
第九條　天皇ハ法律ヲ執行スル為ニ又ハ公共ノ安寧秩序ヲ保持シ及臣民ノ幸福ヲ増進スル為ニ必要ナル命令ヲ發シ又ハ發セシム但シ命令ヲ以テ法律ヲ變更スルコトヲ得ス
第十條　天皇ハ行政各部ノ官制及文武官ノ俸給ヲ定メ及文武官ヲ任免ス但シ此

『大日本帝国憲法』原本

たとえば植木枝盛の「東洋大日本国国憲案」は法律によっても制限できない人権、抵抗権・革命権、国民主権、厳格な権力分立、一院制、連邦制などの規定を有していた。「五日市草案」は、詳細な人権規定、司法権についての詳細な規定をもつ。しかし、自由民権運動は政府の弾圧のもと力を失っていき、政府の憲法構想に直接影響を与えることはなかった。一方、政府内では元老院で憲法制定作業が試みられ、三次にわたり成案をみたが、国体に適しないとの批判を浴び廃案となった。明治十四年の政変以後、民権派は衰退し、薩長藩閥政権の力が強まり、憲法制定は欽定主義の路線のもと進展する。明治十五年(一八八二)、伊藤博文は伊東巳代治《いとうみよじ》、金子堅太郎らを伴い憲法調査のため渡欧し、ベルリンでグナイストに会い弟子のモッセの講義を聴き、ウィーンではシュタインに会い彼の講義を受け、彼らの君権主義憲法理論に感銘を受けている。伊藤は帰国後、宮中に制度取調局を設置し憲法草案起草に着手した。草案作成作業はまずはロエスラーらの助言を得ながら井上毅を中心に進められるが、伊藤は神奈川県夏島において伊東、金子、井上らとともに集中討議し憲法草案を作成し、明治二十一年四月初旬には確定草案を脱稿している。憲法草案の審議は伊藤が総理大臣を辞して議長に就任した枢密院でなされた。枢密院書記官長には井上が、書記官には伊東、金子らが任命された。同年五月八日、天皇臨席のもとに開院式が挙行され、皇室典範草案とともに憲法草案が下付された。大日本帝国憲法は、プロイセンによって統一されたドイツ帝国の憲法および憲法理論の影響を受けているが、国体思想も色濃く反映している。皇祖・皇宗への報告という形をとっている告文、「祖宗ニ承クル大権」を宣言した憲法発布勅語、「大日本帝国ハ万世一系ノ天皇之ヲ統治ス」とする第一条は神権天皇制を表すものである。「天皇ハ国ノ元首ニシテ統治権ヲ総攬シ此ノ憲法ノ条規ニ依リ之ヲ行フ」とする第四条は立憲政治を示す一面を有すると同時に天皇主権説の根拠となった。立法権も天皇に属し、議会は協賛権をもつだけであったが、法律の制定は議会の協賛がなければ不可能であったからその限りでは近代立憲主義の要素を取り入れているともいえる。しかし憲法上議会の協賛を経ることのない天皇の大権事項が掲げられており、議会の権限は限定された。八条の緊急命令、九条の独立命令の制度も議会の権限を縮減させるものであった。議会制は導入されたが、公選の衆議院のほかに皇族・華族および勅任議員からなる貴族院が並置された。議会は法律、予算の協賛権を有していたが、議会が予算を成立させない場合、政府は前年度の予算を執行できた(七一条)。憲法草案を審議した枢密院は憲法制定後も天皇の最高諮問機関として存続し(ただし五六条は枢密顧問について規定するのみ)、重要な国務を審議した。天皇は官制大権を有し(一〇条)、また、陸海軍を統帥し(一一条)、宣戦・講和の権限、条約締結権をもち(一三条)、戒厳令を宣告する権限を有した(一四条)。軍に対する議会・内閣の統制を排除する制度はのちに軍部の独走を許す結果となった。明治十八年に内閣制度は発足していたが、憲法上は内閣について触れることなく各国務大臣が天皇を輔弼し天皇に責任を負う旨規定していたにすぎない(五五条)。司法権も天皇の名によって行われ(五七条)、行政官庁の処分についての紛争は司法裁判所ではなく行政裁判所の管轄とされた(六一条)。裁判所による法令の違憲審査は想定されていない。内大臣、元老、陸軍参謀本部など重要な機能を有したが憲法には規定されない組織も存した。国民(臣民)の権利については法律により法律の範囲内で認めるという考え方(ドイツ流の「法律の留保」)がとられ、永久不可侵の前国家的権利という人権概念は退けられた。たとえば「日本臣民ハ法律ニ依ルニ非スシテ逮捕監禁審問処罰ヲ受クルコトナシ」(二三条)や「日本臣民ハ法律ノ範囲内ニ於テ言論著作印行集会及結社ノ自由ヲ有ス」(二九条)の規定にみるように、法律によれば自由の縮減・否定は可能であった。信教の自由については安寧秩序を妨げず臣民の義務に背かない限りにおいて認められた(二八条)が、「非宗教」とされた神社崇敬の否定は困難であった。臣民の権利は戦時、国家事変の場合、天皇大権の行使により制限可能であった(三一条)。→伊《い》藤博文憲法調査《とうひろぶみけんぽうちょうさ》 →岩倉具視憲法意見書《いわくらともみけんぽういけんしょ》 →元老院国憲按《げんろういんこっけんあん》 →私擬憲法《しぎけんぽう》 →制度取調局《せいどとりしらべきょく》 →帝国憲法制定会議《ていこくけんぽうせいていかいぎ》 →天皇大権《てんのうたいけん》

[参考文献] 稲田正次『明治憲法成立史』(一九六〇・六二、有斐閣)、江村栄一編『自由民権と明治憲法』(『近代日本の軌跡』二、一九九五、吉川弘文館)、美濃部達吉『憲法撮要(復刻版)』(一九九九、有斐閣)、安田浩・源川真希編『明治憲法体制』(『展望日本歴史』一九、二〇〇二、東京堂出版)
(平野　武)

だいにほんのうかい　大日本農会　農業の改良・発達と農業関係者の福利増進を図ることを目的として明治十四年(一八八一)に設立された団体。現在まで継続している。明治十四年第二回内国勧業博覧会開催時に前田正名の主唱によって開催された農談会は全国的規模で開催された最初のものである。この農談会に出席した老農らを集めて農商務省農務局の外郭団体として組織されたのが大日本農会であり、北白川宮能久《よしひさ》親王を会頭に、幹事長は品川弥二郎が就任した。農務局の外郭団体として設立されたため、会の議決権を有する特別会員の大多数が農商務省農政担当者であった。会の目的は広く農事改良に関する知識・経験の情報交換にあり、明治十四年八月から機関誌『大日本農会報告』(明治二十五年(一八九二)から『大日本農会報』、昭和八年(一九三三)から『農業』と改称)を創刊した。活動としては明治十五年に全国の中核農業が参集する第一回大集会を東京で開いたほか、農商務省から委託された集談会の主催、穀物問題などを審議している。明治十七年から二年間は三田育種場の運営委託を受けたほか、明治十八年には種苗交歓市を開催、また農

事巡回員を設置、さらに明治二十三年には農家経済に関する政府の諮問に応えている。明治二十八年に全国農事会が分離独立したのちは農業技術指導と農業教育に純化し、明治三十年（一八九七）には経営難に陥った東京農学校を同会付属にし、大正十四年（一九二五）に大学令により東京農業大学が設立するまで経営した。大正五年（一九一六）社団法人に改組し現在に至っている。→全国農事《ぜんこくのうじ》会《かい》

参考文献　『大日本農会百二十年史』（二〇〇二）　（渡辺　新）

だいにほんビールがいしゃ　大日本麦酒会社　⇨朝日《あさひ》ビール　⇨恵比寿《えびす》ビール社《しゃ》　⇨札幌麦酒《さっぽろビール》

だいにほんぶっきょうせいねんかい　大日本仏教青年会　明治時代中期に青年仏教徒が中心となって組織した仏教連合団体。明治十年代の終りごろから仏教の思想的な改革運動がみられるなかで、仏教の信仰・研究を深めることを目的に、各地の官立・私立学校の在学生や寺院を基とする仏教青年会が盛んに設立された。その後、明治二十五年（一八九二）以降になると、各青年会連合組織の設立が幾つかみられたが、その先駆けとなったのが大日本仏教青年会である。明治二十四年十一月、東京駒込（文京区）の真宗大谷派真浄寺住職寺田寿福は、帝国大学と第一高等中学校の仏教徒学生が組織した徳風会の会員に対し、親鸞の報恩講への参加を呼びかけた。寺田は集まった学生たちと懇談し、夏期休暇を利用した講習会の開催と、各仏教会の連帯強化を目的にした組織設立を約束した。翌年一月、同寺において帝国大学・第一高等中学校・東京専門学校・慶応義塾・哲学館および官立・私立に在学する仏教信徒数十名が集まり、東都仏教青年大会を開催して本会の結成を決定し、毎年の釈尊降誕会と夏期講習会など特定の宗派に限らない活動内容を定めた。

参考文献　竜渓章雄「明治期の仏教青年会運動（上）―大日本仏教青年会を中心として―」（『真宗学』七五・七六合併号、一九八七）　（安中　尚史）

だいにほんぶとくかい　大日本武徳会　明治から昭和前期の武道団体。明治二十八年（一八九五）、奠都千百年を記念して、平安京の大極殿などを模造して平安神宮が創建された。大日本武徳会は、かつてその傍らに存在した武徳殿を再建して武術を復興させ、桓武天皇の「神徳」を追慕し、「報国の志」を喚起するため、日清戦争の勝利に沸き立つ同年四月、京都府知事渡辺千秋ら有志によって京都で結成された。その翌月、皇族軍人小松宮彰仁親王を総裁に戴き、十月には時代祭と同時に第一回武徳祭・演武大会を開催し、全国から集まった武術家による剣術・柔術・弓術・薙刀《なぎなた》・槍術・鎖鎌・棒術の演武と射的・馬術の競技を実施し、「優等」な武術家四十一名に精錬証（のちの錬士）を授与した。武徳祭・演武大会は、武徳殿が建立された同三十二年（一八九九）以降は、毎年五月四日から開催されるようになり、同三十五年には精錬証に加えて、範士・教士の称号が新設され、これによって武術家たちの技量の認定と保護（範士には年金を給付、のちに廃止）が流派の壁を越えてなされるようになる（段位制度の導入は大正六年（一九一七））。明治三十八年十月、剣術・柔術の正課体育での実施を見据えて、両武術の教員を養成するため武術教員養成所（のちの武道専門学校）を開設し、翌年には大日本武徳会剣術形および柔術形を、大正元年には大日本帝国剣道形を制定した。以上のような本部の事業と並行して、各府県知事を支部長、警察部長を副支部長とし、警察官や武術家らによる会員募集活動を強力に押し進め、設立から十年間で、四十の府県支部と百四万九千三百十七人の会員を擁する全国組織へと成長を遂げ、府県単位でも武徳殿を設立し、演武大会や武術講習などを実施していった。会員数は昭和十三年（一九三八）には三百万人を超えた。昭和十七年三月からは国家管理下に置かれ、戦後の二十一年（一九四六）十一月八日、GHQの指示のもと、内務省令第八号によって解散。役員千二百十九人が公職追放となった。

大日本武徳会　武徳殿

参考文献　坂上康博「大日本武徳会の成立過程と構造―一八九五～一九〇四年―」（『行政社会論集』一ノ三・四、一九八九）、同「大正期における大日本武徳会―その政治的・軍事的機能の検討を中心として―」（『体育史研究』七、一九九〇）、中村民雄『剣道事典―技術と文化の歴史―』（一九九四、島津書房）　（坂上　康博）

だいにほんぶんめいきょうかい　大日本文明協会　明治時代末期から昭和期の啓蒙団体。明治四十一年（一九〇八）四月三日に大隈重信を会長に、実質的指導者の編集長を早稲田大学教授浮田《うきた》和民《かずたみ》として発足。協会の設立宣言に「所謂「戦後経営」てふ美名の下に雑然たる百般の物質的画策の時に超越して、真箇我が大帝国六千万民衆の精神的開発を旨とし、此千載一遇の興国的気運に乗じて国民

知識の向上進歩に資し」と謳って、日露戦争に勝利した日本は「一等国」となったが、真にこれに相応しい国民たり得ているかを考えて、日本人を「世界的国民」に育成する使命感を帯びて発足した。このため、会は書籍の弘布・地方巡回講義・地方図書館設置運動の三つの目標を掲げた。まず、書籍の弘布として、「一村一郷の長老先輩指導者が、世界文明を咀嚼してこれを郷党知己の間に移さば、国民的風尚の樹立宇内的知識の開発期して待つべき而已」として欧米最新の名著の翻訳出版事業を優先させた。浮田が統括して新進評論家の宮島新三郎を主任として毎年丸善に行って最近の洋書を厳密に精選して、四十一年から昭和六年(一九三一)までに大日本文明協会叢書として三百十五巻の西欧の名著を予約販売のかたちで精力的に刊行し続けた。実は、この企画の提案者は出版人の隆文館創立者草村松雄(北星)で、これを自己の隆文館から刊行した。第一回配本は大隈重信監修『欧米人之日本観』全三冊(約三〇〇〇頁)でマルコ＝ポーロ以来明治に至るまでの欧米人の日本旅行記や印象記を網羅したものである。以後、産業革命を学術として日本にはじめて伝えたトインビーの『英国産業革新論』、ウェルズの『第二十世紀予想論』、外交史家フォスター(日本の戦後の占領政策の主軸をなしたダレスの岳父)の『米国の対東外交』、「比較文学」の名称を冠した日本最初の書籍であるローリエの『比較文学史』、ル＝ボンの『群衆心理』、B・マシュースの『欧洲演劇史』、キプソンの『近世応用電気学』、クラフト＝エビングの『変態性欲心理』、エレン＝ケイの『婦人運動』、トドミアンツの『消費組合論』、ウイヤム＝カーズンの『結婚之革命』等々である。これらの翻訳出版はのちの『岩波文庫』の世界の名著の翻訳出版をはるかに先取りしており、最新の知的情報を「一等国」の日本人に提供しようとしたもので、大正デモクラシー期最大の出版事業であり、社会思想史の観点からも特筆すべき事業である。協会は翻訳出版が軌道に乗った大正四年(一九一五)秋より、事業目標の地方巡回講義(学術講演会)を実施するとともに、翌年から機関誌を発行して事業を拡大させた。第一回学術講演会は大正四年十月二十四日に東京神田の青年会館で大隈重信「吾人の文明運動」、三宅雪嶺「翻訳書を卑む勿れ」、浮田和民「世界的文化の時代」などから開始し、以後、東京・大阪・神戸・横浜などで十年(一九二一)五月十五日まで毎年二回ほど十二回に及び、講演者は添田寿一・水野錬太郎《みずのれんたろう》・石川安次郎・服部宇之吉・長谷川如是閑《はせがわにょぜかん》ら延べ四十五人を数えた。また、この間、第一次世界大戦の終局期の大正七年三月から早稲田の大隈邸で時局研究会も開催され、第一回(陸軍中将児玉惣次郎「欧州大戦について」)以下、高峰譲吉「応用科学と日米関係」(第四回)、今井時郎「過激派露西亜の現状」(第十八回)、目賀田種太郎「国際連盟と欧米視察」(第二十二回)等々、政治・経済・外交・軍事・教育・労働・婦人・宗教・科学などあらゆる分野にわたり、協会創立三十周年の昭和十三年(一九三八)六月までに百四十八回に及び、その後も十九年十二月十五日の木村毅「風雲の比島」(丸ノ内中央亭)まで継続していた。この間、機関誌『学術講演録』(大正五年一月創刊)、『時局の研究』、『文明協会講演集』、『文明大観』、『文明協会ニュース』(昭和十九年五月終刊)が相ついで刊行されて、右の諸講演の速記録や協会の事業が報知された。なお、地方図書館設置運動はそれほど進展しなかったようである。この間、大正十一年一月に大隈死去の後、嗣子大隈信常が第二代会長となり、翌年に東京牛込区早稲田町三十四番地(東京都新宿区)に協会事務所を建設し、十四年七月二十二日に財団法人文明協会(賛助会員三百名、普通会員二万人)として発展した。しかし、昭和二十二年(一九四七)一月の会長大隈信常死後の活動は停滞し、法人の登記自体は昭和末期ごろまで存続した模様である。

参考文献 『財団法人文明協会三十年誌』(一九三八)、佐藤能丸『近代日本と早稲田大学』(一九九一、早稲田大学出版部)
（佐藤　能丸）

だいにほんへいわきょうかい　大日本平和協会　明治から大正時代の平和運動団体。ギルバート＝ボールズら十四名の宣教師が結成した友会の平和と仲裁の協議会が、日本人にも呼びかけ、明治三十九年(一九〇六)四月二十八日に発足した。五月十八日に創立総会が開かれ、初代会長に江原素六が就任。海老名弾正、植村正久、内村鑑三、木下尚江など八十名以上の会員がいた。協会は、世界の平和を確保増進するため、印刷物の発行や、家庭・学校での普及活動を目的とした。雑誌『平和』は、四十年(一九〇七)から四十四年まで発行。明治四十三年一月に大隈重信が二代目会長に就任した。四十四年、会員総数が五百二十二名になり、寄付金も増加したが、協会が寄付金に依存する問題点ともなった。第一次世界大戦に対しても、参戦時の首相が会長の大隈だったため、積極的な活動ができなかった。大正元年(一九一二)十二月に、『平和時報』が創刊され、八年ころまで発行された。十一年(一九二二)五月に阪谷芳郎が三代目会長に就任。だが、徐々に活動は不活発になり、十四年五月に解散した。

参考文献 『近代日本「平和運動」資料集成』付録一・別冊一(二〇〇五、不二出版)、坂口満宏「国際協調型平和運動—『大日本平和協会』の活動とその史的位置—」(『キリスト教社会問題研究』三三、一九八五)、竹本英代「創設期大日本平和協会の平和認識」(『中国四国教育学会教育学研究紀要』四六ノ一、二〇〇〇)
（片山　慶隆）

だいにほんへんねんし　大日本編年史　明治十五年(一八八二)から二十五年(一八九二)の間、修史館から史料編纂掛にかけ収集した厖大な史料に基づいて叙述した漢文編年体日本通史。修史局段階の明治八年(一八七五)五月の時点で史料収集の上、『大日本史』の後を継ぎ、後小松天皇即位より幕末まで五百年間の正史を漢文体で叙述する方針が確認されている。そののち史料の蓄積の上に、さかのぼって後醍醐天皇即位から漢文体正史を叙述することが決定されるのが十四年十二月のことであった。そこでは編修課は掌記があつめた史志料を受けて刪定し、編年体を用い漢文を以て正史を叙述する、対象時代は後醍醐天皇即位から慶応三年(一八六七)十月までとし、課員は数十年をそれぞれ区分して頭より着手し、国勢の隆替・人事の得失を委曲叙述し、当時の事情をして瞭然目に在らしめるようにする、ただし恒例に渉るものは志表に譲り文脈が隔断しないようにする、とされている。十八年十一月段階では文保二年(一三一八)より明徳三年(一三九二)まで『大日本編年史』既成十冊(二十二年間分)、明徳三年より天正十五年(一五八七)まで既成三十五冊(百八十二年分)、天正十六年より慶応三年まで四冊と報告されている。その後も叙述の仕事は継続され、数次の訂正・修正を経て完成したものは明治二十五年までで六十三冊となった。執筆者は久米邦武《くめくにたけ》・重野安繹《しげのやすつぐ》・藤野正啓《ふじのまさひら》・伊地知貞馨《いじちさだか》・星野恒《ほしのひさし》・日下寛《くさかひろし》の面々である。十九年三月ごろから既成分の『大日本編年史』刊行が計画されたが、二十六年四月史誌編纂掛が廃止された段階で漢文体の編年史を編纂・刊行することは否定された。しかしながら星野恒は編年史編纂の希望を持ちつづけており、三十一年(一八九八)五月の文科大学教授会で「大日本編年史稿」修正の建議を提出したが、反対にあって不成立となった。他方岡谷繁実《おかのやしげざね》(明治十八年まで修史館在職)が三十三年より『皇朝編年史』(全九巻)を刊行しはじめるが、史料編纂掛は同書の南北朝部分は『大日本編年史』を剽窃したものだとして三十五年に告訴(四十一年取りさげ)し、岡谷に便宜を提供したとされた史料編纂員田山実弥登《たやまみやと》(花袋の兄)は三十五年度の職員録には登場しなくなっている。

参考文献 『東京大学史料編纂所史史料集』(二〇〇一、東京大学出版会)

(宮地　正人)

だいにほんぼうせきれんごうかい　大日本紡績連合会　⇩紡績連合会《ぼうせきれんごうかい》

だいにほんほうとくしゃ　大日本報徳社　⇩報徳社《ほうとくしゃ》

だいにほんゆうべんかい　大日本雄弁会　⇩講談社《こうだんしゃ》

だいにほんろうどうきょうかい　大日本労働協会　東洋自由党時代に日本労働協会を設立(明治二十六年(一八九三)の党解散で活動停止)し、労働問題研究を開始していた大井憲太郎が、政界引退後に大阪において明治三十二年(一八九九)六月に設立し、会長となった労働団体。大阪における最初の労働団体である。大井がこうした活動を開始した背景には、日清戦争後の労働問題の拡延があり、大日本労働協会は労資関係の調和的解決を図るための包括的な労働者保護団体という性格を帯びていた。同協会は規約の総則第二で「本会の目的は労働問題を攻究し且其実行を期する」ことであるとし、機関誌『大阪週報』の発行、労働者や出獄者のための授産所設置、労働者子弟のための夜学校・職工寄宿舎の設置などの活動を行なった。また労働者の組織化を図るべく、協会に加盟した労働者は必ず「労働者同業組合」を組織すべきことを規約に定めていた。大井は協会内に小作条例期成同盟会を設立し、小作農民救済の活動も行なっている。明治三十四年には活動拠点を東京に移すが、幸徳秋水ら社会主義者が主導する労働運動が進展していたこともあって活動は低調で、明治三十年代末に組織は消滅した。→日本労働協会《にほんろうどうきょうかい》

参考文献 『大阪社会労働運動史』一戦前篇上(一九八六、大阪社会運動協会)、平野義太郎『馬城大井憲太郎伝』(一九三八)、同『大井憲太郎』(『人物叢書』、一九六五、吉川弘文館)、平野義太郎・福島新吾編著『大井憲太郎の研究』(一九六八、風媒社)

(杉山　裕)

だいにほんろうどうしせいかい　大日本労働至誠会　夕張炭坑の坑夫であった永岡鶴蔵《ながおかつるぞう》・南助松《みなみすけまつ》らによって明治三十五年(一九〇二)五月に結成された労働者組織。当初は修養団的性格の組織であった。至誠会結成後、片山潜《かたやません》の示唆を受けた永岡は全国的な労働者の組織化を目指し、明治三十六年末に足尾銅山に坑夫として入山、坑夫の組織化を開始し、明治三十七年四月に日本労働同志会を結成する。その後、同志会から離脱した飯場《はんば》頭や会社・警察の圧迫で活動は停滞するが、明治三十九年十月の南の足尾入山を契機に活動は活発化、十二月には大日本労働至誠会足尾支部が結成される。この組織は事実上のストライキ(一斉退山)を武器に労働条件の向上をはかる団体であった。明治四十年(一九〇七)二月に至誠会と友子同盟が労働条件改善の請願書を鉱業所に提出しようとした矢先に暴動(足尾暴動)が発生した。暴動後の至誠会幹部の検挙・起訴(永岡・南は無罪判決)、警察・会社による活動への圧力によって至誠会足尾支部は壊滅、夕張の組織も消滅した。→足尾銅山争議《あしおどうざんそうぎ》　→日本労働同志会《にほんろうどうどうしかい》

参考文献 『日本労働運動史料』一・二(一九六二・六三)、中富兵衛『永岡鶴蔵伝』(一九七七、御茶の水書房)、二村一夫『足尾暴動の史的分析―鉱山労働者の社会史―』(一九八八、東京大学出版会)

(杉山　裕)

ダイバース　Edward Divers　一八三七―一九一二　イギリスの化学者。一八三七年十一月二十七日にロンドンに生まれ、一八五三年に王立化学カレッジでホフマン、クルックスに化学を学んだ。一八五四年にアイルランド、ゴールウェイのクィーンズ＝カレッジ助手となり一八六〇年に医学博士号取得。その後明治六年(一八七三)に来日、明治十九年(一八八六)まで工学寮、工部大学校の化学教師を務めた。同年に帝国大学理科大学に転じ明治三

ダイバース

十二年(一八九九)まで化学教師を務め、無機化学、生理化学などを講じた。明治十八年にロイヤル＝ソサエティ会員に選出され、イギリス帰国後も一九〇〇年にロンドン化学会副会長、一九〇五年にイギリス工業化学会会長を歴任した。一九一二年四月十二日に死去。満七十四歳。次亜硝酸塩の発見(一八七一年)など窒素化合物の研究で知られ、河喜多能達《かわきたみちただ》、下瀬雅允《しもせまさちか》、丹和為昌《はがためまさ》らとの共同研究を通じて日本人化学者の育成に貢献した。

参考文献　丹和為昌「ダイバース先生の伝」(『東京化学会誌』三三、一九一二)、島尾永康「化学大家三六二―エドワード・ダイヴァース―」(『和光純薬時報』六〇、一九九二)

(菊池　好行)

だいはちこうとうがっこう　第八高等学校　愛知県名古屋市に所在した旧制高等学校。明治期に設置されたいわゆるナンバースクールの最後。東北・九州などの帝国大学増設などにあわせ浮上した高等学校増設計画に伴い愛知・静岡・長野などの各県が誘致にのりだし、明治四十一年(一九〇八)四月に、愛知県への第八高等学校設置が決定した。「新鋭の模範高校」をめざす初代校長大島義脩《おおしまよしなが》の方針により、指導教官制や軍事教練・兵式体操などの導入、選手制度や応援団の禁止、席次競争の弊を廃するため成績群制度の採用など厳格な規律と学業への集中を旨とする施策が行われ、ナンバースクールの中では「穏健」「中正」なる校風といわれる。ただし選手制度は大正十一年(一九二二)から解禁された。代表的な寮歌は「伊吹おろし」(大正二年(一九一三))。校舎は愛知郡呼続《よびつぎ》町大字瑞穂字山ノ畑(瑞穂区)に建てられたが昭和二十年(一九四五)三月の空襲で焼失。戦後一時知多郡河和《こうわ》町(知多郡美浜町)に移転するがほどなく旧地に校舎を復旧するもそのまま学制改革により新制名古屋大学に包括され、昭和二十五年三月に廃校となった。

参考文献　『第八高等学校学寮史―創立二十五周年記念出版―』(一九三四)、『八高五十年誌』(一九五八)、山口拓史『第八高等学校』(『名大史ブックレット―新制名古屋大学の包括学校一―』、二〇〇七、名古屋大学大学文書資料室)

(永田　英明)

タイプライター　タイプライター　文字を印字する機械。大正期に入ると和文タイプライターが国内生産されるが、明治期には輸入品の欧文タイプライターだけが用いられた。タイプライターの発明は十八世紀から試みられたが、実用的なものは、一八六八年にアメリカのショールスらによって発明され七八年からレミントン社によって製造販売されたのが最初で、同社は一九〇二年までに二十一万台を生産した。清書ができるほか、カーボン紙を用いて同時に複製を作ることができるのが長所で、欧米では商用文書のほか個人の原稿作成にも用いられたが、日本ではほとんどが銀行や海外取引を行う企業で業務用に用いられ、輸入金額は明治三十九年(一九〇六)からの三年間で二十三万三千円に及んだ。三十四年に銀座で創業した黒沢商店(現株式会社クロサワ)が輸入と修理を担い、事業所では女性のタイピストが用いた。女子商業学校(現嘉悦大学)では明治末年に操作法を教育していた。

参考文献　服部春之助『理化工業発明界之進歩』(『二十世紀理科叢書』、一九〇九、光風館)、島貫兵太夫『新苦学法』(一九一二、警醒社)

(鈴木　淳)

たいへいくみあい　泰平組合　明治四十一年(一九〇八)六月に結成された兵器輸出組合。主として清へ輸出した。明治三十年代の半ば以降、東京・大阪両砲兵工廠で製造された兵器が、満洲地域を含む清国や韓国さらには暹羅《シャム》などへ、日本の商社によって大量に輸出されるようになった。特に、明治三十八年(一九〇五)・三十九年を期して三個師団を建設するとした清国北洋軍の計画を境に、清国への輸出割合が増加した。そこで陸軍省は、三井物産、大倉組、高田商会の三社に組合を結成させ、輸出に関して一任するとした(明治四十一年六月誕生)。しかしドイツによる対清武器輸出攻勢がすさまじく、清国への輸出は減退の一途をたどった。辛亥革命時にはやや持ち直すものの、清朝の崩壊で代金の回収は停滞し、中国マーケットでの成果は挙がらなかった。状況を一変させたのは、第一次世界大戦の勃発であった。大戦中、同組合は中国陸軍部に数千万円にのぼる兵器を数次にわたって輸出した。この代金はしばしば中国政府の国庫証券で支払われ、同証券は日本政府により買い上げられることが多かった。また当該期、政府の命令で大量の兵器をロシア政府に供給した。これら兵器供給は政治的、外交的な色彩を強く帯びていた。三社は政府の命令によるこうした輸出のほかに、販売地域を協定・分担していた中国をはじめとするアジア各地に兵器を売り込んだ。しかし大正期半ば以降になると、大戦後の世界的な軍縮ムードに加え、最大の輸出先であった中国で南北の対立が高まって政情が悪化したため代金回収が遅滞し、同組合の活動は停滞を余儀なくされた。大正十四年(一九二五)二月、高田商会が破綻し昭和十四年(一九三九)六月二十三日、組合は解散された。

参考文献　芥川哲士「武器輸出の系譜―泰平組合の誕生まで―」(『軍事史学』二一ノ二、一九八五)、同「武器輸出の系譜―第一次大戦の勃発まで―」(『軍事史学』二一ノ四、一九八六)、宗像和広・兵頭二十八編著『日本陸軍兵器資料集―泰平組合カタログ―』(『ミリタリー・ユニフォーム』八、一九九九、並木書房)

(熊本　史雄)

たいへいよう　太平洋　週刊誌。明治三十三年(一九〇〇)一月一日―三十五年十二月十五日。発行所は博文館。創刊当初は新聞紙大であったが、のちにタブロイド判となる。「発刊の辞」に「「太平洋」は記述の新紙たり、評論の新紙たると共に趣味の新紙也」と創刊の趣旨が示されている。経済週報、市内・地方の雑事、相撲・講談・落語の記事などとともに、読み切りの小説が掲載された。編集は、江見水蔭《えみすいいん》から始まり、大橋乙羽《おおはしおとわ》・西村酔夢《にしむらすいむ》・田山花袋が担当。これら編集担当者のほかにも、斎藤緑雨・

山田美妙・国木田独歩・内田魯庵・長谷川天渓・大町桂月らが寄稿した。魯庵の小説「社会百面相」が連載され、花袋が西欧の作家を数回にわたり紹介するなど、掲載作品も多彩であった。明治三十六年一月十日から『実業世界太平洋』と改名され、実業専門の月刊誌となる。

（十重田裕一）

たいへいようがかい　太平洋画会　明治美術会を母体とする美術団体。白馬会が東京美術学校の教官たちに運営され、美術学校の買上などによって官の支持を得たのに対し、在野の明治美術会は次第に低調になった。明治三十四年（一九〇一）、明治美術会委員の内部対立が表面化する中、永池秀太・吉田博・都鳥英喜らが中心となり改革を協議。これに満谷国四郎・石川寅治・中川八郎・丸山晩霞・大下藤次郎らが参加。翌三十五年から太平洋画会の名で新しく展覧会を開催。鹿子木孟郎《かのこぎたけしろう》・河合新蔵・中村不折、彫刻家の新海竹太郎・北村四海・荻原守衛らも後から加わった。発足当初は白馬会への対抗意識が強く、四十年（一九〇七）の文展発足時には白馬会系と審査委員を分け合った。三十七年、東京の下谷区谷中清水町（台東区谷中）に夜間の洋画研究所を開く。三十八年、谷中真島町の新築の建物に移り、太平洋画会研究所を開所し、多くの学生を集める。昭和四年（一九二九）、太平洋美術学校と改める。三十二年（一九五七）、太平洋美術会と改称、現在に至る。

参考文献　『太平洋画会』（『近代日本アート・カタログ・コレクション』九一―一二、二〇〇一、ゆまに書房）、静岡県立美術館他編『もうひとつの明治美術―明治美術会から太平洋画会へ―』（図録、二〇〇三）、『太平洋美術会百年史』（二〇〇四）

（児島　薫）

だいほんえい　大本営　戦時に天皇が指揮する陸海軍を統一した最高統帥機関。戦時機関として法制化された唯一の機関であり、軍関係者によって構成され統帥事項を処理する。明治二十六年（一八九三）五月二十二日公布の戦時大本営条例によって定められた。大本営は最高の統帥部であること、大本営設置の場合には陸軍参謀総長が唯一の幕僚長となることとされた。日清戦争に際して大本営編制は動員計画書と同時に上奏され、大本営が即日設置された。派兵に伴い明治二十七年六月五日に参謀本部内に設置されたが、これは八月一日の宣戦布告に先立ったもので、軍部が政府の開戦決定を待たずに戦時機関を設置したことを意味する。八月五日には宮中に移され、さらに九月十五日には広島に移動して第五師団司令部に設置された。以後は八ヵ月間天皇が親征し、その後は二十八年四月に京都に移り、五月三十日東京へ移転。二十九年四月一日に大本営は解散された。大本営の編成は、定員と任務を定めた戦時大本営編制（明治二十七年六月五日裁可）に基づいており、武官部と文官部により組織され、武官部は侍従武官、軍事内局（内局長は侍従武官）、大本営幕僚、兵站総監部（総監は陸軍参謀上席将官が兼任し、その下に運輸通信長官部と野戦監督長官部、野戦衛生長官部がある）、大本営管理部、陸海軍大臣から構成された。戦時大本営条例ではその第三条によって幕僚は陸海軍将校によって組織することが定められたが、勅旨により伊藤博文首相などは大本営会議に出席した。大本営の幕僚長は有栖川宮熾仁《ありすがわのみやたるひと》親王が務め、その死後は小松宮彰仁《こまつのみやあきひと》親王が務めた。日清戦争時の大本営では幕僚長が参謀総長である点で陸軍の優位による両軍作戦の統合が行われた。また文官であった伊藤首相が作戦遂行や戦争終結の判断において大きな影響を与えた。日清戦争後、両軍の対等性を求める海軍の主張を機に明治三十六年（一九〇三）十二月二十八日に戦時大本営条例が改正され、翌三十七年二月六日に戦時大本営編制と戦時大本営勤務令が公布されて、参謀総長と海軍軍令部長それぞれが大本営の陸軍および海軍の幕僚長となったことで両軍の権限は並立し、戦時大本営の編制は、陸軍部が大本営陸軍幕僚（参謀部、副官部）、大本営陸軍諸機関（兵站総監部、大本営陸軍管理部）、陸軍大臣および随員から構成され、海軍部は大本営海軍幕僚（参謀部、副官部）、海軍大臣、海軍軍事総監部から構成された。両軍の権限が対等となったことは双方の意見や対立の調整を成しえるのが天皇のみとなったことを意味している。両軍の統帥部長は幕僚とそれぞれの諸機関を統督し、作戦計画を決定して、勅裁の後にはこれを各独立指揮官に伝達することを職責とした。また参謀本部と海軍軍令部の大部分が編入された。日露戦争では、大本営の設置をめぐって陸軍部内での意見対立が起り、国交断絶をもって大本営の設置を求めた参謀本部と、宣戦布告を必要とするとした陸軍省が対立した。対露宣戦布告（三十七年二月十日）の翌日に大本営の動員が下令されたことで問題は収まったが、大本営の設置が統帥権による軍事行動の自由を決定づける要件であったことを示している。大本営設置は二月十三日に完了し、宮中に置かれた。大本営会議などの必要に応じて宮中に参集するほかは、陸軍部は参謀本部、海軍部は海軍軍令部を定位置とした。戦争が進むにつれて戦線が北上すると、合理的な指揮運用を求めて次第に指揮権の前線への委譲が要求された。大本営の一部を戦地に進出させる大総督府編成案が児玉源太郎《こだまげんたろう》参謀次長から提出されたが、本国の大本営は強く反対し、大本営の指揮下に作戦軍の高等司令部としての満洲軍総司令部が設置された。日露戦争における大本営の復員閉鎖は十二月二十日であった。その後の第一次大戦参戦時や満洲事変の際には、大本営の設置は認められず、昭和十二年（一九三七）十一月の大本営令による設置まで大本営は置かれていない。→戦時《せんじ》大本営条例《だいほんえいじょうれい》

参考文献　稲葉正夫編『大本営』（『現代史資料』三七、一九六七、みすず書房）、松下芳男『明治軍制史論』下（一九五六、有斐閣）、防衛庁防衛研究所戦史部『陸軍軍戦備』（『戦史叢書』、一九七九、朝雲新聞社）、大江志乃夫『統帥権』（『日評選書』、一九八三、日本評論社）

（伊勢　弘志）

だいまる　大丸　百貨店に転換した呉服店。享保二年(一七一七)下村彦右衛門が京都伏見京町に呉服店を開業、数十年で大坂・名古屋・江戸へ進出した。維新に際し下村正太郎は新政府の御用を勤め明治元年(一八六八)会計基立金京都五万両のうち一万両を請け、商法司元締や翌年設置の為替会社総頭取などに名を連ねた。明治十三年(一八八〇)京都東店閉鎖、十五年大阪両替店閉店など各店の不振は続き、内部から改革の気運が高まり明治四十年(一九〇七)株式合資会社大丸呉服店が創立された。東京を本店、京都・大阪・名古屋を支店、神戸を出張所とし、一部に陳列販売方式を導入するなど経営改革を進めたが経費の膨張を招き、四十三年東京本店・名古屋店を閉鎖して本店を京都に移す整理が行われた。大正三年(一九一四)本店が大阪に移され京都店は合資会社へ、大阪本店は九年株式会社大丸呉服店となり、昭和六年(一九三一)株式会社大丸(本店大阪)に統合された。

日本橋区大伝馬町参丁目大丸屋呉服店繁栄図

参考文献　『大丸二百五十年史』(一九六七)　(満薗　勇)

タイムズ　The Times　イギリスの高級日刊紙。世界初の日刊新聞でもある。一七八五年一月一日、印刷業者ジョン＝ウォルターにより『デイリー＝ユニバーサル＝レジスター』The Daily Universal Register の名で創刊された。もともとは彼が所有する印刷技術(ロゴタイプ)の宣伝を目的としていたが、この技術が不首尾に終ったことで、三年後の一七八八年一月一日、『タイムズ』に改称され、力点を報道に移すことになった。一八〇三年、同社を継いだ息子のジョン＝ウォルター二世は、ナポレオン戦争の正確な報道を求める世論を新たな読者として取り込むべく、郵便局員を買収して海外からの通信を先取り、横取りするという独自の情報収集ルートを開拓し、フランスを中心とするヨーロッパ各地から集めたニュースを掲載して好評を博した。一八〇五年十月、公式報告が国民に伝えられる数日前、同紙に「トラファルガーの海戦勝利」のスクープが掲載されたことは有名である。

The Times.

『タイムズ』1910年7月19日号

その後、蒸気輪転印刷機による大量印刷により、従来を大幅に上回る読者、および広告依頼主の確保に成功した『タイムズ』は、十九世紀半ば以降、ニューヨークやパリ、コンスタンチノープルなど欧米各都市に特派員を送り込み、積極的な取材を行い、発行部数を着実に伸ばしていった。客観的で正確と評されるその記事は、政治家はもちろん、教養あるイギリスのミドルクラスの世論形成に大きな影響力を与えた。一八五四年、クリミア戦争(一八五三―五六)に突入していたロシアがイギリスに宣戦布告したのも、同紙紙上においてであった。この戦争で初の従軍記者として戦場に派遣された同社のウィリアム・H・ラッセルは、フロレンス＝ナイチンゲールの活躍を大々的に報じている。その一方で、一八九七年、同社特派員として北京に着任したG・E・モリソンは、清朝末期の中国に有するイギリス利権を侵害するロシアを危惧して情報操作を行なったことから、日露戦争の「影の仕掛け人」とも「戦争屋」ともいわれた。二十世紀初頭、一九〇八年に同紙を引き継いだアルフレッド＝ハムズワース(初代ノースクリフ子爵)は、タイプライターや印刷機の技術革新とともに、一八二一年創刊の日曜版『サンデー＝タイムズ』を吸収し、『タイムズ文芸付録』The Times Literary Supplement(一九〇二年刊行、一九一四年独立)、『タイムズ教育付録』The Times Education Supplement などの別刷りをはじめ、紙面構成の改革を断行した。一九六六年、カナダやアメリカ、イギリス各地のメディアを買収し、メディア帝国を築き上げた「フリート街のトムソン男爵」こと、ロイ・H・トムソンを社主として抱いた『タイムズ』と『サンデー＝タイムズ』だったが、その後大衆紙に押されて発行部数は大幅に減少した。一九八一年、同紙は、メディア王といわれるルパート＝マードックが二年前に創設したオーストラリアの複合企業、ニューズ＝インターナショナル News International の傘下に入り、現在に至っている。　(井野瀬久美惠)

たいやてつざん　大冶鉄山　八幡製鉄所に鉱石を供給した中国の鉄山。張之洞がドイツ人技師を雇って揚子江に至る鉄道などの設備を整備し、一八九四年から本格的に生産を開始した。この時期の中国最大の鉄山で、露天掘りで採掘された。一八九八年に経営にあたっていた盛宣懐が日本に鉄鉱石を輸出し、かわりに石炭を輸入する希望を示し、翌年和田製鉄所長官が清国にわたって契約を結び、一九〇〇年から八幡製鉄所向け輸出が開始された。一九〇四年には日本興業銀行を通じて三百万円を貸付け、鉄鉱石で償還する協定が結ばれ、一九〇八年には漢陽製鉄所、萍郷炭鉱とあわせて漢冶萍煤鉄廠礦股份有限公司(漢冶萍公司)となった。一八九六年から一九一一年までに産出した鉄鉱石の四割が八幡製鉄所に運ばれ、この時期に八幡製鉄所が用いた鉄鉱石の六割を占めた。大正期に入ると貸付による日本の支配が強化され、大戦下でも低価格で鉄鉱石を対日輸出せざるをえず、その発展は阻害された。　↓漢《かん》冶《や》萍《ひょう》公司《コンス》

参考文献　佐藤昌一郎『官営八幡製鉄所の研究』(二〇〇三、八朔社)、長島修「官営製鉄所と赤谷鉱山―大冶鉱石獲得前史―」(金丸裕一編『近代中国と企業・文化・国家』所収、二〇〇九、ゆまに書房)　(鈴木　淳)

たいよう　太陽　明治から昭和時代初期にかけて刊行された総合雑誌。明治二十八年(一八九五)一月一日創刊。昭和三年(一九二八)二月一日、第三四巻二号をもって終刊。博文館発行。月刊誌だが、第二巻(明治二十九年)から第五巻(明治三十二年)は月二回の発行となっている。創刊号巻頭に掲載された大橋新太郎「太陽の発刊」によれば、明治二十六年三月、博文館主大橋佐平が外遊の折に欧米における新聞雑誌書籍発刊の現状を視察。欧米に比肩しうる雑誌の創刊を企図したことが『太陽』創刊に繫がったという。そして、これまで刊行していた雑誌を統廃合。『太陽』は、『日本大家論集』『日本商業雑誌』『日本農業雑誌』『日本之法律』『婦女雑誌』を統合・継承するかたちで誕生した。従前発行の雑誌に比して字数は十倍。寄稿者は「当代有数の名流」をもってし、絵画彫刻製版印刷は持てる力のすべてをつぎ込み、それでいて廉価に提供することを強く提唱した。『太陽』創刊号の目次を挙げてみると、論説・史伝・地理・小説・雑録・文苑・芸苑・家庭・政治・法律・文学・科学・美術・商業・農業・工業・社会・海外思想・輿論一斑・社交案内・新刊案内・海外彙報・海内彙報・英文欄の全二十四項目。以後、たびたび名称や編成の組み替えが行われていくが、こうした多種多様な項目設定は百科総覧的と称されていた。そして、これらの記事の文体がジャンルによって異なっていたのも、『太陽』を特徴付ける要素の一つである。『太陽』が読者層の異なる数誌を統合したものである以上、それぞれの雑誌で行われていた慣習や文体も『太陽』に持ち込まれることになる。『太陽』の読者層はきわめて広範で、都市部の官吏・教員といった知識層を主体に、学生、上層商工階層、地方の青年や教員、高等女学生など、全国的な読者を獲得していたとされるが、右にみた『太陽』の性格は多様な読者層の相違にも対応しうるものである。中産の各家庭に一冊、通読よりも各人が興味・必要に応じて部分的に読んでいくスタイルに適うものであった。かくして、多種多様なジャンル、当代名流の論説を万遍なく掲載していくのだったが、その一方で、大黒柱となる思想・姿勢といったものが欠落していたのも事実である。不偏不党・公平無私という謳い文句は、『太陽』の編集方針を逆説的に示している言葉でもあった。『太陽』は、その誌面構成から四期にわけて考えられる。第一期は創刊から明治三十五年(一九〇二)の第八巻まで。大橋新太郎が述べたように「当代有数の名流」が居並ぶ壮観振りを呈した時期である。編集主幹は坪谷水哉(善四郎)、第三巻一一号(明治三十年十一月)より高山樗牛(林次郎)が担当している。井上哲次郎や外山正一などといった帝国大学文科大学の執筆陣は、この高山の人脈に拠るところが大きい。第二期は明治三十六年の第九巻より四十一年(一九〇八)の第一四巻までで、この時期の編集主幹は鳥谷部《とやべ》春汀《しゅんてい》(銑太郎)が務めている。『女学世界』(明治三十四年)や『実業世界太平洋』(明治三十六年)などの創刊に伴って『太陽』各欄が整備され、時事・言論・学術・文芸を中心に展開していった時期である。第三期は明治四十二年の第一五巻より大正六年(一九一七)五月の第二三巻五号まで。鳥谷部の死去により浮田和民が編集主幹となった時期である。前期大正デモクラシーを言論面でリードしていくが、後半は失速。売れ行きも伸びず、『中央公論』に追い上げられていった。第四期は同年六月の第二三巻六号より終刊まで。編集主幹は浅田江村(彦一)に交替。以後、長谷川天渓(誠也)、平林初之輔と続いていくが不振から抜け出すことができず、昭和三年、突如として終刊するのであった。鈴木正節『博文館『太陽』の研究』(『文献解題』二九、昭和五十四年、アジア経済研究所)に総目録が収録されている。

『太陽』第1巻第1号

参考文献　鹿野政直「『太陽』―主として明治期における―」(『思想』四五〇、一九六二)、永嶺重敏『雑誌と読者の近代』(一九九七、日本エディタースクール出版部)、鈴木貞美編『雑誌『太陽』と国民文化の形成』(二〇〇一、思文閣出版)、上野隆生「雑誌『太陽』の一側面について」(『東西南北』二〇〇七、二〇〇七)　(磯部　敦)

だいようきょういん　代用教員　明治三十三年(一九〇〇)八月に改正された小学校令によって規定された臨時教員

の呼称。同令によれば、「免許状ヲ有セサル者ヲ以テ小学校准教員ニ代用スルコトヲ得」とあり、教員免許状がなくとも准教員として教壇に立つことが法令上認められたことになる。同令に付随して出された文部省訓令によれば、「現在資格アル正教員ノ不足夥シキ際ニ当リテハ代用教員即チ従来ノ雇教員ヲ採用シテ之ヲ補充セサルヘカラス」とあり、従来の雇教員を代用教員と呼ぶことが示された。また、ここには有資格教員がかなりの数不足しており、無資格の代用教員で手当しなければならないことが述べられているが、明治五年(一八七二)の近代公教育発足直後から、有資格教員確保の法令は整備されてきたものの実態が追いつかず、有資格教員が恒常的に不足する状態が続いた。 (船寄 俊雄)

たいようれきさいよう　太陽暦採用　明治六年(一八七三)一月一日を期して、太陰太陽暦である天保暦を廃し、太陽暦を施行したこと。ほぼ三年に一回の割合で閏月を設ける太陰太陽暦は、日本の近代化の妨げになるばかりでなく、欧米諸国との外交・貿易上からも不利であったから、維新後太陽暦の採用は時間の問題であった。当時政府は多額の歳出超過に苦しんでいたが、明治五年九月ごろ、翌明治六年に閏六月があることを知り、それによって生じる一ヵ月余分の支出を回避するため、急拠太陽暦の採用を決定した。改暦は参議大隈重信の主導のもとで、編暦頒暦を行う天文局を所管する文部卿大木喬任を軸として進められた。明治五年十一月九日(一八七二年十二月九日)、改暦の詔書と太政官の布達によって、天保暦を廃止し、太陽暦を採用すること、来る十二月三日を以て太陽暦明治六年一月一日とすること、併せて時刻法を一昼夜二十四時間の定時法に改めることを発表した。すでに天保暦(旧暦)による明治六年暦が発売されており、公私の決算期である十二月をほぼまるまる省略するもので、しかも実施まで二十四日を残すのみという強引な改暦の突然の発表に戸惑う人が多く、大きな混乱を生じた。この改暦は欧米諸国が用いていたグレゴリオ暦の採用を目指したものであったが、置閏法が明示されなかったため、明治三十一年(一八九八)五月十日、勅令第九〇号によってグレゴリオ暦の置閏法を用いることを明確にした。政府は太陽暦による明治六年暦を発行したが、これには吉凶に関する暦註が一切削除されており、以後の官暦はこの例に従うこととなった。この結果、庶民の官暦離れが始まり、偽暦(おばけ暦)が流行した。政府は太陽暦の啓蒙をしなかったため、民間の啓蒙家によって多数の太陽暦解説書が発行されたが、なかでも福沢諭吉の『改暦弁《かいれきべん》』は平易な表現で簡にして要を得ていたため最も人気を博し、偽版まで出るほどであった。 ↓時法《じほう》

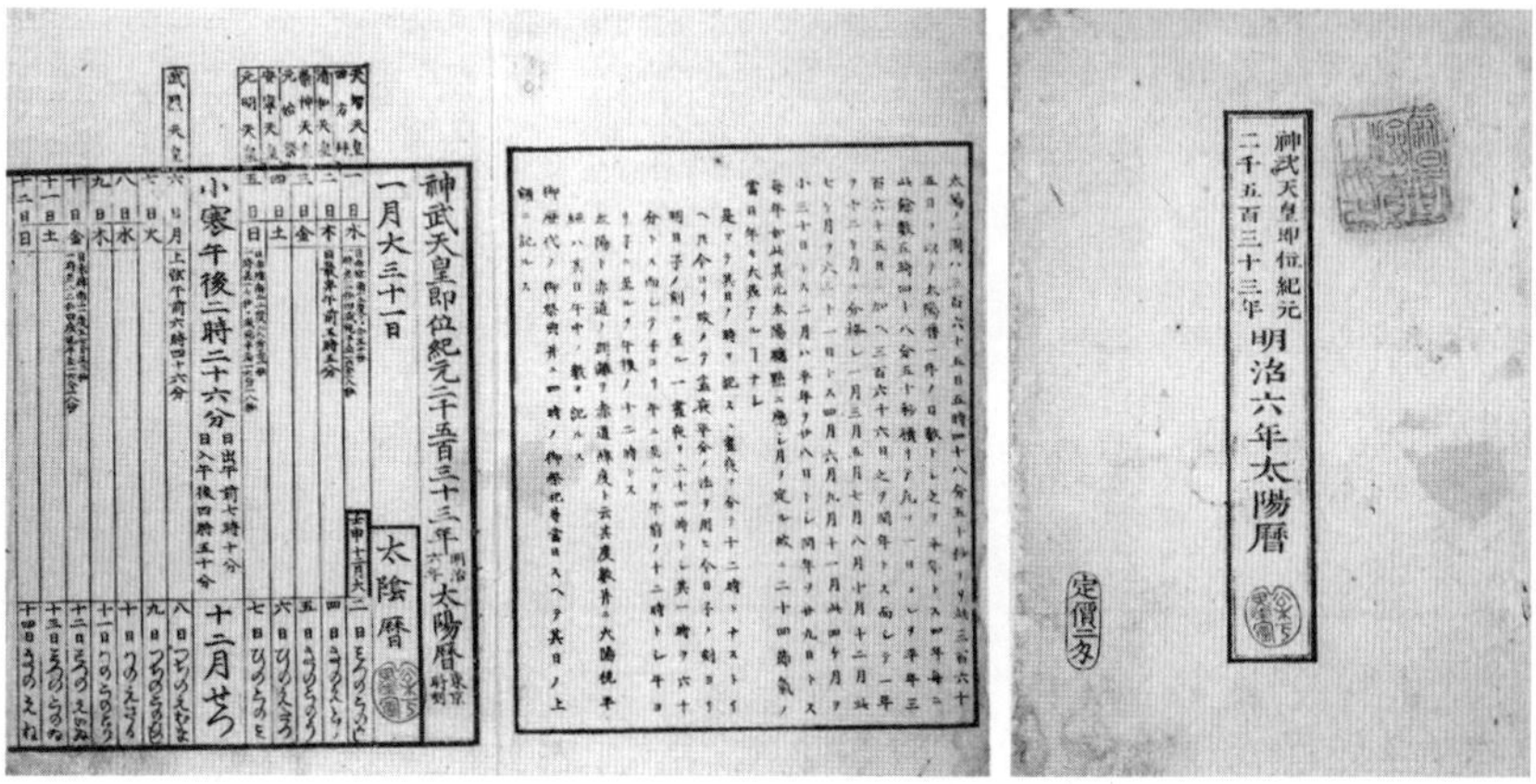

太陽暦採用　明治6年太陽暦

参考文献　岡田芳朗『明治改暦—「時」の文明開化—』(一九九四、大修館書店) (岡田 芳朗)

だいらくげんたろう　大楽源太郎　?—一八七一　幕末・維新期の萩藩陪臣。長門国萩藩士児玉若狭の臣山県信七郎(重安)の長男として天保三年(一八三二)萩平安古《ひやこ》中渡《なかわたし》筋《すじ》(山口県萩市)に生まれる(天保五年生まれとも)。諱は奥年・弘毅。変名は多々良奥年・団直太郎・中瀬一郎。号は西山・朝風・歳寒堂・上隅狂者など。幼時に平安古の吉松淳蔵塾に入門、久坂玄瑞や高杉晋作とは同門。のちに周防国吉敷《よしき》郡台道村旦浦(山口県防府市)に移住、十二歳のとき同地在住の児玉若狭の臣大楽助兵衛の養子となる。ついで周防遠崎の僧月性に学び、安政二年(一八五五)七月豊後日田の広瀬淡窓に師事。同四年ごろ京に上り、頼三樹三郎《らいみきさぶろう》・梁川星巌《やながわせいがん》・梅田雲浜《うめだうんぴん》らと交流した。同五年江戸の桜任蔵を訪ねて食客となり、志士と往来して時事を討論したが、安政の大獄で嫌疑を受け、郷里の台道に幽閉される。同六年水戸を訪ねて大老井伊直弼襲撃を計画するも発覚し、再び郷里に幽閉された。万延元年(一八六〇)久坂と意気投合し、文久元年(一八六一)十二月吉田松陰亡き後の松下村塾で一燈銭申合《いっとうせんもうしあわせ》に参加。同二年秋ごろ再び上京、同三年正月藩命により書を講じ、四月藩主から朝廷へ建議する十ヵ条のうち大学寮再興の件を加藤有隣とともに託された。元治元年(一八六四)禁門の変に浪士組の書記として従軍するも敗走した。慶応元年(一八六五)高杉の下関挙兵に呼応して周防宮市に忠憤隊を組織し、高杉軍に参加。同二年台道に私塾西山書屋を開いて諸隊士を養成、寺内正毅らを指導した。しかし明治二年(一八六九)九月大村益次郎暗殺に門人が参加したため、周防長野に幽閉された。また十一月藩知事毛利元徳《もうりもとのり》の命による兵制改革に反対した諸隊士の脱隊騒動に門人が多

数参加したため、これも首謀者の嫌疑をかけられた。同三年三月山口の藩政府に召喚された際に脱走し、豊後姫島に逃れた。その後筑後久留米藩の応変隊に匿われるも山口藩からの追及に隠しきれず、同四年三月十六日（一八七一年五月五日）久留米藩の川島澄之助・吉田足穂らにより筑後川畔で暗殺された。詩を得意とし、後年『西山遺詩』が編まれている。

参考文献　内田伸『大楽源太郎』（一九七一、風説社）　（道迫　真吾）

だいらくげんたろうじけん　大楽源太郎事件　明治四年三月十六日（一八七一年五月五日）、長州藩脱隊騒動の首謀者とみられた大楽源太郎が久留米で暗殺された事件。大楽は月性・広瀬淡窓に学び、頼三樹三郎《らいみきさぶろう》・梅田雲浜《うめだうんぴん》らと尊攘運動に奔走した。元治元年（一八六四）には京都所司代出入りの絵師岡田為恭《おかだためちか》を暗殺した。高杉晋作の挙兵に呼応して忠憤隊を組織して参加し、のちに私塾西山書屋を開いた。明治二年、兵部大輔大村益次郎が襲撃され、死亡した。ここに塾生が多く加わっていたため、大楽は幽閉された。翌三年、兵制改革で解散を命じられた奇兵隊など諸隊が、命令を不服として藩庁を取り巻く事件（長州藩脱隊騒動）が起きた。首謀者とみなされ、藩から出頭を命じられた大楽は逃亡し、久留米に至った。大楽を暗殺したのは、久留米藩の尊攘派である。政府の探索に対して大楽を匿いきれなくなり、藩の安泰を優先させた行動とみられる。→長州藩脱隊騒動《ちょうしゅうはんだったいそうどう》

参考文献　内田伸『大楽源太郎』（一九七一、風説社）　（奥　武則）

たいれいふく　大礼服　明治政府が諸外国にならって秩序と威容を整えるため、礼装の改革に着手したのは明治五年（一八七二）であった。従来の束帯・唐衣装束と祭服を除き、すべて洋装とするという画期的な改変である。改革はまず男子服から始まった。同年十一月十二日（十二月十二日）の太政官布告により、燕尾服を基本型とした大礼服が「勅奏判任官及非役有位者」を対象として、帽子・服・靴・付属品が定められた。服につける刺繡の模様や粗密まで官等に応じ細かく規定されたのである。婦人礼服の洋装化はずっとおくれて鹿鳴館時代の明治十年代後半から始まり、十九年（一八八六）六月の宮内大臣達、八月の皇后の着用により定着した。大礼服（マント＝ド＝クール）に下中・小・通常礼服が規定されたのである。これらの男女礼服はどれも手の込んだ金銀系の刺繡が多く、高価で、洋服屋にとっては良い商売であったという。この服制は多少の改変はあったが、昭和時代まで行われた。

参考文献　昭和女子大学被服学研究室編『近代日本服装史』（一九七一、近代文化研究所）　（小野　一成）

たいろういん　待労院　カトリックのハンセン病患者救療施設。現在の熊本市内の本妙寺およびその周辺には古くからハンセン病者が集まっていたが、明治二十九年（一八九六）七月、パリ外国宣教会南九州地区長であったジャン＝マリー＝コールが海外からの募金をもとに同地花園村中尾丸（熊本市）に土地を購入、施療所を開設してまず十五名の病者を収容した。三十一年（一八九八）十月には医療施設としての充実を目指したコールの要請に応じて、マリアの宣教者フランシスコ修道会の修道女五人が来日、看護にあたった。入院希望者が増加したため、三十三年四月、すでに修道院が設置されていた近隣の島崎村琵琶崎（熊本市）に土地と田畑を購入、翌三十四年十月に病院が新築落成し、待労院と名付けられた。原則として医師は常駐していなかったため、近隣の医師の出張診療に頼り、また熊本県内の公立九州療養所（現国立菊池恵楓園）の医師もしばしば視察に訪れた。コールが四十四年（一九一一）に死去したのちは、歴代女性院長のもと、主たる財源を寄付金および天皇・皇室からの下賜金に仰ぎながら、昭和四年（一九二九）に運営主体として社団法人マリア奉仕会を設立。同会が大和奉仕会への改称を経て、戦後に社会福祉法人聖母会となる一方で、待労院は、育児施設・老人施設を併置しながら、琵琶崎待労病院、待労院診療所へと変遷し、現存している。

参考文献　待労院『琵琶崎待労院の事業』（一九三三）、『琵琶崎癩病院創立五十周年記念』（一九四九、マリアの宣教者フランシスコ修道女会）、『待労院』（一九六八、社会福祉法人聖母会）　（平井雄一郎）

だいろくこうとうがっこう　第六高等学校　岡山県岡山市に存在した旧制高等学校。六条の稜角を持つ校章にちなんで「六稜《りくりょう》」とも称される。第十三帝国議会への「高等学校及帝国大学増設ニ関スル建議案」提出を契機に、広島との激しい誘致合戦の末、岡山への設置が決まり、明治三十三年（一九〇〇）三月勅令第八四号により十三年ぶりの新設校として設置された。当時高等学校は法制上専門学部を主とする建前であったが六高は大学予科のみで発足し、ほかのナンバースクールが「大学予科」に特

第六高等学校正門

化していく先駆けとなった。初代校長は酒井佐保《さかいすけやす》。創立時から教育方針として全寮制を志向し、生徒増により実施が不可能となってからも生徒は入学後最低一年間の寮生活を送ることとされていた。先行するナンバースクールに比べ堅実・中正な校風といわれ、校風を示す標語として「忍苦精進」が挙げられる。代表的な寮歌は「新潮走る紅の」(大正二年(一九一三))。校舎は創立以来岡山市大字門田・国富に所在したが昭和二十年(一九四五)六月の空襲で被災。戦後は倉敷市の紡績工場を借りて授業を再開し昭和二十二年に岡山市津島に分校を設置。新制大学発足に際し岡山大学に包括され昭和二十五年三月に廃止された。

参考文献 第六高等学校生徒寮編『六稜寮史』(一九三五)、神立春樹『明治高等教育制度史論』(二〇〇五、お茶の水書房)　(永田英明)

たいろどうしかい　**対露同志会**　明治時代後期の対外硬派の団体。明治三十六年(一九〇三)四月、対露強硬論を唱える対外硬派は対外同志大会を、さらに七月下旬、対外硬同志集会を開いた。ここに参加した勢力は八月九日、対外硬同志大会を開催し、会の名称を対露同志会と改めた。決議では「露国をして撤兵条約を履行せしめ、清国をして満洲開放を決行せしめ、以て東亜永遠の平和を確保すること」を政府に求めていた。対露同志会には、かつて国民同盟会に参加していた神鞭知常《こうむちともつね》ら憲政本党の対外硬議員や佐々友房ら帝国党、中正倶楽部や議員集会所といった小会派の議員、対外硬ジャーナリストなどが参加し、委員長には神鞭が就任した。会が発足すると、神鞭ら委員は桂内閣の閣僚を訪問し、対露強硬外交を督促した。その後、九州や東京で開戦を辞せずとする対露強硬論を煽る演説会を開催した。日露開戦後も活動を続け、ロシアからの賠償金や領土割譲など過大な講和条件を公表した。明治三十八年七月、桜田倶楽部や南佐荘をはじめとする対外硬の諸団体と講和問題同志連合会を結成した。日比谷焼打事件後の明治三十八年十月、枢密院が講和条約を認めた以上、対露同志会の存続する目的がなくなったとして、解散をすることになった。→対外硬運動《たいがいこううんどう》

参考文献 宮地正人『日露戦後政治史の研究—帝国主義形成期の都市と農村—』(一九七三、東京大学出版会)、酒田正敏『近代日本における対外硬運動の研究』(一九七八、東京大学出版会)、『東京朝日新聞』(一九〇五年十月七日付)　(小宮一夫)

だいわしょうけん　**大和証券**　⇨藤本《ふじもと》ビルブローカー銀《ぎん》行《こう》

たいわんきょうかい　**台湾協会**　台湾を講究し台湾の経営を裨補することを目的に、台湾の縁故者や政官財界人士によって、明治三十一年(一八九八)四月に東京で設立された法人格のない任意団体。会頭に元台湾総督桂太郎、幹事長に元台湾総督府民政局長水野遵《みずのじゅん》、会計監督に大倉喜八郎、評議員に伊沢修二・金子堅太郎など、賛助会員に三井八郎右衛門や岩崎弥之助などの財界人がなった。『台湾協会会報』を発行し台湾の実相を伝え、台湾をはじめ大阪・神戸・京都・名古屋に支部を設置し、台湾経営に携わる人材を育成するために台湾協会学校(拓殖大学の前身)を設立した。韓国と南満洲が日本の勢力範囲となった明治四十年(一九〇七)に東洋協会と改称、これに伴い『東洋時報』、東洋協会専門学校とそれぞれ改称された。明治四十二年から『東洋時報』の附録として『台湾時報』を刊行したが、大正八年(一九一九)からは同誌を廃刊にして改めて台湾総督府内台湾時報発行所から同誌名で刊行。昭和七年(一九三二)、総督府後援で創立された台湾協会は別組織。

参考文献 山根幸夫「台湾協会の成立とその発展—日本植民政策の一側面—」(『東京女子大学付属比較文化研究所紀要』三六、一九七五)、向山寛夫「戦前における二つの台湾協会」(『国学院法学』三一ノ二、一九九三)、上沼八郎「解説」(同編『台湾協会会報』別巻所収、一九八八、ゆまに書房)　(檜山幸夫)

たいわんきょうかいせんもんがっこう　**台湾協会専門学校**　現在の拓殖大学の前身。明治三十三年(一九〇〇)九月台湾協会学校として開講。初代校長は桂太郎。設立当初は「和仏法律学校」(法政大学の前身、東京府麴町区富士見町)を仮校舎としたが、翌年茗荷谷《みょうがだに》(東京都文京区)に移転する。同三十七年専門学校令により私立台湾協会専門学校となる。大正七年(一九一八)拓殖大学と改称。大正十一年(一九二二)六月大学令により認可を受けた私立大学東洋協会大学となり、大正十五年拓殖大学と改称した。専門学校とは、明治三十六年三月二十七日公布の専門学校令に規定された学校をいう。同令によれば、「高等ノ学術技芸ヲ教授スル学校ハ専門学校トス」と規定され、修業年限は三年以上で入学資格は中学校卒業者もしくは修業年限四年以上の高等女学校卒業者として入学規定を

台湾協会学校校舎

定めた。予科・研究科・別科が設置できた。官立の場合には、修業年限・学科目・その程度は文部大臣が定め、公立私立の専門学校は文部大臣の認可によって定めた。同年三月三十一日、専門学校入学者検定規程を定め、男子は満十七歳以上、女子は満十六歳以上の者に受験資格を与えた。独学者に専門学校入学の機会を与えるためである。専門学校が担った専門領域として医薬学・法律・経済・商科関係が多くみられる。台湾協会学校は、植民地経営の必要に応じて設立された専門学校であった。私立の専門学校の場合、専門学校令に基づく私立の学校となりのちに大学となるものが多数登場した。当時大学は帝国大学以外に存在せず、専門学校は大学と明確に区別された。文部省は明治三十六年一年半程度の予科をもつ専門学校に「大学」の名称を正式に認可した。この措置ですでに大学部を設置していた慶応義塾のほか早稲田・東京法学院(中央)・同志社など私立の専門学校は大学と改称。大正八年十二月の「大学令」の公布によって名実ともに私立大学となった。

参考文献 拓殖大学編『拓殖大学八十年史』(一九八〇、拓殖大学八十周年記念事業事務局)

(荒井 明夫)

たいわんぎんこう 台湾銀行 明治三十二年(一八九九)台湾銀行法に準拠して設立された日本の植民地時代の台湾中央銀行。初代総裁は元大蔵省監督局長添田寿一《そえだじゅいち》、資本金五百万円、本店は台北。日清戦争に伴い日本領となった台湾の統治と開発を進めるため、明治三十年四月台湾銀行法が公布された。同行は、政府出資・借入による保護を受けつつ、台湾の中央銀行として台湾銀行券の発券を行うほか、預金・貸付・為替といった普通銀行業務も兼営した。すでに日本は金本位制を導入していたが、台湾人は銀貨を好むという慣行を取り入れ、最初は銀兌換券を発行、明治三十七年より金本位制へ移行して、台湾幣制の統一化・近代化を進めた。台湾での鉄道敷設・土地調査・築港などを行うための台湾事業公債の引受・つなぎ資金貸付を行い、灌漑設備工事など公共事業へも協力した。台湾の特産物である米・砂糖・茶に対する低利資金供給を通じて外国人商人を駆逐していき、日本人商人の商権確立にも貢献した。

参考文献 『台湾銀行史』(一九六四、台湾銀行史編纂室)

(邉 英治)

台湾銀行

たいわんぐんせいてっぱい 台湾軍政撤廃 明治二十九年(一八九六)二月、台湾における抗日勢力排除および騒乱鎮定のために施行していた軍政の撤廃。明治二十八年四月十七日の日清戦争講和条約によって日本の領土となった台湾であったが、同年五月二十二日台湾巡撫唐景崧が台湾民主国の独立を宣言し、劉永福を大将軍に擁する旧中国軍や住民による義勇軍からなる抗日勢力を結成した。日本軍は、台湾北部から上陸したが、直ちに抗日勢力と戦闘状態に突入した。台北において台湾総督府始政式を挙行(六月十七日)するも、以後の南進は、マラリアなどの病苦と抗日勢力のゲリラ戦に苦戦し、台南入城は、十月二十七日であった。この間、日清戦争終結に伴い撤収中だった大本営は、台湾での戦闘開始のため陣を継続し、樺山資紀《かばやますけのり》も台湾総督府条例(八月六日)によって軍政をしいた。樺山総督は、台南到達によって旧中国軍残党の排除に成功したとみなし、大本営へ台湾平定を宣言(十一月十八日)した。しかし軍政は、土匪蜂起などへの対応のため、翌年二月まで継続され、同年三月、拓殖務省官制公布によって民政への移行が始まり、四月、大本営も撤収された。 ↓台湾民主国《たいわんみんしゅこく》

参考文献 黄昭堂『台湾総督府』(『教育社歴史新書』日本史一四七、一九八一、教育社)、古野直也『台湾軍司令部—一八九五〜一九四五—』(一九九一、国書刊行会)

(戒能 善春)

たいわんけいえい 台湾経営 台湾経営の政策目標は、台湾の財政的独立であり経済的自立であった。台湾の財政は、明治二十八年(一八九五)から三十八年(一九〇五)までの国庫補助時代または台湾財政独立準備期と、それ以降アジア太平洋戦争終戦までの財政独立時代とに分けられるが、基本的に台湾の財政は領台初期の十年間の準備期に財政基盤が形成され、それによる独立財政によって行われてきたことになる。台湾財政は、明治二十八年度臨時軍事費、二十九年度一般会計、三十年度からは台湾特別会計と、大幅な国庫からの持ち出しであった。このため、児玉源太郎台湾総督は明治三十二年から専売制度、地方税制と併せて「財政二十箇年計画」に随い台湾経営の基盤整備に乗り出す。同年三月法律第七五号台湾事業公債法を公布して鉄道敷設・土地調査・基隆築港・

庁舎建築のための公債を募集し、その財源で拓殖の進捗を促すために基隆と打狗(大正九年(一九二〇)に高雄と改称)間の縦貫鉄道の敷設と基隆の築港を、歳入の基礎を固めるために土地制度の整理を、衛生上の問題を解決するために庁舎を建設して給水工事を施すことになった。土地調査は地籍の調査のことで、これにより大小租権を明確化させ三十七年五月律令第六号を以て大租権を消滅させた。その結果、税源を明確化し徴税基礎を確立し地租の増収を確保できた。間接国税としては、三十四年八月砂糖消費税法・三十五年四月骨牌税法が定められ、日露戦争戦時下にあっては三十七年三月勅令第九三号非常特別税法中台湾ニ施行税法により砂糖消費税・輸入税・毛織物及石油消費税・織物消費税法中毛織物・毛織物以外の織物に課税された。また台湾地方税については明治三十一年七月律令第一七号をもって地租附加税・家税・営業税・雑種税が課せられた。専売では、明治三十年に阿片が、三十二年に食塩と樟脳が、三十八年に煙草が専売となった。これらの財源と事業をもとに、さらに四十一年(一九〇八)度から官設埤圳(灌漑)事業と打狗築港が開始され、四十三年には林産資源の開発のために阿里山作業所が設置された。縦貫鉄道は四十一年四月に完成し、ここに経済の自立化の基礎が築かれた。

(檜山　幸夫)

たいわんこうがっこうれい　台湾公学校令　明治三十一年(一八九八)七月二十八日、勅令第一七八号を以て制定された、台湾における公学校に関する法令。日本統治下台湾で近代教育の端緒を開いたのは国語伝習所であるが、台湾人の初等教育機関設置の要望が強まってきたことから伝習所を廃止し公学校が設置された。三十一年台湾公学校令に基づき翌八月府令第七八号台湾公学校規則・同第七九号台湾公学校設置廃止規則・同第八〇号公学校教員免許状特例に関する件が制定された。公学校設置の主旨は、台湾人子弟に徳教を施し実学を授け以て日本国民としての素養を身に付けさせ同時に国語に精通させることにあり、対象者は八歳以上十四歳以下の者とし修業年限は六ヵ年であった。設置と維持管理の経費は、街庄社または数街庄が負担した。同四十年(一九〇七)二月に律令第一号によって、維持管理経費については庁長が賦課徴収することができるとして強制的徴収を可能にしたが同時に公学校に法人格が与えられた。大正八年(一九一九)一月勅令第一号台湾教育令に代わり、昭和十六年(一九四一)三月勅令第二五五号により国民学校となる。

(檜山　幸夫)

たいわんこうとうほういん　台湾高等法院　明治二十九年(一八九六)五月律令第一号台湾総督府法院条例の公布により創設された三審制裁判制度における最上級の裁判所。一人の判官が民事刑事の第一審裁判および刑事の予審を審問裁判する地方法院と三人の判官により各地方法院の裁判を覆審する覆審法院に、五人の判官により上告審を担当する高等法院からなり、高等法院と覆審法院は台北に、地方法院は十三ヵ所の県庁支庁および島庁の所在地に置かれた。内地の裁判所制度と同等の三審制裁判制度であったが、同三十一年(一八九八)七月に律令第一六号の法院条例によって三審制が廃止されて覆審法院と地方法院の二審制に改正された。この二審制は、中央集権の統一国家の制度論からしても構造的矛盾をきたしており、台湾異法域論と台湾差別を象徴していた。大正八年(一九一九)八月律令第四号法院条例改正により覆審法院が廃止され、上告部と覆審部の二部からなる高等法院と地方法院による三審制に戻された。

(檜山　幸夫)

たいわんこうにちうんどう　台湾抗日運動　台湾における抗日運動には、日本の支配に抵抗する漢族系住民による運動と、異民族支配に抵抗する原住民による反侵略武装抵抗運動とに大別される。前者には、領台初期の台湾民主国軍と台湾民軍による倭奴侵攻抵抗とそれ以降の土匪抵抗(抗日ゲリラ)、北埔事件や林圯埔事件・土庫事件のような台湾総督府の統治政策に対する反日武力抵抗運動、辛亥革命などの影響による苗栗事件(羅福星)や李阿斉事件・東勢角事件・張火爐事件・沈阿栄事件・六甲事件、西来庵事件(噍吧哖事件)・林老才事件といった一連の民族抵抗運動とに分けられる。一方、抗日運動の概念には入りきらないが、漢族系住民のなかから、内地人―本島人(漢族系)―蕃人という日本の民族差別的序列化支配構造を受容するなかでの漢族系住民の地位の向上を目指した六三法撤廃運動・台湾議会設置請願運動などの運動や、かえってこの差別的秩序のなかでの主体の確立を目指して台湾人意識を培うとする台湾同化会や啓発会・新民会の運動、台湾地方自治連盟による運動、台湾民族運動の指導団体となる台湾文化協会による運動などがあった。後者は、清朝統治期・日本統治期から一貫した被支配民族抵抗運動の一つだが、台湾原住民の特異性により各部族などを統一した大規模な抵抗運動はなかった。それは、原住民の抵抗が、彼らの生活領域に侵入する者に対するものや複合領域における武力的排除という生存をかけた生活防衛的なものであったからと、台湾総督府の原住民対策が清朝時代の分離隔離政策を採ったことにもある。しかし、台湾総督府のガオガン蕃討伐からサラマオ蕃討伐にいたる徹底した武力討伐により全島的完全支配体制が構築されたものの、その統治の矛盾は霧社事件(昭和五年(一九三〇))の発生を引き起こした。その後の武力抵抗は、昭和八年の逢坂駐在所襲撃事件まで続いたものの、同化政策の成功は高砂族義勇隊を生み、戦後は国民党支配下における無抵抗服属化をもたらしていった。

(檜山　幸夫)

たいわんさいひょう　台湾彩票　明治三十九年(一九〇六)十月から翌年三月までの五回にわたって、一枚五円、総数四万本、一等五万円、控除率二五%で、台湾で発売された富籤《とみくじ》(宝くじ)。台湾の公共事業の費用にあてることが目的として謳われた。国内では禁止であったので、公式には台湾・中国向けとされたが、実際にはその六割以上が日本内地で流通した。台湾には内地向けの多くの斡旋業者、また台湾総督府と密接な関係をもつ三井物産を中心とする販売ルートもできていた。事実上富籤が解禁され熱狂状態を呈したことで、その政治責任を追及する声が高まり、検察当局が、明治四十年（一九〇七）に入って、摘発を開始、議会でもこの問題が取り上げられた。彩票発行中止（三月二十日公表）と引き替えに、政治決着がはかられ、検挙者を事実上不起訴、三井などへの捜査も中止となった。かねて政府は国内での富籤販売開始を検討していたが、このような彩票をめぐる動向の前に断念を余儀なくされた。

参考文献 紀田順一郎『日本のギャンブル』（『中公文庫』）、増川宏一『賭博』三（『ものと人間の文化史』、一九八三、法政大学出版局）、立川健治「失われた競馬場―馬券黙許時代―」（『書斎の競馬』八、一九九九、飛鳥新社）

（立川　健治）

たいわんし　台湾志　伊能嘉矩《いのうかのり》が、明治三十五年（一九〇二）、文学社より出版した、日本の台湾植民地化前後の台湾史を詳細に綴った著書。巻一、巻二からなる。伊能の台湾関係著書十五冊のうち、第三冊目の本。明治二十八年（一八九五）四月十七日、台湾が日本に「割譲」されるや、伊能は同年十一月、「平定」の戦火冷めやらぬ台湾に人類学調査の目的で赴いた。以来、伊能は渡台した目的の一つ、「新領土の経営に伴ふべき準備の一」つとして、植民地政策に参考となる情報提供のため、三十六歳のとき本書を編んだ。本書は十九世紀まで三百年にわたって台湾を紹介してきた日本、中国、欧米の書物を詳細に挙げ、参考にしていることが大きな特徴で、調査により集めた資料や見聞もまた豊富である。巻一は序にあたる「小引三則」、参考とする過去の記録を紹介した「附言五則」に続いて、「地名沿革」「割譲以前の台湾（其の一）」の二章、巻二は「割譲以前の台湾（其の二）」「同（其の三）」「割譲以後の台湾」「台湾沿革概論」の四章、および「附録・台湾歴史年表」からなっている。一九八五年に台湾の成文出版社より復刊。→伊能嘉矩《いのうかのり》

参考文献 遠野市立博物館編『伊能嘉矩―郷土と台湾研究の生涯―』（展覧会図録、一九九五）、日本順益台湾原住民研究会編『伊能嘉矩所蔵台湾原住民写真集―伊能嘉矩所蔵台湾原住民影蔵―』（一九九九、順益台湾原住民博物館、台北）

（渡邊　欣雄）

たいわんじゅうみんこくせきけってい　台湾住民国籍決定　日清講和条約第五条第一項は、台湾および澎湖諸島授受後における台湾島民は講和条約批准書交換の日より満二ヵ年を限りとして自由にその所有不動産を売却して台湾を退去することを認め、かつ退去期限満了後も退去せざる者には日本帝国臣民とみなすという、台湾島民に対する国籍自由選択条項であった。このため、総督府は明治二十八年（一八九五）十一月十八日に日令第三五号を以て台湾及澎湖島住民退去条規を発布するとともに国籍変更を周知するべき諭告を発した。かかる実務処理のため、総督府は台湾住民の国籍帰属に関する具体的な規則制定のために帰化法取調委員会を設置し検討を行い「台湾住民ニ関スル国民分限令律令案」を纏めたが政府の承認を得られなかったため、同三十年（一八九七）三月に内訓台湾住民分限手続を発しその具体的な措置方の徹底を図った。同年五月八日までに本島を退去した者は五千四百六十名で、本島人口二百八十万人の〇・一九％にすぎなかった。

（檜山　幸夫）

たいわんしゅっぺい　台湾出兵　明治七年（一八七四）、明治政府による台湾への軍事遠征。琉球の漂流民が台湾の先住民族（牡丹社ら）に殺害された事件（一八七一年十二月、琉球漂流民殺害事件）が伝わると、明治五年七月二十八日（一八七二年八月三十一日）鹿児島県参事大山綱良は「問罪の師」を興すことを政府に建言した。外務卿副島種臣は、米国公使デ＝ロングの仲介により、同国厦門領事リジェンドル（ル＝ジャンドル、李仙得）の助言を得る。リジェンドルは、米国船員が台湾で虐殺されたローバー号事件（一八六七年）を現地首長と直接交渉して解決した経験を持ち、先住民族の地は「無主の地」だとして、日本の出兵とその領有の可能性を指摘した。清国では元来、台湾の地内に境界線を立てて漢人地と先住民族の土地（蕃地）を区分し、さらに服属した「熟蕃」と従わない「生蕃」に区別した。副島は日清修好条規の批准のために渡清したが、この際、清国政府との交渉に臨んだ副使柳原《やなぎわら》前光《さきみつ》は台湾「生蕃」の地は「化外」（統治が及ばないこと）とする清政府の見解を引き出した。明治七年二月六日、参議大久保利通・同大隈重信が中心となり、「台湾蕃地処分要略」を定め、台湾出兵を決した。四月四日、台湾蕃地事務局が設置され、長官には大隈重信、都督には陸軍中将西郷従道が任命された。外務省雇いとなっていたリジェンドルは台湾蕃地事務局へ雇替えとなり、その提言によって米国のカッセル海軍大佐、ワッソン陸軍工兵大尉を軍事顧問として採用した。ところが、英国公使パークスが出兵に異論をとなえ、政府内部でも参議木戸孝允が慎重論を主張して辞表を提出した（五月十三日辞職）。さらに、遠征を清国に対する敵対行為とみた新任のビンガム米国公使が出兵に反発し、局外中立を主張して米国人の加担や米国船の利用を禁じたため、四月十九日、出兵は一転して見合わせとなった。しかし長崎で準備を終えていた西郷従道は出兵を強行する。四月二十七日、台湾を管轄する閩浙総督への出兵告知のために、厦門領事福島九成がカッセル、ワッソンを含む兵二百名余を率いて長崎を出帆した。五月三日には陸軍少将谷干城《たにたてき》・海軍少将赤松則良《あかまつのりよし》が率いる兵千名が日進・孟春など四艦に分乗して出発した。この翌日長崎に大久保利通が到着し、善後策を練るが、結局五月十七日西郷従道も高砂丸で出帆した。これは、不平士族の暴発を恐れ、不満のはけ口を外征に求めた措置でもあった。五月六日、第一陣が台

湾に上陸し、五月末から六月初め、激しい戦闘ののち、台湾最南端の一帯を制圧した。出征部隊は、熊本鎮台の歩兵第十九大隊、東京鎮台の第三砲隊、さらに鹿児島で募集した三百名の徴集隊などからなり、のちに交代部隊として熊本鎮台の歩兵第十一大隊・第二十二大隊、東京鎮台の歩兵第一大隊などが派兵された。出兵総数は三千六百五十八人(『明治史要』)。また兵站・輜重・工兵任務は大倉組があたり、賄方は大倉喜八郎・有馬屋清右衛門・鉄屋組田中長兵衛が請け負った。炎熱下の台湾ではマラリアが蔓延し、戦死者は十二名であったのに対し、病死者五百二十五名を出した。また陸海軍費などの総経費は七百九十四万円余に達した(『明治史要』)。一方、日本の出兵は蕃地を属地と主張する清国の反発を招き、政府は対清開戦をも覚悟せざるをえないところに追いつめられる。七月九日、政府は万一の場合の「対清出師」を覚悟するよう陸海軍卿に内達した。「宣戦発令順序条目」も定められた。八月一日、大久保を全権弁理大臣に任命。九月、大久保は北京で恭親王と交渉を行い、最終的に駐清英国公使ウェードの調停案などにより、十月三十一日にようやく和議が成立した。清国政府は日本の撤兵を条件に償金五十万両《テール》の支払いを約束し、出兵を「保民義挙」とする日本側の主張を黙認したのである。十二月、日本軍は台湾から撤兵したが、この一連の処理が、琉球帰属問題に大きな影響を与えることになった。→琉球漂流《りゅうきゅうひょうりゅう》民殺害事件《みんさつがいじけん》 →別刷〈戦争〉

参考文献 藤崎済之助『台湾史と樺山大将』(一九二六、国史刊行会)、西郷都督樺山総督記念事業出版委員会編『西郷都督と樺山総督』(一九三六)、栗原純「台湾事件(一八七一―一八七四年)―琉球政策の転機としての台湾出兵―」(『史学雑誌』八七ノ九、一九七八)、石井孝『明治初期の日本と東アジア』(一九八二、有隣堂)、安岡昭男『明治前期日清交渉史研究』(一九九五、巌南堂書店)
(保谷 徹)

たいわんしょうのうきょく　台湾樟脳局　台湾での樟脳専売制を掌った機関。台湾における樟脳製造事業は、清朝時代よりの製脳業者に特許を与え民木製脳には取締規則を以て対処していたが、樟脳油の価格の騰貴に伴い樟脳の濫製、粗製濫造、密輸出などの悪弊を醸し声価を失墜するといった状況を呈した。そこで、台湾総督府は脳業を官業に移し台湾財政の重要な財源となすことを目的として樟脳専売制を布くことにし、まず、明治三十二年(一八九九)年六月に勅令第二四六号を以て台湾樟脳局官制が公布され、樟脳および樟脳油の収納・売渡・検査と製造に関する事務を掌理するため、府令第五一号を以て台北・新竹・苗栗・台中・林圯埔・羅東に各樟脳局が設置された。ついで、六月に律令第一五号台湾樟脳及樟脳油専売規則と律令第一六号台湾樟脳及樟脳油製造規則が制定され、樟脳専売制が布かれた。樟脳局は、同三十四年六月に阿片専売の台湾総督府製薬所と塩専売の塩務局とともに、台湾総督府専売局に統合された。

参考文献 東郷実・佐藤四郎『台湾殖民発達史』(一九一六、晃文館)、井出季和太『台湾治績志』(一九三七、台湾日日新報社)、外務省条約局法規課編『日本統治下五十年の台湾』(『外地法制誌』三部三、一九六四)
(檜山 幸夫)

たいわんじんじゃ　台湾神社　台湾台北州台北市の北部、剣潭山に鎮座した神社。旧官幣大社。祭神は大国魂命《おおくにたまのみこと》・大己貴命《おおなむちのみこと》・少彦名命《すくなひこなのみこと》・北白川宮能久親王《きたしらかわのみやよしひさしんのう》・天照大御神《あまてらすおおみかみ》。明治二十八年(一八九五)十月、台湾出兵において陣没した近衛師団長北白川宮能久親王について、親王を祭神とする神社を台湾に創建する建議案が翌二十九年一月・三月の両帝国議会において可決された。三十年(一八九七)九月に神殿建設取調委員が設けられ、三十二年二月剣潭山中腹の地を神社宮域と定め、創建に着工。明治三十三年九月十八日、内務省より、北白川宮能久親王と開拓の神とされた大国魂命・大己貴命・少彦名命を祭神とし、官幣大社に列格する旨が告示された。社殿は三十三年十月に竣工し、三十四年十月二十七日鎮座式、翌二十八日に例祭が執行された。なお、昭和十九年(一九四四)、祭神に天照大御神が追祀され、社名も台湾神宮と改称された。昭和二十年(一九四五)の敗戦の後、廃止された。

台湾神社

参考文献 『台湾神社誌』(一九二三)、菅浩二『日本統治下の海外神社―朝鮮神宮・台湾神社と祭神―』(『久伊豆神社小教院叢書』一、二〇〇四、弘文堂)、青井哲人『植民地神社と帝国日本』(二〇〇五、吉川弘文館)
(星野 光樹)

たいわんしんぶんしじょうれい　台湾新聞紙条例　明治三十三年(一九〇〇)一月二十四日、律令第三号を以て発布された日本統治下台湾における最初の新聞取締規則で、全二十三条からなる。この条例は、内地人渡台者が増加し台湾の言論が複雑化したことと、内地の政局ともかかわり在台日本人のなかから台湾総督府の施政を公然と批判する者が増加し、かつ総督府官僚の政策に批判的な言論人も増えてきたことから、これを抑制し言論そのものを統制するために、内地に施行されている新聞紙条例(明治二十年十二月勅令第七五号)を参考にして制定されたもの。同条例は、台湾総督に新聞紙の発行許可権と新聞雑誌などに対する発禁処分権が付与されただけではなく、発行に際して総督府官衙に納付する保証金額を千円と比較的高額に設定していることや罰則規定が内地の法令に比べて重いことなどの特徴がある。このため、台湾総督府の職務権限とその範囲の広い台湾にあっては、総督府官吏の職権を乱用した言論統制の強化が問題視されることになった。 (檜山 幸夫)

たいわんしんぽう 台湾新報 ⇩台湾日日新報《たいわんにちにちしんぽう》

たいわんせいとうかいしゃ 台湾製糖会社 明治末から昭和戦前期における日本有数の製糖企業。粗糖輸入による正貨流出防止策として台湾糖業振興への期待が高まるなか、総督府殖産課技師山田熙による大規模工場方式採用案に基づき、明治三十三年(一九〇〇)十二月、資本金百万円で設立。利子補給・鉄道建設・甘蔗耕作改良などを条件に三井物産が資本・経営参加を行なった。初代社長は鈴木藤三郎。三十四年二月に建設が開始された橋仔頭工場では旧紋鼈《もんべつ》製糖所や鈴木鉄工部関係者が技術面を指導、翌年一月に本操業を開始、三十七年度には一割配当を実現した。内地精糖業向け原料としては競争力に劣るため直接消費用の耕地白糖生産も行なった。台湾内で合併を進める一方、四十四年(一九一一)には神戸製糖会社を合併して内地精糖業に進出した。第二次世界大戦後在外資産を失ったが、昭和二十一年(一九四六)七月設立の新日本興業会社(のち大東殖産会社)が二十五年五月に台糖会社と社名変更して内地資産を継承した。平成十七年(二〇〇五)四月、新三井製糖会社・株式会社ケイ＝エスと合併して三井製糖となる。

参考文献 久保文克『植民地企業経営史論―「準国策会社」の実証的研究―』(一九九七、日本経済評論社)
(差波亜紀子)

たいわんそうとくふ 台湾総督府 台湾を統治するため台北に明治二十八年(一八九五)六月十七日から昭和二十年(一九四五)十月二十五日まで置かれた日本政府の外地統治機関で、政府の監督下に置かれていた。庁舎は、領台時は接収した布政使司衙門を使っていたが、大正八年(一九一九)に竣工した荘厳な新庁舎に移った。なお、旧庁舎は昭和八年(一九三三)に移築され、台北植物園内に保存されている。台湾統治の基本的な構造は、台湾統治基本法である明治二十九年法律第六三号台湾ニ施行スヘキ法令ニ関スル法律(六三法)と台湾総督府条例・官制によって規定された。同法は、明治三十九年(一九〇六)四月十五日法律第三一号(三一法)、大正十年(一九二一)法律第三号(法三号)と改正されたが、基本となる律令制定権と政府の監督権は変更されていない。律令制定権とは、天皇から統治権を委任された台湾総督が、法律と同等の効力を有する命令を発することができるというものだが、実質的には政府への委任統治権と解すべきもので台湾総督の職務権は必ずしも強くはなかった。それは、台湾総督には上奏権も閣議請議権も付与されていなかったことと、総督府条例・官制によって台湾総督が政府の監督指揮下に置かれていたからである。この監督指揮権者は、拓殖務大臣(明治二十九―三十年)、内閣総理大臣(明治三十―三十一年)、内務大臣(明治三十一―四十三年(一九一〇))、内閣総理大臣(明治四十三年―大正二年)、内務大臣(大正二―六年)、内閣総理大臣(大正六年―昭和四年)、拓務大臣(昭和四―十七年(一九四二))、内務大臣(昭和十七―二十年)とめまぐるしく代わっている。総督の任用資格要件は、法制度的には武官総督専任制という陸海軍の将官に限られていたが、大正八年勅令第三九三号の官制改正により武官総督制が解かれ文官総督も可能となった。これにより、民政長官が総務長官に改称された。しかし、この改正は文官総督制を意味していなかった。このため、文官総督は田健《でんけん》次郎《じろう》から中川健蔵の第八代から第十六代総督だけで、それ以降は武官総督であった。総督府の組織機構は、本府と所属官署からなる中央行政機構と、県・庁・州という地方行政機関からなっている。九期に分けられるほどめまぐるしく改編されていった地方行政機関は、領台時の台北・台中・台南三県と澎湖庁といった県と庁制度期と、明治三十四年以降の庁制度期、大正九年以降の州と庁制度期とに大別される。総督府の組織機構を明治三十七年でみると、本府が総督官房―秘書課・文書課、民政部―警察本署・総務局・財務局・通信局・測候所・燈台所・殖産局・土木局、陸軍幕僚・海軍幕僚に台湾総督府評議会・高等土地調査会・臨時台湾旧慣調査会、所属官署に法院・臨時台湾土地調査局・鉄道部・専売局・臨時台湾基隆築港局・臨時台湾糖務局・税関・国語学校・医院・総督府医学校・郵便及電信局・警察官及

台湾総督府

司獄官練習所・基隆海港検疫所・台南師範学校・監獄・台湾中央衛生会・大租権調査委員会・台北電気作業所・官幣大社台湾神社であった。地方行政機関では、台北・基隆・宜蘭・深坑・桃仔園・新竹・苗栗・台中・彰化・南投・斗六・嘉義・塩水港・台南・蕃薯寮・鳳山・阿猴・恒春・台東・澎湖の二十庁があった。地方機関は、台北庁を例にみると、本庁に総務・警務・税務の各課、士林・錫口・新庄・枋橋・滬尾・小基隆の各支庁、淡水輸入獣類検疫所、台北第一・台北第二・滬尾尋常高等小学校、大稲埕・八芝蘭・大龍峒・興直・錫口・和尚州・滬尾・新庄山脚・枋橋・老梅・梅萣厝の各公学校、街庄(第一区―第三十九区)からなっていた。 (檜山 幸夫)

たいわんそうとくふこくごがっこう 台湾総督府国語学校 明治二十九年(一八九六)三月、勅令第九四号台湾総督府直轄諸学校官制により設置された教員などの養成機関。官制発布に伴い、同年九月府令第三八号を以て台湾総督府国語学校規則が制定され、師範部と語学部および附属学校が設置された。師範部は、台湾人子弟のための初等教育機関である公学校などの教員養成をする所で、尋常中学校四年生以上の学力を有する日本人を対象とした。語学部は、土語(台湾語)および日本語に精通した官吏などを養成する所で、国語学科と土語学科に分かれ、前者は公学校の卒業生以上の学力を有する台湾人を、後者は高等小学校卒業以上の学力を有する日本人を対象とした。さらに、明治三十五年(一九〇二)七月、府令第五二号を以て国語学校規則が改正され、新たに台湾人を対象とした実業部が設けられ、農業、電信、鉄道の業務に就こうとする者への教育がなされ、国語学校は教員などの養成だけではなく実業学校的側面をも有するようになっていく。 (檜山 幸夫)

たいわんちせききそく 台湾地籍規則 明治三十一年(一八九八)七月十七日に制定された、台湾における土地調査事業の基本法令の一つで、地籍の基礎となる法令。明治三十一年五月、台湾総督府は、清朝政府時代に調製された土地台帳簿は、本島受渡の際あるいは兵燹《へいせん》に罹《かか》りあるいは匪賊の掠奪などによりほとんど滅失したるために改めて地籍を明確にする必要があるとして、内務大臣に規則の制定を稟申し勅裁を得て律令第一三号を以て本規則を制定した。これにより、土地を、第一＝田・畑・建物敷地・塩田・鉱泉地・養魚池、第二＝山林・原野・池沼・牧場地、第三＝宗祠・祠廟・墳墓・鉄道・公園・練兵場・用水地、第四＝道路・溝渠、第五＝河川・堤防、第六＝雑種地の種目に分類整理され、ついで、同三十四年三月府令第一五号を以て台湾地籍規則施行細則を制定して、土地台帳に街庄社ごとに土名・地番・則別・地目・甲数・地租と業主・管理人・納税義務者の住所氏名を記載させた。これによって、地租を効率的に徴収するための土地の権利状態や地目・地籍を正確に把握することができた。 →台湾土地調査事業《たいわんとちちょうさじぎょう》

参考文献 江丙坤『台湾地租改正の研究―日本領有初期土地調査事業の本質―』(一九七四、東京大学出版会) (檜山 幸夫)

たいわんちゅうとんぐん 台湾駐屯軍 台湾に派遣および駐屯した軍。台湾接収のための派遣軍とその後の治安軍とに大別される。台湾接収の軍は、明治二十八年(一八九五)五月、樺山資紀《かばやますけのり》海軍大将を台湾総督とし、北白川宮能久《よしひさ》親王率いる近衛師団を台湾現地に派遣した。現地台湾人の抗日闘争が激化したため、六月になって樺山総督は、政府に増援を要請した。遼東半島に展開中の乃木希典《のぎまれすけ》陸軍中将率いる第二師団が増派され、二個師団を上回る約五万の兵力が台湾平定にあたった。翌年四月、平定後の治安維持のため、三個の台湾守備混成旅団を編成した。台湾総督は天皇から統帥権の委譲を受け、次の軍を直轄した。

台湾守備混成第一旅団(台北) 台湾守備歩兵第一連隊
台湾守備歩兵第二連隊
騎・砲・工兵各一個中隊
台湾守備混成第二旅団(台中) 台湾守備歩兵第三連隊
台湾守備歩兵第四連隊
騎・砲・工兵各一個中隊
台湾守備混成第三旅団(台南) 台湾守備歩兵第五連隊
台湾守備歩兵第六連隊
騎・砲・工兵各一個中隊
台湾守備混成第七旅団(宜蘭(明治三十年(一八九七)十一月廃止))
要塞砲兵(基隆・馬公) 重砲二個大隊

明治三十一年十月、抗日勢力の縮小に伴い、六個連隊を廃止。次の編成となった。なお、混成第三旅団は、明治三十六年十一月に廃止となる。

台湾守備混成第一旅団(台北) 歩兵四個大隊、砲兵大隊
騎・工兵各中隊
台湾守備混成第二旅団(台南) 歩兵三個大隊、砲兵大隊
騎・工兵各中隊
台湾守備混成第三旅団(台中) 歩兵四個大隊、砲兵大隊
騎・工兵各中隊
要塞砲兵(基隆・馬公) 重砲二個大隊

明治四十年(一九〇七)十一月、台湾の治安が安定したため、軍の再編成が行われた。

台湾第一守備隊(台北) 台湾歩兵第一連隊
台湾山砲第一中隊
台湾第二守備隊(台南) 台湾歩兵第二連隊
台湾山砲第二中隊
要塞砲兵(基隆・馬公) 重砲二個大隊

なお、大正八年(一九一九)、それまで武官に限られていた台湾総督に文官も任じられるようにした総督府官制の発出に伴い、台湾軍司令部が新設された。台湾軍司令官は、陸軍大将をもってこれに親補し、天皇に直隷した。

参考文献 黄昭堂『台湾総督府』(『教育社歴史新書』日本史一四七、一九八一、教育社)、古野直也『台湾軍司令部

―一八九五～一九四五―』(一九六一、国書刊行会)

(戒能　善春)

たいわんてつどう　台湾鉄道　台湾総督府によって、明治三十二年(一八九九)に着工され、明治四十一年(一九〇八)に完成した基隆―打狗(高雄)間四三六キロの南北縦貫鉄道。台湾巡撫の劉銘伝《りゅうめいでん》は、洋務運動の一環として基隆―彰化間の鉄道敷設を皇帝に建議し、民間資本によって基隆―台北間が一八九一年に竣工、九三年に新竹まで開業した。その後工事は、巡撫の交替と難工事のため中止されたが、初代台湾総督の樺山資紀が明治二十八年(一八九五)年八月に台北、台中、台南を経て打狗に至る三二〇キロの鉄道敷設を政府に建議し、二十九年に台湾鉄道会社が設立され、台北―打狗間の鉄道敷設が計画された。しかし、株式募集が困難を極め、外資導入にも失敗すると、政府は国有計画を採用し、明治四十一年四月に全線が開業した。台湾鉄道の開通は、貨物の流動構造を変化させ、台湾を食糧や原料の供給地とする植民地化を促進した。

参考文献　台湾総督府鉄道部『台湾鉄道史』(一九一〇―一一)、高橋泰隆『植民地鉄道史論―台湾、朝鮮、満州、華北、華中鉄道の経営史的研究―』(一九九五、日本経済評論社)

(老川　慶喜)

たいわんとうぎょうしょうれいきそく　台湾糖業奨励規則　台湾における製糖業の振興をはかるため、明治三十五年(一九〇二)六月十四日、律令第五号をもって制定された規則。甘藷の耕作者または砂糖の製造者に、甘蔗苗費または肥料費、開墾費、灌漑費・排水費、製糖機械器具費などの費用について奨励金ないし現品を下付または貸与を、特定の条件をもって砂糖製造に従事する者に補助金を、甘藷耕作のために官有地を開墾し成功した者に業主権を無償付与することを定めた。ついで、府令第四三号台湾糖業奨励規則施行細則により、甘蔗苗費・肥料費は一町歩以上の耕作者、開墾費は五町歩以上を開墾する者、灌漑費・排水費は千円以上を要する工事を行う者へ奨励金を与えること、一日十二時間で一万二千貫以上の粗製糖業ないし二千四百貫以上の精製糖業に従事する者に補助金を支給すること、官有地開墾地は五十町歩以内で二ヵ年ないし五ヵ年を成功年限とするといった条件などが定められた。土着資本による糖廍は、旧式施設のため奨励対象から外され新式で大規模化が促された。

参考文献　徐照彦『日本帝国主義下の台湾』(一九七五、東京大学出版会)

(檜山　幸夫)

たいわんとちちょうさじぎょう　台湾土地調査事業　明治三十一年(一八九八)七月十七日に公布された律令第一三号台湾地籍規則と律令第一四号台湾土地調査規則に基づき行われた地籍・地権の調査事業で、大租権補償、地租改正事業を含む。事業の主管は同年八月に勅令第二〇一号をもって設置された臨時台湾土地調査局で、九月一日から業務が開始された。事業の目的は、土地所有者・土地の種目・面積・境界(地番)を査定し納税義務者(地権)を確定し、近代的土地所有制度に改編することにある。そもそも、台湾の土地権利関係は清朝時代の大租―小租―佃人という一田三主的な複雑な状態にあり、これを整理し単一化させる必要があった。土地調査は、北部から南部に向かって行われ、明治三十六年九月に一応の完結をみたことから、翌年から第二段階に入り大租権を買い取り、ついで土地権利関係を地主小作関係に移行させ地租の増徴地租率を引き上げた。その結果、地租は大幅に増収となり、財政の自立化を促すことになった。→台湾地籍規則《たいわんちせききそく》

参考文献　江丙坤『台湾地租改正の研究―日本領有初期土地調査事業の本質―』(一九七四、東京大学出版会)

(檜山　幸夫)

たいわんにちにちしんぽう　台湾日日新報　明治三十一年(一八九八)五月一日に創刊された日本統治期台湾における最大規模の日刊新聞で、最終号は一五八三六号。前身は『台湾新報』と『台湾日報』。当時、『台湾新報』(社長山下秀真・主筆田川大吉郎で薩摩系・樺山系)、『台湾日報』(社長河村隆純・主幹児島碩鳳・主筆内藤虎次郎(湖南)で長州系・乃木系)が互いに反駁、対立し世論を両分したため、児玉源太郎台湾総督・後藤新平民政局長の主導のもとで両紙が統合され、社長に守屋善兵衛、副社長に村田誠治、主筆に木下新三郎、編集長に栃内正六が就いた。その後、籾山逸也が主筆に、台湾人の学者の粘舜音・黄茂生や清国の学者章炳麟が招かれ、二頁の漢文欄(昭和十二年(一九三七)四月に廃止)が置かれた。経営的には、総督府の庇護のもと経費補助をも受け、総督府の官報である『府報』を附録として発行した『府報』は昭和十七年三月三十一日の第四五三号を以て廃刊、四月一日より『台湾総督府官報』)。戦局熾烈化のなか、昭和十九年四月一日に他紙五紙と統合され『台湾新報』(戦後、台湾省行政長官公署の下で『台湾新生報』となる。

『台湾日日新報』第1号

(檜山　幸夫)

たいわんみんしゅこく　台湾民主国　明治二十八年(一八九五)五月二十五日、日本の領有支配を阻止するため台湾の漢族系士紳と清朝官吏が謀って建国。台湾巡撫唐景崧が総統、邱逢甲が副総統兼義勇総統、国号を「台湾民主国」、年号を「永清」、国旗を「藍地に黄色の虎」とした。実質は、下関条約により日本の領土になる前に、清国から独立して主権を確保するという、政治戦略的意図によるもの。六月三日、澳底から上陸した近衛師団により基

隆要塞が陥落すると、六日に唐景崧は大陸へ逃亡し、七日に台北が陥落して権力機構が崩壊。台湾総督府は、全島制圧のために近衛師団を南下させるが、これに漢族系住民が激しく抵抗し、さらに唐総統から大将軍に任命された劉永福が台南に拠って黒旗軍を率い台湾民主国鎮守を名乗り、台湾民主国の独立を維持せんとした。だが、混成第四旅団と第二師団が加わって攻撃されたため、十九日に劉永福も逃亡し、十月二十一日には台南が陥落し、ここに台湾民主国は滅亡した。（檜山　幸夫）

たうえ　田植　苗代で生育した稲の苗を、水を張った本田に移植する作業。挿秧《そうおう》ともいう。はじめは直播きであったが、奈良時代後期から平安時代前期にかけて田植が取り入れられたといわれる。五～七月初旬に行われ、一時に多量の労働力を必要とするため、相互に援助しあう結《ゆい》がつくられた。明治期の農書は田植について、移植の浅深、栽培密度、正条植などの技術改良を論じており、たとえば細縄・定木などによる方法が、古市与一郎の方法として酒匂常明《さこうつねあき》『米作新論』のなかで紹介されている。明治後期には政府や農会による技術指導の一環として、除草など田植後の作業の合理化をはかる正条植が奨励されている。↓正条植《せいじょううえ》

参考文献　『明治農書全集』一（一九八三、農山漁村文化協会）、農業発達史調査会編『日本農業発達史―明治以降における―』五（一九五五、中央公論社）（大豆生田稔）

たうちぐるま　田打車　水田の除草に用いる回転式の農具。水田中耕除草機の発明者としては、島根県東伯郡の中井太一郎《なかいたいちろう》が知られている。しかし、彼がその特許を取得した明治二十五年（一八九二）以前の明治初年から、田打転車（たうちころがし）という回転式の除草機が使用されていたことが、明治中期の調査や農書などに掲載されている。手取りや雁爪《がんづめ》による除草は、長時間腰をかがめる困難な作業であった。田打車が太一車と称されるように、中井の功績はこの除草機を改良し普及をはかったことにあるといわれている。立ったままの除草が可能となり、作業能率をたかめたが、その使用には稲株がそろって植えられる必要があり、同時に正条植が普及していくことになった。

参考文献　農業発達史調査会編『日本農業発達史―明治以降における―』四（一九五四、中央公論社）（大豆生田稔）

たおかれいうん　田岡嶺雲　一八七〇―一九一二　評論家、中国文学者。土佐藩の士族享一（典臣）・蝶夫妻の三男として、明治三年十一月二十一日（一八七一年一月十一日）、土佐国土佐郡石立村（高知市）で生まれる。本名佐代治。ほかに栩々生、爛腸、夜鬼窟主、金馬門人などの筆名を用いた。享一は同九年に家禄を奉還した後は質店を営んでいた。同十年（一八七七）明善学舎に入学。幼少から土佐の自由民権の気風を吸収して成長する。同十五年、小学校を中退して、高知共立学校に入り、市内の民権運動の結社にも加入した。同十六年、共立学校を退学して大阪官立中学に入学したが、在学中の同十九年、前年に着任した森有礼初代文部大臣の圧制的な学校運営に反発、胃病の発病もあって退学し帰郷、以後足掛け四年にわたって病臥の生活を送る。同二十三年（一八九〇）一月上京して水産伝習所（現東京水産大学）に入学、内村鑑三に学び、大きな影響を受ける。同二十四年、水産伝習所を卒業して帝国大学文科大学漢学科選科に進学、中野逍遙《なかのしょうよう》、藤田剣峰《ふじたけんぽう》、笹川臨風《ささかわりんぷう》、大町桂月《おおまちけいげつ》、白河鯉洋《しらかわりよう》らと交友を結ぶ。同二十五年八月、山路愛山批判を皮切りに文筆活動を始め、わが国における初の本格的ハイネ論である「ハインリヒ・ハイ子」（『日本人』八―一二号、明治二十七年）などを発表し、気鋭の批評家として文名を上げた。同二十七年に帝国大学文科大学を卒業後、同窓生の小柳司気太《こやなぎしげた》、藤田剣峰らと、東洋文化の近代的再生を標榜する雑誌『東亜説林』を創刊、四号まで発刊する。また同二十八年には雑誌『青年文』を創刊、北村透谷、樋口一葉、泉鏡花ら新進作家を「日本文壇の新光彩」として高く評価し、彼らに道を開くため尽力する。その文学的主張として、日清戦争後の抑圧された状況のなかで、下層細民の現実を描く方向を提唱した。同二十九年、岡山県津山中学校に赴任、その地で芸妓との間で激しい恋愛関係となるも実らずに翌年上京、『万朝報』記者となって幸徳秋水、堺利彦、内藤湖南らの面識を得る。『文庫』にも記者として文章を発表、特権的少数者による支配を脱するための「第二の維新」が必要だとする論陣を張る一方で、対外的には白人によるアジア支配からの脱却を主張、中国革命運動を支持した。同三十一年（一八九八）『万朝報』を退社、秋には新聞『いはらき』主筆として水戸に赴いた。翌年二月『いはらき』を退社し、翌月評論集『嶺雲揺曳』（新声社）を刊行、当時二万部の売り上げを記録した。同年五月、上海で羅振玉が経営する日本語学校の教師となり、康有為派の文人たちと知り合う。同三十三年六月、病気療養のためいったん帰国、『九州日報』の特派員として北清事変に従軍、のちに反戦的ルポルタージュ「戦袍余塵」（合著『俠文章』所収、明治三十二年）にまとめられる通信を寄せる。同年八月に帰国、『中国民報』主筆として岡山に赴任する。翌三十四年には教科書収賄事件につき県知事を非難する文章を発表して官吏侮辱罪で有罪判決、入獄、翌年二月に出獄。この経験をのちに『下獄記』（明治三十四年、文武堂）としてまとめる。同三十六年、日露開戦論にいったんは同調するも、一方、幸徳らの創刊した週刊『平民新聞』への協力を約し、寄稿する。非戦論、資本主義批判の論調は高まり、翌年十一月に『中国民報』を退社すると再び上京、同三十八年には小杉未《こすぎみ》醒《せい》らと総合批評誌『天鼓』を創刊する。同年四月『壺中観』（小林嵩山堂）を出版するも、発売禁止。『天鼓』の経営難などもあり、同年九月中国蘇州の江蘇師範学堂に赴任する。同四十年（一九〇七）、脊髄病のため帰国、一時淡路島にて療養の後上京して、笹川臨風、白河鯉洋らと

『東亜新報』を創刊、同四十二年個人雑誌『黒白』創刊、『明治叛臣伝』出版。翌年湯河原で療養中、大逆事件による幸徳秋水の逮捕(明治三十七年)に立ち会うこととなった。『中央公論』に自伝「数奇伝」を連載中の大正元年(一九一二)九月七日、日光で波瀾の人生を閉じた。四十三歳。中国文学者としても、文学・思想の近代的研究の先駆けとなった。『田岡嶺雲全集』(西田勝編、昭和四十四年―、法政大学出版局)が刊行されている。↓明治叛臣《めいじはんしん》伝《でん》

参考文献　家永三郎『数寄なる思想家の生涯―田岡嶺雲の人と思想―』(『岩波新書』、一九五五、岩波書店)、岡林清水他『田岡嶺雲―思想と文学―』(一九六七、土佐出版社)

(島村　輝)

たかいこうざん　高井鴻山　一八〇六―八三　幕末・維新期の信濃国の豪農、文人。文化三年(一八〇六)高井家第十一代として誕生。名前は健、通称三九郎。同家は、公家大名の御用達を務め、江戸・大坂などと手広く商業を行う。鴻山は文政三年(一八二〇)から天保七年(一八三六)まで、京都・江戸に遊学し、さまざまな学問や文芸を学んだ。梁川星巌《やながわせいがん》の門下生として陽明学を修め、大塩平八郎との親交もあった。江戸では佐藤一斎や多くの学者・文人と交流を深めた。帰国後天保七、八年ころから上田で禅の名僧活文の門下に入り、禅学を学ぶ。松代藩士佐久間象山・山寺常山と同門。天保十三年(一八四二)秋、浮世絵師葛飾北斎(八十三歳)がはじめて小布施《おぶせ》宅を訪れる。鴻山は当初、尊皇攘夷論者であったが、元治元年(一八六四)ころ、開国論に転じ、その後、財政難の幕府・勘定奉行小栗忠順《おぐりただまさ》に計一万両の献金を申し出た。明治四年(一八七一)文部省編集局ついで東京府編集掛勤務。同九年、東京芝で私塾高矣《たかい》学校を開設。同十六年(一八八三)二月六日郷里にて死去。七十八歳。

参考文献　岩崎長思編『高井鴻山小伝(復刻)』(一九七八、北斎館)、高井鴻山伝編纂委員会編『高井鴻山伝』(一九六八、小布施町発行)

(横山　憲長)

たかおかしんぽう　高岡新報　戦前、富山県高岡市で発行されていた夕刊紙。明治二十二年(一八八九)三月に志《し》摩《ま》長平《ちょうへい》らによって発刊され、高岡米商会所の米相場などを報じた一枚刷りの『高岡商況』が前身であった。二十四年五月の大津事件の記事が新聞紙条例に基づき発行停止を命ぜられたため廃刊した。その直後六月十六日、発行人安村直義《やすむらなおよし》で『高岡商況日報』として復刊し、二十五年四月二十日『高岡新報』と改称した。二十六年にロール印刷機を購入して紙面も整い『高岡商業新報』と改称したが、三十二年(一八九九)八月に『高岡新報』の名称に復帰した。さらに昭和六年(一九三一)八月九日『高岡新聞』と改称、十五年(一九四〇)七月三十一日の新聞統合まで発刊された。

参考文献　『北日本新聞社八十五年史』(一九六九)

(高橋　延定)

たかぎかねひろ　高木兼寛　一八四九―一九二〇　明治から大正時代の医家、海軍軍医。大工高木喜助の長男として嘉永二年九月十五日(一八四九年十月三十日)、日向国に生まれる。幼名藤四郎。慶応二年(一八六六)石神良策について医学を修める。明治元年(一八六八)六月から十一月まで藩医として戊辰戦争に参戦。十一月藩立開成学校、鹿児島医学校を経て五年四月海軍九等出仕。十一月海軍大軍医。七年七月少医監。八年六月イギリスに留学し、セント=トーマス病院医学校に入学する。同校で解剖学助教や外科当直医などを勤め、優秀な成績を修めて、十三年(一八八〇)十一月帰朝する。十三年十二月中医監、東京海軍病院院長となる。十四年一月松山棟庵らとともに成医会を設立、会頭となる。十五年七月医務局副長。八月有志共立東京病院(東京慈恵会医院の前身)を設立する。九月兼軍医学舎舎長となる。十一月、明治天皇に海兵の脚気病予防対策につき奏上する。十六年十月医務局局長。この年、長与専斎《ながよせんさい》、石黒忠悳《いしぐろただのり》、三宅秀《みやけひいず》、田《た》代基徳《しろもとのり》らと大日本私立衛生会を設立する。十七年十二月軍医本部長。十八年四月有志共立東京病院内に看護婦教育所を開設、これが日本における最初のナイチンゲール式看護教育であった。十二月軍医総監。十九年一月衛生部長兼軍医校校長。二十年(一八八七)一月成医会講習所長兼東京慈恵医院長(大正九年(一九二〇)四月まで)。二十一年五月日本で最初の医学博士となる。二十二年四月海軍中央衛生会議議長。十月、大隈重信外相が暴漢に襲われた際、右足切断の手術を行う。二十五年八月予備役。八月貴族院議員(大正九年四月まで)。三十八年(一九〇五)三月男爵。三十九年一月欧米旅行。大正九年四月十三日七十二歳で亡くなる。ドイツ医学主流の医学界の中でイギリス医学を導入した。また、海軍内部で脚気病が蔓延していたのに対し、白飯食を廃止し麦飯を支給することで予防に成功した。このことから、男爵号を授けられた際、「麦飯男爵」と揶揄された。

高木兼寛

参考文献　東京慈恵会医科大学創立八十五年記念事業委員会『高木兼寛伝』(一九六五)

(太田　久元)

たかぎけんみょう　高木顕明　一八六四―一九一四　初期社会主義者、大逆事件関係者。尾張の小田井村(愛知県清須市)に元治元年五月二十一日(一八六四年六月二十四日)に生まれる。幼名は山田妻三郎。高木家の養嗣子となる。名古屋の真宗教校を卒業後、明治三十年(一八九七)和歌山県新宮の浄泉寺の住職となる。門徒の多くが被差

別部落民であったことを一因に社会主義への関心を強め、釈迦を「霊界の偉大なる社会主義者」とする独特な「予が社会主義」を執筆する。日露戦争に対する非戦論や公娼設置反対運動を展開するなかで、大石誠之助との交流を深め、社会主義談話会の会場として浄泉寺を提供する。同四十二年（一九〇九）一月の大石方の茶話会で、爆裂弾による「暴力革命」計画に同意したとされ、四十三年七月七日崎久保誓一《さきくぼせいいち》・峯尾節堂《みねおせつどう》とともに大逆罪で予審請求された。「新宮グループ」とされ、四十四年一月十八日大審院で死刑判決を受けるが、翌十九日特赦により無期懲役に減刑される。秋田監獄で服役中、大正三年（一九一四）六月二十四日自殺した。五十一歳。真宗大谷派は高木を起訴直後に住職差免・擯斥処分としたが、平成八年（一九九六）それを取り消し、顕彰した。→大逆事件《たいぎゃくじけん》

参考文献　幸徳秋水全集編集委員会編『大逆事件アルバム―幸徳秋水とその周辺―』（『幸徳秋水全集』補巻、一九七二、明治文献）、森長英三郎『禄亭大石誠之助』（一九七七、岩波書店）、玉光順正・辻内義浩・訓覇浩編『高木顕明―大逆事件に連座した念仏者―』（『真宗ブックレット』、二〇〇〇、真宗大谷派宗務所出版部）　（荻野富士夫）

たかぎせいねん　高木正年　一八五六―一九三四　明治から昭和時代初期の政党政治家。安政三年十二月九日（一八五七年一月四日）、江戸品川宿に細井半兵衛の三男として生まれる。幼名は又三郎。号は喬木。のちに本家で酒造業などを営む伯父高木以善の養嗣子となり、明治十二年（一八七九）に家督を相続する。幼少期に木村芥舟らに和漢の学問を、自由民権期には江木高遠の塾で法律と政治学を学ぶ。また、金子堅太郎から法律学と経済学を教わった。十六年、東京府会議員に選出され、常置委員となる。二十三年（一八九〇）の第一回総選挙に東京府から立候補して初当選。昭和七年（一九三二）の第十八回総選挙までに通算十三回当選し、衆議院議員として活躍した。大日本帝国憲法発布後の明治二十六年に、憲法講法会を設立。『東海政法雑誌』を刊行し、民権伸張を主張して、政治思想の普及を図った。明治三十年（一八九七）、品川漁民問題に取り組んでいる際に眼疾で失明したが政治活動を続け、盲目の政治家として著名であった。自身の体験から、視力を失った人々の生活や職業支援に尽力。大正九年（一九二〇）には、点字による選挙投票を公認するように請願を提出した。また、女性の権利拡張や植民地の人権問題にも取り組んだ。政党政治家として、立憲改進党・進歩党・憲政党・憲政本党に属したが、明治三十四年、増税に反対して憲政本党を脱党。日露戦争中の三十八年には、対外硬派として、講和問題同志連合会で戦争継続を主張した。日露戦後は反政友会勢力の結集を狙って、猶興会から又新会を組織。その後は、立憲国民党・進歩倶楽部・大隈伯後援会・憲政会・立憲民政党に所属した。早くから普通選挙運動で活躍し、国民党時代には普通選挙の早期実施を主張して除名された。また、大正十一年（一九二二）にも憲政会を脱党して、革新同盟を結成したが、のちに憲政会に復党している。昭和二年（一九二七）、民政党結党の際には相談役に就任。昭和九年十二月三十一日に死去した。七十九歳。

高木正年

参考文献　横山健堂編『高木正年自叙伝』（『盲人たちの自叙伝』一、一九九七、大空社）、季武嘉也『大正期の政治構造』（一九九八、吉川弘文館）　（片山　慶隆）

たかぎせんえもん　高木仙右衛門　一八二四―九九　浦上キリシタンの中心的存在。文政七年（一八二四）生まれ。「信徒発見」後自宅を秘密教会とし神父を密かに招いて浦上の信徒の信仰生活を固めた。二人の息子は神学生となり長男敬三郎は香港で病死するが、次男源太郎は復活教会の最初の三司祭の一人になる。明治政府の一村総流配の浦上村処分が決定すると（浦上四番崩れ）、明治元年五月二十二日（一八六八年七月十一日）第一次の実施で津和野に配流された。過酷な拷問に耐え仲間の精神的支えとなる。明治六年禁制の高札の撤去により配流地から帰郷すると、荒廃した浦上村の生活再建に全力を尽す。明治七年の赤痢の流行でド＝ロ神父の看護奉仕をする岩永マキらに自宅を合宿場に提供するが、ここが「十字会」と孤児養育事業の濫觴の場となる。配流中に壬申戸籍に登録された山下姓を高木に復姓し、浦上潜伏キリシタンの慈悲役を務めた初代高木権左衛門の末裔であることを明示した。明治三十二年（一八九九）四月十三日、七十六歳で死去した。

参考文献　「仙右衛門覚書」「守山甚三郎覚書」（『庶民生活史料集成』一八所収、一九七二、三一書房）、片岡弥吉『日本キリシタン殉教史』（一九七九、時事通信社）、高木慶子『高木仙右衛門覚書の研究』（一九九三、中央公論社）　（片岡千鶴子）

たかぎていじ　高木貞治　一八七五―一九六〇　明治から昭和時代にかけての数学者。東京帝国大学教授。明治八年（一八七五）四月二十一日に生まれる。岐阜県の人。菊池大麓、藤沢利喜太郎と継承された、明治時代初期以来の西洋数学研究の内容を世界的な水準にまで飛躍させたことで知られる。明治三十年（一八九七）、帝国大学理科大学数学科を卒業し、翌年より三年間ドイツ留学。同三十四年に帰国し、東京帝大助教授となる。代数的整数論を専攻し、大正九年（一九二〇）に「高木の類体論」として知られる論考を『東京帝国大学理学部紀要』にドイツ語で発表する。この研究は発表から程なく国際的に認

高木貞治

められることとなり、昭和七年(一九三二)に高木は国際数学者会議の副議長に選ばれ、フィールズ賞の選考委員にも選出された。同十五年(一九四〇)に文化勲章受章、同二十六年(一九五一)に文化功労者となる。同三十五年(一九六〇)二月二十八日没。満八十四歳。著書に『代数学講義』(昭和五年)、『初等整数論講義』(同六年)、『解析概論』(同十三年)など。

参考文献 『日本の数学一〇〇年史』上(一九八三、岩波書店)　(佐藤　賢一)

たかぎまさよし　高木正義　一八六三—一九三二　明治・大正時代の学者、実業家。文久三年(一八六三)、出羽の庄内藩士の三男として出生、外交官で実業家でもあった高木三郎の養嗣子となる。東京英和学校を卒業後、アメリカおよびドイツで、シラキュース大学、ジョンズ=ホプキンス大学、コロンビア大学、ベルリン大学などで社会学および経済学を学ぶ。明治二十八年(一八九五)学位取得。明治三十年(一八九七)帰国して慶応義塾大学部、東京専門学校(早稲田大学の前身)、東京帝国大学文科大学などで教鞭をとり、社会学および経済学を講ずる。明治三十四年第一銀行に入行、京城出張所主任。三十七年退職して、鉄道会社などを起し、経営にあたった。晩年は中国の天津で生活し、昭和七年(一九三二)同地で死亡、七十歳。著書に『トラスト』(明治三十三年、東京専門学校出版部)、『信託会社要義』(同四十年、教文館)その他がある。　(坂井　達朗)

たかぎますたろう　高木益太郎　一八六九—一九二九　明治から昭和時代初期の政治家、弁護士。東京で高木益喜の長男として、明治二年正月二十五日(一八六九年三月七日)に生まれる。和仏法律学校(現在の法政大学)を卒業後、二十四年(一八九一)に弁護士となる。弁護士として、人権の擁護や伸張を主張し、警察捜査での拷問を批判。人権蹂躙問題を調査した。三十三年(一九〇〇)には『法律新聞』を創刊し、法律新聞社社長、『法律新聞』主幹となる。『法律新聞』は、下級審の裁判例も広く収載し、法律の普及と立法の資料として役立てることを目的の一つとしていた。大審院判決は『判決録』『判例集』に登録されていないものも全文掲載されており、貴重な資料となっている。外国の立法状況も報道していたが、同紙でも人権問題を扱い、違警罪即決例廃止論を熱心に主張した。外交問題では対外硬派の一員として活動し、三十八年、講和問題同志連合会が中心となった日露戦争講和反対の日比谷焼打事件では、検挙された連合会関係者の裁判で弁護人として法廷に立ち、被告全員の無罪を勝ち取った。四十年(一九〇七)に欧米諸国を巡る旅に発ち、翌四十一年に帰国。同年五月の第十回総選挙で東京市から出馬し、最高得票で初当選。以後、通算六回当選し、議会と新聞で活動を行なった。政党は当初、又新会に所属。四十三年三月には立憲国民党結成に参加し、党選任幹事となる。だが、党首の犬養毅とはのちに袂を分かった。四十四年に起きた辛亥革命後の中国に対しては、革命派の支持を訴えて、政府の列強協調路線を批判。国民外交同盟会に参加し、中国問題に関して活発な発言を続けた。また、四十五年から大正二年(一九一三)にかけての第一次憲政擁護運動でも活躍。『法律新聞』も利用しながら、シーメンス事件後の第一次山本権兵衛内閣を攻撃した。尾西鉄道株式会社社長、株式会社尾張屋銀行監査役など会社の重役も務めた。昭和四年(一九二九)十二月十一日没。六十一歳。

参考文献 清水誠「高木益太郎の人と業績」(『法学セミナー』一六四、一九六九)、宮地正人『日露戦後政治史の研究—帝国主義形成期の都市と農村—』(一九七三、東京大学出版会)、櫻井良樹『大正政治史の出発—立憲同志会の成立とその周辺—』(一九九七、山川出版社)、中沢俊輔「日露戦後の警察と政党政治—違警罪即決例をめぐる攻防—」(『日本政治研究』二ノ二、二〇〇五)　(片山　慶隆)

たかぎみずたろう　高木壬太郎　一八六四—一九二一　明治・大正期の神学者、教育家。高木源左衛門・その子の長男として元治元年五月二十日(一八六四年六月二十三日)遠江国榛原《はいばら》郡中川根《なかがわね》村上長尾(静岡県榛原郡川根本町)に生まれる。明治十四年(一八八一)静岡師範学校卒業後、県下の教育に政治運動に精気を注ぐ。同十八年静岡メソジスト教会で平岩愃保《ひらいわよしやす》牧師より受洗。同二十二年(一八八九)上京し東洋英和学校神学部に入る。同二十六年同校卒業。同二十八年カナダのヴィクトリア大学に留学。同三十九年(一九〇六)同大学から神学博士号を受けた後、青山学院神学部専任教授となり、大正二年(一九一三)第四代青山学院長に就く。この間、築地・麻布・本郷中央会堂・駒込各教会の牧師として、またメソジスト教会協同機関誌『護教』の主筆として活躍。『基督教大辞典』(明治四十四年、警醒社書店)をほぼ独力で編纂した。大正十年(一九二一)一月二十七日没。五十八歳。

高木壬太郎

参考文献「自ら物せられし高木博士の伝記」(『開拓者』一六ノ四・七・八、一九二一)、川崎司『高木壬太郎—その平凡の生涯をたどって—』(二〇一〇、近代文芸社)

(川崎　司)

たかくすじゅんじろう　高楠順次郎　一八六六—一九四五　仏教学者。日本におけるインド学の祖ともいえる存在。沢井観三の長男として慶応二年五月十七日(一八六六年六月二十九日)に備後国御調郡篝村(広島県三原市)に生まれる。幼名梅太郎、雅号は雪頂。幼少より漢籍に親しみ明治十八年(一八八五)西本願寺普通教校に入学、同二十年(一八八七)に神戸の高楠孫三郎の婿養子となり、高楠順次郎と改名。同二十二年卒業。同二十三年にイギリスのオックスフォード大学に留学し、碩学マックス＝ミュラーに師事し、卒業後欧州各国の学者を訊ね研鑽を積む。同二十七年には『観無量寿経』の英訳を完成し『東方聖書』の一書として刊行された。また、同二十九年には義浄の『南海寄帰内法伝』の英訳も完成する。同三十年(一八九七)帰国し、南条文雄《なんじょうぶんゆう》の後任として東京帝国大学文科大学にて梵語学講座を担当し、同三十二年同大学教授となる。以後同三十三年文学博士となり、同四十五年(一九一二)帝国学士院会員となる。退官後は東洋大学学長などを歴任し仏教に基づき後進の教育に従事する一方、『大正新脩大蔵経』(昭和九年)や『国訳南伝大蔵経』(昭和十六年)の刊行を行なった。これらの功績により、昭和十九年(一九四四)文化勲章受章。同二十年(一九四五)六月二十八日没。八十歳。『高楠順次郎全集』が教育新潮社より刊行されている。

高楠順次郎

(保坂　俊司)

たかくわこまきち　高桑駒吉　一八六八—一九二七　歴史学者。主として東洋史や日本史の研究に携わる。明治元年六月九日(一八六八年七月二十八日)上野国高崎(群馬県高崎市)に生まれる。第一高等中学校(旧制第一高等学校)を経て、帝国大学文科大学史学科に進学、明治三十二年(一八九九)に卒業。学生時代の明治三十一年に「社会学研究会」(会長加藤弘之)の結成に発起人の一人として参画した。三十八年早稲田大学講師。大正八年(一九一九)東洋大学文学部教授。広い視点から東洋史を捉え、『印度史』(明治三十八年)、『中央亜細亜』(同三十九年)、『極東近世史』(同四十年)などの講義録や、『東洋近代史講』(大正十一年、大宝館)、『東洋歴史詳解』(上・下、同十四・十七年、共立社)などのほか、『吾妻鏡備考』(明治三十二年、大日本図書)、『日本通史』(大正元年、弘道館)や『最新世界歴史』(明治四十三年、金刺芳流堂)、『英独仏と植民地』(『時局叢書』昭和四年、時局問題研究会)などの著書がある。昭和二年(一九二七)没。六十歳。

参考文献「高桑駒吉著作年譜」(『早稲田大学図書館月報』二五四、一九八二)

(児玉　幹夫)

たかさきごろく　高崎五六　一八三六—九六　薩摩藩士、政治家。天保七年二月十九日(一八三六年四月四日)薩摩藩士高崎善兵衛の長男として生まれる。早くから江戸にあって国事に奔走し、安政五年(一八五八)、幕府が安政の大獄に乗り出すと、水戸藩と連携して義兵を挙げ大老井伊直弼らを誅戮せんと画策、水戸・京都に周旋するも果たせず、一時国許に召還された。その後、島津久光に重用され、朝廷・幕府の要人とも頻繁に接触した高崎は、中央政局において次第にその存在感を増し、元治元年正月二十一日(一八六四年二月二十八日)と同月二十七日に出された宸翰は高崎の手になるものと噂され、浪士から天誅の対象とされた。同年の第一次長州征伐に際しては、征長軍参謀西郷隆盛の意をうけて岩国に赴き、岩国藩を通じて本藩長州の説得工作を行なった。慶応三年(一八六七)、討幕路線へ傾斜していく西郷・大久保利通と袂を分かち、高崎は公議政体路線を目指して土佐藩などと結びこれを阻止せんとする。明治四年(一八七一)十一月、置《おき》賜《たま》県参事に就任、左院大議生の宮島誠一郎から県下の状況をあらかじめ聞き出し、その助言のもと旧米沢藩士を数多く登用して教育・殖産興業につくすものの諸方から反発にあい、明治五年四月には左院に転ずる(中議官、同年十月には二等議官となる)。左院時代の高崎は文部省・内務省設立の建議、国是確定の建議を提出し、過度な西洋化により国体が損なわれることに警鐘を鳴らしている。明治八年、左院廃止により権内史に就くがいくばくもなく廃官となり、同年十月、岡山県令に就任する。着任早々、高崎は地租改正に着手し反対運動を弾圧、明治十四年(一八八一)には『山陽新聞』を一時発行停止にするなど、その強圧的な施政から鬼県令と恐れられた。その一方で、杉山岩三郎ら地元の有力者を取り込み、士族授産や銀行の設立などを推進する。明治十七年十二月、参事院議官に転任、十八年十二月の廃院により元老院議官となり、十九年には東京府知事に就任する。二十年(一八八七)にはその勲功により男爵に叙された。明治二十九年五月六日没。六十一歳。

参考文献 松尾正人「府県政の展開と旧藩士族—置賜県を中心にして—」(『中央大学文学部紀要』一四五、一九九二)、佐々木克『幕末政治と薩摩藩』(二〇〇四、吉川弘文館)

(友田　昌宏)

たかさきせん　高崎線　大宮—高崎間を結ぶ鉄道。東京—京都間の鉄道ルートとして当初有力視された中山道鉄道のうち、東京—高崎間は「全路平坦ニシテ東京西京間中最容易ニ建築シ得ヘキノミナラズ其ノ費用最小ナルモノ」で、最優先で建設すべき路線とされた(明治九年ボイル上書、『日本鉄道史』上所収)。明治十三年(一八八〇)には同区間の測量が開始されたが、その後、官設による中山道鉄道建設は頓挫したため、代わって岩倉具視の主導で設立された日本鉄道会社が十四年に東京―高崎―前橋間の免許を得た。東京側の起点は上野とされ、政府への委託により十五年に着工した。この際、工事用に川口の善光寺裏から搬入された同社最初の機関車は善光号と命名された(平成二十四年(二〇一二)現在、さいたま市の鉄道博物館に収蔵)。十六年に上野―熊谷間が開業し、同年中に本庄、新町と延伸を重ね、十七年に高崎、ついで前橋に達した。翌十八年、宇都宮までの路線(のちの東北本線)が開業し、分岐点に大宮駅が設置された。三十九年(一九〇六)に日本鉄道線は国有化され、四十二年(一九〇九)に大宮―高崎間に高崎線の路線名称が定められた。

参考文献 『日本国有鉄道百年史』二(一九七〇)、『日本鉄道株式会社沿革史(復刻版)』(野田正穂他編『明治期鉄道史資料』二集一・二、一九八〇、日本経済評論社)

(高嶋 修一)

たかさきちかあき 高崎親章 一八五三―一九二〇 内務官僚。嘉永六年五月一日(一八五三年六月七日)薩摩藩士高崎親広の長男として薩摩国鹿児島に生まれる。幼名半十郎。幕末江戸に遊学し、明治八年(一八七五)警視庁警部補となる。明治九年不穏な鹿児島の視察を命じられ、帰郷したところ私学校党に捕らえられた。翌年父親広も私学校党に投獄され、獄中で斬殺される。西南戦争後も親章は警察畑をすすみ、宮城県・大阪府の警部長、内務省警保局主事などののち、同省警保局長(明治二十五年(一八九二)一月―二十六年三月)となる。明治二十六年茨城県知事、二十九年長野県知事、三十年(一八九七)岡山県知事、三十三年宮城県知事、同年京都府知事、三十五年大阪府知事と転任し、四十四年(一九一一)大阪府知事を退く。九年間務めた大阪府知事時代は、大阪築港外債の第一回発行(三十五年)など築港工事の進展、第五回内国勧業博覧会(三十六年)、日露戦争への協力と俘虜収容所などの対応、池田師範学校の増設(四十一年)、新淀川の建設(四十二年完工)など大事業がつぎつぎと取り組まれ、完成を見た時期で、高崎は「良千石」と賞賛された。明治三十六年七月貴族院議員(勅選)となり、没するまで続任。知事退任ののちは、日本製鋼所(四十年創立、三井系の北海道炭礦汽船会社と英国のアームストロング社・ヴィッカース社の合弁で北海道室蘭市に設立された兵器製造会社)会長、浪速銀行(もと第三十二国立銀行、大正九年(一九二〇)八月十五銀行に吸収合併)頭取、大阪城東土地会社などの重役を歴任し、六年創立の帝塚山学院(小学校を経営)の初代理事長も務めた。大正九年十二月二十七日没。六十八歳。

参考文献 三善貞司編『大阪人物辞典』(二〇〇〇、清文堂)

(原田 敬一)

たかさきまさかぜ 高崎正風 一八三六―一九一二 歌人、宮中顧問官、枢密顧問官。薩摩藩士高崎五郎右衛門温恭の長男として、天保七年七月二十八日(一八三六年九月八日)、薩摩国鹿児島郡川上村(鹿児島市)に生まれた。母は新納常善の娘、登米子。左太郎・伊勢・左京・豊麿と称し、号は蕣の舎・宝義堂主人。船奉行だった父は、嘉永二年十二月三日(一八五〇年一月十五日)、お由羅騒動(嘉永朋党事件)に連座して切腹し、正風も翌年十五歳で奄美大島に配流となるが、三年後に赦免された。文久元年(一八六一)に結婚、翌二年には島津久光に従って上京し、使番・藩応接掛並供目付・京都留守居附役勤などを歴任した。この間、文久三年の天誅組の変に際しては中川宮朝彦《あさひこ》親王を動かして孝明天皇の大和行幸を阻止、八月十八日の政変を成功させるなど国事に奔走する。明治元年(一八六八)の戊辰戦争では征討将軍官事参謀を務めた。四年に左院少議官となり、五年一月から欧米視察に赴いて翌年帰国、日記『環海道中記』『東欧旅行』などを記す。七年には大久保利通に従って清国へ赴いた。八年に侍従番長、九年に歌道御用掛(のち文学御用掛と改称)、十九年(一八八六)に御歌掛長となり、二十年(一八八七)五月には男爵に叙せられた。二十一年に御歌所が設置されると、初代所長に就任。長らく宮中歌会の題者・点者を務めるとともに、天皇・皇后の作歌を指導した。二十二年に宮中顧問官。二十三年から二十六年まで初代の国学院院長を務める。二十八年には枢密顧問官となった。和歌は若松則文・八田《はった》知紀《とものり》に学び、歌風は桂園派風、旧派の領袖として重きをなした。明治四十五年(一九一二)二月二十八日没、七十七歳。編著には『埋木廼花《うもれぎのはな》』(明治九年)、『千草の花』(明治二十年)、『進講筆記』(続日本歌学全書『明治名家家集』所収、明治三十二年、博文館)ほかがある。『歌ものがたり』(明治四十五年、東京社)は弟子の遠山稲子による聞書。歌集『たづがね集』(大正十五年、中央歌道会)は没後の刊。

高崎正風

参考文献 恒川平一『御歌所の研究』(一九三九、還暦記念出版会)、北里闌『高崎正風先生伝記』(一九五九、啓文社)

(兼築 信行)

たかさごうらごろう 高砂浦五郎 (一)初代 一八三八―一九〇〇 明治時代前期の力士、相撲年寄。天保九年十一月二十日(一八三八年一月五日)生まれ。下総国の出身、本名山崎伊之助(のち浦五郎)。力士高砂としては平幕で終わったが、年寄高砂の初代として多くの弟子を育て、現在に続く高砂一門の基礎を築く一方で、相撲会所(のちの相撲協会)組織の整備改革に大きな功績を残した。現役の力士であった明治六年(一八七三)、力士の待遇改善などの改革を相撲会所に求めて除名され、名古屋を根拠に高砂改正組を組織して対抗した。明治十一年(一八七八)に和解成って年寄として東京相撲に復帰した後は、会所の組織改革と申し合わせ規約の制定などを主導し、明治二十六年(一八九三)には永世取締に推された。この間、強烈な個性と指導力がときに専横に流れて協会内部に軋轢を生じ、また高砂排斥の動きを引き起してもいる。年寄中を相手取って名誉回復の訴訟を起し敗訴したこともあり、晩年は健康上の問題を理由に第一線を退いている。明治三十三年(一九〇〇)四月四日没。六十三歳。

㈡二代　一八五一―一九一四　明治・大正時代の力士、相撲年寄。嘉永四年二月十日(一八五一年三月十二日)、上総国粟生村(千葉県山武郡九十九里町)の生まれ、本名今関宗次郎。高砂正組に入門して四股名を響矢と名乗ったが、師の東京復帰に伴って東京協会所属となり幕内付出、のち高見山宗五郎と改名して関脇まで昇った。現役引退前から年寄名阿武松を名乗ったが、師匠の死去に伴い二代目高砂浦五郎を襲名した。大正三年(一九一四)七月四日没。六十四歳。

参考文献　酒井忠正『日本相撲史』中(一九六四、日本相撲協会)、『大相撲人物大事典』(二〇〇一、ベースボール・マガジン社)　(新田　一郎)

たかさごぞく　高砂族　台湾原住民に対する概称で、台湾総督府の原住民に対する差別を解消させる政策の一つとして用いられたもの。総督府は、清朝統治期の考え方を踏襲して原住民を蕃人と一括し呼称した。この蕃人も漢化が著しく平地などで漢族系住民との雑居した人々を熟蕃人とし、それ以外を生蕃人という区別する差別的呼称を用いていた。昭和十年(一九三五)領台四十周年を迎え、皇民化政策をより推進する立場から、原住民差別政策の転換が図られた。法制度的には、同年六月四日訓令第三四号戸口調査規程改正において、種族欄中生蕃人を高砂族に、熟蕃人を平埔族に改めたものではあるが、公文的には『昭和九年度台湾総督府民政事務成績提要』より、「蕃人」から「高砂族」への表記に変更されていた。種族では、高砂族はタイヤル・サイシャット・ツオウ・ブヌン・ルカイ・パイワン・プュマ・ヤミ・アミに分けられ、平埔族はケタガラン・クヴァラン・タオカス・パゼッヘ・パポラ・バブザ・ホアニヤ・サオ・シラヤ・カウカウトに分けられるとされている。

参考文献　周婉窈『図説台湾の歴史』(二〇〇七、平凡社)　(檜山　幸夫)

タカジアスターゼ　タカジアスターゼ　Takadiastase　高峰譲吉が米国で発見した澱粉消化能力の格段に高いジアスターゼ(酵素)。今日ではアスペルギルス属アスペルギルス＝オリゼ菌として認められているもの。渡米した高峰は一八九二年、麦芽ではなく麹カビ菌の力でアルコール度の高いウィスキーを製造することを試み、麦芽による醸造のメカニズムと米麹によるそれとの比較研究を行なっていたが、その過程で麹カビ菌の中に強力な菌株を発見した。この菌から産出する酵素の力は最良の麦芽酵素の二倍の力を有し、糖化能力とともに澱粉細胞を破壊する消化能力も強かった。高峰はこれをタカジアスターゼと命名し黄白色粉末薬剤化して九四年二月米国で特許を申請し獲得した。高峰は九七年デイビス社と提携して商品化を進め、日本では明治三十二年(一八九九)塩原《しおばら》又《また》策《さく》が販売権を得、三十五年には塩原は来日した高峰に直接交渉してタカジアスターゼの日本での一手販売権をかちえた。塩原は「胃腸新薬・消化新薬タカヂアスターゼ」と売薬宣伝を行なっている。

参考文献　飯沼和正・菅野富夫『高峰譲吉の生涯―アドレナリン発見の真実―』(『朝日選書』、二〇〇〇、朝日新聞社)　(宮地　正人)

たかしまかえもん　高島嘉右衛門　一八三二―一九一四　幕末・明治期の実業家、易学者。天保三年十一月一日(一八三二年十一月二十二日)江戸三十間堀町(東京都中央区)に高島嘉兵衛の六男に生まれる。幼名は清三郎。号は呑象《どんしょう》。実家の材木商・普請請負業を手伝っていたが、安政六年(一八五九)横浜開港と同時に横浜にて外国人向けの物産店を開いた。幕府が禁止した金銀売買を行なったため万延元年(一八六〇)から慶応元年(一八六五)まで捕われ、獄中で『易経』を学んだ。明治九年(一八七六)実業界をいったん引退するが、この間易の研究に打ち込み『高島易断』の編述にあたった。慶応元年の出獄後居を横浜に移し、土木建築請負業と材木商を営み、外国人の依頼の建築を行い、英国公使館などの建築を行なった。明治二年には大旅館を建設し、国内外要人の宿泊の便を図った。同三年には高島学校を設立し、洋式教育の普及を企図した。同年京浜間の鉄道敷設の決定に際し、横浜―神奈川間の海面埋立てと鉄道敷設地などを献納することを願い出、実施し、残った土地を自己の所有地とした。現在の高島町である。さらに東北線敷設の必要性を主張し、政府の利子補給を保証することを主張した。当時は賛成を得られなかったが、日本鉄道会社が十四年(一八八一)に設立され、嘉右衛門の主張した形で鉄道の工事が開始された。明治七年横浜のガス燈建設にあたって田中平八らとともに日本社中を結成し、代表となり、実現させた。十数年の隠棲を経て、二十五年(一八八二)には北海

高島嘉右衛門

道炭鑛株式会社社長であった堀基《ほりもとい》の退職に際し、乞われて同社の社長となり二十七年までその職にあった。この間愛知セメント会社や高島農場を創設した。三十六年(一九〇三)には東京市街鉄道会社の社長となり経営に従事した。明治十四年一月から九月まで神奈川県県会議員となった。一方、創始した高島易学はその後全国に流布し、現在も易学の中心となっている。大正三年(一九一四)十月十六日没。八十三歳。

参考文献　『神奈川県史』別編一(一九八三)　(中村　文)

たかしまきゅうほう　高島九峰　一八四六―一九二七　明治から昭和時代初期の官僚、漢詩人。弘化三年五月三十日(一八四六年六月二十三日)、長門国萩(山口県萩市)に生まれる。父良台は毛利公の侍医。名は張、字は張甫、通称張輔、九峰のほか碧潤草堂主人とも号した。九歳にして学問に志し、慶応元年(一八六五)藩校明倫館の教職に就いた。明治七年(一八七四)山口県庁に出仕。明治十五年(一八八二)上京、はじめ参議院に勤め、以後内務省、内閣、枢密院を経て、明治四十年(一九〇七)宮内省に移った。この間、山県有明・伊藤博文の眷顧を得た。大正十三年(一九二四)宮内省図書寮御用掛をもって致仕。詩人としては上京後森春濤《もりしゅんとう》の門に入り、官途において同僚だった森槐南《かいなん》とも詩文の交わりを結んだ。槐南の星社、江木冷灰《えぎれいかい》の檀欒《だんらん》会、大久保湘南《おおくぼしょうなん》の随鷗《ずいおう》吟社などの詩会・詩社に参加し、晩年も『大正詩文』にその作を寄せている。詩文のほかに和歌や書もよくし、宮中でも厚遇され、功臣の碑文の撰文や女官の詠草の添削も行なった。昭和二年(一九二七)二月二十三日没。八十二歳。著書に『九峰詩鈔』(昭和三年)がある。画家の高島北海は実弟。

参考文献　神田喜一郎編『明治漢詩文集』(『明治文学全集』六二、一九八三、筑摩書房)　(福井　辰彦)

たかしまたんこう　高島炭坑　長崎県長崎港外にあった炭鉱。元禄八年(一六九五)に発見され、宝永年間(一七〇四―一一)から塩田向け燃料として採掘された。明治元年(一八六八)に佐賀藩とグラバー商会との間で合弁契約が結ばれ、翌年には日本初の洋式技術による採炭が開始された。同三年のグラバー商会の破産後も、債権者のオランダ貿易会社によって権利が引き継がれている。ところが明治七年には、明治政府による鉱業への外資排除の方針から四〇万ドルを対価に官収された。同年中には後藤象二郎に払い下げられたが経営は芳しくなく、後藤がジャーディン＝マセソン商会から外資を受け入れたために、同十四年(一八八一)には大隈重信の斡旋により岩崎弥太郎へ再譲渡された。岩崎は苛酷な労働によって経営を安定化させたために、明治二十年代初めには大規模な暴動(高島炭坑事件)が発生している。大正七年(一九一八)には三菱鉱業株式会社の所属となり、優良炭を産出し続けた。閉山は昭和六十一年(一九八六)のことである。

岩崎弥太郎経営時代の高島炭鉱

参考文献　小林正彬『日本の工業化と官業払下げ―政府と企業―』(一九七七、東洋経済新報社)、石井寛治『近代日本とイギリス資本―ジャーディン＝マセソン商会を中心に―』(『東京大学産業経済研究叢書』、一九八四、東京大学出版会)、田中直樹『近代日本炭鉱労働史研究』(一九八四、草風館)　(宮地　英敏)

たかしまたんこうじけん　高島炭坑事件　報道をきっかけに社会の注目を集めた、明治時代初期の労働問題。明治十四年(一八八一)に後藤象二郎より高島炭坑を買い受けた岩崎弥太郎は、労働力の追加投入などによって、これを三菱のドル箱に育て上げた。しかし、同炭坑での労働は、逃亡が困難な「島」炭鉱という条件のもとでの納屋頭の収奪という苛酷なものであった。とかく風評があった同炭坑の労働実態が一大社会問題となったのは、明治二十一年(一八八八)六月に政教社の雑誌『日本人』に松岡好一の「高島炭礦の惨状」が掲載され、都下の人々に大きな反響を呼び起してからである。事態を重視した政府は、同年八月、調査のために清浦奎吾《きようらけいご》警保局長を同炭坑へ派遣し、九月には清浦が談話(納屋制度の改良勧告)を発表した。事件をきっかけとする坑夫の納屋制度への攻撃などもあって、炭坑側は納屋制度の規定を改定する。しかし、その内容は微温的なものであり、納屋制度そのものは明治三十年(一八九七)まで存続した。清浦の談話発表後は、事件に対する大衆の関心も薄れていき、活発だった報道も次第に下火となっていった。

参考文献　『日本労働運動史料』一(一九六二)、大山敷太郎『鉱業労働と親方制度―「日本労働関係論」鉱業篇―』(一九六四、有斐閣)、隅谷三喜男『日本石炭産業分析』(一九六八、岩波書店)、村串仁三郎『日本炭鉱賃労働史論』(一九七六、時潮社)、田中直樹『近代日本炭礦労働史研究』(一九八四、草風館)、前川雅夫編『炭坑誌―長崎県石炭史年表―』(一九九〇、葦書房)　(杉山　裕)

たかしまとものすけ　高島鞆之助　一八四四―一九一六　陸軍軍人、政治家。弘化元年十一月九日(一八四四年十二月十八日)、薩摩藩士高島嘉兵衛の四男として鹿児島城下高麗町(鹿児島市)に生まれる。藩校造士館に学んだ後、文久二年(一八六二)三月島津久光に従って上洛、勤皇の士と交わる。明治元年(一八六八)戊辰戦争に従軍するも負傷。しかし官軍苦戦の報を聞くと包帯姿のまま北陸・東北地方にまで転戦。明治七年五月大佐、八年二月陸軍教導団長。十年(一八七七)西南戦争勃発後に陸軍少将となり、征討総督本営師団幕僚参謀、別働第一旅団司令長官として活躍。十二年二月、フランス・ドイツに兵制視察、四月熊本鎮台司令官。十四年二月、大阪鎮台司令官、十五年二月、西部監軍部長。十五年七月に日本公使館襲撃などで知られる壬午事変勃発時には、花房義質《はなぶさよしもと》全権委員のもとで仁礼景範《にれかげのり》海軍少将とともに朝鮮に渡る。朝鮮に対する抗議と、朝鮮の宗主権を主張する清国に対抗すべく日本軍を率いて漢城(現ソウル)に入った。十六年中将、十七年七月子爵。十八年五月大阪鎮台司令官。このとき大阪偕行社付属小学校(現追手門学院小学校)創立に携わる。二十一年(一八八八)五月第四師団長、二十四年五月第一次松方内閣の陸軍大臣。二十五年八月松方内閣退陣に伴い枢密顧問官。二十八年八月台湾副総督、二十九年四月より第二次伊藤内閣および第二次松方内閣の拓殖務大臣(三十年(一八九七)に廃止)、明治二十九年九月以降は陸軍大臣兼任。三十一年一月予備役編入、三十二年二月再び枢密顧問官となり、終身この職に留まった。

高島鞆之助

反長州閥の中心人物として名を馳せる。政治家的機略に富む一方、豪放であり、直情径行の性格で知られている。大正五年(一九一六)一月十一日京都伏見にて没。七十三歳。第十九師団長を勤めた陸軍中将高島友武は養嗣子。上智大学構内に現存するクルトゥルハイムはかつて高島の住居であった。

参考文献 『先賢伝記集』一(一九六八、追手門学院小学校)

(藤田　賀久)

たかしまへいざぶろう　高島平三郎　一八六五―一九四六　教育学・心理学・児童学・体育学など広範囲にわたって活躍した人物。慶応元年九月十二日(一八六五年十月三十一日)江戸本郷駒込に高島賢斎の三男として生まれた。明治元年(一八六八)福山に移住。十四歳で母校福山西町上小学校受業生をふりだしに教職に入り、苦学しつつ、明治二十年(一八八七)三月広島師範学校訓導兼助教諭となった。同年十月上京、明治二十一年九月学習院教師、明治二十九年九月長野師範学校に赴任、明治三十一年(一八九八)四月東京右文館編集長、同十月私立成城学校倫理科教員となった。明治三十三年三月日本体育会教師となり、明治三十五年初代校長吉村寅太郎の後をうけて日本体育会体操学校長に就任。学校運営の責任者として活躍し、後進の指導にあたった。その間、明治二十四年三月から明治二十九年九月まで、帰朝した帝国大学文科大学(現東京大学)教授元良勇次郎《もとらゆうじろう》に師事して、哲学・倫理学・心理学を学び大きな影響を受けた。明治三十七年帝国教育会体育調査会委員および文部省体操遊戯取調委員を歴任。著書は心理学・教育学関係など多数あるが、主著『体育原理』(明治三十七年)は明治・大正期を通じてこの種の文献の最高峰とされ、なかでも心身相関論では、従来の教育学者が運動を単に筋肉の発達を目的とした誤りを指摘し、体育が単に生理・解剖・衛生学などの諸学科を基礎とするばかりでなく、倫理・心理・教育・社会・生物などの諸科学をも基礎としなければならないことを述べている。巻末の体育史は、欧米部分はアメリカのハートウェル E. M. Hartwell によるが、「我邦に於ける体育の変遷」はわが国最初の体系的体育史記述の試みである。明治三十九年十月体操学校退職後は、日蓮宗大学(現立正大学)、東洋大学などの教員を務めた。昭和二十一年(一九四六)五月十五日没。八十二歳。

参考文献 今村嘉雄『日本体育史』(一九七〇、不昧堂)、木村吉次『日本近代体育思想の形成』(一九七五、杏林書院)、大場一義「高島平三郎『体育原理』」(松田岩男・成田十次郎編『身体と心の教育―健康を育てる―』所収、一九八一、講談社)

(大久保英哲)

たかしまべいほう　高嶋米峰　一八七五―一九四九　明治から昭和時代前期の仏教思想家。明治八年(一八七五)一月十五日に新潟県頸城《くびき》郡竹直村(上越市)の浄土真宗本願寺派真照寺住職高嶋宗明の長男に生まれる。新潟県高田町(同)の宗立興仁教校、京都の宗立文学寮を経て、明治二十六年(一八九三)に上京して東京の哲学館(のちの東洋大学)に入学を果たし、二十九年に卒業する。哲学館の機関誌『東洋哲学』の編集に従事し、のちに金沢の『北国新聞』記者、東京の京華中学教師となる。明治三十二年(一八九九)二月、境野哲(黄洋)・安藤弘らと仏教清徒同志会を結成し、堕落した既成仏教と訣別し、仏教の蘇生をめざした新仏教運動とよばれる仏教改革運動を展開した。さらに機関誌の『新仏教』編集長をつとめ、翌年

高嶋米峰

七月に創刊号を出した。その内容は宗教にとどまらず禁酒禁煙論や廃娼運動など、社会改良論にまで及ぶ主張を発表していった。この仏教清徒同志会は明治三十六年に新仏教同志会として名前を改め、さらに加藤咄堂・古川流泉・林古渓などが加わっていった。本会には特定の代表者はおらず、活動方針などについては合議によって決められていたが、境野とともに高嶋が中心的な存在として、その任を担っていた。一方機関誌の『新仏教』は急進的な発言がもとで、幾度となく発行停止となり、大正四年(一九一五)年八月を最後に廃刊となった。その理由を高嶋は、時勢の流れに対応できなくなったこと、会のなかで激しい意見対立が生じたこと、幸徳秋水など社会主義者との交流によって政府から弾圧を受けたことなどを掲げ、新仏教運動も本誌の廃刊をもって終焉をむかえた。一方明治三十九年には丙午出版社を起し、宗教・哲学・倫理関係の書籍を数多く刊行した。さらに大正十二年(一九二三)に東洋大学の校友会発足に加わり、翌年に校友会委員長となる。その後、東洋大学講師・教授を歴任し、昭和十三年(一九三八)に人事問題がきっかけとなって辞職するが、十八年、第十一代東洋大学学長に就任する。昭和二十四年(一九四九)十月二十五日没。七十五歳。

参考文献　『高嶋米峰自叙伝』(一九五〇、学風書院)　(安中尚史)

たかしまや　高島屋　呉服店から転換した代表的な百貨店。天保二年(一八三一)飯田新七が京都烏丸通りに古着木綿商を開業、安政二年(一八五五)二代新七が呉服木綿業に転業した。明治期には美術工芸品に手を拡げて室内装飾や貿易にも注力し、明治二十年(一八八七)皇居造営につき窓掛け・壁張り・緞帳・椅子張りなどを受注、同年設置の貿易部が二十六年京都東店として独立、三十年(一八九七)宮内省御用達の指定を受けた。三十年代からは百貨店化を進めた他店と同様の経営改革を行い、明治三十五年PR誌『新衣裳』創刊、三十九年からとり入れた陳列販売方式は四十五年(一九一二)新築の京都店全店に導入された。明治四十二年高島屋飯田合名会社(資本金百万円)へ改組した際には京都店に加えて大阪店(明治三十一年開店)・東京店・横浜貿易店(三十三年開店)を擁し、大正八年(一九一九)株式会社高島屋呉服店の設立後本格的に百貨店化を進めた。

参考文献　『高島屋百年史』(一九四一)、『高島屋百五十年史』(一九八二)　(満薗勇)

高島屋京都烏丸店

たかすぎたきぞう　高杉滝蔵　一八七〇―一九四三　早稲田大学教授。明治三年十月十五日(一八七〇年十一月八日)、青森県士族高杉英三と母とみ子の次男として生まれる。弘前中学から東奥義塾に転じ、同十九年(一八八六)に洗礼を受けた。二十二年(一八八九)に卒業して渡米。外交官を志した時期があったのである。ノースウェスタン大学予備課程を経てデポー大学においてギリシャ語・ラテン語の古典語を本格的に学ぶ。ドクター＝オブ＝フィロソフィーの学位を取得し、同大学では助教授をつとめた。明治三十三年(一九〇〇)に帰国。青山学院や高等師範学校などで一時教鞭をとり、三十五年四月、早稲田大学になる直前の東京専門学校専任講師に就任、爾来昭和十八年(一九四三)まで四十二年間の長きにわたり商学部・文学部・高等師範部で英語・英語会話からラテン語・ギリシャ語まで担当した。大隈重信が世界中から要人・賓客を迎えていたころは日本語よりもなめらかと評判の英語発話能力を発揮し、またハーバード大学三百年記念式典には大学を代表して出席し、スピーチを行なった。大学生活では、庭球部長から、安部磯雄を継いでの野球部長まで、早稲田に根付いた教師であった。昭和十八年十一月五日没。七十四歳。

参考文献　上井磯吉編『高杉滝蔵追憶録』(一九四四)、『早稲田大学百年史』(一九七八―九七、早稲田大学出版部)　(菊池紘一)

たかすばいけい　高須梅渓　一八八〇―一九四八　明治から昭和時代の国文学、水戸学の研究者。文学博士。明治十三年(一八八〇)四月十三日、大阪に生まれる。本名は芳次郎。在阪時に浪華青年文学会を結成し、雑誌『よしあし草』を創刊。明治三十一年(一八九八)に上京し、新声社(のちの新潮社)で『新声』の編集に携わる。三十四年には東京専門学校に入学。卒業後は『世界的青年』主幹をはじめ、『国民新聞』『東京毎日新聞』などに記者として勤務し、文芸評論や時事評論などで活躍する。『二六新聞』社会部部長、早稲田大学講師を経て日本大学教授となる。昭和十五年(一九四〇)三月、文学博士の学位取得。学位論文は『大日本史に現はれた尊皇精神』(昭和十五年、誠文堂新光社より刊行)。大正・昭和期は国文学、水戸学関連の著作が多いが、明治期は『学生坐右訓』

（明治三十九年）など学生向けのもの、また文壇時評などの著述が多い。昭和二十三年（一九四八）二月二日没。六十九歳。著作はほかに、近世文芸研究叢書刊行会編『江戸情調と悪の賛美・日本近世文学十二講』（『近世文芸研究叢書』一〇第一期文学篇一般三、平成七年、クレス出版）が刊行されている。（磯部　敦）

たかすみねぞう　高須峯造　一八五八―一九三四　弁護士、愛媛県会議員、民権家。安政五年三月二十五日（一八五八年五月八日）、伊予国越智郡近見《ちかみ》村（愛媛県今治市）高須吉一郎の子に生まれた。明治十二年（一八七九）慶応義塾に学び、十六年県会議員に当選、論客として知られた。鈴木重遠《すずきしげとお》・藤野政高《ふじのまさたか》ら士族に対し、小林信近《こばやしのぶちか》・井上要《いのうえかなめ》らと改進党系の政治活動をした。二十三年（一八九〇）井上と共同事務所を開き、二十五年第二回衆議院議員に当選、二十七年には落選して政界を引退、愛媛新報社長として社会問題に関心を持った。大正二年（一九一三）立憲同志会愛媛支部長、憲政会愛媛支部長。この間、愛媛鉄道会社・松山瓦斯会社・久万索道会社の社長を歴任したが失敗した。八年知識人・言論人・労働団体と愛媛県普通選挙同盟会を結成、社会主義運動にも関心を示し、無産政党の小岩井浄《こいわいきよし》を支援した。昭和九年（一九三四）五月十四日、横浜で死去した。七十七歳。

参考文献　『愛媛県史』近代・人物（一九八九）（三好　昌文）

たかせしんけい　高瀬真卿　一八五五―一九二四　明治・大正期のジャーナリスト、文筆家、社会事業家。安政二年（一八五五）常陸国水戸の米穀商の家に生まれる。幼少のときから私塾で漢籍を学んだ。明治維新後は、明治九年（一八七六）に甲府日々新聞社に入社。翌年、甲府で『観風新聞』を発刊。まもなく水戸へ帰り『茨城新聞』入社。さらに仙台に赴き、『仙台新聞』『宮城日報』『東北新報』などの編集、あるいは発刊に携わった。特に十四年（一八八一）に発刊した『東北毎日新聞』では、自由民権論を主張した。しかし同紙はまもなく廃刊になり、東京に出る。十七年に監獄関係者から欧米の監獄の状況を聞き、罪囚を減少させることは国家の急務という認識をもち、囚人のための修養書『感化修身談』全三巻（明治十七―十八年、大平堂）を刊行。同時に十七年感化協会を設立。さらに翌十八年、東京池の端両門町に日本最初の感化院、予備感化院を設立。一時は神宮教院の援助を受け、その管理下にあったが、十九年十月独立し、東京感化院となる。二十三年（一八九〇）には下賜金を受ける。さらに二十六年には、渋谷の九千坪の御料地の無料拝借を許され、この東京感化院を中心に感化事業に尽力、『東京感化院創業記』（明治二十九年、東京感化院）を著わすとともに歴史関係の著作活動を行なった。明治末になると社会事業からは事実上引退し、刀剣保存会を設立し水戸藩や刀剣関係の著述に専念した。『水戸史談』（明治三十八年、中外図書局）、『刀剣談』（明治四十三年、日報社）など多くの著作がある。大正十三年（一九二四）十一月十七日、東京で死去。七十歳。（岡田　洋司）

たかせぶね　高瀬船　近世から近代にかけて全国の河川で使用された、川船の名称。存在する河川によって形態や構造が異なり、たとえば利根川水運における高瀬舟は百石積以上の大船であったのに対し、京都高瀬川では十五石積の小型箱船であるなど、「高瀬船」という通称のみでは、同一の船と考えることはできない。こうした多様化は造船技術伝搬の過程で河川の自然的・社会経済的条件に応じて起きたものと推定されているが、船底が平底であることなどは共通していた。東北の岩木川、北上川から、四国の那賀川、四万十川までほぼ全国の河川で見られ、近世期には河川舟運の主力として活躍した。明治期に入った後も多くの河川で物資輸送の主力として活躍したが、鉄道輸送が始まると次第にその機能を奪われ、観光目的に転用された一部の船を除き、衰退していった。

参考文献　川名登『近世日本の川船研究―近世河川水運史―』下（二〇〇五、日本経済評論社）（山崎　有恒）

たかせぶんえん　高瀬文淵　一八六四―一九四〇　評論家、小説家。本名黒川安治。元治元年正月二十六日（一八六四年三月四日）、安房国に生まれる。明治十四年（一八八一）に千葉師範学校を卒業。翌年、君津《きみつ》郡富津《ふっつ》小学校の校長に就任。明治二十三年（一八九〇）に小説「廻瀾」を『都の花』に連載。二十五年には江見水蔭《えみすいいん》主宰の雑誌『小桜縅《ざくらおどし》』に、「幼稚なる趣味」の啓発、「世を容るる」豊富を現代作家に期待した「現代作家の本領」を発表。翌二十六年には『（詩篇）若葉』を春陽堂より刊行し、「詩歌の着想」と「小説の結構」を融合し「主公の地位に立ち心情を叙す」方法を試みた。恋愛、結婚ののち、産後に亡くなる従妹に対する主人公の心情を告白形式で試みたもので、唯一の単行本となる。以後、『少年文庫』（のちの『文庫』）、『新文学』などの編集に携るが、明治二十年代後半には森鷗外、田岡嶺雲《たおかれいうん》と論争するなど、主に評論で活躍。明治三十年（一八九七）には、独白体の小説「古寺残月」を『文芸倶楽部』に発表。のち文壇から遠ざかるが、大正期には、『講談倶楽部』などで、埋め草記事などに活躍したとされている。江見水蔭・田山花袋・川上眉山に大きな影響を与えた。昭和十五年（一九四〇）一月二十六日没。七十七歳。

参考文献　田山花袋『東京の三十年』（『講談社文芸文庫』）、伊狩章『後期硯友社文学の研究』（一九七七、矢島書房）（石割　透）

たかたさなえ　高田早苗　一八六〇―一九三八　明治から昭和時代前期にかけての政治学者、教育家。万延元年三月十四日（一八六〇年四月四日）、江戸深川、家運の傾いた通船問屋高田家に父小太郎（維新後は貢平）、母文の三男として生まれた。先祖には国学者小山田与清《おやまだともきよ》の名前もみえる。上野の山、親戚知人も加わった彰義隊敗北後の惨状を目にし、新政府に反感を募らせた少年時代でもあった。寺子屋・塾通いを経て、神田共立学校、東京英

高田早苗

語学校と進み、明治九年(一八七六)卒業とともに東京開成学校(翌年、東京大学予備門)に入学、さらにその翌年、東京大学文学部哲学政治学及理財学科に進学。帝国大学になる以前の自由な雰囲気もある教養大学であった。明六社・共存同衆などに結集した啓蒙家が弁舌を盛んにしていた時代、独自に立ち上げた演説サークル晩成会には天野為之や坪内雄蔵らも参加した。ここで十四年(一八八一)二月、私塾進文学社講師をつとめて得た人脈(小川為次郎)を通じて知り合ったのが共存同衆の小野梓であり、たちまちその思想に共鳴した。同年、小野の意を汲む参議大隈重信の北海道開拓使官物払下げ批判が政変を招く事態に進み、大隈以下が野に下った事態にあって、小野邸に集まる同志学生たちは明治十五年早々鷗渡会を名乗り、小野を通じて大隈との関係が生まれ、政党活動を含め以後の活躍舞台を広げていく背景となった。そしてその七月、東京大学を卒業した俊秀たちが選んだのは、誘いを受けた文部省官僚の道ではなく、大隈・小野が構想した「模範国民」育成のための学校、東京専門学校創設への参加であった。入学者とあまり年齢が違わない若い講師として担当したのは欧米史、憲法史、行政法、社会学、貨幣論、租税論などにわたり、シェイクスピアも講じた。著書としては初期の『主権論』(共著)『貨幣新論』『英国政典』『英国行政法』から、講義録を含めて『通信教授政治学』『租税論』『国会法』『英国憲法史』『美辞学』『政治汎論』(ウッドロー＝ウィルソン原著の翻訳)など、多岐にわたっている。啓蒙家・知識人・教養人として培われた資質は、明治のルネサンス人というべき相貌を顕す。一つは早くも明治二十年(一八八七)に『読売新聞』主筆に就任したこと。時論・政論を精力的に展開し、さらには外国通信の翻訳・掲載などを含めて紙面改革も断行、ジャーナリストというにとどまらず新聞経営者としての手腕も発揮した。これには、出版活動の独立事業化、印刷会社の創業(日清印刷)、生命保険会社の設立(日清生命保険)など、起業家の顔も加わる。政論家・政治学者としての顔は、二十三年七月の第一回衆議院選挙に立候補当選により政治家の顔ともなった。翌々年に抜刀の暴漢に襲われ背中に重傷を負ったときの着衣は現在も時代を物語る証拠資料として保存されている。二十九年第二次松方内閣大隈外相下で外務省通商局長、三十一年(一八九八)第一次大隈内閣下で文部省勅任参事官・高等学務局長・専門学務局長、そして大正四年(一九一五)第二次大隈内閣下で文部大臣就任と大隈の懐刀ぶりを発揮。このマルチタレント的活動の中で一貫していたのは教育者・学校経営者としての顔であって、東京専門学校の早稲田大学への改組・発展を生涯最大の事業としてリードし、学監・維持員・理事・学長を歴任。文部大臣就任を機に役職を離れた時期を挟んで、同十二年(一九二三)には総長に就任。教育理念においても経営においても早稲田大学のみならず日本の私立大学発展を支えた。昭和十三年(一九三八)十二月三日死去。七十九歳。自叙伝『半峰昔ばなし』(昭和二年、早稲田大学出版部)がある。→早稲田大学《わせだだいがく》

参考文献 京口元吉『高田早苗伝』(一九六二、早稲田大学出版部)、正田健一郎「高田早苗論—早稲田大学「教旨」をめぐって—」(『早稲田大学史記要』三〇、一九九八)、早稲田大学大学史資料センター編『高田早苗の総合的研究—早稲田大学創立一二五周年記念—』(二〇〇二)

(菊池 紘一)

たかだじけん 高田事件 明治十六年(一八八三)三月二十日、加藤貞盟《ていめい》・八木原繁祉《やぎはらしげと》・赤井景韶《あかいかげあき》ら頸城《くびき》自由党員が内乱陰謀罪容疑で逮捕された事件。のちに逮捕者は党外の人を含む三十七名に達した。これは、新潟裁判所高田支所検事補を中心とする検察および警察当局の捏造になるものとされる。当局は自由党の地方拠点として活発な運動を展開していた同党の動向に注目し、弾圧の機会を狙っており、逮捕者の取調べに全力をあげたが、新たに取りあげた天誅党事件関係の三名を除き、自供・証拠を得られず、強引に予審廷に起訴した十二名も八月までにすべて免訴ないし責付釈放を余儀なくされた。天誅党事件とは、赤井ら三名が十五年十一月四日、秘密結社天誅党をつくり大臣を暗殺せんと謀議したという事件で、赤井の自供に基づき天誅党の旨意書・盟約規約を証拠として入手したとした。三名は予審有罪で東京の高等法院送りとなり、同院は赤井のみを予審有罪として公判にかけ、赤井側の無実の主張にもかかわらず、十二月十七日内乱陰謀予備罪で重禁錮九年を宣告して、事件の幕引きをはかった。

参考文献 『高田市史』三(一九五〇)、江村栄一『自由民権革命の研究』(一九八四、法政大学出版局)、横山真一『新潟の青年自由民権運動』(二〇〇五、梓出版社)

(田崎 公司)

たかだしょうかい 高田商会 機械を中心とする貿易商社。明治十四年(一八八一)高田慎蔵により設立された。佐渡出身の高田慎蔵は、明治三年(一八七〇)に上京し、アーレンス商会、ベール商会と二つのドイツ商館に勤務して貿易実務の経験を積んだ。明治十四年ベール商会が経営破綻すると、同商会のイギリス人スコット、アーレンスとともに三人でパートナーシップ高田商会を組織、二十一年(一八八八)高田個人の事業に切り替えられた。機械・船舶の輸入に注力、陸海軍への納入により事業基盤を築き、ロンドン・ニューヨーク・上海などに支店を

開設、数多くの大学卒技術者や高等商業学校卒業者を雇い入れた。明治四十一年(一九〇八)合資会社に改組し、大正期にかけて傘下の諸事業も高田鉱業などの株式会社に組織した。大正十二年(一九二三)の関東大震災により二千数百万円の損失を計上、十四年二月休業に追い込まれた。

参考文献 実業之世界社編『財界物故傑物伝』下(一九三六)、『稿本三井物産会社一〇〇年史』上(一九七八、日本経営史研究所)、中川清「明治・大正期の代表的機械商社高田商会」(『白鷗大学論集』九ノ二・一〇ノ一、一九九五)

(満薗 勇)

たかだしんぶん 高田新聞 新潟県頸城《くびき》地方で最初の日刊紙。高田事件捜査渦中の明治十六年(一八八三)四月一日発刊。頸城自由党の急進的主張に批判的な同地の改進党員室孝次郎・中川源造(のち、『高田新聞』第二代社長、高田町長)らが、高田に遊説してきた市島謙吉(新潟県水《すい》原《ばら》町(阿賀野市)の大地主市島家の分家の生まれで、当時大隈重信側近)を社長兼主筆に迎えて創刊。改進党の立場から自由党の活動を批判したが、高田事件の取調の様子を報じた連載記事「出獄土産」では、社主の市島謙吉にも弾圧がおよび入獄させられるなど受難が続いた。また信越鉄道敷設など当地域の産業発展策にも力を入れた。明治二十年代以降は経営が安定し、大正六年(一九一七)に夕刊を発行。県内紙としては県都の『新潟新聞』と並ぶ長期継続紙であったが、戦時下の国策で昭和十五年(一九四〇)十二月一日に『高田日報』と合併されて『上越新聞』となり、さらに十七年十一月一日には全県一紙の『新潟日報』に統合された。

『高田新聞』第41号

参考文献 『上越市史』通史編五(二〇〇四)、『時代拓いて—越佐新聞略史—』(二〇〇七、新潟日報事業社)

(溝口 敏麿)

たかだちくざん 高田竹山 一八六一—一九四六 書家、漢学者。文久元年五月九日(一八六一年六月十六日)、江戸牛込に生まれる。本名忠周《ただちか》。早くから書道を高斎単山《こうさいたんざん》に、漢学を村田直景・島崎酔山に学ぶ。明治十一年(一八七八)、植村蘆洲《うえむらろしゅう》に師事し、漢学・古書法を学び、翌年書道の家塾を開く。一時関西に漫遊し研鑽を重ね、印刷局の紙幣・公債証書など貴重製品の文字書写を担当、小中学校の習字帖も編纂。明治三十一年(一八九八)、私設の漢字研究会説文会の講師となり、一字の説明に三十分以上も費やす、該博綿密な講説で知られた。その間、『五体字類』を監修、長年執筆していた『古籀篇』三十五巻を完成、のちさらに増補し百巻を完成し、その業績で大正八年(一九一九)帝国学士院賞を受けた。昭和二十一年(一九四六)十月二十四日死去。八十六歳。著作は多く、『漢字系譜』『説文捷要』『漢字詳解』『朝陽字鑑』など枚挙にいとまがない。また、講演をまとめたものに『漢字の起原と支那古代の文化』(『毎日叢書』六、昭和三年、大阪毎日新聞社)がある。

参考文献 『(学界の巨人)竹山高田忠周先生』(一九二九、文字倶楽府)

(中島 国彦)

たかたみのる 高田実 一八七一—一九一六 新派俳優。明治四年三月十九日(一八七一年五月八日)東京千住に生まれる。川上音二郎一座の芝居を見て俳優を志し、二十四年(一八九一)小田原の桐座で初舞台。二十七年、浅草座の川上一座公演『意外』三部作で好評を得、『日清戦争』の李鴻章は出世役となる。二十八年川上一座を離れ翌年大阪で成美団《せいびだん》を結成、三十七年(一九〇四)以降は東京本郷座で新派の全盛時代を築いた。独特の肚芸で重厚な演技を見せ「新派の團十郎」と称された。『金色夜叉』の荒尾譲介も当たり役。大正五年(一九一六)九月二十四日東京神田の自宅で没。四十六歳。

参考文献 「高田実」(『演芸画報』一九〇七年五月)、柳永二郎「高田実研究」(『新派の六十年』所収、一九六八、河出書房)

(佐藤かつら)

たかだよしなみ 高田義甫 一八四六—九三 幕末から明治時代中期の国学者、教育家、実業家。弘化三年二月二十二日(一八四六年三月十六日)に近江国蒲生郡八幡町(滋賀県近江八幡市)に干鰯商納屋嘉兵衛八代目として出生。同郷の西川吉輔《にしかわよしすけ》に学び、その影響で平田篤胤没後門人となる。明治元年(一八六八)、交代寄合最上《もがみ》家に出仕する。明治四年、東京で協力舎を設立し出版事業を開始するも、明治八年、最上家時代の事件に連座して二年間入獄した。明治十年(一八七七)、滋賀県大津に勧善社を設立して出版事業をはじめ、学校として晩年速成義塾《ばんねんそくせいぎじゅく》、九皐《きゅうこう》義塾を設立するが、短期間に廃校となる。新島襄の同志社にも好意を寄せ協力した。明治十六年以降は富商西川貞二郎のもとで実業活動を開始し、肥料、繊維会社などの経営に参画、明治二十五年(一八九二)には北海道のラッコ・オットセイ漁を中心とした帝国水産株式会社の社長となる。明治二十六年七月十四日、八幡銀行定期総会の席上で急死した。四十八歳。著書に『校正王代一覧』(明治七年)、『自由譚』(同七年)、『勧善義解』(同十一年)など啓蒙・教育書多数。

参考文献 近松文三郎『高田義甫』(一九八三)、石川松太郎編『女大学集』(『東洋文庫』、一九七七、平凡社)

(松本 久史)

たかつかさすけひろ 鷹司輔熙 一八〇七—七八 幕末維新期の公家。関白鷹司政通《まさみち》の男として文化四年十一月七日(一八〇七年十二月五日)に生まれる。安政四年(一八五七)右大臣となり、日米修好通商条約の勅許問題に関わる。将軍継嗣問題で一橋慶喜を推す側にいたため、同六年の安政の大獄では辞官、落飾に処された。その後、文久二年(一八六二)五月に赦され、同年十二月国事御用掛を命ぜられた。三年正月関白となったが、同年八月十八日の政変により長州藩が失脚すると、十二月には同職を免じられた。さらに翌年八月禁門の変が起ると、長州藩との策動の嫌疑により参朝を停められ、慎を命じられた。慶応三年(一八六七)正月、旧のごとく八景間参入を允されたが、十二月九日(一八六八年一月三日)、王政復古の大号令が渙発されると公武合体派の公卿として参朝を停止された。明治元年(一八六八)正月赦免され、出仕参朝せしめられる。二月二日(一八六八年二月二十四日)、制度寮事務総督となり、同月二十日には議定、制度事務局督となる。閏四月二十一日(一八六八年六月十一日)には政体書公布に伴う官制改革により神祇官知事となり、九月、同職を免ぜられ議定となる。二年五月には留守長官となり、留守諸省を管轄する。同年八月、留守長官を免じられ、ついで麝香間《じゃこうのま》祗候となる。明治十一年(一八七八)七月九日死去。七十二歳。 (内藤 一成)

たかつかさひろみち 鷹司熙通 一八五四—一九一八 華族、陸軍軍人、宮内官。安政二年二月十六日(一八五四年三月十四日)、関白九条尚忠《くじょうひさただ》の子として生まれる。鷹司輔熙《すけひろ》の養子となり、明治五年八月二十日(一八七二年九月二十二日)家督を継承する。同年ドイツに留学し、十二年(一八七九)陸軍少尉に任官。二十二年(一八八九)より三十一年(一八九八)まで東宮武官、三十五年より侍従武官をつとめ、四十三年(一九一〇)二月に陸軍少将に任じられ、後備役に編入される。ついで侍従職御用掛・戦利品保管掛長となる。明治天皇の崩御に伴い大喪使祭官長をつとめる。大正元年(一九一二)十二月侍従長に任ぜられ、大正天皇を輔弼することとなったが、大正七年五月十七日現職のまま死去した。六十五歳。 (内藤 一成)

たかつなかじろう 高津仲次郎 一八五七—一九二八 政治家。上野国緑野郡中島村(群馬県藤岡市)の蚕種業者高津類蔵の次男として安政四年十月八日(一八五七年十一月二十四日)に生まれた。群馬郡渋川宿の堀口藍園に漢学を、東京専修学校・早稲田大学で法律・経済を学ぶ。明治十四年(一八八一)に民権学習結社明巳会《めいしかい》を結成。十七年群馬県会議員に当選。二十年(一八八七)から大同団結運動に活躍し、元老院に言論集会の自由や条約改正中止建白書を提出。二十一年に保安条例により東京を追放され、群馬県で上毛民会を設立した。二十三年に衆議院議員に当選し、以後三十一年(一八九八、第五回)、大正二年(一九一三、補欠選挙)、昭和三年(一九二八、第十六回)の四回当選し、群馬県会議員には明治四十四年(一九一一)までに六回、県会議長には四回当選した。議会人として生涯を全うし、自由党・政友会に所属し、廃娼運動、水力発電事業の起業、および官公庁との調整などに活躍した。一時存娼を主張して失脚し、明治三十一年から三十八年まで北海道未開発国有地払い下げ運動に従事した。昭和三年十二月十九日に自宅で死去した。七十二歳。丑木幸男編『高津仲次郎日記』全三巻(平成十一—十二年、群馬県文化事業振興会)がある。

参考文献 丑木幸男『評伝高津仲次郎』(二〇〇二、群馬県文化事業振興会) (丑木 幸男)

たかとき 高時 歌舞伎狂言。本名題『北条九代名家功《ほうじょうくだいめいかのいさおし》』。河竹黙阿弥《かわたけもくあみ》作。明治十七年(一八八四)十一月、東京猿若座初演。北条家の滅亡を中心に描いた史劇。北条高時の驕慢と烏天狗になぶられるさま、本間直家の奮戦、新田義貞の太刀流しを上中下三巻に描く。主役は九代目市川團十郎。團十郎の組織した有職故実の研究会である求古会《きゅうこかい》会員の学者らが助言したが、太刀流しは不評、上の高時のみ残る。『歌舞伎新報』四八四号は求古会会員が團十郎をなぶる天狗舞の諷刺画を掲載した。新歌舞伎十八番の一。→河竹黙阿弥《かわたけもくあみ》

参考文献 田村成義『続々歌舞伎年代記』(一九二二、市村座)、『黙阿弥全集』一六(一九二五、春陽堂)、岡本綺堂「團十郎の活歴」(『(明治劇談)ランプの下にて』所収、『岩波文庫』) (佐藤かつら)

たかとりこれよし 高取伊好 一八五〇—一九二七 炭鉱経営者。嘉永三年十一月十二日(一八五〇年十二月十五日)に肥前国小城《おぎ》郡多久《たく》(佐賀県多久市)で鶴田十郎兵衛の三男として生まれ、九歳の折に高取大吉の養子になった。十九歳の折に長崎に出て英学を学び、一年後に東京に赴き三叉学舎で英学をさらに学んだ。のち慶応義塾で二年間勉学し、二十三歳の折に鉱山寮に入学し、ここで二年間学んだ。卒業後に官営の高島炭坑に就職した。高島炭坑は後藤象次郎に払い下げられ、明治十五年(一八八二)に三菱の所有になった。高取は高島炭坑を辞職し、香焼《こうやぎ》炭坑の技師長となった。端島《はしま》や中ノ島の操業にもあたった。明治十八年に芳谷炭坑を開発し、二十七年(一八九四)に同坑を去り、相知《おうち》炭坑の経営にあたった。明治三十三年(一九〇〇)に相知炭坑を三菱に売却した。明治三十五年に多久北方の赤坂口炭坑の経営にあたり、その後、隣炭坑・福母《ふくも》炭坑などを買収して鉱区を広めた。明治四十二年(一九〇九)十二月に田島信夫が経営していた杵島《きしま》炭坑を買収して経営規模を拡大した。大正七年(一九一八)四月には高取鉱業株式会社の組織とし九州屈指の炭坑会社とした。高取邸は炭鉱経営で得た資金で建設された建物である。昭和二年(一九二七)一月七日没。七十八歳。

参考文献 「高取伊好翁伝(稿本)」(九州大学石炭研究資料センター編『石炭研究資料叢書』五所収、一九八四) (長野 暹)

たかなししょうすけ 高梨正助 一八四三—一九二五 政治家。上総国夷隅《いすみ》郡佐室(千葉県いすみ市)に農業高梨正作の長男として天保十四年(一八四三)五月に生まれる。長じて堀江文同に漢学を学ぶ。明治十三年(一八八〇)一月、県会議員補欠選挙に立候補し当選した。以後、連続

当選を果たし、二十四年(一八九一)十一月まで在職し、県政の向上に尽力した。県会では、明治二十二年十一月に副議長、翌年十月に議長に選出された。県会議員に当選した年、全国的に展開された国会開設運動に触発され、十一月に君塚省三・井上幹《いのうえみき》らとともに民権結社以文会を結成、国会開設請願を決議している。以後幹事として運営にあたる。自由党が結成されると、井上・君塚ら以文会の幹部とともに自由党に加盟した。君塚らとともに、十六年四月の党定期大会に県代表として出席し、十七年には夷隅郡の減租請願運動に尽力した。二十五年二月の第二回総選挙に立候補し当選したが、翌年十二月に解散すると退任した。その後は実業界に進んだが、三十七年(一九〇四)五月郷里にもどり東村長に就任し、四十一年(一九〇八)五月まで在職した。大正十四年(一九二五)七月十八日没。八十三歳。

参考文献 佐久間耕治『底点の自由民権運動—新史料の発見とパラダイム—』(二〇〇二、岩田書院)

(矢嶋 毅之)

たかなしてつしろう 高梨哲四郎 一八五六—一九二三 弁護士、都市政治家。安政三年二月二日(一八五六年三月八日)、幕府代官元締高梨仙太夫の三男として江戸に生まれる。須藤時一郎・沼間《ぬま》守一《もりかず》は兄。明治元年(一八六八)より尺振八《せきしんぱち》に英語を学び大蔵省翻訳局に入るも、同局廃止とともに辞し、大島貞敏の遵義舎で法学を学び、明治九年弁護士となる。明治十一年(一八七八)横浜瓦斯局事件裁判で名声を博し、弁護士界の草分けとしてその地位向上に尽力した。一方で嚶鳴社社員として東京政談討論会の弁士となり民権運動に活躍した。明治十七年より二十三年(一八九〇)まで東京府会議員、第四回・第七回を除いて明治二十三年の第一回衆議院選挙から第九回まで当選した(東京市選出、浅草が地盤)。都市派議員の有力者であり、長髪将軍という異名があったほか、明治二十七年総選挙では兄の須藤と兄弟対決を演じたことが話題となった(落選)。明治二十九年松方内閣の時に台湾総督府民政局参事に起用され、明治三十三年(一九〇〇)には横浜株式取引所理事長となった。大正十二年(一九二三)二月二十二日没。六十八歳。

参考文献 町田岩次郎編『東京代言人列伝』(一八八二、漸進堂)、山崎謙編『衆議院議員列伝』(一九〇一、衆議院議員列伝発行所)、衆議院・参議院編『議会制度百年史』衆議院議員名鑑(一九九〇、大蔵省印刷局)

(櫻井 良樹)

たかねよしひと 高根義人 一八六七—一九三〇 明治期から昭和時代初期の法学者、京都帝国大学教授、弁護士。慶応三年七月十一日(一八六七年八月十日)に生まれる。明治十九年(一八八六)東京専門学校(現早稲田大学)邦語法律科卒業、同二十二年(一八八九)帝国大学法科大学選科に入学、二十四年に本科に編入し、二十五年帝国大学法科英法科卒業。大学院進学後、織田《おだ》万《よろず》・井上密・岡松参太郎《おかまつさんたろう》とともに創設予定の京都帝大法科教授候補者に選ばれ、二十九年よりヨーロッパに留学、帰国後の三十三年(一九〇〇)四月、京大法科教授に就任、商法講座を担当した。有価証券法の研究に優れ、翌三十四年法学博士号を得る。三十五年に高根が著わした「大学制度管見」(『内外論叢』一ノ五、のち宝文館より刊行)は、学問の自由の意義とその保障としての大学自治の必要を体系的に論じた先駆的文献として知られる。また草創期の京大法科において、学生の自発的学習を重視する教育方式の導入に積極的であったが、四十年(一九〇七)の法科大学規程改正で方針転換が行われるのと同時に辞職し、以後は東京で弁護士として活動した。満鉄・日本郵船・第一銀行などの顧問弁護士になる。昭和五年(一九三〇)七月十四日没。六十四歳。

参考文献 潮木守一『京都帝国大学の挑戦』(一九七七、講談社)

(伊藤 孝夫)

たかのささぶろう 高野佐三郎 一八六二—一九五〇 明治—昭和期の剣道家。文久二年六月十三日(一八六二年七月九日)、武蔵国秩父郡大宮(埼玉県秩父市)に生まれ、幼いころより祖父苗正《みつまさ》に小野派一刀流の剣術を習い、明治十二年(一八七九)に上京して山岡鉄舟の門人となる。同十九年に警視庁元町警察署の撃剣世話係となり、同二十一年(一八八八)に埼玉県警察部に転ずるとともに、当地における日本体育会および大日本武徳会の会務の拡張に尽力した。同四十一年(一九〇八)に東京高等師範学校撃剣科講師、大正四年(一九一五)には剣道科主任、翌年教授となり、昭和十一年(一九三六)退官後も講師として同校において剣道指導者の育成に努めた。この間、大日本帝国剣道形の調査委員主査に選出され、その制定に尽力し、また、『剣道』(大正六年、剣道発行所)などを出版し、剣道の普及、発展に大きな影響を与えた。大日本武徳会より、明治二十九年に精錬証、同三十八年(一九〇五)に教士、大正二年に範士の称号を授与された。昭和二十五年(一九五〇)十二月三十日没。満八十八歳。

参考文献 原田隣造『高野佐三郎』(一九六三、埼玉県立文化会館)、中村民雄『剣道事典—技術と文化の歴史—』(一九九四、島津書房)

(坂上 康博)

たかのたけのり 高野孟矩 一八五四—一九一九 法学者、法曹、衆議院議員。安政元年正月二十三日(一八五四年二月二十日)、仙台藩伊達藤五郎の家臣高野孟直の三男として陸奥国宇多郡谷地小屋村《やちごや》(福島県相馬《そうま》郡新地町《しんちまち》)に生まれる。明治六年(一八七三)に上京し、大木喬任司法卿の食客になり法学者を志す。同十三年(一八八〇)八月、大阪上等裁判所検事となり、その後佐賀始審裁判所に移り判事に転じ、広島地方裁判所、静岡始審裁判所浜松支庁、東京控訴院を経て、札幌地方裁判所長、新潟地方裁判所長を歴任。同二十九年(一八九六)三月渡台、台湾総督府民政局事務官から台湾総督府高等法院長兼同府法務部長となる。在任中、台湾総督府官吏疑獄事件において厳正なる司法の処置を行い台湾総督府官吏と反目して非職を命じられ、内地に戻って憲法で保障されている司法官の身分が侵害されたとして、憲法擁護運動を展開した(高野孟矩事件)。弁護士などを経て、同四十一年(一九〇八)五月、宮城県より衆議院選挙に出馬し、当選。大正八年(一九一九)一月四日、仙台駅で倒れ、死去。六十六歳。

(檜山　幸夫)

たかのたけのりじけん　高野孟矩事件　明治三十年(一八九七)七月から十二月にかけて起った台湾総督府最大の内紛で、高等法院長高野孟矩の免官位記返上と法院判官の懲戒免官や抗議辞職へ発展した、政府を震撼させた事件である。原因は、腐敗と収賄疑獄に塗れた総督府官吏と、それを正すべく峻烈苛細の摘発検挙を実施した高野法院長との間で起った司法官と行政官との確執と軋轢にあるが、本質的には台湾統治法制度上の矛盾(憲法問題)に起因していた。事件の背景には、拓殖務省廃止論・乃木希典総督罷免論から松方正義内閣批判へと沸騰していた内政問題があった。法制度上の問題とは、法院の司法官の身分が帝国憲法第五八条第二項によって保障されているのか否かについて争われたものであるが、そもそも法院条例は律令をもって制定され、その第一条で法院は総督に隷属すると規定されていたように、司法そのものの独立性が維持されていなかったことにある。事件の経過は、台政の刷新を図るために水野《みずの》遵《じゅん》民政局長が更迭され曾根静夫が後任となり、ついで山口宗義財務部長などとともに高野を非職にするという人事にあった。これに対して、高野は直ちに上京し政府要人に談判せんとしたが総督府は上京を認めなかった。このため、高野の腹心といわれていた浜崎芳雄高等法院判官が職を辞して内地に帰り総督をはじめ要人に接触して高野非職の不当性を訴えるとともに『万朝報』を通じて総督府を激しく糾弾していった。一方、非職処分を認めない高野は高等法院に出勤したところ、警察官によって強制的に法院から排除され離職せざるを得なくなり、帰国して司法権の独立と憲法擁護の演説会を行い政府と総督府を激しく批判した。さらに、浜崎判官のほかに加藤重三郎覆審法院長・川田藤三郎台北地方法院長・戸口茂里新竹法院長と中川安蔵民政局属兼覆審法院書記がこれらの措置の違憲性を糾弾した辞職理由書を添えて退官し、憲法問題と台政刷新問題について朝野の論争を激化させていった。

(檜山　幸夫)

たかのたつゆき　高野辰之　一八七六—一九四七　演劇学者、国文学者、唱歌作詞者。明治九年(一八七六)四月十三日、長野県下水内郡永田村(中野市)の農家の長男として生まれる。号斑山《はんざん》。長野県師範学校卒。上田《うえだ》万年《かずとし》に師事、一時長野師範で教えるが上京、長野時代に二十歳代の若さで、明治三十三年(一九〇〇)十二月に『浄瑠璃史』(春陽堂)を、三十五年一月に『国文学史教科書』を上原書店から刊行。日本歌謡史・日本演劇史・民俗芸能を研究、文部省属官となる。明治四十年(一九〇七)、三木竹二と近松門左衛門の全集を刊行しようとしたが、印刷所が焼け中絶。東京音楽学校邦楽調査掛嘱託となり、邦楽科の設立に尽くし、教授となって「日本歌謡史」を講じた。東京音楽学校編纂の『近世邦楽年表』全三巻(明治四十五年・大正三年・昭和二年、六合館)の刊行を推進、学界に貢献した。明治四十二年から文部省小学校唱歌教科書編纂委員となり、四十四年から大正三年(一九一五)にかけて刊行された教科書『尋常小学唱歌』に、音楽学校の同僚岡野貞一の作曲で唱歌を収録、唱歌作詞者としての才能を示した。「日の丸の旗」(白地に赤く)、「紅葉」(秋の夕日に照る山紅葉)、「春が来た」(春が来た春が来たどこに来た)、「春の小川」(春の小川はさらさら流る、のち「行くよ」と改変)、「故郷《ふるさと》」(兎追ひしかの山)、「朧月《おぼろづき》夜《よ》」(菜の花畠に入日薄れ)など、日本人の故郷への思いを歌い上げ、現在まで歌い継がれている。大正十五年(一九二六)一月、学位論文『日本歌謡史』(春秋社)を刊行、東京帝国大学にも出講、昭和三年(一九二八)に帝国学士院賞を受けた。代表的な著書として、没後刊行された『日本演劇史』全三巻(昭和二十二・二十三・二十四年、東京堂)がある。晩年は信州野沢温泉の山荘に住み、昭和二十二年(一九四七)一月二十五日死去。七十二歳。

参考文献　芳賀綏監修『定本高野辰之—その生涯と全業績—』(二〇〇一、郷土出版社)、三田英彬『菜の花畑に入り日うすれ—童謡詩人としての高野辰之—』(二〇〇三、理論社)

(中島　国彦)

たかのちくいん　高野竹隠　一八六二—一九二一　明治から大正時代の漢詩人。文久二年九月二十九日(一八六二年十一月二十日)生まれ。名古屋の人。名は清雄、竹隠のほか修簫仙侶・白馬山人とも号した。名古屋の儒者佐藤牧山に学び、夙にその俊才を謳われた。明治十五年(一八八二)牧山に従い上京、根本通明《ねもとつうめい》、秋月胤永《あきづきかずひさ》に経学を学ぶ一方、森春濤《もりしゅんとう》の門に出入りした。十九年ころ神宮皇学館の教授となる。ついで北海道師範学校、群馬県師範学校に勤めたのち、三十六年(一九〇三)岡山県の塩田業野崎家の男丹斐太郎《にいたろう》の家庭教師に迎えられた。四十五年(一九一二)丹斐太郎の第七高等学校入学に伴い鹿児島に移る。大正六年(一九一七)以降は京都に住み、十年(一九二一)四月十日京都で没した。六十歳。才学併せ持った竹隠の詩は古雅典正のうちに一種清新の気を帯びると評される。またわが国の漢詩人としては珍しく塡詞《てんし》を善くした。森槐南《かいなん》が真に好敵手として恐れたのは竹隠であったともいわれる。ただし本人は中央詩壇に執着なく、遺言によって別集が刊行されることもなかった。

参考文献　神田喜一郎編『明治漢詩文集』(『明治文学全集』六二、一九八三、筑摩書房)、神田喜一郎『日本における中国文学』一・二(『神田喜一郎全集』六・七、一九八五—八六、同朋舎)、三浦叶『明治漢文学史』(一九九八、汲古書院)

(福井　辰彦)

たかのふさたろう　高野房太郎　一八六八—一九〇四　日本労働組合運動の先駆的組織者。明治元年十一月二十四日(一八六九年一月六日)、長崎府彼杵《そのぎ》郡で高野仙吉の長男として生まれる。明治十九年(一八八六)十二月に勉学と事業を目的に渡米、その後労働運動に関心を持つようになる。明治二十四年(一八九一)夏にはサンフランシスコで城常太郎《じょうつねたろう》・沢田半之助《さわだはんのすけ》らとともに欧米諸国における労働問題の研究を目的とした職工義友会を創立する。明治二十七年九月にアメリカ労働総同盟(AFL)会長サミュエル＝ゴンパーズと面会、AFL日本担当オルグに任命される。明治二十九年六月に帰国した高野は横浜の英字新聞社に職を得るが、ゴンパーズの勧めもあって労働運動の世界に身を置くことを決意、城や沢田らと職工義友会を再組織した。明治三十年(一八九七)六月、職工義友会は東京神田で労働問題演説会を開催、高野は労働組合期成会設立の必要性を説く。同年七月には賛同者によって労働組合期成会が設立された。その後、高野や期成会会員は各地で労働組合の意義を説いてまわる。その趣旨に応じた鉄工(旋盤工など金属関係の職工の総称)らによって、日本最初の近代的労働組合である労働組合期成会鉄工組合が明治三十年十二月に結成された。高野は期成会常任幹事、鉄工組合常任委員の任に就いたが、明治三十一年十一月にはどちらも辞任している。当時、高野は労働運動の一環としての共働店(労働者生活協同組合)の重要性を強調しており、横浜に設立した共働店の専従になるためというのが辞任の理由であった。明治三十二年六月には期成会および鉄工組合の常任役員に復帰するが、鉄工組合は財政状況の悪化と警察の圧迫によって衰頽していく。労働運動内部での路線対立も目立つようになるなか、高野は運動から身を引くことになる。明治三十三年八月に高野は中国に渡り、事業を興すなどしたが、明治三十七年三月十二日、青島で三十五歳二ヵ月の生涯を閉じた。大正期に労働運動を側面から支えた東京帝国大学教授高野岩三郎《いわさぶろう》は高野房太郎の弟である。

参考文献　高野房太郎『明治日本労働通信』(大島清・二村一夫編訳、『岩波文庫』)、『日本労働運動史料』一(一九六二)、二村一夫『労働は神聖なり、結合は勢力なり—高野房太郎とその時代—』(二〇〇八、岩波書店)

(杉山　裕)

たかばおさむ　高場乱　一八三一—九一　江戸時代末期から明治時代前期の眼科医、漢学者、教育者。天保二年十月八日(一八三一年十一月十一日)筑前国博多瓦町(福岡市博多区)に高場流眼科の眼科医高場正山の次女として生まれる。福岡藩医岡正節の孫。幼名養命。男子として育てられ、天保十二年(一八四一)に元服、藩に帯刀希望を申し出て許可を得、以後、男装帯刀姿で過ごす。二十歳のころ、亀井暘洲の亀井塾に学び、漢学、武芸を修める。家業を継ぎ、明治四年(一八七一)ころ、住吉の福岡藩薬用人参畑跡に移転、私塾興志塾(通称「人参畑塾」)を構え、医業の傍ら、漢学を教え、門弟を育成した。弟子には、頭山満、平岡浩太郎、進藤喜平太、箱田六輔、武部小四郎、大隈重信暗殺を企てた来島恒喜《くるしまつねき》など玄洋社の主要構成員がおり、「人参畑の女傑」「玄洋社の生みの母」といわれた。十年(一八七七)に西南戦争に呼応して起った福岡の変への関与を疑われ、一時拘束される。釈放後、頭山らが結成した玄洋社の前身、向陽義塾で教えた。二十四年(一八九一)三月三十一日に死去。六十一歳。

参考文献　石滝豊美『玄洋社発掘—もうひとつの自由民権—(増補版)』(一九九七、西日本新聞社)、永畑道子『凛—近代日本の女魁・高場乱—』(一九九七、藤原書店)

(金井　隆典)

たかはしおでん　高橋おでん　一八五一—七九　阿部定とともに近代日本の代表的な毒婦と称される。高橋伝、通称おでん。嘉永四年(一八五一)上野国利根郡下牧《しももく》村(群馬県利根郡みなかみ町)の貧農の娘に生まれる。慶応元年(一八六五)、十四歳で同村の二宮要次郎と結婚するが二年後に彼女の意志で離婚、半年後に遠戚の高橋波之助を婿に迎えて家督を継ぐ。二年後に夫がハンセン病を発病、明治四年(一八七一)末、困窮と差別のため村を出奔、東京、横浜と流浪し貧窮のなかで夫を看病するが翌年死亡。その後小川市太郎と内縁関係を持ちお茶の仲買商を始めたが失敗。九年八月二十六日、古着商の吉蔵を旅人宿に誘い殺害の上金銭を略取、姉の仇討と書置きをして逃走するが、二日後に逮捕され、公判に付されて、十二年(一八七九)年一月、斬罪に処せられた。墓地は下牧村、追悼碑は東京の谷中墓地にある。処刑一ヵ月後に仮名垣魯文『高橋阿伝夜叉譚《たかはしおでんやしゃものがたり》』、岡本起泉『東京奇聞—其名も高橋毒婦の小伝—』が出版され、五月には新富座で河竹黙阿弥「綴合於伝仮名書《つづりあわせおでんかながき》」が上演されて大当たりを取るなど、おでんブームを巻き起した。彼女は病夫の治療に最後まで尽したのだが、ハンセン病、男殺し、嘘の物語を作っての無罪の主張、処刑の場での堂々とした態度などが、新聞報道によって世間の注目を浴びた。最も有名な魯文の作品は、これを誇大に脚色して、彼女を、宿病の遺伝を受け、博打・詐欺・盗賊・姦通・殺人を繰り返し、夫を殺した男勝りの極悪の美女として描き、西洋近代の遺伝論や女性論を動員しながら、文明世界にあってはならぬ野蛮で恐ろしい存在とする勧善懲悪の毒婦物語につくりあげた。文明開化で男女平等が叫ばれる風潮に対して、男たちは競って「女らしさ」を破壊する諸悪の象徴としての毒婦像をつくり出し、女性の本性は邪悪で恐ろしいという言説を広めたといえよう。

参考文献　石渡安躬『断獄実録』二(一九三三、松華堂書店)、平田由美「物語の女、女の物語」(脇田晴子、S・B・ハンレー編『ジェンダーの日本史』下所収、一九九五、東京大学出版会)、ひろたまさき「文明開化とジェンダー」(同『女の老いと男の老い—近代女性のライフサイクル—』所収、二〇〇五、吉川弘文館)

(ひろたまさき)

たかはしかずとも　高橋一知　一八六二—一九三一　慶応義塾英語教師。『ジャパンタイムス』記者。文久二年正月十三日(一八六二年二月十一日)、棚倉藩士高橋金左衛門の七男として城内に生まれる。明治八年(一八七五)九月、東京英語学校(のちの東京大学予備門)に入学。十四年(一八八一)七月、東京大学予備門卒業。東京大学法学部に進学した後、十七年十二月渡米。十八年六月、ミシガン大学法学部卒業(バチェラー＝オブ＝ロース)。シカゴ、モントリオールなどで実業に従事し、三十年(一八九七)九月帰国。同年十一月より慶応義塾で英語の教鞭を執る。昭和五年(一九三〇)三月に退職するまで教えを受けた学生は数多く、「日本英語界の先覚的巨人」と称される。その一方、帰国直後にジャパンタイムス社に入り、明治三十三年より主筆をつとめた。編書にCurrent English(『英文事例』、明治三十一年)、訳書にUnhuman tour(Kusamakura)(昭和二年)がある。昭和六年六月十八日死去。七十歳。

参考文献 畑功「故高橋一知先生に就いて」(『英語青年』六五ノ一〇、一九三二)
(堀　和孝)

たかはしきいち　高橋基一　一八五〇―九七　新聞記者、翻訳家、自由民権運動家。嘉永三年(一八五〇)松江藩(島根県松江市)の藩士の家に生まれる。号は愛山。箕作秋坪《みつくりしゅうへい》門下となり英学を修学する。漢学にも通じる。明治五年(一八七二)、『日新真事誌』に入り、翻訳に従事する。明治七年、『公文通誌』の編集者となり、同紙が『朝野新聞』に改称したのちも編集に携わった。明治十年(一八七七)の西南戦争の際には、戦地から戦況を報道した。明治十四年、自由党が結成されると党員となり機関紙『自由新聞』記者となる。以後一貫して、自由党系ジャーナリストとして筆を揮った。明治十五年には、赤坂区から東京府会議員に選出され、十八年までつとめた。同十八年『自由燈』を発行する見光新聞社に入社、同紙が『めさまし新聞』と改題したのちも記者としてつとめる。明治二十三年(一八九〇)十月十七日に立憲自由党の機関紙『江湖新聞』が創刊されるとその主筆をつとめた。晩年は『めさまし新聞』の後身『東京新聞』の記者として活動した。明治三十年(一八九七)六月二十三日没。四十八歳。

訳書に、格賢勃斯《カッケンボス》George Payn Quackenbos『合衆国史略』(明治五年、英山堂)、『英国国会沿革誌』(明治十二年、朝野新聞社)など、編著書に、『普国形勢論』(明治十七年、松本竹三郎)、『彪氏愛国偉勲』(明治二十年、東崖堂)などがある。

参考文献 大井通明・大岡直顕『日本全国自由党員列伝』一(一八八二、栗田信太郎)
(真辺　美佐)

たかはしげんきち　高橋源吉　一八五八―一九一三　洋画家。安政五年十一月十二日(一八五八年十二月十六日)、幕末・明治期の代表的な洋画家、高橋由一の長男として江戸の佐野藩邸内に生まれた。途中、柳に改姓。明治九年(一八七六)十一月開校の工部美術学校画学科に入学するが、フォンタネージ帰国後の後任をめぐる騒動により、同十一年(一八七八)十月十九日、小山正太郎らと連袂退学する。同十三年四月白受社から創刊の、日本最初の美術雑誌『臥遊席珍』主幹を務め、挿図も描く。同十五年フェノロサの『美術真説』への反論「美術真説駁論」を執筆。同年に天絵学舎《てんかいがくしゃ》から浅井忠と共著で『習画帖』を発行、同十八年には『小学習画帖』が文部省編纂で発行されるなど、図画教科書の出版にも関わる。同二十二年(一八八九)創設の明治美術会発起人の一人として運営に関わる一方、同会展覧会に出品、同二十四年には同会教場絵画科の教員となる。同会解散後の消息は不明。明治末期から各地を放浪し、大正二年(一九一三)十一月十五日石巻で客死。五十六歳。

参考文献 青木茂編『フォンタネージと工部美術学校』(『近代の美術』四六、一九七六、至文堂)、金子一夫『近代日本美術教育の研究―明治・大正時代―』(一九九九、中央公論美術出版)
(河上　眞理)

たかはしけんじ　高橋健自　一八七一―一九二九　考古学者。明治四年八月十七日(一八七一年十月一日)、仙台藩士高橋章俊を父として仙台県仙台に生まれた。明治二十三年(一八九〇)宮城県尋常師範学校を卒業、ついで同二十七年東京高等師範学校を卒業。三宅米吉《みやけよねきち》の指導を受けた。同三十年(一八九七)奈良県尋常中学校教諭を経て、同三十七年東京帝室博物館に勤務し、大正十年(一九二一)同館鑑査官・歴史課長に就任、没年まで勤めた。専門の考古学のほか有職故実、服飾史関係の業績も多い。銅鐸・銅鉾・銅剣・銅鏡の先駆的研究、石製模造品・埴輪・経筒など出土遺物の調査に新生面を開拓、さらに考古学的資料を活用して古代の服飾史および原始絵画を論じた。『銅鉾銅剣の研究』によって考古学者として最初の論文提出の文学博士となり、『古墳と上代文化』は古墳時代概説書の草分けの名著として知られる。また、邪馬台国大和説の提唱、古代寺院伽藍配置論は、その後の研究に大きな影響をあたえた。昭和四年(一九二九)十月十九日没。五十九歳。『高橋健自集』(『日本考古学選集』九・一〇、昭和四十六・四十七年、築地書館)がある。

参考文献 『考古学雑誌』一九ノ一二(高橋博士追悼特集号、一九二九)、後藤守一『高橋健自博士蒐蔵考古図聚』(一九三〇、万葉閣)、石田茂作編『古瓦図鑑』(一九三〇、大塚巧芸社)
(坂詰　秀二)

たかはしけんぞう　高橋健三　(一)一八二八―一九〇五　信濃川大河津分水工事の功労者。文政十一年十二月十五日(一八二九年一月二十日)信濃川と加茂川の合流地点にあたる越後国蒲原郡保明新田(新潟県南蒲原郡田上町)の庄屋の家で誕生した。この地域は洪水頻発地帯であり、享保十九年(一七三四)から明治元年(一八六八)までの百三十年余りに百回を超す大水害に苦しめられたといわれている。健三は三島郡大川津村(燕市)から須走村(長岡市)に至る約一〇キロに運河を掘削して、洪水の際に信濃川より発生する害水を日本海へと放流する計画を立て、その実現のために奔走した。明治三年より大河津分水工事が開始、健三は用弁掛として用材調査にあたったほか工事現場監督としても活躍した。明治八年に分水工事は廃業となるが、健三は明治政府に信濃川堤防改修工事請願書を提出、明治十八年（一八八五）の起工にこぎ着けるなど信濃川治水に尽力し続けた。明治三十八年（一九〇五）四月五日、七十八歳で没。

参考文献 『南蒲原郡先賢伝』、武藤喜一編『信濃川改良工事沿革誌』（一九二四、信濃川大河津分水工事竣功式協賛会）

（山崎　有恒）

㈡一八五五—九八　官僚。自恃居士と号する。曾我野藩藩士高橋石斎の子として安政二年（一八五五）九月、江戸に生まれる。大学南校で法律を学ぶが、明治十一年（一八七八）に退学。明治十二年より駅逓局に出仕。明治十五年、文部権少書記官となる。官報局次長を経て、明治二十二年（一八八九）三月、官報局長に就任、配下に陸羯南《くがかつなん》・長谷川辰之助などをもつ。岡倉天心と美術雑誌『国華』を

高橋健三㈡

発行する。明治二十三年、輪転機購入のためフランスへ出張。『東京電報』『日本』の創刊を助ける。官報局を辞任し、明治二十六年、『大阪朝日新聞』の客員となる。主筆格として社説を執筆。「内地雑居論」など反響を呼ぶ。明治二十七年、大阪で雑誌『二十六世紀』を創刊。明治二十九年、第二次松方正義内閣で書記官長を務める。明治三十一年（一八九八）七月二十二日没。四十四歳。

参考文献 川那辺貞太郎編『自恃言行録』（一八九九）

（河崎　吉紀）

たかはしこれきよ　高橋是清　一八五四—一九三六　明治・大正・昭和時代初期の官僚政治家。安政元年閏七月二十七日（一八五四年八月二十日）、幕府絵師川村庄右衛門の庶子として生まれた。幼名は和喜次。生後間もなく仙台藩足軽江戸詰高橋是忠の養子となる。十一歳のとき、仙台藩留守居役の許可を得て横浜で英語を修業。慶応三年（一八六七）七月から明治元年（一八六八）年十二月まで藩費留学生として米国渡航。米国滞在中に下僕として売られるなど苦難を経験したが、一年余りで帰国した。明治二年開成学校に入学。三月開成学校教授三等手伝。三年二月大学少教授。悪友との遊興に耽り、放蕩の責任をとって四年三月辞職。六月、唐津藩耐恒寮英学教師となる。このときの教え子に建築家の曾禰達蔵《そねたつぞう》・辰野金吾《たつのきんご》がいる。五年十月辞職。六年七月文部省十等出仕（督学局）。以後、十四年（一八八一）四月文部省御用掛（地方学務局）となるまでもっぱら英語の教員として勤務した。同年五月、農商務省工務局雇に転じ、商標登録所長、専売特許局長、特許局長を歴任し、商標登録制度や特許制度の創設に尽力した。二十二年（一八八九）十月非職。十一月から二十三年六月まで日秘鉱業会社代表としてペルー渡航。しかし、廃坑を買わされたことが判明し、事業は失敗、大きな挫折を経験した。川田小一郎《かわだこいちろう》日本銀行総裁に見出され二十五年六月日本銀行に職を得た（建築所事務主任）。二十八年八月横浜正金銀行本店支配人に転じ、三十年（一八九七）四月から三十二年三月まで同行副頭取を務め、松方正義蔵相をたすけて金本位制度の確立に尽力した。

高橋是清

三十二年二月から四十四年（一九一一）六月まで日本銀行副総裁。日露戦争に際して戦費調達のために外債募集にあたり三十七年二月英米出張、困難な使命を果たした。三十八年一月帰国。三十八年一月から大正十三年（一九二四）三月まで貴族院議員（勅選）。四十年九月男爵。四十四年六月から大正二年（一九一三）二月まで日本銀行総裁。二年二月から三年四月まで山本権兵衛内閣の大蔵大臣として行財政整理に尽力した。二年二月立憲政友会に入党。七年九月から十年（一九二一）十一月まで原敬内閣で大蔵大臣。国防の充実や教育の振興、産業の奨励、交通・通信機関の発展など積極財政を展開した。九年九月子爵。十年十一月から十四年四月まで立憲政友会総裁。原首相暗殺後、十年十一月から十一年六月まで内閣総理大臣兼大蔵大臣。ワシントン会議における海軍軍備制限条約の調印など国際協調に努めた。しかし、高橋自身の政治力不足と党内領袖の反高橋策動により閣内不統一を来して総辞職に至った。その後、清浦奎吾《きようらけいご》内閣に反発する立憲政友会・憲政会・革新倶楽部三党首会談に参加、爵位を返上して故原敬の選挙区であった盛岡市において衆議院議員選挙に出馬した。十三年五月から昭和三年（一九二八）一月まで衆議院議員。護憲三派内閣で大正十三年六月農商務大臣。農商務省の農林省・商工省の分離を実現した。十四年四月商工大臣兼農林大臣。立憲政友会総裁の地位を田中義一に譲り、政界を引退した。金融恐慌の処理に失敗して若槻礼次郎内閣が総辞職すると、田中義一内閣において昭和二年（一九二七）四月から六月まで大蔵大臣を務め、支払い猶予令を発し、日銀特別融通など金融機関救済立法を成立させて恐慌を鎮静化した。六年十二月から九年七月まで犬養毅内閣・斎藤実内閣および岡田啓介内閣の大蔵大臣を務める。金輸出再禁止を断行し、低為替政策による輸出増進策、軍事費・時局匡救費などで増大した財政需要を日銀の赤字国債引受発行で賄い、散布された財政資金を金融機関が吸収するのをまって公債

を消化するという方法により輸出産業や軍需産業が活況を呈するに至った。高橋は、景気回復による国庫歳入の漸増、また歳出増加の大部分を占める満洲事件費や兵備改善に関する経費、時局匡救に関する経費を一時的性質のものと見通していた。九年十一月大蔵大臣に就任。このときは、赤字公債の市中銀行による消化が困難となり悪性インフレの懸念が高まったために公債漸減方針をとり、昭和十一年度予算編成方針をめぐって軍事費の増額を要求する軍部と対立した。こうして昭和十一年（一九三六）二月二十六日、二・二六事件において私邸で射殺された。八十三歳。

参考文献 『高橋是清自伝』（『中公文庫』）、高橋是清伝刊行会『高橋是清伝』（一九二九）、政友会本部編『高橋是清翁八十年史』（一九三四）、大島清『高橋是清―財政家の数奇な生涯―』（『中公新書』、一九六九、中央公論社）、後藤新一『高橋是清―日本の〃ケインズ〃―』（『日経新書』、一九七七、日本経済新聞社）、木村昌人『高橋是清と昭和恐慌』（『文春新書』、一九九九、文芸春秋）　（長井　純市）

たかはしごろう　高橋五郎　一八五六―一九三五　語学者、評論家。吾良、在一居士とも。安政三年三月二十日（一八五六年四月二十四日）、越後で生まれる。上州にて漢学、国学、仏教を学び、明治八年（一八七五）より横浜でS・R・ブラウン、ついでJ・C・ヘボンを補助し、新約・旧約聖書の翻訳に貢献、ヘボンの『和英語林集成』の改定増補（明治十九年刊）の際にもこれを助けた。その傍ら印欧諸語の素養を深め、宗教、哲学、文芸作品の翻訳を手がける一方、『仏道新論』（明治十三年）、『神道新論』（明治十三年）などの宗教、思想に関する書を著わし、『（漢英対照）いろは辞典』（明治二十年）、『（和漢雅俗）いろは辞典』（明治二十一年）を編纂するなど、当時博覧強記の誉れ高かった。『国民之友』『六合雑誌』に多くの論説、書評を発表したが、二十六年（一八九三）、井上哲次郎の「教育と宗教の衝突」に対し激しく反駁。その後事業に失敗、晩年は心霊術に傾倒するなど不遇であった。国民英学会、攻玉社中学校、中央大学などで英語・英文学を教授。昭和十年（一九三五）九月七日没。八十歳。

参考文献 平井法・高岸照子「高橋五郎」（昭和女子大学近代文学研究室編『近代文学研究叢書』三九所収、一九七四、昭和女子大学近代文学研究所）　（田鍋　桂子）

たかはしさくえ　高橋作衛　一八六七―一九二〇　明治・大正期の国際法学者。慶応三年十月七日（一八六七年十一月二日）、信濃高遠藩の儒者高橋白山の長男として生まれる。明治二十七年（一八九四）七月帝国大学法科大学を卒業し、大学院に入り国際法を専攻、傍ら、海軍大学校の国際法教官となる。日清戦争では常備艦隊司令長官付法律顧問として旗艦松島に搭乗、のち旅順司令官付となる。三十年（一八九七）英・独・仏に留学、三十四年帰国して東京帝国大学法科大学教授となり、国際公法・外交史を担当、イギリスの国際法学と法学者を精力的に紹介した。三十六年五月に桂太郎首相に対露強硬の意見書を提出した七博士の一人で、日露戦争にも軍嘱託として海軍に従事した。四十一年（一九〇八）帝国学士院会員、大正三年（一九一四）大隈内閣の法制局長官を歴任。五年には貴族院議員となり、東京帝大教授を辞任。同議員在職中の大正九年（一九二〇）九月十三日に死去した。五十四歳。『月山遺稿』（大正十一年）がある。　→七博士《しちはくし》意見書《いけんしょ》

参考文献 一又正雄『日本の国際法学を築いた人々』（『国際問題新書』、一九七三、日本国際問題研究所）　（村上　一博）

たかはしじゅんたろう　高橋順太郎　一八五六―一九二〇　明治・大正時代の薬物（薬理）学者。安政三年（一八五六）加賀国金沢（石川県金沢市）に、金沢藩士高橋作喜の長男として生まれる。明治四年（一八七一）三月大学南校に入学し、ドイツ学を修めるが、同八年七月東京医学校へ転学、同十四年（一八八一）東京大学医学部製薬学科を卒業した。卒業後は同大学に出仕、翌年ドイツに留学し、薬物学および断訟医（法医学・裁判医学）の化学に関する研究をして、同十八年十月帰国。ただちに大学御用掛となり、医学部専任講師として薬物学の講義を担当し、翌年三月帝国大学医科大学教授となる。同年七月には日本薬局方調査会委員を委嘱され、同二十六年（一八九三）には薬物学講座の担任となり、同四十一年（一九〇八）には薬物学第一講座担任となった。大正九年（一九二〇）三月に病気で休職するまでに、帝大評議員・医術開業試験委員などの役職を歴任した。同年六月四日に死去した。六十五歳。

参考文献 「故高橋博士の葬儀及び略歴」（『東京医事新誌』二一八一、一九二〇）、『東京大学医学部百年史』（一九六七、東京大学出版会）　（林　彰）

たかはしそうあん　高橋箒庵　一八六一―一九三七　明治時代から昭和時代前期の実業家、茶道研究家。文久元年八月二十八日（一八六一年十月二日）常陸《ひたち》国水戸に水戸藩士高橋常彦の四男として生まれる。名は義雄。号は箒庵。家禄奉還後、呉服店に丁稚奉公する。明治十四年（一八八一）水戸の中学校を卒業し、同年慶応義塾に入学。十五年『時事新報』で福沢諭吉の社説筆記係となる。明治二十年（一八八七）退社し、アメリカに留学。イーストマン商業学校に入学。この時デパートメント＝ストアのワナメーカーを見る。イギリス・フランスを経て二十二年帰国。『商政一新』などを著わし井上馨《いのうえかおる》らの目に留まる。

高橋箒庵

二十四年三井銀行に入行し、整理係に配属され貸金整理を実行。二十六年大阪支店長となり出納係に女子を採用する。二十八年三井呉服店理事となり、支配人・計算係・図案意匠係などを新設し、業務分担を決め、陳列場・ショーケースを作り立売りに改め、簿記帳を取り入れた。三井鉱山理事、王子製紙専務取締役などを勤め、明治四十四年(一九一一)三井を退職。昭和十二年(一九三七)十二月十二日没。七十七歳。茶道に通暁し、著書に『近世道具移動史』『大正名器鑑』『東都茶会記』などがある。また、『万象録―高橋箒庵日記―』全八巻(昭和六十一年―平成三年、思文閣出版)が刊行されている。

参考文献 高橋義雄『実業懺悔』(一九二五、箒文社)、同『箒のあと』(一九三三、秋豊園) (森田 貴子)

たかはしたいか 高橋太華 一八六三―一九四七 明治から昭和時代初期の漢学者、作家、雑誌編集者。文久三年八月十二日(一八六三年九月二十四日)、陸奥国二本松藩(福島県二本松市)に、藩の剣術指南役根来正綏の次男(長男とも)として生まれる。本名次郎。父の死後、高橋姓(母の旧姓)を名乗る。明治八年(一八七五)安積郡速成教育講習科卒業、福島県下で教員生活を送る。十四年(一八八一)上京、漢学者岡鹿門、重野安繹に師事し、詩文を学ぶ。同年八月、東京大学文学部古典講習科に入学するも、中退(明治十六年)。十八年からは、三十年(一八九七)までに発表された、東海散士著の政治小説『佳人之奇遇』の執筆に関わる。明治二十一年(一八八八)には、友人山県悌三郎と『少年園』を創刊(翌年五月をもって主任降板)し、二十二年七月、同郷で親交の厚かった石井研堂主宰の少年雑誌『小国民』の編集に協力。饗庭篁村《あえばこうそん》、幸田露伴、森田思軒、岡倉天心らと交流し、明治三十三年には天心の創設した日本美術院に招かれ、工芸家の養成に尽力した。晩年は、駒沢大学で漢文学を教授し(昭和六―十六年)、昭和十五年(一九四〇)には、『国訳一切経和漢撰述部』収録の「洛陽伽藍記」の邦訳を試みている。昭和二十二年(一九四七)二月二十五日没。八十五歳。著作に『河村瑞賢』(同二十五年、博文館)、『太閤秀吉』(同二十六年、博文館)など。

参考文献 山下恒夫『石井研堂―庶民派エンサイクロペディストの小伝―』(『シリーズ民間日本学者』二一、一九八六、リブロポート)、上田信道「高橋太華の児童文学―史伝とお伽話を中心に―」(『児童文学研究』二六、一九九三)、出口智之「もう一人の東海散士―高橋太華のことども―」(『新日本古典文学大系』明治編一七月報、二〇〇六、岩波書店) (鈴木 亮)

たかはしでいしゅう 高橋泥舟 一八三五―一九〇三 旧幕臣、書家。勝海舟、義弟山岡鉄舟とともに「幕末の三舟」と呼ばれる。天保六年二月十七日(一八三五年三月十五日)江戸で幕臣山岡市郎右衛門正業の次子として生まれ、高橋包承の養子となる。名は政晃、字は寛猛、通称は謙三郎、のち伊勢・精一と改め、忍斎と号す。幕末には伊勢守。安政三年(一八五六)講武所槍術教授方となる。幕臣内の攘夷派として行動し、上洛中の文久三年(一八六三)浪士取扱を命じられ、浪士組を引き連れ江戸に帰るが、清川八郎暗殺後に罷免・小普請《こぶしん》入りの処罰を受けた。慶応二年(一八六六)遊撃隊頭取・同頭並となり、明治元年(一八六八)同頭に進み、寛永寺や水戸で謹慎した徳川慶喜の警衛にあたった。同年駿河に移住し静岡藩士となり、二年正月田中奉行に任じられ、その後田中勤番組之頭をつとめた。駿河在住時、伊佐岑満《いさみねまろ》(新次郎)を通じ大原幽学の教えである性理学に関心を抱いたらしいが、入門はしていない。廃藩後上京、官職に就くことなく、書を楽しみ晩年を過ごした。三十六年(一九〇三)二月十三日没。六十九歳。同年、安部正人編『泥舟遺稿』(国光社)が刊行されている。

参考文献 木村礎編『大原幽学とその周辺』(『日本史研究叢書』、一九八一、八木書店) (樋口 雄彦)

たかはしなみのすけ 高橋波之助 ?―一八七二 高橋おでんの夫。上野国利根郡下牧村《しももく》(群馬県利根郡みなかみ町)に生まれる。結婚後、ハンセン病を患い、貧困と差別で、村を出奔、東京・横浜と流浪するが、おでんに看取られて死亡。彼は真面目な貧農で、夫婦仲もよかったが、おでん毒婦物語では、おでんとともに悪事を遍歴し、最後はおでんに殺される悪漢・奸夫として描かれた。 (ひろたまさき)

たかはしひでおみ 高橋秀臣 一八六四―一九三五 明治時代の対外硬ジャーナリスト、昭和期の政治家。元治元年(一八六四)四月、伊予国新居浜郡西条(愛媛県西条市)に生まれる。明治法律学校(のちの明治大学)卒業。日清戦後、『進歩党報』の記者を務めたほか、進歩党およびその後身の憲政本党の別動隊ともいうべき青年急進党の指導者として対外硬運動に関わる。講和問題同志連合会に参加し、日露講和反対国民大会を開催。そのため、検挙される。日露戦後は、国民主義的対外硬派が集って結成した国民倶楽部の機関誌『大国民』の編集に携わり、同誌に論説を掲載した。明治四十一年(一九〇八)十一月創刊の『北陸タイムス』に主筆として招かれ、その後社長兼主筆となる。日露戦後から大正期にかけて、東京市電の値上げ反対などの都市運動や普通選挙実現運動に携わった。大正から昭和にかけては、憲政会およびその後身の民政党に所属。大正十五年(一九二六)、東京市会議員に当選。昭和五年(一九三〇)の第十七回総選挙において、東京二区から出馬し、当選。昭和十年(一九三五)十一月十四日死去。七十二歳。著書に『(青年団結)急務激言』(明治三十四年、文学同志会)、『日本の富力』(大正十二年、大潮社)などがある。

参考文献 『民政党総覧』(芳賀登他編『日本人物情報大系』二七所収、二〇〇〇、皓星社)、日本新聞協会編『地方別日本新聞史』(一九五六) (小宮 一夫)

たかはしみずこ 高橋瑞子 一八五二―一九二七 明治・大正時代の医師。嘉永五年十月二十四日(一八五二年十二月五日)三河国幡豆《はず》郡西尾(愛知県西尾市)に、西尾藩士高橋驥六郎《きろくろう》の六男三女の末子として生まれる。幼くして両親を失い、明治十年(一八七七)ごろ郷里を出て結婚するが、離婚して女中奉公などで生計を立てる。同十二年ごろに助産婦を志し、前橋の助産婦の内弟子となり、その後上京し、助産婦養成の紅杏塾に入り、同十五年内務省の助産婦の資格を得た。このころから女医を志し、翌年三月には衛生局長長与専斎《ながよせんさい》に医術開業試験の受験許可を請願した。前橋に戻り産婆学校を設立、同十七年女医免許が認められ、上京し、済生学舎《さいせいがくしゃ》に入学、初の女子学生となった。苦学して同二十年(一八八七)三月医術開業試験に合格、三十六歳で日本三番目の女医となる。その後日本橋で開業、同二十三年ドイツに留学し、ベルリン大学に学ぶが、発病して帰国。その後医院は繁盛し、多くの弟子を育てた。昭和二年(一九二七)二月二十八日に死去。七十六歳。

参考文献 杉本苑子「高橋瑞子」(創美社編『近代日本の女性史』九所収、一九八一、集英社)、日本女医会編『日本女医史(追補)』(一九九一)

(林　彰)

たかはしみつたけ　高橋光威　一八六七―一九三二　政治家。高橋幾右衛門の四男として慶応三年(一八六七)十二月、越後国北蒲原郡菅谷村(新潟県新発田市)に生まれる。明治二十六年(一八九三)、慶応義塾大学部卒業。明治二十八年、『福岡日日新聞』主筆となる。明治三十二年(一八九九)、欧米に渡り農商務省嘱託として研究に従事する。鉄鋼王カーネギーの著作を『米国繁盛記』として翻訳。『福岡日日新聞』を経て『大阪新報』主筆となる。明治三十九年、内務大臣原敬の秘書官となり、明治四十一年(一九〇八)五月、新潟県から衆議院議員に当選し、立憲政友会に所属する。『中央新聞』の理事を務め、原敬内閣の書記官長となる。蓬萊生命保険相互会社を経営。政友本党の創立に加わるが、復党し政友会総務を務める。日魯漁業、大北漁業監査役。昭和五年(一九三〇)まで連続八回、衆議院議員に当選。著書に『炭鉱王』(明治三十六年、博文館)など。昭和七年四月九日没。六十六歳。

(河崎　吉紀)

たかはしゆいち　高橋由一　一八二八―九四　洋画家。文政十一年二月五日(一八二八年三月二十日)、下野国佐野藩士高橋源十郎の嫡子として江戸佐野藩邸に生まれる。名は浩。幼名猪之助。はじめ狩野派や北宗系の画家について学ぶ一方、家業の弓・剣師範の継承を期待された。嘉永年間(一八四八―五四)に西洋の石版画を見てその迫真性にショックを受けたことにより洋画家を志す。文久二年(一八六二)洋書調所画学局に入り川上冬崖《かわかみとうがい》の指導をうけて洋画法の勉強をする。この時期、所内で進められていた博物図譜の製作に従事し、植物や魚を描いた博物画をのこす。慶応二年(一八六六)横浜のワーグマンに就いて油絵の技法を学ぶ。三年パリ万国博覧会開催に「日本国童子二人一世邦翁の肖像画を観て感あるの図」を出品。明治維新ころに由一を名乗る。明治五年(一八七二)吉原稲本楼小稲の兵庫下髪姿を写す。この時の作品が「花魁」(東京芸術大学所蔵)と推定されている。明治六年ウィーン万国博覧会に大作「富岳大図」を出品。同年浜町の自宅に天絵楼画塾(のち天絵学舎)を開設し多くの門人を指導するとともに月例の画塾展を開き洋画普及に努める。画塾の門人としてのちに日本画の大家となる荒木寛畝《あらきかんぽ》、川端玉章《かわばたぎょくしょう》らの名もあった。代表作の「鮭」(東京芸術大学所蔵)は明治十年(一八七七)十二月の月例展に出品されたものと推定されている。このころ、来日していたイタリア人画家フォンタネージと交友する。明治十四年「螺旋展画閣創築主意」を各方面に配布し、美術館建設運動を始める。しかしこの螺旋式建築のユニークな美術館構想は実現されなかった。このころから美術界全体に国粋的傾向がひろまり洋画は逆境にたつ。由一は画塾閉鎖に追い込まれるが、山形県令三島通庸《みしまみちつね》の依嘱をうけて明治十四年より東北の土木事業を記録する仕事を精力的に行う。同時に写真を利用した油彩の風景画に新たな可能性を見出す。明治二十六年(一八九三)洋画沿革展覧会を開催。同二十七年七月六日死去。六十七歳。

参考文献 青木茂編『高橋由一油画史料』(一九八四、中央公論美術出版)、歌田真介編『高橋由一油画の研究』(『明治前期油画基礎資料集成』、一九九四、中央公論美術出版)、古田亮『狩野芳崖・高橋由一―日本画も西洋画も帰する処は同一の処―』(『ミネルヴァ日本評伝選』、二〇〇六、ミネルヴァ書房)

(古田　亮)

高橋由一自画像

たかばた　高機　地機《ちばた》より優れた高級織物用の織機。外部動力を用いない手織機に属する。古代に中国から伝来した空引機《そらひきばた》が京都西陣に伝わり、高機と呼ばれた。これは、上部の作業台に乗って紋織《もんおり》(模様織)用の綜絖《そうこう》の上下動を操る助手(空引)と、踏み木(竹)による地組織用の綜絖操作や杼《ひ》通し・筬《おさ》打ちを行う織り手との共同作業で織物を行うもので、高級紋織用の大型の機《はた》であった。高機は江戸時代中期以降、桐生・足利などの地方絹織物産地に普及していったが、綿織物産地への導入は幕末以降であった。綿織物を中心に空引機より奥行きの短い高機も使用されたが、いずれにせよ地機とちがって布巻具が機台に固定され、綜絖操作を踏み木で行うので座部が高い位置にあった。明治時代初期に飛杼装置が西洋から導入され、これを高機に装備したバッタン機が普及し、労働生産性を高めた。また紋織のための綜絖操作をパンチカ

ードとペダルによって行うジャカード機が導入され、絹織物の紋織を中心にして普及していった。 ↓地機《ちばた》 ↓バッタン

参考文献 内田星美『日本紡織技術の歴史』(『日本技術史叢書』、一九六〇、地人書館)、三瓶孝子『日本機業史』(一九六一、雄山閣)、中岡哲郎『日本近代技術の形成―〈伝統〉と〈近代〉のダイナミクス―』(『朝日選書』、二〇〇六、朝日新聞社)

(井川 克彦)

たかばたけかしょう 高畠華宵 一八八八―一九六六 大正から昭和時代前期にかけて活躍した挿絵画家。愛媛県北宇和郡宇和島裡町《うわじまうら》(宇和島市)にて明治二十一年(一八八八)四月六日生まれる。本名幸吉。明治三十五年(一九〇二)高等小学校の卒業を機に上阪し、日本画家平井直水に入門、翌年京都市立美術工芸学校日本画科へ入学。同三十七年父親の死去に伴い同校を中退、帰省したのち、再度上阪し平井画塾へ戻る。このころより花宵と号する。同三十八年京都市立美術工芸学校日本画科へ再入学するが、洋画への関心が高まり、遠縁から学資を受けて翌年関西美術院に移る。しかし、寺崎広業《てらさきこうぎょう》の画風への興味から、まもなく同校も去り上京。その後は愛媛・京都・東京を転々としながら生活のためにさまざまな仕事に従事しつつ、絵画修行を続ける。神田神保町に居住し、華宵の雅号でもっぱら商業図案の仕事で身を立てていた同四十三年(一九一〇)、図案家杉山寿栄男の紹介により津村順天堂の越山友之と知り合い、これが縁で翌年から昭和三年(一九二八)ごろまで津村順天堂の婦人薬中将湯の広告図案を描き、新進の挿絵画家として注目されるようになった。大正二年(一九一三)、『講談倶楽部』(大日本雄弁会講談社)三月号に挿絵を描くことになり、これ以降同社発行の雑誌を中心に、表紙・口絵・挿絵などを揮毫し人気を博す。しかし同十三年(一九二四)講談社との間で画料問題がこじれ、同社と絶縁状態になる華宵事件が起る。これによって主な仕事は実業之日本社発行の雑誌に移った。同十四年華宵の作品をあしらった「華宵便箋」が発売され爆発的な人気を呼ぶ。華宵が描く人物は「華宵顔」と呼ばれる、男女とも化粧をした妖艶な容貌を持ち、あまり性差が見られない。ヨーロッパの挿絵画家からの影響も見られる退廃的で淫靡、かつ都会的な作風は、少年・少女向けの雑誌の挿絵画家としてはかなり異色であった。戦前期に人気と名声を誇ったが、戦後はあまり恵まれないまま、昭和四十一年(一九六六)七月三十一日死去。満七十八歳。同年挿絵画家としては初の勲五等双光旭日章を受ける。多くの作品は東京都文京区の弥生美術館に収蔵されており、平成二年(一九九〇)には愛媛県東温《とうおん》市に高畠華宵大正ロマン館が開館。昭和五十一年(一九七六)に講談社より『高畠華宵名大画集』が刊行されている。

参考文献 『高畠華宵名画集―優美華麗な叙情画の世界―』(一九八四、講談社)、蕗谷竜生・小笠原洋子監修『竹久夢二・高畠華宵・蕗谷虹児―大正・昭和のロマン画家たち―』(展覧会図録、一九九四、毎日新聞社)、『高畠華宵大正ロマン館』(図録、二〇〇四、高畠華宵大正ロマン館)

(田島奈都子)

たかばたけもとゆき 高畠素之 一八八六―一九二八 明治時代末期から昭和時代初期の社会運動家、社会思想家。明治十九年(一八八六)一月四日、群馬県前橋市北曲《きたくる》輪《わ》町に、旧前橋藩士高畠武増・しげ子の五男として生まれる。母は素之が生まれてまもなく死去、義母のやゑの教育のもとで育つ。明治三十二年(一八九九)、前橋中学に入学。藤村操《ふじむらみさお》の『巌頭の感』や中江兆民の『一年有半』、島崎藤村の詩集などに深い関心を寄せる。明治三十四年、前橋中学の英語教師ペットレーの影響で前橋教会に通い、翌年に堀貞一牧師から洗礼を受ける。また、この時期にマルクスやエンゲルスの著作、あるいは週刊『平民新聞』などを通じて社会主義にも共鳴した。しかし、日露戦争に対しては、真の平和を成就するのであればこれを支持するとして、社会主義者の「非戦論」とは一線を画している。ただし、「時節柄戦争熱に浮かさるる事なく、只管社会の要求に対する我使命を自覚なされん事を全校の諸兄に熱望致し申し候」(「同志社より」三十八年四月)と故郷に書き送っているように、戦勝に湧く世論に対しては一定の距離を置く姿勢を示している。明治三十七年に同志社神学校に入学、社会主義への関心を深める一方で、キリスト教に対する懐疑が高まり、四十年(一九〇七)に退学届を提出。四十一年五月に前橋で『東北評論』を創刊、発禁処分を受ける。八月に再刊、その第一号に掲載した論説「社会主義と基督教」では、社会主義を「社会の事実経験を基礎としたる科学的産物」としたのに対し、宗教を「大部分感興の産物」と位置づけた上でキリスト教を「博愛を主張する宗教」であるとし、その論理からは社会問題を解決する方法は導かれないと述べ、自身のキリスト教に対する距離感を鮮明に打ち出した。同年六月の赤旗事件に関する報道記事が新聞紙条例違反に問われ、禁錮二ヵ月の有罪判決を受ける。この入獄中に、柏木義円《かしわぎぎえん》から与えられたマルクスの『資本論』(英訳)に目を通す。この経験をもとに、『資本論』の翻訳への意欲を示したといわれる。出獄後、社会主義の実行と主張を理由に前橋教会から正式に除名される。窮迫の生活の中でドイツ語の勉強に専念。四十四年、堺利彦の主宰する売文社《ばいぶんしゃ》に参加。大正三年(一九一四)、堺とともに『へちまの花』を創刊、翌年に『新社会』と改題し、その主要執筆者として活躍。「万国時事」欄でヨーロッパを中心とした社会主義運動の動向を紹介。ロシア革命に際しては、これをプロレタリア国家の成立ととらえ、国家の否定を説く無政府主義・マルクス主義との距離を指摘。大正七年、論説「政治運動と経済運動」を執筆、これをめぐって山川均との論争が展開される。八年一月、大川周明や満川亀太郎の主宰する老壮会に参加。同時期に福田徳三を通じて、吉野作造らの主宰する黎明会への加入を申し込むも拒絶される。その直後に執筆した「老壮会と

黎明会」(同年二月)で、高畠は老壮会に集まる国家主義者に対する共鳴を明らかにした。同年三月堺利彦らと訣別し、四月に遠藤友四郎、尾崎士郎、茂木久平、北原竜雄らと『国家社会主義』を創刊。創刊号の「労働者に国家あらしめよ―国家社会主義の理論的根拠―」で資本主義の撤廃と愛国的経済組織の樹立を唱え、国家社会主義運動の理論家として活躍した。『国家社会主義』は創刊号が発禁処分を受け、その後の資金難もあって同年八月で廃刊。大正十年(一九二一)に大衆社を設立、『大衆運動』を創刊。こののち、『局外』『急進』などで論陣を張った。上杉慎吉や宇垣一成とも交友を持ち、昭和三年(一九二八)には麻生久らによって国家社会主義新党の党首に擬されたが、同年十二月二十三日に死去。四十三歳。主著に、『幻滅者の社会観』(大正十一年)、『自己を語る』(大正十五年)、『批判マルクス主義』(昭和四年)。訳書として、カウツキー『資本論解説』(大正八年)、マルクス『資本論』全三巻(大正十三年)などがある。なお、この『資本論』の全訳は戦前における唯一のものである。

参考文献 橋川文三「北一輝と高畠素之」(『順逆の思想―脱亜論以後―』所収、一九七三、勁草書房)、有馬学「高畠素之における第二の旋回」(『季刊社会思想』三ノ三・四合併号、一九七四)、同「高畠素之と国家社会主義派の動向―大正中期社会運動の一面―」(『史学雑誌』八三ノ一〇、一九七四)、田中真人『高畠素之―日本の国家社会主義者―』(一九七八、現代評論社)、伊藤晃「高畠素之の思想について」(『千葉工業大学研究報告』人文編二二、一九八五)

(萩原 稔)

たかばたけらんせん 高畠藍泉 一八三八―八五 小説家、新聞記者。天保九年五月十二日(一八三八年七月三日)、江戸下谷、幕府お坊主衆の家に生まれる。本名瓶三郎・直吉《なおよし》など。明治五年(一八七二)以後、画号藍泉を通称とした。別号三世柳亭種彦・転々堂・足薪翁。五年『東京日日新聞』創刊時に入社、八年『平仮名絵入新聞』編集長となるも、退社して読売新聞(日就社)に転じ、『怪化百物語』や『(雅俗)一新要文』などを出版する。九年、日就社の『小学雑誌』を翌年まで主宰、十年(一八七七)独力で『東京毎夕新聞』を創刊するも失敗する。十一年関西を遊歴して、『大阪新聞』に入るが、半年後には上京して『東京曙新聞』印刷長に署名する。一方、『芳譚雑誌』を助力して多くの小説を連載する。翌十二年『巷説児手柏《こうせつこのてがしわ》』は、木版表紙本文活版の草双紙で出版、上野戦争で生き別れた親娘の再会を描いて注目される。『東京絵入新聞』に戻り、悔悟して立身と恋愛が成就される『松の花娘庭訓《ていきん》』を出版する。翌年には読売新聞に再入社する。十四年に『芳譚雑誌』連載の『岡山紀聞筆之命毛』(明治十五年刊)は、忠臣義士の活躍する岡山城主池田家の騒動を描き、『(筆廼面影)岡山紀聞』(同十七年)などと改題された類似作を生む。明治十五年一月柳亭種彦を襲名、『東京曙新聞』を改題した『東洋新報』に移り、下阪して『大東日報』を助力して、翌年帰京する。『芳譚雑誌』連載の正本製『楓時故郷の錦木《もみじときこきょうのにしきぎ》』や、京都を舞台にした『昼夜帯加茂川染』、侠客小金井小次郎・新門辰五郎の伝記『(落花清風)慶応水滸伝』を出版、新聞連載の続き物をまとめた『柳亭叢書』全五輯を大阪の駸々《しんしん》堂より出版する。十七年は、住谷兄弟の仇討ち物『蝶鳥筑波裙模様《ちょうとりつくばのすそもよう》』や、因果応報譚『怪談深閨屏』などを出版、十月『芳譚雑誌』が廃刊になる。十八年には相馬事件に取材した『黒白染分韁《こくびゃくそめわけたづな》』を出版、『東京絵入新聞』の続き物を再開後、十一月十八日没。四十八歳。翌年、遺稿『対模様荻の尾花《ついもようおぎをばな》』が出版される。

参考文献 柳田泉『(続随筆)明治文学』(一九三六、春秋社)、興津要『転換期の文学―江戸から明治へ―』(一九六〇、早稲田大学出版部)、高木元「高畠藍泉の時代」(『新日本古典文学大系』明治編一所収、二〇〇四、岩波書店)

(山田 俊治)

たかはまきょし 高浜虚子 一八七四―一九五九 俳人、小説家。本名清。明治七年(一八七四)二月二十二日、松山市長町新丁で生まれる。松山藩士池内庄四郎の四男。伊予尋常中学時代に河東碧梧桐《かわひがしへきごどう》との親交を深め、正岡子規を知り、兄事する。明治二十五年(一八九二)、京都の第三高等中学校に入学。翌年三高に入学した碧梧桐と同居し、俳句への情熱を燃やす。明治二十七年、学制改革により碧梧桐とともに仙台の第二高等学校に転じ、一月足らずで中退する。上京して子規と親しく往来し、明治二十八年、日清戦争に記者として従軍したものの喀血により帰国した子規を、神戸病院に駆けつけ看病する。明治二十九年には、虚子句の縦横さが子規から評価された。明治三十一年(一八九八)十月『ホトトギス』が東京に移って以降、虚子の文学上の主力の中心はこの雑誌におかれた。当初主に写生文を発表していたが、明治四十年(一九〇七)から小説に移り、『風流懺法《ふうりゅうせんぼう》』『斑鳩物語』などを発表し、『鶏頭』(明治四十一年、春陽堂)、『俳諧師』『続俳諧師』(ともに明治四十二年、民友社)を刊行した。この間全国遍歴の旅を続け、新傾向俳句運動を展開していた碧梧桐に抗して、明治四十五年より、守旧派を称し、十七字と季題趣味を守るべく、再び『ホトトギス』雑詠の選を始めた。大正二年(一九一三)、「春風や闘志いだきて丘に立つ」の決意で俳壇に復帰し、渡辺水巴《わたなべすいは》、村上鬼城《むらかみきじょう》、飯田蛇笏《いいだだこつ》、原石鼎《はらせきてい》、前田普羅《まえだふら》らを輩出した。昭和に入ってからは、「花鳥諷詠論」を掲げ、四Sと呼ばれた水《みず》

高浜虚子

原秋桜子《はらしゅうおうし》、阿波野青畝《あわのせいほ》、山口誓子《やまぐちせいし》、高野素十《たかのすじゅう》をはじめ、日野草城《ひのそうじょう》、川端茅舎《かわばたぼうしゃ》、松本たかし、中村草田男《なかむらくさだお》、杉田久女《すぎたひさじょ》、中村汀女《なかむらていじょ》らを輩出した。昭和六年(一九三一)以降、俳壇に反花鳥諷詠の運動が興ったが、虚子は一貫して花鳥諷詠論をもって抗した。昭和三十四年(一九五九)四月八日神奈川県鎌倉虚子庵にて没。満八十五歳。句集に『五百句』(昭和十二年、改造社)、『五百五十句』(昭和十八年、桜井書店)、『六百句』(昭和二十二年、青柿堂)、『六百五十句』(昭和三十年、角川書店)、『虚子句集』(自選、昭和三年、春秋社)がある。小説に『柿二つ』(大正四年、新橋堂)、『虹』(昭和二十二年、苦楽社)があり、全集に『高浜虚子全集』全十二巻(昭和九―十年、改造社)、『定本虚子全集』全十二巻(昭和二十三―二十五年、創元社)、『高浜虚子全集』全十六巻(昭和年四十九―五十年、毎日新聞社)がある。 ↓ホトトギス

参考文献 水原秋桜子『高浜虚子―並に周囲の作者達―』(一九五二、文芸春秋新社)、清崎敏郎『高浜虚子』(『俳句シリーズ人と作品』五、一九六五、桜楓社)、中田正敏『高浜虚子―人と文学―』(『日本の作家一〇〇人』、二〇〇七、勉誠出版)

(瓜生 鐵二)

たかひとしんのう　幟仁親王　一八一二―八六　幕末より明治期の皇族。有栖川宮第八代。文化九年正月五日(一八一二年二月十七日)、有栖川宮韶仁《つなひと》親王の第一男子として生まれる。幼名八穂《やほ》宮。文政五年(一八二二)十一月、光格上皇の猶子となり、翌年親王宣下を受けた。文政六年十一月、元服、上総大守に任じられた。弘化二年(一八四五)宮家を継ぎ、同四年には中務卿となる。安政六年(一八五九)三月、祐宮《さちのみや》(のち明治天皇)の習字御師範となる。文久二年(一八六二)閏八月、孝明天皇の命をうけ、攘夷に関する奉答書を呈出した。元治元年(一八六四)五月に国事御用掛を命ぜられたが、禁門の変の際、長州藩との関係について嫌疑を受け、朝譴を蒙り謹慎した。慶応三年(一八六七)正月に処分が解かれ、十二月に一品

幟仁親王

に叙される。明治元年(一八六八)正月に神祇事務総督、翌月議定職、神祇事務局督に任じられた。明治十四年(一八八一)二月に神道教導職総裁を仰せ付けられ、翌年三月、同総裁を免じられ御親祭御用掛を仰せ付けられ、皇典講究所を兼任した。ついで神道総裁となる。明治十九年一月二十四日死去。七十五歳。『幟仁親王日記』全四巻(『続日本史籍協会叢書』、昭和五十一年)がある。

参考文献 高松宮家編『幟仁親王行実』(一九三三)

(内藤 一成)

たかひらこごろう　高平小五郎　一八五四―一九二六　外交官。安政元年正月十四日(一八五四年二月十一日)、陸奥国一関に生まれる。明治六年(一八七三)七月工部省燈台寮に出仕したのち、九年外務省に入省し、十二年(一八七九)のグラント前アメリカ大統領来日の際には接伴掛に任ぜられる。同年十月からは外務二等書記生としてワシントンに在勤、明治十六年十二月外務権少書記官として公信局勤務となる。明治十八年三月より外務書記官として京城に在勤、二十年(一八八七)八月上海領事、二十三年四月総務局政務課長を経て、二十四年八月ニューヨーク総領事となる。以後、明治二十五年九月オランダ駐劄《ちゅうさつ》弁理公使、二十七年八月イタリア駐劄特命全権公使、二十八年十二月駐オーストリア公使(駐スイス公使を兼任)を歴任。明治三十二年(一八九九)六月には青木周蔵外相のもとで外務次官に任命され、翌三十三年五月外務総務長官兼外務省官房長を経て、同年六月駐米公使に任ぜられる。在任中、日露戦争時には講和全権委員として小村寿太郎外相とともにポーツマス条約に署名。帰国後、明治三十九年一月に貴族院議員となったが、四十年(一九〇七)二月イタリア駐劄特命全権大使に任命され、翌四十一年一月からは駐米大使となった。在任当時アメリカ国内では移民問題などをめぐって排日気運が高まっていたことから、日本政府は高平に対して「日米永遠ノ和親ヲ維持スル」ために交渉にあたるよう訓令し、同年十一月ルート米国務長官との間に高平・ルート協定を結んで、太平洋における商業の自由平穏な発展や現状維持、中国における商業の機会均等、両国領土の尊重などの五項目を確認した。明治四十二年十一月に駐米大使を免じられ、大正元年(一九一二)十一月に待命満期で退官。その後は、六年十二月から十五年(一九二六)十一月まで再度貴族院議員を務めた。大正十五年十一月二十八日死去。七十三歳。

参考文献 寺本康俊『日露戦争以後の日本外交―パワー・ポリティクスの中の満韓問題―』(一九九九、信山社出版)、松村正義「もう一人のポーツマス講和全権委員―高平小五郎・駐米公使―」(『外務省調査月報』二〇〇六年度ノ一、二〇〇六)

(浜井 和史)

たかひら・ルートきょうてい　高平・ルート協定　明治四十一年(一九〇八)十一月三十日に高平小五郎駐米大使とエリュー＝ルート国務長官の間で交わされた交換公文。一般にこれを「高平・ルート協定」と呼称するが、厳密な意味での協定ではない。第二次桂太郎内閣では特に満洲権益の保持に重点が置かれていた。小村寿太郎外相は高平に太平洋方面の現状維持と中国における商工業の機会均等等を擁護する方針をアメリカに確認させ、十一月三十日の交換公文の形で実現させた。日本はハワイ、フィリピンに対する侵略的意図はないことを明らかにし、中国においてもアメリカとの協調を表明した。また、アメ

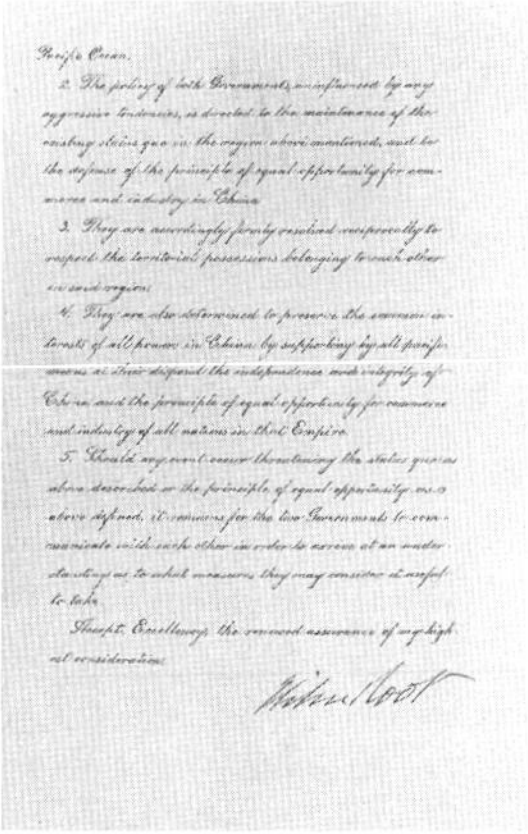

高平・ルート協定

リカも事実上、日本の韓国併合と満洲における立場を承認した。当時の日米関係は、排日問題などで良好とはいえない状態であったが、中国における協調が確認されることで部分的とはいえ関係改善がみられたのである。

[参考文献] 外務省編『日本外交文書』明治四一(一九六〇―六二、巌南堂書店)

(山下　大輔)

たかまつとよきち　高松豊吉　一八五二―一九三七　工業化学者。嘉永五年九月十一日(一八五二年十月二十三日)に江戸浅草(東京都台東区)で生まれる。東京開成学校、東京大学でアトキンソンに化学を学び、明治十一年(一八七八)卒業。東京師範学校教諭を経て明治十二年から三年間、イギリス、ドイツに留学する。帰国後直ちに東京大学理学部講師に任命され、明治十七年に教授となる。明治十九年の帝国大学創設に際して工科大学応用化学科教授となり有機工業化学を講じる一方、東京職工学校教授を兼務して染料技術者を育てた。明治三十六年(一九〇三)に東京瓦斯会社に転じ、明治四十二年(一九〇九)から大正三年(一九一四)に退社するまで同社長を務める。大正四年から九年間、東京工業試験所所長を務めた。昭和十二年(一九三七)九月二十七日に東京で死去。八十六歳。東京大学での同窓生であった中沢岩太と並び、産官学で活躍した明治の化学工業界の第一人者である。

高松豊吉

[参考文献] 高松博士祝賀伝記刊行会編『工学博士高松豊吉伝』(一九三二、化学工業時報社)、芝哲夫「化学大家三九七―高松豊吉―」(『和光純薬時報』七二、二〇〇四)

(菊池　好行)

たかまつりょううん　高松凌雲　一八三六―一九一六　幕末・明治・大正期の医師、社会事業家。幼名は権平、のち荘三郎。天保七年十二月二十五日(一八三七年一月三十一日)、筑後国御原郡古飯《ふるえ》村(福岡県小郡《おごおり》市)庄屋高松虎之助直道の三男として生まれる。久留米藩士養子となるが、医学を志し養家を出て、江戸の蘭方医石川桜所に学ぶ。文久元年(一八六一)大坂の緒方洪庵に入門。石川の推挙で慶応元年(一八六五)一橋家に出仕。慶応三年のパリ万国博覧会使節団に随行、一行の帰国後もパリで外科医療や貧民への医療活動を学ぶ。鳥羽・伏見の戦の報をうけ帰国し、榎本武揚軍に従い箱館に行く。箱館病院頭取として、敵味方の区別なく戦傷者治療にあたった。維新後、明治三年(一八七〇)浅草で医院を開業。明治十一年(一八七八)上野に鶯渓《おうけい》病院を開く。さらに同十二年二月、貧窮者救護の同愛社を創設、東京周辺に慈善施療所を多数設立した。同十九年東京医会副会長、大正二年(一九一三)会長となる。大正五年十月十二日没。八十一歳。著書は『保嬰新書《ほえいしんしょ》』、『内科枢要』(全十冊)、『虎列刺《コレラ》病論《びょうろん》』など。実兄は戊辰戦争時の幕将古屋作左衛門。

[参考文献] 高原美忠編『高松凌雲翁経歴談―函館戦争史料(復刻版)―』(『続日本史籍協会叢書』、一九七九、東京大学出版会)、青柳竜三「高松凌雲」(『日本医事新報』二二九三、一九六八)、木本至『医の時代―高松凌雲の生涯―』(一九八〇、マルジュ社)、伴忠康『高松凌雲と適塾―医療の原点―』(一九八〇、春秋社)、高松卯喜路『幕将古屋作左衛門(兄)幕医高松凌雲(弟)伝』(一九八〇、秀巧社印刷)

(青木　歳幸)

たかみねじょうきち　高峰譲吉　一八五四―一九二二　副腎ホルモンアドレナリンをはじめて結晶として分離した化学者。安政元年十一月三日(一八五四年十二月二十二日)に越中高岡で加賀藩医高峰精一の長男として生まれた。慶応元年(一八六五)十二歳で加賀藩選抜生として長崎に遊学、明治三年(一八七〇)に開校された大阪医学校に入学した。近くに開設された舎密局《せいみきょく》でのハラタマやリッテルの化学講義を聴いて、化学専攻の志を固めた。同五年に上京して工部省工学寮に入学し、ダイバースについて応用化学を専攻した。卒業後、英国へ留学し、グラスゴー大学に学んで同十六年(一八八三)に帰国、農商務省に入り、日本固有の化学工業を志し、明治二十年(一八八七)に深川釜屋堀に東京人造肥料会社を設立して燐酸肥料の製造を開始した。高峰は日本酒の米麹菌の醱酵力に着目し、ウィスキー製法を改良する高峰元麴法を開発した。これが米国ウィスキー業者の注目するところとなり、同二十三年に招かれて渡米し高峰ファーメント会社を設立した。しかし火災によりこの会社が頓挫したのち、高峰は麴菌から強力消化酵素タカジアスターゼを開発して、日本での製造販売のために三共商会、のちの三共株式会社が設立された。その後、高峰はニューヨークに設立さ

高峰譲吉

れた高峰化学研究所において、一九〇〇年七月に日本から招いた助手の上中啓三《うえなか》とともに当時医学研究の焦点となっていた副腎の血圧上昇、止血作用の活性本体をはじめて結晶として単離することに成功し、アドレナリンと命名した。これはホルモン第一号の単離として世界の反響を呼んだ。高峰は大正二年(一九一三)に日本に帰国した時に、日本の科学研究の振興のために国民科学研究所の設立を主唱し、それに基づいて同六年に設立されたのが現在の理研の前身の財団法人理化学研究所であった。高峰はまた日米親善にも尽力し、米国に日本の桜を寄贈し、一九〇五年にはニューヨークに日本倶楽部を創設した。大正十一年(一九二二)七月二十二日に米国で死亡し、ニューヨーク北郊のウッドローン墓地に葬られた。六十九歳。→タカジアスターゼ

参考文献 『高峰譲吉博士の面影』(一九二六、高峰譲吉博士顕彰会)、飯沼和正・菅野富夫『高峰譲吉の生涯―アドレナリン発見の真実―』(『朝日選書』、二〇〇〇、朝日新聞社)、芝哲夫『日本の化学の開拓者たち』(『ポピュラー・サイエンス』、二〇〇六、裳華房)
(芝 哲夫)

たかみねひでお 高嶺秀夫 一八五四―一九一〇 師範教育に貢献した教育学者。安政元年八月十四日(一八五四年十月五日)陸奥国会津郡に会津若松藩士忠亮の長男として生まれる。藩学日新館で学んだのち、明治四年(一八七一)慶応義塾に入塾。同八年文部省出仕を命ぜられ、伊沢修二とともに師範学科取調べに米国に赴き、ペスタロッチ運動の中心地であったオスウィーゴー師範学校に学び、同十一年(一八七八)帰国した。東京師範学校長補心得となり、同十四年同校校長に就任。同十九年高等師範学校教頭、同校校長を歴任した後、同三十年(一八九七)女子高等師範学校校長となる一方、帝国博物館監査委員、東京美術学校校長を兼務するなどして、草創期の師範学校教育を育てた。ジョホノットの著書を翻訳した開発主義の理論書である『教育新論』(明治十八年)を著わして児童の心理に配慮した開発主義教授法を導入・提唱し、日本にペスタロッチ運動が起きた。また、彼の指導によって実践をまとめた若林虎三郎・白井毅『改正教授術』(明治十七年)も教育界に広く普及した。上記のほか、『工夫幾何学』(同十八年、訳書)、『動物比較解剖図解説』(同十八・十九年)などがある。明治四十三年(一九一〇)二月二十二日没。五十七歳。

高嶺秀夫

参考文献 高嶺秀夫先生記念事業会編『高嶺秀夫先生伝』(一九二一、培風館)、東京文理科大学編『創立六十年』(一九三一)、藤原喜代蔵『明治大正昭和教育思想学説人物史』一(一九四二、東亜政経社)、稲垣忠彦『明治教授理論史研究』(一九六六、評論社)
(榑松かほる)

たかむらこううん 高村光雲 一八五二―一九三四 明治時代を代表する木彫家。幼名中島光蔵。嘉永五年二月十八日(一八五二年三月八日)浅草北清島町(東京都台東区)に生まれる。十一歳で仏師の高村東雲に弟子入りし幸吉と呼ばれる。二十二歳で年季奉公があけると東雲から光雲の雅号を受け、高村と名乗る。明治十年(一八七七)の第一回内国勧業博覧会で師の代作が受賞して認められ、輸出用彫刻制作、展覧会入賞、東京彫工会の創立などに活躍。二十二年(一八八九)東京美術学校教授、翌年帝室技芸員。二十四―二十六年に、東京美術学校が住友家から委嘱された「楠木正成銅像」の原形木型主任として制作を指揮(宮城前設置は三十三年)。この像では国粋主義的風潮に応えて、銅像原形に洋風の石膏型に代わり伝統的な木彫が導入された。石川光明《いしかわこうめい》・後藤貞行《ごとうさだゆき》・山田鬼斎《やまだきさい》の仕事をまとめ、国家的要請である西欧列強と同等の騎馬像記念碑として結実させた。並行して二十五年から「西郷隆盛銅像」の木型主任となり、近代で最も大衆に親しまれた彫刻を実現(上野天王台設置は三十一年)。その合間に、二十六年シカゴ万国博覧会に出品した「老猿」(重文)が金賞を受賞。仏像や置物、輸出用工芸品の域にあった明治初期の木彫を、近代彫刻として位置づける代表作を立て続けに制作した。三十三年(一九〇〇)パリ万国博覧会でも銅牌受賞。一方で長男高村光太郎が、光雲本人が直接手がけた作品を五十体程度とし、その工房制作について職人的と批判したように、松本喜三郎《まつもときさぶろう》の生人形に感嘆し、東京美術学校に勤めながら見世物の大仏制作に関わり、「老猿」のモデルに浅草奥山の猿茶屋の猿を借りるなど、近代以前の価値感も身にしみていた。その様子は幕末から明治にかけての経験を生き生きと著述した『光雲懐古談』(昭和四年)にうかがえる。同書の内容は数度書名を変えながら、現在も出版されている(『幕末維新懐古談』として『岩波文庫』に収録)。彫刻家・詩人・ロダンの布教者として著名な長男光太郎をはじめ、明治四十三年(一九一〇)に開いた日本初の画廊琅玕洞《ろうかんどう》を管理した次男道利《みちとし》、鋳金の近代化に貢献した三男豊周《とよちか》を育てた。昭和九年(一九三四)十月十日、東京市本郷区駒込林

高村光雲

町(東京都文京区)で没。八十三歳。

参考文献 中村伝三郎『明治の彫塑—「像ヲ造ル術」以後—』(一九九一、文彩社)、田中修二『近代日本最初の彫刻家』(一九九四、吉川弘文館) (小泉 晋弥)

たかむらこうたろう 高村光太郎 一八八三—一九五六 彫刻家、詩人。彫刻家高村光雲の長男として、明治十六年(一八八三)三月十三日、東京市下谷区(東京都台東区)に生まれた。明治三十年(一八九七)東京美術学校予科に入学。本科彫刻科に進み、ロダンに傾倒する。三十三年、新詩社に加わり『明星』に詩や短歌などを発表。三十九年から四十二年(一九〇九)まで、ニューヨーク、ロンドン、パリで美術を学ぶ。帰国後、旧体制との戦いに疲れてデカダンスにも陥るが、四十四年ころから旺盛な創作活動を展開。『白樺』にも接近し、四十五年、画家岸田劉生・木村荘八らとフュウザン会を結成する。大正三年(一九一四)詩集『道程』(抒情詩社)を自費出版し、長沼智恵子と結婚。『ロダンの言葉』(大正五年、阿蘭陀書房)や、妻を歌った詩や散文を集めた『智恵子抄』(昭和十六年、竜星閣)など多数の著書がある。昭和二十八年(一九五三)十和田湖畔の裸婦像を完成した後、結核が悪化し、三十一年(一九五六)四月二日没。満七十三歳。

参考文献 草野心平編『高村光太郎研究』(一九五九、筑摩書房)、吉本隆明『高村光太郎』(一九七〇、春秋社) (柳沢 孝子)

高村光太郎自画像

たかむらたへい 高村太平 一八一四—七七 讃岐の勤王家、彫刻家。別名は橘正容。号小隠。文化十一年十月三日(一八一四年十一月十四日)、讃岐国豊田郡和田浜(香川県観音寺市)に生まれる。丸亀藩に彫刻を献納して賞せられ、名字帯刀を許された。国事に関心を抱くようになり、琴平の日柳燕石《くさなぎえんせき》など讃岐の勤王家と親交を結び、さらに吉田松陰とも交わる。文久三年(一八六三)、生野の変に際し、丸亀から新居浜を経て長州に逃れた沢宣嘉や北垣国道を庇護するなど、諸国を往来する志士を保護した。慶応元年(一八六五)に高杉晋作をかくまった日柳が高松藩に捕えられると、高村は幕府側の追及を逃れるために和田浜を出奔し、山口で毛利敬親《もうりたかちか》に拝謁するなど各地を遍歴する。王政復古の際は、大庄屋だった高橋源吾らと赤心報国の血判状を作成して地元の有志を糾合した。晩年は彫刻の制作に励みつつ余生を過ごし、明治十年(一八七七)二月十七日に六十四歳で死去した。

参考文献 『三豊郡史(復刻)』(一九七三、名著出版)、『観音寺市誌』通史編(一九八五) (落合 弘樹)

たかむらちえこ 高村智恵子 一八八六—一九三八 明治から昭和時代にかけての洋画家。明治十九年(一八八六)五月二十日福島県安達郡油井《ゆい》村(二本松市)に祖父の代から続く安達随一の造り酒屋斎藤今朝吉《けさきち》、センの長女として生まれる。明治二十六年(一八九三)八歳で町立油井小学校に入学。この年、父今朝吉が長沼家と養子縁組を行い、以後長沼姓を名乗る。明治三十六年(一九〇三)福島高等女学校を卒業。卒業生総代として答辞を読む。勉学だけでなく早くから絵画に関心を持っていた智恵子に、教師や母も東京への進学を積極的に薦め、四月に日本女子大学校普通予科に入学。二学期から選科生。西洋画の授業を選択し、絵具箱とスケッチブックを持って校内を歩く姿は、一級上の平塚らいてうたちの印象に深く刻まれた。明治四十年(一九〇七)四月、家政学部選科卒業後も東京に残り、太平洋画研究所に通い、中村不折《なかむらふせつ》らから油絵を学ぶ。四十四年青鞜社《せいとうしゃ》に参加、『青鞜』創刊号の表紙絵を描く。この年、高村光太郎にはじめて紹介される。四十五年早稲田文学社主催装飾美術展覧会、大正元年(一九一二)第十回太平洋画会展などに作品を出展。『読売新聞』で「男も凌ぐ新しさ」を持った「最も新しい女画家」(六月五日)と評される。大正三年恋愛関係にあった光太郎と、東京本郷駒込林町の光太郎のアトリエで生活を始める。結婚披露宴を行うが、両者の希望で婚姻届は提出しなかった。翌年、肋膜炎で入院。この年光太郎は「智恵子の首」を制作。智恵子の健康はすぐれず創作活動と生活との矛盾から次第に行き詰る。昭和四年(一九二九)実家長沼家が破産。六年精神分裂病を発症、翌年自殺未遂。昭和九年八月二十三日、智恵子の病状を考慮し、高村家に正式に入籍。作業療法として勧められた紙絵の作成を始める。昭和十三年(一九三八)併発していた粟粒性肺結核で、十月五日入院先のゼームス坂病院にて死去。五十三歳。昭和十六年、光太郎が詩集『智恵子抄』(竜星閣)を刊行。

高村智恵子

参考文献 駒尺喜美『高村光太郎』(『講談社現代新書』、一九八〇、講談社)、黒沢亜里子『女の首—逆光の『智恵子抄』—』(一九八五、ドメス出版) (岩見 照代)

たかやすきそう 高安亀叟 一八四〇—一九〇三 幕末・明治期の能楽囃子方。大鼓方高安流。十四代高安三太郎英勝の次男として天保十一年(一八四〇)江戸に生まれる。

当初は大鼓を修めるが、のち太鼓方金春《こんぱる》流十八代惣次郎の養子となり、太鼓方に転じて金春泰三と名乗り十九代を継ぐ。明治二十一年(一八八八)川井五十男(熊本藩の太鼓方川井彦兵衛の息男、二十九年没)を養子に迎える。二十六年、衰微した実家を支援するため高安亀叟として大鼓方に復帰し、高安鬼三(のちの十六世高安道喜)の後見人をつとめる。三十六年(一九〇三)十一月十九日没。六十四歳。

参考文献 池内信嘉『能楽盛衰記』下(一九二六、能楽会)、倉田喜弘編『明治の能楽』三(一九九六、日本芸術文化振興会)、『梅若実日記』(二〇〇二—〇三、八木書店)

(三浦 裕子)

たかやすげっこう 高安月郊 一八六九—一九四四 明治から大正期の詩人、劇作家。明治二年二月十六日(一八六九年三月二十八日)大阪に生まれる。本名三郎、別号愁風吟客。六代続いた医家に生まれ、十三歳の時、医を学ぶために上京。一時政治家を志し、さらに文学に転じて新体詩や小説を発表。明治二十六年(一八九三)、部分訳ながらイプセンの『社会の敵』『人形の家』を本邦初訳し、三十四年(一九〇一)、坪内逍遙の推薦により、完訳に評伝を付して『イプセン作社会劇』を刊行。二十八年京都に放浪し、劇作に専念。翌年史劇『重盛』、三十六年『江戸城明渡』(同年東京明治座で川上音二郎一座によって上演)、三十九年『桜時雨』(前年京都南座の顔見世で上演)で劇作家としての地位を確立し、坪内逍遙、森鷗外とともに新歌舞伎の発展に貢献した。詩人としては、『夜濤集《やとうしゅう》』(明治三十三年)以下、多数の詩集を刊行。昭和十九年(一九四四)二月二十六日没。七十六歳。

参考文献 乙葉弘「劇作家としての高安月郊」(『東京学芸大学研究報告』一二、一九六一)、昭和女子大学近代文学研究室編『近代文学研究叢書』五三(一九八二、昭和女子大学近代文化研究所)

(梅澤 宣夫)

たかやましゃ 高山社 高山長五郎が明治十七年(一八八四)に群馬県緑野《みどの》郡(藤岡市)において創設した民間の養蚕改良結社。長五郎は明治初年に長年の経験から独自の養蚕法を考案し、明治十年代半ばに「清温育」と名付けた。明治時代初期に高山養蚕組合を発足し、故郷の高山村を中心に技術伝習、養蚕教師養成を行なっていたが、十七年の同業組合準則発布に合わせて養蚕改良高山社を設立し、全国的な結社となった。十九年に長五郎が没し、弟子の町田菊次郎が後継者となり、授業員(巡回指導者)の養成・派遣と技術改良に努め、明治二十年代に急激に成長した。四十年(一九〇七)には社員(同社から養蚕の教授を受けた者)約四万人、授業員約八百人を擁した。三十四年(一九〇一)には日本初の私立甲種高山社蚕業学校を設立し、蚕業に関する専門知識を教授したが、明治末から大正期にかけて官立、県立の講習所が増設されるとともに高山社が経営難に陥ったことから同校は昭和二年(一九二七)廃校となった。

高山社

参考文献 『群馬県蚕糸業史』上(一九五五)、松浦利隆『在来技術改良の支えた近代化—富岡製糸場のパラドックスを超えて—』(『近代史研究叢書』、二〇〇六、岩田書院)

(土金 師子)

たかやまじんたろう 高山甚太郎 一八五七—一九一四 工業化学者。安政四年三月一日(一八五七年三月二十六日)、加賀国大聖寺(石川県加賀市)に加賀大聖寺藩藩士高山甚吾の長男として生まれる。時習館、金沢英語学校、致道館などで学び、明治五年(一八七二)上京、第一番中学、開成学校を経て、東京大学理学部化学科でアトキンソンに学び同十一年(一八七八)卒業。同年準教授となったが、十二年内務省地質調査掛に入りコルシェルトのもとで化学分析に従事。二十一年(一八八八)農商務省総務局分析課長となる。二十二年末より二十四年初めまでドイツに留学、二十四年八月工学博士の学位を受ける。セメントの製造、耐火材料の研究に寄与した。工業試験所設立のために尽力し、三十三年(一九〇〇)設立すると初代所長となり没するまでその地位に就いた。三十九年日本化学会会長、四十一年(一九〇八)、四十四年工業化学会会長を歴任。大正三年(一九一四)十月二十三日没。享年五十八。

参考文献 『化学技術研究所八十年史—創立八十周年記念出版—』(一九六〇)、寄田栄一「高山甚太郎博士の業績」(『セラミックス』三六ノ五、二〇〇一)

(古川 安)

たかやまちょうごろう 高山長五郎 一八三〇—八六 明治時代前期の養蚕改良家。上野国緑野《みどの》郡高山村(群馬県藤岡市)の豪農高山寅蔵(寅三)の次男として天保元年四月十七日(一八三〇年六月七日)に生まれる。幕末期以降、実弟の木村九蔵とともに養蚕飼育法の改良に取り組み、火力を使わない清涼育と火力で加温する温暖育の中庸である折衷育を考案し、清温育と名づけて普及させた。明治三年(一八七〇)養蚕改良のため高山組を組織し、十七年(一八八四)には県の許可を得て、養蚕改良高山社と改称した。明治十九年十二月十日、五十七歳で没。没後も、町田菊次郎らが高山社を継承してこれを全国的に発展させていった。高山社の授業員から養蚕技術の教授を受ける社員は明治二十八年(一八九五)に一万人を超え、三十八年(一九〇五)には三万人を超えた。また明治三十四年には私立高山社蚕業学校が開校された。明治三十三年に長五郎の弟子たちがその技術を『高山社養蚕方案』という書にまとめた。

参考文献　江波戸昭『蚕糸業地域の経済地理学的研究』(一九六九、古今書院)、『群馬県史』通史編八(一九八九)、松浦利隆『在来技術改良の支えた近代化—富岡製糸場のパラドックスを超えて—』(『近代史研究叢書』、二〇〇六、岩田書院)
(松村　敏)

たかやまちょぎゅう　高山樗牛　一八七一—一九〇二　明治時代後期の文学者、思想家、評論家。明治四年正月十日(一八七一年二月二十八日)、羽前国田川郡鶴岡城下新山東小路(山形県鶴岡市)に、旧荘内藩士斎藤親信・芳の次男として生まれる。当初林次郎と命名され、のち林治郎と改められたが、生涯を通称の林次郎で通す。翌五年に実父の兄にあたる高山家の養子となる。養父高山久平が官職を得て転任するのに従い、山形・福島・東京などに居住する。明治二十一年(一八八八)に第二高等中学校に入学、在学中に執筆した論説ではじめて樗牛の筆名を使う。二十六年に帝国大学文科大学哲学科に入学。翌二十七年に『平家物語』を題材に執筆した小説「滝口入道」が、『読売新聞』の懸賞小説で優等賞第二席入選(一席は該当者なし)したことにより、文壇での活躍が始まる。なお、本書は二十八年に著者名なしで刊行されるが、樗牛は生前にその著者であることを明かすことはなかった。同年に雑誌『帝国文学』の発刊に参加、批評欄および雑報欄を担当。同年、雑誌『太陽』の文学欄記者もつとめる。この時期、「抽象理想問題」や「夢幻劇」などをめぐって森鷗外との論戦を展開。二十九年帝大を卒業、第二高等学校教授となるも、翌三十年(一八九七)に辞職。博文館に入社、五月に『太陽』の編集主幹に就任する。これ以後、坪内逍遙らと「史劇・歴史画論争」を繰り広げ、また『わが袖の記』(三十年八月)で展開した感傷的な文体が多くの読者をひきつけた。あわせて、三十年五月以降、樗牛は日本主義を唱える論説をつぎつぎに発表、論壇の大きな注目を浴びた。彼の日本主義は、「国家的特性に本づける自主独立の精神に拠りて、建国当初の抱負を発揮せむことを目的とする所の道徳的原理」(「日本主義」)であるというものであり、「宗教にあらず、哲学にあらず、国民的実行道徳の原理」(同)であると位置づけられ、宗教、とりわけキリスト教主義教育の排斥を強く打ち出すものであった。この点、帝国大学時代の恩師であった井上哲次郎と共通する意見を打ち出したといえ、三十一年七月には井上らが設立した大日本協会の機関誌『日本主義』に「国民精神の統一—帝国憲法、教育勅語、及び日本主義—」と題する論説を寄稿している。また、帝国主義・植民地主義を全面的に肯定し、「属邦若しくは植民地に於ける異人種若しくは異民族に、本国人と同一の権利を与へず、飽く迄権力関係によりて是等異邦人と本国人との間に、本支主従の差別を規定する」(「帝国主義と植民」三十二年七月)ことを唱えた。すなわち樗牛は同化主義を否定し、支配民族である日本人の優位を維持することを主張したのである。だが、彼は一方で「人生の目的は幸福にあり。国家至上主義は是の幸福を実現する方便なり(中略)世上の誤解、多くは是の主義を以て人生の目的となすより起る。幸福以外に人生の目的あるべき謂れ無し」(「国家至上主義に対する吾人の見解」三十一年一月)と述べ、国家をあくまで「方便」と把握していた。このような意識が、三十三年の肺結核による喀血、翌年の欧米留学の辞退などを経て、ニーチェの影響のもとに「個人主義」を唱えるという論調の変化につながっていくことになる。三十四年一月には「文明批評家としての文学者」を執筆して個人主義を賛美し、同年八月には個人の本能を満足させることが幸福に結びつくという「美的生活論」を唱え、『太陽』内部からの長谷川天渓《はせがわてんけい》の批判をはじめとする大きな議論を巻き起した。その後、田中智学《たなかちがく》との交流を通じて日蓮に傾倒し、「日蓮上人とは如何なる人ぞ」(三十五年四月)など、日蓮に関する数篇の論説を著わした。三十四年四月、東京帝国大学文科大学の講師をつとめる。三十五年十二月二十四日死去。三十二歳。既述の論説のほか、「所謂社会小説を論ず」(三十年)、「平家雑感」「美的生活を論ず」(三十四年)などがある。また、『高山樗牛・斎藤野の人・姉崎嘲風・登張竹風集』(『明治文学全集』四〇)に著作が収められている。

高山樗牛

参考文献　秋山正香『高山樗牛—その生涯と思想—』(一九五七、積文館)、長谷川義記『樗牛—青春夢残　高山林次郎評伝』(一九八二、暁書房)
(萩原　稔)

たからいばきん　宝井馬琴　⇩東流斎《とうりゅうさい》馬琴《ばきん》

たからさんざえもん　宝山左衛門　長唄囃子方。

(一)二代　一八三五—一九一〇　天保六年三月二十一日(一八三五年四月十八日)生まれ。本名田中次郎兵衛。初代山左衛門の子で五代望月太左衛門の門弟。嘉永五年(一八五二)市村座では望月鶴三郎で出演。二代福原百《ふくはらひゃく》之《の》助《すけ》を経て、明治八年(一八七五)に二代目を名のる。三十八年(一九〇五)六代望月太左衛門を名のり、四十三年(一九一〇)十二月二十日に没するまで二人太左衛門の時代が続いた。七十六歳。

(二)三代　一八六〇—一九一四　二代目の子。万延元年(一八六〇)に生まれる。本名田中春吉。三代福原百之助を経て明治十三年(一八八〇)には二代福原鶴三郎の名で新富座に出演。三十八年(一九〇五)三代目襲名。太鼓の名人で明治座の囃子頭を務めた。大正三年(一九一四)二月十二日没。五十五歳。　(配川　美加)

財　部　彪

たからべたけし　財部彪　一八六七—一九四九　明治期から昭和時代初期にかけての海軍軍人、政治家。慶応三年四月七日(一八六七年五月十日)、日向国都城(宮崎県)にて鹿児島藩士・歌人・都農《つの》神社宮司財部実秋《さねあき》の次男に生まれる。妻は海軍大将山本権兵衛の次女いね。山本との関係から昇進が早かったが、同時に海軍内で「財部親王」と揶揄されもした。攻玉社中学校を経て明治十七年(一八八四)海軍兵学校入校(十五期)。二十二年(一八八九)主席卒業。二十三年少尉、二十五年フランスより松島回航。二十六年海軍大学校卒業、二十七年日清戦争時に高雄分隊長、二十七年十二月大尉。二十八年九月常備艦隊参謀、三十年(一八九七)八月より二年間イギリス駐在。三十二年九月少佐。三十三年五月に帰国、第一水雷艇隊艇長、三十三年七月再び常備艦隊参謀などを務める。三十六年九月中佐。日露戦争時には大本営参謀。三十八年一月大佐。四十年(一九〇七)一月より八月まで、貞愛《さだなる》親王の随行としてイギリス出張。四十年九月宗谷艦長、四十一年九月富士艦長。四十一年十二月第一艦隊参謀長を経て、四十二年十二月少将、海軍次官。大正二年(一九一三)十二月中将。三年五月シーメンス事件により待命。四年二月三艦隊司令官、同年十二月旅順要港部司令官を皮切りに舞鶴、佐世保、横須賀の鎮守府長官を歴任。八年十一月大将。十二年(一九二三)五月から翌年一月まで加藤友三郎内閣、第二次山本内閣の海軍大臣。その後、加藤高明内閣、第一次若槻礼次郎内閣、浜口雄幸内閣でも海相を勤める。昭和五年(一九三〇)のロンドン軍縮会議には、海軍大臣のまま若槻らとともに全権委員として参加、補助艦対米七割を主張したが妥協を強いられ対米比六・九七五で調印。しかし条約に反対する加藤寛治軍令部長らの艦隊派に統帥権干犯との非難を受けた。このことが原因で、十月二日の批准後に海相辞任、軍事参議官に転じる。七年四月には予備役、十二年(一九三七)退役。昭和二十四年(一九四九)一月十三日没。八十三歳。『財部彪日記—海軍次官時代—』(昭和五十八年、山川出版社)が刊行されている。　(藤田　賀久)

たがわだいきちろう　田川大吉郎　一八六九—一九四七　明治から昭和時代前期の政治家、著述家、キリスト教教育者。明治二年十月二十六日(一八六九年十一月二十九日)、肥前国彼杵《そのぎ》郡大村(長崎県大村市)に下級士族である田川節造の長男として生まれる。長崎外国語学校を経て、東京専門学校(現在の早稲田大学)邦語政治科に入学。二十三年(一八九〇)一月にキリスト教徒となる。七月に卒業後は『郵便報知新聞』記者となり、二十五年に『都新聞』主筆、二十八年に『実業新聞』主筆、二十九年に『台湾新報』主筆、三十年(一八九七)に『報知新聞』記者、三十八年には再び『都新聞』主筆を務めるなど新聞記者として活躍。この間、北清事変、日清戦争、日露戦争に陸軍通訳として従軍した。矢野文雄が発起人の社会問題講究会幹事を務めるなど都市問題に関心が深く、四十一年(一九〇八)九月から大正三年(一九一四)十月まで東京市助役となり、東京市政調査会に関与。明治四十一年五月には、第十回総選挙で東京から衆議院議員に初当選し、以後、断続的に昭和二十二年(一九四七)十月まで通算九期議員を務める。又新会・立憲国民党・大隈伯後援会・憲政会・中正会・革新倶楽部・同交会などに所属。第一次憲政擁護運動で活躍し、第二次大隈重信内閣では、大正四年七月から五年十月まで司法省参政官を務めた。「大正デモクラシー」の時代には『中央公論』などに寄稿して、公娼廃止など社会問題に発言し、早くから普通選挙運動にも参加。大正十年(一九二一)二月には、普通選挙法案審議をめぐって憲政会を除名された。また、キリスト教教育者でもあり、大正十四年四月から昭和十年(一九三五)十一月まで明治学院総理。議員在職中の二十二年十月九日没。七十九歳。膨大な著作を残し、単著だけで六十一冊、新聞や雑誌に書いた文章は三千以上もある。著書に、『国運の進歩と基督教』(明治二十九年、警醒社)、『青年と時代の関係』(明治三十五年、理代社)、『鉱毒問題解決論』(明治三十五年、無名社)、『都市政策汎論』(大正十四年、白揚社)、『基督教主義の教育』(昭和三年、教文館出版部)などがある。

参考文献　櫻井良樹『帝都東京の近代政治史—市政運営と地域政治—』(二〇〇三、日本経済評論社)、遠藤興一『田川大吉郎とその時代』(二〇〇四、新教出版社)、同『書誌田川大吉郎—その生涯と著作—』(二〇〇五、ジェイピー出版)　(片山　慶隆)

たがわたんこう　田川炭鉱　福岡県田川市にあった筑豊炭田を代表する炭鉱。近世期には小倉藩の御用商人中原屋が一手に扱った。廃藩置県以後に中小炭鉱主による乱掘が進んだため、明治政府は資源の有効利用と軍事利用を目的に、明治十八年(一八八五)から筑豊炭田の一部を海軍予備炭田に組み入れたが、田川炭鉱もそこに含まれていた。しかし地元での強い反対運動を受けて、同二十二年(一八八九)に開放されたため、中央資本・福博資本・地元田川資本が共同して田川採炭会社を設立して鉱区を取得した。うち田川資本は一割にすぎなかった。田川採炭会社は、当初は遠賀《おんが》川水運(川艜《かわひらだ》)による輸送コスト高、のちには規模拡大に伴う炭鉱災害に悩まされ、明治三十三年(一九〇〇)には合名会社化して規模拡大を模索していた三井鉱山に買収された。その後は試錐機や伊田竪坑など、先端技術によって開発が進み、明治四十三年(一九一〇)には筑豊最大の炭鉱へと成長した。閉山は昭和三十九年(一九六四)。

参考文献 『田川市史』中(一九七六)、西日本文化協会編『福岡県史』通史編近代一(二〇〇三)　(宮地　英敏)

だかんせいど　**兌換制度**　一国所定の正貨と兌換することを規定した銀行券あるいは政府紙幣制度をいう。日本では明治初年および十年代に発行された政府紙幣ならびに国立銀行券は当時の所定正貨たる銀貨と交換できない不換紙幣であり、紙幣の価格が大幅に低落したため、政府は松方デフレを進行させる中で正貨準備に努め、明治十七年(一八八四)五月兌換銀行券条例を定めた。その第一条に「兌換銀行券は日本銀行に於て発行し銀貨を以て兌換するものとす」と規定し、七月一日より施行した。日本銀行券を発行しはじめることで、不換紙幣たる政府発行紙幣交換の前提をつくったのである。十八年末現在政府発行紙幣八千八百三十四万五千円、国立銀行券三千十五万五千円、日本銀行券三百六十五万三千円である。十八年六月、政府発行紙幣を十九年一月より銀貨に兌換し消却することを公布、十九年一月より消却に着手した。実際には日本銀行券と交換していったのである。三十年(一八九七)三月貨幣法が公布されて金本位制度が確立され、同月二十九日に兌換銀行券条例が改正公布され、銀貨兌換が金貨兌換に改められた。　→金本《きんほん》位制《いせい》　→銀本《ぎんほん》位制《いせい》　(宮地　正人)

たきかてい　**滝和亭**　一八三〇―一九〇一　南北合派の写実的花鳥画を得意とした日本画家。天保元年正月三日(一八三〇年一月二十七日)江戸千駄ヶ谷に安芸藩浪士の子として生まれる。本姓田中(のちに滝宮に改姓)。名は謙、字は子直、幼名は長吉、のち邦之助。別号に水山・翠山・蘭田など。幼少から佐藤翠崖《さとうすいがい》・荒木寛快《あらきかんかい》・片桐桐《かたぎりとう》陰《いん》・大岡雲峰《おおおかうんぽう》らに師事し、嘉永三年(一八五〇)には半年間ほど長崎に滞在し僧鉄翁《てつおう》に師事した。また、ここで陳逸舟や華昆田らと交流し、中国の南画を学んだことが画風形成に大きく影響した。江戸に戻った後は、北越地方を巡遊し、明治以降は竜池会・東洋絵画会・日本美術協会などの展覧会で受賞を重ねて活躍する。明治十九年(一八八六)には明治宮殿杉戸絵の制作に参加し、同二十六年(一八九三)には帝室技芸員に任命された。同三十四年(一九〇一)九月二十八日没。七十二歳。

参考文献 サントリー美術館編『近代美術の巨人たち―帝室技芸員の世界―』(『開館三五周年記念展―サントリー美術館―』四、一九九六)　(斉藤　全人)

たきざわしゅうぎょう　**滝沢秋暁**　一八七五―一九五七　詩人、評論家。明治八年(一八七五)三月三日、長野県小《ちいさ》県《がた》郡秋和村(上田市)に生まれる。本名彦太郎。別号に残星・読不書生など。明治二十五年(一八九二)以後、『少年文庫』に小説「田毎姫《たごとひめ》」「透骨恨《とうこつこん》」や「勧懲小説と其作者」など多くを投稿。同二十八年二月、画家を志して上京し美術学校へ通うが、五月『少年文庫』(八月に『文庫』と改題)の記者となる。翌二十九年九月に病のため秋和に帰郷し、以後同村に住んだが、『文庫』を中心に批評「寄書家月旦」の連載や、詩・小説などを発表。『明星』にも詩「山姫」や「藤村氏の二新作」などを寄せる。詩・小説集『有明月』(明治三十三年、内外出版協会)や論文集『愛の解剖』(同四十年、如山堂)を刊行。実家の養蚕業との関わりから『養蚕新書』(同三十五年、内外出版協会)などの著作もある。大正時代以後はほとんど筆を断ち、昭和三十二年(一九五七)二月二十七日没。満八十一歳。平野勝重編『滝沢秋暁著作集』(昭和四十六年、滝沢秋暁著作集刊行会)が刊行されている。　(柳沢　孝子)

たきせいいち　**滝精一**　一八七三―一九四五　明治時代後期から昭和時代前期の美術史家。号拙庵《せつあん》。日本画家滝和亭《かてい》の長男として明治六年(一八七三)十二月二十三日東京に生まれる。明治三十年(一八九七)東京帝国大学文科大学卒業。同大学より派遣され、四十五年(一九一二)九月からインド、エジプトを経てヨーロッパ各国を歴訪して大正二年(一九一三)九月帰国。翌三年同大学新設の美学第二講座初代教授となり、四年文学博士、十四年(一九二五)帝国学士院会員。東京帝国大学評議員、文学部長を歴任して昭和九年(一九三四)定年退官。十四年(一九三九)東方文化学院理事長、同院長となる。また古社寺保存会、国宝保存会、重要美術品等調査会の委員を務め、法隆寺の保存事業に携わるなど古美術保護に尽力した。明治三十四年より没するまで東洋美術雑誌『国華』の編集主幹を務め、多くの論考を同誌に発表した。昭和十五年同誌刊行による東洋美術文化宣揚の功績により朝日文化賞を授与された。昭和二十年(一九四五)五月十七日東京大崎の自邸で急死。七十三歳。著書に『文人画概論』(大正十一年、改造社)、『滝拙庵美術論集日本篇』(昭和十八年、座右宝刊行会)などがある。

参考文献 藤懸静也「滝博士の追憶(上・下)」(『国華』六五一・六五二、一九四六)、美術研究所編『日本美術年鑑(昭和十九―二十一年版)』(一九四九、国書刊行会)　(鈴木　廣之)

たきぜんざぶろう　**滝善三郎**　一八三七―六八　岡山藩家老日置帯刀忠尚(金川陣屋)家臣。神戸事件関係者の一人。天保八年(一八三七)生まれ。父から萩野流砲術を学び、小野派一刀流の槍術も修めた。慶応二年(一八六六)家禄百石馬廻役として、日置の側近となる。慶応三年十二月岡山藩は、新政府から西宮の警備を命ぜられ、家老以下約二千名を派遣した。明治元年正月四日(一八六八年一月二十八日)岡山を出発した日置隊三百四十人は、同月十一日神戸を通過中、隊列を横切ろうとした外国人数名と衝突し、外国人側に負傷者を出させた。これに対し、英仏軍艦から陸戦隊が上陸し、神戸を占領した。新政府は、列国の強硬要求を受け入れ、日置に謹慎、第三砲隊隊長の滝に自刃を命じた。翌二月九日(三月二日)兵庫の永福寺で、外国事務総督伊達宗城《だてむねなり》使者、同事務掛伊藤俊輔(のちの博文)、列国公使団代表の面前において、滝は割腹して果てた。岡山藩は、長男成太郎を藩士に列し、家禄五百石を給した。いわゆる神戸事件である。享年三十二。↓神戸事件《こうべじけん》

参考文献 『明治維新人名辞典』(一九八一、吉川弘文館)、『岡山県史』九(一九八九)、内山正熊『神戸事件』(一九八三、中央公論社) (平井　誠)

たきたちょいん　滝田樗陰　一八八二—一九二五　明治から大正時代の雑誌編集者。明治十五年(一八八二)六月二十八日、秋田県南秋田郡秋田町(秋田市)に生まれる。本名は哲太郎。明治三十三年(一九〇〇)に仙台の第二高等学校、そして三十六年に東京帝国大学英文科に入学する。同年十月、在学中より『中央公論』で働き始めた。そして翌年九月に法科に転じ、翌十月、正式に入社するに至る。当初は外国紙に掲載された評論の翻訳をしていたが、当時主幹だった近松秋江の推薦により編集の仕事に携わるようになった。徳富蘇峰の招きもあって『国民新聞』の記者を兼任していた時期もある。樗陰の編集者としての功績は、大きく三つあるとされる。一つ目は、『中央公論』文芸欄の拡充。もともと『中央公論』は、禁酒運動と修養を柱とした『反省会雑誌』が出発点で、西本願寺が背後に控える雑誌であった。こうした背景に加え、社主の麻田駒之助が大の小説嫌いということもあって、『中央公論』における文芸欄の割合は極めて低かった。こうした状況を、樗陰は、近松のあと編集主幹となった高山覚威とともに改革していった。樗陰が関わった小説掲載の最初は登張竹風「出来心」(明治三十八年三月号)で、以後、柳川春葉「炉のほとり」など毎月一編ずつ掲載するようになり、それとともに雑誌の売れ行きも増えていった。明治三十九年一月に高山が社を去ると、後釜に樗陰が座り、文芸欄のいっそうの拡充をはかっていくのだった。明治三十八年十一月の『中央公論』二〇〇号記念号は、通常十二銭のところ三十銭もする特大号で、幸田露伴「付焼刃」、泉鏡花「女客」、中村春雨「岸の灯」、夏目漱石「薤露行《かいろこう》」の小説四本を掲載。以後、『中央公論』の文芸欄は文壇の檜舞台として認識されるようになったとされるが、こうした状況を整備していったのが樗陰であった。当時隆盛を誇った自然主義文学だけでなく、その対局にある諸派の作品も載せるなど、バランスも重視した編集を行なった。功績の二つ目は積極的に新人を発掘していったことで、文壇の檜舞台、あるいは登竜門としての『中央公論』というあり方は、こうした樗陰の動向に拠るところが大きい。樗陰に見出された作家には、谷崎潤一郎・芥川竜之介・有島武郎・菊池寛・宮本百合子などがいる。目についた作家にはみずから出向いて『中央公論』への執筆を依頼。自家用人力車を使って作家回りをしていたところから、新人作家は樗陰の人力車が家の前に止まるのを待っていたという話もある。樗陰は新人作家だけでなく、既存の作家に対しても積極的にアプローチを仕掛けていった。夏目漱石の木曜会に出席し、執筆依頼から原稿受取までの押しの攻勢は、漱石書簡などからうかがい知ることができる。前述の「薤露行」や「二百十日」(『中央公論』明治三十九年十月号掲載)などは、樗陰の粘り勝ちの産物である。さて、三つ目の功績とされているのは、大正デモクラシーの論調を作り上げたことである。大正二年(一九一三)、帰国した吉野作造に接近し『中央公論』に寄稿するように嘆願。翌年一月号に掲載された「学術上より観たる日米問題」を皮切りに、多くの誌面を割くようになった。早稲田大学教授の大山郁夫にも寄稿を求めるなど、『中央公論』は、いわゆる大正デモクラシーの牙城として機能。デモクラシーの風潮を普及・定着させる一因となったのだった。関東大震災を経た大正十三年(一九二四)の中ごろから患うようになり、翌年の十月、退職願を出す。そしてその一週間後の大正十四年十月二十七日没。四十四歳。↓中央公論《ちゅうおうこうろん》

参考文献 杉森久英『滝田樗陰—ある編集者の生涯—』(『中公新書』、一九六六、中央公論社) (磯部　敦)

たきのがわがくえん　滝乃川学園　明治二十四年(一八九一)、石井亮一によって東京に開設された日本で最初の民間知的障害児保護・教育施設。濃尾大震災による「孤女」を中心に孤女学院として発足したが、院児の中に当時「白痴」と称された知的障害の子どもがいたことから、二度渡米して主にセガンの生理学的教育方法を学び、明治三十年(一八九七)に「白痴教育部」を設け、名称も滝乃川学園と変更して本格的に知的障害児の保護・教育事業を開始した。明治三十九年に東京府北豊島郡の滝野川村(北区)から同郡西巣鴨村(豊島区)に移転し、知的障害児教育部門と孤女教育・保母養成部門の複合施設としての充実に取り組んでいった。明治四十三年(一九一〇)には、園生の保護者向けに『学園のまとゐ』(全四八頁)を刊行して、家庭としての学園生活と教育の実際を紹介し、学園への理解と支援を求めた。その後、学園は大正九年(一九二〇)の火災で園児六名が焼死し、学園閉鎖の危機に陥るが、渋沢栄一らの支援で再建される。昭和三年(一九二八)には現在地の府下谷保《やほ》村(国立市)に移転し、幾度の危機を乗り越え、戦後は児童福祉法などの法定施設となって存続、現在に至っている。

参考文献 『(増補)石井亮一全集』(一九九二、大空社)、『滝乃川学園百二十年史』(二〇一一、大空社) (平田　勝政)

たきもときんぞう　滝本金蔵　一八二六—九九　北海道登別《のぼりべつ》温泉の開発者。文政九年三月十五日(一八二六年四月二十一日)、武蔵国児玉郡本庄村(埼玉県本庄市)に農業忠

兵衛(野村姓)・芳の子として出生。大工を業とし、小田原の料理店橋本屋滝本伝左衛門の娘佐夛《さだ》と結婚、入婿。安政五年(一八五八)、蝦夷地を支配する箱館奉行所の御雇新井小一郎の召募に応じ山越内《やまこしない》場所長万部《おしゃまんべ》の御手作場《おてさくば》に移住、さらに幌別《ほろべつ》場所(登別市)に移り場所の通行屋、会所の新改築に従事。幌別場所請負人岡田半兵衛が小屋を設けていた登別温泉で妻の皮膚病を癒し、湯守となる。維新後も湯守として公認され湯宿を経営した(現在の第一滝本館の前身)。明治十四年(一八八一)温泉への道路を私費で開削。二十年(一八八七)—二十四年、二千円余りを投じ本村—温泉間の馬車道三千八百余間を開削、藍綬褒章を受章。以後同温泉は広く名湯として知られる。三十二年(一八九九)二月九日死去。七十四歳。没後、湯沢神社に合祀される。

参考文献 杉本勝二郎『明治忠孝節義伝』一(一八九八、国之礎社)、『市史ふるさと登別』上(一九八五)、北海道新聞社『北海道歴史人物事典』(一九九三)　(鈴江 英一)

たきもとせいいち　滝本誠一　一八五七—一九三二　明治期のジャーナリスト、大正から昭和戦前期の経済史学者。安政四年九月二十七日(一八五七年十一月十三日)、江戸竜土の宇和島藩邸において同藩士の子として生まれる。明治七年(一八七四)ごろ、宇和郡立不棄学校で中上《なかみ》川彦次郎《がわひこじろう》に英語を学び、十二年(一八七九)末ごろ上京、湯島共慣義塾に入り、また十三年一—二月の二ヵ月間、『近事評論』仮編輯人となり、また司法省民事局で御用掛として一ヵ年勤務したのち、十四年より慶応義塾出身者の資格で和歌山の自修学校およびその後身の徳修学校に五ヵ年教師として在職した。十八年に同校を辞職し、『日本立憲政党新聞』『大阪日報』『神戸《こうべ》又新日報《ゆうしんにっぽう》』を経て、二十二年(一八八九)一月創刊の『東京公論』の編輯長格となり、その後継紙『国会』記者としても健筆を揮った。二十五年退社して経済学・経済史研究を開始したが、三十一年(一八九八)五月、宇和島士族二宮熊太郎が山県有朋の後援のもと創刊した『京華日報』に協力、四十五年(一九一二)ごろには一時元真社という印刷所を経営してもいる。基本的には千葉県千葉郡誉田《ほんだ》村(千葉市)で農業に従事しつつ、研究していたようである。明治期の著作には『商家の腐敗』(明治二十一年)、『政海神霊独眼竜』(訳書、ガンベッタの伝記、二十一年)、『経済的帝国論』(三十四年)、『経済学の定義』(三十五年)、『日本経済学説の要領』(四十一年)などがある。大正三年(一九一四)より同志社大学教授となり、七年四月、法学博士会推薦により法学博士号を授与された。八年九月慶応義塾大学部に招聘され、九年四月同大学経済学部教授となり、昭和七年(一九三二)八月二十日、七十六歳で没するまで在職した。最大の業績は恐るべき博識と史料渉猟により、『日本経済叢書』三十六冊(大正三—六年)、『通俗経済文庫』十二冊(五—六年)、『日本財政経済史料』十一冊(十一—十四年)、『続日本経済叢書』三冊(十二年)、『佐藤信淵家学全集』三冊(十四年—昭和二年)、『日本経済大典』五十四冊(三—五年)などの経済史基本史料集を続々と刊行していったことである。大正—昭和期の著作としては、『徳川時代の経済学説』(大正三年)、『(労働賃銀制度の改良案)利益分配法』(九年)、『日本経済史』(九年)、『経済一家言』(九年)、『欧洲経済史』(十三年)、『近世欧洲経済史』(十五年)、『日本経済典籍考』(昭和三年)、『日本経済学史』(四年)、『日本経済思想史』(四年)、『日本貨幣史』(四年)、『日本封建経済史』(五年)、『経済史研究』(五年)、『欧洲経済学史』(六年)、『中世欧洲経済史』(七年)などがある。また昭和七年には滝本校訂史料集『日本民事慣例類例集』『日本商事慣例類例集』『三化図彙』『徳川理財会要』の四種が刊行されている。

参考文献 野村兼太郎「滝本博士逝く」(『社会経済史学』二ノ六、一九三三)、宮武外骨・西田長寿『明治新聞雑誌関係者略伝』(『明治大正言論資料』二〇、一九八五、みすず書房)　(宮地 正人)

滝廉太郎

たきれんたろう　滝廉太郎　一八七九—一九〇三　作曲家。明治十二年(一八七九)八月二十四日東京生まれ。内務省勤務だった父の転勤のため転居を重ね、小学校高等科の時に大分に移住。明治二十七年(一八九四)、直入《なおいり》郡高等小学校卒業後に上京、小山作之助《こやまさくのすけ》の主宰する芝唱歌会で数ヵ月学んだのち東京音楽学校予科入学。翌年専修部に進み、留学から帰国したばかりの幸田延《こうだのぶ》に師事。在学中はピアノ・声楽・作曲の分野で頭角を現わし、将来を嘱望された。研究科を経て、三十二年(一八九九)より嘱託。その後たて続けに重要な作品を発表する。組歌「四季」(明治三十三年)は歌曲と合唱曲から成る組曲で、ピアノを伴う本格的な声楽曲集として、日本人作曲家では初の試みであった。緒言に芸術歌曲創作の意気込みが記されている。中でも第一曲「花」は現在もなお愛唱されている。翌年出版された『中学唱歌』(東京音楽学校編)には、「荒城の月」「箱根八里」「豊太閤」(いずれも旋律のみ)を応募してすべて選ばれた。ことに「荒城の月」「箱根八里」は発表当初から評判が高かった。同年、幼児教育専門家の東基吉《ひがしもときち》と、その妻で東京音楽学校で二年先輩だったくめ、および一年後輩の鈴木毅一《すずききいち》とともに『幼稚園唱歌』を編纂、幼児向けの平易な歌詞と歌いやすい旋律、伴奏付きという特長を備えた画期的な曲集となった。「お正月」(もういくつ寝ると…)、「鳩ぽっぽ」(鳩ぽっぽ、鳩ぽっぽ…)が特によく知られている。こうしてつぎつぎと作品が世に出るなかで留学が決まり、三十四年渡独してライプツィヒ王立音楽院に入学したが、その年に肺の病にかかり、翌年八月帰国の途についた。十月に横浜着港ののち、療養生活に入ったものの病は癒えず、三十六年六月二十九日に大分で二十三年十ヵ月の短い生涯を終えた。帰国後の作品は「荒磯」(徳川光圀《とくがわみつくに》歌、明治三十五年)、ピアノ曲「憾《うらみ》」(明治三十六年)など数少ないが、遺作となった「憾」は日本人の最初期の器楽曲として注目される。

参考文献 小長久子編『滝廉太郎全曲集―作品と解説―』(一九六八、音楽之友社)、大分県教育庁文化課編『滝廉太郎―資料集―』(『大分県先哲叢書』、一九九四、大分県教育委員会)、松本正著・大分県立先哲史料館編集『滝廉太郎』(『大分県先哲叢書』、一九九五、大分県教育委員会)

(末永理恵子)

たぐさりこうき　田鎖綱紀　一八五四―一九三八　日本語速記法の創始者。安政元年八月十五日(一八五四年十月六日)陸中国盛岡在の田鎖村(岩手県盛岡市)に田鎖仲高守の次男に生まれる。家は代々南部藩の家臣。慶応三年(一八六七)田鎖総本家の家督を相続。維新後に上京、明治二年(一八六九)大学南校へ入り洋学を学ぶ。翌年鉄道寮に入り鉄道測量に従事。翌四年鉱山寮に入り五年米人カーライル博士のいる鉱山に赴き、欧米の速記法を独習する。九年九月心神衰弱のため下山、東京で療養。翌年日本最初の簿記の本『英和記簿法字類』を編纂。しばらく『内外教育新報』の編集に従事したのち、三年ほど速記の研究を重ね、十五年(一八八二)九月『時事新報』に「日本傍聴記録法」を発表。同年十月から青年たちに講習を始め、若林玵蔵《わかばやしかんぞう》、林茂淳《はやしもじゅん》、酒井昇造《さかいしょうぞう》などの弟子を育てる。十八年『日本傍聴筆記法』を出版。新国字論や早書学を唱え中国語や朝鮮語、エスペラントの速記術も発表。昭和十三年(一九三八)五月三日東京にて死去。八十五歳。

参考文献 福岡隆『日本速記事始―田鎖綱紀の生涯―』(『岩波新書』、一九七八、岩波書店)

(土屋　礼子)

たくじしょ　託児所　⇩保育所《ほいくしょ》

たくしょくきょく　拓殖局　韓国併合を控えて設けられた「外地」統治の中央機関。併合の直前、明治四十三年(一九一〇)六月二十二日に勅令「拓殖局官制」が公布され、内閣総理大臣直隷のもとに拓殖局が設置された。拓殖局は、新たに外地に組み込まれる韓国(朝鮮)に関する事項、従来は内務省の所管であった台湾・樺太に関する事項および外務省の所管であった関東州に関する事項を一括して統理することになった。ただし、関東州の外交に関する事項は引き続き外務省が所管した。なお、朝鮮総督の政務統轄に対する内閣総理大臣の監督権限の有無は、法学者や官僚の間で論争点となった。大正二年(一九一三)に行政整理により廃止されるが、同六年に内閣の外局として再度設置された。同十一年(一九二二)には拓殖事務局(内閣外局)に、同十四年には拓殖局(内閣所属部局)へと縮小再編されていった。昭和四年(一九二九)、拓務省の新設に伴って廃止されている。

参考文献 山崎丹照『外地統治機構の研究』(一九四三、高山書院)

(松本　武祝)

たくしょくだいがく　拓殖大学　⇩台湾協会専門学校《たいわんきょうかいせんもんがっこう》

たくしょくむしょう　拓殖務省　日清戦争後に設置された本邦初の外地統治中央官庁。明治二十八年(一八九五)、日清戦争による台湾領有に際して内閣に台湾事務局が設けられた(総裁は伊藤博文首相)。こののち、台湾経営に関する事務が増大したこと、外地行政統一の必要が認められることなどから欧州各国の例にならって独立の省を設けることが提議され、二十九年三月三十日に設置された(勅令第八七号)。同省の所管は台湾・北海道に関する諸般の政務事務にあり、省内には台湾を監督する南部局と北海道を担当する北部局が設置され、拓殖務大臣が台湾総督と北海道庁長官を監督することとなり、薩摩出身の高島鞆之助が大臣に、北垣国道《きたがきくにみち》が北海道庁長官から転じて次官に就任した。しかし、同省を不要とする世論と続く第二次松方内閣の行政整理志向が相まって、三十年(一八九七)、わずか一年八ヵ月で同省は廃止された。廃止後、台湾に関する事務は新設の台湾事務局に、北海道に関する事務は内務省に移管された。

参考文献 『拓殖務省所管省務要覧』(一八九七、拓殖務大臣官房文書課)、山崎丹照『外地統治機構の研究』(一九四三、高山書院)、狩野雄一「拓殖務省の設置と北海道」(安岡昭男編『近代日本の形成と展開』所収、一九九八、巌南堂書店)

(清水唯一朗)

たくぜんかい　択善会　⇩銀行集会所《ぎんこうしゅうかいじょ》

たぐちうきち　田口卯吉　一八五五―一九〇五　エコノミスト、史論家、出版者、実業家、政治家として、多岐にわたる分野でいずれも先駆的業績をのこした人物。安政二年四月二十九日(一八五五年六月十三日)、江戸目白台徒士《かち》屋敷に生まれる。卯年・卯月生まれのため卯吉と通称。元服にあたり名を鉉、字を子玉《しぎょく》、号を鼎軒《ていけん》と命名された。田口家は代々徳川氏の徒士で目白九番組に属し、祖父慎左衛門は幕府儒官佐藤一斎の長子であったが田口家を継ぎ、山路愛山の祖父にあたる天文方山路弥左衛門の配下となり、佐久間象山や渡辺崋山らと交遊があったが、家産を蕩尽して貧窮に陥った。母の町子は一人娘で養子を迎えて三男一女をもうけるも当主が病死し、御家人西山氏から婿に取った樫郎が父。安政六年に父、翌年

田口卯吉

兄が死去して、七歳年長の鐙《とう》と卯吉の異父姉弟二人となる。鐙は幕臣木村熊二と結婚、のち協力して明治女学校創立に尽力、卯吉も木村に兄事した。慶応二年(一八六六)昌平坂学問所で素読吟味を受け、跡目を継いで徒士見習。幕府瓦解後の動乱を避け致仕して横浜へ移住、骨董屋などを手伝いながらアメリカ人宣教師タムソンに英語を習う。明治二年(一八六九)五月静岡藩に復仕、沼津に赴いて生育方頭取支配御雇となり、乙骨太郎乙《おつこつたろうおつ》方に寄宿して沼津小学校・沼津兵学校に通学、二期先輩に生涯の親友となる島田三郎がいた。さらに漢学を中根淑《なかねしゅく》(香亭《こうてい》)塾で学び、生育方廃止後、乙骨の奔走により二人扶持を受けて沼津勤番組頭支配三等勤番組に属する。翌三年十二月静岡病院での医学修業を命ぜられ、林紀・戸塚文海《とつかぶんかい》らから医学を学び、四年十二月に上京。五年、当初薬剤師志望で専門学校の化学専門学生に島田とともに応募して合格したが、開校中止のため大学南校普通科に入るも退学、尺振八《せきしんぱち》の私塾共立学舎に入った。同年十月大蔵省翻訳局上等生徒に採用され、島田やのちに田口が片腕とたのんだ望月二郎も同じく入局、尺局長のもとでウェーランドやペリーの経済書やギゾーの文明史を輪講した。七年五月翻訳局廃止、大蔵省紙幣寮十一等出仕に任ぜられ翻訳に従事、家族を静岡から呼び寄せ、八年五月に黄東山樵という仮名で最初の論説「読東京日日新聞」を『郵便報知新聞』に投稿、九年十二月旧幕臣山岡義方長女千代と結婚。翌十年(一八七七)九月の『日本開化小史』第一巻の刊行(十五年十月にかけ全六巻)と十一年一月の『自由交易日本経済論』の出版をもって旺盛な著述活動が開始され、同年十月に旧幕臣として不満があった大蔵省を辞職、以後民間にあって精力的な諸活動をくりひろげた。十二年一月に渋沢栄一や岩崎小二郎らの援助も得て経済雑誌社を創立、『東京経済雑誌』を創刊して同誌を主舞台に一貫してイギリス流の自由主義経済論を展開、貿易論や地租増徴問題をめぐって、犬養毅や谷干城《たにたてき》らと論争した。編集発行に尽瘁した『東京経済雑誌』は田口在世中の三十六年間に一二八〇号を数えた。併行して十三年五月には経済雑誌社同人および社友と経済談会を設立、東京経済学講習会から経済学協会(二十年(一八八七)二月)へと発展する研究集団を組織して、アダム=スミスの『富国論』全三巻(石川暎作・嵯峨正作《さがしょうさく》訳)などの各種翻訳書を刊行した。さらに学術・文化発達に必要不可欠な百科事典類編纂に熱意をもやし、『泰西政事類典』全五冊(十五―十七年)、『大日本人名辞書』全四冊(十八―二十年)、『日本社会事彙』全二巻(二十三―二十四年)などを出版した。同様に史学の分野でも『支那開化小史』全五巻(十六―二十一年)、『日本開化之性質』(十八年)、『日本之意匠及情交』(十九年)などの社会改良論的文化論の単著を続刊しつつ、二十四年五月に『史海』を創刊し(二十九年七月廃刊)、翌月の史学会で「史癖は佳癖」を講演、重野安繹《しげのやすつぐ》・久米邦武《くめくにたけ》らの考証史学に親近、翌年問題化した久米の筆禍事件は田口攻撃でもあり、「神道者諸氏に告ぐ」を書いて反論した。画期的意義をもったのは大部の基礎的史料集の出版事業であり、塙保己一《はなわほきいち》の『群書類従』『続群書類従』の活版と黒板勝美《くろいたかつみ》校訂の『国史大系』全十七巻(三十一―三十四年)、『続国史大系』全十五巻(三十五―三十七年)の編纂は歴史学研究に対する大きな貢献となった。政治家・実業家としての活動では嚶鳴《おうめい》社に発起人として参加、自由党創刊の『自由新聞』にも客員となったが退社(立憲改進党・自由党いずれにも入党せず)、十三年七月に牛込四ノ部区会議員当選から同年十二月に府会議員になり、東京市区改正問題などにとりくんだ。二十七年三月帝国財政革新会を結成し、九月の第四回総選挙で第八区衆議院議員に当選して以後死去するまで連続当選。進歩党と憲政党の創設に加わるが、分裂後は政党に加入せずに中立反藩閥の立場を堅持した。またこの間、東京株式取引所肝煎や両毛鉄道社長としても活動、二十三年には東京府士族授産金を引受けて南島商会を設立、天祐丸で航海して南洋貿易の開拓を主張したりもした。三十二年(一八九九)博士会の推薦により法学博士。三十八年四月十三日駒込西片町の自宅で死去した。五十一歳。没後二十年を経て、昭和二年(一九二七)から四年にかけて『鼎軒田口卯吉全集』全八巻が鼎刊田口卯吉全集刊行会によって出されている(平成二年(一九九〇)に「関連著作目録」を付して吉川弘文館から覆刻)。ほかに、大久保利謙編『田口鼎軒集』(『明治文学全集』一四、昭和五十二年、筑摩書房)もある。→日本開化小史《にほんかいかしょうし》 →日本社会事彙《にほんしゃかいじい》

参考文献 塩島仁吉『田口鼎軒略伝』(一九三〇、東京経済雑誌社)、杉原四郎・岡田和喜編『田口卯吉と東京経済学協会』(一九九五、日本経済評論社)、田口親『田口卯吉』(『人物叢書』、二〇〇〇、吉川弘文館)

(今井　修)

たぐちかずよし　田口和美　一八三九―一九〇四　幕末・明治時代の西洋医、解剖学者。天保十年十月十五日(一八三九年十一月二十日)武蔵国埼玉郡小野袋村(埼玉県加須市)に、漢方医田口順庵の子として生まれる。十五歳のころ江戸に赴き、林洞海《はやしどうかい》・赤沢寛堂らに学ぶ傍ら、佐藤一斎《さとういっさい》らに漢学を学び、文久二年(一八六二)下野国阿蘇郡佐野村(栃木県佐野市)で開業した。明治二年(一八六九)上京し、医学校兼病院でボードインらより解剖学を中心に化学・生理学などを学び、実地解剖を行なった。翌年大学句読師、ついで大学東校に出仕し、解剖学の研究に従

田口和美

事。同四年着任したミュルレル、ホフマンより解剖学・組織学などを学び、その後デーニッツについて解剖学および解剖技術を研究した。同九年東京医学校教授、翌年東京大学医学部の初代解剖学教授となって教室を主宰し、その後解剖学第一講座となる。同二十年(一八八七)欧州留学し、二年後に帰国。同二十六年日本解剖学会を発足。同三十七年(一九〇四)二月三日死去。六十六歳。

参考文献 「田口翁の略歴」(『医海時報』五〇五、一九〇四)、「田口医学博士逝矣」(『東京医事新誌』一三四四、一九〇四)

（林　彰）

たぐちきくてい　田口掬汀　一八七五—一九四三　明治から昭和期の小説家、美術評論家。明治八年(一八七五)一月十八日秋田県角館町(仙北市)に生まれる。本名鏡次郎。小学校を卒業後、丁稚、新聞の通信員などを経て明治三十三年(一九〇〇)に上京、それまでの投書で才を認められ、文芸雑誌『新声』編集員となる。同三十四年「人の罪」が金港堂懸賞小説当選。同三十六年新声社から『万朝報』に移り、『大阪毎日新聞』に「新生涯」を連載。その後みずから「家庭小説」と銘打った「女夫波《めおとなみ》」(明治三十七年)、「伯爵夫人」(同三十八—三十九年)などを『万朝報』に発表、人気を博す。同四十年(一九〇七)、大阪帝国座座付き作者を経て大阪毎日新聞社に入社するも、大正三年(一九一四)には退社、翌年日本美術学院主幹となって『中央美術』を創刊。『大阪朝日新聞』に「ふたおもて」「まごころ」を連載したが、大正五年以降は創作の筆を断ち、美術批評に専念。金鈴社を起し中央美術展覧会を創設するなど、美術界での功績も大きい。昭和十八年(一九四三)八月九日死去。六十九歳。瀬沼茂樹編『明治家庭小説集』(『明治文学全集』九三、昭和四十四年、筑摩書房)に著作が収められている。

（中村　良衛）

たくまつねきち　田熊常吉　一八七二—一九五三　ボイラの発明家。明治五年二月八日(一八七二年三月十六日)鳥取県八橋郡東園村(東伯郡北栄町)に生まれ、木版、外国人土産の絵の図案意匠などの賃仕事を経て、神戸で輸出向け麦稈真田《ばっかんさなだ》、ついで材木の商売を試みたが失敗した。米子に戻って製材組合事業に携わっていた明治四十二年(一九〇九)、製材機の動力用に軽便なボイラの開発を試みる岡本弥三郎に出会い、翌年神戸で三丸商会を興して岡本式汽罐八台を販売したが不具合続出で失敗した。翌年には同商会の技師が発明したボイラを販売したがこれも失敗したため、みずから水管式ボイラの罐水循環をよくする方向でボイラ開発に取り組み、大正元年(一九一二)にタクマ式汽罐の試作品を製作、翌年に特許登録された。タクマ式は第一次大戦下で多数が販売されたが、田熊はさらに改良を進めて「つねきちボイラ」を開発し、昭和十三年(一九三八)に田熊汽罐製造株式会社(現株式会社タクマ)を設立して大規模に製造を開始した。昭和二十八年(一九五三)十二月二十二日没。満八十一歳。

参考文献 『タクマ五十年史』(一九六九)

（鈴木　淳）

ダグラス　Archibald Lucius Douglas　一八四二—一九一三　明治初年の海軍御雇い外国人。一八四二年二月八日英領カナダのケベックで生まれる。十四歳で英国海軍に入り、六一年に中尉、七二年に中佐に昇進した。明治六年(一八七三)七月総員三十四名の英国海軍教師団首長として来日し、海軍兵学寮で二ヵ年間、近代日本海軍の基礎づくりに従事、砲術・航海機関・造船の各方面を実地に教育し、八年七月に帰国した。日本政府との契約では三ヵ年の期間となっていたが、書類では「依願解約」となっている。職種は「教師、諸科頭取」または「教師長」と呼ばれている。月給は四〇〇ドルである。帰国後は一八八〇年大佐、一九〇一年副司令官となり、ポーツマス軍港司令長官(中将)を最後に退任し、日本政府からは一九〇六年五月勲一等旭日章を贈られている。一九一三年三月十三日に没した。満七十一歳。

参考文献 梅渓昇『お雇い外国人—明治日本の脇役たち—』(『日経新書』、一九六五、日本経済新聞社)、ユネスコ東アジア文化研究センター編『資料御雇外国人』(一九七五、小学館)

（宮地　正人）

たけいかてい　武井柯亭　一八二三—九五　会津藩進撃隊隊長。文政六年正月六日(一八二三年二月十六日)、陸奥国若松(福島県会津若松市)に生まれる。通称万太郎、完平、諱は通、名は泰。琴や書にも通じた。嘉永六年(一八五三)に江戸湾警備、安政四年(一八五七)から江戸勤番を務めた。文久二年(一八六二)に藩主松平容保《まつだいらかたもり》が京都守護職に就任すると上京して長州藩士や諸藩の名士と交流したという。明治元年(一八六八)の戊辰戦争では会津若松城南口防衛のために編成された進撃隊(槍隊)の組頭(のちに隊長)として戦い、城外近郊にも転戦した。明治二十八年(一八九五)五月二十三日死去。七十三歳。

参考文献 荒川勝茂『明治日誌』(一九九二、新人物往来社)、宮崎十三八・安岡昭男編『幕末維新人名事典』(一九九四、新人物往来社)

（白石　烈）

たけいもりまさ　武井守正　一八四二—一九二六　勤王家、官僚、実業家。姫路藩士武井領八の次男として天保十三年三月二十五日(一八四二年五月五日)姫路北条口に生まれる。幕末、勤王派として国事に奔走し、在獄五年。明治維新後、行政官・民部官に出仕、明治二年(一八六九)八月白石県(十一月に角田県と改称)権知事、四年十一月二日(一八七一年十二月十三日)平県(同月末に磐前県と改称)権令に転じ、同十二月二十六日(一八七二年二月四日)罷。五年二月少外史、ついで権大外史。七年一月内務少丞、以降内務権大丞、同権大書記官、農商務大書記官、同会計局長、山林局長を歴任し、二十年(一八八七)三月十一日非職、翌年十月鳥取県知事となり産業振興に尽力、二十四年四月休職。同年勅選貴族院議員。翌二十五年一月二十一日石川県知事に発令されるが、赴任せず二月二日辞表。その後は実業界に転じ、明治銀行・帝国海上保険・日本商業銀行などを創立。明治四十年(一九〇七)九月男爵。大正十二年(一九二三)枢密顧問官。大正十五年十二月四日没。八十五歳。

参考文献 『顕要職務補任録』、砂川雄健編『姫路藩勤王志士列伝』(一九二四、播磨史談会)、穂積勝次郎『姫路藩の人物群像』(一九六八)、歴代知事編纂会編『新編日本の歴代知事』(一九九一)

(森山 誠一)

たけうちきゅういち　竹内久一　一八五七—一九一六　明治・大正時代の彫刻家。「たけのうちひさかず」とも。旧名兼五郎。号久遠。安政四年七月九日(一八五七年八月二十八日)江戸浅草に生まれる。はじめ牙彫師を業とし、明治十五年(一八八二)から奈良で古彫刻の研究に専念。そこで岡倉天心に知られ、同二十一年(一八八八)東京美術学校雇となった。翌年、新聞『日本』の懸賞募集に大作「木彫神武天皇像」(東京芸術大学大学美術館所蔵)が当選。ついでそれを第三回内国勧業博覧会で公開して一躍名を馳せた。同二十四年教授に昇格。その前後の時期は天心の指示を受け帝国博物館の依頼による模刻に従事し、東大寺執金剛神像その他の模刻に際立った力量を示すとともに新作に挑み、彩色木彫の大作「伎芸天」(東京芸術大学大学美術館所蔵)を制作した。ほかに博多「日蓮上人銅像」木型、京都国立博物館「毘首羯磨《びしゅかつま》・技芸天像」レリーフ木型などの大作や幾多の愛すべき小品木彫でも知られる。大正五年(一九一六)九月二十四日没。六十歳。

参考文献 吉田千鶴子「竹内久一レポート—岡倉天心の彫刻振興策と久一—」(『東京芸術大学美術学部紀要』一六、一九八二)

(吉田千鶴子)

たけうちせいほう　竹内栖鳳　一八六四—一九四二　明治から昭和時代前期の日本画家。元治元年十一月二十二日(一八六四年十二月二十日)、京都に生まれる。本名恒吉。明治十四年(一八八一)四条派の幸野楳嶺《こうのばいれい》に入門し、棲鳳と号す。十九年フェノロサの京都での講演に刺激を受け、京都青年絵画研究会に参加。日本画革新の旗手となるが、諸派を総合した画風は「鵺派」と批判された。二十八年(一八九五)京都市美術工芸学校教諭となり、三十三年(一九〇〇)パリ万国博覧会に際して渡欧。コロー、ターナーに感銘し、帰国後栖鳳と改号、三十八年「ベニスの月」など、西洋画法を積極的に導入した。大正九年(一九二〇)・十年(一九二一)の中国旅行後は、写生に俳趣を加えていった。明治四十年(一九〇七)の文部省美術展覧会開設後、毎回審査員をつとめ、四十二年の京都市立絵画専門学校開設に尽力。私塾竹杖《ちくじょう》会からも上村松園、西山翠嶂《にしやますいしょう》ら、多くの逸材を輩出した。大正二年帝室技芸員、同八年帝国美術院会員となり、昭和十二年(一九三七)第一回文化勲章を受章。東の横山大観、西の栖鳳と称された。昭和十七年八月二十三日没。七十九歳。

参考文献 『資料集 竹内栖鳳のすべて』(一九六七—六九、王舎城美術宝物館)、平野重光『栖鳳芸談—「日出新聞」切抜帳—』(一九九四、京都新聞社)、田中日佐夫・田中修二『海を渡り世紀を超えた竹内栖鳳とその弟子たち』(二〇〇三、思文閣出版)

(佐藤 道信)

たけうちつな　竹内綱　一八三九—一九二二　明治・大正期の自由民権家、政治家、実業家。天保十年十二月二十六日(一八四〇年一月三十日)、土佐国幡多郡宿毛村(高知県宿毛市)に、父、安東家(伊賀家)家臣竹内庄左衛門吉管(梅仙)、母、岩村家出身の袖崎の次男として生まれる。通称万次郎、諱は吉綱、武陵と号した。吉田茂の実父。岩村通俊、高俊、林有造は従兄弟にあたる。文久二年(一八六二)伊賀家目付役に就任、財政再建に手腕を発揮する。このころ、後藤象二郎と知り合う。慶応二年(一八六六)、英国船の阿満地浦《あまじうら》来航に際し、イギリス側と交渉を行う。戊辰戦争時には伊賀家世子陽太郎に従い、宿毛軍に属し、北陸から東北を転戦。明治三年(一八七〇)大阪府に出仕、翌年、少参事に任命され、府政改革に関与する。同六年、大蔵省六等出仕となるが、翌年辞職する。その後、後藤象二郎の合資会社蓬萊社の経営に参画、高島炭鉱の経営にあたる。十年(一八七七)の西南戦争に呼応した立志社挙兵計画の武器調達に関与したことが発覚し、十一年四月に拘留、禁獄一年の刑を受け、入獄。出獄後、自由民権運動に参加。十四年の自由党創立に奔走、党常議員となり、自由党の活動に尽力する。十五年、板垣退助の遊説に同行し、岐阜での板垣遭難事件に遭遇する。二十年(一八八七)、保安条例により東京退去を命じられるが、二十二年、憲法発布の大赦で退去解除。翌二十三年第一回衆議院議員総選挙に高知県から立候補し当選、以後二回当選する。二十七年、外相陸奥宗光の要請により、朝鮮の政情偵察を行う。二十八年には、第九議会開会前に第二次伊藤内閣と自由党の提携を推進した。二十九年、朝鮮の京釜鉄道創設を発起、発起委員に選出され、三十三年(一九〇〇)、京釜鉄道株式会社を創立、常務取締役となる。以後、活動の場を実業界に移し、各種事業に関与した。また、高知、秋田の学校設立に関与、教育振興に尽力した。大正十一年(一九二二)一月九日、病気のため死去。八十四歳。

竹 内 綱

参考文献 「竹内綱自叙伝」(明治文化研究会編『明治文化全集(復刊版)』二四所収、一九九三、日本評論社)、高知県立高知工業高等学校同窓会編『工業ハ富国ノ基—竹内綱と明太郎の伝記—』(一九九七、高知県立高知工業高等学校同窓会)

(金井 隆典)

たけうちてつごろう　竹内鉄五郎　一八八三—一九四二　アメリカ在住の社会運動家、革命家。明治十六年(一八八三)五月二十五日、岩手県紫波《しわ》郡志和村(紫波町)生まれ。

明治三十年(一八九七)、県立盛岡中学校に入学したが、中退。東北学院に転じる。三十六年に渡米、サンフランシスコに在住。三十八年、サンフランシスコを来訪した幸徳秋水の影響を受け、秋水が結成した社会革命党に参加。四十年(一九〇七)十一月三日(天長節)、サンフランシスコの日本総領事館に天皇制を激烈に批判する文章「日本皇帝睦仁君に与ふ」が貼られたが、その起草者ともされる。その後、カルフォルニア州フレズノで労働同盟会を結成し、農業労働者を結集した。明治四十四年一月には、幸徳秋水ら大逆事件処刑者の追悼会を行なった。以後、運動から遠ざかる。経済的な成功をおさめたが、昭和十六年(一九四一)の日米開戦後、強制立退きとなり、昭和十七年六月二十日、タンホーランの収容所で病死。六十歳。

参考文献 秋山清『日本の反逆思想(増補)』(『三一書房』、一九七七、三一書房)　(岡田　洋司)

たけうちまさし　竹内正志　一八五四―一九二〇　明治から大正時代の政治家。岡山藩士である竹内儀三郎の長男として、備前国御野郡内田村(岡山市)にて、安政元年四月十六日(一八五四年五月十二日)に生まれる。慶応義塾を卒業後、愛国社の設立に参加。民会設立運動に加わり、小林樟雄らと岡山で実行社を結成して、地域住民の啓蒙を図った。また、『中国民報』や『大阪毎日新聞』の記者となり、民権論を主張。明治二十七年(一八九四)三月、岡山県から立候補して、衆議院議員に初当選。以後、通算八回当選した。進歩党から憲政党に合流し、創立委員・幹事となる。三十一年(一八九八)九月、第一次大隈重信内閣で農商務省水産局長に就任。憲政党の分裂後は憲政本党に属したが、三十四年には増税に反対して脱党。その後は、三四倶楽部・大同倶楽部・中央倶楽部・憲政会に所属した。肺癌により、大正九年(一九二〇)九月三日没。六十七歳。著訳書に、『西洋民権家列伝』上巻(編訳、明治十二年、浪華学舎)、『新立国』(明治二十五年、南江堂)、『戦後の日本及支那』(大正八年、博文堂)がある。『新立国』は稲生典太郎編『条約改正論資料集成』四(平成六年、原書房)に収載されている。

参考文献 黒竜会編『東亜先覚志士記伝』下(『明治百年史叢書』、一九六六、原書房)、柴田一・太田健一『岡山県の百年』(『県民百年史』三三、一九八六、山川出版社)　(片山　慶隆)

たけうちめいたろう　竹内明太郎　一八六〇―一九二八　実業家。万延元年二月二十八日(一八六〇年三月二十日)土佐国幡多郡宿毛村(高知県宿毛市)に生まれる。吉田茂の兄。明治三年(一八七〇)に父竹内綱《つな》の赴任地大阪に移り、岩崎英学塾に学ぶ。六年に東京に移住し東京同文社に入塾、七年に中江兆民の仏学塾に通い兆民の知遇を得る。自由民権運動に関わり、『絵入自由新聞』の刊行に従事した。十九年(一八八六)に芳谷炭坑経営のために唐津に移った。二十三年(一八九〇)に芳谷炭坑と唐津港を結ぶ専用軽便鉄道を敷いた。三十三年(一九〇〇)に一年かけて欧州を視察し、金属機械工業の重要性を認識し、三十九年に唐津妙見に芳谷炭鉱株式会社唐津鉄工所を設立した。三十五年から石川県能美郡遊泉寺村(小松市)の遊泉寺銅山の経営にも従事した。四十四年(一九一一)から大正元年(一九一二)にかけて欧州視察を行なった。第一次大戦中は石炭価格の騰貴で利益を得たが、戦後不況で経営は悪化し、芳谷炭坑を三菱に売却した。六年に遊泉寺銅山の付属施設として小松鉄工所を設立した。九年には経営不振で閉鎖され、小松鉄工所は小松製作所として独立した。私立工科大学の設置を目指して準備を進めたが、早稲田大学が理工系学部の設置を望んでいたので、教授や資金を提供した。これによって明治四十一年に早稲田大学理工科が発足した。四十五年に高知市に私立高知工業学校を設立した。昭和三年(一九二八)三月二十三日死去。六十九歳。

参考文献 小松商工会議所機械金属業部会編『沈黙の巨星―コマツ創業の人・竹内明太郎伝―』(一九九六、コマツ創業者竹内明太郎・中興の祖河合良成伝記発刊と顕彰銅像建立委員会)　(長野　暹)

たけがわちくさい　竹川竹斎　一八〇九―八二　幕末の豪商、文化人。幕府御為替方を勤める松坂射和《いざわ》(鳥羽藩領)の竹川一族の東竹川家六代政信の長男として文化六年五月二十五日(一八〇九年七月七日)に生まれる。幼名馬之助、元服後新兵衛、諱を政胖《まさやす》。馬之助は文政二年(一八一九)から江戸店・大坂店で修業。文政十一年(一八二八)帰国し、結婚。翌年家督を相続して彦三郎と称す。読書好きで大坂では長州藩関氏の塾で儒学を、赤穂藩士中村孫四郎から国学を学ぶ。読書を通して勝海舟・大久保《おおくぼ》一翁《いちおう》・佐藤信淵《さとうのぶひろ》らと交流をもった。天保の飢饉や商品経済の拡がりの中で、故郷射和の荒地開発のため、溜池開削や茶園開墾を行い、多額の私財を投じた。嘉永六年(一八五三)『海防護国論』を著わし、勝海舟に送った。翌年家督を嫡子政悌《まさよし》に譲り、隠居して竹斎と号す。同年開国を唱える『護国後論』を完成。その他『蚕茶楮書』などを著わしている。また射和文庫を創設。一般に公開したほか、定日に竹斎が書を講じた。鳥羽藩からも維持費が支給された。安政三年(一八五六)万古《ばんこ》焼の再興を図り射和万古の窯を起したが、文久三年(一八六三)に失敗、窯を廃止した。製茶業は輸出が順調であったが、同年の攘夷決行で頓挫した。以後政情不安の中で竹川家は衰退を余儀なくされた。竹斎は勘定奉行小栗上野介忠順《おぐりこうずけのすけただまさ》や老中小笠原壱岐守長行らとたびたび面談、政情につき意見を述べている。また英国公使パークスとも面談。明治元年(一八六八)竹川家は事実上倒産。維新後は私費で維持した射和文庫に新聞縦覧所を開き、住民に文明開化を説いた。明治十五年(一八八二)十一月一日死去。七十四歳。なお、同文庫は蔵書の多くを失ったが、今も同家に保存されている。

参考文献 松阪市文化財保護委員会編『竹川竹斎』(一九八一、竹川竹斎翁百年祭実行委員会)、上野利三『幕末維新期

伊勢商人の文化史的研究』(二〇〇一、多賀出版)　(西川　洋)

たけこしよさぶろう　竹越与三郎　一八六五―一九五〇　明治から昭和時代前期のジャーナリスト、政治家。号三《さん》叉《さ》。慶応元年十月十四日(一八六五年十二月一日)、武蔵国本庄(埼玉県本庄市)に、清野仙三郎、イクの次男として生まれる。明治三年(一八七〇)、両親の故郷の越後国頸城郡柿崎村(新潟県上越市)に転居した。明治十二年(一八七九)に小学校を卒業すると、両親は家業の酒造業を継ぐことを希望したが、長兄迂策の影響もあり出奔する。十三年、中村正直の同人社に入学するが、翌年には慶応義塾に移った。十六年九月、竹越藤平の養子となり改姓。同年十月、時事新報に入社するが、福沢諭吉の官民調和論に反発して翌年退社した。小崎弘道の紹介で新島襄や海老名弾正ら同志社の関係者と親交を結び、キリスト教に入信する。前橋・高崎に赴き教鞭をとったほか、青年会活動にも関わった。その後、『基督教新聞』『大阪公論』を経て、明治二十三年(一八九〇)一月、徳富蘇峰の民友社に入社し、『国民之友』『国民新聞』で平民主義にもとづく反藩閥、反貴族主義の政治的主張を展開した。その後、陸奥宗光、西園寺公望、伊藤博文らの知己を得て、民友社を退社。明治二十九年七月、開拓社を設立し、雑誌『世界之日本』を創刊した。明治三十一年(一八九八)一月、第三次伊藤内閣の文相となった西園寺の勅任参事官兼秘書官となるが、四月に西園寺の病気辞任に伴い退官した。『日刊人民』『二六新報』を経て、明治三十五年八月、衆議院議員に当選。大正四年(一九一五)までの在任期間中は、一時期を除き政友会に所属した。この間、明治三十九年十一月から翌年六月まで、『読売新聞』主筆も務めた。大正十一年(一九二二)に貴族院勅選議員、昭和十五年(一九四〇)に枢密顧問官に任じられる。第二次世界大戦後の昭和二十二年(一九四七)九月、公職追放となる。昭和二十五年一月十二日没。満八十四歳。『新日本史』上中(明治二十四―二十五年)、『日本経済史』全八巻(大正九年)などの史書も多数著わした。著作は西田毅編『竹越三叉集』(昭和六十年、三一書房)として刊行されている。→新日本史《しんにほんし》

竹越与三郎

参考文献　高坂盛彦『ある明治リベラリストの記録―孤高の戦闘者竹越与三郎伝―』(『中公叢書』、二〇〇二、中央公論新社)　(井川　充雄)

たけざきさどう　竹崎茶堂　一八一二―七七　熊本藩郷士、漢学者。名は政恒、通称は律次郎、号は茶堂・白川。文化九年(一八一二)生まれ。肥後玉名郡中富(熊本県山鹿市)の惣庄屋木下慶吉国成の男で、文政十一年(一八二八)、翌年に郷士となる惣庄屋竹崎次郎八の養子となる。天保十一年(一八四〇)、惣庄屋矢島忠右衛門の女順子を娶り、妻の姉妹の夫にあたる横井小楠《よこいしょうなん》・徳富一敬《とくとみかずたか》と親交。酒造業に失敗して財を失い、阿蘇布田村(熊本県西原村)に移り開墾に努め、傍ら小楠に従学し家塾を開く。のち玉名郡横島新地(熊本県玉名市)に移りさらに殖産と教導にあたる。明治三年(一八七〇)の藩政改革の際、藩庁出仕のため熊本高田原(熊本市)に移り、同年五月、徳富一敬とともに民政局大属となり「藩政改革意見書綱要」を起草。古城医学校・熊本洋学校の設立に尽くしたが、徳富との関係悪化により翌年辞職。本山村(熊本市)に移り、明治四年―九年私塾日新堂を営んで、門下に落合為誠・石光真澄・内田康哉《うちだやすや》・北里柴三郎・嘉悦孝子《かえつたかこ》・横井時敬《ときよし》らを輩出。明治十年(一八七七)五月二十六日、六十六歳で没した。

参考文献　『三百藩家臣人名事典』七(一九八八、新人物往来社)　(町　泉寿郎)

たけざきじゅんこ　竹崎順子　一八二五―一九〇五　女子教育家。文政八年十月二十五日(一八二五年十二月四日)肥後国上益城《かみましき》郡津森村(熊本県上益城郡益城町)に生まれる。郷士矢嶋直明(忠左衛門)と鶴子の二男七女の中の三女。四女は徳富一敬《とくとみかずたか》の妻久子、五女は横井小楠の妻つせ子、六女はのちの矢嶋楫子《やじまかじこ》。久子の子どもの徳富蘇峰・健次郎(徳冨蘆花)の叔母。十五歳で竹崎律次郎(茶堂)と結婚。茶堂は横井小楠の内弟子で、家塾白新堂を開き、順子も教育にあたった。他方茶堂は米相場で失敗し破産をするなど結婚生活は多難であったが四十年弱の結婚生活を無事に送った。明治十年(一八七七)に茶堂が亡くなってからは、家庭で娘や孫の面倒を見ていた。二十年(一八八七)、六十三歳の時、妹久子の勧めで、海老名弾正(久子の娘みや子の夫)のもとで基督教の洗礼を受ける。同年久子、不破つるらを発起人として女子教育を進めることを目的とした熊本女学会が発足したが、翌年からこの舎監となる。熊本女学会は、明治二十二年に熊本英学校附属女学校、さらに熊本女学校と改称。明治三十一(一八九八)に再認可を受けた熊本女学校の校長に七十三歳で就任し、三十八年三月七日日露戦争中に八十一歳で亡くなるまでその職を勤めた。女学校の教育では寄宿舎を重視し、「自然のままに教育すること」「柔術《やはら》の教へで、所謂愛で行く事。決して決して劇剤を用ひずに、一人でも屑の出ぬように」と唱えていた。ある卒業生は、「女権を論じ給ひしを聞かず。唯「忍耐、忍耐、注意に注意を加へて」とは、朝夕口を聞き給ふ度に、我等の耳に響し御言葉」と回想している。気性が強かった妹の久子や楫子とは対照的に、穏やかで人を許すことのできる性格であった。徳富健次郎による伝記は、亡き伯母への追慕

の情にあふれている作品である。

参考文献 平塚益徳編『人物を中心とした女子教育史』(一九六五、帝国地方行政学会)、家族史研究会編『近代熊本の女たち』(一九八一、熊本日日新聞社)、徳富健次郎『竹崎順子』(『伝記叢書』七六、一九九〇、大空社)

(友野　清文)

たけざわとうじ　竹沢藤治　生没年不詳　江戸時代後期から明治期にかけて三代を数える曲独楽師。藤次とも。三代は二代の養子。実父は尾張徳川家の能楽師で松下新九郎という。訳があって竹沢家へ養子に出され小萬次と名乗り舞台に。三代を襲名後、海外巡業を果たした明治三十六年(一九〇三)七月、天覧の栄耀に輝き、同九月には歌舞伎座で一世一代の公演を開催。橦木乗りや衣紋流しなど、技の数々は小藤治が継承したが次第に衰微したようだ。昭和十八年(一九四三)の記録に竹沢藤治の名が確認されるが関係は不明である。

参考文献 阿久巌『元祖・玉乗曲芸大一座』(一九九四、ありな書房)

(土居　郁雄)

たけしばきすい　竹柴其水　一八四七―一九二三　歌舞伎の狂言作者。弘化四年(一八四七)十月江戸京橋本材木町(東京都中央区)に生まれる。本名岡田新蔵。はじめ三代桜田治助《さくらだじすけ》の弟子となり熨斗進三《のししんぞう》と名乗る。その後二代河竹新七(黙阿弥)に師事し、明治六年(一八七三)四月竹柴進三と改名。十七年(一八八四)東京新富座で立作者となり、二十年(一八八七)師の俳名《はいみょう》を譲られ竹柴其水となる。初代市川左團次のために多くの作品を書いた。また、黙阿弥の死後は娘糸に協力し、黙阿弥の著作権・興行権を守ることに尽くした。大正十二年(一九二三)二月七日没。七十七歳。代表作は『神明恵和合取組《かみのめぐみわごうのとりくみ》』。作品は『日本戯曲全集』三二(昭和四年、春陽堂)に収める。↓め組《ぐみ》の喧嘩《けんか》

参考文献 『黙阿弥全集』百巻(一九二五、春陽堂)、河竹登志夫『作者の家―黙阿弥以後の人びと―』(一九八〇、講談社)

(寺田　詩麻)

たけしまはごろも　武島羽衣　一八七二―一九六七　歌人、詩人、国文学者。明治五年十一月二日(一八七二年十二月二日)、東京府日本橋に生まれる。生家は木綿問屋。本名又次郎(又二郎の署名あり)。第一高等中学校で落合直文に学び、帝国大学国文学科では物集高見《もずめたかみ》、大学院では上田万年《うえだかずとし》の指導を受ける。明治二十八年(一八九五)に『帝国文学』の編集委員をつとめ、同誌に載せた長篇譚詩「小夜砧」を高山樗牛が激賞。二十九年には、大町桂月・塩井雨江との共著『(美文韻文)花紅葉』(博文館)を刊行し、擬古典的作風により大学派(赤門派)と呼ばれた。滝廉太郎作曲による唱歌集『四季』(明治三十三年、共益商社楽器店)収録作品中、武島が作詞した「花」は、現在も愛唱されている。明治三十年(一八九七)より東京音楽学校に勤務。四十三年(一九一〇)に日本女子大学校国文学科教授となる。著書には評論集『霓裳歌話《げいしょうかわ》』(明治三十三年、博文館)、『日本文学史』(同三十九年、人文社)など多数。昭和四十二年(一九六七)二月三日没。満九十四歳。

参考文献 日本女子大学国語国文学会編「故武島羽衣先生追悼」(『国文目白』七、一九六八)、青木生子「武島羽衣年譜・著作年表」(『国文目白』一〇、一九七一)

(柳沢　孝子)

たけしまもんだい　竹島問題　竹島(韓国名は独島)の帰属をめぐる日韓の領土紛争。同島は隠岐の西北約一五七キロ、鬱陵島の東南東約九二キロ沖合に位置する群島で、大小二つの島と数十の岩礁からなり、日本では島根県隠岐の島町に、韓国では慶尚北道鬱陵郡鬱陵邑独島里に所属する。韓国では海洋水産部が管理する行政財産であり、天然記念物第三三六号にも指定されている。現状では韓国の実効支配下にあり、接岸施設が作られて警備隊も置かれている。日本と朝鮮の間で鬱陵島の領有権・漁業権が問題になったいわゆる「竹島一件」(ここでの竹島は鬱陵島を指す)が、鬱陵島を明確に朝鮮領と認める形で決着して(一六九六年)以降、鬱陵島の属島と考えられていた竹島も朝鮮領と認識され、以後の日本の官撰地図でも同島を日本領とすることはなかった。また、明治維新後においても、明治十年(一八七七)三月に太政官が「鬱陵島と竹島はともに日本領ではない」と宣言しているし、海軍も明治三十三年(一九〇〇)段階までは竹島を明確に朝鮮領と認識していたことが、海軍水路部編纂の『日本水路誌』から確認できる。しかし、日露戦争期に至り、当該海域での漁業権を獲得したい民間人と、竹島の軍事的な価値を認めた海軍の思惑が一致し、明治三十八年一月に竹島の日本への領土編入が閣議決定され、同二月、島根県に編入されて隠岐島司の所管となった。ただし、この件は『官報』には掲載されずに島根県告示四〇号で公示されており、大韓帝国政府がこのことを知るのは、外交権が日本外務省に接収された第二次日韓協約(一九〇五年十一月)締結後の一九〇六年三月になってからであった。このように、歴史学的に考察すれば竹島を日本固有の領土と主張する議論には無理があるが、一方で国際法的観点からは日本政府の主張する「無主地先占」の原則が有効であるとする議論も根強い。なお、現状における双方の政府の立場は、日本の外務省と韓国の外交通商部がホームページ上でそれぞれに主張している。

参考文献 堀和生「一九〇五年日本の竹島領土編入」(『朝鮮史研究会論文集』二四、一九八七)、内藤正中・朴炳渉『竹島＝独島論争―歴史資料から考える―』(二〇〇七、新幹社)、池内敏「竹島／独島論争とは何か―和解へ向けた知恵の創出のために―」(『歴史評論』七三三、二〇一二)

(林　雄介)

たけぞえしんいちろう　竹添進一郎　一八四二―一九一七　外交官、漢学者。天保十三年三月二十七日(一八四二年五月七日)、肥後国天草生まれ。名を光鴻《こうこう》、字を漸卿《ぜんけい》、井井《せいせい》と号す。父の薫陶により、幼いころから漢学に親しむ。十五歳のときに熊本藩儒の木下犀潭《きのしたさいたん》に入門し、漢学

を修めるとともに、同門の井上毅らと親交を深めた。明治元年(一八六八)には、藩命を得て、京都・江戸・奥州を視察し、勝海舟の知遇を得る。また、この間、会津での戦争をめぐり藩論統一に奔走した。八年に上京して太政官正院修史局に勤務し、同年十一月には清国駐劄《ちゅうさつ》特命全権公使となった森有礼《もりありのり》に随行して清国へ渡航。帰国後には中国内地への旅の模様を『桟雲峡雨日記』および『桟雲峡雨詩草』としてまとめた。明治十一年(一八七八)より約二年間、大蔵省に勤務。十三年五月、天津領事に任ぜられ(芝罘、牛荘兼轄)、同年六月には北京に赴き、清国李鴻章との間で琉球分島問題をめぐる交渉に従事した。十五年十一月、弁理公使として朝鮮国赴任を命ぜられる。十七年十二月四日、朝鮮京城において金玉均ら独立党によるクーデター(甲申事変)が発生すると、独立党の依頼により、国王の移された王宮に公使館護衛隊を率いて入城。ほどなく、清国軍と交戦となるも劣勢、公使館を放棄し仁川へ逃れたが、その間多くの邦人被害者を生じさせる結果となった。翌年一月、善後処理のための漢城条約が結ばれると、全権大使であった井上馨に随伴して帰国。同年六月、朝鮮国在勤を免ぜられ、明治二十六年(一八九三)三月に依願退職。時の文部大臣である井上毅の推薦により、同年より帝国大学文科大学に招かれて漢学を講じ、島田重礼と並んで漢文科の双璧と称された。二十八年九月に病いによりその職を辞すると、爾後は小田原に籠り著作に耽る。大正三年(一九一四)、『左氏会箋』により帝国学士院賞を授与され、文学博士となった。大正六年三月三十一日、死去。七十六歳。

[参考文献] 外務省編『日本外交文書』一七(一九五三、外務省)、東亜同文会編『対支回顧録』(『明治百年史叢書』六九、一九六八、原書房)　(高橋　和宏)

たけだくへい　武田九平　一八七五―一九三二　初期社会主義者、大逆事件関係者。明治八年(一八七五)二月二十日、香川県香川郡浅野村(高松市)で生まれる。大正期の無政府主義者武田伝次郎は弟。小学校卒業後、大阪や名古屋で職工となる。明治三十一年(一八九八)労働組合期成会に入る。日露戦争従軍後、彫金業を営む。同四十年(一九〇七)六月、森近運平《もりちかうんぺい》が『大阪平民新聞』を発刊すると、大阪平民社に出入りするようになり、森近と親しくなる。四十一年十二月幸徳秋水訪問の帰途、大阪に立ちよった大石誠之助の茶話会に岡本穎一郎《おかもとえいいちろう》・三浦安太郎らと出席し「陰謀計画」を聞き、四十二年五月内山愚童《うちやまぐどう》から「暴挙」計画を聞いたとして、四十三年八月二十二日大阪で検挙された。「大阪・神戸グループ」とされ、同月二十八日岡本・三浦とともに大逆罪で予審請求され、四十四年一月十八日、大審院で死刑判決を受ける。翌十九日特赦により無期懲役に減刑され、長崎諫早監獄で服役、昭和四年(一九二九)四月二十九日仮出獄するが、同七年十一月二十九日事故死した。五十八歳。　→大逆事件《たいぎゃくじけん》

[参考文献] 幸徳秋水全集編集委員会編『大逆事件アルバム―幸徳秋水とその周辺―』(『幸徳秋水全集』補巻、一九七二、明治文献)、荒木伝『なにわ明治社会運動碑』下(一九八三、柘植書房)　(荻野富士夫)

たけだこうらい　武田交来　一八一九―八二　小説家。文政二年正月十六日(一八一九年二月十日)、江戸木挽町芝居茶屋の家に生まれる。本名勝次郎。別号山閑人。父金三郎に勘亭流を学び、傭書家梅素玄魚に入門する。三題噺の会に参加して、『粋興奇人伝』(文久三年)で版下書きとして紹介される。明治十二年(一八七九)、新富座の芝居脚本の草双紙本(正本写《しょうほんうつし》)『綴合於伝仮名書《とじあわせおでんのかなぶみ》』では篠田仙果《しのだせんか》と競合する。その後も、錦栄堂大倉孫兵衛と組んで、河竹黙阿弥正本『天衣紛上野初花《くもにまごううえののはつはな》』『千代誉松山美譚』(明治十四年)や『復咲後日梅《かえりざきごにちのうめ》』『島衛月白浪《しまちどりつきのしらなみ》』(同年)などを木版草双紙にする。代表作には、『歌舞伎新報』の河竹黙阿弥脚本と競合した正本写『霜夜鐘十時辻筮《しもよのかねじゅうじのつじうら》』(同十三年)がある。ほかに、当時の新聞紙面を賑わせた、神奈川県真土《しんど》村(平塚市)の出訴事件を描いた『冠松真土夜暴風《かむりまつまとのよあらし》』(同年)や、『東京絵入新聞』の続き物を木版合巻とした『倭洋妾《やまとらしゃ》横浜美談』(同十四年)などを残す。明治十五年十月二十二日没。六十四歳。　(山田　俊治)

たけだちょうべえ　武田長兵衛　一八四四―一九二五　薬業家。弘化元年十二月十九日(一八四五年一月二十六日)、三代目近江屋長兵衛の代判近江屋長三郎の三男として大坂道修《どしょう》町二丁目(大阪市中央区)に生まれる。幼名亀蔵。道修町薬種中買仲間の三代目近江屋長兵衛が嗣子のないまま病死した翌年の万延元年(一八六〇)、亀蔵は長兵衛家に入籍。四代近江屋長兵衛を襲名し、道修町薬種中買として和漢薬の取引に従事した。戸籍法改正により武田長兵衛と改名した明治四年(一八七一)、横浜に丸本という共同出資の店を開き、洋薬の直接取引を始める。同十年(一八七七)には洋薬の検査と学習のため田辺五兵衛《たなべごへえ》ら薬種商組合の有志と洋薬元売問屋の組合開成組を結成。大阪造幣局で製造した化学薬品を販売し、田辺五兵衛・塩野義三郎《しおのぎさぶろう》らと共同出資でヨード製造の広業舎や醋酸製造の広栄組を起こした。さらに二十八年(一八九五)に内林製薬所を専属工場として武田単独で製薬事業を開始した。和漢薬取引の専業者が集住する道修町にあって、このように長兵衛は田辺・塩野義とともに他に先駆けて洋薬の輸入・検査・製造に挑戦した。この結果、道修町は医薬品製造のメッカとして脱皮することに成功したのである。道修町では武田・田辺・塩野義を「御三家」とよんで、その功績をたたえている。大正十四年(一九二五)七月六日没。八十二歳。

[参考文献] 『武田百八十年史』(一九六二)、『武田二百年史』本編(一九八三)　(野高　宏之)

たけだなりあき　武田成章　一八二七―八〇　陸軍軍人。通称斐三郎《あやさぶろう》。文政十年九月十五日(一八二七年十一月四日)、伊予国大洲に生まれる。緒方洪庵塾や佐久間象山に学び、幕府に仕え、五稜郭の設計・造営を指導した。明治維新

後は、明治七年(一八七四)に大佐に任官し、兵学大教授に任命された。翌年五月には、兵学寮幼年学校(陸軍幼年学校)長を兼任する。同十一年(一八七八)には、大砲試験委員に任命されている。同十三年一月二十八日没。五十四歳。

参考文献 外山操編『陸海軍将官人事総覧』陸軍篇(一九八一、芙蓉書房) (山本 智之)

たけだのみや 竹田宮 近代皇族の称号。北白川宮能久《よしひさ》親王の死後、北白川宮の称号は、第三男子の成久《なるひさ》王が継承したが、第一男子の恒久《つねひさ》王は、明治三十九年(一九〇六)竹田宮の称号を賜り一家創立を許され、明治天皇第六皇女子昌子内親王と結婚した。恒久王は陸軍に入り陸軍少将に累進したが、大正八年(一九一九)死去、二代恒徳《つねよし》王も陸軍に入ったが、昭和二十二年(一九四七)家族とともに皇籍離脱、竹田姓を称した。

参考文献 宮内庁編『明治天皇紀』(一九六八-七七、吉川弘文館)、『(平成新修)旧華族家系大成』上(一九九六、霞会館)、井原頼明『皇室事典(増補版)』(一九七九、冨山房)、竹田恒徳『菊と星と五輪―皇族からスポーツ大使へ―』(一九七七、ベースボール・マガジン社) (梶田 明宏)

たけだはんし 武田範之 一八六三―一九一一 大陸浪人、仏教家。文久三年(一八六三)六月、久留米藩士沢四郎兵衛の三男として生まれ、十一歳の時に福岡県の武田貞斎の養子となる。幼少より漢学を学び、のちに京都および東京に遊学して曹洞宗や天台宗を研究、仏門に入る。明治二十四年(一八九一)、二十五年ごろ、日本の安危に係る外交問題は朝鮮半島にあると感じ、同地に根拠地を求め、結城虎五郎とともに朝鮮の金鰲島に渡って漁業経営を行うが失敗。その後、釜山方面を放浪し、その間、本間九介、大崎正吉、吉倉汪聖《よしくらおうせい》らと知り合い、釜山に策動の根拠地を作る。二十七年、東学党の乱が起ると、これを契機に朝鮮奥地に入って日清開戦の端緒を作ろうとし、同志十数名と結んで天佑俠を組織。天佑俠は朝鮮各地を巡って策動に従事したが、武田は活動中に病を得て一旦帰国。翌二十八年、再度朝鮮に渡り、十月の閔妃事件に参加して投獄される。のちに無罪となり、出獄後は閔妃事件のため日本に亡命した朝鮮政客の庇護に尽力。三十三年(一九〇〇)、越後顕聖寺(新潟県東頸城郡浦川原村)の住職となり、曹洞宗の刷新運動に尽瘁。宗教家としても活躍し、三十五年には曹洞宗末派総代議員になる。三十四年に黒竜会の結成に参加。三十九年に韓国統監府が設立されると、内田良平とともに渡韓して日韓合邦を推進。親日派の李容九や宋秉畯らと交流し、彼らが朝鮮の政治改革を目指して組織した一進会の活動に深く関与した。一進会は朝鮮の内政外交を日本に委任することを宗旨とし、四十二年(一九〇九)十二月四日、韓国皇帝および曾禰《そね》荒助《あらすけ》統監、李完用総理大臣に合邦建白書を提出したが、同書を漢文に書き改めたのは武田であった。韓国併合後の一進会解散に同情し、その後継団体として、侍天教という東学の流れをくむ宗教団体の組織を杉山茂丸《すぎやましげまる》らと提案、武田はその顧問となった。四十三年十月に内地に帰還し、翌四十四年六月二十三日、病で東京に没す。四十九歳。

参考文献 黒竜会編『東亜先覚志士記伝』(『明治百年史叢書』、一九六六、原書房) (冨塚 一彦)

たけだやくひんこうぎょう 武田薬品工業 江戸時代の大坂道修町《どしょうまち》(大阪市中央区)の和漢薬問屋を起源とする大手製薬会社。天明元年(一七八一)に、近江屋長兵衛《おうみやちょうべえ》が大坂道修町で薬種仲買仲間として営業を始めた。明治初期、洋薬の輸入に着手し、はじめは共同企業に出資して、外国商館と取引したが、のちに直接に商館と取引した。これとともに順次取引先の欧米製薬会社から直輸入をした。また製薬事業では、田辺五兵衛・塩野義三郎らとの共同出資による広業舎を明治二十三年(一八九〇)に設立し、ヨード製造を手がけ始めた。二十八年には内林製薬所主内林直吉を迎え、専属の製薬工場を委託した。第一次世界大戦による薬品市場の混乱に対応するべく薬品増産のため、大正七年(一九一八)には武田製薬株式会社を創設し、近代的製薬工業の骨格を形成した。大正十四年(一九二五)、武田長兵衛商店と武田製薬株式会社を合併して株式会社武田長兵衛商店を設立。昭和十八年(一九四三)に現社名に改称した。

参考文献 『武田二百年史』(一九六二、武田薬品工業株式会社) (二谷 智子)

たけちくまきち 武市熊吉 一八四〇―七四 土佐藩士、陸軍大尉、外務省十等出仕、赤坂喰違事件首謀者。天保十一年(一八四〇)、土佐郡潮江村(高知市)に生まれる。諱は正幹。戊辰戦争に従軍し、甲州勝沼や下野今市で戦功をあげた。政府に登用され、陸軍大尉・外務省十等出仕となる。明治五年(一八七二)に陸軍少佐池上四郎とともに清国の牛荘に派遣され、満洲や朝鮮の情報を収集する。明治六年に征韓論政変が起きると憤然として辞職し、閣議決定を阻止した右大臣岩倉具視を襲撃すべく同志を募る。明治七年一月十四日に、赤坂仮皇居に参内した岩倉の帰路を狙い、九名の人数で赤坂喰違坂にて待ち伏せして馬車を襲撃する。負傷した岩倉はとっさに赤坂濠に飛び込んで難を逃れ、暗殺は失敗に終った。現場に残された下駄が手がかりとなって警察に三日後に捕縛され、同年七月九日に斬首された。三十五歳。→赤坂喰違《あかさかくいちがい》の変《へん》

参考文献 福島成行『(征韓論余聞)赤坂喰違の事変』(一九二七、前田馬城太) (落合 弘樹)

たけとみときとし 武富時敏 一八五五―一九三八 明治・大正時代の政党政治家。第二次大隈重信内閣の逓信大臣、大蔵大臣。安政二年十二月九日(一八五六年一月十六日)、佐賀藩士武富良橘・妻慶子の長男として佐賀に生まれる。明治五年(一八七二)上京遊学するが翌年帰郷して独学に励む。七年佐賀の乱に参加するが無罪放免となる。十四年(一八八一)肥前改進会に参加、十五年九州改

進党の結成に参加する。十六年佐賀県会議員に選出、十八年県会議長に就任。十九年『肥筑新報』(のちに『西肥新報』)を創刊、社長に就任。二十年(一八八七)佐賀郡長に就任。二十二年郷党会を結成。二十三年第一回総選挙で佐賀一区から当選。二十五年の第二回総選挙では政府の選挙干渉の影響で落選するが、二十七年第三回総選挙から大正九年(一九二〇)第十四回総選挙まで連続十二回、計十三回当選した。明治二十三年立憲自由党の結成に参加、佐賀県常任議員となるが、自由党本部や県内の松田正久派と齟齬が生じ、二十六年自由党から除名、二十七年立憲革新党に所属した。二十九年立憲改進党などとともに進歩党の結成に参加し、三十年(一八九七)第二次松方正義内閣の大隈重信農商務大臣のもとで農商務省商工局長に就任、同年大蔵省参事官に転任。三十一年第一次大隈重信内閣の内閣書記官長となり初の政党内閣(憲政党内閣)を支えた。憲政党分裂後は憲政本党から立憲国民党に所属。大正二年立憲国民党から離党して桂太郎主導の立憲同志会に参加。三年第二次大隈重信内閣に逓信大臣として入閣、簡易生命保険制度の創設に尽力した。四年内閣改造に伴い大蔵大臣に転任。五年立憲同志会・中正会・公友倶楽部が合同して憲政会が成立すると総務に就任。十三年(一九二四)第四十八帝国議会を最後に衆議院議員を引退。同年貴族院勅選議員。昭和十三年(一九三八)十二月二十二日死去。八十四歳。財政通として知られ、『予算詳解』(明治四十一年、翌年改稿して『財政便覧』)を著わしている。

[参考文献] 渋谷作助『武富時敏』(一九三四、武富時敏刊行会)、佐賀近代史研究会編『佐賀新聞に見る佐賀近代史年表』明治編上・下(一九八八・二〇一二、佐賀新聞社)

(日比野利信)

たけのぶよしたろう　武信由太郎　一八六三—一九三〇　早稲田大学教授、英語学者。文久三年七月二十三日(一八六三年九月五日)、因幡国気多郡(鳥取市青谷)の農家の長男に生まれる。明治九年(一八七六)名古屋英語学校に進み、十三年(一八八〇)、札幌農学校入学、英文学に集中して十七年卒業。長野県飯田中学校、ジャパン=メイル社、三重県津中学校、ジャパン=メイル社と転じ、三十年(一八九七)、札幌農学校で同期だった頭本元貞《ずもともとさだ》と『ジャパン=タイムズ』Japan Timesを創刊した。英文によって日本の存在を世界に知らしめようという英文報国の志であり、日本人の英語表現力を養う課題に生涯を捧げることになった。その主舞台が、三十八年(一九〇五)に招聘され昭和五年(一九三〇)四月二十六日に在職のまま六十九歳で没するまで教鞭をとった早稲田大学であった。商学部・文学部・高等師範部において和文英訳・英作文・商業英語等を担当し、ジャパン=タイムズ社時代に勝俣《かつまた》銓吉郎《せんきちろう》と創刊した『英語青年』や『英語界』誌上でも和文英訳の指導を続けた。とりわけ力を注いだ事業として『英文日本年鑑』The Japan Year Bookの刊行、豊かな語彙を含めた『武信和英大辞典』の出版がある。

[参考文献] 昭和女子大学『近代文学研究叢書』三二(一九六九)、外山敏雄『札幌農学校と英語教育—英学史研究の視点から—』(一九九二、思文閣出版)

(菊池　紘一)

たけばしじけん　竹橋事件　明治十一年(一八七八)八月二十三日夜に起きた日本初の大規模な兵士反乱事件。東京市麴町《こうじまち》区竹橋(東京都千代田区北の丸公園)にあった近衛砲兵大隊の兵士たちが蜂起の主力。西南戦争の行賞が政府・軍の上層部に限られ、財政難を理由に日給が削減される兵士たちの待遇が悪化したことが大きな理由だった。天皇への直訴を目指して百数十人が山砲一門を引いて兵営を脱出し、九十余人が赤坂の仮皇居門前に達した。岡本柳之助《おかもとりゅうのすけ》少佐率いる東京鎮台予備砲兵第一大隊の大部分も呼応する予定だったが、岡本は隊員を緊急呼集して東京北部の飛鳥山まで行軍させ、兵士たちの参加を阻止した。仮皇居門前には鎮圧部隊がすでに待機しており、鎮圧された。リーダーの一人、大久保忠八はその場で自殺した。十月十五日、兵士五十三人が銃殺刑に処された。ほとんどが徴兵令で兵士となった二十四歳前後の平民・農民だった。さらにのちに死刑二人を含めて、三百六十人以上が処罰され、十三人が獄死した。

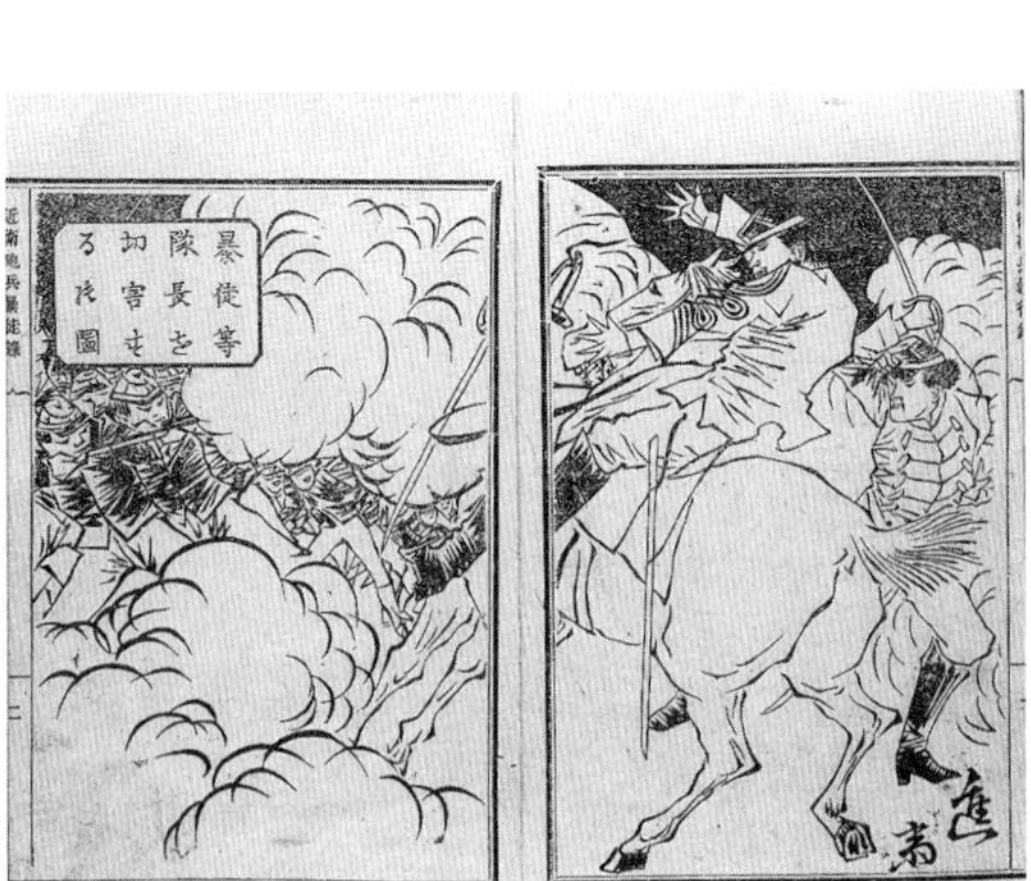

竹橋事件(『近衛砲兵暴発録』より)

[参考文献] 竹橋事件百周年記念出版編集委員会編『竹橋事件の兵士たち—近頃人民一般苛政に苦しむにより—』(一九七九、現代史出版会)、目良誠二郎「竹橋事件に関する官側史料の若干の整理」一—四(『海城中学・高等学校研究集録』九—一二、一九八四・八五・八七・八八)

(奥　武則)

たけばやしむそうあん　武林無想庵　一八八〇—一九六二　小説家・翻訳家。本名盤雄、のち盛一。明治十三年(一八八〇)二月二十三日、札幌に生まれる。十七年、武林家の養子となり、養父母と上京。三十六年(一九〇三)、東京帝国大学英文科に入学。『帝国文学』の編集に従事し、一高・帝大の同級生である小山内薫《おさないかおる》らと同人誌『七人』を創刊、ドーデの『サフォ』を翻訳・連載したほか、三十八年六月には藤村操《ふじむらみさお》を思わせる青年を主人公とした戯曲『悲劇竹村翠』を発表。一方、竜土会に参加、文芸雑誌に小説も書いたが、三十八年に大学を中退。翌年京都に赴き『京都新聞』記者となり無想庵と号する。大正期には翻訳や小説に現代人の虚無的な内面を表現、ダダイストと称される。大正九年(一九二〇)結婚してフランスに渡り、在仏十一年に及んだ。昭和十八年(一九四三)に全盲となり、戦後は再婚した妻の協力で『むさうあん物語』(昭和三十二―四十四年、無想庵の会、全四十五冊・別冊一)を書き続けた。昭和三十七年(一九六二)三月二十七日没。満八十二歳。

参考文献　山本夏彦『夢想庵物語』(『文春文庫』)

(岩佐壮四郎)

たけひさゆめじ　竹久夢二　一八八四―一九三四　大正から昭和時代前期にかけて活躍した洋画家、挿絵画家、詩人、装丁家。明治十七年(一八八四)九月十六日岡山県邑久《おく》郡本庄《ほんじょう》村(瀬戸内市)生まれ。本名茂次郎。小学校卒業後の同三十二年(一八九九)、叔父を頼って神戸の中学に進学するが家庭の事情により八ヵ月で退学。翌年一家は福岡に転籍するが同三十四年単身上京し、苦学の末同三十五年早稲田実業学校に入学。同校専攻科に進学した三十八年、『中学世界』にコマ絵「筒井筒」が一等入選し、この時はじめて夢二の雅号を使用する。同年中退するが、このころ『新国民』『新声』『ハガキ文学』『東京日日新聞』の月曜文壇に作品が掲載されるようになる。同三十九年『日本の少女』に挿絵や文章を載せるようになり、同年知りあった早稲田で絵はがき店を営む岸たまきと翌年結婚、読売新聞社に入社。同四十二年(一九〇九)初の画集『春の巻』を刊行、続編七版を重ねる。同四十四年には『月刊夢二エハガキ』の発行を開始し、一〇二集まで約九年間続けられる。大正元年(一九一二)京都府立図書館で初の個展を開催、日本画・洋画・水彩画・ペン画など百三十七点を出品した。このころ、最初の妻たまきをモデルに、つぶらな目をした細面の哀愁を帯びた表情の独自の美人画を自身の画風として確立し、これは「夢二式美人」として人気を博した。特に同三年東京日本橋に絵草紙店「港屋」を開店し、自身が企画、デザインした商品を扱うようになると、夢二の作品は女学生の間で爆発的な評判となった。同四年『新少女』の創刊に際して編輯局絵画主任となり、翌年からは『セノオ楽譜』の表紙を担当。中でも明治四十五年に原詩が発表された「宵待草」が、大正七年多忠亮《おおのただすけ》によって曲付けされると、全国的にヒットしたことから、散文の世界でも認められるようになり、この作品は代表作となった。笠井彦乃、佐々木カネヨ(お葉)らとの女性問題から大正末には一時人気が急落した。ただし、その後も全国を回りながら創作を続ける一方、新聞挿絵や単行本の装丁もよく手がけ、同十一年には『夢二絵手本』を岡村書店から、昭和二年には宝文館より『夢二抒情画選集』(上下巻)を刊行し、同年『都新聞』に自伝絵画小説『出帆』を百三十四回にわたって連載した。同六―八年には米欧に渡り、アメリカでは展覧会を開催するがめぼしい成果は得られなかった。帰国後まもなくして体調不良のまま台湾へ旅行し、さらに病状を悪化させ、同九年九月一日療養先の長野県にて結核により死去。五十一歳。夢二は作品を少女向け雑誌や女学生向け雑誌に提供する一方、作品をみずから商品化し、販売することにも積極的であり、その点では同時代の画家の中では最も商業デザイナーとして技量と才覚に長けていた人物といえる。数多く現存する作品を収集・公開している代表的な施設としては、岡山市の夢二郷土美術館や、群馬県伊香保町の竹久夢二伊香保記念館、東京都文京区の竹久夢二美術館がある。長田幹雄『初版本復刻竹久夢二全集』(昭和六十年、ほるぷ出版)が刊行されている。

参考文献　『夢二美術館』(一九八五、学習研究社)、蕗屋竜生・小笠原洋子監修『竹久夢二・高畠華宵・蕗谷虹児―大正・昭和のロマン画家たち―』(展覧会図録、一九九四、毎日新聞社)、『竹久夢二美術館―その愛と悲しみ―(再版改訂)』(竹久夢二美術館、二〇〇二)、『夢二一八八四―一九三四―アヴァンギャルドとしての抒情―』(展覧会図録、二〇〇一、町田市立国際版画美術館)、鈴木誠一編『竹久夢二追想展―漂泊する心―』(展覧会図録、二〇〇三、郡山市立美術館)

(田島奈都子)

たけひとしんのう　威仁親王　一八六二―一九一三　明治から大正時代の皇族、海軍大将。文久二年正月十三日(一八六二年二月十一日)生まれ。有栖川宮《ありすがわのみや》幟仁《たかひと》親王の第四子。第十代有栖川宮。明治七年(一八七四)、明治天皇の命により海軍兵学寮予科に入学、十一年(一八七八)海軍兵学校予科卒業。八月に親王宣下、威仁を賜名。翌年、英海軍シナ海艦隊への乗組み士官として一年間従事。十六年、英グリニッジ海軍大学卒(大尉)。二十四年(一八九一)ロシア皇太子来日に際し接待役を務めた。二十七年の日清戦争で松島(十二月)・橋立(二十八年五月)の艦長(功四級、金鵄勲章)。二十八年に異母兄熾仁《たるひと》親王の死去に伴い有栖川家を継承。三十二年(一八九九)、皇太子嘉仁の東宮輔導となり二度の巡啓を計画。日露戦争では大本営付(功三級、大将)。三十八年四月から八月までドイツ皇太子結婚式列席のために欧州各国を歴訪。大正二年(一九一三)七月五日没。五十二歳。七日に元帥、大勲位菊花章頸飾授与。十日に逝去の公式発表。日本美術協会会長、神苑会総裁、水交社社長を歴任。福島県耶麻郡猪苗代町に別邸「天鏡閣」が現存。

威仁親王

参考文献 威仁親王行実編纂会・高松宮家編『威仁親王行実』(一九二六‐四〇)、高松宮家編『有栖川宮総記』(一九四〇)、武田勝蔵『有栖川宮について』(一九七四、高松宮) (伊勢 弘志)

たけべこしろう 武部小四郎 一八四六‐七七 明治時代初期の自由民権家、士族反乱指導者。もと建部氏。弘化三年(一八四六)七月勤王の志士建部武彦の子として筑前国福岡城外通町(福岡市)に生まれる。諱は自成。通称を燕之允のち小四郎と改名。家格は大組、禄高七百石。修猷館《しゅうゆうかん》で文武を修める。華美虚飾を嫌い質実を重んじ、長剣を帯び大きな木管煙管を持ち、言行に古武士の風格が感じられたという。明治七年(一八七四)佐賀の乱において、江藤新平に呼応して大久保利通要撃を唱えた。八年板垣退助を訪ね自由民権の説に賛同して同志と矯志社《きょうししゃ》を組織。十年(一八七七)一月矯志・強忍・堅志の三社を連合して私学校を設立して十一学舎と称しこれを牛耳った。西南戦争が起ると西郷軍に呼応し、越智彦四郎《おちひこしろう》らとともに同志を糾合して、三月二十八日福岡党として福岡城襲撃を行なったが敗退。再挙を期して潜伏中に五月二日博多において逮捕され、三日斬罪に処せられ没した。三十二歳。

参考文献 黒竜会編『西南記伝』下巻二(『明治百年史叢書』、一九六九、原書房) (広瀬 玲子)

たけべとんご 建部遯吾 一八七一‐一九四五 社会学者。東京帝国大学教授。明治四年三月二十一日(一八七一年四月二十一日)新潟県横越村(新潟市)に生まれた。明治二十六年(一八九三)第一高等中学校(第一高等学校の前身)を卒業し、帝国大学文科大学哲学科に入学、二十九年卒業。大学院に進学、外山正一に師事。三十年(一八九七)外山が東京帝大総長になったのに伴い、講師として講義を担当。三十一年から三年間、ドイツ・フランスに留学、西欧・北米を巡遊。三十四年教授。三十六年東京帝大に社会学研究室を設置。大正二年(一九一三)京都帝国大学の米田庄太郎らとともに日本社会学院を創立。大正十一年(一九二二)東京帝大を辞職。翌十二年新潟県第六区から衆議院議員に立候補して当選(憲政会)。昭和三年(一九二八)政界を引退。昭和十三年(一九三八)貴族院議員に勅選。昭和二十年二月十八日千駄ヶ谷の自宅にて没す。七十五歳。主著『普通社会学』(明治三十七年‐大正七年、全四巻、金港堂)においてコントと儒教を結びつけた社会学体系を樹立。また強国主義の立場から時局を論じた。

参考文献 斉藤正二『日本社会学成立史の研究』(一九七六、福村出版)、秋元律郎『日本社会学史―形成過程と思想構造―』(一九七九、早稲田大学出版部)、老川寛「戸田家族社会学の源流―外山正一と建部遯吾―」(明治学院大学大学院社会学研究科『創設三十周記念論文集』所収、一九九八、相川書房) (児玉 幹夫)

たけもとあやせだゆう 竹本綾瀬太夫 一八三三‐一九〇一 幕末から明治中期の義太夫語り。初代。天保四年(一八三三)大坂生まれ。本名は中村彦兵衛。十四歳で豊澤亀之助に入門、小勝と名乗る。明治元年(一八六八)初代竹本相生太夫《あいおいだゆう》を名乗り上京、八年ごろに綾瀬太夫と改名した。十年(一八七七)には大阪へ戻り、大江橋席などで大曲を勤めたが、十八年ごろに再び上京。『義経腰越状』泉三郎館の段などを得意とした。三十三年(一九〇〇)五月に綾翁《あやおう》と改名。三十四年九月二日没。六十九歳。

参考文献 倉田喜弘編『東京の人形浄瑠璃』(『演芸資料選書』五、一九九一、日本芸術文化振興会) (桜井 弘)

たけもとあやのすけ 竹本綾之助 一八七五‐一九四二 明治中期から大正期の女義太夫演奏者。初代。明治八年(一八七五)六月一日大阪生まれ。本名石井(旧姓藤田)その。二十年(一八八七)、十三歳で養母(三味線を弾いた鶴勝)に連れられ上京。猿若町文楽座で綾之助の名でデビューする。二十一年、十四歳で真打となり、男装姿で人気をさらう。三十一年(一八九八)、実業家の石井健太と結婚し引退。四十一年(一九〇八)復帰。錦絵やブロマイドも出し、二軒の寄席のトリを掛け持ちする「二軒バネ」の元祖ともいわれ、明治二十年代のいわゆる娘義太夫のスターとなった。大正期には当時対立していた睦派と正義派の軋轢を調停するなど、女流義太夫界の地位向上にも貢献した。昭和十七年(一九四二)一月三十一日、東京浅草で死去。六十八歳。

参考文献 加丸入登編『竹本綾之助艶物語』(一九三〇、三芳屋書店)、水野悠子『江戸・東京娘義太夫の歴史』(二〇〇三、法政大学出版局) (桜井 弘)

たけもとおおすみだゆう 竹本大隅太夫 義太夫節太夫。㈠二代 生没年不詳 素人義太夫の出身で中年になってから舞台へ出たと思われる。元治元年(一八六四)に没した初代竹本大住太夫門で二代伊達太夫を名乗る。翌慶応元年(一八六五)に京都で二代大住太夫を襲名。太夫の名前に国名を名乗ることが禁じられていたので、番付では大住太夫となっている。晩年は眼病を患い盲人となって、無本で語ったという。『妹背山婦女庭訓《いもせやまおんなていきん》』山の段の雛鳥で襲名披露し、『本朝廿四考』十種香の段なども勤めているので、美声の太夫であったか。

㈡三代 一八五四‐一九一三 安政元年(一八五四)大坂で鍛冶屋の息子として生まれる。本名井上重吉《いのうえじゅうきち》。幼少のころから野澤太八(のちの五代野澤勝鳳《しょうほう》・四代野澤喜鳳《きほう》)について稽古を始め、のちに五代竹本春太夫に入門、竹本春子太夫を名乗る。明治十七年(一八八四)、二代豊澤團平が彦六座に入座するに際して一興行おいての相三味線となり、三十一歳で三代大隅太夫を襲名した。これ以降、團平の厳しい指導のもとに修業を重ね、同じ春太夫門下の二代竹本越路太夫《こしじだゆう》(のちの竹本摂津大掾)とならぶ明治期を代表する太夫として活躍した。文楽座の摂津大掾に対して、彦六座、稲荷座、明楽座といった非文楽系の座に出演し続けた。三十一年(一八九八)四月、團平の没後は鶴澤叶《かのう》(のちの三代鶴澤清六《せいろく》)を相三味線に迎え、團平の芸を伝えた。三十六年から三十九年までは対抗していた文楽座に出演して周囲を驚かせたが、四十年(一九〇七)に非文楽系の堀江座に戻る。逸話や伝説も多い。部分的ではあるが、『壺坂』や『鰻谷』『熊谷陣屋』などがレコードに残り、その写実的といわれる芸の片鱗がうかがえる。大正二年(一九一三)四月興行を最後に、当時の相三味線の三代團平らとともに台湾へ巡業に出るが、七月三十日台南病院で客死した。六十歳。

(桜井　弘)

たけもとすみたゆう　竹本住太夫　義太夫節太夫。

㈠四代　一八二九―八九　文政十二年(一八二九)紀州田辺生まれ。本名竹中喜代松《たけなかきよまつ》。はじめは三味線方だったがのちに太夫に転じて、竹本田喜太夫《たきたゆう》を名乗る。安政七年(一八六〇)正月、四代目を襲名。明治十七年(一八八四)、文楽座に対抗して旗揚げした彦六座に入座、紋下を二十二年(一八八九)一月二十二日に六十一歳で没するまで勤めた。『伊賀越道中双六』「沼津の段」の平作の息遣いはこの人の工夫という。

㈡五代　一八四七―一九〇九　弘化四年(一八四七)大坂生まれ。本名吉野卯之助《よしのうのすけ》。四代竹本越太夫《こしたゆう》に入門、初名は竹本雛太夫《ひなたゆう》。師の没後、五代越太夫を経て、三十年(一八九七)五月、稲荷座で五代竹本住太夫を襲名した。四十二年(一九〇九)九月二十二日没。六十三歳。一貫して彦六座系統の座に出演、非力ではあったが時代物、世話物双方に長じた芸といわれる。

参考文献　鴻池幸武編『道八芸談』(一九四四)

(桜井　弘)

たけもとせっつのだいじょう　竹本摂津大掾　一八三六―一九一七　幕末から大正初期の義太夫節太夫。文楽座紋下《もんした》(櫓下《やぐらした》とも)。天保七年三月十五日(一八三六年四月三十日)、大坂順慶町三丁目に生まれる。本名は二見金助。幼名は吉太郎、のち亀次郎。父は塗物問屋で伊勢屋七三郎。五歳の時、内本町太郎左衛門町に住む大工の棟梁大和屋伊八の養子になる。養父は浄瑠璃好きで、亀次郎も十一歳の時に三代鶴澤清七に三味線を習う。安政五年(一八五八)、五代竹本春太夫の弟子になり竹本南部太夫と名乗る。春太夫を弾いていた三代野澤吉兵衛は南部の将来に望みを抱き、二年後に江戸へ連れて行く。吉兵衛は亡父竹本越路太夫《こしじだゆう》の名を、二十五歳の南部に継がせて二代目にした。江戸で寄席に出る越路はその日の語り物を、前夜に吉兵衛から習うという厳しい日を送る。吉兵衛は文久二年(一八六二)死亡。翌年越路は大坂へ戻り、師の春太夫を頼って京都の和泉式部境内の芝居に出る。文楽席(のち文楽座)へ出勤したのは慶応元年(一八六五)三月で、役場は『仮名手本忠臣蔵』桃の井屋敷の段の口。それから数年のうちに、六代竹本染太夫《そめたゆう》(明治二年没)、七代竹本咲太夫《さきたゆう》(三年没)、五代豊竹湊太夫《とよたけみなとだゆう》(四年引退)ら実力ある先輩がいなくなった。湊太夫についで春太夫は紋下になったが、すでに六十五歳である。明治十年(一八七七)五月の『忠臣蔵』で、越路は師に代ってはじめて九段目山科の段を語る。越路は全盛期に入った。七月、春太夫他界。十月、越路が春太夫の名を継ぐと伝わったが、費用の点で襲名話は立ち消え。十六年四月、四十八歳の越路は紋下になった。役場は『野崎村』で、五十四日間の大入りを取る。翌十七年九月の『寺子屋』は、初日から四十日過ぎても入りが落ちない。十八年五月の『合邦《がっぽう》』は「古今無類の出来」で、「喝采の声秒時《しばし》も止《やま》ず」という有様(『朝日新聞』六月五日付)。七月、大阪は水害に襲われて大不況になった。折も折、東京の猿若町に文楽座が建って文楽一座が迎えられた。大一座の東上は宝暦十四年(一七六四)以来のことで百二十年ぶりであったが、入場料が高過ぎて不入り。越路は寄席と交わしていた先年来の約束を果たすため、東京に残って寄席へ出勤した。茅場町の宮松亭をはじめどの寄席も大入りで、客は越路の美声に酔う。この時は三ヵ月間の在京であったが、さらに二十年(一八八七)一月から翌年五月まで、また二十三年三月から翌年一月まで、それぞれ上京する。越路の美声が、東京市民の耳の底にこびり付いた。越路の帰阪後、東京に吹いた義太夫旋風は娘義太夫の台頭を促し、その可愛い声が、新しい文化「義太夫」に興味を持つ若い世代を悩殺した。越路が帰ってきた文楽座は、やがて四十日、五十日といった長期興行を続けるようになる。その一つ、三十四年(一九〇一)三月の『忠臣蔵』で語った一力茶屋のおかるは、「振ひ付きたいほど」だと『大阪朝日新聞』(三月二十一日付)は記した。三十六年一月、越路は春太夫を襲名する。出し物の『新口村《にのくちむら》』では、「大阪を立ち退《の》いてからのサワリは満場動揺《どよ》みを作《つく》ての喝采」(『大阪毎日新聞』一月二十五日付)と報じられた。そして五月は、前年に小松宮から受領《ずりょう》した摂津大掾の披露興行である。『妹背山婦女庭訓《いもせやまおんなていきん》』山の段の定高《さだか》と御殿の段を語って、七十五日間の大入り。三十七年暮に東京の歌舞伎座へ出演したところ、「六十九歳の老人とは思はれぬ程艶麗」(『時事新報』十二月十五日付)と評判になり、十一日間が超満員。歌舞伎座創立以来の大盛況となった。七十八歳を数える大正二年(一九一三)四月一日、摂津の引退興行が始まった。役場は『楠昔噺《くすのきむかしばなし》』徳太夫住家の段。千秋楽は五十一日目の五月二十一日。幕末以降、空前絶後の大名人が床《ゆか》を去った。大正六年十月九日没。八十二歳。『中将姫』や『十種香《じゅしゅこう》』などの十八番も、長く語り草となった。

竹本摂津大掾

参考文献　竹本越路太夫「経歴談」(『名家談叢』一五、

一八九六)、水谷弓彦『竹本摂津大掾』(一九〇四、博文館)、倉田喜弘「輝ける明治文楽」(『(岩波講座)歌舞伎・文楽』一〇所収、一九九七、岩波書店)　(倉田 喜弘)

たけもとつだゆう　竹本津太夫　義太夫節太夫。

(一)二代　一八三九―一九一二　天保十年(一八三九)京都の鳥松という小鳥屋に生まれる。本名桜井源助。父は三代竹本綱太夫の弟子で播竜軒を名乗り芝居にも出ていた。祖父は二代竹本綱太夫の弟子の初代竹本津太夫。チャリ語りの名人といわれた竹本山城掾に入門し、竹本緑太夫《みどりだゆう》を名乗る。安政のころに初舞台。京都を中心に活動し、元治ごろに二代竹本津太夫を襲名する。明治八年(一八七五)大阪に出て、松島文楽座に出勤。以後、四十一年(一九〇八)十一月に楽屋で倒れるまで、文楽座を離れなかった。四十三年一月に引退、七代竹本綱太夫を名乗る。法善寺境内に住んでいたので、通称法善寺。楽屋ではお公家さんと呼ばれた。四十五年七月二十三日没。七十四歳。庵《いおり》の紋下二代竹本越路太夫《こしじだゆう》とほぼ同等の扱いを受ける。津太夫は、渋いながらも上品な語り口で、とりわけ世話物に優れたという。門下からはのちに紋下となる三代津太夫、二代豊竹古靱太夫《とよたけこうつぼだゆう》(のちの山城少掾)を輩出した。

(二)三代　一八六九―一九四一　明治二年十二月十四日(一八七〇年一月十五日)、福岡県生まれ。本名村上卯之吉。宿屋を営む祖父が素人義太夫だったので、幼少のころから手ほどきを受け、十三歳で大阪に出る。二代津太夫に入門、竹本浜太夫を名乗り、十七年(一八八四)御霊文楽座で初舞台。二十一年(一八八八)に竹本文太夫《ぶんだゆう》、四十二年(一九〇九)に浜太夫と改名し、四十三年一月に師匠の二代津太夫が引退すると、その三代目を襲名した。大正十三年(一九二四)五月、三代越路太夫の死去により文楽座紋下となる。昭和初期には、六代竹本土佐太夫、二代豊竹古靱太夫(のちの山城少掾)とともに三頭目と称され、四つ橋文楽座を支えた。悪声ながら腹が強く、骨太の豪快な芸風で知られた。昭和十六年(一九四一)五月七日没。七十三歳。　(桜井 弘)

たけもとつなたゆう　竹本綱太夫　義太夫節太夫。

(一)六代　一八四〇―八三　天保十一年(一八四〇)江戸生まれ。本名斎藤太市。三代竹本長登太夫《ながとだゆう》に入門、竹本小《こ》定太夫《さだだゆう》を名乗る。一時廃業し、豊竹岡太夫《おかだゆう》門下となり四代竹本錣太夫《しころだゆう》、のちに竹本山城掾門下となり竹本殿母太夫《たのもだゆう》となり、明治三年(一八七〇)に初代竹本織太夫を名乗る。同九年に六代竹本綱太夫を襲名。江戸っ子で、美声家という。明治十六年(一八八三)九月二十四日没。四十四歳。

(二)七代　⇩竹本津太夫《たけもとつだゆう》

たけもとながとだゆう　竹本長登太夫　一八一四―九〇人形浄瑠璃の太夫(四代)。文化十一年(一八一四)大坂生。通称樋口吉兵衛。幕末の名人三代竹本長門太夫の甥で門弟。登茂太夫《ともだゆう》、四代實太夫《じったゆう》を経て明治十六年(一八八三)に四代長登(長門)太夫襲名。十年八月から十六年一月まで文楽座紋下。太夫としての技量よりも大著『増補浄瑠璃大系図』二十二巻(法月敏彦校訂、国立劇場芸能調査室編で日本芸術文化振興会より刊)の編纂によって浄瑠璃史に足跡を残す。二十三年(一八九〇)十月二十三日没。七十七歳。　(内山美樹子)

たけもとはやた　竹本隼太　一八四八―九二　明治時代前期の製陶家。外国奉行を務めた旗本竹本要斎の長男として嘉永元年八月十五日(一八四八年九月十二日)江戸深川大工町(東京都江東区)に生まれる。本名正典。明治元年(一八六八)高田豊川村(東京都豊島区)に移り、初代井《いの》上良斎《うえりょうさい》を顧問として邸内に築窯。含翠園と号して窯業を始めた。創業当初は欧米輸出向けの薩摩焼風陶器を製造するも採算が合わず、煉瓦や土管の製造へ転換を図るが同六年(一八七三)に工場が全焼し休業。同八年勧業寮の伝習所で欧州帰りの川原忠次郎、納富介次郎《のうとみかいじろう》に学び石膏型鋳込成形法を習得、同九年仏式の直立円窯を築造し、本格的な磁器製造に着手した。釉薬の研究・発明に取り組み、蕎麦釉、玳皮盞《たいひさん》釉、辰砂《しんしゃ》釉など独自の窯変釉の技術で評価を高め、同二十二年(一八八九)パリ万国博覧会で名誉賞牌を受賞。同二十五年十一月三十日没。四十五歳。同二十六年シカゴ＝コロンブス世界博覧会には遺作の「磁器花瓶百種類聚」が出品された。

参考文献　太田能寿「故竹本隼太君伝」(『大日本窯業協会雑誌』八―九、一八九三‐九四)、横山恵美「竹本焼について―その変遷と特徴―」(『工業技術博物館ニュース』二一、一九九六)　(花井 久穂)

たけもとはるたゆう　竹本春太夫　人形浄瑠璃の太夫。

(一)五代　一八〇八―七七　文化五年(一八〇八)泉州の堺生。本名長原弥三郎。文政十一年(一八二八)、四代竹本氏太夫に入門、竹本さの太夫と名のり天保三年(一八三二)大坂道頓堀竹田芝居に出勤。九年正月、江戸結城座番付にさの太夫改竹本文字太夫。帰坂後四代竹本春太夫の養子となり、十三年(一八四二)八月竹田芝居で五代春太夫を襲名。この年『巡礼歌』『十種香』『合邦』などを語る。明治五年(一八七二)正月、松島文楽座開場時から紋下《もんした》。明治七年後半、相三味線二代豊澤團平らとともに退座し他へ出演するが、文楽座番付紋下欄はそのまま。十年(一八七七)三月、文楽座に復帰。同年七月二十五日没。七十歳。美声でスケール代の大きい本格の芸。竹本摂津大掾、三世竹本大隅太夫の師。

(二)六代　⇩竹本摂津大掾《たけもとせっつのだいじょう》

(三)七代　一八七三―一九四三　明治六年(一八七三)生。竹本叶太夫が昭和十六年(一九四一)に襲名。明治以来の人形浄瑠璃太夫・三味線の芸歴などを記す『此君帖《このきみちょう》』(大正十二年)の編者。昭和十八年没。七十一歳。

参考文献　木谷蓬吟『文楽今昔譚』(一九二六、松竹土地建物興業『道頓堀』編輯部)、杉山其日庵『浄瑠璃素人講釈』(『岩波文庫』)　(内山美樹子)

たけもとやだゆう　竹本弥太夫　義太夫節太夫。

(一)五代　一八三七―一九〇六　天保八年四月四日(一八三

七年五月八日)大坂生まれ。本名木谷伝治郎《きたにでんじろう》。竹本小熊太夫《こぐまだゆう》と名乗り素人浄瑠璃界で活躍する。弘化三年(一八四六)、三代竹本長登太夫に入門、嘉永四年(一八五一)師とともに江戸に下り竹本長子太夫《ながこだゆう》と改名。のちに帰坂し、師の没後は竹本弥太夫門となる。その弥太夫が没した明治元年(一八六八)、五代竹本弥太夫を襲名。十九年(一八八六)限りで文楽座を退き、二十七年(一八九四)の稲荷座再興にあたって紋下となる。三十九年(一九〇六)十月三十日没。七十歳。世話物語りの名人といわれ、『弥太夫日記』を遺す。『五世竹本弥太夫　芸の六十年』を著わした文楽研究家の木谷蓬吟《きたにほうぎん》は次男。

(二)六代　一八六六―一九二四　慶応二年十月十二日(一八六六年十一月十八日)、大坂生まれ。本名竹内亀松《たけうちかめまつ》。五代弥太夫に入門、竹本弥生太夫を名乗る。明治十九年(一八八六)から二十二年(一八八九)ころまで東京で活躍し、のち帰阪。師の前名長子太夫《ながこだゆう》の二代を名乗り、二十五年に文楽座に参加するが、二十七年からは師とともに稲荷座に出勤する。大正二年(一九一三)、六代弥太夫を襲名。近松座閉場後は再び文楽座に出勤した。十三年(一九二四)六月六日没。五十九歳。味のある渋い芸風で、師同様、世話物に優れたとされる。(桜井　弘)

たけもとやましろう　竹本山四郎　一八〇〇―八一　人形浄瑠璃太夫。寛政十二年(一八〇〇)京都生。本名山本寿三郎。三代竹本綱太夫に入門し、文政十年(一八二七)名古屋、十二年正月大坂北堀江市《いち》の側《かわ》芝居に出勤。天保十四年(一八四三)八月二代竹本津賀太夫を襲名。チャリ(滑稽)浄瑠璃を得意とし、嘉永六年(一八五三)山城掾藤原兼房を受領。明治二年(一八六九)掾号廃止により、山四郎と改名。最後の舞台は十四年(一八八一)九月京都、十月二十二日没。八十二歳。幕末から長期にわたり紋下《もんした》を勤め、新作も作り、活躍した。(内山美樹子)

たけやまかんしち　武山勘七　一八五四―一九〇七　実業家。安政元年二月二日(一八五四年二月二十八日)名古屋で生まれた。武山勘七は太物・桟留問屋を営んでいた豪商で、尾張藩の御用商人として、延米会所支配人などを務めた美濃屋の当主の世襲名である。明治十三年(一八八〇)の名古屋の長者番付では上位六位西小結、二十三年(一八九〇)には前頭三枚目で資産内容は地所・貸金・公債・借家・山林とある。美濃屋は明治十八年に開業した名古屋紡績会社の主要株主十二人の一人であり、明治三十八年(一九〇五)三重紡績に合併された時の取締役であった。明治二十八年堀川銀行を設立し頭取に就任した。三十八年には名古屋銀行(東海銀行の前身の一つ)に営業譲渡した。名古屋米穀取引所理事を務めた。二十二年に実施された第一回名古屋市会議員選挙で当選した。二十三年には名古屋商業会議所設立発起人に太物商武山勘七が加わっている。四十年(一九〇七)八月二十四日死去。五十四歳。

参考文献　絹川太一『本邦綿糸紡績史』三(一九三六、日本綿業倶楽部)、林董一『名古屋商人史―中部経済圏成立への序曲―』(一九六六、中部経済新聞社)(玉川　寛治)

たけやまひでこ　武山英子　一八八一―一九一五　歌人。明治十四年(一八八一)一月二日、東京神田に生まれる。金子薫園《かねこくんえん》の妹。三十五年(一九〇二)、薫園や尾上柴舟《おのえさいしゅう》選の『叙景詩』に短歌が載る。三十六年、薫園らの白菊会の結成に参加して活躍。東京府立第一高等女学校卒業ののちに教師となったが、病気により退職して療養生活を送る。その短歌は明星派歌人のような派手さはないが、淡々とした清純さと浪漫性をもって女性の揺れ動く心が歌われており、寂寥感を漂わせる独自の歌風をもつ。大正二年(一九一三)、兄薫園と京都、奈良に遊ぶが、大正四年十月二十六日にて腹膜炎で没。三十五歳。歌集に『武山英子』(大正四年、抒情詩社刊『傑作歌選』第二輯)がある。

参考文献　山崎敏夫編『明治歌人集』(『明治文学全集』六四、一九六六、筑摩書房)(内藤　明)

ダゲレオタイプ　ダゲレオタイプ　フランス人ルイ＝ジャック＝マンデ＝ダゲール Louis Jacques Mande Daguerre(一七八七―一八五一)が発明し、一八三九年にフランス学士院で公表された技法で、最初の実用的な写真術である。Daguerreotypeという名称は発明者に由来する。銀板にヨウ素の蒸気をあてて感光物質であるヨウ化銀を生成し、カメラに装着して撮影、水銀の蒸気で現像し、飽和食塩水またはハイポで定着をする。直接陽画法であるため一回の撮影で一枚の写真しか得られず、画像は鏡像となる。鮮明で豊かな諧調をもつが、画像は物理的衝撃にもろくガラス板で保護された革張りのケースに収められている。日本では「銀板写真」とも称され、嘉永元年(一八四八)、上野俊之丞《うえのしゅんのじょう》によって長崎に招来されたとされる。蘭学者たちによって研究され、安政四年(一八五七)、薩摩藩の市来四郎《いちきしろう》らによって撮影された島津斉彬《しまづなりあきら》像が、日本人による現存最古のダゲレオタイプである。(金子　隆一)

タゴール　Rabindranath Tagore　一八六一―一九四一　インドの文学者、思想家。タゴールは英語読み。ベンガル語ではタークル。一八六一年五月七日に英領インドのカルカッタで生まれる。タゴール家は八世紀から続くバラモン階級の名門で、父デーベーンドラナートは古代インド宗教への回帰を唱えた宗教改革者であった。幼少時より詩作に長けていたが、イギリス式の厳格な教育になじめずに学校を三度退学、一八七八年にはユニバーシティ＝カレッジ＝ロンドンに入学して西洋文明の洗礼を受け、法律学を学んだが一年半で帰国した。一八八二年に詩集『夕べの歌』を刊行、抒情詩人として知られるようになったが、のちに宗教的瞑想のもとに綴られた詩集『ギーターンジャリ』(一九一〇年)を発表し、みずから英訳してイェイツに絶賛された。一九一三年にアジア人初のノーベル文学賞を受賞。その功によりイギリス王室からナイトの爵位を受けるものの、イギリスによる強権的な支配に反対するインド市民を無差別に殺害したアムリットサル事件に抗議して一九一九年に返上、インドの民族主義を高揚させた。ガンジーとともにインド独立運動の精神的支柱となり、その詩曲はのちにインド国歌、バングラディシュ国歌として採用されている。また、詩作のほかにも、小説、音楽、絵画などでも才能を発揮し、混沌の中の神秘的な調和を説く独特の宗教的境地に到達するとともに、カルカッタ近郊にインドと西洋の融合を目指してシャーンティニケタンに学校(のちの国立ヴィシュヴァ＝バーラティ大学)を創設(一九〇一年)して教育活動にも乗り出した。明治三十五年(一九〇二)には岡倉天心がカルカッタのタゴール家に十ヵ月滞在、以後横山大観などの訪問を受けて多くの日本人とも親交を結んだ。その縁で五回来日したが、大正五年(一九一六)の初来日時には日本人の美意識を激賞する一方、日本の国家主義化に警鐘を鳴らした。インドの詩聖として世界中から大変な尊敬を集めたが、一九四一年八月七日にカルカッタにて死去。満八十歳。『タゴール著作集』全十二巻(昭和五十六年—平成五年、第三文明社)が刊行されている。

参考文献 我妻和男『タゴール—詩・思想・生涯—』(二〇〇六、麗沢大学出版会)

（馬原　潤二）

たざきそううん　田崎草雲　一八一五—九八　江戸時代末から明治時代の南画家。文化十二年十月十五日(一八一五年十一月十五日)、江戸足利藩邸内に足軽田崎恒蔵の長男として生まれる。名は芸《うん》、はじめ字は宗徳、号は梅溪、のちに草雲。最初、父に南画を学び、のちに金井《かない》烏洲《うじゅう》に師事し、天保五年(一八三四)の脱藩出府後、谷文晁《たにぶんちょう》、春《はる》木南溟《きなんめい》に南北合派を学んだ。はじめ渡辺崋山や徐熙《じょき》に私淑した花鳥画で知られ、盛茂燁《せいもよう》を学んで山水画に新境地をひらいた。嘉永六年(一八五三)、足利藩御用絵師として登用され、一方、練兵館の建設、藩校設立の建白、誠心隊を組織しみずから総司令となるなど勤皇の志にも厚かった。維新後は画道に専念して明治十年(一八七七)の第一回内国勧業博覧会において注目され、その後も各種博覧会、展覧会へ出品、受賞を重ねた。十一年からは足利町蓮台寺山麓に画室白石山房を構えて安住の地とした。二十三年から皇居造営に際して杉戸絵を揮毫し、二十三年(一八九〇)に帝室技芸員に任命された。明治三十一年(一八九八)九月一日、死去した。八十四歳。

参考文献 三輪英夫・佐藤道信・山梨絵美子『近代日本美術事典』(一九八九、講談社)、『(没後一〇〇年記念)田崎草雲特別展』(展覧会図録、一九九八、足利市立美術館)

（平林　彰）

たざわいなぶね　田沢稲舟　一八七四—九六　小説家。明治七年(一八七四)十二月二十八日、酒田県鶴岡五日町に外科医田沢清の長女として生まれる。本名錦《きん》。同二十四年(一八九一)、共立女子職業学校(共立女子大学の前身)図画(乙)科入学。山田美妙に師事し、文学への志をかためる。美妙との恋愛が実家に知れ、呼び戻される。同二十八年七月、『文芸倶楽部』に「医学修業」を発表し、その名が中央文壇に知れ渡る。十二月の同誌臨時増刊閨秀小説に大胆な趣向の「しろばら」が掲載され、文壇に確固たる地位を占める。暮れに美妙と結婚。同二十九年二月、美妙・稲舟合作の「峰の残月」を同誌に発表し、好評を博する。美妙の義祖母と折り合いが悪く、すでに病の身であった稲舟は三月鶴岡へ帰り、離婚。病勢悪化し、明治二十九年九月十日没。二十三歳。十一月同誌に抒情性のみられる「五大堂」、同三十年一月同誌臨時増刊第二閨秀小説に「附録忍ぶ草」として、前年他界した若松賤《わかまつしず》子《こ》・樋口一葉の作品とともに「唯我独尊」が掲載された。『田沢稲舟全集』(昭和六十三年、東北出版企画)がある。

参考文献 伊東聖子『田沢稲舟—炎の女流作家—』(一九七九、東洋書院)、松坂俊夫『田沢稲舟—作品の軌跡—』(一九八六、東北出版企画)

（中島　礼子）

たざわよしはる　田沢義鋪　一八八五—一九四四　青年団運動の指導者、社会教育家。明治十八年(一八八五)七月二十日、田沢義陳の長男として佐賀県藤津郡鹿島村(鹿島市)に生まれる。明治四十二年(一九〇九)に東京帝国大学法科大学を卒業し内務省に入る。翌年、静岡県安倍郡長となり地方自治振興のため青年団を育成した。大正四年(一九一五)内務省明治神宮造営局総務課長となり、修養団運動や青年教育に努めるが、九年に退官し、渋沢栄一の要請で協調会の常任理事となる。十年(一九二一)財団法人日本青年館の設立に参画し理事。十四年大日本連合青年団の発足を指導し常任理事。青年団運動の中心的指導者として活躍。また関東大震災のころ政治教育の必要を感じ、十三年に政治教育誌『新政』を発刊。十四年に中立政党樹立を目指して新日本同盟を結成。昭和二年(一九二七)に選挙粛正運動を提唱し、十年(一九三五)選挙粛正中央連盟常任理事となる。昭和十九年(一九四四)四国善通寺で講演中に脳出血で倒れ、十一月二十四日没す。六十歳。

（西尾林太郎）

たじまきんじ　田島錦治　一八六七—一九三四　明治から昭和時代初期の経済学者、京都帝国大学教授。慶応三年九月七日(一八六七年十月四日)、江戸牛込(東京都新宿区)に生まれる。第一高等中学校を経て明治二十七年(一八九四)帝国大学法科大学を卒業、大学院に入り経済学を専攻、三十年(一八九七)よりヨーロッパに留学、三十三年帰国し京都帝大法科教授に就任、経済学および財政学講座を担当した。三十四年法学博士号を得る。四十二年(一九〇九)より四十四年まで法科大学長、さらに法学部からの経済学部の分立後、大正八年(一九一九)より同十年まで経済学部長を務めた。当初は社会主義経済思想の研究にも傾注したが、やがて限界効用説による体系化に進み、マルクス主義を批判した。『最近経済論』(明治三十年)、『日本現時之社会問題』(同)、『経済と道徳』(大正九年)、『労働と利潤』(同十一年)、『経済原論』(同十四年)などの著書がある。大正十四年(一九二五)帝国学士院会員。昭和二年(一九二七)京都帝大を退官、立命館大学学長となり同八年まで務めた。弓道に造詣が深く大日本武徳会監事も務める。昭和九年六月二十八日没。六十八歳。

参考文献 『京都帝国大学史』(一九三三)　(伊藤　孝夫)

たじましょうじ　田島象二　?―一九〇九　戯文家、ジャーナリスト。田島伴右衛門の長男として、信濃国に生まれた。号は任天・酔多道士。嘉永五年(一八五二)の生まれといい、出生、生立など、不明な点が多く、江戸生まれともあるが、一説には、祖先は信州の豪士伊達家。幼時に父を失い、母と江戸北根岸に移住し、横山町の書肆和泉屋の丁稚となり、万巻の書に接する中で、商家に仕えるのは大丈夫のなすところではないとして、師について漢籍を熟読し、藤森《ふじもり》大雅《たいが》、安井息軒《やすいそっけん》らに愛され、尊攘説を唱えて京都に走り、和学を好み、多治比廬野、伊達律之助と変名し、明治五年(一八七二)に東京に帰ったという。七年に『耶蘇一代弁妄記』、八年『耶蘇教意問答』、『新約全書評駁』第一巻(馬太氏遺伝書)を刊行してキリスト教批判を展開し、翌九年『明治中興雲台図録』『(一大奇書)書林之庫』を著わすなど、著作活動に専心した。ついで『団団珍聞《まるまるちんぶん》』と関係を持ち、十年(一八七七)九月一日第二四号から十一年十一月十六日の第八七号まで編輯長を務めた。同時に、五月十八日から十二年三月二十一日まで『(文明余戯)妙々雑俎《みょうみょうざっそ》』を編輯発行し、洒落を嗜み漢文の才を生かした麗美な文章で服部撫松《はっとりぶしょう》や石《いし》井《い》南橋《なんきょう》とともに文壇の脚光を浴びた。十二月五日から十四年二月まで『(文明余音)同楽相談』を発行、幹事兼印刷人を務めた。十三―十四年の間、『官令全報』の「都鄙日乗」を編輯した。明治十五年に『読売新聞』の主筆に招かれた。新聞に携わる傍ら、十五年『抱腹絶倒詩選』、十七年『日本仏法史』、十八年『(任天居士)漂流記』『人類攻撃禽獣国会』、十九年『婦女立志欧洲美談』、二十年(一八八七)『哲学大意』、二十一年『哲学問答』などの多彩な著訳書を刊行し、また明治十三年『花柳事情』、十六年『東京妓情』、十八年『芸娼妓評判記』などの花柳界の情報書も著わした。二十年ごろ『新愛知』に転じ、代議士を目指し立候補したが落選した。『上野日日新聞』にいたともいう。晩年は、京都南禅寺に寓居し、東京に戻った。明治四十二年(一九〇九)八月三十日に死去した。

参考文献 隅田了子(細島晴三)編『新聞記者奇行伝』(一八八一、墨々書屋)、『新聞史資料集成』明治期篇三(一九九五、ゆまに書房)　(川崎　勝)

たじまなおゆき　田島直之　一八二〇―八七　林業家。文政三年(一八二〇)岩国藩士田島直澄の長男として周防国玖河郡錦見村(山口県岩国市)で生まれる。弘化四年(一八四七)に岩国藩の建山総締となり、藩有林の育成に努めた。岩国藩は寛永十七年(一六四〇)に紙を専売制とし、それが藩の財政を潤していたことから、製紙に力を入れていたが、十九世紀初期には振わなくなっていた。直之は建山総締の業績が認められて、元治元年(一八六四)に紙倉頭人になって製紙と養蚕の発展に力を注いだ。豊後国大野郡木浦内村(大分県佐伯市)の木浦鉱山で鉛・錫の採掘を学び帰国後に領内の鉱山開発にあたった。『山林助農説』『稲田増穫説』の著書がある。明治二十年(一八八七)没。六十八歳。

参考文献 『岩国市史』下(一九七二)　(長野　暹)

たじまにちにちしんぶん　但馬日日新聞　但馬地方ではじめての日刊紙。明治四十五年(大正元年、一九一二)創刊、または大正九年創刊という記録がある。後者の記録に従えば、姫路で発行されていた『中国日日新聞』の姉妹紙として発行されたもので、本社を豊岡に置き、沢田敬三を主幹としたが、社長は内田義男(秋香)で、中国日日新聞社で印刷した。朝刊四ページ、夕刊二ページで題字こそ違うが、『中国日日新聞』の切替版のようなものであった。内田は大正元年に『播磨民報』を設立し、大正二年には株式会社組織とし、タブロイド四ページ赤紙の日刊紙を発行した。大正八年にはヌリノニ式輪転機を買い入れ、『鷺城新聞』を合併して『中国日日新聞』と改題した。『但馬日日新聞』は、のちに但馬地方で唯一の新聞となったが、内田が昭和七年(一九三二)に亡くなってから振るわなくなり、太平洋戦争中に全国のローカル紙は一県一紙という原則にたって、『神戸新聞』に吸収合併された。

参考文献 『地方別日本新聞史』(一九五六、日本新聞協会)、『神戸新聞社七十年史』(一九六六、神戸新聞社)　(布川　弘)

たじまやへい　田島弥平　一八二二―九八　幕末から明治期の蚕種家、養蚕改良家。文政五年(一八二二)八月に上野国佐位郡島村(群馬県伊勢崎市)に生まれる。父弥兵衛について早くから蚕種製造業に従事し、奥・羽両州の蚕種家を歴訪して養蚕・蚕種技術を学ぶ。文久三年(一八六三)に新築されたばかりの蚕室で自然の気候を重視した養蚕飼育(清涼育)に成功した。これをもとに明治五年(一八七二)に蚕書『養蚕新論』を著わし、十二年(一八七九)には『続養蚕新論』を刊行した。県下最大の蚕種生産地であった島村でも同家は最大の蚕種製造家であった。六年には同村の田島武平とともに群馬県の蚕種製造大総代を務めた。明治五年に武平らとともに島村の蚕種業者を結集して販売組織の島村勧業会社を設立、蚕種輸出を発展させた。輸出が不振となった明治十年代に四回にわたり勧業会社はイタリアへ代表を派遣し蚕種直売を敢行したが、弥平は十二年―十三年の第一回直売に従事した。明治三十一年(一八九八)二月十日没。七十七歳。

参考文献 『群馬県蚕糸業史』下(一九五四)、宮崎俊弥『群馬県農業史』上(『みやま文庫』、二〇〇七)　(宮崎　俊弥)

だじょうかん　太政官　明治元年(一八六八)より十八年(一八八五)まで存在した中央官庁中枢機関。「だいじょうかん」ともよばれる。王政復古直後から律令制期国家機構の再興が意図され、明治元年正月太政官代が九条道孝邸に、続いて二条城に移された。閏四月の政体書は一切の権力は太政官に属すと定め、議政・行政・神祇・会計・

軍務・外国・刑法の七官を太政官に置いた。行政官は輔相を三条実美・岩倉具視の二名とし、国内事務の監督を司ったが、六官を統率する地位は与えられてはおらず、七官は法的には対等の地位にあった。二年七月の官制改革では律令制の名称を採用し、太政官には各省長官よりはるかに地位の高い左右大臣をはじめ大納言・参議がおかれ、政策の最終的決定を行い、弁・史が事務を司り、政府の中枢機関の実体を備えるようになった。諸省は太政官の分官と位置づけられ、指令は太政官に仰ぎ、文書の上奏は皆太政官を経由することとなった。太政官は諸省に対し完全な指揮監督権を有するものとされたのである。廃藩置県直後の四年七月二十九日(一八七一年九月十三日)制定官制では、太政官には太政大臣以下の正院のほか監部課(情報収集)・式部局(のち式部寮)・舎人局・雅楽局および立法を司る左院と諸省長官が会合し審議する右院が設けられた。六年五月職制改正により正院の権限が強化されるとともに右院は常設機関ではなくなった。八年四月左右二院が廃止され、元老院と大審院が設置された。十年一月地租軽減方針のもと太政官正院が廃止され、同年九月式部寮が宮内省に移された。明治二年七月に創設された宮内省は五年三月教部省設置により神祇省の神祇祭祀部分をすべて引きつぎ、ここに式部寮も収める中で太政官体制下での地位を大きく拡大していった。十二年三月太政官に内閣書記官が設けられ、左右大臣・参議の合議体が正式に内閣とよばれるようになった。十三年二月参議と各省卿の分離が断行され、翌三月太政官内に法制・会計・軍事・内務・司法・外務の六部が設置され、参議を分任させ主務官庁を監督させることとなった。しかし十四年政変により参議の諸卿兼任が復活し、六部制が廃止されるとともに立法諮問機関として参事院が設けられた。十八年十二月内閣制度の発足に伴い太政官制度が廃止され、ここに各省大臣は内閣の構成員となったが、太政官制下では太政官に隷属していた宮内省だけは内閣制度の外に置かれることとなった。

(宮地 正人)

参考文献 遠山茂樹・安達淑子『近代日本政治史必携』(一九六一、岩波書店)

だじょうかんさつ 太政官札 明治初年、日本で最初に発行された政府紙幣。金札ともいう。参与兼会計事務係三岡八郎《みつおかはちろう》(由利公正《ゆりきみまさ》)が新政府草創期の困窮財政のもとで、殖産興業の資金として政府紙幣を発行することを建言したことに端を発し、明治元年(一八六八)閏四月に太政官札の発行が布告され、ただちにその製造に取り掛かった。同年五月から翌年七月までに総額四千八百万両が発行されたが、その主な貸与先は府県・藩・商法会所であった。そのうちの六二%は会計官出納司宛であり、政府財政の補塡に充てられたことになる。府県などへの貸付も藩経費に流用される有り様で、当初の殖産興業資金としての運用企図は画餅に帰してしまった。また、政府の信用が薄く不換紙幣でもあったため、その流通はきわめて困難であった。発行後まもなく正貨に対して打歩が生じ、金札百両に対して正貨四十両ほどの相場となった。そのため新政府は金札と正貨との打歩引換を禁止したり金札相場を廃止するなどの措置をとった。さらに、二年六月には当初の通用年限十三ヵ年を五ヵ年に短縮し、新貨幣鋳造の折にはそれとの兌換を宣言し金札の兌換紙幣化を予告した。これらの結果、ようやく金札の信用も回復した。金札はその発行事情からも推察されるように、製造が速成であったから贋造も容易であり多くの贋造紙幣が出回ったため、新政府は新紙幣や金札引換公債証書を発行して金札との引き替えを進め、十二年(一八七九)までにその回収を完了させた。金札の製造種類は十両札・五両札・一両札・一分札・一朱札の五種であった。この金札によって政府紙幣発行の先鞭がつけられ、その後二年から五年にかけて民部省札・大蔵省兌換証券・開拓使兌換証券などが発行された。さらに、五年から十年にかけ新紙幣、十四年から十八年にかけて改造紙幣が発行され、その総額は二億七千六百万円にものぼっている。

参考文献 明治財政史編纂会編『明治財政史(復刻版)』一二(一九七二、吉川弘文館)、沢田章『明治財政の基礎的研究(復刻版)』(一九六六、柏書房)、佐々木寛司「明治初年の政府紙幣」(『歴史と地理』四一五、一九九〇)

(佐々木寛司)

だじょうかんにっし 太政官日誌 明治元年(一八六八)二月に創刊した新政府の広報紙。第一号では、天皇が外国公使と会見する件についての新政府の外交方針が掲載され、これ以後、新政府の法令や人事、戊辰戦争の戦況などが不定期刊で発行された。編集は総裁局史官の日誌司が担当し、京都の御用書肆村上勘兵衛《むらかみかんべえ》(東洞院通三条上る)・井上治兵衛が版元となって刊行を開始した。当初は木版刷であった。村上の回想によれば、「明治元年二月」に太政官から急な呼出があり、外国の新聞のように「日日の出来事を国民に知らせる」方法で、官の決定事項を諸藩に令達したいという依頼があったという。その後、政治の中心が東京にうつるとともに、日誌の印刷も、東京の須原屋茂兵衛・和泉屋市兵衛が行うようになる。明治五年からは太政官正院の印書局が印刷を担当し、これ以降は活字印刷になった。通算一一七八冊が発行されたが、明治十年(一八七七)一月二十二日に廃刊が公示された。橋本博編『維新日誌』第一期全十巻(昭和七・八年、静岡郷土研究会)に翻刻収録され、影印本として石井良助編『太政官日誌』全八巻(昭和五十五—五十七年、東京堂

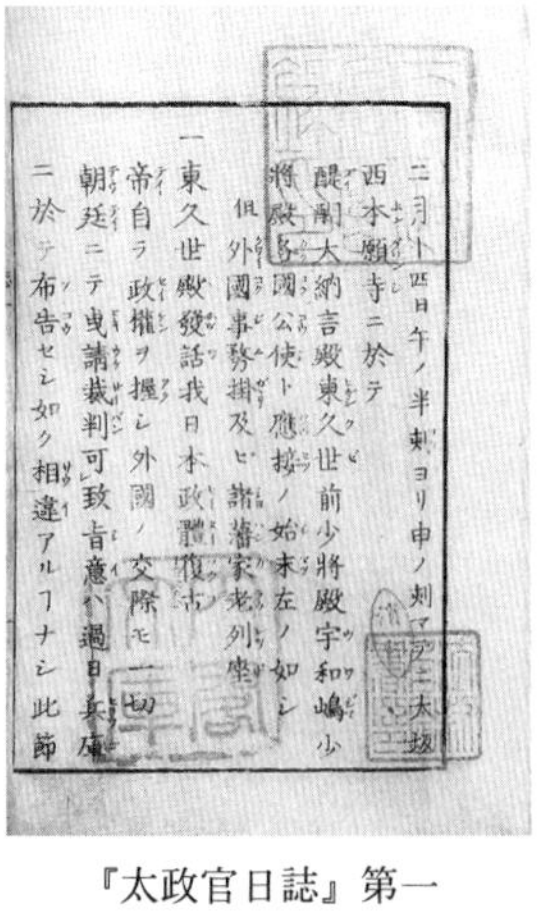

『太政官日誌』第一

出版)がある。

参考文献 島屋政一『印刷文明史』四(一九三三、印刷文明史刊行会)、朝倉治彦「書誌」(石井良助編『太政官日誌』八所収、一九八二)、山室信一「太政官日誌と官報」(日本近代思想大系別巻『近代史料解説総目次・索引』所収、一九九二、岩波書店)、奈倉哲三「『太政官日誌』の発刊意図とその基本的性格―『新政府』による江戸民衆意識掌握に関する基礎的研究の一環として―」(『メトロポリタン史学』四、二〇〇八)　(秋元　せき)

だじょうかんふこく　太政官布告　⇩布告《ふこく》

だじょうかんぶんこ　太政官文庫　明治十七年(一八八四)太政官設置の各官庁の中央図書館。それまで、太政官や各官庁は独自に書籍を購入・収蔵していた。明治十六年十一月、太政官文書局記録課より、個々の官庁が独自に書籍を購入・収蔵すると重複が生じ無用の失費を招くとして、図書を集中管理する官庁の中央図書館として太政官文庫を設置する構想が出され、明治十七年一月二十四日の太政官達第一一号で設置が決まった。三月には、典籍借覧並購入取扱仮規則が各官庁に示され、図書の集中管理・貸出利用が開始された。翌四月には記録課に文庫掛が設置された。また、書庫を太政官所在の赤坂離宮内に建設し、明治十七年十一月に竣工した。書庫竣工後、修史館から紅葉山文庫本を引き継いだほか各省からの図書引き継ぎも進んだ。明治十八年六月、文庫掛は文書局文庫課に昇格した。同年十二月二十二日の内閣制度実施により、文庫課は内閣記録局図書課となり、同文庫も内閣文庫と改称された。　↓内閣文庫《ないかくぶんこ》　↓紅葉山文庫《もみじやまぶんこ》

参考文献 国立公文書館『内閣文庫百年史(増補版)』(一九八六、汲古書院)　(中嶋　久人)

だじょうだいじん　太政大臣　明治四年七月二十九日(一八七一年九月十三日)より十八年(一八八五)十二月二十二日まで、太政官政府における最高責任者の職。三条実美が一貫して勤めた。発足時の規定では、天皇を補翼し庶政を総判し祭祀外交宣戦講和立約の権海陸軍の事を統知す、と定められ、位階は正二位とされた。その時点では太政大臣に次ぎ欠席の時は代理となる職として納言《なごん》が、太政大臣・納言を補佐する職として参議がおかれたが、直後の八月十日(九月二十四日)の改正では太政大臣に次ぐ職として左右大臣職が設けられ、左大臣には島津久光が七年四月より八年十月まで、有栖川宮熾仁《たるひと》親王が十三年二月より十八年十二月まで、右大臣には岩倉具視が明治四年十月より死没する十六年七月まで任じられた。明治六年五月改正では太政大臣は天皇陛下を輔弼し万機を統理することを掌る、諸上書を奏聞して制可の裁印を鈐《お》す、とされた。この改正の際、参議は「内閣の議官」と規定され、太政大臣・左右大臣・参議が「三職」と呼称された。帝国議会開設に備え、明治十八年には、はじめ、岩倉死没後空席となっていた右大臣に黒田清隆をあてる案もあったが、結局伊藤博文を首相とする内閣制度が組織されることとなり、三条を処遇するため内大臣職が創られた。太政大臣制は内閣制度よりも天皇の政治的存在と役割を表面化させない働きを果たしていたことに注意してよい。　(宮地　正人)

だじょうるいてん　太政類典　慶応三年(一八六七)から明治十四年(一八八一)について、太政官日記および日誌・諸公文から典例条規を採って部門別に編纂されたもの。明治政府の諸政策を知る上で基本となる史料群の一つである。全五編(年次順)より成り、各編はさらに六類に分かれ、各々第一(制度・官制・官規)、第二(儀制・宮内・外国交際)、第三(地方・保民・産業・運漕)、第四(兵制・学制・教法)、第五(租税・理財)、第六(民法・訴訟・刑律・治罪)の門より構成される。全八百二十五冊。ほかに雑編(鹿児島征討始末・台湾征討始末など)と外編がある。『太政類典』についての最も早い記録は四年五月の「太政類典凡例」であり、六年五月の太政官文書焼失を契機に、それ以後の編纂と慶応三年まで遡及しての編纂を進めるため、太政官記録課に類典科を設けて編纂業務を充実させた。十四年に編纂を中止し、太政官政府記録の部門別の編纂は『公文類聚』に引き継がれた。

参考文献 石渡隆之「『太政類典』の構成―利用者のための手引―」(『北の丸』二、一九七四)、中野目徹『近代史料学の射程―明治太政官文書研究序説―』(二〇〇〇、弘文堂)　(川越　美穂)

たじりいなじろう　田尻稲次郎　一八五〇―一九二三　明治から大正期の官僚、経済学者。嘉永三年六月二十九日(一八五〇年八月六日)、薩摩藩京都留守居役田尻次兵衛の三男として京都に生まれる。慶応義塾、大学南校を経て明治四年(一八七一)より九年間アメリカに留学し法律学・財政学を専攻する。帰朝後の明治十三年(一八八〇)大蔵省に入省し、国債局、銀行局、主税局の各局長を経て、二十五年(一八九二)六月から三十一年(一八九八)七月まで大蔵次官を務める。この間、貴族院議員(勅選)となり(三十四年六月辞任)、帝国大学法科大学教授として財政学を講じ、明治二十一年法学博士を授与される。退官後松方正義の蔵相就任を受けて再度次官(三十三年の職制変更により大蔵省総務長官)となった。三十四年四月から大正七年(一九一八)二月まで会計監査院長を務め、退任後再度貴族院議員(勅選)となり、同年四月から九年十一月まで東京市長を務めた。大著『財政と金融』(明治三十四年初版)など著書・訳書多数。綽名「キタナリ先生」

田尻稲次郎

から北雷と号した。大正十二年(一九二三)八月十五日没。七十四歳。

参考文献 田尻先生遺稿及伝記編纂会『北雷田尻先生伝』(一九三三)、小峰保栄「日本最初の財政学者田尻博士」(『専修商学論集』二一、一九七六)、森田右一『わが国財政制度の近代化—財務官僚の研究—』(一九九〇、霞ヶ関出版)

(早川　大介)

たしろえいすけ　田代栄助　一八三四—八五　秩父事件の首謀者。天保五年八月十四日(一八三四年九月十六日)、武蔵国秩父郡大宮郷(埼玉県秩父市)で父田代源佐衛門嘉之と母万の間に生まれる。父は忍《おし》藩秩父領の割役名主を務める。安政四年(一八五七)、畑九反六畝十一歩を所有する同族の田代関次郎家を継ぎ、飯田村(小鹿野町)の名主黒田加解由の娘くにと結婚。畑作・養蚕を営むかたわら貸借上の仲裁など代言人としての役割も果たし、行き場を失った貧民をみずからの戸籍に付籍。地域の親分・顔役的な存在で、明治十三年(一八八〇)には付籍者十四人をかかえている。しかし松方デフレのもと他農民と同様、養蚕収入は減少。高収入を見込める天蚕に着手するも借金を重ね、十七年の秩父事件当時、所有地(畑六反十九歩、山林一畝二十歩、地価合計八十円六十四銭六厘)はすべて抵当に入り、借入金は三百二十七円二十五銭にのぼる。そうしたなか、同年初頭に下日野沢村(皆野町)村上泰治を通じて自由党加盟を試み、九月には、前年末から負債をかかえた農民(困民)の救済運動を展開していた落合寅市らに請われて困民党の指導者となる。当初は合法的な請願運動の続行を主張していたが、十月には蜂起にふみきることを決定。栄助はこの時の心情を「当秩父郡中高利貸ノ為メ身代限リヲ為ス耳《のみ》ナラス目下活路ヲ失シ一家離散ノ場合ニ立至リ其惨状見ルニ忍ヒサル」と述べている。蜂起直前、井上伝蔵とともに延期を主張するが受け入れられず、十一月一日の蜂起決行に際して困民党総理に推戴される。「現時ノ所ハ先ツ秩父郡一円ヲ平均シ(中略)事成ルノ日ハ純然タル立憲政躰ヲモ設立セン」など自由党的な言辞もみられたが、自由党との関係は不明。十一月四日、戦況不利と見て戦列を脱し十五日に黒谷村(秩父市)に潜伏中、捕縛される。翌年二月に浦和重罪裁判所で死刑宣告を受け、大審院に哀訴するも却下され、五月十七日、熊谷監獄支所で処刑された。五十二歳。
→秩父事件《ちちぶじけん》

参考文献 「田代栄助訊問調書」(井上幸治・色川大吉・山田昭次編『秩父事件史料集成』一所収、一九八四、二玄社)、「田代栄助裁判言渡書」(同)、千嶋寿『困民党蜂起—秩父農民戦争と田代栄助論—』(一九八三、田畑書店)、高橋哲郎『律儀なれど、任侠者—秩父困民党総理田代栄助—』(一九九八、現代企画室)

(高島　千代)

田代栄助

たしろぎとく　田代義徳　一八六四—一九三八　整形外科医。東京帝国大学教授。下野国足利にて元治元年七月二十六日(一八六四年八月二十七日)に田部井家の三男として生まれる。明治十一年(一八七八)十四歳で上京し、英語・ドイツ語を学んだ。十五歳で東京大学医学部予科に入学。十九歳で田代家の養子となり田代義徳と改姓。明治二十一年(一八八八)卒業し、外科のスクリバ、ついで外科教授佐藤三吉の助手となった。明治三十三年(一九〇〇)ドイツへ官費留学し、整形外科を学んだ。明治三十六年助教授、三十九年、四十二歳で教授となった。同時に明治四十一年(一九〇八)三井慈善病院が設立され初代の院長となった。ドイツ語のOrthopädische Chirurgieを整形外科と訳した。自由民権派で、昭和七年(一九三二)には軍国主義が台頭してきたが、ファシズムを排し民主主義を選ぶと主張した。六十歳で東京帝国大学を退官し、日本の整形外科の定着と発展に尽くした。退官後、行政を動かし社会を変革する必要性を感じ、東京市会議員に立候補し当選した。クリップルスクール東京市立光明小学校の設立に努力した。日本整形外科学会の祖として敬愛された。昭和十三年(一九三八)十二月一日死去。七十五歳。

(加我　君孝)

たしろもとのり　田代基徳　一八三九—九八　幕末から明治時代にかけての医学啓蒙者、陸軍軍医。天保十年(一八三九)生まれる。豊後中津の人、従兄田代春耕の跡を継ぐ。本名は泰三のちに一徳と改名、明治五年(一八七二)から基徳と改める。はじめ漢方、産科、整骨術、華岡流外科を学び、文久元年(一八六一)大坂で適塾に入り三年、緒方洪庵の江戸出府に同行して、西洋医学所に入る。元治元年(一八六四)医学所句読師、慶応元年(一八六五)幕府軍艦蟠竜の軍医、慶応三年西洋医学所塾頭をつとめる。戊辰戦争で軍医として活躍、戦後、大病院兼医学所の医学助教試補に。明治二年(一八六九)七等官三等医師教授、翌年大学中助教となる。六年ごろから神田鍋町に行医堂を開業。明治十年(一八七七)西南戦争に従軍、明治十七年陸軍一等軍医正、二十二年(一八八九)陸軍軍医監、二十五年陸軍軍医学校長、日清戦争で第二、第三、第四留守師団軍医部長を歴任。『陸軍軍医学校業府』を創刊。明治六年医事情報誌『文園雑誌』を創刊、明治十一年開業医のための病体解剖社を設立し、『医事新聞』を創刊、東京産婆会を創立、明治二十四年東京に田代病院を開院。著書に『切断要方』(明治元年)、『外科手術』(明治六年)。明治三十一年(一八九八)没。六十歳。

参考文献 辻善之助・キク「田代基徳年譜一—二」(『外科』五ノ八・九、一九四一)

(酒井　シヅ)

たぞえてつじ　田添鉄二　一八七五―一九〇八　社会主義者、思想家、新聞記者。明治八年(一八七五)七月二十四日、白川県飽田《あきた》郡美登里《みどり》村(熊本市)で豪農の長男として生まれる。キリスト教系の熊本英学校、長崎の鎮西学院神学科で学んだのちシカゴ大学神学科に留学。A・W・スモール、R・ヘンダーソンらシカゴ学派の社会学に影響を受ける。明治三十三年(一九〇〇)に帰国後、『長崎絵入り新聞』『鎮西日報』の主筆をつとめ、社会進化論的、近代主義的視角からの論説を執筆した。明治三十七年には代表作となる『経済進化論』を平民社から出版し、その縁から平民社の活動に参加するようになり、社会主義への傾倒を深めていく。明治三十九年日本社会党の結成に参加。翌年の第二回大会の決議案をめぐり「我が党は議会政策をもって有力なる運動方法の一つなりと認める」という議会主義重視の修正案を提示し、「議会政策の無能を認め」という修正案を提示し直接行動論を主張した幸徳秋水と対立した。以後この論争は、硬派(直接行動派)、軟派(議会政策派)という初期社会主義運動の分岐点になっていく。日本社会党が結社禁止処分になり、日刊『平民新聞』が発禁されたのちに議会政策派にたつ片山潜、西川光二郎らと社会主義同志会を結成、『社会新聞』を創刊、『大阪平民新聞』でも健筆をふるった。明治三十九年ころから結核が悪化し、翌年三月の『社会新聞』に掲載された「全国の同志諸君へ」において全国的団体の設立の必要性と無政府主義的傾向との対決を訴えたのを最後に四十一年(一九〇八)三月十九日、三十四歳で死去した。死に際して堺利彦は「論理明晰で、始終一貫して矛盾がなく、事情の為にその説を二三にするというようなことは無かった。社会新聞が僕らに対して絶交を宣言し、悪罵をまくしかけて居た時でも、田添君の一身に対して少しも悪感を生じなかった」とその人柄を賞賛している。

参考文献　岸本英太郎編『片山潜・田添鉄二集』(『資料日本社会運動思想史』明治後期六、一九五五、青木書店)、岡本宏『田添鉄二―明治社会主義の知性―』(『岩波新書』、一九七一、岩波書店)

(木下ちがや)

だたいきんし　堕胎禁止　現在では妊娠中絶といわれる堕胎を禁止した明治政府の政策。明治政府は自律的農民を創出するため農民間の娯楽などの習俗を改編して勤勉・倹約の生活改革を推し進めたが、この生活改革の一環として堕胎禁止策をとり、子孫を産み育て家を存続・繁栄させるという倫理を形成しようとした。これは十九世紀初頭より展開されていた勤勉・倹約により家族の繁栄を図るという農民の自己改革運動に対する権力の側からの遂行である。堕胎禁止は当初は業者に対する取締であった。明治元年(一八六八)東京府下の売薬・施術業者に、同年十二月には産婆に対して出された。つづいて明治三年十二月に儒教倫理背反を犯罪の体系とした新律綱領《しんりつこうりょう》において、堕胎をした男女双方と業者に対する処罰を始め、明治六年六月公布の改定律例《かいていりつれい》戸婚律《ここんりつ》に親の養育義務違反として明文化、戸婚律の法理を明治十三年(一八八〇)七月公布の刑法において堕胎罪とした。日本の刑法堕胎罪は改定律例戸婚律を引きついで構成されたため、キリスト教の教会法を引き継ぎ殺人罪近似の西欧の堕胎罪と異なり、家族の扶養義務に反して子を棄てることを犯罪とした遺棄罪に近似の罪として成立した。

参考文献　石崎昇子「日本の堕胎罪の成立」(『歴史評論』五七一、一九九七)、石崎昇子「明治維新と生殖倫理―日本近代の生殖観はいかに形成されたか―」(黒田弘子・長野ひろ子編『エスニシティ・ジェンダーからみる日本の歴史』所収、二〇〇三、吉川弘文館)

(石崎　昇子)

ただかなえ　多田鼎　一八七五―一九三七　明治から昭和時代前期の真宗大谷派の学僧。明治八年(一八七五)十月三日、愛知県蒲郡《がまごおり》常円寺の多田慶竜・三枝の三男として生まれる。三河教校・第一高等学校・真宗中学寮に学び、明治三十三年(一九〇〇)、真宗大学研究院を卒業。在学中、暁烏敏《あけがらすはや》・佐々木月樵らとともに清沢満之《きよざわまんし》のもとに赴き、浩々洞を開いて、同人誌『精神界』を刊行した。明治二十九年(一八九六)、白川党の宗教改革運動に参加、一時、真宗大学を退学処分された。仏伝の研究を行い、明治三十五年、真宗大学教授に就任するも、翌年辞職し、千葉教院を設立する。北海道伝道・雑誌『みどりご』の刊行・真宗同朋教会の結成など、精力的な教化活動を行う。東本願寺伝道講究院初代院長。昭和十二年(一九三七)十二月七日、自坊にて没。六十三歳。法名慶悟。諡は信斯院。同十六年、贈講師。著作は『正信偈講話』『正信偈本義』『廻向《えこう》論』など多数。

参考文献　吉田久一『清沢満之』(『人物叢書(新装版)』、一九八六、吉川弘文館)、安藤州一「浩々洞の懐旧」(『現代仏教』一〇五、一九九一)

(加藤　基樹)

ただしんあい　多田親愛　一八四〇―一九〇五　書家。天保十一年十一月十五日(一八四〇年十二月八日)生まれ。本姓は池内氏。号は雲亭・翠雲。維新前は東京芝の神明神宮の禰宜を務め、明治三年(一八七〇)に明治新政府に出仕。神祇官・大学などを経て博物館属となった。博物館では歴史資料を含む書跡を中心とする美術を主に担当した。館長を務めた町田久成の信頼を得て親しく交流した。はじめ尊円親王の書風を汲む御家流を学んだが、のちに数多くの古筆を実見していわゆる上代様を得意とした。特に『寛平御時后宮歌合』(十巻本)に強い影響を受けたという。明治二十年(一八八七)に詩歌色紙二十四枚を皇后に献上、また三十七年(一九〇四)には『堀江物語』二巻を天覧に供して書名を上げた。明治三十八年四月十八日没。六十六歳。門弟に岡麓《おかふもと》・田中親美《たなかしんび》・岡田正美《おかだまさよし》らがいる。

(髙橋　利郎)

ただとうぶ　多田東蕪　一八四五―一九一八　官僚、漢詩人。名は好問、号は東蕪。弘化二年(一八四五)生まれ。京都の人。岩倉家の臣で、岩倉具視に従って東京に出て、新政府に式部省七等出仕。有職故実に詳しく、太政官書記官(権大書記官に至る)、ついで内閣書記官を長年にわたって勤め、三条実美葬儀・伊藤博文葬儀の御用掛、日清戦争時の大本営における賞勲事務、帝室制度調査局御用掛、また明治天皇大喪使・昭憲皇太后大喪使の事務嘱託、大正天皇即位の大礼記録編纂委員など、長年にわたって典例関係の職務に従事した。かたわら、岡本黄石《おかもとこうせき》の主宰する麴坊吟社に巌谷《いわや》一六《いちろく》・日下部《くさかべ》鳴鶴《めいかく》・杉聴雨・矢土錦山らと会して詩を善くし、大正七年(一九一八)十一月十七日七十四歳で没した。正四位勲三等。著書に『登極令義解』「信天翁山中先生之碑」、編集に『岩倉公実記』がある。

参考文献 神田喜一郎編『明治漢詩文集』(『明治文学全集』六二、一九八三、筑摩書房)

(町　泉寿郎)

たたみおもて　畳表　畳表は原料となる藺草《いぐさ》を農家が栽培し、苅取・乾燥の後に特殊な染土の液に浸して独特の色合・香りをもつものにし、麻糸を経糸とする織機にかけて製作するものである。藩政期福山・尾道《おのみち》を中心とする備後南部で大量に生産され、これを「備後表」と称し最良のものとされた。旧藩時には畳表の生産に対し、藺草の十分な成熟を待って苅取りを許可し、畳表の重量規格化など種々の統制を行なってきた。しかし維新後は藩の統制解除と、庶民の畳敷増加の傾向に迎合し、農家は後作(稲)の挿秧を急ぐために十分な成熟を待たず藺草を苅取るなど粗製乱造に流れていた。そこで明治十九年(一八八六)沼隈《ぬまくま》・深安両郡で備後本口畳表同業組合を、御調《みつぎ》郡で備後本口尾道藺草組合を設立し自主検査による品質改善に努めた。他方、隣接する備中・備前南部も藺草の乾燥などに好都合で藺草が栽培されていた。特に維新後は生産を増加させ、生産された畳表は「備中表」「備前表」と呼ばれていた。しかしこの地方では明治初年から輸出用の花莚《かえん》が大量に生産された。花莚は藺草を原料とし欧米人家屋内の敷物として生産されるもので、備中都窪《つくぼ》・賀陽郡、備前児島郡などが生産の中心地で広島県東部でも生産者が現われた。輸出は明治十年代から本格化し、二十年代から三十年代半ばにかけてが全盛期であった。その後アメリカでカーペットが普及すると漸次日本製花莚の需要が減少していき、大量生産されていた藺草は国内用畳表・莫蓙《ござ》に振り向けられた。花莚の生産は捺染など精巧を要する点があり、地主・商人らが企業者として器械を用い中小規模のマニュファクチャーで生産された。明治三十年(一八九七)岡山県に百八十三の花莚工場があり、一部中規模工場もあるが九三%の工場は労働者十人未満の零細工場であった。しかし畳表・莫蓙生産はさらに小規模な家内工業で、農家が自家原料により農閑期に織製するものと、織元が買い集めた原料を小作貧農らに供給して織らせる問屋制とがあった。

参考文献 『広島県農業発達史』二(一九六三、広島県信用農業協同組合連合会)、『福山市史』下(一九七八)、『岡山県史』一〇(一九八五)

(有元　正雄)

ただや　多田屋　文化二年(一八〇五)創業の書店。上総国東金で医業を営んでいた能勢尚貞が、塾を開いた際、四書五経、筆墨の取扱や販売を始めたのが創業の理由であった。明治五年(一八七二)、学校教科書取扱の権利を獲得し、千葉県全域の供給を担当した。その後、千葉市や木更津に支店を設けたほか、東京神田で掛図や辞書類の出版を、日本橋では体操器具の製造・販売を行なっていたこともあった。現在も千葉県東金市で営業している。

参考文献 尾崎秀樹・宗武朝子編『日本の書店百年―明治・大正・昭和の出版販売小史―』(一九九一、青英舎)

(鵜飼　政志)

ただよしこうしりょう　忠義公史料　島津家第二十九代・薩摩藩最後の藩主島津忠義(一八四〇―九七)時代の薩摩藩関係史料集。編年体で、時代は安政六年(一八五九)から明治五年(一八七二)にわたる。編纂の発端となったのは明治二十一年(一八八八)七月、宮内大臣より島津・毛利・山内・徳川の四家に、嘉永六年(一八五三)より明治四年までの藩内の事蹟を記録し三年以内に上呈するようにとの達があり、その費用として年千円の下賜金を受けることになったことにある。島津家では歴史家市来四郎(一八二八―一九〇三)を中心に、「島津家国事鞅掌史料」として編纂が開始され、明治二十四年六月編纂事業が三年延長され、二十七年六月に再び三年延長、三十二年(一八九九)に事業が中止されるまで追加訂正がなされた。この「島津家国事鞅掌史料」が、藩主別に編集されて『斉彬公史料』『忠義公史料』となった。『忠義公史料』には、忠義の実父で後見役であった島津久光の関係史料をはじめ、水戸藩史料や『白石正一郎日記』『鈴木大日記』『官武通紀』『樺山資之日記』など、藩の内外を問わず幅広い史料が収録されている。なお、史料中には、誤写や編者による省略なども見られるが、原文書が残されていない史料も収録されており貴重である。東京大学史料編纂所所蔵本(初稿本を含む百九十冊)を底本とした『忠義公史料』全七巻(『鹿児島県史料』、昭和四十九―五十五年)が刊行されている。

参考文献 『殉難者及旧藩事蹟取調録』(宮内庁書陵部所蔵、一八七九―九〇)、『近世史料編纂事業録―附史談会設立顛末―』(一八九三、史談会)

(真辺　美佐)

たちさくたろう　立作太郎　一八七四―一九四三　明治・大正・昭和期の国際法学者。明治七年(一八七四)三月十五日、東京府麴町区五番町(東京都千代田区)に、旧旗本立嘉度《よしのり》の長男として生まれる。伯父嘉一の養子となり、第一高等中学校を経て、三十年(一八九七)七月東京帝国大学法科大学を卒業。大学院に進み、国際公法を専攻。三十二年には訳書『ホール氏国際法』を刊行した。三十三年六月、外交史研究のため三年間仏・独・英三国に留学、留学中の三十四年三月助教授となった。日露戦争勃発のため三十七年三月に急遽帰国し、翌四月教授となる。四十三年(一九一〇)から翌年にかけて、韓国併合に関わる領土権・主権の性質をめぐって、『法学協会雑誌』の誌上で応酬された美濃部達吉との論争は有名である。昭和

立作太郎

九年(一九三四)三月定年により退職、同年十二月外務省の法律顧問に就任、十八年(一九四三)五月十三日に死去した。七十歳。

参考文献 一又正雄『日本の国際法学を築いた人々』(『国際問題新書』、一九七三、日本国際問題研究所)、宮崎繁樹「立作太郎」(潮見俊隆・利谷信義編『日本の法学者』所収、一九七五、日本評論社)

(村上 一博)

たちしょうべんきんし　立小便禁止　文明開化が国是であった明治初期、西洋人に文明的ではない(野蛮・不衛生など)と評された国内のさまざまな風俗が禁止されている。立小便は、往来での裸体や混浴などとともに、特に首都や開港場で、明治維新前後から規制が開始された。現代の軽犯罪法の祖であり、旧弊・陋習の「一洗」を目的としてまず東京で明治五年(一八七二)十一月に施行された違式詿違《いしきかいい》条例でも、三府(東京・大阪・京都)・五港(函館・新潟・横浜・神戸・長崎)においては、右の禁止項目が含まれている。一方で明治六年七月、全国施行の雛形として公布された各地方違式詿違条例では、各地の風俗習慣を一様に矯正すると「人民の苦情怨嗟」を招きかねないという認識から、規制内容の取捨増減が認められた。同様の理由から、開港場である五港における同条例中、市街地を除く地域で規制内容が緩和される例があったが、どちらの除外項目にも立小便の禁止が含まれている。またこのころ、都市部では公衆便所設置が進められた。

立小便禁止(『違式詿違条例類聚』明治9年)

参考文献 神谷力「地方違式詿違条例の施行と運用」(『明治法制史政治史の諸問題—手塚豊教授退職記念論文集—』所収、一九七七、慶応通信)、百瀬響『文明開化失われた風俗』(『歴史文化ライブラリー』、二〇〇八、吉川弘文館)

(百瀬 響)

たちばないとえ　橘糸重　一八七三—一九三九　ピアニスト、教師。明治六年(一八七三)十月十八日三重県鈴鹿郡亀山に生まれる。小学校卒業後、佐々木弘綱に国語と和歌、米人フルベッキに英語を学ぶ傍らドイツ語を修める。二十一年(一八八八)九月東京音楽学校入学。二十五年九月から昭和十四年(一九三九)まで後進の指導にあたる。明治三十年(一八九七)十一月の演奏会でベートーヴェン作曲「ソナタ第八番「悲愴」」を演奏。昭和十四年九月一日没。六十七歳。

参考文献『東京芸術大学百年史』東京音楽学校篇一・二・演奏会篇一(一九八七・二〇〇三・一九九〇、音楽之友社)

(橋本久美子)

たちばなきょくおう　橘旭翁　一八四八—一九一九　筑前琵琶の創始者。本名智定《ちじょう》。嘉永元年(一八四八)、筑前博多の盲僧琵琶の家に晴眼者として生まれた旭翁は、明治二十五年(一八九二)薩摩を訪れて薩摩琵琶を研究し、芸妓出身の吉田竹子《よしだたけこ》や同じく筑前盲僧の家の出の鶴崎賢定《つるさきけんじょう》とともに筑前盲僧琵琶の楽器や奏法に改良を加え、新しい琵琶音楽を創始した。二十八年吉田竹子が筑前琵琶を東京に紹介したのに続き、三十一年(一八九八)旭翁が上京して教授活動を始め、小松宮彰仁親王の御前で「日本の赤十字」を演奏した。四十三年(一九一〇)には五弦五柱の改良楽器を開発し、これと従来の四弦五柱の琵琶を曲により使い分けた。代表曲に「小督《こごう》」「那須与市」などがある。四十二年福岡で橘流旭会を発会、四十四年には大日本旭会を発会し会則を定め、大正元年(一九一二)から四弦の教師免状(五弦は大正六年から)を発行した。八年八月二十八日没。七十二歳。旭翁の開いた橘流は大正時代に全国に広まり、その没後は宗家が代々旭翁の名を継いだ。

参考文献 大坪草二郎『筑前琵琶物語—初代橘旭翁伝—』(一九八三、葦真文社)

(塚原 康子)

たちばなこうさい　橘耕斎　一八二〇—八五　ロシアのペテルブルグ帝国大学初の日本語教師。文政三年(一八二〇)生まれ。元掛川藩士。各地を流浪。安政元年(一八五四)プチャーチン提督率いるディアナ号が伊豆下田で大地震の津波で破損後、沈没。代替船建造現場の戸田《へだ》で、耕斎は、ロシア外務省アジア局付中国語・満洲語通訳官で、当時、提督付通訳兼秘書官であったゴシケーヴィチと知り合い、帰国に際し連れられ渡航。乗船したグレダ号は、途中、クリミア戦下交戦国英国船に拿捕され勾留。この間、ゴシケーヴィチとともに最初の本格的和露辞典『和魯通言比考』を作る。出版は一八五七年。解放され五六年四月ロシアに到着後はアジア局に「登録」、五七年十四等文官(陸軍少尉補相当)として同局に配属され翻訳などに従事。五八年一月ロシア正教に改宗、ロシア名ウラジーミル＝ヨシフォヴィチ＝ヤマトフを名のる。漢字で「大和夫」と署名することも。六二年スタニスラフ三等勲章。七〇年十月十日(西暦二十二日)付でペテルブルグ大学東洋語学部日本語講座「員外教師」になり、七四年五月まで同大学で日本語と漢字書道を教える。「依願による」「退職」が受理されたのは同年三月三十一日(西暦四月十二日)。退職時七等文官(中佐相当)、勤続十八年で三〇〇ルーブルという破格の年金を受く。明治七年(一八七四)の帰国後女性と生活。嗣はなく、死去したのは庵を結んでいた芝増上寺内。ロシア側にははじめ「マスダ＝クメザイモン」と名乗り、そのほか立花久米蔵、増田甲斎など別名が伝わる。明治十八年(一八八五)五月三十一日没。六十六歳。『和魯通言比考』序、およびロシア語表題には、その名前が、ロシア語で「タチバナ＝ノ＝コウサイ」と音写されている。

参考文献 山内遂「遺魯傳習生始末」(一九四三、東洋堂)、中村喜和「橘耕斎伝」(『一橋論叢』六三ノ四、一九七〇)

(有泉 和子)

たちばなしゅうた 橘周太 一八六五―一九〇四 陸軍軍人で、戦死後に軍神とされ、戦前の国定教科書で題材となった人物。慶応元年九月十五日(一八六五年十一月三日)、肥前国に生まれる。郷里は、現在の長崎県雲仙市千《ち》々《ち》石《わ》町である。明治三十五年(一九〇二)、少佐となり、名古屋幼年学校校長として勤務。日露戦争では、第二軍管理部部長、歩兵第三十四連隊第一大隊長となるが、同三十七年八月三十一日、遼陽付近首山堡のロシア軍陣地を攻撃中に戦死した。四十歳。戦死後に一階級進級し中佐となった。海軍の広瀬武夫《ひろせたけお》と並んで軍神とされた。戦前の国定教科書で大々的に喧伝され、銅像も建造された。戦現在、橘神社が千々石町に残っている。橘のように明治時代の軍神は、昭和期の共通の作戦目的達成のための集団死とは違い、部下思いの上司の死が題材となったことから軍神像も時代によって違う。

橘 周 太

参考文献 外山操編『陸海軍将官人事総覧』陸軍篇(一九八一、芙蓉書房)、伊藤正徳『軍閥興亡史』一(『光人社NF文庫』)、山室建徳『軍神―近代日本が生んだ「英雄」たちの軌跡―』(『中公新書』、二〇〇七、中央公論新社)

(山本 智之)

たちばなしらき 橘樸 一八八一―一九四五 明治から昭和時代前期にかけてのジャーナリスト、中国研究家。明治十四年(一八八一)十月十四日大分県北海部郡臼杵町(臼杵市)に生まれる。同三十八年(一九〇五)札幌の『北海タイムス』に入社。翌年大連に渡って『遼東新報』の記者となり、大正二年(一九一三)北京に移住して『日華公論』主筆、同七年から『京津日日新聞』の編集に携わる。同十三年(一九二四)旅順に転居して『月刊支那研究』を創刊したほか、『満蒙』『満鉄調査時報』『新天地』などの雑誌上で、孫文思想を基に国民革命の特徴を反官僚的階級の統一戦線ととらえるなど、中国について評論活動を展開した。同十四年から満鉄嘱託、同十五年には「支那研究会」を設立、中国研究者との交流をはかる。昭和六年(一九三一)には『満洲評論』を創刊し、同二十年(一九四五)の廃刊まで満洲の社会問題・日本の対中国政策を論評し大きな影響力を振るった。昭和二十年十月二十五日奉天にて死去。六十五歳。著書に『支那思想研究』(同十一年)、『中華民国三十年史』(同十八年)がある。

参考文献 山本秀夫『橘樸』(『中公叢書』一九七七、中央公論社)、同編『橘樸と中国』(一九九〇、勁草書房)

(中嶋 晋平)

たちばなずいちょう 橘瑞超 一八九〇―一九六八 浄土真宗本願寺(西本願寺)派僧侶。西域探検で知られる。明治二十三年(一八九〇)一月七日名古屋の同派末寺に生まれる。第二十二代法主大谷光瑞《おおたにこうずい》に引き立てられ、十八歳のときから、中国新疆地方を中心とする中央アジアの仏教遺跡調査、いわゆる大谷探検隊の第二・三回探検へ参加(明治四十一年―大正元年)。当時、ヨーロッパ諸国の考古学者・東洋学者も、同地域で発掘調査を活発に行なっていたが、大谷探検隊は、光瑞独自の発案にもとづき西本願寺仏教僧・門徒によって組織された点で特異な存在であった。橘は「李柏尺牘稿」(竜谷大学所蔵、重要文化財)の発掘、タクラマカン沙漠の単独横断など大谷探検隊員のなかでも際立った成果をあげた。しかし大谷探検隊は、光瑞個人の企図と資力で支えられていたために、かれの失脚とともに収集品は分散し、業績も長らく評価されることはなく、橘も後年は住職として生涯を終えた。昭和四十三年(一九六八)十一月四日死去。満七十八歳。その著作には、『中亜探検』(大正元年)、『蒙古語研究』(大正三年)、『使命記』(平成十三年)などがある。→大谷探検隊《おおたにたんけんたい》

参考文献 上原芳太郎編『新西域記(復刻・解題本)』(一九八四、井草出版)、山田信夫「大谷探険隊とその現代的意義」(『天山のかなた―ユーラシアと日本人―』所収、一九八四、山田先生著作刊行会)

(中見 立夫)

たちばなともはる 立花寛治 一八五七―一九二九 農事指導者。みずから農事試験場を設立してその経営にあたった。安政四年九月五日(一八五七年十月二十二日)筑後柳川《やながわ》藩最後の藩主である立花鑑寛《あきとも》の次男として生まれ

る。兄鑑良の死により、明治七年(一八七四)に家督を継いで、第十四代当主となった。東京において、明治十三年(一八八〇)から津田仙が創立した学農社の農学校に学び、三田育種場の場長補となった。東京下谷の立花邸に小規模な農場を設けた。旧領地柳川に帰り、福岡県山門《やまと》郡川辺村中山(柳川市)に明治十九年、私立の中山農事試験場を開設して、生涯その経営にあたった。穀類・野菜や果樹・茶・櫨楮《はぜこうぞ》などの改良につとめたが、明治二十四年(一八九一)には、『内外果樹便覧』や『穀菜栽培便覧』を著わした。また農談会や種子交換会などを開催した。特に柑橘類の品種改良や品評会に力を注いだ。大正九年(一九二〇)には、事業を限定して、立花家農場となった。貴族院議員。伯爵。昭和四年(一九二九)二月五日没。七十三歳。

(大豆生田稔)

たちばなやえんきょう　橘家圓喬　一八六五―一九一二　東京の落語家。本名柴田(旧姓桑原)清五郎。慶応元年九月二十一日(一八六五年十一月九日)生まれる。八歳の時三遊亭圓朝門下となり朝太《ちょうた》。のち圓好となる。仲間との折り合いが悪く、一時期上方へ行ったこともあったが、二十一歳の時に帰京。四代目三遊亭圓生の引き立てを受けその前名圓喬を襲名して明治二十年(一八八七)に真打。亭号は本来三遊亭だが、本人は「橘家」を主張し、周囲もそれを認めた。技芸では当時第一級で、『牡丹燈籠』『真景累ヶ淵』など圓朝作の長編人情噺、『鰍沢《かじかざわ》』などの一席物の人情噺を得意とし、落し噺も水が垂れるように上手かったという。また『三十石』『祇園会』といった上方種の演目も得意であった。三遊派本格の後継者として明治三十年代から何度か二代目圓朝襲名の話がでたものの、仲間内での人望のなさもあって実現しないうちに大正元年(一九一二)十一月二十二日、結核で死去。四十八歳。五代目古今亭志ん生、五・六代目の三遊亭圓生など後代の落語家に大きな影響を与えた。

橘家圓喬

(今岡謙太郎)

たちばなやきつのすけ　立花家橘之助　一八六八―一九三五　女流音曲芸人。本名石田みよ。明治元年七月二十七日(一八六八年九月十三日)田安家家臣の娘として生まれ、清元延栄について清元節を稽古。二代目三遊亭円橘門下となって橘之助を名乗り、八年数え年八歳で真打の看板をあげる。十五年(一八八二)には大阪をはじめ各地で巡演して好評を得る。「女大名」の異名をとった大看板で、各種の音曲を取り混ぜた「三府浮世節」を売り物に、その声音、撥さばきは名人と称された。晩年は落語家橘の圓《まどか》(初代)と結婚して京都に住んだが、昭和十年(一九三五)六月二十九日、洪水で不慮の死を遂げた。六十八歳。

(今岡謙太郎)

たちやまみねえもん　太刀山峰右衛門　一八七七―一九四一　明治時代後期から大正時代の力士。第二十二代横綱に数えられる。明治十年(一八七七)八月十五日生まれ。富山県の出身、本名老本弥次郎。若年より壮軀強力をもって近在に知られ、噂を聞きつけた東京相撲の年寄友綱が後援者の板垣退助・西郷従道らを動かして入門にこぎつけたという。二十歳を過ぎての入門は当時としても遅いスタートであったが、幕下付出から生来の強力を活かして順調に昇進し、駒ヶ嶽とともに「梅・常陸」の後継者との期待を集めた。酒癖から早世した駒ヶ嶽と対照的に摂生に努め、内臓の固疾が癒えてからは体重の増加も著しく、明治四十二年(一九〇九)に大関、四十四年には横綱と進むにつれ、「四十五日(一月半＝一突き半)」と渾名された強烈な突っ張りと、四つに組んでも豪力を利した呼び戻しの荒技を揮い、無敵ぶりを発揮した。大正七年(一九一八)に現役引退し年寄東関を襲名したが、翌年、役員選挙に落選したのを機に協会を離れ、晩年は市井にあった。昭和十六年(一九四一)四月三日没。六十五歳。

参考文献　酒井忠正『日本相撲史』中(一九六四、日本相撲協会)、『大相撲人物大事典』(二〇〇一、ベースボール・マガジン社)

(新田　一郎)

だつあろん　脱亜論　直接的には福沢諭吉が『時事新報』(明治十八年(一八八五)三月十六日)に掲載した外交論を指す。しかし福沢一個人の思想を超えて脱亜入欧政策から植民地帝国への道を歩んだ近代日本の対外政策を先駆的に示した語句として象徴的にも使用される。またアジア主義との対比としても用いられる。『時事新報』に掲載された脱亜論は、無署名の社説であるが福沢が書いたものとされている。そこでは、日本は西欧文明を取り入れたが「支那」と「朝鮮」は古風旧慣に恋々としており、いずれ亡国のおそれがある。日本は両国と接するので西洋文明人の眼から同一視されてしまうおそれがある。これは日本の一大不幸であり、日本は隣国の開明を待ってともにアジアを発展させるような猶予はなく、むしろこのグループから脱して西洋の文明国と進退をともにし、清国や朝鮮に接する態度も隣国だからといって特別にすることは必要でなく、まさに「西洋人が之に接するの風に従て処分」すべきであり、「悪友を親しむ者は共に悪名を免かるべからず。我れは心に於て亜細亜東方の悪友を謝絶するものなり」と論じている。これがこれまでアジアを蔑視する福沢の思想と捉えられてきた。しかし当時の国際環境からは、清国との対立の中で朝鮮の独立党と連携して日本の影響力を増大させるという福沢の構想が、壬午・甲申事変による朝鮮国内親日派(独立党)の壊滅によって不可能になった時に発せられた朝鮮政策の行き詰まりを表す語句であることが明らかになっている。したがって巨文島事件後しばらくすると、福沢は朝鮮問題についてロシアとの対立を念頭において、日本と清国は利害が同じであるから一致協同が必要である(「一大英断を要す」『時事新報』明治二十五年(一八九二)七月二十日)というように、朝鮮に対する清国の力をある程度容認した上で、一歩でも朝鮮に影響力を確保するという意見を発表している。なお平山洋によれば福沢の脱亜論が注目されるようになったのは、戦後しばらくたってからのことであるという。

参考文献　坂野潤治『明治・思想の実像』(『叢書身体の思想』八、一九七七、創文社)、岩谷十郎・西川俊作編『福沢諭吉著作集』八(二〇〇三、慶応義塾大学出版会)、平山洋『福沢諭吉の真実』(『文春新書』、二〇〇四、文芸春秋)

(櫻井　良樹)

たつかわぶんこ　立川文庫　東京で出版された「袖珍文庫」の成功に目をつけた講談叢書である。明治四十四年(一九一一)三月から大正十五年(一九二六)十月までの二百一冊のうち百九十七冊が確認されている。「たちかわぶんこ」ともいう。出版元は、立川文庫の成功で「文庫王」と呼ばれた立川熊次郎《たつかわくまじろう》が、明治三十七年(一九〇四)三月に大阪で開店した立川文明堂。体裁は縦一二・五センチ、横九センチの小型本で表紙と背に書名。表紙は、小豆、青、橙、緑、黒、藍、紫、黄土、赤などの布クロス、右半分に揚羽蝶の地模様。巻頭には長谷川小信の口絵一葉、本文は六号活字で総ルビ。二百三十頁から三百頁。定価は二十五銭から三十銭。印刷部数は、初版が普通千部、多くて三千部といわれる。執筆者は、大部分が雪花山人と野花山人、その他は玉田玉秀、笹山狂郎、花村生、立川文明道編纂(集)部、菫花山人、茅海漁師。第一編『(諸国漫遊)一休禅師』から第六編『武士道精華岩見重太郎』までは、加藤玉秀(玉田玉秀斎)の口述筆記(速記講談本)であったが、やがて内妻山田敬の長男、阿鉄《おてつ》を中心とする玉田玉秀斎一族と奥村次郎ほかの集団執筆となる。創刊当初は、大阪の商店の丁稚を主な読者として貸し本屋に、月数冊の新刊が並べられた。大正二年(一九一三)、第四十編『(真田三勇士忍術名人)猿飛佐助』、大正三年、第五十五編『(真田三勇士忍術名人)霧隠才蔵』が刊行されると、尾上松之助主演で映画化され人気が頂点に達し、全国的な忍術ブームを巻き起こした。映画はシリーズ化され、メディア＝ミックス型キャラクターを生み出した。立川文庫は、若き日の志賀直哉、中野重治、川端康成らの心をとりこにしたことが知られている。しかし、内容のマンネリ化や東京の大資本、講談社などを出版元とする同種の講談叢書に人気を奪われる。確認できている重版の最後は、昭和二年(一九二七)七月である。

(畠山　兆子)

だっきのおまつ　妲妃のお松　⇨鈴木《すずき》マツ

たつけまさじろう　田附政次郎　一八六三—一九三三　明治・大正時代の綿糸布商。文久三年十二月十五日(一八六四年一月二十三日)近江国神崎郡五峰村(滋賀県東近江市)で近江麻布の持下《もちくだ》りを営む田附甚五郎の長男として生まれた。十四歳で丸紅の先代伊藤忠兵衛が経営する大阪の紅忠に丁稚奉公した。明治二十二年(一八八九)独立して綿糸布商田附商店を開業、社長に就任した。二十七年大阪三品取引所の創設に関与し仲買人に加入、のちに監査役に就任した。綿糸を投機的に売買する相場師として活躍した。大和紡績、金巾《カナキン》製織、大阪紡績、和泉紡績、山陽紡績、東洋毛糸紡織、日本カタン糸、金華紡など多くの紡績関係会社の経営に関わった。大阪綿糸商組合幹事、日本綿糸布商連合会委員長、大阪商工会議所議員として業界団体で活動した。大正十四年(一九二五)京都大学医学部に五十万円を寄付し、これをもとに、大阪市北区に田附興風会北野病院が設立された。昭和八年(一九三三)四月二十六日死去。七十一歳。

参考文献　田附商店編『田附政次郎伝』(一九三五)、阿部武司『近代大阪経済史』(『大阪大学新世紀レクチャー』、二〇〇六、大阪大学出版会)

(玉川　寛治)

だっそうへい　脱走兵　与えられた職役もしくは屯営本隊から逃亡した将校を含む軍人を指す。廃藩置県直後の統一軍隊編成直後より陸海軍ともに緊急の課題となり、陸軍では明治五年九月二十八日(一八七二年十月三十日)制定の読法《とくほう》により、「脱走」に関しては、平時の逃亡者は下士は黜等《ちつとう》、卒夫は杖、再犯者は徒、ただし十四日以内の帰投者は減罪、武器携帯逃亡者は徒、装弾銃携帯者は死刑、三人以上の逃亡者は徒党律により処断、戦時逃亡者は戦時逃亡律により処断して徒以上死刑まで、敵方に行く者は死刑と明文化され、入隊の翌日新兵はこの読法を読み聞かされ、「平時戦時とも脱走致申間敷事」などの誓文に署名させられた。明治十四年(一八八一)十二月二十八日陸軍刑法が改正され、したがって読法も十五年三月九日に改正、そこでは簡略化されて詳細な逃亡罪への言及はなくなった。改正刑法では六日以前の帰投者は逃亡者とは見なされず、また新兵入営三ヵ月未満の者は罪一等減と規定された。脱走兵を連隊内部で発見させ表沙汰になるのを防ぐ手段がとられたのである。他方軽禁錮より重いものとして軽禁獄の処罰が導入された。社会問題化したものとしては、明治四十一年(一九〇八)三月三日、麻布歩兵第一連隊の兵卒三十二名が中隊長代理の過酷な仕打ちに憤慨し脱営した事件が著名である。

(宮地　正人)

だったいそうどう　脱隊騒動　⇨長州藩脱隊騒動《ちょうしゅうはんだったいそうどう》

たつのきんご　辰野金吾　一八五四—一九一九　明治・大正時代の建築家。安政元年八月二十二日(一八五四年十月十三日)に唐津藩士姫松倉右衛門の次男として生まれ、のち、叔父辰野宗安の養嗣子となる。明治三年(一八七〇)に藩校耐恒寮に入学、のちに建築家となる曾禰達蔵とともに高橋是清に学ぶ。明治六年、工部省工学寮造家学科に曾禰、片山東熊らとともに第一期生として入学し、ジョサイア＝コンドルらに建築学を学ぶ。卒業後官費留学生としてイギリスに渡り、ウィリアム＝バージェス事務

辰野金吾

所などで建築の実務を学び、フランス、イタリアを歴訪して帰国。工部大学校(のちに帝国大学工科大学)教授として多数の建築家を教育するとともに、日本の建築学の枠組みをつくっていく。明治三十五年(一九〇二)に大学教授を辞任し、東京に辰野葛西建築事務所、大阪に辰野片岡建築事務所を設立。建築作品も多数残した。現存する主要作品に、日本銀行本店本館(明治二十九年、国重文)、東京駅丸ノ内本屋(大正三年、国重文)があり、委員として計画に関与した国会議事堂と併せ、国家を代表する三建築への設計関与に終生こだわりをみせた。設計活動の前半は、西洋建築の様式を習得する段階にあった建築家らしく、古典主義やゴシックといった各様式を厳格に守りながら建物ごとに使い分け、多様な建築を生んだ。後半には、東京駅丸ノ内本屋や旧日本銀行京都支店(明治三十九年、国指定重文)に代表される、赤煉瓦を縞状に配した「辰野式」と呼ばれる作風を確立した。これはイギリスで流行した、古典主義を基礎にしつつ構成と細部を崩して再構成するクイーン＝アン様式を、古典主義の厳格さを残しつつ辰野流に再構成したものである。建築家としての活動に加え、明治美術会会員、明治美術学校校長など、美術界との関係を模索し続けたことも、辰野の業績として特筆される。大正八年(一九一九)三月二十五日没。六十六歳。

参考文献　白鳥省吾編『工学博士辰野金吾伝』(一九二六、辰野葛西建築事務所)、藤森照信『国家のデザイン』(『日本の建築―明治・大正・昭和―』三、一九七九、三省堂)

(清水　重敦)

たつのしゅういちろう　竜野周一郎　一八六四―一九二八　代議士。元治元年四月七日(一八六四年五月十二日)信濃国小県《ちいさがた》郡石神《いしがみ》村(長野県上田市)に竜野林三郎の長男に生まれる。小学校卒業後、漢学者渡辺真楫に、上田藩士上野尚志の私塾にそれぞれ漢学を学び、小学校教員となる。自由民権運動の影響を受け、明治十三年(一八八〇)上京、板垣退助の食客になったという。長野県の有力自由民権家として活躍、特に先憂亭後楽の講談師名で民権講談を行う。十七年飯田事件で逮捕されたが無罪。二十一年(一八八八)三月長野県有志七百二十六人による条約改正反対建白書提出の代表二十七人に加わった。二十一年十一月信濃政社設立に参画、二十二年四月十五日小県郡上田町(上田市)に愛民社を設立、大同団結運動機関誌『愛民』を創刊。同年十月二十四日小県郡千十七人による条約改正中止建白の総代となった。二十四年小県郡会議員、以後三選で郡会議長。二十六年七月、二十八年十一月、三十年(一八九七)十一月長野県会議員当選、明治二十八年県会議長。自由党から立憲政友会(発会準備委員、幹事、院内幹事、党務員会理事)に移る。三十一年第五回衆議院議員当選、同年第六回以後三回連続当選。一方、三十六年「天下の糸平」田中平八に誘われ田中鉱業株式会社顧問など実業界で活躍。大正九年(一九二〇)埼玉県第六区から立ち当選、請願委員長。昭和三年(一九二八)四月十一日東京築地の自宅で死去、六十五歳。

参考文献　上條宏之「一八九〇年前後における長野県下の政治的動向」(『信濃』二二ノ八、一九七〇)、同「関東・東北における大同団結運動の一考察」(『茨城県史研究』二〇、一九七一)

(上條　宏之)

たつまるじけん　辰丸事件　明治四十一年(一九〇八)、神戸の辰馬商会所属の第二辰丸の武器密輸事件取締りをめぐって発生した、日中両国間の係争。マカオの銃器商発注の武器を積んだ第二辰丸は、神戸出港後、二月五日にマカオ沖合で清国海軍に拿捕・抑留された。駐北京の林権助《はやしごんすけ》公使は拿捕地点はポルトガル領海であったこと、日章旗がとりはずされたことなどに対して、厳重に抗議した。中国側は、国際慣例上、中国の領海であったこと、武器密輸は中国国内を混乱させることを述べて拿捕の正当性を主張した。軍艦派遣を公言した日本の強圧外交のため、中国は三月、謝罪・賠償を受諾した。現在では日本側の主張に非があったことは明らかである。中国では第一回の日本商品ボイコット運動が展開。立憲派は支持したが、武器密輸に依存する革命派はボイコットに反対した。

参考文献　菊池貴晴『中国民族運動の基本構造―対外ボイコットの研究―』(一九六六、大安)

(久保田文次)

たつみこじろう　辰巳小次郎　一八五九―?　教育家、言論人。号塵廼舎・塵廬。安政六年(一八五九)尾張藩士の家に生まれる。東京開成学校(在学時は松田姓)を経て、明治十四年(一八八一)七月東京大学文学部哲学政治学科卒業後、東京大学予備門(十九年四月第一高等中学校と改称)教諭となり二十年(一八八七)秋辞任する。以後、共立学舎・高等普通学校・日蓮宗大壇林・哲学館(東洋大学の前身)・専修学校・京華中学校・京華商業学校の講師や顧問を三十六年(一九〇三)六月まで歴任するなど、明治中期に中等教育界で活躍した。他方この間、二十一年四月結成の政教社同人として国粋主義の論陣を張り、東京府会議員・同市会議員・浅草区長・東京市参事会員を歴任して東京政界でも活躍した。二十二年三月には大内青巒《おおうちせいらん》とともに尊皇奉仏大同団を発起して『大同新報』を創刊して編集主任となった。著訳書に『哲学要義』(スペンサー原著)、『哲学茶話』、『女権沿革史』、『文明要論』(バックル原著)、『万国現行憲法比較』、『万国小史』、『通俗憲法大意』、『英米仏独普対照帝国憲法正解』、『万国史要』

(共著)、『東洋史略』、『雅語綴字例』がある。没年不詳。

[参考文献] 大屋専五郎編『(現今名家)記者列伝』上(一八八六、春陽堂)、日本力行会出版部編『現今日本名家列伝』(一九〇三)、三宅雪嶺「思い出す人々(三)」(『婦人之友』二五ノ三、一九三一) (佐藤 能丸)

たつみなおぶみ 立見尚文 一八四五―一九〇七 陸軍軍人、男爵。弘化二年七月十九日(一八四五年八月二十一日)、江戸に生まれる。戊辰戦争では、桑名藩士として旧幕府側に立ち、雷神隊を率いて、北陸・東北各地を転戦。明治三年(一八七〇)、赦免。その後桑名県少参事、安濃《あの》津《つ》県十一等出仕などとして勤務。長らく裁判所での勤務が続く。同十年(一八七七)に西南戦争が勃発すると、政府側に加わり少佐に任命され、新撰旅団参謀副長に就任する。この部隊は、旧会津・桑名藩士などで構成されたもので、参謀副長での立見の起用は、これらの人員構成上の配慮であったといわれている。同十七年には、中佐に進級し、歩兵第一連隊長に就任。欧州出張も経験。同二十年(一八八七)には大佐に進級し、第三師団参謀長、近衛参謀長(そのまま近衛師団参謀長)を歴任する。日清戦争では、少将として第十旅団を率い出征。同三十一年(一八九八)から同三十九年まで長きにわたり第八師団長を務める。第八師団長として日露戦争に参加。沙河の攻防戦でロシア軍十万と対峙した。立見は八甲田山遭難事件当時の行軍部隊の上官にあたる師団長でもあった。同四十年(一九〇七)三月六日没。六十三歳。

[参考文献] 大江志乃夫『日露戦争の軍事史的研究』(一九七六、岩波書店)、武岡淳彦『日本陸軍史百題―なぜ敗けたのか―』(一九九五、亜紀書房)、藤井非三四『都道府県別に見た陸軍軍人列伝』東日本編(二〇〇七、光人社)、半藤一利・横山恵一・秦郁彦他『歴代陸軍大将全覧』明治篇(『中公新書ラクレ』、二〇〇八、中央公論新社) (山本 智之)

たつみらいじろう 巽来治郎 生没年不詳 東洋外交史家。明治三十五年(一九〇二)八月に東京専門学校(同年九月早稲田大学と改称)出版部から出版した『日清戦役外交史』の文中に、外務省の許可を得ずして外交機密に属する文書を掲載したことが出版法に触れるとして起訴され、翌年十二月に東京地方裁判所で罰金百円と判決された。この後、三十九年九月から早稲田大学講師となり、四十四年(一九一一)七月まで大学部政治経済学科・専門部政治経済科で東洋外交史を担当し、また、通信教育である校外教育の夏期講習大会(明治四十年)で「戦争と外交」を、『高等国民教育』(明治四十二年度)でも「列強大勢」を担当した。著書に、『列強大勢』(明治後期、早稲田大学出版部)、『外交史の方式を論ず』(明治後期)、『露国近世史』(明治三十六年、敬業社)、『体力増大法』(三十七年)、『東洋近時外交史』(四十一年度、早稲田大学出版部)、『極東近時外交史』(四十三年、早稲田大学出版部)がある。また、この間、四十一年十月から刊行の大日本文明協会の大隈重信監修『欧米人の日本観』全三冊の中編を「日清戦役と日露戦役に於ける欧米人の日本に対する観察の比較」を中心にして編纂執筆している。

[参考文献] 『早稲田大学百年史』二(一九八一、早稲田大学出版部) (佐藤 能丸)

たつむらへいぞう 竜村平蔵 一八七六―一九六二 明治から昭和期の織物工芸家。大阪船場の豪商辰村家に明治九年(一八七六)十一月十四日に生まれる。家業を仕切っていた祖父惣兵衛の没後身代は分散し、叔父の田村太兵衛(初代大阪市長)が呉服商だったことから、太兵衛に織物関係の仕事への志を訴え、遠縁の西陣の機屋で修業することになった。やがて織物商を経て、明治三十九年(一九〇六)京都に竜村製織所を設立した。そこで種々の工夫・発明に熱中し、三十二歳までに六つの専売特許と三十の実用新案特許を取得した。しかし模倣する業者や中傷する者も現れたため、誰にも真似のできない芸術への志向を強めていった。やがて製織所を解散し、西陣今出川で織物の研究に専念した。大正八年(一九一九)に東京で創作織物の展覧会を開き、これにより一躍著名な工芸家として認められた。その後も古代裂の復元に力を注ぐなど活躍を続け、昭和三十一年(一九五六)に芸術院恩賜賞を受け、わが国工芸染織界の第一人者になった。昭和三十七年四月十一日没。満八十五歳。

[参考文献] 松島雄一郎「竜村芸術の秘密」(『週刊朝日』六一ノ三、一九五六、高島屋) (松村 敏)

たていしちまた 立石岐 一八四七―一九二九 民権政治家。弘化四年五月十三日(一八四七年六月二十五日)備中国浅口郡船穂《ふなお》村(岡山県倉敷市船穂町)の豪農小野市太夫の四男に生まれ、西西条郡二宮村(岡山県津山市)の大庄屋立石正介の養子となり、壬申戸籍の際に名前も勝助から岐《ちまた》に改名。その後は、荒廃した美作地方の農村振興のため中島衛《なかしままもる》らとともに養蚕の導入・普及に尽力した。明治十一年(一八七八)中島ら作州の豪農ほか二十一人で共之社を結成。二宮村に私立養蚕伝習所を設立し所長となる。その後二宮蚕糸会社を設立し、製糸業経営を進めた。同十二年岡山県会議員に選出され、五月の第一回県会の閉会に際して、菅英治《すがえいじ》、忍峡稜威兄《おしおいつえ》、県会書記を務めていた小松原英太郎《こまつばらえいたろう》らとともに両備作三国親睦会を結成した。この親睦会は、十月二十六日の会合を経て、「両備作三国有志人民国会開設建言書」の作成へと結実し、岡山県の全国に先駆けた国会開設請願運動の母体となった。翌十三年、中島らとともに美作三郡郷党親睦会を結成。さらに十四年二月の美作同盟会の結成へと進み、八月の『美作雑誌』の創刊にかかわった。『美作雑誌』などを通じ、国会開設請願の運動とともに美作溜池問題や津山中学校設立問題など地方自治をめぐる住民に身近な問題も取り上げた。しかし、豪農層間の対立や松方デフレによる増税が経済的打撃となり二宮蚕糸会社も閉鎖に追いこまれ、民権運動も急速に衰退した。岐は、明治十七年美作を離れ実家の船穂村に帰り、その後司法省の判事補に任ぜられ岡山の裁判所に勤めた。浄土宗からキリスト教に改宗。二十二年(一八八九)再び美作の地に帰り、二十三年七月の第一回衆議院議員選挙で当選、三期衆議院議員を務めた。帝国議会では、板垣退助らの自由党系と行動をともにしている。引退後、会社・銀行の要職に就き、晩年はキリスト教の伝道に努めた。昭和四年(一九二九)四月四日没す。八十三歳。

参考文献 内藤正中『自由民権運動の研究―国会開設運動を中心として―』(『歴史学研究叢書』、一九六四、青木書店)、『津山市史』六(一九八〇)、『岡山県歴史人物事典』(一九九四、山陽新聞社) (坂本 忠次)

だてくにしげ 伊達邦成 一八四一―一九〇四 仙台藩一門亘理《わたり》領主。北海道有珠《うす》郡伊達村(伊達市)の創設者。天保十二年十月二十八日(一八四一年十二月十日)、仙台藩岩出山領主伊達義監の次男として出生。幼名は靫負。安政六年(一八五九)亘理領主伊達邦実の養嗣子となり藤五郎と称え、さらに邦成と改名、後年培達園主人と号す。戊辰戦争後に二万三千石余を領した亘理を五十八石に減禄されたため、朝敵の汚名返上と家臣団救済のため北海道への開拓移住を明治政府へ請願。明治二年八月二十五日(一八六九年九月三十日)有珠郡の支配を許可され、翌三年から数次にわたり家臣団二千六百名余を同地へ入殖させる。元家老田村顕允《たむらあきまさ》以下の協力のもと、西洋農機具の導入、西洋果樹の栽培、畜産や養蚕の奨励、製糖・製藍各社の組織化などをはかり、伊達村の開拓に心力を尽す。明治十年(一八七七)の西南戦争の際には百五十名の屯田予備兵を率いた。明治二十五年(一八九二)十月十五日に男爵を授爵。同三十七年(一九〇四)十一月二十九日没。六十四歳。著書に『胆振《いぶり》国有珠郡開墾顛末』がある。

参考文献 『伊達町史』(一九四九)、『新北海道史』三(一九七一)、『伊達市史』(一九九四) (内山 一幸)

だてくになお 伊達邦直 一八三四―九一 仙台藩一門岩出山《いわでやま》領主。北海道石狩郡当別《とうべつ》村(当別町)の創設者。天保五年九月十二日(一八三四年十月十四日)、陸奥国玉造郡岩出山(宮城県大崎市)で伊達義監の長男として生まれる。幼名を大力、通称を弾正・英橋、桃園と号す。戊辰戦争後、一万四千石余を領した岩出山が六十五石に減禄されたため、北海道開拓の廟議があるや亘理領主で実弟の伊達邦成と謀り北海道への開拓移住を出願した。明治二年(一八六九)札幌郡・空知《そらち》郡の支配、翌三年厚田郡聚《しっ》富《ぷ》(厚田村)への移住が許可される。同四年家臣団とともに聚富へ入殖するも砂地のため開墾ができず、当別への移転が認められ、翌五年新たな移住者を加えて再入殖する。外国種の食物の試作、道路の開鑿など当別村発展の基礎を築く。明治十四年(一八八一)には准陸軍少尉に任じ、開拓使七等属を兼任、同年の明治天皇の北海道行幸では札幌行在所《あんざいしょ》で謁見を賜った。明治二十四年(一八九一)一月十二日没。五十八歳。著書に『石狩国石狩郡当別村開墾顛末』がある。

参考文献 渡部義顕『当別村志』(一九三二)、『新北海道史』三(一九七一)、『とうべつ物語―当別町開基百年記念誌―』(一九八〇) (内山 一幸)

だてげんいちろう 伊達源一郎 一八七四―一九六一 明治から昭和期にかけてのジャーナリスト。号は樸堂。明治七年(一八七四)三月十五日島根県能義《のぎ》郡井尻《いじり》村(安来《やすぎ》市)の旧藩医豊一郎とスミの子として生まれる。同三十二年(一八九九)同志社を卒業、愛媛県西条中学校の英語教師を経て、同三十三年『国民新聞』に入社、外報部記者となり、同四十五年(一九一二)に編集局長となる。大正四年(一九一五)国際通信社報道部長、同七年には『読売新聞』主筆となり、パリ平和会議に特派員として派遣される。帰国後は外務省嘱託として情報部創設を担当、同九年には東方通信社を設立して主幹となる。東方通信社は中国の有力新聞にニュースを供給することに成功。中国の対日理解に努めた。同十五年(一九二六)に国際通信社と合併して発足した日本新聞連合の理事兼顧問に就任。昭和六年(一九三一)『国民新聞』社長、同七年『ジャパンタイムス』社長に就任。同二十年(一九四五)帰郷して『島根新聞』社長となる。同二十二年参議院議員選挙に当選。同三十六年(一九六一)七月十五日死去。満八十七歳。著作に『極東の露西亜』(大正四年)がある。 (中嶋 晋平)

たてのごうぞう 建野郷三 一八四一―一九〇八 地方官、実業家。天保十二年十二月一日(一八四二年一月十二日)豊前国小倉(福岡県北九州市)に生まれる。十三歳のときに建野建三の養子となる。慶応二年(一八六六)第二次長州征討には小倉藩士として赤心隊を結成し、長州軍と徹底交戦する。維新後、明治三年(一八七〇)にイギリスへ留学する。帰国後の十年(一八七七)には宮内省御用掛となる。同年西南戦争に従軍して、米国前大統領グラントの訪日では接伴掛を務めた。十三年には大阪府知事に転じ、在任中は市区改正を行なったが、港湾事業に挫折し転任した。のち元老院議官を経て、二十二年(一八八九)には米国特命全権公使になり、条約改正に尽力したが、二十七年退官する。その後神戸に退き、神戸商業会議所会頭を務め、実業界でも活躍した。郷里の北九州でも事業に関与した。明治四十一年(一九〇八)二月十六日に明石で没。六十八歳。 (西尾林太郎)

たてばやしせいふんがいしゃ 館林製粉会社 ⇩日清《にっしん》製粉会社

だてむねなり 伊達宗城 一八一八―九二 宇和島藩主、政治家。文政元年八月一日(一八一八年九月一日)、旗本山口直勝の次男として生まれる。宇和島藩主伊達宗紀《だてむねただ》の養嗣子となり、弘化元年(一八四四)宗紀の隠居に伴って第八代藩主に就任。先代宗紀の藩政改革を継承し、殖産興業、文武教育の振興、富国強兵を推進した。また幕府から追われた蘭学者高野長英を隠匿し、長州より村田蔵六を招いて軍制の近代化にも着手した。安政五年(一八五八)将軍世継問題で一橋慶喜擁立を推して大老井伊直弼と対立し、同年十一月隠居謹慎を命じられた。しかしその後も公武合体を推進するうえで有力な役割を果たし、慶応元年(一八六五)には、着任直後のパークス英国公使が宇和島の宗城を訪問した記録が同書記官アーネスト=サトウの見聞録に記されている。王政復古後は明治新政府の議定職として名を連ね、明治元年(一八六八)に外国事務総督、外国事務局輔、外国官知事となり、各国公使による京都謁見の実現に努めるなど新政府の外交交渉にあたった。明治二年九月民部卿兼大蔵卿に任ぜられ、鉄道建設のためのイギリス借款実現に尽力し、四年四月には欽差全権大臣として外務大丞柳原前光《やなぎわらさきみつ》らを従えて清国へ赴き、直隷総督李鴻章と協議を重ねて同年七月に日清修好条規に調印した。その後、麝香間祇候《じやこうのましこう》、東京海上保険会社会長頭取、修史館副総裁などを歴任。明治十七年(一八八四)に伯爵、二十四年(一八九一)侯爵に叙せられた。明治二十五年十二月二十日死去。七十五歳。松平春嶽(福井)、山内容堂(土佐)、島津斉彬(薩摩)とともに「幕末の四賢侯」と称された。

参考文献 三好昌文『幕末期宇和島藩の動向―伊達宗城を中心に―』(二〇〇一)、兵頭賢一『伊達宗城公伝』(近藤俊文校注、二〇〇五、創泉堂出版)
(浜井 和史)

たてものほごほう　建物保護法　地主から借りた土地上で建築物などを建てて使用・収益する者の権利を保護するために制定された法律。正式な法令名は、建物保護ニ関スル法律。明治四十二年(一九〇九)五月一日公布。明治二十九年(一八九六)四月の民法は、他人の土地上で使用・収益するために地上権と賃借権を用意したが、いずれも登記をしなければ、その権利の存在を第三者に主張すること(対抗)はできないと規定した。しかも、登記は地主との共同申請とされたため、登記手続の成否は地主の意向に大きく左右された。そのため、特に賃借権は、いったん土地の売買がなされると、新地主からの土地明渡請求を拒否できないという弱い立場に置かれていた。こうした民法の弱点をついて、日露戦後、都市部では地主が賃料引上げを目的に仮装売買を行なって土地明渡しを迫るという事例(いわゆる「地震売買」)が相ついだ。こうした地主の横暴から地上権者・賃借権者を保護するために建物保護法が制定され、土地上に建てた建築物の登記さえあればその権利を第三者に主張(対抗)できるとした。

参考文献 渡辺洋三『土地・建物の法律制度』上(『東大社会科学研究叢書』一一、一九六〇、東京大学出版会)、瀬川信久『日本の借地』(一九九五、有斐閣)
(橋本 誠一)

たてもりしゅうかい　館森袖海　一八六三―一九四二　漢学者、漢詩人。文久三年十二月三日(一八六四年一月十一日)陸奥国本吉郡赤岩村(宮城県気仙沼市)にて郷儒館森《たてもり》古道《たけみち》(臥雲・嵓屋)の子として生まれる。名万平。字鴻。号袖海・拙存園。明治十七年(一八八四)上京し堤静斎《つつみせいさい》、ついで岡鹿門《おかろくもん》、重野成斎に漢学を学び、兼ねて英語・数学を修める。二十六年(一八九三)帰郷して気仙沼に知新学舎を開く。二十八年、台湾総督府文書課に奉職。台湾では内藤湖南・籾山衣洲《もみやまいしゅう》、亡命中の章炳麟らと交わる。台湾官を辞して清国留学の後、再び台湾に戻り国語学校で教鞭を執る。大正六年(一九一七)東京に帰り、日本大学・大東文化学院の教授となる。漢詩人・文章家として名声があり、『日本及日本人』漢詩欄選者、雅文会の編集などに任じられた。芸文社顧問。昭和十七年(一九四二)十二月二十四日没。八十歳。著書は『先正伝』『拙存園叢稿』。尾崎秀真との共編に『鳥松閣唱和集』がある。

参考文献 川口寿編『昭和文人名鑑』(一九三八、大東美術振興会)、神田喜一郎編『明治漢詩文集』(『明治文学全集』六二、一九八三、筑摩書房)、『気仙沼市史』六(一九九二)
(堀口 育男)

たてやまぜんのしん　館山漸之進　一八四五―一九一六　平家伝承者。弘化二年(一八四五)に生まれる。津軽藩の平家(平曲)を興した藩士楠美則徳《くすみのりよし》の曾孫で太素の子、館山源右衛門の養子。父と兄楠美晩翠《ばんすい》から平家を学んだ。明治三十八年(一九〇五)に平家を含む邦楽の保存の必要性を訴える上奏書を提出、これが明治天皇に達し、四十年(一九〇七)東京音楽学校に邦楽調査掛が設置され、その嘱託となった。四十三年『平家音楽史』を刊行した。大正五年(一九一六)没。七十二歳。館山甲午は息子、東京音楽学校教授楠美恩三郎は甥。
(塚原 康子)

たてやまのぼる　楯山登　一八七六―一九二六　明治・大正期の地歌・箏曲家。明治九年(一八七六)四月大阪生まれ。本名増田重蔵。大阪楯筋の楯崎検校《けんぎょう》に入門ののち、楯沢勾当《こうとう》に師事。大阪で流行した明治新曲の代表的作曲家で、「時鳥《ほととぎす》の曲」「金剛石」「凱旋ラッパの調」などを作曲。左手の重音奏法を用いた「ツルシャン物」と呼ばれる作品を流行させたことで有名。大正十五年(一九二六)五月二十二日大阪で没。五十一歳。
(千葉潤之介)

だてよしくに　伊達慶邦　一八二五―七四　幕末の仙台藩主。文政八年九月六日(一八二五年十月十七日)父仙台藩主伊達斉義《なりよし》の第二子として仙台城で生まれる。母は側室の山本恒子。字を穣三郎・藤次郎、初名を寿村といい、楽山と号す。元服後に慶寿と名乗り、仙台藩主となった後に慶邦と改める。文久二年(一八六二)に姻戚関係にあった近衛忠熙《このえただひろ》の関白就任に対する祝賀の使者を派遣したことから、藩内の尊攘派と佐幕派との摩擦を引き起し、自身も上洛の勅許をめぐって朝廷と幕府との板挟みにあう。大政奉還後、徳川氏寛典を建白する。また会津藩降伏の説得に成功するも、奥羽鎮撫総督府が同藩の降伏申し出を拒否したため、明治元年(一八六八)五月に奥羽越列藩同盟の盟主となり新政府軍に戦いを挑む。同年九月に藩内の主戦論者を抑え降伏を決断、翌十月に東京に移され芝増上寺内にて謹慎した。明治二年九月に赦免、同六年中教正に補された。明治七年七月十二日没。五十歳。

参考文献 『仙台市史』通史編五(二〇〇四)

(内山 一幸)

たなかあかまろ 田中阿歌麿 一八六九―一九四四 明治時代後期から昭和戦前期の湖沼学者。明治二年九月二十六日(一八六九年十月三十日)東京築地生まれ。父は尾張藩士田中不二麻呂。中村正直の同人社で学んだのち、明治十七年(一八八四)外交官の父に伴い渡欧、イタリア、スイス滞在ののちブリュッセル市立大学理学部で勉学、地理学を専修した。明治二十九年(一八九六)帰国、東京専門学校、専修学校、台湾協会学校、東京法学校、水産講習所、法政大学、京都帝国大学、東京文理科大学などで講師を務め、地理学・湖沼学の体系を伝える。昭和三年(一九二八)中央大学教授、同十二年(一九三七)京都帝大より理学博士の学位。昭和六年には吉村信吉らと日本陸水学会を創立、会長に就任。同十年から翌年にかけて北千島調査。昭和十九年十二月一日兵庫県武庫郡御影《みかげ》町(神戸市東灘《ひがしなだ》区御影町)にて没。七十六歳。明治三十二年(一八九九)の河口湖調査を皮切りに日本各地の湖沼を巡って水深等湖盆形態や水温分布の計測、生息生物の記載など基礎的なデータを与えた。主要な研究成果に『湖沼学上より見たる諏訪湖の研究』(大正七年)、『野尻湖の研究』(大正十五年)、『日本北アルプス湖沼の研究』(昭和五年)がある。終生在野を通し、『湖沼めぐり』(大正七年)や『趣味の湖沼学』(大正十一年)など人文的な要素を織り込んだ普及書も多い。

参考文献 田中阿歌麿「湖沼学四十年」(『風景』五ノ一一〇、一九三八)、上野益三『陸水学史』(一九七七、培風館)

(山田 俊弘)

たなかいちべえ 田中市兵衛 一八三八―一九一〇 関西を代表する財界人。第四十二国立銀行頭取、大阪商船社長。天保九年九月六日(一八三八年十月二十三日)大坂の干鰯《ほしか》問屋に生まれる。明治十年(一八七七)第四十二国立銀行頭取。十四年五代友厚と関西貿易商会を設立し官有物払下げを受けるため北海道を調査。十八年広瀬宰平《ひろせさいへい》らと大阪商船の創立に関与。二十七年(一八九四)監査役、二十八年七月河原信可の退任により社長。積極主義をとり二十九年五月領有直後の台湾に大阪―台湾線を、三十一年(一八九八)一月には下関条約で航行権を得た長江航路を開設した。三十年一月に資本金を一千万円に倍額増資したが、日清戦後恐慌に際会して三十一年四月五百五十万円に減資、七月逓信省鉄道局長で女婿の中橋徳五郎《なかはしとくごろう》に社長を譲り取締役に退いた。大阪商業会議所会頭を勤めたほか神戸桟橋・日本綿花・阪堺鉄道・南海鉄道などの設立に関与。二十八年代議士。四十三年(一九一〇)七月二十六日没。七十三歳。

参考文献 『大阪商船株式会社五十年史』(一九三四)、柴孝夫「大阪商船の展開とグループの形成」(作道洋太郎編『近代大坂の企業者活動』所収、一九九七、思文閣出版)

(小風 秀雅)

たなかいなき 田中稲城 一八五六―一九二五 初代帝国図書館長。安政三年正月六日(一八五六年二月十一日)に周防国に生まれる。父は岩国藩士末永東造。慶応三年(一八六七)に田中仲蔵の養子となる。慶応元年藩立養老館に入り漢籍を修め、明治四年(一八七一)藩立英語学校にて英語を学ぶ。明治七年上京し、十四年(一八八一)七月東京大学文学部和漢文科卒業後、東京大学御用掛となり、同時に准講師となる。十九年より文部省で図書館創立業務に携わり、二十一年(一八八八)八月より二十三年三月まで英米で調査。明治二十三年東京図書館長兼帝国大学文科大学教授となり、二十六年より専任館長として帝国図書館設立に尽力した。館長を大正十年(一九二一)十一月まで長くつとめ、図書館の基礎を築いた。また明治二十五年に日本文庫協会(日本図書館協会)を創設して初代会長となった。大正十四年二月二十二日没。七十歳。同志社大学の竹林文庫に田中稲城文書がある(マイクロフィルムは国会図書館所蔵)。著作に『図書館管理法』(明治三十三年、金港堂)がある。

参考文献 竹林熊彦「田中稲城」(『図書館雑誌』三六ノ三、一九四二)、伊藤隆・季武嘉也編『近現代日本人物史料情報辞典』二(二〇〇五、吉川弘文館)

(櫻井 良樹)

たなかおうどう 田中王堂 一八六七―一九三二 哲学者。本名は喜一。慶応三年十二月三十日(一八六八年一月二十四日)、武蔵国入間郡中富村(埼玉県所沢市)の旧家に生まれる。明治十六年(一八八三)より、東京同人社(中村敬宇の塾)・東京英和学校(青山学院の前身)・京都同志社などで学ぶ。二十一年(一八八八)、山形県鶴岡でアメリカ人宣教師の経営する英学校の通訳兼英語教師を務める。二十二年に渡米、ケンタッキー大学でカレッジ課程を修めたのち、二十六年、哲学研究のためにシカゴ大学に入学、ジョン＝デューイの教えを受け、プラグマティズムを学ぶ。ウィリアム＝ジェイムズ、ジョージ＝サンタヤーナの影響も受けた。明治三十年(一八九七)シカゴ大学大学院を卒業し、帰国。翌年、東京高等工業学校の哲学教授となり、東京芝の先進学院で心理学・倫理学を講義。大西祝《おおにしはじめ》の外遊のため、その後任として東京専門学校でも教えた。三十九年、桑木厳翼《くわきげんよく》が『哲学雑誌』に書いた「『プラグマティズム』に就いて」に対して「桑木博士の『「プラグマティズム」に就いて』を読む」を同雑誌に書いて批判した。これをきっかけに、両者の間でプラグマティズムを巡って論争が起った。以後多くの論文を執筆

田中王堂

し、多くの論者と論を戦わせた。一つは自然主義批判である。代表的な論文をあげると、明治四十一年(一九〇八)、「我国に於ける自然主義を論ず」を『明星』に掲載した。この論文は、のちに『哲人主義』下巻(明治四十五年、廣文堂書店)に収録された。ここで王堂は、人間経験の構造を哲学の伝統にしたがって分析し、島村抱月によって提唱されている自然主義が抽象的な人生観であると批判する。翌年、「岩野泡鳴氏の人生観及び芸術観を論ず」を『中央公論』に書いた。この論文でも、王堂は彼自身の哲学体系から取り出される論拠を丁寧に列挙して、泡鳴と同一の立場と見られることを拒み、自然主義を一種の形而上学であると断じている。これらの批判を通じて立てられる王堂自身の立場は、「実験観念論即ち具体的理想説」である。その特徴は、(一)自然的(Naturalistic)、(二)発展的(Developmental)、(三)有機的(Organic)、(四)作用的(Functional)の四点である。明治四十二年の「実験理想主義は如何に現代の道徳を理解するか」(『文章世界』)で王堂は、「実験的理想主義は人間の経験に入り来る事実の他に一物も認めない。併し人間の経験即ち活動は悉く彼が生活の持続と、彼が欲望の満足との方便として生ずるものであるということを根本事実として受け取り、これ以外又はこれ以上何等神秘的仮定も、超越的想像も排斥するのである。」と述べている。プラグマティズムを正確に伝えることに力を注ぎ、四十五年、「プラグマチズムの後」を、『哲学雑誌』に発表した。プラグマティズムの目的は、経験を個体化し、流動化することである。超越的な心霊を考えるのではなく、経験内の事象に目をむける見方である、と述べている。大正三年(一九一四)東京高等工業学校教授を辞職。翌年、『王堂論集』を新潮社から、『福沢諭吉』を実業之世界社から出版した。大正七年、「西田博士の哲学思索の特徴と価値を論ず」を『中外』に書き、西田幾多郎の反論「田中王堂君の批評を読みて」が同誌に掲載された。これに対して、田中は「更に西田博士の学説の本体に肉薄す」を書いて、西田哲学を再批判した。同年八月、『国民哲学の建設』を天佑社より出版。翌年九月、高梨たか(明治十九年生まれ、当時三十四歳)と結婚。九年、「徹底個人主義者の社会生活観」を『中央公論』に発表。十年(一九二一)、立教大学教授。十一年、「現下流行の宗教文学に鑑みて信仰復興の機縁と思考と意義を論ず」を『中央公論』に掲載した。十二年、『王堂女性観』を小西書店から出版した。大正十三年、『象徴主義の文化へ』を博文館より出版。昭和四年(一九二九)、早稲田大学文学部教授に就任する。同年『現代文化の本質』を東洋経済新報社から出版。昭和七年五月九日、東京帝国大学医学部附属医院で死去。六十六歳。『明治文学全集』五〇(昭和四十九年、筑摩書房)に著作が載るほか、『田中王堂選集』全四巻(昭和二十三―二十四年、関書院)がある。

参考文献 判沢弘「田中王堂―多元的文明論の主張」(朝日ジャーナル編『日本の思想家』三、一九六三、朝日新聞社)、峰島旭雄編『近代日本思想史の群像―早稲田とその周辺―』(一九七七、北樹出版)
(大久保正健)

たなかかずさだ　田中一貞　一八七二―一九二一　社会学者。明治五年六月七日(一八七二年七月十二日)、庄内鶴岡生まれ。明治二十二年(一八八九)東京英学校および東京物理学校に入学。明治二十九年、慶応義塾大学部文学科卒業。宮崎県延岡の私塾亮天社に教員として赴任する。その後慶応義塾に戻ってからは、学校運営に深くかかわる。明治三十四年(一九〇一)に、義塾派遣留学生となり、イェール大学で、G・サムナーに社会学を学び三十五年にマスター＝オブ＝アーツの学位を得ている。フランスではコレージュ＝ド＝フランスで、G・B・タルドに社会学を学ぶ。さらにドイツ、スウェーデン、イギリスで大学や社会事情を視察する。帰国後、社会学とフランス語の教員となり、社会学を担当する最初の教授に就任する。田中は若くしてエディンバラ大学教授のジョン＝ブランキーの『修養論』に惹かれ翻訳したように、常に内面世界を重視した立場から社会学や心理学的社会学を研究した。三田社会学会を組織し初代の会長となる。また、図書館の重要性を認識し慶応義塾図書館の基礎を築いた。大正十年(一九二一)九月二十三日没。五十歳。

参考文献 『慶応義塾百年史』(一九五八―六八)、川合隆男・竹村英樹編『近代日本社会学者小伝―書誌的考察―』(一九九八、勁草書房)、川合隆男『近代日本社会学の展開―学問運動としての社会学の制度化―』(二〇〇三、恒星社厚生閣)
(藤田弘夫)

たなかかたみち　田中賢道　一八五六―一九〇一　自由民権家、立憲自由党員。安政三年(一八五六)肥後国に生まれる。号玉心軒。医者の家柄であったが、医業を好まず。竹崎茶堂《たけざきさどう》の門に学び、のち木村弦雄《きむらつるお》に就いて学ぶ。明治七年(一八七四)植木学校に入り自由民権の説を唱える。十年(一八七七)西南戦争に熊本協同隊員として参戦。降伏後懲役五年となるが、三年にして特赦にあう。相愛社に入り自由主義を主張。十四年自由党の組織を聞き上京、自由新聞社に入る。十五年公議政党の委員に選出される。十九年受洗。二十年(一八八七)開校した熊本英学校の後援者となる。二十三年立憲自由党結党式を前に幹事に選出される。二十五年東亜学館を設立。二十七年福《ふく》本日南《もとにちなん》らの第二の天佑俠《てんゆうきょう》計画に加わるも失敗。二十八年李朝の閔妃殺害事件に加担、広島監獄に収監されるも免訴。三十一年(一八九八)井上敬次郎らと熊本移民会社を設立し社長となる。三十三年立憲政友会に入る。三十四年八月二十八日没。四十六歳。

参考文献 黒竜会編『西南記伝』下巻二(『明治百年史叢書』、一九六九、原書房)、上村希美雄『宮崎兄弟伝』日本篇(一九八四、葦書房)
(広瀬玲子)

たなかぎいち　田中義一　一八六四―一九二九　明治から昭和期の軍人、政治家。元治元年六月二十二日(一八六四年七月二十五日)、長州藩士田中信佑の三男に生まれる。

田中義一

維新後、萩の乱に参加。一時期小学校の教員を務めたが明治十五年(一八八二)、上京して教導団砲兵科、陸軍士官学校に入学した。陸軍歩兵少尉・第一連隊附となる。陸軍はじめての営内居住を行なった。同二十二年(一八八九)には陸軍大学校へ進み、同二十六年、第一師団副官として日清戦争を見越した動員計画の実施要綱作成に携わる。戦時には田中の動員計画が基本となり、高い評価を得た。日清戦争へ出征後、第二旅団副官、第一師団参謀を歴任。同二十九年には召集条例改正審査委員を命ぜられ、また参謀本部第二部員に転じた。同三十年(一八九七)、ロシアへの派遣が決定し、翌年ペテルブルグ入りした田中は、広瀬武夫らに指導を受けながらロシア語学習に邁進した。派遣目的は、露国陸軍の実情や作戦、編制、動員といった軍事はもちろん、国家と軍隊・民衆の関係など国情に関しても調査することであった。語学の習熟後、露国陸軍省に隊付勤務を申請し各種の演習や訓練に参加した。また、在露中は革命党やポーランド独立派と深く関わり、日露戦争勃発後にポーランド独立党の首魁ピゥスツキを東京に招いたり、松山捕虜収容所内でポーランド出身兵に反戦・独立を主張させたりした。同三十五年に帰朝し皇族附武官、陸軍大学校教官となる。同三十七年、陸軍歩兵中佐に進級、日露戦争勃発に伴い大本営参謀として勤務したが、同年六月に満洲軍総司令部が編制されると満洲軍参謀となった。同四十年(一九〇七)、軍隊教育と兵営生活の改善を目的として歩兵第三連隊長に転じ、陸軍省軍務局軍事課長、第二旅団長、軍務局長を歴任。その間、陸軍武官進級令改正や待命制度制定のほか、帝国在郷軍人会設立に尽力した。軍務局長時代、上原勇作陸相とともに二個師団増設問題を推進したが容れられず退いた。大正期以降は歩兵第二旅団長、参謀本部附、参謀次長を務め、シベリア出兵を推進。大正四年(一九一五)陸軍中将。また欧米視察によって青年団組織を痛感し、設置に努力。同七年の原内閣で陸軍大臣に就任し、同九年男爵、翌年陸軍大将。同十四年(一九二五)には立憲政友会総裁となり、以後政治家としての道を歩むこととなる。貴族院議員勅選後の昭和二年(一九二七)に若槻内閣のあとを襲い組閣したが、同四年の張作霖爆殺事件の責任をとり総辞職した。関係史料は『田中義一関係文書』として国立国会図書館憲政資料室でマイクロフィルム化されている。昭和四年九月二十九日死去。六十六歳。

参考文献 高倉徹一編『田中義一伝記』(一九五八-六〇、田中義一伝記刊行会)、纐纈厚『田中義一―総力戦国家の先導者―』(二〇〇九、芙蓉書房出版)
(長谷川 怜)

たなかくにしげ 田中国重 一八六九―一九四一 明治・大正・昭和時代の陸軍軍人。明治二年十二月十七日(一八七〇年一月十八日)、現在の鹿児島県に生まれる。同二十六年(一八九三)に陸軍士官学校卒業(四期)。翌年、少尉に任官。日露戦争には、大本営参謀や満洲軍参謀などとして出征。同三十九年(一九〇六)、アメリカ大使館付武官補佐官。同四十三年(一九一〇)には、参謀本部部員。大正二年(一九一三)には大佐に進級。騎兵第十六連隊長となる。その後、侍従武官、駐英武官、参謀本部第二部長、騎兵第三旅団長を歴任。その間、ベルサイユ講和会議全権委員随員を務める。同十一年(一九二二)、中将に進級して第十五師団長に任命される。中将進級後は、近衛師団長や台湾軍司令官を歴任して大将となり、軍事参議官にも任命された。昭和四年(一九二九)、予備役に編入。同十六年(一九四一)三月九日没。七十三歳。

参考文献 額田坦『陸軍省人事局長の回想』(一九七七、芙蓉書房)、外山操編『陸海軍将官人事総覧』陸軍篇(一九八一、芙蓉書房)
(山本 智之)

田中源太郎

たなかげんたろう 田中源太郎 一八五三―一九二二 明治から大正期の実業家、政治家。諱は高道、号は水石。嘉永六年正月三日(一八五三年二月十日)、丹波国亀山(京都府亀岡市)に生まれる。同家は、農業と運漕業を営むとともに、代々亀山藩御用達をつとめ、父蔵一の代には藩の会計方をつとめた。源太郎は、慶応二年(一八六六)に十四歳で藩立物産所に出仕し、明治元年(一八六八)に家督を相続、明治二年には亀岡陸運会社を設立した。後年、「余は半士・半農・半商を以て今日に及べり」と語ったという(『京都日出新聞』大正十一年四月五日夕刊)。幼少時より亀岡の私塾で学んだのち、明治初年には、山本覚馬《やまもとかくま》など京都の諸家から政治・経済学を学んだ。また、明治七年に追分村戸長に任命。明治十二年(一八七九)には有志らと盈科義塾《えいかぎじゅく》を設立した。明治十三年から明治二十三年(一八九〇)まで府会議員、明治二十三年から明治二十七年まで衆議院議員(連続三選)をつとめた。明治三十年(一八九七)から多額納税者の互選により貴族院議員に勅任され、大正七年(一九一八)まで在任した。一方、関西有数の実業家としても手腕を発揮し、明治十七年京都株式取引所頭取、明治十九年亀岡銀行取締役、明治二十一年京都電燈株式会社委員長、明治二十四年京都商工銀行頭取、明治二十六年京都織物株式会社取締役、明治二十八年京都鉄道株式会社取締役に就任したほか、関西貿易・第一銀行の取締役をつとめた。大正十一年(一九二二)四月三日、山陰線(亀岡—嵯峨駅間)の列車脱線事故に遭遇し、七十歳で死去した。

参考文献 三浦豊二編『田中源太郎翁伝』(一九三四)

(秋元 せき)

たなかこうぞう　田中耕造 一八五一—八三　ジャーナリスト、翻訳家。嘉永四年六月二十八日(一八五一年七月二十六日)に織田上総介の臣田中多右衛門の息子として生まれる。福地《ふくち》桜痴《おうち》・中江兆民にフランス語を学び、明治三年(一八七〇)大学大得業生となる。司法省、警視庁を経て、八年に元老院大書記生、十年(一八七七)に警視属となり、十二年川路利良《かわじとしよし》大警視の渡仏に随行し、帰国後退職。嚶鳴社に参加し、自由民権思想の啓蒙活動をする。十五年には嚶鳴社員の多くが改進党に加入したが自由党に加入し、自由党機関紙『自由新聞』の創刊に参加し社員となる。しかし、田口卯吉・馬場辰猪《ばばたつい》が同社から辞め、中江兆民も同紙から距離をとると、十五年十月に退社した。以後、兆民の仏学塾に関係し、兆民が創刊した『政理叢談』に多くの訳稿を書いた。『欧州各国憲法』『欧米警察見聞録』などの著訳書がある。明治十六年十一月七日、肺患が原因で没。三十三歳。

(西尾林太郎)

たなかしゅうたろう　田中周太郎 一八四九—?　幕末・明治時代初期のフランス語教師。諱は弘義。軽輩幕臣田中武次郎(慶応元年(一八六五)当時、外国奉行組支配同心)の子として嘉永二年(一八四九)に生まれる。文久三年(一八六三)の仏語句読教授を経て、慶応元年には開成所教授方手伝並出役となっており、同年横浜の仏語伝習所に派遣され、その後横須賀の製鉄所番掛御用となっている。静岡に移住後、新政府に徴せられ、明治二年(一八六九)四月当時開成学校二等教授、同年十月当時大学中助教、四年六月当時大学大助教、同年七月には文部省少教授、六年当時は文部省六等出仕となっている。田中は同年前半、第一大学区第一番中学校内に訓蒙学舎を創設することを出願しているが、肩書は「文部省六等出仕、仏学教頭」となっている。しかし大工原信吉とは異なり東京外国語学校の教員にはなっていない。ただし十年(一八七七)十二月の服部徳訳『民約論』の校閲者となっているので、在野で活動したと見られるが、その後の履歴は未詳である。

参考文献 『東京教育史資料大系』一(一九七一、東京都立教育研究所)

(宮地 正人)

たなかしょうぞう　田中正造 一八四一—一九一三　政治家、足尾鉱毒反対運動指導者。天保十二年十一月三日(一八四一年十二月十五日)、下野国安蘇《あそ》郡小中村《こなかむら》(栃木県佐野市)に、父富蔵・母サキの長男として生まれる。幼名は兼三郎《かねさぶろう》。祖父善造の代から旗本六角家《ろっかくけ》領の名主をつとめる家柄であったが、「中等の財産」にすぎなかった。弘化四年(一八四七)ごろより、備後福山藩出身の儒者赤尾小四郎の塾に学ぶ。父富蔵の割元就任後、安政四年(一八五七)十七歳で名主に就任する(十九歳説もある)。青年期の正造は、農作業にいそしむかたわら藍玉《あいだま》商も手がけるなど、勤勉な毎日を送る。熱心な富士講の信者でもあった。平田国学にも入門しているが、詳細は定かでない。文久三年(一八六三)、大沢清三郎の次女カツと結婚。慶応元年(一八六五)から四年にかけ、六角家の秕政《ひせい》に対し、旧慣温存や主君交替を求めて農民たちの先頭にたって闘い、捕らえられて入牢。明治元年(一八六八)十一月に釈放されるとともに領分追放となる。『田中正造昔話』の「十ヶ月二十日」入牢説は正造の誇張である。明治二年ごろより正造と名乗る。三年三月に江刺《えさし》県の「附属補」となり、花輪分庁勤務を命ぜられ鹿角《かづの》に赴任する。四年二月、上司木村新八郎暗殺の犯人に疑われ逮捕、投獄され激しい拷問を受ける。入獄中、『西国立志編』などの西洋近代思想に接する。嫌疑がはれて七年五月に釈放。地租改正に担当人として従事する。西南戦争後、政治家をめざす決意をし、「一身もって公共に尽くす」覚悟を固める。明治十二年(一八七九)、再刊された『栃木新聞』に編輯人として参加し、「国会を開設するは目下の急務」を掲載。十三年二月、補欠選挙で県会議員に当選。安蘇結合会(のちの中節社)の一員として国会開設運動に熱心に取り組み、建白書起草委員として第二回国会期成同盟大会に出席。栃木県を代表する自由民権運動家として名を馳せる。翌年十月開催の国会期成同盟公会では、自由党の単独結成に反対し、中央と地方の連携を主張する。板垣退助や嚶鳴社《おうめいしゃ》の沼間守一《ぬまもりかず》らに連合を説くも実らず、明治十五年十二月八日、遅れて立憲改進党に入党する。十七年、県令三島通庸《みしまみちつね》の「暴政」を政府に訴えようとしたが、加《か》波山《ばさん》事件の連累者として疑われていることを知り、警視庁に出頭。佐野警察署に送られて収監される。十九年四月、県会議長に選出され、二期四年務める。明治二十二年(一八八九)二月十一日、大日本帝国憲法発布式に参列する。二十三年七月一日、第一回衆議院選挙で栃木県第三区より当選。こののち、議員辞職まで六回連続で当選する。初期議会における舌鋒鋭い政府の「不正」追及は国会の名物で、「栃鎮《とちちん》」とあだ名された。二十四年十二月の第二回議会ではじめて足尾銅山鉱毒問題をとりあげ、

田中正造

日本坑法や鉱業条例の正当な行使を政府に迫る。日清戦争に際しては、朝鮮東学農民の戦いに深い理解と同情を示す。明治二十九年秋、渡良瀬《わたらせ》川の大洪水によって鉱毒被害が拡大・深刻化すると、鉱毒問題に専念するようになる。このころより、被害民が独自に行なった被害地の生死調査や母乳欠乏調査などによって浮かび上がった死産や早逝する子どもの多さに愕然とし、鉱毒による死者を「非命の死者」と形容するようになる。明治三十二年(一八九九)三月六日、第十三回議会で議員歳費値上の反対演説を行い、四月十九日に歳費辞退届を提出する。三十三年二月十三日に発生した川俣事件に大きな衝撃を受け、議会で政府を厳しく追及すると同時に、「亡国に至るを知らざれば之れ即ち亡国の儀につき質問書」を提出し、有名な「亡国」演説を行う。三十四年十月二十三日に議員辞職願を提出、十二月十日には天皇に直訴して世論に大きな衝撃を与える。三十七年七月末、正造は遊水池の対象とされた谷中《やなか》村(栃木市)買収に反対する運動を組織するため、単身で谷中村に移り住む。日露戦争前に非戦論を唱え、日露戦勝とともに日本が率先して軍備全廃するよう主張。明治四十年(一九〇七)、十六戸の残留民の家屋が強制破壊されたが、逸見《へんみ》斧吉《おのきち》や木下尚江《きのしたなおえ》らの援助を受けながら、残留民とともに遊水池化反対運動を継続する。その後、谷中村遊水池化計画が根本的解決にならないことを実証しようと、大小枝川に至るまでの河川調査活動を実施。その移動距離は一〇〇〇キロを優に超えた。正造は、人間が科学技術の力を「悪用」して自然を破壊することの「愚」をさとり、「万物の奴隷」として自然と共生する生き方をよしとするようになった。また、晩年の正造はキリスト教に深く傾斜し、新井《あらい》奥邃《おうすけ》と精神的交流を深め、さらに岡田虎二郎の静座法も実践した。大正二年(一九一三)、河川調査活動の途中で栃木県足利郡吾《あ》妻《づま》村(佐野市)の庭田清四郎宅に倒れ込み、そのまま臥床し、九月四日に死去した。七十三歳。死因は胃ガンとされている。遺骨は六ヵ所に分骨された。『田中正造全集』全十九巻・別巻一(昭和五十二—五十五年、岩波書店)、『田中正造文集』一・二(由井正臣・小松裕編、『岩波文庫』、平成十六年・十七年、岩波書店)がある。→足尾銅山鉱毒事件《あしおどうざんこうどくじけん》 →谷中村強制立退問題《やなかむらきょうせいたちのきもんだい》

参考文献 林竹二『田中正造の生涯』(『講談社現代新書』、一九七六、講談社)、由井正臣『田中正造』(『岩波新書』、一九八四、岩波書店)、小松裕『田中正造の近代』(二〇〇一、現代企画室)、花村冨士男『愛の人田中正造の生涯』(二〇〇七、随想舎)

（小松　裕）

たなかしょうぞうじきそじけん　田中正造直訴事件　足尾銅山鉱毒事件の解決に取り組んできた田中正造が明治天皇に直訴した事件。明治三十四年(一九〇一)十二月十日午前十一時四十五分ころ、第十六議会の開院式に出席した天皇の一行が帰るのを待ち受けていた群衆の中から、「直訴状」をかざして「お願いがございます」と叫びながら、田中正造が天皇の馬車をめがけて飛び出していった。しかし、足がもつれて転んでしまい、駆けつけた二人の巡査に取り押さえられた。正造は、そのまま警察署に拘留され、夜分になって釈放された。翌日の新聞に田中正造の直訴状が掲載され、「前代未聞」の珍事に世論は沸き立った。人々は、佐倉宗吾《さくらそうご》の生まれ変わりとして正造の直訴を受けとめ、正造に深く同情した。被害民救済の声が大きく盛り上がり、新聞各社は義捐金の募集を行なった。学生たちは、被害地の視察旅行を実施し、学生鉱毒救済会を結成した。石川啄木・河上肇《かわかみはじめ》・松岡荒村《まつおかこうそん》など、直訴に大きな衝撃を受けた青年たちは、足尾鉱毒事件を通して社会問題に目覚め、社会主義思想に接近するようになった。しかし、正造が天皇への直訴を考え始めたのは、明治三十年ころからである。それは、日記に「佐倉宗五郎」という言葉が出てくることにうかがえる。明治三十三年の川俣事件後に直訴への思いはさらに強まった。毎日新聞主筆の石川半山《いしかわはんざん》に直訴を示唆されたこともあり、幸徳秋水に執筆を依頼した直訴状に修正を施して、正造は死を覚悟の上で直訴を決行したのである。従来、天皇直訴は、足尾鉱毒被害民の救済を願う純粋な単独行動であったと理解されてきたが、現在では、石川半山らの協力者の存在が判明している。直訴の目的も、ただ被害民を救済しようとしただけではなく、機能不全に陥っている日本の立憲政治そのものの再生を願う余りに、その打開の手段として天皇に緊急勅令の発布を要求しようと考えていたという説が有力である。

参考文献 小西徳応「田中正造研究—直訴にみる政治システム認識と天皇観—」(『明治大学社会科学研究所紀要』三七ノ二、一九九九)、小松裕『田中正造の近代』(二〇〇一、現代企画室)、布川了『田中正造と天皇直訴事件』(二〇〇一、随想舎)

（小松　裕）

たなかしょうへい　田中正平　一八六二—一九四五　音響学者、物理学者。文久二年五月十五日(一八六二年六月十二日)、淡路島に生まれる。東京大学予備門を経て、明治十五年(一八八二)、東京大学理学部数物星学科を卒業。在学中に西洋の歌の指導を受け、関心を抱く。卒業後、東京大学予備門教諭。明治十六年、東京大学助教授兼予備門教諭。明治十七年、物理学研究のため文部省によりドイツに派遣され、ヘルムホルツのもとで音響学を研究。明治二十年(一八八七)からは私費留学。文部省およびドイツ政府より資金の援助を受け、純正調オルガンを研究し、明治二十三年、二十六年にはドイツ皇帝にも拝謁した。明治二十四年、理学博士。明治二十八年より私費で鉄道機械の研究に従事し、明治三十二年(一八八九)に帰国したのちは、日本鉄道株式会社に勤務した。明治四十年(一九〇七)、逓信省嘱託、北越鉄道株式会社技師、帝国鉄道庁雇。明治四十一年、鉄道庁技師。明治四十二年、鉄道調査所長代理。明治四十四年、鉄道試験所長。大正二年(一九一三)、退官して嘱託。大正十年(一九二一)、文部省より邦楽教育調査委員を委嘱される。昭和十二年

（一九三七）、純正調オルガン四台を製作、純正調オルガネットを創案。昭和十三年、第一回朝日文化賞受賞。昭和十六年、国民精神文化研究所音楽研究嘱託。昭和二十年（一九四五）十月十六日没。八十四歳。

参考文献 伊藤完夫『田中正平と純正調』（一九六六、音楽之友社） （岡本 拓司）

たなかじろう 田中次郎 一八五一―？ 幕末ロシア留学生。嘉永四年（一八五一）に軽輩幕臣田中新吉（慶応元年（一八六五）当時木越只次郎組仮抱入同心）の次男として江戸で生まれる。開成所の生徒中より遣露留学生に選ばれ、慶応元年七月箱館からロシア軍艦ワリヤーク号に乗り、翌年二月ペテルブルグに到着した。幕府倒壊のため、明治元年（一八六八）八月帰国し、同年十二月、開成学校教授試補となり、翌二年四月当時まではその職にあったが、それ以降の『職員録』には名前が見当らず、以後の履歴は未詳である。 （宮地 正人）

たなかしんび 田中親美 一八七五―一九七五 明治から昭和時代にかけて活躍した古美術鑑定家で絵巻や古筆・古写経複製の名手。明治八年（一八七五）四月九日、冷泉《れいぜい》為恭《ためちか》の従弟であり、画家として知られる田中有美《ゆうび》の長男として京都に生まれた。名は茂太郎。九歳で三条実美の計らいにより一家で上京した。多田親愛《ただしんあい》に師事して古筆の臨模をはじめ、『紫式部日記絵巻』を皮切りに、『源氏物語絵巻』本願寺本『三十六人家集』『元永本古今和歌集』佐竹本『三十六歌仙絵巻』『平家納経』『久能寺経』など平安期の絵巻や書跡を中心とする原本複製を、料紙制作から、臨模・装丁に至るまで精巧に行なった。数十種の古筆を集めた『月影帖』『瑞穂帖』なども制作している。その鑑識眼の高さを買われて益田鈍翁や田中光顕ら近代を代表する古美術収集家と親しく交流し、美術品の移動や分割などに深く関わった。戦後は、日本美術展覧会五科審査員、平凡社から刊行された『書道全集』の監修者、文化財保護審議委員などを務め、昭和三十五年（一九六〇）に芸術院賞恩賜賞を受賞した。昭和五十年（一九七五）十一月二十四日没。満百歳。

参考文献 名宝刊行会編『田中親美―平安朝美の蘇生に捧げた百年の生涯―』（一九九五、展転社） （髙橋 利郎）

たなかすいいちろう 田中萃一郎 一八七三―一九二三 明治・大正時代の歴史学者。明治六年（一八七三）三月七日、足柄県田方郡大竹村（静岡県田方郡函南町）に生まれる。慶応義塾幼稚舎を経て明治二十五年（一八九二）慶応義塾大学部文学科を卒業した。在学中、帝国大学のL・リース教授に学ぶ。同三十三年（一九〇〇）慶応義塾大学部予科ならびに普通部教員となり歴史を担当した。同三十八年から四十年（一九〇七）で英独に留学、大英博物館で東洋史関係の資料を調査、またライプツィヒ大学でランプレヒト教授に師事した。帰国後、慶応義塾大学部教授となり、史学研究法、東洋史、政治史、政治学史などを講じた。同四十三年に史学科を開設、大正八年（一九一九）法学博士号を授与されるが、同十二年（一九二三）八月十三日急死した。五十一歳。東洋史のみならず西洋史、政治学にも通じ、また中国の史学理論・史学史と西洋の史学理論を批判的に総合した独自の史学理論を構築せんと努めた。著訳書に『東邦近世史』、ドーソン『蒙古史』、ヘルダー『歴史哲学』などがあり、没後には『田中萃一郎史学論文集』が刊行されている。

田中萃一郎

参考文献 松本信広「史学者としての田中萃一郎先生」（『史学』四五ノ四、一九七三）、佐藤正幸『歴史認識の時空』（二〇〇四、知泉書館） （佐々木 揚）

たなかただいちろう 田中唯一郎 一八六七―一九二一 大学経営者、政治後援者、実業家。慶応三年五月五日（一八六七年六月七日）武蔵国横見郡吉見村（埼玉県比企郡北吉見町）に生まれる。村役場勤務を経て上京し、東京専門学校（現早稲田大学）に入学、明治二十二年（一八八九）に邦語政治科と英語兼修科を卒業した。ただちに立憲改進党に入党し大隈重信の条約改正論に同調して郷里を遊説。みずからは裏方として活動し、大正三年（一九一四）に大隈伯後援会を支援したりした。一方、高田早苗の紹介で東京専門学校出版部で講義録の編集に携わったほか、明治二十四年から三十年（一八九七）まで同校寄宿舎の舎長を務め、引き続いて事務長に抜擢された。三十三年に幹事となり、事務運営と募金活動に尽力。大正四年には早稲田大学理事となって経営に手腕を発揮したが、その熱心さが一部の関係者から疎まれて六年の「早稲田騒動」の一因となり、理事を辞任した。八年に名誉理事に推薦されたが、献身的努力に対する坊間の無理解への抗議として固辞。十年（一九二一）再度推薦された際には受諾した。こうした大学経営のかたわら、明治四十年（一九〇七）に日清生命保険株式会社（東京生命保険相互会社の前身）が創立されると取締役に、日清印刷株式会社（秀英舎と合併して現大日本印刷株式会社）が創立されると監査役に就任したほか、大学辞職後の大正七年には日華窯業会社を興して社長となった。十年九月二十六日没。五十五歳。

参考文献 前田多蔵編『田中唯一郎君追憶録』（一九二二）、『早稲田大学百年史』一・二（一九七八・八一） （松本 康正）

たなかだてあいきつ 田中舘愛橘 一八五六―一九五二 明治から昭和時代前期の物理学者。安政三年九月十八日（一八五六年十月十六日）、南部藩士田中舘稲蔵政啓の長男として生まれる。東京開成学校、東京大学予備門を経

田中舘愛橘

て、明治十一年(一八七八)、東京大学理学部に入学。明治十三年、メンデンホールの指導のもと、東京と富士山頂の重力を測定。明治十五年、東京大学理学部物理学科を卒業、准助教授、明治十六年助教授。日本各地と朝鮮半島南部の重力測定を明治二十年(一八八七)まで続け、札幌と小笠原での重力測定の結果や、地磁気の偏角を測定するエレクトロマグネチック方位計についての報告を発表。明治二十一年、電気学磁気学修業のため、イギリスのグラスゴー大学に私費留学、明治二十三年、ドイツのベルリン大学に移る。明治二十四年、帰国、帝国大学理科大学教授、理学博士。同年の濃尾地震の調査で根尾谷大断層を発見。明治二十六年より四年間、全国で地磁気測定を行う。明治三十一年(一八九八)、万国測地学協会総会に出席。明治三十五年、横浜で起きた盗電事件の裁判に際し、電気はエーテルの作用であり物体ではないとの意見を発表、翌年の東京控訴院での無罪判決に影響を及ぼした(大審院はこの判決を破棄)。明治三十六年、万国地震学会創立委員会に出席。明治三十七年、日露戦争のため気球の研究に従事。明治三十九年、帝国学士院会員。明治四十二年(一九〇九)、臨時軍用気球研究会委員。明治四十三年、東京帝国大学に対するノーベル賞への推薦依頼に応えて、フランスの数学者ポアンカレを物理学賞に推薦。同年、航空事業視察のためヨーロッパへ出張。大正六年(一九一七)、満六十歳で東京帝国大学を辞し、同大学の定年制のさきがけとなる。大正七年、東京帝国大学航空研究所創立により顧問嘱託。大正九年、学術研究会議会員。大正十四年(一九二五)、学術研究会議副議長、帝国学士院選出貴族院議員(昭和二十二年(一九四七)まで)。昭和十年(一九三五)に至るまで、万国度量衡会議、パリ平和会議、国際学術研究会議、国際連盟知的協力委員会など海外で開催された多くの会議に出席。地球物理学の研究や航空機開発への協力を行い、ローマ字運動でも知られる。昭和十九年、朝日文化賞、文化勲章。第二次大戦中は、日本の科学研究、特に理論・実験両面の原子核研究に基づく新兵器開発の可能性について各所で発言。昭和二十七年五月二十一日、脳軟化症で死去。満九十五歳。

参考文献 中村清二『田中舘愛橘先生』(一九四三、中央公論社)

(岡本 拓司)

田中智学

たなかちがく 田中智学 一八六一―一九三九 明治から昭和時代前期の日蓮宗系在家仏教運動者。文久元年十一月十三日(一八六一年十二月十四日)、多田玄竜・凛子の三男として江戸に生まれ、幼名を巴之助といい、明治三年(一八七〇)に得度して智学と名を改める。翌年、下総国飯高《いいだか》(千葉県匝瑳《そうさ》市飯高)の飯高檀林に入り、廃止になるまでの四年間にわたって学問に励む。その後、日蓮宗の近代的な教育機関として東京芝二本榎の承教寺に置かれた日蓮宗大教院に入学するが、日蓮の教義は折伏《しゃくぶく》に一貫していると考える智学にとって、ここでの摂受《しょうじゅ》的な教育内容は疑問を感じさせるものとなった。体調を崩して病気療養を目的に休学し、そのまま復学することなく、還俗して退学に至る。以降、在家の立場で仏教運動を展開し、明治十三年(一八八〇)に横浜で蓮華会を結成した。その後、活動の拠点を東京に移して、十八年に立正安国会を設立し、講演や著述を中心とした教化活動を展開する。明治三十年(一八九七)、日蓮主義の宣揚と宗門改革を謳った『宗門之維新』や、摂受的な立場をとる日蓮宗への批判をこめた『本化摂折論』の草稿を著わし、三十四年に発表した。さらに、翌年には日蓮が立教開宗を宣言してから六百五十年目にあたることから、門派の枠組みを越えて、法華宗妙満寺派(現在の顕本法華宗)の本多日生や日蓮宗の加藤文雅などとさまざまな記念事業を執り行い、その中心的な役割を果たす。一方明治三十六年から翌年にかけて、大阪で本化宗学研究大会を開催した。この大会で智学は多くの受講者を前に、日蓮主義教学の組織大成をめざしてまとめ上げた『本化妙宗式目』を発表し、これを弟子の山川智応が筆録して八年の歳月を費やして刊行され、のちに『日蓮主義教学大観』と改められた。さらに大正三年(一九一四)には立正安国会を発展的に解消し、国柱会を発足した。このころから智学の主張する日蓮観・法華経観・国土観などは、政界・財界・軍部・右翼活動家・文学者などの行動と思想に大きな影響を与え、特に昭和時代初期から展開した日本の強硬な海外侵出を支えていた思想などと相まって、軍国主義を助長するものとして位置づけられもした。昭和十四年(一九三九)十一月十七日没。七十九歳。

参考文献 田中芳谷『田中智学先生略伝』(一九五三、師子王文庫)、田中香浦『田中智学』(一九七七、真世界社)、大谷栄一『近代日本の日蓮主義運動』(二〇〇一、法蔵館)

(安中 尚史)

たなかちょうべえ 田中長兵衛 (一)初代 一八三四―一

九〇一　幕末・明治時代の実業家。天保五年(一八三四)静岡に生まれる。江戸日本橋の釘鉄銅物問屋の鉄屋喜兵衛のもとで鉄関係の修業をした後、麻布で金物商を安政年間(一八五四―六〇)に開いた。二十歳で独立。薩摩藩に出入りして兵糧方の仕事を得て江戸京橋に米穀問屋も営んだ。明治維新後は、鉄屋の屋号で鉄屋長兵衛を名のり、官省御用達商人になり陸海軍の鉄関係材料を調達した。その時旧薩摩藩士大蔵卿松方正義の紹介から、工部省が経営破綻した官営釜石製鉄所の払い下げを明治十八年(一八八五)に受けることになった。女婿横山久太郎(一八五五―一九二二)を初代釜石鉱山田中製鉄所の所長にすえ、長男安太郎(二代目長兵衛)の協力を得て、明治十九年までの高炉操業主任高橋亦助を中心とした苦難により成功に導き、明治二十年(一八八七)七月会社創立にこぎつけた。日本における民間技術による最初の近代製鉄業の確立といえる。明治二十三年には製鉄所内の原材料を効率的に輸送するため釜石鉱山鉄道や馬車鉄道を走らせた。長兵衛は田中本店をとりまとめ、野呂景義《のろかげよし》らの当時の先端冶金技術者の指導を仰ぎながら製鉄所の操業をすすめていった。明治三十四年(一九〇一)十一月七日、六十八歳で没。

㈡二代　一八五八―一九二四　明治・大正時代の実業家。安政五年十月二十日(一八五八年十一月二十五日)、初代長兵衛の長男安太郎として麻布で生まれた。父の仕事を手伝いはやくから実業に従事した。父の仕事を助けるために、ヨーロッパの製鉄技術はもとより、国内中国地方のたたら製鉄技術を積極的に摂取すべく島根や広島、鳥取各県などを調査し、その結果を釜石鉱山田中製鉄所へ生かしていった。明治二十九年(一八九六)台湾の金瓜石鉱山で採掘権を得て金銀精錬業を田中組が行い経営基盤を確保した。明治三十四年(一九〇一)の父亡きあとは二代目長兵衛の名を受け継ぎ、明治三十六年には釜石に銑鋼一貫工場を確立するために製鋼工場を建設。二代目長兵衛の面目躍如たる働きをした。大正六年(一九一七)には会社の個人経営を改め、田中鉱山株式会社の設立に尽力しその社長に就任した。第一次世界大戦後の不況や関東大震災による本店焼失などの後、大正十三年(一九二四)釜石の田中鉱山を三井鉱山に譲渡し、同年三月九日、六十七歳で死去。

(野原　建一)

たなかでんざえもん　田中伝左衛門　長唄囃子方。

㈠九代　?―一九〇九　本名は福蔵。七代目の次男で八代目の弟。源助を経て七代佐太郎の名で明治四年(一八七一)に中村座に出勤。八年に九代目を名乗る。二十二年(一八八九)十一月歌舞伎座開場時から同座に出勤。二十九年ごろに金沢へ移住。四十二年(一九〇九)十一月十日金沢で没。

㈡十代　一八八〇―一九五五　落語家二代三遊亭金朝の次男。明治十三年(一八八〇)二月二日に生まれる。兄は三代金朝。本名赤田礼三郎。九代目の門弟。二十五年(一八九二)歌舞伎座に田中源助の名で見習い。九代目が金沢に移住したため五代尾上菊五郎の弟子分となり、三十一年(一八九八)ごろ初代柏扇吉を名乗る。四十四年(一九一一)三月、十代目を襲名。昭和十八年(一九四三)二月、俳名の京月を名乗る。二十八年(一九五三)九月歌舞伎座で小鼓を勤めて引退。三十年(一九五五)二月二十二日没。満七十五歳。

[参考文献]　初代田中京月・小林責『田中京月歌舞伎囃子一代記』(『歌舞伎資料選書』八、一九八三、日本芸術振興会)

(配川　美加)

たなかひさしげ　田中久重　㈠初代　一七九九―一八八一　江戸時代から明治時代の発明家、技術家。寛政十一年九月十八日(一七九九年十月十六日)筑後国久留米に鼈甲《べっこう》細工師の弥右衛門の長男として生まれる。幼名儀右衛門。幼少から金属細工に長じて、久留米絣の模様織、気砲(空気銃)、からくり人形の考案・製作で発明独創の才を発揮し、からくり儀右衛門と呼ばれた。天保五年(一八三四)に大坂に移り、のち京都に機巧堂を構え、懐中燭台・無尽燈・消火機・各種時計を製造販売した。弘化四年(一八四七)天文暦学の土御門《つちみかど》家に入門、嵯峨御所大覚寺宮より近江大掾《だいじょう》の称を許される。他方京都では蘭学者の広瀬元恭《ひろせげんきょう》より西洋科学技術を学んだ。嘉永四年(一八五一)には高度な天文暦学の知識と西洋の時計技術、自身の高い技術力を結集した機械式和時計の最高傑作といわれる万年自鳴鐘(国指定重要文化財)を製作。翌年、関白鷹司《たかつかさ》政道《まさみち》より「日本第一細工師」の招牌を受ける。佐野常民の推挙により同六年に肥前佐賀藩に招かれ、同藩精煉方に属して長崎海軍伝習所に派遣される。精煉方では電信機・大砲の製造、日本初の汽車の模型製作に携わり、また汽缶・汽船の建造に従事し、慶応元年(一八六五)に凌風丸を完成。元治元年(一八六四)からは郷里久留米藩の製砲事業にも関わり、上海での蒸気軍艦の購入に参画。明治六年(一八七三)七十五歳で上京、麻布大泉寺にて電信機や工部省依頼による製糸試験器などを製造した。同八年に東京新橋金六町(中央区銀座)に田中工場を設立、工部省の指定工場となり、各種の電信機械を生産した。工場の店先には「万般の機械考案の依頼に応す」の看板が掲げられ、さまざまな機械器具の製作にあたった。明治十一年(一八七八)工部省は電信機の自給を目指して電信寮製機掛の拡張を図り、田中工場の工場設備と久重の弟子たちは電信寮に吸収統合された。近代機械工業の開

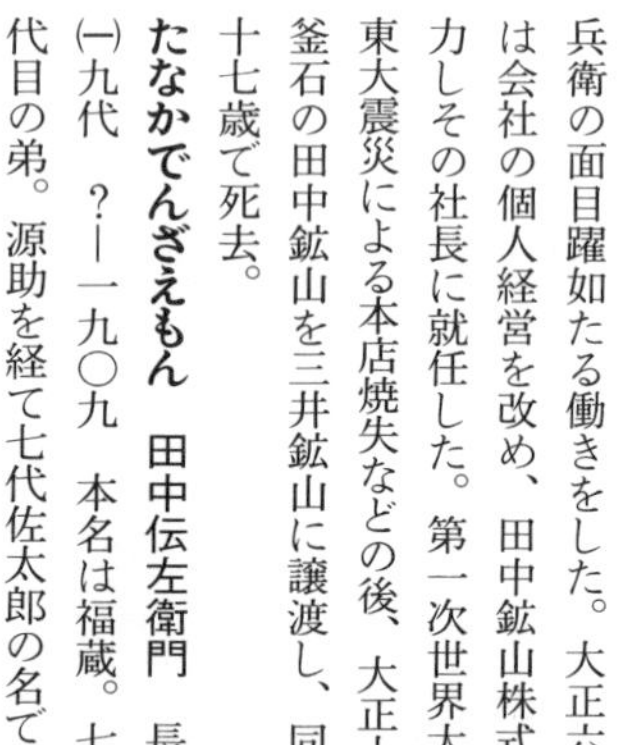

田中久重㈠

拓者であり先駆者であった久重は、同十四年十一月七日死去。八十三歳。

参考文献　田中近江翁顕彰会編『田中近江大掾』(一九三一)、今津健治『からくり儀右衛門―東芝創立者田中久重とその時代―』(一九九二、ダイヤモンド社)

(二)二代　一八四六―一九〇五　技術者、企業家。弘化三年九月一日(一八四六年十月二十日)筑後国久留米の金子正八郎の六男として誕生。幼名大吉。元治元年(一八六四)初代久重の門弟となり、翌年養子となった。久留米では兵器や各種機械の製作に携わり、明治六年(一八七三)初代久重に従って上京、田中工場で電信機の製造に従事し、七年から電信寮製機所に勤務。同十一年(一八七八)田中工場は電信寮に吸収。同十四年に初代の死去により二代久重を襲名し、翌年芝区金杉新浜町(芝浦)に敷地三千余坪、民間屈指の近代的機械工場を建設、田中製造所と称し、水雷や通信機類を製造した。同十九年海軍の角田《つのだ》秀《ひで》松《まつ》に随行して欧米諸国を視察、その後競争入札の導入や軍工廠の充実などにより、海軍関係の受注が激減。同二十六年(一八九三)に田中製造所は三井銀行に引き継がれ、芝浦製作所に改名。後年の久重は新橋の田中商会を経営、また東京車輛製造所を設立して鉄道車輌の製造にあたった。同三十八年(一九〇五)二月二十二日没、六十歳。

参考文献　東京芝浦電気株式会社編『芝浦製作所六十五年史』(一九四〇)、今津健治『からくり儀右衛門―東芝創立者田中久重とその時代―』(一九九二、ダイヤモンド社)

(岡部　桂史)

たなかひでみ　田中秀実　一八四九―一九〇六　漢学者。嘉永二年(一八四九)肥前長崎に生まれる。原姓は岩永氏、田中氏を嗣ぐ。万谷と号す。長崎で長川東洲、山本晴海に学びついで江戸の棚橋善庵に就き漢学を修める。のち京都の儒家宮原節庵、神山鳳陽に就き経学と詩文を研究する。明治二年(一八六九)長崎府立広運館訓導となり、以後長崎区民総代会副議長、長崎区学区取締などを歴任。十六年(一八八三)家塾行余学舎を開く。二十二年(一八八九)第一回長崎市市会議員に選出される。三十一年(一八九八)高等医薬学予備門を創設。三十五年、招かれて慶応義塾大学部および予科で漢文、漢文学を教える。三十九年八月十三日病没。五十八歳。『慶応義塾学報』には七五号(明治三十七年三月)から一〇七号(三十九年八月)まで毎号漢詩が掲載されている。

参考文献　『慶応義塾学報』塾報欄(一〇九号、一九〇六)、長崎市小学校職員会編『明治維新以後の長崎』(一九七三、臨川書店)

(山根　秋乃)

田　中　宏

たなかひろし　田中宏　一八五九―一九三三　近代獣医学の草分け。安政六年正月二十九日(一八五九年三月三日)、薩摩藩士の子として出生。明治十五年(一八八二)、駒場農学校獣医本科を卒業、ただちに同校助教授心得となり、外国人教師ヨハネス＝ルードウィッヒ＝ヤンソンを補佐する。明治二十年(一八八七)刊行のヤンソンとの共著『家畜医範』一―三(解剖学)はわが国家畜解剖学原点の書とされる。同年、駒場農学校の後身、東京農林学校教授。二十三年、東京農林学校が帝国大学農科大学に統合されると助教授となり、二十六年から家畜解剖学講座を担任、三十三年(一九〇〇)に農科大学教授になった。畜産振興にも熱心で、大正八年(一九一九)著の『田中式豚肉調理法』は当時の消費者に愛読され、豚肉食の普及に大きく貢献した。大正十一年(一九二二)に東京帝国大学を退職、昭和八年(一九三三)一月二十七日に死去。七十五歳。著書はほかに、『家畜解剖図』馬之部(共著、昭和十二年、中央獣医会)などがある。

(西尾　敏彦)

たなかひろゆき　田中弘之　一八六二―一九三四　仏教運動家、国家主義運動家。文久二年十二月三日(一八六三年一月二十二日)に美濃国本巣郡川崎村(岐阜県瑞穂市)に生まれる。号は舎身。明治十九年(一八八六)上京し江東義塾に学び、同二十年(一八八七)逓信省に入るも、官僚生活にあきたらず、二十一年辞職。社会運動家として活動を始め、一時は幸徳秋水や木下尚江らと普選運動をともにしたが、まもなく別れ仏教復興活動を始めた。仏教会館を設けて『覚の道』を発行、三十一年(一八九八)には大日本仏教倶楽部と改称した。三十三年には釈雲照らとともに、仏教を中心とする東亜民族の連携による東亜復興を企図する東亜仏教会に発展した。同会は、三十四年に北京雍和宮総長の歓迎会、大正七年(一九一八)四月には蒙古よりラマ教の観光団を招き、同八年には大ラマ、活仏、蒙古王族を訪問して日蒙提携親善と蒙古開発を説くなど蒙古ラマ教との提携を図った。東亜仏教会も、それに従い大正六年日蒙仏教連合会、七年亜州仏教会と改称された。また明治三十六年『東亜の光』を刊行し、大乗仏教の普及に尽力、三十九年東亜女学校を設立して日露戦死者遺族子女教育を行なった。大正九年三月聖徳太子を奉じる大乗会を創立した。大正二年には済生会の副会長となった。政治的には頭山満《とうやまみつる》や内田良平らの国家主義運動に深く関与し、明治三十九年の東京市街電車合併反対や、四十四年(一九一一)の東京瓦斯・千代田瓦斯合併反対、大隈重信首相の暗殺を企てたり、浪人会メンバーとして第一次憲政擁護運動、朝日新聞の白虹事件攻撃に参加、大正二年対支同志連合会に参加、十三年(一九二四)に大日本国粋会の最高顧問となった。昭和九年(一九三四)九月二日没。七十三歳。著作として『国家問題監獄教誨紛議顛末』(明治三十一年、金昌堂)、『板垣伯対舎身

居士政教問答』(明治三十六年、舎身庵)、『仏説孝子経講話』(明治三十五年、東亜仏教会本部)、『憂国之涙』(大正四年、金港堂)、『漢字制限の批判』(大正十二年、私家版)ほかがある。

参考文献 黒竜会編『東亜先覚志士記伝』下(『明治百年史叢書』、一九六六、原書房)、宮地正人『日露戦後政治史の研究—帝国主義形成期の都市と農村—』(一九七三、東京大学出版会)
(櫻井 良樹)

たなかふじ 田中不二 一八七七—一九二二 明治時代後期から大正時代の機械工学者。明治十年(一八七七)八月二十日、東京赤坂において佐賀県士族の藤山家に生まれ、明治二十七年(一八九四)田中家の養子となる。明治三十四年(一九〇一)、東京帝国大学工科大学機械工学科を卒業、恩賜の銀時計を受け、同講師。明治三十五年、助教授。明治四十一年(一九〇八)より、機械工学研究のため、イギリス、アメリカ、ドイツに留学し、明治四十四年、帰国、教授に昇任。大正二年(一九一三)、工学博士。大正三年、海軍大学教授。早稲田大学でも教鞭をとった。応用力学を専門とし、木材・石材・煉瓦など諸材料の曲げ、剪断、ねじりなどに関する実験を行う。また、日本語による基礎工学書の必要を感じ、井口在屋《いのくちありや》の協力のもと『応用力学』第一編材料及び構造強弱学(丸善、大正二年)、『応用力学』第二編水力学及び水力機械(同、大正四年)を出版、自身や井口の研究結果や最新学説も掲載した。同書では、機械学会の機械工学術語集より用語を採用し、内容の難易に応じて活字の大きさを変えて理解の増進を図った。大正十一年(一九二二)十一月十九日病死。四十六歳。
(岡本 拓司)

たなかふじまろ 田中不二麻呂 一八四五—一九〇九 教育行政家、政治家。弘化二年六月十二日(一八四五年七月十六日)尾張藩士の子として名古屋に生まれる。藩政時代の文久二年(一八六二)から尾張藩主に仕え、慶応二年(一八六六)に藩校明倫堂の監生、助教並となり、のち参与として藩政にも参画した。維新後は明治新政府に登用され、明治二年(一八六九)大学校御用掛となって教育行政を担当するようになった。明治四年七月文部省が設置され、同年十一月岩倉具視を全権大使とする遣外使節団に文部省からの理事官として随行、欧米教育制度を視察調査した。帰国後その報告書『理事功程』を上奏、明治六年十二月に文部省から刊行された。明治六年文部省三等出仕、文部少輔、翌七年文部大輔に就任した。特に明治六年から十二年(一八七九)までの間しばしば文部卿が欠員となり、最高責任者として省務を掌った。その間明治九年四月から翌十年一月まで手島精一らと渡米しアメリカの教育事情などを調査、その成果として『米国百年期博覧会教育報告』(明治十年)、『米国学校法』(明治十一年)などを文部省から刊行した。欧米の近代教育制度に精通した田中はわが国の草創期の教育政策に力量を発揮し、学制(明治五年八月頒布)による近代学校制度の創設に尽力した。また地方の実情に合わせた教育改革案の策定に取り組み、文部省学監デビッド＝マレー(モルレー)の協力を得て明治十一年五月日本教育令案を起草、太政官に上奏した。これが基となって同十二年九月教育令が公布された。しかし文部省の中央集権的な教育行政から自由主義的な地方分権化教育を志向した教育令によって学校の整備遅滞や就学率の低下などの学事不振に陥って批判されたため、この教育令は翌十三年十二月改正、中央の権限が再び強化された。これに先立つ同年三月に田中は司法卿に転任、以後は外交・司法分野において活躍し、文部行政に復帰することはなかった。明治十四年十月参事院副議長、同十七年五月から参事院議官兼特命全権公使としてイタリアに駐在、さらにスペインなどの公使となり、同二十三年(一八九〇)六月に帰国して枢密顧問官に就任した。同二十四年六月には司法大臣となり、翌年再び枢密顧問官、同二十九年から三十一年(一八九八)までは条約実施準備委員会副委員長として条約改正の重要な役目を担った。同三十七年二月に就任した高等捕獲審検所長官を経て同三十九年八月に一切の公職を辞した。明治四十二年(一九〇九)二月一日死去。六十五歳。

田中不二麻呂

参考文献 西尾豊作『子爵田中不二麿伝—尾藩勤王史—』(一九三四、咬菜塾)、文部省編『学制百年史』(一九七二、帝国地方行政学会)
(寄田 啓夫)

たなかへいはち 田中平八 一八三四—八四 幕末維新期の実業家、横浜生糸売り込み商。天保五年七月十一日(一八三四年八月十五日)信濃国伊那郡赤須《あかず》村(長野県駒ヶ根市)の藤島藤兵衛の三男に生まれる。幼名釜吉。十八歳で同郡飯田町の生糸商田中保兵衛の養子となり、平八と改名。元治元年(一八六四)筑波山挙兵に参加し、のち横浜に出て、生糸売り込み問屋大和屋三郎兵衛の店で働いた。慶応元年(一八六五)独立し、糸屋と称する。生糸売り込みと洋銀売買を生業とし、巨利を得た。みずから「糸平」と称した。明治元年(一八六八)洋銀相場会所を発起して頭取となり、二年設立の横浜通商会社において洋銀相場掛貸付方となった。九年には田中組を東京日本橋に創立し、十二年(一八七九)には東京兜町米商会所の頭取となり、「兜町の飛将軍」と呼ばれた。一方、明治十一年には東京第百十二国立銀行を設立し、十六年には私立田中銀行を設立した。明治十七年六月八日没、五十一歳。

参考文献 『神奈川県史』別編一(一九八三)
(中村 文)

たなかほづみ 田中穂積 一八七六—一九四四 教育家、

財政学者。明治九年（一八七六）二月十七日、長野県更級《さらしな》郡川柳村（長野市）の素封家の長男に生まれた。同二十一年（一八八八）に入学した松本中学校は病のため三年で退学し、生家で『東京専門学校講義録』により学び、二十八年十一月に東京専門学校二年次編入試験合格・入学、同年十二月三年次編入試験合格、二十九年七月邦語政治科卒業。研究科に進むとともに『東京日日新聞』経済財政記者となり、三十四年（一九〇一）、コロンビア大学に留学、さらにロンドンに渡り財政学研究を経て三十六年帰国。三十七年九月に早稲田大学講師に嘱任、財政学を担当した。著書では『財政学』『公債論』『高等租税原論』などの業績を残している。四十三年（一九一〇）、法学博士学位授与。大学人として教務および経営管理に手腕を発揮し、昭和六年（一九三一）早稲田大学第四代総長に就任。同十九年（一九四四）八月二十二日に六十九歳で在任中死去するまで、キャンパスの全面的近代化達成を含め、難局の中で見識と雄弁を以てわが国の私立大学の形と独立を守った。

参考文献 早稲田大学大学史編集所編『田中穂積先生生誕百年記念―行事概要・追憶・略歴・著作目録・展示目録―』（一九七六）、『早稲田大学百年史』（一九六八―九七、早稲田大学出版部）
（菊池　紘一）

たなかみつあき　田中光顕　一八四三―一九三九　陸軍軍人、官僚、政治家。天保十四年閏九月二十五日（一八四三年十一月十六日）、土佐国高岡郡佐川村（高知県高岡郡佐川町）に父浜田充美《みつよし》、母献の長男として生まれる。父は高知藩佐川領主深尾氏に二人半扶持で仕えた微禄の家臣。幕末には浜田辰弥、そして田中顕助と名乗った。号は、青山。文久元年（一八六一）、高知に出て武市半平太に師事し剣術を学んだ。文久二年に家老吉田東洋を暗殺した勤王党の叔父那須信吾らの感化をうける。勤王党に参加し、元治元年（一八六四）に脱藩し、京都・大和・長州で活動、高杉晋作と師弟の契りを結び、桂小五郎（木戸孝允）・伊藤博文・井上馨・山県有朋らの長州藩の志士と交流を深めた。坂本竜馬や中岡慎太郎らとともに薩長連合の成立に尽力した。慶応二年（一八六六）西郷隆盛と協議の上、太宰府に移された三条実美ら五卿の警護にあたった。第二次幕長戦争（四境戦争）では大島口で軍艦丙寅《へいいん》丸に乗り参戦した。三年中岡慎太郎の組織した陸援隊に参加。明治元年（一八六八）鳥羽・伏見の戦に際して、鷲尾《わしお》隆聚《たかつむ》侍従を擁して高野山で挙兵し、紀州藩の動きを牽制した（高野山義挙）。明治元年七月兵庫県権判事（知事は伊藤博文）。二年五月会計官監督司知事。八月大蔵省監督司・監督正。四年正月大蔵少丞。七月戸籍司・戸籍正。八月戸籍寮・戸籍頭。十月理事官・特命全権大使会計兼務として岩倉具視全権一行の会計を管理する。随行中、南貞助（旧長州藩士）が関与するナショナル＝バンク破産に伴う預金者（随員、官費留学生など）救済にもあたった。六年九月帰国。山県有朋陸軍卿から陸軍財政整理の要請を受けて、七年一月陸軍会計監督に就任。八年五月陸軍省第五副局長。佐賀の乱や台湾出兵の陸軍経費を掌るとともに、緊縮財政に努めた。西南戦争に際して、十年（一八七七）二月から十月まで征討軍団会計部長として戦地に出張した。十一年十一月陸軍会計監督長、陸軍省第五局長。十二年十月陸軍省会計局長。十四年十月陸軍少将兼参事院議官・外務部兼軍事部。十七年六月から十八年十二月まで兼恩給局長官。十八年七月から二十一年（一八八八）

田中光顕

五月まで兼内閣書記官長。これは土方久元《ひじかたひさもと》内閣書記官長が伏見宮貞愛《ふしみのみやさだなる》親王の欧州巡遊に随行することに伴う人事であった（伊藤博文・黒田清隆両内閣）。十八年十二月参事院の廃止に伴い元老院議官。二十年五月子爵。二十年五月から二十一年十二月まで兼会計検査院長。山県有朋内閣の発足とともに、二十二年十二月警視総監に就任。従前、旧薩摩藩出身者のみであった警視総監職にはじめて非薩摩閥から任命された。二十四年四月第一議会での政費節減により警視庁費が削減されたことに憤慨して病気を理由に辞任した。二十三年七月から二十四年四月まで貴族院議員。二十四年三月から二十八年七月まで宮中顧問官。二十四年三月から二十五年一月まで兼帝室会計審査局長。二十五年一月から二十八年三月まで兼学習院長。二十六年一月から三十年（一八九七）十二月まで兼議定官。二十八年七月から三十年十二月まで宮内次官（大臣は旧土佐藩出身の土方久元、松方正義首相と対立して辞任）。三十一年一月宮内省図書頭。三十一年十二月から四十二年（一九〇九）六月まで宮内大臣。在任中の明治三十四年、第十五議会で伊藤博文内閣の増税法案が貴族院で否決された際に、伊藤首相とともに貴族院への降勅策を進め、貴族院の増税法案可決をもたらした。四十年九月伯爵。宮相在任末期、武庫離宮造営のため西本願寺住職大谷光瑞ら所有の須磨別邸買い上げに際し、収賄疑惑が喧伝された。しかし、風評にとどまった。当初、伊藤系であったが、明治二十年代以降は山県系となった。官界引退後、旧水戸・土佐両藩を中心とした幕末期の勤王志士や明治天皇の顕彰に努め、遺墨・遺品の収集・展示・公刊などの事業を進めた。昭和四年（一九二九）に常陽記念館（茨城県東茨城郡大洗町）、聖蹟記念館（東京都多摩市）を創設した。また、郷里佐川の青山文庫および早稲田大学に数多くの資料を寄贈した。昭和十四年（一九三九）三月二十八日死去。九十七歳。

参考文献 富田幸次郎『田中青山伯』（一九一七、青山書院）、熊沢一衛『青山余影—田中光顕伯小伝—』(一九二四、青山書院)、田中伯伝記刊行会編『伯爵田中青山』(一九二九)、安岡昭男「明治期田中光顕の周辺」(『法政史学』三七、一九八五)

(長井　純市)

たなかよしお　田中芳男　一八三八—一九一六　明治から大正時代初期の博物・物産学者、農政家。医師田中隆三の三男として天保九年八月九日(一八三八年九月二十七日)信州榑木山《くれきやま》支配千村平右衛門の飯田陣屋に生まれる。安政三年(一八五六)三月名古屋へ遊学、翌年伊藤圭介の門人となり西洋医術・蘭学・本草学を学ぶ。文久元年(一八六一)幕府から蕃書調所物産方へ出役を命じられた伊藤に従い江戸に出て、同二年五月物産方手伝出役となり、約六年間蕃書調所(文久三年より開成所)に勤務。その間舶来植物の調査と試験栽培に従事し、慶応三年(一八六七)のパリ万博に出張を命じられ、昆虫標本五十六箱を携えて渡仏。同地で見た博覧会・博物館・動物園・植物園は、のちの彼の構想のモデルとなる。明治元年(一八六八)新政府から大阪府舎密《せいみ》局御用掛に任じられ、同局の開設と運営に従事。三年帰京、同年九月大学南校内に物産局を開局、四年五月九段坂上の東京招魂社附属地内に大学南校物産会を開く(明治の博覧会のはじめ)。五年三月町田《まちだ》久成《ひさなり》らとともに文部省博物館の名で元湯島聖堂に開設した博覧会は、国立博物館の起源となる。六年のウィーン万博、九年のフィラデルフィア万博に事務官として出張。十年(一八七七)の内国勧業博覧会では審査官をつとめ、以後四回の内国勧業博のすべてにおいて、審査幹事・審査部長をつとめる。十四年四月農商務省初代農務局長、十五年十月同省博物局長兼勤。十六年六月元老院議官に転じ、二十三年(一八九〇)貴族院議員に勅選され、大正四年(一九一五)男爵を授けられる。明治十八年から、大日本農会幹事長・大日本水産会幹事長・大日本山林会会長を歴任、農林水産業の振興に尽力した。編著に『有用植物図説』七冊(小野《おの》職愨《もとよし》と共著、明治二十四年、大日本農会)、『捃拾帖《くんしゅうじょう》』九十八冊、『物産宝庫』三十二冊、『物産雑説』六十二冊など。論文多数。大正五年六月二十日没。七十九歳。

参考文献　大日本山林会編纂『田中芳男君七六展覧会記念誌』(一九一三、大日本山林会)、田中義信「田中芳男自筆『田中芳男履歴年表』解説と翻刻」(学術文献刊行会編『日本史学年次別論文集』二〇〇四年版近現代三所収、二〇〇七、朋文出版)、飯田市美術博物館編『日本の博物館の父　田中芳男(第三版)』(図録、二〇〇七)、田中義信『田中芳男十話・経歴談(改訂版)』(二〇〇八、飯田市美術博物館)

(田中　義信)

たなかよしとう　田中義能　一八七二—一九四六　明治・大正・昭和時代の神道学者、教育者。明治五年九月十二日(一八七二年十月十四日)、山口県玖珂郡米川村(岩国市)に田中玄之助の次男として生まれる。東京帝国大学文科大学哲学科で井上哲次郎に師事、明治三十六年(一九〇三)卒業(卒業論文「本居宣長の哲学」)。大学院で研究を進める一方、国学院大学講師として神道史を担当。日本固有思想に基づく「日本的教育学」を構想、神道と国民道徳を結びつける。錦城中学校校長、第五高等学校教授(熊本)、東京帝国大学助教授(神道講座)、国学院大学教授などを歴任。大正十一年(一九二二)五月に『平田篤胤の哲学』ほかにより文学博士。大正十五年には、神道学会設立(会長上田《うえだ》万年《かずとし》)に尽力し、機関誌『神道学雑誌』を創刊する。昭和六年(一九三一)には神道青年連盟協会を創立し、機関誌『神道青年』を発刊。著作に『最新科学的教育学』『神道哲学精義』『国民道徳要領講義』、『神道本局の研究』はじめ神道十三派の研究などがある。昭和二十一年(一九四六)三月四日死去。七十五歳。

参考文献　井上順孝「田中義能の教派神道研究」(田中義能『神道十三派の研究』下所収、一九八七、第一書房)、磯前順一「近代神道学の成立—田中義能論—」(『近代日本の宗教言説とその系譜—宗教・国家・神道—』所収、二〇〇三、岩波書店)、山本仁「明治末期における田中義能の教育論—「科学としての教育学」と「日本的教育学」をめぐって—」(『仏教大学教育学部学会紀要』五、二〇〇六)

(宮本　誉士)

たなかよしなり　田中義成　一八六〇—一九一九　明治から大正時代の歴史学者。万延元年三月十五日(一八六〇年四月十五日)、一橋徳川家の家臣田中義信の長男として武蔵国江戸築地に生まれる。慶応二年(一八六六)父の死去により十五歳と称して元服、家督相続。猪野《いの》中行《ちゅうこう》に漢学を学び、明治七年(一八七四)七月太政官正院歴史課に写字生として出仕。以後約四十年間修史事業に携わる。九年七月太政官修史局二等繕写生。十年(一八七七)一月太政官修史館二等繕写、十一年十二月一等繕写、十四年十二月八等掌記、十五年十二月六等掌記、十九年一月内閣臨時修史局掌記。修史事業の帝国大学移管により二十一年(一八八八)十月帝国大学書記(臨時編年史編纂掛)、二十四年三月帝国大学文科大学書記を経て二十五年三月文科大学助教授・史誌編纂委員。二十六年四月史誌編纂掛の廃止により文科大学書記、講師心得として授業を担当。二十八年四月史料編纂事業の再開により同年五月文科大学助教授を兼任(三十二年(一八九九)一月専任)、史料編纂委員。三十三年四月史料編纂員・史料編纂掛部長となり『大日本史料』の編纂に従事、三十四年二月その第一冊となる第六篇之一を刊行。三十六年五月文学博士

田中義成

の学位を受ける。三十八年四月史料編纂官兼東京帝国大学文科大学教授に進み、編纂主任として三上参次とともに史料編纂事業を主宰。大正八年(一九一九)七月史料編纂官を免じられ東京帝国大学教授専任となり、国史学第二講座を担当。同年十月改めて史料編纂を嘱託されたが十一月四日(公表では五日)脳溢血のため死去。六十歳。この間、大学では漢文学・日本史学(南北朝時代から安土桃山時代)の講義を行い、本務のほかに明治三十五年四月より第一臨時教員養成所国語漢文科講師、四十一年(一九〇八)九月より教科用図書調査委員会委員を勤めた。晩年には中国の金石文研究をも志し、大正七年より八年にかけて現地調査。単行の著作は『日本武士』のほか、没後に日本史学に関わる研究論文・小文をまとめた『国史の片影』、講義録を整理した『南北朝時代史』『足利時代史』『織田時代史』『豊臣時代史』を刊行、実証史学の一つの到達点として現在でも評価が高い。また自筆日記『田中義成先生雑録』が東京大学史料編纂所架蔵。

参考文献 三上参次「田中博士の閲歴」(『南北朝時代史』所収、一九二二、明治書院)、山口隼正「田中義成日記と『大日本史料』創刊のことども」(『長崎大学教育学部紀要』人文科学六三、二〇〇一)、『東京大学史料編纂所史料集』(二〇〇二、東京大学史料編纂所)　(杉山　巖)

たなかよりつね　田中頼庸　一八三六―九七　幕末・明治期の国学者、神道人。天保七年五月二十一日(一八三六年七月四日)、薩摩藩士田中四郎左衛門の子として鹿児島城下稲荷町に生まれる。通称藤八、号は雲岫《うんしゅう》。十四歳の時に父の職務上の失錯に縁坐して奄美大島へ配流されるも勉学に励み、赦免後は京都詰めとなる。明治維新後は藩校造士館の国学局都講に任ぜられ、神社奉行に補された。明治四年(一八七一)に政府より神代山陵取調を命ぜられ、『高屋山陵考』を著した。その後まもなく神祇省に出仕し、教部大録を経て、七年に神宮大宮司(宮司)、九年に大教正を補任された。この間、大教院廃止前後の八年には、三条西季知《さんじょうにしすえとも》、稲葉正邦、鴻雪爪《おおとりせっそう》、平山省斎《ひらやませいさい》と連署で神道事務局創建の願書を提出するなど、神道教化体制の整備に尽力した。同局神殿をめぐる祭神論争では、千家尊福《せんげたかとみ》ら出雲派の意見に反対し、伊勢派の指導者として論戦を交わした。十五年(一八八二)に神官教導職分離がなされると神道神宮派(神宮教)を設立し、神宮宮司を辞してその管長に就任した。著作は、三条教則の衍義書の中で最も正統とされた『三条演義』(明治六年、大教院蔵板)をはじめ、『校訂古事記』(同二十年、神宮教院)、『神宮祭神提要』(同二十二年、田村猛麿)など多数に及ぶ。三十年(一八九七)四月十日没。六十二歳。なお、この二年後となる三十二年に神宮教は解散し、財団法人神宮奉斎会となっている。

参考文献 鹿児島史談会編『神代三山陵』(一九三五)、岡田米夫編『東京大神宮百年史』(一九八〇、東京大神宮)、井上順孝『教派神道の形成』(一九九一、弘文堂)　(齊藤　智朗)

たなかろくのすけ　田中録之助　一八四四―?　幕末・明治時代初期の英学者。弘化元年(一八四四)に江戸で生まれる。旧幕臣と思われる。文久元年(一八六一)六月より慶応三年(一八六七)十一月まで堀達之助に英語を学び、明治元年(一八六八)七月、下谷で英学塾を開設、四年三月当時、二十三名の塾生をかかえていた。二年五月当時、開成学校三等教授試補として新政府の教員となっているが、それ以降の『職員録』には名がみえないので、すぐに辞したものと考えられる。三年十二月明倫社を開業し、五年七月には新々学舎と改号して開塾、六年には東京府に螟蛉社《めいれいしゃ》開業を出願している。それ以降の履歴は未詳である。

参考文献 『東京教育史資料大系』一(一九七一、東京都立教育研究所)　(宮地　正人)

たなはしあやこ　棚橋絢子　一八三九―一九三九　明治から昭和時代前期の教育者。天保十年二月二十四日(一八三九年四月二日)大坂高麗橋の酒造家牛尾田庄右衛門の長女として生まれ、幼少時より漢学を学んだ。安政四年(一八五七)漢学者棚橋大作と結婚、目の不自由な大作を助けて家塾で教えた。明治五年(一八七二)名古屋市十番小学校勤務、明治七年愛知県師範学校速成養成所師範科終了、同年明倫《めいりん》小学校・桃夭《とうよう》女学校に勤務、明治八年東京女子師範学校開設に際して訓導となる。学習院女子部訓導、女子成立学舎校長を経て明治二十九年(一八九六)愛知県名古屋高等女学校を開設。明治三十六年(一九〇三)私立東京高等女学校(現東京女子学園中学校・高等学校)を開設。朱子学を基礎とする「婦徳」「良妻賢母」を説き、「知性」と「徳性」の両立と欧米模倣の批判および日本の「伝統」の重要性を唱えた。また皇族や華族、政府要人の子女の個人教授も幅広く行なった。昭和十四年(一九三九)九月二十一日没。百一歳。著書に『女らしく』(大正十三年)などがある。

参考文献 中村武羅夫『伝記棚橋絢子刀自』(『伝記叢書』六二、一九八九、大空社)、東京女子学園九十年史編集委員会編『東京女子学園九十年史』(一九九三)　(桑田　直子)

たなはしいちろう　棚橋一郎　一八六二―一九四二　明治から昭和時代前期の教育家。文久二年十一月十三日(一八六三年一月二日)に岐阜の漢学者・詩人の棚橋大作(号松邨、杉浦重剛《すぎうらしげたけ》と親交)と、のちに東京高等女学校校長などになった著名な教育家の母絢子《あやこ》の子として生まれる。号は竹荘・竹窓。官立愛知英語学校・東京英語学校を経て、明治十七年(一八八四)七月東京大学文学部和漢文学科を卒業(文学士)。東京大学予備門御用係・教諭、その後身の第一高等中学校教諭となり、同二十年(一八八七)十一月辞任。以後、東京府尋常中学校・同人社・成立学舎・東京英語学校・三田英語学校・哲学館・東京文学院・東京商業学校・女子高等師範学校・陸軍幼年学校等々の教壇に立ち続けた。この間、二十二年十月十三日に井上円了創設の哲学館内に郁文館を創立し、大正十年

(一九一二)まで三十三年間校長となり、さらに、明治三十一年(一八九八)に史学館も創立して、永年にわたって中等教育の発展に尽力した。この間の二十一年四月に、志賀《しが》重昂《しげたか》・三宅《みやけ》雪嶺《せつれい》・井上円了らとともに政教社を結成して、その機関誌『日本人』の発行人兼印刷人となり、明治中期に国粋主義の論調を展開した。同三十五年に政教社を離れて、同年八月に岐阜県郡部より衆議院議員(中立系)に当選し、国政にも参画した。また、小野梓・馬場《ばば》辰猪《たつい》らが同七年(一八七四)九月に結成した共存同衆の幹事を同四十二年(一九〇九)ごろにもつとめている。編著訳書には、『英和双解字典』(P・A・ナッタル原著、明治十八年、丸善商社)、『倫理学』(『哲学館講義録』、嘉《か》納治五郎《のうじごろう》と共述、明治二十一年、哲学館)、『英和辞書』(明治二十三年、戸田直秀刊)、『支那歴史』上・中・下(明治二十四—二十五年、三省堂)、『倫理学』(『哲学館第七学年度正科講義録』、明治二十七年、哲学館)、『日本史要』上・下(明治二十八・二十九年、成美堂、新編、明治三十二年)、『日本歴史』三冊(明治三十年、陸軍中央幼年学校)、『日本歴史教科書』上・下(稲葉常楠と共著、明治三十五年、田沼書店)等々の辞典・歴史・倫理学などに関するものが多い。昭和十七年(一九四二)二月七日没。八十一歳。

参考文献 『郁文館学園七十年史』(一九六〇)、佐藤能丸『明治ナショナリズムの研究—政教社の成立とその周辺—』(一九九八、芙蓉書房出版)

(佐藤　能丸)

たなはしごろう　棚橋五郎　一八四八—一九〇七　岐阜県安八《あんぱち》郡楡俣《にれまた》村(輪之内町)の地主、農事改良者。嘉永元年(一八四八)生まれ。父は俳仙堂碌翁と号する美濃俳諧の十七世宗匠でのちの県知事小崎《こざき》利準《りじゅん》の俳諧の師匠。明治二年(一八六九)に家督を相続。九年に戸長に就任。翌十年(一八七七)に張り紙で、福束《ふくづか》輪中の小作人から地租改正掛付属総代の一人として、焼き払い対象にあげられた。その一ヵ月後に辞職。十一年に上京して麻布の学農社に入塾し、翌年に帰郷。十三年に県の農事通信員に就任。十四年には東京浅草東本願寺で開催された第一回全国農談会に、飛驒の大坪《おおつぼ》二市《にいち》とともに県代表として出席し発表している。十七年に県会議員となるが、二十一年(一八八八)には議員をやめ、二十五年には合併した御寿《おんじゅ》村(輪之内町)の村長になったがわずか四ヵ月後の二十六年二月に辞任した。政治や行政よりは、米やそら豆、落花生などの種の研究や苗代の改良、西洋式の農具導入の試み、農業雑誌への寄稿、農会を組織するなど農事改良に関心を持ち、その分野で活躍した。土地経営も最盛期には六十町歩前後を所有していたが、明治の後半からは居村以外の所有地を手放して有名銘柄の株など有価証券を収得する方向に転じた。明治四十年(一九〇七)死去。六十歳。

参考文献 『岐阜県史』通史編近代中(一九七〇)、坂井好郎『日本地主制史研究序説—岐阜県安八郡揖斐川以東地域における実証分析—』(一九七八、御茶の水書房)

(松田　之利)

たなはしとらごろう　棚橋寅五郎　一八六六—一九五五　工業化学者、実業家。慶応二年九月四日(一八六六年十月十二日)越後国古志郡下川西村大字芹川(新潟県長岡市)に棚橋佐久太の次男として生まれる。明治二十六年(一八九三)帝国大学工科大学応用化学科を卒業。ヨードカリ製造法を考案し棚橋製薬所を設立、同年東京市麻布区広尾町(港区)に工場を設け、ヨード、硝石などの化学工業品の製造業を始める。四十二年(一九〇九)鈴木三郎助、加藤忠次郎とともに日本化学工業株式会社を設立し技師長となる。大正四年(一九一五)工学博士の学位を与えられる。硫酸カリ、塩素酸カリ、アルミニウム、燐酸カリ、クロム酸塩などの製造技術にも貢献した。同年日本精錬株式会社、日本塗料株式会社を起し社長となる。九年阿武隈川水系の水利権を得て磐城電気株式会社を設立し電力供給事業を営業、余剰電力を利用し電気化学工業の拡大に努めた。昭和十四年(一九三九)第二回「本邦十大発明家」の一人に選ばれた。昭和三十年(一九五五)十二月十一日、満八十九歳で没した。

(古川　安)

たなべありひで　田辺有栄　一八四五—一九一一　政治家、実業家。弘化二年十月七日(一八四五年十一月六日)、甲斐国山梨郡下於曾《しもおそ》村(山梨県甲州市)に、長百姓田辺周右衛門の長男に生まれる。明治三年(一八七〇)、下於曾村名主となる。明治五年八月、山梨県下で大小切税廃止反対運動が起った際、嘆願文起草者として逮捕されるが、刑は免れる。明治十二年(一八七九)、山梨県会議員となり、明治二十三年(一八九〇)まで務める。明治十三年、峡中同進会による国会開設請願の総代として上京する。

田辺有栄

第一回総選挙で当選し、第一議会で死刑廃止論の緊急動議を提出した。第一議会では無所属だったが、第二議会では巴倶楽部に所属した。明治二十五年三月に、自身の議会活動などを振り返った「第二回帝国衆議院議事報告」を出している。実業関係では明治十二年、銀行類似会社の盛産社を起こす。明治二十二年に山梨蚕糸協会が発会すると幹事に就任し、明治三十三年(一九〇〇)には自身が頭取となって山梨銀行を開業した。明治四十四年(一九一一)九月十四日死去。六十七歳。

参考文献 有泉貞夫『明治政治史の基礎過程—地方政治状況論—』(一九八〇、吉川弘文館)、飯田文弥「田辺有栄」(青少年のための山梨県民会議編『郷土史にかがやく人

々』一二所収、一九六二)　（小宮　一夫）

たなべかおる　田部芳　一八六〇―一九三六　司法官。近江国犬上郡彦根上藪下町（滋賀県彦根市）に漢学者田部密の長男として万延元年九月十九日（一八六〇年十一月一日）に生まれる。東京外国語学校から司法省法学校正則科に補欠入学し、明治十七年（一八八四）七月に同校第二期生として卒業、法律学士となり、司法省御用掛に任ぜられる。同十九年二月より法学修業・裁判事務研究のため欧州派遣、同二十三年（一八九〇）に帰国後、判事試補東京始審裁判所詰、のちに東京控訴院判事。同二十六年には司法省参事官・法典調査会委員となり、商法典の起草に貢献した。同三十一年（一八九八）に検事兼司法省参事官、大審院検事となり、翌年法学博士。その後法律取調委員、大審院部長に任ぜられ、会計検査官懲戒裁判所裁判官も務めた。『苔園遺稿』（大正十一年、明治図書）を編んだほか、『法学協会雑誌』などに論文を複数発表している。昭和十一年（一九三六）十一月十八日死去。七十七歳。

参考文献　高田晴仁・西原慎治「岡野敬次郎博士・田部芳博士の略年譜および主要著作」（『法律時報』七一ノ七、一九九九）　（出口　雄二）

たなべごへえ　田辺五兵衛　一八四九―一九二一　明治・大正期の薬業家。十一代田辺屋五兵衛（黒川田辺屋）の長男として嘉永二年六月六日（一八四九年七月二十五日）、大坂の道修《どしょう》町三丁目（大阪市中央区）に生まれる。幼名を竹次郎という。竹次郎は明治四年（一八七一）に家督を継ぎ十二代五兵衛となり、薬種中買仲間に加入した。それまで和漢薬種を扱う同業者町であった道修町にとって洋薬への対応は死活問題であった。五兵衛は武田長兵衛（四代目）や塩野義三郎ら道修町の有志とともに洋薬の導入・製造への挑戦を続けた。明治十年（一八七七）、洋薬の検査と学習のため武田長兵衛らと洋薬元売問屋の組合開成組を結成。また武田長兵衛・塩野義三郎と共同出資でヨード製造の広業舎や醋酸製造の広栄組を起こした。同二十一年（一八八八）に官立の衛生試験所が検査の対象外とした薬品を扱うため塩野義三郎らと大阪薬品試験会社を創設、同二十九年には医薬品の国産化をめざして武田長兵衛らと大阪製薬株式会社を創業した。こうして道修町は和漢薬問屋の町から洋薬メーカーの町へと脱皮することに成功したのである。田辺・武田・塩野義が道修町の「御三家」と称されたのは、こうした理由からである。大正十年（一九二一）五月二十一日没。七十三歳。

参考文献　『武田百八十年史』（一九六二）、『田辺製薬三百五年史』（一九八三）　（野高　宏之）

田辺朔郎

たなべさくろう　田辺朔郎　一八六一―一九四四　明治から昭和時代前期の土木技師、土木工学者。文久元年十一月一日（一八六一年十二月二日）、幕臣で砲術家の田辺孫次郎の長男として江戸に生まれる。叔父は幕末から明治にかけての外交官、田辺太一。明治八年（一八七五）、工学寮附属小学校に入学。明治十年（一八七七）、工部大学校に進学。在学中の明治十四年、京都府知事の北垣国道《きたがきくにみち》が進めていた琵琶湖疎水工事計画の調査を行い、卒業論文とした。その成果が北垣に認められ、明治十六年、工部大学校土木科を卒業すると京都府御用掛・琵琶湖疎水工事取調委員となり、琵琶湖疎水線路実測と工事計画に携わる。明治二十一年（一八八八）、アメリカに出張し、ポトマック運河、モリス運河、リン市の電気鉄道を調査し、翌年帰国。琵琶湖疎水は明治二十三年に完成。同年、帝国大学工科大学教授。明治二十四年、琵琶湖疎水の水力を用いた日本初の水力発電設備、蹴上《けあげ》発電所が運転を開始。同年、工学博士。明治二十五年、震災予防調査会委員。同年、琵琶湖疎水工事の報告書をイギリス土木学会に送り、テルフォード＝メダルを贈られる。明治二十七年より北海道鉄道敷設に携わり、明治二十九年、北海道庁鉄道部長。明治三十三年（一九〇〇）、シベリア鉄道の工事を視察、さらに欧米およびカナダを視察して帰国。同年、京都帝国大学理工科大学教授。京都市土木顧問嘱託、名誉顧問として、第二疎水の完成と、水道事業・道路拡幅・電気軌道敷設に携わる。大正五年（一九一六）、京都帝国大学工科大学長。大正十二年（一九二三）に退官。昭和四年（一九二九）、土木学会会長。昭和十九年（一九四四）九月五日死去。八十四歳。↓琵琶湖疎水《びわこそすい》

参考文献　西川正治郎編『田辺朔郎博士六十年史』（一九二四）、飯吉精一「日本近代土木の先覚者田辺朔郎」（『ある土木者像―いま・この人を見よ―』所収、一九八三、技報堂出版）、田村喜子「琵琶湖疏水―日本の技術の独立を宣言田辺朔郎―」（日本放送出版協会編『日本の「創造力」―近代・現代を開花させた四七〇人―』七所収、一九九三）　（岡本　拓司）

たなべしょうは　田辺松坡　一八六二―一九四四　漢詩人、教育者。文久二年正月八日（一八六二年二月六日）唐津藩士の家に生まれる。名は正守、字は子慎、号は松坡、通称は新之助。幼くして昌平黌に学び、また大沼枕山《おおぬまちんざん》、岡本黄石《おかもとこうせき》、向山黄村《むこうやまこうそん》に詩を授かって早くより才を発揮した。特に向山黄村・杉浦梅潭《すぎうらばいたん》・稲津南洋《いなつなんよう》の晩翠吟社において枢要の位置にあり、黄村死去後は梅潭によく従って社中の活性化につとめている。また明治三十年（一八九七）ごろからは、森槐南《もりかいなん》を盟主とする星社一派とそりの合わなかった町田柳塘《まちだりゅうとう》の後任として、『毎日新聞』の漢詩欄「滄海拾珠」の選者となり、両派にほどよく交流した者として活躍した。詩人としての編著に『明十家詩選』（明治

三十四—三十五年)があり、また師梅潭や樺山資紀などの詩集も編んでいる。旧藩の遺蹟を尊重して『唐津藩史』編纂に尽力し、藩主事歴「明山公伝」も残した。彼はまた、社会的には教育者をもって知られ、東京府開成尋常中学校、第二開成中学校の校長を歴任し、鎌倉女学校の創設に尽力した。昭和十九年(一九四四)二月二十四日死去。八十三歳。京都帝国大学教授で哲学者の田辺元《はじめ》は松坡の子である。

参考文献 神田喜一郎編『明治漢詩文集』(『明治文学全集』六二、一九八三、筑摩書房)

(宮崎 修多)

たなべたいち 田辺太一 一八三一—一九一五 幕末・明治時代前期の外務官僚、漢詩文家。天保二年九月十六日(一八三一年十月二十一日)幕府の儒学者田辺誨輔(号石庵)の次男として生まれる。初名は定輔、号は蓮舟(幕末の五舟の一人)。石庵は尾張の村瀬家に生まれたが、幕臣田辺次郎太夫の養子となり、昌平黌教授出役となって甲府徽典館の学頭を務めて、多くの著作を残している。太一も昌平黌に学び中村敬宇とともに二秀才と称せられて甲科及第の後、父同様に甲府徽典館の教授を三年間務めた。安政六年(一八五九)に横浜などが開港されるにあたり外国方に出仕して横浜開港の外交事務に従い、外国奉行水野筑後守忠徳の知遇を受けた。文久元年(一八六一)に水野が小笠原開拓使となった際、外国奉行支配調役並に任命されて(三十一歳)、同年十二月に咸臨丸で小笠原に赴き、文久三年には池田筑後守長発《ながおき》が横浜鎖港談判使節に決定された際、外国奉行支配組頭として随行し、この年十二月に横浜を出港した。池田筑後守使節はパリ約定に調印したが、横浜鎖港の非なることを判断して帰国したため(ベアト撮影のスフィンクス前の侍姿使節一行の有名な写真がある。ただし、太一は写っていない)、使節は知行削減・御役御免の上蟄居となり、太一も免職閉門を命じられた。やがて慶応三年(一八六七)正月に徳川民部大輔昭武《あきたけ》がパリ万国博覧会へ渡欧した際も仏国公使館書記官として随行した。同年十二月の王政復古の大号令の後、明治元年(一八六八)正月から戊辰戦争が起り、三月六日(三月二十九日)に目付となり幕府瓦解の処理にあたったが、四月十一日(五月三日)の江戸城開城とともに免職した。徳川宗家が駿府に移封されて沼津兵学校が設立されると明治二年にその教授となった。しかし、明治維新政府は幕府の外交を引き継いだため人材を旧幕府の外交官僚に頼らざるを得ず、薩長政府を苦々しく思っていた太一のもとにも何度も使者が訪れたため、ついに折れて三年正月十日(一八七〇年二月十日)に外務少丞に任命された。四年五月には参議副島種臣の樺太境界談判の露国ポシェット湾への派遣に随行した。さらにこの年十一月十二日(一八七一年十二月二十三日)に横浜を出発した岩倉使節団に外務少丞の一等書記官(書記官長の役目)として米欧に随行し各国を視察して六年九月十三日に横浜に帰着した。また、七年六月二十四日には外務省四等出仕となり、八月に参議大久保利通が全権弁理大臣として台湾問題交渉のため清国に赴いた時にも北京に随行して、清国との日清両国間互換条款(償金五十万両・互換憑単)調印に尽力して十一月に帰国した。十年(一八七七)一月十一日には外務大書記官に累進し、その後清国公使館在勤となり、一時は臨時代理公使も務め、勲四等に叙せられ、十五年九月に帰国した。十六年八月に勅任官に陞叙され、九月に元老院議官に任ぜられ錦鶏間祗候の待遇となった。六十歳の二十三年(一八九〇)には元老院廃止と議会開設に伴い貴族院の勅選議員となった。太一には妻巳子(幕臣で代官の荒井清兵衛の次女、兄は海軍奉行となった荒井郁之助)との間に一男一女があり、息子次郎一は二十一歳で没し、娘竜子(明治元年生)は明治二十五年に三宅雪嶺と結婚した。女婿雪嶺は、義父太一を「文と詩と書とに長じ、文を綴ること筆飛ぶが如し」と評し、だが、官僚としては「木戸、大久保の没後に適処を得ずして已む」(『同時代史』)と記している。太一は漢詩文家で幕末維新期の第一級の欧米通で、しかも花柳界の粋人でもあった。晩年は幕末維新の語り部として、「蓮翁往事談」(『旧幕府』(題字は太一の筆)第一巻第三号、明治三十年六月)や、史談会の特別会員に推薦され、「幕府時代外交実歴談」(『史談会速記録』第一六七・一六八輯、明治四十年一・二月)や、明治四十四年(一九一一)五月文部省設置の維新史料編纂会の編纂委員に挙げられ、同会『第一回講演速記録』(明治四十四年)に「幕末の外交」が収録されている。この間、史料価値の高い『幕末外交談』(明治三十一年、冨山房。のち、訳本版が東洋文庫『幕末外交談』一・二、昭和四十一年、平凡社。復刻版が日本史籍協会叢書『幕末外交談』、昭和五十一年、東京大学出版会)を発表している。また、甥田辺朔郎編・刊『蓮舟遺稿』詩・文二冊(大正十年)も幕末維新期の外交・人物に関する貴重な史料である。朔郎の次男主計を嗣子として、大正四年(一九一五)九月十六日東京赤坂新坂町の三宅雪嶺宅で死去。八十五歳。

田辺太一

参考文献 「年譜・参考文献」(『旧幕府』二ノ四「挿図解説」、一九六八)、山内堤雲「田辺蓮舟先生五十年前の追憶」(『日本及日本人』六六七、一九一五)、安藤太郎「田辺蓮舟先生」(同)、塩田良平「花圃作「夜半の埋火」に就いて—田辺蓮舟伝記資料—」(『松蔭女子学院大学・松蔭短期大学学術研究会研究紀要』八、一九六六)、坂田精一「解説」(『幕末外交談』一所収、一九六六、平凡社)、流通経

済大学三宅雪嶺記念資料館『「三宅雪嶺旧蔵写真」展』(展覧会図録、二〇〇九、流通経済大学)　(佐藤　能丸)

たなべへきどう　田辺碧堂　一八六四―一九三一　実業家、政治家、漢詩人。名は華、字は秋穀、通称は為三郎、号は碧堂。元治元年十二月十三日(一八六五年一月十日)備中浅口郡長尾(岡山県倉敷市)の庄屋田辺新三の三男に生まれる。家運衰退と病弱により進学せず、漢学・作詩に親しみ、外国語・政治経済を独習。東京に出てはじめ森春濤《もりしゅんとう》に詩を学び、同郷で遠戚の三島中洲《みしまちゅうしゅう》にも師事。副島蒼海とも交わり、特に国分青崖《こくぶせいがい》と親交を結んだ。実業では明治二十一年(一八八八)玉島紡績会社に入社し、また、明治二十三年、塩業家野崎武《のざきぶ》吉郎《きちろう》の理事となり、野崎武吉郎の貴族院議員活動を輔佐。金町製瓦・日本煉瓦会社の重役を務め、また岡山選出の衆議院議員に明治三十一年(一八九八)の第五回(進歩党)、同年―三十五年の第六回(憲政本党)と二度当選。白岩竜平《しらいわりゅうへい》(妻は西毅一《にしきいち》の女、野崎武吉郎の貸費生)を輔佐して明治三十二年に大東汽船会社、ついで三十六年に湖南汽船会社を創設し、さらに四十年(一九〇七)に清国航路の四社を合併して日清汽船株式会社を創設。清国貴顕と広く交流し、近衛篤麿《このえあつまろ》にも献策した。晩年、大東文化学院・二松学舎専門学校で詩を講じた。絶句をよくし、「絶句碧堂」と称された。昭和六年(一九三一)四月十八日没。六十八歳。著書に『碧堂絶句』『凌雲集』『衣雲集』などがある。　(町　泉寿郎)

たなべやすたろう　田辺安太郎　一八四四―一九三〇　最初期の電胎母型製造専門技師(母型師)。長崎今魚町にて弘化元年十一月十六日(一八四四年十二月二十五日)に生まれる。家は代々紅屋であったが家業に馴染まず、小柄彫刻を習得。父が本木昌造《もときしょうぞう》と懇意であったことから本木に師事。明治三年(一八七〇)、酒井三蔵、小幡正蔵らとともに長崎新塾出張大阪活版所開設のために大阪に派遣され、以降、活字母型製造に専念した。しかし、会社幹部の技術秘匿方針に反発して明治十六年(一八八三)、大阪活版を退社。その後、大阪市東区北新町二丁目で母型製造業を開業。以降は地方出張もいとわず、後進への技術普及に邁進したが、明治三十二年(一八九九)引退。明治三十五年ころから大阪電話交換局で電話機の修繕係を務めた。昭和五年(一九三〇)一月二十六日死去。八十七歳。

参考文献　津田伊三郎編『本邦活版開拓者の苦心』(一九三四、津田三省堂)　(府川　充男)

たなみみしろ　田波御白　一八八五―一九一三　明治時代から大正時代初期の歌人。明治十八年(一八八五)十一月八日、栃木県下都賀郡南小林《おばやし》村(小山市)の豪農の家に生まれる。本名庄蔵。金子薫園《かねこくんえん》選の『新声』歌壇に水韻の号で投稿し、のち薫園の白菊会に参加。岡山の第六高等学校から、四十一年(一九〇八)東京帝国大学英文科に入学。和辻哲郎《わつじてつろう》らと帝国文学会の委員になり、『帝国文学』に短歌などを発表した。明治四十四年、卒業を果たせず肺結核を患う。二年間療養生活を送るが、大正二年(一九一三)八月二十五日、七里ヶ浜療養所で没。二十九歳。生前の歌集はないが、友人の内藤鋠策《ないとうしんさく》らによって『御白遺稿』(大正三年四月、御白遺稿発行所)がまとめられた。そこには東大入学以後の歌が収められており、相聞歌の抒情とともに、病に冒され死に向かう苦しみや、その中での思いが歌われている。

参考文献　山崎敏夫編『明治歌人集』(『明治文学全集』六四、一九六八、筑摩書房)　(内藤　明)

たにぐちあいざん　谷口靄山　一八一六―九九　南画家。文化十三年(一八一六)十二月、越中新川郡鉾ノ木村(富山県高岡市)に、谷口藤右衛門の次男として生まれる。名は貞二。十八歳の時に江戸へ出て、谷文晁《たにぶんちょう》、高久靄崖《たかくあいがく》に師事して南北合派を学んだ。天保十三年(一八四二)には京都へ上り貫名海屋《ぬきなかいおく》を訪ね、さらには大坂で篠崎小竹《しのざきしょうちく》のもとで漢籍詩文を学んだ。さらに弘化二年(一八四五)、長崎へ下り陳逸舟に画を学び、翌年には大分で広瀬淡窓の私塾で漢詩を学んだ。その後、再び京都へ戻り海屋に師事して書画を修めている。幕末期には尊攘運動に共鳴したとされ画業における顕著な活動は見られないが、明治十年(一八七七)の第六回と十二年の第八回京都府博覧会では妙技賞銅牌を受賞した。翌十三年には京都府画学校創設に参画して副教員となった。以降も京都博覧会、内国絵画共進会、内国勧業博覧会などで活躍し、三十年(一八九七)には田能村直入《たのむらちょくにゅう》、富岡鉄斎らと日本南画協会を設立した。三十二年十二月三十日没。八十四歳。

参考文献　三輪英夫・佐藤道信・山梨絵美子『近代日本美術事典』(一九八九、講談社)、『谷口靄山展』(展覧会図録、一九九六、高岡市美術館)　(平林　彰)

たにぐちらんでん　谷口藍田　一八二二―一九〇二　儒者。幼名は秋之助または宗平、名は中秋。字は大明、号は藍田、別号は介石。文政五年八月十五日(一八二二年九月二十九日)生まれ。肥前有田の人。その祖先が朝鮮半島の出身のため、韓の姓を名乗った。広瀬淡窓《ひろせたんそう》、羽倉簡堂《はぐらかんどう》に学び、佐藤一斎、佐久間象山とも交際があった。嘉永二年(一八四九)に佐賀藩校弘道館教授を辞した後、慶応元年(一八六五)に高島炭坑を開発、副島種臣・大隈重信らと交友を得た。幕末の混乱期には長崎の秩序維持に力を発揮し、その功により肥前鹿島藩主鍋島直彬《なべしまなおよし》によって、鹿島藩校弘文館の儒師兼権大参事に迎えられる。その後長らく鹿島の地にあったが、明治九年(一八七六)には佐賀で藍田私塾を、二十四年(一八九一)には上京して、篤信学会を麴町に開いた。二十六年、北白川宮能久《よしひさ》親王の知遇を得る。二十八年の北白川宮死去後は、東京に藍田書院を開き、行道会を起し、儒教の振興に努めた。三十五年(一九〇二)十一月十四日、脳溢血のため死去。八十一歳。明治四十四年(一九一一)、明治天皇の九州での観閲式の際、藍田の幕末における功績を賞し、正五位を追贈される。若いころは豪放不羈な性格や行動により、儒俠と呼ばれたことがあった。中年以降は深く内省し、穏やかでありながら、端正で威厳があった。また、その講義は朱子学を基礎として、四書五経を中心に行なった。特に晩年は易の解釈に精力を注いだ。藍田の著作は『藍田遺稿』『咬雪游稿』『図南録』『周易講義録』などがあり、それらは藍田の息子や門人らの編纂になる、『藍田谷口先生全集』(大正十四年)にまとめられている。
(日野 俊彦)

たにくまこ 谷玖満子 一八四三―一九〇九 軍人・政治家谷干城の妻で内助の功で知られる。高知藩士国沢七郎の長女。別名熊女・久万子。天保十四年(一八四三)高知城下水道町生まれ。文久三年(一八六三)谷干城と結婚。谷家の質素な家風を守り夫の出世を支えた。干城は西南戦争に際し熊本鎮台司令官として熊本城にこもり西郷軍と対峙。この時ともに籠城しわずかな糧米を炊事し負傷兵を看護し、兵士を鼓舞激励した。その後政治家に転じた干城は、明治二十年(一八八七)婦女を奨励して生糸を製造し外国に輸出すべきだと主張、玖満子も貴婦人養蚕教所設立に関わり、国のため、家のため上流婦人も実地修行が必要だとした。東京市ヶ谷の邸内に養蚕所を設け、桑を植え繭を育てて内国勧業博覧会に出品し褒状も獲得。旧藩主山内豊範の遺命で嗣子豊景の養育にもあたった。愛国婦人会の理事ほか婦人慈善会などの婦人会にも積極的にかかわり、国策である勤倹節約を率先して生きた。明治四十二年(一九〇九)十一月十九日死去。六十七歳。
参考文献 関みな子『土佐の婦人たち』(『高新シリーズ』、一九六二、高知新聞社)、高知市立自由民権記念館編『谷干城のみた明治展図録』(一九九七)
(江刺 昭子)

たにざきじゅんいちろう 谷崎潤一郎 一八八六―一九六五 小説家。明治十九年(一八八六)七月二十四日、日本橋区蠣殻町(東京都中央区日本橋人形町)に生まれる。東京帝国大学国文科中退。明治四十三年(一九一〇)、小《お》山内《さない》薫《かおる》・大貫晶川《おおぬきしょうせん》・和辻哲郎らと第二次『新思潮』を創刊し、創刊号に「誕生」(戯曲)、三号に「刺青」、四号に「麒麟」などを発表。翌年、『スバル』に「少年」「幇間」を、『三田文学』に「飃風《ひょうふう》」を掲げ、同年十一月の『三田文学』誌上で永井荷風によって絶賛され、華々しく文壇へ躍り出た。同年十一月の『中央公論』に「秘密」を発表、十二月には籾山書店から第一創作集『刺青』を刊行。当時、隆盛を極めていた自然主義に対峙するその耽美的作風は悪魔主義とも称されたが、以後、半世紀にわたり女性拝跪に特色づけられた独自の作風を貫き、近代日本文学史上に大きな足跡を残した。昭和二十四年(一九四九)、文化勲章受賞。同四十年(一九六五)七月三十日没。満七十九歳。
参考文献 野村尚吾『伝記谷崎潤一郎』(一九七二、六興出版)、小谷野敦『谷崎潤一郎伝―堂々たる人生―』(二〇〇六、中央公論新社)
(千葉 俊二)

谷崎潤一郎

たにしげき 谷重喜 一八四三―八六 自由民権家、軍人。天保十四年四月二十四日(一八四三年五月二十二日)、土佐藩士谷神左衛門重昌の長男として生まれる。通称は神兵衛、名は平三、のちに重喜、号は甲山。谷重中は弟。戊辰戦争に、土佐藩迅衝隊四番隊長として参戦、中部・東北地方を転戦し、会津攻略で功を挙げる。明治三年(一八七〇)陸軍大佐となり、大阪鎮台参謀長に就任。同六年、征韓論争に端を発する明治六年の政変を機に、片岡健吉・林有造らとともに海南義社を結成した。九年六月、陸軍大佐を免ぜられ下野、帰郷し、立志社に入社、副社長に就任した。十年(一八七七)、西南戦争に呼応した立志社挙兵計画の嫌疑に連座し、禁獄一年の刑を受け、入獄。出獄後、十三年に土佐郡長を務める。十四年十月の自由党結党に尽力、『自由新聞』会計掛、党常議員を務める。十五年四月、板垣退助遭難事件の際、自由党総代として岐阜へ急行する。十五年十一月―十六年六月の板垣・後藤象二郎外遊中、自由党総理の職を代行した。十九年八月二十日死去。四十四歳。
参考文献 片岡健吉先生銅像再建期成会編『片岡健吉先生の生涯―伝記・片岡健吉―』(『伝記叢書』、一九九六、大空社)、『高知県人名事典(新版)』(一九九九、高知新聞社)
(金井 隆典)

たにたてき 谷干城 一八三七―一九一一 幕末から明治期の陸軍軍人、政治家。天保八年二月十二日(一八三七年三月十八日)土佐藩士谷万七の長男として窪川村(高知県高岡郡四万十町)に生まれ、幼名は申太郎、のちに守部、号は隈山《わいざん》。安政三年(一八五六)江戸に遊学、一旦帰藩し、六年再度江戸に出て、安井息軒に学んだ。文久元年(一八六一)に帰藩し藩校致道館の助教になったが、武市瑞山の影響で尊王攘夷運動に加わり国事に奔走した。慶応二年(一八六六)十二月藩命により長崎・上海に出張し、内外の新しい情勢に開眼し、翌三年京都に上り、中岡慎太郎・板垣退助などと結び、さらに西郷隆盛・大久保利通らと会見して薩摩・土佐の連携に尽力した。明治元年(一八六八)二月、東征の土佐藩兵大監察として戊辰戦争に従軍、続いて関東・会津戦争に軍監として参加、軍功により百五十石賜った。帰藩後、藩小参事となり藩政改革に尽力した。明治四年六月、新政府に出仕し兵部権大丞、七月陸軍大佐、八月兼兵部少丞、五年四月陸軍裁判長、九月陸軍少将を経て、六年四月熊本鎮台司令長官となった。同七年二月江藤新平による佐賀の乱が発生し、これを鎮定した後、台湾征討のため蕃地事務参軍として西郷従道《さいごうつぐみち》都督を補佐して台湾に出征した。九年十月の熊本神風連の

谷　干　城

乱で殺害された種田政明の後任として、十一月再度熊本鎮台司令長官となった。十年(一八七七)二月、「今般政府へ尋問の筋有之」と西郷隆盛率いる薩摩軍勢が決起し、いわゆる西南戦争が勃発した。薩軍約一万が熊本城を攻囲したが、谷は参謀長樺山資紀《かばやますけのり》・参謀児玉源太郎・中央から派遣された川上操六などの補佐により、征討軍の来着まで二ヵ月近く熊本城を死守した。薩軍を迎えるに当たり、肥薩国境付近で迎撃するか、熊本城外に出撃して決戦をするか、城を固守して征討軍の来着を待つか議論の分かれるところであったが、薩軍は強兵であり、県下の士族の中には薩軍に通じる者もあり、城から出撃して戦うのは必勝を期し難いので、城内に立て籠もって防禦を固め、征討軍の来着を待つことに決したのであった。谷司令長官以下の奮闘により熊本城を堅守したことは、爾後の戦闘を有利にし、西南戦争を勝利に導くことになり、谷の果たした功績は大であった。西南戦争終了後の十一年十一月陸軍中将になり、翌十二月東部監軍部長、十三年四月陸軍士官学校校長兼戸山学校校長、八月さらに中部監軍部長を兼ね、十四年二月中部監軍部長の兼職を解かれ、さらに六月陸軍士官学校校長および戸山学校校長を免ぜられた。軍務を解かれた谷は、三浦梧楼・曾《そ》我祐準《がすけのり》・鳥尾小弥太と連携して、同年九月に国憲創立国会開設を建白し、いわゆる四将軍国会開設建白事件となった。これを契機に、軍人から政治家へ転身していき、保守中正派を結成し、山県有朋らと対立していった。十七年五月学習院院長に任ぜられ、七月には勲功により子爵を授与され、十八年九月華族女学校校長を兼勤、十二月内閣制発足に伴う第一次伊藤内閣の農商務大臣に任命された。十九年三月から翌二十年(一八八七)六月まで欧米諸国を視察、帰国後政府の欧化政策を批判し、条約改正案にも反対して、同年七月農商務大臣を辞任した。谷の保守的な頭脳を欧米視察によって開明させようとした伊藤博文の狙いは成功しなかった。以後欧化主義に対抗して日本主義を唱え、条約改正反対運動を展開した。二十三年七月子爵団選出の貴族院議員に当選、鳥尾・三浦らとともに反政府勢力のリーダーとなり、国粋主義・農本主義的立場をとり、藩閥政府に対抗した。桂内閣の地租増徴案には、農民保護を主張して反対し、日露開戦にも反対した。軍人出身の政治家でありながら、谷の心底は、民力に伴わない過大な軍備拡張に反対であった。明治四十四年(一九一一)五月十三日、最後まで保守を堅持し病没した。七十五歳。

参考文献　平尾道雄『子爵谷干城伝』(一九三五、冨山房)

(原　剛)

たにてつおみ　谷鉄臣　一八二二―一九〇五　彦根藩士。文政五年三月十五日(一八二二年五月六日)、代々医を業とする渋谷家の長男として彦根に生まれる。はじめ騮太《りゅうた》郎《ろう》と称し、のち周平・退一と称した。長じて江戸に遊学、林家に入門、また長崎でオランダ医学を修めて帰郷し、家業を継いだ。文久三年(一八六三)春、藩士に登用されて家老岡本半介(黄石)のもとで京師周旋に従事、また藩政の機事にも与るようになる。大政奉還・王政復古直後には藩論を倒幕に転換、明治元年(一八六八)閏四月藩の参政に抜擢されるとともに、この年に谷鉄臣と改める。ついで三年正月権少参事、四月大参事に任ぜられる。さらに廃藩置県後は大蔵大丞から左院へ転じて一等議官に進んだものの、六年九月、病気を理由に辞職、居を京都に移し、如意山人と称して閑雅のうちに余生を過ごす。この間、十八年(一八八五)宮内省支庁御用掛を命じられるが、まもなく辞する。また西村茂樹の弘道会の京都支会長として尽力する。明治三十八年(一九〇五)十二月二十六日没。八十四歳。

参考文献　「谷鉄臣国事鞅掌事歴」(『史談会速記録』二〇二、一九〇九)、滋賀県教育会編『近江人物志』(一九一七、文泉堂)、三浦助市郎「谷鉄臣翁の俤」(『斯文』九ノ六、一九二七)

(鈴木　栄樹)

たにむらけいすけ　谷村計介　一八五三―七七　軍人。嘉永六年二月十三日(一八五三年三月二十二日)、薩摩藩領倉岡(宮崎市)の郷士坂元利右衛門の次男として生まれ、安政三年(一八五六)、一族の谷村平兵衛家を継ぐ。幼時より文武に励み、明治三年(一八七〇)には鹿児島に遊学した。五年、兵役を志願、二等卒として鎮西鎮台鹿児島分営の三番小隊に編入され、熊本本営に転じる。七年二月の佐賀の乱では、第十一大隊の左半隊に属して奮戦し、佐賀城退去の際は敵の追撃のなか先導を務め、隊の窮地を救う。その功により六月伍長に昇進する。八月、台湾に出征、十二月に凱旋する。八年三月、第十一大隊の解体に伴い、歩兵第十四連隊第二大隊第二中隊に配属され小倉に赴任した。明治九年十月、神風連の乱が勃発すると、連隊長乃木希典の命により熊本鎮台参謀大迫尚敏《おおさこなおとし》の護衛として熊本に出張、帰途柳川にて士族の動静の探索にあたった。同年十二月、第十三連隊第一大隊第二中隊付となり、再び熊本に赴任する。明治十年(一八七七)の西南戦争に際しては熊本籠城戦に加わるが、二月二十五日、城外の征討旅団に城内の情況を報告するという密命を帯び、薩軍の包囲網のなか二度捕まりながらも、三月二日、船隈の本営にたどり着き任務を果たす。その後、第二旅団の軍令となるが、三月四日、田原坂にて戦死する。二十五歳。

参考文献　伴三千雄編『贈従五位谷村計介伝』(一九三五、

贈従五位谷村計介君銅像建設会）

（友田　昌宏）

たにもととめり　谷本富　一八六七―一九四六　明治から昭和時代前期の教育学者。慶応三年十月十七日（一八六七年十一月十二日）讃岐国高松生まれ。高松中学校、高松医学校を経て明治十五年（一八八二）上京、同人社にて英語と普通学を学修。同十八年、東京大学文学部哲学科撰科生。同二十二年（一八八九）、帝国大学文科大学附設教育学科特約生。ハウスクネヒトに師事。翌年卒、山口高等中学校に赴任。同二十七年、高等師範学校教授。同三十二年（一八九九）、教育学研究のため英仏独へ留学被命。京都帝国大学より各国文科大学の学科・組織取調を嘱託される。パリ大学、コレージ＝ド＝フランス、モンペリエ大学、ライプチヒ大学に学び、欧米巡遊、同三十六年帰朝。京都帝大理工科大学や仏教大学（現竜谷大学）で講義。同三十八年文学博士。翌年、京都帝大文科大学開設委員となり、初代教授として教育学教授法講座担任。同四十三年（一九一〇）、教育学術研究のため欧米諸国を私費視察。真宗大谷大学でも講義。大正二年（一九一三）、総長沢柳政太郎の辞職要求に際し、病気を理由に依願免本官。昭和二十一年（一九四六）二月一日、自宅にて没。八十歳。ベイン著の訳書『心身相関之理』（明治十九年、大蔵書店）、ヘルバルト教育学を紹介した『実用教育学教授法』（同二十七年、六盟館）のほか、多数の学説を紹介、啓蒙的講演活動も活発に行なった。

参考文献　谷本先生遺稿出版委員会編『中等教育の革新』（一九六二）、稲葉宏雄『近代日本の教育学―谷本富と小西重直の教育思想―』（二〇〇四、世界思想社）

（田中　智子）

たにもりよしおみ　谷森善臣　一八一七―一九一一　国学者。名を松彦、種松といい、二郎、外記、大和介と称し、薫壺、靖斎と号した。文化十四年十二月二十八日（一八一八年二月一日）京都に生まれる。伴信友について国学・和歌を学び、国史・国語学の研究を深めた。中でも陵墓研究に関心を深め、文久二年（一八六二）十二月には、山陵奉行であった宇都宮藩家老戸《と》田《だ》忠至《ただゆき》のもとで平《ひら》塚《つか》飄斎《ひょうさい》らと山陵修補御用掛嘱託となって、山陵調査に従事し、その修補復興に尽力した。翌年正月には内舎人兼大和介に任じられ、正六位に叙されている。また七月には、それまでの山陵調査の結果を『諸陵徴』『諸陵説』としてまとめ、孝明天皇から恩賞を賜った。慶応三年（一八六七）十一月、再興された諸陵寮に出仕して諸陵助に任じられ、明治元年（一八六八）正月には神祇事務掛、以降も神祇事務局判事、制度事務局権判事、国史考閲御用掛、教導局御用掛など、新政府での要職を歴任。七月には大学中博士を拝命し、同八年八月には修史館七等修撰となり南朝史研究に携わり、同三十年（一八九七）に従四位を贈られた。同四十四年（一九一一）十一月十六日、九十五歳で没。

谷森善臣

参考文献　青木周平「谷森善臣の古事記校訂研究―幕末から明治の古事記研究史の一環として―」（国学院大学日本文化研究所編『維新前後に於ける国学の諸問題―創立百周年記念論文集―』所収、一九八三）、武田秀章『維新期天皇祭祀の研究』（一九九六、大明堂）

（中村　聡）

たねださんとうか　種田山頭火　一八八二―一九四〇　俳人。本名正一。別号田螺公。明治十五年（一八八二）十二月三日、山口県佐波《さば》郡西佐波令《にしさばりょう》村（防府《ほうふ》市）生まれ。父竹治郎、母フサの長男。生家は地方有数の大地主であった。佐波郡立周陽学舎、山口尋常中学校、東京専門学校（現早稲田大学）高等予科を経て、明治三十五年（一九〇二）、早稲田大学文学科に入学したが、神経衰弱のため中退した。明治三十九年より父とともに酒造業を営むが、大正五年（一九一六）に破産する。妻子を伴って熊本市に赴き、額縁店「雅楽多」を経営したが、これも失敗に終る。単身上京のまま離婚するが、関東大震災の罹災を機に熊本へ戻り、大正十三年（一九二四）末、出家得度して法名耕畝となる。大正十四年、鹿本《かもと》郡植木《うえき》町の味取《みとり》観音堂の堂守となり、大正十五年より解くすべもない惑いを背負って一鉢一笠の旅を始め、九州、四国、中国地方などを行《ぎょう》乞《こつ》流転すること八年に及ぶ。昭和七年（一九三二）九月、山口県小郡《おごおり》町矢足（山口市）に其中庵《ごちゅうあん》を結んだ。しかし、昭和九年三月から四月に及ぶ中部地方行脚、十年（一九三五）十二月から十一年七月におよぶ中山道、東北、北陸地方などの行脚を重ねた。昭和十三年十一月、其中庵を出て、山口県湯田村に風来居を結んだ。しかし、その後も、十四年三月から五月に及ぶ近畿、東海、中部地方を巡る旅、同年十月からは四国遍路の旅に出立している。同年十二月、松山市御幸寺境内に一草庵を得たが、翌十五年四月から六月に及ぶ中国、四国、九州への最後の旅に出る。昭和十五年十月十一日没。五十九歳。俳句は明治四十四年（一九一一）より、田螺公の号で定型俳句を作っていたが、大正二年から『層雲』に拠り、荻原井泉水《おぎわらせいせんすい》に師事した。大正三年には防府俳壇の中心的存在として井泉水を防府に迎え、大正五年には『層雲』の選者にもなった。破産出郷里後は句作数も減っているが、味取観音堂の堂守になってから、句作活動を再開しその後の流浪の旅においては、みずからの境涯を自然なリズムで詠い出そうとする自由律作品を数多く残した。昭和五年九月以前の記録は現存しないが、以後は克明な日記として遺されている。第一句集『鉢の子』から第七句集『鴉』まであり、その集大成が『草木塔《そうもくとう》』(昭和十五年、八雲書林)である。昭和四十七年(一九七二)から四十八年に刊行された『定本山頭火全集』(全七巻、春陽堂)のほか、村上護編『山頭火全句集』(平成十四年、春陽堂)がある。

参考文献　村上護『山頭火―境涯と俳句―』(一九七八、昭和出版)　(瓜生　鐵二)

たねだまさあき　種田政明　一八三七―七六　陸軍軍人。天保八年(一八三七)八月、薩摩藩士の子として鹿児島城下高麗町に生まれる。文久二年(一八六二)八月、京都において中川宮付きの守衛を務める。戊辰戦争では薩摩藩六番隊長として白河・会津などに転戦した。凱旋後は藩の常備隊二番大隊長となる。廃藩置県後、兵部省に出仕、兵部少丞となり会計監督を務めた。会計監督在任中、陸軍卿山県有朋が省金を私的に御用商人山城屋和助《やましろやわすけ》に貸与していることを突き止め、桐野利秋らと山県の排斥をはかる。明治六年(一八七三)十一月、陸軍少将となり、同時に東京鎮台司令長官に任じられる。同八年、天長節の諸兵隊分列式においては総指揮官を務め、翌九年には特命全権弁理大臣黒田清隆に随行し朝鮮に渡った。同年三月に帰国したのち、熊本鎮台司令長官に転じたが、在任中の十月二十四日、神風連の高津運記《たかつうんき》率いる一隊に襲われ命を落とした。四十歳。　(友田　昌宏)

たのむらちょくにゅう　田能村直入　一八一四―一九〇七　南画家。文化十一年二月十五日(一八一四年四月五日)、豊後国直入郡竹田村(大分県竹田市)に三宮利助の子として生まれる。名は伝太。はじめ狩野派の手ほどきを叔父の渡辺蓬島《わたなべほうとう》から受け、ついで岡本梅雪に学んだ。九歳の時に田能村竹田に入門し、画才を見込まれて田能村姓を継いだ。また国学を角田九華《つのだきゅうか》に学んだ。天保二年(一八三一)、号を小虎と改め、五年には竹田に従い大坂へ行き大塩平八郎の洗心塾に入塾して陽明学と武術、詩学を修めた。また篠崎小竹《しのざきしょうちく》、広瀬旭荘《ひろせきょくそう》に詩学を学んだ。明治元年(一八六八)、京都に移り、名を小虎、号を直入と改めた。十年(一八七七)の京都博覧会の開催と、二年後の京都府画学校の設立に尽力して同校の初代摂理となった。一方で各種博覧会、展覧会へ出品、受賞を重ね、さらには私塾を開設して、自宅に南宗画学校を開校した。三十年(一八九七)には谷口靄山《たにぐちあいざん》らとともに日本南画協会を結成し、南宗画学校を合併し、関西南画壇の重鎮として君臨した。四十年(一九〇七)一月二十一日、死去した。九十四歳。

参考文献　小林雲山編『評伝日本書画名家辞典』(一九八一、柏書房)、三輪英夫・佐藤道信・山梨絵美子『近代日本美術事典』(一九八九、講談社)　(平林　彰)

たのもきこま　頼母木こま　一八七四―一九三六　ヴァイオリニスト、教師。名は駒、コマとも。明治七年(一八七四)四月一日静岡県生まれ。明治二十二年(一八八九)九月東京音楽学校に入学しR・ディットリヒに師事。二十七年一月より昭和三年(一九二八)三月まで同校で後進の指導。明治三十一年(一八九八)の同校第一回定期演奏会では、ピアノの橘糸重《たちばないとえ》とモーツァルト作曲「ヴァイオリンソナタ第二十八番ホ短調(K三〇四)」を演奏。昭和十一年(一九三六)十月十四日没。六十三歳。

参考文献　『東京芸術大学百年史』東京音楽学校篇一・二・演奏会篇一(一九八七・二〇〇三・一九九〇、音楽之友社)　(橋本久美子)

タバコさんぎょう　煙草産業　南蛮貿易によってもたらされたとされるたばこは、江戸時代に喫煙の風習が広まるにつれて、製造や販売が産業として発達した。当時、日本ではキセルで吸う細刻みたばこが主流であり、はじめは各自が葉たばこを買い求め刻んでいたが、やがて「一服一銭」と呼ばれる露店が現われるようになった。そして江戸時代後期には「カンナ」「ゼンマイ」と呼ばれる刻み器械なども考案され、在来産業としての基盤を形成していった。明治時代においても、日本全体のたばこ産業の基盤は、消費量の八割以上を占める細刻みたばこにあった。葉たばこ生産量の急速な伸びと足踏み式刻み器械、そして動力の導入によって製造能力は飛躍的に発展したが、当時全国に五千以上存在したと推定される刻みたばこ製造業者のほとんどは零細だった。一方、幕末に日本に持ち込まれた紙巻たばこは、文明開化の都市を中心に広まり、明治初期には国内でも製造されるようになった。日本における紙巻たばこの製造は、彦根藩の下級藩士だった土田安五郎が明治二年(一八六九)ごろに東京で開始したという説がある。しかし紙巻たばこが産業として大きく発展したのは、明治二十年代以降、岩谷松平《いわやまつへい》の岩谷商会、村井吉兵衛の村井兄弟商会などが、外国から機械を輸入するなどして、大規模経営に乗り出してからであった。特に村井は外国資本を背景に、各地のたばこ会社を買収し、最終的にはたばこ製造業者の年間所得合計の六割弱を占めるまでの大企業となった。こうして民間で発展していったたばこ産業であるが、明治三十七年(一九〇四)、国による製造専売制度が導入され、製造業者は交付金と引き換えにたばこ業を手放すことになっ

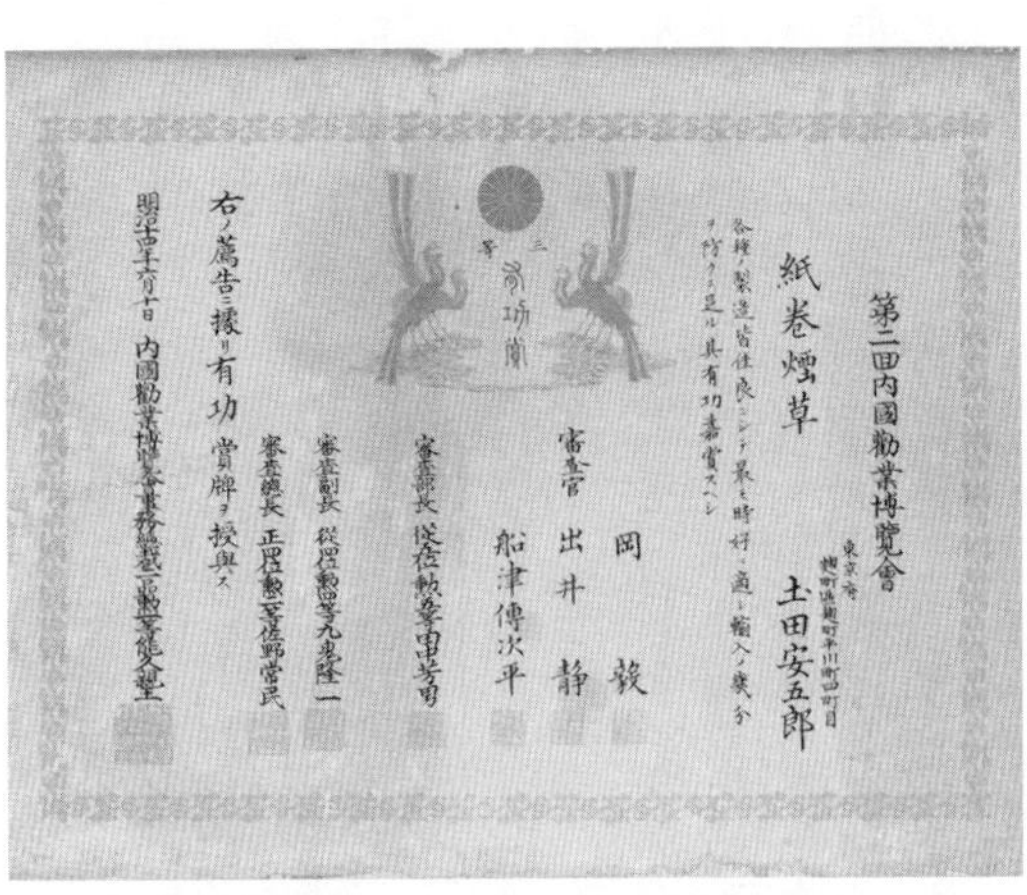

煙草産業　土田安五郎が受けた第二回内国勧業博覧会有効賞の賞状(明治14年)

た。そもそもたばこへの課税は、明治九年の煙草税則から始まったが、当初は脱税が多く、所期の税収を得ることができなかった。脱税への対応、そして大陸への進出を背景とした軍備拡張による国費の増大に対応するため、税則の改正を重ねたが、日清戦争後のさらなる国家財政の膨張は、たばこへの課税方法の根本的な改革を必要とした。そのため明治三十一年一月には葉たばこ専売制度を導入、さらに同三十七年四月煙草専売法(法律一四号)を制定し、以後昭和六十年(一九八五)まで日本では製造専売制が行われた。 ↓岩谷商会《いわやしょうかい》 ↓岩谷松平《いわやまつへい》 ↓紙巻《かみまき》煙草《タバコ》 ↓煙草専売法《タバコせんばいほう》 ↓天狗煙草《てんぐタバコ》 ↓葉煙草専売法《はタバコせんばいほう》 ↓村井吉兵衛《むらいきちべえ》 ↓村井兄弟商会《むらいきょうだいしょうかい》

参考文献 日本専売公社専売史編集室編『たばこ専売史』一(一九六三)、たばこ総合研究センター『たばこの事典』(二〇〇九、山愛書院)

(鎮目　良文)

タバコぜい　煙草税　煙草に対して課された消費税。煙草は、江戸時代、幕府や藩による課税や専売の対象であった。維新後、しばらく旧慣によったが、明治八年(一八七五)十月の煙草税則により、はじめて国税として課税された。まず、煙草の卸売・小売業の二種に営業税を課し、消費者に販売する際に、印紙貼用させる印紙税を課した。十五年(一八八二)に煙草税則が改正され、税額引上げと新たに営業税を製造・仲買・小売の三種に課し、脱税の罰則強化も図られた。二十一年(一八八八)の改正では、営業税を営業所一ヵ所ごとに課すこととし、印紙税は定価の二割の比例税として従来の帯印紙を廃止するなど脱税防止策がとられたが、脱税は絶えなかった。二十九年三月の営業税法により煙草営業税は同法に吸収され、葉煙草専売制度の実施に伴い煙草印紙税も廃止され、煙草税は消滅した。戦後、昭和二十九年(一九五四)に地方税の煙草消費税が、六十年(一九八五)には、国税の煙草消費税が創設された。

参考文献『昭和財政史』七(一九六四、東洋経済新報社)、『たばこ専売史』一(一九六四、日本専売公社)

(矢切　努)

タバコせんばいほう　煙草専売法　政府が煙草の製造・販売を独占する制度。日本では、明治八年(一八七五)十月に煙草税則が制定され、煙草への課税がなされて以来、早い段階から煙草専売方式への転換が大蔵省によって模索されていたが、予算の捻出が困難なことや海外産煙草との競争力の低さなどから、容易に実現には至らなかった。しかし、日清戦後経営に伴う財源確保の要請から、煙草税は将来増収が見込める最適な税法であり、二十七年(一八九四)に英国との条約改正による関税自主権回復への見通しが立ったこともあって、二十九年三月に葉煙草専売法が公布された。同法は、耕作者を届出制としたこと、煙草の生産—製造—消費の全面的な掌握が達成できなかったことから、同法実施後も煙草の製造・密売は横行し税収は上がらなかったため、その後、七度の改正が行われた。耕作の届出制から許可制への変更や耕作者への規制強化、営業資格の制限などが、収入率の引き上げとともに行われた。しかし、取締上・財務行政上の問題点から完全な煙草専売制度への根本的改革が必要とされた。加えて、アメリカ＝タバコ＝トラストによる国内市場への進出の情勢と日露戦争勃発に伴う戦費調達の必要性から、三十七年(一九〇四)四月、煙草専売法が公布された。この結果、耕作者の収穫した葉煙草および輸入葉煙草は、すべて政府およびその命を受けた者に収納され、それらを原料に政府が煙草を製造し、政府指定の小売業者が販売することとなった。翌五月には煙草専売局が設置され、大蔵大臣の監督下で煙草の生産—製造—販売および輸入までを一手に管掌した。戦後は、昭和二十四年(一九四九)に日本専売公社に専売事業が移管され、五十九年(一九八四)には輸入自由化が実施された。翌年には日本専売公社の改組に伴い日本たばこ産業が設立されたが、現在も煙草製造は日本たばこ産業の独占となっている。 ↓専売局《せんばいきょく》 ↓葉煙草専売法《はタバコせんばいほう》

参考文献『たばこ専売史』一(一九六四、日本専売公社)、遠藤湘吉『明治財政と煙草専売』(一九七〇、御茶の水書房)、近藤康男『煙草専売制度と農民経済』(『近藤康男著作集』三、一九七四、農山漁村文化協会)

(矢切　努)

たばるざかのたたかい　田原坂の戦　明治十年(一八七七)三月、西南戦争における政府軍と反乱軍(西郷軍)の激戦。明治十年二月、西郷軍は熊本城を包囲し、熊本鎮台司令長官谷干城《たにたてき》は籠城戦に出た。福岡小倉の分営にあった政府軍の第十四連隊は直ちに支援に向かったが、乃木希典率いる連隊は二月二十二日、植木で西郷軍と衝突し、連隊旗を奪われる敗北を喫して田原坂の北方まで敗走した。熊本県北部に位置する田原坂(熊本市植木町豊岡一帯)は、熊本へ進軍するために突破しなければならない要衝であり、西郷軍は側面が崖状の何段にもなった坂道に強固な堡塁を築いていた。三月四日、南下した政府軍主力(正面軍)は田原坂付近で西郷軍と激しく衝突し、いわゆる田原坂の戦が始まった。激しい銃撃戦は一進一退を繰り返し、政府軍の弾薬消費は一日平均三十二万発余といわれた(『征西戦記稿』)。政府軍はまた薩軍の白刃攻撃にも悩まされ、みずからも警視隊を組織して抜刀攻撃にも出た。しかし三月二十日、雨が降る霧中をついて政府軍は総攻撃を行い、砲兵の支援を得てこの地を一気に突破した。

参考文献 参謀本部陸軍部編纂課編『征西戦記稿』(一八八七、陸軍文庫)、小川原正道『西南戦争—西郷隆盛と日本最後の内戦—』(『中公新書』、二〇〇七、中央公論新社)

(保谷　徹)

たぶちよねぞう　田淵米蔵　一八七一—一九一七　囲碁棋士。十五世井上因碩《いのうえいんせき》。明治四年(一八七一)西宮の生まれ。幼少時より大阪の田淵家に養われ、その姓を受け継ぐ。はじめ泉秀節、のち十四世井上因碩(大塚亀太郎)に師事する。明治三十九年(一九〇六)井上一門および高崎泰策の推薦により十五世を継ぐ。中年期に入り上京して

改めて囲碁の修業をやり直す。大正元年(一九一二)に至り井上門および本因坊秀哉《ほんいんぼうしゅうさい》、中川亀三郎らの推薦で七段に昇進。大正六年十一月二十三日、急性肺炎で病没する。四十七歳。

参考文献　林裕編『囲碁百科事典』(『綜合囲碁講座』別巻、一九六五、金園社)　(水口　藤雄)

たまいきさく　玉井喜作　一八六六―一九〇六　探検家、ジャーナリスト。慶応二年五月十八日(一八六六年六月三十日)、周防国熊毛《くまげ》郡光井村(山口県光市)に生まれる。私立独逸学校、東京大学予備門で学ぶが予備門を除籍となる。私塾速成学館創設。明治二十一年(一八八八)より札幌農学校でドイツ語を教える。その後農業を営んだ。明治二十五年日本を出発、シベリアを茶の隊商とともに横断して幾多の困難を経験、一八九四年にベルリン着。ドイツで言論活動を行いシベリア旅行記『西比利亜征槎紀行』発表。九八年にベルリンでドイツ語による月刊雑誌『東亜』を創刊、死に至るまで主筆として日本と極東の事情を紹介、論評する。日露戦争に際して言論活動を展開するとともに日本人捕虜、ロシアからの日本人避難民を援助した。ベルリンを訪れる日本人の世話をしたことで知られて、後藤新平、長岡外史、長岡半太郎、新渡戸稲造、美濃部達吉らと交流があった。一九〇六年九月二十五日、ベルリンで没。四十一歳。　→東亜《とうあ》

参考文献　大島幹雄『シベリア漂流―玉井喜作の生涯―』(一九九八、新潮社)、産経新聞「日本人の足跡」取材班『日本人の足跡―世紀を超えた「絆」求めて―』三(二〇〇一、産経新聞ニュースサービス)、泉健「ベルリンの玉井喜作」(『和歌山大学教育学部紀要　人文科学』五五、二〇〇五)　(山本　尚志)

たまおきはんうえもん　玉置半右衛門　一八三八―一九一〇　鳥《とり》島・南大東島《みなみだいとう》開拓の先駆者、実業家。天保九年十月一日(一八三八年十一月十七日)八丈島大賀《おおか》郷(東京都八丈島八丈町)に生まれる。十二、三歳ごろより八丈島にて牧畜業に従事。文久二年(一八六二)鳥島を巡視してより、茅草が豊富に自生しており天然牧場として有用であると考え開拓の志を持った。明治二十年(一八八七)東京府知事男爵高崎五六《たかさきごろく》宛て「鳥島拝借定期船御寄島願」を提出、同年開拓に着手。東京の京橋に南洋物産玉置商会を設立、鳥島に群棲するアホウドリの羽毛・鳥糞を採取し、横浜居留地のウィンクレル商会(ドイツ)などを通じて海外へ輸出し巨万の富を得る。その財力をもって帰属不明の南洋の島々を探索し、明治期の南進論者に大きな影響を与えた。明治三十三年(一九〇〇)当時、沖縄県に帰属する無人島であった南大東島の開拓に着手。サトウキビなどを植栽し製糖業を起こした。沖縄県島尻郡南大東村のはじまりである。玉置半右衛門には妻須美子との間に三男一女あり、長男鍋太郎、次男鎌三郎、三男伝《つたえ》、長女道子で「鍋鎌を伝える道」と開拓者精神を表している。明治四十三年(一九一〇)十一月一日東京にて病没、七十三歳。葬儀には親交のあった志賀重昂《しがしげたか》、男爵奈良原《ならはら》繁《しげる》が列席した。　→鳥島開拓《とりしまかいたく》

玉置半右衛門

参考文献　横山源之助『明治富豪史』(『現代教養文庫』、一九八九、社会思想社)、望月雅彦「玉置半右衛門と鳥島開拓―明治期邦人の南洋進出の視点から―」(『南島史学』四〇、一九九二)　(望月　雅彦)

たまきぶんのしん　玉木文之進　一八一〇―七六　幕末・維新期の萩藩士。長門国萩藩士杉七兵衛(常徳)の三男として文化七年九月二十四日(一八一〇年十月二十二日)萩に生まれる。諱は正韞《まさかぬ》。号は韓峯。吉田松陰の叔父。文政三年(一八二〇)藩士玉木十右衛門(正路)の跡を継ぐ。山鹿流兵学師範の吉田家を幼年で継いだ松陰を指導する一方、天保七年(一八三六)より松陰の代理として藩校明倫館で兵学を教えた。同九年蔵元順番検使役となるも同十一年部下の不始末から免職。同十三年自宅に松下村塾を開き、松陰や杉民治《すぎみんじ》・宍戸璣《ししどたまき》・久保断三《くぼだんぞう》らを指導した。その後藩政に復帰し、嘉永元年(一八四八)明倫館都講となった(同年松下村塾は廃止、のちに松陰が継承する)。ついで異船防禦手当掛を命ぜられ、ペリー来航後相州警衛に赴いた。また小郡・吉田など諸郡の代官、郡奉行を歴任して民政に尽力、この間に乃木希典を指導した。明治二年(一八六九)隠居して松下村塾を再興し、子弟の教育に専念。同九年一族や門人が参加した萩の乱直後の十一月六日、玉木家先祖の墓前で自刃した。六十七歳。

参考文献　「玉木正韞先生伝」(山口県教育会編『吉田松陰全集』一〇所収、一九七四、大和書房)、海原徹『松下村塾の明治維新―近代日本を支えた人びと―』(一九九九、ミネルヴァ書房)　(道迫　真吾)

たまさんぐんとうきょうふいかん　多摩三郡東京府移管　明治二十六年(一八九三)四月一日に神奈川県から多摩三郡が東京府に移管された境域変更。同年二月十八日、突如、政府は西多摩・南多摩・北多摩の三郡を東京府へ移管する法律案を第四回帝国議会に提出した。主たる移管理由には、東京の飲料水(玉川上水)の確保と水質管理のために、その水源地である三多摩を東京府の管轄下に置く必要があり、また元来三多摩郡は地形上も東京府に近接し互いに利害を共通し、甲武鉄道の開通などで東京への物資輸送や人びとの往来が盛んになったことが挙げられている。その背後に、数多くの民権結社をうみだし、自由党の牙城といわれた三多摩の東京府移管によって、自由党勢力の分断と弱体化をはかろうとする政府の思惑

があるとの指摘がなされている。自由党と敵対関係にあった内海忠勝神奈川県知事の移管推進の意図も激しい反対運動を引き起し、自由党と改進党の対立、自由党領袖星亨と三多摩壮士の結びつきなど自由党内部の路線争い、税負担問題などが要因となり、反対派、賛成派(おもに八王子・北多摩郡)ともに激しい運動が展開された。同年四月一日、三多摩は東京府に移管されたが、これ以降昭和十八年(一九四三)まで半世紀にわたり、三多摩住民は東京府に対し、都制運動あるいは都制案反対運動の中で地域のアイデンティティを主張しつづけた。

参考文献 東京都編『西南北三多摩境域変更通覧』(一九三二)、同編『水道問題と三多摩編入』(『都史紀要』一五、一九六六)、佐藤孝太郎『東京と三多摩—都制運動参加の記—』(一九三二、東京市町村自治調査会)、梅田定宏『なぜ多摩は東京都となったか』(『けやきブックレット』一三、一九九三、けやき出版)

(松平 康夫)

たまのせいり 玉乃世履 一八二五—八六 明治時代前期の司法官。文政八年七月二十一日(一八二五年九月三日)周防国岩国藩士桂脩助の子として出生。玉乃九華に学んだのち、二十五歳のとき京都に出て牧贛斎に師事。玉乃九華の没後玉乃の姓を名乗った。五年後帰藩し、子弟の教育や産業の振興にあたるとともに西洋銃陣・新式兵備の充実に尽力。幕府の長州征伐の折には北門団と称する農兵隊を率いて戦うなどした。明治元年(一八六八)岩国藩公議人となり入京し、翌年広沢真臣に認められ新政府に登用され、主として裁判事務を担当した。明治四年司法省に入り、司法権大判事となり、広沢真臣暗殺事件裁判や英国商社の七訴訟(いわゆる明治七難件)の処理にあたり、腕を振るった。また江藤新平司法卿のもとでの各種法典編纂作業に参与した。明治八年五月十一日創設直後の大審院の院長代理に、明治十一年(一八七八)九月十三日に初代大審院長に就任。翌年司法大輔に転じ、元老院議官を兼ねるとともに、治罪法や民法の編纂にも参与

玉乃世履

した。この間、司法省臨時裁判所裁判長として、汽船衝突事件裁判(明治九年)、西南の役関係者裁判(明治十年)、大久保利通暗殺事件裁判(明治十一年)、立志社陰謀事件(同年)などに関与。明治十四年七月二十七日再び大審院長に任命され、高等法院裁判長として福島事件裁判や高田事件裁判に関与。政府の圧力を受けながらも軽い刑に処する処理を行なった。明治十九年八月八日自殺した。理由は不明。六十二歳。

(小田中聰樹)

たまつみさお 玉松操 一八一〇—七二 幕末・維新期の神道家、国学者。名は真弘、号は毅軒、深青、三清など。文化七年三月十七日(一八一〇年四月二十日)参議侍従山本公弘の子として京都に生まれる。幼くして醍醐寺無量寿院に入り、猶海と称する。その後大僧都法印に昇進し、寺内の僧律改革を企図するが果たされず、憤慨して還俗。京都で「本教・本学」を標榜していた野々口(大国)隆正に国学を、鈴木恕平に朱子学を学んだ。その後は河内、近江などを放浪し、神社や寺院に寄宿しながら古典を講義。三宮義胤《さんのみやよしたね》や物集高見《もずめたかみ》などが門人に連なった。幕末動乱の時期にあって、処士として尊皇攘夷思想を鼓吹していたが、やがて隠棲中であった岩倉具視の知遇を得るとともに、諸国の志士たちとも交わり王政復古の謀議に参画。幕府討伐のために新政府軍が掲げた錦旗(日・月旗)の考案は彼の提言により、長州の有職家である岡吉春が作製したものとされ、また「神武創業之始メニ原ヅキ」との王政復古の大号令で示された新国家建設の理念もまた玉松の進言によるところが大きいといわれている。維新後は、徴士として新政府に出仕し、明治元年(一八六八)に内国事務局権判事となる。翌二年には侍読を務め、明治天皇に『日本書紀』「神武天皇」の条を講じた。その後、皇学所御用掛などを歴任し、平田銕胤《ひらたかねたね》や矢野玄道《やのはるみち》と提携して国学を主軸、漢学・洋学を羽翼に据えた文教体制確立のために力を尽くすが、漢学者たちとの間に軋轢を生み、また遷都論などでも京都への固執を翻さなかったため、次第に頼みとした岩倉との間にも齟齬をきたした。明治四年に致仕。余生を退隠、書籍沈読の日々に費やす。著書などを残すことを潔しとせず、新政府の開明政策抵抗者として頑迷固陋な一面を見せながら、「此人や緇衣より出て、奇傑卓落識見高邁尋常一様を以て測度すべからず」との大久保利通の人物評からも窺われる如く、玉松の心中には、「維新」「創業」という時代の転換点を見据えた希有壮大な理念があったものとも考えられる。明治五年二月十五日(一八七二年三月二十三日)、六十三歳で没。

参考文献 伊藤武雄『復古の碩師玉松操』(『人物研究叢刊』三・四、一九二七、金鶏学院)、阪本健一『明治神道史の研究』(一九八三、国書刊行会)、阪本是丸『明治維新と国学者』(一九九三、大明堂)

(中村 聡)

たまむしさだゆう 玉虫左太夫 一八二三—六九 仙台藩士。諱誼茂《よししげ》、東海・拙斎と号す。文政六年(一八二三)、仙台城下北五番町に玉虫平蔵五男として誕生。同家は疋田流槍術の達者としても著名。荒井東吾の養子となるも妻の早世を契機に家跡を離れ江戸へ学ぶ。武家奉公人を経て林復斎《はやしふくさい》に入門。頭角を現し、江戸藩校順造館監学に抜擢。安政三年(一八五六)、箱館奉行堀織部正利熙《としひろ》に随行し蝦夷地探索、『入北記』を著わす。また過酷なアイヌ人統治に疑問を抱く。万延元年(一八六一)、日米修好通商条約批准使節に正使新見正興《しんみまさおき》の従者として渡米。西洋

人の勤勉・慈愛心や諸文物に感銘を受けるも植民地支配の実態に疑念・脅威を覚え、『航米日録』として整理。帰国後は大番士・藩校養賢堂指南役兼軍務統取に就任。また諸国探索職＝遊歴生を拝命し、記録を『官武通記』として整理。天狗党挙兵に際しても情報収集に努め、『波山記事』にまとめる。元治元年(一八六四)長州征討に際しては、藩主にその停止の周旋および破約攘夷の不可を建言した。慶応元年(一八六五)には但木土佐《ただきとさ》に協力し気仙沼製塩所設立に尽力。明治元年(一八六八)、会津藩征討令に際しては勧降使として松平容保《まつだいらかたもり》と談判、太政官宛会津寛典建白書の起草にも携わる。軍務局副統取として奥羽越列藩同盟軍の指揮にあたるも敗北。藩の降伏後は蝦夷地脱走に失敗し、翌明治二年四月十四日(一八六九年五月二十五日)、開戦の責により処刑(九日とも)。享年四十七。

参考文献 沼田次郎「仙台藩士玉虫左太夫とその航米日録をめぐって」(『東洋大学紀要文学部編』二七、一九七三)、宮地正人「玉虫左太夫の原「航米日録」について」(『日本歴史』四一八、一九八三)、難波信雄「特論一・玉虫左太夫」(『仙台市史』通史編五所収、二〇〇四)、瀧井一博「玉虫左太夫―幕末の異文化探訪者―」(『本』三四ノ三、二〇〇九)

(竹ヶ原康佑)

たまりきぞう　玉利喜造　一八五六―一九三一　農学者。安政三年四月二十五日(一八五六年五月二十八日)、薩摩国鹿児島上町(鹿児島市)で出生。明治十六年(一八八三)、駒場農学校(第一期生)を首席で卒業。卒業後は駒場農学校の助教授に就任、米国ミシガン州立大学に留学、帰国後は駒場農学校、東京農林学校から、さらに帝国大学農科大学と変身した母校の教授として畜産学、園芸学を講義した。明治二十四年(一八九一)に、日本ではじめて大麦などを材料に人工交配を試みたことで知られる。三十二年(一八九九)に農学博士第一号になった。帝国大学退職後は明治三十六年にわが国初の高等農林学校である盛岡高等農林学校の初代校長、四十二年(一九〇九)には新設された鹿児島高等農林学校の初代校長を務めた。大正十一年(一九二二)には貴族院議員に推挙された。昭和六年(一九三一)四月二十一日に鹿児島市南部元町の自宅で死去した。七十六歳。著書に『養蜂改良説』(明治二十五年、有隣堂)、『米国改良種畜類』(明治二十一年、混同農圃蔵版)などがある。

(西尾　敏彦)

たまるせつろう　田丸節郎　一八七九―一九四四　物理化学者、工業化学者。明治十二年(一八七九)十一月一日、田丸十郎の四男として岩手県盛岡に生まれる。兄は物理学者田丸卓郎。第一高等学校を経て、三十七年(一九〇四)東京帝国大学理科大学化学科卒業。四十一年(一九〇八)ドイツのカールスルーエ工科大学でハーバーのもとでアンモニア合成の研究を行なった。ハーバーのカイザー＝ウィルヘルム物理化学・電気化学研究所(ベルリン)への転出に同伴し、同所研究員として大正六年(一九一七)まで滞在。帰国後、理化学研究所の主任研究員、三菱工業研究所顧問を歴任し、昭和四年(一九二九)から東京工業大学教授として、錫の化学、無機化学物の熱解離平衡、化学反応速度、燃料電池、木材の物理化学、活性炭など多岐にわたる研究を行なった。日本学術振興会の創設(昭和七年)にも寄与した。同十九年(一九四四)八月五日没。六十六歳。

参考文献 佐藤一雄「田丸節郎先生」(『化学』一九ノ二、一九六四)、田丸謙二「田丸節郎(一八七九～一九四四)」(『化学史研究』二七ノ一、二〇〇〇)

(古川　安)

たまるたくろう　田丸卓郎　一八七二―一九三二　明治時代後期から大正・昭和時代前期の物理学者、ローマ字論者。明治五年九月二十九日(一八七二年十月三十一日)、旧南部藩士田丸十郎の次男として盛岡に生まれる。明治二十八年(一八九五)、帝国大学理科大学物理学科を卒業、大学院に入学。明治二十九年、第五高等学校教授。生徒の寺田寅彦を物理学研究に導き、交流は両者が東京帝国大学に移った後も継続する。明治三十二年(一八九九)、京都帝国大学理工科大学助教授。同大学の村岡範為馳《むらおかはんいち》と共同研究を行い、論文「誘導電気による粉末の電気抵抗の変化について」をドイツ語で執筆(発表は明治三十五年、Annalen der Physik)。明治三十三年、東京帝国大学理科大学助教授。明治三十五年から物理学研究のためドイツに留学し、ハイデルベルク大学に学ぶ。明治三十八年に帰国。明治三十九年、理学博士。明治四十年(一九〇七)、教授。大正五年(一九一六)、航空学調査会委員、大正十年(一九二一)、航空評議会評議員、大正十二年、航空研究所長事務取扱。航空工学の研究で知られる。明治三十八年ごろより田中舘愛橘《たなかだてあいきつ》とともにローマ字運動を推進。新体詩「ハイデルベルヒの歌」の作者としても知られる。昭和七年(一九三二)九月二十二日死去。六十一歳。

田丸卓郎

(岡本　拓司)

たみやかえもん　田宮嘉右衛門　一八七五―一九五九　明治から昭和時代の実業家。明治八年(一八七五)八月二十九日、愛媛県新居郡立川山村(新居浜市)に四男として生まれた。父は住友が経営する別子銅山の分店である製錬所で勤めていたが生活は貧しく、嫁いだ姉の支援で高等小学校をやっとの思いで卒業するほどであった。明治三十七年(一九〇四)三十歳にして鈴木商店に入った。その翌年に鈴木商店は小林製鋼所を買収し、田宮は改称した神戸製鋼所の支配人に抜擢された。日露戦争時(明治三十七―三十八年)の鉄鋼が払底した時代に引き継ぐことになったのは、田宮にとって幸運であった。神戸製鋼所は小林製鋼所が経営していた平炉一基と鋳鋼や鍛鋼を精錬する設備を受け継いだ。呉工廠で働き技術を磨いた職工五人も受け入れ明治四十二年(一九〇九)には、呉海軍工廠からの需要を得て経営は順調に滑りだした。明治四十四年、神戸製鋼所は株式会社になり、田宮はその取締役となったが、社長は海軍造船少将の黒川勇熊《くろかわゆうくま》であった。大正七年(一九一八)第一次世界大戦終了後の鉄鋼冷えや大正十一年(一九二二)の軍縮にあっても生産はつづき、関東大震災(大正十二年)時の棒鋼圧延など民需に対応できる体制をとることができた。その後鈴木商店は、昭和二年(一九二七)四月世界的な恐慌により経営破綻し、台湾銀行に支配され、神戸製鋼所は昭和五年には棒鋼の生産は減少するが、線材の生産を増やしていった。昭和二十二年(一九四七)七十三歳で田宮は公職追放されるが、四年後の昭和二十六年には公職追放が解除され、昭和三十四年(一九五九)には念願の高炉を建設し銑鋼一貫体制を築いて、同年四月十三日この世を去った。満八十三歳。

(野原　建二)

たみやじょうん　田宮如雲　一八〇八―七一　名古屋藩側用人、家老、大参事。名は篤輝、弥太郎、号は桂園。文化五年十月二十三日(一八〇八年十二月十日)、藩士の次男に出生、五百石取の家の養子となる。藩は将軍家などからの養子が続き、藩政停滞の一因となっていた。十二代藩主後継をめぐり、目付であった田宮は藩分家高須松平家より平之助(のちの慶勝《よしかつ》)を迎えるべく、同志を募ったが(金鉄党)、敗れ辞職。嘉永二年(一八四九)、十四代藩主に至り慶勝招来に成功、以後慶勝の重臣として勘定・町奉行、側用人、城代、藩学明倫堂総裁、世子補導、家老を歴任し行財政改革に取り組むとともに、慶勝の国政参画を支えた。安政の大獄の際、慶勝は一橋派の活動、条約反対のため隠居謹慎。水戸、福井藩などとの折衝を担当した田宮も隠居、永蟄居。桜田門外の変後、慶勝の藩政復帰に伴い許され、文久三年(一八六三)、慶勝上京に随行、朝幕各藩間の折衝に従事。元治元年(一八六四)、慶勝征長総督就任に伴い、参謀として長州寛典策を練った。この措置を不満とする幕府の嫌疑をうけ、藩は田宮を屏居に処した。第二次長州戦争の失敗を受け復帰。慶応三年(一八六七)十一月、諸侯会議の招集を呼びかける福井藩中根雪江《なかねせっこう》が来名、田宮が応接し、十二月、慶勝上京に年寄加判として随行。小御所会議に同席、参与に就任。伏見市中取締として翌年正月鳥羽伏見戦争に遭遇、天皇の叡山動座阻止に尽力。同年四月、藩に隣接する信州平定命令が下ると、藩兵を率い出兵、信・甲州の治安維持に従事。翌年正月執政、二月藩領の要衝美濃太田を守る北地総管として農兵草薙隊の強化をはかる。九月大参事。明治三年(一八七〇)病により辞任。明治四年四月十九日(一八七一年六月六日)死去。六十四歳。『桂園遺稿』(明治二十九年)がある。

参考文献　「田宮篤輝」(修史館編『復古事跡』所収、一八七七、東京大学史料編纂所所蔵)

(大江　洋代)

タムソン　David Thompson　一八三五―一九一五　米国長老教会宣教師、神学博士。一八三五年九月二十一日オハイオ州アーチャーで生まれる。フランクリン大学、ウエスタン神学校(現ピッツバーグ神学校)卒業。大学の先輩に駐日公使を十二年間務めたJ・A・ビンガムがいる。文久二年(一八六三)五月来日。当初は幕府立の横浜英学所で教鞭をとった。生徒に安藤太郎、大島圭介、星亨《ほしとおる》、矢田部良吉などがいた。維新後上京し大学南校教師、津田出《つだいずる》の招待により和歌山藩視察、石坂周造に石油開発の指導、明治四年(一八七一)六月には十三大藩海外視察団通訳となり片岡健吉、江原素六、原六郎などを欧米に案内し、キリスト教の感化を与えた。来日以来超教派主義を支持し、明治七年九月に東京基督公会(新栄教会)を設立し仮牧師に就任。一時は長老教会の俸給を辞退し、ビンガムとの縁で米国公使館付通訳官となり自給宣教師となった。神学教育にも携わったが直接伝道に召命を覚え、高知伝道のほか主に東京、関東地区の多くの教会設立を支援した。聖書の翻訳にも大きな働きを示し、その生涯を日本の教化に捧げた。大正四年(一九一五)十月二十九日新宿角筈《つのはず》で死去。満八十歳。

参考文献　植村正久著・佐波亘編『植村正久と其の時代』一(一九七六、教文館)、中島耕二・辻直人・大西晴樹『長老・改革教会来日宣教師事典』(『日本キリスト教史双書』、二〇〇三、新教出版社)

(中島　耕二)

たむらあきまさ　田村顕允　一八三二―一九一三　北海道伊達《だて》市開拓の指導者。旧名常磐新九郎。天保三年十一月六日(一八三二年十一月二十七日)陸奥国亘理《わたり》郡小堤村(宮城県亘理郡亘理町)で常磐顕信の第四子として出生。慶応元年(一八六五)、伊達家の一門亘理伊達家の家老となる。戊辰戦争の敗北で伊達宗家は禄高を半減、二万三千石の亘理伊達家も五十八石に減封、家臣は封禄を失った。顕允は当主伊達邦茂《くにしげ》に蝦夷地開拓を進言し、明治二年(一八六九)、邦茂は太政官から北海道胆振《いぶり》国有珠《うす》郡(伊達市・壮瞥《そうべつ》町)の支配を命じられた(四年、虻田《あぶた》郡を増支配)。顕允は有珠郡開拓執事となり田村と改姓。以後同十四年(一八八一)まで九回二千六百五十一人の旧家臣とその家族らを移住させた。顕允は、移民団の中核として開拓を指導し西洋農法・農機具も導入した。五年有珠・室蘭・幌別郡などの移民取締、十三年室蘭外三郡郡長に任命。大正二年(一九一三)十一月二十日死去、八十二歳。鹿島国足《かしまくにたり》神社(現伊達神社)に合祀された。

参考文献　北海道総務部文書課『開拓につくした人びと』二(一九六六、理論社)、『伊達市史』(一九九四)

(鈴江　英一)

たむらいよぞう　田村怡与造　一八五四―一九〇三　陸軍軍人。安政元年十月十日(一八五四年十一月二十九日)、甲斐国八代郡中尾(山梨県笛吹市)の中尾神社神官田村義事の長男として生まれる。幼名は頼重。弟の沖之甫、守衛、甥の義富はいずれものちに陸軍中将。明治六年(一八七三)郷里で小学校校長となるが、八年陸軍士官学校に入校するため辞職。その際生家から勘当され、妻の姓早川を名乗る。十一年(一八七八)十二月陸軍士官学校を首席で卒業(旧二期)。熊本歩兵第十三連隊勤務を経て、十二年八月参謀本部出仕となり、第六課(測量課)に配属される。十六年参謀科将校小坂千尋大尉の薦めで、木越安綱中尉とともに、ドイツのベルリン陸軍大学に留学する。二十一年(一八八八)六月帰国し、監軍部参謀を経て、二十二年十一月参謀本部第一局局員に転補される。このころ田村姓に戻る。第一局ではドイツ陸軍をモデルに野外要務令を完成させる。また、戦場における鉄道輸送の重要性に着目し、二十三年三月愛知県で行われた陸海軍連合大演習で、鉄道を用いた大規模な人馬輸送を実践する。そして二十四年には兵站勤務令を改訂する。これらの活躍から武田信玄になぞらえて「今信玄」と綽名される。二十七年六月対清戦にあたり、陸海軍の命令を受けて、大本営編制案と動員令案を作成し、明治天皇から裁可を得る。八月日清戦争が開戦すると、第一軍参謀副長に着任し、山県有朋司令官を補佐するが、戦略方針をめぐり小川又次参謀長と対立し、十二月待命となる。二十八年二月歩兵第九連隊長に復帰し、遼東半島に渡る。二十九年二月駐ドイツ公使館付陸軍武官に任命されベルリンに赴く。帰朝後、三十年(一八九七)十月参謀本部第二部長に就任し、三十二年一月第一部長に転補される。三十五年参謀次長に就任すると、日清戦争を教訓に陸軍各勤務令を見直し、改訂にあたる。三十六年九月落馬し負傷、十月一日死去。五十歳。

参考文献 篠原昌人『(知謀の人)田村怡与造―日本の諸葛孔明と謳われた名将の生涯―』(一九九七、光人社)

(広中　一成)

たむらこまじろう　田村駒治郎　一八六六―一九三一　明治から昭和時代初期の実業家。摂津国豊島郡池田村(大阪府池田市)の酒造業笹部九兵衛の次男として慶応二年六月十八日(一八六六年七月二十九日)に生まれる。十一歳の時父を亡くし、関東の呉服卸商に丁稚奉公に出るなど苦労を重ねた。明治十六年(一八八三)に田村きくの養嫡子となり、翌年遠縁にあたる大阪の岡嶋商店に入った。ここでモスリン友禅の意匠図案の研究に努め、明治二十七年(一八九四)神田屋田村商店を創業した。その後も出資していた岡嶋の友禅製造部門には継続して従事していたが、明治四十一年(一九〇八)に岡嶋合名を退社し、独立の友禅染工場を開設した。大正七年(一九一八)株式会社田村駒商店を設立。堅実な経営により大正九年恐慌も損失はほかの洋反物商よりはるかに少なく、河崎助太《かわさきすけた》郎《ろう》の山口商店、伊藤万《いとまん》助の伊藤万商店とともに日本の三大洋反物商といわれるまでになった。大阪織物同業組合代議員、大阪商業会議所議員、大阪市会議員、貴族院議員などを歴任した。昭和六年(一九三一)三月三十一日に東京で没。六十六歳。長男駒太郎は二代駒治郎を襲名、駒治郎の駒から命名した松竹ロビンズのオーナーとしてプロ野球界に名を残した。

参考文献 阪上綱吉編『追憶』(一九三二)、『繊維専門商社は生きる―田村駒九十年史―』(一九六四)

(松村　敏)

たむらそうりゅう　田村宗立　一八四六―一九一八　明治時代前期の洋画家。弘化三年八月二十日(一八四六年十月十日)、丹波国園部郡河内村(京都府南丹市)に生まれる(弘化三年五月二十日説あり)。号十方明、月樵。大雅堂《たいがどう》清亮《せいりょう》に南画、画僧大願に仏画を学ぶが、これに飽き足りず写実的な絵画を追求し、独自の工夫で陰影を施した写生図を描く。明治四年(一八七一)ごろ京都府中学校に入学して英語を学んだのち、粟田口病院に解剖図を描く画工として雇われ、ドイツ人医師ランケックから油彩画を学ぶ。明治十年(一八七七)ごろには一時上京し、二代玄《げん》々堂《げんどう》松田《まつだ》緑山《りょくざん》に銅・石版を学んでいる。明治十三年開校の京都府画学校には開校時から二十二年(一八八九)まで出仕し、西宗(洋画科)で教えた。同校では「有栖川熾仁親王像」などの一枚刷り石版画も制作している。内国勧業博覧会や内国絵画共進会に洋画、日本画を出品するほか、京都博覧会をはじめとする関西の展覧会にも出品を続けた。京都府画学校を退任後の明治二十三年ころに私塾明治画学館を設立して後進を指導し、関西洋画界の礎を築く。明治三十四年(一九〇一)に発足した関西美術会では発起人に名を連ね、三十六年には会から永年の功績により表彰を受けている。大正七年(一九一八)七月十日京都で没。七十三歳。

参考文献 黒田重太郎『京都洋画の黎明期』(『京都叢書』六、一九四七、高桐書院)、大橋乗保「田村宗立考」(『京都工芸繊維大学工芸学部研究報告人文』一〇、一九六二)、京都文化博物館学芸第一課編『京都洋画のあけぼの』(展覧会カタログ、一九九九)、長舟洋司「田村宗立関連資料の整理と紹介」(『鹿島美術財団年報』二二号別冊、二〇〇四)

(増野　恵子)

たむらたへえ　田村太兵衛　一八五〇―一九二三　初代大阪市長。嘉永三年八月四日(一八五〇年九月九日)、心斎橋筋の丸亀屋呉服店に生まれる。明治十二年(一八七九)家督を継ぎ、幼名太七を改め太兵衛となる。大阪府会議員、大阪市会議員、大阪市参事会員を務めた。慈善活動でも知られた。また、大阪商業会議所の副会頭も歴任した。明治三十一年(一八九八)五月、藤田伝三郎の仲介により、京都の高島屋に店舗および商品全部を売却譲渡した。同年、市制特例廃止に伴い、初代市長選挙が行われ、名門住友吉左衛門を推す市会議員が多く、市会の協議会で住友吉左衛門の推薦が決定された。しかし住友本人が市会の要請を固辞したため、市長候補選びは混沌としたが、南区選出の市会議員らを中心に田村太兵衛を推す動きがあり、これに対抗する勢力が住友を再び指名することになった。投票の前日まで両派は料亭などで多数派工作を行なった。大阪市会での指名投票の結果は五票差で田村太兵衛が推薦され、初代の市長となった。任期(六年)途中の明治三十四年八月に辞任した。在職中、第五回内国勧業博覧会誘致、大阪市史編纂、市立大阪商業学校の高等商業学校への改組などを行なった。また、助役に大阪商業学校の平沼淑郎《ひらぬまよしろう》(のち早稲田大学教授)を登用している。辞任後、大阪博物場長を務めたほか、文化人・茶人として知られた。大正十二年(一九二三)七月八日没。七十四歳。

参考文献 『南区志』(一九二八)、『新修大阪市史』六(一九九四)、堀田暁生「初代市長田村太兵衛の選出について」(『大阪市公文書館研究紀要』九、一九九七)　(堀田　暁生)

たむらとしこ　田村俊子　一八八四―一九四五　明治から昭和時代前期の小説家。明治十七年(一八八四)四月二十五日、東京浅草蔵前に生まれる。本名佐藤とし。東京府立第一高等女学校卒業後、日本女子大学校国文科に入学するが病気で中退、小説家を志し幸田露伴に師事。露英の号で「露分衣《つゆわけごろも》」(『文芸倶楽部』明治三十六年二月)を発表するが、自己表現を求めて彷徨し女優となる。田村松魚《しょうぎょ》と結婚。「あきらめ」が明治四十四年(一九一一)一月『大阪朝日新聞』懸賞小説二等首位となった。自我に目覚め自立を願いながらも、情緒と官能の世界に耽る女主人公は、俊子自身と重なる。『青鞜』創刊号に「生血《いきち》」を発表。『誓言』(大正元年)、『女作者』(大正二年)、『木乃伊《みいら》の口紅』(同)、『炮烙の刑』(大正三年)、『彼女の生活』(大正四年)等々発表。『新潮』『中央公論』が田村俊子特集を組んだが、次第に書けなくなる中で、『朝日新聞』記者鈴木《すずき》悦《えつ》と恋愛。悦を追ってカナダに移住した。機関紙『民衆』を手伝い日本移民の地位向上に尽くした。悦の死後昭和十一年(一九三六)に十八年ぶりに帰国。文壇復帰を期待されたが、窪川鶴次郎《くぼかわつるじろう》との恋愛もあり、『山道』(昭和十三年)を最後に、中国に去った。上海で女性向けの中国語の啓蒙誌『女声』の発刊に関わった。昭和二十年(一九四五)四月十六日没。六十二歳。　(尾形　明子)

たむらとらぞう　田村虎蔵　一八七三―一九四三　作曲家、音楽教育家。明治六年(一八七三)五月二十四日、因幡国岩井郡蒲生《がもう》村(鳥取県岩美《いわみ》郡岩美町)生まれ。二十八年(一八九五)東京音楽学校を卒業し、翌年兵庫県尋常師範学校助教諭着任。三十二年(一八九九)高等師範学校附属小学校訓導兼東京音楽学校助教授。従来の唱歌教材は難解で唱いにくいという教育現場での実感から、三十三年―三十五年、全十巻の『教科適用幼年唱歌』(十字屋)を刊行。石原和三郎《いしわらわさぶろう》、田辺友三郎に詩を、納所弁次郎《のうしょべんじろう》に作曲を依頼し、自作品も多数発表した(「キンタロウ」「はなさかじじい」「大こくさま」「一寸法師」ほか)。言文一致による詩、「ヨナ抜き音階」や「ピョンコ節」と呼ばれるリズムを使用した親しみやすい旋律で、唱歌教育に革命をもたらした。四十三年(一九一〇)東京音楽学校教授を辞し、初等教育現場での音楽教育の充実に心を砕いた。高等師範学校退職後、大正十三年(一九二四)から昭和十一年(一九三六)まで東京市視学。昭和十八年十一月七日東京にて没。七十一歳。

参考文献 丸山忠璋『言文一致唱歌の創始者田村虎蔵の生涯』(一九九八、音楽之友社)　(末永理恵子)

たむらなおみ　田村直臣　一八五八―一九三四　牧師。安政五年八月九日(一八五八年九月十五日)大坂堂島天満の与力浅羽藤二の三男として出生。明治元年(一八六八)田村豊前守の養子となる。明治六年米国長老教会の宣教師C・カローザスの築地大学校に入学、翌年同師より受洗。その後東京一致神学校に学び、十二年(一八七九)奥野昌綱《おくのまさつな》から按手礼を受け銀座教会牧師となる。植村正久《うえむらまさひさ》・小崎弘道《こざきひろみち》らと日本基督教青年会を設立、機関誌『六合雑誌《りくごうざっし》』の創刊に参画、十五年渡米しオーバーン神学校、プリンストン大学などに学び十九年帰国。数寄屋橋教会牧師に就任、苦学生のため「自営館」を設け活版所などの事業を開始する。二十二年(一八八九)『米国の婦人』を刊行、二十三年『基督教と政治』を著わし、二十五年自営館の拡張・運営資金獲得を主目的として渡米しThe Japanese Bride(日本の花嫁)を英文で刊行、帰国後日本語版を印刷するが、安寧秩序を妨げるなどの理由で発禁処分を受け、日本基督教会から教職を剝奪される。三十九年(一九〇六)日本日曜学校協会の文学委員長(その後会長)に就任、『子供の友』『幼年教育百話』の刊行など児童教育にも尽力。昭和九年(一九三四)一月七日東京府北豊島郡巣鴨町の自宅で死去。七十七歳。→日本《にほん》の花嫁《はなよめ》事件《じけん》

参考文献 武田清子『人間観の相剋―近代日本の思想とキリスト教―』(一九五九、弘文堂)、藤沢全・梅本順子編『田村直臣日本の花嫁米国の婦人資料集』(二〇〇三、大空社)、田村直臣『信仰五十年史』(『伝記叢書』、一九九二、大空社)　(知野　愛)

たむらなりよし　田村成義　一八五一―一九二〇　明治期から大正期の興行師。嘉永四年二月一日(一八五一年三月三日)江戸日本橋に、眼科医の子として生れる。伝馬町の牢屋鍵番を勤めた田村家の養子となり、自身も同所に勤務した。明治初期には代言人(のちの弁護士)として横浜で活躍。明治十二年(一八七九)新富座の法律顧問となって芝居と関わり、十八年五代尾上菊五郎が『四千両小判梅葉《しせんりょうこばんのうめのは》』の牢獄場面を演じた際に助言したのは有名。菊五郎との縁で、千歳座(のちの明治座)の経営に関わり、のちには歌舞伎座の経営にも関わった。その後、下谷二長町《したやにちょうまち》(東京都台東区)の市村座の経営権を譲渡され、明治四十一年(一九〇八)には当時若手だった六代尾上菊五郎、初代中村吉右衛門を同座に出演させ、以後、大正期には「二長町(市村座)時代」と呼ばれる、大正歌舞伎の黄金時代を築き、「田村将軍」と呼ばれるほどの勢力があった。著書『無線電話』(昭和五十年、青蛙房)は当時の劇界を知る貴重な資料。大正九年(一九二〇)十一月八日日本橋区の自宅で没。七十歳。

参考文献 戸板康二『演芸画報・人物誌』(一九七〇、青蛙

房）　（神山　彰）

たむらまたきち　田村又吉　一八四二―一九一二　柑橘業功労者、報徳運動家。天保十三年正月五日（一八四二年二月十四日）伊豆国賀茂郡稲取村（静岡県賀茂郡東伊豆町）に生まれ、明治二十二年（一八八九）稲取村長となる。農林水産業のみならず社会・教育施設の整備など一寒村に過ぎなかった村を一躍模範村として表彰されるまでにした。のち、庵原《いはら》村の報徳運動指導者片平信明《かたひらのぶあき》らの知己を得たことを契機に柑橘栽培導入を決意。以来和歌山県から温州ミカンを、山口県より夏ダイダイをと多量の苗木を取り寄せ、山野の開墾と栽培普及に努め、賀茂郡柑橘業繁栄の礎を築いた。古くからの稲取の水産資源天草《てんぐさ》の乾燥方法を改良して利益を倍増させ、その利益で学校校舎・道路・橋・病院・船揚場などを建設する一方、山には植林、疫病対策の水道建設も行なった。村長辞任後、入谷戸主会が中心で行なった山林開墾・養蚕奨励による改革実績をもとに入谷農家共同組合を結成。やがて報徳社として再組織し、さらには公益法人として農家共同救護社と改称した。大正元年（一九一二）十一月十四日死去。七十一歳。入谷田村農園には、又吉が河津村から譲り受けた夏ミカン樹一本が大木となって現存する。その近くに昭和十一年（一九三六）「題親樹」と題する翁の顕彰碑が建立された。明治三十七年（一九〇四）藍綬褒章受章。

参考文献　『静岡大百科事典』（一九七八、静岡新聞社）、『東伊豆町誌―町制施行三十周年記念誌―』（一九八九）
（高橋　廣明）

ためいけのうめたて　溜池の埋立　溜池とはかつて赤坂見附から山王日枝神社のふもとをめぐり虎ノ門に至る江戸城外濠の一部で、慶長十一年（一六〇六）、将軍の命を受けた浅野幸長《あさのよしなが》が虎ノ門（現在の特許庁のあたり）に堤を築き水を堰きとめ大なる人工の濠池とした。神田上水・玉川上水が引かれるまでは江戸南部の市街はこの池の水を飲用水とした。夏は蓮の花、冬は雪見の名所として知られたが、次第に埋め立てや泥土の堆積がすすみ、明治になると「荒廃不潔の地」「無用の沼豬」となったため、早くから埋立改修が検討されたが、なかなか実施に至らず、実現したのは明治二十一年（一八八八）である。池の中央に溝渠を掘削し、その泥土で残りの池面を埋め立て、同年十二月、この埋立地に田町五・六・七丁目の一部を合わせて赤坂溜池町を起立した。現在はその溝渠も暗渠となっている。

参考文献　『東京市史稿』市街篇六一・七六（一九七〇・八五）
（白石　弘之）

ためとうごろう　為藤五郎　一八八七―一九四一　大正から昭和時代初期の教育運動家、教育ジャーナリスト。明治二十年（一八八七）二月一日に福岡県に生まれる。福岡師範学校を経て四十四年（一九一一）東京高等師範学校図画手工専修科を卒業。小倉師範学校、鹿児島師範学校教諭を経て『東京日日新聞』記者、博文館『中学世界』主筆、同『太陽』編集長となる。大正十四年（一九二五）教育週報社を設立して日本初の週刊教育新聞である『教育週報』を発行し、同紙は昭和十九年（一九四四）まで継続した。この間、言論の力と教育運動・政治活動を通じての教育改革を志向して、大正十年には原敬内閣による義務教育費削減に反対する教育擁護同盟の結成に加わり、十三年には下中弥三郎らと設立した教育の世紀社同人として池袋児童の村小学校の創設に関わった。また、昭和三年（一九二八）からは無産党系の議員として東京府会、東京市会でも活躍した。昭和十六年七月四日没。五十五歳。

参考文献　前田一男「解説」（教育週報社編『教育週報（復刻版）』所収、一九八六、大空社）
（北村　和夫）

たものひであき　田母野秀顕　一八四九―八三　自由民権運動家。嘉永二年（一八四九）生まれ。陸奥国三春藩士赤松蔀の子で、幼少のころに修験者常楽院田母野浄因の養子となった。早くから尊王論を唱え、戊辰戦争では三春藩断金隊に加わり、会津藩討伐に参加する。河野広中とは幼なじみで、河野との交わりを通じて民権思想を身につけ、明治十一年（一八七八）の三師社結成、同十四年に学塾正道館設立に参画し、三春の民権運動を指導する。同十五年、県令三島通庸《みしまみちつね》の圧政が始まると、福島町に常駐して自由党福島部の運動の采配を振るう。八月十七日、会津三方道路開鑿反対運動を支援中、若松の清水屋にて帝政党員に襲われ重傷を負う。同年十一月末の一斉検挙を免れるが、翌十六年一月末東京で検挙される。高等法院で内乱陰謀罪に問われ、同九月、軽禁獄六年を宣告される。同年十一月二十九日、石川島監獄で腸チフスにより三十五歳で獄死、盛大な自由党葬が営まれた。

参考文献　高橋哲夫『福島民権家列伝』（一九六七、福島民報社）、『三春町史』三（一九七五）、田崎公司「自由党と明治十七年激化状況」（安在邦夫・田崎公司編『自由民権の再発見』所収、二〇〇六、日本経済評論社）
（田崎　公司）

たやすかめのすけ　田安亀之助　⇨徳川家達《とくがわいえさと》

たやまかたい　田山花袋　一八七一―一九三〇　明治・大正・昭和時代にかけての小説家。明治四年十二月十三日（一八七二年一月二十二日）、栃木県邑楽《おうら》郡館林（群馬県館林市）に秋元藩士田山鋿十郎の次男として生まれる。本名録弥。父は西南戦争に警視庁邏卒として従軍、明治十年（一八七七）に戦死。母てつはわずかな賜金をもとに兄

田山花袋

実弥登・姉いつ・弟富弥・妹かつよ、花袋らを養育したが、生活は苦しく、花袋は十二歳の折、祖父穂弥太に連れられ上京。日本橋の本屋の丁稚小僧となった日々は『東京の三十年』『時は過ぎゆく』に詳しい。間もなく帰郷し、郷塾で漢詩文を学び、『頴才新誌』の投稿家となった。盟友太田玉茗は誌友。明治十九年、実弥登の就職を機に一家を上げて上京。英語を学ぶかたわら、西欧文学に接近。同時に桂園派歌人松浦辰男《まつうらたつお》に入門、柳田(松岡)国男を知る。二十四年(一八九一)、尾崎紅葉に入門、江見水蔭《えみすいいん》に紹介され同十月『千紫万紅』に「瓜畑」を古桐軒主人の名で発表した。二十七年、北村透谷の死を悼んだ短歌をきっかけに島崎藤村ら『文学界』の人々と知り合い、さらに宮崎湖処子《みやざきこしょし》、国木田独歩ら民友社系の人々と親しむ。美少女への憧憬を薄暮や秋の美しい自然を背景に描いた『小詩人』(二十六年)、『わすれ水』(二十九年)などの小説、「わが影」(宮崎湖処子編『抒情詩』、三十年)などの詩が初期の代表作。紀行文を『太陽』などに発表し紀行文家としても認められた。明治三十二年(一八九九)、太田玉茗の妹リサと結婚、八月には母に死別し、九月、博文館入社と、実生活上の転機にゾライズムの影響も加わり、ロマンティシズムからリアリズムへの転換が、花袋内部に用意される。博文館から創刊された週刊誌『太平洋』に「西花余香」を連載し、三十四年にはモーパッサンの英訳短編集十一巻を購入、強烈な衝撃を受けた。六月『野の花』序文、『重右衛門の最後』(三十五年)、評論「露骨なる描写」(三十七年)により、前期自然主義文学の一翼を担った。明治三十七年には日露戦争に博文館写真班員として従軍、『第二軍従征日記』(三十八年)を書いた。明治三十九年からは『文章世界』の主筆となり、『女教師』(三十七年)、『少女病』(四十年)に続き、明治四十年(一九〇七)九月『新小説』に発表した「蒲団」は、実生活をありのままに作品に描く、いわゆる私小説の方法がセンセーションを巻き起こし、近代日本文学の一つの方向を定めた。『生』(四十一年)、『妻』(四十一—四十二年)、『縁』(四十三年)の三部作、『田舎教師』(四十二年)など、その平面描写論とあわせて、自然主義文学の第一線の作家としての活躍が続いた。大正期に入り、新しい世代の台頭と自然主義の衰退にスランプに陥るが、ユイスマンや仏教を学び、東洋的諦観をみずからの思想とすることによって新たな文学世界を開いた。『一握の藁』(大正三年)、『時は過ぎゆく』(五年)、『一兵卒の銃殺』(六年)、『ある僧の奇蹟』(同)、『廃駅』(十年)などのほか、『髪』(明治四十四年)、『残る花』(大正三年)等々、芸者飯田代子《いいだよね》との関係の集大成として『百夜』(昭和二年)を完成した。文壇回想記『東京の三十年』(大正六年)、ルポルタージュ『東京震災記』(十三年)、随筆集『夜座』(十四年)、紀行文集『南船北馬』『山行水行』等々、その足跡は多岐にわたる。昭和三年(一九二八)十二月脳溢血で倒れ、さらに喉頭癌を発病。昭和五年五月十三日自宅で死去した。六十歳。藤村の書を刻んだ墓は多磨霊園にある。現在、館林市には田山花袋記念館がある。『花袋全集』全十二巻(大正十二—十三年、花袋全集刊行会)、『決定版・花袋全集』全十六巻(昭和十一—十二年、内外書籍、のち別巻一を増補して、昭和四十八—四十九年、文泉堂書店より復刻)がある。

参考文献 岩永胖『田山花袋研究』(一九五六、白楊社)、柳田泉『田山花袋の文学』(一九五七-五八、春秋社)、小林一郎『田山花袋研究』(一九七六-八四、桜楓社)、沢豊彦『花袋の詩と評論』(一九九二、沖積舎)、尾形明子『田山花袋というカオス』(一九九九、沖積舎)、宮内俊介『田山花袋全小説解題』(二〇〇三、双文社)

(尾形　明子)

たるいとうきち　樽井藤吉　一八五〇—一九二二　『大東合邦論』の著者。号は丹芳。嘉永三年四月十四日(一八五〇年五月二十五日)、大和国宇智郡霊安寺村(奈良県五條市)の材木商樽井要助の次男に生まれる。東京で井上頼圀《いのうえよりくに》に国学を学ぶ。明治十年(一八七七)、西郷隆盛の挙兵に刺激され、東北地方に募兵を試みるも目的を果たせず。その後、『佐賀新聞』主筆を務め、また四度にわたり無人島探検のため朝鮮近海を遍歴するが失敗。十五年五月、島原で東洋社会党を結成。政府の弾圧で軽禁錮一年、翌年一月出獄。その後、頭山満《とうやまみつる》、副島種臣《そえじまたねおみ》と交流し、対外問題への関心を深める。十七年、上海に赴き、東洋学館設立に従事。また清仏戦争中に仏国と内応した福州挙兵の計画を聞き、その不利を説く。十八年、大阪事件に連座して入獄。大日本帝国憲法発布の特赦後、二十五年(一八九二)に衆議院議員に当選。立候補の際、納税資格の必要から一時、森本姓を名乗る。二十六年八月、同郷の豪商土倉庄三郎の援助を得て、『大東合邦論』を出版。同書は十八年に脱稿したが入獄時に原稿を紛失、二十三年に再稿して『自由平等経綸』誌に漢文で連載し、これを改めて一冊とした。論旨は、日本と韓国が対等の立場で合邦して「大東国」となり、清国と連合して西欧列強の東漸に対抗しようというもの。最初は和文で書かれたが、韓国や中国の知識人に読ませようと、岡本監輔《おかもとけんすけ》の援助で漢文に書き改めた。のちに梁啓超が「大東合邦論新義」と題し、序文を付して翻刻、十万部が読まれたという。また李容九は内田良平に対し「余が素志は丹芳氏の大東合邦にあり」と同書を引用して合邦の意を示し、内田の一進会顧問就任を慫慂した。『大東合邦論』は四十三年(一九一〇)六月に増補再版されたが、再版では日本が韓国を併合しても、韓国が補給金を要する間は政治に参与させてはならないと主張した。樽井は晩年、満洲や朝鮮で鉱山開発などに従事したが失敗。大正十一年(一九二二)十月二十五日、京都で病没。七十三歳。

参考文献 黒竜会編『東亜先覚志士記伝』(『明治百年史叢書』、一九六六、原書房)、田中惣五郎『東洋社会党考』(『叢書・名著の復興』、一九七〇、新泉社)

(冨塚　一彦)

たるひとしんのう　熾仁親王　一八三五—九五　皇族出身の軍人、政治家。天保六年二月十九日(一八三五年三月

熾仁親王

十七日)、有栖川宮熾仁親王《たかひとしんのう》の第一子として京都に生まれる。嘉永元年(一八四八)、仁孝天皇の猶子となり、翌二年元服、太宰帥に任ぜられ「帥宮」と称された。嘉永四年、仁孝天皇第八皇女和宮の降嫁の内旨をうけるも、万延元年(一八六〇)、公武合体を目的とする将軍徳川家茂との縁談により破談となる。元治元年(一八六四)には、父幟仁とともに国事御用掛に任ぜられるが、長州藩とのつながりを疑われ、参内ならびに他人面会を禁止された。慶応三年(一八六七)正月、ようやくにして禁を解かれ、十月に国事御用掛に復帰、十二月に新政府が発足すると総裁に任ぜられた。明治元年(一八六八)の戊辰戦争に際しては東征大総督として全軍を統括し、戦争終結後の明治二年六月にはその功を賞されて世禄千二百石を下賜される。明治三年、兵部卿に就任。翌四年、贋札事件により黒田長知が福岡藩知事を罷免されるとその後任に据えられた。明治八年元老院議官となり、翌年には議長に昇進する。明治十年(一八七七)、西南戦争が勃発すると鹿児島県逆徒征討総督を命じられ戦地に赴任、凱旋後、元老院議長のまま陸軍大将を拝命した。その後、明治十五年にはアレクサンドル三世のロシア皇帝即位式に明治天皇の名代として参列するなど、皇族の中心として活躍し、政治家としては左大臣(明治十三年就任)、軍人としては参謀総長(十八年就任)、近衛都督(十九年就任(兼任))、参軍(二十一年(一八八八)就任)、参謀総長(二十二年就任)を歴任して政軍双方に重きをなした。そのほか、竜池会総裁、大日本教育会総裁、興風会会長、日本赤十字社総裁、日伊学協会総裁、神苑会総裁などに請われて就任し、文化社会事業にも貢献した。また、父幟仁から有栖川流書道の奥義を伝承されていた熾仁は、華族子女に書道を教授し、碑文の揮毫を請われることもしばしばであった。明治二十八年一月十五日死去。享年六十一。

参考文献 高松宮家編『熾仁親王行実』(一九二九)

(友田 昌宏)

俵国一

たわらくにいち　俵国一　一八七二—一九五八　明治時代後期から昭和期の鉄冶金学者。明治五年二月二十八日(一八七二年四月五日)浜田県那賀郡浜田(島根県浜田市)に俵三九郎祐信を父として生まれる。明治二十年(一八八七)松江中学校四年を中途退学し翌年上京、共立学校から第一高等中学校を経て、三十年(一八九七)七月東京帝国大学工科大学採鉱冶金学科を卒業。三十二年七月ドイツ留学、フライベルク鉱山大学で鉄冶金学を修めた。三十五年帰国後、東京帝国大学工科大学鉄冶金学講座担任の教授に就任、翌年工学博士。大型金属顕微鏡を輸入し鉄鋼の組織を研究、金属組織学を広め鉄鋼技術の理化学的基礎づけを行なった。山陰地方の伝統的製錬法に関心を持ち昭和七年(一九三二)著作にまとめる一方、日本刀の研究に没頭、その化学組成、形状、特色を明らかにした。この業績に対して大正十年(一九二一)帝国学士院賞授与。大正十二年東京帝大工学部長、十四年帝国学士院会員、昭和七年三月停年。鉄冶金学の生みの親・育ての親といわれ、著作の『鉄と鋼—製造法及性質—』(明治四十三年)は版を重ねた。日本鉄鋼協会会長、日本鉱業会会長、工手学校(工学院大学)管理長などを歴任。実地の工場研究を強調、戦後も工学院大学の設立や日本学術振興会での活動にかかわった。昭和二十一年(一九四六)二月文化勲章、二十六年文化功労者。昭和三十三年(一九五八)七月三十日神奈川県鎌倉市にて没。満八十六歳。

参考文献 俵先生記念出版委員会編『俵国一先生を偲ぶ』(一九五九)、飯田賢一『人物・鉄鋼技術史』(一九八七、日刊工業新聞社)、穴沢義功他編『(復刻・解説版)古来の砂鉄製錬法—たたら吹製鉄法—』(二〇〇七、慶友社)

(山田 俊弘)

たわらまごいち　俵孫一　一八六九—一九四四　内務官僚、政治家。明治二年五月七日(一八六九年六月十六日)に生まれる。出身は石見国那賀郡浜田町(島根県浜田市)。父は製糸業・銀行頭取の俵祐信。明治二十八年(一八九五)帝国大学法科大学法律学科を卒業、同年文官高等試験に合格し、沖縄、石川、鹿児島など地方勤務を経て、三十九年(一九〇六)統監府書記生となる。四十三年(一九一〇)には朝鮮総督府臨時調査局副総裁。ついで三重県知事、宮城県知事、北海道庁長官を歴任し政界へ進出する。大正十三年(一九二四)、憲政会・民政党から衆議院議員に当選し、以後通算六回当選する。加藤高明内閣の鉄道・内務各次官、民政党幹事長、浜口雄幸内閣では商工大臣として入閣する。辞任後、党総務、政調会長となり、党の長老として戦前の政党政治に尽力した。昭和十七年(一九四二)に太平洋戦争二年目の翼賛選挙では推薦を受けながらも落選する。昭和十九年(一九四四)六月十七日没。七十六歳。

(西尾林太郎)

ダン　Edwin Dun　一八四八—一九三一　北海道開拓使雇いのアメリカ人牧畜家、のち駐日アメリカ公使。一八四八年七月十九日米国オハイオ州の大牧場に生まれ、開拓使がアメリカから買いつけた乳牛や綿羊の輸送と世話係として明治六年(一八七三)横浜に到着し、東京青山の開拓使官園で家畜の飼育を指導した。明治八年函館七重の官営牧場に移り、翌年には札幌で真駒内《まこまない》牧牛場(のち種畜場)の建設に従事。同十年(一八七七)には漁《いさり》の牧馬場の新冠《にいかっぷ》への移転をすすめ、それはやがて北海道馬産の中心地となった。明治十五年開拓使の廃止に伴い日本を離れたが、北海道における畜産業の基礎はダンによって作られたということができる。彼は函館時代に元津軽藩士の娘ツルと結婚していたが、明治十七年米国在日公使館書記として再来日、同二十六年(一八九三)には公使に昇任し、日清戦争に際しては両国の早期和平のために尽力した。同三十年(一八九七)公使辞任の後も日本に留まり、同三十三年には直江津《なおえつ》のインターナショナル石油会社支配人に就任し、大正元年(一九一二)三菱造船に迎えられ東京で晩年を過ごした。家族にはツル夫人の没後再婚した元旗本の娘ヤマとの間に四人の男子があった。昭和六年(一九三一)五月十五日東京代々木で没した。満八十二歳。

参考文献 高倉新一郎編『エドウィン・ダン―日本における半世紀の回想―』(一九六二、エドウィン・ダン顕彰会)、田辺安一編『お雇い外国人エドウィン・ダン―北海道農業と畜産の夜明け―』(一九九九、ダンと町村記念事業協会)　(秋月　俊幸)

だんきずい　段祺瑞　Duan Qirui　一八六五―一九三六　中国の軍人、政治家。一八六五年三月六日生まれ。本籍、安徽省合肥県。八四年天津武備学堂入学、八七年卒業。八九年、近代軍事技術習得のためにドイツへ派遣され翌年帰国。九六年袁世凱の新建陸軍創設以降、袁世凱による抜擢を通じて頭角をあらわし、一九〇二年に北洋軍政司参謀処総弁に就任。いわゆる北洋軍閥の中核を担うようになり、のちに「安徽派」首領と呼ばれるようになる

段祺瑞

基礎をつくる。その後、陸軍の要職を歴任し、一二年陸軍総長に就任。一六年に参謀総長を経て国務総理兼陸軍総長に就任。その後、寺内内閣から西原借款に象徴される財政・軍事援助を受けて勢力を拡大し、三次にわたり内閣を組織。しかし、二〇年の安直戦争に敗退し下野。二四年に中華民国臨時執政政府執政に就任するも、二六年に政軍界を引退し天津租界に移る。三三年国民政府の招請に応じて上海に移住し、三六年十一月二日同地で没。七十二歳。

参考文献 山田辰雄編『近代中国人名辞典』(一九九五、霞山会)、徐友春主編『民国人物大辞典(増訂本)』(二〇〇七、河北人民出版社)　(松重　充浩)

たんけん　探検　地球上で知られることが少ない「秘境」「辺境」を、学術、軍事、貿易・殖民調査などの目的で実地踏査することを「探検」と呼び、冒険自体を求めて赴くことを「探険」として、一般には区別する。明治期日本は、それまでの「鎖国」が終り、日本人による海外渡航が盛んとなった。一方、世界的にみても地理・軍事上の「探検の時代」とも重なったので、さまざまな意図と背景にもとづく探検が行われた。海軍軍人郡司成忠《ぐんじなりただ》が指揮した千島探検、郡司の探検へ参加して極地探検を志した白瀬矗《しらせのぶ》を隊長とする南極探検、大谷光瑞《おおたにこうずい》が組織した大谷探検隊の中央アジア仏教遺跡調査、河口慧海《かわぐちえかい》・寺本婉《てらもとえん》雅《が》ら仏教僧によるチベット語仏典を探求した西蔵《チベット》探検、さらに笹森儀助《ささもりぎすけ》の南島探検、鈴木経勲《すずきけいくん》による南洋群島探検などが明治期の代表的な探検として知られる。さらに駐露公使榎本武揚の明治十一年(一八七八)シベリア旅行、ドイツ駐在武官福島安正《ふくしまやすまさ》が明治二十五年(一八九二)から二十六年に行なったベルリンを基点とするシベリア横断騎馬旅行、人類学者鳥居竜蔵《とりいりゅうぞう》の東アジア各地における調査旅行、東亜同文会関係者による中国奥地調査活動なども、探検といわれる。白瀬南極探検隊・大谷探検隊などを例外として、ほとんどが個人単位で行われていることに、明治期日本における探検の特色があった。また軍人、外交官などによる探検は、海外進出のための現地情勢調査に目的があり、民間人の探検でも政府・軍部の間接的援助を得ていたことが多い。大正中期以降になると、国際情勢の変化によって、探検が可能な地域は消滅しつつあった。帝国主義と冒険へのロマンティシズムが奇妙に結びついた「探検の時代」は、日本でもほぼ終焉している。同時期、日本国内では大学・研究機関が整備され、探検に替わって、帝国日本の領域内で研究者による学術調査が推進されるようになる。→大谷探検隊《おおたにたんけんたい》　→千島《ちしま》探検《たんけん》　→チベット探検《たんけん》　→中央《ちゅうおう》アジア探検《たんけん》　→南極探検《なんきょくたんけん》　→南島探験《なんとうたんけん》

参考文献 長沢和俊『日本人の冒険と探検(新装版)』(一九八六、白水社)　(中見　立夫)

たんごちりめん　丹後縮緬　京都府丹後地方(与謝《よさ》・中《なか》・竹野郡)で生産された白生地の絹織物。縮緬は絹のちぢみ織で、緯《よこ》糸として強い撚《よ》りの右撚り糸・左撚り糸を交互に経《たて》糸に打ち込んで平織とし、精錬(練り)工程として冷水・温水に浸して布の表面にシボ(細かい凹凸)を作る。丹後は古来「丹後絹」で知られたが、享保ごろに西陣の技術が丹後地方に導入され縮緬生産が開始された。原料生糸の供給と製品の引き取りを独占する京都問屋の支配と戦いながら拡大を続けた。横浜開港後に生糸価格が高騰して絹織物産地は大きな打撃を受けたが、低級生糸を

原料とする丹後縮緬の打撃は軽微であった。文久元年(一八六一)宮津藩は産物御改法を布達し、精錬工程を独占して生産・流通を統制しようとしたが、機屋《はたや》と村々の大反対に遭い撤回した。賃機《ちんばた》制(問屋制)による生産が多く、明治以降、精錬工程を握った西陣による支配に苦しみ大きく発展できなかった。

参考文献　足立政男『丹後機業史』(一九六三、雄渾社)、野村隆夫『丹後—ちりめん誌—』(一九七八、日本放送出版協会)、永原慶二他編『講座・日本技術の社会史』三(一九八三、日本評論社)　(井川　克彦)

たんざくなわしろ　短冊苗代　塩水選や正条植とともに農会が普及・奨励した明治農法の一つ。明治二十九年(一八九六)三月に公布された害虫駆除予防法を契機として、各府県は施行細則などを制定し、生産力向上に効果があると考えられた短冊苗代を督励した。島根県の場合、同三十年(一八九七)に発生した浮塵子《うんか》被害を契機に、稲作の技術改良が進められるとともに、病害虫駆除を目的に短冊苗代が励行された。実施を徹底化するために、同県は違反者より五銭～一円五十銭の過料を徴収することを定めた。各県に短冊苗代が普及したが、苗代の様式に関する基準が制定されていなかったので、農事試験場農事巡回教師協議会は、同三十四年に、㈠共同苗代を採用すること、㈡苗代を四尺の短冊形とすること、㈢苗代田の畦畔を高くすることを定めた。さらに、農商務省は同三十六年十月に「農産ノ改良増殖ニ関スル諭達」を発表し、四尺の苗代と、苗代を一ヵ所に集める共同管理を督励した。

参考文献　日本農業発達史調査会『日本農業発達史—明治以降における—(改訂版)』五(一九七八、中央公論社)、内藤正中『島根県の百年』(『県民一〇〇年史』三二、一九八二、山川出版社)　(白田　拓郎)

だんしゅうろうえんし　談洲楼燕枝　一八三八—一九〇〇　東京の落語家。本名長島伝次郎。天保九年十月十六日(一八三八年十一月二日)に生まれる。商家の息子から安政三年(一八五六)初代春風亭柳枝門下になり伝枝。文久元年(一八六一)に柳亭燕枝と改名して真打の看板をあげる。若年時は芝居噺を得意としたが、明治四年(一八七一)ごろには素噺に転向。以後順調に名をあげ、維新期には東京の落語家全体の団体である昔話睦連の頭取もつとめる。自身劇通で九代目市川團十郎に傾倒していたところから、明治十八年(一八八五)には烏亭焉馬《うていえんば》にゆかりのある「談洲楼」の号を嗣ぐ。「柳派」の頭領株として三遊派の圓朝に拮抗する存在で、芝居噺から素噺への転向、自作を多く残した点などその経歴も似通っている。軍医総監松本順の贔屓を受け、その縁から各界貴顕の知遇も多かった。師匠譲りの『子別れ』などを演じたほか、三題噺にも才を見せた。自作演目では『島千鳥沖津白波』『侠客小金井桜』などが有名で『仏国三人男』など外国種もある。仮名垣魯文の門下で「あら垣痴文」のペンネームを持ち、自作の多くはみずから筆を執って発表している。明治三十三年(一九〇〇)二月十一日死去。六十三歳。　(今岡謙太郎)

だんじょうだい　弾正台　明治二年(一八六九)五月に、刑法官監察司を独立させた形で設置された監察機関。職務は二年五月台則によれば、「台ノ職タル執法守律天下ノ非違ヲ糾弾ス」とされ、裁判機関ではないが、捜査・訴追権を持った。長官尹、次官弼、三等官大忠、四等官少忠、五等官大巡察などを置く。尹は各省の卿と同等の正三位。官員には大忠海江田信義など尊攘激派が多く、刑部省や地方官とも対立した。二年九月、西洋式兵制推進派の兵部大輔大村益次郎が、攘夷派に殺害された事件では、刑部省・兵部省・京都府ともに犯人厳刑処罰方針で一致したが、京都弾正台は処刑中止を申し入れ、犯人の憂国の念を考慮し割腹にとどめることを主張。この傾向は、二年正月、議政官参与横井小楠が攘夷派に殺害された事件でも同様で、司法の混乱を招いた。京都出張弾正台は三年九月、弾正台は翌四年七月に廃止され、その職務は刑部省が移行して設置された司法省に統合された。

↓司法省《しほうしょう》

参考文献　我妻栄編『日本政治裁判史録』明治前(一九六八、第一法規)　(山田　勉)

たんしょうり　短床犂　乾田を深耕するため、牛馬などに牽かせた犂床の短い犂。深耕に適した農具である無床犂(抱持立犂《かかえもちたちすき》)は、林遠里《はやしおんり》の勧農社(福岡県)などの馬耕教師らにより各地に広まった。しかしその操作がむずかしく熟練を要したため、扱いやすい短床犂の改良がもとめられるようになった。短床犂は、無床犂に長床犂の安定性をとりいれたもので、すでに九州地方には近世期から存在したが、明治三十年代になると、各地でその改良がすすんだ。熊本県鹿本《かもと》郡山賀《やまが》町(山賀市)の大津末次郎による肥後㋙犂、長野県小県《ちいさがた》郡大門《だいもん》村(同長和《ながわ》町)の松山原造による松山犂などが知られており、農村に普及していった。

参考文献　農業発達史調査会編『日本農業発達史—明治以降における—』四(一九五四、中央公論社)　(大豆生田稔)

だんじょきょうがく　男女共学　男女共学の概念は、男女が性差によらず同一の学校・教室でともに学ぶことを意味する場合、また、男女が同一の教育内容・水準・授業時間数を平等に学習することを意味する場合や、性差によらず個性により学習選択の自由が保障されることを意味する場合など多岐にわたっている。男女共学思想は歴史的に男女差別の問題、男女同権の思想と結びついて発展してきた。自由民権運動期に『社会平等論』(スペンサー、一八五〇)や『婦人論』(ベーベル、一八七九)などが翻訳され、男女同権を主張する福田英子のような民権運動家が出現するに至った。さらに性の自由への傾倒という流れのなかで女性の権利を主張した青鞜社の活動などが明治末ごろからみられた。大正期に入り男女共学の思想が与謝野晶子・野口援太郎・小泉郁子などによって主張された。特に、小泉は『男女共学論』(昭和六年)を著わし、戦前唯一の体系的な共学論を展開し、女子が男子と同等の教育を保障されるだけではなく、共学により男女が互いを理解することができ、男女協調の民主社会を築くことができると主張した。戦前、制度としての男女共学はきわめて例外的であった。儒教的道徳観が支配的であり、「男女七歳にして席を同じうせず」という倫理観や男尊女卑の思想が社会に根強くあった。明治二十五年(一八九二)の訓令により「男女別学」は「国風として」重視され、戦後の教育改革期まで日本の教育制度では別学が一般的であった。公立小学校においては同一の学校で学んでいたが、男女別に学級を編成していた。しかし、経済的な事情により男女組の編成もみられた。中等教育段階では学校制度、学科課程の科目構成や学科の水準において全く異なっていたが、東京音楽学校のように共学の学校もあった。大学への女子の入学は一般に認められていなかったが、ようやく明治四十一年(一九〇八)東北帝国大学が女子の入学を許可するようになった。大正の大学拡張時代を迎え、大正二年(一九一三)北海道・九州帝国大学でも女子の特別入学が認められるようになった。私立大学においても門戸を女子に開放する大学もあったが、中等教育段階での教育内容に著しい差異があり、実際にはかなりの制約があった。 (榑松かほる)

参考文献 小泉郁子『男女共学論』(一九三一、拓人社)、橋本紀子『男女共学制度の史的研究』(一九九二、大月書店)

だんじょこうさいろん 男女交際論 明治十九年(一八八六)五月二十六日から六月三日までの八回にわたり『時事新報』に社説として発表された論説。その後、六月二十三日から二十六日までの四回にわたり「男女交際余論」が、同じく社説として発表された。自筆原稿は発見されていないが、福沢諭吉生前に刊行された『福沢全集』にも収録されており、福沢の執筆によるものであると推察される。六月中に単行化された際には、この時期のほかの社説同様表紙に「福沢諭吉立案 中上川彦次郎筆記 男女交際論 完 明治十九年六月出版」と書かれている。奥付は「明治十九年五月廿八日出板御届 同年六月出版 定価金十四銭 抜萃兼出版人 大分県士族 石川半次郎 東京日本橋区通三丁目十一番地寄留」で、四六版洋紙活版刷である。「男女交際論」の中で福沢は、人間にとって交際することは必須であり、男女間においては情感の交(情交)と肉体の交(肉交)が存在する。そのどちらも至大至重で軽重はないが、情交は肉交に離れて独立すべきもので、これからの男女間は「貞」か「淫」かではなく、幅広く交際し「女は男に学び男は女に教へられて、有形に知見を増し無形に徳義を進め」ることが重要であると述べる。「男女交際余論」では実際の行動について論じ、女性が職業や固有の財産を持って経済的な基盤を得ることが権利に繋がると説き、集会の方法などにも言及している。福沢の「男女交際論」は発表されると世間の反響を呼んだ。巌本善治《いわもとよしはる》が主宰する『女学雑誌』では、社説で男女交際について論じ、ほかにも地方紙や投稿雑誌などでも男女交際について取り上げられた。肯定的な意見もあったが、丹霊源『国母論』(明治二十五年、和合社)のように福沢の男女交際論には「到底之に服する能はず」と反対するものが多く、『女学雑誌』も二十四年(一八九一)八月一日発行第二七六号では福沢の論説は危険視していたと述べている。福沢の明治初期の著作は偽版の横行に悩まされたが、福沢の著作権確立運動の甲斐もあってしばらくは偽版、類版の類は出版されていなかった。しかしながら、この「男女交際論」には四種類(六版)の類版が見られる。それだけ話題性があったといえよう。『福沢諭吉全集』五巻(昭和三十四年、岩波書店)に所収。

→福沢諭吉《ふくざわゆきち》 (西澤 直子)

だんじょこんごうえんげき 男女混合演劇 主に明治時代中期から始まった男女共演の演劇興行。江戸時代より男女が同じ舞台に立つことは禁止されていたが、演劇改良運動のころ、西洋演劇にならい女役を女優にという動きが出始めた。明治二十三年(一八九〇)警視総監田中光顕《たなかみつあき》が男女混合の興行を不問に付すとの訓令を発し、同年十月京都祇園座、翌年十一月東京吾妻座などで男女共演の興行が行われ始めた。実は西日本では明治十年代から行われていた地域もあり、各地で実施時期に差がある。

参考文献 倉田喜弘「女性の劇界進出」(『芸能史研究』一三八、一九九七)、同『芸能の文明開化—明治国家と芸能近代化—』(『平凡社選書』、一九九九、平凡社) (佐藤かつら)

ダンス ダンス 舞踊のこと。明治期のダンスは欧米文化摂取の影響が顕著にみられ、社会一般には欧化政策としての鹿鳴館における社交ダンスや明治四十四年(一九一一)に開場した帝国劇場でクラシックバレエの母体である歌劇の初演がある。前者は大正末期の都市におけるダンスホール開設以降、庶民にも楽しまれ、後者は帝劇開場翌年に招聘されたローシー、大正末期にバレエ教室を開設したエリアナ=パブロバらの弟子育成により発展した。学校教育では舞踊的教材は明治十年(一八七七)ごろ導入され、翻訳書『(西洋)養生論』(コーミング著)などの影響により遊戯と称された。欧米のフォークダンスの総称である行進遊戯のほか、唱歌遊戯、動作遊戯など多様な名称のもと、欧米ダンスの翻訳紹介に加え、日本の民舞や体操的な動きを採り入れた作品が教材として発展、明治三十年代後半には女子教育機関の運動会で確固とした位置を占めるに至った。用語の面では感情表現としての身体活動の観点から舞踊ないしダンスの使用が大正末期から主張され、ダンスが欧化政策の具にすぎないと考える学校体育界との対立も生じた。体育への唱歌遊戯の導入には伊沢修二《いさわしゅうじ》、方舞の紹介には坪井玄道《つぼいげんどう》の功績が大きいとされる。

ダンス　貴顕舞踏の略図

参考文献 舞踊教育研究会編『舞踊学講義』(一九九一、大修館書店)、全日本児童舞踊協会編『日本の子どものダンスの歴史―児童舞踊百年史―』(二〇〇四)
(來田　享子)

たんぜいろん　単税論　租税体系を一種類の租税により構成すべきであるという考え方。一部の国の地方税を別とすれば、先進国の租税体系は税収の十分な獲得、負担の公平の実現といった狙いから、複数の租税から構成される複税制度を採ってきた。ただし租税思想の上では単税制度が主張されたことがある。フランソワ＝ケネー(一六九四―一七七四)らフランスの重農学派の地租単一税論、アメリカのヘンリー＝ジョージ(一八三九―九七)の土地単一税論が代表的なものである。ドイツのフェルディナント＝ラッサールは、『間接税と労働階級の状態』(一八六三年)で労働者の生活水準を切り下げるものとして間接税を批判して、累進的所得税単一税論を主張した。日本では中江兆民(一八四七―一九〇一)が、能力に応ずる課税であること、免税点の設定により貧民に賦課することなく済ませることなどの利点をあげて累進所得税単一税論を主張しており、福沢諭吉や田口卯吉が所得税に否定的であったのとは対照的である。

参考文献 佐藤進『日本の租税文化』(一九八〇、ぎょうせい)、佐藤進・関口浩『財政学入門(改訂版)』(一九九八、同文館)
(町田　俊彦)

だんたくま　団琢磨　一八五八―一九三二　明治から昭和時代初期の三井財閥の経営者。安政五年八月一日(一八五八年九月七日)筑前国福岡城下荒戸《あらと》四番町(福岡市)に福岡藩士神尾宅之丞の四男として生まれる。幼名は駒吉。明治元年(一八六八)琢磨と改名。三年福岡藩権大参事団尚静の養子となる。四年旧藩主黒田家より海外留学生に選抜され黒田長知・金子堅太郎とともにアメリカに留学。八年マサチューセッツ工科大学鉱山学科に入学し、十一年(一八七八)卒業。十二年大阪専門学校助教、十四年東京大学助教授となり天文学を教える。十七年工部省に入省し三池鉱山局に勤務。十八年三池鉱山局開坑長、十九年勝立工業課長、三池鉱山局工業課長となる。二十年(一八八七)三池鉱山勝立坑の出水量が多く、湧水処理調査のため欧米に視察しデーヴィー＝ポンプを知る。視察中に三池炭鉱が三井に払い下げられ、帰国後、三池炭鉱社に入社し三池炭鉱事務長となる。二十四年三池に運炭鉄道を敷設し、デーヴィー＝ポンプ二台の購入据付の許可を得て、勝立坑復旧に成功する。二十七年三井鉱山合名会社専務理事に就任。明治三十一年(一八九八)炭鉱事業調査のため牧田環《まきたたまき》らを伴い欧米を視察。三十二年工学博士を受ける。三十三年北海道炭鉱鉄道取締役、明治四十年(一九〇七)日本製鋼所取締役、四十二年三井合名会社が設立されると参事に就任。四十三年三井八郎右衛門に随行し欧州を視察。四十四年三井鉱山株式会社取締役会長、四十五年三井物産株式会社取締役、堺セルロイド会社取締役、大正二年(一九一三)北海道炭鉱汽船株式会社取締役会長に就任。三年シーメンス事件をきっかけに益田孝が相談役に退くと三井合名会社理事長に就任。六年理化学研究所理事、日本工業倶楽部理事長となる。七年米山梅吉とともに外遊し、上海で孫文と会見。大正十年(一九二一)から十一年まで英米訪問実業団長となり欧米を歴訪し、ハーディング大統領、ジョージ五世に謁見。十二年日本経済連盟会理事、十三年三井信託株式会社社長、昭和三年(一九二八)日本経済連盟会長となり、勲功により男爵を授けられる。昭和恐慌の際、三井のドル買いなどの風評から財閥批判が起り、七年三月五日三井本館正面玄関前で血盟団員菱沼五郎に暗殺される。七十五歳。牧田環は娘婿。作曲家の団伊玖磨《いくま》は孫。

団　琢　磨

参考文献 男爵団琢磨伝記刊行会編『男爵団琢磨を語る』(一九三三、朝日書房)、故団男爵伝記編纂委員会編『男爵団琢磨伝』(一九三八)、団伊玖磨・由井常彦「団伊玖磨氏談話記録「回想・祖父団琢磨のことなど」」(『三井文庫

論叢』三五、二〇〇一）　（森田　貴子）

たんてい　探偵　一般にはひそかに事情を探ること、また、それを職業とする人をさすが、明治前期には政治情報の収集や犯人の探索に従事する警察とその配下を呼んだ。政治警察を担うものを国事探偵と呼び、東京の場合、警視総監に直属するものと、各警察署が管轄するものがおり、政党政派や政客の動静・言動を視察した。また、内閣に直属して大臣が直接に使う国事探偵もいた。組織の中に潜入して活動することもあったが、一般には待合茶屋・飲食店・宿屋への聞込みや、鉄道・汽船の乗客の足取りなどから探り出して所轄署に報告し、これが集約されて警視総監・首相・内相のもとに達した。刑事事件の場合は常務探偵と呼ばれ、巡査の配下にあって、博徒・掏摸《すり》などの集団と昵懇な関係を取り交わしつつ犯罪捜査を担った。なお、明治二十八年（一八九五）に事務所を開いた岩井三郎が私立探偵の最初といわれ、明治中期以降、次第に探偵は警察関係以外に対する呼称となった。

参考文献　伊原青々園・後藤宙外編『唾玉集―明治諸家インタヴュー集―』（『東洋文庫』）、宮武外骨『明治密偵史』（一九二六、有限社）、大日方純夫『近代日本の警察と地域社会』（二〇〇〇、筑摩書房）　（大日方純夫）

だんなおき　弾直樹　一八二三―八九　関八州ほかの穢多（長吏）・非人を支配した第十三代穢多頭弾左衛門。文政六年（一八二三）摂津国菟原郡灘住吉村（神戸市）の寺田利左衛門の長子小太郎として出生。天保十年（一八三九）幕命により第十二代弾左衛門周司の養子となり、明治元年（一八六八）銃隊取立を機に幕府から自身と手下六十五人の身分引上げが認められて、弾内記と改名した（俗名は矢野内記も用いた）。さらに、三年弾直樹と改名。この年、兵部省造兵司所属の皮革製造伝習所と軍靴製造伝習所を滝野川（東京都北区）に開設し、外国人技師を雇用して洋式皮革・軍靴の製造を開始した。しかし、翌四年に、賤民の斃牛馬処理権が廃止され、賤民解放令も出されたため、賤民支配権の上に成立した弾の事業は打撃を受けた。その後も弾は軍靴製造事業を続けたが、経営上の苦境にしばしば遭遇し、七年に経営の実権を三井組の北岡文兵衛に移譲せざるをえなかった。明治二十二年（一八八九）七月九日死去。六十七歳。

参考文献　高橋梵仙「部落解放と弾直樹の功業」（石井良助編『近世関東の被差別部落』所収、一九七八、明石書院）、塩見鮮一郎『弾左衛門とその時代―賤民文化のドラマツルギー―』（一九九一、批評社）、中尾健次『弾左衛門―大江戸もう一つの社会―』（一九九四、解放出版社）　（中嶋　久人）

たんばけいぞう　丹波敬三　一八五四―一九二七　明治・大正時代の薬学者。安政元年正月二十八日（一八五四年二月二十五日）摂津神戸に生まれる。東京大学医学部製薬学科第一回卒業生。明治十七年にドイツ留学、二十年（一八八七）帝国大学教授。二十六年第一講座（のちの衛生化学、裁判化学）初代教授になる。大正六年（一九一七）定年退官後、東京薬学専門学校（現東京薬科大学）校長。日本薬局方調査委員、薬剤師試験委員を歴任。昭和二年（一九二七）十月十九日没。七十四歳。

参考文献　『東京大学医学部百年史』（一九六七、東京大学出版会）　（酒井　シヅ）

だんぱつ　断髪　頭髪を短く切ること。欧化政策として明治四年（一八七一）に出された散髪令は男子に対してであった。東京本郷辺の断髪した女子は奇女と書かれ（『新聞雑誌』一三号）、翌五年女子の断髪は醜体に忍びないと攻撃された（同三五号）。東京府は婦女が理由なく断髪することを禁止し、政府も女は従来通りの髪型にせよとした。さらに東京府は同五年十一月十三日施行の違式詿違《いしきかい》条例で、「婦人ニテ謂レナク断髪スル者」の項目を入れ禁止した。罰金を課し、処罰済証明書も発行した。同六年、天皇は断髪し民衆に新しい社会秩序のあり方を宣伝・教化していく。女性への処罰は旧習を守る社会状況、物価急騰などのもと、国家権力が国民にとった厳しい処罰・管理のあらわれ。鹿鳴館時代は束髪が流行。第一次世界大戦後の大正デモクラシーの中で、知識人を中心に断髪に洋装して銀座を歩くモガ（モダンガール）が出現したが、満洲事変ごろから再び長い髪が流行する。

断髪布告（五姓田芳柳画）

参考文献　総合女性史研究会編『日本女性の歴史　性・愛・家族』（『角川選書』）、一九九二、角川書店）、高橋晴子『年表近代日本の身装文化』（二〇〇七、三元社）　（小和田美智子）

ち

ちあんけいさつほう　治安警察法　集会・結社・多衆運動などの取締りを規定する法律。明治三十三年(一九〇〇)三月十日公布(法律第三六号)、昭和二十年(一九四五)十一月二十一日廃止。集会・結社の規制については、明治十三年(一八八〇)四月の集会条例(太政官布告一二号)、二十年(一八八七)十二月の保安条例(勅令六七号)、二十三年七月の集会及政社法(法律五三号)などの特別法、また多衆運動については刑法(旧刑法、明治十三年七月公布)の規定により取締りが行われてきた。二十九年の第九議会には集会及政社法を存続させた上で保安条例に代わるものとしての「治安警察法案」が提出され審議未了・廃案となっていたが、第二次山県有朋内閣のもとでは、新たに内務官僚有松英義が中心になり、集会及政社法に代わる法案が準備され第十四議会で成立した。集会・結社規制について規制の簡素化と効率化が目指される一方、新たに労働・農民運動についての取締りが導入された。すなわち同法は、結社・集会・多衆運動の届出義務(一―四条)、内務大臣による結社解散権(八条)、警察官による集会・多衆運動の監督・禁止(八―一一、一六条)などのほか、労働者・小作人が暴行・脅迫の手段により雇用者・地主と交渉すること、また同盟罷業のため他人を誘惑・煽動することの処罰規定(一七条)を置いた。同法成立後、八条により社会民主党の結社禁止措置(明治三十四年)がとられたほか、一七条による同盟罷業取締りも活発に行われ、この一七条の撤廃は、その後の労働運動の重要な目標となった。また、現役軍人・警察官・宗教家・教員・学生・女子・未成年者などの政治結社加入・政談集会参加を禁止する規定(五条)が存在していたが、このうち女子の政治活動の自由については、大正期の女性参政権運動の成果として、大正十一年(一九二二)改正により政談集会参加禁止規定が削除された(同年法律五九号)。また、同盟罷業を規制する十七条の撤廃は、同十五年(一九二六)、憲政会内閣のもとで、労働争議調停法の制定とひきかえに実現した(同年法律五八号)。しかしその後は改正を経ることなく、昭和二十年(一九四五)十月四日のＧＨＱ指令により廃止が要求されるまで、同法は効力を存続させていた。　→集会及政社法《しゅうかいおよびせいしゃほう》

参考文献　高島道枝「治安警察法の成立」(『経済学論纂』一七ノ一―三合併号・四、一九七六)、松尾尊兊「大正期婦人の政治的自由獲得運動―新婦人協会から婦選獲得同盟へ―」(『普通選挙制度成立史の研究』所収、一九八九、岩波書店)　(伊藤　孝夫)

ちあんさいばんしょ　治安裁判所　裁判所の種類の一つ。明治十五年(一八八二)一月一日の治罪法施行および「各裁判所ノ位置及管轄ノ区画」(十四年十月太政官第五三号布告)によってうまれ、二十三年(一八九〇)十一月一日の裁判所構成法施行により廃止された。フランス法制度に倣った旧刑法・治罪法下での裁判所名称であり、管轄地内でおきた違警罪を裁判するが、始審裁判所所在地以外の治安裁判所では軽罪も裁判した(明治十四年十月太政官第五四号布告)。訴訟事件を勧解すること、請求の金額および価格が百円未満の訴訟を取り扱うことができる(同年十二月太政官第八三号布告)。治安裁判所には人事事件の管轄権がない。治安裁判所の裁判に対しては始審裁判所に控訴することができ、始審裁判所控訴審が終審であったが、不法を理由とする大審院への上告は可能であった。当初は全国に百八十ヵ所設置された。　(林　真貴子)

チェンバレン　Basil Hall Chamberlain　一八五〇―一九三五　イギリスの日本学者。自書としてチャンブレン、号は王堂。一八五〇年十月十八日、イギリスのポーツマスに生まれる。外祖父で『朝鮮の西海岸及び琉球探検航海記』を著わした海軍大佐バジル＝ホールにちなんで名づけられた。幼少よりフランス語、ドイツ語をはじめ、各国語を習得。五七年母の死によりフランスに赴きパリの中学校に学ぶ。銀行に勤務するが、病のため辞職、療養のためヨーロッパ各地を歴訪後、明治六年(一八七三)五月来日。鈴木庸正らに古典を、橘東世子《たちばなとせこ》に作歌を学ぶ。七年に海軍兵学寮の教師となり、英語、数学、幾何などを教授した。十九年(一八八六)に外山正一の推薦で帝国大学文科大学教師となり、日本語および博言学を教授した。二十三年(一八九〇)九月病のため辞職。翌年、外国人としてははじめて名誉教師の称号を受ける。当時の学生に上田万年《うえだかずとし》、岡倉由三郎《おかくらよしさぶろう》らがいる。その興味は文学、宗教、風俗、歴史、琉球、アイヌ、日本語など多岐にわたり、『日本アジア協会誌』などに数多くの研究論文を発表した。十九年には北海道にてアイヌに関する調査、二十六年には琉球にて調査を行なった。幾度かイギリスと日本を往復したが、二十五年にマニラでキリシタン資料の調査にあたったほか、三十三年(一九〇〇)にローマ字書きに対する文部省への建議書を提出するなど国字改良運動にも関わった。四十四年(一九一一)三月四日、離日。スイスのジュネーブにて一九三五年二月十五日死去。満八十四歳。主な著作に、『日本事物誌』(明治二十三年)、『日本旅行案内』(第三版、明治二十四年)、『日本の詩歌』(明治四十三年)、『英訳古事記』(明治二十三年)、『日本小文典』(明治二十年)、『日本俗語文典』(明治二十一年)、「琉球文典並に辞典に関する試論」(『日本アジア協会誌』二三号付録、明治二十八年)、「アイヌ研究より見た日本の言語・神話及び地名」(『文科大学紀要』一、明治二十年)、『鼠はまだ生きている』(昭和八年)などがある。

参考文献　佐佐木信綱編『王堂チェンバレン先生』(一九四八、

好学社)、楠家重敏『ネズミはまだ生きている―チェンバレンの伝記―』(『東西交流叢書』二、一九八六、雄松堂出版)　(田鍋　桂子)

チェンバレン　**Joseph Chamberlain**　一八三六―一九一四　イギリスの政治家。一八三六年七月八日、ロンドンの靴職人の家に生まれ、叔父の工場があるバーミンガムで実業家として成功。一八七三―七六年にはバーミンガム市長として、ガス・水道の公営化やスラム浄化、図書館や博物館・公園・公立学校の整備など多くの改革を断行した。一八七六年に自由党国会議員となり、商務相、地方自治相として活躍するが、党首グラッドストンが提出したアイルランド自治法案(第一次、一八八六年)をめぐって自由党が分裂すると離党し、自由統一党を結成した。その後、保守党との連立政権であるソールズベリ内閣で植民地相(一八九五―一九〇三)となり、帝国主義政策を展開して、南アフリカ戦争(第二次ボーア戦争、一八九九―一九〇二)を引きおこした。一八九八年三月、駐英公使の加藤高明と東アジアの利権をめぐる会談のなかで日英同盟をほのめかしたのは彼、チェンバレンだといわれる。二〇世紀初頭、帝国内特恵関税の導入を求める関税改革運動を主導して自由貿易から保護貿易への転換を図ろうとしたが、党内の合意を得られず、植民地相を辞職。一九〇六年、関税改革が争点となった総選挙で自由党に大敗北を喫した直後、脳梗塞で倒れ、それが実質的な政界引退につながった。一九一四年七月二日没。満七十七歳。長男は蔵相・外相を歴任したノーベル平和賞受賞者のオースティン＝チェンバレン、次男(オースティンの異母弟)は首相(一九三七―四〇)を務めたネヴィル＝チェンバレン。ちなみに、日露戦争開戦直前の一九〇四年二月、三国干渉の再現を危惧する首相桂太郎と外相小村寿太郎の要請で、日本への理解と共感を確保すべくイギリスに派遣された末松謙澄を強くバックアップしたのは、ケンブリッジ大学時代の友人である前者、当時バルフォア内閣の蔵相を務めていたオースティン＝チェンバレンであった。　(井野瀬久美恵)

ちがいほうけん　**治外法権**　⇩領事裁判権《りょうじさいばんけん》

ちがくざっし　**地学雑誌**　(一)ライマン B.S. Lyman の門人たちが明治十一年(一八七八)に地質学社を創立し翌十二年一月より刊行した雑誌。十三年四月の第一六号まで発行。主として海外の論説を翻訳して掲載した。鉱山学など応用地質学的な内容が多いが、ライエル Charles Lyell の『地質学原理』の部分訳もみられる。『日本鉱業史料集』第八期明治篇上・中(昭和六十二年、白亜書房)に復刻されている。(二)明治二十二年(一八八九)に創刊され今日まで続く地学分野の総合誌。前身は、東京大学にあった博物友の会から発展した地学会の発行になる『地学会誌』Bulletin of the Geological Society of Japan で、明治十八年(一八八五)より会員頒布。小藤文次郎《ことうぶんじろう》の提案で二十二年より月刊で一般に販売される『地学雑誌』となり、地質・鉱物・地理・地震・気象などの内容を扱う。当初は地学会から、二十六年の第五集以降は東京地学協会から発行。第九集より欧文名 Journal of Geography がついて今日に至る。↓東京地学協会《とうきょうちがくきょうかい》

『地学雑誌』(二)第1集第2巻

参考文献　矢沢大二「我が国の地球科学界における地学雑誌一〇〇巻の歩み―その回顧と将来への希望―」(『地学雑誌』一〇〇ノ一、一九九一)　(山田　俊弘)

ちかこないしんのう　**親子内親王**　一八四六―七七　江戸幕府第十四代将軍徳川家茂夫人。仁孝天皇の第八皇女。母は権大納言橋本実久の女典侍経子(観行院)。孝明天皇の異母妹にあたる。弘化三年閏五月十日(一八四六年七月三日)誕生。和宮と命名される。父仁孝天皇が誕生前の同年正月二十六日(二月二十一日)に崩御していたため、外祖父橋本実久邸で養育される。嘉永四年七月十二日(一八五一年八月八日)、有栖川宮幟仁親王の長男熾仁親王と婚約し、その後入輿まで定められるが、万延元年四月十二日(一八六〇年六月一日)、幕府から京都所司代酒井忠義を通して和宮の将軍家茂への降嫁が奏請された。和宮が将軍へ降嫁することによって朝廷・幕府間の融和を図り公武合体を実現、幕府権力を維持しようという意図が背後に存在していた。この幕府の奏請に対し天皇は謝絶の意を示していたものの、岩倉具視の建言を受け、鎖国攘夷の措置を降嫁の条件とすることにより勅許されることとなる。翌文久元年四月十九日(一八六一年五月二十八日)、内親王宣下が行われ、親子《ちかこ》の諱を賜わる。同年十月二十日(一八六一年十一月二十二日)京都を出発して江戸に赴き、翌二年二月十一日(一八六二年三月十一日)江戸城にて婚儀をあげる。しかし慶応二年七月二十日(一八六六年八月二十九日)、大坂城にて第二次長州征伐を統督していた家茂が死去すると、同年十二月九日(一八六七年一月十四日)、薙髪して静寛院と称した。明治元年正月三日(一八六八年一月二十七日)、幕府と朝廷との間で戦争が始まり(鳥羽伏見の戦)、同七日に第十五代将軍徳川慶喜の征討令が下ると、慶喜ならびに天璋院(第十三代将軍家定夫人)の懇願を受け、同二十一日(二月十四日)徳川家名の存続を朝廷に嘆願した。四月四日(四月二十六日)、勅使によって、江戸城の明け渡し、徳川家の家名を存し慶喜に謹慎をさせるなどの徳川家処分が伝宣されると、同九日(五月一日)、江戸城を出て清水邸に移居した。五月二十四日(七月十三日)、徳川氏の駿河への移封が終ると、以前より再三天皇より勧められていた上洛要請に応じ、明

治二年正月十八日(一八六九年二月二十八日)に東京を出発、二月三日(三月十五日)京都に帰住した。同七年七月八日再び東京に移居し、麻布市兵衛町(東京都港区)の邸宅に入った。同十年(一八七七)八月七日、脚気療養のため箱根塔ノ沢に赴いたが、九月二日衝心発作により同地の旅館(現環翠楼)で死去した。三十二歳。法号は好誉和順貞恭大姉。遺言により、東京都港区芝増上寺の家茂公墓の南隣に葬られた。なお同六年三月二十日に二品を宣下されたが、十六年八月二十七日、七回忌にあたり一品を追贈された。『静寛院宮御日記』(『続日本史籍協会叢書』、昭和五十一年、東京大学出版会)が刊行されている。

参考文献 『天皇皇后実録』仁孝天皇巻六(宮内庁書陵部所蔵)、武部敏夫『和宮』(『人物叢書(新装版)』、一九八七、吉川弘文館)
(真辺 美佐)

ちかしげますみ 近重真澄 一八七〇―一九四一 化学者。明治三年九月三日(一八七〇年九月二十七日)に土佐国高知に生まれる。明治二十七年(一八九四)帝国大学理科大学化学科卒。第五高等学校教授を経て明治三十一年(一八九八)に京都帝国大学理工科大学助教授に任命される。明治三十八年から三年間のヨーロッパ留学を経て、明治四十一年(一九〇八)に教授に昇進。無機化学を講じるとともに、大正九年(一九二〇)に新設の金相学講座兼任となる。昭和二年(一九二七)には京都帝大附置化学研究所の初代所長に就任し、昭和五年に退官。昭和十六年(一九四一)十一月十六日に死去する。七十二歳。物理学の本多光太郎とともに日本の金属学の草分けであり、留学中にドイツのタンマンのもとで学んだMetallographieを「金相学」として日本に導入・発展させた功績で著名である。日本刀など東洋の金属技術、錬金術の金相学的研究でも知られる。

参考文献 佐々木申二「近重真澄先生」(『化学』一七、一九六二)
(菊池 好行)

ちかしゅうせいもんだい 地価修正問題 地租制度は地価を課税の基礎としていたが、この地価には大きな矛盾がはらまれており、その扱いは政府の存立の基礎にかかわる重要問題であった。すなわち、地租改正に際し従来の年貢歳入を確保することが基本方針とされたため、実際の地価をうわまわる法定地価が決定され、しかも、これは経済成長によって変化する売買地価でも、収穫量の調査を基礎とする実情に即した地価でもなかった。このため法定地価には、制定当時の不均衡とその後の経済発展が引き起こす不平等との二重の矛盾がはらまれていた。そこで、地価の修正を求める運動が展開され、政府も明治期に五回、地価修正を実施した。地租改正当初の明治七年(一八七四)五月、政府は売買によって地価に増減を生じたとしても改正後五年間は当初の地価によって収税するとし、さらに十三年(一八八〇)五月、改正時に定めた地価は十八年まで据え置くとして地価の改訂を延期した。ただし、この時、府知事・県令が不適当としたものについてのみ、一町村・一郡区に限って修正することを認めた。そこで、これにもとづいて神奈川・兵庫・三重など十八県の一部地域で地価修正が実施された(第一回、地価修正)。十七年三月、政府は地租改正条例などの諸規定を廃止して地租条例を制定し、地価改正の約束を正式に破棄した。二十年(一八八七)には、十三年と同趣旨で大阪府ほか十六県で修正が実施された(第二回、特別地価修正)。その結果、修正によって地価を引き下げられた地域とその周辺地域との矛盾が顕在化して、大阪府などで地価修正運動が高揚し、二十年から二十二年にかけ大阪府下全域にわたる請願運動に発展した。これに対し政府は二十二年八月、全国四十三府県(北海道・沖縄、山口・旧宮城・旧水沢・旧小倉各県、飛驒・隠岐両国をのぞく)で地価修正を実施した(第三回、田畑地価特別修正)。初期の地価修正運動は、政府当局や府知事・県令に対する請願として展開され、その範囲も旧国別・府県単位であり、要求内容も法定地価の実質的な修正によって地価を引下げることにあった。しかし、帝国議会が開設されると地価修正問題は全国的な問題となり、法案通過によって地価修正を実現する可能性も生まれた。そこで、法案の通過をめざす運動が展開され、議会外では二十四年二月、地価修正請願同盟が結成された(二十五年八月、地価修正期成同盟に改組)。しかし、東北など相対的に地価の低い地域では地価修正が地租増徴につながりかねないため、地価非修正同盟を結成するなどして反対運動を展開した。こうして地租軽減要求は、地価の修正を求める要求と税率の軽減を求める要求とに分化し、地価修正派と地租軽減派とが対立することとなった。第一議会から第三議会にかけて、議会内では地価修正法案の採否をめぐる対立が激しくなり、次第に地価修正派が増大していった。第四議会では地価修正派議員の懐柔をねらって政府が地価修正法案を提出(貴族院で否決)。その後、期成同盟は政府に対する方針を硬化させ、第五議会には地価修正派と政府の双方から法案が提出された。同盟は請願・陳情では地価修正は実現できないとして二十七年、日本農民協会を結成して地価修正の実現を期した。しかし、日清戦争後は、資本家層が地租増徴運動を展開し、政府も「戦後経営」の必要から地租増徴を追求したため、地租増徴の可否をめぐる対立が地租問題の中心となった。地価修正運動は次第に地租増徴と引き換えに地価修正の実行を期する方向に向かい、三十一年(一八九八)、田畑地価修正法案が議会を通過して地価修正が実施されることとなったため(第四回、田畑地価特別修正)、終息した。なお、四十三年(一九一〇)には全国の宅地を対象に賃貸価格を基準とする修正が実施された(第五回、宅地地価修正)。

参考文献 小山博也「明治前期における地租軽減論の展開―自由党をめぐって―」(『社会科学研究』七ノ六、一九五六)、長岡新吉「明治二十年代の地租軽減論について」(『弘前大学人文社会』一七、一九五九)、北崎豊二「明治中期の地価修正運動」(『ヒストリア』二四、一九六九)、同「帝国議会開設前における地価修正運動」(『東大阪市史紀要』二、一九六九)、黒田展之『天皇制国家形成の史的構造―地租改正・地価修正の政治過程―』(一九九三、法律文化社)

(大日方純夫)

ちかずみじょうかん　近角常観　一八七〇―一九四一　明治から昭和時代前期の真宗大谷派の僧侶。明治三年四月二十四日(一八七〇年五月二十四日)、滋賀県湖北西源寺の常随・ユキエの長男として生まれる。明治三十一年(一八九八)、東京帝国大学哲学科を卒業。大学在籍中から清沢満之《きよざわまんし》らと東本願寺の改革運動に参加、翌年、『政教時報』を創刊した。このころ、貴族院議会提出の宗教法案には石川舜台《いしかわしゅんたい》らと反対の姿勢を貫いた。明治三十三年から一年間、東本願寺より派遣され欧州の宗教制度事情を視察した。三十五年、東京本郷に求道学舎を創設、雑誌『求道』を創刊し、『歎異抄』に親鸞精神を見出し、真宗信仰を説いた。昭和三年(一九二八)、大谷派改正宗憲・改正大谷家憲に反対の旨を綴った小冊子を配布し、翌年、大谷派の僧籍を剥奪されたが、その後も宗門改革を訴え続けた。昭和十六年(一九四一)十二月三日没。七十二歳。著書は多く、『信仰の余瀝』『信仰問題』『懺悔録』『歎異抄講義』などがある。

参考文献　常光浩然『明治の仏教者』(一九六八―六九、春秋社)、吉田久一『清沢満之』(『人物叢書(新装版)』、一九八六、吉川弘文館)

(加藤　基樹)

ちかまつしゅうこう　近松秋江　一八七六―一九四四　小説家、評論家。明治九年(一八七六)五月四日、岡山県和気《わけ》郡藤野村(和気郡和気町)に生まれる。本名徳田丑太郎、のちに浩司と改名。慶応義塾、二松学舎などに学び、明治三十一年(一八九八)東京専門学校文学部に入学。同級の正宗白鳥《まさむねはくちょう》を知る。三十四年、島村抱月が組織した月曜会に加わり、『読売新聞』に小説月評などを書く。卒業後、博文館、中央公論社、読売新聞社などに勤めるが、どれも短期間で辞職。四十一年(一九〇八)より『読売新聞』に、徳田秋江の筆名でしばしば文芸評論「文壇無駄話」を寄せ、それらを集めた『文壇無駄話』(明治四十三年、光華書房)を刊行。四十二年、同棲していた大貫ますが失踪し、この事件を扱った小説「別れたる妻に送る手紙」(同四十三年)、「執着」「疑惑」(大正二年)を発表。男の痴愚と妄執をあからさまに描いた私小説的作風により、特異な作家として文壇に認められるが、赤木桁平《あかぎこうへい》の評論『遊蕩文学』の撲滅」(大正五年)などで非難される対象ともなった。また明治四十四年末ころから、近松秋江の筆名を多く使うようになる。大正元年(一九一二)から、たびたび京阪地方を訪れるようになり、京都で知り合った前田しう(金山太夫)をモデルとした連作「黒髪」「狂乱」「霜凍る宵」(大正十一年)を書く。これらも「別れたる妻」連作と同様、失踪した遊女を捜し回る主人公の未練と愛欲を一人称形式で綴った、私小説・情痴小説の傑作として名高い。大正十三年(一九二四)に三作をまとめて『黒髪』(新潮社)の総題で上梓。大正十一年の結婚以後は放浪的生活を改め、「子の愛の為めに」(同十三年)、「第二の出産」(同十四年)、「苦海」(昭和八年)など、父親の立場に立った小説を残した。ほかに『青葉若葉』(大正六年、新潮社)、『京美やげ』(同九年、日本評論社)、『旅こそよけれ』(昭和十四年、冨山房)など、優れた紀行文も多い。昭和十九年(一九四四)四月二十三日没。六十九歳。『近松秋江全集』全十三巻(平成四―六年、八木書店)が刊行されている。

近松秋江

参考文献　正宗白鳥『流浪の人』(一九五一、河出書房)、大岡昇平「近松秋江『黒髪』」(『詩と小説の間』所収、一九五一、創元社)、紅野敏郎編『近松秋江研究』(一九八〇、学習研究社)

(柳沢　孝子)

ちかみきよおみ　千頭清臣　一八五六―一九一六　官僚。幼名は徳馬。高知藩士千頭清雄の次男として安政三年十一月八日(一八五六年十二月五日)、土佐国高知に生まれる。明治十三年(一八八〇)、東京大学文学部卒業。明治十九年より英国に留学。第一高等中学校教授、高知中学校校長、造士館教授、第二高等学校教授を務める。明治二十二年(一八八九)、三宅雪嶺らと日本倶楽部を組織し、国粋主義の運動を展開。『東洋学芸雑誌』の創刊に尽力する。内務書記官に就任し、栃木、宮城、新潟、鹿児島県の知事となる。明治四十年(一九〇七)、貴族院議員に勅選される。明治四十一年、『東京日日新聞』に招かれ社長となる。著書に『論理指鍼』(明治十八―二十一年、井上蘇吉)、『坂本竜馬』(大正三年、博文館)など。大正五年(一九一六)九月九日没。六十一歳。

(河崎　吉紀)

ちかわり　地価割　土地の価格に対して課税する土地賦課の方法。明治維新以後しばらくは、石高割・反別割・戸別割・小間割・坪数割などの江戸時代以来の民費賦課方法が踏襲されていた。しかし、明治六年(一八七三)七月の地租改正条例により、地価割の方法が全国一律に採用されることになった。そして、各町村が徴収することのできる地価割(地租付加税)の額は、地租の三分の一を超過してはならないと定められた。こうした地価割の全国一律導入は、一面において租税制度の近代的合理化を意味するものであった。しかし、他面、各町村の旧慣と便宜に任せられていた従来の民費賦課方法が否定され、町村の自治的課税権が制限されることを意味した。明治十九年(一八八六)、地価割は地租の七分の一以内とされた。明治二十一年(一八八八)四月に市制・町村制が公布されて市町村の法人格が法認されたが、地価割が付加税であることに変わりはなかった。

参考文献 藤田武夫『日本地方財政制度の成立』(一九四一、岩波書店) (石川一三夫)

ちきゅうせつ 地久節 現存の皇后の誕生日を祝う非公式の祝日。その出典は『老子』に「天長《ク》地久《シ》」とあり、天皇の誕生日を祝う「天長節」に対応する。ただ、天長節が明治六年(一八七三)から国家的な祝日と定められたのに対して、地久節は翌七年に設けられたけれども、公的な祝日ではなく、宮中で関係者の拝賀・賜饌が行われたに留まる。とはいえ、嘉永二年四月十七日(新暦一八四九年五月九日)生まれの昭憲皇后(のち皇太后)は、早くから華族女学校の教育振興や日本赤十字の活動支援に積極的であったから、女学校や婦人団体などで熱心に奉祝行事が行われている。また明治四十年代の教科書『尋常小学唱歌』には、「皇后陛下」と題して「一 天に日月ある如く並びてゐます御光を仰ぐもたかき大宮居《おおみやい》／(二・三番省略)／四 時計の針の絶間なく業《わざ》をはげめの御《み》さとしを学びの子等も忘れめや」との歌や、この皇后作詞(奥好義作曲)の「金剛石」(「御さとし」の歌)が載り、全国に普及している。なお、大正時代、貞明皇后の地久節は五月十日、また昭和の終戦まで、香淳皇后の地久節は三月六日であり、祝日に準ずる扱いをうけた。

参考文献 大和淳二編『文部省唱歌集成』(一九八一、日本コロムビア) (所 功)

ちくおんき 蓄音機 ⇩レコード

ちくごがわかいしゅうもんだい 筑後川改修問題 筑後川改修工事における国と県の分担をめぐる問題。内務省は筑後川を全国的重要河川として内務省直轄で河身工事を実施、明治十六年(一八八三)デ＝レイケを派遣して測量に着手、十九年四月に改修計画を樹立し三十年(一八九七)度に完成した。一方堤防工事は地方負担であったため、二十年(一八八七)十二月改修予算案を負担増加などの理由で福岡県会が否決、安場保和《やすばやすかず》知事が内務大臣の裁決を仰いで原案を執行するという紛議が生じた。二十二年七月五日の大洪水により沿岸地域が甚大な被害を被って以後防御工事の必要が認識され、日清戦争直前、下流部の洪水敷導流堤整備、水門の設置、上流部の川幅拡張、放水路の浚渫・開削からなる計画が樹てられたが、物価高騰や設計変更により未完成となる。二十九年四月河川法の公布により高水工事も国の直轄事業となったことから、内務省はただちに本流の高水工事を起工、三十六年竣工した。

参考文献 工学会編『明治工業史』六(一九二九)、東條正「明治中期における地方財政と地方官—安場県政期の福岡県筑後川改修工費予算審議を事例として—」(『福岡県地域史研究』二一、二〇〇四) (小風 秀雅)

ちくさんくみあい 畜産組合 畜産業者の団体。明治初期より県の規則にもとづく産馬組合や畜牛改良組合などは日本各地に存在していたものの、地主的馬産家が主導するものが多く、畜産家全体が等しく利益を享受するものではなかったという。明治三十三年(一九〇〇)二月に制定された産牛馬組合法に基づき、はじめて法制化が行われ、各地に産牛馬組合が誕生した。組合の主要業務は種牛馬の飼養・種付けによる畜牛馬の改良、産駒せり市の開催、品評会・共進会の開催、講話講習会の開催、牛乳・酪製品の販売促進などであったが、この段階では一部畜産家の加入にとどまった。大正四年(一九一五)一月に制定された畜産組合法により、産牛馬組合をすべて畜産組合に改組、また取り扱う範囲を養豚・養羊業者にも広げつつ、すべての畜産家の強制加入となった。この法律により府県単位の連合会のほか、中央組織として中央畜産会が組織された。戦後協同組合に改組される。↓産牛馬組合法《さんぎゅうばくみあいほう》

参考文献 農林省大臣官房総務課編『農林行政史』一・三・七(一九五六-七二)、農林省畜産局編『畜産発達史』(一九六六-六七、中央公論事業出版)、帝国競馬協会編『日本馬政史』四(『明治百年史叢書』、一九八二、原書房) (山崎 有恒)

ちくさんしけんじょう 畜産試験場 畜産に関する技術の改良進歩や学理の応用研究を行う国・私立の試験機関。明治初期には政府の勧農牧畜政策により、御雇い外国人の指導する近代的・西欧的な畜産試験場が多数生み出された。北海道開拓使による札幌官園(アメリカ人エドウィン＝ダン指導)・七重《ななえ》種畜場・新冠《にいかっぷ》牧場(のち新冠御料牧場)や大蔵省勧業寮による内藤新宿試験場(のち内務省農事修学所)・下総種畜場(アメリカ人D・W・アップ＝ジョンス指導、のち下総御料牧場)などがそれである。京都府牧畜場のような県レベルのものもあり、また明治二十四年(一八九一)に設立された小岩井牧場のように民間でそうした機能を果たすものもあった。日清・日露戦争期には、七塚原《ななつかはら》種牛牧場などの種牛牧場が開設され、牛種改良への取り組みを行なった。また陸軍による軍馬改良の動きも本格的なものとなった。そうした中、大正四年(一九一五)に畜産組合法が制定され、農事試験場から独立する形で、はじめて国立の畜産試験所が開設、府県の試験場や畜産組合と結んで、畜産技術改良に取り組む本格的な体制が完成した。

参考文献 農林省大臣官房総務課編『農林行政史』二・三・七(一九五七-七三)、『半世紀のあゆみ』(一九六六、農林省畜産試験場)、農林省畜産局編『畜産発達史』(一九六六-六七、中央公論事業出版)、日本農業発達史調査会編『(明治以降における)日本農業発達史』五(一九七八、中央公論社) (山崎 有恒)

ちくぜんきょうあいこうしゅうかい 筑前共愛公衆会 筑前地域で成立した民権結社。通称は「筑前共愛会」。委員は各郡区より数名が公選され、各郡区の本部を形成する。また各郡の共愛会の連合体を共愛会と考え、その連合本部を福岡に置いた。さらには各地の国単位の共愛会

が連合して全国の共愛会へと発展することを構想した。明治十二年(一八七九)十一月に向陽《こうよう》社員で県官吏の郡利《こおりとし》らが筑前各郡の有力者に呼びかけ開催された会議が参加者の底辺を拡大して、同年十二月に筑前共愛公衆会へと発展した。国会開設と条約改正の請求を決議、全国に先駆けて元老院に建白書を提出した。また成立当初から本部に法律研究所を設け「大日本国憲法大略見込書」と「大日本帝国憲法概略見込書」の二つの私擬憲法草案を作成した。筑前共愛公衆会成立の意義は向陽社をはじめとする福岡周辺の士族中心の民権運動から筑前全域の豪農商層にまで拡大されたことにある。十四年十月ごろ内部の意見対立などにより、玄洋社や立憲帝政党へ分裂した。→共愛会《きょうあいかい》 →向陽社《こうようしゃ》

参考文献 福井純子「筑前民権運動についての一考察」(『立命館史学』一、一九八〇)、石滝豊美『玄洋社発掘—もうひとつの自由民権—』(『西日本選書』四、一九八一、西日本新聞社)、上田俊美「筑前地方の自由民権運動について」(『九州史学』七八、一九八三)

(赤司　友徳)

ちくぜんたけやりいっき　筑前竹槍一揆　明治六年(一八七三)六月に福岡県全域で起った新政反対一揆。一揆の過程で放火された家屋のほとんどが被差別部落であったことから解放令反対一揆とする立場もある。嘉麻《かま》郡の農民と小倉県田川郡の米相場の合図人とのいざこざに端を発し、十六日に打ちこわしが始まり、つぎつぎに隣村、隣郡へと波及し県下全域を巻き込む大一揆へと発展した。一揆勢は東、南、西の三方から県庁をめざした。福岡藩士族による説得も行われたが一揆勢はこれを拒否し、二十一日には県庁を打ちこわした。その後武力鎮圧や説得により一揆勢は解散するが、各地での打ちこわしは続き二十八日ごろ終息した。参加者は十万人(一説には三十万人)にのぼる。旧藩復活、学校・徴兵制の廃止、地券発行の廃止、解放令の廃止などを要求したとされるが、一揆勢の意志を統一した明確な訴状はない。打ちこわしや放火された家屋は約四千六百軒、処罰者は約六万四千人に及んだ。

参考文献 原田伴彦・上杉聰編『近代部落史資料集成』一・二(一九八四-八五、三一書房)、石滝豊美『筑前竹槍一揆の研究—明治四年~六年の福岡　廃藩置県・解放令・筑前竹槍一揆—』(二〇〇四、イシタキ人権学研究所)

(矢野健太郎)

ちくでんち　蓄電池　放電と充電を繰り返すことによって、必要な時に必要な場所で電気を使用することを可能にする電池。明治期の日本では、二代島津源蔵が開発したGS蓄電池が有名である。二代島津源蔵は、島津製作所を創設した初代島津源蔵の長男であり、明治三十年(一八九七)に、京都帝国大学からの依頼で鉛蓄電池を製作した。この蓄電池は、その後改良が加えられGS蓄電池として商品化されたが、「GS」というブランド名は、二代島津源蔵のイニシャルに由来する。GS蓄電池を使用していた軍艦和泉丸が、明治三十八年五月の日本海海戦で、信濃丸から発信された「敵艦発見」の第一報を旗艦三笠に伝達する役割を果たしたことは、GS蓄電池の名を世に広めることにつながった。二代島津源蔵は、ドイツからの蓄電池輸入が途絶した第一次世界大戦中の大正六年(一九一七)に日本電池株式会社を設立した。日本電池は、現在のジーエス=ユアサコーポレーションの前身にあたる。

(橘川　武郎)

ちくほうたんでん　筑豊炭田　福岡県北東部に位置する炭田。田川・方城《ほうじょう》・忠隈《ただくま》・山野・豊国《ほうこく》などが代表的な炭鉱である。近世期に発見され、長らく家庭用および塩田用に零細な採掘が行われてきたが、明治十五年(一八八二)に工部省鉱山局技師伊藤弥次郎が調査を行い一変する。十八年の海軍予備炭田指定によって新規採掘が封鎖されるとともに、二十一年(一八八八)には大規模な撰定鉱区が定められた。これにより貝島・麻生・安川(松本)などの地元大資本と、中央財閥資本による大開発が始まった。機械化や大規模化によって増産が進む反面、炭塵爆発や地盤沈下などの災害も全国に先駆けて頻発した。鉱夫は納屋《なや》制度と呼ばれる間接管理体制に組み込まれていたが、一八九〇年代より大手炭鉱では直接管理への移行が模索された。しかし中小炭鉱を中心に納屋制度は両大戦間期まで残存した。戦後の石炭から石油へのエネルギー転換の中で一九六〇年代後半以降には閉山が相ついだ。→田川炭鉱《たがわたんこう》

参考文献 隅谷三喜男『日本石炭産業分析』(一九六八、岩波書店)、荻野喜弘『筑豊炭鉱労資関係史』(一九九三、九州大学出版会)、西日本文化協会編『福岡県史』通史編近代一(二〇〇三)

(宮地　英敏)

ちくほうほんせん　筑豊本線　福岡県内の国鉄線の名称。前身の筑豊興業鉄道は、田川郡・鞍手郡などの名望家が遠賀川水運に代わる運炭手段として計画し、在京華族の出資も得て明治二十二年(一八八九)に設立。建設の過程で三菱財閥の総帥岩崎久弥が筆頭株主となり、二十四年に若松—直方間を開業。二十六年までに直方—飯塚間を開業したが、経路は当初の計画を変更し三菱系炭坑が近傍に所在する鯰田《なまずた》経由となった。二十七年に筑豊鉄道と改称し、三十年(一八九七)に同じ三菱系の九州鉄道に合併。その後は炭坑に向かう支線を多数新設または延伸した。三十四年、飯塚—長尾(昭和十五年(一九四〇)桂川《けいせん》に改称)間を開業。この積極経営の背景には筑豊鉄道専務取締役から九州鉄道副社長(明治三十一年に社長)となった仙石貢《せんごくみつぐ》の影響があった。明治四十年(一九〇七)に国有化され、四十二年に若松—飯塚—上山田間および支線が筑豊本線と定められた。このとき飯塚—長尾間は長尾線と定められたが、昭和四年(一九二九)の長尾—原田間開業により整理され、若松—長尾間が筑豊本線、飯塚—上山田間が上山田線と改められた。

参考文献 「筑豊興業鉄道会社資料」(『石炭研究資料叢書』一—七所収、一九八〇-八六、九州大学石炭資料研究セン

ター)、「筑豊鉄道会社旬報」一―一一(同二六所収、二〇〇五)、『日本鉄道史』上・中(一九二一、鉄道省)、『日本国有鉄道百年史』二・四(一九七〇・七一)、『停車場変遷大事典』国鉄・JR編(一九九八、JTB)、西日本文化協会編『福岡県史』近代史料編一七・二九・通史編近代一(一九八〇・九七・二〇〇三)

(高嶋　修一)

ちくほうろう　竹苞楼　⇩銭屋《ぜにや》

ちけん　地券　明治政府が地租改正において土地所有権を証明するために発行した証書。明治三年(一八七〇)六月、集議院判官兼制度取調掛であった神田孝平《かんだたかひら》は、従来禁止されていた土地売買を許可することにより生ずる売買地価を表示した証書を買主(土地所有者)に交付して売買地価を標準とする地租徴収方法を提案した。明治五年二月二十四日(一八七二年四月一日)、大蔵省は、同省二五号達で「地所売買譲渡ニ付地券渡方規則」を制定し、土地売買譲渡に際して、所有者は府県から地券の交付を受けるとした。地券は、「地所持主タル確証」であり、地券交付後の売買譲渡により所有者が交替すると、地券名義の書換を要した。同年七月四日、大蔵省八三号達は、全国一般に土地所有者に地券を発行することにした(壬申地券)。地券に表示する地価の算定は難航した。永小作地では地券名義人の確定が紛糾した。明治六年七月二十八日太政官二七二号布告地租改正法は、地券調査により地価三%を地租とする。土地再調査が行われ新たな地券が発行された(改正地券)。地券には所有者・所在地・地種・面積・地価が記載された。地券名義人が土地所有権者であり、原則として地租を負担すべきものとされた。既存の地券台帳とは別に、土地と直接対照される土地台帳が作成された。明治二十二年(一八八九)三月二十三日勅令三九号土地台帳規則は、地租に関する事項を土地台帳に登録すると定め、これと同時に、法律一三号により地券は廃止となった。　↓壬申地券《じんしんちけん》　↓土地台帳《とちだいちょう》

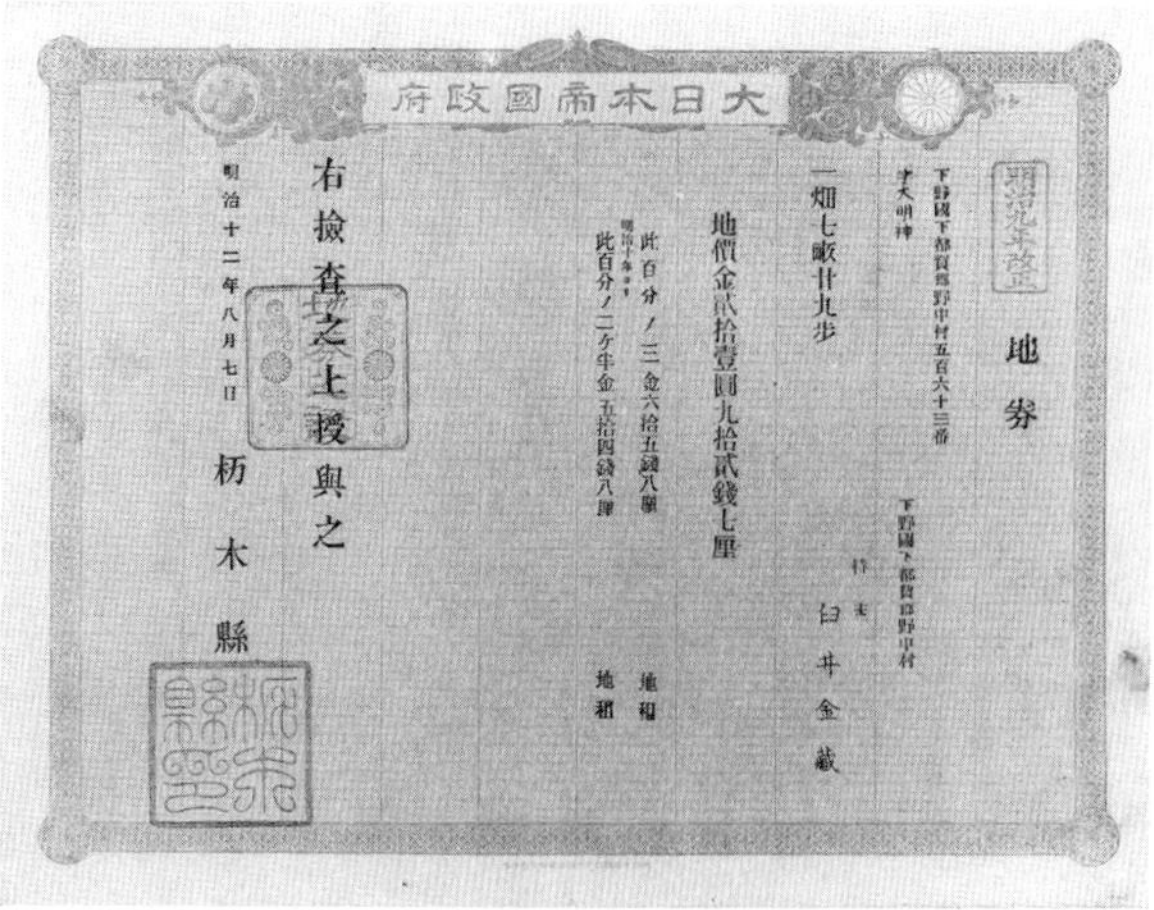

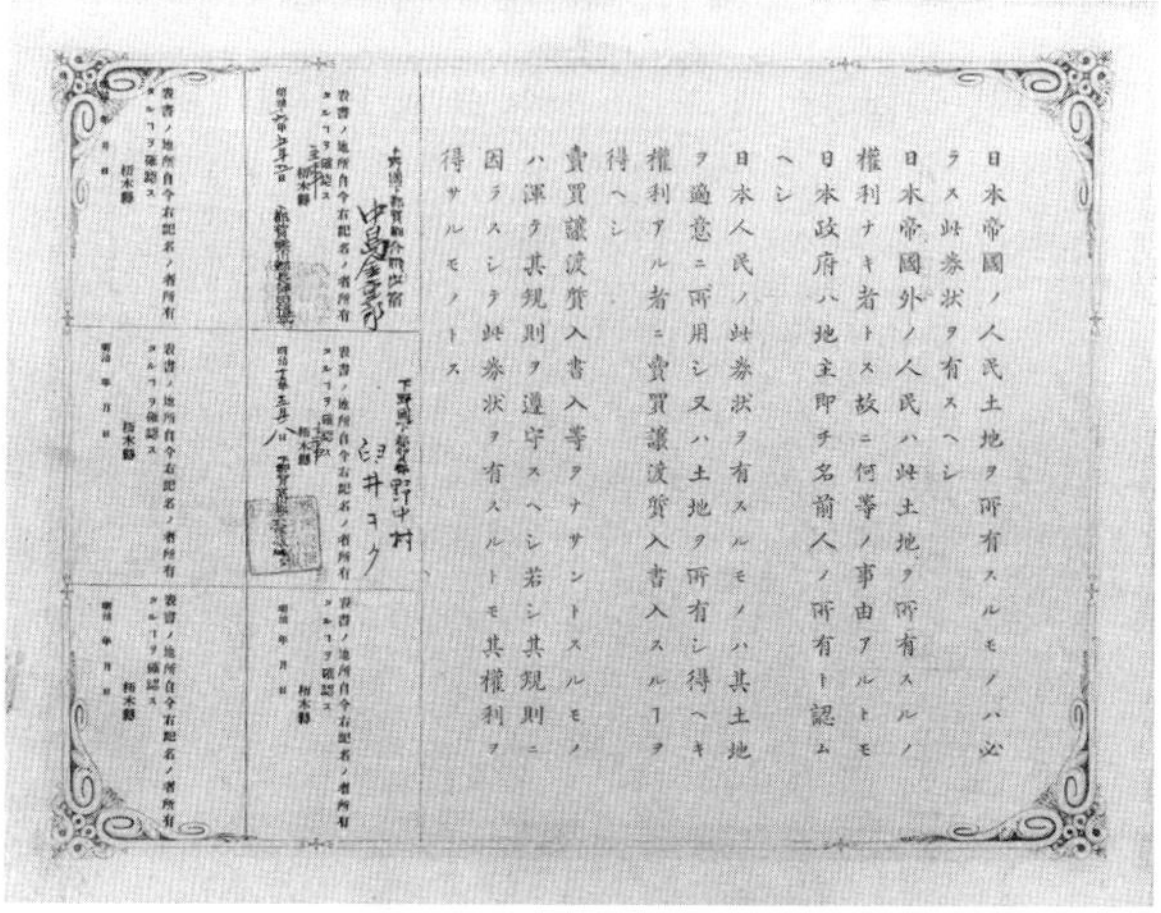

改正地券

(藤原　明久)

参考文献　『福島正夫著作集』三(一九九三、勁草書房)

ちざいほう　治罪法　明治前期の刑事訴訟を規律する法規。明治十三年(一八八〇)七月十七日太政官第三七号布告。十五年一月一日施行。同法は、近世の糺問主義的な刑事手続(吟味筋)にかえて、弾劾主義・当事者主義的刑事手続を日本に導入した。一八〇八年のフランスの治罪法を母法とし、ボアソナードにより草案が起草された。犯罪の種類(重罪・軽罪・違警罪)に応じて、重罪・軽罪・違警罪各裁判所、さらに高等法院が設けられ、重罪裁判所は控訴裁判所または始審裁判所で開廷、軽罪裁判所は始審裁判所で開廷されることとされた。訴追に関して、検事による公訴、被害者による損害賠償の訴え(刑事附帯の私訴)を規定し、検察官による公訴がなくとも私訴があれば裁判所は公訴を受理したものとされ、この点は、明治二十三年(一八九〇)十月制定の刑事訴訟法との重要な違いの一つである。起訴後、重罪事件(および一部の軽罪事件)は予審に付され、予審判事が公判に付すかどうかを決定したが、予審手続は非公開で弁護人の選任権がないなど糺問主義的色彩を帯びていた。公判は、公開主義と口頭主義を原則とし被告人に弁護人選任が認められていたが、予審を経た事件では、公判廷での審理が予審調書中心となり、口頭主義の形骸化につながった。この傾向は、草案段階で規定されていた陪審制が、井上毅の反対によって削除されたことで、いっそう強まった。また、代言人の少ない地方では、重罪事件での弁護人の必要的選任制度を当分実施しないとされたこと、軽罪・違警罪には控訴が規定上認められていたにもかかわらず、当分実施しないとされたこと、違警罪裁判に関して、東京・大阪・京都の三府、函館などの五港以外では当分の間府県警察署などで行うとされたこと(明治十八年違警罪即決例によってこの措置は恒久化)など、施行に先立って、実情にあわせたいくつかの重要な条項の修正が行われた。

二十三年十一月一日に刑事訴訟法の施行とともに廃止された。→刑事訴訟法《けいじそしょうほう》

参考文献 小田中聡樹『刑事訴訟法の歴史的分析』(一九七六、日本評論社)、沢登佳人・中川宇志「明治治罪法の精神」(『法政理論』一九ノ三、一九八七) (三阪 佳弘)

ちさかたかまさ 千坂高雅 一八四一―一九一二 政治家。米沢藩奉行千坂高明の子として、天保十二年閏正月十九日(一八四一年三月十一日)米沢に生まれる。藩校興譲館の助読、学頭をつとめる。明治元年(一八六八)四月、戊辰戦争にあたり米沢藩軍事総督を命ぜられ、同年五月、奥羽列藩同盟のもと新庄・越後に出兵し、薩長軍と戦う。同年八月末降伏。明治四年四月、藩知事の東京移住に従い上京し、明治五年一月、旧米沢藩主上杉茂憲に従いイギリスに留学、同十年(一八七七)の西南戦争には、新撰旅団、陸軍中佐兼内務書記官として従軍、明治十一年五月、内務卿大久保利通が石川県士族に刺殺された事件後の同十二年、刺殺した党類が潜伏するうわさのある石川県令に任ぜられる。同十六年一月内務卿大書記官に転じ、同年十二月岡山県令となる。明治二十七年(一八九四)には貴族院議員の勅選議員となる。その後実業界に入り、両羽銀行・宇治川電気・横浜倉庫・東京米穀商品取引所などの重役に就任した。大正元年(一九一二)十二月三日没。七十二歳。

千坂高雅

参考文献 『続米沢人国記』(『米沢市史編集資料』一二、一九八三) (横山 昭男)

ちさかみつこ 千坂光子 一八六三―? 明治政府の高官の家に生まれながら、若くして身を崩し、詐欺を繰り返して逮捕された女性。文久三年(一八六三)九月生。千坂高雅の長女。千坂家は代々、米沢藩の家老を勤めた家柄で、高雅は明治維新後、米沢藩の大参事を務めたのち、石川県令、内務省大書記官、岡山県令などを歴任、明治二十七年(一八九四)から貴族院議員になった。光子は千坂家の令嬢として何不自由なく育てられたが、二回の結婚とも離婚に終り、金遣いの荒さや男関係の問題が表面化し、千坂家から離縁された。その後、金に困って「千坂家の令嬢」を売りに、貴顕との付き合いなどを偽装し、さまざまなかたちで金銭を詐取した。明治二十九年十一月に逮捕されると、新聞各紙は「稀代の悪女」として、その行状をセンセーショナルなかたちで伝えた。翌年二月、東京地裁で行われた初公判には傍聴希望者が殺到して大騒ぎになった。三月十二日、同地裁は詐欺取財窃盗拐帯で重禁錮一年六月、罰金十円の判決を言い渡した。

参考文献 三好徹『虚栄の令嬢』(『妖婦の伝説』所収、二〇〇三、集英社) (奥 武則)

ちさんじぎょう 治山事業 森林の保全・整備や付加的な土木工事によって山地からの土砂崩壊の防止や水源の涵養を図る事業の総称。明治期(特に第一期治水事業開始以降)においては内務省所管の砂防(事業)と区別して農商務省山林局所管の荒廃地復旧工事(事業)をいう。戦国時代から江戸時代前期にかけての人口の急増は、建築材・薪炭材・農用資材などの林産物需要を増加させ、いわゆる里山地域を中心に、全国的に森林の荒廃、草地化が進んだ。加えて製塩・製鉄・窯業の発展も森林の荒廃、はげ山化を促進した。そのため、熊沢蕃山ら儒学者の「治山治水」の建策、幕府や各藩での禁伐・植栽の奨励にもかかわらず、幕末期の日本には荒廃山地が拡大していた。明治時代に入っても、林政の混乱に加え近代産業の勃興が燃料材の需要増を引き起したこともあって、山地の荒廃は収まらず、洪水氾濫や土砂災害が頻発した。明治中期は日本の森林がもっとも荒廃した時代といわれている。そのため明治政府はいわゆる治水三法(明治二十九年(一八九六)河川法、明治三十年(一八九七)砂防法、同年森林法)を制定し、治水政策を江戸時代以来の舟運の確保を目的とした伝統的な低水工事から洪水氾濫の防止を目的とした高水工事に切り替えるとともに、山地では「治水上砂防」と称して下流への土砂流出を防止する砂防工事(内務省所管)や森林の過度の利用を制限する保安林制度、森林の整備を通して水源山地の土砂崩壊の防止(土砂生産抑制)や水源の涵養(洪水緩和)を行う治山工事(当時は農商務省山林局が行う砂防工事)を推進した。治水三法の制定は近代的な国土保全事業の枠組みを確定したものとして高く評価されているが、その一方で、現在に至るまで山地を治める事業が林務系の治山と土木系の砂防に分かれて実施される端緒となった。その後、現代「治山事業」と称されている事業が全国的規模で計画的に進められるようになったのは明治四十四年(一九一一)の森林治水事業が契機とされる。すなわち、前年の大水害の甚大な被害を重く見た時の桂太郎首相は臨時治水調査会を設けて長期的な治水計画を議論させ、その結果、期間十八年の第一期治水事業が開始された(実際には昭和十年(一九三五)まで続いた)。この中の森林測候所設立を含む農商務省山林局所管治水事業を一般に「第一期森林治水事業」と呼び、これが現代の治山事業の直接の始点とされている。この事業には荒廃地復旧事業とともに、荒廃が著しい公有林(旧村持山)に対して前年に始まった造林助成制度も公有林野造林事業として組み込まれた。事業の中心となった荒廃地復旧事業とは保安林または造林命令の出された土地の荒廃地復旧に必要な地盤保護植樹および地盤保護工事をいうが、事業主体の府県に対する補助金の補助率が前者の六分の一に対して後者は三分の二であっ

たため、次第に地盤保護工事が中心になった。事業量の多い府県では林務課が続々誕生し、新潟・長野・愛知・岡山・広島・山口の諸県では特に盛んに行われ、ついで福島・栃木・富山・山梨・岐阜・滋賀・京都ならびに鳥取県などで多く実施された。その後、森林治水事業の枠外で実施された災害荒廃地復旧事業、海岸砂防造林事業もあわせて、わが国の治山事業は大正期から昭和期にかけてますます発展した。なお、現代の治山事業は森林法(昭和二十六年(一九五一)改正法)第四一条に規定する保安施設事業と地すべり等防止法(昭和三十五年(一九六〇)制定)に規定する地すべり防止工事(またはぼた山崩壊防止工事)に関する事業をいい、昭和三十五年に制定された治山治水緊急措置法を根拠法として治山事業五ヵ年計画を策定し計画的に実施されてきたが、平成十六年(二〇〇四)度末の同法の廃止に伴い現在は森林法(平成十五年改正法)を根拠法として森林整備保全事業計画に基づいて実施されている。

参考文献 『治山事業八十年史』(一九六二、日本治山治水協会)、太田猛彦他編『森林の百科事典』(一九九六、丸善)

(太田 猛彦)

ちしつがく 地質学 地球をつくっている物質、それに働く作用、そして地球と生物の歴史などを研究する自然科学の一分野。geology の訳で、広義には地球に関する学問を指す。ヨーロッパで十六・十七世紀に地層・鉱物・化石などについての考察から始まり、十八世紀後半には鉱物学・岩石学・鉱床学・層序学に発展し、十九世紀には古生物学も成立して、その全体としての地質学は確立した。地質学は石炭・石油・金属鉱山の開発に大いに関与している。地質図の完成とは、現地の地質調査をもとに地質学的解釈が確定することを意味し、地下資源の位置、埋蔵量などが読みとれる。大学で地質学の教育がなされて地質学者が養成され、地質調査所が地質を調査し、地質学会で学問を高めて、地質学は進んだ。一八〇七年ロンドン地質学会創立、三五年英国地質調査所創立、七八年万国地質学会議が創立された。日本では幕末にヨーロッパの博物学・地質学に関する本が翻訳された。慶応三年(一八六七)薩摩藩が招いたコワニエをはじめとし、明治になって政府は鉱山開発のため多数の欧米の鉱山地質技師を招聘した。明治六年(一八七三)、開拓使はアメリカよりライマンを招聘し、北海道の地質調査を行なった。明治十年(一八七七)東京大学理学部に地質および採鉱冶金学科ができた。初代教授はドイツ人ナウマン。明治十五年農商務省に地質調査所が設置され、日本の地質調査事業は確立し、三十年(一八九七)には百万分の一『大日本帝国地質図』が完成した。明治十二年東京地学協会が創立され、二十六年(一八九三)には東京地質学会が創立し、『地質学雑誌』を創刊した。明治三十年代以降、日本が版図を拡大するに従って、日本人が外国(アジア)の地質調査を始め、地質図を作るようになった。樺太は明治四十年(一九〇七)に樺太庁が設置され、油田調査を進めた。中国東北部の調査は明治四十年の南満州鉄道株式会社地質調査所の設立に始まる。朝鮮では地質調査所を大正七年(一九一八)創設し、十三年(一九二四)には地質図を刊行した。

参考文献 『日本地質学会史―日本地質学会六十周年記念―』(一九五三)、今井功『黎明期の日本地質学―先駆者の生涯と業績―』(『地下の科学シリーズ』七、一九六六、ラティス社)

(矢島 道子)

ちしつがくざっし 地質学雑誌 明治二十六年(一八九三)五月に創立した東京地質学会が、その年十月十五日に創刊した雑誌。各月刊行。欧文名は The Geological Magazine であったが、英国の Geological Magazine が一八七四年にすでに創刊していたので、明治三十年(一八九七)The Journal of the Geological Society of Tokyo に改名した。地質学を地球の科学と広義で認識し、その普及を目的とした。『地質学雑誌』の編集は主に(東京)帝国大学理科大学地質学科の学生が行なった。毎月行う談話会の講演を元にした論説および報文のほか、雑録、史伝、応問、雑報などの範疇があった。明治二十二年に刊行された『地学雑誌』のスタイルを継承している。地震や火山の噴火の報告は逐次記事となった。東京地質学会は昭和九年(一九三四)、日本地質学会と改名し、『地質学雑誌』を継続した。英文名は Journal of Geological Society of Japan に改称した。→東京《とうきょう》地《ち》質学会《しつがっかい》

参考文献 「地質学雑誌発行の趣旨」(『地質学雑誌』一ノ一、一八九三)、小林貞一「四種の地学雑誌と地学会と会誌の草昧期」(『地学雑誌』八九ノ六、一九八〇)

(矢島 道子)

ちしつちょうさじょ 地質調査所 地質・地下資源に関する調査研究を行う機関。世界で最初の地質調査所は英国で一八三五年に創設された。日本の地質調査所は、明治十年(一八七七)東京大学のエドムント＝ナウマン教授と和田維四郎《わだつなしろう》助教が日本の地質の状態を早急にあきらかにするために設立を建議したが、地質調査事業は遅々として進まず、ようやく十五年農商務省に地質調査所が設置された。その後、地質調査事業は順調に進み、一八八五年ベルリンで開かれた万国地質会議には日本全国の地質略図が提出され、明治三十年(一八九七)には百万分の一『大日本帝国地質図』が完成した。明治時代の地質調査所は、日本の地質の解明、地質図幅の作成、各種エネルギーおよび金属・非金属鉱物資源の探査、国土の利用・保全・防災に関する調査・研究をもっぱらとし、現在は、独立行政法人産業総合研究所の地圏資源環境研究部門や地質情報研究部門などに分かれて機能している。

参考文献 『地質調査所百年史』(一九八二)

(矢島 道子)

ちしまアイヌ 千島アイヌ 北海道アイヌ、樺太アイヌとともにアイヌ民族の大きな地域集団の一つ。クリル(千島)列島のアイヌの中でもウルップ島以北の人びとを

いう。十八世紀ごろからこの地域に侵出したロシアの影響によりロシア正教を信仰し名前もロシア化する中で、主に最北のシュムシュ島に住み海獣猟や毛皮交易などを営んでいたことが記録されている。明治八年(一八七五)の樺太千島交換条約によって北千島が日本領になり、一部はカムチャッカに渡ったとされるが、多くはこの地域にとどまり暮らしていた。明治政府は、北海道からも遠く離れたこの地域の掌握・管理の負担が大きく困難であるとの事由から、明治十七年(一八八四)に、残留していた九十七名を強制的に連れ出し、九十三名を北海道近傍の色丹島へ強制的に移住させた(四名は択捉島へ)。根室県・北海道庁は農耕奨励や教育所の設置などを行なったが、生業や食物など生活の諸条件が激変する中で病死者が続出、五年間で出生十四名に対し死者四十五名という深刻な事態が続き、明治末の統計上の人口は六十名前後であった。樺太アイヌの場合とともに、明治日本のとば口において先住民族に対する強制移住・強制編入の歴史があったことは強く銘記せねばならない。　→アイヌ　→樺太《からふと》アイヌ

[参考文献]　S・ズメナンスキー『ロシア人の日本発見—北太平洋における航海と地図の歴史—』(秋月俊幸訳、『北大選書』四、一九七九、北海道大学図書刊行会)、小坂洋右『流亡—日露に追われた北千島アイヌ—』(『道新選書』二四、一九九二、北海道新聞社)、ザヨンツ＝ウゴジャータ『千島アイヌの軌跡』(二〇〇九、草風館)、麓慎一「近代日本と千島アイヌ」(浪川健治他編『周辺史から全体史へ—地域と文化—』所収、二〇〇九、清文堂出版)

(小川　正人)

ちしまかんじけん　千島艦事件　明治二十五年(一八九二)十一月三十日、フランスにおいて建造された水雷砲艦千島(七五〇トン)が、回航途中の愛媛県和気《わけ》郡堀江沖で英国ペニンシュラ＝オリエンタル(P&O)汽船会社の郵便船ラベンナ号(三二〇〇トン)と衝突・沈没した事件。死者七十四名を出した。翌年五月、日本政府は、弁護士岡村輝彦およびイギリス人ワルフォードを代理人として、横浜のイギリス領事法廷に八十五万円の賠償金を求めて提訴、P&Oは逆に千島艦の過失を主張し、十万円の損害賠償を求めて反訴した。イギリス領事モワットはP&Oの主張を不当として斥けた。そのためP&Oは、上海高等法院に控訴、裁判長ハンネンは、瀬戸内海が内海ではないことや、千島艦の所有者が「天皇」ではないことを理由としてP&O側の主張を認め、領事法廷の判決を廃棄した。千島艦の所有者は日本政府であるが、控訴審中、日本側が「主権者」「君主」に類する語辞を使用したことから、天皇が所有者なのかとP&O側は追及した。そのため、第五議会で領事裁判撤廃を主張する対外硬派の鳩山《はとやま》和夫《かずお》(改進党)らは、訴訟当事者に天皇の名前を使用したとして、政府を攻撃した。その後、日本政府は岡村輝彦に全権を委任してイギリス枢密院に上告させた。明治二十八年七月三日、同院は控訴審判決を破棄し、審理を横浜領事法廷に差し戻したが、口頭弁論開始直前の九月十九日、P&O側が訴訟費用など一万ポンドを支払い、日本政府が訴えを取り下げることで和解が成立した。金額は、千島艦の建造費・死亡者遺族への扶助費を大幅に下回るものであったが、日本政府法律顧問カークランド(英)の提言、すなわち、P&O側に訴訟費用を負担させることで日本が勝訴したと国際社会に印象づける意図に従った結果といわれている。

[参考文献]　「千島艦英船「ラベンナ」号ト衝突沈没一件(附)損害要償ニ関スル件」(外務省外交史料館所蔵記録、五門一類八項一九号)、明治文化研究会編『明治文化全集(改版)』一一(一九六八、日本評論社)

(鵜飼　政志)

ちしまたんけん　千島探検　明治八年(一八七五)の樺太千島交換条約で日本領となった北千島諸島は、それまでわが国ではほとんど未知の島々だったので、領有当初から北海道開拓使の官吏たちによって地理や住民の調査が行われた。その最初のものは、明治九年長谷部辰連、時任為基が測量・地質の技師たちやロシア語通訳を伴って実施した各島の詳細な調査で、その報告は『千島三郡取調書』として知られている。明治十一年(一八七八)・十二年にも千島アイヌたちへの物資供給と帰属決定をかねて官吏たちがシュムシュ島へ派遣されており、それぞれ巡視書類が残されている。明治十七年に根室県令湯地《ゆち》定基《さだもと》らがシュムシュ島に赴き千島アイヌたちをシコタン島に移した際にも、その内状を記した『千島巡航書類』が作成された。明治十年代の北千島諸島はラッコやオットセイなどの毛皮獣を密漁する外国狩猟船の活動の場となっていたが、それに対して日本人の目を向けるきっかけとなったのは、明治二十四年(一八九一)に明治天皇が派遣した片岡利和侍従一行の千島探検であった。彼らは第一千島丸でウルップ、ブロートン、シムシル、ラショワの各島を調査ののちシュムシュ島に上陸、ついでパラムシル島に渡り、たまたま出合った軍艦磐城で根室へ帰着した。翌年にはかつてカラフト島で活躍した岡本監輔《おかもとけんすけ》が千島義会を設立して北千島の開発に着手しようとしたが、船がエトロフ島で座礁して事業は挫折した。それらの企てに刺激されて実現したのが、退役海軍大尉郡司《ぐんじ》成忠《なりただ》の率いる辺境警備とシュムシュ島の開拓を目的とした千島報効義会(明治二十六—三十八年(一九〇五))であったが、それは計画の無謀さのため多数の犠牲者を出して解散した。しかし郡司が東京帝国大学の人類学者坪井正五郎に

千島探検　鳥居竜蔵『千島アイヌ』(明治36年)

依頼したシュムシュ島の竪穴住居跡調査は、明治三十二年鳥居竜蔵による北千島の考古学調査とシコタン島の千島アイヌの民族学的調査となり、その後の千島列島の学術研究の端緒となった。

参考文献 長谷部辰連「明治九年千島三郡取調書」(『近世庶民生活史料集成』四所収、一九六九、三一書房)、多羅尾忠郎『千島探検実記』(一八九三)、郡司成忠『千島国占守島探検誌』(一八九四)、鳥居竜蔵『千島アイヌ』(一九〇三、吉川弘文館)
(秋月 俊幸)

ちしまれっとう 千島列島 カムチャッカ南端のロパトカ岬と北海道根室地方の間に約一二〇〇キロにわたって弧状に連なる長大な列島で、英語では Kuril Islands とよばれる。そこには大小約三十の島々が含まれるが、多くの島には活火山や休火山がみられ、典型的な火山列島である。その気候は東方を南下する寒流の親潮の影響で年間を通じて冷湿であるが、海洋性気候のゆえに夏冬の寒暖差は比較的に小さい。気象上の特徴は一年を通じての強い季節風と夏季の濃霧、冬季のオホーツク海側の流氷である。周辺の海は海藻が豊富で海獣類の繁殖地となり、近海は寒流性の魚類の一大漁場になっている。この列島の先住民はアイヌ民族であったが、十八世紀以後北からはロシア人、南方からは日本人が進出し、両者の勢力圏は十九世紀初頭にはウルップ島とエトロフ島の間におかれていた。そのことは安政元年(一八五四)十二月の日露通好条約で確定し、明治八年(一八七五)の千島樺太交換条約ではカラフトにおける権益を日本が放棄する代りにシュムシュ島を含む全千島が日本領土となった。北千島諸島は北海道からも遠隔地にあり、その地の千島アイヌの保護監督に困難を感じていた根室県(開拓使後の三県時代)は明治十七年(一八八四)彼らを説得して半強制的に九十七人全員を南千島のシコタン島に移住させたが、その結果生活環境の変化による疾病のため十年のうちに半数以上が死亡した。明治末年には北千島でもタラ延縄漁業やマス建網漁が始まって出稼労働による漁業が定着し、昭和初年にはサケ・マス漁場の発見によってシュムシュ・パラムシル両島にはサケ・マス缶詰工場の新設が続いた。昭和十年代になると国際情勢の緊迫化に伴い千島列島は対米・対ソの戦略的拠点となり、北端の両島には軍事施設の構築が始められた。昭和二十年(一九四五)八月、日本のポツダム宣言受諾後にソ連軍は突如日ソ中立条約を犯してシュムシュ島に侵攻後ハボマイ諸島・シコタン島を含む全千島列島を占領し、以後日ロ間には平和条約が未締結のまま「北方領土問題」が続いている。

参考文献 高倉新一郎『千島概史』(一九六〇、南方同胞援護会)、秋月俊幸「千島列島の領有と経営」(『植民地帝国日本』所収、一九九二、岩波書店)
(秋月 俊幸)

ちすいじぎょう 治水事業 内務省を中心に展開された河川改修事業。低水工事と呼ばれる通船運輸の航路を整備する河身工事と、高水工事と呼ばれる洪水被害を防御する堤防工事とに分けられる。明治時代前期には内陸水運整備のため低水工事が推進されたが、鉄道建設の進展や水害の頻発により明治二十九年(一八九六)以降高水工事に重点が移っていった。殖産興業政策の柱として欧州の水運網をモデルに内陸水運網の整備を唱えたのは内務卿大久保利通である。土木行政の担当部局は、明治元年(一八六八)租税司治河使、二年民部官土木司、四年工部省土木司を経て四年十月に大蔵省土木寮となったが、大久保は内務省の設置とともに土木寮を移管し政策の中枢に据えた。七年二月土木寮はオランダ人技術者を登用し淀川・利根川に低水工事を実施することを提議、大久保も「殖産興業に関する建議書」で殖産興業の中心に水陸運輸の便を挙げ、エッセルやデ＝レイケなどのオランダ人技術者を登用して工事を開始した。七年六月淀川で着工、八年六月利根川でも開始。分水問題で改修が中断していた信濃《しなの》川では九年十一月に着手。さらに大久保は十一年(一八七八)三月六日「一般殖産及華士族授産ノ儀ニ付伺」において、野蒜《のびる》築港・新潟港改修とならんで北上運河開削・阿武隈《あぶくま》川の改修を含む内陸水運整備構想を示し、その後の政策に影響を与えた。この後内務省は、十一年木曾川の三川分流をはじめ、十四年富士川・庄《しょう》川・阿武隈川、十五年北上川・天竜川、十六年阿賀野川・最上川・筑後川・吉野川・大井川の測量を開始、順次着工した。これら十四河川の工事には内務省直轄土木費が投入された。一方府県土木費は十三年十一月の太政官布告四八号により府県への下渡金が廃止され府県負担が増加したため、十八年十月土木局長三島通庸《みしまみちつね》は土木費準備法を作成、十年間毎年二百万円を国庫から支出し百五十万円を各府県に交付して、国道の改良と航路十里以上の河川六十五の改修推進をはかったが財源が確保できず断念。十九年直轄河川の改修計画が出揃い、改修計画のうち低水工事は国の直轄、高水工事は府県負担で進められることとなった。七月十二日土木監督署官制が制定され、全国を六区に分け監督署を置き府県土木の監督と河川砂防直轄工事を担当させた。しかし水害が頻発するなか洪水対策としての限界が露呈し、二十八年の大水害を機に二十九年四月七日河川法を公布した。翌三十年(一八九七)には砂防法(三月)、森林法(四月)が制定され、河川法とあわせて治山治水の基本法が整備された。河川法では二府県以上にまたがるものまたは重要河川は国の直轄とし、工費の一部を関係府県に負担させることとした。これにより内務省は淀川・筑後川の高水工事に着手したが、その後直轄工事を実施した河川は木曾・利根・庄・九頭竜《くずりゅう》・遠賀《おんが》・淀・信濃・吉野・高梁《たかはし》・渡良瀬《わたらせ》の十河川に限られた。四十三年(一九一〇)八月上旬の大雨による洪水被害は関東・中部・東北など全国に拡大したことをうけ、十月に設置された臨時治水調査会は全国的な治水計画を検討し、四十四年十月「河川改修計画ニ関スル件」および「砂防計画ニ関スル件」を決議した。この第一次治水計画は国直轄工事の対象を六十五河川に拡張し、第一期二十、第二期四十五に分けて順次着手するとした。工事は四十四年以降十八ヵ年継続で実施される予定で治水費資金特別会計が設置された。また府県災害土木費に対しても国庫補助が認められたほか、河川法が施行された河川に準ずる河川については知事の認定により河川法が準用されることとなり、準用河川は明治時代末期に三十八を数えた。大正六年(一九一七)・七年・十年(一九二一)の水害により十年に臨時治水調査会が再置され、五十七河川を追加した第二次治水計画を答申した。大正十五年土木試験所所長物部長穂《もののべながほ》が河水統制計画を提唱したのを機に、昭和期の治水事業は多目的ダムを軸とする河川総合開発の時代に入った。→木曾川改修《きそがわかいしゅう》 →筑後川改修問題《ちくごがわかいしゅうもんだい》 →天竜川治水《てんりゅうがわちすい》 →利根川改修工事《とねがわかいしゅうこうじ》 →利根川低水工事《とねがわていすいこうじ》 →吉野川改修《よしのがわかいしゅう》 →淀川改修工事《よどがわかいしゅうこうじ》

参考文献 日本工学会編『明治工業史』六(一九二九)、『内務省史』三(一九七二)、小風秀雅「起業公債事業と内陸交通網の整備」(高村直助編『道と川の近代』所収、山川出版社、一九八六)、上林好之『日本の川を甦らせた技師デ・レイケ』(一九九九、草思社)、長妻広至『補助金の社会史―近代日本における成立過程―』(『神戸学院大学人文学部人間文化研究叢書』、二〇〇一、人文書院) (小風 秀雅)

ちせきず 地籍図 一筆ごとの土地の形状・地番・地目・面積・所有者などを記した地図。旧来の地籍図は明治初年の地租改正で作製、また明治十八年(一八八五)に大蔵省の調査で更正された字限図《あざぎりず》で、ほかに内務省が主管した地籍図もある。これらは二十二年(一八八九)三月の土地台帳規則により土地台帳附属地図となったが、地籍調査を実施した各府県での違いが顕著であった。そのため昭和二十六年(一九五一)の国土調査法に基づき、全国的に統一された地籍図の作製が市町村などの地方公共団体により進められている。地籍図は現在、法務局において登記簿とともに公図として備えられ、精度の低いものもあるが作製当時の土地利用状況などを示しており資料的価値が高い。

参考文献 佐藤甚次郎『明治期作成の地籍図』(一九八六、古今書院)、同『公図―読図の基礎―』(一九九六、古今書院)、桑原公徳『歴史地理学と地籍図』(一九九九、ナカニシヤ出版) (千葉真由美)

ちそ 地租 土地に対する税で、地租改正法による地価への賦課に始まる。明治六年(一八七三)七月二十八日太政官二七二号布告地租改正法は、物納による貢祖を廃止して金納とし、地価三%を地租と定めた。地価は、収穫米から種肥料代・地租・地租付加税を差引いた実収益を利子率で還元して算出する。地租は豊凶に関係なく一定とする。将来、物品税などが二百万円を超えれば地価一%に減額すると公約した。改租から五年間、最初設定の地価により収税する。旧貢租額の維持・継承が図られた。地租は明治十年(一八七七)まで政府歳入の八割を超えていた。地租改正事務局は、収穫量査定において、各府県平均反収予定額を押付けたため、明治九年末、地租改正反対一揆が続発した(三重県、茨城県)。翌十年一月四日、地租を地価二・五%に減額する詔が発せられた。明治十七年三月十五日太政官七号布告地租条例が地租改正に関する諸法令をまとめて制定された。地租を地価一%に減額する公約は破棄され、地価再調査は先送りにされた。地租は地価二・五%に固定され、有租地を第一類(田畑・郡村宅地・市街地など)、第二類(池沼・山林・原野など)とした。日清戦争後の軍備拡張、日露戦争の戦費調達のため、地租の増徴がなされた。昭和六年(一九三一)三月三十一日法律二八号地租法により地租条例は廃止され、地租の課税標準は、税務署に備える土地台帳に登録した賃貸価格となり、土地台帳に所有者として登録された者から徴収されることになった。第二次大戦後、昭和二十五年(一九五〇)七月三十一日法律二二六号地方税法により地租はなくなり、土地に対する税は、市町村税である固定資産税となった。

参考文献 『福島正夫著作集』三(一九九三、勁草書房) (藤原 明久)

ちそかいせい 地租改正 明治維新期に実施された土地制度ならびに租税制度の改革。学制・徴兵制とともに明治維新の三大改革の一つにかぞえられる。慶応三年(一八六七)十二月の王政復古による明治新政権の発足以来、版籍奉還・廃藩置県と領有体制の解体政策が断行されるが、石高制に基づく貢租制度は旧来のままに存続していた。そうしたなかで、政府内外において石高制の弊害に対する批判は日を追って高まり、税制改革の機運が昂揚していった。新たな集権国家体制に照応する土地制度、租税制度が求められていたのである。このような状況を背景として新政府は、石高制下の錯綜した土地税制の廃絶と新たな税制の創出を企図して、明治五年(一八七二)二月の田畑永代売買の解禁に始まり、全国の租税総額を点検し土地所有者に地券を交付する壬申地券の調査を経て、六年七月には関係法令(上諭・太政官布告第二七二号・地租改正条例・地租改正施行規則・地方官心得)を公布して地租改正の実施に踏み切った。この地租改正の理念としては、㈠新体制下における財源確保のために旧貢租収入の水準を維持すること、㈡不公平、不統一な旧来の貢租制度を廃絶し地租負担の公平化を図ること、㈢著しく成長を遂げた商品経済社会とそれに照応する近代租税国家に対応した地租金納制を実現すること、㈣商品経済の進展により形骸化した土地所持の方式をあらため土地所有権を公認すること、などが挙げられる。地租改正は上記㈠に示されているように、国民国家体制と資本主義的システムの創出を目指す明治新政権の財源確保政策としての一面を有しており、欧米列強によるアジア侵略の趨勢に対抗し、万国対峙という国是のもとに欧米型の国家体制と経済システムを導入する財源とされたのである。地租改正事業は土地境界の確定と測量を行う地押丈量に始まり、各種の等級編成(地位・村位・組合村位・郡位・国

位）、収穫量調査、米麦価・利子率調査などの実地調査を伴ったが、その過程で多くの困難や土地所有農民の不満を生じさせた。事業が竣功したのは明治十四年（一八八一）のことである。この地租改正の結果、改革されたのは以下の諸点である。第一に課税標準が旧来の収穫高から土地収益を基礎として算出された地価に変更されたこと（地租は地価の三％とされ豊凶によって増減はしない。十年には地価の二・五％に減税された）、第二に、地租負担者はこれまでの高持百姓（地主・自作農民など）から土地所有者へと変更され、その土地所有者に地券を交付したこと、第三に、地所は民有地と官有地とに大別されたこと等々。これらの改革を通して従来の領主・領民関係が国家・国民関係へと再編された。国民（土地所有者）は土地の所有権を国家的に保障されるとともに租税（地租）納入の義務を負うこととなり、国民国家における基底的な権利・義務関係がこの地租改正によって創出された。地租改正によってもたらされた結果は、ほぼ当初の理念を達成したとみていい。上記㈡の負担の公平化については、幕藩体制下の各藩多様な貢租制度による負担の不公平は解消され、田畑に対する貢租賦課の不均等（田に比して畑が軽税）も、関東畑永などの慣行が存在した関東地方の畑地の地租が改租の結果旧貢租のおよそ二倍の増税となっているのに対し、田地の地租は三〇％近くも減税となっている事実がそれを裏付けている。全国平均の結果をみても、田地は二〇％余の減税、畑地は旧貢租とほぼ同水準となっている（以上は地価二・五％での対比結果）。このことは畑作中心の農家には増税、稲作中心の農家には減税というまったく異なる結果をもたらすことになった。㈢金納制の実現については、あらためて指摘するまでもなく地価の二・五％を貨幣形態で納付することで実現されている。㈣の土地所有権の公認についても、かつての貢租負担者を地租負担者に横すべりさせながら、すでに事実上の所有権が形成されてきた事実を追認するかたちで土地所有権が法認され、近代の私有財産制の基礎を築きつつその理念を達成した。地租改正の研究は戦前以来の永い研究史を有しているが、その論点はこの十数年の間に大きく変化した。かつての地租改正理解は明治維新の性格と深く結びついており、明治政府、つまり絶対主義政権による半封建的土地所有たる地主制創出政策と位置づけられていた。今日ではこのような見解はほぼ姿を消し、明治維新の絶対主義的性格を論じる研究者は皆無といってよく、地租改正の評価に関しても、国民国家形成期における近代的土地所有と近代的租税の制度的創出であるとの認識が定着しつつある。

参考文献　大内兵衛・土屋喬雄編『（明治前期）財政経済史料集成（復刻版）』七（一九六三、明治文献資料刊行会）、地租改正資料刊行会編『明治初年地租改正基礎資料』（一九五三―六八、有斐閣）、福島正夫『地租改正の研究（増訂版）』（一九七〇、有斐閣）、佐々木寛司『日本資本主義と明治維新―本源的蓄積の日本的特質―』（一九八八、文献出版）、同『地租改正―近代日本への土地改革―』（『中公新書』、一九八九、中央公論社）、丹羽邦男『地租改正法の起源―開明官僚の形成―』（『神奈川大学経済貿易研究叢書』九、一九九五、ミネルヴァ書房）、奥田晴樹『日本近世土地制度解体過程の研究』（二〇〇四、弘文堂）
（佐々木寛司）

ちそかいせいじむきょく　地租改正事務局　地租改正事業を統括した政府部局。明治五年（一八七二）七月、地券の全国一般発行をうけ、大蔵省租税寮内に改正局が設置、地券発行とともに地租改正法案の作成や地租改正の実施にあたった。一方で同六年に内務省が設置され、関係事務が大蔵・内務両省にまたがり不便を生じたために、同八年三月、大蔵・内務両省に属する地租改正事務局を設置し、地租改正に関する一切の事務を管掌した。その役割は郡村の境界・土地の広狭・所有の判定、土地名称の区別、地価の決定、地券の発行などである。総裁は内務卿大久保利通、御用掛は大蔵卿大隈重信で、三等出仕に大蔵少輔兼租税頭の松方正義と内務少輔の前島密をおき、松方が業務を総括した。事務局は各府県へ指令を出すとともに局員を派遣、地方官を直接指導して事業を進めた。改正事業がほぼ完了した同十四年（一八八一）六月三十日で同局は閉鎖、残務は大蔵省租税局内に設置された地租改正残務掛が担当した。

参考文献　福島正夫『地租改正の研究（増訂版）』（一九七〇、有斐閣）、北條浩『地券制度と地租改正』（『村落社会構造史研究叢書』、一九九二、御茶の水書房）、奥田晴樹『明治国家と近代的土地所有』（『同成社近現代史叢書』、二〇〇七、同成社）
（千葉真由美）

ちそかいせいはんたいうんどう　地租改正反対運動　地租改正が一般に着手された明治七年（一八七四）三、四月ごろから、十四年（一八八一）六月地租改正事務局が閉鎖されるまでの期間を中心に、全国各地で起った地租改正をめぐる反対運動。一揆・暴動から請願行動まで、多様な形態をとった。地租改正事業の初期段階の紛争・騒擾の中心は、地押丈量、地券名請、地租改正経費の負担、石代納制などに対する不満・抵抗にあり、打ちこわし・焼打ちといった激烈な行動形態をとった。特に九年には、石代納をめぐる不満を直接の契機とする騒擾が頻発した。政府は地租改正への過渡的措置として石代納を採用し、九年から、三―七年の五年間の米価の平均相場を租額の算定に適用することとした。ところが米価の変動が激しく、九年には米価が急落して実質的な増租となったため、農民は不満を爆発させた。五月には和歌山県那珂郡で貢米石代引下げ、地価更正などを求めて農民が蜂起した。十一月には茨城県真壁郡の農民が石代納・地租改正入費・畑租増租に反対して騒擾を起し、十二月には同県那珂郡の農民が石代納米価に対する不満から蜂起した。十二月には三重・愛知・岐阜・堺の各県に及ぶ伊勢暴動が発生した。政府はこのような抵抗に直面して、十年一月地租率を地価の二・五％に引き下げた。こうした初期の反対運動に対し、地租改正が本格化した段階の反対運動は、主に予定地価の押し付けに反対するものとなった。地租改正にあたって政府がまず目的としたのは、旧来の年貢による歳入を減じないことであった。大蔵省はこの基本方針に基づいて旧貢租額を算出し、これを確保するために地租を設定した。地価は人民の申告に基づいて定めるとしたにもかかわらず、次第に建前となり、地位等級方式が採用されていった。すなわち、まず県全体の反収の目標を定め、管下の平均反当収穫高を確定して、この確定値になるように管下の村々の等級を設定し、等級に応じて収穫高を設定していった。反当収穫の押し付けは、県・郡・村・一筆の順序で行われたため、不満・抵抗は各段階で起り、農民側の抵抗は明確な地租改正反対運動として展開された。愛知県春日井郡の反対運動、石川県(現福井県)越前七郡の運動がその代表とされる。愛知県では、十年六月以降、県が一方的に決定した地位や収穫決定を村々に押し付けた。これに対し増租となる春日井郡四十余ヵ村は請書の提出を拒否したが、県側の圧迫・脅迫の前に、ほとんどが屈服を余儀なくされた。しかし、和爾《かに》良《ら》村のみは拒否し、十一年二月東京の地租改正事務局に嘆願。これが反対運動を励まし、四十三ヵ村による嘆願へと発展して、七月やり直しの指令をかち取るに至った。しかし、県の妨害などによってやり直しは不可能となり、運動内部の分裂が顕在化するなか、結局、十二年三月県と郡議員層との取引によって、二年間にわたる反対運動は終末を迎えた。一方、越前では十一年、坂井郡安沢村など六ヵ村が収穫反米の押付けを拒否し、県側の脅迫・説得にもかかわらず積極的な運動を展開して、県権令の罷免を実現した。十二年には運動の展開と拡大をはかるため代表を土佐に送って立志社社員の応援を得た。不服村の結束と杉田定一《すぎたていいち》らの参加によって運動は昂揚。九月六八号処分の撤回によって地租改正の再調査を実現した。十三年には農民の自主的な闘争組織である南越七郡連合会が開設され、再調査をより有利にみちびこうとする努力が、国会開設請願運動と密接な関係をとりつつ進行した。一般には地租改正反対運動によって農民が租税共議権思想を獲得し、これが自由民権運動の国会開設要求につながったと考えられているが、反対運動の担い手がそのまま国会開設運動に連続する越前のようなケースはむしろ少ないとする見解もある。

参考文献 大江志乃夫『明治国家の成立—天皇制成立史研究—』(一九五九、ミネルヴァ書房)、近藤哲生『地租改正の研究—地主制との関連において—』(一九六七、未来社)、有元正雄『地租改正と農民闘争』(一九六八、新生社)、大槻弘『越前自由民権運動の研究』(一九八〇、法律文化社)、江村栄一『自由民権革命の研究』(一九八四、法政大学出版局)

(大日方純夫)

ちそぞうちょうきせいどうめいかい　地租増徴期成同盟会　明治三十一年(一八九八)十二月、第二次山県内閣の地租増徴方針に対して、賛成機運を高めるべく結成された民間団体。地租増徴を巡り、反対派が運動を開始したことを受け、同月十三日、渋沢栄一・益田孝・大倉喜八郎・大江卓・尾崎三良・中上川彦次郎《なかみがわひこじろう》・片岡直温《かたおかなおはる》など、東京・京都・大阪・横浜の実業家が帝国ホテルに会同し、組織。財政基盤の強化による戦後経営の充実を掲げて運動を展開した。衆議院議員選挙法改正、鉄道国有、伊藤新党運動とも絡んだ財界の活動であった。同月二十一日、地租増徴案の衆議院通過を受けて解散。

参考文献 谷干城・田口卯吉『地租増否論』(『日本叢書』、一八九八、日本新聞社)、大岡育造『地租増徴始末』(一九〇二、中央新聞社)

(清水唯一朗)

ちそぞうちょうはんたいどうめいかい　地租増徴反対同盟会　明治三十一年(一八九八)十二月、第二次山県内閣の地租増徴方針に対して、反対機運を高めるべく結成された民間団体。第十三帝国議会開会に先立ち、同内閣が日清戦後経営の懸案であった地租増徴実施の方針を固めたことに対し結成された。谷干城を幹事長に迎え、富田鉄之助が幹事総代となり、全国への檄文送付、各府県委員の上京・運動、地方への遊説員派遣、貴衆両院への請願運動などを展開し、運動は全国化した。同月十五日に開催した懇親会が解散を命じられるなど、政府と鋭く対立した。

参考文献 谷干城・田口卯吉『地租増否論』(『日本叢書』、一八九八、日本新聞社)、大岡育造『地租増徴始末』(一九〇二、中央新聞社)

(清水唯一朗)

ちそぞうちょうもんだい　地租増徴問題　日清日露戦間期の政治争点の一つ。明治九年(一八七六)以来地価の二・五%に据え置かれていた地租賦課率の引き上げが、日清戦後経営との関連で最重要の政治問題となった現象をさすが、その実現の過程で権力構造の変動がもたらされた点において政治史上大きな意義をもつ。日清戦争に勝利したものの、三国干渉を招いたことから、ロシアへの敵愾心が盛り上がり、「臥薪嘗胆」のスローガンのもと、当時の第二次伊藤博文内閣はそれを具体化すべき戦後経営計画を策定し、予算化して第九議会に提出した。その内容は軍備拡張はもとより、鉄道改良・電信電話事業拡充など産業育成計画までを含む膨大かつ広範なもので、財源については清国から得た賠償金、公債、営業税の国税編入、登録税新設、酒造税増徴、葉煙草専売収入などによって賄うこととされていた。すでに伊藤内閣と提携していた自由党はこの戦後経営予算に全面的に賛成し、次の第二次松方正義内閣のもとでの第十議会でも、軍拡・産業育成を骨子とする予算案に、与党の進歩党はもとより、野党の自由党も、予算そのものがみずからが提携していた第二次伊藤内閣時代の計画の延長線上にある以上、賛成せざるを得なかった。しかし、計画自体不確定な要素を多く含んでおり、将来にわたって円滑に遂行できるかは不透明であった。したがって、財源として最も安定した国税収入である地租に目が向けられていくのは当然予想されるところであった。事実、明治三十一年(一八九八)度予算編成作業の結果多額の欠損が出ることが明らかとなった。そのため、蔵相をかねていた松方首相は地租増徴に踏み切ろうとした。しかし衆議院解散の有無にかかわらず翌明治三十一年中には総選挙を迎えなければならなかった政党は、主たる支持基盤である地主・農民層の不利益となる地租増徴に簡単には賛成できず、進歩党は松方内閣との提携を絶ち、第十一議会において自由党とともに内閣への対決姿勢を明確にすると、松方内閣は総辞職した。その後をうけた第三次伊藤内閣は明治三十一年五月に開かれた臨時議会(第十二議会)に地租増徴案を提出したが、自由・進歩両党を中心とする反対にあい、衆議院で否決された。ついで両党が合同して衆議院の絶対多数を制する憲政党が結成され、伊藤内閣そのものも倒れてしまった。しかし、そもそも伊藤内閣が組閣にあたって両党に提携を打診した際、両党ともに内相ポストを要求し、それが受け入れられなかったために、伊藤内閣が超然内閣とならざるを得なかったという経緯に注目するならば、本音のレベルでは、両党が総選挙のリスクを極力おさえられるなら、内閣と提携して地租増徴に応じてもよいと考えていたのは明らかであった。その後、デッドロックに乗りあげた地租増徴を解決に導いたのは、第一次大隈内閣を倒し、憲政党を分裂させて第二次山県有朋内閣との提携を実現した星亨《ほしとおる》の指導であった。一方、山県内閣は、地租賦課率の上昇幅を、当初の案では二・五%から四%へ引き上げる案であったのを、三・三%にとどめ、さらに増租期間を五年に限定するという憲政党側の修正要求を受け容れ、それに加えて地価修正案を抱き合わせて提出し、地価を高く算定された地方の地価を切り下げて増租による実質負担増を軽減した。それによって、憲政党の地租増徴案賛成へのハードルは目に見えて低くなったのである。憲政党は三十一年末に開幕した第十三議会において地租増徴案に賛成し、成立させた。この地租増徴案成立は、日清戦後経営のための安定した財源が確保された点で大きな意義をもつが、単にそれだけではなく、憲政党が初期議会における民力休養論と完全に訣別し、しかも選挙基盤の利益に反する増税に対して国家的見地から賛成に踏み切ったという点で重要である。それは、政党という存在が部分的な利害だけではなく、官僚とともに国家の命運をにない得ることを示した点で画期的であり、直接的には立憲政友会成立への道を開くものであった。

参考文献 坂野潤治『明治憲法体制の確立―富国強兵と民力休養―』(一九七一、東京大学出版会)、室山義正『近代日本の軍事と財政―海軍拡張をめぐる政策形成過程―』(一九八四、東京大学出版会)
(村瀬 信一)

チゾン Alexander Tison 一八五七―一九三六 慶応義塾などに務めたアメリカ人教師。一八五七年十二月二十三日、アメリカのミズーリ州セントルイスに生まれた。一八七八年にミシガン州オリベット＝カレッジよりバチェラー＝オブ＝アーツの学位を、二年後には文学博士の学位を得る。また、一八七八年より五年間、オリベット＝カレッジにおいてラテン語教授を務めた。一八八三年九月よりハーバード大学で法学を修め、一八八六年卒業。一八八七年から八九年まで、ニューヨーク州において弁護士として開業。明治二十二年(一八八九)に帝国大学の招聘により来日。同年三月より明治二十六年十二月まで同大学でイギリス法を講じた。以後、明治二十六年二月十五日から翌年一月十五日まで、慶応義塾の理財学科においてイギリス商法・国際公法および私法、法律学科においてイギリス法律学の講義を担当した。明治二十七年、帰国に先立ち勲四等瑞宝章を贈与された。帰国後、再びニューヨークにおいて弁護士として働いた。なお、東京専門学校(現早稲田大学)でも講義を担当していたが、担当科目や時期は不明である。一九三六年七月十六日没。満七十八歳。

参考文献 『慶応義塾百年史』中前(一九六〇)、松本康正「東京専門学校で教えた一六人の外国人講師たち」(『早稲田大学史記要』一〇、一九七七)
(久保田 哲)

ちちぶじけん 秩父事件 明治十七年(一八八四)十一月、埼玉県秩父郡から群馬・長野県隣接地まで広がった負債農民と自由党員(困民党)による蜂起事件。明治十六年末、世界恐慌と松方デフレで負債をかかえた養蚕農民(落合寅市・高岸善吉・坂本宗作ら)が秩父郡役所に対し、負債延納のための高利貸説諭請願を開始する。その運動は、在地化・急進化する宮部襄《みやべのぼる》ら上毛自由党員の影響下にあった秩父の自由党員(村上泰治・井上伝蔵ら)と結びつき、十七年三月の自由党大会には村上と高岸が派遣される。他方、郡役所請願は三月・四月にも繰り返されるが却下され、糸価の低落傾向が判明した八月以降、負債農民らは負債者名簿の作成や自由党加盟などを通じて地域の動員を進め、九月初めには山林集会や高利貸との直接交渉を展開する。要求が容れられず幹部内で債主への強硬手段が論じられるなか、負債の十ヵ年据置四十ヵ年賦、学校の三ヵ年休校、雑収税・村費軽減などを掲げて大宮郷の田代栄助を招聘。九月末から十月には大宮郷警察署への高利貸説諭請願、債主との直接交渉を試みるもまとまらず、十月に蜂起を決定。その後は弾薬製造、近隣豪農宅への強借など蜂起準備に着手していく。蜂起直前、自由党大井憲太郎の意をうけた氏家直国が来秩、井上らと延期を主張するが衆議は受け入れず、十月三十一日の風布村(秩父郡長瀞町・大里郡寄居町)の蜂起を皮切りに、十一月一日下吉田村(秩父市)椋神社から行動を開始。軍隊様の組織、軍律五ヵ条を定めた。二日には大宮郷で高利貸・警察署・裁判所などを襲撃し郡役所を占拠。戸長役場などを拠点に人足駆出しを行うが、その際「板垣公」の「世直シ」や「圧制ヲ変シテ良政ニ改メ、自由ノ世界トシテ、人民ヲ安楽ナラシム」などの言葉が使われた。その後は群馬県境を長野へ向い、九日に長野県南佐久郡海ノ口村（南牧村）で政府軍に鎮圧されるまで六千人以上が参加。群馬事件や前年の群馬県農民騒擾の関係者も参加しており、「群馬・秩父事件」とも称される。↓群馬《ぐんま》事件《じけん》

参考文献　井上幸治・色川大吉・山田昭次編『秩父事件史料集成』（一九八四―八九、二玄社）、稲田雅洋『日本近代社会成立期の民衆運動―困民党研究序説―』（一九九〇、筑摩書房）、秩父事件研究顕彰協議会編『秩父事件―圧制ヲ変ジテ自由ノ世界ヲ―』（二〇〇四、新日本出版社）

（高島　千代）

ちづかれいすい　遅塚麗水　一八六六―一九四二　小説家、紀行文家。本名金太郎、別号松白など。駿河国沼津町小諏訪（静岡県沼津市）にて慶応二年十二月二十七日（一八六七年二月一日）に生まれる。明治九年（一八七六）大蔵省租税局に職を得た父とともに一家上京。幼馴染み幸田露伴の勧めで菊池松軒の迎曦塾《げいぎじゅく》に学ぶ。その後独学により小学校教員試験に及第、教員生活を経て、明治二十一年（一八八八）逓信省為替貯金局雇吏となるが、二十二年七月退職。翌年露伴子・踏破仙合作で処女作「冷于氷《れいうひょう》」を『読売新聞』（明治二十三年二月二十六日―三月二十九日）に発表するとともに郵便報知新聞社に入社し、同紙をはじめ『新著百種』『国民之友』などに小説を執筆。代表作は、山岳文学の先駆『不二の高根』（明治二十六年一月）や日清戦争従軍記『陣中日記』（明治二十七年十二月）。本領は『日本名勝記』（明治三十一年八月）『山東遍路』（大正四年五月）『満鮮趣味の旅』（昭和五年三月）などの紀行文集で発揮された。ほかに、アイヌに取材した「蝦夷大王」（『都の花』明治二十五年四月十七日―二十六年一月十五日）、生命保険を題材にした「保険娘」（『文芸倶楽部』明治二十九年三月）、無声映画の初期作品『乳屋の娘』（大正七年日活向島制作）の脚本などがある。昭和十三年（一九三八）『都新聞』編集顧問を辞した後、大宮の自宅で悠々自適の生活を楽しみ、昭和十七年八月二十三日脳溢血のため死去。七十七歳。

参考文献　土方正巳「都新聞史―今日新聞から東京新聞まで―」（『総合ジャーナリズム研究』七〇、一九七四）、赤松昭「遅塚麗水」（昭和女子大学近代文学研究室『近代文学研究叢書』四九所収、一九七六、昭和女子大学近代文化研究所）、十川信介「近代小説草創期の理想像―明治二〇年代における「ドラマ」の問題―」（『文学』四八ノ八、一九八〇）

（小倉　斉）

ちっこうじぎょう　築港事業　内外交通網の集中点となる港湾を建設し、機能を拡張する事業。土木行政は明治四年（一八七一）七月の太政官制でそれまでの民部省から工部省に移管されたが十月に大蔵省土木寮へ移管。六年十一月内務省設立とともに移管。十年（一八七七）一月土木局と改称。近代築港の端緒となったのは、六年八月大蔵省達「河港道路修築規則」である。港湾を重要性に応じて三等に等級化し国と地方の費用分担を明確にしたが、財政的裏付けがなく九年六月に等級制は廃止。交通網整備における港湾の重要性が認識され近代的築港に着手されたのは、明治十年代に入ってからである。十一年三月七日、内務卿大久保利通は「一般殖産及華士族授産ノ儀ニ付伺」で東北運輸網整備の中核として野蒜《のびる》築港・新潟港改修を提案。以後、海運を主軸とする内国交通網建設の観点から築港が進められた。野蒜は、十一年起業公債を財源として全額国庫負担で着工、オランダ人技師ファン＝ドールンが設計したが、十七年に台風のため河口突堤が損壊、修復費用が多額のため工事は中断。新潟築港も中断。地方でも築港が推進され、十一年三国《みくに》（坂井）港ではオランダ人エッセルの設計により着工、十三年十二月開港式を挙行したが、翌年二月突堤が破壊、十五年国費十四万円を投じて再建し十八年に竣工した。最終的に工費の七割が国庫負担となる。熊本県では、明治十三年百貫石《ひゃっかんせき》港修築が県会で建議、十四年三月議決、内務省は工費三十万円の三分の一の補助とムルドルを派遣。その後三角《みすみ》に変更し、十七年五月着工、二十年（一八八七）八月開港した。野蒜以外は地方経営でありながらオランダ人技師の派遣や国庫補助などの支援があり、野蒜・三国・三角を三大築港と呼ぶことがあるが、いずれも交通拠点とはならなかった。明治二十年代には横浜港や流通拠点となる港湾において築港工事が進展した。二十二年九月、横浜港第一期築港工事がアメリカから返還された下関事件の賠償金の一部を財源に開始、防波堤・大桟橋の建設により近代港湾として整備された。その他二十三年若松、二十八年函館、二十九年新潟・名古屋、三十年（一八九七）小樽・高松・大阪、三十二年基隆、三十三年伏木《ふしき》、三十五年三池で起工。日露戦後期には外地や北海道・沖縄などでの整備が進展した。三十九年釜山、四十年（一九〇七）那覇・岩内《いわない》、四十一年大連・高雄、四十二年釧路・清水、四十三年四日市・敦賀《つるが》・留萌《るもい》・関門海峡、四十四年仁川・船川・鎮南浦で着工。また明治三十九年には神戸港で大蔵省所管により、十一万坪の海面埋立・繋船岸壁・突堤および防波堤の建設からなる第一期築港に着手した。同年横浜港でも第二期築港に着手、新港埠頭の建設により繋船岸壁が整備され、鉄道と結合した海陸交通網形成が本格化した。築港が全国化するなか日露戦後に入ると統一的な計画の必要性が認識され、総合的築港計画が樹立された。内務省は三十九年から全国七百七十一の港湾調査を実施し、明治三十三年に設置されながら三十六年に廃止された港湾調査会を四十年六月に再置して、百二十四港について調査審議を行い、四十年十月、全国の港湾を、国が直轄施行し地元に負担金を賦課する第一種重要港湾、地方が経営し二分の一の国庫補助を行う第二種重要港湾、関係地方が独立経営する地方港湾の三種に分類し、北海道・台湾・樺太を除いた港湾のうち国家的な重要港湾として十四港を整備する方針が決定された。第一種には、横浜・神戸・関門海峡（下関と門司《もじ》）・敦賀、第二種には大阪・東京・長崎・青森・秋田・新潟・境《さかい》・鹿

児島・伊勢湾・仙台が挙げられた。調査会は大正十三年（一九二四）に廃止されるまで全国の重要港湾の整備に深く関わった。第一次西園寺内閣時代の調査会では会議を主宰した内相原敬が積極的に関与、政党政治の進展とともに鉄道と並んで地方利益誘導の場となっていった。大正十四年発足の臨時港湾調査会、昭和八年（一九三三）土木会議港湾部会に継承された。

参考文献　運輸省港湾局編『日本港湾修築史』（一九五一、港湾協会）、大霞会編『内務省史』三（一九七一、地方財務協会）、寺谷武明『日本港湾史論序説』（一九七二、時潮社）、『日本港湾史』（一九七八、日本港湾協会）、竜翔館編『蘭人工師エッセル日本回想録』（一九九〇、三国町）、小風秀雅「起業公債事業と内陸交通網の整備」（高村直助編『道と川の近代』所収、一九九六、山川出版社）　（小風　秀雅）

ちつざんどう　秩山堂　東京の書肆。明治中期に、政治・法律・政党・社会風俗・料理などさまざまな書物の出版を手がけている。

参考文献　三橋猛雄『明治前期思想史文献』（一九七六、明治堂書店）　（鵜飼　政志）

ちつろくこうさい　秩禄公債　明治四年十二月十八日（一八七二年一月二十七日）、政府は華士族および卒に対し在官者のほか一般に農・工・商を営むことを許可したが、同六年十二月二十七日の太政官布告第四二五号、第四二六号をもって、士族以下家禄・賞典禄百石未満の奉還希望者に産業資金を給与するために交付した公債。百石未満の奉還希望者の産業資金として、㈠永世禄は六年分、終身禄は四年分、年限禄はその年限に応じて一年から四年分が、㈡半分は現金で、半分は公債で、一時に支給されることになった。その際、禄高は明治六年の各府県貢納石代相場で金額に換算された。本公債の細目は同七年三月二十八日の家禄引換公債証書発行条例に規定されたが、公債証書の額面は五百円、三百円、百円、五十円、二十五円の五種類であり、年利八分、利払いは年一回、二年据え置き後、七ヵ年で償還というものであった。ただし五百円券は実際には発行されなかった。同七年十一月五日には百石以上の者も奉還を認めたが、同八年七月十四日には奉還が中止されたので、本公債発行は同九年で終了した。なお、注目されるのは、同六年十二月の太政官布告第四二六号の第八条に「別紙」として「産業資本ノ為メ官林荒蕪地払下規則」によって、士族以下の開墾事業への誘導策を強く打ち出していることである。→家禄引換公債証書発行条例《かろくひきかえこうさいしょうしょはっこうじょうれい》

参考文献　大蔵省編『（明治前期）財政経済史料集成』八（一九六三、明治文献資料刊行会）、明治財政史編纂会編『明治財政史』八・九（一九二七、明治財政史発行所）、丹羽邦男『明治維新の土地変革―領主的土地所有の解体をめぐって―』（『近代土地制度史研究叢書』二、一九六二、御茶の水書房）　（桐原　邦夫）

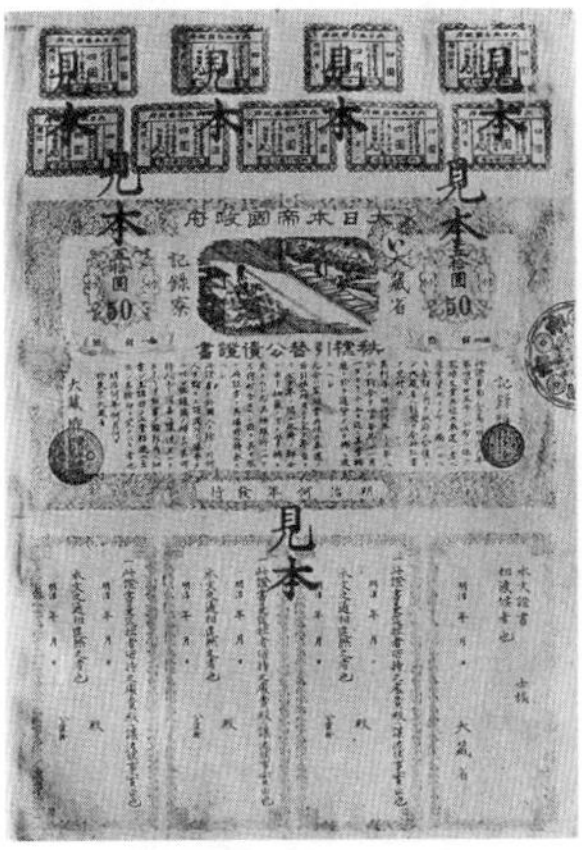

秩禄公債五十円証書

ちつろくしょぶん　秩禄処分　明治維新政府が行なった封建領主・家臣団の解体処置。江戸時代の幕府と藩に属する武士身分の給与は、俸禄制が一般的だったため、領主制の解体は、土地所有に関する地租改正と秩禄処分という二つの過程により行われた。秩禄処分は、廃藩置県前の直轄府県と諸藩のもとでの禄制改革による家禄の削減と、廃藩置県後の大蔵省による禄制の廃止、金禄公債交付という、二つの段階により達成された。まず、禄制改革は、明治二年（一八六九）の六月、政府は諸藩の版籍奉還を許して各藩主を知藩事に任命するとともに、公卿・諸侯を廃して華族とし、現石十分の一を知藩事の家禄とし、一門以下下士に至るまでをすべて士族と卒族に整理し、その家禄の知藩事の裁量による削減を命じた。同三年九月十日には「藩制」の公布によって、禄制改革の標準を明示した。そのため知藩事は士族・卒族の家禄の大幅な削減を余儀なくされた。その結果、各藩の財政事情により家禄削減の方法は異なるが、削減の総計は旧藩時代の三八％にものぼった。同六年の徴兵制施行により士族の「常職」への支給との一般的通念も動揺し、家禄支給の批判も高まってきた。また、家禄の支出高は政府の支出額の二八〜四七％を占めていたので、国家財政を圧迫し、近代国家建設のための殖産興業推進のためには、士族の家禄支給の全面的な廃止が必要であった。秩禄処分の実施を一日も早く実施したいと望んでいたのは、財政上の必要を痛感していた大蔵省当局であった。主として事にあたったのは、大蔵大輔井上馨・大蔵少輔吉田清成であり、参議大隈重信もそれを大いに支持したとされる。同五年二月はじめには、秩禄処分の具体策が正院で内決となった。その内容は、㈠現家禄の三分の一を削減し、㈡残余を六ヵ年を限って支給する、㈢士族・卒族には六ヵ年分に相当する禄券を支給し、その売却を許す、㈣政府は禄券発行後六ヵ年間に毎年その六分の一ずつを買上げる、㈤買上げ費用として一千万円、鉱山・鉄道などの振興費用として二千万円、計三千万円を得るため外債を募集する、㈥家禄の削減分は、右の外債の抵当、利子の支払い、内国負債（旧藩債）の償還にあてる、㈦七ヵ年目、すなわち家禄の負担がなくなる年から外債の償還を開始し、五〜七年でこれを終了する、というものであった。しかし、アメリカでの外債募集に失敗したため、外債の募集金額を一千万円に減らしてロンドンで募集することになったことと、同六年十月のいわゆる征韓論争による政府の分裂という政治情勢のために、家禄処分は

一時棚上げの状態となった。そうして同年十二月末になりようやく家禄奉還制度と家禄税という暫定策が正院で決定された。家禄制度とは家禄・賞典禄百石未満の者でその奉還を希望する者に対して、産業資金として永世禄は六年分、終身禄は四年分を一時に支給し、以後は家禄・賞典禄の支給を打ち切るものであった(同七年十一月には百石以上にも適用)。この制度による奉還者は約九万五千人、家禄高百八万石、金額にして約六百十万円にのぼり、家禄受給者、受給額とも二〇%を減少できた。また、家禄税は、陸軍費にあてる目的で家禄に対し二五~三二%の累進税を課すもので、事実上家禄支給額を削減するものであった。同七年十二月ごろから、政府は家禄の最終的な処理の準備に着手した。すなわち、地租改正によって租税は同五年から石代納許可による貢租の貨幣納に対応して、同八年九月七日、太政官布告第一三八号により家禄・賞典禄は本年から現石での支給をやめ、地方ごとに明治五—七年の三ヵ年平均の貢納石代相場(米価)で換算した金禄で支給することを布達した。このような準備の後、同九年八月五日太政官布告第一〇八号で金禄公債証書発行条例を公布して、禄制廃止を宣言した。この八月五日の布告は、従来家禄・賞典禄は永世禄・終身禄・年限禄という制限を改め、来る明治十年(一八七七)から「別紙条例之通公債証書ヲ以テ一時ニ下賜」するというのである。「別紙条例」は七ヵ条からなり禄高を公債額に換算する方法、禄高の多寡に応じて公債の利率に差等をつけること、証書の種類、償還の年限、利子支払期などを定めている。ここにいう禄高とは、八年九月の太政官布告第一三八号に基づいた五~七年の三ヵ年平均の米価で換算された金額である。したがって、換算の米価には地域により相当の金額差があった。公債証書の付与に際しては、賞典禄のある者は、家禄に合算して金禄の元高とされた。永世禄は金禄元高千円以上は十一級に分けられ、元高の五年~七年六ヵ月分の相当額を五分利付公債証書により支給される。百円以上の者は十三級に分けて七年九月—十一年分相当額を六分利付公債証書で、それ未満の者は六級にわけて元高の十一年六月—十四年分相当額を七分利付公債証書で支給される。終身禄は永世禄の半額、年限禄は六級に分けてそれぞれ永世禄の十分の一・五~十分の四を支給することとした。この支給方法から知られるのは、高禄者ほど換算年数・利率が低く、薄禄者ほど換算年数・利率ともに多くしていることである。この金禄公債は明治十年から五年間据え置き、六年目から毎年抽籤によって償還し、三十年間にすべてを償還することになっていた。公債証書の種類は五円、十円、二十五円、五十円、百円、三百円、五百円、千円、五千円の九種で、公債証書額面未満の端数の金額は現金で渡すというのである。この処分方式による金禄公債の支給状況をみると、五分利付公債の受取人員五百十九人、受取総額三千百四十一万三千五百八十六円、一人当り六万五百二十七円、六分利付公債の受取人員一万五千三百七十七人、受取総額二千五百三万八千九百五十七円、一人当り千六百二十八円、七分利付公債の受取人員二十六万二千三百十七人、受取総額一億八百八十三万八千十三円、一人当り四百十五円、一割利付公債証書の受取人員三万五千三百四人、受取総額九百三十四万七千六百五十七円、一人当り二百六十五円、合計、受取人員三十一万三千五百十七人、受取総額一億七千四百六十三万八千二百十六円、一人当り五百五十七円であった。　↓金禄公債《きんろくこうさい》　↓金禄公債証書発行条例《きんろくこうさいしょうしょはっこうじょうれい》

参考文献　大蔵省編『(明治前期)財政経済史料集成』八(一九六三、明治文献資料刊行会)、丹羽邦男『明治維新の土地変革—領主的土地所有の解体をめぐって—』(『近代土地制度史研究叢書』、一九六二、御茶の水書房)、深谷博治『(新訂)華士族秩禄処分の研究』(一九七三、吉川弘文館)、落合弘樹『秩禄処分—明治維新と武士のリストラ—』(『中公新書』、一九九九、中央公論新社)、同『明治国家と士族』(二〇〇一、吉川弘文館)

(桐原　邦夫)

ちのしょうしょう　**茅野蕭々**　一八八三—一九四六　歌人、詩人、独文学者。本名儀太郎。明治十六年(一八八三)三月十八日、長野県上諏訪(諏訪市)に茅野猶太郎の長男として生まれる。県立諏訪中学校を卒業して三十五年(一九〇二)第一高等学校に入学、同期に安部能成《あべよししげ》、小宮豊隆《こみやとよたか》、斎藤茂吉《さいとうもきち》、平野万里《ひらのばんり》らがいた。翌年『明星』に暮雨の号で短歌を発表。同人として活躍する。明治四十年(一九〇七)に、与謝野晶子《よさのあきこ》、山川登美子《やまかわとみこ》と『恋衣』を刊行した増田雅子《ますだまさこ》と恋愛、結婚。四十一年東京帝国大学文科大学独文科を卒業し、第三高等学校講師となる。『明星』終刊後は北原白秋、吉井勇、万里、石川啄木らと『昴《スバル》』に参加し、詩歌、小説、翻訳を発表。四十二年三高教授。また大正九年(一九二〇)慶応義塾大学文学部教授となり、日本女子大学校教授も兼ねる。十三年(一九二四)ドイツに留学。『ファウスト物語』『若きヱルテルの悩み』『リルケ詩抄』などゲーテやリルケなどの翻訳書を刊行し、昭和七年(一九三二)の『ゲョエテ研究』(第一書房)により文学博士。同十一年(一九三六)『独逸浪漫主義』(三省堂)刊行。二十一年(一九四六)八月二十九日没。六十四歳。

参考文献　「茅野蕭々」(昭和女子大学近代文学研究室『近代文学研究叢書』五八所収、一九八六、昭和女子大学近代文化研究所)

(内藤　明)

ちばかめお　**千葉亀雄**　一八七八—一九三五　新聞記者。江東・莫愁・露靂火と号する。千葉恒平の次男として明治十一年(一八七八)九月二十四日、山形県酒田市に生まれる。父を早くに亡くし仙台で活字工を勤める。明治二十九年(一八九六)ごろに上京。東京外国語学校中退。明治三十五年(一九〇二)、東京専門学校(現早稲田大学)高等師範部聴講生。国民英学会に学ぶ。明治三十六年、雑誌『日本人』の記者となる。大正五年(一九一六)に『時事新報』社会部長に就任。大正八年、『読売新聞』に移り、大正十二年(一九二三)に編集局長となる。大正十三年に

雑誌『世紀』に「新感覚派の誕生」を掲載、文芸評論で活躍する。大正十五年より大阪毎日新聞社の客員となり、『東京日日新聞』で学芸部長、編集顧問を務める。立教大学、日本大学で教鞭を執る。昭和七年（一九三二）、文化学院に招かれ文芸部長となる。『千葉亀雄著作集』（平成三年、ゆまに書房）がある。昭和十年（一九三五）十月四日没。五十八歳。

（河崎　吉紀）

ちばけん　千葉県　明治六年（一八七三）関東地方南東部に成立した県。旧安房・上総国と旧下総国の大部分を県域とする。近世末に安房に館山・勝山藩、上総に久留里《くるり》・大多喜・佐貫など七藩、下総に佐倉・関宿・古河・小見《おみ》川《がわ》など八藩が所在し、これら十七藩領と混在して旗本・御家人・代官などの領地が複雑に入り組んでいた。明治元年五月に上総請西《じょうざい》藩が滅藩となり、七月に駿河国の沼津など三藩、九月に遠江国の浜松・掛川など四藩が安房・上総に移り、新しく花房・菊間・鶴舞・柴山など七藩が成立したため、房総地域所在の藩は二十三藩の多きに上った。新政府は没収した旗本領などを管轄するために同年七月に上総房州監察兼知県事（房総知県事）、八月に下総知県事をおき、翌年春にそれぞれの管轄地が宮谷《みやざく》県、葛飾県と命名された。宮谷県の管轄地は実際には下総東部や常陸国河内・鹿島郡などにも広がっていた。明治三年三月に下野国高徳藩が下総に移って曾我野藩が成立した。明治四年七月廃藩置県により房総地域には二十六県が並立したが、同年十一月の府県統合により安房・上総に木更津県（権令柴原和《しばはらやわら》）、千葉・葛飾など九郡からなる下総西部に印旛県（県令河瀬秀治）、下総東部（香取など三郡）と常陸南東部（河内・鹿島・筑波など六郡）に新治《にいはり》県（権令池田種徳）が設置され、ここにはじめて一円的な行政区画が実現した。明治六年六月に木更津県と印旛県が合併して千葉県（県令柴原和）となり、県庁を千葉町においた。明治八年五月に新治県が廃県となり、旧新治県管下の香取など三郡が千葉県に編入され、同時に旧印旛県管下の猿島・結城など四郡と葛飾・相馬郡の一部とが茨城県に分割編入され、ほぼ現在の県域が確定した。以後も一部利根川以北の村々の帰属については茨城県との間に県境画定の問題が残り、明治三十二年（一八九九）にその大部分を茨城県に移管して決着をみた。（三浦　茂一）

〔明治初年農民一揆〕千葉県では地租改正・徴兵令に端を発する農民一揆は発生していない。背景には明治六年（一八七三）六月千葉県発足時に千葉県令に就任した柴原和の政治手腕によると考えられる。同年十月に千葉県会を開催し地域指導者の協力を引き出し、以後円滑に行政を遂行させた。特に地租改正に対しては十月に全国に先駆けて「地租改正人民心得書」を県内に配布し事業の周知徹底をはかった。しかし、明治九年十一月各地で地租改正反対一揆が発生すると、柴原は十二月に内務卿大久保利通に減租の意見書を提出、この動きに呼応するがごとく政府は翌年一月に減租に着手した。それでも地租改正費に対する農民の不満は払拭されず、一部では地位等級策定作業において農民の抵抗が続いたが、十一年（一八七八）九月に改租事業は完了した。

（矢嶋　毅之）

〔民権結社〕県内の民権結社は、国会開設請願運動の全国的な展開とともに設立され始めた。明治十五年（一八八二）六月の改正集会条例の施行までを区分としたとき、新聞史料などから活動が確認できる結社は五十一社である。そのうち四十社は、明治十四年六月創刊の『総房共立新聞』の発行後に設立された。同紙は桜井静が千葉町に総房共立社を創立し、発刊した県内初の民権派新聞である（翌年六月廃刊）。地方の団結を論じる社説をはじめ県内外の演説会などの記事を掲載し、県内の運動の指針となっていた。県内で最初に結成したとみられる民権結社は自立社（明治十二年）で、ついで海鷗社・協和社・以文会・温知社（十三年）である。結社の形態は政治・学習・親睦・産業などさまざまである。さきにあげた協和社・以文会は政治結社で、特に以文会は結成後直ちに国会開設の請願を決議している。自由党・立憲改進党が結成されると、運動の基盤は政党に移行し、県内の民権家は中央へ合流した。たとえば温知社は好問社・共進社らとともに自由党下総地方部を結成した。共洽《きょうこう》社は幹部の立憲改進党への入党を決議し解党している。十五年六月に政府が集会条例の改正・追加を公布し、政党の支部廃止・結社の認可制など結社に対する取締を強化した。内務省の「明治十五年六月以降政党政社取調書」によると、県内で合法的に認可された政党政社はなく、非認可ながら以文会などの四社が活動していた。

参考文献　神尾武則「千葉県の民権結社とその動向―明治十年代前半を中心に―」（『明治国家の展開と民衆生活―和歌森太郎先生還暦記念―』所収、一九七五、弘文堂）、矢嶋毅之「民権結社「温知社」の動向」（『千葉史学』二八、一九九六）、佐久間耕治『底点の自由民権運動―新史料の発見とパラダイム―』（二〇〇二、岩田書院）、『千葉県の歴史』通史編近現代一（二〇〇二）

（矢嶋　毅之）

〔新聞〕有力な県内紙も登場したが、やがて中央紙に圧倒された。千葉県最初の新聞は明治六年（一八七三）一月十五日木更津県発行の『木更津新聞』で、布達内容や県内の事件が掲載されたが創刊号のみで終った。七年七月十日、民間紙の『千葉新聞輯録』が創刊され、月六回発行したが布達類の記事が主で同年八月の第七号で廃刊となった。これを継承した『千葉新報』は社会の事件を記事にし、東京の博聞社千葉分社が月五回発行した。同紙は十四年（一八八一）二月に『千葉公報』に継承され一転して民権派の新聞となった。『千葉公報』は同年六月に『総房共立新聞』に継承され民権家の桜井静《さくらいしずか》が主宰したが、急進的な論調のため発禁処分を数回受けた。同紙の身代わりとして十五年十月に『東海新聞』が創刊されたが、これも発行停止となり一〇号で廃刊となった。十五年十二月二十五日に県の布達などを内容とする『千葉日日新聞』が創刊され、十六年八月一日から『千葉公報』（前述と同名)に継承されたが、十八年三月四日から『千葉新報』(前述と同名)と名を変えると論説欄を設けて自由党系となった。同紙は二十一年(一八八八)四月に『東海新報』に、二十七年十二月に『東海新聞』(前述と同名)となった。明治二十七年一月に改進党系の『千葉民報』が創刊され、二十九年に雑誌『新総房』と改題され、三十年(一八九七)十月に日刊『新総房』となった。三十六年四月創刊の『千葉通信』は『東海新聞』から分かれた政友会系の新聞で、同年八月二十五日に『千葉毎日新聞』と改称した。こうして三十年代後半の千葉県では、自由党・政友会系の『東海新聞』『千葉毎日新聞』と改進党・憲政会系の『新総房』の三紙が有力紙となった。しかし、四十年(一九〇七)に東京の『国民新聞』が千葉版を設けると『東京日日新聞』『東京朝日新聞』『読売新聞』も房総版を出し、明治末年にはこれらは五千～一万部以上を発行し、県内三紙は八百～二千五百部程度であった。

参考文献　三浦茂一・高林直樹・長妻広至他『千葉県の百年』(『県民百年史』一二、一九九〇、山川出版社)

(高林　直樹)

〔雑誌〕明治十二年(一八七九)八月に教育関係者が組織した千葉県教育会は、十五年七月に、論説や教授法研究などを掲載した『千葉教育会雑誌』を発行した。同誌はほぼ毎月発行され、二十五年(一八九二)四月に『千葉教育雑誌』、大正十一年(一九二二)一月に『千葉教育』と改称したが、昭和十九年(一九四四)六月に廃刊となった。このほかの県内の雑誌は文芸誌的なものが主であった。明治十七年十一月、香取郡久保村(香取市)の渡辺操《わたなべみさお》は青少年教育のための私塾無逸塾(県立小見川高等学校の前身)を創設した。渡辺は一方で自由民権運動にも関心を寄せ、塾内に文教社を置いて二十二年十二月に雑誌『非政論』を創刊した。同誌は旧民権活動家の記事から次第に道徳主義的な記事へと移ったが、発行停止処分を受けて二十三年九月の第一〇号で廃刊となった。渡辺は文教社から二十四年六月に道徳主義と文芸的内容の雑誌『文教』を発行し、同年十二月の第七号で廃刊となると、二十五年十二月に新たに『無逸』を発刊した。一方で三十年(一八九七)に無逸塾を同志中学館と改称して中等教育の体裁を整え、文教社を同志文学社とし『無逸』も第六〇号から『同志文学』に改題した。同誌は文学雑誌として東京に進出し、明治三十四年四月の第九七号から紙面を一新して尾崎紅葉や佐佐木信綱の俳句・短歌を掲載した。しかし同号から渡辺は執筆をすることはなくなり三十八年に廃刊となった。このほか、写生を基本とする俳句・短歌の革新を行なった正岡子規の影響を受けた文芸誌が刊行された。明治三十八年、印旛郡酒々井《しすい》町の清宮董園《せいみやとうえん》が富里村(富里市)の鈴木虎月《すずきこげつ》らと俳句雑誌『若ざくら』を発行した。翌年に清宮が上京したため編集・発行は鈴木方に移り、誌名も『朝虹』に変わった。四十二年(一九〇九)に鈴木は酒々井町に養子にいき原田虎月となったのちも同誌の発行を続け、『朝虹』の句会には中央俳壇から飯田《いいだ》蛇笏《だこつ》らを選者に迎えたが、四十五年に虎月の死去とともに第七巻第一〇号で廃刊となった。明治四十一年十月短歌雑誌『阿羅々木』が山武郡睦岡《むつおか》村埴谷《はにや》(山武市)で発行された。編集発行人は当地の歌人蕨真一郎《わらびしんいちろう》で、巻頭文を成東《なるとう》町出身の伊藤左千夫が執筆した。同誌は翌四十二年一月と四月に発行された後、同年九月から月刊として発行が東京の左千夫方に移転し、誌名も『アララギ』となった。東葛飾郡流山町(流山市)では四十四年に材木問屋の松本翠影《まつもとすいえい》と味醂販売業の秋元洒汀《あきもとしゃてい》が俳句雑誌『平凡』を創刊した。

参考文献　千葉県史料研究財団編『千葉県の歴史』通史編近現代一(二〇〇二)

(高林　直樹)

〔私立学校〕明治五年(一八七二)学制施行の後、公立小学校が普及する一方で、儒者並木栗水の私塾螟蛉塾、嶺田楓江の教えた贇化学校や薫陶学舎などの私立学校が人々の多様な学習意欲にこたえた。贇化学校は板倉胤臣《いたくらたねおみ》ら有志による中等程度の共立学校で、漢学のほか数学・理化学や法律経済を教え、教科書にはJ・S・ミル『自由之理』も採用された。明治十年代にこれらの私立学校は四十校以上に上った。明治二十年代にも成田英漢義塾をはじめ、佐倉集成学校、上埴生《かみはぶ》学館、長生学校などがつぎつぎに設立され、ほかに裁縫・助産・速記・農業など実技養成目的の学校も加わって、私立各種学校数は五十校を超えた。これに対し中等程度以上の公立学校としては男女の師範学校、中学校、医学校しかなく、明治二十九年(一八九六)に至って佐倉集成学校が佐倉尋常中学校となり、明治三十二年(一八九九)県立に移管、ようやく二校目の県立中学校が生まれた。成田英漢義塾も明治三十一年に尋常中学校となった。明治三十二年には県農学校一校、翌年には県立中学校五校と県高等女学校一校が一挙に設立され、このころから明治四十年代にかけて公教育で中等教育の拡充と多様化が始まった。設立主体も郡町村、町村組合などさまざまとなり大正二年(一九一三)現在で県立を中心に中学校九校(県立七、私立二)、高等女学校八校(県立二、郡立五、私立一)、実業学校十五校(県立二、郡立六、町村立四、町村組合立二、私立一)の諸学校が存在した(裁縫その他の各種学校を除く)。このなかで成田山新勝寺をバックにして、成田中学校、成田高等女学校の二校のほか、さらに幼稚園・感化院・清聚学院(盲教育)、図書館なども経営されている点は注目される。また明治三十九年ヤマサ醤油会社による夜間の職工補習学校の開設、明治四十年代の篤志家や県教育会による訓盲院の経営などは、工業教育や特殊教育において先駆的な役割を果たした。

参考文献　『千葉県教育百年史』一(一九七三)、千葉県史料研究財団編『千葉県の歴史』通史編近現代一(二〇〇二)

(三浦　茂一)

〔銀行〕千葉県内では、明治五年(一八七二)ごろに三井組が木更津に出張して公金の取扱いを行い、明治八年には川崎組が支店を千葉町に、出張店を四ヵ所に置いた。国立銀行は四行で、八幡第四十七国立銀行は、十一年(一八七八)十一月開業、頭取水野忠敬(旧菊間藩知事)、二十四年(一八九一)に富山銀行に譲渡。千葉第九十八国立銀行は、十一年十二月開業、頭取本多埴麿(東京府士族)、千葉町の商人と駿河・遠江から転封してきた旧鶴舞・長尾・花房藩士族らが出資、三十年(一八九七)九月普通銀行の第九十八銀行となる。銚子第百四十二国立銀行は、十二年五月開業、頭取花香恭法《はなかきょうほう》(万歳村地主・酒造家)、十四年に大阪第三十二国立銀行と合併。八街第百四十三国立銀行は、十二年六月開業、頭取前山清一郎(旧佐賀藩士)、旧佐賀藩の重臣たちが旧小間子《おまご》牧を開墾するため設立、十三年に東京第三十国立銀行と合併。最初の私立銀行は、十四年四月設立の千葉県貯蓄銀行(のち千葉銀行と改称)である。頭取は県会議長の池田英亮《いけだえいりょう》で、県の地方税を無利子で預かっていることが二十一年の県会で問題視され、自由派議員と対立した池田は翌年県会議員を辞職、県公金は川崎銀行に預け替えとなり、千葉銀行は廃業となった。私立銀行数は、二十八年の九行から三十四年には七十四行と最多になった。三十三年時点での払込資本金額十万円以上の上位行は、特殊銀行である千葉県農工(八十万)を含め、成田(三十五万弱)、千葉商業・第九十八(二十四万)など十行で、普通銀行五十四行の払込資本金額平均は、五万七千円と全国平均十万円の半額程度であった。多くは小規模な銀行で、放漫経営が少なくなかったとされる。三十四年恐慌で成田・千葉商業が休業に追い込まれるなか、第九十八は安田銀行の支援を受け再建に成功した。千葉県に特徴的な銀行としては、野田醬油醸造組合によって三十二年に設立された野田商誘銀行(名称は醬油にちなむ)があげられる。

参考文献 『千葉銀行史』(一九七五)、千葉県史料研究財団編『千葉県の歴史』通史編近現代一(二〇〇二)

(松浦　眞二)

ちばた　地機　従来、躄機《いざりばた》・傾斜機《いざりばた》とも書かれ、居坐機《いざりばた》・腰機とも呼ばれる。高機《たかばた》より簡素な織機で、高機とともに手織機に属する。足を前方に伸ばし、片足で紐の輪を引いて経糸《たていと》を通した綜絖《そうこう》を上下に動かすため、腰掛が低い位置にある。また地機では、経巻《たてまき》具(織る前の経糸を巻く板)は機台前部に付けられているが、地機では、布巻(織り上がった布を手前に巻き取ること)用の装置が機台に固定されておらず、布巻具(棒・竹)を腰当で織る人の腰に結びつけるので、経糸の張りの調節は人体を使って行われる。地機は綿伝来以前の麻時代から広く使われ、高機は元来朝廷・貴族向け高級絹織物の製織に用いられた。江戸時代中期以降、西陣の高機が地方絹織物産地に導入されていったが、綿織物においては高機の普及が遅れ、文化年間(一八〇四―一八)の足利への導入以降であり、手工の必要な絣《かすり》などを中心に地機が明治時代中期まで広く使用されていた。　↓高機《たかばた》

参考文献 内田星美『日本紡織技術の歴史』(『日本技術史叢書』、一九六〇、地人書館)、三瓶孝子『日本機業史』(一九六一、雄山閣)

(井川　克彦)

ちばたくさぶろう　千葉卓三郎　一八五二―八三　自由民権家。昭和四十三年(一九六八)に東京経済大学色川大吉ゼミナールによる深沢家土蔵(東京五日市)の調査により、千葉起草の憲法草案が発見されたことで一躍脚光を浴びた。嘉永五年六月十七日(一八五二年八月二日)、陸奥国栗原郡白幡村(宮城県栗原市)の仙台藩士千葉宅之丞の長男として生まれる。大槻盤渓《おおつきばんけい》に師事するなか起きた戊辰戦争で敗北。医師石川桜所《いしかわおうしょ》・国学者鍋島一郎・浄土真宗僧侶桜井恭伯《さくらいきょうはく》に教えを求めた後、ギリシャ正教に感銘を受け、ニコライより洗礼を受けて、故郷で熱心な布教活動を行う。その熱心さから、神棚の伊勢皇太神の玉串と先祖の位牌を棄て、懲役百日の罪に処される。しかし上京後は、反キリスト教的立場を取る安井息軒《やすいそっけん》に漢学を、福田理軒《ふくだりけん》に洋算を学んだほか、フランス人ウイグローにカトリックを、アメリカ人でメソジストのマクレーにプロテスタントの教えを学ぶなど、多種多様な学問、宗教哲学の習得を心がけた。また、同郷出身で神奈川県西多摩郡五日市町(東京都あきる野市)勧能学校校長の永沼織之丞との出会いにより、同校や周辺の学校で教鞭を執る。これ以後、理論的指導者として五日市周辺の自由民権運動に多大な影響を与えた。彼の影響もあり、五日市の学習結社学芸講談会では、熱心に演説会・討論会が開催された。国会期成同盟の憲法草案を持ち寄り検討するとの方針にあわせ、私擬憲法起草のため、地域有志者の協力を得て嚶鳴社《おうめいしゃ》憲法草案を入手するなど、積極的な憲法調査を行う。その結果、明治十四年(一八八一)に完成したと推定される「日本帝国憲法」(通称「五日市憲法草案」)は、二百四条(二百五条とする説もある)にのぼる大部なもので、詳細な人権規定に特徴がある。そのほか、「王道論」「読書無益論」などの政論を残している。しかし、憲法起草活動のなか結核にかかり、明治十六年十一月十二日、東京竜岡町(文京区)の東京大学病院で没。三十二歳。

参考文献 色川大吉責任編集『三多摩自由民権史料集』(一九七九、大和書房)、江井秀雄『自由民権に輝いた青春―卓三郎・自由を求めてのたたかい―』(二〇〇二、草の根出版会)、新井勝紘「自由民権と近代社会」(同編『自由民権と近代社会』所収、二〇〇四、吉川弘文館)

(松崎　稔)

ちばゆうごろう　千葉勇五郎　一八七〇―一九四六　バプテスト教会牧師。日本バプテスト教団(現日本バプテスト同盟)統理。明治三年八月十三日(一八七〇年九月八日)仙台片平丁に生まれた。父千葉秀胤は伊達藩養賢堂の算術指南役で、明治維新後仙台で数学塾を開いて門弟を指導した。宮城県立尋常中学校在学中、バプテスト宣教師E・H・ジョーンズのバイブルクラスに加わり、ジョーンズの勧めで仙台二高から横浜英和学校に転じ、明治二

十三年（一八九〇）川勝鉄弥からバプテスマを受け、横浜バプテスト教会の会員になった。横浜英和学校を卒業し、東京英和学校（現青山学院）高等普通部を経て明治二十六年に同校英語師範科を卒業。バプテスト教会最初の留学生としてコルビー大学、シカゴ大学、ロチェスター神学大学院に入学、明治三十一年（一八九八）帰国。仙台の尚《しょう》絅《けい》女学校、東京学院、同志社女学校の教頭を歴任。明治四十三年（一九一〇）日本バプテスト神学校（のち関東学院神学部）の教頭、関東学院院長に就任。また日本バプテスト組合理事長、日本バプテスト教団統理、日本基督教連盟、日本日曜学校協会、キリスト教学校教育同盟などの会長や理事として重責を果たした。世界宣教大会にも数回参加している。主著に『パウロ研究』（昭和二年）、『ヨハネ伝』（同八年）、『ペテロ研究』（同十七年）などがあり、訳書『説教学』（大正四年）は広く用いられ愛読された。昭和二十一年（一九四六）四月二十一日没。七十七歳。

参考文献 山本太郎他編『自由への憧れ―千葉勇五郎先生追憶集―』（一九六六）、高野進「千葉勇五郎―東京学院・関東学院の学院長―」（『関東学院の源流を探る』所収、二〇〇九）

（佐々木敏郎）

ちばよしじろう　千葉稔次郎　一八六三―一九一二　産婦人科医。山口県萩の人。文久三年十二月九日（一八六四年一月十七日）生まれる。明治二十一年（一八八八）七月帝国大学医科大学卒、同校助手、二十四年同助教授、同三十二年（一八九九）八月産科婦人科学研究のためドイツ留学、同三十五年十二月帰国、同三十六年教授に就任。同三十八年辞職し、真泉病院院長となる。同四十五年（一九一二）六月十七日没。五十歳。

参考文献 手塚晃・国立教育会館編『幕末明治海外渡航者総覧』二（一九九二、柏書房）、『大日本博士録』（杉本つとむ編『日本人物情報大系』五二、二〇〇〇、皓星社）

（酒井　シヅ）

チベットたんけん　チベット探検　清朝時代、チベットは名目的な清朝皇帝の支配と保護のもと、実質的にはダライ＝ラマを頂点にいただく仏教王国として続いていた。ところが二十世紀に入り、英国とロシアのあいだで、世界規模での帝国主義的争覇の波がチベットへも押し寄せた。さらに二十世紀初頭は「探検の時代」でもあり、世界最高峰をふくむヒマラヤ山系へも、探検家の注目が注がれた。結果的には、軍人、諜報機関、登山家、地理・植物学者、宗教家、はては冒険家に至るまで、さまざまな意図によるチベット探検が、この外部世界から閉ざされた地をめざして試みられた。ところが日本人によるチベットへの関心は、これらとは著しく異なっていた。明治期日本では、仏教界でも近代宗教への脱皮がめざされ、ヨーロッパのインド文献学の手法をも取り入れた近代仏教学が誕生している。このようななかで、チベットに伝存する、チベット語で書かれた仏教経典こそが、仏教本来の教義を伝えるものであろうとの考えから、若手仏教僧が経典を求めチベットへと赴いた。河口慧海《かわぐちえかい》は、明治三十年（一八九七）日本を発ち、インド、ネパールでチベット語を学んだのち、明治三十四年三月ラッサへ入り、翌年五月まで滞在、日本へ帰国後、『西蔵旅行記』（三十七年）を出版している。東本願寺の能海寛《のうみゆたか》・寺本婉雅《てらもとえんが》のふたりは明治三十一年に日本をでて中国内地から、翌三十二年、パタン、ダルツェンドまで赴くも、寺本は帰国、能海は三十四年、大理に着いたのち消息不明となった。このあと寺本は義和団事件に際して派遣された日本軍に従軍、北京でチベット語大蔵経を入手、日本へもたらした。ついで寺本は明治三十六年、再びチベットをめざし、三十八年まで、ラッサをはじめチベット各地に滞在した。民間人成田安輝《なりたやすてる》は、外務省から密命をうけ、チベット行を試み、明治三十四年インドからラッサへと至り、十八日間滞在。矢島保治郎《やじまやすじろう》は四十四年（一九一一）にラッサに赴き、一度帰国ののち再び大正元年（一九一二）から七年まで滞在している。大正期では矢島のほか、河口慧海が大正二年から大正三年にも半年、西本願寺の青木文教《あおきぶんきょう》は大正二年から三年間、それぞれラッサに滞在。青木とおなじく西本願寺から派遣された多田等観《ただとうかん》は、ラッサのセラ大僧院で大正二年から十年のあいだ本格的にチベット仏教を学んでいる。明治・大正期における日本人のチベット探検をみるならば、矢島を例外として、仏教僧による仏典収集に目的があり、特に河口・寺本・多田により日本へ将来されたチベット語仏典は、日本の仏教学・チベット学の発展へ大きな貢献をした。

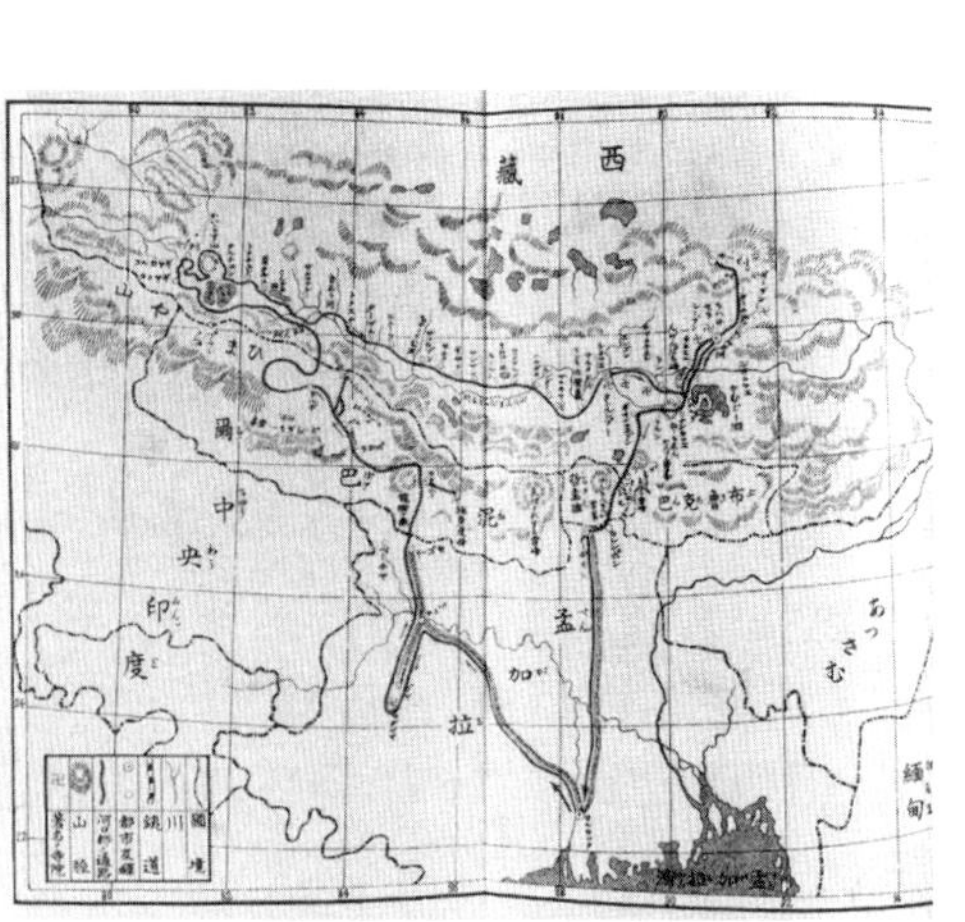

チベット探検　河口慧海の第１回探検ルート（『西蔵旅行記』明治37年より）

参考文献 寺本婉雅『蔵蒙旅日記』（一九七四、芙蓉書房）、矢島保治郎『入蔵日誌』（一九八三、チベット文化研究所）、山口瑞鳳『チベット』（『東洋叢書』、一九八七―八八、東京大学出版会）、青木文教『西蔵遊記―秘密の国―』（『中公文庫』）、能海寛『能海寛遺稿』（一九九八、五月書房）、多田等観『チベット滞在記（新装版）』（一九九九、白水社）、『河口慧海著作集』（一九九八―二〇〇四、うしお書店）、河口正『河口慧海―日本最初のチベット入国者―（新版）』（二〇〇〇、春秋社）、日本人チベット行百年記念フォーラム実行委員会編『チベットと日本の百年―十人は、なぜチベット

をめざしたか―』(二〇〇三、新宿書房)　（中見　立夫）

ちほうかいりょううんどう　地方改良運動　明治三十八年(一九〇五)の日露戦争に勝利した後、帝国主義国家として列強諸国に対抗していくことを目標にして、内務省が中心となり農商務省・文部省とも連携して、地方団体と国民に対して進められた一連の政策と運動。この背景には、日露戦争の遂行のなかで戦費調達のため増税など過重な負担を強いられた町村財政が逼迫し、また地主を頂点とする村落共同体秩序が商品経済や都市化の進展によって経済的にも思想的にも動揺をみせつつあった地方農村の状況への全体的な危機感があった。そのためこの運動の目標は、地方財政基盤の確立、町村自治の強化、農村生活の合理化と農民の組織化、伝統的習俗習慣の改善などを通して、町村を国家的要請に応える強い基盤へ「改良」することにあった。この運動はすでに日露戦争下において挙国一致の戦時行政の一環として進められていたが、戦後の第一次西園寺内閣で継承され、本格的には明治四十一年(一九〇八)七月発足の第二次桂内閣の平田東助内相のもとで系統的に推進され、同年十月に発布された戊申詔書でその理念が広く国民に示された。内務省地方局は、翌四十二年七月から四十四年六月まで五回にわたり、全国の府県や郡の官吏、町村吏員、組合関係者、地方有志を東京に集め、内務省幹部などを講師として地方改良事業講習会を開催して運動の趣旨を周知させるとともに、指導者を全国的に養成し、さらに県や郡、市町村レベルでも講習会を開催して地方への運動の浸透と徹底が図られた。これらの講習会で町村などが行うべき具体的な事業が示され、その第一に町村内にあって旧来の慣行によって存続していた共有林野(入会地)を強制的に町村財産に編入する「部落有財産の統一」がある。第二に、同様の観点から町村内で由来の不明な神社(無資格社)、祠を整理廃合して「一村一社」を原則とする「神社合併」が行われた。各地で強行された神社の合併に対し、和歌山県の生物学者南方熊楠《みなかたくまぐす》が起した反対運動などがあるが、生活習慣などの伝統的な行事を、強権的に国家行事へ一元化していく側面を持っていた。第三として町村財政の強化のために、弱小の町村を統合する町村合併が進められ、町村内では貯蓄組合、納税組合を結成させて滞納を整理し歳入の増加が図られた。さらに農会や信用組合、産業組合などを結成させて活動を奨励し、農業技術の改良と農村生活の全般的な合理化を進めた。農民を産業組合などに組織化して、いわば下からの運動として農村再生を図る手法は、この運動の最も熱心な主導者平田東助内相がかつて留学したドイツに学んだというが、幕末に各地の「難村」を救済し藩政再建に成功した二宮尊徳の思想(報徳思想)と、没後各地でその思想を実践していた報徳社は地方改良運動において復活し、「至誠・勤労・分度・推譲」を柱とする報徳主義がこの運動のイデオロギーとなった。第四に、国家の要請に応える地方を担う人材の育成と国家的な統制の強化も、この運動の重要な側面であった。明治四十年改正小学校令によって修学年限が四年から六年に延長されて初等教育が強化され、農村に従来、部落単位であった若者集団(「若者組」「若衆」など)は、町村単位に再編して青年会という名称に統一され町村長や小学校校長の指導下に置かれることになった。これらは主として内務省、文部省による国民の組織の動きであったが、陸軍省でも田中義一の「良兵良民」主義に基づき、明治四十三年全国組織の帝国在郷軍人会が結成され、青年会とも連携させることによって、青年会・在郷軍人会を地域社会で軍国主義を培養する基盤としていった。地方農村を国家行政的に再建しようとするこの運動は、しかしこの時期に進展した都市化や政党熱に対して充分成功したかどうかは疑わしく、この後大正、昭和期においても農村危機克服のために同様な官製運動が再度試みられていく。→青年会《せいねんかい》　→帝国在郷軍人会《ていこくざいごうぐんじんかい》　→戊申詔書《ぼしんしょうしょ》　→模範村《もはんそん》

参考文献　神谷慶治『地方改良運動史資料集成』四(柏書房、一九八六)、宮地正人『日露戦後政治史の研究―帝国主義形成期の都市と農村―』(一九七三、東京大学出版会)
（大西比呂志）

ちほうがくじつうそく　地方学事通則　明治二十三年(一八九〇)十月三日に公布された地方教育行政に関する基本的な法令。学区・学校組合・学務委員などを規定し、教育は国の事務であることが明確化された。明治二十一年四月二十五日山県有朋指揮下に市制・町村制が公布され、翌同二十二年から順次施行されることになった。地方行政の末端単位を設立維持の主体としてきた小学校は、市制・町村制施行に伴い新たに地方自治制度との関係を規定し直す必要があった。当初内閣は法令案(「小学校法案」)としてこれらに対する法案を用意したが、教育行政勅令主義を主張する枢密院はこれに強く反対し、法案は取り下げられた。結局、内閣は明治二十三年十月七日勅令第二一五号小学校令、同年十月三日法律第八九号地方学事通則、同日法律第九〇号市町村立小学校教員退隠料及遺族扶助料法の三法令を確定公布した。　（荒井　明夫）

ちほうかんかいぎ　地方官会議　明治八年(一八七五)・十一年(一八七八)・十三年の三回にわたって開催された、全国の地方長官の会議。地方官を招集して地方統治に関する重要問題を議論する会議の嚆矢は、大蔵大輔井上馨の主導で明治六年四月から五月にかけて開催された地方官会同である。同会同は地租改正法の審議を中心的課題としたが、井上の失脚によって中断し、その閉会に際して太政大臣三条実美から以後毎年の会議の開催が予告された。この予告に基づき、明治七年五月、地方官会議の基本規則である議院憲法が定められたが、この中で会議を構成する地方官は人民に代わって協議するものとされ、将来の議会設置までの代替機関という位置づけを与えら

地方会議之図（山崎年信画）

れることになった。同年の会議は台湾出兵の影響で中止されるが、明治八年四月漸次立憲政体樹立の詔によって元老院・大審院と並んでその開催が言及され、明治八年六月に第一回地方官会議（議長木戸孝允）が開催に至った。この会議では、同年七月にかけて、道路堤防、地方警察、地方民会について議論が行われ、それぞれ答議が提出されたが、そのうち法制化されたものは部分的にとどまった。議院憲法では毎年開催されることになっていたが、第二回の地方官会議（議長伊藤博文）は明治十一年四月に開催され、地方税規則・府県会規則・郡区町村編制法のいわゆる地方三新法の審議を行なった。第三回の地方官会議（議長河野敏鎌《こうのとがま》）は明治十三年二月に開かれ、地方三新法の修正案と区町村会法案、備荒儲蓄《びこうちょちく》法案を審議した。以後、議院憲法に基づく地方官会議が開催されることはなく、地方長官の会議自体は明治十四年以降も地方官諮問会・地方長官会議として定例的に行われたが、これは三回の地方官会議のような政策決定に関わるものとは異なった性格のものである。なお、地方官会議では傍聴が認められており、とりわけ広範な傍聴が認められた明治八年地方官会議は民権派のネットワーク形成の場ともなった。

参考文献　我部政男・広瀬順皓・西川誠編『明治前期地方官会議史料集成』（一九九六－九七、柏書房）

（松沢　裕作）

ちほうかんかんせい　地方官官制　近代日本の地方官僚制機構の原型を確立した勅令。明治十九年（一八八六）七月二十日に制定され、明治二十三年（一八九〇）、二十六年に全文改正を受けた。地方官官制以前の地方官僚制機構は、府県官職制（明治十一年七月）で規定されていた。それによれば、府知事・県令の下に大書記官・少書記官が置かれ、さらにその下に属・警部・郡長・郡書記が設置され、属が庶務を分掌し、警部が警察を掌るというきわめて単純かつ大まかな組織であった。この府県官職制では、府知事・県令以下のおのおのの権限・職務について明確な規定はみられない。この時期の府知事・県令の多くは維新功労者であり、その威信・権限は非常に大きく、彼らの裁量が地方行政上重要な意味を有していた。のちに次第に改められ、明治十四年には典獄・副典獄・書記・看守長・看守・警部長が設置され、十七年には収税長・収税属・収税吏が設けられるなど、行政機構の分化・専門化が押し進められた。明治十七年には、山県有朋内務卿より太政大臣三条実美あてに「府県官ノ職制開始ノ件」が出され、地方官僚制機構の全体的改革の基本方針が示された。この傾向の延長線上に明治十九年の地方官官制制定があった。この地方官官制においては、府知事・県令は知事となり、その下に、書記官（二名）・収税長・属・収税属・典獄・副典獄・書記・看守長・看守が存在し、警察官として警部長・警部・警部補が、さらに郡区長・郡区書記が置かれていた。府県庁の事務分掌のため第一部と第二部が置かれ、書記官二名がそれぞれ部長となった。そのほかに収税部と警察本部が設置された。職員の官等も決められ、知事は勅任二等もしくは奏任一等、書記官は奏任二等以下、収税長・警部長・郡区長は奏任四等以下、それ以外は判任官とされた。また、判任官以下に雇員を使用することも可能であった。知事は、判任官以下の進退・懲戒を専行したが、奏任官の功過・懲戒については、内務大臣および主務大臣に具状して行うことになっていた。この地方官官制と同時に地方官官等俸給令も制定され、地方官の給料も体系化された。明治二十三年十月、地方官官制は大幅に改正された。まず、各府県に置かれる職員が、知事・書記官（一名）・警部長・収税長・参事官（二名）・技師・典獄・属・技手・警部・収税属・監獄書記・看守長となり、それ以外に郡長・郡書記と島司・島書記が置かれることになった。新設の参事官は知事の諮詢に応じ定見を具申しさらに審議立案を司ることになっていた。さらに技師・技手という技術官僚が置かれ、離島を管轄する島司・島書記が設置された。府県庁の分課組織も変更され、知事官房・内務部・警察部・直税署・間税署・監獄署がおかれ、書記官は内務部長に、警部長は警察部長に、収税長は直税署長・間税署長に、典獄は監獄署長となった。内務部はさらに四つの課にわかれ、参事官もしくは属官が課長となった。知事は勅任となり、書記官・警部長・収税長・参事官・典獄・郡長・島司は奏任となった。また、全府県での判任官総数が決められ、属・警部・監獄書記・看守長の総数は六千二百九十六名、収税属の総数は五千六百六名となった。そして、属などの府県ごとの定数は内務大臣が、収税属の府県ごとの定数は大蔵大臣が定めることになった。明治二十六年十月にも地方官官制は改正されたが、判任官定数が削減され、直税署と間税署を収税部に統合したことが大きな変化であった。この地方官官制により、府県知事の裁量の余地は減少し、府県知事以下の地方官の権限が技術的専門的に分化し、その行使が規則によって限定され、基礎づけられ、地方官の専門官僚化が進展した。他方、明治二十年七月の文官試験試補及見習規則に始まる試験任用制度が地方官のうち奏任官・判任官に採用され、明治二十二年の地方官大更迭により多くの維新功労者を府県知事より退職させるなど、この時期は人事任用においても地方官の専門官僚化が進んだ。

[参考文献] 山中永之佑他編『近代日本地方自治立法資料集成』一―三(一九九一―九五、弘文堂)、大島美津子「地方―法体制確立期―」(鵜飼信成他編『講座日本近代法発達史』八所収、一九五九、勁草書房)、山中永之佑『日本近代国家と地方統治―政策と法―』(一九九四、敬文堂)

(中嶋　久人)

ちほうかんこころえしょ　地方官心得書　地租改正実施担当者の綱領。明治六年(一八七三)七月二十八日太政官二七二号布告地租改正法中に地租改正条例、地租改正施行規則に続いて規定され、地租改正実施担当者である府県官員に調査の具体的方法を示している(全四十四章)。地価は、地租賦課の標準であり、申告地価算定の当否、現地出張による地価調査を定める。地価算定方法については、検査例(第一二章)が自作地(第一則)と小作地(第二則)に分けて例示する。自作地では収穫から種肥料代・地租・地租付加税を差引いた実収益を利子率で還元して算出する。地価の何割かが実収益にあたると考えられている。旧貢租の維持・継承が目標とされた。全国改祖実施のために、明治八年三月二十四日設置された地租改正事務局は、地価算定基準である収穫量調査の簡便化を図った。各府県平均反収予定額を定め、上から地位等級方式により収穫量の押付けを強行した。

[参考文献]『福島正夫著作集』三(一九九三、勁草書房)

(藤原　明久)

ちほうさい　地方債　⇨公債《こうさい》

ちほうざいせい　地方財政　府県や郡、市区町村といった地方団体の経済活動の総称。地方財政の成立・確立過程は、地方行政・自治制度の展開と無関係ではない。明治四年(一八七一)の廃藩置県、翌年の大区小区の設置は、近代地方行政区画の端緒であったが、一方で当時の地方費の中心であった民費の負担は、従来の町村組織に依存せざるを得なかった。十一年(一八七八)の地方三新法では、大区小区に代わり郡区町村が設置されるとともに、全国統一的な地方財政制度の成立を見た。区町村財政は住民の協議に任せられ、府県財政は地方税支弁の費目について、府県会による予算の議定が認められた。また郡に関しては法定の郡財政はなかった。二十一年(一八八八)四月には市制・町村制が、同二十三年五月には府県制・郡制が公布されて、近代地方財政制度は確立を見る。すなわち、府県・郡・市町村にそれぞれ公選制の議会が設置されて予算決算を審議するなど、自治団体としての財政運営の基盤が整ったのである。ただし、特に市町村は国政委任事務を広範に負担させられながら、財源は国税・府県税の付加税が中心であるという貧弱さであり、そのために町村財政の基盤強化のための町村合併、部落有財産の統一などが、明治二十年代以降推進されていく。また郡は費用の大半を郡内町村に分賦し、独自税源を持たなかった。日清・日露戦争後のいわゆる戦後経営を通じて、勧業・土木・教育・衛生などの委任事務がさらに増加したにも関わらず、府県営業税の国税移管や、国税確保のための付加税率の制限がなされたため、日露戦争後の地方財政は一層窮乏した。その後も地方財政は第一次世界大戦前後にかけて、国家財政を上回るテンポで急膨張し、その中で大正七年(一九一八)に市町村義務教育費の一部国庫負担が、同十五年(一九二六)に戸数割の市町村独立税化が実現するものの、昭和恐慌や戦時体制のもと、国庫補助金や還付税・配布税を通して、地方財政への国家の関与がさらに強まっていった。

[参考文献] 藤田武夫『日本地方財政制度の成立』(一九四一、岩波書店)、同『日本地方財政発展史』(一九四九、河出書房)、大石嘉一郎『近代日本の地方自治』(一九九〇、東京大学出版会)

(谷口　裕信)

ちほうさいばんしょ　地方裁判所　明治九年(一八七六)九月、府県裁判所を改めて置かれた裁判所。当時、なお裁判所未設の県があり、地方官が判事を兼任して裁判を行なっていたが、この兼任制を止め司法の組織的独立をはかるため、府県裁判所が近隣の裁判所未設県を管轄区域に包摂できるように改称した。明治二十三年(一八九〇)二月の裁判所構成法では、地方裁判所は第一審の合議裁判所で、ほかの裁判所が第一審専属管轄権を持つ特別なもの(区裁判所の権限に属するもの、皇族の民事訴訟、大審院特別権限に属する刑事裁判など)を除き、民事・刑事の第一審事件を裁判できた。さらに地方裁判所は、区裁判所の判決に対する控訴事件や区裁判所の決定および命令に対する抗告事件についても裁判権を有した。地方裁判所には所長・部長・判事が置かれた。地方裁判所では予審事務を取り扱うことから予審判事が置かれ、また、検事局が付置され、検事正と検事が配置されていた。

(浅古　弘)

↓府県裁判所《ふけんさいばんしょ》

ちほうじゅんさつし　地方巡察使　明治十五(一八八二)・十六両年、全国各地の政情・民情を視察するため政府が派遣した使節。明治十五年三月参事院議長に就任した参議山県有朋が、元老院・参事院の議官などを各地に派遣して民情の視察にあたらせることを提案。これにもとづいて四月六日派遣が命じられ、各地方の県治の情況を視察し、特に府県会および政党の状況に注意し、民心の動向を把握し、あわせて警察・教育その他諸般の実況を調査して報告すべきことが指示された。全国を五区にわけ、東山・東海地方には安場保和《やすばやすかず》(参事院議官)、九州地方には渡辺昇(同)、南海地方には中村弘毅《なかむらひろたけ》(同)、中国地方には河田景与《かわだかげとも》(元老院議官)、奥羽地方には河瀬真孝《かわせまさたか》(同)が派遣された。各巡察使は明治十四年政変後の地方政治の状況や自由民権運動の展開状況を視察し、これを復命書にまとめて報告した。翌十六年四月七日には地方巡察条規を定め、正式に巡察使を各地方に派遣することを規定。全国を五部に分け、勅任官のなかから臨時に巡察使を特選して各地に派遣し、法律・規則の実施、行政事務の挙否・利弊を臨視して、行政官吏服務紀律(十五年七月制定)に照らして地方官の業績・治績を点検・視察し、これを太政官に報告するものとした。同日、各府県に派遣を通達。関東・東海地方には関口隆吉《せきぐちたかよし》(元老院議官)、東山・北陸地方には渡辺清(同)、近畿・中国地方には槇村正直《まきむらまさなお》(同)、九州・四国地方には山尾庸三《やまおようぞう》(参事院議官)、東北・北海道地方には田中不二麿《たなかふじまろ》(参事院副議長)が派遣された。復命書には、県治・教育・警察・府県会・政党・政社の状況などが記されており、昭和十四年(一九三九)、久能文庫(静岡県立中央図書館葵文庫)所蔵の関口隆吉復命書の一部が翻刻されて以来、注目されてきたが、その後、国立公文書館所蔵『公文別録』に全復命書が収録されていることが確認され、それらすべてが翻刻・刊行された。

参考文献　我部政男編『(明治十五年・明治十六年)地方巡察使復命書』(一九八〇・八一、三一書房)、利光三津夫・藤田弘道・寺崎修「明治十六年・地方巡察使の研究―その派遣まで―」(『法学研究』五四ノ三、一九八二)

(大日方純夫)

ちほうぜい　地方税　地方行政庁により課税され納付する税金。維新当初の収税は旧慣に従い、府藩県の支出は、租税の一部を上納せず留置する置米金と管内人民に分課する民費によって支弁された。明治四年(一八七一)十一月太政官第六二三号県治条例は、大蔵省が下付する常備金について定めるが、地方税の規定は持っていない。税制の統一と国税から地方税を分離して府県の財源を確保していく必要から、明治八年二月太政官布告第二三号により全国の雑税千五百五十三種がいったん廃止され、同年九月太政官布告第一四〇号により租税は国税と府県税に大別され、賦金として徴収していた諸税および雑税のうち府県が徴収しその費用としていたものが府県税となった。明治十一年(一八七八)七月太政官布告第一九号地方税規則は従来の民費中の管内割・区割と府県税とをあわせて地方税とし、警察費をはじめとする十二の支弁費目を定め、地租付加税・営業税並びに雑種税・戸数割という三つの税目を設けた。これ以後、府知事県令は、毎年度予算・決算を府県会の議定に付し、報告することとなった。また、同規則では区町村の費用は「区町村協議費」として地方税と区別された。明治十七年五月太政官布告第一四号は、協議費の内容を整理し、区町村費とそれ以外の協議費に分け、同第一五号により、区町費の未納は公売処分の対象となり、区町村費、徴収権は公法上の権利として承認された。明治二十一年(一八八八)四月市制町村制では、国税・府県税の付加税および市町村特別税を市町村税とすることが定められた。なお、明治二十三年五月制定の府県制は、従来の地方税を基本的に踏襲した。→三新法《さんしんぽう》

参考文献　藤田武夫『日本地方財政制度の成立』(一九四一、岩波書店)、大蔵省財政金融研究所財政史室編『大蔵省史』一(一九九八、大蔵財務協会)

(居石　正和)

ちほうみんかい　地方民会　明治十一年(一八七八)七月の府県会規則による府県会の設立以前に、各地で設置された議事機関の総称。その創設は地方官の裁量に任されていたため、府県ごとに多様な有り方を示す。区戸長をもって議員とする場合(区戸長民会)、何らかの形で選挙を経て議員を選出する場合(公選民会)、府県の官員が議事に参加する場合、それらの混合形態などのヴァリエーションがあった。明治八年(一八七五)地方官会議における議長木戸孝允の説明によれば、この時点での三府五十九県の内、七県で公選民会が、一府二十二県で区戸長民会が開かれていたという。多くは府県レベルの議事機関であり、勧業・土木・民費問題などについて地方官の諮問に応じることをその機能とした。明治八年地方官会議では区戸長民会と公選民会のいずれが妥当であるかが議題となり、区戸長民会論が多数を占めたが、法制化には至らず、府県における代議機構の全国的創出は明治十一年の府県会規則まで持ち越された。

参考文献　渡辺隆喜『明治国家形成と地方自治』(二〇〇一、吉川弘文館)、松沢裕作『明治地方自治体制の起源―近世社会の危機と制度変容―』(二〇〇九、東京大学出版会)

(松沢　裕作)

チャイナ＝トリビューン　The Weekly China Tribune　天津で発行された週刊の英語新聞。中国名は『大宝報』。明治四十一年(一九〇八)から天津の英字紙『チャイナ＝タイムス』の操業に関わっていた衆議院議員の松本君平が代表となり、同四十二年九月二十五日に創刊された。アメリカの大学に学んだ後にフィラデルフィア新聞社の記者として働いた経歴を持つ松本は、日露戦争後における日本の中国への軍事的、経済的進出の拡大にアメリカやイギリスの警戒が強まっていたことに対して宣伝活動を行う必要があると認識していた。松本はその宣伝の手段として新聞発行が有効であるとの判断から、伊集院彦吉天津総領事などに協力を求め、『チャイナ＝トリビューン』の創刊にこぎつけた。創刊当初よりなされていた天津総領事館や清国駐屯軍からの援助に加え、四十四年六月からは日本の外務省が年二千円の補助金を出すようになった。大正三年(一九一四)五月三日付紙面で、袁世凱軍を批判し、南方の革命運動に同情的な論旨である「北

京に於ける排外思想」という論説が掲載された。同紙の編集にあたっていた松村利男はこのとき帰朝しており、親日派で『チャイナ＝タイムス』主筆のイギリス人ベートが松村に代わってこの論説を執筆した。これに対して中国外交部は、同紙の発行停止と責任者の処罰を求めた。この筆禍事件に加え、松本が外務省の補助金を担保に前借りするなどの金銭問題も起っていた。外務省は九月に補助打ち切りを決定し、同紙は廃刊した。その直後の十月、同紙の記者だった松村利男が『チャイナ＝アドバタイザー』と改題の上で復刊した。

参考文献　中下正治『新聞にみる日中関係史―中国の日本人経営紙―』(一九九六、研文出版)、成瀬公策「民衆政治家松本君平の中国認識」(『静岡県近代史研究』二五、一九九九)
(竹内　桂)

ちゃぎょうくみあいじゅんそく　茶業組合準則　製茶を改良し品質を管理する組合組織を定めた法令。明治十七年(一八八四)三月三日公布。すでに岐阜県・石川県では製茶改良組合が設立され、農商務省農務局はこれを認可して府県にその設置を奨励していた。これに法的根拠を与え、その活動を促すため公布されたのが本準則である。生産者・販売者などの茶業従事者を対象とし、混淆・着色などの粗製を禁じ、乾燥・荷造りを完全にし、製品を検査し、組合名称や製造人・販売人名を明記することを目的とする。町村には茶業組合、府県には取締所、中央には中央茶業組合本部を設置することを定め、同本部には補助金が交付された。輸出振興をはかり、横浜・神戸・長崎に製茶検査所を設けて検査取締を実施した。本準則は規約違反者に対する罰則規定や強制力を欠いていた。それらを強化するため、明治二十年(一八八七)十二月に茶業組合規則が公布され、本準則は廃止された。

参考文献　農林大臣官房総務課編『農林行政史』二(一九五七、農林省)
(大豆生田稔)

ちゃのほん　茶の本　岡倉天心(一八六二―一九一三)が明治三十九年(一九〇六)五月、ニューヨークのフォックス＝ダフィールド社から出版した日本の伝統芸術論。原題はThe Book of Tea。英文版はほかにイギリス、オーストラリアでも刊行され、ほかにスウェーデン、フランス、ドイツ、スペインの各国語にも翻訳されていて、世界で広く読まれている。邦訳版は美術院本『天心全集』の抄訳が初出。ついで昭和四年(一九二九)、村岡博訳の岩波文庫本が出た(一部改訂されて平成二十三年(二〇一一)現在一一〇刷)。第二次大戦後は桜庭信之《さくらばのぶゆき》訳が筑摩書房版で二度、全集本(『現代日本文学全集』と『明治文学全集』)に収録された。『茶の本』は今日、国内で最も普及度の高い古典の一つであるといえよう。全部で七章からなる小編であるが、「茶の流派」「道教と禅」「茶室」「花」「茶の宗匠」などの章節を設けて、東西文化比較論の視野から「一種の審美的宗教」、つまり、「俗事に満ちた日常生活の中にあって、美を崇拝することに基づく一種の儀式」としての茶事の芸術的価値をエッセイ風に描いた。

→岡倉天心《おかくらてんしん》
(西田　毅)

チャラきん　チャラ金　幕末から明治三年(一八七〇)ごろにかけて贋造された二分金のこと。石の上に落としても金の響きがしないのでチャラ金といわれた。金・銀・銅の三貨鋳造権は幕府の独占であったが、幕府権力が弱体化したため薩摩・福岡・土佐・水戸・会津・仙台・秋田・盛岡などの大藩では幕末から天保通宝の鋳造や二分金の贋造が行われた。新政府も政府発行の紙幣の通用がほとんど見込めない状況のなかで、さらに劣悪な二分金・天保通宝・一分銀・二分銀・一朱銀などの旧幕時代の貨幣鋳造を余儀なくされた。こうした事態に便乗して銀や銅の表面に金で鍍金した銀台・銅台とよばれる贋二分金のチャラ金が多数製造されたのである。この結果、正貨の信用は著しく失墜して経済混乱に陥り、外国商人からも猛烈な陳情があり重大な外交上の問題にもなった。これに窮した政府は国内には二年十月の布告で太政官札に、外国に対しては四年二月にメキシコ銀貨に交換することで事態の収拾をはかった。

参考文献　久光重平『日本貨幣物語』(一九七六、毎日新聞社)
(菅谷　務)

チャラきんそうどう　チャラ金騒動　贋造の万延二分金による金融閉塞により、明治二年(一八六九)信濃国(長野県)を中心に起きた農民一揆。贋二分金騒動ともいう。チャラ金は鹿児島・萩・福岡藩などが藩内通用のため製造したものであるが、明治元年信濃国を通過した官軍によって持ち込まれ、また商人による持ち込みもあった。万延元年(一八六〇)発行の万延二分金は金二割銀八割であったが、贋造二分金は、銀・銅・真鍮台に金をかぶせただけのものであり、その音からチャラ金と呼ばれた。明治二年は幕末から続いた凶作のピークであり、米価が高騰した。一方、政府が明治元年五月に発行した不換紙幣太政官札(金札)は十両・五両・一両・一分・一朱の高額紙幣であり、その使用強制と正金での引き換え上納が命ぜられ、各府県は正金獲得志向を募らせ、民衆もまた、太政官札への不信と正金志向を募らせ、二分金の不通用が広がった。明治二年七月二日(八月九日)の夕刻飯田藩下で農民騒動が起った。生糸・元結・紙などの商人により持ち込まれた贋二分金により飯田藩領では六月二十日(七月二十八日)ごろから二分金が通用しなくなり、さらに江州商人小林重助が多量の贋二分金を持ち込もうとしているとして騒ぎとなり、七月二日の蜂起となった。三日には騒動はいちだんと激しくなり庄屋層も加わり一万三百人以上が押し出し、四日にはいっそう激しくなり藩への直接抗議となった。藩は、贋二分金を引きかえること、贋金使いを処分すること、一揆の犠牲者を出さないことを申し渡し、難渋者への救助金を領内へ下付し、ようやく鎮静化した。続いて上田藩で八月十六日(九月二十一日)夜小県《ちいさがた》郡夫神《おがみ》村(小県郡青木村)から出発した一揆勢が十七日大挙して城下町に押し出した。要求は不作と二分金の不通用であった。一揆勢は十七日・十八日と城下・領内で打ちこわしと焼き打ちを行い、城下町では百五十一軒を打ちこわし、百七十五軒を焼失させ、村方では豪農商や割番大庄屋など特権的な村役人を打ちこわし、また焼き打ちを行なった。一揆勢の要求は藩のまとめによると二十三ヵ条にのぼり、藩はこれらを聞き届けるとしたため一揆勢は帰村した。上田藩では二分金の引きかえのための藩札の発行を布告するとともに、藩主が村方を巡り、慰撫している。騒動の取り調べの結果、主某者として梟首一人、斬罪一人、流終身三人が出た。旧代官領に設置された直轄県伊那県下でも騒動が起った。八月二十五日から二十七日にかけて筑摩郡会田(松本市)・川手(伊那市)・坂北(東筑摩郡筑北村)・麻積《おみ》(東筑摩郡麻積村)の四ヵ組を席巻した。蜂起箇所は会田町村と乱橋《みだれはし》村(東筑摩郡筑北村)の二ヵ所であった。乱橋村からの蜂起はその要求内容を張札として張り出し蜂起を呼びかけている。蜂起勢は打ちこわしを行いつつ、不参加者への打ちこわしを叫ぶなどして勢力を増やし、四ヵ組全体・松本藩領の一部までも席巻した。要求の中心は米穀の高値と二分金の不通用であった。被害は伊那県塩尻局下四ヵ組と松本藩領を合わせて三十四ヵ村、焼失二十五軒、打ちこわし八十一軒などであり、大庄屋・庄屋・名主・問屋・豪農商であった。松本藩兵の出動により鎮静化したが、取り調べは厳しく、牢死一人、打首一人、徒刑などが出た。このような民衆の動きへの対応として、すでに七月四日、直轄県伊那県をはじめとする信濃国県藩は県藩会議を開き、二分金の不通用と低額紙幣の不足解消のため信濃全国通用銭札を発行することとし、八月七日から一貫二百文・六百文・十文の三種の銭札の発行を開始した。伊那県下では貢租は皆金納地帯であり、貢租金の中に混入する贋二分が多かった。この処理と政府への正金上納のため伊那県は伊那県商社を取り立て、商社札を発行し、二分金の真贋にかかわらず貢租金を受け取り、地域の生糸・蚕卵紙を横浜へ移送し、正金を得るという方法を立案した。しかしこの計画は頓挫し、翌三年には伊那県商社事件として政府の糾問を受けることとなった。なお、商社の負債は商社にかかわった豪農商の私財で賄われた。

参考文献 横山十四男『上田藩農民騒動史』(一九六六、上田小県資料刊行会)、『長野県史』通史編七近代一(一九六八)、中村文「伊那県商社におけるそれぞれの意図と得失—西信商社を中心にして—」(『近世・近代の信濃社会—塚本学先生退官記念論文集—』所収、一九九五、竜鳳書房)

(中村 文)

ちゅうあいしゃ 忠愛社 東京の書肆。明治中期に政治・経済・法律・衛生・教育・参考書などの刊行・取次を行なっている。

参考文献 三橋猛雄『明治前期思想史文献』(一九七六、明治堂書店)

(鵜飼 政志)

ちゅうえつてつどう 中越鉄道 富山県高岡と伏木《ふしき》・氷《ひ》見《み》および城端《じょうはな》を結んだ鉄道会社。富山県西砺波《にしとなみ》郡鷹栖《たかす》村(砺波市)出身で衆議院議員・富山県会議員などを歴任した大矢四郎兵衛《おおやしろべえ》をはじめ衆議院議員・富山県会議長などを務めた島田孝之《しまだたかゆき》や吉田茂勝(富山市)らが中心となり、砺波地域と高岡、伏木を結ぶ鉄道建設を計画して、明治二十八年(一八九五)十一月に資本金三十五万円で設立し、大矢が社長に就任した。同三十年(一八九七)五月に黒田—福野、八月に福野—福光《ふくみつ》、十月に福光—城端、翌三十一年一月に黒田—高岡間が開通した。三十三年十月に高岡商業会議所会頭の正村義太郎《まさむらよしたろう》が社長に就任して建設をすすめ、同年十二月に高岡—伏木間、大正元年(一九一二)九月には氷見まで延伸した。さらに、同七年一月に能町《のうまち》—新湊間が開通した。大正九年九月一日に国有化されて、氷見線と城端線となった。

参考文献 淡路憲治「中越鉄道敷設と地主層との関連」(『富大経済論集』一二ノ二、一九六六)、中島桃太郎「大矢四郎兵衛伝」(同)

(松本 和明)

ちゅうおうアジアたんけん 中央アジア探検 明治期における「中央亜細亜」とは、一般にはユーラシア大陸の内陸部、現在の中国新疆ウイグル自治区、中央アジア諸国、アフガニスタンを意味し、歴史的にみればインドから中国への仏教東漸《とうぜん》の道と重なる。さらに同地域へは、英国とロシアが勢力進出をめざし、結果的に、政治・軍事的な視点から、また東洋学・考古学・地理学など学術的な関心からも注目され、ヨーロッパ諸国の探検家による調査が行われた。ただし日本にとっては、東北アジア(朝鮮半島、中国東北地方、内モンゴル東部など)と異なり、直接的な帝国主義的利害関係が少なかったため、日本人による活動も限られたものであった。外交官西徳二郎《にしとくじろう》は明治十三年(一八八〇)七月、サンクト＝ペテルブルグを発ち、ロシア領トルキスタンに入り、清国のイリ地方を経て、シベリア、モンゴルを旅行、十四年に日本へ帰国した。その報告書が『中亜細亜紀事』(十九年)である。ウィーン大学に留学していた井上雅二《いのうえまさじ》は、明治三十五年

中央アジア探検　第三次大谷探検隊

(一九〇二)夏、ロシア領トルキスタンとペルシャを旅行、『中央亜細亜旅行記』(三十六年)を出版した。東亜同文書院卒業生林出賢次郎《はやしでけんじろう》は、外務省の命で明治三十八年七月北京を出発、新疆地方のイリへ向かい、翌年四月、イリに到着、四十年(一九〇七)三月まで新疆に滞在。さらに翌四十一年二月から四十三年三月まで新疆省政府に雇用され、ウルムチで御雇い教師として教えた。陸軍少佐日《ひ》野強《のつよむ》は、新疆省の軍事情勢偵察のため陸軍から派遣され、明治三十九年九月に東京を出発、北京を経て新疆各地をほぼ一年間調査、インドを経て四十年末に日本へ戻った。かれの著書『伊犂《イリ》紀行』(四十二年)は、戦前期日本人による新疆関係地誌・紀行文としてはもっとも価値が高い。一方、西本願寺法主大谷光瑞《おおたにこうずい》によって組織された、いわゆる大谷探検隊は、新疆を中心に仏教遺跡の発掘調査を行なった。当時、英独露仏などの西欧諸国探検隊が活発な調査を行なっていたのに対して、仏教徒自身の手で仏教東漸の道を解明することをめざした点に、明治期日本人による文化的ナショナリズムの発露をみることができる。同探検隊は第一次(明治三十五―三十七年)、第二次(明治四十一―四十二年)、第三次(明治四十三年―大正三年)の三回行われた。正式な報告書の類は、光瑞の失脚によって調査自体が終焉を迎えたこともあり刊行されなかったが、隊員の紀行文を集めた、上原芳太郎編『新西域記』(昭和十二年)がある。大正期に入ると、「中央アジア」に対する日本人による探検は、ほとんど行われていない。その理由は、新疆省は辛亥革命後、政治的に混乱し治安が悪く、一方ロシア領トルキスタンはロシア革命のあと内戦が波及し、ついで社会主義体制下に入ったことによる。例外的人物が副島次郎《そえじまじろう》で、大正十三年(一九二四)北京を発ち、一年九ヵ月をかけて、新疆、トルキスタン、コーカサスを経てイスタンブールへ至った。その遺稿が『アジアを跨ぐ』(昭和六年)である。→大谷探検隊《おおたにたんけんたい》

参考文献 『明治シルクロード探検紀行文集成』(一九八八、ゆまに書房)、金子民雄『中央アジアに入った日本人』(『中公文庫』)、二〇〇二、同『西域探検の世紀』(『岩波新書』、二〇〇二、岩波書店)、深田久弥『中央アジア探検史(新装版)』(二〇〇三、白水社)

(中見 立夫)

ちゅうおうえいせいかい 中央衛生会 内務省所管の全国衛生事務審議機関。明治十二年(一八七九)のコレラ流行に際し、停船その他の緊急案件審議のため臨時に外国人を含む医師らを内務省に召集し中央衛生会が八月に組織され、同年十二月太政官達第五四号「中央衛生会職制及事務章程」で恒常化された。会長・副会長のほか、委員は衛生局長、医員、化学家ら十三名(日本人のみ)。「内務卿之ヲ管理シ全国衛生事務ニ関スル諸件ヲ審議スル所」と規定されていた。十三年には日本薬局方制定事業が、十六年には医師および医術開業試験出願者の行政処分審議が本会に委ねられた。内閣制度確立に伴い十九年十一月勅令第六九号「中央衛生会官制」があらたに制定され、「内務大臣ノ監督ニ属シ各省大臣ノ諮詢ニ応シ公衆衛生獣畜衛生ニ関シテ意見ヲ述ヘ及其施行方法ヲ審議ス」る機関と定められた。委員は陸軍省医務局長、海軍省衛生局長、宮内省侍医局長官、帝国大学医科大学長、警視総監、東京府知事、内務省衛生局長、内務省参事官(二人)、医師(七人)、獣医(二人)、化学家(二人)、臨時委員と規定され、内務次官が会長となった。二十年(一八八七)六月本会は上下水道布設促進方を建議した。二十八年五月勅令第五七号で規定の一部が改正され、昭和期に至っている。明治四十年(一九〇七)四月薬剤師の行政処分審議が本会に委ねられた。

参考文献 厚生省医務局編『医制百年史』(一九七六、ぎょうせい)

(宮地 正人)

ちゅうおうがくじゅつざっし 中央学術雑誌 東京専門学校(現早稲田大学)教師など法理文三学篤志者が刊行した学術雑誌。第一次・第二次の二種類がある。(一)明治十八年(一八八五)三月十日第一号創刊。半月刊。東京専門学校内同攻会雑誌局発行。二十年(一八八七)十一月三十日限り廃刊。創刊号には、「同攻会ハ東京専門学校講師得業生学生其他東京専門学校ニ縁故アル法理文三学篤志ノ人々ノ会合ニシテ、本誌ハ以上諸氏研磨ノ論説及ヒ記事等ヲ掲載スル者ナリ」と本誌の性格を説明している。創刊号には天野為之「李氏地代論」、小野梓「利学入門」、磯部醇《いそべじゅん》「民間法典」、坪内逍遙「仮作物語の変遷」ほかが収められている。(二)第二次は二十五年五月十五日、月刊誌として創刊。二十六年十一月第一四号で終った。東京専門学校内中央学術雑誌社刊。天野為之・大石熊吉郎・平田譲衛《ひらたじょうえ》が編集委員。創刊号には、明治二十四年三月より『同攻会雑誌』を第一二号まで刊行してきたが、記事のみの内容と思われてしまうので改題した、との説明がある。第二次雑誌創刊号には高田早苗「新議会の性質」、天野為之「地租と農民との関係」などの論説が掲げられており、二十六年十月号(第一三号)には Review of Politics, Law, Economics and Literature と雑誌名が英訳されている。

『中央学術雑誌』第1号

(宮地 正人)

ちゅうおうきしょうだい 中央気象台 日本の気象事業と気象学研究の中心をなした官署。明治二十年(一八八七)一月に発足、昭和三十一年(一九五六)六月まで存続した。このの ち気象庁となる。前身は東京気象台。明治の初め、全国各地の燈台で、また東京では工部省鉱山寮、海軍水路寮観象台、開成学校で、地方では函館の気候測量所などで、それぞれ独自に気象観測が実施された。明治六年

(一八七三)、工部省測量司ジョイネルも建議し、同八年六月一日、同人の指導で内務省地理寮量地課が赤坂区葵町三番地にて気象観測を始めた。これが東京気象台のはじまりで、「気象の日」の由来となっている。同十年(一八七七)、地理寮が地理局に改称。地方には測候所がつくられ、各地で観測が行われるようになった。明治政府はこれらの情報から天気図の作成と暴風警報業務の開始をめざし、同十五年一月、クニッピングを雇い入れた。七月、東京気象台は旧江戸城本丸(麹町区代官町)に移転。クニッピングは電信による観測業務の整備に努め、集信した各地の気象情報から天気図を作成、同十六年五月、最初の暴風警報を発した。翌十七年六月からは天気予報も行うようになった。同二十年一月、東京気象台は中央気象台と改称。同年八月、気象台測候所条例が公布され、中央気象台と各地の測候所を法的に位置づけ、中央気象台は東京に設け内務大臣直轄、測候所は地方長官の管理・監督下に置き、地方測候所の経費は地方負担と定めた。同二十三年(一八九〇)八月、中央気象台官制が公布。荒井郁之助が初代台長に就任(翌年三月まで)。以降、明治期の台長は第二代を小林一知《こばやしかずとも》(同二十八年まで)、第三代を中村精男《なかむらきよお》が務めた(大正十二年(一九二三)まで)。官制により観測・統計・予報の三課制がとられ、この体制は大正八年(一九一九)まで続いた。観測課では気象観測や観測器械検査のほか地震、地磁気、空中電気の験測も台務とした。明治二十八年、文部省に移管し、昭和十八年(一九四三)に運輸通信省に移管されるまで六十年間近く文部省官署として現業と研究の中枢機関の役割を果たした。

参考文献 日本科学史学会編『日本科学技術史大系』一四(一九六五、第一法規出版)、気象庁編『気象百年史』(一九七五、日本気象学会)

(八耳　俊文)

ちゅうおうクラブ　中央倶楽部　吏党の系譜を引く大同倶楽部と、実業家中心の戊申倶楽部の一部が合同し五十三名で明治四十三年(一九一〇)三月二日に結成した衆議院の党派。その中心人物は前者に属する熊本県選出安達謙蔵であり、大浦兼武がその背後で指導したように、桂園時代において事実上は桂太郎支持勢力となった。しかし、翌年一月桂と政友会が「情意投合」するに及んで存在意義を失い、大正二年(一九一三)の桂新党(立憲同志会)に吸収されていく。↓大同倶楽部《だいどうクラブ》　↓戊申倶楽部《ぼしんクラブ》

参考文献 季武嘉也「山県有朋と三党鼎立論の実相」(伊藤隆編『山県有朋と近代日本』所収、二〇〇八、吉川弘文館)

(季武　嘉也)

ちゅうおうこうしょうぶ　中央交渉部　明治二十五年(一八九二)四月二十四日に結成された非政社の院内会派である。正式には中央交渉会。中央交渉部は建物名に由来する通称。第一・第二議会において非民党議員が集まっていた院内会派の大成会が第二議会終了後の同二十四年十二月二十六日に解散したのを受け、第二回総選挙(同二十五年二月十五日)で政府支持の立場に立った旧大成会系の議員を中心に、四月二十三日、新会派として結成された。主な議員として津田真道・井上角五郎・末松謙澄・佐々友房などが所属していた。最終的には九十五名が参加したが、当初より政社化の可否をめぐって意見が分かれており、結成二ヵ月後の第三議会終了後、会派所属の曾禰荒助・佐々友房・渡辺洪基・津田真道・古荘《ふるしょう》嘉門《かもん》・大岡育造・元田肇・片岡直温《かたおかなおはる》らは新たに社交倶楽部として国民協会を組織した。同年六月二十二日、枢密顧問官西郷従道《さいごうつぐみち》・同品川弥二郎の協力によって同協会が政社組織とされると、中央交渉会所属議員の大部分は同協会へ流れ、翌明治二十六年には所属議員は十一名にまで減少し、結局、第四議会終了の同年三月一日には解散することとなった。

参考文献 村瀬信一「『吏党』大成会の動向」(『日本歴史』四五四、一九八六)、佐々木隆『藩閥政府と立憲政治』(一九九二、吉川弘文館)、村瀬信一「吏党」(有馬学・三谷博編『近代日本の政治構造』所収、一九九三、吉川弘文館)

(真辺　美佐)

ちゅうおうこうろん　中央公論　明治時代から現在まで続く総合雑誌。月刊。『中央公論』の歴史は『反省会雑誌』に始まる。発行母体の反省会は、浄土真宗本願寺派の教育機関だった普通教校の学生たちによって明治十九年(一八八六)四月に結成された。『反省会雑誌』はその反省会の機関誌として、明治二十年(一八八七)八月に首巻号が刊行された。反省会の趣旨と同じく、禁酒進徳を標榜する修養雑誌であった。同年十二月に第一号が刊行されるが、『中央公論』の通巻を数える場合、首巻号は含めないのが通例である。『反省会雑誌』は、明治二十六年一月刊の第八年一号より『反省雑誌』と改題し、反省雑誌社から刊行されることになる。『反省雑誌』は三十一年(一八九八)十二月刊の第十三年一一号まで続くが、その間の明治二十九年末に京都から東京に移転。本願寺派の教線拡大と、日清戦争後の情勢を鑑みての首都進出という思

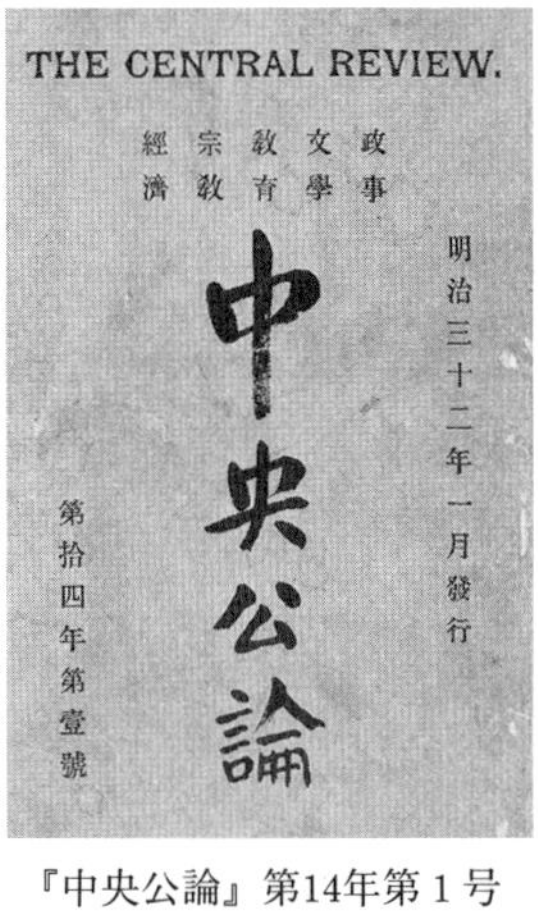

『中央公論』第14年第1号

『反省会雑誌』第1号

惑があったという。この移転に伴って誌面を刷新。時事評論や文学欄を充実させ、新しい読者層を開拓していった。この変革の仕上げとして、明治三十二年一月の第十四年一号より『中央公論』と改題、反省社より刊行するに至るのだった。『中央公論』という誌名は、『反省会雑誌』以来の編集主幹であった桜井義肇《さくらいぎちょう》が決定した。桜井は、明治三十二年に行われた西本願寺管長の大谷光瑞の欧州遊学に随行した僧侶の一人で、側近ともいえる人物であったが、三十六年に『中央公論』から追放され、新たに『新公論』を興すことになる。原因は、東京にあった西本願寺系の高輪仏教大学の京都移転に反対したためとも、桜井の還俗が大谷の逆鱗に触れたためともいわれる。『中央公論』第十四年一号の表紙をみると、中央に「中央公論」、上部にTHE CENTRAL REVIEW、その間に「政事」「文学」「教育」「宗教」「経済」とあり、『中央公論』の取り扱う範囲が示される。この『中央公論』がさらなる変化を見せるのは、高山覚威《たかやまかくい》と滝田樗陰《たきたちょいん》が編集を取り仕切るようになってからである。具体的には、明治三十七年高山によって発案され、高山退社ののちは樗陰によって拡充されていった文芸欄の設置である。明治三十八年十一月の二〇〇号記念に幸田露伴・泉鏡花・夏目漱石らを並べ、三十九年十月には漱石・島崎藤村・国木田独歩・山路愛山らの諸家を並べて付録号とするなど、樗陰は文芸欄の拡充に尽力する。結果、この年数回発行の特別号が呼び物となり、『中央公論』は文壇の登竜門的存在となるのであった。大正元年(一九一二)十月、麻田駒之助のあとを継いで社主となる嶋中雄作が入社。樗陰のもとで編集に従事する。その嶋中の進言もあって組んだ婦人問題特集号が好評を博し、大正五年一月、婦人問題を扱う独立誌『婦人公論』が創刊された。なお、大正三年一月の社名変更に伴い、『中央公論』も中央公論社発行となる。さて、樗陰没後の大正末年、社会主義や共産主義が大勢を占め、『改造』が台頭するに及んで『中央公論』は赤字続きとなる。昭和三年(一九二八)に麻田が引責辞任。社主となった嶋中は、出版部の増設など経営改革を行うのだった。不偏不党という樗陰以来の伝統は一貫しており、五・一五事件や二・二六事件、日中戦争などにも批判的立場をとる。昭和十九年(一九四四)、横浜事件をきっかけとして解散命令が下され、『中央公論』は廃刊となる。しかし昭和二十一年(一九四六)一月一日に復刊、現在に至るのであった。創刊号より一〇〇〇号までの目次を収録した『中央公論総目次』が備わる。また、平成八年(一九九六)十二月号臨時増刊『二十世紀日本文学の誕生』、および平成九年十一月臨時増刊『激動の昭和文学』では、『中央公論』文芸欄の百年を振り返る特集が組まれている。→滝田樗陰《たきたちょいん》

参考文献 嶋中雄作『回顧五十年―附・中央公論総目録―』(一九三五、中央公論社)、『中央公論社の八十年』(一九六五)、永嶺重敏『雑誌と読者の近代』(一九九七、日本エディタースクール出版部)、田沢恭二「『中央公論』を逐われた男―悲運の編集長桜井義肇―」(『日本古書通信』七三ノ一二、二〇〇八)

(磯部　敦)

ちゅうおうじぜんきょうかい　中央慈善協会　日本で最初の慈善団体の中央組織。明治四十一年(一九〇八)十月七日、発会式が行われた。明治三十二年(一八九九)ころ、小河滋次郎《おがわしげじろう》・桑田熊蔵《くわたくまぞう》・留岡幸助《とめおかこうすけ》らによって発会した貧民研究会(のち、庚子会《こうしかい》)、および大阪で三十四年に発会した慈善団体懇話会(翌年慈善同盟会)参加のメンバーが合同して慈善団体の中央機関の創立を企て、日露戦争をはさみ実現したもの。会長には渋沢栄一、顧問には清浦奎吾が就任した。また幹事には井上友一(内務省地方局長)・桑田熊蔵(東京帝国大学教授)・中川望(内務参事官)・留岡幸助(内務省嘱託)らが就任した。日露戦争後の内務省主導で行われた地方改良運動と対になる都市部での感化救済事業のなかで立ち上げられたものであり、官製的性格が強かった。系譜的には現在の全国福祉協議会につながる。四十二年七月には機関誌『慈善』が発行され、生《なま》江《え》孝之《たかゆき》が編集した。

参考文献 『慈善(復刻版)』(一九八一－八二、生活社)、吉田久一『日本社会事業の歴史(全訂版)』(一九九四、勁草書房)

(岡田　洋司)

ちゅうおうしんぶん　中央新聞　『絵入朝野新聞』の後身。明治二十四年(一八九一)八月十六日に『東京中新聞』を改題。『絵入朝野新聞』は明治十六年(一八八三)一月二十二日に東京府京橋区銀座二丁目一番地(東京都中央区)の絵入朝野新聞社から、山田孝之助(風外)が中心となって創刊した日刊の小新聞。体裁は和半紙二つ折、四ないし五枚綴を一号としていた。その編集方針は従来の小新聞と同様に勧善懲悪を旨とするものであった。資金難のため同年四月三日第五〇号から成島柳北主宰の朝野新聞社の経営となり、『朝野新聞』の姉妹紙となった。前島和橋《まえじまわきょう》・野崎左文《のざきさぶん》・為永春江《ためながしゅんこう》などが主要な記者として民権論の啓蒙を目指した。もともと小新聞は政治論説を扱わないのを特徴としていたが、同十七年からは「絵入朝野新聞」と題する論説記事を掲げるなど政党系小新聞として大衆に大きな影響力をもった。また価格は『朝野新聞』の半額程度で、発行部数は常に親紙をしのいでいた。同十八年には『朝野新聞』の約二倍の発行部数を上げている。一時は有力な小新聞に成長し、年間発行部数も『読売新聞』『改進新聞』に次ぐものであったが、同二十年を境に

『中央新聞』第2613号

部数が減少し、同二十二年朝野新聞社から独立して、五月五日一九二九号限りで『江戸新聞』と改題し、社長に前田香雪が就任。同年『東京中新聞』と改題、文字通り「大新聞」と「小新聞」の中間を目指した。同二十四年八月十六日、明治・大正期の政党政治家であった大岡育造が『江戸新聞』を買収、『中央新聞』と改題しみずから社長となる。同四十三年(一九一〇)からは政友会の機関紙となった。昭和十六年(一九四一)『日本産業報国新聞』と改題したが、同十九年廃刊。最盛期の発行部数は約一万部。原紙・マイクロフィルムは国立国会図書館、東京大学明治新聞雑誌文庫などに所蔵。

参考文献　西田長寿『明治時代の新聞と雑誌』(『日本歴史新書』、一九六一、至文堂)、土屋礼子『大衆紙の源流—明治期小新聞の研究—』(二〇〇二、世界思想社)

(中嶋　晋平)

ちゅうおうだいがく　中央大学　明治十八年(一八八五)七月に神田錦町(東京都千代田区)に創設された英吉利《イギリス》法律学校を起源とする私立総合大学。英吉利法律学校の創立者は増島六一郎ら東京大学出身の十八人の少壮法律家で、司法省を中心に勢力のあったフランス法に対して、英米法による「実地応用」の法学教育を標榜した。増島らは、体系化された法典が未整備の日本にあっては、欧米列強の模範国としての地位にあるイギリスのような慣習法の国をモデルとし、実社会と密接に結びついた英米法を学ぶことが「法律実地応用ノ道」に達する最良の方法であるとの強い信念をもっていた。そして、実際的な法による司法制度の確立と近代社会を支える人材としての法律家の育成を目指した。また、開校直後から通学生のほかに講義録による校外生教育の制度を設けた。明治二十年代の法典論争では、同校を拠点とする実施延期派は機関誌『法理精華』に論陣をはって政府への批判論文を発表した(明治二十四年(一八九一)には現在まで続く『法学新報』を創刊)。明治二十二年十月に東京法学院と改称し、三十六年(一九〇三)七月には専門学校令による東京法学院大学となり、三十八年八月に中央大学と変更した。この時、経済学科を新設し、四十三年(一九一〇)には、日本で最初の新聞学科を創設した。大正九年(一九二〇)四月には大学令による中央大学となり、法学・経済学・商学の三学部、大学予科、専門部を置いた。昭和元年(一九二六)には神田駿河台に移転した。二十四年(一九四九)二月に新制の中央大学(法・商・経・工学部)を設置し、理系学部をはじめて置いた。五十三年(一九七八)に八王子市に多摩校舎を建設し、理工学部以外の全学部を移転したが、最も大規模な大学移転の一つとして注目された。平成二十二年(二〇一〇)度において、六学部・十研究科を設けている。

中央大学(明治21年建築)

参考文献　『中央大学百年史』(二〇〇一–〇五)

(湯川　次義)

ちゅうおうていしゃじょう　中央停車場　⇨東京駅《とうきょうえき》

ちゅうおうどりょうこうきけんていしょ　中央度量衡器検定所　明治三十六年(一九〇三)に設立された、日本全国の度量衡器の調査研究や技術指導を行う機関。明治新政府は、誕生当初は徳川幕府の度量衡を採用していたが、徴税にあたってますの寸法が一定しないことが不便であったため、明治三年(一八七〇)、度量衡改正掛を設置し、ついで明治八年八月に度量衡取締令を発して制度の確立を図った。規制の対象は商業用のものさし・ます・はかりの製造・販売・使用であり、所管官庁は大蔵省、標準器の製作・検査などの技術面は工部省や造幣寮が援助した。明治十四年(一八八一)には農商務省商務局に権度課が設置され、明治十八年に日本がメートル条約に加盟して得た度量衡の標準と比較装置は、この課が保管した。明治二十四年(一八九一)三月には度量衡法が公布され、尺貫法を主としながらメートル原器とキログラム原器に基礎をおく、近代的な標準制度が誕生した。ついで、日清戦争後の産業や学術の発達、英米独における度量衡の標準の設定・供給を担う機関の設立を背景に、度量衡に関する調査研究や地方機関・業界への技術指導、中央と地方の人事交流を目的として、明治三十六年、中央度量衡器検定所が設立され、翌年から業務を開始した。これに伴って度量衡法が改正され、度量衡器の検定は、同検定所が行う甲種と、地方長官が定める検定所で行う乙種に分けられた。この制度のもと、中央度量衡器検定所は、原器に基づく標準を設定し、地方庁の検定を補いつつ、必要な研究を行なった。初代所長は農商務技師の橘川司《きつかわもり》亮《あき》であり、農商務省内の検定所のほか、大阪支所も設けられた。明治四十二年(一九〇九)三月には度量衡法の大改正があり、日露戦争後に英米との関係が緊密になったことをうけて、ヤードポンド系度量衡器の検定が開始され、また化学用量器の検定も行われることとなった。同検定所は、以後、大正二年(一九一三)に中央度量衡検定所、昭和二十七年(一九五二)に中央計量検定所、昭和三十六年(一九六一)に計量研究所と名称を変え、本庁舎は、昭和三十三年には板橋に、昭和五十五年(一九八〇)に筑波に移った。

参考文献 工業技術院中央計量検定所創立五十周年記念刊行事業委員会『工業技術院中央計量検定所五十年史』(一九六二)、『計量研究所八十年史』(一九八四、工業技術院計量研究所)　(岡本　拓司)

ちゅうおうほうとくかい　中央報徳会　⇨報徳会《ほうとくかい》

ちゅうおうほんせん　中央本線　東京—名古屋間を結ぶ鉄道。東西両京間の幹線は明治十九年(一八八六)に東海道鉄道と決定したが、同線は海岸沿いであったため、軍事的要請から内陸経由の路線が計画された。具体的な経路は未定のままであったが、一方で甲武鉄道が東京—八王子間の免許を取得し二十二年(一八八九)に開業。二十八年には新宿—飯田町間を開業した。一方、二十五年六月公布の鉄道敷設法で中央線が予定線となり、のち八王子—名古屋間と経路を決定、宮ノ越以東は中央東線として二十九年に着工、三十四年(一九〇一)に八王子—上野原間が開業し、三十六年に甲府、三十八年に岡谷まで達した。岡谷延伸に際しては、日露戦争の影響で建設が中断するも、諏訪郡の今井五介らが政府公債を引き受けて建設を促した。宮ノ越開業は四十三年(一九一〇)。一方、宮ノ越以西は中央西線として名古屋側から建設され、三十三年に名古屋—多治見間が開業、翌年中津(四十四年中津川と改称)に達した。同線も日露戦争の影響で建設が中断されたが三十九年に再開。四十三年木曾福島、四十四年宮ノ越まで開業して両線が結節し、中央線と名称を改めた。この間三十九年、甲武鉄道が国有化され中央東線に編入。全通後の四十四年に中央本線と定められた。四十五年に万世橋まで、大正八年(一九一九)に東京まで延伸された。

参考文献 『日本鉄道史』上(一九二一、鉄道省)　(高嶋　修一)

ちゅうがいいじしんぽう　中外医事新報　明治十三年(一八八〇)一月二十日に、本郷区湯島(文京区湯島)において中外医事新報社により発刊された医学雑誌。発行の目的は、わが国の従来の医事を「完全無欠ノ域ニ至ラシメ且ツ欧米諸州ノ医学ト並行セシメント欲スル趣意」(「稟告」一号)にあった。それは、「緒言」にも、欧州諸国、特にドイツ・イギリスの医事雑誌を訳出して海外の新説を報告し、わが国の医学の発展を期すものと明示されている。当時の東京大学医学部教授の御雇いドイツ人ハンス＝ギールケは、この雑誌は特にドイツの医事雑誌の論説・実験に意を注ぐとし、さらに医学の全科(解剖学・製薬学・治療学)を網羅するものとした。当初の編集長は嘉《か》村《むら》計佐吉《けさきち》であり、月二回発行、一冊七銭である。昭和十五年(一九四〇)十二月、一二八六号で廃刊し、翌年一月富士川游《ふじかわゆう》らの尽力により『日本医史学雑誌』と改名され、その後継誌となった。　(林　彰)

ちゅうがいしょうぎょうしんぽう　中外商業新報　明治九年(一八七六)十二月二日、益田孝が商業上の知識を普及することを目的に創刊した経済新聞。当初は『中外物価新報』と称し、二十二年(一八八九)一月二十七日に『中外商業新報』と改題した。イギリスの『ロンドン＝タイムズ』に模せられ、戦後『日本経済新聞』と改題し、日本を代表する経済紙となった。本局は三井物産内に置き、編集や会計事務を担当し、印刷・配達・集金は福地源一郎の日報社が請け負い、損益は三井物産と日報社で折半することになっていた。明治十五年(一八八二)七月には三井から独立し、益田、渋沢栄一、原六郎(横浜正金銀行頭取)、今村清之助(今村銀行頭取)、安田善次郎(安田銀行頭取)らの出資によって設立された匿名組合商況社から発行されるようになった。なお、土曜日印刷、日曜日配達の週刊でスタートしたが、週二回刊、週三回刊となり、明治十八年七月一日から日刊となった。

中外商業新報

『中外商業新報』改題当日号

参考文献 日本経済新聞社社史編集室編『日本経済新聞社百年史』(一九七六、日本経済新聞社)　(老川　慶喜)

ちゅうがいしんぶん　中外新聞　幕末明治維新期に刊行された代表的な佐幕派新聞。開成所教授で外字新聞の翻訳グループである会訳社を率いていた洋学者柳河春三《やながわしゅんさん》が、『バタビヤ新聞』を刊行した際の木活字を譲り受け、明治元年二月二十四日(一八六八年三月十七日)に創刊。外字新聞から訳出した外国事情(＝外)と国内事情(＝中)の報道の両方を掲載するという意味の題名で、半紙六丁前後が一号分で月六回刊行。当時刊行された新聞の中で最も内容が充実し評判が高く三版を重ね、大きな影響を与えた。増刊号として渡辺一郎編集『中外新聞外編』が同年四月から二十三巻発行され、また上野戦争を速報した号外の祖『別段中外新聞』も出された。明治新政府の布告によって明治元年六月に四十五号で休刊。翌年新聞紙印行条例公布により三月七日『官准中外新聞』が復刊されたが、三年二月十二日柳河が急死したため、四十一号にて廃刊。『明治文化全集』などに復刻あり。　(土屋　礼子)

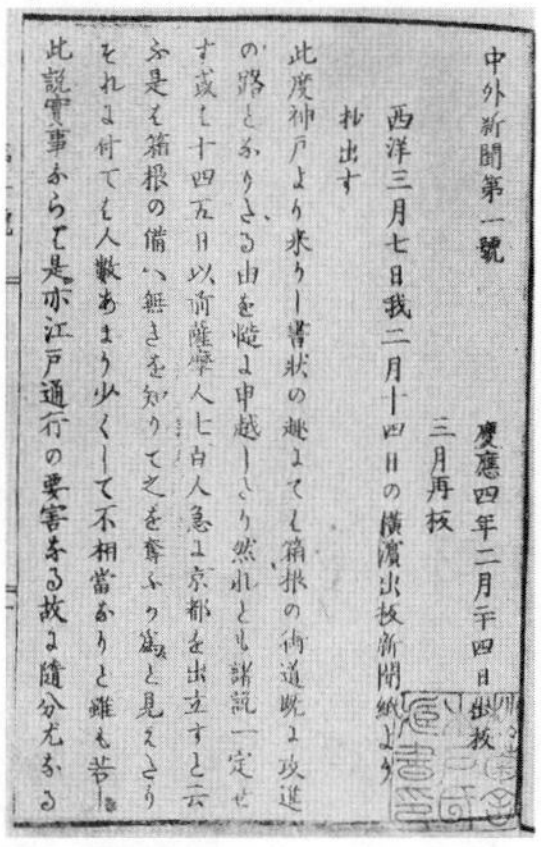
中外新聞第一號

『中外新聞』第１号

ちゅうがいどう　中外堂　幕末から明治中期に存在した書肆。慶応三年（一八六七）に『西洋雑誌』を発売（発行は江戸開物社）したのをはじめ、幕府開成所関係者の著作や翻訳を売り捌いた。日本橋区本町四丁目（東京都中央区）にあり、書肆上州屋惣七の住所と同一で、開成所教授であった柳河春三《やながわしゅんさん》が惣七の名前を借りて実質経営していた。明治三年（一八七〇）の春三没後、未亡人の弟の木村源兵衛の経営する紀伊国屋と、未亡人が経営する中外堂とに分かれたが、前者は明治十四年（一八八一）前に、後者は明治二十三年（一八九〇）に閉店した。　→上州屋惣七《じょうしゅうやそうしち》

参考文献　尾佐竹猛『柳河春三—新聞雑誌の創始者—』（『高山叢書』一、一九四〇、高山書院）、三橋猛雄『明治前期思想史文献』（一九七六、明治堂書店）　（鵜飼　政志）

ちゅうがいひょうろん　中外評論　明治初年の自由民権派政治評論雑誌。明治九年（一八七六）七月十一日に『評論新聞』が発行禁止処分を受けると、翌八月に半紙半截二ツ折本文六丁の体裁で、同じ集思社から創刊された。社主は海老原穆《えびはらぼく》、仮編集長は『評論新聞』廃刊時の仮編集長高橋克《たかはしかつ》が務めた。記者名については、記録がなく不明。発行頻度は毎月十回を予定、論説や投書は毎号二〜四本掲載され、無記名の評が付されるなど、『評論新聞』の性格・体裁をそのまま引き継ごうとした。印刷と売捌も同様に報知社が請け負った。売弘所は前誌よりも多く、全国二十点に及んだ。内容的には、前誌が発行禁止の処分を受けた教訓からか、公然と政府転覆論が掲載されることはなくなり、直接的な国政批判の論説も減少した。その一方で、中国・台湾など海外で起きた紛擾・事件や外交・対外関係などの国際政治問題、各地で起こる農民紛擾、西南諸県の不平士族の近況などに対する時事評論が多く掲載された。ただ、政府の言論弾圧を批判して言論の自由を訴えたり、政府の圧政を批判する立場は維持された。また、遠山翠の投書「決死論」（第五号）が、天下有志の士は自己の一死を決せよと訴えたり、武野亭の投書

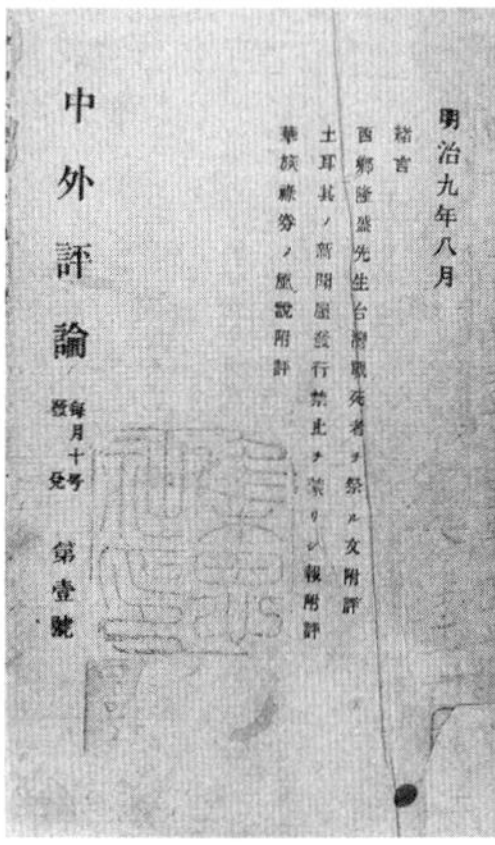

『中外評論』第1号

「畏死の言行は人の良心より出てさる論」（第二十六号）で、国民の大義のためには生死を顧みないとの意見が掲載されるなど、武力を礼賛する志向も『評論新聞』以来引き継がれており、過激な民権論も掲載された。第九号に掲載された「高知県下立志社奮起の景況」が、断然腕力を用いるべきだとの主意だったため、編輯長高橋は同年九月に禁獄三ヵ月の処分を受けた。これをうけて第一九号からは松川杢造《まつかわもくぞう》が編輯長に就いたが、同年十月に第二八号をもって発行禁止処分をうけたため廃刊。わずか三ヵ月の発行期間だった。翌十一月には、後継誌として『文明新誌』が創刊された。　→評論新聞《ひょうろんしんぶん》

参考文献　沢大洋『都市民権派の形成』（一九九八、吉川弘文館）、塩出浩之「『評論新聞』ほか集思社定期刊行物記事総覧」（『政策科学・国際関係論集』一〇、二〇〇八）　（松崎　稔）

ちゅうがくせかい　中学世界　尋常中学校・師範学校各生徒を読者対象とした投書・教養・受験雑誌。博文館が従来発行していた『少年文集』（明治二十八年（一八九五）七月創刊）と『外国語学雑誌』（明治三十年（一八九七）七月創刊）を統合し、改新する形で明治三十一年九月十日に創刊された。「発刊の辞」には、「中学教育の補助者」「中学教育の課程に本き（中略）少年学生のために最も趣味あり、且利益ある師友たらしむことを期す」と記された。構成は論説としての「中学世界」、投書欄としての「青年文壇」各欄などが配置された。本誌は頻繁に臨時増刊を刊行し

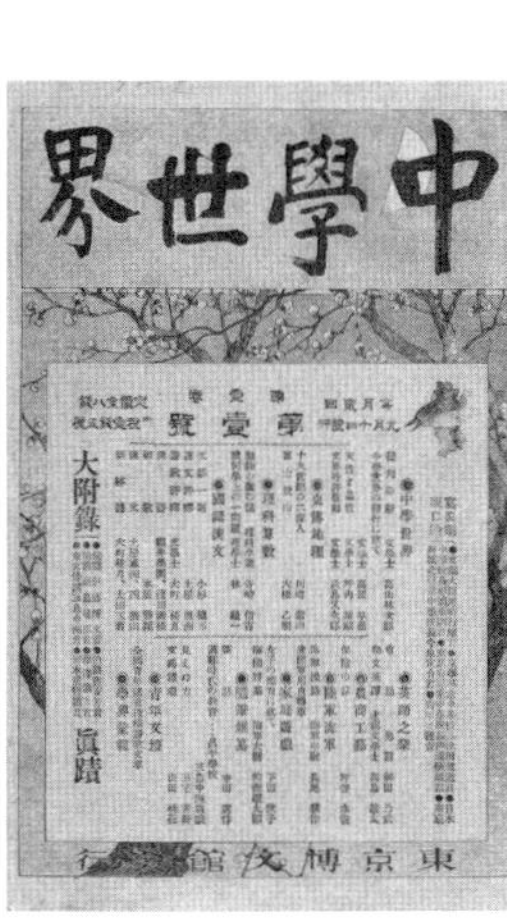

『中学世界』第1号

ている。そのほとんどが投書特集であったが、日露戦争以後の明治三十九年ごろより受験雑誌へとその性格を大きく変えていった。明治四十年（一九〇七）九月の臨時増刊号は「最近受験界」の特集を組んだ。創刊号の発行部数は二万部であった。昭和三年（一九二八）五月一日に廃刊。

参考文献　菅原亮芳「中学世界」（教育ジャーナリズム史研究会編『教育関係雑誌目次集成第三期—人間形成と教育編—』所収、一九九二、日本図書センター）、紅野謙介「『中学世界』から『文章世界』へ—博文館・投書雑誌における言説編制—」（『文学』四ノ二、一九九三）、関肇「明治三十年代の青年とその表現の位相—『中学世界』を視座として—」（『学習院大学文学部研究年報』四〇、一九九三）　（菅原　亮芳）

ちゅうがっこう　中学校　近代学校教育における中等教育機関の代表的なもの。明治二年（一八六九）に京都府が市内を番組（町組）に区分し、各番組ごとに小学校を設置し（番組小学校）、上京・下京に一校ずつ中学校を設けようとしたのが中学校という呼称の嚆矢である。この時構想された中学校は本来は大学とすべきところ帝都に遠慮して中学にしたということであり、教育階梯の中間段階としての、もしくは中等教育機関としての中学校という認識はなかった。ただし、当該地域の最高学府であるという中学校観が存在したのである。翌明治三年二月、大学では大学規則および中小学規則を制定した。中小学規

則によって帝都の大学に人材を送る学校として制度的に位置づけられた中学校の概念が成立した。しかし、大学規則および中小学規則は大学の内部規則でしかなかったし、この中小学規則に基づいたと思われる中学校の設立は金沢、京都などごく一部でみられるが、中小学規則の内容が学科課程に反映しているだけで、大学との関係が制度的にあったわけではなかった。明治五年八月に学制が制定され、学校体系の中に中学が位置づけられるようになる。学制では全国を八(翌年七に修正)大学区に区分し、一大学区を三十二中学区、一中学区を二百十小学区に区分し、それぞれの学区に大学・中学・小学を置くというものであった。文部省は学制に準拠した模範中学として第一大学区第一番中学(大学南校)、同二番中学(洋学第一校)、第四大学区第一番中学(大坂開成所)、第六大学区第一番中学(長崎広運館)を置いたが、これらはまもなく専門学校、外国語学校へと改組されてしまった。また、学制に基づく教育政策の中で中等教育をめぐる政策はほぼ放任状態であり、特に制限を付さなかったために地方における藩校の後裔や私塾など民間の教育熱が私立中学の勃興を促し、明治十二年(一八七九)をピークとして私立中学は急増した。中には自由民権運動の影響を受けた政治的な私塾も私立中学校として名乗りをあげていたし、教育水準もまちまちであった。当然のことながら、初等教育や高等教育との連続性もほとんど考慮されていなかった。いずれもある意味で完成教育を目指したものであり、地方の最高の教育機関であるという意識は強かった。東京大学が成立し、小学校教育の普及も軌道に乗ると中学校についても一定の水準を確保しようという正格化政策が始まると雨後の筍のように群生していた私立中学は淘汰され、公立中学が定着普及していくことになる。明治十四年七月の中学校教則大綱は正格化を大きく促したが、中学校の性格を「高等ノ普通学科ヲ授クル所」としつつ育成する人材像は「中人以上ノ業務ニ就クカ為メ又ハ高等ノ学校ニ入ルカ為メ」という二重の目的を持たせていた。明治十九年四月、中学校令が公布され、中学校は高等、尋常の二種とされ、尋常中学校は十二歳以上に入学が認められ、五年制を敷いた。そして府県に一校という制限を設けることで正格化を果たそうとした。高等中学校は明治二十七年(一八九四)に高等学校に改編され、尋常中学校のみが中学校令が規定する中等教育機関となった。このころになって初等教育および高等教育との接続関係が確立し、在籍生徒の年齢も安定してきたことで思春期の青少年を対象とする学校という性格を確立した。明治三十二年(一八九九)二月の中学校令改正で尋常中学校は単に中学校となり、男子のみに限られた中等教育機関となった。明治四十一年(一九〇八)より尋常小学校が六年に延長となって直接中学校に入学するようになり、高等小学校と中学校は並列関係になって複線型の学校制度となった。多くの国民層は実業学校や高等小学校から社会に出て行くのに対して中学校は高等学校、大学への進学を射程に置いたエリート教育の系を構成することになった。このころより中学校への進学熱も高まり、受験地獄という言葉も登場するようになった。

[参考文献] 米田俊彦『近代日本中学校制度の確立―法制・教育機能・支持基盤の形成―』(一九九二、東京大学出版会)、神辺靖光『日本における中学校形成史の研究』(一九九三、多賀出版)、新谷恭明『尋常中学校の成立』(一九九七、九州大学出版会)　(新谷 恭明)

ちゅうがっこうれい　中学校令　明治十九年(一八八六)四月十日に公布された勅令。初代文部大臣となった森有《もりあり》礼《のり》の手による。全九条からなる簡潔なもので、中学校の目的、制度、配置について定められていた。目的については明治十四年七月に制定された中学校教則大綱の規定を継承して、実業に就く者のための教育と上級学校へ進学する者のための教育を行うという二つのしかも実利的な目的をおいた。制度としては中学校を高等、尋常の二等に分けた。高等中学校は官立とされ、全国を五区に区分し、それぞれの区域に一校ずつ設置され、各高等中学校には学区番号が付せられた。課程は帝国大学に直結する本科のほかに法科・医科・工科・文科・理科・農業・商業などの分科を設置してもよいとされた。尋常中学校については地方税の支弁または補助にかかわるものは各府県一校に限定するものとし、町村立は認めなかった。いわゆる一府県一尋常中学校の原則である。この規程は地方における脆弱な中学校を淘汰し、中等教育と高等教育の間の接続関係を確立しようというものであった。しかし、尋常中学校と高等中学校の間の接続関係は確立されず、第一高等中学以外は本科の下に予科、補充科を設置するなどの措置が施された。明治二十四年(一八九一)十二月に改正し(翌年四月施行)、尋常中学校については一府県に複数校を置くことを認め、郡市町村立も認めること、農業・工業・商業などの専修科を設置すること、さらに女子の高等普通教育機関として高等女学校をその一種に位置づけた。また、明治二十七年六月には高等学校令が公布されて高等中学校は高等学校に転換し、中学校令の規程からはずれることになった。明治三十二年(一八九九)二月に再度の改正が行われ、名称は中学校に一本化し、目的が「男子ニ須要ナル高等普通教育ヲ為ス」に一本化され、別に高等女学校令が制定された。そして各府県では複数の中学校を置くことを原則とし、中学校の拡張・普及をはかる改正となった。→一県一中学校《いっけんいちちゅうがっこう》問題《もんだい》

[参考文献] 教育史編纂会編『明治以降教育制度発達史』三・四(一九三八、教育資料調査会)　(新谷 恭明)

ちゅうぎゅうばかいしゃ　中牛馬会社　幕藩体制期の信州・上州・武州では、中馬《ちゅうま》稼ぎという長距離を附通して物資輸送にあたる輸送業者がみられたが、これらの中馬関係者によって明治維新後に設立された運送取扱会社。明治五年(一八七二)正月、高崎から信州一国はもとより、

加賀・能登・越後・上州・甲州に至るまでの広範囲にわたって、かつての中牛馬組織を使って、郵便物の逓送を行いたいという内容の「中牛馬幷郵便之義建言」が駅逓寮に出され、七月一日(八月四日)から高崎中牛馬会社が営業を開始し、八月には、上州安中《あんなか》・下仁田《しもにた》、信州小諸《こもろ》・上田・松本・大町・和田・下諏訪・飯田・福島・善光寺・塩尻・松島、越後関川などに開設された。発足当初は、貨物の差押えや口銭取立てをめぐって、しばしば陸運会社と衝突した。なお、明治六年二月には甲斐国中馬会社が認可され、十九年(一八八六)には東京下谷区に共同中牛馬会社が設立された。→長野県中牛馬会社事件《ながのけんちゅうぎゅうばかいしゃじけん》

参考文献 山本弘文『維新期の街道と輸送』(『叢書・歴史学研究』、一九七二、法政大学出版会)、増田廣實『商品流通と駄賃稼ぎ』(『同成社江戸時代史叢書』、二〇〇五、同成社) (老川 慶喜)

ちゅうきょういん 中教院 大教院の下部組織の一つ。明治六年(一八七三)三月十四日の大教院事務章程に基づき、各府県、しかも県庁所在地に各一ヵ所設けられ、在来の神社・寺院のほか、在家があてられ、設置できない場合は合議所を設けた。その設置にあたっては、書類のやりとりで対応する場合と、現地に教導職を派遣して具体的な指導にあたる場合とがあった。また六年十月二十七日の中教院規則によれば、大教院と同様に、造化三神と天照大神がまつられ、管内の小教院を統轄。生徒の指導のほか、月三度以上の説教、教導職新補・昇級試験などを担当した。→小教院《しょうきょういん》 →大教院《だいきょういん》

参考文献 藤井貞文「中教院の研究」一(『神道学』九一、一九七六)、同「山形県中教院の研究」(同九二、一九七七)、同「島根県中教院の活動」(同一〇二、一九七九)、同「福島県中教院の研究」(同九三、一九七七)、藤田定興『寺社組織の統制と展開』(一九九二、名著出版)、羽賀祥二『明治維新と宗教』(一九九四、筑摩書房) (戸浪 裕之)

ちゅうきんどう 中近堂 東京の書肆。大阪や名古屋にも支店があった。中嶋精一が経営。福沢諭吉門下の中嶋は、慶応義塾出版社の出版事業に従事した経験があり、また交詢社《こうじゅんしゃ》創立時の会計掛を務めている。そのため、中嶋の中近堂は、丸善などとともに、慶応義塾関係刊行物の売り捌き元のような役割を果たしていた。また、慶応義塾関係以外でも、特に明治中期において、啓蒙書、学校教科書、地図類、殖産興業関連の実用書から、史書や道徳書などに至る幅広い分野の出版・販売を行なっている。

参考文献 三橋猛雄『明治前期思想史文献』(一九七六、明治堂書店)、長尾正憲『福沢屋諭吉の研究』(一九八八、思文閣出版) (鵜飼 政志)

ちゅうこくしゃ 忠告社 金沢の士族政治結社。明治七年(一八七四)末に設立趣意書が回覧され、翌年初めに正式に設立。征韓・征台を志向した旧金沢藩・大聖寺藩の中下級士族青年を中心に構成された。社員の多くが薩摩派石川県士族で、石川県の初代長官(大参事)に任じられた薩摩士族内田政風《うちだまさかぜ》と結んで県の要職を占め、内田の与党として活動した。中心メンバーは杉村寛正、陸義猶《くがよしなお》、長谷川準也、稲垣義方、島田一良ら。金沢区野田寺町(石川県金沢市寺町)の大円寺を事務所とした。学校にあたる明義舎や殖産組織の開業社などを計画。士族授産や士族教育にも努力した。八年大阪で開かれた愛国社結成大会には社員の陸義猶を代表として派遣するなど、対外的な活動も盛んで、一時は土佐の立志社、阿波の自助社と並び称せられた。しかし、内田の辞任とともに県政との繋がりを失って衰退。メンバーの多くは士族授産事業などに専心する勢力に転化した。

参考文献 遠矢浩規『利通暗殺—紀尾井町事件の基礎的研究—』(一九八六、行人社)、『石川県社会運動史』(一九八九、能登印刷出版部)、石川県立歴史博物館編『紀尾井町事件—武士の近代と地域社会—』(展覧会図録、一九九九、石川県立歴史博物館) (本康 宏史)

ちゅうごくしんぶん 中国新聞 広島県域の代表的新聞。明治二十二年(一八八九)創刊の『安芸津新報』を離れた長屋謙二・渡辺又三郎は同二十五年五月『中国』と題した新聞を発行する。この新聞は陸羯南《くがかつなん》の国粋主義にもとづく『日本』新聞になぞらえて経営し、翌年渡辺が離れたあと長屋が社主となり次第に発展した。三十一年(一八九八)長屋は山本三朗・三村司吉に譲り、山本が社主となって経営にあたる。同年の発行部数は約千二百程度で『芸備日日新聞』の五分の一程度であった。明治四十一年(一九〇八)六月、五千号に達したのを機に名称を『中国新聞』と改める。またこのころ『芸備日日新聞』に先んじてマリノ式輪転機を据えつけ印刷するなど時宜に適した経営によってその基礎を固めた。その結果、明治末年には発行部数において、『芸備日日新聞』と肩を並べるに至り、激しい競争を経つつ次第に凌駕していき、大正末年ごろより広島県域の中心的新聞となった。

参考文献 『新修広島市史』四(一九五八)、『広島県史』近代一(一九八〇) (有元 正雄)

ちゅうごくしんぽとう 中国進歩党 明治二十七年(一八九四)五月、犬養毅・坂本金弥《さかもときんや》・竹内正志《たけのうちまさし》ら岡山地方の代議士によって結成された岡山県の政党。明治自由民権運動の下で、明治十四年(一八八一)、中央に自由党(総理板垣退助)が結成されると、翌十五年、大隈重信らにより立憲改進党が結成され、岡山県内では犬養毅・林醇平《はやしじゅんぺい》らが加盟したが、自由党には及ばなかった。しかし、第一次衆議院議員選挙で当選した自由党系議員が政府与党に妥協し自由党が分裂する中で、改進党系(議員集会所)の犬養毅が帝国議会で民党系議員として政府予算を攻撃した。第六議会では対外硬六派を形成して第二次伊藤内閣を弾劾、日清戦争時には政府支持に転じて軍事費や関係法案の成立に努めた。日清戦争後、伊藤内閣は自由党と提携、明治二十九年三月一日立憲改進党他とともに進歩党を結成した。その後、自由党と進歩党が合同してできた憲政

党が分裂、憲政本党ができると、明治後期から犬養らの進歩党が県会・衆議院で勢力を拡大、三十九年(一九〇六)宇野築港と公有林野整理統合問題で対立、鶴鳴会《かくめいかい》が結成された。四十三年(一九一〇)、立憲国民党岡山県支部が結成され、鶴鳴会は国民党に合流し、大正期の岡山県政界は国民党全盛時代へと進んだ。

参考文献 木堂先生伝記刊行会編『犬養木堂伝』上(一九六八、原書房)、蓬郷巌『岡山県議会ものがたり』(一九六八、日本文教出版)

(坂本 忠次)

ちゅうごくどうめいかい 中国同盟会 清朝打倒・共和国建設をめざす中国の革命団体。中国革命同盟会の呼称は誤り。「半植民地化」の進展、近代化の遅れを満洲族王朝清朝の「異民族」支配に由来すると認識した。孫文は、一八九〇年代から興中会を結成し、広東省や海外華僑を基盤に革命運動を始めていた。二十世紀になると、長江中下流地帯にも反清革命団体が結成されるようになった。清朝派遣の日本留学生の増加、日露戦争における日本の勝利を背景とし、宮崎滔天《みやざきとうてん》らの斡旋もあって、明治三十八年(一九〇五)八月二十日、東京市赤坂区葵町三番地(港区)坂本金弥邸において、各地の革命家が参加して中国同盟会が結成された。同盟会は孫文を「総理」・黄興を「協理」とし、章炳麟・宋教仁・張継・汪兆銘・胡漢民・陳天華らを主要幹部とした。孫文の「駆除韃虜・恢復中華・建立民国・平均地権」(清朝打倒・共和国建設・農地改革・工業化等の推進)の理論を綱領とした(のちに「三民主義」)。機関誌として『民報』を発刊、清朝治下での立憲君主制への移行をめざす立憲派と論争し、革命論を鼓吹した。東京に本部をおきながら中国辺境地区で武装蜂起を展開、何回もの失敗ののち、一九一一年十月、中部同盟会の指導する武昌蜂起が成功、翌年一月、中華民国が成立し、孫文が臨時大総統に就任した。帝国主義、特に日本に対する幻想や期待など、綱領・組織・活動・実績などに多大の欠点を露呈しながらも、本格的な近代化を提起した活動として、現在の中国でも高く評価されている。日本・日本人とも密接な関係をもったことも重要である。民国以降の国民党・中華革命党・中国国民党の前身でもある。

参考文献 孫文『三民主義』(安藤彦太郎訳、『岩波文庫』)、宮崎竜介・小野川秀美編『宮崎滔天全集』(一九七一-七六、平凡社)、上村希美雄『宮崎兄弟伝』(一九八四-二〇〇四、葦書房)、陳錫祺主編『孫中山年譜長編』(一九九一、中華書局、北京)

(久保田文次)

ちゅうごくほぜんろん 中国保全論 ⇨支那保全論《しなほぜんろん》

『中国民報』第108号

ちゅうごくみんぽう 中国民報 明治二十五年(一八九二)七月三十日、実業家の坂本金弥《さかもときんや》が岡山地方を中心に発刊した新聞。金弥は、急進的な政治結社備作同好倶楽部を結成し、機関紙『月刊進歩』を発行していたが、発行が禁止されて中国民報社を設立、日刊紙の発行へと進んだ。当初主筆に志賀重昂、ついで田岡嶺雲《たおかれいうん》を迎え、文学色の濃い紙面となった。嶺雲は三十四年(一九〇一)県の教科書疑獄事件を攻撃し、官吏侮辱罪で重禁錮二ヵ月の刑に服した。金弥は、中国進歩党から衆議院議員に立候補、当選後、社長は弟の坂本義夫、女婿の坂本権三郎に代わった。金弥は、犬養毅の進歩党、さらに国民党の支援を行い政治行動をともにしたが、大正二年(一九一三)藩閥内閣の第三次桂太郎内閣を支持、犬養らと別れ国民党を脱党した。『中国民報』は部数が激減して経営悪化し、大原孫三郎に経営権を譲った。原澄治《はらすみじ》、筒井継男、ついで柿原政一郎《かきはらまさいちろう》が社長となり、積極的経営で『山陽新聞』と競争するまでに発展したが、昭和十一年(一九三六)十二月一日『山陽新聞』に合併し、『山陽中国合同新聞』となり、以後『合同新聞』(十二月九日)、『山陽新聞』(二十三年(一九四八)五月一日)と改題し今日に至っている。

参考文献 『岡山県大百科事典』下(一九八〇、山陽新聞社)、『岡山県史』一〇(一九八五)

(坂本 忠次)

名古屋の日清戦争忠魂碑

ちゅうこんひ 忠魂碑 国のために命を捧げた「忠義なる霊魂」を祀り、顕彰・記念した石碑。日清戦争後に各地で建立された征清紀念碑などを雛型に、日露戦争後に全国的に一般化した。戦死者の遺骨は埋葬されていないが、年末には注連縄《しめなわ》が張られ、死者の魂が宿る宗教施設として、墓碑同様の扱いを受けてきた。アジア太平洋戦争前には碑前で招魂祭などが執行されており、死者を埋葬する埋墓《うめばか》と墓碑を建立する詣墓《まいりばか》が両立する、いわゆる両墓制での一端といえる。明治維新後、政府軍戦死者は「忠魂」として東京九段の東京招魂社に合祀されたが、同社は明治十二年(一八七九)六月に靖国神社となった。一方、地域の名望家層を中心とした軍友会・軍人慰藉会《いしゃかい》などに参加した住民が、戦死者の所属部隊に関連する乃木希典や大山巌らの将官に碑題の揮毫を依頼し、資金を工面して建立した忠魂碑は、「ムラやマチの靖国」の役割を担うこととなった。碑背に戦死者のみならず従軍者・凱旋者・建立者の氏名が刻み込まれ、地域の戦争関係者を記念する村や町の現代史碑となった。忠魂碑が全国的に時期を集中して建立された背景には、明治三十八年(一九〇五)三月の帝国議会衆議院廃兵院法案委員会で寺内正毅陸相に被害が「酷烈」だったと答弁させた、日露戦争での想定外の戦傷病死者と戦傷病者の激増があった。出征して異国の地で戦死した兵士の多くは将来のある若者で、郷土の人びとは「無念の死」の霊魂は荒魂《あらたま》として宗教的にも丁重に祀らねばという感情を抱いた。その後の建立が在郷軍人会に移行したことで忠魂碑の公共性はさらに強調され、建立場所も神社境内から学校敷地内へと移動した。戦時体制の進行による軍国主義教育のもとでは、児童・生徒を巻き込んでの戦死者の共同祭祀も日常化した。昭和十六年(一九四一)四月以降は、国民学校の児童・生徒や中等学校の生徒・学生への奉安殿・忠霊塔・英霊殿、「巨大な忠魂碑」である護国神社や帝国陸軍・海軍が管轄する靖国神社などへの参拝強制が拡大した。

参考文献　今井昭彦『近代日本と戦死者祭祀』(二〇〇五、東洋書林)　（滝澤　民夫）

ちゅうざいぶかん　駐在武官　合法的に駐在国の内情(主として軍事情報)を調査・研究し、しかも駐在国の軍部との懇親をめざすことを主任務とした現役軍人。戦前の駐在武官は、軍部の影響力が強大であり、大使(館)の傘下にあって補佐にあたることは名目で、実際は、陸軍武官と海軍武官に分かれて、陸海軍大臣・総長の直接の指揮下にあった。そのため、統帥権の延長からその独自性が容認され、大使館とは別に武官室(陸海軍別々に)を保有して情報収集を行なった。明治期の駐在武官は、欧米の学問・文化を学習して国際外交感覚を身に付けることが主眼であったが、昭和期の駐在武官は、単に情報収集にとどまらず外交問題に頻繁に介入した。駐在武官の経験は、陸海軍大臣・総長に就任するには不可欠で、陸軍大学校・海軍大学校出のエリート軍人が出世するための登竜門となった。戦後は、戦前とは違い、防衛駐在官と呼ばれ、防衛省(庁)から外務省に派遣された外務事務官に過ぎない。

参考文献　内山正熊「軍人外交官―駐在武官の研究―」(『国際法外交雑誌』七四ノ六、一九七六)　（山本　智之）

ちゅうせつしゃ　中節社　栃木県の民権結社。明治十三年(一八八〇)国会開設運動が高まる中、当時塩田奥造は『栃木新聞』を通して民権運動の昂揚を訴え下野団結会を提唱、これを契機に八月三十日栃木中教院で第一回下野結合会がもたれた。県下には塩田奥造の呼びかけで栃木に有明《ゆうめい》社、芳賀《はが》郡に言泉《げんせん》社、佐野に安蘇《あそ》結合会、都賀《つが》郡に囂々《ごうごう》社などが生まれた。安蘇郡では二十三日佐野において会長田中正造、副会長関口省三により結合会を決議した。八月三十日中教院で下野四郡が出席、塩田議長のもと規約三章を審議し原案通り可決した。次会の九月二十五日にあわせ安蘇結合会の第二回会合が九月十九日春日岡で開かれて開設主義を請願主義でなく建白主義に決定、第一回安蘇結合会の立場とは異なった。第二回は鹿沼で行われ田中正造は建言主義を以て分離の情を示し下毛結合会はほかとの分裂を深めた。安蘇結合会第三回は十月三日に開催され、ここで「中節社」と改称した。組織は中島村に第二中節社、梁田郡に梁田中節社を設置した。組織過程をみると各村の主任者たるものによって成立、建白書捧呈準備に入り田中正造が建白書起草に着手し、捧呈委員に田中のほか下都賀から今泉正路《いまいずみまさみち》、梁田郡より山口信次が選出された。中節社の主義は基本に自由自治を据え、ついで社会の安定を求めるものであった。

参考文献　渡辺隆喜『日本政党成立史序説』(二〇〇七、日本経済評論社)　（大町　雅美）

ちゅうまかのえ　中馬庚　一八七〇―一九三二　明治二十年代の野球選手。英語の baseball の訳語「野球」の発案者。明治三年二月九日(一八七〇年三月十日)、鹿児島生まれ。同二十一年(一八八八)、東京の第一高等中学校に入学後、野球部の遊撃手・二塁手・捕手として活躍した。帝国大学文科大学進学後の同二十八年に、一高の『野球部史』(『校友会雑誌』号外)を執筆し、そこで訳語「野球」を用いた。また、その翌年五月、一高野球部が横浜米国人チームを破った試合では監督を務めるなど、後輩の指導にあたり、一高野球部を全盛時代へと導いた。さらに同三十年(一八九七)、帝大卒業時には、日本ではじめての野球専門書『野球』(前川文栄堂出版)を世に出し、野球の普及に多大な貢献をなした。卒業後は中学校教員となり、鹿児島第一中学校、新潟県糸魚川《いといがわ》中学校などに勤め、徳島県脇町中学校校長の職を最後に大正六年(一九一七)二月退職した。昭和七年(一九三二)三月二十一日死去。六十三歳。

参考文献　渡辺融「ベースボールから野球へ―中馬庚の仕合規則に見られるベースボールの日本化―」(『比較文化研究』二一、一九八三)、城井陸夫『野球の名付け親中馬庚伝』(一九九八、ベースボール・マガジン社)、坂上康博『にっぽん野球の系譜学』(『青弓社ライブラリー』、二〇〇一、青弓社)　（坂上　康博）

ちょうえき　懲役　自由刑の一種。監獄に拘置して定役に服せしめることを内容とする、現行刑法制定後は死刑の次に重い刑。明治元年(一八六八)仮刑律および明治三年十二月新律綱領は刑罰として笞杖徒流死の五刑を規定していたが、五年四月懲役法は笞杖を短期自由刑と変更する際に懲役の語をはじめて用い、翌年に徒刑執行場所である徒場の名称は懲役場と変更された。六年六月改定律例は、笞杖徒流の四刑を懲役として統一し、十日以上十年以下の有期の懲役と終身懲役とを定め、旧刑法(十三年(一八八〇))は、重罪を死刑・無期徒刑・有期徒刑・無期流刑・有期流刑・重懲役・軽懲役・重禁獄・軽禁獄に分類し、重懲役は九年以上十一年以下、軽懲役は六年以上八年以下の間、「内地ノ懲役場ニ入レ定役ニ服ス」と規定した。その後、現行刑法(四十年(一九〇七))は、徒刑・流刑・重禁錮・重懲役・軽懲役を合わせて懲役に一本化した。現在では有期懲役と無期懲役がある。

(田中亜紀子)

ちょうかいさいばんしょ　懲戒裁判所　判事に対する懲戒を行うために設けられた裁判所。大日本帝国憲法は五八条二項で裁判官の身分保障を定め、三項で裁判官に対する「懲戒ノ条規」は法律で定めるとした。これを受けて、明治二十三年(一八九〇)二月に裁判所構成法とともに判事懲戒法が制定された。同法によれば㈠職務上の義務に違背しまたは職務を怠ったとき、あるいは㈡官職上の威厳または信用を失う行為をしたときに、裁判官は懲戒裁判所の裁判によって懲戒される。懲戒裁判所は、各控訴院および大審院に置かれ、前者は控訴院判事、各控訴院管轄下の判事を、後者は控訴院長・部長、大審院判事をそれぞれ管轄する。懲戒裁判所の手続は、㈠懲戒裁判所の職権または検事の申立による裁判の開始決定、㈡懲戒すべき所為と証拠の開示、㈢必要な場合は、受命判事による「下調」の実施、㈣「口頭弁論ヲ為スノ決定」または「免訴ノ判決」、㈤口頭弁論の実施(被告審訊、証拠調、弁論、被告の最終発言)、㈥評議判決の順で進められる。懲罰として、譴責、減俸、転所、停職、免職が規定されていた。政府・司法省の人事政策と裁判官の身分保障とが対立した懲戒事件として、花札賭銭博奕を理由とする大審院長児島惟謙《こじまいけん》らに対する懲戒事件(二十五年)、大審院判事千谷敏徳《ちやとしのり》(二十七年)、甲府地方裁判所判事別《べつ》所別《しょわかつ》(二十九年)の転補(転所)命令拒否をめぐる懲戒事件などがある。

参考文献　小田中聡樹「司法官弄花事件」(我妻栄他編『日本政治裁判史録』明治後所収、一九六九、第一法規)、楠精一郎『明治立憲制と司法官』(一九八九、慶応通信)

(三阪佳弘)

ちょうこもんじょ　徴古文書　黒板勝美・下村三四吉らによって刊行された古文書集。明治二十九年(一八九六)刊行の甲集および明治三十一年(一八九八)刊行の乙集の全二巻からなる。本書は、明治八年(一八七五)太政官の歴史課を修史局と改称し編修体制が確立して以降、明治二十八年帝国大学の文科大学内に史料編纂掛が設置されるまでの間に収集された古文書から選択して編集されたものである。地方別に編纂され、甲集には山城・大和・河内・和泉・摂津国の史料が、乙集には伊賀・伊勢・尾張・遠江・駿河・甲斐・伊豆・相模・武蔵・安房・上総・下総・常陸国の史料が収められている。各地方の史料を、所蔵者名のイロハ順に分類し、年代順に配列されている。難字・誤字などについては史料編纂掛の史料編纂委員三上参次・田中義成などの校閲を経ており、年代の推定も多くなされている。史料の年代は天平年間(七二九—四九)から寛文年間(一六六一—七三)までの広い時期にわたるが、その多くを占めるのは中世文書である。主要なものとしては『正倉院文書』をはじめ、『法隆寺文書』『本願寺文書』『神護寺文書』『春日神社文書』『本能寺文書』『相州文書』『武州文書』などが収録されている。

(真辺美佐)

ちょうさくりん　張作霖　*Zhang Zuolin*　一八七五—一九二八　清朝末期から中華民国時代の軍人。一八七五年三月十九日生まれ。奉天海城出身。字は雨亭。日清戦争に従軍。除隊後、匪賊団に参加。これを脱退して、岳父の資金援助により自警団(自称保険隊、いわゆる馬賊)を結成。一九〇一年、同業者でロシアの援助を受けた金寿山に攻撃され本拠地を放棄、逃亡先の頭目張景恵に匿われ、彼の保険隊を譲られた。張作相、湯玉麟らの加勢も得て勢力を伸張。〇二年、清朝に帰順し馬賊・匪賊討伐に従事。一一年、辛亥革命勃発により奉天省城に移駐し、翌年革命指導者張榕らを暗殺して奉天省における革命政府樹立を阻止し、軍事的な実力者となり、中華民国陸軍第二十七師団長兼陸軍中将に。一六年、袁世凱によって任命されていた奉天督軍段芝貴を追放して事実上の独立政権を構築。二二年、第一次奉直戦争に敗北して北京政府と絶縁し、王永江を民政・財政担当官として迎え、ともに政権を運営し、自軍の近代化に成功。しかし王の反対を押し切り直隷派と再戦(第二次奉直戦争、二四年)。勝利して北京政府を掌握し、長江下流域にも勢力を拡大したが、大増税を契機に猛反発を受け、反奉戦争を引き起した。この蜂起は南方の国民党勢力をも刺激し、北伐を誘発。防戦中に郭松齢事件が勃発し(二五年)、政権瓦解の危機に見舞われたが、邦人と権益保護を口実とした日本軍の出兵および側面支援に助けられ、郭軍を打倒した。二六年、政策方針を異にする王永江が政権を去ったが、張作霖は華北・東北十五省の推戴を受けて安国軍総司令に就任、国民革命=北伐軍に対峙した。二七年からは日本の支援も受けて集中的に北伐軍に反撃したが劣勢に立たされた。二八年には再起に必要な日本との提携関

張作霖

係を続行するため満蒙五鉄道協定を満鉄との間で締結し、奉天へ引き上げようとしたが、その途上の同年六月四日、関東軍の謀略による列車爆破事件に遭遇。同日、奉天で没。五十四歳。

参考文献　園田一亀『張作霖』(一九二三、中華堂)、常城主編『張作霖』(一九八〇、遼寧人民出版社)、澁谷由里『馬賊で見る「満洲」―張作霖のあゆんだ道―』(『講談社選書メチエ』、二〇〇四、講談社)　(澁谷　由里)

ちょうさんしゅう　長三洲　一八三三―九五　幕末期の草莽活動家、明治初年の官僚、その後文人、書画家。天保四年九月二十三日(一八三三年十一月四日)、豊後国日田郡馬原《まばる》村矢瀬(大分県日田市)に、在村儒者長梅外長男として生まれる。諱芡《ひかる》、通称光太郎、字世章、号三洲・胡蝶生、変名主馬・横三・小野秀夫。弘化四年(一八四七)広瀬淡窓《ひろせたんそう》の咸宜《かんぎ》園に入門、神童と称され、退塾時師より「才の世章に勝るものは或は少なからん」と激賞された。安政元年(一八五四)日田で開塾、二年より四年まで広瀬旭荘《きょくそう》の大坂咸宜園塾長を勤める。万延元年(一八六〇)長州に赴き明倫館の講師となる中で同藩尊攘派に接近、文久三年(一八六三)五月下関外国艦砲撃行動と六月奇兵隊結成に関与、八・一八クーデター後は土屋矢之助と九州を遊説、元治元年(一八六四)八月四ヵ国艦隊との闘いでは前田砲台を守備、後頭部に負傷した。その後日田代官所襲撃を九州の同志たちと画策するが敗北(弟春堂捕縛、獄死)、慶応二年(一八六六)八月長州に戻り小倉で戦闘に参加、戊辰戦争では越後口から会津に至り、明治二年(一八六九)山口藩議政局掌史、三年十月太政官権大史となって制度局に働き、四年五月大学少丞兼制度局勤務、同月日清修好条規締結のため清国に赴き、八月文部省六等出仕、五年二月文部少丞となって「学制」五編を起草した。また木戸孝允の後援により明治四年五月より『新聞雑誌』を刊行し、同誌第六号(七月)に「新封建論」を、第四〇号(五年四月)に「復古原論」を発表するなど、木戸的な上からの改革路線を普及した。五年十月文部大丞、六年六月より七年三月まで第三・四・五大学区を長期に巡視、七年九月文部大丞をやめている。庇護者の木戸の七年五月参議辞任と関係があると思われるが、また文部行政が英米知識を踏まえたものになってきており、漢学土壌の上で勤王運動に参加し政界に関わるようになった彼にとっては居心地のいい場所ではなくなったが故のことと思われる。かわって七年十一月太政官歴史課御用拝命以降、八年八月修史局一等修撰という一級の漢学者たちを結集した修史の場が活動の舞台となった。しかし咸宜園の特徴は徹底的な経史訓練よりも文章と漢詩という文人的一般教養を僧侶・神職および豪農商たちに育成するところにあり、十年(一八七七)十一月修史局から修史館の縮小再編成の中で十年十二月には修史館一等編修官を罷めることとなる。以降は山県有朋・鳥尾小弥太《とりおこやた》・三《み》浦《うら》梧楼《ごろう》・杉孫七郎・野村素介《のむらもとすけ》・野村靖《やすし》など長州出身の軍事・文事両面で交流のあった人々や旧咸宜園同窓と交わる中で文人・書画家の生活を送り、二十八年(一八九五)三月十三日舌癌のため六十三歳で東京に没した。

参考文献　中島三夫『長三洲』(一九七五)、同編『三洲長芡著作選集』(二〇〇三、中央公論事業出版)　(宮地　正人)

ちょうし　徴士　明治元年(一八六八)から二年にかけての新政府官吏の呼称。諸藩士など朝臣でないものを新政府に登用するための制度。慶応三年十二月十八日(一八六八年一月十二日)に三岡八郎(由利公正《ゆりきみまさ》)の参与任命に際してはじめて使用、明治元年正月十七日(一八六八年二月十日)三職七科制において制度化され、二月の三職八局制では参与および各局判事に、閏四月政体書では参与・副知官事など二等官以下の官職に就任できるものとされた。版籍奉還後このような制度は不要となり、二年六月二十七日(一八六八年八月四日)行政官達によって廃された。

参考文献　馬場義弘「明治初期の徴士制について」(『同志社法学』三八ノ四・五合併号、一九八七)　(松沢　裕作)

ちょうしこう　銚子港　利根川の河口部に位置する港。明治七年(一八七四)の銚子(飯沼・新生《あらおい》・荒野《こうや》・今宮四ヵ村)の人口は、一万七千六百八十八人と千葉県内で最大であった。通運丸や銚子丸などの蒸気船が利根川・霞ヶ浦・江戸川・東京の河岸を結び、銚子では米・大豆・小麦・石油・ニシン粕・食塩を入荷し、醬油・鮮魚・イワシメ粕・ニシン粕・鰹節を出荷した。三十年(一八九七)に総武鉄道が銚子まで開通すると利根川水運の旅客数は四十三年(一九一〇)をピークに減少したが、貨物数は昭和期に入るまで減少するには至らなかった。また黒潮と親潮が出会う好漁場が近く漁港として栄えたが、河口付近は水深が浅く暗礁が多い船の難所で、四十三年三月には暴風雪のため八十三艘千五十五人が遭難した。大型漁船の避難港とするため浚渫や防波堤などが必要だとして、四十二年の千葉県会で国庫補助による銚子築港が決議され、ようやく昭和十四年(一九三九)に完成した。

参考文献　『千葉県の歴史』通史編近現代一・二(二〇〇二・〇六)、『銚子港沿革調』(『銚子の古文書』八、二〇〇三、銚子市公正図書館)　(松浦　眞二)

ちょうしどう　張之洞　Zhang Zhidong　一八三七―一九〇九　清国の官僚、政治家。字は考達、号は香濤、直隷省南皮県の人。一八三七年九月二日生まれ。一八六三年の進士。翰林院の諸職や内閣学士を歴任。この間、時政を糾弾、またイリ事件や琉球帰属問題に関し強硬論を上奏、清流派の一員として頭角をあらわした。八二年初山西巡撫に抜擢され、以後地方大官としての途を歩む。八四年両広総督に昇任、八九年湖広総督に転じ、以後十八年間この任にあった。両広総督在任中、清仏戦争に対処するとともに新式の兵器・製鉄・紡績織布工場を広東に設立、教育の振興にも努めた。湖広総督就任後は、中国最初の大規模製鉄所たる漢陽鉄廠をはじめ湖北鎗砲廠・

湖北紡織官局などを建設、大冶鉄山を開発し、内河航運や電信事業を推進、南北縦貫鉄道たる盧漢―粤漢線の敷設を提唱、両湖書院や自強学堂を設立するなど、後期洋務運動を代表する地方大官となる。日清戦争中、両江総督臨時代理として前線への軍隊・軍需品輸送や長江の防備に従事、また台湾割譲を回避すべく画策した。戦後、『時務報』の発行を助けるなど変法運動に理解を示したが、康有為とは一線を画し、九八年『勧学篇』を著わして中体西用の立場を表明しつつ西洋の学問の重要性を説き、漸進的な改革や日本留学を勧めた。一九〇〇年義和団事件に際し、義和団の鎮圧を主張、清朝の対列国宣戦を無視して両江総督劉坤一とともに上海駐在列国領事と東南互保を協定、華中の独立を図る唐才常らの自立軍起義を弾圧するなど秩序の維持に努めた。翌年、劉坤一と連名で政治・外交・教育・軍事の全面的な改革を主張する上奏文三篇を呈し、これが光緒新政の出発点となる。〇三年入京、管学大臣張百熙らと協力し科挙に代わる日本に倣った学校教育制度である奏定学堂章程(癸卯学制)を制定した。〇七年軍機大臣に就任し学部大臣を兼任、翌年督辦粤漢鉄路大臣を兼ねるも、〇九年十月四日に病没。七十三歳。彼が育成した湖北新軍は、二年後、辛亥革命を引きおこすことになる。

参考文献　並木頼寿・井上裕正『中華帝国の危機』(『世界の歴史』一九、一九九七、中央公論社)、李細珠『張之洞与清末新政研究』(『中国社会科学院近代史研究所専刊』、二〇〇三、上海書店出版社、上海)、謝放『張之洞伝』(二〇〇四、広東高等教育出版社、広州)

(佐々木　揚)

ちょうじゃばんづけ　長者番付　全国の資産家を番付形式で一覧できるようにした一枚摺りのもの。「長者鑑」「持丸鏡」「持丸長者鑑」などとそれぞれの番付には表記されている。一般民衆が手軽に基本知識を仕入れるための手段として江戸時代から種々さまざまな番付形式一覧表が刊行されていたが、長者番付は役者番付・名家番付・医者番付などとならびその主要なものの一つである。新聞雑誌が一般的情報源に成長していくにつれて番付刊行は乏しくなり、長者番付の場合では日清戦争後は基本的に消滅した。長者番付はそれだけで一枚仕立てとして販売されるとともに、手軽な「辞典」として組みあわされる形式のものも存在していた。明治十二年(一八七九)大阪で刊行された番付「四方一覧」では、岩崎弥太郎と五代友厚を東西大関とする「大日本持丸長者鑑」が「官員鑑」「三府俳優《やくしゃ》大見立」「方今力士大相撲」とともに一面で摺られている。さらに発達した形のものは、二十七年(一八九四)東京で刊行された『一覧博識番附百種』のように活版印刷の「持丸長者鑑」をほかの多くの活版番付とともに綴り一冊仕立てにしたものである。こうなると、そのまま一冊の掌中知識辞典に発展することになるだろう。

(宮地　正人)

ちょうしゅうはんだったいそうどう　長州藩脱隊騒動　明治初期長州藩における諸隊脱隊兵による反乱事件。長州藩諸隊は、幕長戦争・戊辰戦争に活躍したが、戦争終了後は活動の機会がなくなった。さらに豊前・石見国預地の返還に伴って、軍費が欠乏したため、山口藩庁は余剰兵の精選を意図した。明治二年十一月八日(一八六九年十二月十日)、藩庁は常備軍を編制して定員を二千二百五十人とし、兵士の精選を長官に命じた。この動きを察知した遊撃隊嚮導三名は、会計の不正などに関わる隊の長官と幹部の弾劾書を藩軍事局に提出した。藩軍事局は、

長州藩脱隊騒動　処刑者の供養塔(山口市)

これを無視して諸隊の改編を強行し、十一月二十七日、第一大隊から第四大隊までの常備軍を編制した。十二月一日(一八七〇年一月二日)、選抜にもれた遊撃隊兵士は、嘆願の趣ありとして山口の本営を脱して佐波《さば》郡宮市に屯集し、奇兵・整武・振武・鋭武・健武の諸隊からも同調する兵士が加わり約千八百人にのぼった。脱隊兵は、不正な長官の退役や被髪脱刀への反対などを藩庁へ嘆願した。藩庁は鎮撫使を派遣し、要求の一部を受け入れ、十二月八日、知藩事毛利元徳《もうりもとのり》みずからが三田尻《みたじり》・小郡《おごおり》を巡撫するなど、明治三年正月中旬までは、妥協による沈静化を図った。また、常備軍は脱隊兵との激突を避けるためと称して、謹慎の命令を破って正月十二日(一八七〇年二月十二日)豊浦《とようら》へ移駐した。正月二十二日、知藩事は諸隊の者を召し出して安心して奉公すべきを命じ、常備軍長官へは、免職・謹慎を申し付けた。しかし、正月二十一日、藩庁が萩の干城隊に山口への警備出兵を依頼したことを契機として、脱隊兵は硬化し、山口に結集した。正月二十四日、脱隊兵六百人は、干城隊が山口に出るのを阻止するために、佐々並《ささなみ》に出張した。また、知藩事の山口公館を包囲し、二十六日には山口へ出入りの関門を閉じた。二十七日この中を脱出した木戸孝允は、常備軍の集結している長府に逃れて武力鎮圧を決意し、豊浦藩と協議して武力討伐の方略を練った。海軍の士卒は赤間関に集結して時機をうかがった。木戸は豊浦・清末《きよすえ》・徳山・岩国各支藩の協力を得て準備を整え、二月八日(一八七〇年三月九日)赤間関を進発した。木戸みずからが率いた第一軍は、常備軍三百人、第四大隊二百五十人などを中心に海路小郡付近から上陸した。第二軍は豊浦藩知事毛利元敏《もととし》が率いる豊浦・清末藩兵と第一大隊一中隊で編制し、陸路小郡に向かった。第三軍は徳山・岩国支藩兵と一門右田《みぎた》毛利氏兵を加え、三田尻から勝坂方面に迫った。二月九日・十日の激戦の末、山口の重囲を解き、脱隊兵を鎮圧した。この戦闘により討伐軍は、戦死二十、

負傷四十四、脱隊兵は戦死六十、負傷七十三にのぼった。脱隊兵の処罰は、三月二日(一八七〇年四月二日)、山口郊外の大内《おおうち》村柊《ひいらぎ》(山口市)における首謀者二十七人の斬首を皮切りに、藩内各地で厳刑が執行された。処罰は斬罪八十四、切腹九、永牢舎二、牢舎三十三、遠島四十一、謹慎四十五、その他七、合計二百二十一にのぼった。また、脱走した兵士の探索が全国的規模で展開された。しかし同年四月三日(一八七〇年五月三日)—四日には上関部平生《ひらお》村(平生町)で再挙の動きがあり、五月にかけて三田尻、徳地《とくじ》で不穏な状況が発生した。七月には厚狭《あさ》郡妻崎の石炭会所襲撃があり、十一月十九日(一八七一年一月九日)、九州へ脱走していた脱隊兵士らによる周防大島の大島部署(郡代官所)襲撃があった。また、九州の不平士族らと結合して日田騒擾などの反政府運動を続けたため、明治政府は武力鎮圧を断行し、明治四年三月、久留米藩に亡命していた大楽源太郎《だいらくげんたろう》を暗殺に追い込むまで、政局に大きな影響を与えた。なお、騒動の歴史的評価として、人民一揆的とみるか、士族反乱的とみるかの見解がある。これにかかわって明治二年十二月から翌年正月にかけて美禰《みね》郡や厚狭郡で村役人打ち壊しの農民一揆の場に諸隊が出かけていることについて、これを指導＝同盟関係とみる見解と、両者は区別されるべきかの見解がある。これらの究明においては、この出張は、藩庁の指令によって行われている事実を正確に位置づけることが重要である。→大楽源太郎事件《だいらくげんたろうじけん》

[参考文献] 石川卓美・田中彰編『(奇兵隊反乱史料)脱隊暴動一件紀事材料』(一九八一、マツノ書店)、山口県文書館編『山口県政史』上(一九七二)、三宅紹宣『幕末・維新期長州藩の政治構造』(『歴史科学叢書』、一九九三、校倉書房)、田中彰『長州藩と明治維新』(一九九八、吉川弘文館)

(三宅 紹宣)

ちょうじゅうりょうきそく　鳥獣猟規則　明治六年(一八七三)一月二十日に制定されたわが国で最初の鳥獣保護および狩猟に関する制度。現在の「鳥獣の保護及び狩猟の適正化に関する法律」(通称「鳥獣保護法」)の前身となるものである。狩猟の方法には銃猟、わな猟、網猟、放鷹などがあるが、鳥獣猟規則では銃猟だけを規制対象としている。これは幕末から明治にかけての戦乱のなかで農民らが銃を所持していたことに対して、取扱いの安全を期したものである。銃猟は免許鑑札制とされ、職猟と遊猟に区分された。職猟は猟師の職業としての猟であるのに対して、遊猟は趣味(レクリエーション)の狩猟である。遊猟が規則に盛り込まれたのは、ヨーロッパの王侯貴族が狩猟を行うのに倣って制度化したものであり、免許の取得者はごくわずかであったが、欧化政策の一環としての役割を果たしていた。鳥獣猟規則には、猟を行うことができる可猟地域、猟ができる狩猟期間、猟の方法である猟法の制限などについて記載されている。

(亀山 章)

ちょうせんおうこうぞく　朝鮮王公族　明治四十三年(一九一〇)八月二十二日の韓国併合に伴い、かつての韓国皇帝の一族は日本の王公族として特別な身分と地位を与えられた。併合当時の皇帝は純宗(李坧、昌徳宮李王)であり、その家族および前皇帝の高宗(徳寿宮李太王)が王族となり、高宗ないしそれ以前よりの大韓帝国皇族の傍系(李堈、李鍵、李鍝など)が公族となった。当初、朝鮮王公族の法的規定については、併合直後に発された「前韓国皇帝殊遇の詔書」と「李家殊遇の詔書」によって「皇族の礼を以てし、特に殿下の敬称を用」いさせるとのみあった。ところが、純宗の嗣子である李垠と皇族の梨本宮方子《まさこ》の結婚にあたり王公族の定義の明確化が問題となり、大正十五年(一九二六)十二月一日に「王公家軌範」が公布され、「王系及公系は男系の男子之を襲ぐ」(第一条)などが規定された。昭和二十二年(一九四七)五月三日の日本国憲法施行によって、朝鮮王公族はその身分と地位を失った。

[参考文献] 井原頼明『(増補)皇室事典』(一九三八、冨山房)、小林宏・島善高『明治皇室典範』(『日本立法資料全集』一六・七、一九九六-九七、信山社)、金英達「朝鮮王公族の法的地位について」(『青丘学術論集』一四、一九九九)、小田部雄次『天皇・皇室を知る事典』(二〇〇七、東京堂出版)

(小田部雄次)

ちょうせんかいしゃれい　朝鮮会社令　日本統治初期において、朝鮮総督府が朝鮮における会社設立を規制するために設けた法律。明治四十三年(一九一〇)十二月二十九日に制令第一三号にもとづき公布された。本令により、朝鮮で会社を設立する場合および朝鮮外で設立された会社が朝鮮に本店ないし支店を設ける場合に、朝鮮総督の許可を得なければならなくなった。違反した場合には、懲役、禁錮あるいは罰金に処された。法律上は民族の別は問われなかったが、実際には、日本人よりも朝鮮人のほうが規制を受ける度合いが強かった。本令は、朝鮮人の企業設立を抑圧する役割を果たしたと評されている。他方では、在朝鮮および日本国内の日本人企業家や言論人からも反対の声が上がった。第一次世界大戦期の好景気を背景に日本から朝鮮への投資意欲が強まった一九一〇年代後半、規制の程度が緩和されていった。大正九年(一九二〇)四月、廃止されるに至った。

[参考文献] 小林英夫編『植民地への企業進出—朝鮮会社令の分析—』(『ポテンティア叢書』三二、一九九四、柏書房)

(松本 武祝)

ちょうせんかへいせいりじぎょう　朝鮮貨幣整理事業　明治三十八年(一九〇五)から実施された朝鮮における旧貨の回収と新貨の普及の事業。明治三十一年、朝鮮は日本の指導のもとに名義上の銀本位国となったが、銀銅貨の発行は少額で、鋳造利益が大きい白銅貨のみを鋳造発行し、民間の私鋳偽造が大規模に行われていた。目賀田種太郎韓国財政顧問(元大蔵省主税局長)は三十七年の就任直後、韓国に金本位制を敷き、日本と等価な貨幣本位

を確立し、日本貨幣の流通を認めることにした。また第一銀行京城支店に中央銀行の役割を付し、第一銀行券に強制通用力を付与するとともに、貨幣の整理、交換にあたらせた。翌三十八年十二月、伊藤博文が韓国統監として京城に駐在し、四十年（一九〇七）十月、目賀田財政顧問に代わって韓国政府の度支部次官（大蔵次官にあたる）に大蔵省主計局長荒井賢太郎が就任した。明治四十二年に韓国銀行が設立され、第一銀行京城支店の中央銀行業務を引き継ぎ、四十四年二月に貨幣整理事業を完了させた。

参考文献 『大蔵省百年史』上（一九六九、大蔵財務協会）

（町田 俊彦）

ちょうせんきぞく 朝鮮貴族 明治四十三年（一九一〇）八月二十二日の韓国併合条約調印に伴い、同月二十九日に発された朝鮮貴族令に基づき日本の爵位を与えられた韓国人たち。主に朝鮮王公族の血縁・姻戚や、日本の韓国併合に協力的であったりした有力者七十六名が授爵した（公侯伯子男爵のうち、公爵はいなかった）。その中心は、李址鎔や李完用、朴泳孝らのような高級両班《ヤンバン》出身者で、「乙巳五賊」「丁未七賊」と称された親日的で売国的な大臣級の政治家や軍人たちであった。しかし、子爵や男爵級のなかには、金奭鎮のように授爵を拒否して自決したり、金思濬のように独立運動をして爵位を剝奪されたりする者も少なくなかった。昭和二十二年（一九四七）五月一日公布の「皇室令及附属法令廃止の件」によって翌二日に消滅するまでの三十七年間に代替わりや陞爵なども行われ、世襲財産保護や経済的困窮者への救済措置などもとられた。ただし、貴族院有爵議員の資格はなかった。

参考文献 大村友之丞編『朝鮮貴族列伝』（一九一〇、朝鮮研究会）、百瀬孝『（事典）昭和戦前期の日本―制度と実態―』（一九九〇、吉川弘文館）、小田部雄次『華族―近代日本貴族の虚像と実像―』（『中公新書』、二〇〇六、中央公論社）

（小田部雄次）

ちょうせんきぞくれい 朝鮮貴族令 明治四十三年（一九一〇）八月二十九日に公布され、即日施行された朝鮮貴族に関する皇室令。二十二条から成り、第一条には「本令に依り爵を授けられ又は爵を襲ぎたる者を朝鮮貴族とす」とあり、第二条に「爵は李王の現在の血族にして皇族の礼遇を享けざる者及門地又は功労ありたる朝鮮人に之を授く」とある。同令は明治四十年六月一日改正の華族令に準じたものであり、公侯伯子男の五爵制をとり、夫人や家族も当主の爵に相当する礼遇や名称を受け、爵は男子が相続するなどを規定した。ただし、華族と異なり公爵該当者がなく、貴族院有爵議員の特権もなかった。関連法規として同日施行の「朝鮮に在住する貴族に関する件」「朝鮮貴族の叙位に関する件」、昭和二年（一九二七）二月二日裁可の「朝鮮貴族世襲財産令」などがある。これらの法令は昭和二十二年（一九四七）五月一日公布の「皇室令及附属法令廃止の件」により翌二日に廃止された。

参考文献 井原頼明『（増補）皇室事典』（一九四二、冨山房）、百瀬孝『（事典）昭和戦前期の日本―制度と実態―』（一九九〇、吉川弘文館）、小田部雄次『華族―近代日本貴族の虚像と実像―』（『中公新書』、二〇〇六、中央公論社）

（小田部雄次）

ちょうせんきょういくれい 朝鮮教育令 植民地朝鮮の教育に関する法令。明治四十四年（一九一一）八月二十四日、勅令二二九号として公布された。「教育に関する勅語の旨趣に基づき忠良なる国民を育成する」（第二条）と謳い、「国民たるの性格を涵養し国語を普及することを目的とす」るという同化主義教育を掲げた。朝鮮人の学校は日本人と別であり、普通学校（四年）・高等普通学校（四年）・女子高等普通学校（三年）・実業学校（二年ないし三年）・専門学校（三年ないし四年）とされた。大正十一年（一九二二）の改正（第二次教育令）で内地人と朝鮮人の教育を包括したが、「国語を常用」するか否かで就学する学校が異なっていた。昭和十三年（一九三八）の改正（第三次教育令）は内地人と朝鮮人の学校名称・教科書などを同一としたが、朝鮮語が随意科目になることによって事実上の廃止となり、同十八年の改正（第四次教育令）で朝鮮人の教育は日本と同じものになった。

参考文献 朴慶植『日本帝国主義の朝鮮支配』（一九七三、青木書店）

（月脚 達彦）

ちょうせんぎんこう 朝鮮銀行 明治四十四年（一九一一）朝鮮銀行法（同年三月）に準拠して設立された日本の植民地時代の朝鮮中央銀行。初代総裁は元第一銀行の市原《いちはら》盛宏《ひろ》、資本金一千万円、本店は京城（ソウル）。明治維新期より朝鮮での中央銀行的役割は第一銀行韓国総支店が果たしていた。初代韓国統監の伊藤博文は一民間銀行が朝鮮中央銀行であることをよしとせず、明治四十二年第一銀行支店を改組して韓国銀行を設立した。同行は韓国併合に伴い、日本の法律で規制される朝鮮銀行へと改称された。同行の主管は朝鮮総督側にあった。日本銀行などからの資金援助を受けつつ、朝鮮銀行券の発行・総督府への貸出を行なったほか、一般の預金・貸出といった普通銀行業務も兼営した。さらに政府の大陸政策に照応して、満洲・シベリア・中国へも活動範囲を拡大、それに関連する内地企業への貸出も増加した。やがて朝鮮以外の貸出の多くが不良債権化し、大正十三年（一九二四）七月朝鮮銀行法は改正され、大蔵省主管へ移った。→韓《かん》国銀行条例《こくぎんこうじょうれい》

参考文献 『第一銀行史』上（一九五七、第一銀行）、朝鮮銀行史研究会編『朝鮮銀行史』（一九八七、東洋経済新報社）

（邉 英治）

ちょうせんぎんこうほう 朝鮮銀行法 日本統治下の朝鮮における植民地中央銀行に関する法律。明治十一年（一八七八）に朝鮮に進出した第一国立銀行は、三十五年（一九〇二）に銀行券発行権を獲得し、統監府時代の三十八年には法貨発行が認められた。四十二年（一九〇九）、

同行の業務を継承して韓国銀行が中央銀行として創立された。韓国併合の後、四十四年三月二十九日に朝鮮銀行法が公布され、韓国銀行は朝鮮銀行に改称された。同法は、総裁任命権などを日本政府に与えたほかは、朝鮮総督に広汎な監督権を認めた。ただし、第一次世界大戦後の経営難を受けて大正十三年(一九二四)に同法が改定され、大蔵大臣の監督権が強化された。朝鮮銀行は、中央銀行業務と普通銀行業務を兼営した。営業地域は朝鮮だけでなく、満洲・シベリア・中国関内にも及んだ。満洲事変後は、占領地における通貨工作の一翼を担った。敗戦後、昭和二十年(一九四五)九月三十日にGHQ指令により閉鎖された。→韓国銀行条例《かんこくぎんこうじょうれい》

参考文献　朝鮮銀行史研究会編『朝鮮銀行史』(一九八七、東洋経済新報社)

(松本　武祝)

ちょうせんぐん　朝鮮軍　植民地朝鮮に常駐した日本の陸軍部隊。日露開戦直後の明治三十七年(一九〇四)三月に設置された韓国駐箚軍を起源とする。韓国駐箚軍は四十三年(一九一〇)の韓国併合に伴って朝鮮駐箚軍と改称され、軍司令官は朝鮮総督の統率下に置かれた。大正四年(一九一五)に朝鮮に常備二個師団設置が計画され、十年(一九二一)までに第十九師団(羅南)・第二十師団(京城・竜山)が編成されると(師団長は朝鮮軍に直隷)、駐箚軍も常備軍となり、七年に朝鮮軍と改称された。軍司令官は大将または中将が親補され、天皇直隷となり、朝鮮憲兵隊を除く在朝鮮軍隊を統率することとなった。韓国駐箚軍は当初、朝鮮半島の治安維持および日露戦争の作戦後方の治安維持を主要な任務としたが、明治四十年の「帝国国防方針」策定を受け、将来における対ロシア作戦を想定した北方への兵力配備という性格が加わった。朝鮮駐箚軍から朝鮮軍と改称されるころには、朝鮮支配のための軍隊であると同時に満洲・華北地域への作戦にも対応しうる軍隊という位置づけが与えられ、中国国境線沿いに守備隊が配備され、永興湾・鎮海の両要塞を守備した。軍主力部隊は朝鮮半島内各地に分駐して治安維持にあたった。朝鮮軍は、大正八年に勃発した三・一独立運動の鎮圧にあたっては、憲兵警察との協力のもと、中核的に弾圧に従事し、また九年には、抗日独立運動を弾圧するため、関東軍と連携し、琿春事件を口実にして満洲東南部の間島に出兵、虐殺事件を起すなど、朝鮮半島における弾圧装置としての役割を一貫して果たした。昭和二十年(一九四五)二月、朝鮮に第十七方面軍が編成され、朝鮮軍の名称は消滅した。アジア・太平洋戦争時には、第十九師団、第二十師団ともに太平洋南方地域に転戦し、それぞれルソン、ニューギニアで敗戦を迎えた。→韓《かん》国駐箚軍《こくちゅうさつぐん》

参考文献　『朝鮮駐箚軍歴史』(金正明編『日韓外交資料集成』別冊、一九六七、巌南堂書店)、小林道彦『日本の大陸政策　一八九五―一九一四―桂太郎と後藤新平―』(一九九六、南窓社)、松田利彦『日本の朝鮮植民地支配と警察―一九〇五年～一九四五年―』(二〇〇九、校倉書房)

(小川原宏幸)

ちょうせんじほう　朝鮮時報　朝鮮の釜山で発行された日本語新聞。明治二十七年(一八九四)十月に釜山に渡った熊本国権党の安達謙蔵《あだちけんぞう》が、釜山総領事室田義文《むろたよしあや》の勧誘により、釜山商業会議所会頭榊茂夫、同副会頭宮本羆《みやもとくま》らの協力を得て、同年十一月二十一日に創刊した。日露戦争の時期には資本金二万四千円の合資会社となって印刷業を兼業し、大邱・馬山・晋州・鎮海などに支局を置いて大正期まで隆昌を見た。なお、安達は明治二十八年二月十七日に漢城(ソウル)で日本語と朝鮮語で書かれた『漢城新報』を創刊し、明治三十八年(一九〇五)七月十日には平壌で『平壌新報』を創刊した。熊本国権党の朝鮮での新聞事業の背景には、日本の主導による朝鮮の革新と自立という対朝鮮政略があった。

参考文献　釜山甲寅会『日鮮通交史』(一九一六)、佐々博雄「熊本国権党と朝鮮における新聞事業」(『国士舘大学文学部人文学会紀要』九、一九七七)

(月脚　達彦)

ちょうぜんしゅぎ　超然主義　帝国議会開会の目前、政府首脳が表明した政治運営の基本方針。衆議院の多数を占める政党の意向に左右されず国政を進めようとする政治運営の態度ないし基本方針をさす。直接には大日本帝国憲法発布翌日の明治二十二年(一八八九)二月十二日、内閣総理大臣黒田清隆が府県知事に対して行なった演説のなかで、「政府は常に一定の方向を取り、超然として政党の外に立ち、至公至正の道に居らざる可らず」と演説したことに由来する。その三日後、枢密院議長伊藤博文も府県会議長に対する演説で、政党は私的・部分的利害を代表するにすぎないと述べて、君主・大臣が不偏不党であるべきことを強調した。こうして帝国議会の開設に先立ち、薩長藩閥を中心とする政府首脳部は、政党内閣を否定しただけでなく、政党とは無関係に政治運営を行う旨を宣言していた。しかし、伊藤は早くも二十五年一月、第二議会解散後の第二回総選挙に際し、政府党を組織することを提起して、超然主義からの方向転換をはかろうとしていた。ただし、これは超然主義を堅持しようとする政府内部の強い反対によって見送られた。他方、政府に対する反対政党の側にも政府に接近しようとする傾向が生まれ、日清戦争後には藩閥政府と政党の接近が強まった。二十九年四月、第二次伊藤内閣と自由党との提携が成立し、自由党党首板垣退助が内務大臣に就任した。つづく第二次松方内閣は進歩党と提携し、党首の大隈重信が入閣した。三十三年(一九〇〇)には伊藤を党首とする立憲政友会が成立して、超然主義は自己否定されるに至った。なお、超然主義の立場自体は、黒田演説の七年前の明治十五年(一八八二)、立憲帝政党が現在の内閣は同党の内閣だと公言したことに対し、政府首脳部が政府および官吏は同じ主義の政党に対して直接には関係せず、政府は政党の外に立つべきであるという立場を固めた際に、すでに成立していた。

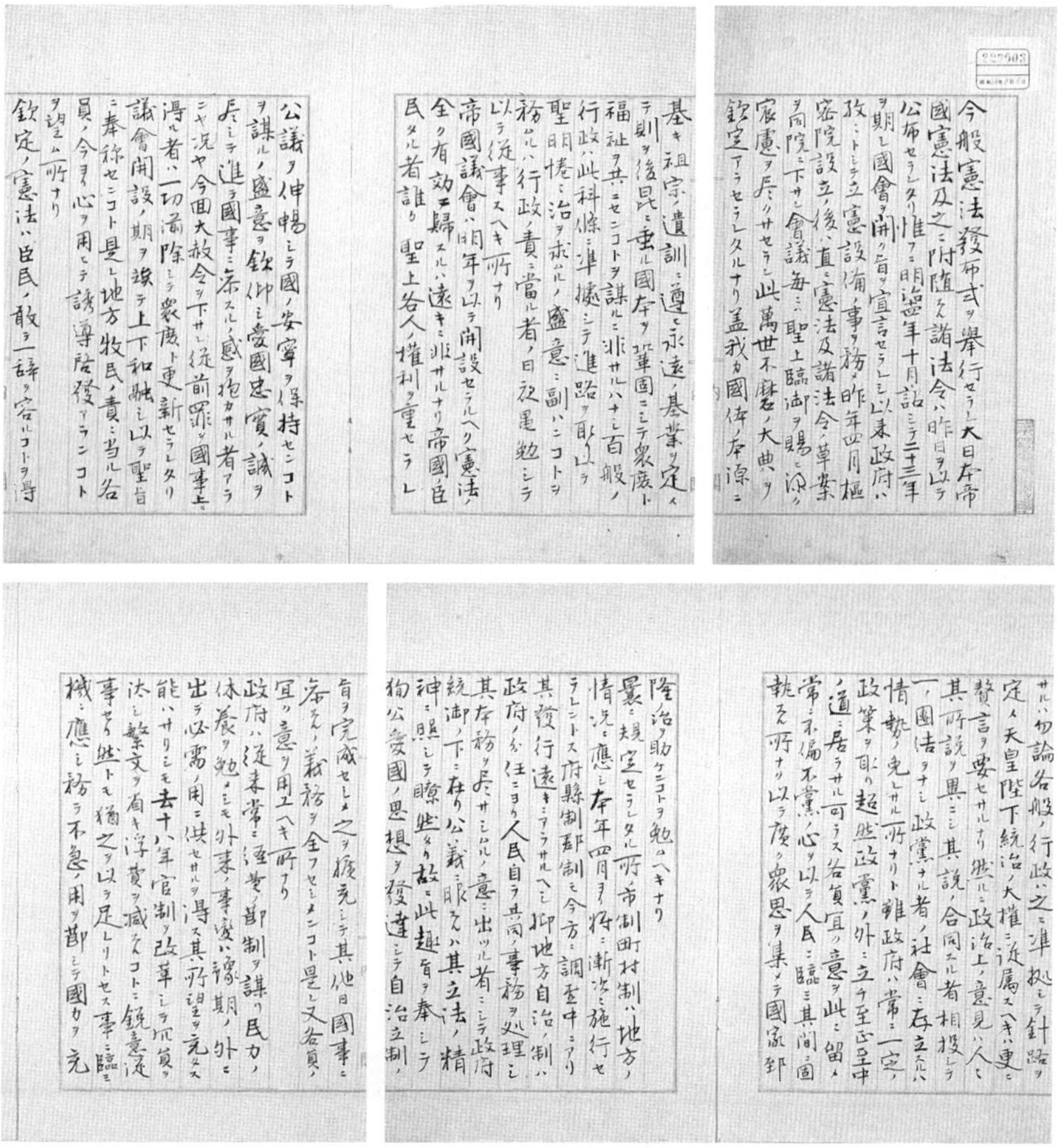

超然主義　黒田首相の演説

参考文献　林茂・辻清明編『日本内閣史録』一(一九八一、第一法規)、大日方純夫「立憲帝政党の結党をめぐる基礎的考察」(『日本史研究』二四〇、一九八二)、内田健三他編『日本議会史録』一(一九九一、第一法規)

(大日方純夫)

ちょうせんじんりゅうがくせい　朝鮮人留学生　本邦における外国人留学生は朝鮮からの「紳士遊覧団」随員をもってその嚆矢とする。時に明治十四年(一八八一)のことであった。当時、朝鮮政府の執権勢力(閔氏政権)は攘夷論者たる政敵の興宣大院君との対抗関係からも積極的に少壮の開化派官僚を登用しており、彼らを日本に派遣することにより、日本を経由しての西欧事情の調査を目論んでいた。また福沢諭吉らもこれに支援を惜しまず、紳士遊覧団として来日した兪吉濬・柳正秀・尹致昊のうち、兪・柳の両名がそのまま慶応義塾に、そして尹は中村正直主宰の同人社に入学した。また日清戦争後である同二十八年(一八九五)には朝鮮政府から「委託留学生」が無慮二百名にのぼる規模で派遣され、やはり主に慶応義塾にて学ぶとともに、陸軍士官学校などでの実務修習も実現した。その後、数的には清国留学生に圧倒されつつも、継続的に日本にて学ぶ朝鮮人生徒・学生は増え、その一つのピークが日露戦争を前後する時期であった。とりわけ一八九七年に国号を「大韓」と改め、帝政の施行を宣する朝鮮政府改め韓国政府は、同三十七年(一九〇四)に「皇室特派留学生」五十名を官費留学生として派遣し、府立第一中学校にその教育を委託した。またこれと前後する時期には官費によらない留学生も増加し、たとえば朝鮮近代文学の父とされる李光洙は東学(のちの天道教)からの学資を得てまずは大成中学校に学んでいる。こののち、同四十三年(一九一〇)八月に日本政府が韓国併合を断行したことに伴い、朝鮮半島からの留学生は法的には外国人とは呼べなくなったが、併合直前の時期からは第五高等学校や第六高等学校には少数ながら府立一中出身の朝鮮人生徒が入学している。そして彼らはまた各帝国大学に進学していくことになり、各官立専門学校や私大への進学者も少なくなかった。やがて日本統治下の朝鮮からは「内地」の中学校・高等学校をはじめとする各種の教育機関への進学者が殺到していくことになるが、これらはまさに明治期以来の留学熱におけるその流れにも位置づけられる現象であった。

参考文献　阿部洋「旧韓末の日本留学」一―三(『韓』三ノ五・六・七、一九七四)

(永島　広紀)

ちょうせんそうとく　朝鮮総督　明治四十三年(一九一〇)の韓国併合と同時に、日本が朝鮮を統治するために設置した朝鮮総督府の長官。同年八月二十九日の韓国併合条約とともに公布された勅令によって朝鮮総督府および朝鮮総督が設置され、朝鮮総督の職務は統監が行うこととなった。その後、同年九月三十日に公布された朝鮮総督府官制により詳細が定められた。朝鮮総督は親任官であり、当初は陸海軍大将に限定された。総督は天皇に直隷し、委任の範囲内で陸海軍を統率して朝鮮防備を管掌し、また朝鮮における諸般の政務を統轄し、内閣総理大臣を経て上奏を行い、裁可を受けることが定められた。また法律に代わる命令(制令)を発するとともに、その職権または委任によって朝鮮総督府令を発し、これに罰則を付することができる権限を持つなど、朝鮮民族の抵抗を抑え、安定的に植民地支配を行うための強大な権力を一手に掌握した。初代朝鮮総督は寺内正毅が陸軍大臣兼任で就任した。

参考文献 山崎丹照『外地統治機構の研究』(一九四三、高山書院)、李熒娘「第一次憲政擁護運動と朝鮮の官制改革論」(『日本植民地研究』三、一九九〇)、海野福寿『韓国併合史の研究』(二〇〇〇、岩波書店)
(小川原宏幸)

ちょうせんそうとくふ　朝鮮総督府　日本の朝鮮植民地統治機構。明治四十三年(一九一〇)八月の韓国併合に伴って設置され、昭和二十年(一九四五)の敗戦まで朝鮮統治を行なった。韓国併合以前の統監府および韓国政府に所属していた諸官署の統廃合を経て九月三十日に公布された朝鮮総督府官制(十月一日施行)によって確立した。長官である総督およびその補佐役である政務総監の下に、中央に総督官房および総務、内務、度支、農商工、司法の五部が置かれ、別に所属官署として中枢院、警務総監部、鉄道局、通信局、裁判所、臨時土地調査局などとともに地方の十三道(地方行政区)が組み込まれた。数次の改革を経て、三・一独立運動による植民地支配の改編を受けて行われた大正八年(一九一九)の官制改革により、中央は一官房・六局(内務、財務、殖産、法務、学務、警務)に細分拡充され、所属官署も肥大化した。初代総督には寺内正毅が、初代政務総監には山県《やまがた》伊《い》三郎《さぶろう》がそれぞれ就任した。各部局の長をはじめ重要なポストにはすべて日本人が選任された。各道の長官以下には朝鮮人も任用され、面(日本内地の村に相当)には官選の面長が置かれたが、中央・地方の実権は日本人官僚が握った。朝鮮総督府による支配の特徴は、一貫して物理的暴力装置にもとづく統治が行われたことにある。武断政治と呼ばれたその初期の統治は、総督の武官専任制とともに、軍事警察である憲兵が警察業務を兼務して治安維持を図る憲兵警察制度が敷かれ、治安維持のみならず人々の日常生活にまで干渉した。三・一独立運動後の制度改革(文化政治ともいう)によって武官専任制および憲兵警察制度は廃止されたが、武官以外の総督が就任したことはなく、また普通警察の拡充が図られるなど、暴力装置自体は実質的には強化され、人々の日常生活にさまざまな局面で関与した。 →韓国統監府《かんこくとうかんふ》

朝 鮮 総 督 府

参考文献 朝鮮総督府編『施政二十五年史』(一九三五)、山崎丹照『外地統治機構の研究』(一九四三、高山書院)、朴慶植『日本帝国主義の朝鮮支配』(一九七三、青木書店)
(小川原宏幸)

ちょうせんちゅうさつけんぺいじょうれい　朝鮮駐劄憲兵条例　明治四十三年(一九一〇)九月十日に制定された、軍事警察を本来の職務とする憲兵が司法・行政警察の機能をも担う憲兵警察制度を整備した法令。統監府による韓国統治の下で、義兵闘争の弾圧など治安維持を図るために憲兵隊が増強された。四十年十月に制定された「韓国駐劄憲兵ニ関スル件」では、軍事警察を主とする日本の憲兵に対して、韓国に駐劄する憲兵は治安維持に関する警察を主とし、あわせて軍事警察を掌るものとその主従が逆転していた。韓国併合直前に韓国政府から警察権を剥奪すると、併合後は朝鮮駐劄憲兵隊司令官が朝鮮総督府警務部長を兼ね、憲兵隊が警察業務を吸収した。憲兵警察制度の下で、抗日勢力に対する情報収集や討伐といった治安維持業務に加え、犯罪即決処分や衛生事務、戸籍事務など多方面にわたる司法・行政事務を憲兵が担った。また朝鮮人憲兵補助員も同条例で制度化されている。

参考文献 松田利彦『日本の朝鮮植民地支配と警察―一九〇五～一九四五年―』(二〇〇九、校倉書房)
(小川原宏幸)

ちょうせんてつどう　朝鮮鉄道　朝鮮総督府が所管する植民地鉄道。日本政府は、朝鮮の鉄道の統一支配を画策し、逓信省・陸軍省・大蔵省・外務省で協議を重ね、明治三十八年(一九〇五)八月に既存鉄道の買収と逓信省による管理を確認した。翌三十九年七月には京釜《けいふ》鉄道を買収し、統監府鉄道管理局が管理した。また、同年九月には京義線と馬山線が管理下に入り、朝鮮における主要な民間鉄道と軍用鉄道が統一された。明治四十二年(一九〇九)には一時的に日本の鉄道院のもとに属したが、四十三

年の日韓併合によって朝鮮総督府が成立すると、朝鮮の鉄道の建設や経営は総督府鉄道局が担うことになった。その後、朝鮮鉄道の経営は、大正六年(一九一七)七月に満鉄に委託されたが、十四年(一九二五)三月に委託経営が解除され、再び朝鮮総督府の管理となった。ただし、「満洲国」成立後の昭和八年(一九三三)には、清津以北の「北鮮」鉄道三二八キロの経営が満鉄に委託された。

参考文献　朝鮮総督府鉄道局『朝鮮鉄道史』(一九二九)、高橋泰隆『植民地鉄道史論―台湾、朝鮮、満州、華北、華中鉄道の経営史的研究―』(一九九五、日本経済評論社)

(老川　慶喜)

ちょうせんとちしゅうようれい　朝鮮土地収用令　日本統治下の朝鮮において、公益事業のために土地を収用または使用するための行政処分を定めた制令。明治四十四年(一九一一)四月十七日に朝鮮総督府が公布した。一部の府郡に逐次同令が施行され、大正六(一九一七)に朝鮮全域が施行地域となった。朝鮮総督が、土地収用を必要とする事業であることを認定し、また最終的な当事者間の裁定を行なった。第三者機関である収用審査委員会に関する規定がなく、また裁定に不服な場合の訴願・訴訟制度が用意されていないなど、日本の土地収用法に比べると、土地収用が容易な制度となっている。特に当事者の一方が行政の場合はそうである。同法が適応された主な事業は、鉄道・道路・教育(学校)・水利・治水などのインフラストラクチャー部門であった。同令は、数次にわたって改定され、製鉄業その他の重化学工業施設が対象事業として付け加えられた。

参考文献　広瀬貞三「朝鮮における土地収用令―一九一〇～二〇年代を中心に―」(『新潟国際情報大学情報文化学部紀要』二、一九九九)

(松本　武祝)

ちょうせんとちちょうさじぎょう　朝鮮土地調査事業　朝鮮総督府が朝鮮全域を対象に、土地一筆ごとの所在・形貌、所有権、価格を調査・測量した事業。韓国併合直前の明治四十三年(一九一〇)三月に土地調査法が制定され、韓国政府によって事業が開始された。併合後、総督府内に臨時土地調査局が設置され、また大正元年(一九一二)八月に土地調査令が制定された後に事業が本格化し、同七年に終了している。総督府は、まず、地形測量により筆地ごとの所在・境界・面積を確定し、見取図を作成した。そして、所有者の申告にもとづいて所有権を確定してゆく方針を執った。従来の研究は、この方針を奇貨として、地域の有力者が農民の無知・無関心に付け込み所有権を詐取したとしてきた。近年の研究では、朝鮮時代における土地権利関係の明確性が強調され、所有権詐取の実態も実証的に否定されつつある。ただし、事業期間に約十万筆(全体で約二千万筆数の〇・五％)で紛争が起っている。その多くが、国・民有地をめぐる紛争であった。朝鮮時代、王室や政府機関の保有する土地の権利が、所有権なのか租税徴収権なのか流動的な場合が多かった。一八九八年に大韓帝国政府が開始し、事業の直接的な前史となった光武量田では、皇室財源確保のために後者に該当する土地の一部が国有地に区分された。総督府も事業において、税収の増徴と日本人農業移民の農地確保という点から国有地創出を追求した。こうして国有地に区分された土地の所有権をめぐって紛争が多発したのである。土地価格は、市街地においては時価で、耕地においては収益にもとづいて決定された。大正七年の改訂地税令により、算定地価の千分の十三相当額の地税が徴収されることになり、総督府の主要な財源となった。事業の結果、近代的土地所有制度が確立し、土地の商品化が促された。それは、地主による土地所有が拡大する契機の一つとなった。

参考文献　朝鮮総督府臨時土地調査局編『朝鮮土地調査事業報告書』(一九一八)、宮嶋博史『朝鮮土地調査事業史の研究』(『東京大学東洋文化研究所報告』、一九九一、東京大学東洋文化研究所)

(松本　武祝)

ちょうせんないせいかいかくもんだい　朝鮮内政改革問題　日清戦争開戦過程で、日本政府が清および朝鮮政府に提示した問題。一八九四年六月、朝鮮政府が甲午農民戦争の鎮圧のため清に出兵を要請すると、日本政府も朝鮮に四千人の兵を派遣した。日本の朝鮮出兵の名目は公使館・居留民の保護であったが、農民軍は解散して平穏だったため、十五日、日清共同で朝鮮内政改革を行うまで撤兵せず、清がこれを拒否する場合は日本単独で行うことを閣議決定した。清が日本軍の撤兵を主張してこれを拒絶すると、二十二日、清への絶交書交付と朝鮮への第二次輸送隊の派遣を決定した。二十六日、大鳥圭介駐朝鮮公使が朝鮮国王高宗に謁見して内政改革を要求したが、高宗は日本軍の撤兵を求めた。さらに大鳥は開戦理由として清・朝宗属関係問題を取り上げて朝鮮政府に迫り、早期の開戦に持ち込もうとしたが、ロシアの干渉が本格化したため、陸奥宗光外相はこれを止め、朝鮮政府には内政改革問題だけを要求するよう命じた。七月三日、大鳥は督弁交渉通商事務趙秉稷に内政改革案を提示するとともに、朝鮮側に改革案調査委員を任命させ、大鳥と具体案を協議することを約束させた。朝鮮政府は三人の委員を任命して十日に老人亭で大鳥と会見させたが、大鳥から提示された二十七項目の改革案に対して、高宗は十三日には校正庁を設置して独自に改革を行うとし、趙秉稷は十六日付で日本側改革案を拒否して日本軍撤兵を強硬に求めた。こうして内政改革問題が決裂すると、二十三日、日本軍は景福宮を占領して閔氏政権を倒し、大院君政権を樹立させた。二十七日には開化派を中心とする軍国機務処が設置されて近代的改革が開始されたが、その後一八九六年二月まで日本の干渉下で行われた改革を、甲午改革ないし甲午更張という。

参考文献　田保橋潔『近代日鮮関係の研究(復刻)』下(一九七二、宗高書房)、柳永益『日清戦争期の韓国改革運動―甲午更張研究―』(秋月望・広瀬貞三訳、『韓国の学

術と文化』、二〇〇〇、法政大学出版局）　（月脚　達彦）

ちょうせんにしこうすべきほうれいにかんするほうりつ　朝鮮に施行すべき法令に関する法律　朝鮮総督に対して朝鮮における立法権の委任をなすことを定めた法律。明治四十三年（一九一〇）八月二十九日、韓国併合条約と同じ日に、緊急勅令「朝鮮に施行すべき法令に関する件」が公布された。「朝鮮に於いては法律を要する事項は朝鮮総督の命令を以て之を規定することを得」（第一条）という規定のとおりに、朝鮮総督に委任立法権を付与することを目的とした勅令であった。日本政府は、朝鮮が独立国であったこと、内地とは慣習を異にしていることを勘案して、先に植民地とした台湾の場合と同様に、立法権を総督に委任するのが適当と判断したのである。この緊急勅令は次の議会で承認が得られずに無効となったものの、翌四十四年に同一内容の法律案として議会に提出され、法律第三〇号「朝鮮に施行すべき法令に関する法律」として公布された。　→制令《せいれい》

[参考文献] 山崎丹照『外地統治機構の研究』（一九四三、高山書院）　（松本　武祝）

『朝鮮日日新聞』第582号

ちょうせんにちにちしんぶん　朝鮮日日新聞　朝鮮の仁川で発行された日本語新聞。一九〇三年十月に創刊された『仁川商報』を前身に、一九〇四年十一月二十七日に紙名を改めたという説が有力であるが、一九〇七年三月に紙名を改めたという説、また井上雅二が一九〇四年十月に朝鮮日日新聞社社長に就任したという説もある。一九〇八年六月十二日に本社を漢城（ソウル）に移し、一九一〇年の韓国併合直前の八月六日に治安妨害で発行停止処分を受け、廃刊になったと思われる。

[参考文献] 韓元永『韓国新聞一世紀』（二〇〇二、プルンササン、ソウル）　（月脚　達彦）

ちょうそんがっぺい　町村合併　市制・町村制の実施に際して、明治二十一年（一八八八）に行われた空前の大合併。江戸時代から受け継がれた村の数は七万余りであったが、この大合併によって一挙に約五万五千の村が消滅した。人口も少なく、財政上も非常に脆弱であった旧来の自然村をいくつか合併することによって、一個の独立した近代的自治体（行政町村）を創出することがその目的であった。しかし、この合併については「絶対主義官僚の傑作」と称されているように、官製的なものであり、国や県の強い指導と監督のもとに行われたものであったから、全国的に多くの混乱が発生した。合併反対の理由は、町村間の利害対立、地形や産業の違い、役場や学校の位置、貧富の差、村格の違いや慣習の違いなどであった。行政町村と自然村（旧村）のいわゆる二重構造は日露戦争後あたりから徐々に解消していくが、それが完全に消滅することはなかった。

[参考文献] 島恭彦・宮本憲一・渡辺敬司編『町村合併と農村の変貌』（『京都大学総合経済研究所研究叢書』、一九五八、有斐閣）、大石嘉一郎『近代日本の地方自治』（一九九〇、東京大学出版会）、大石嘉一郎・西田美昭編『近代日本の行政村―長野県埴科郡五加村の研究―』（一九九一、日本経済評論社）　（石川　一三夫）

ちょうそんぜ　町村是　明治三十年代から地方町村で行われた「町村経済の状態及地勢人情風俗習慣」などの現況調査に基づいて立てられた将来計画。元来町村是の作成は、明治十年代から殖産興業を指導した前田正名らによって農事改良などのために全国で進められた実態調査で、愛媛県伊予郡西余戸村《にしようご》（松山市）の森恒太郎村長による村是調査（明治三十三年（一九〇〇））など日清戦後に各地で盛んに行われ、明治三十六年の第五回内国勧業博覧会では全国から町村是調査書が出品された。日露戦後の地方改良運動においては、町村是の作成を通じて「模範町村」を奨励し合理的な町村運営の指針にしようとした。監督官庁からの指示に基づいて画一的な様式で作成されたものが多く、官製的という柳田国男の批判（明治四十三年（一九一〇））もあるが、当時の全国的農村実態調査として貴重な資料となっている。　→模範村《もはんそん》

[参考文献] 佐々木豊「町村是調査運動と農村自治」（『村落社会研究』一五、一九七九）、神谷慶治監修『地方改良運動史資料集成』一（一九八六、柏書房）　（大西比呂志）

ちょうそんせい　町村制　⇩市制《しせい》・町村制《ちょうそんせい》

ちょうそんゆうりん　町村有林　市町村が保有する森林。平成十四年（二〇〇二）の面積は日本の森林面積の約六％にあたる約一六〇万ヘクタールである（財産区有林を含む）。その管理形態は直営林と貸付林に大別できるが、その実態は複雑である。その理由は、藩政時代の村持入会山が明治以降の過程で市町村有林となった経緯に由来している。まず第一に、明治初年の地租改正の過程で当時の村の戸長に地券が交付されたことによって成立した。次に、明治二十二年（一八八九）の町村制施行によって、政府は新町村の財政基盤を強固にするために、村持入会山の編入を図ろうとした。その際に成立したものであるが、この時には地元の反対が強かったために、多くは部落有林野となった。第三に、明治三十年代以降、国有林の管理経営体制が確立されるなかで、国有林からの下戻しや、不要存置林野の払下げによって、町村有林となったものがあげられる。第四に、明治四十三年（一九一〇）からの部落有林野の整理統一事業によって成立したものである。この事業を推進するために、妥協的に地元の利用権を認めたものが、町村有林上の入会権を伴った貸付林として

現在も残されている。これらが第二次大戦までの主な成立事由である。その後、昭和の大合併や平成の大合併にあたって、市町村有林の統合が進められ、今日の姿となっている。

参考文献 真貝竜太郎『公有林野政策とその現状』(一九五九、官庁新聞社)、筒井迪夫『公有林野の現状と課題』(一九六四、日本林業調査会)

(三井 昭二)

ちょうちんぎょうれつ 提燈行列 祝事の際に行われる提燈を持ってするパレード。旗行列も含む。東京市内における提燈行列の起源は、『明治事物起原』によると、明治六年(一八七三)の大学東校教師ミルレルの誕生日に教員が相談して行なった松明《たいまつ》行列にさかのぼる。もともと欧米で行われていたものが輸入され、学校や学生の間で行われ、松明が危険なため提燈に代えて一般化していった。東京では憲法発布(明治二十二年(一八八九)二月)、皇太子御成婚(同三十三年(一九〇〇))、皇孫(のちの昭和天皇)誕生命名式(同三十四年五月)などを祝って行われた。京都においては二十二年十一月三日の天長節および皇太子立太子式典後に第三中学校学生が吉田山より京都御所に向けて行なったという記録がある。本格的なものとしては、三十五年十月十九日の早稲田大学開校式典後のものが有名で、約五千人が大学から皇居に向けて行進した。提燈行列が最も盛んに催されたのは日露戦時で、戦勝のたびごとに各種団体(商人組合、学校、娯楽業者や地域の各種団体)が開催し、多くの行列は居住地から皇居をめざして行われ、日比谷公園に集結・解散した。その後、提燈行列は一般化し、天長節や御大典などの皇室関係の祝事だけでなく、戦争での祝勝や学校の開校や外賓の歓迎など全国各地でさまざまな機会に行われた。提燈行列は一種の集会であり、公道を使用することから、各府県の道路取締規則や治安警察法(明治三十三年三月)など内務省・警視庁の行動規制を受けた。差し止めを受けた例としては、明治三十五年十一月十五日に大阪中之島公会堂で行われたガス問題市民大会後のものや、大正三年(一九一四)三月二十八日に山本権兵衛内閣の崩壊を祝ってなされる予定だった全国記者聯合会主催の提燈行列がある。これらは政治的示威性、つまりデモ的な性格を持つために治安警察法により禁止された。日露戦時にも、主に混乱を避けるためであったが、警視庁は時間制限・音響制限・広告的行為禁止・酒気排除を命じ、隊の編成方法やコースを指導し、戦勝公報発表後五日以内に限ることを通達した。これらに対する人々の不満が、日露講和騒擾の際の交番焼打の一因となった。

参考文献 森銑三『明治東京逸聞史』(『東洋文庫』、一九六九、平凡社)、『読売新聞』、櫻井良樹『大正政治史の出発―立憲同志会の成立とその周辺―』(一九九七、山川出版社)

(櫻井 良樹)

ちょうつらひで 長連豪 一八五三―七八 参議兼内務卿大久保利通の暗殺者。嘉永六年(一八五三)加賀藩士此木連潔の長子として能登穴水《あなみず》で生まれる。藩儒手島洞斎に師事し、のち藩校明倫堂に学び、明治七年(一八七四)鹿児島を訪れ桐野利秋の影響を受けた。九年にも再度鹿児島を訪問し、私学校派と交流した。間もなく明治十一年(一八七八)五月十四日午前八時すぎに、同志六名で東京紀尾井坂において太政官に出勤する大久保を乗せた馬車を襲って斬殺した。斬姦状には、「公議を杜絶し、民権を抑圧し、以て政事を私する」「法令漫施、請託公行、恣に威福を張る」「不急の土木を興し、無用の修飾を事とし、国財を徒費する」「慷慨忠節の士を疎斥し、憂国敵愾の徒を嫌疑し、以て内乱を醸成する」「外国交際の道を誤り、国権を失墜する」と理由が記されていた。七月二十七日、大審院臨時裁判所から斬罪を宣告、執行された。二十六歳。 →紀尾井坂《きおいざか》の変《へん》

参考文献 黒竜会編『西南記伝(復刻版)』下二(『明治百年史叢書』、一九六九、原書房)

(毛利 敏彦)

ちょうはつれい 徴発令 戦争・事変時の軍隊動員に際して必要な物資の提供を国民に強制した法令。明治十五年(一八八二)八月十二日に太政官布告第四三号として公布され、憲法制定後も法律としての効力を持ち、昭和二十年(一九四五)まで存続した。基本体制を平戦両時に置き、徴発物件として食糧・薪炭、飼料、運搬獣類・器具、人夫の労役、船舶鉄道汽車、飲料水石炭、宿舎倉庫、演習用の地所材料器具、戦時事変にはさらに造船所工作所、軍事の工作用材料器具などを時期を違えることなく供給すべきことを定めた。賠償規定も存在するが、特に運搬獣類・器具や船舶などは強制的な買い上げを意味していた。同年十二月十八日太政官布達第二六号により徴発事務条例も達せられ、徴発事務の具体的手続きを定めた。同条例は府県などに徴発物件諸表を提出させることも定め、陸軍省はこれをもとに明治十六年度から『徴発物件一覧表』を刊行した。その大部分は、『明治徴発物件表集成』(平成元―二年、クレス出版)として復刻されている。

参考文献 遠藤芳信「近代日本における徴発制度の成立」(『人文論究』七八、二〇〇九)

(一ノ瀬俊也)

ちょうへいきひ 徴兵忌避 兵役義務から逃れることを目的とした、逃亡などの行為。徴兵令の公布(明治六年(一八七三)一月)は徴兵反対一揆などの形で国民の激しい抵抗を招いたが、これが鎮圧されると抵抗は徴兵令条文の抜け穴を利用したいわば合法的徴兵忌避、逃亡・自傷・詐病などといった非合法的なものへと移行していった。前者は明治二十二年(一八八九)の徴兵令改正により「不具廃疾」以外の者の徴兵が免除されなくなると不可能となったが、その後も学生や移民に対する徴兵猶予は平時にあっては事実上の免除に相当したため、一種の特権視されることもあった。後者の非合法的行為は時期によって数の増減こそあれ、敗戦まで一定数が存在した。明治期における自己の思想信条にもとづく良心的徴兵忌避は、日露戦争時のキリスト教信者矢部喜好《やべきよし》などごく少数にとどまる。矢部は陸軍から看護卒という代替任務を与えら

れ、戦争終結まで服役したという。

参考文献 菊池邦作『徴兵忌避の研究』(一九七七、立風書房)、加藤陽子「反戦思想と徴兵忌避思想の系譜」(青木保・川本三郎・筒井清忠他編『戦争と軍隊』所収、一九九九、岩波書店)

(一ノ瀬俊也)

ちょうへいけんさ 徴兵検査 徴兵を選抜する際に行われる身体検査。明治六年(一八七三)一月の徴兵令発布まで一定の方法はなかったが、明治四年、大阪で検査所入口高さ五尺の所に縄を張り、上回った者を医官が検査して採否を決定したとの記録がある。翌五年十月、軍医寮事務章程第一〇条に検査方法が規定されたが短期間での制度変更が続き、十三年(一八八〇)に陸軍医官検査仮規則と徴兵検査手続の二つで行われることになった。それぞれ改廃を経て前者は二十二年(一八八九)三月の徴兵検査規則へ、後者は三十二年(一八九九)三月の陸軍身体検査手続へと移行し、ここに陸軍身体検査の方法がようやく確立した。

参考文献 飯島茂『日本選兵史』(一九四三、開発社)

(一ノ瀬俊也)

ちょうへいこくゆ 徴兵告諭 明治五年十一月二十八日(一八七二年十二月二十八日)、太政官より徴兵の詔にあわせて発布された告諭。国民に徴兵制の導入を告げた。告諭の文中ではなぜ国民が等しく徴兵に応じなければならないかが説明され、古代には全国の民が挙げて兵となっていたのにいつしか武士のみが兵となり「世襲坐食」する弊が生じた、つまり日本古来の兵制は徴兵制であったとされる。明治維新によって武士は廃止され「四民漸ク自由ノ権ヲ得」ようとしておりそれは「上下ヲ平均シ人権ヲ斉一ニスル道」である、今後は等しく「皇国一般の民」であるから国に報じる道も同じである、よって全国の四民男児で二十歳となったものは皆等しく兵士になり、国家を保護すべしとの論理が展開される。文中にこのことを「血税」と称している箇所があり、それが「生血を絞りとる」と誤解されて徴兵反対一揆の一因になったとされる。

参考文献 由井正臣・藤原彰・吉田裕校注『軍隊 兵士』(『近代日本思想大系』四、一九八九、岩波書店)

(一ノ瀬俊也)

ちょうへいせい 趙秉世 Cho Pyŏngse 一八二七—一九〇五 朝鮮の政治家。有力党派である老論の名門出身。一八二七年生まれ。はじめ蔭官だったが一八五九年文科合格。以後、要職を歴任し、八九年には右議政、九三年には左議政となる。九四年、日本の影響を受けた甲午改革の渦中で政界を引退した。その後郷里に隠退していたが、一九〇五年第二次日韓協約(乙巳保護条約)破棄および条約締結に賛成した大臣の処罰を上疏した。単独の上疏が受け入れられなかったため、百官をひきいて再度上疏したが、日本憲兵に逮捕され、強制帰郷させられた。その後も上疏を繰り返したが、十二月一日、同胞と各国公使への遺書を残し、アヘンを仰いで自決した。七十九歳。彼の死は閔泳煥の死と並んで当時の人々に大きな衝撃を与え、会葬者は千名に及んだ。韓国皇帝から忠正が諡号として贈られた。

(小川原宏幸)

ちょうへいせいど 徴兵制度 国民に兵役を義務として強制する制度。大村益次郎の遺図に基づき、陸軍の山県有朋らによってフランス、プロイセンの制度にならいつつ整備された。太政官は明治三年十一月十三日(一八七一年一月三日)、徴兵規則を出して各道府県に対し一万石につき五人を兵士として兵部省に差し出すよう命じたが予定の人数が集まらず失敗した。改めて明治五年十一月二十八日(一八七二年十二月二十八日)に全国徴兵の詔、徴兵告諭が発布され、さらに翌六年一月十日に徴兵令が出されることにより制度上実現した。日本で志願兵制度ではなく徴兵制度が選択された理由は、近世の武士のような少数者に国防をゆだねるのではなく、ひろく国民一般から兵士として良質な人材を安価に獲得するためであった。とはいえ、初期の徴兵令には戸主や官吏・学生、代人料二百七十円を支払った者などを対象とする広範な免役規定が含まれており、「国民皆兵」なるスローガンとはほど遠いものであった。また、当初はもと武士を中心とする近衛兵と徴兵の二元兵制であったが、前者は陸軍省により明治八年より逐次解官され、後者に置き換えられていった。ただし、志願兵制度も明治十六年(一八八三)の徴兵令改正で満二十歳にならなくとも満十七歳以上の者に現役志願を許したこと、海軍が明治五年九月に海軍兵員徴募規則を定めて志願兵制を採用したことなどにより、徴兵制と併存した。海軍も明治十八年より徴兵と志願兵の二本立てに移行している。徴兵令の公布後、各地で徴兵反対一揆が起るなど民衆の激しい抵抗を招いたが、それらは武力で鎮圧され、次第に制度が定着していった。民衆の抵抗は逃亡や神仏への徴兵逃れ祈願といった消極的なものになっていった。徴兵令は明治年間に数度の改正が行われ、免役制は心身上の欠陥を除き全廃されて猶予制へ切り替えられ、しかもその対象も次第に縮小されていった。しかし軍の定員の関係上、徴兵相当人員に対する実際の現役入営者は明治三十一年(一八九八)に至ってようやく一割に達するというきわめて不公平な状態が続いた。もとより徴兵制度は一片の法令のみで運用できる単純なものではない。さまざまな支援制度・組織を必要とした。地方行政に関連するものとして、明治十六年、各府県に兵事課が設置され、各地方行政機関における陸軍省の出先機関的役割を果たしたことが挙げられる。翌明治十七年七月の徴兵事務条例で従来の民選に代わる官選の戸長が徴兵事務を担うことが定められたが、これは戸籍の改ざんなど旧来の慣習にもとづく徴兵選抜への情実混入を防止するためであった。かくして中央の強力な統制に基づく徴兵事務体制が作られていき、各府県のもとには明治十六年ごろから兵事会と称する団体(兵事諮問会などの名称もある)も設立され、市町村における徴発や召集の事務取扱の統一化がはかられた。徴兵制度は選抜された少数者に陸軍の場合三年間もの間肉体・生活上の困難を強いるものであったため、その士気を維持し徴兵忌避行為を誘発しないためにも、彼らに対する精神的・経済的慰撫策が必要とされた。一八八〇年代から各府県兵事会などの指導のもと、各町村で尚武会や徴兵慰労議会などの名称を有する兵事組織が作られ、住民から金銭を徴収して入営兵士の見送りや現役満期帰郷者への表彰や慰労金の支給などの事業が行われていった。そのことは兵士があたかも「郷土の代表者」であるかのごとき印象を地域社会にもたらしていった。日清・日露戦争時にはそれらの兵事組織とともに新規に各種の救助団体が設立され、応召兵士家族への生活救護や葬儀なども行われた。これらの民間の動きを政府や軍は国策としては推進しなかったものの、徴兵制度の維持・補完的見地から推奨した。日清戦後の社会では戦死者の遺族が社会から忘れられ、困窮を強いられるという事態が発生していた。そのため、明治二十九年（一八九六）民間の有志により軍人遺族救護義会と称する全国団体が結成され、遺族の生活救助にあたった（明治三十九年に会名を帝国軍人後援会に変更）。また、同様の目的を持つ民間団体として明治三十四年に愛国婦人会が創立され、同じく戦死者遺族や廃兵の生活救護を開始した。これらの団体は昭和期まで存続し、徴兵や戦争という国家の施策を民間の側から補完、下支えする役割を担った。その意味では、敗戦に至るまで徴兵制度、そして数々の対外戦争を支え続けた社会的制度・組織が初の大規模対外戦争という経験を経たこの時期に形成されていったのである。→志願兵制度《しがんへいせいど》

参考文献　遠藤芳信「一八八〇～一八九〇年代における徴兵制と地方行政機関の兵事事務管掌」（『歴史学研究』四三七、一九七六）、大江志乃夫『徴兵制』（『岩波新書』、一九八一、岩波書店）、松下芳男『徴兵令制定史（増補版）』（一九八一、五月書房）、海軍歴史保存会編『日本海軍史』一（一九九五）、加藤陽子『徴兵制と近代日本―一八六八―一九四五―』（一九九六、吉川弘文館）、荒川章二『軍隊と地域』（『シリーズ日本近代からの問い』六、二〇〇一、青木書店）

（一ノ瀬俊也）

ちょうへいれい　徴兵令　明治六年（一八七三）一月十日に出された太政官布告。服役年限を常備軍三年―第一後備軍・第二後備軍各二年―国民軍（十七―四十歳）に区分し、二十歳となる者に徴兵検査を行い、結果によって常備軍、国民軍にそれぞれ編入させる旨を定めた。常備軍に徴員された者は満期後第一→第二後備軍へ編入され、戦時には召集の対象となる。しかし、当初常備軍に徴員されて長期の服役を強いられる者は約一万人とされ、かつ身長五尺一寸未満、一家の主人、嗣子・承祖の孫、官吏や官立学校生徒など広範な免役規定を設けていた。また、代人料二百七十円を納付した者は常備後備両軍を免除する規定もあった。同令の主要な改正内容を以下に述べる。明治十二年（一八七九）十月二十七日の改正では常備軍三年―予備軍三年―後備軍四年に改められた。それまで常備以外はすべて国民軍編入であったが、常備の欠員補充のため一年間の補充兵役服役要員を設けた。また、戦時に予備と後備を召集しても兵員が不足するときに召集する第一予備徴兵・第二予備徴兵も設けた。廃疾・不具の者などを終身免役、戸主・独子独孫などを国民軍のほか免役、五十歳以上の者の嗣子などを平時免役とした。海軍の人員も沿海地方・島嶼の人民より水兵火夫職工に区別し抽籤により徴集することが記された（志願兵は別）。明治十六年十二月二十八日の改正では常備兵役（現役三年・予備役四年）―後備兵役五年―国民兵役（十七―四十歳）とし、免役制を不具廃疾のほか全廃、六十歳以上の嗣子、承祖の孫、戸主などを猶予、官立大学・学校本科生徒などをその期間中に限り猶予とした。代人料を全廃、一年志願兵制を設けて看護卒養成のため官立府県立卒業者学校を志願させ経費自弁のうえ、一年間服役させた。明治二十二年（一八八九）一月二十二日の改正（法律第一号）では常備兵役（現役（陸軍三年・海軍四年）―予備役（陸軍四年・海軍三年））―後備兵役五年―国民兵役（十七―四十歳）に区分した。徴兵検査の甲種合格者、乙種合格者の順に抽籤を行い、当籤者を現役に徴集、落籤者を一年間予備徴員とし、現役の欠員補充要員とした。予備徴員を終った者、丙種合格者は国民兵役に編入された。明治十六年改正時の徴集猶予制はすべて廃止される一方、第二〇条で貧困者の徴集延期を定めた。一年志願兵制を新たに下級幹部養成目的に変更、十七―二十六歳の中学校卒業程度の者に経費自弁で志願を許し、服役させた。不実施となったが六ヵ月現役兵制を新たに設け、二十六歳以下の官立府県立師範学校の卒業生に志願させた。これは小学校教員に短期間の軍隊教育を施し、教育現場における軍事思想の鼓吹者を作る目的であった。明治二十二年十一月十二日の改正では服役年限・猶予制には変更がなかったが、六ヵ月現役兵制と同一の目的を持つ六週間現役兵制を実現させた。この制度は十七―二十六歳以下の官立府県立師範学校の卒業生で官公立の小学校の教職にある者の服役期間をわずか六週間とし、現役終了後はただちに国民兵役に編入する（つまりよほどの大戦争以外は召集されない）など、きわめて優遇的なものであった。明治二十八年三月十三日の改正では現役変更なし、予備役陸軍四年四ヵ月、後備役変更なし、補充兵役（二十二年一月改正で導入された予備徴員を改称）を陸軍は第一補充兵役七年四ヵ月・第二補充兵役一年四ヵ月、海軍は一年に変更した。国民兵役を二つに分け第一国民兵役（後備役―第一補充兵役を終えた者）・第二国民兵役（それ以外）とした。明治三十七年（一九〇四）九月二十八日の改正では現役・予備役変更なし、後備役陸軍十年に変更、補充兵役を陸軍十二年四ヵ月（第一と第二の区別廃止）・海軍変更なしとした。徴兵令は大正七年（一九一八）三月三十日の改正で六週間現役兵制を一年現役兵制に改めるなどの改正を

経て、昭和二年(一九二七)四月一日の兵役法制定により廃止された。

参考文献 大江志乃夫『徴兵制』(『岩波新書』、一九八一、岩波書店)、加藤陽子『徴兵制と近代日本―一八六八―一九四五―』(一九九六、吉川弘文館)　(一ノ瀬俊也)

ちょうやしんぶん　朝野新聞　明治時代前期の民権派の政論新聞。『朝野新聞』は、明治七年(一八七四)九月二十四日『公文通誌』を改題して創刊され、明治二十六年(一八九三)十一月二十日に廃刊している。前身の『公文通誌』は、松江藩主と明石藩主を金主として明治五年十一月十三日(一八七二年十二月十三日)に創刊された日刊紙であるが、定期的に発行されなかったので、『朝野新聞』に改題されるまでの一年十ヵ月ほどの間に三百五十号しかでていない。改題後の『朝野』の部数増は目ざましかった。改題前には千部以下だったものが、「日ニ増シ月ニ加リ」(『朝野』明治八年九月二十五日)、「改称ノ日ニ比スレバ六倍」(九年一月四日)、「七倍」(九年十月二五日)、「十倍」(十年一月三十一日)と公表するまでに急増した。特に、成島柳北《なるしまりゅうほく》がコラム雑録でタイミングよく藩閥勢力を諷刺したときには、その日の新聞が大増刷されるほどであった。たとえば、一日部数が二千部を割っていた明治八年八月十七日に、当時新聞紙条例筆禍第一号として禁獄されていた、『東京曙新聞』の末広鉄腸《すえひろてっちょう》の身の上に思いをいたしながら書いた条例諷刺のパロディ「辟易賦」は、「大ニ江湖諸君ノ高評ヲ賜ハリ、同日ノ新聞紙発売一万ニ過ギ、今日ニ至テモ猶其紙ヲ購求シ給フ人有リ」(八年十月十五日)といった売れ行きを示した。明治八年十月、鉄腸は成島によって『朝野新聞』の編集長に迎えられた。以降、鉄腸と柳北は硬軟、緩急自在のコンビとなり、相互に長短所を認識し、補完し合い、同紙の黄金期を築いた。九年、『東京曙新聞』を抜いた『朝野新聞』は、十年(一八七七)に『郵便報知新聞』と肩を並べるようになり、十二年には『東京日日新聞』を抜き去り、十三年以降には大新聞のなかでトップの地位を保つほどになった。『東京日日新聞』や『郵便報知新聞』に比べると「新造ノ小国兵」(七年九月二十五日)にすぎなかった『朝野新聞』が、かつて『公文通誌』を弱小紙とばかにしたブラックの『日新真事誌』の銀座四丁目の旧居(現和光)に明治九年に進出して、以降、発展の勢いをみせだしたことがわかる。『朝野新聞』『郵便報知新聞』の民権派新聞の部数が明治十四年にピークに達したのは、北海道開拓使官有物払下事件や大隈重信罷免の政変などで自由民権運動が最高潮に達したためであろう。そして明治十年代後半、特に十七年以降減少していくのは、民権運動の衰退が関係していると考えられる。このように、民権運動と民権派新聞とは密接にその勢いが連動していた。一方、『東京日日新聞』のような官権派新聞も、対抗すべき民権運動や民権派新聞の衰退とともに急速に勢力を失っていった。そのなかで、『朝野新聞』の部数減少がほかの大新聞ほどひどくないことが注目されよう。明治十年の五十四坪から十四年の百坪への建坪の大幅な増加から、『朝野新聞』の経営規模の拡大ぶりがうかがえる。特に、純利益が明治十年から十四年までに三千円から六千円へと倍増しているのが注目される。この経営好転があったからこそ、紙上に華々しく報道される改称節(改題記念行事)や新年会などの宴会を催すことができた。特に、両国中村楼で開催される恒例の改称節は、社員のほか「小新聞と雑誌の記者を招」き(『読売新聞』十二年九月二十四日)、接待の芸者が「柳橋カラ計リ大勢出タ」(『かなよみ』十二年九月二十五日)とか、「柳橋ノ別品隊ガお取持ニ浮カレテ芳醇ニ酔」(『風雅新誌』十二年十月六日)といったゴシップ記事が他の紙誌を賑わすほどの派手なものであった。「探訪粗漏にして雑報の不完全なる遙かに他社の下に在り、新聞紙として充分の価値なかりしなり。故に余は成島氏及び社主に向ふて老朽の社員を沙汰し、茲に無用の費用を節減して、大に雑報探訪に力を尽さん事を忠告したれども採用せられず、余も御馳走に逢ふのは余り悪しき事にも無き故黙して止みたり」(『新聞経歴談』)と、鉄腸は、成島よりは新聞史の流れ、あるいは新聞の行くべき方向を認識していたが、その出費を止めなかったことがわかる。『朝野新聞』は「新聞紙ノ要タル四方ノ奇事ヲ網羅シ其ノ報道ヲ誤マラザルニ在り、是ニ於テ通信規則ヲ設ケ各地方ニ至ル迄普ク委員ヲ置キ其報道ヲ怠ラザラシム」として、各地への通信員の配置を強調し、大阪など各地の商況、株式市況などを詳細に報道するために付録発行を行うと読者にPRしている(十三年一月四日)。実際に付録は発行された。しかし全国的な通信員配置がなされた形跡は見あたらない。鉄腸自身も、報道活動軽視の柳北の編集方針を結局は変えることができなかったし、変えようとの強い情熱もなかった。

官許
朝野新聞
公文通誌改称

『朝野新聞』第350号

参考文献 塩田良平編『成島柳北・服部撫松・栗本鋤雲集』(『明治文学全集』四、一九六九、筑摩書房)、山本武利『新聞記者の誕生―日本のメディアをつくった人びと―』(一九九〇、新曜社)、乾照夫『成島柳北研究』(二〇〇三、ぺりかん社)　(山本武利)

ちょう・ゆうかんせい　朝・夕刊制　新聞を一日に二回刊行する制度。夕刊紙は明治十年(一八七七)十一月、『東京毎夕新聞』の創刊に知られるが、朝夕二回の刊行は『東京日日新聞』により明治十八年(一八八五)一月より試みられた。また、岡山の『山陽新報』も三月より始める。いずれも長く続けられなかった。明治三十七年(一九〇四)、日露戦争で乱発された号外は、日に複数回発行され速報を競った。これを機に『報知新聞』が明治三十九年十月、四頁の夕刊を東京と横浜に配達する。朝・夕刊制をとる新聞社は次第に増え、大正期に入り定着する。
（河崎 吉紀）

ちょうようかん 朝陽館 五代友厚が大阪堂島浜通二丁目に設立した製藍工場。五代は明治七年（一八七四）国内産蓼藍や琉球藍（一名山藍）を応用して印度藍対抗品を製造すべく、明治政府から五十万円の貸付金を受け、大々的に藍製造を開始した。最盛期にあたる明治十年（一八七七）二月の明治天皇臨幸の折に奉呈された『製藍広告書』によれば、工場は蒸気機関を動力源として撰藍所・溶製所・除水所・試験所・染業試験所などよりなり、青酸加《カ》里《リ》液で下染し、これを硫酸鉄液水に浸して藍色を発生させたという。これは人造藍ではなく、印度式精藍法であったといわれる。ただこの製藍工場は、明治十、十一年ごろを最盛期として、以後業績不振にむかい、十六年にはついに工場は閉鎖された。
参考文献 澱江畔人「明治天皇御聖跡朝陽館」（『上方』一〇五、一九三九）、相川佳予子「藍玉・藍染・青屋」（『講座・日本技術の社会史』三、日本評論社、一九八三）
（加藤幸三郎）

ちょうろうはきょうかい 長老派教会 H・ツヴィングリを先駆者とし、J・カルヴァンによって継承されたスイス宗教改革運動によって発生したプロテスタント教会。改革派教会は別名。ほかのプロテスタント三大教派であるルター派教会・アングリカン（英国国教）教会と比較して、終始カトリック陣営と接して厳しく対峙してきたため、宗教改革がより徹底的であり、人文主義との折衝も深く、M・ヴェーバーが指摘するように、西欧文化の担い手である市民階級に倫理的支柱を提供することができた。教会組織の特徴は、各個教会の運営をする小会（牧師、長老）、一定の地域内における各個教会を統治する中会、これら中会を統括する大会、最高の統治機関である総会という順に立憲制的、代議制的である。日本では安政六年（一八五九）に上陸したJ・C・ヘップバーン（ヘボン）、S・R・ブラウンらに始まり、明治十年（一八七七）、米国長老教会・米国オランダ改革教会・スコットランド一致長老教会の合同により日本基督一致教会が設立され、同二十三年（一八九〇）日本基督教会と改称した。
参考文献 中島耕二・辻直人・大西晴樹『長老・改革教会来日宣教師事典』（『日本キリスト教史双書』、二〇〇三、新教出版社）、荒井献・出村彰『総説キリスト教史』二（二〇〇六、教文館）
（大西 晴樹）

ちょくげん 直言 明治三十七年（一九〇四）一月五日、加藤時次郎・白柳秀湖《しらやなぎしゅうこ》・原霞外《はらかがい》らが組織する社会改良団体直行団により、創刊された機関紙。日常的な問題への提言を趣旨とする。週刊『平民新聞』が廃刊に追い込まれた後、その後継紙として週刊『直言』となり社会主義運動の中央機関紙の役割を引き継ぐ（明治三十八年二月五日）。おもな執筆者は幸徳秋水・堺利彦・西川光二郎・木下尚江・石川三四郎ら。非戦論の立場を表明していたが、むしろ社会主義の普及と国内外の運動状況の紹介に力を注いだ。紙面においては、特にロシア第一次革命を大きく報道・紹介している。幸徳・西川の投獄が運動に打撃を与えるとともに、明治三十八年九月十日の社説で日比谷焼打事件について政府批判をしたことによる無期限の発行禁止を直接原因とし、三二号で廃刊に追い込まれる。

『直言』第2巻第1号

同年十一月二十日、西川らが『直言』の後継紙として『光』を創刊する。復刻版は『明治社会主義史料集』一として、昭和三十五年（一九六〇）に明治文献資料刊行会より刊行されている。 →光《ひかり》 →平民新聞《へいみんしんぶん》
（後藤あゆみ）

ちょくご 勅語 ⇨詔勅《しょうちょく》

ちょくごえんぎ 勅語衍義 明治二十四年（一八九一）に刊行された井上哲次郎による教育勅語についての官権的解説書。明治二十三年、「教育に関する勅語」が渙発された。起草者の一人井上毅は、勅語の思想が特定の宗教の教義に偏することを極力避けた。その配慮の結果か、勅語の解説書には仏教徒やキリスト教徒が著わしたものなども含めさまざまなものがあった。しかし、井上の『勅語衍義』は文部大臣芳川顕正《よしかわあきまさ》の委嘱を受けて執筆されたものであり、井上毅ら勅語起草の関係者によって修正を施され、さらに天皇の内覧を経て公刊されたという点でほかの解説書とは別格の意義をもった。したがって、体裁は井上哲次郎個人の著作となっているものの、事実上は官製注釈書といえるものである。そのため、のちに師範学校や中等学校の修身の教科書として使用されるようになった。『勅語衍義』は明治二十四年九月二日、井上著・中村正直閲として、洋装・和装によって出版された。教育勅語に示された十二の徳目の全文にわたって詳細な注釈が付されている。内容としては、皇祖が五倫の忠孝道徳によって日本を建国したことを説き、この祖先以来の教えによって国家に報いるよう説いているなど、勅語の起草者の一人元田永孚《もとだながざね》によってそれに反映された、水戸学に基づく徳育思想を明確に表わすとともに、『西国立志編』などに通じる明治初年の自由主義意識の余韻も見られる。しかし、序文において井上が「今や幸に勅語の下だるあり、我が邦人之れに由りて子弟を教ふるに、孝悌忠信、及び共同愛国の主義を以てせば、日本国民は数十年を出でずして、大いに面目を改むるものあらん」と述

べているように、全体を通じて愛国精神を強く打ち出し、明治期の富国強兵鼓舞の精神を強調する内容となっている。なお、同書は昭和十七年(一九四二)に井上自身の解説を付した『釈明教育勅語衍義』内において復刻されている。→井上哲次郎《いのうえてつじろう》 →教育勅語《きょういくちょくご》

参考文献 稲田正次『教育勅語成立過程の研究』(一九七一、講談社)、吉田俊純『水戸学と明治維新』(『歴史文化ライブラリー』、二〇〇三、吉川弘文館) (竹本 知行)

ちょくさい 勅祭 天皇が勅使を差遣して奉幣を行う祭祀。古くは神宮神嘗祭における例幣使の差遣、平安時代中期以降の畿内の大社を対象とした二十二社がこれに該当する。勅祭の語は古い資料にはみられず、明治元年十月十七日(一八六八年十一月三十日)、太政官布告により武蔵国一ノ宮氷川神社を「勅祭之社」と定めたのが初見で、公の名称となった。以後、神祇官では三年二月に二十九社奉幣を開始し、四年十月四時祭典定則を制定、官幣社の例祭において勅使が差遣されたが、六年二月には、伊勢神宮と東京招魂社(靖国神社)を除く全ての神社に対して勅使の差遣が廃止された。十七年(一八八四)より賀茂下上社例祭と男山祭、十九年に春日祭において旧儀が再興され、以後、昭和二十年(一九四五)の終戦までに、氷川・熱田・橿原・出雲・明治・宇佐・香椎・朝鮮・鹿島・香取・平安・近江の各社が勅祭に治定された。なお、春日祭・賀茂祭・石清水祭を特に三勅祭と称する。

参考文献 小野祖教『神道の基礎知識と基礎問題』(一九六三、神社新報社)、川出清彦『祭祀概説』(一九七八、学生社)、国学院大学日本文化研究所編『神道要語集』祭祀編一(一九七四、神道文化会) (星野 光樹)

ちょくせつこうどうろん 直接行動論 サンジカリズムの革命論。社会変革の担い手は労働者階級であり、その主たる手段とは直接的で非妥協的なゼネラルストライキ(総同盟罷業)であるとする。この論は、明治三十九年(一九〇六)六月二十八日の神田錦輝館での帰国歓迎会における幸徳秋水の演説「世界革命運動の潮流」に始まる。幸徳は、滞米時の亡命ロシア人アナーキストおよびIWW(世界産業労働者組合)との交流や国際社会主義運動の状況についての知見をもとに、直接行動の非妥協的であるが故の倫理性を論じ、大杉栄・荒畑寒村・山川均ら急進的な青年活動家に大きな影響を与えた。この論は、国際的には第二インターナショナル最左派の運動と共鳴し、国内ではこの年の足尾銅山での坑夫の暴動という自然発生的な「直接行動」がその「有効性」を裏付けることになった。直接行動派と議会政策派は、翌年の日本社会党第二回大会でその綱領をめぐって衝突し、議論が十分深められぬまま、党は結社禁止となり、運動は組織的にも二分した。→幸徳秋水《こうとくしゅうすい》 →サンディカリズム

参考文献 後藤彰信「幸徳秋水と「万国無政府党大会」」(『初期社会主義研究』一、一九八六)、同「直接行動論の再検討」(『初期社会主義研究』六、一九九三) (後藤 彰信)

ちょくせつこくぜい 直接国税 国税のうち、納税義務者と担税者が同一である租税。わが国では、明治から昭和時代初期にかけて、衆議院議員および府県会議員の選挙・被選挙権の重要な要件であった。当初、直接国税は地租が主であったが、明治二十年(一八八七)に所得税が新設された。所得税新設には、帝国議会開設に向け、地主以外の商工業者に政治参加の道を開く目的もあった。同二十二年の衆議院議員選挙法により、直接国税十五円以上の納税が、議員の選挙・被選挙権の要件とされた。ここでいう直接国税は地租・所得税を指すものと規定された。有産者にのみ政治参加の道が開かれていたのである。しかし、同二十九年の国税営業税、同三十八年(一九〇五)の相続税創設により直接国税の税目が増え、納税要件も、同三十三年の衆議院議員選挙法改正、大正八年(一九一九)の同法改正により、直接国税十円以上、三円以上と引下げられ、同十四年(一九二五)の男子普通選挙の実施により、直接国税納税要件は撤廃された。→国税《こくぜい》

参考文献 稲田正次『明治憲法成立史』(一九六〇・六二、有斐閣)、山中永之佑『日本近代地方自治制と国家』(一九九九、弘文堂) (矢切 努)

ちょくせつぜい 直接税 納税義務者と担税者が同一である租税であり、間接税の対語。納税義務者の課税物件の把握を立法者が予定しているもの。わが国では、明治期を通じて、地租が直接税の中心を占め、地方税でも地租附加税が重要な税源であった。国税では、明治二十年(一八八七)の所得税、二十九年の営業税、三十八年(一九〇五)の相続税、昭和十五年(一九四〇)の法人税が直接税として設けられた。明治時代初期から中期には、国税収入中、直接税の比率は約八~六割と高く直接税優位の租税体系であったが、明治時代後期から大正期には、日露戦後の税制整理により直接税の軽減、間接税を中心とする大衆課税的性格が強化され、直接税の比率は四~三割に低下した。しかし、昭和十年代の戦時増税や戦後改革を経て、再び所得税・法人税を中心とする直接税優位の体系が定着した。現在の直接税は、国税に所得税・法人税・相続税・贈与税があり、地方税に住民税・事業税・固定資産税・自動車税などがある。→間接税《かんせつぜい》

参考文献 井出文雄『要説近代日本税制史』(一九五九、創造社)、吉岡健次『日本地方財政史』(一九八一、東京大学出版会) (矢切 努)

ちょくせんぎいん 勅選議員 貴族院議員の一種。明治二十二年(一八八九)二月十一日公布の貴族院令第一条第四項および第五条により規定された議員。満三十歳以上の男子で国家に勲功がありまたは学識ある者から勅任され、任期は終身である。勅選ではあるが実際は内閣の推薦によって決定していた。最初の勅任は、二十三年九月三十日に行われて五十九名が選出された。その後二名が追加され、第一回帝国議会が開かれた二十三年十一月に

は六十一名であった。元老院議官からが最も多く(山口尚芳《やまぐちなおよし》・津田出《つだいずる》・細川潤次郎・神田孝平《かんだたかひら》・西周・中村正直・長与専斎《ながよせんさい》・重野安繹《しげのやすつぐ》・丸山作楽《まるやまさくら》・伊丹重賢・前田正名《まえだまさな》・三浦安《みうらやす》・岡内重俊・中井弘・木梨精一郎・小畑美稲《おばたうましね》ら)、宮中顧問官岩村通俊、同九鬼隆一、同西村茂樹、枢密院書記官長伊東巳代治、貴族院書記官長金子堅太郎、司法次官箕作麟祥《みつくりりんしょう》、大審院検事三好退蔵、法制局部長尾崎三良、同平田東助、同今村和郎、帝国大学総長加藤弘之、文科大学長外山正一、理科大学長菊池大麓、工科大学長古市公威《ふるいちこうい》らが選出された。また、民間からは第一国立銀行頭取渋沢栄一、日本銀行総裁川田小一郎、前日本銀行総裁富田鉄之助、慶応義塾長小幡篤次郎・三菱の岩崎弥之助らが選ばれた。なお、板垣退助も勅選の内命をうけたが辞退した。議員の定数が設けられていなかったため、以後高級官僚出身者を中心として以下のように漸増し続けていった。第二議会(二十四年十一月開会)六十三名、第三議会(二十五年五月)八十一名、第四議会(二十五年十一月)八十二名、第五議会(二十六年十一月)八十名、第六議会(二十七年五月)九十五名、第七議会(二十七年十月)九十六名、第八議会(二十七年十二月)九十五名、第九議会(二十八年十二月)九十三名、第十議会(二十九年十二月)百名、第十一議会(三十年(一八九七)十二月)百十四名、第十二議会(三十一年五月)百十二名、第十三議会(三十一年十二月)百十四名、第十四議会(三十二年十一月)百十二名、第十五議会(三十三年十二月)百十三名、第十六議会(三十四年十二月)百十三名、第十七議会(三十五年十二月)百十名、第十八議会(三十六年五月)百八名、第十九議会(三十六年十二月)百十四名、第二十議会(三十七年三月)百十四名、そして第二十一議会(三十七年十一月)には百二十五名に達した。そこで、第一次桂太郎内閣は、この第二十一議会に議員数の上限を百二十五名とする貴族院令改正案を提出し、法案は可決されて三十八年三月二十二日に公布された。また、終身議員であったことについても大正期に入って変更が行われた。大正十四年(一九二五)五月五日の貴族院令改正により、精神または身体の衰弱により職務に堪えないときは、貴族院はその旨を議決し上奏して勅裁を請う、と院の議決で辞職させることを可能とした。院内会派として勅選議員は、有爵議員とともに明治二十四年十一月に研究会を組織し、二十七年三月には茶話会を結成した。当初は超然主義政府の擁護であったが、日清戦争後政府が政党との提携関係を深めると、政府から自立するようになった。こうした動きを示した勅選議員団をリードしたのが、清浦奎吾らの山県有朋系官僚出身議員であり、衆議院の政党勢力に対抗した。三十四年、第四次伊藤博文内閣の増税案を立憲政友会が過半数与党を占める衆議院が可決すると、清浦の主導で一致して激しい抵抗を行なった。以後、政府からの自立性をさらに強めるようになると、政府もその了解を得る必要から大正期に入り政党人からの任命も増加した。原敬が立憲政友会員から登用し、大正元年(一九一二)十二月に政友会系勅選議員を中心にした交友倶楽部が結成されるなど、政党の系列化が進んだ。首相として政党内閣を組織した加藤高明・若槻礼次郎・田中義一や政友会総裁高橋是清は勅選議員であった。昭和二十二年(一九四七)五月三日、貴族院とともに廃止された。

参考文献 社会問題資料研究会編『帝国議会誌』一ノ一(『社会問題資料叢書』四、一九七五、東洋文化社)、衆議院・参議院編『議会制度百年史―議会制度編―』(一九六〇、衆議院)

(勝田 政治)

ちょくにんかん 勅任官 一般には大日本帝国憲法下における高級官吏。古代令制の選叙令において使用された呼称である。明治二年(一八六九)七月に発布された職員令、官位相当表により、それまでの三十階を正一位から従九位および大少初位の二十階に簡素化し、そのうち一位から四位を勅任とした。明治十九年(一八八六)三月の高等官官等俸給令では、奏任官とともに高等官と定められ、さらに親任官を含むこと、親任官以外を一・二等の官等に区分することを定めた。内閣および各省中の次官・局長、府県長官が相当する。任免は閣議決定のうえ上奏することとされ、その際の辞令には、「御璽ヲ鈐シ」、内閣総理大臣が「奉行」することとされた。明治二十年(一八八七)七月の文官試験試補及見習規則、明治二十六年十月の文官任用令では、勅任官を試験任用の対象外とした。しかし政党勢力の伸長により猟官運動が激しくなると、第二次山県有朋内閣は、明治三十二年(一八九九)文官任用令を改正して、親任官および特別任用の官職以外は奏任官のなかから登用することとした。昭和二十一年(一九四六)四月の各庁職員通則により、奏任・判任の呼称とともに勅任の呼称は廃止された。→親任官《しんにんかん》

参考文献 内閣官房編『内閣制度九十年資料集』(一九七五、大蔵省印刷局)

(大庭 邦彦)

ちょくふうごしょせきおどうぐとりしらべがかり 勅封御書籍御道具取調掛 京都御所の東山御文庫や御池庭《おいけにわ》御文庫などに所蔵される勅封扱書籍類と道具類の調査係。京都御所では、江戸時代前期の承応二年(一六五三)火災に遭ってから後西・霊元両天皇のもとで収集・筆写された書籍・文書などの整理保管に努めてきたが、再三の火災などで焼失したり所在不明となったものも少なくない。そこで明治に入ると、まず同五年(一八七二)五月、式部頭坊城俊政が京都御文庫図書の調査を命じられ『合印御書類目録』が作られた。ついで帝室伝来の書籍・記録・調度の類を京都から東京へ運び、同十二年(一八七九)二月、中山忠能《なかやまただやす》・近衛忠熙《このえただひろ》・嵯峨実愛《さがさねなる》・久我建通《こがたけみち》および三条西《さんじょうにし》公允《きんあえ》・長谷信成《ながたにのぶなり》・石山基正・藤堂高潔・前田利鬯《まえだとしか》・京極高典らを「(勅封)御書籍御道具取調掛」に命じ、京都残存御物も含めて整理にあたらせた。しかも同年十二月、冒頭の三人が特に「宸翰御用掛」として調査を進め、それが同十九年から二十四年(一八九一)まで、侍従職の「宸翰掛」(千種有任など)に引き継がれている。その間に

近衛忠熙の自邸にあった「東山の御庫」が宮内省に献上され、御所域内の東北に移築後「東山御文庫」と称されるようになり、ここに約六万点の書籍類を二百数十箱に収納し勅封としている。それ以降、大正十三年(一九二四)から昭和二年(一九二七)まで「臨時東山御文庫取調掛」が置かれ、あらためて調査・整理が行われた。また、江戸時代の即位礼に用いられた御礼服などの道具類や明治十一年(一八七八)法隆寺から皇室に献上された聖徳太子筆『法華義疏』や「聖徳太子御影」(肖像)などは、御所域内の御池庭《おいけにわ》御文庫に所蔵されている。

参考文献 北啓太「明治以後における東山御文庫御物の来歴」(『東山御文庫御物—皇室の至宝—』五所収、二〇〇〇、毎日新聞社)　(所　功)

ちょくゆ　勅諭　⇩詔勅《しょうちょく》

ちょくれい　勅令　天皇の裁可によるだけで制定された法令。近代立憲主義では国民の権利や義務に関する事項は法律(議会が制定する法の形式を法律という)によって定めるのが原則であり、政府が制定する命令は法律の執行のためまたは法律の委任を受けた場合にのみ認められる。大日本帝国憲法(明治憲法)では、天皇が立法権を有し、議会は協賛権をもつだけであったが、法律の制定は議会の協賛がなければ不可能であった。その限りでは近代立憲主義の要素を取り入れているともいえるが、天皇の大権事項については議会の協賛を経ないで勅令を発しえた。勅令は効力の点で法律の下位にあるが、憲法上天皇が議会閉会中「公共ノ安全ヲ保持シ又ハ其ノ災厄ヲ避クル為緊急ノ必要」により法律に代えて発することができる緊急勅令(八条、ただし次の会期の議会で承認されないときは将来に向かって失効する)や一定の場合に法律の執行に限定されずまた委任がなくても発せられる独立命令(九条)が存した。↓緊急勅令《きんきゅうちょくれい》

参考文献 美濃部達吉『憲法撮要(復刻版)』(一九九九、有斐閣)　(平野　武)

ちょくれいしゅぎ　勅令主義　教育制度の基本的事項を法律ではなく、勅令で定める方式。明治十九年(一八八六)二月二十六日制定の公文式にもとづき、同年三—四月、諸学校令を勅令形式で公布したのが最初。ロエスレルらの助言にもとづき大日本帝国憲法からは教育関係の条項がすべて削除され、教育に関する法令は天皇の大権として、第九条の独立命令を根拠に規定されることとなった。二十三年(一八九〇)の議会開設直前、小学校令の改正をめぐって、法律によるべきとした文部省側の主張は、議会による干渉を危惧した枢密院側によって退けられた。こうして文部省が勅令原案を立案し、閣議を経て枢密院が原案を審査・修正・可決し、天皇の勅裁によって勅令として公布される方式が成立した。三十三年(一九〇〇)四月には、第二次山県有朋内閣が枢密院の諮詢事項に「教育制度ノ基礎ニ関スル勅令」を追加した。教育の基本は行政府の支配下に置かれ、議会(国民)は排除されたのである。

参考文献 坂根義久「教育勅令主義の一考察—特に明治憲法とロエスレルの助言について—」(『国学院雑誌』六七ノ一一、一九六六)、平原春好「戦前日本の教育行政における命令主義について—教育規定および教育行政組織規定の命令主義—」(『東京大学教育学部紀要』九、一九六七)、久保義三『天皇制国家の教育政策』(『久保義三教育学著作集』二、一九九五、エムティ出版)　(大日方純夫)

ちょさくけんほう　著作権法　文芸、学術、美術、音楽の作成者を保護する法律。江戸幕府が結んだ不平等条約の改正で治外法権を撤廃するため、明治政府は条件として著作権に関する国際条約であるベルヌ条約への加盟を約束させられていた。そこで、明治三十二年(一八九九)三月四日、それまでの版権法に代わって、著作権法が成立する。水野錬太郎が起草した。大正九年(一九二〇)の一部改正では、著作物に「演奏、歌唱」を加え、レコードの海賊版に対処。昭和四十五年(一九七〇)に全面改正されるまで存続する。↓版権《はんけん》

参考文献 大家重夫『著作権を確立した人々—福沢諭吉先生、水野錬太郎博士、プラーゲ博士…—(第二版)』(『成文堂選書』、二〇〇四、成文堂)　(河崎　吉紀)

ちょちくぎんこう　貯蓄銀行　零細な貯蓄預金を専業とする金融機関。明治十三年(一八八〇)六月に東京市で営業を開始した東京貯蔵銀行がわが国最初の専業貯蓄銀行であり、その後全国で設立された。しかしその多くの営業実態が庶民の零細預金を預かる金融機関として不適格であったことから、政府は二十六年(一八九三)七月に資金運用を厳重に制限した貯蓄銀行条例を施行し、貯蓄銀行の経営の健全性確保と預金者保護を図った。同条例によって貯蓄銀行数の増加は一時的に停滞した。しかし政府は、日清戦争後の好景気下において資金を円滑に供給する必要性が高まったことから、二十八年三月に条例の改正を行い、業界から強い反対を受けていた資金運用制限に関する項目を撤廃した。その結果貯蓄銀行数は急増し、大正元年(一九一二)末には専業貯蓄銀行と貯蓄兼営普通銀行を合わせて六百三十九行となった。

参考文献 協和銀行行史編集室編『本邦貯蓄銀行史』(一九六九、協和銀行)、迎由理男「貯蓄銀行」(加藤俊彦編『日本金融論の史的研究』所収、一九八三、東京大学出版会)　(今城　徹)

ちょちくくみあい　貯蓄組合　メンバーによる貯蓄の相互推進を目的とする集団的強制力を持つ組合組織。古来の頼母子講《たのもしこう》・無尽講《むじんこう》を起源とし、商品経済が発展する中で農村の復興を図り、地主豪農層が中心となり農村住民あるいは同業者によって結成された。零細な金銭を集団的貯蓄として、成立当初の銀行・郵便貯金制度への信用の補完という役割を果たした。とりわけ官公金取扱が重要な地位を占めた初期銀行の社会的信用を強化した。各地の貯蓄組合の名称も貯蓄の使途もさまざまであるが、任意の解約や預入額の引き下げが制限される。明治政府

は、初期から貯蓄組合の活用を推し進め、それを日露戦後に始まる地方改良運動の重要な柱に据えた。一八八〇年代半ばの第一次貯蓄奨励運動、明治三十五年（一九〇二）〜三十八年ごろの第二次貯蓄奨励運動、明治四十一年（一九〇八）〜四十四年ごろの第三次貯蓄奨励運動を経て、半ば強制的に村落単位の貯蓄組合が組織された。貯蓄組合は、明治期に法的規制はなく、昭和十六年（一九四一）の国民貯蓄組合法によって法的根拠と預金利子上の特典が与えられた。

参考文献　迎由理男『郵便貯金の発展とその諸要因』（『国連大学人間と社会の開発プログラム研究報告』六一、一九八二）、岡田和喜『貯蓄奨励運動の史的展開―少額貯蓄非課税制度の源流―』（一九九六、同文舘）、同『地方銀行史論―為替取組と支店銀行制度の展開―』（二〇〇一、日本経済評論社）　（陳　玉雄）

ちょちくまいじょうれい　貯蓄米条例　大蔵省による米価調節策。明治七年（一八七四）の佐賀の乱や台湾出兵などを契機として、翌年八月、蓄穀と米価変動対策のために定められた。これは、米穀の貯蓄・買入・運搬・貯蓄米の売却・海外輸出・精米・諸入費について定めたもので、これにより、貢納米もしくは買入米を東京に十万石・大阪に五万石常時貯蓄し、米価調節に利用することになった。貯蓄米は新穀との交換、売却などが行われる。事務は大蔵省出納寮の所管。同九年四月に出納寮貯蓄課が設置されると同課が管掌。同年八月貯蓄米経理法規、翌年一月貯蓄米回漕規則および貯蓄米受渡規則が定められ、詳細な手続が定められた。同九年から翌年にかけ貯蓄米の売買が本格化。豊作による米価下落に対して効果をあげた。同十年（一八七七）大蔵省は、各府県大蔵省買入預米処分例と米価取扱条例を定め、米穀売買の内規とした。貯蓄米は海外に輸出され、国内での米価調整および国外での正貨獲得と日本米の販路開拓が目指された。同十一年七月、米価調節専任局として常平局が開局。同局事務章程などの制定により貯蓄米条例は改廃された。

参考文献　大内兵衛・土屋喬雄編『明治前期財政経済史料集成』一一ノ二（一九六四、明治文献資料刊行会）　（居石　正和）

ちりがく　地理学　地球表面の自然および人間のさまざまな現象について、総合的に研究する学問。地誌記述や地図製作を含む。地理学は人間の生活する地表の事物の配置を表象し人間の空間認識を反映する。明治期の地理学の状況は西洋地理学の導入過程として記述できるが、その過程は単純ではない。『伊能図』に見られるようにすでに近代化の始まっていた地図製作の分野と、依然として伝統的な著述様式を残していく地誌記述の分野は対照的である。明治四年（一八七一）設置の工部省測量司が三角測量による地形図の作製に着手し内務省地理寮に引き継がれる。これに対し、ドイツ式体系を取り入れた陸軍省参謀局が明治十年代に測量業務の主導権を確立、二十一年（一八八八）の陸地測量部の設立をもって測量・地図製作の体制を整えた。しかし最初は簡略化された二万分の一『迅速測図』の作製が急がれ明治二十年より刊行された。一方、明治初期に文明開化の風潮の一端を担ったのが世界地理書の発行であり、福沢諭吉の『世界国尽』（明治二年）や内田正雄の『輿地誌略』（明治三年）が知られる。新しい国家に見合った官製地誌の編纂は、明治五年太政官正院の地誌課において企てられ、内務省地理局に引き継がれて『皇国地誌』の編纂が行われたが、一部の地域について出版されたにすぎず、内容や形式も古い地誌を踏襲したものであった。小学校での教科書としての需要から編纂された地方地誌の類もこうした形式を残している。明治十二年（一八七九）には海外の地理事情や探検報告の集積・紹介を企図した東京地学協会が発足した。明治二十年代に入ると、矢津昌永《やずまさなが》『日本地文学』（明治二十二年）のような西洋の自然地理学的知識を取り入れた著述が現われ、志賀重昂《しがしげたか》の『日本風景論』（明治二十七年）や内村鑑三の『地理学考』（明治二十七年、三年後『地人論』と改題）が新しい時代の息吹を感じさせ一般に受け入れられた。内村の著作はリッター C. Ritter を祖述したギュヨー A. Guyot に触発されたものであった。他方この時期、ラッツェル F. Ratzel の影響下に地質学者の小藤文次郎《ことうぶんじろう》が大学で地理学の講義を始めている。ラッツェルの人類地理学は生物地理学の一部門として構想され自然科学的要素が強かった。小藤の教えを受けた山崎直方《やまさきなおまさ》がウィーンのペンク A. Penck に学んで帰国し東京高等師範学校教授に就任したのが明治三十五年（一九〇二）であり、四十年（一九〇七）には京都帝国大学に地理学講座が開設され歴史学の石橋五郎と地質学の小川琢治《おがわたくじ》が担当した。この時点で東西のアカデミックな地理学の学統の基礎ができた。在野で歴史地理学研究を推し進めた吉田東伍《よしだとうご》の『大日本地名辞書』全十一冊（明治三十三―四十年）と地質誌に手厚い自然地理を特長とする山崎直方・佐藤伝蔵編『大日本地誌』全十巻（明治三十六年―大正四年）に明治時代の地理学研究の達成を見ることができる。→測量《そくりょう》　→地理寮《ちりりょう》　→東京地学協会《とうきょうちがくきょうかい》　→山崎直方《やまさきなおまさ》

参考文献　中川浩一『近代地理教育の源流』（一九七八、古今書院）、水津一朗『（新訂）近代地理学の開拓者たち』（一九八四、地人書房）、石田龍次郎『日本における近代地理学の成立』（一九八四、大明堂）、岡田俊裕『地理学史―人物と論争―』（二〇〇二、古今書院）、フリードリッヒ＝ラッツェル『人類地理学』（由比浜省吾訳、二〇〇六、古今書院）　（山田　俊弘）

ちりきょく　地理局　内務省に設置された内局。明治七年（一八七四）設置の内務省地理寮を前身とする。地理寮は大蔵省租税寮の地理、勧業の事務を継承、同年、工部省工学寮の測量司が測量課として移管、また正院の地誌課も移管された。明治十年（一八七七）に改称し地理局となる。事業は官有地管理、全国測量、地形図作成、地誌編纂、気象観測などで、地理局職員となった多くの旧幕

府関係者の技術によるものが大きかった。その後、同十七年六月に測量事業が参謀本部測量局に移管された。地理局の名称・事業は明治十八年の内閣制度でも引き継がれたが、二十四年(一八九一)庶務局の設置により廃止された。

参考文献 『明治前期地誌資料』(『内務省地理局編纂善本叢書』、一九八五-八七、ゆまに書房)、地図資料編纂会編『明治前期内務省地理局作成地図集成』(一九九九、柏書房)

(千葉真由美)

ちりりょう　地理寮　明治七年(一八七四)一月内務省の一寮として発足した明治初期の役所名。明治二年設置の民部省にあった戸籍地図掛を起源とし、同省地理司、大蔵省租税寮地理掛を経て、内務省地理寮となり、七年二月には税地・木石・計算・諸務・図書の五課を有した。木石課は明治十五年(一八八二)に地質調査所となる。さらに八月には太政官正院内史所管の地誌課を併せ、工部省の測量司を吸収して量地課とした。「全国州郡村里ノ経界山林原野池沼河海区別ノ事務ヲ掌ル処」(地理寮職制事務章程第一条、明治七年一月)と規定され、地籍調査、官有地や旧跡名所公園地の管理、土地所有の移転や土石採掘事務、『皇国地誌』の編纂、測量に基づく大都市の地図作成、観象測候、暦書調査などを行なった。十年地理局と改称、局長に桜井勉《さくらいつとむ》、量地課長に荒井郁之助《あらいいくのすけ》が就いた。その後十七年に測量事業は参謀本部に移され、二十三年(一八九〇)には地誌編纂が帝国大学、気象観測事業が中央気象台に移管され、二十四年庶務局地理課として残存したが、歴史的な役目を終えた。　→測量《そくりょう》　→測量司《そくりょうし》　→地理学《ちりがく》

参考文献 『測量・地図百年史』(一九七〇、建設省国土地理院)、大霞会編『内務省史』(『明治百年史叢書』、一九八〇、原書房)

(山田　俊弘)

ちんぎんせいど　賃金制度　雇用主・企業が被雇用者に対して支払う報酬額を決定する仕組み。明治初年には米その他の現物給付が存在し、その後も住み込みの奉公人などの報酬は現物給付部分が多かったが、工場・鉱山の労働者や官民の職員層は貨幣賃金に統一されていったので、労働者の属性・労働時間・労働成果などを勘案して貨幣賃金額を定める規則が必要になった。賃金の算定は、俸給制(年俸制、月給制)、時間給制(日給制・時給制)、出来高制によった。出来高制は労働の成果が出来高に直結し、出来高の確認が容易な場合に採用されるものであり、より高い賃金を求めて労働者が効率を上げる努力を自発的にする効果がある。出来高制のもとで平均的な能率レベルが上昇する場合、職工全体の賃金総額を増やさない方針によって相対的出来高制が採用されると、同水準の出来高に留まる職工の賃金は低下するので、能率上昇へのインセンティブが強くなる。製糸業で一般的であった等級賃金制はこの典型であった。日給制は基本となる日給額を定めて、実際の労働時間がそれよりも多い場合は時間外手当を加算し、少ない場合は減額している。同一の工場で働く職工に対して作業内容に応じて出来高制と日給制が併用されていた事情については、農商務省『職工事情』(明治三十六年)、東京高等商業学校調査部『職工取扱ニ関スル調査』(明治四十四年)などによって同時代にも把握されていた。それによれば、たとえば煙草工場では箱張・箱詰・巻詰工程の職工などについて出来高給が、その他は日給制が採られていること、紡績工場では男工はほぼ日給、女工はほぼ出来高給であること、鉱山業では、採炭夫・採鉱夫・運搬夫などであったことなどが報告されている。官民の職員層については実際の労働時間によって支給額を細かく増減させない俸給制がとられたが、高級官吏・経営幹部などには年俸制が、一般職員層には月給制が採用された。職工層の日給制を含めて、支払いの頻度は通常月一回であったが、日給制の場合は月二回払いも多かった。俸給・日給の基本額については、初任給水準と昇給方式を定めることが必要であった。職員層については、一八九〇年代以降、上級学校卒業者を学校卒業時に採用する方式が定着するにつれて、初任給水準については学歴対応的に、昇給方式については勤続年数対応的に定められることが基本となった。男子職工層は明治期から第一次世界大戦期まではその企業間の移動が激しく中途採用者が多かったために、採用時の金額について統一的な基準が作られず、雇い入れる時期の景況によって初任給水準が左右される傾向があり、また企業横断的に賃金水準が連動する傾向もあったと見られる。この事情は大経営については職工層の移動が減少した一九二〇年代に変化し、高等小学校新卒者を企業の子飼いの職工として養成するコースを基本とした賃金体系が定着することになった。昇給は物価上昇による労働者の不満の高まりや移動の増加に迫られて状況追随的になされていたが、新たな労働者の募集費用の増加や熟練の重要性を考慮して定期昇給制度が次第に整備される方向に向かった。手当類は日給者に対する時間外手当、出勤奨励・勤続奨励的手当のほかに、経営内の階層差を反映する基本給の格差を修正する必要がある場合などに導入され、明治末期にその種類が増加している。幹部職員に対する住宅手当は、生活の体面を維持することを目的としており、身分相応の生活水準を示すことを企業から要求されることの対価でもあった。賞与については明治末の時点では職員だけに支給する企業と職工にも支給する企業とがあったが、職工の賞与は職員に比較して少額であった。退職金は、勤続手当、勤続賞与金、慰労金などの各種の名称で呼ばれていたが、大経営においては職員・職工の双方について明治末期に次第に制度化される方向に向かっており、一九二〇年代には一般化するに至った。その目的は、退職後の生活保障への期待を高めて自己都合による労働移動を防ぎ、長期勤続を奨励することであったから、自己都合退職者には支給されないか、会社都合・定年制度による退職に比べて条件が厳しい場合が通例で

あった。以上のように賃金規定は明治期を通じて次第に整備されていった。→俸給制《ほうきゅうせい》

[参考文献] 労務管理資料編纂会『日本労務管理年誌』一(一九六二・六四)、間宏監修『日本労務管理史資料集』一ノ一(一九八七、五山堂書店)、兵藤釗『日本における労資関係の展開』(一九七一、東京大学出版会)、野村正実『日本的雇用慣行―全体像構築の試み―』(二〇〇七、ミネルヴァ書房)　(加瀬　和俊)

ちんこうどう　椿香堂　東京の書肆。高橋脩助が経営。明治中期に、戯作小説、啓蒙書、政治評論、実用書、政府系刊行物などの刊行・販売を手がけている。

[参考文献] 三橋猛雄『明治前期思想史文献』(一九七六、明治堂書店)　(鵜飼　政志)

ちんざんそう　椿山荘　現在の東京都文京区関口二丁目にあった山県有朋の邸宅および庭園。明治十年(一八七七)、西南戦争後、山県が東京近郊へ遠乗りを行なった際、目白の椿山にあった旧旗本下屋敷を購入、周囲の土地を買い増して家屋庭園を造営した。面積およそ一万八千坪、渓山(谷や山)がその三分の二を占める。山県は築庭の趣味を有し、京都の無鄰庵《むりんあん》、小田原の古稀庵《こきあん》(いずれも山県の別荘)などが有名だが、なかでも力をいれたのがこの椿山荘であった。かつて人に語って「もし私が大金持ちなら、眼下にひろがる早稲田一帯の地面を買いつぶしてこれを一面の池となし、椿山の風致を添えたいものだ」と述べたことからもその執心のほどがうかがえる。大正六年(一九一七)、八十歳を機に一木一石をも旧観を失わないことを条件に藤田組二代目当主藤田平太郎に譲渡、小田原に隠棲した。明治・大正期を通じて数多くの軍人・政治家・官僚たちがこの椿山荘を訪ね、重要な政治の舞台となった。

椿山荘

[参考文献] 徳富蘇峰編述『公爵山県有朋伝』下(『明治百年史叢書』、一九六九、原書房)、椿山荘『写真でみる椿山荘の歴史(改訂三版)』(一九九三)　(白石　弘之)

ちんじゅふ　鎮守府　日本海軍の地方機関の一つ。所轄海軍区の防衛、警備、兵員の徴募・召集、軍需品の保管・供給、兵器の製造・修理、海軍刑法に違反した犯罪人の裁判などを取り仕切った。前身は明治四年(一八七一)兵部省内に設立された海軍提督府(五年海軍省軍務局軍事課に移管)。鎮守府司令官は天皇に直属し、府内各部門、各部隊および要港部を隷下に置いた。管下での軍政については海軍大臣、作戦計画については軍令部長(昭和八年(一九三三)より軍令部総長)からそれぞれ命を受け実施した。九年九月横浜に東海鎮守府が仮設されたが、十七年(一八八四)十二月横須賀に移転し、横須賀鎮守府と改称された。十九年四月の海軍条例に基づき、日本の海岸と海面が五海軍区に分けられ、横須賀のほかに、二十二年(一八八九)七月呉と佐世保、三十四年(一九〇一)十月舞鶴に鎮守府が設置され、第一から第四海軍区をそれぞれ管轄した。当初、室蘭にも鎮守府を置き第五海軍区とする予定だったが、三十六年になって断念された。日露戦争中の三十八年二月旅順口鎮守府が開設され、三十九年十月旅順鎮守府と改められて関東州海軍区を管轄したが、大正三年(一九一四)四月要港部に格下げされ、同海軍区は佐世保鎮守府の所管となった。また、舞鶴鎮守府もワシントン海軍軍縮条約調印の結果、要港部に改められたが、昭和十四年(一九三九)十一月再び鎮守府となった。→旅順鎮守府《りょじゅんちんじゅふ》

[参考文献] 防衛庁防衛研修所戦史室編『海軍軍戦備』一(『戦史叢書』三一、一九六九、朝雲新聞社)、防衛庁防衛研修所戦史室編『大本営海軍部・聯合艦隊』一(『戦史叢書』九一、一九七五、朝雲新聞社)　(広中　一成)

ちんしょうふ　鎮将府　三条実美を首班とする、明治新政府の関東東北の統治機関。明治新政府は、明治元年五月十七日(一八六八年七月六日)江戸鎮台(鎮台は大総督熾仁《たるひと》親王)を設け旧幕府の統治機構を接収するとともに、同月二十四日(七月十三日)三条を関八州鎮将に任じ、同日徳川家達に駿河転封・七十万石減封を命じたが、関東・東北の戦況は好転しなかった。そこで七月十七日(九月三日)、江戸鎮台と関八州鎮将を廃して、駿河以東十三ヵ国の統治全般を司る鎮将を設け、三条をそれに任じ、熾仁親王を東北戊辰戦争専任とした。鎮将府は管轄下諸藩旧幕臣への諸対策と江戸市中の人心掌握策を推し進め、明治天皇の江戸東幸の実現に尽力した。十月十三日(十一月二十六日)に天皇の江戸入城となり、間もなく廃止された。

[参考文献] 『維新史料綱要』九(一九三七、東京大学出版会)、横山伊徳「鎮将府」考―慶応と明治のはざまに―」上・下(『人民の歴史学』七二・七六、一九八二・八三)　(横山　伊徳)

ちんだい　鎮台　(一)明治新政府成立直後に、大和・大坂・兵庫・江戸に置かれた臨時の軍政機関としての鎮台と、(二)明治四年(一八七一)から二十一年(一八八八)までの間、

国内主要地に設置されていた陸軍の最大編制単位(軍団)の鎮台があった。㈠は短期間で廃止され行政機関に替わった。㈡の鎮台は、国内鎮撫・治安維持のため明治四年四月に東山道(本営石巻)と西海道(本営小倉)に設置すると定められ、東山道の白石に半大隊、西海道の小倉・博多・日田にそれぞれ一個大隊が置かれたが、司令長官は任命されなかった。同年廃藩置県後の八月、前記二鎮台を廃し、東京・大阪・鎮西(熊本)・東北(仙台)の四鎮台が設置され、管下に分営を置き、常備兵として諸藩兵(壮兵)を召集充当した。六年一月徴兵令の制定に伴い、これまでの四鎮台を廃止し、新たに東京・仙台・名古屋・大阪・広島・熊本の六鎮台が設置され、鎮台兵は逐次壮兵から徴兵に入れ替わった。この六鎮台制は、東京・大阪鎮台が各歩兵三個連隊、他の四鎮台が歩兵各二個連隊、合計歩兵十四個連隊と騎兵・砲兵・工兵・輜重《しちょう》兵・海岸砲兵などの諸兵種で編成された。また鎮台は、対外防衛と対内防衛の任務を持つことになったが、対外防衛にあたるには兵力的に不十分で、特に砲兵など歩兵以外の兵種が不十分であった。二十一年(一八八八)五月、鎮台を師団に改編し、砲兵などの他兵種を充実し、野戦軍として行動可能な基本部隊(戦略単位)に編成した。↓師団《しだん》

参考文献 原剛『明治期国土防衛史』(『錦正社史学叢書』、二〇〇二、錦正社)

(原　剛)

ちんだすてみ　珍田捨己　一八五六―一九二九　明治・大正時代の外交官。安政三年十二月二十四日(一八五七年一月十九日)、津軽藩士珍田有孚の長男として陸奥国津軽郡弘前城下に生まれた。明治元年(一八六八)藩校稽古館に入り和漢学を修める。明治十年(一八七七)米国に留学。十八年九月御用掛として外務省出仕。十九年三月外務属、同年七月交際官試補、同二十三年(一八九〇)九月在サンフランシスコ領事となり、移民問題などにあたる。二十七年十二月在仁川領事、二十八年六月在上海総領事。明治三十年(一八九七)五月弁理公使としてブラジルに駐劄しリオ＝デ＝ジャネイロ総領事を兼任。三十二年三月オランダ公使を任じられデンマーク公使を兼任。三十三年十一月ロシア駐劄公使。三十四年十一月外務総務長として時の外相小村寿太郎を輔佐して省内を統轄した。明治四十一年(一九〇八)六月特命全権大使としてドイツ駐劄を命じられ、条約改正交渉に努力。四十四年十一月には米国駐劄となり、排日問題の処理と文化交流の推進に尽力。大正五年(一九一六)六月英国駐劄となり英国王室との親善に努める一方、八年一月パリ講和全権委員を任じられる。九年十月枢密顧問官、大正十年(一九二一)二月宮内省御用掛として皇太子(のちの昭和天皇)渡欧の随行を命ぜられる。同年十一月東宮大夫、昭和二年(一九二七)五月侍従長にそれぞれ任命。昭和四年一月十六日死去。七十四歳。

参考文献 菊池武徳編『伯爵珍田捨巳伝(復刻版)』(吉村道男監修『日本外交史人物叢書』七、二〇〇二、ゆまに書房)

(熊本　史雄)

珍田捨己

ちんてんか　陳天華　Chen Tianhua　一八七五―一九〇五　清末の革命家。湖南省新化県出身。一八七五年生まれ。明治三十六年(一九〇三)、日本に留学し、弘文学院に入学した。反清の活動に従事し、革命思想を宣伝するため、『猛回頭《もうかいとう》』『警世鐘《けいせいしょう》』を著わした。〇四年秋、黄興・宋教仁らとともに長沙で蜂起を試みたが失敗し、日本に逃れた。〇五年、孫文らが中国同盟会をつくると、これに協力した。さらに同年、日本政府が清朝の要請を受けて留学生の取り締まり規則を設けたときには、反対運動を指導した。まもなく〇五年十二月八日、大森海岸で入水自殺した。それは、『朝日新聞』に留学生を「放縦卑劣」と誹謗する言辞があったのに対し抗議して、中国学生の奮起を促すための英雄的な行動とみなされた。彼の遺書は遺影とともに革命派の機関誌『民報』に掲載され、愛国思想の宣伝に恰好の契機となった。彼の思想は、排満にとどまらず、「中等社会」を基礎とした国民国家形成を指向していたところに特徴がある。三十一歳。↓清国《しんこく》人留学生取締《じんりゅうがくせいとりしま》り事件《じけん》

参考文献 さねとう・けいしゅう『中国人日本留学史(増補版)』(一九七〇、くろしお出版)、中村哲夫『同盟の時代―中国同盟会の成立過程の研究―』(『神戸学院大学人文学部人間文化研究叢書』、一九九二、人文書院)、吉澤誠一郎『愛国主義の創成―ナショナリズムから近代中国をみる―』(『世界歴史選書』、二〇〇三、岩波書店)

(吉澤誠一郎)

ちんぶし　鎮撫使　戊辰戦争の際、新政府が徳川慶喜や朝敵諸藩の追討、および各地の鎮撫のために派遣した使節。明治元年正月三日(一八六八年一月二十七日)、鳥羽・伏見の戦が勃発すると、新政府は五日に山陰道・東海道鎮撫使、九日に北陸道・東山道鎮撫使を設置。山陰道・東海道鎮撫使は五日、北陸道鎮撫使は二十日、東山道鎮撫使は二十一日にそれぞれ京都から進軍を開始した。天皇の親征をうけ、二月九日(三月二日)に東征大総督府が設置されると、各鎮撫使はその麾下に属す。また、このとき奥羽鎮撫使も設けられ、三月二日(三月二十五日)、海路奥羽にむけて出立する。鎮撫使は沿道諸藩に対して出兵や接収した幕領の管理を命じたが、ときに出兵を拒まれ、抵抗にあうこともあった。山陰道鎮撫使は三月二十七日に京都に帰着、東海・北陸・東山各道鎮撫使は江戸平定をうけて五月十九日(七月八日)に廃され、奥羽鎮

撫使は十一月十八日(十二月三十一日)に東京に凱旋した。

参考文献　『復古記』(二〇〇七、マツノ書店)

(友田　昌宏)

ちんぶそうとく　鎮撫総督　戊辰戦争の際、徳川慶喜や朝敵諸藩の追討のために設けられた鎮撫使の長。山陰道鎮撫総督は西園寺公望、東海道鎮撫総督は橋本実梁《はしもとさねやな》、北陸道鎮撫総督は高倉永祜《たかくらながさち》、東山道鎮撫総督は岩倉具定、奥羽鎮撫総督は九条道孝(はじめは沢為量《さわためかず》、九条総督就任後、沢は副総督に転任)で、いずれも公家が任命された。明治天皇の親征が決すると、東海道・北陸道・東山道鎮撫総督は明治元年二月六日(一八六八年二月二十八日)に先鋒総督兼鎮撫使となり(副総督は先鋒副総督兼鎮撫使)、二月九日(三月二日)の有栖川宮熾仁親王《たるひとしんのう》の東征大総督就任とともに各総督はその支配下に入った。慶喜の降伏後も会津藩をはじめとする残党の抵抗に苦しんだ新政府は、四月十九日(五月十一日)に高倉に会津征討総督を兼務させ、京都に帰着した西園寺を東海道第二軍総督に任命した。さらに、江戸平定に伴い五月十九日(七月八日)に東海・北陸・東山各道鎮撫使を廃すると、高倉、岩倉をそれぞれ奥羽征討越後口総督、会津征討白河口総督に任じた。

参考文献　『復古記』(二〇〇七、マツノ書店)

(友田　昌宏)

ちんろうどう　賃労働　賃金の取得を目的として他人に雇われて労働すること。自己計算に基づいてみずからが事業を営む自営業就業(家族労働を含む)の反対概念であるとともに、他人の指示のもとで働く点では共通していても、自由意思によらずに強制によって働かされる奴隷労働、囚人労働、賦役労働とは異なる。強制による労働はコスト的には安価な場合が多いが、労働者自身に労働のインセンティブが働かず、作業効率向上のための工夫・努力がなされないこと、調達量に限界があり自由に増加させることができないこと、逃亡・反抗・暴動の恐れがあり管理コストが高くつくことなどの制約があり、その点で本人の自由意思にもとづく賃労働は資本主義制度に最も適合的であるといえる。明治初年には事実上の賃労働者ではあっても、口減らしも目的とする奉公人、自営業的性格の強い職人、問屋制家内工業における自営業就業者などが多く、定まった賃金を受け取る権利を持つ近代的な意味での賃労働者は鉱山・炭坑や製糸・織物業などに限られていた。明治期における賃労働者の増加は、こうした自営業者主体の就業構造の中から、自営業者としては十分な所得を得られない者を中心に生み出されてきた。第一は、自営業にとって周辺的な補助労働力であり、賃労働者として流出しても自営業自体には大きな影響がない者であり、年少女工や商家奉公人などがこの代表であった。第二は、自営業を営む条件を持たない者であり、農地を分与されない農家の次男・三男や旧武士層の多くがこれに該当した。地主制の拡大は農業を廃業して挙家離村せざるをえない層を生みだすことによって、この供給ルートを大きく広げることになった。第三は、従来の自営業者のうちで当該自営業が企業的活動の一部分として再編されたものであり、従来の職人が職工に転換する場合、問屋制家内工業下の自営業者が工場制下の賃労働者に移行した場合などがこれにあたる。こうした変化が進行した原始的蓄積期を過ぎて資本主義的生産様式が本格的に成立すると、賃労働者世帯の子弟として生まれ、はじめから賃労働者となるほかはない人々が増加し、賃労働者を中心とする就業者構成に変わっていった。その背景には俸給生活者層や大経営の職工などの賃金が自営業世帯の所得を上回るようになるという長期的傾向があった。ただし戦前日本においては昭和五年(一九三〇)時点においても、就業者の半数は自営農民であり、内務省社会局の推計によれば就業者約三千万人のうち賃労働者にカウントされた者は七百万人程度に留まっていた。→労働者《ろうどうしゃ》

参考文献　隅谷三喜男『日本賃労働史論―明治前期における労働者階級の形成―』(一九五五、東京大学出版会)、大石嘉一郎「労働力群の構成」(同編『日本産業革命の研究』下、一九七五、東京大学出版会)、中村政則『労働者と農民』(一九七六、小学館)

(加瀬　和俊)

つ

ついしゅようぜい　堆朱楊成　一八八〇―一九五二　漆芸家、二十代楊成長昭。明治十三年（一八八〇）八月二十八日、東京根岸に十八代楊成国平の次男として生まれる。本名は豊五郎。堆朱楊成は室町時代より堆朱の技法を伝えた家系の世襲名で、楊成とは中国元代の名工張成と楊茂の一字をとった名。兄の十九代楊成経長は、明治維新で一時中止した家業の再興につとめた。塗り重ねた漆の層から文様を彫りあらわす彫漆の技を兄に学び、絵画を佐竹永湖《さたけえいこ》、彫刻を石川光明《いしかわこうめい》、蒔絵を白山松哉《しらやましょうさい》に学ぶ。明治二十九年（一八九六）、兄が没して二十代楊成を襲名する。同三十三年（一九〇〇）パリ万国博覧会で銅牌、同四十年（一九〇七）東京府勧業博覧会で二等賞を受賞。昭和二年（一九二七）第八回帝国美術院展覧会（新文展）に初入選し、以降同展および文部省美術展覧会に出品を続ける。戦後は日本美術展覧会に出品。同二十五年（一九五〇）日本芸術院会員。同二十七年十一月三日没。満七十二歳。

参考文献　荒川浩和監修『近代日本の漆工芸』（一九八五、京都書院）　（横山　りえ）

つうかせいど　通貨制度　明治政府は、江戸時代のいわゆる三貨制度から、明治四年（一八七一）の新貨条例によって金本位制度への移行を試みるが、挫折して不換紙幣中心の通貨制度になり、紙幣整理を経て明治十九年（一八八六）に銀本位制度に基づく日本銀行兌換券の時代へ変わり、同三十年（一八九七）に金本位制度へ移行した。江戸時代の通貨制度は金・銀・銭の三貨からなるが、明治の新政府は、明治元年五月に早くも銀目停止令を発し、正銀（丁銀・豆板銀）の通用停止と銀目貸借の金銭仕切りへの換算を命じた。すでに上方銀貨圏においても正銀はほとんど流通せず、銀計算の藩札や手形による取引が進んでいたが、法制的にも銀目勘定が否定されたのである。明治四年五月の新貨条例は、最初の案ではイギリスのオリエンタル銀行の指導のもとに東アジア貿易に用いられる「洋銀」に合わせて銀本位とする予定であったが、アメリカ出張中の伊藤博文の提言によって先進国並の金本位に急遽変更された。変更の内在的理由としては、幕末日本の鋳造貨幣の圧倒的部分が、「一分銀」のような銀素材のものを含む金貨から構成されており、しかも、一両を一円とすることにより、スムーズに換算できることがあった。こうして本位金貨一円を純金〇・四匁とする金本位制度が採用されたが、開港場での円銀の無制限通用を認めたため、明治七年以降の世界的な銀価格の低落に伴い金貨は流通から姿を消して事実上の銀本位制度と化した。しかも、正貨兌換にする約束であった政府紙幣が一向に兌換紙幣にならないまま増発された結果、国内では政府紙幣、対外支払いでは銀貨が通用することになった。大隈重信大蔵卿は成長通貨としての紙幣供給によって産業育成を図り、当初は紙幣価格も安定していたが、明治十年の西南戦争を契機とする政府紙幣の増発と国立銀行による大量の不換銀行券の発行によってインフレーションが起ったため、固定的な地租収入に依存する政府は財政難に陥り、産業投資の代わりに商業投機が横行した。そこで、大隈に代わった松方正義大蔵卿が紙幣整理と正貨蓄積に努めて日本銀行を設立、明治十九年一月から政府紙幣の銀貨兌換を開始し、銀本位制度を確立した。かかる通貨価値の安定が十九年からの企業勃興の重要な条件となったのである。国立銀行券は発行額が固定され、経済発展に対応しにくかったのに対し、それに代わった日本銀行券は、㈠正貨準備発行と㈡七千万円の保証準備発行（公債・商業手形の保証）および㈢制限外発行（五％の税を払っての保証準備発行）という形で経済発展に柔軟に対応できる保証準備屈伸制限制度によって発券され、産業革命に必要な資金が供給された。当時の世界市場では銀価低落が続いたため、円安傾向が続き、日本から金本位国への輸出は促進されたが、輸入品については価格の上昇に悩まされた。そこで、政府は貨幣制度調査会を設け金本位制度への移行の可否を問うたが、日清戦争賠償金をポンド貨で受け取る可能性が出てきたために、輸出を重視して現行の銀本位制度が良いとする財界人の多数派を抑えて、金本位制度への移行という結論を導き出した。明治三十年十月から金本位制度が実施されたが、銀価低落を追認して新しい一円は純金〇・二匁と定められた。日本は国際金本位制の一員となり、資本導入に便利な共通の土台を形成したが、貿易収支はそれまでのような銀価低落の恩恵を受けることができず、赤字基調になったため、結局、絶えず外資を導入しなければ金本位を維持できなかった。ところが、日本銀行は政府の外債手取金を買取ってロンドンに在外正貨として保有し、対外支払いのための兌換請求に対してロンドンの発券準備外正貨をもって支払ったため、輸入超過になっても正貨準備発行額とは無関係で通貨収縮が起らず、入超幅は縮小しにくかった。ここに、第一次大戦直前の正貨危機の制度上の一因があったといえよう。　→金本位制《きんほんいせい》　→銀本位制《ぎんほんいせい》　→財政《ざいせい》　→兌換制度《だかんせいど》

参考文献　小島仁『日本の金本位制時代―一八九七～一九一七年の対外関係を中心とする考察―』（一九八一、日本経済評論社）、山本有造『両から円へ―幕末・明治前期貨幣問題研究―』（一九九四、ミネルヴァ書房）、小野一一郎『近代日本幣制と東アジア銀貨圏―円とメキシコドル―』（『小野一一郎著作集』一、二〇〇〇、ミネルヴァ書房）　（石井　寛治）

つうこうぜい　通行税　汽車・電車・汽船の乗客に課さ

れた間接税。日露戦費調達のため、明治三十八年(一九〇五)一月公布の第二次非常特別税法により、旅程および乗客の等級を課税標準に課税された。通行税は、織物消費税・塩専売とともに戦時三大悪税として評判が悪く、帝国議会でも廃止法案がたびたび提出された。しかし、通行税の徴収が簡易であり、将来、交通機関の発達に応じ弾力性を有する良質の財源であることから、同四十三年(一九一〇)三月、税制整理の名のもとに通行税法が公布(四月一日施行)され、通行税は臨時税法から永久税法となった。この改正では、課税標準になんらの修正もなされず、国民負担が維持されたため、以後も、帝国議会では廃止の議論が幾度もなされた。大正十五年(一九二六)の税制整理により、通行税は社会政策的減税の対象となりいったん廃止されたが、昭和十三年(一九三八)の支那事変特別税法により再び復活した。

参考文献　井手文雄『要説近代日本税制史』(一九五九、創造社)、三宅雪嶺『同時代史』三(一九六七、岩波書店)　(矢切　努)

つうこんのじゆう　通婚の自由　明治維新における四民平等政策の一環。明治四年四月四日(一八七一年五月二十二日)には戸籍法が公布され、華族・士族・卒《そつ》・平民が同一の戸籍に記載されることとなっていたが、八月二十三日(十月七日)、太政官より「華族ヨリ平民ニ至ル迄互婚姻被差許候」と通婚の自由が布告された。さらに同年十二月十八日(一八七二年一月二十七日)には華族・士族・卒の農工商業への就業が許可され、明治六年一月二十二日には華士族平民間の養子縁組が許可された。また、穢多・非人などの賤民身分も明治四年八月二十八日(一八七一年十月十二日)の太政官布告で廃止され平民とされたので、皇族を除いた通婚の自由は法制的には確立された。しかし、旧賤民への婚姻忌避は続き、また、華族と平民の婚姻には華族側の強い拒否があり、社会的には通婚の自由が確立されたとは言い難い。　(藤野　豊)

つうしょうがいしゃ　通商会社　明治二年(一八六九)二月に設置された通商司の管轄下におかれた半官半民の実務機関であり、通商貿易に深く関与した。通商会社は大元会社として地方の商社を管轄下におき、商品委託販売の斡旋や為替会社の資金融通を仲介するなどの業務に従事した。この通商会社は為替会社とともに一元二体の関係にあり、東京・大阪・京都・横浜・神戸・大津・新潟・敦賀の八ヵ所に設置され、三井・小野・島田などの三都の特権的大商人やそれぞれの都市の豪商などによって組織された。通商会社は旧来の都市商人を再編成した商社や貿易商社を管轄下におき、資金の貸出や取引の斡旋などを行なったが、貿易独占に対する外国からの強い非難をうけたため、政府は会社の権限を縮小させたことなどから経営が困難となり、明治四年七月に通商司が廃止されると通商会社も解散した。→為替会社《かわせがいしゃ》

参考文献　大蔵省紙幣寮編「明治貨政考要」(大内兵衛・土屋喬雄編『明治前期財政経済史料集成(復刻版)』一三所収、一九六四、明治文献資料刊行会)、丹羽邦男「明治維新の土地変革―領主的土地所有の解体をめぐって―」(『近代土地制度史研究叢書』二、一九六二、御茶の水書房)、杉山和雄「金融機関の創設」(楫西光速編『日本経済史大系』五所収、一九六五、東京大学出版会)、新保博『日本近代信用制度成立史論』(『神戸経済学双書』七、一九六八、有斐閣)　(佐々木寛司)

つうしょうし　通商司　明治二年(一八六九)二月に貿易事務一切を管轄する機関として外国官の下に設置された。所属部局はその後、会計官・大蔵省・民部省、さらに大蔵省へと転属、移管されている。通商司は本司を東京に、支署を大阪・京都・堺・各開港場などにおき、その下に設置された為替会社・通商会社を監督、指揮した。商法司が廃止されるとその職務も引継ぎ、㈠物価平均流通を計る権、㈡両換屋を建る権、㈢金銀貨幣の流通を計り相場を制するの権、㈣開港地貿易輸出入を計り諸物品売買を指揮する権、㈤回漕を司る権、㈥諸商職株を進退改正する権、㈦諸商社を建る権、㈧商税を監督する権、㈨諸請負の法を建る権、など多くの権限も与えられた。いわば流通面からの在来産業掌握をめざした殖産興業政策が期待されたのである。しかし、通商司による貿易独占は外国公使からの抗議にあい、明治三年には貿易独占規定を廃止した。明治四年七月、廃藩置県に伴い廃止。

参考文献　大蔵省紙幣寮編「明治貨政考要」(大内兵衛・土屋喬雄編『明治前期財政経済史料集成(復刻版)』一三所収、一九六四、明治文献資料刊行会)、丹羽邦男「明治維新の土地変革―領主的土地所有の解体をめぐって―」(『近代土地制度史研究叢書』二、一九六二、御茶の水書房)、新保博『日本近代信用制度成立史論』(『神戸経済学双書』七、一九六八、有斐閣)　(佐々木寛司)

つうしんきょういく　通信教育　郵便などの通信方法により教材などを受講者に送付し、これに基づき行う教育方法。通信教育の初期的形態は「講義録」すなわち「講義を記録した書物」という形で一八八〇年代に出現した。たとえば、『少年園』を創刊した山県悌三郎が明治十八年(一八八五)十二月に設立した通信講学会の講義録(明治十九年二月発行)である。当時の少年雑誌の講義録広告を見ていくとその種類は多種多様である。最も隆盛を極めたのは私立専門学校発行の講義録であった。なかでも最も早いものは中央大学の前身英吉利《イギリス》法律学校であった。明治十八年九月に講義録を発行するだけでなく、校外生制度を創設しての出発であった。英吉利法律学校の先駆的な試みに刺激された法政大学の前身和仏法律学校では、同年十一月に講義録を発行、明治二十三年(一八九〇)に校外生制度を導入。早稲田大学の前身東京専門学校では明治十九年に講義録を発行、翌年に校外生制度を創設した。このほかに明治大学の前身明治法律学校、専修大学の前身専修学校、日本大学の前身日本法律学校、東洋大学の前身哲学館、立命館大学の前身京都法政大学が時期

こそ違え同様の形で通信教授を行なった。明治三十年代に入ると私立専門学校の講義録は衰退した。青少年向け雑誌『中学世界』(明治三十一年(一八九八)から四十五年(一九一二)まで)の講義録広告にみえるものは、英語講義録など四十一種類を数える。なかでも広告回数が最も多かったのは中学講義録である。中学講義録の嚆矢は大日本中学会(明治二十五年創設)のものであるが、明治三十九年四月発行の早稲田中学講義録や明治三十五年七月発行の大日本国民中学会の講義録が最もよく読まれたものであった。機関誌として早稲田は『新天地』を、大日本国民中学会は『新国民』を発行し、講義録とともに講義録購読者たちの学びを支え続けた。　→校外生教育《こうがいせいきょういく》

〔参考文献〕『近代化過程における遠隔教育の初期的形態に関する研究』(放送教育開発センター編『研究報告』六七、一九九四)、菅原亮芳「近代日本人のキャリアデザイン形成と教育ジャーナリズム(一)研究計画・「大日本国民中学会」『新国民』(その一)」(『高崎商科大学紀要』二二、二〇〇七)

(菅原　亮芳)

つうしんじぎょう　通信事業　郵便・電信・電話・無線による情報送受サービスを公益に供する事業。十九世紀半ばの世界的な通信革命期に近代化を開始した明治日本は、中央政府が国内の政治的統一と厳格な人民管理の実現にむけて、電気通信と郵便の制度的確立を急速に推進した。近代国家の象徴と見做された電信は、明治二年(一八六九)九月に横浜燈明台―裁判所間七町(約七六四メートル)の通信実験に成功、三年正月より公私一般電報取扱業務が始まる。同年閏十月設立の工部省主導下、四―五年には電信線が京都―長崎に達し、デンマーク大北電信会社敷設の長崎―上海間海底電線に接続、六年東京―ヨーロッパ間を電信で結んだ。やがて札幌への延伸も実現、日本列島縦断幹線が完成する。七年九月施行の日本帝国電信条例によって電信事業の官営化が正式に決定。十一年(一八七八)三月の東京電信中央局の開設、国際電報業務の開始に伴って年間取扱電報数は八十六万通に達した。郵便は民部省駅逓司《えきていし》の主導下で導入・整備が進む。駅逓権正《えきていごんのかみ》前島密はイギリスを範として明治四年三月より東京・京都・大阪の三都市に郵便役所、東海道筋各駅に六十四ヵ所の継立場《つぎたてば》を設けて新式郵便制を設置、年末には継立場を郵便取扱所と改称して長崎まで延長し、五年七月全国三府二十七県の主要地を結ぶ郵便網を確立した。続いて六年四月に料金を遠近制から量目制に改定、六月に幕藩期より続いた飛脚業を禁止、アメリカと郵便交換条約を締結、十二月には葉書を発行する。七年には郵便取扱所を全て郵便役所と改称、その件数は三千二百四十四局に達する。十年六月万国郵便連合条約に加盟、十一年には全国的な郵便路線が完成を見た。十五年十二月公布の郵便条例は郵便物を四種に分け、料金均一主義を徹底、郵便為替・郵便貯金の詳細な規定を設ける。以降、郵便は電信や後発の電話に較べて格安な料金体系と小包・為替・貯金業務など多様なサービスの実施によって国民生活・地域経済に最も浸透した通信事業となる。電話事業の端緒は、明治十年十一月、工部省と工部大学校を結んだ試験通話によって開かれ、当初は官庁事務・警察連絡の使用にとどまった。十八年三月渋沢栄一・益田孝ら民間有力者が電話会社設立を建議・申請。他方、工部省やその発展的解消として同年十二月の内閣制度創始に伴い新設された逓信省(工部省より電信・燈台、農商務省より駅逓・管船を継承)は、官営方針を打ち出す。二十一年(一八八八)九月逓信次官野村靖と渋沢が会談、民営電話会社設立は取下げとなった。野村の後に次官となった前島密が逓信大臣榎本武揚を説得した結果、二十二年三月電話官営の方針が正式決定される。これを受けて二十三年十二月、東京・横浜両市内および両市間で一般電話交換業務が開始された。三十二年(一八九九)二月東京―大阪間に長距離電話も開通するが、送受音声の不明瞭さや高価な使用料金もあって、明治期をつうじて電信や郵便ほどには普及せず、官庁関係・都市部の商工業者・報道関係機関・医者や弁護士など専門職者の利用が中心となった。無線通信は明治三十年十一月逓信省無線電信研究部が陸上基地と海上船舶との交信に成功。ただちに海軍が実用化に着手、日露戦争の日本海海戦(明治三十八年五月二十七日―二十八日)に使用して成果をあげた。四十一年(一九〇八)四月無線電報規則が制定され、一般船舶を対象とする無線交信が始まり、七月には国際無線電信連合に加盟している。以上のように、わが国の通信事業は、明治初年より中央政府の近代化政策と足並みを揃えて、官営方針をもって推進されてきた。特に三十六年三月の通信官署官制公布以降は、逓信省が統合的事業主体となって電気通信・郵便業務を管理運営する行政体制が確立。これは紆余曲折を経て電気通信事業の国営・公営に終止符が打たれる昭和六十年(一九八五)まで続くのである。
→逓信省《ていしんしょう》　→電信局《でんしんきょく》　→電報《でんぽう》　→郵便制度《ゆうびんせいど》　→別刷〈通信事業〉

〔参考文献〕逓信協会編『(郵便の父前島密遺稿集)郵便創業談』(一九三六)、若井登・高橋雄造編『てれこむノ夜明ケ―黎明期の本邦電気通信史―』(一九九四、電気通信振興会)、石井研堂『明治事物起原』五(『ちくま学芸文庫』、一九九七、筑摩書房)、松田裕之『明治電信電話ものがたり―情報通信社会の〈原風景〉―』(二〇〇一、日本経済評論社)、福島雄一『にっぽん無線通信史』(二〇〇二、朱鳥社)

(松田　裕之)

つうしんしゃ　通信社　新聞社にニュースを提供する機関。一八五六年にアヴァス、ヴォルフ、ロイターが世界の取材網を独占する。極東はロイターの支配下にあり、新聞社は外字紙に載るロイター電を転載するよりなかった。国内ニュースの配信は、明治二十一年(一八八八)一月、三井物産益田孝の出資により、警保局長清浦奎吾が関与した時事通信社により開始される。二宮熊次郎が主幹を務め、政府を代弁する機関となる。明治二十三年十

一月にも東京通信社を設立する。新聞用達《ようたし》会社は明治二十三年一月に『郵便報知新聞』社長の矢野文雄によって設立され、改進党系の通信社と目された。明治二十五年五月、時事通信社を合併して社長に竹村良貞《たけむらよしさだ》を招き、帝国通信社として発展、日清戦争、日露戦争を機に契約数を伸ばす。明治二十四年一月に発足した日本通信社は伊藤博文の系列と見られ、韓国総督府の情報を扱った。また、明治三十二年(一八九九)二月に憲政党は星亨により自由通信社を設け、立憲政友会が成立すると明治三十年に朝野《ちょうや》通信社が引き継いだ。明治三十四年七月の電報通信社は、光永星郎《みつながほしお》の日本広告株式会社に併設され、当初、政友会系の通信社と目された。明治三十九年、日本電報通信社となり、明治四十年(一九〇七)七月には米国UPと契約を結び、後年、電通として広告代理店に特化する。明治中期から大正期にかけ、政治性をもつ小規模な通信社が乱立するなか、帝国通信社と日本電報通信社は二大通信社であった。対外通信社は、大正三年(一九一四)三月、AP東京支局長であったジョン＝ラッセル＝ケネディにより国際通信社が誕生し、通信自主権の獲得を模索する。大正十五年(一九二六)五月、対華通信社の東邦通信社を合併し、新聞各社の出資を受け日本新聞連合社が成立した。

(河崎　吉紀)

参考文献　通信社史刊行会編『通信社史』(一九五八、通信社史刊行会)

つうてんかく　通天閣　明治四十五年(一九一二)に開業した大阪市南区(現中央区)の遊興地新世界に建設された高塔。基礎部分にパリの凱旋門風のアーチ状建築を置き、その上にエッフェル塔風の鉄塔を載せるスタイルだった。新世界は、四十四年に設立された大阪土地建物株式会社(社長土居通夫《どいみちお》)が建設・経営した。同社は、明治三十六年(一九〇三)に開催された第五回内国勧業博覧会の跡地である天王寺公園の柵外市有地を大阪市から賃貸し一大娯楽地の経営にあたった。新世界の建物の設計は設楽貞《しだらさだ》雄《お》が手がけた。設楽は、大阪市の編入新市域を対象とする新市街設計を担当した山口半六《やまぐちはんろく》の建築事務所の支配人兼所長代理として関西で活躍した人物である。通天閣の高さは二百四十五尺七寸(約七五メートル、異説もある)、総工費は九万七千円余といわれる。塔上からは大阪平野と周辺の山脈、大阪湾を望めたという。昭和十八年(一九四三)に火災で全焼したのを機に、鉄材供出のため解体された。現在、同じ場所に建っている通天閣は、同三十一年(一九五六)に建設された二代目である。

通　天　閣

参考文献　大阪土地建物株式会社『新世界興隆史』(一九三四、新世界興隆史刊行会)、橋爪紳也『大阪モダン―通天閣と新世界―』(一九九六、NTT出版)

(佐賀　朝)

つうやく　通訳　異なった言語を話す人の間にたち、訳して、互いの意思を取りつぐ人。通弁・通事・通詞に同じであるが、明治期から用いられるようになった。推古天皇十五年(六〇七)の遣隋使にすでに通事《おさ》(通訳)がいたことが知られている。慶長九年(一六〇四)に唐通事《とうつうじ》(中国語の通訳)が、寛永十七年(一六四〇)に阿蘭陀通詞《オランダつうじ》(オランダ語の通訳)が、世襲の地役人として長崎に置かれることとなった。家職である「通事」と「通詞」は、そのように区別される。安政元年(一八五四)、日米和親条約の締結交渉に通訳を務めたのは、森山栄之助、堀達之助、名村五八郎《なむらごはちろう》、立石得十郎《たていしとくじゅうろう》らの阿蘭陀通詞であった。その年、幕府は開港予定地の下田と箱館に通詞を二〜三年交代で派遣すること、また、箱館奉行に現地で通訳を養成することを命じた。通詞以外の者に、はじめて欧米の言語を学びそれを職業とする道を開いたのである。翌安政二年には箱館で名村五八郎による英語教授が開始され、やがて多くの通弁御用(幕府の通訳)が育成された。同年、長崎にも同様の幕命が下る。森山・名村を始め、英語その他の外国語をも習得していた通詞や通事は、幕臣に登用されていった。明治元年(一八六八)、新政府は、それまでの役名を一切廃止した。通詞・通事、およびその経歴を持つ幕臣の多くは、府県で引続き通弁(のち訳官と改称)その他の役職を与えられ、あるいは、政府に召し出された。新政府は、外国交際に関する彼らの知識と実務経験を必要としたのである。明治四年の岩倉使節団には、主要な会談で「通訳」を務める外務省の塩田三郎(名村の弟子)ら旧幕臣が書記官として加えられている。明治六年には、通弁あるいは専門学校入学を志す者のため、文部省所管の外国語学校(のち東京外国語学校)が設置され、英、独、仏、魯、清(中国)語が教授された。外務省に官職「通訳官」が設置されたのは明治二十八年(一八九五)

のことである。明治二十三年(一八九〇)、来日外国人の増加による必要性から、民間でも通弁やガイド養成のために「外資案内会社」が設立された。

参考文献 石原千里「名村五八郎の英語教育」(『中部地区英語教育学会紀要』一〇、一九六二)、小松達也『通訳の英語日本語』(『文春新書』、二〇〇三、文藝春秋)、野中正孝編『東京外国語学校史—外国語を学んだ人たち—』(二〇〇八、不二出版)

(石原　千里)

つかごしていしゅんろう　塚越停春楼　一八六四—一九四七　明治から昭和期の文芸評論家および史論家。本名は芳太郎で停春楼は筆名。元治元年三月三日(一八六四年四月八日)上野国碓氷郡岩氷村(群馬県高崎市)に生まれる。明治十七年(一八八四)—十八年、郷里で教鞭を執りながら自由民権運動に参加し、湯浅治郎《ゆあさじろう》らとともに廃娼運動にとりくんだ。二十二年(一八八九)一月上京して民友社に入り、『国民之友』『国民新聞』の各部局にわたって校正係・記者・社説起草者として活動、民友社の中心人物の一人となり、二十五年九月の『家庭雑誌』創刊にあたっては編集人となった。史論は『国民之友』誌上で「徳川家康」「小栗上州」「平賀鳩渓」「足利尊氏」「封建武士」などを執筆、民友社刊行の十二文豪シリーズでも『近松門左衛門』(二十七年刊)、『柿本人麿及其時代』(三十五年刊)、『滝沢馬琴』(三十六年刊)を著わした。退社後明治三十三年(一九〇〇)には政友会系新聞『人民』を主宰した。江戸発展史に関心を有しており、東京市長尾崎行雄に依頼され、三十九年東京市史編纂の主任を嘱託されて『東京市史稿』や『大震災録』の編纂にあたり七十五巻を刊行。昭和二十二年(一九四七)十二月三十一日に没した。八十四歳。

参考文献 日本近代文学館編『日本近代文学大事典』(一九七七、講談社)、東京都公文書館編『東京都の修史事業』(一九八〇)、中村青史『民友社の文学』(一九六五、三一書房)

(宮地　正人)

つかはらじゅうしえん　塚原渋柿園　一八四八—一九一七　小説家。本名靖《しずむ》、幼名直太朗。のちに渋柿園、蓼洲(州)、志かま、縦死、十四庵、自由思園、時迂叟など多くの号を用いた。嘉永元年三月一日(一八四八年四月四日)江戸市ヶ谷合羽坂上の鉄砲組大縄屋敷にて生まれる。父は講武所槍術世話心得取締をつとめ、君臣の道義を重んじることを家風とし、武士道と儒教的道徳を鼓吹し、彼の道義観に多大なる影響を及ぼした。元治元年(一八六四)二条城御定番与力となるが、明治元年(一八六八)政変により零落。静岡藩士として駿河田中城勤務となり窮乏生活を送る。翌年から沼津兵学校、静岡医学校、浅間下集学所で洋学・武術などを学ぶ。明治七年友人島田三郎経営の横浜毎日新聞社入社、仮名垣魯文の知遇を得る。明治十一年(一八七八)東京日日新聞社入社、主筆福地桜痴《ふくちおうち》に啓発される。十五年七月朝鮮京城の壬午事変取材のため渡鮮、「入韓記実」を発表。十九年処女作「(何ごとも金づく)慾情新話」を『やまと新聞』(十月七日—十一月三日)に連載。二十年(一八八七)七月三十一日—十二月二十四日、『東京日日新聞』で桜痴とともにビーコンズフィールド＝ヂスレーリ Contarini Flemingを「昆太利物語」として翻案し、北村透谷はじめ当時の青年たちに感銘を与えた。十二月にはエインズウォースの描く英王ジョージ二世の代の英蘇間争乱の顚末を『曼府《マンチエスタア》の叛乱』として『東京日日新聞』に連載(明治二十年十二月二十七日—二十一年三月二十五日、同二十二年六月春陽堂より刊)。政治小説「条約改正」(『東京日日新聞』同年九月十一日—十月二十三日)やキリスト教弾圧問題を扱った「号外附録」(『都の花』明治二十三年一月五日—四月六日)も注目作。最初の歴史小説「(敵討)浄瑠璃坂」(『東京日日新聞』明治二十五年六月八日—八月二十一日)発表後はもっぱら『東京日日新聞』『大阪毎日新聞』に執筆した。渋柿園の歴史小説は事件の複雑な展開と劇的な要素を併せ持ち、ストーリーテラーとしての素質を十分窺わせるが、ときに主題と方法が乖離し、物語として収束しない憾みが残る。ただし、『天草一揆』(前編明治四十年一月、後編同年四月、今古堂書店)『由井正雪』(同年六月、佐久良書房)『木村重成』(同年十二月、佐久良書房)『侠足袋《きゃんたび》』(明治四十二年六月、佐久良書房)などは、時代背景の客観的描写と個人の内面描写に意を用いており、柳田泉より「明治の「外的・ロマンチック・客観的」歴史小説の大成者」と評価されている。岡本綺堂《おかもときどう》は門下生。大正六年(一九一七)七月五日東京赤坂の自宅で脳溢血のため死去。七十歳。

参考文献 柳田泉「昆太利物語、曼府の叛乱、他」(『明治初期翻訳文学の研究』所収、一九六六、春秋社)、高木健夫「塚原渋柿園の気持ち—歴史を描いた新聞小説—」(『歴史文学』三、一九七五)、柳田泉「歴史小説研究」(『明治文学全集』八九、一九七六、筑摩書房)

(小倉　斉)

つかもとあきたけ　塚本明毅　一八三三—八五　幕末の幕府海軍幹部、明治時代の地誌編纂者。天保四年十月十四日(一八三三年十一月二十五日)、幕臣塚本法立の子として生まれる。号寧海、字桓甫。嘉永三年(一八五〇)昌平黌に入り、六年甲科及第。安政二年(一八五五)九月矢《や》田堀鴻《たぼりこう》に従って長崎に赴き第一期海軍伝習生として学び、四年三月観光丸に乗船して江戸に帰り、同年閏五月軍艦操練所助教、ついで教授に任ぜられ、以降軍艦組の幹部として活動、元治元年(一八六四)九月には那珂港の筑波勢を軍艦より砲撃、しかし同年十一月讒言によって左遷された。明治元年(一八六八)正月軍艦役となり軍艦頭並に進んだが、静岡移住後は沼津兵学校頭取となった。廃藩後兵部省・陸軍省に出仕したが、明治五年後半は太政官正院権大外史、六年五月少内史、八年五月権大内史として地誌課の責任者となり、『日本地誌提要』『皇国地誌』編纂の中心となった。十年(一八七七)十二月太政官地誌編輯事業が内務省地理局に移されるや内務省御用掛となって府県の『皇国地誌』編輯事業を指導し、また全国町村内の字調査を遂行した。十八年より『皇国地誌』編輯事業は内務省で行うこととなったが、同年二月五日、塚本が胃癌のため、五十三歳で没するや、中心人物がいなくなったことにより、『皇国地誌』とそれを前提とした『大日本国誌』編纂事業は衰退した。

参考文献 『日本人名大事典(覆刻)』四(一九七九、平凡社)、山口静子『「郡村誌」と「大日本国誌」―明治政府の地誌編纂事業―』(『東京大学史料編纂所報』一二、一九七七)

(宮地 正人)

つかもとかつよし 塚本勝嘉 一八四七―一九一二 陸軍軍人。弘化四年十一月二十日(一八四七年十二月二十七日)、美濃国大垣藩に生まれる。明治五年(一八七二)、少尉に任官。同二十三年(一八九〇)、歩兵第六連隊長に任命される。その四年後、大佐に進級。同二十九年に陸軍大学校校長に就任する。同三十年(一八九七)には少将に進級し、歩兵第二十一旅団長となる。日露戦争では、当初こそ歩兵第二十一旅団長として出征し、のちに、中将に進級して、第四師団長を務めた。これは前任の師団長小川又次が負傷したための人事であった。日露戦争終結後、第九師団長に任命された。同四十年(一九〇七)、男爵の爵位を与えられた。翌年には休職し、まもなく後備役に編入された。同四十五年一月十六日没。六十六歳。

参考文献 外山操編『陸海軍将官人事総覧』陸軍篇(一九八一、芙蓉書房)

(山本 智之)

つかもとやすし 塚本靖 一八六九―一九三七 明治から昭和戦前期の美術史家。明治二年二月十五日(一八六九年三月二十七日)、京都上京に生まれる。二十六年(一八九三)七月帝国大学工科大学造家学科を卒業し、東京美術学校の講師となった。三十一年(一八九八)九月、東京帝国大学工科大学講師、翌三十二年一月助教授となって建築学第二講座(建築計画・建築意匠及装飾)を分担した。三十二年五月より三十五年十一月まで、建築学研究のため英仏独に派遣され、帰国した翌月の十二月に工科大学教授となって建築学第二講座を担任した。三十六年十二月、総長推薦により工学博士号を授けられた。美術行政にも深く関わり、三十八年五月には農商務省特許局審査官を兼任、四十年(一九〇七)八月には文部省展覧会美術審査委員、大正四年(一九一五)五月には明治神宮造営局評議委員、五年三月には帝室技芸員、六年五月には古社寺保存会委員、九年九月には工芸審査委員会委員となっている。留学後も明治三十九年八月より清国出張、四十三年一月より十ヵ月間英国に出張している。大正九年七月より十二年(一九二三)七月、十五年七月より昭和四年(一九二九)の二回にわたり工学部長を勤め、昭和四年に定年退官した。著作には大沢三之助と共著の『日光廟建築論』(明治三十六年)があるが寡作である。昭和十二年(一九三七)八月九日、六十九歳で没した。

参考文献 『大日本博士録』五(一九三〇、発展社)

(宮地 正人)

つがるつぐあきら 津軽承昭 一八四〇―一九一六 弘前藩第十二代藩主。天保十一年八月十二日(一八四〇年九月十二日)熊本藩主細川斉護《ほそかわなりもり》の四男として江戸の熊本藩邸で誕生、安政四年(一八五七)に弘前藩第十一代藩主津軽順承《ゆきつぐ》の四女常姫の婿養子となり、六年家督を相続、藩内の軍備の洋式化に努める。戊辰戦争時には津軽家(弘前藩および黒石藩)は奥羽越列藩同盟側であったが、承昭の継室の実家である近衛家との縁もあって新政府側に属し、奥羽戦争終結後は奥州触頭に任命され仙台・盛岡など東北十五藩を配下に置いた。また箱館戦争にも参戦して功績を挙げ、戦後一万石の加増を受ける。明治二年(一八六九)、版籍奉還により弘前知藩事、四年の廃藩置県により免官、東京へ移住。弘前を離れた後も、旧藩校の流れを汲む東奥義塾への資金援助を通して、青森県において一定の影響力を保った。十七年(一八八四)に伯爵。のち第十五国立銀行取締役に就任。和歌に優れた才能を発揮した。大正五年(一九一六)七月十九日、七十七歳で死去。

参考文献 『津軽承昭公伝』(一九一七、津軽承昭公伝刊行会)

(河西 英通)

つがるふさまろ 津軽英麿 一八七二―一九一九 貴族院議員。明治五年二月二十九日(一八七二年四月六日)、近衛忠房の次男として東京赤坂檜町(港区)で生まれる。生母は禁裡御使番石川紹喜の娘千佐。明治十年(一八七七)五月に旧弘前藩主津軽承昭《つぐあきら》の養子となる。明治十九年に実兄近衛篤麿の勧めによりドイツへ留学して法学を修め『日本養子論』を著わす。明治三十七年(一九〇四)に帰朝。明治四十年(一九〇七)九月、韓国統監府より法制調査事務を嘱託され、同年十一月には宮中府書記官となる。朝鮮総督府発足後は李王職事務官に任命される。父承昭の死去に伴い大正五年(一九一六)八月に津軽家の家督を相続し伯爵となる。大正七年七月貴族院議員に当選。この間、青森県奨学会の設立に尽力する。大正八年四月五日麻布区三河台町(港区)の自邸にて脳溢血のため没。四十八歳。

参考文献 羽賀与七郎『津軽英麿伝』(一九六五、陸奥史談会)

(内山 一幸)

つきおかよしとし 月岡芳年 一八三九―九二 幕末から明治時代中期にかけての浮世絵師。号に一魁斎、玉桜、玉桜楼、大蘇《たいそ》など。天保十年三月十七日(一八三九年四月三十日)、江戸に生まれる。本名は月岡米次郎。上方の絵師月岡雪斎の名を継いだとされてきたが、現在は疑問視する説がある。武者絵で人気があった浮世絵師歌川国芳《うたがわくによし》(一七九七―一八六一)に師事。嘉永六年(一八五三)にはじめて錦絵を出版するが、本格的な活躍は万延元年(一八六〇)から。作品は「大日本名将鑑」(明治九―十三年)、「月百姿《つきひゃくし》」(明治十八―二十五年)ほか、歴史や稗史を題材とした人物表現が多いが、美人画や役者絵にも優れたものがある。また「郵便報知新聞錦絵」をはじめ、『やまと新聞』ほかの新聞小説の挿絵で、新聞界でも活躍。二度にわたり精神を病んだとされることから、残虐な場面や幻想的な表現ばかりが注目を集めたこともあるが、作品の質・量ともに明治の浮世絵界の第一人者といえる。明治二十五年(一八九二)六月九日、死去。五十四歳。弟子に水野《みずの》年方《としかた》、その弟子に鏑木《かぶらき》清方《きよかた》がいる。

参考文献 山中古洞「芳年伝備考」一―一四(『浮世絵志』一五―三二、一九三〇―三二)、古川真弓「月岡芳年の伝記に関する諸問題」(『学習院大学人文科学論集』三、一九九四)

(桑山　童奈)

つきじかっぱんしょ　築地活版所　平野富二が創設し、活字、印刷機製造と印刷を行なった工場の通称。本木昌造が創業した長崎新塾活版所の東京進出のため、明治五年(一八七二)に平野富二が活字製造と印刷を始め、翌六年に築地二丁目に工場を移し、長崎新塾出張活版製造所と称した。活字は年内に『東京日日新聞』に採用されるなど好評で、翌年には鉄工部を設けて印刷機械の製造を本格化した。当時東京で唯一の本格的活版製造所であったため活版製造所を名称とし、適宜平野、東京、築地などを冠した。明治十七年(一八八四)に印刷部を設けて活版、石版印刷を本格化し、翌年に長崎、大阪での事業と分離して東京築地活版製造所となった。社長となった平野は造船業に専念するため二十二年(一八八九)に退き、二十七年には社長が曲《まが》田《た》成《せい》から名村泰蔵に交代して小川《おがわ》一真《かずまさ》の指導で写真印刷を開始した。四十一年(一九〇八)に月島に分工場を開設。昭和十三年(一九三八)解散。

参考文献 板倉雅宣『活版印刷発達史―東京築地活版製造所の果たした役割―』(二〇〇六、印刷朝陽会)

(鈴木　淳)

つきじきょりゅうち　築地居留地　東京築地におかれた居留地。安政五ヵ国条約の規定では、開市場である江戸には外国人に借家を認める雑居地のみ設けるはずだったが、明治元年十一月十九日(一八六九年一月一日)に開市された際、外国の要望に応え、雑居地のほかに築地鉄砲洲に設けた居留地をいう。すでに横浜に商館を構える外国商社で東京に出店するものは少なく、築地居留地に居を構えたのはキリスト教関係者が多かった。そのためここには教会や教会の運営する学校・病院が設立されることになった。今日まで続くプロテスタント系の明治学院大学・青山学院大学・立教大学・女子学院、カトリック系の双葉学園・暁星学園はいずれもここを発祥の地としている。また聖路加国際病院は現在もここに立地している。外国公館も多く、九ヵ国の公使館・領事館がそれぞれ置かれた。アメリカ公使館は明治七年から十六年間、スペイン、ブラジルの公使館は各十一年間ここに存在した。

参考文献 築地居留地研究会編『近代文化の原点―築地居留地―』一・二・三(二〇〇〇・〇二・〇四、亜紀書房)

(斎藤多喜夫)

つきじせいしじょう　築地製糸場　殖産興業政策の一環として設立された洋式の器械製糸場の一つ。政府の為換《かわせ》方《かた》であった小野組は政府の生糸改良政策を率先して行い、番頭古河市兵衛《ふるかわいちべえ》の発意で、前橋藩営前橋製糸所の設立を指導したスイス人技師ミューラー C. Müller を明治三年(一八七〇)十月から雇って六十人繰(のち九十六人繰)の製糸場を東京築地入船《いりふね》町に設立した。四年八月に開業した同製糸場はイタリア式の製糸法を採用し、一台の繰糸機に煮繭《しゃけん》工女一人・繰糸《そうし》工女二人が一組になって対応し、生糸の抱合《ほうごう》(撚《よ》り合わせ)をケンネル式で行うもので、繰《くり》枠《わく》の回転は人力によってなされ、揚返《あげかえし》を行わない直繰《じきそう》式であった(のち再繰式に変更)。六年六月にこの製糸場は閉鎖され、小野組も翌年十一月に破綻したが、ここで伝習を受けた工女が二本松製糸場(福島県)や深山田《みやまだ》製糸場(長野県)などで洋式の繰糸法を広めた。

参考文献 宮本又次『小野組の研究』三(一九七〇、新生社)

(井川　克彦)

つきじホテルかん　築地ホテル館　東京築地鉄炮洲居留地(東京都中央区築地六丁目付近)に建てられた外国人向ホテル。安政五年(一八五八)の日米和親条約による江戸開市をみこして建設。慶応三年(一八六七)八月に着工。設計はアメリカ人技術者ブリジェンス、施工は清水喜助(二代目)。建築資金も清水が集めた。木造二階建、間口七二メートル、奥行四五メートルの大建築で、客室百二室を有し、各室に暖炉、海岸に面した部屋にはベランダが設置された。外壁の海鼠《なまこ》壁、中央の塔屋など、在来技術により洋風に対応したものといえる。多くの錦絵に描かれ、明治初年の東京を代表する建築であった。明治元年十一月十九日(一八六九年一月一日)の東京開市実施までには竣工したとみられる。経営は清水が行なったが、経営不振に陥り、同三年に廃業した。建物は新政府の通商司に引き上げられ、希望者に払い下げられることになったが、同五年二

築地ホテル館(『ザ＝ファー＝イースト』より)

月二十六日(一八七二年四月三日)の大火で焼失した。

参考文献　初田亨『都市の明治―路上からの建築史―』(一九八一、筑摩書房)　(中嶋　久人)

つきしま　月島　東京湾の浚渫工事によって隅田川の河口に造成された埋立地。現在の東京都中央区所在。月島一号地(月島一―四丁目)・同二号地(勝どき一―四丁目)、新佃島(佃三丁目)が明治二十四年(一八九一)から二十九年に完成、大正二年(一九一三)には月島三号地(勝どき五・六丁目)、ついで昭和二十六年(一九五一)には三号地先に荷揚場が完成した(豊海町)。月島の命名は明治二十六年十二月。埋立によってできた島という意味の「築島」とする予定であったが、近くに築地があってまぎらわしいため、「築」と同訓の「月」をとって月島《つきじま》とした。日露戦争ころから次第に工業地として発展をはじめ、機械工業を中心に盛業をきわめたが、その多くは小規模工場、いわゆる町工場であった。現在は有楽町線や大江戸線の地下鉄開通を機に再開発が進み、高層マンションや倉庫群が立ち並ぶ町へと変貌をとげつつある。

参考文献　『中央区史』(一九五八)、内務省衛生局編『月島調査』(『生活古典叢書』六、一九七〇、光生館)、『東京市史稿』市街篇八四(一九九三)　(白石　弘之)

つきなりいさお　月成勲　一八六〇―一九三五　玄洋社幹部。万延元年十一月十四日(一八六〇年十二月二十五日)、福岡藩の家老月成元観の三男として福岡に生まれる。明治十二年(一八七九)、向陽義塾に入塾。玄洋社系の新聞として創刊された『福陵新報』(のちの『九州日報』)に勤務。日清戦争後、台湾に渡って杉山茂丸らと鉄道敷設を試みるが失敗。その後、福岡で福岡市会議員や博多商業会議所議員を務める。日露戦争では、芝罘・大連・新義州で軍政を支援。新義州に永住を決意し、鴨緑江渡船や魚市場など、さまざまな事業の経営に奔走。民団長を務めて在留邦人の拡張を図る。また義弟の明石元二郎《あかしもとじろう》朝鮮憲兵隊司令官の依頼で、鴨緑江上流の朝鮮・満洲国境地域をたびたび調査した。晩年は福岡に戻り、大正八年(一九一九)から翌年にかけ、玄洋社の相談役となり、昭和九年(一九三四)から玄洋社の社長を務める。同十年(一九三五)十二月十六日没。七十六歳。

参考文献　黒竜会編『東亜先覚志士記伝』(『明治百年史叢書』、一九六六、原書房)　(冨塚　一彦)

つくもしょうかい　九十九商会　海運会社。安政元年(一八五四)江戸の安積艮斎の塾で勉学していた岩崎弥太郎は、翌年帰国し、吉田東洋の推薦で長崎視察を命ぜられ、蛤御門の変で長州藩が敗退し、山内容堂らの公武合体派が勢力を得た後、慶応元年(一八六五)に長崎の土佐開成館の設置が決まり、弥太郎も開成館下役となった。その二年後に高知城東に創設された開成館は、軍艦・勧業・貨殖・鉱山などの各局に分れていた。貨殖懸りに任命された弥太郎は次第に開成館全体の運営を任せられるようになっていたが、土佐藩の長崎商会の形式的閉鎖と続く廃藩置県後も土佐開成館貨殖局大阪出張所に留まり、所有船で外国貿易に従事、明治三年(一八七〇)十月には、それまでの土佐商会(長堀商会)を九十九商会と改めた。通商司へ紅葉賀・夕鶴両船とも、この九十九商会所有と届け免許をうけた。そして両船の船旗号を三角菱としたのである。三菱財閥形成の濫觴といえよう。

参考文献　岩崎弥太郎・岩崎弥之助伝記編纂会編『岩崎弥太郎伝』(一九六七)、三島康雄『三菱財閥―明治編―』(一九七九、教育社)、小林正彬『三菱の経営多角化―三井・住友と比較―』(『Hakuto management』、二〇〇六、白桃書房)　(加藤幸三郎)

つざきのりこ　津崎矩子　一七八六―一八七三　近衛家老女。天明六年(一七八六)大覚寺門跡家臣津崎左京の長女として京都に生まれる。幼名は梅子。十二歳のころから近衛家に仕えるようになり名を田鶴、須賀野と改め、老女にのぼって村岡を称する。一橋慶喜の将軍継嗣擁立に関して、清水寺成就院隠居忍向《げつしょう》(月照)とともに薩摩藩士西郷吉兵衛(隆盛)、水戸藩京都留守居鵜飼吉左衛門《うかいきちざえもん》・幸吉《こうきち》父子らと通じてその入説を忠熙《ただひろ》に周旋し、水戸藩に対する勅諚の下賜に関与したことなどの嫌疑により、安政六年(一八五九)正月京都町奉行所に喚問され、その後関東に送られて八月二十七日(九月二十三日)に押込に処せられた。翌九月二十八日(十月二十三日)に許されて京都へ帰る。その後は京都嵯峨の祥鳳山直指庵に籠っていた。明治五年(一八七二)に維新に際して国事に尽力した功により終身現米二十石を下賜された。翌六年八月二十三日没。八十八歳。明治二十四年(一八九一)十二月に特旨をもって従四位を追贈された。

参考文献　松村巌「近衛家老女村岡」(『土佐史談』六一、一九三七)、辻ミチ子「近衛家老女・村岡―女の幕末社会史―」(佐々木克編『それぞれの明治維新―変革期の生き方―』所収、二〇〇〇、吉川弘文館)、辻ミチ子『女たちの幕末京都』(『中公新書』、二〇〇三、中央公論新社)　(内山　一幸)

つじいがく　辻維岳　一八二三―九四　広島藩士、維新期の功臣。通称は勘三郎、将曹、号は僊風、維岳は諱。文政六年(一八二三)七月、維祺の子として広島に生まれる。弘化三年(一八四六)五月、家督を継ぎ千二百石の知行となる。文久二年(一八六二)十月に年寄上座となった。幕府の二度にわたる長州戦争に際しては、幕府と長州藩の間を取り持つにあたり、長州藩の寛典処分を主張したため、慶応二年(一八六六)五月、幕府から一時謹慎を命じられる。その後、翌年十月、薩摩藩・長州藩との会合に安芸藩の代表として参加し、挙兵倒幕の盟約を交わしたが、土佐藩の大政奉還論に同調した。明治元年(一八六八)二月内国事務局判事に任じられ、閏四月大津県知事に転任、十一月に免じられた。その後、明治十三年(一八八〇)旧広島藩士による同進社設立に尽力した。二十三年(一八九〇)六月元老院議官に任じられる。明治二十七年一月四日死去。七十二歳。

参考文献　「藩士名鑑」(林保登編『芸藩輯要―附藩士家系名鑑―』所収、一九七〇、芸備風土研究会)、『同進社史』(一九三八)　(落合　功)

つじしんじ　辻新次　一八四二―一九一五　文部官僚。天保十三年正月九日(一八四二年二月十八日)に松本藩士の家に生まれる。藩校で朱子学を学んだのち、江戸に出て蕃書調所精煉所に入って大砲鋳造法などを学ぶ。幕府の天狗党討伐軍に無断で従軍した咎で藩に呼び戻され、謹慎させられたが、再び江戸に出て仏学を学び、慶応二年(一八六六)には開成所教授手伝並となる。明治四年(一八七一)には大学大助教となり、文部省が設置されると同省権少丞兼大助教に任じられ、大木喬任《おおきたかとう》文部卿のもとで近代教育制度の創設に参画した。以後、学校課長(六年―)、権大書記官(十年(一八七七)―)、地方学務局長(十三年―)、普通学務局長(十四年―)、文部次官兼総務局長(十九年―、兼官は二十四年(一八九一)まで)を歴任した。二十五年十一月、修身教科書機密漏洩問題で大木文部大臣とともに次官を辞任した。文部次官在任中の文部大臣は森有礼《もりありのり》から大木喬任までの五人を数え、諸学校令制定、地方自治制度創設、教育勅語発布、帝国議会開設、第二次小学校令制定といった近代国家体制確立に即応した教育制度の再構築に実質的責任者として関与した。二十九年から大正四年(一九一五)まで貴族院議員。一方明治十六年の大日本教育会発足にあたり副会長に就任し、十九年より会長となった。大日本教育会は概して体制補完的な団体であったが、小学校教育費国庫補助要求問題では文部省と対立、井上毅文部大臣は二十六年にいわゆる箝口《かんこう》訓令を出して押さえ込んだ。二十九年に大日本教育会会長を退任したが、三十一年(一八九八)に改めて帝国教育会会長に就任した。帝国教育会は大日本教育会と伊沢修二を社長とする国家教育社とが統合した団体で、辻は死去まで会長であり続けた。帝国教育会は三十二年、学制研究会(長岡護美《ながおかもりよし》会長)とともに学制改革同志会を組織し、議会などを拠点に学制改革論議を主導していった。辻個人も高等教育会議の議員に繰り返し任じられ、学制改革論議に関与した。また一方で明治二十七年に仁寿生命社社長となって実業界入りした。四十一年(一九〇八)には男爵となった。大正四年十一月三十日死去。七十四歳。辻は、明治時代の前半は文部省の中枢にあって近代教育制度の創設にあたった。実務的な官僚と評価される。後半は文部省の外から学制改革に関与した。ただ、思想的理論的言説活動は目立たず、組織の顔としての存在感が大きい人物である。

辻　新　次

参考文献　安倍季雄編『男爵辻新次翁―伝記・辻新次―』(『伝記叢書』二一〇、一九六七、大空社)　(米田　俊彦)

つじぜんのすけ　辻善之助　一八七七―一九五五　明治から昭和時代前期の歴史学者。明治十年(一八七七)四月十五日、呉服商辻善次郎の長男として兵庫県飾東《しきとう》郡姫路元塩町(姫路市)に誕生。母つね。姫路城南小学校・姫路高等小学校・姫路尋常中学校、京都第三高等中学校、第一高等学校を経て、二十九年(一八九六)七月帝国大学文科大学に入学。同郷の先輩三上参次の勧めにより国史科を選んだという。三十二年(一八九九)七月東京帝国大学を卒業し、同大学院に入学。同年十月伯爵酒井忠興(旧姫路藩主)より同家史編纂を、翌年五月文部省より歴史材料取調を、同十月東京帝国大学より正倉院古文書取調を、それぞれ嘱託される。三十五年四月東京帝国大学史料編纂掛史料編纂員となり、以後、主に『大日本史料』第一二編の編纂を担当。三十八年四月同史料編纂官。四十一年(一九〇八)八月文部省より教科書用図書取調を嘱託される。翌年七月文学博士の学位受領。四十四年六月東京帝国大学文科大学助教授を兼任、同年八月より翌年十月まで派遣され欧米各国を巡歴。大正九年(一九二〇)七月史料編纂掛事務主任となり、十三年(一九二四)には編纂官以下定員の大幅増に成功。十五年四月東京帝国大学教授兼史料編纂官、昭和四年(一九二九)七月史料編纂所所長(初代)。十三年(一九三八)三月定年退官、二十七年(一九五二)文化勲章を授与される。三十年(一九五五)十月十三日没。満七十八歳。専門の日本仏教史研究のほか、史料編纂事業や東京帝国大学国史学科の発展に多大な業績を残した。著書に『日本仏教史之研究』(正・続、大正八年・昭和六年、金港堂書籍)、『日本仏教史』(全十冊、昭和十九―三十年、岩波書店)、『日本文化史』(全十一冊、昭和二十三―二十八年、春秋社)などがある。

辻善之助

参考文献　辻善之助先生生誕百年記念会編『辻善之助博士自歴年譜稿』(一九七七、続群書類従完成会)　(尾上　陽介)

つじのりつぐ　辻則承　一八五六―一九二二　宮内省楽師。安政三年(一八五六)奈良に生まれる。専門は笛と左《さ》舞《まい》。明治三年(一八七〇)伶員、六年依願東上し七年少伶人に任官、その後は大正十年(一九二一)の退官まで宮内

通信事業

人類は他者とのコミュニケーション(情報の伝達)を通じて文化的生活、複雑な社会関係を築いてきた。そしてコミュニケーションにおいて重要な役割を果たしたのが通信である。通信とは、発信者が情報を送り、また受信者がそれを受け取ることである。古くは弥生時代の狼煙など視覚や聴覚に頼る通信が存在し、後の時代には陸路の整備に伴い遠方の相手に人の脚力や馬を用いて情報を伝達するようになった。江戸時代には私的な通信を取り扱う飛脚も登場した。

そして明治時代に入り、通信事業は飛躍的に進歩した。官営にて信書や小包を郵送する郵便が明治4年(1871)に創業し、欧米より導入された電気を媒体として情報伝達を行う電信は明治2年には実用化され、それぞれ公衆の通信として全国的に展開した。双方向通信である電話は逓信省によって明治23年より本格的な導入が始められた。これらの通信事業は、政治的・経済的・文化的活動そして軍事において大きな役割を果たしたのである。　　(田原　啓祐)

1 「東海名所改正道中記　一　日本橋　伝信局」(三代歌川広重画　明治8年)　東海道の出発点である日本橋の風景で、橋のたもとに日本橋電信局(明治5年開局)があり、道路脇には電信柱も見える。

2　駅逓司と四日市郵便役所　郵便創業当時の駅逓司の様子であり、旧幕府の魚会所納屋を改修したものである。写真の中央の冠木門が正門で、左方に四日市郵便役所、前面には郵便馬車が写っている。

郵　便　明治４年３月１日(陽暦1871年４月20日)、東京・京都・大阪の三都を結ぶ郵便が創業した。その後も郵便線路は急速に拡大し、翌明治５年７月には北海道の一部を除き郵便の全国実施が実現した。前島密は、郵便事業を欧米と同等のものにするため、一定の重量の信書は距離に関わらず国内は同一料金(料金均一制)とすること、そして郵便事業を政府専掌(官営)とする近代郵便の構想を示し、明治６年３月10日の太政官布告により実現した。近代郵便制度の確立により郵便は国民にとって利用しやすいものとなり、全国的に普及していった。

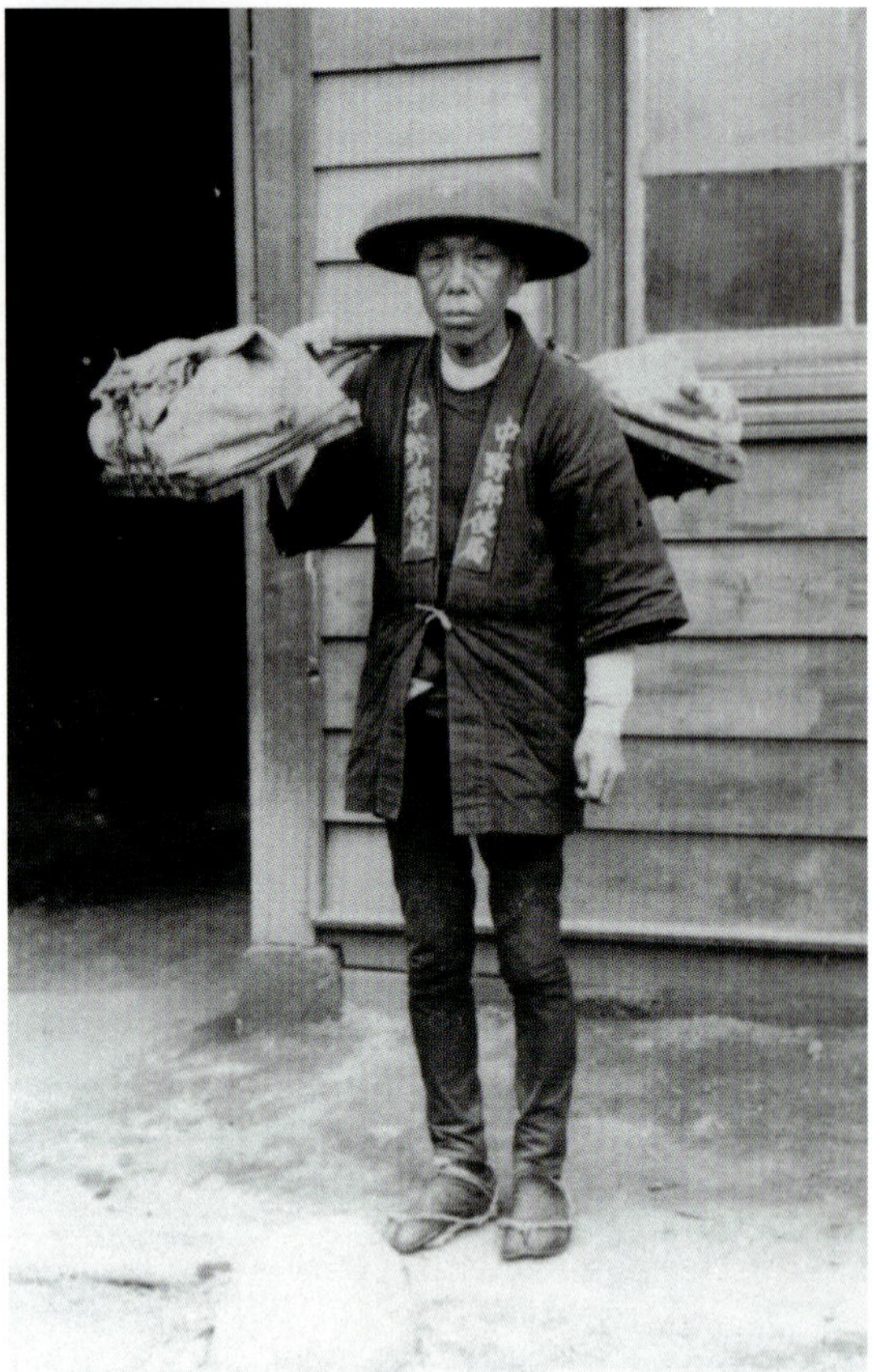

５　郵便逓送人の制服(明治20年代)　郵便物の運送を担った人の制服で、法被の襟に郵便局名が白く染め抜かれている。

３　竜文切手　郵便創業時に発売された日本で最初の切手で、48文、100文、200文、500文の４種類あった。図柄が「双竜」、当時の貨幣単位が「文」であるので、「竜文切手」と呼ばれる。

７　黒ポスト(模造、明治５年２月)　郵便の全国展開に伴い、木製で柱形の「黒塗柱箱」(黒ポスト)が作られた。

６　創業時のポスト(明治４年)　郵便創業時に東京、京都、大阪に建てられたもので、当時は「書状集め箱」と呼ばれた。

４　通常郵便葉書(半銭　明治６年12月１日)

9　郵便逓送馬車（「郵便現業絵図」より　柴田真哉画　明治10年代）　郵便物の逓送は、郵便事業の根幹をなす作業であり、創業当時から様々な工夫が凝らされた。馬車の利用もその一つで、人力よりも大量の郵便物を運ぶことができた。

10　鉄道郵便車と積み込み状況（「郵便現業絵図」より　柴田真哉画　明治10年代）　明治５年（1872）に鉄道が開通し、郵便物運送に早速利用された。客車内に郵便物を区分するための一室が設けられ、「行路郵便役所」（travelling post office）すなわち動く郵便局と呼ばれた。

8　前島密　天保６年正月７日（陽暦1835年２月４日）、越後国頸城郡下池部村（新潟県上越市）生まれ。郵便創業に多大な貢献をし、「日本郵便の父」と称せられた。

電　信　日本の電信は、イギリスのお雇い外国人ギルバートにより、明治２年２月に横浜の灯明台役所から裁判所まで約800m間に電線を架設し、ブレゲ電信機を設置して通信試験を行ったのが始まりである。試験結果は良好であったため、同年９月より東京—横浜間に、翌明治３年には大阪—神戸間に電信が開通した。明治３年には工部省が設置され、同省が電信の普及を担うこととなった。明治５年２月には東京—長崎間全線、明治８年３月には東京—青森間が竣工し、電信の主要幹線が開通した。そして明治12年までに国内の主要都市に電信局が設置された。

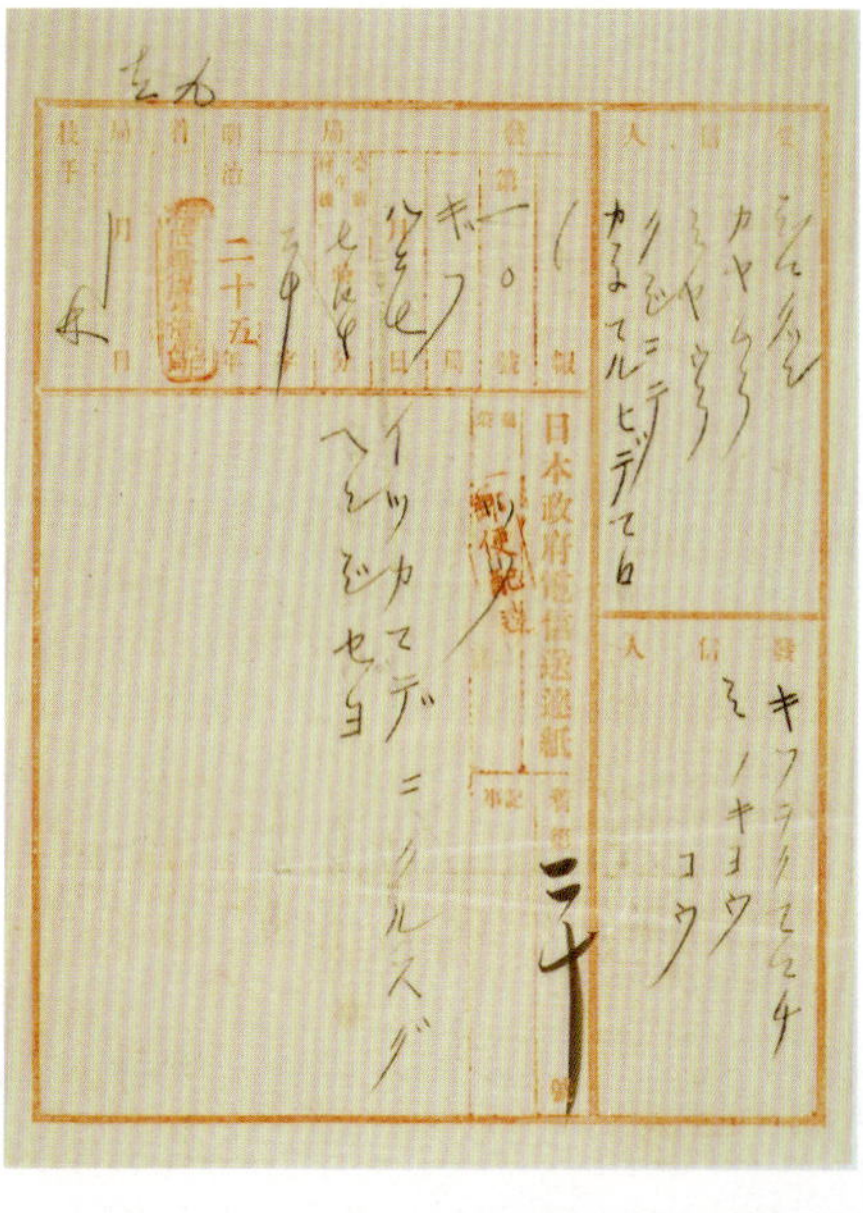

11　電報送達紙　電信局にて受信した情報は、この電報送達紙に記載され、宛先に配達された。

12　**横浜伝信局内部の様子**(野生司香雪画)　開設当初は伝信機役所、次に伝信局、明治５年(1872)に電信局と呼ばれるようになった。

13　**ブレゲ指字電信機**　(上)受信機(下)送信機　明治２年２月に横浜の灯明台役所から裁判所間に電線を架設し、通信試験を行った際に使用されたものである。文字が刻印された円盤上にある把手を回転させて文字を送信した。

14　**モールス印字機**　明治12年に工部省によって製造されたもの。インク壺に浸かった印字車で直接モールス符号をテープに印字した。指字電信機よりも格段に速く、遠距離の通信にも適していた。

15　**東京郵便電信学校**　電信の普及に伴い、電信技術者養成の必要が生じ、明治６年東京汐留に電信修技学校が設置された。当初は通信技術を伝授するものであったが、数度の名称変更を経て、明治20年東京電信学校の官制制定後に就業期間は２年となり、通信官吏養成の学府となった。

電　話　明治９年(1876)にアメリカ人ベルによって電話が発明され、翌年11月には早くも日本に電話機が輸入された。輸入された電話機は、東京と横浜の両電信局の間で試験的に使用され、明治11年には工部省製機所で電話機２台が模造されたが、感度が低く音声が極めて小さかった。しかしその後明治20年にイギリスから輸入されたガワーベル電話機の試験結果は良好で、これを模造し翌21年に東京―静岡間で試験した結果、原機同様の性能を発揮した。その後ガワーベル電話機は量産され、明治22年１月より東京―熱海間で日本最初の電話の公衆サービスが始まった。

16　**最初の国産電話機**(明治11年)　輸入されたベル電話機をもとに工部省が製造したものである。感度が低く音声が極めて小さいという欠点があった。

17　**単線式電話交換機**　明治23年日本で初めて電話交換業務が開始されたときに使用されたもの。電話交換手の手による操作で２つの電話機を接続する基本的な交換機である。当初はベルギーから輸入され、明治26年より国産化された。

18　**ガワーベル電話機**(明治23年)　イギリスから輸入した電話機をもとに通信省が製造したもの。イギリス人ガワー発明の送話器とベルの受話器を組み合わせた電話機であることから「ガワーベル電話機」と呼ばれた。

19　**東京辰の口電話交換局**(明治23年)　電話交換業務が開始された頃の東京電話交換局で、辰の口は現在の丸の内である。

20　京橋のたもとにできた日本最初の自働電話ボックス（明治33年10月）
繁華街など人通りの多い場所に設置され、多くの人に利用された。

21　自働電話機　利用者が硬貨を入れると通話できる電話機である。市内通話料は５分間15銭であった。電話機の前面向かって左に10銭硬貨、右に５銭硬貨の投入口がある。明治33年（1900）９月11日に東京上野駅と新橋駅の構内に初めて設置された。

22　電話をする女性の図（中村洗石画）

23　自働電話の案内板がある新橋駅
（『風俗画報』第241号、明治34年）

無線電信　明治28年(1895)、イタリアのマルコーニによって電波を利用した無線電信が発明された。翌年日本でも本格的な無線電信の研究が逓信省電気試験所で始められ、明治30年12月に東京月島海岸で最初の無線電信実験を行い、成功した。海軍も明治33年に無線電信調査委員会を設置し研究を進め、明治36年には三六式無線電信機を完成し、軍艦全てに装備させた。明治38年5月の日本海海戦で実戦に使用され、その通信能力は世界に注目された。明治41年5月には公衆無線電信を取り扱う機関として無線電信局が千葉県銚子、天洋丸(東洋汽船)、丹後丸(日本郵船)等に設置され、徐々に増加していった。

24　東京月島における無線電信実験の装置(明治30年)　東京月島海岸において日本で最初の無線通信実験が行われた。海岸に送信装置、東京湾の沖合に浮かべた小舟に受信装置を設置し実験が行われた。

25　初期研究時代の無線電信機(明治33年)

26　日本最初の海軍の無線技術講習生(明治33年)　無線電信は、海上を航行する艦船の画期的な通信手段として海軍関係者の注目を浴びていた。日本では既に逓信省によって無線電信の研究が始められていたが、明治32年イギリス公使館による詳細な報告に海軍は刺激を受け、本格的に無線電信導入を検討するようになった。

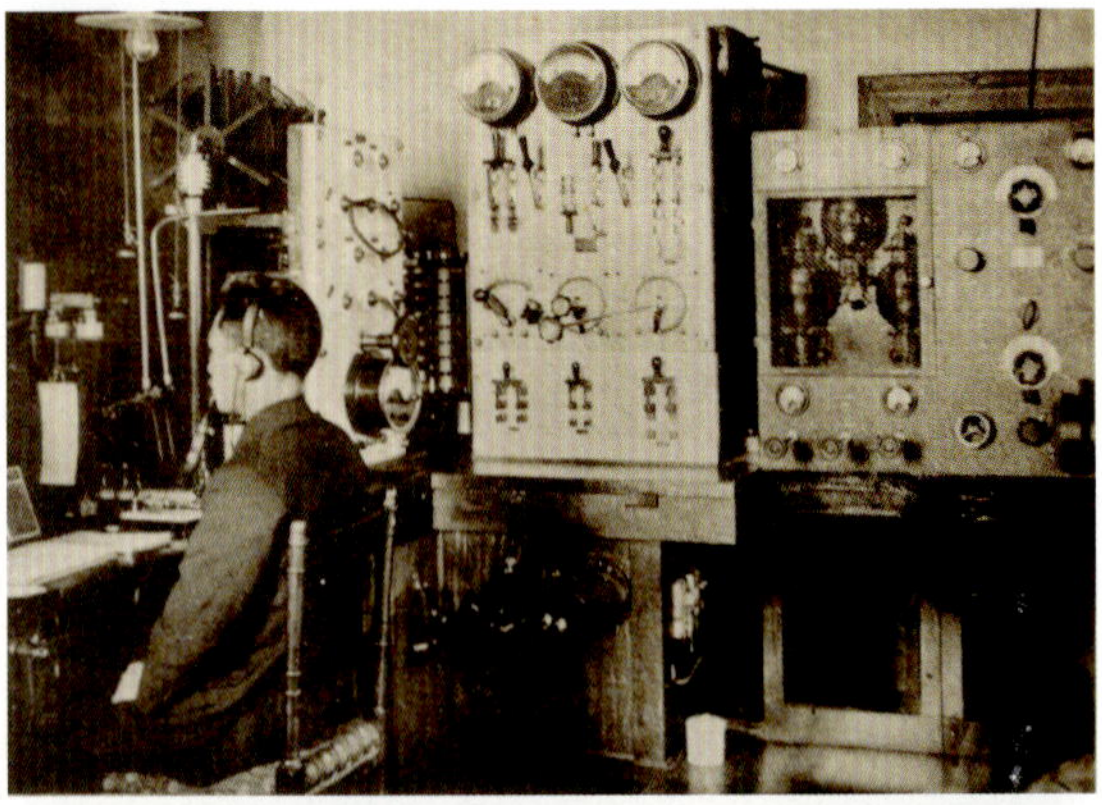

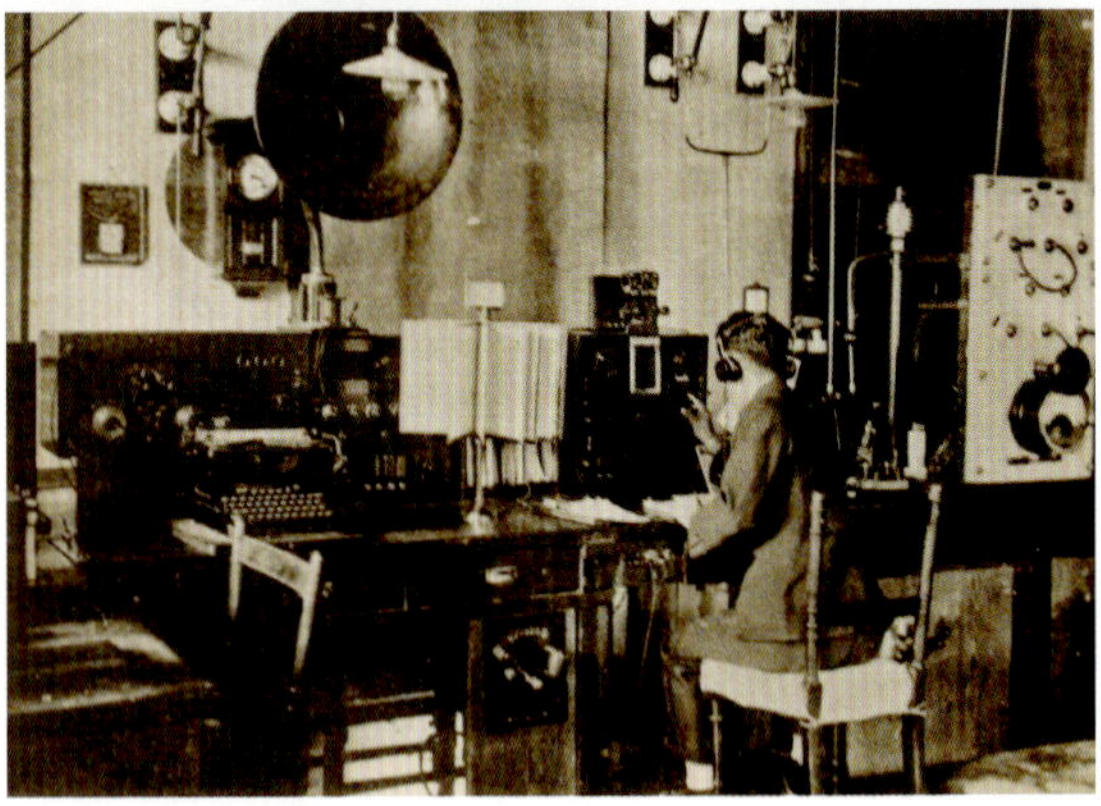

27　和歌山県潮岬無線電信局の全景（左上）と通信室内部の様子（右上、右下）　明治41年（1908）、日本で初めて公衆無線通信業務が開始され、同年７月１日に和歌山県潮岬無線電信局が開局した。通信室内部には常用と予備用の送信機、受信機が設備されている。向かって右に送信機、左に受信機が置かれている。

28　TYK式無線電信機（左）と実験の図（上）　明治45年、電気試験所の鳥潟右一、横山英太郎、北村政次郎によって発明され、三人の姓の頭文字を取って、TYK式無線電話機と名付けられた。鳥潟らの努力と工夫により、初期の無線電信機では難しかった持続性の電波を発生させることに成功した。外形は当時の電話機のデザインを利用している。最初の実験は、明治45年５月東京京橋木挽町の電気試験所構内と芝の逓信官吏練習所間の1.5kmで行われた。翌大正２年（1913）には横浜ほか各港とそこに出入りする船舶との間で大規模な通話実験が行われ、最長87kmにも及ぶ通話に成功した。

省楽部に勤務した。欧州楽伝習ではコルネットとビオラを担当、明治十三年(一八八〇)音楽取調掛伝習生となり、十四年同掛助教、二十年(一八八七)から東京音楽学校と東京女子師範学校で授業嘱託を務めた。大正十一年八月二十九日没。六十七歳。舞の名手として知られる。芝葛《しばふじ》鎮《つね》は実兄。

参考文献 『東京芸術大学百年史』東京音楽学校篇一(一九六七、音楽之友社) (塚原 康子)

つじもとみつまる　辻本満丸　一八七七―一九四〇　油脂化学者。明治十年(一八七七)十二月四日東京本郷に生まれる。第一高等学校を経て、明治三十四年(一九〇一)東京帝国大学工科大学応用化学科卒業。農商務省工業試験所(のちの東京工業試験所、現産業技術総合研究所)に入所、油脂の研究を開始した。以後約四十年間の研究で、植物油、いわし油や鮫の肝油などの海産動物油、淡水産魚油、昆虫油など広範囲にわたってその性状、成分を明らかにした。大正四年(一九一五)工学博士となる。同八年東京工業試験所第二部長。九年帝国学士院より油脂の研究に対し恩賜賞が授与される。論文数は二百数十編、著書として『日本植物油脂』(大正六年)、『海産動物油』(大正七年)、『肝油の研究』(昭和十一年)がある。登山家としても知られ日本山岳会(明治三十八年設立)の初期の会員であった。昭和十五年(一九四〇)四月二十四日没。六十四歳。

参考文献 橋本哲太郎・加藤秋男・山岡正和「油脂化学者辻本満丸先生—人となりと研究業績—」(『化学史研究』二五、一九八三) (古川 安)

つだいずる　津田出　一八三二―一九〇五　官僚。通称又太郎。号は芝山。出は諱。天保三年(一八三二)和歌山藩士津田三郎右衛門の子として和歌山に生まれる。初代和歌山県知事津田正臣は実弟。安政元年(一八五四)に江戸に出て蘭学を修め、和歌山藩邸文武場教授となる。帰藩後、経済学、政治学を研究する。長州征伐後、小性から御用取次・国政改革制度取調総裁に任命され「御国政改革趣法概略表」を著わしてこれに着手したが、家禄削減と兵制改革という方針に反発があり、反対派との政争に敗れ蟄居となった。王政復古とともに赦免され、明治元年(一八六八)、執政に登用されると藩政改革に着手、藩財政の状況を公表することで改革の必要を訴え、藩主の家禄限定、家臣の俸禄削減を進めるとともに無役藩士の農工商従事を許可、殖産興業にも力を注いだ。二年、和歌山藩大参事となると、帰郷していた陸奥宗光らとともに他藩に先行して徴兵制(交代兵取立之制)を施行、翌三年に制定した兵賦略則は新政府による徴兵制の範型となった。同四年に大蔵少輔となって東京に移り、六年には陸軍省に転じて会計監督長兼陸軍省第五局長、七年には陸軍少将兼第一局長となった。八年、元老院議官を兼任し、刑法・治罪法・陸軍刑法などの審査委員を務める。二十一年(一八八八)、予備役に編入。二十三年、貴族院勅選議員となる。十一年以後、大農論を主張して千葉県・茨城県で開墾事業・畜産業に従事した。三十八年(一九〇五)六月二日没。七十四歳。その功績から、日本陸軍の三恩人の一人とも称される。著書に『壺碑』(大正六年、津田道太郎、青木藤作)がある。

参考文献 井上右『津田出の実行勤皇』(一九四三、撰書堂)、高嶋雅明『和歌山県の百年』(『県民一〇〇年史』三〇、一九八五、山川出版社) (清水唯一朗)

つだうめこ　津田梅子　一八六四―一九二九　明治・大正時代の教育家。津田塾大学の前身、女子英学塾の創立者。元治元年十二月三日(一八六四年十二月三十一日)、西洋野菜を導入し学農社を創設した開明的な農学者の父津田仙《せん》、母初子《はつこ》の間の次女として江戸牛込南御徒町(東京都新宿区)に生まれる。父の勧めで開拓使から派遣される日本初の五人の女子留学生の一人となる。明治四年(一八七一)岩倉使節団とともに、山川捨松《やまかわすてまつ》・永井繁子《ながいしげこ》らとともに満六歳で渡米。ワシントンの日本弁務使館少弁務使森有礼の秘書を務めた知日家のチャールズ＝ランマン宅に託される。子どものいないランマン夫妻に養女にした子どものように育まれつつ、初等・中等教育はそれぞれスティーブンソン＝セミナリー、アーチャー＝インスティテュートで学ぶ。明治六年ペンシルベニア州ブリッジポートのオールド＝スウィーズ教会にてペリンチーフ牧師から無宗派で受洗。十一年間を米国で成長し、同十五年(一八八二)、満十七歳で山川捨松とともに女子教育への夢を語りながら帰国するも、日本語を忘れ、また日本文化の理解に苦しみカルチャーショックを受ける。開拓使はすでに廃止され、帰国した女子留学生の起用に無関心な政府に捨松とともに落胆。この時期の葛藤は、ランマン夫妻宛てへの書簡に詳細に綴られる。昭和五十九年(一九八四)に津田塾大学本館の屋根裏から発見された四百五十通近いこれらの書簡は、明治日本の諸相を知る貴重な資料である。帰国後数年は、青山学院の前身である海岸女学校、住込みの家庭教師として伊藤博文家、下田歌子の桃夭《とうよう》女塾において英語を教える。捨松も設立準備委員となって創設された華族女学校に明治十八年教授補として着任(翌年に教授昇格)。華族女学校教員時代には、捨松のホスト＝シスターであるアリス＝ベーコンが華族女学校に英語教員として招聘され、梅子と共同で一軒の家を借りて過ごす。ベーコンの滞日経験は、のちに米国で A Japanese Interior (1893)として出版される。同二十

津田梅子

二年（一八八九）華族女学校教授在任のままブリンマー大学へ再度の留学を果たす。トーマス＝モーガン博士（のちのノーベル賞受賞者）のもとで生物学を学び、モーガン博士との蛙の卵の共同研究は、同二十七年共著論文としてイギリスの科学雑誌に掲載される。ブリンマー大学ではフェミニストの傑出した教育者M・ケアリ＝トマスにも指導を仰ぐ。留学中の同二十三年夏、アフリカ系アメリカ人のための歴史的に重要な高等教育機関であるハンプトン＝インスティテュートにベーコンを訪ね、Japanese Girls and Women（1894）の執筆を助ける。梅子と共著のような形で書かれた本書は、明治時代の多様な階層・地域・職業・年齢を横断する日本女性を紹介する英語による最初の文献として歴史的にも重要である。同二十四年オスウィーゴー師範学校で教授法の研究に半年間を充てる。後進の日本女性にみずからと同様の留学の機会を開くべく、メアリ＝モリスらの賛同を得て日本婦人米国奨学金を創設。日本女性の状況について講演し、八〇〇〇ドルを目標に募金活動に奔走。本奨学金受給者から、松田道（同志社女子専門学校校長）・河井道子（恵泉女学園創立者）・星野あい（津田塾大学学長）など、顕著な貢献を残した女子高等教育界の草分けが多数輩出した。募金の目標額もほぼ達成し、同二十五年に三年間の留学生活を終え華族女学校に帰任。帰国後、米国の女子教育事情を含め『女学雑誌』などの雑誌に談話やエッセイを多数掲載。英文の新聞にも日本女性の状況を紹介する記事を多数執筆。同三十一年（一八九八）から女子高等師範学校教授を兼任。同年コロラド州デンバーで開催の万国婦人クラブ連合大会に日本女性代表として渡辺筆子《わたなべふでこ》と出席し、女性と教育について講演。この旅でヘレン＝ケラーに会見する機会も得る。その後英国の女子教育事情を視察し、オックスフォード大学のセント＝ヒルダズ＝カレッジで授業を聴講。ヨークのマクリーガン大僧正やナイチンゲールとも出会う。同三十二年米国経由で帰国。同三十三年華族女学校・女子高等師範学校教授を辞任し、宿志を遂げキリスト教精神に則った女子英学塾を創設。日本婦人米国奨学金のメンバーが募金母体となりフィラデルフィア委員会が組織され、女子英学塾の資金面を支援。同年にはベーコンも来日し女子英学塾で教える。ブリンマー大学で知りあった盟友アナ＝ハーツホンも同三十五年に来日し、昭和十五年（一九四〇）まで女子英学塾で教鞭をとり多大な貢献を残す。同塾は高等女学校の英語教員を多数輩出し、『英学新報』『英文新誌』の出版を通して英語教材も提供。明治・大正期の英語教育に寄与する。明治三十八年東京YWCAが創設され初代会長に選出。同四十年（一九〇七）休養を兼ねて一年間欧米を歴訪する。大正二年（一九一三）日本YWCAの代表として世界キリスト教学生大会に出席のため渡米するなど、学外においても幅の広い国際的な活動を展開した。昭和四年（一九二九）八月十六日没、満六十四歳。↓女子英学塾《じょしえいがくじゅく》

参考文献　吉川利一『津田梅子伝』（一九五六、津田塾同窓会）、大庭みな子『津田梅子』（一九九〇、朝日新聞社）、古木宜志子『津田梅子』（『Century books. 人と思想』、一九九二、清水書院）、アリス＝ベーコン『華族女学校教師の見た明治日本の内側』（久野明子訳、中央公論社、一九九四）、髙橋裕子『津田梅子の社会史』（二〇〇二、玉川大学出版部）、アリス＝ベーコン『明治日本の女たち』（矢口祐人・砂田恵理加訳、『大人の本棚』、二〇〇三、みすず書房）、亀田帛子『津田梅子―ひとりの名教師の軌跡―』（二〇〇五、双文社出版）、Yoshiko Furuki, et al. ed, The Attic Letters: Ume Tsuda's Correspondence to Her American Mother（New York: Weatherhill: 1991）

（髙橋　裕子）

つださんぞう　津田三蔵　一八五四―九一　大津事件の犯人。江戸下谷柳原にて安政元年十二月二十九日（一八五五年二月十五日）に生まれる。家は津藩の藩医で、三蔵は四人兄弟の次男であった。明治五年（一八七二）に志願して東京鎮台に入営、陸軍伍長として西南戦争に参加し負傷する。戦後、軍功により勲七等に叙せられたが、十五年（一八八二）、軍曹のとき後備役に編入された。その後、三重県巡査となったが同僚を殴打した廉で諭旨免職、十八年十二月に改めて滋賀県巡査に採用される。二十四年（一八九一）五月十一日、来日中のロシア皇太子の警護中に抜刀して斬りつけ、傷を負わせた（大津事件）。同月二十七日、大津地裁で開かれた大審院法廷にて無期徒刑判決を受け、七月二日に釧路集治監に送られる。捕縛の際に受けた傷は癒えたものの、衰弱して通常の労役には就けず、二十四年九月三十日、肺炎により死亡した。三十八歳。↓大津事件《おおつじけん》

参考文献　高橋雄豺『明治警察史研究』三（一九六三、令文社）、田岡良一『大津事件の再評価（新版）』（一九八三、有斐閣）

（伊藤　信哉）

つだしのぶ　津田信夫　一八七五―一九四六　大正から昭和時代の鋳金家。明治八年（一八七五）千葉県印旛郡飯野町に漢方医の父津田長人と母け以の長男として生まれる。二十八年（一八九五）東京美術学校入学、岡崎雪声《おかざきせっせい》に師事し、三十三年（一九〇〇）卒業後、三十五年助教授に就任し後進を指導し、また東京美術学校に委嘱された浅草公園や日比谷公園の噴水、帝国国会図書館の装飾、日本橋の装飾など数多くの鋳造品の制作主任を務める。大正八年（一九一九）に教授、十二年（一九二三）に欧米各国に留学、十四年パリ万国現代装飾美術工芸博覧会の国際審査委員に任命された。帰国後弟子たちに西洋の工芸の実態を話し、その研究会が母胎となり无型《むけい》が結成された。帝国美術院展覧会の工芸部開設に尽力するなど工芸界の革新の中心的人物であった。昭和四年（一九二九）帝国議会議事堂（現国会議事堂）の建設の際、東京美術学校に鋳造部分が委嘱され、津田が制作主任を務めた。十年（一九三五）に帝国美術院会員、十二年に帝国芸術院会員となる。二十一年（一九四六）二月十七日谷中天王寺の自宅で死去。

七十二歳。

参考文献　千葉県立美術館編『金工の世界』(展覧会図録、一九八三)、『花美術館』四(二〇〇八)、佐倉市立美術館編『津田信夫展』(二〇一〇)　(横溝　廣子)

つだじゅくだいがく　津田塾大学　⇩女子英学塾《じょしえいがくじゅく》

つだせいふう　津田青楓　一八八〇―一九七八　画家、随筆家。旧姓西川。本名亀治郎。京都市中京区の生け花「去風流」家元の家に明治十三年(一八八〇)九月十三日に生まれる。兄は名匠西川一草亭。当初日本画を学び、のち関西美術院で浅井忠に洋画を学ぶ。明治四十年(一九〇七)から三年間、農商務省海外実業練習生として渡仏、アカデミー＝ジュリアンでJ・P・ローランスに学ぶ。同四十四年第五回文展に出品し特選を受賞。夏目漱石と親交を深め、漱石作品やその一門の装幀を手掛ける。その親交を通じ良寛を知り研究、良寛風の書を書き和歌を詠む。大正三年(一九一四)洋画団体、二科会創立に参加。同十二年ごろからプロレタリア運動に接近、昭和八年(一九三三)、小林多喜二の獄死に触発された「犠牲者」の制作中に連行される。釈放後、日本画に転向。同三十八年(一九六三)『老画家の一生』などの著作でも知られ、晩年は新文人画ともいうべき自由な画境を示した。同四十九年(一九七四)、青楓美術館開館(現在笛吹市立青楓美術館)。五十三年(一九七八)八月三十一日没。満九十七歳。

参考文献　寺田寅彦「津田青楓君の画と南画の芸術的価値」(『寺田寅彦全集』八、一九九七、岩波書店)　(勝山　滋)

つだせん　津田仙　一八三七―一九〇八　欧米農業の紹介者。天保八年七月六日(一八三七年八月六日)、下総国佐倉で出生。長じて旗本津田家の養子となる。蘭学・英学に長じ、語学が堪能なため外国奉行の通弁となり、慶応三年(一八六七)に幕府随員として福沢諭吉とともに渡米。明治六年(一八七三)には、ウィーン万国博覧会に書記官として出張。この時、オランダの農学者ダニエル＝ホイブレイクに農業の指導を受けた。帰国後その口述記録をまとめた泰西(西欧)農法の紹介書『農業三事』を刊行、好評を博した。明治九年には東京麻布本村町(港区)に学農社を設立、農学徒の養成にあたった。ここからは玉利喜造《たまりきぞう》、横井時敬《よこいときよし》、福羽逸人《ふくばはやと》ら、わが国農学の先駆者が多数生まれている。明治九年には、わが国初の農業専門誌『農学雑誌』を刊行、全国に多くの読者を得た。同じ明治九年に『農学雑誌』上に広告を掲載し、アメリカ産トウモロコシ種子の通信販売を始めている。これが日本最初の通信販売といわれる。麻布本村町の自邸では、アメリカから導入したアスパラガス、カリフラワー、ブロッコリーなどの西洋野菜の試験栽培も行なっており、西洋野菜を最初に栽培した日本人の一人でもある。敬虔なクリスチャンで、晩年は教育者、社会事業家として活躍、青山学院大学、同志社大学、楽善会訓盲院(筑波大学附属視覚特別支援学校)などの設立に関与した。足尾銅山の鉱毒事件では田中正造《たなかしょうぞう》を助け、農民の救済に奔走している。明治四十一年(一九〇八)四月二十四日に死去した。七十二歳。津田塾大学の創始者津田梅子は仙の娘である。

⇩学農社《がくのうしゃ》　(西尾　敏彦)

津田仙

つだそうきち　津田左右吉　一八七三―一九六一　明治時代後期から昭和期の歴史学者、思想史家。明治六年(一八七三)十月三日、岐阜県加茂郡栃井村(美濃加茂市)に尾張藩付家老竹越家家臣の帰農士族津田藤馬《とうま》の長男として生まれる。同十二年(一八七九)入学の文明小学校で校長森達《もりとおる》(号は好斎、山崎派細野要斎門人)の感化をうけ、講義録購読の校外生から同二十三年(一八九〇)東京専門学校(現早稲田大学)邦語政治科に編入学。翌年卒業後は同四十一年(一九〇八)に白鳥庫吉《しらとりくらきち》主宰の満鮮歴史地理調査部研究員となるまでの間、群馬・千葉・栃木の尋常中学校と独逸学協会中学校で教え、大正初年刊行の『神代史の新しい研究』(大正二年、二松堂)と『文学に現はれたる我が国民思想の研究』全四巻(大正五―十年、洛陽堂)を出発点とした記紀批判・国民思想史研究へと発展する習作を『をんな』『教育時論』などに寄稿。白鳥著『西洋歴史』『新撰東洋史』『国史教科書』を執筆、「立憲国民」養成を眼目とする独自の歴史教育論を構想・実践した。同時期の日記に青年時代の深刻な煩悶と和漢洋に及ぶ旺盛な読書、三宅雪嶺らの国粋主義思潮への共感が刻印されている。思想史的方法による明治維新の歴史的由来・意義の解明を生涯の課題として、古典の徹底した文献批判的研究を精力的に推し進め、昭和初年以降は「支那思想」研究に重点を移しつつ、「東洋文化」論的把握を退ける独創性豊かな体系的考究を積み重ねた。大正七年(一九一八)早稲田大学講師、同九年教授。昭和十五年(一九四〇)になって『神代史の研究』『古事記及日本書紀の研究』『日本上代史研究』『上代日本の社会及び思想』(いずれも岩波書店)の記紀研究への迫害である出版法違反事件が引

津田左右吉

き起され辞任、第一審有罪判決、控訴審で時効により免訴。戦後において皇室擁護を明確にして歴史教育の動向や戦後歴史学への手厳しい対決姿勢をとった。『津田左右吉全集』全三十三巻(昭和三十八―四十一年、岩波書店)があり、第二次刊行(昭和六十一年―平成元年、同)で補巻二巻を追加。『津田左右吉歴史論集』(今井修編、『岩波文庫』、平成十八年、岩波書店)もまとめられている。昭和三十六年(一九六一)十二月四日死去。満八十八歳。

参考文献　家永三郎『津田左右吉の思想史的研究』(一九七二、岩波書店)、大室幹雄『アジアンタム頌―津田左右吉の生と情調―』(一九八三、新曜社)、増淵龍夫『歴史学の同時代史的考察について』(一九八三、岩波書店)、『没後五〇年津田左右吉展』(図録、二〇一一、早稲田大学・美濃加茂市民ミュージアム)　(今井　修)

つだまみち　津田真道　一八二九―一九〇三　明治前期の啓蒙思想家、司法官僚。幼名喜久治、のち鶴太郎、亀太郎と改め、真一郎と称す。天外また鉄薇《てつび》と号す。文政十二年六月二十五日(一八二九年七月二十五日)に津山藩士津田文行の長男として津山城下東町(岡山県津山市)に生まれる。嘉永三年(一八五〇)八月、江戸に出て同郷の箕作阮甫《みつくりげんぽ》に蘭学を学び、さらに佐久間象山《さくましょうざん》、伊東玄朴《いとうげんぼく》について洋学の基礎を修得する。安政三年(一八五六)に洋式海軍を志して長崎に赴き、海軍伝習所入りを希望するも果たせず帰東。翌年五月開設後間もない幕府洋学機関蕃書調所(のち開成所)の教授手伝並に任じられた。在職中に西洋の学術思想を論じた「性理論」と「天外独語」を著わし、後年の思想家としての骨格が作られる。文久二年(一八六二)六月、幕府留学生としてオランダに渡り、ライデン大学教授のフィッセリングから、同僚の西周《にしあまね》とともに自然法・国際公法・国法学・経済学・統計学の五科を学ぶ。西洋の社会科学系学問を日本人が体系的に修めたはじめての試みである。慶応元年(一八六五)十二月帰国、翌年正月開成所教授職に復すると、将軍徳川慶喜の命により幕政改革に参与。同三年九月、憲法私案たる『日本国総制度・関東領制度』を草し、翌年にはフィッセリングの講義を訳述した『泰西国法論《たいせいこくほうろん》』を刊行した。明治二年(一八六九)正月、新政府に出仕、徴士刑法官権判事、議事取調兼勤となり新律綱領の編纂に従事する。同三年刑部少判事、刑部中判事を経て、四年外務省へ転出、四月外務権大丞を兼任し、伊達宗城《だてむねなり》全権大使に随って清国へ赴き、日清修好条規締結に与る。津田の国際法学者としての見識を政府が必要とした結果であった。官制改革後の十一月、再び司法中判事となり、翌五年には大法官に昇り、民法・治罪法の調査研究にあたる。明治六年七月、司法卿江藤新平と意見が合わず免官、翌月陸軍省へ転出、陸軍刑法編纂に携わる。このころ、駐米公使森有礼が提唱した洋風学術結社明六社の結成に参加し、以後機関誌『明六雑誌』に数多くの論文を寄稿する。寄稿した論文数は会員中最多の二十四編にのぼり、中でも「政論」は五回連載の力作といわれ、専門の国法学の立場から今後の日本の国政のあるべき姿を論じたものである。このほかに、合理主義的な文明観を提示した啓蒙論として、「開化を進むる方法を論ず」「情欲論」「夫婦同権弁」などがある。経済学の知識を駆使した「保護税を非とする説」「貿易権衡論」などもきわめてユニークな論策である。ついで明治七年十月、フィッセリングから学んだ統計学を翻訳、『表記提綱《ひょうきていこう》』の名で刊行した。本書は日本の統計学史上きわめて意義深い業績の一つといわれる。さらに翌八年一月随筆集『如是我観《にょぜがかん》』を瑞穂屋から出版、同書には「道真家光両公論」「人種説」「権論」「善悪論」「自由論」などのエッセイ六編が収められ、いずれも啓蒙的色合いの濃い開化論となっている。明治九年四月、元老院議官、同十二年(一八七九)には東京学士会院創立会員となるも間もなくこれを辞し、翌年民法編纂委員に挙げられる。折しも外務卿井上馨による条約改正事業が始まり近代的法制度の整備が必要となったための起用であった。明治十八年一月、高等法院陪席裁判官、同二十三年(一八九〇)七月、帝国議会開設に伴い第一回衆議院議員選挙に東京第八区より立候補して当選、十一月には初代衆議院副議長に選出される。明治二十五年十二月、東京学士会院会員に再選され、以後『東京学士会院雑誌』に「唯物論」などの論説二十八編を発表する。明治二十九年一月、貴族院議員に勅選され、同三十三年(一九〇〇)には男爵を授けられる。明治三十六年一月、法学博士となる。明治三十六年九月三日東京麴町(千代田区)の自宅で没。七十五歳。大久保利謙・桑原伸介・川崎勝編『津田真道全集』上・下(平成十三年、みすず書房)がある。→泰西国法論《たいせいこくほうろん》

津田真道

参考文献　津田道治編『津田真道』(一九四〇、東京閣)、大久保利謙編『津田真道―研究と伝記―』(一九九七、みすず書房)　(大塚　孝明)

つだよねじろう　津田米次郎　一八六二―一九一五　明治から大正期の絹織物用力織機発明者。加賀藩御用大工津田吉之助の長男として文久二年六月八日(一八六二年七月四日)金沢に生まれる。早くも明治十年代から、地元の殖産事業に触発されて力織機開発を試みた。明治二十年代から三十年代には、近江住友製糸場や三井名古屋製糸場などで製糸関係機械の開発・設置などにも従事した。そして京都や大阪での種々の実地経験の上に、苦心の末、明治三十年代前半ごろに羽二重用力織機を一応完成した。

これには地元金沢の機業家水登《みずと》勇太郎《ゆうたろう》らの支援を受けたことも重要であった。その後、東京の松尾工場においてさらに改良を加え、実用化を進めた。大正三年(一九一四)には、東京を引き上げ金沢に戻って力織機工場(東京松尾工場金沢出張所)を経営したが、翌四年十一月十二日に金沢において五十四歳で病没した。なお従弟の津田駒次郎《こまじろう》も明治四十二年(一九〇九)金沢に力織機工場を開設し、繊維機械生産を大きく発展させた。

参考文献　塚田凡堂『津田米次郎―津田式織機発明者―』(一九三七、金沢織交会)、鈴木淳『明治の機械工業―その生成と展開―』(『Minerva 日本史ライブラリー』、一九九六、ミネルヴァ書房)、本康宏史『からくり師大野弁吉とその時代―技術文化と地域社会―』(二〇〇七、岩田書院)

(松村　敏)

つちいばんすい　土井晩翠　⇨どいばんすい

つちこきんしろう　土子金四郎　一八六四―一九一七　明治時代中期から大正時代の経済学者、銀行家、実業家。号は笑面。法学博士。元治元年四月十三日(一八六四年五月十八日)幕臣土子豊憲の次男として生まれる。明治十七年(一八八四)東京大学文学部哲学政治学及理財学科を卒業(文学士)し、大蔵省に出仕したが、高等商業学校(一橋大学の前身)教授となり、横井時冬《よこいときふゆ》・菅沼貞風《すがぬまただかぜ》とともに内国商業史の取調べにあたったが欧米に留学した。のち、日本銀行および横浜正金銀行ロンドン支店長となる。その後、実業界に入り、横浜火災海上運送信用保険の創立に参画し社長となり、また、横浜生命保険専務や横浜商業会議所特別議員を歴任した。これらの間に明治二十五年(一八九二)十月から東京専門学校(三十五年(一九〇二)早稲田大学と改称)の講師となり、四十年(一九〇七)四月には教授会議員となった。明治二十五年十月から三十二年七月までと三十七年九月から四十四年ごろまでに政学部・法学部・大学部商科で為替論・銀行論・実業活談・金融論・信託業論を担当した。真面目な人柄で唐突に笑いもせずに発した洒落は学生、教職員を抱腹させせずにおかなかったといわれ、専門の経済学者としてよりもその著書『洒落哲学』(明治二十年、哲学書院)でよく知られていたという(市島謙吉)。著書・論文に『国債論』(明治十八年、安達秀実)、『経済学大意』(二十年、哲学書院)、「経済調和論」(『専修学校講義録』経済科、二十・二十一年)、「商業史」(同)、『財論』(二十一年、哲学書院)、『銀行実務誌』(二十五年、哲学書院)、『外国為替詳解』(二十八年、哲学書院)、『経済政策』(三十年、東京専門学校出版部)その他がある。大正六年(一九一七)四月二十一日死去。五十四歳。

参考文献　市島謙吉『随筆早稲田』(一九三五、翰墨同好会・南有書院)、『早稲田大学百年史』一・二(一九七八・八二、早稲田大学出版部)

(佐藤　能丸)

つちだばくせん　土田麦僊　一八八七―一九三六　明治から昭和初年の日本画家。明治二十年(一八八七)二月九日、新潟県佐渡に農家の三男として生まれる。本名金二。はじめ僧侶にすべく智積院に預けられたが、画家を志して出奔。鈴木松年《すずきしょうねん》、ついで竹内栖鳳《たけうちせいほう》に師事し、四十一年(一九〇八)第二回文部省美術展覧会で「罰」が初入選で三等賞となる。翌年京都市立絵画専門学校に入学し、四十四年卒業。その間、在学中から四十三年黒猫会、翌年仮面会の結成に参加、美学者、批評家らとともに新たな絵画を志向する。文展でも、後期印象派風を入れた作品で受賞を重ねたが、審査への不満から大正七年(一九一八)国画創作協会を結成。同会の写実と強い社会性は、京都画壇に旋風をまき起した。十年(一九二一)渡欧し、テンペラ画を試作するなど西洋絵画を研究。帰国後、洋風の質感と装飾性をあわせた「舞妓林泉」(十三年)、「大原女」(昭和二年)などを発表した。昭和三年同会解散後、帝国美術院展覧会に復帰し、九年帝国美術院会員となった。昭和十一年(一九三六)六月十日没。五十歳。

参考文献　原田平作・島田康寛・上薗四郎編『国画創作協会の全貌』(一九九六、光村推古書院)、京都国立近代美術館編『土田麦僊展』(図録、一九九七)

(佐藤　道信)

つちみかどはれなが　土御門晴栄　一八五九―一九一五　旧公卿、貴族院議員。安政六年六月一日(一八五九年六月三十日)刑部卿錦織久隆の次男として生まれる。明治二年(一八六九)に土御門家の養子となり家督を相続し、大学星学局御用掛となる。土御門家は陰陽頭を世襲し、天社神道を唱道していたが、三年閏十月政府よりこれを禁止される。四年大学南校へ入学し、また外国語学校でドイツ語を専修する。十四年(一八八一)司法省に出仕し、静岡始審裁判所書記、浦和始審裁判所判事補などをつとめる。十七年七月、華族令により子爵を授けられる。明治三十三年(一九〇〇)―三十七年、同四十一年(一九〇八)―大正四年(一九一五)に貴族院議員をつとめる。大正四年十月十六日死去。五十七歳。

(内藤　一成)

つちやちゅうべえ　土屋忠兵衛　書肆。松井忠兵衛・松井順時・土屋順時とも。明治期では、維新前後から、渡辺修次郎『明治開化史』(明治十三年)など、語学・政治・教科書を中心に積極的な出版・取次業務を行なっている。また、『大日本全図』(明治十二年)を刊行している。

参考文献　三橋猛雄『明治前期思想史文献』(一九七六、明治堂書店)

(鵜飼　政志)

つちやほうしゅう　土屋鳳洲　一八四一―一九二六　漢学者、漢詩人。天保十二年(一八四一)に泉州岸和田に藩士土屋(旧姓平野)楽遊の長男として生まれる。名は弘。字は伯毅。晩晴楼とも号す。十二歳の時、藩黌講習館で、相馬九方《そうまきゅうほう》より徂徠学を授けらる。十九歳の時、但馬の池田草庵に従学して、朱子学・陽明学を修む。帰国ののち、独自に経子の学を進め、長沼流の兵学を極む。文久三年(一八六三)に西遊し、兵庫、壇ノ浦を経て、長州に至って、外国船の下関攻撃に遭遇、帰途、備中に阪谷朗廬《さかたにろうろ》を訪い、倉敷では森田節斎《もりたせっさい》に作文法を質した。帰国後、講習館の教授となり、藩主の侍読を兼ねた。明治元年(一八六八)、軍事奉行に任じ、勤皇を唱えて、佐幕派に嫉まれ、義父であった相馬九方の罪に連座して下獄、『幽囚録』二巻を著す。明治三年講習館教授に復帰、本姓土屋に復する。明治五年、堺県の学政に関与し、教則を編み、授業法を講じ、学制導入の意義を説いた。堺県中属から、三等教授に遷り、師範校長を兼ね、家塾晩晴書院を開く。明治十九年(一八八六)には吉野師範学校校長、翌年兵庫県師範学校教諭、二十一年(一八八八)には奈良師範学校校長に任じられた。このころ、古沢介堂と平城吟社を興す。明治二十六年から三十九年(一九〇六)まで華族女学校教授を務める。明治三十二年よりは東洋大学に二十五年間講じる。二松学舎、斯文会、弘道会などの運営にも尽力した。大正五年(一九一六)宮中御講書始に召され、経書を天皇に進講すること三度に及ぶ。大正十五年(一九二六)三月十五日に東京に没す。八十六歳。『晩晴楼詩鈔』四編一一巻(明治十九年—大正八年)、『晩晴楼文鈔』五編一一巻(明治十九年—大正十一年)がある。

参考文献 竹林貫一編『漢学者伝記集成』(一九七八、名著刊行会)

(池澤 一郎)

つちやみつはる 土屋光春 一八四八—一九二〇 明治時代を中心に活躍した陸軍軍人。嘉永元年八月二十六日(一八四八年九月二十三日)、三河国岡崎藩に生まれる。明治五年(一八七二)、少尉に任官。中尉になると佐賀の乱の鎮圧に参加。大尉に進級して西南戦争の鎮圧(別働第一旅団参謀)にも参加する。西南戦争後は、参謀本部管東局員、欧州派遣などを経験。同十五年(一八八二)、少佐に進級。歩兵第五連隊大隊長、西部監軍部参謀、大阪鎮台参謀などを歴任。同二十五年(一八九二)には、陸軍省軍務局第一軍事課長に任命される。その後、大佐に進級し、日清戦争では大本営参謀、参謀本部第二局長などの陸軍中央の地位にあった。日露戦争では、中将として第十一師団を率い、旅順の攻防戦に参加したが、坑道造成作業中の戦闘で負傷。日露戦争後、男爵となり、大将に進んだ。日清戦争後、第二局員であった宇都宮太郎は、対ロシアの観点から軍拡のための意見書を提出し、その結果、十三個師団案が採用された。これは土屋(当時参謀本部第二局長)の功績であることをうかがわせる記述がその日記にある。大正九年(一九二〇)十一月十七日没。七十三歳。

参考文献 藤井非三四『(都道府県別に見た)陸軍軍人列伝』東日本編(二〇〇七、光人社)、半藤一利・横山恵一・秦郁彦他『歴代陸軍大将全覧』明治篇(『中公新書ラクレ』、二〇〇九、中央公論新社)

(山本 智之)

つづきけいろく 都筑馨六 一八六一—一九二三 明治・大正期の官僚政治家。雅号は琴城・鶏肋。文久元年二月十七日(一八六一年三月二十七日)、上州高崎藩稲荷台(群馬県高崎市)で藤井安治の次男として生まれ、生後まもなく西条藩士都筑侗忠の養子となる。明治八年(一八七五)東京開成学校に入学。同校が東京大学に改組されると文学部政治理財学科に編入し、十四年(一八八一)に卒業。翌十五年一月、政治学研究のため文部省留学生としてベルリン大学に留学し、四年間学ぶ。十九年の帰国直後、外務省参事官に任命され、ついで外務大臣秘書官となる。二十年(一八八七)条約改正交渉への批判の高まりから井上馨外相が辞任すると都筑も秘書官を辞任し、井上の援助でフランスに留学した。留学中の二十二年、山県有朋内相が自治制度視察の目的で欧米を歴訪した際、パリの日本公使館書記官に任命され、山県に随行する。この随行で山県の信任を得、山県が首相となると翌二十三年首相秘書官に就任。第二次伊藤内閣のときの二十七年に内務省土木局長となり、土木行政に関する法律の起草にあたった。第二次松方内閣で文部次官、第三次伊藤内閣で外務次官をつとめた後、三十二年(一八九九)四月貴族院議員に勅選される。三十三年八月伊藤博文が新政党の宣言書と綱領を公表し、十三名の創立委員を指名すると、この創立委員に名を連ね、九月の立憲政友会の結成に関わった。もともと都筑は政党に否定的で超然主義の立場をとっていたが、伊藤との関係から同会の結成に参画した。三十六年七月枢密院書記官長に任ぜられる。四十一年(一九〇八)七月の第二次桂内閣成立の際には入閣が有力視されたが見送られた。伊藤・山県・井上という長州の三元老からの厚い信頼にもかかわらず、ついに国務大臣となることはなかった。同年八月男爵を授爵。四十二年二月枢密顧問官に親任される。以後病気がちで、第一線で活動する機会は減っていった。大正十二年(一九二三)七月六日死去。六十三歳。国立国会図書館憲政資料室に関係史料が所蔵されている。

都筑馨六

参考文献 馨光会『都筑馨六伝』(一九二六)

(竹内 桂)

つつみいそえもん 堤磯右衛門 一八三三—九一 日本で最初の石鹼工場を設立し、国産化に着手した先駆的実業家。天保四年二月二日(一八三三年三月二十二日)、武蔵国久良岐郡磯子村(横浜市磯子区)の役人の家に生まれた。横須賀造船所建築現場で工事監督をしていた際、御雇い外国人のフランス人技師ボイルから石鹼の効能と製法を学び、石鹼に対する知識を得た。当時石鹼はもっぱら外国製品に依存し、輸入量も年々増加傾向にあった。堤は石鹼の国産化により輸入の抑制と国益に寄与することを目的に、明治六年(一八七三)三月横浜三吉町(横浜市中区)に堤石鹼工場を設立し製造に着手した。この製造所は、民間では最も早期のものとされている。当初は極少数の手工業的な生産であった。この製造所は堤が出資し、洋品・洋書の輸入商で丸善を創設した早矢仕有的《はやしゆうてき》(丸屋善八)の技術支援で実現した。設立同年七月には洗濯石鹼が製造された。翌年には外国商館から椰子油などの原料を購入し、化粧石鹼の製造にも乗り出した。操業当初から主要な原料調達の困難と闘いながらも、わが国石鹼業界の草分け的なリーダーとして長年にわたり石鹼業の礎を作り上げた。明治二十四年(一八九一)一月二十八日、五十九歳で没。

参考文献 『花王石鹼八十年史』(一九七一)、荒井秀夫『花王石鹼五十年史』(『社史で見る日本経済史』三二、一九九七、ゆまに書房)
(吉沢 正広)

つつみせいさい　堤静斎　一八二六―九二　儒者。名は正勝、字は威卿、通称は十郎・省三。文政九年(一八二六)豊後に生まれ、弘化年間(一八四四―四八)咸宜園《かんぎえん》に学び、のち江戸で安積艮斎《あさかごんさい》に学び昌平黌に入る。元治元年(一八六四)秋、幕臣となり、徒士目付・少監察を勤めた。慶応元年(一八六五)、征長戦争に従軍。維新後、明治三年(一八七〇)十二月に弾正少輔を拝命、五年三月に教部省八等、六年に文部省十一等、七年五月内務権大録となった。八年十月免官となり、明治十一年(一八七八)、飯田町(東京都千代田区)に私塾知新学舎を設立した。この間、咸宜園出身者を中心に結成された漢詩結社玉川吟社や、同じく塤詩結社である香草吟社に参加したほか、主に昌平黌出身者で結成された旧雨社にも参加した。明治二十五年(一八九二)十一月三日没。六十七歳。編著書に『玉川吟社小稿』(明治十三年)、『皆山閣詩鈔』二巻(明治十七年)、『北遊撮勝』などがある。

参考文献 坂口筑母『旧雨社小伝』二(『幕末維新儒者文人小伝シリーズ』九、一九八三、明石書房)
(川邉 雄大)

つなしまかきち　綱島佳吉　一八六〇―一九三六　日本組合基督教会牧師。万延元年六月二十六日(一八六〇年八月十二日)美作国真島《ましま》郡新庄《しんじょう》村(岡山県真庭《まにわ》郡新庄村)に生まれる。明治六年(一八七三)医学研修のため大阪に出て松村出張診察所で沢山保羅《さわやまぽーろ》と出会い十年(一八七七)浪花《なにわ》教会創立の時に受洗。同年九月同志社英学校に編入、さらに余(神学)課へ進む。十四年鳥取伝道に赴く。十七年同校卒業。京都第三(平安)教会伝道師になり、翌年一月牧師に就任。十九年組合教会より福島伝道に派遣され伝道。二十三年(一八九〇)東京第一(霊南坂)教会牧師に就任するが、二十七年辞任しイェール大学神学部に留学。二十九年番町教会牧師に就任し、昭和六年(一九三一)まで三十五年間牧会にあたる。明治三十年(一八九七)片山潜のキングスレー館設立に協力。排日運動時に渡米し講演・煩悶相談など社会活動も活発に行う。昭和十一年(一九三六)六月二十七日、七十七歳で死去。著作に『排日問題と基督教徒』(大正四年)、『逆境の恩寵』(同十三年、ともに警醒社)、「予は何故に牧師となりたるか」(卜部幾多郎編『めぐみのあと』所収、昭和五年、アルバ社)がある。

参考文献 佐波亘編『植村正久と其の時代』(一九三七―三八、教文館)、『番町教会百年史』(一九八六)、『日本キリスト教歴史大事典』(一九八八、教文館)、『天上之友』三(一九八八、基督教世界社)
(茂 義樹)

つなしまりょうせん　綱島梁川　一八七三―一九〇七　宗教思想家。明治六年(一八七三)五月二十七日、岡山県上房郡有漢村(高梁《たかはし》市)に、のち村長となった綱島長四郎と(横田)くめの長男として生まれた。本名栄一郎。号梁川は生地の付近を流れる高梁川にちなむ。知新高等小学校では学業優秀、品行方正で神童といわれた。卒業後、母校の助教になる。英語を学んでいた日本組合高梁基督教会で明治二十三年(一八九〇)一月に牧師古木虎三郎《ふるきとらさぶろう》から受洗。『六合雑誌《りくごうざっし》』や『国民之友』を愛読。教会の関係から同志社英学校に進むことも考えたが、上京し東京専門学校(早稲田大学)専修英語科を首席で卒業。教授であった英文学者坪内逍遙、哲学者大西祝《おおにしはじめ》に大きな影響を受ける。在学中、坪内家に下宿。『早稲田文学』の編集にあたるが、大西にも傾倒し、思想家を志す。キリスト教の正統主義を脱して自由主義に近づく。明治二十八年英国のT・H・グリーンの「自家実現」の思想によって卒業論文「道徳的思想論」を執筆。金子馬治・島村抱月らと哲学会を結成。喀血して治療中、海老名弾正に接し、人格神信仰を自覚する。明治三十三年(一九〇〇)大西祝が没し、『大西博士全集』全七巻(明治三十四年、警醒社書店)を編集。第七巻に「略伝」を草し、「先生が学者として最も人心を動かしたる点は、その博学精識にあらず、慎思明弁にあらず、寧ろその研究的精神の旺盛にして純粋なりしにあり」と記す。明治三十七年七月に「見神」を体験する。「爾時《そのとき》、優に朧ろなる、謂はば帰依の酔ひ心地ともいふべき歓喜《よろこび》、ひそかに心の奥に溢れ出でて、やがて徐ろに全意識を領したり」と『病間録』(明治三十八年、金尾文淵堂)に記す。これは神を対象ではなく自己の問題として感受したということだろう。このような体験を何度もして、「神と偕に楽しみ、神と偕に働く」、そして「我は神之子也」という境地に達した。また仏教について浄土真宗とキリスト教には相似、共通の点があるとして、明治四十年(一九〇七)の「病窓雑筆」に「正にこれ浄土真宗あり、基督教あり、否あらゆる真宗教の根本主義あり、最高生命あり」とのべる。さらに芸術にも関心が深く、ハーバート＝スペンサーやアレクサンダー＝ベインの美術論、歴史絵画論、横山大観らの日本画をも論じている。また多くの哲学者、宗教家、文人とも交流。西田幾多郎は『病間録』に感銘、『善の研究』の執筆に影響を受ける。徳冨蘆花の『みみずのたはこと』には「綱島梁川君」の章があり、二人の交遊がのべられ、また「西田天香からは学ぶ所が多い」という梁川の言葉も記されている。天香が始めた生活共同体「一燈園」の名は梁川の文章「一燈録」にちなむ。また詩人薄田泣菫《すすきだきゅうきん》や歌人石川啄木なども梁川を訪れた。梁川はエルネスト＝ルナンの『イエス伝』を訳したが、病気のため後半を安倍能《あべよし》成《しげ》にゆだね、のち共訳『ルナン氏耶蘇伝』として明治四十一年、日高有倫堂から出版。明治三十八年から肝結核の病状が進んだが、読書、瞑想、著作の日夜を送る。「病窓雑筆」の冒頭に「何となく『気がする』といふ、此の気がするてふことは、一種漠然たる感情ながら、時として知識の光や論理の力の企て及ばざる、確実なる真理の直覚を吾人に与へる」として、まだしばらくは死なないという。だが明治四十年八月の「労働と人生」の末尾に記した「信仰は霊魂の偉大なる働きそのものなれば也」の語を最後に、九月十四日深夜に東京大久保の自宅において死去。享年三十五。葬儀は日本組合本郷基督教会にて海老名弾正が執行、雑司ヶ谷墓地に埋葬。宗教、思想、文学、美術にわたるすぐれた批評家であった。各地に梁川会が結成され、郷里岡山県有漢町には記念碑が建てられ、梁川の語、「爾の現在を充たせ、現在は爾が全宇宙也。否爾自身也」と刻まれている。梁川会編『梁川全集』全十巻(大正十一―十四年、春秋社)、『梁川文集』(明治三十八年、日高有倫堂)、安倍能成編『綱島梁川集』(『岩波文庫』、昭和二年、岩波書店)がある。

参考文献 虫明竌・行安茂編『綱島梁川の生涯と思想』(一九八一、早稲田大学出版部)　(笠原　芳光)

つねやせいふく　恒屋盛服　一八五八―一九〇九　対外硬の運動家。陸奥国白河藩(阿部家)の家老の子として安政五年(一八五八)に生まれる。明治十三年(一八八〇)二月設立された、アジアとの協調戮力を図る興亜会の「支那語学校」で学ぶ。十六年一月興亜会は亜細亜協会に改称したが、十九年には会誌『亜細亜協会報告』の編集を担当した。明治二十四年(一八九一)南米への「出稼」を説く『海外殖民論』を著わし、メキシコ探検後の二十六年には殖民協会の発足に尽力した。朝鮮への関心も深く、亡命していた朴泳孝と交わり、二十八―二十九年には朝鮮政府に仕官した。亜細亜協会は明治三十二年(一八九九)近衛篤麿の東亜同文会に加盟し発展的に解消、恒屋も以後近衛系として活動した。三十四年一月に政社届を出した対露強硬論・伊藤博文内閣批判の国民同盟会では、七名の常置委員の一人となる。三十六年八月結成の対露同志会、三十八年七月結成の講和問題同志聯合会に参加した。国民主義的対外硬派の一員と評価できよう。明治四十二年(一九〇九)七月十九日心臓病にて死去。五十二歳。

参考文献 宮地正人『日露戦後政治史の研究―帝国主義形成期の都市と農村―』(一九七三、東京大学出版会)、酒田正敏『近代日本における対外硬運動の研究』(一九七八、東京大学出版会)　(西川　誠)

つのけいたろう　津野慶太郎　一八六三―一九三九　明治から昭和戦前期の家畜衛生学者。文久三年(一八六三)六月、福岡藩士津野伊平次の長男として筑前に生まれる。明治十九年(一八八六)七月、東京農林学校獣医科を卒業して同校の助教授、教授となり、二十三年(一八九〇)六月、帝国大学農科大学助教授、二十七年にはセントルイス全米国獣医学大会に出席した。三十一年(一八九八)九月より三十四年九月の間、家畜生理学講座を担当した。三十四年から三十七年にかけ、家畜薬物学および衛生学、獣医行政警察学研究のため欧米に留学し、帰国後の三十八年四月に教授となり、新設の家畜衛生学家畜薬物学講座を定年退官まで担任した。この三十八年には獣医学博士号を授与されている。大正三年(一九一四)には日本代表として万国獣医学会に派遣された。研究は牛乳や食肉の衛生学、乳牛舎の構造、搾乳場の施設、牛乳処理技術などにわたった。大正十四年(一九二五)、定年退官、昭和十四年(一九三九)四月二十日、七十七歳で没した。

参考文献『帝国大学出身人名辞典』(一九三二)、『東京帝国大学学術大観』医学部・伝染病研究所・農学部(一九四二)　(宮地　正人)

つのだきうさく　角田喜右作　一八五三―一九一〇　農蚕家。上野国勢多郡樽村(群馬県渋川市)の農民角田喜内の長男として嘉永六年十一月十五日(一八五三年十二月十五日)に生まれる。若くして東京に遊学し、帰村して小学校教員・樽村戸長・勢多郡会議員などを務めたが、農蚕改良に尽力した点が大きな功績であった。船津伝次平《ふなつでんじべい》・星野長太郎《ほしのちょうたろう》とともに群馬県の三老農ともいわれる。明治二十年代末ごろに粗悪な蚕種が出回った際には蚕種改良と全国一律の厳格な蚕種検査を求める運動を養蚕農民の先頭に立って行い、榎本武揚農商務大臣に建白書を提出し、反対派に対抗して上毛蚕業倶楽部を組織した。こうした運動が全国統一の検査を強制する明治三十年(一八九七)三月公布の蚕種検査法に結実した。蚕種製造業を経営し、居村の有志とともに樽製糸所を設置するなど製糸業にも力を注ぎ、明治二十七年(一八九四)に赤城興業組合を起して赤城山麓の御料地六千町余を借り受けて開墾植林した。明治四十三年(一九一〇)六月二十五日に前橋で病没。五十八歳。

参考文献『群馬県蚕糸業史』下(一九五四)、『群馬県勢多郡横野村誌』(一九五六)、『群馬県史』通史編八(一九八九)　(松村　敏)

つのだしんぺい　角田真平　一八五七―一九一九　自由民権運動家、政党政治家、実業家、俳人。安政四年六月十五日(一八五七年八月四日)、角田彦右衛門の次男とし

角田真平

て駿河国沼津に生まれる。生年月日に関しては、安政三年五月二日(一八五六年六月四日)など諸説がある。号は竹冷、聴雨窓など。明治七年(一八七四)上京し、沼間守一《ぬまもりかず》を頼る。『東京横浜毎日新聞』を拠点とする嚶鳴社の社員となった。明治十三年(一八八〇)、代言人試験に合格。明治十五年、立憲改進党が結成されると評議員となる。明治十七年十二月二十九日、改進党の有志らで元老院に出した減税建白書に名を連ねた。明治二十三年(一八九〇)の第一回総選挙では落選したものの、明治二十四年三月の補欠選挙(森時之助の辞職)において東京十区で当選。明治二十五年の第二回総選挙から明治二十七年の第四回総選挙にかけて、東京七区から出馬し、連続当選を果たす。明治二十七年の第六議会解散後、桑田房吉とともに立憲改進党の臨時選挙事務員に選ばれた。その後、明治三十五年(一九〇二)の第七回総選挙から明治三十七年の第九回総選挙では、東京市部で当選を果たした。立憲改進党に入党以来、その後身である進歩党、憲政本党、立憲国民党に所属し、党内でも重きをなした。明治十七年、東京府会議員に当選。また、東京市会議員も長く務めた。市会では清和会、市政革新倶楽部などに所属し、常盤会など立憲政友会系の会派と対峙した。明治三十九年、東京市区改正局長に就任し、市区改正事業に従事した。政治家や弁護士以外にも、跡見女学園理事や帝国劇場取締役、東京株式取引所理事などの多彩な社会活動を行なった。文化面では、明治二十八年、尾崎紅葉らと秋声会(俳句結社)を結成し、同時代においては俳人としても著名であった。著書に、『俳游記』(如山堂、明治四十三年)、『聴雨窓俳話』(博文館、大正元年)などがある。また、明治二十六年二・三月に刊行された立憲改進党の党報に「政治」(第四号、第五号)、「勅令第五号と憲法」(第六号)と題する論説が掲載されている。大正八年(一九一九)三月二十一日死去。六十三歳。

参考文献 『読売新聞』大正八年三月一日号、宮武外骨・西田長寿『明治新聞雑誌関係者略伝』(『明治大正言論資料』二〇、一九六五、みすず書房)、衆議院・参議院編『議会制度百年史』衆議院議員名鑑(一九九〇)、大日方純夫『自由民権運動と立憲改進党』(一九九一、早稲田大学出版部)、五百旗頭薫『大隈重信と政党政治―複数政党制の起源明治十四年―大正三年―』(二〇〇三、東京大学出版会)、櫻井良樹『帝都東京の近代政治史―市政運営と地域政治―』(二〇〇三、日本経済評論社)

(小宮　一夫)

つのだただゆき　角田忠行　一八三四―一九一八　熱田神宮宮司、国学者。天保五年十一月六日(一八三四年十二月六日)、岩村田藩士・近津《ちかつ》神社祠官角田忠守《ただもり》の次男として信濃国に生まれる。安政二年(一八五五)春、脱藩して江戸へ出て藤田東湖《ふじたとうこ》に、同八月気吹舎《いぶきのや》に入門した。文久三年(一八六三)三月、足利将軍木像梟首事件の首謀者となり、幕吏の探索を逃れて信州伊那谷に潜伏。慶応二年(一八六六)六月、上京して沢為量《さわためかず》の家令となり、王事に奔走した。明治二年(一八六九)六月、皇学所監察となり、以後、学制取調御用掛、大学出仕を経て、六年四月賀茂《かも》御祖神社《みおやじんじゃ》少宮司兼大講義を拝命し、七年二月に熱田神宮少宮司、翌八年少教正となり、白鳥古墳・陀武夫《だむぶ》(断夫山)古墳の保存や中教院の設置に努めた。十年(一八七七)一月に熱田神宮大宮司(のち宮司)となり、宮司在任の間、神璽の勅封や社殿改造に尽力し、熱田神宮の待遇向上に貢献した。大正三年(一九一四)、宮司を免職。七年十二月、従四位に叙せられた。同月十五日、八十五歳で没す。著書に、『古史略』『忠行歌集』などがある。

参考文献 阪本是丸『角田忠行翁小伝』(一九六九、熱田神宮司庁)、同『明治維新と国学者』(一九九三、大明堂)

(星野　光樹)

つのだひでまつ　角田秀松　一八五〇―一九〇五　海軍軍人。会津藩医角田良智の次男として嘉永三年二月十二日(一八五〇年三月二十五日)に会津で生まれる。戊辰戦争参加後、明治七年(一八七四)十月長崎海軍出張所に雇われる。十一月雲揚乗組。八年十一月清輝乗組。十二月孟春乗組。九年四月清輝乗組。十一年(一八七八)一月から十二年四月にかけて欧州巡遊を行う。水雷練習所勤務、水雷練習所副長、水雷局副長、長崎水雷営長、横須賀鎮守府水雷司令と水雷科で経歴を積み上げる。二十六年(一八九三)五月海軍軍令部第一局長、二十七年六月大本営海軍参謀官として、日清戦争に参加。最初の大本営御前会議に参加する。二十八年五月台湾総督府海軍局長仰付になった後台湾総督府海軍参謀長など台湾総督府の要職を歴任した。艦政本部長、常備艦隊司令長官を歴任。日露戦争では、竹敷要港部司令官となったが、三十八年(一九〇五)十二月十三日戦病死。五十六歳。四十年(一九〇七)十月嗣子武雄に男爵追贈された。

(太田　久元)

つのだりゅうさく　角田柳作　一八七七―一九六四　アメリカに渡って日本の文化・思想を教えた「日本学」教育者。明治十年(一八七七)一月二十八日、群馬県勢多《せた》郡津久田村(渋川市)の富裕な農家の次男として生まれた。地元小学校から転校を経て群馬県尋常中学校に入学したが中退し、同二十六年(一八九三)東京専門学校(のち早稲田大学)文学科に入学。同校では文学の坪内逍遙、哲学の大西祝《おおにしはじめ》という師にめぐり合い、とりわけ仏教に造詣が深く日本文化研究の先駆というべきイギリス人英語教師アーサー＝ロイドとの出会いは短期間ながら大きな影響を与えた。二十九年卒業。翌年に国民新聞社に、翌々年に開拓社に入社し、著書『井原西鶴』を、翻訳書『社会之進化』を出版している。快楽主義に向かう人間の性向と社会の崩壊危機に悩んだ求道的な青年像が浮かんでくる。三十二年(一八九九)、京都の真言宗高等中学林(のち種智院大学)に着任して英文学と社会学を担当するとともに、高野山で学び、同志社神学部でも聴講した。その後、教師生活は三十六年着任の福島県立福島中学校教諭、四十一年(一九〇八)着任の宮城県立仙台第一中学校教諭と続き、英語と倫理学を担当。権威主義とは程遠い、生徒から敬慕される教師であった。福島から仙台に転任して翌年、ハワイ行きが実現する。これは高野山での研鑽のときに話があった仏教伝道計画によるもので、着任は日本人移民子弟のためのホノルル布哇《ハワイ》中学校校長としてであった。移民二世をアメリカ社会に順応させる課題まで抱えた任務であったが、そのためにもアメリカの文化を理解し学問を学ぶ必要を感じることになった。大正六年(一九一七)、四十歳にしてアメリカ本土に渡ってコロンビア大学そしてクラーク大学で聴講生として学び直す。一時、コロラド日本人会書記長をつとめた後、ニューヨーク日本人会幹事長を昭和元年(一九二六)まで七年余りつとめた。日本で経験したよりも長い在職期間であり、この間、移民排斥の動きを見せるアメリカ国内において日本文化がほとんど知られていない状況から文化広報拠点たる日本文化センターの設立構想に参加し、実現に専心奔走することになる。昭和二年にいったん帰国。早稲田大学での「角田柳作君帰国歓迎会」を含めて故国での理解と援助の輪が広がり、成果を得て昭和六年、コロンビア大学図書館に日本文化センター The Japanese Culture Center を設置するまでこぎ着けた。翌々年、日本史講座が設けられて講師就任。その後も両国間の往復を繰り返して図書充実を図り、センター自体が大学附置となったところで、その図書集積事業 The Japanese Collection の司書に就任し、日本史・日本思想史・日本古典文学などを教えた。その立場は、この間に大戦が挟まって敵国人として拘引されるという経験も含みつつも、教師としての感化力をもって非日本人の日本文化研究者を育てるという成果を上げることになった。その中には、日本文学史の泰斗となったドナルド=キーン、『源氏物語』研究のエドワード・G・サイデンステッカー、日本農村研究『須恵村』のジョン・F・エンブリー、『日本における近代国家の成立』のハーバート・E・ノーマンなど錚々たる名前があり、また同僚で大著『日本文化史』『西欧世界と日本』を著わしたジョージ=サンソムも「弟子」をもって任じたのであった。故国・故郷を想いつつ国境の観念を超越した日本人であった。昭和三十九年(一九六四)十一月二十九日、帰国の途中ハワイで死去。満八十七歳。

参考文献　佐藤能丸「角田柳作と早稲田大学」(『早稲田大学史記要』二八、一九九六)、鹿野政直「角田柳作―その歩みと想い―」(同二九、一九九七)、内海孝「角田柳作のハワイ時代―一九〇九年の渡布前後をめぐって―」(同三〇、一九九八)、早稲田大学編『角田柳作展―日米の架け橋となった"Sensei"―早稲田大学創立一二五周年記念―』(二〇〇七)、荻野富士夫『太平洋の架橋者角田柳作「日本学」のSENSEI』(二〇一一、芙蓉書房出版)

(菊池紘一)

つばきときなか　椿時中　一八五〇―一九二七　士族。弘化三年(一八五〇)、伊勢山田に生まれる。第二高等学校教授に任じ、長く仙台に居住した。『大道本義』(明治十二年六月刊)、『小学国史紀事本末』(竜雲堂(東京)、十五年十一月刊。分版、松田周平(新潟県長岡)、十六年七月刊、序文新潟学校長加藤正矩)、『孝経浅説』(精華堂、小林二郎(新潟)、十六年四月刊)、『小学国史紀事本末字引』(越後長岡・松田周平、十七年刊)のほか、『小学本邦歴史』(二十年刊)の編著者としてその名が残されている。『小学国史紀事本末』分版の奥付に椿の居所として新潟県中蒲原郡西鳥屋野《とやの》島新田六十六番地(新潟市中央区)とあり、同じく『孝経浅説』には西鳥屋島七十五番地と記されている。その後、東京に移住したことは『小学紀事本末字引』奥付に居所として東京府神田区三崎町二丁目五番地(東京都千代田区)とあることにより確認できる。明治二十三年(一八九〇)に開設された慶応義塾の大学部文学科において和文学を担当し一両年在職した。昭和二年(一九二七)十二月二十七日、東京に没した。七十八歳。

参考文献　『仙台人名大辞書』(一九三三、仙台人名辞書刊行会)、『慶応義塾百年史』中巻前(一九六〇)、海後宗臣・仲新編『日本教科書大系』近代編一八(一九六三、講談社)、国学院大学日本文化研究所編『和学者総覧』(一九九〇、汲古書院)

(松崎欣一)

ツベルクリン　ツベルクリン　Tuberculin　一八九〇年冬、結核治療薬としてコッホが製造した薬剤。結核菌の培養肉汁を殺菌・濃縮して濾過したもの。特効薬として世界的に喧伝され、帝国大学医科大学も佐々木政吉《ささきまさきち》・宇《う》野《の》朗《ほがら》・山極勝三郎《やまぎわかつさぶろう》をコッホのもとに派遣したが、自分のもとで長らく研究している北里柴三郎の学資が不足しているのに、なぜ日本は新たに三人も派遣するのかと、コッホが冷淡な態度を彼らにとったことが帝大医科大学と北里との関係を悪化させる一因となった。ツベルクリンは明治二十四年(一八九一)三月医科大学に到着し、使用志願医師の順番づけのため中央衛生会が動員されるまでの大騒ぎとなったが、二十五年に入ると、その効能のないことが明らかとなり、期待は失望から誹謗に転化し、そのさなかに北里が帰国したのである。その後感染有無の診断には有効であることが判明し、また一般療法・薬物療法・人工気胸などでも治癒しない患者には昭和期に入ってからもツベルクリン注射療法が用いられた。北里自身も明治末ごろまでもツベルクリン改良に努力しつづけていた。

(宮地正人)

つぼいいしゅん　坪井為春　一八二四―八六　幕末から明治時代初期の蘭学者。米沢の蘭方医大木松翁の長男として文政七年(一八二四)生まれる。幼名は大木忠益。堀内素堂、坪井信道に学び、信道の養子となり、名を芳洲、為春と改める。蕃書調所教授手伝、西洋医学所教授となり、維新後大学東校の大学少博士、中博士に任命され、明治十一年(一八七八)埼玉県立医学校校長・病院長となる。著訳書『丹氏医療大成』(原著 Thomas H. Tanner、六巻、明治八年)がある。明治十九年三月三十日没。六十三歳。

参考文献 仲田一信『埼玉県医学校と日習堂蘭学塾』(一九七一、浦和市尾間木史蹟保存会) (酒井 シヅ)

つぼいくまぞう 坪井九馬三 一八五八—一九三六 明治から昭和前期の西洋史研究者。名前のよみは帝国学士院英文追悼記による。史学研究方法の基礎を築いた。安政五年(一八五八)十二月十二日摂津国に生まれる。明治五年(一八七二)大阪開成学校および造幣寮日進学舎に学んだ。七年上京して東京外国語学校に入り、その後東京大学に転じて文学部政治理財科で学んだのち、理学部に入学して応用化学を専攻、十八年(一八八五)に卒業した。理学部在学中より文学部で史学を講義している。卒業後東京大学御用掛となり、二十年(一八八七)から留学、ベルリン・プラハ・ウィーン・チューリッヒで学び、二十四年十月帰国。帰国直前の八月に文学博士号を授けられ、帰国後は帝国大学文科大学史学科教授として歴史地理を教えた。三十二年(一八九九)十月ローマで開催された万国東洋学会議で広東史を発表、三十六年には学問的業績に対しオランダからオレンジ＝ナッソウ勲章を授けられた。同年十月主著となる『史学研究法』を刊行した。明治三十七年から四十五年(一九一二)まで文科大学学長職を勤め、他方明治三十三年には東京学士会院会員、三十九年には帝国学士院会員に選ばれている。大正十二年(一九二三)三月退官、昭和十一年(一九三六)一月二十一日に没した。七十九歳。→史学研究法《しがくけんきゅうほう》

坪井九馬三

参考文献『学問の山なみ—物故会員追悼集—』一(一九七九、日本学士院) (宮地 正人)

つぼいげんどう 坪井玄道 一八五二—一九二二 明治期の普通体操・スポーツ・ダンスの推進者。旧名仁助。嘉永五年正月九日(一八五二年一月二十九日)下総国葛飾郡中山村鬼越《おにごえ》(千葉県市川市)に生まれる。明治四年(一八七一)、大学(東京大学の前身)少得業生となり、明治五年文部省十二等出仕として師範学校係となった。この年、学制が頒布され、師範学校が昌平校跡に設立されて、米人スコットが教授法を講義することになった。坪井は選ばれて通訳となり、明治七年八月のスコット任期満了まで、英語と算術を中心とした小学教授法の通訳を担当した。スコットの解任に伴い、明治八年宮城県英語学校に英語教師として奉職したが、明治十一年(一八七八)体操伝習所の設立とともに同所職員となり、リーランドの講義の通訳をつとめることとなった。リーランドが離日した明治十四年以後、坪井は、体操伝習所体操主任として普通体操や戸外遊戯の指導に務めた。その後明治二十年(一八八七)高等師範学校教諭、二十三年同校教授兼女子高等師範学校教授として体操を担当した。明治四十二年(一九〇九)四月退職。その後東京体操音楽学校教師となり、さらに女子体育発展に尽くした。明治二十年代以後国家主義的傾向の強まる体育界で普通体操と遊戯、ダンスの積極的採用とその普及に努めた。のち、文部省体操遊戯取調委員、体操調査会委員。大正十一年(一九二二)十一月二日帝大稲田内科で没。七十一歳。『新撰体操書』(明治十五年)、『小学普通体操法』(同十七年)、『戸外遊戯法』(同十八年)、『行進運動法』(同三十八年)、『体操発達史』(同四十三年)など多数の著書・翻訳書がある。

参考文献 山崎幸治「わが国学校体育の父—坪井玄道の生涯—」(『学校体育』一六・一七ノ一、一九六三・六四)、木下秀明「近代日本の体育思想三—坪井玄道—」(『体育の科学』一四ノ六、一九六四)、今村嘉雄『日本体育史』(一九七〇、不昧堂) (大久保英哲)

つぼいこうぞう 坪井航三 一八四三—九八 海軍軍人。長州藩医原顕道の次男として天保十四年三月七日(一八四三年四月六日)、三田尻(山口県防府市)に生まれる。長州藩の遊撃隊士として戊辰戦争に参加。長州藩の軍艦で実務経験を積む。明治二年(一八六九)に坪井信友の養子となる。四年、海軍大尉。同年九月、米国東洋艦隊旗艦コロラド号に乗艦実習。五年渡米、コロンビアン＝カレッジ付属中学校(現在のジョージ＝ワシントン大学)に学ぶ。七年七月帰国。以降、第一丁卯・迅鯨・磐城・日進・海門の艦長を歴任。二十五年(一八九二)十二月海軍兵学校校長、二十六年十二月海軍大学校校長。日清戦争時には連合艦隊第一遊撃隊司令官。国際法学者高橋作衛《たかはしさくえ》を日本艦隊に招聘。戦後の三国干渉に際しては、旅順口海軍根拠地司令長官・引渡委員として同港還付に立ち会う。二十九年二月、中将、常備艦隊長官。兄原俊則は海軍少佐、三男原顕三郎は海軍中将。明治三十一年(一八九八)一月三十一日没。五十六歳。

参考文献 高橋文雄「坪井航三研究序説—米国留学先の解明を中心として—」(『戦史研究年報』五、二〇〇二) (藤田 賀久)

つぼいしょうごろう 坪井正五郎 一八六三—一九一三 人類学者、考古学者。文久三年正月五日(一八六三年二月二十二日)、江戸両国の矢ノ倉(東京都中央区)に生まれた。

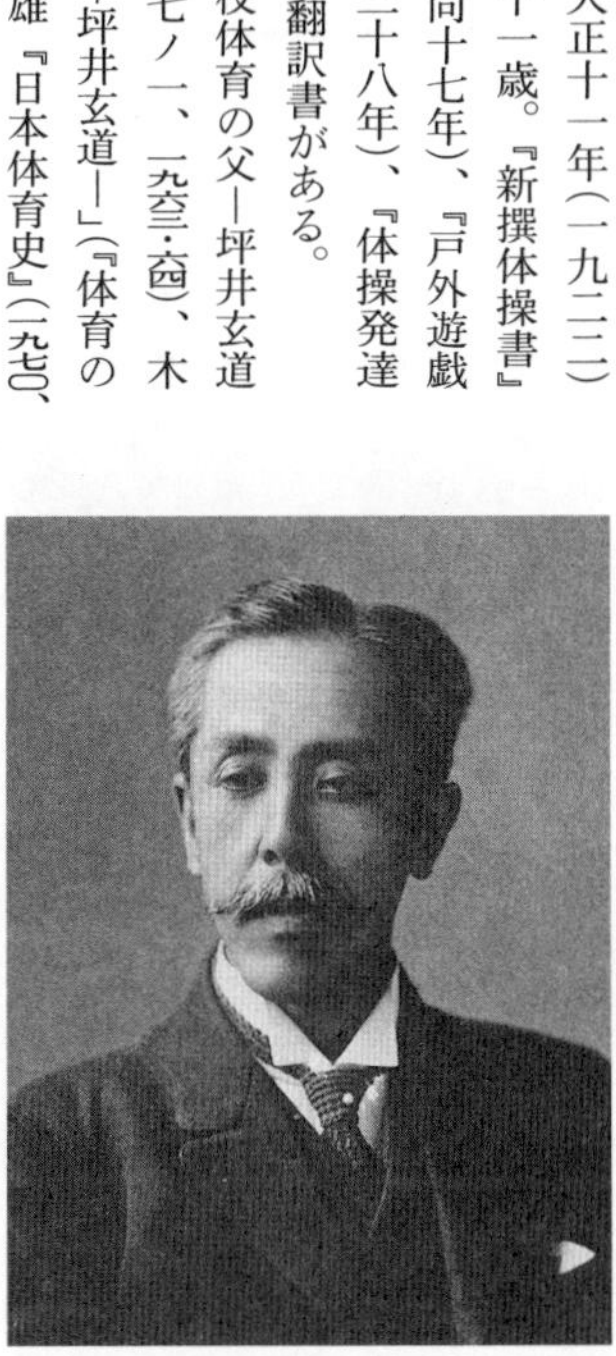
坪井正五郎

父は江戸幕府の奥医坪井信良《しんりょう》。明治十九年(一八八六)七月帝国大学理科大学動物学科卒業。九月、人類学研究の目的で大学院に進学。同二十一年(一八八八)八月理科大学助手。同二十二年五月人類学研究のため三年間イギリス・フランスに留学、留学中ロンドンにおける第九回万国東洋学会に出席し「東洋近傍における横穴二百余の発見について」を発表し名誉金牌を受ける。明治二十五年十月に帰国し理科大学教授に就任し、翌年九月人類学講座を担任した。明治二十九年十月人類学会会長、明治三十二年(一八九九)二月理学博士学位授与。大正二年(一九一三)五月二十六日、ペテルブルグで開催の第五回万国学士院連合大会に出席中、アレキサンドリヤ病院で急死した。五十一歳。坪井は、揺籃期の人類学・考古学界において活躍した斯学の鼻祖と称されている。大学在学中に人類学会(のち東京人類学会、日本人類学会)を創設し『人類学会報告』(のち『人類学雑誌』)を刊行して日本の人類学・考古学の発展の基礎をつくった。一方、東京大学内の弥生町で土器を発見(弥生式土器)し、足利古墳(栃木)を発掘した。人類学の研究を目的として大学院に進学ののちには吉見百穴(埼玉)二百二十余穴の調査などを実施し穴居説を主張した。また、西ヶ原貝塚(東京)の精緻な発掘報告を発表するなど石器時代の研究をリードし、石器時代人民を先住民としコロポックル説を提唱したが、その後、穴居説ともども追従者を得ることなく学史に埋没していった。しかし、石器時代遺跡地名表の作成、日本各地の人類学・考古学の勃興に対する協力、人類学・考古学の普及に果たした役割はきわめて大きかった。主著として『(工商技芸)看板考』(明治二十年、哲学書院)、『はにわ考』(同三十四年、東洋社)、『人類学講義』(同三十八年、国光社)などがある。また、『坪井正五郎集』(『日本考古学選集』二・三、昭和四十六・四十七年、築地書館)が刊行されている。

参考文献 永峯光一「坪井正五郎論」(加藤晋平・小林達雄・藤本強編『縄文文化の研究』一〇所収、一九八四、雄山閣出版)

(坂詰 秀二)

つぼいじろう 坪井次郎 一八六二—一九〇三 衛生学者。京都帝国大学医科大学教授。文久二年七月五日(一八六二年七月三十一日)、薩摩藩奥医師坪井為春《いしゅん》の次男として江戸芝浜松町(東京都港区)で生まれる。明治八年(一八七五)、東京外国語学校に入学し、ドイツ語を修得したのち、東京大学医学部に入学した。十八年(一八八五)、ドイツから帰国した緒方正規《おがたまさのり》が同大学に開講した衛生学教室に勤務する。二十年(一八八七)帝国大学医科大学教授となり、ドイツに留学を命じられ、ミュンヘン大学衛生学教室にてコレラ病原・結核・癌腫瘍に関する論文を発表した。二十三年、衛生学・細菌学研究のためドイツに再留学し、ペッテンコーフェル博士に師事した。二十七年十二月帰国し、翌年医学博士の学位を取得した。三十三年(一九〇〇)、京都帝国大学医科大学創立に際し、衛生学講座を担任する。また、環境衛生学にも精通し、足尾銅山鉱毒調査委員などをつとめる。三十六年七月十三日、四十二歳で心内膜炎のため急死した。

参考文献 泉彪之助「衛生学者坪井次郎の経歴と業績(含著作目録)」(『日本医史学雑誌』三八ノ三、一九九二)、富田仁編『海を越えた日本人名事典』(二〇〇五、日外アソシエーツ株式会社)

(吉川 芙佐)

つぼうちしこう 坪内士行 一八八七—一九八六 大正から昭和期の劇作家、舞踊評論家。明治二十年(一八八七)八月十六日名古屋に生まれる。幼時から叔父坪内逍遙の養子となり、舞踊などの素養を身につけた。明治四十二年(一九〇九)早稲田大学卒業後、ハーバード大学で演劇研究を、さらにイギリスに渡り俳優修行を行い、大正四年(一九一五)帰国。母校で教鞭をとり、七年には帝国劇場で『ハムレット』を演じて好評を博した。その後、養家を去り、小林一三《こばやしいちぞう》からの要請で宝塚歌劇団の養成にあたり、さらに、十五年(一九二六)宝塚国民座の結成から解散まで尽力した。昭和十年(一九三五)上京して、東宝文芸部長に就任。戦後、東宝芸能事業会社社長、東京演技アカデミー校長、早大教授などを歴任。舞踊の創作、評論にも活躍した。主著は『西洋芝居土産』『新歌舞劇十二集』『歌劇及舞踊大観』、戯曲集『妙国寺事変』、『坪内逍遙研究』『越しかた九十年』など。昭和六十一年(一九八六)三月十九日没。満九十八歳。

(梅澤 宣夫)

つぼうちしょうよう 坪内逍遙 一八五九—一九三五 明治から昭和時代前期の小説家、評論家、劇作家、英文学者、教育家。安政六年五月二十二日(一八五九年六月二十二日)美濃国加茂郡太田村(岐阜県美濃加茂市)の尾張藩代官所役宅で生まれる。男女十子の五男で最末子。本名勇蔵、のち雄蔵。号は蓼汀、蓼汀迂史、春の屋、春廼屋、春の家、春の屋おぼろ(朧)、春の屋主人、逍遙、逍遙遊人、小羊、柿雙(双)など。逍遙は、役人の父からは謹厳な気質を、小説好き芝居好きな母からは芸術的嗜好を受け継いだと思われる。明治二年(一八六九)父が隠居し名古屋郊外に移住してからは母に伴われて歌舞伎に親しみ、また貸本屋大野屋惣八(大惣)に出入りし江戸文芸を耽読した。後年、大惣を「心の故郷」といっている。五年名古屋県英語学校に入学、その後改称した愛知英語学校でアメリカ人教師レーザムからシェークスピアの講義を聴き、エロキューションの教授を受けた。九年県の選抜生となって上京し、東京開成学校(のちの東京大学)に入学。

坪内逍遙

この経験から小説『遊学八少年』(『当世書生気質《とうせいしょせいかたぎ》』の原型)の腹案を得た。ここで高田早苗《たかたさなえ》(半峰)らを知り、西洋文学に親しんだ。十三年(一八八〇)スコットの『ランマムーアの新婦』の約五分の一の意訳『春風情話』が橘顕三名義で公刊された。またホートン教授のシェークスピアの試験の失敗により図書館を漁り、小説論を研究したことが後年の『小説神髄』を生み出すことになる。十四年フェノロサの政治学が不合格のため落第し、高田らより一年遅れて十六年東大を卒業、東京専門学校(のちの早稲田大学)の講師となった。十八年から十九年にかけて従来の功利主義的な文学観を否定し写実主義を説いた小説理論書の『小説神髄』とその実作である『当世書生気質』を発表し、大きな反響を呼んだ。このころ長谷川辰之助(二葉亭四迷)を知って、その文学観に影響を受け、『細君』(明治二十二年)などを書いたがやがて文学から離れることになる。十九年学生時代から知った鶴飼氏の養女センと結婚。二十三年(一八九〇)東京専門学校に文学科を創設し、その機関誌として翌年『早稲田文学』を創刊、『しがらみ草紙』に拠った森鷗外との間で没理想論争が起こった。その後、演劇改良運動に関わり、二十六年史劇論「わが邦の史劇」を発表、その実作として翌年『桐一葉』を、さらに『牧の方』(明治二十九年)、『沓手鳥《ほととぎす》孤城《こじょうの》落月《らくげつ》』(明治三十年)を書いた。三十年(一八九七)高山樗牛《たかやまちょぎゅう》との間で歴史劇論争、さらに歴史画論争を戦わせた。この間、明治二十三年ごろから自宅でシェークスピアの講義を始め、二十七年には近松研究会を主宰。二十八年早稲田中学校の創立に関わり、実践倫理教育に専念するため三十一年『早稲田文学』を休刊。三十三年尋常小学校用と高等小学校用の『国語読本』を編纂し、『通俗倫理談』(明治三十六年)を刊行。三十七年新舞踊劇論を提唱し、理論として『新楽劇論』を、実作として『新曲浦島』を著わした。三十九年、前年に英独留学から帰国した島村抱月を主宰者として『早稲田文学』が復刊され、その母体として文芸協会を設立。小山内薫や市川左團次らの自由劇場とともに新劇運動を推進した。演劇研究所の設立、新劇俳優の養成、六回の本公演などを行なったが、島村抱月と松井須磨子《まついすまこ》の恋愛問題が絡んで大正二年(一九一三)文芸協会は解散。四年高田早苗早大学長の文部大臣就任を機に早大教授を辞職。以後文筆に専念する。六年熱海に移住後、『役《えん》の行者《ぎょうじゃ》』(大正六年)、『名残の星月夜』(大正六年)、『義時の最後』(大正七年)を続けて発表。九年文化事業研究会を起こして「社会の芸術化」としてページェントを提唱し、「家庭の芸術化」として児童劇を実演、指導した。十五年(一九二六)に、明治四十二年から刊行を始めたシェークスピア作品の完訳を決意する一方、『逍遙選集』の刊行が始まり、その印税を演劇博物館設立資金に充てることとした。昭和三年(一九二八)早大構内に演劇博物館が竣工、その後私財を寄付するなど物心両面で演劇博物館を支援した。また、シェークスピア作品全四十巻の翻訳を完成させた。四年以降、断っていた劇作を再開し、『良寛と子守』(昭和四年)、『近世畸人伝其他』(昭和六年)、『阿難《あなん》の累《わずら》ひ』(昭和七年)などを続けて刊行した。八年すでに完結したシェークスピア作品の改訂・改訳を開始し、『新修シェークスピヤ全集』として刊行、没後の十年(一九三五)五月に完結。昭和十年二月二十八日風邪から気管支カタルを併発して死去。七十七歳。近代における啓蒙家、教育者として文学・演劇・教育などの多方面で活躍した。近代の文芸について考える時、その原点として常に立ち返るべき存在である。選集には『逍遙選集』全十二巻・別巻三(大正十五年—昭和二年、春陽堂)、のち増補版全十二巻・別巻五(昭和五十二—五十三年、第一書房)がある。

↓新楽劇論《しんがくげきろん》 ↓新曲浦島《しんきょくうらしま》 ↓お夏《なつ》狂乱《きょうらん》 ↓桐一葉《きりひとは》 ↓小説神髄《しょうせつしんずい》 ↓沓手鳥《ほととぎす》孤城《こ》落月《じょうのらくげつ》 ↓当世書生気質《とうせいしょせいかたぎ》 ↓文芸協会《ぶんげいきょうかい》

参考文献 昭和女子大学近代文学研究室編『近代文学研究叢書』三八(一九七三、昭和女子大学近代文化研究所)、稲垣達郎・岡保生編『(座談会)坪内逍遙研究』(一九七六、近代文化研究所)、坪内士行『坪内逍遙研究』(『近代作家研究叢書』二五、一九八四、日本図書センター)、逍遙協会編『坪内逍遙事典』(一九八六、平凡社)、中村完『坪内逍遙論—近代日本の物語空間—』(一九八六、有精堂)、大村弘毅『坪内逍遙』(『人物叢書(新装版)』五、一九八七、吉川弘文館)、河竹繁敏・柳田泉『坪内逍遙』(一九八八、第一書房)、梅澤宣夫「坪内逍遙と早稲田中学校—『早稲田興風会雑誌』を中心に—」(『早稲田田圃の学舎で—早稲田中学校をめぐる人々—早稲田中学校・高等学校創立百十周年記念—』所収、二〇〇六、早稲田中学校)

(梅澤 宣夫)

つぼうちとしお　坪内鋭雄　一八七八—一九〇四　評論家。明治十一年(一八七八)六月十二日名古屋に生まれる。号孤景。坪内逍遙の甥。坪内士行《しこう》の兄。叔父逍遙の家に寄宿して東京専門学校(現早稲田大学)に学ぶ。在学中、大西祝《おおにしはじめ》に師事し、明治三十二年(一八九九)同校哲学科を首席で卒業後、仙台に中学校教師として赴任。その後文筆生活に入り、三十六年、ノールソン『英文学研究法』によった『文学研究法』を上梓。一年志願兵となって陸軍少尉に任官。三十七年日露戦争勃発により召集を受け、七月二十四日、中国大石橋の戦で戦死。二十七歳。翌年友人の中島孤島《なかじまことう》、児玉花外《こだまかがい》らによって卒業論文「宗教に於ける罪悪観念の発展」などを収めた遺稿集『宗教と文学』(文明堂)が出された。若くしてこの世を去った甥を悼んで坪内逍遙が序文を記している。

参考文献 松山薫「坪内鋭雄と『戊戌日録』」(『早稲田大学史記要』三六、二〇〇四)、大学史資料センター編「坪内孤景(鋭雄)『戊戌日録』」(同)、梅澤宣夫「坪内逍遙と日露戦争—甥坪内鋭雄の戦死をめぐって—」(『文学年誌』一三、二〇〇六)

(梅澤 宣夫)

つぼさか　壺坂　⇩三十三所花野山《さんじゅうさんしょはなのやま》

つぼやぜんしろう　坪谷善四郎　一八六二—一九四九

明治時代中期から昭和期の出版文化人。文久二年二月二十六日(一八六二年三月二十六日)に越後国南蒲原郡狭口村(新潟県加茂市)に坪谷達三の第二子として生まれる。水哉の号で知られ、ほかの雅号に冶雷町人がある。郷里で漢学を修め、若くして『新潟新聞』や『越佐毎日新聞』に客員として遇され、戯文を投書して社会風刺の妙句奇言大いに地方の耳目を聳動したという。明治十八年(一八八五)上京して二十一年(一八八八)に東京専門学校(現早稲田大学)の邦語政治科を、翌年に邦語行政科を卒業した。卒業後も母校の評議員や評議員会長となり、二十一年六月に大橋佐平創立の博文館に入館し、後輩を多数博文館の編集要部や文壇に送った。以後、同館を日本を代表する出版社に発展させることに生涯を捧げた。二十七、八年のころ一時内外通信社社長を兼務した。二十八年一月に雑誌『太陽』が創刊されると創刊期に編輯人となり、以後昭和三年(一九二八)二月の終刊までこの雑誌の興隆に尽力した。明治三十三年(一九〇〇)に清国に義和団の乱起り日本軍が派遣されると七月に北清へ従軍し、従軍記を『東洋戦争実記』に掲載する。三十四年五月東京市会議員に選ばれ七期間都市政治にも参画して、三十七年には市立図書館の創設を提案し、のちの都立日比谷図書館の誕生に尽力している。三十五年には朝鮮よりウラジオストック、ニコリスクなどを巡遊して日本北方を視察している。この年六月に大橋佐平の遺志を継いで第二代博文館館主新太郎が大橋図書館を開館(初代館長石黒忠悳《いしぐろただのり》)すると、以後その隆盛に熱意を注ぎ、大正六年(一九一七)から昭和十九年(一九四四)まで第二代館長を務めて全国一の私立公衆図書館に仕立て上げるとともに、この間、大正七年には日本図書館協会会長にも就任して全国の図書館の発展に尽力した。このため、後年の昭和十三年五月に図書館事業功労者として表彰されている。明治四十年(一九〇七)六月の博文館創業二十周年祝賀会に合わせて『太陽』(第一三巻第九号)は記念増刊『明治名著集』を刊行し、坪谷はこれに「博文館編輯部小史」を記している。同年九月には出版事業視察のため欧米各地へ出張し、翌年四月に帰国した。このように内外各地を歴遊しては常に写真機を携えて至るところの風景風物を写したという。四十二年二月の浮田和民《うきたかずたみ》の『太陽』主幹(大正八年まで)の招聘にことのほか尽力して以後の博文館の大正デモクラシー期の論調の有力な布石とした。他面、大日本印刷株式会社重役・日本書籍株式会社取締役にも就き、四十四年五月には通俗教育調査委員ともなっている。編集出版活動のほかに実に多方面の著述活動を展開しており、『市制町村制註釈』(明治二十一年、博文館)、『通俗政治演説』(同)、『大日本帝国憲法註釈』(二十二年、同)、『市町村議員必携』(同)、『仏蘭西史』(二十三年、同)、『銀行論』(同)、『日本商法註釈』上下(同)、『内外豪商列伝』(二十四年、野口竹次郎)、『実業家百傑伝』全六冊(二十五―二十六年、東京堂書店)、『明治歴史』上下(二十六年、博文館)、『教育時言』(二十七年、同)、『工業進化論』(訳本(ヘンリー＝ダイヤー著)、二十九年、同)、『演説討論規範』(三十年、同)、『日本女礼式大全』(同)、『当代名流五十家訪問録』(三十二年、同)、『北清観戦記』(三十四年、文武堂)、『市制町村制釈義』(同、博文館)、『日本漫遊案内』上下(三十六・三十八年、同)、『各国都市事業一斑』(四十二年、同)、『世界漫遊案内』(同)、『山水行脚』(四十四年、同)、『海外行脚』(同)、『東西南北』(大正四年、同)、『知識階級と就職』(昭和四年、早稲田大学出版部)、『随筆回顧集』(昭和十三年、博文館)その他があり、その健筆ぶりに驚かされる。坪谷は、和歌・俳句をよくし、山水を遊歴し、紀行文を書くことを楽しみとした。亡友森田思軒《もりたしけん》の一周忌に際して「色深きもみちの陰にしのふかな君がのこしゝふみのにしきを」を残している。このように、出版文化人であり、幅広い著述家でもあり、地道な実業家であった。最晩年の戦後の昭和二十二年(一九四七)十月に長年にわたり発展に努めた博文館が廃業届を提出し、その二年後の二十四年三月二十五日に八十八歳で死去した。大橋図書館では二十六年十二月に『水哉文庫(尺牘之部)目録』を作成したが、二十七年二月十九日に閉鎖した。坪谷の記した『大橋佐平翁伝』(昭和七年、博文館)、『博文館五十年史』(昭和十二年、博文館)、『稿本大橋新太郎翁』(昭和十二年執筆、のち『大橋新太郎伝』、昭和六十年、博文館新社として出版)、『稿本博文館五十年史』(昭和十二年執筆、大橋家・三康図書館蔵)、『大橋図書館四十年史』(昭和十七年、博文館)は近代日本出版文化史の貴重な資料である。

[参考文献] 新潟県加茂町立図書館後援会編『水哉坪谷善四郎先生伝』(一九四九)、大久保久雄「博文館関係資料年表」(『出版研究』六、一九七五)、『早稲田大学百年史』一・二(一九七八・八一、早稲田大学出版部)、浅井康男「五〇年目に甦った『稿本博文館五十年史』」(『出版ニュース』一四二一、一九八七)、大久保久雄「博文館の百年と研究資料」(同)

(佐藤 能丸)

つまきよりなか　妻木頼黄　一八五九―一九一六　明治・大正期の建築家。安政六年十二月十日(一八六〇年一月二日)、江戸赤坂(東京都港区)にて出生。明治十一年(一八七八)に工部大学校に入学したが、同十五年中退してアメリカに渡り、同十七年コネール大学造家学科を卒業。事務所勤務、欧米の建築・都市見学ののち同十八年帰国、東京府に勤務。翌年臨時建築局の技師となり、国会議事堂建設の研修のためにドイツへ派遣される。同二十一年(一八八八)に帰国し、東京府庁舎(明治二十七年竣工)、巣鴨監獄(同二十八年)など、官に関わる多数の建築を設計。なかでも横浜正金銀行本店(明治三十七年(一九〇四))はルネサンス様式の重厚な作品である。辰野金吾《たつのきんご》・片山《かたやま》東熊《とうくま》とならぶ明治期を代表する建築家のひとりであった。のちに内務技師・大蔵技師を兼務。明治四十年(一九〇七)ころから国会議事堂の建設計画を主導したが、政府の方針変更などがあって実現に至らず、大正二年(一九一三)

に大蔵省臨時建築部を辞し、大正五年十月十日没。五十八歳。議事堂は官庁営繕の後継者である矢橋賢吉《やばしけんきち》・大熊喜邦《おおくまよしくに》らが完成させた(昭和十二年(一九三七))。ほかに新港埠頭煉瓦二号倉庫(横浜赤レンガ倉庫、明治四十四年)・日本赤十字社本社(大正元年)・福岡県庁本館(大正四年)などの作品がある。

参考文献 長谷川尭『議事堂への系譜』(『日本の建築明治大正昭和』四、一九八一、三省堂) (藤井 恵介)

つむらじゅんてんどう 津村順天堂 和漢薬の製造販売会社。明治四年(一八七一)津村重舎《つむらじゅうしゃ》は奈良県宇陀郡伊那佐村(宇陀市)に生まれ、明治二十六年(一八九三)東京市日本橋に津村順天堂を創業開店、婦人良薬中将湯本舗の看板を掲げ製造販売を開始した。斬新な新聞広告で話題となり、二十八年日本最初のガスイルミネーション看板を店舗に設置するなど、積極的な広告宣伝を行なった。明治三十年(一八九七)大阪支店を開設、三十七年重舎は東京市会議員に初当選、翌年には大橋新太郎と共同で株式会社東亜公司を設立して中国における書籍の出版・販売や日本売薬の販路開拓にあたった。津村順天堂としても上海に続いて明治四十年(一九〇七)漢口・天津・北京に支店を開設して中国進出を果たす。昭和五年(一九三〇)芳香浴剤バスクリン発売、十一年(一九三六)株式会社に組織変更され、六十三年(一九八八)株式会社ツムラに社名変更された。

参考文献 『津村順天堂七十年史』(一九六四)、『株式会社ツムラ創業百年史—総合健康産業を目指す、その軌跡と道標—』(一九九三) (満薗 勇)

つるがしんない 鶴賀新内 新内節の太夫(語り手)の芸名。二世新内に始まる芸系で、江戸時代中期から明治期まで六世を数える。

(一)五世 一八二六—八三 本名貞之助。父は四世新内、母は二代鶴賀鶴吉。初世鶴賀若狭太夫を名乗っていたが、明治元年(一八六八)五世新内と改める。ただし鶴賀本家の代々としては四代目に数える。十六年(一八八三)一月二十六日没。五十八歳。

(二)六世 一八四九—一九〇七 本名鈴木重太郎。二世若狭太夫(五世新内の子)の門弟。明治二十六年(一八九三)六世新内を襲名。後名祖元。鶴賀本家の代々としては六代目。四十年(一九〇七)六月二十四日没。五十九歳。これらのほか、鶴賀新派(現須磨派)でも新内の名を用いる。 (千葉潤之介)

つるがつるきち 鶴賀鶴吉 一八八五—一九二〇 新内節演奏家、主として女流の芸名。三代目。新内節の流祖鶴賀若狭掾《わかさのじょう》の娘に始まる芸系で、江戸時代中期から明治期まで三代を数える。明治十八年(一八八五)生まれ。鶴賀本家七代目(六世新内の子)の妻となり、三代鶴吉を襲名。夫が四十四年(一九一一)に早世したあと、子の寿に鶴賀本家八代目を継がせ、三世若狭太夫(のち二世若狭掾)とした。大正九年(一九二〇)十一月一日没。三十六歳。 (千葉潤之介)

つるがやためしち 敦賀屋為七 大阪の書肆。金尾為七とも。文政十二年(一八二九)、大阪敦賀屋九郎兵衛(村松文海堂)の手代から独立。小林庄兵衛の三男猪三郎を養子に迎え、二代目を継がせる。小林の次男は二代目丁字屋七兵衛であったことから、法蔵館と姻戚関係になる。その関係から、仏教書を多く取扱い、また出版もするようになった。このほか、法律・歴史・地理関係の書籍も刊行・販売している。明治二十七年(一八九四)、四十三歳で死去。

参考文献 三橋猛雄『明治前期思想史文献』(一九七六、明治堂書店)、『京都出版史—明治元年～昭和二十年—』(一九九一、日本書籍出版協会京都支部) (鵜飼 政志)

つるざわせいろく 鶴澤清六 義太夫節三味線方。

(一)三代 一八六八—一九二二 明治元年(一八六八)九月、静岡生まれ。本名田中福太郎。十七年(一八八四)大阪に出て二代鶴澤鶴太郎に入門、鶴澤福太郎を名乗る。二十年(一八八七)に三代鶴澤鶴太郎、また二十六年には三代鶴澤叶《かのう》を襲名する。三十一年(一八九八)四月に二代豊澤團平を亡くした三代竹本大隅太夫《たけもとおおすみだゆう》の相三味線として、同年十一月の明楽座の開場と同時に入座。三十六年五月、大隅太夫とともに文楽座へ移り、翌六月に三代清六を襲名。三十九年大隅太夫が文楽座を離れてもそのまま文楽座に残り、四十二年(一九〇九)からは二代豊竹古靱太夫《とよたけこうつぼだゆう》(のちの豊竹山城少掾《やましろのしょうじょう》)の相三味線となり、二代團平、三代大隅太夫らの芸を伝えた。通称塩町。大正十一年(一九二二)一月十九日、風邪をこじらせて没した。五十五歳。息の詰んだ芸風で、昭和期の名人豊竹山城少掾の大成に多大な影響を与えた。

(二)四代 一八八九—一九六〇 明治二十二年(一八八九)二月七日、東京生まれ。本名佐藤正哉《さとうまさや》。三十五年(一九〇二)、三代鶴澤友松《ともまつ》に入門、鶴澤政二郎《せいじろう》を名乗る。友松が一時舞台を離れたため、三代鶴澤清六門下になり、大正元年(一九一二)、五代鶴澤徳太郎《とくたろう》を襲名する。十二年(一九二三)十月、二代豊竹古靱太夫《こうつぼだゆう》(のちの豊竹山城少掾《やましろのしょうじょう》)の相三味線となったのを機に四代清六を襲名。以後、古靱太夫との名コンビが二十六年間続いたが、昭和二十四年(一九四九)解消、東京に戻る。二十七年五月、舞台に復帰し、以後は豊竹松太夫(のちの三代竹本春子太夫)の三味線を弾いた。三十五年(一九六〇)五月八日没。満七十一歳。綺麗な音色に切っ先の鋭さが加味された芸で、昭和期を代表する名人。 (桜井 弘)

つるざわどうはち 鶴澤道八 一八六九—一九四四 人形浄瑠璃の三味線方(初代)。明治二年六月十七日(一八六九年七月二十五日)、大阪生。本名浅野楠之助。十年(一八七七)、二代鶴澤吉左衛門に入門、初名鶴澤吉松。十二年、二代鶴澤勝七《かつしち》に入門、鶴澤友松と改名、十六年一月文楽座番付に載る。十七年三月彦六座番付に載り、以後同座出勤、二十二年(一八八九)二代豊澤團平門下。二十七年稲荷座から、主として三代竹本伊達太夫(六代土佐太夫)を弾く。三十九年(一九〇六)限りで引退(著書『道八芸談』(昭和六十二年、ぺりかん社)では三十五年)。鶴澤道八と改名し、大正十三年(一九二四)文楽座紋下《もんした》三代竹本津太夫の相三味線となるが、引退中に同業者組織日本因会《ちなみかい》を退会していたため、文楽座員から強い抗議があった。昭和二年(一九二七)以後、四代竹本大隅太夫などを弾く。十九年(一九四四)十一月二十八日没。七十六歳。豪放かつ華麗な非文楽系(團平系)三味線で『松波琵琶』などは名品。『釣女《つりおんな》』『小鍛冶《こかじ》』ほか、作曲も多い。なお、六代鶴澤徳太郎が四十五年(一九七〇)に二代を襲名。

(内山美樹子)

つるざわともじろう　鶴澤友次郎　人形浄瑠璃の三味線方の名家。

(一)五代　一八一四—九五　文化十一年正月十四日(一八一四年三月五日)、京都生。本名清水友次郎。通称建仁寺町。京都で四代野澤喜八郎に入門、初名は野澤小庄。大坂へ出て二代鶴澤伝吉の預り弟子となり鶴澤庄次郎と改名。四代竹本綱太夫に抜擢され相三味線となるに際し、弘化元年(一八四四)三代伝吉を継ぎ、師の伝吉は四代友次郎となった。慶応二年(一八六六)、五代鶴澤友次郎を襲名。明治十三年(一八八〇)、師喜八郎の遺言により、野澤喜八郎の五代を継ぐが、十六年二代野澤勝市《かついち》に六代喜八郎を継がせ、自身は五代鶴澤友次郎に復帰。明治期義太夫三味線の双璧二代豊澤團平・五代豊沢広助の大先輩で隠然たる権威を有し、團平・広助が三味線紋下《もんした》格の座に同座する時(六年(一八七三)八月京都、二十六年(一八九三)四月文楽座など)は同格のスケとして加わった。明治二十八年八月四日没、八十二歳。

(二)六代　一八七四—一九五一　明治七年(一八七四)一月七日、京都生。本名山本大次郎。十六年(一八八三)、鶴澤友之助(七代鶴澤三二《さんじ》)に入門。初名鶴澤小庄。十九年、大阪へ出て文楽座三味線紋下《もんした》五代豊澤広助に入門、二十六年(一八九三)、三代鶴澤大造、三十一年五月(一八九八)、四代豊澤猿糸《えんし》を襲名。広助病休の時など代役を勤め、明治三十年代後半から四十一年(一九〇八)までもっぱら庵《いおり》の二代竹本津太夫を弾く。四十五年二月、六代鶴澤友次郎襲名。大正五年(一九一六)四月から、主として三代津太夫の相三味線、昭和十五年(一九四〇)六月、津太夫の「橋本」を弾いて引退。二十六年(一九五一)十月八日没。満七十七歳。鶴澤家らしい西風(竹本座系)の三味線、質実で引締った芸風。故実に通じ豊竹山城少掾(当時古靱《こうつぼ》太夫)に『守宮酒《いもりざけ》』、八代竹本綱大夫に『菊畑』『次郎右衛門出立《しゅったつ》』などの稀曲を教え、浄瑠璃の伝承に尽力した。

参考文献　松岸園主人「鶴沢友次郎略系譜」(『浄瑠璃雑誌』二九六、一九三〇)、三宅周太郎『続文楽の研究』(『岩波文庫』)

(内山美樹子)

つるたあきら　鶴田晧　一八三五—八八　明治時代前期の司法官僚。天保六年十二月二十六日(一八三六年二月十二日)に生まれる。父は佐賀藩士多久氏の家臣。嘉永六年(一八五三)藩の儒官江木鰐水《えぎがくすい》に随行し江戸へ出て、安積《あさか》艮斎《ごんさい》・羽倉簡堂《はぐらかんどう》に学ぶ。明治元年(一八六八)会津戦争に従軍し、大学校教授試補、少助教を経て、刑部省に出仕。四年に司法省が設置されると入省し、司法少判事、権中判事となる。中国の律について知識が深く、新律綱領や改定律例の制定に参画。五年には欧州に派遣され、法律・司法制度を研究した。六年に帰国後は司法大書記官、太政官大書記、検事、元老院議官、参事院議官などを歴任し、一時東京大学で中国法を教えた。この間、刑法、治罪法、陸軍刑法を起草し、商法・破産法編纂委員長として活躍。十八年(一八八五)に再び元老院議官となり、二十年(一八八七)法律取調委員となり委員長の司法大臣山田顕義を補佐したが、病を患い二十一年四月十六日没。五十四歳。

(西尾林太郎)

つるたけんじ　鶴田賢次　一八六八—一九一八　明治時代後期から大正時代前期の物理学者。明治元年二月八日(一八六八年三月一日)、鶴田伊尹の七男として東京に生まれる。明治二十三年(一八九〇)、帝国大学理科大学を卒業し、大学院に入学、第一高等中学校と理科大学における物理学授業を嘱託され、また磁力実測事業を文部省震災予防調査会より嘱託される。明治二十六年、助教授就任。明治三十二年(一八九九)、ドイツ、オランダに留学し、帰国後、教授に昇任。明治三十三年、熱力学に関する論文により理学博士。熱力学と電気の研究を行なったほか、三角型体温器の発明でも知られる。文学上の活動でも知られ、尾崎紅葉、川上眉山《かわかみびざん》と交流があった。明治四十一年(一九〇八)には、『西国立志編』で知られるスマイルズの自伝の翻訳『自助論の著者スマイルス翁の自伝』を刊行した。大正七年(一九一八)六月十日病没。五十一歳。

(岡本拓司)

鶴原定吉

つるはらさだきち　鶴原定吉　一八五六—一九一四　明治・大正期の政治家、実業家。安政三年十二月十五日(一八五七年一月十日)筑前国薬院雁林《がんりん》ノ町《ちょう》(福岡市中央区)に藩医鶴原道室の次男に生まれる。明治十六年(一八八三)東京大学文学部卒業、同年十月外務省御用掛公信局に入り、以後ロンドン、天津、上海の各領事館に勤務、二十五年(一八九二)五月に帰朝後外務省を辞職して、同年六月日本銀行大阪支店に入り翌年には同支店長となり、以後営業局長、株式局長を歴任し、三十一年(一八九八)台湾銀行創立委員、三十二年理事となったが「ストライキ事件」で辞職、十一月関西鉄道株式会社社長となって大阪に居を構えた。三十三年九月伊藤博文が立憲政友会を組織すると、鶴原は原敬らとともに総務委員に任命され、翌三十四年八月、こうした政財界の人脈を背景に第二代大阪市長に就任した。鶴原は日銀時代の下僚を助役などに迎えて、以後三十八年までの一期、第五回内国勧業博覧会の開催(三十六年)、大阪港の建設促進、赤字財政の再建など大阪市の経営刷新に力を注いだ。日露戦争が停戦となると市長を辞任し(三十八年七月)、十二月、第二次日韓協約によって翌年設置予定の韓国統監府の初代総務長官に任命され(初代統監は伊藤博文)、四十年(一九〇七)の日韓協約(第三次)締結にもあたり、ハーグ密使事件による韓国皇帝の譲位後の八月に韓国宮内次官となり、十二月の韓国皇太子の東京行啓などを行なった。四十一年十月総務長官を辞任し四十二年一月に立憲政友会に復党すると、七月群馬県より衆議院議員補欠選挙に立候補したが落選、以後東京人造肥料株式会社、中央新聞社、蓬萊生命保険相互会社などの各社長を歴任しつつ、四十五年五月の第十一回衆議院議員総選挙で福岡県より立候補して当選し、政友会代議士を一期つとめた。大正三年(一九一四)十二月二日死去。五十九歳。

参考文献 池原鹿之助『鶴原定吉君略伝』(一九一七)、原田敬一『日本近代都市史研究』(一九九七、思文閣出版)

(大西比呂志)

つるやだんじゅうろう　鶴家団十郎　一八四六―一九〇九　俄《にわか》師。本名辻岩吉。弘化三年七月八日(一八四六年八月二十九日)大坂に生まれる。明治初めに俄師の初春亭新玉《はつはるていしんぎょく》に入門して三玉《さんぎょく》。ビラ絵師業の傍ら俄に打ち込む。二代目寿玉《じゅぎょく》を経て十九年(一八八六)ごろ鶴家団十郎と改名。一座を組織して大阪千日前改良座などで興行し、「改良俄」と銘打った公演もある。東京でも俄を上演。四十二年(一九〇九)三月六日大阪の自宅で没。六十四歳。二代目は初代の門弟。

参考文献 鶴家団十郎「大阪俄(上)・(下)」(『演芸世界』二〇・二一、一九〇三)、同「俄に就て私の経歴」(『歌舞伎』五三、一九〇四)、かほる「(大阪喜劇)鶴家団十郎」(『演芸画報』一九〇八年六月・八月)、三田純市『上方喜劇 鶴家団十郎から藤山寛美まで』(一九九三、白水社)

(佐藤かつら)

て

ディーゼルきかん　ディーゼル機関　熱効率の高い内燃機関。ドイツのルドルフ＝ディーゼルによって一八九三年に特許が取得され、九八年に実用化された。燃焼室内で空気を強く圧縮して高温とし、そこに燃料を噴射させることで自然着火させる。日本には明治三十八年(一九〇五)に陸軍の探照燈の発電用に輸入され、翌年初めには高田商会が輸入業務の広告を出した。民間用としては四十四年(一九一一)に日本石油会社がサミエル商会を経て輸入した三三馬力の単筒機関を秋田鉱場で用いたのが最初とされる。国内生産は四十年横須賀海軍工廠が発電用三筒六〇馬力のものを作り、廠内で運転したのち、東京高等商船学校に移管したのが最初と『日本機械工業五十年』にあるが、『横須賀海軍工廠史』などでは確認できない。同年に単筒二〇馬力のディーゼルが機関学校の実習用に輸入され、これが海軍初であったともいう。民間での製作は三菱神戸造船所が、東京瓦斯大森工場に輸入された六筒二五〇馬力のものを参考に、大正六年(一九一七)に同規模のものを作ったのが最初である。燃料の石油が石炭と比べ高価であったため、同じ時期に輸入された吸入瓦斯機関の方が発電用機関として幅広く用いられ、明治年間の電気事業者によるディーゼル利用は明治四十四年開業の兵庫県城崎電燈の五〇馬力機関だけであった。舶用機関としては大正八年に潜水艦にスイスのズルツアー社製品が搭載されたのが最初で、大正五年に川崎造船所はイタリアのフィアット社、三菱神戸造船所はイギリスのヴィッカース社とそれぞれ技術提携して製作権を得て、大正九年にはそれぞれの国産一号機を搭載した潜水艦が竣工した。漁船用では大正八年に新潟鉄工所が一〇〇馬力のものを製作して翌年漁船に積み込み、商船では大正十二年(一九二三)に三菱神戸造船所で竣工した音戸丸が最初で、以後急速に普及した。鉄道用、自動車用は昭和に入ってから国産化された。

参考文献 『ヂーゼル機器四十年史』(一九六二)　(鈴木 淳)

デイヴィス Jerome Dean Davis 一八三八―一九一〇 アメリカン＝ボード派遣の宣教師、同志社教員。一八三八年一月十七日、ニューヨーク州に生まれる。ベロイト大学、シカゴ神学校を経て、明治四年(一八七一)、日本伝道のため神戸に赴任。神戸と三田《さんだ》において会衆派(のちの日本組合基督教会)教会の設立に尽力する。明治七年、新島襄に協力するため、神戸の私塾を閉じ、翌年、同志社英学校を立ち上げた。当初の生徒は八名で、過半は彼の神戸時代の教え子であった。以後、主として神学を担当し、熊本バンドなどを指導する。明治四十三年(一九一〇)四月、休暇を得て帰国するが、同年十一月四日、オベリンで死去した。満七十二歳。著書は、英文の新島襄伝や『神学之大原理』(明治二十四年、福音社)など。同志社大学のデイヴィス記念講堂に名を残す。

参考文献 J・M・デイヴィス『宣教の勇者デイヴィスの生涯』(北垣宗治訳、二〇〇六、同志社大学)　(本井 康博)

ていえいしょう 鄭永昌 一八五五―一九三一 明治・大正期の外交官。安政二年十二月十一日(一八五六年一月十八日)、長崎古河町に生まれる。代々長崎唐通事を務める家柄で、父永寧《えいねい》、弟永邦《えいほう》も外務省に勤め、清国との交渉に従事した。外務省漢語学校に学んだ後、明治七年(一八七四)、書記二等見習として外務省に入省し、駐清国公使に任ぜられた柳原前光とともに清国に赴く父永寧に随伴して渡清。明治十二年(一八七九)よりニューヨーク、本省公信局、天津での勤務を経て、明治二十年(一八八七)より北京に在勤。日清戦争開戦後には大山巌第二軍司令官に随行して戦地に向い、第二軍兵站監部附の旅順口民部行政官を務める。戦後は再び北京、天津に在勤。この間、明治三十三年(一九〇〇)の北清事変では、天津籠城を経験する一方、ロシア軍の動向についての詳細な報告電を送るなど功が多かった。翌三十四年十二月、依願退職。退職後は、袁世凱清国直隷総督の嘱託となり、その人脈を活かして清国産塩の対日輸出に従事する。大正二年(一九一三)八月には中華民国政府に請われて長蘆塩務稽核所長に就任した。十二年(一九二三)十二月、退職して帰国。昭和六年(一九三一)十月四日死去。七十七歳。

参考文献 黒竜会編『東亜先覚志士記伝』下(『明治百年史叢書』二四、一九六六、原書房)、東亜同文会編『対支回顧録』(『明治百年史叢書』六九、一九六八、原書房)　(高橋 和宏)

ていがいクラブ 丁亥倶楽部 東京の大同団結運動の親睦組織。明治二十年(一八八七)十月に後藤象二郎により設立された。後藤は同月三日に芝公園三縁亭《さんえんてい》で有志懇親会を催して大同団結運動に新たに参加し、同月二十五日に後藤の名による丁亥倶楽部設立趣意書、ならびに丁亥倶楽部規則全三ヵ条を発表した。丁亥とは明治二十年を表す干支である。設立趣意書では、同倶楽部は地域に割拠する同志の提携のための組織であることを謳い、規則では、同志者が互いに通信往復し親睦することを目的とすること、目的を同じくして後藤の承諾を受けた者は皆会員とすること、費用は後藤が総て負担して会員から維持費を募らないことを定めるなど、大同団結運動において後藤に共鳴する運動家を糾合するための組織であった。倶楽部の施設は、程なくして京橋区日吉町(東京都中央区銀座)に設けられたが、会員数や活動の実態は明らかではない。

参考文献 大町桂月『伯爵後藤象二郎』(一九一四、冨山房)、宇田友猪・和田三郎編『自由党史』下(『岩波文庫』)　(福井 淳)

ていきじょうしゃけん 定期乗車券 鉄道の日常的日帰り往復移動向けの使用期間限定の乗車券。日本での起源は、明治六年(一八七三)に京浜間鉄道で、ヨーロッパ各国に倣って発売を計画した常乗切手(有効三ヵ月間、一等旅客用)だが、一般旅客への発売には至らなかった。しかし、特定の旅客、著名政府要人、上級官吏、御雇い外国人などへの交付は行なったようで、そこから当初の鉄道の日常的利用者が彼らであったことを推定することもできる。定期乗車券発売の直接的起源は、明治十九年(一八八六)に一・二等旅客限定の京浜間であり、その後大都市とその周辺部に拡大した。現行の普通車にあたる三等向けのそれは、明治二十八年(一八九五)に京浜および京阪神地区の学校生徒向けに限定発売したものが最初で、その後三十四年(一九〇一)には学生定期乗車券制度として制度化され、さらに三十六年からは一般定期乗車券も全等級で発売するようになった。私設鉄道や電気鉄道でもほぼこのころから発売を始めた。

参考文献 『日本国有鉄道百年史』一・五(一九六九・七二、交通協力会)、三木理史『都市交通の成立』(二〇一〇、日本経済評論社)　(三木 理史)

ていこうしょ 鄭孝胥 *Zheng Xiaoxu* 一八六〇―一九三八 清末から満洲国期にかけての文官。満洲国期の初代国務総理大臣。一八六〇年生まれ。福建省閩《びん》侯県出身。本名蘇戡、字は太夷、号は海蔵。八二年、難関で有名な江南郷試を首席合格した挙人。李鴻章の幕下に入り、養子の李経芳(方)が出使日本国大臣(駐日公使)に着任したのに随行して九一年(明治二十四)―九四年、公使館書記官や神戸大阪総領事を務める。帰国後は、日清戦争敗北(一八九五年)の責任をとった李鴻章のもとを去り、張之

鄭 孝 胥

洞の幕僚として洋務や新政で活躍。革命後は上海で実業に関与していたが、溥儀の家庭教師・胡嗣瑗らの推薦で一九二三年以降、廃帝の教育を担当。清朝復辟《ふくへき》を願う溥儀を説得し、満洲国に参画。三二―三五年、同国初代国務総理大臣。三八年三月二十八日、新京(現吉林省長春市)で没。七十九歳。編著書『海蔵楼詩集』『孔教新編』など。また中国歴史博物館編『鄭孝胥日記』全五冊(一九九三年、中華書局)がある。

参考文献 楊照遠「鄭孝胥与偽満洲国」(孫邦主編『偽満人物』所収、一九九三、吉林人民出版社)、栗林幸雄「清末における鄭孝胥の思想と行動―幕僚・官僚時期を中心に―」(『社会文化史学』三八、一九九八)

(澁谷 由里)

ていこくがくしいん 帝国学士院 日本学士院の前身。明治十二年(一八七九)に創立。当初四十名(実質は二十一名)で出発し、明治末年には六十名となった。源流となったのは、明六社である。設置の契機となったのは、学監としてアメリカから来日していたD・マレー David Murrayが明治十一年フランスのアカデミー＝シアンスやロシアのアカデミーにならって日本にもその必要性を提言したことにあった。これを受けて文部卿西郷従道は「学士会院」の設立につき、加藤弘之、神田孝平、津田真道、中村正直、西周、福沢諭吉、箕作秋坪《みつくりしゅうへい》の学識者に諮詢して東京学士会院(官立)の開設を決定し、選挙制度の案を得た。発足は明治十二年一月である。同月十五日文部省内の修文館で開かれた第一回会で、初代会長には福沢諭吉が就任したが、まもなく西周に代わり、同月に制定された会院規則により、目的は「教育ノ事ヲ討議シ学術技芸ヲ評論スル」ことに置かれた。明治十八年二月には東京学士院組織大綱により、帝室が選定する者十五名、会員が推薦する者二十五名、計四十名の会員から成ることになった。ただし当面は二十一名で、年間五百円の年金を受けるものとされた。毎月十五日を会議日とし、その議事は「評論討議」を主とし、そのほか「講談演説」することもできるとされた。その後制定された東京学士会院規程(明治二十三年(一八九〇)十月)によれば、会は文部大臣の管轄に属して「学芸ノ品位ヲ高クシ以テ教化ノ裨補ヲ謀ランカ為ニ設クル所」であり、会員は文部大臣認可のもとに任命され終身制で、四十名となった。会自体としては拡充にあたるもので、会員の中にはフランスの法学者で日本の法学教育に貢献したボアソナードも含まれていた。会員の職務は「各自専攻ノ学科ニ就キ論説ヲ述ヘ又学芸及教化ニ関スル事項ニ就キ報告スル」こととされ、学術アカデミーとしての性格を強めた。以後明治末年まで、同様の規模構成のもとに役割を果たすこととなる。なお十二年六月には、『東京学士会院雑誌』を創刊したが、その収載論説十二篇のうち六篇は教育および大学教育に関するものであった(明治三十四年(一九〇一)廃刊)。帝国学士院と改称されたのは明治三十九年六月勅令一四九号帝国学士院規程公布によってである。文部大臣の管理に属し「学術ノ発達ヲ図リ教化ヲ裨補スル」ことを目的とした。会員は学士院が碩学の中から「推選」し、勅旨をもって任命する定めとなった。第一部「文学及社会的学科」と第二部「理学及其応用諸学科」から成り、総会のほか部会を設け、文部大臣は学術と教化に関する事項について帝国学士院に諮詢することもできる。互選により院長・幹事各一人、部長二人が置かれる構成となり、会員は六十名に増員された。ただし六十歳以上の会員には「特ニ年金ヲ給スルコトヲ得」とされた。また文部大臣の認可のもとに「外国ニ於ケル学術上ノ団体ト共同シテ研究ヲ為シ又ハ其ノ会員トナルコトヲ得」という規程(第九条)に基づいて、同三十九年十二月には万国学士院聯合会に加盟し、代表者を派遣し学術の国際交流に貢献することもできるようになった。このような方策のもとで、帝国学士院は次第にアカデミーとしての位置を高め、明治四十四年(一九一一)からは学士院賞を授賞しはじめ、大正三年(一九一四)から会員は勅任官待遇となった。帝国学士院は、大学を超えたアカデミーとして、日本の学術政策の発展と学術の振興に重要な役割を果たした。しかし他面、威信を向上させ拡充を進めるとともに、当初重要な使命の一つであった「教育ノ事」に関する討議は消え、代わりに「教化ノ裨補」を使命とするものとなり、加えて機構の上では皇室・政府への接近を強めたことが注目される。→東京学士会院雑誌《とうきょうがくしかいいんざっし》

参考文献 『日本学士院百年史』(二〇一〇、日本学士院)

(寺崎 昌男)

ていこくがくしいんしょう 帝国学士院賞 日本学士院賞の前身。明治四十四年(一九一一)の授賞が第一回。第二回が大正元年(一九一二)、第三回は大正二年であった。これより先、同賞の発足は、明治四十三年、設立目的達成のため「普ク学術ノ研究ヲ奨励」したいという学士院の趣旨に基づき、今後十年間年々二千円を天皇が下賜することが決定したことによる。これを受けて、学士院は「恩賜賞ニ関スル決議」(明治四十四年)を定め、㈠皇室下賜金による賞は恩賜賞と称する、㈡毎年第一部第二部各一個を与えるが、場合によっては二等分したり逐次繰り越したりすることもできる、㈢賞牌・賞記・賞金を添える、と定めた。第一回受賞者は木村栄《きむらひさし》(天文学)で、地軸変動ならびにZ項の発見に与えられた。第二回は四名に対するもので、有賀長雄の日清・日露戦争に関する仏文

による国際法論、富士川游《ふじかわゆう》の日本医学史研究、平瀬作五《ひらせさくご》郎《ろう》のイチョウの精虫の発見、池野成一郎《いけのせいいちろう》のソテツの精虫発見である。しかしこの年からほかに帝国学士院賞第一号として高峰譲吉のアドレナリン発見が加えられた。帝国学士院賞は三井八郎衛門および岩崎久弥からの寄付金をもって与えることとなったものである。第三回は、恩賜賞には続日本後紀研究（村岡良弼《むらおかようすけ》）、脳神経起首研究（上原熊勝）、学士院賞には外部寄生性吸虫類研究（五島清太《ごとうせいた》郎《ろう》）、軍艦特に巡洋艦の設計（近藤基樹《こんどうもとき》）にそれぞれ与えられた。このころまでに賞の対象となった研究はもっぱら明治期の研究の所産である。そのほとんどが帝国大学あるいは官立研究所を基盤として生み出された成果であったが、特に理科系に限れば、木村・平瀬・池野・高峰らの研究は独創的なものであった。のちにウサギの耳に人工的にガンを発生させた山極勝三郎《やまぎわかつさぶろう》の業績（大正八年第九回受賞、理論発表は明治期）などをこれに加えると、後世ならノーベル賞に値するレベルの研究であると見なしてよい。明治後期の日本の学界が、特権的自治と国家主導の研究体制に支えられながらも、「明治アカデミズム」と称すべき水準の学術研究を生み出していたことをあらわしていた。 （寺崎　昌男）

ていこくぎかい　帝国議会　大日本帝国憲法で規定された立法機関。明治二十三年（一八九〇）十一月二十九日に開かれ、昭和二十二年（一九四七）五月三日に日本国憲法の施行によって廃止された。この間計九十二回開かれたが、明治期では二十八回であった。貴族院と衆議院で構成され、衆議院が予算の先議権を持つほかは、両院の権限は対等であった。貴族院は貴族院令により皇族議員・華族議員（公侯伯子男爵）・勅任議員（国家の勲功者・学識者・多額納税者）、衆議院は衆議院議員選挙法により公選された議員からそれぞれ組織された。毎年召集される通常議会と緊急時に召集される臨時会があった。通常議会の会期は三ヵ月であるが、必要に応じて勅命で延期され、臨時会の会期は勅命で定めた。議会の召集・開会・閉会・停会と衆議院の解散は天皇の大権であった。衆議院の解散が命じられると貴族院も同時に停会となり、勅命によって衆議院議員の選挙を行い五ヵ月以内に召集しなければならなかった（特別会）。両議院の会議は公開であるが、政府の要求または議院の決議により秘密会とすることができた。議員の特権として、院内の発言と表決につき院外での責任を負わないこと、現行犯または内乱外患に関わる罪を除いて会期中に院の許諾なく逮捕されないことなどが与えられていた。立法権は天皇大権の一部であったが、帝国議会の立法および予算の議定に関する協賛を必要としたことから、議会の同意なくしては法律の制定や予算の策定はできなかった。なお、皇室経費については増額以外は協賛の必要がなく、天皇大権に基づく既定の歳出は政府の同意がなければ廃除または削減できなく、予算不成立の場合は政府が前年度予算を執行できるなど、予算議定権には制限が設けられていた。また、議会閉会中に緊急の必要がある場合は法律に代わる勅令の発布や勅令による財政処分を認めていたが、いずれも帝国議会の事後承認を必要とした。その他の権限には、法律案の提出権、政府への建議権、天皇への上奏権、請願書の受理権などがあった。天皇の立法権を協賛するものとされたが、議会が可決した法律案を天皇が否認した例はなく、実質上は帝国議会が立法権を掌握していた。議事運営については、大日本帝国憲法と同日に公布された議院法で定められた。明治期に開かれた帝国議会の会期、内閣および成立重要法案は以下のとおり。

第一回（二十三年十一月―二十四年三月、第一次山県有朋内閣）地租徴収期限改正法案・度量衡法案

第二回（二十四年十一月―同年十二月、第一次松方正義内閣）

第三回（二十五年五月―同年六月、第一次松方正義内閣）民法商法施行延期法案・鉄道敷設法案

第四回（二十五年十一月―二十六年二月、第二次伊藤博文内閣）弁護士法案・集会及政社法改正案・出版条例改正案・版権法案

第五回（二十六年十一月―同年十二月、第二次伊藤博文内閣）

第六回（二十七年五月―同年六月、第二次伊藤博文内閣）実業教育費国庫補助法案

第七回（二十七年十月、第二次伊藤博文内閣）

第八回（二十七年十二月―二十八年三月、第二次伊藤博文内閣）私設鉄道株式会社ニ関スル法案・徴兵令中改正追加法案

第九回（二十八年十二月―二十九年三月、第二次伊藤博文内閣）営業税法案・葉煙草専売法案・航海奨励法案・造船奨励法案・河川法案

第十回（二十九年十二月―三十年（一八九七）三月、第二次松方正義内閣）新聞紙条例中改正法案・伝染病予防法案・貨幣法案

第十一回（三十年十二月、第二次松方正義内閣）

第十二回（三十一年五月―同年六月、第三次伊藤博文内閣）民法施行法案・保安条例廃止法案

第十三回（三十一年十二月―三十二年三月、第二次山県有朋内閣）地租条例中改正案・軍機保護法案・農会法案

第十四回（三十二年十一月―三十三年二月、第二次山県有朋内閣）衆議院議員選挙法改正案・治安警察法案・産業組合法案・土地収用法案

第十五回（三十三年十二月―三十四年三月、第四次伊藤博文内閣）麦酒税法案・砂糖消費税法案

第十六回（三十四年十二月―三十五年三月、第一次桂太郎内閣）商業会議所法案

第十七回（三十五年十二月、第一次桂太郎内閣）

第十八回（三十六年五月―同年六月、第一次桂太郎内閣）

第十九回（三十六年十二月、第一次桂太郎内閣）

第二十回（三十七年三月、第一次桂太郎内閣）非常特別税

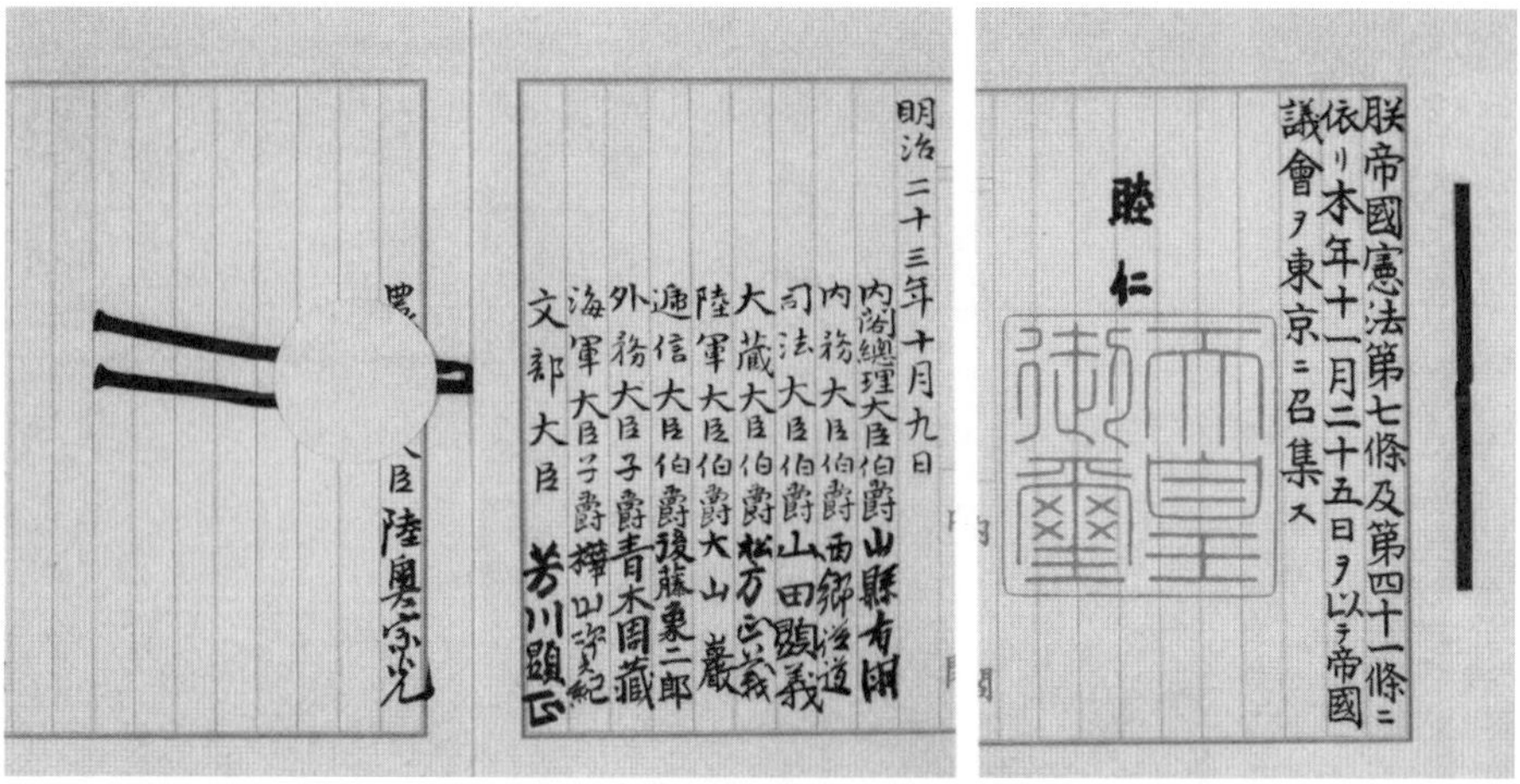

朕帝國憲法第七條及第四十一條ニ依リ本年十一月二十五日ヲ以テ帝國議會ヲ東京ニ召集ス

睦仁

天皇御璽

明治二十三年十月九日

内閣總理大臣伯爵山縣有朋
内務大臣伯爵西郷從道
司法大臣伯爵山田顯義
大藏大臣伯爵松方正義
陸軍大臣伯爵大山巖
遞信大臣伯爵後藤象二郎
外務大臣子爵青木周藏
海軍大臣子爵樺山資紀
文部大臣芳川顯正
農商務大臣陸奥宗光

第１回帝国議会召集詔書

帝国国会議事堂之図（歌川国利画）

（大日本帝国）衆議院肖像（一雄斎国輝画）

法案・煙草専売法案
第二十一回(三十七年十一月—三十八年二月、第一次桂太郎内閣)塩専売法案・貴族院令中改正案
第二十二回(三十八年十二月—三十九年三月、第一次桂太郎内閣・西園寺公望内閣)鉄道国有法案・医師法案
第二十三回(三十九年十二月—四十年(一九〇七)三月、第一次西園寺公望内閣)刑法改正案
第二十四回(四十年十二月—四十一年三月、第一次西園寺公望内閣)東洋拓殖株式会社法案
第二十五回(四十一年十二月—四十二年三月、第二次桂太郎内閣)種痘法案・新聞紙法案
第二十六回(四十二年十二月—四十三年三月、第二次桂太郎内閣)通行税法案
第二十七回(四十三年十二月—四十四年三月、第二次桂太郎内閣)工場法案・朝鮮銀行法案・電気事業法案
第二十八回(四十四年十二月—四十五年三月、第二次西園寺公望内閣)

→議会制度《ぎかいせいど》　→貴族院《きぞくいん》　→衆議院《しゅうぎいん》　→初期議会《しょきぎかい》　→第一議会《だいいちぎかい》

参考文献　衆議院・参議院編『議会制度百年史—議会制度編—』(一九九〇、衆議院)、同編『議会制度百年史—帝国議会史—』上(一九九〇、衆議院)

(勝田　政治)

国会議員双六(明治25年)

ていこくぎじどう　帝国議事堂　衆議院・貴族院の議事堂。明治二十三年(一八九〇)の国会開設に備え、政府は十九年(一八八六)二月内閣に臨時建設局を設置し、議事堂および諸官庁の建築計画を立てたが、国会開会までに完成する見込みが立たなかった。そこで、木造の仮議事堂(二階建)を建築することとし、ドイツ人アドルフ＝ステヒミュレルと内務省技師吉井茂則の設計により二十一年六月東京日比谷の内幸町(千代田区)で建築に着手し、二十三年十一月の国会開会前日に竣工した(第一次仮議事堂)。ところが、わずか五十余日後の二十四年一月二十日未明に失火で焼失した。第一回帝国議会の開会中であったため、とりあえず華族会館(のち帝国ホテルに移動)を貴族院議場、旧工部大学校を衆議院議場として、焼跡で議事堂の再建にとりかかった。吉井技師とドイツ人オスカール＝チーツェの設計により、昼夜兼行で工事を進めて二十四年十月に竣工し、同年十一月の第二議会に間に合った。この第二次仮議事堂(木造二階建)で大正十四年(一九二五)の第五十議会まで開かれたが、日清戦争中の明治二十七年十月の第七議会は、大本営が置かれた広島に設けられた臨時議事堂(バラック式平屋)で行われた。なお、第二次仮議事堂も大正十四年九月に焼失し、同地に第三次仮議事堂が建てられた。この間、貴族院書記官長金子堅太郎が明治二十四年二月と二十六年五月に本格的議事堂建設の必要性を訴え、三十年(一八九七)五月に内務省に議院建築計画調査委員会、三十二年四月に議院建築調査会が設けられたが実現できなかった。その後、三十九年の第二十二議会の衆議院で建築案が可決され、四十三年(一九一〇)五月に大蔵省に議院建築準備委員会が設けられたが、財政問題から予算を計上するまでには至らなかった。大正七年(一九一八)六月大蔵省に臨時議院建築局が設置され、ようやく建築に向けての動きが本格化し、同九年麴町区永田町(千代田区永田町)で地鎮祭を挙行し、昭和十一年(一九三六)十一月竣工し、現在の国会議事堂が完成した。

参考文献 衆議院・参議院編『議会制度百年史―資料編―』(一九九〇、衆議院)　(勝田　政治)

ていこくきょういくかい　帝国教育会　戦前日本における教員の職能団体であり、府県等の教育会の全国組織としての性格も持っていた教育団体。前身である大日本教育会は、明治十六年(一八八三)九月九日、「同志結合して我邦教育の普及改良及上進を図り併せて教育上の施設を翼賛する」ことを目的として創設された。明治二十九年(一八九六)十二月、伊沢修二の国家教育社を合併して帝国教育会に改編改称した。会長には、近衛篤麿をはじめ、辻新次や沢柳政太郎などが就任、歴代文部卿(文部大臣)を顧問とし、教員・教育行政官・議会議員など教育関係者を構成員として、教育研究・調査・意見具申などを行なった。帝国教育会は、当初、「我国教育社会ノ中央機関」を自称していたが、明治三十一年(一八九八)以降、「帝国教育社会ノ共同機関」として教育の普及改良に努めることになった。帝国教育会は、機関雑誌『教育公報』(のちに『帝国教育』『大日本教育』『教育界』と改題)や教育関係図書の刊行、各種講習会の開催、各種大会の開催、調査研究活動などを実施した。大正期には、沢柳政太郎会長、野口援太郎専務主事のもと、教育界の意見を集約し、教育擁護同盟などとともに、義務教育費国庫負担増額要求運動を展開し、昭和戦前期には、学制改革問題に関して提言を行うなど、文部省や帝国議会に教育改革を求めるプレッシャー団体として独自な運動を展開した。昭和三年(一九二八)、地方教育会との連携を強め、再び「中央機関」と称することになり、昭和九年、地方教育会を団体会員とする教育会の全国連合会としての組織形態を取り、文部省など政府機関との連携を強めて国策協力団体としての性格を濃厚にした。また、昭和十二年(一九三七)には、NEA(National Educational Association)主催の第七回世界教育会議を東京で開催することになり、帝国教育会が事務を担当した。その後、昭和十九年四月、大政翼賛機構の一環として大日本教育会に改編改称され、戦後、昭和二十一年(一九四六)、日本教育会と改称したが、昭和二十三年八月に解散した。→大日本教育会《だいにほんきょういくかい》

参考文献 『帝国教育会五十年史』(一九三三、帝国教育会)　(小熊　伸一)

帝国議事堂　(上)第一次仮議事堂　(下)第二次仮議事堂

ていこくぐんじんこうえんかい　帝国軍人後援会　日清戦争後の明治二十九年(一八九六)一月、衆議院議員の郡山保定・石井大造により、戦死者・戦病死者や平時の兵役による死亡者遺族のうち、貧窮者の生活を救護するため軍人遺族救護義会として設立(初代会長長谷信篤《ながたにのぶあつ》)された団体。全国の会員から寄付金を募って戦死者遺族の生活救護を行なった。明治三十二年(一八九九)には全国に十一の支部・出張所を設け、社団法人として認可された。明治三十六年に機関誌『軍人遺族新報』を創刊した(のち『コーエン』、ついで『後援』と改称)。日露戦争時の明治三十七年には三千九百十三戸、三十八年には三千五十四

戸の生活救護を行い、会員数も三十七年の五万四千五百十三人から三十九年八万二千四百四十二人へと増加した。三十九年、帝国軍人後援会と会名を変更。明治四十二年(一九〇九)には大隈重信を会長に迎え、大正期には朝鮮や満洲にも支部・出張所を設け、昭和期には多数の戦死者遺族の救護にあたったが、昭和十三年(一九三八)にほかの民間救護団体とともに新設の恩賜財団軍人援護会に統合されてその歴史を終えた。

参考文献 『社団法人帝国軍人後援会史』(一九四〇)

(一ノ瀬俊也)

ていこくげきじょう　帝国劇場　明治期より現在に至る劇場名。通称は帝劇。明治四十四年(一九一一)三月に開場。鹿鳴館・帝国ホテルなどの並ぶ丸の内の宮城前に建ち、ルネッサンス風五階建、千七百人収容の白亜の殿堂といわれた威容を誇った。設計は横河民輔《よこがわたみすけ》。渋沢栄一を帝国劇場株式会社取締役会長としているように、設立には当時の政財界の人々の力が大きく関わった。明治十九年(一八八六)に発会した演劇改良会は、その翌年天覧劇を実現し、二十二年(一八八九)には歌舞伎座を開場するまでの流れを作ったが、その後二十年が経過すると、当時最高の技術を結集した木造洋風の歌舞伎座も古びて見え、日露戦争後の国力にふさわしい壮大な劇場を求める気運が高まった。演劇改良会の中心人物、末松謙澄《すえまつけんちょう》が文芸顧問となり、伊藤博文・西園寺公望らの後押しもあって、財界人が出資して建設され、取締役の西野恵之助や支配人の山本久三郎など、従来の芝居の世界の玄人ではなく、財界から人材を集めた。彼らは、四十一年に開場していた有楽座が実施していた現在の観劇、興行方法に近い、一ヵ月単位で番号入りの切符を前売りするという合理的で便利な劇場機構、販売制度、接客業務をさらに推し進め、歌舞伎の観客にも定着させた。専属俳優として歌舞伎の六代尾上梅幸《おのえばいこう》、七代松本幸四郎・七代沢村宗十郎などを集め、一方で、開場前の四十二年に帝国劇場附属技芸学校を川上音二郎・貞奴《さだやっこ》夫妻が作った帝国女優養成所から引き継いで開校し、女優の養成も行なった。この時期は文芸協会でも松井須磨子《まついすまこ》らの女優養成を開始したが、当時は、平塚らいてうらの『青鞜』、与謝野晶子らの『明星』などが創刊された時代で、女優は時代の求める「新しい女」の典型でもあった。帝劇では、断続的に七期まで養成を行い、森律子、村田嘉久子《むらたかくこ》、河村菊枝らの帝劇女優劇は名物となっていた。そこに多くの作品を提供したのが、財界出身の益田太郎冠者《ますだたろうかじゃ》である。基本となったのは歌舞伎公演だったが、そこでは古典演目と同時に、松居松葉《まついしょうよう》、右田寅彦らの新作も上演され、いずれにも女優が出演するために、従来の歌舞伎と異なる独特の気分があった。帝劇の最大の功績は、エルマン、ジンバリスト、パブロワや、イタリア・ロシアの歌劇団など海外の著名な一流芸術家を招き、コンサートやバレエ

帝　国　劇　場

に接する習慣を日本の観客・聴衆の間に定着させたことにあるだろう。それらが、日本の音楽界・舞踊会に与えた刺激は計り知れない。また帝劇は当初から歌劇部を設置し、日本のオペラを作り上げることを目指した。そこで指導者としてローシーを迎えたが、オペラを根付かせるには時期尚早で、歌劇部は解散。その出身者は「浅草オペラ」に流れ、一つの庶民文化を作り出したのである。また、多くの新劇団の公演も行われている。それらの舞台を支えたのは、帝劇ならではの美術や照明の設備やスタッフだった。劇場全体の装飾を担当したのは、洋画家の和田英作であり、舞台美術も和田英作・和田三造・南《みなみ》薫造《くんぞう》らが名を連ねた。本格的な照明設備、特に調光設備ははじめて輸入され、空間の分割や時間の表現を自由にした。大正十二年(一九二三)の関東大震災では外郭を残して焼失。その後第二次帝劇が十三年に再建され、昭和五年(一九三〇)松竹が経営した時期を経て、十五年(一九四〇)から東宝が経営している。戦後は東京宝塚劇場が占領軍に接収されたため、秦豊吉が企画の中心となり、宝塚やミュージカルの公演を主としたが、二十年代末より映画のロードショー上映館として、三十九年(一九六四)まで興行を続けた。現在の第三次帝劇は旧来の面影をまったく留めず、谷口吉郎の設計で四十一年(一九六六)に開場したもので、恒常的にミュージカルや演劇公演を続けている。

参考文献　帝劇史編纂委員会編『帝劇の五十年』(一九六六、東宝)、嶺隆『帝国劇場開幕―今日は帝劇明日は三越―』(『中公新書』、一九九六、中央公論社)、早稲田大学演劇博物館編『よみがえる帝国劇場展』(二〇〇二)

(神山　彰)

ていこくけんぽうせいていかいぎ　帝国憲法制定会議　明治二十一年(一八八八)から二十二年にかけて大日本帝国憲法草案を審議した枢密院における会議をいう。伊藤博文らの海外での憲法調査の後、憲法の草案作成は伊藤を中心に井上毅、伊東巳代治《いとうみよじ》、金子堅太郎らが加わり進

められた。憲法草案は神奈川県夏島において成案の形を整えたが、これに若干の修正を加えて明治二十一年四月初旬には確定草案を天皇に上奏した。四月三十日、伊藤は新設された枢密院の議長に総理大臣を辞して就任し、井上は書記官長、伊東、金子は書記官に任命された。枢密顧問官には寺島宗則(副議長)、大木喬任《おおきたかとう》、佐佐木高行《ささきたかゆき》、勝安芳《かつやすよし》、元田永孚《もとだながざね》らが任命された。会議には黒田清隆総理大臣ほか各国務大臣も加わっている。五月八日、天皇臨席のもとに開院式が挙行され、皇室典範草案とともに憲法草案が下付された。枢密院の会議は非公開でなされ、まず皇室典範草案について審議を行い、六月十八日から憲法草案の審議に入った。民間では大同団結運動などによる批判があったが、憲法制定の欽定主義を揺るがすものとはなりえなかった。枢密院での憲法をめぐる議論は活発になされ、原案についての多種多様な修正意見もだされたが、勝安芳、大隈重信外務大臣は沈黙を守った。枢密院での議論を踏まえ幾度か憲法草案について修正がなされたが、憲法の基本原理に関わるものではなく、むしろ立法、予算についての議会の承諾が協賛に変更されるなど議会の権限を縮減させる表現が取り入れられた。枢密院では実質的意味での憲法といえる議院法、衆議院議員選挙法、貴族院令などの付属法案についても順次審議している。枢密院は明治二十二年二月五日にすべての議事を終えている。二月十一日、大日本帝国憲法が発布され、同日、議院法なども公布された。皇室典範は皇室の自律法として官報に搭載されず、非公式に発布された。

→大日本帝国憲法《だいにほんていこくけんぽう》

参考文献 稲田正次『明治憲法成立史』下(一九六二、有斐閣)、清水伸『明治憲法制定史』下(『明治百年史叢書』、一九七三、原書房)、川口暁広『明治憲法欽定史』(二〇〇七、北海道大学出版会)

(平野 武)

ていこくこくぼうほうしん 帝国国防方針 日本陸海軍の基本的軍事戦略を定めた最高機密文書。「日本帝国ノ国防方針」と「国防ニ要スル兵力」「帝国軍ノ用兵綱領」をセットとして扱われた。明治四十年(一九〇七)にはじめて策定されたもので、極少部数だけ作成された。この文書の存在は知られていたが、正文の存在が公表されたのは昭和四十八年(一九七三)のことである(防衛省防衛研究所図書館蔵「宮崎周一史料」)。初度策定は、日露戦争終結時に改訂された第二回日英同盟の想定する対露満洲戦争に備えて、陸海両軍が共同して軍事戦略の基本と、それに必要な兵力量を定めたものである。その制定経過は、日露戦争終結後の軍拡目標の対立を心配した田中義一による意見書(明治三十九年(一九〇六)八月)を下敷きにした山県有朋による「帝国国防方針私案」の内奏(同年十月)、および元帥府の奉答を経ての天皇よりの策定に関する下命に始まった(十二月二十日)。参謀本部と軍令部において草案が別々に検討された上で、四十年一月十日から二十二日にかけての実務レベル会議で検討され、二月一日に上奏されたものである。起草の中心は陸軍が松石安治《まついしやすはる》・田中義一と松川敏胤《まつかわとしたね》、海軍は財部彪《たからべたけし》と川島令次郎であった。当日、西園寺公望首相は天皇を通じて意見を求められ、これに対して財政状況を勘案して実行するべきだとの奉答がなされ、四月十九日の元帥府での審議を経て四月二十日に策定作業は完了した。内容は、「日本帝国ノ国防方針」は、列国の動向および露独同盟や露清・露仏同盟などへの対応策を述べた上で、仮想敵国を陸軍はロシア、海軍はアメリカとし、これを合わせて総合的にはロシアを第一、アメリカ、ドイツ、フランスの順に、それに次ぐものとし、兵備の標準を陸軍はロシアに、海軍はアメリカに対して東亜において攻勢を取れるものとした。その兵力量は「国防ニ要スル兵力」によれば、陸軍は平時二十五個師団(戦時五十個師団)、海軍は最新戦艦(二万トン級)八隻、装甲巡洋艦(一万八〇〇〇トン級)八隻、すなわち八八艦隊を備えると規定した。兵力量については、すでに明治四十年度予算で十七個師団から十九個師団への二個師団分の増設が認められており、残りについては今後の財政状況を勘案するとされていた。このように国防方針の定める兵力量の実現には財政の枠がはめられていた。海軍拡張については、超ド級軍艦の出現によってまもなく規定は陳腐化し、新たな製艦計画が必要となり、その一部が大正二年(一九一三)度予算に盛り込まれることになった。これに対して陸軍から二個師団増設要求がなされ、大正政変を引き起こすこととなった。その後、国防方針は、大正五年に改訂が検討され原案が作成されたものの、第一次世界大戦の総力戦化に伴って見送られた。第一次改訂がなされたのは、大戦の研究が進んだ大正七年六月二十九日のことであった。それは国家総力戦に対応しようとしたもので、仮想敵国をロシア、アメリカ、中国の順とし、戦時四十個師団・八八艦隊の整備を掲げた(正文未発見のため検討の余地がある)。大正十二年(一九二三)二月二十八日の第二次改訂は、全体的にワシントン体制に適応したもので列国との協調や国際的孤立を避けることが記述された。一方で、アメリカをはじめて主敵とし、ソ連や中国との戦争も想定した。戦時四十個師団、主力艦九隻・航空母艦三隻・巡洋艦四十隻と規定したが、実際には軍縮が進行し無意味化した。最後の改訂が昭和十一年(一九三六)六月三日であり、想定敵国は米ソ中に新たにイギリスが加えられ、陸軍は戦時五十個師団、戦時航空兵力百四十中隊、海軍は主力艦十二隻、航空母艦十隻、巡洋艦二十八隻とした。国防方針の策定をめぐっては、長期戦を想定するのか短期戦なのか、一国を目標とするのか多数国に備えるのかなどをめぐって議論があり、また国家政策との距離が乖離することが多かったために、その重みは次第に減少していった。

参考文献 島貫武治「日露戦争以後における国防方針、所要兵力、用兵綱領の変遷」(『軍事史学』八ノ四・九ノ一、一九七三)、小林道彦『日本の大陸政策―一八九五―一九一四 桂太郎と後藤新平―』(一九九六、南窓社)、黒野耐

『日本を滅ぼした国防方針』（『文春新書』、二〇〇二、文芸春秋）（櫻井　良樹）

ていこくこくぼうろん　帝国国防論　佐藤鉄太郎による海軍を主体とした国防戦略論。明治三十二年（一八九九）から三十四年にかけてイギリスとアメリカで日本公使館付海軍駐在武官として滞在した佐藤鉄太郎少佐が同三十五年に執筆し、山本権兵衛海軍大臣によって明治天皇に奉呈された。同書では、第一章「軍備」において、軍備の目的は侵略ではなく戦争の抑止でなければならないと明言している。それを踏まえて第二章「軍備の程度を定むるに際し調査すべき事項」として、「富力」「人口」「地理」を挙げる。そして、第三章「国防の理論的及歴史的研究」においては、ヨーロッパ諸国の国防の歴史を詳細に論じ、英国の国防史を参考に、海洋国家が強力な海軍を保持することで外敵の侵入を防いできたことを説明する。この議論の向かうところは第四章「帝国の国防」において明確となる。そこでは、地政学的観点から、わが国の国防はヨーロッパにおける英国のそれに倣うべきであり、第一義に海軍を充実させ海上を制するものでなくてはならないとする。それゆえに自衛のための軍備の完成に先立って、大陸に軍事力を用いることは、国力の面から見ても誤りであり、いずれ挽回できない失敗を来たすことは必定と指摘するのである。このように、佐藤の国防論は、「防守自衛」「海洋国家」論・「海主陸従」を骨子としている。そしてそこには、戦史の詳細な分析から教訓を導き出す研究手法などを含め、アメリカ海軍のマハン大佐の「シーパワー」論の影響を見て取れる。佐藤はこの後、日露戦争において第二艦隊参謀（中佐）を務めた後、明治四十年（一九〇七）から海軍大学校教官（大佐）となり、『帝国国防論』から発展した「海防史論」を講義した。その講義は翌年に『帝国国防史論』として編集され出版された。それらを通じて示された、列強と均衡を維持できるだけの海軍力の整備という考え方は、歴代の海軍首脳に受け継がれ、日露戦争後の海軍拡張計画の指針となった。→佐藤鉄太郎《さとうてつたろう》

参考文献　原剛『明治期国土防衛史』（二〇〇二、錦正社）（竹本　知行）

ていこくざいごうぐんじんかい　帝国在郷軍人会　在郷軍人の全国組織。日露戦争後の全国各市町村では、帰還軍人が自主的に在郷軍人団を結成するという動きが起っていた。一部の在郷軍人の風紀の乱れに困惑し、かつ彼らを戦時における兵力動員の対象として管理・統制しようと考えていた陸軍はこれに注目、これらの団体を統合して明治四十三年（一九一〇）十一月三日、帝国在郷軍人会を発足させた。初代の総裁は陸軍大将伏見宮貞愛親王《ふしみのみやさだなる》、会長は陸軍大臣寺内正毅大将が兼任した。創立時の会員は百万人を超えており、各市区町村に分会が置かれ、招魂祭（戦死者の慰霊祭）や戦死者遺族の優遇、忠魂碑建設、入退営者歓送迎、入営前壮丁の予習教育、会員間の相互扶助などの事業を行なった。明治四十四年に陸軍省軍務局長・同会高級理事となった陸軍少将田中義一は「良兵良民」なる旗印を掲げ、軍隊と地域が一体となった良質な兵士―良国民の育成を高唱したが、その思惑とは異なり必ずしも活発な活動を行わなかった分会も多数存在した。大正三年（一九一四）に至って同会に海軍も参加、天皇から勅語が下り内帑金が下賜され、町村からも補助金が出るなど人的・財政基盤は一定度強化されたものの、都市の分会が農村部に比べて活動が低調であるなどの問題はその後も残った。また第一次大戦後には会員の中からも米騒動や労働・小作争議に参加する者が現れるなど、陸軍の意図が完全に貫徹されたとはいえなかった。昭和期には各地方で天皇機関説排撃運動を繰り広げるなど、軍部の政治力強化の一翼を担った。昭和二十年（一九四五）八月三十一日に解散が宣言されて消滅した。

参考文献　藤井忠俊『在郷軍人会―良兵良民から赤紙・玉砕へ―』（二〇〇九、岩波書店）（一ノ瀬俊也）

ていこくざいせいかくしんかい　帝国財政革新会　明治時代中期の政党。財政革新会とも呼ばれる。明治二十七年（一八九四）三月、須藤時一郎《すどうときいちろう》・田口卯吉《たぐちうきち》・尾崎三良《おざきさぶろう》らによって趣意書が発表され、三月二十三日、政社として届け出た。東京府会議員および実業団体らが中心となり、府県監獄費の国庫支弁、警察費の国庫負担増加、戸数割・営業税・輸出税・車税などの全廃、郵便税の半減、官営鉄道の運賃引下げなど、主に都市商工業者の利益を代弁し、公民権所有者を対象に組織化を目論んだ。同年九月の総選挙で田口・須藤・伴直之助《ばんなおのすけ》・山田忠兵衛の四人が東京で当選した。当初は折からの日清戦争下の議会のため、予算成立に協力したが、のち遼東半島還付問題に際して政府の責任を追及するなど政府との対抗姿勢を強め、立憲改進党など対外硬派と連携して活動した。二月二十六日政社組織を解き、三月一日立憲改進党・立憲革新党などと合流して進歩党を結成した。

参考文献　塩島仁吉『鼎軒田口先生伝』（一九一二、経済雑誌社）、田口親『田口卯吉』（『人物叢書』、二〇〇〇、吉川弘文館）（真辺　将之）

ていこくしゅぎ　帝国主義　自国の領土・勢力範囲・権益を拡大したり他の国家・地域・民族を支配しようとする思想・運動。膨張主義の政策や膨張過程をもふくめて帝国主義と呼ぶこともある。狭義の帝国主義の時代は、十九世紀後半から二十世紀前半といわれている。植民地獲得は以前から行われていたが、近代帝国主義は、資本主義の発展や科学技術の進歩による世界の一体化を背景としていた。そして、複数の国民国家が帝国として存在し、世界的規模で支配と分割がなされた結果、競争の激化と対立をもたらしたことに特徴を有する。帝国間の利害の調整がなされることもあったが、二つの世界大戦に至った。近代帝国主義は、政治・外交・経済・社会・思想などさまざまな要因が複合した現象であった。そのため、従来さまざまな定義が与えられてきた。外交・軍事

における帝国間の関係を重視する説もあれば、経済決定論的な説明をしたものもあった。また、いわゆる「周辺」における状況を重視する説もあれば、ヨーロッパという「中心」を重視する説もあった。近年では、帝国主義の文化的側面や帝国意識に関する研究が盛んになされている。このように帝国主義に関する研究の関心や学説は多岐にわたっており、その結果いわゆる帝国主義の時代をいつとするか、かつて重視された独占資本主義を必須の要素とするのか否か、領土拡張を必須とするのか否かなどについて見解が分かれることとなる。いずれにも共通するのは、帝国主義は支配・統制・影響力などの拡大であり帝国間の対立を伴うものであったということである。帝国主義についての説明の相違は、膨張の形態、膨張を要求した主体や意図、膨張を促進した要因、膨張を支えたもの、支配の形態についての見解の相違である。日本も、戦前、海外に領土と権益を拡大した。海外領土では、南満洲鉄道会社や東洋拓殖会社などの国策会社が設立され、企業が進出した。その意味において、日本帝国主義と経済は無関係ではない。しかし、これら海外領土の獲得や権益の確保は、経済的な動機によって推進されたわけではない。日清戦争も日露戦争も、市場の拡大や資源の確保といった経済的な動機にもとづくものとはいいがたい。そして、長期的な見通しと明確な領土拡大の計画によるものではなかった。他国との関係による他律的な戦争と外交の結果、海外領土や権益を獲得し、そのあとで支配のための制度を整備し植民地経営を行なっていった。その既得権益を保護する必要から他国との緊張関係が生じた。単なる膨張の過程や動機だけではなく領土や権益を獲得したあとの支配や経済的進出そして他の帝国との関係もふくめて日本帝国主義とみなすべきである。明治時代の日本においても、帝国主義という言葉が使用された。日清戦前より海外への進出や膨張の必要性を説く議論は存在した。それらの多くは、殖民や通商の拡大を主張するものであった。帝国主義という言葉を用いて世界の趨勢や日本がとるべき方針を説く議論が顕著になるのは、日清戦争以降である。その用法の第一は、帝国主義を否定するのではなく、日本も帝国主義の趨勢に参加することを前提にした議論である。そこで問題とされたのは、帝国主義の是非ではなく、世界的な国家間の生存競争という認識のもとでいかなる目的と内容を有する帝国主義を日本が採用するべきかということであった。たとえば、日清戦争の際に日本国民の膨張の必然性を説いた徳富蘇峰《とくとみそほう》は、日清戦後には帝国主義を侵略主義と区別される「平和的膨脹主義」と定義し、積極的な膨張主義をとるべきであると主張した。日清戦争中に徳富蘇峰と同様の主張をした竹越与三郎《たけこしよさぶろう》は、イギリスにおける思想動向を強く意識して、内における自由主義と外に対する帝国主義を主張し、それを排外主義と区別される「自由帝国主義」と呼んだ。また、浮田和民《うきたかずたみ》は、海外における日本の領土や権益の獲得を前提にして、軍事的侵略主義と異なる平和的膨張の必要を唱えるとともに、支配や影響力行使のあり方に倫理的要素を求める「倫理的帝国主義」を唱えた。このほか、日露戦争の直前に社会主義の実現のため日本の独立と発展の必要を説いて帝国主義を支持した北《きた》一輝《いっき》のような議論もあった。明治時代の日本における帝国主義の用法の第二は、帝国主義を批判する論者によるものである。最も有名なのが幸徳秋水『廿世紀之怪物帝国主義』にみられる帝国主義に対する批判である。世界的な趨勢となった帝国主義を好戦的愛国心と軍国主義によって成り立つ政策と断じ、これを除去する世界的革命の運動を訴えた。このように、明治時代の日本における帝国主義という言葉の用法は、領土や権益の拡張、他国への影響力の拡大を意味するものでほぼ一致していた。しかし、帝国主義という言葉を用いて主張する内容は、多岐にわたっていた。

参考文献 木谷勤『帝国主義と世界の一体化』(『世界史リブレット』、一九九七、山川出版社)、山本有造編『帝国の研究―原理・類型・関係―』(二〇〇三、名古屋大学出版会)、アンドリュー=ポーター『帝国主義』(福井憲彦訳、『ヨーロッパ史入門』、二〇〇六、岩波書店)

(頴原 善徳)

ていこくだいがく 帝国大学 ⇩東京帝国大学《とうきょうていこくだいがく》

ていこくだいがくれい 帝国大学令 帝国大学の理念と制度を規定した基本法令。明治十九年(一八八六)三月二日、勅令第三号として公布された。二十五年(一八九二)に小改正が行われさらに翌二十六年に大改正が行われたが、明治期を通じて大綱的な変化はなかった。大正期半ばに大学令(大正七年(一九一八)十二月)が出たのちもその関連法令として存続し、昭和二十四年(一九四九)三月当時は国立総合大学法として存続したが、国立学校設置法の制定に伴って同年五月に廃止された。明治十九年の帝国大学令の成立経緯や、実際の執筆者は初代文部大臣森有礼であるという証言(木場貞長)があるが、なお定かでない。ただし伊藤家文書中に「帝国大学制草案」と題された文書が残されており、起草期の一案と推定される。それは帝国大学を大学院中心の機関としていた。ただし大学の目的は「国家ノ須要」に基づくものであると明言し、大学は大学院と分科大学で構成されるとしている。ここまでは公布成文と同じであったが、大学院は「大学院学事会議」という分科大学長・教授からなる会議において「学術技芸ノ種類及程度ヲ討議」し、帝国大学全

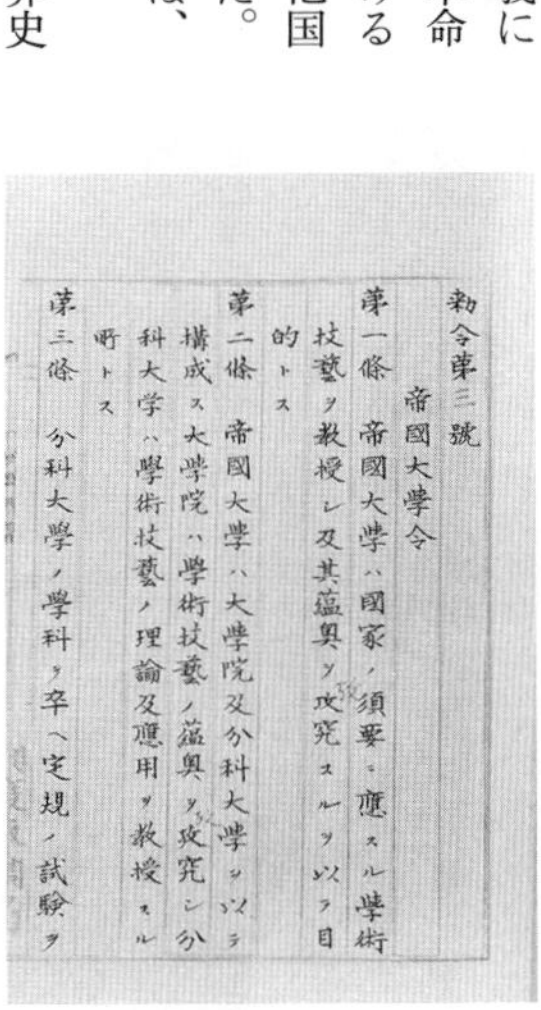
勅令第三號
帝國大學令
第一條 帝國大學ハ國家ノ須要ニ應スル學術技藝ヲ教授シ及其蘊奥ヲ攷究スルヲ以テ目的トス
第二條 帝國大學ハ大學院及分科大學ヲ以テ構成ス大學院ハ學術技藝ノ蘊奥ヲ攷究シ分科大學ハ學術技藝ノ理論及應用ヲ教授スル所トス
第三條 分科大學ノ學科ヲ卒ヘ定規ノ試驗ヲ

帝国大学令

部局の「便益ヲ協議」する権限まで与えられていた。言いかえればこの原案は、大学を文部大臣直轄の、しかも他方で自律的な学事諮問会議ないしアカデミーに近い組織として構想していた。しかしそのような構想は大きく変わり、のちの勅令になった。帝国大学令のなかで後世最も著名になったのは「国家ノ須要ニ応スル学術技芸ヲ教授シ及其蘊奥ヲ攻究スルヲ以テ目的トス」(第一条)という国家主義的な目的規定である。従前の学制・教育令にはこのような文言は全くなかった。加えて「帝国大学」という名称も当時としては珍奇なものであったため、多くの人々がこうした文言を馴染みのない規定として受け止めたといわれる(三宅雪嶺)。大学史上これよりも意義深いのは、(一)大学は大学院と分科大学から構成し、(二)大学院は学術の攻究にあたり分科大学はその教授にあたるという規定(第二条)である。(一)については、当時欧米の大学特にアメリカではポスト゠グラジュエートコースを置く大学が生まれていた。学術研究を主とするドイツ大学の影響によるものであったが、米・独でも「大学は学部・大学院並立の機関である」と決めていたのではない。さらに帝国大学令は分科大学として法科・医科・工科・文科・理科を置くとしたが(第十条)、総合大学の学部段階に工学部門を置くことは、異例であった。(二)については教授と研究の両概念を区別した点が画期的であった。学制や教育令でも「大学」「大学校」という機関は必ず措定されていたが、それらは教育のみを目的とするものであった。両概念を区分しそれらを統合して担うことを大学のミッションとして規定したのは帝国大学令がはじめてである。要するに、帝国大学令の制度規定は十九世紀後半期の欧米大学の改革動向のエッセンスを取り入れ、それを国権主義的な管理運営制度によって組織したものということができる。帝国大学職員としては総長が置かれ評議官・書記官・書記が配される。分科大学職員としては長・教頭・教授・助教授・舎監・書記が置かれる(第五条、一一条)。評議官からなる評議会は学内でも開かれるが文部省で開催されることもあり(第七条)その「議事ノ顛末」は総長を通じて文部大臣に報告されねばならない(第六条)。総長はじめ帝国大学職員はすべて文部大臣任命制であり、分科大学職員任免についての直接規定はないものの、選挙制ではない。総長は「文部大臣ノ命ヲ承ケ」大学を総轄し、分科大学長は「帝国大学長ノ命令ノ範囲内ニ於テ」分科大学事務を「掌理」するだけである。これらはのちに大学独立論の争点になった。分科大学卒業者には卒業証書が、大学院の最終試験合格者には「学位」が与えられる(第三、四条)ものの、後者の名称は決まっていなかった。以上の諸規定のうち、大学の理念、大学運営への文部大臣の直轄権限の強大さなどの前提になったのは、伊藤博文のドイツ・オーストリアへの憲法調査であった。大学は民間にゆだねてはならず、特に法学教育は政府経営の大学で教授すべきだという説が学ばれ、これに初代文相森のナショナリズムと専門性志向とが重なって、上記のような大学像が描かれたものと見られる。明治二十五年の小改正は評議官の呼称を評議員に改め、各分科大学二名中一名を互選制にしたもので、大学の自治論の一部を入れたものであった。翌二十六年の大改正は、井上毅文相のもとで進められた多くの近代化方策、すなわち講座制の導入、分科大学教授会の制度化、名誉教授制度の創始などを盛り込んだもので、明治期を通じて最大の改正であった。もちろん各帝国大学の官制や、分科大学に設置される講座の種類・数などについては、それぞれ別個の勅令が逐次出されていったが、帝国大学令そのものの大幅な変更はなかった。→大学院《だいがくいん》 →分科大学《ぶんかだいがく》

参考文献 大久保利謙『日本の大学』(『創元選書』、一九四三、創元社)、『東京大学百年史』通史一・資料一(一九八四)、寺崎昌男『(増補版)日本における大学自治制度の成立』(二〇〇〇、評論社)

(寺崎　昌男)

ていこくとう　帝国党　明治三十年代の政党。明治三十二年(一八九九)七月五日、佐々友房《さっさともふさ》らの主導で初期議会期の吏党国民協会を改組の上結成。当時の第二次山県内閣の後援をたのみ、党勢不振挽回をもくろんでの結党だった。しかし国民協会大岡育造系は伊藤博文の新党計画に接近して参加せず、結成後も元田肇《もとだはじめ》らが翌三十三年九月成立の立憲政友会に走るなど伸び悩み、三十八年十二月、甲辰倶楽部・自由党などと大同倶楽部結成に合流、その短い歴史を終えた。→国民協会《こくみんきょうかい》 →大同倶楽部《だいどうクラブ》

参考文献 村瀬信一「帝国党ノート」(『日本歴史』五一八、一九九一)

(村瀬　信一)

ていこくとしょかん　帝国図書館　国立国会図書館の前身の一つ。明治三十年(一八九七)四月、帝国図書館官制によって設立。文部大臣の管理に属し、内外古今の図書記録を蒐集し、一般の閲覧参考の用に供することを目的とした。昭和二十二年(一九四七)十二月、国立図書館と

帝国図書館

改称、その後国立国会図書館法の制定によって同二十四年四月、同館へ併合され、その支部図書館(支部上野図書館)となった。帝国図書館の前身は、明治五年(一八七二)八月、文部省博物局によって湯島聖堂内に設置された書《しょ》籍館《じゃくかん》である。その後、同館が太政官正院の博覧会事務局に移管され、さらに浅草蔵前に移転して浅草文庫と改称すると、文部省は、明治八年五月、同じ湯島聖堂内に新たに東京書籍館を設立し、図書館行政における主導的立場の維持を図った。明治十年(一八七七)二月、西南戦争による財政難で閉館に追い込まれ、一時東京府へその運営を引き継いだが、十三年七月には再び文部省の所管とし、名称も東京図書館と改めた。同館はその後教育博物館に併合され、上野公園に移転、十九年には教育博物館とともに文部省総務局の所属になるなど組織的に不安定であったが、明治二十二年(一八八九)三月、東京図書館官制が制定されるに及んで、文部大臣の管理に属する独立の組織となった。館長には最初帝国大学法科大学教授末岡精一《すえおかせいいち》(兼任)が就任したが、翌二十三年三月、田中稲城《たなかいなぎ》に交代した。これより前、田中は図書館の学術研究のため欧米に留学中であったが、帰朝後東京図書館長就任と同時に国立図書館設立にむけて積極的な運動を始めた。国立図書館の機能とその必要性について、田中は㈠一国の図書記録の保存は国家の責任であること、㈡国家が国内の出版図書を知認しかつ学芸を上進せしむるために必要であること、㈢外国の知識を取って我が進歩に資するために必要であること、㈣国立図書館は国民全体の一大学校にして、その資力は私人のよく弁ずるところではないことなど、四点をあげて説明している。欧米列国に常備された文明的装置としての国立図書館制度をわが国に移植し、帝国の国力増進を知的方面で幅広く支える拠点作りをめざしたものといえる。田中は帝国図書館発足と同時に館長に就任、大正十年(一九二一)十一月に辞任するまで二十有余年の長きにわたって館の発展に尽力したが、政府当局の図書館行政に対する無理解に加え、官制上の地位の低さもあって、十分な事業の展開を図ることができずに終った。文部省内での帝国図書館の序列はきわめて低く、各帝国大学附属図書館はもちろん、高等師範学校や高等学校など直轄学校よりも下位に格付けされ、予算面や人事面で不遇をかこった。「海内無二、東洋唯一の帝国図書館が地方の師範中学だにも如かざる経費を以て、館員に衣食の料を給し兼ねて普ねく世界の図書を蒐集せんとす、其の及ばざるは素よりなり」と田中を嘆かせた悪環境にもかかわらず、国立図書館制度がわが国に根づくことができたのは、歴代館員たちの献身的でねばり強い努力にまつところが大きい。建物は最初上野公園内の旧東京図書館(現在の東京芸術大学美術学部の場所にあった)を使用していたが、明治三十九年三月、同じ公園内に新館を建設、移転開業した。当初計画では総工費百五十万円、枡形の建築で総坪数九百六十坪となる予定が、経費の大削減にあい、実現したのはその四分の一の規模にすぎない。現在は国立国会図書館国際こども図書館として使用されている。歴代館長は、初代田中稲城(明治三十年四月―大正十年十一月)、二代松本喜一(大正十年十一月―昭和二十年十一月、館長事務取扱の時期を含む)、三代岡田温《おかだならう》(昭和二十一年五月―昭和二十二年十二月)である。なお、松本と岡田の間に文部省社会局長で館長事務取扱だった関口泰《せきぐちたい》と佐藤得二《さとうとくじ》の二人がいる。 →書籍館《しょじゃくかん》 →東京府書籍館《とうきょうふしょじゃくかん》

参考文献 竹林熊彦「田中稲城―人と業績―」(『図書館雑誌』三六ノ三、一九四二)、『上野図書館八十年略史』(一九五三)、有泉貞夫「田中稲城と帝国図書館の設立」(『参考書誌研究』一、一九七〇)

（白石　弘之）

ていこくのうかい　帝国農会　系統農会の全国的中央機関。系統農会が独自に農政運動を展開することへの警戒があって中央機関は認められなかった。みずから系統農会の中央会と位置づける全国農事会は、明治四十年(一九〇七)十一月の総会で呼称を帝国農会と改め、農会法の改正運動を展開した。衆議院議員百九十名を擁する農政研究会がこの運動の中心となり、明治四十三年農会法が改正され、法人として帝国農会が設立された。会長には子爵加納久宜《かのうひさよし》が就任したが、法制上農政運動は禁じられていた。しかし、商業会議所を中心とする米穀輸入関税撤廃運動に対抗して穀物輸入税増率を建議するなど、農業保護、地主利益擁護の立場から実質的な農政運動の主体となっていた。第一次大戦後の恐慌に際しては、系統農会は組織だって米投売防止運動を展開した。大正十二年(一九二三)一月に系統農会の自主性を容認した新農会法が施行されると、農政全体にわたる多くの建議を自主的に行うようになり、建議の内容は米価引上げ、農業者課税軽減、低利資金融通、肥料廉価供給、自作農創設維持事業拡張、農業補助金増額など広範に及んだ。ただし、無産政党や小作人団体からは地主本位の団体という批判が強かった。昭和十八年(一九四三)、農業団体法により系統農会が産業組合系統などと合体するに伴い中央農業会に統合され消滅した。 →全国農事会《ぜんこくのうじかい》

参考文献 農林省大臣官房総務課編『農林行政史』一(一九五七、農林協会)、『帝国農会史稿』(一九七二、農民教育協会)

（渡辺　新）

ていこくはくぶつかん　帝国博物館　⇨東京帝室博物館《とうきょうていしつはくぶつかん》

ていこくふじんきょうかい　帝国婦人協会　下田歌子《しもだうたこ》の構想した女性教育と授産を目的とする団体。明治三十一年(一八九八)これまで華族女学校などで上流階級の女性の教育にあたってきた下田歌子が中・下層女性の知識や情操を高め、自活を助けることが国家の発展にとって必要であるという趣旨で始めた教育と授産の機関。「帝国婦人協会設立の趣旨」や「本会規則」によると下田歌子は産業革命期、急増する女子労働者の待遇が劣悪で労働争議が絶えないことや海外売笑婦が増加していることを危惧、これは下層女性が知識や技能がなく、また勤勉・貯

蓄の精神もないためでこのような状態は国家の体面を汚すものと考え、実業と淑徳の教育によりその地位の改善をはかろうと企てた。協会では実践女学校・同付属慈善女学校・女子工芸学校・女子商業学校・女工養成所・下婢養成所・看護婦養成所・勧工場などの多角的な施設を設けることとし、下田がみずから会長となり、岩波澄代《いわなみすみよ》ら理事三名のほか森村市左衛門、榎本武揚、河野広中、細川潤次郎など実業界・政界・教育界の著名人を顧問、評議員に組織し、また各府県に支会をおくことも構想されている。この構想に基づき明治三十二年、東京市麴《こうじ》町区(東京都千代田区)に実践女学校と女子工芸学校が開設された。実践女学校は中等階級子女のための良妻賢母教育を、女子工芸学校は実業教育を目的としている。実践女学校はのちに実践女子専門学校、戦後は実践女子大学へと発展した。さらに三十二年十二月、機関誌『日本婦人』を発刊。その他の施設の実態は明らかでないが下田はこの構想の一部をのちに愛国婦人会の事業として実施している。→実践女学校《じっせんじょがっこう》 →日本婦人《にほんふじん》

参考文献 『下田歌子先生伝』(一九四三)　（永原　和子）

ていこくぶんがく　帝国文学　文化・文芸雑誌。明治二十八年(一八九五)一月―大正六年(一九一七)二月、一時休刊後、大正六年十月―九年一月発行。全百九十六冊。明治期は大日本図書株式会社発行。東京帝国大学文科の教員・卒業生・学生で成立する帝国文学会を母体とし、選ばれた委員に拠り編集された。日清戦争後の国家意識の高揚、海外雄飛の機運に乗じ、文学を中心とした西洋文化の紹介・移入、それに基づく日本固有の文化の向上を目的とした。「論説」欄を中心に、井上哲次郎・上田敏《うえだびん》・高山樗牛《たかやまちょぎゅう》などの論客が活躍。初期には、塩井雨江《しおいうこう》・大町《おおまち》桂月《けいげつ》・武島羽衣《たけしまはごろも》のいわゆる大学派の新体詩創作も目立つ。新体詩の受容、新体詩創作の革新を目指した論議もその間活発になされた。日露戦争後には、イプセン・ワイルド・ハウプトマン・ショウなどの西洋の世紀末の文学者を紹介、論評はさらに積極性を増し、樋口竜峡《ひぐちりゅうきょう》・姉崎嘲《あねざきちょう》風《ふう》・片山正雄などが非自然主義・象徴主義の立場から西洋文化を論じた。創作には目覚しい成果は見せなかったが、雑誌を貫く、西洋文化全般に関わる旺盛な関心は、やや権威主義的な性格を見せながらも、大正文化に多大の影響を与えた。創作では、夏目漱石「倫敦搭」「趣味の遺伝」、永井荷風「曇天」、大正期には芥川竜之介「羅生門」、森鷗外「北条霞亭」などのほかに、久米正雄・江口渙などの創作が目立つが、全体的に官僚的な性格がやや強く、大正期の自由主義的な風潮に合わず、明治期の影響力は薄れた。日本図書センターによる複製版、および『帝国文学索引』がある。　（石割　透）

『帝国文学』第一

ていこくぶんこ　帝国文庫　明治二十年(一八八七)六月創業の博文館が出版した全百編の叢書。明治二十六年三月、全五十冊の予定で刊行を開始、明治三十年(一八九七)五月に完結した。毎月二回発行で、約千頁、定価は五十銭、岸上操《きしのえみさを》(岸上質軒《しつけん》)を翻刻の校訂に任じた。『校訂真書太閤記』(第一―四編)は、口絵、校訂者による「解題」、原書の「目録」、本文の構成をとる。第五編、博文館編集局校訂『校訂源平盛衰記』も同様であるが、第六―八編、曲亭馬琴著・博文館編集局校訂『校訂南総里見八犬伝』では、口絵の後に「解題」にかえ依田学海の「批評」を収録。『校訂真書太閤記』と十返舎一九著・博文館編集局校訂『東海道中岐蘇道中奥羽道中膝栗毛』(第九編)が最も人気を博した。好評のため『続帝国文庫』全五十冊が明治三十一年十一月から明治三十六年五月まで刊行された。正編の『真書太閤記』『源平盛衰記』、速水春暁斎《はやみしゅんぎょうさい》(速水恒《つね》章《あき》)著・博文館編集局校訂『校訂甲越軍記』(第一九編)、博文館編集局校訂『校訂呉越軍談・校訂漢楚軍談』(第二〇編)などの軍記もの、井原西鶴著・尾崎紅葉・渡部乙羽校訂『校訂西鶴全集』(第二三―二四編)、『校訂南総里見八犬伝』、山東京伝著・博文館編集局校訂『京伝傑作集』(第一五編)、八文字屋ものなどの読物、為永春水著・博文館編集局校訂『梅ごよみ・春告鳥』(第一〇編)の人情本、近松門左衛門作・饗庭篁村《あえばこうそん》校訂『校訂近松時代浄瑠璃』(第四二編)などの浄瑠璃本に対し、続編では、博文館編集局校訂『校訂真田三代記』(続第一編)、博文館編集局校訂『校訂太平記』(続第一一編)、石井研堂校訂『校訂漂流奇談全集』(続第二二編)、幸堂得知《こうどうとくち》校訂『校訂黄表紙百種』(続第三四編)など、軍書、稗史、人情本、黄表紙、洒落本などに至るまで網羅した。正続百編完結にあたり、博文館編集局校訂『校訂名家漫筆集』(続第五〇編)において、岸上質軒が、「名家漫筆集の首に題す」のなかで「江戸時代文学の大観を悉す」と述べている。　（畠山　兆子）

ていこくホテル　帝国ホテル　明治以来現在まで、日本を代表する近代ホテルの一つ。築地ホテル館が明治五年(一八七二)の大火で焼失したあと、東京には大規模なホテルは存在しなかった。最大の東京ホテルにしても二十五～二十六室、舞踏会で知られる鹿鳴館も十室程度で、国力の発展に伴って増加する外国人客を収容する大規模ホテルがどうしても必要であった。明治二十年(一八八七)一月外相井上馨は渋沢栄一・大倉喜八郎・益田孝ら有力財界人を集めて近代的大型ホテルの必要性を説き、協力を求めた。財界もこれに応じ、資本金二十六万五千円の有限責任帝国ホテルを設立し、新ホテル建設が始まったのである。社名を「帝国」としたところに、新興国の意気込がうかがわれる。井上外相も全面的に支援し、山下町の国有地四千百坪を払下げるなどの便宜を計った。し

かし資金集めは容易ではなく、不足分五万円の株を宮内省に持って貰って何とか納まったという。明治二十三年十一月、内務省建築局工事課長渡辺譲の設計、日本土木会社の施工で六十室、食堂ロビー舞踏室などを備えた木骨煉瓦造三階建延千三百坪の建物が完成し営業を開始した。室料は五十銭より七円、食事は朝食五十銭、昼食七十五銭、夕食一円であった。帝国ホテルは政府主導で設立されたので半官半民的色彩が強く、VIPの宿泊によく用いられた。そんな関係もあって、当時横浜ニューグランド系と築地精養軒系の二系列だった日本の西洋料理に、帝国ホテル系という新しい流れを生み出す名コックが続出した。ホテル本館は大正十一年(一九二二)四月失火で焼失したが、ちょうど建築中だった新館は関東大震災にも無事残った。これが有名なF・L・ライトの建物である。

帝国ホテル

参考文献 運輸省鉄道総局業務局観光課編『日本ホテル略史』(一九四六、運輸省観光課)、村岡実『日本のホテル小史』(『中公新書』、一九八一、中央公論社)

（小野 一成）

ていざんぼり 貞山堀 塩竈《しおがま》湾と阿武隈《あぶくま》川河口の間の海岸砂丘後背湿地に沿って開鑿された運河。現在の全長四六・四キロは日本最長。野蒜《のびる》築港計画と連動して整備され、松島湾と鳴瀬《なるせ》川河口の野蒜港を結ぶ東名《とうな》運河とともに阿武隈川水運を野蒜港に結びつける計画であった。南より、阿武隈川と名取《なとり》川間の木曳《こびき》堀、名取川と七北《ななきた》田川間の新堀、七北田川と松島湾を結ぶ御舟入《おふねいり》堀からなる。十七世紀に開削された二つの堀を明治時代初期に新堀を開削して連結。明治十六年(一八八三)伊達政宗の法号に因み貞山堀と命名。同年宮城県は全区間の改修に着手、二十三年(一八九〇)竣工。明治二十二年貞山運河と改称。東名運河は内務省事業として明治十六年着工、十七年竣工。野蒜港には野蒜と北上《きたかみ》川下流を連絡する北上運河(明治十四年竣工)により北上川水運も連結させ、東北全体に広がる水運交通網を建設する構想であったが、十八年の野蒜築港の中止や二十四年の日本鉄道の全通により挫折した。

参考文献 『宮城県史』八(一九五七)、寺谷武明『日本港湾史論序説』(一九七二、時潮社)

（小風 秀雅）

ていしつぎげいいん 帝室技芸員 帝室による美術家の保護奨励を目的として制定された栄誉職。美術工芸振興策の一環として帝室の保護により美術家を優遇する制度が美術界を中心に待望されるようになり、明治二十一年(一八八八)六月に日本美術協会会頭佐野常民《さのつねたみ》の上申を機会に宮内省工芸員が設置された。その後、宮内省技芸員と改称、同二十三年十月に帝室技芸員と定められた。美術家の選定は選択会議による合議制とし、会議は帝国博物館(同三十三年(一九〇〇)から東京帝室博物館)総長が招集し、内定者を宮内大臣に推挙する形式がとられた。最終回となった昭和十九年(一九四四)の第十三回選択会議までに計七十九名の美術家が任命された。任命する側の選択委員は宮内省関係者と文部省関係者が多かったが、制度初期には農商務省関係者が含まれており殖産興業政策の影響下にあったことがうかがわれる。明治期の帝室技芸員の選択ジャンルは、絵画・彫刻・工芸(金工・染織・陶磁・七宝・漆工・刀剣)のみならず、建築・篆刻・図案・写真など多岐に渡った。これは一因として、西洋で流行したジャポニスム(日本趣味)の関心が、絵画および彫刻を優位として形成された西洋近代的な「美術」ではなく、各種工芸により重点を置いた保守伝統的な「技芸」の側面に向けられていたことに由来している。帝室技芸員の主たる活動目的と義務は、技芸員への命令書に記載された「邦ノ美術ヲ奨励スル為古ヲ徴シ今ヲ稽ヘ工芸技術ヲ錬磨シ後進ヲ指導スル」ことと、「宮内省ヨリ特ニ製作ヲ命セラル」ことであった。大正七年(一九一八)一月の技芸員選択内規によれば、帝室技芸員の定員は二十五名と定められ、一人につき年金百円が支給された。特待事項として帝室および宮内省から製作依頼があったときは製作費相当の報酬が与えられた。また、正倉院宝物、帝室博物館列品の特別拝観についても優遇措置がとられた。

参考文献 樋口秀雄「帝室技芸員制度—帝室技芸員の設置とその選衡経過—」(『MUSEUM』二〇二、一九六八)、サントリー美術館編『近代美術の巨人たち—帝室技芸員の世界—』展図録(『開館三五周年記念展—サントリー美術館—』四、一九九六)、佐藤道信「帝室技芸員と帝国美術院会員」(『三の丸尚蔵館年報・紀要』一一、二〇〇五)

（岡本 隆志）

ていしつけいざいかいぎ 帝室経済会議 明治四十三年(一九一〇)十二月公布の皇室財産令に規定される帝室の経済関係事項を諮詢する機関。諮詢するべき事項は、(一)

皇室経費の予算、㈡第二予備金(予算外の臨時の経費)の支出やその他予算外の支出、㈢世伝御料《せでんごりょう》の編入・解除、㈣世伝御料に属する土地上に設定する物権、㈤重要な財産権の得喪に関する事項。また御資会計財本部(地金銀・登録国債・有価証券)で出納上の都合により借入金を為す場合も同会議に諮詢(皇室会計令)。同会議は、内大臣、宮内大臣、勅命された帝室経済顧問七人以内で組織。帝室経済会議に必要な規程は同会議で議定し、勅裁を受けなければならない。経済会議については、すでに明治二十四年(一八九一)に皇室経済会議規程(全八条)が制定され、重要な財務は同会議を経なければならなくなった。これは、同二十二年、三条実美・伊藤博文・松方正義に皇室財政に関する諸般の商議に参与すべきとの御沙汰があったためである。

参考文献 飯田巽『皇室財政沿革記』(一八九六、宮内省)、川田敬一『近代日本の国家形成と皇室財産』(『明治百年史叢書』、二〇〇一、原書房)　(川田 敬一)

ていしつざいさん　帝室財産 ⇨皇室財産《こうしつざいさん》

ていしつせいどちょうさきょく　帝室制度調査局 明治三十二年(一八九九)、皇室・皇族の婚儀・葬祭喪祀その他の朝儀、皇族の待遇、叙爵、皇族令、皇室財産、華族令、位階制度、その他皇室に関する諸事項を調査・審議するために設置された機関。総裁は首相伊藤博文、副総裁は元宮相土方久元、御用掛は枢密顧問官細川潤次郎、同伊東巳代治、式部長三宮義胤、東京帝国大学教授梅謙次郎、同穂積八束《ほづみやつか》ら。同年、総裁の伊藤は、皇室典範・大日本帝国憲法にもとづく永遠の基準を完成させる旨の勅を受ける。本格的な調査活動の開始は、伊東巳代治が副総裁、有賀長雄が御用掛となる同三十六年以降。調査方針は、従来皇室の家法とされた皇室典範を帝国憲法と対等の効力を有する国家の根本法と位置づけ、皇室関係法令を国家の法として調査すること。同四十年(一九〇七)以降公布される皇室典範増補や多くの皇室令を起草。同年、廃局。大正五年(一九一六)設置の帝室制度審議会が調査を引き継ぐ。同十五年(一九二六)に皇室令がほぼ整備される。

参考文献 川田敬一『近代日本の国家形成と皇室財産』(『明治百年史叢書』、二〇〇一、原書房)　(川田 敬一)

ていしつりんやきょく　帝室林野局 宮内大臣の管理に属し、御料の土地・林野の管理・経営に関する事務を掌る。帝室林野局の前身は、明治十八年(一八八五)、帝室一般の財産を掌る御料局として宮内省に設置された。同四十一年(一九〇八)に帝室林野管理局と改称し、宮内省の省外部局となる。大正十三年(一九二四)に帝室林野局と改称。御料局設置の契機は、官有山林原野を皇室財産に編入することが見込まれたためである。帝室林野局職員として、長官の下に事務官・技師・職・技手・技手補を置く。本局のほかに札幌・旭川・東京・名古屋・木曾の支局および林業試験場を置く。主たる事業経営は林業であるが、農地経営や養魚事業・牧馬事業の経営にも携わる。皇室財政において林野収入が中枢を占め、収入額は明治三十一年(一八九八)に約百十万円、同四十年が二倍の約二百十五万円、大正七年(一九一八)に一千万円を超え、昭和十二年(一九三七)には約千八百四十万円となる。事業経営以外にも、境界査定・測量や御料地の整理事業も行なった。

参考文献 帝室林野局編『帝室林野局五十年史』(一九三九)、萩野敏雄『御料林経営の研究―その創成と消滅―』(二〇〇六、日本林業調査会)　(川田 敬一)

ていしつろん　帝室論 帝室を政争の具とすべきでないことを主張した福沢諭吉の著作。明治十四年政変後、反政府的な自由党や立憲改進党が結成されたのに対抗して福地源一郎らが帝政党を結成し、盛んに帝室のことを取り上げて他党を論難していることに危惧の念を抱いた福沢は、帝室の政治利用を批判する論説を執筆し、明治十五年(一八八二)四月二十六日から五月十一日まで『時事新報』紙上に十二回にわたり連載した。この論説は連載中から大きな反響があり、連載終了と同時に単行本としても出版された。福沢は、帝政党が尊皇主義を看板に掲げ、ほかの民権政党を賊臣のごとく非難中傷するのは、帝室を政争の具にするものであり、かえって帝室の尊厳を傷つけるものであると指摘、帝室はあくまで「政治社外」のものであり、政治対立の渦中から独立して、むしろそうした対立を超越した「緩和力」となるべきものであると主張した。具体的には、帝室は、学問教育の振興、日本固有の芸術の保護など、国民の福祉、文化的事業の中核となって、国民統合の役割を果たすことが期待された。しかし帝室を政治社外に高く仰ぎ、帝室の安泰を願う福沢の主張の真意は、保守的な古勤王論者には理解されず、帝室を軽視するものとの批判を招いた。この書に対する批判はその後も終熄せず、昭和十二年(一九三七)には「帝室論」を収録した『福沢文選』(富田正文《とみたまさふみ》・宮崎《みやざき》友愛《ともえ》共編)を慶応義塾大学が予科学生の参考書に使用したところ、文部省から「帝室論」を収録した文献の使用は不適当との注意勧告があり、再版で削除されている。しかし太平洋戦争後は、この書の所論が日本国憲法下の象徴天皇制の精神に合致することから再評価され、時の皇太子の教育参与となった小泉信三はこの書を用いて教育にあたり、進講中は皇太子と代わる代わる音読したことが伝えられている。慶応義塾編『福沢諭吉全集』第五巻(昭和三十四年、岩波書店)に収める。→福沢諭吉《ふくざわゆきち》

参考文献 小泉信三『ジョオジ五世伝と帝室論』(一九八九、文芸春秋)　(寺崎 修)

ていじょしょう　丁汝昌 Ding Ruchang 一八三六―九五 清国の海軍軍人。字は禹廷、安徽省廬江県の人。一八三六年十一月十八日生まれ。十八歳で太平天国軍に参加、一八六一年湘軍に降る。六二年以降淮軍の劉銘伝の下で太平天国軍さらに捻軍と戦い、騎兵の指揮官として頭角をあらわした。七九年北洋大臣李鴻章の下で海軍

丁 汝 昌

創設に参画、八〇年末軍艦受領のためイギリスへ派遣され翌年帰国。八二年壬午事変に際し朝鮮へ出動、大院君を天津へ連行した。八六年(明治十九)、軍艦四隻を率いて長崎に入港、乗組員と日本の警察官との衝突が発生し外交問題となる。八八年北洋艦隊の編成が完了すると、海軍提督(艦隊司令長官)に任命される。九一年(明治二十四)にも艦隊を率いて横浜に来航、日本側要人と交歓した。日清戦争中、九四年九月の黄海海戦で敗北し制海権を奪われ、みずからも負傷。旅順失陥後、残存艦隊を威海衛へ移したが、陸海より日本軍の攻撃を受け、九五年二月十二日、威海衛陥落の直前に服毒自殺した。六十歳。

参考文献 李厚木『中国近代第一位海軍司令—丁汝昌—』(二〇〇五、新華出版社、北京)、戚其章『走近甲午』(二〇〇六、天津古籍出版社、天津)

(佐々木 揚)

ていしんしょう　逓信省　明治十八年(一八八五)十二月二十二日、内閣制度の発足に伴い新設された中央官庁。駅逓局と管船局を農商務省から、電信局と燈台局を工部省から移管して成立。これにより通信と海運業務が統合された。初代大臣は榎本武揚、次官は野村靖。逓信の省名は、駅逓と電信から一字ずつとって名付けられたものといわれる。また今日でも使用されている郵政マーク「〒」は、同二十年(一八八七)二月に逓信省の「テ」を図案化したものである。駅逓および電信事務の統合運営については、同十六年七月、工部省の志田林三郎の「駅逓電信両局合併之利益並駅逓院組織」の建議があり、同年八月、工部卿の佐佐木高行も電信を駅逓信郵便に併合すべき旨を太政官に建議していた。管轄下となった各局のうち、駅逓局が従来担当していた郵便と為替・貯金業務はその性格が異なるものであったため、同二十年三月の官制改革により、内信・外信・工務・為替貯金の四局を新設し、業務内容に応じて、郵便事務は内信・外信の両局に、為替事務は外信および為替貯金の両局に、貯金事務は為替貯金局に、電信事務は内信・外信・工務の三局に分割した。管船局および燈台局は従来どおりとされた。さらに同二十三年七月には、「郵便為替貯金局官制」が制定され、郵便為替貯金局は逓信省から分離して外局となり、内信・外信・工務の三局も廃止されて、郵務・電務の二局となる。さらに同二十四年七月には、電話(同二十三年十二月、交換業務開始)および電気事業監督の事務が

逓信省(明治43年落成)

加えられると同時に、「航路標識管理局官制」が制定され、燈台局は廃止された。また逓信省の設置により、郵便局および電信局は一・二・三等に分けられた。特に地方の有志者が局舎を提供して開設されていた郵便局は三等郵便局(のちの特定郵便局)に位置づけられ、郵便取扱役は三等郵便局長となり、郵政事業の末端を担い続けていく。この間、郵便局は同二十五年十月から小包郵便の取扱を開始し、同三十三年三月には貯金の名称が郵便貯金となっている。さらに大正五年(一九一六)には簡易生命保険、同十五年(一九二六)には郵便年金を創業し、郵政三事業を確立している。また逓信省は、明治二十五年に官営鉄道の経営および私鉄の監督にあたっていた鉄道局をもその管轄下においた(同四十一年まで)。同三十九年(一九〇六)の鉄道国有化は逓信省のもとで行われたのである。さらに、同三十年から電気事業、三十三年十月から無線電信事業、大正期になると航空事業も大正十三年十一月から監督した。ラジオ放送(放送用私設無線電話)の開始(大正十四年三月)も、逓信省の監督下によるものである。かくして逓信省は、通信事業に加えて陸海空の運輸全般をも管掌する大官庁となった。その象徴が、東洋一の大建築といわれた逓信省庁舎(東京木挽《こびき》町、明治四十三年落成)である。しかし、昭和十八年(一九四三)十一月、太平洋戦争の長期化に伴う行政機構改革により、陸海輸送を担当する目的で逓信省は鉄道省と合併して運輸逓信省となり、その外局として通信院が設置された。通信院は郵政および電気通信事業、電波行政を管掌した。さらに同二十年(一九四五)五月、通信院は内閣所管となり逓信院と改称された。敗戦後の同二十一年七月、逓信省が復活して逓信院業務を引き継いだが、同二十四年六月、連合国最高司令官総司令部の意向により郵政省と電気通信省(同二十七年廃止)に分割された。→駅逓寮《えきていりょう》　→通信事業《つうしんじぎょう》　→電信局《でんしんきょく》　→郵便為替《ゆうびんかわせ》　→郵便局《ゆうびんきょく》　→郵便制度《ゆうびんせいど》　→郵便貯金《ゆうびんちょきん》

参考文献　逓信省編『逓信事業史』一（一九四〇、逓信協会）、郵政省編『続逓信事業史』一（一九六三、前島会）、同編『郵政百年史』（一九七一、逓信協会）、同編『郵政百年のあゆみ』（一九七一、逓信協会）　（鵜飼　政志）

ていしんはくぶつかん　逓信博物館　現在の逓信総合博物館の前身。明治三十五年（一九〇二）、万国郵便連合加盟二十五年記念および郵便博物館創立記念展覧会（二十一日間）をもって京橋区木挽町《こびきちょう》八丁目（東京都中央区銀座八丁目）の逓信省構内に開館した。同二十五年（一八九二）以降、逓信省が郵便関連物品の改善・配給や郵便切手の改良調査を目的として保管・蒐集してきた諸資料、電気試験所保管の電信・電話機類、篤志家から寄贈された伝馬文書などの交通資料、さらにベルン（スイス）の万国郵便連合総理局（現在の事務局）から交付された加盟各国の郵便切手類が当初の陳列品であった。その後、逓信省の移転により、同三十八年、芝公園内の通信管理講習所構内に移転、さらに同四十年には増築されて新展示場が完成、週二日間の展示公開を可能とした。同年六―七月に開催された絵はがき陳列会では、日露戦争に際してまき起った絵はがき趣味ブームもあり、多くの観覧者（総数一万四千八百人）を得た。同四十三年（一九一〇）の逓信省新庁舎完成に伴って、逓信博物館と改称され、再び本省内に移転している。所属も通信局から大臣官房に移っている。明治後期の博物館事業に対する関心の高まりに応じて、同館も第五回内国勧業博覧会（明治三十六年）、セントルイス万国博覧会（明治三十七年）、日英博覧会（明治四十三年）などへの資料の出品も行なった。大正十一年（一九二二）、麹町区富士見町（千代田区富士見町）に移転して独立した建物を保有し、昭和十九年（一九四四）までは郵便切手類の意匠図案を担当、郵便用品の考案研究にもあたった。戦後の同三十九年（一九六四）、大手町に逓信ビルを建設して再移転し、逓信総合博物館と称するようになった（郵政省・NTT東日本・日本放送協会（NHK）の共同運営）。分館に前島記念館（新潟県上越市、昭和五年（一九三〇）開館）・坂野記念館（岡山県岡山市、昭和二十八年（一九五三）開館）がある。

参考文献　逓信省編『逓信事業史』一（一九四〇、逓信協会）、逓信博物館編『逓信博物館七十五年史』（一九七七、信友社）　（鵜飼　政志）

ていせいとう　帝政党　⇩立憲帝政党《りっけんていせいとう》

ていちゅうこうろん　丁丑公論　西南戦争における西郷隆盛の立場を擁護し、西郷を死地に陥れた責任は、廃藩以来、国事に関わる地位を失った士族が鬱積させていた不満を、言論を統制し武力で押さえ込むのみで暴発させた政府にあると断じた福沢諭吉の論説。戦争直後の明治十年（一八七七）十月に起草したが、出版取締りの厳しさを考慮して長く筐底に秘した。明治三十四年（一九〇一）二月一日から同十日までの『時事新報』紙上に「（明治十年）丁丑公論」と題する連載記事として公表された。連載の途中、二月三日に福沢は没し、同年五月に「瘠我慢《やせがまん》説」と合して単行書として公刊された。福沢は次のように述べている。政府の専制はこれを放置すれば際限がない。その専制を防ぐには「これに抵抗するの一法あるのみ」であるが、近頃の「日本の景況」を見るに「文明の虚説に欺かれて抵抗の精神は次第に衰退」している。いやしくも「憂国の士」はこれを救うの術を求めないわけにはいかない。「抵抗の法」は一様ではなく、西郷が政府に抗するに武力によったことには賛同できないが、「其精神に至ては間然すべきもの」がない。日ごろ、学者士君子をもって自認する新聞雑誌の論客ですら、維新の功臣として盛名をはせた西郷に対して挙兵を機に一転して、「別段の所見」なく「古今無類の賊臣」として「罵詈讒謗」を浴びせている。ここにこれを論じて、「日本国民抵抗の精神を保存して、其気脈を絶つことなからしめん」とする理由があるというのである。専制への西郷の抵抗の精神を評価し、西郷批判の諸議論に反駁していずれもその理由のないことを論じ、また、「政権」すなわち国政全体にかかわる権限を明らかに政府に帰することに努め、その一方で、民会論を公儀輿論としてこれに従って「治権」すなわち地方自治の権限に関わる方向に士族のエネルギーを誘導することが、政府のみならず西郷自身にもできなかったことを惜しんでいる。『福沢諭吉全集』六（昭和三十四年、岩波書店）、『福沢諭吉選集』一二（昭和五十六年、岩波書店）、『福沢諭吉著作集』九（平成十四年、慶応義塾大学出版会）などに所収。　↓福沢諭吉《ふくざわゆきち》

参考文献　富田正文「福沢諭吉書誌」（一九六四、大塚巧芸社）、松本三之介「解説」（『福沢諭吉選集』一二所収、一九八一、岩波書店）、丸山真男「忠誠と反逆」（松沢弘陽・植手通有編『丸山真男集』八所収、一九九六、岩波書店）　（松崎　欣一）

ディットリヒ　Rudolf Dittrich　一八六一―一九二一　御雇い外国人教師（音楽）。一八六一年四月二十五日オーストリア＝ハンガリー帝国東部のビアラに生まれ、ウィーン音楽院でヘルメスベルガー、ブルックナーに師事、明治二十一年（一八八八）十一月より二十七年七月まで草創期の東京音楽学校で、日本初の本格的な芸術音楽の育成に貢献した。二十二年二月の大日本帝国憲法発布に際し「憲法発布之頌」を作曲し、宮中や鹿鳴館でヴァイオリンを演奏。『小学唱歌集』『祝日大祭日唱歌』の和声付けを行い、Nippon Gakufu や Yoi！など、日本の民謡、端唄《はうた》、箏曲のピアノ編曲をドイツとウィーンで出版。二十七年勲四等瑞宝章。帰国後は宮廷オルガン奏者、ウィーン音楽院教授などをつとめる。一九二一年二月十六日ウィーンにて没。満五十九歳。

参考文献　『東京芸術大学百年史』東京音楽学校篇一（一九八七、音楽之友社）、平沢博子「ルドルフ・ディットリヒ物語」（『おんかん』一九九八年十月―二〇〇三年三月）　（橋本久美子）

ていねんせい　定年制　被雇用者が一定の年齢に到達し

た時点で自動的に雇用関係が打ち切られる制度。戦前には通常、「停年制」と表記された。長期の雇用慣行が存在せず、雇用主の都合によって自由に雇用関係を打ち切ることができる限り定年制は必要ないし、労働者の流動性が高い状況では、定年制を採用する実質的な意味は少ない。このため、明治期には定年制に関する明文的な規程が整備されていない場合が多く、長期雇用慣行が支配的になった部門から徐々に制度化されていった。軍人の定年制度は明治八年(一八七五)八月の海軍退隠令、九年十月の将官退職令・陸軍恩給令で定められたが、文民の官公吏については定年の定めがなく恩給を取得できる年齢(明治二十三年(一八九〇)六月の官吏恩給法によって六十歳)との関連で実質的な引退制度が運用されていた。職工の定年制の明文規程は海軍火薬製造所(明治二十年)、横須賀造船所(二十二年)から始まり、民間職員については日本郵船会社の三十五年(一九〇二)の社員休職規則における規程(五十五歳定年)が最初であったといわれている。重工業大経営を中心にして長期の雇用慣行が拡大し、労働者の企業間移動が少なくなってくる一九二〇年代において定年制は制度として本格的に整備されるようになった。

参考文献 労務管理史料編纂会編『日本労務管理年誌』一(一九六二—六四)、荻原勝『定年制の歴史』(一九六四、日本労働協会)、野村正実『日本的雇用慣行—全体像構築の試み—』(二〇〇七、ミネルヴァ書房)　(加瀬　和俊)

ていめいこうごう　貞明皇后　一八八四—一九五一　大正天皇の皇后。公爵九条道孝の第四女として明治十七年(一八八四)六月二十五日誕生。母は野間幾子。孝明天皇の女御である英照皇太后は伯母(道孝の姉)にあたる。名は節子《さだこ》。同三十三年(一九〇〇)二月十一日皇太子嘉仁《よしひと》親王(大正天皇)との納采の儀を経て、同年五月十日婚儀が行われ、皇太子妃となり、東宮仮御所に入る(四十二年(一九〇九)、東宮御所(現迎賓館)が建造される)。三十四年四月二十九日迪宮裕仁《みちのみやひろひと》親王(昭和天皇)出産、ついで三十五年六月二十五日淳宮雍仁《あつのみややすひと》親王(秩父宮)、三十八年一月三日光宮宣仁《てるのみやのぶひと》親王(高松宮)、大正四年(一九一五)十二月二日澄宮崇仁《すみのみやたかひと》親王(三笠宮)を出産する。明治四十五年七月二十九日天皇が崩御し(七月三十日発喪)、嘉仁親王が践祚《せんそ》すると、皇后となる。大正四年十一月十日、京都御所紫宸殿での即位礼が挙行されるにあたり、高御座の隣に御帳台が設置される。大正十四年(一九二五)五月十日、御成婚二十五周年を祝す。同年六月二十五日の誕生日に筧克彦《かけいかつひこ》の進講速記録『神ながらの道』を官国幣社・府県庁に下賜する。大正十五年十二月二十五日天皇が崩御し、裕仁親王が践祚すると、皇太后となる。皇太后宮職が設置される。昭和二十二年(一九四七)九月二日、大日本蚕糸会総裁に就任。昭和二十六年五月十七日狭心症により大宮御所にて崩御。満六十六歳。御陵は東京都八王子市長房町の多摩東陵《たまのひがしのみささぎ》。同年六月八日貞明皇后と追号される。「貞明」は、『易経』の「日月の道は貞《ただ》しくして明らかなるなり」(『周易』繋辞下伝)の一文を出典とする。歴代皇后中、はじめて関東に陵が営まれ、また日本国憲法下の皇室典範に基づいて葬られた最初の皇族である。また皇后として社会事業や慈善事業を奨励し、皇太后としてハンセン病患者の救済事業や、養蚕(蚕糸・絹業)事業などの奨励、燈台職員の待遇改善などに貢献した。数多くの和歌・漢詩を残し、宮内庁書陵部編『貞明皇后御歌集』上下二巻と『貞明皇后御詩集』一巻が編まれている。

参考文献 早川卓郎編『貞明皇后』(一九五一、財団法人大日本蚕糸会)、主婦の友社編『貞明皇后』(一九七一、主婦の友社)、片野真佐子『皇后の近代』(『講談社選書メチエ』、二〇〇三、講談社)、小田部雄次『昭憲皇太后・貞明皇后』(二〇一〇、ミネルヴァ書房)　(真辺　美佐)

ていゆうりんりかい　丁酉倫理会　日本で最初に結成された倫理学会。明治三十三年(一九〇〇)一月、それまであった丁酉懇話会を改称して発足。前身の丁酉懇話会は明治三十年一月、横井時雄《よこいときお》、浮田和民《うきたかずたみ》、大西祝《おおにしはじめ》、姉崎正《あねざきまさ》治《はる》、岸本能武太《きしもとのぶた》らが設立した。有力な会員としてはほかに桑木厳翼《くわきげんよく》、中島徳蔵《なかじまとくぞう》、雀部顕宜《ささべあきのぶ》、元良勇次郎《もとらゆうじろう》らがいる。第一回丁酉倫理会学術演説会が開かれたのが明治三十三年一月二十八日で、それ以降、定期的(月例)に会合が開催された。『丁酉倫理会倫理講演集』と題する出版物も隔月で刊行された。会員は主に宗教・倫理・哲学・政治学を専攻する著名な学者たちで、設立の動機は、姉崎正治によれば、イギリスの Ethical Culture 運動の規模をもち、当時、思想界を風靡していた日本主義や浪漫主義的本能肯定の風潮に対抗する知的な言論活動を目指していたという。会の趣意書に「道徳の大本は人格の修養にあり。忠君愛国は国民道徳の要素なりと雖も、而も人生の本然に稽へて其自覚心を覚醒し其衷心に訴ふるに非ざれば、恐らくは生命ある活動を庶幾すべからざらむ」とあるように、人格主義的な自我を重視する立場から保守的な国民道徳論の歪みを正さんとする意図があった。その主張は当時の『六合雑誌《りくごうざっし》』の反日本主義の論調と共通するキリスト教的な倫理主義の色彩が強い。研究会や講演会で取り上げられた主題は、武士道、忠孝の批判的考察、人の道、仏教とキリスト教の問題から新しい時代にふさわしい男女交際のあり方、新しい家族像といった、欧米のキリスト教に対応する近代日本の社会モラルの育成をめざす積極的な発言が試みられた。また、会員である中島徳蔵の倫理学講義が反逆思想に触れるとして文部省によって指弾され、辞職を強いられた明治三十五年の哲学館事件では、中島弁護の声明を発表するなど、丁酉倫理会は穏健ながら学問の自由を擁護する異議申し立ても行なっている。

参考文献 「丁酉倫理会の略史」(『丁酉倫理会講演集』一、一九〇〇)、姉崎正治「浮田和民君の思い出」(『丁酉倫理』五二八、一九四七)　(西田　毅)

デーニッツ Friedrich Karl Wilhelm Dönitz 一八三八—一九一二 明治時代前期の御雇いドイツ人医師。一八三八年六月二十七日プロイセン国のベルリンに生まれる。六四年医師の免許を得て、ベルリン大学のライトヘルトに解剖学を学び、二年後には助教として講義をする傍ら、自宅で開業。のち普仏戦争に従軍する。明治六年(一八七三)七月、三年の契約で第一大学区医学校に着任、解剖学・組織学などを教え、実習を行なった。翌年には、警視庁の裁判医学校で裁判医学を教えるが、これはわが国近代法医学教育の嚆矢となった。同九年警視庁雇いの専任となり、法医診断・臨床講義を行い、西南戦争では長崎で負傷者の治療にあたった。同十二年(一八七九)八月佐賀県の公立佐賀病院と付属医学校に、医師兼教師として勤め、翌年一月帰国したが、十月に佐賀に戻り、仕事のほかに伝染病の演説などをした。同十八年ドイツに帰り、コッホにつき研究を続け、一九一二年三月十二日ベルリンで死去。満七十三歳。

参考文献 小関恒雄「御雇教師ウイルヘルム・デーニッツ」(『日本医史学雑誌』二三ノ二・二六ノ四、一九七七・八〇) (林 彰)

でかせぎ 出稼 就労機会を得るために通常の居住地を離れて他地域に移動し、その地で一定期間居住・就労し、就労期間が終了すると元の居住地に帰還する人の動きをいう。労働に季節的繁閑の大きい農漁民などが、通常の居住地において就労機会の少ない時期に、季節的に労動力を要する他地域に移動して働く場合や、未成年女子が数年間出身地を離れて女工として寄宿舎生活を送る場合などがあった。夫婦単位の出稼ぎは明治期には少なく、家族から離れて単身者が集団的に移動することが通例であった。出稼ぎ中の生活・労働条件は厳しかったので、出稼に従事する者は貧困な零細農家などの世帯員が多かった。出稼ぎ労働力を需要した産業は、養蚕業、北洋漁業、酒造業、寒天製造、茶摘・製茶などの一次産業関連産業が多かった。出稼の実態を把握するための諸調査・統計類は明治期にはほとんどなく、一九二〇年代以降、社会局、職業紹介行政機関などによって作成されるようになった。

参考文献 野尻重雄『農民離村の実証的研究』(一九四二、岩波書店)、牛山敬二『農民層分解の構造―戦前期新潟県蒲原農村の分析―』(一九七五、御茶の水書房)、大川健嗣『戦後日本資本主義と農業―出稼ぎ労働の特質と構造分析―』(一九七九、御茶の水書房) (加瀬 和俊)

てがたこうかんじょ 手形交換所 銀行が収納した小切手や手形などを特定時間、特定場所に持ち出し、一定の規則に基づいて交換する銀行の共同機構。銀行間の債権債務を相殺することから、交換差額のみの決済で済む。第一国立銀行頭取の渋沢栄一らが欧米に倣って手形交換所の設立を熱心に唱導。手形取引の伝統がある大阪において明治十二年(一八七九)十一月、十六の本支店銀行によって大阪交換所が設立されたのが最初。手形取引の慣習が乏しかった東京でも明治二十年(一八八七)十二月に十六の本支店銀行によって東京手形交換所が設立された。交換差額の決済方法は、当初、両交換所とも個別決済方式(ニューヨーク型)であったが、日本銀行の当座勘定による交換尻振替決済方式(ロンドン型)に切り替えられた。また交換所組合銀行に手形交換を委託する代理交換制度も、当初の厳しい規定から緩やかなものに変更された。その後交換所は、神戸(明治三十年(一八九七))、京都(同三十一年)、横浜・広島(同三十三年)、名古屋(同三十五年)において設立され、明治三十六年には、のちの手形交換所連合会(大正八年(一九一九))に発展する交換所組合銀行の連合会が東京で開催された。交換高も明治二十二年の五千四百万円から大正元年には九十七億円と増加した。このうち東京・大阪両交換所の交換高が大正元年でも七割を占めていた。

東京手形交換所

参考文献 『東京銀行集会所・東京手形交換所資料』(日本銀行調査局編『日本金融史資料』明治・大正編一二、一九五九、大蔵省印刷局)、『東京手形交換所五十年史』未定稿(刊行年不詳、全国銀行協会連合会調査部)、『東京手形交換所九十年の歩み』(一九七九、東京銀行協会東京手形交換所)、『大阪手形交換所百年史』(一九八〇、大阪銀行協会)、靎見誠良『日本信用機構の確立―日本銀行と金融市場―』(一九九一、有斐閣)、『銀行協会五十年史』(一九九七、全国銀行協会連合会・東京銀行協会) (佐藤 政則)

てがぬまかいこん 手賀沼開墾 千葉県北西部に位置する手賀沼は十七世紀前半の利根川東遷によって「つ」の字に形作られ、周辺の村々は沼での鳥猟漁業藻刈に依存しつつも利根川の氾濫による水害に悩まされていた。明治二年(一八六九)の下総牧開墾事業で手賀沼が開墾されることになると多様な人々が開発を願い出た。東京の商人と結んだ常州筑波郡谷田部新町飯村沖右衛門・相馬郡岡発戸《ほかほっと》村名主岡田安左衛門・同郡都部《いちぶ》村向《むかい》右衛門ら、郷校設立をめざす武州大里郡相上村の吉見皇太神宮宮司を盟主とする上州勢多《せた》郡荒口村の阿部善兵衛ら、沼周辺の三十九ヵ村惣代などである。明治五年三月に印旛《いんば》県が開墾中断の意見書を政府に提出した後も、十一年(一八七八)の東京府士族田村正家ら開墾社による水路開削、十六年の石坂周造らによる仏教興隆の「教田」設置の計画が立てられた。いずれも頓挫し、手賀沼干拓は第二次世界大戦後の農林省直轄工事で完成した。

参考文献　坂本信生・池田宏樹・川名登「印旛沼開発に関する共同研究報告書(二)」(『千葉経済大学短期大学部商経論集』三〇、一九六七)、『千葉県の歴史』通史編近現代一(二〇〇二)、『我孫子市史』近現代篇(二〇〇四)

(松浦　眞二)

できだかきゅうせい　出来高給制　⇩賃金制度《ちんぎんせいど》

できねーそうだん　溺濘叢談　政論雑誌。明治十一年(一八七八)十二月五日―十四年六月。全二十九号。中本大、仮綴じの本文九丁。社長は酒井覚酔、編輯兼印刷は小原元房、八号から藤田秀雄、月刊で、朝野新聞社内の馬耳念仏社より発行。『朝野新聞』の論説などの執筆者や投書家の原稿を収録した。成島柳北は、創刊号「溺濘叢談緒言」で「芻蕘ノ言聖人採ル有リ吾党ノ溺濘叢談モ早晩或ハ社会ニ流通シ化シテ溺流《デキル》叢談タルモ亦未ダ知ル可カラザル也」と抱負を述べ、「政府ノ新聞記者ヲ遇スル厚薄如何」(四号)、「溺濘小言」(一三―一五号)、「人民愚ナラザレバ専制行ハレズ」(一八号)など、ほぼ毎号執筆している。末広重恭は創刊号に「著書飜訳ハ時勢ニ従フノ論」を発表し、そのほか、高橋基一・沢田直温・浅野乾・加藤政之助・草間時福《くさまときよし》などが執筆する。十四年八月から、末広重恭校閲、藤田秀雄編輯を冠した『国友雑誌』と改題される。　➡国友雑誌《こくゆうざっし》

(山田　俊治)

出口王仁三郎

でぐちおにさぶろう　出口王仁三郎　一八七一―一九四八　大本の聖師。旧名上田喜三郎。明治四年七月十二日(一八七一年八月二十七日)丹波国桑田郡穴太村(京都府亀岡市)で小農上田松吉の長男として生まれる。言霊学者中村孝道の妹で祖母の宇能《うの》に言霊学を、国学者岡田惟平《おかだこれひら》に国学を学ぶ。同三十一年(一八九八)高熊山修業後、静岡県稲荷講社総本部で本田親徳《ほんだちかあつ》を師とする長沢雄楯《ながさわかつたて》に霊学と鎮魂帰神法を伝授される。同年十月綾部の出口なおと会い、翌年金明霊学会設立。同三十三年出口すみ(なおの五女、大本二代教主)と結婚。同四十一年(一九〇八)大日本修斎会設立。大正五年(一九一六)皇道大本と改称。同九年『大正日日新聞』買収、立替え立直しを宣伝、同十年(一九二一)不敬罪・新聞紙法違反で検挙される(第一次大本事件)。同年公判中に『霊界物語』口述開始、同十三年蒙古入り。昭和九年(一九三四)昭和神聖会を組織。同十年(一九三五)不敬罪・治安維持法違反で再び検挙される(第二次大本事件)。終戦による事件解決後、大本を愛善苑の名で再建。『霊界物語』など多数著作がある。また、『出口王仁三郎著作集』全五巻(読売新聞社、昭和四十七―四十八年)が刊行されている。同二十三年(一九四八)一月十九日死去。七十八歳。　➡大本《おおもと》

参考文献　村上重良『(評伝)出口王仁三郎』(一九七八、三省堂)、弓山達也「大本と鎮魂帰神」(田辺信太郎・島薗進・弓山達也編『癒しを生きた人々―近代知のオルタナティブ―』所収、一九九九、専修大学出版局)

(宮本　誉士)

でぐちなお　出口なお　一八三六―一九一八　大本の開祖。天保七年十二月十六日(一八三七年一月二十二日)丹波国福知山で大工桐村五郎三郎の長女に生まれる。弘化三年(一八四六)父死後、家計貧窮にて女中奉公に出る。嘉永六年(一八五三)叔母出口ゆりの養女となり、安政二年(一八五五)大工出口政五郎(旧名四方豊助)と結婚。遊興・酒好きの夫と八人の子女養育に困窮かつ夫が病気で倒れ貧困極に達した。明治二十年(一八八七)夫死後も赤貧の生活と長女・三女の精神錯乱など相つぐ中、同二十五年艮の金神がなおに神がかりする。その神がかりは周囲から狂人扱いされ座敷牢に閉じ込められた。入牢後「お筆先《ふでさき》」を書き始め、出牢後病気治しの「綾部の金神さん」として知られ信者が集まる。金光教綾部布教所として出発、「お筆先」に理解が得られず、同三十二年(一八九九)出口王仁三郎《おにさぶろう》と金明霊学会設立。立替え立直しや改心の徹底などを強く押し出す。一時信者が多数離れるも王仁三郎の教団組織化で教勢盛返す中、大正七年(一九一八)十一月六日死去。八十三歳。　➡大本《おおもと》

出口なお

参考文献　『大本七十年史』(一九六四・六七)、伊藤栄蔵『大本―出口なお・出口王仁三郎の生涯―』(『新宗教創始者伝』、一九八四、講談社)、安丸良夫『出口なお』(『朝日叢書』一九八七、朝日新聞社)

(宮本　誉士)

てじな　手品　巧妙な技や仕掛けで、観客の目を眩惑させる芸。奈良時代、中国から伝来した散楽の一種。幻術・品玉《しなだま》・手妻《てづま》・奇術とも。幻術で知られるのは、室町の妙果心居士だが、主として放下僧が継承、近世になって興行をする者が現われる。江戸の元禄年間(一六八八―一七〇四)になると、塩の長次郎の呑馬術や、石井飛騨掾が遣った手妻人形などが流行。下って天保年間(一八三〇―四四)、紙片の蝶をさながら生きた蝶のように操った柳川一蝶斎が演じた「浮かれの蝶」は、雅俗を併せた芸当として持て囃される。同時代に活躍した者に、初代、二代の養老滝五郎が挙げられよう。明治になると帰天斎正一《きてんさいしょういち》、

松旭斎天一《しょうきょくさいてんいち》が、従来になかった西洋奇術で名を馳せる。その芸当は各門人が継承したが、ことに水芸は、二代松旭斎天勝が琢磨、美貌と相まって名を擅にした。こうした衣鉢は門人らが伝え、今日でも東西の舞台で見ることができる。

参考文献 朝倉無声『見世物研究』(一九七七、思文閣出版)
（土居　郁雄）

てじまかいせつ　手島海雪　一八五九—一九〇七　漢詩人。名は鑑、知徳とも称する。字は方諸、別号を寧宇・秋水という。安政六年正月二十日(一八五九年二月二十二日)、伯耆根雨《ねう》宿の大庄屋の家に生まれる。父鳳洲が幕末維新の国事に奔走したために家財を失い、明治二年(一八六九)、父に伴われて京都に移住、苦学の時代を送った。七年、小学校を卒業ののち、奈良県下の小学校教員となった。九年には選ばれて京都府立師範学校に入学、抜群の成績で明治天皇の褒賞を授かった。十一年(一八七八)卒業、京都府下の小学校校長、府学務課出仕を経て、十八年宮内省に出仕したが、再び東京専門学校(現早稲田大学)にて法律、経済を学び、二十三年(一八九〇)卒業した。そののち親戚で貴族院議員であった野崎武吉郎《のざきぶきちろう》の顧問となり、その関係で塩業に携わり、大日本塩業協会を設立、塩の専売法の成立に寄与した。三十八年(一九〇五)、満韓塩業会社の創立を企てて満洲に渡ったが、旅中に病を得て帰京した。詩は明治四年、建仁寺管長岡田石窓《おかだせきそう》に学び、のちに京都詩壇の佐々木松暾《ささきしょうとん》に、文は大亦浩堂《おおまたこうどう》に学んだ。上京後は森槐南《もりかいなん》に師事して星《せい》社に参加、随鷗吟社《ずいおうぎんしゃ》が結成されると機関誌『随鷗集』の編纂補助に推された。明治四十年(一九〇七)十月十三日没。四十九歳。

参考文献 神田喜一郎編『明治漢詩文集』(『明治文学全集』六二、一九八三、筑摩書房)、三浦叶『明治漢文学史』(一九九八、汲古書院)
（山辺　進）

てじませいいち　手島精一　一八四九—一九一八　明治・大正期の工業教育家。嘉永二年十一月二十八日(一八五〇年一月十一日)沼津藩士田辺四友の次男として江戸藩邸で生まれる。幼名は銀次郎、十二歳のとき同藩士手島右源太の養子となり淳之介と称し、二十歳のとき精一と改名した。藩校明親館で学んだのち、明治三年(一八七〇)にアメリカ留学、さらに岩倉遣外使節団の通訳として随行、かつヨーロッパ諸国の近代産業技術分野の視察調査・資料収集を行なって同七年に帰国した。帰国後は文部省に入り、明治八年東京開成学校監事(翌年同校製作学教場事務取締兼勤)、同十年(一八七七)教育博物館長補、同十四年教育博物館長(廃館となる明治二十二年(一八八九)まで)となる。その間明治九年のアメリカ独立百年記念万国博覧会、明治十年のパリ万国博覧会に参加して工業教育の重要性を訴えて東京職工学校(東京工業大学の前身)の創設にも尽力した。明治二十三年に東京職工学校校長に就任し、校名を東京工業学校と改称した。さらに明治三十年(一八九七)から文部省普通学務局長、翌三十一年実業教育局長を歴任し、実業教育関連法規の整備にも貢献したが、同三十二年には東京工業学校校長に復帰した。大正五年(一九一六)九月老齢のために職を退いた。手島はわが国工業教育の指導的な地位にあって工業専門教育の整備発展に尽力し、さらに博物館や海外の博覧会における活躍により産業振興や社会教育における功績も大きい。同七年一月二十三日没。七十歳。昭和十五年(一九四〇)に大日本工業学会編『手島精一先生遺稿』が刊行されている。

手島精一

参考文献 手島工業教育資金団編『手島精一先生伝』(一九二九)、安達竜作『手島精一伝—工業教育の慈父—』(一九六二、手島工業教育資金団)、三好信浩『手島精一と日本工業教育発達史』(『産業教育人物史研究』一、一九八六、風間書房)
（寄田　啓夫）

てつがく　哲学　英語の「フィロソフィ」philosophyが日本で「哲学」と訳出されたのは、明治七年(一八七四)の西周の著『百一新論』で、彼が「総テ箇様ナコトヲ参考ニシテ心理ニ徴シ、天道人道ヲ論明シテ、兼テ教ヲ立ツルヲヒロソヒー、訳シテ哲学」としたことに始まる。西は日本の近代化を急速に達成するために青年に西洋諸学を概括的に理解させようとして、物理(自然科学)を土台とし、その上に心理(社会人文科学)を築き上げるという、西洋の学問を統一的総合的に理解させる考え方を哲学と呼んだ。そのために西周はオーギュスト＝コントAuguste Comteの統一科学の理念をモデルとして採用し、さらに統一科学を樹立するための諸原理としてウィリアム＝ハミルトンWilliam Hamiltomの「学サイエンス」と「術アート」と、ジョン＝スチュアート＝ミルJohn Stuart Millの演繹と帰納の方法を採用し、統一科学を構想しようとして明治三年『百学連環』、同六年『生性発蘊』、同七年『百一新論』を著わしたが、物理と心理を繋ぐ統一原理を発見できずに挫折した。そこで、物理と心理を統一する作業を捨てて、物理の方法論としてミルの論理学を土台とした明治七年の『致知啓蒙』を著わし、心理の研究として『知説』『教門論』『人世三宝論』『論理新説』などを著わして、西自身の哲学を展開した。西周の哲学への貢献は、特に明治七年の『知説』や同八年の訳書『奚般《ヘヴン》氏心理学』などで哲学の諸概念を訳出したことである。たとえば、哲学のほか、観念、主観、客観、理性、悟性、感性、総合、演繹、帰納、概念、定義、直覚、想像力、先天、後天、記号、肯定、否定、実体、属性、外延、内包、同一、命題、全称、特称などである。これらの概念は日本の哲学概念として今日も使用されている。

参考文献 大久保利謙編『西周全集』一(一九六〇、宗高書房)　(小泉　仰)

てつがくかい　哲学会　井上哲次郎・井上円了・有賀長雄・三宅雪嶺などの東京大学哲学科関係者によって設立された学会。明治十七年(一八八四)一月二十六日、哲学研究の振興を目的として設立された。西周・加藤弘之・中村正直・鳥尾小弥太らが会員として名を連ね、インド哲学・中国哲学・西洋哲学の研究者が参集したが、狭義の哲学に限らず、倫理学者・論理学者・心理学者・宗教学者などきわめて広範囲の研究者を擁している点に特色がある。毎月一回月次会が開かれ、会員による演説・討論などが行われた。また、設立三年後から会誌『哲学会雑誌』が発刊されるようになった。

参考文献 中山泰昌編『新聞集成明治編年史』五(一九三六、財政経済学会)　(大久保紀子)

てつがくかいざっし　哲学会雑誌　哲学会の機関誌。明治二十年(一八八七)二月創刊。哲学書院発行。明治二十五年六月に『哲学雑誌』と改題された。哲学会は、明治十七年(一八八四)一月設立後、毎月一回、月次会を開いて会員による演説、および討論などを行なったが、毎回の演説、会員の論説、欧米哲学者の新説などを掲載して会員に頒布するために、また、広く社会に公開するために機関誌を発刊することとした。哲学会は研究の対象を狭義の哲学に限ることなく、広く哲学的な研究の振興を目指す学会であった。そのため『哲学会雑誌』も哲学・心理学・倫理学・論理学・美学・法理学・社会学・宗教・教育学・史学・文学などにわたるきわめて広範な内容が収載されている。　(大久保紀子)

てつがくかん　哲学館　⇩東洋大学《とうようだいがく》

てつがくかんじけん　哲学館事件　明治三十五年(一九〇二)十二月十三日に哲学館(東洋大学の前身)の中等学校教員無試験検定にかかる指定免許特典を取り消した事件。同年十月に実施された卒業試験「動機善にして悪なる行為ありや」という出題に対する学生の答案から、動機が善であれば主君を殺害することも悪ではないとする教育が行われていたと疑われた。授業の担当者は中島徳蔵で、文部省視学官隈本有尚《くまもとありたか》らが試験に立ち会った。中島は、理論上のことであって日本の現実に適用されるものでないと釈明したが、同年十二月十三日に無試験検定の指定の取消しが通知された。中島は同日辞職しつつマスコミで釈明と反論を展開し、そこからさまざまな人が発言して社会的な論議となった。私立学校撲滅策との指摘もあったが、体制から距離があるわけでない哲学館がなぜ標的とされたのか、なお不明である。ちなみに中島は翌三十六年に講師として復帰した(大正十五年(一九二六)より第六代学長となる)。哲学館は同年専門学校令による哲学館大学として認可された。四十年(一九〇七)には無試験検定の再認可を受けた。

参考文献『東洋大学百年史』通史編一(一九九三)　(米田　俊彦)

てつがくざっし　哲学雑誌　哲学会の機関誌『哲学会雑誌』を改題して、明治二十五年(一八九二)六月に発刊された。改題の趣旨は、『哲学会雑誌』よりもさらに広範囲の分野にわたる論説を掲載することによって哲学研究を促進するとともに、哲学思想の普及をはかるということであった。第一号(『哲学会雑誌』から通算して数えているために実際は六四号)掲載の「本誌改良ノ趣意」によれば、旧題の『哲学会雑誌』はその収載範囲を「哲学、心理学、倫理学、論理学、美学、法理学、社会学、宗教、教育学、史学、文学」としていたが、学術の進歩に伴って、哲学の研究を進めるためにはさらに広い研究分野の成果を取り入れることが必要となった旨が記されている。そのため、『哲学雑誌』と改題し、さらに広く「言語学、理財学、古物学、人種学、人類学」などの研究分野の論説を収載して、拡充をはかろうとしたのである。体裁の上でも『哲学会雑誌』が論説・雑録・記事の三欄であったのに対して『哲学雑誌』では論説・史伝・批評・解題・雑録・寄書・雑報・新著の八欄に拡大されている。第一号には、論説として日高真実「師範学校に就いて」、大西祝「形式的論理学の三段論法因明の三支法並弥児の帰納則を論ず」、批評紹介として井上哲次郎「真宗哲学序論を読む」、島田重礼「韓非子(解題)」、芳賀矢一「日本韻文の形体に就きて」などが収められている。論説として掲載されている論文の研究分野は従来とそれほど変わらず、哲学・倫理学・論理学・心理学・仏教学などが多いが、雑録や雑報には人類学や考古学などの分野の記事が散見する。なお、西田幾多郎の「実在に就いて」「純粋経験と思惟、意思、及知的直観」「純粋経験相互の関係及連絡に付いて」の論文は明治四十年(一九〇七)から明治四十三年にかけて本誌に発表されたものである。　↓哲学会雑誌《てつがくかいざっし》　(大久保紀子)

『哲学会雑誌』第1号

てつがくしょいん　哲学書院　明治時代中期から大正時代初期の出版社。新潟県三島郡の慈光寺に生まれ、東京大学文学部哲学科に在学中の明治十六年(一八八三)に学内に文学会を組織し、翌年に哲学会を創立した井上円了《いのうええんりょう》(一八五八―一九一九)が卒業二年後の二十年(一八八七)一月に東京本郷弓町一丁目十番地(東京都文京区)に哲学書院を創設した。営業名義人は実弟井上円成。円了は同年二月に『哲学会雑誌』を創刊し、国家学会事務所を書院内に設置して、三月に『国家学会雑誌』も創刊し、さらに九月に本郷六丁目(文京区)赤門前に移転するとともに、哲学館(のちの東洋大学)を創設した。このような経緯により、この書院は哲学・仏教関係書が多く、哲学館や東大系の研究者の出版が目立ち、「宗教運動、学術運動の震源地たるの観」(三輪政一編『井上円了先生』)があったという。二十四年に迷信打破のために妖怪研究会を設立し『妖怪学講義録』を発表した円了は三十三年(一九〇〇)四月に『妖怪学雑誌』も創刊した。創立時の二十年だけでも円了『仏教活論』、浜田健次郎『言語哲学』、辰巳小二郎『斯氏　哲学要義』、同『女権沿革史　西洋日本』、杉浦重剛『哲学こなし』、土子金四郎『洒落哲学』、稲垣満次郎『東方策』、前田慧雲『真宗問答』、円了『心理摘要』、渡辺国武『印度哲学小史』、加藤弘之『徳育方法案』、棚橋一郎『仏教之前途』などが出版され、以後二十年代に外山正一『社会結合、三大一統、露西亜の大恩』、石川喜三郎『宗教哲学』、清野勉『真理研究之哲理　帰納法論理学』、井上毅『内外臣民公私権考』、円了『日本政教論』、釈雲照『仏教大意』、村上専精『仏教因果理法論』、井上哲次郎『内地雑居論』、沢柳政太郎『十善大意　仏教道徳』など、三十年代には円城寺清『地租全廃論』、中村徳五郎『戦国時代本願寺』、高橋作衛『戦時国際公法』、末松謙澄《すえまつけんちょう》編『維新風雲録　伊藤・井上二元老直話』など、四十年代に九条兼実『玉葉』も出版している。営業に尽力した円成が郷里に退いた(大正五年(一九一六)没)ことなどにより、書院は高頭忠造に譲与されたが、ほどなく閉鎖されたという。

参考文献　三浦節夫編「井上円了略年譜」(『井上円了研究』二、一九八四、東洋大学井上円了研究会第三部会)、三輪政一編『井上円了先生(復刻版)』(一九三三、大空社)

(佐藤　能丸)

てつがくどう　哲学堂　井上円了によって現在の東京都中野区江古田《えこだ》に建てられた四聖(孔子、釈迦、ソクラテス、カント)をまつる堂。明治三十七年(一九〇四)四月落成。木造平屋建、三間四面の小堂であるが、井上円了の哲学の発展を祈る思いが込められている。当初、堂の中央に、心・精神を象徴する電球と、物・物質を象徴する香炉が置かれていた。これは、丸く光を放つ心・精神が物欲で汚されても、修養によってその清浄さを保つことが可能であることを表わしたものであった。現在、堂内には釈迦涅槃像、南無絶対無限尊と記された石柱がある。哲学堂は本来はこの四聖堂を意味するが、一般には同地一帯の総称として用いられる。井上円了は、哲学堂一帯が人々の精神修養の場となるようにと願い、哲理門、六賢台(聖徳太子、菅原道真、荘子、朱子、竜樹、迦毘羅をまつる)、三学亭(平田篤胤、林羅山、釈凝然をまつる)などを相ついで建設した。

参考文献　三輪政一編『井上円了先生』(一九一九、東洋大学校友会)

(大久保紀子)

てづかぬいぞう　手塚縫蔵　一八七九―一九五四　教育者、キリスト者。明治十二年(一八七九)一月七日長野県筑摩《ちくま》郡広丘《ひろおか》村吉田(塩尻市)の農家に父由蔵・母ぬいの長男に生まれる。二十七年(一八九四)から代用教員、三十一年(一八九八)長野県師範学校入学、北信英語義塾の杉本栄太郎にも学ぶ。三十五年二月旭町日本基督教会の高山真吉牧師から受洗、卒業直後内村鑑三に会う。四月和田尋常高等小学校(校長太田水穂)に赴任、師範学校校長原竜豊に辞職勧告して休職、東京に出て吉江孤雁・窪田空穂と植村正《うえむらまさ》久《ひさ》を訪れ、神学社(校長植村)に入学。三十八年三月神学社退学後復職、二小学校に勤務、四十一年(一九〇八)十一月病気休職、再び神学社で学ぶ。四十二年八月小学校復職、四十四年後町小学校勤務中に斎藤節《さいとうみさお》らと、『日本及日本人』読書欄「東西南北」にちなむ東西南北会を結成、「教育は人なり」と人格主義教育を唱道。大正五年(一九一六)六月和田小学校校長のとき松本聖書研究会(七年日本基督教会松本伝道教会、十三年(一九二四)松本基督教会)を主宰、信州七教会合同雑誌『基督者』(大正八年二月創刊―昭和八年五月第一六五号)を編集、多くの信徒教員を育てた。十三年川井訓導事件で文部省の態度を批判、翌年意に反する島内小学校校長からの転出を拒否・退職、昭和二年(一九二七)片丘小学校校長に復職、十一年(一九三六)教員生活を終える。晩年松本日本基督教会に専念、牧師を代行し清貧な信仰生活を全うした。昭和二十九年(一九五四)八月十六日死去、満七十五歳。著作として東筑摩塩尻教育会編『(増補)手塚縫蔵遺稿集』(昭和六十年、東筑摩塩尻教育会)が刊行されている。

参考文献　塩入隆『信州教育とキリスト教』(『地方の宣教叢書』三、一九八二、キリスト新聞社)

(上條　宏之)

てづかりつぞう　手塚律蔵　一八二三―七八　幕末の洋学者、明治時代初期の外交官。晩年の名前は瀬脇寿人《せわきひさと》。文政六年(一八二三)六月八日(一八二三年七月十五日)、周防国熊毛郡小周防《こずおう》村小野(山口県光市)に、長州藩の郡中医手塚寿仙の次男として生まれる。幼少期の記録は、ほとんど残っていない。長崎に出て、蘭学を学ぶが、そのときの年齢も十七歳とも十九歳ともいわれている。長崎では、上野俊之丞(彦馬の父)宅に寄寓し、高島秋帆《たかしましゅうはん》の塾で蘭学を学んだという。また、松木弘安(のち寺島宗則)や大島高《おおしまたか》任《とう》らと交流があったほか、『西洋鉄熕鋳造篇《せいようてつこうちゅうぞうへん》』や『熕手要《こうしゅよう》覧《らん》』の翻訳をしている。嘉永三年(一八五〇)長崎を離れ、江戸に出る。翌年、洋学者を探していた佐倉藩に出仕する。西洋師範として七人扶持を支給され、藩士や藩士の子弟を教育している。この当時の翻訳としては『海防火攻新覧』『洋外礮具全図《ようがいほうぐぜんず》』がある。安政元年(一八五四)幕府は日米和親条約を締結し、祖法である鎖国政策を改めた。その後、西洋各国と条約の締結をしたため、語学ができる者の養成が急務となり、安政三年蕃書調所を創設したが、手塚律蔵は開設当初に教授手伝として採用され十五人扶持を支給されている。そのころ、弟子の西周《にしあまね》とともに、中浜万次郎が米国から持ち帰った文法書をもとに英語の学習を開始しており、のち、その文法書は『伊吉利文典』として翻刻された。蕃書調所在任中には『泰西史略』初編・『英国志』『格爾屯《コルトン》氏万国図誌』などの翻訳出版を行うほか、共訳であるが『蘭人風説書』や『諸外国別段風説書』などが残されていて、主に外国の事情を日本に伝える分野で活躍している。文久二年(一八六二)暮れ、長州藩邸からの帰路、浪士に襲撃され、江戸城の堀に飛び込み難を逃れたという。事態を重くみた佐倉藩は手塚律蔵を佐倉に避難させ、また母方の姓を名乗り瀬《せ》脇良弼《わきりょうすけ》(のち、光寿、寿人)と改名した。佐倉の地では、洋学師範として藩士の子弟の教育を行なったが、著作などは知られていない。明治四年(一八七一)上京し、かつて交友のあった寺島宗則の世話になり、外務省に出仕し、外務省の洋語学所の副督長、督長を勤めるが、洋語学所が文部省に移管になったため、明治八年、まだ開港したばかりのウラジオストックの現地視察に行き、翌年から貿易事務官として温かい季節は駐在、厳寒期には帰国という生活を送っていたが、明治十一年(一八七八)十一月二十九日、帰国する船中で病没した。五十六歳。外務省時代の著作には、朝鮮の事情を紹介した『鶏林事略《けいりんじりゃく》』初編があるほかペリーの日本紀行の『無人島之部《ぶにんとうのぶ》』の翻訳が残されている。

参考文献 土屋基春「手塚律蔵に就いて」(『史談会速記録』四〇〇、一九三三)、岩崎克己『手塚律蔵と瀬脇寿人』(『温知会講演速記録』五八、一九三六、温知会)、池田哲郎「手塚律蔵研究」(『蘭学資料研究会研究報告』八一、一九六二)

(鈴木 忠)

てづかりょうせん 手塚良仙 一八〇一―七七 西洋医。江戸小石川(東京都文京区)にて享和元年(一八〇一)に生まれる。安政二年(一八五五)、五十五歳で大坂の緒方洪庵の適塾に入る。安政五年お玉ヶ池種痘所の設立発起人八十三人の一人として参加した。種痘所で働き、明治四年(一八七一)に陸軍軍医となった。明治七年台湾出兵に従軍した。明治十年(一八七七)の西南戦争で明治政府側の軍医として活躍したが負傷。大阪に運ばれ治療を受けたが同年七十七歳で死去した。漫画家手塚治虫の曾祖父にあたる。

(加我 君孝)

てっきょう 鉄橋 鉄道が河川や開渠《かいきょ》(水路)などを渡るために架設される鋼鉄製の橋梁。明治五年(一八七二)十月京浜間官設鉄道開業時に架設された橋梁は二十三ヵ所、開渠二十四ヵ所で全てが木製、川幅の広い六郷川橋梁には径間五五フィート(一六・八メートル)の七つの木製格子(ラチス)トラスと八つのけた橋《ばし》が架けられた。これらは明治十年(一八七七)腐蝕と橋脚流掘のためイギリス製錬鉄製トラス橋梁に架け替えられた。明治七年五月開業の阪神間官設鉄道では当初から径間七〇フィート(二一・三メートル)錬鉄《れんてつ》製トラス橋梁が武庫川《むこがわ》・下神崎川《しもかんざきがわ》・下十三川《しもじゅうそうがわ》に架設されたが、橋脚も橋梁もイギリス製であった。鉄橋にはプレートガーダーのようにその上部に線路が敷設される上路式《じょうろしき》と、トラス橋梁のように下部に線路を敷設する下路式《かろしき》とがよく知られている。鉄橋の材料は初期の木材から錬鉄そして鋼へと移行したが、これは鋼の量産と深く関係する。日本では官営「製鐵所《せいてつしょ》」が福岡県八幡村(北九州市)に建設され、本格的な国産鋼の供給は明治三十八年(一九〇五)ころからとされる。鉄鋼製橋梁部材の締結法もピン結合から、リベットや溶接による剛結合《ごうけつごう》へと変わる。明治時代のイギリス製錬鉄製橋梁にはトラス構造の桁が多く、のちにアメリカ製鋼製橋梁が輸入されると各部材をピン結合し部材間に自由度を持たせたスリムなピントラス構造の橋梁が主流になった。北海道では開拓使が鉄道建設を担ったがここにはアメリカの鉄道技術が導入されたため、現地の木材で構成された高いティンバートレッスル橋梁が架設された。JR山陰本線余部《あまるべ》橋梁が鋼製トレッスル構造だったが、平成二十二年(二〇一〇)八月鉄筋コンクリート製橋梁に架け替えられた。車両と並び鉄橋も外国人技術者の指導により官設鉄道神戸工場などで製造されたが、現存唯一の貴重な錬鉄製トラス橋梁が大阪市内の運河に今も健在である。橋梁の多くは固定されているが、福岡県筑後川橋梁のように船を通すため桁の一部が昇開する可動式橋梁もある。機関区の転車台(ターンテーブル)も鉄道連絡船用の可動桁もともに、可動式橋梁の仲間である。

参考文献 『日本国有鉄道百年写真史』(一九七二)、堤一郎『近代化の旗手、鉄道』(『日本史リブレット』、二〇〇一、山川出版社)

(堤 一郎)

てっきんコンクリートこうぞう 鉄筋コンクリート構造 鉄とコンクリートを組み合わせた構造形式のことで、それぞれの特性を活かした近代建築ではじめて見られる特有の建築構造である。ただ、コンクリートを用いた建築は、ローマ時代にも見られる。その違いは、使われているコンクリートが、火山灰と消石灰を混合した天然セメントであるのに対し、近代のものは人工的に加熱したポルトランド＝セメントを使用していることである。このポルトランド＝セメントはイギリスでアスプディンが一八二四年に開発し、わが国には明治初年に輸入されている。セメントは、煉瓦の積み上げの際の接着剤として導入されたが、横須賀製鉄所(造船所)の建設工事のセメント代が高額を占めることから深川に摂綿篤製造所《セメントせいぞうじょ》が建設され、国産化が目指され、明治八年(一八七五)五月、はじめてポルトランド＝セメントの国産化に成功した。この工場は、名称を工部省深川工作分局セメント工場と改称され、明治十七年(一八八四)には浅野総一郎に払い下げられ、浅野セメント工場となった。また、明治十四年には山口県小野田(山陽小野田市)に民間最初のセメント会社である小野田セメントが設立されていた。セメントは、やがて鉄と一緒に使用する構造が提案されることになる。すなわち、フランス人の造園家のモニエが一八六七年に鉄筋コンクリートの特許を取得した。その権利はドイツに渡り、ドイツを中心に理論的研究が重ねられ、実際の建築に応用されることになる。最初は、建築の一部として鉄筋コンクリート構造が導入されたが、建築家ペレーが手掛けた一九〇三年のパリのアパートは、フランスで最初の全鉄筋コンクリート構造の建物として知られている。そして、一九一六年にはドイツで世界初の鉄筋コンクリート標準仕様書が制定され、また、一九一八年にはアメリカのエブラムスがセメントや砂・水の混合の割合と強度の関係を論じた水・セメント比説を提唱し、一般的建築構造として定着することになる。わが国におけるこの鉄筋コンクリート構造の建築の最初期のものとしては、明治三十六年(一九〇三)の京都山科の琵琶湖疏水運河の橋、明治三十八年の佐世保港内第一烹炊所および潜水器具庫、明治三十九年の神戸和田岬の東京倉庫株式会社倉庫、明治四十四年(一九一一)の三井物産横浜支店一号館などが知られる。そして、関東大震災後、耐震耐火性の高い建築として大いに普及することになる。

→セメント工業《こうぎょう》

参考文献 村松貞次郎『日本近代建築技術史』(『新建築技術叢書』八、一九七六、彰国社)、『黎明期の鉄筋コンクリート構造―黒澤ビル解体調査報告―』(一九八六、日本大学理工学部建築学科近江研究室)

(内田 青蔵)

てっこうくみあい 鉄工組合 労働組合期成会鉄工組合。明治三十年(一八九七)十二月に結成された日本最初の近代的労働組合。同年七月に創立された労働組合期成会は東京近郊で演説会を開き、労働組合の必要性を訴えた。これに応じた東京砲兵工廠・新橋鉄道局・日本鉄道会社大宮工場など東京周辺の比較的大規模な工場で働く鉄工(旋盤工や仕上工などの金属関係の職工の総称)によって鉄工組合が結成された。鉄工組合は限界を伴いつつも、欧米の職業別組合を志向しており、また組合設立の必要性と加入を訴える際の「唯一の口実」とするほど共済手当制度を重視した。鉄工組合は千百八十三名、十三支部をもって発足、関東から東北にかけて支部が拡大し、翌年末には三十二支部、組合員数二千七百人に達するまでになった。しかしその後は、経営側の敵対的態度や治安警察法(明治三十三年三月公布)による政府の圧迫、組合費納入者の減少と共済手当支払の増大による組合財政の悪化、その後の手当支給打ち切りもあって三十三年後半には壊滅状態となった。

参考文献 高野房太郎『明治日本労働通信』(大島清・二村一夫編訳、『岩波文庫』)、『日本労働運動史料』一(一九六二)、池田信『日本機械工組合成立史論』(一九七〇、日本評論社)、兵藤釗『日本における労資関係の展開』(『東大社会科学研究叢書』三二、一九七一、東京大学出版会)、二村一夫『労働は神聖なり、結合は勢力なり―高野房太郎とその時代―』(二〇〇八、岩波書店)

(杉山 裕)

てつどう 鉄道 軌道(ないしは軌条)を敷設した通路上を、動力を用いて車輌を運転する交通機関の総称。軌条を敷設した通路上を走行するという点で、人車、馬車、自転車、自動車など他の陸上交通機関と区別され、動力には人力(人車鉄道)、馬力(馬車鉄道)、蒸気力(蒸気鉄道)、電力(電気鉄道)など、車輌には客車、貨車、気動車、電車などがある。十六世紀のイギリスの鉱山で、鉄板を敷いた上に馬車を走らせたのがはじまりであるといわれているが、蒸気機関車が牽引する鉄道の嚆矢は一八二五年にイギリスで開通したストックトン―ダーリントン間鉄道である。日本でも、一八四〇年代には鉄道に関する情報が伝わっており、幕末期には京都―大坂間、江戸―横浜間、大坂―兵庫間などで、幕府や薩摩藩などのほか在日外国人による鉄道敷設計画がみられた。幕府老中小笠原長行《おがさわらながみち》は、慶応三年十二月二十三日(一八六八年一月十七日)、アメリカ公使館員ポートマン A. L. C. Portman に江戸―横浜間の鉄道敷設免許を与えたが、明治新政府はこれを否認して鉄道の自国管轄方針を貫き、明治二年十一月十日(一八六九年十二月十二日)の廟議で東京―京都間の幹線鉄道と、東京―横浜間、京都―神戸間および琵琶湖近傍―敦賀間の支線を敷設する方針を決定した。明治政府は、イギリスから資本や技術を導入して官設官営方針で鉄道建設を進め、明治五年九月の東京―横浜間鉄道をはじめ、十三年(一八八〇)までに神戸―大阪―京都―大津間の鉄道を開通したものの、その後官設鉄道の敷設は停滞した。明治十四年十一月、岩倉具視を中心とする華士族層の出資によって、東京―青森間の鉄道敷設を目的とする日本鉄道会社が設立され、明治十七年五月に上野―高崎間が開通、二十四年(一八九一)九月には上野―青森間が全通した。日本鉄道は、私設鉄道ではあったが、年八%の利子・配当保証など政府から手厚い保護助成を受けていた。松方デフレが終息し、明治十九年から企業勃興を迎えるが、鉄道業は紡績業や鉱山業とともにその一角を担った(第一次鉄道熱)。この過程で、日本鉄道をはじめ、北海道炭鉱鉄道、関西鉄道、山陽鉄道、九州鉄道の、いわゆる五大私鉄が出揃い、明治二十二年七月には東海道官設鉄道が全通した。第一次鉄道熱は明治二十三年恐慌で挫折するが、二十四年七月には井上勝鉄道庁長官が「鉄道政略ニ関スル議」を提出し、二十五年六月に鉄道敷設法が成立した。同法によって鉄道会議が設置され、鉄道政策が鉄道会議と帝国議会のコントロールのもとに置かれることになった。鉄道敷設法制定後、全国各地から官設か私設かを問わずに鉄道敷設の要請が高まり、二十六年からは私設鉄道の設立が増え、日清戦争の中断をはさんで三十一年(一八九八)ごろまで続いた(第二次鉄道熱)。こうして日本の鉄道網は著しく拡大したが、その過程で路線が官設鉄道と私設鉄道に分かれ、しかも私設鉄道ではいくつもの小鉄道会社が分立した。これは、増大する貨客輸送の隘路となり、次第に鉄道の統一が要請されるようになった。特に、日清戦争後の資本主義の発展の中で、東京や大阪などの商業会議所に結集する資本家層は、迅速な輸送と運賃の低廉化を求めて、鉄道の統一を要求するようになった。五大私鉄のもとに、中小鉄道の合併は行われたが、山陽鉄道と九州鉄道など大私鉄間の合併は行われなかった。また、近畿地方における鉄道の大合同などの試みもなされたが、実現しなかった。そこで、国家権力による鉄道の合同、すなわち鉄道の国有化が日程に上り、明治三十九年三月に鉄道国有法が公布され、翌四十年（一九〇七）十月までに十七私鉄の国有化が実施された。政府は、明治四十年に帝国鉄道庁、四十一年には鉄道院を設置して国鉄の統一的経営にあたり、直通輸送や運賃の引き下げを実現した。→別刷〈鉄道〉

参考文献　野田正穂・原田勝正・青木栄一他編『日本の鉄道—成立と展開—』（『鉄道史叢書』二、一九八六、日本経済評論社）、松下孝昭『近代日本の鉄道政策—一八九〇—一九二二—』（二〇〇四、日本経済評論社）、老川慶喜『近代日本の鉄道構想』（『近代日本の社会と交通』三、二〇〇八、日本経済評論社）

（老川　慶喜）

てつどういん　鉄道院　鉄道国有後に設置された総合的鉄道監督官庁。明治四十一年（一九〇八）十二月五日に設置された。官設鉄道の管轄は明治三年（一八七〇）設置の鉄道掛（民部大蔵省、のち工部省）から、四年に鉄道寮（工部省）、十年（一八七七）の鉄道局（同、のち内閣へ）、二十三年（一八九〇）に鉄道庁（内務省、のち逓信省）、二十六年に鉄道局（逓信省）と変遷し、三十年（一八九七）には鉄道作業局（同）が官設鉄道の運営を行うこととなり、官設鉄道の運営と私設鉄道の監督行政が分離された。以後、四十年に帝国鉄道庁と、行政整理の影響を受けつつ変遷してきたが、三十九年三月の鉄道国有法公布による私鉄の買収が完了した段階で、これまで逓信省鉄道局と鉄道作業局（帝国鉄道庁）に分かれていた鉄道行政を一元化することが必然となり、内閣の管轄のもと、独立官庁として鉄道院が設置されることとなった（明治四十一年勅令第二九六号）。職掌は鉄道・軌道に関する事項に加え、南満洲鉄道（四十四年、拓殖局に移管）、韓国鉄道（四十二年に統監府より移管）などであり、中央は総裁官房と総務、運輸、建設、経理の四部体制に鉄道調査所が付属し、現業に近い地方は東部（上野）、中部（新橋）、西部（神戸）、九州（門司）、北海道（札幌）と五つの鉄道監理局が相応の権限を付して配された。総裁は親任官で、以下、副総裁、技監、理事、参事、技手などが置かれ、顧問の任命も認められていた。以後、統合発足直後に成立した改正帝国鉄道会計法が特別会計・非募債の方向を提示したなか、地方新線建設事業を重視する政友会の建主改従路線と後藤新平・立憲同志会系の改良事業重視を対立軸に、鉄道行政は政権に左右される部分を抱きつつ進展した。この間、鉄道院総裁は後藤新平、原敬、床次竹二郎、仙石貢、添田寿一、中村是公が就任している。そうしたなか、鉄道需要の増加、路線の拡大によってその事務量と意義が高まり、大正九年（一九二〇）五月十五日、同院は鉄道省へと昇格した。

鉄　道　院

参考文献　『日本国有鉄道百年史』五（一九七二）、小林道彦『日本の大陸政策—一八九五～一九一四　桂太郎と後藤新平—』（一九九六、南窓社）、松下孝昭『近代日本の鉄道政策—一八九〇～一九二二年—』（二〇〇四、日本経済評論社）

（清水唯一朗）

てつどうえいぎょうほう　鉄道営業法　鉄道の全般的な業務運営の基準を定めた全文四十五ヵ条からなる法律。明治三十三年（一九〇〇）三月十六日、法律第六五号として公布。官設鉄道および私設鉄道の営業を規制する統一的な法規としては、鉄道創業期の明治五年（一八七二）五月に鉄道略則、鉄道犯罪罰例が制定されていたが、その後における鉄道網の拡張や官・私設鉄道間の相互乗り入れ、連帯運輸の増加によって現状に適した法整備が求められるようになり、私設鉄道条例を全面的に改正した私設鉄道法とともに制定された。鉄道建設、車両器具の構造、運転・運輸に関する規程、鉄道係員の職制などを命令によって定める諸規定に委ねたため、その施行（明治三十三年十月一日）に先立つ同年八月一日、逓信省令によって鉄道建設規程、鉄道運転規程、鉄道信号規程、鉄道運輸規程、鉄道係員職制、伝染病患者鉄道乗車規程が整備された。同法は官設鉄道と私設鉄道法にもとづく私鉄に対して適用され、軌道事業については対象外であった。

参考文献　鉄道省編『日本鉄道史』中（一九二一、清文堂書店）、『日本国有鉄道百年史』三（一九六七、成山堂書店）

（渡邉　恵一）

てつどうかいぎ　鉄道会議　明治二十五年（一八九二）六月公布の鉄道敷設法にもとづいて設置された鉄道政策決定のための政府諮問機関。鉄道当局をはじめとする関係省庁の官僚、帝国議会議員、財界人などで組織され、明治二十五年十二月に第一回会議が開催された。鉄道敷設法が定める予定線路の決定や工事着手の順序、公債の募集額、私設鉄道の免許状下付の可否などを審議し、独自に鉄道政策に関する建議も行なった。私鉄免許を審査する役割は、日露戦後における鉄道国有化（明治三十九（一九〇六）―四十年（一九〇七））や軽便鉄道法の制定（明治四十三年四月）によって後退し、大正十一年（一九二二）四月の鉄道敷設法全面改正後の審議は、同法別表に掲載された予定線路の取捨選択に費やされた。昭和五年（一九三〇）以降は交通政策上の調整が必要な地方鉄道の免許下付や買収などが諮問されるようになり、昭和十二年（一九三七）には省営自動車の路線選定が審議事項に加わった。第二次大戦後も改組を重ねて存続するが、日本国有鉄道の設立によって昭和二十四年（一九四九）六月一日に廃止された。

参考文献　『鉄道会議議事速記録・鉄道会議議事録』（野田正穂・原田勝正・青木栄一他編『明治期鉄道史資料』二期二集一―一八・別巻、一九八七―八八、日本経済評論社）、『日本国有鉄道百年史』三・七・一〇（一九九七、成山堂書店）　（渡邉　恵一）

てつどうぐんじきょうようれい　鉄道軍事供用令　私設鉄道会社にその所有・経営する鉄道を軍用に提供することを義務づけた法令。明治三十七年（一九〇四）一月二十五日公布、翌日施行された勅令第一二号。日露開戦を間近にひかえて陸軍の強い要請もあり、鉄道の軍用提供義務を定めた私設鉄道法（明治三十三年三月制定）に基づいて出された勅令で、十八ヵ条の本文と施行日を定めた付則および軍事輸送料金を掲げた別表からなる。兵員・馬匹・軍需品などの軍事輸送義務について定め、実施にあたっては第一六条の規定に従ってより詳細な鉄道軍事輸送規程二十ヵ条を定めた。私設鉄道会社に対する命令であったが官設鉄道にも適用された（第一七条に準用規定）。日露戦時（明治三十七年二月―三十九年五月）の鉄道の軍事輸送規模は概況で、人員百二十八万五千人、馬二十万頭、貨物五二万七〇〇〇トン、客車四万千七百両、貨車十二万千両にのぼる。

参考文献　『日本国有鉄道百年史』三（一九九七）　（井口　和起）

てつどうこうきかもんだい　鉄道広軌化問題　日本における国有鉄道の軌間（一〇六七ミリ）を国際標準軌間（一四三五ミリ）に改築しようとした一連の計画や論争。一八八〇年代末から大正九年（一九二〇）前後にかけて展開された。当初広軌化を主張したのは軍事輸送の強化を求める陸軍であったが、日清戦争後は国有化のような統一的運営の問題に関心を移したため、以後の議論は鉄道官僚、技術者らが中心となった。なかでも鉄道院の初代総裁に就任した後藤新平は主要幹線の広軌化に強い意欲を示し、明治四十三年（一九一〇）末に東京―下関間の改築計画を具体化した。この計画は翌年発足した広軌鉄道改築準備委員会で検討されるが、地方の鉄道建設を重視する立憲政友会の反対などによって計画は棚上げとなった。その後も軌制調査会の報告書（大正五年）、島安次郎鉄道院工作局長の実験にもとづく国有鉄道軌間変更案（同六年）などにおいて広軌化が提唱されるが、大正八年、原内閣の床《とこ》次《なみ》竹《たけ》二《じ》郎《ろう》鉄道院総裁によって計画の放棄が発表された。

参考文献　渡邉恵一「解題『広軌鉄道論集』」（野田正穂・原田勝正・青木栄一他編『大正期鉄道史資料』二期一四所収、一九八三、日本経済評論社）、三谷太一郎『（増補）日本政党政治の形成―原敬の政治指導の展開―』（一九九五、東京大学出版会）、松下孝昭『近代日本の鉄道政策―一八九〇～一九二二年―』（二〇〇四、日本経済評論社）　（渡邉　恵一）

てつどうこくゆうほう　鉄道国有法　日本における鉄道の国有原則ならびに日本鉄道、山陽鉄道などの代表的な私設鉄道十七社の買収方法を定めた全文十八ヵ条からなる法律。明治三十九年（一九〇六）三月三十一日に法律第一七号として公布された。鉄道国有化問題は明治二十三年（一八九〇）以来、一進一退を繰り返してきたが、明治三十六年に全国の官私鉄道を半官半民の特殊会社に合同させて統一的経営と官業整理の一石二鳥をはかる構想が大蔵省主導で浮上したころから、鉄道管轄官庁である逓信省で国家による鉄道統一へ向けた動きが本格化した。鉄道国有法案は明治三十七年末から省内の調査委員会において策定作業が進められ、三十八年十二月の閣議決定を経て、三十九年三月に第二十二回帝国議会へ提出された。買収対象となる鉄道の数などについて貴族院で修正を受け、衆議院でも反対議員が退場する未曾有の喧騒の中で法案は可決された。私設鉄道十七社の引継ぎは明治四十年（一九〇七）十月一日に完了し、国有鉄道は営業距離で九一％を占めるようになった。

参考文献　逓信省『鉄道国有始末一斑』（野田正穂・原田勝正・青木栄一編『大正期鉄道史資料』二集三所収、一九八三、日本経済評論社）、野田正穂・原田勝正・青木栄一他編『日本の鉄道―成立と展開―』（『鉄道史叢書』二、一九八六、日本経済評論社）、松下孝昭『近代日本の鉄道政策―一八九〇～一九二二年―』（二〇〇四、日本経済評論社）　（渡邉　恵一）

てつどうこくゆうもんだい　鉄道国有問題　国家による鉄道の統一的経営と私設鉄道の買収をめぐって展開された一連の論議。明治三十九年（一九〇六）三月の鉄道国有法成立に至るまで三回の高揚期がみられた。鉄道国有問題がはじめて浮上したのは、第一次鉄道ブームが明治二十三年（一八九〇）恐慌で頓挫した後の時期で、井上勝鉄道庁長官が明治二十四年七月に献策した「鉄道政略ニ関スル議」が発端となった。全国的な鉄道網整備の一環として私設鉄道の買収を主張する井上の構想は、政府提案の鉄道公債法案・私設鉄道買収法案に採り入れられて第二回帝国議会へ上程されるが成立には至らず、翌年の第三回帝国議会で類似法案と折衷された鉄道敷設法を生み出すにとどまった。二回目の鉄道国有問題は、日清戦後第一次恐慌（明治三十―三十一年）の発生を受けて東京・京都の一部実業家から出された私設鉄道の買収請願を口火とし、広軌化から国有化へ鉄道問題の関心を移した陸軍や憲政党（旧自由党）の賛意を得ながら、明治三十二年二月、第十三回帝国議会で鉄道国有建議案が可決されたことで表面化した。政府は鉄道国有調査会を設置し、その答申にもとづいて明治三十三年二月、第十四回帝国議会に鉄道国有法案・私設鉄道買収法案を上程するが、審議未了に終わった。経済救済策としての鉄道国有化論は、日清戦後第二次恐慌（明治三十三―三十四年）が生じた際にも再燃するが、これも実現には結びつかなかった。しかし、その後の日露戦争勃発による軍事輸送の経験、産業革命の進展に伴う経済活動の発展や商品流通の拡大を通じて、分立経営解消による輸送の合理化や運賃低減という国有化の利点に各方面の関心や期待が寄せられるようになり、それまで懐疑的な姿勢をとっていた渋沢栄一など財界主流も容認へと転じた。こうして三たび俎上に載せられた鉄道国有化問題は、田健治郎《でんけんじろう》総務長官（次官）を中心とする逓信省が「鉄道国有ノ趣旨概要」の策定などによってその具体化を推し進め、鉄道国有法の制定へ導いていった。

参考文献　中西健一『日本私有鉄道史研究―都市交通の発展とその構造―（増補版）』（一九七九、ミネルヴァ書房）、野田正穂・原田勝正・青木栄一他編『日本の鉄道―成立と展開―』（『鉄道史叢書』二、一九八六、日本経済評論社）、松下孝昭『近代日本の鉄道政策―一八九〇～一九二二年―』（二〇〇四、日本経済評論社）　（渡邉　恵一）

てつどうしょうか　鉄道唱歌　唱歌。明治三十三年（一九〇〇）五―十月、『地理教育鉄道唱歌』（全五集）として大阪の三木楽器店より刊行。定価六銭。大和田建樹《おおわだたけき》の詞にそれぞれ異なる作曲家による二種の旋律を付すという形で企画され、「汽笛一声新橋を」に始まる第一集「東海道」（六十六節）と第二集「山陽、九州」（六十八節）は上真行《うえさねみち》・多梅稚《おおのうめわか》、第三集「奥州線・磐城線」（六十四節）は奥好義《おくよしいさ》（挿入曲「松島船あそび」を含む）と田村虎蔵《たむらとらぞう》、第四集「北陸地方」（七十二節）が納所弁次郎《のうしょべんじろう》・吉田信太《よしだしんた》。第五集「関西、参宮、南海各線」（六十四節）は当初、多梅稚と目賀田《めがた》万世吉《ませきち》が担当することになっていたが、最終的には挿入曲「奈良めぐり」を目賀田、本曲は多の旧作と新作が並んだ。今日まで歌い継がれている有名な旋律は第一集初出の多作曲のもの。明るく清新な曲調は、闊達な七五調の歌詞と相まってまたたく間に流行、楽譜もベストセラー並みの売れ行きで類書を多く生んだ。→大和田建樹《おおわだたけき》

参考文献　『鉄道唱歌のすべて』（CD解説、二〇〇七、キングレコード）　（林　淑姫）

てつどうていとうほう　鉄道抵当法　私設鉄道会社が事業を行うに際して、必要な資金調達を容易にするために、会社財産を一括して抵当に入れる方法を規定した法律。明治三十八年（一九〇五）三月十三日公布、同年七月一日施行。日露戦争後の飛躍的な経済発展に伴い、会社が規模を拡張するためには資金調達が膨大なものとなっていた。特に当時の鉄道の大部分は私設鉄道会社で、その資金調達において、線路・用地・工場・発電所・事務所・車両・各種機械器具などの会社財産を一括して抵当権の目的とすることが望ましかった。このような状況に対応するために、鉄道抵当法が公布・施行され、私設鉄道会社が財産の全部または一部について鉄道財団を設定し、これを抵当権の目的とすることが規定された。また、鉄道抵当法は外資導入を容易にすることも目的としていたので、北海道炭礦鉄道株式会社などはイギリスから約一〇〇万ポンドの外資導入を行なった。

参考文献　『日本国有鉄道百年史』三・四（一九七一・七二、日本国有鉄道）　（高倉　史人）

てつどうばしゃ　鉄道馬車　⇨馬車鉄道《ばしゃてつどう》

てつどうふせつほう　鉄道敷設法　政府の鉄道建設方針を定めた全文十六ヵ条からなる法律。明治二十五年（一八九二）六月二十一日に法律第四号として公布された。第二条では将来建設を計画している三十三の予定線が掲げられ、そのうち直ちに着工すべき九線が「第一期鉄道」として第七条に指定された。予定線の中には複数の比較線が含まれており、それらの経路確定や新規予定線の追加、第一期線への昇格などは、同法とともに設置された鉄道会議の諮詢を経て帝国議会の協賛が必要であった。私設鉄道によって予定線を建設することも可能で、当時における鉄道の官・私併存という現状は基本的に追認された。北海道の予定線は、明治二十九年五月十四日公布の北海道鉄道敷設法において別途定められた。大正十一年（一九二二）四月十一日、地方への鉄道拡張を重視する政友会内閣の方針を背景に、百四十九の予定線を新たに盛り込む全面的な法改正がなされ（改正鉄道敷設法）、第二次大戦後まで続く国有鉄道の地方路線建設の法的根拠となった。

参考文献　中村尚史『日本鉄道業の形成―一八六九～一八九四年―』（一九九八、日本経済評論社）、松下孝昭『近代日本の鉄道政策―一八九〇～一九二二年―』（二〇〇四、日本経済評論社）、老川慶喜『近代日本の鉄道構想』（『近代日本の社会と交通』三、二〇〇八、日本経済評論社）　（渡邉　恵一）

てつどうゆうびん　鉄道郵便　鉄道による郵便物の運送のこと。明治五年（一八七二）二月、当時郵便事業を管轄する大蔵省駅逓寮の長官、駅逓頭であった前島密は、工部省鉄道頭井上勝に対し、鉄道に郵便物を搭載するよう交渉し、同年十月に駅逓寮と鉄道寮の間で「東京横浜之間ニ往復スル列車ヲ以郵便物ヲ運送スルノ約定書」が取り交わされた。明治六年四月に東京―横浜間の汽車に郵便逓送のための護送人が乗務することになり、以後、約二十年間この「約定書」に基づいて郵便逓送が行われることとなった。鉄道郵便は鉄道創業とほぼ同時期に始まり、その後鉄道が開設されるたびに、「約定書」に基づい

て郵便物の鉄道逓送が施行、すなわち鉄道郵便線路が新設されていったのである。郵便物を運送する車両は、一車両全部が郵便物逓送に使用される郵便(専用)車のほかに、一車両を郵便室、客室、荷物室に二分ないし三分に区画した郵便合造車、さらに手ブレーキを備えた緩急郵便合造車などがある。明治二十二年(一八八九)七月に東海道線の全通による東京―神戸間の線路開設、明治二十四年九月に日本鉄道株式会社の東北本線全通による東京―青森間の線路開設が実現し、鉄道線路は延長され、他線と結束するようになり、鉄道郵便線路も長大複雑化した。また郵便物が増加したこともあって、郵便物の区分方式を高度化する必要が生じた。明治二十五年三月二十九日に「鉄道郵便取扱手続」が制定され、郵便における鉄道逓送業務が拡大された。さらに同年四月、従来の鉄道逓送方法が大幅に改正され、郵便車中の一室に郵便局の機能を持たせた汽車郵便局が創設され、従業員が郵便車内にて郵便物の区分作業を行うシステム(車中継送区分)が実施された。鉄道郵便は、以後一九六〇年代まで、郵便物運送手段の主流であったが、一九七〇年代に入り飛行機の発達による航空便や高速道路網の発達による自動車運送が普及したことにより次第に衰退し、昭和六十一年(一九八六)九月に幕を下ろすこととなった。

[参考文献] 郵政省郵務局編『鉄道郵便のあゆみ』(一九五三)、青木栄一「明治初期の鉄道における客車の発達」(山本弘文編『近代交通成立史の研究』所収、一九九四、法政大学出版局)
(田原　啓祐)

てつどうれんらくせん　鉄道連絡船　海峡や河川、湖沼などを挟んで両岸に設けられた鉄道駅を水上連絡する汽船。明治十五年(一八八二)五月長浜―大津間に開業した太湖汽船を嚆矢とする。同航路は明治二十二年(一八八九)、東海道線全通により使命を終える。鉄道会社の直営航路は、明治三十一年(一八九八)山陽鉄道による徳山―門司間航路が最初で、明治三十四年に馬関(下関)まで鉄道が全通すると、下関―門司間に縮小され関門連絡船となった。四国へは、明治三十六年三月山陽鉄道が岡山―高松間と尾道―多度津《たどつ》間を開業させたが、明治四十三年(一九一〇)岡山―宇野間の鉄道開業に伴い宇野―高松間の宇高連絡船に統合された。北海道へは、明治二十六年十月日本郵船が室蘭―函館―青森航路を開設、明治三十七年十月北海道鉄道の小樽―函館間開業を機に青函連絡船は日本鉄道の直営となった。その他、阪鶴鉄道による舞鶴―境航路などがあった。明治三十九年の鉄道国有法案により、山陽鉄道、日本鉄道、阪鶴鉄道は国有化され運航していた航路も国有となった。

[参考文献] 鉄道省編『日本鉄道史』(一九二一)、古川達郎『鉄道連絡船百年の航跡』(二〇〇一、成山堂書店)
(中川　洋)

てっぽうとりしまりきそく　銃砲取締規則　明治五年正月二十九日(一八七二年三月八日)に布告された、銃砲取締りに関する最初の基本法。すでに明治元年より市中でみだりに発砲したり、鳥を撃つことなどを禁止していたが、本取締規則によって、はじめて銃砲取扱商人、製造者、銃砲の所持者、猟銃などに対する包括的規制が加えられることになった。その内容は、各府県において銃砲弾薬類取扱商の定員を設けたこと、同商売には地方長官の免許を要すること、そのほか免許銃をのぞく軍用銃砲・弾薬・ピストルなどを私に貯蓄しないこと、銘々が所持する軍用銃砲はその人名・番号を書き記し官庁に届け出ること、西洋猟銃を所持する者は銃名や数を官庁へ届け出、銃猟希望者は免許猟札を受ける必要があること、銃砲・弾薬はみだりに製造してはならず、新たに発明し試作する場合は官庁へ届け出、免許をうけることなどを定めたものであった。

[参考文献] 『法令全書』五ノ一(一九七四、原書房)
(牧田　勲)

デトリング　Gustaf Detring　一八四二―一九一三　天津海関税務司。清国名徳璀琳。一八四二年生まれ。ドイツ人で清国海関行政では総税務司R・ハートに次ぐ重い地位にあり、またハートの指示のもと一八七八年には北京・上海などの主要都市に郵便局を開設している。他方李鴻章の政治顧問として一八八〇年の対露交渉、八四年の対仏交渉に協力、八五年の天津条約交渉でも伊藤使節団中の英人と連絡して李を助けた。清日戦争で敗北する中、李は日本側の和平条件を探らせようと、伊藤博文宛十一月十八日付親書を携えさせて彼を派遣、デトリングは明治二十七年(一八九四)十一月二十六日、ドイツ国旗を掲げる元清国招商局汽船で神戸に到着、同日周布公平《すふこうへい》兵庫県知事を訪問、伊藤宛書翰携帯の旨を伝えた。二十七日陸奥宗光外相は全権を託されていないので、書翰を受領せず直ちに帰国させよと指示、外国人が関与すると介入される糸口となることを恐れたのである。二十八日周布県知事は、相当の資格を具備した清国官吏でなければ首相との面会は不能とデトリングに回答し、翌二十九日彼は帰国の途についた。一九一三年天津で死去。

[参考文献] 外務省編『日本外交文書』二七ノ二(一九五三、巌南堂書店)
(宮地　正人)

テニス　テニス　日本におけるテニスは、明治十一年(一八七八)、アメリカ人ジョージ・A・リーランドが東京の体操伝習所で指導したことに始まるといわれている。しかし、硬球の入手が困難でかつ高価であったため、明治二十年代には代用品として日本独特のゴムボールが使用され始める。これが軟式テニスのはじまりであるが、同三十三年(一九〇〇)に、東京高等師範学校の坪井玄道の指導による軟式ボール赤Mが完成し、日本独自の軟式テニスが学校体育の教材や運動会の種目として、また大学などの部活動として本格的に普及していった。同三十一年以降、対校戦が開催されるようになるが、大正二年(一九一三)の春に慶応義塾のテニス部が、そして同九年には各大学、高等学校などがそろって軟式から硬式へ転向した。また、大正九年以降には、清水善造《しみずぜんぞう》や熊谷一弥《くまがいかずや》など硬式の選手がウィンブルドン大会やオリンピックなどの国際舞台で活躍するようになる。こうして日本では、軟式・硬式両方のテニスが混在しながら普及していくことになった。

参考文献 表孟宏編『日本庭球史―軟庭百年―』(一九八五、遊戯社) (坂上 康博)

デニソン Henry Willard Denison 一八四六―一九一四 明治・大正期の外務省法律顧問。一八四六年五月十一日にアメリカのバーモント州ギルドホールで生まれる。税関で働きながら、現在のジョージワシントン大学で法律を学んだ。卒業後の明治二年(一八六九)に来日、横浜米国領事裁判所判事を経て副領事となる。十三年(一八八〇)五月、外務省の万国公法副顧問になると、それから三十年以上にわたり、常に日本外交の枢機に関わり続けた。特に条約改正や日英同盟、日清・日露戦争、日韓併合などの重要案件には必ず関与し、その功によりしばしば褒賞や叙勲を受けている。職名は二十二年(一八八九)から「法律顧問」となり、待遇も二十九年から勅任に準ずる扱いとなった。さらに三十三年(一九〇〇)には、日本政府の指名により常設仲裁裁判所判事にもなっている。大正三年(一九一四)七月三日、現職のまま東京で死去。満六十八歳。特旨により旭日菊花大綬章が授けられた。

参考文献 『外務省の百年』下(一九六九、原書房)、今井庄次『お雇い外国人』一二(一九七五、鹿島出版会) (伊藤 信哉)

デニング Walter Dening 一八四六―一九一三 イギリス人宣教師、英語教師。一八四六年七月二十三日、イギリスのデヴォンシアに生まれる。一八七〇年からインド洋上のマダガスカル島とモーリシャス島で伝道。明治六年(一八七三)イギリス国教会伝道協会から派遣されて長崎に渡来、翌年から函館周辺と札幌伝道を展開し、アイヌ伝道を開拓調査した。霊魂不滅に関して異説を唱えたため、同十六年(一八八三)教会伝道協会から解任。慶応義塾で英語教員となった後、同十八年文部省から雇用され『英語読本』の編纂にあたる。同二十三年(一八九〇)に『ジャパン＝ガゼット』紙主筆。一時オーストラリアに移住後、同二十八年に再来日。仙台の第二高等学校で英語教師となり、大正二年(一九一三)十二月五日に同地で死去した。満六十七歳。日本の歴史・文学を翻訳し、海外に紹介した異色の学識伝道者。『豊臣秀吉伝』(明治十三年)などの著書がある。

参考文献 布施明子「W・デニング」(昭和女子大学近代文学研究室編『近代文学研究叢書』一四、一九五九、昭和女子大学光葉会) (大江 満)

デパート デパート ⇨百貨店《ひゃっかてん》

でばがめじけん 出歯亀事件 明治四十一年(一九〇八)三月二十二日夜、東京府豊多摩《とよたま》郡大久保村字西大久保(東京都新宿区)で、湯屋帰りの下谷電話交換局長の夫人(二十八歳)が強姦のうえ、絞殺された事件。新聞がセンセーショナルに報道する中、近所の植木職人池田亀太郎(三十五歳)が逮捕された。池田が仕事仲間から「出っ歯の亀」と呼ばれていたため、出歯亀事件として報道され、「出歯亀」が、のぞき(窃視)を指す言葉になった。出歯亀は「出張《でば》りの亀」に由来するとの説もある。逮捕は女湯のぞきの性癖があった池田に対する見込み捜査で、池田は捜査段階で自供したとされたが、裁判では無罪を主張した。弁護陣には花井卓蔵《はないたくぞう》ら一流の弁護士も加わり、鑑定結果と供述の食い違いなどを強く主張し、捜査段階の自白だけによる有罪認定の不合理を訴えた。結局、大審院まで争い、四十二年六月、上告棄却により一審の無期徒刑の刑が確定した。池田は十三年で仮釈放になった。冤罪が大きな争点になった明治期の事件としても注目される。 →池田亀太郎《いけだかめたろう》 (奥 武則)

デビソン John Carrol Davison 一八四三―一九二八 アメリカ＝メソジスト監督教会初代の来日宣教師の一人。讃美歌作者、編集者。一八四三年十一月十九日ニュージャージー州ハーモニーに生まれる。ドゥルー神学校卒業後明治六年(一八七三)八月八日来日。任地長崎を中心に九州一円で伝道活動に携わり、清水女学校・鎮西学院などの設立に尽力した。長崎・熊本・東京・横浜の長老司(地区責任者)を務め、明治二十年(一八八七)メソジストの宣教師としてはじめて沖縄を訪れる。日本の讃美歌史上多大の貢献をし、明治十年(一八七七)最初のメソジスト讃美歌『讃美のうた』を編集、同十七年『附譜基督教聖歌集』(歌数二百四十七)を出版。一九五四年版『讃美歌』には彼の作詞した「あめには御使」が収められている。一九〇一年オレゴン州セーラムのウィラメット大学から名誉神学博士号を贈られた。大正十年(一九二一)帰国。一九二八年カリフォルニア州バークレーにて没。

参考文献 ジャン・W・クランメル編『来日メソジスト宣教師事典―一八七三―一九九三―』(一九九六、教文館) (氣賀 健生)

デフォレスト John Kinne Hyde DeForest 一八四四―一九一一 アメリカン＝ボード派遣宣教師。一八四四年六月二十五日、コネティカット州に生まれる。イェール大学神学部を出て、地方伝道に従事。明治七年(一八七四)、八年間のアメリカ留学を終えた新島襄と同じ船で日本に赴任し、大阪伝道にあたる。明治十九年(一八八六)、新島が創立し、みずから校長に就任した宮城英学校(翌年、東華学校と改称)に赴任し、東北・越後伝道にも尽力した。同校廃校後も、仙台に残り、宮城組合教会(現仙台北教会)を拠点に活動。同教会堂は、かつてデフォレスト記念会堂と呼ばれた。心臓病のため明治四十四年(一九一一)五月八日、東京の病院で死去。満六十六歳。日本在住三十七年に及んだ。娘のC・B・デフォレストは、二十五年間、神戸女学院院長を務めた。

参考文献 C. B. DeForest: The evolution of a missionary: a biography of John Hyde De forest, for thirty-

seven years missionary of the American Board, in Japan. (New York, Chicago, etc. : Flemming H. Revell : 1914)、竹中正夫『C・Bデフォレストの生涯』(二〇〇三、創元社)、『デフォレスト論説集』(出版年不明、基督教書類会社)
(本井　康博)

デュ＝ブスケ　Albert Charles Du Bousquet　一八三七―八二　幕末の軍事教官、明治時代初期の左院御雇顧問。一八三七年三月二十五日、ベルギーのリュージュに生まれる。フランスの兵学校に学び、六〇年の英仏連合軍の北京占領に従軍。帰国後、陸軍中尉に昇進し、六六年歩兵第三十一連隊司令官となった。慶応三年(一八六七)正月に、幕府が横浜三兵伝習所の教官として招聘したフランス軍事教官団十六名中の一人として来日。翌年九月に教官団は解散したが、フランス公使館付きの通訳として日本に留まった。富岡製糸場設立に際して技師の雇入れや機械の輸入などに尽力した。のち左院雇となり、フランス法律の日本語訳に従事し(内閣文庫『仏朗西国諸制度取調書目録(ジュ・ブスケ氏訳書目録)』など参照)、明治十五年(一八八二)六月十八日に東京麻布鳥井坂の自宅で没した。満四十五歳。二十一年(一八八八)六月、青山墓地に顕彰碑が建立されている。

[参考文献]　梅渓昇「左院のフランス主義とジュ・ブスケ」(『お雇い外国人』一一所収、一九七一、鹿島研究所出版会)、手塚豊「明治法制史上におけるヂュ・ブスケとブスケ」(『手塚豊著作集』一〇所収、一九九四、慶応通信)
(村上　一博)

てらうちまさたけ　寺内正毅　一八五二―一九一九　陸軍軍人、政治家。陸軍大将元帥、朝鮮総督。嘉永五年二月五日(一八五二年二月二十四日)、長州藩士宇多田庄兵衛の三男として生まれ、のち寺内勘右衛門の養子となる。明治元年(一八六八)、御盾隊隊士として戊辰戦争に参加、五稜郭まで転戦した。同二年、フランス式兵学を学ぶ。三年、大隊七等下士官、陸軍軍曹、四年、権曹長・陸軍少尉・中尉と進級。五年、大尉進級、教導団付、六年、戸山学校入学、七年、同校教則課程卒業。八年、陸軍士官学校生徒司令副官、十年(一八七七)、後備歩兵第六大隊長心得から西南戦争に際して征討軍団付、さらに近衛歩兵第一連隊第一大隊第一中隊長として田原坂の戦闘で負傷、右腕の自由を失ったため、以後、部隊指揮官ではなく軍隊教育・軍政の道を歩むことになる。十二年、少佐進級、陸軍士官学校生徒大隊司令官、十四年、陸士生徒司令官、十五年、総務局出仕、同年、閑院宮載仁《かんいんのみやことひと》の随員としてフランスに派遣、十六年、フランス公使館付武官、十七年、中佐進級、十八年帰国、十九年、陸軍大臣官房副長をへて陸相秘書官となり、同年、戸山学校次長を兼任する。二十年(一八八七)、陸士校長心得、同年十一月、大佐進級、陸士校長となる。二十四年、第一師団参謀長、二十五年、参謀本部第一局長となる。二十七年六月、日清戦争に際しては兵站業務の責任者である大本営運輸通信長官をつとめた(二十九年三月まで)。同年、少将進級。二十八年六月、参謀本部第一局長事務取扱、二十九年、参謀本部付、六月から欧州出張、同年十月、歩兵第三旅団長、三十年(一八九七)六月帰国。三十一年一月、教育総監に就任、陸士校長事務取扱(十二月まで)、同年、中将進級。三十三年四月、参謀本部次長、三十四年二月、陸大校長事務取扱(三十五年五月まで)。三十五年三月、第一次桂太郎内閣において児玉源太郎の後任の陸軍大臣となり、以後、第一次西園寺・第二次桂内閣と、四十四年(一九一一)八月まで日露戦前・戦中・戦後を連続して陸相をつとめ、陸軍の軍備拡張・幹部養成制度の整備に力を注いだ。三十七年三月、教育総監を兼任(三十八年五月まで)、三十九年、大将進級、四十年(一九〇七)、日露戦争などの軍功により子爵となる。四十一年七月、臨時外相兼任、十月、馬政長官を兼任、四十三年五月、韓国統監(第三代)を兼任、韓国併合路線を推進し、十月、朝鮮総督(初代)に就任する。四十四年、伯爵、同年八月、陸相を辞し、朝鮮総督専任(大正五年(一九一六)十月まで)、九月、軍事参議官となる。朝鮮統治においては、明石元二郎を重用、憲兵に警察機能を担わせる憲兵警察制度を導入して治安維持・独立運動の取り締まりにあたり、のちに「武断政治」といわれた。大正五年、元帥、同年十月、大隈重信にかわり内閣総理大臣となる。政党色を排した超然主義の官僚内閣を組織し、「ビリケン内閣」(非立憲と寺内の風貌がビリケン人形に似ていることから)と評されたが、議会対策上、立憲政友会との提携関係を維持した。第一次世界大戦期にあって、西原借款をはじめとする段祺瑞支援政策(援段政策)を進めて中国における権益の拡大をめざすとともに、国家総動員体制の基礎を構築するため軍需工業動員法を制定した。外交戦略の統一をはかるために臨時外交調査会を設置し、ロシア革命に際してはシベリア出兵を実行したが、米騒動の全国的拡大と健康の悪化のために七年九月に辞職した。八年十一月三日、死去(従一位勲一等功一級)。六十八歳。山県有朋・桂太郎の流れを引き継ぐ長州閥の陸軍軍人として、政界においても超然主義に立つ政治家として影響力をもった。長男寿一は元帥、次男毅雄は陸軍少佐。

寺内正毅

[参考文献]　黒田甲子郎『寺内正毅伯爵伝(復刻)』(一九二〇、大空社)、山本四郎編『寺内正毅日記』(一九八〇、京都女子大学)
(山田　朗)

てらおとおる　寺尾亨　一八五八―一九二五　国際法学

鉄　　道

鉄道は明治政府が掲げた「富国強兵・殖産興業」を輸送面で推進させた「近代化の旗手」であり、江戸時代までの日本にはない新しい輸入システムである。明治５年９月12日（陽暦1872年10月14日）に開業した新橋－横浜間鉄道は政府の手で建設され、これは明治時代を代表する大きな出来事の一つであった。お雇い外国人技術者の指導下で日本人研修生が現場実務を担い、やがて鉄道建設と運営の主役に成長し、国産化を実現していく。これ以降、国内鉄道網の普及は明治39年３月31日発布の鉄道国有法に支えられながら経済発展と産業革命を推進し、有事の際の作戦展開にも大きく貢献した。

鉄道を代表する二本のレールは物流だけではなくたくさんの情報も国内各地に運び、文化の担い手としての役割も果たしている。ここでは現存する様々な記録や遺産そして作品を通して明治時代の鉄道の姿をもう一度再現し、そこに記された豊かな文化を、年を追いながらたどってみることにしたい。まずは停車場からのスタートである。　　　　　　　　　　　　（堤　一郎）

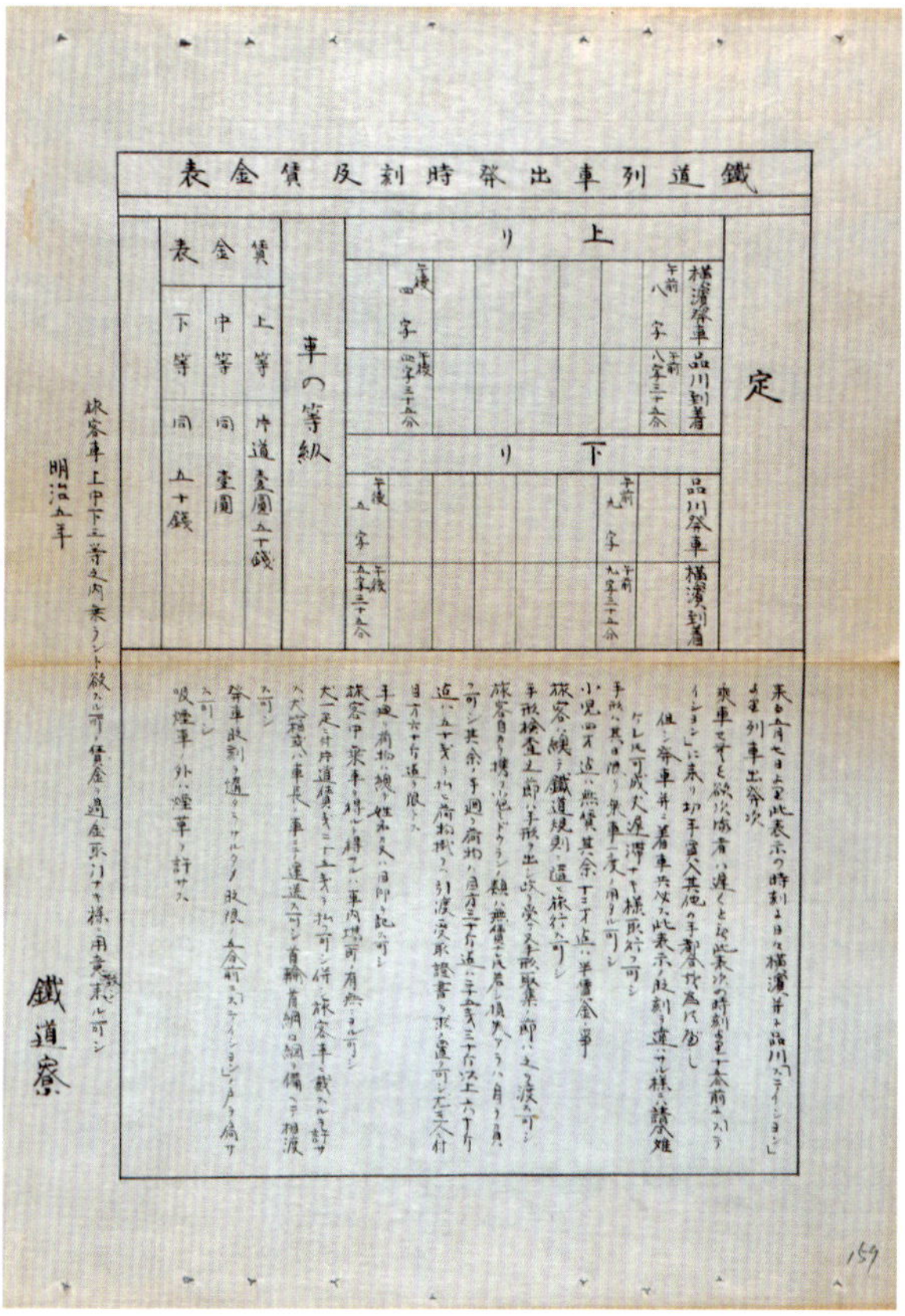

鐵道列車出発時刻及賃金表

定

上り

下り

車の等級

賃金表

上等　片道　壹圓五十銭

中等　同　壹圓

下等　同　五十銭

明治五年

鐵道寮

1　**仮開業時の時刻表**　新橋－横浜間鉄道開業４ヵ月前の明治５年５月７日（陽暦1872年６月12日）、品川－横浜間が仮開業した。この時の時刻表には一日２往復の列車運転、客車の等級と運賃額のほか乗車心得とも言うべき諸事項が詳細に記され、当時の官設鉄道の姿勢を伺い知ることができる。

2　**「東京名勝之図　新はし鉄道」**（歌川国輝（号は曜斎、一曜斎）画　明治７年）　数ある鉄道錦絵の中でも開業期の姿を描いた優れた作品。中央に新橋停車場、蒸気機関車（鉄馬）と外国人機関方、手前に馬と洋装の馬喰、和服姿の人物が好対照に配置され、遠景には東京湾と上総の山々がうっすらと見える。

3　開業式直前の新橋停車場構内風景　当初明治５年９月９日（陽暦1872年10月11日）に挙行予定であった新橋停車場での開業式典は、暴風雨のため延期され、９月12日に行われた。被災した停車場上屋根を職人が修理中で、ホームには英国製タンク式蒸気機関車と木製２軸客車８両が停車し、後方には停車場建物も見えている。

表　　　　裏

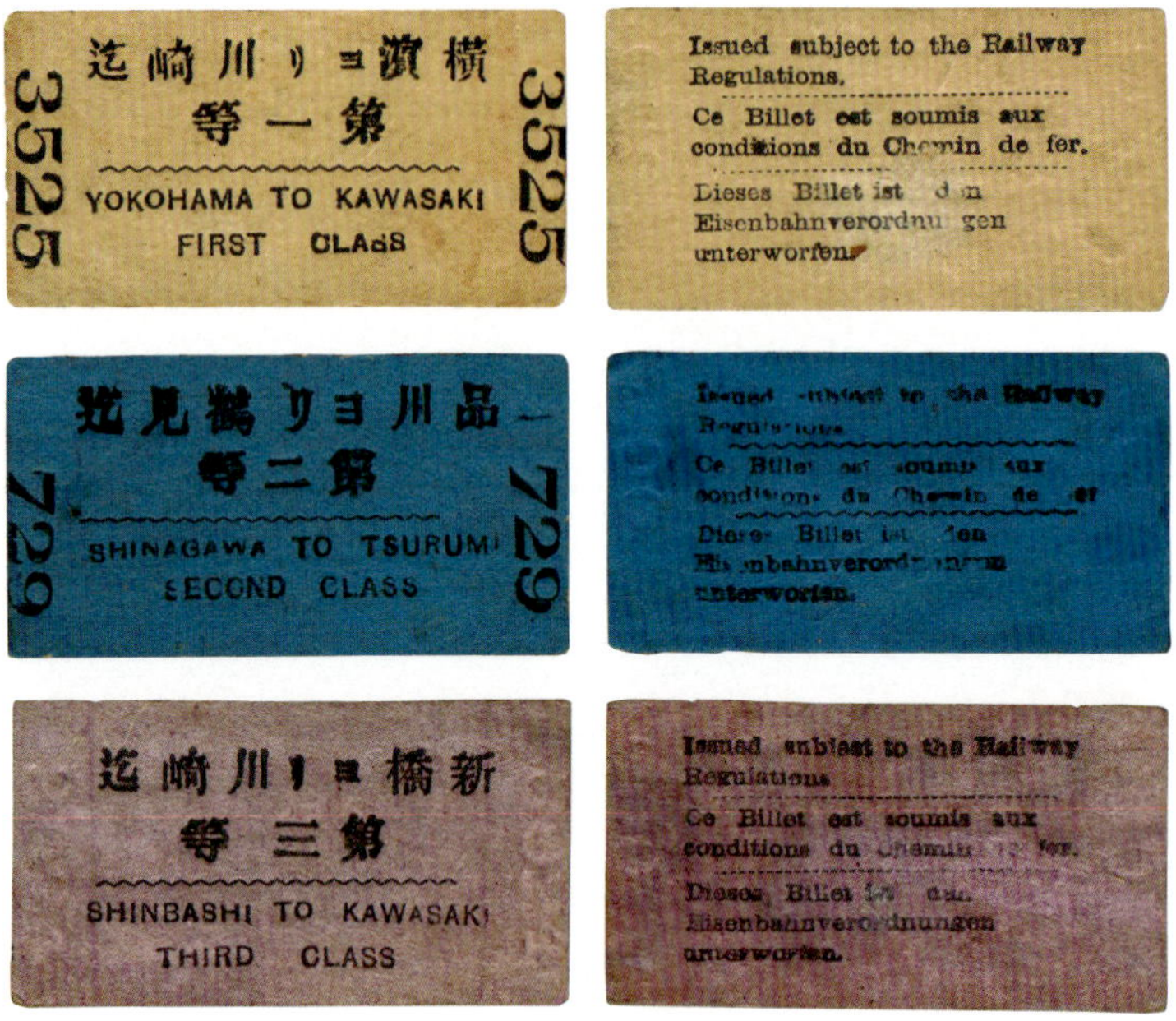

4　開業時の乗車券　開業時から、明治９年11月30日まで使用された片道乗車券。上等が白、中等が青、下等が薄赤に色分けされ、裏面には鉄道利用時の遵守事項が英・仏・独語で印刷されていた。

5　新橋停車場と東京馬車鉄道　新橋停車場の前には日本初の私設鉄道東京馬車鉄道が走っていた。明治15年６月25日新橋－日本橋間を開業、後に電化され東京電車鉄道と改称した。

６　武庫川橋梁　日本初の錬鉄製橋梁が大阪－神戸間の武庫川・神崎川・十三川に架設された。橋脚・橋桁の多くは英国製であったが、後には鉄道寮神戸工場製部材も使われた。この錬鉄製橋梁は一部が大阪市内の運河橋梁に転用され、現存する。武庫川橋梁は明治７年(1874) ２月完成、全長約255mである。

７　石屋川トンネル　大阪－神戸間官設鉄道開業にあたり英国人技術者の指導下で日本人研修生が初めて掘削したのが石屋川・住吉川・芦屋川トンネルである。石屋川トンネルは全長約60mであった。

８　逢坂山トンネル　石屋川トンネル等の掘削経験をもとに日本人だけで完成させた初の山岳トンネルで全長約665m。完成後の明治13年７月15日京都－大津間が開業した。現在は大津側坑門だけが建造時の姿を今に伝えている。

内　部

外　観

９　１号御料車　明治10年(1877) ２月５日、大阪－京都間の鉄道開業式に伴い明治天皇は京都・大阪・神戸の三駅に行幸し開業式典に臨んだ。当日天皇が乗車した特別客車が１号御料車である。神戸工場初代汽車監察方で英国人ウォルター＝マッカーシー＝スミスの指導下で日本人研修生が製造した現存最古の国産木製２軸客車である。室内装飾も優雅で実に見事な美術工芸品と言える。

10　幌内鉄道　開拓使による北海道開拓の一つに炭鉱開発があった。空知の幌内炭田から小樽の手宮港への石炭輸送機関として、米国人技術者ジョセフ＝クロフォードの指導により幌内鉄道の建設が進められ、明治15年(1882)11月13日、手宮－幌内間が開業した。木製トレッスル構造の小樽入船橋梁と試運転中の弁慶号蒸気機関車が見える。

11　860形蒸気機関車　明治27年６月、鉄道庁神戸工場で誕生した国産第一号の蒸気機関車である。同工場第三代汽車監察方の英国人リチャード＝フランシス＝トレビシックの指導下で日本人研修生が苦労の末に完成させた１Ｂ１タンク式蒸気機関車で、蒸気を左右のシリンダで二段膨張させる複式と呼ばれる特殊な構造であった。昭和４年(1929)樺太庁鉄道で廃車となり残念ながら現存しない。

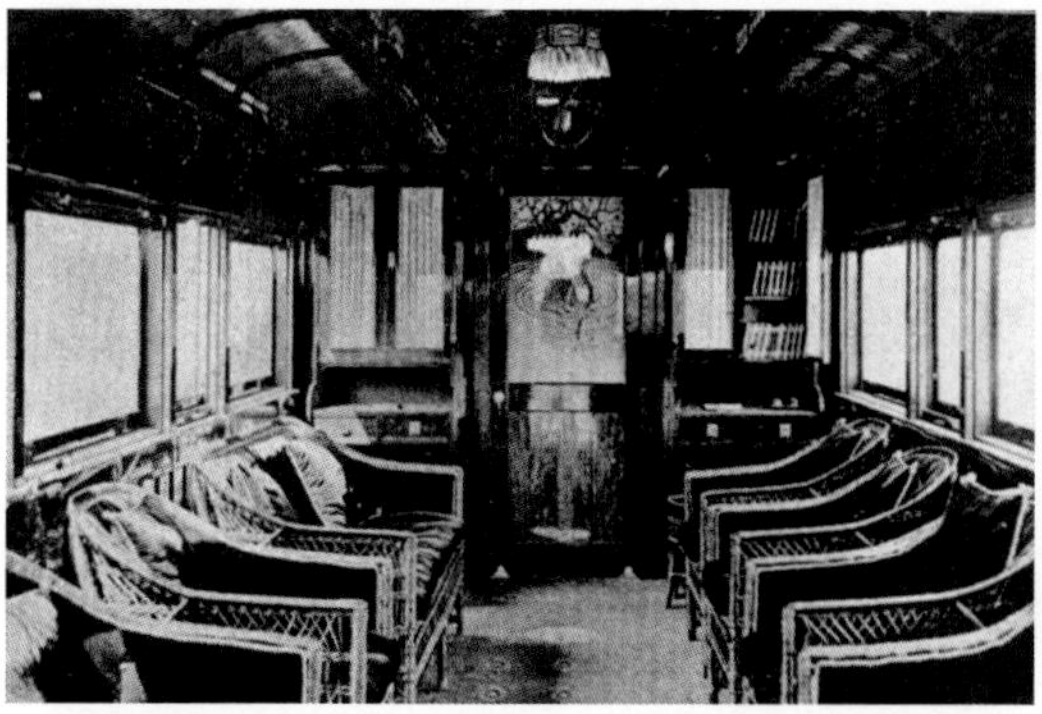

展望車内部

展望車デッキ

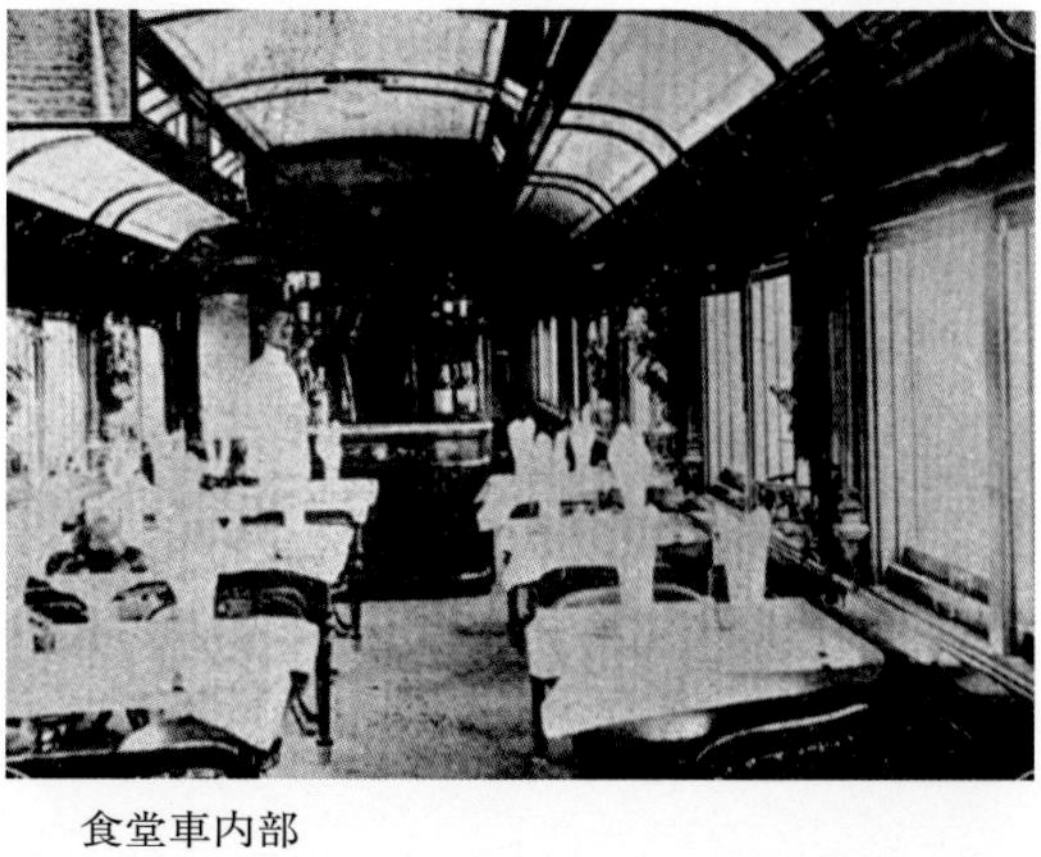

食堂車内部

12　新橋－下関間特別急行列車　明治45年６月15日の列車時刻改正により、従来の東海道線新橋－神戸間の昼行急行列車(所要時間約17時間・一往復)は、欧亜連絡の特別急行列車に発展した。編成は一・二等客車と食堂車・寝台車に曲面ガラスを使った展望車を連結した７両の座席指定制優等列車であった。別に北陸線敦賀からウラジオストク航路利用者向けの急行列車も運転された。

13 **「夜汽車」**（赤松麟作画　明治34年）　明治時代を代表する洋画家の著名な作品で、彼が東京美術学校卒業後、新橋から東海道線で三重県の津に出向く途中の車内風景である。この当時は鉄道作業局が列車運転を担ったが、客室の構造と設備から木製三等ボギー式客車と思われる。室内照明は石油ランプで、その暗い明かりのもとで乗客たちの表情に夜行列車独特の明暗が見られる。

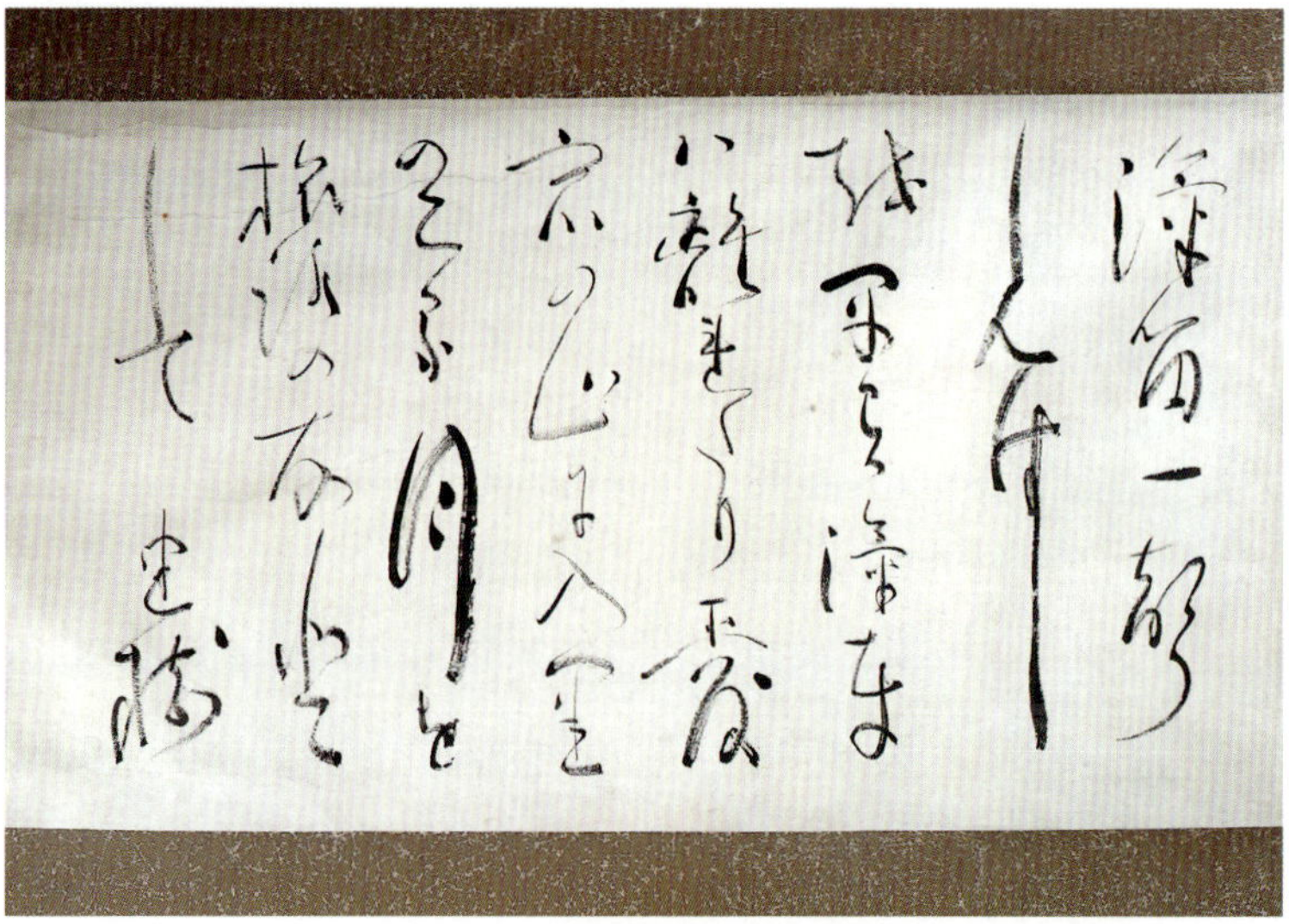

14　大和田建樹直筆の鉄道唱歌第一番　「汽笛一声新橋を　はや我が汽車は離れたり」で始まる鉄道唱歌は地理学習を目的に『地理教育鉄道唱歌』として、明治33年(1900) 5月10日に第一集東海道篇が発行された。鉄道沿線の地理・歴史・産業などが多様に取り込まれ、歌詞も七五調で多くの人々に受け入れられた。同年内に第五集まで続いた。作詞はいずれも大和田建樹である。

15　鉄道5000哩祝賀会記念絵葉書　明治39年4月、日本の鉄道は総延長4779哩(7689km)に達し、これに台湾総督府鉄道260哩を加えて5000哩を超えたため、同年5月20日名古屋市に官鉄・私鉄関係者が集まり、鉄道開業五千哩の祝賀会が開催された。当日は1000名を超える各界名士が参加し盛会をきわめた。

16　初代山陽ホテル　鉄道国有法により明治39年12月1日山陽鉄道が買収され山陽ホテルも国有化された。このホテルは明治35年11月1日の開業で木造二階建て、関釜連絡航路利用客の便宜をはかったことで知られるが、大正11年(1922) 7月26日に焼失した。なお再建後の建物は平成23年(2011) 1月の解体時まで下関市内に現存した。

17　碓氷川橋梁（上）と10000形牽引列車（下）
明治26年（1893）４月１日に開業した官設鉄道横川－軽井沢間の碓氷峠には日本初のアプト式が採用され蒸気機関車運転を開始したが、輸送力増強と安全性向上のため明治45年５月11日からドイツ製アプト式直流電気機関車10000形による旅客列車の電気運転に改められた。この機関車を模範に鉄道院大宮工場で国産アプト式電気機関車10020形を製造、大正８年（1919）から貨物列車も電気運転となり輸送力向上がはかられた。

18　鉄道広軌化実車運転試験
最重要幹線である新橋－下関間の広軌（国際的標準軌）化建議は紆余曲折を経て、明治41年12月５日の鉄道院発足後本格化した。初代総裁後藤新平は広軌推進派で欧亜連絡の特別急行列車運転も視野に入れていた。技術面では大正６年５月23日から８月５日まで横浜線原町田－橋本間の狭軌・広軌併設（３線・４線）試験線を使い様々な実車運転試験が行われ、広軌化への良い成果が得られた。

寺尾亨

者。安政五年十二月二十九日(一八五九年二月一日)福岡藩士寺尾喜平太の次男として筑前国那珂《なか》郡住吉(福岡市博多区)に生まれる。明治九年(一八七六)より司法省法学校にてボアソナードのもとで刑法を専攻。十七年(一八八四)卒業、判事補を経て翌年判事となった。二十二年(一八八九)帝国大学法科大学の講師となり治罪法を講じ、二十四年教授に昇格(民法および刑事訴訟法を担当)。その後、渡欧して国際法を学び、二十八年に帰国して国際法講座の担任教授となる。三十二年(一八九九)法学博士。四十四年(一九一一)に辛亥革命が勃発すると、大学を辞して現地に渡り、革命政府の顧問となった。日本人の国際法専攻者としてはじめて国際法講座を担当するなど、同分野の開拓者の一人であると同時に、国士肌の人物として知られ、「七博士事件」の中心人物でもあった。大正十四年(一九二五)九月十五日死去。六十八歳。→七博士意《しちはくしい》見書《けんしょ》

参考文献 『東京帝国大学一覧』各冊(一八八九―一九二三、東京帝国大学)、『法学博士寺尾亨氏三周年追悼会記要』(一九二八、故法学博士寺尾亨氏追悼会残務所)、一又正雄『日本の国際法学を築いた人々』(『国際問題新書』三七、一九七三、日本国際問題研究所)　(伊藤 信哉)

てらおひさし　寺尾寿　一八五五―一九二三　明治から大正時代の天文学者。安政二年九月二十五日(一八五五年十一月四日)、福岡藩士寺尾喜平太の息子として福岡に生まれる。明治七年(一八七四)、開成学校に入学し、その後身の東京大学の理学部物理学科を明治十一年(一八七八)に卒業、ついでフランスに留学し、各地の天文台とパリ大学において天文学・数学を研究。帰国途中に金星太陽面経過の観測に参加し、仏文の報告を発表(明治十五年)。明治十六年、帰国、東京大学理学部講師となり日本初の星学講義、数学・楕円関数などを担当、明治十七年、東京大学理学部教授。明治十六年から二十九年(一八九六)までは東京物理学校校長を務める。明治二十年、那須地方の皆既日食の観測を準備し、曇天のためデータは得られなかったが、のちの日食観測に資するところがあった。明治二十一年、東京天文台が設置されるとその台長を兼務(大正八年(一九一九)まで)。同年、理学博士。明治二十二年、パリで開催された万国測地学会議に派遣され、日本の測量の現状について報告した。大正十二年(一九二三)八月六日死去。六十九歳。

参考文献 『東京物理学校五十年小史』(一九三〇)、寺尾新「寺尾寿」(有島行光他『父の書斎』所収、一九六六、筑摩書房)、日本天文学会百年史編纂委員会編『日本の天文学の百年』(二〇〇八、恒星社厚生閣)　(岡本 拓司)

てらおひろし　寺尾博　一八八三―一九六一　農学者。農事試験場第四代場長、参議院議員一期。明治十六年(一八八三)九月二日、静岡県有渡郡聖一色村(静岡市)で出生。四十二年(一九〇九)に東京帝国大学農科大学を卒業、農商務省農事試験場に勤務し、稲など主要作物の研究に従事した。現在、国と道府県が共同で実施している品種改良ネットワーク「指定試験事業」は、当時種芸部主任であった寺尾と安藤広太郎場長によって大正十四年(一九二五)に創始された。彼が陸羽支場で育成した水稲「陸羽《りくう》一三二号」は、人工交配育種法で育成した最初の優良品種で、多収・良質で耐冷性に富むため、以後の品種改良の母本として広く用いられた。昭和初年の大冷害の際には、農事試験場にわが国初のファイトトロンを設立、今日につながる水稲冷害生理研究の基礎を築いた。晩年まで農業研究に情熱を注ぎ、田植機の開発にも貢献した。昭和三十六年(一九六一)七月十六日に神奈川県藤沢市で死去した。満七十七歳。著書に『植物育種要説』(昭和六年、岩波書店)などがある。　(西尾 敏彦)

てらかどせいけん　寺門静軒　一七九六―一八六八　江戸時代後期の儒者。寛政八年(一七九六)江戸に生まれる。名は良。字は子温。通称は弥五左衛門。号は静軒・克己・蓮湖。父は常陸国水戸藩士の寺門勝春。はじめ田口某に学び、のち山本緑陰《やまもとりょくいん》に作詩を学んだ。また上野寛永寺勧学寮に身を寄せ修学し、その後駒込吉祥寺の門前に克己塾を開く。天保三年(一八三二)から『江戸繁昌記』を出版するも発売差止めとなり、さらに続編を刊行したため、町奉行所から武家奉公御構いの処分を受ける。以後江戸に妻子を置き諸方を放浪。安政元年(一八五四)妻を失い、娘マチを武州冑山《かぶとやま》の根岸家に嫁がせた。安政六年には新潟にあって『江戸繁昌記』の新潟版というべき『新潟繁昌記』を著わした。晩年には儒をやめて髪を切り、みずから無用の人と称し、最後は根岸家に身を寄せ明治元年二月二十四日(一八六八年三月十七日)に没した。七十三歳。著に『江戸繁昌記』『新潟繁昌記』『繁昌後記』『江頭百詠』『静軒一家言』『静軒漫筆』『静軒百詩』『静軒詩撰』『静軒詩文鈔』などがある。

参考文献 竹林貫一『漢学者伝記集成』(一九二八、関書院)、関儀一郎・関義直『近世漢学者著述目録大成』(一九四一、東洋図書刊行会)　(下村 泰三)

てらさきこうぎょう　寺崎廣業　一八六六―一九一九　日本画家。本名では「ひろなり」とよみ、別号は秀斎・宗山・天籟《てんらい》散人・騰龍軒主。佐竹家の重臣寺崎廣知の長子として慶応二年二月二十五日(一八六六年四月十日)、秋田に生まれる。狩野派の小室怡々斎《こむろいいさい》に師事し、第二回内国絵画共進会に出品。円山四条派の平福穂庵《ひらふくすいあん》の勧めで上京。『絵画叢誌』の古画縮写や『風俗画報』の挿絵を担

当し腕を磨いた。第三回内国勧業博覧会では、「東遊図」で褒状を受賞。日本青年絵画協会創立に参加し、数々の展覧会で受賞した。明治三十年（一八九七）に東京美術学校助教授となった。翌年には東京美術学校騒動で岡倉天心に殉じ辞職、横山大観らと日本美術院を創立した。東京美術学校教授に復職し、文部省美術展覧会では第一回展から審査員を務めた。みずからの天籟画塾《てんらいがじゅく》では三百人ほどの門弟を抱え、帝室技芸員を任じられたが、大正八年（一九一九）に五十四歳の生涯を閉じた。代表作は、「秋苑」（明治三十二年）、「大仏開眼」（同四十年）、「渓四題」（同四十二年）など。

参考文献 『生誕百四十年寺崎廣業展』（秋田県立近代美術館、二〇〇六）　（柏木　聖子）

寺崎廣業

てらしまむねのり　寺島宗則　一八三二―九三　政治家、外交官。天保三年五月二十三日（一八三二年六月二十一日）、薩摩藩出水《いずみ》郷士長の次男に生まれる。幼少時は徳太郎、藤太郎と名乗り、幕末期に伯父松木宗保の養子となって松木弘安（弘庵）と称した。藩校造士館、江戸戸塚静海塾、伊東玄朴塾にて蘭学を学び、安政三年（一八五六）蕃書調所教授手伝となった。同四年から六年まで薩摩藩主島津斉彬の侍医を務めたが、斉彬の死後は再び幕府へ復帰し、万延元年（一八六〇）七月蕃書調所教授。文久元年（一八六一）十二月、幕府の第一次遣欧使節に傭医師兼翻訳方として福沢諭吉・箕作秋坪《みつくりしゅうへい》らとともに随行し、ヨーロッパ諸国を歴訪した。文久三年七月薩英戦争の際には五代才助（友厚）とともにイギリス艦の捕虜となり、横浜へ護送された。慶応元年（一八六五）三月より薩摩藩遣英使節の一員として出水泉蔵の変名で渡英し、英国要路に雄藩連立政権構想を説く。翌年五月帰藩。慶応二年六月より船奉行兼開成所教授。同年、寺島陶蔵と改名。王政復古の変革に際しては藩主に対して版籍返上を建議した。維新後は、明治元年（一八六八）正月参与外国事務掛、同年二月参与職外国事務局判事、三月制度寮判事として横浜裁判所に在勤。九月神奈川県知事、十月外国官判事（兼任）などを歴任し、翌二年四月外国官副知事、七月外務大輔となった。この間、スペインやオーストリア、ハワイとの修好通商条約締結の任にあたり、明治五年四月大弁務使としてイギリス在勤を命じられ、同年十月特命全権公使となった。翌六年十月に帰朝し征韓派下野後の参議兼外務卿となり、在任中は、マリア＝ルス号事件の処理や樺太千島交換条約の締結、日朝修好条規の調印などに手腕を発揮するなど明治時代初期の日本外交を主導した。またこの間、前任の副島種臣外務卿からの引継ぎ問題であった外国人の内地旅行の自由については、治外法権の現状からこれを認めないこととした。条約改正交渉においては、西南戦争後の財政難を克服するために税権回復を企図して各国と交渉にあたり、明治十一年（一八七八）七月には米国との間に新条約を締結して関税自主権を獲得したが、英商ハートレーのアヘン密輸入事件やドイツによる検疫拒否事件（ヘスペリア号事件）の発生により英独が条約改正に反対したため、関係国と同内容の条約を締結することが条件となっていた日米条約も発効には至らなかった。その後も寺島は改正談判の開始など税権回復の道を拓くために努力したが、両事件の結果、治外法権の撤廃を求める世論の反発が強まり、明治十二年九月外務卿を辞任し、文部卿兼法制局長官に転じた。文部卿就任直後には、それまでの学制に代わる教育に関する総合的基本法制として教育令が公布された。明治十四年十月元老院議長、十五年七月アメリカ駐劄《ちゅうさつ》特命全権公使に任ぜられ、翌年十一月帰朝。明治十七年五月宮内省出仕・制度取調局御用掛となり、同年七月伯爵に叙せられる。その後、明治十八年十二月宮中顧問官、二十一年（一八八八）四月から二十六年六月まで枢密顧問官（この間、二十一年五月から二十四年九月まで枢密院副議長）を歴任。明治二十五年条約改正案調査委員に任ぜられる。明治二十六年六月七日死去。六十二歳。なお寺島は、外交面での業績のほか、薩摩藩時代に電信機の開発に携わり、日本初の東京―横浜間の電信開設を建議するなど、創業期の通信事業を積極的に推進したことから、「電信の父」とも称されている。

寺島宗則画像（黒田清輝画）

参考文献 犬塚孝明『寺島宗則』（『人物叢書』、一九九〇、吉川弘文館）、吉村道男監修『日本外交史人物叢書』一一（二〇〇二、ゆまに書房）、五百旗頭薫『条約改正史―法権回復への展望とナショナリズム―』（二〇一〇、有斐閣）　（浜井　和史）

てらしむねのり　寺師宗徳　一八五六―一九一二　史談会幹事。安政三年（一八五六）鹿児島藩士寺師宗道の子に生まれる。明治九年（一八七六）ごろ修学のため上京。十五年（一八八二）十月ごろ大蔵省租税局六等属で十八年までは在勤が確認できる。二十年（一八八七）上京してきた叔父の島津家史編輯員市来四郎を手伝う。二十一年七月宮内省より島津・毛利・山内・徳川の四家に嘉永五年(一八五二)から明治四年までの事蹟取調の命があり、島津家でも体制を整備し、寺師が島津家編輯員となり、東京の出張所の主任となった。明治二十二年四月寺師と市来が中心となって、四家の編輯員を核に史料収集のための組織である史談会が設立された。以後、史談会を拡大し明治中興史としての維新史編纂を行おうとする運動を連年展開した。また二十四年十月には吉田清成の指示のもと『条約改正之標準』(国家経済会)を発行、民間の改正案としては出色のものと評されている。明治四十五年(一九一二)五月五日病死。五十七歳。

参考文献 稲生典太郎『条約改正論の歴史的展開』(一九七六、小峰書店)、宮地正人「政治と歴史学—明治期の維新史研究を手掛りとして—」(西川正雄・小谷汪之編『現代歴史学入門』所収、一九八七、東京大学出版会)、大久保利謙『日本近代史学の成立』(『大久保利謙歴史著作集』七、一九八八、吉川弘文館)　(西川　誠)

てらだとらひこ　寺田寅彦　一八七八—一九三五　明治時代後期から昭和時代前期の物理学者、随筆家。筆名として吉村冬彦、俳名として藪柑子、寅日子を用いた。明治十一年(一八七八)十一月二十八日、東京麴町平河町三丁目(千代田区)に、高知県士族で陸軍会計一等監督の寺田利正の長男として生まれる。明治二十九年(一八九六)、第五高等学校に入学し、夏目漱石に英語と俳句を、田丸《たまる》卓郎《たくろう》に数学と物理学を学ぶ。明治三十二年(一八九九)、東京帝国大学理科大学物理学科に入学、漱石を通じて正岡子規と知り合う。明治三十六年、大学卒業、大学院入学、本多光太郎《ほんだこうたろう》とともにセイシ(湾や湖沼に見られる固有の周期をもつ振動)を観測し、また、音響学、磁気に関する実験を行う。このころより藪柑子の名で『ホトトギス』に写生文などを発表するようになる。明治三十七年、東京帝国大学理科大学講師。明治四十一年(一九〇八)、理学博士。明治四十二年、助教授、宇宙物理学研究のためドイツ・イギリスに留学。明治四十四年、帰国。大正二年(一九一三)、エックス線回折実験において、イギリスのブラッグ父子のいわゆる「ブラッグの条件式」とほぼ同等の成果を発表。大正五年、教授に昇任。大正六年、「ラウエ斑点の撮影に関する研究」で帝国学士院恩賜賞受賞。大正七年冬から胃潰瘍のため二年間静養し、そのころより吉村冬彦の筆名で科学的随筆を発表するようになる。大正十年(一九二一)、東京帝国大学航空研究所員、大正十三年、理化学研究所主任研究員、大正十四年、帝国学士院会員、大正十五年、東京帝国大学地震研究所員。地球物理学のほか、物理学の諸領域に旺盛な関心を示した。科学に関する知識と文筆の才の融合した随筆は著名であるが、ほか、俳句、油絵、水彩画、ピアノ、ヴァイオリン、映画評論なども手がけた。昭和十年(一九三五)十二月三十一日、東京市本郷区曙町(文京区)の自宅において、転移性骨腫瘍により死去。五十八歳。

寺田寅彦

参考文献 矢島祐利『寺田寅彦』(一九四九、岩波書店)　(岡本　拓司)

デ=ラ=トール　de La Tour　生没年不詳　幕末から明治期のイタリア人外交官。明治二年(一八六九)に来日し、イタリア特命全権公使として国内の養蚕製糸地帯を視察した。当時はイタリア・フランスの養蚕地帯では蚕の伝染病が蔓延して日本の蚕種や生糸が強くもとめられていた時期であった。同年四月二十八日(六月八日)に横浜を出発し、中山道経由で当時蚕種生産地として有名だった上野国佐位郡島村(群馬県伊勢崎市)を視察し、五月四日(六月十三日)に前橋町(前橋市)に到着した。視察団一行はラ=トール夫妻のほか、公使館書記官、イタリア人の蚕種・生糸商、日本人通訳(中山譲造)、護衛の兵士など七十人余からなっていた。同日午後には広瀬川河畔の座繰《ざぐり》製糸業者宅など同町内を見学した。翌日は前橋から伊香保温泉に向かい、予定ではそれより高崎に回り、さらに赤城南麓の村々を視察して横浜へ帰着することになっていた。翌年三月十五日(一八七〇年四月十五日)に挨拶のため宮中に参内しているので、間もなく帰国したものと思われる。

参考文献 『前橋市史』三(一九七五)、今井幹夫「明治初期における伊・仏国外交官による養蚕地帯の視察—特に上野国の視察に視点を当てて—」(『ぐんま史料研究』一七、二〇〇一)　(宮崎　俊弥)

てらのせいいち　寺野精一　一八六八—一九二三　明治時代中期から大正時代の造船工学者。明治元年十一月二十六日(一八六九年一月八日)、名古屋に生まれる。明治二十三年(一八九〇)、帝国大学工科大学造船学科卒業、大学院に入り商船設計と構造を研究。明治二十六年、帝国大学工科大学助教授、造船学第二講座担任。明治三十年(一八九七)、イギリスに留学し、グラスゴー大学で学んだのち実地研修を行い、明治三十二年帰国、教授に昇任。明治三十三年、商船の構造設計上の変遷、機関・艤装の発達を紹介する論文を発表。明治三十四年、工学博士。明治三十七年、有事に補助巡洋艦として用いる商船を船舶設計上から検討する論文を発表。明治三十八年、液体燃料の研究のため渡米、またタービン汽機の設計を検討する論文を発表。明治三十九年から翌年にかけて油槽船の構造研究のため渡英。明治四十四年(一九一一)、日本における商船建造の発達に関する論文を英国造船協会に発表。大正七年(一九一八)、東京帝国大学工科大学

長、大正八年、官制改革により工学部長(大正九年まで)。大正十年(一九二一)、東京帝国大学附属航空研究所長(大正十二年まで)。大正十二年一月八日、死去。五十六歳。　(岡本　拓司)

テリィ Henry Taylor Terry 一八四七―一九三六 東京帝国大学、慶応義塾大学部教師。一八四七年九月十九日米国コネティカット州ハートフォドに生まれ、六九年イエイル大学を卒業し七二年コネティカット州の弁護士資格を取得して弁護士を開業。明治九年(一八七六)日本政府に招かれ東京開成学校の法律学教師に就任。十七年(一八八四)一旦帰国し弁護士として活躍後イエイル大学で法律学を教えたが二十七年(一八九四)再来日して帝国大学(のちの東京帝国大学)法科大学教授となり、大正元年(一九一二)の帰国まで英米法を教授。この間明治二十八年から二年間慶応義塾大学部法律科でも英法を講義した。帰国時、二十五年にわたり日本の法学教育に多大な貢献をしたことに対し日本政府から勲二等瑞宝章を授与されている。帰米後は英法学の研究に没頭し一九三六年十二月二十八日自宅で没。満八十九歳。著書には The First Principles of Law (1878), Some Leading Principles of Anglo-American Law (1884), An Elementary Treatise on the Common Law for the Use of Students (1898) があり、最初の著書(英文)は丸善から刊行された。

参考文献　高柳賢三『米英の法律思潮』(一九四八、海口書店)、Who was who in America: a companion biographical reference work to Who's who in America, vol. IV (Chicago: Marquis-Who's Who: 1968)　(白井　堯子)

デ＝レーケ Johannis de Rijke 一八四二―一九一三 土木技師、御雇い外国人。一八四二年十二月五日、オランダのゼーラント州コリンスプラートの築堤職人の家庭に生まれる。少年時代に家業を習得し、また土木技師のリブレットにその学理を学んだ。一八六五年にアムステルダム近郊に移住し、スヘリングワーデの閘門の工事に携わる。明治維新後、新政府は、河川改修や港湾築造に長けたオランダ人の技術者の雇用を始め、ファン＝ドールンとリンドが明治五年(一八七二)に来日したが、大阪築港にあたってさらに三名のオランダ人技術者が呼び寄せられた。デ＝レーケはそのうちの一人として明治六年に来日し、大蔵省土木寮に雇用される。以後、西南日本の河川・港湾の工事に従事し、粗朶沈床、オランダ式砂防ダムの建設などを実施。明治九年、内務省土木寮と再雇用契約。明治十三年(一八八〇)、ファン＝ドールンが帰国すると、内務省土木局にあってデ＝レーケが全国の河川・港湾事業を指導する位置につく。イギリス人技術者との軋轢や、成長した日本人技術者による引継ぎなどを経ながら、日本各地の治水・築港に携わる。一八九七年より上海の黄浦江改修計画を策定。一九〇三年、オランダに帰国。一九〇五年、黄浦江管理委員会技師長となり、翌年上海に着任。一九一〇年、黄浦江管理委員会技師長を辞し、オランダ帰国の途に着く。一九一三年一月二十日、アムステルダムで死去。満七十歳。

参考文献　建設省中部地方建設局木曾川下流工事事務所編『デ・レーケとその業績』(一九八七)、上林好之『日本の川を甦らせた技師デ・レイケ』(一九九九、草思社)　(岡本　拓司)

デ＝ロング Charles E. De Long 一八三二―七六 明治初年の駐日米国公使。一八三二年八月十三日、ニューヨーク州ビークマンビル生まれ。五〇年、カリフォルニア州に移って鉱区で働き、郡保安官代理や廷吏をつとめて法律を学んだ。法曹家となった彼は、五七年から五九年は州議会の下院議員、五九年から六三年は州議会上院議員をつとめた。六三年には新設のネヴァダ州に移り住み、ヴァージニア市で弁護士を開業した。明治二年(一八六九)、グラント大統領側近に注目されて日本公使に任命され、明治六年までつとめる。明治三年、英国公使パークスのサハリン放棄勧告に際し、分割を主張する日本政府の見解を支持して日露間の調停に乗り出すが失敗。ハワイ公使を兼任し、明治四年七月、日布修好通商条約を締結した。十一月、岩倉使節団と渡米して条約改定交渉に同席し、翌年リジェンドルを外務卿副島種臣に紹介するなど、米国の影響力を伸ばすための積極策を採った。帰国後はヴァージニアで弁護士を続け、一八七六年一〇月二十六日に死去。満四十四歳。

参考文献　石井孝『明治初期の日本と東アジア』(一九八二、有隣堂)、John E. Findling: Dictionary of American Diplomatic History (Westport, Conn.: Greenwood Press: 1980). David Shavit: The United States in Asia: a historical dictionary (New York: Greenwood Press: 1990).　(保谷　徹)

でわしげとお　出羽重遠 一八五五―一九三〇 海軍軍人。安政二年十二月十七日(一八五六年一月二十四日)に会津藩士出羽佐太郎の長男として生まれる。会津藩士として戊辰戦争に従軍後、明治五年(一八七二)九月に海軍兵学寮に入る(海兵五期)。明治十一年(一八七八)八月に少尉補任官。洋上勤務を経て、明治十八年四月に軍艦浪速回航委員としてイギリスへ出張。明治二十六年(一八九三)五月に海軍省官房人事課長。翌年の日清戦争では、西海艦隊参謀長。明治三十三年(一九〇〇)五月に少将昇進、常備艦隊司令官。明治三十五年十月に軍務局長兼軍令部

出羽重遠

次長。翌年十二月、第一艦隊司令官(第三戦隊司令官)として日本海海戦に参加。翌年六月、中将昇進。明治三十九年十一月に教育本部長。翌年九月男爵。明治四十五年(一九一二)七月に大将昇進。大正三年(一九一四)一月にシーメンス事件査問委員長。昭和五年(一九三〇)一月二十七日没。七十六歳。

参考文献 外山操編『陸海軍将官人事総覧』海軍篇(一九八一、芙蓉書房出版)、秦郁彦編『日本陸海軍総合事典』(一九九一、東京大学出版会)

(佐藤　宏治)

てんかまつり　天下祭　江戸時代、山王《さんのう》権現社(東京都千代田区)と神田明神社(同)の祭礼。この二つの祭礼は江戸で最大の祭りであり、江戸城内に入り将軍の上覧があったことから天下祭と称された。両祭礼とも神輿《みこし》・鳳輦のほか、多数の山車《だし》(花車)・踊屋台・地走りなどが巡行し、飾り付や衣装に華美を競い、江戸町人の心意気を示した。天和元年(一六八一)、幕府により隔年催行が命じられ、山王権現社は子・寅・辰・午・申・戌の年、神田明神社は丑・卯・巳・未・酉・亥を本祭とし、ほかの年は陰祭《かげまつり》とすることとなった。幕末政情不安の時期には将軍上覧も廃止され、巡行が中止となることもあった。明治元年(一八六八)には祭礼は行われず、また神仏分離によって山王権現社は日枝《ひえ》神社、神田明神社は神田神社となり、神田神社では朝敵であったところから祭神の平将門が摂社に移された。両社とも明治元年に准勅使参向社、六年から東京府社となったが、日枝神社は皇城の鎮守として官幣中社とされ、さらに大正四年(一九一五)には官幣大社に列せられた。両社とも明治二年に神輿・鳳輦・山車の巡行が再開されたが、宮城内には入らず、大手門前で奉幣の儀を行なった。この後、五年間毎年催行され、明治六年からは太陽暦の六月十五日に日枝神社、九月十五日に神田神社の祭りとなり、次第に盛んになったが、明治十七年(一八八四)の神田祭では復活した山車が当日午後の台風で大半を破損した。明治二十二年(一八八九)には憲法発布を記念して両社で盛大な祭礼を行なった。この時は両社の山車が巡行したが、これ以後電線の架設などによって、山車の巡行が困難となり、次第に山車は各町で備付けるだけで、神輿と鳳輦が巡行することとなった。神田神社の祭礼は九月であったため、台風や疫病の流行に妨げられることがあった。明治二十五年の祭礼から期日を五月に繰上げられた。明治二十九年の神田神社の祭礼は不景気であった上、電線架設によって山車は巡行を中止した。日枝神社の祭礼もこのころに山車巡行を廃止した。

参考文献 日枝神社御鎮座五百年奉賛会『日枝神社史』(一九七九)、神田明神史考刊行会編『神田明神史考』(一九九二)

(岡田　芳朗)

でんききかいこうぎょう　電気機械工業　電気を発生させる機械や、電気を使用する機械を製造する工業。日本では、明治期にいくつかの先駆的企業が誕生し、電気機械工業の国産化に挑戦した。代表的な企業としては、芝浦製作所、東京電気、日本電気、沖電気などをあげることができる。明治三十七年(一九〇四)に発足した芝浦製作所の出発点は、「からくり儀右衛門」と呼ばれた天才機械技術者、田中久重が明治八年(一八七五)、東京で電信機工場を創設したことにある。芝浦製作所は、明治二十七年(一八九四)には日本初の水力発電機と扇風機、明治二十八年には同じく日本初の誘導電動機(モータ)をそれぞれ製作し、電気機械国産化への挑戦を開始した。明治三十二年に発足した東京電気の源流は、明治二十三年に設立された白熱舎にまでさかのぼる。白熱舎は、藤岡市助と三吉正一により、日本最初の電球製造会社として設立された。東京電気は、アメリカのゼネラル＝エレクトリック社と提携し、明治四十四年(一九一一)にはタングステン電球「マツダランプ」の製造販売を開始した。なお、芝浦製作所と東京電気は昭和十四年(一九三九)に合併し、東京芝浦電気(現在の東芝)となった。日本電気は、明治三十二年に、岩垂邦彦らとアメリカのウェスタン＝エレクトリック社との合弁会社として設立された。ウェスタン＝エレクトリック社から生産管理の技法を学習した日本電気は、明治末までに、電話機の国産トップメーカーの座を占めるようになった。明治四十五年に発足した沖電気の創業は、沖牙太郎が明治十四年(一八八一)に明工舎を設立した時点に求めることができる。明工舎は、明治二十二年に沖電機工場と改称し、明治二十九年に直列複式交換機、明治三十五年に磁石式並列複式交換機を、相ついで国産化した。また、明治四十二年には二号共電式電話機の製造を開始した。→芝浦製作所《しばうらせいさくしょ》　→東京電《とうきょうでん》気会社《きがいしゃ》　→日本電《にほんでん》気会社《きがいしゃ》

(橘川　武郎)

でんききかんしゃ　電気機関車　外から電気エネルギーを供給され電動機により走行する機関車。現時点において日本初の国産電気機関車は、栃木県の足尾銅山工作課がアメリカのジェネラル＝エレクトリック社の図面を基に明治二十四年(一八九一)完成した鉱山用小型二軸直流電気機関車であり、二番手は大阪高野鉄道(現在の南海電気鉄道)堺東工場で大正五年(一九一六)電車用部品を使い製造した凸型二軸ボギー式直流電気機関車である。鉄道院大宮工場で勾配線用一〇〇二〇形直流電気機関車が完成したのは大正八年六月のことだが、こののち鉄道省は平坦線用直流電気機関車の設計を電機会社との協同設計方式で進め、昭和三年(一九二八)九月鉄道省初の制式標準型直流電気機関車EF五二形が完成した。この電気機関車には徹底した部品の標準化と互換性が確立され、後継機にも継承された。交流方式の電気機関車は昭和三十年(一九五五)八月開始の仙山線での実車性能試験を経て、昭和三十二年北陸本線用ED七〇形(六〇ヘルツ)、三十五年東北本線用ED七一形(五〇ヘルツ)交流電気機関車が登場した。のちに整流器や電動機に改良が施され、昭和三十八年から量産されたED七五形交流電気機関車として完成、これは全国各地で活躍している。近年は交流

電動機を搭載した高性能・高馬力の交流電気機関車も登場している。→蒸気機関車《じょうききかんしゃ》

参考文献 堤一郎『近代化の旗手、鉄道』(『日本史リブレット』、二〇〇一、山川出版社) (堤　一郎)

でんきじぎょう　電気事業 日本最初の電力会社である東京電燈会社が設立許可を受けて発足したのは明治十六年(一八八三)、同社が開業したのは三年後の明治十九年のことである。設立から開業まで三年余りを要したことからわかるように、東京電燈の開業資金の調達は難航した。これは、松方デフレの影響と電燈事業に対する不安感によるものであったが、なかでも後者が重大であった。その不安感を払拭するため東京電燈は、開業前から電燈の宣伝に力を入れた。横須賀造船所、小石川砲兵工廠内の村田銃製造所、千住製絨所、内閣官報印刷所の依頼に応じて、それぞれ電燈用発電機や点火設備を据え付けたり、東京銀行集会所開業式で白熱電燈四十個を臨時点燈したりしたのが、それである。これらの宣伝活動の効果や経済環境の好転により、東京電燈はようやく開業にこぎつけることができた。開業後の東京電燈は、東京で電気供給を行なっただけでなく、全国各地で発電機の据付工事を請け負った。請負先の大半を占めたのは、紡織会社と新設の電燈会社であった。このうち電燈会社についてみれば、東京電燈は、明治二十四年(一八九一)までに、神戸電燈、京都電燈、名古屋電燈、横浜共同電燈、熊本電燈、北海道電燈の一般供給用発電機の据付けも行なった。開業当初の東京電燈は、日本の電力業全体のオルガナイザーとして機能したということができる。しかし、このような東京電燈のオルガナイザー機能と一線を画した電力会社も存在した。明治二十一年に設立された大阪電燈が、それである。大阪電燈は、東京電燈が直流発電機を使用していたのとは異なり、最初からアメリカのトムソンハウストン社製の交流発電機を採用した。当時欧米では、交流と直流のどちらが発電方式として優秀かをめぐって、いわゆる「交直論争」が盛んに展開されていたが、いち早く交流発電方式を採用した大阪電燈と、エジソン社製の直流発電機に固執した東京電燈とのあいだでも、日本版の「交直論争」が繰り広げられた。しかし、直流方式では不可能な遠距離高圧送配電が交流方式では可能である以上、論争の帰趨は明白であった。アメリカでは、直流方式に固執したため経営危機に直面したエジソン社が、一八九二年にトムソンハウストン社に事実上合併され、新たにゼネラル＝エレクトリック(GE)社が発足した。日本でも、東京電燈が方針を転換し、明治二十四年、交流方式の一部採用に踏み切った。「交直論争」に敗れる形になった東京電燈は、徐々にエジソン社およびGE社との関係を弱め、ドイツのアルゲマイネ(AEG)社との関係を強めた。これとは対照的に大阪電燈は、トムソンハウストン社との緊密な関係をふまえて、GE社との関係を強化した。明治三十年代末から四十年代初頭にかけて、東京電燈は浅草集中発電所建設に伴ってAEG社から、大阪電燈は幸町発電所用にGE社から、それぞれ交流発電機を輸入したが、前者の周波数は五〇ヘルツ、後者の周波数は六〇ヘルツであった。今日まで続く東日本(五〇ヘルツ)と西日本(六〇ヘルツ)の周波数の相違は、このときに淵源を発したのである。明治三十九年(一九〇六)度末の時点における日本全体の発電設備総出力は九万一二九六キロワットであり、そのうちの七二%にあたる六万六一〇一キロワットが火力、残りの二万五一九五キロワットが水力であった。このように草創期の日本の電源構成は火力中心であったが、その状況に変化をもたらしたのは、明治四十年(一九〇七)に東京電燈が、山梨県桂川水系の駒橋水力発電所から東京までの遠距離高圧送電を実現したことである。これをきっかけにして、日本では「水力発電ブーム」が起り、早くも明治四十五年には、全国的にみて、水力の発電設備出力が火力のそれを凌駕するに至った。ここに、日本の電気事業は、当初の「火主水従」時代から「水主火従」時代へ、大きな転換をとげたのである。

参考文献 橘川武郎『日本電力業発展のダイナミズム』(二〇〇四、名古屋大学出版会) (橘川　武郎)

でんきじぎょうほう　電気事業法 明治四十四年(一九一一)三月三十日に公布され、同年十月一日に施行された、日本の電力行政の基本方針を定めた法律。この法律により、電気事業者に、(一)他人の土地に対する立入権、(二)他人の竹木を伐採する権利、(三)道路・河川・橋梁などの公共用土地を使用する権利、(四)他人の土地およびその上部または地中を使用する権利、(五)他の地中電気工作物の位置変更請求権などの特権が与えられた反面、電気事業者は、(一)事業の許可制、(二)事業の開始期間の限定、(三)工事の着手および工作物施工に対する認可制、(四)業務上の無過失責任、(五)主務大臣の公益上の必要にもとづく命令権などの監督規定のもとにおかれることになった。電気事業法制定より二年早い明治四十二年には、逓信省内に電気局が設置された。電気局設置と電気事業法制定により、日本における電力行政の骨格が整備されることになった。 (橘川　武郎)

でんきのとも　電気之友 ⇨加藤木重教《かとうぎしげのり》

でんきはつどうき　電気発動機 電流を動力に変換する機械。電動機、モーター。水車や蒸気機関が発生した動力を電流に変える発電機とほぼ同じ原理で逆の働きをする。日本への導入は明治二十三年(一八九〇)、浅草の凌雲閣(十二階)のエレベーターと第三回内国勧業博覧会場で運転された路面電車で電動機が用いられ、電気動力時代の到来を告げた。また同年末からは足尾銅山で排水ポンプと捲揚機に電動機が用いられ、鉱山での電力利用の起点となった。当初は送電可能な距離が短い直流が用いられたため、発電規模が小さくて経費がかかり、電動機の利用は近隣で水力発電の便に恵まれるか、新聞印刷のように都市中心部でコストをいとわず小規模で比較的静穏な機関を必要とする場合に限られた。交流も単相交流

式では電動機の効率が悪く、明治二十八年に東京電燈が長距離送電と誘導電動機の利用に適した三相交流を導入して以後、本格的に普及した。日露戦後になると長距離送電と大規模水力開発、また火力でも蒸気タービンの導入により、地域差はあったが、電力供給範囲が広まるとともに電力料金も低下したので他の動力からの転換も含め、電力利用が活発になった。工場動力として電動機が蒸気機関を上回るのは大正六年(一九一七)であるが、金属工業、機械器具工業では明治期のうちに電動機が主流となった。電動機は取り扱いが容易で、小馬力でも効率がよかったので、その普及は中小工場の機械化を促進し、中小工業の存続に益した。また、明治期には大工場や鉱山・炭鉱での利用は自家発電によることが多かった。電動機は輸入もあったが、先駆者三吉電機工場、大型品に強い芝浦製作所、小型品を多数作った明電舎などが生産し、数量的には国産品が大半を占めた。大正から昭和にかけて電動機は技術進歩により小型化し、大工場内で数台の機械をまとめたシャフトごとに据えられ、さらには各作業機に直結して用いられるようになっていった。

(鈴木 淳)

参考文献 日本電機工業会『日本電気工業史』(一九五六)、南亮進『動力革命と技術進歩—戦前期製造業の分析—』(一九七六、東洋経済新報社)、『関西電力五十年史』(二〇〇二)

てんきょういん 癲狂院 明治時代前半期における精神病院の一般的名称。明治八年(一八七五)七月、京都府知事槇村正直《まきむらまさなお》の主導のもと、左京区南禅寺内の小方丈を病棟に転用して設立された京都癲狂院は近代日本の精神病院の嚆矢である。初代院長は適塾出身の真島利民《まじまとしたみ》。明治十二年(一八七九)七月には東京上野護国院跡地の養育院内に東京府癲狂院が設立された。初代院長長谷川泰《はせがわたい》は東京府病院院長との兼任。両施設は官立であった(京都癲狂院は官立としては明治十五年に廃止)が、同十二年の東京下谷区根岸(台東区)、十七年の京都岩倉大雲寺内、十九年の大阪南区の回春病院内、二十四年(一八九一)の京都府愛宕郡大宮村(京都市)など、その後各地に設立が続いた癲狂(病)院はすべて私立である。「癲狂」は『大宝律令』『養老律令』などにみえ、わが国で精神病を意味する語としては最古のものであったが、明治中期以降、漢方医学の衰退に伴って古びた感じを帯び、さらに患者などからその差別的語感が忌避されるようになったため、「癲狂院」を名乗ったのは、二十五年、大阪北区に設立された大阪癲狂院が最後である。精神病者監護法公布の前年、明治三十二年(一八九九)開院の東京脳病院以降は「脳病院」の名称が一般的となった。東京府癲狂院は二十二年に巣鴨病院、京都癲狂院は大正二年(一九一三)に川越病院へとそれぞれ改称されている。→精神病院《せいしんびょういん》

参考文献 岡田靖雄『私説松沢病院史—一八七九~一九八〇—』(一九八一、岩崎学術出版社)、小俣和一郎『精神病院の起源』近代篇(二〇〇〇、太田出版) (平井雄一郎)

てんきょうぎじゅく 天橋義塾 明治八年(一八七五)七月に京都府宮津の士族有志者が設立した私塾。小笠原長道(のちの小室信介《こむろしんすけ》)らが創立の中心となり、初代塾長には粟飯原曦光《あわいばらぎこう》が就任。塾の財政は、一口五円の資本講と社員の出資金・生徒の月謝(十銭)などで賄われた。明治十一年(一八七八)には沢辺正修《さわべせいしゅう》が社長に就任、丹後地域における民権運動の拠点となった。同年には塾則を改正して機構を整備し、新たに英学科を設置。書籍新聞縦覧所を開設して一般に開放するなど、地域社会に根ざした学習結社としての活動を展開した。しかし、明治十七年京都府立宮津中学校の設置が決まると、事実上の解散を決議し、その資産を同校に引き継ぎ、明治二十年(一八八七)十月に解散した。

参考文献 住谷申一「天橋義塾と沢辺正修—とくに明治十三年を中心に—」(『人文学』七三、一九六四)、原田久美子「自由民権政社の展開課程—天橋義塾の場合—」(『京都府立総合資料館紀要』一、一九七二)、京都府立総合資料館編『京都府百年の資料』一(一九七二、京都府)、原田久美子「沢辺正修評伝」(『京都府立総合資料館紀要』三、一九七四)、京都府立丹後郷土資料館編『天橋義塾—丹後の自由民権運動一八七五—一八八四特別陳列—』(一九七五)

(秋元 せき)

てんきよほう 天気予報 近代的気象観測は幕末以来、在日外国人によって行われ、明治六年(一八七三)には長崎医学校のオランダ人ヘルツによって、香港・上海など海外の気象観測者との間で気象電信による観測結果の交換が毎日行われていたが、日本人による測候所の最初の

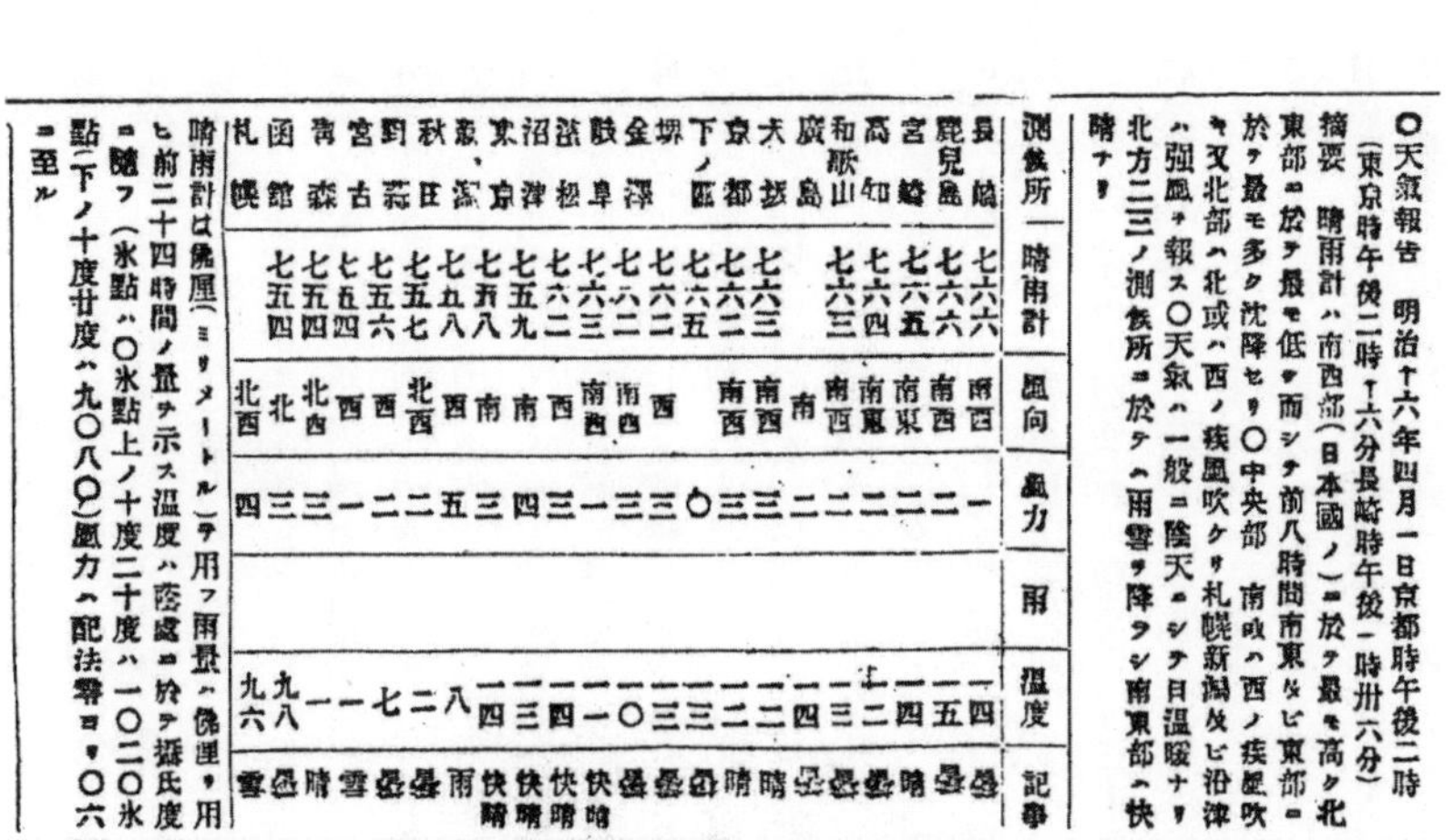

〇天氣報告 明治十六年四月一日京都時午後二時(東京時午後二時十六分長崎時午後一時卅六分)

摘要 晴雨計ハ南西部(日本國ノ)ニ於テ最モ高ク北東部ニ於テ最モ低ク而シテ前八時間南東及ビ東部ニ於テ最モ多ク沈降セリ〇中央部 南或ハ西ノ疾風吹キ又北部ハ北或ハ西ノ疾風吹ケリ札幌新潟及ビ沼津ハ強風ヲ報ス〇天氣ハ一般ニ陰天ニシテ日温暖ナリ北方二三ノ測候所ニ於テハ雨雪ヲ降ラシ南東部ハ快晴ナリ

測候所	晴雨計	風向	風力	雨	温度	記事
長崎	七六六	南西	一		一四	曇
鹿児島	七六六	南西	二		一五	曇
宮崎	七六五	南東	二		一四	晴
高知	七六四	南東	二		一二	曇
和歌山	七六三	南西	二		一三	曇
廣島		南	二		一四	曇
大坂	七六三	南西	三		一二	晴
京都	七六二	南西	三		一二	晴
下ノ関	七六五		〇		一三	曇
堺	七六二	西	三		一三	曇
金沢	七六二	南西	三		一〇	曇
岐阜	七六三	南西	一		一一	快晴
濱松	七六二	西	三		一四	快晴
沼津	七五九	南	四		一三	快晴
東京	七五八	南	三		一四	快晴
新潟	七五八	西	五		八	雨
秋田	七五七	北西	二		二	曇
野蒜	七五六	西	二		七	曇
宮古	七五四	西	一		一	雪
青森	七五四	北西	三		一	晴
函館	七五四	北	三		九八	曇
札幌		北西	四		九六	雪

晴雨計ハ佛尺(ミリメートル)ヲ用ヒ雨量ハ佛厘ヲ用ヒ前二十四時間ノ量ヲ示ス温度ハ陸處ニ於テ攝氏度ニ隨フ(氷點ハ〇氷點上ノ十度ハ一〇二十度ハ二〇氷點下ノ十度廿度ハ九〇八〇)風力ハ配法帶ヨ〇六ニ至ル

天気予報 『時事新報』明治16年4月4日付掲載の天気報告

ものは、明治五年七月二十三日(八月二十六日)の函館における設立であった。明治八年六月一日、東京気象台が創設され、英人ジョイネルを主任として、一日三回気象観測が実施された。明治十六年(一八八三)三月一日から、各地の測候所から東京気象台に電信によって集められた情報に基づき、独人クニッピングによって天気図が作られ、毎日印刷して配布された。『時事新報』紙は、四月四日からこれにより全国の気象概報を掲載した。同年五月二十六日にははじめて暴風警報が出され、電信によって通報された。全般天気予報は明治十七年六月十六日から全国を七気象区に分けて出された。明治二十六年(一八九三)七月から気象通知電報により気象通報を開始し、大正十三年(一九二四)三月からラジオによって、一日三回全国天気概況と東京地方天気予報とを開始した。↓気象《きしょう》観測所《かんそくじょ》

参考文献　気象庁編『気象百年史』(一九七五、日本気象学会)　(岡田　芳朗)

てんぐタバコ　天狗煙草　明治十三年(一八八〇)から銀座の岩谷商会で売り出した国産口付き紙巻煙草の総称。商品をすべて「〇〇天狗」というネーミングにしたのでこの名がある。店主の岩谷松平《いわやまつへい》(一八四九―一九二〇)は奇抜な広告宣伝で知られ、国権主義を標榜して「東洋煙草大王・国益の親玉」と自称し、赤洋服で赤馬車に乗り、赤く塗った店先で毎晩国産愛用の演説をするなど、「驚く勿れ税金三十万円(のちに三百万円にまで増額)・慈善職工一千人」などの誇大広告とともに有名であった。明治二十四年(一八九一)に京都の村井吉兵衛がアメリカから機械を輸入して両切煙草サンライズを発売すると天狗煙草はこれに対抗して大宣伝を行い、両者とも御用新聞を抱えて非を発《あば》きあうなど、広告史上空前の泥仕合となってこの対立は明治三十八年(一九〇五)の専売化まで続いた。天狗煙草には時局に応じた平和条約天狗、日米修好のペルリ天狗などもあって、松平のすばやいセンスをうかがわせる。↓岩谷商会《いわやしょうかい》　↓岩谷松平《いわやまつへい》　↓紙巻煙草《かみまきタバコ》　(小野　一成)

天狗煙草の看板

でんけんじろう　田健治郎　一八五五―一九三〇　明治時代から昭和時代初期の官僚、政治家。安政二年二月八日(一八五五年三月二十五日)、丹波国氷上郡下小倉村(兵庫県丹波市)の農民田文平と長喜の次男として生まれる。幼名は権之助。明治七年(一八七四)に熊谷県雇となり、以後地方官として主に警察畑を歩み、高知・愛知・神奈川・埼玉の県警部長をつとめた。神奈川県警部長時代の十九年(一八八六)には甲申事変後に朝鮮から亡命していた金玉均を小笠原に送還している。明治二十三年(一八九〇)逓信書記官に転任し、その後官房文書課長、逓信大臣秘書官、通信局長、電務局長などを歴任。通信局長時代の日清戦争では、電信線の敷設や海外通信傍受による軍事情報の提供などで軍に協力した。この活動が伊藤博文に注目され、三十一年(一八九八)第三次伊藤内閣が成立すると逓信次官に就任。同内閣総辞職とともに逓信省を退職し、関西鉄道社長となる。三十三年第四次伊藤内閣が成立すると、伊藤の意向により再び逓信省総務長官(次官)に任ぜられた。同内閣総辞職後に立憲政友会に入党し、三十四年伊藤の後援を受けて兵庫県第三区の補欠選挙に立候補して衆議院議員に当選。同年十二月伊藤が外遊中に第一次桂内閣との妥協を模索し、政友会を除名される。伊藤の帰国後復党したが、三十六年七月伊藤が政友会総裁を辞任するとみずから離党した。同年九月第一次桂内閣の下で三たび逓信省総務長官となる。三十九年一月の退官直後に貴族院議員に勅選され、桂太郎や大浦兼武の勧奨で茶話会に入会した。それまで田は伊藤博文と近い関係にあったが、以後山県有朋に接近していった。四十一年(一九〇八)茶話会の幹部就任後、貴族院内での政治的立場を高めた。大正五年(一九一六)十月成立の寺内内閣で逓信大臣として初入閣、逓信業務を統括した。八年十月初の文官の台湾総督に親任。十二年(一九二三)九月第二次山本内閣で農商務大臣に就任するも、直後に辞任。十五年五月枢密顧問官に親任される。昭和五年(一九三〇)十一月十六日病没。七十六歳。独特の漢文体で明治三十九年から死の一ヵ月前までほぼ毎日書かれた日記(国立国会図書館憲政資料室所蔵)は、該時期の政治史を見るうえで必読の史料で、読み下し体で翻刻した『田健治郎日記』(尚友倶楽部他編、芙蓉書房出版刊)が刊行されている。

田健治郎

参考文献　伊藤之雄「解説」(『田健治郎伝』、一九八八、大空社)、大谷正「憲政資料室所蔵田健治郎関係文書中の伊東巳代治書簡について―日清戦争期の情報・宣伝活動に関する一史料―」(『専修史学』二八、一九九七)　(竹内　桂)

てんこ　天鼓　批評を中心とする文学・文芸・芸能雑誌。明治三十八年(一九〇五)二月―三十九年三月。月刊として始まり、のち半月刊。全二十冊。編集人は田岡嶺雲《たおかれいうん》。

版元は創刊号のみ文芸社、第二号から北上屋書店。「俗悪なる功利的傾向を排す」「淫靡なる女性的風尚を排す」「浮佻なる亡国的文学を排す」という嶺雲の主張を基調として発刊された。嶺雲のほか、登張竹風《とばりちくふう》、小杉未醒《こすぎみせい》（放庵《ほうあん》）、桐生悠々《きりゅうゆうゆう》、泉鏡花、徳田秋声《とくだしゅうせい》らが常連執筆者に名を連ねる。内容は嶺雲による文学評論・社会評論を中心として漢詩・俳句・芸能批評など、多方面にわたっている。また第八号に掲載された「野口家の寄冤に関し新聞紙の徳義を論ず」では、個人のプライバシーへの配慮を欠いたジャーナリズムのあり方に批判を投げかけている。当局による発売禁止処分、発行停止処分を受け、経営的な行き詰まりも一因となって廃刊となるが、自然主義勃興直前の文学が持っていた可能性を示した。復刻版（全二巻、昭和六十年、不二出版）が刊行されている。

（島村　輝）

てんごく　典獄　刑務所長。明治五年（一八七二）十一月監獄則では「獄司」の用語を用いていた。「典獄」の用語は十四年（一八八一）三月太政官達第一六号から用いられており、同達において典獄は府知事県令に任命されて監獄の事務を総理すると規定された。また、内務省所管集治監職制を定めた同月太政官達第一九号は、典獄は内務卿の指揮を受け書記看守長以下を統率し監署の事務を総理すると規定した。典獄の指揮対象は、補佐役の副典獄、主務に従事する書記、監獄の戒護に従事する看守、看守を監督する看守長であり、同年九月の監獄則においては看守長・看守をして常に在監人の行状を記録させ、賞罰を行う際の判断基準とすべきことも規定されていた。また、教誨師を誰に依頼するのかという点などについても決定権を有していた。大正十三年（一九二四）三月の刑務所内用語の改正通牒により、典獄は刑務所長、監獄官吏・司獄官吏は刑務官吏と改称された。

参考文献　重松一義『日本刑罰史年表（増補改訂版）』（二〇〇七、柏書房）

（田中亜紀子）

てんじ　点字　目の見えない人が指先で触って読む文字。六つの凸点の組み合わせで構成される。一般の文字が主に直線や曲線で構成されているのと対照的である。六点で文字を表わす方式は一八二九年にフランスのルイ＝ブライユ（一八〇九―五二）によって発表された。ブライユは軍隊で使用されていた十二点の組み合わせからなる暗号用の夜間文字に着想を得て、アルファベット、数字、楽譜記号などを表わす方式を考案し、盲人教育に一大転機をもたらした。わが国では、点字は明治初期に欧米の教育事情を視察した人々によって紹介されたが、明治十一年（一八七八）開設の京都盲唖院や、同十三年開業の楽善会訓盲院（のちに同訓盲唖院）では片仮名、平仮名、漢字の字形がそのまま凸書するなどして教えられていた。そのため読み書きの指導は困難を極めていた。この事態を打開するために点字の導入を試み、点字による仮名文字表記を積極的に推進したのは官立東京盲唖学校の小西《こにし》信八《のぶはち》（一八五四―一九三八）であり、ブライユ点字を仮名文字に翻案したのは同校の石川倉次《いしかわくらじ》（一八五九―一九四四）である。この両人の連携により日本点字が比較的短期間に実用化された。明治教育史上の特筆すべき事柄である。小西は明治十九年一月に文部省訓盲唖院掛専務に就任した。前年に楽善会から文部省に移管された訓盲唖院を再興する任務である。この任務の協力者として小西が選んだのが同じ仮名文字論者である石川である。小西は目の見えない生徒にも容易に習得できる文字を模索し、東京教育博物館に所蔵されていたブライユの点字資料と英国製の点字器を借り受けて点字を独習し、ローマ字式に仮名を綴ることを生徒の一人に教えたところ、一週間で読み書きができるようになった。この実験で点字の実用性に確信を得た小西は、六点で仮名を表わす方式の考案を石川に依頼した。石川は六点に二点を追加した三点四方八点（中央は空白）による案をまず発表した。これに対して小西は各国で普及している六点を使用することに執着し、同校の他の教員や生徒たちにも発案を奨励した。二十二年（一八八九）十二月に教員の遠山邦太郎がまず六点案を発表した。石川は二十三年九月二十二日にいたって六点による五十音表を発表した。東京盲唖学校で開かれた第一回点字選定会では、遠山案、石川案、生徒の伊藤文吉・室井孫四郎共同案の三案が検討された。二回、三回と回を重ね、同年十一月一日に開かれた第四回の選定会で最終的に石川案が採択された。この日は日本点字誕生の日として記念されている。翌二十四年十一月に開かれた同校の第三回卒業式に小西校長は教育勅語の点訳に仮名をつけた冊子を数百名の来賓に配付し、数年来の点字導入の経緯を述べ、一般人が点字を理解することの必要性を訴えた。同校は二十六年に米国製の点字製版機を輸入し点字出版の条件を整え、九月には『盲生同窓会報告第一回』を出版した。三十一年（一八九八）には点字の拗音が石川によって発表され、五十音と拗音を併せた「日本訓盲点字」が三十四年四月二十二日付の官報に掲載された。『盲生同窓会報告』は三十六年六月に同校の鍼按学友会点字誌『盲人世界』と統合され、同窓会「桜雲会」の月刊点字誌『むつぼしのひかり』に引き継がれた。

参考文献　『東京盲学校六十年史（復刻版）』（『知的・身体障害者問題資料集成』戦前編一〇、二〇〇六、不二出版）、大河原欽吾『点字発達史（復刻版）』（一九六七、点字発達史復刊委員会）、『世界盲人百科事典（復刻版）』（二〇〇四、日本図書センター）

（小川　克正）

てんしどう　天賜堂　東京の書肆。明治中期に、和本のほか、政治・法律関係などの書籍を刊行・取次販売している。

参考文献　三橋猛雄『明治前期思想史文献』（一九七六、明治堂書店）

（鵜飼　政志）

でんしゃ　電車　電動機や制御機器を搭載し電気動力により運転される車両で、直流、交流、交直流、蓄電池などの方式がある。一般に電車と呼ばれるものは高床式《こうしょうしき》高速電気車のことで、路面電車とは異なる。明治時代の電車は都市間連絡(インターバン)として発達、汽車主体の官設鉄道に対して頻発運転(フリークエントサービス)により利便性を高めていた。当時の代表的な都市間連絡電気鉄道には、明治三十八年(一九〇五)四月梅田―神戸間開業の阪神電気鉄道と、同年十二月品川―神奈川間全通の京浜電気鉄道がある。前者は軌間四フィート八インチ半(一四三五ミリ)後者は四フィート六インチ(一三七二ミリ)、二軸ボギー式電車による連結運転で総括制御(運転台制御器で電車編成を運転する方式)可能であった。明治三十七年八月甲武鉄道は飯田町―中野間を電化、大型二軸電車を一日十二往復運転した。二両連結の総括制御運転で飯田町―新宿間には日本初の自動信号機も設置された。これらの電車の電気品と走行装置のほとんどがアメリカ製であった。明治四十二年(一九〇九)十一月鉄道院は烏森《からすもり》(現在の新橋)―上野間(現在の高架線は未完成)と池袋―赤羽間で二軸ボギー式電車を運転した。これはJR山手線電車の前身にあたる。
↓路面電車《ろめんでんしゃ》

参考文献 『鉄道百年略史』(一九七二、鉄道図書刊行会)、堤一郎『近代化の旗手、鉄道』(『日本史リブレット』、二〇〇一、山川出版社)

(堤　一郎)

でんしゃしゆうはんたいしみんたいかい　電車市有反対市民大会　明治四十四年(一九一一)七月七日に開かれた、東京市における市街電車(鉄道)市有化に反対する市民大会。東京市の市街電車については、民営の市街電車敷設が認可される明治三十三年(一九〇〇)以前から市有論が主張され、明治三十一年に東京市会は市有化決議を行なった。市街電車開業前後の三十六年にも、市街電車を経営する東京電車鉄道(東電)・東京市街鉄道(街鉄)・東京電気鉄道(外壕)の三社の合併問題に関連して東京市会は市有化を決議した。また、電車乗車料が値上げされ、先の三社が合併して東京鉄道株式会社が創立された三十九年にも市有化決議が行われた。しかし、この時期の東京市会による市街電車の市有化決議は、市会のイニシアチブを掌握している立憲政友会系の市会議員たちが、自派と関連が深い電車会社を有利にするために行われ、さらには市有化報道により電車会社の株価を操作して活動資金を得る手段としたもので、本格的に市有化を企図するものではなかった。しかし、四十年(一九〇七)に不況となって東京鉄道は経営困難に陥り、条件次第では市有化に応ずる姿勢に転換した。同年十二月、仮契約が締結され、東京市会は六千七百五十万円で東京鉄道市有化を承認した。内務大臣原敬は認可する方向で検討したが、大蔵省や貴族院の官僚派議員たちは東京鉄道買収のため巨額の市公債を発行すると公債価格の下落を招くなどの理由で市有化に反対し、第一次西園寺内閣は倒閣直前の四十一年七月に不認可とした。市有化が却下された東京鉄道は乗車料値上げを申請し、東京市会は同年十二月に許容した。しかし、この乗車料値上げ案の提起は、区会や国民主義的対外硬派などの反対運動を惹起することになり、その結果、四十二年二月に市政革新会が発会した。この反対運動を受けて、第二次桂内閣内部でも平田東助内務大臣や後藤新平逓信大臣兼鉄道院総裁は値上げ案に反対し、明治四十二年一月に値上げ案は不認可となった。第二次桂内閣で乗車料値上げに反対した後藤新平は市街電車市有化案を同年七月に提起した。内務省は原則賛成であったが、大蔵省は消極的であり、十月には買収価格交渉が行われるまで進展したが、十一月には市有化案は撤回された。翌年二月に行われた国債借り換えとの関連で、巨額の市公債発行を忌避したためと推測される。しかし、四十三年・四十四年においても後藤は市街鉄道市有化案を提起した。後藤は、電車市有化の必要性を東京鉄道が首都交通機関としての役割を十分果たせず、また同社が立憲政友会と結びついていることに求めている。四十四年六月二十七日、尾崎行雄東京市長に市有化を許可する内意が示され、東京鉄道と東京市は七月五日に交渉妥結した。政府レベルで市有化が決定された契機として、正貨危機により外債募集の必要性にせまられたことがあげられる。しかし、この市有化について、市会外を中心に前述の市政革新会や『万朝報』、さらにはいくつかの区会などで反対運動が展開された。七月四日に市政革新会は市有反対演説会を開催し、五日・六日も同会は『万朝報』と共催して反対演説会を開いた。七日には神田錦輝館において三千名規模で電車市有反対市民大会が開催され、同日には各区会議員連合会も開かれ市有化反対を決議した。八日には日比谷公園において二万名規模の市政革新市民大会が開催され、電車市有化が非難された。この運動は、市有化自体に反対せず、買収金額が高すぎて後年負担を招くこと、政府の正貨政策に利用されるもので自治を侵害するということを反対の根拠としている。それでも、九日に東京市会は買収金額を六千三百九十万円に修正して市有化を可決し、三十一日に第二次桂内閣は市有化を認可した。電車市有反対市民大会で展開された反対運動のスタイルは、明治四十四年後半の東京瓦斯と千代田瓦斯の合併反対運動でも継続された。
↓東《とう》京市街鉄道事件《きょうしがいてつどうじけん》

参考文献 宮地正人『日露戦後政治史の研究―帝国主義形成期の都市と農村―』(一九七三、東京大学出版会)、中西健一『日本私有鉄道史研究―都市交通の発展とその構造―(増補版)』(一九七九、ミネルヴァ書房)、桜井良樹『大正政治史の出発―立憲同志会の成立とその周辺―』(一九九七、山川出版社)

(中嶋　久人)

てんしょういん　天璋院　一八三五―八三　第十三代将軍徳川家定夫人。諱は敬子《すみこ》。篤姫、篤君と称す。幼名は於一。薩摩藩主島津家の一門、今和泉島津家の島津忠剛《ただたけ》の長女として天保六年十二月十九日(一八三六年二月五日)、鹿児島城下の今和泉邸で生まれる(天保七年出生説もあり)。嘉永六年(一八五三)薩摩藩主島津斉彬の養女(幕府への届けは実子)となり、江戸の薩摩藩邸に入る。安政三年(一八五六)、右大臣近衛《このえ》忠熙《ただひろ》の養女として、幕末の動乱期に二十二歳で将軍家に嫁ぐ。家定には、先に二人の正室がいたが、両人とも病没していた。同五年七月、夫家定は三十五歳で死去。わずか一年七ヵ月足らずの結婚生活であった。落飾し天璋院の号を得、従三位に叙せられる。戊辰戦争時には、十四代将軍夫人静寛院宮《せいかんいんのみや》とともに徳川家救解を嘆願し、徳川家の家名存続に貢献した。以後、宗家を相続した十六代家達《いえさと》の訓育に専念し、徳川宗家再興に尽力する。明治十六年(一八八三)十一月二十日没。四十九歳。死に臨み、徳川家処分の際に剝奪されていた従三位に復す。

参考文献 鹿児島県維新史料編さん所編『鹿児島県史料―斉彬公史料―』(一九八一―八四)、寺尾美保『天璋院篤姫』(二〇〇七、高城書房)　(寺尾　美保)

でんしょうだいのたたかい　田庄台の戦　日清戦争において、第一・第三・第五の三個師団で、遼河右岸の戦略上の要衝で渡河地点である田庄台を攻撃して占領した、同戦争で最大規模の陸戦。第一軍司令官野津道貫《のづみちつら》中将のたびたびの意見具申を承け、大本営は第三師団の直隷作戦参加の態勢を整えるために遼陽を除く遼河平原の掃討作戦を許可、明治二十八年(一八九五)二月下旬作戦が始まり、増援部隊の第二軍所属の第一師団は太平山の激戦(一月二十四日)を経て三月六日に営口を占領、第三・第五師団が三月四日に市街戦の末に牛荘を占領した。野津司令官は三月九日三個師団で田庄台を攻撃、砲撃戦で清国軍を圧倒後、凍結した遼河を渡った部隊が田庄台を占領し逃げ遅れた清国兵を殺害した。日本軍死傷者百六十名に対して、清国軍の遺棄死体約千名に達した。占領直後、野津は「清国軍ノ資源ヲ絶チ其拠点ヲ毀」つため家屋と船舶の焼夷を第三師団に命じ、田庄台を破壊して即日撤退した。

参考文献 参謀本部編纂『明治二十七八年日清戦史』五(一九〇七、東京印刷)、奥村房夫監修『近代日本戦争史』一(一九九五、同台経済懇話会)　(大谷　正)

てんしょうどう　天賞堂　明治時代前期創業の印刻・貴金属店。千葉県の大多喜出身の江沢金五郎が明治十二年(一八七九)に銀座の京橋区尾張町二丁目十八番地(東京都中央区)に創業し、はじめは篆刻業から出発した。二十一年(一八八八)からは時計販売を開始した。広告宣伝に殊のほか力を入れて、スイスから時計を直輸入し、廉価なものから十五円以上の高級時計までを、通信・出張・月賦の販売で販路を広げた。明治二十一年ごろに金子蓑香による明治天皇の玉璽を彫刻して宮内省に納入し、これを宣伝にも使っている。二十四年からは無料修理に応じ、金属品にはいちいち番号・金位・商標・製作者名を刻印し、二十八年からは下取り(割引買戻し)を始めて信用を得た。二十九年に金五郎が四十五歳で死去し、長男増次郎が二代目金五郎となった。全国に九ヵ所の出張所を設け、明治後期には自転車・銃砲・活動写真機・平円板写声機(蓄音機)を売り出している。大正期から最盛期を迎え、大正七年(一九一八)に合名会社となり、昭和初年には店員・工場員を合わせて約四百人の規模を誇り、昭和五年(一九三〇)には株式会社組織にして、小売り専業となった。だが、昭和八年に「金塊強奪事件」に遭い「業運の衰退」が始まり、ほどなく経営が江沢家からほかに移った。

参考文献 江沢富吉述、江沢謙二郎・江沢譲爾編『商道之先駆　天賞堂五十年回顧』(一九三六、四海書房)、天賞堂「広告で語る天賞堂と銀座の一〇〇年」編集委員会・河合企画室編『広告で語る天賞堂と銀座の一〇〇年』(一九七九、天賞堂)　(佐藤　能丸)

でんしょばと　伝書鳩　通信に利用するハトのこと。ハトはヨーロッパでは古代から通信手段として利用されてきた。日本でもハトが帰巣本能を持つことは古くから知られていたが、江戸時代以前に通信用に利用した例は少ない。明治時代になると伝書鳩の本格的な導入が始まるが、すでに電信や電話が発明されていたため、利用は軍隊や新聞社などに限られていた。とりわけ軍隊は通信インフラが整備されていない戦場で利用するため、積極的に伝書鳩(軍用鳩)の導入をはかった。最初に軍用鳩を導入したのは、明治二十二年(一八八九)に中国からハトを輸入した陸軍工兵中尉の石川潔太《いしかわきよた》である。だが軍隊が組織的に伝書鳩の導入を試みたのは日清戦争以降のことだった。明治二十七年、海軍横須賀鎮守府は、その前年に伝書鳩を導入した東京朝日新聞社から伝書鳩を譲り受けて飼育を開始した。陸軍も明治三十二年(一八九九)に中国、ベルギー、ドイツから伝書鳩を購入して、電信隊と工兵隊で訓練を始めた。だが日清戦争では訓練が不十分で全く使いものにならず、日露戦争では軍艦に無線設備が装備されたため、明治三十九年、海軍は伝書鳩を廃止した。陸軍も日露戦争中に台湾に伝書鳩を配備したが利用しないまま中止した。東京朝日新聞社でも明治末には伝書鳩の利用は見られなくなる。再び軍用鳩が注目されるのは、参戦各国が伝書鳩を利用した第一次世界大戦後のことである。大正八年(一九一九)、陸軍は軍用鳩調査委員会を設置し、フランス陸軍から指導者を招いて鳩通信の導入を目指した。こうして導入された軍用鳩が関東大震災で通信設備が寸断された際に活躍したため、新聞社も再び伝書鳩を利用するようになった。また民間でも鳩飼育が流行し、昭和五年(一九三〇)に日本伝書鳩協会が設立された。日中戦争期には民間からも中国大陸へ大量の伝書鳩が軍事用に送られている。敗戦後は新聞社での利用が続いたが、一九六〇年代初頭にはすべて廃止された。

参考文献 黒岩比佐子『伝書鳩―もうひとつのIT―』(『文春新書』、二〇〇〇、文芸春秋)　(瀬戸口明久)

でんしんきょく　電信局　明治新政府が国内電信網の敷設にあたって、電信機を設置した施設。明治元年(一八六八)の神奈川県知事寺島宗則は、東京開市に先立ち江戸―

横浜間の電信敷設の建議をした。同二年には、外国人技師ブラントンとギルバートの指導のもと、横浜燈明台から横浜裁判所まで日本初の電信が敷設され、同年九月には電信事業は燈明台の事業とともに民部・大蔵両省の管轄となった。同年十二月には電信線は東京鉄砲洲運上所まで延長され、一般利用にも開放される公衆電報事業が開始された。このとき、築地の運上所と横浜本町に伝信局が設けられた。一方、翌三年六月にはデンマーク大北電信会社との海底電信線長崎上陸交渉が開始し、同年八月協定が締結された。これを受けて、明治新政府は東京―長崎間電信線敷設に動き出すが、なかなか進行しなかった。七月、民蔵分離、閏十月工部省設置により、電信事業は工部省管轄となり、四年七月同省は東京―長崎間の伝信機施設として電信局十九局の設置を決めた。

参考文献　『太政類典』第一編第百三巻、郵政省編『郵政百年史資料』二(一九七〇、吉川弘文館)、『維新史料綱要』一〇(一九六七、東京大学出版会)、石井寛治『情報・通信の社会史―近代日本の情報化と市場化―』(一九九四、有斐閣)　(横山　伊徳)

てんしんぐん　天津軍　⇨清国駐屯軍《しんこくちゅうとんぐん》

でんしんじぎょう　電信事業　⇨通信事業《つうしんじぎょう》

でんしんしゅうぎがっこう　電信修技学校　電信技術者を中心とする逓信省所管の部内職員訓練機関。明治四年(一八七一)に工部省が電信技術者養成のために設置した修技教場に起源を持つ。当初は、修業年限の規定もなく授業料も自弁であったが、明治六年に修技学校と改称したのを契機として、無償化に加え日給を支給する一方で、入学許可から五年間の奉職を義務年限とした。内閣制度の発足に伴い、逓信省の所管となった同校は、明治十九年(一八八六)四月十六日に勅令第一九号により、独自の官制をもつ電信修技学校となった。オランダで蒸気機関学や電信術を学んだ時の逓信大臣榎本武揚ら省内幹部が、単なる通信技術だけでなく幹部養成の性格を持たせようとしたため、電信技術の習得に加え、それを裏付ける基礎学科・関連学科の教育も重視した。翌明治二十年(一八八七)五月二十日勅令第一四号により東京電信学校となり、高等専門課程へと発展した。その後、逓信講習所、逓信官吏練習所と変遷を遂げた。

参考文献　三上敦史「逓信講習所・逓信官吏訓練所に関する歴史的研究―文部省所管学校との関係に注目して―」(『日本の教育史学』五〇、二〇〇七)　(小野　雅章)

てんしんじょうやく　天津条約　明治十八年(一八八五)年四月十八日に調印された日清間の朝鮮問題をめぐる条約。日本全権大使は参議兼宮内卿伊藤博文、清全権大臣は北洋大臣直隷総督李鴻章。八五年一月の漢城条約調印に際して、日本全権大使井上馨には清の全権大臣と日清両国兵衝突問題の処理、共同撤兵についても交渉するよう訓令が与えられていたが、当時清より派遣されていた呉大澂とは、全権の地位がないこと、外務卿と交渉するに相当する地位と権限を持っていないとの判断のもとに、交渉を拒否した。このため、日本は改めて対清交渉を行うこととし、駐清イギリス公使パークスの仲介により、これを実現した。二月に全権大使に任命された伊藤は、三月に北京に赴いて総理衙門大臣と会見したのち、四月三日より李鴻章と会談を開始し、三ヵ条からなる条約に調印した。その内容は、㈠調印日から四ヵ月以内に日清両国軍は朝鮮より撤兵する、㈡両国は朝鮮国王に兵士を教練しみずから治安を護るに足るようにすること、他の外国から軍事教官を雇うことを勧め、両国からは軍事教官を派遣しないこと、㈢将来、朝鮮に変乱・重大事件があり、両国あるいは一国が派兵を要するときは、互いに事前通知を行い、事が定まったならば、即時撤兵して駐留しないことである。第一条に基づいて、七月までに両国軍は撤兵した。日本代理公使高平小五郎は七月の全数撤兵に際して、撤兵は済物浦条約によるものであり、全数撤兵によっても同条約の規定(公使館護衛兵の駐屯権)は消滅するものでないと声明した。両国軍の撤兵によって朝鮮における両者の衝突の再発は八五年には回避されたが、九四年における農民反乱鎮圧を理由にした清軍の出兵の事前通知は、日本軍の出兵、日清開戦へと展開する端緒となった。第二条は外国軍事教官による訓練下に朝鮮軍を再編・整備する可能性を朝鮮政府に与えたとみることもできるが、清が宗主国として朝鮮の内政・外交への干渉を強めているうえに、財政難が続くもとでは、軍隊再編は充分な成果をあげることができなかった。

参考文献　田保橋潔『近代日鮮関係の研究(復刻版)』上(一九七二、宗高書房)、大沢博明「日清天津条約の研究」(『熊本法学』一〇六・一〇七、二〇〇四・〇五)　(糟谷　憲一)

でんしんじょうれい　電信条例　電信に関する法規。明治二年(一八六九)十一月、東京、横浜伝信局から電信機に関する七項が布告され、その後、電信線の架設や電信局の増設に伴い、そのつど法令が出されていた。これらを統合し、明治六年八月、太政官から大日本政府電信取扱規則が定められ、また、電信に関する犯罪取り締まりを目的に明治七年九月、工務省から日本帝国電信条例が制定される。これらを整理し、明治十八年(一八八五)五月、太政官より電信条例が制定された。

参考文献　日本電信電話公社電信電話事業史編集委員会編『電信電話事業史』一(一九五九、電気通信協会)　(河崎　吉紀)

てんしんちゅうとんぐん　天津駐屯軍　⇨清国駐屯軍《しんこくちゅうとんぐん》

てんしんにちにちしんぶん　天津日日新聞　天津で発行された日刊紙。北清事変のときに清国軍の砲撃を受け、明治三十三年(一九〇〇)七月廃刊に追い込まれた『国聞報』を、同紙の社長だった西村博や主筆の方若が北清事変の賠償金により再建した新聞で、再建にあたり『天津日日新聞』と改題の上、明治三十四年三月一日に創刊された。当初は日本語と中国語が併記されていたが、西村が三十五年に日本語新聞『北清時報』を創刊すると中国語のみとなった。『北清時報』創刊後、西村は社長を辞任し、方若が『天津日日新聞』の社長を継ぎ、経営にあたった。昭和三年（一九二八）の創刊一万号を機に方若は社長を辞め、翌四年に停刊となった。

参考文献　中下正治『新聞にみる日中関係史—中国の日本人経営史—』（一九九六、研文出版）　（竹内　桂）

てんしんにっぽう　天津日報　天津で発行された日本語の日刊新聞。西村博が明治三十五年（一九〇二）に創刊した『北清時報』と、森井国雄・木村竹南が三十六年に創刊した『北支那毎日新聞』が合併して『天津日報』と改題されて創刊された新聞。もともと『北清時報』と『北支那毎日新聞』は折り合いが悪く、対立状態が続いていた。こうした状況を改善するため、伊集院彦吉天津総領事は両者の仲介を図ったものの、伊集院の総領事在任中は話がまとまらなかった。その後、明治四十一年（一九〇八）に伊集院が北京駐在特命公使として再び京津地方に赴任すると、小幡西吉天津総領事とともに両紙の統合を推進した。その結果、両紙は明治四十二年に合併に合意し、四十三年一月一日に創刊号が刊行された。

参考文献　中下正治『新聞にみる日中関係史—中国の日本人経営史—』（一九九六、研文出版）　（竹内　桂）

でんしんほう　電信法　電信電話に関する法規。電信条例を引き継ぎ明治三十三年（一九〇〇）十月一日施行。公衆通信を政府の独占とし、通信の秘密、料金、損害賠償などを定める。大正四年（一九一五）六月に無線電信法が成立するまで、無線電信にも準用。無線電信法、郵便法とあわせ通信三法の一つに数えられる。昭和二十八年（一九五三）七月廃止。　（河崎　吉紀）

でんせん　電線　電気を搬送する架空ないし地下の線路。送電線と配電線に大別される。このうちの架空配電線の支持物を、電柱と呼ぶ。日本における電気事業の創始以降、電線の亘長（配線の長さ）と延長（回線ごとの亘長の和）は急速に伸びたものの、明治三十九年（一九〇六）度末の時点において、電線の亘長は三八〇一キロ、電線の延長は一万四五〇六キロにとどまった。ただし、明治三十年代の日本では、のちの遠距離送電につながる先駆的な取り組みがみられたことも事実である。広島水力電気が明治三十二年五月に呉まで九キロ、同年十二月に広島まで二六キロを一万一〇〇〇ボルトで送電開始し、郡山絹糸紡績が同じ明治三十二年六月に郡山までの二三キロを一万一〇〇〇ボルトで送電し始めたことが、それである。東京電燈の駒橋発電所が完成し、日本にも遠距離高圧送電の時代が到来した明治四十年（一九〇七）以降の時期には、送配電網が急速に拡充するようになった。東京電燈駒橋発電所—東京間の五万五〇〇〇ボルト送電で幕開けした日本の遠距離高圧送電は、桂川電力による七万七〇〇〇ボルト送電、猪苗代水力電気による一一万五〇〇〇ボルト送電を経て、大正十二年（一九二三）の京浜電力の京浜線（二〇〇キロ）運転開始により一五万四〇〇〇ボルト送電の時代へと突入した。一五万四〇〇〇ボルト送電線はその後も相ついで建設されたが、そのなかには、日本電力の大阪送電幹線のように亘長が三〇〇キロを越えるものも現れた。送電線の高圧化、遠距離化を反映して、明治四十年末に日本全体で一六一三キロであった特別高圧電線路の延長は、昭和六年（一九三一）末には一三万一六一九キロまで伸長した。明治四十年から昭和六年の時期には、配電網も全国的な広がりをみせるとともに、都市部では地中配電が始まった。日本で地中電線路の使用が確認できる最初の年は、明治四十一年（一九〇八）である。　（橘川　武郎）

でんせんびょう　伝染病　細菌・ウィルスなどの病原体が空気・接触・汚染飲食物その他を媒介して生物体に侵入し繁殖することによって発生する病気。今日では感染症とよばれるようになっている。幕末以降まず天然痘の流行に対し種痘が制度化されていき、明治十年（一八七七）からはコレラのくり返される大流行の中で十三年七月伝染病予防規則が制定され、コレラ・痘瘡《とうそう》（天然痘）・腸チフス・赤痢《せきり》・ジフテリア・発疹チフスの六種が法定伝染病とされ、海港検疫が治外法権をにらみながら施行されるとともに、医師の患者届出の義務化、患者の避病院《ひびょういん》への強制隔離と患家の消毒、交通遮断、埋葬指定などが行われていった。ありうべくは患者とその家族、医師、衛生委員、地方衛生会が協力して伝染病の蔓延を防ぐところであったが、避病院への患者家族の忌避、医師の伝染病への恐怖、届出回避などが警察の介入を促進する悪循環を生じ、二十六年（一八九三）からは地方の衛生事務はすべて警察が管理するところとなり、衛生警察の表現が定着していった。三十年（一八九七）四月伝染病予防法にはペストと猩紅熱《しょうこうねつ》が加えられ、法定伝染病は八種となり、また避病院にかわって伝染病院の名称が用いられることになった。他方明治二十五年十一月大日本私立衛生会が運営する伝染病研究所が発足したが、三十二年四月には内務省所管の国立伝染病研究所となり、三十八年には痘苗製造所と血清薬院が同研究所に併合され、大正三年（一九一四）十月文部省所管に移り、五年三月東京帝国大学附置研究所となった。明治期の伝染病流行状況は表にみるごときものであり、コレラは明治十二年、十五年、十九年、二十三年、二十八年と大流行し、赤痢は明治十八年に死者がはじめて一万人を超え、二十四年から三十四年まで一万人以上の人々が死亡し、特に二十六年には四万人以上となっている。腸チフスでは死者が一万人を超えたのは明治十九年のみであるが、死亡者数はその後も大きくは減少してはいない。痘瘡は幕末期から種痘が普及していくにもかかわらず、大流行した十九・二十年、二十五年、二十六年には二度まで死者は一万人を超え、さらに三十年の時にも一万二千余人が未接種のため死亡している。傾向としては汚染飲食物から伝染するコレラ・赤痢に関しては近代水道の普及により大流行は次第に消滅していった。またコレラ・赤痢・痘瘡（種痘）・ペスト

伝染病患者数・死者数の推移

年次	コレラ		赤痢		腸チフス		痘瘡		発疹チフス		ジフテリア		ペスト		猩紅熱	
	患者数	死者数	患者数	死者数	患者数	死者数	患者数	死者数	患者数	死者数	患者数	死者数	患者数	死者数	患者数	死者数
明治 9			976	76	869	108	318	145			163	29				
明治10	13,816	8,027	349	38	1,964	141	3,441	653			586	192				
明治11	902	275	1,078	181	4,092	558	2,896	685			430	132				
明治12	162,637	105,786	8,167	1,477	10,652	2,530	4,799	1,295	2,341	601	1,270	534				
明治13	1,580	618	5,047	1,305	17,410	4,177	3,415	1,731	1,527	360	1,838	1,019				
明治14	9,389	6,237	6,827	1,802	16,999	4,203	342	34	564	152	1,107	572				
明治15	51,631	33,784	4,330	1,313	17,308	5,231	1,106	197	629	194	2,208	1,130				
明治16	669	434	20,172	5,066	18,769	5,043	1,271	295	412	120	2,307	1,231				
明治17	904	417	22,702	6,036	23,279	5,969	1,703	410	3,459	445	2,237	1,266				
明治18	13,824	9,329	47,307	10,690	29,504	6,672	12,759	3,329	2,302	365	2,796	1,440				
明治19	155,923	108,405	24,326	6,839	66,224	13,807	73,337	18,678	8,225	1,577	3,265	1,465				
明治20	1,228	654	16,147	4,257	47,449	9,813	39,779	9,967	2,487	448	2,741	1,429				
明治21	811	410	26,815	6,576	43,600	9,211	4,052	853	1,131	208	2,582	1,450				
明治22	751	431	22,873	5,970	35,849	8,623	1,324	328	300	88	2,669	1,495				
明治23	46,019	35,227	42,633	8,706	34,736	8,464	296	25	251	67	2,448	1,438				
明治24	11,142	7,760	46,358	11,208	43,967	9,614	3,608	721	1,194	203	2,429	1,974				
明治25	874	497	70,842	16,844	35,636	8,529	33,779	8,409	281	62	4,357	2,531				
明治26	633	364	167,305	41,284	34,069	8,183	41,898	11,852	228	56	5,726	3,205				
明治27	546	314	155,140	38,094	36,667	8,054	12,418	3,342	139	33	5,308	2,903				
明治28	55,144	40,154	52,711	12,959	37,015	8,401	1,284	268	186	49	6,100	3,025				
明治29	1,481	907	85,876	22,356	42,505	9,174	10,704	3,388	92	28	8,613	3,295				
明治30	894	488	91,077	23,763	26,998	5,697	41,946	12,276	58	23	15,488	5,579	1	1		
明治31	655	374	90,976	22,392	25,297	5,697	1,752	362	41	15	19,692	6,453	—	—		
明治32	829	487	108,713	23,763	27,673	6,452	1,215	245	55	13	21,033	6,667	62	45		
明治33	377	—	46,180	10,538	23,846	5,544	111	7	73	2	17,873	6,010	168	122	77	13
明治34	101	—	49,384	10,888	24,052	5,871	92	7	21	5	14,876	4,929	3	3	46	6
明治35	12,891	8,012	36,935	8,583	21,022	5,227	46	24	22	5	14,998	4,515	14	10	125	17
明治36	172	139	30,304	7,169	18,820	4,575	72	25	8	9	13,681	4,264	58	39	123	3
明治37	1	48	22,765	5,293	19,628	5,096	1,188	154	35	5	12,630	3,838	1	1	102	15
明治38	—	34	37,981	3,762	22,853	6,280	278	70	2	10	13,153	3,858	282	107	133	18
明治39	—	29	22,270	5,171	25,133	6,325	496	99	4	5	14,090	4,180	498	157	255	36
明治40	3,632	1,702	24,940	5,872	25,916	5,974	1,034	211	8	6	14,729	4,245	646	320	522	70
明治41	652	297	32,808	8,053	24,492	5,822	17,832	4,265	3	8	17,718	5,063	347	159	860	126
明治42	328	158	28,005	8,655	25,101	6,018	90	36	3	1	18,022	5,249	389	237	1,537	339
明治43	2,849	1,656	31,958	9,877	35,378	8,046	80	15	5	1	19,013	5,415	49	22	2,359	487
明治44	9	35	27,466	8,749	34,088	7,353	202	22	3	5	20,030	5,319	—	—	1,339	195
大正 1	2,614	1,763	25,066	7,560	31,519	6,955	14	119	1	5	19,178	4,913	—	4	1,207	147

厚生省医務局編『医制百年史』資料編、1976年より。赤痢は明治33年以降疫痢を含む。

についてはそれぞれ立項されているので、ここではほかの法定伝染病に関し見ていくこととする。腸チフスは腸チフス菌に汚染された飲食物を食べて発生する。潜伏期は約十日間、十四日前後から意識が朦朧として脳症を引きおこし三週目に熱が下がるが、腸出血・腸穿孔をきたす危険期でもある。四週目は回復期となる。腸チフス菌は一八八四年に発見されたが、明治期には有効な治療法はなく(抗生物質の特効薬クロロマイセチンは一九五〇年に登場)、食欲亢進水剤投薬か水分補給の皮下注射以外は自然治癒を待つほかなかった。発疹チフスはペスト・マラリアとともに三大昆虫媒介病の一つで、リケッチア(一九一〇年に発見)という病原体に感染したコロモジラミの刺口、あるいは搔き傷で発病する。潜伏期間は十日前後、突然高熱を出し、脳症をおこすのでチフス(元来は精神錯乱の意味)といわれたが、発病して五～六日すると粟粒から豆くらいの発疹が全身に出る。多くは出血疹である。三週目に入ると解熱する。クロロマイセチン登場以前は有効な治療法はなく対症療法にとどまっていた。猩紅熱は溶血性連鎖球菌(一九二四年発見)による空気を媒介した小児伝染症で人口集中地に発生する。全身が猩紅色になり時に敗血症をひきおこす伝染病(ただし死亡率は高くない)で戦後登場するペニシリンにより死亡の危険はほとんどなくなった。ジフテリア(元来は膜の意味)はジフテリア菌の空気感染によりノドに膜ができ、呼吸困難になるとともに高熱をひきおこし死に至らしめる幼小児にとってきわめて致死率の高い伝染病であった。ドイツのベーリングが一八九一年に開発した抗毒素血清によりはじめて治療が可能になりはじめ、日本では昭和期に入りこの血清が大量に製造されるようになって死亡率を一〇%代に引き下げた。ただし明治期には気管切開という大手術を施さなければならない事態も存在していた。

↓コレラ　↓種痘《しゅとう》　↓赤痢《せきり》　↓ペスト

参考文献　大霞会編『内務省史』三(一九七一、地方財務協

会)、内海孝編『横浜疾病史—万治病院の百十年—』(一九六八、横浜市衛生局)　(宮地　正人)

でんせんびょういん　伝染病院　法定伝染病患者の隔離と治療を目的とした病院。明治十年(一八七七)八月の虎《コ》列《レ》刺《ラ》病予防法心得には避病院《ひびょういん》設立の件が指示されており、十三年七月以降コレラ・赤痢《せきり》など六種の伝染病患者は避病院に強制収容されることとなった。この衛生行政に従い、東京府では明治十二年八月に本所にコレラ避病院が、神奈川県では同年同月吉田新田に横浜避病院(二十四年(一八九一)より横浜市避病院)が建設された。全国的にも各地に避病院がつくられていった。三十年(一八九七)四月法律第三六号伝染病予防法が制定され、法定伝染病にペストと猩紅熱《しょうこうねつ》が追加されるとともに、第一七条で市町村は地方長官の指示に従い、伝染病院・隔離病舎・隔離所(感染の疑いのある者の収容施設)・消毒所の設置が義務づけられた。本法律の公布により全国の避病院は伝染病院と改称されたが、民間では避病院という呼称も使用されつづけ、また伝染病院という名を避けて、横浜市では三十三年八月に横浜市万治病院と改称した。伝染病院は日本全国で明治四十四年(一九一一)で一五三二、大正二年(一九一三)で一五七二存在していた。

参考文献　厚生省医務局編『医制百年史』(一九七六、ぎょうせい)　(宮地　正人)

でんせんびょうけんきゅうじょ　伝染病研究所　伝染病の原因および予防治療法の研究や消毒材料の検査などを行う機関。明治二十五年(一八九二)十一月、伝染病研究所は福沢諭吉や森村市左衛門の尽力を得て、民間の大日本私立衛生会付属伝染病研究所として芝区芝公園(東京都港区)に開設され、ドイツ留学で世界的名声を得た北里柴三郎が初代の所長となった。同研究所は同二十七年二月政府の援助により同区愛宕町(港区)に移転、さらに同三十二年(一八九九)に長谷川《はせがわ》泰《たい》らの尽力により内務省所管の国立伝染病研究所となり、体制を整えた。研究所の主な仕事は、伝染病の原因および予防治療法の研究、消毒材料の検査、伝染病の研究方法の講習などであった。具体的成果として、ジフテリア・破傷風血清療法の開発、香港でのペスト菌発見、コレラ・腸チフス・肺炎・丹毒・連鎖球菌・ペスト・赤痢などの各種血清の実験および製造などがある。同三十九年六月設備の拡大充実が必要とされ、芝白金台町(港区)に新築移転し、ベルリンのコッホ研究所、パリのパスツール研究所と並び世界的規模をもつ施設となった。所員の研究成果としては、北島多一《きたじまたいち》のハブ治療血清の成功、志賀潔《しがきよし》の赤痢血清の研究、秦佐八郎《はたさはちろう》の化学療法、浅川範彦《あさかわのりひこ》の細菌ワクチンの研究、宮嶋幹之助《みやじまみきのすけ》の寄生虫の研究などがあり、また伝染病予防・治療、研究方法のための数ヵ月の講習会には、全国から医師たちが研究生として参加し、その成果を地域に反映させている。大正三年(一九一四)十月第二次大隈重信内閣は「文政統一、行政整理」の名のもとに、研究所に何の相談もなく、内務省伝染病研究所を文部省に移管する措置に出た。いわゆる伝研移管事件である。この背景には文部省・帝国大学派と内務省・北里派の対立があり、当時の日本医学のヘゲモニー争いがあったが、北里所長以下全職員が抗議のため辞職した。翌年北里らはのち社団法人となる北里研究所を創設して、ここに移ったのである。

伝染病研究所(芝白金台、明治39年)

参考文献　高野六郎『北里柴三郎』(『現代伝記全集』三、一九五九、日本書房)、大霞会編『内務省史』三(『明治百年史叢書』、一九六〇、原書房)、神谷昭典『日本近代医学の定立—私立医学校済生学舎の興廃—』(一九八四、医療図書出版社)、林彰『日本医科大学の歴史』(二〇〇一、日本医科大学校史編纂委員会)、福田真人『北里柴三郎—熱と誠があれば—』(『ミネルヴァ日本評伝選』、二〇〇八、ミネルヴァ書房)　(林　彰)

でんせんびょうよぼうほう　伝染病予防法　幕末から明治時代中期までの各種急性伝染病の流行への対応として制定された総合的な予防法。明治前半期における政府の伝染病対策としては明治三年(一八七〇)三月の種痘館規則、九年五月の天然痘予防規則、十年(一八七七)八月の虎列刺病予防法心得、十二年七月の検疫停船規則などがあり、十三年七月の伝染病予防規則では、コレラ・腸チフス・赤痢《せきり》・ジフテリア・発疹チフス・痘瘡《とうそう》、いわゆる六種伝染病を明確な対象とした上で、医師の届出、避病院設置、患者収容などの措置を定め、はじめて体系的な内容を有する予防法制が確立された。しかし以降もコレラ・赤痢は患者数が十万超、死者が万単位に及ぶ流行が繰り返されたため、新たにペストと猩紅熱《しょうこうねつ》を加えて八種とした上で、措置をさらに細かく強化した伝染病予防法が三十年(一八九七)四月一日に公布された(法律第三六号、五月一日施行）。同法は二十三年（一八九〇）五月の府県制・郡制公布による地方制度改革をうけたもので、市町村が費用の直接負担者となり、府県および国は一部補助を行うこととなった。その後大正十一年（一九二二）四月の改正でパラチフス・流行性脳脊髄膜炎、そして戦後に日本脳炎が加わり十一種となった。平成十年（一九九八）十月、性病予防法・エイズ予防法と統合されて感染症予防法が成立、翌年四月に施行されたことにより、ようやく廃止となった。

参考文献　厚生省医務局編『医制百年史』（一九七六、ぎょうせい）、笠原英彦「伝染病予防法までの道のり―医療・衛生行政の変転―」（『法学研究』八〇ノ一二、二〇〇七）、竹原万雄「「伝染病予防法」の制定とその背景」（『東北芸術工科大学東北文化研究センター研究紀要』八、二〇〇九）

（平井雄一郎）

でんそかいかくけんぎ　田租改革建議　明治三年（一八七〇）六月、神田孝平《かんだたかひら》が提出した土地税制改革に関する建議書。先に「税法改革ノ儀」で田地売買の許可や租税の金納化を提言した神田は、この「建議」でより体系的、具体的に新税法を提示した。石高制下の旧税法における検地・石盛・検見・米納などの弊害や貢租負担の不公平の現実を指摘し、これらの旧弊を取り除くための改革案として、田地売買を許可し沽券高（土地価格）に準じて金納租税を徴収すべきだと主張した。さらに沽券高の調査や徴税事務は五～十ヵ村ごとに小役所を新設して取り扱わせることで、納税上の煩労、費用が大幅に削減されるとともに旧制の矛盾も解決されると説いた。こうした金納租税の導入は予算編成をも可能とする利点があると訴え、統一国家に対応する税制であることを力説した。この沽券、金納租税という着想はのちの地租改正関係法令に取り入れられ、改租事業の根幹を形成した。　→神田孝平《かんだたかひら》

参考文献　大蔵省主税局編「地租関係書類彙纂」（大内兵衛・土屋喬雄編『（明治前期）財政経済史料集成（復刻版）』七所収、一九六三、明治文献資料刊行会）、佐々木寛司『地租改正―近代日本への土地改革―』（『中公新書』、一九八九、中央公論社）

（佐々木寛司）

てんたいかんそく　天体観測　江戸幕府崩解によって、それまで編暦と天体観測を行なっていた天文方は廃され、浅草天文台は破却された。天体観測と編暦は一時土御門《つちみかど》家に委任されたが、間もなく天文暦道局の所管となった。政府は洋式天文学の導入を計って、イギリスから天体観測器具を購入し、御雇外国人教師レピシェなどによる指導を進めた。官制の変更を経て明治十一年（一八七八）、東京大学理学部に物理学・数学・星学科が設けられ、付属天文台によって本格的な天文学の授業と天体観測が始められた。これより先、明治五年（一八七二）に兵部省海軍部水路局（のち海軍省水路部）は東京麻布に観象台を設立し、天象・気象の観測と経緯度の測定を開始した。また、内務省地理局も地図作製のために、宮城内旧本丸天主台上で天体観測を行なっていたが、明治二十一年（一八八八）、文部・内務・海軍三省が協議の結果、麻布観象台を東京天文台とし、本格的な天体観測と天文学研究を行うこととした。明治後半期にはわが国の観測・研究水準は国際的に高い評価を得るに至り、明治三十三年（一九〇〇）には平山信《ひらやましん》が小惑星「東京」「日本」を発見し、三十五年には木村栄《きむらひさし》が緯度変化Z《ゼット》項を発見した。また、明治四十三年（一九一〇）のハレー（ハリー）彗星出現にあたっては、平山清次《ひらやまきよつぐ》がわが国の古記録中に同星についての記録があることを発見して世界に報告した。このような天文学・天体観測の発展に刺激されて、民衆の間にも天体観測熱が高まり、また天文学に対し関心が持たれるようになり、次のような事件が当時の新聞や雑誌の紙面を賑わした。金星の太陽面通過（明治七年十二月九日）、海外からの観測隊の来日、品川御殿山における御雇外国人シャボー主導による観測、宮中における天皇・皇后の観覧、「西郷星」（火星）の出現による世人の動揺（十年十月）、金環食（十六年十一月三十一日）の予報、観測報道など、ハレー（ハリー）彗星の出現と地球最接近（四十三年五月十九日）に関連して、科学的報道や解説と地球に衝突するという憶説などである。　→天文学《てんもんがく》　→天文台《てんもんだい》

参考文献　開国百年記念文化事業会編『明治文化史』五（一九五四、洋々社）

（岡田　芳朗）

てんちじん　天地人　明治三十年代に刊行された評論雑誌。明治三十一年（一八九八）一月二日創刊。三才社発行。月刊誌。日清戦争を経て、いまや世界に確固たる位置を占めた日本。そこで不偏不党の立場から政治経済や文芸など世界の万象について論じることを、発刊の目的としている。社説や政治については久米邦武・島田三郎らが、文学芸術は依田学海《よだがっかい》らが執筆している。ほかに社会・歴史・哲学・科学・時評などの欄があり、重野安繹《しげのやすつぐ》・芳賀矢一・上田敏・大井憲太郎らが執筆を担当した。明治三十四年六月五日、第五五号をもって終刊となる。同号社告によれば、三才社は同誌のほかに『声』という雑誌も刊行していたが、今後は主軸を『声』に置き、事業拡張や誌面刷新などに尽力するに及んで『天地人』は廃刊となった。原誌は国立国会図書館、東京大学明治新聞雑誌文庫などが所蔵している。

『天地人』第1号

参考文献　大戸三千枝「長塚節の初期の歌（未発表資料）―「天地人」「国力」「海」「新仏教」に掲載された歌について―」（『国文学　解釈と教材の研究』一二ノ一五、一九六七）

（磯部　敦）

てんちょうせつ　天長節　今上天皇の誕生日を祝う国家的な祝日。その出典は『老子』に「天長地《ク》久《シ》(中略)天地能《ク》長《ク》且《ツ》久《シ》(下略)」とみえる。中国では唐の玄宗がみずからの誕生日を「天長節」と称して祝い、また日本でも奈良時代末期の光仁天皇が宝亀六年(七七五)から、十月十三日の誕生日ごとに、全国の諸寺で法会を行い、内外の官人に祝宴を賜わり、この日を「天長節」と名づけている(『続日本紀』)。しかし、その後の実施例は宮廷内の行事にすぎず、これが国家的な行事として復活するのは明治元年九月二十二日(一八六八年十一月六日)である。翌二年から外国の使臣も宴に招かれ、同六年、それを新暦に換算した十一月三日が「天長節」と称する祝日に定められた。当日は宮中三殿で「天長節祭」が行われ、そのあと文武高官らが宮殿で参賀し祝宴に預る「天長節の儀」があった(皇室祭祀令・皇室儀制令)。この天長節には、同十三年(一八八〇)、現行の「君が代」曲がはじめて演奏された。また同二十六年(一八九三)、文部省から、黒《くろ》川《かわ》真頼《まより》作詞・奥好義《おくよしいさ》作曲の「天長節」が祝日大祭日唱歌の一つとして告示され、全国の小学校で奉祝式典の際斉唱されることになった。ちなみに、次の大正天皇の誕生日は八月三十一日であるが、暑中のため二ヵ月後の十月三十一日を天長節の祝日としている。また、昭和天皇の誕生日四月二十九日は、昭和二十三年(一九四八)天長節から「天皇誕生日」と改められ、平成に入り「みどりの日」を経て「昭和の日」と称する国民の祝日として今に至る。なお、十一月三日は、大正に入り祝日でなくなったが、昭和二年(一九二七)三月「明治節」として祝日に復活し、同二十三年から「文化の日」と改められて今に至る。

参考文献　所功『「国民の祝日」の由来がわかる小事典』(『PHP新書』、二〇〇三、PHP研究所)
(所　功)

でんつう　電通　⇩日本電報通信社《にほんでんぽうつうしんしゃ》

でんとう　電燈　電気を照明用として利用したもの。日本ではじめて電燈が燈されたのは、明治十一年(一八七八)三月二十五日、東京の工部大学校ホールで開催された電信中央局の開局式において、同校教師ウィリアム＝エルトンがアーク燈の試験点燈を行なった時のことである。この三月二十五日は「電気記念日」に指定され、今日に至っている。明治十六年以降、日本各地で電力会社が開業した当初は、動力用の電力需要は僅少であり、電燈需要が大半を占めた。全国の電燈需要家数は、明治二十七年(一八九四)に一万、三十五年(一九〇二)に五万、三十九年に十万を超えた。また、電燈燈数は、明治二十二年に一万、二十九年に十万、三十九年に五十万を上回った。明治期の電燈需要に関して注目に値するのは、明治二十年代から三十年代にかけて、電燈需要家数では関西が関東を上回り、電燈燈数では関東が関西を凌駕する状況が継続したことである。日本の電力業は、関東と関西という二大需要センターを擁してスタートを切ったが、特に初期には関西の相対的地位が高かった点が注目される。ところで、日本電力業の草創期に、電燈需要は、必ずしも順調に伸長したわけではなかった。電気料金は低廉でなかったし、そもそも都市部を除けば、送配電網が整備されていなかった。また、金属製のフィラメントが使われておらず、電球が断線しやすいという技術上の問題もあった。このため、明治三十九年以前の時期には、光源として、日本の一般家庭では石油ランプがまだ広く使われていたし、都市部でもガス燈が街燈を中心に根強く残存していた。日本で光源間競争における電燈の優位が確立するのは、明治四十年(一九〇七)に遠距離送電の実現により水力開発が本格化し(この結果、電気料金が低廉化した)、明治四十二年に金属製フィラメントが電球に採用

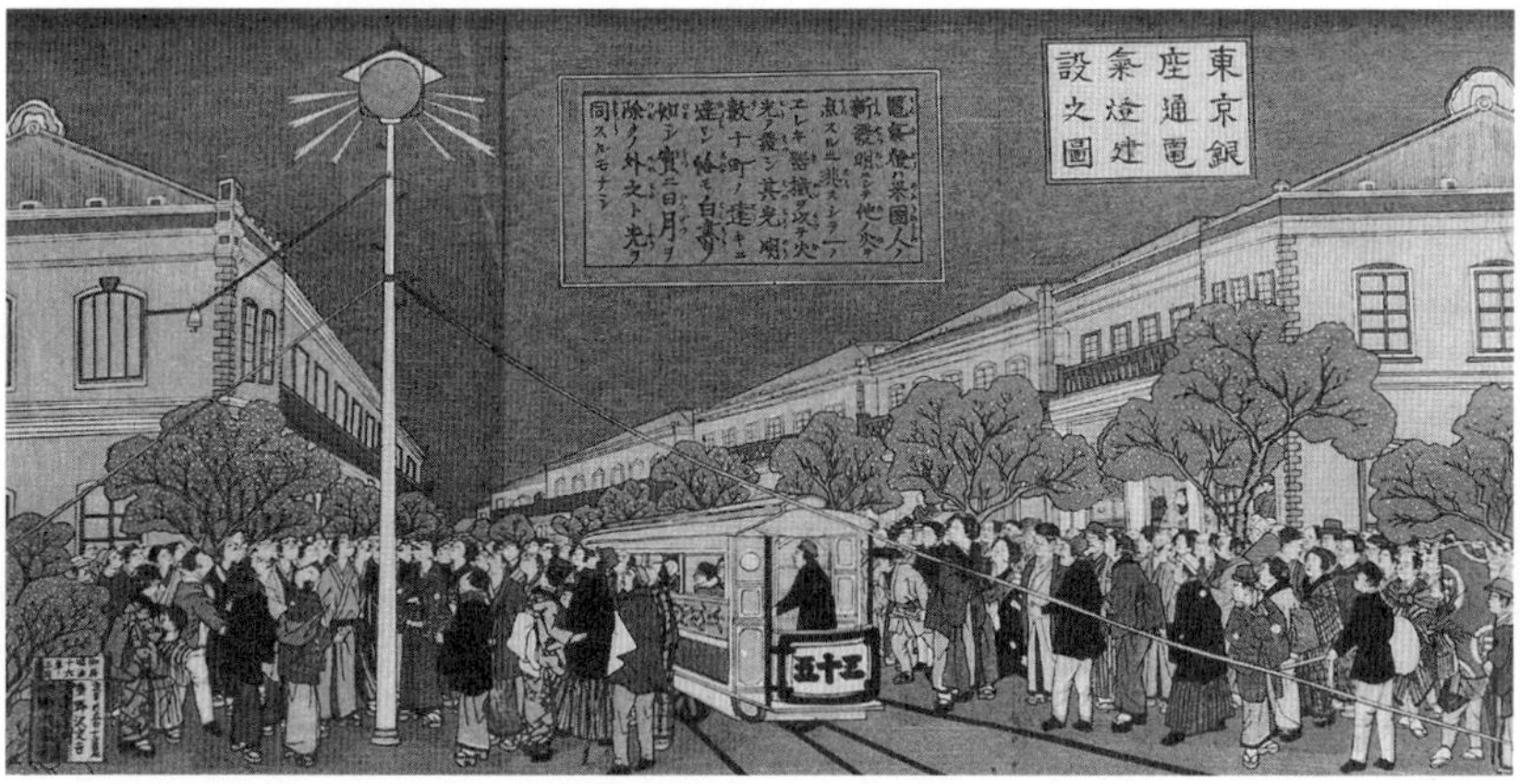

東京銀座通電気燈建設之図

明治後期のタングステン芯入白熱電球

されるようになってからのことである。　↓アーク燈《とう》
（橋川　武郎）

てんどうそげん　天道溯原　アメリカ人プロテスタント宣教師ウィリアム＝アレクサンダー＝パーソンズ＝マーティン（漢字名丁韙良）が清国寧波で一八五四年に中国語で著わしたものを、年次不明の初版（敬虔社蔵版）に続いて、明治八年（一八七五）十一月に、中村正直（敬宇）が訓点を施して出版したもの（山田俊蔵蔵版）。和綴三冊。のちに改訂版和綴一冊、洋装本一冊がある。本文の構成は、序言、引に続き、上巻は以星宿為証ほか全七章からなり、中巻は論天垂教為人所不可少ほか全七章に、明大学士謚文定徐光啓奏留天主教疏、景教流行中国碑文を付す。下巻は論聖書原文訳文ほか全十章に、耶甦教人祈禱原文、懺悔文式、祈禱文式、毎飯謝恩文式を付す。原書は、日本に安政二年（一八五五）ごろにもたらされており、入清宣教師の手になる漢訳聖書、漢語布教書の代表的な書として流布していた。同時に、仏教側の論駁対象ともなった。敬宇は、幕末の渡英でキリスト教に接し、帰国後研鑽に励んだ。原書の訓点本はこのほかにもあるが、本訳書が最も版を重ね、明治キリスト教に大きな影響をもたらした。　↓中村正直《なかむらまさなお》　↓マーティン

参考文献　吉田寅「『天道溯原』と中国・日本のキリスト教伝道―付『天道溯原』訳註―」（『歴史人類』一五・一六、一九八七・八八）、小泉仰『中村敬宇とキリスト教』（『フマニタス選書』、一九九一、北樹出版）、栗山義久「丁韙良『天道溯原』にみるキリスト教思想と儒教思想の融合―利瑪竇『天主実義』との比較を通して―」（『南山大学図書館紀要』七、二〇〇二）
（川崎　勝）

デントしょうかい　デント商会　Dent & Co.　英系のアジア貿易商社である。宝順洋行。イングランド北部のウエストモーランド出身のウイリアム＝デントが一九世紀末に広東に赴き基盤を創り、彼の三人の息子たちが中国事業を継承した。一八二〇年ごろに三男トーマスがディヴィドスン商会に加わり、その後デント商会を設立した。地方的な商社から抜け出し、ジャーディン＝マセソン商会に次ぐ「中国第二の規模を有する貿易商会」へとデント商会を発展させたのは、五男ランシラットであった。六男ウイルキンスンも加わり同商会は、原綿、工業製品、アヘンを中国に輸入し、茶や生糸をヨーロッパに輸出した。詳細は審らかではないが、主要パートナーが事業を離れた後に一八六六年のオーヴァレンド＝ガーニィ金融恐慌に巻き込まれ、ロンドンの代理店（デント＝パーマー商会）宛に振り出した手形が引受を拒絶され、翌年デント商会は支払停止に陥った。わが国には安政六年（一八五九）の開港とともに進出し、横浜で生糸の買い付けを行なっていた。

参考文献　Michael Greenberg : British Trade and Opening of China 1800-42（Cambridge : Cambridge University Press : 1951）. H. C. G. Matthew and Brian Harrison (eds.) : Oxford Dictionary of National Biography（Oxford and Tokyo : Oxford University Press : 2004）、石井寛治『近代日本とイギリス資本―ジャーディン＝マセソン商会を中心に―』（『東京大学産業経済研究叢書』、一九八四、東京大学出版会）
（鈴木　俊夫）

てんねんとう　天然痘　⇨種痘《しゅとう》

てんのうきかんせつ　天皇機関説　国家法人説の立場をとる日本憲法学の学派名で、国家は法律上の人格をもっている法人で、この法人としての国家が主権の主体で、天皇は国家の最高機関であるという学説である。この立場を表明した学者として、末岡精一・副島義一・一木喜徳郎・美濃部達吉・市村光恵・佐々木惣一らがいるが、代表的人物として美濃部達吉を挙げることができる。美濃部は、ドイツの国法学者イェリネックによって大成された国家法人説を理論的基礎として、明治憲法を立憲主義的・自由主義的に解釈することによって、大正デモクラシー期の国内政治の民主化を法的に正当化する理論的代弁者としての役割を果たした。その端的な現われが、大正元年（一九一二）の国家主義者上杉慎吉《うえすぎしんきち》との憲法論争であり、昭和十年（一九三五）の軍部・ファッショ勢力によって展開された美濃部に対する非難・攻撃であった。いわゆる天皇機関説問題がこれである。　↓天皇主権説《てんのうしゅけんせつ》　↓美濃部達吉《みのべたつきち》

参考文献　家永三郎『美濃部達吉の思想史的研究』（一九六四、岩波書店）
（栄沢　幸二）

てんのうじこうえん　天王寺公園　明治四十二年（一九〇九）に開設された、大阪市の南部、天王寺区に位置する公園。明治六年（一八七三）一月、太政官は「古来ノ勝区・名人ノ旧跡等是迄群衆遊観」の場所を公園と定めることを布告した。これに基づき、大阪府では同年八月に住吉・天王寺を設定した。天王寺の公園は四天王寺境内とされた。明治三十六年（一九〇三）三月から七月にかけて、第五回内国勧業博覧会が大阪の今宮・天王寺を敷地として開催された。その後、この博覧会の跡地のうち東側が明治四十二年十月十五日に、公園として開設された。このとき、西側部分は新世界となった。設置当時公園東部には日本式庭園があり、一方では温室・花壇を備えた西洋式公園も作られていた。園内には公会堂（大正二年（一九一三））・動物園（同四年）・市民博物館（同八年）などが順次設けられた。このほか、内国勧業博覧会から引き継いだ美術館・音楽堂などもあった。大正九年には、住友家から本格的な美術館建設のために邸宅の敷地が提供され、昭和十一年（一九三六）に現大阪市立美術館が開館した。園内にある慶沢園は住友本邸にあったもので、小川治兵衛の作庭であり、明治四十一年から大正七年にかけて作られたものである。

参考文献　『明治大正大阪市史』一（一九三四、日本評論社）
（堀田　暁生）

てんのうしゅけんせつ　天皇主権説　穂積八束《ほづみやつか》や上杉慎《うえすぎしん》吉《きち》らによって唱えられた憲法学説。自由民権期に展開さ

れた主権論争で天皇主権説を主張した東京大学学生穂積八束は、明治二十一年(一八八八)帝国大学教授となり、天皇主権説の立場に立脚する憲法講義を大正元年(一九一二)に退官するまで続けた。穂積の後任として憲法講座を担当した上杉慎吉も天皇主権説の立場を継承。大正元年上杉は、天皇機関説に立脚する美濃部達吉《みのべたつきち》の立憲主義的な憲法学説を「国体ニ関スル異説」として批判。これを契機に上杉・美濃部を中心とする論争が展開された。だが大正デモクラシーの風潮のもとで、天皇主権説は少数意見でしかなかった。天皇機関説優位の時代は天皇機関説問題が発生する昭和十年(一九三五)ころまで続いた。穂積八束・上杉慎吉に代表される憲法思想の最大の特色は、国家・主権の絶対無制限と臣民の絶対服従を強調する専制的な国家主義にあった。→上杉慎吉《うえすぎしんきち》 →天皇機関説《てんのうきかんせつ》 →穂積八束《ほづみやつか》

参考文献 家永三郎『日本近代憲法思想史研究』(一九六七、岩波書店)
(米沢 幸二)

てんのうせい 天皇制 天皇に一切の権力が集中し、天皇に直属する文武官僚によってその権力が行使される絶対主義的政治機構とそれを成立させているイデオロギー体系。天皇制という用語がはじめて用いられたのは満洲事変による大陸侵略を大日本帝国が開始した翌年の昭和七年(一九三二)七月、日本で公表されたコミンテルン「日本の情勢と日本共産党の任務に関するテーゼ」の中においてであった。そこでは「異常な攻撃欲を特徴とする強盗的日本帝国主義は植民地掠奪と戦利品とを資本蓄積と自身の鞏固化との最も主要な源泉の一つとしている」と侵略戦争と天皇制国家の結びつきを明らかにし、大ブルジョアジーと半封建的地主制の上に相対的に自立した天皇制文武官僚の国家支配という日本国家総体をとらえる枠組みを提示したのである。この近代天皇制の下での天皇は三つの基本的側面をもっていた。第一に大日本帝国憲法において天皇は皇族・華族・士族・平民の頂点に立ち、あらゆる権力を一身に集中している権力者であって、支配階級編成のカナメ、位階勲等を授ける主権者として戦前の身分制を成立させる核心であった。第二に軍人勅諭(明治十五年)・帝国憲法(明治二十二年)・教育勅語(明治二十三年)が象徴的に示すように、一切の批判を許さない「神聖不可侵」の存在であるとともに、階級支配にとっての究極的な権威とされた。この点に関しては、天皇統治権の淵源を天孫降臨神話の「天壌無窮の神勅」に求めているところより、記紀神話を正史教育で徹底的に教えること、記紀神話の神々を祭祀する伊勢神宮を頂点とした官国幣社府県郷村社無格社と序列化された全国数万の神社への尊崇は宗教ではなく日本の民族的伝統だと、「神社非宗教論」の立場から神社神道・国家神道に特権的地位を与えることが内在的に結びついていた。ところで天皇制の特徴の一つは、天皇と日本民族との関係を支配従属関係として国民に意識させるのではなく、擬似的民族共同体の宗家と構成員との関係として意識させようとするところにあった。この「家族国家論」は日清戦後から日露戦前の間に確立され、当時人口の多数を占めていた家父長制的農村社会での地主層から自作農上層に深く浸透していった。この「家族国家論」は教育勅語に現わされはじめた「国体」観念、すなわち万国無比、万世一系の天皇をいただき、そのもとに結集する優秀な大和民族という観念と共鳴することにより、さらにその効力を発揮していった。弱肉強食の世界の中での日本人の守るべき最高の価値は天皇を主権者とする「民族共同体」となるのである。記紀神話と現存する天皇が血統的に結び付けられている以上、対外関係の変化の中でアラヒトガミとして信仰の対象になりうることは、明治期につくられた枠組みからおきてくる。第三の基本的側面は戦前の天皇は日本で最大の地主、日本で最大の株主(資本家)だったということである。戦前・戦中は天皇制という用語を使用すること自体が思想弾圧の口実となり、国民の間でこのカテゴリーを駆使することはほとんどなされなかったが、戦後天皇制国家の崩壊とともに広く自由に論じられるようになった。一九七〇年代までの議論のされ方は、明治元年(一八六八)の明治維新で成立した国家が絶対主義国家であり、明治十年代の自由民権運動に対応する過程で自己を修正し、大日本帝国憲法の成立とともに天皇制国家と天皇制イデオロギーが確立した、とするものであった。国家論の枠組みは戦前期日本資本主義発達史をめぐる講座派・労農派の論争時と同じく世界史を一国単系発達段階論でとらえ、封建制国家最終段階の絶対主義成立ととらえるか、あるいは不十分なブルジョア革命ととらえるかの二者択一の議論となっていた。しかし半封建的地主小作関係を江戸時代の大名領有制同様の封建的所有ととらえるのは無理があり、他方ブルジョアジーの存在しないブルジョア革命論も理論優先の感がいなめない。世界資本主義に強制的に編入される日本がもっているあらゆる伝統と諸制度を総動員し、大名領有制を国家に集中させつつ、欧米列強に対峙しうる主権国家を形成しようとし、他方で民権運動と議会開設要求運動に抗しつつ、試行錯誤的に創りあげていったものが天皇制国家であり、天皇制国家の最大の支柱となる軍部が日清戦争という対外戦争に勝利し日本が植民帝国となった段階ではじめて主要な政治勢力になった歴史的経緯を押えるならば、その確立を日清戦争から日露戦争の間に置き、明治初年からの長いスパンを以て解明することが今日では必要だと思われる。

参考文献 石堂清倫・山辺健太郎編『日本にかんするテーゼ集』(一九六一、青木書店)、藤井松一「最近における近代天皇制国家の研究をめぐって」(『立命館産業社会論集』一九、一九七七)、安良城盛昭「歴史学からみた天皇制」(『日本の科学者』二〇ノ四、一九八五)
(宮地 正人)

てんのうたいけん 天皇大権 大日本帝国憲法において天皇に帰属すると定められた権能。抽象的な意味として

は天皇の統治権の総体と同義でありうるが、一般には、憲法第五条から第一六条までに具体的に列挙される権能をいう。すなわち、㈠第五条＝議会の協賛によって行う立法大権、㈡第六条＝法律を裁可し公布・執行を命ずる大権、㈢第七条＝議会の召集・開閉停会および衆議院解散を命ずる大権、㈣第八条＝緊急勅令を発する大権、㈤第九条＝行政命令を発する大権、㈥第一〇条＝官制を定める大権および官吏を任免する大権、㈦第一一条＝統帥大権、㈧第一二条＝編制大権、㈨第一三条＝外交大権、(一〇)第一四条＝戒厳大権、(一一)第一五条＝栄典を授与する大権、(一二)第一六条＝恩赦を行う大権、である。しかし、これらの権能が天皇の「大権」であるとされることの意義は、条文上直ちには明らかではなく、その解釈は結局のところ明治憲法そのものの理解に左右されることになる。まず、憲法中に君主の大権事項を列挙すること自体は、十九世紀初頭以来のヨーロッパ各国憲法に普通にみられ、これらを参考とした明治前期の諸憲法案、たとえば自由民権運動の中で生まれた私擬憲法案も、ほとんどがこうした体裁に倣っている。しかしこれらを単なる例示と捉え、かつ列挙された事項についてはその行使につき天皇は他からの制約に服さない意味だと解すれば、天皇の権力の絶対性の確認となり(穂積八束《ほづみやつか》など)、そうではなく、天皇の憲法上の権能をこれらに限定する意味と捉え、かつその行使について他の国家機関による適切な参与を認める意味と解すれば、天皇権力の立憲的な制約原理として機能する(美濃部達吉など)。ただし行使における参与として、五条の立法大権のみが議会による協賛を明文で規定することから、それ以外の大権は議会の参与を要しないものであると解する点に関しては、明治憲法下の諸解釈にもほぼ対立はなく、「大権事項」の語をこの意味で使うことが多い。しかし議会が参与できない大権事項も、立憲主義を尊重する立場では、原則として国務大臣が輔弼すべきものと考えられ、ただし慣行上、宮内大臣によって輔弼される栄典授与大権と、軍令機関によって補佐される統帥大権とは、その例外をなすものと考えられた。また憲法には六七条に「憲法上ノ大権ニ基ケル既定ノ歳出」についての規定があり、これは特に官制大権・編制大権・外交大権の行使により発生する国家支出と解される。これらの大権の意味と行使の制約については、なお解釈上の多くの争点があり、特に昭和五年(一九三〇)のロンドン海軍軍縮条約問題では、編制大権を国務大臣の輔弼範囲内であると解する浜口雄幸内閣と、編制大権も統帥大権と同じく軍令機関の補佐によるべきと解する海軍軍令部との対立が焦点となった。→戒厳令《かいげんれい》 →緊急《きんきゅう》勅令《ちょくれい》 →統帥権《とうすいけん》

参考文献 美濃部達吉『憲法撮要(改訂第五版)』(一九三二、有斐閣)、長尾龍一『日本法思想史研究』(一九八一、創文社)、坂野潤治『近代日本の国家構想—一八七一—一九三六—』(一九九六、岩波書店)

(伊藤 孝夫)

でんぱたえいたいばいばいかいきん　田畑永代売買解禁　明治五年二月十五日(一八七二年三月二十三日)、従来の田畑永代売買の禁止を解除し、土地売買を許可した明治新政府の政策。地租改正による土地所有権保障の前提となった。幕藩制社会の時代にも土地の売買が公認されていた藩もあり、また、十七世紀末以降には質地金融の広範な展開もあって、質流れによる事実上の土地売買が進行し土地を大量に集積する地主も現われた。こうして禁止令は次第に有名無実化し土地の権利の移動は公然化していった。明治新政府は土地税制改革として地租改正を予定しており、その理念の一つに土地所有権の公認を掲げ、その実施に向けた方策として土地売買の現実を追認し、それを法認した。

参考文献 佐々木寛司『地租改正—近代日本への土地改革—』(『中公新書』、一九八九、中央公論社)

(佐々木寛司)

でんぱたかってさくきょか　田畑勝手作許可　明治四年(一八七一)八月、米麦輸出禁止令の撤廃を布告した明治新政府は、翌九月には田畑勝手作の禁令をも解除し作付の自由を保障した。田畑永代売買解禁とともに領主的諸制限の廃絶を企図した一連の政策。幕藩制社会のもとでは、貢租確保のための農民統制策として米麦などの穀類以外の作付を制限する田畑勝手作禁止令があったが、十八世紀以降各地に展開する特産物生産の成長と商業的農業の進展により、商品作物の栽培が広範に行われるようになり、禁止令は次第に形骸化していった。政府は農業の自由経営を保障すると同時に、その生産性の向上や貢租の安定的確保を企図して禁止令を解除した。これと並行して貢租の石代納も許可する方向が進んでいる。この禁止令解除は土地の自由利用(利用権)を保障したものであり、のちの地租改正における土地所有権保障の一環をなしているとの評価も可能である。

参考文献 福島正夫『地租改正の研究(増訂版)』(一九七〇、有斐閣)、佐々木寛司『地租改正—近代日本への土地改革—』(『中公新書』、一九八九、中央公論社)

(佐々木寛司)

てんぷじんけんろん　天賦人権論　西欧の社会契約説の自然権 natural right 思想に対応する観念・主張。自由民権運動における基本的人権主張の根拠となった。幕末・明治時代初期、西欧の理念・原理の受容に際しては、儒教的な「天」の観念と関連づけることが行われた。福沢諭吉が『西洋事情』(慶応二年)でアメリカ独立宣言を訳した際、造物主 Creator に「天」の語をあてたのはよく知られる。「天」の観念は、特に個人の自由の観念と結びつき、生命の保持、幸福の追求の要求は天賦自然のものであり、この自然の権利を既成の権威・権力が侵害することはできないとする天賦人権論を生みだした。加藤弘之は『国体新論』(明治八年)において、「自由権ハ天賦」であり、「天性」の権利として尊重されるべきだと書いた。ただし、加藤は個別的・私的な欲求には何らかの道徳的

な抑制が必要だと考えた。これに対し自由民権運動の思想家は、天賦の欲求そのものを善と考え、これを権利として主張した。加藤はその後、変説して『人権新説』を書き(十五年十月)、社会進化論の立場から、天賦人権は「妄想」であり、人類社会の開化は「優勝劣敗」の「自然規律」によると主張した。これに対し自由民権派は強く反論し、翌年にかけて新聞・雑誌などで天賦人権論争が活発に展開された。十五年(一八八二)十二月には『人権新説駁論集』、矢野文雄『人権新説駁論』、十六年一月には植木枝盛『天賦人権弁』、馬場辰猪《ばばたつい》『天賦人権論』などが相ついで刊行された。植木は「生活ヲ遂クル」こと、「幸福ヲ謀ル」ことこそが人の「道理」だと主張し、馬場は個人の自由権は自然法より生じた権利であり、「生存ヲ求ムル性質」と「自己ノ生存ノ利害ヲ判断スル脳力」は人間に固有の「本性」だとした。自由民権運動の解体後に制定された大日本帝国憲法では、自然権としての基本的人権は認められず、「法律ノ範囲内」の「臣民ノ権利」とされるにとどまった。　（大日方純夫）

参考文献 『明治文化全集』五(一九二七、日本評論社)、松本三之介「天賦人権論と天の観念」(『近代日本の国家と思想』所収、一九七九、三省堂)、松沢弘陽「天賦人権論争覚え書」(同所収)

でんぽう　電報　電信で送受した文書(電文)とその配達サービス。一八四四年アメリカのサミュエル＝モールスが開発した短符(ドット)と長符(ダッシュ)の組み合せで文字・数字を電送する方式が最も一般的。日本への伝来は、安政元年(一八五四)三月アメリカ東インド艦隊司令官ペリーが横浜に来航した折、フィルモア大統領から徳川将軍への献上品としてモールス電信機を贈り、実演したのが最初とされる。本邦初の公私一般電報取扱業務は、明治三年(一八七〇)正月神奈川裁判所・東京築地運上所に伝信局(民部・大蔵両省管轄)を置き、通信規則・料金を定めて開始された。四年にはデンマークの大北電信会社によって長崎―上海間および長崎―ウラジオストク間で国際電報取扱業務も始まる。六年四月東京―長崎間で、七年三月東京―青森間でそれぞれ長距離電線路が完成、集権型国家体制の確立を急ぐ中央政府によって電信網の拡張が推進される。当初は西洋渡来の新奇な機械技術への無知と不安から「切支丹《キリシタン》の魔術」とか「電線に未婚女子の生き血を塗る」などの流言飛語も生じ、各地で電信騒擾と呼ばれる破壊行為が頻発した。しかし、征韓問題に端を発する六年十月の政変後、旧西南雄藩領で相ついだ士族反乱(佐賀の乱、熊本敬神党の乱、秋月の乱、萩の乱)に際して電信は迅速な軍事動員に貢献。十年(一八七七)一―九月の西南戦争では西郷隆盛率いる反政府軍の動向を逐一把握するのに決定的な役割を果たし、一気にその評価を高めた。以降は官公庁・警察・報道関係の利用が多数を占めたものの、商工業の発達と科学教育の普及に歩調を合わせて公衆電報の重要性に対する民衆の理解は深まり、電信局誘致運動も盛んとなって電信需要は漸増していく。この現象は日清・日露両戦争の勝利による経済成長を契機として一層顕著となり、電報取扱件数は四十五年(一九一二)を一〇〇とすると、大正八年(一九一九)には二四二と激増、電報ラッシュ時代を現出した。

参考文献 高橋善七『通信』(『日本史小百科』、一九八六、近藤出版社)、藤井伸幸『テレコムの経済史―近代日本の電信・電話―』(一九九八、勁草書房)、松田裕之『明治電信電話ものがたり―情報通信社会の《原風景》―』(二〇〇一、日本経済評論社)、同「反《IT》革命の情景―明治初期の電信騒擾を読み解く―」(『甲子園大学紀要B』三三、二〇〇五)　（松田 裕之）

てんぽうつうほう　天保通宝　江戸時代後期から明治期通用の真鍮百文銭。金座の後藤三右衛門光亨《みつあきら》の建議により、天保六年(一八三五)幕府が通用を触れだした。楕円形で中央に正方形の穴があり、表に「天保通宝」、裏に「当百」と金座初代光次の金工花押が陽刻され、両側面に小桐印が打刻される。長径四・八㌢、質量二〇・六㌘。鋳造は明治三年(一八七〇)に至り、幕府・新政府による鋳造高は四億八千四百八十万枚との試算がある。政策意図は銭貨不足解消と銭貨鋳造経費節減にあったとされるが、銭貨低落に拍車がかかった。両替相場は一両につき四十枚(銭四貫文)から、安政期六十枚、万延期以降は百枚と下落し、しかも通用は八十文以下の額面割れをきたした。しかし、通行一文銭百枚を鋳潰すれば、天保通宝十五枚分(銭一貫五百文)の額面価値を創出できたとされ、薩摩・長州・土佐・水戸・会津・仙台など諸藩がこぞって密鋳し、総額は一億枚、二億枚ともいう。明治四年〇・〇〇八円の通用とされ、同二十四年(一八九一)をもって通用停止となった。

参考文献 日本銀行調査局『図録日本の貨幣』四(一九七三、東洋経済新報社)、滝沢武雄・西脇康編『貨幣』(『日本史小百科』、一九九九、東京堂出版)　（西脇 康）

てんぽうろっかせん　天保六花撰　河内山宗春を巡る五人(直侍《なおざむらい》、三千歳《みちとせ》など)を主要人物とする二代松林伯円作の講談。実在の宗春は奥坊主の家に生まれたが小普請で、文政六年七月二十二日(一八二三年八月二十八日)獄死。明治五(一八七二)、六年ころに創られ、『やまと新聞』附録(同二十五年(一八九二)一月十七日号より六月二十四日号)が初出。河竹黙阿弥が『天衣紛上野初花《くもにまごううえののはつはな》』(同十四年四月、新富座)として脚色、「宗俊」とした。輪王寺宮の使僧と偽って松江藩邸に乗り込む件《くだり》が著名。『新日本古典文学大系』明治編七(平成二十年、岩波書店)に収める。　（延広 真治）

→松林伯円《まつばやしはくえん》

てんまちょうしゅうごくしょ　伝馬町囚獄所　現在の東京都中央区日本橋小伝馬町にあった監獄。江戸時代の江戸伝馬町牢屋敷。明治元年(一八六八)鎮台府に属し、市政裁判所、ついで東京府が所管した。二年十二月、刑部省に囚獄司が置かれるとその直属となったが、四年八月、再び東京府の所管に復した。獄舎は区域も狭く土地も卑湿で囚人の健康に害があるばかりでなく、市街地に接してしばしば火災の恐れもあるため、五年七月、本郷旧加賀藩邸を移転先と定めたが、のち市谷谷町に変更、八年五月、囚獄の完成とともに同地へ移転した。跡地は懲役人の病監として使用されたが同年九月、市谷囚獄に病監完成とともに廃止。さらに翌九年二月には仮懲治監として使用されたが四月廃止となった。その後火除地となり、十四年(一八八一)民間に払い下げられ、大安楽寺をはじめ相ついで寺院が建立された。

参考文献 『新撰東京名所図会』日本橋区之部二(『風俗画報臨時増刊』二二〇、一九〇〇、東陽堂)、刑務協会『日本近世行刑史稿』下(一九四三)、『東京市史稿』市街篇五七(一九六三)
(白石 弘之)

天満紡績会社

てんまぼうせきがいしゃ　天満紡績会社　第一次企業勃興期に誕生した紡績会社。明治二十年(一八八七)三月大阪の有力商人らによって、六万錘規模を目標に資本金六十万円で設立され、岡橋治助《おかばしじすけ》を社長、浮田桂造・野田吉兵衛らを取締役に、西成《にしなり》郡川崎村(大阪市北区)に工場を建設、サミュエル＝ドキシー社製のミュール・リング合わせて一万五千六百錘の規模で、二十一年部分的に開業した。翌年倍額増資による第二工場建設をはかったが、恐慌に遭遇して大幅減資と社債依存を余儀なくされた。二十七年には二十二年に続いて労働争議が発生したうえ火災で第一工場を失うなど、経営は不振を極めた。三井物産の斡旋で三十二年(一八九九)谷口房蔵が取締役になり、翌年六月同人の大阪合同紡績に一株一円二十銭で買収された。
↓大阪合同紡績会社《おおさかごうどうぼうせきがいしゃ》

参考文献 絹川太一『本邦綿糸紡績史』六(一九四三、日本綿業倶楽部)、『東洋紡績七十年史』(一九五三)
(高村 直助)

てんまぼうせきそうぎ　天満紡績争議　大阪の天満紡績会社で明治二十二年(一八八九)九月から十月にかけて発生、紡績会社における最初のストライキとされる。九月三十日、正午の昼食時に女工三百余名が賃金引き上げについて相談、昼食時間終了後になっても就業しなかったが、要求(賃金引き上げ・賞与支給・待遇の公平)については後日返答するという役員の言葉を受けて仕事に戻った。十月二日、女工約三百名が要求への回答を求めるが、会社は主唱者を解雇する措置に出る。これをきっかけに女工がストに入り、男子職工にもこれに同調するものがあらわれたため、会社は工場の操業を中止した。警官や憲兵によってスト参加者に圧力がかけられるなか、会社は説諭に応じないものは解雇するという強硬な姿勢をとったため、昼業職工四百名は五日には就業することとなる。その後、会社側の説得になおも承服していなかった夜業職工数百名も妥協することとなり、七日には争議は落着した。会社は争議の収束を条件に、賃金引き上げと賞与の支給、職工主任から謝罪書をとることを認めた。なお、明治二十七年にも賞与の支給や職工の不公平な取り扱いなどをめぐってストが発生している。

参考文献 赤松良子編『労働』(『日本婦人問題資料集成』三、一九七七、ドメス出版)、北崎豊二『明治労働運動史研究』(一九七六、雄山閣)、『大阪社会労働運動史』一戦前篇上(一九八六、大阪社会運動協会)
(杉山 裕)

てんもんがく　天文学　天体・天文現象を観測し研究する学問。江戸時代から日本には蘭書を介して西洋の天文学の成果が伝えられており、また幕府天文方は暦作りへの関心から西洋天文学の受容に努めたほか、幕末までには広く科学技術書から外交文書に至るまでの翻訳や教育・研究を担当する蕃書調所・開成所へと発展していた。暦の編纂・発行は維新後も継続する必要があり、当初は土御門家、ついで和算家に委ねられたが、明治六年(一八七三)の太陽暦の採用、明治七年のアメリカ・フランス・メキシコの観測隊による日本での金星の太陽面経過の観測、海軍省や内務省による天文観測の開始、明治十一年(一八七八)の東京大学への数学・物理学及星学科の設置と理学部観象台の建設など、西洋天文学の受容の動きは明治十年前後には顕著になった。東京大学の学生は御雇い外国人教師の指導のもと、重力測定や測地学に必要な天文観測を行なっている。明治十七年には東京大学を卒業してフランスで天文学を学んだ寺尾寿《てらおひさし》が東京大学教授となり、明治二十年(一八八七)には学生とともに皆既日食の観測を行なった。明治二十一年には日本は万国測地学協会への加盟を決定し、翌年寺尾は委員に任命されるが、これにより国際協力のための天文学の育成が促された。明治期最大の日本の天文学上の業績、木村栄《きむらひさし》によるZ項の発見(明治三十五年(一九〇二))は、同協会の呼びかけにより、国際緯度観測事業に参加するために、岩手県水沢に設立された臨時緯度観測所においてなされた。明治二十一年には天象観測と編暦事業を担当するために帝国大学理科大学のもとに東京天文台が設けられ、天文学教育・研究の拠点ともなった。明治期の成果としては、Z項の発見のほか、寺尾・平山信《ひらやましん》らによるボンベイ(ムンバイ)付近での皆既日食の観測(明治三十一年)、アメリカのヤーキース天文台に学んだ一戸《いちのへ》直蔵《なおぞう》による変光星の観測などがある。明治三十年設立の京都帝国大学には大正七年(一九一八)に宇宙物理学科が設けられ、東北帝国大学でも設立当初の明治四十四年(一九一一)から天文学の講義(星学通論)が行われるなど、大正に入ると天文学研究の拠点も東京以外に拡大していった。また、明治四十一年には日本天文学会も設立された。 ↓天体観測《てんたいかんそく》

参考文献 日本天文学会百年史編纂委員会編『日本の天文学の百年』(二〇〇八、恒星社厚生閣) (岡本 拓司)

東京天文台

東京天文台での観測

てんもんだい 天文台 天体の観測や研究を行う施設。明治十一年(一八七八)に東京大学理学部観象台が設立され、明治二十一年(一八八八)には海軍省・内務省の天文台と統合されて東京天文台となった。これが日本における近代的な天文台の嚆矢である。徳川幕府は浅草に天文台を設けていたが、明治維新後は廃れた。明治新政府の兵部省海軍部の水路局(明治四年(一八七一)設立、翌年海軍省水路部)は観象台の必要を主張し、明治六年には海軍観象台が業務を開始した(翌年、麻布飯倉に建物が落成)。また、内務省は明治九年に文部省より編暦業務を引き継ぎ、翌年、同省地理局量地課(のち、測量課と改称し、編暦係が分設される)が司天編暦を管掌することとなった。以後、地理局構内では陸地測量の基準決定に必要な天象観測が行われるようになり、天文台設立の要も訴えられた。明治十三年には地理局の測量台が江戸城内の天主台跡に築かれ、翌年には海軍観象台と同規模の天文台の建設計画が発表された。東京大学理学部では、明治十一年より観象台において数学・物理学及星学科の学生の実験と講義が行われており、明治十五年には観象台は天象台と気象台に分けられた。三省の天文台の統合は、明治二十一年、天象観測と編暦事業を文部省の管轄とし、海軍観象台のある麻布に理科大学所属の東京天文台(初代台長は理科大学教授兼任の寺尾《てらお》寿《ひさし》)を設けてこれを行わせる旨閣議決定したことにより実質化した。東京天文台は、太陽黒点の観測(明治二十一年より)、掃天観測(明治三十二年(一八九九)より)、恒星などの物理観測(明治四十三年(一九一〇)ごろより)、恒星の位置と時刻の観測(明治二十一年より)などの天文観測や研究のほか、編暦・報時業務も担当した。大正十年(一九二一)には東京天文台官制が制定され、東京帝国大学附置となった。大正十三年、前年の関東大震災による被害のため、主要部分が三鷹に移転した。

参考文献 『東京天文台九十周年誌―沿革と展望―』(一九六八)、「東京天文台の百年」編集委員会編『東京大学東京天文台の百年―一八七八―一九七八―』(一九七八、東京大学出版会)、日本天文学会百年史編纂委員会編『日本の天文学の百年』(二〇〇八、恒星社厚生閣) (岡本 拓司)

てんゆうきょう 天佑俠 日清開戦直前に活動した民間日本人武装グループ。東学農民軍は日清両軍の出兵を知ると、出兵の口実をなくすため明治二十七年(一八九四)六月に朝鮮政府と全州和約を結んで退散した。これら朝鮮事情の切迫を受けて、釜山の大崎(正吉)法律事務所を本拠に活動していた浪人グループ(武田《たけだ》範之《はんし》・吉倉《よしくら》汪聖《おうせい》ら)と、大崎の支援要請によって急遽渡航してきた支援グループ(内田良平・鈴木《すずき》天眼《てんがん》ら)によって、天佑俠が結成された。前者は東学と提携して清軍・閔氏政権を打倒するため、後者は清軍に先手を打って日清戦争を挑発するため目的を異にしていたが、朝鮮の南部地方を動き回りながら東学農民軍と接触して農民軍の扇動・再起を図った。日清戦争が始まると、彼らの多くは情報収集の任務を与えられて日本軍に従軍した。のち彼らは朝鮮事情専門家かつ大アジア主義者に成長、日本の韓国併合に際しては日韓合邦運動を推進した。

参考文献 姜昌一「天佑俠と「朝鮮問題」―「朝鮮浪人」の東学農民戦争への対応と関連して―」(『史学雑誌』九七ノ八、一九八八) (千葉 功)

てんらんかい 展覧会 不特定多数の一般観衆を対象に、主に美術作品を展示公開する催しの総称。まとまったコレクションを公開するもの、新作を発表する個展、団体展、あるいは主催者による企画展などに分類される。明治以前にも寺社の出開帳や東山書画展観会など、近代的展覧会制度の先例が見られる。明治中期までは「書画会」「博覧会」「共進会」「縦覧会」などの用語が使われ、展覧会という呼称は一般的ではなかった。政府主催の展覧会としては明治五年(一八七二)湯島聖堂大成殿で開催された博覧会で古美術や同時代の油絵も展示された例がもっとも早い。同七年博覧会事務局主催の聖堂書画大展観で古書画と新作絵画が展示された。同年五姓田《ごせだ》芳柳《ほうりゅう》・義松《よしまつ》は浅草寺境内において見世物として油絵を展観した。翌年国沢新九郎は新橋竹川町の画塾で洋画会を開催、油彩と水彩画を展観した。同九年高橋由一が画塾天絵社で毎月第一日曜日に教員・塾生の作品を一般に展覧。同展は明治十四年(一八八一)まで続いた。十五年農商務省は第一回内国絵画共進会を開催。同展は第二回展を十七年に

開催、ともに洋画の出品を認めなかった。十八年鑑画会第一回大会開催。同展は翌年第二回大会を開催、フェノロサの新日本画運動の一環として開かれた。明治十年代にはほかにパリ日本美術縦覧会、観古美術会などが開催されている。明治二十年代には、日本美術協会主催の美術展覧会、青年絵画共進会、日本絵画協会主催の絵画共進会、明治美術会主催の洋画展覧会など、美術団体の成熟により展覧会の恒常化が進み、明治三十年代以降は、洋画の白馬会、太平洋画会、関西美術会、日本画の日本美術院、日本南画会、日本画会、紅児《こうじ》会、巽《たつみ》画会、无声《むせい》会、烏合《うごう》会などの大小各団体が展覧会を開催。マスコミによる展覧会批評も盛んとなった。明治四十年(一九〇七)文部省美術展覧会(文展)は分裂した団体展を糾合する官設展覧会として設置された。文展はその後、帝国美術院展(帝展)、新文展と改組を重ねながらも官展として継続された。

[参考文献] 古田亮「日本の美術展覧会—その起源と発達—」(『MUSEUM』五四五、一九九六)　(古田　亮)

てんらんげき　天覧劇　時の天皇が観劇する演劇。特に、明治二十年(一八八七)に明治天皇・皇后が歌舞伎を観劇したことを指す。天覧芝居ともいう。明治初年代より起った演劇改良運動の一環として、十九年(一八八六)に結成された演劇改良会の流れとして、同年四月二十六日から二十九日までの四日間、東京麻布鳥居坂の井上馨外務大臣邸(現国際文化会館)の庭園に特設の舞台を組み、行われた。井上邸に茶室「八窓庵」を開く余興という名目だった。正確には、二十六日は天皇、二十七日は皇后、二十八日は各国公使・内外の高官・貴顕、二十九日は皇太后が主賓だった。出演者は、九代市川團十郎・五代尾上菊五郎・初代市川左團次・四代中村福助(のち五代歌右衛門)などで、制作にあたる仕事は、井上馨の命を受け、演劇改良会の末松謙澄《すえまつけんちょう》総指揮のもと、新富座の十二代守《もり》田勘弥《たかんや》が行なった。演目は二十六日が『勧進帳』『高時』『操り三番叟《さんばそう》』『元禄花見踊』に加え、『山姥』『夜討曾我』、二十七日が『伊勢三郎』『寺子屋』『土蜘《つちぐも》』など、二十八日が『寺子屋』『伊勢三郎』『高時』など、二十九日が『勧進帳』『靭猿《うつぼざる》』などだった。つまり、演目は時代物と舞踊ばかりであり、庶民の生活を活写した世話物は一つもなかった。それだけでなく、『勧進帳』の長唄や、『寺子屋』の義太夫の詞章の一部は、末松謙澄の手により改変されていた。本舞台から斜めに短い花道をつけ、衣裳などはすべて新調し、当時演劇では行われていなかった白熱燈による電気照明を用いるため、発電装置も必要であった。総経費は一万円以上に及んだともいう。当時は、条約改正が喫緊の課題となっていた時期でもあったことから、単なる演劇改良や俳優の地位向上などが目的ではなく、伊藤博文・井上馨の政治的意図が隠されていたと考えられている。鹿鳴館での仮装舞踏会などとも同じ時期であり、欧化主義から国粋主義への時代の流れとも関連する行事だった。

[参考文献] 河竹登志夫『演劇の座標』(一九五九、理想社)、倉田喜弘『芸能の文明開化—明治国家と芸能近代化—』(『平凡社選書』、一九九九、平凡社)　(神山　彰)

てんりきょう　天理教　近代日本を代表する新宗教教団。戦前の神道十三派の一つ。祭神は天理王命で教祖は中山みき。天保九年(一八三八)、中山みきが神がかりし「神のやしろ」に定まった。その後、みきは安産の守護や病気治しによって信者を集めるようになり、元治元年(一八六四)ころから本格的な布教が始められるとともに、みきによって教義や儀礼の基盤も定められていった。幕末から明治にかけては官憲のたび重なる弾圧をのりこえ教団の組織化が図られ、明治二十一年(一八八八)、神道天理教会として公認され、明治四十一年(一九〇八)、教派神道教団として一派独立を果たした。しかし、この間に教勢の全国的な拡大をみる一方、政府の圧迫や淫祠邪教視するマスコミのキャンペーンにさらされ、教義や儀礼の神道化を余儀なくされた。大正期には「大正ふしん」による教団本部の整備や飛躍的な教勢の倍増をみるとともに、昭和四年(一九二九)、二代目真柱《しんばしら》の中山正善《しょうぜん》のもとで教学や教団本部の整備が図られ、教団本来のありかたを取り戻そうとする動きが見られたが、国内が戦時体制に入るとともに、その動きは後退を余儀なくされた。終戦後は教祖の教えに回帰する「復元」を合い言葉に、教祖伝や教典が刊行され、儀礼も神道色を廃して教祖の教えに基づくものが復活していった。さらに昭和四十五年(一九七〇)には教派神道連合会を退会し神道的色彩を払拭した。また、昭和二十九年(一九五四)から教学研究や信者の教化、福祉、教育、医療の施設である「おやさとやかた」の建設が開始され、現在も継続中である。なお、明治期から海外布教に着手し、欧米、韓国などのアジア各地や南米、さらにはアフリカにも教会を設けるなど活発な布教活動を行なっている。教義や儀礼はみきが示したものを基盤としており、人間を創造した親神による子供(人間)の救済が説かれた『みかぐらうた』『おふでさき』『おさしづ』を「原典」とし、儀礼面では「つとめ」を通じた祈りが行われる。また、天理教の組織が持つ女性教祖による開教、親子関係に基づくタテの組織化スタイルなどは、のちの新宗教教団の組織モデルの一つとなった。教団本部は奈良県天理市に置かれている。↓中山《なかやま》みき

[参考文献] 井上順孝他編『新宗教事典』(一九九〇、弘文堂)、同他編『新宗教教団・人物事典』(一九九六、弘文堂)　(中山　郁)

てんりゅうがわちすい　天竜川治水　近代の天竜川治水事業は、遠江国長上郡安間《あんま》村(静岡県浜松市)の金原明善《きんばらめいぜん》により開始された。天竜川は「暴れ天竜」といわれ、しばしば洪水を引き起していた。特に明治元年(一八六八)五月には大洪水となった。その復旧事業は、明治維新と重なって遅れた。明善は私財を提供し、また堤防御用掛として復旧工事を担った。七年明善は天竜川通堤防会社、

のちの治河協力社を設立。内務省や県と連携して堤防工事・河身(流路)改修・量水標設置を行なった。また明善は、明治十九年(一八八六)以降、水源涵養を目的に豊田《とよだ》郡瀬尻《せじり》村(静岡県磐田市)の御料林八百町歩の献植などを行なった。その後の改修工事は内務省土木局に引き継がれた。土木局は明治十五年から調査を実施し、十八年から本格的な改修工事を始めた。工事は水害防除だけではなく、舟運路の確保のためでもあった。二十七年(一八九四)度に竣功したが、さらに三十年(一八九七)から堤防改築を中心に県による追加工事が行われ、三十一年度に終了した。 ↓金原明善《きんぱらめいぜん》

参考文献 静岡県内務部編『天竜川流域の林業』(一九二九)、中部建設協会浜松支所編『天竜川—治水と利水—』(一九九〇、建設省中部地方建設局浜松工事事務所)

(小池 善之)

てんりょうかん 天梁館 東京の書肆。石川治兵衛が経営。日本橋区馬喰町二丁目(東京都中央区)にあった。文部省博物局の御用書肆でもあった。明治初年から中期にかけて、店舗の主人を務めた片山淳吉(文部省雇、日本で最初の物理教科書を編纂)の物理書など自然科学関係書籍のほか、学校教科書、啓蒙書や実用書、辞書類などを手がけたが、のち卸売業に転業し興文社となった。

参考文献 三橋猛雄『明治前期思想史文献』(一九七六、明治堂書店)、大久保久雄監修『日本書籍商史—明治大正昭和戦前期—』一(『文圃文献類従』一一ノ一、二〇〇七、金沢文圃閣)

(鵜飼 政志)

でんりょくじぎょう 電力事業 「電力事業」という言葉は、「電気事業」と同義で使われることもあるが、ここでは、電気を動力用に利用する事業という、限定された意味で用いる。日本の電気事業がスタートした当初は、電燈需要に比べて、電力需要は僅少であった。明治四十年(一九〇七)末の時点で、日本全国には、二千三百三十五台の電動機が存在し、その需要家数は二一六六、換算電気力は八三九一キロワットであった。この時点で電力需要は、関東・関西・中部・東北の四地域に集中しており、需要家数・電動機台数(取付装置数)では関東が、換算電気力では関西が、地域別で全国第一位の座を占めた。ここで注意を要するのは、この明治四十年末の数値には、自家用発電分が含まれていないことである。日本の工場電化の初期には、自家用発電が重要な役割を果たした。日露戦争以前の日本では、工場動力源の中心はあくまでも蒸気であり、電力の役割は限定されていた。明治三十六年(一九〇三)末の全国の原動力別使用工場数は、汽力が二二〇五、水力が一〇〇四、石油が一六三、ガスが一二三、電気が八六、汽力・水力併用が一〇七、汽力・ガス併用が六、汽力・電気併用が一九、電気・その他動力併用が一一、その他の併用が一七であった。しかし、明治四十年に東京電燈駒橋水力発電所が運転を開始し、日本の電源構成が水主火従化するようになると(全国的にみて、水力の発電設備出力が火力のそれを凌駕したのは、明治四十五年のことである)、昼間用・動力用の電力料金が夜間用の電燈料金より低位に設定されたこともあって、電力需要が電燈需要を凌駕するに至った。このような料金設定が行われた背景には、二十四時間稼動する水路式の水力発電所が電源構成のなかで大きなウエートを占めるようになったため、電力会社にとって昼間需要の開拓が急務となったという事情が存在した。電気事業者の需要端における電力用消費電気量と電燈用消費電気量を比べると、大正七年(一九一八)に、はじめて前者が後者を上回るようになった。その後、配電網の整備に伴う工場電化の本格化により、電力用消費電気量と電燈用消費電気量とのあいだの差は、広がる一方であった。日本全国の電力取付装置数は、明治四十四年に一万、大正四年に五万、大正七年に一〇万、昭和六年(一九三一)に五〇万を超えた。また、電力取付装置の換算電気力は、大正二年に一〇万キロワット、大正八年に一〇〇万キロワット、昭和四年に三〇〇万キロワットを突破した。日本の電気市場が急成長した明治末から昭和初めにかけての時期には、電燈中心から電力中心への需要構成の変化が生じた。消費電気量の増加分に対する電燈と電力の寄与度を算出すると、自家用発電による消費電気量を含めた場合には、日露戦後期(明治四十一—大正二年)が五三対四七(電燈対電力、以下同様)、第一次世界大戦期(大正三—七年)が三三対六七、第一次大戦戦後期(大正八—十二年(一九二三))が三八対六二、大正十三—昭和六年が一一対八九となる。また、自家用発電による消費電気量を除いた場合には(つまり、電気事業用の消費電気量に限定した場合には)、日露戦後期が六七対三三、第一次世界大戦期が三九対六一、第一次大戦戦後期が五一対四九、大正十三—昭和六年が一二対八八となる。これらの数値から、明治四十—昭和六年の電気市場の急成長をリードしたのは、日露戦後期には電燈需要の拡大、第一次大戦期以降の時期には電力需要の増大だったということができる。大まかにいって、日本の電気市場は、第一次大戦を境にして、電燈中心から電力中心へ移行したのである。

参考文献 橘川武郎『日本電力業発展のダイナミズム』(二〇〇四、名古屋大学出版会)

(橘川 武郎)

でんわこうかんしゅ 電話交換手 ⇩女子交換手《じょしこうかんしゅ》

でんわじぎょう 電話事業 ⇩通信事業《つうしんじぎょう》

と

どいこうか　土居光華　一八四七―一九一八　ジャーナリスト、自由民権運動家。弘化四年六月二十四日（一八四七年八月四日）淡路国三原郡土居村（兵庫県南あわじ市）に生まれる。明治五年（一八七二）左院に出仕するが、薩長閥に反対し翌年辞職。同七年幸福安全社に入り自由民権運動に参加。同十二年（一八七九）政談演説の北辰社《ほくしんしゃ》を設立。同十四年静岡の攪眠社社長に迎えられ、『東海暁鐘新《とうかいぎょうしょうしん》報《ぽう》』を創刊し、後藤象二郎・板垣退助らと民権論を唱える。同十五年岳南自由党を結成し活動するが、集会条例改正により解党を余儀なくされ、上京後『自由新聞』記者となる。同十六年政書出版会社を創設。第三回・第四回衆議院議員選挙に当選、自由党代議士として活躍したが、同三十年（一八九七）十二月党議に反し松方内閣との提携工作を行なったため党を除名され、以後政界から退いた。大正七年（一九一八）十二月十一日死去。七十二歳。編著書は『文明論女大学《ぶんめいろんおんなだいがく》』（明治九年）、『政党論』（同十五年）など多数。　↓文明論女大学

参考文献　長谷川権一「民権運動家と地域啓蒙―土居光華の思想と行動―」（鹿野政直・高木俊輔編『維新変革における在村的諸潮流』所収、一九七三、三一書房）　（中嶋　晋平）

どいこうこく　土居香国　一八五〇―一九二一　明治・大正時代の漢詩人。名は通予・寅五・莞爾・竜輔とも称する。字は士順、別号を拂珊釣者という。嘉永三年（一八五〇）土佐佐川に生まれる。伊藤蘭林《いとうらんりん》、山本澹泊斎《やまもとたんぱくさい》、奥宮《おくのみや》慥斎《ぞうさい》に学ぶ。明治八年（一八七五）元老院権中書記、翌年高知県属、十九年（一八八六）秋田県属を経て、二十三年（一八九〇）逓信省参事官に移り、東京、京都、金沢などの郵便電信局長を歴任。晩年は随鷗吟社《ずいおうぎんしゃ》主幹として森槐《もりかい》南《なん》を助けた。大正十年（一九二一）十二月十三日没。七十二歳。著書に『仙寿山房詩文鈔』六巻、『氷海晴雨』一巻、『海南義烈伝』一巻、『獲我心詩』（編）、『雄鹿島紀勝』、『征露篇』一巻、『富山奇遊』一巻、『白洋詩濤』一巻、『征台集』一巻がある。

参考文献　神田喜一郎編『明治漢詩文集』（『明治文学全集』六二、一九八三、筑摩書房）、三浦叶『明治漢文学史』（一九九八、汲古書院）　（山辺　進）

どいしゅんしょ　土肥春曙　一八六九―一九一五　新劇俳優。明治二年十月六日（一八六九年十一月九日）肥後国託磨郡別所村（熊本市）に生まれる。本名庸元《つねもと》。二十三年（一八九〇）東京専門学校（現早稲田大学）入学、二十六年卒業後『読売新聞』『中央新聞』に勤める。三十四年（一九〇一）川上音二郎の通訳としてヨーロッパに同行。三十八年坪内逍遙の門下生が結成した易風会《えきふうかい》に参加。翌年文芸協会に参加。四十年（一九〇七）『ハムレット』の主役の演技が好評。大正二年（一九一三）の文芸協会解散後、東儀鉄笛《とうぎてってき》と無名会を興す。大正四年三月二日没。四十七歳。著書に『（イプセン社会劇）鏑木秀子《かぶらぎひでこ》』（明治四十三年、春陽堂）。

参考文献　『都新聞』（一九一五年三月三日付）、河竹繁俊『新劇運動の黎明期』（一九四七、雄山閣）、北見治一『鉄笛と春曙―近代演技のはじまり―』（一九七八、晶文社）　（寺田　詩麻）

ドイツがく　独逸学　わが国のドイツ学、特に法学・政治学への関心が高まるのは明治時代で、主要な担い手は、明治十四年（一八八一）設立の独逸学協会や東京大学を中心とする官立大学であった。その歴史的背景には、維新政府が明治憲法体制樹立の模範をプロイセンに求めたことや、これに批判的な自由民権運動の昂揚と明治十四年の政変による大隈重信派の追放などがあった。明治十六年の太政大臣三条実美宛、福岡孝弟《ふくおかたかちか》によるドイツ学教授強化の上申書や、同年のドイツ法学の教授を明文化し、ドイツ人教師による国法学や公法学を担当させることにした東京大学の決定。明治十八年のフランス法学の拠点であった司法省法学校の東京大学への吸収。さらには同二十年（一八八七）の国家学会の設立によって、官立大学におけるドイツ学の優位が確定した。これに対抗するイギリス学やフランス学は、早慶その他の私学によって継承・発展させられた。

参考文献　石田雄『日本の社会科学』（一九八四、東京大学出版会）、新宮譲治『独逸協会学校の研究』（二〇〇七、校倉書房）　（栄沢　幸二）

ドイツがくきょうかい　独逸学協会　明治九年（一八七六）に結成された独逸同学会を母体として同十四年（一八八一）に、北白川宮能久《きたしらかわのみやよしひさ》親王を会長に品川弥二郎・桂太郎・平《ひら》田東助《たとうすけ》・西周・加藤弘之・井上毅らの藩閥官僚勢力によって設立された文化団体。「協会ノ目的」は、「独逸学校ヲ設ケ、学士ヲ養成スル事」と多領域の「独逸書」を翻訳・刊行することにあった。明治憲法体制樹立のモデルを英・仏ではなく、プロイセン・独に求めた薩長中心の明治政府が、イギリス学やフランス学の影響を受け、イギリス型の立憲君主制の樹立が望ましいと考えていた自由民権派や、大隈重信派などの思想を批判・克服するための対抗イデオロギーとして注目したのが、ドイツ学であった。同協会は、ドイツ国家学・国法学関係書を翻訳出版しただけでなく、明治十六年設立の独逸学協会学校に、法律専門教育を行う専修科を設置し、ドイツ流の教育振興に尽力した。　↓独逸学協会雑誌《ドイツがくきょうかいざっし》

参考文献　石田雄『日本の社会科学』（一九八四、東京大学出版会）、新宮譲治『独逸学協会学校の研究』（二〇〇七、校倉書房）　（栄沢　幸二）

ドイツがくきょうかいがっこう　独逸学協会学校　ドイツの学問と法制を研究する目的で西周《にしあまね》・桂太郎・加藤弘之らによって設立された独逸学協会(明治十四年(一八八一)設立)を母体として、明治十六年に東京府麹町(東京都千代田区)に創設された中等教育機関で、現在の独協大学の前身。プロイセン型憲法の制定をめざす政府によるドイツ学・ドイツ語教育振興策の一環として設立された。初代校長は西周であったが、学校運営の中心を担っていたのは品川弥二郎であった。創設当初は初等・中等の二科(修業年限は各三年)を置いたが、明治二十年(一八八七)には両者をあわせて五年の普通科とした。ドイツの法律や政治を学ぶ専修科も設け、明治期九大法律学校の一つに含まれていた。しかし、のちに専修科は教授陣や教育課程がそのまま東京帝国大学独法科として移され、廃止された。皇室・文部省・司法省などから補助金を受け、また明治二十年以降、卒業者は帝国大学の予備教育機関としての第一高等中学校に編入でき、その後も官立高等(中)学校医学部にも進学できるなど、私立学校としては特殊な地位にあった。明治二十七年には普通科を独逸学協会中学と改称し、昭和十二年(一九三七)に独逸学協会中学校となった。戦後の昭和二十二年(一九四七)に独協学園と改称し、新学制のもとで中学校・高等学校を設置した。三十九年(一九六四)には埼玉県草加《そうか》市に独協大学(外国語・経済学部)を創設し、天野貞祐が学長となった。四十八年(一九七三)には兄弟校として栃木県に独協医科大学を開設し、また六十二年(一九八七)に姫路独協大学を公私協力方式により兵庫県姫路市に開設した。平成十九年(二〇〇七)度において、四学部・四研究科を有する中規模大学となっている。

[参考文献]　独逸学協会学校同窓会『独逸学協会学校五十年史』(一九三三)、『独協学園史―一八八一―二〇〇〇―』(二〇〇〇)、新宮譲治『独逸学協会学校の研究』(二〇〇七、校倉書房)
(湯川　次義)

ドイツがくきょうかいざっし　独逸学協会雑誌　明治十四年(一八八一)に、北白川宮能久親王《きたしらかわのみやよしひさ》・品川弥二郎・桂太郎・平田東助《ひらたとうすけ》・山脇玄・西周・加藤弘之その他によって結成された独逸学協会の機関誌で月刊。同誌は独逸学協会の総会、独逸学協会学校普通科と専修科に関する諸事項、品川弥二郎・加藤弘之ら会員の諸主張などを紹介するとともに、ドイツの法律・政治・経済に関する理論や学説の翻訳・紹介にあたった。桂太郎らの藩閥官僚勢力は、プロイセン型の明治憲法体制を正当化するためには、自由民権派が依拠するイギリス学やフランス学を排して、ドイツ学を普及させる以外にないとしていた。『独逸学協会雑誌』は、このような同協会の目的を達成する有力な媒体としての役割を担った。同誌は明治十六年十月発行の第一号から明治二十二年(一八八九)七月発行の第七〇号まで続いた。以後は『学林』に継承されたという。→独逸学協会《ドイツがくきょうかい》

[参考文献]　新宮譲治『独逸学協会学校の研究』(二〇〇七、校倉書房)
(米沢　幸二)

どいばんすい　土井晩翠　一八七一―一九五二　詩人、英文学者。明治四年十月二十三日(一八七一年十二月五日)、陸奥国宮城郡仙台北鍛冶町(仙台市)に、質屋を営む旧家の長男として生まれる。本名林吉。姓は本来「つちい」と読むが、昭和九年(一九三四)の随筆集『雨の降る日は天気が悪い』(大雄閣)の序文で、以後「どい」と呼ぶことを宣言した。少年時から漢籍に親しみ、矢田部良吉らの『新体詩抄』や森鷗外らの訳詩集『於母影』などによって西洋詩に触れる。明治十七年(一八八四)高等小学校卒業後、祖父の強い意見で家業に従事したが、のちに進学を許され、二十一年(一八八八)第二高等中学校、二十七年、帝国大学文科大学英文学科に入学。二十九年には『帝国文学』の編集委員となり、「紅葉青山水急流」をはじめとして多くの詩を発表。これらをまとめて第一詩集『天地《てんち》有情《うじょう》』(明治三十二年、博文館)を出版し、詩人として島崎藤村と併称される地位を得る。同書中の「星落秋風五丈原」は諸葛孔明の忠義と悲運を歌った長詩であり、第二詩集『暁鐘』(三十四年、有千閣・佐養書店)中の「万里長城の歌」などとともに、漢語調の男性的な詩風が、日清戦争後の時代風潮にも適合して、広く愛唱された。また東京音楽学校の依頼で作られた「荒城の月」が、滝廉太郎作曲により『中学唱歌』(三十四年)に収録。明治三十三年(一九〇〇)、母校である第二高等学校教授となって仙台に帰郷し、没年まで当地に住んだ。ほかに詩集『東海遊子吟』(明治三十九年、大日本図書)、『曙光』(大正八年、金港堂)、『アジアに叫ぶ』(昭和七年、博文館)など。翻訳にはカーライル『英雄論』(明治三十一年、春陽堂)、バイロン『チャイルド・ハロウドの巡礼』(大正十三年、金港堂)などのほか、ギリシャ語原典からホメーロス『イーリアス』(昭和十五年)、『オデュッセーア』(同十八年、ともに冨山房)を訳した。昭和二十五年(一九五〇)に文化勲章を受け、二十七年十月十九日没。満八十歳。

土井晩翠

[参考文献]　中野好夫「土井晩翠と私」(『文芸春秋』三〇ノ一七、一九五二)、石井昌光『情熱の詩人土井晩翠―その人と作品―』(一九五二、東北出版)、『近代文学研究叢書』七二(一九九七、昭和女子大学近代文化研究所)
(柳沢　孝子)

どいみちお　土居通夫　一八三七―一九一七　明治時代の大阪財界の重鎮。天保八年四月二十一日(一八三七年五月二十五日)宇和島藩士大塚祐紀の六男として出生。松村

清武の養子となるが復籍して実父の実家の土肥、のち土居を名乗る。慶応元年(一八六五)勤皇討幕を志して脱藩し、大坂で金貸高池三郎兵衛の手代をしつつ幕府の内情を探った。田中幸助(中井弘)と行動をともにし、鳥羽・伏見の戦で宇和島藩兵の糧米確保に尽し明治元年(一八六八)正月帰藩を許された。伊達宗城《だてむねなり》の大阪鎮台長官就任に伴い大阪運上所に勤め、明治二年に大阪府権少参事となるが四年に退官。翌年司法省に転じ東京裁判所・兵庫裁判所・大阪上等裁判所に勤務。十七年(一八八四)大阪控訴院判事を退き鴻池家顧問となり財界に転じた。二十一年(一八八八)の大阪電燈をはじめ阪鶴鉄道・明治紡績・京阪電鉄などの社長に就任。二十七年に衆議院議員。翌年より終身大阪商業会議所会頭を務め大阪財界の調整や発展に尽力。大正六年(一九一七)九月九日兵庫県有馬温泉で没した。八十一歳。

参考文献 半井桃水編『土居通夫君伝』(一九二四、野中昌雄)

(加来 良行)

といやせいかないこうぎょう 問屋制家内工業 商業資本の統制下に散居的に経営される手工業。「とんやせい」ともよぶ。経済史的にはドイツ歴史経済学派で理論的に確立された概念。ツンフト(ギルド)を組織していた手工業親方たちが生産力の発展の中で、市場拡大への営業的対応、原料調達、生産手段入手などで困難に逢着し、他方海外貿易により巨富を蓄積していた商業資本は、第一段階で販売上の役割を分担しはじめ、第二段階で原料や生産手段を前貸するようになり、第三段階では原料と生産手段を貸与し、親方と職人を事実上自己専属の賃労働者の地位に追い落としていき、大規模な商業資本では下請人を設け、仲介的役割を果たさせるようになっていた、と歴史過程を理論化した。日本の場合では都市部のギルド的組織は弱く、大都市部の商業資本は農村部の買集問屋が地元の直接加工者との間で取り結んでいる前貸関係の総体をとりこむかたちで資本の支配を強めていった。この形は江戸時代には成立しており、繊維工業や雑貨的工業などにおいて明治期の日本資本主義の主要な形態の一つとなった。

(宮地 正人)

とうあ 東亜 ドイツのベルリンで明治三十一年(一八九八)四月号から同四十三年(一九一〇)二月号まで発行されたドイツ語による月刊総合雑誌。正式名はOst＝Asien：Monatsschrift für Handel, Industrie, Politik, Wissenschaft, Kunst etc.。全百三十九号。玉井喜作が創刊、主宰。明治三十九年の玉井の死後は老川茂信が編集を継承した。表紙に「日独貿易ノ大機関」と記され、発行趣旨に「東西両洋間特ニ其新興商業国間ノ交通ニ有効ナル軌道航路ヲ供給スルヲ以テ任トシ傍ラ政治社会文学美術ノ事項ヲ網羅シテ論説ニ批評ニ将タ事実ノ報道ニ一新生面ヲ開カントス」とある。日露戦争前後の時代に、黄禍論も流布されたドイツで、日本の産業・法律・制度・政治・軍事・風俗・文化等の紹介と論評を行う。森鷗外『舞姫』のドイツ語訳も掲載。寄稿者にアレクサンダー＝フォン＝シーボルトがいた。→玉井喜作《たまいきさく》

『東亜』第1号

参考文献 泉健「『Ost=Asien』研究」一―四(『和歌山大学教育学部紀要 人文科学』五二―五四、二〇〇二―〇四)

(山本 尚志)

とうあけいざいちょうさきょく 東亜経済調査局 南満洲鉄道株式会社傘下の調査機関。満鉄初代総裁の後藤新平は、植民地支配は単なる武力だけではなく、教育・衛生・学術など広範な分野の施設を駆使する必要があると考え(「文装的武備」論)、満鉄内に多数の調査機関を設置したが、東亜経済調査局はその一つとして明治四十一年(一九〇八)十一月、満鉄東京支社内に設立された。世界経済の情報収集を目的とし、後藤によって理事に起用された岡松参太郎京都帝国大学法科大学教授の指揮下、独人チース博士が業務を担当。内外の新聞・雑誌・各種刊行物の収集・整理に力を注ぎ、経済関係のデータベースを構築。機関誌『経済資料』を刊行し情報発信にも努めた。昭和四年(一九二九)からは財団法人として満鉄を離れ、大川周明理事長のもとで活動。次第に南方地域に対象地域を傾斜し、十四年(一九三九)に満鉄復帰後も南方地域の資源調査など幅広く活動。二十年(一九四五)、敗戦により解体。

参考文献 原覚天『現代アジア研究成立史論―満鉄調査部・東亜研究所・IPRの研究―』(一九八四、勁草書房)、小林英夫『満鉄調査部の軌跡―一九〇七―一九四五―』(二〇〇六、藤原書店)

(冨塚 一彦)

とうあこうぎょうがいしゃ 東亜興業会社 わが国最初の対中国投資専門機関。明治四十年(一九〇七)四月益田孝(三井物産)、大倉喜八郎(大倉組)、近藤廉平(日本郵船、日清汽船)、渋沢栄一(第一銀行)が集まり、白岩竜平(日清汽船)が幹事となって結成された日清起業調査会が母胎。四十二年八月粤漢鉄道借款問題が起きた際、工事引き受けに備えるべく東亜興業株式会社を設立(資本金百万円)した。中国における鉄道、土木、鉱山、造船、電気などに関する各種事業へ投資して資金供給を行うことを目的とし、日露戦争期ころから華中との関わりを深めていた三井・大倉の要請に応えるものだった。最初の借款は大正元年(一九一二)江西南潯鉄道借款五百万円で、以後京綏鉄道借款、有線電信借款をはじめとして大正期に巨額の借款を供与したが、昭和期に入ると時局の影響から会社の運営が困難になった。

参考文献 東亜研究所編『日本の対支投資―第一調査委員会報告書―』(一九四二)、坂本雅子「対中国投資機関の特質」(国家資本輸出研究会編『日本の資本輸出―対中国借款の研究―』所収、一九八六、多賀出版)

(満薗 勇)

とうあどうぶんかい 東亜同文会 対中国文化団体。明治三十一年(一八九八)十一月、近衛篤麿・白岩竜平らの同文会と福本日南・陸羯南らの東亜会の合併により成立、会長には近衛が就任、発会決議として、「支那を保全す」など四項目を掲げた。ただし、発会当初の活動は、南京同文書院(のち東亜同文書院)など日本・中国・朝鮮での学校経営、機関誌の発行、中国・朝鮮での漢文雑誌・新聞の発行、時事討究会の開催などの文化事業に重点が置かれ、「政策上の日清を主眼とする」(陸羯南)ことは避けられた。これは、会内部に洋務派支持(旧同文会系)と変法派・革命派支持(旧東亜会系)の二つの流れがあり、「政策上の日清」を議論することが会の分裂につながると思われたからである。しかし、義和団事件・北清事変が勃発すると、それへの対応を巡って、文化重点主義に対する疑義が続出し、近衛も東亜同文会の「清国の事業」への参加を表明するようになる。また、会設立当初は、近衛が大隈重信(進歩党)に近く、伊藤博文ら政友会系人士や山県有朋ら元老と対立関係にあったため、体制側の評価はあまり芳しいものではなかったが、北清事変に際し東亜同文会が作成し、各大臣や陸海軍に提供された「特別報告」が好評を博し、同会は研究・情報機関として高く評価されることになった。結局、明治三十三年から三十六年にかけて東亜同文会は大幅な組織変更を実施し、「国家経営ノ事」に参与するようになる。また、三十三年に近衛が政治団体国民同盟会を組織すると、会員の多くがこれに参加した。しかし、たとえば「対華二十一ヶ条の要求」に対する会幹事長根津一の痛烈な批判(大正四年(一九一五))に表われているように、「支那保全」の会是は堅持された。だが、日中関係が悪化するなか、東亜同文会は理念と現実との間の大きなジレンマに直面し、昭和二十年(一九四五)日本の敗戦に伴い解散した。→国《こく》民同盟会《みんどうめいかい》

参考文献 東亜文化研究所編『東亜同文会史』(一九八八、霞山会)、栗田尚弥『上海東亜同文書院―日中を架けんとした男たち―』(一九九三、新人物往来社)、翟新『東亜同文会と中国―近代日本における対外理念とその実践―』(二〇〇一、慶応義塾大学出版会)、東亜文化研究所編『東亜同文会史・昭和編』(二〇〇三、霞山会)

(栗田 尚弥)

とうあどうぶんしょいん 東亜同文書院 第二次世界大戦前の日本の大陸政策に関わった民間団体である東亜同文会(会長は貴族院議長近衛篤麿)が明治三十四年(一九〇一)に上海に設立した教育機関。大正十年(一九二一)専門学校、昭和十四年(一九三九)大学に昇格した。「支那保全」を目的とする東亜同文会が明治三十三年に設立した南京同文書院を前身とし、上海移転を経て開校した。初期は修業年限三年の政治・商務の二科で構成され、主に日本政府の補助金と各府県からの留学生派遣費で維持された。中国の民俗・国語に親しみ、日中両国の親善に参画する人材を養成することを目的としたが、実際は中国侵略を推進するためであった。日本の敗戦後、東亜同文書院大学は中国に接収された。昭和二十一年(一九四六)五月、最後の学長本間喜一の呼びかけによりかつての教職員・学生が集まり愛知大学として誕生した。戦前の専門学校とは、明治三十六年三月二十七日に専門学校令に規定された学校をいう。同令によれば、「高等ノ学術技芸ヲ教授スル学校ハ専門学校トス」と規定され、修業年限は三年以上で入学資格は中学校卒業者もしくは修業年限四年以上の高等女学校卒業者として入学規定を定めた。予科・研究科・別科が設置できた。官立の場合には、修業年限・学科目・その程度は文部大臣が定め、公立私立の専門学校は文部大臣の認可によって定めた。同年三月三十一日、専門学校入学者検定規程を定め、男子は満十七歳以上、女子は満十六歳以上の者に受験資格を与えた。独学者に専門学校入学の機会を与えるためである。専門学校が担った専門領域として医薬学・法律・経済・商科関係が多くみられる。東亜同文書院は、植民地経営の必要に応じて設立された専門学校であった。私立専門学校の場合、専門学校令に基づく私立の学校となり、さらに後年の大学令(大正八年(一九一九)十二月)により私立大学となるものが多かった。

参考文献 愛知大学五十年史編纂委員会編『愛知大学五十年史』通史編(二〇〇〇、愛知大学)

(荒井 明夫)

とうあわしんかい 東亜和親会 明治時代後期の反帝国主義団体。亜洲和親会ともいう。明治四十年(一九〇七)六月、中国革命同盟会に参加していた留日中国人学生張継・劉光漢(劉師培)らは社会主義研究会を組織、さらに八月には幸徳秋水・大杉栄・山川均・堺利彦らがともに社会主義講習会(のち斉民会)を組織した。これら日中の社会主義者・無政府主義者に加え、在日のインド・ベトナム・フィリピン・ビルマ・韓国の民族主義者が参加して組織されたのが東亜和親会であり、四十年秋には章炳麟の手になる宣言書を発表、ユニテリアン教会などで会合を持った。同会はその目的として「帝国主義への反抗」「アジア各民族の独立」を掲げており、「アジア民族独立運動の最初の国際的結社」(山室信一)というべきものであった。また、将来におけるアジア連邦への発展も考慮されていたともいわれているが、同四十一年二月の張継の帰国により事実上の活動を停止した。

参考文献 平野義太郎『反戦運動の人々』(『青木文庫』、一九五五、青木書店)、山室信一『日露戦争の世紀―連鎖視点から見る日本と世界―』(『岩波新書』、二〇〇五、岩波書店)

(栗田 尚弥)

とうおうぎじゅく 東奥義塾 青森県弘前にある幼稚園と高等学校を擁する私立の学校法人。弘前公会最初の受

洗者の一人菊池九郎が、廃藩置県に伴い廃校となる藩校稽古館をみずからが学んだ慶応義塾に範をとり東奥義塾と改称、明治五年（一八七二）私立学校として再建・設立。明治七年十二月にはJ・イング宣教師夫妻が着任、明治十一年（一八七八）三月まで学生を教えるかたわら本多庸一《ほんだよういつ》と協力して伝道、やがて同宣教師が所属するアメリカのメソジスト監督教会との関係を深めたが、ミッション＝スクール化するには至らず、大正二年（一九一三）廃校。しかし大正十一年（一九二二）笹森順造を塾長に迎えてキリスト教主義による五年制中学校として再建。戦時下の昭和十七年（一九四二）、一時キリスト教教育は廃されたが、戦後昭和二十二年（一九四七）礼拝が復活、翌年以降宣教師の派遣を受け、今日に至っている。

参考文献　東奥義塾編『東奥義塾九十五年史』（一九七七）

（今高　義也）

とうおうにっぽう　東奥日報　青森県で最初の新聞である『北斗新聞』（明治十年）の流れを汲む地方紙。創刊号は明治二十一年（一八八八）十二月六日に発行。発刊当初は青森県の大同団結運動の機関紙としての性格を有しており、その直接の契機は同年八月の後藤象二郎の来青、さらにそれと同時期に発生した青森県知事鍋島幹《なべしまみき》の「本県の如き稍無神経の人民」という発言に伴う、いわゆる「無神経事件」による青森県大同団結運動の高揚に求められる。こうして『東奥日報』は菊池九郎（民権結社共同会の創立メンバーで青森県民権運動の中心人物）を社長とする株式会社として設立された。同社の株主三十八名中二十二名が青森の豪商豪農で占められたが、そのうちの中心的な七名は政治結社公同会（青森県大同団結運動の全県的政社大同会の東津軽郡支部の性格を持つ組織）の幹部であり、副社長に就任した小笠原宇八《おがさわらうはち》も公同会会長であった。こうして青森の豪商グループの資本を財政基盤とした『東奥日報』は、大同団結運動の機関紙でありながらも、その主張は政治的党派的独自性よりも「地域主義」あるいは「地方主義」を前面に出した形となり、主に豪商グループには地域経済発展策の一環として位置付けられていた。しかし菊池のあとを継いだ工藤行幹《くどうゆきもと》社長の時代には早くも経営難に陥り、さらにその後の蒲田広《がまたひろし》が社長に就任したころには経営がいよいよ行き詰まり、二十三年十月の臨時株主総会において株式会社組織の継続を断念、株式会社解散のうえ、個人経営組織へと移行することとなった。こうして『東奥日報』は蒲田の個人経営のもと、二十三年四月に東奥義塾出身で『茨城日報』主筆を務めていた成田鉄四郎を迎え、成田による壮大な陸奥湾港湾論である同紙連載「陸奥湾之将来」は同社初の出版物となった。日露戦争以降、同社の経営も安定することとなり、四十四年（一九一一）に立憲国民党青森県支部の党員全員が政友会へ入党するという「大政変」を契機として、従来、自由党系政党の機関紙であった『東奥日報』は政党離れを進め、大正八年（一九一九）の株式会社再組織を期に不偏不党を掲げることになった。

『東奥日報』第1号

参考文献　『東奥日報百年史』（一九八八、東奥日報社）、河西英通「民権期青森県地域新聞の展開過程—「滝屋文書」を中心に—」（『弘前大学国史研究』九二、一九九二）

（河西　英通）

とうかいぎょうしょうしんぽう　東海暁鐘新報　前島豊太郎が明治十四年（一八八一）十月一日に創刊した自由党系の政論新聞。静岡両替町に撹眠社《かくみんしゃ》を設立した前島は、東京から土居光華《どいこうか》・荒川高俊を迎え同紙を創刊、民権左派の論陣を張った。翌年結成された岳南自由党の機関紙となる。しかし創刊直後に社主前島と客員荒川が演説会で拘引・投獄され（ともに讒謗律《ざんぼうりつ》違反で禁獄三年の罪）、その後も社主や編集人、印刷人がたびたび投獄、罰金刑などの弾圧を受けた。前島の入獄後は長男格太郎と甥小林喜作が経営を担うが、一時廃刊に追い込まれた。明治十八年前島の出獄後は再刊にこぎつけたものの、経営は困難続きで明治二十年（一八八七）三月二十七日廃刊となった。その後前島は新たに暁鐘新報社を設立し、明治二十一年一月四日より『暁鐘新報』を創刊した（編集人渋江保）。同紙は一時期県下最大の発行部数を誇ったが、経営は苦しく負債のため印刷機、社屋を差押えられ、明治二十四年十月十三日廃刊する。新聞発行に執念する前島父子は翌月二十二日撹眠社を再興し『東海暁鐘新聞』を創刊したが、翌年一月静岡市の大火のため社屋を全焼する災禍にあった。社屋の移転や新築など発行の努力を続けたが、経営は好転せず明治二十七年秋に廃刊に至った。

→岳南自由党《がくなんじゆうとう》

『東海暁鐘新報』第1号

参考文献　前島顕『草莽の民権家前島豊太郎伝—静岡自由民権運動の先駆者—』（一九七七、三一書房）

（加藤　善夫）

とうかいけいざいしんぽう　東海経済新報　明治十三年（一八八〇）八月二十一日に東海社から創刊された、保護貿易主義の立場に立つ経済雑誌。東海社の社主には慶応義塾の出身で、三菱商業学校を経営していた豊川良平《とよかわりょうへい》が就任し、主として資金の調達にかかわり、貿易商会社長の朝吹英二《あさぶきえいじ》や横浜正金銀行初代頭取の中村道太らがそれを助けた。編集は、同じく慶応義塾出身の犬養毅が担当し、もっぱら社説を執筆した。犬養は、保護貿易主義による後進国の幼稚産業保護論、経済的ナショナリズムを主張し、自由貿易主義の立場から田口卯吉によって創刊された『東京経済雑誌』と激しい自由保護貿易論争を展開した。しかし、犬養はまもなく立憲改進党の結成に参加し、豊川も明治義塾の経営に忙殺され、明治十五年十月十五日発行の第七六号を最後に廃刊となり、創刊からわずか二年余りという短命の雑誌に終った。

参考文献 杉山忠平『明治啓蒙期の経済思想―福沢諭吉を中心に―』(一九八六、法政大学出版局)、老川慶喜『近代日本の鉄道構想』(『近代日本の社会と交通』三、二〇〇八、日本経済評論社)

(老川 慶喜)

とうかいさんし 東海散士 ⇨柴四朗《しばしろう》

とうかいしんぶん 東海新聞 千葉県の自由党系新聞。前身は、県の援助で明治十六年(一八八三)八月に創刊した『千葉公報』で、十八年に一転して自由党系の『千葉新報』となり、二十一年(一八八八)四月に『東海新報』として継承された。『東海新報』の社主は千葉県出身の弁護士板倉中《いたくらなか》で、賛助者に田口卯吉・徳富蘇峰らがいた。板倉は二十三年の第一回衆議院議員選挙で当選し、二十五年の第二回選挙では政府の選挙干渉を受け、『東海新報』は自由党系の新聞として一ヵ月の発行停止となった。このため経営が悪化し、二十七年十一月二十日に千葉県出身で東京の民権新聞社にいた加藤久太郎(のちの千葉町長)が社長となって『東海新聞』と改題し、自由党・政友会系の支持も受けて経営はやや好転した。しかし三十六年(一九〇三)四月に編集長の五十嵐重郎《いがらしじゅうろう》が『千葉毎日新聞』の社長になったことで政友会系の支持者も五十嵐とともに移り、一方で板倉の政界での力がなくなったことから資金が枯渇した。大正三年(一九一四)六月三十日までの発行は確認されるが廃刊時期は不明である。

『東海新報』第1号

参考文献 千葉県史料研究財団編『千葉県の歴史』通史編近現代一(『県史シリーズ』六、二〇〇二)

(高林 直樹)

とうかいだいいっき 東海大一揆 明治九年(一八七六)十二月に、三重県から愛知県・岐阜県へ拡大した明治期最大規模の一揆。十二月十八日、貢納石代値段や地位等級への不満から三重県飯野・飯高・多気郡内の農民たちが早馬瀬《はやませ》川原に集まり一揆が始まった。翌十九日には荒木野に数万人が屯集し、松坂町内の三井家などが毀焼され、同日、山田の市街も近隣の一揆勢により放火被害を受けた。南勢各地に屯集していた一揆勢は要望書を提出した後解散帰村したが、一部は北上して津の県庁を目指した。十九日夕刻、旧津藩士族部隊に阻まれて県庁攻撃は失敗したが、一揆勢は県庁を迂回して関に至り、二十日になって東海道沿いに四日市へ入り、激しい毀焼攻撃を行う。その後、大矢知《おおやち》懲役場を攻撃した一揆勢は囚徒を解放して一部を加え、桑名へ入った。こうして、二十日中には一揆は三重県全域に展開し、二十一日朝から二十二日にかけては愛知県・岐阜県にも拡大した。しかし、旧尾張藩士族隊や名古屋鎮台兵などにより各所で鎮圧され、二十二日岐阜県下での散乱によって終息した。一揆に参加して処罰された者は五万名以上にのぼったが、大部分は叱責処分で、罰金や実刑を適用された参加者は三千名ほどだった。一揆勢は県支庁・警察分屯所・大小区扱所・学校・郵便局・区戸長居宅など「官ノ名義アルモノ」を中心に、二千三百件近くの被害をもたらし、扱所や用掛居宅などにあった公用書類を徹底的に破棄したが、それらは北勢に集中している。一揆の初発の旧度会《わたらい》県域では惣百姓一揆としての性格を持っていたが、地租改正が完了していた旧三重県域では、新政反対一揆に転化していった。唯一、絞首刑になったのは大矢知授産人の大塚源吉で、彼の指導により北勢の一揆勢は県境を越え、これに衝撃を受けた政府は、翌年一月、地租率を地価百分の三から二・五に引き下げる大減租を行い、「竹槍で一寸突き出す二分五厘」と諷された。

東海大一揆

参考文献 茂木陽一「伊勢暴動から東海大一揆へ」(『地

研通信』七九、二〇〇五）　（茂木　陽一）

とうかいちんじゅふ　東海鎮守府　⇨鎮守府《ちんじゅふ》

とうかいどうほんせん　東海道本線　東京（明治期は新橋駅）―神戸間を結ぶ鉄道。東西両京間鉄道として最初に計画が具体化したのは中山道鉄道であったが、明治十九年（一八八六）、鉄道局長の井上勝は、地形上の理由による工事の困難や開業後の輸送力不足を理由に東海道鉄道への変更を総理大臣に建議し、経路変更が決定。すでに新橋―横浜、神戸―大阪―京都―大津、長浜―関ヶ原―大垣の各区間が開業し、大垣―加納（のち岐阜）―名古屋―熱田間が中山道鉄道の一部として建設中であったが、中山道鉄道公債二千万円の発行で得た資金のうち、残余の約半分を横浜―熱田間の建設に充て東海道線を完成させることとなり、二十年（一八八七）にまず横浜―国府津間が開業した。熱田側では熱田―半田間の武豊線上に東海道線との分岐点として大府駅を設置し、二十一年に大府―浜松間、翌二十二年に国府津―静岡―浜松間が開業して東西が接続した。国府津―沼津間は箱根山を御殿場経由で迂回する経路であった（昭和九年（一九三四）、御殿場線として分離）。同年、馬場（のち膳所《ぜぜ》）―米原《まいばら》―長浜間の湖東線開業にあわせ、開業済みの関ヶ原―深谷―長浜間を関ヶ原―深谷―米原間に経路変更し、新橋―神戸間の路線が完成した。三十二年（一八九九）に東海道本線の路線名称が定められた。

参考文献　『日本鉄道史』上（一九二一、鉄道省）、『日本国有鉄道百年史』一・二（一九六九・七〇）　（高嶋　修一）

とうがくとうのらん　東学党の乱　⇨甲午農民戦争《こうごのうみんせんそう》

とうきしょ　登記所　明治二十年（一八八七）二月に施行されたいわゆる旧登記法によって全国に設けられた役所。同法以前には、土地の売買などに際して行う奥書割印制度（戸長公証制度）を戸長役場が担っていたが、疎漏や偽造、二重公証が増加したために信用を失っていた。これに対し、旧登記法は登記事務を司法省管轄の治安裁判所において取扱うことを原則とした（第三条）。しかし現実には、治安裁判所の数は二百庁に足らず、戸長役場などを司法大臣が指定する機関も登記所としている（総計二千七十二ヵ所）。明治二十一年、治安裁判所に出張所が設けられることとなり、戸長役場などでの登記事務は一部地域を除き全廃されたため、登記所の数は半減し、町村役場での登記事務取扱を目指した法改正運動が広がった。明治三十年代になると、裁判所の整備やその出張所が住民の土地・建物の提供などにより増設されていったことにより、司法管轄での登記事務取扱が定着した。

参考文献　福島正夫『福島正夫著作集』四（一九九三、勁草書房）、高橋良彰「不動産登記法制定前史」（『東京司法書士会史』下所収、一九九八）、同「取引社会と紛争解決」（『法社会史』所収、二〇〇一、山川出版社）　（高橋　良彰）

とうぎすえなが　東儀季凞　一八三一―一九一四　宮内省楽師・楽長。天保二年（一八三一）京都に生まれる。専門は篳篥《ひちりき》と右舞《うまい》。幕末には孝明天皇の神楽和琴《わごん》所作の篳篥御相手を務めた。明治三年（一八七〇）東上し大伶人に任官、三十一年（一八九八）雅楽師長、四十年（一九〇七）楽長となり、四十五年退官。明治十年（一八七七）東京女子師範学校附属幼稚園の依頼で、最初の保育唱歌「風車《かざぐるま》」を雅楽音階（壱越調律旋）で作曲した。三十六年に楽師十名を率い雅楽の初録音も行なった。大正三年（一九一四）二月二十三日没。八十四歳。　（塚原　康子）

とうぎすえよし　東儀季芳　一八三八―一九〇四　宮内省楽師。天保九年（一八三八）京都に生まれる。専門は篳《ひち》篥《りき》と右舞《うまい》。明治三年（一八七〇）に兄季凞《すえなが》とともに東上し、中伶人に任官。七年に始まった欧州楽伝習ではトランペットを担当した。十年（一八七七）に東京女子師範学校附属幼稚園の依頼を受け、雅楽音階にもとづく保育唱歌「冬燕居《ふゆのまどい》」を作曲、その後も「花橘」（唱歌「四季の月」の原曲）や海軍省から依頼された将官礼式曲「海ゆかば」などを作曲した。明治三十七年（一九〇四）二月九日没。六十七歳。東儀鉄笛《てつてき》（季治《すえはる》）は長男。

参考文献　北見治一『鉄笛と春曙―近代演技のはじまり―』（一九七八、晶文社）　（塚原　康子）

とうぎてってき　東儀鉄笛　一八六九―一九二五　新劇俳優、作曲家。明治二年六月十六日（一八六九年七月二十四日）、京都に生まれる。本名季治《すえはる》。父季芳《すえよし》は京都御所の楽人。十七年（一八八四）宮内省の雅楽生になる。二十五年（一八九二）東京専門学校（現早稲田大学）に入学するが中退。三十九年（一九〇六）文芸協会の『ヴェニスの商人』でシャイロックを演じ、さらに百人近いコーラスとオーケストラを従えた日本物オペラの先駆作『常闇《とこやみ》』を発表。翌年「早稲田大学校歌（都の西北）」を作曲。四十四年（一九一一）文芸協会の『ハムレット』ではクローディアス王と墓掘り男の二役を演じたほか、劇中歌「オフィリヤの歌」「墓掘り男の歌」を作曲した。大正九年（一九二〇）新文芸協会の『法難』（坪内逍遙作）では日蓮上人を演じて高い評価を得るなど、演劇・音楽の両面で精力的な活動をした。十四年（一九二五）二月四日没。五十七歳。著書に『音楽通解』（明治四十年、博文館）がある。

参考文献　『逍遙選集』一二（一九二七、春陽堂）、田中栄三『明治大正新劇史資料』（一九六四、演劇出版社）、北見治一『鉄笛と春曙―近代演技のはじまり―』（一九七八、晶文社）　（寺田　詩麻）

とうきほう　登記法　明治十九年（一八八六）八月十三日に公文式にもとづき制定公布された法律。その編纂は「財政更革ノ議」（明治十三年）において提起され、太政官主導のもと、翌年登記法取調掛が内務省に設けられたことに始まる。同掛は明治十五年登記条例案を提出、内務省職員だけの組織（局）となり十七年一月まで活動した。内務省登記条例案は、十八年に提出された草案とともに参事院において審査を受けたが、登記事務を戸長役場などで行うことを前提とし、その整備に経費がかかることなどから採用されなかった。他方、十九年、司法省は裁判所で登記事務を行う案を作成。同案は、法制局で大幅な修正を受け、元老院での議決を受けて、裁可・公布されている(翌年二月一日施行)。同法は、その後、何度か改正されたが、法典調査会によって起草された不動産登記法などの制定により、明治三十二年(一八九九)、廃止された。

参考文献　清水誠「わが国における登記制度の歩み」(日本司法書士会連合会編『不動産登記制度の歴史と展望』所収、一九六六、有斐閣)、福島正夫『福島正夫著作集』四(一九九三、勁草書房)、高橋良彰「不動産登記法制定前史」(『東京司法書士会史』下所収、一九九八)

(高橋　良彰)

とうきゅうせんきょ　等級選挙　地方議会選挙のために導入された不平等選挙の一つ。明治二十一年(一八八八)四月の市制・町村制によって市議会・町村議会議員選挙のために導入された。たとえば、有権者を二等級に分ける町村制では、納税額の多い者の納税額から順に足していき、全納税額の二分の一になったところまでに属する有権者を第一等級、残りの有権者を第二等級とする。同様に市制でも有権者が三等級に分けられる。そのうえで各等級が町村議会議員ならびに市議会議員を選出するという不平等選挙の一方式。等級が下がるほどその等級に属する有権者数も増加するため、結果的に上位等級の有権者の一票の価値が高くなる。したがって、等級選挙は、土地所有者や都市ブルジョワジーといった多額納税者に有利な選挙制度である。大正十年(一九二一)に町村の、同十五年には市の等級選挙が廃止された。

参考文献　島恭彦・宮本憲一・渡辺敬司編『町村合併と農村の変貌』(『京都大学総合経済研究所研究叢書』、一九五八、有斐閣)、山中永之佑『日本近代地方自治制と国家』(一九九九、弘文堂)

(石川一三夫)

とうきょうあけぼのしんぶん　東京曙新聞　㈠明治四年(一八七一)五月創刊の『新聞雑誌』(半紙半截二ツ折、八～九丁)を八年一月二日『あけほの』(B5判、八頁)と改題、さらに同年六月二日『東京曙新聞』(タブロイド判、四頁)と再改題したもので、号数は継承された。『新聞雑誌』は、木戸孝允が新政府の施策徹底と人心啓発を図る目的で両国若松町の日新堂より発行したが、他新聞の成長に圧されて資金難となり、青江秀《あおえしゅう》に経営を委譲、『あけほの』と改称された。大井憲太郎・末広重恭《すえひろしげやす》(鉄腸)らが主筆を務めたが経営難は続き、打開策として『東京曙新聞』と再改題、判も改め紙幅を拡大した。頭取は青江、編輯長は末広が務めたが、青江の井上馨との妥協を察知した末広は、十月『朝野新聞』に転じ、青江も万代義勝《まんだいよしかつ》に社務一切を委ねて退社。この間坂井喜三郎・中村泰雄らが記者を務めた。九年三月二十九日よりは社名を曙新聞社(出雲町)に改名、社友には小松原英太郎、投書家に西河通徹《にしかわつうてつ》・栗原亮一・草間時福《くさまときよし》・関新吾・山脇巍《やまわきかい》らがいた。発行部数も飛躍的に伸び、東都四大新聞の一つに数えられた。十二月十八日中村(のち岡本)武雄が編集長として入社、社中の実権を握り、社主の石川安太郎と対立、岡本は強引に明治十二年(一八七九)九月三十日第一七九二号で廃刊にした。柏書房より平成十六年(二〇〇四)―二十年(二〇〇八)に復刻版が刊行されている。

『東京曙新聞』㈠第492号

㈡編集長岡本武雄と社主石川安太郎との確執から、『東京曙新聞』は、明治十二年(一八七九)九月三十日に廃刊となった。その翌日十月一日、岡本が社長となった東京の朝陽社が、同名の『東京曙新聞』を改めて第一号から発刊した。判型はタブロイド判で四頁だて、題字も廃刊前と同じものを使用している。高畠藍泉《たかばたけらんせん》・久津見息忠《くつみやすただ》(蕨村《けつそん》)らが在社したが、岡本は十四年八月から共同経営者を入れた。このころから紙面からは民権色が次第に薄れていった。同年十二月水野寅次郎らが結成していた政治結社共行社に経営を譲渡、翌年一月田中亨《たなかとおる》が主筆となって漸進論を標榜した。二月二十八日の第七一六号を最後に『東洋新報』と改題し、終りを告げた。柏書房より平成十六年(二〇〇四)―二十年(二〇〇八)に復刻版が刊行されている。→東洋新報《とうようしんぽう》

(松崎　稔)

とうきょうあさひしんぶん　東京朝日新聞　明治二十一年(一八八八)七月十日に大阪の『朝日新聞』が東京で創刊した日刊紙。『朝日新聞』はすでに十九年(一八八六)に東京支局を開設していたが、二十一年に星亨の『めさまし新聞』を買収し、『東京朝日新聞』を創刊。同紙の創刊は、『大阪朝日新聞』が東京進出を許すだけの利潤を生んでいたが、来るべき憲法体制下の新聞界が言論活動よりも報道活動に比重が移り、東京情報が重視されていくとの認識が村山竜平《むらやまりょうへい》社長にあった。彼がこの時期に紙面改革のために巨額の資金を投入していた最大の理由は、当時の新聞読者層の最大基盤であり、しかも同紙の読者層の中軸である商工読者層の維持・拡大にあった。『東京朝日』は『大阪朝日』という本拠を持っていたために、関西方面の商況の報道では東京の他紙を圧倒した。この迅

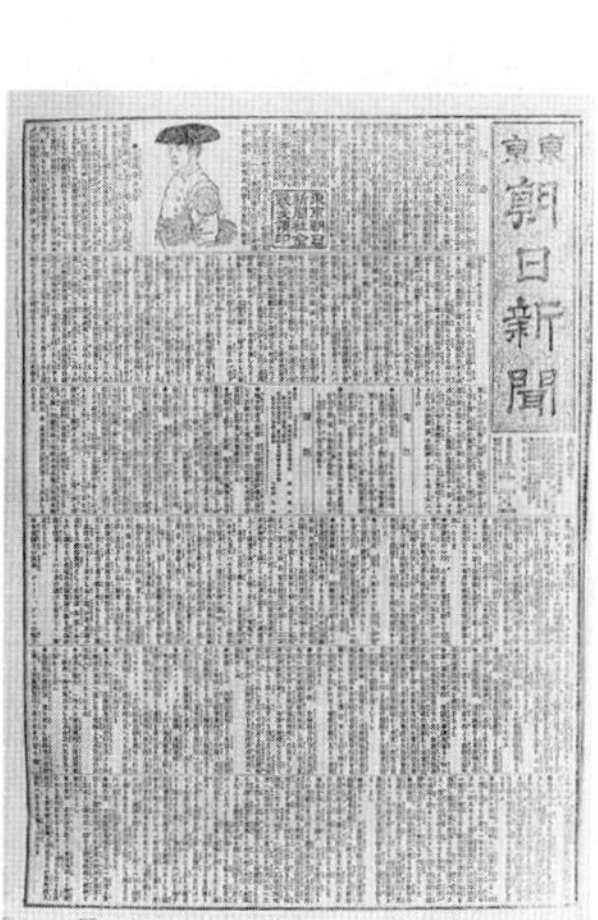

『東京朝日新聞』第１号

速・豊富な関西経済情報が、関東の商工読者に歓迎されていたと思われる。経済記事充実への不断の諸改革が、次第に中小商人読者の欲求を充足させてきたといえる。従来、使用していた平版のロール型印刷機の二十五倍もの印刷能力をもつ輪転のマリノニ印刷機は、官報印刷局について、『東京朝日』が二十三年にフランスから輸入した。さらに景品・付録・値引きなどを東京新聞界に持ち込んだのも同紙だった。大阪の新聞販売界で成功した拡張策を同紙が東京でそのまま実践に移したわけだ。同紙にとって幸運だったのは、まもなく起きた日清戦争で従来の生産・流通過程近代化が存分に功を奏し、部数を急増させたことである。同紙の年々の赤字や設備投資、編集・販売経費を補って余りあるものを生みだした。『東京朝日』は三十年代に入るとまもなく、『大阪朝日』と並行して紙面内容と編集体制の一層の改革を断行した。報道記者を多数採用し、全国に報道・取材の拠点としての支局網を拡充した。また同紙のみを販売する専売店を作って、号外や朝・夕刊の迅速な配達体制を整備した。こうした改革には巨額な資金が必要であったが、両紙の連携で可能となった。また来るべき日露戦争での報道合戦や情報サービスへの先行投資となって、まもなく部数急増と利益拡大をもたらす。言論面では二流紙と見られていた東西の『朝日』は新聞『日本』との人脈的なつながりを日清戦争前後から強める。『日本』から高橋健三・池辺《いけべ》三山《さんざん》・鳥居《とりい》素川《そせん》が入社し、日清戦後、『朝日』の主筆として活躍した。ことに三山は『東京朝日』、素川は『大阪朝日』で長期にわたりそれぞれ健筆をふるい、三十年代以降の『朝日』の新聞言論界での地位を高めるのに貢献した。日露戦後、『東京朝日』は『日本』との人脈を長谷川《はせがわ》如是閑《にょぜかん》・丸山幹治《まるやまかんじ》らの入社でいっそう強め、また没落した『日本』の記者ばかりでなく読者を吸収して知識人読者を拡大した。このような『朝日』イメージの変化は読者ごとに知識人読者の新聞観の変化と対応している。かれらは政府・政党の機関紙は問題にしなくなり、さらに明確な主張をもつ系列紙や独立新聞にもさほどの関心をいだかなくなる。「不偏不党」的なあたりさわりない言論活動をしながらも、報道活動はきわめてすぐれている新聞を購読し始めた。かれらは池辺三山程度の論理と主張をもつ論説でけっこう満足していた。『朝日』の経営者はこのような報道新聞をなによりも求めた。迅速・正確・豊富な報道新聞をなによりも求めた。

知識人階層の購読行動の背後にある新聞観の変化をあらかじめ先取りし、それにそなえた生産・流通過程の革新を着々と行なっていた。その鋭い営利的感覚に基づいた先行投資が日露戦後に結実し始めたといってよかろう。この時期になると、各紙が小説や講談の連載を始めた。『東京朝日』には、半井桃水《なからいとうすい》や饗庭篁村《あえばこうそん》などの通俗小説をのせていた。こうした小説は商工読者や家庭読者に歓迎されていたが、知識人読者の強い支持を得るには至らなかった。小泉信三は「『朝日』が日本の知識階層が必す読む新聞のようになったのは、何時頃からのことか。私の記憶ではやはり夏目漱石の入社(明治四十年)が、大きな事の一つとして印せられている」と回想している。これは小泉のみならず同時代人に共通する読者層観である。漱石の小説や彼と門下生が受け持った文学欄、さらには第一面の出版広告が知識人読者を同紙に引き寄せた。日露戦後、「東洋のタイムス」といわれた『時事新報』は大阪への進出が蹉跌となったのに対し、いち早い東京への進出が成功した『朝日新聞』は全国紙としてだけでなく、内容面でも日本を代表する新聞《しんぶん》となった。→大阪朝日新聞《おおさかあさひしんぶん》

参考文献 山本武利『近代日本の新聞読者層』(『叢書・現代の社会科学』、一九八一、法政大学出版局)、『朝日新聞社史』明治編(一九九五)
(山本　武利)

とうきょういがっこう　東京医学校　⇩東京帝国大学《とうきょうていこくだいがく》

とうきょういじしんし　東京医事新誌　明治時代初期から昭和戦後期まで刊行された日本初の本格的医学雑誌。米国帰りの医学者太田雄寧により、明治十年(一八七七)二月二十五日に創刊。表紙には赤十字の徽章を用い、内容は翻訳を含む論文に加えて衛生局記事、雑報などによって構成した。当初の月刊から徐々に発行サイクルが狭まり、十二年一月の四二号より週刊。太田亡き後、一時松本順も編纂を務めた。日中戦争の影響により、昭和十五年(一九四〇)八月の三一九八号から『健康保険医報』と合併して『日本医学及健康保険』と誌名を改め、さらに十八年十二月の三三五九号から『厚生』を併合して『日本医学』となり、十九年十月の三三九九号をもって休刊。戦後、二十一年(一九四六)六月に長尾厚生会主宰のもとに月二回発行として復刊され、二十三年十月の三四二三号まで刊行された。しかしこの『日本医学』とは別個に、二十三年七月、東京医事新誌局が合併・改名前の三一九七号を引き継ぐかたちで『東京医事新誌』を月刊誌として復刊させており、そのまま継続したが、これも三十五年(一九六〇)十二月二十日の三四一八号をもって休刊となった。

参考文献 小野寺俊治「初期の日本医学雑誌」(『日本医事新報』一七二八、一九五七)、日本科学史学会編『日本科学技術史大系』二四(一九六五、第一法規出版)
(平井雄一郎)

トウキョウ＝インデペンデント　The Tokyo Independent　明治時代中期の英字新聞。明治十九年(一八八六)一月二日に無料配布の号外が配られ、九日に第一号を発行する。週刊。東京築地明石町(中央区)の外国人居留地で、米国人F・ウォリントン・イーストレーキが編集する。磯辺弥一郎《いそべやいちろう》・高根義人《たかねよしひと》が手伝う。社説を翻訳してローマ字で綴り英語の学習に配慮。購読者は増えず経営はふるわなかった。イーストレーキが日本を離れたため、明治二十年(一八八七)七月に休刊となり、そのまま廃刊。

参考文献 藤井啓一編『日本英語雑誌史』(一九八二、名著普及会)
(河崎　吉紀)

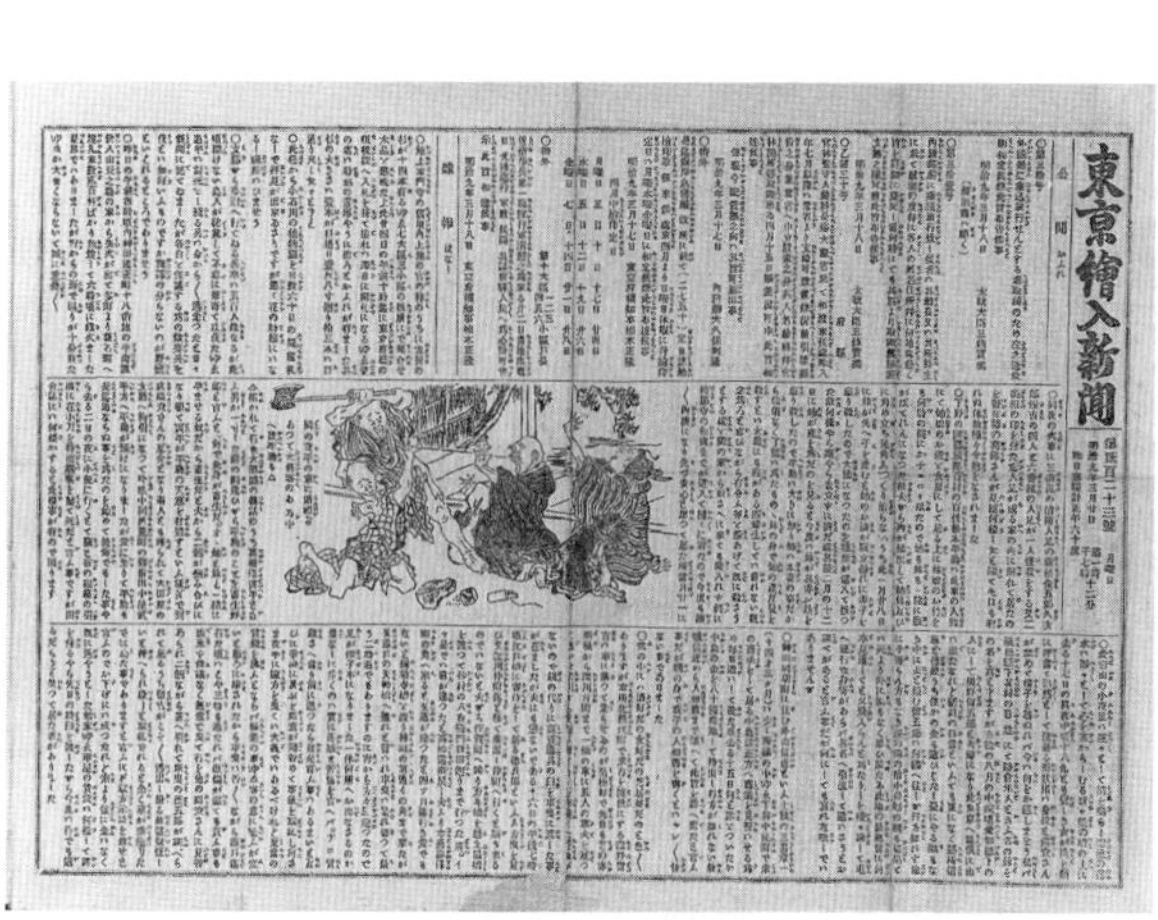

『東京絵入新聞』第223号

東　京　駅

とうきょうえいごがっこう　東京英語学校　⇨官立英語《かんりつえいご》学校《がっこう》

とうきょうえいりしんぶん　東京絵入新聞　明治時代前期の代表的小新聞。絵入新聞の先駆であるが、当時の挿絵は現代の報道写真に相当し、非知識人読者を引きつけるために記事に添えられた。明治八年(一八七五)四月十七日『平仮名絵入新聞』と称して隔日刊で創刊、同年九月二日『東京平仮名絵入新聞』と改題して日刊となり、さらに翌年三月二日『東京絵入新聞』となった。発行所は銀座一丁目の絵入新聞社で、明治十三年(一八八〇)から絵入新聞両文社と改称した。社主は浮世絵師の落合芳幾《おちあいよしいく》で、芳幾の挿絵が読者を喜ばせ、高畠藍泉《たかばたけらんせん》や染崎延房《そめざきのぶふさ》など戯作者出身の主筆が雑報記事を勧善懲悪の視点から「つづきもの」と呼ばれる連載読み物に仕立てて好評を得た。主要な記者として前田健次郎、前島和橋《まえじまわきょう》、古川精一、浅野乾《あさのかん》、仮名垣魯文などが在社した。最盛期の発行部数は約二万部。明治十年代末から経営不振に陥り、明治二十二年(一八八九)三月二十二日『東西新聞』と改題、翌年五月に廃刊した。（土屋　礼子）

とうきょうえき　東京駅　現在の東京都千代田区丸の内にある駅。官設鉄道の新橋駅と日本鉄道の上野駅を結ぶ路線の構想は早くから存在したが、明治二十八年(一八九五)、南側にあたる新橋―東京間の工事予算が議会で承認され、三十三年(一九〇〇)に着工した。一方、北側の東京―上野間は二十二年の市区改正計画で東京または秋葉原以北を日本鉄道が建設することとなったものの、同社は高額の投資を忌避して遷延していた。三十一年から三十六年にかけて東京駅の設計に従事したドイツ人技師F・バルツァーは、駅が当面は終端となるにせよ、あくまで将来の市内貫通運転を前提として、列車組成用設備の配置などに留意しつつ設計。皇居に面した永楽町(丸の内)側を正面として駅本屋を置き、本屋中央に皇室用出入口を設け、南北に一般客の乗降口を配置する計画とした。ヨーロッパに多い大屋根のドームは廃し、ベルリンのヴァンゼー鉄道に倣ってホームごとに屋根を設ける方針も定めた。八重洲側は貨物駅とする構想だったが、鉄道国有化で多数の周辺貨物駅が国鉄の管轄となったのを受け、旅客専用駅に変更された。また、バルツァーは駅本屋を和風建築で構想したが、のちに辰野金吾《たつのきんご》の設計によるビクトリア風に変更された。ただし設備の基本的な配置などはバルツァー案を踏襲している。四十三年(一九一〇)、予定地に電車専用の呉服橋仮停車場が開業し、大正三年(一九一四)に東京駅として開業、東海道本線の旅客列車発着が新橋より移転した。

〔参考文献〕『東京駅々史』(一九七三、東京南鉄道管理局・東京駅)、島秀雄編『東京駅誕生―お雇い外国人バルツァーの論文発見―』(一九九〇、鹿島出版会)　（高嶋　修一）

とうきょうおんがくがっこう　東京音楽学校　日本初の官立の音楽専門教育機関。明治五年(一八七二)の「学制」に書き込まれた「唱歌」「奏楽」の実現のため、十二年(一八七九)十月文部省内に設置された音楽取調掛を前身とする。その長となった伊沢修二《いさわしゅうじ》は、㈠東西二洋の音楽を折衷し新曲を作ること、㈡将来国楽を興すべき人材を養成すること、㈢諸学校に唱歌を実施することを掲げ、米国留学時代の師である音楽教育家メーソン Luther Whiting Mason を招聘し、国内外の諸音楽の調査、伝習生の教育、最初の唱歌教材『小学唱歌集』の編纂、俗楽改良などに着手した。明治二十年(一八八七)十月、音楽取調掛は東京音楽学校と改称し、伊沢修二が初代校長となる(二十四年非職)。二十一年ウィーンからディットリヒ Rudolf Dittrich を招聘(二十七年まで)、西洋音楽の専門教育が本格化した。二十二年東京音楽学校規則を制定、予科、本科(師範部・専修部)、研究科、選科を置き、官立学校では唯一の男女共学とした。同年、幸田延《こうだのぶ》が初の文部省留学生として欧米に留学(二十八年まで)、明治期

東京音楽学校奏楽堂（明治23年）

にはほかに幸田（のち安藤）幸《こう》と滝廉太郎が渡欧した。二十三年上野に日本初のコンサートホール奏楽堂を備えた新校舎が竣工したが、予算削減のため帝国議会で東京音楽学校廃止が提案され、存廃論争の末、二十六年から三十二年（一八九九）まで東京高等師範学校附属音楽学校に格下げされた。再独立後の三十三年学科編成などを大幅に改正し、予科、本科（声楽部・器楽部・楽歌部）、師範科（甲種・乙種）、研究科（声楽部・器楽部・作歌部・作曲部）、選科を置いたが（楽歌部・作歌部は四十二年（一九〇九）廃止）、管楽器や作曲・邦楽の専攻が設置されたのは昭和期であった。この間、三十一年に第一回定期演奏会を実施、三十六年にはオペラ『オルフォイス』を初上演、四十年には邦楽調査掛および唱歌編纂掛を設置した。卒業生から音楽教師や音楽家を多数輩出した。戦後の昭和二十四年（一九四九）、東京芸術大学音楽学部が設置され、二十七年東京音楽学校は廃止された。→伊沢修二《いさわしゅうじ》→音楽取調所《おんがくとりしらべしょ》

参考文献 『東京芸術大学百年史』東京音楽学校篇一・二（一九八七・二〇〇三、音楽之友社）（塚原 康子）

どうきょうかい　同郷会　出身地を同じくする者が、移住地で結成する同郷人団体。一八七〇年代末から九〇年代初めにかけて、東京など大都市で結成された。当初は、旧藩出身者が大名家の当主を中心に結成し、加賀藩関係者の久徴館同窓会のように相互の親睦と高等教育機関入学のため上京した学生の学業奨励などを目的として活動するものが多かった。その後、会員資格を同郷人一般に拡大するとともに、結成単位も、加越能郷友会のように旧国、道府県・郡市などの地域を単位とするものになった。同郷会は、日露戦後から朝鮮・関東州租借地などに渡る日本人が増加すると中国・朝鮮など海外でも結成され、日本人移民の多いカリフォルニアやブラジルにも及んだ。同郷人の親睦を第一義とする同郷会の多くは不偏不党を標榜する一方、郷里の振興への寄与を目的に掲げ、機関誌を発行し、上京学生のための寄宿舎を開設した。第一次大戦後には、同郷人を購読対象とした同郷人雑誌も発行された。

参考文献 竹永三男「県人会・郷土雑誌考—近代地域史研究の課題に寄せて—」（『山陰地域研究（伝統文化）』一、一九八五）、同「同郷会の成立—一八八〇～一八九〇年代における同郷人結合の結成—」（高井悌三郎先生喜寿記念事業会編『歴史学と考古学』所収、一九八八、真陽社）、河西英通『近代日本の地域思想』（一九九六、窓社）、成田龍一『「故郷」という物語—都市空間の歴史学—』（『ニューヒストリー近代日本』二、一九九八、吉川弘文館）（竹永 三男）

とうきょうがいこくごがっこう　東京外国語学校　東京外国語大学の前身で、官立の外国語専門教育機関。明治六年（一八七三）八月、学制二編追加によって開成学校の語学課程と外務省独魯清語学所と独逸学教場が合併して外国語学校を開成学校内に開設。同年十一月、開成学校より東京外国語学校として独立。英・仏・独・魯・清の五学科、生徒数四百五十三人。翌七年、英語科が独立して東京英語学校となる。明治十三年（一八八〇）、朝鮮語学科を設置。十七年、本校所属高等商業学校を設置する。翌十八年八月、仏・独の二学科を東京大学予備門に移管。同年九月、東京外国語学校と同校所属高等商業学校が東京商業学校と合併。学校名は東京商業学校とし、高等商業学校の教科を第一部、東京商業学校の教科を第二部、東京外国語学校の教科を第三部とした。校地は、東京外国語学校跡（神田一ッ橋（東京都千代田区））とした。翌十九年一月、東京商業学校の三部を、高等部・普通部・語学部と改組。同年二月、高等部と語学部を廃止。二十年（一八八七）、東京商業学校を高等商業学校と改称。三十年（一八九七）、高等商業学校に附属外国語学校が設置される。英・仏・独・露・西・清・韓の七学科。正科と特別科を設け、修業年限を正科三年、特別科三年以内とした。三十二年四月、高等商業学校附属外国語学校を東京外国語学校と改称し、文部省直轄学校として独立。伊語科を増設し、正科を本科三年、特別科を別科二年とした。三十五年、第五臨時教員養成所を附設（三十九年廃止）。英語科二年。三十六年一月、神田錦町（東京都千代田区）の新校舎に移転。四十四年（一九一一）に蒙古・暹羅《シャム》・馬来《マレー》・ヒンドスタニー・タミル語を、大正五年（一九一六）に葡《ポルトガル》語を本科に新設。八年、各学科の名称を部に改め、各部に文科・貿易科・拓殖科を設置。十五年（一九二六）、第十二臨時教員養成所を附設（昭和六年（一九三一）廃止）。英語科三年。昭和二年三月、本科の修業年限を四年に延長。十九年（一九四四）四月、東京外事専門学校と改称。二十四年（一九四九）五月、国立学校設置法によって東京外国語大学となる。

参考文献　『東京外国語学校沿革』(一九三二)、『東京外国語大学沿革略史―創立百年周年(建学百二十四年)記念―』(一九九七)、『東京外国語大学史』(一九九九)　(谷本　宗生)

とうきょうがいこくごだいがく　東京外国語大学　⇩東《とう》京外国語学校《きょうがいこくごがっこう》

とうきょうかいじょうかさいほけんがいしゃ　東京海上火災保険会社　明治十二年(一八七九)渋沢栄一が発起人となり岩崎弥太郎や華族が出資して設立された日本最初の損害保険会社。東京海上保険会社が前身。創業当初は貨物保険のみであったが、同十七年政府出資を得てリスクの高い船舶保険も開始した。三井物産などに代理店を委託して海外へも進出、特にロンドンでの契約高は急増した。しかし、当時の保険料計算は稚拙で会計方法も契約期間を反映しない現計計算であった。明治二十五年(一八九二)ごろより海外業務での保険金支払が増え、経営危機に陥った。政府からの下付金などで損失処理が行われ、入社四年目の各務鎌吉《かがみけんきち》がロンドンに派遣され改革が進められた。明治三十二年(一八九九)各務はウィリス商会に代理店を委託、同社を介して貨物・船舶の再保険契約の締結に成功した。日露戦争以降、これらロンドン＝カバーを背景に業績は急拡大していく。大正期に火災・運送・自動車保険へ業務を拡張、大正七年(一九一八)東京海上火災保険株式会社に改称した。

参考文献　日本経営史研究所編『東京海上火災保険株式会社百年史』上(一九七九、東京海上火災保険)、同『東京海上百二十五年史』(二〇〇五、東京海上日動火災保険)　(邉　英治)

とうきょうかいせいがっこう　東京開成学校　⇩東京帝《とうきょうてい》国大学《こくだいがく》

とうきょうかいようだいがく　東京海洋大学　⇩水産講《すいさんこう》習所《しゅうじょ》　⇩東京商船学校《とうきょうしょうせんがっこう》

とうきょうがくしかいいん　東京学士会院　⇩帝国学士《ていこくがくし》院《いん》

とうきょうがくしかいいんざっし　東京学士会院雑誌　東京学士会院の機関雑誌。同会院は、教育の針路を明らかにし学術技芸を振興するためには学徳ある学者を組織して彼らの意見を集約しなければならないとして、文部省が西周・加藤弘之・神田孝平・津田真道・中村正直・福沢諭吉・箕作秋坪《みつくりしゅうへい》の七名にまず依頼した国家的学術団体(年金三百円)であり、会員二十一名の定員に満ちた明治十二年(一八七九)六月が学士会院の第一会(初代会長福沢諭吉)となり、その討論を掲載するため、同月『東京学士会院雑誌』第一冊が刊行された。したがって明治期の代表的な学者・知識人の考えをつかむ上では恰好の史料となる。もっとも福沢や小幡篤次郎《おばたとくじろう》は文部省の体質に失望し十四年二月に会員を辞任している。史学では会員の重野安繹《しげのやすつぐ》が「国史編纂の方法を論ず」(第一編第八冊)、「世上流布の史伝多く事実を誤るの説」(第六編第五冊)、「史の話」(第九編第三冊)と三度重要な講演をここで行なっている。第一〇編(明治二十一年)より論説・講演のほかに彙報が載りはじめ、第二三編第三冊(三十四年三月)で終刊、これ以降その活動内容は『東洋学芸雑誌』に掲載されることとなった。明治三十九年(一九〇六)帝国学士院の成立により、『東洋学芸雑誌』への掲載も終了した。　(宮地　正人)

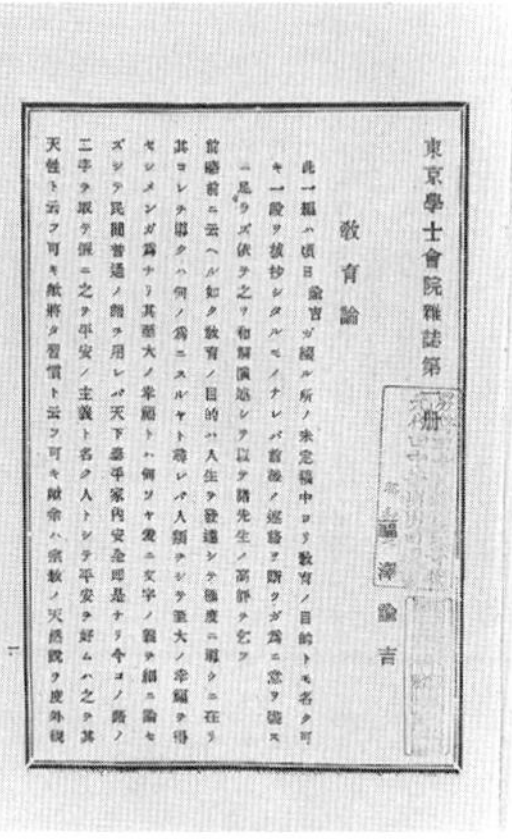
東京學士會院雜誌第一冊
教育論
福澤諭吉

『東京学士会院雑誌』第1編第1冊

とうきょうガスがいしゃ　東京瓦斯会社　明治十八年(一八八五)に東京府営のガス事業を浅野総一郎らが払下げを受けて設立した、日本最古のガス会社。当初は街燈であるガス燈需要によって成長したが、次第に都市部での燃料用需要へと進出した。明治四十五年(一九一二)には千代田瓦斯株式会社を合併するとともに、公益事業として東京市との間で報奨契約を結んだため、これ以後は市からの干渉が強まった。このころから電力業の発展に伴って電燈が普及し始めたため、東京市およびその近郊での燃料用都市ガス需要が主な販売先となった。報奨契約などによって大正期から昭和初期にかけて経営は伸び悩んだが、昭和七年(一九三二)を境に成長に乗った。第二次世界大戦終戦直前には十五のガス会社を合併して販売域を関東一円に広げている。一九六〇年代にはエネルギー転換に呼応して、いち早くナフサ・国産天然ガスを経て輸入液化天然ガス(輸入LNG)へと原料を切り替えた。現在は再生可能エネルギーの研究および実用化にも取り組んでいる。

東京瓦斯会社本社(明治39年改築)

参考文献　東京市政調査会編『瓦斯事業報奨契約』(一九二八)、谷川昇『瓦斯事業買収市営論』(『都市問題パンフレット』一一、一九二八、東京市政調査会)、『東京ガス百年史』(一九八六)　(宮地　英敏)

とうきょうガスぼうせきがいしゃ　東京瓦斯紡績会社　日清戦後に設立された細糸紡績会社。明治二十九年(一八九六)に、瓦斯糸(ガスの炎で表面加工した細糸)六十番手を目的に日比谷平左衛門らによって設立され、三十一年(一八九八)十月東京市本所《ほんじょ》区押上町(墨田区)に、ミュール一万千六百四十錘、リング八千九百二十八錘、撚糸機五千九百六十二錘と蒸気機関で開業した。良好な成績を上げたが、日比谷の健康問題から三十九年同人も関係する富士紡績に対等条件で合併し、富士瓦斯紡績となった。

参考文献　沢田謙・萩本清蔵『富士紡績株式会社五十年史』(一九四七)　(高村　直助)

とうきょうかせいだいがく　東京家政大学　⇩東京裁縫《とうきょうさいほう》女学校《じょがっこう》

とうきょうかっぱんいんさつぎょうくみあい　東京活版印刷業組合　印刷業の経営者団体。明治十八年(一八八五)設立、明治二十三年(一八九〇)十二月には農商務省「同業組合準則」上の「準則組合」となる。明治四十三年(一九一〇)に東京石版印刷業組合(明治二十五年設立)と合併し東京印刷同業組合になる。明治三十一年(一八九八)八月に結成された活版工同志懇話会は会員数を伸長、組織を労働組合に改組すべく、労資協調の相手となる東京活版印刷業組合に組合規約草案の提示を行なった。話し合いの後、印刷業組合はその設立趣旨に賛成の意を表明、活版工組合が発足(明治三十二年十一月)した。しかし結成後、印刷業組合は活版工組合との黙約であり、活版工組合規約にも記載されていた、深夜割増賃金の実施などを拒否し、同時に活版工組合の活動を妨害するようになる。このような事態に直面した活版工組合は、明治三十三年五月に「規約の運用を停止」することとなった。印刷業組合の態度変化の背景には、明治三十一年十一月に死亡した佐久間貞一(秀英舎舎長)に代わって、労働運動に抑圧的な態度をとる星野《ほしの》錫《しゃく》(東京印刷株式会社社長)が印刷業組合頭取に就任したことがあった。↓活版工組合《かっぱんこうくみあい》

参考文献　『日本労働運動史料』一(一九六二)、水沼辰夫『明治・大正期自立的労働運動の足跡』(一九七九、JCA出版)、横山和雄『日本の出版印刷労働運動』戦前・戦中篇(一九八六、出版ニュース社)　(杉山　裕)

とうきょうかながきしんぶん　東京仮名書新聞　明治六年(一八七三)一月二十五日創刊の、原則としてひらがなで文章が記された新聞。和本形態の冊子で十三丁ほどの本文に広告が付されており、表紙は幕末にジョセフ彦(浜田彦蔵)が刊行した『海外新聞』に酷似した絵柄だが、発行者は「いひだ　うぢ／をかだや　かつ三郎」と記載されているだけで不明。「御布告、海外新聞、国内新聞、投書、雑説」などの欄に分かれ、銅版画の挿絵も入った

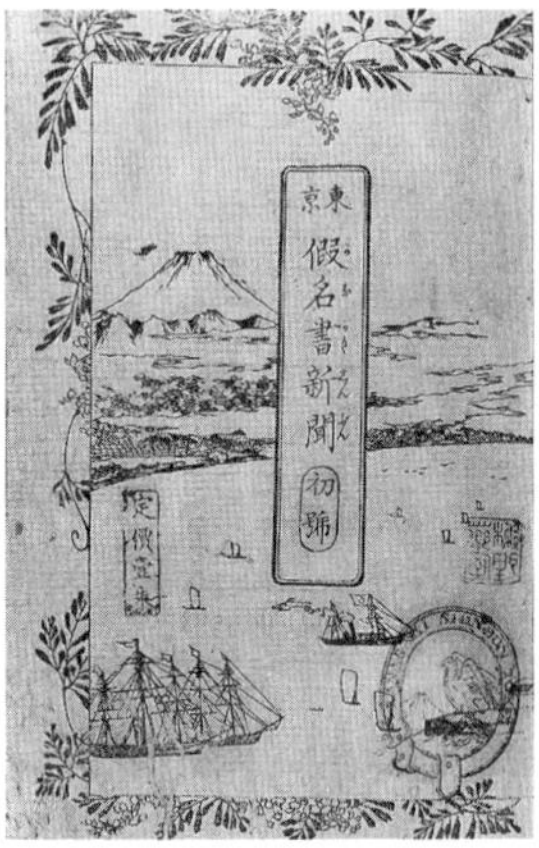

『東京仮名書新聞』初号

充実した内容で、「いろは　もんじを　もって　つづりてよましめん　と　するなれども　すでに　もんじを　よみなれたる人には　まはりどほき　ことに　おもひ　かつ　千年よも　へたる　ならはし　いまにして　にはかに　一ツぱんには　おこなはるまじく　おひおひ　てびきの　くはだてなり」と趣旨が述べられているように、洋学の知識ある者が非知識人の啓蒙のため発行したと考えられる。週刊で二〇号まで発行されたと確認できる。　(土屋　礼子)

とうきょうかぶしきとりひきじょ　東京株式取引所　⇩株式取引所《かぶしきとりひきじょ》

とうきょうぎんこうしゅうかいじょ　東京銀行集会所　⇩銀行集会所《ぎんこうしゅうかいじょ》

どうぎょうくみあい　同業組合　同一地域内商工業者の業種別組合組織。維新政府による株仲間解散に伴う市場や商取引の混乱に対し、商工業者側から秩序の回復を求める動きが起り、明治十七年(一八八四)十一月同業組合準則(農商務省達)が府県に通達された。しかし取り締まりを組合の自治に委ね、非加入者に対する制裁も欠くために効果が上がらず、明治二十五年(一八九二)以降は府県レベルで同業組合取締規則が設けられた。こうしたなかで日清戦後の輸出振興策という意義付けも加わり、明治三十年(一八九七)四月に重要輸出品同業組合法が公布され、指定を受けた輸出品について地域内の同業者に強制加入を義務付け、粗製濫造を防止すべく産地の同業組合に製品検査を行わせた。これが三十三年三月重要物産同業組合法に改められて国内向けにも適用されると、同法に基づく同業組合が全国に数多く設立され、製品検査機能、品質規制機能、市場調査機能などを発揮し、中小商工業者を担い手とする在来産業を中心として産業発展に寄与した。同業組合によるカルテル行為や共同事業は認められていなかったが、実際には賃金規制、雇傭規制、価格規制などを行う組合が存在し、営業の自由の原則を掲げる政府は対応を迫られた。そして同一産業に属する商・工全業者強制加入という形式が、問屋資本の利害に有利なため種々の弊害を生んでいるとの認識が高まり、政府は大正末ころから問屋を排除した新たな組合組織の結成を促すこととなった。大正十四年(一九二五)三月重要輸出品工業組合法を制定、これを昭和六年(一九三一)四月工業組合法に改め、翌七年九月には商業組合法を制定して、中小工業者および小売業者の自立を目指した。両組合は任意加入ながら組合員外への統制も可能であり、営利事業の主体ともなり得たため、同業組合の役割は相対的に低下し、昭和十八年(一九四三)三月商工組合法制定により重要物産同業組合法は廃止された。↓重要物《じゅうようぶつ》

産同業組合法《さんどうぎょうくみあいほう》

参考文献　由井常彦『中小企業政策の史的研究』(一九六四、東洋経済新報社)、松本貴典「両大戦間期日本の製造業における同業組合の機能」(『社会経済史学』五八ノ五、一九九三)、藤田貞一郎『近代日本同業組合史論』(一九九五、清文堂)　(満薗　勇)

とうきょうけいざいざっし　東京経済雑誌　明治十二年(一八七九)一月二十九日、『銀行雑誌』(明治十年、大蔵省銀行課創刊)と『理財新報』(明治十一年、福地源一郎創刊)を合併して刊行された、日本で最初の本格的な経済雑誌。刊行にあたっては、銀行課長の岩崎小二郎と銀行家団体択善会《たくぜんかい》の首脳渋沢栄一が尽力した。編集発行人は、「日本のアダム＝スミス」とよばれた田口卯吉で、ロンドンの『ロンドン＝エコノミスト』誌、ニューヨークの『バンカース＝マガジン』、パリの『エコノミスト＝フランセー』などになぞらえられる。田口は、大蔵省顧問のシャンドから『ロンドン＝エコノミスト』をみせられ、日本ではこのような雑誌は出せないだろうといわれ、必ずこれに比肩しうる雑誌を日本で出してみると決意したといわれている。当初は月刊であったが、のちに半月刊、旬刊となり、明治十四年七月二日の第七六号から週刊となった。『東京経済雑誌』は、『ロンドン＝エコノミスト』など欧米の経済雑誌と同様に、各種の経済統計、特に金融や貿易に関する統計を掲載し、経済問題の客観的な分析のための基礎資料を提供した。また、田口は処女作『自由交易日本経済論』(明治十一年)の出版以来、「交易は相互の利益なり」と徹底した自由貿易主義を一貫して主張し、自由な交易に干渉する政策や、こうした政策を支持する諸説を批判し、犬養毅が主宰した『東海経済新報』(明治十三年創刊)との間に、激しい自由保護貿易論争を展開した。そればかりではなく、『東京経済雑誌』は、西欧経済学の学説や方法についても紹介し、西欧経済学の普及にも力を入れていた。田口が死去した明治三十八年(一九〇五)四月以後は乗竹孝太郎・塩島仁吉・伴直之助らが引き継ぐが、『東洋経済新報』や『ダイヤモンド』などのライバル誌との競合が激しくなるなかで誌面改革に失敗した。大正九年(一九二〇)七月の第二〇六四号から半月刊となり、関東大震災が発生した大正十二年(一九二三)九月一日発行の第二一三八号をもって廃刊となった。⇩理財《りざい》新報《しんぽう》

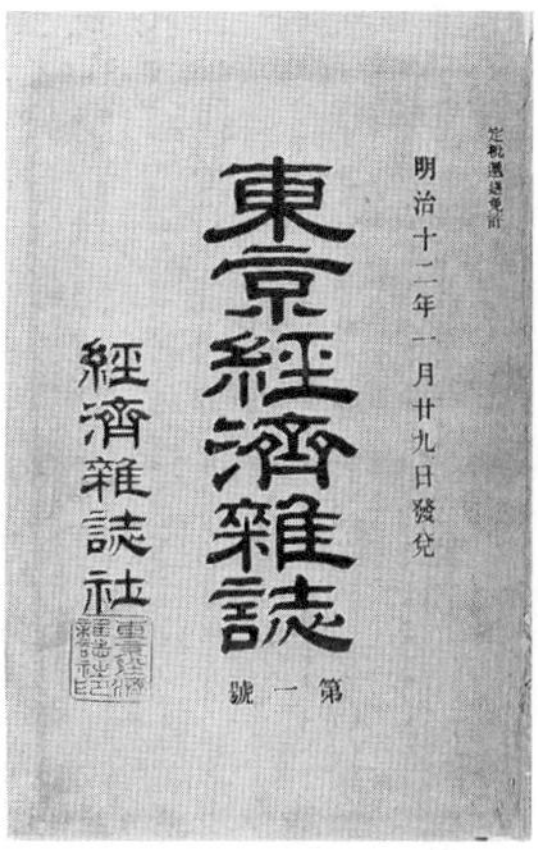

『東京経済雑誌』第１号

参考文献　杉原四郎『日本の経済雑誌』(一九六七、日本経済評論社)、溝口喜一「『東京経済雑誌』と『東洋経済新報』」(杉原四郎編『日本経済雑誌の源流』所収、一九九〇、有斐閣)、老川慶喜「経済雑誌社の出版事業と経営」(『立教経済学研究』五二ノ一、一九九八)　(老川　慶喜)

とうきょうけいざいだいがく　東京経済大学　⇩大倉商業学校《おおくらしょうぎょうがっこう》

とうきょうげいじゅつだいがく　東京芸術大学　⇩東京《とうきょう》音楽学校《おんがくがっこう》　⇩東京《とうきょう》美術学校《びじゅつがっこう》

とうきょうけいばかい　東京競馬会　明治三十九年(一九〇六)四月、馬券を黙許する競馬クラブのモデルとして、陸軍・宮内省が全面的に協力して、「馬匹《ばひつ》に関する国民の思想を涵養し、産馬事業の発達と馬術の進歩を期して、兼ねて社交を幇助」することを目的(東京競馬会定款第一条)として結成された競馬クラブ。日露戦争中から陸軍などの意向を受けて、加納久宜《かのうひさよし》・安田伊左衛門を中心にして準備が進められ、東京府下荏原《えばら》郡池上《いけがみ》村(東京都大田区)に競馬場を建設、明治三十九年十一月第一回開催を行なった。その後認可されたほかの競馬クラブとともに、社会を紊乱する存在として強い批判に曝された。明治四十一年(一九〇八)十月馬券が禁止されたのを受けて、東京周辺のほかの三つの競馬クラブと合同して東京競馬倶楽部を結成、池上競馬場を廃場、馬政局からの補助金を受けて、東京府下荏原郡目黒《めぐろ》村(東京都目黒区)の競馬場で開催を続け、昭和七年(一九三二)第一回東京大優駿(ダービー)を実施した。昭和八年現在の府中競馬場に移転、十二年(一九三七)日本競馬会に統合された。

参考文献　『日本競馬史』二(一九六七、日本中央競馬会)、日高嘉継・横田洋一『浮世絵明治の競馬』(『ショトル・ミュージアム』、一九九八、小学館)、大江志乃夫『明治馬券始末』(二〇〇五、紀伊国屋書店)　(立川　健治)

とうきょうこうぎょうだいがく　東京工業大学　⇩東京《とうきょう》高等工業学校《こうとうこうぎょうがっこう》

とうきょうこうとうこうぎょうがっこう　東京高等工業学校　専門学校令および実業学校令による工業関係の専門教育機関。その前身は明治十四年(一八八一)設立の東京職工学校である。東京職工学校は徒弟制度を是正する科学的工業教育と近代工業の振興を目的として設置され、さらに工業教員の養成も担った。その発展に功績を残した人物としては手島精一と御雇いドイツ人教師のゴットフリート＝ワグネルがあげられる。明治十九年四月に学校令が公布されたが、工業教育に関係する学校の整備は見られず、この年帝国大学の附属となった。翌年に独立して東京工業学校と改称し、さらに明治三十四年(一九〇一)に東京高等工業学校と改称した。その二年後の明治三十六年三月制定の専門学校令ならびに実業学校令(明治三十二年二月制定)の一部改正を待って名実とも工業専門学校に位置付けられ、わが国の工業教育の指導的役割を果たすことになった。なお、東京高等工業学校は、大正期の専門学校の大学昇格運動ならびに高等教育機関拡張政策によって大学昇格が帝国議会において決定したが、関

東大震災などによって延期、昭和四年(一九二九)に東京工業大学となった。さらに戦後の教育改革によって新制国立大学として、そして現在の国立大学法人東京工業大学として引き継がれた。

参考文献 『東京高等工業学校二十五年史』(一九〇六)、『東京工業大学百年史』通史(一九八五) (寄田 啓夫)

とうきょうこうとうしはんがっこう 東京高等師範学校 わが国最初の高等師範学校。明治十九年(一八八六)四月の師範学校令によって成立した中等教員養成機関。明治三十五年(一九〇二)三月二十八日に勅令第九八号をもってわが国二番目の高等師範学校である広島高等師範学校が発足するまで高等師範学校と呼ばれた。発足当初は尋常師範学校(のちに師範学校)の校長・教員の養成を目的としていた。前身は明治五年(一八七二)に設置された東京師範学校であり、その中に明治八年に置かれた中学師範学科が直接的な母体となった。高等師範学校発足当初は男子師範学科と女子師範学科が設けられたが、女子師範学科は二十三年(一八九〇)独立して女子高等師範学校(のちに東京女子高等師範学校)となった。三十年十月の師範教育令によって、高等師範学校は、師範学校だけでなく、中学校、高等女学校の教員の養成にもあたることになった。四十四年(一九一一)四月、高等師範学校は、修業年限二年の専攻科を置くことができることとなり、同年五月東京高等師範学校に修身・漢文部が置かれた。その後しばらく中断があり、大正七年(一九一八)四月に修身教育部を設置、昭和五年(一九三〇)三月まで継続され、同年五月にその卒業生は学士と称することを許された。大正八年の暮、東京・広島両高等師範学校において大学昇格運動の口火が切られた。しかし大学昇格はならず、昭和四年東京高等師範学校の専攻科が改組される形で文理科大学が新設され、高等師範学校はその附属学校となった。両校は、昭和二十四年(一九四九)五月の国立学校設置法により東京教育大学に包括された。

東京師範学校正門

参考文献 東京文理科大学編『創立六十年—東京文理科大学・東京高等師範学校—』(一九三一) (船寄 俊雄)

とうきょうこうとうしょうぎょうがっこう 東京高等商業学校 専門学校令および実業学校令による商業関係の専門教育機関。その前身は明治八年(一八七五)設立の商法講習所で、明治十七年(一八八四)東京商業学校と改称、農商務省直轄学校となったが、翌年文部省に移管され、既設の東京外国語学校・同校附属高等商業学校と合併した。この学校は商業関係の指導者養成と商業学校教員の養成という二つの機能を持っており、明治二十年(一八八七)には高等商業学校と改称して本科および予科を置き、さらに三十年(一八九七)に専攻部が設置された。ところが明治三十五年神戸高等商業学校の設置に伴って東京高等商業学校と改称し、翌三十六年三月制定の専門学校令ならびに実業学校令(明治三十二年二月制定)の一部改正を待って名実とも商業専門学校に位置付けられた。わが国の商業教育の指導的役割を果たすことになった東京高等商業学校は、当初から同窓会などから大学昇格への強い要求があり、大正期の高等教育機関拡張政策によって大正九年(一九二〇)に大学令(大正七年十二月制定)による東京商科大学となり、以後、第二次大戦中に東京産業大学への改称を一時的に余儀なくされたが、戦後の教育改革によって新制国立大学一橋大学となり、そして現在の国立大学法人一橋大学に引き継がれた。→商法講習所《しょうほうこうしゅうじょ》

参考文献 酒井竜男編『一橋五十年史』(一九二五、東京商科大学一橋会)、作道好男・江藤武人編『一橋大学百年史』(一九七五、財界評論新社)、『一橋大学百二十年史—Captain of industry をこえて—』(一九九五) (寄田 啓夫)

とうきょうこうろん 東京公論 明治時代中期の政論新聞。明治二十二年(一八八九)一月三日創刊。発行所は東京公論社。日刊。星亨主宰の『公論新報』を朝日新聞社の村山竜平が二十一年十月に買収。『東京公論』と改題した。滝本誠一・干河岸貫一《ひがしかんいち》・村田誠二・野崎左文《のざきさぶん》を記者に擁する。主筆に末広重恭《すえひろしげやす》を迎えたこともある。大隈重

東京高等商業学校正門

東京公論

『東京公論』第347号

信の条約改正に反対の論陣を張る。経営不振のため、明治二十三年十一月二十五日、『大同新聞』と合併して『国会』となる。 ↓国会《こっかい》 （河崎 吉紀）

とうきょうこくりつはくぶつかん 東京国立博物館 ⇩東京帝室博物館《とうきょうていしつはくぶつかん》

とうきょうさいほうじょがっこう 東京裁縫女学校 明治時代中期に渡辺辰五郎によって開かれた女学校。東京家政大学の前身。渡辺は幕末に仕立屋の奉公で裁縫を習得した後、東京女子師範学校などで教えていたが、明治十四年(一八八一)に本郷湯島(東京都文京区)の自宅に和洋裁縫伝習所を開いた。就学率の低かった女子に対する基礎教育と技能教授を目的としたものであった。その後生徒増加を背景として学科課程を整備し、明治二十五年(一八九二)に東京裁縫女学校と改称。裁縫関係教科に修身科や教育科などを加え、裁縫科教員養成にも対応できる制度が作られた。二十九年渡辺はみずからが創設に関わった共立女子職業学校の教師を辞し、校務に専念するようになる。三十九年(一九〇六)に普通師範科、四十一年(一九〇八)には高等師範科と速成科をおのおの設置し、教員養成機関として発展した。高等師範科は専門部を経て大正十一年(一九二二)に東京女子専門学校となる。昭和二十四年(一九四九)東京家政大学と同附属女子中学・高校に再編される。

参考文献 『渡辺学園百年史』(一九八一)、新福祐子「家庭科教員養成に関する研究―渡辺辰五郎氏による裁縫教員養成―」(『大阪教育大学紀要』二社会科学・生活科学、一九六二)
（友野 清文）

とうきょうさんりんがっこう 東京山林学校 明治十五年(一八八二)十二月、農商務省が東京府西豊島郡西ヶ原村(東京都北区)の西ヶ原樹木試験場内に創設した初の林学専門教育機関。内務省から農商務省に移された山林局学務課により管理された。山林に恵まれ、しかも「天賦ナル運輸ノ便」に恵まれたわが国の林業の発展に唯一欠けているのは「学術」だけであるという認識から、ヨーロッパ諸国の山林学校をモデルとして建設された。明治初期にプロイセン留学によって林学を学び樹木試験場建設にもたずさわった初代学務課長松野《まつの》礀《はざま》の尽力によった。松野はのちに教授を務めた。植物学、物理学、数学などの理系初歩学から樹木測地法、林政学、営林法規論などの専門諸科目に至るまでを教授した。修業年限は当初三ヵ年だったが明治十七年以降は五ヵ年とされ、卒業生には学位でなく証書が与えられた。同時期の専門教育機関と違って外国人教師を一人も置かず、すべて邦人のみで教育にあたったことも大きな特色である。明治十九年七月、勅令により東京山林学校は廃止され、新たに東京農林学校が設立されたことによって、教授と生徒百二十四名は駒場野に移り、東京農林学校に吸収された。 ↓東京農林学校《とうきょうのうりんがっこう》 （寺崎 昌男）

とうきょうし 東京市 明治二十一年(一八八八)四月に公布された市制にもとづき、翌二十二年五月一日、東京府区部十五区を範囲として成立した基礎的自治団体。郊外地の発展により昭和七年(一九三二)十月一日、周辺五郡八十二町村を編入して新たに二十区を設置、従来の十五区とあわせて三十五区となった。ついで昭和十一年(一九三六)十月一日には北多摩郡千歳《ちとせ》・砧《きぬた》両村を編入、現在の区部二十三区に相当する「大東京市」が成立した。人口六百七十七万余人(昭和十五年)、面積五五七・九平方キロ。ほかに例をみない巨大な基礎的自治団体であったが、昭和十八年七月一日、東京都の成立によって廃止となった。本来市制は人口数万人という明治中期の標準的な地方都市を想定した自治制度で、東京のような大都市にはそぐわない制度であった。にもかかわらず東京市が誕生した背景には、当時地方制度編纂委員(委員長山県有朋)によって進められていた一連の地方制度改革の重要な柱の一つであった、東京・京都・大阪には特別の大都市制度(いわゆる「三都の制」)を実施するという構想が、政府内部の強力な反対によって急遽取りやめになり、市制を適用せざるを得なくなったという事情があった。「三都の制」の詳細な内容は不明だが、昭和十八年東京都官制(勅令)と東京都制(法律)によって成立した東京都のように、国の行政官庁である都長官が基礎的自治団体である都の理事者を兼ね、議決機関(都議会)を強力な統制下に置いて大都市行政を展開するというきわめて官治色の強いものであったと思われる。「三都の制」構想挫折後、わが国の大都市制度問題は混迷の度を深めていくが、その最初の迷走が明治二十二年東京・京都・大阪の三市に適用された市制特例であった。市制によって成立した自治団体は、議決機関(市会)と執行機関(参事会)で組織される。執行機関(参事会)は合議制で、市長・助役(東京市の場合三名)・名誉職参事会員(同十二名)の三者で構成され、議決機関(市会)がこれを選任する。市制特例は、この三市に市長・助役を置かず、国の官吏(地方官)である府知事と書記官がその職務を行い、名誉職参事会員とともに参事会を構成し、その補助機関である市役所も設置することなく、その業務は府庁がこれを代行するという仕組みである。国はこれによって、行政の専門家である地方官を三市の執行機関に送り込み、大都市行政の円滑な遂行を担保しようとしたのである。しかしこの体制は、かえって府知事と名誉職参事会員・市会の間の軋轢紛争を恒常化し市政運営に混乱をもたらす結果となった。特に東京市では明治二十八年水道鉄管汚職事件を契機に内務省を巻き込んで対立が激化、内務大臣が辞任に追い込まれる大事件に発展したのである。こうしたことが原因となって市制特例は明治三十一年(一八九八)廃止された。東京市では同年十月一日市役所を開庁し、六日には初代市長松田秀雄を選出している。明治四十四年(一九一一)市制が改正され、執行機関は合議制の参事会から市長の独任制に改められた。ところで、市制が規定する市会の権限は執行機関の選任権を含む非常に広範囲なものであり、市会は執行機関である市長を圧倒する大きな力を持っていた。東京市の場合、そのことが市長に対する市会の不断の掣肘干渉となって現われ、責任の所在をあいまいにし、市政を停滞混乱させる大きな原因となった。特例廃止後の四十五年間に市長歴任者は十八人(十九代)いるが、そのうち任期を全うできた者がただ一人(第十五代牛塚虎太郎)という事実は、市会と市長の間に安定した信頼関係がついに築かれなかったということを証明している。都市基盤整備事業など山積する課題をかかえ、強力で安定した執行体制を必要としていた二十世紀初頭の東京にとっては不幸な出来事であった。

〔参考文献〕「東京市役所の誕生」(東京都編『都史資料集成』二、二〇〇〇)、東京市編『東京市政概要』大正三―昭和十七年版(一九一三―四二)
(白石　弘之)

とうきょうしがいてつどうがいしゃ　東京市街鉄道会社　明治三十二年(一八九九)七月に資本金千五百万円をもって設立された電気鉄道会社。明治二十六年(一八九三)以降、東京市内の電気鉄道出願が相つぎ、各派は特許の獲得競争を繰り広げた。なかでも有力な出願グループは東京電気鉄道(雨宮派)、東京電車鉄道(三井派)、東京自動鉄道(地主派)であった。明治三十二年、有力三派は星亨の画策により合同し、東京市街鉄道株式会社を設立。その後不況に直面し、同社と東京電車鉄道(旧東京馬車鉄道)との合併協議が進展するも、合併案が市街鉄道側に不利であると主張する雨宮敬次郎らの強硬な反対により実現せず。同社は明治三十三年に建設工事に着手、明治三十六年九月に数寄屋橋―神田橋間の営業を開始。同年十一月までに両国および新宿へ路線を拡張した。明治三十七年以降、東京市内の軌道事業は同社、東京電車鉄道、東京電気鉄道(旧川崎電気鉄道)の鼎立時代を迎えたが、明治三十九年九月、三社は合併して東京鉄道株式会社となった。

→東京鉄道会社《とうきょうてつどうがいしゃ》

〔参考文献〕『都史資料集成』三、(二〇〇二)
(小野　浩)

とうきょうしがいてつどうじけん　東京市街鉄道事件　明治三十三年(一九〇〇)認可の東京市街鉄道(電車)敷設をめぐる事件。十九世紀末の東京市では市街鉄道(電車)敷設出願が活発になされた。そのうち最も有力な出願者は、雨宮敬次郎がイニシアチブを握る東京電気鉄道と三井系の東京電車鉄道であり、両者は明治二十八年(一八九五)に出願した。翌二十九年には、自由党星亨直系の東京市会議員である利光鶴松らが東京市の地主を語らって東京自動鉄道を出願した。さらに、既設の東京馬車鉄道が電車に動力変更を出願していた。二十九年、第二次松方内閣が成立し、自由党系の東京自動鉄道を除く残りの三派(東京電気鉄道・東京電車鉄道・東京馬車鉄道)に東京の各地域における敷設権を配分する内命が出された。星亨らは巻き返しをはかり、東京市会は三十年に市街鉄道敷設を諮問すべしという決議を行い、さらに三十一年には市街鉄道市有を決議した。市街鉄道市有の市会決議は、市街鉄道の公営私営論争を惹起したが、星亨らの本心は自派の東京自動鉄道の敷設許可にあった。同年の第二次山県内閣の地租増徴案通過への星亨らの協力に対し、東京電気鉄道・東京電車鉄道と東京自動鉄道を合同させ、東京市会の同意を得るならば、市街鉄道敷設を許可する旨の内諾がなされた。この三派は明治三十二年七月に合同して東京市街鉄道を結成し、八月に改めて出願した。出願を受けた内務省は、東京市に市街鉄道敷設の是非を諮問した。十月市参事会に敷設案がかけられ、民営化が決定されたが、市参事会員田口卯吉の主張で公納金を増額した。しかし、同月開催の市会において公納金減額など会社に有利な議決が行われた。それに抗議して、田口卯吉・渋沢栄一らは市参事会員を辞職し、市街鉄道(電車)市有化運動が活発となった。明治三十三年六月、第二次山県内閣は、東京市街鉄道に敷設権を与えたが、公益金などは田口らが主張した条件とほとんど同じとなった。

→電車市有反対市民大会《でんしゃしゆうはんたいしみんたいかい》

〔参考文献〕東京都編『都史資料集成』三(二〇〇二)、中西健一『日本私有鉄道史研究―都市交通の発展とその構造―』(一九六三、日本評論新社)、宮地正人『日露戦後政治史の研究―帝国主義形成期の都市と農村―』(一九七三、東京大学出版会)
(中嶋　久人)

とうきょうしぎごくじけん　東京市疑獄事件　明治時代後期におこった東京市政にかかわる汚職事件。この当時、東京では市当局・市会と業者の間でしばしば利権にまつわる汚職事件が発生し、「伏魔殿」という非難を招いた。この状況は昭和前期まで続いた。明治期の著名な事件として、次の二件があげられる。㈠鉄管不正納入事件。明治二十八年(一八九五)摘発。この当時、東京市水道を鉄管に改修する事業が行われており、日本鋳鉄会社が鉄管を納入していた。明治二十八年十月、日本鋳鉄会社が合格品にみせかけて品質不良の鉄管を納入していたことが発覚し、東京府知事三浦安(東京市長兼務)は同社社長浜野茂を告訴した。一方、東京市会は市行政の責任を問い、東京市参事会と府知事三浦安の不信任を決議した。市参事会員は総辞職したが、内務大臣の命により市会は解散された。新しい市会も府知事の不信任を決議し、市会はまた解散されたが、三浦安府知事も同二十九年三月更迭された。浜野社長らは取調べを受け、十五名が詐欺取財の罪で起訴された。同三十年(一八九七)の東京地裁第一審判決では全員有罪となった。しかし、同三十一年の控訴審判決では浜野ら七名は無罪となり、技術者ら八名が有罪となった。㈡鉛管汚職事件。明治三十三年摘発。同年十月島田三郎主宰の『毎日新聞』が、水道鉛管納入をめぐって市参事会員が収賄したという暴露記事を掲載し、市当局・市参事会の腐敗を追及した。当時の東京市政は立憲政友会の実力者星亨の影響下にあったが、同年十一—十二月に星派の参事会員・市会議員らが拘引され、汚物掃除請負人指定・量水器購入・水道鉄管納入違約金軽減・水道用鉛管納入の四件に関する贈収賄(収賄総額一万七千二百円)容疑などで起訴された。星亨は起訴を免れたが、同年十二月に逓信大臣辞任を余儀なくされ、翌年腐敗を憤った伊庭想太郎に殺害された。同三十四年の東京地裁第一審判決では被告十名が有罪となり、同年中の控訴審判決でも同じ刑が下された。

参考文献 我妻栄他編『日本政治裁判史録』明治後(一九六九、第一法規出版) (中嶋 久人)

とうきょうじけいかいいいんいがくせんもんがっこう 東京慈恵会医院医学専門学校 医療改善と医学研究を目的とする開業医の団体成医会が明治十四年(一八八一)五月京橋区鎗屋《やりや》町(東京都中央区)に開設した夜間の成医会講習所を起源とする医師養成機関で、今日の東京慈恵会医科大学の前身。同校設立者の高木兼寛《たかぎかねひろ》はイギリス留学中に人道主義に基づく英国医学を学ぶとともに、看護教育の重要性を実感した。また、高木は明治十五年に貧民施療のための有志共立東京病院を開設し、その後近代看護教育の嚆矢としての看護婦教育所を設けた。同二十年(一八八七)には皇后を総裁に迎えて東京慈恵医院となった。一方、成医会講習所も明治二十二年に成医学校と改称し、同二十四年には東京慈恵医院医学校となった。同三十六年(一九〇三)に医学専門学校となり、大正十年(一九二一)十月には、日本で最初の私立単科医科大学としての東京慈恵会医科大学となった。戦後の新学制のもと、昭和二十七年(一九五二)三月東京慈恵会医科大学を設置し、今日に至っている。

参考文献 『東京慈恵会医科大学百年史』(一九八〇) (湯川 次義)

とうきょうじけいかいいいかだいがく 東京慈恵会医科大学 ⇩東京慈恵会医院医学専門学校《とうきょうじけいかいいいんいがくせんもんがっこう》

とうきょうしでんスト 東京市電スト 明治四十四年(一九一一)十二月末から四十五年年始に東京市電労働者が実施したストライキ。明治四十四年七月、東京市は市内電車会社である東京鉄道会社の買収を決定した。旧東鉄は同年末に従業員に退職慰労金を支給することとなったが、上に厚く下に薄い配分方法に対する不満から、車掌や運転手ら六千名は十二月三十一日よりストに突入、四十五年一月一日には全線の運転がストップした。同日未明に、市側が旧東鉄重役への支給分を従業員に配分する旨申し入れるが、苛烈な処置をとる各地出張所の所長・監督の排斥など日常的な労働条件の改善をも要求するようになっていた従業員側はこれを拒否した。翌二日には市側が重役支給分を五日に支給する案を示すと同時に、従業員の説得に力を入れ始める。さらに警察によってスト首謀者の検挙が始まったこともあって争議は収拾した。なお、ストを「教唆」する演説をしたとされた片山潜《かたやません》ら三名、またストの中心的な役割を担った六十三名の車掌や運転手は治安警察法違反で検挙され有罪判決を受けた。

参考文献 『日本労働運動史料』三(一九六八)、渡辺菊雄「明治四十四—四十五年の東京市電労働者の闘争」一(『歴史評論』八二、一九五六)、大河内一男・松尾洋『日本労働組合物語 明治』(一九六五、筑摩書房) (杉山 裕)

とうきょうしでんねあげはんたいやきうちじけん 東京市電値上げ反対焼打事件 明治三十九年(一九〇六)の東京市街電車乗車料値上げに反対する民衆運動。東京の市街電車は、東京電車鉄道(東電)と東京市街鉄道(街鉄)が同三十六年に、東京電気鉄道(外濠)が同三十七年に開業した。開業当時、三社の乗車料は、各社均一で三銭であったが、乗換えを要する乗客は不満であった。同三十九年三月、三社は乗車料を各社共通制とし乗車料を五銭に値上げすることを東京市会に提案した。三社と関連が深い立憲政友会系市会議員が影響力を有する市会は値上げ額を四銭と修正して可決した。一方、市会外では値上げ反対の機運が盛り上がり、各新聞雑誌は強く批判し、麴町区会など区会の多くが反対決議を行なった。国民主義的対外硬派や社会主義者たちは、演説会や市民大会を開催するなど共同歩調をとった。さらに、線路への置石など電車の通行妨害が相ついだ。三月十五日と十八日に日本社会党主催により屋外集会が企画され、十八日の屋外集会は当日中止されたが、両日ともデモ行進が行われ、電車や三社施設・東京市庁などが破壊された。反対運動の展開を受け、三月二十三日に内務省は値上げ申請を却下し、運動は一時期終息にむかった。しかし、同年六月、三社合同で新会社を創立することを前提として再度値上げを申請し、八月一日に内務省は認可した。値上げの認可を契機に、麴町区会などが反対決議をあげ、国民主義的対外硬派や社会主義者たちも反対した。電車の通行妨害が再度行われ、日比谷焼打事件の一周年にあたる九月五日に日比谷公園で屋外集会が開催された。集会後にデモ行進が行われ、電車や三社の施設などが破壊され、騒擾は数日間続いた。内務大臣原敬は運動を強く弾圧し、各新聞雑誌も運動批判に転じ、運動は終息した。その中、九月十一日に三社は合同して新会社東京鉄道株式会社を創立、翌十二日に値上げが実施された。 ↓東京鉄道会《とうきょうてつどうがい》社《しゃ》

参考文献 『東京市電気局三十年史』(一九四〇)、中西健一『日本私有鉄道史研究—都市交通の発展とその構造—(増補版)』(一九七九、ミネルヴァ書房)、桂川光正「一九〇六年東京の電車賃上げ反対運動」(『史林』六八ノ一、一九六五)、櫻井良樹『大正政治史の出発—立憲同志会の成立とその周辺—』(一九九七、山川出版社)、藤野裕子「都市民衆騒

擾期の展開過程―電車賃値上げ反対騒擾―」(『早稲田大学大学院文学研究科紀要』第四分冊四九、二〇〇四)
（中嶋　久人）

とうきょうしゅっぱんがいしゃ　東京出版会社　書肆。明治中期に、政治・経済・自由民権運動関係の書籍を中心に出版活動を行なっている。

参考文献　三橋猛雄『明治前期思想史文献』(一九七六、明治堂書店)
（鵜飼　政志）

とうきょうじょう　東京城　旧江戸城のこと。天皇親政による中央集権国家の確立をめざした明治新政権は、明治元年七月十七日(一八六八年九月三日)、江戸を東京と改め、京都を西京とし、天皇みずから東西二京の間を巡幸して親しく全国を統治する旨宣言した。同年秋、最初の東京行幸(東幸)が実行され、十月十三日(十一月二十六日)、東京に到着した天皇は、旧江戸城を東京滞在中の皇居と定め東京城と称した。十二月八日(一八六九年一月二十日)、東京を出発し京都へ還幸。皇后冊立(立后の礼)執行後、翌二年、再び東幸、三月二十八日(五月九日)東京城に到着、同日東京城の呼称を皇城と改めた。以後、天皇の京都還幸はなく事実上の東京遷都が実現した。遷都については当時政府内外に反対が強く、そのため一度も公の宣言がなく、いつの時点をもって遷都の日とするかについては今なお議論がわかれるところであるが、この二度目の東幸と東京城を改めて皇城とした時点をもって遷都の日とする説もその一つである。　→東京遷都《とうきょうせんと》

参考文献　東京市編『東京市史稿』皇城篇四(一九一六)、宮内庁編『明治天皇紀』一・二(一九六八・六九、吉川弘文館)
（白石　弘之）

とうきょうしよういくいん　東京市養育院　明治五年(一八七二)十月、ロシア皇太子の来日を契機として、国家的対面保持のため、東京市中を徘徊する約二百四十名の浮浪者を本郷区旧加賀藩邸跡の長屋に収容し、営繕会議所(前身は寛政三年(一七九一)に窮民救助を目的に設立された町会所)の附属機関として開設された養育院。明治九年に府営(東京府養育院)となったが、明治十八年(一八八五)府の所管外となり、私立として有志の寄付金で運営され、渋沢栄一が院長となった。明治二十三年(一八九〇)、市制施行により、翌年から東京市所管となる。この間、浅草、上野、神田、本所を転々とし、明治二十九年、大塚に移転し、以後収容者の処遇を分化させ多様な保護救済事業を展開した。明治三十二年(一八九九)にハンセン病患者専用の回春病室を設置。明治三十八年には感化部を発展させた井之頭学校を開校、翌年東京府代用感化院の指定を受けた。明治四十二年(一九〇九)には老人と児童を分離し、棄子・迷子などの施設として巣鴨分院を設置。同年、病弱児童の転地療養施設として安房分院を開設。明治末には収容者数は二千人に達し一大慈善救済施設となっていった。大正十二年(一九二三)板橋に移転した。
（平田　勝政）

とうきょうしょうぎょうかいぎしょ　東京商業会議所　東京商工会を引き継いで設立された地域経済団体。明治十一年(一八七八)三月東京商法会議所の創立(京橋区木挽町(中央区))、十六年十一月東京商工会への改編を経て、明治二十三年(一八九〇)九月公布の商業会議所条例に基づいて翌二十四年一月十二日東京商業会議所に改組された(会頭渋沢栄一、副会頭益田孝・奥三郎兵衛)。さらに明治三十五年(一九〇二)三月商業会議所法が公布されると、十二月十七日これに基づいて組織機構を拡充した(会頭渋沢、副会頭大倉喜八郎・井上角五郎)。明治期には鉄道国有化や日露戦後経営、営業税改廃などについて建議を行い、渋沢、中野武営《なかのぶえい》(明治三十八年―大正五年(一九一六))、藤山雷太《ふじやまらいた》(大正六年―十三年(一九二四))、指田義雄(大正十四年―)という歴代会頭のもと、昭和三年(一九二八)一月商工会議所法施行に基づき東京商工会議所に移行するまで、活発な意見・調査活動を展開した。→東京商工会《とうきょうしょうこうかい》

参考文献　依田信太郎編『東京商工会議所八十五年史』(一九六六)、『東京商工会議所百年史』(一九七九)
（満薗　勇）

とうきょうしょうぎょうがっこう　東京商業学校　⇨東京高等商業学校《とうきょうこうとうしょうぎょうがっこう》

とうきょうしょうこうかい　東京商工会　東京商法会議所を引き継いで設立された地域経済団体。明治十一年(一八七八)三月京橋区木挽町(中央区)に東京商法会議所が創立されたが、十六年五月勧業諮問会・勧業委員会設置の太政官布達第一三号が出されて、商法会議所はこれに基づく商工会に改編できることになったため、同年東京商法会議所を解散の上、十一月二十日東京商工会を設立した(会頭渋沢栄一、副会頭益田孝)。府下の同業組合・主要会社の代表者を会員として組合・会社の分担金で経費をまかない、法的団体としての性格を帯びた。明治二十四年(一八九一)一月東京商業会議所に改編されるまで八年間にわたり活動し、東京市区改正事業から同業組合制度、税制・金融、条約改正など広く商工業に関わる内容について、建議・答申、調査・報告を行なった。→東京商業会議所《とうきょうしょうぎょうかいぎしょ》

参考文献　依田信太郎編『東京商工会議所八十五年史』(一九六六)、『東京商工会議所百年史』(一九七九)
（満薗　勇）

とうきょうしょうせんがっこう　東京商船学校　明治政府の国策に基づいて創設された船員養成の教育機関。明治八年(一八七五)に内務卿大久保利通の太政官伺に端を発し、政府が三菱会社(社長岩崎弥太郎)に重要航路の施設と商船学校の建設を命じ、その結果、政府から年額一万五千円の給付を受けて設置された私立三菱商船学校(東京隅田川に繋留された社船成妙丸を教室とした)がそのはじまりである。当初の教育内容は、海軍大尉大坪正慎による航海術、御雇い教師のオランダ人コールニンクとイギリス人ラムセーによる運用術が教授され、国内航

路の乗り組み実習も行われた。その後、機関科や気象学科などが整備されて船員の養成が行われ、明治十年（一八七七）にはイギリスに遠洋航海術の研究のために十名の留学生を派遣した。政府の手厚い保護のもと海運の利益を独占した三菱会社の商船学校は、明治十五年四月に官立に移管されて農商務省管轄の東京商船学校となり、さらに明治十九年制定の商船学校官制によって逓信省の直轄となり、航海・運用・機関の学術を教授する学校となった。しかし日清戦争を契機に海軍力の増強という観点から船員教育の振興が図られることになり、明治三十七年（一九〇四）には逓信省所轄の商船学校の生徒は海軍の兵籍に編入された。なお東京商船学校は、大正十四年（一九二五）に文部省管轄の東京高等商船学校となった。その後、第二次大戦後の改組・改革によって同類の学校と統合されて、国立東京商船大学、そして現在の国立大学法人東京海洋大学へ引き継がれた。

参考文献　『東京商船大学九十年史』（一九六六、東京商船大学八十五周年記念会）　（寄田　啓夫）

とうきょうじょがっこう　東京女学校　明治五年（一八七二）に設立された日本最初の官立女学校。明治四年に中央教育行政機関として設置された文部省は国民皆学政策に着手していたが、「学制」に先立ち、明治四年十二月に「官立女学校設置に関する文部省布達」を発した。そこでは女子に男子と等しい教育機会を提供するために華族から平民までを対象として、西洋の女性教師を雇う「共立ノ女学校」を開校することが謳われている。五年二月に大学南校（神田一ツ橋、東京都千代田区）内に開校したが、十一月に竹平町（千代田区）に移転し、東京女学校と改称。入学年齢は八歳から十五歳、修業年限は六年とされ、普通教科に英語を加えた内容が教えられた。明治八年に教則が改正され、入学年齢が十四歳から十七歳となった。ここで学んだ鳩山春子の回想にもあるように、「女子学校の模範」となるべき中等教育機関として程度の高い教育が行われていたが、西南戦争勃発による経費削減のため明治十年（一八七七）に廃校となった。

参考文献　『東京女子高等師範学校六十年史』（『日本教育史文献集成』二部一、一九八一、第一書房）、鳩山春子『我が自叙伝』（一九九七、日本図書センター）　（友野　清文）

とうきょうしょくぶつがっかい　東京植物学会　⇩植物《しょくぶつ》学《がく》

とうきょうじょしいがくせんもんがっこう　東京女子医学専門学校　明治時代後期に設立された女子の高等教育機関。前身は明治時代半ばに医師となった吉岡弥生が明治三十三年（一九〇〇）にみずからの経営する医院の中に夫の吉岡荒太《よしおかこうた》とともに設立した東京女医学校。明治四十五年（一九一二）に専門学校の認可を受けて改称した。吉岡弥生は女性を受け入れる唯一の医師養成学校であった済生学舎で学んだが、明治三十三年に済生学舎が女性の受け入れを禁じたことを受け、在校生や将来の志望者の受け入れのためにみずからの学校を設立した。最初は六畳一間の部屋で学生は四人であったといわれるが、三十六年に現在地である市ヶ谷河田町（東京都新宿区）の元陸軍獣医学校の建物に移転。四十一年に最初の卒業生（医師免許取得者）である竹内茂代を送り出した。大正九年（一九二〇）には卒業生が無試験で医師資格を得られる指定学校となる。昭和二十五年（一九五〇）に、日本唯一の女子医科大学として東京女子医科大学となった。

参考文献　『吉岡弥生伝（改訂版）』（一九六七）、『東京女子医科大学百年史』（二〇〇〇）　（友野　清文）

とうきょうじょしいかだいがく　東京女子医科大学　⇩東京女子医学専門学校《とうきょうじょしいがくせんもんがっこう》

とうきょうじょしこうとうしはんがっこう　東京女子高等師範学校　明治七年（一八七四）三月に創設されたわが国最初の女子高等師範学校。創設当初は東京女子師範学校と呼ばれた。明治九年に附属幼稚園が設置され、これがわが国幼稚園の嚆矢である。十三年（一八八〇）七月校則が改正され、従来の小学校教員養成に幼稚園の保姆養成の機能が付加された。明治十年二月には附属小学が設置された。これは、十四年に附属小学校と改称され、その目的を拡張して師範生徒の教育実習だけでなく、地方小学校の模範たらしめようとした。十八年に東京師範学校に合併される。十九年に高等師範学校が発足した当初には男子師範学科と女子師範学科が設けられたが、女子師範学科は二十三年（一八九〇）独立して女子高等師範学校となり、その目的が、女子師範学校・高等女学校・小学校の女教員および幼稚園保姆の養成に置かれた。奈良女子高等師範学校が設置されたため、四十一年（一九〇八）四月より東京女子高等師範学校と改称された。日露戦争後の高等女学校の急増に伴い、明治三十九年（一九〇六）に第六臨時教員養成所が設置され、昭和十四年（一九三九）に廃止されるまでその時々の中等教員の需要に対応した。その後戦時体制が深まる中で、戦没将兵の未亡人を救済するために、昭和十四年高等女学校家事裁縫科教員を養

東京女子高等師範学校

成する目的で戦没者寡婦東京特設中等学校教員養成所が開設された。大学令の公布(大正七年(一九一八)十二月)を契機に開始された東京・広島両高等師範学校の大学昇格運動と、その結果としての東京・広島両文理科大学の設置は、東京女子高等師範学校に大きな影響を与え、同窓会である桜蔭会を巻き込んで女子師範大学設置の運動が展開された。その運動は旧学制下では実らなかったが、昭和二十四年(一九四九)五月の国立学校設置法によりお茶の水女子大学となった。

参考文献 『東京女子高等師範学校六十年史』(一九三四)

(船寄　俊雄)

とうきょうしょじゃくかん　東京書籍館《かん》 ⇨東京府書籍《とうきょうふしょじゃく》館

とうきょうしょせき　東京書籍 明治後期から現在に続く教科書出版会社。明治三十六年(一九〇三)の小学校教科書国定化にあたり、大手出版社九社の社長発起により、明治四十二年(一九〇九)、文部大臣によって許可された小学校国定教科書の翻刻発行とその販売を目的として、資本金二十万円で設立。初代会長は金港堂社長の原亮一郎。翌年、神田区鎌倉河岸(東京都千代田区)から小石川区指ヶ谷(東京都文京区)に移転して社屋と印刷工場を新設、資本金を三十万円に増資した。その後、王子堀船町(東京都北区)に移転した昭和十年(一九三五)の時点では、資本金九十五万円、教科書発行冊数四百万冊を誇る業界トップに成長していた。なお、創立二十五周年記念事業として企画され、昭和十一年に建設された東書文庫(教科書や教育専門書を蒐集保存した、日本最初の教育資料図書館)は、第三代社長となった石川正作(東洋社創業者)の提案によるものである。

参考文献 東京書籍商組合編『東京書籍商伝記集覧』(『日本書誌学大系』二一、一九七八、青裳堂書店)、東京書籍株式会社百年史編纂委員会・社史編纂室編『東京書籍百年史』(二〇一〇)

(鵜飼　政志)

とうきょうしょせきしゅっぱんえいぎょうしゃくみあい　東京書籍出版営業者組合 明治時代中期に創立された書籍商の組合。明治二十年(一八八七)ごろになると、義務教育や自由民権運動の展開とともに、幕末・維新期以来の知識人に加えて近代的な中等・高等教育機関で整序された西欧の学問を学んだ若い知識人層が生み出されてきたために読者階層が飛躍的に増大した。このため書店がつぎつぎに創立された。東京には、明治五年(一八七二)に東京書林組合が組織されていたが、江戸時代以来の地本問屋組合同様の旧式な組織で、新しい政治論や翻訳書および近代文学の勃興を背景に新たな出版業者の団結組織が必要とされた。こうした背景の中で、明治二十年十一月六日に小柳津要人《おやいづかなめ》(丸善)・小林義則(文学社)・稲田清吉(山城屋)・原亮三郎(金港堂)・宮川保全(中央堂)・牧野善兵衛(和泉屋)・和田篤太郎(春陽堂)らが中心となって、東京府下十五区を区域にして東京書籍出版営業者組合を創立し、十二月二十三日付で東京府知事の認可を受けた。その目的は「東京書籍出版営業者組合規約」第五条に「当組合ノ目的ハ善良ナル書籍ノ出版ヲ計リ便利ナル販売ノ方法ヲ設ケテ以テ文化ノ進歩ニ裨補セント欲スルニ在リ」と謳い、日本橋区本町二丁目一番地(東京都中央区)に事務所(その後、京橋区と日本橋区を転々とした)を設けて、百三十一名の組合員で、組合月費一等一円、二等三十銭で発足した(二十六年から三十年代は一律十五銭)。組合の役員は頭取一名、副頭取二名、委員十五名、無定員の理事、無定員の書記で、初代頭取が原、副頭取が稲田・小林の陣容であった。二十二年には組合員は出版のつどその一部を組合に納本することにして、それを事務所に陳列することにした。組合に関係ある時々の問題について、二十一年以来、出版条例改正・官版図書払下げ・教科書・鉄道運賃引き下げ等々について官庁などに建議・請願し、三十三年(一九〇〇)には雇人奨励規則を定めた。また、二十六年七月に組合員の出版図書の『書籍総目録』(収録図書数九千八百六十七種)を刊行し、ついで二回目は三十一年五月に『図書総目録』(同、一万八百四十四種)と改題して刊行した。内容は五十音別・発行所別・類別にして書名・著訳者・冊数・定価・送料・発行所を掲げたもので、出版文化史研究には貴重な資料となっている。その他、各災害には挙って義捐金や見舞金を現地に送金した。このように出版業の近代化に努め、明治三十五年一月に組織と名称を東京書籍商組合と改めて、一層発展した。

参考文献 東京書籍商組合編『東京書籍商組合五十年史』(一九三七)、小川菊松『出版興亡五十年』(一九五三、誠文堂新光社)、橋本求『日本出版販売史』(一九六四、講談社)

(佐藤　能丸)

とうきょうしょせきしょうくみあい　東京書籍商組合 明治時代後半期からの書籍商組合。明治二十年(一八八七)十一月六日創立の東京書籍出版営業者組合が改称して組織を改めたもの。東京書籍出版営業者組合は明治三十五年(一九〇二)一月に規約を改正し新役員を選定して東京書籍商組合として新発足した。「規約」に東京市内で書籍出版を営業とする者を以て組織し、事務所を日本橋区本材木町二丁目十六番地(東京都中央区)に置き(昭和二年(一九二七)に神田区駿河台南甲賀町九番地(千代田区)の新築家屋に移転)、「組合員協同一致シテ斯業ノ発達ヲ図リ併セテ営業上ノ弊害ヲ矯正スルヲ以テ目的トス」(第三条)と掲げて、図書出版に関する利害得失の調査研究とその改良、機関誌と出版書目の発行、組合員出版図書の競売会、図書出版関係法令の制定と改廃に関する意見の官庁および議会への開申などを行うとした。初代組長は小《お》柳津要人《やいづかなめ》(丸善)で、組合員は三百八十四人であった。四十一年(一九〇八)一月一日に規約を改正して書籍出版に限定していたのを「図書出版又ハ販売」と改めたので出版業者と販売業者の両者を包容する組織となった。大正八年(一九一九)には組合の区域を東京市内から隣接五郡を包括したので、千余人の新加入者を得て累計千四百三人となり、昭和十二年(一九三七)三月末現在で三千三百十一人に達した。出版に関する請願・建議も明治三十六年以降明治年間だけでも小学校教科書国定、中等教科書検定、中等教科書輸送、外国図書付属品輸入税免除、国定教科書翻刻発行、出版業税、営業税法改正、著作権法改正等々に関して所轄官庁や議会に請願・建議している。三十五年十月から組合直接主催の図書の市を開催し、四十四年から図書大市会と称して競売し、大正後半以降は陳列式・競売と陳列式の併用、通信と陳列の併用へと変遷した。この間、注目すべき刊行に、教科書販売のための全国の『小学校名簿』(明治四十三年、二万五千八百二十七校、府県別学校名・所在地・加設科目など千百余頁、三五円)があり、前身の組合以来の第三回『図書総目録』(三十九年十月、収録数一万八千八百四十四種)が第八回『図書総目録』(昭和八年九月、収録数二万五千二百二十五種)へと続いた。また、三十五年九月に『図書月報』(組合紀事・出版関係論説講話・雑録・内外彙報、新刊図書目録・出版広告、毎号一万五百部発行)を創刊し、昭和四年からは詳細な第一回『出版年鑑』を刊行した(昭和十五年に第十二回)。これらはいずれも出版文化史研究には貴重な資料となっている。昭和十六年七月十一日に出版新体制の国策により解散を決定した。『図書月報』はゆまに書房刊行(昭和六十一—六十二年)の複製版がある。

参考文献　東京書籍商組合編『東京書籍商組合五十年史』(一九三七)、小川菊松『出版興亡五十年』(一九五三、誠文堂新光社)、橋本求『日本出版販売史』(一九六四、講談社)

(佐藤　能丸)

とうきょうしょっこうがっこう　東京職工学校　⇩東京《とうきょう》高等工業学校《こうとうこうぎょうがっこう》

とうきょうしんし　東京新誌　明治時代前期に刊行された戯文雑誌。明治九年(一八七六)四月十六日創刊。九春社発行。週刊。角書きは「昇平余聞」。執筆と経営など雑誌運営の面で中心となったのは服部誠一(撫松)で、松村春輔が補佐した。大久保春麗・桑野鋭《くわのえい》・三木愛花らが執筆した。同時代風俗や政治に関する諷刺批判・遊里消息・芸娼妓の内幕話・狂詩狂文・投書などで構成されるが、艶種や政治風刺により、たびたび発行停止となる。最終号は明治十六年(一八八三)一月二十七日刊行の第三三四号。翌月二日に発行禁止処分となっているが、時の外務卿井上馨の娘の情事を扱った記事が新聞紙条例に触れたことが原因といわれる。その後、同誌が刊行された様子はない。継続誌は『吾妻新誌』で、明治十六年四月創刊。発行元はおなじ九春社で、表紙の衣装も内容も『東京新誌』を模したものであった。原誌は国立国会図書館ほかが所蔵する。

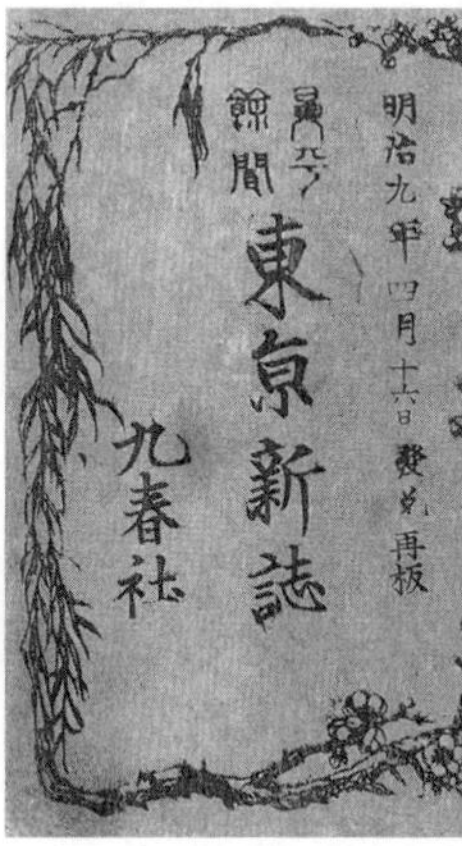

『東京新誌』第1号

参考文献　谷口巌「「東京新誌」記事総目録」(『愛知教育大学研究報告人文科学』三三—三六、一九八四—八七)、杉本邦子『明治の文芸雑誌—その軌跡を辿る—』(一九九九、明治書院)

(磯部　敦)

とうきょうじんぞうひりょうがいしゃ　東京人造肥料会社　⇩大日本人造肥料会社《だいにほんじんぞうひりょうがいしゃ》

とうきょうしんはんじょうき　東京新繁昌記　服部撫松《はっとりぶしょう》著の漢文風俗誌。明治七年(一八七四)四月に初編、六月に二編、八月に三編、十月に四編、十二月に五編、九年四月に六編を奎章閣(山城屋政吉)より出版。明治十年(一八七七)一月をもって、成島柳北『柳橋新誌』とともに一旦は発売禁止処分になるが、明治十四年六月に後編第一冊を自足軒より出版。寺門静軒《てらかどせいけん》の漢文戯作『江戸繁昌記』(天保三—七年)に倣い、より通俗的な文体で、文明開化期の東京の新風俗を全三十六章にわたって描いた随想集。「学校」「人力車」「新聞社」「貸座舗」「写真」「牛肉店」「西洋目鏡」「招魂社」「京橋煉化石」「待合茶店」「浄瑠璃温習」「築地異人館」「新劇場」「常平社」「新橋鉄道」「芝増上寺山内」「洋書肆」「万世橋」「新橋芸者」「博覧会」「臨時祭」「夜肆《よみせ》」「麦湯」「西洋断髪舗」「築地電信局」「商会社」「蓄物店」「京鴉家《けいあん》」「妾宅」「新温泉場」「新市街」「芝金杉瓦斯会社」「公園」「女学校」「西洋料理店」「代言会社」「勧工場」「大夜会」「天主教」「船戸《ふなど》」「消防隊」「浅草橋」「賃衣裳舗《そんりょうかし》」などの項目について、その由来や現状を描き、話題に応じた登場人物の会話で滑稽感を出す。基本的には新時代の風俗に肯定的だが、その根底では儒者としての倫理観を崩すことはなく、その問題点を摘出していた。経書の文句をもじり、俗謡俗諺を漢訳したり、語彙の猥雑も気にせず、白話風の語彙を多用した行文は、文明開化期の猥雑さの表現として受容され、萩原乙彦『東京開化繁昌誌』(明治七年)や、松本万年『田舎繁昌記』(同八年)、増山守正『西京繁昌記』(同十年)などの漢文風俗誌の流行を生んだ。撫松は、この通俗的な漢文体を駆使した漢文戯作雑誌『東京新誌』を明治九年に創刊して、斯界の第一人者となった。『成島柳北・服部撫松・栗本鋤雲集』(塩田良平編『明治文学全集』四、昭和四十四年、筑摩書房)、日野竜夫・中野三敏・小林勇他校注『開化風俗誌集』(『新日本古典文学大系』明治編一、平成十六年、岩波書店)に収録されている。　→服部撫松《はっとりぶしょう》

(山田　俊治)

とうきょうじんるいがくざっし　東京人類学雑誌　明治十七年(一八八四)十一月に創設された人類学会の機関誌。第一号は明治十九年二月創刊。会名の変更などに伴い雑誌名は、第一—四号(十九年二—五月)は『人類学会報告』、第五—一七号は『東京人類学会報告』、第一八—三〇〇号(四十四年

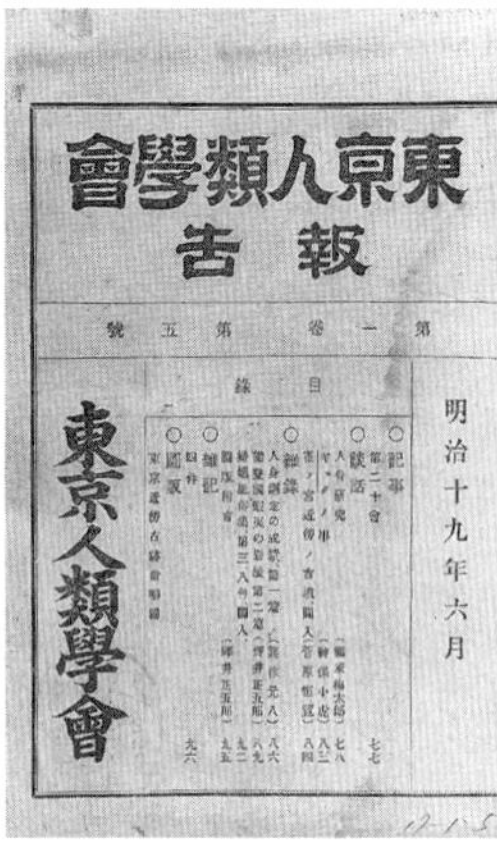

『東京人類学報告』
第1巻第5号

三月刊)は『東京人類学雑誌』、明治四十四年(一九一一)四月刊行の第二七巻第一号から第一〇〇巻第四号(平成三年十月刊)は『人類学雑誌』、以降は"Anthropological Science"と改題(年五回刊)して今日に至っている。ただし明治期は創設者坪井正五郎の考えに従い、幅広いテーマを誌上に反映していた。第五号(明治十九年六月刊)によると会員数は八十八名、談話ジャンルでは人骨研究、玉の事、雀の宮近傍の古墳、雑録ジャンルでは人身測定の成績、能登国蝦夷の岩屋、婚姻風俗集第三が報告されている。また第一六三号(三十二年十月刊)では坪井が東京人類学会第十五年会演説を行なっており、十月現在の会員数は二百九十名、七月より印刷会誌四百五十部、学会の研究対象は、人類全体、人種、体質、風俗習慣、言語、本邦古墳、本邦横穴、本邦石器時代、古の古物遺跡そして口碑とされている。今日的な形質人類学・文化人類学・民族学・考古学・民俗学がすべてこの学会の中で討議・検討されていたのである。 (宮地 正人)

とうきょうじんるいがっかい 東京人類学会 ⇩人類学《じんるいがく》

とうきょうすうがくがいしゃ 東京数学会社 明治時代初期に発足した国内初の理数系の学会組織。明治十年(一八七七)に柳楢悦《やなぎならよし》と神田孝平《かんだたかひら》が首唱し、国内の数学者たちに呼びかけて設立された。同十七年まで継続し、東京数学物理学会に継承された。創立時の会員数は百十七名ほどで、東京近辺の数学者、特に和算家の数が多く、ついで陸軍・海軍の関係者が連なっていた。数学の一般

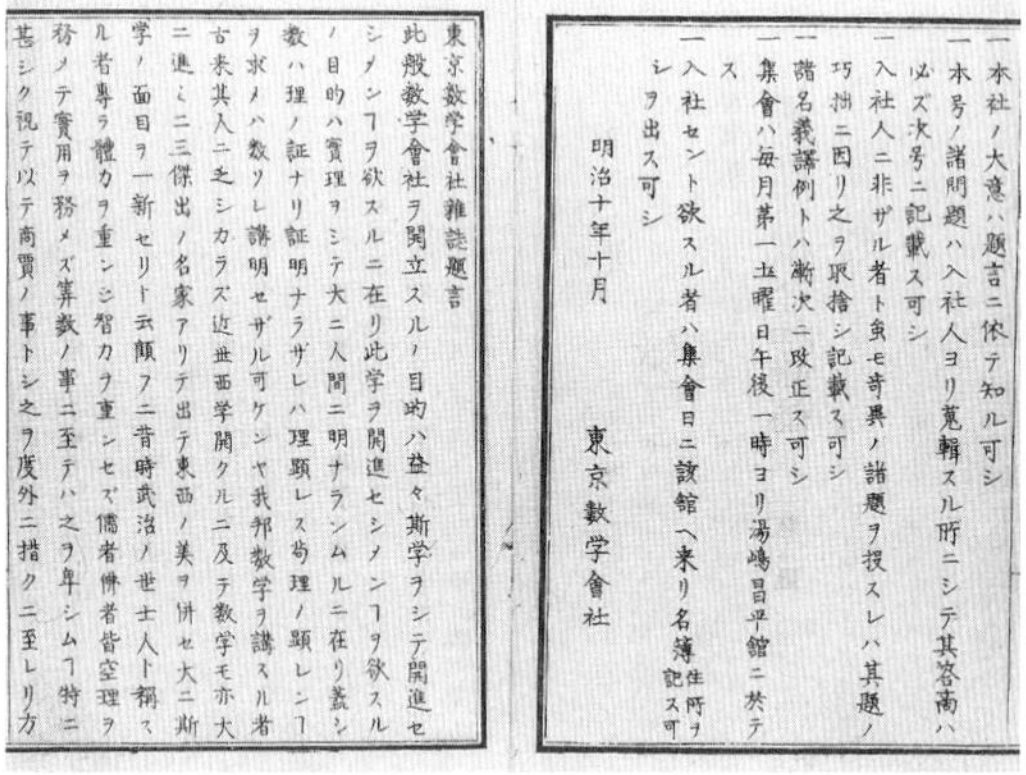
一本社ノ大意ハ題言ニ依テ知ル可シ
一本号ノ諸問題ハ入社人ヨリ蒐輯スル所ニシテ其答高ハ必ズ次号ニ記載ス可シ
一入社人ニ非ザル者ト雖モ奇異ノ諸題ヲ投スレハ其題ノ巧拙ニ因リ之ヲ取捨シ記載ス可シ
一諸名義譯例トハ漸次ニ改正ス可シ
一集會ハ毎月第一土曜日午後一時ヨリ湯嶋昌平館ニ於テス
一入社セント欲スル者ハ集會日ニ該館ヘ来リ名簿(住所ヲ記ス可)シヲ出ス可シ
明治十年十月
東京數学會社

東京數学會社雜誌題言
此般數学會社ヲ開立スルノ目的ハ益々斯学ヲシテ開進セシメンヿヲ欲スルニ在リ此学ヲ開進セシメンヿヲ欲スルノ目的ハ實理ヲシテ大ニ人間ニ明ナラシムルニ在リ蓋シ數ハ理ノ証ナリ証明ナラザレハ理顕レス苟理ノ顕レンヿヲ求メハ數ソレ講明セザル可ケンヤ我邦數学ヲ講スル者古来其人ニ乏シカラズ近世西学開クルニ及テ數学モ亦大ニ進ミ二三傑出ノ名家アリテ出テ東西ノ美ヲ併セ大ニ斯学ノ面目ヲ一新セリト云顧フニ昔時武治ノ世士人ト稱スル者専ラ體力ヲ重ンシ智力ヲ重ンセズ儒者佛者皆空理ヲ務メテ實用ヲ務メズ算數ノ事ニ至テハ之ヲ卑シムヿ特ニ甚シク視テ以テ商賈ノ事トシ之ヲ度外ニ措クニ至レリ方

『東京数学会社雑誌』第1号

への普及と学者間の相互交流を目的として設立された学会であったが、当初は難問を提出して解答を与えるという、江戸時代以来の和算家的な活動に終始していた。機関誌『東京数学会社雑誌』は、和算家による問題の出題と解説という記述がほとんどであったが、菊池大麓などの洋算派が多数になるにつれて、徐々に近代的な学会運営へと変貌を遂げていく。啓蒙活動以外に特色のあった事業は、数学用語の翻訳を統一しようとする訳語会を開催したことであった。「単位」、「変分法」などといった用語はこの訳語会において決定されたものである。

参考文献 『日本の数学一〇〇年史』上(一九八三、岩波書店) (佐藤 賢一)

とうきょうすうがくぶつりがっかい 東京数学物理学会 東京数学会社を継承して明治十七年(一八八四)に設立された学会組織。活動が沈滞していた東京数学会社の改革を唱えた菊池大麓が、数学者ばかりではなく物理学者も参加すべきであるという趣旨を持って設立にあたった。東京大学を拠点として活動が行われた。初代委員長は村《む》岡範為馳《らおかはんいち》。和算家的な趣味に走った東京数学会社から、一転して西洋風の学会組織への脱皮が図られた。機関誌は『東京数学物理学会記事』。日本の数学雑誌としては初の欧文による研究論文を掲載した。当初は会員数も低迷していたが、年次とともに規模は拡大を続け、大正元年(一九一二)には会員数は三百五十名を数えた。同七年には全国的な学会になったという判断のもと、長岡半太郎の建議により日本数学物理学会と改称される。

参考文献 『日本の数学一〇〇年史』上(一九八三、岩波書店) (佐藤 賢一)

とうきょうせいじがっこう 東京政治学校 明治三十一年(一八九八)十月松本君平《まつもとくんぺい》が政治家・官吏・新聞記者の養成を目的に設立した学校。東京府刊行の統計資料によれば、各種学校の取扱いを受けている。松本が憲政会(のちに立憲政友会)に所属しており、同党の全面的なバックアップがあった。浮田和民《うきたかずたみ》、朝比奈知泉《あさひなちせん》、竹越与三郎《たけこしよさぶろう》、島田三郎、片山潜、田口卯吉など著名な人物を講師に迎え、世間の好評を得る。政治・経済・歴史・新聞学などの講義のほかに、演説の訓練が重視され、模擬議会も盛んに開催された。学生の中には、丸山虎之助のように在学中より熱心に普選運動にとりくむ人物もおり、同校の存在は、日露戦前の民主主義的気運を盛り上げる一翼を担った。卒業あるいは中退後、新聞記者となった者が比較的多い。また、山口孤剣、石巻良夫、吉川守圀などの社会主義者を輩出する。山川均も一時的に在籍。李人稙など韓国からの留学生も受け入れている。

参考文献 成瀬公策「松本君平の立憲思想形成と東京政治学校」(『静岡県近代史研究』二七・二八、二〇〇一・〇二) (成瀬 公策)

とうきょうせんと 東京遷都 明治維新後に新政府の拠点を京都から東京に移したこと。明治元年(一八六八)正月の鳥羽伏見の戦を契機とし、戊辰戦争のなかで、天皇中心の中央集権的な統一国家建設が方向づけられ、首都

東京遷都　東京入城東京府京橋之図(月岡芳年画)

をどこにするのかが模索された。この月、倒幕派の指導者大久保利通の大坂遷都論、つづいて旧幕臣前島密の江戸遷都論が示された。同年三月の江戸総攻撃中止後大木民平(喬任《たかとう》)・江藤新平によって、東西二京併置論が岩倉具視に出された。最終的には、なお抵抗する関東・東北の佐幕諸藩を制圧する政略的な意図をもった東西二京論に立つ江戸遷都に決まった。同年七月十七日(一八六八年九月三日)、天皇東幸の詔書が布告されて、江戸は東京と改称された。この時点では西京としての京都に対して、江戸を東京(東の京)と呼んだのである。詔書に遷都の旨が明記されたわけではなかった。同年十月天皇は東京に到着。その後いったん京都に帰り、翌明治二年三月再び東幸となりそのまま居続けた。その際太政官も東京に移され、東京城は皇城と改称された。公式の声明なしにいわゆるなし崩し的に東京奠都が確立し、事実上の遷都が行われた。

参考文献　『江戸から東京への展開—東京奠都の経済史的意義—』(『都史紀要』一、一九五三)、『東京市史稿』市街篇七一(一九八〇)　　(松平　康夫)

とうきょうせんもんがっこう　東京専門学校　⇩早稲田《わせだ》大学《だいがく》

とうきょうだいがく　東京大学　⇩東京帝国大学《とうきょうていこくだいがく》

とうきょうだいがくしりょうへんさんじょ　東京大学史料編纂所　⇩史料編纂掛《しりょうへんさんがかり》

とうきょうだいがくよびもん　東京大学予備門　明治十年(一八七七)四月十二日、東京大学が設立されたが、その際に前身となった東京開成学校の予科課程である普通科と官立東京英語学校とを合併して設置された東京大学法理文三学部に入学する生徒のための予備教育課程。予備門の卒業が東京大学法理文三学部への入学を意味するという特別な学校であった。明治十五年には医学部予科を吸収してこれを分黌とし、十七年入学生からは同一学科課程に統合された。東京大学はこの予備門を持つことで中等教育機関との接続関係を持たなかったが、地方の中学校の水準が上がってきたため、明治十五年に英語学専修課を設け、地方中学校からのバイパスとした。明治十八年八月、東京大学の管轄を離れ、自立した高等教育予備教育機関となった。翌十九年四月、中学校令により第一高等中学校に再編され、特別な扱いの予備教育機関を脱し、学校制度上の位置を得るようになった。↓第《だい》一高等学校《いちこうとうがっこう》

参考文献　『東京大学百年史』通史一(一九八四)　　(新谷　恭明)

トウキョウ＝タイムズ　The Tokio Times　明治十年(一八七七)一月六日に創刊した英文週刊紙。B4版一六頁建て。外務省顧問リジェンドルの進言を入れた日本政府による資金援助を受けて、米国人ハウス Edward Howard House が東京で創刊した。従来の英文紙が自国または他国の政府筋に読ませるために発刊されていたのに対し、日本の大衆向けに発行するという目標で創刊され、実際に日本人読者向けに英語論文の懸賞募集なども行なった。しかし同紙の最大の特色は劇作家でもあったハウスの正義感に満ちた辛辣な言論であり、治外法権の撤廃、条約改正問題などについて堂々と親日的主張を展開し、横浜の英文紙と烈しく論戦を交えた。また、英国公使H・S・パークスに対しても事あるごとに鋭い攻撃を向けたが、時にはあまりに執拗な人身攻撃に外国人社会から排斥される事態にも及び、寺島宗則外務卿をも非難するようになって日本政府とも関係が悪化した。明治十三年六月に第七巻二一号で廃刊。↓ハウス

参考文献　蛯原八郎『日本欧字新聞雑誌史(復刻版)』(一九八〇、名著普及会)　　(土屋　礼子)

THE
TOKIO TIMES.

VOL. I. NO. 1. TOKIO, SATURDAY, JANUARY 6, 1877.

SUN FIRE OFFICE.
LONDON.
ESTABLISHED, 1710.

NORTH, THOMPSON & Co.,
Family and Dispensing Chemists;
Aerated Water Manufacturers.

THE ORIENTAL TELEGRAM AGENCY

THE LANCASHIRE FIRE INSURANCE COMPANY.

CURTIS' HOTEL,

THE PROVIDENT CLERKS' MUTUAL LIFE ASSURANCE ASSOCIATION.

C. J. FRISCHLING,
TAILOR & OUTFITTER,
YOKOHAMA

『トウキョウ＝タイムズ』第1巻第1号

とうきょうちがくきょうかい　東京地学協会　明治十二年(一八七九)創立の現存する日本で最も古い地学関係の学会。欧文名は Tokyo Geographical Society。渡辺洪基《わたなべこうき》や榎本武揚らの提案で、ロンドン王立地理学協会 Royal

Geographical Society of London など欧州各地の相当する団体をモデルに、経済や軍事を含む地理的知識を集積、公衆に報知することを目的として設立された。当初は皇族を総裁とし、会員は外交官や政治家、実業家、軍人などが多く、外国事情の紹介や旅行報告、探検談などの講演会を催し、伊能忠敬ら過去の業績の顕彰を行なった。『東京地学協会報告』を機関誌とし明治三十年(一八九七)まで十九年間発行した。明治二十五年(一八九二)の地学会との合同を機に翌年より『地学雑誌』を主たる機関誌とし、科学者の会員が増加して学術的な性格を強めた。明治三十四年時点の会員数は百八十八名。明治三十三年文部省より公益的学術法人として認可され、一般向けの見学旅行や夏季講習なども開催した。→地学雑誌《ちがくざっし》

参考文献 石田竜次郎「東京地学協会編年史稿」(『地学雑誌』七八ノ三、一九六九)

(山田 俊弘)

とうきょうちしつがっかい 東京地質学会 明治二十六年(一八九三)五月十三日に設立された地質学の学会。明治十年(一八七七)東京大学が創立して理学部地質学科が設けられると、教授や学生たちは定期的に地質学談話会を開いて討議していた。明治十一年には博物友の会が創立したが、生物の会が分化して、十六年には地学会と称した。地学会は二十五年に地学協会と合併したため、地質学専攻の学会が不足し、談話会を拡張して、二十六年東京地質学会を設立した。帝国大学理科大学二年石井八万次郎・山崎直方《やまさきなおまさ》、一年小川琢治《おがわたくじ》らが創立の任をとった。会長をおかず、学生二名が幹事として、毎月の談話会、『地質学雑誌』の発行を行なった。談話会では地質、地震、鉱物、古生物など多岐に渡る内容が討議された。しかし、会員は百名にみたず、経営困難で特別会員制を導入した。大正時代に入ると、会員も増え、神保小虎《じんぼことら》、小藤文次郎、横山又次郎らの会長を置くようになった。昭和九年(一九三四)日本地質学会へ移行発展した。→地質学雑誌《ちしつがくざっし》

参考文献 「(雑報)東京地質学会」(『地質学雑誌』一ノ一、一八九三)、井上禧之助「嗚呼、本会前会長京都帝国大学名誉教授小川琢治君」(同四九ノ五八二、一九四二)

(矢島 道子)

とうきょうつきじかっぱんせいぞうしょ 東京築地活版製造所 ⇨築地活版所《つきじかっぱんしょ》

とうきょうていこくだいがく 東京帝国大学 明治十年(一八七七)四月、東京開成学校と東京医学校を合併し、東京大学として設置された初の官立総合大学。旧東京開成学校を改組して法・理・文三学部、旧東京医学校を改組して医学部を設置した。また東京英語学校と東京開成学校普通科(予科)を改組して、東京大学予備門を設置した。東京開成学校と東京医学校の前史については、次のとおり。貞享元年(一六八四)十二月、江戸幕府が天文方を設置。安政三年(一八五六)二月、新設の洋学機関を蕃書調所と決定。翌四年一月、蕃書調所の開校。安政五年五月、江戸在住の蘭方医らの私設機関として、神田お玉ヶ池松枝町(東京都千代田区)に種痘所を開設。翌六年七月、蕃書調所が九段下の旧竹本屋敷、九段上の和学講談所を経て、小川町に移転する。同年九月、種痘所が下谷和泉橋通に竣工。万延元年(一八六〇)十月、幕府が種痘所を直轄に改組。文久元年(一八六一)十月、種痘所が西洋医学所と改称。翌二年五月、蕃書調所を一ッ橋門外護《ご》持院原《じいんはら》(千代田区)に新築移転し、洋書調所と改称。文久三年二月、西洋医学所が医学所と改称。同年八月、洋書調所が開成所と改称。明治元年(一八六八)六月、旧幕府の医学所、昌平坂学問所を復興して、医学校、昌平学校を設置。同年九月、開成所を復興して、開成学校を設置する。明治二年一月、開成学校が開校し、同年二月、医学校と病院が合併して医学校兼病院と改称。医学校が独《ド》逸《イツ》医学の採用を決定。同年六月、昌平学校を大学校と改組し、開成学校と医学校をその分局とする。同年十二月、大学校が大学と改称し、開成学校を大学南校、医学校を大学東校とそれぞれ改称。明治三年七月、大学を廃止し、

東京帝国大学

大学南校を南校、大学東校を東校と改称。明治四年七月、文部省を設置。翌五年八月、「学制」が発布され、東校を第一大学区医学校、南校を第一大学区第一番中学と改称。明治六年四月、第一大学区第一番中学を専門学校に改組し、開成学校と改称。法・理・工業・諸芸・鉱山の五学科。開成学校専門学科の教授用語は、お雇い外国人教師による英語が用いられた。同年八月、開成学校が神田錦町(千代田区)の新校舎に移転。同年十月、開成学校の開業式。翌七年五月、第一大学区開成学校を東京開成学校、第一大学区医学校を東京医学校と改称。明治九年十一月、東京医学校が神田和泉橋から本郷本富士町(文京区)へ新築移転。明治十年四月に設置された東京大学から帝国大学、東京帝国大学への変遷は、次のとおり。明治十二年四月、東京大学の授与する学士称号を、法学士・理学士・文学士・医学士・製薬士とする。翌十三年八月、法・理・文三学部が学士研究科(大学院の前身)を設置。明治十四年六月、東京大学職制を制定。東京大学総理を置き、法・理・文・医四学部と予備門を統轄。同年七月、加藤弘之(一八三六―一九一六)が総理に就任。同年八月、総会と部会からなる諮詢会を設置。総会会員二十一名(法三・理六・文四・医八名)。本科の生徒に限り、学生と称する(学生称呼の起源)。明治十七年二月、大木喬任文部卿が大学に教授用語として英語をやめて邦語を用いる旨を達する。同年八月、本部事務室および法・文二学部が神田一ッ橋から本郷本富士町に移転。翌十八年九月、理学部が化学実験室校舎の未竣工にもかかわらず本郷への移転を敢行し、法・文・理三学部の移転完了。十九年三月、帝国大学令が公布され、工部大学校を統合して帝国大学に改組。法・医・工・文・理の五分科大学および大学院を設置。総長・分科大学長・評議会を置く。渡辺洪基《わたなべこうき》(一八四七―一九〇一)が帝国大学初代総長に就任。法・工・文・理は修業年限三年、医は四年。同年四月、制服制帽を制定。明治二十三年(一八九〇)六月、農科大学を設置。農・林・獣医の三学科。二十六年八月、帝国大学令の改正。各分科大学に教授会を設置し、講座制を制定。三十年(一八九七)六月、京都帝国大学の設置に伴い、帝国大学を東京帝国大学と改称。東京帝大は、帝国大学のなかでも代表的な存在となる。大正七年(一九一八)十二月、大学令が公布され、分科大学制から学部制を採用。翌八年二月、経済学部を新設。同年三月、学年制を廃し、科目制を採用。必修科目・選択科目を設置。十年(一九二一)四月、学年暦を四月一日始業、三月三十一日終業とする。十四年七月、大講堂(安田講堂)の竣工。昭和六年(一九三一)十二月、赤門が国宝に指定される。十四年(一九三九)五月、軍医の需要に対応する臨時附属医学専門部を設置。昭和十七年三月、第二工学部を千葉市弥生町に設置。翌十八年十一月、出陣学徒壮行会を大講堂で挙行。昭和二十年(一九四五)八月、大講堂で内田祥三《うちだよしかず》総長以下教職員・学生らが参集して、戦争終結の詔書の放送を聞く。翌二十一年四月、戦後最初の入学試験を実施。女子は十九名合格。昭和二十二年九月、東京帝国大学を東京大学と改称。昭和二十四年五月、国立学校設置法が公布され、新制東京大学が設置された。法・医・工・文・理・農・経済・教養・教育の九学部。東京帝国大学は、各界の指導者育成の最高の教育機関であり、特に、官界への登竜門として重要な役割を果たした。

参考文献 『東京大学百年史』(一九八四―八七)、中野実『近代日本大学制度の成立』(二〇〇三、吉川弘文館)、東京大学総合研究博物館編『東京大学』(二〇〇五)、寺﨑昌男『東京大学の歴史―大学制度の先駆け―』(『講談社学術文庫』)

(谷本　宗生)

とうきょうていしつはくぶつかん　東京帝室博物館　東京上野(東京都台東区)に所在し、明治十九年(一八八六)に農商務省から宮内省に移管された博物館。現東京国立博物館。博物館(明治十九年)、図書寮付属博物館(二十一年(一八八八))、帝国博物館(二十二年)、東京帝室博物館(三十三年(一九〇〇))と改称されるが、一般的には東京帝室博物館で総称されている。その源流は明治五年(一八七二)に開かれた文部省博物館にさかのぼることができる。文部省博物館以来上野博物館建設(十五年)までの同館展示の中心は自然科学や工業技術などにあり、ウィーン万国博覧会への参加準備を担当するなど、勧業政策と深い関連を有していた。主管も、初期の文部省を除くと、博覧会事務局(明治六年)、内務省(八年)、農商務省(十四年)と、勧業政策を実施する官庁が担当した。しかし、文部省博物館以来、博物館事務の中心的担当者であった町田久成は、大英博物館をモデルとして図書も含めた文化財

東京帝室博物館

資料を中心とする人文系総合博物館を建設する構想を有していた。薩摩藩出身の町田は、大久保利通・岩倉具視などの有力者と結びついて自身の構想の実現をはかった。明治十五年開館した上野博物館の展示は歴史的文化財の比重が大きくなっている。十八年の内閣制度の実施に伴う行政整理と、皇室財産の拡充をはかる動きを前提として、十九年三月二十四日に、博物館は宮内省に移管された。二十一年二月、図書寮の長官であり、「帝室の記録図書及び宝器美術保存のことを掌る」と定められた図書頭であった九鬼隆一《くきりゅういち》が博物館総長を兼務した。長く文部官僚をつとめてきた九鬼は、二十一年九月宮内省内に臨時全国宝物取調局を設置し、古社寺の宝物の実地調査に乗り出した。この調査は、岡倉天心(覚三)やフェノロサなども参加して行われたが、博物館職員も多く動員され、三十年に同局が廃止された際には、博物館が事業を引き継いだ。二十二年五月には、九鬼の発案により、上野の博物館を帝国博物館とし、それ以外に京都・奈良に博物館を建設する帝国博物館官制が制定された(帝国京都博物館は明治三十年、帝国奈良博物館は明治二十八年開館)。この官制では、総長が置かれて東京所在の帝国博物館の事務を管理し、京都・奈良の帝国博物館も管轄下に置いていた。この帝国博物館には歴史部・美術部・美術工芸部・工芸部が置かれ、歴史・美術など歴史的文化財に重点を置いていたといえる。一方で、天然資源(動物・植物・鉱物)について所管する天然部が最初の官制では明記されず、同年七月に追加されるなどの勧業関係展示の比重は小さくなった。美術部長には、同年設立の東京美術学校校長心得であった岡倉天心が就任した。岡倉は、資料収集や展示などの狭義の博物館事業のみならず、先の全国宝物取調事業に取り組み、東京美術学校などに委託して美術品の模写模造を主導し、さらに自身の東京美術学校との講義と関連して日本美術史の編纂を行なった。日本美術史編纂については、岡倉個人の著作として『日本美術史』に結実した。また、博物館の事業としては、パリ万国博覧会(明治三十三年開催)出品のために編纂された『稿本日本美術略史』(三十四年出版)に結果した。明治三十三年六月、帝室博物館官制が布告され、上野の帝国博物館は東京帝室博物館となった。この時、東京帝室博物館にも独立した館長が置かれ、三館並列となった。この帝室という名称への変更については、帝国議会・帝国大学・帝国図書館などのような帝国政府の所管ではなく、帝室(皇室)自体に所属していることを明確にするためとされている。この官制では工芸部が廃止され、より勧業関係の比重は小さくなった。明治四十二年(一九〇九)に、東宮(大正天皇)御慶事奉祝記念事業として表慶館(現存)が開館され、美術品・美術工芸品専門の陳列館となった。東京帝室博物館はその後も存続し、昭和二十二年(一九四七)五月に東京国立博物館となった。→上野博物館《うえのはくぶつかん》

参考文献 『東京国立博物館百年史』(一九七三)、関秀夫『博物館の誕生―町田久成と東京帝室博物館―』(『岩波新書』、二〇〇五、岩波書店)　(中嶋　久人)

とうきょうてつどうがいしゃ　東京鉄道会社　明治三十九(一九〇六)年九月に東京電車鉄道・東京市街鉄道・東京電気鉄道が合併して設立した電気鉄道会社。資本金は二千七百万円(のちに六千万円に増資)。合併以前、三社はそれぞれ三銭均一制の運賃を採用しており、利用者は乗り換えのたびに三銭を支払わなければならず、共通運賃制を望む声が高まった。明治三十九年七月、三社は四銭への運賃値上げを伴う合併を内務省に申請し、新会社設立の特許を得た。ところが、市民は運賃値上げに対して激しい反対運動を繰り広げ、電車焼打事件が発生。三社は熾烈な反対を押し切って東京鉄道株式会社を設立、運賃を四銭均一制に改定して営業を開始した。東京市内の電車が一社に統合されると、独占の弊害を排除すべく同社の市有化を求める世論が高まり、明治四十四年(一九一一)八月、東京市は同社の営業権ならびに全資産を六千四百五十八万円で買収し、その業務を東京市電気局(現東京都交通局)に引き継がせた。→東京市街鉄道会社《とうきょうしがいてつどうがいしゃ》　→東京電気鉄道会社《とうきょうでんきてつどうがいしゃ》　→東京市電値上げ反対焼打事件《とうきょうしでんねあげはんたいやきうちじけん》　→東京電車鉄道会社《とうきょうでんしゃてつどうがいしゃ》

参考文献 東京都交通局『東京都交通局六〇年史』(一九七二)　(小野　浩)

とうきょうでんきがいしゃ　東京電気会社　日本最初の電球製造会社。明治二十三年(一八九〇)、合資会社白熱舎として創設された。創設者は、いずれも山口県岩国出身の藤岡市助と三吉正一。藤岡は、日本の電気工学の草分け的存在で、日本最初の電力会社である東京電燈の技師長もつとめていた。藤岡が電球国産化を決意したきっかけは、明治十七年(一八八四)に訪米した際会ったエジソンに、「どんなに電力が豊富でも、電気器具を輸入するようでは国は滅びる」といわれたことにある。白熱舎は、明治二十九年に東京電球製造株式会社と社名変更したのち、さらに明治三十二年(一八九九)には東京電気株式会社と改名。東京電気は、明治三十八年にアメリカのゼネラル＝エレクトリック社と提携し、明治四十四年(一九一一)にはタングステン電球「マツダランプ」の製造販売を開始した。なお、東京電気は、昭和十四年(一九三九)に芝浦製作所と合併して、東京芝浦電気(現在の東芝)となった。　(橘川　武郎)

とうきょうでんきてつどうがいしゃ　東京電気鉄道会社　明治三十三年(一九〇〇)四月に資本金八十万円をもって設立された電気鉄道会社。前身は川崎電気鉄道。明治二十九年(一八九六)四月、岡田治衛武《おかだじえむ》ほか十名は甲武鉄道信濃町停車場を起点とし、青山、池上を経て川崎停車場へ至る川崎電気鉄道の敷設を出願。明治三十年に郡部線、明治三十二年に東京市内線の特許を得た。明治三十三年十月、社名を東京電気鉄道株式会社に改称。同社は明治三十四年に芝金杉橋に至る延長線、翌三十五年に外濠線の特許を獲得し、路線の建設に向けて資本金を順次六百

万円まで増資した。明治三十七年十二月、外濠線の土橋―御茶ノ水間の電車運転を開始、明治三十九年に全線開通をみた。明治三十七年以降、同社は東京電車鉄道(旧東京馬車鉄道)、東京市街鉄道とならび東京市内の軌道事業を寡占する三大電鉄の一角を形成したが、明治三十九年九月、三社は合併して東京鉄道株式会社を設立した。→東京鉄道会社《とうきょうてつどうがいしゃ》

参考文献 『都史資料集成』三(二〇〇二) (小野　浩)

とうきょうでんしゃてつどうがいしゃ　東京電車鉄道会社　明治三十三年(一九〇〇)十月に設立された電気鉄道会式。前身は明治十三年(一八八〇)十二月に資本金三十万円をもって設立された東京馬車鉄道。東京馬車鉄道は日本鉄道が自社線と併行する高架線(新橋―上野間)を計画したのに対抗し、明治二十六年(一八九三)十一月、馬力から電力への動力変更を出願した。しかし、他社も含め東京では電気鉄道の敷設が長期にわたり許可されなかった。明治三十三年に至り、ようやく動力変更の特許を得た東京馬車鉄道は、社名を東京電車鉄道株式会社に改め、資本金を百七十万円から五百万円に増資した。明治三十六年八月、同社は品川―新橋間の電車営業を開始し、翌年三月までに既設路線の電化を完了させた。これにより馬車鉄道の時代は幕を閉じ、東京市内は三大電鉄(同社、東京市街鉄道、東京電気鉄道)の鼎立時代を迎えた。明治三十九年九月、三社は合併して東京鉄道株式会社となった。→東京鉄道会社《とうきょうてつどうがいしゃ》　→東京馬車鉄道会社《とうきょうばしゃてつどうがいしゃ》

参考文献 東京都編『東京馬車鉄道』(『都市紀要三三』、一九八九) (小野　浩)

とうきょうでんとうがいしゃ　東京電燈会社　第二次世界大戦以前の日本における五大電力の一角を占めた電力会社。関東地域に事業基盤をおいた。日本で最初の電力会社として、明治十六年(一八八三)に設立され、電気事業者としては、戦前日本で最大の事業規模を誇った。明治二十年(一八八七)に、わが国で最初の一般供給用発電所である第二電燈局を東京市日本橋区南茅場町(東京都中央区日本橋茅場町)に完成させ、一般向け電気供給を開始したが、それは、世界最初の一般供給用発電所がロンドンで運転を開始してから、わずか五年十ヵ月後のことであった。この第二電燈局は小規模な石炭火力発電所であり、東京電燈は、出力二五キロワットのエジソン式直流発電機一台を据え付けて、低圧直流配電方式で一般供給を開始した。その後、同社は、高圧交流配電方式に転換するとともに、明治四十年(一九〇七)には、山梨県桂川水系の駒橋水力発電所から東京までの遠距離高圧送電を実現し、日本の電源構成の水主火従化に先鞭をつけた。

参考文献 『東京電燈株式会社開業五十年史』(一九三六)、『東京電燈株式会社史』(一九五六) (橘川　武郎)

とうきょうでんぽう　東京電報　⇨日本《にほん》

とうきょうてんもんだい　東京天文台　⇨天文台《てんもんだい》

とうきょうどう　東京堂　明治時代中期創業の老舗の新聞・雑誌・書籍の小売店、取次店、出版社。高橋新一郎(博文館創業者大橋佐平《おおはしさへい》の妻松子の実弟)が明治二十三年(一八九〇)三月十日に大橋佐平の勧めで神田区表神保町三番地(東京都千代田区)に創業した。はじめは書籍の小売店であったが、翌二十四年六月一日に娘かう子の婿の高橋省吾(大橋佐平の次男で新太郎の弟。二十年に結婚)に経営を任せた。二代目店主省吾は小売に東京の新聞・雑誌・書籍のほとんどの取次業務(卸業)を加えた。当時、これらを地方に取り次ぐことは出版社・小売書店・読者にとって望ましい専門取次店の出現であったため、この経営の拡大は東京堂の発展の基礎をつくることになった。二十六年に一旦大橋家に復籍した省吾は大橋省吾として、取次業と小売に加えて出版も行い、明治期の出版には、鈴木光次郎『明治豪傑譚』全三巻、坪谷善四郎編著『日本　実業家百傑伝』全三編六冊、志賀重昂『日本風景論』、田岡嶺雲『下獄記』、島崎藤村他編『透谷全集』、幸徳秋水『社会主義神髄』などがあり、雑誌の第二次『早稲田文学』も発行しているが、明治後半から大正初期にかけては取次と小売が圧倒的であった。業界で手腕と力量が認められていた省吾が明治四十四年(一九一一)一月に死去すると、二月に合資会社となり、嗣子英太郎が二代目省吾を襲名して東京堂第三代店主となった。この時、出版業務を停止して書籍の販売と取次に専念することになった。三代目が病身のため、実業界を歴任し博文館関連会社で頭角を現していた大野孫平(父金太郎は大橋佐平と新太郎に仕えた博文館創業期の功労者)が、次の短命に終った第四代店主正介(博文館第二代目新太郎の次男)をも支える支配人となり、正介没(大正四年(一九一五))後は東京堂経営の全権を担うことになり、大正六年に株式会社にし、大野が専務取締役となり、九年には出版事業も再開し、東京堂の大野時代となり、業界で覇権を握るほど隆盛した。このように東京堂は博文館の大橋家と密接な関係で発展し、大野は昭和十六年(一九四一)一月に名実ともに社長に就任し第五代目店主となったが、戦時下の出版新体制により同年五月に取次一元化政策により日本出版配給株式会社(日版)が組織されると、東京堂は六月に長い伝統ある取次部門を失い小売部と出版部だけとなり敗戦を迎え、戦後への発展につなげた。なお、東京堂の特色ある歴史の中で、戦前の『新刊図書雑誌月報』(大正三年一月創刊)、『東京堂月報』(昭和二年(一九二七)一月創刊)、『読書人』(昭和十六年十二月創刊、十九年四月廃刊)は業界の新刊図書・雑誌の詳細な目録と論稿で、『出版年鑑』(昭和五年五月創刊、十六年最終版)とともに日本の出版文化史の貴重な史料である。

参考文献 夏川清丸『出版人の横顔』(一九四二、出版同盟新聞社)、小川菊松『出版興亡五十年』(一九五三、誠文堂新光社)、尾崎秀樹・宗武朝子編『日本の書店百年―明治・大正・昭和の出版販売小史―』(一九九一、青英舎)、大橋信夫編『東京堂百二十年史』(二〇一〇、東京堂) (佐藤　能丸)

とうきょうどうぶつがっかい　東京動物学会　動物学の近代的学会として日本で最初に設立された団体。明治十一年(一八七八)に植物学者の矢田部良吉らによって創設された東京大学生物学会から、十五年東京植物学会が分かれ、その後十八年東京動物学会と改称。さらにその後大正十二年(一九二三)に改称して今日の日本動物学会に至る。はじめは東京帝国大学動物学教室を中心とした組織であった。十月二十日に行われた設立の会合には、提案者であったS・モースをはじめ、岩川友太郎、佐々木忠次郎、飯島魁《いいじまいさお》、石川千代松、波江元吉、松原新之助らが集まった。東京植物学会の分離後は箕作佳吉《みつくりかきち》が中心となって運営された。明治二十一年(一八八八)より和文原稿を主とする『動物学雑誌』を、その後三十年(一八九七)より欧文の学会誌 Annotationes Zoologicae Japonenses(『日本動物学彙報』)を発行して、日本の近代動物学黎明期における研究成果発表の中心的な場となった。

参考文献　上野益三『博物学史論集』(一九八四、八坂書房)
(林　真理)

『東京独立雑誌』第1号

とうきょうどくりつざっし　東京独立雑誌　内村鑑三主筆、持主山県悌三郎により明治三十一年(一八九八)六月十日創刊。発行所は東京独立雑誌社。キリスト教の立場にたって、「社会、政治、文学、科学、教育、幷に宗教上の諸問題を正直に、自由に大胆に評論討議」することを目的とした総合雑誌。内村は『万朝報』を退社して、本雑誌を刊行した。発刊当時は月二回刊行されたが、のち月三回となる。明治三十二年には発行部数は二千部以上に達し、一八号より内村の全責任により刊行、持主も変更した。明治三十三年夏、内村と同雑誌社社員の間で内紛が生じ、七二号(同年七月五日)をもって廃刊。誌面は「講壇」「史壇」「世界知識」「評壇」「思想園」「英文欄」などの諸欄で構成しているが、英文記事も掲載されている。留岡幸助・元田作之進・松村介石らが寄稿している。内村は創刊当初キリスト教の精神による社会改革を意図したが、次第に信仰の内面に関心が傾倒していった。廃刊と同年、内村は『聖書之研究』を創刊した。昭和五十七年(一九八二)―五十九年、キリスト教図書出版より復刻。→聖書之研究《せいしょのけんきゅう》

参考文献　砂川万里『内村鑑三・新渡戸稲造―日本の代表的キリスト者―』(一九六六、東海大学出版会)、渋谷浩『近代思想史における内村鑑三―政治・民族・無教会論―』(一九八八、新地書房)、土肥昭夫『歴史の証言―日本プロテスタント・キリスト教史より―』(二〇〇四、教文館)
(榑松かほる)

とうきょうとしょかん　東京図書館　⇨帝国図書館《ていこくとしょかん》

とうきょうにちにちしんぶん　東京日日新聞　東京で最初に発行された日刊紙で、昭和時代初期まで存続した有力紙。明治五年二月二十一日(一八七二年三月二十九日)日報社から創刊。戯作者でもあった条野伝平が編集、西田伝助が会計、広岡幸助が庶務、浮世絵師の落合幾次郎が挿絵と発送を担当して創刊された。当初、紙面はA3大の片面木版刷りで、浅草茅町にある条野の自宅が発行所であった。政府による買上げを経て、まもなく活版印刷に切り替え、翌年には両面二頁となり、岸田吟香と甫《ほ》喜山景雄《きやまかげお》が入社。明治七年四月台湾出兵に際し、岸田は台湾の戦地に赴き日本初の従軍記者として同紙の評判を高くした。同年末には福地源一郎(桜痴)が入社、紙面は四頁建てに拡大し「太政官記事印行御用」を掲げた。政府との緊密な関係から「御用新聞」と批判されながら、主筆の福地による論説は世論を主導した。明治十年(一八七七)一月から銀座尾張町一丁目の新社屋に移転。同年の西南戦争の報道では福地の「戦地採録」が紙価を高め、発行部数を伸ばした。明治十四年の政変に対し福地は社長として組織を改革し、同紙を政府機関紙とする狙いであったが、明治十六年に『官報』が創刊されたために部数が減少。経営不振に陥り、明治二十一年(一八八八)七月福地は社長を辞任、関直彦が社長に就任。株主の背後で影響力を有していた井上馨と伊藤博文の意向で、明治二十四年十一月関が退社し、伊東巳代治が同紙を買収。翌年から朝比奈知泉《あさひなちせん》が主筆となり、明治二十七年日清戦争に際しては、東学党の乱に対する出兵を報じて発行停止を受ける。従軍報道では黒田甲子郎《くろだかしろう》をはじめとして十二名の特派員が活躍。明治三十七年(一九〇四)の日露戦争開戦前には、慎重な非戦論を最後まで主張した。同年戦況報道が展開される中、伊東巳代治から加藤高明へ十

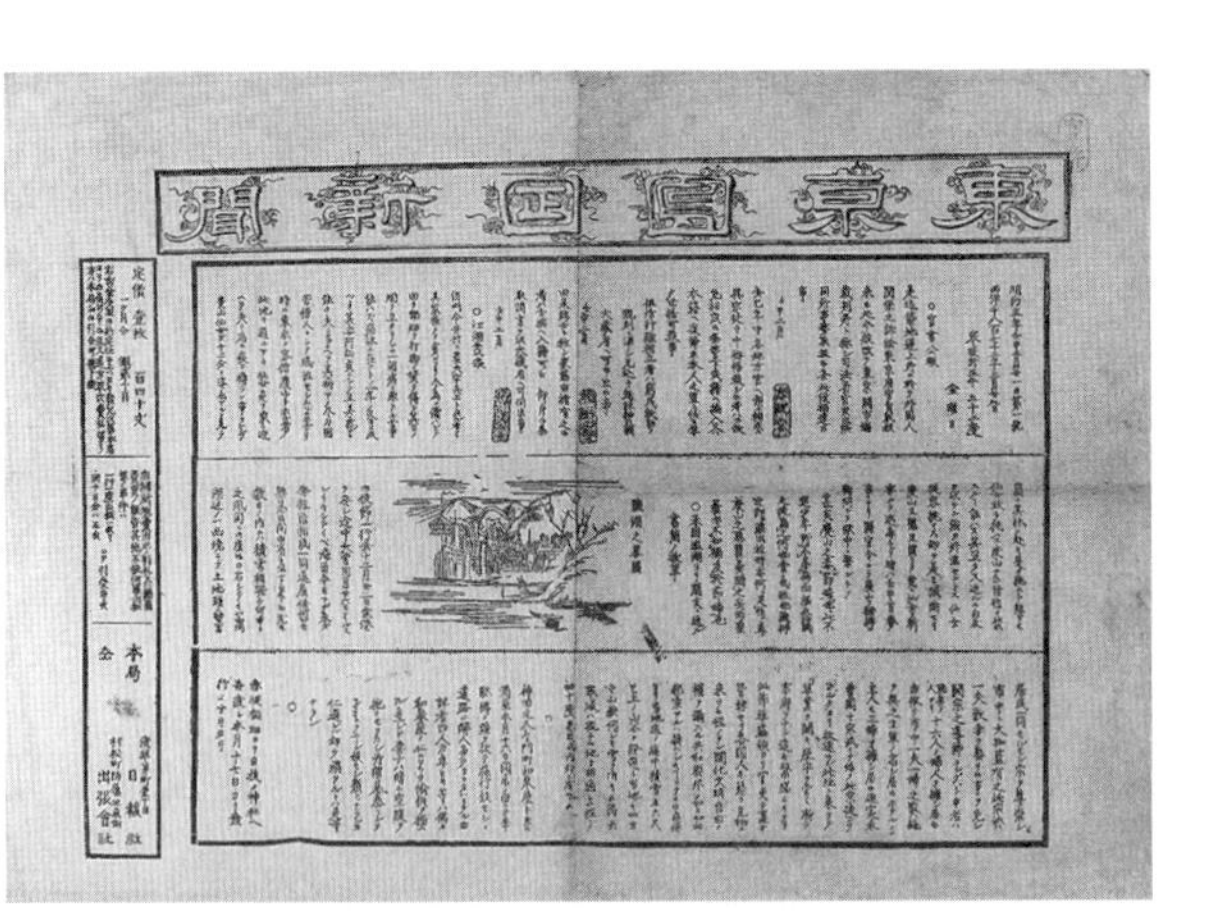

『東京日日新聞』第1号

万円の価格で譲渡がすすめられ、十月に持主が交代、朝比奈も病気のため退社した。当時の発行部数は約四万五千部。加藤は目標を『ロンドン＝タイムス』に置き、品位ある新聞を目指したが経営は悪化。明治三十九年社長に本多精一、編集長に高木信威《たかぎのぶたけ》が就任するも経営不振が続き、加藤は同四十一年（一九〇八）九月駐英大使に赴任するにあたり三菱の岩崎久弥に後事を託し、結局岩崎家を代表して千頭清臣《ちかみきよおみ》が翌年社長に就任。同年三月丸の内有楽町に新社屋が落成、創刊三十七周年の記念号を発行したが、内情は赤字が累積するばかりであった。当時、東京進出のため『毎日電報』を発行していた大阪毎日新聞社の本山彦一社長のもとに同紙を譲渡する話が持ち込まれ、同紙の題号を存続させるという条件で合併が成立。明治四十四年三月一日から有楽町の日報社は「大阪毎日新聞社東京支店東京日日新聞発行所」と改称、新たな『東日』が発行された。大正三年（一九一四）シーメンス事件では社会部記者橋本繁が群衆の中で取材中に警官に斬り付けられ、全国記者大会にまで発展する問題となる。大正五年十月に社屋が焼失したため、翌年四月三階建ての新社屋を落成。第一次世界大戦では外電による充実した報道で紙勢が盛んになり大正十一年（一九二二）には六階建ての新館を竣成。これにより翌年の関東大震災では被災を免れ一日も休刊せずに発行を続けた。そのため部数は激増し、地震以前から計画していた夕刊発行も順調に始まり、大正十三年の発行部数は約七十万部に達した。昭和に改元する時には元号を「光文」と誤報、責任を取って城戸元亮《きどもとすけ》主幹が辞職。昭和五年（一九三〇）『東日』は百万部を突破。本山社長が昭和七年末に死去すると翌年城戸が取締役会長に就任したが、同年社内派閥抗争で城戸は破れ同派の社員五十八名が社を去った。この城戸事件で評判を落とした『東日』は部数が減少。昭和十一年（一九三六）『時事新報』を買収、合同して人気を挽回。昭和十八年一月題号を『毎日新聞』に統一。当時の発行部数は約百四十一万部。→大阪毎日新聞《おおさかまいにちしんぶん》 →日報社《にっぽうしゃ》

参考文献　『東日七十年史』（一九四一、東京日日新聞社）、『毎日新聞百年史』（一九七二）、今吉賢一郎『毎日新聞の源流―江戸から明治情報革命を読む―』（一九八六、毎日新聞社）

（土屋　礼子）

とうきょうのうぎょうだいがく　東京農業大学　明治二十四年（一八九一）三月六日設立の私立農業高等教育機関。大正十四年（一九二五）に大学令により日本初の農業単科大学として認可され、戦後改革を経て今日に至っている。創立したのは、旧幕臣および旧静岡藩士らが幕臣子弟の教育をめざしてつくった徳川育英会。育英黌農業科と称して麴町区飯田河岸（千代田区）に置いた。設立の翌明治二十五年、小石川区大塚窪町（文京区）に分校を置き、二十六年から私立東京農学校となった。明治三十年（一八九七）同校は大日本農会に譲渡されて大日本農会付属東京農学校と改称、翌年、豊多摩郡渋谷村常磐松御料地（渋谷区）に移転、さらに明治三十四年には大日本農会付属東京高等農学校と改称し従来の三年制を四年制に延長し、三十六年には専門学校令による専門学校として認可されるに至った。明治四十一年（一九〇八）東京高等農学校と改称し、明治四十四年には教育課程のレベルを高め、東京農業大学（ただし制度上は専門学校）と改称した。旧制大学となったのは、大日本農会の経営を離れて財団法人立になってからである。明治期にはこのようにさまざまな制度的変遷を経たが、教育面では農業の科学的知見を尊重しつつも農業実践と乖離しない教育につとめた。明治・大正期の代表的農学者であり、同時に「農学栄えて農業衰う」と自戒した横井時敬《よこいときよし》（一八六〇―一九二七）の指導によるところが大きい。

（寺崎　昌男）

とうきょうのうりんがっこう　東京農林学校　明治十九年（一八八六）七月、旧東京山林学校と駒場農学校を吸収して創立された農学の専門的総合教育機関。のちに帝国大学分科大学の一つである農科大学となった。駒場農学校と同様に農商務省の直轄であり、敷地としては駒場野を使用した。両校統合の背景には、もっぱら「経費重複」を避け、それによって拡張を図るという官庁側の都合があったと見られる。農学部、林学部、獣医学部の三部から成り、おのおの「其専門ニ関スル高尚ノ学理及実業ヲ教ヘ以テ将来各業ノ拡張進歩ヲ期シ兼テ学術ノ進化ヲ図ル」ことを目的とした。農学部には四名、林学部にも一名のドイツ人雇教師を迎え、アメリカの大規模牧畜農業のための専門教育を主とする札幌農学校と対照的に、ヨーロッパ型農業教育を主体とした。本科卒業生累計六十

東京農林学校

七名、速成科卒業生累計八十四名で、本科卒業生は農学士、獣医学士、林学士と称することが認められた(明治二十二年(一八八九)より遡及適用)。明治二十三年六月、帝国大学統合の前日から文部省管轄に移行した。 ↓駒場《こまば》農学校《のうがっこう》 ↓東京山林学校《とうきょうさんりんがっこう》 (寺崎 昌男)

とうきょうばしゃてつどうがいしゃ 東京馬車鉄道会社 明治十三年(一八八〇)十二月に資本金三十万円をもって設立された日本初の馬車鉄道会社。発起人は谷元道之(初代社長)、種田誠一(初代副社長)ほか数名。路線は新橋、日本橋、上野、浅草を循環する約一六キロで、全線を三工区に分け着工。明治十五年六月より第一区の旅客輸送を開始。当初の輸送力は車輌三十一輌、馬匹四十七頭、運賃は一区間あたり一等三銭、二等二銭。同年十月の全線開通後、競合する人力車や乗合馬車を目抜き通りから駆逐し、新しい都市交通機関として定着。一方、道路の破壊や馬尿処理の問題を引き起した。同社は順次、路線の新設、改良、複線化により事業を拡大し、最盛期の車輌数は三百台余、馬匹は二千頭を数えた。明治三十二年(一八九九)六月、品川馬車鉄道を合併し、東京の馬車鉄道事業を独占。高利潤、高配当の優良企業へと成長したが、利潤追求に血道をあげる姿勢は社会的批判を浴びた。明治三十三年、動力を馬力から電力へと変更し、社名を東京電車鉄道株式会社に改めた。 ↓東京電車鉄道会社《とうきょうでんしゃてつどうがいしゃ》

参考文献 東京都編『東京馬車鉄道』(『都市紀要三三』、一九六九) (小野 浩)

とうきょうパック 東京パック 明治から昭和時代にかけて四次にわたって発行された漫画雑誌。発行所はいずれも東京パック社。第一次はB4版、一六頁。全頁絵入りの大型雑誌で石版四色刷り。『時事新報』の日曜付録時事漫画で評判をとった北沢楽天《きたざわらくてん》が有楽社をスポンサーにつけ、主筆として明治三十八年(一九〇五)四月十五日創刊。はじめ月刊だったが、明治三十九年一月から月二回刊。明治四十年(一九〇七)四月より月三回刊となる。最盛期には毎月六万部発行されたという。楽天の印税は、当時の大学生の初任給の二十五倍ほどだったといわれる。その人気は『大阪パック』など多数の類似雑誌を生み出した。第一次『東京パック』の構成はアメリカの『パック』などを参考にしており、「風刺滑稽を旨とする絵画雑誌」「世の福を招く笑いの種」とうたい、時局、世相風刺画を掲載。英語、中国語のキャプションもつけ、中国大陸、台湾、韓国でも販売した。表紙と見開きの政治風刺に力を入れた。当初は楽天がほとんど執筆したが、発行業務に追われ、次第に近藤浩一路《こんどうこういちろ》、坂本繁二郎《さかもとはんじろう》、山本鼎《やまもとかなえ》、石井鶴三《いしいつるぞう》、川端竜子《かわばたりゅうし》などの風刺画が多くなる。だが有楽社が楽天と『東京パック』を借金の抵当に入れたので、楽天は退社。明治四十五年五月一日号をもって廃刊する。第二次『東京パック』は、第一次に執筆していた森田太《もりたた》三郎《さぶろう》と在田稠《ありたしげる》が経営・編集の中心となって明治四十五年六月一日創刊。小川芋銭《おがわうせん》、竹久夢二、倉田白羊《くらたはくよう》、小杉未《こすぎみ》醒《せい》、森田信友など多くの画家が寄稿したが、第一次ほどの迫力に欠けた。大正二年(一九一三)からは楽天門下の下川凹天《しもかわへこてん》・小川治平らが中心となり、大正四年四月までは旬刊で、同年五月から月二回刊で発行。同年十二月二十日号で廃刊となる。第三次『東京パック』は大正八年八月一日、渡辺季作によって復刊された。月刊で判型もA4変形版に縮小。小川治平・下川凹天を中心に東京漫画会のメンバーが執筆した。大正十二年(一九二三)終刊。第四次は、第三次の編集者だった下田健一郎が主宰し昭和三年(一九二八)七月復刊。下田は柳瀬正夢《やなせまさむ》や稲垣小五郎らのプロレタリア漫画と下川凹天・小野佐世男《おのさせお》のようなエロティックな漫画を掲載し「プロとエロの漫画雑誌」と呼ばれた。第一次を思わせる質をよみがえらせたが、国策に反する政治風刺が描けなくなり、昭和十六年(一九四一)休刊する。

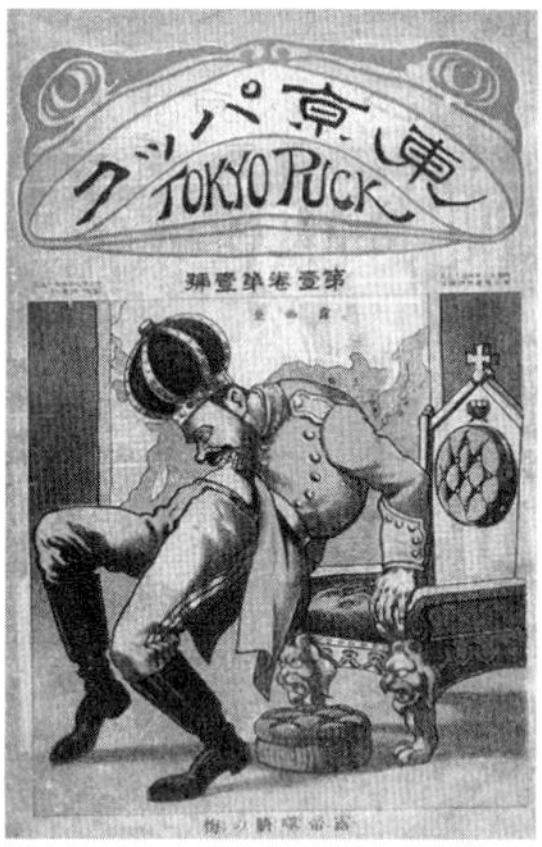

『東京パック』第1巻第1号

参考文献 埼玉県立近代美術館編『ニッポンの風刺』(展覧会図録、一九九三) (福井 純子)

とうきょうびじゅつがっこう 東京美術学校 東京上野公園内に明治二十年(一八八七)から昭和二十七年(一九五

東京美術学校本館(明治20年代末〜30年代初頭)

二)まで存在したわが国唯一の官立美術学校。現在の東京芸術大学美術学部の前身。昭和二十一年の男女共学制実施以前は男子校であった。創立当初は御雇い外国人アーネスト・F・フェノロサおよび岡倉覚三(天心)の主張により、日本美術の創造的復興を目標に絵画科(日本画)、彫刻科(木彫)、美術工芸科(金工、漆工)を置いて伝統色の濃い教育を行なったが、明治二十九年の西洋画科、図案科増設、同三十一年(一八九八)の岡倉校長失脚、翌三十二年の塑造科増設などを経て東西美術双方を重視する方針に転換し、同三十四年以降長期間在任した正木直彦校長のもとで官立専門学校としての揺るぎない体制を確立した。美術界および美術関連諸分野に多くの人材を送り出しただけでなく、依嘱製作事業や東アジアの留学生教育、海外との美術交流等々を通じて近代美術の発展に大きく貢献した。

参考文献 『東京芸術大学百年史』東京美術学校篇(一九八七—九七、ぎょうせい)
(吉田千鶴子)

とうきょうびじゅつクラブ　東京美術倶楽部　明治四十年(一九〇七)四月に設立された美術商の協同会社。明治初年の廃仏毀釈、文明開化による既存市場の崩壊後、明治二十年代から古美術商による入札会が始まった。しかし書画商・茶道具商・浮世絵商・刀剣商などが、個々に会場を準備する不便さから、常設の展観・陳列・貸席のための会社組織として、東京の古美術商約三百人によって組織されたのが、同倶楽部である。初代社長黒川新三郎。資本金は十五万円。一株五十円で三千株のうち、発起人が各五十株、残り千三百株全部を、コレクターでもあった鉄道王根津嘉一郎がもった。場所は、江戸時代から多くの書画会が行われた東両国の旧中村楼を買いとって開設。大正十二年(一九二三)の関東大震災後、芝区愛宕下(東京都港区)に移転し、現在に至る。当初、同倶楽部の古美術商には、日本美術協会会員も多く、古美術と当代美術では伝統系旧派を多く扱ったが、のちに新派や洋画も扱うようになった。多数の『売立目録』を刊行している。

参考文献 東美研究所編『東京美術市場史』(一九七九、東京美術倶楽部)、『美術商の百年—東京美術倶楽部百年史—』(二〇〇六、東京美術倶楽部)
(佐藤　道信)

とうきょうふ　東京府　東京都の前身。慶応三年(一八六七)、徳川幕府を倒して成立した新政府は、それまでの諸大名による封建割拠の体制を廃して、天皇中心の中央集権国家の新体制建設をめざした。翌明治元年(一八六八)閏四月政体書を公布して、いわゆる府藩県三治の制を定め、地方を府、県、藩とした。旧幕府直轄地のなかの政治的に重要な大都市や地方都市に府を設置したらしく、当初設置された府は、函館府、江戸府、神奈川府、越後府、度会府、京都府、大阪府、長崎府であった。ただし、五月に設置された江戸府は、布告は出たものの名目的なものにすぎなかった。つづいて同月、江戸城内に鎮台府を設置、旧来の勘定・町・寺社の三奉行を廃して民生・市政・社寺の三裁判所がおかれ、このうち市政裁判所が旧町奉行の事務を引きついで事実上府政を執行した。七月十七日(九月三日)、「自今江戸ヲ称シテ東京トセン」という詔書が出されたのと同時に、鎮台府を廃して鎮将府をおき、市政裁判所を廃して東京府が設置され、江戸府は東京府とあらたまる。翌八月、府庁を幸橋御門内柳沢甲斐守邸におき、府職制を定めて正式に開庁した。初代府知事は烏丸光徳《からすまるみつのり》が任命された。三人の代官支配地であったこの東京府の外周地域は、代官も支配範囲もそのまま、それぞれ武蔵知県事と改称され、元どおり支配地を管理させた。翌二年はじめにこの三支配地は品川県・小菅県・大宮県となった。東京府は名主制度を廃止し、府下の朱引(市街地と郷村ほかの境界線)をあらため市中を五十番組に編制し、郷村地域には地方五番組という区画を設けた。また、それまで支配外であった武家地が東京府の管轄下に置かれることになった。明治四年十一月、廃藩置県に伴う府県の廃置分合によって、東京府や小菅県、品川県などが廃止され、あらためて荏原郡、豊島郡、多摩郡の内、足立郡の内、葛飾郡の内を範囲として東京府が新置された。この廃藩置県直後に実施された大規模な府県の統廃合は、国や郡を単位として広域の地方行政区画を編制するという原則に基づいており、東京府にも適用された。翌五年にかけての再編により府域はほぼ現在の二十三特別区の区域に拡大した。大区・小区制下での再編制ののち、府内は十一大区百三小区となる。十一年(一八七八)七月の郡区町村編制法公布により、大区・小区制を廃し、府下を十五区六郡制に改正した。市中を区とし皇城を中心に右回りに、麴町・神田・日本橋・京橋・芝・麻布・赤坂・四谷・牛込・小石川・本郷・下谷・浅草・本所・深川区と、近郊では荏原・東多摩・南豊島・北豊島・南足立・南葛飾六郡が新設された。この年、伊豆七島が静岡県から東京府へ移管され、十三年には小笠原島が内務省から移管された。明治二十二年(一八八九)五月の市制町村制により十五区を市域とする東京市が成立したが、市制特例が適用された。管下六郡内の町村は三百八十九町村から九町七十六村となった。二十六年、玉川上水の水源確保と政争を背景に神奈川県下の北多摩郡・西多摩郡・南多摩郡が東京府に移管され、東京府はほぼ現在の東京都域にまで拡大した。二十九年には東多摩郡と南豊島郡が合併して豊多摩郡となり、東京府は一市十五区八郡になる。その後、大正十二年(一九二三)の関東大震災は近郊郡部の都市化をさらに促進、この状況を受けて昭和七年(一九三二)、東京市は隣接五郡八十二町村を合併し、新たに二十区を設置した。ここにいわゆる大東京が実現し、東京府は三十五区で構成される東京市と北・西・南の多摩三郡となった。昭和十八年(一九四三)、戦時防衛体制の一環として首都行政の一元化をめざした東京都制が制定され、七月一日東京府・市を廃し、従来の府の区域をもって東京都が成立した。東京府がみずからの歴史を記述したものに、昭和九年の『東京府史府会篇』全十巻、昭和十二年の『東京府史行政篇』全六巻があり、貴重な記録になっている。

参考文献 『東京百年史』二・三(一九七三)、『江戸東京学事典』(一九八八、三省堂)、『東京都職制沿革―自明治元年至平成二年―』(一九九一)、『レファレンスの杜―江戸東京歴史問答―』(『都史紀要』三九、二〇〇三) （松平 康夫）

〔明治初年農民一揆〕 明治新政府の政策に反対した一揆。現東京都管轄地域では、明治二年(一八六九)から翌三年に品川県下の多摩地域で行われた御門訴事件《ごもんそじけん》があげられる。明治維新前後は凶作が続き、品川県では、明治二年十一月、知事古賀定雄の命令で社倉が設置され、県下の人民が、持高や暮らしぶりに応じて米を納め、それを県が管理し、凶作の時に放出することになった。この社倉制度の実施は、維新前後の困窮に追い打ちをかける新規課税と農民は認識した。特に、生産性の低い新田村落では反対が強く、上保谷新田(東京都西東京市)・関前新田(同武蔵野市)・梶野新田・関野新田(以上同小金井市)・鈴木新田・大沼田新田・野中新田与右衛門組・野中新田善左衛門組(以上同小平市)・野中新田六左衛門組・戸倉新田・内藤新田(以上同国分寺市)・柳窪新田(同東久留米市)の武蔵野新田十二ヵ村と田無新田(同西東京市)では、村役人全員の連名で免除の嘆願書を県に提出した。品川県の勧農方の役人と村役人らが交渉し、困窮者の負担を免除し、負担を全体で三分の一にする妥協案を作成した。しかし、品川県当局は妥協案を認めなかった。田無新田を除く武蔵野新田十二ヵ村の農民は、明治二年十二月二十八日(一八七〇年一月二十九日)に品川県役所門前で直訴(御門訴)するため、所在の日本橋浜町河岸に集団で簑笠を着用して向かった。その際は、勧農方の役人の説得で帰村したが、翌年になっても県当局の態度は強硬で、十二ヵ村の村役人全員が出頭を命じられ、そのまま抑留された。そこで、三年正月十日(一八七〇年二月十日)、十二ヵ村の農民が集団で東京に向かい、県役所の門前で直訴を行なった。品川県は、多数の兵士を農民に切り込ませて弾圧するとともに、指導者たちを捕らえ、厳しく取り調べた。しかし、多くの犠牲をはらったが、社倉負担を三分の一とするという妥協案が実現した。廃藩置県後の明治五年に社倉制度自体が廃止された。

参考文献 色川大吉編纂『三多摩自由民権史料集』(一九七九、大和書房)、青木虹二『百姓一揆総合年表』(一九七一、三一書房)、『東京百年史』二(一九七九) （中嶋 久人）

〔民権結社〕 日本における最初の近代的政治運動である自由民権運動は、伝統的な村落共同体や旧士族の身分的結合とは別個の論理によって成立した結社が運動の基盤となった。結社結成の前提として、旧士族の身分結合に基づく旧藩意識や村落共同体などの地縁意識がある場合が多いが、明六社同人などの都市知識人の啓蒙活動に直接的・間接的に影響され、明文化された結成趣意書や社則を有し、読書会などの学習活動を行い、演説討論会の開催や雑誌発行などの啓蒙活動も実施した。民権結社の活動は、狭義の政治の分野にとどまらず、農事改良や経済活動、さらに相互扶助など多方面にわたっていた。一般的に民権結社は、その担い手から、土佐などの旧士族が中心となった愛国社系結社、豪農商が中心となった在地民権結社、ジャーナリスト・教員・代言人などの都市知識人が中心となった都市知識人結社の三つの潮流から構成されていた。東京府においては、大都市という特殊性から、都市知識人結社が同地の民権結社の多くを占めていた。これらの結社の直接的源流として、次の三つがある。第一の流れは、福沢諭吉ら慶応義塾を中心として開催された三田演説会を源流としていた。明治七年(一八七四)に慶応義塾内で開会した三田演説会の目的は演説・討論自体であり、政治に限定されていなかったが、慶応義塾出身の自由民権家を育成した。第二の流れは、明治七年に小野梓・赤松連城・万里小路通房・尾崎三良・広瀬進一・松平信正・岩崎小二郎らによって結成された共存同衆を源流としていた。この共存同衆は、イギリス留学者たちを中心として結成されており、明治政府の官僚が多かった。共存同衆の中心的な活動は、月二回例会を開催し、機関誌『共存雑誌』を刊行することであった。第三の流れは、沼間守一《ぬまもりかず》らによって創設された法律講習会を源流としていた。沼間は明治政府の官僚であり、初期の活動には、保守的な思想を有していた福地源一郎が参加し、明治九年から沼間と福地を中心に法律などの公開講義を行うようになった。そして、福地などが次第に脱落し、十年(一八七七)に嚶鳴社へ改組された。これらの初期の都市民権結社の活動は、明六社などの啓蒙活動の延長線上にあり、演説・討論会や雑誌発行を基軸にして欧米の学術・思想の普及を中心としていた。活動メンバーに明治政府の官僚が多く、直接明治政府に対抗するものではなかった。しかし、十二年、全国的な民権運動の高揚を前提として、これらの啓蒙活動の政治的可能性を懸念した明治政府は、これらの結社における官吏の公開演説を禁止し、さらに、十三年四月には政治結社・政談演説会を包括的に規制する集会条例を発布して、それらの活動の抑圧をはかった。これらの結社の公開活動は、官職に就任していないジャーナリスト・教員・代言人などが担わざるをえなくなり、活動の転機を迎えた。その後、これらの結社は三つの方向に分岐した。第一は、民権結社として純化し、全国的な運動と連繫しつつ、政治的な演説・討論・雑誌発行を進めるというもので、官吏を辞任してジャーナリストとなった沼間を中心とする嚶鳴社や、十四年に馬場辰猪などを中心に結成された国友会などが該当する。一方、明治政府内部の改革派であった大隈重信などと結びつき、明治政府を内部から変革するという選択肢もあった。官僚にとどまった小野梓などや、官僚ではないが大隈重信らと連繫を深めた福沢諭吉などが該当する。この時期に矢野文雄など慶応義塾出身者が官僚に多く進出していく。最後に、明治政府の官僚として全うしようとした者もあった。この三つの傾向が、明治政府や、愛国社系結社や在地民権結社の諸動向と複雑にからみあって、明治十四年の政変さらに自由党設立や、十五年の立憲改進党の設立に結果していったのである。

参考文献　江村栄一『自由民権革命の研究』(『叢書・歴史学研究』、一九八四、法政大学出版局)、中嶋久人「都市民権運動の成立―東京における都市知識人結社の動向―」(『歴史評論』四〇五、一九八四)、福井淳「多彩な結社の活動」(江村栄一編『自由民権と明治憲法』所収、一九九五、吉川弘文館)、沢大洋『都市民権派の形成』(一九九八、吉川弘文館)、松崎欣一『三田演説会と慶応義塾系演説会』(『福沢研究センター叢書』、一九九八、慶応義塾大学出版会)

(中嶋　久人)

〔新聞〕江戸で発行された佐幕派の新聞は、明治元年(一八六八)、新政府の取り締まりにより壊滅する。明治二年に政府は新聞発行の許可を開成学校に命じ、旧幕臣は『中外新聞』『遠近新聞《おちこちしんぶん》』『内外新報』を復刊させ、新たに『六合新聞《りくごうしんぶん》』を発刊した。新聞は政府の考えを民衆に広める道具と考えられ、発行が奨励された。明治四年、木戸孝允の発案により『新聞雑誌』が登場する。政府は表立って関与せず、報道を中心に西洋文化の紹介に尽くした。東京初の日刊紙は明治五年、戯作者の条野採菊《じょうのさいぎく》と、本屋の西田伝助らが作った『東京日日新聞』である。政府は『東京日日新聞』を買い上げ府県に配布し、明治七年に太政官御用を仰せつけた。また、駅逓頭前島密は郵便制度を新聞に利用するため、明治五年、小西義敬《こにしぎけい》に『郵便報知新聞』を創刊させる。同年、ジョン＝ブラックが築地の外国人居留地で『日新真事誌』を始めた。政府は『日新真事誌』の論説を評価し、左院御用を仰せつけて便宜をはかった。明治七年、板垣退助らが民撰議院設立建白書を提出すると、『日新真事誌』がこれを掲載して政府との関係を悪化させる。治外法権により、外国人の発行する新聞に政府は手出しできなかった。明治八年、新聞紙条例、讒謗律が制定され取り締まりが強化される。新聞社は明治九年、浅草寺で新聞供養大施餓鬼を催し、筆禍にあった新聞や記者を供養した。文明開化を促進するため新聞を育成する一方、政府は旧幕臣や外国人の政論に注意を払った。漢文調の文体を用い、記者が政治経済を論じて知識人を対象とした新聞は大新聞《おおしんぶん》と呼ばれ、社会面を充実させてふりがなを振り挿絵を入れた庶民向けの新聞を小新聞《こしんぶん》と呼ぶ。明治七年、『読売新聞』が創刊すると、俗談平話を方針として人気が高まり、発行部数で大新聞を上回った。ほかに『東京絵入新聞』『仮名読新聞』など、市井のうわさ話や花柳界、戯作などを載せて庶民に親しまれた。明治十四年(一八八一)、憲法制定、国会開設をめぐる政争で大隈重信は参議を罷免され、下野すると立憲改進党を組織、板垣退助らも自由党を結成する。多くの新聞が政党との結びつきを強めた。自由党系に『自由新聞』『朝野新聞《ちょうやしんぶん》』、改進党系に『郵便報知新聞』『東京横浜毎日新聞』などがあった。一方、福沢諭吉は独立不羈を掲げ『時事新報』を創刊する。政府は社説を載せない公報紙『官報』を明治十六年に整備し大新聞に打撃を与えた。また、内閣機密金による助成で輿論の操縦を試みた。明治十九年、『郵便報知新聞』が値下げを行い、他紙もこれに追随して部数を拡大させる。大阪で寡占体制を確立した『朝日新聞』は、明治二十一年(一八八八)、東京へ進出し『めさまし新聞』を買収、『東京朝日新聞』と改題する。国会開設を前にマリノニ輪転機を輸入し発行部数の拡大に備えた。『読売新聞』は明治二十年、高田早苗を初代の主筆に迎え、坪内逍遙・幸田露伴・尾崎紅葉を起用して文学にも力を入れる。一方、明治二十二年に創刊された『日本』は、中立を主張する政論新聞として陸羯南《くがかつなん》が主宰、明治二十三年には平民主義を掲げた徳富蘇峰が『国民新聞』を発刊した。新聞社には社長が主筆を兼ねる余地があり、政論新聞もいまだ健在であったが、一方で報道に力を入れ廉価で大量発行する商業新聞が台頭してきた。スキャンダリズムは明治二十五年、黒岩周六が出した『万朝報《よろずちょうほう》』により発展し、相馬家のお家騒動、畜妾調など社会悪を追及した。明治二十七年に日清戦争が起きると、各社は従軍記者を派遣し報道に注目が集まった。戦争によって部数が拡大することで、新聞社は企業としての基礎を固めた。明治三十七年(一九〇四)に日露戦争が開始されると、政論から報道への転換はいっそう促進され、戦地に記者を派遣し、高価な電報を使用して速報戦を競うため、新聞社には資本力が要求された。明治三十九年に陸羯南は『日本』を手放す。明治四十一年(一九〇八)、島田三郎も『東京毎日新聞』から手を引いた。明治三十九年、『大阪毎日新聞』が東京進出を果たし、明治四十四年に『東京日日新聞』を買収する。新聞の政党離れは進み、報道を中心とする新聞が部数を伸ばすようになった。

参考文献　山本武利『新聞記者の誕生―日本のメディアをつくった人びと―』(一九九〇、新曜社)、佐々木隆『メディアと権力』(『日本の近代』一四、一九九九、中央公論新社)、春原昭彦『日本新聞通史―一八六一年―二〇〇〇年―(四訂版)』(二〇〇三、新泉社)

(河崎　吉紀)

〔雑誌〕明治元年(一八六八)、「江戸ヲ称シテ東京ト為スノ詔書」によって東京府が定められて以来、東京府は行政の中心、また主たる情報発信地として数多の新聞雑誌が輩出されていった。慶応三年(一八六七)の柳河春三《やながわしゅんさん》『西洋雑誌』をはじめ、明六社の『明六雑誌』、慶応義塾の『民間雑誌』などが東京より発信されている。本項目では、東京を管轄した警視庁の事務統計をもとに、東京における雑誌の概況を確認する。警視庁は明治七年に創設され、翌年より警察統計『警視庁一覧概表』が公開されるに至った。この統計に「新聞雑誌」の項が設けられるのは、同十六年(一八八三)の『警視庁事務年表』からである。「諸雑誌」として「八十八」という数値が記されるにとどまるが、翌年にはこの数が百三十余りにまで増加するに至る。明治十六年四月と二十年(一八八七)十二月には新聞紙条例が改正され、取り扱い内容によって保証金の有無が定められた。すなわち、「保証金ヲ納メ政事上ノ事項ヲ記載スルモノ」と「学術技芸等ノ事項ヲ記載スルモノニシテ保証金ヲ納メサルモノ」(明治二十四年『警視庁事務成績』)の二種である。これが統計書に反映するのは明治十八年からのことで、同年の『警視庁事務年表』には有保証金雑誌として『明治協会雑誌』や『交詢雑誌』『東京輿論新誌』といった言論雑誌のほか、『天主ノ番兵』『日蓮宗教報』といった宗教雑誌などが名を連ねている。『団団珍聞《まるまるちんぶん》』や『歌舞伎新報』、『都の花』や『文』なども有保証金雑誌であった。一方の無保証金雑誌は、明治十八年に百七十余誌が掲載されて以降、明治二十三年までに二百十余誌を数えるまでに増加していった。警視庁では雑誌を官令及警察・政治法律・兵事・教育・欧文教育・経済・勧業・衛生・医事・文学・技術・皇学・普通・欧文普通・山林・地質・時事論説・外交・宗教・詩文・商況及時価・広告・滑稽の二十三項目からなる「性質」に分類しているが、掲載誌がこの順番どおりに載っているわけではないようである。さて、『警視庁事務年表』は明治二十四年からは『警視庁事務成績』、二十六年からは『警視庁統計書』と改称され、「保安」項目の一つとして新聞雑誌の状況も掲載されるようになる。明治二十八年の統計書掲載「保証金ヲ要スル定期刊行雑誌配布表」には誌名のほか、各誌の「東京府下へ配布」「他府県へ配布」「本邦在留外国人へ配布」「外国在留本邦人へ配布」の数とその「合計」が記されているが、総配布数が十万部超のものを列記してみれば、『国民之友』約四十五万部、『警察眼』約二十二万部、『教育報知』約十七万部、『日本赤十字』約十七万部、『教育時論』約十五万部、『団団珍聞』約十四万部、『風俗画報』約十二万部、『東京薬事新報』約十二万部、『東京経済雑誌』約十一万五千部、『薬剤月報』約十万部のごとくである。上記以外で群を抜いて多いのは『日清戦争実記』約二百八十万部、『少年世界』約百九十万部、『太陽』約百二十万部の三誌で、発行元である博文館の雑誌帝国たるゆえんの一端をうかがい知ることができる。同年の無保証金雑誌で百万部を超えているものは、『米況新報』約二百三十万部、『東京商況新報』約百六十万部、『米商日報』約百二十万部、『商事』約百万部のごとくで、時勢とも相まった実用的な商況雑誌の盛況ぶりがうかがえる。新聞紙条例で保証金の有無が規定されて以降、政治時事を扱う有保証金雑誌よりも学術技芸などを扱う無保証金雑誌のほうが多かったのだが、年々その差は縮まっていき、明治三十年(一八九七)にはほぼ同数、明治三十一年には有保証金雑誌のほうが上回る結果となった。以後はこの関係で続いていき、明治四十五年(一九一二)には有保証金雑誌が二百五十六誌、無保証金雑誌が二百二十一誌を数えるに至るのであった。

参考文献 『法規分類大全』文書門一(一九八一、原書房)、『明治前期警視庁・大阪府・京都府警察統計』(一九八五—八六、柏書房)、『警視庁統計書』明治二十四—四十五年(一九九七—九八、クレス出版)
(磯部　敦)

〔私立学校〕明治五年(一八七二)八月の「学制」制定により、大学—中学—小学という公教育体制樹立の理念が提起されたが、明治前期の教育の大きな部分は私立学校が担った。この特徴は、東京において最も著しい。明治十年(一八七七)において、東京府の小学校総数八百二十九校のうち私立小学校は六百八十四校(八二・五%)であった。また、同年の東京府の中学校総数は二百九校であったが、そのすべてが私立学校であった。さらに、外国人教師による専門技術の教育の場とされた専門学校の東京の学校数をみると、明治十年には学校数二十六校のうち十八校が私立学校であり、約六九・二%を占めていた。このように東京において私立学校によって教育の多くの部分が担われた理由としては、第一に、東京は大都市であり、人口が密集しており、教育を受けるべき児童・生徒も多いにもかかわらず、その需要に応じた教育機関を公財政で建設できなかったことがあげられる。第二に、政府が樹立しようとした公教育の枠組みにはとどまらない多様な教育への需要が存在したということがあげられる。これらの要求はさまざまであり、算盤などの生活に密着した技術の修得や、文明開化以降軽視されがちな漢学を習熟するということもあった。また、外国語や法律など、近代的な学術を専門的に学習することや、宗教教育を受けたいということもあった。これらの多様な要求に、明治前期の私立学校は応えていたのである。明治十二年の教育令は、このような私立学校の力に依拠して公教育体制を充実させようという意図を一部に有していた。しかし、十三年の教育令改正以後、小学校令・中学校令など学校制度が確立されていくに従い、教育内容・教育設備について国家統制が強まり、次第に学校教育全体が画一化し、官尊民卑の姿勢が強まった。その中で、特に小学校教育の分野で私立小学校は駆逐され、教育機関の官公立化が強化された。しかしながら、国家の枠にとどまらない教育への需要はその後も存在し、特に、中等教育・高等教育の分野において、東京の私立学校は一定の地歩を占め続け、現在の私立大学・高校・中学校の源流となった。

〔初等教育〕明治五年の「学制」発布以前から、東京には多くの数の私塾(寺子屋)が存在し、民間の分野で初等教育を担っていた。学制において、東京府は千二百六十校建設することが要請されたが、「学制」発布時には六校しか建設されておらず、結局、既存の私塾を私立小学校に改組して教育の普及をはかるしかなかった。明治十三年の教育令改正以降、私立小学校への規制が強まり、私立小学校は減少していく。特に二十三年(一八九〇)の第二次小学校令は、私立小学校を公立小学校の「代用」として位置づけるなど公立小学校重視の姿勢を鮮明にした。

そして、四十一年(一九〇八)の義務教育六年制の導入に伴い、私立小学校による「代用」制度を原則廃止した。ここで、東京の多くの私立小学校は廃業に追い込まれていった。〔中等・高等教育〕明治前期の東京には、慶応義塾・東京専門学校(早稲田大学)・済生学舎・学農社・仏学塾など、多くの私立学校があり、外国語・法律・医学・農学など多様で専門的な学術が教育され、この時期の東京における中等高等教育の大きな部分を占めた。特に、東京専門学校などは、民権運動に多くの学生が賛同し、その基盤となった。しかし、公教育体制が確立し、それに見合った形で官公立の教育機関が整備されて、私立学校は、公教育体制に適合しない教育機関とされた。これらの私立学校には、官公立学校には賦与された上級学校への進学権と在学時の徴兵免除の特権が認められなかったため、有力な私立学校は、これらの特権を得るために、文部省の規制を受容し、中学校令・高等女学校令・実業学校令・専門学校令が適用される中等もしくは高等教育機関となっていった。さらに、明治三十二年(一八九九)の私立学校令と同年の宗教禁止訓令によって文部省は私立学校一般を厳しく規制するようになった。

[参考文献] 馬田英雄『私学百年史』(一九六八、東出版)、菅原亮芳『私立学校の歩み』中(『初任者研修ブックレット』、一九九四-九七、日本私学教育研究所) (中嶋 久人)

〔銀行〕明治維新直後、新政府の財政は租税に頼ることができず、紙幣である太政官札(金札)の発行に依拠した。明治五年(一八七二)十一月、国立銀行条例が布告された。この国立銀行は、資本金(下限五万円)の六割を太政官札により政府に納入し、同額の銀行券(紙幣)の発行を認め、さらに四割を正貨により払い込み、兌換準備にあてることとされていた。また、この条例では、金融活動を行う民間機関について銀行類似会社として届出を要するとした。しかし、この国立銀行条例による国立銀行は、明治六年に設立された東京の第一国立銀行ほか四行にすぎなかった。九年八月、秩禄処分による金禄公債発行を契機に、国立銀行条例が改正され、紙幣の兌換が中止されるとともに、資本金の八割を金禄公債などの公債により供託し(二割は政府紙幣)、その額と同額の紙幣を発行することが認められた。改正後、各地で国立銀行設立が相つぎ、最終的には全国で百五十三行、東京では十七行設立された。東京の代表的な国立銀行として、先の第一国立銀行のほか、安田善次郎を中心とする第三国立銀行や華族を中心とした第十五国立銀行があげられる。一方、国立銀行条例改正により、銀行類似会社のほかに私立銀行設置が認められ、三井銀行(明治九年設立)や安田銀行(明治十三年(一八八〇)設立)と設立が相つぎ、明治十二年の国立銀行設立の中止以降急増した。十五年の日本銀行の設立により、国立銀行は営業年限が二十年と決められ、紙幣の発行権を失った。二十三年(一八九〇)に普通私立銀行条例が布告され、以降、国立銀行の普通銀行化が顕著となった。同年八月には貯蓄銀行条例も出され、貯蓄銀行に対する特別な法規が制定された。二十九年四月に日本勧業銀行法・農工銀行法が公布され、翌年農業貸付を目的とした日本勧業銀行・農工銀行が設立された。さらに、三十五年(一九〇二)には有価証券担保金融をめざす日本興業銀行が設立された。

[参考文献] 『地方銀行小史』(一九六一、全国地方銀行協会)、『東京百年史』二・三(一九七二) (中嶋 久人)

とうきょうふうはんせんかいしゃ　東京風帆船会社　明治十三年(一八八〇)八月、郵便汽船三菱会社の海運独占の打破を目的とし、渋沢栄一と三井物産の益田孝を中心に、鍵富三作《かぎとみさんさく》(新潟)、諸戸清六《もろとせいろく》(桑名)、藤井能三(伏木)、宮路助三郎《みやじすけさぶろう》(函館)ら、三菱に不満を抱く各地の豪商が参加して設立。資本金三十万円。十四年一月、社長に海軍大佐遠武秀行《とおたけひでゆき》が就任。当初、風帆船会社と称した。北海道の海産物輸送をはじめ、西洋形帆船による沿岸貿易を中心としたが、濠州・香港などの海外航路にも進出した。十四年八月に百万円への増資を決定、まず二十万円を募集したが失敗、政府へ資金補助を請願した。これに対し、政府は北海道運輸・越中風帆船とともに共同運輸への合併を計画、十六年一月に合併され、遠武は共同運輸副社長に就任した。三〇〇トン級帆船八隻が共同に引き継がれた。 →共同運輸会社《きょうどううんゆかいしゃ》

[参考文献] 竜門社編『渋沢栄一伝記資料』八(一九五六) (小風 秀雅)

とうきょうふしょじゃくかん　東京府書籍館　明治十年(一八七七)五月から同十三年六月まで湯島聖堂内にあった東京府の図書館。文部省が所管する東京書籍館が十年二月財政難によって閉鎖された後を東京府が受け継いだ。同年五月五日開館、同十一日には東京府書籍館規則を制定している。十二年三月従前の規則を廃止して新たに東京府書籍館規則を定めたが、「本館を府立と為し、知事之を管轄、規則を定めて館長に委任し(下略)」(第一条)、「本館一切の所費は地方税を以て之を支弁し(下略)」(第二条)とあるように、この改正は、十一年七月制定された府県会規則に基づき東京府会が新たに開設されるのに伴い、従来官費で運営してきた書籍館を地方税による運営に改めたことに対応している。これより同館は名実ともに自治体立(府立)の図書館となった。十二年度地方税による書籍館経費は四千八十九円余(決算)である。書籍館には編輯・司計・出納・書目などの掛が置かれ、幹事がこれを統括した。幹事は当初欠員であったが、十年十二月二《ふた》橋元長《はしもとなが》(同年九月採用)が初代幹事に就任、十二年四月二橋退職後は岡千仞《おかせんじん》(十一年二月採用)がその後任となった。東京府は書籍館の発展に力を注ぎ、館外貸出サービスの実施や目録刊行によって利用者の便を図るとともに、年二回施設を開放して市民の縦覧を許すほか、知事みずから各国公使や皇族その他朝野の名士を書籍館に招き供応するなど、その社会的認知度を高めるために積極的な活動を展開したが、文部省の突然の返還命令によって十三

年七月同館は東京府の手を離れ、官立の東京図書館と改称して再発足することになった。返還を要するときは二年前に予告するという約束を反故にした文部省のこの措置は府庁に衝撃を与えたようで、応諾の回答書にはその無念さがにじみ出ている。↓書籍館《しょじゃくかん》 ↓帝国図書館《ていこくとしょかん》

参考文献 「明治十三年・稟議録・市街地理」（東京府文書、東京都公文書館蔵）、高平真藤『東京府書籍館記』（一八七九、国立国会図書館蔵）、竹林熊彦「東京府書籍館沿革考」（『図書館雑誌』三〇ノ九、一九三六）、『上野図書館八十年略史』（一九五三）　（白石　弘之）

とうきょうふじんきょうふうかい　東京婦人矯風会　日本キリスト教婦人矯風会Japan Woman's Christian Temperance Union の前身。万国婦人禁酒会World Woman's Christian Temperance Unionが、世界各国に支部を設立することを目指し、アメリカ人女性メリー＝クレメント＝レビットを来日させ、設立準備が行われた。明治十九年（一八八六）七月二十四日、矢島かぢ、海老名みや、湯浅はつ、佐々城とよ、その他を発起人とし、明治女学校にて巌本善治、津田仙らの同席のもと準備会が開かれ、十二月六日、日本橋教会において発会式が行われた。テンペランス＝ユニオンを「矯風会」と訳し、東京婦人矯風会として発足した。明治二十一年（一八八八）には『東京婦人矯風会雑誌』を発行し（のちに『婦人矯風会雑誌』『婦人新報』と改称）、同会は女性にとっての「弊風」の矯正、すなわち「男尊女卑の風俗及び法律を除き一夫一婦の制を主張し娼妾を全廃し家制交際の風を改め飲酒喫煙放蕩遊惰の悪習を刈る」（『日本キリスト教婦人矯風会百年史』五一頁）ことを目的として活動を開始した。明治二十二年には、妻が夫以外の男性と姦通した場合だけでなく、夫が妻以外の女性と姦通した場合も刑法と民法の処罰の対象とすべきことをうたった「一夫一婦の建白書」を元老院へ提出し、以後も帝国議会などへの提出を継続している。同会が一貫して行なった代表的な活動は公娼制度廃止運動である。公娼廃止を要求する請願を帝国議会議員らに対して行なった。一八八〇年代から帝国議会開設期にかけては、各地の県会で、自由民権運動とも連動しつつ、公娼制度廃止建議書が提出され、群馬県などで公娼廃止が県会で可決された。こうした中で、明治二十六年四月、東京婦人矯風会は全国的組織としての日本キリスト教婦人矯風会と改称し、二十七年には、遊廓などから救済された女性を保護し、自活のための授産を行う目的の施設、慈愛館を大久保百人町（東京都新宿区）に開設した。同館は今日に至るまで婦人保護事業を継続している。一方、慈愛館にならい、明治四十年（一九〇七）には大阪婦人矯風会の林歌子によって大阪婦人ホームも設置されている。日露戦争に際して矯風会は、軍人の慰問などを行う一方で、軍人の間に矯風会の主張を広める努力を行なった。また、日露戦後に「満洲」で売春業とそこで働く女性たちが増加したことに対し、満洲婦人救済会を設立した。明治末の明治四十二年から四十五年にかけては、各地で火災による遊廓の焼失が起ったが、矯風会はそれらの焼失した遊廓の再建反対運動に取り組んだ。明治四十二年七月には、大阪の曾根崎遊廓が火事で全焼したのに際し、矯風会はその再建に反対した。遊廓移転期成同盟会も結成され、同遊廓を一般住居地などと隔離するために大阪市外へと移転する運動が展開され、最終的に同遊廓は移転ではなく廃止にまで至った。また、明治四十四年には、東京の吉原遊廓が火事で全焼した。これに対して矯風会は廃娼演説会を開催、公娼廃止請願書への署名運動などを展開し、同遊廓の再建反対を訴えた。しかし吉原遊廓は再建、営業を許可された。これを契機として、廓清会が発会し、以後の廃娼運動を矯風会とともに担うこととなった。さらに、明治四十五年に大阪難波新地遊廓の大半が火事で焼失した際にも、矯風会は廓清会などと再建反対運動を展開し、同遊廓は廃止に至った。しかし、大正五年（一九一六）には、大阪府飛田に新たな遊廓設置計画が持ち上がり、矯風会大阪支部をはじめとする反対運動にもかかわらず、飛田遊廓が新設されるに至った。大正デモクラシー期になると、日本キリスト教婦人矯風会の活動をさらに拡大した。各地に支部がつぎつぎと設立された。従来の禁酒・廃娼運動については、各地の支部を通じて学校・処女会・婦人会などへの講演活動を拡大し、各県会や帝国議会への請願運動も強めた。また、国際連盟の婦女売買禁止運動とも連携しつつ婦女売買禁止のための法整備の要求活動を続けた。一方、大正十年（一九二一）には日本婦人参政権協会を組織し、婦人参政権獲得運動にも乗り出した。昭和期に入り、満洲事変、日中戦争、アジア太平洋戦争に際しては、官製運動と密接に関係した運動を展開しながらも、終始公娼廃止・男女の人格的平等や一夫一婦制の確立について主張し続けた。↓公娼制度《こうしょうせいど》 ↓廃娼運動《はいしょううんどう》

参考文献 『日本キリスト教婦人矯風会百年史』（一九八六、ドメス出版）　（小野沢あかね）

とうきょうぶつりがっこう　東京物理学校　現在の東京理科大学の前身。明治十四年（一八八一）六月に東京物理学講習所として設立された。創立者は中村精男《なかむらきよお》・寺尾寿《てらおひさし》ら東京大学理学部物理学科の第三回までの卒業生有志十九人とほか二人で、東京大学における創設期の物理学がフランス語で教授されていたのに対し、創立者らは近代国家の繁栄の基礎は科学技術にあるとの認識から日本語による「理学の普及」を目指し、同校を創設して維持同盟（三十円の寄付と週二回の無償講義など）を結んだ。はじめは物理学思想普及のための通俗講演会を開催する予定であったが、当時は自由民権運動への取締りが強く、講演会の開催が許可されなかったことから、夜学校の開設に踏切ったとされる。この理学普及運動は、当時の東京大学教授の共感を呼び、菊池大麓《きくちだいろく》・山川健次郎・田中館愛橘《たなかだてあいきつ》・長岡半太郎・桜井錠二《さくらいじょうじ》らの応援を受けた。明治十六年九月に東京物理学校と名称を変更。京都帝国大学

の理工科大学の創設(三十年(一八九七))や早稲田大学の理工科の設置(四十二年(一九〇九))などに至るまで、東京帝国大学とともに明治期に自然科学を教授した数少ない高等教育機関で、独自の物理教育を行い、有用な人材を輩出した。大正六年(一九一七)三月には専門学校令による東京物理学校となった。また十五年(一九二六)に高等師範科を置くなど、同校は物理学・数学の中等学校教育教員の養成にも力を注いだ。戦後の新学制のもとで大学となり、昭和二十四年(一九四九)二月に東京理科大学(理学部)を設置した。その後、薬学部、工学部、理工学部、基礎工学部を増設して理工系の総合大学に発展するとともに、平成四年(一九九二)にははじめての文系の経営学部を設けた。併設校として、山口東京理科大学(開学平成七年)、諏訪東京理科大学(同平成十四年(二〇〇二))がある。

参考文献 『東京理科大学百年史』(一九八一)

(湯川 次義)

とうきょうふよういくいん 東京府養育院 ⇩東京《とうきょう》市《し》養《よう》育院《いくいん》

とうきょうべいこくしょうひんとりひきじょ 東京米穀商品取引所 ⇩米穀取引所《べいこくとりひきじょ》

とうきょうべいしょうかいしょ 東京米商会所 ⇩米穀《べいこく》取引所《とりひきじょ》

とうきょうべんごしかい 東京弁護士会 明治二十六年(一八九三)三月四日公布、五月一日施行の弁護士法第一八条の「弁護士ハ其ノ所属地方裁判所毎ニ弁護士会ヲ設立スヘシ」との定めに基づき、同年五月二十七日に設立された弁護士会。各弁護士会は各地の旧代言人組合が設立の準備にあたり(同年四月司法省令第六号)、東京弁護士会は東京新組合代言人会(明治十三年(一八八〇)東京代言人組合の後身)がこれを行なった。初代会長は大井憲太郎であった。発足後は弁護士の地位の向上や確立を目指し懲戒規定など会則の厳正化に勤しむとともに、司法大臣からの種々の諮問に対する答申や、東京控訴院長からの刑事裁判遅滞の改善要請に対して反論交渉を行なっている。また明治三十八年(一九〇五)九月の日比谷焼打事件の騒擾鎮圧時に、無辜《むこ》の多数の国民が警察官によって殺傷されたことを人権蹂躙問題として、東京地方裁判所検事正ならびに司法大臣に対しいちはやく建議書を提出する。なお、明治三十年二月に発足した日本弁護士協会は、弁護士法施行後の最初の全国的な弁護士団体であったが、その設立発起人には、東京弁護士会の鳩山和夫、菊池武夫、磯部四郎、岸本辰雄らが名を連ね、その活動は東京弁護士会と表裏一体の関係に立っていたといわれる。なお、大正十二年(一九二三)五月、東京弁護士会から会員三百八十四名が退会し、第一東京弁護士会を分離し設立。またその三年後には、東京弁護士会からの百五十名の退会者と、第一東京弁護士会からの退会者五十余名が共同して、第二東京弁護士会を設立した。

参考文献 『東京弁護士会史』(一九三五)、『法曹百年史』(一九六八、法曹公論社)、岩谷十郎・村上一博・三阪佳弘監修『日本弁護士協会録事』明治編別巻(二〇〇八、ゆまに書房)

(岩谷 十郎)

とうきょうほうがくいん 東京法学院 ⇩中央大学《ちゅうおうだいがく》

とうきょうほうがくしゃ 東京法学社 ⇩法政大学《ほうせいだいがく》

とうきょうほうがっこう 東京法学校 ⇩法政大学《ほうせいだいがく》

とうきょうほうへいこうしょう 東京砲兵工廠 東京に本部が置かれた陸軍兵器工場。明治三年(一八七〇)に設置された造兵司は、幕府の関口製造所(山砲の製造・修理を行う)を接収したが、その機械を利用して明治四年六月に小石川の旧水戸藩邸跡に工場が建設されたことに始まる。陸軍の造兵司が改称されて明治八年二月に砲兵第一方面内砲兵本廠となり、明治十二年(一八七九)十月東京砲兵工廠と改称された。その時に定められた工場は、小銃製造所・銃砲(銃包)製造所・火工所・大砲修理所・火薬製造所であった。また、生徒学舎(明治二十三年(一八九〇)には砲兵工科学舎)を置き、火工・銃工・鍛工・木工・鞍工などの職工養成を行なった。大阪砲兵工廠が火砲を中心としたのに対して、東京砲兵工廠は小銃製造を中心とした。明治十六年に火薬製造所は板橋と岩鼻の二ヵ所となり、明治二十三年八月の条例改正により火工所・大砲修理所は火具製造所・砲具製造所に、明治二十五年四月には海軍より目黒火薬製造所を移管され、任務に海軍火薬の製造が加わり、翌年には火具製造所が廃止され、明治三十七年(一九〇四)には熱田兵器製造所を設置した。

小石川にあった東京砲兵工廠

明治三十八年東京市外北豊島郡の十条に銃砲製造工場が移転し、こちらも大工場となった。明治四十四年（一九一一）の改正により、東京砲兵工廠提理は、陸軍火薬研究所長（大正八年（一九一九）まで）と陸軍砲兵工科学校の実業教育（大正九年まで）を担当した。大正七年、名古屋に千種兵器製造所と名古屋兵器製造所を設けた。大正十二年（一九二三）四月に陸軍造兵廠令により陸軍造兵廠東京工廠となったが、小石川工場は関東大震災で甚大な被害を受けて、次第に小倉兵器製造所に機能が移され、昭和十年（一九三五）に廃止された。十条工場は、昭和十五年四月に陸軍兵器廠令改正により東京第一陸軍造兵廠となった（東京第二陸軍造兵廠は板橋）。跡地は小石川後楽園と東京ドーム、自衛隊十条駐屯地。

参考文献　偕行社編『砲兵沿革史』一（一九六四、偕行社）

（櫻井　良樹）

とうきょうほうへいこうしょうそうぎ　東京砲兵工廠争議　東京砲兵工廠で明治三十五年（一九〇二）八月に発生した争議。同工廠砲具製造所の職工（鍛工）は横座と先手から構成されており、同製造所が同年六月下旬に実施した賃金の引き下げ措置は彼らに深刻な影響を与えた。争議は、先手たちが横座の「老人株」（古参の職工）と相談して工場長などを通じて八月十五日に賃金復旧の嘆願書を提出したことから始まる。しかし、工廠側はこの嘆願を却下し、この件で休業を続ける者に対しては解雇措置をとると強硬な姿勢を示したため、職工の反発が強まった。こうした動きは工廠の他の職場にも広がる気配を見せたが、工廠側の威嚇によって争議は終息、その後の賃金減額や解雇の実施のみならず、工廠による出勤管理の強化をもたらすなど、職工側の敗北に終った。この争議の背景には、製造所が新鋭の三十一年式速射砲の製造を開始したことに伴い、旧型の技能に依拠した職工の整理の必要に迫られていたという事情が存在した。

参考文献　『日本労働運動史料』二（一九六三）、三宅明正「日露戦争前後の労働者運動―重工業大経営を中心として―」（『社会経済史学』四四ノ五、一九七九）

（杉山　裕）

とうきょうまいにちしんぶん　東京毎日新聞　明治三年十二月八日（一八七一年一月二十八日）に創刊された日本最初の日刊新聞『横浜毎日新聞』の後身で、現在の『毎日新聞』とは別の新聞である。同十二年（一八七九）十一月十八日本拠を東京に移して『東京横浜毎日新聞』と改題、さらに同十九年五月一日『毎日新聞』に改題、さらに同三十九年（一九〇六）七月一日『東京毎日新聞』と改題したものである。『東京横浜毎日新聞』は、嚶鳴社の領袖沼間《ぬま》守一《もりかず》がみずからの言論発表機関として買収したもので、以後立憲改進党の結成に至るまで機関誌『嚶鳴雑誌』とともに政治思想の鼓吹に努めた。しかし政党活動の衰退に伴い、また党上層部の離党もあって紙勢は著しく衰え、明治十九年五月一日『毎日新聞』と改題、定価引下げや紙面の改革を図るなどしてようやく危機を脱した。同二十三年（一八九〇）五月沼間の没後は肥塚竜があとを継ぎ、同二十七年五月には島田三郎が社長となったが、新聞界における報道本位の大勢に立ち遅れて主流から大きく後退した。しかしながら社会問題に対する啓蒙に力を入れ、当時在籍していた木下尚江や石川安次郎らによる、廃娼運動や足尾銅山鉱毒事件に関する論考は特筆すべきものである。ちなみに石川は、田中正造の直訴にも参画している。そのほか、横山源之助による下層社会の実態を描いたルポルタージュも当時人気を博した。また日露戦争においては非戦論を主張してたことでも有名。同三十九年七月一日『東京毎日新聞』と改題、『大阪毎日新聞』と譲渡の交渉をすすめたが不調に終り、紙勢は低迷を続けた。同四十一年（一九〇八）十二月島田は大隈重信に社の一切を委ねて退社し、以後は『報知新聞』の経営するところとなった。しかし紙勢の挽回はならず、昭和十五年（一九四〇）十一月三十日発行を最後に『帝都日日新聞』に吸収されて廃刊した。　→横浜毎日新聞《よこはままいにちしんぶん》

（中嶋　晋平）

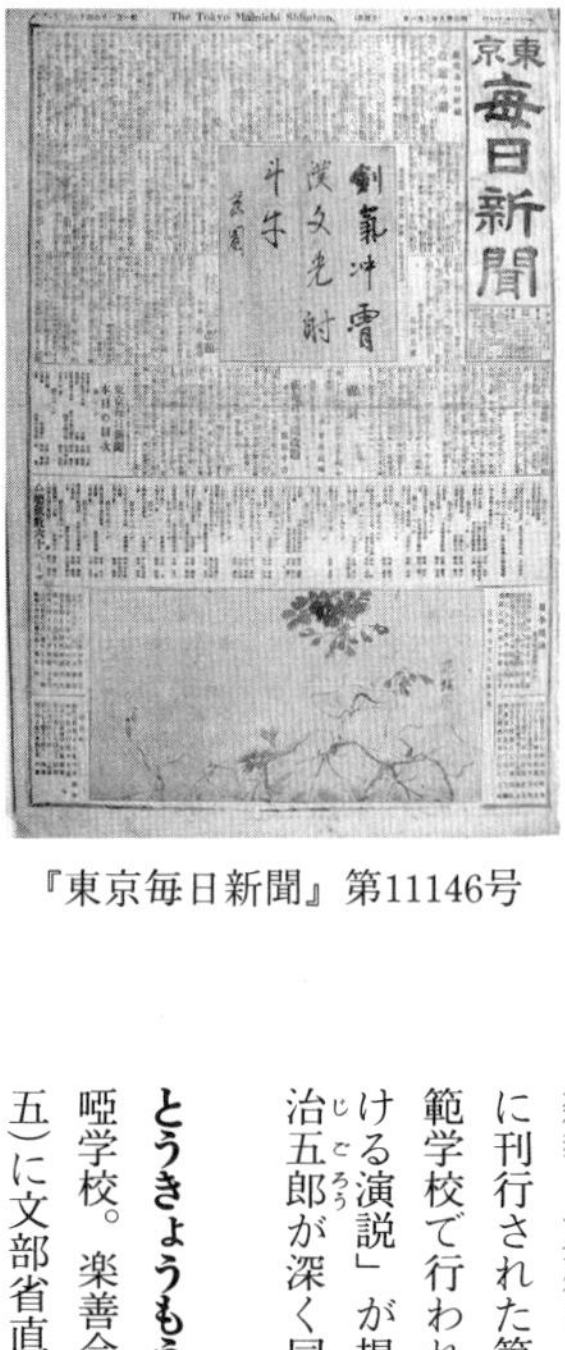

『東京毎日新聞』第11146号

とうきょうめいけいかいざっし　東京茗渓会雑誌　東京師範学校卒業生を会員とし東京師範学校関係者を客員とする東京茗渓会が刊行した月刊雑誌。明治十六年（一八八三）一月に創刊され、三十三年（一九〇〇）一月刊行の第二〇四号を以て廃刊となった。明治三十二年より生徒数の増大に対応しきれなくなり、抑制されつづけた師範学校が増設されはじめ、東京府一校体制が維持不可能になったためと考えられる。第二〇号（明治十七年九月刊）によれば、東京師範学校卒業生四百十四名（内中学校九十六名、小学校三百十八名）、会員総数二百五十三名（在東京四十九名、在地方二百四名）、客員三十八名、印刷部数三千五百五十部（十一回分の総計）と報告されている。誌面は本会記事、文部省録事、記事論説、教育方法、質問答議、雑報、文苑などから構成されていた。明治三十二年十月に刊行された第二〇一号には、九月二十四日東京高等師範学校で行われた外山正一《とやままさかず》の「故矢田部博士追悼会に於ける演説」が掲載されており、矢田部良吉の不遇を嘉納《かのう》治五郎《じごろう》が深く同情したことが語られている。

（宮地　正人）

とうきょうもうあがっこう　東京盲唖学校　官立の盲聾唖学校。楽善会訓盲院を前身として、明治十八年（一八八五）に文部省直轄となった訓盲唖院は、明治二十年（一八

八七)十月に校名を東京盲唖学校と改称した。明治二十三年七月に築地より小石川区指谷町(文京区)に新築移転。同校では、明治二十年代末より盲・聾分離の必要が意識され、明治三十二年(一八九九)七月、小西信八《こにしのぶはち》校長は、樺山資紀文部大臣宛に「東京盲唖学校ヲ盲学校聾学校ノ二校ニ分設スルニツキ上申」を提出し、入学志願者の増加と施設の狭隘化、盲と聾唖の性質の違いによる同一校での教育困難性を訴えて当局に「分設」を迫った。その「上申」から十年後に文部省直轄諸学校官制が改正され、明治四十二年(一九〇九)四月に東京盲学校(新設)の分離独立が法制上実現し、さらに翌明治四十三年三月に同様の改正により東京盲唖学校が東京聾唖学校に改称され、東京盲唖学校時代の幕を閉じた。この分離・独立までの二十余年間、東京盲唖学校は、小西校長のもとで、日本の盲・聾教育の発展に中心的な役割を果たした。盲教育では、ブライユ点字の存在を手島精一《てじませいいち》(一八四九―一九一八)より教示された小西が、同点字を日本の仮名に適合するよう石川倉次(一八五九―一九四四)に翻案を慫慂し、石川は同僚と試行錯誤を重ね苦心の末、明治二十三年に日本訓盲点字を完成させた。その後拗音点字を考案(明治三十二年)し、明治三十四年四月二十二日の『官報』に掲載されて公認された。さらに明治四十四年五月に文部省著作として『日本訓盲点字説明』が刊行され、日本の盲教育の近代化を促した。聾唖教育では、明治十九年に伊《い》沢修二《さわしゅうじ》より学んだ視話法を導入し、発音教育の可能性を実証し、さまざまな教育者の集会や講演会で発音・読話の実演をして見せた。しかし、日本語の発音には同音異義語の多いことからやがて発音教育に否定的となり、主に筆談を重視していった。明治三十六年には、私立盲唖学校の増加に伴う教員不足に対応するため、教員練習科を設置して、盲唖学校の教員を養成していった。↓訓《くん》盲院《もういん》 ↓東京聾唖学校《とうきょうろうあがっこう》

(平田　勝政)

とうきょうもうがっこう　東京盲学校　官立の盲学校。明治四十二年(一九〇九)四月、文部省直轄諸学校官制の改正により、東京盲唖学校から「盲」が分離し、東京盲学校が、東京市小石川区雑司ヶ谷町(文京区)に設置されることになった。翌四十三年六月、校長として元東京女子高等師範学校教授の町田則文(一八五六―一九二九)が就任、同月新校舎も竣工し、翌七月に移転、十月に開校式を挙行した。十一月に制定された東京盲学校規程では、「東京盲学校は、盲人に普通教育を施し、並びに須要なる技芸を授け、又盲人教育に従事すべき者を養成する所とす」と定められ、学科は、普通科(修業年限五年)と技芸科および師範科(前身は教員練習科)の三科で構成された。技芸科には音楽科(修業年限六年)と鍼按科(同四年)、師

東　京　盲　学　校

範科には普通科(修業年限五ヵ月ないし一年)と音楽科(同三年)と鍼按科(同二年)が設置され、斯界の指導者を育成した。明治四十五年五月より、東京盲学校が中心となって『内外盲人教育』(年四回、大正九年(一九二〇)、第九巻秋号をもって廃刊)を発行し、内外の盲人教育の動向に関する情報を紹介していった。また、東京盲唖学校時代の『盲生同窓会報告』(明治二十七年(一八九四)創刊)を継承した『むつぼしのひかり』(明治三十六年(一九〇三)創刊)、『六星の光』(明治三十七年改題)を点字雑誌として発行し、同窓生の情報交換・文化的向上に貢献していった。

参考文献　『東京盲学校六十年史』(一九三五)

(平田　勝政)

とうきょうよこはままいにちしんぶん　東京横浜毎日新聞　⇩東京毎日新聞《とうきょうまいにちしんぶん》　⇩横浜毎日新聞《よこはままいにちしんぶん》

とうきょうよろんしんし　東京輿論新誌　明治時代前期に刊行された政論雑誌。明治十三年(一八八〇)十一月六日創刊。輿論社発行。当初は週刊だったが、十六年六月二十日の第一三〇号より旬刊となり、十九年一月六日の第二二〇号よりふたたび週刊となる。政治に関する輿論を世情に流布させることを目的としたもので、社の姿勢や政論を扱う社説や論説欄、欧米諸家の論説を紹介する翻訳欄、内外政治に緊要事項をまとめた雑報欄が中心をなす。執筆陣は沼間守一・高梨哲四郎・田口卯吉・角田真平など。明治十六年六月二十日刊の第一三〇号より

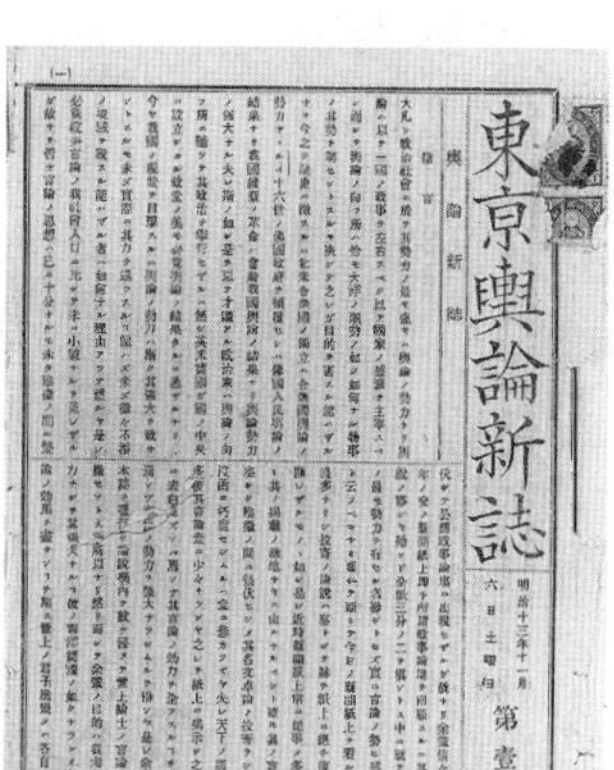
東京輿論新誌
第壹號

『東京輿論新誌』第１号

『嚶鳴《おうめい》雑誌』と合併。同号より嚶鳴社発行となる。二十一年（一八八八）一月四日刊第三二四号より、表紙にTHE TOKYO PUBLIC OPINIONと記されるようになる。二十二年には菊判だった体裁も四六判になるなどの誌面刷新が行われたが、同年十月三十日刊行の第四一九号をもって終刊となった。原誌は国立国会図書館、東京大学明治新聞雑誌文庫などが所蔵している。

参考文献 高松敏男「若き黒岩涙香（周六）の出発―『東京輿論新誌』時代をめぐって―」（『大阪府立図書館紀要』八、一九七二）、山室信一編『明治期学術・言論雑誌集成（マイクロフィルム版）』別冊（一九六七、ナダ書房）

（磯部 敦）

とうきょうりかだいがく 東京理科大学 ⇩東京物理学校《とうきょうぶつりがっこう》

とうきょうろうあがっこう 東京聾唖学校 官立の聾唖学校。明治四十三年（一九一〇）三月、文部省直轄諸学校官制の改正により、東京盲唖学校が東京聾唖学校と改められ、ここに全国の盲唖学校の魁として官立校における盲・聾唖分離が実現した。同年十一月の東京聾唖学校規程では、「東京聾唖学校は、聾唖者に普通教育を施し、並びに須要なる技芸を授け、又聾唖教育に従事すべき者を養成する所とす」と定められ、学科は、普通科・技芸科および師範科で構成され、小西信八《こにしのぶはち》が校長を務めた。普通科には尋常科（修業年限五年）と高等科（同三年）、技芸科（修業年限五年）には図画科・木工科・裁縫科、師範科には普通科（同五ヵ月ないし一年）と図画科・木工科・裁縫科（各二年）が、それぞれ設置され、斯界の指導者を育成した。刊行物としては、東京盲唖学校時代の『唖生同窓会報告』（明治二十六年（一八九三）創刊）を継承した『口なしの花』（明治三十九年（一九〇六）創刊）、『殿坂の友』（大正二年（一九一三）改題）が定期発行（年一～二回）され、同窓生の情報交換・文化的向上に貢献していった。↓東京盲唖学校《とうきょうもうあがっこう》

参考文献 東京聾唖学校編『創立六十年史』（一九三五）

（平田 勝政）

とうきょくれい 登極令 登極（極位＝皇位に登ること）に伴う代始《だいし》の儀式に関する皇室令。明治四十二年（一九〇九）二月十一日、摂政令・立儲令などと一緒に公布された。明治天皇の践祚式は旧儀によったが、改元も即位式・大嘗祭も前例のない新式で行われた。それらを再検討して、まず同二十二年（一八八九）二月制定の皇室典範で「践祚即位」（改元も含む）の大綱を定め、その二十年後に実施細則を整えたものが本令にほかならない。同三十二年（一八九九）設置の帝室制度調査局（総裁伊藤博文）では、伊東巳代治や多田好問《ただこうもん》・奥田義人などにより、はじめ即位令と大祀令が別々に起草され、やがて両方を一本化した本令が完成されるに至った。本文全十八条は簡潔であるが、それに詳細な付式を加えている。内容は、㈠践祚の式（先帝崩御直後に新帝が剣璽を継承する）、㈡改元の儀（㈠の直後に枢密院の議を経て新元号を勅定する）、㈢即位礼と大嘗祭の式（諒闇明けの秋冬に京都で大礼・大祀と大饗を行う）、㈣親謁の儀（㈢の直後に伊勢神宮と神武天皇陵と前四代山陵に拝礼する）から成る。大正・昭和の代始諸儀は、これに基づき盛大に行われた。

参考文献 所功「『登極令』の成立過程」（『産大法学』二二ノ三・四、一九八九）

（所 功）

とうぐうごしょ 東宮御所 皇太子の御在所。京都御所では皇太子の居所は御花御殿であるが、明治天皇は立太子しておらず正式には住んでいない。別に慶応二年（一八六六）八月東宮御殿上棟式があったが移らずに践祚《せんそ》を迎えている。大正天皇は、明治十八年（一八八五）三月二十三日中山忠能《なかやまただやす》邸から赤坂仮皇居内の新御殿に移り、同殿が明治二十二年（一八八九）二月十五日花御殿と名付けられ、立太子後の十二月二日に東宮御所となった。明治三十一年（一八九八）十二月一日、新東宮御所建築のため、青山離宮に仮東宮御所が置かれ転居。東宮御所は明治四十一年（一九〇八）六月には完成した（現在の迎賓館）が、嘉仁《よしひと》皇太子は移らず、即位後も仮御所に居住した。大正三年（一九一四）二月二十四日赤坂離宮に改称。昭和天皇の場合、大正元年九月九日仮東宮御所内の皇子仮御殿が東宮仮御所になり、翌年三月二十五日東宮仮御所となった高《たか》輪《なわ》御殿（朝香宮邸、のちの高松宮邸）に転居、大正十年（一九二一）十二月六日霞関離宮が、ついで十三年一月二十六日赤坂離宮が東宮仮御所となった。今上天皇は、昭和十二年（一九三七）三月十日、赤坂離宮東側の前年に竣工した和風別館を東宮仮御所とし、十八年一月の疎開まで住居。昭和二十年（一九四五）五月二十五日の空襲で焼失。昭和二十年十一月から二十一年五月まで赤坂離宮を東宮御在所とし、二十四年十二月まで学習院移転に合わせ小金井の東宮御仮寓所に移り、その後常盤松御用地の東宮仮御所（東伏見宮邸、現常陸宮邸）を経て、昭和三十五年（一九六〇）四月二十七日に旧大宮御所跡地に落成した東宮御所に移った。現皇太子は同じ建物を東宮御所として使用している。 ↓赤坂離宮《あかさかりきゅう》 ↓迎賓館《げいひんかん》

参考文献 『明治天皇紀』（一九六八―七五、吉川弘文館）、鈴木博之監修『皇室建築―内匠寮の人と作品―』（二〇〇五、建築画報社）

（西川 誠）

とうぐうしょく 東宮職 皇太子（東宮）に関する事務を掌る宮内省の一部局。令制では春宮坊と称され、明治二年（一八六九）七月制定（八月改正）の職員令でも太政官の下に春宮坊が置かれた。同二十二年（一八八九）十一月三日、嘉仁《よしひと》親王（のち大正天皇）の立太子に伴って東宮職が宮内省に設置され（宮内省達第二号）、東宮大夫以下、東宮亮・東宮侍従長・東宮侍従・東宮武官などが置かれた。また、「宮事ヲ管理シ、供御服・御用度・営繕及主管ニ属スル会計ヲ掌ル」東宮職は、庶務課・主計課および用度課に分課された。同四十年（一九〇七）十一月、皇室令第六号の東宮職官制が制定され、「宮内大臣ノ管理ニ属シ東宮ニ関スル事務ヲ掌ル」東宮職に東宮大夫・東宮侍

従長・東宮侍従などを置くことと改められた。戦後の宮内庁にも東宮職があり、東宮大夫のもと、東宮侍従長・東宮侍従・東宮女官長・東宮女官・東宮侍医長・東宮侍医などの職員がいる。

参考文献 帝国学士院編『帝室制度史』四(一九四〇)

(篠田 孝一)

とうけい 東京 明治前半期の首都東京の呼称。江戸が東京と改称されたのは、一般的に明治元年七月十七日(一八六八年九月三日)のこととされている。新政府が江戸に下した天皇親政を掲げた詔書の中で、「自今江戸ヲ称シテ東京トセン」と、江戸は東京と改称された。この東京はただちに地名をあらわしたのではなく、東西二京論に立脚する新造語であった。明治初年から二十年代ごろまでは、首都東京は「トウキョウ」とともに「トウケイ」という呼び方もあった。詔書の「東京」に振り仮名があったわけではなく、読み方について根拠となるような法令が出たわけではなかった。また東京の「京」の字に一本棒を入れた「亰」の文字も使われていた。この「京」の読み方は『康熙《こうき》字典』などを根拠に「ケイ」または「ゲン」と読ませることから東京は「トウケイ」と読ませるのが通例であったとする見解もある。公文書や小説などにも「トウケイ」とルビが付されているものがみられるが、その背景に江戸に対する追慕の情、新政府への反発を指摘する見方もあるが、まだ確証は得られない。用例を整理すると、東京は「東京」「東亰」の二種の文字が使用され、その読み方も「東京《とうきょう》」「東京《とうけい》」「東亰《とうけい》」「東亰《とうきょう》」と四様に混用されていたようである。東京の文字は昭和期まで『東亰朝日新聞』など新聞の題字などに残されており、明治以来続いている東京都の史料集『東京市史稿』の書名は今も亰のままである。

参考文献 小木新造『東亰時代―江戸と東京の間で―』(『NHKブックス』、一九八〇、日本放送出版協会)、東京都編『レファレンスの杜―江戸東京歴史問答―』(『都史紀要』三九、二〇〇三)

(松平 康夫)

とうけいいん 統計院 明治初期、太政官に置かれた中央統計機関。明治十四年(一八八一)五月、太政官会計部統計課(元の太政官政表課)が改組されて成立。明治十七年十二月太政官制の廃止に伴い、内閣統計局(今日の総務省統計局の前身)に改組。この組織は、明治十四年四月に大隈重信が提出した建議書「統計院設置の件」にもとづいて設置され、大隈はその院長となった。組織のデザインは、大蔵省の傭い外国人であったマイエットが、プロイセンの統計組織法を模範として作成した。その機構は九つに分かれ、第一課が土地・東京・北海道、第二課が人口調査・宗教・慈恵、第三課が政治・財政・軍政、第四課が司法・警察・教育、第五課が農業・工業、第六課が商業・通運、第七課が保険・衛生、第八課が編纂および検算、第九課が庶務および出納を担当した。この組織編成からも伺われるように、統計院は統計のみでなく、広範な事項に関する調査をその業務としていた。その背後には、伊藤博文をはじめとする薩長派と対立していた大隈が、国会開設に備えて、政務上の調査の権限を掌握しておこうとした事情があったようである。矢野文雄・牛場卓蔵《うしばたくぞう》・犬養毅・尾崎行雄など、福沢諭吉ゆかりの人物が要職に配置されていた。しかしいわゆる明治十四年の政変で大隈は追放され、翌年二月には統計院も縮小される。統計院の業務の一環として『統計年鑑』(のちの『帝国統計年鑑』)の編纂がある。これには当初牛場が第三課長としてあたったが、大隈のあとを追って彼が十月に辞職することで中断。十一月から再開された。『第一統計年鑑』は明治十五年に完成。以後継続して刊行された。杉《すぎ》亨二《こうじ》は太政官政表課から引続き統計院にも奉職し、第二課長として、『甲斐国現在人別調』の編集にあたった。また鳥尾小弥太《とりおこやた》院長に対して統計学教授所設立の提案をした。統計学教授所は予算の制約で却下されたが、鳥尾の後援もあり、明治十六年には、日本初の統計学の教育機関共立統計学校が設立された。杉は明治十七年の統計局への改組にあたり辞職した。→内閣統計局《ないかくとうけいきょく》

(佐藤 正広)

とうけいがく 統計学 今日統計学と訳されるstatisticsの語源がラテン語のstatusであることからも推測できるように、この学問は元来、もっぱら数値情報にかかる学問ではなく、国家および社会の状況を秩序立てて記述する方法、いわゆる「国状学」であった。大量観察・大数法則を基礎とする学問として統計学が確立したのは、おおむね一八三〇年代前後である。イギリスではいわゆる産業革命の進行で発生した社会問題や、大英帝国の形成に伴い発生した植民地での衛生問題などの正確な把握と解決の手段として、またフランスやドイツでは啓蒙主義の展開とともに社会経済情勢の客観的把握の手段として、さらにイタリアではリソルジメント(イタリア統一運動)の展開とともに小王国割拠による社会的な不正や不合理を客観的に示す道具として、相互に交流を持ちつつ発展した。日本には、幕末に杉亨二《すぎこうじ》がこの学問を導入した。「統計」という語は漢字本来の字義としては「合計」と同じである。そのため杉はstatisticsを「統計」と訳すことに反対し、「スタチスチック」「表記学」などの語を用いたり、「㝍知㕜」と新字を考案するなどした。明治初年、杉は太政官政表課で、下僚らにヨーロッパの統計学書を翻訳させると同時に『甲斐国現在人別調』の実施などを通じて実地訓練をし、日本最初の統計家集団を形成していった。一八九〇年代になると、いくつかの高等教育機関にも統計学の講義が開設され、その学問的担い手を国内で養成できるようになると同時に、各地で統計講習会が開催され、統計作成を現場で支える実務家の養成も進んだ。調査の体系についていうと、明治時代から昭和戦前期まで、わが国では全数調査(センサス)がもっとも正確な調査であるとされ、その正確さをいかなる手段で確保するかが、統計学の重要な課題であった。戦後になる

と欧米から確率論にもとづく標本理論が本格的に導入され、母集団リストとしての全数調査と、母集団の詳細な属性を知るための標本調査との組み合わせに基づくものへと調査体系が再編されて今日に至っている。

（佐藤　正広）

とうけいきょうかい　統計協会　統計学者および統計実務家による連絡団体。その原型は一八三〇年代に英国各地に組織されていったstatistical societyにあると思われる。日本におけるその嚆矢は明治十一年（一八七八）発足の東京統計協会である。明治九年（一八七六）設立の統計学社がアカデミックな組織であったのに対し、東京統計協会は、統計学者のほか、各官庁に所属する統計実務家の連絡組織としての性格が強かったといわれる。ただし両組織の成員の多くは重複している。東京統計協会はその後昭和十九年（一九四四）に統計学社と合併して大日本統計協会となり、昭和二十二年（一九四七）には日本統計協会と改称して今日に至る。また、一八九〇年代末以降、全国の道府県の統計講習会に講師として参加した統計家たちの勧めにより、各道府県にも統計協会が設置されていった。地方統計協会は、道府県官吏や地域財界の有力者などから構成され、事務所は道府県庁内に置かれることが多かった。この点、純然たる民間団体であった英国各地のstatistical societyとは性格を異にする。

（佐藤　正広）

とうけいざっし　統計雑誌　明治九年（一八七六）十二月、大蔵省統計寮から創刊された統計雑誌。明治政府部内では、明治四年に太政官正院政表課と大蔵省統計司（のち統計寮と改称）が設置され、統計行政をめぐる権力争いが繰り返されていた。その後、内務省からの調停もあって、明治九年十二月に大蔵省事務章程のうち統計事務の項が改正され、政府の統計業務は政表課が専管し、物産統計は内務省、財政・貿易統計は大蔵省が担当することになった。大蔵省の権限が縮小し、太政官政表課が政府の中央統計機関となったが、大蔵省統計寮は『統計雑誌』第一号を刊行した。同誌は四六版、本文二十二頁で、「統計ノ由来」「人口ノ事」の二編の記事が掲載されていた。しかし、大蔵省統計寮は明治十年（一八七七）一月に廃止され、大蔵省本局付属分課としての統計課となった。『統計雑誌』も一号で廃刊になった。

参考文献　藪内武司「統計雑誌」（杉原四郎編『日本経済雑誌の源流』所収、一九九〇、有斐閣）

（老川　慶喜）

とうけいしゅうし　統計集誌　東京統計協会の機関誌。明治十三年（一八八〇）十一月創刊、昭和十九年（一九四四）六月七五四号に至る。当初の四号（明治十四年いっぱい）は不定期刊。第五号からは月刊。統計学社の『統計学雑誌』とともに、日本における統計学者ならびに統計実務家の学問研究・教育・情報交換の場となった。明治期の同誌の内容は、日本内外を対象として、最新の統計学、各地における調査結果などの紹介記事のほか、統計を用いた社会経済の分析結果、各省庁における統計関係の人事、各地における統計講習会や統計団体の組織、会員の動向など多岐にわたる。同誌はまた、国勢調査推進運動の拠点ともなっている。また、一八九〇年代半ばには、藤沢利喜太郎《ふじさわりきたろう》と呉文聡《くれあやとし》・河合利安・横山雅男らとの間でかわされた統計学論争の際、論戦の舞台ともなった。昭和十九年、統計学社の機関誌『統計学雑誌』と合併して『大日本統計協会雑誌』となり、さらに二十四年（一九四九）、日本統計協会の機関誌『統計』に継承されて今日に至る。

（佐藤　正広）

とうごうへいはちろう　東郷平八郎　一八四七―一九三四　明治から昭和時代初期の海軍軍人。薩摩藩士東郷吉左衛門実友の四男として、弘化四年十二月二十二日（一八四八年一月二十七日）に鹿児島に生まれる。幼名は仲五郎。薩英戦争に参加。明治元年（一八六八）正月薩摩藩軍艦春日乗組として戊辰戦争に参加。三年十二月軍艦竜驤見習士官。四年二月からイギリスに留学。語学などを修学した後、六年二月から七年十二月まで商船学校の練習船ウースターで航海訓練。八年二月から九月まで英国軍艦ハンプシャー乗組。十一年（一八七八）五月イギリスで建造された比叡に乗って帰朝する。帰朝後は軍艦の乗組や副長などを勤めた。十七年五月天城艦長となった。この際、清仏戦争が起りフランスクールベ艦隊に従う。十九年五月新造国産巡洋艦大和艦長となる。七月海軍大佐となるが、健康を害したため数年間の病気療養の時を過ごす。二十三年（一八九〇）五月呉鎮守府参謀長となり二十四年十二月浪速艦長となる。二十六年ハワイ革命、政変に際し居留民保護のために現地に赴く。日清戦争では浪速艦長として清兵を輸送中のイギリス商船高陞号《こうしょうごう》を撃沈し、開戦の口火を切る。二十八年二月海軍少将、常備艦隊司令官となり、澎湖諸島占領に従事した。三十三年（一九〇〇）五月常備艦隊司令長官として、北清事変に際して艦隊を天津に集結させた。また、佐世保や舞鶴鎮守府司令長官を歴任する。三十六年十月山本権兵衛海相の選任により常備艦隊司令長官となり、十二月連合艦隊司令長官兼第一艦隊司令長官となる。日露戦争に際しては旅順口閉塞作戦、黄海海戦を指揮し、旅順陥落後、鎮海湾においてバルチック艦隊の東征を待ち受け、三十八年五月二十七日から二十八日にかけての日本海海戦でバルチック艦隊を潰滅させ、日本の勝利を決定づけた。戦後、海軍軍令部長、伯爵を授けられる。大正二年（一九一三）四月元

東郷平八郎

帥府に列せられる。三年東宮御学問所総裁となる。昭和九年(一九三四)五月三十日死去、八十八歳。侯爵。↓日本海海戦《にほんかいかいせん》

参考文献 田中宏巳『東郷平八郎』(『ちくま新書』、一九九七、筑摩書房)、小笠原長生『聖将東郷全伝(復刻)』(一九八七、国書刊行会)　(太田 久元)

とうごうまさみち　東郷正路　一八五二—一九〇六　海軍軍人。嘉永五年三月一日(一八五二年四月十九日)に生まれる。父は福井藩士東郷晴霞。明治五年(一八七二)九月に海軍兵学寮に入る(海兵五期)。明治十年(一八七七)六月、少尉補任官。主として海上勤務を経て明治十八年六月に大尉へ昇進。同年十二月常備小艦隊参謀。明治二十八年(一八九五)六月に鳥海艦長、同年十二月に大佐へ昇進し、翌年一月には西京丸艦長として日清戦争に出征。明治三十二年(一八九九)三月に軍艦八雲回航委員としてドイツに出張。翌年十一月、海軍兵学校教頭兼監事長。明治三十五年五月に少将昇進、海兵校長に就任。翌年十二月、第六戦隊司令官。明治三十八年十一月、第四艦隊司令官に着任の後、中将へ昇進。明治三十九年一月四日没。五十五歳。翌年嗣子の東郷安《やすし》に男爵を遺贈。

参考文献 外山操編『陸海軍将官人事総覧』海軍篇(一九八一、芙蓉書房出版)、秦郁彦編『日本陸海軍総合事典』(一九九一、東京大学出版会)　(佐藤 宏治)

とうざいしんぶん　東西新聞　⇩東京絵入新聞《とうきょうえいりしんぶん》

どうざん　銅山　⇩鉱山《こうざん》

どうししゃえいがっこう　同志社英学校　⇩同志社大学《どうししゃだいがく》

どうししゃじょがっこう　同志社女学校　京都初のキリスト教系女学校。明治八年(一八七五)、男子校の同志社英学校が新島襄やJ・D・デイヴィスらにより設立された翌年、アメリカン＝ボード派遣の女性宣教師、A・J・スタークウェザーがデイヴィス宅(京都御苑内)に開いたミッション＝スクール京都ホームが前身。翌年四月、新島を校長として現在地(今出川校地)に移転し、同志社分校女紅場《にょこうば》となる。同年九月、同志社女学校と改称。明治二十五年(一八九二)、最初の卒業生五人を出す。ミッション派遣の女性宣教師が、多数、協力を惜しまなかったが、とりわけ六十年にわたったM・F・デントンの貢献は特筆すべきである。戦後、新制の女子中学校・高等学校・女子大学となる。同一の学校法人の中に共学大学と女子大学を併せ持つ学園は、きわめて珍しい。

参考文献 『同志社女子大学百二十五年』(二〇〇〇)　(本井 康博)

どうししゃじょしだいがく　同志社女子大学　⇩同志社女学校《どうししゃじょがっこう》

どうししゃだいがく　同志社大学　京都市上京区、京田辺市にあるキリスト教系総合大学。明治八年(一八七五)、新島襄が京都御所東に設立した同志社英学校(男子校)が前身。設立にあたっては、元会津藩士の山本覚馬《やまもとかくま》(京都府顧問)や、J・D・デイヴィスらアメリカン＝ボード派遣宣教師の協力が大きかった。翌年、旧薩摩藩邸跡に移転、これが現在の今出川校地のはじまりである。十九世紀末に建造された五つのレンガ造り校舎は、すべて国の重要文化財に指定されている。明治二十三年(一八九〇)に新島が死去した後は、主として教え子の熊本バンドの者たちが、経営と教育に尽力した。明治四十五年(一九一二)、専門学校令による大学、大正九年(一九二〇)には大学令による大学となる。いずれも日本初のキリスト教系大学である。戦後、神学部など六学部の新制大学となる。平成二十三年(二〇一一)には、十三学部になった。

同志社大学　明治19年・20年ころの同志社の主要部

参考文献 『同志社百年史』(一九七九)、本井康博『アメリカン・ボード二〇〇年—同志社と越後における伝道と教育活動—』(二〇一〇、思文閣出版)　(本井 康博)

とうしてつどう　東支鉄道　一九〇三年にロシアの極東進出ルートとして、ロシアから満洲にかけての中国東北部に敷設された鉄道。営業区間は、満洲里—綏芬河間および哈爾濱—旅順—大連間の全長二五〇〇キロの鉄道で、辛亥革命(一九一一年)までは東清鉄道といい、南満洲鉄道の原型となった。東清鉄道は、鉄道の敷設権と経営権のほか、付属地の行政権、治安維持権、鉱業および商工業の営業権を獲得し、さらにロシア軍隊の輸送も行い、鉄道を中心としたロシアの対満洲侵略機関という性格を有していた。明治三十九年(一九〇六)八月、明治政府はロシアから東清鉄道の長春—旅順間ならびに一切の支線、これに属する一切の権利・特権・財産・炭鉱を引き継いだ。南満洲鉄道は、明治四十年(一九〇七)四月一日に営業を開始するが、その際にこれが政府の現物出資分となった。以後、日本に譲渡されなかった残りの路線を東支鉄道と呼んだ。↓南満洲鉄道会社《みなみまんしゅうてつどうがいしゃ》

参考文献 高橋泰隆『植民地鉄道史論—台湾、朝鮮、満洲、華北、華中鉄道の経営史的研究—』(『鉄道史叢書』八、一九九五、日本経済評論社)　(老川 慶喜)

とうしゃばん　謄写版　手書きで整版する手軽な孔版印刷機。明治二十七年（一八九四）堀井新治郎が発明したやすりの上にロウ原紙を載せ鉄筆で製版するいわゆるガリ版は、日清戦争での事務量増加の中で同年九月に近衛師団に買い上げられ、翌年に特許を取得して、軍隊、官庁、学校などへ普及していった。原理はエジソンのミメオグラフ（一八八七年）や英国ゲステットナー社の印刷機（一八八八年）に近く、堀井が一八九三年のシカゴ万博でこれらの印刷機に接して触発された発明であったが、需要に応えて改良を進め、急速に普及させた。堀井の事業は当初から協力していた子の耕造に継承され、ホリイとして平成十四年（二〇〇二）まで継続した。一方、明治二十九年には岩手県水沢の山内不二門（啓二）がゼラチンを塗布した原紙に希硫酸インクで毛筆あるいはペン書きする明治紙版を発明し、これも（毛筆）謄写版として普及した。

参考文献　田村紀雄・志村章子『ガリ版文化史―手作りメディアの物語―』（一九八五、新宿書房）　（鈴木　淳）

とうしょうぎ　唐紹儀　Tang Shaoyi　一八六二―一九三八　中国の政治家。一八六二年一月二日広東省香山県生まれ。七四年清朝政府の第三回「幼童出洋」留学生の一員として渡米。コロンビア大学に進学するが、八一年政府命令で帰国。帰国後、日清戦争前後の朝鮮で袁世凱から認められるところとなり、財務・外交官僚として頭角をあらわす。九六年駐朝鮮総領事、一九〇四年の英国チベット侵入に際して議約全権大使として対英交渉を担当、〇五年には外務部右侍郎兼会同商議東三省事宜となり満洲善後協約の締結交渉に参画。辛亥革命に際しては、袁世凱の全権代表として革命派と交渉にあたる。一二年三月中華民国初代国務総理に就任（同年六月辞職）。一七年には孫文の護法を支持し広州に移住。三一―三二年には、いわゆる広州国民政府の要職を歴任するも、三四年退任して上海へ移住。日中戦争勃発後、日本から対日協力を要請されていた唐を危険視した国民政府により三八年九月三十日上海で暗殺される。七十七歳。

参考文献　山田辰雄編『近代中国人名辞典』（一九九五、霞山会）、徐友春主編『民国人物大辞典（増訂本）』（二〇〇七、河北人民出版社）　（松重　充浩）

とうじょうきんだい　東条琴台　一七九五―一八七八　幕末・維新期の儒者。寛政七年六月七日（一七九五年七月二十二日）、江戸芝宇田川町（東京都港区）に生まれる。名は信耕・耕邦（平尾家時代）。幼名は、義蔵・幸蔵。字は子蔵。通称は文左衛門・源左衛門。号は琴台・無得斎・無得志斎・呑海翁・掃葉山房。幼にして読書を好み四書五経の句読を町医であった父から受ける。大田錦城《おおたきんじょう》・亀《かめ》田《だ》鵬斎《ほうさい》らの諸儒に師事し、文政七年（一八二四）林家に入り、昌平坂学問所で講じた。弘化四年（一八四七）、高田藩の儒臣となる。嘉永三年（一八五〇）には『伊豆七島図考』を著わして幕府の忌諱に触れたが、のち許されて士庶の教育に尽力す。慶応二年（一八六六）高田藩校修道館が設立されると、その教官となる。明治三年（一八七〇）神祇官宣教少博士となり、考証の事を掌る。五年には亀戸神社祠官権中講義に補せられる。七年教部省十等出仕に補せられるも眼病のため退官。その後失明する。十一年（一八七八）九月二十七日没。八十四歳。著に『先哲叢談後編』『先哲叢談続編』『儒林小史』『逸人小史』『経籍通志』『津逮書目』『談芸折衷』など多数ある。

参考文献　竹林貫一『漢学者伝記集成』（一九二八、関書院）、関儀一郎・関義直『近世漢学者著述目録大成』（一九四一、東洋図書刊行会）、内山知也「東条琴台の生涯と『先哲叢談後編』『先哲叢談続編』の成立について」（『斯文』一一八、二〇〇九）　（下村　泰三）

とうしょうてつごろう　東生鉄五郎　明治中期にあった書肆。井上哲次郎『倫理新説』（明治十六年）やベンサム『（新聞演説）自由論』（野田種七郎訳、明治十六年）の取次を行なっている。

参考文献　三橋猛雄『明治前期思想史文献』（一九七六、明治堂書店）　（鵜飼　政志）

とうしょしゅせい　島嶼殊制　特別な地方制度を島嶼に認めたこと。明治十一年（一八七八）七月郡区町村編制法により全国で郡区町村の編制が画一的にめざされるが、島嶼に同法を原則のまま適用することは地勢上難しいという認識に基づき、同十三年四月八日太政官布告第一四号により同法に第七条が追加され、同法を「施行シ難キ島嶼」は制度を異にすることが認められた。立法過程において地方官会議に付された第七条の内閣原案は「凡ソ島嶼ハ（略）其制ヲ殊ニスルコトヲ得」となっていたため「島嶼殊制」と称されることがあった。以降伊豆七島の島制制定、長崎県対馬や鹿児島県大島における県支庁設置といった動きが展開し、同十九年七月勅令第五四号地方官官制では支庁長が正式に認定されるとともに島嶼の行政事務を行う島司の設置が認められた。同二十一年（一八八八）四月市制町村制では町村制を施行しない島嶼を勅令で定めるとし、翌二十二年一月勅令第一号で東京府小笠原島、伊豆七島、長崎県対馬、島根県隠岐、鹿児島県の大島以下十四島の島々を指定した。同三十七年（一九〇四）隠岐での町村制施行にはじまり、大正・昭和期にかけて島嶼における特別制度は次第に解消の方向に向かった。
→郡区町村編制法《ぐんくちょうそんへんせいほう》

参考文献　西敦子「明治政府の島嶼政策」（『日本史研究』五二七、二〇〇六）、高江洲昌哉『近代日本の地方統治と「島嶼」』（二〇〇九、ゆまに書房）　（居石　正和）

とうじんおきち　唐人お吉　一八四一―九〇　アメリカ総領事ハリスの侍妾。本名斎藤きち。天保十二年十一月十日（一八四一年十二月二十二日）、尾張国知多郡西端《にしばた》村（愛知県知多郡南知多町）で船大工市兵衛とさわの娘として生まれる。伊豆下田へ転居後、父が死去し、母とともに船頭の衣類の洗濯などで生計を立てていた。ハリスの看護婦派遣要求で条約交渉が行き詰まっていた下田奉行所は、当時酌婦をしていたきちを支度金二十五両、月に十両という破格の条件で、総領事館の玉泉寺《ぎょくせんじ》へ派遣した。条約交渉は成功したが、きちは腫物ができたという理由で三日で解雇された。その後横浜での元恋人との生活に失敗し、下田に戻っての女髪結、小料理屋営業も成功せず、過度の飲酒など生活が荒れた結果破産に陥り、明治二十三年(一八九〇)三月二十三日、五十歳で入水自殺した。遺骸の引取を斎藤家に拒否され、宝福寺が埋葬、釈貞観尼の法名を与えた。昭和三年(一九二八)、十一谷《じゅういちや》義《ぎ》三郎《さぶろう》が小説『唐人お吉』(『現代日本文学大系』六二に収録)を発表以来、イメージの一人歩きが始まった。

参考文献 東京大学史料編纂所編『大日本古文書』幕末外国関係文書一六(一九七二、東京大学出版会)、『下田市史』資料編三中・三下の一、一九六二・六四)、吉田常吉『唐人お吉―幕末外交秘史―』(『中公新書』、一九六六、中央公論社)

(桜井 由幾)

どうじんしゃ 同人社 明治前期、中村敬宇(正直)が東京府小石川区江戸川町(東京都文京区)に開いた私学。昌平坂学問所儒者中村は幕府遣英留学生取締としてロンドンに滞在したが、明治元年(一八六八)幕府崩壊をきいて帰国した。しばらく徳川家の学問所教授として静岡で、『西国立志編』『自由之理』などの著述に専念したが、六年上京し小石川の自宅に同人社を開いた。開学願書は六年二月、校主中村、社中柳沢信大《やなぎさわのぶもと》、同木平譲の連名で東京府に提出されている。学科は英学・算術・支那学(漢学)の三科で静岡以来の中村の門人柳沢が英学を、沼津兵学校・攻玉塾出身の浜田晴高が算術を、昌平坂学問所での中村の門人豊作住作が漢学を主に教えたと思われる。ほかにカナダメソジストの宣教師カクランら数名の外国人教師を雇った。漢学は英学の余力を以て和漢の歴史を読ませ、算術というものの代数・幾何・微分積分まで教えた。中でもレベルが高かったのは英学で上級になるとウェーランドの『性理学』『経済学』、ミルの『代議政体論』『宗教論』『論理学』などが輪読された。束修(入学金)は一律二十五銭であったが授業料は学科により違いがあり、同じ学科でも差等があった。英学は七十五銭・五十銭・二十五銭の三等、算術は五十銭・二十五銭・十二銭五厘の三等、漢学は十二銭五厘・六銭二厘五毛の二等である。月俸(賄料)は一律一円五十銭。生徒数は三百人から四百人で慶応義塾・攻玉塾とともに三大義塾と呼ばれた。文部省の分類では明治九年までは私立外国語学校、十二年(一八七九)までは私立中学校になっている(『文部省年報二―七』)。十二年、麴町平川町(千代田区)にカクラン夫妻を教師とする同人社女学校をたてた。英学・漢学・数学に裁縫・習字を加えた。英学の上級ではミルの『男女同権論』スペンサーの『教育論』、ギゾーの『文明論』などの輪講をした。明治九年七月から『同人社文学雑誌』を発行した。これは同社の文学会での筆記を主に載せたものである。歴史、学術、政治、宗教など、多岐にわたっている。本雑誌は十六年五月、九二号で廃刊になった。中村は八年から東京女子師範学校摂理(校長)、十四年、東京大学教授となり繁忙を極めた。そうしたなか、同人社は衰退の道を辿り、二十二年(一八八九)、経営を杉浦重剛らの東京英語学校関係者にゆだねた。しかし衰運を回復できず、杉浦の東京英語学校(のち日本中学校)に併合された。

参考文献 高橋昌郎『中村敬宇』(『人物叢書』、一九六六、吉川弘文館)、手塚竜麿『日本近代化の先駆者たち』(一九七五、吾妻書房)、『東京都教育史』通史篇一(一九六四、東京都立教育研究所)

(神辺 靖光)

どうじんしゃぶんがくざっし 同人社文学雑誌 評論雑誌。明治九年(一八七六)七月八日―十六年(一八八三)五月十日。全九十二号。中本大、仮綴じの本文九丁。明治六年に中村敬宇(正直)によって創設された私塾同人社より発行。中村敬宇主宰、編輯人は中島雄・安藤勝任・吾妻兵治・千賀鶴太郎《せんがつるたろう》などで、はじめは月二回刊、一七号で『寰海新報』を合併し、明治十四年二月から増頁して月刊となる。創刊号「題言」には「我ガ文学会社ハ、欧米各国ニ所謂、リテラル。ソサイテイニ倣ヒタルモノナリ(中略)社友中ノ詩話文談、凡ソ学問文芸ニ関係スル古今中外一切ノ談論ヲ集録シ、之ヲ文学雑誌ト顕シテ、発兌スルモノナリ」とある。毎号表紙裏に英文の箴言とその訳文を掲載、歴史・伝記・学術・宗教・時論・詩歌などにわたる各分野の文章を掲載する。中村敬宇はほぼ毎号執筆、そのほか、津田仙・信夫恕軒《しのぶじょけん》・井上哲次郎なども寄稿して、西洋文明の紹介、西洋詩の翻訳、言文一致論などが注目される。

(山田 俊治)

とうしんてつどう 東清鉄道 ⇨東支鉄道《とうしてつどう》

とうすいけん 統帥権 軍隊を処理し、作戦や用兵を指揮命令する権限。軍令機関が政府から分離して独立する権限を指し、日本においては陸軍参謀本部と海軍軍令部が政府から独立して天皇の直隷となった制度が統帥権の独立を意味する。具体的には、戦時における陸海軍兵力の使用のほか、仮想敵国に対する戦時計画・国防計画の決定や、国内の反乱に対する措置および戒厳の場合に兵力を使用すること、また軍令によって制定される軍隊・軍人の訓練や懲罰、人事と職務や勤務規則など内部組織に関する事項の一部を示す。統帥部としての参謀本部と海軍軍令部は陸海軍の最高軍令機関として天皇に直属したため、軍政を掌る陸海軍省から独立し、国務大臣からの拘束も受けない権能を有した。明治初期の太政官制度下において、統帥権はフランス式兵制にならい太政官に属しており、軍政事項とともに兵部卿の管轄下にあった。その後にドイツ兵制を模範とすると、明治七年(一八七四)六月に参謀局条例が制定され、陸軍省内に参謀局が設置され、明治十一年(一八七八)七月にはドイツ駐在から帰国した桂太郎によって、軍隊の管理維持を掌る軍政と、戦時における作戦指揮上の命令や用兵運用に関する命令である軍令とを分離させるドイツの二元的な制度の導入が図られた。この背景には西南戦争において統一的な戦略指導ができず作戦指揮のあり方に改善が求められたことがあった。そこに近衛兵の反乱事件である竹橋事件が起きると、事件への対応も含めて十二月に参謀本部が太政官から独立し、その後に発布された軍人勅諭において天皇が軍隊を直接統率することが示された。以後は陸軍卿と対等の地位にある参謀本部長(明治二十二年(一八八九)三月の参謀本部条例以降は参謀総長)によって軍令事項が担われることとなり、天皇直隷組織としての軍の統帥権が太政大臣、陸軍卿から切り離された。この統帥権の独立が帷幄上奏《いあくじょうそう》権の習慣的な根拠ともなっていく。初代の参謀本部長には陸軍卿であった山県有朋が就任した。内閣制度の発足後も統帥事項は内閣の管掌外とされ、大日本帝国憲法ではその第一一条において天皇大権と並立する統帥大権が規定された。統帥権の独立は政権と兵権を分離させることから、高揚してきた自由民権運動への予防的な対抗措置としての意味も有しており、将来に政権を担当する政治勢力から軍令事項への干渉を切り離すことができた。明治二十二年十二月公布の内閣官制(勅令第一三五号)では、統帥事項に関する上奏は軍令機関が内閣を経由することなく単独で行うとする帷幄上奏が認められ、統帥権の独立が制度化された。統帥権は軍令機関の長などに委任されるものではなく天皇の大権であり、軍令機関は命令の伝達を担うにすぎない。また統帥権は本来的には陸海軍の編制・常備兵額を定める編制権(憲法第一二条)とは必ずしも同一ではないため憲法上においても区別されたが、軍部によって編制権も統帥事項に含まれることがあった。このような統帥権の独立は、憲法に規定された内閣の輔弼事項の外に位置する権限として解釈された。明治三十三年(一九〇〇)五月に成立した軍部大臣現役武官制には、人事権としての任命大権(憲法第一〇条)も含まれており、現役軍人でない者は人事の発言権を喪失した。また、統帥権の独立によって内閣が統帥事項に関与できないという制度下にあって、統帥機関としての参謀本部と海軍軍令部は権限が対等であったため、天皇を除いては軍令の統一や調整が行いえなかった。そのため戦争指導に関する権限も外交・内政を掌る内閣と、陸海軍それぞれによる二元的統帥の三つに分立した。日清戦争時には分立する権限を一元化するため明治二十六年五月の戦時大本営条例によって陸軍参謀総長が幕僚長となったが、戦後には海軍側からの主張によって改正され、日露戦争時には参謀総長と海軍軍令部長が同等の権限で併存する二元統帥が制度化されて、分立状態は昭和十二年(一九三七)の大本営令でも継続された。明治四十年(一九〇七)二月に制定された公式令(勅令第六号)では、帷幄上奏勅令が乱発されていたことを背景に、全ての勅令には内閣総理大臣の副署を要することにした。統帥権と編制権を分離させて解釈する場合には、公式令によって軍の編制が内閣の権能によって処理されることになったが、これに対して山県有朋を中心とした陸軍は、行政の容喙できない統帥事項の確保を理由として、公式令の体系外に「軍令」を制定し、軍部大臣の副署のみで成立する勅令を維持した。軍令が制定されると、その後は軍隊の編制・配備、管区、給与、教育などが軍令によって規定されたため編制権も統帥権に含まれていき、結果的には統帥権の独立と帷幄上奏権が法制化された。統帥権が独立すること自体は憲法によって保障されるものではなかったが、戦前のほとんどの憲法学説でも統帥権が政府の容喙しえない独立の権利とする解釈を通説とした。第一次大戦後の先進各国では軍政と軍令が一元化されており、日本のみが二元制を保持したため、統帥権の独立は日本軍の特徴ともなっていった。

参考文献 松下芳男『明治軍制史論』下(一九五六、有斐閣)、大江志乃夫『統帥権』(『日評選書』、一九八三、日本評論社)、戸部良一『逆説の軍隊』(伊藤隆他編『日本の近代』九、一九九八、中央公論社)

(伊勢　弘志)

とうせいしょせいかたぎ　当世書生気質　明治時代前期の小説。「一読三歎《いちどくさんたん》」という角書があり、表紙は春のや於ぼろ先生戯著。内題は春のやおぼろ戯著。「春のやおぼろ」は坪内逍遙の戯号。明治十八年(一八八五)六月から翌十九年一月にかけて、十七冊に分けて和紙袋綴じ形式で晩青堂から発行。十九年四月には、前編と後編から成る改版の二巻本が刊行された。当初の『遊学八少年』という腹案から『当世書生気質』に変化した間には、大学での落第、両親の死、のちのセン夫人との恋愛など、作者の実生活の投影が感じられる。ストーリーは、主人公小町《こまち》田《だ》粲爾《さんじ》と芸者田《た》の次《じ》との恋愛、主人公の親友守山友芳と田の次との兄妹再会、さらに、半峯居士(高田早苗)の評で指摘されているように書生たちの生態が群像として、読本《よみほん》、人情本、滑稽本の手法を用いて描かれる。全二十回から成り、その間に文明批評を織りまぜながら、作者の「本来の目的」としては、「はじめ軽躁なりし人も年経て沈着にな」ったり、「書生の頃放蕩なりし者が却つて老実なる実際家となる」ような、また、「卒業して用にたゝざる人」や「浅学にして用いらるゝ事」など、書生の「習癖」「行為」の「変遷」を描くことにあった。その中で官員を批判した部分は黒く塗りつぶされたものの、のちに復元された。この作品は多くの読者に迎えられ、七種類の異版が刊行されるほどであったが、特に二葉亭四迷や正岡子規、幸田露伴、内田《うちだ》魯庵《ろあん》など当時の若き文学者たちに大きな影響を与えた。さまざまな評価の中で、『早稲田文学』第二一号(明治二十九年十一月)の「彙報」欄に記された「『書生気質』の如きは、尚上野戦争及び親子の奇遇などいふ旧時代の作意の系脈をも伝へて、半はローマンスの風あり、而も一面には性情を主とする西洋小説の趣味をもほの見せたり、彼の作の如きは真個新旧両時代の橋梁となれるものと評すべし」という評が今日においても当を得たものといえる。『日本近代文学大系』三(昭和四十九年、角川書店)などに収録されている。

→坪内逍遙《つぼうちしょうよう》

参考文献 前田愛「戯作文学と「当世書生気質」」(『日本近代文学』二、一九六五)、清水茂「「一読三歎当世書生気質」小論」(同)、関良一「「当世書生気質」序説—その形態と本質と—」(同)、半峯居士(高田早苗)「当世書生気質の批評」(『近代文学評論大系』一所収、一九七一、角川書店)、越智治雄「『書生気質』の青春」(『近代文学成立期の研究』所収、一九八四、岩波書店)　(梅澤 宣夫)

とうせいだいそうとく　東征大総督　戊辰戦争期に設置された臨時征討官。鳥羽・伏見の戦に敗れ江戸に逃れた徳川慶喜らを追討するため、明治元年二月三日(一八六八年二月二十五日)に発せられた親征の詔のなかで、その設置が表明された。同月九日(三月二日)、有栖川宮熾仁《たるひと》親王が総裁に在職のまま任ぜられ、明治天皇から東征に関わる軍務の委任を受けた。同時に、公家・諸藩士のうちより参謀・錦旗奉行などの大総督府を構成する幕僚たちも任命され、すでに進撃を開始していた東海・東山・北陸三道の鎮撫総督は、それぞれ先鋒総督兼鎮撫使に改められ、大総督の指揮下に入った。維新政府の中央機関から相対的に独立し強大な権限を有した大総督府は、従軍諸藩に対する軍事指揮権はもちろん、管下諸藩の進退・処分決定権や占領地の軍政権なども掌握・行使した。五月十九日(七月八日)、熾仁親王は江戸鎮台を兼任することになるが、七月十七日(九月三日)、鎮将府の設置に伴い鎮台は廃止され、あらためて軍事専任を命ぜられた。奥羽平定が成ると、まもなく熾仁親王は大総督の辞職を請い、十月二十八日(十二月十一日)その任を解かれた。

参考文献 太政官編『復古記』(一九二九—三一、内外書籍)、維新史料編纂事務局編『維新史』五・附録(一九四一、明治書院)、原口清『戊辰戦争』(『塙選書』、一九六三、塙書房)　(箱石 大)

どうぞう　銅像　主に屋外に置かれた、偉人などの姿を表わしたモニュメンタル(記念碑的)な彫刻作品を指す語。本来はブロンズで作られた彫像全般を意味するが、明治期以降西洋における彫刻のあり方が紹介・導入される中で、歴史的建築物なども含む「モニュメント」の一部を指す訳語として明治中期ごろに定着した。一般に個人や集団の業績、戦争などの出来事・事件、国家的・社会的・宗教的理念や思想などを顕彰・記念し、永続的な設置を目指した。明治九年(一八七六)の教部省文書「官社へ銅石像設立之儀ニ付伺」で「西洋モニュウメント」に言及され、『米欧回覧実記』(明治十一年刊)でも多くの西洋の銅像・記念碑が挿図で紹介され、関心の高さがうかがわれる。十三年(一八八〇)に金沢兼六園に建てられた「明治紀念之標(日本武尊像)」がその嚆矢とされ、洋風彫刻では二十三年(一八九〇)に菊地鋳太郎《きくちとうたろう》作「亀井茲監《かめいこれみ》像」が島根県津和野の嘉楽園に設置された。十五年に計画が始まり、洋風彫刻家大熊氏広が原型制作、東京砲兵工廠が鋳造した「大村益次郎像」が二十六年靖国神社に完成したことで一般になじみ深いものとなった。洋風塑造技法によるものが一般的だが、明治期には高村光雲・後藤貞行ら東京美術学校教官による「楠木正成像」(三十三年、皇居外苑)や「西郷隆盛像」(三十一年、上野公園)など木彫原型によるものも作られた。政治・社会的機能、技術的側面のみならず、作品の造形性と周囲の空間との関係性、公共性、作品の見方などの点で、西洋の「彫刻」のあり方を日本人が受け入れる上での重要な役割を果たした。台座は建築家が設計することが多く、明治中期ごろまでは彫刻家よりも鋳造家の名前が前面に出ることが多かった。明治後期以降その数は全国各地で急激に増加するが、その作品の質はしばしば批判され、制作者を揶揄する意味での「銅像屋」という言葉も使われた。彫刻家にとって大きな収入源でもあった。太平洋戦争下の金属回収によりその大半が供出され、失われた。→楠木正《くすのきまさ》成銅像《しげどうぞう》 →西郷隆盛銅像《さいごうたかもりどうぞう》

参考文献 中村伝三郎『明治の彫塑—「像ヲ作ル術」以後—』(一九九一、文彩社)、北沢憲昭「モニュメントの創

広瀬武夫銅像

楠木正成銅像

大村益次郎銅像

出─彫刻の近代化と銅像─」(『日本美術全集』二二所収、一九九二、講談社)、『偉人の俤(復刻版)』(二〇〇九、ゆまに書房)　(田中　修二)

とうだい　燈台　航路標識の夜標の一つ。近世には燈明台と呼ばれ、沿岸海運が発達した十八世紀以後全国の主要な岬や港に設置され幕末には百基余に達した。西洋式燈台は慶応二年五月十三日(一八六六年六月二十五日)締結の改税約書に基づき英公使パークスが設置を要求し、剣崎《けんざき》・観音崎《かんのんざき》・野島崎《のじまざき》・伊豆国神子元島《みこもとじま》・紀伊国樫野崎《かしのざき》・潮岬《しおのみさき》・大隅国佐多岬《さたみさき》・肥前国伊王島《いおうじま》の八ヵ所に一等燈台、函館・本牧《ほんもく》に燈船の設置を決定、翌年には兵庫開港に備えて兵庫・明石《あかし》・下関など五ヵ所が追加されたほか、江戸湾周辺の城ヶ島《じょうがしま》、品川第二台場など条約外の燈台建設にも合意した。東京湾周辺の燈台建設は横須賀製鉄所のフランス人技師ヴェルニーが担当し、明治二年正月一日(一八六九年二月十一日)に観音崎燈台が点燈を開始したのに続いて、野島崎、品川、城ヶ島が相ついで点燈を開始した。その後は堅牢簡素なイギリス式を導入。建設を担当したのはブラントンで明治元年六月の来日以来、九年三月に解雇されるまでに二十八基を完成させた。当初は燈台保守にも外国人を雇用していたが、明治四年燈台役所に修技校を設置して日本人技術者の養成に着手、十四年(一八八一)燈台運営は日本人の手に帰した。事務管轄は明治三年民部省、翌年工部省に移管され燈台寮を設置。十年燈台局と改称、十八年十二月逓信省の設置により移管。管理主体については、明治五年十月に公設・私設標識を許可するかわりに規格の統一を条件づけたが、十八年六月に燈台の私設を禁止し、航路標識においても二十一年(一八八八)十月航路標識条例を制定して政府設置を原則とした。明治時代中期には北海道沿岸での建設が進んだのに続いて日清日露戦争の軍事的要請と海運助成策の展開に合わせて建設が進み、燈台数は倍増して明治三十年代に百基を超えた。海外では三十四年(一九〇一)韓国政府を援助する形で建設に着手。また領有後の台湾・樺太や関東州でも整備が開始された。

観音崎燈台(明治２年２月点燈)

野島崎燈台(明治２年12月点燈の本燈台)

[参考文献]　逓信省編『逓信事業史』六(一九四一、逓信協会)、R・H・ブラントン『お雇い外人の見た近代日本』(徳力真太郎訳、『講談社学術文庫』)、海上保安庁燈台部編『日本燈台史─一〇〇年の歩み─』(一九六九、燈光会)
(小風　秀雅)

とうだいじとしょかん　東大寺図書館　東大寺の図書・文書類を整理・保存するために設立された図書館。東大寺・興福寺・法隆寺・長谷寺など奈良県内の古社寺は多くの図書や文書類を所蔵しているが、これらの史料をいちはやく公開して図書館としたのは東大寺図書館である。明治三十四年(一九〇一)、五年ごろ、東大寺の三宅英慶ら若手住職らが中心となって、一山の同意を得て各塔頭《たっちゅう》にある経巻・仏書・古文書などを真言院の灌頂堂へ集め、分類・整理した。当初の計画では、東大寺だけでなく、法隆寺や唐招提寺などのものも集めようとし、三十六年六月に南都仏教図書館として発足、開館したが、諸大寺の協力が得られず、大正九年(一九二〇)一月に東大寺図書館と改称、東大寺本坊西側の地に移された。その後、昭和四十二年(一九六七)に収蔵庫の西側に鉄筋コンクリートの新図書館が完成、現在に至る。

[参考文献]　大和タイムス社編『大和百年の歩み』政経編(一九七〇)、日本図書館協会編『近代日本図書館の歩み』地方篇(一九九二)、横内裕人「東大寺図書館と収蔵史料─開館百一年目の展望─」(『古文書研究』五九、二〇〇四)
(山上　豊)

どうちてい　同治帝　Tongzhidi　一八五六─七五　在位一八六一─七五。清朝第十代皇帝。姓は愛新覚羅、名は載淳、諡号は毅皇帝、廟号は穆宗、年号は同治。咸豊帝の長男、母は西太后。一八五六年四月二十七日生まれ。六歳で即位したので、咸豊帝の皇后であった東太后と生母の西太后が摂政となる。はじめ議政王の恭親王奕訢が政権を担ったが、次第に西太后が実権を掌握するに至り、同治帝はその指導・監督下に置かれた。一八七三年(明治六)二月親政を開始、同年六月、日清修好条規批准書交換のため全権大使として来華した外務卿副島種臣《そえじまたねおみ》をはじめとする諸外国公使を清朝皇帝としてはじめて接見した。台湾出兵後の海防論争の最中、七五年一月十二日病没。二十歳。その治世下、太平天国・捻軍などの反乱が平定され、洋務運動が始まり西洋の技術を導入した軍事工場・造船所や翻訳・教育機関などが設立され、対外関係でも総理衙門が創設されて欧米諸国との協調体制が成立するなど、国内外の情勢が一応の安定を回復したので、同治中興と呼ばれる。

参考文献 坂野正高『近代中国政治外交史—ヴァスコ・ダ・ガマから五四運動まで—』(一九七三、東京大学出版会)、徐立亭『咸豊 同治帝』(『清帝列伝』、一九九三、吉林文史出版社、長春)、加藤徹『西太后—大清帝国最後の光芒—』(『中公新書』、二〇〇五、中央公論新社)

(佐々木 揚)

とうちゅうけんくもえもん 桃中軒雲右衛門 一八七三—一九一六 浪曲師。祭文語り吉川繁吉の子で、明治六年(一八七三)十月二十五日、北関東の生まれ。本名は岡本峰吉。前名は小繁《こしげ》、繁吉。三十六年(一九〇三)宮崎滔《みやざきとう》天《てん》や玄洋社の後援を得て、九州で「義士伝」を完成。「武士道鼓吹」を旗印に九州を席捲した。四十年(一九〇七)東上して大阪、京都、続いて東京では本郷座に出演。独特の「三段流し」という語り口で観客を魅了した結果、「義士伝」は浪曲の中で最も愛好される演目になり、浪曲自体も社会一般から注目される大衆芸能になった。剃髪して雲右衛門入道と名乗っていた四十五年、「南部坂後室雪の別れ」や「赤垣源蔵徳利の別れ」などのレコーディングをしたところ、発売直後に無断コピーされ、法的保護のなかった揺籃期のレコード界を揺るがす大事件になった。大正九年(一九二〇)八月十九日、改正著作権法公布で落着。それより以前の大正五年十一月七日、雲右衛門は没した。四十四歳。 ↓浪花節《なにわぶし》

桃中軒雲右衛門

参考文献 倉田喜弘『明治大正の民衆娯楽』(『岩波新書』、一九八〇、岩波書店)、同『日本レコード文化史』(『岩波現代文庫』、二〇〇六、岩波書店)

(倉田 喜弘)

とうどう 当道 盲人の職能集団。盲人には検校《けんぎょう》、勾当《こうとう》などの官位が与えられ、京都の職屋敷が事務を掌り、職検校が琵琶や箏三味線の奏者、また金貸しや鍼灸《しんきゅう》などに従事する者を統轄した。江戸には惣録ないし惣検校が置かれ、職屋敷の支配から独立したこともある。官位は上納金の多寡によって決められたために弊害が生じ、明治四年十一月三日(一八七一年十二月十四日)、太政官は廃止令を出した。二十六年(一八九三)五月、東京の箏曲関係者は当道会を結成して、検校や勾当名儀を復活させる。大阪での復活は三十八年(一九〇五)である。

参考文献 「盲人ノ官廃止伺」(『公文録』辛未東京府伺二)

(倉田 喜弘)

とうどうたかつぐ 藤堂高紹 一八八四—一九四三 明治から昭和前期の華族。明治十七年(一八八四)七月二十七日、津藩主藤堂高猷《たかゆき》の子高潔の長男として生まれる。二十三年(一八九〇)一月に家督を相続し、伯爵を襲爵。学習院卒業後、イギリスのケンブリッジ大学に留学。三年間の勉学を経て、四十年(一九〇七)に帰国。帰国後には、北白川宮武子との婚儀が持ち上がる。だが、結納を取り交わした後に、帰国の前年にイギリス人エリーナと結婚していたことが発覚する。結婚の手続きは宮内省の承認を得ていなかった。そのため、四十一年十二月に北白川宮家との婚儀は破談となり、華族懲戒処分を受けることとなる。四十二年六月に華族の礼遇停止が許され、大正二年(一九一三)から十年(一九二一)まで宮内省式部官を務めている。イタリア語に精通し、昭和六年(一九三一)十月には伊学協会の評議員となり、吉田弥邦《よしだやくに》と共編で『伊日辞典』(昭和十三年、伊日辞典刊行会)を出版する。また書画や美術を趣味とした。昭和十八年(一九四三)一月十二日没。六十歳。

参考文献 中山泰昌編『新聞集成明治編年史』一三、一九四〇、林泉社)、人事興信所編『人事興信録(第四版)』(一九一五、人事興信社)、西邑木一『華族大観(覆刻版)』(一九六一、史籍出版)

(刑部 芳則)

とうどうたかゆき 藤堂高猷 一八一三—九五 幕末・維新期の伊勢国津藩主、津藩知事。文化十年二月九日(一八一三年三月十一日)、津藩十代藩主藤堂高兌《たかさわ》を父として江戸津藩柳原邸に誕生。幼名は寿千代《ひさちよ》。号は清渚・西岳・詢蕘斎など。文政八年(一八二五)二月に家督相続。異国船の来航を受けて海防策に尽力し、洋式調練・集団訓練などを取り入れた軍事改革を断行、藩地に火薬製造所や軍港を築造した。伊勢神宮や京都の警備も担当する。文学治道にも努め、斎藤拙堂・塩田随斎・土井聱牙《どいごうが》らの儒者・漢学者を輩出した。安政五年(一八五八)八月には郷校修文館を開設し庶民教育にも力を注いだ。万延期には江戸藩邸に上野彦馬を招き写真撮影を行わせ、藩校有造館で舎密学《せいみがく》を教授させた。明治元年(一八六八)正月の鳥羽・伏見の戦では、はじめ傍観したものの新政府軍に従い旧幕府軍を攻撃。翌二年六月、戊辰戦争の功により賞典禄二万石を下賜され、同年の版籍奉還で津藩知事に就任。同四年六月に隠居し家督を高潔《たかきよ》に譲った。将棋六段の名士として知られ、明治二十年代には『将棋新報』の発刊にも関わる。明治二十八年(一八九五)二月十日正二位、翌十一日勲二等瑞宝章、十二日死去。八十三歳。

参考文献 梅原三千・西田重嗣『津市史』(一九五九-六九)、深谷克己『津藩』(『日本歴史叢書』、二〇〇二、吉川弘文館)、『三重県史』資料編近世二(二〇〇三)

(藤田 英昭)

とうばくのみっちょく 討幕の密勅 ⇨大政奉還《たいせいほうかん》

どうばんが 銅版画 日本には天正年間(一五七三—九二)、イエズス会士により直刻銅版の技法が伝えられるがその後長く途絶する。天明三年(一七八三)司馬江漢《しばこうかん》が銅版画の制作に成功し、主に江戸を拠点にエッチングが行われるが、幕末には銅版の中心は上方に移り、初代玄々堂松

本保居や岡田春燈斎らによって地図、名所絵、字典、藩札など実用的な刷り物が印刷された。明治以後、政府は紙幣や有価証券の製造に銅版を採用し、二代玄々堂《げんげんどう》松田《まつだ》緑山《りょくざん》は東京に移住して慶岸堂梅村翠山《うめむらすいざん》とともに紙幣寮の業務に携わる。しかし彼らは明治七年(一八七四)に契約を解かれ、翌八年にはイタリア人キヨッソーネが招かれて印刷技術が一新される。これを機に彼らはそれぞれ新しい技術を導入し、民間での銅・石版印刷業を開拓して『輿地誌略』(明治三—十三年)の挿図などを手がけた。玄々堂からは亀井至一、石田有年・旭山兄弟、慶岸堂からは打田霞山、中川耕山といった優れた技術者を輩出している。銅版画は微細な画像や文字に適した印刷技法として活用されたが、明治十年代以降民間では石版画や木口木版に押され、実用分野では徐々に衰退していった。

参考文献 西村貞『日本銅版画志』(一九四一、書物展望社)、菅野陽『日本銅版画の研究』近世(一九七四、美術出版社)、森登「玄々堂と明治の銅版画」(町田市立国際版画美術館編『近代日本版画の諸相』所収、一九九八、中央公論美術出版)、岩切信一郎『明治版画史』(二〇〇九、吉川弘文館)

(増野 恵子)

とうひしんぽう 東肥新報 熊本の民権結社相愛社の機関紙。明治十四年(一八八一)七月一日創刊。発行所は熊本区手取本丁六十一番地東肥新報社で、社長有馬源内、局長下田弘、編集長秋岡徳郎、印刷長宗像政《むなかたまさし》。編集には高田《たかだ》露《あきら》・池松豊記《いけまつとよき》・徳富猪一郎(蘇峰)らが関与した。隔日刊、四頁建て、紙面は官省本県録事・社説・雑報・投書・叢談などからなる。一部二銭、一ヵ月前金二十五銭、十五年の年間発行部数は三万七千四百十五部(一号平均四百五十部)であった。発行停止処分を三回受けた。十四年十月二十五日から五十日間、十五年三月二十四日から三十五日間、同年七月二十五日から十五日間である。三回目の処分は八月八日に停止を解かれたが、再刊できずに七月二十五日(一五〇号)で終刊となった。この間三三号(十四年九月三日)社説欄に「相愛社趣旨」、四八号(十四年十月三日)に「相愛社員私擬憲法案」を掲載した(五十三条—八十三条。前後の四七号・四九号は残っていない)。→相愛社《そうあいしゃ》

参考文献 水野公寿『明治期熊本の新聞』(一九九三、熊本近代史研究会)

(水野 公寿)

どうふけんせい 道府県制 廃藩後、全国を北海道および府県に分割した統治体制。明治元年(一八六八)四月布告第三三一「維新ノ趣旨ヲ体シ各藩ノ政務ヲ改革セシム」および同年閏四月太政官第三三一「政体書」により、全国は、府藩県に分けられた。当初は九府二十二県が設置されたが、二年七月太政官布告第六五五により、東京・京都・大坂以外の府は県となる。同年六月版籍奉還の御沙汰が下り、封建制度維持か郡県制度導入かをめぐるその後の議論を経て、四年七月十四日(一八七一年八月二十九日)太政官第三五〇(廃藩置県の詔書)が発せられ廃藩置県が実施された。全国は三府三百二県に区画され、地方官が任命され、中央集権国家が成立する。遅れて十二年(一八七九)琉球藩が廃され沖縄県が置かれた。北海道は、十九年一月布告第一号により北海道庁がおかれる。二十三年(一八九〇)五月法律第三五号府県制は、府県を地方行政区画と性格づけるもので、内務大臣の監督のもとに知事が府県行政を行い、郡および市町村行政を監督した。三十二年(一八九九)三月に府県制は全面改正され、府県は法人格が認められ公共団体となった。府県統廃合や分割の結果、二十一年愛媛県から香川県が分離して四十六府県となり、現在に至る区画が確定する。なお、東京府は、昭和十八年(一九四三)六月法律第八九号により、東京市とともに廃止されて東京都となった。

参考文献 浅井清『明治維新と郡県思想』(一九三八、巌松堂書店)、内務省地方局内自治振興中央会編『府県制度資料』上・下(一九七三、歴史図書社)、大島美津子『明治国家と地域社会』(一九九四、岩波書店)

(居石 正和)

どうぶつえん 動物園 わが国では動物園に類する施設として、すでに化政期に大坂の孔雀茶屋や江戸の花鳥茶屋などの民営の園地がみられた。これらは動物を収集、保管し、定着した園地で一般に公開していたのであるから、江戸時代の動物園であるが、自然史博物館をめざす近代動物園ではなかった。近代動物園をめざす動きは、欧米の博覧会への参加を通じて動物園が紹介され、国内の博覧会の開催を契機として動物園が開設されることで定着してゆくことになる。文久二年(一八六二)のロンドン万国博覧会に幕府使節団として参加した福沢諭吉は、『西洋事情』のなかで博物館の概念を説いて動植物園を紹介し、ここでzoological gardenの訳語として、はじめて動物園という用語を用いた。パリ万国博覧会に派遣された幕府使節団は、明治元年(一八六八)にフランス国立自然史博物館の付属施設である動物園を訪れ、こうした自然史博物館としての動物園を日本に建設しようとする構想が生みだされる。新政府は、博物館の設立に向けて動くが、殖産興業政策のもとで、フランスに範を得た自然史博物館としての構想は後退してゆく。このような動きの中で、明治十五年(一八八二)に農商務省博物局博物館付属動物園として上野動物園が開園する。開園当初の動物は明治六年のウィーン万国博覧会に出品するために全国から集められた日本産の動物を中心としたものであったが、日本が国際社会に進出してゆく過程で、動物園には外国産の動物がもたらされるようになる。トラ(明治二十年(一八八七))、インドゾウ(明治二十一年)、フタコブラクダ(明治二十八年)、キリン(明治三十五年(一九〇二))などの外国産の珍獣が展示されることで、入園者数は百十一万人にまで増加し、こうした展示を通じて、動物園とは単に珍獣をみる場であるという認識が定着してゆくことになる。明治三十一年博物局博物館は、東京帝国大学理科大学動物学科教授の動物学者石川千代松(一八六〇—一九三五)を大学と併任で天産部長兼動物園監督に任命

する。石川は動物学的基礎にもとづく運営を試み、ハーゲンベック動物園からキリンを購入したが、このキリンが死亡したことに関連して職を辞する。この時代の上野動物園の評価は、石川自身の次の評価が明解である。「一つ遺憾なことは、本邦に博物館と動物園のない事で、その名のついたものはあっても、それはほんの名ばかりで、欧米にあるものと比べると実に子供騙しのようなものである」(『石川千代松全集』七)。殖産興業を旗印として開催された政府主導の内国勧業博覧会のほか、大阪市の府立博物場を皮切りに関西府県連合共進会が各地方で開催された。こうした博覧会の会場建設を契機として、明治中期から大正時代にかけて京都、大阪、名古屋にはそれぞれの都市公園が開設され、そこには美術館や公会堂などとともに、市立動物園が開設された。明治二十八年に京都で開催された第四回内国勧業博覧会の跡地には、明治三十六年に京都市紀念動物園が開設された。同年に大阪で開催された第五回内国勧業博覧会の跡地には明治四十二年(一九〇九)に天王寺公園が設けられ、その敷地内に大正四年(一九一五)に動物園が開設された。大阪の動物園は上野動物園が開設された二年後の明治十七年に府立博物場付属動物檻として設けられたものが移設されたという前史を有している。また、明治四十三年に第十回関西府県連合共進会が名古屋で開催されたことを契機に開設された鶴舞公園には、大正七年に鶴舞公園付属動物園が開設される。明治政府が設立した上野動物園や、公立の動物園などとは別の系譜として、民間資本による遊園地としての動物園がある。嘉永年間(一八四八―五四)から続く浅草花屋敷のほか、大阪では第五回内国勧業博覧会の跡地に明治四十年、天王寺公園に隣接して設けられた遊園地ルナパークの中に動物園が設けられた。また、電鉄資本が沿線開発の手段として開発した遊園地に動物園が設けられるようになる。明治三十八年の阪神電鉄の開通に伴い、明治四十年に香櫨園遊園地が開設され、動物園が設けられる。明治四十三年には、のちの阪急電鉄となる箕面有馬電気軌道が大阪府営の自然公園となっていた箕面に箕面動物園を開設した。両者はともに、数年で閉園することになるが、それらは昭和初期に阪神パークなど電鉄資本による本格的な遊園地型動物園が開設される前史となるものであった。　→浅草花屋敷《あさくさはなやしき》　→上野《うえの》動物園《どうぶつえん》

参考文献　佐々木時男『動物園の歴史―日本における動物園の成立―』(『講談社学術文庫』、一九八七、講談社)、若生謙二『日米における動物園の発展過程に関する研究』(東京大学学位論文、一九九三)、同『動物園革命』(二〇一一、岩波書店)

(若生　謙二)

どうぶつがく　動物学　近代生物学のうち動物を対象とする科学。日本の動物学は、江戸時代を通じて蓄積された博物学的伝統を持っていたが、植物学と比べると必ずしも知識量は多くなかった。飛躍的な近代化が起り、知識の蓄積が開始するのは明治になってからである。進化論やそれに基づく自然分類などの近代動物学の知識を日本に伝えた明治初期の先駆け的人物としては、西洋医学の教育施設で博物学などの教育を担当していたドイツ人お雇い外国人教師ヒルゲンドルフ、アールブルク、デーデルラインを挙げることができる。また文部省の田中芳男は『動物学』初篇哺乳類(明治八年、文部省)、『動物訓蒙』初編(哺乳類)(明治八年、文部省)などを著わし、欧米の動物学書を翻訳することによって基礎的な知識の普及に努めた。その後、実際に研究そのものが行われるようになる本格的な導入は、東京大学理学部に生物学科が設立され、国家的な研究教育制度が整うのを待つ。東京大学の最初の動物学教授であったアメリカ人モースは、進化論に関する講義を行い、近代生物学的生命観が日本に広がるきっかけを作った。またその後を襲ったホイットマンは、ドイツ留学後に着任して、顕微鏡観察を重視する最先端の動物学を教授し、研究の手ほどきを行なった。ホイットマンの指導によって、佐々木忠次郎、岩川友太郎、飯島魁《いいじまいさお》、石川千代松らの明治期の代表的な日本の動物学者が生まれた。その後、東京動物学会の設立、『動物学雑誌』の刊行、動物学テキストの刊行など、明治期を通じて徐々に日本近代動物学の基礎が築かれた。他方で、細胞学的、実験的手法の導入は長く海外に学んだ谷津直秀《やつなおひで》の帰国(明治四十年(一九〇七))によって大きく進展した。また、日本の動物相が欧米の研究者にとって興味深い研究対象となるという側面もあった。代表的な人物としては、ブラキストン線で知られるブラキストンを挙げることができる。日本列島に生息する動物に関する研究の基礎を築くにあたっては、そういった来日研究者の働きも重要であった。

参考文献　木原均・篠遠喜人・磯野直秀監修『近代日本生物学者小伝』(一九八八、平河出版社)

(林　真理)

とうぶてつどう　東武鉄道　鉄道会社。明治二十八年(一八九五)四月六日、川崎八右衛門ほか十一名が発起人となって創立願を提出。同年六月二十二日の仮免状下付、同年十月十六日の創業総会、三十年(一八九七)九月三日の本免許状下付を経て、同年十一月一日設立登記完了。三十二年八月二十七日、第一区線である北千住《きたせんじゅ》―久喜《くき》間四〇・一キロの営業を開始した。ついで三十五年四月一日には北千住―吾妻橋(業平橋《なりひらばし》)間、三十七年四月五日には曳舟《ひきふね》―亀戸《かめいど》間を開通するも、営業不振に陥り、三十八年二月には取締役が総辞職する一幕もあった。同年十一月一日、取締役の互選により専務取締役根津嘉一郎《ねづかいちろう》(初代)が社長に就任。根津の手により経営の革新が図られた。現在では日本私鉄御三家の一つとして数えられる。路線は、大別して東武本線系統、東上《とうじょう》線系統に分けられる。

参考文献　東武鉄道社史編纂事務局編『東武鉄道六十五年史』(一九六四、東武鉄道)、老川慶喜「根津嘉一郎と東武鉄道の経営再建」(『産業革命期の地域交通と輸送』所収、一九九二、日本経済評論社)

(石井　里枝)

どうぶんかん　同文館　明治二十九年(一八九六)創業の現在に続く出版社。東京神田小川町(東京都千代田区)にあり、明治・大正期は、博文館とならび名声を馳せていた。創業者は、宝文館に勤めたのちに独立した森山章之丞《もりやましょうのすけ》。教科書や学生参考書のほか、教育・歴史・宗教・経済・会計・経営・商業・法律・貿易などの専門書を中心に刊行し、専門書出版社としての地位を確保した。さらに、『商業大辞書』や『大日本百科辞書』など辞典の刊行にも尽力している。昭和十九年(一九四四)、企業整備令により三省堂に統合されるも戦後に再び独立、昭和三十三年(一九五八)、東京同文館となり、翌年同文舘出版株式会社となる。

参考文献　『新聞集成明治編年史』一三(一九三六、財政経済学会)、『風雪八十年—同文舘創業八十周年史—』(一九七六)、大久保久雄監修『戦前東京／大阪出版業史』二(『文圃文献類従』一五ノ二、二〇〇八、金沢文圃閣)

(鵜飼　政志)

どうぶんこほう　同文滬報　上海で刊行された中国語の日刊紙。明治三十三年(一九〇〇)一月、英字紙『ノース＝チャイナ＝デイリー＝ニューズ』の中国語版であった『字林滬報』を東亜同文会が買収し、買収後に『同文滬報』と解題して二月三日に創刊号を発行した。このころ、日本の外務省は、華南で日本人が発行する新聞の統制に乗り出しており、『同文滬報』に対しても補助金を給付して操縦することを図った。その結果、三十四年十二月から補助金が支給されることになり、それまでの東亜同文会の経営から同会上海支部の井手三郎の個人経営に変わった。日露戦争の際には中国に対するプロパガンダにも活用されている。明治四十年(一九〇七)八月に外務省が補助金打ち切りを決定すると、井手は四十一年二月、『同文滬報』を両江総督端方へ売却し、同紙は廃刊となった。

参考文献　東亜同文会編『対支回顧録』下(一九三六、大日本教化図書)、波多博『中国と六十年』(一九六五)、中下正治『新聞にみる日中関係史—中国の日本人経営紙—』(一九九六、研文出版)

(竹内　桂)

とうへきどう　東壁堂　江戸時代から明治期における高名な名古屋の書肆。代々、片野東四郎を襲名。別号として永楽屋。江戸時代には、三都以外で最大の規模を誇り、江戸日本橋にも支店を設けていた。尾張藩の御用書肆として地歩をかためたばかりか、江戸書物問屋にも加入している。本居宣長一門の著作や『北斎漫画』などの絵本など、幅広い刊行書があるが、明治以降も『尾張名所図会』に代表される図会のほか、和漢籍、教科書、さらに郷土史、地誌関連などの書籍を刊行・販売した。昭和二十六年(一九五一)に書肆を廃業。

参考文献　三橋猛雄『明治前期思想史文献』(一九七六、明治堂書店)、岸雅裕『尾張の書林と出版』(『日本書誌学大系』八二、一九九九、青裳堂書店)

(鵜飼　政志)

とうほう　党報　帝国議会開設後に各政党が発行した機関誌の総称。政党の動向を把握するための基本資料。散逸が甚だしく、系統的な所蔵機関は存在しなかったが、昭和五十四年(一九七九)から六十年(一九八五)にかけ所蔵調査を踏まえて各党報が柏書房より復刻刊行されたため、資料状況は画期的に整備された。党報発行の最初は明治二十四年(一八九一)十月二十五日創刊の自由党『党報』で、以後の党報の原型となった。二十八年九月の第九二号からは誌名を『自由党党報』と改め、三十一年(一八九八)六月、進歩党と合同して憲政党となったため第一五八号をもって終刊。様式はB5変型判で、党の基本方針を示す党論欄、党幹部らの論説・演説などを掲載する論説欄、党大会・代議士総会の状況、党幹部の動向、支部の状況などを伝える党報欄、国内外の政治動向を伝える時事欄などから構成され、議会開会中は帝国議会欄を設けて議会内の動向を報告し、閉会後は代議士報告書を特集するなどした。明治二十五年二月の第八号は即日発行停止、頒布禁止の処分を受けたため欠号。一方、立憲改進党は二十五年四月開催の臨時党大会で党報の発行を決議し、十二月二十日『立憲改進党党報』を創刊した。掲載広告によれば創刊号は数万部を印刷。党論・論説・演説・党報・雑録・評林(批評)・大隈伯時事談・輿論一斑・時事などの欄から構成され、議会開会中は議会日誌を掲載した。当初は月二回刊で、様式は菊判の雑誌型であったが、第四四号から新聞紙型となり月三回の発行に変わった。第六号・第二九号・第三一号は発行停止。二十九年一月の第五六号まで発行された。二十九年三月、立憲改進党は小政党を合併して進歩党となり、機関誌『進歩党党報』を三十年五月一日に創刊。論説・政務資料・寄書・評論・雑録・外報・経済事情・党報・時事などの欄から構成され、三十一年六月五日の第二十七号まで発行された。同月二十二日、自由・進歩両党は合同して憲政党を結成し、八月五日『党報』を創刊。論説・政務資料・雑纂・党報・時事などの欄から構成された。同年十月の憲政党分裂により第六号で終刊。憲政党の旧自由党系は同月二十九日、新たに憲政党を結成し、十二月五日『憲政党党報』を発行した。党幹部・代議士らが執筆する論説欄、政務調査会の調査報告を掲載する政務資料欄、党中央・地方支部の動向などを報じる党報欄から構成された。三十三年九月十三日、同党が解党して立憲政友会の結成に参加したため、九月二十五日発行の解党報告書である第四四号をもって終刊となった。かわって立憲政友会は十月十五日、党報にあたる月刊の機関誌『政友』を創刊。党の公式的見解や総裁の演説などを掲載する時務・本領欄、議会ごとの議会報告書、代議士・関係者の論説を掲載する参考欄、海外情勢や日本の対外政策に対する批評などを紹介する訳報欄のほか、各種統計、帝国議会記事、時事、会報欄などから構成された。昭和十五年(一九四〇)九月一日発行の第四七八号まで刊行を継続。他方、明治三十一年十一月三日、憲政党の分裂により旧進歩党系は憲政本党を結成し、十二月一日、半月刊の

『党報』を創刊した。党の主義方針を示す党論欄、代議士・党員の意見を発表する論説欄、政務調査局の調査結果をのせる政務資料欄、党本部・支部の動向を伝える党報欄などを設けたが、三十二年四月二十日の第一〇号をもって発行を中止。三十九年七月十日、新たに『憲政本党党報』第一号を発刊し、本部・支部の記事からなる党報欄、政務調査会の調査にもとづく政務調査欄、政治上の重要事項を記録する政治史欄などから構成した。月刊で第一五号まで発行。四十年(一九〇七)十月一日発行の第一六号から編集方針を変更し、代議士・党員らの意見を発表する論説欄を加えて充実をはかったが、改革派・非改革派の党内対立ともかかわって四十二年(一九〇九)十一月の第四巻第二号をもって廃刊となった。各党の党報は、文献資料刊行会編により柏書房より復刻されている。

（大日方純夫）

とうほうきょうかい　東邦協会　明治・大正期の政治および調査団体。明治二十三年(一八九〇)に福本日南《ふくもとにちなん》・小《お》沢豁郎《ざわかつろう》・白井新太郎《しらいしんたろう》らが構想を練り、発起人となり翌二十四年五月に創立された。趣旨は西欧列強の脅威にさらされるアジアの危機を意識し、西欧列強に対峙する策を考えるうえで、「東南洋の事物を講究」し、「小は以て移住貿易航海」の参考とし、「大は以て域内の経綸及び国家王道の実践」の助けとし、「東洋人種全体の将来に向て木鐸たるの端を啓く」とされた。事業内容は、「東洋諸邦及び南洋諸島」の地理・商況・兵制・植民・国交・近世史・統計・殖産の講究、各地への視察員の派遣、政府への建議の検討と実行、出版事業、ロシア語学校の開校などがあった。月二回の評議員会、月一回の講演会を行い、月一回の雑誌『東邦協会報告』を刊行して活動の紹介・会員の論稿・視察報告などを掲載し、会の活動の活発化と拡大を図った。会員には、伊藤博文・小村寿太郎ら政府首脳や軍関係者、板垣退助・大井憲太郎ら旧自由民権運動家、徳富蘇峰らジャーナリスト、頭山満《とうやまみつる》・荒尾精《あらおせい》ら右翼国権派、田口卯吉・鈴木経勲《すずきけいくん》ら植民論者など多彩な顔ぶれがあるが、新聞『日本』、雑誌『亜細亜』に集った陸羯南・志賀重昂・三宅雄二郎ら国粋主義者との深いつながりがあった。初期は会頭に副島種臣、副会頭に近衛篤麿、幹事長に稲垣満次郎が就いた。副島・近衛の没後は黒田長成《くろだながしげ》が会頭を継いだ。活動の最盛期は日清戦争の前後であり、創立以来会員数は順調に伸び、明治三十一年(一八九八)には千二百名を越した。また三十二年九月には、欧州外遊から帰国した福本日南の提案を、在京会員懇親会の全員一致で支持、支那調査会の設立を推進し、会を主導し、日清戦後の対清国政策を提示した。出版物としては菅沼貞風《すがぬまただかぜ》『大日本商業史』、アルフレッド＝マハン『海上権力史論』、田中萃一郎《たなかすいいちろう》『東邦近世史』、孫文編著「支那現勢地図」などがある。

参考文献　安岡昭男『明治前期大陸政策史の研究』(一九六八、法政大学出版局)、広瀬玲子『国粋主義者の国際認識と国家構想―福本日南を中心として―』(二〇〇四、芙蓉書房出版)

（広瀬　玲子）

とうほうきょうかいほうこく　東邦協会報告　明治・大正期の政治および調査団体である東邦協会の報告書。創刊号は明治二十四年(一八九一)五月三十一日に刊行されたが、これをもって東邦協会の創立となった。以後毎月一回刊行された。明治二十七年七月に発行停止処分となったため、八月発行の通算三十九号以降は『東邦協会会報』と改題して、大正三年(一九一四)七月まで刊行されたことが確認されている。通算二百六十九号に及ぶ。創刊当初は評議員の福本日南《ふくもとにちなん》が編纂の責任者となった。内容は論説、報告、講演記録、東南洋地域の調査・視察談、解説、地誌、外国論著の翻訳転載、時報、雑録、会報記事などからなり、付録に条約文や「支那地名小志」などを連載した。会活動の趣旨である「東南洋の事物講究」を通して、日本の国際的位置を認識し、日本の進路を探るための多彩な論稿が収められ、当時の日本において、対外情勢への関心を喚起した。

参考文献　安岡昭男『明治前期大陸政策史の研究』(一九六八、法政大学出版局)

（広瀬　玲子）

とうほうさく　東方策　稲垣満次郎による、南進論を軸とした日本の外交・通商論。のちに暹羅《シャム》国(現タイ)駐箚弁理公使(特命全権公使)となる稲垣満次郎によって著わされた『東方策』は、稲垣がケンブリッジ大学ゴンヴィル＝アンド＝キーズ＝カレッジへの留学から帰国した後、日本人の対外思想を啓発する目的で明治二十四年(一八九一)に出版された。同書は、稲垣がイギリス滞在中に執筆した論文 Japan and The Pacific. A Japanese View of The Eastern Question をもととして補述したものである。内容は東洋における日本の国策はいかにあるべきかについての稲垣の主張が中心を占める。また、稲垣は当時、「我か帝国近隣の勢状を詳かにして、之を国人の耳目に慣れしむる」ことを目的とした明治二十四年に設立された東邦協会の幹事長に就いており、『東方策』にはのちに同会頭に就任する副島種臣が序文を寄せている。このほか、イギリス首相ソールズベリーやドイツのモルトケ将軍のほかフランス・イタリアの前首相などもコメントを寄せているなど、政治的にも強いインパクトを持った。二編構成で、第一編「日本及太平洋」は同書の中心的内容となっており、アジア太平洋地域に対する列強の外交政策を詳しく述べ、それらが日本の外交・通商に与える影響について科学的・実証的に論じている。このような第一編の結論として導き出されたのが「我日本帝国は太平洋の主権者たるを得べし」という命題である。また、「英米二国の商戦」と「東欧の形勢」という二つの付録を載せ、本編の主張を補強している。第二編「東方問題」は、九章構成となっており、第一章でイギリスの外交政策、第二章でロシアの外交政策、第三章で列強の国際協定、第四章でギリシャの独立、第五章でクリミア戦争、第六章で黒海に関する各国会議、第七章で露土戦争、第八章でベルリン条約、第九章で中央アジアの問題について詳述し、論評を加えるとともに、これらを通じて世界に対する外交・通商方針を打ち立てる重要性を強調している。
→稲垣満次郎《いながきまんじろう》

参考文献 稲垣満次郎『東方策』(一八九一、活世界社)

(竹本 知行)

とうほくがくいん 東北学院 J・カルヴァンに発する改革派教会の流れをくむキリスト教主義の私立総合学園。明治十九年(一八八六)六月、押川方義《おしかわまさよし》とアメリカ・ドイツ改革派宣教師W・E・ホーイが協力して仙台北部に開設した私塾形式の仙台神学校が起源。東北伝道を展開していた押川が、日本人教職養成の必要を感じてその設立を企図した。明治二十四年(一八九一)に東北学院North Japan Collegeと改称。翌年理事局を設け、明治二十八年普通科・専修部・神学部の三段階に拡充され、さらに全国から集まる苦学生に勉学の機会を与える労働会が設けられた。押川とホーイが辞任した後をD・B・シュネーダーが引継ぎ、昭和十一年(一九三六)まで院長を務めた。戦時下存立の危機にも瀕したが、戦後急速に復興・再建が進み、今日に至る。日ごとの礼拝と聖書あるいはキリスト教学の授業による人格と品性の陶冶・涵養を教育の目標としている。

参考文献 花輪庄三郎編『東北学院創立七十年史』(一九五九、東北学院同窓会)

(今高 義也)

とうほくしんこう 東北振興 明治政府は、明治初期より西日本に比して経済的後進地であった東北地方を産業振興の対象地として注目した。明治四年(一八七一)の廃藩置県後、政府は士族授産の対象地として東北地方に着目した。明治九年、明治天皇の東北巡幸の際に各地を巡視した大久保利通内務卿により東北開発が実行に移され、福島県の安積《あさか》疎水の開鑿と同地方の開墾、宮城県の野蒜《のびる》築港が着手された。明治十五年(一八八二)には岩倉具視が主唱した東北地方の鉄道敷設が日本鉄道会社により始まり、明治二十年(一八八七)に上野—郡山、二十四年に青森まで開通した。これにより、東北は東京の食糧・原料・労働力の供給地となっていく。明治三十五年(一九〇二)・三十八年の凶作、明治三十七年の日露戦争と四十年(一九〇七)の恐慌により、東北地方の農村は極度に疲弊し、その救済は大きな課題となっていった。明治三十七年、農学者の玉利喜造《たまりきぞう》(盛岡高等農林学校長)は『東北振興策』を著わし、東北が進歩しない理由として、(一)土地の広さの割に人口が少ない、(二)作物がよく成長しない、(三)田野に出て作業する時期が短い、(四)寒地なので発達しない、と述べた。そしてその対策として、寒気に打ち勝つ手段を講究することが大事であると説き、(一)家屋の改良として温突(オンドル)による床下暖房を備える、(二)綿羊を飼育して農民が毛織物を着用する、(三)豚を飼育してこれを食するとともに輸出する、(四)馬鈴薯・燕麦・玉蜀黍を栽培し、米作偏重から転換する、(五)盛岡の裸参りやカナダの極寒中カーニバルなどのような、寒国でありながら人々を戸外に誘い出して活動する習慣を養うことが必要である、(六)農業だけに頼るのではなく工業を興す、(七)東北振興策の実行団体を設置する、(八)毎朝の冷水浴の奨励、を掲げた。この中で馬鈴薯栽培や養豚などは各県の農会を通じて奨励されていった。東北地方は大正二年(一九一三)にも凶作に襲われた。これを機に原敬は、益田孝・渋沢栄一らと、東北を救済するために東北振興会を結成した。

参考文献 玉利喜造『東北振興策—大和民族の寒国に於ける発展策—』(一九一四、全国農事会)、高橋富雄『東北の歴史と開発』(一九七三、山川出版社)、岩本由輝『東北開発一二〇年』(『人間科学叢書』、一九九四、刀水書房)、長江好道他『岩手県の百年』(『県民一〇〇年史』、一九九五、山川出版社)

(國 雄行)

とうほくせんそう 東北戦争 新政府軍と奥羽列藩との間で戦われた戊辰戦争の一戦。明治元年(一八六八)三月の奥羽鎮撫使発向をうけて、新政府から会津藩追討の先鋒を命ぜられた仙台藩は、戦争に及ぶことの非を訴える建白書を太政官へ進達せんと試み、追討応援を命ぜられた米沢藩もこれに歩調を合わせた。しかし、京都詰の判断により進達は見送られ、仙台に奥羽鎮撫使一行を迎えることとなる。仙米両藩は会津藩を説得して恭順の意を示させ、奥羽列藩の総意でもって鎮撫総督に会津藩の謝罪受け入れを歎願するがあえなく却下、「奥羽皆敵」とする密書が露見したことから、奥羽鎮撫総督府下参謀の世《せ》良周蔵《らしゅうぞう》が仙台藩士の手によって暗殺された。その後の列藩会議ではあくまで太政官への会津藩謝罪歎願にこだわる米沢藩と新政府軍との全面戦争に踏み切ろうとする仙台藩の路線が対立、列藩の同意により米沢藩の路線が選択され、五月三日(一八六八年六月二十二日)には奥羽列藩同盟が成立する。しかし、関東を平定し進軍を緩めない新政府軍との交戦は次第に避けがたいものとなった。さらに、肥前藩参謀前山清一郎の謀略により、仙台に抑留中の総督九条道孝の転陣を許し、新庄在陣の副総督沢《さわ》為量《ためかず》を薩長軍から引き離そうとする仙米両藩の策略も失敗に帰したことから、秋田・弘前藩は同盟離脱した。その後、列藩同盟側は江戸から脱走した輪王寺宮公現《くげん》法親王(のちの北白川宮能久《よしひさ》親王)を迎え、体制の立て直しをはかるも、戦局利あらず、九月中旬までに仙米両藩が降伏し、二十二日(十一月六日)には会津若松城が落城、二十四日の盛岡(南部)藩の降伏をもって東北戦争は終結する。 →奥羽越列藩同盟《おううえつれっぱんどうめい》 →戊辰戦争《ぼしんせんそう》

参考文献 原口清『戊辰戦争』(『塙選書』、一九六三、塙書房)、佐々木克『戊辰戦争—敗者の明治維新—』(『中公新書』、一九七七、中央公論社)、工藤威『奥羽列藩同盟の基礎的研究』(『近代史研究叢書』五、二〇〇二、岩田書院)

(友田 昌宏)

とうほくだいがく 東北大学 ⇒東北帝国大学《とうほくていこくだいがく》

とうほくていこくだいがく 東北帝国大学 宮城県仙台

市に所在した帝国大学。現在の東北大学の前身。明治四十年(一九〇七)六月勅令第二三六号により設置公布。もともと明治三十年代初頭に文部省の高等教育増設八ヵ年計画の一環として九州帝国大学とともに構想され、帝国議会でも二度にわたり設置建議案が可決されたが、財政的理由や学制改革をめぐる議論の中で実施が先送りされていた。明治三十九年(一九〇六)に札幌農学校の農科大学昇格構想と抱き合わせる形で再び計画が具体化し、創立経費を宮城県(理科)および札幌区(農科)と古河鉱業株式会社の寄附でまかなうことで実現に至る。初代総長は沢柳政太郎。創立時には仙台に本部と理科大学、札幌に農科大学が置かれ後者は札幌農学校の施設と人材を引き継ぎ明治四十年(一九〇七)九月に開講。一方理科大学は四年後の四十四年九月に開講した。その際には旧制高校出身者に加え大学が認定した専門学校・高等師範学校などの卒業生や中等教員免許所有者にも入学資格を与えることとし、大正二年(一九一三)にはこの方針の適用によって三人の女性が入学、わが国初の女性大学生となった。医科・工科の計画も当初から存在し、まず明治四十五年に仙台医学専門学校・仙台高等工業学校を医学・工学専門部として附属させ、その後医科大学(大正四年)、工学部(同八年)を順次設置した。この間農科大学は大正七年に北海道帝国大学として分離されている。文系学部の設置は十一年(一九二二)の法文学部設置まで遅れるが、沢柳在任中に開始された狩野文庫(元第一高等学校校長・京都帝国大学文科大学長狩野亨吉《かのうこうきち》の収集書)の受入は将来の文科系学部設置に備えたものといわれる。また住友家など民間の寄附により実用化研究の拠点として理科大学内に設置された臨時理化学研究所において本多光太郎らによるKS磁石鋼などの成果が生み出され、のち鉄鋼研究所・金属材料研究所へと発展。一九三〇年代後半から四五年にかけてはさらに多数の研究所が設置された。昭和二十二年(一九四七)に東北大学と改称。二十四年には第二高等学校その他の旧制諸学校を包括・併合して新制東北大学となった。

東北帝国大学理科大学

参考文献 『東北大学百年史』通史一(二〇〇七)

(永田　英明)

とうほくほんせん　東北本線　東京―青森間の鉄道。東京と東北地方を結ぶ鉄道の構想は、明治五年(一八七二)ごろから高島嘉右衛門らが唱えていたが、実現したのは十四年(一八八一)に設立された日本鉄道会社であった。明治十六年、上野―前橋間鉄道の一部として熊谷まで開業し、十八年に途中の大宮から分岐して宇都宮まで開業した。その後那須野、黒磯と延長を重ね、二十年(一八八七)に仙台まで、二十三年に盛岡まで達した。同年、東京口では上野―秋葉原間の秋葉原線が貨物専業で開業している。盛岡―青森間が開業したのは二十四年であった。この時期、上野―大宮間は中仙道線、大宮―青森間は奥州線と称していた。二十五年、列車が輻輳する上野―大宮間が複線化されたが、その他の区間の輸送力増強は三十九年(一九〇六)の国有化後に進展した。四十二年(一九〇九)、上野―青森間に東北本線の名称が定められた。大正十四年(一九二五)に神田―上野間が開業した際、既開業の東京―神田間とともに東北本線に編入された。

参考文献 『日本鉄道史』(一九二一、鉄道省)、『日本国有鉄道百年史』(一九六九―七四)、『ものがたり東北本線史』(一九七一、日本国有鉄道仙台駐在理事室)

(高嶋　修一)

どうめいしゃ　同盟舎　東京の書肆。明治中期に、井上哲次郎抄訳・大槻文彦校訂『(倍因氏)心理新説』(明治十五年)や菊池大麓《きくちだいろく》『論理略説』(明治十五年)などの書籍の刊行・販売のほか、辞書類を多く出版・販売していることが特徴的である。

参考文献 三橋猛雄『明治前期思想史文献』(一九七六、明治堂書店)

(鵜飼　政志)

とうやまきゅうぞう　当山久三　一八六八―一九一〇　沖縄の自由民権運動家、海外移民組織者。琉球国国頭《くにがみ》郡金武《きん》村(沖縄県国頭郡金武町)に明治元年十一月九日(一八六八年十二月二十二日)、貧農の長男として生まれる。沖縄県立師範学校を卒業後、羽地《はねじ》・金武の小学校訓導となるが、国頭郡長と対立して辞職する。同二十九年(一八九六)東京に遊学、小学校で教鞭をとり、移民問題に関心をもつ。三十一年(一八九九)謝花昇《じゃはなのぼる》と出会い、その民権運動に共鳴し、帰郷。謝花と沖縄倶楽部を結成し、『沖縄時論』を通じて奈良原繁県政を糾弾、参政権獲得運動を試みるが、弾圧を受ける。その敗北後、人口・食糧問題の解決の方策として県民の海外発展を考え、奈良原の反対のなかで三十二年第一回ハワイ移民として弟又助ら二十七人を送り出す。三十六年みずから第二回移民団を率いてハワイに渡る。移民周旋業のほか、金融業・醸造業などの実業に関わったのち、政治活動に復帰し、四十二年(一九〇九)県会議員選挙で当選するが、四十三年九月十七日病気で死去した。四十三歳。

参考文献 湧川清栄『沖縄民権の挫折と展開―当山久

三の思想と行動―』(一九七三、大平出版社)

(荻野富士夫)

とうやまみつる　頭山満　一八五五―一九四四　右翼の巨頭。安政二年四月十二日(一八五五年五月二十七日)、筑前黒田藩士筒井亀策の三男として福岡に生まれ、十九歳で母方の頭山家を継ぐ。明治八年(一八七五)、箱《はこ》田《た》六《ろく》輔《すけ》らと矯志社を組織し、翌九年、同社の政府転覆計画が発覚し逮捕。十年(一八七七)に出獄後、旧福岡藩士族の相互扶助組織として開墾社(別名向浜塾、のちに向陽義塾に発展)を創設。板垣退助の感化で自由民権運動に従事し、十二年、箱田、平岡浩太郎《ひらおかこうたろう》らと福岡に政治結社向陽社を設立、国会開設請願運動を行う。十四年二月、向陽社は玄洋社と改称。頭山は社長には就任しなかったが、常に同社の中心的存在であった。玄洋社は当初の民権論から次第に国権論に転じ、井上馨・大隈重信両外相の条約改正に反対。ついには社員の来島恒喜《くるしまつねき》が大隈を襲撃。二十五年(一八九二)の第二回総選挙では政府の選挙干渉に同調し民党派を襲撃。また天佑俠の活動や日韓合邦運動に社員が参加すると、頭山はその活動を支援。北清事変後、頭山は近衛篤麿らと国民同盟会を組織、ロシアの満洲占領を非難し、満洲解放を主張。満韓交換論にも猛反対し、伊藤博文にその不可を説く。さらに三十六年(一九〇三)八月、対露同志会の結成にあたっては、神鞭知常《こうむちともつね》、佐々《さっさ》友房《ともふさ》らとともに発起人となり、日露開戦への国民気運を高め、政界要路に開戦を訴えた。また大アジア主義に傾斜し、革命家の金玉均やビバリ＝ボースを支援・庇護。孫文や黄興とも交流し、辛亥革命が起きると内田良平、小川平吉らと有隣会を組織して、日本人浪人の中国革命参加を援助。四十四年(一九一一)十二月にはみずから上海に赴き、犬養毅とともに現地で革命を支援。袁世凱と革命派の妥協が進むと、犬養と二人で南京に孫文を訪い、孫に北上を翻意させる。四十五年三月、上海発帰国。以後も政界の黒幕的存在として隠然たる影響力を保つ。国士然とした頭山の発言はカリスマ性に富み、右翼活動家と軍部・政財界との仲介的役割を担った。昭和十九年(一九四四)十月五日、静岡県御殿場で死去。九十歳。

頭　山　満

参考文献　黒竜会編『東亜先覚志士記伝』(『明治百年史叢書』、一九六六、原書房)、藤本尚則『巨人頭山満』(一九六七、雪華社)、葦津珍彦『大アジア主義と頭山満(増補版)』(一九八四、日本教文社)

(冨塚　一彦)

とうゆううんどう　東遊運動　日本への留学奨励を伴う二十世紀初頭のベトナムの民族運動。「東遊」のベトナム語音により「ドンズー運動」ともいう。中心人物はファン＝ボイ＝チャウ。十九世紀にフランスによって漸次植民地化されたベトナムにおいては抗仏運動が起こったが、実権を失った阮《グエン》朝を独立の王朝として復興しようと展開された運動は十九世紀末までにおおむね鎮圧された。その後、フランス支配下にあるベトナムの状況を憂え、中国から流入した洋務運動・変法運動関連の文献にも刺激された儒者層を中心とする民族運動が二十世紀初頭に起こされた。その一つが東遊運動である。一九〇一年ころより抗仏の動きを具体化しつつあったファン＝ボイ＝チャウは、〇四年王族クオン＝デを会主として民族運動組織(のちの維新会)を結成した。当初早期の武装闘争による独立を目指したチャウは、日本からの軍事援助を期待して明治三十八年(一九〇五)来日し、梁啓超・犬養毅・大隈重信らと面会した。その結果、即時の武装蜂起より民族運動を担う人材養成が急務であると認識したチャウは、日本でベトナム人に教育を受けさせることを構想し、ベトナム人に日本への留学を呼びかけた。チャウの一時帰国・再来日の際に同行した三名を嚆矢として、ベトナム各地の青年が来日し、クオン＝デも同三十九年に来日した。来日者の入学先は振武学校や東亜同文書院などであった。留日者数は最盛期の同四十年(一九〇七)末から四十一年前半にかけては百～二百名ほどになった。チャウが東遊運動中に著わした詩文は同時期のベトナム国内における新思想鼓吹の運動でも用いられた。同四十一年からは、フランスがベトナムにおいて東遊運動への弾圧を強め、フランスからの要請を受けた日本政府が留日ベトナム人への圧力を強めた結果、留日ベトナム人の多くは離日した。同四十二年三月チャウも離日し、クオン＝デは同年十一月に日本から国外退去させられて、東遊運動は瓦解した。　→クオン＝デ　→ファン＝ボイ＝チャウ

参考文献　潘佩珠他『ヴェトナム亡国史』(『東洋文庫』)、白石昌也『ベトナム民族運動と日本・アジア―ファン・ボイ・チャウの革命思想と対外認識―』(一九九三、巌南堂書店)

(岡田　建志)

とうようえいわじょがっこう　東洋英和女学校　明治十七年(一八八四)カナダメソヂスト教会婦人伝道会社(会)が創立。日本伝道を開始したカナダメソヂスト教会は、女性教育の必要を痛感し、女性宣教師の派遣を熱望した。カナダ婦人伝道会社が創設され、明治十七年にミス＝カートメルが派遣され、麻布で東洋英和女学校が開設された。場所柄もあり女子学習院が開校される前でもあったので、多くの華族の子女がこの学校に学んだ。奉仕活動が活発で、女子学生の手で永坂孤女院や恵風女学校が作られた。最初は全寮制の学校を志したので学寮の施設があり、外国へ赴任する外交官の子女が多く学んだのも特色であった。幼稚園・小学校・女学校・高等科が設けら

れ、徹底した英語教育がなされたので、レベルの高い学校として名声を博した。東京女子大学の設立で高等科はほかのミッションスクールと同じく、東京女子大に移行されたが、代わりに専門学校レベルの幼稚園師範科が設けられた。昭和二十一年(一九四六)東洋英和女学院と改称。現在は、幼稚園・小学校・中学校・高等学校のほかに、東洋英和女学院大学がある。

(塩入　隆)

東洋英和女学校　校舎と教職員生徒(明治20年)

とうようがくげいざっし　東洋学芸雑誌　東京大学の杉浦重剛(明治十四年文部省御用掛、十五—十八年大学予備門長)・千頭清臣《ちかみきよおみ》・井上哲次郎・磯野徳三郎らにより十四年(一八八一)十月に創刊された学術月刊雑誌。緒言では「天地ノ間万物皆ナ理学ノ資ニ非ザルハナシ、此事物ノ間ニ行ハルル天法ヲ検定スルハ即チ理学ノ目的ナリ」と広義の意義の理学に関係する論文を掲載すると宣言しているが、論説に加藤弘之の「人為淘汰ニヨリテ人才ヲ得ルノ術ヲ論ス」を載せたり、ヒュームの自由政治論を根拠に「政権ノ速力ハ人民独立ノ勢力ニ反比例ノ力ヲ有ス」と評したり、三号よりは福沢諭吉批判を連載するなど、民権運動に対する東大の冷淡な姿勢を意図的に表明するものにもなっている。十八年以降は東大教官による自然科学系論説が中心となり、また各学会誌が発行されるとともに、学界情報誌的性格を強め、三十四年(一九〇一)からは東京学士会院記事も詳細に報じることとなった。大正十一年(一九二二)より『学芸』と改題、昭和五年(一九三〇)十二月第四六巻第八号を以て終刊となった。

(宮地　正人)

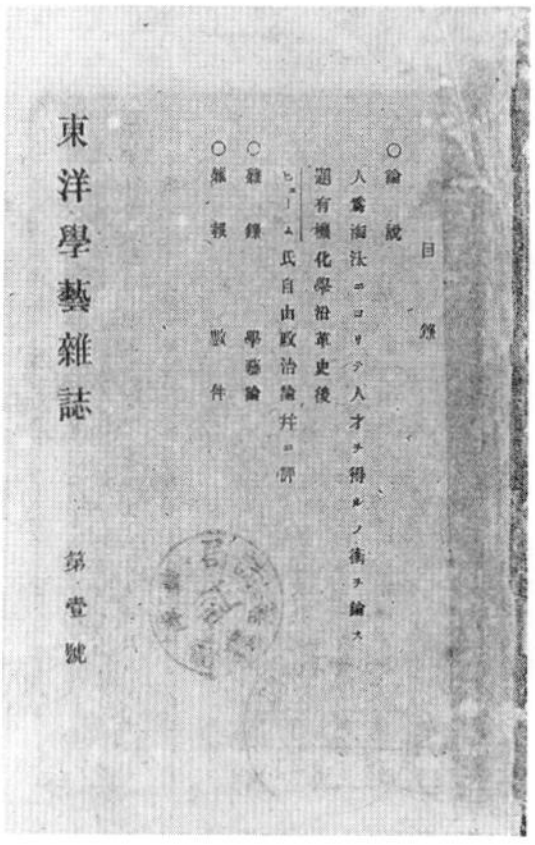

『東洋学芸雑誌』第1号

とうようがくほう　東洋学報　日本ではじめての東洋学の専門雑誌。明治四十年(一九〇七)に「東洋に於ける平和文明事業を稗補する」ことを目的として設立された東洋協会(前身は台湾協会)が、白鳥庫吉《しらとりくらきち》らを中心とする亜細亜学会を招いて、同年東洋協会調査部が発足した。東洋(中国・朝鮮・満洲・内陸アジア・東南アジア・インド・西アジアという広大な地域を指す)諸民族の言語・風習・宗教・歴史・政治・経済など各方面の文化を学術的に研究することを目的とした。部長には男爵平田東助《ひらたとうすけ》、特別委員に白鳥庫吉・上田万年《うえだかずとし》、委員に坪井九馬三《つぼいくめぞう》・三上参次《みかみさんじ》・宮崎道三郎《みやざきみちさぶろう》・那珂通世《なかみちよ》らが就いた。会員がそれぞれ調査・研究を行い、隔月一回の公開講演会を開催し、東洋学への関心を喚起した。この調査部の発行した雑誌が『東洋学報』である。東洋協会の雑誌『東洋時報』が、植民地経営に関する提言・記事などを掲載し、『東洋学報』は研究論文を掲載した。いわば東洋協会の車の両輪の一翼であった。当初は『東洋協会調査部学術報告』第一冊として明治四十二年に発行された。中には保護国となった韓国の言語が日本語の方言であるというような論文もあり、植民地経営を推進する理論を提供したという側面は否めない。明治四十四年からは、『東洋学報』として年三回発行され、明治末には計六号を数える。東洋協会学術調査部編の終刊は昭和二十四年(一九四九)一月、三十二巻二号、通巻百十五号である。欧米における東洋学研究に注意を払い、毎号欧米の研究文献の批評・紹介が掲載され、詳細な欧米新刊図書雑誌目録が掲載されている。さらに掲載論文中から、適当なものを欧文に翻訳して出版することも検討し、欧米への発信も意図していた。掲載された論文は、総じて学界に重きをなしたのみならず、西洋の学者の間にも注目され相当の権威を有した。明治期に多く筆をとっている者は、妻木直良・今西竜・浜田耕作で、これについで松井等・稲葉岩吉・箭内亘《やないわたり》・白鳥庫吉・津田左右吉《つだそうきち》がいる。

参考文献　東洋協会編『東洋協会学術調査部の主旨及び業績』(一九二四)

(広瀬　玲子)

とうようかんしょてん　東洋館書店　明治十年代の書店。創業者は小野梓(号東洋)。自由民権思想家の小野梓は、明治十五年(一八八二)四月に大隈重信と立憲改進党を結成して政党政治による立憲主義国家の確立と、同年十月

東洋館書店の商標

に東京専門学校(早稲田大学の前身)を創立して立憲国民の育成とを目指したのち、十六年八月一日に大隈と義兄小野義真《ぎしん》の援助を受けて東京市神田区小川町十番地に東洋館書店を創業した。三千円から五千円の資本で、定款も定めて、斬新な書店の商標も作成した。開業趣意書で「書舗ハ文書ヲ発行スルノ務メニ服シ之ヲ千里ノ外ニ通シ之ヲ万人ノ手ニ致シ以テ文化ヲ開進スルノ一大媒助ヲ為スモノ」と謳い、英仏独米各国と提携して欧米の良書を輸入し、また、「本邦負望ノ名家」に政治・法律・哲学・歴史書の執筆を依頼して、「講学読書ノ人士ヲシテ机上良書多ク篋底善書満ツルノ感アラシメン」としたいと、東洋文化・日本文化の進展に努める決意を述べている。いわゆる小野の「良書普及活動」である。小野は自著『民法之骨』(十七年十二月)、『東洋論策』(十八年五月)、『国憲汎論』下巻(同年九月)をはじめ、有賀長雄『社会進化論』(十六年十月)、砂川雄峻《すなかわかつたか》『英米契約法』(同年十二月)、天野為之『徴兵論』(十七年二月)、高田早苗『貨幣新論』(同)、坪内雄蔵(逍遙)訳『自由太刀余波鋭鋒』(十七年五月)等々をつぎつぎに出版し、店で著作しつつその日の内に売上げ勘定をした。門下生の市島謙吉は「先生は(中略)俺れの店から出すものは第一の傑作でなければならぬとあつて、原稿に自から筆を入れられた」と執筆者の原稿を精力的に校閲して出版した。坪内も「東洋館なればこそ無名の私の訳を其頃としては高価な一円本として頗る贅沢な装幀を施してまで出してくれられた」と訳刊を感謝している。何冊もの近刊予告を出しながらも、十九年一月十一日の小野の病没のため閉店を余儀なくされ、その志は、店員であった坂本嘉治馬《さかもとかじま》創業の冨山房と東京専門学校出版局(早稲田大学出版部の前身)に継承されていった。

参考文献　西村真次『小野梓伝』(一九三五、冨山房)、早稲田大学大学史編集所編『小野梓全集』五(一九八二、早稲田大学出版部)、早稲田大学編『図録小野梓―立憲政治の先駆・大学創立の功労者―』(二〇〇二)

(佐藤　能丸)

とうようぎせいかい　東洋議政会　東京の自由民権結社。明治十五年(一八八二)二月十二日、慶応義塾系の都市民権派知識人により京橋区木挽町《こびきちょう》(中央区銀座)明治会堂で結成された。目的は、『郵便報知新聞』の設立広告によれば、同志が謀って「人民政治上ノ思想ヲ誘発スルカ為メ」に府下で「演説言論ニ従事」し「各地ノ招聘ニ応ス」るというもので、矢野文雄・犬養毅・尾崎行雄・竹村良貞《たけむらよしさだ》・梅木忠朴・藤田茂吉《ふじたもきち》・枝元長辰《えだもとちょうしん》ら十五名が名を連ね、のちに箕浦勝人《みのうらかつんど》・久松義典《ひさまつよしのり》・本山彦一らが加わった。ちなみに梅木は夏目漱石『坊ちゃん』の「うらなり君」のモデルとされる。明治十四年政変で免官となった矢野が、腹心で同じく免官の犬養・尾崎らとともに立憲改進党を支えるために結成したとみられ、結党後は党内で大隈重信党首の有力側近グループとなった。定期的な演説会を明治会堂で催し、地方遊説も活発に行い、『郵便報知新聞』を機関紙として英国流の議院内閣制などの穏健な主張を展開したが、政府の軍拡路線や韓国への膨張政策は支持するなど党内右派の立場を占めた。改正集会条例の適用を受けて同年七月五日に解散届を提出するが、演説会は継続させ、党内グループとしても存続した。

参考文献　松崎欣一『三田演説会と慶応義塾系演説会』(『福沢センター叢書』、一九九八、慶応義塾大学出版会)

(福井　淳)

とうようきせんかいしゃ　東洋汽船会社　明治二十九年(一八九六)六月二日、浅野総一郎《あさのそういちろう》が設立した海運会社。TKKと略称。三十一年(一八九八)十二月、北太平洋の中心航路である香港―サンフランシスコ航路においてパシフィック＝メイルと契約を結び共同配船で航路開設、翌年逓信省の特定助成航路に指定。明治四十一年(一九〇八)以降、太平洋の女王と呼ばれた天洋丸《てんようまる》(一三四〇〇トン)級三隻を投入して航路の主導権を握り、大正四年(一九一五)にパシフィック＝メイルからサンフランシスコ航路を

東洋汽船会社横浜支店

買収。三八年十二月ペルー・チリ向けの南米西岸線を開設、両航路は遠洋航路補助法により助成航路となり、社船としての地歩を固めた。しかし第一次大戦後はアメリカ船との競争が激化し、安田善次郎《やすだぜんじろう》の死により安田財閥との関係が弱まって資金的にも行き詰まり、大正十五年(一九二六)に両太平洋航路の航路権を日本郵船会社に売却して海外航路から撤退した。昭和三十四年(一九五九)日本油槽船会社に合併。

参考文献　『東洋汽船六十四年の歩み』(一九六四、東洋汽船)、杉山和雄『海運業と金融―不況期の資金調達―』(『日本海運経営史』四、一九八一、日本経済新聞社)

(小風　秀雅)

とうようけいざいしんぽう　東洋経済新報　日清戦争後の明治二十八年(一八九五)十一月十五日、町田忠治《まちだちゅうじ》が渋沢栄一・近藤廉平《こんどうれんぺい》・豊川良平《りょうへい》・朝吹英二《あさぶきえいじ》・山本達雄らの支援を得て創刊した経済雑誌。創刊以来月三回の刊行を維持していたが、大正八年(一九一九)十月から週刊となった。戦後まもなく『週刊東洋経済』と改題し、平成三年(一九九一)六月八日号をもって五〇〇〇号に達し、今日に至っている。町田は、青年期に犬養毅の思想的影響を強く受け、みずからの立場を「コンディショナル＝プロテクショニズム」であると規定し、事業の発達や国力

THE ORIENTAL ECONOMIST
東洋經濟新報
第壹號
本號要目
社說
論說
訪問錄
東洋商業時事
歐米經濟事情
雜報
銀行及內外商況
附錄

『東洋経済新報』第１号

の増進のためには政府の監督誘導・保護助成が必要ではあるが、基本的には健全なる個人の発達に待たなければならないとした。しかし、町田は、創刊後まもなく日本銀行に入行して大阪支店に赴任したため、早稲田大学で経済学を講じていた天野《あまの》為之《ためゆき》が後継の主幹となった。天野は、J・S・ミルと同様の幅の広い自由主義の立場から明治三十年代の経済問題を社説で取り上げ、論陣を張った。天野のもとで、植松考昭・三浦銕太郎《みうらてつたろう》という人材が育ち、植松は明治四十年（一九〇七）三月に同社が合名会社となるのと同時に主幹となり、大正元年（一九一二）九月に病没するまでその地位にあった。その後、三浦が主幹を引き継ぎ、大正十年（一九二一）には資本金五万円の株式会社に改組された。大正十三年には石橋湛山が三浦の後継となった。『東洋経済新報』は、三浦の発案で「放資事項」という欄を設け、会社評論に力を入れ、別冊付録として『株界十年』（大正九年）や『株式会社年鑑』（大正十一年）なども出版し、実用面にも力を入れていた。しかし、同誌の本領は国民経済の正しい進路を天下の公道に基づいて示すことにあり、歴代の主幹を中心に言論の自由や国際平和を基調として、内外の経済問題や社会問題について鋭い論評を展開した。なお、一—一八四七号は竜渓書舎より復刻されている。

参考文献　溝川喜一「『東京経済雑誌』と『東洋経済新報』」（杉原四郎編『日本経済雑誌の源流』所収、一九九〇、有斐閣）、長幸男「解題『東洋経済新報』—その一—」（『東洋経済新報（復刻版）』一所収、一九九一、竜渓書舎）

（老川　慶喜）

とうようしゃ　東洋社　石川正作が明治三十年（一八九七）に創業した書肆。石川は慶応元年（一八六五）生まれ。明治二十五年（一八九二）に上京し、文学社、国光社などの編輯業務に従事した後、東洋社を創業。もっぱら女流（『婦人雑誌』『女子之友』を創刊）・家庭・教育・考古学関係の書物を出版したほか、教育用品・西洋楽器の製作・販売も手がけた。明治三十五年、東京書籍商組合評議員に当選。

参考文献　三橋猛雄『明治前期思想史文献』（一九七六、明治堂書店）、東京書籍商組合編『東京書籍商伝記集覧』（『日本書誌学大系』二、一九七六、青裳堂書店）

（鵜飼　政志）

とうようしゃかいとう　東洋社会党　日本で最初に「社会党」の名称を名乗った政党。明治十五年（一八八二）四月十八日、樽井藤吉《たるいとうきち》らが中心となり長崎県西彼杵郡下長崎村十善寺郷（長崎市）の高木文章宅にて会合を開いたのをはじまりとする。党則の第一章綱領の中で「第一条、我党ハ道徳ヲ以テ言行ノ規準トス」「第二条、我党ハ社会公衆ノ最大福利ヲ以テ目的トス」「第三条、我党ハ平等自主ヲ以テ主義トス」を掲げ、儒教的道徳を基軸に貧民救護・身分平等・権利均一などを目的とすることで東洋の衰運を挽回しようとした。実際に運動を行うなかで、渡辺政貴らによる旧藩主鍋島直正（閑叟）の加地子猶予地制（均田制度）の存続要求運動に参加し、鍋島礼讃の扁額奉献などが行われると、警察は西松浦郡（佐賀県伊万里・唐津方面）・熊本県天草の農民に影響が及んで農民運動へと高まることを危惧し、その結果同年六月二十日、内務卿山田顕義より治安に妨害ありとして結社ならびに集会の禁止を命じられるに至った。党員数は、樽井によれば四千余名、武富時敏《たけとみときとし》によれば三名と諸説あるが、支持者は農民を中心に三千余名を集めたという。また機関紙『半鐘警報』を発刊している（一二号まで）。翌年一月六日、樽井は党の再興をはかって修正党則草案を西海日報社で印刷して配布したが、同月二十五日、集会条例違反で軽禁錮一年に処せられ、七月六日、解散を命じられた。

参考文献　渡辺庫輔「東洋社会党」（『日本歴史』八〇、一九五五）、田中惣五郎『東洋社会党考』（『叢書名著の復興』二、一九七〇、新泉社）、高木知明「東洋社会党に関する一試論」（『日本歴史』五一一、一九九〇）

（真辺　美佐）

とうようじゆうしんぶん　東洋自由新聞　自由民権論や君民共治を主張した急進的自由主義新聞。東京尾張町（中央区）にあった活版印刷所績文社に同居のかたちで東洋自由新聞社を設立、明治十四年（一八八一）三月十八日にタブロイド判の四頁だてで創刊した。フランス帰りで自由主義的な華族西園寺公望を社長とし、社主に稲田政吉、幹事に松田正久、監督委員に森新三郎、編集委員に中江兆民・柏田盛文《かしわだもりふみ》・上条信次《かみじょうしんじ》・松沢求策《まつざわきゅうさく》・林正明・光妙寺三郎・桑野鋭《くわのえい》・石岡三郎・柴田某・牟田某がいた。主筆は中江兆民が務め、社説の大半を担当した。もともとは、河野広中ら愛国社系と山際七司《やまぎわしちじ》らの自由党準備会を組織した二派のうち、山際派が『自由党新聞』の名称で発行を計画していたが、結局は独自発行に至った。そのため、東洋自由新聞創起仮規則は自由党新聞規則に手を加えたものとなっている。清華家の一つ徳大寺家出身の華族西園寺が自由主義を標榜する新聞の社長に就任したことは、政府に大きな衝撃を与えた。宮内卿で実兄の

東洋自由新聞

『東洋自由新聞』第１号

徳大寺実則による説得などを試みたが失敗、岩倉具視の画策で内勅により辞任の命を出した。西園寺は、辞任の決意をしたうえで、三月三十日にこの内勅を反駁する上奏文を提出、四月八日第一五号を最後に社長を辞任した。四月九日第一六号には、「西園寺公望東洋自由新聞社ヲ去ル」が掲載された。また四月十日付で、辞任の経緯を詳細に記した無署名の檄文を印刷・配布したため、印刷長松沢求策と監督上田長次郎《うえだちょうじろう》・柏田盛文が拘引された。松沢は懲役七十日、上田は禁獄三十日、柏田は無罪の判決を受けた。社長辞任、社員拘引、筆禍事件が起きたほか、発行部数も伸び悩み、人的・経済的に発行継続が困難な状況に追い込まれ、四月三十日に第三四号で休刊し、そのまま廃刊した。翌五月一日には「東洋自由新聞社転覆ス」という廃刊理由書が配布された。山際らにより再刊運動が起り、自由党機関誌『自由新聞』発行計画に合流した。東京大学出版会より昭和三十九年（一九六四）に復刻版が刊行されている。

参考文献　沢開進「新聞と貴族―「東洋自由新聞」と西園寺公望の考察―」（『専修人文論集』一二、一九七四）、江村栄一『自由民権革命の研究』（一九八四、法政大学出版局）　（松崎　稔）

とうようじゆうとう　東洋自由党　明治時代中期の政党。明治二十五年（一八九二）十一月、大井憲太郎（同年五月に自由党の党内権力抗争に敗れ脱党）を党首に、森隆介《もりたかすけ》・樽《たる》井藤吉《いとうきち》・飯村丈三郎・稲垣示《いながきしめす》・新井章吾らによって結党された。前年五月に、自由党内に設置された東洋倶楽部を淵源に持ち、自由党関東会系の人物を多く含んでいた（ただしその一方で大井に従わずに自由党に残った人物も多い）。週刊雑誌『新東洋』を機関誌とし、内政に関しては民権の拡張・財政整理・民力休養・貧民労働者の保護を、外交に関しては、強硬外交・国権の発揚を主張した。普通選挙期成同盟会・日本労働協会・小作条例調査会を設置するなど、貧民・労働者問題には特に力を入れることで自由党の民力休養路線を生ぬるいと批判、また対外強硬路線を一貫して主張し、明治二十六年十月、国民協会・熊本国権党・福岡玄洋社とともに大日本協会を組織して対外硬運動の一角を担った。同年十二月に解党。→日本労働協会《にほんろうどうきょうかい》

参考文献　平野義太郎『馬城大井憲太郎伝』（一九六八、風媒社）、河西英通「東洋自由党論―「新東洋」の分析を通して―」（『歴史評論』四一〇、一九八四）　（真辺　将之）

とうようじろん　東洋時論　東洋経済新報社が、明治四十三年（一九一〇）五月に社会評論・思想評論を目的として創刊した総合雑誌。『東洋経済新報』は、経済を標榜する雑誌で、『東京経済雑誌』の一般評論雑誌的な性格には批判的であった。明治四十年に三代目の主幹となった植松考昭は、経済のみでなく政治・社会・文化・教育などへと評論の範囲を拡大する必要を感じ、『東洋経済新報』とは別に『東洋時論』を刊行し、自由主義・個人主義の立場から論陣を張った。三浦銕太郎《みうらてつたろう》を主幹とし、植松と三浦が社説を執筆した。また、明治四十四年に早稲田大学哲学科出身の石橋湛山が東洋経済新報社に入社し、同誌の編集や論説の執筆に携わるようになった。しかし、二度の発売禁止処置など政府の不興を買い、売れ行きも伸びなかった。『東洋経済新報』との並刊も経営上困難となり、大正元年（一九一二）に植松が病没すると三巻一〇号で廃刊となった。竜渓書舎より復刻されている。

参考文献　杉原四郎『日本の経済雑誌』続（一九八七、日本経済評論社）、長幸男「解題『東洋経済新報』―その一―」（『東洋経済新報（復刻版）』一所収、一九九一、竜渓書舎）　（老川　慶喜）

とうようしんぽう　東洋新報　明治時代中期の政論新聞。明治十五年（一八八二）三月一日創刊。発行所は東洋新報社。日刊。立憲帝政党の機関紙。共行社の水野寅次郎が『東京曙新聞』を譲り受け発行した。漸進主義を掲げた。記者に田中亨・浜田正吉・武市啓など。経営がふるわず、明治十五年十二月二十九日廃刊。→東京曙新聞《とうきょうあけぼのしんぶん》　（河崎　吉紀）

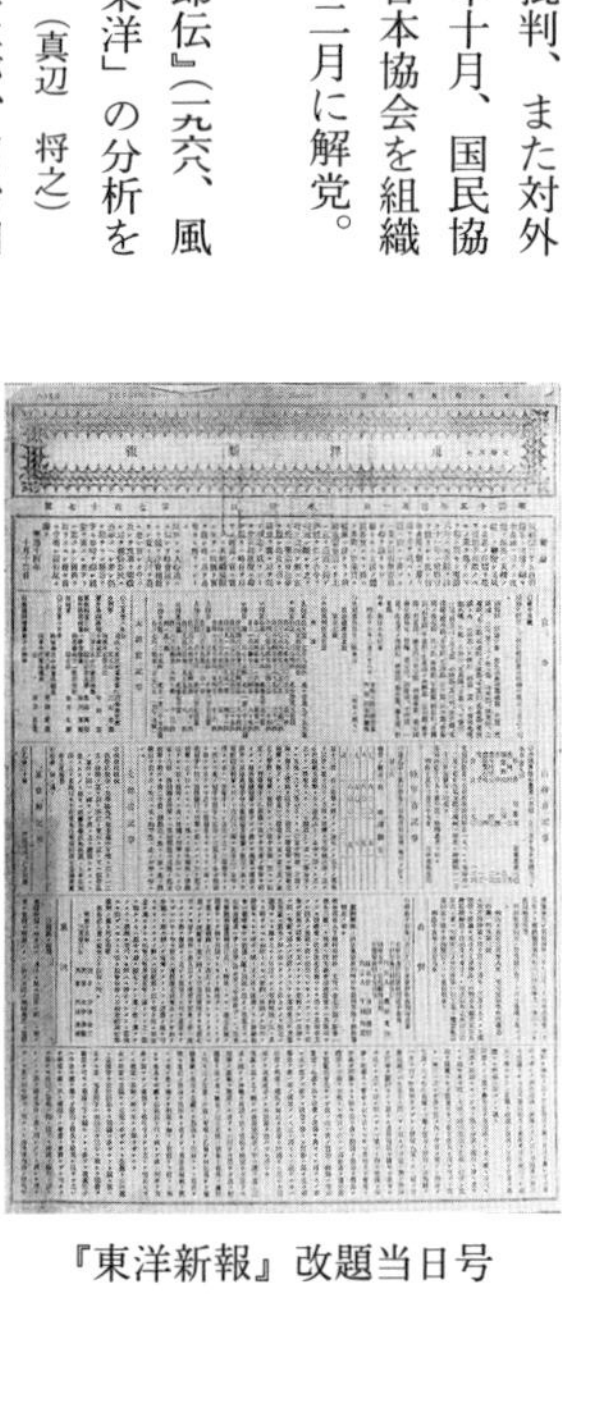
『東洋新報』改題当日号

とうようだいがく　東洋大学　明治二十年（一八八七）に井上円了により哲学館として創立された、東京に所在する私立大学。創設者の井上は東京大学で哲学を学んだ最初の学生。東京大学出身者と東本願寺の国内留学生の協力を得て、哲学の社会的普及を目的に哲学館を設立した（制度上は各種学校）。当初は本郷区湯島の寺院を借用し、教員二名（井上と清沢満之《きよざわまんし》）の体制で発足。二十一年から講義録を発行、同年駒込蓬莱町（東京都文京区）の独立校舎に移転。井上は、移転時には「日本大学」を志向することを表明していたが、日清戦争後には「東洋大学」を志向することに変更。二十八年には予科一年・本科二年（教育・宗教学部）となる。二十九年に校舎を焼失し、翌年小石川区原町（現在の白山校地）に校舎を再築した。三十二年（一八九九）には中等学校教員の無試験検定に関する指定を受けた（修身・教育・漢文の各科、翌年には国語科も）。三十五年には、井上が大学部の開設を予告するほどに学校が発展したが、同年に発生した哲学館事件（中等学校教員無試験検定の指定免許特典の取消し）で一時生徒数が減少するなどのダメージを受けた。三十六年には専門学校令による私立哲学館大学として認可を受け（大学部、専門部および予科で組織）、東洋哲学・仏教・漢文などを教育内容とする正規の高等教育機関となった。三十九年

哲学館

には私立東洋大学と改称するとともに、私立東洋大学財団が設立され(この年に井上は学長を退任)、翌四十年(一九〇七)には改めて中等学校教員の無試験検定に関する指定を受けた。昭和三年(一九二八)に至って大学令による大学となり(大学予科および文学部哲学・国文学・仏教学・支那哲学支那文学の各学科)、そのまま敗戦を迎えた。昭和二十四年(一九四九)に新制大学に転換し、一九五〇年代から六〇年代にかけて経済・法・社会・工・経営の各学部を増設した(工学部は川越校地、平成二十一年(二〇〇九)より理工学部)。以後も校地を二ヵ所、学部を四つ増設して現在に至る。戦後は規模を飛躍的に拡大したが、旧制の時期は小規模の文科系専門学校・大学で、とりわけ中等学校の修身や国語漢文の教員を多く輩出する学校という特徴を有していた。 →哲学館事件《てつがくかんじけん》

参考文献 『東洋大学百年史』(一九八八-九五、東洋大学・東洋大学井上円了記念学術センター) (米田 俊彦)

とうようだいにほんこくこっけんあん 東洋大日本国々憲按 ⇩日本国国憲案《にほんこくこっけんあん》

とうようたくしょくがいしゃ 東洋拓殖会社 明治四十一年(一九〇八)東洋拓殖株式会社法(同年八月)に準拠して設立された植民地開発のための国策会社。資本金一千万円、本店は京城(ソウル)、初代総裁は陸軍中将宇佐川《うさがわ》一正《かずまさ》。明治三十九年(一九〇六)渋沢栄一が設立した地主経営を行う韓国興業(のち、朝鮮興業に改称)株式会社はその原型。草創期の同社は朝鮮内の農業拓殖事業を主務としており、八年間政府より毎年三十万円の補給金を受けていた。発足当初から一万町歩近くの社有地があり、さらに積極的な土地買収を進めて大正二年(一九一三)には六万町歩を超えた。地主経営のほか、開墾事業・水利土木事業が行われた。また、品種改良など稲作の改善や果樹栽培・植樹造林といった殖産事業も進められた。付随して土地開発(開墾)に関わる低利資金供給も行われ、貸付金残高は二十二万円程度からわずか二年余りで五倍以上に増加した。なお植民事業は明治四十三年より開始されたものの、移住者への経済的支援が充分でなく振わなかった。

東洋拓殖会社本社

参考文献 『東拓十年史』(一九一八、東洋拓殖株式会社)、『朝鮮興業株式会社三十周年記念誌』(一九三六、朝鮮興業)、『東洋拓殖株式会社三十年誌』(一九三九、東洋拓殖株式会社)、黒瀬郁二『東洋拓殖会社—日本帝国主義とアジア太平洋—』(二〇〇三、日本経済評論社) (邉 英治)

とうようのりそう 東洋の理想 岡倉天心(一八六二—一九一三)の英文三部作(ほかの二著は『日本の目覚め』『茶の本』)の一冊。明治三十六年(一九〇三)十月、ロンドンのジョン=マレー社から出版された。明治三十四年のインド旅行に出発する前に原稿は準備されていた。原題は The Ideals of the East with Especial Reference to the Art of Japan。最初の邦訳(抄訳)は大正十一年(一九二二)の日本美術院刊行『天心全集』に収められた。岩波文庫版は村岡博訳『東邦の理想』(昭和十八年)。本文は十五章からなり、序文はインド思想の研究家ニヴェディタ(本名マーガレット=ノーベル)が書いている。本書は天心が最初にあらわした系統的な日本美術史のテキストであるが、「アジアは一つ」の冒頭の言葉で始まる最初の章「理想の範囲」は、日本・インド・中国の歴史文化を視野に納めたスケールの大きなある意味で空漠としたアジア文化論の展開であり、さらに、アジアの歴史的文化と芸術を総合的に受け入れた日本の「アジア文明の博物館」としての特徴が表現されている。その意味では通常の日本美術史と異なった理論的著述であるといえよう。天心は日本民族のふしぎな天性として、「古いものを失うことなしに新しいものを歓迎する生ける不二元論(アドヴァイティズム)の精神」を指摘して、そこには、「模倣が自由な創造に取って代わる」ことなく、外からの影響をたえず「受容して改めて応用するための活力」が存在したことを強調する。そしてこの活力こそ「アジア大陸の日本に対する接触が、常に新しい生命と霊感とを生むことに寄与した」こと、この「生ける自由の精神」が「絶対他

の征服を許さざるものとしてみずからを保っていること」は民族の「神聖な栄誉」であると主張する。そしてこの文化的ナショナリズムの延長上に神功皇后の朝鮮攻略や煬帝の「日没する国の天子」呼ばわり、蒙古襲来を撃破したことをあげてその「英雄的精神」を鼓舞する。本書が近代ナショナリズムの思想的表現として理解されるゆえんである。『岡倉天心《おかくらてんしん》集』(『明治文学全集』三八、筑摩書房、昭和四十三年)にも所収。 →岡倉天心

(西田 毅)

とうようぼうせきがいしゃ 東洋紡績会社《がいしゃ》 ⇩大阪紡績《おおさかぼうせき》会社《がいしゃ》 ⇩三重紡績会社《みえぼうせきがいしゃ》

とうようみんけんひゃっかでん 東洋民権百家伝 明治十六年(一八八三)から十七年にかけて出版された、百姓一揆の事跡を集めた民権家小室信介の編著書。明治十六年八月に初帙三冊が出版され、第二帙からは書名を『東洋義人百家伝』と改め、十七年一月に第二帙が、同年六月に第三帙が出された。各地の百姓一揆、およびその指導者義民の事跡を収集、編纂している。福沢諭吉は『学問のすゝめ』七編(明治七年)の中で義民佐倉宗五郎を、古来日本における唯一の近代的人間＝「国民」の理想像と評価しているのに対して、小室は「唯かの佐倉宗五郎のみかは」と、「佐倉宗五郎の伝記に劣らぬ人々」の事跡を収集し、『東洋民権百家伝』を編纂した。『東洋民権百家伝』の中で、義民は「殺身成仁」の精神をもつ「仁人義士」とされ、西洋および現在の「民権家」と比肩する人物と評価されている。日本および過去の義民は、西洋および現在の「民権家」と同一線上に置かれ、日本における「民権」の「系譜」と「伝統」が「発見」されている。義民に「民権」の「系譜」と「伝統」を「発見」しようとする動きは、自由民権運動の中で盛んであり、それは『東洋民権百家伝』の成立に大きな影響を与えた。各地で民権家による義民の顕彰・慰霊活動が行われ、それに対応する形で小室は『東洋民権百家伝』編集のための情報提供を要請している。たとえば、第三帙之中所収の「石井伊左衛門伝」「神長市兵衛伝」「須鎌作次郎伝」は、この三義民の慰霊祭を開催した民権家でのちに加波山事件に関係する鯉沼九八郎からの情報提供によるものである。『東洋民権百家伝』の登場が自由民権運動に与えた影響も大きい。新聞の社説が取り上げたり、各地の義民顕彰の動きを促進したりした。また、政府の言論弾圧への対抗手段として開発された民権講談の種本となった。さらには、職業講談師の間に普及し、開化講談で有名な松林伯円《まつばやしはくえん》も『東洋民権百家伝』を講談化し、高座で演じている。『岩波文庫』に収録されている。 →義民顕彰《ぎみんけんしょう》 →小室信介《こむろしんすけ》

参考文献 金井隆典「自由民権と義民―「主体」の形成と政治的実践の編成としての自由民権運動―」(安在邦夫・田崎公司編『自由民権の再発見』所収、二〇〇六、日本経済評論社)

(金井 隆典)

とうりゅうさいばきん 東流斎馬琴 一八五二―一九二八 東京の講釈師。四代目。本名小金井三次郎。嘉永五年十二月二十六日(一八五三年二月四日)江戸中橋広小路(東京都中央区)に生まれる。初代宝井琴凌の実子で十四歳(十二歳とも)の時に初高座。父の没後初代西尾麟慶《にしおりんけい》門下で小麟慶、明治十三年(一八八〇)に二代目琴凌《きんりょう》となり、同三十年(一八九七)には四代目の馬琴を継ぐ。主に軍談や武芸物などを得意とし「最後の軍談師」と呼ばれたが、博覧強記で世話物そのほかの演目数も数多くあった。昭和三年(一九二八)に『都新聞』に連載された「講談界昔話」は貴重な資料となっている。同年十二月二十七日死去。七十七歳。

(今岡謙太郎)

どうりょくぎょせん 動力漁船 主に石油発動機を利用して能動性を高めた漁船。近代の日本漁業は、漁場の狭隘化による漁業生産量の低迷という深刻な問題に直面した結果、沿岸から沖合遠洋への漁場拡大が強く求められた。農商務省は当時、遠洋漁業奨励のため動力源として蒸気機関を推進した。しかし安全性や運転費、貯炭スペースの節約などの理由から石油発動機の採用に変更した。本邦最初の漁船動力化は、明治三十九年(一九〇六)、静岡県水産試験場の西洋型帆船「富士山丸」(ユニオン式石油発動機)に始まり、以後、ホリンダー式動力機の採用を経てディーゼル化に至った。当時、唯一最大の沖合漁業は鰹釣漁業であった。魚群追求に動力化は不可欠であり、その点で鰹漁業先進地焼津の漁業関係者は先駆的役割を果たしたといえる。漁船の動力化は、「消極的」から「積極的」漁業への革命的な意義があり、漁業近代化の前提的条件を提供したほか、巨額の資本投下を伴う点で、近代的漁業資本主義の重要な基底となった。

参考文献 静岡県水産試験場『明治三八年静岡県水産試験場事業報告』(一九〇六)、古島敏雄・二野瓶徳夫『漁船動力化の研究序説』(『漁業発達史』二、一九五六、東京大学農学部農業経済教室)、『焼津市史』漁業編(二〇〇六)

(高村 聰史)

とうりんどう 桃林堂 東京の書肆。石川貴知が経営。石川は、三省堂の創業者である亀井忠一《かめいただかず》の兄にあたり、明治初年に履物屋石川屋を営んでいたが、忠一に譲って古本を扱う桃林堂を神田美土代町(東京都千代田区)に開業した。明治十五年(一八八二)から二十年(一八八七)前後に、自社としては英語辞書や参考書などを取り扱っているが、むしろ、三省堂や開新堂、十字屋などとともに同盟書房を結成し翻刻本事業を手がけたことで知られる。

参考文献 三橋猛雄『明治前期思想史文献』(一九七六、明治堂書店)、『三省堂書店百年史』(一九八一)

(鵜飼 政志)

どうろ 道路 近世は五街道をはじめとする高度な道路ネットワークを構成していたが、基本的に車両交通に対応したものではなかった。これを馬車や人力車、荷車などに対応するように改良していくことが明治時代前期の大きな課題となった。政府は、明治五年(一八七二)に宿

駅制度を廃止し、近世的な街道のシステムを解体した。九年には太政官達第六〇号によって国道・県道・里道などの道路の等級および種類を定めた。その後内務省は道路によって国土交通のネットワークを構築することを目論み、明治十年代には各地で大規模な道路建設が推進された。しかし二十年代に入ると鉄道敷設法（明治二十五年（一八九二）六月）が制定されるなど次第に鉄道が交通ネットワーク構築の主導権を握るようになり、道路の改良は次第に鉄道停車場への接続を中心とするものに収斂していった。これに対して内務省は、地域交通を担う具体的な道路整備のためにも本格的な道路法規が必要として、初期議会から道路法提出を目論んでいたが、提出、成立には至らなかった。その過程で、地方の道路整備に対する国庫負担の問題が道路法の制定にとってきわめて大きな争点となることが次第に明らかとなってきた。明治四十年（一九〇七）代に入り内務省は再び道路法案の作成に積極的となり、四十三年に道路協議会を開催し議会への法案提出を検討した。そこでは国道の改良に対する国庫からの資金投入が最大の眼目とされたが、国庫負担の問題で大蔵省が強硬に反対したため、このときも議会への提出は見送られた。この過程では、単に財政負担ばかりではなく、国土交通の基幹を担うことを明確化させた国有鉄道との関係が問題として明らかとなっていった。その後も内務省では道路課長池田宏などを中心に道路法案提出の検討を続け、大正八年（一九一九）四月の第四十一議会で道路法として成立した。これに対応して内務省では全国の道路改良計画を具体化させた。これを受けて各道府県でも昭和十年（一九三五）代までにかけて道路の改良が進んだ。しかしこのころから本格化し始めた自動車への対応は、必ずしも充分ではなく、戦後に至るまで日本の道路は基本的に劣悪な状況が続いた。

参考文献 広岡治哉編『近代日本交通史―明治維新から第二次大戦まで―』（『叢書現代の社会科学』、一九八七、法政大学出版局）、高村直助編『道と川の近代』（一九九六、山川出版社）、鈴木勇一郎「大正八年道路法成立試論」（『青山学院大学文学部紀要』四五、二〇〇三）（鈴木勇一郎）

どうろうしゃしゅっぱんぶ　同労舎出版部　東京の書肆。玉置環による。明治中期に、チェンバレンの英訳古事記である『日本上古史評論』（飯田永夫訳、明治二十一年）を売り捌いたほか、政治学・法律・歴史関係書籍の刊行・取次を手がけている。

参考文献 三橋猛雄『明治前期思想史文献』（一九七六、明治堂書店）（鵜飼　政志）

とうろくぜい　登録税　財産権の創設・移転、資格取得、事業開始などの際、登記・登録・認可・技能証明などの請求者に対し定額税または比例税によって課される税。納付方法は印紙貼用によった。わが国では、日清戦後経営、軍備拡充の財源確保のため、明治二十九年（一八九六）三月の登録税法（四月一日施行）により、既存の登録料・手数料などが統合され、登録税が創設された。納税者負担や徴税費が軽微で、将来わが国の資本主義や流通経済の発展に即応する良質な税制であるというのが採用理由であった。以後、同三十二年（一八九九）の日清戦後の第二次増税、同三十七年四月の日露戦時の第一次非常特別税法、翌三十八年の第二次非常特別税法により増徴された。以後、たびたび税制整理の対象となったが実現せず、昭和二年（一九二七）の第二次税制整理によって、不動産・船舶の所有権の取得、質権、抵当権の取得に際して課される税率の軽減措置などが講じられたが、他方商業登記などは増税となった。

参考文献 『昭和財政史』五（一九五七、東洋経済新報社）、井手文雄『要説近代日本税制史』（一九五九、創造社）（矢切　努）

トーケイ＝ジャーナル　The Tokei Journal　明治七年（一八七四）五月九日創刊の英文週刊紙。東京銀座でJ・R・ブラックが経営していた『日新真事誌』本局から刊行されたが、編集長はフランス系米国人のベウヒールF. Bevilleで、ブラックが直接関わったのかは不明。「トーケイ」は東京の意味。当時横浜で刊行されていた『ジャパン＝ウィークリー＝メール』や『ジャパン＝デイリー＝メール』などの英文紙に対して、台湾出兵に関する日本政府寄りの意見や情報が掲載されて俄に注目を集めた。その背後には、外務卿副島種臣に請われ外務省顧問となり、蕃地事務局長大隈重信に献策していたフランス出身の米国人ル＝ジャンドル Charles William Le Gendre（李仙得とも称した）がいた。台湾出兵で勝利し外交も有利に収めた日本政府は、同年十二月末に大隈重信からル＝ジャンドルを介してベウヒールに五百円の褒賞金を与えた。政府の意見を代弁する新聞を支援する政策の第一歩となったと思われる。翌八年三月廃刊。

参考文献 土屋礼子「明治七年台湾出兵の報道について」（明治維新史学会編『明治維新と文化』所収、二〇〇五、吉川弘文館）（土屋　礼子）

とおのものがたり　遠野物語　岩手県遠野地方の口碑を柳田国男が文語体にまとめ明治四十三年（一九一〇）六月自費出版したもの。明治四十一年十一月遠野出身の佐々《ささ》木《き》喜善《きぜん》が柳田を訪問して郷里の口碑を語り、今でも此のごときことあるのかと深く感動した柳田が毎月喜善を招いて語らせ、それを柳田の感じるまま、ただし方言は使わず、卑猥な話は一切入れずに清浄化し簡潔な文語体の文学作品にまとめあげていった。喜善の語りの現場を確認すべく四十二年八月遠野の地に赴き、また遠野の民俗学者伊能嘉矩《いのうかのり》を訪問した。『遠野物語』の正確性向上には伊能の協力が貢献している。柳田の校了が四十三年五月、六月九日三五〇までの番号が打ち込まれた『遠野物語』を完成させ、六月十四日聚精堂から自費出版し親族・知音に配布した。「斯る話を聞き斯る処を見て来て後之を人に語りたがらざる者果してありや」と、生活者のつくり出した習慣・俗信・伝統であれば、そこに必ず人間的意味があり、無意味と見えれば見えるだけ、それだけ深いものが潜んでいるはずだとの柳田民俗学の出発を宣言する記念すべき刊行物となった。 ↓柳田国男《やなぎたくにお》

（宮地　正人）

とおやまきね　遠山甲子　一八七〇―一九〇四　音楽教育草創期の演奏家、教師。明治三年十二月三日（一八七一年一月二十三日）静岡県生まれ。明治十三年（一八八〇）十月音楽取調掛伝習生となり、十八年七月音楽取調掛第一回全科卒業生（全三名）となる。卒業演習会ではピアノ（ショパン作曲「ポロネーズ」）と箏（唱歌と俗楽）を演奏。卒業後は同掛助手、助教諭を経て二十三年（一八九〇）十月から三十六年（一九〇三）十月まで東京音楽学校助教授。ピアノ、オルガン、箏を担当した。明治三十七年九月五日没。三十五歳。

参考文献　『東京芸術大学百年史』東京音楽学校篇一・二（一九八七・二〇〇三、音楽之友社）

（橋本久美子）

とがわざんか　戸川残花　一八五五―一九二四　評論家、教育家。通称隼人、諱《いみな》は安宅《やすいえ》。残花と号した。安政二年十月二十二日（一八五五年十二月一日）、江戸牛込（東京都新宿区）に生まれる。父は幕臣戸川内蔵助安行。明治元年（一八六八）、十四歳で彰義隊に参加、その年家禄を継ぐ。知行所は備中早島五千石。維新後は築地学校、慶応義塾、大学南校に学んだ。七年受洗、十六年（一八八三）からは伝道師として京阪神および岡山県下の布教活動につき、大阪府岸和田教会の牧師となった。帰京後、麴町教会の牧師となり、讃美歌制作や讃美歌集編集にも尽力した。奥野昌綱と共編の『童蒙賛美歌』（明治二十三年、十字屋）、『新撰讃美かてびき』（明治二十四年、警醒社）などを刊行している。二十三年（一八九〇）三月、植村正久が刊行した『日本評論』に長短の詩を発表。二十六年一月、『文学界』が創刊されると、客員格として参加、第四号に評伝「明智光秀」を寄稿して以来、多くの評伝・詩・短歌を発表していった。なかでも「桂川（情死を吊ふ歌）」は北村《きたむら》透谷《とうこく》「『桂川』（吊歌）を評して情死に及ぶ」で佳品として激賞された。同年三月、松村介石《まつむらかいせき》に協力して『三籟《さんらい》』を創刊、詩文を発表するとともに、文学談話会「筑土文学会」を立ち上げ、植村正久・内田不知庵・尾崎紅葉・北村透谷・坪内逍遙・三宅雪嶺《みやけせつれい》らと毎月例会を開催することになる。三十年（一八九七）四月、勝海舟・榎本武揚《えのもとたけあき》らの賛助を得て『旧幕府』を創刊、旧幕時代の回顧・記録を残すことに精力を注ぎ、三十一年から三十二年には『幕末小史』三巻（春陽堂）を刊行する。三十四年四月、日本女子大学校が開校されるにあたり、創設計画に協力していた残花は国文科教授に就任した。『三百諸侯』（明治二十七―二十八年、博文館）、『海舟先生』（明治四十三年、成功雑誌社）などを刊行。晩年は紀州徳川家南葵文庫主任。大正十三年（一九二四）十二月八日没。七十歳。

参考文献　笹淵友一『「文学界」とその時代―「文学界」を焦点とする浪漫主義文学の研究―』下（一九六〇、明治書院）

（小仲　信孝）

とがわしゅうこつ　戸川秋骨　一八七〇―一九三九　英文学者、評論家、随筆家。本名明三《めいぞう》。棲月・蒼悟洞・早川鷗水・早川漁郎などとも号す。明治三年十二月十八日（一八七一年二月七日）、肥後国（熊本県）生まれ。明治二十一年（一八八八）明治学院入学、島崎藤村・馬場孤蝶《ばばこちょう》との交友が始まった。『文学界』の創刊に同人として参加、浪漫的情熱を謳った「変調論」（明治二十七年一月）は初期『文学界』を代表する評論である。樋口一葉と交流があり、平田禿木《ひらたとくぼく》や馬場孤蝶とともに頻繁に一葉宅を訪問していた。東京帝国大学英文科選科修了後、山口高等学校で教えた。欧米に留学、帰国後は長く慶応義塾大学教授として英文学を講じ、翻訳・随筆など多彩な活動を展開した。著書に『英文学講話』（明治四十一年、東亜堂）、『自画像』（昭和十年、第一書房）、翻訳に『エマーソン論文集』上下（明治四十四・四十五年、玄黄社）など多数。昭和十四年（一九三九）七月九日没。七十歳。

参考文献　増田五良『「文学界」記伝』（一九三九、聖文閣）、笹淵友一『「文学界」とその時代―「文学界」を焦点とする浪漫主義文学の研究―』上（一九五九、明治書院）

（小仲　信孝）

ときしげはつくま　時重初熊　一八五九―一九一三　獣医学者。安政六年（一八五九）、鹿児島に生まれる。明治十八年（一八八五）駒場農学校を卒業後助教授となり、二十三年（一八九〇）六月、学制改革で帝国大学農科大学助教授となり、二十六年九月より三十一年（一八九八）まで家畜生理学講座を担当する。同年六月から三十五年までドイツに留学し、帰国後の三十五年二月教授となり、同年九月より、家畜内科家畜外科第三講座（病理学・細菌学）を担っていたヤンソンが帰国したあとを継いで大正二年（一九一三）四月に没するまで同講座を担任した。獣医学博士号は三十二年三月に授けられている。研究面では、馬の悪疫仮性皮疽《かせいひそ》の病原体を二十六年に発見し、二十九年には馬伝染病の血清療法を開発している。また二十四年、東京滝野川の農事試験場内に設けられた獣疫研究室（四十三年（一九一〇）獣疫調査所となる）の研究にも深く関与し、三十七年同研究室が拡充された際には時重教授が兼任の責任者となり、調査研究とともに免疫血清・予防液・診断液の製造・配布にあたって指導的な役割を果たした。大正二年四月十九日、五十五歳で在職中に病没

時重初熊

した。

参考文献 『東京帝国大学学術大観』医学部・伝染病研究所・農学部(一九四二)　　(宮地　正人)

ときぜんまろ　土岐善麿　一八八五―一九八〇　明治時代末から昭和時代にかけての歌人、国文学者。青年時代は湖友・哀果と号する。明治十八年(一八八五)六月八日東京市浅草区松清町(東京都台東区)の浄土真宗大谷派等光寺に生まれる。東京府立第一中学校在学中に金子薫園《かねこくんえん》選の『新声』歌壇に投稿し、のちには薫園の白菊会に参加。同三十七年(一九〇四)早稲田大学英文科入学。若山《わかやま》牧水《ぼくすい》らと北斗会を結成。同四十一年(一九〇八)早大卒業後、読売新聞社へ入社し社会部記者となる。四十三年、ヘボン式ローマ字三行書きの第一歌集『NAKIWARAI』を刊行。社会主義にも触れ、四十四年石川啄木と『樹木と果実』の発刊を志すが挫折。翌年啄木は没し、その遺志を継いで大正二年(一九一三)『生活と芸術』を創刊。明治四十五年刊行の第二歌集『黄昏に』から、昭和五十四年(一九七九)の『土岐善麿歌集第二(寿塔)』まで、時代と向き合いながら数多くの短歌、歌集を残した。またエスペラント運動、新作能の創作、『田安宗武』『京極為兼』などの古典研究、杜甫の研究や漢詩和訳など、幅広い活動を行い、国語審議会会長、都立日比谷図書館館長、日中文化交流協会理事なども歴任した。昭和五十五年四月十五日、東京都目黒区下目黒の自宅で没。満九十四歳。

土岐善麿

参考文献 武川忠一『土岐善麿』(『短歌シリーズ・人と作品』一一、一九八〇、桜楓社)、『短歌』三二ノ一〇(土岐善磨―生誕百年記念特集、一九六五)　　(内藤　明)

ときのこえ　ときのこゑ　The War Cry　救世軍の公報機関紙。事業の全部門を代表し、社会警醒をこめた平易な福音メッセージを主文に、人の日常生活を奨励するクリスチャン信仰の証言と写真を豊富に載せた、家庭的な出版物である。日本では明治二十八年(一八九五)十一月二日に、初代司令官ライト大佐Edward Wrightにより『闘聲《ときのこえ》』(月二回)として発刊され、以来政治的な題材を一切用いず、救霊牧会と街頭伝道の武器として今日に至った。その歴史は古く、ブースの働きの発展に伴い、一八六八年『東ロンドン伝道者』として登場、『キリスト教伝道雑誌』を経て、一八七九年週刊『ときのこえ』となった。英国では今も大衆酒場の個人伝道に用いられ、救世軍が酒場から始まった歴史的な名残を持つ。世界各国独特な編集で、かつて山室軍平《やまむろぐんぺい》は救霊と社会事業の先頭に立ちつつ、第一面は常に彼が書き、また明治以来の「救世講壇」は救世神学と評され、社会との接点でもあった。戦前のものは不二出版より復刻されており、廃娼女性史その他の資料と認められている。　→救世軍《きゅうせいぐん》　　(朝野　洋)

ときやまなおはち　時山直八　一八三八―六八　幕末・維新期の萩藩士。長門国阿武《あぶ》郡山田村奥玉江(山口県萩市)の萩藩士雇《さむらいやとい》時山茂作の長男として天保九年正月一日(一八三八年一月二十六日)に生まれる。諱は養直。変名は玉江三平。号は白水山人など。安政五年(一八五八)吉田松陰の松下村塾に入門。同年家督相続。万延元年(一八六〇)七月江戸番手となり、安井息軒《やすいそっけん》らに学ぶ。文久二年(一八六二)春、公武周旋のため上京する長井雅楽《ながいうた》への随従を命じられ、十二月京都における諸藩応接掛となった。同三年四月石清水八幡宮行幸に従い、攘夷期限の決定後辞職、久坂玄瑞《くさかげんずい》らを追って下関へ急行し、五月外国船砲撃に加わった。元治元年(一八六四)七月禁門の変に敗れて帰国後奇兵隊に入り、八月四国連合艦隊に応戦。慶応元年(一八六五)八月功により藩士(無給通《むきゅうどおり》)に取り立てられる。慶応二年幕長戦争では軍監山県有朋を補佐して豊前国小倉城下に攻め入った。明治元年(一八六八)奇兵隊参謀として山県とともに北越方面に出征するが、越後国長岡城攻略の途上の五月十三日、越後朝日山で戦死した。三十一歳。

参考文献 神代兼次編『贈正四位時山直八伝』(一九三七)、海原徹『松下村塾の人びと―近世私塾の人間形成―』(一九九三、ミネルヴァ書房)　　(道迫　真吾)

とぎゅうじょう　屠牛場　食肉を得ることを目的として牛を屠殺した場所。幕末に来日外国人の求めに応じて神戸和田岬・横浜・横須賀などに臨時の屠牛場が設置されたが、恒常的なものとしては、慶応三年(一八六七)に牛肉屋の元祖として知られる中川屋嘉兵衛が白金村(東京都港区)に開設した屠牛場が、明治期における嚆矢といわれる。その後明治二年(一八六九)には大蔵省通商司が東京築地に牛馬会社を設置し、官営の屠殺所を設置したが、翌年失敗した。以後民間での経営が盛んとなり、浅草千束・白金・三河島などに屠牛場が設けられた。政府は明治九年に屠牛豚肉乳規則を出して、警視庁にその管理を命じている。明治十九年(一八八六)牛鍋平野亭の経営者だった鈴木源蔵が、後藤象二郎・近藤廉平《こんどうれんぺい》・金原明善《きんぱらめいぜん》ら名士の協力を得て、東京家畜市場会社を設立、屠場経営に従事したころより、食肉販売は飛躍的に発展を遂げ、明治二十年代には「神戸牛」のブランドで海外の高い評価を得た国産牛を、海外に輸出する試みまでがなされるに至った。

参考文献 農林省畜産局編『畜産発達史』(一九六六―六七、中央公論事業出版)　　(山崎　有恒)

ときわだいじょう　常盤大定　一八七〇―一九四五　明治から昭和時代の真宗大谷派学僧、中国仏教学者。明治三年四月八日(一八七〇年五月八日)、宮城県伊具郡大張の順忍寺常盤大宣の次男として生まれる。明治三十一年(一八九八)東京帝国大学文科大学哲学科を卒業。同四十一年(一九〇八)同大学印度哲学科講師、昭和五年(一九三〇)同教授に就く。大正九年(一九二〇)以来、五度の中国仏教史蹟調査に携わり、『支那仏教史蹟並に評解』六巻を発表して中国仏教史の大成者と称えられた。昭和十四年(一九三九)大谷派浅草別院輪番、同十七年大谷派最高学階の講師を拝命。同年、日本仏学院を創立。また、徳風夜学舎の設立による貧児教育など仏教社会事業にも業績を残した。昭和二十年(一九四五)五月五日没、七十六歳。著書に『支那文化史蹟』十二巻、『支那に於ける仏教と儒教道教』、『支那仏教之研究』三巻、『釈迦史伝』、『仏伝集成』、『仏教説話全集』十二巻など。

参考文献 宮本正尊編『(常盤博士還暦記念)仏教論叢』(一九三三、弘文堂書房)、常光浩然『明治の仏教者』下(一九六九、春秋社)

(木場 明志)

ときわづこもじだゆう　常磐津小文字太夫　常磐津節家元文字太夫の前名。江戸時代中期から現在まで十一代を数える。

(一)六代　一八三一—七二　四代文字太夫の庶子佐六。天保二年(一八三一)生まれ。はじめは三味線方であったが、文久元年(一八六一)太夫文中となり、明治二年(一八六九)六代小文字太夫を襲名して家元を継いだ。しかし文字太夫にはならなかった。五年十一月十二日(一八七二年十二月十三日)没。四十二歳。

(二)七代　初代常磐津林中《りんちゅう》の前名。

(三)八代　六代文字太夫の前名。

(千葉潤之介)

ときわづまつおだゆう　常磐津松尾太夫　常磐津節の太夫(語り手)の芸名。幕末から現在まで四代を数える。

(一)二代　初代常磐津林中《りんちゅう》の前名。

(二)三代　一八七五—一九四七　本名福田兼吉。明治八年(一八七五)九月七日神奈川県生まれ。二十八年(一八九五)八代岸沢式佐《きしざわしきさ》に入門し小和登《こわと》太夫を名乗り、三十三年(一九〇〇)二代三登勢《みとせ》太夫となる。のち初代常磐津林中に入門し、明治三十九年三代松尾太夫を襲名。林中没後その相三味線であった二代常磐津文字兵衛とともに帝国劇場の専属となったが、その後松竹に移った。大正十一年(一九二二)常磐津研究会を組織するなど、常磐津節の発展・普及に尽力。その豊かな声量と大らかな語り口で、林中亡きあとの大正から昭和前半期にかけて、第一人者としての名声をほしいままにした。『将門』『乗合船』『関の扉《と》』など所作事浄瑠璃を得意とした。昭和二十二年(一九四七)七月十三日没。七十三歳。

(千葉潤之介)

ときわづもじたゆう　常磐津文字太夫　一八五一—一九三〇　常磐津節の家元名。江戸時代中期から現在まで九代を数えるうちの六代目。嘉永四年(一八五一)江戸生まれ。本名常岡丑五郎(旧姓真田)。はじめ三味線を三代岸沢三蔵に師事し、小金、三吉、文蔵、式松を名乗った。その後太夫(語り手)に転じて小花太夫、浪花太夫なども称した。明治二十一年(一八八八)家元六代小文字太夫未亡人の養子となって八代小文字太夫を継ぎ、三十五年(一九〇二)六代文字太夫を襲名。大正十五年(一九二六)には引退し、二代豊後大掾《ぶんごだいじょう》と改めた。小音だったが、語りの巧みさでは初代常磐津林中《りんちゅう》を凌ぐとも仲間内ではいわれていた。東京音楽学校(現東京芸術大学音楽学部)の嘱託として、常磐津節の五線譜化にも協力。昭和五年(一九三〇)二月十五日没。八十歳。

(千葉潤之介)

ときわづもじべえ　常磐津文字兵衛　常磐津節三味線方の芸名。幕末から現在まで五代を数える。

(一)初代　一八三九—一九〇五　本名富坂文字兵衛。天保十年(一八三九)生まれ。はじめ太夫(語り手)として八十太夫を名乗ったが、のち三味線方に転じて八十《やそ》松となる。万延元年(一八六〇)家元と三味線方の岸沢が不和となったため、常磐津姓の三味線方が生まれ、文久二年(一八六二)九月文字兵衛と改名、ワキを弾いた。翌年立三味線となる。後名は文佐。明治三十八年(一九〇五)一月十六日没。六十七歳。

(二)二代　一八五七—一九二四　本名鈴木金太郎。安政四年(一八五七)初代常磐津文字助の子として生まれる。初代文字兵衛の門弟となり初名八百八。師の没後二代文字兵衛を襲名。岸沢との和解が成り、一時岸沢文字兵衛を名乗る。大正五年(一九一六)長男に三代目を譲り、松寿《しょうじゅ》斎《さい》と号した。林中《りんちゅう》、六代文字太夫、三代松尾太夫の三味線を弾いて名人と称された。大正十三年(一九二四)十月二十九日没。六十八歳。

(千葉潤之介)

ときわづりんちゅう　常磐津林中　一八四二—一九〇六　常磐津節太夫。天保十三年十二月二十八日(一八四三年一月二十八日)、江戸に生まれる。盛岡藩士石川清蔵の子忠助。三歳のとき山蔭家の養子になる。豊後大掾《ぶんごのだいじょう》や松尾太夫らに師事したのち、明治十二年(一八七九)家元の常岡家に入って七代目小文字《こもじ》太夫となる。十九年離縁となり、林中を名乗る。二十三年(一八九〇)八月に一派を立て、宮古路《みやこじ》国太夫半中《はんちゅう》と改名。関西巡業後、翌年秋には盛岡へ引っ込む。二十八年、新橋花街の江戸家と川崎家が常磐津家元へ働きかけて、林中を復帰させる。三十年(一八九七)二月、市川團十郎と尾上菊五郎が歌舞伎座へ出演した時に『関《せき》の扉《と》』を語って好評を博し、以後は名声がとみに高まった。寄席出演は大阪や横浜ばかりでなく、三十八年には神田の白梅亭ほかへ出演した。三十九年五月六日没。六十五歳。晩年に起こった林中破門論を抑えたのも、新橋の江戸家などであった。邦楽の世界に、花街が影響力を発揮する時代を迎えた。

参考文献 倉田喜弘「常磐津林中にみる虚像と実像」(『日本歌謡研究』一四、一九七五)

(倉田 喜弘)

とくいくろんそう　徳育論争　明治二十年(一八八七)から明治二十三年にかけての徳育に関する論争。思想家や教育家による徳育に関して雑誌や書籍で発表された徳育論の総称で、明治二十三年十月の教育勅語の前史として位置づけられる。論争の発端は、明治二十年十一月の大日本教育会常集会で前東京大学綜理の加藤弘之が「徳育に付ての一案」を講演したことによる。ここで加藤は徳育の充実のために公立の小学校や中学校に神道・儒教・仏教・キリスト教の四つの修身科を置いて選択させるという提案をした。宗教を「空理を説いて取るに足らぬ」と批判しつつ、一般の民衆の徳育のために各宗教家を学校に招き、宗教間の「自然の競争」「自然の淘汰」に任せると述べており、加藤の持論である社会進化論から学校での徳育を宗教間の優勝劣敗に委ねるという発想である。これに対して、理学による徳育を主張する前東京大学予備門長の杉浦重剛、道徳的品性や善は宗教によらなくても教師が教えられるとする開発社の西村正三郎《にしむらしょうざぶろう》、普通心(コモンセンス)による修身教授や感化を主張する師範学校長を歴任した能勢栄《のせさかえ》など、さまざまな論客が意見を発表した。論争を通じて徳育の標準がない状況が示され、徳育の標準を示そうとした教育勅語が受容される前提が形成されることとなった。

参考文献 久木幸男・鈴木英一・今野喜清編『日本教育論争史録』一(一九八〇、第一法規) (高橋 陽一)

トクヴィル Alexis Charles Henri Maurice Clérel de Tocqueville 一八〇五―五九 フランスの名門貴族の家に生まれた政治思想家、政治家。邦名「多克武易爾」。一八〇五年七月二十九日、パリに生まれる。二四年パリ大学に入学し、法学を学ぶ。二六年に卒業後、ヴェルサイユ裁判所の判事修習生になる。週末ごとに、ギゾーの「概説 ヨーロッパ文明史」の講義を拝聴する。三一年、アメリカの刑務所見学のため、友人Gustave de Beaumontとともに渡米。三二年に帰国するまで約九ヵ月にわたりアメリカ各地を旅行。帰国後、判事の職を辞す。三五年、『アメリカの民主政治』De La démocratie en Amériqueを出版。デモクラシーについてこれまで書かれた最善の著作にして、同時にアメリカについてこれまで書かれた最善の著作と評されている。J・S・ミルは直ちにHenry Reeve英訳を取り寄せ、書評で絶讃。以後、両者は懇意となる。三八年、フランス学士院の道徳・政治学部門の会員に選ばれる。三九年、ヴェローニュ選出下院議員となる。四〇年、『アメリカの民主政治』続編を出版。翌年政府から派遣されてアルジェリアを旅行。四二年にマンシュ県の理事長に選ばれる。四六年、アルジェリアを再旅行。四八年、憲法制定議会議員となる。四九年、立法議会選挙に当選。六月から十月までルイ＝ナポレオン大統領のもとで、バロー内閣の外務大臣を務める。五〇年に『回想録』Souvenirsを執筆。五一年十二月にクーデターで身柄を拘束されて以降、政界から隠退。五六年、『旧体制と革命』L'Ancien régime et la Révolutionを出版。五九年四月十六日、カンヌで病没。満五十三歳。日本にトクヴィルが知られるようになったきっかけは、明治四年(一八七一)に出版された、中村敬宇の『西国立志編』である。中村自身、スマイルズの描いたトクヴィルの人物像がきっかけで『アメリカの民主政治』を読み始める。一方、ワシントン在勤中から同書に親しんでいた森有礼は、帰国後、英訳本を神田孝平《かんだたかひら》に贈り、明六社社員に同書の意義を説いた。明治六年に小幡篤次郎が「出版の自由」に関する章を『上木自由之論』として抄訳。また地方自治に関する章を『家庭叢談』に掲載、福沢諭吉に影響を与える。明治十四年(一八八一)から十五年にかけて、肥塚竜が第一巻のほぼ全訳を『自由原論』として刊行する。小幡も肥塚もHenry Reeve英訳からの重訳である。また福沢や徳富蘇峰が精読していたことは、両者の手沢本への書き込みからよく知られている。

参考文献 山下重一「トクヴィル・福沢諭吉・徳富蘇峰」(『福沢諭吉年鑑』二所収、一九七五、福沢諭吉協会)、松本重治「アメリカ民主主義思想の原型」(『世界の名著』四〇所収、一九八〇、中央公論社)、トクヴィル『アメリカの民主政治』(井伊玄太郎訳、一九八七、講談社)、安西敏三『福沢諭吉と自由主義―個人・自治・国体―』(二〇〇七、慶応義塾大学出版会)、松田宏一郎『江戸の知識から明治の政治へ』(二〇〇八、ぺりかん社)、松本礼二・三浦信孝・宇野重規編『トクヴィルとデモクラシーの現在』(二〇〇九、東京大学出版会) (岡部 泰子)

とくがわあきたけ 徳川昭武 一八五三―一九一〇 幕末・維新期の水戸藩主、明治期の華族。嘉永六年九月二十四日(一八五三年十月二十六日)、水戸九代藩主徳川斉昭の十八男として江戸駒込(東京都文京区)の水戸藩中屋敷に誕生した。母は万里小路建房の六女睦子《ちかこ》。幼名は余八麿。諱ははじめ昭徳、十四代将軍徳川家茂が昭徳院《しょうとくいん》と諡されたため、慶応二年(一八六六)に昭武と改名した。号に鑾山《らんざん》がある。滞京中に死去した兄昭訓《あきのり》(余四麿)に代わり、元治元年正月二十八日(一八六四年三月六日)着京、水戸藩本圀寺勢を率いて禁裏守衛にあたり、禁門の変では一橋家床几《しょうぎ》隊とともに日華門を守備した。十一月十九日(十二月十七日)に従五位下侍従兼民部大輔。同月三十日には天狗党追討の朝命を受け、大津に出陣した。慶応二年十二月十日(一八六七年一月十五日)、御三卿清水家を相続し、翌年正月十一日(一八六七年二月十五日)には将軍徳川慶喜の名代としてパリ万国博覧会に出席するため横浜を出航した。パリ到着後は将軍国書をナポレオン三世に呈出し博覧会を見学、以後スイス、オランダ、ベルギー、イタリア、イギリスの各国元首と会見し、欧州

徳川昭武

巡歴の終了後はパリで留学生活に入った。だが、戊辰戦争の進展により新政府から帰国を命じられ、明治元年十一月二十五日(一八六九年一月七日)に水戸藩主となった。明治二年の版籍奉還で水戸藩知事に就任し、翌年には北海道天塩五郡の開拓に従事した。知藩事罷免後は明治七年九月二十五日に陸軍少尉を拝命、戸山学校付となった。明治九年末から十四年(一八八一)半ばまで二度目のフランス留学、その間ドイツ、オーストリア、スイスなどを旅行し見聞を広めた。帰国後の十四年十二月五日に従三位叙任、麝香間祗候《じゃこうのましこう》となる。このころ大能地方(茨城県高萩市)の牧場復興・植林事業にあたった。明治十六年五月三十日に隠居、松戸戸定《とじょう》の地へ移住した。移住後は写真・作陶・狩猟などの趣味に没頭したが、一方で国際情勢への関心も高く、ボアソナード(法律学者)、ヴィレット(陸軍軍人)、マルクリ(同)らフランス人と書簡を交わし、列強が進出するアジア情勢、欧州人の日清・日露戦争観などさまざまな国際情報を収集している。明治二十五年(一八九二)には次男武定《たけさだ》が水戸家からの分家を許され、子爵を受爵。晩年は兄徳川慶喜の参内、名誉回復に尽力した。明治四十三年(一九一〇)七月三日に死去し、節公《せっこう》と諡された。五十八歳。

参考文献 日本史籍協会編『徳川昭武滞欧記録』(『日本史籍協会叢書』、一九七三、東京大学出版会)、須見裕『徳川昭武—万博殿様一代記—』(『中公新書』、一九八四、中央公論社)、松戸市教育委員会編『松戸徳川家資料目録』一(一九八九)、同編『プリンス・トクガワの生涯—徳川昭武とその時代—』(展覧会図録、一九九二)、宮地正人監修『徳川昭武幕末滞欧日記』(一九九七、松戸市戸定歴史館)

(藤田 英昭)

とくがわあつよし 徳川篤敬 一八五五—九八 第十二代水戸徳川家当主。慶篤《よしあつ》の長男として安政二年九月三十日(一八五五年十一月九日)誕生。明治十六年(一八八三)五月三十日叔父昭武の養嗣子として家督を継ぐ。明治十一年陸軍士官学校卒、翌十二年フランスへ留学し士官学校で学び、同十五年帰朝。同二十年(一八八七)六月弁理公使、七月には特命全権公使としてイタリア国在勤を命じられる。同二十五年帰朝、同十一月式部官兼任。同二十六年特命全権公使を依願免官。同二十八年二月華族会館よりの征清軍慰問使として長岡護美《ながおかもりよし》・醍醐忠敬《だいごただゆき》とともに金州・海城などの戦地に赴く。同年七月式部次長となり、翌二十九年貞愛《さだなる》親王のロシア皇帝戴冠式参列に随行。また同二十一年二月より同三十一年(一八九八)七月まで貴族院議員を務め、同二十五年には請願委員長、同二十八年には貴族院決算委員長などを歴任。ほかに北海道協会副会頭、日本写真品評会会長、伊学協会副会頭などに任じた。同三十一年七月十二日没。四十四歳。

参考文献 『水戸藩史料』下(一九七〇、吉川弘文館)、前田匡一郎編著『慶喜邸を訪れた人々—「徳川慶喜家扶日記」より—』(二〇〇三、羽衣出版)

(岩壁 義光)

とくがわいえさと 徳川家達 一八六三—一九四〇 徳川宗家第十六代当主。幼名亀之助。田安家徳川慶頼《よしより》の三男として文久三年七月十一日(一八六三年八月二十四日)誕生。慶応元年(一八六五)二月田安家寿千代の夭折により家督を相続。明治元年(一八六八)鳥羽伏見戦争後、閏四月静観院宮らの奔走で慶喜より徳川宗家を継承。翌月家達と改名し、駿河国府中藩主として七十万石を下賜され移住。翌二年版籍奉還で静岡藩知事。同四年東京貫属となり、廃藩置県により藩知事を罷む。その後、米国人ワーレン＝クラークらに英語を学び、十年(一八七七)英国ロンドンのシドナム＝カレッジへ留学。十五年十月予定より二年延長し帰朝。同十一月近衛忠房長女泰子と結婚。麝香間《じゃこうのま》祗候。十七年華族令施行により公爵。二十三年(一八九〇)より没するまで貴族院議員。その間、請願委員長、貴族院全院委員長等を歴任し、また三十六年(一九〇三)から昭和八年(一九三三)まで貴族院議長を務めるなど貴族院を中心に活動したほか、大正十年(一九二一)ワシントン軍縮会議の全権委員となったが、明治三十一年東京市会議員協議会よりの東京市長への就任要請や、大正三年(一九一四)三月山本権兵衛内閣辞職後の組閣内命などは辞している。一方、大正二年には歌御会始読師、同五年学習院評議会員、八年学習院評議会議長、協調会会長、十一年静岡育英会総裁、財団法人斯文会会長のほか、昭和九年財団法人国際文化振興会顧問、十一年(一九三六)大日本体育協会顧問、オリンピック東京大会組織委員会会長、十三年帝室博物館顧問など教育・文化面で要職を歴任した。医療・救護の面でも指導的役割を果たし、明治四十年(一九〇七)慈恵医院改編により設立した財団法人東京慈恵会の会長に就任。さらに昭和四年日本赤十字社社長、五年ブリュッセルにおける国際赤十字総会への参加、十一年大日本体育協会顧問、十三年傷兵保護院顧問などを務めた。華族会館の運営でも明治三十年より昭和十年まで華族会館事務委員長や会長を務めた。昭和十五年六月五日没。七十八歳。

参考文献 『斯文』二二ノ八(一九四〇)、『華族会館史』(一九六六、霞会館)

(岩壁 義光)

とくがわじゅうごだいし 徳川十五代史 内藤耻叟《ないとうちそう》が徳川家康の征夷大将軍就任から徳川慶喜の大政奉還までの歴史を編年形式で叙述しようとしたもの。全十二編二十巻。明治二十五年(一八九二)十月から二十六年九月にかけ博文館より刊行した。自序によれば「歴史ノ用ハ彰往考来温故知新ニ在リ、凡ソ以テ修身経世ノ鑑戒トスベキ者務メテ之ヲ蒐輯ス」とあり、尊王を建前とした徳川幕府が御三家をはじめとする諸大名を従え長き平和の時代を維持してきたとする彼の史観は幕末期水戸藩鎮派のそれである。したがって一方では脱藩して国事周旋行動を行い、サムライの忠誠の対象を皇室に向けることは激しく批判され、桜田門外の変は「兇徒ハ陽《いつ》ハリテ公(斉昭)ノ遺旨ヲ奉スト称シ以テ兇虐ヲ逞《たくまし》クス」と位置づけられ、他方違勅して開港した井伊直弼も「大老独断シテ公義ヲカエリミス、民心ヲ察セス、君ヲ要シ忠ヲ誣テ此惨虐ヲナス」と非難される。この立場に固執する以上幕末史叙述は不可能となるほかなく、文久元年(一八六一)のところで閣筆せざるをえなかった。基本的な叙述はすでに幕末期にでき上っており、旧稿を補充して刊行に及んだものである。使用した史料二千余部と述べている。→内《ない》藤《とう》耻《ち》叟《そう》　(宮地　正人)

とくがわしょぶん　徳川処分　戊辰戦争における徳川宗家の処遇問題。退隠した徳川慶喜の継嗣と新たな禄高・居所の確定が問題の中心であり、なかでも江戸・関東からの移封が最大の政治的懸案事項とされていた。維新政府は、明治元年四月四日(一八六八年四月二十六日)に徳川家へ通達した降伏条件のなかで、すでに徳川家名存続の方針を表明していたのであるが、その具体的な内容は未決定であった。四月二十五日(五月十七日)、政府は衆議公論を聴取したうえで徳川処分を決定すべく、まず在京の親王・議定・参与以下、公卿・諸侯・諸藩貢士らに慶喜の処分とその相続人および禄高について諮問。さらに閏四月三日(五月二十四日)、明治天皇の大坂行幸に供奉していた者たちにも同様の諮問がなされた。その結果、慶喜の処分は水戸謹慎という寛典論が多数を占め、その継嗣は田安家の徳川亀之助(のちの家達《いえさと》)とする意見でほぼ一致し、領地については旧幕臣を扶持しうる禄高を下賜すべしとの意見が多かった。当時の江戸では、徳川処分が容易に決定しないことから士民の動揺が甚だしかったので、大総督府は参謀西郷隆盛らを上京させて徳川処分の早期決定を政府に要請。これを受けて政府首脳部の協議が行われ、亀之助を継嗣とすることはほぼ合意を得たが、禄高と城地については決着を見なかった。そこで政府は、閏四月十日(五月三十一日)、副総裁三条実美に徳川処分の全権を委任して江戸へ派遣することとし、三条に関東監察使の兼任を命じた。同月二十四日(六月十四日)、江戸に到着した三条は、東征大総督有栖川宮熾仁《たるひと》親王および各先鋒総督・参謀らとの合議を経て、継嗣は亀之助、禄高は七十万石、城地は駿府とする処分案を決定した。しかし、減封・移封をただちに公表すれば、これに憤激した旧幕臣らによる騒擾を惹き起こしかねないとして、二十九日、ひとまず亀之助の家督相続のみが下命された。五月十五日(七月四日)、新政府軍が上野の寛永寺に拠る彰義隊を掃討すると、江戸とその周辺地域の争乱も鎮静化に向かったため、二十四日、城地を駿府とし、禄高を七十万石とする朝旨が達せられた。八月九日(九月二十四日)、亀之助は東京を発し、十五日、駿府に到着。水戸で謹慎中の慶喜も駿府に移ることになり先着していた。十九日(十月四日)には、亀之助とこれに随従する家臣たちの駿河移住を見届けた榎本武揚らが、奥羽越列藩同盟からの支援要請に応じ、旧幕府海軍の艦船八隻および陸軍士卒ら約二千名を率いて品川沖を脱走している。

参考文献　維新史料編纂事務局編『維新史』五(一九四一、明治書院)、原口清『戊辰戦争』(『塙選書』、一九六三、塙書房)　(箱石　大)

とくがわもちつぐ　徳川茂承　一八四四―一九〇六　第十四代和歌山藩主。和歌山藩分家の西条藩主松平頼学《まつだいらよりさと》の子として弘化元年正月十五日(一八四四年三月三日)誕生。慶福《よしとみ》の将軍継承により、安政五年六月二十五日(一八五八年八月四日)和歌山藩を襲封。家茂より偏諱を賜い頼久から茂承と改名。翌年権中納言。文久三年(一八六三)三月上洛の帰路、伊勢・志摩の海岸を巡視し台場の必要を奏請。八月天誅組の大和挙兵を追討。大坂および摂海海岸防禦の指揮を命じられる。元治元年(一八六四)二月第一次征長に先立ち戦争回避を幕府に建議。八月征討総督となるも程なく罷免。慶応二年(一八六六)五月第二次征長の先鋒総督として広島に出陣。翌年幕府諮問に兵庫開港不可避を回答。明治元年(一八六八)鳥羽伏見戦争後、藩兵の征東先鋒下命を請い、同八月軍資金十五万両を献納するなど朝廷に忠誠を示す。明治二年版籍奉還で和歌山藩知事、四年廃藩置県により東京貫属となる。六年皇居炎上につき赤坂旧藩地を献納。十年(一八七七)人材養成を目的に十万円を出資、翌年徳義社が設立される。十七年侯爵。三十九年(一九〇六)八月二十日没。六十三歳。

参考文献　三宅栄充『徳義社沿革史』(一九二一、和歌山徳義社)　(岩壁　義光)

とくがわもちなが　徳川茂徳　一八三一―八四　第十五代名古屋藩主。初名建比。のち茂栄。名古屋藩分家の高須藩主松平義建《まつだいらよしたつ》の子として天保二年五月二日(一八三一年六月十一日)誕生、嘉永三年(一八五〇)襲封。安政五年(一八五八)七月安政の大獄で名古屋藩主の義兄慶勝《よしかつ》が隠居すると名古屋藩へ転じ襲封。十月家茂より偏諱を賜い義比から茂徳と改名。翌年参議兼左近衛権中将。国学・攘夷論重視の藩政を改め慶勝を支えた田宮如雲《たみやじょうん》ら金鉄組《きんてつぐみ》を排し、佐幕派の付家老竹腰正富らを登用して質素倹約・西洋式軍制の強化を図る。文久元年(一八六一)権大納言。桜田門事件後、翌二年には慶勝が政治的に復帰すると佐幕勢は後退し、同九月竹腰正富は隠居。深刻な藩内対立解消のため、翌三年致仕し慶勝の三男義宜《よしのり》を藩主とした。慶応元年(一八六五)第二次征長の先手総督の命あるも辞し後備にあたる。同二年十二月二十七日(一八六七年二月一日)一橋家を承け十万石を襲封。明治二年(一八六九)版籍奉還し、世禄として歳俸三千八百五石を受ける。明治十七年(一八八四)三月六日没。五十四歳。

参考文献　『名古屋市史』政治編一・人物編一(一九一五・一九三四)　(岩壁　義光)

とくがわよしあきら　徳川義礼　一八六三―一九〇八　第十八代尾張徳川家当主。幼名晨若。高松藩主松平頼聡《まつだいらよりとし》の次男として文久三年九月十九日(一八六三年十月三十一日)誕生。明治九年(一八七六)五月慶勝《よしかつ》の養子となり、同十三年(一八八〇)九月二十七日家督を相続。同十七年七月侯爵となり、同九月英国ロンドンに留学。同二十年(一八八七)十月帰朝。留学中にユニテリアン派のキリスト教に傾倒し、帰京後、聖書研究会の開催や来日したアーサー＝メイ＝ナップを支援したが、内村鑑三の不敬事件の影響もあり親族間の強い反対に遭う。一方、同十二年慶勝が始めた北海道山越郡八雲村(二海郡八雲町)の開墾地を視察、同二十年には旧高須藩当主松平義生《よしなり》に同地を巡視せしめ、同二十二年家令海部昂蔵《うんべこうぞう》を「徳川家郷約」の発布式に差遣したほか、北海銀行の設立など入植した旧藩士族の援助に務めた。翌二十三年貴族院議員。同二十四年不品行をめぐる御家騒動が問題化し、宗家家達《いえさと》の仲裁を受ける。同四十一年(一九〇八)五月十七日没。四十六歳。

参考文献 『八雲町史(改訂)』(一九六四)、新井奥邃先生記念会監修『知られざるいのちの思想家―新井奥邃を読みとく―』(二〇〇〇、春風社)

(岩壁　義光)

とくがわよしあつ　徳川慶篤　一八三二―六八　第十代水戸藩主。幼名鶴千代。斉昭の長男。母吉子は有栖川宮織仁《おりひと》親王第十二女子。天保三年六月三日(一八三二年六月三十日)江戸で誕生。弘化元年(一八四四)五月斉昭より家督を相続、左近衛少将となる。嘉永三年(一八五〇)府庫窮乏につき一万両を貸与される。権中納言。将軍継承で弟慶喜を推す一橋派に与し、安政五年(一八五八)安政の大獄で慶喜とともに登城停止処分を受ける。「戊午密勅」返納問題による藩論分裂に武田耕雲斎《たけだこううんさい》を登用し藩政の安定化を図る一方、文久三年(一八六三)三月将軍家茂に従い上洛、攘夷祈願の賀茂社行幸に随従、江戸守備の朝命に従い大将軍目代として帰府。元治元年(一八六四)四月幕府に三港鎖港断行を奏請する一方、同年勃発した天狗党の乱による藩内の混乱収拾のため、宍戸《ししど》藩主松平頼徳《まつだいらよりのり》を派して鎮撫にあたらせたが失敗。頼徳は幕命により切腹。慶篤も幕府へ進退を伺うとともに、翌年藩内に謹慎を諭す。明治元年(一八六八)三月藩政の回復後に帰藩したが、同年四月五日(一八六八年四月二十七日)没。三十七歳。

参考文献 『水戸藩史料』下(一九七〇、吉川弘文館)、『続徳川実紀』(『(新訂増補)国史大系』、一九六六―六七、吉川弘文館)

(岩壁　義光)

とくがわよしかつ　徳川慶勝　一八二四―八三　第十四代名古屋藩主。高須藩主松平義建《まつだいらよしたつ》の子として文政七年三月十五日(一八二四年四月十四日)、江戸四谷の同藩藩邸で誕生。叔父斉昭の影響を受ける。嘉永二年(一八四九)六月名古屋藩襲封。尊攘派の田宮如雲《たみやじょうん》ら金鉄組を重用し、将軍継承で一橋派に与したが、安政五年(一八五八)安政の大獄で隠居、藩内も佐幕色が強まる。桜田門事件後に赦免され、政治的に復権。実弟の藩主茂徳《もちなが》と藩内を二分したが、文久三年(一八六三)茂徳の致仕により実子義宜《よしのり》が襲封し実権を握る。元治元年(一八六四)上洛、第一次征長に総督として出陣、幕府に対して恭順後の長州藩には寛典を求め、第二次征長には付家老成瀬正肥《なるせまさみつ》を大坂城へ派し諫言。慶応三年(一八六七)将軍慶喜へ大政奉還を勧め徳川宗家と朝廷間の周旋に努める。王政復古後に議定、戊辰戦争では官軍として甲信地方へ出兵、賞典録一万五千石を下賜される。明治三年(一八七〇)名古屋藩知事。同八年義宜の死去により再承。同十三年(一八八〇)義礼《よしあきら》に家督を譲り、同十六年八月一日没。六十歳。

参考文献 『名古屋市史』政治編一・人物編一(一九五五・一九六四)

(岩壁　義光)

とくがわよしちか　徳川義親　一八八六―一九七六　第十九代尾張徳川家当主。元福井藩主松平慶永の五男として明治十九年(一八八六)十月五日、東京で誕生。明治四十一年(一九〇八)義礼《よしあきら》を継ぎ家督を相続。侯爵。妻米子は義礼長女。同四十二年より東京帝国大学で史学科、ついで植物学科を学ぶ。大正七年(一九一八)東京府小山(現品川区小山)に徳川生物学研究所を開設。同十年(一九二一)マレー半島旅行の虎狩りから「虎刈りの殿様」の異名を得る。同年より同十四年まで宮内省主猟官。卒論として「木曾山」の研究から同十二年徳川林政史研究室を開設。昭和四年(一九二九)汎太平洋学術会議出席。また同六年には尾張徳川家伝来品を寄贈し財団法人尾張徳川黎明会を設立、会長に就任。翌七年蓬左《ほうさ》文庫を、また同年には徳川美術館も開設し、同十年(一九三五)一般公開。政治面では明治四十四年から貴族院議員を務めたほか、昭和六年の三月事件の資金供与や同十一年の二・二六事件への共鳴など国家改造運動に関わる。同十七年昭南博物館長に任じ博物資料の保全に貢献。戦後、日本社会党の結成へ資金援助。同二十一年(一九四六)公職追放されたが、のち名古屋市長選に自民党より出馬。昭和五十一年(一九七六)九月六日没。満八十九歳。

参考文献 中野雅夫『革命は芸術なり―徳川義親の生涯―』(一九七七、学芸書林)、小田部雄次『徳川義親の十五年戦争』(一九八八、青木書店)

(岩壁　義光)

とくがわよしのぶ　徳川慶喜　一八三七―一九一三　最後の征夷大将軍。水戸藩主徳川斉昭の七男として天保八年九月二十九日(一八三七年十月二十八日)江戸に生まれ、弘化四年(一八四七)九月に一橋家を相続した。文久二年(一八六二)七月に将軍後見職となり、政事総裁職に任命された松平慶永とともに幕政を担当した。ついで、翌文久三年京都に入り、このあと鳥羽・伏見戦争後まで足掛け六年間京坂地域にとどまることになった。京都での慶喜は、もっぱら公武一和(朝幕間の融和)を現実のものとするための活動に従事した。そして、元治元年(一八六四)

徳川慶喜

の七月には幕府に対し敵対的な姿勢を見せた長州藩関係者らを京都から追放することに成功する(禁門の変)。つづいて、御所の門へ発砲したことで朝敵となった長州藩の処分問題に取り組み、結果的に慶応二年(一八六六)六月、第二次征長戦を強行せざるをえない状況に陥る。ついで、同年七月に将軍徳川家茂が大坂城で病没したのを受けて、同年十二月五日(一八六七年一月十日)、第十五代将軍の座に就く。慶喜政権は、江戸から遠く離れた京都を基盤に成立し、かつ有力諸侯との協調を図ろうとするなど、それまでの十四代にわたる政権とは異なる存在となった。この後、慶応二年十二月末に孝明天皇が疱瘡が原因でにわかに崩御すると、翌年の三月五日(一八六七年四月九日)、幕府単独で兵庫開港の勅許を朝廷に奏請した。これによって、薩摩藩を中心とする有力諸藩と幕府(徳川慶喜)との対立状況が拡がり、大久保利通らによって挙兵計画がたてられるに至る。そして、同年の九月から十月にかけて情勢がひどく緊迫するなか、慶喜は、十月三日(一八六七年十月二十九日)、土佐藩から大政奉還を求める建白書が幕府に提出されるとこれを受け入れる。慶喜が建白を受諾した理由については、朝廷から政務を再委任されると期待して行なったとか、大政奉還後をみすえての策略にもとづくとする説がある。しかし、これは、慶喜が大政奉還の受諾を朝廷に強く求めたことなどから判断すると妥当性をもたない。当時の日本が国際社会のなかで置かれていた危機的な状況を直視して、朝廷(天皇)を頂点にいただく強力な中央政府を樹立する必要性を感じて大政を奉還したと見なすべきであろう。つづいて慶喜は、王政クーデター決行の三日前にあたる慶応三年十二月六日(一八六七年十二月三十一日)、越前側から詳細なクーデター計画を知らされたが、これを阻止する行動には出なかった。そのため、クーデターは成功裡に終ることになった。クーデター後、幕臣や会津藩士らの暴発を恐れた慶喜は、彼らを率いて二条城を出て、大坂城に移る。しかし、この後、状況判断を誤り、鳥羽・伏見での敗北と、東帰を余儀なくされる。江戸帰府後の慶喜は恭順を表明し、その結果、明治元年四月四日(一八六八年四月二十六日)、東海道先鋒総督の橋本実梁《はしもとさねやな》が江戸城に入り、慶喜の死一等減と水戸での謹慎が伝えられる。これを慶喜が受け入れ、水戸、ついで静岡へ移り住むことになる。以後、彼は明治三十年(一八九七)十一月まで三十年近くにわたって、静岡で隠居生活を送ることになる。ついで東京に転住し、大正二年(一九一三)十一月に死を迎えるまで同地で過ごすことになる。明治期の慶喜に関しては、天皇政府に反感を抱きながら、失意の時代を過したとする認識がある。これは、幕末段階の慶喜の評価とつながっている。幕権の回復に執着していた慶喜にとって明治期は失意の時代であり、近代天皇制国家に対し抵抗意識を持ちつづけたと見るのである。だが、慶喜の後半生はそうではなかった。彼は、主役の座を降りたあと、長い人生を平々凡々と生き、大往生を遂げた。そして、東京に移ってからは、明治三十一年三月二日に参内して天皇に拝謁し、つづいて同三十五年六月三日に公爵を授与されるなど、復権を果たす。他方、慶喜家の「家扶日記」によると、授爵後、数ヵ月が経過した明治三十五年の下四半期ぐらいから、幕末維新期の歴史評価を確定する作業にも協力し始める。それは、水戸藩に関する史料(「水戸藩史料」他)を閲覧して、もし事実関係に誤りがあれば指摘するといった作業であった。ついで彼の正確な伝記を作ろうとした渋沢栄一の編纂事業に積極的に協力する。そして、明治天皇を見送ったうえで大正二年十一月二十二日に東京市小石川の自邸で旅立った。七十七歳。

参考文献 家近良樹『徳川慶喜』(『幕末維新の個性』一、二〇〇四、吉川弘文館)、同『その後の慶喜―大正まで生きた将軍―』(『講談社選書メチエ』、二〇〇五、講談社)

(家近 良樹)

とくがわよしひさ 徳川慶久 一八八四―一九二二 第十五代将軍徳川慶喜の七男。明治十七年(一八八四)九月二日誕生。同四十三年(一九一〇)十二月慶喜の隠居により家督を継承。公爵。夫人実枝子は威仁《たけひと》親王第二女王。東京帝国大学法科大学卒業後、同四十三年より貴族院議員となり、大正二年(一九一三)には貴族院視察団の一員として中国・満洲・朝鮮の各地を巡視。また同院の請願委員長、決算委員長、華族世襲財産法改正法律案特別委員長などを歴任した。同五年には宮内省の宗秩寮審議官、ついで華族世襲財産審議会議長に就任。また同七年日本赤十字社の連合国慰問使の一員として欧州の戦場を視察するなど、各方面での活動は高い評価を得る。同十年(一九二一)貴族院内会派の「無所属」結成に参加するも、同十一年一月二十二日急死。三十九歳。第二女王喜久子は高松宮宣仁親王妃。

参考文献 高松宮妃喜久子『菊と葵のものがたり』(『中公文庫』、二〇〇二、中央公論新社)

(岩壁 義光)

とくがわよりみち 徳川頼倫《よしより》 一八七二―一九二五 田安家徳川慶頼の六男。明治五年六月二十七日(一八七二年八月一日)誕生。明治十二年(一八七九)和歌山藩第十四代藩主茂承《もちつぐ》の養子となる。侯爵。明治二十九年(一八九六)より英国に留学、翌年暮に帰朝。明治三十九年(一九〇六)九月家督を相続し貴族院議員となり、同四十一年(一九〇八)の都制法案特別委員をはじめとして、市町村立小学校教育費国庫補助法案特別委員長、貴族院決算委員長、請願委員長、資格審査委員長などを歴任。一方、同三十五年麻布区飯倉(東京都港区)の邸内に南紀《なんき》徳川伝来の蔵書を中心に南葵文庫を設立し、同四十一年増築して一般に公開。のち大正十二年(一九二三)関東大震災後に東京帝国大学に寄贈。明治四十四年史蹟名勝天然紀念物保存協会を発足し同会長に就任、のち史蹟名勝天然紀念物調査会委員となったほか、大正二年(一九一三)大日本図書館協会総裁に就任するなど、文化財保護や公共図書館思想の普及に尽力。また、同七年以降歌御会始読師を務めるとともに、同十一年には宗秩寮総裁となる。大正十四年五月二十日没。五十四歳。

参考文献 石山洋「源流から辿る近代図書館(二五)図書館協会総裁徳川頼倫侯爵」(『日本古書通信』六八ノ一、二〇〇三)、佐藤賢一「東京大学総合図書館所蔵「南葵文庫」について—その来歴と今後の展望に向けて—」(『大学図書館研究』七四、二〇〇五)

（岩壁　義光）

とくぎょうせい　得業生　明治十年代に一時東京大学が構想したと伝えられる学位称号。明治十六年(一八八三)二月、一部の新聞は、東京大学は、卒業生全員に学位としての学士号を授与していた従来の制度を改め、得業生という学位を設定し、これを法・理・文・医学部の卒業生に与え、従来の学士は高等の試問を経た者に与えることとしたいと構想し、今後の実行をめざしていると報道した。得業生は欧米大学のバチェラーを、学士はマスターを模したものかと思われる。同じ時期、工部大学校は学士号に等級を付けて一、二等学士をマスターという英語名称で優遇し、卒業者であっても成績によっては学士学位を与えないという制度を取っていた。東京大学は学士号画一授与方式を取っていたため、ややもすれば蔑視されていたといわれる。学位序列を設けてバランスを回復したいと考えるのは、自然なことであったと見られる。しかし報道にもかかわらず、当時このような構想が東京大学内にあったことを示す史料は残っていない。折しもこの年十月、東京大学では学生生徒への政府および大学の抑圧に抗議して多数の寮生が学位授与式典をボイコットし、学内諸施設を破壊するという挙に出た。東大最初の学内騒動となったものである(明治十六年事件)。その結果、百四十六名の学生生徒が退学処分に付されるという事態になった。仮に上記の構想があったとしても、その実現のチャンスは失われたと見られる。ただし、「得業」ないし「得学」という語はその後も教育制度史に登場した。私立学校卒業生に学士号の代わりに得業士称号が考案され、たとえば専門学校令下の早稲田大学では卒業生に得業証書が授与され、得業士の名称が与えられた。その呼称には平安期大学寮の典華寮・陰陽寮の上級コースに得業生《とくごうしょう》がおかれていたことも影響したのであろう。

（寺﨑　昌男）

とくしまけん　徳島県　四国の南東部に位置する県。明治二年(一八六九)六月の版籍奉還により徳島藩が設置されると旧藩主蜂須賀茂韶《はちすかもちあき》は知藩事となり、徳島城を政庁とした。明治四年七月の廃藩置県により徳島県が設置され、旧阿波国と津名《つな》郡を除く旧淡路国を管轄した。前年の稲田騒動のために、元家老稲田氏の給知が大半を占めた津名郡は兵庫県に編入された。蜂須賀茂韶は家禄と華族の身分を保障され、東京に移住。蜂須賀茂韶のあとは小室信夫《こむろしのぶ》、同年八月から井上高格《いのうえたかのり》が大参事(同年九月より県令と改称)となり県政を担当した。同年十一月には徳島県は名東《みょうどう》県と改称、淡路津名郡も県域に編入され、阿波・淡路全域を管轄することとなった。明治六年二月、香川県が廃され、名東県の管轄となった。しかし、名東県会において租税負担の不平等を主張する旧讃岐選出議員と旧阿波選出議員との間で激しい対立が起き、明治八年九月に香川県が再置され、名東県から旧讃岐国が分離された。明治九年八月、名東県が廃止され、旧淡路国を兵庫県に移管する一方で、旧阿波国を高知県へ編入した。前者は明治三年の稲田騒動の事後処理であり、後者は、明治八年に立憲政体と国会開設を唱え『通諭書』を出版・配布するなど尖鋭化した自助社の自由民権運動を壊滅させるための措置であった。名東県廃止により、旧名東県庁舎(旧賀島屋敷跡)に高知県徳島支庁が置かれ、さらに明治十一年(一八七八)十月には高知県徳島出張所に格下げされた。行政事務の遅滞などにより阿波の人々の不満は高まった。明治十二年の高知県会は、直接国税五円以上の制限選挙で選出された総数五十八名の県会議員のうち阿波出身議員が過半数を占め、予算をめぐる対立の激化とともに徳島県の分離独立が強く主張された。そして、明治十三年三月、徳島県は、高知県から分離・再置され、現在に至る。

参考文献 『徳島県史』五(一九六六)、『徳島県議会史』一(一九七二、徳島県議会)

（宇山　孝人）

〔明治初年農民一揆〕明治初年、政府の諸改革に対する反対一揆は全国各地で発生したが、徳島においても例外ではなかった。明治六年(一八七三)六月、名東《みょうどう》県下の讃岐国西部の三野・豊田郡で発生した西讃竹槍騒動は、徴兵検査に端を発した徴兵令反対一揆で、瞬く間に六郡百三十ヵ村に及んだ。阿波国でも西讃に近い三好郡山城谷村(三好市山城町)・三縄《みなわ》村(名西郡神山町)に徴兵反対の動きが及び、山城谷では長福寺に村民が集結し数百人の農民が鉄炮・竹槍などを持って騒ぎ出し、三縄村では、村民が熊野神社に集結し徴兵反対を決議した。その後三縄村の三名の指導者、山城谷の二十名の指導者が捕らえられ、阿波国西部での騒動は鎮圧された。同年六月、名西《みょうざい》郡上山村(同郡神山町)で地券発行の手続きをめぐって弥十郎騒動という農民一揆が発生している。阿波での土地質入れ慣行をめぐり、元来底地権があると考えられている質入れ主ではなく預かり主に地券が交付されることを知った高橋弥十郎が六月十五日に県庁へ訴え出たことから始まった。訴えは受理されず、十七日に再度訴えたが、今度は県庁に拘留される。帰村後、七月四日に十八名の村民を集め、地券交付を受けないなどの申し合わせをし連判状を作成した。こうした動向を知った県は弥十郎を上山村の西光寺に拘留した。村民たちは釈放を求めたが県が拒否したため、約四十名が奪還を試み成功する。県は七人の官吏を派遣し説得にあたったが、弥十郎は村民に蜂起を呼びかけ、十八日鉄炮や竹槍を手に、松明を掲げ、鉦太鼓を打ち鳴らして蜂起し、一揆勢は近在の村民も加わり三百名にふくれあがり江田名の妙法寺に集結して気勢を上げるに至った。西讃騒動と同時期に起きたこの騒動に県は危機感を持って対処し、多くの官吏・羅卒を派遣し、県内士族・卒族を募り入山させ鎮圧にあたった。その結果七名の指導者が逮捕され、一揆は収束した。しかし、弥十郎は逃亡し高知県に逃れて県令岩崎長武に事の次第を訴えたが受け入れられず、拘束され、名東県に引き渡された。弥十郎は懲役十年の判決を受け、その他四十名の農民が処罰された。（金原　祐樹）

参考文献　『神山町史』上(二〇〇五)

〔民権結社〕明治七年(一八七四)四月、板垣退助らにより高知に立志社が成立した四ヵ月後の八月、徳島では小室《こむろ》信夫《しのぶ》・井上高格《いのうえたかのり》ら旧徳島藩士を中心に阿波に立志社に続く民権結社である自助社が設立された。自助社は同年八月三日に名東《みょうどう》県知事に宛てて結社の届を出し、新聞縦覧や会合などを寺嶋にあった賀川純一宅を本拠地に活動を開始し九月には「結社の大意」を発表している。淡路と撫養《むや》に分社もでき、最盛期には千人を越えたという。八年二月の板垣退助らを中心にした愛国社の創立集会には、阿波・淡路から全参加者六十二名中三十五名が参加した。さらに自助社は、四月十四日漸次立憲政体樹立の詔が出されると、その趣旨を県下人民に広く知らせるために解説書として通諭書を頒布した。その通諭書の内容の内、天皇制の記述や政府への批判に問題があるとして、通諭書には回収命令が出され、自助社の中心にあった井上高格・湯浅直道・一坂俊太郎《いちさかしゅんたろう》・新居敦次郎《にいあつじろう》の四人に対して九月十三日判決があり国事犯として禁獄となった。このため、自助社の活動は停滞を余儀なくされ、十一年(一八七八)九月十五日社員協議の上廃社解散に至った。高知で新しい民権結社が設立し始めた十一年ごろになると、徳島においても停滞していた自助社に代わり、新しい民権結社の設立が始まる。明治九年四月に創刊した『普通新聞』を発行する普通社の有志が同十一年三月ごろから演説会活動を始めると、演説会の活動が広まった。同年十二月普通社の有志が中心となり本格的な結社義烈社が大工町楽々館を根拠地に結成されると、翌十二年一月富田大道を根拠に浩然社《こうぜんしゃ》、同年三月には佐古小学校を根拠地に有信社、同じく三月ごろには佐古五町目の新聞縦覧所を根拠地に履信社《りしんしゃ》などの結社がつぎつぎと誕生した。特に吉田熹六《よしだきろく》を中心とする有信社は、徳島県西部の脇町や白地《はくち》(三好市)に支社を持つほど拡大した。これらの結社は演説会を中心に活動を続けていくが、十二年十一月ごろになると結社の大同盟が叫ばれ、自助社の中心人物の一人であった新居敦次郎などを中心に、十三年二月二十八日寺町を根拠地に大社同盟が作られる。しかし四月には集会条例が公布されたことにより、徳島独自の民権結社活動は一気に鎮静化した。こうした、民権結社に代わって、徳島の政治活動の中心は自由党阿波部や徳島立憲改進党など中央政党の支部活動となっていった。（金原　祐樹）

参考文献　『徳島県史』五(一九六六)、『徳島新聞五十年史』(一九九七)

〔新聞〕明治六年(一八七三)、地方新聞の相つぐ創刊に刺激されたためか、徳島にも二月に撃壌舎から『名東《みょうどう》県新聞』、三月には謳歌社から『徳島新聞』が発刊された。二紙とも広く普及はしなかったようで、八年には消えている。『徳島新聞』は、発刊された原紙がほぼ全て確認されているが、『名東県新聞』はまだ一部が確認されたのみである。公報的記事・事件事故などのニュース・投書などのほかに自由民権結社の動きの記事もみえる。九年四月普通社から『普通新聞』が発刊した。普通社は、元徳島藩士益田永武《ますだながたけ》・蜂須賀昭邦らが中心となり五百円を出資し徳島で創業した。普通社は、設立の目的として国会開設・地方分権の進展を挙げ、徳島県の自由民権結社である自助社が八年八月の徳島民権運動弾圧をねらった通論書事件で勢いを失なった後、新聞を武器に民権運動を進めていこうという意図を持っていた。そのため、民権結社や演説会の記事により新聞紙条例や讒謗律違反で禁獄・罰金となる編集者・記者が後を絶たなかった。伊坂《いさか》淑人《としひと》・蜂須賀近義《はちすかちかよし》・福田宇中・安芸弟一郎《あきていいちろう》・吉田熹六《よしだきろく》らが論陣を張り、新聞縦覧所を開設したり演説会活動を開いたりしたが、十四年(一八八一)十月、十五年一月に発行禁止の処分を受ける。その後立憲改進党への支持を強めていくが、吉田熹六らが退社すると次第に公報的な新聞に移行し、十九年十月には県の公布式新聞となった。『普通新聞』発行後は同紙が県内をほぼ独占したが、十一年十一月から発行した『鳴門さうし』は注目される。持主は『普通新聞』の編集長であった安芸弟一郎で、女性や子供を対象に読みがなを振り、狂歌・和歌・川柳などを載せ、さらに挿絵入り連載小説を掲載した通俗的な内容であった。二十一年(一八八八)ごろになると再び議会開設などを控え政党活動が活発化し、全国的に新聞の発刊が盛んになる。十一月には自由党系の石田真二により『徳島新報』が発刊した。二十二年一月には『普通新聞』が題号を『徳島日日新聞』と改め『徳島新報』に対抗した。さらに、同年六月には『徳島日日新聞』の姉妹紙といえる夕刊紙『徳島夕報』が発刊し、二十五年四月には号数をそのまま引き継ぎ『民党』と名前を変えたように、民権政党の政党機関紙となる新聞も現われている。（金原　祐樹）

参考文献　『徳島県史』五(一九六六)、『徳島新聞五十年史』(一九九七)

〔雑誌〕県内で早くから行われた雑誌の発刊は、漢詩文または和歌などの文芸雑誌が中心であった。明治十年(一八七七)五月創刊の『采芳新誌』、十一年五月発刊の『嚶鳴詩文』などで、いずれも同好者が組織する文芸団体の雑誌であり、その後俳諧・小説などを含めた総合的な文芸誌が発刊されている。明治十八年には『徳島県布達全報』が創刊し、その後『徳島県公文類輯』『徳島県公布全誌』などと名前を変えて刊行された。これは、県の条例・訓令・広報などの法令集であり、現在の『徳島県報』に連なる。明治二十年代に入るとようやく研究団体・実業団体の機関誌としての雑誌が発刊されるようになる。二十年（一八八七）二月には凝成《ぎょうせい》学会の月刊歴史学術雑誌である『凝成学会雑誌』が創刊。さらに二十三年三月には徳島医学会の季刊誌『徳島医学会雑誌』、同年九月には阿波国教育会の月刊誌『阿波国教育会雑誌』、三十五年（一九〇二）三月には徳島県農会の月刊誌『徳島県農会報』、三十七年三月には徳島県農事試験場の『農事試験場報』、三十八年には徳島県山林会の『徳島県山林会報』、四十四年（一九一一）三月には阿波藍製造販売同業組合の『阿波藍』などがつぎつぎに創刊し、これらは大正・昭和期まで発行が続いた。また、学校の校友会誌として、三十三年十二月には徳島中学校同窓会の『渦の音』、三十七年には徳島県師範学校同窓会の『渭水《いすい》教育』、三十八年一月には徳島県立高等女学校の『済美会誌』、四十二年十二月には徳島県女子師範学校の『淬礪《さいれい》の友』などが発刊された。これらは、学校記事のほか論説・文芸などを掲載し、現在でも徳島の各県立学校で発刊している学校誌として伝統が残る。時事雑誌・総合誌としては二十一年六月創刊の『阿陽新報』、三十三年六月創刊の『阿波倶楽部』、三十九年五月創刊の『鳴門の響』などがあったが長続きすることはなかった。明治四十二年六月には、吉田章五郎らが結成した阿波国史談会の会誌である『阿波国史談会誌』が創刊した。本格的な郷土研究に関する雑誌であったが第四号で廃刊となった。

参考文献　『徳島県史』五（一九六六）
（金原　祐樹）

〔私立学校〕明治五年（一八七二）八月学制が頒布された以降も、財政事情もあり公立学校の設立は進まなかった。そこで、徳島の町を中心に私立小学校や私塾・家塾が設立された。明治六年には阿波国内で二私塾、四十二家塾が設立された。その後、諸教育法令の整備が行われ私立学校が誕生している。徳島市域のみでも明治六年から大正二年（一九一三）の間に百三十七の学校が設立されている。生徒数五十名以下、教師三名以下の小さな学校がほとんどで、学科は習字・漢学・英語・算術などのほか、法律や商業の学校や、次の学校へ進むための進学塾もあった。明治八年七月には慶応義塾の分校である徳島慶応義塾が徳島市内に置かれた。これは西日本に慶応義塾の分塾を置くという福沢諭吉の意図により設立された京都慶応義塾・大阪慶応義塾の閉塾に伴い、自助社と号する土地有力者の団体に分校設立の助けを得ることにより設置された。塾長には大阪慶応義塾の塾長として派遣されていた矢野文雄が徳島に移った。学科は英書・訳書・洋算の三種で英学塾としての性格が強く、生徒は四十七名で多くが徳島の士族出身者であった。設立を助けた自助社は、七年八月に結成された徳島の自由民権結社で、最盛期に社員は千人を越えていたが、八年四月十四日に出された「漸次立憲政体樹立の詔」の解説書である「通諭書」を頒布した中心の四人が国事犯として罰されるという徳島の民権運動弾圧の事件（通諭書事件）を起し、社長の井上高格《いのうえたかのり》ら指導者が禁錮刑を受けるなど活動不能の状態に陥ったため、徳島慶応義塾も明治九年十一月にわずか一年あまりで閉塾に追い込まれている。短期間ではあったが、のちの民権運動家や教師などの人材を輩出した。また、女子教育における私立学校の重要性は高かった。明治十三年（一八八〇）に設立された徳島中学校附属女学校（のちに徳島女学校）は女子教育に冷淡であった徳島県会のため二十四年（一八九一）三月に廃止されてしまった。そこで民間の教育者であった首藤《すとう》マサ子が淑慎《しゅくしん》女学校、村崎ミスが梅清《ばいせい》女学校を設立している。その後、明治三十二年（一八九九）に徳島県立高等女学校が設立されるとこれらの女学校は廃止されている。このほか、裁縫教授を中心とした私立女学校も多く設立され、女子教育の担い手となった。

参考文献　三好昭一郎・大和武生編『徳島県の教育史』（『都道府県教育史』、一九八三、思文閣出版）、『徳島市史』四（一九八三）
（金原　祐樹）

〔銀行〕明治五年（一八七二）十一月の国立銀行条例制定前の七月、為替・手形業務を営む有隣会社が設立され金融制度の必要が高まっていた。六年には大阪での第三国立銀行の設立に徳島商人らが資本参加して、徳島と撫養《むや》（鳴門市）に支店が置かれる予定であったが設立自体が立ち消えとなった。その後正式に銀行が設立されたのは、国立銀行条例改正後の十二年（一八七九）五月に開業した第八十九国立銀行であった。第八十九国立銀行は資本金二十万円、寺嶋町に本店を置き、発起人物代は井上高格《いのうえたかのり》・賀島政範《かしままさのり》、旧藩主蜂須賀茂韶《はちすかもちあき》をはじめとする旧家臣団の出資による。他県の国立銀行と同様、士族授産的な要素が強い銀行であった。三十年（一八九七）一月には普通銀行八十九銀行となったが四十二年（一九〇九）三月に解散している。また、大阪第三十四国立銀行も名東《みょうどう》支店を開設している。それらに対して、関東売り藍商としてまた材木商として関東地方を中心に広い商圏を持っていた久《く》次米《じめ》家が、十二年十月合本会社久次米銀行の設立願いを提出した。十一月には許可がおり十二月には船場町西船場の本店で開業式を行なっている。開業当初の資本金は三十一万六千円、十三年十月には東京支店、十二月には大阪出張所（のち支店に昇格）、その後和歌山県新宮や兵庫県洲本に支店、東京深川や福島県郡山・須賀川に出張所を開設している。公金の取り扱いも積極的に行い経営は順調であったが、松方デフレの影響で明治十八年をピークに徐々に利益が減り、二十三年（一八九〇）秋倉庫銀行の破綻による材木業者の信用不安が引き金となり、翌二十四年五月に取付けを起し休業に追い込まれた。九月には東西分離を決め十一月に関西部、十二月に関東部を開設し再建を模索した。関西部は阿波銀行と改称し、預金を完済した上で明治二十九年六月阿波商業銀行を設立した。関東部は久次米銀行として再出発したが三十九年に解散した。また、第三の銀行として十五年三月に徳島銀行が設立した。資本金は七万円、設立発起人は藍商大串竜太郎・賀島政範らであった。松方デフレ期には久次米銀行を補完していたが、昭和三年(一九二八)に阿波商業銀行に吸収された。さらに、農工銀行法に基づいて全国最後に設立された銀行として明治三十三年八月設立の阿波農工銀行がある。

参考文献 阿波銀行編纂委員会編『阿波銀行百年史』(一九九七) (金原 祐樹)

とくしまにちにちしんぶん 徳島日日新聞 明治九年(一八七六)に創刊した『普通新聞』の改題紙。『普通新聞』は不偏不党を標榜していたが新聞創刊のいきさつや内容から改進党系の新聞であったことは明らかであった。二十一年(一八八八)十一月十日自由党系の石田真二により徳島市幟丁二丁目藤岡活版所で『徳島新報』が発刊された。『普通新聞』の半値以下の定価、タブロイド判の大きさ、挿絵の入った小説、ふりがなを付けるなどの工夫により好評を博した。二十二年一月四日『普通新聞』は社名を普通社のまま題号を『徳島日日新聞』と改めた。紙面をタブロイド判に拡大し、ふりがなやひらがな交じりの文を多くするなど工夫をしたが、『徳島新報』の発行部数には及ばなかった。その後、日清戦争後の部数激減、二十七年十月の社屋火事などにより何度も苦境に陥った。三十一年(一八九八)六月十五日には『徳島日日新聞』を辞めた首藤貞吉《すとうさだきち》が株式会社徳島毎日社を設立し『徳島毎日新聞』を創刊した。『徳島毎日新聞』が部数を伸ばしていくと『徳島日日新聞』は苦境に陥り、ついに三十七年五月八日普通社は徳島新報社に吸収され、『徳島新報』は五月二十六日から『徳島日日新報』と改称した。その後『徳島日日新報』と『徳島毎日新聞』のライバル関係は、昭和十六年(一九四一)十二月十四日の統合まで続いた。

『徳島日日新聞』第4215号

参考文献 徳島県『徳島県史』五(一九六六)、『徳島新聞五十年史』(一九九七) (金原 祐樹)

とくしゃ 特赦 有罪宣告を受けた特定の犯人に対し、刑の執行を免除したり刑を赦免する行為。大日本帝国憲法第一六条は「天皇ハ大赦特赦減刑及復権ヲ命ス」と定め、特赦を天皇の大権に属する恩赦の一つとした。明治四十一年(一九〇八)九月二十二日の勅令第二一五号は通常裁判所において刑の言渡しを受けた者について、同日の勅令第二一六号は軍法会議において刑の言渡しを受けた者について、それぞれ特赦ならびに減刑の適用方法を定めたが、これらは恩赦令(大正元年(一九一二)九月二十六日勅令第二三号)の施行に伴い廃止された。一般的には司法大臣が、軍法会議については陸軍大臣または海軍大臣が、朝鮮・台湾・関東州または日本が治外法権を行使する地域においては朝鮮総督・台湾総督・関東都督または外務大臣らが上奏し、裁可の後、特赦状を作成する。特赦状は判決を言渡した裁判所の検事、あるいは軍法会議を管轄する長官、理事もしくは主理、ないしは法院の検察官、民政署長、領事官または即決官庁に送付され、本人が在監中であれば刑務所の長を介して、本人に下付される。なお特赦の効果は、原則として刑の執行の免除にとどまり、刑の言渡しの効力は持続するため、再び罪を犯せば再犯者の扱いとなる。もっとも特段の事情があれば、将来に向かって刑の言渡しの効力を失わせることも可能で、その場合特赦状にその旨が記された。

参考文献 美濃部達吉「恩赦ニ就テ」(『法学協会雑誌』三〇ノ一一、一九一二)、佐々木高雄「恩赦令の成立経緯」(『法政理論』三九ノ四、二〇〇七) (岩谷 十郎)

とくしゅきょういく 特殊教育 近代日本における「特殊教育」という用語・概念の変遷を大まかに整理すると、第一期の関係用語成立期(明治十年代の初登場から明治四十年(一九〇七)前後)、第二期の「特殊教育」への転換期(一九一〇年代)、第三期の普及・定着期(一九二〇年代)、第四期の教育界の用語・概念としての確立期(一九三〇年代から終戦)を経て、戦後の教育改革において制定された学校教育法(昭和二十二年(一九四七)制定)の「第六章特殊教育」をもって制度化され、平成十八年(二〇〇六)の同法改正(平成十九年四月施行)により「特別支援教育」に変更され、今日に至る。明治期の特殊教育は、前記の第一期―二期にあたる。具体的には、明治十四年(一八八一)十月改定の文部省事務取扱規則の中で、「専門学務局」は、「高等教育及特殊教育ニ係ル一切ノ事務ヲ掌理ス」という管掌事務規定の中に登場した。明治十七年五月の文部省事務規程も同様の規定をしており、明治十年代の文部行政用語としての特殊教育は、専門学校・実業学校・盲唖院などの各種学校の教育を総称する概念であった。明治二十一―三十年代では、「特別教育」を中心に「特殊教育」「特種教育」などが異語同義で使用され、主に「場所の特殊性」に着目した特別な教育施設における教育を意味した。しかし明治三十年(一八九七)前後から「盲唖教育並ニ白痴、孤児、貧児ノ教育」を包括する用語としても使用され始め、さらに「不良少年」を含むなど「児童の特殊性」に着目した用語・概念へと変化していった。明治四十三年の第二回全国感化救済事業大会の第四部会名に「特殊教育」が使用され、翌明治四十四年には文部省に特殊教育調査会(正式名は盲唖其他特殊児童教育取調委員会)が設置されるなど、「特殊教育」は「特殊児童の教育」を意味する用語となっていった。こうして一九一〇年代には「特別教育」から「特殊教育」に用語が転換し、さらに乙竹岩造《おとたけいわぞう》によって「特殊教育」は、「普通教育の拡充」として「通常の小児」だけでなく「盲生」「聾唖生」「低能児」「不良児」「癲癇児《てんかん》」「病弱児」「孤児」「貧児」などの「特殊な事情を有する者」に「その事情をよく斟酌して普通の教育を加えるのが実にその本体である」と規定された。（平田　勝政）

とくしゅしょうがっこう　特殊小学校　東京市が市内スラムの貧困児童を対象に設立した直営の尋常小学校。正式名は東京市特殊尋常小学校で、特殊小学校は通称である。明治三十四年（一九〇一）に設立が提案され、明治三十六年一月に授業を開始し、同三月に開校を行なった万年小学校と霊岸小学校を嚆矢として、同年に鮫橋小と三笠小が開校、続いて玉姫小（明治三十八年）、芝浦小（明治四十年）、絶江小（明治四十二年）、林町小（明治四十三年）、猿江小と菊川小（明治四十五年）、太平小（大正七年）の順に増設され、計十一校が設立された。授業料無徴収、学用品貸与を基本としつつ、学校によっては、校内に風呂を設置しての入浴、学校給食、眼病などの病気の予防と診察・治療、理髪などの実施、家計補助と職業訓練を目的とする「特別作業」と称する学科や昼間働く児童のための夜学部、さらに「低能」と称された児童の特別学級などが開設された。大正八年（一九一九）に東京市立直営小学校と改称され、大正十五年（一九二六）には、所在する各区に運営を移管して廃止された。（平田　勝政）

とくだいじきんいと　徳大寺公純　一八二一―八三　公家。鷹司輔熙男として文政四年十一月二十八日（一八二一年十二月二十二日）誕生。徳大寺実堅《さねみ》の養子。弘化二年（一八四五）権中納言。嘉永元年（一八四八）賀茂社への大嘗会由奉幣使。同三年権大納言。安政元年（一八五四）議奏加勢造内裏用掛、ついで改元定公卿。同五年通商条約締結直前、攘夷祈願のため公卿勅使として伊勢神宮へ赴く。安政の大獄時、幕府より譴責の強請あるも聖旨により処分は寛優される。万延元年（一八六〇）和宮降嫁反対などが問題視され、幕府の強請により議奏を辞職。文久二年（一八六二）九月内大臣兼右近衛権大将、同十二月国事御用掛に就くも尊攘派に反発され、翌三年正月辞表を提出するが聴許されず。同年賀茂両社・石清水社行幸に供奉。同年八月十八日の政変に公武合体派として参画し、十二月右大臣。慶応三年（一八六七）十二月王政復古により参朝停止となる。明治五年（一八七二）五月隠居し、実《さね》則《つね》に家督を譲る。同十六年（一八八三）十一月五日没。六十三歳。西園寺公望は実子。

参考文献　『華族系譜』（宮内庁書陵部所蔵）、『公純卿記』（同）　（岩壁　義光）

とくだいじさねつね　徳大寺実則　一八三九―一九一九　幕末・明治時代の政治家。天保十年十二月六日（一八四〇年一月十日）公純《きんいと》の子として京都で誕生。嘉永四年（一八五一）侍従。文久元年（一八六一）議奏加勢となり、以後同二年、同三年にも補される。同二年権中納言、従二位。同五月国事御用書記、攘夷貫徹を主張。十二月新設の国事御用掛となる。翌三年二月神武帝山陵使、三月には攘夷祈願の賀茂社行幸に供奉。同四月議奏となるも、八月十八日の政変で議奏を解かれ参内遠慮などの処分を受ける。慶応三年（一八六七）正月孝明天皇崩御により遠慮を解かれ、二月正二位。明治元年（一八六八）正月参与、議定に補され、内国事務局督に任じ、また二月には権大納言となる。翌二年四月新たに置かれた内廷知事を兼ね、七月大納言。同三年二月山口藩解隊兵騒擾につき宣撫使として同藩に赴く。同四年七月大納言を辞し麝香間《じゃこうのま》祗候となる。同八月侍従長、十月には侍従長のまま宮内卿に就任。同十年（一八七七）八月職制改定により侍従長が廃されると一等侍補を兼任、また勲一等旭日大綬章を授けられる。翌十一年六月宮内卿専任となり、同十二月職制更革後の侍補を兼任。翌十二年七月外国貴賓接遇調査のため外賓待遇例式取調次長に就任。同十七年三月侍従職が設置されると侍従長に就き、四月には明宮《はるのみや》御用掛となる。同十七年七月華族令施行とともに侯爵を授けられ、翌十八年七月華族局長官を兼任。同二十一年五月（一八八八）爵位局長官兼任。三条実美没後、同二十四年二月内大臣を兼任。また同六月には先帝御事蹟取調掛長に任じられ、同三十九年（一九〇六）十二月『孝明天皇紀』を完成。同三十九年大勲位菊花大綬章を授けられ、同四十四年（一九一一）偉勲により公爵。明治天皇崩御後、大正二年（一九一三）本官・兼官を辞し、大臣礼遇となる。同三年十二月『明治天皇紀』の編纂開始とともに臨時編修局顧問、さらに同五年臨時編纂部顧問に就任。同七年一月長年の功績から宮中杖が差許され、同八年六月四日、東京の自宅で死去。八十一歳。

徳大寺実則

参考文献　『徳大寺実則日記』（宮内庁書陵部所蔵）、『華族系譜』（同）、梶田明宏「徳大寺実則の履歴について―明治一七年侍従長就任以前を中心に―」（沼田哲編『明治天皇と政治家群像―近代国家形成の推進者たち―』所収、二〇〇二、吉川弘文館）　（岩壁　義光）

とくだしゅうせい　徳田秋声　一八七一―一九四三　明治から昭和時代前期の小説家。明治四年十二月二十三日（一八七二年二月一日）金沢県金沢町第四区横山町（石川県金沢市）に生まれる。本名末雄。明治二十一年（一八八八）、金沢の第四高等中学校に入学したが、のち退学。同二十八年、尾崎紅葉の門をたたき小説家の道を歩き出す。当初は紅葉ら硯友社の作家たちによる物語性の強い小説に影響を受けたが、自身の作家的個性を発揮したのは、むしろ生活の細部を描きながら人生の浮沈をとらえた小説においてであった。『新世帯《あらじよたい》』(明治四十二年)に始まり、『黴《かび》』(同四十五年)、『爛《ただれ》』(大正二年)、『あらくれ』(同四年)、『町の踊り場』(昭和九年)、『仮装人物』(同十三年)、遺作で未完の『縮図』(同二十一年)に至る一連の長短篇小説は、にわか作りと解体を繰り返した日本近代の寒々しい歴史的光景をとらえた一つの文学的達成である。逆に人生を切り開く知性が欠けているがゆえに夏目漱石からは「フィロソフィがない」という批評を受けたが、その一方で漱石は秋声を高く評価した一人だった。同時に文学的評価は必ずしも高くないが、数多くの読み物的な新聞小説を書き、文学者の生活の安定、職業作家の自立について常に心を配った。大正期においては、新派劇をはじめとする演劇に原作を提供し、初期の映画でも材料を与えた。菊池寛とも交流が深く、文芸家協会などの文学者の互助的組織の結成にも貢献。文学の社会基盤に敏感であった。昭和十一年(一九三六)、短編集『勲章』で第二回文芸懇話会賞受賞。同十二年帝国芸術院会員になる。同十四年『仮装人物』で第一回菊池寛賞を受賞した。同十八年十一月十八日没。七十三歳。広津和郎《ひろつかずお》、林芙美子《はやしふみこ》、和田芳恵《わだよしえ》、野口富士男《のぐちふじお》、古井由吉《ふるいよしきち》、中上健次《なかがみけんじ》など、直接間接に秋声を愛読し、挑戦しようとした作家も数多い。なお著作は『徳田秋声全集』全四十二巻・別巻一(平成九―十八年、八木書店)として刊行されている。

徳田秋声

参考文献 野口富士男『徳田秋声伝』(一九六五、筑摩書房)、松本徹『徳田秋声』(一九八八、笠間書院)

(紅野 謙介)

とくだひろとよ 徳田寛豊 一八三〇―九二 天照教の教祖。天保元年四月十七日(一八三〇年六月七日)に上野国群馬郡大類《おおるい》村(群馬県高崎市)の農家、羽鳥家に誕生。黒船来航の際に伊勢の神宮において尊王攘夷を誓い、薩摩や水戸の尊王派と交わりをもった。のちに桜田門外の変に関わり、大老井伊直弼を切ったと自称したという。その後も尊攘派の志士として京都をはじめとする各地で活動し、明治維新以後は天照教(現天照教社)を開き、明治十二年(一八七九)、富士山の村山口に教会所を設立、一時は信者二十万人を号した。明治二十五年(一八九二)五月二十五日没。六十三歳。

参考文献 森繁夫編『名家伝記資料集成』二(一九八四、思文閣出版)

(中山 郁)

とくとみかずたか 徳富一敬 一八二二―一九一四 熊本藩郷士、漢学者、教育者。名は万熊・一敬(いっけいとも)・一啓、通称は太多助・太多七、別号は淇水・吾不与斎。肥後水俣の惣庄屋太善次美信の長男として文政五年九月二十四日(一八二二年十一月七日)、葦北《あしきた》郡津奈木《つなぎ》(熊本県津奈木町)に生まれ、天保八年(一八三七)藩儒近藤淡泉に入門し藩校時習館に通学して正学派朱子学を学んだが、弘化二年(一八四五)、横井小楠《よこいしょうなん》に入門し、安政元年(一八五四)まで在籍して小楠門下の四天王に数えられた。帰郷して、嘉永四年(一八五一)葦北郡代官所の目付となり、明治元年(一八六八)四十七歳で跡目を相続し、郷士となる。維新後、政府有力者と実学党が推す細川護久《ほそかわもりひさ》の藩政改革のもと、熊本藩奉行所の書記兼録事、ついで明治三年、民政局大属を拝命し、竹崎茶堂《たけさきさどう》らとともに実学党の中心として租税改革・郡政改革に専心。さらに明治四年十二月熊本県典事、五年正月白川県七等出仕に進み、熊本洋学校(米国予備役軍人L・L・ジェーンズを招聘)の開設など教育改革に尽くしたが、六年十一月権県令安《やす》岡良亮《おかりょうすけ》に弾圧を受け辞職。明治十二年(一八七九)―十三年、県会議員。明治十三年に実学党の私立中学共立学舎を設立し漢学部教授を担当し、十五年には長男が興した民権私塾大江義塾でも漢学を講じた。明治十九年東京に移住し、二十九年(一八九六)逗子に老を送り、四十年(一九〇七)四月十四日、本郷壱岐坂教会で海老名弾正《えびなだんじょう》により受洗し、キリスト教に入信。大正三年(一九一四)五月二十六日、九十三歳で没した。妻久子は津森村杉堂(熊本県上益城郡益城町)の矢島氏の出で、その姉妹に順子(竹崎茶堂妻)・つせ子(横井小楠妻)・楫子《かじこ》がいる。長男は猪《い》一《いち》郎《ろう》蘇峰《そほう》、次男は健次郎蘆花《ろか》、女初子は湯浅治郎の妻。海老名弾正の妻美屋は姪にあたる。徳富蘇峰館に黒田清輝揮毫の肖像画があり、その旧蔵書・関係資料は水俣市淇水文庫・逗子市追遠文庫・二宮町徳富蘇峰記念館に収蔵される。著書に『淇水詩艸』『随感漫筆』『吾不与斎漫筆』がある。

参考文献 今中寛司「徳富一敬の入信とその思想遍歴」(『キリスト教社会問題研究』一八、一九七一)、『三百藩家臣人名事典』七(一九八九、新人物往来社)

(町 泉寿郎)

とくとみそほう 徳富蘇峰 一八六三―一九五七 肥後熊本が産んだ明治・大正・昭和三代の七十余年の長きにわたって活躍したジャーナリスト、歴史家。本名徳富猪《い》一郎《いちろう》。文久三年正月二十五日(一八六三年三月十四日)肥

徳富蘇峰

後熊本郊外上益城郡津守村字杉堂(熊本県上益城郡益城町)の母の実家で生まれた。徳富家の家格は水俣の豪農で惣庄屋兼代官をつとめる名望家層。父一敬《かずたか》は横井小楠の実弟子で藩内の実学党の有力メンバーであった。母久子は素封家矢島(直明)家の出で叔母の津世子は横井小楠の妻、したがって、横井家とは姻戚関係にあった。明治維新後、一敬の熊本藩庁への出仕に伴い、明治三年(一八七〇)熊本東郊大江村(熊本市大江町)に移り住む。その修学歴であるが、まず兼坂止水《かねさかしすい》の漢学塾で学んだのち、熊本洋学校に入学、L・L・ジェーンズの影響を受ける。明治九年、洋学校の閉鎖とともに京都の同志社に入学した。同志社では新島襄、ラーネッド、デイヴィスらの教えを受けるが、とりわけ、新島の感化は大きく、生涯の師として師事することになった。しかし、同志社時代の蘇峰において、熊本から一緒に入学した熊本バンドの先輩同窓から受けた信仰や学問上の刺激も見逃せない。早くから新聞記者をめざしていた蘇峰は、内外の新聞雑誌を熱心に読む傍ら、特に福地桜痴や福沢諭吉の文章に親しんだ。卒業をまぢかに控えた明治十三年(一八八〇)、同志社を中退して上京、しばらく滞在したのち、熊本にもどる。時代は西南戦争終結後のことでもあり、全国的に自由民権運動が盛んであったが、蘇峰は郷里熊本の民権政社である相愛社に加わり、機関紙『東肥新報』に寄稿したり、政談演説に従った。明治十五年三月、大江義塾を開設、みずから英学・歴史・政治経済学を講義した。大江義塾は、その後生徒も増えて、その存在は反対派が経営する済々黌の若者たちの迫害を受けるほど隆盛に向った。この時期の蘇峰は、大江義塾の経営と並んで九州改進党の結成に参加するなど、その言動がもっとも自由民権運動に近づいた時期であるといえよう。このような民権派義塾の教学をもとに書き上げられたのが、『第十九世紀日本ノ青年及其教育』(明治十八年、のち、『新日本之青年』と改題されて、明治二十年四月に東京の集成社から刊行)と『将来之日本』(明治十九年)の両著であった。特に、『将来之日本』は田口卯吉の経済雑誌社から出版されるや、好評を博し大きな反響を呼んだ。蘇峰は「自伝」で「『将来之日本』が出た後の徳富が、『ミルトン論』の出た後のマコーレーと、同一程度に世間の評判を博したと云わぬが、正直の処、評判はなかなか盛んであった。而してその証拠には、予の文体や論旨などを、模倣といわんよりも、其の儘複製したるものが、往々にして予の目にもつく程であった」と述べている。一家を挙げて東京に出た蘇峰は明治二十年(一八八七)一月、民友社を創設し、雑誌『国民之友』を発刊した。かくして、平民主義の主張を基調にした、政治・社会・経済・文学全般を論ずる日本で最初の総合雑誌が誕生した。『国民之友』は江湖の喝采を博し、発行部数は創刊号が七千五百部、最盛期には二万部に達し、文筆を志す青年たちの登竜門となった。そして、明治二十三年には『国民新聞』も創刊された。ここに、『国民之友』『国民新聞』を舞台とする言論活動の場が形成され、蘇峰は平民主義の旗手として、「下から」の欧化、「第二の維新」、「反貴族」、「反藩閥」主義を鼓吹した。まさに、明治二十年代は「蘇峰の時代」といわれるほどの影響力を言論界に発揮した。蘇峰の主張が初期の平民主義から国権論へと転換したのは、日清戦争の勃発と三国干渉にあることは周知の事実であるが、初期の蘇峰に国権論の要因がなかったとはもちろんいえない。ほかの言論人と同様、その言動に民権と国権の同時存在を容易に確認しうる。十九世紀後半の列強による熾烈な帝国主義的な植民地獲得競争という国際場裡にあって、明治維新によって形成された日本の民族国家としての独立をいかにして維持し強化していくか、悪名高い「転向」論議を含む蘇峰の国家主義的言動の基本的モチーフはそこにあった。日露開戦後の「国家第一」、「新聞第二」の揚言、桂太郎内閣の御用新聞記者として、国策遂行を弁護する帝国主義的言論、さらに大正期以降の皇室中心主義と「白閥打破」、アジアモンロー主義の主張など、その「文章報国」の姿勢は支配層と密着し、政軍上層部を直接動かさんとする使命感に導かれていた。新聞経営者としての蘇峰は昭和四年(一九二九)、根津嘉一郎《ねづかいちろう》に国民新聞社の経営権を譲ることで終るが、それ以後、大阪毎日と東京日日新聞社に社賓として迎えられ、引き続き新聞人としての発言の場を確保することができた。昭和六年に満洲事変が勃発するや、直ちに大陸進攻を正当化する論陣を張る。「十五年戦争」下、蘇峰は「白色人種の横暴」を訴え続け、皇道の本義、興亜の大義を宣揚して国論の統一、挙国一致に努めた。また、大日本言論報国会会長(昭和十七年(一九四二))に就任し、文字通り言論界の長老として「皇国必勝」に献身した。蘇峰にとって、生涯最大の挫折は敗戦体験であった。平成十九年(二〇〇七)刊の『終戦後日記―「頑蘇夢物語」―』には、昭和天皇をはじめ、軍官政界上層部の戦争指導者に対する「幻滅」を記している。同時に、マッカーサーとGHQ批判、そして「八・一五」を境に「驚くべき日本上下の急豹変」と日本国民の軽薄な無節操を嘆いている。そこには、戦後日本の右翼国家主義者にみられない天皇の戦争責任論と反米思想が展開されており、戦後民主主義の風潮の盛んな時期にあって、なお、皇室中心主義史観の孤塁を守った。なお、歴史家としての蘇峰については、昭和二十七年(一九五二)に完成したライフワーク『近世日本国民史』(全百巻)の再検討が俟たれるところである。昭和三十二年(一九五七)十一月二日静岡県熱海の晩晴草堂で死去。満九十四歳。主著は植手通有編『徳富蘇峰集』(『明治文学全集』三四、昭和四十九年、筑摩書房)に所収。また、ほかに『吉田松陰』(『岩波文庫』)などの著作もある。↓大江義塾《おおえぎじゆく》　↓国民新聞《こくみんしんぶん》　↓国民之友《こくみんのとも》　↓将来之日本《しようらいのにほん》　↓新日本之青年《しんにほんのせいねん》　↓平民主義《へいみんしゆぎ》　↓民友社《みんゆうしや》

参考文献　徳富猪一郎『蘇峰自伝』(一九三五、中央公論社)

(西田　毅)

徳冨蘆花

とくとみろか　徳冨蘆花　一八六八―一九二七　明治・大正時代の小説家。明治元年十月二十五日(一八六八年十二月八日)肥後国水俣に生まれた。本名は健次郎。仲兄夭折で次男。兄が蘇峰。徳富家は惣庄屋兼代官の家柄で、父一敬《かずたか》は維新後、藩・県政に参与した。幼少で同志社英学校に入り中退後、熊本で父兄の私塾に学ぶ。受洗して今治で伝道に従事し、十九年(一八八六)同志社に再入学。失恋事件で中退し熊本での教職を経て、二十二年(一八八九)上京、兄が社主の民友社に入り、記者として英文翻訳と校正に励む。兄の指示で『如温武雷土《ジョンブライト》伝』『理査土格武電《リチャードゴブデン》』(ともに明治二十二年、以下在社時はすべて民友社刊)などの史伝物を纂訳し、『国民之友』『国民新聞』に翻訳、翻案、短編小説、紀行などを執筆した。芽が出ず懊悩していたが、蘇峰の浪漫主義文学観の啓発と写生修業によって自然に親しみ、明治三十年(一八九七)一月、新生を期して逗子へ移住。自然重視の小説『漁師の娘』と評伝『トルストイ』を発表して、活路を見いだした。湘南の自然に癒され、その背後に神を求める自然への沈潜は、自然がゆがんだ人界を解脱させるという自然教ともなり、その形象化が、三十年代蘆花文学の基調となる。同年八月の蘇峰入閣への世論の変節非難は、兄からの自立の支点となった。当時から執筆の『自然と人生』(明治三十三年)の諸編は、簡潔な文体と写生によって、清新な自然美と節操ある人生が称揚され、長く文範とされた。発表先は『国民新聞』が基本で、先に出た小説『不如帰《ほととぎす》』(明治三十三年)は、結核による離婚の悲劇とそれを救えぬ軍人華族の嘆きを描き、国民的支持を得た。小説『思出の記』(明治三十四年)は没落士族の主人公が、母に応えて帝国大学をめざすが、自然による回心で功名心を反省、在野の言論家として立身する半生記である。蘆花の見聞による明治十年代の向日的な時代精神が活写され、巻末では平民主義の理想の一端が語られている。翌三十五年連載の小説「黒潮」は、黒潮に洗われて日本が解脱するという構想であった。兄からの着想により第一篇で明治二十年代の政界と華族の堕落が扱われたが、藩閥政府に敵対する旧旗本と不遇な華族夫人の死までしか描かれなかった。解脱には不仲の兄との融和も込められていたと見られる。が、別の新聞掲載作品の削除により独立を決意し、『黒潮』(明治三十六年、黒潮社)の巻頭に兄への告別の辞を掲げて、民友社を離れた。日露戦争を兄弟の対立に見立てて支持していたが、トルストイの非戦論と兄への過剰排撃の反動から昏迷した。三十八年夏、富士山頂で人事不省に陥ったことを、自分の尊大さへの神の警鐘と受けとめ、生涯を二分する精神革命が始まり、過去を清算。翌年、パレスチナを巡礼しトルストイを訪問。帰国後、『順礼紀行』(警醒社書店)にまとめ、個人誌『黒潮』を創刊し講演要旨「勝利の悲哀」を掲げた。四十年(一九〇七)二月には、東京府下千歳村粕谷(世田谷区)に移住し、半農生活を始める。そこでの随想集が『みゝずのたはこと』(大正二年、新橋堂書店ほか)である。明治四十二年には、乃木希典に恩義ある青年士官の自伝に加筆編修し、小説『寄生木《やどりぎ》』を著わした。四十四年の大逆事件の判決には、公開直訴状「天皇陛下に願ひ奉る」を東京朝日新聞に郵送し、第一高等学校弁論部で講演「謀叛論《むほんろん》」により被告を弁護した。大正二年(一九一三)には、護憲派群衆の襲撃を受けた兄を慰問したが、十月、旅行先の京城では接待の兄に反発し、絶交する。三年十二月、小説『黒い眼と茶色の目』(新橋堂書店)で失恋事件を告白して妻と和睦し、七年四月、随筆集『新春』(福永書店)によって脱皮を期し、翌年を新紀元として夫妻で世界を周遊、パリ講和会議に要望書を送り、夫妻共著で紀行『日本から日本へ』二巻(金尾文淵堂)をまとめた。十三年(一九二四)には、アメリカの排日移民法に憤激して論説集『太平洋を中にして』(文化生活研究会)を編み、虎ノ門事件では被告助命の嘆願書を書く。十四年から夫婦の告白小説『冨士』(福永書店)を四巻まで刊行したが、昭和二年(一九二七)九月十八日、伊香保で兄と和解した夜、死去した。六十歳。『蘆花全集』全二十巻(昭和三―五年、蘆花全集刊行会)、『蘆花日記』全七巻(昭和六十・六十一年、筑摩書房)が刊行されている。東京都世田谷区の蘆花恒春園に記念館や旧宅がある。　→不如帰《ほととぎす》　→謀叛論《むほんろん》

参考文献　『書翰十年』(一九三五、岩波書店)、中野好夫『蘆花徳冨健次郎』(一九七二―七四、筑摩書房)、吉田正信編『徳冨蘆花集』別巻(一九九六、日本図書センター)

(吉田　正信)

とくながしげやす　徳永重康　一八七四―一九四〇　地質学者、教育者。明治七年(一八七四)八月十六日東京芝愛宕下(東京都港区)に生まれ、三十年(一八九七)東京帝国大学理科大学動物学科を卒業したあと、大学院で地質学を専攻、東京近郊や琉球、台湾などの地質研究により三十五年に理学博士を授与され、さらに常磐炭田その他の鉱床研究により昭和三年(一九二八)工学博士を授与された。明治四十三年(一九一〇)から六十七歳で没する昭和十五年(一九四〇)二月八日まで早稲田大学大学部理工科(のち理工学部)で地質学、鉱物学、岩石学、鉱床学を講じたほか、明治四十四年に発足した夜学の早稲田工手学校の初代校長を没するまでと、昭和三年創立の同じく夜学で早稲田工手学校の上級校である早稲田高等工学校の初代校長を昭和十三年まで務めた。また大正六―七年と昭和十四―十五年との二度にわたり理事として大学経

営にもあたった。母校の東京帝国大学理学部でも、昭和二年から十二年まで地質学科の講師として古生物学を講じた。東京田端の地層から発見された象の歯の化石の研究成果を明治三十九年に『東京帝国大学理学部紀要』に発表したが、これは、化石を系統立ててかつ層位学と関連づけた日本人初の論文である。また、美濃で発見された獣骨の化石を研究して、これが、第三紀中新世の示準化石となっているDesmostylus japonicus Tokunaga and Iwasakiであることを発表し、以後このDesmostylusは各地で報告され、新生界の年代推定に重要な役割を果たすこととなった。徳永の関心は幅が広く、古生物学、地理学、石炭鉱床学に関する論文は百三十編を超す。昭和八年には、岩石学、古生物学、地理学、動物学、植物学、人類学、考古学、医学の研究者を結集して満蒙学術調査研究団が結成されたとき団長を務め、九年から十五年にかけて二十五冊よりなる『第一次満蒙学術調査研究団報告』(本文四千ページ弱、図版八百二十点)をとりまとめた。また、宝生流の能に長じ、舞台に立つこと数百回に及び、能学博士を自称して、理学博士と工学博士に併せて三博と号した。

参考文献 大塚弥之助「故徳永重康博士」(『科学』一〇ノ四、一九四〇)、多田文男「会員故理学博士・工学博士徳永重康君を悼む」(『地理学評論』一六ノ四、一九四〇)、直良信夫「徳永重康」(早稲田学生新聞会編『紺碧の空なほ青く—近代日本の早稲田人五百五十人—』所収、一九七七、早稲田大学出版部)、『早稲田大学百年史』二(一九八一)

(松本 康正)

とくのう 篤農 ⇩老農《ろうのう》

とくのうりょうすけ 得能良介 一八二五—八三 大蔵官僚。初代印刷局長。文政八年十一月九日(一八二五年十二月十八日)鹿児島城下新屋敷(鹿児島市新屋敷町)に鹿児島藩士得能直介の長男として生まれる。すでに父は亡く、鹿児島城下で祖母と母に育てられる。十七歳で出仕し、

得能良介画像(キオソーネ筆)

御記録所書役助、御側御用人座書役、長崎御付人勤などを歴任。その間島津斉彬・島津久光の側近となり、小松帯刀・大久保利通らと国事に奔走。明治三年(一八七〇)四月大久保の推薦で民部大丞兼大蔵大丞。四年出納頭となり国庫出納を掌ったが、五年に出納帳簿の様式改定で渋沢栄一と衝突し暴力を振い免官となる。同年司法省に入り、七年には大蔵省へ復帰して紙幣頭、十一年(一八七八)には印刷局長となる。印刷局の工場経営規則を制定し、外国人傭聘により技術者を育成し、優秀な国産紙幣の製造に努めた。また銀行学局を設立し銀行行政に関わり、渋沢栄一を第一国立銀行頭取に推薦した。明治十六年十二月二十七日に現職のまま印刷局官舎で没。五十九歳。

参考文献 『得能良介君伝(復刻)』(二〇〇〇、朝陽会)

(西尾林太郎)

どくふしょうせつ 毒婦小説 明治十年代に流行した毒婦を主人公とする読み物。西南戦争直後の明治十一年(一八七八)に刊行された久保田彦作『鳥追阿松海上新話《とりおいおまつかいじょうしんわ》』が大ヒットし、毒婦物ブームが始まる。続いて岡本勘造『夜嵐阿衣花廼仇夢《よあらしおきぬはなのあだゆめ》』、そして高橋おでん物が出て頂点に達し、松林伯円『今常盤布施譚《いまときわふせものがたり》』・仮名垣魯文『薄緑娘白浪《うすみどりむすめしらなみ》』・柳水亭種清『艶娘毒蛇淵《いろむすめどくじゃのふち》』・岡本起泉『幻阿竹噂廼聞書《まぼろしおたけうわさのききがき》』・伊東専三『引眉毛権妻於辰《ひきまゆげごんさいおたつ》』・伊東橋塘『鳴渡神雷お新《なるとかみなりおしん》』・豊沢隠士『雲霧阿辰青樹廼夕栄《くもきりおたつあおきのゆうばえ》』・『島衛沖白浪《しまちどりおきつしらなみ》』・『秋田奇聞妲妃於百《あきたきぶんだっきのおひゃく》』と続き、二十種以上にのぼった。実際にあった事件をもとに、ノンフィクションを装って面白おかしく物語を作り上げて、新聞の続き物や絵草紙として刊行されたもので、明治十九年を最後に「毒婦たちの時代」は終るとされ、この年十二月、毒婦物の総括ともいえる鈴木金次郎編『新編明治毒婦伝』が出されている。その後こうした実録的読み物は廃れて、近代小説に代わられていくが、女性犯罪者を弾劾して毒婦的に取り上げる新聞記事や通俗小説はあとを絶たず、当時の支配的な良妻賢母主義の対極にある悪女のイメージとして再生産されていき、阿部定事件の昭和十一年(一九三六)まで引き継がれていった。しかし戦後に出される阿部定毒婦物語の多くは、大島渚監督の映画「愛のコリーダ」(昭和五十一年(一九七六))をはじめ、エロティシズムを基調とするもので、彼女に対する同情にあふれたものとなった。「毒婦たちの時代」は自由民権運動が高揚し男女平等論も盛んになるとともに、近代医学によって男女の優劣が論議された時期にあたり、また女性の自己主張が高まるが、毒婦物には女性本来の邪悪な性質が現われる

久保田彦作『鳥追阿松海上新話』(明治11年)

という女性観によるところが大きいので、男女平等論に対する攻撃的な意味合いをもつことになり、いわば近代における女性観のひとつの有力な神話を形成していったといえよう。

参考文献　田村栄太郎『妖婦列伝』(『田村栄太郎著作集』五、一九六〇、雄山閣出版)、綿谷雪『近世悪女奇聞』(『青蛙選書』五六、一九七六、青蛙房)、野口武彦「毒婦物の系譜」(『国文学—解釈と教材の研究—』二二ノ一〇、一九七七)

(ひろたまさき)

とくべつこうとうけいさつ　特別高等警察　社会運動の取締りを担当した警察の組織とその活動。特高警察ないし特高ともいう。自由民権運動の内偵取締にあたる国事警察から明治二十年代以降、政治警察としての高等警察へ転換する。日清戦後は労働運動や社会主義運動に対する抑圧取締をも職掌とするようになり、各地で頻発するストライキを弾圧しはじめ、治安警察法が制定された明治三十三年(一九〇〇)は高等警察の「特高警察」化の元年となった。幸徳秋水によれば三十六年四月の労働者懇親会以降、「日毎に多数の偵吏を使役して、各社会主義者及び労働運動者の経歴性向を調査すること極めて厳に」なり、内務省警保局では視察結果を「社会主義者調」にまとめる。『平民新聞』での非戦論の論調が強まると、三十七年五月比較的寛容であった取締方針を厳重化し、警視庁の検閲機構も強化された。西園寺公望内閣の原敬内相は警視庁に高等課を設置し、「集会及多衆運動」「結社」「同盟罷工」の視察取締を重視するなど、「特高警察」化を前進させる一方で、日本社会党の結成を認めるなど、比較的融和的な方針をとっていた。それが一転したのが四十一年(一九〇八)六月の赤旗事件の惹起で、第二次桂太郎内閣では社会主義運動に対する抑圧取締を飛躍的に強化させた。急増した「要視察人」に対する視察は厳重化し、直接行動派系の出版物は軒並み発禁となり、演説会・茶話会の開催なども困難になった。警保局による『社会主義者沿革』の編纂(「第一」は明治四十一年七月までの状況)は、特高警察的機能の産物といえる。四十三年の大逆事件の惹起は検察主導で行われたが、その端緒となる信州爆裂弾事件のキャッチは警察の視察とスパイ配置の成果だった。一挙に社会主義運動を「冬の時代」に追い込んだ大逆事件裁判・刑執行の完了後、四十四年四月内務省警保局に特高警察の専従者が配置され、八月警視庁庶務細則の改正により全国初の特別高等警察課が設置された。大正元年(一九一二)十月には大阪府にも設置されるほか、他府県では高等警察課内の特高警察機能が拡充された。大正期後半には主要府県に特高課が設置され、昭和三年(一九二八)の三・一五事件を機に全国に設置、社会運動と反「国体」とみなされた思想の取締に猛威を振るう。敗戦後、GHQの「人権指令」で解体された。→高等警察《こうとうけいさつ》　→特別要視察人《とくべつようしさつにん》

参考文献　荻野富士夫『特高警察体制史—社会運動抑圧取締の構造と実態—』(一九八八、せきた書房)

(荻野富士夫)

とくべつしせい　特別市制　⇨市制特例《しせいとくれい》

とくべつだいえんしゅう　特別大演習　大元帥である天皇が統監する陸軍と海軍の大規模な演習。終了後に通例、観兵式や観艦式が挙行された。陸軍の場合、五種に分類される演習の一つで、二個以上の師団とその他の部隊を東西両軍や南北両軍など二つに区分して対抗させ、軍または師団の作戦用兵の訓練と兵の持久力の試験を目的とした。毎年一回四日前後、師団の秋季演習に引き続き、各地方の持ち回りで実施。はじまりは、明治二十五年(一八九二)十月に宇都宮地方で近衛師団、第一、第二師団が参加して行われたもので、同三十一年(一八九八)十一月の二回目ののち、三十四年から毎年実施された。ただし三十七年から三十九年は日露戦争の関係で取りやめとなり、その後昭和十二年(一九三七)日中戦争の勃発に伴い中止、太平洋戦争中も行われなかった。演習の場となった地方では、その受け入れが大きな負担であったが、反面では社会基盤整備や観光収入など経済的利益をもたらした。大演習の前後には、天皇の地方行幸も行われた。

参考文献　桜井忠温編『国防大事典』(一九三二、国書刊行会)、山下直登「軍隊と民衆—明治三十六年陸軍特別大演習と地域—」(『ヒストリア』一〇三、一九八四)、中野良「陸軍特別大演習と地域社会—大正十四年、宮城県下を事例として—」(『地方史研究』五二ノ二、二〇〇二)

(黒沢　文貴)

とくべつゆしゅつこう　特別輸出港　明治初年の開港地は、横浜、長崎、函館、神戸、大阪、新潟の六港に限られていたが、外国貿易が次第に隆盛になると、輸出貿易振興の見地から、開港以外の港においても一定の制限のもとに輸出を認める特別輸出港が設定された。とりわけ、輸出無税品のうち、米・麦・麦粉・石炭・硫黄などの、重量が嵩み、その運搬に費用を要する物品の運搬に便宜を与えた。明治二十二年(一八八九)七月、法律第二〇号をもって特別輸出港規則を定め、不開港のうち、これらの物品の産出地に近い適当な港を選んで、これを特別輸出港とし、日本船または雇入外国船をもって直接外国に輸出できるようにした。この法律によって特別輸出港に定められたのは、当初は四日市、博多、口ノ津、三角、小樽、下関、門司、唐津および伏木の九港であったが、のちに北海道の釧路(二十三年十二月法律第一〇七号)および室蘭(二十七年五月法律第一号)の両港が追加された。特別輸出港で輸出の認められた物品は前述の五品目に限られたが、その後三十一年(一八九八)六月、各主務大臣が適当な物品を省令で指定し、その輸出を認めることができるようになった。翌七月には省令第八号によって、木炭・セメント・硫酸・マンガン鉱・晒粉が追加されている。その後の勅令で、四日市、博多、唐津、口ノ津などは輸入貿易も可能な開港外貿易港に指定されたが、明治三十二年八月四日の関税法施行により、特別輸出港規

則は廃止された。

[参考文献] 大蔵省関税局編『税関百年史』上(一九七二、日本関税協会)　(小林　延人)

とくべつようしさつにん　特別要視察人　社会主義者・共産主義者・無政府主義者など、特別高等警察が監視の対象とした者。国事警察から高等警察への転換後、政党員や政治思想をもつ者を「要視察人」とみなしてその動静を逐一監視・尾行する態勢が整備されたが、日清戦後、社会主義者・労働運動家に拡大した。明治四十三年(一九一〇)の大逆事件を機に特別高等警察による社会主義者への視察・尾行が厳重化し、視察対象者は「社会主義者」「準社会主義者」合わせてそれまでの四倍近い約二千名となる。四十四年六月の内務省訓令「特別要視察人視察内規」は「一、無政府主義者　二、共産主義者　三、社会主義者　四、土地復権を唱ふる者」らと定義し、さらに甲・乙に分類、写真・筆跡の収集も行い、詳細な個人別名簿をつくった。視察は「巧妙且間接裏面の方法」をとるとされたが、視察態勢の精密化・厳重化は運動面にとどまらず、生活面にも多大な圧迫干渉となり、運動の逼塞化を加速させた。運動の展開に伴い、大正十年(一九二一)と昭和十年(一九三五)に「特別要視察人」の定義や「視察内規」が改訂された。大正期になると朝鮮人や外国人、「思想要注意人」「労働要視察人」、さらに「要視察団体」にまで拡大したが、実際には社会運動全般の拡大と高揚に追いつけず機能不全に陥っていった。

[参考文献] 荻野富士夫『特高警察体制史—社会運動抑圧取締の構造と実態—』(一九八八、せきた書房)　(荻野富士夫)

とくめいけんえつ　特命検閲　天皇の命をうけた検閲使が陸軍の各部隊を巡廻査閲するもの。検閲とは、軍隊における服務の状況、軍紀の張弛、学術の精粗、衛生の可否、条例規則の施行状況、出師準備の整否などについて行われる点検・査閲をいう。明治八年(一八七五)六月に制定された検閲使職務条例がこれに関する最初の規定で、将官から選任された検閲使が「陸軍卿ノ目代」として格部隊を巡廻した。続く明治十二年(一八七九)九月の改正で同条例は陸軍検閲条例となり、検閲使も監軍と改称された。特命検閲の称呼が条文に明記されたのは、明治十九年七月の条例改正以降である。その要目は近衛諸隊を除く兵隊整列の検閲、部署および営内の検閲、軍隊教育の検閲、城塞砲墩の検閲とされた。さらに明治三十四年(一九〇一)十月、この条例は陸軍特命検閲条例となり、検閲使は特命検閲使と改称されて、昭和時代まで引継がれることとなった。

[参考文献] 内閣記録局編『法規分類大全』兵制門三(一九七七、原書房)、松下芳男『軍事史物語』(一九六六、国民図書協会)　(淺川　道夫)

とくめいぜんけんたいしべいおうかいらんじっき　特命全権大使米欧回覧実記　⇨米欧回覧実記《べいおうかいらんじっき》

どくらしょうざぶろう　土倉庄三郎　一八四〇—一九一七　林業家、自由民権家。天保十一年四月十日(一八四〇年五月十一日)、大和国吉野郡大滝村(川上村)で中世以来の土豪の由緒をもつ土倉家に生まれた。安政二年(一八五五)、幼名丞之助から庄三郎と改名、林業経営と公務に就く。維新後、紀州藩の材木流しへの課税である口銭全廃運動に努力、筏流しのため吉野川の改修に尽力した。明治三年(一八七〇)、新政府の水陸海路御用掛に就任。十年(一八七七)ごろより自由民権運動に参加。十四年、中島信行(初代衆議院議長)の大和遊説に同行した。十五年二月の『日本立憲政党新聞』創刊には三千円を出資、同党の会計監督に選出された。同年十一月の板垣退助の洋行にも五千円を提供した(天理大学『土倉家文書』にその礼状と領収書がある)。十七年の自由党解党後、山林経営と吉野林業の技術普及・林野行政への発言に専念する。明治二十年(一八八七)以後の群馬県伊香保・兵庫県但馬などの国内植林、明治三十八年(一九〇五)には台湾植林も行なった。明治三十一年、森庄一郎著『吉野林業全書』を校閲、翌年には林学博士中村弥六と『林政意見』を公刊、山川省の設置による山林河川政策の一体化を主張した。三十五年にも『再ビ林政ノ刷新ヲ論ズ』を刊行した。この間、三十三年より四年間、川上村長にも就任した。大正六年(一九一七)七月十九日、死去。七十八歳。　(竹末　勤)

土倉庄三郎

とくらヤマ　戸倉ヤマ　一八八二—一九六六　声楽家、教師。旧姓吉川《きっかわ》。明治十五年(一八八二)六月六日吉川勝次郎とケイの長女として神奈川県大住郡に生まれる。東京音楽学校本科声楽部卒業後の明治三十六年(一九〇三)七月二十三日、東京音楽学校奏楽堂で行われた日本人による初のオペラ上演、グルック作曲「オルフォイス」でオルフォイス役(アルト)。東京音楽学校助教授、女子学習院教授、仏英和高等女学校(現白百合学園)講師を歴任。学習院では香淳皇后に音楽を教授。昭和四十一年(一九六六)二月十一日没。満八十三歳。

[参考文献]『東京芸術大学百年史』東京音楽学校篇一(一九八七、音楽之友社)　(橋本久美子)

どくりつクラブ　独立倶楽部　初期議会期の院内会派。第二議会開会直前の明治二十四年(一八九一)十一月二十四日に結成。大成会所属議員中、その吏党的性格にあきたらない者が、無所属議員と合流して結党したもので、第二議会開会の時点で二十名が所属していた。第二回総選挙後、第二議会における独立倶楽部議員の多くと、関《せき》直彦《なおひこ》・河島醇《かわしまあつし》・稲垣示《いながきしめす》・柴四朗《しばしろう》・岡崎邦輔《おかざきくにすけ》・児玉仲児《こだまなかじ》ら無所属議員が合流して、改めて別組織として独立倶楽部を結成、当初所属議員は三十一名を数えた。民党・吏党のどちらにも加担することなく厳正中立の立場に立ち、国民の代表者として国利民福を追求することを標榜した。また岡崎・児玉ら和歌山県選出議員を介して陸奥宗光が影響力を持っていたが、一般的には民党寄りの立場に立つ勢力とみなされていた。しかし選挙干渉に関する上奏案への対処をめぐって内紛が起り、明治二十五年五月ころに解散するに至った。

参考文献　佐々木隆『藩閥政府と立憲政治』(一九九二、吉川弘文館)　(真辺　将之)

どくりつとう　独立党　朝鮮の近代的改革をめざした開化派のうち清国との宗属関係打破を志向した急進勢力で、一八八四年の甲申政変を引き起した。開化派は、一八七〇年代に右議政朴珪寿の門に出入りした両班青年官僚らの同志的な結合から成長し、対日開港ののち八〇年代初頭に閔氏政権の開国・開化政策を支えながら権力の中枢に進出した。鎖国攘夷派による八二年の壬午軍乱が挫折すると、開化政策は定着をみたものの、清国による内政干渉が強まる状況のもとで開化派は二つに分裂する。中華文明を維持しながら西洋技術の導入を図ろうとした金弘集・金允植ら穏健派が、欧米や日本の侵略を防ぐため戦略的に清国との事大関係を利用しようとしたのに対して、金玉均・朴泳孝ら急進派は、日本の文明開化をモデルとし、清国の宗主権からの独立を標榜した。金玉均らを当時の日本の新聞諸紙は、「事大党」「守旧党」「親清党」に対する「独立党」「進歩／開化党」「親日党」などと呼んでいる。→甲申事変《こうしんじへん》　→事大党《じだいとう》　(吉野　誠)

どくりつひょうろん　独立評論　山路愛山主筆の評論雑誌。『信濃毎日新聞』主筆をつづけつつ、明治三十六年(一九〇三)一月、「余輩は何人の敵にもあらず、余輩は総ての善きものに向つて尊敬を払はんことを欲す」という独力独立の月刊雑誌として創刊。第一号には徳富蘇峰・竹越与三郎・宮崎湖処子《みやざきこしょし》・塚越停春《つかごしていしゅん》らが寄稿した。社説・論説・詩人論・史論・家庭及青年欄などの体裁で、広汎な読者を得ようとした。千部程度の部数で経営的には苦しく、三十七年二月で『日露戦争実記』と改題、三十八年二月再刊第一号を出し、その後断続的に大正五年(一九一六)八月までつづく。愛山は第一号で「此人類に固有なる社会性に従い現時に適応すべき社会を為さんとするもののみ」という意味での帝国主義論を宣言し、八月には「露国恐るるに足らず」という開戦論も展開する。再刊後はのちに『社会主義管見』にまとめられる社会主義批判・国家社会主義論が掲載される。「富豪の専横を十分に調べて攻撃の矢を向けた社会主義者の功績」を評価し、「今の社会主義者は社会連続の律を信仰している」と認めつつ、「平民新聞の国家に対する見解と非戦論」や階級闘争論を批判する。三十九年四月の「国家社会主義と社会主義」は、八月に結党される国家社会党の考え方を予告するものとなった。友人であった堺利彦が『光』紙上で愛山の国家社会主義批判を展開するのに対して、「社会主義と社会政策」などで反論する。四十二年(一九〇九)一月の「現時の社会問題及び社会主義者」は、非社会主義者でありながらよき同伴者であった愛山の同時代の観察眼が生きている。明治十五年(一八八二)の東洋社会党から日本社会党分裂後の現状までをたどり、「諸君自身の改革と其捲土重来を希望する」と結ばれる。

『独立評論』第１号

参考文献　坂本多加雄『山路愛山』(『人物叢書』、一九八八、吉川弘文館)、岡利郎『山路愛山―史論家と政論家のあいだ―』(『研文選書』、一九九八、研文出版)　(荻野富士夫)

とけい　徒刑　流刑の一種。明治元年(一八六八)仮刑律は笞徒流死刑を骨子とし、徒刑については一年から三年まで三等に分けて規定した。新律綱領(三年)は終身刑を新設、死刑の五刑を規定し、改定律例(六年)は笞杖徒流徒刑の期間を十、七、五年と設定するなどした。徒刑を行う徒場は当初は各地方において設置されており、六年二月、徒場は懲役場と改称された。旧刑法(十三年(一八八〇))が、重罪の主刑として死刑・無期徒刑・有期徒刑・無期流刑・有期流刑・重懲役・軽懲役・重禁獄・軽禁獄を規定し(七条)、徒刑については無期・有期を問わず「島地ニ発遣シ定役ニ服ス」(一七条)と規定したことを受け、北海道、その後九州三池に集治監が建設された。十四年九月監獄則は、北海道にある集治監は徒刑流刑に処せられた者を集治するべき旨を定めた(一条)。その後、徒刑は現行刑法(四十年(一九〇七))において懲役として一本化された。

参考文献　網走監獄保存財団編『北海道集治監論考』(一九九七、弘文堂)、重松一義『日本獄制史の研究』(二〇〇五、吉川弘文館)、同『日本刑罰史年表(増補改訂版)』(二〇〇七、柏書房)　(田中亜紀子)

とけい　時計　江戸時代、国産の和時計は時針《じしん》が一日に一回転するのみで、詳しい時刻を示すことができなかった。そのうえ精度も十分でなかった。欧米では分針《ふんしん》を備えるのは普通で、秒針《びょうしん》まで付いているものもあった。また、十九世紀後半には時計の量産化が進み、大量に安価な時計が供給できるようになっていた。日本人の西洋時計に対する願望は強く、このため多くの外国使臣は幕府高官に時計を贈って、その好意を得ようとした。西洋時

懐中時計(精工舎製)

銀座の服部時計店の時計塔

計は珍貴な愛玩品から、次第に正確な時刻を知らせる実用品とされるようになった。開港後は時計の輸入が増大し、公式行事にも西洋時計の時刻が用いられ、各地に時計商が現われた。文久二年(一八六二)、横浜にファーブル＝ブラント商会が設立され、スイス時計の輸入を行なった。開港以前から蘭学者たちによって西洋時計の紹介がなされていたが、このころから時計の見方や定時法の啓蒙書がつぎつぎに発行された。西洋時計による時刻は当初「何字時」あるいは「何字」と表示された。太陽暦改暦に伴って明治六年(一八七三)から、一日二十四時間定時法が実施されることとなった。当時、定時法の時計は国産されていなかったから、大量の西洋時計を輸入する必要があったが、一部では応急に和時計の文字盤に定時法の時刻をローマ数字で書き加えて使用した。官庁・学校・郵便役所(局)・警察などでは八角尾長《はっかくおなが》時計を指定することが多かったため、輸入だけでは応じられず、明治十年(一八七七)ころから、アメリカ、セス＝トーマス製掛時計をモデルにした国産時計の製造が始められた。このころ、東京の竹橋陣営や札幌の農学校などの官庁・学校のほか、時計商などが時計台を建築することが盛んになった。明治二十年代には名古屋で時計産業が起り、三十年代には懐中時計の国産が開始された。そのころから中国への輸出が始まったが、高級時計のスイスからの輸入は引続いて盛んであった。 →提時計《さげどけい》

参考文献 山口隆二『日本の時計』(一九五五、日本評論社)、菊浦重雄「明治期の時計」(『時計百科事典』、一九八三、精密工業新聞社)　(岡田　芳朗)

トコトンヤレぶし　トコトンヤレ節　明治期の流行歌第一号。明治元年(一八六八)京都で成立。京都の山国隊の日記によると同年四月、今の栃木県下都賀郡壬生町の戦いで隊員は替歌を歌っている。マーチにアレンジされたのは十八年(一八八五)のロンドンで、サリヴァン Authur Seymour Sullivan 作曲のオペレッタ『ミカド The Mikado ―The Town of Titipu―』の初演時のようだ。二十五年(一八九二)刊『小学唱歌』で編者伊沢修二《いさわしゅうじ》は「宮さん」を掲げ、作詞尊攘堂主人(品川弥二郎)、作曲未詳とした。

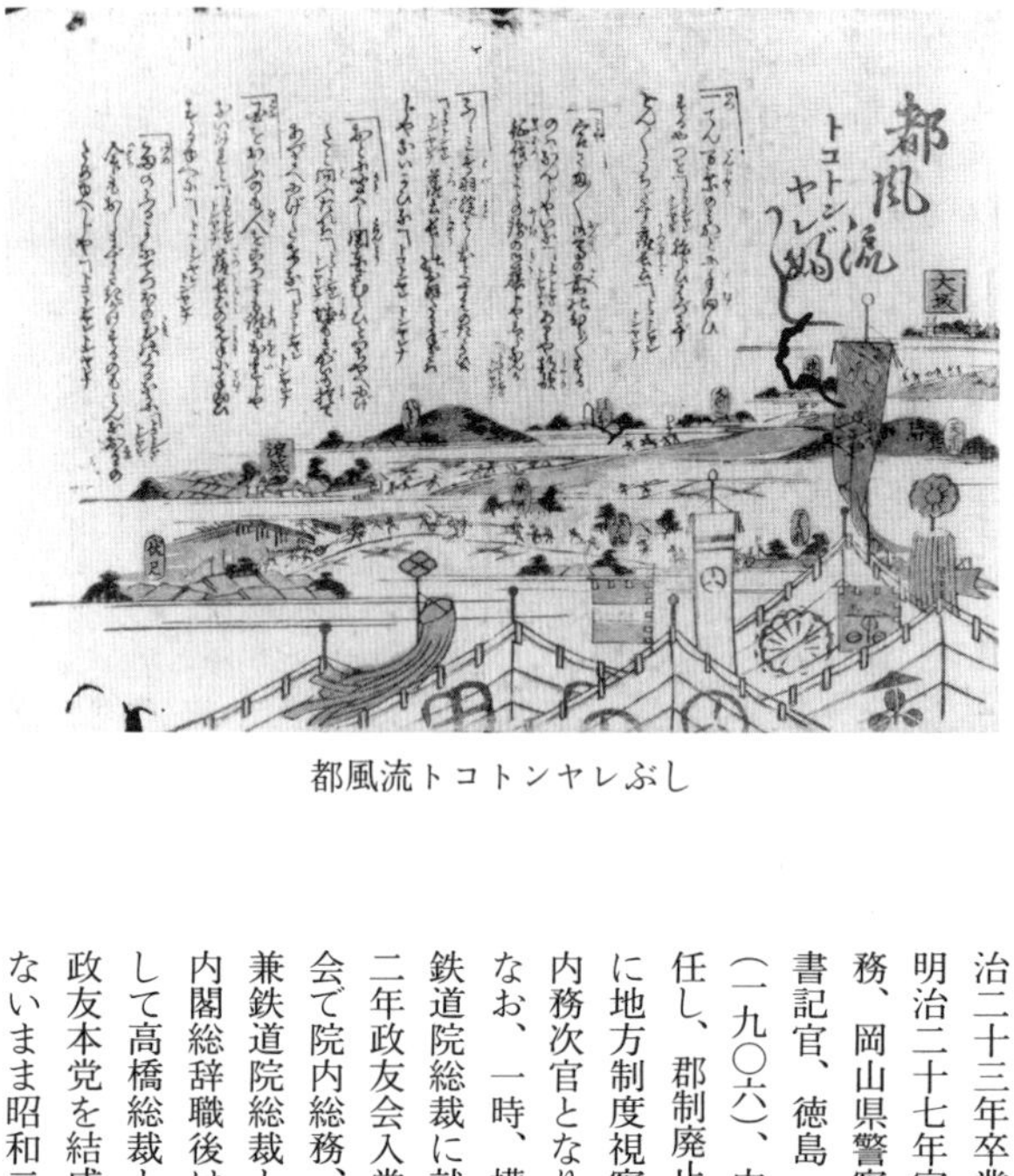
都風流トコトンヤレぶし

参考文献 仲村研『山国隊』(一九六八、学生社)、倉田喜弘編著「都風流トコトンヤレぶし」(『新日本古典文学大系』明治編四所収、二〇〇三、岩波書店)　(倉田　喜弘)

とこなみたけじろう　床次竹二郎　一八六六―一九三五　明治から昭和時代にかけての内務官僚、政治家。慶応二年十二月一日(一八六七年一月六日)鹿児島に生まれる。幼名竹熊。父は鹿児島藩士床次正精。戦後、衆議院議員を務めた床次徳二は三男。明治十二年(一八七九)に中村敬宇の同人社に入り、のち、共立学校に転学。明治二十年(一八八七)東京帝国大学法科大学政治学科に入学、明治二十三年卒業。大蔵省入省後、大蔵書記官などを経て、明治二十七年宮城県参事官に就任。以後、同県内務部勤務、岡山県警察部長、山形・新潟・兵庫・東京の各府県書記官、徳島・秋田の県知事を歴任した。明治三十九年(一九〇六)、内務大臣原敬の抜擢で内務省地方局長に就任し、郡制廃止問題に取り組む。明治四十二年(一九〇九)に地方制度視察のため欧米へ出張。第二次西園寺内閣で内務次官となり、明治四十五年に三教会同を実現させる。なお、一時、樺太庁長官を兼任した。第一次山本内閣で鉄道院総裁に就任し、薩派と政友会の提携に尽力。大正二年政友会入党。翌三年衆議院議員に当選、以後、政友会で院内総務、相談役などを務める。原敬内閣では内相兼鉄道院総裁となり、続く高橋是清内閣でも内相に留任。内閣総辞職後は政友会筆頭総務となり、政友会改革派として高橋総裁と対立。清浦内閣支持から政友会を脱党、政友本党を結成し、総裁となる。しかし、党勢が振るわないまま昭和二年(一九二七)に解党。民政党に合流し、

床次竹二郎

床次は同党顧問となる。昭和三年に民政党の対中国不干渉政策に異議を唱えて脱党し、新党倶楽部を結成。昭和四年に政友会に復帰する。民政党脱党、政友会復帰に際しては松本剛吉らの工作があった。犬養毅内閣で鉄道大臣に就任。岡田啓介内閣の逓相に政友会の反対を押し切って就任して政友会を除名される。逓相在任中の昭和十年(一九三五)九月八日に死去。七十歳。著書に『欧米小感』(明治四十三年、至誠堂書店)がある。

参考文献　前田蓮山編『床次竹二郎伝』(一九三九、床次竹二郎伝記刊行会)　(今津　敏晃)

とこなみまさよし　床次正精　一八四二―九七　司法官、洋画家。天保十三年(一八四二)薩摩藩士の子として誕生。幼少時、能勢武右衛門(浄川軒心斎一清)に弟子入りし、狩野派の画風を学ぶ。慶応元年(一八六五)十二月、島津久光の命により長崎に出張し、英国艦隊所蔵の洋画を見て修学を志して、独学を開始する一方、司法の道を進む。明治五年(一八七二)司法権大検部、十年(一八七七)権少検事から東京裁判所検事局検事に転じ、十五年宮内省御用掛、十七年農商務省御用となり博覧会事務取扱となるが十九年には非職。二十二年(一八八九)検事、二十四年判事となる。明治十二年米国のグラント将軍来日の折、肖像写真に拠って肖像画を描き、将軍に贈ったことが新聞記事となり、洋画家としての側面が周知される。勅命により、十五年日光の名勝図を、二十二年大日本帝国憲法発布時に式典・祝宴図(『憲法発布御盛典之図』(明治二十三年、玄々堂))を描いた。また伊藤博文・西郷隆盛らの肖像も描いた。明治三十年(一八九七)十月二十一日急病により没。五十六歳。

参考文献　黒田清輝「故床次正精君」(『光風』二ノ一、一九〇六)　(河上　眞理)

とこやみ　常闇　東儀鉄笛《とうぎてってき》作曲による歌劇。一幕二場。坪内逍遙台本。明治三十九年(一九〇六)年十一月十日、文芸協会演芸部第一回大会で初演。男女十名の独唱者、合唱とオーケストラ合せて百名を超える大規模な歌劇として上演された。物語は天照大神が天岩戸に隠れたあとの神々の混乱を描く。ヴァーグナーの楽劇を参考とし、雅楽、神楽の手法を用いた大作。台本の初出は『早稲田文学』復刊二号(明治三十九年二月)。

参考文献　増井敬二『日本のオペラ―明治から大正へ―』(一九八四、民音音楽資料館)　(林　淑姫)

とこよながたね　常世長胤　一八三二―八六　明治時代前期の平田派国学者。天保三年(一八三二)、上総国木更《きさら》津《つ》(千葉県木更津市)に生まれたといわれる。その後下野国都賀《つが》郡壬生(栃木県下都賀郡壬生町)に住み、はじめ常《とこ》住敬吉《ずみけいきち》と称したが、のち常世長胤と改めた。慶応二年(一八六六)に平田篤胤の没後の門人となり、明治維新後は、宣教使に出仕した。明治二年(一八六九)宣教少講義生、翌年には大講義生となり、明治五年には芝大神宮祠官に補任された。また明治八年には、山形県権中属として赴任、明治十一年(一八七八)に辞官したのちは、神宮教院の幹部として活躍した。明治十九年三月十九日に没す。五十五歳。明治初期の神祇行政に一貫して関与した長胤は、『神教組織物語』や『神祇官沿革物語』を物したが、とりわけ『神教組織物語』は、明治前期の宗教行政史研究上の貴重な資料となっている。また明治十一年ごろより顕在化したいわゆる「祭神論争」に関与し、平田派国学者の中では唯一伊勢派に属し、千家《せんげ》尊福《たかとみ》を中核とする出雲派の主張した大国主神幽冥主宰神説を、明治十三年に物した『小汀之論』において、明確に峻拒する固有の学説を主張した。

参考文献　神道文化会編『明治維新神道百年史』五(一九六六)、中野裕三「多神信仰の論理―国学者の視点―」(『国学院大学研究開発センター研究紀要』一、二〇〇七)　(中野　裕三)

とさがみ　土佐紙　高知県の和紙。起源は明らかでないが、藩政時代において土佐の重要な国産として、全国でも有数の地歩を占める発展を示していた。藩政時代末期には国内市場が拡大され、土佐の和紙業は隆盛におもむいた。維新直前のころには、土佐国内においての製紙を専業とするものの数は一万五千余戸に及び、産額も年産七百万束に達していたといわれている。しかし急激な需要の増加は、旧来の小生産のもとではかえって粗製濫造を引きおこし、そのため生産と流通の機構ははなはだしく混乱させられ、和紙業は衰退した。こうした状況下にあって紙業家たちは、製紙技術を改良し、新市場を開拓し、生産形態を転換するなどの努力をした。その結果、和紙業は明治二十年(一八八七)の終りから三十年代にかけて本格的な隆盛期をむかえた。明治三十年(一八九七)には高知県から県外に移出する物産総額の中で、和紙は四四%に達した。高知県和紙はこの時期に全国屈指の地位を確立した。

参考文献　山本大編『土佐史の諸問題』(『地方史研究叢書』九、一九七八、名著出版会)　(松岡　僖一)

とさしゅうかい　土佐州会　明治十一年(一八七八)当時の高知県(土佐・阿波)から阿波を除いた私設議会。高知県は、明治八年(一八七五)四月、県下を十七の大区とその下に百五の小区に整理し、さらに明治九年五月、大区・小区の民会の上に県会を予定した。同年八月、名東《みょうどう》県所轄の阿波国が高知県所轄となった。未だ県会を開設していなかった明治十一年、高知県内の土佐と阿波はその風土と民情を異にするという理由で土佐州会を開くことになった。土佐州会の開設に尽力したのは、明治十年半ばから反政府色を明確にして言論闘争を開始した立志社であった。立志社は、高知の獄によって減退した県政への影響力の確保と民撰議院のモデルとして設置した。第一回は明治十一年八月五日から十一日までの会期で開かれた。第二回州会は十一月五日から開かれ、同年七月二十二日に公布された府県会規則の改正案の上奏を目指したが、十一日に政府から解散指令が出た。土佐州会の経験が、海南協同会、海南自由党結成の基礎となった。

参考文献　『高知県議会史』上(一九六二)　(松岡　僖一)

とさは　土佐派　自由党内部に高知県出身者を中心に形成された一勢力。初期議会期には高知県出身者のみならず、愛国公党(明治二十三年(一八九〇)結党)系の板垣退助に近い立場の人々を指す呼称としても用いられた。明治七年(一八七四)の民撰議院設立建白ならびに愛国公党の結成以後、自由民権運動の主力を担ったのは板垣退助とその配下ともいうべき高知県出身の人々であった。明治十四年(一八八一)の自由党結成に際しては、林包明《はやしかねあき》を中心とする土佐派と、嚶鳴社《おうめいしゃ》系の反土佐派の人々との対立が見られ、このことが結局後者の自由党への不参加という事態をもたらした。その後も、高知県出身者は自由党内に一大勢力を有しており、明治十七年の自由党解党の背後には、党内土佐派と大井憲太郎を中心とする急進派の対立状況が存在し、急進派の勢力が強まるなかで、加波山事件を契機に土佐派が舵を取る形で解党を決定したという経緯があった。その後、大同団結運動によって運動が再び高揚するなかでも高知県出身者は活発な活動をみせ、明治二十年の三大事件建白運動に際しても、高知県からの建白書奉呈数・署名人数が最も多かった。明治二十三年に板垣退助が愛国公党(明治七年のものとは別組織)を結成すると、土佐出身政治家をはじめ板垣を信奉する人々が多数合流し、その後大同倶楽部・再興自由党と合流して立憲自由党が結党されてのちも、党内に一勢力を有することとなった。なお明治二十三年の第一回総選挙においては、高知県の四選挙区からすべて自由党員が当選した。第一議会においては、最大の争点であった予算案の審議に際して、大成会の天野若円《あまのじゃくえん》が提出した、憲法六七条に規定された事項に関する歳出削減については衆議院での議決前に政府の同意を求めるべきであるとの動議案に、高知県出身の四議員を中心に旧愛国公党系に属する二十数名の立憲自由党議員が賛成にまわった。これが政府との妥協・予算案の成立につながり、世に「土佐派の裏切り」と呼ばれることになった。この時賛成にまわった議員は立憲自由党を脱党したが、ほどなく復党し、その後も自由党内の一勢力として存在し、板垣・林有造・片岡健吉らを中核として、特に第三次伊藤内閣における自由党と伊藤博文との提携に際して大きな役割を果たした。

参考文献　升味準之輔『日本政党史論』二(一九六六、東京大学出版会)、土佐自由民権研究会編『自由は土佐の山間より―自由民権百年第三回全国集会―』(一九八六、三省堂)、伊藤之雄『立憲国家の確立と伊藤博文―内政と外交一八八九～一八九八―』(一九九九、吉川弘文館)　(真辺　将之)

とざん　登山　かつての登山は山岳信仰にもとづく宗教的行為であり、近世には富士講など霊山登拝を目的とする団体登山が隆盛をきわめた。また、薬草採取のための登山や軍事上の必要や藩境巡視のための登山など、宗教的意味を持たない探検登山も行われた。登山自体を目的とするスポーツとしての近代登山(アルピニズム)の本格的な普及は、明治三十八年(一九〇五)十月の日本山岳会の創設以降といってよかろう。同会の創設は、志賀重昂の『日本風景論』が登山熱を刺激するなかで、英国人宣教師ウォルター＝ウエストンの助力によって実現したものであったが、その後、大正十年(一九二一)には、槇有恒がアイガー東山稜の初登に成功し、彼の帰国によって本場の岩登りが紹介され、また、ザイルなどの用具の導入とその習熟によって、大正期には登山様式が大きく変化するとともに、大学などでも山岳部がつぎつぎと創設され、近代登山が勃興していった。→ウエストン　→日本山岳会《にほんさんがくかい》

参考文献　山崎安治『(新稿)日本登山史』(一九八六、白水社)　(坂上　康博)

どさんせん　土讃線　香川県多度津《たどつ》から高知市を経て窪川に至る鉄道路線。四国では伊予鉄道や讃岐鉄道など、港湾から内陸都市などを結ぶ鉄道は早くから建設されていたが、内陸には峻険な山岳地帯が存在し、これを縦断する鉄道は長らく建設されなかった。明治二十五年(一八九二)六月の鉄道敷設法の中にはすでに「香川県下琴平ヨリ高知県下高知ヲ経テ須崎ニ至ル鉄道」が盛り込まれたが、直ちに具体化するには至らなかった。明治二十六年には土佐鉄道協会が設立され、「土佐官設鉄道に関する請願趣意書」が作成された。その後もたびたび政府に陳情が繰り返された。同協会は大正三年(一九一四)四月に官線四国鉄道期成同盟会と改称された。大正五年から実地測量が開始され、大正十二年(一九二三)以降、香川県琴平側と高知平野側でそれぞれ順次部分開通するようになり、昭和十年(一九三五)十一月に須崎までが開通した。なお改正鉄道敷設法で須崎―窪川間が予定線に盛り込まれたのに対応して、その後も延長が続けられ、昭和二十六年(一九五一)に窪川まで全通した。

参考文献　山本大・福地惇『高知県の百年』(『県民一〇〇年史』三九、一九八七、山川出版社)　(鈴木勇一郎)

とし　都市　一定地域の中核をなす人口の集中地。江戸時代においても人口が集中し、また幕府体制に重要な意味をもつ場所には、(江戸)町奉行、大坂町奉行、京都町奉行、駿府町奉行、伏見奉行、奈良奉行、堺奉行、山田奉行、また海の関門への長崎奉行と浦賀奉行、金採掘担

当の佐渡奉行、神廟警衛の日光奉行を配置し、特定の町支配体制をそれぞれの土地に敷いていた。さらに幕末期外国交易開始後は外交処置と港湾支配を兼ね神奈川奉行、箱館奉行、兵庫奉行、新潟奉行を派遣するようになる。王政復古直後は従来の町支配体制がそのまま引きつがれたが、明治四年(一八七一)四月の戸籍法による戸籍区設定、同年七月廃藩置県による府県区域再編成、その直後の大区小区制導入によって大きく変化していった。東京府が成立し、江戸時代ですでに市街地だった朱引地内外を一括して六大区九十七小区体制をつくり、七年三月には十一大区百三小区に変更している。大阪では江戸時代は三郷二百六十町体制が敷かれていたが、廃藩置県以降は四大区三十五小区体制に変えられた。京都では江戸時代の上大組・下大組が上京と下京に、またそれまで番区といわれていた区域が区と改称され、上下二大組の大年寄(二人)が総区長(二人)、番区ごとの中年寄が区長と改名された。横浜では明治四年十二月、従来の総年寄が市長、各町名主が副市長と改名されたが、六年五月神奈川県下が二十の区に分けられた時、横浜は第一区となり、区内が七つの番組に区分され、区会所が町会所に設けられるとともに、番組ごとに町用扱所が設置された。七年四月県が大区小区制を導入、横浜は第一大区、区内は五つの小区に区分され、小区ごとに戸長と副戸長がおかれた。横浜では自治制度が早くから施行され、八年八月第一大区代議人選挙規則がつくられ、五月には代議人会合が開催されている。また小区ごとに小区会も活動していた。新潟では明治五年六月大区小区制が導入されて港町新潟は第一大区となり、同年九月第一大区は五小区に分けられ、小区ごとに七~八名の公選入札による町用掛が選ばれている。人口集中地の呼称が決められたのは、十一年(一八七八)七月の郡区町村編制法によってである。そこには三府五港その他人民輻湊の地は別に一区となし、その広濶なるものは区分して数区となし、毎区に区長各一員を置く、と規定されたのである。区長は官選である。東京府は同年十一月府域を十五区および六郡に編制、大阪は十二年二月市域内を東西南北区の四区に分け、京都は十二年三月市域内を上京・下京の二区に分け、横浜は明治十一年十一月横浜区一区として区役所を開庁、新潟も新潟区一区として区役所を開庁する。郡区町村編制法公布と同時に、区は町村同様、地方の便宜に従い区会議を開くことができる、ただし章程規則は内務卿の認可を要する旨が達せられ、つづく十三年四月の区町村会法で区会は法的に認められ、東京・大阪・京都は各区ごとに区会が制度化されたのである。二十一年(一八八八)四月市制町村制が公布され、二十二年四月より施行となった。市の名称がここで定められたが、人口二万五千以上の市街地域に市制が敷かれることとなり、公選制の市長、三級選挙選出議員からなる市会および数名の議員などから構成される執行機関としての市参事会という体制がここにつくられた。二十二年二月に市となったのは東京・京都・大阪・堺・横浜・神戸・姫路・長崎・新潟・名古屋・盛岡・秋田・富山・高岡・広島・徳島・高知・鹿児島・水戸・静岡・弘前・福井・松江・赤間関(三十五年下関市に改称)・高松・福岡・久留米・津・仙台・山形・米沢・金沢・岡山・和歌山・松山・熊本の三十六都市、同年三月佐賀、六月甲府と岐阜、九月鳥取が追加されたが、高松のみおくれて二十三年に入って市制が施行された。それ以降の市制施行は二十五年前橋、二十九年宇都宮、三十年(一八九七)長野・四日市、三十一年青森・大津・奈良・尾道、三十二年(会津)若松・丸亀・門司、三十三年高崎・小倉、三十五年呉・佐世保、三十九年豊橋・長岡・宇治山田、四十年(一九〇七)横須賀・福島・松本、四十四年浜松・高田・大分となっている。なお四十四年四月一部改正の市制が町村制と分離して公布された。ところで明治二十二年三月法律第一二号「市制中東京市京都市大阪市ニ特例ヲ設クルノ件」により、この三市のみは府知事と書記官が市長・助役の職務を行い、市参事会は府知事・書記官・名誉職参事会員を以て組織するとされたため、三市の反対は根強く、特に二十八年東京市水道疑獄事件発生により府市一体への批判がたかまり、三十一年九月限りで特別市制は撤廃され、ようやく公選による市長が三市に誕生することとなった。なお北海道と沖縄県には市制町村制は施行されず別個の法制がつくられており、人口集中地の札幌・函館・小樽にはともに三十二年区制が敷かれ、市になったのはともに大正十一年(一九二二)のことである。また那覇と首里には明治二十九年一体として区制が敷かれ、大正十年別個に市制がとられることとなった。

[参考文献] 亀卦川浩『自治五十年史』制度篇(一九四〇、良書普及会)
(宮地 正人)

としかそうしゃかい　都市下層社会　一般的には都市部に堆積する下積み階層を指すが、歴史的には明治十年代から三十年代に社会的に注目された東京・大阪・神戸などの貧民窟のことをいう。「下層社会」という用語は明治三十二年の横山源之助『日本之下層社会』で定着するが、注目の最初は明治十九年三―四月の『朝野新聞』連載記事「東京府下貧民の真況」であった。東京の四谷鮫ヶ橋、麻布谷町・簞笥町、浅草松葉町、下谷万年町、芝田町・新網町などは江戸時代から形成された貧民窟(ただしその一つ神田橋本町は十四年大火の際整理された)であったが、松方デフレの影響をまともに受け社会問題化したのである。二十三年(一八九〇)八―九月新聞『日本』連載記事(東京の)「貧天地饑寒窟探検記」は日本資本主義最初の恐慌の年のものである。貧民窟住民の職業は日雇・人力車夫・屑拾い・諸芸人・マッチ箱貼りなど多様なものがあり、また劣悪な長屋にすら住めない貧民は木賃宿を利用していた。日清戦後の産業革命進行の中で多くの工場が都市周辺部に建てられるようになると、地方から流入する単純労働者の居住地域と重なるようになり、近代的スラムとして拡大していくのである。

参考文献　田代国次郎編『日本社会福祉の基礎的研究―都市下層社会の成立とその状況―』(一九六五、童心社)、西田長寿解説『明治初期の都市下層社会』(『生活古典叢書』二、一九七〇、光生館)　（宮地　正人）

としけいかく　都市計画　都市を対象とした土地利用ならびに社会資本などの諸施設に関する計画。幕末期より外国人居留地で行われ、また北海道の札幌では明治五年(一八七二)より計画に従って都市建設が行われたが、内地で国家が関与して都市計画がたてられたのは、明治期では東京市のみであった。五年二月皇居和田倉門内より出火、三千戸を焼失する大火直後、政府と東京府は新橋から銀座・日本橋へのレンガ不燃化街建設と街路敷設を計画、途中縮小され十年(一八七七)に打ち切られた。東京市街地は幕府倒壊後、人口減少のため規模が縮小しており、松田道之府知事は十三年十一月、市区縮小と中心部都市機能の充実化を前提に公共諸施設の配置、道路・河川・橋梁・ガス・水道建設の「東京中央市区画定」計画を府会に提出したが、その主眼は第一に防火対策にあった。十四年一月神田松枝町出火の火事は五十二ヵ町一万六百三十七戸を焼く明治期最大の大火となり、二月東京府は中央市区の防火を目的に主要道路と運河沿いの家屋をレンガ造・石造・蔵造によって不燃化させて防火帯とし、それ以外の家屋は屋根を瓦葺きにすることを家屋所有者に命じ、二十年(一八八七)までに事業を終結させた。明治十九年には外務大臣井上馨主導のもと官庁集中計画と帝都建設計画実現のため内閣内部に臨時建築局が設置されるが、井上が条約改正に失敗して外務大臣を二十年九月に辞任したため、鹿鳴館の都市版計画は挫折、かわって内相のもとに東京市区改正委員会を設置するという東京市区改正条例が明治二十一年八月に公布された。同委員会は急死した松田府知事の遺志を引きついだ府知事芳川顕正が明治十七年に作成した都市計画案を検討し、二十二年三月委員会案が決定され、五月市区改正設計が告示された。道路計画が中心となり、併せて上下水道・河川・運河・公園・鉄道計画がそこには盛り込まれていた。ただし財源の手当が乏しく、緊急の水道敷設事業しか進展せず、二十六年の東京市会は計画の過大さを問題とし、道路の幅員減少を府知事に求めている。だが日清戦後東京市が膨張していくと、市会は土地騰貴を憂慮して計画促進を求めるようになり、また路面電車時代に入り、その負担金が市区改正に投入されることとなって事業は進捗を見せはじめ、三十六年(一九〇三)計画を縮小した市区改正新設計(明治二十二年のそれは「市区改正旧設計」と呼ばれた)が告示され、三十九年東京市臨時市区改正局が設置された。第一次大戦中、大阪・名古屋・神戸・横浜・京都などで工場が激増し、大正七年(一九一八)四月、法律第三六号により右の五都市に対しては東京市区改正条例と付属命令が準用できるようになった。しかし時代にあわせるべく大正八年四月都市計画法が公布、同時に市街地建築物法もつくられ、同年十一月勅令第四八三号「都市計画委員会」規定が制定された。その後全国の市が都市計画法の適用をうけるようになり、昭和八年(一九三三)三月の法律第二二号により町村にも適用しうることとなった。

参考文献　大霞会『内務省史』三(一九七一、地方財務協会)、石田頼房『日本近代都市計画史研究』(一九八七、柏書房)、藤森照信編『都市建築』(『日本近代思想大系』一九、一九九〇、岩波書店)、鈴木勇一郎『近代日本の大都市形成』(『近代史研究叢書』、二〇〇四、岩田書院)　（宮地　正人）

〔植民地〕日清戦争により日本植民地となった台湾では総督府所在地となった旧台湾省城で一八九六年にまず下水道敷設工事が始まり、九九年に本格的市区改正計画が樹立され、一九〇一年から〇四年にかけて旧省城城壁を撤去して四条三線道路が開かれるとともに、上下水道の敷設(水道給水開始は一九一〇年)と延長が進み、淡水河護岸壁築造が完成した。さらに一九一一年八月未曾有の台風によって旧来の旧城内建造物のほとんどが壊滅したのを機に、レンガ造・石造の官庁・銀行・学校建設が全面的に行われた。その結果、旧城内は日本人街となり、中国人は淡水河畔の艋舺《マンガ》(万華)と大稲埕の地区に集住することになった。また北部の基隆では一八九九年、南部の高雄では一九〇八年から港湾建設が始まり、両市とも植民地化の過程で港湾建設に伴いつつ都市が形成されていった。台湾総督府『台湾統治概要』(一九四五年刊)によると、市区改正工事の開始年度は台北市(市制施行は一九二〇年)一八九五年度、馬公街一九〇六年度、台東街〇八年度、基隆市と花蓮港市〇九年度、高雄市一七年度、新竹市二〇年度となっている。朝鮮では釜山が港湾建設と連動しながら植民地都市に成長していった。一九〇五年一月から京釜鉄道が運行を始め、釜関連絡船と連携し日本と大陸を結ぶ拠点となった。同地の港湾埋立工事は〇二年から進行し、釜山税関・釜山駅などの基盤施設地を提供したが、〇八年より釜山日本人居留民団では釜山―草梁間の山部を削平し釜草両市街を連絡して新商業地区を建造する計画をたて、〇九年より三ヵ年継続事業として設計施工を韓国政府に依託した。同工事は韓国統監府の協力のもとに進行した。統監府時代に港湾修築がなされたのは、ほかに仁川・鎮南浦・平壌・元山・新義州・群山・木浦・清津・城津・馬山などがある。京城の場合は朝鮮総督府が一九一一年、南大門より停車場に至る二百四十間、幅員十九間の道路を改修したのが最初の事業であり、一二年十一月改修予定計画路線が告示され、第一期工事に入った。総督府は市区改正事業を京城、釜山のほか、平壌・全州・海州などでも行うこととなる。

参考文献　橋谷弘『帝国日本と植民地都市』(『歴史文化ライブラリー』、二〇〇四、吉川弘文館)　（宮地　正人）

としゃかいしゅぎ　都市社会主義　都市問題を社会主

義によって解決しようとする初期社会主義のなかの思想運動。「都市社会主義」の名を冠した著作は、明治三十六年(一九〇三)四月刊の片山潜のもののみである。アメリカでキリスト教社会主義を学び、イギリスで都市問題に実地に触れ、「都市問題の解決は社会主義に依らざるべからず」という視点を獲得した片山は、日本の都市の設備やサービスの劣悪さを痛感し、『東京毎日新聞』に「都市経営問題」を連載した。これを訂正増補するにあたり、社会主義が「最初に応用せられて、人類に幸福を賦与するものは、都市社会主義に外ならず」という立場から『都市社会主義』として刊行した。片山は都市経営を「市的公共の利益」および自治の観点から、東京市の道路・ガス・電気・水道・衛生・公園・教育などの改革すべき方向と道筋を具体的に示そうとした。その後も片山は大逆事件後の東京市電争議を指導するなど、都市問題に関わった。すでに三十四年の『社会問題解釈法』刊行と同時期に『六合雑誌』に「都市的社会主義の勝利」を執筆していた安部磯雄が都市問題に本領を発揮するのは、明治三十七年後半に運動から離脱し、学理的研究に沈潜していく時期である。三十九年の『理想の人』では「都市全体の幸福が完全ならざる間は一個人の幸福は決して円満なることは出来ない」としたうえで、「市政が完備して、衛生、便利、修飾の三要点を具備するに至れば、是れ即ち理想的都市であって市民の幸福は如何に大なることであろう」と論じる。さらに四十一年(一九〇八)『応用市政論』、四十四年『都市独占事業論』などを相ついで刊行し、前者では「社会問題は都市問題なり」とする。総同盟罷工による直接行動を主張する幸徳秋水らとは異なり、片山や安部らは都市公益事業の達成や自治獲得などを具体的な目標に、都市社会主義を志向したといえよう。

参考文献　荻野富士夫『初期社会主義思想論』(一九九三、不二出版)　（荻野富士夫）

としたんぼうき　都市探訪記　都会のスポットを描く試みは、近世にあっては戸田茂睡『紫の一本』(天和二年)や『江戸名所図会』(天保五―七年)に代表される「名所記」や、寺門静軒『江戸繁昌記』(天保三―七年)に代表される「繁昌記」などがあるが、明治期になると新しい首都東京の現状をいち早く伝えるためのものとして、新しい東京案内が要請された。服部誠一(撫松)『東京新繁昌記』(明治七―九年)をはじめとして高見沢茂『東京開化繁昌誌』(同七年)、萩原乙彦『東京開化繁昌誌』(同七年)が刊行されるが、中でも『東京新繁昌記』は、漢文体にもかかわらず新しい東京をリアルに伝え読者を得た。文明開化は単なる風俗の変化を生みだしただけでなく、近代の都市構造の変化をもたらし、貧民問題やさまざまな都市問題を生み、それをしっかりと見据える必要性が認識された。社会の実情を見据えるため、光の当たった表だけではなく裏の暗部にも照明を当てる「探訪」という行為が、ここで要請される。明治二十年代に入り、二十三年(一八九〇)に新聞『日本』に大我居士(桜田文吾)が「貧天地」の題で東京の貧民窟、「饑寒窟《きかんくつ》」の題で大阪の貧民窟の探訪記を連載、増補し『貧天地饑寒窟探検記』(二十六年、桜田文吾)として刊行、大きな反響を得た。それにすぐ続き、松原岩五郎が『国民新聞』に東京の貧民窟や風俗を描き、書き下ろしを加え『最暗黒の東京』(二十六年、民友社)として刊行、こちらも読者を得た。いずれも、実際に貧民窟などを訪れ、人の知らない世界を写生した仕事で、貴重な記録となっている。さらに、横山源之助『日本之下層社会』(三十二年、教文館)が、都市をはじめ日本各地の社会の隠れた構造にまで届くような詳細な調査と分析を見せ、それを引き継いだ。その後の東京については、『東京朝日』の社会部長として活躍した藪野椋十《やぶのむくじゅう》(渋川玄耳《しぶかわげんじ》)『東京見物』(四十年、金尾文淵堂)の軽妙な筆致、永井荷風『日和下駄』(大正四年、籾山書店)の、古き東京を愛惜の念で散歩し昔の事跡を探る著作が特筆される。大阪については、『大阪新報』の社会部探訪記者として大阪の木賃宿や京都の盲唖院《もうあいん》の下層の庶民を描く松崎天民《まつざきてんみん》の仕事が注目される。　↓最暗黒之東京《さいあんこくのとうきょう》　↓東京新繁昌記《とうきょうしんはんじょうき》　↓日本之下層社会《にほんのかそうしゃかい》

参考文献　『開化風俗誌集』(『新日本古典文学大系』明治編一、二〇〇四、岩波書店)、後藤正人『松崎天民の半生涯と探訪記―友愛と正義の社会部記者―』(『和泉選書』、二〇〇六、和泉書院)、『明治名作集』(『新日本古典文学大系』明治編三〇、二〇〇九、岩波書店)　（中島　国彦）

としみつつるまつ　利光鶴松　一八六三―一九四五　明治時代半ばから後期の政治家、明治時代後期から昭和時代前期にかけての実業家。文久三年十二月大晦日(一八六四年二月七日)、農民市松の長男として豊後国大分郡植田村(大分市)に生まれる。明治十七年(一八八四)に上京し、五日市の豪農民権家深沢権八のもとに寄寓する。同地で自由民権思想に触れ、強い影響を受ける。明治十九年四月、明治法律学校(のちの明治大学)に入学。翌明治二十年(一八八七)四月代言人試験に合格し、同年十二月弁護士事務所を開業。憲法が発布された明治二十二年ごろから政治活動を開始し、翌年九月に立憲自由党が結成されると、同党に入党する。その後、星亨の側近の一人として、『めさまし新聞』創刊や自由党院外団の組織自由倶楽部の設立などに関わった。明治二十六年末の第五議会において対外硬派連合が星亨衆議院議長の除名問題を起こすと、院内外の自由党を挙げて一大擁護運動を展開する。日清戦後の明治二十九年、東京市会議員に選出され、明治三十一年(一八九八)の第五回・第六回総選挙においては東京府第五区から出馬し、衆議院議員に当選する。この間、明治三十年一月、自由倶楽部の常務委員、明治三十一年七月、憲政党の幹事に選ばれた。明治三十八年五月、東京市街鉄道取締役。明治四十四年(一九一一)、千代田瓦斯《ガス》会社社長に就任。明治三十九年、東京市街鉄道、東京電気鉄道、東京電車鉄道が合併し、東京鉄道会社が設立されると、取締役に就任。明治四十二年十月、鬼怒

川水力電気会社が創設されると、社長に就任。大正十二年(一九二三)五月、小田原急行鉄道を設立し、社長に就任。昭和十五年(一九四〇)、小田原急行鉄道と帝都電鉄を合併(鬼怒川水力も合併)し、小田急電鉄株式会社と改称し、社長に就任。昭和十六年七月、小田急の経営を五島慶太に譲って引退。昭和二十年(一九四五)七月四日没。八十三歳。著書に『政党評判記』(明治二十三年)がある。また、『憲政党報』一巻四号(明治三十二年一月二十日)に、市部を独立選挙区とすることなどを主張する「選挙法改正意見」を発表している。

参考文献 小田急電鉄株式会社編『利光鶴松翁手記』(一九七一) (小宮 一夫)

としみんけんうんどう 都市民権運動 首都東京を中心に全国の都市部において知識人を担い手として展開された自由民権運動の総称。民権研究では比較的新しく開拓された分野の一つである。研究史をみると、昭和三十八年(一九六三)に都市のジャーナリストの民権運動における固有の役割について山田昭次が「都市反対派」と規定して評価したことに始まり、三十九年には渡辺奨が愛国社系の士族路線と豪農を主体とする県議路線に「都市知識人の路線」を付け加えることを提唱した。これを受けて五十一年(一九七六)に江村栄一は渡辺の規定を「都市民権派の潮流」と再規定した。その後澤大洋・勝田政治の共存同衆、大日方純夫の鷗渡会、中嶋久人の国友会、福井淳の嚶鳴社《おうめいしゃ》、松崎欣一の三田演説会・東洋議政会など東京の都市民権結社研究が活発化し、また山室信一が都市の民権派官吏の「法制官僚」としての側面を再評価する中で、平成七年(一九九五)に福井が、都市民権運動も愛国社系政社や地域豪農の運動と同様に結社を基本単位とするとみなし、江村の規定を「都市民権結社の潮流」と修正している。こうした都市民権結社の特性は、政治・経済・社会・文化の結節点である都市において形成されたジャーナリスト・教員・官吏・代言人などの新しい都市知識人(学士・都人士の呼称がある)が担い手となり、機能として、(一)学会水準の学術研究活動、(二)新聞・雑誌発行や欧米の政治等書籍の翻訳出版、演説会・討論会活動といった情報活動、(三)代言事務所の専門的法律事務による扶助活動などを行なったことにある。結社の実数は、首都東京では明治十七年(一八八四)までに慶応義塾系の三田演説会と沼間守一《ぬまもりかず》らの嚶鳴社を双璧として約百五十の結社が生まれ、民権のメッカ高知と一、二を争った。社員は総じて富裕層が多く、経済的基盤も強固で安定しており、都市の名望家として東京では区会・府会議員、地方都市では府県会議員に選出されることも多かった。結社の活動は、週末に定期的な公開演説会・討論会を催し、多くの聴衆に学習の場を提供し、その成長に貢献した。また嚶鳴社では『東京横浜毎日新聞』『嚶鳴雑誌』、慶応義塾系では『郵便報知新聞』を刊行し、世論形成に力があった。地域との関係では、定期的に学士を招聘して指導を受けることを社則に謳う地域結社もみられ、また地域有志からも指導を求められて関東・関西地方を中心に積極的に地方遊説活動が展開され、演説会とそれに付属する懇親会には多くの聴衆や支持者が集まった。また二十八の支社を設けた嚶鳴社をはじめ東京の法律学舎・明法学社、大阪の交詢社・民政社、仙台の進取社、水戸の北辰社など地方支社を設けた結社もみられた。私擬憲法の起草では、嚶鳴社・交詢社の案が各地で手本にされた。さて、最初の都市民権結社といえば東京の三田演説会である。同会は明治六年(一八七三)に東京の慶応義塾内で福沢諭吉らが結成した演説研究の学術結社で、民権運動の影響を受けて八年ごろまでに民権結社化した。活動の目的を学術に置いたことと、入社の際の推薦人や社員による選挙という精選性は、先行した啓蒙結社の明六社にならったもので、後者は地域の結社の開放性と好対照をなし、後発の共存同衆・嚶鳴社などにも継承された。以後、七年に東京で沼間守一らの法律講習会(十年に嚶鳴社に改組)、小野梓の共存同衆、中江兆民の仏学塾、成島《なるしま》柳北《りゅうほく》の朝野新聞社が結成され、十年には横浜に東京の法律学舎の支社である法律学舎第一分舎、新潟で『新潟新聞』を発行する隆文社などが結成されて地方都市にも広がり、十一年には京都のジャーナリストらの演舌会社、名古屋の同様な羈立社《きりつしゃ》、仙台の教員・ジャーナリストの鶴鳴社、十二年には松本のジャーナリスト・教員の猶興《ゆうこう》社《しゃ》、岡山の山陽新報社などが結成された。こうした高揚の中で、特に東京の三田演説会・嚶鳴社・共存同衆が中央政府の官吏を主体に官民に渉って活動する影響を危惧した政府は、十二年五月に官吏の政談演説禁止の太政官達を発したため、これらの結社は官吏が活動の前面から退くなど大きな打撃を受け、さらに十三年四月の集会条例が追い打ちをかけた。その後の中央政党結成にあたっては、自由党には嚶鳴社が準備会の中心となって直前まで関わりつつ、国友会が参加し、立憲改進党には慶応義塾系の東洋議政会および嚶鳴社が参加するなど、政党誕生の一母体となったが、政党に関与せずに独自の活動を行う結社も少なくなかった。

参考文献 江村栄一「自由民権運動とその思想」(『岩波講座日本歴史』一五所収、一九七六、岩波書店)、福井淳「多彩な結社の活動」(江村栄一編『自由民権と明治憲法』所収、一九九五、吉川弘文館) (福井 淳)

としもんだい 都市問題 都市化と工業化の進行の中で人口が集積し、事務所と交通機関が集中することによる自然破壊、大気汚染、住宅難などが深刻化し混雑状況が恒常的になる状況を問題としてとらえ直す思想と解決をめざす運動をいう。産業革命以降今日まで一貫する問題だが、そこには都市化によって利益をうみ出す企業の財政負担、市政の腐敗、大量消費生活スタイル、社会的資本の欠如など種々の問題が複雑にからみ合っている。明治期では都市社会主義論の立場から主に問題とされていった。代表的論者の一人は片山潜である。彼は一八九四年エール大学卒業論文で「欧米の都市問題」を論じて以降、一貫して関心を寄せつづけていた。彼も加わって明治三十四年(一九〇一)五月に創立した社会民主党綱領にも、市街鉄道・電気・ガス事業など独占的なものの市有化、公有地払下げの禁止、都市における土地はその都市の所有とする方針をとること、家賃は家屋価格の幾分以上の徴収制限などを掲げていた。三十六年刊の『都市社会主義』で片山は「思ふに都市をして小数強欲なる資本家等の銭儲け場所たらしめず、真に一般市民の家庭たらしむるには、勢い市政に社会主義を応用せざるべからず、現時都市が困難する諸問題は、社会主義に依りて始めて解決し得べきもの」と主張している。あと一人の論者安部磯雄も、四十一年(一九〇八)の『応用市政論』、四十二年ごろの『比較市政論』などにおいて、都市社会主義論の立場から、特に市民生活維持のための健康と衛生という観点から都市問題を論じていた。しかし労働運動の中からは都市改良運動は発展することはなかった。新たな局面を迎えるのは第一次大戦を経過し四大工業地帯が形成される中で、物資輸送上の交通難、工業用水の不足、港湾機能の低下などが深刻化し、その解決のために都市行政の近代化と能率化、都市財政の充実などが切実に要求されてくる段階である。開明的立場からの合理的効率的な都市計画の推進と都市地主層の反対という構図が前面に出てくることになる。雑誌『都市問題』が創刊されるのは大正十四年(一九二五)五月のことである。↓都《と》市社会主義《ししゃかいしゅぎ》

参考文献 柴田徳衛『現代都市論』(一九七六、東京大学出版会)

(宮地 正人)

としょかん 図書館 福沢諭吉は慶応二年(一八六六)刊行『西洋事情』で、「西洋諸国ノ都府ニハ文庫アリ。「ビブリオテーキ」ト云フ」と述べて、西欧の近代図書館を紹介した。文部省役人の市川清流《いちかわせいりゅう》が建白書「書籍院建設ノ儀」を文部省へ提出したことが契機となり、明治五年(一八七二)八月、湯島に書籍館《しょじゃくかん》が設立された。借覧規則には閲覧料の徴収が記された。書籍館は、同七年に浅草へ移転して内務省所管の浅草文庫と改称された。浅草文庫の蔵書は内閣文庫に引き継がれた。同八年に文部省所管の東京書籍館が新規に図書一万冊を購入して湯島に開設された。閲覧料は廃止された。同十年(一八七七)西南戦争勃発により東京書籍館は閉鎖されたが、東京府へ移管されて東京府図書館となった。同十三年再び国立の図書館となり、東京図書館と改称して、同十八年湯島から上野の教育博物館へ移転され、閲覧料を徴収した。明治三十年(一八九七)四月に帝国図書館官制が公布され、同三十九年上野に建物が完成した。日清・日露戦争の折で財政難のため、当初の計画の四分の一の規模であった。その建物は、昭和二十四年(一九四九)には国立国会図書館支部上野図書館、平成十二年(二〇〇〇)に国際子ども図書館として改装開館した。京都では明治五年に御用書林村上勘兵衛《むらかみかんべえ》ら四名が京都府から書物を借り受けて集書会社を開設した。翌年に集書院《しゅうしょいん》が設立されると、彼らは府から土地と建物を借用して、公設民営の図書館事業に乗り出した。明治九年には経営困難になり、京都府へ返上されたが、京都集書院は明治十五年に閉院された。地方では新聞縦覧所が設けられて、新聞だけでなく書籍も備えた縦覧所も開設された。明治五年には福井県武生《たけふ》、横浜市に新聞縦覧所が開設された。同年、群馬県安中《あんなか》では便覧舎が開設され、通俗図書館として町民に利用された。日本最初の大学図書館は明治十年に設置された東京大学図書館で、同三十年には書誌学者の和田万吉が館長に就任した。明治二十年(一八八七)、大日本教育会書籍館が東京一ツ橋に開設された。閲覧料を徴収して一般市民に公開した。勤労者が利用できるように夜間開館を実施して、小学校児童にも閲覧を許可した。同四十四年(一九一一)には東京市へ移管され、市立神田簡易図書館となった。明治三十二年十一月に図書館令が公布された。全国各地に図書館の設置を促進して、公立・私立学校に附設することも認可した。同三十九年に図書館令は改正され、「司書」としての身分と待遇が明記された。明治三十年代には全国に公立・私立の図書館が開設された。明治三十四年、千葉県成田山新勝寺に私立の成田図書館が創設された。また同三十五年、東京九段下で出版社博文館の経営者大橋佐平《おおはしさへい》が私立大橋図書館を創設した。同三十六年京都府立図書館館長に湯浅吉郎《ゆあさきちろう》が就任すると、児童室の開設、巡回文庫の開始、日本最初の十進分類法の考案などを行なった。秋田県立図書館館長であった佐野《さの》友三郎《ともさぶろう》は同三十五年巡回文庫の構想を発表して、翌年に山口県立図書館館長に就任すると、巡回文庫を実施して全県的な図書館普及に努めて、図書館の無料公開、公開書架、児童室の開設、館外貸出を実施した。大阪では同三十七年に府立図書館が中之島に完成した。同四十一年に東京市立日比谷図書館が開館した。東京市民に有料で公開されたが、児童室は無料で利用できた。明治四十三年、文部大臣小松原英太郎《こまつばらえいたろう》は地方長官に対して「図書館設置ニ関スル注意事項」と題する訓令を発した。訓令では図書館設立を促進するとともに、「有益ナル図書」の選択と収集を奨励する点に国民教化への方向性がみられる。↓浅草文庫《あさくさぶんこ》 ↓大橋図書館《おおはしとしょかん》 ↓集書院《しゅうしょいん》 ↓書籍館《しょじゃくかん》 ↓帝国図書館《ていこくとしょかん》 ↓東京府書籍館《とうきょうふしょじゃくかん》 ↓東大寺図書館《とうだいじとしょかん》 ↓内閣文庫《ないかくぶんこ》 ↓日比谷図書館《ひびやとしょかん》

参考文献 石井敦編『図書館を育てた人々』日本編一(一九八三、日本図書館協会)、佐藤政孝『図書館発達史』(一九八六、みずうみ書房)、北嶋武彦編『図書及び図書館史』(『新現代図書館学講座』一三、一九九八、東京書籍)

(須永 和之)

どそう 土葬 ⇩埋葬《まいそう》

とだきんどう 戸田欽堂 一八五〇―九〇 自由民権家、小説家。大垣藩主戸田氏正の庶子として嘉永三年七月十九日(一八五〇年八月二十六日)に生まれる。母は高島嘉

右衛門の姉。幼名は唯之助、のちに三郎四郎氏益、明治維新後に欽堂と称する。別称に鉄研・狐窟情仙・花柳粋史。安政二年(一八五五)分家戸田氏寿の養子となる。明治四年(一八七一)、アメリカに留学、翌年帰国。キリスト教の洗礼を受ける。七年、東京第一長老教会の設立に関与。また、キリスト教徒原胤昭《はらたねあき》らとともに東京銀座に書肆十字屋を創業、聖書・キリスト教書類などを販売した。オルゴールの一種である紙腔琴を発明する。十一年(一八七八)、民権結社北辰社に参加、国会開設請願運動や演説会開催などの自由民権運動を展開した。十三年には最初の政治小説とされる『(民権演義)情海波瀾』を出版、その後も『吾妻ゑびす』などの政治小説を発表した。二十三年(一八九〇)八月十日死去。四十一歳。

参考文献 太田愛人『開化の築地・民権の銀座―築地バンドの人びと―』(一九六八、築地書館)、山田俊治・林原純生校注『政治小説集』一(『新日本古典文学大系』明治編一六、二〇〇三、岩波書店)

(金井　隆典)

とだじゅっぽ　戸田十畝　一八五一―一九七　自由民権家。山田十畝とも。嘉永四年二月十八日(一八五一年三月二十日)高知帯屋町にて、土佐藩士山田八蔵の家に生まれる。兄山田平左衛門も民権運動家。同藩海軍士官となり、江川太郎左衛門の塾、慶応義塾、長崎に遊学する。明治二年(一八六九)歩兵小隊長となり、中隊長を経て砲兵生徒教授兼火工取締役に就任し、四年辞職。一時期義塾を開くが、九年土佐第八大区(高知)副区長兼学務取締となる。十年(一八七七)高知第七国立銀行役員。十一年大阪に移り政治活動に従事。十二年より広島に移り、広島立志舎・広島新聞を中心に同地にて活動開始。十五年芸陽自由党結成に参画。元広島藩三原浅野家家老戸田慶山の養子となる。他方、代言人活動にも従事。二十年(一八八七)・二十二年の条約改正反対運動に参加。二十三年総選挙に立候補し、落選。三十年(一八九七)八月十六日死去。四十七歳。『明治建白史全』『銀行簿記用法』ほか、簿記・法律・政治に関する多数の著作がある。

参考文献 大久保利夫『衆議院議員候補者列伝』(一八九〇、六法館)、増田修「広島立志舎の創立」(『修道法学』二八ノ一、二〇〇五)

(中嶋　久人)

とちぎけん　栃木県　関東地方の東北部に位置する県。維新政府は諸国の天領を統治するため府県をおき地方官を配置した。一方藩はそのまま新政府の統治下に収めた。下野国では真岡《もおか》代官のあとに真岡県がおかれ、宇都宮藩をはじめ諸藩は明治二年(一八六九)以来藩政改革を行いつつ変革の道を歩みはじめた。政府軍は土佐、肥前藩によって真岡代官山内源七郎を斬殺し支配地を肥前藩出身の鍋島貞幹《なべしまていかん》(幹《かん》)にあずけた。鍋島は真岡県知県事に任命され、さらに日光神領、御霊屋領をあわせ、二年八月には旗本支配地まで支配した。真岡知県事役所は真岡陣屋焼失のため宇都宮城内におかれ、八月には支配地拡大に伴い中心地の石橋宿開雲寺に開設した。その後役所を石橋から日光役所を本陣として石橋役所を出張所とし日光県と決定した。その後石橋出張所を明治四年栃木宿に移転させた。明治四年廃藩置県によって日光県のほか館林、吹上、黒羽《くろばね》、壬生、茂木《もてぎ》、佐野、足利、大田原、烏山、宇都宮の十県になり、さらに十一月十四日(一八七一年十二月二十五日)には整理統合が行われ、栃木県と宇都宮県の二県になった。栃木県の区域は下野国南部一帯の足利、梁田《やなだ》、寒川、安蘇《あそ》、都賀《つが》の各郡と上野国の邑楽《おうら》、新田、山田の三郡が加わって構成された。上野国三郡は明治九年八月二十一日に群馬県に帰属した。一方宇都宮県は中央部の芳賀《はが》、河内《かわち》、北部の那須、塩谷《しおや》の四郡から成立、県庁は栃木宿と宇都宮町(栃木県宇都宮市)におかれた。栃木県の初代県令は鍋島幹、また明治六年には宇都宮県令をも兼任し明治十三年(一八八〇)十月辞任するまで十二年間在職した。宇都宮県は最初県令はおかず戸田譲《とだゆずる》が大参事として県政にあたった。明治四年宇都宮県設置の時も県令をおかず三吉周亮《みよしかねすけ》が参事に、その後小幡高政《おばたたかまさ》が権参事となり岩村高俊《いわむらたかとし》とともに宇都宮県政にあたった。栃木県庁は定願寺に、ついで薗部町《そのべ》(栃木市)に開庁した。宇都宮県庁は旧城内に仮庁舎がおかれ、その後安養寺に移った。明治六年六月十五日に宇都宮県は廃止になり、本庁を栃木に、支庁を宇都宮、大田原、足利において栃木県の誕生となった。

参考文献 大町雅美『栃木県の百年』(『県民百年史』九、一九八六、山川出版社)

(大町　雅美)

(明治初年農民一揆)明治二年(一八六九)十月烏山藩領の志鳥《しとり》村(栃木市)ほか二十六村の農民が畑方米納年貢の金納化を要求した事件がみられた。この地方は明治二年、十五年間の米価上昇によって米納地域に比して年貢が十倍以上の重税になっており、さらに戊辰戦争への出兵で働き手が軍夫にとられ農民の疲弊のため、名主が酒主村(那須烏山市)元町の巴屋、仲町の叶屋に集合、年貢の件について協議、米納を金納に切りかえる願書を藩の民政局に提出した。藩が拒否すると各村は六名の代表を東京へ送り大蔵省に箱訴した。国元では百姓が貢祖変更を求め不穏な情勢となり、藩はいったん「両に三斗八升の相場にし四分引で上納」との妥協案をだし農民もこの条件をひとまずのんだ。この妥協案は時間かせぎと思われ、農民はすぐに闘争を再開、小前惣代を選び、三年に弾正台へ出訴、願書差出しに成功、帰省せんとした。あくまで問題を解決せんと大桶《おおけ》村(那須烏山市)の省斎の強硬路線が現われ、数百名の農民が宇都宮城下まで押しよせ、宇都宮藩兵の取締りをうけた。烏山奉行所は早期解決を迫られ、村役人を集め時価相場の一斗五升安で上納という妥協案で闘争は終った。明治二年十一月那須郡上石上村(大田原市)ほか一村と塩谷《しおや》郡大貫村(那須塩原市)ほか五村の農民三百余人が日光県に訴願し、宇都宮領下まで押しだし大田原藩、日光県の役人の説得で解散した。この時の頭取は上石上村の神職鈴木主計と大貫村の前田新吉で、鈴木は逃亡、前田は処刑されたという。これらは慶応年間(一八六五—六八)の世直し一揆と同じものにみられる。南西部の梁田《やなだ》郡でも小前農民が明治初年より不作を理由に日光県へ減祖出願をしようとし、村役人の説得で解散させられたが三十余名の農民が扇動者として入牢させられ、ついに三年免租が認められるという梁田事件が起った。ほかに助郷役など要求の動きもみられ、石橋宿近辺の助郷村農民二千人余が助郷役に反対し石橋宿の本陣、問屋などが打ちこわされた。同じような動きは、谷田貝《やたがい》、久下田《くげた》宿でもみられた。当時村役人の不正追及と並んで村方騒動で有力農民の特赦廃止を要求し、村政民主化を求める運動がみられた。

参考文献 『栃木県史』通史編五(一九八四)

(大町　雅美)

〔民権結社〕 国会開設の請願運動に成功を収めた民権勢力はその前後から一斉に民権結社の結成へと動き始めた。県内の一致結束を行動目標としたものに下野結合会の結成がみられ、明治十四年(一八八一)八月三十日栃木町(栃木市)中教院で塩田奥造を議長として規約三章が審議された。この過程から生れた宇都宮団結会と安蘇結合会は独自の道を歩むことになった。安蘇結合会はその後中節《ちゅうせつ》社と改称した。栃木県下の安蘇・都賀《つが》地方には嚶鳴《おうめい》社系の結社、特に田中正造の中節社と横尾輝吉の都賀演説会が活躍した。中節社は田中正造・山口信治《やまぐちしんじ》が梁田《やなだ》中節社を、今泉正路《いまいずみまさみち》が下都賀中節社を組織し活動した。一方横尾輝吉の都賀演説会が最初に談話会をもったのは明治十四年八月十一日で、嚶鳴社の堀口昇、肥塚竜《こいづかりゅう》を招いて演説会が行われた。一方田沼地方の栃本村(佐野市)には自由党員の有終社が活躍し、社長に内田太蔵、会長芦田重教、副会長川又久平《かわまたきゅうへい》が就任した。討論会では北海道官有物払下げ処分などについても討論され、その不当を政府に迫った。佐野周辺では政治運動が活発で多くの結社がみられた。吉水村(佐野市)には十人社、戸奈良村(同)に詩文会、小中・堀米町(同)では演説・討論を目的とした鶴鳴《かくめい》社、堀米町には興毛義会《こうもうぎかい》が、佐野町(同)には談和会・求友会、犬伏町(同)には会員二十名余りによる毎月三回の共同談話会、田島村(同)には談話会による百余名の討論会がもたれた。さらに周辺の村々では楡木宿に青年会、小薬村(小山市)に馥郁社《ふくいくしゃ》、間中村(同)に学術研究会、栗谷村(足利市)には学術玉磨会、延島村(小山市)に拡進社と、主に演説会・討論会を行い新聞・書籍の購入と知識開発を主に行う研究会が行われていた。また佐野町の有力者が中心となって嚶鳴社談話会が春日岡で毎月一回開かれ、これを各村ごとに開催し、演談会をひんぱんに開こうという。弁士を東京嚶鳴社に依頼し計画が立てられた。一方民権家の間で文を貴び武を軽んずる傾向が蔓延していったが、栃木町に武の存在を再認識する動きの中で明治十五年五月二十二日下野存武社が開かれた。民権結社は主に県南地方に多く現われた。

参考文献 大町雅美『自由民権運動と地方政治—栃木県明治前期政治史—』(二〇〇二、随想舎)

(大町　雅美)

〔新聞〕 最初の新聞は『栃木新誌』で明治七年(一八七四)四月創刊、発行所は栃木町万町の開進堂である。発刊の意義で「知ることの重要性」を強調している。ついで十一年(一八七八)『栃木新聞』が栃木町の万象堂《ばんしょうどう》から田中正造が横堀三子《よこぼりさんし》らと謀って創刊されたが五ヵ月で廃刊となった。その後十二年新たに『栃木新聞』が発足した。社主斎藤清澄《さいとうせいちょう》、編集人田中正造、幹事中田良夫《なかだよしお》で、十三年には幹事小室重弘《こむろじゅうこう》、社長山川善太郎を迎え十五年には新社長兼主筆に野村本之助《のむらもとのすけ》を迎え軌道にのるようになった。当時足利では旭香社《きょっこうしゃ》内の叢鳴社から『叢鳴珍談』が発行された。明治十四年には宇都宮にはじめて『下野旭新聞』が創刊された。十七年県庁の栃木から宇都宮への移転を機に『下野旭新聞』は栃木の『栃木新聞』をうけ入れ『下野新聞』となった。議会制度がスタートすると自由党は機関紙の必要を痛感し中山丹次郎は明治二十五年(一八九二)宇都宮塙田町に下野民報社を起し『下野民報』を創刊した。第二回総選挙で星亨は栃木県第一区より立候補、中山丹次郎を説いて『下野民報』を手中に収め、『関東』と改題した。二十九年星亨が駐米特別全権公使となるとその後衰え『下野日日新聞』と改題し弁護士押山長吉《おしやまちょうきち》を社長にし社業は漸次好転した。三十三年(一九〇〇)本県政友会員は『野州日報《やすにっぽう》』を創刊した。社長に持《もち》田若佐《だわかさ》が就任し、三十四年の選挙で衆議院議員に当選した。明治三十五年七月憲政本党の横尾輝吉は政友会の『野州日報』に対抗して『新下野』を発刊し『下野新聞』主筆山菅与一郎を迎え入れた。横尾も三十五年衆議院議員に当選した。明治四十年代に入って日本のマンチェスターを任ずる足利地方の住民は機業の専門紙がないのを嘆じ、ここに下野新聞社長はこの地の声に応え織物産地向けの新聞『両野新報《りょうやしんぽう》』を明治四十二年(一九〇九)四月一日に創刊した。しかし赤字続きと影山禎太郎《かげやまていたろう》社長が病気がちで四十四年廃刊した。戦後昭和二十五年(一九五〇)『栃木新聞』が誕生したが、平成六年(一九九四)に廃刊となった。

参考文献 鎌倉亀久馬編『栃木県の新聞史』(一九五九、下野新聞社)

(大町　雅美)

〔雑誌〕 栃木県の雑誌類が多く現われてくるのは明治二十年代以降とみられる。その中で十五年(一八八二)に現われたものは『閑日叢談』である。栃木町入舟町(栃木市)に閑日叢談社があり、売捌所は栃木・佐野・足利と県南地域が主で内容は詩文・和歌・俳句、古人の詩句および和歌俳句の質疑応答のもので毎月二回発行となっている。ついで十六年刊行の『文明新誌』がある。十九年には月二回発行の『文苑雑誌』があり、内容は歌会で「松上雪」の題で梅園春男の「はらうべき力なくしてたわむなりかぜまつがえの雪の重きに」などがあがっている。ついで二十四年(一八九一)の『か賀美』がある。本誌稟告《ひんこく》をだし「一号毎に改良を加へ一月毎に進歩を計り誓って完全なる宝鏡たらしむべし」としている。発行所は宇都宮塙田で内容は論説・講談・小説・時事・雑報と多岐にわたっている。二十五年には『晃南文学《こうなんぶんがく》』がある。三号には論説「共和政治論」ほか特別寄書に矢部新作の「井伊大老」がある。同年に下都賀《しもつが》郡小野寺村三谷(岩舟町)の公友青年会による『耕文園』がある。六号をみると説林で「小作料は公然たる押売物なり」などがあり、ほかに文園、史苑では「南北戦争の少年軍」などがある。二十六年には『日《ひ》の本《もと》』が発行された。発行所は宇都宮押切町の宝鏡社である。凡例として「本には日本国教、農工実業を始め、教育、衛生、経済、学術などの事項を明細に掲載する故、読みて有益なり」とある。二十七年には『矯風』がある。発行所は足利町(足利市)の尚友会で論集・文苑・小説と多岐にわたっている。異色なものとして二十五年発行の『法鼓会雑誌』がある。内容は法語であり、論説では「信教の自由を談ず」、雑録では「大乗の十来」「天海僧正の真筆」などがある。編集関係者は水代村(太平町)の総徳寺、大中寺《だいちゅうじ》、延命寺の人たちである。また法律雑誌の『法律新報』が二十五年に宇都宮から出版されている。三十年代に入って三十二年(一八九九)に『晃南新誌』が、また『東毛青年文叢』が出され、後者は事務所を宇都宮におき、野州青年および野州に縁故ある青年の思想を交換し学風を研究し、文章を練磨するを目的とするとある。また宇都宮塙田に政党を越えて実業家の朋友をうたう『関東実業雑誌』が発刊された。雑誌はその多くは県南地区、宇都宮を中心に発刊された。

(大町　雅美)

〔私立学校〕私立学校として最初に産声をあげたのは黒羽《くろばね》藩にあった明治十年(一八七七)の大関私立作新館で、十八年に廃止になった。同十八年船田兵吾《ふなだひょうご》は宇都宮に下野英学校を創設した。明治二十一年(一八八八)下野英学校は私立作新館と改称、二十八年には文部省令に準拠し私立尋常中学作新館と改称する。明治三十二年(一八九九)中学校令が改正され私立下野中学校と改称した。二十九年には那須郡大山田村(那珂川町《なかがわ》)に工業補習学校が設立され、のちに大山田陶器学校として地方産業の育成に貢献した。当時実業教育が盛んになり、まず私立共和裁縫教習所が那須栄子によって設けられ、三十四年には県の認可を得て共和裁縫女学校と改称した。また、小砂焼陶器伝習所が、三十六年には益子陶器伝習所が設置され私立英語学校、佐野商業補習学校が相ついで設立された。三十八年には独自の下野盲唖学校、野州盲学校が設立され、やがて四十一年(一九〇八)に統合されて宇都宮盲唖学校が設置された。一方で芳賀《はが》町に清原農学寮の前身である下延生《しものぶ》補習学校が創設され、農民の育成にあたった。明治四十年には烏山町(那須烏山町)の川俣英夫が私立烏山学館を設立し、一方永井泰量《ながいたいりょう》によって葛生《くずう》学館が設立された。明治四十四年には上野安紹《うえのあんしょう》によって宇都宮市塙田町に宇都宮実用英語簿記学校が創立され、大正四年(一九一五)には宇都宮実業学校と改称、また昭和二十二年(一九四七)宇都宮学園高校となり早稲田実業学校と兄弟の縁を交した。大正二年には私立古河足尾銅山実業学校が設立認可された。昭和四年(一九二九)上野安紹は宇都宮女子実業学校を創設、十八年(一九四三)には宇都宮女子商業学校と改称した。十五年には小山市に私立昭栄女子青年学校、宇都宮市に私立各和青年学校、狩野村(那須塩原市)に私立大和組女子青年学校の設置が認可された。十六年には船田中が、妹の小常とともに菊池寛、吉屋信子らの援助を得て作新館高等女学校を創設、二十二年八月作新館高等女学校と下野中学校を合併して作新学院を設立する。

(大町　雅美)

〔銀行〕栃木県の私立銀行は明治十三年(一八八〇)の佐野銀行が最初で、ついで葛生《くずう》銀行が設立され、二十一年(一八八八)には日光に小林銀行、二十二年に粟野銀行・小山銀行が設けられた。これらの銀行はいずれもその資本金は小額で自己資金を高利で貸付けする高利貸的性格を特徴としていた。明治後半、中央銀行が大きな産業資本を背後にもった「機関銀行」の性格を有したのに対し、地方銀行はたとえば足利銀行・佐野銀行と織物、烏山銀行と和紙、黒羽《くろばね》銀行と薪炭・木材、鹿沼銀行と麻、上三《かみの》川《かわ》銀行と干瓢《かんぴょう》、宝積寺《ほうしゃくじ》銀行と米穀のごとく地域的特産物の販売と関連している。第一次銀行合同期の大正八年(一九一九)に八十一銀行が佐野商業銀行を、九年に足利銀行が佐野銀行を、十年(一九二一)に鹿沼商業銀行が都《つ》賀《が》銀行を、下野産業銀行が氏家銀行を、下野実業銀行が喜連川《きつれがわ》興業銀行をそれぞれ合併した。続いて十二年には大田原銀行と野州《やしゅう》銀行が合同して野州大田原銀行を設立、十三年には鹿沼商業銀行・南摩銀行・下野貯蓄銀行と鹿沼銀行とが合同、鹿沼銀行を新設、加蘇《かそ》銀行が粟野銀行を、十四年には足利銀行が葛生銀行・小山銀行を、栃木銀行が栃木商業銀行を合併、下野実業銀行・烏山産業銀行・喜連川銀行・今市銀行・宇都宮銀行・鹿沼銀行の六行が合同して下野中央銀行を設立、十五年には同銀行が上三川銀行と下野農商銀行を合併した。この八年間に実に二十九の銀行が姿を消した。昭和二年(一九二七)金融恐慌に入り銀行の取付モラトリアムにより一時沈静したが、その後日光銀行が営業停止、村上銀行が認可取消、第二次合同期が始まった。昭和二年栃木銀行が石橋銀行を、三年烏山銀行が馬頭《ばとう》銀行を、下野中央銀行が佐久山銀行を、ついで四年野州大田原銀行を合併、西方《にしかた》興業銀行と赤津銀行が加蘇銀行と合同し新たに鹿沼興業銀行を設立、六年に茂木《もてぎ》銀行が茂木商業銀行と合併した。満洲事変を契機に合同の目的は大きく変わり、政府は昭和八年八月に銀行合同方針を打出し、十一年(一九三六)五月馬場鍈一蔵相の「県一行主義」の表明は足利銀行への銀行集中を一層促進、多くの銀行は廃業した。その後十七年戦中新たに栃木銀行が誕生、県内に二大銀行が存在している。

参考文献　深谷徳次郎『明治政府財政基盤の確立』(一九九五、御茶の水書房)

(大町　雅美)

とちこくゆうろん　土地国有論　㈠明治時代後期以降の日本の地主制の展開の中での土地私有否定論。自由民権運動とも絡んで、ルソー・スペンサー・ロック・ミルなどの思想の影響が大きい。㈡ロシアにおける農民の土地不足を解決する方策。ストルイピン改革を経て、一九一七年の十一月革命で、ソヴィエト政権は「土地に関する布告」によって土地国有化を宣言したが、実際には「農業集団化」によって、土地が協同組合的所有となり、土地国有化が実質化されていった。つまり農業集団化とは、家族を単位とする分散的小農経営を生産協同組合的大経営に統合する運動ないしはその過程をさす。一九二九年末から翌三〇年はじめにかけて急発進したこの運動の基本的要因は、「集団化の急テンポ化」、その「全面的形態」への転成（集団化が地域単位・基層単位として農業共同体が支配的参加単位となる）、「階級としてのクラークの絶滅（クラーク清算）」であり、その相互作用のなかから、「上からの革命」という特殊な変動論理が合成された。

参考文献　渓内謙『スターリン政治体制の成立』（一九七〇－八六、岩波書店）、奥田央『コルホーズの成立過程－ロシアにおける共同体の終焉－』（一九九〇、岩波書店）、渓内謙『上からの革命』（二〇〇四、岩波書店）　（加藤幸三郎）

とちしゅうようほう　土地収用法　公益目的のために国民の所有する土地などを強制的に収用または使用する手続を定めた法律。このような収用制度は、明治八年（一八七五）七月の公用土地買上規則をもって嚆矢とするが、それはまだ全十条という簡素なものであった。本格的な立法は、明治二十二年（一八八九）二月の大日本帝国憲法二七条二項が「公益ノ為必要ナル処分ハ法律ノ定ムル所ニ依ル」と規定したことを受けて、同年七月三十一日に公布された土地収用法が最初であった。同法は、ドイツ法的な事業認定手続と収用手続を体系的に整備した。しかし、実務面からは手続の迅速化という要求が強く、翌年七月にはそれに部分的に応えるために土地収用協議会規則が制定された。さらに明治三十三年（一九〇〇）三月七日に同法は全面改正され、被収用者による訴願・訴訟手続が大幅に整備される一方で、収用手続の迅速な執行も図られた。このような収用制度の機能は時代とともに変化し、国家の直接的需要に応えるものから、鉄道敷設事業や都市計画事業などの必要に応えるものへとその機能を拡大していった。

参考文献　美濃部達吉『公用収用法原理』（一九三六、有斐閣）、橋本誠一「一八八九（明治二十二）年土地収用法の立法過程」（『静岡大学法経研究』三九ノ三・四〇ノ三・四合併号、一九九〇・九二）　（橋本　誠一）

とちだいちょう　土地台帳　土地に対する課税のために必要事項を登録した公簿。地券発行に際して作成された地券台帳は、地租改正において年々収税の照準とされたが、一定の方式がなく、各地方の適宜に任された。明治十七年（一八八四）十二月十六日大蔵省は、地租に関する諸帳簿様式を定め各府県に達した（大蔵省八九号達）。諸帳簿のうち土地台帳を、土地の沿革および段別・地価・地租などを明らかにする基礎に供するものとし、実地と土地台帳との一致が要請された。地租改正実施は拙速であったために、土地面積・地目・地種変換の全国調査が行われた。地券は、土地所有の権利を証明し、地租額を記載したが、明治十九年八月十三日法律一号登記法の施行後、所有権は登記により確定されることとなり、地券は、その効力を失い、地租に関する台帳の謄本にすぎなくなった。地券の存置は官民の負担を重くするので、地券は、明治二十二年（一八八九）三月二十三日法律一三号で廃止され、地租は、土地台帳に登録した地価により、その記名者から徴収されることとなった。同日の勅令三九号土地台帳規則は、土地台帳に地租に関する事項を登録するとした。市の土地台帳は府県庁に、町村の土地台帳は島庁郡役所にこれを設け、その事務を取扱わせる。土地台帳の謄本は、これを請求できる。土地台帳には、土地の字・番号・地目・段別・等級・地価・地租・所有者の住所氏名が登録される。明治二十九年十月二十一日、税務管理局が新設され（同三十五年（一九〇二）税務監督局となる）、管内に税務署が設置されると、地租課税のために土地台帳は税務署に移管された。昭和六年（一九三一）三月三十一日法律二八号地租法は、地租の課税標準を税務署に備える土地台帳に登録した賃貸価格とすると定めた。第二次大戦後、昭和二十五年（一九五〇）七月三十一日法律二二六号地方税法により、地租はなくなり、土地に対する税は市町村税である固定資産税となった。市町村は、土地台帳の副本を備え、これに記載された土地の価格を登録した帳簿が土地課税台帳である。同日の法律二二七号「土地台帳法等の一部を改正する法律」により、土地台帳は税務署の所管を離れ、これを登記所に備えることとなった。昭和三十五年（一九六〇）三月三十一日法律一四号改正「不動産登記法」は、土地台帳を廃止して土地台帳の記載を土地登記簿に移記し、土地台帳は土地登記簿に統合された。　→地券《ちけん》

参考文献　『明治財政史』五（一九七一、吉川弘文館）、『福島正夫著作集』三（一九九三、勁草書房）　（藤原　明久）

とちばいばいじょうときそく　土地売買譲渡規則　明治十三年（一八八〇）十一月三十日太政官五二号布告で制定された土地売買譲渡（相続を含む）に関する法令。土地の売主は、売渡証書に地券を添えて戸長役場に提出し、戸長の公証を受けた同証書を買主に付与する。これによって土地所有権移転手続がなされる。戸長の公証はフランス法に倣った。戸長役場には公証簿である土地売買譲渡奥印帳を備え置く。買主が売渡証書を受取ったとき、地券書換願書に買主・売主双方が連印して地券を添え戸長役場を経て管轄庁（府県）に提出する。地券書換を土地所有権移転の効力発生要件とした明治八年（一八七五）六月十八日太政官一〇六号布告は廃止された。地租・地方税は、地券名義人から徴収される。法律上、地券書換は、

土地所有権移転と無関係で、納税者の確定を目的とすると解されうるが、実務では、戸長の公証による土地所有権移転を確定する効果を持った。家督相続・遺産相続により土地を譲受けた者は、親族と連印の上、戸長役場を経て地券書換願書を管轄庁(府県)に提出する。土地所有権は相続により相続人に帰属し、地券書換は地租・地方税負担者を確定する。明治十九年八月十三日法律一号登記法の制定により土地売買譲渡規則は廃止された。

参考文献 藤原明久「明治初年の土地売買における所有権移転手続―フランス法継受の一局面―」(『神戸法学雑誌』四九ノ三、二〇〇〇) （藤原 明久）

とちふくけんどうしかい 土地復権同志会 宮崎民蔵(滔天《とうてん》の兄)が、自家の小作農の窮状をみて、土地問題解決をめざし、明治二十八年(一八九五)に郷里福岡県荒尾に土地問題研究会を結成した。のち渡米して農業労働に従事したが、イギリス、フランス経由で帰国。三十五年(一九〇二)東京で土地復権同志会を設立。天賦の人権同様に、人類は土地享有権を均等にもつとして、均等法制定のために議会請願運動を実践。三十九年、『土地均享人類の大権』を出版した。山梨・長野・新潟・大阪などで遊説活動を行い、多くの小作人の支持を得た。しかし、四十三年(一九一〇)の大逆事件で弾圧を受け、宮崎民蔵は朝鮮に亡命し、同会も自然消滅した。晩年の民蔵は、中国革命運動を支援した。

参考文献 青木恵一郎『日本農民運動史』二(一九五八、日本評論新社)、牛山敬二「解題(土地所有論集)」(有尾敬重他『明治大正農政経済名著集』二四、一九七七、農山漁村文化協会) （加藤幸三郎）

どっかいせい 読会制 議会の法案審議方法の一つ。イギリスの議会によって始められた方法。イギリス議会が印刷技術の進んでいなかった時代、書記官に法案を三回朗読させ内容を聞いてから審議に入ったことから、読会制という名前がつけられた。帝国議会は、議院法第二七条で三読会制を採用することが規定された。第一読会は、法律案を朗読し(実際は印刷配付し朗読は省略された)、趣旨説明と質疑応答および案全体に対する賛否の討論を行い(否となれば廃棄される)、必要に応じて特別委員会に付託する。委員会審議が終ると続会を開き、委員会の審査報告を受け質疑応答を行う。第二読会は、第一読会の議決法律案を逐条審議して修正を行う。第三読会は、第二読会の議決法律案全体の可否について、最終的な審議と採決を行う。各読会は少なくとも二日の間をおいて開くのが原則であったが、実際は短縮されることが多かった。現行国会法は読会制を採用していない。

参考文献 衆議院・参議院編『議会制度百年史―議会制度編―』(一九九〇、衆議院) （勝田 政治）

とつかせいかい 戸塚静海 一七九九―一八七六 幕末期の蘭方医。名は維泰、字は藻徳、通称は亮斎、のち静海。号は春山。寛政十一年(一七九九)、遠江掛川に町医戸塚隆珀(培翁)の第三子として生まれる。郷里で儒学を松崎慊堂《まつざきこうどう》に、蘭学を十束井斎《とつかせいさい》に学び、文政三年(一八二〇)、江戸に出て宇田川榛斎《うだがわしんさい》に師事。シーボルトが来日したため、長崎の鳴滝塾に入塾。蘭学修業中に、蘭文「製塩法について」などを提出。シーボルト事件に連座し三ヵ月入獄、赦免後は鳴滝塾で医生指導を続けた。天保二年(一八三一)江戸に出て、三十軒堀で外科医開業、同十二年(一八四一)地蔵橋際に移る。天保十三年、薩摩藩江戸詰藩医。安政五年(一八五八)伊東玄朴《いとうげんぼく》・大槻俊斎《おおつきしゅんさい》らとお玉ヶ池種痘所を開く。同年、伊東玄朴とともに蘭方医としてはじめて幕府奥医師となる。外科・産科にすぐれ、伊東玄朴・坪井信道《つぼいしんどう》とともに江戸蘭方三大家と評された。文久二年(一八六二)法印となり静春院(のち杏春院)と称す。明治九年(一八七六)一月二十九日没。七十八歳。記録『静海上府懐日記』『シーボルト処方録』など。養子文海、その養子環海ともに海軍軍医総監。

参考文献 「戸塚静海先生」(『中外医事新報』三八七、一八九六)、斉藤幸男「戸塚静海先生」(『日本医事新報』一九一九、一九六一)、呉秀三『シーボルト先生―その生涯及び功業―』(『東洋文庫』、一九六八―六九、平凡社)、土屋重朗『静岡県の医史と医家伝』(一九七三、戸田書店)、戸塚武比古「静海上府懐日記」(『日本医史学雑誌』二四ノ四―二五ノ一、一九七八―七九) （青木 歳幸）

とづかぶんかい 戸塚文海 一八三五―一九〇一 海軍軍医総監、海軍軍医科の先駆者。天保六年九月三日(一八三五年十月二十四日)中桐喜右衛門の子として備中玉島(岡山県倉敷市)に生まれる。緒方洪庵・坪井信道のもとで蘭方医学を学び、万延元年(一八六〇)当時幕医であった戸塚静海の養子となり、十五代将軍徳川慶喜の侍医を務める。明治五年(一八七二)海軍省に出仕し、同年海軍大医監となる。九年八月に軍医学舎長、十二月には軍医の最高階級である海軍軍医総監となり、十年(一八七七)一月軍医科薬剤科および海軍病院など海軍内の医務衛生を管轄する医務局長を務める。十五年には同じく海軍軍医であり脚気病の栄養欠陥説を主張して陸軍軍医と脚気論争を繰り広げた高木兼寛《たかきかねひろ》とともに有志共立東京病院(のちの東京慈恵医院)を設立。貧困により医師の診察を受けることができない人々のための医療活動に貢献した。二十八年(一八九五)後備役。三十四年(一九〇一)九月九日没。六十七歳。

参考文献 日本史籍協会編『百官履歴』一(『日本史籍協会叢書』一七五、一九七三、東京大学出版会)、『東京慈恵会医科大学百年史』(一九八〇) （小林 瑞穂）

とっきょきょく 特許局 農商務省内に設けられた、特許・商標・意匠に関する事務を行う機関。明治十四年(一八八一)四月七日、太政官布告第二一号により、官制として農商務省が設置された。その事務章程第五条中に「発明品ノ専売特許」が掲げられているが「海軍所管ノ軍人ヲ除ク発明」と定められた。明治十八年四月に専売特許条例が布告され、高橋是清が初代の専売特許所長に就任した。高橋是清が「専売商標保護に関する現法実視」のため欧米に出張し、帰朝後まず着手したのは特許局官制の制定で、明治二十年(一八八七)十二月二十五日に特許局が設けられた。特許局官制第一条に「特許局ハ農商務大臣ノ管理ニ属シ発明、商標及意匠ニ関スル事務ヲ掌ル」と定められた。商標、特許の二条例は、「本邦未曾有ノ政務」であって、「尋常ノ行政事務ト大ニ異ナ」り、「発明審査ノ手続タル先ヅ出願、発明ニ向テ既ニ特許発明中之ト同一ノモノ又ハ了知セルモノ、有無ヲ検」するなど煩瑣きわまりないとされた(農商務省講議二十年十二月一日)。

(吉村　保)

とっきょじょうれい　特許条例　明治二十一年(一八八八)十二月二十日に公布され、翌二十二年二月一日から施行された特許制度に関する法令。勅令第八四号。明治十八年(一八八五)十一月、「専売商標保護に関する現法実視の為欧米各国」に出張した高橋是清(農商務省工務局調査課)が十九年十一月に帰国し、特許局官制の制定に着手した。そこで「今日の専売特許法と商標登録条例とをすっかり改正」する必要があるとし、特許条例が制定された(『高橋是清自伝』)。専売特許条約との条文上のちがいは次の二条である。その一つは、特許条例第一条二項「特許トハ発明者ニ他人ヲシテ其承諾ヲ経スシテ前項ノ発明ヲ製作、使用又ハ販売セシメサル特権ヲ許スコトヲ謂フ」、いま一つは、第四条「特許ヲ出願スル者アルトキハ特許局長ハ特許局審査官ヲシテ其発明ヲ審査セシメ特許ヲ与フヘシト査定シタルモノハ農商大臣ノ認可ヲ経テ特許原簿ニ登録シ特許証下付ノ手続ヲ為スヘシ」である。

(吉村　保)

→専売特許条例《せんばいとっきょじょうれい》

とっきょせいど　特許制度　新規の発明に対して、発明者の独占的製造・使用・販売権を保証する制度。わが国に特許 patent という概念は明治初期まではなかった。福沢諭吉がパテントを「発明の免許」として、「新寄有用のものを発明して之を秘することなく、世上一般の裨益を為すが故に、世人も亦報恩の為めに暫時の間、発明の利潤を独り其発明者に附与して専売の権を執らしむる所以」であると紹介した。また、神田孝平もパテントを「褒功院説」と訳出し『西洋雑誌』などで紹介している。いずれも明治元年(一八六八)のことである。ヘボンの『和英語林集成』(第一版、慶応三年(一八六七))には「Patent：Kabu」、明治五年の第二版では、「Patent：Menkiyojo」と「株」「免許状」と訳出されているが、世間周知の用語とはいい難い。このように概念や用語が外来のものであり、専売略規則(明治四年)、専売特許条例(同十八年)、特許条例(同二十一年)と時系列で法律を見ても、特許制度という概念が広く流布するようになったのは、明治の初期ではなく、特許局が設置された明治二十年代以降ではなかったかと思われる。

(吉村　保)

とっきょほう　特許法　明治三十二年(一八九九)三月二日に公布され、七月一日から施行された特許制度に関する法律。この特許法は、パリ工業所有権同盟条約加盟を目的としたものである。明治新政府は、幕末来の不平等条約の改正に努め、明治二十七年(一八九四)七月の英国との通商航海条約において「工業ノ所有権及版権ノ保護ニ関スル列国同盟条約」加入を約定し、以後、アメリカ、ドイツとひろげていった。特許法は、第一条において、「物品ノ発明ニ係ル特許」「方法ノ発明ニ係ル特許」について定めているが、おおむね特許条例を継いだものである。イギリス、アメリカ、ベルギーなどとの通商航海条約が発効し工業所有権の保護についてもわが国にも及ぶこととなった。なお、ドイツとは明治二十九年十一月から条約が発効した。この後、同四十二年(一九〇九)四月五日の特許法一部改正において、特許法第二八条で「権利ヲ専有シ」と専有の用語を使い、第二九条第二号において先使用権制度をとり入れた。

(吉村　保)

→特許条例《とっきょじょうれい》

とっとりけん　鳥取県　山陰地方東部に位置する県。鳥取藩は、明治元年正月三日(一八六八年一月二十七日)に勃発した鳥羽・伏見の戦に参戦し、その後も東山道先鋒総督のもとで転戦、越後方面・出羽方面や奥州方面にも出兵して官軍の一翼をになった。さらに、山陰鎮撫使との対応のなかで、山陰道取締りの中心として位置づけられ、松江藩との対応など山陰諸藩の「勤王」化に尽力した。そのなかで、大山領を管轄、さらに隠岐を明治元年十一月管轄することになる(翌年政府直轄)。版籍奉還に先立つ明治元年十二月池田家の分家にあたる西館と東館は鹿野藩(鹿奴藩)と若桜《わかさ》藩と称したが、これは政府に認められたものではなかった。明治二年に入ると、薩長土肥の版籍奉還に続いて池田慶徳も版籍奉還を願い出て、同年二月に慶徳は新政府の議定に任命され、同年六月には鳥取藩知藩事に任命された。だが、その後も両館主が知藩事に任命されることはなかった。三年三月両館は鳥取藩を通じて合併を出願し、同年閏十月には館主の東京移住が命じられ家臣は鳥取藩貫族となる。一方、旗本交代寄合であった鳥取池田家庶流の池田弾正(播磨国)は明治元年六月に本領安堵、諸侯に列せられ、版籍奉還後の三年八月に知藩事に任命された。しかし、この福本藩も同年十一月には廃藩となり、領地は鳥取藩が管轄することとなった。明治四年七月十四日(一八七一年八月二十九日)廃藩置県により、鳥取藩の領域である因幡国八郡・伯耆国六郡および播磨国神東・神西・印南三郡のうち二十四ヵ村が鳥取県となる。しかし、同年十一月播磨国三郡は姫路県となる一方で、同年十二月二十七日(一八七二年二月五日)隠岐国四郡が鳥取県に編入される。そして旧知藩事慶徳に代わって、幕末維新期に尊攘派として活動した鳥取藩士族の河田景与《かわだかげとも》が鳥取県権令となった。だが、このような因幡・伯耆・隠岐の三ヵ国を管轄する鳥取県は、明治九年八月三十一日で廃止され、島根県に合併された。その後西南戦争・自由民権運動を経て、旧藩士族を中心とした鳥取県再置運動が開始された。その結果明治十四年(一八八一)九月十二日、因幡・伯耆両国による鳥取県が再び置かれ、山田信道が県令として着任した。県庁が置かれたのは、県の東部鳥取で、西部地域はむしろ出雲地域とのつながりも強かったことなどから、因幡と伯耆の地域間対立を引き起こし、その後の政治・経済・社会などさまざまな分野に大きな影響を与えていくこととなった。

参考文献 『鳥取県史』近代二(一九六九)、『贈従一位池田慶徳公御伝記』四・五(一九六九・七〇、鳥取県立博物館)、『鳥取県の地名』(『日本歴史地名大系』三二、一九九二、平凡社)、伊藤康晴「播磨国鳥取藩領、及び福本藩に関する基礎的研究」(『鳥取地域史研究』一、一九九九)、鳥取市歴史博物館編『大名 池田家のひろがり―信長・秀吉そして徳川の時代―』(特別展図録、二〇〇一)

（岸本 覚）

〔明治初年農民一揆〕 明治初年のおもな農民一揆をあげれば、まず、明治四年(一八七一)十月多里《たり》郷を中心におこった奥日野一揆(多里騒動)がある。十月十二日(十一月二十四日)多里郷の農民二百人余りが蜂起し、十三日宮内・村尾郷も合流して総勢二千人余が黒坂郡政所に押し入ろうとしたが、奥日野西構大庄屋入沢格治《いりさわかくじ》、東構大庄屋西村吉平治両人の説諭により行動を中止し、嘆願書を作成、その後少参事の特使らと協議して一揆は落ち着いた。原因としては年貢の増徴、新枡容量の変化、遠距離の藩倉建設などがあった。次に、明治六年会見《あいみ》郡でおこった有名な血税一揆(会見郡竹槍騒動、血税騒動ともいう)がある。直接的な契機は、同年六月十九日、古市村(米子市)農婦の不審者通報が、「血取之役人」と誤認され、それが大きな騒動へと発展していった。十九日は現在の米子市南部地域を中心に展開したが、翌二十日・二十一日には日野川両岸地域に波及、戸長宅、小学校教師宅などが壊された。さらに二十二日から二十三日には弓浜方面にも波及して豪商などが攻撃の対象となった。鎮圧には、県庁役人や士族隊が派遣された。そして、歎願書十ヵ条(米価引き下げ、外国人県内通行禁止、徴兵令廃止、この騒動の首謀者不在、年貢端米切捨て、地券費負担の官費化、小学校廃止、布告代廃止、太陽暦から陰暦に改正、士族制度の復活)を受け取り県庁に伝えることで一揆は解散した。この打毀しの積極的参加者は三百六十四名、「附和随行者」一万千七百四十七名で、農民を中心に多様な職層が参加し、副戸長、村用掛なども一緒に行動していたことがわかっている。この血税一揆は、新政府による諸負担(民費、地券入費、布告代、小学校入費など)に対する不満の蓄積のなか、徴兵令にまつわる風聞とその地域対応のなかで勃発したものと考えられる。また、北条県の血税一揆が部落を襲撃したことを伝えきいて、八東郡でも二つの部落への焼き打ちが企てられ、部落側でも反撃が整えられたが、県役人の仲裁により未発に終わった。地租改正に関わる騒動では、明治八年一月ごろから始まった鳥取県の耕宅地の地価調査をめぐり、久米・八橋両郡の百十二ヵ村が地価を不服として調印しなかった地価不服従運動がある。中心で動いたのが、戸長・副戸長という旧村役人・大地主層だったことから、県側の強気の「説諭」の繰り返しに説得され明治九年には落着する。しかし、地租改正にあたって宛口米《あてくちまい》(小作米)を基準として導入したことがその後の小作料をめぐる農民運動に発展していった。その中心が倉吉出身の井上桐作《いのうえどうさく》主導による貫徹社の活動で、明治十年代に入ると鹿野(鳥取市、のち鳥取茶町に移転)を拠点に、気多《けた》郡、邑美《おうみ》郡、八橋郡、八東郡などに広がりをみせた。明治十五年(一八八二)四月、八東郡徳丸村(八頭町)実相寺に集結した争議と、その後邑美郡の倉田八幡宮に集結した騒動がピークであり、それぞれ集結した小作人は数千人に及んだという。しかし、集会条例や警察による取締りでこの運動も衰退していった。

参考文献 『鳥取県史』近代一・四・五(一九六七―六九)、『八東町誌』(一九七九)、安達三二一『日南町史』近代一(一九八四)、『智頭町誌』上(二〇〇〇)、『新修米子市史』三(二〇〇七)

（岸本 覚）

〔民権結社〕 鳥取の自由民権運動は、不平士族の動向と密接に関連して進行した。このなかで中心的な役割を担ったのが鳥取士族今井鉄太郎である。鳥取士族湯本文彦は、左大臣に就任した島津久光に期待を寄せ建白書を送ったが、今井も何度か久光に要望書を送り、西南戦争では鳥取士族の動向を握る共立学舎主流派の代表的存在となった。共立学舎(共立舎・共立社)は、明治八年(一八七五)三月旧藩主池田家の援助により、台湾出兵の従軍志願者を中心に設立された。もともと井上清人《いのうえきよと》らが明治五年設けた邑美義塾《おうみぎじゅく》の発展したものが、従軍志願を直接的な契機として成立したと考えられ、自由民権運動や不平士族といったさまざまな要素と重なりあいながら結集したものであった。民権運動の動きについては、明治八年の愛国社結成に鳥取からは今井鉄太郎が参加し、十一年(一八七八)には植木枝盛が来鳥している。つまり、鳥取を代表する民権関係者は、愛国社・自由党大会の鳥取の代表となった今井鉄太郎・岡島正潔《おかじませいけつ》・坪内元暁《つぼうちもとあき》、仙石吉衛、石原常節《いしはらじょうせつ》らと考えられるのである。鳥取の自由民権運動は、高知士族と連携しつつ、島津久光とも結んで勢力の回復を目指したものといえるだろう。しかし、今井などの共立学舎の中心メンバーは、西南戦争後に福島県安積に開拓のために移住していった。一方、明治九年鳥取県は島根県と合併したことで、鳥取士族は共斃社《きょうへいしゃ》と愛護派を中心として鳥取県再置運動を推進した。共斃社は、明治十三年足立長郷《あだちちょうごう》が悔改社(改悔社)を設立し、翌十四年二月共斃社と改称した組織である。また、愛護派は、岡崎平内《おかざきへいない》・青木幹《あおきかん》・鵜殿長らによる鳥取県再置を目指した組織である。十四年九月鳥取県は再置され、山田信道が県令となると、翌年共斃社は解散となった。また、共立学舎は、政治的な活動からは退き、教育活動を重視していくようになった。このように、鳥取での自由民権運動は、不平士族の動向が強く影響し、西南戦争と鳥取県再置運動と複雑にからみながら展開していった。そのほか、伯耆では、明治十三年久米郡弓原の豪農岩本廉蔵《いわもとれんぞう》が同志の会を開き「国会開設建白書」を作成したり、十七年県会議員山瀬幸人《やませこうじん》のもとで倉吉町呉服商金田松蔵・俊蔵が店頭に自由党の看板を掲げたり、二十五年(一八九二)因幡国気多郡《けた》(鳥取市鹿野町)に河内自由民権青年同志会が組織されていたことが指摘されている。

参考文献 『鳥取県史』近代二(一九六九)、吉村撫骨編『鳥取県再置秘史』(一九七九、国書刊行会)、矢部洋三「安積開墾の展開過程(二—一)—鳥取開墾・自由民権派士族の殖産興業—」(『日本大学工学部紀要』四二ノ二、二〇〇一)、錦織勤・池内敏編『鳥取・米子と隠岐—但馬・因幡・伯耆—』(『街道の日本史』三七、二〇〇五、吉川弘文館)、『鳥取士族の西南戦争—ラスト・サムライの決断—』(特別展図録、二〇〇八、鳥取市歴史博物館) (岸本 覚)

〔新聞〕鳥取県の新聞は、明治五年九月二十九日(一八七二年十月三十一日)第一号を出した『鳥取県新報』に始まる。発行は上島謙蔵で、社長は上島仲蔵である。その翌年五月五日には、福田平治・吉岡昭貞により『米子新聞』が発刊されている。自由民権運動が活発になると、相ついで新聞が発刊された。まず、明治十三年(一八八〇)二月二十一日『鳥取新報』が創刊され、国会開設や鳥取県再置を主張する記事が掲載されるようになった。しかし、一方で編集長が禁獄となり鳥取県初の新聞紙条例の処罰も出している。また、十三年六月十八日『鳥取読売新聞』が発刊されたが、同年八月二十三日には『鳥取新聞』と改称して一七号より発行された。同年十月『鳥取新聞』は休刊するが、石原常節《いしはらじょうせつ》が主幹として入り十一月十五日付第三四号で再刊する。石原は福沢諭吉門下で、大阪愛国社の会議に出席し、因幡国有志者代表として国会開設の請願を行なった。さらに、共斃社《きょうへいしゃ》が鳥取県再置を目的として発刊したのが『山陰新報』で、十四年七月二十三日が初号であった。鳥取元魚町高橋文五郎・由蔵《よしぞう》父子は『山陰新報』の印刷設備を譲り受け、十六年六月二十八日『山陰隔日新報』の初号を発刊した。十八年十一月二日まで続いたが同年十一月六日三六五号より『鳥取新報』となった。『因伯時報《いんぱくじほう》』は、二十五年(一八九二)二月六日創刊した。鳥取の木村安蔵《きむらやすぞう》を中心として発足した。明治二十三年の第一回衆議院議員選挙や第一回帝国議会開会によって、県内の動きが活発化するのに伴い、のちに県内第一位の発行部数をもつ新聞となる。明治後半の二大政党の対立化に伴い、『因伯時報』も自由党—憲政党—政友会の機関紙となっていき、『鳥取新報』と対立して鳥取の言論界に影響を与えた。以上のように、『鳥取新報』—『鳥取読売新聞』—『鳥取新聞』—『山陰新報』の流れで『鳥取新報』、さらに『鳥取新聞』—『山陰毎日新聞』の流れで発刊された『因伯時報』という二つの新聞が明治後半期鳥取の情報源となったといえる。昭和十四年(一九三九)十月には、『因伯時報』『鳥取新報』『山陰日日新聞』三紙合同して『山陰同盟日本海新聞』が発刊、昭和十六年一月からは『日本海新聞』となった。

参考文献 『新修鳥取県史』近代四(一九七〇)、『新修米子市史』三(二〇〇七)、『新修鳥取市史』五(二〇〇八) (岸本 覚)

〔雑誌〕鳥取県内の雑誌は、明治十三年(一八八〇)三月に鳥取新町笑々社が発行した『蠖屈新誌《かっくつしんし》』がある。縦一六五ミリ、横一二〇ミリの小型の雑誌で、石川栄治が編集長と印刷長を兼務し、全紙にわたって漢文調の記事でつくられた政治雑誌である。そのほか、政治関係雑誌には、滑稽文を中心に狂歌などを交えた『今日話』(明治二十一年(一八八八)八月、発行人兼印刷人勝井善太郎、編集人芳尾宇七郎、二十二年十一月休刊、二十五年三月『第二今日話』として再出版)、『山陰晩鐘』(明治二十四年十一月開業、翌年九月廃業)、『山陰之公論』(二十二年一月、発行人兼印刷人福田光太郎、編集人石上康共、その後は十号まで発行、その後は廃刊か)、『民声』(三十二年(一八九九)五月民声社、鳥取市)などがあげられる。明治二十年代の新聞・雑誌の出版ブームのなか、鳥取県内でも同様の潮流が見られた。先述の『今日話』『山陰之公論』以外に、『中学之友』(二十五年、「地方学生」のための学術雑誌)、『風教』(二十四年、社説、論説、寄書、叢談、文苑、小説、衣食住、雑報)、『新天地』(二十二年、師範学校生向け)、基督青年会の『知青年』、『義軍』などをあげることができる。ところで、米子においても、明治二十一—二十四年のわずかな期間に集中して雑誌が発刊されている。たとえば、『銀海詞藻《ぎんかいしそう》』(二十一年十一月発行、発行所は米子市立町一丁目錦海社)で、内容は法律、経済、行政、詩、文章、歌、俳諧と多岐にわたっている。また、教育啓発を目的とした『吐鳳詞叢《とほうしそう》』『叢玉詞《そうぎょくし》』なども発刊された。なお、現在みることはできないが、『学海詞藻』(二十一年八月)、『魁』(二十二年二月)、『久松之緑』(二十二年二月)、『数』(二十三年一月)、『才嚢』(二十四年十二月)、『稲葉の朝風』(二十五年五月)、『衛生雑誌』(三十三年ごろ)なども存在していた。教育関係の雑誌である『因伯私立教育会雑誌』(十八年刊)は、その後『因伯教育会報』『鳥取県教育雑誌』『山陰之教育』『因伯教育』などに改題して大正期に至る。また、大正期まで続いた勧業雑誌として『鳥取県中央勧業会会報』(のちに『実業』『鳥取県農会報』などに改題)があった。校友会誌にはおもに『鳥城《ちょうじょう》』(鳥取県第一中学校校友会、三十三年刊)や『翠紅会会報』(鳥取県立鳥取高等女学校翠紅会編、四十年(一九〇七)刊)などがあげられよう。文芸誌関連としては、吉村撫骨などによって雑誌『回覧』(四十三年)が発行され、それが四十五年二月水脈文芸会の『水脈《みお》』(編集兼発行人橋浦泰雄)発刊へとつながっていった。同時期には、総合雑誌『文教』(四十三年、編集人倉光芳造《くらみつよしぞう》)も出版されている。倉吉でも三十七年ごろ船木二郎が歌誌『松の緑』(のち『松の翠』)を創刊し、進藤泰世《しんどうやすよ》を選者に起用した。俳句雑誌としては、『稲葉の光』(三十二年六月発刊)と投稿雑誌である『旭蜻蛉』『旭桜』があり、四十四年には伯耆で入沢武治《いりさわたけじ》(春夫)・平沢一葉の俳誌『鉄針』が創刊されている。

参考文献 『鳥取県史』近代四(一九六九)、『倉吉市史』(一九七三)、竹内道夫『鳥取県文芸史』(一九七五、牧野出版社)、同『伯耆の近代文学史』(伯耆文庫刊行会編『伯耆文庫』三、一九六八、今井書店)、鳥取市歴史博物館編『鳥取発大正・昭和を翔け抜けたひとびと—もだにずむ@とっとり—』(展覧会図録、二〇〇五)、『新修米子市史』三(二〇〇七)、『新修鳥取市史』五(二〇〇八)

(岸本 覚)

〔私立学校〕近世期鳥取藩で、公的な立場で運営される唯一の教育機関は、藩校尚徳館であった。明治三年(一八七〇)に藩校が閉鎖され「学制」による教育機関が本格的に始動するまでの間、地域の教育需要にこたえたのは寺子屋との中間的な立場にあった私塾である。幕末から明治初期にかけて、鳥取では、尚徳館で教授を担当したこともある林良造の毅塾(八上《やかみ》郡)があり、また尚徳館の教授であった正墻適処《しょうがきてきしょ》が、明治六年四月久米郡松神村(東伯《とうはく》郡北栄町)の隆光寺を塾舎として研志塾《けんしじゅく》を開き教授していたことが知られている。一方、汗入郡《あせりぐん》御来屋《みくりや》宿医師岡本尚《おかもとしょう》斎《さい》の思精堂、淀江の村田塾など地域の医師・知識人らによる教育も多数見ることができる。さらに、漢学以外でも明治初年、鳥取城下で、追沼新八郎(静岡藩士)・田中景瑩・伊藤紀一によるフランス語・英語教育が指摘されている。しかし、義務教育として小学校が成立するようになると、私的な教育は、中等教育かあるいは就学前教育に限定されるようになった。そのため、明治十九年(一八八六)の中学校令がでるまでは多様な私塾が数多く登場する。たとえば、晩成学舎、明倫学舎、択善学舎、共立学舎などで、同じような私塾は鳥取旧城下以外でも倉吉・大篠津《おおしのづ》・由良・勝谷などで開設されている。中学校令以後、明治二十一年(一八八八)二月未就学の児童のために攻学館などの私塾が鳥取に開設され、既存の学校と同様の運営を実施した。だが、これも県立学校の整備に伴って衰退していった。女子中等教育は、明治二十年九月にキリスト教徒によって鳥取英和女学校が設立されたが、これに対応して翌二十一年十一月県と鳥取婦人会によって鳥取女学校が設立された。一方就学前教育については、二十三年四月鳥取幼稚園が鳥取に、その前年の二十二年四月米子で明道幼稚園が幼児保育を開始したが数年後には閉鎖される。三十八年(一九〇五)になると米子に良善幼稚園が開園され、ついで三十九年には、鳥取教会の事業として鳥取幼稚園、同年鳥取婦人会も久松幼稚園、同年倉吉でも倉吉幼稚園が開園された。日清戦争後、学校教育の拡張が顕著になると、県立による実業系学校の新設などがはかられるようになった。こうしたなかで、三十三年古田貞《ふるたさだ》の裁縫塾(同三十八年鳥取裁縫女学校、同四十四年(一九一一)鳥取技芸女学校と改称)、三十九年由良に倉吉の研志塾(正墻適処三男佐伯元吉)、同年育英黌、同年鳥取の私立女学校、四十年私立鳥取県教育会講習所、四十一年私立鳥取造士学舎、四十三年遠藤董《えんどうただす》の鳥取盲唖学校、四十四年私立米子産婆学校などが私立学校として創立された。

参考文献 『新修鳥取県史』近代四(一九七〇)、『新修米子市史』三(二〇〇七)、『新修鳥取市史』五(二〇〇八)

(岸本 覚)

〔銀行〕廃藩置県後の鳥取県の金融は、旧藩時代から続いていた融通座に代わって設立された勧業社と、島田組の為替方に代表される。島田組は、県の為替方として公金を取り扱う役割を担う一方で、勧業社(鳥取・米子・倉吉・境・日野に設置、境だけは旧領主池田家の出資)と同じように民間の金融機関として貸付けの業務も行なっていた。鳥取県における国立銀行の設立は、明治九年(一八七六)の国立銀行条例の改正をうけて、㈠東京で旧藩主を中心につくった第百国立銀行(明治十一年(一八七八)八月鳥取支店開設)、㈡第八十二国立銀行(十一年十月設立、翌年十一月開業)、㈢第六十五国立銀行(十一年十一月設立、翌年一月開業)の三つをあげることができる。いずれも旧藩主家や士族を中心としたもので、特に第百国立銀行設置の中心人物原六郎の存在は特筆すべきであろう。しかしながら、第六十五国立銀行は営業不振で明治十五年七月兵庫県へ移転し、第八十二国立銀行も松方デフレのあおりをうけ、三十年(一八九七)安田系の傘下に吸収された。勧業社がなくなったあと、倉吉に奨恵社・融通会社、境町に三港株式会社・広潤社、米子内町に融通会社などがあったが、商法の施行後これらは改組して奨恵合資会社などに改称された。なお、庶民の金融機関としては質屋の占める割合の方が高かった。米子には第八十二国立銀行の支店しか置かれていなかったが、銀行条例直後の明治二十七年(一八九四)一月に、鳥取県ではじめての普通銀行である米子銀行(東倉吉《ひがしくらよし》町)が設立された。同行は、坂口平兵衛らが中心となってその後順調な発展をとげている。続いて、二十九年五月、山陰貯蓄銀行(松江)の米子支店が開設され、三十年二月には株式会社中国貯蓄銀行が設立された。こうして米子の実業界の基盤がつくられていった。そのほか明治後期になると県内にも預金や貸付けを行う機関が設立されていった。まず、三十年六月には智頭《ちず》町に八田銀行(のちに八頭《やず》銀行と改称)、同年八月根雨《ねう》銀行が設立されたが、これらは旧大庄屋の石谷家や近藤家らが中心となった。また、明治二十年から三十年にかけては、若桜《わかさ》・浦富《うらどめ》・鳥取・気高《けたか》郡・泊《とまり》・東伯《とうはく》郡・御来屋《みくりや》などに、合資会社などの銀行類似会社設立が相ついだ。三十年九月、県の主導で、地主や事業家などを対象とした鳥取県農工銀行が設立された。本来は、大規模な農工業者への資金を供与する銀行で、小農や小商工業者への貸付けは行わなかったが、三十三年三月産業組合法制定後、小規模生産者の便益をはかるため、信用組合・購買組合・販売組合・生産組合のような産業組合が作られ、農工銀行からの借入が可能となった。これに伴い、商工業者を中心に組織した鳥取信用組合、倉吉購買信用組合、若桜信用購買販売生産組合が設立された。さらに農家中心の信用組合もつくられ、大正期に入るころには百六十組合をこえ全県域に拡大していった。

参考文献『奨恵社五十年史』(一九三二)、『鳥取県史』近代三(一九六九)、『倉吉市史』(一九七三)、『山陰合同銀行史』(一九七三)、『山陰合同銀行五十年史』(一九八二)、『新編倉吉市史』三(一九九三)、井上嘉明『山陰の金融史物語』(一九九四、富士書店)、『鳥取銀行の歩み』(一九九四)、『智頭町誌』上(二〇〇〇)、『新修米子市史』三(二〇〇七)　(岸本　覚)

とっとりしんぽう　鳥取新報　㈠明治十三年(一八八〇)二月二十一日に創刊された新聞。社長は安藤宣昶《あんどうよしのぶ》、編集長は小川誠意、印刷長石川栄治などであった。『鳥取新報』は、鉛活字を使用した本格的な新聞で、四段組・四頁、構成は、官令、社説、雑報、雑録、投書、物価、報告(広告)となっている。特徴としては、国会開設や鳥取県再置を主張する記事が掲載された。発行は一の日と六の日を予定していたが、鳥取県初の新聞紙条例の処罰者となった小川編集長禁獄により、同年三月十六日には休刊を余儀なくされ、その後廃刊した。㈡鳥取元魚町の高橋文五郎・由蔵《よしぞう》父子が明治十六年六月二十八日に発刊した『山陰隔日新報』を同十八年十一月二日の三六四号をもって最終刊とし、三六五号から『鳥取新報』と名称を変更して発刊した新聞。社主・編集長・印刷長は、安田喜代蔵など『山陰隔日新報』の時期と重なっている人物が多い。当初の経営は、厳重な新聞取締りもあって相当苦しく、発行部数が増加するのは一八九〇年代に入ってからであった。その後『鳥取新報』は、県内のニュース取り込みにも力を入れ、明治二十八年(一八九五)十月には日刊を実現している。特色としては、自由党系の『因伯時報《いんぱくじほう》』に対して次第に憲政会系の機関紙の立場を明瞭にしていくことであった。その後、昭和十四年(一九三九)米原章三の斡旋で『鳥取新報』『因伯時報』『山陰日日新聞』は合併し、同年十月一日『山陰同盟日本海新聞』として発足、現在の『日本海新聞』に続いていくことになる。

『鳥取新報』㈡第401号

参考文献『新修鳥取県史』近代四(一九七〇)、『新修米子市史』三(二〇〇七)、『新修鳥取市史』五(二〇〇八)　(岸本　覚)

とっぱんいんさつかいしゃ　凸版印刷会社　明治三十三年(一九〇〇)に大蔵省印刷局の技術者が興した印刷会社。印刷局でキヨッソーネに学んだ木村延吉、降矢銀次郎が電胎法によって凸版を製版するエルヘート凸版法を活用すべく、元同僚の伊藤貴志、その友人で元第十五銀行の副支配人河合辰太郎、元同支配人三輪信次郎の出資を得て河合を社長に東京の下谷二長町(台東区)で資本金四万円の合資会社として創業した。当初は岩谷商会の煙草包み紙の印刷が中心で、のち他の煙草業者、また官営後は専売局から受注した。四十年(一九〇七)漢口に支店を設けたが三年後に閉鎖に追い込まれ、四十一年に同じく印刷局関係者を中心に活版印刷などを行なっていた内外印刷と合併して資本金五十万円の株式会社となった。製本や活字の鋳造販売を業務に加え、ラベルや包み紙などの商業印刷物、有価証券、絵葉書や国定教科書の印刷を行なったが、合併直後は規模過大となり合理化が進められた。

凸版印刷会社　本社と工場(明治35年)

参考文献『凸版百年—凸版印刷株式会社百年史—』(二〇〇一)　(鈴木　淳)

どっぽう　読法　⇩陸軍読法《りくぐんどくほう》

とていがっこう　徒弟学校　職工として必要な教育を行う工業教育機関。徒弟学校の先駆的なものは、明治十九年(一八八六)に創設された東京商業学校附設商工徒弟学校であるが、その中の職工科が同二十三年(一八九〇)に東京職工学校に移管されて同校附属職工徒弟講習所となった。長期の年季奉公制の徒弟制度を是正し、修業年限は三年、ある程度の学理と実際技術を授けて有能な工業従事者の養成を目的とした官立の学校であった。さらに政府は近代産業の振興に向けて効率的な職工養成制度を確立するために、明治二十七年七月二十五日に徒弟学校規程が制定された。同規程による徒弟学校は、入学資格を十二歳以上で尋常小学校卒業以上とし、教科目は修身・算術・幾何・物理・化学・図画および職業に直接の関係がある諸科目ならびに実習となっている。また尋常小学校を卒業していなくても入学を許可できるとし、その場合は読書・習字、作文を加えることもできるとしてこれらの普通教育科目を課した。修業年限は六ヵ月以上四年以下とし、尋常小学校や高等小学校に附設することもできるとした。全国各地に設置されて地場産業の人材育成に貢献した徒弟学校は、明治三十二年（一八九九）二月制定の実業学校令ならびに工業学校規程によって、徒弟学校は程度の低い乙種の工業学校の形で存続した。明治三十二年には徒弟学校の設置数は二十校であったが、年々増加して同三十八年には四十七校になった。徒弟学校規程は大正十年（一九二一）十二月に廃止され、それ以降は工業学校の一種となった。

［参考文献］文部省編『学制百年史』（一九七二、帝国地方行政学会）　（寄田　啓夫）

どどいつ　どどいつ　俗曲。七・七・七・五の歌詞からなる短詩型で、江戸末期から昭和初期にかけて流行。表記は都々逸、都々一、百々逸など不定。男女の情交を多く扱ったため、「情歌」とも記された。明治時代は句会が全国に広がり、新聞・雑誌は競って掲載した。『改進新聞』の記者広岡豊太朗は明治十八年（一八八五）、どどいつの体質を変えようと「文明開化自由思想《じゆうのところいき》」の題で句を募ったが検閲で止められ、ようやく二十年（一八八七）に『改良百々逸評集』の名で出版した。そのころ尾崎紅葉らの硯友社は、「其調、其想ともに野鄙にして純文学の一部として研究するの価値なし」と断じ、どどいつを雑誌『我楽多文庫《がらくたぶんこ》』から追放する。三十七年（一九〇四）、『万《よろず》朝報《ちょうほう》』を経営する黒岩涙香《くろいわるいこう》はどどいつの名称を「俚謡正調《りようせいちょう》」と改め、格調の高い調べにしようと努めたが成功しなかった。落語家が寄席やレコードで歌ったためで、寄席が衰退する昭和初期、相前後してどどいつは人々の口から消え去った。

［参考文献］「ドヾイツの説」（『風雅新聞』、一八七六年十月）、山田有策編著「硯友社文学運動の追憶」（新日本古典文学大系』明治編二一所収、二〇〇五、岩波書店）、倉田喜弘『「はやり歌」の考古学―開国から戦後復興まで―』（『文春新書』、二〇〇一、文藝春秋）　（倉田　喜弘）

ととくぶじょうれい　都督部条例　明治二十九年（一八九六）八月十一日に公布された都督部に関する条例。都督部とは、戦時に設けられる大本営と、常備団隊たる師団の中間に設置された司令部である。同条例にもとづき、東部・中部・西部の三都督が同年十月に設置された。各都督は天皇に直隷し、東京に置かれた東部都督は近衛（東京）・第一（東京）・第七（旭川）・第八（弘前）師団、大阪に置かれた中部都督は第三（名古屋）・第四（大阪）・第九（金沢）・第十（姫路）師団、小倉に置かれた西部都督は第五（広島）・第六（熊本）・第十一（丸亀）・第十二（小倉）師団を管轄した。都督には陸軍大将ないし中将が任ぜられ、その職掌は所管内の防禦計画と、所管内各師団の共同作戦計画を策定することとされた。三都督では、参謀本部が年度ごとに策定する「守勢作戦要領」と「守勢作戦計画訓令」をうけて、おのおのの防禦計画を策定し、管下の師団における作戦計画立案を指導した。

［参考文献］陸軍省編『明治軍事史―明治天皇御伝記史料―』下（『明治百年史叢書』、一九六六、原書房）、原剛『明治期国土防衛史』（『錦正社史学叢書』、二〇〇二、錦正社）　（淺川　道夫）

となみそうどう　礪波騒動　明治十年（一八七七）二月地租改正に際して、小作人を中心にして起きた大きな騒動。戸出《といで》騒動、百分の三騒動などと呼ばれる。越中では新川《にいかわ》県から石川県へといった、県政移行の過渡的な時期に地租改正があたったため対応に差が生じた。藩政期から続く田地割《でんちわり》と呼ばれる割地慣行や小作権意識の定着の進んだ地域、特に礪波郡で起きた騒動であった。改租事業が着手された新川県のひな形では、地価取調帳に小作人氏名も記載するとされたが、結局は中央から示されたように地主名のみを記載して書類が提出された。また、石川県に変わった九年（一八七六）七月には、礪波郡を含む射《い》水《みず》・婦《ね》負《い》三郡の減租を伴った改租許可が出ており、地価の三％と地租が定まった。この時の減租により旧藩年貢より約二割軽減されたが、この減租税分が地主・小作のいずれに帰するかが問題にされた。さらに、政府は翌十年一月に〇・五％の地租引き下げを行なったが、この配分をめぐっても地主と小作との対立が起きた。県では九年十二月に地主が小作料の決定権を有するとして、地価取調帳も地主との小作関係を示したものではないとの告諭を出した。これが地域で小作権の否定として受け取られた。一方で地主に対しては、作徳分は小作に配分するようにといった指示を出した。この時期県では地租引き下げの原因ともなった全国で多発する農民騒動、西南戦争などへの警戒感から、二月に入り礪波郡の今石動《いまいするぎ》（富山県小矢部市）や小杉新《こすぎしん》（富山県砺波市）など各地域に、県官を派遣して説諭にあたらせている。二月七日説諭会場であった戸出村（富山県高岡市）の永安寺でついに騒動が起き、地主の家々への打ち壊しに発展した。九日には、名古屋鎮台金沢営所の兵士が派遣され、首謀者として数名の者が逮捕されている。この結果、礪波郡を中心に地主と小作間で協議が行われ、減租分については、一定の額（たとえば一石につき一升五合程度）を差し引く分与米と称する小作米への慣行が定着し、戦後の農地改革まで続いた。

［参考文献］『戸出町史』（一九七二）、『井口村史』上（一九九五）　（高橋　延定）

とねうんが　利根運河　利根川と江戸川を結ぶ全長約八・五キロの運河。千葉県北方の柏市船戸から野田市深井新田へと通じている。茨城県令人見寧《ひとみやすし》、茨城県会議員広瀬誠一郎らが中心となって発案。明治十八年（一八八五）内務省の土木工師ムルデルが実地調査の上、利根運河計画書をまとめ上げて内務省土木局長に提出したが、関係者間での調整に手間取り、実際に着工されたのは明治二十一年（一八八八）であった。またその前年に誕生した利根運河会社（社長人見寧、資本金四十万円）が民間事業として手がけた。明治二十三年五月全工事が竣工、同時に営業を開始した。翌年には年間で三万八千隻の船が利用、明治二十六年には汽船が通り、銚子―東京間が六時間短縮されるなど、運輸・交通上の要衝として機能したが、鉄道開通や道路整備による陸上運送との競争に敗れ、また絶え間ない浚渫《しゅんせつ》工事の負担に苦しんだ。昭和十六年（一九四一）台風により破壊され、運河は通航不可能となったため、政府が買収して会社を解散させ、運河はその歴史を閉じた。

参考文献　川名晴雄『利根運河誌』（一九七一、崙書房）、北野道彦・相原正義『利根運河―利根・江戸川を結ぶ船の道―』（一九六八、崙書房）　（山崎　有恒）

とねがわかいしゅうこうじ　利根川改修工事　明治八年（一八七五）から昭和五年（一九三〇）にかけて行われた利根川の改修工事。前後半でその性格は異なり、前半（明治八年―明治三十二年（一八九九））はオランダ人御雇い工師たちの指導により、流路改修・浚渫《しゅんせつ》・砂防など水運を主目的とした低水工事が、後半（明治三十二年以降）は日本人技術者により、堤防敷設を主体とした洪水防御のための高水工事が実施された。この変化は物資輸送が鉄道に切り替わったこと、明治十八年（一八八五）以来三度にわたる大水害に見舞われたことなどが原因であった。後半の高水工事は、利根川本川五十里のほか、支川たる渡良《わたら》瀬《せ》川・鬼《き》怒《ぬ》川・小《こ》貝《かい》川などにも堤防を敷設する未曾有の規模であり、各砂防工事も合わせると総工費二億円以上に達する一大プロジェクトであった。この工事により国産の浚渫船が建造され、鉄筋コンクリート技術が導入されるなど、日本の河川技術のみならず工業技術全体に大きな影響を与えた。

参考文献　栗原良輔『利根川治水史』（一九四三、官界公論社）　（山崎　有恒）

とねがわていすいこうじ　利根川低水工事　明治八年（一八七五）から明治三十二年（一八九九）にかけて行われた内務省直轄の利根川改修工事。オランダ人御雇い外国人ファン＝ドールン、ムルデルらの指導によって進められた。総工費百六十万円余。水運を主目的とし、神崎・結《けっ》佐《さ》付近の彎曲した河身を直路へ開鑿し、小見川・笹川間の中州を掘削、また若松村（茨城県神栖市）付近で浚渫を行い、石張護岸工事や粗朶工水制を各所で実施するなど、オランダ技術を駆使して河身改修による水運確保に取り組んだ。水源となる榛名山で砂防工事を行い、土砂の流入による川底の上昇を防ぐ一方、水害多発地域においては積極的に高水防御堤防を設けるなど、必ずしも低水工事のみに限定されない、総合的な国土計画であったが、明治十八年（一八八五）・二十三年（一八九〇）・二十九年と三度にわたる大水害が発生したことから、高水防御工事優先を希望する住民の声が高まり、明治三十二年で打ち切られた。

参考文献　栗原良輔『利根川治水史』（一九四三、官界公論社）　（山崎　有恒）

『トバエ』第1号

トバエ　TÔBAÉ　明治時代前期の風刺画雑誌。ビゴーが主宰。『トバエ』（第一次）は明治十七年（一八八四）十二月に創刊、東京で発行されたが一号で終刊。ついで『トバエ』（第二次）が二十年（一八八七）二月創刊、二十二年十二月の最終号まで毎月二号ずつ計六十九号が、横浜居留地クラブホテルから発行された。定価八十銭で石版刷、表紙にはピエロに扮したビゴー像を描く。誌面は仏文と和文のキャプションを付した風刺画七頁前後で構成。フランスの国益に基づきながら、日本の政治のドイツ指向を批判し、条約改正時期尚早をとなえ、その根拠として日本の近代化の遅れを諷刺した。諷刺画に最も多く描かれたのは伊藤博文で、ついで山県有朋・榎本武揚・大山巌・大隈重信らが描かれた。掲載諷刺画の代表的な作品に「漁夫の利」（第一号、二十年二月十五日）など。刊行は中江兆民・中西梅花らの協力が指摘されることがある。

→ビゴー

参考文献　清水勲「『トバエ』の全体像」（同編『明治の面影・フランス人画家ビゴーの世界』所収、二〇〇二、山川出版社）　（太田　智己）

とばくはんしょばつきそく　賭博犯処罰規則　明治十七年（一八八四）一月四日布告、施行された規則。これに伴い明治十五年施行の刑法の当該条項は失効となった。東京では警視庁、その他の府県では地方官（知事）が、裁判を経ることなしに、傷害致死と同等かあるいはそれ以上に相当する最高十年の懲役刑を課す権限が付与された。また刑務所では賭博犯の獄衣は別とされた。施行の直接の目的として賭博の蔓延、博徒の横行への対処が謳われていたが、それに加えて博徒と自由民権運動の離間、あるいは自由民権運動自体の鎮圧に資することもあった。この処罰規則は当初から、法体系を逸脱しているとの批判が存在していたこともあり、大日本帝国憲法発布を機として明治二十二年（一八八九）六月に廃止された。なおこの処罰規則が施行される一方で、鹿鳴館などでのカードやビリヤード、または競馬に関する賭博行為は事実上容認されており、法の不公平を問う声もあがっていた。

参考文献　増川宏一『賭博』三（『ものと人間の文化史』、一九八三、法政大学出版局）、紀田順一郎『日本のギャンブル』（『中公文庫』）、立川健治『文明開化に馬券は舞う―日本競馬の誕生―』（『競馬の社会史』一、二〇〇八、世織書房）　（立川　健治）

とば・ふしみのたたかい　鳥羽・伏見の戦　戊辰戦争の

初戦。慶応三年十二月九日(一八六八年一月三日)の王政復古により大坂へ退いた徳川慶喜は、議定となった越前藩の松平春嶽や尾張藩の徳川慶勝を通じて新政権参入の機会を窺っていたが、江戸から十二月二十五日の三田薩摩藩邸焼き打ちの報が伝わると、大坂城中の旧幕軍や会津・桑名両藩兵は激昂、明治元年正月二日(一八六八年一月二十六日)、慶喜は薩摩藩の非を鳴らす「討薩の表」を授け大軍を先発させた。翌三日、まず鳥羽街道沿いで警備を担当していた薩長軍と旧幕府勢が衝突、ついで伏見でも戦端が開かれた。慶喜は薩長との戦争を想定しており「軍配書」を作成していたが、それはあくまで上洛後のことであり、不意を突かれた旧幕府勢は劣勢にまわることとなった。また、仁和寺宮嘉彰親王が錦旗を奉じて出陣したことも旧幕府勢の戦意喪失につながった。そのようななかで、四日、藩主稲葉正邦が老中を務める淀藩が、旧幕府勢の入城を拒否、逆に新政府軍の入城を認める。さらに、六日には山崎に陣していた藤堂采女《とうどううねめ》率いる津藩兵が新政府軍と内通し、旧幕府勢に攻撃を仕掛けた。総崩れとなる旧幕府勢を前にして、八日夜、慶喜は会津藩主松平容保、桑名藩主松平定敬《まつだいらさだあき》、その他老中数名を引き連れ、大坂天保山沖から旧幕府艦隊で江戸へと脱走、翌九日には新政府軍が大坂に入城し、ここに鳥羽・伏見の戦は新政府軍の完全勝利というかたちで幕を閉じた。鳥羽・伏見の戦は新政府内の勢力地図をも塗り替えることとなった。松平春嶽は戦争の勃発を聞くや、越前・尾張両藩兵を前線に送り込み、薩長軍と旧幕府勢との戦闘を食い止めようとしたが功を奏しなかった。仁和寺宮のもと、軍事参謀に任じられた伊達宗城《だてむねなり》は、独断で戦端を開いた薩長を非難し、諸藩の合議による公平至当の処置を求めたが聞き入れられず、その職を辞した。この戦争を契機として、新政府内では公議政体派に代わって武力討幕派が優勢を占めるようになったのである。↓戊辰《ぼしん》戦争《せんそう》 ↓別刷〈戦争〉

参考文献 原口清『戊辰戦争』(『塙選書』、一九六三、塙書房)、大山柏『(補訂)戊辰役戦史』上(一九六八、時事通信社)、宮島誠一郎『戊辰日記』(『米沢市史編集資料』二八、一九九六、米沢市史編さん委員会)

(友田 昌宏)

とばりこがん　戸張孤雁　一八八二―一九二七　画家、挿絵家、彫刻彫塑家、創作版画家で、さまざまな分野で近代の先駆的業績を遺している。明治十五年(一八八二)二月十九日、東京日本橋区本小田原町(東京都中央区)に生まれる。本名は志村亀吉、のちに母方の戸張姓を継ぐ。明治三十四年(一九〇一)―三十九年にニューヨークのナショナル＝アカデミーなどで洋画および挿絵を学び、荻原守衛《おぎわらもりえ》(碌山)と出会う。帰国後は文芸作品の挿絵を描き、洋風挿画研究会を起し、『孤雁挿画集』(日高有倫堂)を出版。明治四十三年(一九一〇)に荻原守衛の死去に伴い、彫刻に転じて太平洋画会研究所彫塑部に学び、第四回文展で「をなご」が入選。以後、文展であるいは日本美術院で活躍し彫刻・彫塑の道を歩み生命感・動感あふれる表現で知られる。また大正元年(一九一二)ごろからは創作版画活動を開始し、大正三年新東錦絵会を主宰。「千住大橋の雨」「玉乗り」などの代表作が知られる。日本水彩画会や日本創作版画協会の設立メンバーでもあった。昭和二年(一九二七)十二月九日没。四十六歳。著書に『創作版画と版画の作り方』(大正十一年、版画社)がある。

参考文献 『孤鴈遺集(復刻版)』(一九六六、碌山美術館)、愛知県美術館編『戸張孤雁と大正期の彫刻』(一九九四、愛知県美術館)

(岩切信一郎)

とばりちくふう　登張竹風　一八七三―一九五五　ドイツ文学者、評論家、随筆家。明治六年(一八七三)十月二日、広島県安芸《あき》郡江田島《えだじま》村(江田島市)に生まれる。本名信一郎。明治三十年(一八九七)東京帝国大学文科大学独逸文学科卒業。高等師範学校教授在任中の三十四年、高山樗牛《たかやまちょぎゅう》を擁護して美的生活論争を引き起し、翌年『ニイチエと二詩人』(人文社)、『(文芸叢書)気焔録』(金港堂)、小説『あらひ髪』(文友館)を刊行。ニーチェの超人思想を説いたことが不敬思想とみなされて、三十九年高師を辞職。明治大学講師、『やまと新聞』記者、『新小説』同人として文壇活動を続け、反自然主義を標榜する文芸革新会にも参加。四十三年(一九一〇)第二高等学校に迎えられた。ドイツ文学の翻訳・紹介、独和辞典編纂などに功績があり、『如是説法―ツァラトゥストラー―』(昭和十年、山本書店)の訳注、『遊戯三昧』(昭和十一年、山本書店)などの軽妙洒脱な随筆でも知られる。昭和三十年(一九五五)一月六日死去。満八十一歳。

参考文献 瀬沼茂樹編『高山樗牛・斎藤野の人・姉崎嘲風・登張竹風集』(『明治文学全集』四〇、一九七〇、筑摩書房)、昭和女子大学近代文学研究室『近代文学研究叢書』七五(一九九九、昭和女子大学近代文化研究所)

(田中 夏美)

どひけいぞう　土肥慶蔵　一八六六―一九三一　医学者。東京帝国大学医科大学(医学部)教授。専門は皮膚泌尿器科学。越前府中松原(福井県越前市)に慶応二年六月九日(一八六六年七月二十日)に生まれる。明治十三年(一八八〇)、十五歳の時上京、下谷の進学舎でドイツ語を学んだがすぐに東京外国語学校に入学。明治十八年東京大学医学部予科に入学、明治二十四年(一八九一)、帝国大学卒業、スクリバの助手として外科を修練。明治二十六年、私費留学生としてハイデルベルク大学で病理解剖、細菌学を学んだが、皮膚病梅毒学の教授が死去したため官費留学生として皮膚科学を学ぶよう命じられた。ウィーン大学のカポシーより皮膚科、パリ大学のギュイヨンから泌尿器学を学び、明治三十一年(一八九八)帰国、同年新設の皮膚科梅毒学講座の教授となった。三十三歳であった。その後二十九年間皮膚科学のパイオニアとして活躍した。同時に人文的な教養に富み、漢詩文でも才能を発揮した。鶚軒と号し、鶚軒先生と親しまれた。医学だけでなく人文、法経、歴史などの膨大な蔵書を収集した。

存命中にムラージュ(ろうによる皮膚疾患の再現モデル)を展示する土肥記念館が建てられた。現在はムラージュは東京大学医学部標本室と東京大学総合研究博物館に展示されている。昭和六年(一九三一)十一月六日没。六十六歳。

(加我　君孝)

とびまつよじろう　飛松与次郎　一八八九―一九五三　初期社会主義者、大逆事件関係者。熊本県山鹿郡広見村(山鹿市)に明治二十二年(一八八九)二月二十六日に生まれる。小学校の代用教員時代、幸徳秋水『社会主義神髄』に感銘を受ける。『熊本評論』を購読し、松尾《まつお》卯一太《ういった》・新《にい》美卯一郎《みういちろう》らと知り合う。文筆の仕事にあこがれ、明治四十二年(一九〇九)三月平民評論社に入り、『平民評論』の発行兼編集人となる。その創刊号が発行禁止となり、新聞紙条例違反を問われ、長崎控訴院で禁錮八ヵ月、罰金百円の刑を受け、服役する。四十二年三月、佐々木道元《ささきどうげん》とともに松尾から「陰謀計画」を聞き同意したとして、八月三日大逆罪で予審請求された。「熊本グループ」とされ、四十四年一月十八日、大審院で死刑判決を受けるが、翌十九日特赦により無期懲役に減刑され、秋田監獄で服役。大正十四年(一九二五)五月十日大逆事件仮出獄の第一号となり、郷里の役場書記などを勤める。昭和二十三年(一九四八)六月二十六日、崎久保誓一《さきくぼせいいち》とともに復権する。二十八年九月十日、山鹿市で死去した。満六十四歳。
↓大逆事件《たいぎゃくじけん》

参考文献　幸徳秋水全集編集委員会編『大逆事件アルバム―幸徳秋水とその周辺―』(『幸徳秋水全集』補巻、一九七二、明治文献)、上田穣一・岡本宏編『大逆事件と『熊本評論』』(一九八六、三一書房)

(荻野富士夫)

とまつまさやす　富松正安　一八四九―八六　明治時代前期の自由民権家、加波山事件の主謀者。嘉永二年九月十三日(一八四九年十月二十八日)石川氏の城下である常陸国真壁郡下館町(茨城県筑西市)に生まれる。明治五年(一八七二)に下館小学校教員となり、自由民権運動に共鳴して同十三年(一八八〇)二月十五日、茨城県下の民権派諸政社の代表とともに茨城県連合会を結成し、国会開設請願運動に参加する。同十四年十月、自由党の結党と同時に入党し、茨城県下の自由民権運動の中心的存在となる。同十六年十一月には下野自由党の鯉沼九八郎や自由党茨城部の仙波兵庫らとともに、政治改革のため人材養成所として、下館に有為館を開設した。琴田岩松(福島県)・平尾八十吉(愛知県)らが栃木県庁落成式に臨場する高官らの暗殺を企て、富松はその計画に賛成して主謀者たることを引きうけたが、開庁式が延期され、追い詰められた同志は十七年九月二十三日に檄文を草し、十六名の同志と加波山に蜂起した。十一月三日に夷隅で逮捕され、二年後の同十九年十月五日に死刑に処される。享年三十八。
↓加波山事件《かばさんじけん》

参考文献　関戸覚蔵編『東陲民権史(復刻版)』(一九七三、崙書房)、田村幸一郎『加波山事件始末記―歩いて書いた民権激派の記録―』(一九七八、伝統と現代社)、三浦進・塚田昌宏『加波山事件研究』(一九八四、同時代社)

(田﨑　公司)

富井政章

とみいまさあきら　富井政章　一八五八―一九三五　明治から昭和時代前期の民法学者。安政五年九月十日(一八五八年十月十六日)京都に生まれる。東京外国語学校などに学んだのち、明治十年(一八七七)フランスに留学。同十六年帰国。同十八年には東京大学法学部(翌年より帝国大学法科大学)教授に就任。帰国後フランス法学から距離をとってドイツ法学の礼賛者に転じ、同二十三年(一八九〇)にボワソナード起草の民法典が公布されるや勃発したいわゆる民法典論争では、施行延期派に属した。同二十六年には法典調査会委員となり、穂積陳重《ほづみのぶしげ》・梅謙次郎とともに、施行延期に追い込まれた旧民法に代わる新たな民法典(現行民法)の起草にあたった。明治二十八年帝国大学法科大学学長、同三十三年(一九〇〇)京都法政学校(現立命館大学)と和仏法律学校(現法政大学)の校長となる。貴族院議員、枢密顧問官も歴任した。同三十六年に戸水寛人が帝大法科の同僚を束ねて日露開戦論を唱えた七博士事件では、名を連ねた。昭和十年(一九三五)九月十四日東京牛込で死去。七十八歳。主著『民法原論』。
↓七博士意見書《しちはくしいけんしょ》

参考文献　杉山直治郎編『富井男爵追悼集』(一九三六、日仏会館)、星野英一「日本民法学の出発点―民法典の起草者たち―」(『民法論集』五所収、一九八六、有斐閣)

(瀧井　一博)

とみおかけいめい　富岡敬明　一八二二―一九〇九　地方行政官。文政五年十一月八日(一八二二年十二月二十日)小城《おぎ》藩士神代《くましろ》利温の次男に生まれる。のち富岡孫明の養子となった。元治元年(一八六四)鍋島本藩と小城支藩の抗争(小城騒動)にまきこまれ死罪となったが、特赦により終身禁錮、明治維新で恩赦となり、佐賀藩に出仕した。明治四年(一八七一)三月佐賀藩権大参事、伊万里県権参事、山梨県権参事(五年三月)となった。山梨では大小切《だいしょうきり》騒動《そうどう》の後始末と日野原開墾を奨励した。八年九月名東県権令、九年十一月二十日熊本県権令に就任した。以後熊本県令・知事として在任十一年五ヵ月に及んだ(二十一年(一八八八)四月九日辞任)。この間西南戦争では熊本城籠城、戦後の復旧、道路の開鑿改修、三角《みすみ》築港、九州鉄道会社設立などに尽力し土木知事として知られた。知事辞任後は山梨県に転居、貴族院議員に勅選されたが、もっぱら詩歌を楽しんだ。男爵。明治四十二年(一九〇九)二月二十八日死去。八十八歳。著書『双松山房詩史』(明治三十二年)。
(水野 公寿)

とみおかさだやす 富岡定恭 一八五四—一九一七 海軍軍人。嘉永七年十一月五日(一八五四年十二月二十四日)に松代藩士富岡定知の長男として誕生。長男に海軍中将富岡定俊(海軍兵学校四十五期)。明治四年(一八七一)九月に海軍兵学寮に入る。明治十二年(一八七九)二月、少尉に任官(海兵五期)。海上勤務を歴任し、明治十七年一月に海兵教授。翌年七月に主船局艦砲課課長。明治二十年(一八八七)十一月に軍艦発注と兵器調査のために英仏派遣。同年十二月少佐に昇進。明治二十六年十二月、軍艦厳島副長に就任し翌年の日清戦争へ出征。明治二十九年四月、海兵教頭兼砲術教官。明治三十六年(一九〇三)七月に少将に昇進、軍令部第一局長。明治三十六年十二月から翌年十一月まで海兵校長。明治四十年(一九〇七)三月に中将へ昇進。同年九月男爵。翌年八月に旅順鎮守府長官。大正六年(一九一七)七月一日没。六十四歳。
参考文献 外山操編『陸海軍将官人事総覧』海軍篇(一九八一、芙蓉書房出版)、秦郁彦編『日本陸海軍総合事典』(一九九一、東京大学出版会)
(佐藤 宏治)

とみおかせいしじょう 富岡製糸場 明治五年(一八七二)に開業した官営の模範製糸場。九年に富岡製糸所と改称。日本初の器械製糸場としては前橋藩営の前橋製糸所が明治三年に設立されている。粗製濫造による日本生糸の輸出不振への対処を迫られた政府は、居留外国商人らの助言を受け入れて、欧州式の器械製糸業の導入を図った。政府の手で大製糸場を設立することになり、ポール＝ブリューナ Paul Brunatらフランス人が技術指導者として雇用され、養蚕・製糸業が盛んであった群馬県甘楽《かんら》郡富岡の地にレンガを用いた大きな工場が建設され、明治五年十月から輸入鉄製製糸器械を用いて「繰糸伝習工女」への技術伝習が始まった。この器械は、繰糸労働者一人と繰糸用鍋一つ(一釜)が対応し、一つの鍋に対し二本の生糸を巻き取る枠が装備されたフランス式(共撚《ともより》式)であり、工場規模も三百釜という大規模なものであった。富岡製糸場は高級な器械製生糸を生産する模範工場として運用され、器械製糸場の設立を志す人、器械製糸の繰糸作業を身につける多くの女子がここで洋式製糸技術を学んだ。富岡製糸場に続き、小野組による東京の築地製糸場や福島県の二本松製糸場などが設立され、器械製糸を奨励する政策は短期間に実を結んだ。明治九年ごろから長野県諏訪地方を筆頭として小規模器械製糸場が続々と設立され、二十七年(一八九四)には器械製糸の生産量が座繰《ざぐり》製糸を上回るに至った。富岡製糸場はフランス・イタリアの器械製生糸に比肩される高級な生糸を生産したが、経営的には赤字が続き、二十六年に三井に払い下げられ、さらに三十五年(一九〇二)に横浜生糸売込商の原合名会社へ、昭和十三年(一九三八)に片倉製糸紡績株式会社(十八年片倉工業と改称)へ転売された。戦後も片倉工業によって操業されていたが、昭和六十二年(一九八七)に閉業し、産業遺跡としての保存が検討されている。
参考文献 『富岡製糸場誌』(一九七七、富岡市教育委員会)、今井幹夫『富岡製糸場の歴史と文化』(二〇〇六、みやま文庫)
(井川 克彦)

富岡製糸場 外観

富岡製糸場 操糸場の内部

とみおかてっさい 富岡鉄斎 一八三六—一九二四 明治から大正時代の文人画家。天保七年十二月十九日(一八三七年一月二十五日)、京都三条衣棚《ころものたな》(京都市中央区)に法衣商十一屋伝兵衛(富岡維叙《これのぶ》)の次男として生まれる。はじめ通称猷輔、名は節、明治維新のころから百錬に改める。号は裕軒から鉄斎に改め、ほかに鉄人、鉄史、鉄崖など。幼時より家学の石門心学に接し、山本菋園《やまもとびえん》に素読を学び、十代中ごろには野之口隆正《ののぐちたかまさ》に国学、岩垣月洲《いわがきげっしゅう》に漢学、二十代前半で春日潜庵《かすがせんあん》に陽明学、羅渓慈本《らけいじほん》に仏教の教えを受け、太田垣蓮月尼《おおたがきれんげつに》から大きな感化を受けた。一方、窪田雪鷹の絵を臨模し、大角南耕に手ほどきを受け、小田海僊《おだかいせん》、浮田一蕙《うきたいっけい》を訪ねて画法を学んだ。文久元

富岡鉄斎

年(一八六一)、長崎に遊学して日高鉄翁《ひだかてつおう》、木下逸雲《きのしたいつうん》と交友し、明清画に触れ文人画を学ぶが、画はあくまで余技として学問で身を立てることを志し、幕末は国事に奔走した。明治維新のころから学者として知られはじめ、明治二年(一八六九)には西園寺公望の開いた立命館の教員となった。以後、紀州、奈良、大阪、備前、九州、北海道、信州などへ精力的に旅行し、八年にははじめて富士登山を行なった。翌年、大和石上神社少宮司、つづいて和泉大鳥神社大宮司に任命され、荒れた社殿の復興に努めた。十四年(一八八一)に宮司を辞職して京都へ戻り画業に専念する一方で、大和絵や琳派の研究を進めた。十九年には学士として京都青年絵画研究会展覧会の品評員となり、以後、各種展覧会、博覧会の審査員を務めた。二十七年(一八九四)から三十七年(一九〇四)まで京都市美術工芸学校で修身を講じた。明治三十年からは田能村《たのむら》直入《ちょくにゅう》らの発足した日本南画協会展へしばしば書画を出品した。明治後期から大正前期の六十から七十歳代にかけて充実した画境に入り、皇族や華族への献上作品も多数制作している。八十歳代に至り画技はますます進展し、大正六年(一九一七)に帝室技芸員、八年には帝国美術院会員に任命された。近代を代表する文人画家であり、最後の文人画家ともいわれる。十三年(一九二四)十二月三十一日、死去した。八十九歳。

参考文献 『富岡鉄斎展―生誕百五十年記念―』(展覧会図録、一九八五、京都新聞社)、三輪英夫・佐藤道信・山梨絵美子『近代日本美術事典』(一九八九、講談社)

(平林　彰)

とみおかにっき　富岡日記　官営富岡製糸場で器械製糸技術を習得した横田英《よこたえい》(結婚して和田英)が残した日記。旧松代《まつしろ》藩士横田数馬の娘である英は、明治六年(一八七三)三月に同製糸場に入場し、七年七月に帰郷したが、日記はこの間の事情を詳しく記し(第一編)、さらに帰郷後に旧松代藩士が設立した六工社で英が製糸教婦として働いた時の状況や、明治八年の六工社製糸の横浜における売込状況などを記している。明治四十年(一九〇七)から大正二年(一九一三)にかけて執筆された。上条宏之校訂『定本富岡日記』がある。→和田英《わだえい》

参考文献 富岡製糸場誌編さん委員会編『富岡製糸場誌』(一九七七、富岡市教育委員会)、上条宏之『絹ひとすじの青春―『富岡日記』にみる日本の近代―』(『NHKブックス』、一九七八、日本放送出版協会)

(井川　克彦)

とみこうぎょうきんせい　富興行禁制　明治政府が、明治元年(一八六八)十二月太政官布告で富興行(富籤《とみくじ》およびその類似行為)を禁止したこと。徳川幕府は、享保十五年(一七三〇)以降、寺社の修復費用を名目に富興行を公認していたが、天保十三年(一八四二)これを禁止、明治政府もそれを引き継いだ。これ以降、明治四十一年(一九〇八)十月施行の刑法に至るまで、富籤およびその類似行為は一貫として法的に禁止された状態が続いていた。だが治外法権の横浜や築地の居留地では、居留民が発行する富籤やマニラ政庁発行のマニラロッタリーなどが発売され、日本人の間でも人気を博していた。これに対する取締りも実施されたが、明治三十二年(一八九九)、治外法権が撤廃されるまでは、実効をあげることができなかった。昭和二十年(一九四五)二月、戦時債券などの根拠法であった臨時資金調整法が改正され、法的に富籤発行が可能となり、七月大蔵省が「勝札《かちふだ》」を発売、戦後宝くじとして引き継がれた。

参考文献 増川宏一『賭博』三(『ものと人間の文化史』、一九八三、法政大学出版局)、紀田順一郎『日本のギャンブル』(『中公文庫』)

(立川　健治)

とみざきしゅんしょう　富崎春昇　一八八〇―一九五八　明治から昭和時代にかけて活躍した地歌・箏曲家。本名吉倉助次郎。明治十三年(一八八〇)九月十二日、文楽の人形遣い吉田玉助の長男として大阪に生まれる。祖父は吉田玉造。五歳で失明、八歳で富崎宗順の門に入り左門を名乗った。十九歳のときに富吉春琴の名を許され、明治三十年(一八九七)継山流《つぐやまりゅう》箏組歌、三十二年野川流三弦本手(三味線組歌)の伝授を受け、師の没後、三十九年に富崎春昇を名乗った。大正六年(一九一七)上京して有楽座で独演会を開き、好評を博す。翌年東京に移住し、関西系地歌の演奏家として昭和まで活躍。地歌の長歌物・端歌《はうた》物や繁《しげ》太夫物・永閑《えいかん》物・作《さく》物などの演奏では他の追随を許さなかった。昭和二十二年(一九四七)日本芸術院会員。同年日本三曲協会会長。三十年(一九五五)重要無形文化財保持者認定(人間国宝)。三十二年文化功労者。作曲に「春の江の島」「吉野太夫」「楠昔噺《くすのきむかしばなし》」「浅間」「蓬《よも》生《う》」などがある。昭和三十三年二月二日東京で没。満七十七歳。

参考文献 北条秀司編『富崎春昇自伝』(一九五四、演劇出版社)

(千葉潤之介)

とみずじけん　戸水事件　明治三十八年(一九〇五)八月、日露講和外交を批判した東京帝国大学法科大学教授戸水寛人(一八六一―一九三五)の休職処分をめぐって展開された大学自治事件。帝大七博士事件・山川事件とも呼ばれ、日本の大学自治(学問の自由・教員の身分保障)をめぐる抗争事件の嚆矢。明治三十六年六月、東京帝国大学教授の小野塚喜平次《おのづかきへいじ》(一八七一―一九四四)・金井延《かないのぶる》(一八六五―一九三三)・高橋作衛《たかはしさくえ》(一八六七―一九二〇)・寺尾《てらお》亨《とおる》(一八五九―一九二五)・富井政章《とみいまさあきら》(一八五八―一九三五)・

戸水寛人・学習院教授の中村進午《なかむらしんご》(一八七〇―一九三九)ら七博士は、対露強硬・満洲保全を主張する建議書を政府に提出した。その後も、日露外交の批判を新聞・雑誌で続ける戸水らの動きが全国的に拡大することを懸念した政府は、明治三十八年六月、東京帝国大学総長山川健《やまかわけん》次郎《じろう》(一八五四―一九三一)に宛て、大学教授は政治問題に関する言動を慎むよう求める内訓を発した。同年八月、文部省は戸水に文官分限令に基づいて休職処分を発令する。この処分を不服として、東京・京都の帝国大学法科大学教授会が激しく抗議活動を行なった。同年九月、東京帝大教授ら二十一名が連署して戸水の休職処分を不当とする抗議書を文部大臣久保田譲《くぼたゆずる》(一八四七―一九三六)に提出し、戸水の復職まで羅馬《ローマ》法講座の嘱託講師とするよう山川総長に建議、これを承認させた。翌十月、戸水は羅馬法講座の講師となる。山川総長は、戸水休職の後、貴族院議員として尽力したいとの理由で、辞表を速やかに提出した。久保田文相は、山川総長の辞表を三ヵ月間預かり、同年十二月になって依願免本官の扱いで辞任を発令する。同時に、農科大学教授松井直吉《まついなおきち》(一八五七―一九一一)を後任の総長に発令した(三日後に、松井も辞表を提出)。これに対し、東京帝大教授ら百九十名余りが辞職を決意したとされる。桂太郎首相は、理科大学教授箕《み》作佳吉《つくりかきち》(一八五八―一九〇九)・医科大学教授青山胤通《あおやまたねみち》(一八五九―一九一七)・文科大学教授坪井九馬三《つぼいくめぞう》(一八五九―一九三六)ら十二名と内談し、久保田文相の引責辞職をはかった。松井の辞職後、浜尾新《はまおあらた》(一八四九―一九二五)が総長に就任。翌三十九年一月、戸水教授も復職した。

参考文献 向坂逸郎編『嵐のなかの百年―学問弾圧小史―』(一九五二、勁草書房)、『東京大学百年史』通史一(一九八四)、寺崎昌男『東京大学の歴史―大学制度の先駆け―』(『講談社学術文庫』)

(谷本　宗生)

とみずひろと　戸水寛人　一八六一―一九三五　七博士事件および戸水事件の中心人物。文久元年六月二十五日(一八六一年八月一日)金沢藩儒臣戸水信義の長男として生まれる。明治十九年(一八八六)に帝国大学を卒業すると直ちに判事試補、翌年には判事となるが、二十二年(一八八九)に依願免官、渡欧して法学や政治学を学ぶ。二十七年に帰国、帝国大学法科大学教授となった。三十二年(一八九九)法学博士。その後、中村進午らとともに対露主戦論を掲げた「七博士意見書」を公表したほか、日露開戦に際しバイカル湖以東の割取を唱え「バイカル博士」の異名をとる。さらに講和の尚早を訴える論文を発表したことで、三十八年八月、休職処分となった(戸水事件)。翌年復職したものの四十二年(一九〇九)末に退官、以後は弁護士や代議士として活躍した。昭和十年(一九三五)一月二十日に死去。七十五歳。著書に『英国衡平法』(明治二十一年、京橋活版社)などがある。ほかに『回顧録』(三十七年、私家版)、『続回顧録』(三十九年、有斐閣)があり、竜渓書舎より覆刻されている。　→七博士意見書《しちはくしいけんしょ》

戸水寛人

(伊藤　信哉)

とみたいつじろう　富田逸二郎　生没年不詳　明治時代後期から昭和時代前期の数学者。理学士となり、明治四十一年(一九〇八)九月から早稲田大学講師となり、四十四年五月の教授制発足に伴い大学部理工科(理工学部の前身)・高等予科の教授となった。講師就任以来昭和十年(一九三五)九月まで、大学部理工科・高等予科・理工学部・高等学院・第一高等学院で、数学(微分・積分・微分方程式・微積分)・三角術・代数・高等数学を担当した。著書に、『理工科用代数』(明治四十二年、早稲田大学出版部)、『微分積分学』(同年、荒川信賢)、『高等代数学』(大正二年、日進堂書店)、『高等数学』(同五年、現代之科学社)がある。

参考文献 『早稲田大学百年史』二―四、(一九八一―九二、早稲田大学出版部)

(佐藤　能丸)

とみたけいせん　冨田渓仙　一八七九―一九三六　日本画家。本名鎮五郎。福岡県博多の麴屋町にて明治十二年(一八七九)十二月九日に生まれる。狩野派を学んだ後、京都で都路華香《つじかこう》に師事し、諸展覧会に出品、受賞するが、特異なデフォルメによる「蒙古襲来」(新古美術品展)により京都画壇から異端視される。三十六年(一九〇三)ごろから実業家内貴清兵衛の庇護を受ける。以後、江戸時代の画僧仙崖やキリスト教、老荘思想に近づき、南画や奈良平安仏画の研究を行い、四十年(一九〇七)ごろから台湾、中国、東北、北海道、沖縄を放浪。明治四十三年ごろから河東碧梧桐《かわひがしへきごとう》らと交友し、長年俳誌『土』の表紙を描く。大正元年(一九一二)文展(文部省美術展覧会)に「鵜舟」が初入選し、自由な表現が横山大観に認められる。大正四年から再興日本美術院同人として出品、南画的な画境が院展作家の南画傾向の先鞭をつけた。大正十一年(一九二二)ごろからポール＝クローデル(駐日フランス大使、詩人)と交流し、ドイツ表現主義などの新傾向を取り入れていく。昭和十年(一九三五)帝国美術院会員となるが、翌十一年に辞退。同年七月六日没。五十八歳。

参考文献 日本美術院百年史編纂室編『日本美術院百年史』四―六(一九八四―八七、日本美術院)、京都市美術館・京都新聞社編『冨田渓仙展―没後六十年記念―(図録)』(一九九六、京都新聞社)

(勝山　滋)

とみたじんぺい　冨田甚平　一八四八―一九二七　明治・大正時代の農業技術者。嘉永元年十一月三十日(一八四八年十二月二十五日)肥後国菊池郡水島村(熊本県菊池市七

城町)に生まれる。父富田茂四郎は金納郷士・精農家であった。明治八年(一八七五)六大区五小区用掛となり地租改正の土地等級付けの仕事を通じていだいた疑問から暗渠排水法を研究するに至った。十三年(一八八〇)東竹敷法による暗渠排水法を考案、三十六年(一九〇三)には水《すい》閘《こう》土管を発明し湿田を乾田化する技術を確立した。その後菊池郡ほか三郡連合改良米組合長、菊池郡土木委員などの公職を勤め、明治二十三年(一八九〇)五月から大正二年(一九一三)三月まで鹿児島・山口・秋田各県に農業技術者として招聘され農事改良・暗渠排水・耕地整理を指導した。その後熊本に帰ったが、朝鮮の農業技手であった長男の要請により全羅南道木浦の干拓事業を援助するため大正三年ごろ朝鮮に渡った。昭和二年(一九二七)三月三日木浦府大成洞で死去。八十歳。著書『富田式暗渠排水法』(建野保と共著、明治三十九年刊、のち『明治農書全集』一一巻に収録、昭和六十年、農山漁村文化協会)。

参考文献　須々田黎吉「耕地整理・解題」(『明治農書全集』一一所収、一九八五、農山漁村文化協会)　(水野　公寿)

とみたたかよし　富田高慶　一八一四—九〇　二宮尊徳の門下生四天王の一人。文化十一年六月一日(一八一四年七月十七日)、相馬中村藩士斎藤嘉隆の次男に生まれ、通称は久助。十七歳で江戸に遊学し屋代弘賢らに学ぶが、二宮尊徳の仕法を聞き、天保十年(一八三九)、下野国桜町陣屋に尊徳を訪ねて入門、尊徳を助けた。弘化二年(一八四五)に相馬へ帰り、藩財政の再建と農村救済にあたる。富田は、農業資金の貸付け、救恤、入札による表彰などを行い、農業生産を指導して相馬藩仕法をほぼ成功させた。幕末・維新期には、家老職として藩論を官軍帰順に導き、廃藩置県に際しては禄を失った藩士の土着(農民化)をはかった。明治十年(一八七七)には尊徳の孫尊親らと興復社を設立して社長となり、荒蕪地の開墾を奨励して資金を貸し付けた。著書として『報徳論』『報徳記』を著わし、報徳思想の普及と報徳社運動の実践に大きな影響を与えた。明治二十三年(一八九〇)一月五日、七十七歳で没するが、『富田高慶日記』を残す。

参考文献　大槻吉直『富田高慶翁伝』(一八九七、興復社)、佐藤太平『富田高慶』(一九四二、宮越太陽堂書房)、広瀬豊・広瀬敏子『(二宮尊徳の高弟)富田高慶』(一九六〇、日本甲子会)　(田崎　公司)

とみたつねじろう　富田常次郎　一八六五—一九三七　柔道家。講道館に入門した最初の人物。慶応元年二月五日(一八六五年三月二日)、伊豆国君沢郡西浦村(静岡県沼津市)に生まれる。旧姓は山田。嘉納治五郎の父治郎作の斡旋で、嘉納家の書生として上京し、嘉納治五郎が永昌寺に嘉納塾を開設すると同時に、彼の身辺を世話する住み込み書生となった。講道館入門は明治十五年(一八八二)六月五日。嘉納の稽古相手をつとめ、講道館入門後も嘉納を補佐し、柔術諸流派の大家との試合に勝利して講道館柔道の名声を高めるなど、講道館柔道の普及に貢献をなした。同二十年(一八八七)十月、伊豆の韮山中学に英語教師として赴任したのを機に、同地に講道館最初の分教場を設立して柔道指導にあたり、同二十四年四月、明治天皇の学習院行幸の際には、講道館柔道を天覧に供した。さらに同三十七年(一九〇四)に渡米し、数年間柔道の海外普及にあたった。昭和十二年(一九三七)一月十三日没。七十三歳。得意技は巴投げ。小説『姿三四郎』の作者、富田常雄の父。

参考文献　大滝忠夫編『嘉納治五郎 私の生涯と柔道』(一九七二、新人物往来社)、牧野登『史伝西郷四郎—姿三四郎の実像—』(一九八三、島津書房)　(坂上　康博)

とみたてつのすけ　富田鉄之助　一八三五—一九一六　官僚、実業家。天保六年十月十六日(一八三五年十二月五日)、仙台藩重臣富田実保の四男として仙台に生まれる。蘭学を学び、勝海舟の門下となり、慶応三年(一八六七)、勝小鹿に随行して米国留学。明治元年(一八六八)官費留学生として再渡米。同三年、ニューアーク商業学校で経済学を学ぶ。同五年、岩倉遣外使節が渡米すると随員となり在ニューヨーク領事心得となり、翌六年には副領事、九年に上海領事(赴任せず)、十年(一八七七)に外務少書記官、十一年には英国公使館一等書記官となる。十四年に帰朝すると大蔵省に大書記官として招かれ、翌十五年の日本銀行創立に参画し、初代副総裁となる。二十一年(一八八八)、第二代総裁に昇任するも、翌二十二年、横浜正金銀行に対する為替政策に反対し松方正義蔵相と対立、罷免される。二十三年に貴族院勅選議員となる。二十二年から東京市会議員、二十三年には麻布区会議長、二十四年から二十六年まで東京府知事を務め、東京市区改正委員長を兼任して、その計画を進めた。また、多摩三郡を神奈川県から東京府に移管して、府政の懸案であった上水問題の解決を図った。鉄道会議議員、日本勧業銀行設立委員を務めたほか、富士紡績会社(会長)、横浜火災保険会社(社長)などの創立、運営に携わる。宮城英学校の創設など、郷里の発展にも尽力した。大正五年(一九一六)二月二十七日没。八十二歳。著書に『銀行小言』(明治十八年、双書閣)、『海舟年譜』(同三十八年、富田鉄之助)、『錦を着た乞食人』(昭和五十三年、田畑書店)などがある。慶応義塾大学に残る演説館(国重要文化財)は、富田が福沢諭吉に送った種々の公会堂図面をもとに

富田鉄之助

造られたものである。

参考文献　実業之日本社編『当代の実業家人物の解剖』(一九〇三、実業之日本社)、吉野俊彦『忘れられた元日銀総裁―富田鉄之助伝―』(一九七四、東洋経済新報社)、太田雅夫『新島襄とその周辺』(二〇〇七、青山社)

(清水唯一朗)

とみたにしょうたろう　富谷鉎太郎　一八五六―一九三六　司法官。下野国宇都宮城下二ノ筋に富谷豊義の長男として安政三年十月五日(一八五六年十一月二日)に生まれる。明治九年(一八七六)七月、司法省法学校正則科に第二期生として入学、同十七年(一八八四)七月に同校を卒業、法律学士となり、司法省御用掛に任ぜられる。同十九年二月より法学修業・裁判事務研究のため欧州派遣、同二十三年(一八九〇)に帰国後、判事補東京始審裁判所詰、のちに芝区治安裁判所判事。名古屋・東京控訴院判事を経て、東京控訴院部長となる。同三十二年(一八九九)に法学博士となり、翌年十二月大審院判事、同三十六年大審院部長。その後、大正元年(一九一二)に東京控訴院長、同十年(一九二一)に大審院長。この間法典調査会委員、高等捕獲審検所評定官、法律取調委員を歴任、同十一年からは貴族院議員。また、明治大学総長も務めている。昭和十一年(一九三六)五月五日死去。八十一歳。

(出口雄二)

とみながゆうりん　富永有隣　一八二一―一九〇〇　萩藩士。文政四年五月十四日(一八二一年六月十三日)、萩藩士富永七郎右衛門の長男として周防国吉敷《よしき》郡陶村(山口市)に生まれる。名は徳、のちに悳彦。字は有隣。藩校明倫館に学び配膳役まで進むが、嘉永五年(一八五二)見島に流される。翌年萩城下の野山獄に移り、ここで吉田松陰を知った。松陰の免獄活動などにより、ついに安政四年(一八五七)から松下村塾で教えることとなった。六年塾を去り、吉敷郡秋穂二島村(山口市)で定基塾を開く。文久―慶応期には諸隊にその名を見ることができるが、指揮官に背き慎みを申し渡されたり、諸隊の一つ集義隊から差し除かれるなどしている(『奇兵隊日記』)。明治二年(一八六九)大楽源太郎《だいらくげんたろう》らと兵制改革に反対して脱隊騒動の首謀者となるが、鎮圧されて流浪し、同志などの庇護のもと土佐に潜伏した。十年(一八七七)捕縛され、東京石川島監獄に入れられる。十七年出獄、十九年山口県熊毛郡宿井村(田布施《たぶせ》町)に帰って私塾を開き、子弟教育に晩年を過ごす。明治三十三年(一九〇〇)十二月二十日死去する。八十歳。著書には『大学述義』などがある。

参考文献　玉木俊雄編著『勤王志士富永有隣先生小伝』(一九三六、富永有隣先生事蹟顕彰会)、林芙美夫編『富永有隣伝』(『郷土館叢書』七、二〇〇一、田布施町教育委員会)

(岸本覚)

とみもとぶぜんだゆう　富本豊前太夫　富本節の家元名。四代(一八三〇―八九)は三代の長男保太郎。富本節中興の名人と謳われた。天保元年六月十六日(一八三〇年八月四日)江戸生まれ。はじめ豊紫太夫を名乗る。嘉永五年(一八五二)正月四代豊前太夫を襲名。明治三年(一八七〇)豊洲、十三年(一八八〇)豊前掾《ぶぜんのじょう》となる。八年実子玉次郎(一八六一―八〇)に五代を譲ったが、早世したため六代として復帰。十七年(一八八四)新内節の富士松津賀太夫を養子にして豊紫太夫を継がせたが、ほどなく離縁。明治二十二年(一八八九)九月七日東京で没。六十歳。富本の系統はほぼこれをもって絶えたと考えてよい。ただし、明治四十二年(一九〇九)に新派と称する富本の系統が現われ、新派初代富本豊前を名乗った。これを七代あるいは八代と数える場合もある。

(千葉潤之介)

とめおかこうすけ　留岡幸助　一八六四―一九三四　明治から昭和時代初期の社会改良家、社会事業家。元治元年三月四日(一八六四年四月九日)、備中国高梁《たかはし》(岡山県高梁市)生まれ。十九歳で洗礼を受け、同志社英学校に進学。新島襄の影響を受ける。卒業後、兵庫県丹波でキリスト教の伝導に従事。明治二十四年(一八九一)北海道空知集《そらちしゅう》

留岡幸助

治監《じかん》の教誨師《きょうかいし》となり、獄制改革につとめる。また「非行少年」から犯罪者になった者が多いことを知り、犯罪を根絶するために感化事業の必要性を認識し、少年教護を志す。そのため明治二十七年に渡米して感化事業・慈善事業についての研鑽を重ね、帰国後の同三十一年(一八九八)、慈善事業を体系的に論じた『慈善問題』(警醒社)を著わした。三十二年、東京巣鴨《すがも》に家庭学校を設立、非行少年の教護につとめた。家庭学校は、その後、北海道や神奈川県下にも設置された。また、同年から小河滋次郎《おがわしげじろう》・桑田熊蔵《くわたくまぞう》とともに貧民研究会を開始。また、二宮尊徳の報徳思想にも興味をもち、明治三十八年、中央報徳会理事。同時に内務省嘱託となり、内務省関係者が中心となって行われた地方改良運動の中で地域の発展策を考究した。この年より、主筆として雑誌『人道』を発刊。四十一年(一九〇八)には中央慈善協会を創立して幹事となり、地方改良運動と並行して行われた感化救済事業の民間側での中心となる。宗教・教育・資金を慈善事業の三大要素としてとらえ慈善事業・社会事業の近代化と定着につとめた。昭和九年(一九三四)二月五日、東京で死去。七十一歳。山室軍平《やまむろぐんぺい》らとともに「岡山四聖人」の一人とされる。その著作は、『留岡幸助著作集』全五巻(昭和五十三―五十六年、同朋舎)としてまとめられている。内務官僚で東条英機内閣のもとで警視総監をつとめた留岡幸男は長男。教育家・教育学者で家庭学校校長・北海道大学

教授をつとめた留岡清男《きよお》は次男。

参考文献　室田保夫『留岡幸助の研究』(一九九八、不二出版)　(岡田　洋司)

ともえクラブ　巴倶楽部　初期議会期の衆議院院内会派。第一議会において大成会に所属した中立派議員のうち、大東義徹《おおひがしぎてつ》・中村栄助・中村弥六・八巻九万《やまきくまん》ら大成会の吏党的行動にあきたらない一派が、明治二十四年(一八九一)十一月、鈴木重遠《すずきしげとお》ら立憲自由党から分離した一部議員と合流して結成した。当初無所属倶楽部と名乗っていたが、芝区西久保巴町(東京都港区)に事務所を置いたことから巴倶楽部と名乗った。結成当初の所属議員は十七名であった。第二議会においては民党的立場に立って行動したが、同年十二月二十五日の第二議会解散とともに一旦解散。しかし、選挙後の翌年三月、再選された大東義徹・中村弥六・鈴木重遠ら十数名の議員によって再興され、事務所を赤坂溜池に置いた。その後溜池倶楽部の名称で呼ばれるようになったが、同年十一月に至り内紛が起り解散した。

参考文献　林田亀太郎『日本政党史』上(一九二七、大日本雄弁会)　(真辺　将之)

ともこ　友子　友子同盟ともいい、鉱山における熟練鉱夫(採炭夫)の自律的な同職組合で、技術伝承と相互扶助の機能を持っていた。江戸時代に金属鉱山で定着し、明治時代に石炭鉱山にも広がった。独身鉱夫を主たる対象とする飯場《はんば》制度のもとで存在しており、夫婦での労働・生活を基本とした納屋《なや》制度下の筑豊炭田などには存在しなかった。友子への加入は自動的ではなく、加入の意思を持ち加入が許された者が、加入のための儀式(取立式)を経て、親分・子分・兄弟関係などを結んで構成員として認められる手順が必要であり、加入後は親の立場にある先輩鉱夫が後見人的位置にあって、技術伝承・相互扶助が図られた。他の鉱山に職場を変えようとする際には移動先の友子が数日間の食事・宿舎を提供し、就職できずにその鉱山を去る場合には餞別金が渡されるなど、移動を円滑にする機能も果たしていた。大正期以降次第に衰え、昭和期には共済機能の義務化・形骸化に伴う会費未納が増え、組織維持が困難になったといわれている。

参考文献　二村一夫『足尾暴動の史的分析—鉱山労働者の社会史—』(一九八八、東京大学出版会)、村串仁三郎『日本の鉱夫—友子制度の歴史—』(一九九八、世界書院)、村串仁三郎『大正昭和期の鉱夫同職組合「友子」制度—続・日本の伝統的労資関係—』(二〇〇六、時潮社)　(加瀬　和俊)

ともながさんじゅうろう　朝永三十郎　一八七一—一九五一　哲学者。明治四年二月五日(一八七一年三月二十五日)、大村藩士朝永甚次郎の三男として肥前国彼杵《そのぎ》郡川棚村(長崎県東彼杵郡川棚町)に生まれる。明治二十八年(一八九五)、帝国大学文科大学に入学。哲学・哲学史を専攻し、ケーベルや井上哲次郎に学んだ。三十一年(一八九八)京都の真宗大学(大谷大学)教授に就任。三十五年三十二歳で結婚、三十九年長男振一郎(のちのノーベル物理学賞受賞者、東京教育大学学長)が生まれた。四十年(一九〇七)京都帝国大学助教授。四十二年西洋哲学史研究のため独・仏・英に留学、ハイデルベルク大学でヴィンデルバントの講義を聴く。大正二年(一九一三)四十三歳のとき帰朝して京都帝国大学教授、文学博士となる。教え子には、天野貞祐元文相、山内得立元京都学芸大学学長、岡野留次(のちの関西大学学長)、小原国芳(のちの玉川大学学長)、日高第四郎(のちの文部次官)、高坂正顕(のちの京都大学教育学部長)らがいる。昭和六年(一九三一)六十一歳で停年退職して名誉教授となり、大谷大学教授を勤めるとともに、東京・広島両文理大学にも出講した。二十二年(一九四七)大谷大学を辞し著述に専念、二十三年に学士院会員となる。二十六年九月十八日、満八十歳で死去し、東大谷の墓地に葬られた。法号は澄泉院釈信慧。主著は、大正五年(一九一六)四十六歳のときに出版した、『近世に於ける「我」の自覚史』である。近世科学の自然主義と唯物論を批判して、理性・文化の哲学であるカントの人格主義を評価した。大学の講義でも新カント学派に近い立場で西洋哲学史を講じた。カントの平和論に傾倒し、平和運動に熱心であった。その他の著作としては、『哲学辞典』(明治三十八年、宝文館)、『デカート』(大正十四年、岩波書店)、『デカルト省察録』(昭和十一年、岩波書店)、『カントの平和論』(同二十二年、改造社)、『哲学史的小品—ルソー・カント・ロッツェ—』(同二十三年、黎明書房)、『ルネッサンス及び先カントの哲学』(同二十三年、岩波書店)などがある。また、『現代日本思想大系』二四(同四十年、筑摩書房)に著作が載る。

朝永三十郎

参考文献　宮川透・荒川幾男編『日本近代哲学史』(『有斐閣選書』、一九七六、有斐閣)　(大久保正健)

ともながしょうぞう　朝永正三　一八六五—一九四二　工学博士、京都帝国大学名誉教授。長崎県士族朝永甚次郎の長男として慶応元年(一八六五)十二月に生まれる。明治二十年(一八八七)帝国大学工科大学を卒業し農商務省特許審査官を経て京都帝国大学教授となった。大正七年(一九一八)から同九年まで工学部長を務めた。熱機関分野の講義を行うとともに、蒸気動力に関する研究成果を発表し、蒸気動力の発展に寄与した。昭和十七年(一九四二)死去。七十八歳。ノーベル賞受賞の物理学者朝永振一郎は甥。

参考文献　校友調査会編『帝国大学出身名鑑』(一九三二)、『京都大学機械系工学教室第二世紀記念誌』(二〇〇一)

(城下　荘平)

とやべしゅんてい　鳥谷部春汀　一八六五―一九〇八　ジャーナリスト。本名銑太郎。慶応元年三月三日(一八六五年三月二十九日)陸奥国三戸郡五戸町(青森県三戸郡五戸町)の南部藩士木村忠治とりわ子の長男として生まれる。父木村忠治は八戸藩まで名を知られた剣客であった。母りわ子は南部藩士鳥谷部市太郎の長女。のち鳥谷部家の養子となる。明治六年(一八七三)五戸小学校が開設され入学。同九年六月奥羽巡幸の有栖川宮熾仁《ありすがわのみやたるひと》親王臨校の際、優等生として歴史の一節を講じ、首席で卒業後は五戸小学校で助教を二年余り勤める。同十二年(一八七九)五戸選抜生として青森専門学校農芸科に入学。同十五年旧藩の先輩東太郎を頼り東京に出たが、頼って行った相手の東はすでに渡清したあとで、仕方なくその足で京都を経て和歌山に至り、青山専門学校時代の教頭色川圀士を訪ね、借金を申し込み渡清の決意を語り、その無謀を戒められて、再び東京に帰り独学をする。同十七年脚気を患い帰郷、快癒後五戸小学校教師を三年間勤める。担任は高等科四年で、後年結婚した松尾ことはこの受け持ちに在学していた。同二十一年(一八八八)上京し東京専門学校(早稲田大学の前身)英語本科に入学、同二十四年政治科を卒業。翌年島田三郎に認められて上京し、同二十五年『毎日新聞』に入社、同二十七年退社。またこの年近衛篤麿と知り合い、翌年機関紙『精神』(同年十二月『明治評論』と改題)の経営にあたり、「人物月旦」を掲載しはじめて人物評論を行う。同二十九年「板垣退助」「個人としての伊藤侯と大隈伯」「山県有朋」などを『明治評論』に発表。同三十年(一八九七)からは博文館の雑誌『太陽』の記者となり「島田三郎氏」「徳富猪一郎」などを『太陽』に発表するなど、誌上で評論活動を続ける。同三十一年『明治人物評論』刊行。同三十三年『報知新聞』に入社。またこの年『太陽』に発表したものを集め、『続明治人物評論』を博文館から刊行。同三十四年東邦協会常議員に就任。この年には「桂総理大臣」「中江兆民居士」などを『太陽』に発表。同三十五年報知新聞社を退社し再び博文館に入社、『太陽』主幹となる。この年には「頭山満氏」「加藤高明氏」「徳川慶喜公」「逝ける西郷従道侯」を『太陽』に発表している。また「人物月旦」三十一篇をまとめ『明治人物小観』として博文館から刊行。同三十六年には金子堅太郎の紹介で伊藤博文に面会している。この年には「露国大臣ウィッテ」「英国植民大臣チャムバーレーン氏」を執筆している。同三十八年「東郷海軍大将と英雄崇拝」「乃木大将とステッセル将軍」などを『太陽』に執筆するとともに、『時代人物月旦』を博文館から刊行。同三十九年には「犠牲となりし山川健次郎氏」「桂伯と西園寺侯」「西園寺侯と加藤高明氏」「後藤新男爵」「矢野次郎翁」などを『太陽』に発表している。同四十年(一九〇七)「新聞『日本』を去りたる三宅博士」「不人望の犬養毅氏」「河島北海道長官」「尾崎市長と大岡市会議長」「大隈伯と故陸奥伯」などを『太陽』に発表する傍ら、二月には『開国五十年史』の「新聞紙雑誌及び出版事業」を執筆。同四十一年「山県公爵」「タフト氏とブライアン氏」「菊池京都大学総長」などを『太陽』に発表するが、胃潰瘍で入院中の十二月二十一日、病状が一変し赤痢となり死去。四十四歳。没後同四十二年一月口述筆記した最後の人物評論「大谷光瑞法王」を『太陽』に掲載。六月『春汀全集』第一巻として『明治人物月旦』、八月『春汀全集』第二・三巻として『明治人物月旦』の続きと『各種評論』が博文館から刊行される。昭和六年(一九三一)改造社刊行の『新聞文学集』(『現代日本文学全集』第五一篇)に「山県首相に与ふ」が収録される。同十四年(一九三九)、明治三十一年十一月の『太陽』に掲載された「犬養毅氏」が、東京経済新報社刊行の『犬養木堂伝』下巻に収録。編著はほかに『東洋治安策』(島田三郎と共著、明治二十八年)、『通俗政治汎論』(同三十一年)、『内地雑居改正条約案内』(同三十二年)、『戦後経営』(同三十九年)がある。

参考文献　鳥谷部陽之助『春汀、狄嶺をめぐる人々』(一九八六、津軽書房)、木村毅編『明治人物論集』(『明治文学全集』九二、一九七〇、筑摩書房)

(中嶋　晋平)

とやべせんたろう　鳥谷部銑太郎　⇨鳥谷部春汀《とやべしゅんてい》

とやまがっこう　戸山学校　⇨陸軍戸山学校《りくぐんとやまがっこう》

とやまかめたろう　外山亀太郎　一八六七―一九一八　遺伝学者。慶応三年九月二十六日(一八六七年十月二十三日)、相模国愛甲郡上古沢村(神奈川県厚木市)で出生。帝国大学農科大学を卒業後、同学の助手・助教授(農商務省原蚕種製造所技師兼務)を経て、大正六年(一九一七)東京帝国大学農科大学教授に就任。助教授のとき、政府顧問としてシャム国に招聘されたが、現地で蚕業指導を行いながら試みた実験によって、メンデル遺伝法則が動物でも適用されることを世界ではじめて明らかにし、また雑種一代が両親より多収になることを世界ではじめて解明し、帰国後の明治三十九年(一九〇六)に発表した。以後、わが国の養蚕業は外山の提言を受けてハイブリッド品種に変わり、世界一位の生産量を誇るようになる。大正四年、「蚕の遺伝研究」で帝国学士院賞を受賞。大正七年三月二十九日に青山高樹町(東京都港区)の自宅で死去した。五十二歳。著書に『蚕種論』(明治四十二年、丸山舎書籍部)がある。

(西尾　敏彦)

とやまけん　富山県　中部地方の日本海側に位置する県。越中国といわれ、近世には、加賀・能登・越中に及ぶ百万石前田家と、その分家(支藩)で婦負《ねい》郡と新川《にいかわ》郡の一部を領した十万石の富山前田家領であった。明治元年(一八六八)三月江戸を目指した北陸道鎮撫総督が加賀・富山を通過し、本藩・支藩とも朝廷に従うことになり、越後長岡などでの戊辰戦争へと参加していく。同年十月、加賀藩では政府の藩治職制に従い、職制改革を実施し、富山藩でも同様の改正が行われた。両藩主とも明治二年六月の版籍奉還で藩知事に任じられた。二年には天候不順により加賀藩領の新川郡地域では凶作となり、打ち壊しを伴うバンドリ騒動が起きている。三年富山藩では林太仲《はやしたちゅう》が大参事となり藩政改革を進め、特に藩内寺院合寺政策が強力に実施された。四年七月には廃藩置県が実施され、旧富山藩領は富山県となり、同年十一月に廃止された。さらに廃止に伴い、旧富山藩領よりも県域が拡大され、婦負・新川・礪波《となみ》の三郡となり、県庁を魚津に置いた新川県が設置された。一方、十一月に能登の一部と越中の射水《いみず》郡を含む七尾《ななお》県が設置されるに伴い、旧来の藩領を継承した金沢県は、加賀一国が管轄範囲となった。五年二月に石川県と改称し、九月には七尾県の内、射水郡を除き能登を組み込んだ。射水郡は新川県に所属することになった。九年四月には、新川県は廃止され越前を含む石川県に合併された。富山町には官員出張所が置かれ、十一年(一八七八)十二月新川郡が上・下二郡に分割され五郡となる。十六年五月九日付で分県運動が実り、富山県の分県が認められた。最初の県令として国重正文《くにしげまさふみ》が着任し、明治期には国重を含め十四人の知事が着任した。二十九年(一八九六)四月に上新川から中新川郡を、砺波郡は東・西に分け、射水郡からは氷見《ひみ》郡がそれぞれ分立し、六月の郡制施行に伴って八郡となる。富山県の県治の特徴は、水害対策費など土木費の占める割合が高いことであった。農業は稲作への依存と小作農の比率が高く、洪水の被害や病虫害などを直接的な背景にして、四十年代ピークに多数の北海道移住があった。明治期の主要産業としては売薬・絹織物・高岡銅器・定置網漁業などが発達し、伏木が中越鉄道の開通とともに、移出港として重要な役割を果たしていく。

[参考文献]『富山県大百科事典』(一九七六、富山新聞社)、『富山県史』通史編五(一九八一)、梅原隆章・奥村宏・吉田隆章『富山県の百年』(『県民百年史』一六、一九八六、山川出版社)、『富山大百科事典』(一九九四、北日本新聞社)、富山近代史研究会編著『とやま近代化ものがたり』(一九九六、北日本新聞社)、高井進『越中から富山へ―地域生活論の視点から―』(一九九八、山川出版社)、『越中人譚―高志の国に生まれし人、越の国に生き抜きし人―』一(二〇〇七、チューリップテレビ)

(高橋 延定)

〔民権結社〕越中での民権運動は、当初より豪農商層を出自とする民権家の指導のもとで展開していった。明治十三年(一八八〇)一月、射水《いみず》郡棚田村(射水市)出身の稲垣《いながき》示《しめす》は、同郡下関《しもぜき》村(高岡市)で越中での最初の民権結社北《ほく》立社《りっしゃ》を結成し、三月国会期成同盟が結成される第四回愛国社大会に参加している。さらに、十一月に上京した稲垣は、越中四千七十九名の署名を集めた国会開設哀願表の受理を太政官に迫った。翌十四年十月の国会開設への詔書が出されたことを受けて、その準備のために政治活動を行う結社の組織化が地方で活発化した。中央で板垣退助らによって自由党が結成されると、十五年一月には高岡瑞竜寺《ずいりゅうじ》で北立自由党が結党された。十六年三月、自由党は再び瑞竜寺に集い北陸七州有志懇親会《ほくりくしちしゅうゆうしこんしんかい》を開催し、北陸地域での民権家結集を目指した。一方、十五年三月に元参議の大隈重信が立憲改進党を組織すると礪波《となみ》郡般《はん》若《にゃ》野(高岡市)出身の島田孝之《しまだたかゆき》が今石動《いまいするぎ》(小矢部市)に北《ほく》辰社《しんしゃ》をおこした。この北辰社や越中義塾などが合同し、十五年五月高岡超願寺《ちょうがんじ》に集まって越中改進党が結成され、党の拠点を富山市に置いた。同年末、越中改進党から中央の立憲改進党に合同する島田のグループが分離している。十七年には自由党が解散し、改進党は活動を停止した。十八年には強まる政府の圧力と国内運動の閉塞状況を打開しようと、大阪事件が起きている。この時大阪国事犯裁判所に移送された者は五十八名で富山県出身者が最も多く十一名を占めた。県内では次第に自由党による運動が停滞していくが、この間、富山県議会では、自由党の影響が弱まるとともに、越中改進党から立憲改進党優位へと進み、十八年十二月の改選以降二十一年(一八八八)三月までこれが続く。二十年九月には、後藤象二郎などの唱える大同団結運動が県内へも波及し、十月九日には改進・自由両党の連合懇親会が富山光厳寺《こうごんじ》で開催された。十二月から翌年にかけて後藤は県内各地を遊説し大同を説いた。二十一年七月には中越大同倶楽部が発足したが、後藤の遊説に際しても改進党と自由党との対立は収まらず、相互の機関誌による応酬が激しさを増していく。二十三年以降、帝国議会が開設されると地域的な民権結社の役割を終え、これらの二つの系統を引く政党は、民党として県議会議員・郡会議員から町村議員に至るまで、それぞれ系列化を進めていった。

[参考文献] 松尾章一・松尾貞子編『大阪事件関係史料集』(一九八五、日本経済評論社)、『富山県史』通史編五(一九八一)、高井進『越中の自由民権運動』(『新湊市民文庫』一九八四、新湊市教育委員会)、森山誠一「加越能自由民権運動史料―植木枝盛閲・小塚義太郎著「自由正解」等について―」一(『金沢経済大学論集』二二ノ一、一九八八)

(高橋 延定)

〔新聞〕富山県に関連する最初の新聞は、明治四年(一八七一)十二月から石川県の金沢で発行された『開化新聞』と思われる。県内で発行された最初のものは、『越中新誌』で十四年(一八八一)五月に富山の光美社《こうびしゃ》が発行し、十六年五月一三四号まで確認されている。その後、民権運動と政党活動の活発化により、十七年一月十八日付で『中《ちゅう》越《えつ》新聞』が発行された。二十一年(一八八八)七月には『富山日報』に改称し、次第に改進党系の色彩が強まっていき、翌二十二年七月には株式会社となる。自由党系の人々は、二十一年から翌年にかけての後藤象二郎の遊説に対して、先の『富山日報』から批判を受けたことで、機関誌の発行を急ぎ、二十二年四月五日付で日刊紙『北陸公論』を発刊した。『北陸公論』は二十三年の衆議院議員選挙に際して、改進党員の関野善治郎《せきのぜんじろう》の勤める十二銀行への不正キャンペーンを行なった。しかし、大蔵省による調査の結果は十二銀行に不正の事実はなかったとされた。このため、同銀行からの損害賠償請求を見越しての破産だったのか、九月十四日に四三九号を以て廃刊した。この『北陸公論』を引き継いだのが、九月十八日に発刊した『北陸政論』であった。二十六年に一度廃刊したが、すぐに再刊され、三十七年(一九〇四)九月に『北陸新報』を合併し『北陸政報』と改称している。明治二十二年三月に高岡の米業者の機関誌として夕刊紙『高岡商況』が発刊された。しかし、二十四年五月に起きた大津事件の報道により発行停止に追い込まれ廃刊した。同年六月十六日すぐに『高岡商況日報』として創刊され、二十五年四月には『高岡新報』と改めて夕刊商業紙として発行が続いた。四十一年(一九〇八)十一月十五日に中立系の新聞として『北陸タイムス』が福野町の田中清文《たなかきよふみ》を中心にして富山市で創刊された。このほか、明治期には幾つかの新聞創刊が確認できるが、そのほとんどが短命であった。

参考文献 『北日本新聞社八十五年史』(一九六九)、『北日本新聞百二十年史』(二〇〇四)　(高橋　延定)

〔雑誌〕富山県で最初の雑誌は、海内果《うみうちはたす》や増田贇《ますださん》などによって明治十年(一八七七)十一月四日に創刊された『相益《そうえき》社談』といわれる。本誌は、当時の文明開化を目指す啓発的な時代風潮に影響を受けつつ、高尚な政治論や逆に滑稽談にもよらず、各自の利益となる修身経済論などを論じて人文の自由を進めることを目指していた。定価は二銭五厘で十五年四月の五四号まで続き廃刊された。続いて、十五年四月に稲垣示《いながきしめす》らは金沢で『自由新誌』を発刊したが、十六年の富山県の分離独立とともに廃刊される。十八―二十一年(一八八八)ころまで『北辰《ほくしん》雑誌』が刊行された。二十一年三月には『北陸公論』が高岡で発行されたが、同年中に六号程度の発行で廃刊したと考えられる。『富山県統計書』で雑誌名や発行数などが確認できるが、詳細の不明なものも多い。

参考文献 瀬木博信編『東天紅―東京帝国大学法学部明治新聞雑誌文庫所蔵目録―』三(一九四二)、『富山県郷土資料総合目録』(一九六二)、太田久夫『郷土雑纂』(一九八六)　(高橋　延定)

〔銀行〕富山県の最初の銀行は、明治五年(一八七二)十一月制定の国立銀行条例に基づいて、十一年(一八七八)十二月に資本金八万円で創立された富山第百二十三国立銀行であった。売薬業者など商人層を中心に経営は比較的順調で十五年には大阪へも支店を出すほどであった。同十七年一月に百二十三銀行は、十年八月創業の士族層を主軸に経営されていた金沢第十二国立銀行と合併して、十二銀行の名称を継承し、富山に本店を金沢に支店を置いた。三十年(一八九七)七月には開業後二十年の営業免許満期を迎え、私立の普通銀行として資本金百万円の株式会社十二銀行へと転身した。二十九年(一八九六)六月に開業していた株式会社北陸商業銀行を三十年十月に合併し、資本強化を図っている。本行は昭和十八年(一九四三)七月の戦時下における銀行合同による北陸銀行の成立まで存続した。このほか、二十六年七月施行の貯蓄銀行条例に基づき、二十六年一月資本金三万円の富山貯蓄銀行、二十八年十月高岡貯金銀行、四十四年(一九一一)に至って氷見《ひみ》銀行となる資本金三万円の氷見貯蓄銀行が二十九年九月に、三十年に資本金三万円で新湊貯蓄銀行などが創立された。さらに二十九年四月の農工銀行法公布に基づき、富山県農工銀行が富山市に三十一年六月に設立され、島田孝之《しまだたかゆき》なども頭取を務めている。地域の金融を支える組織として、国立銀行以外に、近世以来の質屋・高利貸・頼母子講《たのもしこう》が各地に存在しており、次第に銀行と類似した民間の組織として整えられたものがあった。射《い》水《みず》郡加納《かのう》村(氷見市)には、五年前後に成立したと見られる広成《こうせい》組(十年には広成社)、十三年砺波《となみ》郡杉木新《すぎきしん》村(礪波市)に滋芳《じほう》社などがあったが、二十年を待たずに倒産している。また、二十四年に破産する共益社《きょうえきしゃ》も十三年に成立しており、のち三十七年に共通銀行となる共通社も礪波郡宮村(礪波市)に十四年一月に成立するなど、比較的富山県西部地域での起業活動が活発であった。私立銀行としては、二十三年八月の銀行条例の公布前後、二十二年四月に高岡銀行、二十六年十二月砺波郡の共通合資会社、泊《とまり》銀行(下新川郡朝日町)、二十八年一月中越銀行(礪波市)、同年十月に高岡共立銀行、二十九年四月にはのちに富山銀行と改称する富山橋北銀行、同年七月魚津銀行、同じ年に米沢紋三郎《よねざわもんざぶろう》が頭取となる入善《にゅうぜん》銀行、四十年四月には田中銀行(南礪《なんと》市)などが成立している。県内の銀行も二十年代の増加時期を経て、不況による解散や合併などにより三十三年には四十行、四十三年段階では四十三の本店、三十三の支店、十五の出張所を数えるに至った。

参考文献 『富山県政史』四(一九四二)、『富山県史』通史編五(一九八一)、北陸銀行調査部百年史編纂班編『創業百年史』(一九七八)　(高橋　延定)

とやまけんにいかわぐんそうどう　富山県新川郡騒動

金沢藩領新川郡で明治初年に起きた農民騒動。参加者が農作業時の雨具として用いたバンドリを着用していたのでバンドリ騒動とも呼ばれる。明治二年(一八六九)は夏季の天候不順や稲熱病《いもちびょう》などの発生により不作となった。しかし、藩財政の窮乏を考慮して、地域を治める郡治局《ぐんちきょく》(前身は郡奉行所)や十村《とむら》(ほかの地域での大庄屋)は減免の措置を執らなかった。このため農民たちは嘆願をくりかえしたが進展はなかった。こうしたなか塚越《つかごし》村(富山県中新川郡立山町)の忠治郎が代表となり、集まった多数の農民に対して嘆願や金沢への出訴を訴えた。しかし大勢は、十村への直接嘆願に動き、十月二十四日には十村宅の打ち壊しが始まった。その後、郡治局役人などの説得に応じて沈静化したが、二十九日、竹内村(中新川郡舟橋《ふなはし》村)の無量寺に集まった農民は、再び嘆願から打ち壊しに転じ、吉島村(富山県魚津《うおづ》市)の御扶持人十村《おふちにんとむら》宅を打ち壊し、新川郡東部に拡大していった。鎮定のため藩は金沢から銃卒《じゅうそつ》隊兵を展開させた。これにより十村の多くが罷免され、忠治郎一人が張本人として斬刑に処せられている。

参考文献 倉田守「新川郡のバンドリ騒動」(『富山史壇』八五、一九八四)、新田二郎「明治二年のバンドリ騒動と砺波郡の騒動」(同八八、一九八五)、玉川信明『越中ばんどり騒動―明治維新と地方の民衆―』(一九八五、日本経済評論)

(高橋 延定)

外山脩造

とやましゅうぞう 外山脩造 一八四二―一九一六 明治から大正時代初期の大阪の実業家。外山伝の長男として天保十三年十一月十日(一八四二年十二月十一日)に越後国古志《こし》郡高波村橡尾《とちお》郷小貫《こつなぎ》村(新潟県長岡市)で生誕。嘉永六年(一八五三)より長岡と江戸で学ぶが、明治元年(一八六八)の戊辰戦争では長岡藩兵総督で外山が最も薫陶を受けた河井継之助のもとで従軍した。河井の戦死後、再び東京に出て同二年に慶応義塾、四年に開成学校および共立学舎で学び、翌年二月に秋田県十等出仕となる。六年に大蔵省に入り、十一年(一八七八)十二月に同省銀行課を辞した後、翌年一月に大阪第三十二国立銀行総監役、十五年十月に日本銀行理事兼大阪支店長となる。日本銀行在職中に大阪倉庫の創立に関わり、同社内に大阪融通会社(のちの大阪共立銀行)を設立した。十八年に日本銀行を辞し、二十一年(一八八八)に一年間の欧米視察から帰国後、翌年十二月に大阪貯蓄銀行を設立し、その後も積善同盟銀行、大阪舎密《せいみ》工業、阪神電気鉄道の頭取・社長を務め、この間に多くの関西系企業の監査役も歴任した。そのほかに、二十五年二月に衆議院議員となり、また同年四月にはわが国初の商業興信所を開設し、所長となった。三十九年(一九〇六)四月、勲四等に叙せられた。大正五年(一九一六)一月十三日、浜寺で死去。七十五歳。

参考文献 武内義雄編『軽雲外山翁伝』(一九二八、商業興信所)、大阪市役所編『明治大正大阪市史』三(一九三四、日本評論社)

(今城 徹)

『富山日報』第2373号

とやまにっぽう 富山日報 富山県で最初の立憲改進党の機関紙。明治十四年(一八八一)五月に富山県で最初の週刊新聞とされる『越中新誌《えっちゅうしんし》』が、十六年五月まで一三四号が発行された。これを受けて富山町で酒造業を営む山野清平《やまのせいべい》が、『石川新聞』から石川県議などを勤めた高桑《たかくわ》致芳《ともよし》を迎えて隔日発行の『中越新聞《ちゅうえつ》』を十七年一月十八日に発刊する。十九年八月から日刊紙となり県の広報的な記事と改進党系による政治批判などを掲載した。これを二十一年(一八八八)七月二十五日に『富山日報』と改題し、翌年七月に株式会社として発足した。立憲改進党支持を打ち出し日刊紙として、比較的安定した経営が続いた。昭和十一年(一九三六)十二月に至り機関紙としての立場を廃し、昭和十五年八月の県内新聞統合まで続いた。

参考文献 『北日本新聞社八十五年史』(一九六九)

(高橋 延定)

とやまはんのごうじせいさく 富山藩の合寺政策 富山藩で明治三年(一八七〇)閏十月から、藩政改革に伴って実施された仏教寺院の強制合併政策。九月に大参事に着任した林太仲《はやしたちゅう》は、もと僧侶であった原弘三《はらこうぞう》を権少属として採用するとともに、加賀藩からの自立を目指した藩政改革の一環として合寺令を公布した。藩の兵制改革と合わせて仏具などの兵器への転換、寺院跡地の払い下げなどが目指された。藩では富山寺町周辺の指定された寺院に仏具を持参し家族とともに集合させた。対象となった寺院は四百ヵ寺にのぼるといわれ、各宗派ごと六ヵ寺に収容された。浄土真宗寺院に至っては二百五十ヵ寺が持専《せん》寺《じ》に合併された。この時期、加賀藩では立山や二上山《ふたかみさん》の神仏分離に着手したものの、富山藩ほど激しいものではなかった。特に真宗教団では両本願寺を中心に嘆願運動を展開し、廃藩置県後の五年十月、壇家七十戸以上を持つ寺院を対象に合寺解除が実施された。その後、八年九月には七十戸以下の寺院の解除が行われ、境内地の回復などの動きは昭和十年(一九三五)ごろまで続いた。

参考文献 『越中真宗史料』(『越中資料集成』別巻一、一九九七、桂書房)、北沢俊嶺「明治維新における富山藩の合寺事件について―廃藩置県まで―」(『富山工業高等専門学校紀要』三、一九六九)、『富山県史』通史編五(一九八一)、栗三直隆「富山藩合寺と林太仲」(梅原隆章教授退官記念論集刊行会編『歴史への視点』所収、一九八五、桂書房)、同「富山藩合寺事件―合併寺院の変遷―」(『日本海地域史研究』一二、一九九四)、

(高橋 延定)

とやまぶんけんもんだい 富山分県問題 明治十年代前半に起きた石川県から富山県を分離させようとする活動のこと。明治四年(一八七一)以降、廃藩置県などを契機にして全国的な府県統合が進められ、九年には、三府三

十五県に圧縮された。五年に現富山県を範囲として成立した新川県《にいかわ》が、九年には福井を含む石川県に吸収された(大石川県時代)。府県会規則に基づき最初の石川県会は十二年(一八七九)五月で議員数六十九名に対し越中の議員は二十二人であった(十四年越前分離後の定数四十七名、越中二十二名と変わらず)。このころから県会での地域ごとの対立が深まり、ことに河川の多い越中からは治水費などの要求が強かった。一方、十四年十二月、東京在住の礪波《となみ》郡出身の石埼謙《いしざきけん》が、元老院議長に分県の建白書を提出、翌十五年十一月に新川郡入善《にゅうぜん》村(富山県下新川郡入善町)の米沢紋三郎《よねざわもんざぶろう》が起草した建白書が、内務卿山田顕義《やまだあきよし》に提出されている。十四年には福井県や鳥取県が分立し、さらに宮崎・佐賀・長野などの分県運動が見られた。政府、内務卿山田などは、佐賀県分離と抱き合わせで、石川県と士族への治安対策からも分県容認の姿勢を見せた。また、富山側での藤井能三《ふじいのうぞう》などの活動、米価上昇に伴う地域経済活性化への期待感なども分県への伏線として考えられる。こうして、十六年五月九日ついに分県が実現するが、分県とともに松方デフレによる地域経済への打撃という新たな課題も抱えることになった。

参考文献　『富山県史』通史編五(一九八一)、浦田正吉「山田顕義と藤井能三―富山県分県の「功労者」―」(『富山史壇』一五二、二〇〇七)

(高橋　延定)

とやままさかず　外山正一　一八四八―一九〇〇　社会学者。東京帝国大学教授。文部大臣。ゝ山《ちゆざん》と号す。嘉永元年九月二十七日(一八四八年十月二十三日)江戸小石川柳町(東京都文京区)に生まれる。幕臣であった父から漢学を学び、十四歳で蕃書調所《ばんしよしらべしよ》に入り英学を修める。慶応二年(一八六六)幕命により英国留学。明治元年(一八六八)維新のため帰国し、徳川家に従い静岡学問所教授。三年森有礼の推挙で外務省弁務少記に転じ、アメリカに赴任。四年外務権大録。五年依願免官。アンポール＝ハイスクール入学。さらにミシガン大学選科に進学、哲学理学を学ぶ。九年に帰国、東京開成学校教授。十年(一八七七)東京大学教授。十四年文学部長。二十一年(一八八八)文学博士(帝国大学評議会推薦)。二十三年勅選貴族院議員。二十六年帝国大学に講座制設置に際し、社会学講座の最初の担当者として大学における社会学の位置を確固たるものにした。三十年(一八九七)東京帝国大学総長。三十一年伊藤内閣の文部大臣。明治三十三年三月八日死去。五十三歳。スペンサーに傾倒し、社会進化論的見地から社会学を講じた。没後、建部遯吾《たけべとんご》らによって編纂された『ゝ山存稿』(前後編、明治四十二年、丸善、昭和五十八年に湘南堂書店より復刻)に収められた「日本知識道徳史」「神代の女性」「神代における政治思想及び制度」などは日本の古代社会の婚姻・家族・政治思想を実証的に研究したものとして貴重である。また「政府職権の範囲」「民権弁惑」においては、自由主義の立場から、政府の干渉も急進的民権論も「両者ノ迂闊共ニ惘マズバアルベカラザルナリ」と批判し、穏健な漸進的進歩を説いている。さらに同書後編には、社会評論・議会演説・芸文観・詩藻が収録されている。ほかに、『教育制度論』(明治三十三年、冨山房)など教育関係の論考も多く、特に女子教育を奨励した。音楽・演劇・絵画を論じ、新体詩運動、漢字廃止論の主張、ローマ字会の創立、帝国図書館設置などの啓蒙活動を行い、開化思想の普及に努めた。

外山正一

参考文献　大道安次郎『日本社会学の形成―九人の開拓者たち―』(『社会科学選書』、一九六八、ミネルヴァ書房)、三上参次『外山正一先生小伝』(『伝記叢書』六、一九八七、大空社)、川合隆男『近代日本社会学の展開―学問運動としての社会学の制度化―』(二〇〇三、恒星社厚生閣)

(児玉　幹夫)

とやまみつすけ　外山光輔　一八四三―七一　幕末・維新期の公家。天保十四年十月二十七日(一八四三年十二月十八日)、外山光親の次男として京都に生まれる。嘉永五年(一八五二)三月元服して昇殿を許され、宮内大輔となる。明治三年(一八七〇)四月東京に出て皇居の内番交替参勤となるが七月に辞して京都に帰る。その後、国家のために尽力することを願うも国事の御用を仰せつかることもなく、他方で外国との貿易が盛んになった結果、国内の物価が騰貴し、世上が不穏になったことに不満を募らせ、明治天皇の京都還幸、洋風を好む奸吏の追放と政体の改正、有志を募り攘夷の決行という計画を樹立する。そして連判状を作り、地下官人、公家の家来、社家の侍、地方の草莽らの糾合を試みた。しかし明治四年三月六日(一八七一年四月二十五日)、下河原の料亭噲々堂で外山を擁した挙兵を密議しているところを知られ、翌七日同志二十一名とともに捕縛され、同年十二月三日(一八七二年一月十二日)に自尽を命ぜられた。二十九歳。→愛宕《おたぎ》通旭《みちてる》事件《じけん》

参考文献　佐藤誠朗「明治四年外山・愛宕事件の序論的考察」(新潟大学『人文科学研究』六七、一九八五)

(内山　一幸)

とやまやくがくせんもんがっこう　富山薬学専門学校　明治末期にできた富山県唯一の薬学教育の専門学校。明治二十六年(一八九三)に富山県の伝統的な業種である薬学の研鑽や振興のために私立の共立富山薬学校として富山市梅沢《うめざわ》町に設立許可され、翌年開校し富山市と売薬業者の支援で運営された。三十年(一八九七)には富山市立富山薬学校、四十年(一九〇七)四月には富山県立薬業学

富山薬学専門学校

校となった。四十三年四月に先の学校を廃止して、富山県薬学専門学校を設置した。同十一月に富山市総曲輪《そうがわ》の新校舎に移転した。本科の定員九十名、就学年三年、別科三年で開校し、卒業者には薬剤師の免許が付与された。その後、官立化の運動が進められ、大正九年（一九二〇）二月国内初の官立富山県薬学専門学校となり、地域や県・市の援助を得て校舎を整備し、戦後富山大学薬学部、富山医科薬科大学と継承されていく。

参考文献 『富山県教育史』（一九七二）、『富山県史』通史編五（一九八二） （高橋 延定）

どようかい 土曜会 明治時代後半から大正期にかけての貴族院の会派。貴族院議長近衛篤麿《このえあつまろ》と伊沢修二《いさわしゅうじ》を中心とする朝日倶楽部と、懇話会から半数程度脱会して形成された谷干城《たにたてき》と曾我祐準《そがすけのり》を中心とする庚子会とを中核として、明治三十四年（一九〇一）十二月七日形成された。会員数五十四名で研究会につぐ勢力であった。反藩閥・対外硬の志向があり、親改進党系の傾向があったが、政党内閣には反対した。三十七年一月の近衛の死、四十四年（一九一一）五月の谷の死で、徐々に勢力は衰えていき、明治四十四年改選後は三十名台となった。大正八年（一九一九）公正会設立による男爵議員の脱会を契機に、十一月十五日に解散した。

参考文献 霞会館編『貴族院と華族』（一九八八）、内藤一成『貴族院と立憲政治』（二〇〇五、思文閣出版） （西川 誠）

どようざっし 土陽雑誌 民権派の機関誌。言論闘争の本格化に伴い立志社は社内に雑誌局「高陽社」を開設し、明治十年（一八七七）八月二十五日、『海南新誌』と『土陽雑誌』を創刊、十一年一月、両紙を合併して『土陽新聞』とした。『海南新誌』は論説ばかりで構成された政論誌である。『土陽雑誌』は大衆紙であるが、ほぼ毎号論説が掲げられただけでなく、和歌や都々逸のような俚謡がかかげられた。「よしや節」が紹介されたのも『土陽雑誌』である。『土陽雑誌』は十年十二月二十日第一二号まで発行された。出版人は第一―五号までは坂本南海男《さかもとなみお》、その後出版人の名は消え、編纂兼印刷人として長崎利実の名が記されている。署名論説の一番多いのは国沢会造である。『海南新誌』『土陽雑誌』ともに一冊三銭、前金五冊十四銭、同十五冊四十銭と広告されている。一号あたり平均部数は千部強である。売捌所は高知県内に限らず、大阪や東京はもちろん、岡山、松山、姫路、徳島などにもあった。家永三郎・外崎光広・吉田曠二解説『海南新誌・土陽雑誌・土陽新聞』（昭和五十八年、弘隆社）に翻刻。 （松岡 僖一）

『土陽雑誌』第１号

どようしんぶん 土陽新聞 民権派の機関紙。明治十年（一八七七）八月、言論闘争の本格化に伴い立志社は社内に雑誌局「高陽社」を開設し、政論紙として『海南新誌』、大衆紙として『土陽雑誌』を発行。十一年一月十日、両紙は合併して『土陽新聞』となった。十三年七月、第二次『高知新聞』が創刊され、十四年六月、植木枝盛が『愛国新誌』を終刊として帰郷して高知新聞社に合流し、『高知新聞』は同年八月、名実ともに民権派の機関紙となり、言論弾圧の対象になった。発行停止と解停を繰り返す『高知新聞』の身代わり紙として十四年十二月十四日、第二次『土陽新聞』が創刊された。そして『高知新聞』が発行禁止になった後は、民権運動の中心的機関紙として機能した。明治三十七年（一九〇四）七月、第三次『高知新聞』が創刊され、『土陽新聞』『高知新聞』の両紙は政争を背景に対立したが、昭和十六年（一九四一）九月一日、『土陽新聞』は六十四年間の幕を閉じ、『高知新聞』に合併された。

→高知新聞《こうちしんぶん》

土陽新聞

第二次『土陽新聞』第１号

参考文献 『高知新聞一〇〇年史』（二〇〇四） （松岡 僖一）

とよかわりょうへい 豊川良平 一八五二―一九二〇

豊川良平

明治から大正時代前期にかけての実業家。嘉永五年正月十九日(一八五二年二月八日)土佐国高知で小野篤治の長男として生まれる。幼名は春弥。小野家は代々医者を家業としていたが幼くして両親を失い、少年時代は親戚の岩崎家で育つ。三菱創始者の岩崎弥太郎は従兄弟。若くして豊臣秀吉、徳川家康、張良、陳平から一字を採って豊川良平と改名するなど、豪放、奇抜な人物として有名であった。土佐藩校致道館や大阪で学んだのち、明治六年(一八七三)上京して慶応義塾に入学、同八年卒業。その後同十一年(一八七八)に創設された三菱商業学校、およびその後身の明治義塾の経営にあたる。また、同十三年には犬養毅とともに『東海経済新報』を発刊、田口卯吉の『東京経済雑誌』に対抗して保護主義、国家経済主義を唱えた。さらに同時期、犬養ほか自由民権運動家馬場辰猪《ばばたつい》、大石正巳《おおいしまさみ》らと結びつき政治活動に熱中したが、同二十二年(一八八九)三菱が買収した第百十九国立銀行の頭取に就任してから実業家としての活動に入る。同二十八年には同行の改組で創設された三菱合資会社銀行部の初代部長となり長年にわたり銀行経営にあたるが、活動の中心は実務面よりも政治方面の渉外活動にあり、三菱の「大蔵大臣」「外務大臣」として、銀行のみならず三菱財閥全体の事業発展に大きく貢献、荘田平五郎らとともに三菱第三代当主岩崎久弥《いわさきひさや》を支えた。一方で、銀行集会所副会長、手形交換所委員長など財界の要職も歴任、日露戦争時には曾禰荒助《そねあらすけ》蔵相と協力して国債発行に努め、日露戦後は鉄道金融、国債整理、米価調節、銀行企業救済などに尽力した。ほかにも日本郵船、猪苗代水力電気、三菱倉庫、日本窒素肥料などの経営に関与した。同四十三年(一九一〇)荘田引退後の三菱合資会社管事に就任するが大正二年(一九一三)に退き、以後は朝吹英二《あさぶきえいじ》、中野武営《なかのぶえい》らと市政刷新運動に専心、同三年東京市会議員、同五年貴族院議員となる。同九年六月十二日、六十九歳で病没。なお、妻屋寿は馬場辰猪の妹、妹従子は近藤廉平《こんどうれんぺい》の妻。

参考文献 鵜崎鷺城『豊川良平』(一九二二、豊川良平伝記編纂会)

(本宮 一男)

とよざわだんぺい 豊澤團平 義太夫節三味線方。

㈠二代 一八二八―九八 文政十一年(一八二八)、播磨国加古川生まれ。本名加古仁兵衛《かこにへえ》。二代竹本千賀太夫の養子。天保十年(一八三九)、三代豊澤広助に入門、豊澤力松《りきまつ》を名乗る。同十三年に丑之助《うしのすけ》(介)、弘化元年(一八四四)に團平と改名。團平の名前は二代豊澤広助が一時名乗ったものなので、現在は二代目とする。通称清水町。号は里暁。安政三年(一八五六)の清七没後は長門(長登)太夫の相三味線となり、元治元年(一八六四)に長門太夫が没した後も、五代豊竹湊太夫、六代竹本染太夫、五代竹本春太夫ら幕末から明治の大立者の三味線をつとめた。明治十年(一八七七)から二代竹本越路太夫《こしじだゆう》(のちの摂津大掾《せっつのだいじょう》)の三味線を弾き、十六年六月からは越路太夫、人形の吉田玉造とともに初の三味線紋下として名を並べる。翌十七年、文楽座を退座して彦六座に入座、三代竹本大隅《おおすみ》太夫《だゆう》の相三味線となる。明治三十一年(一八九八)四月一日、稲荷座の初日、大隅太夫の語る『花上野誉碑《はなのうえのほまれのいしぶみ》』志渡寺の段を演奏中に脳溢血で倒れ、病院に搬送中に没した。七十一歳。豪放にして繊細な芸で、明治期を代表する名人。稀曲の伝承や復活にも優れた功績を残し、『壺坂観音霊験記』(三十三所花野山)や『良弁杉由来《ろうべんすぎのゆらい》』の作曲者としても知られる。

㈡三代 一八五八―一九二一 明治・大正期の義太夫節三味線方。安政五年七月五日(一八五八年八月十三日)、大坂生まれ。家業は傘屋。本名植畑九市《うえはたくいち》。明治二年(一八六九)、二代團平に入門、豊澤九市《くいち》を名乗る。十二年(一八七九)五代豊澤源吉を襲名、二代竹本春子太夫などの三味線を弾く。十七年、師とともに彦六座へ移り、三十三年(一九〇〇)、四代豊澤仙左衛門《せんざえもん》を襲名。さらに四十年(一九〇七)、堀江座で三代團平を襲名し、文楽座から復帰した三代竹本大隅太夫の三味線をその最期まで弾いた。大正十年(一九二一)五月五日没。六十四歳。

(桜井 弘)

とよざわひろすけ 豊澤広助 義太夫節三味線方。

㈠五代 一八三一―一九〇四 天保二年(一八三一)京都生まれ。本名は栗原豊助。父は織物商人であったが、のちに義太夫語りとなり陸奥茂太夫《みちのくもだゆう》を名乗った人。通称松葉屋。三代広助に入門、豊澤豊之助《とよのすけ》と名乗る。弘化三年(一八四六)師の死去に伴い豊澤源吉(のちの四代広助)の預かりとなり、豊澤富助《とみすけ》と改名。その後、二代豊澤猿糸《えんし》を経て、明治三年(一八七〇)に五代広助を襲名する。十七年(一八八四)、御霊文楽座の開場と同時に、三味線文楽座紋下となり、二代竹本越路太夫《こしじだゆう》(のちの摂津大掾《せっつのだいじょう》)、人形の初代吉田玉造と名前を並べた。二十二年(一八八九)から十年間、二代越路太夫の三味線を勤め、数々の名演奏が言い伝えられている。そのほかに、二代津太夫、初代綾瀬太夫、八代染太夫らも弾いた。三十五年(一九〇二)に引退。三十七年二月十八日没。七十四歳。豊澤團平とともに明治期を代表する三味線の名手で、技巧に優れた芸風と伝えられる。彦六座などの非文楽系の座で活躍した團平と異なり、一貫して文楽座に出演した。

㈡六代 一八四二―一九二四 天保十三年(一八四二)大坂生まれ。本名は岩崎治助。通称松屋町。安政元年(一八五四)、二代豊澤猿糸《えんじ》(のちの五代広助)に入門、豊澤猿二郎《ろう》を名乗る。初代豊澤龍助《りょうすけ》、二代豊澤仙糸《せんし》、助八《すけはち》を経て、明治十六年(一八八三)、三代豊澤広作《ひろさく》を襲名。三十八年(一九〇五)一月、御霊文楽座で師の名跡豊澤広助の六代目を襲名し、竹本摂津大掾《たけもとせっつのだいじょう》の相三味線となり、『菅原伝授手習鑑』寺子屋の段を弾いた。大正二年(一九一三)四月、摂津大掾とともに引退し、十一年(一九二二)には近衛家より名庭絃阿弥《なにわげんあみ》の名を授けられた。十三年三月十九日没。八十三歳。故実に通じ、後進の指導にも熱心であった。

(桜井　弘)

とよしまなおみち　豊島直通　生没年不詳　明治時代後期の法学者。法学士となり、明治三十一年(一八九八)九月に東京専門学校(早稲田大学の前身)の講師となり、四十年(一九〇七)四月に教授会議員、四十四年五月に教授制発足に伴い大学部法学科(法学部の前身)教授となった。講師就任以来大正元年(一九一二)八月まで、法学部・法学研究科・法学練習科・大学部法学科・専門部法律科で刑事訴訟法・刑法・刑法各論・刑事訴訟法実習・刑事法実習を担当した。

参考文献　『早稲田大学百年史』一・二(一九七八・八二、早稲田大学出版部)

(佐藤　能丸)

とよたけこうつぼだゆう　豊竹古靫太夫　人形浄瑠璃文楽太夫。

(一)初代　一八二七―七八　文政十年正月十五日(一八二七年二月十日)、大坂生。本名木村弥七。数え八歳で初代豊竹靫《うつぼ》太夫に入門、豆太夫と名乗り、子供太夫として売り出す。靫小《うつぼこ》太夫と改名し、弘化四年(一八四七)ころ、小《こ》靫《うつぼ》太夫と再改名し、師とともに江戸に下る。嘉永元年(一八四八)靫太夫没後、慶応二年(一八六六)以前に江戸で靫太夫を名乗るが、明治二年(一八六九)に別人が大阪で靫太夫を継いだため、帰阪後、三年七月文楽の芝居出座にあたり、七代竹本咲太夫(没後は五代豊竹湊太夫)門下となり、豊竹古靫太夫を名乗る。文楽座では二代竹本越路太夫に、実力ではまさり、人気では及ばず、六年退座。十年(一八七七)二月から御霊《ごりょう》境内土田席で座頭《ざがしら》として人形浄瑠璃の一座を組む。しかし夏休みに素浄瑠璃旅興行に出かけ、好評で長期間土田席に戻らず、劇場座方が困窮したことで恨みを買い、十一年二月二十四日、土田席二月興行(古靫の演目は『道明寺』『葛の葉』)千秋楽の夜、道具方の梶徳に殺害された。五十二歳。明治初期義太夫浄瑠璃の名人。古格を守り、かつ個性的な芸風で、『酒屋』『質店』などは絶品といわれた。

(二)二代　一八七八―一九六七　明治十一年(一八七八)十二月十五日、東京生。本名金杉弥太郎《かなすぎやたろう》。浅草の筆職で芸事好きの父が、歌舞伎俳優片岡我童(十代仁左衛門)に弟子入りさせ、数え四歳から子役として舞台に立つ。二十年(一八八七)、十歳の時、みずから義太夫節の太夫を志望し、五代竹本津賀太夫に入門、竹本小津賀太夫《たけもとこつがだゆう》と名乗り、東京の寄席に出演。二十二年、十二歳で大阪文楽座の二代竹本津太夫に入門、竹本津葉芽《つばめ》太夫と名乗り、十月から文楽座番付に載る。以後四十年(一九〇七)まで四回文楽座を退座したが、東京、地方の素浄瑠璃興行や、非文楽系の稲荷座出演で、三代竹本大隅太夫・名人二代豊澤團平の、非文楽系浄瑠璃の真髄にも触れ、團平の稽古を受ける機会を得た。四十二年四月、文楽座で二代古靫太夫襲名、四十五年五月、切場語りとなる。四十二年六月から、團平没後大隅太夫を弾いた三代鶴澤清六を相三味線に迎え、清六のきびしい稽古、十二年に及ぶ薫陶を受け、大成の礎を築く。三代清六没後、大正十二年(一九二三)十月から徳太郎改め四代鶴澤清六が相三味線となる。昭和五年(一九三〇)一月四ツ橋文楽座開場公演で近松の『平家女護島　鬼界ヶ島』を復活上演。紋下三代竹本津太夫、庵《いおり》六代竹本土佐太夫に並ぶ三頭目の一人として、学生や知識層の観客から強い支持を受けた。昭和十七年(一九四二)一月文楽座紋下就任。二十年(一九四五)三月大阪大空襲で炎上した文楽座は、二十一年二月に復興開場、同年芸術院会員となり、二十二年秩父宮家から山城少掾藤原重房の掾号を受ける。知的で密度濃く、気品高い芸は円熟し、最大級の称賛を得ていた。一方、戦後の苛酷な社会・経済状態のもと、文楽座演者の多くが生活苦を強く実感、二十三年、座員七十七名が労働組合を結成、松竹株式会社に待遇改善を求めたが、会社側は受入れず、休演を宣言し、組合からは脱退者が続出した。山城少掾・清六・吉田文五郎ら五名は組合に加わらず、十二月に山城少掾を会長とする文楽座因会《ちなみかい》が発足、二十四年に文楽座は、紋下山城少掾を擁する文楽座因会(松竹派)と組合派(のちの文楽三和会《みつわかい》)に分裂した。同年十月、清六が山城少掾の相三味線辞退を申し出、二十七年間の名コンビは解消し、その後二十七年に清二郎改め鶴澤藤蔵が相三味線となる。三十年(一九五五)、山城少掾は第一次重要無形文化財保持者個人認定を受け(人間国宝)、三十四年一月文楽座、因会・三和会合同公演で、『二月堂』の良弁を語り、引退披露。三十五年文化功労者認定。四十二年(一九六七)四月二十二日没。満八十八歳。近代文楽を代表する名人。『道明寺』『葛の葉狐別れ』『長《なが》局《つぼね》』『熊谷陣屋』『寺子屋』『岡崎』『引窓』などを得意とし、原作尊重、的確な描写力、鋭い息と間、巧緻を極めた音遣《おんづか》い、「風《ふう》」の遵守などで義太夫浄瑠璃の到達点を示した。

参考文献　茶谷半次郎編『山城少掾聞書』(一九四九、和敬書店)、武智鉄二『文楽　舞踊』(『定本武智歌舞伎―武智鉄二全集―』三、一九七九、三一書房)、安藤鶴夫『文楽芸と人』(『朝日選書』、一九八〇、朝日新聞社)

(内山美樹子)

とよたけこまたゆう　豊竹駒太夫　一八四八―一九一三　明治期から大正初期の義太夫節太夫。六代。嘉永元年(一八四八)大坂生まれ。本名は川崎宗太郎《かわさきそうたろう》。五代豊竹駒太夫に入門、豊竹広見太夫《ひろみだゆう》を名乗る。豊竹富太夫《とみたゆう》と改名し明治二十一年(一八八八)までは御霊文楽座に出勤したが、その後東京に移り、二十五年一月、東京で六代目を襲名。以後、東京の義太夫の幹部として活躍した。大正二年(一九一三)七月十一日没。六十六歳。

参考文献 倉田喜弘編『東京の人形浄瑠璃』(『演芸資料選書』五、一九九一、日本芸術文化振興会) (桜井 弘)

とよたけやましろのしょうじょう 豊竹山城少掾 ⇩豊《とよ》竹《たけ》古靱《こうつぼ》太夫《だゆう》

とよたけりゅうてきだゆう 豊竹柳適太夫 義太夫節太夫。

(一)初代 一八二五―八九 文政八年(一八二五)摂津国灘生まれ。本名高瀬康平《たかせこうへい》。竹本山城掾(のちの竹本山四郎《やましろう》)に入門する。もとは灘の柳店という酒問屋の主人で、素人義太夫の出身。明治六年(一八七三)五代豊竹巴太夫《ともえだゆう》を襲名、一時舞台を退き、十七年(一八八四)一月の彦六座開場に際し復帰。浄瑠璃は柳店の身代を潰した敵という意味で初代豊竹柳適太夫を名乗る。上品な語り口で、四代竹本住太夫《すみだゆう》・五代竹本組太夫《くみだゆう》・三代竹本大隅太夫《おおすみだゆう》らとともに彦六座の全盛期を支えた。二十二年(一八八九)十月十五日没。六十五歳。

(二)二代 一八五三―一九一七 嘉永六年(一八五三)大坂生まれ。本名寺井安四郎《てらいやすしろう》。灘安《なだやす》という名の素人義太夫の出身。明治十七年(一八八四)一月の彦六座創設に際して座主(金主)となり、二十二年(一八八九)の四代竹本住太夫没後は太夫本(のちに座長)。二十四年からは竹本十八太夫として舞台に出て、二十七年六月、二代柳適太夫を襲名した。三十五年(一九〇二)一月限りで引退。太夫としては端場語りで終った。大正六年(一九一七)四月二十六日没。六十五歳。 (桜井 弘)

とよたけろしょう 豊竹呂昇 一八七四―一九三〇 明治中期から大正期の女義太夫演奏者。明治七年(一八七四)八月四日愛知県生まれ。本名永田仲《ながたなか》。十二歳の時、地元名古屋で竹本浪越太夫《なみこしだゆう》(のちの五代土佐太夫)に入門、竹本仲路《なかじ》を名乗る。二十五年(一八九二)大阪に出て、初代豊竹呂太夫《ろだゆう》に師事し、豊竹呂昇を名乗る。大阪南の席亭播重《はりじゅう》で活躍したが、二十九年には播重を退き、都保美《つぼみ》連を結成して活動した。三十二年(一八九九)、竹本綾之助が前年に引退してスターが不在になった東京に行き、宮松亭・新柳亭などの寄席に出演した。三十八年には二度目の上京を果たし、新富座・東京座といった大劇場に進出。三度目の上京は四十一年(一九〇八)で、東京数寄屋橋に開場した有楽座に出演した。演奏は弾き語りで、『傾城阿波の鳴門《けいせいあわのなると》』『伽羅先代萩《めいぼくせんだいはぎ》』『生写朝顔話《しょううつしあさがおばなし》』など、美声を生かした艶物を得意とし、レコード吹き込みも多い。健康上の理由から大正十三年(一九二四)に引退。昭和五年(一九三〇)六月七日没。五十七歳。

参考文献 水野悠子『江戸・東京娘義太夫の歴史』(二〇〇三、法政大学出版局) (桜井 弘)

とよださきち 豊田佐吉 一八六七―一九三〇 小幅力織機の発明者。慶応三年二月十四日(一八六七年三月十九日)遠江国敷知郡山口村(静岡県湖西市)の大工の子に生まれる。父の仕事を見習い、明治十八年(一八八五)の専売特許条例の布告で発明に志し、京浜の機械工場などに職を求めたが果たせず、豊橋の大工である叔父のもとで修業した。明治二十三年(一八九〇)第三回内国勧業博覧会を見学し、バッタンを改良した木製人力織機を発明して翌年最初の特許を取得した。東京でこの織機を用いた工場経営に失敗したのち、豊橋で足踏み綛繰り機を発明して好評を博し、その製造販売のため明治二十八年に豊田商店を開く。明治三十年(一八九七)木製力織機を発明、名古屋武平町に転居し、翌年に特許を取得した。この織機は国産初の実用的な力織機として三井物産に見出され、同社はその製造販売のため三十二年に井桁商会を設立した。豊田は技師長となったが三十五年に辞し、豊田商店を豊田商会と改めて織布工場を経営し、その収益で研究を続け、三十六年に杼替式の自動織機を発明した。しかし、機構と製作技術に改善の余地があり、G型自動織機として完成するのは大正の末になる。明治三十八年には経糸の緊張・送り出しと切断時停止の機能がある三十八年式織機を発売し、これと改良型の三十九年式は三井物産の東アジア向け綿布輸出と結びついて普及した。四〇年(一九〇七)に三井物産の提案で、豊田商会の事業を豊田式織機株式会社に発展させ、常務取締役に就任する。同社は国内初の互換性生産で鉄製力織機を作る工場を設け、従来輸入に頼った広幅力織機も国産化した。しかし、豊田は環状織機開発の希望もあって、四十三年に同社を辞し、米英視察ののち、同社に特許権を譲渡した資金で豊田自動織布工場を設け、研究を続けた。大正期には豊田紡織、上海豊田紡織廠を設けて経営する一方、子の喜一郎らと自動織機を開発し、その生産のため豊田自動織機製作所を設立、のち同社からトヨタが生まれる。昭和五年(一九三〇)十月三十日、六十四歳で没した。

豊田佐吉

参考文献 和田一夫・由井常彦『豊田喜一郎伝』(二〇〇二、名古屋大学出版会)、石井正『知的財産の歴史と現代―経済・技術・特許の交差する領域へ歴史からのアプローチ―』(二〇〇五、発明協会) (鈴木 淳)

とよだしょっき 豊田織機 豊田佐吉が発明・開発に関与した織機を指す。明治二十三年(一八九〇)に完成した木製人力織機は、筬《おさ》を動かすとバッタン(飛杼《とびひ》装置)が連動する機構を備え、製織能率を四～五割向上させたが、いまだ手織機の範囲での発明であった。画期となったのは、明治三十年(一八九七)に開発された木製力織機であ

木鉄混製動力織機(明治39年)

豊田式木製人力織機(明治23年)

り、この段階で、動力源を用いて運転する力織機が完成した。鉄の使用を極力減らし、在来の小幅木綿用に作られた豊田式力織機は、その性能と低価格によって、明治三十二年には有力商社の三井物産から事業提携を申し込まれている。明治三十八年には、経糸の緊張・送り出し装置と経糸停止装置を備えた三十八年式木製力織機、翌年にはその改良型となる三十九年式と、三十九年式を簡便化した安価な軽便織機が売り出された。明治四十一年(一九〇八)の小幅織機(K式)、広幅織機(H式)の開発以降、開発・生産の中心は輸入機に匹敵する性能を備えた鉄製力織機となる。世界的にも注目された大正十五年(一九二六)の豊田式自動織機の開発は、その延長線上にあった。　→力織機《りきしょっき》

参考文献　内田星美『日本紡織技術の歴史』(『日本技術史叢書』、一九六〇、地人書館)、鈴木淳『明治の機械工業―その生成と展開―』(『Minerva 日本史ライブラリー』、一九九六、ミネルヴァ書房)
(谷本　雅之)

とよながまさと　豊永真里　一八六三―?　農芸化学者。文久三年八月一日(一八六三年九月十三日)に生まれる(本籍山口県)。明治十二年(一八七九)、麻布農学校に入り、その後東京農林学校農芸化学科を卒業し、二十一年(一八八八)十月から二十四年十月までドイツのミュンヘン大学に私費留学した。二十六年一月帝国大学農科大学講師、同年九月助教授となり、二十八年十月から三十三年(一九〇〇)五月まで農学第二講座を、二年間の休職後、三十五年四月から三十八年三月まで農芸化学第一講座を分担し、三十九年五月、教授となって新設の農芸化学第三講座の担任となったが、病気のため、長岡宗好《ながおかむねよし》が同年九月同講座を引きついだ。明治三十三年の川俣事件に際しては植物鑑定を行い、公害を立証した。四十年(一九〇七)八月、東京帝国大学総長推薦により農学博士となった。『東京帝国大学五十年史』には、豊永の教授異動の項に三十九年五月任、四十三年九月廃官とあり、没年は未詳である。

参考文献　『東京帝国大学学術大観』医学部・伝染病研究所・農学部(一九四二)
(宮地　正人)

とよはしふじょきょうかい　豊橋婦女協会　明治十六年(一八八三)秋創立された愛知県豊橋の自由党系女性の組織。協会の「趣意」「約束」は夫が国事に奔走する「赤心ヲ助ケン為メ」家政を整え、国事に尽力する子女を育て、志士と交流して頑迷な世の男性が恥じて志を持つように、女性が学び努力しようという規約となっており、女性自身の自由民権活動を目的とするものではない。村雨《むらさめ》のぶ・西川サト・金子トウ・近藤エイらが発起し設立したが、会員・活動の詳細は不明。だが福島事件で下獄した河野広中の母子に金子・村雨らが見舞金を贈ったという活動の一端が『自由新聞』記事にある。村雨のぶ(一八五六―一九三九)は民権家村雨案山子《あんざんし》の妻。板垣退助が豊橋に来た懇親会で、地元代表の一人として大胆に意見を述べ、植木枝盛『東洋之婦女』に序文を依頼され、「旧き悪しき男尊女卑の習慣を除き、新しき美しき平等自由の社会を造」るのが女性の義務と記した人である。

参考文献　外崎光広『植木枝盛と女たち』(一九七六、ドメス出版)、『豊橋市史』三(一九八三)、大木基子『自由民権運動と女性』(二〇〇三、ドメス出版)
(伊藤　康子)

とよはらくにちか　豊原国周　一八三五―一九〇〇　幕末から明治期の浮世絵師。天保六年(一八三五)江戸京橋の湯屋または大工の次男として生まれる。本姓荒川、俗称八十八。弘化期に豊原周信に入門し、羽子板押絵の原図などを制作するようになる。以後、画姓は終生豊原を用いる。嘉永期に初代歌川国貞(三代豊国)の門人となり、当初は八十八と号す。安政期から国周と称し、本格的な活動を開始する。別号に華蝶楼・豊春楼など。写実を踏まえつつ伝統的な形式を堅持した役者絵に秀で、明治期を通じて活躍した。また、三枚続に一人立ちの役者の半身像を描く新形式を創始する。代表作に、明治二年(一八六九)からの「具足屋版役者大首絵」シリーズがある。三年の「写真所」シリーズでは、役者絵に写真の陰影を再現。河鍋暁斎・小林清親らとの交流も知られる。門人に楊洲周延《ようしゅうちかのぶ》がいる。三十三年(一九〇〇)没。六十六歳。なお初代国貞下の同門に歌川豊国がいる。

参考文献　中野区教育委員会・山崎記念中野区歴史民俗資料館編『役者絵の極み―豊原国周の世界―』(一九九六、中野区教育委員会)
(太田　智己)

とよはらまたお　豊原又男　一八七二―一九四七　社会事業家。明治五年六月二十九日(一八七二年八月三日)、旧峰岡藩士族豊原春雄の六男として新潟県蒲原郡峰岡村(新潟市)にて出生。尋常小学校卒業後、独学。佐久間貞一の知遇を得て、明治二十九年(一八九六)に東京建物株式会社創立に従事するが、三十一年(一八九八)に佐久間経営の秀英舎に転職した。翌三十二年に『資本と労働の

調和』を公刊し、同年出版の横山源之助『日本之下層社会』に跋文を寄せた。工場法制定の必要を主張し、工場法成立の翌年明治四十五年(一九一二)に『工場法要義』を出版した。大正四年(一九一五)に秀英舎を退職し、翌五年に農商務省商工局嘱託となった。以来、東京府産業課・救護課、警視庁保安部工場課、財団法人協調会などの嘱託をつとめた。このころより職業紹介事業に深くかかわり、職業紹介事業を紹介する著作を出版する一方、民間組織であった職業紹介所を公的組織にまで発展させた。昭和二十二年(一九四七)十一月十日死去。七十六歳。

参考文献　古川しげる『苦闘七十年』(一九四二、豊原又男氏古希祝賀会事務所)、安田辰馬『わが国職業紹介事業の父　豊原又男翁』(『巻町双書』二三、一九七五、巻町)

（中嶋　久人）

とよみやざきぶんこ　豊宮崎文庫　⇩神宮文庫《じんぐうぶんこ》

トラピスト　トラピスト　Trappistes　カトリック男子修道会。「トラピスト」は通称、フランスのシトーに創設された「厳律シトー会」が正式名。「祈り・働く」厳しい観想修道生活はのちに修道院の教授となった三木露風《みきろふう》、和《わ》田《だ》潮風《ちょうふう》らの詩集、歌集で全国的に紹介された。同会の来日は初代函館司教ベルリオーズの招聘で明治二十九年(一八九六)十月中国北京郊外の修道院から九名の修道士が函館に上陸したことに始まる。翌三十年(一八九七)来日の初代院長プーリエは北海道上磯郡石別村当別《とうべつ》(北斗町)に「燈台の聖母トラピスト修道院」を設立。厳律シトー会の伝統に従い原野を切り開き荒れ地を開墾して開拓を進め、同三十六年にはオランダからホルスタインの種牛一頭、乳牛四頭を輸入して酪農事業に着手、修道院内に製酪工場を設け乳製品を生産。この間、同三十六年厨房より出火、四十一年(一九〇八)煉瓦造りの本館落成。以降も畜産酪農を同地域に導入発展させた功績は顕著である。↓ベルリオーズ

参考文献　小野忠亮編著『北日本カトリック教会史―人物／教会／遺跡―』(一九七〇、中央出版社)、『当別トラピスト修道院―百周年記念誌―』(一九九六、灯台の聖母トラピスト修道院)

（太田　淑子）

とりいしんじろう　鳥井信治郎　一八七九―一九六二　明治から昭和時代の実業家、洋酒醸造家。明治十二年(一八七九)一月三十日、大阪で両替商鳥井忠兵衛の次男に生まれる。大阪商業学校に在学後、同二十五年(一八九二)より薬種問屋小西儀助商店などで奉公し、同三十二年(一八九九)二月に独立、大阪市西区に葡萄酒製造販売の鳥井商店を開業した。同三十九年西川定義と共同経営の寿屋洋酒店と改名し、翌四十年(一九〇七)四月には甘味葡萄酒「赤玉ポートワイン」を発売、積極的な宣伝広告で販売を拡大させた。同店は同四十五年に西川との共同経営を解消し、大正二年(一九一三)に合名会社、翌三年に合資会社へ改組ののち、同十年(一九二一)十二月に株式会社寿屋となり、鳥井は昭和三十六年(一九六一)会長に退くまで社長の任にあった。その間、ウイスキー製造にも進出、大正十三年大阪府三島郡島本村山崎に工場を設置し、昭和四年(一九二九)四月には国産初の本格ウイスキー「サントリーウイスキー白札」を発売するなど、今日の総合飲料メーカーサントリーの基礎を築いた。同三十七年二月二十日死去。満八十三歳。著書に『生ける豊太閤』などがある。

参考文献　杉森久英『美酒一代―鳥井信治郎伝―』(一九六六、毎日新聞社)、サントリー編『日々に新たに―サントリー百年誌―』(一九九九)

（丹治　雄二）

とりいそせん　鳥居素川　一八六七―一九二八　明治・大正期のジャーナリスト。素川は号で、本名は赫雄《てるお》。慶応三年七月四日(一八六七年八月三日)熊本藩の藩医鳥居般蔵の三男として生まれる。明石華陵漢学塾に学び、のち済々黌《せいせいこう》に入学し佐々克堂(友房)の薫陶を受ける。文武ともに才能を発揮。明治二十年(一八八七)上京して独逸学協会学校(現独協大学)に入学するが、同二十三年九月荒尾精《あらおせい》に勧誘され、中退して上海の日清貿易研究所に入った。やがて病気を理由に帰国。同二十五年陸羯南に紹介され新聞『日本』に入社した。日清戦争の際には従軍記者として派遣され、その戦地報道は読者の好評を得た。同三十年(一八九七)十二月池辺三山の推薦により『大阪朝日新聞』に入社し、鋭い論陣で頭角を現わす。同三十四年七月から二年間ドイツに留学。日露戦争に際しても従軍。また新聞小説の改良を図るため夏目漱石の招聘にも尽力、同四十年(一九〇七)四月にこれを実現した。同四十四年六月英国皇帝戴冠式に参列して通信を送り、帰途ドイツ・アメリカを訪れ、その見聞を「頬杖つきて」と題して連載し好評を博した。社長村山竜平の信頼を受け、大正五年(一九一六)中国視察に出かけ、その視察記「舞台は廻る」を『大阪朝日新聞』に連載。同年末編集長に就任。同七年十月十五日いわゆる「白虹事件」の責任を負って長谷川如是閑《はせがわにょぜかん》・丸山幹治・大山郁夫らとともに退社。同八年二月十一日雑誌『我等』を長谷川らと創刊。同年十一月二十五日『大阪朝日新聞』『大阪毎日新聞』の二大新聞に対抗して『大正日日新聞』を創刊したが、社内の統一を欠き、加えて経営も悪化し、同九年七月十七日社を解散した。以後は兵庫県芦屋の自宅に閑居していたが、昭和二年(一九二七)中国視察に出かけ、帰国後、「支那は支那なり」と題し『大阪毎日新聞』『東京日日新聞』紙上に連載した。昭和三年三月十日死去。六十二歳。

参考文献　伊豆富人「鳥居素川」(『三代言論人集』七所収、一九六三、時事通信社)、新妻莞『新聞人・鳥居素川―ペン・剣に勝つ―』(一九六九、朝日新聞社)

（中嶋　晋平）

とりいまこと　鳥居忱　一八五三―一九一七　明治時代の洋楽導入期の音楽教育家、理論家、作詞家、作曲家。滝廉太郎作曲「箱根八里」の作詞者。嘉永六年八月二十二日(一八五三年九月二十四日)、壬生藩江戸大名小路若年寄屋敷にて敦忠(志摩)と登与の次男として生まれる。

明治三年(一八七〇)大学南校貢進生、十三年(一八八〇)四月御雇い外国人メーソンに入門、文部省音楽取調掛第一回伝習生。十五年出版の『小学唱歌集』初編の作詞を担当し、同掛にて国文学、漢文学、音楽理論の指導。明治二十―三十年代、西洋の歌曲、合唱曲のほとんどが原語や訳詞ではなく新たな日本語による「作歌」によって歌われた時代に、百二十以上の作歌を行なって洋楽導入に大きな役割を果たした。たとえば石倉小三郎の訳で知られるシューマン作曲「流浪の民」も、二十五年ごろの鳥居作歌「薩摩潟」に始まる。著書に『音楽道の志るべ』(明治二十年)、『音楽理論』(二十四年)など。大正六年(一九一七)五月十五日没。六十五歳。

参考文献 『東京芸術大学百年史』東京音楽学校篇一・二(一九八七・二〇〇三、音楽之友社)、橋本久美子「明治時代後半期における作歌に関する試論―鳥居忱を中心として―」(『転換期の音楽―新世紀の音楽学フォーラム(角倉一朗先生古稀記念論文集)―』所収、二〇〇二、音楽之友社)

(橋本久美子)

とりいやそごろう 鳥井八十五郎 一八五〇―? 明治時代初期の英学者。嘉永三年(一八五〇)に生まれる。慶応元年(一八六五)当時田安家家老を勤めた鳥居越前守の養子惣領であった。この慶応元年には横浜の仏語伝習所に派遣されたが、翌二年六月当時では開成所英学世話心得となっている。新政府に出仕し、明治二年(一八六九)四月当時開成学校三等教授に任じられているが、それ以降の『職員録』には名前が見当らず、その後の履歴は未詳である。

参考文献 倉沢剛『幕末教育史の研究』一(一九八三、吉川弘文館)

(宮地 正人)

とりいりゅうぞう 鳥居竜蔵 一八七〇―一九五三 日本考古学、民族学、人類学の開拓者の一人。明治三年四月四日(一八七〇年五月四日)、徳島の煙草問屋の名家の次男として誕生。小学校を中退。それ以後は独学で特に人類学を学び、十六歳のときに東京人類学会に入会している。そのことが縁で、帝国大学理科大学人類学教室の坪井正五郎教授に師事、明治二十六年(一八九三)、その教室の標本整理係となる。同二十八年、初体験となる遼東半島の調査に赴くことになり、以後、物質文化の観察記録を主体とした鳥居独特のフィールドワークを通じて、早期日本の人類学における数々の記録や業績を残すことになった。翌二十九年から四年四回にわたり、領台後まもない台湾で写真機を用いた調査を行う。調査後は日本初の民族誌ともいうべき『紅頭嶼土俗調査報告』(明治三十五年)などを著わしている。同三十一年(一八九八)、東京帝国大学助手。この時期、台湾調査を進める一方で、同三十二年、北千島、カムチャッカを調査。当時坪井が唱えていたコロボックル＝石器時代日本人説を否定、その調査成果は『千島アイヌ』(同三十六年)として刊行された。同三十四年、のちの人類学調査の最高の伴侶となった市原キミ(通称きみ子)と結婚。同三十五年、今度は台湾先住民文化との比較のため中国西南部を調査。同三十九年からはモンゴル、同四十二年(一九〇九)からは中国東北部、同四十四年からは朝鮮半島の調査、そして大正八年(一九一九)からはシベリア調査を実施するなど、フィールドワークによって相手文化や自文化を知る、こんにちの日本の文化人類学や考古学研究の先駆をなしてきた。特に東アジア規模での比較研究から日本民族形成論を唱えていたことは、戦後にも及ぶ日本民族起源論のさきがけをなすものだった。明治三十八年、東京帝国大学講師、大正十年(一九二一)博士号取得、大正十一年、東京帝国大学助教授を経たのち、大正十三年、東京帝国大学を辞して鳥居人類学研究所を設立。以後、国学院大学教授、上智大学教授、燕京大学客員教授を歴任。昭和二十八年(一九五三)一月十四日、東京にて死去、満八十二歳。

鳥居竜蔵

参考文献 中薗英助『鳥居竜蔵伝―アジアを踏破した人類学者―』(一九九五、岩波書店)、田畑久夫『民族学者鳥居竜蔵―アジア調査の軌跡―』(一九九七、古今書院)、山路勝彦『近代日本の海外学術調査』(『日本史リブレット』、二〇〇六、山川出版社)

(渡邊 欣雄)

とりおい 鳥追 女性による大道芸。新年に編笠をつけ、二、三人一組で三味線を弾き、「海上はるかに見渡せば七福神の宝船」などの歌詞を歌い門付をしてまわった。新年以外では「女《おんな》太夫《だゆう》」といい同様に門付芸を行なった。民俗芸能の「鳥追」も存在するが別。江戸時代より行われ、明治時代になると、東京では明治九年(一八七六)十二月十八日に万歳や厄払いなど新年の門付芸が禁止され、鳥追も取り締まりを受けたが、相変わらず行われ、明治末期にも見られたという。

参考文献 倉田喜弘編『明治の演芸』一(『演芸資料選書』一、一九八〇、国立劇場芸能調査室)、中村茂子「鳥追い行事と鳥追い芸」(『民俗芸能研究』一、一九八五)、倉田喜弘「解説」(『日本近代思想大系』一八、一九八八、岩波書店)

(佐藤かつら)

とりおこやた 鳥尾小弥太 一八四七―一九〇五 陸軍軍人、政治家。長州藩士中村敬義の長男として、弘化四年十二月五日(一八四八年一月十日)萩に生まれる。幼名を一之助、のち百太郎と称した。安政五年(一八五八)父敬義に従って出府し、江川太郎左衛門のもとで西洋流兵学を学ぶ。文久三年(一八六三)に奇兵隊へ入隊するが、

鳥尾小弥太

越軌な振舞いが災いして、十九歳の時中村家から除籍された。このころから鳥尾小弥太と名乗るようになった。戊辰戦争に際しては、建武隊参謀として出征。維新後和歌山藩に招かれ、同藩のドイツ式兵制改革に参画する。明治三年(一八七〇)十二月に兵部省へ出仕し、翌明治四年七月、陸軍少将に任ぜられた。これより兵学頭・軍務局局長・参謀局第二局長・同第六局長を歴任し、佐賀の乱に際しては大阪鎮台司令長官をつとめた。明治八年四月に元老院議官を兼任。翌明治九年には陸軍中将となり、陸軍大輔を兼務した。さらに同年三月参謀局局長へ就任、明治十年(一八七七)の西南戦争に際しては陸軍事務取扱を命ぜられ、作戦計画などの機務に携わった。ついで同年十二月に参謀本部御用掛、明治十二年十月には近衛都督となるも、明治十四年二月軍職を辞した。同年九月に北海道開拓使官有物払下事件がおこると、谷干城《たにたてき》・三浦《みうら》梧楼《ごろう》・曾我《そが》祐準《すけのり》とともに、払下の再議と速やかな憲法制定を上奏した。明治十五年初代の統計院院長に就任、明治十七年には子爵を授けられる。明治十八年国防会議議員・元老院議官となり、ヨーロッパを視察。また明治二十一年(一八八八)六月枢密顧問官に任ぜられ、明治二十三年七月に貴族院議員に当選した。さらに日清戦争直後の明治二十八年六月、再び枢密顧問官となる。明治三十八年(一九〇五)四月十三日、静岡県の熱海で病没。五十九歳。得庵会編『得庵全書』(明治四十四年、鳥尾光)が刊行されている。

参考文献 渡辺幾治郎『人物近代日本軍事史』(一九三七、千倉書房)
(淺川 道夫)

とりがたういち 鳥潟右一 一八八三—一九二三 明治・大正期の電波研究者。明治十六年(一八八三)四月二十五日、秋田県北秋田郡花岡村(大館市)の醸造業鳥潟平治の長男として誕生。小学校卒業後、大分県立病院長の伯父恒吉のもとに預けられ、県立大分中学校に進学したが、同盟休校のため開校の目途がたたず、東京の開成中学校に転校した。その後第一高等学校・東京帝国大学工科大学電気工学科へと進み、明治三十九年(一九〇六)卒業後、逓信省電気試験所に入所、無線電信の研究に従う。四十一年(一九〇八)鉱石検波器の研究が進み、タンタラム検波器を発明、特許一五三四五号として登録された。翌年二十七歳の時、電信事業研究のため海外留学を命ぜられ、米・英・仏・独・伊五ヵ国で研究を深め、四十四年一月に帰国した。帰国後は横山英太郎・北村政次郎と共同研究を組み、三人の名をとってTYK無線電話と名づけ、この分野の研究において世界の最先端に立った。大正三年(一九一四)工学博士となり、同五年には受信真空管の製作にも成功、大正九年には電気試験所の所長に就任、放送無線電話(ラジオ)の発達にも大きく貢献した。しかし、結核のため体調をそこね、大正十二年(一九二三)六月五日、所長在任のまま病没した。四十一歳。

参考文献 秋田県総務部秘書広報課編『秋田の先覚—近代秋田をつちかった人びと—』二(一九六九)、『大館市史』(一九六五)
(田口勝一郎)

とりがたこさきち 鳥潟小三吉 一八四二—一九〇九 軽業師。本名、幸之助。天保十三年四月十日(一八四二年五月十九日)、羽後国花岡村(秋田県大館市)に生まれる。慶応二年(一八六六)十月、英人グラントに雇われて渡欧。翌年ロンドンにおける絹糸渡りが好評で、欧州巡業中に独人ファンネエ Fanny Birzle(一八五五—九四)と結婚、明治九年(一八七六)帰国した。仙台や山形で公演後、十五年(一八八二)再び渡欧し、二十三年(一八九〇)帰国後に廃業した。明治四十二年(一九〇九)十月十五日没。六十八歳。

参考文献 外務省編「内外人婚姻規則ニ関スル件」(『日本外交文書』九所収、一九五五)『横浜市史』資料編一九(一九八〇)、渡部誠一郎『海外にはばたいた秋田の先覚—異色ドキュメント—』(一九八〇、五松堂書店)
(倉田 喜弘)

とりくましばい 鳥熊芝居 大不況のさなかの明治十八年(一八八五)から十九年にかけ、東京春木座で大阪の役者により、観客への配慮を徹底して行われた値安芝居をいう。東京で圧倒的な人気を得た。鳥熊は鳥屋熊吉。三田村熊吉とも。見世物・歌舞伎の興行師。文政十一年(一八二八)から天保三(一八三二)、四年ごろ伊勢松坂に生まれる。幕末から鳥など動物の見世物を大坂・伊勢で行い、歌舞伎芝居も伊勢で興行する。明治十年(一八七七)代には四代目中村《なかむら》芝翫《しかん》とともに西日本各地を興行。二十三年(一八九〇)四月十四日大阪で没。

参考文献 服部幸雄「「鳥熊芝居」記録—本郷春木座興行年表のうち—」(『近代演劇文化』三、一九七七)、川添裕「勢州松坂鳥屋熊吉(上)」(『歌舞伎—研究と批評—』二七、二〇〇二)
(佐藤かつら)

とりしまかいたく 鳥島開拓 伊豆諸島の鳥島における開拓事業。鳥島は、伊豆諸島の八丈島と小笠原諸島の間に所在し、永らく無人島であった。八丈島出身の玉置半右衛門は、幕末・維新期における小笠原諸島開拓事業に参加していたが、明治十三年(一八八〇)に帰京し、その後八丈島や東京などで伊豆諸島の物産取扱いや回漕業に従事した。小笠原開拓事業従事中より鳥島の開拓を構想していた玉置は、二十年(一八八七)八月、自身の雇人を小笠原島便船千歳丸に乗船させて鳥島へ渡航させ、鳥島開拓の予備調査を行なった。同年十一月、東京府知事高《たか》崎五六《さきごろく》が明治丸にて三宅島・八丈島・小笠原諸島の巡回を行うことになり、玉置は開拓を目的に鳥島を拝借し、明治丸を同島に寄港させることを出願した。この出願で、玉置は、鳥島開拓の主たる事業として牧畜をあげている。東京府は、玉置らの鳥島渡航を認め、十一月五日に玉置ら十三名は鳥島に上陸した。なお、従来の記述で明治十九年に鳥島開拓が開始されたとあるのは誤りである。小笠原諸島に向かった明治丸は、帰途鳥島に寄港し玉置らを連れ帰る予定であったが、鳥島に立ち寄った際、風波が強く寄港できず、玉置らは置き去りにされた。玉置らの置き去りにつき、主管の東京府は批判され、救出のため十二月に便船芳野丸を派遣した。その際、志賀重昂が同船し、「近南洋紀行」を書き残した。玉置らは全員無事であり、玉置ほか一名は芳野丸にて帰京し、その他十一名は開拓のため鳥島に残留した。玉置は、再度鳥島の拝借を出願し、明治二十一年三月十七日に認められた。現実の鳥島開拓では、羽毛採取を目的としたアホウドリ捕獲事業が中心となり、アホウドリは絶滅寸前まで追い込まれた。明治三十五年（一九〇二）八月、鳥島噴火により当時居住の島民百二十五名は全滅した。その後も玉置らはアホウドリの捕獲を続けたが、明治三十九年にアホウドリは保護鳥に指定され、明治期の鳥島開拓は事実上終りを告げた。 →玉置半右衛門《たまおきはんうえもん》

参考文献 『毎日新聞』（一八八七年十一月二十七日付）、『読売新聞』（一九〇二年八月十九―九月二十日付）、藤沢格『アホウドリ』（一九六七、刀江書院）、『東京市史稿』市街篇七二・七三（一九八一・八二）

（中嶋 久人）

どりょうこうほう 度量衡法 度量衡に関する法律。明治二十四年（一八九一）三月二十四日公布、同二十六年一月一日施行。政府は、欧米との商取引を推進するために正確な基準器に基づく単一の度量衡体系を整備することが急務となった。そこで、同八年（一八七五）八月五日に度量衡の制作、販売、検査などを定めた度量衡取締条例を公布した。その後、教育、科学、軍事などの分野におけるメートル法採用により、また同十八年（一八八五）十月のメートル条約加盟を受けて、度量衡法が公布・施行された。度量衡法は、単位、計量器の事業、計量器の構造、検定および取締りなどを定め、原則として尺貫法であったが、メートル法も公認されるという二つの方法をとった。同四十二年（一九〇九）三月の改正では、英米のヤード・ポンド法が公認されたために三系統混用となった。その後、度量衡法は、昭和二十六年（一九五一）六月に新たに計量法が公布施行されたことで廃止となった。また同四十一年（一九六六）三月末にはメートル法への統一が行われた。

参考文献 小泉袈裟勝『度量衡の歴史』（一九七七、原書房）、阿部猛『度量衡の事典』（二〇〇六、同成社）

（高倉 史人）

トルストイ Лев Николаевич Толстой 一八二八―一九一〇 ロシアの文学者。一八二八年八月二十八日ロシアのモスクワ近郊ヤースナヤ＝ポリャーナにニコライ＝イリイーチ＝トルストイ伯爵の四男として生まれる。トルストイ家は十四世紀にまでさかのぼることのできるロシアの名門貴族で、母マリヤも裕福な大地主ヴォルコンスキイ公爵家の出身であった。幼くして両親と死別したため、叔母に引き取られてモスクワからカザンに移り、外国人家庭教師のもとで教育された。一八四四年に外交官になるためにカザン大学に入学したが三年後に退学、郷里の農地経営に乗り出すも失敗してしばらくは無為の日々を過ごした。一八五二年に長兄ニコライの勧めもあって軍務に就き、処女作『少年時代』を発表して文壇から歓迎される。一八五四年には将校としてクリミア戦争に従軍、セヴァストーポリ攻防戦に参戦したが、この時の体験が後年の平和主義傾倒のきっかけとなった。一八五六年に除隊、ツルゲーネフをはじめ多くの文学者と交流するものの、次第に文学サロンに嫌悪を覚え、翌年には逗留先のパリで殺人犯の公開処刑を目撃して文明や政府に不信感を募らせてアナーキズムの思想を胚胎。帰国後は郷里の農地経営に勤しむとともに、農民子弟のための学校を開いて教育活動に没頭した。一八六二年に宮廷医ベルスの娘ソフィアと結婚、精神的な安定を得て『戦争と平和』（一八六九年）を書き上げ、一八七七年にはプーシキンに感化されて執筆を始めた『アンナ＝カレーニナ』を上梓して文壇での名声を不動のものとした。このころには農地経営も軌道に乗り、家庭生活も円満で充実した日々を過ごしたが、内面の虚無感に苛まれ、人生の意味や目的をめぐって苦悶するようになった。妻ソフィアとの関係も次第に疎遠となり、一八七九年から八一年にかけて書き続けられた『懺悔』のなかで、自身のこれまでの生活を欺瞞と断罪、その創作をもすべて否定した。この転機ののち、魂の救済を探求する道徳的求道者としての性格を強め、『戦争と平和』にみられたリアリズム的な叙述と決別して宗教的、思想的叙述に専念するようになる。『われら何をなすべきか』（一八八五年）、『イワン＝イリーチの死』（一八八六年）、『人生論』（一八八七年）、『クロイツェル＝ソナタ』（一八八九年）、『復活』（一八九九年）などの作品のなかで、キリスト教的な愛の倫理のもと、国家や私有財産を否定し、暴力の拒絶と悪への無抵抗を説いて、農村の簡素な生活のなかで自己を道徳的に完成させることを理想とした。このいわゆるトルストイ主義は兵役拒否者を生じ、ガンジーの非暴力主義へと発展、さらには「新しき村」を作った武者小路実篤をはじめ、日本の文壇や知識人にも多大な影響を与えた。また、明治二十九年（一八九六）に徳富蘇峰と深井英五、同三十九年（一九〇六）に徳富蘆花の訪問を受けるなど、世界中からの尊敬を集めるようになった。しかし、トルストイ主義は無政府主義的な要素が濃厚であったため、当局や教会から危険思想とみなされ、一九〇一年にはロシア正教会からの破門を言い渡された。加えて、莫大な財産と自

分の信条との矛盾から内面の葛藤を生じ、著作権のすべてを放棄しようとしたことで妻と決定的に対立、名声の高まりとは裏腹に家庭的には軋轢が絶えず、そのたびに家出を繰り返した。同三十七年に日露戦争が勃発すると反戦論文「思い直せ」を発表、日本では『タイムス』紙に転載されたものが幸徳秋水と堺利彦の翻訳で『平民新聞』に紹介された。齢八十を越えてもロシアの現状を嘆き、死刑制度廃止を訴えるなどして積極的に発言した。一九一〇年に妻との不和から家出して鉄道の旅に出たが、悪寒がして鉄道連絡駅アスターポボで下車、一週間後の十一月二十日に駅長官舎で肺炎のため死去。満八十二歳。『トルストイ全集』全二十巻(中村白葉訳、河出書房新社、昭和四十七―五十三年)がある。

参考文献 柳富子『トルストイと日本』(一九九八、早稲田大学出版部) （馬原 潤二）

ドロッパース Garret Droppers 一八六〇―一九二七 創設時の慶応義塾大学部で教鞭を執ったアメリカの経済学者。一八六〇年四月十二日アメリカのウィスコンシン州ミルウォーキーに生まれる。八七年ハーバード大学を卒業し渡欧、ベルリン大学で経済学を学ぶ。ハーバード大学学長エリオットCharles William Eliotから、慶応義塾での教授職に関する連絡を受け帰国し、明治二十二年(一八八九)十月に、リスカム・ウィグモアの二人の米国人教師とともに来日。翌年一月より九年にわたって、慶応義塾大学部理財科(経済学部の前身)の主任教師(学部長相当)として、経済学原理を担当し、同科の基礎を築いた。また法律科・文学科でも教鞭を執った。この間に、日本の経済学や経済史に関する論文を執筆している。任期満了に伴い明治三十一年(一八九八)十二月帰国し、翌年サウス＝ダコタ大学学長。一九〇六年辞職し、シカゴ大学を経て〇八年よりウィリアムズ大学教授。一九一四―二〇年、ギリシャおよびモンテネグロ大使。その後ウィリアムズ大に復職するが、病気のため二三年に退任し、二七年七月七日ウィリアムズタウンで死去。満六十七歳。著書にOutlines of Economic History in the Nineteenth Century(1923)。

参考文献 『慶応義塾大学部の誕生―ハーバード大学よりの新資料―』(一九八三、慶応義塾)、土屋博政『ユニテリアンと福沢諭吉』(二〇〇四、慶応義塾大学出版会) （都倉 武之）

どん 午砲 正しくは午砲《ごほう》であるが、俗称どんの名の方が普及している。維新後行政事務が近代化されるとともに正確な時刻の周知徹底の必要が、各方面から求められるようになった。そこで明治四年(一八七一)兵部省より太政官にあて「(前略)或は各所持する時計を以て比較すと雖も、延縮互に異り。是れ其正に拠り信を取る所為無之よりの義にして抑も時限の軍務に関係するや容易ならず。依て旧本丸中に於て昼十二時大砲一発づゝ毎日時号砲執行致し、且つ諸官員より府下遠近の人民に至るまで普く時刻の正当を知り易くし、以て各所持する時計も正信を取る所有之候様致したく」という提言があり、九月九日(十月二十二日)より兵部省の手で正確な正午を報知することとなった。相当響いたらしく、小説『坊っちゃん』の中にも「腹の減っている時に丸の内でどんを食ったような」心持という形容がある。東京に続く各地の午砲が時刻の普及に果した役割は大きい。昭和の初年まで続けられた。 （小野 一成）

東京で使用された午砲用大砲

とんぜい・せんぜい 噸税・船税 噸税は、開港場の燈台・浮標・礁標などの建設・修繕・維持費に供するために徴収された税金。安政四年(一八五七)八月の日蘭追加条約第二条に規定された。その後、翌五年の安政五ヵ国条約に付属する貿易章程に基づく入出港手数料、明治二十三年(一八九〇)九月の税関規則第一条による入出港手数料を経て、三十二年(一八九九)三月、噸税法が公布され同八月に施行された。税率は、外国通航船に対して、入港ごとに登簿トン数一トンまたは積量十石につき五銭を課した。船税は、船主に年間一定額を課した税金。明治元年(一八六八)八月、政府は軍艦以外の船すべてに課税する布告を出した。その後、十六年四月の船税規則によって、税率は、西洋型蒸気船一〇〇トンにつき年間十五円、風帆船同十円、日本型船五十石以上百石につき二円、日本型船五十石未満および艀《はしけ》・漁船・小廻船は最低三十銭、遊船は最低五十銭と規定した。三十年一月には営業税の国税移管に伴い、船税は廃止され地方財源となった。

参考文献 明治財政史編纂会編『明治財政史』六・七(一九〇四、丸善) （高倉 史人）

とんちきょうかいざっし 頓智協会雑誌 宮武外骨が創刊した明治時代前期の雑誌。明治二十年(一八八七)四月一日から明治二十二年二月二十八日まで全二十八号が発行された。本誌は『団団珍聞《まるまるちんぶん》』をはじめとする滑稽雑誌が下火となりつつあった当時、「頓智」という新しい切り口で読者を獲得した。当初は月二回発行であったが、途中で月一回となり、休刊の月も出てくる。発行所は京橋区宗十郎町七番地で、ここは実兄の宮武南海《みやたけなんかい》が経営する東京学館の所在地でもあった。定価は十銭。創刊号は四千部販売したという。スタッフは発行人の外骨のほか、第五号以降の印刷人徳山鳳洲、挿絵は浮世絵・石版画で人気のあった安達吟光《あだちぎんこう》。第一〇号までの題字を書いたのは久永其頴《ひさながきえい》。其頴の本名は多三郎。外骨自身が後年、政治小説家の久永廉三《れんぞう》と混同している。本誌はコアな読者を会員に組織し、毎号のようにその名前と住所、職業を掲載した。第一号から第二五号までの会員数は北海道から鹿児島まで四百六十九人。東京の会員には三遊亭圓朝や仮名垣魯文などの有名人のほか、『団団珍聞』『朝野新聞』関係者、また本誌の取次店が名を連ねている。本誌が現在に至るまで名を知られる大きな要因は、第二八号に掲載した「研法発布の囈語」「大日本頓智研法」「研法下賜図」による不敬事件であろう。アジア初の憲法発布から二週間余り、天皇ならぬ骸骨が、大日本帝国憲法ならぬ大日本頓智研法を授与する図は明治の官憲を刺激し、外骨・鳳洲・吟光に手痛い打撃を与えた。外骨自身は、この投獄経験が藩閥政治家や悪辣な資本家に「仮借なき筆誅」を加える契機となったと回想している。『宮武外骨此中にあり—雑誌集成—』四・五(平成五年、ゆまに書房)に収録。

参考文献　福井純子「宮武外骨の滑稽」(鈴木良・上田博・広川禎秀編『現代に甦る知識人たち』所収、二〇〇五、世界思想社)

(福井　純子)

とんでんへい　屯田兵　近代の北海道に配備された武装移民。平時は農耕地の開墾(農務)を行い、有事には兵士として軍務に従事することを義務づけられていた。明治政府は北海道を日本の「北門」として位置付け、その防備と開拓、治安の維持を目的にこの制度を設けた。明治六年(一八七三)十一月、開拓次官黒田清隆は防備の不十分な北海道に「且耕シ且守ル」屯田兵を配備すべきことを建議した。翌七年十月屯田兵条例(屯田憲兵例則ともいう)が制定され、屯田兵制度が正式に発足した。初期の屯田兵(正式には「屯田憲兵」)は、士族授産の意図から失業士族の募集が優先されたが(士族屯田)、同六年五月、道南地方で漁民による福山・檜山騒動が起きたことも無関係ではない。明治八年五月、宮城・青森・酒田の三県および旧館藩《たてはん》から募集された最初の屯田兵百九十八戸、九百六十五人が札幌郡琴似《ことに》兵村《へいそん》(札幌市西区)に移住し、第一大隊第一中隊を編成した。翌九年五月にも東北地方から募集された屯田兵二百四十戸、千百十四人が同山鼻兵《やまはなへい》村《そん》(札幌市中央区)に移住、第一大隊第二中隊を編成した。

琴似の屯田兵村

以後、主に札幌周辺に配置され、同十年(一八七七)の西南戦争にも参加した。明治十五年の開拓使廃止により陸軍省に移管されたが、明治十九年の北海道庁設置とともにその所管となった。明治二十三年(一八九〇)、再び陸軍省の所管となり、歩兵のほかに騎兵・砲兵・工兵の特科隊が編成された。応募資格が士族から平民に拡大され(平民屯田)、翌二十四年の永山兵村を筆頭に旭川兵村や当麻《とうま》兵村《へいそん》など内陸の上川地方を中心に配備された。日清戦争を契機に明治二十八年、屯田兵中心の臨時第七師団が編成された。二十九年五月、第七師団が正式設置となり、屯田兵司令部は廃止されてその直轄となった。一方、明治二十年代に入って北海道に徴兵令が逐次施行され、明治三十一年(一八九八)には全道に施行されたため、三十二年の上川郡士別《しべつ》兵村と同剣淵《けんぶち》兵村への移住を最後に屯田兵の募集は中止された。明治三十七年四月、現役の屯田兵は皆無となったため、同九月屯田兵条例が廃止され、屯田兵制度は終了した。この間、道内三十七兵村に七千三百三十七戸、三万九千九百十一人の屯田兵が移住し、「開拓の尖兵」としての役割を果たした。保護移民である屯田兵には手厚い保護が与えられた。移住の際には、支度料や旅費・日当のほかに駄賃・運送費が支給された。移住後は、兵士として小銃とその付属品が貸与されたほか、農耕地(給与地)と住宅(屯田兵屋)、鍋・食器・桶・寝具などの家具一式、鍬・鎌・鉈・鉞・砥石などの農具一式が支給され、種苗類の現物支給も行われた。さらに、屯田兵とその家族には、移住後三年間は年齢に応じて扶助米と塩菜料(副食費)が支給された。屯田兵屋は建坪一七・五坪を標準的面積とする和風建築の住宅で、その敷地一区画とともに支給された。一戸当たりの給与地面積は最初五千坪までだったが、明治十一年から一万坪となった。その後、同二十三年九月の屯田兵土地給与規則によって一万五千坪(五町歩)に拡大し、下士官には五千坪が追給されたが(第一条)、耕地が分散して農業経営の面では不利だった。給与地は、移住の年から三十年間は土地の譲渡もしくは質入れ、書き入れが無効とされ、強制執行を行うこともできなかった(第四条)。これは屯田兵を保護する目的だったが、一方では土地を抵当に融資を受けることを妨げた。このほか、屯田兵には兵村の基本財産として給与地と同面積の公有地が与えられ、その管理は兵村会の決定を要した。兵屋二百戸ないし二百四十戸(一中隊)を単位とする集落は屯田兵村と呼ばれ、中隊本部が兵村の軍事上および行政上の中心となった。兵村には給与地のほかに官舎・学校・練兵場・射的場などの軍事施設が配置され、番外地は主に商業用地として開放された。屯田兵が現役・予備役の期間を過ぎると軍事組織は解かれ、兵村会・後備兵村会と呼ばれる協議機関が設置されて兵村内の問題を処理した。

参考文献 北海道教育委員会編『屯田兵村』(『北海道文化財シリーズ』一〇、一九六八)、上原轍三郎『北海道屯田兵制度』(一九七三、北海学園出版会)、松下芳男『屯田兵制史』(一九八一、五月書房)、札幌市教育委員会編『屯田兵』(『さっぽろ文庫』三三、一九八五)　(桑原　真人)

とんでんへいじょうれい　屯田兵条例　屯田兵(屯田憲兵)制度に関する諸規定を網羅した最初の基本法令。明治七年(一八七四)十月三十日に制定、「屯田憲兵例則」とも呼ばれる。設置目的を記した「緒言」に続いて、編成・検査・昇級・勤務・休暇・給助・罰・諸官職務の八項目、全二十条から成り、「屯田兵ハ徒歩憲兵ニ編成シ有事ニ際シテ速カニ戦列兵ニ転スル」こととされた。十八年(一八八五)五月、「屯田兵ハ陸軍兵ノ一部ニシテ北海道枢要ノ地ニ配置」するという屯田兵条例が新たに制定され、「徒歩憲兵」から「陸軍兵ノ一部」に位置付けられた。明治二十年代に入ると、屯田兵の増強計画に伴ってしばしば改正され、士族屯田から平民屯田への役割転換が進んだ。二十八年(一八九五)三月、屯田兵中心の臨時第七師団が新設され、翌年正式に設置されると屯田兵の役割はさらに低下し、明治三十七年(一九〇四)四月、屯田兵はすべて後備役に編入された。このため同年九月八日に廃止された。

参考文献 松下芳男『屯田兵制史』(一九八一、五月書房)、札幌市教育委員会編『屯田兵』(『さっぽろ文庫』三三、一九八五)、『新旭川市史』通史二(二〇〇二)　(桑原　真人)

どんどんぶし　どんどん節　流行歌。歌詞の最後を「どんどん」と締めくくる歌の総称。明治五年(一八七二)一月、名古屋で「粋な散髪、嫌味な茶筅ドンドン」がはやった。京都では、「どんどん節」がはやると戦乱が起るとの言い伝えがある。そう記す『東京朝日新聞』(明治三十一年四月十日付)は、目下京都で「国の為には命も捨てるドンドン」が流行だと報じた。「ドンドン」で太鼓をたたく演出もある。　(倉田　喜弘)

な

ないがいきょういくしんぽう　内外教育新報　本誌は、明治十一年(一八七八)三月五日、「我が国教育の不振を嘆き、有志、教員とはかり、その振興を計らんとする」ことを目的として、教育社(社長田中義廉)から創刊された教育雑誌である。創刊当時、タブロイド版四頁の日刊新聞であったが、同年八月二日発行の第一二七号から日刊新聞をやめ雑誌になった。発行部数は、二年後の明治十三年、一万二千七百部であった。記事内容は、「録事」をはじめ、「社説」「雑報」「衛生」「外国新報」「宗教雑報」「学問ノ話」「校規教則」「投書」「広告」など多彩にわたっている。また、「文教上ノ確説」を挙げ、特に「学問ノ話」には「弊社中先生其他名家ノ輔助」を得て、「博物理化地理歴史等ノ諸学科ノ疑義ヲ明解シテ学校授業上ノ一助トモナルヘキモノヲ掲載」している。さらに、文部省に所属し、師範学校創立に関わった田中義廉が教育社の社長に、また、その師範学校第一期卒業生の金子尚政と荒木文雄が編集長にそれぞれ就任し、田中・金子・荒木ら編集者をはじめ、多くの教員たちが執筆した。その後、明治十二年九月二十七日発行の第二四八号まで継続して刊行された。

参考文献 教育ジャーナリズム史研究会編『教育関係雑誌目次集成—第一期(教育一般編)—』(一九八六—八七、日本図書センター)　(小熊　伸一)

ないがいしんぽう　内外新報　明治維新期の佐幕派の新聞。元幕府軍艦役見習いで英学者の橋爪貫一が中心とな

『内外新報』第1号

って元海軍関係幕吏が組織した海軍会社が、明治元年四月十日(一八六八年五月二日)に江戸で創刊。半紙四つ折りの小型版で一号あたり五丁、外国語新聞の翻訳記事と国内ニュースを掲載し、三日ごとに刊行された。付録として新聞を読むための新語集「内外新報字類」を発行したり、本紙創刊までの世相記事をまとめた『内外新報前記』(一―二号)や、職員録である『内外新報別集』(一―二号)を発行したり、新しい試みが行われたが、明治元年六月に明治新政府の布告により五十号で廃刊。翌年三月新聞紙印行条例が公布されて『官准内外新報』と題して再刊されたが、七号まで発行されたのが確認されるだけで、長くは続かなかった。『幕末明治新聞全集』に翻刻あり。なお、明治十九年(一八八六)に大阪で発行された『内外新報』は『大東日報』を改題したもので無関係。
(土屋　礼子)

ないがいせいとうじじょう　内外政党事情　明治時代前期の政論新聞。立憲改進党鷗渡会《おうとかい》機関紙。明治十五年(一八八二)十月十一日創刊。発行所は四通社。隔日刊。服部誠一が主宰する『江湖新報《こうこしんぽう》』を鷗渡会で引き受け改題する。主幹は山田一郎、監事は市島謙吉。社員に岡山兼吉・大久保常吉を擁する。明治十五年十一月、新聞紙条例に抵触し発行禁止となる。経営に失敗し明治十六年二月二十日廃刊。↓江湖新報《こうこしんぽう》

参考文献　西田長寿『日本ジャーナリズム史研究』(一九六九、みすず書房)
(河崎　吉紀)

ないがいわたがいしゃ　内外綿会社　綿花商社から在華紡に転身した会社。秋馬新三郎《あきばしんざぶろう》・中野太右衛門ら大阪の繰綿問屋四店を中心に、明治二十年(一八八七)八月に資本金五十万円で阿部彦太郎を頭取として設立された。国産綿のほか、二十二年上海出張所を置いて中国綿、二十四年タタ商会と提携してインド綿を輸入し、輸出綿糸・アメリカ綿をも扱い、三井物産・日本綿花と並ぶ綿花商社に成長した。大阪撚糸(三十六年(一九〇三))・日本紡織(三十八年)買収を機に紡績業に進出、日露戦後の綿花の産地直買には立遅れるが、川邨利兵衛《かわむらりへえ》取締役の主導で四十四年(一九一一)には上海に二万千五百錘の紡績工場を建設し、工場新設による在華紡の先頭を切った。以後青島・金州など綿糸布生産を拡大、在華紡の中心的存在になり、五・三〇事件の舞台にもなった。日中戦争直前には四十六万錘で在華紡全体の二〇%を占めたが、敗戦で在外資産を失い昭和二十四年(一九四九)解散した。

参考文献　『内外綿株式会社五十年史』(一九三七)、桑原哲也『企業国際化の史的分析―戦前期日本紡績企業の中国投資―』(一九九〇、森山書店)
(高村　直助)

ないかくかんせい　内閣官制　⇩内閣制度《ないかくせいど》

ないかくこもん　内閣顧問　太政官に置かれた非常置の官職。明治六年(一八七三)十二月二十五日、明治六年の政変の事後処理に不満をもち、鹿児島へ帰郷しようとしていた島津久光を任命したのを嚆矢とする。当初は、太政大臣三条実美と右大臣岩倉具視が協議して新たに内閣議官を設置し、久光を任じて大政に参与させようとしたが、廟議の反対により実現せず、代わって内閣顧問を設けることとなった。その後、明治九年三月二十八日、参議を辞任した木戸孝允が就いた。木戸は、明治七年の台湾征討をめぐって政府内で孤立して参議を辞任したが、明治八年二月の大阪会議を機に復帰していた。しかし大久保利通の政治主導に不満を抱き、かねて参議辞任の意向をもらしていた。明治十五年(一八八二)一月には開拓使官有物払下事件により参議を引責辞任した黒田清隆が任命された。黒田は、明治十八年十二月の内閣制度創設に際して、伊藤博文の総理大臣就任に不満を抱いて入閣を拒否し、その後も内閣顧問にとどまったが、明治二十年(一八八七)九月十六日、農商務大臣に就任したことにより、事実上廃官となった。内閣顧問は、天皇親臨して国事を評議する際に参与するものとされ、大臣の次席とされたが、実際は政府の決定した政策・方針に異を唱える実力者の不満を慰撫し、慰留するための名目的なポストであった。

参考文献　宮内省編『明治天皇紀』三・五(一九六九・七一、吉川弘文館)
(大庭　邦彦)

ないかくしょきかんちょう　内閣書記官長　明治十八年(一八八五)十二月に創設された内閣制度のもとで、内閣に所属して総理大臣を補佐した職員の一つ。明治二十三年(一八九〇)七月一日公布された内閣所属職員令において、内閣に書記官長のほか恩給局長、記録局長、統計局長、官報局長、会計局長、書記官、総理大臣秘書官などを置き、書記官長は、総理大臣の命により機密文書を管掌し、閣内庶務を統理し、各局長を指揮し、判任官以下の任免を専行すると規定した。内閣書記官長の官職名は、明治十二年三月十日、太政官中に、内閣の文書および官内庶課の事務を総理し、僚属を判任することを掌ることを職掌として設けられたことを嚆矢とする。その後、明治十七年十二月に勅任とされ、明治三十一年(一八九八)十月内閣所属職員官制の改正によって、内閣所属の各局長に対する指揮権が命令権となるなど、その権限は次第に強化された。また職務上、内閣総理大臣との一体性が不可欠であったため、自由任用制で、議員との兼職も認められ、政務官的性格も濃くなっていった。昭和二十二年(一九四七)一月公布の内閣法により内閣官房が新設され、同年五月三日の政令第二号により、内閣書記官長から内閣官房長官へと改称された。

参考文献　内閣官房編『内閣制度九十年資料集』(一九七五、

大蔵省印刷局）　（大庭　邦彦）

ないかくしょっけん　内閣職権　⇩内閣制度《ないかくせいど》

ないかくせいど　内閣制度　内閣総理大臣および各省大臣と無任所の国務大臣によって組織された最高行政機関。事実上の最高国家意志決定機関にあたる。明治十八年（一八八五）十二月二十二日、それまでの太政官制に代えて創設され、当初は、内閣総理大臣のほか外務・内務・大蔵・陸軍・海軍・司法・文部・農商務・逓信の各省大臣により構成された（太政官達第六九号）。同時に太政官に属していた宮内省を分離し、宮内大臣を閣外に置くとともに内大臣を新設して、宮中・府中の別を制度化した。また国務大臣は明治二十二年（一八八九）十二月二十四日に公布された内閣官制（勅令第一三五号）の「特旨ニ依リ国務大臣トシテ内閣員ニ列セシメラル、コトアルヘシ」（第一〇条）との規定による。第二代の黒田清隆内閣に入閣した伊藤博文などの事例があり班列と呼ばれた。内閣の呼称は、明治六年（一八七三）五月二日公布された太政官職制並正院事務章程（太政官達）において、参議を「内閣ノ議官ニシテ諸機務議判ノ事ヲ掌ル」（職制）と位置付けるとともに、「内閣ハ天皇陛下参議ニ特任シテ諸立法ノ事及行政事務ノ当否ヲ議判セシメ凡百施政ノ機軸タル所タリ」（事務章程）と定めたことを嚆矢とする。すなわち太政官制下の内閣は、参議によって構成される「凡百施政ノ機軸」の合議体として設けられた。しかし、この制度は、政策決定にあたる三大臣・参議のうち、大臣には輔弼責任がある一方で、参議は「議判」するとされながら輔弼責任はなかった。そのうえ行政事務の執行機関である各省の長官にあたる卿が政策決定の場に列席できないという問題をはらんでいた。このような制度的矛盾を克服するため明治六年の政変を機に参議・省卿兼任制がとられたものの、参議・省卿間にあって審議をリードする統率的地位に位置する職務を欠いたため、政策決定の円滑化・効率化が図られず、諸省の割拠状態が克服できないでいた。加えて明治十六年七月に右大臣岩倉具視が死去したことが、輔弼責任者たる大臣のイニシアティブを弱体化させ、閣内における参議・省卿相互間の割拠状況を深刻なものとし、ひいては国務の停滞を招く原因となった。ここに太政官制に代わる新たな統治機構の創出が不可欠となる理由が存した。内閣制度創設への動きは、憲法調査の任を受け渡欧していた参議伊藤博文が帰国してのち、明治十七年三月設置された制度取調局長官を兼任して以降進展していく。薩長藩閥の均衡が崩れることを懸念した太政大臣三条実美をはじめ政府内には消極論も根強かったが、憲法制定・国会開設という立憲制の樹立に即応した近代的行政機構の創出が不可欠と認識していた伊藤の強い指導力によって実現の途に就くこととなった。内閣制度発足と同時に定められた内閣職権では、伊藤の方針に基づき、内閣総理大臣は「各大臣ノ首班トシテ機務ヲ奏宣」するとともに、天皇の意を受けて「大政ノ方向ヲ指示シ行政各部ヲ統督」（第一条）するとされ、副署規定についても、法律・命令には総理大臣一人が副署し、各省主任の事務については主任大臣とともに総理大臣も副署することが規定されており（第五条）、総理大臣の各省大臣に対する強い指示・統督権限が与えられた。しかし、このような「大宰相主義」的な考え方は、明治二十二年二月十一日発布された大日本帝国憲法によって否定されることとなる。同憲法は、内閣の条項を明記せず、「国務各大臣ハ天皇ヲ輔弼シ其ノ責ニ任ス」（第五五条）と国務各大臣の輔弼責任について規定するのみで、各国務大臣に

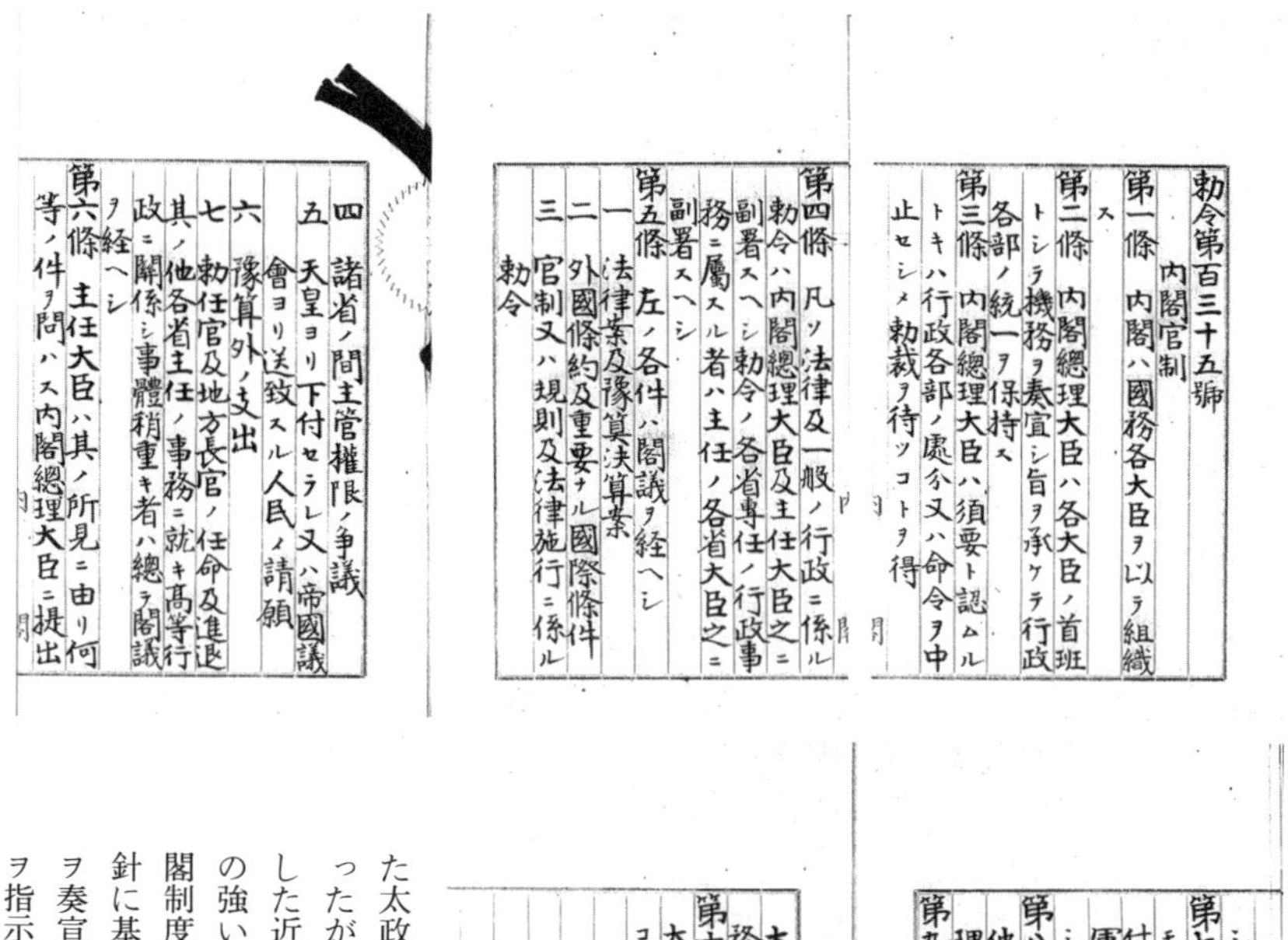
勅令第百三十五號
内閣官制
第一條　内閣ハ國務各大臣ヲ以テ組織ス
第二條　内閣總理大臣ハ各大臣ノ首班トシテ機務ヲ奏宣シ旨ヲ承ケテ行政各部ノ統一ヲ保持ス
第三條　内閣總理大臣ハ須要ト認ムルトキハ行政各部ノ處分又ハ命令ヲ中止セシメ勅裁ヲ待ツコトヲ得
第四條　凡ソ法律及一般ノ行政ニ係ル勅令ハ内閣總理大臣及主任大臣之ニ副署スヘシ勅令ノ各省專任ノ行政事務ニ屬スル者ハ主任ノ各省大臣之ニ副署スヘシ
第五條　左ノ各件ハ閣議ヲ經ヘシ
一　法律案及豫算決算案
二　外國條約及重要ナル國際條件
三　官制又ハ規則及法律施行ニ係ル勅令
四　諸省ノ間主管權限ノ爭議
五　天皇ヨリ下付セラレ又ハ帝國議會ヨリ送致スル人民ノ請願
六　豫算外ノ支出
七　勅任官及地方長官ノ任命及進退
其ノ他各省主任ノ事務ニ就キ高等行政ニ關係シ事體稍重キ者ハ總テ閣議ヲ經ヘシ
第六條　主任大臣ハ其ノ所見ニ由リ何等ノ件ヲ問ハス内閣總理大臣ニ提出シ閣議ヲ求ムルコトヲ得
第七條　事ノ軍機軍令ニ係リ奏上スルモノハ天皇ノ旨ニ依リ之ヲ内閣ニ下付セラルヽノ件ヲ除ク外陸軍大臣海軍大臣ヨリ内閣總理大臣ニ報告スヘシ
第八條　内閣總理大臣故障アルトキハ他ノ大臣臨時命ヲ承ケ其ノ事務ヲ代理スヘシ
第九條　各省大臣故障アルトキハ他ノ大臣臨時攝任シ又ハ命ヲ承ケ其ノ事務ヲ管理スヘシ
第十條　各省大臣ノ外特旨ニ依リ國務大臣トシテ内閣員ニ列セシメラルヽコトアルヘシ

内閣官制

よる単独輔弼主義・個別責任制を建前とした。このため同年十二月二十四日、憲法の趣旨に即して、内閣職権に代えて内閣官制が制定された。同官制では、内閣の構成員を国務各大臣と明記し(第一条)、内閣職権に規定された「大政ノ方向ヲ指示」する権限が削除され、単に「行政各部ノ統一ヲ保持」するにすぎないものと改められた(第二条)。さらに副署規定についても、官制では「勅令ノ各省専任ノ行政事務ニ属スル者ハ主任ノ各省大臣之ニ副署スヘシ」(第四条)と、各省専任の行政事務に属する勅令には主任大臣のみ副署すればよいこととされた。これらの改正の目的は、総理大臣の権限が「広大」に過ぎるとの懸念から、単独輔弼主義の原則に基づき総理大臣の地位を抑制し、各省大臣に対して同輩中の首席にすぎない存在へと修正する点にあった。その一方で、法律案、予算・決算案、外国条約、官制などのほか、「各省主任ノ事務ニ就キ高等行政ニ関係シ事態稍重キ者」を閣議に付すことを義務付けることで、国務大臣単独の権限行使にも制限を加えた(第五条)。これは内閣＝合議体としての実態を担保すべきと考える「大宰相主義」的立場への配慮ともとれるが、この結果、内閣は閣議における異論の頻出を防ぐことはできず、閣内対立を統禦・収拾できない場合には総辞職を余儀なくされ、内閣不一致を理由に内閣が頻繁に交代するという事態を生起させることとなる。また、「事ノ軍機ニ係リ上奏スル」といういわゆる帷《い》幄上奏権《あくじょうそうけん》が閣議の例外とされ、陸海軍大臣から総理大臣に事後報告すればいいものとされ、統帥権の独立について保障する規定が明記された(第七条)。以上に見るように大日本帝国憲法下における内閣は、単独輔弼主義・個別責任制の原則に起因する割拠性を大きな特色としており、内閣制度を安定的に運用していくためには、この割拠性を克服しつつ内閣の一体性をいかに確保するかが鍵となった。その後、内閣官制は、明治四十年(一九〇七)二月一日公式令(勅令第六号)が制定されたことに伴い、第四条の総理大臣・国務大臣の法律・勅令についての副署規定が削除され、代わって閣令制定権、警視総監・地方長官に対する指揮監督権に関する規定に改められた。一方、公式令には詔書・法律・勅令・国際条約には総理大臣がすべて副署することが規定され、再び「大宰相主義」へと回帰したのである。しかし、このような改正は軍部の猛烈な反対を引き起こした。公式令の規定により、帷幄上奏権によって出された勅令にも総理大臣の副署が不可欠となり、統帥権が内閣によって制約される懸念が浮上したためである。このため軍部は、同年九月十二日、軍令第一号「軍令ニ関スル件」を公布した。これは、陸海軍の統帥に関し「勅定ヲ経タル規定」を軍令と定義し(第一条)、一般勅令とは異なり軍令は陸海軍大臣の副署のみで公示できる(第二条)というものである。軍令の制定によって統帥権の独立が法的に確定することとなり、軍部は統帥権独立の名のもとに、内閣に対する優位性を確保し、明治三十三年(一九〇〇)五月十九日の改正陸軍省官制(勅令第一九三号)・海軍省官制(勅令第一九四号)により軍部大臣の現役武官制が採用されていたことと相まって、軍部が内閣の死命を制しうる立場に立つこととなった。このように、軍部との対立をも内包した内閣の割拠性は、昭和初期以降の準戦時・戦時体制期に一挙に顕在化し、一元的な戦争指導体制構築の障害となったが、大日本帝国憲法下において克服することはできなかった。

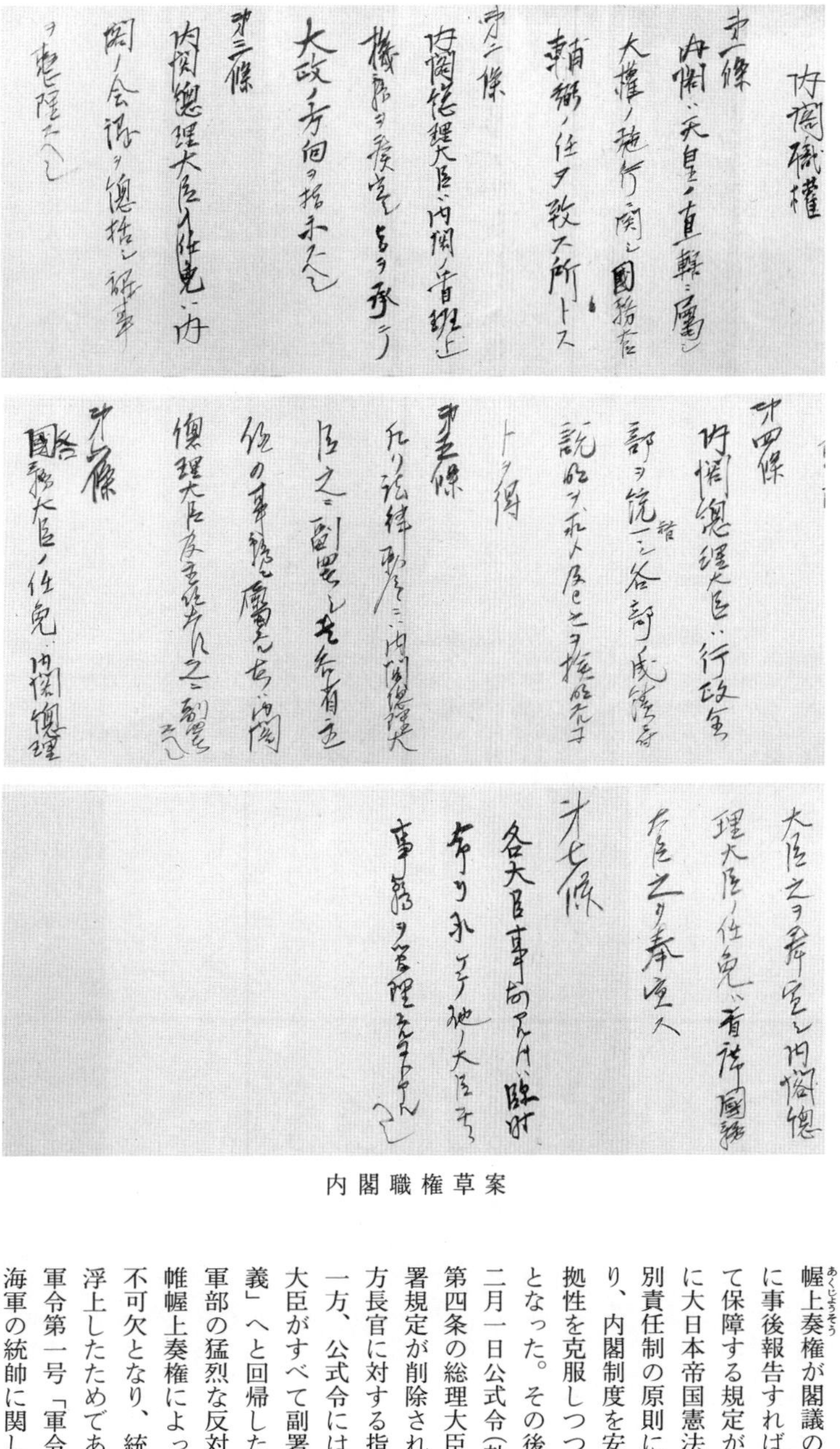

内閣職権草案

参考文献　内閣官房編『内閣制度九十年資料集』(一九七五、大蔵省印刷局)、鈴木安蔵『太政官制と内閣制』(一九四四、昭和刊行会)、辻清明『日本官僚制の研究』(一九六九、東京大学出版会)、吉井蒼生夫「中央権力機構の形成」(福島正夫編『日本近代法体制の形成』上所収、一九八一、日本評論社)、日本行政学会編『内閣制度の研究』(『年報行政研究』二一、一九八七、ぎょうせい)、赤木須留喜『〈官制〉の形成—日本官僚制の構造—』(一九九一、日本評論社)、由井正臣『軍部と民衆統合—日清戦争から満州事変期まで—』(二〇〇九、岩波書店)　(大庭　邦彦)

ないかくそうりだいじん　内閣総理大臣　明治十八年(一八八五)十二月二十二日、太政官達第六九号によって創設された最高国家意思決定機関にあたる内閣の首班・首長の地位にある国務大臣。総理・首相とも呼ばれる。内閣総理大臣の職権については、内閣制度発足時に内閣職権が定められ、第一条に「各大臣ノ首班トシテ機務ヲ奏宣シ旨ヲ承テ大政ノ方向ヲ指示シ行政各部ヲ統督ス」と規定して、総理大臣による内閣運営の主導性と各省大臣に対する統制権を認めた。さらに第五条では、こうした総理大臣の主導権を保障するため、総理大臣の副署規定について、「凡ソ法律命令ニハ内閣総理大臣之ニ副署シ其各省主任ノ事務ニ属スルモノハ内閣総理大臣及主任大臣之ニ副署スヘシ」と、法律・命令については総理大臣一人が副署すること、各省大臣が主任する一省かぎりの事務についても、主管大臣だけではなく総理大臣も共同して副署することと定めた。その後明治二十二年(一八八九)二月、大日本帝国憲法が発布され、天皇が統治権を総攬すること(第四条)、国務各大臣の輔弼責任制(第五五条)が明文化されたことに伴い、同年十二月二十四日、内閣官制(勅令第一三五号)が制定され、内閣職権の内容が修正された。官制第一条では、憲法五五条に対応して、「内閣ハ国務大臣ヲ以テ組織ス」ることが明記され、第二条では、内閣職権の第一条の後半部分の「行政各部ノ統一ヲ統督ス」が「保持ス」(第二条)と改められた。また第四条は、内閣職権第五条の内閣総理大臣の副署規定に該当するが、「凡ソ法律及一般ノ行政ニ係ル勅令ハ内閣総理大臣及主任大臣之ニ副署スヘシ勅令ノ各省専任ノ行政事務ニ属スル者ハ主任ノ各省大臣之ニ副署スヘシ」と修正された。これは、内閣職権第二条の「内閣総理大臣ハ行政各部ノ成績ヲ考ヘ其説明ヲ求メ及ヒ之ヲ検明スルコトヲ得」にあたる条文を削除したこととも相まって、内閣総理大臣の権限を弱めようとする意図に基づくものであった。一方、官制の第五条では、法律案、予算・決算案、外国条約、官制、規則・法律施行に関する勅令などについて閣議決定を義務付け、合議体としての内閣を実態化しようとの意図もうかがえる。こうした内閣職権から内閣官制への修正が行われた背景には、政府内に、合議体である内閣の総理大臣としての主導性を重視した「大宰相主義」的な考え方と天皇親政の理念を重視する個別責任制を志向する考え方との対立があった。このように大日本帝国憲法下の総理大臣の任務は、「行政各部ノ統一ヲ保持」するにすぎず、他の閣僚に対しては同輩中の首席にすぎない存在となった。このような内閣総理大臣の存在は、合議体としての内閣をリードしなければならないという必要性との間に矛盾を孕むこととなった。実際、個別責任制、統帥権の独立、枢密院や元老の存在などにより、強い指導力を発揮しえないこともたびたびであった。これは日本国憲法が、総理大臣に国務大臣の任免権や各省行政に対する指揮監督権を与え、国政の最高指導者としての地位を認めているのとは著しく異なる特徴といえる。内閣官制は明治四十年(一九〇七)に部分改正が行われたものの、昭和二十二年(一九四七)一月、内閣法が制定されるまで、その根幹は変わることなく踏襲された。

参考文献　内閣官房編『内閣制度九十年資料集』(一九七五、大蔵省印刷局)、稲田正次『明治憲法成立史』上(一九六〇、有斐閣)、遠山茂樹・安達淑子『近代日本政治史必携』(一九六一、岩波書店)　(大庭　邦彦)

ないかくだんがいもんだい　内閣弾劾問題　⇨奉答文事《ほうとうぶんじ》件《けん》

ないかくとうけいきょく　内閣統計局　国勢に関する統計調査の実施、統計に関する報告の刊行、内外統計表の公刊などの事務を管掌する機関。明治十八年(一八八五)十二月内閣制度の発足に伴い設置された。明治四年(一八七一)十二月太政官正院におかれた政表課を起源とする。その後、正院第五科政表掛、調査局政表掛、会計部統計課などと改称され、明治十四年五月三十日、太政官直属の統計院として改組、権限が拡大されたが、内閣制度の創設により同院を廃止して、内閣に統計局が設置されることとなった。明治十九年二月には、各省院庁に統計主任をおき、統計局との連絡・調整にあたらせることとし、これによって統計局を中心とした政府の統計組織体系が確立した。明治二十六年(一八九三)十一月行政整理により、内閣書記官室統計課に縮小、三十一年(一八九八)十一月に再置された。その後は、昭和二十二年(一九四七)五月に総理庁が設置され総理庁統計局に改組されるまで、数度の組織改編を経ながら存続した。→統計院《とうけいいん》　(大庭　邦彦)

ないかくぶんこ　内閣文庫　内閣所管の官庁図書館。明治政府は官庁蔵書の集中管理をはかり、その中央図書館として明治十七年(一八八四)一月に太政官文庫を創設した。翌十八年十二月に内閣制度が発足し、同月二十四日内閣文庫と改称した。内閣文庫改称時の所管は内閣記録局図書課であったが、同二十六年(一八九三)の行政整理により内閣書記官室記録課図書掛の所管に変更された。所在地も初期には太政官文庫が設置されていた赤坂離宮内であったが、和田倉門内を経て、同四十四年(一九一一)に大手門内に移り、昭和四十六年(一九七一)に千代田区北の丸公園内に新設された国立公文書館内に移転した。文庫創立の当初、政府各省から引き継いだ図書は、江戸幕府旧蔵の和漢古書、各省が収集した新刊の洋書、官庁刊行物など、合計六十四万冊に上った。そのうち四十万冊余は和漢古書であり、内閣文庫は諸官庁の参考図書館としてよりも、和漢古書の保存図書館として次第に著名となった。文庫蔵書の根幹として、漢籍と国史書が多くの比重を占める江戸幕府の紅葉山文庫本、林家歴代の手《しゅ》沢《たく》本を主とする昌平坂学問所本、幕府が経営した医学館において多紀家が収集した漢籍古医書を中心とする医学館本、塙保己一が創立した和学講談所本がある。なお、後三者は明治五年(一八七二)に日本最初の官公立公開図書館であった書籍館《しょじゃくかん》が所蔵していたかもしくは献納された図書類であり、内務省が所管した浅草文庫や千代田文庫を経て、同二十三年に千代田文庫が内務省から内閣文庫に移管され、同文庫の所蔵となった。また、明治政府の諸官庁が所蔵した多数の和漢古書が内閣文庫に引き継がれたが、その中には修史館などが謄写した史書類、太政官正院地志課・内務省地理局が収集した地誌、太政官当時に調査・翻訳した歴史・政治・法律書の稿本類、明治初期の官公庁刊行物などが多く含まれている。さらに政務の参考とするため、明治・大正期購入の英・米・独・仏各国の政治・法律書数万冊が所蔵されている。加えて、洋書としては、長男アレクサンダーにより日本政府に献納されたシーボルトの旧蔵書千二百部も内閣文庫が所蔵している。明治十九年には、高野山釈迦文院旧蔵漢籍八千七百八十冊などが購入された。また、この時期に内閣に置かれた臨時修史局により多くの古文書・古記録が発見され、同二十一年に、朽木氏文書(近江豪族)・蜷川氏文書(室町幕府沙汰人)・豊島氏文書・二水記・沢氏古文書(伊勢北畠氏家臣)・大乗院文書(奈良興福寺)・東大寺文書が相ついで購入された。さらに明治二十五年には、伊勢松木家古記録(伊勢祀官)・万里小路家古記録(堂上公家)・中院家古記録(堂上公家)・中御門家古記録(堂上公家)・甘露寺家古記録(堂上公家)・坊城家古記録(堂上公家)が購入された。甘露寺・坊城両家からは購入分とは別個に合計三千冊に近い古記録が献納された。文庫蔵書目録は、創立当初の明治十九年から二十六年にかけて和・漢・洋書別に刊行された。このように、内閣文庫は和漢古書を多く収蔵することになったが、明治二十二年に内閣記録局長股野《またの》琢《たく》は、将来の官制変更による所管替えで所蔵図書が失われる恐れがあるとして、貴重な古書を選別して皇室に献納し保存方法を確定すべきであるという上申書を提出し、内閣総理大臣の認許を受けて、同二十三年に宮内省へ申し入れた。同二十四年、和漢書二万九千九百五十六冊が宮内省図書寮に移管された。この中の九五%が宋・元・明版を中心とする貴重な漢籍であった。同二十六年にも漢籍二百八十八冊が宮内省に移管された。これらの図書は、現在宮内庁書陵部に所蔵されている。大正十二年(一九二三)の関東大震災において諸官庁などに貸出中の蔵書二万四千冊を失い、昭和二十年(一九四五)の空襲で洋書など二万七千余冊を失った。同二十三年、内閣文庫は国立国会図書館支部となり、同四十七年国立公文書館が設置されるとその一部局となって現在までつづいている。『内閣文庫明治時代洋装図書分類目録』などの目録がある。 ↓浅草文庫《あさくさぶんこ》 ↓太政官文庫《だじょうかんぶんこ》

参考文献 国立公文書館『内閣文庫百年史(増補版)』(一九八六、汲古書院) (中嶋 久人)

ないかくほうせいきょく　内閣法制局　内閣に直属し、法令の起草・審査にあたる機関。明治六年(一八七三)五月二日太政官職制により、太政官正院内史所管の一課として法制課が置かれ、諸律法・式礼・規則・章程・条例などを勘査するとされたのがそのはじまりである。その後、一時左院に移管されたが、同八年七月三日太政官番外達により太政官正院法制局と名称が変更され、法令制定・改正における起草修正を職務とした。同十三年(一八八〇)太政官制改革により法制局が廃され法制部となったが、翌年十月十二日、国会開設の詔勅が出されたことで、立憲政体への準備にあたるために太政官中に参事院が置かれ、参事院が法制部の業務を吸収して、法律の起草・修正・審査にあたることとなった。また、行政官と司法官、地方官と地方議会の法律上の権限などの審議も担当した。同十八年内閣制度発足に伴い、参事院が廃されて内閣直属の法制局が置かれ、同二十三年(一八九〇)・二十六年の法制局官制の改正を経て、内閣直属の法令案起草・審査機関として大きな役割を担った。 ↓参事院《さんじいん》

参考文献 『内閣法制局百年史』(一九八五) (横山百合子)

ないこくかいがきょうしんかい　内国絵画共進会　明治十年代に政府主導で開催された全国絵画展覧会。農商務省主催。第一回内国絵画共進会は明治十五年(一八八二)十月一日から十一月二十日まで上野公園で開催。出品規定により西洋画が除かれたのは、同年五月に行われたフェノロサの講演『美術真説』において日本画優位論が唱えられたことが影響したと考えられる。銀印受賞は橋本雅邦、狩野探美《かのうたんび》、田崎草雲、森寛斎。第二回共進会は、十七年四月十一日から五月三十日まで上野公園で開催。金賞は守住貫魚《もりずみつらな》、銀賞に川辺御楯《かわべみたて》、山名貫義《やまなつらよし》ら。第一回同様西洋画は排除された。それまでの伝統流派を「日本画」として再編成する歴史的意義が認められる。二回ともに出品規定で軸装や巻物での出品を許さずすべて額装ないしは仮枠での出品とした。これは書画から絵画への形態的・制度的改革を意識したものだった。各展覧会では入館料を徴収し観覧の心得を明記、また第二回展では写真図版を用いた図録もつくられ、近代的な展覧会の諸形態が整いつつある様子がわかる。

参考文献 東京文化財研究所編『内国絵画共進会』(『近代日本アート・カタログ・コレクション』一一四、二〇〇一、ゆまに書房) (古田 亮)

ないこくかんぎょうはくらんかい　内国勧業博覧会　明治時代に五回開催された産業奨励のための博覧会。明治政府は欧米列強をモデルとして近代化政策を推進し、そ

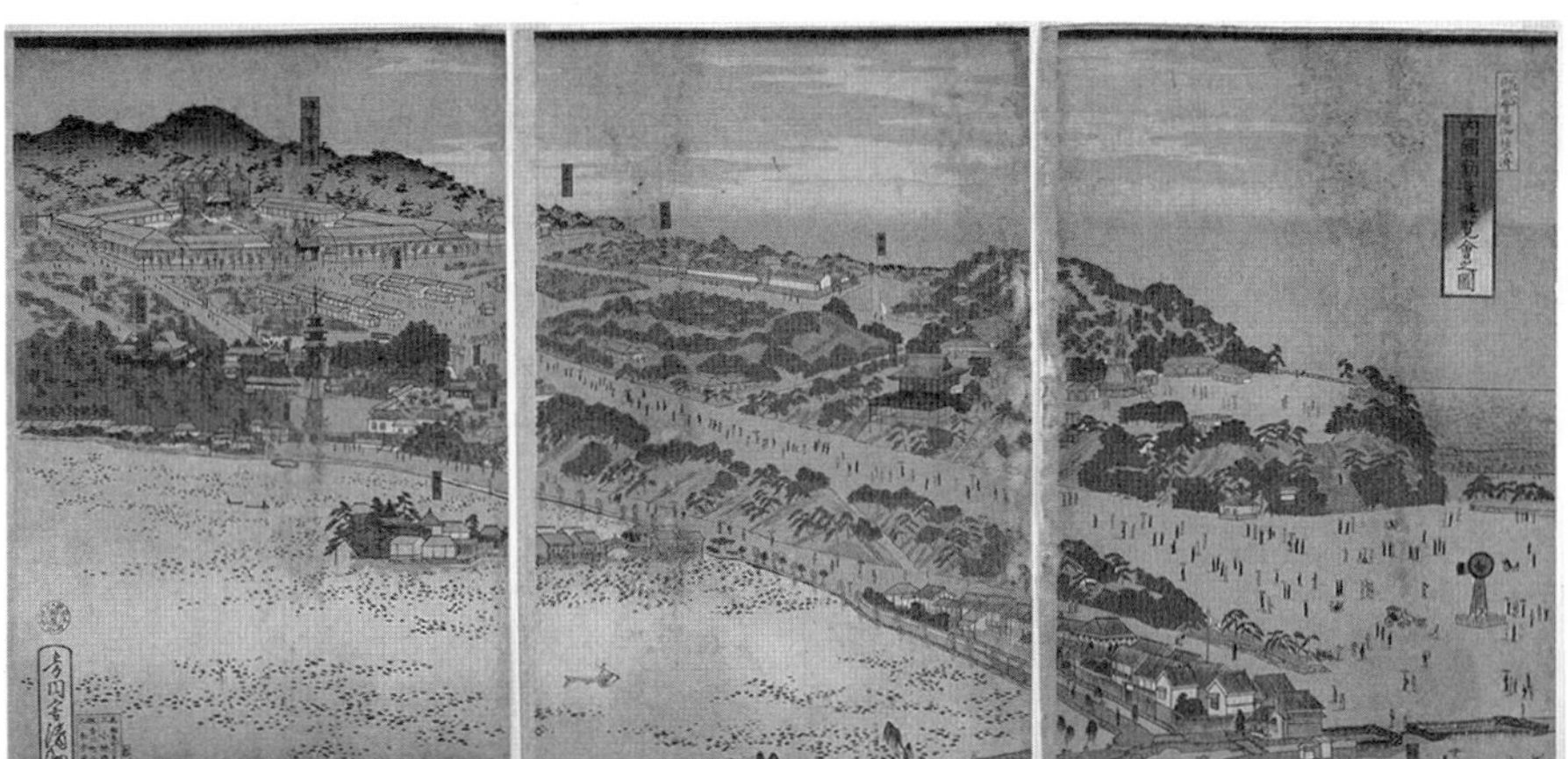

第１回　内国勧業博覧会之図(小林清親画)

第２回　第二回上野内国勧業博覧会ノ図(楊州周延画)

第３回　第五本館内の様子(『二十三年博覧会実況』明治23年より)

第３回　各府県の売店、茶店(『風俗画報』臨時増刊15号より)

第４回　農林館内

第４回　開場正門

第５回　機械館内

第５回　開場全景

第５回　ウオーターシュート

第５回　農業館内

の政策の一つとして博覧会を採用した。政府は一八七三年(明治六)のウィーン万国博覧会と七六年のフィラデルフィア万国博覧会に参加して、博覧会のノウハウを学び、明治十年(一八七七)に東京の上野で第一回内国勧業博覧会を開催するに至った。第一回内国博の出品物では長野県の臥雲辰致の出品した「ガラ紡」が有名になった。内国博が開催されると、これを模範として日本各地でも産業奨励を目的とした博覧会が開催されるようになった。第二回内国博は西南戦争後の厳しい財政状況の中、明治十四年に上野で開催されたが、会場規模、出品数、入場者数ともに第一回内国博を上回った。内国博は国内産業を奨励するとともに、欧米機械を紹介する場であったが、主要な機械類は政府の出品であり、民間からの出品は少なかった。内国博には全国から多くの人が集まるので、この機会を利用して、浅草では農談会が開催され、全国から集まった老農たちにより農業改良について話し合われた。第三回内国博は、明治二十三年(一八九〇)、帝国議会開設と同じ年に上野で開催された。日本がはじめて経験する恐慌や天候不順、インフルエンザの流行から入場者数は伸び悩んだものの百万人を突破した。この内国博は販路拡大をめざして外国人を積極的に招待したり、会場に参考館を設置してパリ万国博(一八八九年開催)における政府の購入品を展示したりするなど、海外に視野を広げた博覧会でもあった。また、内国博が社会に広く知られるようになった結果、授与される褒賞が賞品の優劣を左右することとなり、褒章の等級を不服とした出品者が提訴する事件も起きた。第四回内国博は、はじめて東京をはなれて、明治二十八年、遷都千百年を記念して京都で開催された。当時は日清戦争直後ということもあり、国民の中には博覧会に行くことを自粛する風潮があり、入場者数は伸び悩み、第三回内国博をわずかに上回るにとどまった。第四回内国博は電気の時代の到来を示す博覧会で、京都駅と会場とは電車で結ばれた。出品物では黒田清輝の出品した「朝妝」が、裸体画であったためセンセーションを巻き起した。第四回内国博は、日清戦後の混乱やマーケットとしての魅力に欠ける京都で開催されたこともあり、不振に終ったが、京都市はこの博覧会を利用して観光都市として市内を整備することに成功した。第五回内国博は、明治三十六年(一九〇三)、大阪で開催された。第五回内国博の主催者たちは、入場者数増をねらってウォーターシュートやメリーゴーランドなどの遊戯施設を設置するとともに、浪花踊、福引などの余興を積極的に開催した。また、植民地となった台湾を展示する台湾館が設置され、版図拡大が誇示された。さらに外国出品の誘致を行なった結果、ドイツ・アメリカなど、十四ヵ国が参加した。海外からの出品という目新しさ、余興の実施などにより、入場者は爆発的に増加した。第五回内国博を契機として、内国博の本来の目的である産業増進のほかに、娯楽という要素が大きく加わり、博覧会の遊園地化が始まった。

参考文献 山本光雄『日本博覧会史』(一九七三、理想社)、吉見俊哉『都市のドラマトゥルギー—東京・盛り場の社会史—』(一九八七、弘文堂)、同『博覧会の政治学—まなざしの近代—』(『中公新書』、一九九二、中央公論社)、國雄行『博覧会の時代—明治政府の博覧会政策—』(二〇〇五、岩田書院)

(國　雄行)

ないこくこうろ　内国航路　沿岸航路ともいい、近海・遠洋などの国外航路に対して国内航路を指す。離島や小笠原・沖縄航路は含むが、対植民地航路は含まない。幕末期に外国汽船が参入、なかでもパシフィック＝メイルは開港場間航路で独占的地位を占めたが、三菱との競争により明治八年(一八七五)十月に横浜—上海航路を譲渡して撤退。十三年(一八八〇)ころには外国船の運航はほぼ消滅。三菱が汽船航路を開始した八年から五百石以上の大型和船が減少し始め、西洋型帆船も増加して十年代後半には和船を凌駕した。十八年の五百石以上の和船建造禁止、二十九年(一八九六)の船舶検査法の公布も和船の退潮を促した。だが汽船は集荷力と港湾設備に優れた大規模港湾間を主に運航したため、地域的・小規模・不定期・ばら積輸送では和船や合子船《あいのこぶね》・帆船が活動。鉄道網の拡大により輸送は鉄道に移行していったが港湾整備の進展により、大正時代初頭には海運と鉄道が合体した新たな輸送網が形成された。

参考文献 佐々木誠治『日本海運競争史序説』(一九五四、海事研究会)、安達裕之「明治の帆船」(『講座・日本技術の社会史』八、一九八六、日本評論社)、小風秀雅『帝国主義下の日本海運—国際競争と対外自立—』(一九九五、山川出版社)

(小風　秀雅)

ないこくぜい　内国税　一般に、関税以外の国内の人または物に課されるものをいう。現在、関税などを除く内国税には国税通則法・国税徴収法・国税犯則取締法が適用される。明治初年の日本では、不平等条約に伴い高率関税を設定できず、関税収入の割合は財政需要に比べはるかに低く、明治政府の主要な租税収入源は内国税に過度に依存しなければならなかった。明治四年(一八七一)十一月、井上馨・吉田清成《よしだきよなり》は「内国税法改正見込正院へ上申」で、税法を「経国ノ枢機、理財会計ノ基本」、租税を「人民保護ノ要務」とし、地租・物品税・印紙税・専売特許税など内国税の整備とともに、農商工業の奨励、物産・工芸品の育成など国内産業を発展させ、産業品の海外輸出を図るとともに、海関保護税を活用して許多の利益を得ることを図った。内国税という文言は、この上申で使用されたと考えられる。

参考文献 中尾敏充「一八九六(明治二十九)年営業税法の制定と税務管理局官制」(『近畿大学法学』三九ノ一・二合併号、一九九一)、金子宏『租税法』(『法律学講座双書』、二〇〇四、弘文堂)

(中尾　敏充)

ないこくつううんかいしゃ　内国通運会社　旧定飛脚仲間を前身とする陸運元会社が、明治八年(一八七五)二月

内国通運会社

に社名変更を行い設立した水陸運輸会社。設立当初、請負業と現業に近い継立業の両面で実権を握った。すなわち、陸運元会社が同六年六月に得た海運を除く運送請負業の独占権を引継いだ。また、明治八年五月に、全国の継立を担っていた陸運会社の輸送不能率を解消するため、内国通運会社を中心とした人馬継立網再編を試みた政府の方針に応じた。しかし、政府は輸送需要の増加や民権運動を背景に特権付与を弊害と認識し、同十二年(一八七九)五月に請負業の独占権を廃止した。同二十四年(一八九一)四月には、毎年受注していた郵便請負業務の落札に失敗するなど同社は危機に転じた。しかし、諸道の継立所を整理し、鉄道網の進展に応じた鉄道貨物取次業へと営業の重心をずらすことで業績回復および鉄道貨物取次業における地歩を築いた。

参考文献 日本通運株式会社編『社史』(一九六二)、日通総合研究所編『日本輸送史』(一九七一、日本評論社)、山本弘文『維新期の街道と輸送(増補版)』(『叢書・歴史学研究』、一九八三、法政大学出版局)

(河村 徳士)

ないだいじん 内大臣 明治十八年(一八八五)十二月二十二日、内閣制度の創設とともに、宮中に設置された天皇の補佐官。内府とも称する。初代内大臣には三条実美が就任した。内大臣は、内閣に属さず(宮中・府中の別)、宮内大臣からも独立し、宮中席次は内閣総理大臣より上位に位置づけられたが、当初、その政治的地位・役割はそれほど重要視されず、直前まで太政大臣の任にあった三条を処遇するという性格が濃厚であった。この日公布された太政官達第六八号では、宮中に内大臣(一人)のほか、宮中顧問官(十五人以内)および内大臣秘書官(一人または二人、奏任官)を置き官制を定めるとし、内大臣の職掌として、「御璽国璽ヲ尚蔵」すること、「常侍輔弼」、すなわち常に天皇のそば近くにあって天皇を補佐すること、さらに「宮中顧問官ノ議事ヲ総提」することを定めた。また御璽・国璽については、翌十九年二月公布された公文式(勅令第一号)において、法律・勅令には親署のあと御璽を鈐すること、国書・条約批准・外国派遣官吏委任状・在留各国領事証認状および三等以上の勲章の勲記は親署のあと国璽を鈐すること、そして勅任官の任命は辞令書に御璽、奏任官の任命はその奏薦書に御璽をそれぞれ鈐することとされた。明治二十四年(一八九一)二月、三条が死去したのちは、侍従長の徳大寺実則が内大臣を兼務した。その後明治三十年(一八九七)十月には内大臣並宮中顧問官及内大臣秘書官官制を改正(宮内省達甲第八号)し、宮中顧問官を功労ある者を任命する名誉官と改めたことに伴い、宮中顧問官の「議事ヲ総提」するという職掌は廃止された。ついで明治四十年(一九〇七)十月皇室令第四号により内大臣府官制が制定され、内大臣府において御璽・国璽を尚蔵し、詔書・勅書、その他内廷の文書に関する事務を掌り、内大臣は親任とされ、常侍輔弼して内大臣府を統括することと定められた。また、内大臣のもとに秘書官長(一人、勅任)・秘書官(三人、奏任)が置かれた。大正元年(一九一二)七月、明治天皇が死去すると翌八月徳大寺は内大臣を辞任し、前内閣総理大臣桂太郎が内大臣兼侍従長に就任した。しかし桂は、第二次西園寺公望内閣の辞職を受けて、同年十二月、在任わずか四ヵ月で辞任し、宮中・府中の別をみだすという批判に機先を制して、勅命をもって三度目の内閣を組織した。だが逆にこうした詔勅政策が、一層世論の激昂を招き、政党勢力からも激しい非難を浴びるとともに、第一次憲政擁護運動の契機ともなった。桂の後任には伏見宮貞愛《さだなる》親王が内大臣に就任したが、大正三年四月には大山巌、大正六年五月からは松方正義といった元老が二代にわたって就任し、山県有朋を中心とする元老グループが宮中を掌握する状況が第一次世界大戦後まで続くこととなる。その後、大正十一年(一九二二)二月山県が、大正十三年七月松方が相つぎ死去し、西園寺公望が最後の元老となると、それまで後継首相の推薦や重要政務を担った元老の政治的役割が低下するのに伴い、内大臣の政治的役割は高まっていく。大正十四年加藤高明内閣の辞職に際して、摂政裕仁は後継首相候補を内大臣牧野伸顕に諮問し、牧野は元老西園寺の意見を徴するよう進言して、あらためて西園寺に下問するという例が開かれた。この先例は、昭和時代に入ると、西園寺の老齢もあって、内大臣の地位をさらに高めることとなった。昭和十五年(一九四〇)十一月、西園寺が亡くなると、首相推薦の実権は、内大臣および首相経験者・枢密院議長といった重臣によって構成される重臣会議が掌握することとなり、内大臣はその中心メンバーとして重きをなしていく。第二次世界大戦の敗戦により、昭和二十年(一九四五)十一月二十四日廃止、その事務は宮内省侍従職、内記部に引き継がれた。

参考文献 内閣官房編『内閣制度九十年資料集』(一九七五、大蔵省印刷局)、遠山茂樹・安達淑子『近代日本政治史必携』(一九六一、岩波書店)、宮内省編『明治天皇紀』六・九(一九七一・七三、吉川弘文館)

(大庭 邦彦)

ないちざっきょごのにっぽん　内地雑居後之日本　労働者の地位改善・解放を説いた啓蒙書。著者は横山源之助（一八七一―一九一五）である。治外法権が撤廃された条約改正後に、新たに登場してきた諸外国との通商航海条約締結に伴う国内開放（明治三十二年（一八九九））をめぐって、賛否両論さまざまな論争が展開されるなか、日本経済への影響と労働問題に焦点を当てた。第一章「内地雑居後の日本」で、外国資本流入による脆弱な日本経済への影響、とりわけ日本の労働者が被るであろう不利益について労働者みずから十分自覚しているかどうかと問いつつ鋭い警鐘を放っている。第二章「職工社会の現状」では、職工中心の労働社会を便宜的に大工・飾《かざり》職などの伝統的職人と生糸業など主として手工業に携わる工員、それと機械工業に従事する工場労働者の三種に分類し、その発展過程を論じている。そしてそれぞれなりに賃金・労働時間・生活状況・昇給制度・工場管理者制度を、みずから実地調査した結果にもとづき論及しているだけに、なかなか説得的である。第三章「日本の労働運動」、第四章「今後の労働運動の覚悟」、第五章「結論（労働問題最終の目的）」は、著者横山源之助がこの書でもっとも訴えたかったところであろう。わが国労働運動の発祥宣言ともいうべき『職工諸君に寄す』（明治三十年、高野房太郎執筆）をいっそう敷衍した形で実証的に展開していて社会労働運動への啓蒙、指針書として本書は古典的価値を有するものといえる。日清戦争後の日本資本主義を「資本家跋扈《ばっこ》の時代」と位置づけ、労働者階級の地位保全と解放のためには、普通選挙権の獲得へと政治的に進出することの必要性を訴え、最終目的は社会主義の実現にあることまで論説している。もともと本書は片山潜の労働新聞社の『社会叢書』の第一巻目として企画されたもので、のちには『労働問題（内地雑居後の日本）』（明治三十六年）と改題され社会主義図書部から発売された経過がある。『岩波文庫』に所収。　↓横山源之助《よこやまげんのすけ》

（荒木　傳）

ないちざっきょもんだい　内地雑居問題　明治期における在日外国人の居留地以外での居住・通商・移動の自由（内地雑居・内地開放）に関する諸問題。外交問題としてのみならず、経済的・社会的問題の性格を有し、明治二十年代（一八八〇年代後半から九〇年代前半）になると政治問題としての性格も加わった。明治期の日本にとって、内地雑居問題はさまざまな領域にわたる国家的問題であった。そもそも幕末に徳川幕府が欧米列国と締結した各通商修好条約において、欧米人の内地雑居は認められなかった。列国は領事裁判権の獲得と引き換えに、自国民を開港場および開市場に設けられる居留地に居住させ、そこで通商を行わせることに同意したのである。また、移動の自由も、開港場から十里四方を遊歩することしか許されず、それ以外については日本側の許可が必要であった。明治に入り、新政府が「開化」政策（近代化政策）を取り、社会で「攘夷」（排外主義的ナショナリズム）の気運が次第に弱まると、日本で商業や営業を行う外国人にとって居留地制度は不便だという思いが募った。そこで、居留地に居住する欧米人の間から内地雑居（内地開放）の要求がなされるようになった。なお実際には、特別の許可なしに居留地外に出向くことは可能であり、そうした行動を取る外国人は次第に増加していった。近代国家の建設に邁進する明治政府にとって、居留地や領事裁判権、協定関税の存在は、日本の主権が真に確立されていないことを意味した。最新の研究によれば、これらの問題を解決するためには、日本政府が国内の条約国人に適用される行政規則を自由に制定し、かつ違反者を処分する権利である行政権を回復する必要があった。また、行政上における外国人の特別扱いは複雑な問題を引き起こすこともあり、日本側は行政権の回復を条約改正における最重要課題と見なしていた。しかし、行政権回復のハードルはきわめて高かった。また、近代ナショナリズムが勃興し、領事裁判権の存在を「不平等」条約の象徴として、官民に強く意識させるに至った。そこで、明治十五年（一八八二）、井上馨外務卿（のち外相）は条約改正予備会議で欧米列国に内地開放（内地雑居）を提起し、それを取引材料として領事裁判権の撤廃をもくろんだのである。時は下り、明治二十年（一八八七）四月の条約改正会議において合意された改正案には、関税引き上げのほか、領事裁判権の撤廃と引き替えに居留地廃止と内地開放が含まれていた。このころになると、民間でも、内地雑居をめぐるさまざまな議論が登場した。改正条約の施行による内地雑居を約束した日英通商航海条約が締結される二十七年七月ごろまでの内地雑居賛成派と反対派（非内地雑居派、のちに雑居尚早派）の論点は、以下のとおりである。内地雑居賛成派は内地雑居を西洋国際社会（「文明国」）のルールと見なし、日本はこれを「文明国」のルールとして受容すべきだとした。また、内地雑居を実現しても、外国人に土地や鉱山、鉄道の所有を認めさせなければ、欧米の資本家たちにとって日本に投資する経済的利点はさほど大きくない。それゆえ、欧米資本が大量に流入して、日本の資本が凌駕され、欧米資本に日本経済が乗っ取られるような事態は起こりえない。なお、賛成派の大半も、中国人の内地雑居に関しては否定的であった。これに対し、反対派は内地雑居を認めれば、日本経済が欧米資本に乗っ取られる危険性が高いと主張したほか、中国から低賃金で働くことをいとわない労働者が大量に流入し、日本の下層労働者の職が奪われることを危惧した。また、反対派は、内地雑居を実現しなければ、領事裁判権の撤廃および居留地廃止を実現できないという賛成派の議論に対しては、開港場を増加して対応すればよいと主張した。以上、賛成派は内地雑居後の日本のありさまを冷静かつ楽観的に予想したのに対し、反対派はきわめて悲観的に予想する傾向にあった。議会開設後、政権参入をめざす自由党は星亨《ほしとおる》の主導下、内地雑居賛成に転換して同党が現実的政党であることをアピールし、明治二

十五年八月、第二次伊藤内閣が成立すると、同内閣への接近を図った。それに猛反発した雑居尚早派(非内地雑居派)は二十六年十月、大日本協会を結成し、年末の第五議会において伊藤内閣・自由党と全面対決するに至った。このように、初期議会期になると、内地雑居問題は条約改正問題の中心的位置を占め、しかも二十六年後半から翌年の日清戦争直前にかけて国内最大の政治争点となった。二十七年七月十六日、日英通商航海条約が調印され、五年後の改正条約施行により、領事裁判権の撤廃および居留地廃止と引き換えに内地雑居が実現する運びとなった。以後、内地雑居問題は、政治問題としての性格を急激に低下させた。日清戦後になると、内地雑居問題は、内地雑居後の日本社会や日本人はどうあるべきか、といった社会問題として論じられることが大半であった。そして、中国人の内地雑居をどうするか、外国人に土地、鉱山、鉄道などの所有を認めるか否かが課題として残された。中国人の内地雑居に関しては、明治三十二年(一八九九)七月二十八日、勅令第三五二号で、原則として内地雑居を容認し、労働者および行商に関しては行政官庁の許可を要するという形で決着を見た。また、外国人の鉱山や鉄道の所有は結局認められず、土地所有に関しては永代借地権が付与された。

参考文献 稲生典太郎『条約改正論の歴史的展開』(一九七六、小峯書店)、酒田正敏『近代日本における対外硬運動の研究』(一九七八、東京大学出版会)、小宮一夫『条約改正と国内政治』(二〇〇一、吉川弘文館)、五百旗頭薫『条約改正史―法権回復への展望とナショナリズム―』(二〇一〇、有斐閣)
(小宮 一夫)

ないとうこなん 内藤湖南 ⇨内藤虎次郎《ないとうとらじろう》

ないとうしんじゅくしけんじょう 内藤新宿試験場 明治時代初期の官営試験地。明治維新後の殖産興業における欧米技術の摂取・移植の方針は、勧農諸施設の部面にも及んだ。だが、日本の気象条件などを無視した欧米技術の摂取の試みは、欧米の模倣に終始したことは否めず、農村内部からもり上がる実践的技術と遊離していた。その象徴となったのが、内藤新宿試験場である。明治五年(一八七二)十月東京府新宿の旧高遠藩内藤邸跡地九万五千坪を買収して設立され、以後数回拡張して同十二年(一八七九)には十九万余坪となった。また明治七年八月には三田四国町の旧薩摩藩島津邸跡地四万余坪を買収して付属試験地とした(のちの三田育種場)。同七年一月内務省勧業寮設置と同時に、同寮に属し、同年七月以降勧業寮出張所または新宿支庁とも称された。当初は内外穀菜果樹の試験繁殖配布、牧畜、養蚕製糸、各種農産製造の加工・分析試験、模範事業などを積極的に行うことを目的としたが、同九年九月一般勧農事務を分離して試験場組織として独立、同十年一月の内務省勧農局設置と同時に勧農局試験場となった。外遊した政府要人が帰朝の際に持ち帰った西洋式大農具、プラウ、ハローなどは、三田育種場の「農具置場」がこれを受入れ、府県に貸与している。また、農業博物館の展示、農事研修場での農事講習などの一般勧農事務の施設も含まれていた。同十二年五月、施設は宮内省に移管されて植物御苑となり、その業を閉じた。農具の製造、改良と試作、展示、貸与などは三田育種場に移され、さらに三田農具製作所の所管となった。農業博物館は移されて駒場農学校の前身の農事修学場となった。

参考文献 農林省農務局編『(明治前期)勧農事蹟輯録(復刻)』上(一九七五、長崎出版)、農業発達史調査会編『日本農業発達史(改訂版)』一(一九七八、中央公論社)
(桐原 邦夫)

ないとうちそう 内藤耻叟 一八二七―一九〇三 明治時代前期の歴史家。文政十年十一月五日(一八二七年十二月二十二日)水戸に水戸藩士美濃部又三郎次男として生まれる。諱は正直、通称は弥三郎・弥太夫。号碧海。別号耻叟は失脚した経歴を反省した以降のもの。同藩士内藤家を嗣ぎ、弘化三年(一八四六)百五十石の家禄を襲い小十人組に付けられ、以降番方を昇進した。安政三年(一八五六)四月結城寅寿一派と見做され蟄居慎となり、安政六年九月には鈴木石見守重棟一派と見做されて処分された。元治元年(一八六四)九月武田耕雲斎らとの闘いに召されて処分を解除され、賊徒追討の命を受け転戦、慶応元年(一八六五)には弘道館教授を兼ねるも、二年十一月鈴木石見守重棟と議論合わず、水戸評定所の獄に投ぜられる。明治元年(一八六八)三月に出獄したが、激派から嫌疑をかけられ、五月諸生党とともに水戸を脱して会津城に入った。その後各所に潜伏、明治三年十二月湯沢三四郎の名を以て山形県史生に就職、七年一月大蔵省統計寮十二等出仕、十年(一八七七)東京府官吏、十一年小石川区長、十四年群馬県中学校長となり、その後は東京で漢学を教え始め、生徒の中に落合直文がいる。十七年二月東京大学古典講習科講師、十九年三月帝国大学文科大学教授となり、経学・日本史・支那歴史・支那哲学・漢文学・和漢古代法制などを講義し、二十四年(一八九一)三月非職となった。皇典講究所には明治二十二年から関係し、国学院には二十三年十一月開学以来道義・漢文講師を勤めている。講義は原稿なしに進め、抑揚のきいた立派なものであったといわれる。特に徳川時代のことに関しては強記絶倫であった。三十六年(一九〇三)六月七日、七十七歳で没した。著作は『安政紀事』(二十一年)、『少年必読日本文庫』(二十四―二十五年)、『温知叢書』(二十四年)、『徳川十五代史』(二十五―二十六年)、『教育勅語訓義』(二十九年)、『徳川実紀校訂標記』(二十九―三十二年)などがあり、このほか連載物も多い。水戸学鎮派の立場を固執しつづけ、桜田門外の変を攻撃し、幕末維新期の薩長勢力の行動を批判するなどの特異な主張を行なったが、徳川光圀・斉昭の強烈な尊王主義と君臣の義を漢学の立場から強調するその姿勢は、十年代後半以降の天皇制イデオロギー形成に、それなりに棹さしたのである。 ↓徳《とく》

川十《がわじゅう》五代史《ごだいし》

参考文献　内藤耻叟「悔慚録」(『太陽』二ノ六―一一、一八九六)、秋元信英「内藤耻叟の幕末史論」(国学院大学日本文化研究所編『維新前後に於ける国学の諸問題』所収、一九八三)　(宮地　正人)

ないとうとらじろう　内藤虎次郎　一八六六―一九三四　東洋史学者。南部藩に属す武士の家に慶応二年八月十七日(一八六六年九月二十五日)、陸奥国鹿角《かづの》郡毛馬内《けまない》村(秋田県鹿角市)に生まれる。湖南と号す。秋田師範学校を卒業して小学校に勤務したが、上京し大内青巒《おおうちせいらん》主宰の『明教新誌』の記者となり、以後『三河新聞』主筆、雑誌『日本人』記者、『大阪朝日新聞』論説執筆、『台湾日報』主筆など言論界で活動し、中国問題の論客として評価された。三十五年(一九〇二)以降しばしば視察調査に出て、満洲で満蒙文の大蔵経を発見するなど、学術面でも業績をあげ、四十年(一九〇七)京都帝国大学文科大学東洋史学第一講座講師となり、四十二年教授、翌年には文学博士の学位を得た。大正十五年(一九二六)帝国学士院会員となり、大学を定年退官となった。根本史料の発見蒐集につとめるとともに、該博な知見をもとに、多くの独創的で優れた著作を残した。中国史では宋以降を近世とする時代区分を提唱したほか、特に明清時代の満洲に関する研究は学界に大きく貢献し、また日本史にも造詣が深く、経学、文学にも通じ、漢詩文、書にも秀でた。昭和九年(一九三四)六月二十六日死去。六十九歳。『内藤湖南全集』全十四巻(昭和四十四―五十一年、筑摩書房)がある。　(山内　弘一)

内藤虎次郎

ないとうひさひろ　内藤久寛　一八五九―一九四五　日本の石油業の開拓者。安政六年七月二十二日(一八五九年八月二十日)越後国刈羽《かりわ》郡石地(新潟県柏崎市)の代々が庄屋の名家内藤久之の長男に生まれる。家産が傾き幼少期は不遇だったが、二十一歳で家督を継いで酒造など家運の再興に努める。明治十八年(一八八五)新潟県会議員、二十七年(一八九四)の第三回・四回の衆議院選挙に改進党から当選。その一方で、明治二十一年山口権三郎・久須美秀三郎・本間新作・岸宇吉ら県内の資産家と日本石油会社を設立、県内の油田開発を進め、二十四年には三島郡出雲崎町尼瀬の海岸でわが国初の機械堀りに成功。久寛は同社初代社長として大正十五年(一九二六)まで事業興隆に努めたほか、石油精製の機械製作や修理を行う新潟鉄工所の設立や、石油輸送に資する越後鉄道(現越後線)敷設にも参画、近代石油業の恩人といわれた。明治四十年(一九〇七)に実業精励により緑綬褒章を受章、大正十四年には貴族院議員に勅選された。昭和二十年(一九四五)一月二十九日死去。八十七歳。

参考文献　『日本石油百年史』(一九六二)　(溝口　敏麿)

ないとうめいせつ　内藤鳴雪　一八四七―一九二六　俳人。弘化四年四月十五日(一八四七年五月二十九日)江戸三田一丁目の松山藩邸で生まれる。内藤同人《ともざね》の長男。幼名助之進、のち素行、南塘、破蕉、老梅居主人とも称した。南塘はもともと漢詩の号であったが、松山南郊の石手川にちなんでいる。十一歳で松山に帰住し、藩校明倫館で漢学を修めたあと、父同人が京都留守居役に出役することになり京都へ遊学する。その間再度父とともに長州征伐に従軍した。明治二年(一八六九)、東京に移り、昌平黌に入り、愛媛県官権参事としてもっぱら教育行政にあたる。明治十三年(一八八〇)文部省に出仕し、参事官となり、文部大臣森有礼の知遇を得て活躍したが、明治二十二年(一八八九)二月十一日に森が暗殺されるに及び、官を辞した。その後、旧松山藩主久松伯爵家の嘱託を受けて、旧藩青年教育育成の常盤《ときわ》会寄宿舎の舎監を勤めた。また史談会にも列して、史料編纂に従事し、東洋哲学を志向した。俳句は、明治二十五年、四十五歳の時、舎生に正岡子規がいたことから始めた。五百木瓢亭《いおぎひょうてい》・新《にい》海《のみ》非風《ひふう》らと仲間に入り、『芭蕉七部集猿蓑』を熟読して自得するところがあり、一年足らずで一家の風格を備えた。『蕪村句集』上下版本入手による、子規、河東碧梧桐《かわひがしへきごとう》、高浜虚子らとの「蕪村句集輪講」は子規が死去する一週間前まで五十四回にわたって続き、貴重な文献となり、かつ鳴雪をも開眼させた。和漢学の造詣の深さから、子規門の長老として、明治四十三年(一九一〇)に常盤会を辞して後はもっぱら俳事を楽しみ、全国の新聞雑誌二十余の選者として後進の指導に専念した。子規没後、碧梧桐が新傾向俳句運動を強力に押し進めていた時期には、俳諧趣味を守ることに努めたが、大正二年(一九一三)博文館を中心にした俳句雑誌『南柯《なんか》』の会長となり、後進を指導した。その脱俗瓢逸、天衣無縫な人柄と尚古優美な作風によって、俳人はもとより朝野の人々に敬愛された。大正十五年(一九二六)二月二十日脳溢血で麻布笄町(港区)の自宅にて没。八十歳。句集には『鳴雪句集』(明治四十二年、俳書堂)、『鳴雪俳句鈔』(大正四年、実業之日本社)、『鳴雪俳句集』(昭和元年、春秋社)、俳論集には『老梅居俳句問答』(明治四十年、俳書堂)、『鳴雪俳話』(明治四十年、博文館)、『俳話』(昭和十七年、大東出版社)などがある。そのほか、自叙伝に『鳴雪自叙伝』(大正十一年、岡村書店)がある。

参考文献　武田鶯塘監修『鳴雪俳句研究』(一九二四、交蘭社)、柴田宵曲「内藤鳴雪」(『子規居士の周囲』所収、一九四三、六甲書房)　(瓜生　鐵二)

ないとうろいち　内藤魯一　一八四六―一九一一　民権運動家、政治家。弘化三年八月八日（一八四六年九月二十八日）板倉氏の陸奥国福島藩家老を勤めた内藤豊次郎の長男として信夫郡福島城下で生まれる。母は石川善左衛門の長女まき。学問を田口塾、剣を斎藤弥九郎に習う。戊辰戦争では奥羽越列藩同盟に参加する藩論に抗して孤立しながらも官軍に呼応した。福島藩が敗北すると事態の収拾に尽力し、維新後、同藩が三河重原（愛知県刈谷市）に転封され重原藩になると藩大参事となり藩政の立て直しに参画し、明治四年（一八七一）の廃藩置県後は士族授産に専念した。明治十二年（一八七九）三月に旧重原藩士と周辺の豪農を中心に三河交親社を結成、十三年には名古屋にまで組織を伸ばし、愛知県交親社を設立する。同年三月大阪で開かれた愛国社第四回大会には同社の代表として参加している。以後、国会期成同盟の線にそって県下民権運動の指導的役割を果たし「三河板垣」と呼ばれた。十四年に自由党が結成されると幹事に選ばれ、「大日本国憲草案（日本憲法見込案）」と題する私擬憲法案をも執筆した。翌年に自由党板垣退助総理が岐阜で刺客に襲われた際、側近の秘書として刺客を投げ飛ばし、板垣を救った逸話は有名であり、「板垣死ストモ自由ハ死セズ」は内藤が叫んだとする説もあった。十七年には自由党文武研究所である有一館館長となったが、加波山事件に連座して滋賀県大津で拘引され禁獄二年の生活を送る。国会開設後は第一回衆議院総選挙から毎回立候補したが、政府の干渉圧迫と他県生まれという不利な条件が災いして落選を重ねた。この間、四期にわたって愛知県会議員に当選、議長を三期務める。明治三十八年（一九〇五）に衆議院議員補欠選挙に立候補して当選、四十一年（一九〇八）、加波山事件遭難者二十三忌追悼会で「自由党歴史概要」を演説したのち第十回総選挙でも当選、立憲政友会に所属した。産業面でも明治用水整備や名古屋築港開設などに尽力した。明治四十四年六月二十九日没。六十六歳。

参考文献　知立市歴史民俗資料館編『内藤魯一自由民権運動資料集』（二〇〇〇、知立市教育委員会）、長谷川昇「加茂事件」（堀江英一・遠山茂樹編『自由民権期の研究』二、一九五九、有斐閣）、同『博徒と自由民権―名古屋事件始末記―』（『中公新書』、一九七七、中央公論社）
（田﨑　公司）

ないぶせいめいろん　内部生命論　北村透谷の評論。明治二十六年（一八九三）五月、『文学界』第五号に掲載。題の下に「第一」、文末に「未完」とある。山路愛山との論争（人生相渉《そうしょう》論争）の一応の帰結論文。「生命といふは、この五十年の人生を指して言ふにあらざるなり」と人間内部に宿る生命（心内生《インナーライフ》）の重視、文学は「卑下なる人情写実」を排し、生命を説くべきこと、それには心の経験の上にたった根本の生命、すなわち「内部の生命《インナーライフ》」の百般の顕象を観るべき」こと、しかし「事実的現象」に留まることなく、「宇宙の精神」との瞬間の合一（インスピレーション）によって人間性の真実を深くとらえ直すべきことなどが説かれ、有限の現実世界を超えうる文学世界（想世界・他界・内部生命）の成立を示して、自我を見据える近代の文学観が確立された。→北村透谷《きたむらとうこく》

参考文献　北川透「内部生命の構造」（『北村透谷試論』二―内部生命の砦―』所収、一九七六、冬樹社）、山田博光「他界に対する観念・内部生命論」（北村透谷研究会編『透谷と近代日本』所収、一九九四、翰林書房）
（橋詰　静子）

ないむしょう　内務省　明治から昭和時代にかけて内政を管轄した中央官庁。明治政府は当初、内国事務局（のちの民部省）と会計事務局（同大蔵省）を設置して内政を担当させた。明治四年（一八七一）に民部省が廃止され、大蔵省が内政を管轄するが、征韓論政変で唱えられた内治優先論の実施機関として同六年十一月十日に内務省が設置された。初代内務卿は大久保利通で、勧業・警察・地方の三行政を主要所管業務とし内政を総合的に統括。内務省はその成立から解体まで統治機構の中枢的位置を占めていた。主要部は大蔵省から、さらに司法省・工部省の機能も分離して置かれた。上局のほか勧業・警保・戸籍・駅逓・土木・地理の六寮および測量司を置いて分掌。同九年四月には、内局のほか警保・戸籍・図書・衛生・博物・庶務の各局および勧業・駅逓・土木・地理の各寮となり、同十年（一八七七）には教部省廃止により社寺局が移管。さらに同年、警保局と明治七年に発足していた東京警視庁が一体となり警視局が設けられ、警視庁の機能も内務省へ移管された。大きな変動に同十四年の勧業行政の農商務省への移管があり、以後は地方行政と警察行

内務省

政を主要任務とする官庁に転換した。同十八年六月の機構改革で官房、総務・県治・警保・土木・衛生・地理・戸籍・社寺・会計の各局となる。ここに至って内務省の中心は地方行政を管轄する県治局と警察行政を司る警保局となり、この体制は最後まで続いた。同年十二月に内閣制度が確立、その一省となるが大きな変動はなく、その後は同二十四年(一八九一)の総務・図書(総務局から分立)・地理・会計の四局廃止と庶務局設置、警保局から分立していた監獄局の同三十三年(一九〇〇)司法省への移管、社寺局の宗教局と神社局への分立などの制度変更が行われた。大正期には社会局を設置、衆議院議員選挙法中改正(普通選挙法)と治安維持法の制定、特別高等警察の拡充などを行なった。昭和期には選挙粛正運動や国民精神総動員運動を主導、昭和十三年(一九三八)には衛生局・社会局を新設の厚生省に移管。同十五年に結成された大政翼賛会を指導下に置き、第二次大戦下では戦時体制の中核となった。敗戦後、地方自治を管轄する中央官庁は不要としたGHQの要求により、昭和二十二年(一九四七)十二月三十一日廃止された。

参考文献 大霞会編『内務省史』一―四(一九七〇―七一、地方財務協会)、勝田政治『内務省と明治国家形成』(二〇〇二、吉川弘文館)、副田義也『内務省の社会史』(二〇〇七、東京大学出版会)　(千葉真由美)

ないむしょうけいほきょく　内務省警保局　全国の警察行政を統括する内務省の部局。明治五年(一八七二)八月司法省に設置された警保寮を引き継ぎ、同六年十一月内務省設置時に警保寮と称し、勧業寮とならぶ内務省の中心的業務である行政警察を担当した。同九年四月内務省警保局となるが、翌年警視局と改称され、同時に廃止された東京警視庁の業務も吸収し、警察行政の要となった。同十四年(一八八一)一月再度警保局の名称に戻り、再設置された東京警視庁を含む警察事務の統括部局となり、国事警察(政治警察)を行政警察と区別して重視し、自由民権運動の高揚に対処した。同十九年一月警保局内に警務課・保安課・獄務課の三課が設置され内務省官制に引き継がれ、内閣制度に対応した警保局機構が確立した。二十六年図書・戸籍業務が加わったが、三十年(一八九七)戸籍事務を大臣官房に、監獄事務を新設の監獄局に移管し、三十一年以降、警務・保安・図書の三課をもって内務省警察の中央司令部の機能を果たした。

参考文献 大霞会編『内務省史』二(一九七〇、地方財務協会)　(横山百合子)

ナウマン

ナウマン　Edmund Naumann　一八五四―一九二七　日本の地質学に大きく貢献したドイツ人地質学者。一八五四年九月十一日ドイツのマイセンに生まれる。ミュンヘン大学卒業で学位取得。ギュンベルが主任のバイエルン鉱山局地質課に勤務後、明治八年(一八七五)来日。金石取調所に勤務。九年東京開成学校の地質学の教授、十年(一八七七)東京大学理学部地質学科教授。十一年地質調査所を建議し、地質調査所勤務後、十八年帰国。北海道の白亜系の化石、北上山地の三畳系の発見、日本産象化石の研究、大島火山や日本の地震の歴史などの学術的研究のほか、鉄鉱石や石炭などの地下資源の調査も行なった。日本列島の地質構造を総括し、フォッサマグナ、中央構造線などの命名者である。一八八五年『日本群島の構造と生成』をベルリンで出版。日本の風俗について、ドイツに留学中の森鷗外と論争したことが知られている。一九二七年二月一日ドイツのフランクフルトで没。満七十二歳。

参考文献 今井功『黎明期の日本地質学―先駆者の生涯と業績―』(『地下の科学シリーズ』七、一九六六、ラティス社)　(矢島道子)

永井荷風

ながいかふう　永井荷風　一八七九―一九五九　明治から昭和期の小説家、随筆家。明治十二年(一八七九)十二月三日、東京小石川(東京都文京区)に生まれる。本名壮吉。別号に断腸亭主人・金阜山人など。父は官僚にして漢詩人の禾原久一郎、母は久一郎の漢詩の師鷲津毅堂の娘恒。東京外国語学校清語科中退。広津柳浪門に入り小説を志す一方で、落語家や歌舞伎作者の修業も行う。ゾライズムを咀嚼し、『地獄の花』(明治三十五年)などの作品で新進作家として認められた。明治三十六年(一九〇三)、父の勧めで渡米。フランス滞在を経て同四十一年(一九〇八)帰国。留学を経た清新な感覚に基づき、同年には『あめりか物語』、翌年には『ふらんす物語』(発禁)、『すみだ川』『冷笑』などを立て続けに発表、自然主義全盛期の文壇に新たな風を巻き起し、耽美派の中心的存在の一人となる。四十三年には森鷗外や上田敏の推薦を受け、慶応義塾大学部の教授となり、雑誌『三田文学』を主宰。が、発禁や大逆事件などの時代状況から次第に「戯作者的姿勢」を強め、大正元年(一九一二)の『新橋夜話』など自己韜晦へと傾く。結婚問題などで家族との溝を深め、同五年には慶応義塾教授も辞し、独棲自適の内に『腕くらべ』(大正六年)、『おかめ笹』(同九年)などの代表作をものした。『断腸亭日乗』の起筆もこの時期(同六年)。九年、麻布市兵衛町の洋館偏奇館に転居。昭和に入ると新たな世相に目を向け、カフェや私娼に取材した『つゆのあとさき』(昭和六年)、『ひかげの花』(同九年)などを発表、その流れはやがて傑作『濹東綺譚《ぼくとうきたん》』(同十二年)を生み出す。戦時中は沈黙を余儀なくされたが、執筆は密かに続けられ、『浮沈』『勲章』『問はずがたり』などを脱稿。これらは戦後の荷風ブームを引き起すことになる。昭和二十年(一九四五)三月、東京大空襲で偏奇館炎上、疎開先の岡山で終戦を迎える。戦後のブームの中、奇行の数々でも知られたが、個人主義の実践者として、「独居凄涼」の生涯を貫いた。昭和二十七年文化勲章受章、二十九年芸術院会員。三十四年(一九五九)四月三十日死去。満七十九歳。

参考文献 秋庭太郎『考証永井荷風』(『岩波現代文庫』)、吉田精一『永井荷風』(『吉田精一著作集』五所収、一九七九、桜楓社)、磯田光一『永井荷風』(『講談社文芸文庫』)、菅野昭正『永井荷風巡歴』(一九九六、岩波書店)

(中村　良衛)

ながいきゅういちろう　永井久一郎　一八五二―一九一三　漢詩人、官僚。名は久一郎、字は伯良・耐甫、号は禾原《かげん》。温・匡温とも称した。弟に福井県知事・貴族院議員などとなった阪本釤之助《さかもとさんのすけ》、台湾総督府民政長官・神奈川県知事などとなった大島久満次《おおしまくまじ》がいる。息子に永井荷風、農学者永井威三郎《いさぶろう》がいる。嘉永五年八月二日(一八五二年九月十五日)、尾張藩に生まれ、漢学を青木樹堂《あおきじゅどう》・鷲《わし》津毅堂《づきどう》に学び、漢詩を森春濤《もりしゅんとう》・大沼枕山《おおぬまちんざん》に学んだ。明治四年(一八七一)―六年にかけてアメリカに留学し、帰国後は文部省・内務省の官僚となった。二十五年(一八九二)―二十六年には共立女子職業学校校長代理を務め、三十年(一八九七)―四十四年には日本郵船会社の上海支店長・横浜支店長を務めた。漢詩人としては、漢詩集『来青閣集』がある。大正二年(一九一三)一月二日死去。六十二歳。

参考文献 秋庭太郎『考証永井荷風』(『岩波現代文庫』)

(日野　俊彦)

なかいきんじょう　中井錦城　一八六四―一九二四　明治・大正期のジャーナリスト。元治元年八月二十一日(一八六四年九月二十一日)周防国玖珂郡岩国山手小路(山口県岩国市)に生まれる。本名喜太郎。明治二十二年(一八八九)読売新聞社に入り編集長、主筆、顧問として十四年間在社。同二十八年藩閥打破を掲げて山口県から立候補したが落選。同三十一年(一八九八)東亜会を組織して中国保全を主張、同三十三年近衛篤麿の国民同盟会の幹事となり、ついで同三十六年対露同志会が結成されるとその中核となって対外問題に奔走した。なお同三十四年向軍治《むかいぐんじ》と提携して言文一致運動を起している。読売新聞社を退社後朝鮮に渡航、『漢城新報』社長などを務める。その後中国革命に関与、孫文らと交わり画策したといわれる。また明治末から大正にかけて数回南洋に赴き南洋開発にも尽力。大正十三年(一九二四)四月二十五日死去。六十一歳。著書に『南洋談』(大正三年)、『朝鮮回顧録』(同四年)などがある。

参考文献 永田新之允編『中井錦城君追悼演説』(一九二七)

(中嶋　晋平)

ながいきんぷう　長井金風　一八六八―一九二六　東洋史学者。明治元年正月二十日(一八六八年二月十三日)出羽国大館に生まれる。名行《あきら》。字子乾・那茄。号金風・雁門・鬱斎・迂行・革堂。十三歳で兄為之助を頼って上京、中村敬宇に師事。のち、起文館で代用教員をしながら独学する。明治二十二年(一八八九)『秋田魁《さきがけ》新報』編輯人。翌年東京に戻りアジア各地を歴遊。帰国後、『備後日報』『二六新報』主筆となり、民権運動にも関わる。明治四十三年(一九一〇)秋田県庁に招かれ県史編纂主任として三年間資料収集に従事するが未完。大正九年(一九二〇)中国大陸に渡り経学院を設立。巌本善治・佐々木信綱・森鷗外らと交遊があり、漢詩・和歌を善くした。大正十五年(一九二六)八月二十三日没。五十九歳。遺稿類は日本近代文学館に「金風文庫」として収蔵。著書は『江氏四種』(『江氏自詩綜』『江氏易鉤』『江氏周易効伝』『金風盲後題画詩』)、『周易之研究』『周易物語』『枯葉集』『拓葉和歌集』ほか。

参考文献 神田喜一郎編『明治漢詩文集』(『明治文学全集』六二、一九八三、筑摩書房)、井上隆明監修『秋田人名大事典(第二版)』(二〇〇〇、秋田魁新報社)

(堀口　育男)

なかいけいしょ　中井敬所　一八三一―一九〇九　明治から大正期の篆刻《てんこく》家。近代印章学の基礎を確立した。幕臣森江兼行の第三子として天保二年(一八三一)に江戸本所台所町に生まれる。幼名は資三郎、名は兼之、字は資同。幼少から篆刻を始め、三世浜村蔵六に師事するが天保十四年(一八四三)、三世蔵六の死去に伴い師匠となる。しかし、十三歳という年齢ゆえ、改めて益田遇所《ますだぐうしょ》に師事する。漢学は朝川善庵《あさかわぜんあん》に学び、十九歳で将軍家の花押銅印を刻す。二十二歳で幕府御飾師棟梁中井肥後守由路の養子となり中井家を嗣ぐ。明治維新に際して公職を離れ静岡に転居し、居所を「菡萏居《かんたんきょ》」とした。廃藩後に帰郷し篆刻に専心した。明の蘇嘯民に始まり、上は漢魏六朝にさかのぼり下は明清諸家を追い、一家を成した。明治十三年(一八八〇)御璽三顆を彫鐫する。同二十三年(一八九〇)の第三回内国勧業博覧会審査官を経て、同三十九年(一九〇六)には篆刻家としてはじめて帝室技芸員に選出された。篆刻の指導者として、田口逸所《たぐちいつしょ》・岡《おか》村梅軒・本椿所《もとちんしょ》・郡司楳所《ぐんじばいしょ》らの門人を育成し、研究者として生前に『印譜考略』正続・『日本印人伝』、没後に『皇朝印典』『日本古印大成』『鑑古集影』が刊行された。収集した日中の古印・刻印は、東京国立博物館に収蔵されている。

明治四十二年(一九〇九)没。七十九歳。

参考文献　水田紀久『続補日本印人伝』(中田勇次郎編『日本の篆刻』所収、一九六六、二玄社)、『書道全集』別巻二(一九六八、平凡社)　(松村　一徳)

ながいけんし　永井建子　一八六五—一九四〇　軍楽家、作曲家。幼名庄三郎、筆名人籟楽士《じんらいがくし》。慶応元年九月八日(一八六五年十月二十七日)広島生まれ。明治十一年(一八七八)、陸軍教導団軍楽隊に入隊し、ダグロン・エッケルト・ルルーらに師事。二十五年(一八九二)に作詞作曲した「元寇」は、日清戦争では戦意高揚のために盛んに歌われた。この戦争にはみずからも軍楽次長として従軍し、「雪の進軍」を作詞作曲。三十六(一九〇三)—三十七年のフランス留学を経て、三十九年、第六代陸軍軍楽隊長就任。弦楽の研究の必要性を説いて練習を開始させたり、海外の軍楽隊と情報交換を進めるなど、音楽性と技術の向上に尽くした。一方で、東儀鉄笛《とうぎてつてき》の歌劇『常闇《とこやみ》』(三十九年)上演への協力や、グノー『ファウスト』への出演(四十年(一九〇七))など、歌劇にも情熱を傾けた。大正二年(一九一三)より東京音楽学校でも教鞭を執り、四年退官後は帝国劇場洋楽部長(大正五—十二年(一九二三))として同劇場管弦楽団を指揮。昭和十五年(一九四〇)三月十三日、広島にて没。七十六歳。　(末永理恵子)

なかいたいちろう　中井太一郎　一八三〇—一九一三　明治農業を担った老農の一人。天保元年三月十日(一八三〇年四月二日)伯耆国久米郡中河原村(鳥取県倉吉市)の大庄屋の家に生まれる。十八歳で家督を継ぎ、飢饉などにより一時衰えていた家計を持ち直し、幕末鳥取藩の在方改正に協力していった。そのなかで堕胎禁止を訴えたり、農民の貧困を助長する「貸送り」の廃止を進言したりした。そして、ついに大庄屋に抜擢され、明治初期には戸長をつとめた。明治十三年(一八八〇)家業を長男に譲り、十七年「田植定規」による「正条植」を実施して普及に努めた。二十年(一八八七)県立倉吉農学校の実習教師となる一方で、『稲作改良実験記草稿』(明治二十二年)を出版して自由な農業実験と巡回指導の成果をまとめている。また、除草機「太一車」を考案して二十五年特許を得て、正条植とともに普及に尽力した。以後終生農業の創意工夫を重ねて全国に発信し続け、その足跡は四十府県に及んだ。大正二年(一九一三)に没した。八十四歳。著作には『大日本簡易排水法』(明治三十一年)、『大日本稲作要法』(同)などがある。→正条植《せいじょううえ》　→田打車《たうちぐるま》

参考文献　『(近代百年)鳥取県百傑伝』(一九七〇、山陰評論社)、籔中洋志「倉吉の太一車」(網野善彦・市川健夫・足利健亮他編『日本民俗文化大系』一四所収、一九八六、小学館)、内田和義・平田浩一「老農中井太一郎の稲作技術」(『島根大学生物資源科学部研究報告』四、一九九九)、大島佐知子「老農中井太一郎と地租改正反対運動—鳥取県久米八橋郡改租不服運動について—」(『鳥取地域史研究』九、二〇〇七)、同「中井太一郎の技術普及(一)—太一車と正条植—」(『鳥取地域史研究』一〇、二〇〇八)、同「稲作における県農政と中井太一郎の普及活動—郡立農学校の創立と林遠里招聘を中心に—」(『鳥取県立公文書館研究紀要』四、二〇〇八)　(岸本　覚)

なかいたけのしん　中井猛之進　一八八二—一九五二　明治から昭和期の植物分類学者。岐阜県厚見郡岐阜町に明治十五年(一八八二)十一月九日に生まれる。父親は元長州藩士の堀誠太郎(旧姓内藤、一八四五—一九〇二)。彼は高杉晋作のもと奇兵隊に属し、明治三年(一八七〇)森有礼に率いられ矢田部良吉と渡来、四年アマスト農科大学に入学してクラークと知り合い、彼の指導で植物学に興味を持つようになり、帰国後開拓使に就職、九年クラークが来道するや書記兼通訳を勤め、その後矢田部が教授となっている東京大学の大学予備門で人身生理学を教え、十三年新設の岐阜県立農学校に転任、そこで猛之進が生まれたのである。同校廃校後は矢田部の手伝いで再上京し、小石川植物園副監として矢田部園長を補佐し、二十四年(一八九一)山口県農学校教頭となっている。猛之進は東京帝国大学理科大学植物学科を明治四十年(一九〇七)に卒業、大学院に進むと松村任三教授に朝鮮の植物研究を勧められ、その後台湾植物研究の早田文蔵と並び外地朝鮮植物研究の権威となっていった。四十一年理科大学助手、大正二年(一九一三)には朝鮮総督府から植物調査を依頼、三年理学博士号を授けられ、六年講師、十一年(一九二二)助教授、この年薬用植物調査にインドネシア・セイロンに赴いている。十二年より米・仏・スウェーデンに留学、そこでケンペル・ツュンベルクらの日本植物標本を詳細に研究、先人命名の不明植物の正体の多くを明らかにした。十四年に帰国、昭和二年(一九二七)教授、同年帝国学士院桂記念賞を授けられた。八年には第一次満洲学術調査団副団長となり、昭和十年代には大東亜博物館構想に関与、十六年(一九四一)の国立資源科学研究所創設に尽力、十七年陸軍司政長官ジャワ軍政監部付、翌年ボゴール植物園長、二十二年(一九四七)東京科学博物館長となった。二十七年十二月六日に没した。満七十歳。

参考文献　大場秀章編『植物文化人物事典—江戸から近現代・植物に魅せられた人々—』(二〇〇七、日外アソシエーツ)　(宮地　正人)

ながいなおゆき　永井尚志　一八一六—九一　幕末・維新期の幕臣、官吏。「なおむね」とも読まれる。文化十三年十一月三日(一八一六年十二月二十一日)、三河国奥殿藩主大給《おぎゅう》(松平)乗尹《のりただ》の庶子として奥殿村(愛知県岡崎市)に生まれ、のち旗本永井氏の養子となる。嘉永六年(一八五三)目付、安政二年(一八五五)長崎海軍伝習所監督。同四年帰府、江戸の軍艦操練所総督から勘定奉行・外国奉行・軍艦奉行を歴任。同六年安政の大獄のあおりで罷免、隠棲して介堂と称する。文久二年(一八六二)七月軍艦操練所用掛として復帰、八月京都町奉行、さらに元治元年(一八六四)大目付に就くが、慶応元年(一八六五)五月辞

任、十月再任、第二次長州征討開戦間際の広島に赴き長州側と談判。慶応三年若年寄。老中板倉勝静《いたくらかつきよ》とともに徳川慶喜を補佐、大政奉還の上表文を起草する。明治元年(一八六八)榎本武揚らとともに蝦夷地に走り、箱館奉行となる。明治二年五月降伏、入獄。五年正月に赦免され開拓使用掛・左院少議官・元老院権大書記官に就くが、九年退隠。二十四年(一八九一)七月一日死去。七十六歳。

参考文献 「永井玄蕃頭伝」(『旧幕府』一ノ五、一八九七)、「永井介堂君履歴稿本」(『江戸』一ノ三、一九一五)

(鈴木 栄樹)

ながいながよし 長井長義 一八四五―一九二九 明治・大正時代の有機化学・薬学者。弘化二年六月二十日(一八四五年七月二十四日)阿波国名東《みょうとう》郡常三島村(徳島県徳島市)に、徳島藩医長井琳章の長男として生まれる。幼名は朝吉。幼少期の漢学の学習を経て、慶応二年(一八六六)十一月藩の選抜により、医学を学ぶために長崎に留学、精得館でボードイン、マンスフェルトに学ぶ。明治元年(一八六八)藩の軍医として江戸に赴き、同年八月医学校に入学した。同三年十月改称された大学東校から、第一回ドイツ留学生の一人として派遣され、翌年五月からベルリン大学で医学を学ぶが、化学に転向、ホフマンの助手となり有機化学を専攻し、同十七年(一八八四)五月に帰国した。大日本製薬会社の技術指導を行い、また東京大学教授(理学部・医学部)となり、同時に内務省衛生局

長井長義

東京試験長を兼任した。同二十六年(一八九三)帝国大学医科大学教授に再任され、研究と教育に尽力し、大正十年(一九二一)に退職。昭和四年(一九二九)二月二十日に死去した。八十五歳。

参考文献 金尾清造『長井長義伝』(一九六〇、日本薬学会)

(林 彰)

ながいひでのり 永井一孝 一八六八―一九五八 国文学者。秀則、空外と号する。早稲田大学大学史資料センター所蔵の「履歴書」によると、明治元年八月八日(一八六八年九月二十三日)生まれ。静岡県の文武館で学んだのち東京の国民英学会に進んで二十四年(一八九一)に卒業し、その年東京専門学校(現早稲田大学)文学科に入学して二十六年に卒業。二十八年に東京専門学校の講師に就任し、昭和十八年(一九四三)に定年で退職するまで文学科、高等師範部、高等予科の教授として国文学、国語学を担当した。三十三年(一九五八)十二月十六日没。満九十歳。東京専門学校―早稲田大学の通信講義録でもあった『国文注釈書解題』(明治三十一年)や『国文学書史』(三十七年)は書誌学・書目解題の先駆として著名であるが、『校定増鏡新釈』二巻(竹野長次と共著、大正六―七年、近田書店)、『枕草紙新釈』二巻(大正八―九年、近田書店・三星社)、『源氏物語諸抄大成』二巻(昭和二―四年、斯文書院)など文学関係の著書や、文学史を扱った通信講義録『日本文学史』(明治三十一年)、『国文学史』(三十七年)、『国文学発達史』(大正五年)もある。

参考文献 中野幸一「中古文学 総説」(早稲田大学大学史資料センター編『早稲田大学学術研究史(CD-ROM)』所収、二〇〇四、早稲田大学)

(松本 康正)

なかいひろし 中井弘 一八三八―九四 官僚。旧名横山休之進。号は桜洲山人。天保九年十一月二十九日(一八三九年一月十四日)、薩摩藩士横山詠助の長男として鹿児島に生まれる。藩校造士館に学び、安政年間(一八五四―六〇)にはしばしば脱藩し、江戸・京都・土佐などで各地の志士と交わり、とりわけ土佐において後藤象二郎と懇意となる。慶応二年(一八六六)に後藤の援助により渡英し、帰国後、宇和島藩に周旋方として仕える。この時、中井弘三と称す。明治元年(一八六八)、新政府に出仕し、外国事務御用・外国官判事などを務める。同二年に辞職し、四年、兵部大録として官に復し、太政官権少外史、中議生、大議生を経て左院議官となる。同六年に渡米し、七年、駐英国公使館書記官を務める。九年に帰朝すると、工部省大書記官として官営事業を推進し、同用度課長、大書記官を経て十七年(一八八四)に滋賀県知事となると、反対論者を説得して琵琶湖第一疏水を完成させたほか、県庁の移転など治績をあげた。二十三年(一八九〇)元老院議官、同年、貴族院勅選議員。二十六年、京都府知事に就任。三大問題と称された遷都千百年記念祭、第四回内国勧業博覧会の京都開催、京都―舞鶴間鉄道の誘致を実現へと導いた。翌二十七年十月十日、在職のまま没。五十七歳。著書に『西洋紀行航海新説』(明治三年、堺屋仁兵衛)、『漫遊記程』上・中・下(同十年、博文堂)、『魯西亜土耳其漫遊記程』上(同十一年、避暑洞)、『合衆国憲法略記』(同十六年、松原岩次郎)、『桜洲山人遺稿』(同二十九年、横山詠太郎)などがある。原敬は女婿。

参考文献 片岡直温『回想録―伊藤、中井、井上、桂諸公其の他―』(一九三三、百子居文庫)、浜谷由太郎編『桜洲山人の追憶』(一九三四)、原奎一郎・山本四郎編『原敬を

中井弘

めぐる人びと』(『NHKブックス』、一九六二、日本放送出版協会)
(清水唯一朗)

ながいみちあき　永井道明　一八六八―一九五〇　明治期末から昭和初期の体育家。明治元年十二月十八日(一八六九年一月三十日)水戸で生まれる。父は弘道館師範。茨城中学校、茨城師範学校に学び、明治二十三年(一八九〇)高等師範学校博物科に入学。卒業後、明治二十九年には畝傍中学校教諭兼舎監、同三十二年(一八九九)同校の校長となる。翌三十三年には請われて姫路中学校校長に転任。両中学校では体操に力を入れ、「体操校長」と呼ばれた。明治三十八年十一月には文部省より命ぜられ、同年末から明治四十二年(一九〇九)一月まで体育研究のため欧米に留学した。特に当時欧米において、科学的・合理的な体操として広く採用されていたスウェーデン体操を、アメリカとスウェーデンで研究、また第四回オリンピッククロンドン大会(一九〇八年)をはじめとするヨーロッパ諸国の体育・スポーツ事情を視察・調査した。帰国後、懸案となっていた体操の統一をめぐる文部・陸軍両省の共同調査会の文部省側委員となり、スウェーデン体操中心の「学校体操整理統一案」を作成、陸軍省側を説得し、これを元に修正した「学校体操教授要目」の発布(大正二年(一九一三)一月)と普及に尽力した。以後大正期の学校体操はスウェーデン体操が中心となる。在欧中に東京高等師範学校と東京女子高等師範学校の教授に任命され、帰国後は両学校で体育の指導にあたった。大正十二年(一九二三)に本郷中学校創立に伴い教頭となり、昭和十五年(一九四〇)に退職するまで務めた。昭和二十五年(一九五〇)十二月十三日没。満八十一歳。著書に『学校体操要義』(大正二年、大日本図書)、『体育講演集』(同二年、健康堂)、『学校体操教授要目の精神及其実施上の注意』(同三年、教育新潮研究社)。

参考文献　木村吉次「学校体操教授要目(大正二年)の制定過程に関する一考察」(『中京体育学論叢』六ノ一、一九六四)、竹之下休蔵・岸野雄三『近代日本学校体育史』(一九八三、日本図書センター)、西尾達雄・油野利博「永井道明の国民体育論」(『体育学研究』四〇ノ四、一九九五)
(中村　哲夫)

永井柳太郎

ながいりゅうたろう　永井柳太郎　一八八一―一九四四　憲政会・民政党系政党政治家。明治十四年(一八八一)四月十六日士族長男として石川県金沢に生まれる。新堅町尋常小学校、長町高等小学校を経て石川県立尋常中学校に入学するも、生徒同士の喧嘩が原因で退学し足も不自由になって軍人への道を諦める。同志社中学部に入学するも学生騒動の首謀者として退学、のち関西学院を卒業し明治三十四年(一九〇一)東京専門学校(現早稲田大学政治経済科)に入学、政治的にはグラッドストーンを尊敬し、思想的には安部磯雄のようなキリスト教社会主義の立場をとるようになる。また在学中の雄弁会での演説が大隈重信に認められ期待を受けるようになる。明治三十九年安部の斡旋でオックスフォード大学に留学、ここで「有色民族の解放」を強く感じる。明治四十二年(一九〇九)帰国し早稲田大学の社会政策・植民政策の講座を担当する。以後、『新日本』などを舞台にした言論活動や演説会で名を馳せ、大正・昭和期の政治家として活躍する素地を作る。大正九年(一九二〇)第十四回総選挙で初当選以来、昭和十七年(一九四二)の翼賛選挙まで連続当選し、斎藤実内閣の拓務大臣などをつとめた。昭和十九年十二月四日死去。六十四歳。

参考文献　『永井柳太郎』(一九五九)、朴羊信「永井柳太郎論―政党政治家を通じて見た政党政治の崩壊過程―」(『北大法学論集』四三ノ四・五、一九九二・九三)、荀濤「『新日本』時代の永井柳太郎」(『大東法政論集』一、一九九三)、坂本健蔵「永井柳太郎の日中提携論―第一次大戦期を中心に―」(『法学研究』七三ノ九、二〇〇〇)、池田徳浩「大正デモクラシー期における永井柳太郎の国際主義」(『専修法研論集』二六、二〇〇〇)
(季武　嘉也)

中江兆民

なかえちょうみん　中江兆民　一八四七―一九〇一　思想家、評論家、自由民権運動の理論的指導者。本名篤介《とくすけ》。号は兆民、ほかに青陵、秋水、南海仙漁など。弘化四年十一月一日(一八四七年十二月八日)、高知城下に生まれた。父卓介(元助?・為七?)は安政六年(一八五九)、兆民が十三歳のときに死去、その後は、貧窮のなかを母の手一つで育てられた。幼少のころから大の学問好きで、性格もきわめて温厚、むしろ女性的な性格であったという。その修学と思想形成であるが、文久二年(一八六二)藩校文武館(のち致道館と改名)に入校、藩の新進の洋学者萩《はぎ》原三奎《わらさんけい》と細川潤次郎《ほそかわじゅんじろう》について蘭学と洋学を学んだ。洋学のほか漢学を修め、奥宮慥斎《おくのみやぞうさい》について陽明学の講義をきく。慶応元年(一八六五)には土佐藩の留学生に選ばれて長崎に派遣され、彼の地で平井義十郎についてフランス語を学んだ。兆民十九歳の時のことである。長崎と土佐藩の関係は深く、藩が設置した土佐商会の監督役を勤めた後藤象二郎、岩崎弥太郎らが長崎にやってくるなど、藩士の往来も頻繁であった。坂本竜馬も一時期、この地を活動の根拠地にしていたため、兆民はそこで竜馬に出会い、日常親しく接してその人物に強く傾倒した。慶応三年江戸遊学の志をはたす。当時、江戸にはフランス学の泰斗村上英俊《むらかみえいしゅん》が深川で塾を開いており、兆民は入門を許されたが、放蕩癖のため破門された。その後、横浜の天主教の宣教師についてフランス語を習得、フランス公使レオン＝ロッシュの通訳官として上方方面に滞在したこともあるが、明治維新後、江戸に帰ってしばらく箕作麟祥の私塾に入る。その間、大学南校の助教を任ぜられたこともあったが、明治二年(一八六九)、福地源一郎の私塾日新社に入って塾頭になる。四年十月、政府は岩倉具視を正使とする欧米使節団を派遣するが、兆民は後藤象二郎・板垣退助・大久保利通ら三人の推薦によって司法省出仕に任ぜられて、海外留学生の一人に選ばれ、晴れてフランス留学に向うことになった。フランスに三年間滞在したが、当時のフランスは普仏戦争後の第二次帝政の崩壊から第三共和制の発足初期の時代にあたり、パリ＝コミューンや、チエール大統領の就任、一八七三年には将軍マクマオンが大統領に就任して軍人勢力が台頭、王党派と結んで共和政治が危機に瀕するなど、不安定な政情を目撃した。当時、パリに滞在していた西園寺公望との交遊をはじめ帰国後の兆民の活動に大きな影響を与える人物との出会いがあった。また、ロンドンに留学していた馬場辰猪との知己も深めた。明治七年五月、帰国した兆民は、元老院書記官に任ぜられるが、幹事の陸奥宗光と意見があわず辞職、ついで外国語学校校長に就くがこれも長く続かず、番町の自宅に仏学塾を開設して、フランス語や政治、法律、歴史、哲学を講義した。仏学塾の経営にあたる一方で、兆民は漢学者岡松甕谷《おかまつおうこく》について漢文を学び翻訳の修業に努める。甕谷を助けて訳書『訳常山紀談』を出版。禅の修業、『碧眼碌』『史記』『荘子』などの漢籍に親しんだのもこのころのことである。かくして、フランス留学によって得た自由平等思想と伝統的な儒学に根ざす治国平天下の思想が合一した、兆民独自の民権思想家としての思想形成がなされたのである。次に自由民権運動との関わりであるが、明治十四年(一八八一)三月に西園寺公望が社長で兆民が主筆となって『東洋自由新聞』が創刊され、国会開設運動とフランス流急進思想の普及に大いに貢献した。勅命によって西園寺が新聞から手を引いたため、『東洋自由新聞』はわずか二十日あまりの運命に終ったが、廃刊後、兆民は明治十五年二月から仏学塾で『政理叢談』(のち『欧米政理叢談』)を発行した。有名なルソーの『民約論』の漢文訳が掲載されたのは本誌で、「東洋のルソー」のニックネームが冠せられるようになったのはこのころからである。明治十五年六月に自由党の機関紙『自由新聞』が発刊され、兆民は馬場や田口卯吉、末広重恭《すえひろしげやす》らとともに社説を担当した。しかし、板垣の洋行問題が起り、党内の対立がはげしくなり、自由改進両党の対立も加わって兆民と『自由新聞』の関係が希薄になり、やがて自由党と『自由新聞』に別れを告げて翻訳や著述に専念する。唯物論哲学を講じた『理学鈎玄』(明治十九年)、代表作『三酔人経綸問答』(明治二十年)などの著述がこの時期に発表されている。後藤象二郎の大同団結運動のあおりを食い、保安条例(二十年十二月)により東京退去を命ぜられた兆民は、大阪に仮寓を定めて『東雲新聞《しののめしんぶん》』を創刊、後藤の黒田内閣入閣批判をはじめ本格的な部落解放論を展開するなど大いに筆陣を張った。第一回衆議院議員選挙に大阪から立候補して当選するが、第一議会の予算削減をめぐる「土佐派の裏切り」に憤慨した兆民は、『立憲自由新聞』に「無血中の陳列場」と題する一文を掲げて議員を辞める。代議士を辞任した兆民は、藩閥政府と吏党攻撃、民党提携の言論活動を続けた。その後、小樽の『北門新報』主筆を経験するが長くは続かず、一転して札幌で実業を始めるも失敗して帰京、日清戦争前後の会社勃興の時期とも重なって各地の鉄道事業の起業に従事、はては群馬の遊廓経営に奔走したこともある。その動機は何か。理想を実現するために財力を蓄えること、将来、新聞、政界で活動するための資金源の強化にあった。しかし、実業界十年の苦闘は尽く失敗、晩年には再び政界廓清の旗幟をかかげて、みずから国民党を結成し「情意投合」、藩閥政府の頤使に甘んずる政党の腐敗堕落を糾弾した。また、明治三十三年(一九〇〇)には近衛篤麿《このえあつまろ》が主唱する国民同盟会にも加盟し、民権論とならんで国権主義的な傾向をも示している。明治三十四年、喉頭癌にかかり、余命一年半と宣告された。『一年有半』『続一年有半』を残して、同年十二月十三日死去。五十五歳。一介の野人・逸民としての生涯を終える。門弟に幸徳秋水あり。中国古代思想史研究家の中江丑吉《うしきち》は兆民の嗣子である。松本三之介ほか編『中江兆民全集』全十七巻・別巻一(岩波書店、昭和五十八—六十一年)がある。

↓仏学塾《ふつがくじゅく》　↓民約訳解《みんやくやつかい》　↓一年有半《いちねんゆうはん》　↓三酔人経綸問《さんすいじんけいりんもん》答《どう》

参考文献　嘉治隆一「兆民小伝」(『一年有半・続一年有半』所収、『岩波文庫』)、小島祐馬『中江兆民』(『アテネ文庫』)、幸徳秋水『兆民先生—兆民先生行状記—』(『岩波文庫』)

（西田　毅）

ながおいくこ　長尾郁子　一八七一—一九一一　明治期に、予言や念写などの特殊能力を持つとして、学界や一般社会から注目された女性。明治四年(一八七一)山口県徳山(周南市)にて元徳山藩家老の桜井番香を父として生まれる。十七歳で士族の長尾与吉と結婚して二児をもうけ、判事となった夫の転勤に伴って同四十三年(一九一〇)に香川県丸亀《まるがめ》市へ移った。郁子は以前から地震や火災の発生を予言し、また丸亀転居後も同様の予言を的中させていたとされる。そしてついにその状況が新聞に取りあげられ、当時「千里眼」と呼ばれる透視能力で知られた御船《みふね》千鶴子《ちづこ》とともに一躍世間の脚光を浴びた。特に郁子の念写能力がアカデミズムの注目を集め、東京帝国大学の福来友吉《ふくらいともきち》や京都帝国大学の今村新吉らが実験を繰り返し、肯定的な結果や解説を新聞紙上で発表する一方、念写を詐術や手品として弾劾する学者も多く登場し、学界を巻き込んだ論争に発展する。その結果世間も次第に郁子の能力に疑問を抱き始めた矢先、同四十四年二月二十六日に風邪をこじらせ急死する。四十一歳。

参考文献 一柳広孝『〈こっくりさん〉と〈千里眼〉―日本近代と心霊学―』(『講談社選書メチエ』、一九九四、講談社)、長山靖生『千里眼事件―科学とオカルトの明治日本―』(『平凡社新書』、二〇〇五、平凡社)

(戸田 靖久)

ながおうざん 長尾雨山 一八六四―一九四二 漢学者、書家。名は甲、字は子生、通称は槇太郎。元治元年九月十八日(一八六四年十月十八日)、讃岐高松に同藩士長尾柏四郎勝貞の長男として生まれ、父のもとで漢学を修める。明治二十一年(一八八八)、帝国大学文科大学古典講習科を卒業。在学中に、駐日清国公使の黎庶昌や同公使館員の鄭孝胥らと漢詩文を介した交流を行う。卒業後、学習院で教えるかたわら文部省専門学務局に勤務し、翌年には岡倉天心とともに東京美術学校に参加し、のち教授となったほか、雑誌『国華』の創刊にも関与する。のち天心がボストン美術館に転ずると、大正元年(一九一二)に監査委員となり主に中国美術の選別に従事する。明治三十年(一八九七)に第五高等学校教授、三十二年に高等師範学校教授となる。三十六年、教科書疑獄に関与したとして有罪となり、同年上海に渡航、商務印書館編集顧問となる。現地では、鄭孝胥や呉昌碩ら中国文人と交流し、大正二年には篆刻家の河井荃廬《かわいせんろ》とともに西泠印社初の日本人社員となる。大正三年帰国し京都に居住し、同八年平安書道副会長に就任、また同地では漢詩結社偶社を主催した。昭和十七年(一九四二)四月一日没。七十九歳。著書に『中国書画話』がある。

参考文献 杉村邦彦『書苑彷徨』二(一九八六、二玄社)

(川邉 雄大)

ながおかがいし 長岡外史 一八五八―一九三三 明治・大正時代の軍人、政治家。安政五年五月十三日(一八五八年六月二十三日)、周防国都濃郡末武村(山口県下松市)に堀三右衛門の次男として生まれる。その後徳山藩士長岡南陽の養子となる。長州藩の旧藩校明倫館で学んだ後、明治八年(一八七五)陸軍兵学寮入学。同年陸軍士官学校入学(旧制二期)、同十一年(一八七八)卒業。翌年陸軍少尉に任官。同十四年には、私的兵学研究団体である月曜会の会合を開く。同十六年に陸軍大学校入学、翌年卒業(第一期)し、参謀本部に出仕。明治二十二年(一八八九)、軍上層部の命で月曜会は閉会、長岡は参謀本部局員免職となり、歩兵第四連隊に補任(第二師団)。同二十四年第一師団参謀に補任。明治二十六年には、陸軍歩兵少佐に昇進。同年学習院にて軍事上学科講義の嘱託。明治二十七年の日清戦争開戦に伴い、大島混成旅団の参謀として従軍。その後は、第五師団、第一軍参謀部、第一軍兵站参謀長を歴任。明治二十八年には歩兵中佐に進む。同三十年(一八九七)軍務局歩兵課長となり、翌年ドイツ派遣。同三十五年に陸軍少将に昇級し、歩兵第九旅団長。明治三十七年、日露戦争が開戦すると大本営参謀次長として同三十九年まで戦争指導にあたる。明治四十一年(一九〇八)陸軍省軍務局長に就任。長岡は将校以下の教育に力を入れており、それは軍隊内務書や歩兵操典の改正にも影響を与えている。同四十二年には、陸軍中将に昇進。第十三師団長、第十六師団長を歴任し、大正五年(一九一六)に予備役編入。同十三年(一九二四)の第十五回衆議院議員総選挙で当選し、議員となる。昭和八年(一九三三)四月二十一日、七十六歳で死去。山口県下松市笠戸島には、長岡を顕彰する外史公園があり、銅像が建立されている。スキーの紹介と普及、また初期の航空界の発展と啓蒙にも力を入れ、大正七年からは帝国飛行協会の副会長として、全国各地で四百回以上の講演会を行なった。長岡は長い白髭(カイゼル髭)と馬車好きで有名。新しいもの好きで、機能的、合理的なものを追求する性格であった。

参考文献 長岡外史文書研究会編『長岡外史関係文書』(一九八九、吉川弘文館)、戸田大八郎『(航空とスキーの先駆者)人間長岡外史―伝記・長岡外史―』(『伝記叢書』一五三、一九九四、大空社)

(神代 卓也)

なかおかしんたろう 中岡慎太郎 一八三八―六七 土佐出身の志士、陸援隊隊長。号は迂山。変名は石川清之助など。天保九年四月十三日(一八三八年五月六日)に土佐国安芸郡北川郷(高知県安芸郡北川村)で、大庄屋中岡小伝次の長男として生まれる。高知城下で間崎哲馬と武市瑞山に入門する。文久元年(一八六一)には瑞山が結成した土佐勤王党に加わる。翌年、久坂玄瑞らとともに松代に佐久間象山を訪ね、文久三年に京都に入る。徒目付に登用されたが、八月十八日の政変後に藩内で尊攘激派への弾圧が開始されると長州に亡命した。以後、三田尻の招賢閣で真木和泉らと脱藩士たちを指導する。元治元年(一八六四)の禁門の変で負傷したが、征長軍参謀の西郷隆盛と会見した。以後は薩長提携に尽力し、薩長連合の構築に貢献する。慶応三年(一八六七)、討幕にむけた薩土の提携を促進し、陸援隊を組織した。同年十一月十五日(十二月十日)、京都の近江屋で、坂本竜馬とともに

中岡慎太郎

襲撃を受け、二日後に死亡した。三十歳。

参考文献 宮地佐一郎『中岡慎太郎―維新の周旋家―』(『中公新書』、一九九三、中央公論社)　(落合　弘樹)

ながおかつるぞう　永岡鶴蔵　一八六三―一九一四　鉱山労働運動の指導者。文久三年十二月九日(一八六四年一月十七日)に大和国吉野郡に生まれる。明治十三年(一八八〇)に坑夫見習となり、十五年に友子同盟に加入、鉱山を渡り歩くなかでキリスト教に接して「正義人道のため」生きることを決意、各地の鉱山で坑夫組織化やストライキに関わる。三十五年(一九〇二)五月に夕張炭坑で南助《みなみすけ》松《まつ》とともに大日本労働至誠会を結成する。片山潜《かたやません》の示唆を受けた永岡は、全国的な労働者組織を実現すべく足尾銅山(古河鉱業足尾鉱業所)に入山、三十七年四月に日本労働同志会を組織する。足尾に来足した南とともに三十九年十二月に大日本労働至誠会足尾支部を結成した。四十年(一九〇七)二月に至誠会の働きかけで、友子同盟は労働条件改善の請願書を鉱業所に提出しようとするが、暴動の発生でその一部が要求を出すにとどまった。暴動後の至誠会幹部の検挙・起訴(永岡・南は無罪判決)と警察・鉱業所による圧迫で足尾支部のみならず夕張の組織も壊滅した。永岡は玩具の製造・販売をしつつ片山らと行動をともにするが、大正元年(一九一二)、銅貨を銀メダルに改造したことが貨幣偽造行使罪に問われ、翌年千葉監獄に入獄、大正三年二月十日に獄死(病死)した。五十二歳。

参考文献 『日本労働運動史料』一・二(一九六二・六三)、中冨兵衛『永岡鶴蔵伝』(一九七七、御茶の水書房)、二村一夫『足尾暴動の史的分析―鉱山労働者の社会史―』(一九八八、東京大学出版会)　(杉山　裕)

ながおかにっぽう　長岡日報　㈠長岡で最初の日刊紙『北越新聞』(明治十四年三月二十六日創刊)などに携わってきた大平与文治が明治十五年(一八八二)五月に新たに刊行した、雑報や投書が中心で絵入りの新聞。百十四号で休刊と短命に終わった。㈡明治三十五年(一九〇二)五月、石油情報の記事を中心とする『長岡商業日報』(夕刊、明治二十七年発刊)を宝田《ほうでん》石油の有力者内田三省・山田又七らが買収して改題発行した新聞。宝田石油は日本石油と並ぶ新潟県内の二大石油会社で、『長岡日報』は石油各社の動きや株式相場・商況などを日々速報し、宝田石油の機関紙となったが、同じように長岡で発行され、ともに改進党系の『越佐新聞』との共倒れを憂慮する長岡の有力者清水常作らの勧めで、明治四十年(一九〇七)四月一日に『越佐新聞』と合併して『北越新報』を発刊する。㈢前記の北越新報社内で次第に劣勢となった内田三省ら旧『長岡日報』系の人びとが、大正五年(一九一六)十一月に、宝田石油系の支援を得て創刊した新聞。 →北越《ほくえつ》新報《しんぽう》

参考文献 『長岡市史』通史編下(一九九六)、『時代拓いて―越佐新聞略史―』(二〇〇七、新潟日報事業社)　(溝口　敏麿)

ながおかはんたろう　長岡半太郎　一八六五―一九五〇　物理学者。慶応元年六月二十八日(一八六五年八月十九日)、大村藩士長岡治三郎の長男として長崎に生まれる。東京英語学校、大阪英語学校、東京大学予備門を経て、明治二十年(一八八七)、帝国大学理科大学物理学科を卒業し、大学院に進む。明治二十三年、助教授に就任し、二十六年、理学博士。同年よりヨーロッパに留学、ヘルムホルツ、ボルツマン、プランクらに学ぶ。明治二十九年に帰国し教授に昇任。明治三十九年(一九〇六)、帝国学士院会員。大正六年(一九一七)、理化学研究所研究員・物理部長(大正十年(一九二一)まで)。大正十一年、理化学研究所長岡研究室長(昭和二十一年(一九四六)まで)。大正十三年、水銀還金実験の成功を学会で発表。昭和六年(一九三一)、大阪帝国大学初代総長(昭和九年まで)、昭和九年、学士院選出貴族院議員(昭和二十二年まで)、昭和十二年(一九三七)、第一回文化勲章。昭和十三年、帝国学士院院長(昭和二十三年まで)。日本の物理学者として国際的に活躍した最初の人物であり、顕著な業績としては、明治三十六年の土星型原子模型の発表、晩年に行われた原子スペクトルの研究がある。昭和四年以来、死去するまで毎年ノーベル物理学賞への推薦を依頼された。昭和二十五年十二月十一日没。満八十五歳。

長岡半太郎

参考文献 板倉聖宣・木村東作・八木江里『長岡半太郎伝』(一九七三、朝日新聞社)　(岡本　拓司)

ながおかひさしげ　永岡久茂　一八四〇―七七　明治時代前期の反政府士族。天保十一年(一八四〇)陸奥国若松(福島県会津若松市)に生まれる。通称敬二郎。二百五十石。藩校日新館から幕府昌平黌に学んだ。戊辰戦争時には奥羽越列藩同盟締結に尽力し、会津若松城攻防戦時には仙台にいて会津救援を目指したが果たせなかった。敗戦後は会津藩の斗南《となみ》移住に賛成し、斗南藩小参事となり、廃藩後は青森県大属や田名部支庁長となったがまもなく辞職して東京に出た。その後は鹿児島県士族海老原穆《えびはらぼく》らとともに『評論新聞』刊行に参加して政府批判を展開するなど反政府運動を行うようになった。この間、萩藩士族前原一誠《まえばらいっせい》や奥平謙輔《おくだいらけんすけ》とも関係を深めた。明治九年(一八七六)十月、前原の萩の乱に呼応して同志十数名とともに千葉県庁襲撃を計画したが、事前に発覚し警察に逮捕された(思案橋事件)。その際の重傷により翌年(一八七七)一月十二日牢死した。三十八歳。

参考文献 黒竜会編『西南記伝』下二(『明治百年史叢書』、一九六九、原書房)、高橋哲夫『明治の士族―福島県における士族の動向―』(一九八〇、歴史春秋社)、田村貞雄校注『前原一誠年譜』(二〇〇三、マツノ書店)

(白石 烈)

ながおかむねよし 長岡宗好 一八六六―一九〇七 農学者。慶応二年(一八六六)陸奥国平《たいら》に生まれる。東京農林学校を卒業後、明治二十三年(一八九〇)六月帝国大学農科大学助教授となって農芸化学を研究・教育した。二十年代には古在由直《こざいよしなお》とともに稲作の肥料試験を行い、二十五年二月二日の『官報』に古在・長岡連名論文「渡良瀬川沿岸耕地不毛ノ原因及ヒ其除去法」が掲載された。さらに三十三年(一九〇〇)の川俣事件では鑑定人として土壌調査を行い、鉱毒被害を立証してもいる。二十六年には味噌を素材に、原料および製造法が成分にどのように影響するかの研究をした。三十五年から三十九年八月まで欧州留学を行い、留学中の三十九年四月、提出論文により農学博士号を授与された。帰国後の三十九年九月、教授となり、農芸化学第三講座の担任となったが、四十年(一九〇七)十二月、四十二歳で病没した。

参考文献『東京帝国大学学術大観』医学部・伝染病研究所・農学部(一九四二)

(宮地 正人)

ながおかもりよし 長岡護美 一八四二―一九〇六 官僚、政治家。天保十三年九月十九日(一八四二年十月二十二日)熊本藩主細川斉護の五男として生まれる。幼名良之助、のち監物《けんもつ》。雲海と号す。幕末、尊王攘夷運動に加わり文久二年(一八六二)四月三条実美の諸藩有志より親兵を出すべしとの命に応じ、志士を上京させた。同九月上京後、島津久光、松平春嶽、伊達宗城らと交わる。第一次長州征伐に副総督松平茂昭をたすけ奮戦するも、第二次長州征伐にはその非を伊達宗城に説いた。王政復古後、明治元年(一八六八)三月参与、同月左京亮参与職軍防事務局輔、同閏四月侍従第二軍副総督、同月軍務官副知事、五月議定心得・江戸在勤、三年五月熊本藩大参事、五年正月から十二年(一八七九)一月まで欧米各国留学。十二年一月細川護久財産分与の上別戸、同時に華族に列し麝香間祗候。同八月外務省御用掛、十三年三月特命全権公使和蘭国在勤、同月白耳義《ベルギー》・丁抹《デンマーク》両国公使兼勤、同六月勲三等旭日大綬章、同七月赴任。十五年六月帰朝。同月元老院議官、十六年一月高等法院陪席裁判官。十七年七月男爵、十八年三月議定官、二十三年(一八九〇)三月第三回内国勧業博覧会事務委員、同七月貴族院議員に当選、同十月錦鶏間祗候、二十四年四月子爵に昇爵、これに伴い同十月貴族院議員を辞職。三十年(一八九七)七月貴族院議員に子爵議員として当選、三十一年二月東亜同文会副会長、三十五年六月同仁会会長。明治三十九年四月八日死去。六十五歳。

参考文献 長岡護孝編『長岡雲海公伝』(一九一四)

(小林 和幸)

なかおすてきち 中尾捨吉 一八四一―一九〇四 民権家判事、弁護士、陽明学者。高知藩士西村勇之進の次男として天保十二年(一八四一)に土佐郡に生まれ、幼くして叔父中尾和貞の養子となる。土佐陽明学の奥宮慥斎《おくのみやぞうさい》などに学んだのち、フランス語や法律学を修めた。陸軍省に出仕し兵学寮御用掛や陸軍兵学大属などを務めたのち、判事に転じる。このころ中江兆民や光妙寺三郎らと交流があった。明治十一年(一八七八)の『木内宗五郎一代記』や翌十二年の大阪・民政社結成などにより、民権家裁判官として知られた。静岡裁判所、大阪控訴裁判所、広島控訴裁判所で勤務し、大阪控訴院評定官、広島控訴院部長、函館控訴院部長などを歴任した。同二十六年(一八九三)に判事を辞し、広島で弁護士を開業し、のちに憲政党広島支部長を務めた。同三十七年(一九〇四)五月十四日東京麻布で病没。六十四歳。実兄は貴族院議員西村亮吉、枢密顧問宮の細川潤次郎は義弟。

参考文献 寺石正路『続土佐偉人伝』(一九二三、富士越書店)、島袋和幸『沖縄の軌跡―うちなーんちゅの遍歴―』(二〇〇八、沖縄の軌跡)

(小野 博司)

なかおとざん 中尾都山 一八七六―一九五六 尺八家。初代。明治九年(一八七六)十月五日大阪枚方生まれ。本名琳三。油問屋中尾治郎兵衛の次男。母の美津は寺内検校の娘。十三歳ごろ宗悦流の小森隆吉から手ほどきを受けたといわれ、その後は母の許で尺八を独習、二十七年(一八九四)十九歳で明暗教会より許され近畿地方で虚無僧修業をした。二十九年大阪の天満此花町《てんまこのはな》で尺八指南を開始、同年の演奏会で都山流を称す。地歌箏曲と合奏する独自の尺八譜を調える一方、「慷月調《こうげつちょう》」(三十六年)、「岩清水」(三十七年)などの本曲を作曲し、四十一年(一九〇八)からそれらの楽譜の公刊を始めた。流派運営でも、明治末期から大正期にかけて検定試験による職格認定、特別講習会での指導者教育、評議員制度などを備えた近代的な家元制度を作り上げた。大正末ごろから新日本音楽に力を注ぎ、宮城道雄らと国内や台湾・朝鮮・満洲への演奏旅行を重ね、全国的な尺八流派となった。昭和二十八年(一九五三)芸術院賞受賞。昭和三十一年(一九五六)十月十日没。満八十歳。

参考文献『都山流百年史―楽会三十年史―』(一九六六、都山流尺八楽会)

(塚原 康子)

なかがわかめさぶろう 中川亀三郎 一八三七―一九〇三 囲碁棋士。囲碁結社方円社を設立、二代目社長を務める。天保八年(一八三七)上野車坂下で生まれる。十二世本因坊丈和《ほんいんぼうじょうわ》の三男。秀策夫人花の実弟。旧姓葛野《かどの》、幼名長三郎のち亀三郎。叔父の家を相続して中川姓を名乗る。十一歳のとき父丈和と死別、義兄秀策のすすめで本因坊秀和に入門した。五年後初段、六段昇進は明治元年(一八六八)。中川の活躍が表立ったのは明治十二年(一八七九)四月、村瀬秀甫《むらせしゅうほ》(のち十八世本因坊)を越後から東京へ呼び戻し方円社を設立してからである。秀甫を初代社長に据え自身は副社長に就く。同年『囲碁《いご》新報』創刊

(五二〇号まで続刊)。十三年五月、方円社社員の推挙で七段に昇進。秀甫亡き後、土屋秀栄(のち十七世、十九世本因坊)との間で本因坊継承問題が発生したが中川は争碁《そうご》(碁の実力で決着をつけること)を避けて秀栄に譲り、方円社二代目社長に就任。その後同社の盛名はとみに高まり横浜と大阪堺に分社を設立、さらに神田錦町(千代田区)に社屋を新築する。明治三十二年(一八九九)八段(準名人)に昇進、方円社社長の座を巌埼健造に譲る。明治三十六年十月十三日病没。六十七歳。

参考文献 林裕編「明治囲碁史」(『棋道』一九七八年一月—十二月号)　(水口　藤雄)

なかがわこうたろう　中川孝太郎　一八七三—一九三七　刑事訴訟法学者。明治六年(一八七三)十月十日、京都府士族の子として生まれる。三十一年(一八九八)七月、東京帝国大学法科大学を卒業後、東京地方裁判所検事となったが、三十三年四月法科大学助教授に任じられた。同年六月より三十六年にかけ、刑事訴訟法研究のため独仏英に留学を命じられ、帰国後の三十六年十一月教授となって刑事訴訟法講座を担任した。三十七年十一月には東大総長推薦により法学博士号を授けられた。四十二年(一九〇九)三月には韓国に派遣されてもいるが、四十五年五月には退官し、弁護士に転じた。ドイツ法学が日本の刑事訴訟法学界に入る契機は、明治三十年代終りからの中川の業績と評されている。大正九年(一九二〇)五月には東京弁護士会長に選出された。昭和十二年(一九三七)八月二十三日、六十五歳で没した。

参考文献 『大日本博士録』一(一九二二、発展社)、『東京帝国大学学術大観』医学部・伝染病研究所・農学部(一九四二)　(宮地　正人)

なかがわこじゅうろう　中川小十郎　一八六六—一九四四　明治から昭和の政治家、教育家。慶応二年正月四日(一八六六年二月十八日)、丹波国桑田郡馬路《うまじ》村(京都府亀岡市)に郷士中川禄左衛門の長男として生まれる。実父禄左衛門と養父武平太は、西園寺公望のもとで戊辰戦争に従軍した。六歳の時、叔父武平太の養子となる。青年期には山田美妙《やまだびみょう》らと言文一致運動に参加した。明治二十六年(一八九三)に帝国大学法科大学政治学科を卒業。文部省に勤務し、入省から二年後の明治二十八年に西園寺公望文部大臣秘書官に抜擢された。創設時の京都帝国大学(現在の京都大学)書記官をつとめ、初代の大学事務局長となった。いったん退官して実業に従事し、明治三十三年(一九〇〇)に京都法政学校(のちの立命館大学)を創設。大正二年(一九一三)財団法人立命館発足とともに館長、昭和六年(一九三一)総長に就任し、四十四年にわたって立命館の指導者であり続けた。明治三十六年京都帝大書記官に復し、第一次西園寺内閣の総理秘書官、樺太庁第一部長を歴任。大正元年台湾銀行副頭取、大正九年頭取となり、大正十四年(一九二五)に退任して、貴族院議員に勅選された。西園寺公望の私的秘書として、その死に至るまで尽力した。昭和十九年(一九四四)十月七日京都で没。七十九歳。

中川小十郎

参考文献 松本皎「中川小十郎先生の経歴」(『立命館・中川小十郎研究会会報』三・一〇・一一、一九七六・八三・八五)、長志珠絵「中川小十郎の言文一致論をめぐって」(『立命館百年史紀要』四、一九九六)、『立命館百年史』通史一(一九九九)、岩井忠熊『西園寺公望—最後の元老—』(『岩波新書』、二〇〇三、岩波書店)、奥村覚・内藤久夫「人見・中川両姓唱義碑と中川小十郎」(『丹波』六、二〇〇四)　(秋元　せき)

なかがわすえきち　中川末吉　一八七四—一九五九　明治・大正・昭和期の実業家。明治七年(一八七四)十一月六日、滋賀県高島郡下古賀村(高島市)で、酒造業赤塚又左衛門の五男として生まれる。十四歳で上京し古河市兵衛経営の古河本店に入店し、翌年中川武三(旧小野組手代)の養継子となり、二十四歳で市兵衛の娘富子と結婚した。三十六年(一九〇三)から四年間のアメリカ留学後、足尾銅山会計係長を経て、古河鉱業本店電線係長、横浜電線常務取締役を歴任した。大正六年(一九一七)に新設された古河銀行専務として銀行経営にあたったほか、古河家の外戚として古河系事業の役員となった。十年(一九二一)、新設間もない古河電工の専務に就任、十四年以後は社長として同社の経営に専心し、富士電機、富士通信機製造などの子会社を含めて古河系の銅加工部門を指揮し、第一次大戦後の経営危機からの古河財閥の再興をもたらす原動力となった。第二次大戦後、財閥家族の指定を受けて公職を退き、昭和三十四年(一九五九)四月九日、満八十四歳で死去した。

参考文献 中川末吉翁記念刊行物編集会編『中川末吉翁』(一九六五)　(武田　晴人)

なかがわつねぞう　中川常蔵　?—一九六七　機械工学者、教育者。山形県生まれ。明治三十三年(一九〇〇)東京高等工業学校機械科を卒業したのち、芝浦製作所(現東芝)設計課に勤務した。五年後、アメリカ合衆国のコーネル大学に学び、マッキントッシュ＝アンド＝シーモア会社で実地研鑽を積んだ。東京高等工業学校教授で早稲田大学大学部理工科長を兼務していた阪田貞一《さかたていいち》が推薦したものと推察されるが、四十四年(一九一一)六月、留学中の中川は電報で早稲田大学に招請されて大学部理工科の講師となり、同年十二月には機械工学科主任に就任し、機械設計、複式機関、原動機、空気圧縮機及製氷機などの科目を担当した。しかし、学生の一部に不人気で、加えて人事刷新を推し進めようとする理工科の方針のもとで、大正六年(一九一七)九月に大学を去った。その経緯は十二月に、解職された中川ら四名の手で『早稲田大学理工科問題の真相』(以活版代筆写)と題する小冊子にまとめられた。その後中川は大日本自動車株式会社や日本興業銀行に関係し、昭和四十二年(一九六七)に没する。

参考文献 『早稲田大学百年史』二(一九八一)

(松本 康正)

なかがわのみやあさひこしんのう 中川宮朝彦親王 ⇨朝彦親王《あさひこしんのう》

なかかんすけ 中勘助 一八八五—一九六五 明治から昭和時代の詩人、小説家、随筆家。那珂・大内生などと号す。明治十八年(一八八五)五月二十二日、東京神田の今尾藩邸内に旧今尾藩士の子として生まれる。明治四十二年(一九〇九)、東京帝国大学文科大学国文学科(英文学科から転科)を卒業。第一高等学校、東大で夏目漱石に英語と英文学を学ぶ。大正元年(一九一二)九月、師と仰ぐ漱石に「銀の匙」を読んでもらい、漱石の推薦で『東京朝日新聞』(大正二年四—六月)に掲載された。さらに同四年、後篇「つむじまがり」を『東京朝日新聞』に発表、幼少年期の鮮明な記憶をみずみずしい文体で綴った。生涯、文壇から距離をおき孤高の作家に徹した。兄の発病による家の紛糾のため、本格的な創作活動は大正九年に完成の『提婆達多《だいばだった》』から始まり、インドを舞台にした『犬』『菩提樹の蔭』の三部作を完成した。昭和四十年(一九六五)五月三日没。満七十九歳。『中勘助全集』(全十七巻、平成元—三年、岩波書店)がある。

参考文献 渡辺外喜三郎『中勘助の文学』(『近代の文学』九、一九七一、桜楓社)、十川信介『「銀の匙」を読む』(『岩波セミナーブックス』、一九九三、岩波書店)

(石崎 等)

なかざ 中座 大阪道頓堀に存在した大劇場。承応元年(一六五二)に始まるという。大西の芝居(筑後芝居)と角の芝居の間に存在したので中の芝居といわれた。明治九年(一八七六)二月に道頓堀の大火で類焼、同年十一月新築開場。十七年(一八八四)五月、舞台にアーク燈を設置。同年十二月にまた焼失し翌年十一月落成。長く歌舞伎を上演していたが明治後期には曾我廼家《そがのや》一座の喜劇や浪花節なども舞台にかける。大正七年(一九一八)松竹合名会社の所有となり、昭和二十年(一九四五)空襲で焼失後再建、平成まで存在していたが平成十一年(一九九九)閉館、十四年解体工事中に焼失。

参考文献 国立劇場近代歌舞伎年表編纂室編『近代歌舞伎年表—大阪篇—』(一九八六—九五、八木書店)

(佐藤かつら)

ながさかせきたい 永坂石埭 一八四五—一九二四 明治・大正期の漢詩人、書家。名周、字希荘、通称周二。名時対、字裒公《ほうこう》と称した時期もある。弘化二年(一八四五年十月二十三日)に尾張国名古屋に生まれる。森春濤《もりしゅんとう》に漢詩を学ぶ。「横浜竹枝詞《よこはまちくしし》」を著わし、『明治三十八家絶句』(明治四年)に入集。明治初年に上京し、第一大学区医学校に通う。医業を営みながら、春濤が東京で開いた茉莉吟社《まつりぎんしゃ》に参加。その後、星社《せいしゃ》・随鷗吟社《ずいおうぎんしゃ》などに出入し、みずからも詩社一半児会《いっぱんじかい》を主宰。江戸時代後期の漢詩人梁川星巌《やながわせいがん》の住居があったお玉が池のほとりに、祭詩龕《さいしがん》、星舫《せいほう》などの中国趣味の棟を持つ私邸玉池仙館《ぎょくちせんかん》を建築し、たびたび詩会を開いた。明治二十年代以降、毎年、除夜に盛大な祭詩の宴を催す。書画・篆刻《てんこく》にも優れ、特にその書は石埭流と呼ばれ、多くの看板や表紙を飾った。晩年、名古屋に帰る。大正十三年(一九二四)八月二十四日没。八十歳。

(合山林太郎)

ながさきいがっこう 長崎医学校 日本初の近代医学教育機関を引き継いだ明治初期の医学校。安政四年(一八五七)オランダ人医師ポンペによる医学伝習が起源。その後日本初の西洋式病院である小島《こしま》養生所が設立され、併設された医学所とともに、基礎医学から臨床医学までを教授する体系的な医学教育機関が完成、のち精得館《せいとくかん》と改称された。さらに理化学を学ぶ分析究理所を増設した総合医学教育施設は、維新後長与専斎《ながよせんさい》を学頭とする長崎府医学校となり、長崎県病院医学校、第六大学区医学校、第五大学区医学校、長崎医学校などと改称されたが、幕末の医学教育システムと設備を引き継ぎ、東京医学校と並ぶ地位を占めていた。明治七年(一八七四)八月発布の医制によれば、予科三年と本科五年、専門科目として解剖・生理・病理・薬剤・内治・外治・公法医学の各科が定められているが、それらの基準をクリアーしていたことになる。その後第五高等中学校医学部、長崎医学専門学校、長崎医科大学を経て現在は長崎大学医学部。

長崎医学校　丸山側から見た精得館

参考文献『長崎医学百年史』(一九六一、長崎大学医学部)、『長崎大学二十五年史』(一九六四)　(本馬　貞夫)

ながさきえいごがっこう　長崎英語学校　⇨官立英語学校《かんりつえいごがっこう》

ながさききょりゅうち　長崎居留地　安政六年六月二日(一八五九年七月一日)の長崎開港に伴い設けられた居留地。安政六年七月より埋め立てが開始された大浦湾および東山手・南山手に造成され、さらに下り松・梅香崎の埋立地に拡大、慶応二年(一八六六)には出島、明治三年(一八七〇)には元唐人屋敷を編入して完成した。万延元年八月十五日(一八六〇年九月二十九日)に長崎地所規則が結ばれ、文久元年(一八六一)五月に上海の組織を参考にした居留地会が組織され、外国人による自治が行われたが、自治は費用負担が嵩むことから明治九年に廃止された。居留地は条約改正に伴い明治三十二年(一八九九)七月十七日に廃止。長崎は幕府時代には、世界に開かれた窓として独自の地位を有しており、幕末開港後もデンマーク大北電信の海底電信線が長崎から敷設されたり、長崎—上海航路を通じて中国につながり、領事館や商社・ミッションスクールが建ち並ぶなど、一定の重みを有していたが、貿易などは横浜・神戸が中心となり、次第にその比重は低下していった。

参考文献　大山梓『旧条約下に於ける開市開港の研究—日本に於ける外国人居留地』(一九六七、鳳書房)、『長崎県史』対外交渉編(一九八六、吉川弘文館)　(櫻井　良樹)

ながさきけん　長崎県　九州の西部に位置する県。幕府直轄領であった長崎を中心に、六藩五領が統合して成立。鳥羽伏見敗戦の報を受けた長崎奉行の河津祐邦《かわづすけくに》は、長崎統治の後事を筑前藩・肥前藩に託し、その旨を居留地の英・米など外国領事にも通知して、明治元年正月十五日(一八六八年二月八日)外国船で長崎港を脱出した。鎖国時代の長崎には九州・山口諸藩の蔵屋敷があって長崎聞役が駐在し、幕末開港後には越前・土佐など有力な藩も屋敷を設けていたが、朝廷の沙汰があるまで、十六の諸藩の代表者が誓書し、長崎奉行所西役所に置かれた長崎会議所において合議で政務を担うことになった。その中心となったのは薩摩・土佐など雄藩の代表者である。二月十五日(三月八日)に九州鎮撫総督・外国事務総督兼長崎裁判所総督として沢宣嘉《さわのぶよし》が長崎に着任した。長崎会議所が権力を掌握していた期間は、ちょうど一ヵ月。新たに、沢総督のもと大村藩主大村純熙《おおむらすみひろ》を長崎表取締とし、参謀に長州の井上聞多(馨)と薩摩の町田民部久成、判事に薩摩の野村盛秀、土佐の佐佐木三四郎(高行)を任じた。ほかに参謀助役として長州の揚井謙蔵、薩摩の松方助左衛門(正義)など。長崎裁判所の行政範囲は、長崎および長崎代官高木作右衛門が支配していた長崎周辺十ヵ村と肥後天草、さらには豊後日田など九州一円の幕府直轄領にも及んだ。同年五月四日(一八六八年六月二十三日)、長崎裁判所は長崎府と改められ、沢が初代長崎府知事となる。八月には富岡県(天草)を統合し、再度富岡出張所を置いた。明治二年六月十七日(一八六九年七月二十五日)、版籍奉還によって現在の長崎県下の諸藩も旧藩主がそのまま知藩事に任命され、島原藩知事は松平忠和、大村藩知事は大村純熙、平戸藩知事は松浦《まつら》詮《あきら》、福江藩知事は五《ご》島盛徳《とうもりのり》、厳原《いづはら》藩知事は宗義達《そうよしあきら》となった。六月二十日には長崎府が長崎県と改められ、すでに長崎を離れていた沢府知事に代わって判事の野村盛秀が知事に就任した。明治四年七月十四日(一八七一年八月二十九日)、廃藩置県が実施され、島原県・大村県・平戸県・福江県・厳原県が誕生、高来《たかき》郡・彼杵《そのぎ》郡の旧佐賀藩領、すなわち本藩領・諫早《いさはや》領・神代領・深堀領は佐賀県に属した。同年九月四日(十月十七日)、厳原県と佐賀県が統合して伊万里県が成立、十一月十四日(十二月二十五日)には島原・大村・平戸・福江の各県が長崎県に統合されるとともに、肥後国天草郡が長崎県から八代県に移管された。翌年正月には伊万里県管下にあった旧佐賀藩領が長崎県に移管、さらに八月十七日(一八七二年九月十九日)には佐賀県(旧伊万里県)から対馬(旧厳原県)が長崎県に移管され、現在の長崎県の領域が成立した。対馬移管の理由はよくわかっていないが、おそらく対朝鮮外交を推し進めるにあたって重要な対馬を、九州の拠点であった長崎県に管轄させようとしたのであろう。当時長崎—東京間の電信線架設工事が進んでおり、翌明治六年二月に完成した。江華島事件を引き起こした雲揚艦は、事件後長崎に入港し、事件は長崎から東京に報告されている。なお、六藩五領のうち、これまでに登場していない二領は幕府旗本松浦氏の今福領と同五島氏の富江領をさす。その後、佐賀県は明治九年四月十八日に三潴《みづま》県に併合されたが、同年五月二十四日には杵島郡・東西松浦郡が長崎県に移管、六月二十一日には藤津郡も移管された。さらに八月二十一日三潴県が廃止になると、旧佐賀県の基肄《きい》・養父《やぶ》・三根・佐賀・神埼・小城の六郡すべてが長崎県に編入され、肥前・対馬・壱岐の三国が長崎県となった。しかし、明治十六年(一八八三)五月九日、東肥前の各郡が分離して再び佐賀県が成立、長崎県は西肥前と壱岐・対馬の領域に戻った。維新後の十数年間、長崎は九州の政治経済の中心的位置にあり、長崎県は一等県として処遇されたが、貿易は横浜・神戸に遠く及ばず、交通路も陸上交通の割合が大きくなった明治後期には福岡・熊本両県の存在感が増していった。

参考文献『長崎県史』近代編(一九七六、吉川弘文館)、瀬野精一郎・新川登亀雄・佐伯弘次他『長崎県の歴史』(『県史』四二、一九九八、山川出版社)　(本馬　貞夫)

〔明治初年農民一揆〕長崎県下では地租金納、徴兵令施行と負担増強が明らかになった明治六年(一八七三)、三地域で農民一揆が起った。三月十八日壱岐の農民・小士族約二千人が島中央の国分村に集まり、野犬狩りと称して郷ノ浦・湯本・印通寺《いんどうじ》の商家などをつぎつぎと襲った。区戸長は制することができず県庁に通報、長崎県では吏員と邏卒《らそつ》(警官)を派遣し、対馬厳原《いづはら》からの早舟での応援も得て、首謀者四名を捕らえ鎮静化、この騒動を犬狩騒動という。また、同年六月から八月にかけて、県北の松浦郡で徴兵令反対の一揆が起った。六月二十八日田平村・御厨村・生月島《いきつき》・小値賀島《おぢか》で暴動が起り、七月には宇久島・江迎村《えむかえ》に波及したが、区戸長および巡回吏員の説諭によって鎮静。騒ぎは収まるかにみえたが、八月十八日になって平戸島古田村《こた》の村民数百人が竹槍・鉄砲などを持って区会所を囲み、区戸長に徴兵事務をやめるよう迫った。県庁では吏員と邏卒十名を派遣し、熊本鎮台にも飛報を送った。翌日には津吉《つよし》・志々岐《しじき》・中津良《なかつら》各村に広がり村民千三百余人が耶蘇教徒の居宅に火をかけ、村吏の家屋を襲う動きをみせたため、さらに兵藤武美参事、江口大属邏卒副長と邏卒二十名を追加派遣し、妙観寺(別史料延命寺)に村民を集めて徴兵令の主旨を説明した。参集する者千七百余、隊伍を組んで抵抗する態勢だったが、説得に応じ首魁二十八名を拘束、没収した鉄砲は百八十六挺に及ぶ。十月八日には島原多比良村を中心に土黒・湯江の村民も加わり、島原藩時代の備荒用社倉について騒動が起った。明治五年からは社倉の穀物を富豪に委託して換金し、その運用利息を戸長の給料その他区費に使っていたのだが、それでは富豪・区戸長の利益になるばかり、今年は凶年だから農民に貸与せよと迫った。戸長は、それには県の決裁が必要だと対応し、隣りの大野村でも三百人余が集まったため本庁に通報、県官・邏卒が派遣され強訴は収まった。騒動の舞台である壱岐・平戸・島原は、いずれも県都長崎から離れた地域という点で共通している。

参考文献 「庶務課史誌掛事務簿　長崎県史稿」(長崎歴史文化博物館蔵)、『長崎県の歴史と風土』(『新長崎風土記』一、一九八一、創土社)　(本馬　貞夫)

[民権結社] 低調だった長崎県下の自由民権運動も明治十二年(一八七九)の県会開催を経て、同十四年の政変、国会開設の詔の発布を契機に民権結社の活動がみられるようになった。それでも当時は佐賀県域を合わせた長崎県であり、佐賀士族のほか、他県からの寄留者が主導する運動であった。長崎県会の初代議長に就任した小城郡選出の松田正久は、フランス留学の経験を生かして全国の模範となる県会運営をなし、二代議長の志波三九郎も南《みなみ》高来《たかき》郡神代《こうじろ》の出身。純然たる民権結社とはいえないが、旧佐賀領神代には晩成社という士族授産事業を行う組織があり、諫早《いさはや》には大成社、深堀にも深堀商会があって士族民権の素地は存在していた。当時の新聞から具体的な結社をひろうと、長崎親睦会、長崎団話会、(長崎)政党談話、壱岐の親教社、対馬の海隅社がみられるが、いまだ学習会レベルだったようである。それでも同十四年からは長崎はじめ県下各地で政治演説会が開かれ、他県の民権結社のオルグ活動もあって運動は盛り上がりをみせた。ところで国会期成同盟会を組織するにあたって奔走してきた九州の各民権結社は、板垣退助の自由党に参加せず、熊本相愛社・福岡玄洋社などが同十五年三月に熊本で九州自由政党大会を開いて九州改進党を結成。定められた綱領には「長崎ニ本部ヲ設ケ各地ニ地方部ヲ置ク」とあったが、長崎からは参加していない。同月早速、佐賀開進会を中心に改進党肥前部結成が図られ、これには神代・諫早・島原が参加した。長崎では五月十四日福済寺において家永芳彦・渡辺元・志波三九郎・西道仙《にしどうせん》らが長崎改進党を結成したが、これを改進党長崎部に改組する動きが出て家永・西らは脱退。九州改進党本部も熊本へ移り、翌年には佐賀県が分離、長崎県における民権運動は沈滞していった。なお、一連の運動にあって奈良の人樽井藤吉らが島原で結成した東洋社会党は「平等ヲ主義トナス」という綱領を持つきわめてユニークな存在であった。

参考文献 『長崎県史』近代編(一九七六、吉川弘文館)、『長崎県の歴史と風土』(『新長崎風土記』一、一九八一、創土社)、橋口和孝「県下の自由民権運動」(『長崎県高等学校教育研究会社会科部会研究集録』昭和六十二年度、一九八八)　(本馬　貞夫)

[新聞] (一)邦字新聞　活字文化・技術の蓄積があった長崎では、外字新聞も併せ多彩な新聞が発行された。かつて長崎奉行所は本木昌造らを活字判摺立取扱掛に任じて蘭書の海賊版を作らせたが、その本木が工夫した印刷技術は、明治元年(一八六八)発行の『崎陽雑報《きようざつほう》』、六年の『長崎新聞』に生かされるとともに、弟子の平野富二・陽其《ようその》二《じ》らに引き継がれた。長崎の新聞も全国的な傾向と同じく、政党や政治的主張と結び付いて発行された。明治八年鉛活字を用いて再刊された『長崎新聞』(隔日刊)は翌年から『西海新聞』と改題、西道仙《にしどうせん》らが急進的な国会開設論を展開した。西は明治十年(一八七七)五月、日刊の『長崎自由新聞』を発行したものの年末には廃刊。『西海新聞』は同年『鎮西日報』と改められ、長崎県と連携した日刊紙として部数を伸ばし、政治的には立憲帝政党寄り、政府擁護の立場をとった。一方、民権派も同年松田正久・渡辺元らが『西海日報』を創刊したが二年後に廃刊、国会開設前年の同二十二年(一八八九)に至って『長崎新報』が創刊された。創立メンバーは家永芳彦・志波三九郎・則元由庸など自由党系の人物が多く、後継の『長崎日日新聞』と併せて政友会系の機関紙として存続した。中立を謳った新聞も現われ、同三十一年(一八九八)には鈴木《すずき》天眼《てんがん》・坂井伊之吉が『九州日の出新聞』を創刊した。ほどなく内紛により鈴木は離れ、同三十五年正月に『東洋日の出新聞』を創刊、主筆の鈴木をはじめ西郷四郎・丹《に》羽《わ》翰山《かんざん》ら個性的なメンバーがそろい、人々の人気を博した。同三十八年には『長崎新聞』が発刊され、中川観秀《なかがわかんしゅう》らが非政友の論陣を張った。海軍鎮守府があった佐世保でも『日刊佐世保』『佐世保新報』などいくつかの新聞があったが、明治三十七年創刊の『佐世保軍港新聞』だけが明治以後も発行を続けた。島原では明治三十二年『開

国新聞』が清水繁三によって創刊されたが、その後久留米に移り『筑後新聞』を発行した。

[参考文献] 中山軍次「長崎県新聞史」(『地方別日本新聞史』所収、一九五六、日本新聞協会)、『激動を伝えて一世紀—長崎新聞社史—』(二〇〇一)

(二)外字新聞　日本初の新聞は、文久元年(一八六一)、ニュージーランドから来たA・W・ハンサードによって長崎大浦居留地で週二回発行された『ナガサキ=シッピングリスト=エンド=アドバタイザー』である。内容は長崎港出入りの船、英領事館はじめ各領事館からの公報、内外ニュース、長崎居留地の外国人消息、そして船会社などの広告からなる。しかし、ハンサードは同紙を二八号で廃刊とし、横浜に移ってブラックと共同で『ジャパン=ヘラルド』を発行した。長崎居留地で発行された英字新聞をみると、現在長崎歴史文化博物館に保存されているものは、『ナガサキ=エクスプレス』『ライジングサン=エンド=ナガサキエクスプレス』『ナガサキ=シッピングリスト』そして『ナガサキ=プレス』の四紙であるが、ほかにも『ナガサキ=タイムズ』『ナガサキ=ガゼッテ』『コスモポリタン=プレス』『キュウシュウ=タイムズ』『ナガサキ=オブザーバー=デイリー=リポーター』などがあった。これらの系譜をみると、維新後フランク=ウォルシュが『ナガサキ=タイムズ』を創刊、翌明治二年(一八六九)ウォルシュは神戸に移り、『ヒョーゴニュース』と合併した。同三年一月にはポルトガル人フィロメナ=ブラガが『ナガサキ=エクスプレス』を創刊、同七年には『ライジングサン』と合併して『ライジングサン=エンド=ナガサキエクスプレス』となり、週刊紙として発刊を続けた。三代目社長のチャールズ=サットンは、幕末に攘夷論者の襲撃で左腕を失ったが長崎に留まった人物。同三十年(一八九七)に同紙は、同紙が発行していた日刊紙『ナガサキ=シッピングリスト』とともにホーム=リンガー商会の所有となり、新たな日刊紙『ナガサキ=プレス』が、長崎居留地の代表的な実業家フレデリック=リンガーの傘下で発行されることになった。昭和三年(一九二八)廃刊、発行総部数は九千百十八。ほかに明治三十九年四月には、ロシア革命派の新聞『ワーリア』(自由)も創刊されている。

[参考文献] 蛯原八郎『日本欧字新聞雑誌史』(一九三六、大誠堂)、レイン=アーンズ『長崎居留地の西洋人—幕末・明治・大正・昭和—』(福多文子・梁取和紘訳、二〇〇二、長崎文献社)　(本馬　貞夫)

(雑誌)明治期の雑誌類については長崎県下諸施設での保存を確認できず、長崎歴史文化博物館に収蔵された(県立長崎図書館および長崎市立博物館旧蔵)資料から概要を述べることにする。まず目立つのが教育関係の雑誌で、明治十三年(一八八〇)六月一日に『長崎県教育雑誌』第一号が発刊され、翌月一日に第二号が出ていることから毎月発行されたようだ。編集は長崎県学務課が行い、長崎県師範学校が印刷を担当した。文部省の官令、長崎県による教育関係規則を主たる内容とし、県下各教員・学務委員が対象の公報的雑誌であった。同十九年には『長崎県有志教育会雑誌』が長崎区大村町十二番戸の松野双松堂に事務所を置いた長崎県有志教育会によって発行された。前年八月十五・十六日に長崎中学体操教場における総集会を経て同会が発足し、会員からの投稿によって内外教育の景況、学術に関する論説および質疑・疑問などが掲載された。奥付に「持主　田中敬一、編輯人　西敬」とある。長崎県長崎中学校学友会の『学友会雑誌』は明治三十二年(一八九九)発行の第一七号から断続的に保存されている。同三十五年発行の第二三号巻末に寄贈交換雑誌の一覧があり、多くの中学校と交換していたことが知られる。文芸誌については、『瓊浦《けいほ》文学』第二号だけが保存されている。創刊号は明治二十五年(一八九二)六月十五日に長崎市西上町十九番戸瓊浦文学雑誌局から発刊されたが、この雑誌の主宰者がよくわからない。第二号の巻頭論文「妄《いつわり》を弁じて文学の定義に及ぼす」に署名はなく、また奥付部分を欠いている。創刊号に対して九州各県新聞から種々批評が寄せられ、地元の雑誌『長崎県教育雑誌』からも、東京大家の論文を載せており「我瓊浦文壇の雑誌としては少しく遺感(ママ)」、また代価十銭は少し高いといわれているが、第二号の巻頭論文で痛烈に反論している。東京大家とは、特別会員で漢学者の川《かわ》田《だ》剛《たけし》、歴史学者の内藤耻叟《ないとうちそう》をさす。第二号の主な内容として、池田義明「奈良時代の文学」、川田剛「和文漢文比較説」、青木永章・中嶋広足・近藤光輔ら幕末維新期の長崎歌人(国学者)の和歌、および中嶋広行門下生の作品、和漢対訳(『平家物語』那須与一の部分を漢文訳したもの)などがある。特に高山昇(神官)の「文典講話　かなづかい」は興味深い。おわりに長崎仏教会の『仏教会雑誌』を紹介する。第一号が明治二十三年八月五日に発刊されたこの雑誌の目的は、まず仏教を拡張し、社会組織を強固にし、優勝善美なる道徳を同胞に注入して無上の幸福を実現しようというものであった。「諸君請ふ国の為、法の為に尽くせ」と発刊の辞は結んでいる。発行人は吉水民暁、編輯人は高木竜法。なお長崎仏教会は宗派をこえた長崎県の仏教組織である。明治十年代は公的性格の雑誌が刊行され、大日本帝国憲法制定など制度的近代化が進んだ同二十年代から国威発揚を目的とした雑誌が出てきた印象を受けるが、資料が少なく明確なことはいえない。　(本馬　貞夫)

(私立学校)長崎の居留地に設立されたミッションスクールは大きな特色である。まず、プロテスタント系の学校では、メソジスト監督教会のデビソンの要請により、明治十二年(一八七九)ラッセルとギールが来崎し、東山手十六番に活水女学校を開校。最初官梅能《かんばいのう》一人の生徒だったが、その後順調に増加し、同十五年には東山手十三番に堂々たる校舎ラッセル館を竣工させた。中山マサ・神近市子は活水の学生。同じく招かれたロングは明治十四年に東山手六番にカブリー英和学校を創設、その後鎮西学館、鎮西学院と改称。また、改革派教会のスタウトはフルベッキのあとを受けた古参の牧師だったが、同二十年(一八八七)に至って東山手九番にスティール＝アカデミー(東山《とうざん》学院)を開校、同年スタウト夫人のスタージス＝セミナリ(梅香崎《うめがさき》女学校)も開校、後述する学校も含めて、明治期の東山手にはミッションスクールが集中していた。聖公会教会も明治十二年ころ出島に長崎英和学校を開いた。同教会のグッドオール夫人の東山手三番の女子塾は寄宿生徒が十人前後だったため十人女学校(長崎女学校)と呼ばれ、卒業生の大半は伝道者の妻になったという。一方、カトリック系では、明治十三年幼きイエズス修道会が南山手一六番に聖心女学校を創立、孤児養育のかたわら語学などを教えた。のち清心女学校と改称。明治二十五年には浪ノ平に海星学校が創立、のち東山手の現在地に壮麗なロマネスク様式の校舎が新築され、生徒にロシア人子弟も多かった。ほかに長崎には、玉木リツ創立の長崎女子裁縫学校(玉木女学校)、笠原田鶴子《かさはらたづこ》の長崎女子学院(鶴鳴《かくめい》女学校)があり、また華僑子弟のための時中両等小学堂も大浦居留地に創立された。県下各地域の住民がみずからの核となる私立女学校を創立・維持したことも特筆したい。山北トミによる佐世保女学校、永野仲蔵創立の口ノ津女子手芸学校、さらに平戸女学校・壱岐女学校などがあり、のちに県立となったものが多い。

[参考文献]『長崎県教育史』下(一九四二、長崎県教育会)、レイン・アーンズ『長崎居留地の西洋人―幕末・明治・大正・昭和―』(福多文子・梁取和紘訳、二〇〇二、長崎文献社)、坂井信生『明治期長崎のキリスト教―カトリック復活とプロテスタント伝道―』(『長崎新聞新書』、二〇〇五、長崎新聞社)

(本馬　貞夫)

〔銀行〕長崎県では貿易都市長崎の商業資本がつくった銀行と旧藩領域の士族銀行・商人銀行が併存した。明治七年(一八七四)小野組破産の後、長崎県の公金出納・為替業務を取り扱っていた立誠《りっせい》会社は、長崎の貿易商永見・松田両家中心の銀行類似会社であった。その立誠会社を母胎に、高見・肥塚など地元商人も加わって、明治十年(一八七七)十二月二十日、第十八国立銀行が長崎の東浜町で開業。頭取に永見伝三郎、支配人に松田源五郎が就き、永見・松田の一族が取締役・役員を務めた。永見伝三郎・松田源五郎は第一国立銀行の出資者でもあり、渋沢栄一と関係が深かった。明治十年代には、対馬厳原に第百二国立銀行、平戸に第九十九国立銀行が誕生。前者は朝鮮貿易金融、後者は西海捕鯨・石炭産業という特色をもつ。大村の玖島《くしま》銀行、島原の数寄屋銀行、諫早《いさはや》銀行も同様な士族銀行。第十八国立銀行以外の商人銀行には次のものがある。長崎の貿易商人小林剛三・榎本寛三を中心に創立された丸三銀行および同系の長崎蓄積銀行は明治十七年、十八年に廃業。明治十六年には平戸・佐賀・長崎の商人が出資した三友《さんゆう》銀行が平戸に開業し、当初は第十八国立銀行に匹敵する活動をみせたが、同二十六年(一八九三)に廃業した。明治二十年代には県下に大村・早岐《はいき》・島原・諫早商人らの小規模な銀行が誕生したが、中でも早岐銀行は明治四十年(一九〇七)に佐世保銀行と改称、本店を佐世保市浜田町に移して店舗網を広げ、のち合併で誕生をみる親和銀行の中核に成長した。中央の銀行では三井銀行が明治九年、全国に先がけて長崎出張店を設け、同三十年代には長崎農工銀行、横浜正金銀行長崎支店も営業を開始した。また、居留地の関係から外国銀行の支店・代理店もあって、明治二十五年にはイギリス系の香港上海銀行、同三十年(一八九七)にはロシア・清国・フランス資本の露清銀行が長崎支店を開設、このほか、幕末以来グラバー商会、ホーム＝リンガー商会、ブラウン商会などが外国銀行の代理店を引き受けていた。

[参考文献]『長崎県史』近代編(一九七六、吉川弘文館)、『百年の歩み』(一九七八、十八銀行)、立脇和夫『在日外国銀行史―幕末開港から条約改正まで―』(一九八七、日本経済評論社)

(本馬　貞夫)

ながさきこうとうしょうぎょうがっこう　長崎高等商業学校　国際貿易都市として際だった歴史をもつ長崎に設立された専門学校。明治三十八年(一九〇五)三月二十八日、東京高等商業学校、神戸高等商業学校に続く第三の高商として、西彼杵《にしその》郡上長崎村片淵郷(長崎市)に開設された。初代校長は隈本有尚《くまもとありたか》。設置の目的は、歴史的・地理的にも優位な条件を生かして、中国・韓国・東南アジア方面で活躍できる人材の養成であった。そのため、専門教育に加えて語学教育にも重点が置かれた。さらに中国からの留学生のために、開学の翌年「外国人特別入学規定細則」を設けて入学を許可し、国際交流にも尽力した。明治四十年(一九〇七)には経済史の武藤長蔵《むとうちょうぞう》、同四十二年には商品学の浅野金兵衛が赴任し、この後名物教授として活躍。大正六年(一九一七)には海外貿易科を新設し、同十四年(一九二五)に長崎―上海間に日華連絡船が就航すると、長崎高等商業学校の役割はますます重要になっていった。長崎経済専門学校を経て、現在は長崎大学経済学部となる。

[参考文献]『長崎大学三十五年史』(一九八四)

(本馬　貞夫)

ながさきじけん　長崎事件　⇨清国水兵暴行事件《しんこくすいへいぼうこうじけん》

ながさきしんぶん　長崎新聞　明治三十八年(一九〇五)長崎で創刊された非政友会系の新聞。『九州日の出新聞』を出た太田雪松《おおたゆきまつ》が社長兼主筆として創刊し、その後長崎県同志倶楽部のメンバーであった本田恒之代議士(立憲国民党)を中心に、元日蓮宗僧侶の中川観秀《なかがわかんしゅう》が社長を務めた。大正元年(一九一二)第二次西園寺内閣が倒され第三次桂内閣が成立すると、長崎においても護憲運動が盛り上がりをみせ、各紙とも閥族打破の論陣を張った。ところが、当初足並みを揃えていた長崎県同志倶楽部から本田恒之・家永芳彦・中川観秀が桂新党へ合流し、長崎発行の新聞では『長崎新聞』のみが政府寄りの態度をとったため、本博多町にあった長崎新聞社は群衆の投石を受けた。被害は玄関・窓ガラスが割れた程度。以後『長崎新聞』は立憲同志会、憲政会系の機関紙として存続したが、政友会系だった『長崎日日新聞』が政友本党を経て民政党系の機関紙となったことも影響して昭和十年(一九三五)廃刊に追い込まれた。

参考文献 本馬貞夫「第一次護憲運動と長崎」(『長崎県高等学校教育研究会社会科部会研究集録』、一九八四)、『激動を伝えて一世紀—長崎新聞社史—』(二〇〇一)

(本馬 貞夫)

ながさきせいてつきょくさつ 長崎製鉄局札 江戸幕府が安政四年(一八五七)に起工し、万延元年(一八六〇)に長崎製鉄所と称した幕府設立工場は、維新後新政府が接収したが、その際製鉄所資金をまかなうために、島原町(長崎県島原市)松葉屋三造が引替元となって明治二年(一八六九)十月十五日に発行した金札。六百両・五百両・十五両・十両・五両・三両・二両・一両の各種がある。墨書に「製鉄場」の印を押したもので、臨時発行された手形に近い金札である。

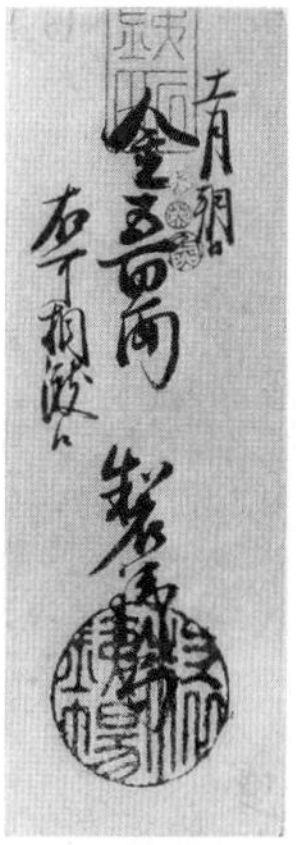

五百両金札

参考文献 『三菱長崎造船所史』(一九二八)

(横山百合子)

ながさきぞうせんしょ 長崎造船所 江戸幕府が幕末に設けた造船所の一つ。安政二年(一八五五)オランダより観光丸が幕府に寄贈されると、長崎湾でペルス＝ライケンや勝海舟、続いて海軍大尉カッテンダイクのもとで海軍伝習に使用されるようになった。それに伴い艦船の修理および造船工場の必要が起った。これが長崎に造船所が設けられることになった発端である。安政二年七月の長崎溶鉄所建設の議にもとづいて、文久元年(一八六一)に稲佐郷飽の浦(長崎市)に落成されたのが長崎製鉄所であった。この間にオランダに注文された機械も届き、士官ハルデスの指揮のもと工事が開始されたのは安政四年十月のことであった。明治維新後は長崎裁判所の管轄下に入り、明治四年(一八七一)四月工部省所管となり、いったん長崎造船所と改称されたが、翌年十月に長崎製作所、十年(一八七七)一月には長崎工作分局と名前が変わった。ドックが開設されたのは明治十四年のことである。維新前後の造船数はそれほど多くはなく、むしろ大砲や工作機械の製造の方が多かったが、西南戦争の勃発により軍関係の艦艇修理が増えた。政府の官営事業払い下げ方針により、明治十七年七月七日、三菱に土地・工場施設・器具一切が貸し渡され長崎造船所となった。そして明治二十年(一八八七)六月には正式に売り渡され、翌二十一年十二月一日三菱造船所と改称された。その後の事業発展は順調で、日本郵船の大型船浅間丸のほか、軍艦(戦艦日向、戦艦武蔵など)も製造した。大正六年(一九一七)三菱造船として独立し、大正九年には三菱重工業長崎造船所となり現在に及んでいる。 →三菱造船所《みつびしぞうせんじょ》

長崎造船所

参考文献 三菱造船株式会社長崎造船所職工課編『三菱長崎造船所史』一(一九二八)、西日本重工業株式会社長崎造船所庶務課編『三菱長崎造船所史』続編(一九五一)

(櫻井 良樹)

ナガサキ＝プレス The Nagasaki Press 明治三十年(一八九七)九月から昭和三年(一九二八)まで長崎居留地で発刊された英字日刊紙。明治三十年九月、『ライジングサン＝エンド＝ナガサキエクスプレス』『ナガサキ＝シッピングリスト』を競売により所有したホーム＝リンガー商会の経営者フレデリック＝リンガーは長崎居留地で最も有力な実業家で、西日本唯一となった英字新聞の名称を『ナガサキ＝プレス』とし、みずから社長に就任した。編集長はH・O・パーマー、ウィルモット＝ルイス、E・R・S・パードンと引き継がれ、紙面は長崎港出入りの船舶、企業広告、長崎のニュース、神戸・横浜・上海・香港などの情報からなる。同四十二年(一九〇九)のナガサキプレス社の組織・経営は、本社所在地大浦二〇番、社長死亡欠員、主筆兼編集長パードン、編集部員二宮義親ほか二名、営業部員安岡作平ほか二名、主義は不偏不党。長崎居留地の衰退により昭和三年(一九二八)廃刊、

発行総部数は九千百十八に及ぶ。

参考文献 蛯原八郎『日本欧字新聞雑誌史』(一九三六、大誠堂)、レイン＝アーンズ『長崎居留地の西洋人—幕末・明治・大正・昭和—』(福多文子・梁取和紘訳、二〇〇二、長崎文献社)

(本馬 貞夫)

ながさきほんせん 長崎本線 鳥栖《とす》—長崎間の鉄道。九州鉄道が田代から佐賀・早岐《はいき》を経て佐世保もしくは長崎に達する路線を構想すると、呼応して長崎でも佐世保—長崎間鉄道の機運が高まり、間もなく両者は合流した。明治二十四年(一八九一)、九州鉄道は鳥栖—佐賀間を開業し、二十八—三十年(一八九七)にかけ早岐まで延伸。三十年、長崎側の長与《ながよ》—長崎間を開業し、早岐港と時津《ときつ》港(長与近傍)の間に連絡航路を運航して長崎へのルートを形成した。三十一年に早岐—佐世保間および早岐—諫《いさ》早《はや》—長与間を開業して全通。三十八年、長崎港の築港計画確定を受け、埋立地に新たな長崎駅が設置されることになり、従前の長崎駅を浦上駅と改め、浦上—長崎間を延伸開業した。三十七年には日露戦争の軍事輸送のため長崎駅の先に大黒町臨時乗降場を設置し、長崎—大黒町間の輸送を実施。四十年(一九〇七)に国有化され、四十二年、鳥栖—早岐—長崎間が長崎本線、早岐—佐世保間が佐世保線と定められた。昭和九年(一九三四)、肥前山口—諫早間に有明海沿岸経由の新線が全通したのに伴い、同区間が長崎本線となり、肥前山口—佐世保間は佐世保線、早岐—諫早間は大村線と改められた。

参考文献 『九州鉄道株式会社小史』(一九〇四)、『日本鉄道史』(一九二一、鉄道省)、『日本国有鉄道百年史』二・四・九(一九七〇—七二)

(高嶋 修二)

なかざとかいざん 中里介山 一八八五—一九四四 明治から昭和時代前期の小説家。本名は弥之助。明治十八年(一八八五)四月四日、神奈川県西多摩郡羽村(東京都羽村市)に精米業者の次男として生まれる。郷里は自由民権運動で三多摩壮士と呼ばれた人びとの根拠地で、民権運動の気風が色濃く残る土地であった。一家の生計が苦しくなり、明治三十一年(一八九八)、西多摩尋常高等小学校を卒業。学歴はこれだけで終った。日本橋で電話交換手や母校の代用教員の職に就き、一家を支えた。この時期にキリスト教や社会主義に接近し、幸徳秋水や堺利彦らと親交を結んだ。週刊『平民新聞』に詩や小説を発表するが、次第に社会主義から離れ、トルストイの影響を受ける。田川大吉郎の推挙で明治三十九年に『都新聞』に入社。小説を発表するようになる。同四十四年(一九一一)、大逆事件により幸徳秋水らが処刑され、多くの知友を喪った。大正二年(一九一三)九月より『都新聞』に「大菩薩峠」を連載。時代小説の枠組みでありながら、動機なき殺人をくり返す机竜之助を軸にすえ、彼をめぐる女たち、仇とねらう宇津木兵馬、俊足の盗賊、被差別者の槍の名人、開明的合理主義者の元旗本など、さまざまな身分・階層、老若男女を登場させ、複雑にからみあう思想小説がここに始まった。同七年に自費出版で、それまでの部分を分冊刊行。やがてこれが評判になり、同十年(一九二一)に春秋社から出版されると、爆発的な人気を獲得。『都新聞』連載はこの時期にいったん途切れたが、沢田正二郎の新国劇で上演され、話題となるにつれて、続編が期待され、大正十四年には、舞台を『大阪毎日新聞』『東京日日新聞』に移して再開。石井鶴三の挿絵も相まって、ますます人気が沸騰。以後も、『隣人之友』『国民新聞』『読売新聞』連載へと続き、さらに書き下ろしで、昭和十六年(一九四一)まで継続したが、未完となった。二十八年にもわたる創作期間は、『大菩薩峠』が介山自身いうところの、人間界の諸相をことごとく描きつくし、一つの宇宙をなす「カルマ曼荼羅」でもあったことを示していよう。介山自身は文壇に距離を置き、ときに傲岸不遜と評されながら、青梅で悠々自適の生活を送った。昭和十九年四月二十八日死去。六十歳。泉鏡花、谷崎潤一郎、宮沢賢治をはじめ、埴谷雄高《はにやゆたか》、武田泰淳《たけだたいじゅん》、島尾敏雄、堀田善衞《ほったよしえ》、安岡章太郎《やすおかしょうたろう》など、『大菩薩峠』に惹きつけられた作家は数多くいる。なお著作は『中里介山全集』全二十巻(昭和四十五—四十七年、筑摩書房)として刊行されている。

中里介山

参考文献 尾崎秀樹編『大菩薩峠』(『国文学解釈と鑑賞』別冊、一九八四、至文堂)、竹盛天雄編『中里介山』(『新潮日本文学アルバム』三七、一九八四、新潮社)

(紅野 謙介)

なかざわいわた 中沢岩太 一八五八—一九四三 実業教育者。安政五年三月二十九日(一八五八年五月十二日)福井藩士の長男として福井に生まれる。号北荘。明治三年(一八七〇)十三歳で家督相続、同年独逸語修業生を命ぜられ、明治四年上京。十二年(一八七九)東京大学理学部化学科を首席で卒業、同科助教に就任。明治十四年G・ワグネルが着任しその助教となり、陶器、ガラスの研究、実験に従事した。十六年、製造化学修業のため三ヵ年ドイツ留学を命ぜられ、ベルリン大学に入学し、十九年品川弥二郎に従い帰国の途につき、二十年(一八八七)帝国大学工科大学教授。二十四年工学博士の学位を授与され、印刷局における硫酸製造、小菅集治監(現東京拘置所)での煉瓦焼成など技術指導に功績を挙げた。明治三十年(一八九七)京都帝国大学が創設されるに伴い、同大学理工科大学長に選任され、このころ、京都市工業顧問、陶磁器試験所顧問として業界刷新に努めた。明治三十三年三月京都高等工芸学校設立委員に選ばれ、同年五月からフランスに派遣され、パリで浅井忠に会い彼を教授として招くことに成功した。三十五年四月京都高等工芸学校(現京都工芸繊維大学)創立と同時に校長となり、大正七年(一九一八)六十一歳までその職にあった。明治三十年代末から、伝統技法の技術革新と作家の創作奨励を掲げて、遊陶園(陶磁器)・京漆園(漆器)・道楽園(染織)を設立し園長に就任し、技術に関する研究会や展覧会を開催すると同時に、大正十年(一九二一)より東京で毎年三園展と称して新作発表展を催した。明治四十年(一九〇七)文部省美術展覧会新設に伴い、第四回まで第一部(日本画)長を務めた。昭和十八年(一九四三)十月十二日、自宅において死去した。八十六歳。

参考文献　『中沢岩太博士喜寿祝賀記念帖』(一九三五、中沢岩太博士喜寿祝賀会)、国立博物館編『日本美術年鑑』昭和十九・二十・二十一年版(一九四九、美術出版社)、愛媛美術館・佐倉市立美術館編『浅井忠の図案展』(二〇〇三、愛媛美術館・佐倉市立美術館・産経新聞社)

(森　仁史)

なかざわひろみつ　中沢弘光　一八七四—一九六四　明治から昭和時代の洋画家。明治七年(一八七四)八月四日、東京芝源助町(港区)に生まれる。父は旧日向《ひゅうが》佐土原藩士。二十年(一八八七)曾山《そやま》(大野)幸彦《さちひこ》の画塾に入門し本格的な洋画研究を開始する。曾山塾は二十五年の曾山の死後、堀江正章《ほりえせいしょう》の指導により大幸館《たいこうかん》と名を改め継承されたが、中沢もそこで研究を続けた。二十六年明治美術会第五回展に初入選。二十九年東京美術学校に西洋画科が設置されると同時に入学し、黒田清輝らの指導を受ける。黒田らが主宰した白馬会展に三十年(一八九七)の第二回展から出品し、以後おそくとも三十八年以前に会員となっている。三十三年東京美術学校を卒業。四十年(一九〇七)東京府勧業博覧会において一等賞を受賞、同年の第一回文部省美術展覧会(文展)では「夏」(東京国立近代美術館蔵)で二等賞を受けた。その後第二回、第三回の文展でも連続して二等賞を受賞するなど、初期文展において活躍し、四十三年からは文展の審査員をつとめた。四十五年三宅克己・山本森之助らと光風会を創立し、以後同展および官展に出品を続けた。大正八年(一九一九)から帝展審査員。大正十一年(一九二二)渡欧し、フランス、イギリス、スペインを巡遊、帰国後の十三年には白日会の結成に加わる。昭和三十九年(一九六四)九月八日、東京で死去。満九十歳。

参考文献　岩佐新編『中沢弘光画集』(一九四三、中沢弘光画集刊行会)、『近代日本美術事典』(一九八九、講談社)

(植野　健造)

なかさわべってん　長沢別天　一八六八—九九　評論家、新聞記者。明治元年五月一日(一八六八年六月二十日)、常陸国新治郡に土浦藩士の子として生まれる。本名説《せつ》。別号、別天楼、渺茫居士など。早くから東京に出て、築地の立教学校などで学び、一時本所の江東義塾で教える。明治二十三年(一八九〇)ころより政教社の人々を知り、三宅雪嶺に接近、同年一月創刊の『江湖新聞』に寄稿、石橋忍月《いしばしにんげつ》とともに文芸評論を書いた。政教社に入り、『日本人』を編集、さらに『亜細亜』に寄稿、次第に社会問題に関心を寄せる。三宅雪嶺の口述筆記にあたったこともある。二十四年にアメリカに渡り、スタンフォード大学に留学、文学・政治・経済を学ぶ。『亜細亜』への寄稿を続け、世界的視野から社会問題を論じた。エドガー＝アラン＝ポーの詩をはじめて日本に紹介したのも、このころのことである。二十六年一月ハワイ革命に際し、バイロンの詩集とピストルを携えハワイに渡るが、そのまま五月に帰国。八月、卓抜なアメリカ通信を『ヤンキー』(敬業社)にまとめ、翌二十七年三月から五月にかけ第二次『日本人』に「社会主義一斑」を四回連載(マルクスを論じた号は発禁)、五月にはミルトンの評伝『盲詩人』(政教社)を刊行した。「社会主義一斑」は、アメリカの経済学者イーリーの著作をベースにしたもので、社会主義概論としてすぐれており、過激行動に対しては批判的である。この年、岡山に行き、『山陽新報』主筆として活躍、同紙の読者を増やした。田岡嶺雲《たおかれいうん》と出会ったのも、この岡山時代である。嶺雲は別天を「一個の真摯なる君子人」と評し、敬愛した。明治三十一年(一八九八)八月、三宅雪嶺・高橋健三の推挙もあり『東京朝日新聞』に入社、池辺三山《いけべさんざん》を助けて論陣を張った。社会問題や日米関係論に、その卓抜な論調が見られた。しかし結核を発病、旅行や著述の計画もままならず、明治三十二年十一月二十二日、三山らに惜しまれつつ死去した。三十二歳。

参考文献　『日本人』(別天追悼特集、一八九九年一二月)、『明治思想家集』(『日本現代文学全集』一三、一九六八、講談社)

(中島　国彦)

なかざわべんじろう　中沢弁次郎　一八八七—一九四五　大正・昭和期の農村問題の研究者、実践家。明治二十年(一八八七)七月七日、埼玉県賀美郡丹荘村(児玉郡神川町)の中沢倉蔵の長男として生まれる。小学校高等科を中途退学後、苦学力行し食糧問題・農村問題の専門家としての地位を築いた。一方、大正八年(一九一九)十月に農村調査のために岐阜県入りしたのを機に農民運動・政治運動の世界に身をおくことになった。同十五年(一九二六)三月、中部日本農民組合の第二代組合長に、そして昭和三年(一九二八)三月の中部農民組合結成の際には初代組合長となった。さらに同年七月に全日本農民組合が創設されると会長に就任した。そして同年二月の衆議院議員選挙では、岐阜県内の小作運動の指導者として二区から立候補したが落選した。六年、再び書窓に戻ることになった。中沢は『岐阜県における小作問題の研究』など小作問題や農村問題に関する多くの著書を残している。二十年(一九四五)十一月二十八日、群馬県四万温泉にて静養中に没した。五十九歳。

参考文献　埼玉県立文化会館編『埼玉県人物誌』(一九六四)　　(黒田　隆志)

なかざわりんせん　中沢臨川　一八七八―一九二〇　評論家、電気工学者。明治十一年(一八七八)十月二十八日、長野県上伊那《かみいな》郡南向《みなかた》村(中川村)の塩沢家の次男として生まれた。本名重雄。家は代々の庄屋で養命酒の醸造元天竜館。三十二年(一八九九)南安曇《みなみあずみ》郡梓《あずさ》村(長野県松本市)の中沢家の養子となる。第二高等学校を経て、三十七年、東京帝国大学工科大学卒業。電気工学専攻。京浜電気鉄道株式会社(現京浜急行電鉄)に入り、大正三年(一九一四)技師長をもって退職。東大在学中、窪田空穂《くぼたうつぼ》・吉江喬松《よしえたかまつ》・小山内薫《おさないかおる》らと同人誌『山比古《やまびこ》』を創刊、第一文集『鬢華《びんげ》集』(明治三十八年、七人発行所)刊行。竜土会に参加して国木田独歩《くにきだどっぽ》・島崎藤村《しまざきとうそん》・田山花袋《たやまかたい》らの文学者と交流を深め、勤務のかたわら翻訳や評論などを新聞雑誌に寄稿し、十九世紀西欧の文芸思潮を視野に入れて自然主義を好意的に総括した「自然主義汎論」(四十二年)などがある。大正元年九月「トルストイ論」を発表。同三年一月から約二年間文芸時評欄を担当した『中央公論』その他の雑誌に、ジェームズ、ベルグソンやオイケン、ロマン＝ロラン、タゴールなどの海外思潮を盛んに紹介して新理想主義を提唱。『旧き文明より新しき文明へ』(大正四年、実業之日本社)では物質文明から生命・精神の文明に向かうことを力説し、当時の民族主義の勃興を生命の自覚と結びつけて論ずるなど、大正期前半の評壇の一角を占めた。労働問題・社会問題にも目を向け、大正八年学芸部長になった『大正日日新聞』(鳥居素川《とりいそせん》主筆)でも盛んに提言した。また京浜電鉄時代、羽田の社有地に大運動場を建設し、押川春浪《おしかわしゅんろう》らと天狗倶楽部を結成して学生スポーツの振興に寄与。また早稲田大学理工科講師などをつとめ、退社後は二高以来の友人吉野作造《よしのさくぞう》と大学普及会を結成(大正四年)したり、工場を経営するなど、多方面に活動を展開している。著書に『トルストイ』(大正二年、東亜堂)、『ベルグソン』(大正三年、実業之日本社)、『破壊と建設』(大正三年、新潮社)など多数。大正九年八月九日死去。四十三歳。

参考文献　稲垣達郎編『金子筑水・田中王堂・片山孤村・中沢臨川・魚住折蘆集』(『明治文学全集』五〇、一九七四、筑摩書房)、田中保隆『二葉亭・漱石と自然主義』(二〇〇三、翰林書房)　　(田中　夏美)

ながし　流し　楽器の演奏や声色を遣ながら、客を求めて盛り場などを歩き回ること。楽器は新内のほか、義太夫や長唄の三味線が主である。流しを始めるには費用がかかる。まず鑑札を受けるために警察へ手数料を納め、また芸名がいるので家元へ名取料を納めなければならない。鑑札がないと、仲間から三味線を折られたという(『報知新聞』明治四十五年五月二十日付)。なお京都では、明治十四年(一八八一)まで流しは禁止された。そののち、楽器はヴァイオリンに変わっていく。　　(倉田　喜弘)

法界節の流し(『風俗画報』166、明治31年より)

なかじまうたこ　中島歌子　一八四一―一九〇三　歌人。天保十二年十二月十四日(一八四二年一月二十五日)、江戸日本橋北鞘町(東京都中央区)に中島又左衛門(又右衛門)の次女として生まれる。一説に弘化元年(一八四四)武蔵国入間郡森戸村(埼玉県坂戸市)生まれ。幼名とせ。安政五年(一八五八)水戸藩士林忠左衛門と結婚したが、夫は藩内の天狗党(勤皇派)に属し、維新の争乱により死別。歌子も一時逆賊の罪で入獄した。出獄後、加藤千浪《かとうちなみ》門に入り、和歌を習う。同門の伊東祐命《いとうすけのぶ》を通じ、御歌所派の歌人と交わる。明治十年(一八七七)ごろ小石川水道町に歌塾萩《はぎ》の舎《や》を開き、梨本宮妃伊都子《なしもとのみやひいつこ》や鍋島直大《なべしまなおひろ》侯爵夫人栄子《ながこ》・前田利嗣《まえだとしつぐ》侯爵夫人朗子《さえこ》などの上流・中流階級の婦人に和歌・古典講読・書道などを授けた。最盛期には門弟千人を超えたが、それは伊東祐命・小出粲《こいでつばら》・高崎正風《たかさきまさかぜ》の援助による。樋口一葉・田辺《たなべ》(三宅《みやけ》)花圃《かほ》らはその門下生である。中島歌子は桂園派歌人で、歌風は旧派の詠風で新鮮味に欠ける。同三十六年(一九〇三)一月三十日没。六十三歳。和歌および随筆集『萩のしつく』(上・下二冊、明治四十一年、のち活字本として昭和四年刊行、三宅竜子(花圃)編)がある。

参考文献　『明治女流文学集』一(『明治文学全集』八一、一九六六、筑摩書房)、藤井公明『中島歌子のこと』(『続樋口一葉研究』、一九八四、桜風社)　　(中島　礼子)

なかじまえいじ　中島鋭治　一八五八―一九二五　明治時代後期から大正時代の水道技師、衛生工学者。安政五年十月十二日(一八五八年十一月十七日)、仙台に生まれる。明治十六年(一八八三)、東京大学理学部土木工学科を首席で卒業、同助教授に就任し、橋梁工学を担当。明治十七年、京阪、大和、伊勢の古代建築物取調。明治十九年、米国へ私費留学、明治二十年(一八八七)、文部省から改めて欧米留学を命ぜられる。留学中、最初一年間は橋梁工学を学ぶが、その後衛生工学、水道工事を学んだ。明治二十一年より、イギリスの上下水道、欧州諸国の土木工事、ローマの給水法などを調査し、明治二十三年、東京市水道改良事業に携わるため、留学途中で帰国。明治二十四年、内務技師補、東京市水道技師を併任、東京市水道改良事業に着手。明治二十五年、中島の上水道計画に基づく工事が開始(明治三十二年(一八九九)に完成)。明治二十九年、帝国大学工科大学教授、日本語による衛生工学の講義を始める。明治三十年、内務技師を兼任、明治三十一年、東京市技師長。明治三十二年、工学博士。明治三十九年に東京市技師長を辞したのちも、上下水道の専門家として、日本各地のほか朝鮮・満洲・中国でも水道事業を指導。明治四十一年(一九〇八)、広井勇《ひろいいさみ》らと『英和工学字典』を丸善より刊行。明治四十四年、東京市下水改良工事顧問、中島の下水道計画に基づく工事が開始(大正十一年(一九二二)に完成)。大正十四年、土木学会会長となるが、二月十七日に病死。六十八歳。

(岡本 拓司)

なかじまかつよし　中島勝義　一八五八―一九三二　明治・大正期のジャーナリスト。安政五年五月五日(一八五八年六月十五日)、蝦夷地開拓従事の幕吏中島勝彦の次男として、西蝦夷地イシカリ(北海道石狩郡)で生まれる。字は子彬、号は中州酔人・玩球・狩水漁長。明治九年(一八七六)二月、『評論新聞』への投稿「日本民権論」で禁獄二ヵ月。七・八月『東京曙新聞』編輯長を務め、十二月に『俗夢驚談』を出版。十年(一八七七)二月大阪『攪《こう》眠新誌《みんしんし》』主幹となるが、六月発行禁止。七月『興民新誌』を創刊し、翌年十月の廃刊まで在社。『広島新聞』主筆を務めた後、十二年春ごろ『近事評論』記者となる。十三年出版の『通俗国会之組立』が、出版条例・新聞紙条例違反で禁獄六ヵ月罰金五十円。十九年『教育雑誌』を創刊、翌年『学芸之世界』と改題。また『知識之戦場』創刊。二十二年(一八八九)『政論』記者、二十六年福岡玄洋社『福陵新報』主筆となる。三十年(一八九七)『朝野新聞』再興に関与する一方、台湾鉄道会社創立委員となるが同社が翌年解散、以後自適生活を送る。昭和七年(一九三二)七月十五日没。七十五歳。

[参考文献] 明治文化研究会編『明治文化全集』二(一九五五、日本評論社)、『『近事評論・扶桑新誌』解説・総目次・索引』(一九八〇、不二出版)、沢大洋『都市民権派の形成』(一九九八、吉川弘文館)

(松崎 稔)

なかじまきそう　中島気崢　一八六三―一九三六　漢学者、新聞記者。文久三年三月三日(一八六三年四月二十日)に土佐国安芸郡に生まれる。郷里の中学卒業後、小学教員、高知中学の漢学教員となる。明治二十二年(一八八九)『高知日報』に入り土佐国民党の一員として国権主義の論陣を張り板垣退助派と対立、三十一年(一八九八)谷干城《たにたてき》の斡旋により上京し日本新聞社に入り、『万朝報』に移る。日露戦争前後は同志記者倶楽部から対露同志会に参加し、講和問題同志会の指導者として日比谷焼打事件に参加し収監された。明治三十九年国民倶楽部の成立にかかわり、東京市街電車合併・値上げ反対運動にかかわったが、第一次憲政擁護運動の際には『国民新聞』記者として焼き打ちにあった。大正期からは立憲同志会、憲政会系の新聞記者団の中心として大正三年(一九一四)東京市会革正運動の一翼を担い、また大正二年に参加した対支連合会から、国民義会を分立させて第二次大隈内閣の対華二十一ヵ条要求を支持するなどした。大正七年には東亜自衛出兵期成同盟に参加してシベリア出兵を主唱したが普選運動にもかかわった。昭和十一年(一九三六)九月十四日没。七十四歳。著書に『演説活法』(明治三十六年、博文館)、『露国敗北史』(明治三十七年、内外出版協会)、『禁酒禁煙の五年間』(明治三十九年、実業之日本社)、『大正の維新と大和民族の天職』(大正四年、私家版)、『明治天皇御製対照訳詩』(大正十二年、民友社)、『我死生観』(大正十二年、私家版)ほかがある。

[参考文献] 増井潤一郎編『回天窟人古希紀念録』(一九三三、大日本殉国会本部)、黒竜会編『東亜先覚志士記伝』下(『明治百年史叢書』、一九六六、原書房)、宮武外骨・西田長寿『明治新聞雑誌関係者略伝』(『明治大正言論資料』二〇、一九八五、みすず書房)

(櫻井 良樹)

なかじまくまきち　中島久万吉　一八七三―一九六〇　明治・大正・昭和期の実業家、政治家。明治六年(一八七三)七月二十四日、中島信行の長男として横浜に生まれ、三十年(一八九七)東京高等商業学校を卒業後に東京証券取引所に入社した。その後、三十四年に桂太郎、三十九年に西園寺公望の首相書記官を経て、三十九年に古河鉱業会社に入社。古河電工の初代社長など古河家事業の役員として経営に参画する一方、大正六年(一九一七)に設立された日本工業倶楽部の専務理事などの財界活動にも活躍した。昭和五年(一九三〇)に設置された臨時産業合理局の顧問に就任し、産業合理化運動に実業界を代表して参画した。五・一五事件後に組閣された斎藤実内閣では貴族院から商工大臣として入閣し、経済界とのパイプ役が期待されたが、八年末に立憲政友会と立憲民政党との連繫問題で仲介役を務めたことから軍部などの反発を買い、九年に足利尊氏を賛美した旧稿を取り上げられて辞任した。また帝人事件に連座して起訴されたが無罪となった。第二次大戦後は日本貿易会会長として貿易再開に努力し、三十五年(一九六〇)四月二十五日死去した。満八十六歳。

[参考文献] 中島久万吉『政界財界五十年』(一九五一、大日本雄弁会講談社)

(武田 晴人)

なかじまさぶろうすけ　中島三郎助　一八二一―六九　幕臣。浦賀奉行与力中島清司の三男として文政四年(一八二一)に生まれる。名は永胤。俳人としても活躍し、木鶏と号した。二十九歳の時父に代わり与力となる。嘉永六年(一八五三)、ペリー艦隊の来航の際、義弟の与力香山《かやま》栄左衛門《えいざえもん》とともに折衝にあたる。幕府はペリー来航を受けて海軍創設に動き、西洋型帆船の建造を解禁、中島は鳳凰丸建造を担当する。長崎に海軍創設のため海軍伝習所が開設されると、榎本武揚らと第一期の伝習生となり、のち軍艦操練教授方、軍艦頭取。大政奉還後に勃発した戊辰戦争では、榎本らと箱館を占拠、千代ヶ岡陣屋の守将として新政府軍と戦い、主家報恩を貫き、明治二年五月十六日(一八六九年六月二十五日)長男恒太郎、次男英次郎とともに戦死。四十九歳。明治八年五月に慰霊のために建立された「碧血碑」の碑前慰霊祭は、中島親子が討ち死にした日(六月二十五日)に毎年執行されている。

参考文献 中島義生編『中島三郎助文書』(一九九六)、山本詔一『浦賀与力中島三郎助の生涯』(『ブックレットかながわ』六、一九九七、神奈川新聞社)

(紺野　哲也)

なかじまたいぞう　中島泰蔵　一八六六—一九一九　実験心理学者。慶応二年四月六日(一八六六年五月二十日)、若狭国に中島弥太郎の次男として生まれる。幼名松太郎。海軍を志し、英語の勉強のため大阪泰西学館で学ぶ。この間、キリスト教の洗礼を受ける。目を悪くしたこともあり、海軍を諦めて哲学に打ち込む。心理学者元良《もとら》勇次《ゆうじ》郎《ろう》に感化され、明治二十四年(一八九一)、上京して元良に面会、六月にはコロラド大学に留学、哲学の学士号を取得、さらにハーバード大学において心理学を学ぶ。帰朝後、二十八年から元良の世話で、帝国大学の心理学事項事務取扱補助嘱託となり、実験装置を作製して研究に取り組みつつ学生の実験指導にあたった。この間、東京専門学校(早稲田大学の前身)講師嘱託、学習院講師、慶応義塾大学部講師をつとめ、元良と共訳でヴントの『心理学概論』を出版した。三十七年(一九〇四)、札幌農学校の宮部金五郎の招聘により、同校にて英語、倫理の教師として赴任。三十九年、再び渡米し、ハーバード大学にてミュンスターベルクなどにつき、主にヴントの実験心理学を研究、さらにコーネル大学でPh. Dの学位を得て四十二年(一九〇九)帰国した。帰国後は、実践女学校の講師、毛利家の家庭教師を務め、四十三年、早稲田大学講師、大正三年(一九一四)、同大学教授となり、早稲田の恩賜館への実験心理学研究所設立に尽力した。八年九月二十七日、志半ばにして流行性感冒から肺炎のため死去。五十四歳。主著は『心理学講義』(明治二十九年)、『(最新研究)心理学』(明治四十二年、学位論文)、『個性心理及比較心理』(大正四年)など。学位論文は、元良の病気・死去のため審査が五年ほど遅れた。

参考文献 渡邊徹「故文学博士中島泰蔵氏小伝」(『心理研究』一六ノ五、一九一九)、松本亦太郎「中島泰蔵博士を憶ふ」(同)、心理科学研究会歴史研究部会編『日本心理学史の研究』(一九九八、法政出版)

(米山　光儀)

なかじまとしこ　中島俊子　⇨岸田俊子《きしだとしこ》

なかじまのぶゆき　中島信行　一八四六—九九　政治家。弘化三年八月十五日(一八四六年十月五日)土佐高岡郡津賀地村(高知県土佐市)の郷士中島猪之助の子として生まれる。尊王攘夷運動に参加、元治元年(一八六四)同志とともに脱藩、長崎に出て当初長州藩に入り、ついで坂本竜馬の海援隊に加わる。明治元年(一八六八)徴士として明治新政府に出仕、外国官権判事として兵庫県に勤務、以後通商生、出納生、紙幣権頭を歴任。七年一月神奈川県令となり、翌年開設の地方官会議では民会公選論を唱え、開明派県令としての姿勢を鮮明にした。九年元老院議官に転じ、憲法草案の起草にあたったが、十三年(一八八〇)十月、酒造税増徴案に反対したことから辞任。十四年十月の自由党結成に参加し副総理となり、翌月大阪における立憲政党結成にあたっては総理に挙げられた。二十年(一八八七)十二月保安条例公布で東京から追放され、横浜郊外に居宅を構える。二十三年七月の第一回衆議院総選挙では神奈川五区から当選、立憲自由党に所属して記念すべき初代の衆議院議長となった。第二次伊藤内閣で海援隊以来の盟友陸奥宗光が外相として入閣すると、二十六年一月からイタリア駐劄《ちゅうさつ》特命全権公使、二十七年には貴族院の勅選議員となった。二十六年九月には男爵が授与されている。このころになると自由党との関係は薄くなっていたようであるが、明治三十年(一八九七)春ごろにおいて、陸奥宗光と岡崎邦輔・竹越与三郎との間で交換された書翰を見ると、病身の陸奥に代わって中島を自由党に入党させる工作が進んでいたことをうかがわせる記述がある(『陸奥宗光関係文書』)。当時の自由党は板垣退助がいったん総理を辞任するという混乱状態にあり、その反映かもしれない。三十二年三月死去。五十四歳。夫人は女性民権家で女権拡張論者の岸田俊子で、昭和期の実業家・政治家中島久万吉は長男である。

中島信行

参考文献 中島久万吉『政界財界五十年』(一九五一、講談社)

(村瀬　信一)

なかじまはんじろう　中島半次郎　一八七一—一九二六　教育学者、教育者。明治四年十二月二十三日(一八七二年二月一日)熊本生まれ。二十四年(一八九一)九月東京専門学校(現早稲田大学)文学科に入学。学資に乏しく、同郷の先輩辻敬之が経営する普及舎および開発社に勤務して、雑誌『教育時論』や書籍の編集に従事しながら、在学中に倫理科と国語科の教員免許を得、二十七年卒業。三十年(一八九七)十二月まで『教育時論』の主任記者として編集に従事したあと、翌年一月に高等師範学校研究科に入学して教育学を研究し、翌三十二年三月修了。五月から九月まで東京府立第一中学校の教諭を勤め、九月より東京音楽学校と高等商業学校(現一橋大学)教員養成所でも教育学と教授法を教えたほか、草創期の津田英学塾でも教鞭をとった。処女作『教育学原理』(東京専門学校)はこの年の公刊である。三十三年八月より東京専門学校に迎えられ、教育学と教育史を担当。同年、帝国教育会夏期講習での講義を基にした『普通教育学要義』(開発社)を出版した。早稲田大学が明治三十六年九月に新設した高等師範部の教務主任を翌年三月から務めるが、その役職をこなしながら三十八年には『戦後の教育』(目黒書店)を刊行している。三十九年に清国直隷省立天津北洋師範学堂教習に聘されて渡清し四年間務めたあと、間をおかずにドイツ留学を命ぜられ、ベルリン大学で研鑽を積んだ。四十四年(一九一一)にはイギリスに渡って教育事業を視察見学。翌年帰国し、『独逸教育見聞記』(目黒書店)を書いた。大正二年(一九一三)から九年まで高等師範部長を務めるかたわら、三年には、当時の主知的思潮に抗してまとめた主著『人格的教育学の思潮』(同文館)を出版。教育の本質は、機械的に一様に知識を与えるよりも、むしろ教師の人格と児童の人格とが相触れ合うことによってその個性を伸ばすところにあると強調したものである。なお、大正五年に公刊した『(独仏英米)国民教育の比較研究』(教育新潮研究会)は、わが国における比較教育学の先駆的業績である。中島は、早稲田大学が高等学院を新設した大正九年(翌々年第一早稲田高等学院と改称)に初代学院長に任ぜられ、十五年(一九二六)三月まで務めた。同年十二月二十日没。五十六歳。

参考文献 中島会編『中島半次郎先生』(一九二七)、『早稲田大学百年史』二・三(一九八一・八七)、中嶋博「中島半次郎」(早稲田大学大学史資料センター編『早稲田大学学術研究史(CD－ROM)』所収、二〇〇四、早稲田大学)
(松本　康正)

なかじまますたね　中島錫胤　一八二九―一九〇五　司法官、政治家。旧阿波徳島藩の勤王家。文政十二年十二月八日(一八三〇年一月二日)に生まれる。姓は三木、通称永吉のち直人。可庵と号する。はじめ家老稲田氏に従い出府、昌平黌に学び、のちに儒者中島棕隠《なかじまそういん》の養子となる。万延元年(一八六〇)、桜田門外の変に関係し幽閉二年に処される。また文久三年(一八六三)、いわゆる京都等持院事件の連累者として目され、これを遁《のが》れるも、同年八月十八日の政変に乗じ挙に出るべく阿波で謀議に加わった廉で、徳島藩邸に五年幽閉される。明治元年(一八六八)三月刑法事務局権判事、二年刑法官判事、同年五月兵庫県令、三年太政官中弁に任じられる。その後岩鼻県に勤め、十年(一八七七)静岡裁判所所長、十四年大審院判事、十五年宮城控訴裁判所判事長に任じられる。また、十七年元老院議官となり、二十九年男爵を授けられ、三十七年(一九〇四)貴族院議員に任じられる。三十八年十月四日に病没。七十七歳。
(岩谷　十郎)

なかじままたごろう　中島又五郎　一八五一―?　政治家、弁護士。嘉永四年(一八五一)生まれ。明治十四年(一八八一)結成の自由党の党員となり(党員名簿には福井県士族と記載)、翌年常議員となる。星亨・大井憲太郎らと厚徳館をおこし、民権運動関係者らの弁護にあたった。明治十五年に起った福島事件では高等法院の公判で弁護をつとめた。大同団結運動では非政社派の大同協和会に属し東京倶楽部遊説員として活動、明治二十二年(一八八九)九月に結成された立憲自由党常議員となる。明治二十二年十一月東京市京橋区会議員、明治二十五年六月に市会議員、二十七年九月第四回総選挙で衆議院議員(自由党)に選出される。東京市会では明治二十五年水道用鉄管購買調査委員、二十八年東京市水道改良常設委員などを歴任。明治三十三年(一九〇〇)一月から市会議長に就任したが、翌年収賄事件に連座し辞任。

参考文献 『日本国政事典』四(一九五五、連合出版社)、升味準之輔『日本政党史論』一・二(一九六五・六七、東京大学出版会)、『京橋区史(復刻版)』(一九八三、飯塚書房)
(松平　康夫)

なかしままもる　中島衛　一八四三―八五　自由民権運動家。天保十四年六月二十三日(一八四三年七月二十日)美作国西北条郡香々美中《かがみなか》村(岡山県苫田郡鏡野町)の大庄屋・豪農中村多右衛門の長男として生まれる。十三歳で津山藩から香々美構《かまえ》の大庄屋手伝を命じられてから明治十三年(一八八〇)三月郡書記を辞するまで、二宮構と香々美構の大庄屋、大区小区制の下での各区長を歴任した。明治初年から内田饒穂《うちだにぎほ》・立石岐《たていしちまた》らと養蚕の導入・普及に尽力。明治十一年、共之社を結成。同時に二宮村(岡山県津山市)に私立養蚕伝習所を設立。その後、二宮蚕糸会社、美作蚕糸談話会などを通じて製糸業の普及にも尽力した。明治十三年四月から十五年五月まで県会議員を務め、両備作三国親睦会による国会開設運動にも参加。明治十三年二月美作同盟会を結成、八月『美作雑誌』の創刊にも携わった。『美作雑誌』は、美作地方の溜池問題や中学校設立問題、県会の権限拡充などを積極的に取り上げ論陣を張った。明治十八年七月九日、四十三歳で病死。

参考文献 内藤正中『自由民権運動の研究―国会開設運動を中心として―』(『歴史学研究叢書』、一九六四、青木書店)、『津山市史』六(一九八〇)
(坂本　忠次)

ながしまよはち　永島与八　一八七三―一九四四　足尾鉱毒反対運動の指導者、牧師。明治六年(一八七三)二月二十六日、群馬県邑楽《おうら》郡西谷田《にしやだ》村(板倉町)に永島藤吉の次男として生まれる。明治二十九年(一八九六)の渡良瀬《わたらせ》川大洪水によって深刻な鉱毒被害を受けたことを契機に鉱毒反対運動に立ち上がる。「毒水」を運ぶ「死せる渡良瀬川」を、鉱毒問題発生以前の「薬水」を運ぶ「活ける渡良瀬川」に戻すため、被害民の青年リーダーとして活躍。田中正造を深く敬愛し、四度の「押出し」すべてに参加。第一回「押出し」後に家宅侵入罪で逮捕、有罪判決を受け、川俣事件でも逮捕され、前橋監獄に投獄される。事件前からキリスト教に関心を抱き、獄中で聖書を読んでキリスト教信仰に入る。保釈後に洗礼を受け、明治三十七年(一九〇四)渡米、信仰を深める。再度の渡米後、救世軍の小隊長として活動。昭和三年(一九二八)、佐野教会の主任伝道師に就任。生涯を伝道に捧げた。昭和十九年(一九四四)五月十二日没。七十二歳。著書に『鉱毒事件の真相と田中正造翁』(昭和十三年)がある。

(小松　裕)

なかじまりきぞう　中島力造　一八五八―一九一八　明治・大正時代初期の倫理学者。安政五年正月八日(一八五八年三月五日)丹波国天田郡福知山町(京都府福知山市)に生まれる。同志社選科に学んだのち、明治十三年(一八八〇)渡米、同十七年ウェストルン＝レゾルフ大学を卒業。同二十年(一八八七)エール大学から神学士号を、同二十二年哲学博士号を受けた。さらにイギリス・ドイツに留学後明治二十三年帰国。第一高等中学校教員となり、帝国大学哲学科講師を兼務。同二十五年帝国大学教授に就任し、倫理学・倫理学史を担当。加藤弘之らの社会進化論を批判。またミル・スペンサーなどの功利主義思想が支配的であった当時において、イギリス新理想主義哲学の代表者グリーンの自我実現説を紹介して、日本の思想界に一つの転期をもたらしたという。大正七年(一九一八)十二月二十一日東京府下代々木(渋谷区)の自宅にて死去。六十一歳。著書に『現今の哲学問題』『グリーン氏倫理学説』『修養と倫理』その他がある。

参考文献　船山信一『明治哲学史研究』(一九五九、ミネルヴァ書房)

(栄沢　幸二)

なかしょうじれん　仲小路廉　一八六六―一九二四　明治・大正期の官僚、政治家。慶応二年七月三日(一八六六年八月十二日)、周防国徳山藩士仲小路休量の次男として生まれる。明治十五年(一八八二)に大阪府立開成学校を卒業し、翌十六年、神戸始審裁判所に出仕。二十年(一八八七)、判検事試験に合格し試補として採用される。横浜地方裁判所検事、東京地方裁判所検事、東京控訴院検事を経て、三十二年(一八九九)に司法省参事官となる。同年、司法制度調査のため英米に出張。長州系官僚として頭角を現わし、三十四年、第一次桂内閣の逓信省官房長を務め、三十六年、京釜鉄道株式会社理事に転出。三十七年、内務省土木局長として官に復し、さらに警保局長に転じる。続く第一次西園寺内閣では山県伊三郎逓信大臣を支えるべく逓信次官に転じ、鉄道国有法成立に尽力した。四十三年(一九一〇)からは臨時発電水力調査局長官を兼任し、水力発電事業の発展にも寄与した。翌四十四年、第二次桂内閣退陣に際して辞職し、貴族院勅選議員となり、同成会に所属。大正元年(一九一二)、第三次桂内閣で農商務大臣を務め、翌年、桂新党の結成に参加するが桂太郎の没後間もなく離党した。同五年、寺内内閣成立に際し再度農商務大臣を務めるが米価対策に失敗し、米騒動を引き起すこととなる。同十二年(一九二三)、枢密顧問官。十三年一月十七日没。五十九歳。著書に『欧米近情一斑』、『家庭日常子女教養法』(大正四年、大学館)、『強者の天地』(同五年、実業之日本社)、『新旧一新』(同八年、紅陽社)、『仲小路廉集』一・二(同十三―十四年、靄軒会)などがある。関係文書が国立国会図書館憲政資料室に所蔵されている。歴史哲学者仲小路彰は次男。

参考文献　今津敏晃・松沢裕作・松田忍「史料紹介　仲小路廉関係文書」(『東京大学日本史学研究室紀要』八、二〇〇四)、前田蓮山『政治は人格なり』(一九二四、新作社)、高橋雄豺「明治年代の警保局長」一九(『警察学論集』二四ノ一一、一九七一)

(清水唯一朗)

ながせとみろう　長瀬富郎　一八六三―一九一一　花王石鹼(現花王)を創業した革新的な企業家。文久三年十一月二十一日(一八六三年十二月三十一日)に美濃国恵那郡福岡村(岐阜県中津川市)の農業と酒造を営む旧家の六人兄弟の次男として生まれた。幼名を富次郎と称した。明治七年(一八七四)九月、富次郎十二歳のとき、母方の実家で塩・荒物を扱う若松屋に入店した。石鹼や燐寸《マッチ》など西洋の物産を扱う仕事にも従事し、商売の基本を学んだ。東京で独立事業を営むことを夢見て、事業資金を得るため明治十八年(一八八五)九月着京し米穀投機に臨んだが、所持金一切を失い和洋小間物問屋の伊能商店に入店した。明治二十年(一八八七)同店を辞め一時帰郷し、再度上京して同年六月に洋物屋長瀬商店を馬喰町に設立した。伊能商店時代の経験から石鹼の将来性を確信し販売を決めた。国産化は開始されていたが、品質は粗悪で高級品は外国製品に依存していた。長瀬は高級石鹼を販売し舶来品に対抗しようとした。石鹼の発売に際して全国市場の確保、販売店の利益の確保、消費者獲得のための宣伝活動という当時としては革新的な経営政策を打ち出し活動した。明治四十四年(一九一一)十月二十六日死去。四十九歳。　→花王石鹼《かおうせっけん》

参考文献　服部之総『初代長瀬富郎伝』(一九四〇、花王石鹼五十年史編纂委員会)、『花王石鹼八十年史』(一九七一)、荒井秀夫『花王石鹼五十年史』(『社史でみる日本経済史』三、一九九七、ゆまに書房)

(吉沢　正広)

なかせんどうてつどう　中山道鉄道　明治初年に東西両京間鉄道の一つとして構想された路線。両京間の鉄道には東海道鉄道と中山道鉄道の二案が存在した。明治四年(一八七一)、土木司員の佐藤与之助(政養《まさやす》)と小野友五郎は東海道筋視察の結果、廻船との競争上不利としてこれを退け、中山道鉄道を支持した。九年には英国人建築師長アール＝ボイルが上告書において中山道鉄道による沿線開発効果を強調し、東京―高崎、高崎―松本、松本―中津川―加納(岐阜県)の各区間に分けた具体的な計画を示した。十六年(一八八三)、井上勝鉄道局長は工部卿あて具状書でボイル案に基づく建設を訴え、同年十二月、中山道鉄道公債証書条例が布告された。東京(上野)―高崎間はすでに日本鉄道が着工していたため、高崎以西を建設対象とし、十八年に高崎―横川間が開業。このほか資材運搬や既開業区間との接続を理由に直江津―上田間や半田―名古屋―加納―大垣間などが工事区間に追加さ

れたが、十九年に井上鉄道局長が地形上の問題を理由として計画変更を総理大臣に上申し、同年、閣令で東海道鉄道への変更が決定した。ただ、着工済み区間の開業や二十五年(一八九二)六月に公布された鉄道敷設法により、明治末までに旧案にほぼ沿う形で信越本線・篠ノ井線・中央本線を結ぶ路線は実現した。

参考文献　『日本鉄道史』上(一九二一、鉄道省)、『日本国有鉄道百年史』一・二(一九六九・七〇)　(高嶋　修一)

中田薫

なかだかおる　中田薫　一八七七―一九六七　法史学者。明治十年(一八七七)三月一日、鹿児島に生まれる。明治三十三年(一九〇〇)東京帝国大学法科大学卒業。学生時代に読んだモンテスキュー『法の精神』の刺激から比較法的関心をもち、宮崎道三郎の下で法制史を学ぶ。三十五年助教授、四十四年(一九一一)教授。その間四十一―四十四年欧州留学、ギールケなどの影響で日本の伝統法とゲルマン法の共通性に着眼、中世の土地支配権「知行」をゲヴェーレ Gewere、近世の入会権を総有 Gesamteigentum との関連で性格づけた。江戸時代の村落共同体を「村寄合」が民意を集約する自治的団体であるとし、明治二十一年(一八八八)制定の地方制度が「村」と「村民」を切断したと批判、第二次大戦後の民主主義的改革によって村落自治の伝統が復活することへの期待を表明した。恩師宮崎の緻密な文献学的方法を承継しつつも、大胆な仮説構想能力によって学界を指導。朝鮮との関連で古代史像を変革した宮崎の影響下で、「高天原」は新羅で、スサノヲやニギノミコトは新羅から渡来したとし、中国・朝鮮の史料上の「倭人」は、大和朝廷に対立する朝鮮よりの渡来民、「奴《な》」国は馬韓人の国で、「狗奴《くな》」などもその末流であるとした。このような主張の故に右翼の脅迫を受けたこともあるという。門下より日本法制史の高柳真三・石井良助、ローマ法の原田慶吉、中国法制史の仁井田陞《にいだのぼる》、西洋法制史の久保正幡《くぼまさはた》など次代の代表的法史学者が輩出したが、滝川政次郎を破門した。昼は研究室で日本史の史料を読み、夜は自宅で独仏などの文献を読む生活であったが、関東大震災と昭和二十年(一九四五)五月二十五日の爆撃で蒐集した史料を失った。同二十一年文化勲章受章。同四十二年(一九六七)十一月二十一日没。満九十歳。

参考文献　井ヶ田良治「中田薫」(潮見俊隆・利谷信義編『日本の法学者』所収、一九七五、日本評論社)、石井良助「あとがき」(中田薫『日本法制史講義』一九八三、創文社)　(長尾　龍一)

ながたかずじ　永田一二　一八五〇―一九〇七　ジャーナリスト。嘉永三年(一八五〇)二月、豊前国中津藩士永田源右衛門の長男として生まれる。明治四年(一八七一)藩主に従って上京、三月慶応義塾に入学するが、八月一時帰郷。その後大分公立英中学校などの教員を歴任後、再び慶応義塾に入学、同八年三月の卒業後、同塾の教員となった。同十年(一八七七)立志学舎の英学教師を務めるかたわら、自由民権運動にも力を入れ、同十三年愛国社に加わった。同年二月『愛国志林』『愛国新誌』の記者として下阪。同十四年一月『山陽新報』主筆、翌年二月『日本立憲政党新聞』の記者となり各地を遊説した。その後福井の杉田定一に招かれて『北陸自由新聞』主筆などを務め、同紙廃刊後は大阪に帰り、中島信行らと自由党党勢拡張のため各地を遊説した。同十七年一月『東海暁鐘《とうかいぎょうしょう》新報《しんぽう》』の主筆に就任、二月社長に就任したが病を患い辞任。その後『海南新聞』『東海新報』『岡山日報』などの主筆を歴任。同二十七年(一八九四)四月『再生北陸政論』の主筆に就任、同三十年(一八九七)一月二十八日の没時に至るまで健筆を振るった。享年四十八。　(中嶋　晋平)

ながたきんしん　永田錦心　一八八五―一九二七　琵琶演奏家、錦心流の創始者。明治十八年(一八八五)十二月一日東京生まれ。本名武雄。肥後錦獅《ひごきんし》に師事して薩摩琵琶を学び、四十一年(一九〇八)一水会を組織し、大正四年(一九一五)錦心流を名乗る。天性の美声と他の邦楽種目の研究により従来の薩摩琵琶を芸能化した新流派を立て、大正期の琵琶の全国的流行を現出した。昭和二年(一九二七)十月三十日没。四十三歳。作曲に「石童丸《いしどうまる》」(四竃訥治《しかまとつじ》作詞)などがあり、門下から榎本芝水《えのもとしすい》らが出た。錦琵琶の水藤錦穣《すいとうきんじょう》は孫弟子。

参考文献　越山正三『薩摩琵琶』(一九八三、ぺりかん社)、島津正『明治薩摩琵琶歌』(二〇〇一、ぺりかん社)　(塚原　康子)

ながたけんのすけ　永田健之助　一八四四―一九〇九　商業地理学の先駆者。武蔵国忍《おし》藩士の子として弘化元年(一八四四)に生まれる。幕末期に開成所に入り、慶応三年(一八六七)十二月晦、開成所三等教授となっている。明治元年(一八六八)十一月、慶応義塾に入塾し、新銭座時代の義塾で地理学・歴史学を教えた。新政府に出仕し、三年六月には大学少助教、同年閏十月には中助教、四年十二月には文部大助教、五年十月には文部省七等出仕となっている。他方、四年十月設立の私塾共学舎の教員になっており、七年には私塾進学社開設を東京府に出願している。訳書には『宝氏《ホーセット》経済学』(明治十年)、『経済説略』(十二年)、『哥里米《クリミヤ》戦記』(陸軍文庫、十三年、主訳は高橋維則、永田は補)、『農工商経済論』(十四年)、『(改訳増補)宝氏経済学』(二十年)などがあり、また文部省が長期に分担訳出していったチェンバーズ『百科全書』中の「動物綱目」「家事倹約訓」「人口救窮及保険」の三項を訳出している。明治二十年代以降は慶応義塾大学部理財科で教鞭をとり、また『万国商業地誌』(二十二年)、『日本商業地誌』(二十四年)、『欧洲商業開化史』(二十九年)などを著わした。明治四十二年(一九〇九)四月十三日、六十六歳で没した。

参考文献 『福沢諭吉書簡集』八(二〇〇二、岩波書店)

(宮地　正人)

なかだじゅうじ　中田重治　一八七〇―一九三九　明治から昭和時代前期のキリスト教指導者。元津軽藩の足軽だった父兵作の三男として明治三年十月二十七日(一八七〇年十一月二十日)陸奥国弘前に生まれる。東奥義塾に学び十七歳で受洗し、東京英和学校神学部に入学するが、中途退学して美以《メソジスト》教会の教師として北海道や千島で伝道する。明治二十九年(一八九六)渡米してムーディ聖書学院に学び、同三十年(一八九七)十一月に聖潔《きよめ》の体験をしたとされ、帰国後の明治三十二年に『焰の舌』を創刊。三十四年にはアメリカで知り合ったカウマン夫妻の協力を得て、東京神田に中央福音伝道館と聖書学校を開き、聖潔体験の重要性や神癒、再臨の教理を積極的に説いた。大正六年(一九一七)には東洋宣教会ホーリネス教会を設立してその監督となる。晩年は日猶同祖論《にちゆどうそろん》的な日本民族の選民思想に傾き、教会の分裂を招いた。きよめ教会監督として昭和十四年(一九三九)九月二十四日に東京で死去。七十歳。　→ホーリネス教会《きょうかい》

参考文献 米田勇『中田重治伝』(一九七九、福音宣教会)、芦田道夫『中田重治とホーリネス信仰の形成―その神学的構造と歴史的系譜―』(二〇〇七、福音文書刊行会)

(池上　良正)

ながたしょうさく　永田荘作　一八四三―一九二〇　埼玉県の自由民権家、改進党系政治家。武蔵国足立郡土屋村(さいたま市)の豪農である土屋家十二代として天保十四年十一月二十三日(一八四四年一月十二日)に生まれる。明治五年(一八七二)第二十一区副戸長。十三年(一八八〇)、大宮第十六嚶鳴《おうめい》社を発足して社長に就き、演説会の開催や新聞発行など、自由民権運動の勢力拡大に努めた。十四年には県会議員に当選、改進党に属してその中心的な役割を果たした。以後、二十七年(一八九四)の辞任まで四期十三年に及び、常置委員三回、議長二回を経験した。二十五年には、選挙干渉などで問題を起していた久保田貫一知事の更迭請願運動に県会議長として奔走した。県会は解散されたものの、ほとんどの議員は再選され永田が議長に再選された一方、久保田知事は更迭された。政界引退後は西里と号して漢詩や書にふけったが、足尾鉱毒被害地に薩摩芋を送る活動など、政治への関心は続いた。大正九年(一九二〇)十一月四日没。七十八歳。

参考文献 『永田荘作関係書簡集』(『大宮市史』別巻二、一九九五)、『新編埼玉県史』通史編五(一九八八)

(太田　富康)

なかたしょてん　中田書店　富山市の書店。本業は、代々、薬の原材料を扱う。中田清兵衛(国立十二銀行の頭取も務める)が、明治二十一年(一八八八)に県の選定教科書発行所を始めたのが書店業の契機。屋号は茶の木屋。その後、書店は全国有数の取次所に成長していった。現在も中田図書販売(BOOKS中田)として営業している。

参考文献 尾崎秀樹・宗武朝子編『日本の書店百年―明治・大正・昭和の出版販売小史―』(一九九一、青英舎)

(鵜飼　政志)

なかたにとよきち　中谷豊吉　?―一九一二　幕末から明治中期にかけて、関西を中心に活躍した活人形師。省古とも。安芸広島生まれ。生年は天保八年(一八三七)か。長男に彫刻で活躍した翫古《かんこ》がいる。明治八年(一八七五)大阪千日前で開催の「大江山《おおえやま》酒呑童子生人形」が初興行。明治十年(一八七七)ころには大阪彫像会員に。雅俗を併せ持った活人形師として異彩を放った。最後の活人形興行は、三十四年(一九〇一)大阪千日前での「人体解剖蠟細工」と見られる。大正元年(一九一二)没。

参考文献 中谷明子『中谷翫古作品集』(一九七二、中谷明子)、土居郁雄「余話六題―落語・見世物―」(『芸能懇話』六、一九九三)

(土居　郁雄)

ながたひでお　長田秀雄　一八八五―一九四九　明治から昭和時代前期の詩人、劇作家。明治十八年(一八八五)五月十三日東京麴町区富士見町(東京都千代田区)の医師の家に生まれる。弟に作家幹彦がある。独協中学校在学中に木下杢太郎・山崎春雄らと相知り、文学に目覚める。明治三十九年(一九〇六)新詩社に入り、北原白秋・木下杢太郎とともに新詩人の三羽烏として注目される。同四十一年(一九〇八)、白秋・杢太郎・吉井勇らと新詩社を脱退、『スバル』に関わる傍ら、「パンの会」に参加。翌年十月には白秋・杢太郎と『屋上庭園』を創刊、詩や戯曲を発表した。同四十三年に戯曲『歓楽の鬼』を発表、翌年自由劇場で上演されたのを機に劇作に転じ、新劇運動に積極的に関わるようになる。大作『大仏開眼』(大正九年)の好評から史劇への傾斜を深め、『石山開城記』(大正十二年)、『沢野忠庵』(昭和二年)などを発表。芸術座脚本部員、市村座顧問、新協劇団幹事などを歴任、新劇界で重きをなした。昭和二十四年(一九四九)五月五日死去。六十五歳。野田宇太郎編『明治反自然派文学集』一(『明治文学全集』七四、昭和四十一年、筑摩書房)に著作が収められている。

(中村　良衛)

ながたみきひこ　長田幹彦　一八八七―一九六四　明治から昭和期の小説家。明治二十年(一八八七)三月一日、東京麴町区飯田町(東京都千代田区)の医師の家に生まれる。詩人・劇作家の兄秀雄の影響もあって『明星』『スバル』などに早くから作品を発表。早稲田大学英文科在学中に北海道に渡って放浪生活を送り、明治四十四年(一九一一)帰京。同年から翌年にかけて、放浪中の見聞に基づき北海道の原野を行く旅役者の一団を描いた『澪《みお》』および『零落』を発表して文壇に認められた。情緒を基調と

長田幹彦

した耽美的作品を描き、谷崎潤一郎とも並称された。さらに大正四年(一九一五)の『祇園夜話』などの「祇園もの」で情話文学の作者として人気を集めたが、次第に通俗化し、大正五年には赤木桁平『遊蕩文学撲滅論』の標的ともなった。以後も多量の作品を書いたが、文壇からは遠ざかった。昭和に入ると作詞家としても活躍、「祇園小唄」「島の娘」などで知られる。晩年は心霊研究に関わり、『霊界五十年』(昭和三十四年)などを著わした。昭和三十九年(一九六四)五月六日死去。満七十七歳。野田宇太郎編『明治反自然派文学集』一(『明治文学全集』七四、昭和四十一年、筑摩書房)に著作が収められている。

(中村　良衛)

ながつかたかし　長塚節　一八七九—一九一五　歌人、小説家。別号桜芽・青果。明治十二年(一八七九)四月三日、茨城県岡田郡国生《こっしょう》村三十番屋敷岡田村(茨城県常総市国生)の豪農の長男として出生。二十九年(一八九六)、茨城県尋常中学校を病気のため中退、以後、療養しながら短歌を作る。三十三年(一九〇〇)、正岡子規の門に入り、伊藤左千夫らを知り、子規の歌論や短歌の感化のもとに『万葉集』に親しむ。子規の死後、三十六年には、根岸短歌会の雑誌『馬酔木《あしび》』創刊に参加、「写生」の理念を「写生の歌に就いて」(明治三十八年一月、『馬酔木』一ノ一五)などの歌論や作歌、写生文を通して追求。その試みは「馬追虫《うまおひ》の髭のそよろに来る秋はまなこを閉ぢて想ひ見るべし」(同四十一年一月、『馬酔木』四ノ三)などの歌や「炭焼きのむすめ」(同三十九年七月、『馬酔木』三ノ五)などの写生文に結実した。この間、地方政治家である父が茨城県会議長に就任するも家運は傾き、負債支払いのため奔走。四十一年(一九〇八)三月、最初の小説『芋掘り』を『ホトトギス』に発表、以後、創作に筆を染める。四十三年六月十三日から、夏目漱石の依頼で『土』を『東京朝日新聞』に連載(至十一月十七日、全一五一回)。鬼《き》怒川《ぬがわ》畔の貧農勘次一家の九年間にわたる生活を、関東平野の自然や風習、方言を織り交ぜながら克明に描いたこの作品は、四十五年五月春陽堂から刊行の際、漱石が序文で激賞したように、「苦しい百姓生活の、最も獣類に接近した部分を精細に直叙」した比類のない名作だった。四十四年秋、黒田てる子と婚約するが、十一月咽頭結核になり、婚約を解消。この時期から、中絶していた作歌活動を再開。それまでの客観的叙景歌を脱し、「白埴の瓶こそよけれ霧ながら朝はつめたき水くみにけり」を巻頭歌とする『鍼の如く』連作(大正三年(一九一四)六月から四年一月にかけて五回にわたって『アララギ』に掲載)を生むに至った。発病後、九州帝国大学医科大学附属医院での治療のため数回にわたり西下、その合間に西日本各地を旅行する。大正三年六月、九大医院に入院、翌四年一月病状が悪化、二月八日死去。三十七歳。『長塚節全集』全七巻・別巻一冊(昭和五十二—五十三年、春陽堂書店)がある。

長塚節

参考文献　梶木剛『長塚節—自然の味解の光芒—』(一九八〇、芹沢出版)、大戸三千枝『長塚節の研究』(一九八〇、桜楓社)、平輪光三『長塚節—生活と作品—』(『近代作家研究叢書』一一五、一九九二、日本図書センター)

(岩佐壮四郎)

なかにしかめたろう　中西亀太郎　一八六八—一九四二　医学者。京都帝国大学医科大学教授。明治元年正月二十二日(一八六八年二月十五日)、駿河国富士郡田子浦村(静岡県富士市)に生まれる。二十四年(一八九一)、帝国大学医科大学を卒業し、大学院に入学したのち、同大学に助手としてつとめる。三十年(一八九七)、ドイツに留学し、フライブルク大学にて結核などについて学び、さらにミュンヘン大学では内科学および伝染病についての研究を深めた。また、三十二年、留学中にベルリンで開催された万国結核予防撲滅会の委員に推薦され参加した。三十四年帰国し、九月、京都帝国大学医科大学教授に就任し、内科学第一講座を担当した。翌年「細菌ノ構造ヲ論ズ」をもって医学博士の学位を取得する。大正三年(一九一四)四月から半年間、再び欧州へ留学した。翌年、京都帝国大学医科大学附属病院の院長に就任。九年辞職し、名誉教授となる。昭和十七年(一九四二)三月十二日没。七十五歳。

参考文献　『大日本博士録』二(一九二三、発展社)、渡辺実『近代日本海外留学生史』下(一九七八、講談社)

(吉川　芙佐)

なかにしげんぱち　中西源八　東京の書肆。明治初年に仮名垣魯文《かながきろぶん》述『三則教の捷径』(明治六年)や安井息軒《やすいそっけん》『弁妄』(明治六年)など、道徳関係の書籍を中心に出版・販売している。

参考文献　三橋猛雄『明治前期思想史文献』(一九七六、明治堂書店)

(鵜飼　政志)

なかにしごろう　中西牛郎　一八五九—一九三〇　明治から昭和前期の国粋主義者。安政六年正月十八日(一八五九年二月二十日)、肥後国高田原(熊本市)に中西惟寛の長男として生まれる。漢学を中村直方らから学び、東京の勧学義塾や京都の同志社で英語を学ぶ。明治十四年(一八八一)神水義塾を設立、済々黌《せいせいこう》の教授もつとめ、のち紫溟《しめい》会《かい》(熊本国権党の前身)の機関誌『紫溟雑誌』『紫溟新報』の主筆となる。二十一年(一八八八)、西本願寺の後援により米国へ留学、帰国後は本願寺の文学寮の教授となり、二十五年に『新仏教論』『経世博義』を発行した。『東京日日新聞』記者、清国政府官報局翻訳主任等を歴任し、三十二年(一八九九)、天理教経典の編纂に従事し、台湾の土地調査局、台湾総督府嘱託として活動。昭和二年(一九二七)、扶桑教大教正となり経典の編纂に従事する。昭和五年十月十八日没。七十二歳。著書に『宗教革命論』(明治二十二年、博文堂)がある。

参考文献 角田政治『肥後人名辞書』(一九二七、肥後地歴叢書刊行会) (川邊 雄大)

なかにしばいか 中西梅花 一八六六—九八 詩人、小説家。本名幹男、別号落花漂絮《らっかひょうじょ》。慶応二年四月一日(一八六六年五月十五日)。川越藩医の子として江戸浅草に生まれる。東京専門学校(現早稲田大学)在籍との説があり、田島象二に師事したともいわれる。明治二十一年(一八八八)ごろ読売新聞社に入り、二十二年七月以降同紙上に「(国事探偵)この手柏」をはじめとして数編の小説を発表。二十三年四月『読売新聞』掲載の尾崎紅葉作「おぼろ舟」の扱い方をめぐって紅葉と不和になる。五月ごろ主筆高《たか》田半峰《だはんぽう》に対する不満により読売退社。その後は『国民新聞』『朝野新聞』『国民之友』『柵草紙《しがらみそうし》』などに作品を発表。同年夏から秋にかけて美濃虎渓山の僧堂に入り、主にこのころの作品が『新体梅花詩集』(明治二十四年一月、博文館)に収録されている。読売退社後落魄の生活を送る中、精神に異常を来し、快癒・再発を繰り返しつつ、明治三十一年(一八九八)九月三十日不遇のうちに没した。三十三歳。小説は稚拙であるが、自由奔放な用語・律調に特徴のある詩作に楽天的厭世と自称した梅花の個性が現われている。

参考文献 松田良一「『新体梅花詩集』をめぐる鷗外と逍遙」(『信州白樺』四一・四二合併号、一九六二)、阿毛久芳「新体詩、その創造と受容の場」(『新体詩聖書讃美歌集』所収、二〇〇一、岩波書店)、大井田義彰『〈文学青年〉の誕生—評伝・中西梅花—』(二〇〇六、七月堂) (小倉 斉)

なかにしや 中西屋 明治十四年(一八八一)創業の書肆。丸善の早矢仕有的《はやしゆうてき》が洋書販売の目的で神田表神保町(東京都千代田区)に設立した。設立当時の名義人は別人であったが、のちに有的の六男山田九郎となる。主に欧米書の輸入や内地旅行書の取次販売を営む。中江篤介『理学鉤玄』(明治十九年)の取次も行なっている。大正九年(一九二〇)、丸善に吸収合併される。

参考文献 東京都古書籍商業協同組合編『東京古書組合五十年史』(一九七四)、三橋猛雄『明治前期思想史文献』(一九七六、明治堂書店)、小田光雄『書店の近代—本が輝いていた時代—』(『平凡社新書』、二〇〇三、平凡社) (鵜飼 政志)

ながぬまもりよし 長沼守敬 一八五七—一九四二 明治時代中期から昭和時代前期の洋風彫刻家。安政四年九月二十三日(一八五七年十一月九日)陸奥国一関(岩手県一関市)の藩士長沼雄太郎の三男として生まれる。明治六年(一八七三)札幌に移り翌年上京、銅版彫刻家キヨッソーネにイタリア語を学び、イタリア公使館の通弁見習となり、十四年(一八八一)渡伊。少年期に水戸彫に興味をもち、東京で彫刻家ラグーザと知り合ったことなどからヴェネツィア王立美術学校で新古典主義的な彫刻を学ぶ。二十年(一八八七)帰国、二十二年明治美術会結成に参加した。三十二年(一八九九)東京美術学校での塑造教育開始に伴い教授に就任したが、翌年辞職。三十三年パリ万国博覧会で「老夫」(三十一年ごろ)が金賞牌を受賞するなど、写実的で親密な作風で洋風彫刻の草分けの一人となった。第一—七回文部省美術展覧会審査委員。大正三年(一九一四)房州館山町(千葉県館山市)に隠棲。昭和十一年(一九三六)高村光太郎の編になる談話「現代美術の揺籃時代」を発表。十七年(一九四二)七月十八日没。八十六歳。

参考文献 沢田浦子『長沼守敬のことども』(一九九六、長沼守敬資料刊行実行委員会)、千葉瑞夫他編『長沼守敬とその時代展』(展覧会図録、二〇〇六、万鉄五郎記念美術館) (田中 修二)

なかぬまりょうぞう 中沼了三 一八一六—九六 漢学者、勤皇家。名は之舜、号は葵園、了三と称す。文化十三年八月十五日(一八一六年九月六日)隠岐国周吉《すき》郡中村(島根県隠岐市)に生まれる。医師中沼養碩の三男。天保六年(一八三五)に京都遊学し、鈴木遺音《すずきいおん》に入門。そのまま京都に住し、同十四年(一八四三)には家塾を開いて西郷従道、中岡慎太郎、川村純義らを教える。梅辻平格《うめつじへいかく》、貫名右近《ぬきなうこん》らとともに学習院控儒者となり、元治元年(一八六四)には孝明天皇の命をうけて十津川に文武館(現十津川高校)を開いた。慶応三年(一八六七)、有栖川宮熾仁《たるひと》親王の参与となり、翌年鳥羽・伏見の戦では征討大将軍嘉《よし》彰《あき》親王の参謀として勝利を導く。明治二年(一八六九)には天皇の侍講となったが三条実美らと対立し、翌年辞職。また明治四年の愛宕通旭《おたぎみちあきら》・外山光輔《とやまみつすけ》ら公卿による反政府運動画策事件に連座の嫌疑をうけたり、明治九年の熊本神風連の乱に関与を疑われたりと、設立に貢献した明治新政府からも芳しからぬ人物と目された。晩年は京都東山に隠棲して門人を教え、明治二十九年(一八九六)五月一日同地で没。八十一歳。彼の生涯は、若年教えを受けた山崎闇斎《やまざきあんさい》学派の朱子学特有の強固な大義名分論、尊皇論が社会に顕現されることを純粋に追及実践することで一貫していた。

参考文献 中沼郁・斎藤公子『もう一つの明治維新—

中沼了三と隠岐騒動―』(一九九一、創風社)
(宮崎　修多)

なかねきよし　中根淑　一八三九―一九一三　史家、漢学者。天保十年二月十二日(一八三九年三月二十六日)幕臣曾根直(号得斎)の第二子として江戸に生まれたが、幼にして中根氏の養子となった。字は君艾、通称は造酒・逸郎、号は香亭《こうてい》。幕府陸軍士官を勤め鳥羽・伏見の戦に参加、明治元年八月十九日(一八六八年十月四日)榎本艦隊脱出行動に三嘉保丸に乗船して参加するも銚子沖で遭難、静岡藩士となり沼津兵学校三等教授として書史を講論し、のちには附属小学校頭取を兼任した。兵学校廃止により上京して陸軍参謀局に出仕、陸軍少佐となり『兵要日本地理小誌』(明治六年)を編纂、東軍を賊軍と直せとの鳥尾小弥太少将の指示に従わなかったエピソードがある。脚疾を患って陸軍省を辞し、のちに文部省編輯官となったが十九年(一八八六)同僚鈴木唯一の罷免とともに辞職、金港堂の雑誌『都の花』(二十一―二十五年)や『百万塔』(二十四―二十五年)を編集し、また『新撰漢文読本』(二十四年)、『支那文学史要』(三十三年)、『香亭雅談』(十九年)、『香亭蔵草』(大正三年)など多くの著作を世に出した。大正二年(一九一三)一月二十日興津で没した。七十五歳。新保磐次により『香亭遺文』が大正五年に金港堂より刊行されている。

参考文献　大野虎雄『沼津兵学校と其人材』(一九三九)
(宮地　正人)

なかねせっこう　中根雪江　一八〇七―七七　幕末・維新期の福井藩士、政治家。諱は師質《もろかた》、通称靱負《ゆきえ》、雪江は号でのち通称とした。文化四年七月一日(一八〇七年八月六日)福井に上級藩士(寄合席)中根衆諧の長男として生まれる。天保九年(一八三八)松平慶永が藩主に就任すると家老岡部左膳を助け藩政改革に従事。弘化三年(一八四六)七月慶永の御側御用人見習となり、以降近侍、ペリー来航後は国政に進出した慶永を橋本左内とともに補佐した。一橋派敗北後は福井に帰り『昨夢紀事』を執筆。文久二年(一八六二)慶永復活後は横井小楠とともに慶永の幕政改革を助け、さらには公議政体の実現に尽力した。王政復古後に新政府の参与となる。徳川救解に尽力し、公議政体実現を目指したために、明治元年(一八六八)閏四月官制改革で参与を免ぜられた。八月には政治活動から引退し、福井に戻り著述に携わった。賞典禄四百石。明治十年(一八七七)十月三日没。七十一歳。著書『昨夢紀事』『再夢紀事』『丁卯日記』『戊辰日記』『奉答紀事』は維新史の根本史料として重要。明治三十年(一八八七)十月に雪江の功により嗣孫己巳《きし》に男爵が授けられている。

中根雪江

参考文献　中野雪江先生百年祭実行委員会編『中根雪江先生』(一九七七)
(西川　誠)

ながのけん　長野県　中部地方のほぼ中央にある内陸県。(一)信濃国に、明治元年八月二日(一八六八年九月十七日)県庁を伊那《いな》郡飯島の旧幕府領陣屋に置いて発足した伊那県のうち、東北信分十五万四千四百七十二石余の石高の地を管轄し、高井《たかい》郡中野町に庁舎を置き、大参事高石和道のもとで発足した中野県(明治三年九月十七日(一八七〇年十月十一日)設置―四年六月二十二日(一八七一年八月八日)廃止)が、明治三年十二月の中野騒動で庁舎が焼けたため、四年二月に善光寺領長野村など四ヵ村千七十五石余を編入したのち、善光寺の近くへの移庁舎と周辺領地の編入を政府に申し出て認可され、四年六月二十二日に長野県と改称。善光寺西町の西光寺に仮庁舎を置き、立木兼善権令のもと、六月二日(七月十九日)旧竜岡《たつおか》藩領佐久《さく》郡内の一万二千三百七十四石余を併せるなど、廃藩置県前に十八万石以上を管轄した。(二)廃藩置県後の明治四年十一月二十日(一八七一年十二月三十一日)、飯山《いいやま》・須坂《すざか》・松代《まつしろ》・上田《うえだ》・小諸《こもろ》・岩村田《いわむらだ》各県および椎谷《しいや》県飛地などを合併し、四十五万五千四百五十七石余を管轄して成立。翌五年立木兼善権令のもと、庶務・租税・聴訴・出納の四課、総勢八十二人による職制で県政を開始。信濃国水内《みのち》・高井・更級《さらしな》・埴科《はにしな》・小県《ちいさがた》・佐久六郡を支配。六年十月二十日に水内郡長野村・腰《こし》村の地に落成した新庁舎を開く。九年八月二十一日、信濃国筑摩《ちくま》・安曇《あずみ》・諏《す》訪《わ》・伊那四郡を支配していた伊那・松本・高島・高遠・飯田・名古屋各県などと飛驒国支配の高山県を明治四年十一月二十日(一八七一年十二月三十一日)に統合・管轄していた筑摩県を併合して廃止。(三)明治九年八月二十一日、筑摩県の廃止で、飛驒国を岐阜県へ合し、信濃国の南部四郡を併合し、庁舎には前長野県庁舎をあて成立。松本・伊那・岩村田に支庁(明治十二年(一八七九)二月郡区町村編制法施行で廃止)を置き、十二年一月二十一日に南佐久・北佐久・小県・諏訪・上伊那・下伊那・西筑摩・東筑摩・南安曇・北安曇・更級・埴科・上高井・下高井・上水内・下水内十六郡に郡役所を開いた。十二年の郡制施行時の町村数七百一、戸数二十万八千九百四十九戸、人口九十六万五千二百三十六人。前長野県権令楢崎寛直(長州藩士族)が初代権令に就き、明治期、楢崎ほか十一人の県令・知事が就任。三十年(一八九七)就任までの七人が藩閥型知事、三十一―三十五年就任の三人が政党型知事、三十八年就任から二人が官僚型知事であった。明治二十四年(一八九一)七月に全国に先駆けて府県制施行、本庁は知事官房・内務部・警察部・直税署・間税署・監獄署からなり、官員総数千四百三十人余であった。現住戸口は、明治二十三年に二十二万四千百三十六戸、百十

五万二千四百十五人(全国府県中第八位)、四十三年(一九一〇)に二十五万二千二百八十八戸、百四十三万二千六百五十五人(同九位)。

参考文献 長野県総務部地方課編『長野県市町村合併誌』総編(一九六五)、『長野県政史』一(一九七二)、上條宏之「長野県の成立と移庁・分県運動」(『信州の歴史と文化―山と平と文学と―』所収、一九九五、郷土出版社)

(上條 宏之)

〔明治初年農民一揆〕 戊辰戦争で信濃国は、維新政府軍が奥羽越列藩同盟と対決する最前線地域となったため、民衆に大きな負担と生活混乱を来した。凶作に加え贋二分金の多数流入が物価騰貴、金融・流通混乱をもたらし、旧幕領を統括した伊那県(明治元年八月二日(一八六八年九月十七日)設置)と信濃国内十三藩は、県中心の列藩会議の開催、県商社・藩商法社の結成と独自な紙幣発行計画や信濃全国通用銭札発行、太政官札(金札)通用相場の変更など、連携した民衆統治施策を行なったが、民衆生活を安定させることができなかった。そのため明治元年一揆が四件を数え、村方騒動も頻発させた民衆は、明治二、三年に世直し一揆を高揚させた。世直し一揆は、慶応二年(一八六六)八月の名古屋藩領の中山道奈良井宿―贄川宿(塩尻市)の民衆が塩尻・松本平に押し出した木曾騒動が先駆け、明治二年以降の世直し一揆高揚には、明治元年三月十一日(一八六八年四月三日)上州西牧《さいもく》領民衆千余人が佐久平に入り米の安売りを要求し実現させた西牧騒動、同年三月十六日上州山中《さんちゅう》領民衆千余人が十石峠を越えて佐久に入り米の安売りを実現させた山中騒動が前提を作った。伊那郡では、明治元年正月十日(二月三日)に飯田元結騒動があったが、同二年七月二日―四日(一八六九年八月九日―十一日)飯田二分金騒動があり、飯田藩領農民総勢一万三千人が贋二分金遣い商人の糾明と二分金引き替えを要求、犠牲者を出さず贋金関係商人ら十九人の入牢、贋二分金の藩札発行による引き替えを実現した。ついで二年八月十五日―十八日(九月二十日―二十三日)上田藩領に起った上田騒動は、浦野組入奈良本村(小《ちいさ》県《がた》郡青木村)貧農九郎右衛門を頭取に、米の高値や二分金不通用を契機に八十七ヵ村から数千人の参加を得、打ちこわし三百四十二軒、焼打ち百九十四軒を行い、要求の二分金引き替えの藩札発行、村々庄屋の退役と小前見立て選挙を実現させたが、頭取は梟首、斬罪(牢死)一人、流終身三人などの処分を受けた。さらに二年八月二十五日―二十八日(九月三十日―十月三日)伊那県塩尻局領内の筑摩郡会田・麻績《おみ》など四組六十三ヵ村(松本市、東筑摩郡麻績村・筑北村)と松本藩領穂高組(安曇野市)に、二分金不通用、米の不融通から囲穀の拝借要求を掲げた会田・麻績騒動が起り、民衆二千人ほどが、打ちこわし八十一軒、焼打ち二十五軒を行なった。松本・松代両藩兵が出動、頭取は宿駅労働者や若者で、入牢四十人のうち打首二人や牢死・徒刑などに処せられた。二年八月二十八日には、二万人が参加し焼打ち一軒、義捐請書金三千四百円、籾千俵、米百五十俵を得た小諸川西《かわにし》騒動があり、斬罪二人、准流十年二人、杖以下十三人、逮捕四十七人の処罰と請書の没収となった。翌三年には、これまで世直し一揆がなかった北信に大きな世直し一揆が頻発した。伊那県から九月に分置された中野県管轄下で県の中之条出張所廃止策に反対する一揆が十月に起り、ついで十一月二十五日―二十七日(一八七一年一月十五日―十七日)松代藩領で数万人参加の松代世直し一揆、さらに十二月十七日―十八日(二月六日―七日)に須坂藩領千五百人～千六百人が参加し、石代相場の大幅な引き下げ、大量の永拝借籾の要求を行い、須坂の町(須坂市)で焼打ち六十六戸、打ちこわし五十六戸を行い、百余人の逮捕の後、斬罪一人、准流十年十人などの処分があった須坂騒動、十二月十九日からの中野県領数万人による中野騒動が連続して起った。これら世直し第一揆は、県・藩権力の機能をほとんど失わせ、要求を受け入れたため、維新政府が乗りだし、統治を強めた。

参考文献 青木孝寿・上條宏之『長野県の百年』(『県民百年史』二〇、一九八三、山川出版社)、『長野県史』通史編七(一九八八)、『佐久町誌』歴史編三(二〇〇五)

(上條 宏之)

〔民権結社〕 民権結社の嚆矢は盤鴻社(明治十年(一八七七)、佐久郡小諸町(小諸市)、石塚重平)とされてきたが、多発的に各地に結成された。自由民権運動高揚期にかけ、漢学者武居用拙を師とする武居塾(明治五年(一八七二)、筑摩郡新《にい》村(松本市))・猶興義塾(八年、安曇《あずみ》郡豊科《とよしな》村)や坂崎《さか》斌《ざききかん》・松沢求策らの猶興義塾(十一年六月、筑摩郡岡本村下浅間)の動きが、松本平の代言人による法律学舎第三分局(十年七月、南深志《みなみふかし》町(松本市))、明法学舎分局や仏民法契約編講議会(十年十二月)・法律講明会(十一年四月)・法律研究会(十二年、伊藤久蔵・江橋厚・望月栄など)の動きと合流し、奨匡《しょうきょう》社(十三年四月創立)に結集。広島県士族小林軒造の英学協心義社(十年三月、水内《みのち》郡飯山町(飯山市))、地域の知識人平井庄左衛門の顔戸《ごうど》開成所(五年、水内郡顔戸村)が北信自由党・信陽自由党の基盤になった。滝沢助三郎の漢学塾三師社(十三年、水内郡長野町(長野市))は北信自由民権思想の母体。演説結社では、蟻封社(九年七月、筑摩郡北深志《きたふかし》町(松本市)、浅井洌・関口友愛・三上忠貞)、松本演説会(十年八月、筑摩郡南深志町・北深志町、坂崎斌・窪田畔夫・三上忠貞)や月桂社(十二年十一月、同前、市川量造・松沢求策)、猶興社(十三年六月、北深志町、丸山為吉ほか)が相互に影響し合い、討論会社(十一年一月、筑摩郡神林《かんばやし》村(松本市)、坂似水)・造成舎(十三年九月、筑摩郡会田村)などが周辺に結成された。北信の演説結社は、鵬鳴社(十二年八月、埴科《はにしな》郡松《まつ》代《しろ》町(長野市)、原昌誠ほか)・先進社(水内郡三輪《みわ》村(長野市)、社頭小林源右衛門)など。東信には、小諸町で盤鴻社に続き、元小諸藩上級武士であった山本清明の有為社(明治十一年)・益友社(十二年九月―十三年十月)、小諸文武館(十七年六月、石塚重平)などが活動、南佐久郡大《おお》日向《ひなた》村(佐久穂町)に立憲改進党系の精尽社(十四年十月)があり、上田町には青竜社(明治十三年十月、森田斐雄)があった。南信では、元結い職人・貧農が参加した愛国正理社(十六年二月創立、社長桜井平吉、総理坂田哲太郎)が知られる。自由党関係・立憲改進党関係の地方諸政党の時期を経て、大同団結運動、衆議院発足時に政社が多数各地に結成され、二十一(一八八八)―二十二年に、北信には北信民会(北信五郡、代表小池平一郎)・埴科倶楽部・更級倶楽部・高井倶楽部ができ、東信に東信友誼会(南・北佐久郡)・中信倶楽部(小県郡)・中信に共立会(南安曇郡)・中信友誼会(東筑摩郡西部)・松本倶楽部(東筑摩郡)・蘇山民会(西筑摩郡)があった。全県的組織は二十一年十一月の信濃政社(事務所は上田町(上田市))・信濃義社(事務所は長野町)、二十二年の信濃倶楽部(自由党大同倶楽部系、立川雲平・石塚重平・竜野周一郎・桜井平吉)と信濃協和会(非政社派の大同協和会系、島津忠貞・小池平一郎)があった。

(上條　宏之)

参考文献　『長野県史』通史編七(一九八八)

〔新聞〕文明開化期に、明治五年(一八七二)十月創刊の『信飛新聞』(筑摩県筑摩郡松本中町(松本市)知新社、九年八月の筑摩県廃止で『松本新聞』と改題)と『長野新報』(長野県水内《みのち》郡長野大門町(長野市)需新社、発行向栄社、明治七年一月二十七日『(官許)長野毎週新聞』と改題)が二大有力紙で、『信陽新報』(明治六年四月、長野県佐久郡岩村田《いわむらだ》町(佐久市)迅報社)とともに、七年の府県別の発行部数・購買部数は四位と高かった。『(官許)長野毎週新聞』は、九年五月十日(第一〇三号)から『長野新聞』と改題(隔日発行)、十三年(一八八〇)一月六日に『長野日日新聞』(日刊紙)となり、十三年八月三十日からの『信濃日報』を経て、十四年四月十五日(第九二五号)から『信濃毎日新聞』(信濃新聞社)となる。自由民権期に帝政党系といわれたが、二十三年(一八九〇)株式会社(社長岡本孝平、商号信濃新聞株式会社)となり、政治的中立を宣言、営業紙として続く。自由民権期には、明治十五年に『信中新報』(『松本新聞』の後身)、『信府日日新聞』、『東山自由新聞』(以上東筑摩郡北深志《きたふかし》町(松本市))、『諏訪新聞』(諏訪郡下諏訪村(下諏訪町))、『深山自由新聞』(下伊那郡飯田町(飯田市))などが発行されたが、多くは翌十六年に廃刊。二十三年の国会開設は、国会記事報道の優位を宣伝する中央紙が県内へ販路を伸ばす動きを強め、翌二十四年上水内郡長野町(長野市)に中央紙新聞専門の大捌所が作られ、県内紙は激しい競争に勝つ編集を要請された。『信濃毎日新聞』は二十一年の年間発行部数二十八万部を、二十六年百二十八万部に増やし、日清戦争後は主筆に山路愛山(三十二年(一八九九)を招き、社長小坂善之助(明治三十一年就任)が編集の独自性を尊重する方針を出した。日露戦争後の四十一年(一九〇八)新社屋を建設、輪転機を導入、一万号を数えた四十三年、主筆に桐生悠々を迎え、県内販売店五十二軒とし、四十四年十二月の販売部数は一日平均二万六千部を超えた。明治末年の長野県内には、長野市に『信濃毎日新聞』(社長小坂順造、主筆桐生悠々)、『長野新聞』(社長山本慎平、編集長栗岩英治)、『信越新聞』(佐藤桜哉)、松本市に『信濃日報』(進歩党系、社長降旗《ふりはた》元太郎《もとたろう》、主筆矢ヶ崎柴垣)、『信濃民報』(立憲政友会系、社長三沢啓一郎、主筆二木毒竜)、諏訪に『南信日日新聞』(社長三沢慶重、前身『(週刊)南信評論』編集人竹内青巒、明治三十四年十二月創刊)、飯田に『南信』(社長伊原五郎兵衛)、上田に『上田朝日新聞』(飯島新太郎)、南佐久郡に『東信』(臼田、主筆牛山雪鞋)や『信濃佐久新聞』(四十一年九月一日創刊)、下高井《しもたかい》郡中野町(中野市)に『北信新報』(関潜竜)があった。

(上條　宏之)

参考文献　『百年の歩み―信濃毎日新聞―』(一九七二)、上條宏之『長野県近代出版文化の成立―幽谷雑誌と信濃出版会社―』(一九八六、柳沢書苑)

〔雑誌〕初期に、明治十一年(一八七八)五月創刊の『小学作文雑誌』、十二年創刊の『月桂新誌』『教科新誌』『小学新誌』など教育関係がある。ついで文芸関係に十三年創刊の『同好集』『清籟《せいらい》新誌』、十六年創刊の『俳諧共盟雑誌』などがあった。自由民権関係では『奨匡雑誌』(明治十三年創刊、以下「創刊」略)、『水篶叢誌《みすずそうし》』(十四年)、大同団結運動期に『愛民』(二十二年四月)があるが短命。ほかに殖産興業関係の『興産雑誌』(明治十三年)、『幽谷雑誌』(十四年)、『繅業新報《そうぎょうしんぽう》』(十五年)など、娯楽・雑報関係の『娯覧喃誌《ごらんなんし》』(十六年)がある。その後、教育関係は、教育職能団体である教育会発行の『東筑摩郡教育会雑誌』(十七年)、『信濃教育会雑誌』(十九年)や、長野県師範学校の学友会機関誌『学友』(三十一年)、諏訪中学校『学友会誌』(三十六年)など中等学校などの発行雑誌となる。明治十八―二十四年(一八九一)には、旧藩主中心のグループ雑誌『上田郷友会月報』『松本親睦会雑誌』『松代青年会雑誌』『小諸郷友会報告』などが発刊、大正・昭和期まで続く。日清戦争を挟む時期には、『信濃実業新報』(明治二十五年)、『信濃殖産協会雑誌』(二十六年、東京で出版)、『農業雑誌蚕農』(三十一年)など実業・養蚕関係の雑誌が目立つ。特色あるものには、三十五年(一九〇二)五月創刊の普通選挙同盟会信州本部機関誌『普通選挙』がある。「青年」対象の雑誌では『諏訪青年』(明治三十三年)、『信青年雑誌』(三十六年)が早い。

(上條　宏之)

参考文献　西田長寿編『明治文化資料叢書(改訂版)』一二(一九八六、風間書房)、上條宏之『長野県近代出版文化の成立―幽谷雑誌と信濃出版社―』(一九八六、柳沢書苑)

〔私立学校〕明治三十二年(一八九九)八月の私立学校令制定以前の主なものは、明治八年(一八七五)筑摩県安曇《あずみ》郡豊科(安曇野市)の漢学者武居用拙を師とした猶興義塾、十八年(一八八五)四月神津国助ら設立の北佐久郡岩村田《いわむらだ》町(佐久市)の英学教場、十九年長野鶴賀町権堂《ごんどう》(長野市)

で中野保が始めた中野塾、二十四年(一八九一)七月の小《ちいさ》県《がた》郡上田町(上田市)中島弥門太による上田英和学校、二十六年一月諏訪郡宮川村(茅野市)に伊藤作左衛門が英語・漢文・算術を主に開校した大同義塾、同年十一月キリスト者木村熊二を塾長に北佐久郡小諸町(小諸市)に創立した小諸義塾、三十一年五月立川雲平らが条約改正施行を意識し普通科・高等科五年間のキリスト教的人格教育を特徴に開校した北信英語義塾(長野市)や同年十一月開校のキリスト者井口喜源治による南安曇郡穂高町(安曇野市)の研成義塾、三十一年八月木沢鶴人が商業学校として設立した東筑摩郡松本町(松本市)の戊戌学会(のち松商学園高等学校)などであった。翌三十二年には浄土宗の僧・学衆の教育機関である浄土宗第三教区宗教学校(長野市)、三十五年宮下八十二が読書・講義・文章三科の速成および中等学校予備教育と実用的人材養成を目的に桃源義塾(上伊那郡伊那町(伊那市))を設置し、三十六年には堀内桂次郎が中等普通教育を主に別科に師範検定科・英語数学専修科などを置いた郁文学校(松本町(松本市))を、三十七年には保科五無斎が藤森良蔵・風間礼助らを教師に置き保科塾(長野市)を開くなどの動きがあった。

参考文献 『長野県教育史』二(一九八一)　(上條　宏之)

〔銀行〕長野県では製糸業の発達につれて製糸金融の必要性が高まり、明治十年(一八七七)から同十二年にかけて国立銀行が五行開設された。第六十三国立銀行(松代町(長野市))は地元の製糸金融に貢献してきたが、明治二十年(一八八七)前後の不況に加えて、同二十四年の松代大火で被災した結果、稲荷山銀行に救済を求め、同二十六年十二月に合併された。ただし銀行名は知名度の高い第六十三国立銀行を引継ぎ、新陣容で発足した。長野県蚕糸業に関して、第十九国立銀行黒沢鷹次郎頭取の果たした役割は大きい。国立銀行は同三十年(一八九七)にその使命を終え、普通銀行として再発足した。その後、第十九銀行と六十三銀行はともに中小銀行の買収と支店増設によって発展したが、昭和恐慌期に両行の合併(八十二銀行の誕生)を余儀なくされた。国立銀行開設前、明治九年(一八七六)六月に開業した彰真《しょうしん》社(長野町(長野市))のあとを引継いで長野町周辺の地主・財界有力者が同二十二年信濃銀行を設立した。同行の実績は第十九銀行・六十三銀行に劣らないものがあったが、明治四十年(一九〇七)恐慌によって多額の不良債権をかかえ、安田銀行に経営をゆだねたあと、大正十二年(一九二三)に同行の支店となった。明治十六年年末の長野県内私立銀行は三十一行を数える。そのなかに同十三年に開設された長野銀行(資本金十万円、長野町)や十四年開設の佐久銀行(資本金七万円、岩村田町(佐久市))がみられる。前者は中野製糸場の再興に尽力しており、後者は諏訪支店を通じて諏訪製糸業の発展に寄与している。長野農工銀行は資本金百万円で明治三十一年から長野市西後町《にしごちょう》において開業した。普通銀行の業務が主として製糸金融にあるなかで、同行は農村金融機関として、商工業者あるいは市街地実業家よりも、農業者に対して田畑有抵当貸付を積極的に行なった。

参考文献 山口和雄『日本産業金融史研究』製糸金融篇(一九六六、東京大学出版会)『八十二銀行史』(一九六八)　(横山　憲長)

ながのけんきゅうなかのけんかんないいっき　中野県管内一揆　明治三年(一八七〇)十二月北信濃の旧幕領中野県管内に発生した世直し一揆。通称は中野騒動。松代騒動の要求を松代藩知事が受け入れ、ついで須坂騒動が藩代表に要求の全てを認めさせると、十二月十九日(一八七一年二月八日)中野騒動が高井《たかい》郡高井野《たかいの》村(上高井郡高山村)の名主織右衛門らの安石代要求などの動きから起きた。中野県政が高率の年貢石代相場によって増徴を図り、伊那《いな》県当時設立の北信商社によって農民負担を増大させていたので、羽場《はば》村砂川(上高井郡小布施《おぶせ》町)に数千人が集結、石代納相場の切り下げ、斗安・安石代の例年どおりの実施、県商社の廃止と資金の返還、宿駅伝馬入用の勘定廃止などを要求。東江部村(中野市)に進んだ本隊は、商社人筆頭の山田荘左衛門その他豪農宅の焼打ちし、中野新町口で権大属大塚政徳を惨殺、中野町の米屋・掛屋・郡中取締・郷宿などを焼き払った。高石和道中野県大参事は貢金を持って松代藩に隠れた。砂川から東進した一隊は、桜沢・間山・更科などの村(中野市)を経て菅《すげ》村・上条河原(下高井郡山ノ内町)へ下り、一部は中野町の諏訪町を焼打ちし、一部は、夜間瀬《よませ》・木島平《きじまだいら》から、二十日には中野からの本隊と合流、関沢《せきざわ》(飯山市)から坪山《つぼやま》・東大滝《ひがしおおたき》(下高井郡野沢温泉村)で豪農宅などを焼き払った。西進した一隊は、安源寺《あんげんじ》・壁田《へきた》(中野市)から千曲川を渡り大古間《おおふるま》・柏原《かしわばら》(上水内郡信濃町)に進んだ。中野町・松川村(中野市)の焼打ち家屋は四百八十六軒、罹災者は千九百二十六人を数え、ほかに高井・水内両郡四十数ヵ村の百十軒余に被害を及ぼした。高石大参事を追った一隊は、小布施村で政府弾正台の篠塚重寿巡察属に、石代納相場一両に三斗、商社資金の割り戻しを受諾させ、宿助郷・置米・斗安・定免切り替えの実現に努力するという証文を得た。これにより一揆は二十一日朝退散し、松代・須坂・飯山・上田藩兵など信濃国内藩兵の治安警備で二十二日鎮静。政府軍の佐賀藩兵五百七十六人、人足三百七十人が四年一月から、一揆参加者六百人余を逮捕。二月の判決で、県官殺害の罪で六人が斬首、二十二人絞首、百二十四人徒刑十年、ほかの処罰者数百人の厳しい処罰があった。北信商社は解散、助郷制度は見直されたが、証文は回収、内容はほとんど否認された。焼打ちされた県庁は、水内郡長野町に移り、長野県誕生の母体となる。

参考文献 長野県編『長野県史』通史編七(一九八八)　(上條　宏之)

ながのけんちゅうぎゅうばかいしゃじけん　長野県中牛馬会社事件　明治六年(一八七三)に筑摩県の飯田中牛馬

会社で起った、中馬稼ぎの鑑札をめぐる争い。同社の中馬稼ぎ人は、中馬稼ぎは幕政時代の明和の裁許以来自分たちに与えられた固有の特権であるので、鑑札は不要であると考えていた。しかし、旧中馬問屋であった会社側は、中馬稼ぎの鑑札は新政府の駅逓寮によって新たに発行されたものであるとした。両者の争いは激しく、駅逓寮は同年十一月に「中牛馬会社之義、追々弊害ヲ生シ候ニ付、更ニ入社之義一切差止」を筑摩県に命じた。そのため、筑摩県での中牛馬会社の活動は禁止され、復活したのは筑摩県が長野県に統合された明治九年以降であった。すなわち、旧幕以来の明和の裁許は、中馬稼ぎに対する特権的効力を失い、明治新政府の新たな権威と秩序のもとで変容を強いられることになったのである。→中牛馬会社《ちゅうぎゅうばかいしゃ》

参考文献 増田廣實『商品流通と駄賃稼ぎ』(『同成社江戸時代史叢書』、二〇〇五、同成社)　（老川　慶喜）

ながのけんまつしろはんかんないのうみんいっき　長野県松代藩管内農民一揆　明治三年(一八七〇)十一月松代藩全管内を巻き込んだ世直し一揆。通称は松代騒動または午札《うまさつ》騒動。松代藩は藩内流布の贋二分金除去のため、明治二年八月済急手形を発行したが、十二月政府の藩札類禁止で、藩御用達商人大谷幸蔵らに松代商法社を組織させ、済急手形回収のため午札と呼ばれた商法社手形を発行。しかし、商法社による領内産物蚕種・生糸の横浜売り込みが貿易価格の暴落で失敗、済急・商法社両手形の価値が太政官札を下回った。大谷ら豪農商が、その商法社手形を大量に使い、領内蚕種・生糸などを購入したので、農民に手形三十八万両余が広がった。維新政府の済急手形・商法社手形(藩札)の回収厳命に困った藩は、三年分年貢の石代金を藩札上納で回収することとし、明治三年十一月十三日(一八七一年一月三日)石代納公定相場を藩札十両＝籾三俵半、藩札と太政官札の等価交換を打ち出した。だが政府の意向から、藩権大参事高野広馬らが民政担当者の反対を押し切り、二十二日石代相場に太政官札十両＝籾四俵半、藩札は太政官札の二割五分引きの方針に転換。これに対し、二十五日、更級《さらしな》郡上山田《かみやまだ》村(千曲《ちくま》市)の甚右衛門らが、藩札と太政官札の等価交換要求を提案、養蚕地帯で藩の産物会所のある上郷《かみごう》村々三千人を同日午後十一時ころまでに千曲川河原に結集させ二手に分かれ、川西の一隊は、羽尾《はねお》村(千曲市)の大谷幸蔵宅を焼き払い、八幡《やわた》・稲荷山《いなりやま》・東福寺《とうふくじ》(長野市)から岩《いわ》野《の》村(同)に出、河東の一隊は、坂木《さかき》・鼠宿《ねずみじゅく》・新地《しんち》(埴科《はにしな》郡坂城《さかき》町)、上徳間《かみとくま》(千曲市)から屋代・土口(同)へと進み、二万を超える一揆勢は岩野村で合流、二十六日松代城下に突入。木町の産物会所、高野広馬邸などを焼き、藩庁に迫ったので、知藩事真田幸民が十両に籾七俵の石代相場、藩札の額面通用と太政官札との等価引き替えを約束。一揆勢は二十六日夕刻までに帰村したが、松代周辺、川中島平の農民たちが城下に乱入、真田桜山など藩札関係藩士宅二十余軒、商法社役員など特権的御用商人・米穀商など三十九軒を焼打ちし、類焼家屋百三十九軒となった。水内《みのち》郡善光寺町(長野市)でも贋金遣い商人など七十七軒を焼打ちしたが、二十七日の藩兵出動で一揆は鎮まった。翌二十八日藩は大参事に河原均、権大参事に山寺常山を選挙で選ぶと、十二月、上郷《かみごう》六ヵ村(千曲市)から二分金引き替え、国・郡役の廃止、全年貢の金納化など政府直轄県並みの要求が出された。また小作貧農層は十両に籾八俵半要求の小作騒動を起したので、鎮圧し、首謀者六百二十人余を逮捕、四百人ほどを投獄。維新政府は四年一月石代納相場を民部省名で十両＝四俵半に戻し、甚右衛門を斬罪、准流(徒刑)十二人、杖七十以下呵責・御叱り三百数十人としたが、藩札と太政官札の等価交換は認め、高野広馬・真田桜山を閉門、知藩事ら藩政首脳部は謹慎処分とした。

参考文献 青木孝寿・上條宏之『長野県の百年』(『県民百年史』二〇、一九八三、山川出版社)、『長野県史』通史編七(一九八八)　（上條　宏之）

なかのごいち　中野梧一　一八四二―八三　幕末・明治時代の幕臣、地方官、実業家。旧名斎藤辰吉。天保十三年正月八日(一八四二年二月十七日)に御細工頭、郡代掛り代官斎藤嘉兵衛の子として江戸に生まれる。安政四年(一八五七)父の隠居で出仕し、御勘定評定所留役介、外国奉行支配調役、御勘定組頭などを歴任。明治維新では幕府軍として榎本武揚らと箱館五稜郭に籠城した。明治二年(一八六九)に降伏し、翌年釈放され中野梧一と改名。四年大蔵省に出仕し、井上馨の推薦で山口県参事となり、権令、県令と進む。全国に先駆け山口県の地租改正事業を推進した。八年辞職して、大阪で実業界に入り、藤田伝三郎と商社を興し、十年(一八七七)の西南戦争で巨利を得た。十一年に大阪商法会議所創立に参画し副会頭となるが、十二年藤田組贋札事件で連座。十四年には関西貿易会社を興し、大阪実業界の重鎮として活躍した。十六年九月十九日には鉱山経営の失敗が原因で自殺。四十二歳。　（西尾林太郎）

なかのしまこうえん　中之島公園　明治二十四年(一八九一)に設立された、大阪市中央部、北区にある公園。明治九年(一八七六)十二月、中之島の東端に難波橋が掛け替えられたが、その周囲に石段・石垣が築かれ、四季の草木が植えられると、その付近は中之島公園地と呼ばれるようになった。この中之島公園地の西側に明治十二年(一八七九)に豊国神社、十四年に自由亭ホテル(のちの大阪ホテル)およびエルメレンスの碑、十六年に西南戦争の戦死者を顕彰する明治紀年標などが建てられた。明治紀年標の前では毎年五月に招魂祭が行われ、軍関係の行事もしばしば行われた。明治二十四年、大阪市は中之島に架かる淀屋橋以東を仮公園とした。中之島公園では各種の催しが行われた。二十八年には大江橋南詰でビール会が行われ、生ビールが販売された(日本最初)。また、日清・日露戦争の折には中之島で凱旋門が建てられ、凱旋

祝賀会なども行われた。明治三十七年(一九〇四)には住友家の寄贈により図書館が公園内に建てられた。また、大正七年(一九一八)には、大阪の株式相場師岩本栄之助の寄付により大阪市公会堂が建設された。大正十年(一九二一)には大阪市役所が堂島から移転した。豊国神社は昭和三十六年(一九六一)一月に大阪城内に移転した。

参考文献 『新修大阪市史』五(一九九一) （堀田 暁生）

中之島公園(明治末期)

なかのじろうさぶろう 中野二郎三郎 一八五三―一九一八 自由民権家。嘉永六年三月四日(一八五三年四月十一日)、形原松平氏の丹波亀岡(京都府亀岡市)の藩士中野政敏の次男として生まれる。戸籍では治郎三郎と表記する。明治十三年(一八八〇)から静岡県の自由民権運動に参加、十五年には自由党遠陽部ついで遠陽自由党の常議員として活躍する。代言事務を行なっていたが、十七年に旧自由党左派の湊省太郎の静岡事件の盟約に参加、山田八十太郎とともに浜松グループの中心となる。十九年に同事件で逮捕され、二十年(一八八七)には有期徒刑十三年の判決を受け北海道空知集治監で服役し、三十年(一八九七)に出所した。晩年は東京新宿の裏長屋に窮居し、大正七年(一九一八)九月四日、享年六十六で没する。田岡嶺雲『明治叛臣伝』での中野の記述は誤りが多いとされる。なお中野の妻いとも遠陽婦女自由党の結成や収監者救援などに女性民権家として活躍している。

参考文献 静岡県民権百年実行委員会編『静岡県自由民権史料集』(一九八四、三一書房)、原口清『明治前期地方政治史研究』下(一九七四、塙書房)、同『自由民権・静岡事件』(一九八四、三一書房) （田崎 公司）

ながのしんぶん 長野新聞 明治三十二年(一八九九)四月、長野市県町《あがた》(犀北館北側)で印刷が開始された新聞。同紙は信濃毎日新聞社社長小坂善之助と政治的対立の立場にある更級《さらしな》郡下政友会系の者によって担われた。社長に宮下一清、取締役には小出八郎右衛門・飯島正治がついた。小出や飯島は六十三銀行の役員。新聞社は経営難のために首脳陣は幾代となく交代し、第一次大戦直後にようやく配当ができるようになった。一方、購読部数は伸び、明治三十四年秋から三十六年秋まで、主筆に茅原《かやはら》華山《かざん》を迎え、編集長山本聖峰をすえて、大いに紙面の刷新につとめた。茅原が『信濃毎日新聞』主筆山路愛山と論陣を張ったのもこのときである。明治四十二年(一九〇九)の『長野新聞』は年中無休で年間発行部数は一万五千部を数え、『信濃毎日新聞』(発行部数二万八千部)に対抗した。昭和十二年(一九三七)四月二十五日付けで廃刊。

長野新聞

『長野新聞』第1号

参考文献 山本聖峰『時局と現代思潮』(一九一四、長野新聞)、矢ヶ崎賢次『大心文集』(一九六〇、第一法規出版)、『長野県史』近代史料編一〇ノ二(一九九〇) （横山 憲長）

なかのせいごう 中野正剛 一八八六―一九四三 明治から昭和時代前期のジャーナリスト、政治家。号は耕堂。明治十九年(一八八六)二月十二日、福岡県福岡区西湊町(福岡市中央区)に生まれる。幼名甚太郎。修猷館、早稲田大学予科を経て、明治四十二年(一九〇九)、早稲田大学政治経済学科を卒業。『東京日日新聞』の日報社を経て、東京朝日新聞社に入社し、大正五年(一九一六)七月まで勤めた。七年『東方時論』経営者となる。九年五月、衆議院議員に当選。十二年(一九二三)十月、岳父三宅雪嶺とともに雑誌『我観』を創刊。著書『転換日本の動向』『国家改造計画綱領』などでは社会国民主義を展開した。昭和八年(一九三三)、政治研究団体の東方会を再建し、そこを舞台に全体主義や南進論を主張した。同十八年(一九四三)元旦の『朝日新聞』に寄稿した「戦時宰相論」は、東条英機首相を批判したものとして発禁となる。同年十月、倒閣運動により憲兵隊に検束され、帰宅後の十月二十七日に自決した。五十八歳。著書はほかに『明治民権史論』など多数ある。

中野正剛

参考文献　中野泰雄『父・中野正剛伝―その時代と思想―』(一九五八、新光閣書店)、猪俣敬太郎『中野正剛の生涯』(一九六四、黎明書房)、緒方竹虎『人間中野正剛』(『中公文庫』)　(井川　充雄)

なかのたけあき　中野健明　一八四四―九八　外務・大蔵官僚。弘化元年九月二十四日(一八四四年十一月四日)に生まれる。父は佐賀藩士中野忠大夫。明治二年(一八六九)に大学校中助教兼中寮長となり、大学大寮長、外務少丞、神奈川県大参事などを経て、三年外務権大丞となる。四年に司法省へ移り司法権大丞、欧米各国へ派遣される。六年外務省へ戻り外務一等書記官となりパリ公使館に勤め、十一年(一八七八)帰国し交信局に勤務するが、十三年オランダ公使館へ移動する。十五年に帰国して大蔵省に転じ、関税局長となる。十九年関税局長兼主税局長。二十三年(一八九〇)長崎県知事。二十六―三十一年(一八九八)まで神奈川県知事を務め、横浜検疫所の設置や横浜商業会議所の設立に尽力した。三十一年五月十二日に肺患により在任中に没。五十五歳。

参考文献　『神奈川県史』別冊(一九八三、神奈川県)　(西尾林太郎)

なかのちめい　中野致明　一八四六―一九一七　実業家。佐賀藩士中野数馬の長男として弘化三年六月一日(一八四六年七月二十三日)生まれる。明治七年(一八七四)に士族授産のために厚生社を設立した。明治十二年(一八七九)十二月に設立された第百六国立銀行の役員になった。明治十五年には女子の授産事業として織布技術を伝授した。明治十七年九月には佐賀私立勧業会の設立に加わり、十八年一月に米穀改良会社事務所を自宅においた。十九年二月に佐賀郡蚕糸業組合の役員に選出された。二十四年(一八九一)七月に第四回諮問会委員に佐賀市委員として選ばれ、同年八月の佐賀市名誉参事会員になった。二十五年六月には佐賀市学務委員に選出され、二十七年七月に熊本で開かれた九州銀行業者大会に第百六国立銀行頭取として参加した。二十八年六月は佐賀―福岡県環若津間の軽便鉄道敷設に関する両県協議会に佐賀県委員として参加し、同年八月に佐賀市で開かれた第一回佐賀県実業大会の幹事に選ばれた。二十九年四月に九州実業協会の決議事項を佐賀県部会で報告し、六月に佐賀貯蓄銀行設立の申請を行い、八月に佐賀商業会議所の創立委員に選ばれ、九月に佐賀貯蓄銀行の取締役になった。三十年(一八九七)五月に佐賀市議会の参事会員に選ばれた。大正六年(一九一七)八月十六日没。七十二歳。

参考文献　『佐賀新聞七十五年史』(一九六二)、佐賀近代史研究会編『佐賀新聞にみる佐賀近代史年表』(一九八六、佐賀新聞社)　(長野　暹)

なかのとしお　中野外志男　一八五四―八六　明治時代前半期の工学者。安政元年(一八五四)、加賀国に生まれる。明治八年(一八七五)十一月、東京開成学校教授補となり、十年(一八七七)には工部省工作局四等技手に転じ、十二年同局二等属、十四年同局三等技手となっている。なお工部大学校は十年から十五年八月までは工作局に所属していた。十五年八月工部大学校が本省直属となるや、工部大学校助教授となった。工部大学校は十八年十二月文部省に移管され、十九年三月帝国大学工科大学に合併されるが、この組織改変の流れの中に中野が加わっていたかどうかは不明である。十九年五月二十一日、三十三歳で没した。　(宮地　正人)

なかのはつ　中野初　一八八六―一九八三　俳人。雑誌『青鞜』の編輯兼発行人。ただし明治四十四年(一九一一)九月の創刊から大正三年(一九一四)末までの、平塚らいてうに編集権があった期間。十九年(一八八六)七月十四日、東京の飯田町(東京都新宿区)で生まれた。日本女子大学校国文学部を卒業して、『二六新報』の記者となり、看護婦協会の機関紙編集も手掛けた。らいてうと保持研《やすもちよし》から『青鞜』の発起人に誘われ、即座に参加。女子大在学中から幸田露伴門下となり、作家志望だったが、『青鞜』には一篇の作品もない。編集の実務を担う立場になったと思われる。何度もの発禁などの際、「ごく平静な表情で」当局の呼び出しに応じたという。大正三年に遠藤亀之助と結婚、吉野作造が創立した家庭購買組合に、夫とともに尽力した。晩年は夫婦で句作を楽しみ、『馬酔木《あしび》』同人となって水原秋桜子《みずはらしゅうおうし》に教えをうけた。八十八歳で馬酔木賞を受賞、句集『初明り』がある。「来し方を皆佳しと思ふ初明かり　はつ」。昭和五十八年(一九八三)十一月十八日没。満九十七歳。

参考文献　平塚らいてう『元始、女性は太陽であった―平塚らいてう自伝―』上(一九七一、大月書店)、『いしゅたる』一二(『青鞜』創刊八〇周年記念号、一九九一)、らいてう研究会編『『青鞜』人物事典―一一〇人の群像―』(二〇〇一、大修館書店)　(堀場　清子)

なかのはつね　中野初子　一八五九―一九一四　電気工学者。安政六年正月五日(一八五九年二月七日)生まれ。肥前国の小城藩士の息子で、石丸安世の塾を経て工部省工学寮小学校から大学校(工部大学校)へ入学した。同校電信科でエアトンに学び、明治十四年(一八八一)に卒業後同校の教員となり、二十一年(一八八八)から英国・米国に留学を命じられ、米国コーネル大学でアーク燈について研究しマスター＝オブ＝サイエンスの学位を得た。のち東京帝国大学工科大学(今日の東京大学工学部)教授となった。工部大学校電信科の明治十四年の卒業生のうち中野・藤岡市助《ふじおかいちすけ》・浅野応輔《あさのおうすけ》をわが国電気工学を築いた三羽烏と称することがあり、三人のうち中野だけが終生大学にとどまって後進の育成にあたった。明治二十八年には、東京電燈会社浅草発電所の二〇〇キロワット交流発電機を設計して、石川島造船所に製作させた。これはわが国最初の大容量発電機とされている。明治四十四年(一九一一)には電気学会会長となった。同会長は、第二代までは華族であったが、第三代の中野以後は電気技術者がつとめるようになった。大正三年(一九一四)二月十六日没。在米中のノートとしてNotes on Edison Dynamo(New York: 1880)がある。

参考文献 東京大学電気工学科同窓会編『東大電気工学科の生い立ち』(『諸先生のおもかげ』一、一九六九、オーム社) (高橋 雄造)

なかのぶえい 中野武営 一八四八―一九一八 明治・大正期の実業家、政党政治家。嘉永元年正月三日(一八四八年二月七日)高松藩勘定奉行可一の長男として高松城下に生まれる。藩校講道館に学び特に『孟子』から強い影響を受ける。朝敵となった同藩に仕官し、廃藩置県ののちは高松県・香川県などの県役人として租税を担当する。明治七年(一八七四)上京して内務省地理寮に出仕、地租改正事業のため各地に出張、十二年(一八七九)内務省山林局(のち農商務省)御用掛として森林保護事業にあたる。しかし、明治十四年政変が起ると小野梓らと大隈重信を支持しついに下野、翌年立憲改進党が創立されるとそれに参加し、十七年大隈らが脱党しても残留して党を存続させた。明治十五年には河野敏鎌《こうのとがま》らと修進社を設立して代言人活動を始め、法律面からも改進党を支えた。またしばしば帰郷して高松での党勢拡大に努めるとともに、二十年(一八八七)愛媛県会議員、翌年には県会議長に選出され香川県再置運動に奔走、同年末実現に漕ぎ着ける。明治二十三年第一回衆議院議員選挙に当選しついに念願の国政の場に進出、三十五年(一九〇二)まで改進党・憲政本党系として連続当選を果たす。しかし、商工業者の立場から政費節減かつ反対外硬路線を主義としたため、徐々に党主流から距離を置くようになり政治から離れていった。他方で明治二十一年河野との関係で東京株式取引所肝煎に就任して以降、次第に実業界との関わりが深くなり、翌年前島密から引き継いだ関西鉄道株式会社社長を皮切りに東京馬車鉄道など関東地方の私鉄会社の多くに関わった。明治三十三年には東京株式取引所理事長となり、先物取引を制限しようとする勅令の撤回運動を展開し成功する。明治三十八年渋沢栄一の後を承けて東京商業会議所会頭に就任、増税軍拡路線に対し三悪税廃止など減税運動を全国の商業会議所とともに進める。以後大正期においては財界指導者として、民間平和外交旗手として、東京市会議長として活躍する。大正七年(一九一八)十月八日死去。七十一歳。

参考文献 薄田貞敬編『中野武営翁の七十年』(一九三四、中野武営伝編纂会)、佐賀香織「日露戦後経営と中野武営」(『大東法政論集』九、二〇〇一)、同「中野武営と実業立国論の形成」(同一一、二〇〇三)、石井裕晶『中野武営と商業会議所―もうひとつの近代日本政治経済史―』(二〇〇四、ミュージアム図書) (季武 嘉也)

なかはしとくごろう 中橋徳五郎 一八六一―一九三四 明治・大正・昭和時代前期の実業家、政治家。文久元年九月十日(一八六一年十月十三日)に加賀藩士斎藤宗一・母キンの五男として金沢城下出羽町二番町に生まれた。明治十七年(一八八四)四月中橋ヨン刀自の養嗣子となって中橋姓となる。同十九年東京大学法学部選科を卒業、同年判事試補、翌年農商務省に移り、同二十四年(一八九一)逓信省に移って三十一年(一八九八)に鉄道局長となる。同年七月辞任して大阪商船会社社長となり、同三十九年宇治川電気株式会社社長、四十二年(一九〇九)日本窒素肥料株式会社社長などを兼ね、関西財界の重鎮となる。明治四十三年大阪市会議員に当選、大阪市会議長となり、四十五年には衆議院議員に当選したが翌年辞任した。大正三年(一九一四)大阪商船を辞任し、立憲政友会に入党、同五年石川県から衆議院議員に当選、翌年政友会総務委員となり、同七年原内閣の文部大臣となって高等教育機関の拡張計画に取り組んだ。大正十三年(一九二四)に政友会を脱し政友本党を結成したが総選挙で落選、同十五年政友会に復帰し、昭和二年(一九二七)田中義一内閣の商工大臣、昭和六年犬養内閣の内務大臣となった。昭和九年三月二十五日東京で死去した。七十四歳。

参考文献 中橋徳五郎翁伝記編纂会編『中橋徳五郎』(一九四四) (広川 禎秀)

なかはままんじろう 中浜万次郎 一八二七―九八 漂流者、明治維新期の開明功労者。文政十年正月一日(一八二七年一月二十七日)、漁師悦助の次男として土佐国幡多《はた》郡中ノ浜(高知県土佐清水市)に生まれる。天保十二年(一八四一)正月、十四歳のとき宇佐西浜より仲間四人と出漁したが、シケにあい漂流。漂着した伊豆諸島の鳥島で百四十三日間の無人島生活ののち、同年六月米国捕鯨船ジョン＝ハウランド号に救出された。仲間の四人は、ホノルルで下船したが、一人万次郎はアメリカに渡ることを決意した。一年半の太平洋での捕鯨航海ののち一八四三年五月、アメリカ東海岸のマサチューセッツ州フェアヘーブンに到着。この地において万次郎は船長の支援で学校に通い、英語、数学、測量術や航海術などを修めた。一八四六年五月フランクリン号に乗り組み、世界一周の捕鯨航海に出た。再びフェアヘーブンに帰ったときは四九年のゴールドラッシュであった。カリフォルニアに向かい、金山に入り、数ヵ月にして大金を獲得。帰国を決意しハワイへ。二人の仲間とともに上海行きのサラボイド号に乗船、途中の嘉永四年正月三日(一八五一年二月三日)、琉球の摩文仁間切の浜(沖縄県糸満市)に上陸。八月鹿児島城下に移り、翌九月長崎に護送され、獄舎で取り調べを受けた。嘉永五年六月二十三日(一八五二年八月八

中浜万次郎

日)土佐藩に引き渡され、七月高知城下に着いた。十月郷里で母親と再会、十二月藩に召し出され、海外事情など講じている中、ペリー来航で江戸に呼ばれた。土佐藩徒士格から幕府普請役格となり、開国に向かう日本に体験に基づく海外事情を伝えた。万延元年(一八六〇)の咸臨丸の渡米の際には、国航海学書を翻訳し、英会話入門書『英米対話捷径』を著わし、通詞として乗り組んだ。慶応二年(一八六六)高知藩の開成館に出仕し、明治二年(一八六九)新政府の徴士として開成学校二等教授を拝命した。三年普仏戦争の際は視察団の通訳として、英国に行ったが、同地で健康を害して単身帰国。明治三十一年(一八九八)十一月十二日没。七十二歳。

参考文献 川澄哲夫『中浜万次郎集成』(二〇〇一、小学館)、中浜博『中浜万次郎―「アメリカ」を初めて伝えた日本人―』(二〇〇五、冨山房インターナショナル)

(松岡　信二)

なかばやしごちく　中林梧竹　一八二七―一九一三　明治大正期の書家。文政十年四月十九日(一八二七年五月十四日)、肥前国小城《お ぎ》新小路《しんこうじ》に中林経緯の長男として生まれた。名は隆経、通称彦四郎、字は子達。草場佩仙《くさばはいせん》に儒学を水町空斎《みずまちくうさい》に書を学び、藩校興譲館に入学した。弘化二年(一八四五)に藩命によって上京し、市河米庵門下の山内香雪《やまのうちこうせつ》に入門した。維新後、長崎県庁に就職、清国長崎領事の余元眉の知遇を得て、明治十五年(一八八二)その帰国に伴い渡清。余氏の師、藩存に教えを受け、十七年に古碑法帖を携えて帰国した。三十年(一八九七)にも北京を訪れている。帰国後上京して副島種臣《そえじまたねおみ》の斡旋で銀座の洋服店伊勢幸に住んだ。みずから「筆意を漢魏に取り、筆法を隋唐に取り、之に帯ばしむるに晋人の品致をもってし、これに加ふるに日本武士の気象をもってす」というように、幅広く古典を渉猟して独特の書風を確立した。書論に『梧竹堂書話』がある。各地を漫遊し、三十九年、八十歳で富士登山をした健脚である。山頂には三十一年に執筆した「鎮国之山」の銅碑が現在も残る。大正二年(一九一三)八月四日没。八十七歳。

参考文献 日野俊顕編『中林梧竹書』(二〇〇六、二玄社)

(髙橋　利郎)

ながはらこうたろう　長原孝太郎　一八六四―一九三〇　洋画家。元治元年二月十六日(一八六四年三月二十三日)美濃国大垣馬場町(岐阜県大垣市馬場町)に生まれる。号、止水。父武を幼時に亡くし、神田孝平の援助を受ける。明治十三年(一八八〇)東京大学予備門入学、十五年に退学。十六年小山正太郎の不同舎に入門。また原田直次郎と交遊。二十二年(一八八九)帝国大学から理科大学雇いを申しつけられ、二十三年、理科大学助手として生物資料の写生を行う。ペン画や水彩によって風刺画・漫画を描き、二十六年から二十八年にかけて風刺雑誌『とばゑ』を三号にわたり編集発行。また『明星』にも多くの挿画を描く。文学者とも親交が深く、森鷗外・坪内逍遙・島崎藤村などの本の装釘や挿画を手がけた。二十八年から黒田清輝に学び、白馬会に参加。三十一年(一八九八)、東京美術学校助教授を兼任。三十二年から美術学校助教授専任となった。大正五年(一九一六)、東京美術学校西洋画科教授。八年より帝展審査員。昭和五年(一九三〇)十二月一日東京で没。六十七歳。

参考文献 牧野研一郎「長原孝太郎の美術批評」(『三重県立美術館研究論集』一、一九八三)、『東京芸術大学百年史』三(一九九七、ぎょうせい)

(児島　薫)

なかはらさだしち　中原貞七　生没年不詳　明治時代中期の教育家、言論人。明治十年代中ごろに東京大学で政治学を修め文学士となる。明治十七年(一八八四)二月に東京京橋区山下町に設立された学術攻究会に関直彦《せきなおひこ》・三崎亀之助らの同窓と参加して政治学を講義した。ほどなく神田区駿河台袋町に成立学舎を創立し、女子部も設置して、二十一年(一八八八)ごろには「数多の紳士有志家の需により教場を広め」るなど、女子中等教育にも尽力した。また、二十五年一月には学内(このころ神田鈴木町)に露学館を創設して理事となり、成立学舎をその講堂に充てて、露国遊学の三井道郎《みいみちろう》・岩内丙吉・市川文吉《いちかわぶんきち》・上田将らを擁して入手困難な露国の書を全科とも貸与するというようなロシア語専門の学校を開校した。この間二十二年五月から創立一年後の政教社同人となり、以後二十五年二月ごろまで女子教育・政治・哲学論などを展開した。

参考文献 佐藤能丸『明治ナショナリズムの研究―政教社の成立とその周辺―』(一九九八、芙蓉書房出版)

(佐藤　能丸)

なかべいくじろう　中部幾次郎　一八六六―一九四六　明治から昭和期の実業家、林兼商店(のちの大洋漁業、現マルハニチロ)創業者、貴族院議員。慶応二年正月四日(一八六六年二月十八日)、播磨国明石の鮮魚商中部兼松の次男として生まれる(「林兼」は屋号「林家」と父兼松に由来)。明治十九年(一八八六)の家督継承後、三十年(一八九七)には大阪雑喉場《ざこば》への鮮魚運搬作業の効率化を図り、小蒸気船を借入れて押送船の曳船とした。漁船への動力機導入に関心が深く、三十八年にわが国初の石油発動機付鮮魚運搬船「新生丸」を建造した。四十年(一九〇七)には朝鮮近海に進出、慶尚南道方魚津を拠点としてアジ・サバ縛り網漁業の仕込み経営を開始した。大正二年(一九一三)には下関に林兼の本店を設置、捕鯨業や造船業へ進出した。九年にはブライン式冷蔵庫の建設に着手、十三年(一九二四)には、同商店を株式会社に改組して内地漁場へも進出し、定置漁業と機船底引網漁業の拡充強化を図った。昭和五年(一九三〇)八月に下関商工会議所会頭に就任。二十一年(一九四六)三月に貴族院議員に勅選されるも、同年五月十九日死去。八十一歳。

参考文献 大仏次郎編『中部幾次郎』(一九五八)、『大洋漁業八〇年史』(一九八〇)

(高村　聰史)

ながまつとうかい　永松東海　一八四〇―一九八　幕末の

蘭方医、明治期の医化学者。佐賀の人。天保十一年九月二十九日(一八四〇年十月二十四日)に生まれる。はじめ原東太郎、維新のころに藤原良侶と名乗る。佐賀藩医永松玄洋の養子となる。佐賀藩の蘭学寮で学び、好生館で医学を修め、元治元年(一八六四)江戸に遊学、医学所で医学を、開成所でドイツ語・英語を学ぶ。慶応元年(一八六五)、佐倉で順天堂塾の会頭になり、同三年から長崎でボードインら外国人教師から医学、理化学を学び、明治元年(一八六八)戊辰戦争で傷病兵治療に活躍。同年から明治四年まで大阪医学校で教授、同年、佐賀医学校改革のために帰郷。五年に第一大学区医学校教師、六年に京都療病院医業取締、七年東京司薬所の創設に尽力し初代所長となる。八年病のため辞職、九年陸軍二等薬剤正となり、西南戦争で負傷兵救護に活躍。十一年(一八七八)東京大学医学部別課教官となる。十三年薬局方編纂委員となり日本薬局方制定に尽力。十八年陸軍一等軍医正となり軍本部に出仕。十九年陸軍軍医学校教官、二十一年(一八八八)予備役に。著書に『生理学』『定性化学試験要領』。明治三十一年(一八九八)五月十一日没。五十九歳。

参考文献　『国立衛生試験所百年史』(一九七五)、近藤修之助『明治医家列伝』四(杉本おさむ編『日本人物情報大系』五一所収、二〇〇〇、皓星社)　（酒井　シヅ）

なかまるせいじゅうろう　中丸精十郎　一八四〇―九五　洋画家、洋画教育者。天保十一年(一八四〇)、甲府に生まれる。満田信了の手習塾で書を学ぶが、絵ばかりを描き、満田の推薦により京都の日根対山に就き南画を学ぶ。明治五年(一八七二)上京し、川上冬崖《かわかみとうがい》の聴香読画館に入門。陸軍兵学寮に出仕していた川上との関係から、中丸も八年七月から陸軍に出仕し、十六年(一八八三)三月まで陸軍戸山学校で画学教官として勤務。ここでの門下に後藤貞行・大久保雄輔がいる。また陸軍文庫発行の図画教科書『西洋画式』の作成にも関わる。その一方で、明治九年開校の工部美術学校に週三回生として通学し、十五年までの六学年間修学したと考えられる。これ以後は、すでに明治八年から開いていた家塾において、西洋画を教える一方、肖像画家として名を馳せる。門弟には山下りん・石井重賢(鼎湖)・藤島武二らがいる。川路利良・大山巌・樺山資紀などの肖像を描いた。明治二十八年(一八九五)十一月十五日没。五十六歳。

参考文献　冠豊一「粗描中丸精十郎(上・下)」(『萠春』二五三・二五四、一九七六)、青木茂編『フォンタネージと工部美術学校』(『近代の美術』四六、一九七八、至文堂)、金子一夫『近代日本美術教育の研究―明治時代―』(一九九二、中央公論美術出版)　（河上　眞理）

なかみかどつねゆき　中御門経之　一八二〇―九一　幕末・維新期の公家。文政三年十二月十七日(一八二一年一月二十日)権大納言坊城俊明の五男として生まれる。幼少時に侍従中御門資文の養子となり、家督を継ぐ。文政六年七月従五位下に叙され、天保二年(一八三一)十二月に元服し、昇殿を許される。嘉永元年(一八四八)五月、侍従に任じられ、以後、左右少弁、左右中弁、蔵人頭、右大弁などを歴任し、元治元年(一八六四)三月参議となる。岩倉村に隠棲中の岩倉具視とひそかに連絡を取り続け、慶応二年(一八六六)八月には王政復古派の公家二十一名とともに列参し、勅勘を蒙った者の赦免や朝廷の改革を訴えたが、逆に十月閉門に処せられた。翌年三月許されると、岩倉のほか正親町三条実愛《おおぎまちさんじょうさねなる》・大久保利通・品川弥二郎らとともに王政復古の計画をめぐらし、倒幕の密勅の降下に尽力するなどした。慶応三年九月権中納言に任じられ、同年十二月九日(一八六八年一月三日)には議定となり、翌年正月、会計事務督となる。同年閏四月二十二日(一八六八年六月十二日)権大納言に任じられる。同年五月会計官出仕を仰せ付けられ、八月会計官知事兼勤となる。さらに十月には治河掛、翌年二月には造幣局掛を仰せ付けられた。中御門は維新後は新政府の開明路線に不満を抱くようになり、保守的傾向を強めていった。明治二年(一八六九)五月これまでの職務を免じられ内廷知事となり、同年七月には麝香間《じゃこうのま》参入を仰せ付けられ、留守長官に任じられた。同年十一月大納言に任じられ、三年十二月二十二日(一八七一年二月十一日)大納言、留守長官を辞し、麝香間参入を仰せ付けられた。十七年(一八八四)六月、家督を嗣子経明に譲り隠居、明治二十四年(一八九一)八月二十七日死去。七十二歳。

参考文献　宮内庁書陵部蔵『中御門家系譜并伝』、『中御門家文書』(一九六四・六五、早稲田大学社会科学研究所)、渡辺幾治郎「『中御門家文書』と明治維新」(『大隈研究』七、一九五六)　（内藤　一成）

なかみがわひこじろう　中上川彦次郎　一八五四―一九〇一　実業家。安政元年八月十三日(一八五四年十月四日)豊前国下毛《しもげ》郡金谷《かなや》村森ノ丁《もりのちょう》(大分県中津《なかつ》市)に中津藩勘定《かんじょう》役《やく》の中上川才蔵の長男として生まれる。母の婉《えん》は福沢諭吉の姉。中津の私塾に学び、明治二年(一八六九)慶応義塾に入塾。四年中津市学校の教員、六年宇和島洋学校の教員となる。七年イギリスへ渡り、ロンドン滞在中に井《いの》上馨《うえかおる》の知遇を得る。明治十年(一八七七)帰国し、慶応義塾で教える傍ら『民間雑誌』に執筆。十一年井上馨に誘われ工部省御用掛に出仕。十二年外務省へ転じ少書記官、十三年公信局長となる。明治十四年の政変により免官となり、十五年時事新報社社長に就任。明治二十年(一八八七)山陽鉄道会社社長として鉄道経営に尽力する。二十四

中上川彦次郎

年山陽鉄道会社を辞し、井上馨の要請により、経営危機に陥っていた三井銀行の理事に就任。二十五年三井銀行副長となり実質的な権限を掌握し、三井銀行の改革を進める。三井物産会社取締となる。二十六年三井銀行常務理事、三井鉱山合名会社理事、鐘淵《かねがふち》紡績会社社長、二十七年三井銀行専務理事となる。三井の改革にあたり、朝吹英二・津田興二・波多野承五郎《はたのしょうごろう》・村上定・藤山雷太・武藤山治《むとうさんじ》・和田豊治《わだとよじ》・池田成彬《いけだしげあき》・平賀敏《ひらがさとし》・日比翁助《ひびおうすけ》・藤原銀次郎ら慶応義塾出身の新進気鋭の人材を多数採用した。三井銀行の改革として、東本願寺への貸付金、第三十三国立銀行破綻にかかわる債権処理など、不良貸付金の整理を強行し経営の健全化につとめ、国庫金取扱を主とする三井銀行の経営体質から脱却を図った。貸付金整理の過程で、田中製造所(芝浦製作所)・前橋紡績所・大《おお》嶹《しま》製糸所などが三井の傘下に入った。鐘淵紡績・王子製紙などの有望な事業への投資を拡大し、三井の工業化を推進する。しかし恐慌などによる三井の経営の不振や、井上馨、益田孝、三井家同族との経営方針の違いから対立を招いた。明治三十四年(一九〇一)十月七日没。四十八歳。三女アキは参議院議員藤原あき。

参考文献 白柳秀湖『中上川彦次郎伝』(一九四〇、岩波書店)、日本経営史研究所編『中上川彦次郎伝記資料』(一九六九、東洋経済新報社)、菊池武徳『中上川彦次郎君―伝記・中上川彦次郎―』(『伝記叢書』、二〇〇〇、大空社)

(森田 貴子)

なかみぞとくたろう　中溝徳太郎　一八五七―一九二三　海軍軍人。安政四年十二月二十二日(一八五八年二月五日)に佐賀藩士中溝孝稠の長男として生まれる。攻玉社を経て、明治五年(一八七二)九月に海軍兵学寮入(海兵五期)。明治十一年(一八七八)八月、少尉補に任官。海上勤務を経て、明治二十四年(一八九一)十二月に少佐昇進、横須賀水雷隊施設部司令。明治二十七年秋津洲副長として日清戦争へ出征。明治二十九年十一月に大佐へ昇進。明治三十五年(一九〇二)十二月にイギリス公使館付。翌年十一月に舞鶴鎮守府参謀長。明治三十六年七月に少将昇進、常備艦隊司令官。明治三十七年二月に呉鎮守府参謀長、五月に舞鎮工廠長。明治四十年(一九〇七)三月に中将昇進、同年九月に男爵。明治四十四年四月に予備役。同年七月から大正七年(一九一八)七月まで貴族院議員。大正十二年(一九二三)二月十三日没。六十七歳。

参考文献 外山操編『陸海軍将官人事総覧』海軍篇(一九八一、芙蓉書房出版)、秦郁彦編『日本陸海軍総合事典』(一九九一、東京大学出版会)

(佐藤 宏治)

なかみちたか　那珂通高　一八二七―七九　儒学者。文政十年(一八二七)盛岡藩医江幡《えばた》道俊の子として盛岡に生まれる。諱は通高、号は梧楼、晩年に蘇隠と称した。弘化二年(一八四五)より安積艮斎《あさかごんさい》、東条一堂、森田節斎、阪井虎山に学んだ。兄春庵が藩主廃立問題に係って嘉永二年(一八四九)九月獄死し、仇を討たんとしたが成功せず、これに吉田松陰が関与している。安政六年(一八五九)帰藩して藩校教授となり、優秀な生徒藤村荘太郎(通世)を文久三年(一八六三)に養子にした。同年七月より情況探索のため上京、その際会津藩の世話になった。戊辰戦争では列藩同盟に盛岡藩を代表して参加し敗戦後は楢山佐渡・佐々木直作とともに責任者として捕縛されたが、明治三年(一八七〇)九月に赦された。その間の二年二月江幡から那珂(先祖の出生地にちなむ)に改姓している。六年大蔵省に出仕し大蔵大輔井上馨の辞表を執筆、彼も同省を去って文部省に入り小学読本の校閲などを行なった。十二年(一八七九)五月一日にわかに病んで没した。五十三歳。岩手古文書学会編『(那珂梧楼日記)幽囚日録』(平成元年、国書刊行会)が刊行されている。

(宮地 正人)

なかみちよ　那珂通世　一八五一―一九〇八　歴史学者、東洋史学の創立者。嘉永四年正月六日(一八五一年二月六日)、盛岡藩士藤村源蔵政徳と妻弁子(谷崎氏)の三男として盛岡城下に生まれる。幼名は荘次郎。長兄荘助(のち胖)と改名、その三男が「巌頭之感《がんとうのかん》」を残して自殺した一高生藤村操《ふじむらみさお》)とともに藩校明義堂に通い、その才能を安政六年(一八五九)同校教授に就任した江幡五郎通高《えばたごろうみちたか》(号梧楼《ごろう》)が止目して養われ、慶応二年(一八六六)正式に入籍して江幡小五郎通継と改名。明治二年(一八六九)江幡氏が本来の那珂氏に復姓し、さらに通世と改名した。薫育をうけた養父通高は高い学才をもった激情家として知られ、脱藩して諸国遊歴、吉田松陰らと交わりをもち、戊辰戦争の戦犯として幽閉生活を余儀なくされ、その釈放のために東奔西走するなど、幕末維新の激動の敗者としての屈辱と貧困を幼少年期に体験した。漢学から英学への志をもって明治五年慶応義塾変則科に入学、同七年卒業。義塾大阪分校教師となり、ついで萩巴城学舎の英語教師を勤めるも一年で帰京、福沢諭吉の推薦によって同十年(一八七七)千葉師範学校教師長兼千葉女子師範学校教師長嘱任、翌年にはそれぞれの校長と同年創立の千葉中学校総理を兼任し開校に大きな役割を果たした。同十二年東京女子師範学校訓導兼幹事に転任、西洋式の女子教育改革に尽力したが、森有礼の文相就任とともに同十九年辞職。同二十一年(一八八八)から同二十三年にかけて『支那通史』四巻五冊を刊行、漢文による宋代までの文明史論的叙述法を導入した名著として那珂の東洋史学者としての名声を確立することになった(のち清国でも翻刻出版

那珂通世

され、和田清訳の『岩波文庫』三冊として普及)。同二十七年の日清戦争時に高等師範学校主宰の研究調査会歴史科会合でそれまでの外国歴史を西洋歴史と東洋歴史に二分すべきことを提議、中等教育における東洋史の独立を主張して、中等学校教科用としてみずから『那珂東洋小史』(明治三十六年)を執筆した。日本古代史の分野でも明治二十一年に親友三宅米吉創刊の『文』に「日本上古年代考」(養父らの結社の『洋々社談』に明治十一年掲載の「上古年代考」を全編増補改作)を寄稿して『日本書紀』の紀年論をめぐって注目を浴び、同二十六年から三十年(一八九七)にかけて「高句麗古碑考」「朝鮮古史考」さらに三たび改稿改題した「上世年紀考」の長編力作を『史学雑誌』に連載、中国・朝鮮の古史との比較考証による実証的研究の起点となるすぐれた成果を示した。この間、明治二十七年第一高等中学校教授兼高等師範学校教授となり、同二十九年には帝国大学文科大学講師を嘱託されて漢学支那語学第三講座の支那歴史講義を同三十七年に白鳥庫吉《しらとりくらきち》が同講座の教授に就任するまで分担。満洲語とモンゴル語の独習につとめ、明治三十三年来日した清国の学者官僚文廷式らと内藤湖南《ないとうこなん》の斡旋で会見、元史に関する諸文献の寄贈を受け、天下の奇書とされていた『蒙文元朝秘史』の訳業に精力的に取り組み、和訳と詳密な注解からなる『成吉思汗《チンギスカン》実録』全十二巻として同四十年(一九〇七)に刊行、蒙古史研究史上画期的意義を有する畢生の業績となった。さらに続編の翻訳やモンゴル語文典の作成を志したが、翌四十一年三月二日心臓発作のため急死した。五十八歳。没後、「外交繹史」「校正増注親征録」「成吉思汗実録続編」「東洋史学要書目録」「雑著」を収録した大冊の『那珂通世遺書』が故那珂博士功績紀念会(代表者三宅米吉)編輯によって刊行され(大正四年、大日本図書株式会社)、その業績の大要を知ることができるが、戦後の昭和二十三年(一九四八)に三品彰英《みしなしょうえい》増補による『増補上世年紀考』(養徳社)と同三十三年(一九五八)に『外交繹史』全四巻(岩波書店)が再刊されたのみで、網羅的な全集の刊行は試みられていない。研究と教育一途で逸話とてあまりないが、「転輪博士」と称して自転車旅行が唯一の道楽であったとされる。

参考文献 三宅米吉「文学博士那珂通世君伝」(『文学博士三宅米吉著述集』上所収、一九二九、目黒書店)、村上正二「小伝那珂通世—草創期の東洋史学—」(『史学』六〇ノ二・三合併号、一九九一)、田中正美「那珂通世」(江上波夫編『東洋学の系譜』所収、一九九二、大修館書店)、窪寺紘一『東洋学事始—那珂通世とその時代—』(二〇〇九、平凡社)

(今井　修)

ながみねひでき　永峰秀樹　一八四八—一九二七　翻訳家。嘉永元年六月一日(一八四八年七月一日)甲州巨摩郡浅尾新田(山梨県北杜市)に蘭方医小野通仙の四男として生まれる。八歳より甲府の徽典館に入って漢籍を学び、十六歳で森土鉞四郎に剣術を修め、十九歳の慶応二年(一八六六)に上京、翌三年平山図書頭に知られて彼の家来となり回天丸に乗船して土佐に赴き、長崎に廻って英語を学んだ。平山に従って江戸に出、この年幕臣永峰家の名跡を相続して撤兵並勤方に任じられた。江戸開城時は撤兵頭福田八郎右衛門に従い木更津に赴いたが、隊は新政府軍に破られ、永峰は江戸に戻り、静岡藩に歩兵下役として召出され沼津に移住した。明治二年(一八六九)四月沼津兵学校の資業生(月々四両支給)となり、廃藩直後の明治四年九月、赤松大三郎の紹介で海軍兵学寮に出仕し、ダグラス海軍教師団来日中は通訳を勤め、その後海軍兵学校(明治九年八月兵学寮より組織替え)の英語教官となり、あわせて地文学や国際法を授け、また主計学校では経済学を講じた。海軍兵学校は明治二十一年(一八八八)江田島に移り、同年八月より永峰も江田島に移動、この時にそれまでの翻訳の仕事は中止した。三十五年(一九〇二)八月依願免官時の永峰の身分肩書は海軍兵学校普通学教官、高等官三等従五位勲五等賜瑞宝章となっており、千五百名の生徒を教えてきたのである。永峰がその優れた英語力およびその下地としての豊かな国文ならびに漢文能力をもとに「一般人民の教化」を目的に翻刻を始めたのは、銀座の山城屋(奎章閣)が経済書の翻訳を依頼しに来たのを受け米人ウォーケル『富国論』消費の部を翻訳(明治七年四月)してからのことである。この明治七年にはギゾー『欧羅巴文明史』(十四冊、明治七年九月—十年六月)、八年にはチェストルフィールド『智氏家訓』、J・S・ミル『代議政体』と『暴夜物語』(千一夜物語)、九年にはハスケル『(小学経済)家政要旨』、十二年(一八七九)には諸家の論を集めた『(経済小学)家政要旨二編』、十三年にはロベルト『官民議場必携』を訳出した。退官後は骨相学に傾倒していた。昭和二年(一九二七)十二月三日、八十歳で没した。

参考文献 永峰秀樹『思出のまま』(一九二八)

(宮地　正人)

なかむたくらのすけ　中牟田倉之助　一八三七—一九一六　海軍軍人。天保八年二月二十四日(一八三七年三月三十日)に佐賀藩士金丸文雄の次男として生まれ、のちに同藩士中牟田武貞の養子となる。長崎海軍伝習所、蕃書取調所を経て戊辰戦争に従軍。慶応三年(一八六七)六月に電流丸艦長、明治二年(一八六九)三月に朝陽丸船将。翌年十二月、戊辰戦争の功で中佐に任官。明治四年十一月、大佐へ昇進、同年十一月に少将へ進級と同時に兵学権頭。

中牟田倉之助

明治六年二月から十二月まで欧州出張。明治九年九月、海軍省副官。翌年十月に海軍兵学校校長を兼任。明治十一年(一八七八)一月に横須賀造船所所長、同年十一月に中将へ昇進。明治十三年十二月に東海鎮守府司令長官。翌年六月、海軍大輔(翌年十月まで)。明治十七年七月に子爵を授爵。同年十二月に横須賀鎮守府司令官。明治二十二年(一八八九)三月、呉鎮守府司令官。明治二十五年十二月海軍参謀部長兼海軍大学校校長。翌年五月に軍令部長となるが、日清戦争開戦に際して慎重な姿勢が政府関係者に問題視され更迭される(後任は樺山資紀《かばやますけのり》)。明治二十七年七月から大正五年(一九一六)三月まで枢密顧問官。明治三十三年(一九〇〇)二月に後備役編入。大正五年三月三十日没。八十歳。

参考文献 中村孝也『中牟田倉之助伝』(一九一九)、田村栄太郎『(明治海軍の創始者)川村純義、中牟田倉之助伝』(一九四四、日本軍事図書)、外山操編『陸海軍将官人事総覧』海軍篇(一九八一、芙蓉書房出版)、秦郁彦編『日本陸海軍総合事典』(一九九一、東京大学出版会)、高橋秀直『日清戦争への道』(一九九五、東京創元社)
(佐藤 宏治)

中村歌右衛門

なかむらうたえもん 中村歌右衛門 一八六五—一九四〇 明治から昭和初期の歌舞伎俳優。五代目。慶応元年十二月二十九日(一八六六年二月十四日)江戸本所に生まれる。本名中村栄次郎。屋号成駒屋。四代中村芝翫《しかん》の養子となり、初代中村児太郎を名乗って、初舞台。明治十四年(一八八一)四代中村福助となる。生来の美貌と抜群の気品で、一躍東都の人気を集め、九代市川團十郎、五代尾上菊五郎などの相手役に若くして抜擢された。二十年(一八八七)には、天覧劇にも出演したが、このころより、当時の白粉に含まれていた成分による鉛毒の症状が悪化し始め、身体に不自由をきたすようになる。三十四年(一九〇一)に五代中村芝翫を、四十四年(一九一一)に五代中村歌右衛門を襲名した。その間には、多くの古典的演目に加えて、新派の作品も演じて評判をとり、一方、坪内逍遥の新歌舞伎作品である『桐一葉』、『沓手鳥孤城《ほととぎすこじょう》落月《らくげつ》』の淀君役を演じて、権勢を振るい武将をも見下すような、従来の女形像とは全く違った独自の女性像を描いた。歌右衛門を襲名してから後は、歌舞伎座の座頭《ざがしら》(幹部技芸委員長)となって、歌舞伎俳優全体の頂点に立つような位置を占めるに至った。女形に当り役は多いが、立役でも無類の大きさのスケールを誇り、『曾我対面』の工藤祐経、『楼門《さんもん》五《ご》三桐《さんのきり》』の石川五右衛門などのような座頭役での圧倒的な威容は現在でも語り継がれている。女形の当り役には、『本朝廿四孝』の八重垣姫、『鎌倉三代記』の時姫、『忠臣蔵』の戸無瀬、『伽羅先代萩《めいぼくせんだいはぎ》』の政岡など、枚挙にいとまがないほどであり、病に侵される以前には『京鹿子娘道成寺《きょうがのこむすめどうじょうじ》』の白拍子花子のような舞踊も得意としていた。その生涯は出生も含めて伝説化して語られ、豪華を極め、東京に千駄ヶ谷御殿と称されるような豪邸を構える私生活を誇った。昭和十五年(一九四〇)九月十二日没。七十六歳。

参考文献 早稲田大学演劇博物館編『五代目中村歌右衛門展』(二〇〇〇)
(神山 彰)

なかむらおうけい 中村桜渓 一八五二—一九二一 明治から大正期の漢文学者。嘉永五年(一八五二)江戸に生まれる。先祖は千葉氏の後裔にして、代々上総国長柄郡桜谷村(千葉県長生郡長柄町)に住しており、そのため桜渓と号した。名忠誠、字伯実。若くして松崎慊堂、安井息軒の学を慕い、息軒門の漢学者倉田幽谷に師事し経史を修める。文章をよくし、文会廻瀾社、以文会に入り研鑽を積み、川田甕江、塩谷青山、日下勺水、牧野藻洲らと交流があった。その文は唐宋八家を宗とし、特に欧陽修、曾南豊らの影響を強く受けている。明治十年代半ばころ、幽谷と親交のあった土浦藩儒木原老谷の薦めにより、埼玉県師範学校教諭に任ぜられ、その後、老谷門人の町田波山に従い台湾へ渡り台湾国語学校教授をつとめ、都合三十年余り教壇に立った。台湾には九年間滞在した(『渉濤三集』)。晩年は著述に専心し、大正十年(一九二一)十二月三十一日没。七十歳。著書に、文集『渉濤集』三冊(明治三十六—四十一年、平島辰太郎)、文集『桜渓文鈔』三冊(昭和二年、中村忠諒)。また、吉井信発述『盤錯秘談』(明治二十四年、武藤栄守)の編集も行なった。

参考文献 松本竜之助編『明治大正文学美術人名辞書』(一九二六、立川文明堂)、神田喜一郎編『明治漢詩文集』(『明治文学全集』六二、一九八三、筑摩書房)、三浦叶『明治漢文学史』(一九九八、汲古書院)
(鈴木 亮)

なかむらかくどう 中村確堂 一八三二—九七 漢学者。名は彝、字は士訓、通称は彦吉・三次・鼎五。確堂・十三松堂と号した。天保三年十月八日(一八三二年十一月三十日)、近江水口藩士山県彦三郎の三男に生まれる。中村栗園《りつえん》に学び、十五歳でその養嗣子となった。十七歳の時、藩の執政となった栗園に代わって藩校翼輪堂に教授した。こののち、大津の上原立斎《うえはらりつさい》、但馬の小川含章《おがわがんしょう》らに学び、上京して牧百峰《まきひゃっぽう》に師事した。幕末維新の際には、養父栗園の指示に従い京坂にあって情報の収集にあたり、戊辰戦争の折には宮中の警護に従事した。明治二年(一八六九)、学校督学、同六年修史局二等編修官に任ぜられ、埼玉県師範学校校長や彦根中学校校長を歴任した。明治三十年(一八九七)三月三日没。六十六歳。その文章を集めた『碧梧翠竹居文鈔』があるほか、『文章正鵠』『漢文学読本』などの著書もある。

参考文献　近藤春雄『日本漢文学大事典』(一九八五、明治書院)　(長尾　直茂)

なかむらかんざぶろう　中村勘三郎　一八二二―九五　歌舞伎俳優、座元。寛永元年(一六二四)、江戸中橋に猿若座(のち中村座と改称)を創設した勘三郎を初代として、平成まで十八代を数える。座元の最後は明治期の十三代目で、文政五年(一八二二)生。初名中村伝蔵。嘉永四年(一八五一)座元になるが、経営難から明治八年(一八七五)退座。中村座は二十六年(一八九三)に焼失。晩年は不遇のまま二十八年十月二十九日に東京浅草の松葉館で没。七十四歳。

参考文献　三代目中村仲蔵『手前味噌』(『青蛙選書』、一九六九、青蛙房)、国立劇場芸能調査室編『東都劇場沿革誌料』(一九八三・八四)　(佐藤かつら)

なかむらがんじろう　中村鴈治郎　大阪の歌舞伎俳優。明治から三代続く。

㈠初代　一八六〇―一九三五　万延元年三月六日(一八六〇年三月二十七日)、大坂新町の扇屋で生まれる。本名は林玉太郎。父は嵐珏蔵《かくぞう》(のち三代中村翫雀《かんじゃく》)。初代實川延若《じつかわえんじゃく》に弟子入りし、明治六年(一八七三)實川鴈二郎の名で初舞台。十一年(一八七八)西南戦争を扱った『西南夢物語』で父と同座し、中村鴈治郎を名乗る。十八年戎座の『心中天網島《てんのあみじま》』で紙屋治兵衛をはじめて演じる。この紙治は生涯の持ち役になり、花道に登場する鴈治郎は、「頰かむりの中に日本一の顔」(岸本水府)と詠まれたりした。当たり役は紙治や忠兵衛といった和事《わごと》のほか、実事《じつごと》の『引窓《ひきまど》』『盛綱《もりつな》』、新作の『土屋主税』『椀久《わんきゅう》』など玩辞楼十二曲の作品。惜しまれるのは二十一年(一八八八)ごろ、水銀を飲まされて声がしわがれたことである。それでも大正十一年(一九二二)発売のレコード『藤十郎の恋』(菊地寛作)はよく売れた。芸風は優美で容姿に優れ、また松竹会長白井松次郎とは強いきずなで結ばれていた。昭和十年(一九三五)二月一日没。七十六歳。

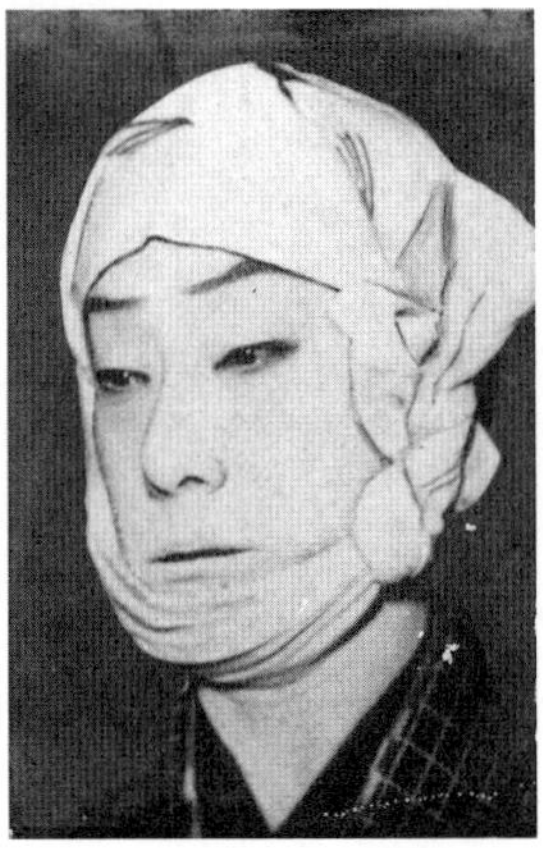

中村鴈治郎㈠

㈡二代　一九〇二―八三　明治三十五年(一九〇二)二月十七日、大阪に生まれる。初代の三男。本名は林好雄。明治三十九年初舞台。四十三年(一九一〇)大阪の中座で中村扇雀《せんじゃく》になる。昭和十六年(一九四一)初代鴈治郎追善の映画「芸道一代男」(川口松太郎作、溝口健二監督)で主役を演じ、その作を披露狂言として大阪の角座で四代翫雀を襲名した。二十二年(一九四七)大阪の歌舞伎座で二代鴈治郎を襲名。二十八年には長男扇雀(のち三代鴈治郎)と『曾根崎心中』(近松門左衛門原作、宇野信夫脚本・演出)を演じ、大きな話題になった。三十年(一九五五)映画界へ転向。吉村公三郎監督「大阪物語」をはじめ、黒沢明の「どん底」、市川崑の「炎上」ほかに出演。晩年は歌舞伎へ戻り、昭和五十八年(一九八三)四月十三日没。満八十一歳。三代目は長男の扇雀が平成二年(一九九〇)に継いだのち、十八年(二〇〇六)に和事の大成者坂田藤十郎の名跡を復活した。

参考文献　中村鴈治郎『鴈治郎自伝』(一九三五、大阪毎日新聞社)、二代中村鴈治郎『役者馬鹿』(一九七四、日本経済新聞社)　(倉田　喜弘)

なかむらぎじょう　中村義上　一八四五―一九三九　明治・大正期の農村指導者、農政家。弘化二年五月十日(一八四五年六月十四日)、三河国渥美《あつみ》郡田原(愛知県田原市)で田原藩士の家に生まれた。父三八郎は同藩中小姓で大蔵永常の助手をつとめていた。藩校成章館《せいしょうかん》に学び、卒業後は同館助教授となる。廃藩後は田原で帰農。明治二十一年(一八八八)、民間の農事改良団体である三遠農学社に加わり、報徳主義の影響を受けながら、村内の農事改良・地域改良を行う。三遠農学社東三支社(渥美郡野田村(田原市))設立にも尽力。報徳主義にもとづき近隣の農村・農業の発展を指導し、愛知県農会とも関係を深める。これらの功績により四十一年(一九〇八)、愛知県農会から表彰されると同時に大日本農会から有功賞を受ける。明治末から大正期にかけて田原町助役。また、田原藩家老渡辺崋山の顕彰にも尽くした。晩年は、東京の息子のもとで過し、昭和十四年(一九三九)二月二日死去。九十五歳。

参考文献　「評伝中村義上氏」(『愛知県農会報』一二一、一九〇八)、大西伍一『日本老農伝(改訂増補)』(一九八五、農山漁村文化協会)　(岡田　洋司)

なかむらきちえもん　中村吉右衛門　一八八六―一九五四　明治から昭和前期の歌舞伎俳優。初代。明治十九年(一八八六)三月二十四日、東京浅草に三代中村歌六《かろく》の長男として生まれる。本名波野辰次郎《なみのたつじろう》。屋号播磨屋。三十年(一八九七)吉右衛門を名乗り、市村座で初舞台。以後、浅草座での子供芝居で少年時代より人気を得、十四歳で座頭《ざがしら》となっていた。三十五年に歌舞伎座に入り、晩年の九代市川團十郎の指導を受ける。いわゆる名門の子弟ではないが、徐々に頭角を現わし、興行師の田村成義《たむらなりよし》に見出され、四十一年(一九〇八)、六代目尾上菊五郎とともに市村座に移る。以後、大正十年(一九二一)市村座を脱退するまで、「市村座時代」と呼ばれる黄金時代を築いた。とりわけ新世代の青年層の観客や、第一高等学校のエリートたちの一部にも人気があった。のちに「大正教養派」といわれた人々にも好まれ、小宮豊隆は著書『中村吉右衛門』(昭和四十一年、岩波書店)を著わすほどに熱中したことで知られる。義太夫狂言の時代物を得意とし、大正から昭和にかけて、九代團十郎の得意とした役々を継承していた。その一方、関西出身だった父歌六の系統の芸風から生じる世話物にも独自の味わいを見せて、戦後に至るまで人気を博した。当り役には、『一谷嫩軍記《いちのたにふたばぐんき》』の熊谷次郎直実、『近江源氏先陣館《おうみげんじせんじんやかた》』の佐々木盛綱、『地震加藤』の加藤清正などがあるが、世話物でも、『籠釣瓶《かごつるべ》花街《さとの》酔醒《えいざめ》』の佐野次郎左衛門のような役では、独特の味わいと気分を描出した。吉右衛門のパセティックな感情を刺激するような名調子と称された音声や芸風は、明治期の末から、大正期にかけての一部の知識人や学生が用いた「情調」や「煩悶」という語彙に共通する性格を持っていたといえよう。俳句、小唄、日記などを刊行するような文筆の趣味もあり、近代歌舞伎を代表する感性を備えた役者だったといえる。昭和二十九年(一九五四)九月五日没。満六十八歳。 (神山　彰)

なかむらきちぞう　中村吉蔵　一八七七―一九四一　明治から昭和期の小説家、劇作家。明治十年(一八七七)五月十五日島根の商家に生まれる。幼名常治。小説家時代の号は春雨。別号奇痴堂・冶雷《やらい》庵・兜《とり》庵。明治二十四年(一八九一)吉蔵と改名して家業を継いだがあきたらず、二十九年大阪に上り、『文庫』や『少年文集』などに小説を投稿。また、メソジスト教会で洗礼を受けた。投稿仲間の高須梅渓《たかすばいけい》らと翌年浪華青年文学会を創設し、機関誌『よしあし草』を刊行。三十二年(一八九九)上京して広津《ひろつ》柳浪《りゅうろう》に師事し、東京専門学校(のちの早稲田大学)に入学、坪内逍遙や島村抱月らの教えを受ける。在学中の三十四年に『大阪毎日新聞』の懸賞小説で『無花果《いちじく》』が一等当選、新進作家となる。三十六年早大卒業後、三十九―四十二年(一九〇九)の欧米留学中にイプセン劇に強くひかれ、劇作家を志す。帰国後の四十三年、イプセンの影響を受けた新社会劇『牧師の家』を発表。以後劇作に励むとともに、早大講師として大正六年(一九一七)までイプセンおよび近代劇を講じた。この間、明治四十四年文芸協会の『人形の家』上演の際、演出の島村抱月を補佐し、大正二年抱月、松井須磨子《まついすまこ》の芸術座結成に参加。文芸主任として『剃刀』(大正三年)、『飯』(同四年)、『真人間』(同五年)などの社会劇を発表するとともに、抱月死後は経営責任者として須磨子の自殺から同座解散までの事後処理にあたった。六年の大病後は創作に専念し、『淀屋辰五郎』(大正七年)、『井伊大老の死』(同九年)、『大塩平八郎』(同十年)、『銭屋五兵衛父子』(同十一年)などの史劇を発表、好評を博した。昭和に入ると大劇場主義を唱えて、『星亭』(昭和二年)、『大隈重信』(同三年)、『原敬』(同三年)などの伝記劇を創作。大正十四年(一九二五)再び早大講師となり近代劇、ギリシア劇を講じた。昭和六年(一九三一)早大教授、十六年(一九四一)「日本戯曲技巧論」で文学博士。同年十二月二十四日没。六十五歳。

参考文献　小林政治編『故中村吉蔵博士追悼集』(一九四三)、納富康之「中村吉蔵博士の生涯とその戯曲・著作上演年表」(『(戯曲)伊藤・東郷・頭山』所収、一九四三、鶴書房)、藤木宏幸『中村春雨論』(『大衆文学研究』一四、一九六五) (梅澤　宣夫)

なかむらきよお　中村精男　一八五五―一九三〇　明治時代中期から大正時代の気象学者。安政二年四月十九日(一八五五年六月三日)、長門国阿武郡椿郷東分村《つばきごうひがしぶんそん》(山口県萩市)に生まれる。明治五年(一八七二)南校入学、同十二年(一八七九)東京大学理学部物理学科卒業後、内務省地理局に入る。同十九年よりドイツに留学、ベルリン大学・ハンブルグ海洋気象台で気象学を学び、同二十二年(一八八九)帰国。同二十三年中央気象台技師となり、同二十四―二十八年統計課長。このとき各測候所の気温ほかの観測値をまとめ、同二十六年開催のシカゴ万博に日本が出品したThe Climate of Japanの編纂に関わった(同三十五年(一九〇二)、同業績をもとに理学博士号を授与される)。同二十八年から大正十二年(一九二三)第三代中央気象台長に就き、日本の気象業務の整備充実に尽くした。明治十四年東京大学卒業生らとともに東京物理学講習所を設立(同十六年東京物理学校と改称、現東京理科大学)。同二十九年第二代校長となり、亡くなるまでその職を務めた。昭和五年(一九三〇)一月三日没。七十六歳。

参考文献　岡田武松「中村精男先生の気象学上の貢献」(『気象集誌』二輯八、一九三〇)、気象庁編『気象百年史』資料編(一九七五) (八耳　俊文)

中村精男

なかむらけいう　中村敬宇　⇨中村正直《なかむらまさなお》

なかむらけんきち　中村憲吉　一八八九―一九三四　明治から昭和時代初期の歌人。明治二十二年(一八八九)一月二十五日、広島県三次郡布野(三次市)に素封家で酒造業を営む修一、セキの次男として生まれる。四十一年(一九〇八)、第七高等学校在学中に新聞『日本』の伊藤《いとう》左千夫《さちお》選歌に短歌五首入選。翌年上京して左千夫に入門。以後『アララギ』同人として活躍。四十三年東京帝国大学法科大学経済学科入学。在学中に、大正二年(一九一三)島木赤彦《しまきあかひこ》と合著歌集『馬鈴薯の花』を刊行。写生短歌に

中村憲吉

新しい感覚と調べを加えていく。大正四年、大学を卒業。東京での就職を希望するが、郷里で結婚して、実家の事業に携わる。大正五年、第二歌集『林泉集』を刊行。十年(一九二一)、大阪毎日新聞社経済部記者となるが、十五年、家督を継ぎ帰郷。再び家務に従うが、肋膜を病み、昭和九年(一九三四)五月五日、尾道市で没。四十六歳。生前の歌集に『しがらみ』(大正十三年)、『軽雷集』(昭和六年)などがある。郷里の風土や現実、各地の自然や人間と向き合いながら、『アララギ』の歌風を進展させた。『中村憲吉全集』全四巻(昭和十二—十三年)がある。

参考文献 吉田漱『中村憲吉論考』(『六法出版社ほるす歌書』、一九九〇、六法出版社)、関口昌男『中村憲吉とその周辺』(一九六四、短歌新聞社)、山根巴『中村憲吉—歌と人—』(一九九六、双文社出版)、藤原勇次『評伝中村憲吉』(『塔二十一世紀叢書』、二〇〇八、青磁社) (内藤 明)

なかむらざ 中村座 江戸初の歌舞伎劇場。寛永元年(一六二四)に始まるといい、堺町(東京都中央区)で長く興行し、天保の改革で浅草猿若町(東京都台東区)に移転。明治期には経営難におちいり、代々中村勘三郎が座元であったものを、明治八年(一八七五)に十三代目勘三郎にかわり三代目中村仲蔵が座元を勤め、興行を続けたが九年末に焼失。十一年(一八七八)七月からは都座(座元平野保兵衛)、十二年七月からは猿若座とあらため(座元岩井《いわい》粂三郎《くめさぶろう》)、興行を続けるが十五年また焼失。十七年十一月に浅草西鳥越町に移転し十三代目勘三郎の子五代目中村明石が座元となり再び猿若座として華々しく開場。しかし翌年一月に出火焼失してしまう。十九年六月に再建落成し旧名の中村座となる。二十四年(一八九一)には川上音二郎一座が公演を行う。二十五年一月からは鳥越座と改め、川上一座や歌舞伎の公演が行われるが、二十六年一月に焼失。その後はついに再建されず、江戸時代初期以来の伝統の櫓はここについえた。

参考文献 小宮麒一編『歌舞伎・新派・新国劇 上演年表 第六版(明治元年—平成十八年)』(二〇〇七) (佐藤かつら)

なかむらさとる 中村覚 一八五四—一九二五 明治・大正時代に活躍した陸軍軍人。安政元年二月二十日(一八五四年三月十八日)、近江国彦根藩に生まれる。明治五年(一八七二)、教導団へ入る。卒業後、伍長。同七年に仮設陸軍士官学校入学。翌年、少尉に任官。西南戦争では、別働第二旅団の一員として鎮圧に参加。同十九年(一八八六)、少佐に進級。歩兵第十連隊大隊長、参謀本部第二局員、第一師団参謀、陸軍大学校教官などを歴任。日清戦争では、大本営侍従武官などを務め、大佐に進級している。同三十二年(一八九九)には、少将に進む。日露戦争では、旅順攻撃に参加。白襷隊《しろだすきたい》指揮官として夜間決死攻撃を指揮するも負傷。戦争中、中将に進級。同四十一年(一九〇八)には、侍従武官長に就任。大正三年(一九一四)には、関東都督に任命された。翌年、大将に進級する。同十四年(一九二五)一月二十九日没。七十二歳。

参考文献 伊藤正徳『軍閥興亡史』一(『光人社NF文庫』)、藤井非三四『(都道府県別に見た)陸軍軍人列伝 西日本編』(二〇〇七、光人社)、半藤一利・横山恵一・秦郁彦他『歴代陸軍大将全覧』大正篇(『中公新書ラクレ』、二〇〇九、中央公論新社) (山本 智之)

なかむらしかん 中村芝翫 一八三〇—九九 歌舞伎俳優。四代。天保元年三月三日(一八三〇年三月二十六日)大坂に生まれる。幼名玉太郎。実父は中村富四郎。九歳で四代目中村歌右衛門の養子となる。同年江戸へ下り、天保十年(一八三九)三月江戸中村座で福助として初舞台。嘉永四年(一八五一)離縁され、翌年から江戸中村座に出勤。万延元年(一八六〇)七月中村・守田両座で四代目芝翫を襲名。五代目坂東彦三郎と並び称される人気役者となった。舞台映えのする容貌で、特に舞踊と義太夫狂言にすぐれた。明治十年(一八七七)末から十四年まで養子福助(のちの五代目歌右衛門)とともに東海道から九州までの巡業に出る。帰京後東京新富座などに出勤。晩年は不遇であった。当たり役は『二人道成寺』、『六歌仙《ろっかせん》』、『楼門《さんもん》五《ご》三桐《さんのきり》』石川五右衛門など。『菅原伝授手習鑑《すがわらでんじゅてならいかがみ》』松王丸、『金閣寺』松永大膳、天衣無縫な人柄で多くの逸話がある。明治三十二年(一八九九)一月十六日没。七十歳。

参考文献 『都新聞』(一八九九年一月十七日—二月十日付)、伊原敏郎『明治演劇史』(一九三三、早稲田大学出版部)、五代目中村歌右衛門述・伊原青々園編『歌右衛門自伝』(一九三五、秋豊園出版部) (寺田 詩麻)

なかむらじゃくえもん 中村雀右衛門 一八四一—九五 歌舞伎俳優。二代目。屋号京屋。天保十二年二月二十四日(一八四一年四月十五日)大坂に生まれる。本名中島保平《なかじまやすへい》。初代の門弟。初名芝之助《しばのすけ》、前名二代目芝雀《しばじゃく》。明治八年(一八七五)四月、角の芝居で襲名。老役(『伊賀越道中《いがごえどうちゅう》双六《すごろく》』の平作など)に当り役が多かったという。上方歌舞伎界に重きをなした。二十八年(一八九五)七月二十日、神戸大黒座興行中コレラにより没。五十五歳。

参考文献 伊原敏郎『明治演劇史』(一九三三、早稲田大学出版部) (佐藤かつら)

なかむらしんご 中村進午 一八七〇—一九三九 国際法学者。明治三年七月二十一日(一八七〇年八月十七日)越後国高田(新潟県上越市)に生まれる。第一高等中学校を経て帝国大学法科大学独法科を二十七年(一八九四)に卒業し、同年より東京専門学校(現早稲田大学)で、二十九年より高等商業学校(現一橋大学)で国際法の講義を担当。三十年(一八九七)には学習院の教授となり、ドイツとイギリスに三年間留学した。中村が国際法研究を志したきっかけは、不平等条約撤廃の急務を痛感させた二十五年の「千島艦事件」であったという。また三十六年、東京帝国大学教授の戸水寛人・金井延《かないのぶ》らが対ロシア強硬外交を主張した「七博士建白事件」に加わり、東京高等商業学校(高等商業学校の後身)の教授職を一時離れた。中村は、右大学のほか日本女子、拓殖、日本、中央、明治、法政、専修などでも講義を随時担当して国際法学の普及に努めるとともに、多くの研究者を育成した。主著『国際公法論』(三十年、東華堂)は千ページを超す大著であり、ロシアの国際法学者フョードル＝フョドロヴィッチ＝マルテンスの『文明国の現代国際法』(二巻、一八八二―八三)を重訳した『国際法』二巻(三十三年、東京専門学校出版部)はわが国の国際法研究を刺戟し、『法学通論』(四十三年、巌松堂)は法治思想の浸透に貢献した。昭和十四年(一九三九)十月二十一日没。七十歳。→七博《しちはく》士意見書《しいけんしょ》

参考文献　大平善悟「名誉教授中村進午博士逝く」(『一橋論叢』四ノ六、一九三九)、大畑篤四郎「中村進午」(早稲田学生新聞会編『紺碧の空なほ青く―近代日本の早稲田人五百五十人―』所収、一九七七、早稲田大学出版部)、吉井蒼生夫「法学―草創期より明治時代末期まで―」(早稲田大学大学史資料センター編『早稲田大学学術研究史(CD - ROM)』所収、二〇〇四、早稲田大学)

(松本　康正)

なかむらせいこ　中村星湖　一八八四―一九七四　明治から昭和期の小説家、評論家。明治十七年(一八八四)二月二十一日山梨県南都留郡河口村(南都留郡富士河口湖町)に生まれる。本名将為。早稲田大学英文科卒。在学中より『万朝報』の投書家として名を馳せ、明治四十年(一九〇七)雑誌『早稲田文学』の懸賞小説に「少年行」が当選し注目される。卒業後は島村抱月の推薦を受けて『早稲田文学』記者となり、片上天弦・相馬御風らとともに小説・批評を執筆し自然主義運動を推進した。短編集『星湖集』(明治四十三年)などがある。その傍ら、モーパッサン、フローベールの紹介にも努めた。抱月死去(大正七年(一九一八))の翌年早稲田文学記者を辞し、次第に理想主義的傾向を強めるとともに、農民芸術に高い関心を寄せ、『農民劇場入門』(昭和二年)などを著わす。大正十五年(一九二六)、日本女子高等学院(現昭和女子大学)教授。昭和二十年(一九四五)、郷里に疎開しそこに定住、晴耕雨読の生活を送る。同二十六年、山梨学院短期大学教授。三十一年(一九五六)、山梨県文化功労者。四十九年(一九七四)四月十三日死去。満九十歳。紅野敏郎編『精選中村星湖集』(平成十年、早稲田大学出版)が刊行されている。

(中村　良衛)

中村清二

なかむらせいじ　中村清二　一八六九―一九六〇　明治時代後期から昭和時代前期の物理学者。明治二年九月二十四日(一八六九年十月二十八日)、越前国鯖江に生まれる。明治二十五年(一八九二)、帝国大学理科大学物理学科卒業、師の田中舘愛橘《たなかだてあいきつ》との交流は田中舘の死まで続いた。明治二十八年、第一高等学校教授、明治三十三年(一九〇〇)、東京帝国大学理科大学助教授に就任。明治三十六年、光学および結晶学研究のためドイツ、フランスに留学。明治三十九年、帰国。明治四十年(一九〇七)、理学博士、教授に昇任。大正十四年(一九二五)、帝国学士院会員。ほか、東京帝国大学理学部長、学術研究会議会員、日本学術振興会員などを務めた。「偏光を用いて歪を験する装置」を用いた日本ではじめての光弾性実験を明治天皇臨席のもと実施し(明治四十五年)、また色消しプリズムにおける最小偏角の研究などを行なった。実験物理学の普及に努めたほか(『物理実験法』、『物理実験学講座』全十二巻)、教科書執筆でも知られ、中等教科書『一般物理学』は明治・大正期にわたって広くつかわれた。大正十二年の関東地震の際には、学生とともに『東京災害実査大地図』を作成するなどして、被害の詳細を記録に残した。昭和二十八年(一九五三)、文化功労者。昭和三十五年(一九六〇)七月十八日死去。満九十歳。

参考文献　栗原嘉名芽「中村清二先生の死を悼む」(『科学』三〇ノ一〇、一九六〇)、永田武「中村清二先生を悼む」(『火山』二集五ノ二、一九六〇)、金沢寿吉「中村清二先生の思い出」(『日本物理学会誌』一五ノ九、一九六〇)

(岡本　拓司)

なかむらぜんえもん　中村善右衛門　一八一〇―八〇　幕末から明治時代前期の養蚕改良家。陸奥国伊達郡梁川村(福島県伊達市)の蚕種製造家中村善右衛門(二代)の長男として文化七年(一八一〇)に生まれる。幼名和助、のち三代善右衛門を襲名。当時、伊達・信夫《しのぶ》両郡の養蚕地帯では蚕の飼育中に蚕室を加温することが普及していたが、天保十年(一八三九)善右衛門は藩医の体温計をみて、これを蚕室の温度調節に利用することを思いつき、水銀を取り寄せたり江戸の鏡商のもとでガラス管を作成するなど苦心の末、天保十四年ごろに寒暖計を完成させた。これを蚕当計と名づけ、標準飼育法を記した冊子『蚕当計秘訣』を嘉永二年(一八四九)に出版した。明治三年(一八七〇)福島県蚕種家総代として政府に意見を披陳し、また仙台の原や下野国に大桑園開拓や製糸場設立を企画した。明治八年には渋沢栄一に養蚕業に関する意見を陳述し、尾高惇忠《おだかあつただ》から秋蚕の重要性を説かれた。これを契機に秋蚕種貯蔵法を研究し、福島県ではじめて秋蚕飼育を行なった。明治十三年(一八八〇)八月十三日に郷里で没。七十一歳。

参考文献　庄司吉之助『近世養蚕業発達史』(一九六四、御茶の水書房)、松村敏「解題四『蚕当計秘訣』」(『日本農書全集』三五所収、一九八一、農山漁村文化協会)

(松村　敏)

なかむらそうじゅうろう　中村宗十郎　一八三五―八九

歌舞伎俳優。屋号末広屋。本名藤井重兵衛。天保六年(一八三五)尾張熱田に生まれる。幼名初太郎。十七、八歳で嵐亀蔵《あらしかめぞう》と名乗り伊勢路で芝居に出演、のち中村歌女《なかむらかめ》蔵《ぞう》、三枡源之助《みますげんのすけ》を経て、初代中村雀右衛門《じゃくえもん》の弟子分となり慶応元年(一八六五)中村宗十郎と改名。大阪の芝居に出演するが、明治六年(一八七三)上京。八年帰阪し一時俳優を辞めて呉服屋となるが十年(一八七七)再び上京し新富座に出演。十四年六月新富座では故実を重んじる活歴風の扮装をした九代目市川團十郎に反発。しかし帰阪後はみずからも活歴風演出を試みたことがあり、演劇改良にも心を砕いた。その演技は壮士芝居の角藤定憲《すどうさだのり》にも影響を与えた。實川延若《じつかわえんじゃく》と並んで上方劇壇を代表する存在として活躍。また、初代中村鴈治郎《がんじろう》を見出し引き立てた。当たり役に『心中天の網島』の紙屋治兵衛など。二十二年(一八八九)十月七日大阪で没。五十五歳。

参考文献 饗庭篁村「中村宗十郎伝」(『読売新聞』明治二十二年十月十二—十四日・十六—十八日付)、伊原敏郎『明治演劇史』(一九三三、早稲田大学出版部)

(佐藤かつら)

なかむらたつたろう　中村達太郎　一八六〇—一九四二　明治・大正期の建築学者。万延元年十一月十五日(一八六〇年十二月二十六日)に江戸尾張藩邸に出生。明治十五年(一八八二)工部大学校卒、営繕局に入る。皇居造営事務局を経て、同二十年(一八八七)帝国大学工科大学助教授、同二十七年教授、震災予防調査会委員。大正十年(一九二一)退官。昭和十七年(一九四二)七月二十八日没、八十三歳。大学では、主たる教科であった設計と施工のうち、施工系の教育を一手に担当し、製図法・建築構造・施工のほか設備まで講義を持った。同時に多くのハンドブックを出版して、建築技術の整備・体系化・普及に大きな貢献があった。著書は『建築学階梯』(全三冊、明治二十一—二十二年、米倉屋書店)、『配景図法』(同二十三年、米倉屋書店)、『簡易構造強弱』(同三十年、共益商社)、『日本建築辞彙』(同三十九年、丸善)、『建築衛生』(大正九年、松柏社)など多数に上る。『建築学階梯』はあらゆる施工技術を網羅した総合的便覧であり、また『日本建築辞彙』は版を重ね、建築学の全分野をカバーする唯一の辞典として第二次世界大戦後まで増刷され続けた。

(藤井　恵介)

なかむらたはちろう　中村太八郎　一八六八—一九三五　明治・大正時代の社会運動家。明治元年二月二十日(一八六八年三月十三日)、信濃国筑摩郡大池村(長野県東筑摩郡山形村)の名主の家に生まれる。明治十六年(一八八三)上京して岡鹿門《おかろくもん》の漢学塾・専修学校に学ぶ。帰郷後は地価修正反対や中央線鉄道敷設の請願運動を展開、二十八年(一八九五)の三国干渉による遼東半島還付では木下尚《きのしたなお》江《え》・石川安次郎らと反対運動をおこした。この活動のなかで社会問題に着目し、二十九年松本で木下らと平等会を、さらに三十年(一八九七)四月には東京で河野広中・樽井藤吉《たるいとうきち》・西村玄道《にしむらげんどう》らと社会問題研究会を創立、普通選挙・土地国有・教育費国庫負担などを掲げた。この社会問題研究会から、社会主義協会、普通選挙期成同盟会が生まれていく。三十年七月松本で木下と普通選挙期成同盟会を結成、「普通選挙を請願するの趣意」を配布し、演説会も開催するが、県会議員選挙に関する事件で検挙、投獄される。三十二年七月松本で普通選挙同盟会を再興、十月東京で普通選挙期成同盟会を結成、幹事の一人となった。三十三年には木下らとともに社会主義協会に参加した。三十五年五月の衆議院選挙に立候補し、理想選挙を展開するが落選した。三十九年二月の普通選挙全国同志大会の開催や議会への請願でもメンバーの一人であった。以後も運動をつづけ、大正八年(一九一九)三月の日比谷公園の普選大会の実行委員長となるなど、「普選の父」と呼ばれた。明治三十八年には国家社会党に参加した。晩年は土地国有運動を提唱した。昭和十年(一九三五)十月十七日没。六十八歳。

参考文献 平野義太郎編『普選・土地国有論の父中村太八郎伝』(一九三八、日光書院)、松尾尊兊『普通選挙制度成立史の研究』(一九八九、岩波書店)

(荻野富士夫)

なかむらちよまつ　中村千代松　一八六七—一九四一　新聞記者。旧姓は奥山。木公と号する。慶応三年正月十五日(一八六七年二月十九日)、出羽国阿気《あげ》(秋田県横手市)に生まれる。明治十八年(一八八五)、秋田県師範学校卒業。博文館で『婦女雑誌』『幼年雑誌』の編集にたずさわる。熊本に移り『忠愛新報』の編集長を務める。明治三十二年(一八九九)、『秋田魁《あきたさきがけ》新報』主筆、明治三十七年『報知新聞』記者となる。大正二年(一九一三)十一月、『秋田毎日新聞』に招かれ社長に就任。大正四年三月、秋田県から衆議院議員に当選して立憲国民党に所属する。『秋田毎日新聞』を大正八年に『秋田新聞』と改題。大正十一年(一九二二)二月、憲政会支部と普選大演説会を催す。昭和六年(一九三一)五月、『秋田時事新聞』と合併し顧問に退く。昭和十六年(一九四一)八月四日没。七十五歳。

(河崎　吉紀)

なかむらつね　中村彝　一八八七—一九二四　洋画家。明治二十年(一八八七)七月三日に茨城県東茨城郡水戸上市寺町(水戸市)に生まれる。三十七年(一九〇四)名古屋地方陸軍幼年学校を卒業、東京中央陸軍幼年学校に入学するが肺結核のために退学。以後、療養生活のかたわら絵画に親しむようになり、本格的に画家を志した。その間に彫刻家の中原悌二郎《なかはらていじろう》、荻原守衛《おぎわらもりえ》から多くの影響を受け、その縁から中村屋の相馬黒光《そうまこくこう》一家とも親交するようになった。はじめ明治末年に紹介されはじめたゴッホ、セザンヌ、ルノワールなどのポスト印象派絵画に触発された個性、自我を主張する主観的な表現の作品を描き注目された。その後、レンブラントなどのヨーロッパ古典美術への関心を深めていった。病臥のなかで描いた「エロシェンコ氏の像」(大正九年(一九二〇)、国指定重要文化財、東京国立近代美術館蔵)は、古典的な表現ながら、対象を見つめる画家の熱情が伝わる完成度の高い肖像画となっている。大正十三年(一九二四)十二月二十四日、喀血のため自宅で死去した。三十八歳。現在、画家のアトリエは、茨城県近代美術館に移築、公開されている。
(田中　淳)

なかむらときぞう　中村時蔵　歌舞伎俳優。屋号播磨屋。

(一)初代　一八四九―一九一九　嘉永二年四月十六日(一八四九年五月八日)大坂に生まれる。初代中村歌六の三男。本名波野《なみの》時蔵。はじめ首振芝居で修行。中村米吉、中村梅枝《ばいし》を経て、明治元年(一八六八)七月中村時蔵と改名。六年に上京し三月の村山座に出演。九代目市川團十郎と意見が合わず、各座に出演し旅興行へも出、上方と東京を往復する。四十一年(一九〇八)四月、三代目中村歌六襲名。大正八年(一九一九)五月十七日東京で没。七十一歳。独特の愛嬌があり、九代目團十郎とは対照的な上方風の細やかな芸を見せた。『奥州安達原』の貞任と袖萩や『鎌腹』の弥作など当たり役が多い。子息に大正・昭和期の名優、初代中村吉右衛門、三代目中村時蔵、十七代目中村勘三郎がいる。

(二)二代　一八七六―一九〇九　明治九年(一八七六)四月四日浅草に生まれる。三代目中村歌六の養子。本名波野徳松。二代目中村種太郎、中村歌昇《かしょう》を経て、四十一年(一九〇八)四月二代目中村時蔵を襲名。関西の劇場にも出演し、女方や二枚目を勤める。翌四十二年九月十八日東京本所の自宅で没。三十四歳。

参考文献　「劇壇の古老中村歌六」(『演芸画報』一九一九年七月)、伊原敏郎『明治演劇史』(一九三三、早稲田大学出版部)
(佐藤かつら)

なかむらとみじゅうろう　中村富十郎　一八五九―一九〇一　歌舞伎俳優。三代目。屋号八幡屋。安政六年五月十日(一八五九年六月十日)、大坂久右衛門町の船頭の子として生まれる。五代目中村鶴助《つるすけ》の門弟となり、初名中村梅太郎。明治十八年(一八八五)九月上京して、大阪の俳優により鳥熊《とりくま》芝居の行われていた春木座に出演、以後座付となる。二十四年(一八九一)十二月春木座で三代目富十郎を襲名。大柄な女方で女房役や老役を勤めた。七代目市川團蔵や九代目市川團十郎とも共演した。三十四年(一九〇一)二月二十一日東京根津の自宅で没。四十三歳。
(佐藤かつら)

なかむらなおぞう　中村直三　一八一九―八二　明治三老農の一人。文政二年三月八日(一八一九年四月二日)、大和国山辺郡永原村(奈良県天理市)の善五郎・サカの長男として生まれた。幕末期には父のあとを継いで奈良奉行の下級警察組織の非人番をつとめ、長吏の「六役」という重要なポストについた。心学道話家としても知られるが、彼を世に知らしめたのは農事改良であり、老農家としての活動であった。直三は天保の凶作・飢饉を体験して大きな衝撃をうけ、農事改良の大切さを実感した。安政二年(一八五五)に中村家の当主となる。永原村はしばしば領主が変わり、貢租の負担が重く、同六年に年貢の軽減を求める越訴が発生、さらに村内に不穏な動きが続く。直三は村役人とともにこれを制止、村民に農事にはげみ増産につとめるように説く。彼自身も率先して農事改良に取り組んだ。幕末期には農事改良活動の本格的な展開とともに、自村から他村・他郡へと品種改良のネットワークを拡げる。文久二年(一八六二)に『勧農微志』を著し、『大和穂』(文久三年)・『伊勢錦』(慶応元年)・『ちわら早稲《わせ》』(慶応二年)など、彼が試作した稲の優良種をつぎつぎと公表し、主穀の品種改良と優良種の普及による窮民の救済をめざした。明治維新後、老農としての彼の名は広く知られるようになり、奈良府(県)や大和の各藩の農事改良指導を行い、さらに彼の活動は秋田・宮城・石川・福井・大分など全国に及んだ。明治十五年(一八八二)三月、彼の老農としての活動によって特別金牌賞を受賞したが、同八月コレラにかかり、十三日に六十四歳で死去した。

参考文献　今西一「大和における一老農の生涯―賤夫善五郎男直三について―」(『部落問題研究』七四、一九六二)、岡光夫「中村直三・奈良専二・船津伝次平―泰西農法から明治農法へ―」(『講座日本技術の社会史』別巻二所収、一九八六、日本評論社)、徳永光俊『日本農法史研究』(一九九七、農山漁村文化協会)、谷山正道「「御一新」と地域リーダー―大和の老農中村直三の活動を中心に―」(平川新・谷山正道編『地域社会とリーダーたち』所収、二〇〇六、吉川弘文館)
(山上　豊)

なかむらなかぞう　中村仲蔵　一八〇九―八六　幕末から明治初期の歌舞伎俳優。三代。文化六年(一八〇九)舞踊の十一代志賀山勢《しがやませい》以の子として江戸に生まれる。五代中村伝九郎の門下となり、初代中村鶴蔵を名乗り、文政元年(一八一八)初舞台。舞踊に長じ、大坂や地方で活躍した後、江戸に帰り、嘉永六年(一八五三)に『与話情浮《よわなさけうき》名横櫛《なのよこぐし》』初演に際して、蝙蝠安《こうもりやす》の役で成功し、慶応元年(一八六五)に仲蔵を襲名した。明治期には、貴重な脇役として九代市川團十郎、五代尾上菊五郎《おのえきくごろう》らと共演、多くの重要な役を勤める。明治八年(一八七五)には、一時中村座の名義人となったため、十四代中村勘三郎としても数える。十九年(一八八六)に引退を表明、その年十二月二十四日に没。七十八歳。その芸談や回想を集めた『手前味噌』(昭和四十四年、青蛙房)は、幕末から明治期の歌舞伎のみならず、風俗・生活記事としても貴重な資料である。
(神山　彰)

なかむらばいぎょく　中村梅玉　一八四一―一九二一　歌舞伎俳優。二代。天保十二年十二月二十八日(一八四二年二月八日)京都五条坂に生まれる。本名笹木伊之助(のち徳数)。慶応元年(一八六五)三桝大五郎《みますだいごろう》の養子となり他人と名乗るが、三年三代目中村(高砂屋《たかさごや》)福助を襲名。明治十九年(一八八六)から二十三年(一八九〇)東上する。しかし以降の活動はおもに関西で初代中村鴈治郎《がんじろう》らと共演した。四十年(一九〇七)十月大阪角《かど》座で二代梅玉襲名。

重厚な芸風から「大《おお》梅玉」と称された。巡業先の神戸で大正十年(一九二二)六月八日没。八十一歳。

参考文献 『大阪毎日新聞』(一九二二年六月八日夕刊)、山口広一『梅玉芸談』(一九四九、誠光社)、二代目中村鴈治郎『役者馬鹿』(一九七四、日本経済新聞社)

(寺田　詩麻)

なかむらはるじ　中村春二　一八七七―一九二四　明治・大正時代の教育家で成蹊学園の創立者。大正新教育開拓者の一人。明治十年(一八七七)三月三十一日、東京神田猿楽町(千代田区)に生まれる。父は宮内省御歌所寄人の中村秋香《あきか》。高等師範学校附属尋常中学科、第一高等学校を経て明治三十六年(一九〇三)、東京帝国大学文科大学国文学科を卒業。曹洞宗第一中学林、東京高等師範学校附属中学校、麴町女学校などで国語国文学を教え、明治三十九年には中学以来の友人である今村銀行の今村繁三より援助を受けて自宅に学生塾を開いた。のち、四十五年(一九一二)には同じく友人であった三菱の岩崎小弥太の援助も得て成蹊実務学校を東京池袋に開設、同校は大正新教育の形成、展開期において有力な役割を果たした。大正三年(一九一四)以降、中学校、小学校、女学校、実業専門学校をつぎつぎに設け、大正十三年(一九二四)には市外吉祥寺の現在地に学園を移転、翌年には七年制の成蹊高等学校を開設するまでに発展した。中村は、日本の近代公教育制度が明治時代末期において著しく整備さ

中村春二

れた半面、学生生徒が無気力、受動性に陥ったことに大きな問題を見出し、曹洞自力禅における僧堂教育に着想を得た鍛練的方法による革新を唱えた。静坐、瞑目して集中力を生み出す「凝念法」の創始、人間の精神力の偉大さを称える「心力歌」の制定、寒中水泳・断食など各種の鍛練行事の実施、夏休みの廃止と「夏の学校」の実施、野外教育・作業教育の実施、私塾的教育伝統につながる少人数教育の徹底など、特徴ある実践を展開した。これらを通じ気力あり自発性ある主体を育て、各自の「真我の開発」に繋げることを目指した。大正十三年二月二十一日没。四十八歳。著作として小林一郎編『中村春二選集』(大正十五年)が刊行されている。→成蹊学園《せいけいがくえん》

参考文献 中村浩『人間中村春二伝』(一九六九、岩崎美術社)、『成蹊学園六十年史』(一九七三)、成蹊学園史料館『成蹊学園史料館年報』(二〇〇三―)

(北村　和夫)

なかむらはんじろう　中村半次郎　⇩桐野利秋《きりのとしあき》

なかむらひろたけ　中村弘毅　一八三八―八七　明治時代前期の官僚。天保九年(一八三八)十一月土佐国高知に生まれる。土佐藩士中村十次郎弘毅の養子となる。文久二年(一八六二)土佐藩の藩校致道館が設立されるとまず文館助教となり、同年教授に昇進した。ついで小監察、郡奉行となり民生をつかさどる。慶応元年(一八六五)京都留守居役となる。維新後、明治元年(一八六八)に明治新政府の刑法官権判事となり、二年民部大丞、宮内大丞となるが、免官となる。その後公務人となり、五年正院大外史、九年権大史、十年(一八七七)太政官大書記官、十二年元老院議官を歴任。十五年参事院議官となったが、佐佐木高行・土方久元・谷干城ら保守派と高知県に中立社を組織して、自由民権運動との調和をはかった。十七年工部少輔、十八年再び元老院議官となるが、明治二十年(一八八七)七月三日病没。五十歳。

(西尾林太郎)

なかむらふくすけ　中村福助　一八四六―一八八八　歌舞伎俳優。三代。弘化三年(一八四六)大坂に生まれる。はじめ中村政之助、文久二年(一八六二)政治郎と名乗る。明治元年(一八六八)四代目中村芝翫《しかん》の養子となり三代目中村(成駒屋《なりこまや》)福助を襲名するが離縁され、五年中村寿蔵《じゅうぞう》(十蔵、重蔵とも表記)に改名。十一年(一八七八)中村寿太郎と改名して各地に巡業。東京春木座もしくは中島座でランプにより大火傷を負う。再び寿蔵に改名するが巡業先で発病し東京に戻る。二十一年(一八八八)五月五日没。四十三歳。

参考文献 『歌舞伎新報』八九七(一八八八)、田村成義編『続続歌舞伎年代記』乾(一九二二、市村座)、高谷伸『明治演劇史伝』上方篇(一九四四、建設社)

(寺田　詩麻)

なかむらふせつ　中村不折　一八六六―一九四三　洋画家、書家。鈼太郎《さくたろう》、のち不折と名乗る。慶応二年七月十日(一八六六年八月十九日)、江戸京橋東湊町書役《かきやく》を勤めた父源蔵、母りゅうの長男に生まれる。維新後家族で信州高遠に移り、明治十八年(一八八五)伊那に移り、翌年飯田で小学校教員となる。二十年(一八八七)上京、不同舎で小山正太郎、また浅井忠に学ぶ。二十三年より明治美術会展に出品。正岡子規と親交を深め、新聞『小日本』『日本』の挿画を描く。三十四年(一九〇一)渡仏。アカデミー＝ジュリアンでジャン＝ポール＝ローランスに学ぶ。帰国後太平洋画会会員。四十年(一九〇七)より文展審査委員。中国故事に題材を得た人物画を多く発表。夏目漱石ら文学者との交遊から、装釘や挿画を多数手がける。また書家としても知られ、『竜眠帖』などの出版、森鷗外墓碑の揮毫などを行う。大正八年(一九一九)帝国美術院会員。昭和十二年(一九三七)帝国芸術院会員。蒐集した書の関連資料をもとに、昭和十一年に書道博物館を開館(現在は台東区が運営)。昭和十八年六月六日東京で没。七十八歳。

参考文献 中村不折「僕の歩いた道(自伝)」(一)―(三)(『中央美術』一九二七年一―三月)、長野県伊那文化会館編『中村不折のすべて展―生誕一四〇年画家・書家

―』(二〇〇六)　(児島　薫)

なかむらまさなお　中村正直　一八三二―九一　啓蒙思想家、教育家。号は敬宇。天保三年五月二十六日(一八三二年六月二十四日)、江戸麻布で二条城交番同心の家に生誕。幼少時から教育を受け巧みな書は評判となる。嘉永元年(一八四八)昌平黌寄宿寮入寮後、密かに蘭書を読み洋学解禁を主張したが、安政二年(一八五五)同黌教授、文久二年(一八六二)最高職位の御儒者となる。慶応二年(一八六六)幕府の英国留学生十二名派遣に際して、天地人に通ずべき儒者は西洋にも通ずる必要があると志願し取締の一名として随行、民主政体とキリスト教・市民道徳に出会う。幕府瓦解のため明治元年(一八六八)六月に帰国、十月から静岡学問所で漢学教授となる。餞別に贈られ帰国船上で読んだスマイルズSamuel SmilesのSelf Helpを、明治三年から四年にかけ『西国立志編―原名自助論―』として出版。「自主自立」「自ラ助クル人民」が多ければ国は「必ズ元気充実」「精神強盛」となると説く。紹介された三百余の事例は維新後の人々に感動を与え、教科書にも利用され一大ベストセラーになる。また五年二月、ミルJ. S. MillのOn Libertyを翻訳した『自由之《じゆうの》理《ことわり》』で、「自由」を「君主ノ暴虐ヲ防グ保障」と紹介し、民権運動に大きな影響を与える。五年八月、大蔵省翻訳御用となり七年五月まで務める。六年二月、東京小石川の邸内に私塾同人社を開設。三百名を越える男女塾生を集め、慶応義塾・攻玉社と並び「文明の源泉」になる。同年八月、森有礼・福沢諭吉らと明六社を結成。人民の性質改造のためには「善良ナル母」が必要と、家庭教育・女子教育の重要性を説く。七年三月、東京女子師範学校初代摂理(校長)に就任、八年十一月の開校式には英国風に皇后臨席を実現、翌年に付属幼稚園も開設。他方八年五月、岸田吟香《きしだぎんこう》・津田仙《つだせん》らと盲学校設立に乗り出し、十三年(一八八〇)二月楽善会訓盲院開校(十八年二月文部省へ移管)。十四年東京大学教授(漢文学)、十九年元老院議官、二十三年(一八九〇)貴族院議員。中村は「福は古代中国の聖人の世界ではなく西洋の現在にある」(『西国立志編』第二編序、原漢文)と、人々の眼を西洋文明・政治、その基礎にあるキリスト教・市民道徳へ向けさせ、啓蒙思想家として大きな影響を残した。幕府最高位の儒学者がこれらを大胆に受容することができたのは、自然界と人間界とを一元的に支配する「理」の存在を肯定する朱子学者として、慶応二年の留学志願書にみられるように、西洋と東洋の一元的把握、両者の本質的同質性が信じられたからである。しかしその結果の西洋崇拝は、現実に存在する両者の異質性の比較検討を閉ざし、西洋の東洋侵略も例外的非本質的として追及されなかった。五年八月『新聞雑誌』掲載の、天皇にキリスト教への改宗(翌月には禁教解除に修正)を勧める文の筆者は、泰西人を擬した中村であった。マテオ=リッチが儒教の「上帝」「天」をキリスト教の「天主」と同義とした解釈(ローマ法王庁はすでに否定)を受容した中村は、儒学者のままキリスト者になれると考え、七年十二月、同人社宣教師から受洗。八年十一月、丁韙良W. A. P. Martinの『天道溯原《てんどうそげん》』の訓点版を刊行、新島襄らによって広く利用されたが、後年にはキリスト教から徐々に離れた。明治二十三年、芳川顕正文相から委嘱され起草した教育勅語案は、「皇国」における「忠孝」を強調。しかし「忠孝」の本源に「敬天敬神」を置いていたため、法制局長官井上毅はこれを採らず再起草。中村はその勅語にも賛意を示した。西洋書翻訳においては、原著に意識的改変も施されている。たとえば『西国立志編』の「自助」では、発明家が友人の援助を得る相互援助場面の原文が削除され個人的努力のみ強調されたり、ギルレットR. H. Gilletの原著The Federal Governmentにある、人民の多数独立戦争参加の記述が、明治六年『共和政治』では少数の英雄に改変されるなど。Society＝仲間連中＝国中惣体＝政府と訳す「誤訳」もみられる。明治二十四年六月七日没。六十歳。葬儀には多数の視聴覚障害者・生徒も参列、歌と書を残す。なお明治二十三年六月『東京学士会院雑誌』一二ノ五の会員伝記によれば、「中村正直《せいちょく》」とある。→擬泰西人上書《ぎたいせいじんじょうしょ》　→西国立志編《さいごくりっしへん》　→自由之《じゆうの》理《ことわり》　→天道溯原《てんどうそげん》　→同人社《どうじんしゃ》

中村正直

[参考文献]　高橋昌郎『中村敬宇』(『人物叢書』、一九六六、吉川弘文館)、中村正直・石井民司『自叙千字文』(『伝記叢書』、一九八七、大空社)、荻原隆『中村敬宇研究―明治啓蒙思想と理想主義―』(『政治思想研究叢書』、一九九〇、早稲田大学出版部)、岡本洋之「中村正直の教育思想に関する一考察」(『大阪市立大学大学院人文論叢』二一、一九九三)、小川澄江『中村正直の教育思想』(二〇〇四、コスモヒルズ)、平川祐弘『天ハ自ラ助クルモノヲ助ク―中村正直と『西国立志編』―』(二〇〇六、名古屋大学出版会)
(竹中　暉雄)

なかむらみちた　中村道太　一八三六―一九二一　銀行家、実業家。天保七年三月十日(一八三六年四月二十五日)、豊橋吉田藩勘定方中村哲兵衛の家に生まれる。幕末江戸に出て福沢諭吉を訪ね、その知遇を得る。その縁で明治五年(一八七二)に丸屋(現丸善)に入り社長をつとめた。明治九年丸屋を辞し郷里に戻り、朝倉積金所、第八国立銀行を設立。十一年(一八七八)には渥美郡長となった。早矢仕有的《はやしゆうてき》とともに横浜正金銀行設立の発起人となり、明治十二年十二月初代頭取となる。しかし松方デフレのため経営不振に陥り責任を取り、明治十五年辞任。その

後、東京米商会所(のちの米穀取引所)株の仕手戦で勝利し名を馳せた。明治二十一年(一八八八)にはみずから東京米商会所頭取となり、明治二十年に発布された取引所条例(ブールス条例)の撤回に尽力した。しかし明治二十四年、証拠金流用の嫌疑をかけられ拘束された。この事件の背後には、政治的な思惑があったようである。明治二十六年の出獄後は、華道茶道に親しむ晩年を送った。その他、明治十四年創業の明治生命保険発起人などになっている。大正十年(一九二一)一月三日没。八十六歳。

参考文献 高垣寅次郎「福沢諭吉の三つの書翰・中村道太の事蹟とその晩年」(『三田商学研究』四ノ四、一九六一)、横浜正金銀行編『横浜正金銀行史(復刻)』(一九七六、坂本経済研究所)、鍋島高明『(時代を動かした巨人たち)日本相場師列伝』二(二〇〇八、日本経済新聞社)

(櫻井 良樹)

なかむらむらお　中村武羅夫　一八八六―一九四九　編集者、評論家、小説家。明治十九年(一八八六)十月四日、北海道空知《そらち》郡に生まれる。明治三十六年(一九〇三)に岩見沢小学校卒業。小学校代用教員となったのちに上京。小栗風葉《おぐりふうよう》の門に入るが新潮社の佐藤義亮《さとうぎりょう》を知り、『新潮』の編集を手がける。四十二年(一九〇九)『現代文士廿八人』としてまとまる、文壇の大家を訪ねた印象記の連載で注目され、同年の国木田独歩死去の際には「国木田独歩号」を編集。ゴシップ記事、文士に対する辛辣な悪口でも知られ、文壇の動向を鋭敏に反映した斬新な企画をつぎつぎに打ち出す。『新潮』を有力な文学雑誌に仕立て上げ、『中央公論』の滝田樗陰《たきたちょいん》とともに大正期を代表する名編集者になった。新感覚派やプロレタリア文学が隆盛する大正末期には、当時流行の作者が直に作品に顔を出す心境小説に対して、『アンナ＝カレーニナ』に代表される「本格小説」を待望した「本格小説と心境小説と」、文学者に社会的な意識を要求する「文学者と社会意識」など時代に即した評論を発表。それらは『文壇随筆』(大正十四年)にまとめられている。大正十四年(一九二五)には一人一党主義を標榜した『不同調』を創刊。昭和四年(一九二九)には、イデオロギイに偏したプロレタリア文学に対して「誰だ? 花園を荒らす者は!」を発表し新興芸術派を擁護。元来志望していた創作の面でも、「人生」(大正十年)、「郡盲」(大正十四年)、「地霊」(昭和五年)をはじめ、昭和十年代まで多くの通俗的な小説を発表し活躍した。昭和二十四年(一九四九)刊行の『明治大正の文学者』は優れた回想記として知られている。昭和二十四年五月十三日没。六十四歳。

参考文献 『新潮』昭和四年七月号、小田切進編『新潮社八十年図書総目録』(一九七六、新潮社)、同編『新潮総目次・執筆者索引』(一九七七、日本近代文学館)、紅野敏郎『文学史の園―一九一〇年代―』(一九八〇、青英社)

(石割 透)

なかむらや　中村屋　パン屋から多角化を果たした食品会社。明治三十四年(一九〇一)創業者相馬愛蔵・黒光夫妻が、本郷の東京大学正門前でパン屋を開業、三十七年クリームパンを創案、明治四十年(一九〇七)新宿駅前(追分)に支店を開設した。四十二年には店舗拡張のため新宿の現在地に移転し、和菓子の製造・販売も始めた。大正四年(一九一五)日本に亡命したインド独立運動の志士ラス＝ビハリ＝ボースを匿う。大正十二年(一九二三)株式会社中村屋(資本金十五万円)に改組し、以後、菓子や料理などの事業拡張に乗り出し、昭和二年(一九二七)喫茶部を開設、日本にはじめて純印度式カリーライスを紹介し、包子を日本風に改良した中華まんじゅうなども発売した。戦後は百貨店への出店やレストラン営業にも注力し、大企業へ成長した。

参考文献 『中村屋の生いたちと創業者の精神』(一九六九)

(満薗 勇)

なかむらやろく　中村弥六　一八五四―一九二九　近代森林法制の制定に努めた林学者、政治家。安政元年十二月八日(一八五五年一月二十五日)、信濃高遠藩の儒官中《なか》村元起《むらげんき》の子として東高遠(長野県伊那市高遠町)に生まれる。明治二年(一八六九)上京、翌年大学南校に学びドイツ語を習得。教員勤めのあと、十一年(一八七八)内務省地理局、翌年山林局採用。その間、林学の重要性に目覚め、私財を整理し、翌年林学留学生としてドイツに渡航。二年間アイゼナッハ森林専門学校で苦学生活ののち、官費生となりミュンヘン大学で学位取得。十六年帰国し東京山林学校(途中で東京農林学校)教授となり、人材養成やドイツ人教師マイヤーの招聘など林学教育の充実に努める。また政府委員として、皇室財産として御料林創設を提案。二十二年(一八八九)教授を辞し農商務省技師となったが、議会開設を機に二十三年長野県から第一回衆議院総選挙に立候補し当選。以後八回の当選を果たし、歴代内閣に論戦を挑むなど背水《はいすい》将軍の名で有名になる。三十二年(一八九九)林学博士となり、林業に詳しい議員として活躍し、国有林野下戻法成立など民有林業振興に貢献した。また東京木材株式会社、材木業連合会の設立など木材業近代化の範を示した。このほかフィリピン独立運動や孫文支援に関与した政治家としても知られる。昭和四年(一九二九)七月七日神奈川県国府津で死去。七十六歳。

中村弥六

参考文献 中村弥六口述・吉田義季筆記『林業回顧録』(一九三〇、大日本山林会)、小口義勝「中村弥六」(『林業先

人伝—技術者の職場の礎石—』所収、一九六二、日本林業技術協会)、森下正夫『中村弥六物語』(『高遠ふるさと叢書』、一九九七、高遠町)

(小林富士雄)

なかむらゆうじろう　中村雄次郎　一八五二—一九二八　明治・大正期の軍人、官僚。嘉永五年二月二十八日(一八五二年三月十八日)、和歌山藩士中村一貫の次男として伊勢に生まれる。父親が火薬製造を行なっており、青年期からその手伝いを行なっていたことから、維新後に兵学寮へ入ると砲術を学んだ。フランスへ留学し、帰国後の明治七年(一八七四)に大阪鎮撫附の砲兵中尉となり、同九年には砲兵支廠火工所・鋳造所監務に就任する。同十三年(一八八〇)に士官学校教官となったのを皮切りにして、砲兵学校教官、陸軍大学校教授を兼任する。明治二十一年(一八八八)には山県有朋の欧米視察に随行している。参謀本部、陸軍省事務局に勤務しながら砲兵会議や製鉄事業調査会議委員を務める。明治三十年(一八九七)、士官学校校長に就任し、翌年には第三次伊藤内閣の陸相桂太郎に抜擢されて陸軍次官と軍務局長を兼任した。同三十三年、陸軍総務長官。その後の内閣でも同様のポストにあり、児玉源太郎陸相との連携により兵器の改良や兵器材料・被服の整備を手掛けたが、桂内閣の陸相となった寺内正毅と相反して三十五年に予備役編入。軍籍を離れる。同三十五年、八幡製鉄所長官に就任した。当時製鉄所は農商務省の管轄であったが、同省および陸海軍双方から力量と見識を買われての就任だった。長官としては、中国の大冶鉄山からの原料輸入を開始したり、日露戦争に向けた大規模な拡張を行なったりした。同三十七年には貴族院議員となり、また満鉄設立委員にも名を連ねた。大正三年(一九一四)満鉄総裁に就任。撫順炭鉱の露天掘りを成功させ、鞍山製鉄所(のちの昭和製鋼所)を計画して実現させた。また大連汽船会社設立につながる航路の開拓、大連埠頭の整備などを幅広く手掛けた。同六年に現役復帰して関東都督となる。同九年に宮内大臣に就任し、裕仁皇太子の海外遊学実現に尽力するが、宮中某重大事件で辞任した。十一年(一九二二)から死去するまでは枢密顧問官を務めた。陸軍では傍流の紀州閥ではあったが、砲術に始まり製鉄業、鉄道業などに手腕を発揮した。特に、満鉄総裁としては日露戦争によって獲得した権益の拡大やその運営を軌道に乗せる役割を果たした。昭和三年(一九二八)十月二十日死去。七十七歳。

参考文献　石井満『中村雄次郎伝』(一九四三、中村雄次郎伝記刊行会)

(長谷川　怜)

なかむらよしこと　中村是公　一八六七—一九二七　明治・大正時代の植民地官僚。南満洲鉄道株式会社(満鉄)総裁。慶応三年十一月二十五日(一八六七年十二月二十日)に安芸国佐伯郡五日市村(広島市佐伯区五日市)に柴野宗八の五男として生まれる。幼名は登一《といち》。旧姓柴野。明治二十三年(一八九〇)山口県玖珂《くが》郡愛宕《あたご》村(岩国市)の中村家を嗣ぐ。二十六年帝国大学法科大学法律学科卒業、大蔵省に入る。二十九年台湾総督府に転じ、総務局長、財政局長を歴任。三十九年(一九〇六)に初代満鉄総裁の後藤新平に起用され同社の副総裁になる。四十年(一九〇七)関東都督府民政長官(満鉄副総裁兼務)、四十一年満鉄副総裁専任、四十二年満鉄総裁となり、後藤についで満鉄の基礎を作った。四十二年大学予備門以来の友人夏目漱石を満韓旅行に誘う。大正二年(一九一三)辞職し、六年には貴族院勅選議員となる。同年後藤新平のもと鉄道院副総裁となり、翌年総裁となるが、原内閣成立後に辞職した。十三年(一九二四)—十五年まで東京市長として関東大震災の復興に尽力。昭和二年(一九二七)三月一日没。六十一歳。

参考文献　青柳達雄『満鉄総裁中村是公と漱石』(一九九六、勉誠社)

(西尾林太郎)

なかむららんたい　中村蘭台　一八五六—一九一五　江戸から大正期の篆刻《てんこく》家。須藤姓を名乗った会津藩士の三男として安政三年(一八五六)会津若松に生まれる。のちに江戸に移り浅草の船問屋に養子に出され中村姓となる。名は蘇香、通称稲吉・藤吉、字は伯表、号は香艸居主人。篆刻ははじめ高田緑雲に学び、次に文三橋・何雪漁の法を学んで、明治二十三(一八九〇)、四年ころ(三十五、六歳ころ)から徐三庚の刻風に心酔し瞬く間にその技を習得した。次に秦漢古印の味を求め、浙派・鄧完白・趙之謙らの刀法も取り入れ、独自の境地に達し、卓越した篆書の技法を基に、当代を代表する篆刻家となった。木印材に始まり、篆書を器物・木扁額などの木材へ彫り込む篆刻工芸の分野を開拓した功績は大である。明治四十年(一九〇七)には河井荃廬《かわいせんろ》、五世浜村蔵六、岡本椿所《おかもとちんしょ》、山田寒山らと丁未《ていび》印社を結んだ。自作の印譜は、『蝸廬印譜』『蘇香篆蕊』があり、没後、『香艸印譜初集』『香艸印譜続集』『香艸印譜三集』『香艸印譜補遺』が二世蘭台によって著わされた。蘭台の印は横山大観・中村不折《なかむらふせつ》・川合玉堂ほか多くの著名な書画家が使用している。大正四年(一九一五)没。六十歳。

参考文献　『書道全集』別巻二(一九六八、平凡社)、北野克・小田切草雲編『平々凡々四十印—三村竹清輯—』(一九六五、木耳社)、中村淳編『初世中村蘭台印譜』(一九六八、二玄社)

(松村　一徳)

なかむらりつえん　中村栗園　一八〇六—八一　幕末から明治時代初期の漢学者。名は和、字は子蔵。栗園と号し、晩年は半仙子とも号した。文化三年(一八〇六)、豊前中津に片山東籬《かたやまとうり》の次男として生まれる。はじめ広瀬淡窓《ひろせたんそう》の門に学び、ついで帆足万里《ほあしばんり》に従学、貧窮のうちに刻苦勉励して学を修めた。師万里の奨めによって筑前の亀《かめ》井昭陽《いしょうよう》にも学んだのち、大坂に出て篠崎小竹《しのざきしょうちく》に師事、その推薦を得て近江水口藩儒となった。幕末には執政として藩公をよく輔佐し、京都に近い小藩である水口藩を巧みに導いて、幕末維新の動乱期に藩士を一人も殺すことがなかったのは栗園の功績であるとも評された。維新後は読書三昧の日々を送ったが国を憂える心は忘れず、明治五年(一八七二)太政官より新しく「学制」が発布されるや、これまでの主たる教育機関であった藩校や漢学塾あるいは孔子を祭った聖堂などが廃止されたが、栗園はこれを批判し当時の滋賀県令に書を送り、新学制が道徳的な側面を軽視することに警鐘を鳴らした。明治十四年(一八八一)十二月二十日病没した。七十六歳。その著述『孝経翼』は天覧に供した代表作であり、詩文は『栗園文稿』『栗園詩稿』などにまとめられている。

参考文献 中村鼎五「先考行述」(『栗園詩稿』所収、一八八四、藪音治郎) (長尾 直茂)

なかむらろう 中村楼 (一)室町時代の茶店に端を発するともいわれる料理屋。祇園社(八坂神社)の鳥居の東側に位置し、西側の藤屋とともに二軒茶屋と呼ばれていた。もとの屋号は中村屋であったが、明治期以降、中村楼などと併称されるようになる。江戸時代には、豆腐を包丁でリズムよく切り分けるパフォーマンス、赤い前垂れを腰に巻いて接客する女性、そして名物の田楽とともに、その名を知られる料理茶屋へと発展する。明治になると、西側の藤屋が衰亡して病院に転じた一方、中村屋は文明開化を体現するかのごとくに西洋料理を取り入れ、外国人向けの宿泊施設(自由亭)を併設するなど、京都随一の料理屋・旅館としてその地位を不動のものとしていく。明治末年、滞洛時の随想を「朱雀日記」と題して紙上に連載した谷崎潤一郎は、「京都で第一流の料理屋」として、南禅寺の境内にある瓢亭《ひょうてい》とともに、中村屋の名を挙げている。現在も、「京料理 二軒茶屋 中村楼」として同じ場所で営業をつづけている。

(二)文人や政治家、そして華族らに愛顧された、明治の東京を代表する両国の料理屋。さまざまな宴会が催されたが、特に広い部屋を利用して行われる書画会が有名であった。明治十四年(一八八一)の大火で焼失したものの、同年九月には建物を新築して営業を再開している。屋内に舞台や大広間を設えるなど、大廈高楼を誇った。明治三十三年(一九〇〇)九月、深川の料理屋である伊勢平に売却、伊勢平はその名を伊勢平楼と改め、そのまま料理屋として営業をつづけた。 (加藤 政洋)

なかやまあいこ 中山愛子 一八一七―一九〇六 明治天皇生母の実母。平戸藩主松浦清(号、清山)の第四女として、文化十四年十一月十三日(一八一七年十二月二十日)に京都で生まれる。公家、園基茂の養女となり、天保二年(一八三一)十二月、公家、羽林家の中山忠能と結婚する。明治天皇の生母である、一位局中山慶子は、その長女である。明治三十九年(一九〇六)一月二十八日に老病のため、東京有楽町の本邸で死去した。九十歳。

参考文献 中山泰昌編『新聞集成明治編年史』(一九八二、本邦書籍) (井上 勝生)

なかやまたけしろう 永山武四郎 一八三七―一九〇四 北海道庁長官。天保八年四月二十四日(一八三七年五月二十八日)、鹿児島藩士の四男として生まれる。戊辰戦争に従軍し、維新後は、明治四年(一八七一)七月陸軍大尉に任命される。五年九月から開拓使に転じ、八年三月陸軍准少佐・北海道開拓使七等出仕・屯田事務局付。十年(一八七七)四月には屯田兵第一大隊長となり西南戦争に出征。その後、開拓少書記官、屯田事務局副長、屯田事務局局長と累進し、十五年屯田兵大佐。陸軍省出仕を経て、明治十八年五月陸軍少将・屯田兵本部長。この時初代北海道庁長官となる岩村通俊とともに北海道内陸部の調査を行い、上川地方を開発して大兵団を設置する必要を痛感し、これがのちの第七師団設置につながったとされる。明治二十年(一八八七)三月から一年間の欧米出張を経て、二十一年六月から二十四年六月まで第二代北海道庁長官。この間、明治二十二年八月に屯田兵司令官を兼任。二十八年二月に臨時第七師団司令官となり、同年十二月、男爵に叙される。臨時第七師団は二十九年五月に第七師団(司令部は旭川市)となり、初代師団長に就任(三十三年(一九〇〇)四月まで)。同年十月陸軍中将。退役後、明治三十六年十一月から貴族院議員を務めるが、在職中の三十七年五月二十七日死去。六十八歳。屯田兵制度の創設と指揮に尽力し、第七師団の創設、また開拓期の北海道に大きな役割を果たした人物であり、旭川市永山の地名は彼にちなんで付けられたものである。また、屯田事務局局長時代に建てた洋館「旧永山武四郎邸」は、北海道指定有形文化財の指定を受けている。

参考文献 高安正明『よみがえった「永山邸」―屯田兵の父・永山武四郎の実像―』(『開拓使通り叢書』一、一九九〇、共同文化社)、桜井浩「永山武四郎と屯田兵」(『法曹』六一九、二〇〇五) (浜井 和史)

なかやまただやす 中山忠能 一八〇九―八八 幕末・維新期の公家。明治天皇の外祖父。文化六年十一月十一日(一八〇九年十二月十七日)、権大納言中山忠頼の第二子として生まれる。天保十一年(一八四〇)参議に昇進、弘化元年(一八四四)権中納言、同四年権大納言となる。女の慶子は権典侍となり、嘉永五年(一八五二)九月、睦仁親王(のち明治天皇)を出産した。日米修好通商条約勅許をめぐり朝議が紛糾した際には、安政五年(一八五八)には外交拒絶の建言を行い、三月には八十八人の公卿の列参に加わり幕府に対する勅案の変更を求めた。その後、公武合体論が起ると皇女和宮の降嫁に尽力した。文久元年(一八六一)四月、親子内親王勅別当となり、十月には和宮御下向供奉御世話並御用掛を命じられ江戸へ下向し

中山忠能

た。これにより尊王攘夷派から四奸二嬪の一人として排斥され、二年八月、差控を命じられた。その後、差控を許され同年十二月、国事御用掛が置かれると、これを仰せ付けられた。同三年に三男忠光《ただみつ》が天誅組の乱に首領として挙兵し、元治元年(一八六四)の禁門の変に際しては長州藩側と呼応したとの嫌疑により、参朝を停められた。慶応二年(一八六六)十二月、孝明天皇が崩御し、明治天皇が践祚するとまもなく処分を解かれる。三年の倒幕の密勅が薩長両藩にもたらされた際には、その斡旋につとめるなど王政復古に尽力した。三年十二月、議定となり、明治二年(一八六九)五月、神祇官知事、同年七月神祇伯に任じられ、十月には宣教長官を兼任した。また同年九月には王政復古の功により千五百石を下賜された。四年六月本官ならびに兼官を免ぜられ、麝香間《じゃこうのま》祗候を仰せ付けられた。十二年(一八七九)八月三十一日、嘉仁親王(のちの大正天皇)が誕生すると皇子降誕御世話を命じられ、同年十二月、明宮《はるのみや》御用掛となる。十九年六月久宮御用掛、二十年(一八八七)八月には昭宮御養育を命じられる。これより前の明治十七年七月には華族令により侯爵を授けられる。明治二十一年六月十二日死去。八十歳。『中山忠能日記』(『日本史籍協会叢書』、昭和四十三年、東京大学出版会)がある。

参考文献　宮内庁書陵部蔵『中山忠能略譜』、日本史籍協会編『中山忠能履歴資料』(『日本史籍協会叢書』、一九七三―七四、東京大学出版会)

(内藤　一成)

なかやまとうげかいさく　中山峠開鑿　明治維新後の殖産興業政策の一環として、地方の道路と隧道(トンネル)の開鑿工事が推進された。静岡県域においては、東海道は薩埵《さった》峠や小笠山地などの山地を通っているため、狭隘な山道が多かった。まず明治九年(一八七六)に岡部宿(岡部町)と丸子宿(静岡市)の間の宇津谷峠に隧道が掘削され、ついで日坂宿(掛川市)と金谷宿(島田市)の間の佐夜の中山周辺の中山峠の開鑿事業に着手された。明治七年金谷宿の杉山権蔵らが企画し、資金調達が遅れたものの、十二年(一八七九)政府より金七千円の助成を受けて同年十月に着工、翌十三年五月に落成した。これを中山新道という。長さ三千六百六十三間(約六・六六キロ)、橋梁二十三ヵ所、「地勢頗ル峻険、疎鑿至難」であったという。費用は道銭(通行料)で返済する予定であったが、二十二年(一八八九)東海道本線が全通すると利用者が激減し、杉本らは困窮したという。

参考文献　杉本良『佐夜中山御林百年』(一九七九)

(田村　貞雄)

なかやまひでさぶろう　中山秀三郎　一八六四―一九三六　明治時代後期から昭和時代初期の土木技師、土木工学者(河川港湾学)。元治元年十二月二十四日(一八六五年一月二十一日)、三河国額田郡奥殿村(愛知県岡崎市)に生まれる。明治二十一年(一八八八)、帝国大学工科大学土木工学科卒業、関西鉄道会社技師となる。明治二十三年、帝国大学工科大学助教授。明治二十九年、河海工学研究のためイタリア・フランス・イギリスに留学し、明治三十一年(一八九八)に帰国、教授昇任。河海工学・水工学の教育・研究に従事する。明治三十二年、内務技師を兼任、大蔵省の横浜港海陸連絡設備工事に携わり日本初のケーソン工法を導入、東京市の東京港築港計画策定。同年、工学博士。明治三十三年、港湾調査委員、明治三十五年、鉱毒調査委員。のち台湾総督府の委嘱による基隆港の調査、品井沼開墾の実地調査、大連港拡張計画などに携わる。明治四十三年(一九一〇)、逓信省臨時発電水力局作業課長・電気局水力課長として、日本初の包蔵水力調査を指導。大正十年(一九二一)、臨時治水調査会員として、改修河川の順位の決定に携わる。また、鉄道省の委嘱により鉄道電化に関する水力調査に従事。大正十三年、帝国経済会議議員、学術研究会議会員、土木学会会長。大正十四年、臨時横浜港調査委員。昭和八年(一九三三)、土木会議議員、翌年、帝国学士院会員。昭和十一年(一九三六)十一月十九日死去。七十三歳。

(岡本　拓司)

なかやまみき　中山みき　一七九八―一八八七　天理教教祖。教内では「おやさま」と呼ばれる。寛政十年四月十八日(一七九八年六月二日)、大和国山辺郡三昧田村(奈良県天理市)の庄屋、前川正信の長女として誕生。十三歳で同郡庄屋敷村(天理市三島町)の地主、中山善兵衛のもとに嫁ぎ、一男五女を儲け、地主の主婦として家事をとり仕切った。天保九年(一八三八)、長男秀司の足痛を治すために修験者による寄加持を行なった際、加持台を勤めたところ激しい神がかりとなり「元の神、実の神」が降臨し、みきの身体を「神のやしろ」と定めたとされる。当初は精神的動揺もあったものの、次第に神の命令を受け入れ、神の命令である「貧に落ち切れ」を実践するため中山家の家産を貧しい人々に施し、さらに夫の死後は貧窮の生活を送った。安政元年(一八五四)から安産の守護である「帯屋ゆるし」を三女や近在の産婦にさずけ「帯屋の神様」と評判が高まるようになった。元治元年(一八六四)ころから安産や病気なおしを中心とした布教活動を本格化させ、親神である「てんりわうのみこと」(のちに天理王命)への信仰を説き、幕末から明治初期にかけて、大和など近畿圏内の民衆の信仰を急速に集めるとともに、天理教の儀礼である神楽勤めの地歌である『みかぐらうた』や「さづけ」などの救済儀礼、教義歌の『おふでさき』を作り、親神による人間(子供)の救済という教えを示し、さらに明治八年(一八七五)、中山家に人類誕生の中心である「ぢば」を定め「かんろだい」の建設を進めるなど、教義や儀礼の基礎をつくっていった。明治に入ると、みきとその信者たちの活動は官憲の警戒と圧迫を蒙り、みきも十八回に及ぶ拘留処分を受けた。こうした状況のなかで教団幹部たちによって組織の合法化がはかられたものの、みきは世俗の権力に対する神の権威の優位を説き続けた。明治二十年(一八八七)二月十八日に九十歳で没。しかし、教団においては「存命の理」によって、死去したのではなく、現身を隠したのであるとされている。→天理教《てんりきょう》

参考文献　天理教教会本部編『稿本天理教教祖伝』(一九五六、天理教道友社)、井上順孝他編『新宗教教団・人物事典』(一九九六　弘文堂)　(中山　郁)

なかやまもとなり　中山元成　一八一八―九二　茶業者。文政元年十月一日(一八一八年十月三十日)、下総国関宿藩領辺田《へた》村(茨城県坂東市)に代々名主役を勤める家に生まれた。当時中山家には後年林家学頭としてペリーとの外交交渉にあたることになる河田廸斎《かわだてきさい》らの学者や文人が逗留し家人の教育にあたっていた。元成もその影響を受けて幼少年期を過ごした。青年期に達した元成の目に映ったのは荒廃していく村の姿であった。天保五年(一八三四)にはじめて江戸に出たとき、山城国宇治の製茶師多田文平と出会い、ほかに有力な産業を持たないこの地域にとって製茶が有望な商品であることを自覚し、多田を辺田村の自宅に招いて製茶の指導を受けた。弘化元年(一八四四)、名主役を継ぐと製茶の奨励に乗り出し、嘉永五年(一八五二)には藩命により江戸に猿島《さしま》茶会所を設立した。さらにペリー来航の翌年、物産視察のため関西・長崎方面に長期旅行に出掛け、貿易開始に備えた。こうした努力の結果、安政六年(一八五九)には日本初の緑茶の輸出に成功した。以来、茶は生糸とともに重要な輸出品目となった。明治五年(一八七二)には印旛県勧業課に出仕し茶業の奨励に尽力した。二十五年(一八九二)六月九日、七十五歳で没した。

参考文献　相野谷和吉『茨城の茶業』(一九六六、茨城県猿島地帯特産指導所)、『郷土史にかがやく人びと』(一九七一、青少年育成茨城県民会議)、椎名仁・渡辺貢二『猿島茶に生きる』(『ふるさと文庫』、一九七七、崙書房)　(菅谷　務)

ながやまもりてる　永山盛輝　一八二六―一九〇二　政治家。文政九年八月十五日(一八二六年九月十六日)、鹿児島藩士永山盛広の子として鹿児島に生まれる。陸軍中将永山武四郎は実弟。藩勘定奉行、京都留守居役を務め、明治三年(一八七〇)、大蔵省用度権大佑、同監督権大佑、租税大佑。のち、伊那県大参事に転じ、同四年、筑摩県参事。同七年、筑摩県権令となると教育の普及を重視、開智学校の設立などに尽力し教育県令の異名をとる。八年、新潟県令に転じ、「大区長副大区長仮事務章程」を布達して区戸長制を統一、地方自治の制度を整備した。また、戊辰戦争以来の疲弊した状況に鑑みて、士族女子への授産施設として女紅場《にょこうば》を創設した。二十一年(一八八八)、元老院議官となり、二十四年、貴族院勅選議員となる。三十三年(一九〇〇)、男爵。三十五年一月十日没。七十七歳。著書に『説諭要略』(昭和五十六年、雄松堂書店)がある。

参考文献　青木孝寿・上条宏之『長野県の百年』(『県民一〇〇年史』二〇、一九八三、山川出版社)、大島美津子他『新潟県の百年』(同一五、一九九〇、山川出版社)　(清水唯一朗)

ながやまもりひろ　永山盛弘　一八三八―七七　陸軍軍人。天保九年(一八三八)、薩摩藩士永山休悦の長男として鹿児島城下荒田町に生まれる。通称弥一郎。はじめ茶坊主として藩に仕える。文久二年(一八六二)、有馬新七に従い京都にて挙兵計画を企て、寺田屋騒動において藩に鎮圧されるが、若年の故をもって罪を免れた。戊辰戦争においては四番隊の監軍として白河方面に出征し、棚倉の戦において負傷する。凱旋後は常備隊の教導となった。明治四年(一八七一)、上京して陸軍少佐に任じられ、のち開拓使に転じる。開拓使大主典時代、屯田兵を設置し、開拓次官黒田清隆にこれを統率させることを建議、この意見は採用され、それとともに盛弘は屯田憲兵の伍長として陸軍中佐を兼ねた。明治八年九月、千島樺太交換条約に反対し下野、帰郷する。その後、私学校の面々とは一線を画し、決起には慎重な立場を持していたが、明治十年(一八七七)の西南戦争には西郷軍の三番大隊の隊長として参戦した。同年四月十三日の熊本県下御船の戦に敗れ、民家に火を放って自刃する。四十歳。

参考文献　黒竜会編『西南記伝』下二(『明治百年史叢書』、一九六九、原書房)　(友田　昌宏)

なかやまよしこ　中山慶子　一八三五―一九〇七　孝明天皇の典侍、明治天皇の生母。天保六年十一月二十八日(一八三六年一月十六日)誕生。公卿中山忠能《ただやす》の次女、母は平戸藩主松浦清(静山)の娘愛子。嘉永四年(一八五一)三月、典侍御雇として孝明天皇に仕え、安栄《あえ》の名を賜わり、四月典侍となり今参《いままいり》と称呼し、五月権典侍と改称した。同五年九月二十二日(一八五二年十一月三日)、実家中山邸において皇子(祐宮《さちのみや》、明治天皇)を生む(翌月、祐宮とともに中山邸から宮中の慶子の局に遷る)。同七年十一月、督典侍と称し、安政六年(一八五九)七月病のため典侍を辞して新宰相と称し祐宮付となる。万延元年七月十日(一八六〇年八月二十六日)、皇子祐宮が、儲君と定められ、准后夙子《あさこ》の実子と決定されたことによって、祐宮と別居する。孝明天皇崩御後の慶応三年正月九日(一八六七年二月十三日)、慶子所生の睦仁《むつひと》親王(明治天皇)が践祚《せんそ》すると、同年三月従五位上に叙せられ、八月慶子は病のため辞していた典侍に再任され新宰相典侍と称し、十月には督典侍と改称した。明治元年(一八六八)八月、明治

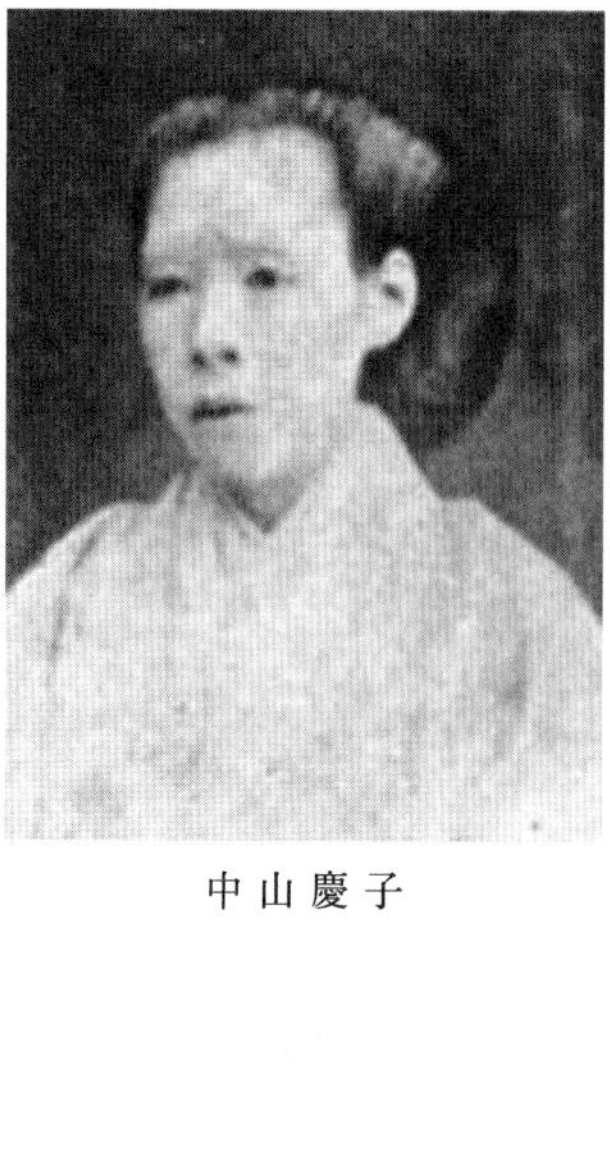

中山慶子

天皇傅育《ふいく》の功労大とされ、従三位に叙せられて三位局と称し、位次を典侍中山績子《いさこ》の上に班せられ、食禄五百石と京都寺町広小路東北角の地に屋敷地を下賜される。同三年九月、東京に行き、はじめて参内、従二位に叙せられ二位局と称し、同五年七月宮中雑役を免ぜられ、翌月宮中退出を仰せつけられ、日比谷門外有楽町(東京都千代田区)元博覧会事務局を住宅として下賜された。同十三年(一八八〇)三月、明宮《はるのみや》(大正天皇)の養育を父忠能とともに任され、同二十二年(一八八九)三月、明宮御養育御用を免ぜられ、特旨をもって正二位に昇叙された。同三十三年(一九〇〇)一月十五日大患に際して従一位に昇叙、同十七日、人臣ではじめて勲一等宝冠章を授けられた。同四十年(一九〇七)十月五日、青山南町(港区)の屋敷で死去。七十三歳。

参考文献 宮内庁書陵部所蔵『天皇皇后実録』孝明天皇巻八、宮内庁編『明治天皇紀』(一九六八-七七、吉川弘文館)、宮内省先帝御事蹟取調掛編『孝明天皇紀』(一九八一、平安神宮) (真辺 美佐)

長与専斎

ながよせんさい 長与専斎 一八三八—一九〇二 幕末・明治時代の西洋医、衛生行政家。天保九年八月二十八日(一八三八年十月十六日)肥前国彼杵《そのぎ》郡大村(長崎県大村市)に大村藩侍医長与中庵の子として生まれる。松香は号。幼少のころ父を亡くし、祖父俊達《しゅんたつ》に育てられ祖父の嫡孫となり、十二歳から四年ほど大村藩五教館で漢学を学ぶ。安政元年(一八五四)大坂の適塾に入門、のち福沢諭吉に代わり塾長となる。万延元年(一八六〇)長崎に下り、ポンペについて医学を学び、三年後帰藩し大村藩侍医となった。さらに慶応二年(一八六六)藩命により長崎に行き、養生所を改称した精得館でボードインやマンスフェルトに学んだ。精得館を医学校と改称、マンスフェルトとともに学制を改め、試験の方法を設け、予科・本科を設置し、これは医学校の嚆矢となった。明治元年(一八六八)には長崎医学校頭取に就任、二年後には大学の所管となり、長与は大学少博士に就いた。さらに医学病院を統理し、はじめて医学の課程を定めた。同四年文部省に入り、岩倉使節団の一員として欧米各国の医学教育、衛生制度の調査に派遣された。帰国後は文部省医務局長となり、近代日本の衛生行政の基本として、同七年八月、医制七十六条を完成させた。そこには西洋医学による医学教育体制や医師開業免許制度の確立などが含まれている。また長与は「衛生」の語を創始した。同七年に東京医学校校長を兼任し、内部組織を改革して各科専門の教師をドイツから招き医学教育の体制を整えた。同八年医務局を内務省に移し、衛生局を興して初代の内務省衛生局長に就任。以後、同二十四年(一八九一)に至る十六年この職にあり、日本の衛生行政の基礎を築いた。この間、コレラ対策を契機につくられた中央衛生会の副会長・会長、大日本私立衛生会副会頭となり、衛生思想の普及につとめた。さらに貴族院議員に任ぜられ、衛生局長の退任以後も宮中顧問官、大日本衛生会会頭などに就いた。同三十五年(一九〇二)九月八日死去。六十五歳。

参考文献 「長与専斎先生・長与称吉先生」(『近代名医一夕話』所収、一九二七、日本医事新報社)、小川鼎三・酒井シヅ校注『松本順自伝・長与専斎自伝』(『東洋文庫』、一九八〇、平凡社)、富士川游「長与専斎先生」(『富士川游著作集』七所収、一九八〇、思文閣出版)、外山幹夫『医療福祉の祖長与専斎』(二〇〇二、思文閣出版) (林 彰)

ながよまたお 長与又郎 一八七八—一九四一 明治時代後期から昭和時代前期にかけての病理学者。明治十一年(一八七八)四月六日東京市神田駿河台北甲賀町(東京都千代田区神田駿河台)に、長与専斎《せんさい》の三男として生まれる。幼少期を経て、明治二十九年(一八九六)正則尋常中学を卒業、その年の七月に第一高等学校に入り、同三十七年(一九〇四)東京帝国大学医科大学を卒業。大学院に進み、翌年病理学教室の助手となるが、翌三十九年十一月から四ヵ月ほど近衛歩兵連隊に入隊し、除隊後は助手ついで講師となる。同四十年(一九〇七)七月ドイツに私費留学、フライブルク大学などで病理解剖学を学び、二年後に帰国した。医科大学講師に復帰し、同四十四年には病理解剖学第二講座の教授となる。以後、昭和十三年(一九三八)に東京帝大総長を最後に退職する間に、恙虫《つつがむし》病の病原体の試験管内培養に成功、発疹チフス病原体の検出の発表なども行なった。また文部省移管後の伝染病研究所所長、日本癌学会会長などを歴任。昭和十六年八月十六日死去した。六十四歳。

長与又郎

参考文献 長与博士記念会編『長与又郎伝—伝記・長与又郎—』(『伝記叢書』、一九九八、大空社) (林 彰)

ながよよしろう 長与善郎 一八八八—一九六一 小説家、劇作家。衛生局局長・貴族院議員・宮中顧問官などを歴任した父専斎と母園子の末子として明治二十一年(一八八八)八月六日、東京に生まれる。学習院高等科に進んだころから、武者小路実篤やトルストイ、ニーチェ、内村鑑三、夏目漱石らの著作に親しみ、『白樺』創刊から一年後の明治四十四年(一九一一)に同人として参加。同年、東京帝国大学英文科に入学したが、大正二年(一九一三)に退学、これと前後して経験した不幸な恋愛体験から、自伝的な長編「盲目の川」が生まれた。その後、戯曲「項羽と劉邦」(大正五―六年)が出世作となり、短編「青銅の基督」(大正十二年)や評論・感想などに健筆を揮い、熱っぽい筆致で人道主義を鼓吹した。『白樺』廃刊後の大正十三年(一九二四)には雑誌『不二』を創刊、「竹沢先生と云ふ人」の各編を連載して次第に東洋的・調和的な傾向を強め、晩年には自己の精神史を綴った大作「わが心の遍歴」(昭和三十二―三十四年)を完成。昭和三十六年(一九六一)十月二十九日に死去した。満七十三歳。本多秋五編『初期白樺派文学集』(『明治文学全集』七六、昭和四十八年、筑摩書房)に著作が収載されている。

参考文献 岩淵兵七郎『長与善郎―評伝・人と作品―』(一九六六、長与善郎(評伝・人と作品)刊行委員会)
(宗像 和重)

なからいとうすい 半井桃水 一八六〇―一九二六 小説家。本名冽《きよし》。万延元年十二月二日(一八六一年一月十二日)、対馬藩典医の長男として生まれる。半井家は代々対馬藩に仕えていた。桃水は十一歳で上京、共立学舎に学んだ後、三菱、大阪魁《さきがけ》新聞社に勤めたが、同紙は廃刊となる。明治十四年(一八八一)朝鮮半島に渡り、釜山滞在中、壬午軍乱に遭遇。朝日新聞の特派員として事件を詳報。その敏腕ぶりを買われて朝日新聞に迎えられた。釜山滞在中に成瀬もと子と結婚したが、一年後に死別。二十一年帰京後は、『東京朝日新聞』の小説記者として代表作「胡砂吹く風」(明治二十四年十月二日―二十五年四月八日)などを連載、大正前半まで作家活動を続けた。時代小説・探偵小説・伝奇小説など通俗性の高いものが多い。大正十五年(一九二六)十一月二十一日、福井県敦賀町で没した。六十七歳。『武蔵野』を創刊、樋口一葉の文壇デビューを支援したことで知られる。

参考文献 塚田満江『半井桃水研究』(一九八六、中央公論事業出版)
(小仲 信孝)

なぐらたろうま 名倉太郎馬 一八四〇―一九一一 篤農家。天保十一年五月五日(一八四〇年六月四日)遠江国山名郡松袋井村(静岡県袋井市)兼子家に生まれ、文久二年(一八六二)彦島村名倉家の養子となる。明治三年(一八七〇)同家を相続し太郎馬と改名、組頭など村役を勤めた。当時この地域は水害などのため困窮化していた。同五年報徳社を組織し、かつ農業の改良のため区画整理を推進した。まず自分とほかの一名の所有地五反歩を対象に迂回屈曲した道路・畦畔を改め、ついで彦島全村耕地において道路や水路の直線化、畦畔の改良を行い、同八年約三十三町歩にわたる区画整理を成功させた。さらに同三十六年(一九〇三)には田原村約二百八十五町歩の耕地整理を実現させた。静岡県における耕地整理の先駆的事例の一つである。他方、明治十二年(一八七九)遠江国報徳社幹事、翌年磐田豊田山名郡勧業委員、二十五年(一八九二)中遠農会幹事、翌年田原村農会長、三十年静岡県十二品共進会審査員などを歴任し、地域の農業発展に尽力した。三十九年藍綬褒章受章。四十四年(一九一一)没。七十二歳。

参考文献 『静岡県磐田郡誌』(一九二一)、農業発達史調査会編『日本農業発達史―明治以降における―』三(一九五四、中央公論社)、『袋井市史』資料編四・通史編(一九八三)
(髙木 敬雄)

なごやじけん 名古屋事件 明治十六年(一八八三)から翌年にかけて名古屋の自由党員が公道協会を拠点に政府転覆計画を立て、その軍資金調達のため名古屋近郊の富豪からその金品略奪と紙幣贋造とを企てた事件。強盗の実行は党員である大島渚らを中心とした二十余名によって前後五十数回にわたって行われたが、なかには専業博徒や都市細民が多く含まれていた。強盗実行の過程で、十七年八月に巡回中の巡査二人を殺害する事件を引き起したが、この加害者の中に、たまたま公道協会止宿中の土佐の奥宮健之《おくのみやけんし》も含まれていた。同年十二月に知多郡長草村(愛知県大府市)役場から国税を奪った帰途、参加者が検挙されたのが端緒となり、関連者がつぎつぎに逮捕され、資金調達の段階で政府転覆計画は未遂に終った。公判は二十年(一八八七)二月に名古屋重罪裁判所で行われ、国事犯ではなく殺人罪・持凶器強盗罪が適用され、死刑三名、無期懲役七名、重懲役十五年三名以下二十六名の処刑者を出した。

参考文献 知立市歴史民俗資料館編『内藤魯一自由民権運動資料集』(二〇〇〇、知立市教育委員会)、宇田友猪・和田三郎編『自由党史』下(『岩波文庫』)、長谷川昇『博徒と自由民権―名古屋事件始末記―』(『中公新書』、一九七七、中央公論社)
(田崎 公司)

なごやしんぶん 名古屋新聞 (一)山高杢平・塚田謙次郎らが名古屋県の指示をうけ、明治四年(一八七一)十一月に文明社から発行した現愛知県最初の新聞。月三回発行。文明社は、同年十月より布達の印刷も行なっていた。明治五年四月名古屋県が愛知県と改称されるとともに『愛知新聞』と改題し、以降六年十二月まで発行された。(二)明治三十九年(一九〇六)年十一月三日、大阪朝日新聞名古屋通信部主任であった小山松寿《こやましょうじゅ》が、山田才吉より『中京新報』(明治十九年(一八八六)『金城たより』として創刊)を譲り受け創刊。小山の個人経営であったため、小山が編集に大きな存在感を示した。明治四十年(一九〇七)、小山が名古屋市会議員になると積極的に言論活動を行うようになり、『名古屋新聞』での主張がそのまま小山によって議会に持ち込まれるようになった。憲政会系紙として政友会系の『新愛知』と愛知県会・名古屋市会を二分して対立、実際の政治的社会的運動にも及ぶ激しい競争を繰り広げるようになる。昭和十七年(一九四二)九月一日、新聞統合の国策により『新愛知』と合併して『中部日本新聞』となる。

参考文献 『新修名古屋市史』五・資料編近代(二〇〇〇-〇六)　(後藤　真一)

なごやてつどう　名古屋鉄道　明治三十一年(一八九八)に名古屋市内で開業した名古屋電気鉄道を起源とし、愛知・岐阜両県に路線網を有する大手私鉄の一つ。名古屋電気鉄道は、当初名古屋市内の市街電気軌道として開業し、主に都市内輸送を担っていたが、大正元年(一九一二)の押切町—枇杷島橋間の開業を機に郊外電気鉄道事業にも乗り出すことになり、やがて名古屋—岐阜間の高速電気鉄道を運行するようになった。その後、大正十一年(一九二二)に市内線を名古屋市に譲渡する直前の、大正十年に名古屋鉄道に事業を譲渡し、さらに同鉄道は昭和五年(一九三〇)に名岐鉄道と改称した。一方、大正元年に伝馬町—大野町間で開業した愛知電気鉄道は、延長を重ね、名古屋—吉田(現豊橋)間の高速電気鉄道を運行するようになった。両社はおのおのの延長過程で周辺鉄道・軌道を相ついで統合し、交通調整下の事業者統合によって昭和十年(一九三五)に合併して新生の名古屋鉄道となった。

参考文献 『名古屋鉄道百年史』(一九九四)、林上『近代都市の交通と地域発展』(二〇〇〇、大明堂)　(三木　理史)

なしはときおき　梨羽時起　一八五〇—一九二八　海軍軍人。嘉永三年八月十九日(一八五〇年九月二十四日)に長州藩士有地藤馬の四男に生まれ、のちに同藩士梨羽景介の養子となる。兄に海軍中将有地品之允。戊辰戦争参加の後、鉄道局や内務省勤務を経て、明治十三年(一八八〇)八月に海軍中尉任官、富士山丸乗組。海上勤務を経て、明治二十七年(一八九四)の日清戦争では軍艦赤城、天城艦長として出征。明治三十六年(一九〇三)七月、少将に昇進。同年九月常備艦隊司令官。同年十二月、第一戦隊司令官。明治三十八年一月に旅順口鎮守府艦隊司令。明治三十九年十二月に馬公要港部司令官。翌年三月に中将に昇進し、同年九月男爵。翌月の十月に予備役編入。明治四十四年(一九一一)七月から大正七年(一九一八)七月まで貴族院議員。昭和三年(一九二八)十月二十四日没。七十九歳。

参考文献 外山操編『陸海軍将官人事総覧』海軍篇(一九八一、芙蓉書房出版)、秦郁彦編『日本陸海軍総合事典』(一九九一、東京大学出版会)　(佐藤　宏治)

なしもとのみや　梨本宮　近代皇族の称号。梶井門跡であった伏見宮貞敬《さだよし》親王第十男子昌仁入道親王が、明治元年(一八六八)復飾して梶井宮守脩《もりおさ》親王と改名し、同三年梨本宮と改称した。ついで山階宮晃《あきら》親王第一男子菊麿《きくまろ》王が守脩親王の養子となり、明治十四年(一八八一)守脩親王の死後梨本宮を継承したが、明治十八年山階宮に復籍し、かわって久邇宮朝彦王第四男子多田王が梨本宮を継いで守正《もりまさ》王と改名した。守正王は陸軍に入り、陸軍大将に累進し元帥府に列せられた。昭和二十二年(一九四七)、妃伊都子《いつこ》(鍋島直大《なべしまなおひろ》次女)とともに皇籍離脱し、梨本姓を称した。第一女子方子《まさこ》女王は朝鮮王族の李王垠に嫁いだ。

参考文献 宮内庁編『明治天皇紀』(一九六八-七七、吉川弘文館)、『(平成新修)旧華族家系大成』上(一九九六、霞会館)、梨本伊都子『三代の天皇と私』(一九七五、講談社)、井原頼明『皇室事典(増補版)』(一九七九、冨山房)　(梶田　明宏)

なしもとのみやもりまさおう　梨本宮守正王　⇩守正王《もりまさおう》

ナショナリズム　ナショナリズム　自国・自国民・自民族の独立・統一・発展を目指す思想、および行動を表わした用語。国家・民族に対する強い意識のもとにあらわれる思潮一般を指す。日本では、国家主義・国民主義・国粋主義・愛国心・民族主義などさまざまな訳語が存在するが、原語 Nationalism の意味を限定してしまうものが多く、「ナショナリズム」というカタカナの表記で示されることもしばしばである。ヨーロッパにおける宗教改革やそれに伴う宗教戦争の激化により、いわゆる主権国家を軸とした国際秩序が形成されると、国王が絶大な権力を有する絶対主義国家は、国内の秩序維持や対外的な国威発揚、国益の維持などを掲げることによって、教会や地方貴族の勢力を弱め、領域内の統一を実現していった。また、領域内での行政言語を統一し、国家としての共通語を作成する動きなども存在した。よってこの時期にナショナリズム形成の萌芽を見い出すことができる。その後、フランス革命・ナポレオン戦争を通じて、それまで国家とは無縁な存在であった一般の民衆のレベルにも自国への帰属意識が広がっていく。いわゆる「国民国家 nation state」の誕生である。国家単位の伝統・歴史・文化などが創造され、共通語による学校教育や出版物などを通じてナショナリズムが形成されていき、都市化・産業化に伴う地域共同体の希薄化、民主主義の進展による一般民衆の政治参加の機会拡大などがその定着に大きな役割を果たしていった。このようなナショナリズムは、いわゆる愛郷心(パトリオティズム patriotism)とは一線を画するものであるが、地域に根ざした原初的な共同体と全く無縁に形成されたものといえるかどうかは議論の余地がある。西洋において生まれたナショナリズムは、西洋諸国の対外的な侵略とともに、全世界に大きな影響を与えていくことになる。日本におけるナショナリズムは、幕末に西洋諸国から開国を迫られた時期に出現したと考えられる。ただし、この段階では「国家」という共同体に対する帰属意識は、あくまで武士階級を中心とする一部にとどまっていた。明治維新後の日本においては、西洋列強の軍事的脅威、および清王朝をはじめとする近隣諸国との軋轢に対処しうるような近代国家の建設が最優先の課題とされた。このため、明治政府は中央集権国家の建設(廃藩置県)、国民皆兵のシステム(徴兵令)、全国一律の学校教育などを積極的に推進し、一般の民衆に国民としての意識を浸透させていった。また、文化的な権威としてその地位を保持し続けていた天皇を新たに国家の機軸として位置づけることにより、天皇への忠誠と国家への愛情を一体化させた「忠君愛国」が強調された。この代表例が明治二十三年(一八九〇)に渙発された教育勅語であり、天皇および国家に対する献身の美徳が喧伝されたのである。かような政府による国家意識の注入は「上からのナショナリズム」と称される。他方、福沢諭吉の「一身独立して一国独立す」(『学問のすすめ』)という言葉に示されるように、支配者層への依頼心を捨て去った独立した個人の育成こそ国家の独立を維持する上で不可欠であるという「下からのナショナリズム」の必要性を説く者も存在した。明治二十年代初頭には、欧化主義に対抗する国粋主義(三宅雪嶺ら)、国民主義(陸羯南《くがかつなん》)などが論壇をにぎわせていく。また、国民の権利の獲得を説いた自由民権運動においても、自派の宣伝を行う演説会や運動会などの場で、天皇や大日本帝国への「万歳」を唱える、あるいは国旗を掲揚するといった行為を通じて、一般の民衆に国家への意識を身体的に浸透させていく役割を果たした。かように、明治時代前半期においてはさまざまな角度からナショナリズムをめぐる議論や行動が展開されたといえる。ただし、対外的危機感によって醸成された同時期のナショナリズムの中に、日清・日露戦争を経て、「一等国」という自負心に基づく偏狭な自己中心主義に陥っていく要素がはらまれていたことは否定できないだろう。

参考文献 坂田善雄編『明治前半期のナショナリズム』(一九五八、未来社)、丸山真男『現代政治の思想と行動(増補版)』(一九六四、未来社)、牧原憲夫『客分と国民のあいだ―近代民衆の政治意識―』(『ニューヒストリー近代日本』一、一九九八、吉川弘文館)、橋川文三『ナショナリズム―その神話と論理―』(『橋川文三著作集』九、二〇〇一、筑摩書房)、大沢真幸編『ナショナリズム論の名著50』(二〇〇二、平凡社)

(萩原 稔)

なすのがはらかいこん 那須野ヶ原開墾 栃木県北東部に位置する那須野ヶ原の開墾事業。那須野ヶ原は北部(東原)が牧羊地であったのに対し南部(西原)は政府の官営計画下にあった。西原地区の開墾は明治十三年(一八八〇)三月三島通庸による肇耕社、九月印南丈作《いんなみじょうさく》・矢板武《やいたたけし》の那須開墾社に始まる。開墾の着手にあたって目的とされたのは住民の生活最低条件の飲料水の確保であった。このため、国から五万八千円の補助金を得、飲用水路の開削を行なった。明治十四年には大山巖、西郷従道の加治屋開墾、地方有力者による農場開墾が認められた。一方共墾社のような士族授産による開墾もあった。また単独の開墾として佐野常民の佐野開墾、青木周蔵の青木開墾もみられた。本格的な開墾は水路の開発であった。印南丈作・矢板武らは明治十五年那珂《なか》川と鬼怒川を結ぶ運河計画について政府に請願した。結果は運河から灌漑用水路に代わった。明治十八年十万円の補助をうけた国営の那須野ヶ原開削事業が許可され、同年九月三島肇耕社で通水式が行われた。当日印南丈作、矢板武らは西岩崎の取水口を見学、小舟で那須疏水を下ったという。明治十九年には支線もふくめ那須疏水の完成をみた。

参考文献 西那須野町郷土資料館編『明治の開拓と那須疏水―水は荒野をうるおす―』(『解説書』七、一九八五、新町三〇周年記念事業委員会)

(大町 雅美)

なたね 菜種 種子から菜種油を製するために栽培されるアブラナ科の植物。燈油として広く用いられた。また絞りかすは肥料としても用いられた。近世後期に、菜種作は西日本で裏作として普及し、菜種油は油市場の主要な位置を占めて、それを専門に取り扱う菜種問屋も設立された。しかし明治期には、ガス燈の使用や燈油としての石油の輸入が本格化したため、明治中期以降菜種作は衰退していった。作付面積は明治二十五年(一八九二)の一七万ヘクタールが戦前期のピークで、以後漸減を続け明治末には一四万ヘクタールとなり、大正末には七万ヘクタールに減少した。明治十九年(一八八六)にはドイツ産のハンブルク種を導入して農務局が試作し、各地に配付している。三十五年(一九〇二)には、主に中国産菜種の輸入が始まり、国内の菜種作をさらに圧迫した。

参考文献 農林大臣官房総務課編『農林行政史』二(一九五七、農林省)

(大豆生田稔)

ナップ Arthur May Knapp 一八四一―一九二一 米国から来日した最初のユニテリアン宣教師。一八四一年五月二十九日マサチューセッツ州のユニテリアン牧師の家に生まれ、六〇年ハーヴァード大学を卒業。南北戦争に従軍し、六七年にハーヴァードの神学校を卒業。以後十八年間ユニテリアン牧師として活動。明治二十年(一八八七)の暮、米国ユニテリアン協会から日本に最初に派遣された宣教師として来日し、東京でユニテリアニズムを紹介。福沢諭吉の特別の支持を受け、二十二年五月の帰国の際には慶応義塾大学部開設(二十三年)のために主任教師の斡旋を依頼され、ハーヴァード大学エリオット総長と相談し三人の米国人学者を伴って十月に再来日。翌年帰国し、三十年(一八九七)には妻とともに来日して四十三年(一九一〇)まで滞在。この間 Japan Advertiser『ジャパン=アドバタイザー』の社主。著書に Feudal and Modern Japan (Boston, 1896)があり、一九二一年一月二十九日マサチューセッツ州で没。満七十九歳。

参考文献 清岡暎一編『慶応義塾大学部の誕生―ハーバード大学よりの新資料―』(一九八三、慶応義塾)、白井堯子『福沢諭吉と宣教師たち―知られざる明治期の日英関係―』(『慶応義塾福沢研究センター叢書』、一九九九、未来社)、土屋博政『ユニテリアンと福沢諭吉』(二〇〇四、慶応義塾大学出版会)

(白井 堯子)

なつめそうせき 夏目漱石 一八六七―一九一六 明治中期から大正初期の小説家、英文学者。本名金之助。慶応三年正月五日(一八六七年二月九日)、江戸牛込馬場下横町(東京都新宿区喜久井町)に、町方名主の夏目小兵衛

夏目漱石

直克、ちゑ(千枝)の五男として生まれる。明治元年(一八六八)十一月、塩原昌之助《しおはらまさのすけ》・ヤスの養子となるが、養父母の離婚で実家に戻った(明治二十一年(一八八八)、夏目家に復籍)。少年時、南画的世界を好み、落語や講釈など江戸伝来の口承芸能に親しんだ。明治二十二年、漢詩文集『木屑録』をまとめて添削を仰いでから正岡子規と親交を深め、また文学的な影響を受けた。明治二十三年、第一高等中学校を卒業して帝国大学文科大学英文学科に入学。明治二十六年、文科大学を卒業し帝国大学大学院に入学。翌二十七年、神経衰弱から鎌倉円覚寺に参禅した。明治二十八年、東京高等師範学校の職を辞して、愛媛県尋常中学校(のち松山中学)に英語教員として赴任、翌二十九年には熊本の第五高等学校に転任した。同年六月、貴族院書記官長中根重一の長女キョ(通称鏡子)と結婚。明治三十三年(一九〇〇)、文部省の第一回給費留学生としてイギリス留学を命じられ、「洋学隊の隊長」になろうという気概をもって渡英したが、明治三十六年一月、「不愉快」と「神経衰弱」を懐いて帰国した。この留学体験が生涯を変えることとなった。ロンドンでは、クレイグ博士の個人教授のほか下宿籠城主義に徹し、ひたすら心理学・社会学的観点から「文学論」の構想を練った。留学中、子規の要望で「倫敦消息」を書き送り、その死に際しては「筒袖や秋の棺にしたがはず」と追悼した。帰国直後の三月、本郷区駒込千駄木《こまごめせんだぎ》町五七番地(文京区向丘二丁目)の借家に転居、ここが「吾輩は猫である」の舞台となった。四月から第一高等学校英語嘱託・東京帝国大学文科大学講師として教壇に立った。大学では、小泉八雲留任運動の余波を受け、後任として不愉快な思いがしばらく続いたが、九月から『マクベス』を開講、以後シェークスピア作品の連続講義を行い、ようやくその真価が学生たちの認めるところとなった。家には、高浜虚子をはじめ五高、一高、東大の教え子が参集し、写生文や俳句の交遊の輪が広がっていった。四年間に及ぶ大学での講義は、『文学論』(明治四十年)、『文学評論』(明治四十二年)などにまとめられた。明治三十七年十一月、虚子の勧めで「吾輩は猫である」を執筆、写生文派の文章会山会《やまかい》の席で朗読し、翌三十八年一月『ホトトギス』に発表、読者の好評を得たため、同誌に十一回にわたって掲載された。猫の目によって人間社会を諷刺するという斬新な視点とそのユーモアは読者を魅了した。また『漾虚集』(明治三十九年)に収録の「倫敦塔《ろんどんとう》」(『帝国文学』)、「カーライル博物館」(『学鐙《がくとう》』)、「幻影の盾」(『ホトトギス』)、「薤露《かいろ》行《こう》」(『中央公論』)など留学体験を踏まえた神秘幻想的な短篇、明治三十九年には「坊っちゃん」(『ホトトギス』)、「草枕」(『新小説』)などをつぎつぎに発表、その多彩な創作活動によって自然主義中心の文壇に新風を吹き込み、一躍人気作家となった。十一月、第一回の木曜会が開かれ、以後門下生が集まる会合として定着した。明治四十年(一九〇七)三月、池辺《いけべ》三山《さんざん》と会い、東京朝日新聞社入社を決め、職業作家へと転身した。契約上、すべての小説・随筆・評論が『朝日新聞』に掲載される。入社第一作の「虞美人草」(明治四十年)以降、「坑夫」(同四十一年)、「夢十夜」(同)、「三四郎」(同)、「それから」(同四十二年)、「門」(同四十三年)などが『朝日新聞』の紙面を飾った。明治四十年九月、生家にほど近い牛込区早稲田南町七番地(新宿区)に転居、終の棲家となった。その書斎は漱石山房と称され、寺田寅彦・野上豊一郎・小宮豊隆・森田草平・安倍能成《あべよししげ》・阿部次郎、さらに最晩年には芥川竜之介・久米正雄・松岡譲・和辻哲郎・内田百閒《うちだひゃっけん》ら、のちの大正文化人が結集する一種のサロンの役割を果たした。明治四十二年「それから」脱稿後、満鉄総裁中村是公の招きで満洲・朝鮮を旅行し、紀行文『満韓ところ〴〵』を発表、同年十一月、『朝日新聞』に「文芸欄」を創設して主宰、編集助手に門下生の草平と豊隆を起用した。翌四十三年八月、「門」の完成後、伊豆修善寺《しゅぜんじ》温泉に行き多量の吐血で人事不省に陥った(修善寺の大患)。帰京後、随筆『思ひ出す事など』で大患前後の心境を綴った。明治四十四年二月、博士号を辞退して話題となった。明治四十五年(一九一二)の「彼岸過迄」について「行人」(大正元—二年)、「心」(同三年)を発表、三角関係というテーマを主軸に知識人の内面を倫理的に掘り下げる一方、講演「現代日本の開化」(明治四十四年)、「私の個人主義」(大正三年)などでは、「自己本位」の生き方を語るとともに、階級社会のありかたや、虚偽や欺瞞に満ちた社会風潮、軽薄な近代化に対して警鐘を鳴らし、評論「点頭録」(大正五年)では第一次世界大戦を論じ、軍国主義批判を展開した。随筆「硝子戸の中」(同四年)、自伝小説「道草」(同)を書いた後、大正五年(一九一六)五月から「明暗」の執筆に取り組み、恋愛とエゴイズムの問題を心理的リアリズムの手法で追求したが未完に終った。俳句・漢詩に優れ、詩書画一体の東洋的な文人としても知られた。大正五年十二月九日、胃潰瘍により死去。五十歳。新版『漱石全集』全二十八巻・別巻一巻(岩波書店)がある。

参考文献 瀬沼茂樹編『朝日文芸欄〈夏目漱石編集〉』(『近代文学研究資料叢書』三、一九七三、日本近代文学館)、三好行雄・平岡敏夫・平川祐弘他編『講座夏目漱石』(一九八一-八二、有斐閣)、荒正人編『漱石研究年表(増補改訂)』(一九八四、集英社)、三好行雄編『夏目漱石事典』(『別冊国文学』三九、一九九〇)、江藤淳『漱石とその時代』(『新潮選書』、一九七〇-九九、新潮社)、末延芳晴『夏目金之助ロ

ンドンに狂せり』(二〇〇四、青土社)　(石崎　等)

なとりわさく　名取和作　一八七二―一九五九　明治末から昭和時代前期の実業家。明治五年四月二十八日(一八七二年六月三日)、筑摩県諏訪郡上蔦木村(長野県諏訪郡富士見町)に生まれる。生家は造り酒屋であったが、松方デフレで没落し苦学をした。明治二十七年(一八九四)、福沢諭吉にあこがれ慶応義塾大学部理財科に入学。二十九年に卒業後、古河鉱業会社に入社したが、明治三十二年(一八九九)、慶応義塾の第一回留学生に選ばれ、コロンビア大学に三年間留学。帰国後、母校で経済学を講じたが、実業への思いが強く、明治四十一年(一九〇八)に退職し、東京電燈に入社。大正十二年(一九二三)に富士電機製造株式会社の設立に加わり社長に就任し、その後、鐘淵紡績、東邦電力、千代田生命、大日本製糖、時事新報などの経営にも役員として参画した。直言をはばからない実業家として政財界に交友が広く、また、経済学書をはじめとする読者家としても知られていた。写真家名取洋之助は三男。昭和三十四年(一九五九)六月四日没。満八十七歳。

参考文献　『名取さんの思い出』(一九六一、富士電機製造株式会社「名取さんの思い出」編纂委員会)、昆野和七「学問研究への蔭の援助者」(『三田評論』七〇八、一九七一)　(小室　正紀)

なないむらそしゃくじけん　七重村租借事件　プロイセン人ガルトネル兄弟が租借した北海道七重村(七飯町)の開墾地を、明治政府が回収した事件。兄弟は文久三年(一八六三)に箱館に渡来し、貿易業を営んでいたが、慶応三年(一八六七)箱館奉行から若干の土地を租借することに成功する。彼らはその後も、明治政府が新設した箱館府や、榎本武揚率いる蝦夷島政府に働きかけ、利権の維持拡大に努めた。特に蝦夷島政府との契約では、七重とその周辺三百万坪の土地を、九十九年にわたり租借する権利を獲得している。蝦夷島政府が消滅したあと、明治政府はいったん利権の存在を追認したが、やがて、最恵国条項を根拠に他国から同様の土地租借を求められることなどを恐れ、その回収を決意する。兄弟との間で始められた解約交渉は、ほどなく外交ルートに移され、明治三年十二月十日(一八七一年一月三十日)、ガルトネル側に洋銀六万二五〇〇ドルを支払うことで決着した。

参考文献　『新撰北海道史』三(一九三七、清文堂)、下村富士男『明治維新の外交』(『大八洲史書』、一九四八、大八洲出版)　(伊藤　信哉)

浪花節(『風俗画報』第372号より)

なにわぶし　浪花節　講談や小説、あるいは市井のできごと(殺人、強盗など)を三味線で演じる語り物。関西は浮かれ節という。大正末期以降は浪曲とも。江戸時代は門付芸で、ちょんがれ、ちょぼくれ、祭文といわれた。明治二十年(一八八七)、美弘舎東一《びこうしゃとういち》がやっと都心の葺屋町大ろじ亭へ出演。簡単明瞭な語りが受け、三十三年(一九〇〇)には東京の寄席百二十軒のうち、五十三軒を浪花節が占めた。三十五年、中国孫文の革命支援が頓座した宮崎滔天《みやざきとうてん》が、桃中軒雲右衛門《とうちゆうけんくもえもん》に弟子入り。その斡旋で雲右衛門は九州へ下り、「武士道鼓吹」を旗印に『義士伝』を完成する。四十年(一九〇七)須磨で有栖川大妃宮に聞かせたのち、大阪、京都の公演は満員の盛況、続いて東京の本郷座で二十七日間独演。この成功により、労働者の娯楽であった浪花節が大衆芸能の王座につく。語るは忠臣蔵、侠客物、それに忠君愛国の作品。昭和中期まで広沢虎造らは黄金時代を築いた。→桃中軒雲右衛門《とうちゆうけんくもえもん》

参考文献　痰呵生「流行の浪花節」(『文芸倶楽部』一二ノ一五、一九〇六)、倉田喜弘編『明治の演芸』七―八(『演芸資料選書』、一九八六―八七、国立劇場)　(倉田　喜弘)

なぬしはいし　名主廃止　近世以来一村の長であった名主・庄屋・年寄が明治五年四月九日(一八七二年五月十五日)の太政官布告により廃止され、新たに設置された大区小区制の下で戸長や副戸長に改称されたことをいう。四年四月に戸籍法が公布され戸籍区が編制されると、戸籍事務担当者として各戸籍区に戸長一人と副戸長四～五名が置かれることになった。この結果、平均七～八ヵ村で構成される一戸籍区内の村々には、制度上名主(庄屋)ら村役人と戸長・副戸長が並存する状況になったのである。戸長・副戸長を名主(庄屋)が兼務するか別に立てるかは当該府県知事の判断に任されていたが、戸長・副戸長が本来の戸籍事務以外の行政事務を府県知事から委任されるようになるにつれ、名主(庄屋)ら村役人と戸長・副戸長との権限の範囲が曖昧になり地域行政に支障を来たすようになった。こうした事態を回避するため、五年の大区小区制の設置とともに村役人が廃止され、その職務は戸長・副戸長に引き継がれたのである。

参考文献　大島美津子『明治のむら』(『教育社歴史新書日本史』、一九七七、教育社)　(菅谷　務)

なべしまなおひろ　鍋島直大　一八四六―一九二一　幕末・維新期の佐賀藩主、明治・大正期の官僚、政治家。

鍋島直大

佐賀藩主鍋島直正の嫡子として弘化三年八月二十七日(一八四六年十月十七日)肥前国佐賀城に生まれる。幼名淳一郎、のち直縄《なおただ》・茂実《しげざね》・直大。草場佩川《くさばはいせん》に学ぶ。文久元年(一八六一)襲封。明治元年(一八六八)直大と改める。同年、議定職、外国事務局権補、横浜裁判所副総督、外国官副知事、参与職などを歴任。五月には総野鎮撫を命じられた。明治四年十月イギリスへ留学、佐賀の乱勃発を機に急遽帰国し旧藩士を鎮撫した後、再び渡英した。明治十一年(一八七八)帰国、同十二年外務省御用掛、同十三年イタリア駐在特命全権公使。同十五年元老院議官となり、式部頭(のち式部長官)を兼任する。同十七年華族令により侯爵、同二十三年(一八九〇)貴族院議員、同三十年(一八九七)宮中顧問官。同四十四年(一九一一)には皇典講究所長、国学院大学長に就任した。大正十年(一九二一)六月十八日死去。七十六歳。次女伊都子《いつこ》は梨本宮守正王妃。

参考文献 中野礼四郎編『鍋島直大侯略伝』(一九四一、石井)

(飯塚　一幸)

なべしまなおまさ　鍋島直正　一八一四—七一　佐賀藩主。文化十一年十二月七日(一八一五年一月十六日)、江戸において佐賀藩主鍋島斉直と鳥取藩主池田治道の女幸姫との間に生まれる。天保元年(一八三〇)佐賀藩主襲封の後、藩財政とは別会計で、小物成収入などを財源とした「懸硯方」会計の用途を軍事費に活用するなど、軍事・科学の充実・振興に重点配分した財政構造の構築に努め、同藩を国内屈指の軍事・科学技術力を誇る藩に成長させた。また嘉永期には幕府に対し長崎警備の強化を主張し、佐賀藩領伊王島・神ノ島に砲台を設けたほか、文久三年(一八六三)には生麦事件をめぐる日英交渉の難航を受けて長崎警備体制を再編するなど、欧米列強の脅威に対して敏感に反応した。幕末の政局では「公武御一和」体制の確立を目指し、幕府が朝廷の委任を受け、鎖港など外交交渉にあたるよう主張した。明治政府では議定・初代開拓使長官などに就く。明治四年正月十八日(一八七一年三月八日)東京永田町の自宅で死去。五十八歳。

参考文献 久米邦武『鍋島直正公伝』(一九七三、西日本文化協会)、佐賀県立図書館編『佐賀県近世史料』一ノ一一(二〇〇三)

(伊藤　昭弘)

鍋島直正

なべしまなおよし　鍋島直彬　一八四三—一九一五　幕末・維新期の鹿島藩主、明治・大正期の官僚、政治家。鹿島藩八代藩主鍋島直永の三男として天保十四年十二月十一日(一八四四年一月三十日)に生まれる。幼名熊次郎、号は絅堂《けいどう》。嘉永元年(一八四八)襲封。重野安繹《しげのやすつぐ》・塩谷宕陰《しおのやとういん》に学ぶ。原忠順《はらただゆき》を家老に抜擢して藩政改革を行なった。戊辰戦争に際しては、藩兵を率い北陸道に向かうため京都まで出たが、鍋島宗家より長崎警備を命じられて帰郷した。明治二年(一八六九)鹿島藩知事。同五年原忠順らを従えてアメリカに留学、翌年帰国後、『米政撮要』を著わした。明治九年侍従、同十一年(一八七八)宮内省御用掛などを務めた後、同十二年初代沖縄県令に任じられ、「旧慣温存」を掲げて県政にあたった。同十四年元老院議官。同十七年華族令により子爵、同二十三年(一八九〇)選ばれて貴族院議員となり、没するまで在任した。大正四年(一九一五)六月十四日死去。七十三歳。

参考文献 星野英夫編『鍋島直彬公伝』(一九六四、鍋島直彬公四十年祭記念会)

(飯塚　一幸)

鍋島直彬

なまえたかゆき　生江孝之　一八六七—一九五七　明治から昭和期の社会事業家。慶応三年十一月二日(一八六七年十一月二十七日)、仙台藩士の子として仙台に生まれた。中学校時代に英国人教師の影響を受け、受洗。宣教師をこころざし、明治十九年(一八八六)、東京英和学校(のちの青山学院)高等部に入学するが中退し、山口・札幌などで布教活動を行う。このころ、社会事業に関心を持ち始め、三十三年(一九〇〇)からアメリカで社会事業・社会学・神学などの学修につとめる。三十七年帰国し、神戸で保育所を開設。また四十一年(一九〇八)、内務省から派遣され、欧米の社会事情などを調査。デンマークの国民高等学校、イギリスの田園都市構想に関心を示す。四十二年、内務省嘱託となり、慈恵救済事業の普及に従事するとともに中央慈善協会機関誌『慈善』(明治四十二年発刊)の編集にあたる。大正七年(一九一八)、日本女子大学校教授。昭和三十二年(一九五七)七月三十一日、東京

生江孝之

で死去。満八十九歳。『社会事業綱要』(大正十二年、巌松堂書店)などの著作がある。また自伝に『わが九十年の生涯』(昭和三十三年、日本民主文化協会)があり、著作集に一番ヶ瀬康子編『生江孝之集』(『社会福祉古典叢書』四、昭和五十八年、鳳書院)がある。　(岡田　洋司)

なまり　鉛　代表的な重金属の一つ。古代には長門・豊前を中心に銅とともに産出したことが知られているが、用途は鋳銭材料、顔料のほか、十六世紀に金銀銅の製錬に用いられるようになり、重要な金属資源とみられるようになった。江戸から明治時代にかけて秋田県太良《だいら》鉱山、宮城県細倉鉱山、岐阜県神岡鉱山などが主要な鉛鉱山となった。融点が低く柔らかいために加工しやすく重量が重いなどの特性から、近代にはいってからは水道管などの鉛管に用いられたほか、錫《すず》との合金であるはんだが金属の接合剤として多用された。鉛には中毒を起こす危険があり、古くから化粧用白粉の原料として使われていたため、これが原因で死に至ることもあった。そのため鉛を原料とする白粉の生産は昭和九年(一九三四)に禁止された。現代では自動車用蓄電池や化学原料などの多様な製品の原料として利用されている。　(武田　晴人)

なみかわそうすけ　濤川惣助　一八四七―一九一〇　七宝製造家。号魁香。弘化四年(一八四七)、東下総鶴巻村蛇園《へびその》(千葉県旭市)の農家に次男として生まれる。幕末に江戸へ出て酒商などに従事したのち、陶磁器の絵付けなどを手がける陶磁器商となった。明治十年(一八七七)の第一回内国勧業博覧会を見たことを契機に将来性を感じた七宝製造業に参入した。同十二―十三年にかけて画期的な無線七宝の技術を考案した。その後、委託管理していた名古屋の七宝会社の東京工場を引き継ぎ、内外の博覧会において数々の栄誉に輝いた。同二十八年(一八九五)に緑綬褒章を受章。翌年、京都を代表する七宝製造家の並河靖之とともに帝室技芸員に任命された。日本画家渡《わた》辺省亭《なべせいてい》らの下絵を元に無線七宝と有線七宝の技術を併用して、濃淡やぼかしのある絵画的な優品を残した。明治四十三年(一九一〇)二月九日没。六十四歳。代表作に旧赤坂離宮(現迎賓館)の七宝壁飾がある。

参考文献　名古屋市博物館編『明治期博覧会出品七宝工総覧―明治期勧業博覧会に関する調査研究―』(『名古屋市博物館調査研究報告』三、一九九六)　(岡本　隆志)

なみかわやすゆき　並河靖之　一八四五―一九二七　七宝製造家。弘化二年(一八四五)京都柳馬場《やなぎのばんば》御池(京都市左京区)に武州川越藩主松平大和守家臣高岡九郎左衛門の三男として生まれる。安政二年(一八五五)青蓮院宮侍臣並河靖全の養嗣子となり家督を相続し、青蓮院宮の近侍となった。維新後の時勢変化を受け商工業に着手するが成功せず、知人の薦めで中国七宝の模造を始めた。尾張七宝の桃井英升《もものいえいしょう》の指導を受けて技術改良に努め、ついに高度な有線七宝を完成させ京都を代表する七宝製造家となった。専属の下絵師中原哲泉の花鳥画を、肥痩のある植線や鮮やかで透明感のある釉薬《ゆうやく》など精緻な七宝技術で再現し、花瓶などに仕上げて内外の博覧会で受賞を重ねた。明治二十六年(一八九三)に緑綬褒章を受章。同二十九年には濤川惣助《なみかわそうすけ》とともに帝室技芸員に任命された。昭和二年(一九二七)五月二十四日没。八十三歳。代表作に一九〇〇年のパリ万国博覧会へ出品された「四季花鳥図花瓶」(宮内庁三の丸尚蔵館所蔵)がある。

参考文献　名古屋市博物館『明治期博覧会出品七宝工総覧―明治期勧業博覧会に関する調査研究―』(『名古屋市博物館調査研究報告』三、一九九六、名古屋市博物館)、田中正弘「並河徳子遺稿『父をかたる』朝彦親王家臣並河靖之の生涯」(『栃木史学』一五、二〇〇一)
(岡本　隆志)

なみざきとくじ　名見崎徳治　富本節三味線方の芸名。七代まである。

㈠六代　一八三三―七七　天保四年(一八三三)江戸生まれ。富本勝蔵、鳥羽屋里桂、四代名見崎八五郎を経て、慶応三年(一八六七)六代徳治を襲名。安政(一八五四―六〇)のはじめごろから芝居に出演したといわれる。明治十年(一八七七)四月十九日没。四十五歳。

㈡七代　一八四五―一九一七　本名吉野万太郎。弘化二年(一八四五)生まれ。富本品太夫の門弟で、はじめ徳三郎と名乗った。のち四代富本豊前《ぶぜん》太夫の門弟となり、友治と改名。その後七代徳治を襲名したが、六代の遺族の苦情がもとで三代得寿斎《とくじゅさい》と改名。当時すでに衰退していた富本節の再起に努力したが、家元派と衝突し、明治三十三年(一九〇〇)五月新たに名見崎派を起した。東京音楽学校(現東京芸術大学音楽学部)の邦楽調査嘱託員となり、その演奏が五線譜化されている。大正六年(一九一七)七月三十一日没。七十三歳。　(千葉潤之介)

なむらたいぞう　名村泰蔵　一八四〇―一九〇七　司法官、実業家。天保十一年十一月一日(一八四〇年十一月二十四日)に長崎に生まれる。父は島村義兵衛で、幼名子之松、または元健と称す。のちにオランダ通詞名村八右衛門の養子となり名村泰蔵を名乗るが、幕末期にはオランダ通詞北村元助の養子として北村元四郎の名前で、安政六年(一八五九)オランダ小通詞、文久元年(一八六一)神奈川奉行所詰、元治元年(一八六四)横浜製鉄所建築掛に任じられ、慶応元年(一八六五)軍艦用鉄材購入のために上海に出張、同二年には民部大輔徳川昭武遣欧使節団の仏国博覧会御用掛に任命され滞仏する。明治元年(一八六

名村泰蔵

八)長崎府上等通弁、同二年仏学局助教、のちに外務省文書権大佑に転じ、同五年司法省七等出仕、同年司法卿江藤新平が欧州出張を命じられたことに伴いその随行者として渡欧、翌年に法律顧問として日本政府に雇用されたボアソナードとともに帰国する。七年、参議大久保利通が全権弁理大臣として清国に派遣されるのに随行。同年に権中法官に任命される。八年翻訳課長、同年司法省刑法草案取調掛、十二年(一八七九)治罪法草案審査委員に任じられて、刑法および治罪法の立案編纂作業に加わる。この間、九年司法少丞、十年司法少書記官、十四年太政官権大書記官に転じ法制部に勤務。同年司法権大書記官に戻り、参事院員外議官補となる。十五年司法大書記官に進み、十九年大審院検事長となり加波山・大阪両事件の審理にあたる。二十三年(一八九〇)八月大審院刑事第一局長、同年十月大審院部長に任じられる。二十五年八月、大審院長心得に就任する。二十六年九月、高等官一等に進み退官。二十七年一月、貴族院議員に勅選される。実業界でも活躍する。四十年(一九〇七)九月六日、死去。六十八歳。

参考文献 石原千里「名村五八郎と名村泰蔵」(『英学史研究』二六、一九九三)

(岩谷　十郎)

なやせいど　納屋制度　主として石炭鉱山における坑夫の生活と労働の管理システムの一種。経営者が関与できない坑坑内で作業を行い、容易に職場を移動する坑夫に対しては、日常生活に密接に接する者が、坑夫募集、住居(納屋)の貸与と生活管理、労働管理(繰込み)、賃金管理の各機能を果たすことが必要であった。炭坑企業から納屋の管理を任されている納屋頭は、幕末から明治中期にかけて炭坑企業が坑内労働について関与できず納屋頭(ないしその上位者である棟梁)に採炭を請け負わせていた段階ではこれらの機能の全体を担当していたが、炭坑企業の直轄支配が進展して採炭請負制が廃止されるとその機能が縮小された。さらには固有の意味での納屋制度はなくなって従来の納屋頭が世話役と呼ばれる段階になると募集と住居管理の機能に限定されていった。三菱の高島炭鉱には典型的な納屋制度が展開していたが、明治二十一年(一八八八)に納屋頭による坑夫の暴力的管理と厳しい中間搾取が雑誌『日本人』の記事などを通じて全国的に報道されて大きな批判をまきおこした。固有の意味での納屋制度は一九二〇年代にはほぼなくなるが、中小炭鉱では戦後まで存続していた。なお、主に独身の労働者のための共同住居(飯場)の管理を通じて労務管理機能を果たした飯場制度も同様な意味をもった制度であった。

参考文献 隅谷三喜男『日本石炭産業分析』(一九六八、岩波書店)、中村政則『労働者と農民』(『日本の歴史』二九、一九七六、小学館)、村串仁三郎『日本炭鉱賃労働史論』(一九七六、時潮社)、武田晴人『日本産銅業史』(一九八七、東京大学出版会)、荻野喜弘『筑豊炭鉱労資関係史』(一九九三、九州大学出版会)

(加瀬　和俊)

ならかんこう　奈良観光　近代奈良の観光は、大和の諸社寺への参詣(巡礼)と名所旧跡への物見遊山という近世的な形態を継承しつつ、新たな近代固有の要素をもって表現される。その一つが諸社寺の古器旧物や正倉院御物が出陳された奈良博覧会の開催(明治八年(一八七五)―二十七年(一八九四))であり、もう一つは奈良公園などの公園地・名勝地の整備に伴う社寺や名所旧跡を取り込んだ新たな観光地の形成である。一方で「神武創業・建国の聖地大和」という奈良のイメージがつくられる。奈良めぐりの案内書や絵図が数多く出版され、奈良にむけられた関心は奈良めぐりの隆盛につながる。しかも明治二十年代の鉄道の開通、奈良公園の広域化・整備などは奈良の観光地化をいっそう押し進め、奈良＝南都以外の県内観光地の広域化がはかられた。こうした古社寺めぐりの増大に貢献したのが修学旅行であり、「神武創業の地」橿原神宮や神武陵を組み入れたコースもでてきた。また会《あい》津八一《つやいち》らの学者・文人の来寧も多くなり、大正八年(一九一九)には哲学者和辻哲郎の『古寺巡礼』が出版された。

参考文献 『奈良県政七十年史』(一九六二)、大和タイムス社編『大和百年の歩み』文化編(一九七二)、山上豊「近代奈良の観光―金沢昇平の活動を通して―」(『地域と多様な観光』所収、二〇〇四、奈良県立大学)、同「観光都市奈良の成立」(木村茂光・吉井敏幸編『奈良と伊勢街道』所収、二〇〇五、吉川弘文館)

(山上　豊)

ならけん　奈良県　近畿地方の中央部に位置する内陸県。明治新政府による大和の鎮撫はいちはやく進められ、明治元年(一八六八)正月早々に侍従鷲尾《わしのお》隆聚《たかつむ》が五条代官所を接収、奈良奉行小俣《おまた》景徳《かげのり》は奈良大豆山《まめやま》町崇徳寺に謹慎を命じられ、同十七日(一八六八年二月十日)に軍事参謀烏丸《からすまる》光徳《みつえ》が薩摩藩兵らを従えて奈良に到着。同二十一日には大和鎮台(長官久我《こが》通久《みちつね》)をおき、二月一日(二月二十三日)に大和国鎮撫総督府と改称。これも廃止され、五月十九日(七月八日)には、郡山藩などの旧藩領および軍務官の支配する十津川郷を除く、旧幕府領・旗本領・寺社朱印地を管轄とする最初の奈良県(知県事春日《かすが》仲襄《なかあき》)をおく。ついで、同七月に奈良府(知府事園池《そのいけ》公静《きんしず》)と改称、翌明治二年七月に再び奈良県となる。三年二月、県下の宇智《うち》・吉野両郡に河内国石川・錦部両郡と紀伊国伊都《いと》郡を加えて五条県がおかれた。四年七月の廃藩置県で、郡山・高取・小泉・櫛羅《くじら》・芝村・柳生《やぎゅう》・柳本・田原本《たわらもと》の各藩が県名を唱える。同十一月、これら諸県とこれまでの奈良県・五条県を統合して新たに大和一国を所管とする奈良県(県令四条隆平《しじょうたかとし》)が成立した。九年四月、奈良県は堺県に合併、ついで十四年(一八八一)二月、堺県が大阪府に合併され、旧奈良県も大阪府に属することになる。合併当初から大和選出の大阪府会議員を中心に奈良県再設置運動が起り、足かけ七年(六年間)にわたる請願・建白運動の結果、二十年(一八八七)十一月四日、奈良県は再設置され、現在に至る。二十二年四月の市制・町村制の施行で、百八十三町千三百六村は、十町百四十四村に合併された。三十年(一八九七)八月、郡制の施行で、十五郡が十郡に改編された。また翌三十一年二月には、奈良県で最初の市として奈良市が成立した。その後、戦後の町村合併促進法による昭和の大合併で、昭和三十四年(一九五九)までに八市十五町二十五村となり、さらに平成の大合併で、十二市十五町十二村となった。戦前は農業県としての色彩が強く、昭和初期まで「奈良段階」と呼ばれ、米の反当りの収穫量が日本一であった。林業でも吉野林業は全国的に知られている。神社仏閣の多い奈良県では、鉄道の発達とともに観光地化が進んだ。戦後は近鉄沿線を中心に住宅建設が進み、大阪のベッドタウン化が始まり、住宅開発や道路整備が進むなかで、都市化がいっそう進行した。また観光県として充実させていくなかで、平成五年(一九九三)に法隆寺地域の仏教建造物、同十年(一九九八)に古都奈良の文化財、さらに同十六年に紀伊山地の霊場と参詣道がユネスコの世界文化遺産に登録された。

参考文献 『奈良県政七十年史』(一九六二)、鈴木良編『奈良県の百年』(一九八五、山川出版社)、和田萃他『奈良県の歴史』(二〇〇三、山川出版社) (山上 豊)

〔明治初年農民一揆〕明治新政府が成立した当初の大和の民衆の動向として注目されるのは、生駒地域でおこった矢野騒動と呼ばれる一揆であろう。この一揆は、明治元年正月三日(一八六八年一月二十七日)の鳥羽・伏見の戦後、新政府の鎮撫の手が差しのべられるなか、旗本松平氏領でおこったもので、平群《へぐり》郡辻村(生駒市)にあった陣屋の代官矢野弥平太《やのやへいた》らの苛政に対して領民が立ち上がったことから矢野騒動と呼ばれる。主謀者は同郡小瀬《おぜ》村(生駒市)の宮大工与平らで、当時困苦に喘いでいた「小前百姓共」が主体となり、村役人層を巻き込む形で一揆は展開した。ここで注目されるのは、与平らが領内十一ヵ村分の傘型連判状を携えて大坂の長州藩陣屋に訴え、旧来の陣屋役人による支配を拒否し、「長州様」の支配のもとで百姓になりたいと、「長州様」へ大きな期待をしたことである。その後、辻村の陣屋は約五百人の百姓によって包囲され、長州藩兵によって矢野代官ら陣屋役人の身柄が拘束され、連行された。一揆の主謀者与平は入牢させられたが、六十日余りで釈放され、領内十一ヵ村は長州藩預かりののち、大和国鎮撫総督府の支配下におかれた。「御一新」のさなかの出来事であったため、犠牲者をださずにすんだ。このほかの民衆の動向としては、明治二年十二月、小作人が集合して小作米の引き下げを県に要求するという動きがあったが、奈良県の場合、新政反対一揆や地租改正反対一揆といった他府県でみられるような大きな一揆はほとんどみられない。

参考文献 『生駒市誌』資料編一(一九七一)、谷山正道「「矢野騒動」研究序説」(『ふるさと生駒—二十周年記念誌—』所収、一九九六、生駒民俗会)、和田萃他『奈良県の歴史』(二〇〇三、山川出版社) (山上 豊)

〔民権結社〕明治十三年(一八八〇)、国会開設請願運動の高まりは都市民権家の遊説活動とともに大和地方(当時、大和国は堺県、のち大阪府が管轄)における民権結社の結成を促進した。翌十四年六月、県南部の五條で民権主義・天賦人権論に立つ五條組親睦会(桜井徳太郎・松本長平《まつもとちょうへい》など、「知識の交換」「自由の拡張」を目的とした)の設立を嚆矢とし、下市組懇親会(吉野郡下市町、同年十一月)・宇陀郡親睦会(宇陀市、同年十一月)・北和《ほくわ》自由懇親会(奈良市、弁護士玉置格《たまきいたる》・玉田金三郎など、同年十二月)が結成された。これらは官憲の弾圧を避けるため親睦会の形態がとられた。十五年六月には、大阪での日本立憲政党の立党を契機に、「善美ナル立憲政体」の樹立をめざす政社も登場した。五條組親睦会が発展した和南組定期政談演説会(自由改進を主義とし、政治思想の修得を目的とした)である。青年による学術演説団体として金南青年倶楽部、諸法令の学習研究のための法律研究会を併設した。同年九月には、大阪府会議員恒岡直史《つねおかなおふみ》など十一名による立憲改進党系の地方政社である大和同盟党も結成されたが、まもなく改進党に合流した。十七年の自由党解党後、桜井徳太郎・土倉庄三郎を中心に私学校設立と活動家養成を目的とする大和交親会の設立が進められたが実現しなかった。二十年(一八八七)十一月、奈良県の再設置と国会開設を間近にして結社設立の新気運をむかえた。自由党系の寧楽《なら》交詢会(奈良市、二十一年、女性民権家清水とよも演壇に立った)、南和倶楽部・金陽《きんよう》倶楽部(ともに五條、二十二年、のち合併して大和第三区倶楽部)、大和大同義会(奈良市、愛国公党派、二十二年)が結成された。このほか北郡山倶楽部(大和郡山市)、北和倶楽部(奈良市)、錦繡倶楽部(生駒郡平群《へぐり》町)、吉野東倶楽部(吉野郡吉野町)も設立された。改進党系では、今村勤三《いまむらきんぞう》を幹事長とする平群倶楽部(平群町、二十二年)が最も大きく、大隈条約改正の賛成や衆議院の選挙運動を進めた。また、官民合同で結成された吏党系の奈良倶楽部(奈良市、二十二年)があった。二十一年から二十三年までに、これらの結社・政社は二十三社を確認できる。帝国議会が開かれると次第に全国政党に吸収された。 (竹末 勤)

〔新聞〕奈良県で最初の新聞は、明治五年(一八七二)五月に創刊した『日新記聞』で、縦二二センチ、横一五センチの小冊子、毎号八丁(一六頁)立てで、月に二〜三回発行された。発行者は奈良油留木《ゆるぎ》町(奈良市)の金沢昇平と東向北町《ひがしむききた》(奈良市)の高橋平蔵で日新報社(のち日新社)を設立、本局を油留木町(のち橋本町(奈良市))においた。今のところ、三十六号(明治六年十一月)まで確認されている。この新聞は、県の公報としての性格をもち、四千部発行し、二千部は県に納め、残り二千部は村の戸長が購読したという。明治十年代は奈良県が堺県や大阪府に属していたため、新聞界もふるわず、わずかに十三年(一八八〇)一月に宇陀郡松山町(宇陀市)で『松山絵入新聞』(社長山辺真《やまべまさ》敏《とし》、編集長湯川文嶺《ゆかわぶんれい》)、翌十四年一月に『松山新聞』が発行されたというが詳細は不明である。また同年八月に奈良鳴川町(奈良市)で『南都新報』(社主益田俊介《ますだしゅんすけ》、編集長西浜諦道《にしはまたいどう》)が発刊されているが、二号で廃刊となる。十九年二月に中尾氏就が『やまと新聞』(編集人岸野義衛《きしのよしえ》)の発刊を大阪府庁に願い出たというが詳細は不明である。明治二十年代は、奈良県が再設置されたことや民党再編の動きのなかでいわゆる「政党紙時代」に入った。二十一年(一八八八)四月一日、奈良橋本町の養徳新聞社から最初の日刊紙『養徳新聞』(社長今村勤三《いまむらきんぞう》、発行人兼印刷人石田定鹿《いしださだしか》)が発行された。まもなく立憲改進党の機関紙的な新聞となり、二十四年四月に『大和新聞』と改題、奈良東城戸町(奈良市)に本社をおいたが、大正十五年(一九二六)ごろに廃刊となったという。これに対して明治二十二年十一月、奈良橋本町の大和日報社から桜井徳太郎を発起人として大同倶楽部派の機関紙『大和日報』(社長玉《たま》置格《きいたる》)が発行されたが、内部対立と資金不足のため、翌二十三年八月に廃刊となった。ついで桜井らは、二十四年六月、奈良樽井町(奈良市)の新大和社から機関紙『新大和』(社長箕輪庄太郎《みのわしょうたろう》、主筆城水兼太郎《しろみずけんたろう》)を発行した。発行部数五百部余りで毎月欠損続きであったという。二十六年七月、『新大和』は『近畿自由』(発行人宇陀又二郎《うだまたじろう》、編集人川原元松《かわはらもとまつ》、のち城水兼太郎)と改題、紙面も拡張されたが、翌二十七年十一月、再び『新大和』に改題した。この『大和新聞』と『新大和』の二紙時代がしばらく続いたが、三十一年(一八九八)八月、赤堀自助《あかほりじすけ》が『奈良新聞』を発行し、奈良市高天《たかま》町に本社をおいた。三十六年九月に『新大和』の主筆岡本兼次郎《おかもとかねじろう》が『奈良朝報』を発行し、奈良市椿井《つばい》町に本社をおいた。こうして日刊四紙時代となり、各紙とも順調に部数を伸ばしたが、第一次世界大戦後県内の新聞界にも大きな変化がみられた。日刊四紙のうち、『大和新聞』と『新大和』『奈良朝報』の三紙が昭和初期までに相ついで姿を消した。このうち、『新大和』は、大正十二年六月に『大和日報』と改題、経営を続け、『奈良新聞』、『中和新聞』(大正十二年九月創刊、高田町(高田市))とともに、昭和十五年(一九四〇)十二月に一県一紙の戦時統合で終刊するまで続いた。戦時統合で、翌十六年一月に『奈良日日新聞』が発行され、奈良市油阪町に本社をおいた。社長には小松兼松が就任、赤堀自助や木村弘も経営に加わった。戦後になると、小松に代わり代議士北浦圭太郎が経営を引き継いだが、二十九年(一九五四)三月に休刊となった。二十一年十月、『奈良日日新聞』を退いた今西丈司は『大和タイムス』を発行し、本社を奈良市中筋町(のち三条町)においた。現在の『奈良新聞』(五十年(一九七五)六月改題)の前身にあたる。また二十九年五月、『奈良日日新聞』にいた杉田信義が『新奈良日』を発行、現在の『奈良日日新聞』となっている。

参考文献　福島隆三「奈良県新聞史」(日本新聞協会編『地方別日本新聞史』所収、一九五六)、鈴木良編『奈良県の百年』(一九八五、山川出版社)、山上豊「奈良県における明治二十年代の政論新聞について」(横田健一先生古稀記念会編『文化史論叢』所収、一九八七、創元社)、「奈良県新聞略史」(奈良県図書館協会地域資料研究会編『奈良県地方新聞所在目録』所収、二〇〇二)、和田萃他『奈良県の歴史』(二〇〇三、山川出版社)

(山上　豊)

〔雑誌〕奈良県の雑誌創刊の背景には、県民経済の中心が奈良盆地の米麦二毛作農業と吉野林業にあることから農業や林業関係の雑誌が創刊されて実用にこたえた。また公立師範学校を除けば、明治四十二年(一九〇九)の奈良女子高等師範学校の創立まで官立の高等教育機関がなかったこともあり法学・経済学系雑誌は生まれにくかった。明治二十年(一八八七)の奈良県再設置までの雑誌に『芳雲余情』(明治十七年(一八八四)吉野郡吉野山、芳野芳雲社、明治十七年)がある。県の再設置後、本格的な日刊紙と雑誌創刊の時期をむかえる。二十一年十一月、添上郡奈良橋本町(奈良市)の興和社より『興和之友』が刊行された。徳富猪一郎・矢野文雄・植木枝盛など十名を特別寄書家に擁する政論雑誌であった。植木も「憲法六解」「憲法三問答」をふくむ論説五編を寄せ、当時二十一歳の女性民権家清水とよ(のち紫琴・古在とよ)も「敢て同胞兄弟に告ぐ」(二十二年三月、同誌五号)を発表し、女権拡張と参政権を主張した(同誌は二十二年十月までに十九号を発行)。二十二年四月には添下郡郡山町(大和郡山市)の実利通信社より教育・衛生・農林業に関する論説雑誌『実利通信』が刊行されたが短命に終った。これに先立つ二十年十二月には、奈良橋本町(奈良市)の明新社より『公布全書』が月刊で刊行され『官報』とともにながく法令関係の実用に供された。二十四年十二月、山辺郡山辺村(天理市)の道友社より月刊『道の友』が創刊。天理教布教の手引きとして県内よりも県外に多くの読者をもち、四十四年には六万六千部が発行され、現在まで続いている。二十五年九月には『教育雑誌』(のち『奈良県教育会雑誌』と改題)が創刊、はじめ隔月刊、のちに月刊となり、教育関係の最大雑誌となった。明治二十年代後半より三十年代に入ると、「米と材木」の経済構造を反映する月刊雑誌が創刊された。『吉野実業』(吉野郡上市町、吉野郡農会、二十六年)、『講農雑誌』(奈良県農事試験場、二十八年)、『大和山林会報』(奈良市、大和山林会、三十六年)などが長く続いた。俳諧誌では『八重桜』(奈良市、芳桜社、三十五年)、『俳諧栞草』(磯城郡初瀬町、俳諧交誼会、三十六年)があった。四十年代には、『敷島雑誌』(四十年)、『倭文壇』(四十四年)などの文芸誌や『やまと美術』(四十一年)といった明治以前の古美術の再発見という時代風潮を表わす美術系雑誌も刊行された。 (竹末 勤)

〔私立学校〕明治二十四年(一八九一)の『奈良県統計書』によれば、県内には普通科一、英語科一、漢学科二、算学科一、倫理・修身科四、読書・習字科四、裁縫科一六の合計二十九校の私立各種学校が設置されている。しかし複数以上の教員を置く学校は八校にすぎなかった。二十年九月、添上郡奈良橋本町(奈良市)に日本聖公会奈良基督教会の玉置格《たまきいたる》(弁護士・政治家)を校長として私立奈良英和学校が開校した。小学校高等科一・初等科一の二学級、夜間の別科では英語を教授した。アメリカ人宣教師I・ドゥーマン、イギリス人女性教師二名をふくむ異色の学校であった。初期の卒業生に米田庄太郎(文学博士、京都帝国大学教授)、岡実(法学博士、大阪毎日新聞社社長)、木村重治(法学博士、立教大学学長)がいる。二十九年十二月、文部省令に準じて中学校に改組、私立奈良中学校となったが、三十四年(一九〇一)にアメリカ聖公会の指示により廃校。同校の伝統は奈良予備学校(明治三十五―三十七年)、奈良育英学校(明治三十八年―大正五年)を経て、育英女学校(大正四年創立)に継承された。元治元年(一八六四)五月、吉野郡十津川郷折立(同郡十津川村)に開設された文武館を起源とし、明治十五年(一八八二)七月に郷立文武館が設置され、普通科を教授した。三十三年十一月には私立中学校令による私立中学校文武館に改組された。戦後、全国にその名を知られた十津川剣道は、この時点では教科とされなかった。昭和十七年(一九四二)四月、県立に移管された。私立学校令によるもう一つの中学校に天理教校がある。明治三十三年四月、山辺郡丹波市町(天理市)に天理教伝導師の養成を目的とする四年制の宗教学校として創設された。四十一年(一九〇八)四月、これとは別に普通科を教授する五年制の私立天理中学校も開校し、昭和二十三年(一九四八)四月、新制天理高校となった。このほか、私立観学院(奈良市雑司町、二十九年創立、仏教学、六年制)、私立法隆寺観学院(生駒郡法隆寺村、三十三年創立、仏教学、四年制)、私立大和仏教中学(高市郡今井町、三十三年創立、仏教学、四年制)などがあった。女子教育では、私立大和女学校(奈良市紀寺町、二十四年創立、家事裁縫、二年制)が最もながく続いた。 (竹末 勤)

〔銀行〕奈良県最初の銀行は、明治十二年(一八七九)一月に郡山柳町(大和郡山市)に開業した第六十八国立銀行(資本金八万円)である。この銀行は旧郡山藩主柳沢保申《やなぎさわやすのぶ》が中心となり、出資者百三十三名のうち、七名(商人三名、豪農四名)を除いてすべて旧郡山藩士族であり、士族救済策の一つであった。三十年(一八九七)十二月に株式会社六十八銀行と改称、普通銀行となると、株主も当初の士族中心の色彩は薄れ、有力地主や商人層が中心となり、資本金も百万円となった。また二十一年(一八八八)四月には第三十四国立銀行(三和銀行の前身)が奈良に支店をおいた。日清戦争前後になると、県内に相ついで銀行が設立された。二十六年六月、宇陀郡松山町(宇陀市)に松山共立銀行(松山銀行、さらに大和銀行)、翌二十七年二月奈良銀行(奈良餅飯殿《もちいどの》町(奈良市))・八木銀行(高市郡八木町(橿原市))、同七月田原本《たわらもと》銀行(十市郡田原本町)、同八月高田銀行(葛下《かつげ》郡高田町(大和高田市))、二十八年八月吉野銀行(吉野郡下市町)、同九月奈良貯蓄銀行(奈良椿井《つばい》町(奈良市))、同十月丹波市《たんばいち》銀行(山辺郡丹波市町(天理市))、二十九年四月畝傍《うねび》銀行(高市郡今井町(橿原市))、同五月吉野小川銀行(吉野郡小川村鷲家口《わしかぐち》(東吉野村))、三十年一月中和銀行(式下《しきげ》郡都村新町(田原本町))、同三月御所《ごせ》銀行(葛上郡御所町(御所市))、郡山銀行(添下郡郡山町(大和郡山市)、のち産業銀行)、七月大和興業銀行(宇智郡五条町(五条市))、八月西和銀行(生駒郡法隆寺村(斑鳩町))、十月榛原《はいばら》銀行(宇陀郡榛原町(宇陀市))、三十一年一月桜井銀行(磯城郡桜井町(桜井市))、三月吉野材木銀行(吉野郡上市町(吉野町))、奈良県農工銀行(奈良中院町(奈良市)、のち日本勧業銀行奈良支店)などのほか、樫根《かしね》銀行(葛下郡浮孔《うきあな》村(大和高田市))や松田銀行(添上郡東山村(山添村))、山中銀行(添上郡明治村(奈良市))などの個人銀行も設立されたが、これらの銀行は、奈良盆地の有力な地主や山林地主が起こしたものであった。その後、小資本銀行・弱体銀行は生き残ることができず、県内にあった二十三銀行はつぎつぎと整理統合され、三十七年から三十八年にかけて中和地方の樫根・桜井・中和・田原本の各銀行が八木銀行に買収された。大正期には、大和・吉野材木・吉野小川・畝傍の各銀行が吉野銀行に、丹波市銀行は六十八銀行に、また奈良・高田の各銀行は産業銀行に買収された。大正五年(一九一六)一月、産業貯蓄銀行(昭和十三年(一九三八)解散)が設立された。昭和期に入ると金融恐慌などの影響もあって、産業銀行が六十八銀行に買収され、六十八・吉野・八木・御所の四銀行だけとなった。昭和九年(一九三四)六月、一県一銀行とする政策により、これら四銀行を合併して資本金千三百五十万円の南都銀行が設立され、現在に至っている。

参考文献 森田義一編『郡山町史』(一九五三)、『奈良県政七十年史』(一九六二)、柳沢文庫専門委員会編『大和郡山市史』(一九六六)、『南部銀行五十年史』(一九六五) (山上 豊)

ならけんさいせっちうんどう 奈良県再設置運動 大和選出の大阪府会議員グループを指導者とする民権期奈良の最大の民衆運動。多分に地域の産業化を望む中小地主の利害を反映していた。廃藩置県後、明治四年十一月二十二日(一八七二年一月二日)、大和一国を管轄とする奈良県が成立したが、府県の財政難を解消するための府県統合政策によって、奈良県は堺県、さらに大阪府に属することになったが、府政の重点が摂津や河内・和泉国の河川・港湾改修などにおかれ、大和国の道路新設・改修や治山・治水・産業興隆がなおざりにされる傾向が強いなど、地方税の配分をめぐる不満が契機となって恒岡直《つねおかなお》史《ふみ》・今村勤三《いまむらきんぞう》・中山平八郎《なかやまへいはちろう》ら大阪府会議員を中心に、十四年(一八八一)十二月から奈良県再設置運動が始まった。この運動は、二十年(一八八七)十一月に奈良県が再設置されるまでの六年間(足かけ七年)にわたって六回の請願・建白が行われた。このうち、十五年十一月二十九日に今村勤三・服部蓊《はっとりしげる》・中村雅真《なかむらがしん》の請願委員(のち上京委員)が最初に内務省に提出した「大和国置県請願書」(別冊「大和国置県請願理由書」「大和国一覧表」)は、大和国添上郡二百四町百二十六ヵ村人民惣代の中井栄治郎《なかいえいじろう》・阪本理平《さかもとりへい》・中村雅真をはじめ、各郡町村人民惣代三十三人が連署しているが、これには大和の全町村の約六割が賛同していたこと、また、翌十六年八月十五日に三条実美太政大臣宛に提出した「大和一国ヲ大阪府ノ管下ヨリ分テ別ニ一県ヲ立ルヲ請フ願書」には、大和十五郡中八百六十八ヵ町村有志、奈良手貝町片岸清三郎《かたぎしせいざぶろう》ほか二万千七百十七人の連署をつけるなどの高まりがみられたことは注目される。その後、運動は、同年十月の「大和国置県之建白書」、十七年五月の「大和国置県之再建白書」などがあったが、運動の長期化に伴い、盟約に加わった「主唱者」の負担の増大などで離反するものもいて、低迷の一途をたどった。二十年に入ると、全国的な地価修正で、大阪府管内では大和だけが減額されなかったことから、恒岡ら大和選出の大阪府会議員は、年来の分置県とからませて地価修正を政府に要求することになり、十月五日、松方正義大蔵大臣に地価修正を請願したところ、減租は認められないが、再置を示唆する回答を得た。そして翌六日、一行は内閣総理大臣伊藤博文邸に出頭、奈良県再設置の内約を与えられ、同年十一月四日付勅令第五九号で奈良県は再置された。この運動は、明治政府の府県管地政策に翻弄されるなかで起ったもので、運動の主体は大和選出の大阪府会議員など富裕な地主層であり、必ずしも立憲改進党の影響があったとはいえず、なかには自由党系の人々も参加しており、今村勤三自身も「何党トカ何派トカ扇動ニ寄シモノニアラザルハ明白」といっている。この運動の要求理由書には、道路新設改修・河川の整備・産業振興をあげており、地方税配分の不均等が大和と摂津・河内・和泉の地域利害の対立を生みだしていた。しかも明治十九年の建白の理由に鉄道敷設をあげており、殖産興業＝産業化の側面が明確にでてくる。このほか、運動の形態として近世以来の国訴の訴願形式がみられたという。

参考文献 『奈良県政七十年史』(一九六二)、奈良県編『青山四方にめぐれる国—奈良県誕生物語—』(一九八七)、谷山正道「奈良県再設置運動研究序説」(『日本文化史研究』二五、一九九六)、山上豊「近代奈良の地域社会形成と名望家今村勤三—とくに「地方行政・政治家」としての活動を中心に—」(『奈良歴史研究』七四、二〇一〇)

(山上　豊)

ならこうえん　奈良公園　奈良市東部にある公園。明治十年(一八七七)十二月に平松甚平《ひらまつじんぺい》・片岸清三郎《かたぎしせいざぶろう》・橋井善二郎《はしいぜんじろう》・金沢昇平《かなざわしょうへい》ら奈良町の有志十四名は、当時官有地であった元興福寺境内外を公園地として十ヵ年間無償で借用したいと堺県に出願、翌十一年一月に認可された。この拝借願には公園地を示す図面が添付されており、堺県によって事実上、公園地が認定されたことになる。この出願がきっかけとなって奈良公園の認可につながった。十三年二月十四日、内務卿伊藤博文から奈良公園の設立が認可され、興福寺旧境内地と春日野の一部をふくむ四万四千九十二坪が公園地に指定された。このとき、一時廃寺となっていた興福寺は、十四年二月に再興されたが、公園地となっていた敷地は下付されず、金堂は返還された。二十年(一八八七)十一月に奈良県が大阪府から再設置されると、大々的な公園地の整備と拡張が行われ、翌二十一年七月、奈良県知事税所篤《さいしょあつし》は、「春日山・嫩草《わかくさ》山・手向山・鶯滝等近隣ノ諸勝地ヲ公園地ニ取込ミ完善至美ノ一公園ヲ作成」することを政府に上申、翌八月に認可された。そして翌二十二年三月に新しい奈良公園地の設定が告示され、五百六町八反四畝歩の大奈良公園(春日野・浅茅ヶ原の名勝地、東大寺・手向山八幡宮・氷室神社・天神社・瑜伽《ゆうが》神社などの寺社境内地、若草山・花山・芳《ほ》山などの山野)となった。さらに二十七年六月、奈良県は奈良公園改良諮詢会を設立、改良評議員に今村勤三《いまむらきんぞう》ら県内の有力者十五名を選んだ。吉野の山林王土倉庄三郎《どくらしょうざぶろう》は山林部の植栽で、前部重厚《まえべじゅうこう》は造園でそれぞれ指導的な役割を果たした。大正十一年(一九二二)に名勝に指定された。

奈良公園

参考文献 『奈良県政七十年史』(一九六二)、大和タイムス社編『大和百年の歩み』文化編(一九七一)、『奈良公園史』(一九八二、奈良県)

(山上　豊)

ならこくりつはくぶつかん　奈良国立博物館　⇩奈良帝《ならてい》室博物館《しつはくぶつかん》

ならしのれんぺいじょう　習志野練兵場　日本陸軍の演習場。江戸時代は幕府の放牧場で広い平地であり、明治時代には習志野原と呼ばれた現在の習志野地域は、東京から近距離ということもあって、演習場としては格好の地域であった。明治七年(一八七四)には、早くも陸軍がこの地域に着目し、演習場にするために一帯が官有地となり、練兵場としての歴史が始まった。日清戦争終結のあたりからロシアとの戦争が現実的になり、騎兵も強化されたことから、習志野練兵場付近は、騎兵訓練のための演習場としての色彩を強めた。そして、騎兵学校やその他騎兵部隊などの施設が頻繁に建設されて、騎兵を重視した訓練場の性格を一層強めることになる。しかしそういったこの地域の性格も、昭和十一年(一九三六)に戦車部隊が配置されたのを契機として衰退し、第二次世界大戦後、この地域の広大な土地は、開墾地や学校建設に使用され、昭和三十年代には住宅地に変貌し、現在に至っている。ちなみに習志野練兵場付近には、陸軍習志野学校も置かれ、化学兵器に関する教育・訓練・研究も実施されたことから、この種の兵器を重視した日本軍の軍事思想を象徴する場所でもあった。

参考文献　習志野市教育委員会『習志野市史』一(一九九五)

(山本　智之)

ならじょしこうとうしはんがっこう　奈良女子高等師範学校　東京女子高等師範学校に次いで、明治四十一年(一九〇八)三月、勅令第六八号をもって設置されたわが国二番目の女子高等師範学校。日清戦争後の社会の進展に伴い、義務教育における女子の就学率が上昇し、義務教育修了後の女子の中等教育の場である高等女学校への進学率も急速に伸びた。この女子中等教育の急需に応える教員を養成するために設置された。設置当初は東京女子高等師範学校と同一組織をとらなかったが、大正三年(一九一四)の校則改正で東京女子高等師範学校に合わせ、文科・理科・家事科の三学科に分けられた。明治四十四年に附属小学校・附属高等女学校が、大正元年には附属幼稚園が設置され、女子中等教員の養成とともに教育研究の体制が整備された。大正八年には、修業年限一年の保姆養成科が創設された。幼稚園教員の養成が立ち遅れていた当時にあって、この保姆養成科の果たした役割には大きいものがあった。第一次世界大戦後の高等女学校の急増に伴い、大正十一年(一九二二)第三臨時教員養成所が設置され、昭和七年(一九三二)まで数学と理科の中等教員の養成が行われた。その後戦時体制が深まる中で教員志願者が激減し、それに対処するために、十七年(一九四二)四月に新たに奈良女子臨時教員養成所が附設され、修業年限三年で数学の教員を養成することになった。翌十八年には、同養成所に家事科が増設された。また、戦没将兵の未亡人を救済するために昭和十四年に特設保姆養成所が設けられ、同じ趣旨で十九年には特設中等教員養成所が開設された。二十四年(一九四九)五月、国立学校設置法により奈良女子大学になった。

奈良女子高等師範学校

参考文献　『奈良女子大学六十年史』(一九七〇)、『奈良女子大学八十年史』(一九八九)

(船寄　俊雄)

ならじょしだいがく　奈良女子大学　⇩奈良女子高等師《ならじょしこうとうし》範学校《はんがっこう》

ならしんぶん　奈良新聞　明治三十一年(一八九八)八月七日、『大和新聞』にいた赤堀自助《あかほりじすけ》が創刊した新聞。奈良市高天《たかま》町に本社をおいた。タブロイド版四頁立てで、ピンクの紙色のために、俗に「赤新聞」といわれるやや大衆的な新聞であった。今村勤三《いまむらきんぞう》の支援をうけ、憲政本党の社説を掲げた。発行部数は、明治三十二年に二十一万七千九百十部、三十七年に百四十二万三千部と大幅に増え、大正四年(一九一五)には二百六十万四千八百部であった。昭和十五年(一九四〇)十二月に戦時統合で一県一紙となり、一四八八三号を最終刊として廃刊することになった。赤堀自身の「らくがき」は廃刊まで続いたという。なお、赤堀自助は、慶応二年(一八六六)生まれで和歌山出身。

参考文献　福島隆三「奈良県新聞史」(日本新聞協会編『地方別日本新聞史』所収、一九五六)、「奈良県新聞略史」(奈良県図書館協会地域資料研究会編『奈良県地方新聞所在目録』所収、二〇〇二)

(山上　豊)

ならせんじ　奈良専二　一八二二—九二　明治三老農の一人。讃岐国三木郡池戸《いけのべ》村(香川県木田郡三木町)の組頭奈良佐四郎の長男として文政五年九月十三日(一八二二年十月二十七日)に生まれる。生涯を農具の改良と栽培法の研究に尽くした。幕末ころには精米器、砂糖しめ機、牛《うし》鍬《ぐわ》など各種農具の改良発明をしている。明治五年(一八七二)香川県勧業掛を拝命。同九年砕塊器械《くれわり》(ころまぐわ、自称日雇倒し)を創作、『農家得益弁《のうかとくやくべん》』を著わし、水稲、蔬菜、果樹などの栽培法を述べる。同年上京して津田仙を訪ねる。十年(一八七七)、第一回内国勧業博覧会に出品した『農家得益弁』と砕塊器械に対し総裁より花紋褒賞授与。その後も新品種「粳米奈良稲」が三等賞授与。十六年大日本農会通常会員となり在京指導者と交流。十七年農商務省三田育種場雇となり洋種野菜や果樹の栽培法を研究。十八年千葉県、二十二年(一八八九)茨城県、二十三年秋田県仙北郡に招かれ、寒冷地向き品種、乾田馬耕、正条植、耕地整理などの農事指導を行う。この間『食用兎飼育法』『蒟蒻《こんにゃく》栽培調理法』などを著わす。二十五年五月四日、秋田県仙北郡花館《はなだて》村(大曲市)で死去。七十一歳。緑綬褒章授与、従五位追贈。

参考文献 奈良光男編『明治三老農 奈良専二翁略歴』

(和田 仁)

ならていしつはくぶつかん 奈良帝室博物館 明治二十八年(一八九五)帝国奈良博物館として政府が設立した博物館。明治二十二年五月、宮内省の管轄する東京の帝国博物館(のちの東京帝室博物館)および帝国奈良・京都博物館の設立が決まり、帝国博物館総長が三館を統括した。二十五年、工事着工。片山東熊《かたやまとうくま》が設計し、岡倉天心が建築工事主任となった。二十七年十二月竣工、木骨煉瓦造平屋・モルタル外装の洋風建築だった。十三の陳列室をもち、歴史部・美術部・美術工芸部が置かれた。県内を中心とする社寺所蔵品の展示を主体として運営され、拝観料は出品展示物の評価額に応じて各社寺に分配した。寄託宝物の修理費用も博物館が負担した。二十八年四月、帝室御物十一点・歴代天皇の宸翰二十二点、美術品九十一点・法隆寺の百済観音像などの仏像九十一点を中心に陳列、開館した。明治三十三年(一九〇〇)六月、宮内省達甲第三号により奈良帝室博物館に改称された。四十一年(一九〇八)五月、東京帝室博物館に正倉院宝庫掛が設置され、宝庫と御物の管理にあたった。同宝庫掛は大正三年(一九一四)九月、奈良帝室博物館の管轄となった。同年十一月より正倉院古裂類の本格的修理も始まり、昭和七年(一九三二)四月、奈良帝室博物館でその特別展示が行われた。昭和十二年(一九三七)十月には、本館南側に鉄筋コンクリート二階建・内部総檜張の収蔵庫が完成した。本館主催の特別展として、明治期に「国宝臨時特別陳列」(明治三十八年)、「国宝書画春季陳列」(同三十九年)が開催され、昭和期に入ると「天平文化記念特別陳列」(昭和三年)・「運慶を中心とする鎌倉彫刻展」(同八年)・「藤原美術展」(同十二年)・「平家納経展」(同十五年)などが開かれた。対米英開戦に先立つ昭和十六年八月から十二月にかけて、東京帝室博物館の御物・最優秀美術品三百三十三点が新しい収蔵庫に疎開した。のちには正倉院御物の一部もここに疎開した。二十一年(一九四六)六月、これらの一部が本館で公開された。同年十月には正倉院展も始まった。二十二年五月、東京および奈良帝室博物館は宮内省から国に移管され、国立博物館奈良分館となった。その後、二十七年七月、奈良国立博物館として独立。仏教美術専門館として今日に至っている。

(竹末 勤)

奈良帝室博物館

ならはくらんかいとしょうそういんぎょぶつ 奈良博覧会と正倉院御物 明治七年(一八七四)八月、時の奈良県権令藤井千尋のすすめで、植村久道《うえむらひさみち》・鳥居武平《とりいぶへい》など奈良町の有力者らが奈良博覧会社(社長植村久道、本社東大寺竜松院、資本金三千五百円社員七十人)を設立し、翌八年四月一日から六月十九日までの八十日間、東大寺大仏殿内と回廊を会場に第一次奈良博覧大会が開かれた。この博覧会には、東大寺・法隆寺・春日神社などの大和の諸社寺、旧家が所蔵する什宝や書画・骨董、商工業製品、名産品などが出品されたが、なかでも二百二十件余にのぼる正倉院御物が出陳されたことはこの博覧会の大きな特徴といえよう。もともとこの博覧会は、「商工奨励作興」、つまり殖産興業の必要から提唱された官民一致の施策であったが、正倉院御物の出陳という前代未聞の快挙があり、文部大丞町田久成と文部省出仕蜷川式胤《にながわのりたね》の役割が大きかった。彼らにとっては、質量ともすぐれた文化財を一堂に集め、ひいては奈良に博物館を建設するための布石にしたいという考えがあったからである。『奈良博覧会物品目録』によると、博覧会場は四区からなり、さらに出陳物の種類に応じて号単位で細区分され、美術工芸品は東西の両回廊の第一・二・四区に陳列し、正倉院宝物は大仏殿内の第三区に陳列され、第一号から九号に細区分された。おもな陳列品は、紅染象牙尺・鳥毛立女《とりげりつじょの》屏風《びょうぶ》・紫檀筥《したんのはこ》・螺鈿紫檀阮咸《らでんしたんのげんかん》・黄熟香《おうじゅくこう》・木製黒漆水瓶などであった。この博覧大会は、八十日間の会期中に十七万二千十六人にのぼる観客を集め、この盛況ぶりに、明治九年以降も開催することになり、十年(一八七七)を除く、二十七年(一八九四)の第十八次大会まで開かれた。なお、正倉院宝物は、第一—三次・五次大会で基本的に陳列は終り、六次大会は正倉院宝庫中の法隆寺献納宝物のみ陳列された。奈良博覧会社のもう一つの事業である宝器類の模写・模造は、奈良漆器などの伝統工芸の復興に大きな役割を果たした。

参考文献　『奈良県政七十年史』(一九六二)、『東京国立博物館百年史』本編・資料編(一九七三)、高橋隆博「明治八・九年の「奈良博覧会」陳列目録について」上・下(『史泉』五六・五七、一九八一・八二)、山上豊「正倉院御物と奈良博覧会—とくに明治一〇年代の動向を中心に—」(『歴史評論』五七三、一九九八)、和田萃他『奈良県の歴史』(二〇〇三、山川出版社)、米崎清美『蜷川式胤「奈良の筋道」』(二〇〇五、中央公論美術出版)
(山上　豊)

ならはらさんじ　奈良原三次　一八七七—一九四四　航空機研究家。明治十年(一八七七)二月十一日、今の鹿児島市高麗町に奈良原繁の次男として生まれた。父の繁は、薩摩藩士で幕末の志士として活躍し、明治になってからは、静岡県令、沖縄県知事などを歴任し、明治二十九年(一八九六)には男爵を授けられている。三次は、第六高等学校(旧制)在学中の明治三十七年(一九〇四)の夏、父の任地沖縄へいく途中極度の濃霧に襲われ、これの透視には気球を研究しなければならないと思ったのが航空に志す第一歩であったという。明治四十一年(一九〇八)には東京帝国大学工学部造兵科を卒業して、海軍少技士として横須賀海軍工廠造兵部に勤務するかたわら、木村駿吉《きむらしゅんきち》博士の指導で飛行機の研究に打ち込み、明治四十四年五月五日、みずから設計、製作した奈良原式二号機を操縦、六〇メートル余の飛行に成功した。この飛行が国産民間機の初飛行となった。海軍を退いた後の明治四十五年四月、奈良原式四号機「鳳号」で地方巡回飛行を行い、航空思想の普及につとめた。昭和五年(一九三〇)から日本軽飛行機倶楽部会長となり、昭和十九年(一九四四)七月十四日、六十八歳で没するまでの全生涯を航空の発展に捧げた。

参考文献　『鹿児島大百科事典』(一九八一、南日本新聞社)
(皆村　武一)

ならはらしげる　奈良原繁　一八三四—一九一八　政治家、地方行政官僚。天保五年五月二十三日(一八三四年六月二十九日)、鹿児島城下高麗町(鹿児島市高麗町)に生まれる。鹿児島藩士として、寺田屋騒動、生麦事件、薩英戦争で活躍する。明治十一年(一八七八)内務省御用掛となり、内務省権大書記官、農商務省大書記官、静岡県令、日本鉄道会社初代社長、元老院議官、貴族院勅選議員、宮中顧問官などを歴任。明治二十五年(一八九二)—四十一年(一九〇八)まで沖縄県知事。皇民化教育、土地整理、港湾整備を三大事業として、沖縄地方を急速に本土化および近代化させた。『琉球新報』の発刊、沖縄県農工銀行設立にも寄与した。明治二十九年に男爵となる。奈良原は沖縄の近代化の基礎を作ったが、権力が強大で専制的だったため「琉球王」とあだ名された。土地私有制の確立のために農民の利益を無視した土地整理を行い、沖縄の自由民権運動と称される謝花昇《じゃはなのぼる》らの運動を引き起した。大正七年(一九一八)八月十三日没。八十五歳。
(西尾林太郎)

奈良原繁

なりきん　成金　駒が成って金将と同じ地位となる将棋用語で、転じて急に財力を蓄えて富豪になる者をいう。成金は一般的には大正前期の第一次世界大戦で濡れ手に粟の莫大なぼろ儲けをした大小の俄か金持ちを指すことが多い。しかし、明治中期から資本主義の発展と産業革命の進展に伴い、世襲の家柄格式の価値観が次第に崩れて「成り上がり」の風潮の台頭とともに登場するようになった。第一高等中学校を除籍処分されて間もない若き堺利彦が「当世品定」(『なにはがた』明治二十五年十月)で「学士丈に学問は先づ一番(中略)成り上がり官員の小才子風では無いけれど、さらばと云うて大才子とか英雄とか云ふ器量は無い」と立身出世の「成り上り」の官員に絡めて作中人物を描いているが、「成金」の語が多く登場するのは日露戦争ごろからである。中でも著名なのは株相場で儲けた三十歳前の「鈴久」こと鈴木久五郎《すずききゅうごろう》で、「日露戦争以来の株式界は、空前絶無の大波瀾を呈せり。この渦中に投じて、赤手三百万円以上の巨利を占めたる鈴木久五郎なる人あり。(中略)金儲けに世路辛き日本にてかかる巨利を博せるとは」(『時事新報』明治三十九年十月二十二日)と伝えられ、兄兵右衛門を頭取に据えて鈴木銀行を埼玉県の越谷に設立し、日本橋の小網町などに支店を置き(翌年休業)、四十一年(一九〇八)には、「実業家十傑投票」で大橋新太郎・根津嘉一郎《ねづかいちろう》・日比翁助《ひびおうすけ》・浅野総一郎・波多野承五郎らを抑えて十位に当選させられている(『国民新聞』五月十四日)。山路愛山も人物による資本主義発達史ともいうべきこの年に出した『現代金権史』で、「昨今に至りて大金持の連中(中略)共同して所謂成金党を撲滅する策略に取りかゝり、東京にては岩崎、三井、安田など云ふ大家同盟して財界の野武士たる成金党に当り、(中略)遂に成金の勢力を掃討して大に自家の富を加へたり」と、成金の「新大名」に対して財閥勢力が合従連衡してその富を維持している様を活写している。政界を引退していた矢野文雄も久しぶりの新聞小説「不必要」(四十年)で「四五日前に、どこかの新聞に、兄さんのことを、成金と書いてあつたがあれア何の事だエ……あれア将棊の駒のことなんです、詰り世間の人が成功者を嫉む此頃の流行言葉なんで……去年の暮あたりから、大層に儲けたとか云ふ話で、兄さんは、大きな普請を始める、別荘をこしらへると云ふ騒ぎ」と流行言葉の成金を登場させており、島崎藤村も四十三年に『読売新聞』に連載した「家」(翌年刊行)で、正太が榊と叔父の家へと歩く描写で、「株の高低に激しく神経を刺激された人達が、二人の前に右に往き、左に往きした。(中略)途中で、榊は立留つて、『成金が通るネ―護謨輪かなんかで。』と言つて見て、情婦の懐へと急ぎつゝあるやうな、意気揚々とした車上の人を見送つた。榊も正太も無言の侮辱を感じた。」といわしめている。このころ、新聞事業で成功し、株で巨利を得て兜町に大きな地歩を占め、やがて実業界から政界にも進出し政友会の代議士となり大正末期から昭和初年に政界の策士と称された小泉策太郎《こいずみさくたろう》(三申)も明治末期の成金の一人であった。後年、三宅雪嶺は『同時代史』で明治期の成金に言及して、台湾出兵と成金(巨利を博した岩崎弥太郎・大倉喜八郎ら)、西南戦争と成金(新たに中野梧一・藤田伝三郎・五代友厚ら)、日清戦争と成金(新聞社が従軍記者を派遣し、「通信に、電報に、挿画に能く力を注ぎ得る者が勝つ。(中略)軍部の好意を得たるは他に優りて材料を得(中略)前より政府の弁護せるか、さもなくとも中立の位置に立てるは、多くの便宜を得、戦争成金に列するあり」)、日露戦争と成金(「開戦前より戦争の利害得失が新聞界の問題となり、(中略)新聞と資本との関係が最も切実に証明され、大坂の財力を後援とする者が著しく拡張し、発展し、戦争成金の中に列す」)と明治新聞発達史の中に戦争成金の推移を位置づけている。明治三十九年に元手三百円から出発し、やがて大成金となり、その経路を種々の挿話で彩らせ、「財界の裏面と株界の側面観」を交えて「勃興と没落と再興の十年史」として自分史を記した千原伊之吉『成金物語』(大正五年、采女社)は、末尾で「大正の鈴久たる者出でよ」と叫んでいる。

参考文献 三宅雪嶺『同時代史』(一九四九―五四、岩波書店)、今井清一編『成金天下』(『日本の百年』五、二〇〇八、筑摩書房)

(佐藤 能丸)

なりたほんてん 成田本店 青森市の現在まで続く書店。明治四十一年(一九〇八)創業。当初は、『朝日新聞』や『東京日日新聞』など、権利のみ所有した東京の諸新聞販売所であったが、その後、東京諸新聞の県内一手取次販売所となる。二代目の成田善三郎が、書店業を本格化し、書籍のほか、文具・楽器なども販売した。

参考文献 尾崎秀樹・宗武朝子編『日本の書店百年―明治・大正・昭和の出版販売小史―』(一九九一、青英舎)

(鵜飼 政志)

なるいしかんざぶろう 成石勘三郎 一八八〇―一九三一 大逆事件関係者。明治十三年(一八八〇)二月五日、和歌山県東牟婁郡請川村(田辺市)で生まれる。大逆事件刑死者の成石平四郎は弟。小学校卒業後、郷里で薬を販売して歩く。弟平四郎の勧めで社会主義新聞を読むが、社会主義者になっていたわけではない。四十二年(一九〇九)七月十八日大石誠之助から爆裂弾の原料となる薬品をもらったこと、同月二十一日兄弟で大石や新村忠雄《にいむらただお》と会食し、酔いにまかせて革命談に興じたことなどを理由に、四十三年七月十日大逆罪で予審請求される。「新宮グループ」とされ、四十四年一月十八日大審院で死刑判決を受けるが、翌十九日特赦により無期懲役に減刑される。長崎諫早監獄で服役、昭和四年(一九二九)四月二十九日仮出獄したが、六年一月三日死去した。五十二歳。 ↓大《たい》逆《ぎゃく》事件《じけん》

参考文献 幸徳秋水全集編集委員会編『大逆事件アルバム―幸徳秋水とその周辺―』(『幸徳秋水全集』補巻、一九七二、明治文献)、森長英三郎『禄亭大石誠之助』(一九七七、岩波書店)

(荻野富士夫)

なるいしへいしろう 成石平四郎 一八八二―一九一一 初期社会主義者、大逆事件関係者。明治十五年(一八八二)八月十二日、和歌山県東牟婁《ひがしむろ》郡請川村(田辺市)で生まれる。大逆事件で死刑判決を受け、特赦で無期懲役となった成石勘三郎は兄。明治三十五年(一九〇二)東京法学院(中央大学)法律科に入学、在学中毛利紫庵主宰の『牟婁新報』に寄稿する。四十年(一九〇七)卒業し帰郷、熊野川の船頭などをしつつ、大石誠之助の影響下に社会主義者となる。大石方にしばしば寄宿し、森近運平《もりちかうんぺい》・幸徳秋水・新村忠雄《にいむらただお》らとも交流し、演説会に立つ。同四十二年一月の大石方の茶話会で、爆裂弾による「暴力革命」計画に同意したこと、同年七月二十一日兄勘三郎とともに大石や新村忠雄と会食し、酔いにまかせて革命談に興じたことが大逆罪に結びつけられた。四十三年六月、魚取り用のダイナマイト所持で検挙され、それが刑法第七三条の大逆罪に発展し、七月十四日予審請求された。「新宮グループ」とされ、四十四年一月十八日大審院で死刑判決を受け、同月二十四日処刑された。三十歳。 ↓大逆《たいぎゃく》事件《じけん》

参考文献 幸徳秋水全集編集委員会編『大逆事件アルバム―幸徳秋水とその周辺―』(『幸徳秋水全集』補巻、一九七二、明治文献)、森長英三郎『禄亭大石誠之助』(一九七七、岩波書店)

(荻野富士夫)

なるしまりゅうほく 成島柳北 一八三七―八四 幕末期の幕臣、明治時代初期の文筆家、ジャーナリスト。天保八年二月十六日(一八三七年三月二十二日)、奥儒者図書頭成島良譲(筑山《ちくざん》)の三男として江戸浅草に生まれた。幼名甲子麻呂、甲子太郎、のちに惟弘《これひろ》。号は柳北、濹上

成島柳北

漁史、何有仙史など。通称柳北。祖父司直《もとなお》も奥儒者、良譲を養子とした。祖父、父のもとで、幼時より書を読み、和歌を詠み、漢詩を好んだ。安政元年(一八五四)正月侍講見習を拝命、前年十一月良譲死去を伏せて六月に家督を相続した。十一月姪にあたる幕府絵師狩野董川《かのうとうせん》の娘瀏と結婚したが四年に離別、旗本永井主膳の妹を継室にした。その前年の三年十一月奥儒者に任じられ、将軍徳川家定・家茂に経学を講じ、司直編纂の『徳川実紀』の継続の監督、良譲編纂の『後鑑《のちかがみ》』の校訂を担当した。官職の一方で、自宅で詩経会・左氏会・詩会などを催し、林家の詩会にも出席した。また花街出遊も増え、六年九月から『柳橋新誌』初編を草し、文人としての才を開花させた。洋学者や蘭方医を排斥していたが、幕府奥医師との交流も増えていき、万延元年(一八六〇)に三歳の長女機に種痘を受けさせ、文久二年(一八六二)ごろから桂川甫周《かつらがわほしゅう》、柳河春三《やながわしゅんさん》、福沢諭吉ら洋学者との会合にも姿を見せ始め、神田孝平訳『和蘭美政録』を将軍徳川家茂に上覧したという。そうした洋学者との接近や幕閣の因循を諷刺した狂詩などによって、三年八月侍講免職、三年間の閉門を命じられた。この間、神田孝平・箕作秋坪《みつくりしゅうへい》らから英学の教授を受けた。慶応元年(一八六五)正月から柳河春三、桂川甫周らと『伊都満底草《いつまでぐさ》』を編集。九月歩兵頭並として復帰、十二月騎兵頭並、三年五月騎兵頭に昇進し、明治元年(一八六八)正月外国奉行、会計副総裁を歴任した。江戸開城前日、家督を養子信包《のぶかね》に譲って隠棲した。幕府瓦解により「天地間無用之人」を自称し、明治政府からの任官招請には一切応じなかった。明治三年桂川甫周と薬屋を始めた。四年には代表作となる『柳橋新誌』二編を完成。浅草東本願寺学塾学長に招かれた。五年九月から妻の死去により、側室蝶を正妻に迎えた。五年九月から翌年七月まで東本願寺法主大谷光瑩《おおたにこうえい》に随行して欧米を周遊し、帰国後、八月京都東本願寺翻訳局長になった。この西欧体験は、「航西日乗《こうせいにちじょう》」に記されており、新たに経済活動、民権運動、さらには文化、芸術へと活動を拡げさせるものともなった。七年二月『柳橋新誌』初・二編を刊行。『郵便報知新聞』の客員となり、九月『朝野新聞』主筆に招かれ、社長として新聞界での活動を開始した。八年十月に末広重恭《すえひろしげやす》(鉄腸《てっちょう》)が入社すると、末広に論説を担当させ、政府を揶揄し、時事を風刺した雑録記事、漢詩欄の常設などで好評を得て、明治十年代前半の大新聞の地位を確保するに至った。八月讒謗律《ざんぼうりつ》・新聞紙条例を批判して五日間の自宅禁錮を受け、十一月井上毅・尾崎《おざき》三良《さぶろう》を揶揄した戯文が讒謗律に触れ、翌年二月禁獄四ヵ月・罰金百円で、鍛冶橋監獄に入獄した。出獄すると、投獄体験を『ごく内ばなし』として発表、政府の言論弾圧に対して「新聞供養大施餓鬼」を浅草で開催して、軽妙な抵抗運動を演じて喝采を浴びた。これと併行して、明治十年(一八七七)一月から十七年十月まで「風流韻事」に重きを置いた漢詩文雑誌『花月新誌』、明治十一年十二月から十四年六月まで『溺濘叢談《できねーそうだん》』を発行した。明治十四年には、『読売新聞』の顧問兼取締方をも兼務した。十五年四月立憲改進党に入党。反民権派の立憲帝政党を諷刺、諧謔を駆使して批判し続けた。この間、明治九年に財界有力者の親睦団体偕楽会を結成、十年の第一回内国勧業博覧会には朝野新聞社長として出席し、十一年に東京商法会議所議員となり、十三年には生命保険会社の共済五百名社幹事、東京貯蓄銀行発起人、直輸出会社の扶桑商会商議役にも参加するなど、経済界にも影響力を発揮した。十七年十一月三十日、前年より悪化した肺患のため死去した。四十八歳。『柳北全集』(明治三十年、博文館)がある。　↓柳橋新誌《りゅうきょうしんし》

参考文献　塩田良平編『成島柳北・服部撫松・栗本鋤雲集』(『明治文学全集』四、一九六九、筑摩書房)、前田愛『成島柳北』(『朝日選書』、一九九〇、朝日新聞社)、乾照夫『成島柳北研究』(二〇〇三、ぺりかん社)
(川崎　勝)

なるせじんぞう　成瀬仁蔵　一八五八―一九一九　明治・大正期の女子高等教育の先覚者。日本女子大学校創設者。安政五年六月二十三日(一八五八年八月二日)周防国吉敷《よしき》(山口市)に吉敷毛利家藩士の長男として出生。藩校憲章館、山口県教員養成所卒業。十九歳で沢山保羅《さわやまぽーろ》より受洗(プロテスタント組合派)。大阪の梅花女学校教師、大和郡山教会、新潟第一基督教会初代牧師、新潟英和女学校初代校長、北越学館理事を経て、米国留学(一八九〇―一八九四)。アンドヴァー神学院、クラーク大学で社会学、教育学を学ぶ。滞米中に社会事業、商経済、自然科学を含む女子総合大学を構想し関係機関を視察。明治二十六年(一八九三)ボストンでA Modern Paul in Japan出版。翌年帰国し梅花女学校第四代校長に就任したが、梅花での女子大学昇格を断念し二十九年辞任。三十四年(一九〇一)麻生正蔵《あそうしょうぞう》とともに、日本女子大学校(家政学部、英文学部、国文学部、のちに教育学部、社会事業学部)創立。

成瀬仁蔵

成瀬の教育は留学後、伝道のためのキリスト教教育から、宗派を超えた宗教的生命(「信念」)を根幹とした人間教育へと展開。主体性・科学的創始力ある社会改良者の育成を目指し、「信念徹底」「自発創生」「共同奉仕」の三つの統合を志向する教育理念を掲げた。全学必修科目「実践倫理講義」を担当し、平塚らいてうはじめ女性解放運動、社会事業、文学・ジャーナリズム、学者・教育者、政治家など多様な分野の女性リーダーを育てた。明治四十一年(一九〇八)女子高等教育普及のため『女子大学講義』を発刊し通信教育事業開始。四十三年より女性に国際的見地を拓く目的で浮田和民《うきたかずたみ》・新渡戸稲造と英文雑誌Life and Light刊行。四十五年渋沢栄一らと社会的連帯を志向する国際的学術文化団体帰一《きいつ》協会を設立。大正六年(一九一七)臨時教育会議委員。翌年生江孝之《なまえたかゆき》・留岡幸助《とめおかこうすけ》らの協力を得て「社会事業講座」を開講し、女子総合大学設立を企画するも大正八年三月四日死去。六十二歳。著書は『成瀬仁蔵著作集』全三巻(昭和四十九—五十六年、日本女子大学)。

参考文献 影山礼子『成瀬仁蔵の教育思想—成瀬的プラグマティズムと日本女子大学校における教育—』(一九九四、風間書房)、中嶌邦『成瀬仁蔵』(『人物叢書(新装版)』、二〇〇二、吉川弘文館)、河村望『知られざる社会学者成瀬仁蔵』(二〇〇三、人間の科学新社)

(影山 礼子)

なるひさおう 成久王 一八八七—一九二三 明治・大正期の皇族。明治二十年(一八八七)四月十八日、北白川宮能久親王《よしひさしんのう》の第三男子として生まれる。兄弟には恒久王(竹田宮)らがいる。明治二十八年十月能久親王が台湾で戦病死したのをうけ宮を継承した。陸軍中央幼年学校より士官学校に進み、明治四十一年(一九〇八)五月同校を卒業、同年十二月陸軍砲兵少尉に任官する。大正四年(一九一五)陸軍大学校を卒業、階級は最終的に陸軍砲兵大佐にのぼる。明治四十二年五月、明治天皇の第七皇女房子内親王と結婚する。一九二一年より見学のため欧州へ渡航のところ、二三年四月一日、パリ郊外で自動車運転中に事故を起し死去する。三十七歳。

参考文献 広岡裕児『皇族』(一九九八、読売新聞社)

(内藤 一成)

なわこんちゅうけんきゅうじょ 名和昆虫研究所 明治二十九年(一八九六)に民間昆虫学者の名和靖《なわやすし》が岐阜市に設立した研究所。政府や岐阜県、岐阜市などの支援も受け、明治・大正期にはきわめて重要な昆虫学研究機関だった。明治三十七年(一九〇四)に岐阜公園に移転し、武《たけ》田五一《だごいち》が設計した特別標本室が建設された。研究所の主な活動は、害虫防除の研究と普及の二つである。研究所からは多くの研究成果が出版され、特に明治三十年に発刊された『昆虫世界』は明治・大正期に継続的に発行された唯一の昆虫学雑誌として重要な役割を果たした。普及活動としては、大正八年(一九一九)に設置された名和昆虫博物館と、明治三十二年から開始された全国害虫駆除講習会がある。後者は、それまでの呪術的な害虫駆除を否定し、合理的な昆虫学の普及を目指して行われたもので、太平洋戦争期まで続けられた。昭和期に入ると研究機関としての役割を終え、戦後は博物館としての活動が中心となった。

参考文献 瀬戸口明久『害虫の誕生—虫からみた日本史—』(『ちくま新書』、二〇〇九、筑摩書房)

(瀬戸口明久)

なわしろ 苗代 種籾を播いてイネの苗を育てる苗床のこと。田植えは苗代で育てた苗を本田に移植する移植栽培ということになる。縄文時代晩期ないしは弥生時代から古代初期の稲作は種籾を直接本田に播く直播農法であった。日本での田植のはじまりについて明確な史料はないが、『万葉集』や風土記に直播と移植の双方の記載がみられ、田植えは奈良時代に普及し、平安時代にいっそう進んだと考えられる。明治時代に入ると、国際収支の悪化につながる米の輸入増大を阻止すべく米作の基盤整備が促進された。その一環として有効な害虫駆除対策が急がれ、明治二十九年(一八九六)三月に害虫駆除予防法が発布された。これは全農家が官僚の技術指導のもとで予防と駆除にあたることを義務づけ、警察によって違反者は罰金・拘留を受けるとされた。この法律の施行によって苗代は田一面に種籾を播いて苗をつくる平蒔きから苗地を踏切溝で短冊形にくぎった短冊苗代が奨励された。一九〇〇年代に入ると各県令で害虫駆除予防法施行規則や稲苗代取締規則が定められ、複数の農家が苗代田の節約、苗代肥培の改善、作付米の品種統一などを目的として共同して苗代を経営する短冊形共同苗代の設置が義務づけられたりした。明治三十六年(一九〇三)農商務省から農会への諭達によって稲作改良技術を末端農家へ強いるいわゆるサーベル農政が成立した。

参考文献 『福井県史』通史編五(一九九四)

(渡辺 新)

なわみつお 那波光雄 一八六九—一九六〇 明治時代後期から昭和時代初期の土木工学者。明治二年八月十日(一八六九年九月十五日)、美濃国大垣(岐阜県大垣市)に生まれる。明治二十六年(一八九三)、帝国大学工科大学土木工学科を卒業し、関西鉄道会社に入社、揖斐川橋梁の設計と架設工事に携わり、煉瓦井筒に代えて鋳鉄製井筒を用いるなどの工夫を行う。明治三十二年(一八九九)、京都帝国大学理工科大学助教授に就任、翌年土木工学研究のためドイツに留学し、鉄道工学を研究。明治三十五年に帰国し、教授に昇任。明治三十七年、工学博士。明治三十九年、九州鉄道会社に入社、日豊本線宇佐—大分間の路線調査を行なったが、翌年同社は国に買収されて解散、那波は帝国鉄道庁技師となる。明治四十一年(一九〇八)、中津建設事務所長、明治四十四年、鉄道院大分建設事務所長。大分線・佐伯線(いずれものちに日豊本線の一部)の建設を担当し、デリッククレーンに台車を取り付け、橋梁を吊って架設する工法を導入し、工事の効率化を図る。ただし、大正三年(一九一四)にはデリッククレーンが橋桁とともに転倒し、死者三名を出す事故が発生、那波は譴責処分を受ける。大正四年、鉄道院工務局設計課長となり、鉄道構造物に関する標準設計の完成に尽力する。大正六年、東京帝国大学工科大学教授兼任、大正八年、鉄道院総裁官房研究所所長。昭和六年(一九三一)、土木学会会長。昭和三十五年(一九六〇)四月一日死去。満九十歳。

参考文献 小野田滋「那波光雄」(国土政策機構編『国土を創った土木技術者たち』所収、二〇〇〇、鹿島出版会)

(岡本 拓司)

なわやすし 名和靖 一八五七―一九二六 明治・大正期の昆虫学者。美濃国重里村(岐阜県瑞穂市)の庄屋の息子として安政四年十月八日(一八五七年十一月二十四日)生まれる。明治十五年(一八八二)、岐阜県農学校卒業。同校や岐阜県師範学校などで教諭を務める。十九年に上京し、半年間帝国大学で動物学を学ぶ。二十九年(一八九六)、教員を辞して名和昆虫研究所を設立、害虫研究に従事する。翌年に月刊誌『昆虫世界』を発刊。多くの図版類・研究報告を出版し、日本の応用昆虫学の基盤を築いた。標本数も明治期にはきわめて多く、それをもとに大正八年(一九一九)、研究所内に名和昆虫博物館を設立(現存)。このほか明治四十年(一九〇七)に東京浅草に通俗教育昆虫館を設立したが経営がうまくいかず数年で人手に渡った。農業害虫のほか白蟻研究でも先駆的な役割を果たした。科学的な害虫防除を「昆虫思想」と呼び、その普及に尽力した。大正十五年(一九二六)八月三十日死去。七十歳。自伝に『昆虫翁白話』(大正十三年、名和昆虫工芸部)がある。

参考文献 平野威馬雄『名和昆虫翁』(『学習社文庫』、一九四三、学習社)、木村小舟『昆虫翁名和靖』(一九四四、童話春秋社)

(瀬戸口明久)

なんかいてつどう 南海鉄道 難波―堺間を開業した阪堺鉄道を編入し、以後延長・合併を重ねた関西主要私鉄五社の一つ。阪堺鉄道の開業を承けて明治二十二年(一八八九)に松本重太郎らは、鉄道敷設法の成立時の紀泉線経路の鉄道建設を紀泉鉄道として企てたが、翌年の恐慌で頓挫した。明治二十六年の再興時に佐々木政乂《ささきせいがい》らが紀阪鉄道を発起し、競願ののちに両者は合同して南海鉄道となった。明治三十年(一八九七)に堺―佐野間で開業した南海鉄道が阪堺鉄道を三十一年に譲受し、和歌山まで延長した。鉄道国有法の対象から除外され、明治四十年(一九〇七)からの電化で郊外電鉄各社と一括されることが多くなった。一方、明治三十一年に大小路―狭山間で開業した高野鉄道を起源とした大阪高野鉄道を大正十一年(一九二二)に合併した。昭和十九年(一九四四)に戦時統制で関西急行鉄道と合併して近畿日本鉄道となり、二十二年(一九四七)に旧南海鉄道分を、高野山電気鉄道が分離・譲受して南海電気鉄道として成立した。

参考文献 宮本又次・藤田貞一郎・宇田正編『佐々木政乂伝』(一九七九)、武知京三『都市近郊鉄道の史的展開』(『鉄道史叢書』三、一九八六、日本経済評論社)、小林尚一編『南海鉄道発達史』(野田正穂他編『大正期鉄道史資料』二期一〇、一九九二、日本経済評論社)

(三木 理史)

なんきぶんこ 南葵文庫 旧紀州徳川家の当主徳川頼倫《とくがわよりみち》が東京麻布飯倉町(東京都港区)の邸内に開設した公開図書館。明治二十九年(一八九六)頼倫は欧米遊覧の際各地の図書館を見学して感動し、鎌田栄吉ら徳川家の関係者と相談の上、図書館を設けることとした。和歌山藩所蔵書籍、藩主の座右書および藩記録方の手に残った三万有余の書籍がその中核となり、三十五年(一九〇二)四月南葵文庫の開庫式が行われた。この段階では家職の子弟や篤志研究家の閲覧に供するためのごく内輪の施設であったが、その後蔵書数も増え、建物も手狭になってきたので新館を増築することとなり、三十五坪三階建の書庫ならびに二百十坪の新館の竣工式が四十一年(一九〇八)十月に行われ、翌十一月から一般公開されることとなった。大正十二年(一九二三)九月関東大震災で東京帝国大学図書館が全焼した直後の十月、徳川頼倫は南葵文庫の蔵書すべて(ただし紀州徳川家とはなすことのできない書籍類は除外)の寄贈を大学に申し出、また大学図書館建設完成までは南葵文庫で利用ができるようにした。申請時の文庫蔵書数は約十二万冊であった。その中には伝来本のほか寄贈・購入のものが複数存在していた。大きいものとしては㈠小中村清矩《こなかむらきよのり》旧蔵「陽春廬本《やすむろ》」五千冊。その中には『古事類苑』編纂関係書類や古典講習科関係資料も含まれている。㈡外務省編纂係坂田諸遠旧蔵和書一万五千冊。㈢島田重礼旧蔵漢籍一万冊。㈣南葵文庫顧問故山井重章旧蔵漢籍二千七百五十冊。㈤対馬宗家江戸藩邸記録二千綴。㈥依田学海旧蔵書籍千八百冊。㈦美術学者片野四郎旧蔵書。㈧正金銀行ロンドン支店長故中井芳楠旧蔵洋書七百三十冊。なお、申請時に南葵文庫に寄託されていた書籍・資料としては、㈠松浦一雄所蔵松浦武四郎遺著・建白・懐帳類数百冊。㈡勝伯爵家所蔵海舟本六千冊。㈢伊達侯爵支家故伊達武四郎遺書・洋書千冊。㈣伊勢松阪本居家伝来古書類などがあった。この時点では前出の学海本はあるいは寄託本であったかも知れない。なお『南葵文庫蔵書目録』が明治四十一年十月に刊行されている。

参考文献 『東京帝国大学新聞』大正十三年一月二日号、岡田温監修『日本文庫めぐり―蔵書の命運―』(『読書人シリーズ』、一九八四、出版ニュース社)

(宮地 正人)

なんきょくたんけん 南極探検 明治時代末期の南極の探検。南極探検は一七七〇年代に英人クックによって開始され二十世紀に入り活発化したが、日本人による最初の探検は陸軍中尉白瀬矗《しらせのぶ》によって全く私的な独自の計画で、資金や準備不足の中で借金して進められた。大隈重信が南極探検後援会長(事務所、神田の錦輝館内)となり、

南極探検隊（前列中央が白瀬）

三宅雪嶺（船主旗の図案を考案）らの支援を受けて実行された。大隈に渡した「南極探検経費調査」に「二十一ヵ月間六百三十日分　金六万五千三百円」とあり、探検隊の報告書（部分、（年不詳）二月十一日—五月一日）や「南極探検学術研究所費用予算」（徳永重康（早稲田大学教授・地質学者）、（年不詳）七月三日、早稲田大学大学史資料センター蔵「大隈信幸氏寄贈文書」）にその経費の一端が窺われる。白瀬隊は明治四十三年（一九一〇）十一月二十六日に大隈邸で壮行会をしてもらい、三日後の二十九日に、十一人の隊員（隊長以下学術部長・衛生部長ほか）と十七人の船員（船長以下運転士・機関士・大工・舵取・火夫・料理人ほか）の当初計二十八名で、木製帆船開南丸（東郷平八郎命名）で東京の芝浦を出帆した。ニュージーランドのウェリントン港を経て、四十四年三月南極圏に入り南緯七四度一六分まで至ったが上陸できず、オーストラリアのシドニーに撤退した。大隈の資金集めと激励電報により、態勢を整えて南極に再挑戦し、ロス海のホエール湾より四十五年一月十九日ついに日本人としてはじめて南極に上陸し、二十八日に南緯八〇度五分、西経一五四度の地点（白瀬矗『南極探検』、大正二年、博文館。ただし、西経一五六度三七分などの異説もある）に到達（大和雪原と命名）する快挙を成し遂げた。この時、南極の入り江に開南湾と大隈湾を命名した。白瀬ら一部は日光丸で同年五月十六日に横浜に帰着、開南丸は六月二十日に東京芝浦に帰着して、全員が無事帰国した。白瀬は南極土産の剝製ペンギンを明治天皇に奉呈し、大隈と三宅にも贈っており、当時の実写八ミリフィルムが早稲田大学に所蔵されている。皇太子（この年大正天皇となる）から後援会長大隈を通して探検隊に五百円の御下賜金があり、大正二年（一九一三）には後援会に対して二千五百円の御下賜金があった。隊員の苦闘の記録は白瀬のほかに多田恵一『南極探検私録』（大正元年、啓成社）・『南極探検日記』（同年、前川文栄閣）、島義武『南極探検と皇大神宮の奉斎』（昭和五年、思想善導図書刊行会）などがある。この後、日本の学術的調査は昭和三十一年（一九五六）から始まる文部省による南極学術探検隊の南極観測により本格化した（平成二十四年（二〇一二）で第五十三次観測隊）。

南緯80度５分に立てられた日章旗

[参考文献]　南極探検後援会編『南極記』（一九一三）、木村義昌・谷口善也『白瀬中尉探検記』（一九四二、大地社）、早稲田大学大学史編集所編『早稲田大学百年史』二（一九八一、早稲田大学出版部）、綱淵謙錠『極—白瀬中尉南極探検記—』（『新潮文庫』）
（佐藤　能丸）

なんきんまい　南京米　日本に輸入された東南アジア米の総称。タイ・サイゴン・トンキン・ラングーン米などのいわゆる外米を指す。その由来は中国人が売買していたためといわれている。輸入は、すでに慶応年間（一八六五—六八）に始まり、その後、明治二年（一八六九）には仏領インドシナより三百十八万石のアンナン・サイゴン米が、同三年には、飢饉が発生したため二百万石が輸入された。さらに、同二十三年（一八九〇）には、国内の需給逼迫により、安価な南京米が輸入された。南京米は主に下層の労働者、すなわち紡績・製糸・織物工場で働く職工に供給された。『職工事情附録』によれば、紡績工場では、下等品の南京米あるいは、麦を混ぜた南京米を工女に与えていた。ただし、南京米は、石炭の臭気が強く、また風味や食感の点において日本人の嗜好には適さなかった。したがって、臭いを取り除くため一日中水に浸し、糯米を配合して日本米のような食感を出すなど炊飯の方法に工夫が施された。

[参考文献]　角山栄『「通商国家」日本の情報戦略—領事報告をよむ—』（『NHKブックス』、一九八八、日本放送出版協会）、渡辺実『日本食生活史』（『歴史文化セレクション』、二〇〇七、吉川弘文館）
（白田　拓郎）

なんこうごんすけろんそう　楠公権助論争　明治初期の代表的啓蒙書である福沢諭吉『学問のすゝめ』六編・七編への批判として新聞紙上で展開した論争のこと。明治七年(一八七四)二月に出された『学問のすゝめ』六編のなかで福沢は、国法に対する国民の態度を記述し、赤穂浪士を引き合いに出して吉良上野介の敵討は「私裁」であるので「義士」ではないと説いたり、翌三月同著七編のなかで、忠臣義士が主君のために命を捨てるのは、たとえば主人の金を落として並木の枝にふんどしをかけて首をくくって死んだ権助と同じことで、文明にとって何にも益することがないと論じたりした。当の楠木正成が登場するわけではないのだが、これを「大楠公」を諷したものと受け取られ、正成の湊川の討死を権助の死と同等に扱うことに猛反発が集中した。批判投稿は、おもに同年六月以降『日新真事誌』や『郵便報知新聞』などに掲載された。福沢の回顧によれば、新聞紙上の投稿批判だけでなく、「遠近からの脅迫状の到来、友人の忠告等、今は殆ど身辺も危きほど」に至り、言論による論争という性格をこえたものであったという。そのため、この福沢批判の投書を掲載してきた『日新真事誌』ですら、その批判内容があまりに「罵詈雑言」で論争としての生産性がないとして、こうした過激な掲載を見合わせるようになったほどである。福沢は、門下生からの切実な出版中止の訴えに対しても「わたしの道楽だから」「自業自得さ」と受け流していた。だが、これらの激しい投稿に対して、ついに「慶応義塾五九楼仙万《ごくろうせんばん》」という名で『郵便報知新聞』『朝野新聞』『横浜毎日新聞』『日新真事誌』に「学問のすゝめ之評」を掲載して持論を詳しく論じざるをえなくなった。これは、福沢に近い人々のいる『郵便報知新聞』や、『朝野新聞』掲載に尽力した大槻磐渓らの計らいによるものであった。こうして「楠公権助比較之論」は次第に収束していった。この論争は、啓蒙する側だけでなく、それを受け取る一般大衆による投稿も世論に大きな影響力を持つことを印象付けることになり、新聞が言論の場として重要な役割を担っていることを社会的に認識させることになった。↓学問《がくもん》のすゝめ

参考文献　富田正文『考証福沢諭吉』(一九九二、岩波書店)、「補注こと二二」(『福沢諭吉書簡集』一所収、二〇〇二)

(岸本　覚)

なんざんのたたかい　南山の戦　日露戦争初期の日露両軍の激戦。日露開戦で大連北方の塩大澳に上陸した日本陸軍の第二軍(司令官奥保鞏《おくやすかた》大将)は、旅順のロシア軍を孤立させ、遼陽攻略のために背後の危険を絶つ目的で、遼東半島のなかで最も幅の狭い金州・南山の一帯を占領する作戦行動を開始した。要塞化し防備を固めていた南山のロシア軍に向かって第二軍は明治三十七年(一九〇四)五月二十六日早朝から総攻撃に移った。ロシア軍の砲撃と機関銃の銃撃で日本軍は大きな損害を出し、砲弾も欠乏して、一時、攻撃は頓挫するかにみえたが、金州湾側からの日本海軍の砲撃でロシア軍の砲撃も弱まり、第二軍は歩兵の保塁突入を敢行して夕刻に南山を占領した。第二軍は約三万六千四百人の兵力を投入して、死傷者四千四百人弱をだした。わずか十九時間の戦闘で投入戦力の一二%を失い、保有していた砲弾・銃弾も撃ち尽くしてしまっていた。この戦いで日本軍は北方のロシア軍と旅順のロシア軍を分断することに成功した。

参考文献　大江志乃夫『日露戦争の軍事史的研究』(一九七六、岩波書店)、山田朗『世界史の中の日露戦争』(『戦争の日本史』二〇、二〇〇九、吉川弘文館)

(井口　和起)

なんしゅういぶん　南狩遺文　南朝関係の古文書集。山中《やまなか》信古《のぶひさ》編。明治三年(一八七〇)、東京の天香堂より出版。和装三冊(五巻に付録一巻の全六巻合本)。序文は儒者倉《くら》田績《たいせき》(何庵)。紀伊出身の編者が、南朝の顕彰を目的に、(南朝)延元元年・(北朝)建武三年(一三三六)後醍醐天皇が行宮を吉野に遷幸されてから、元中九年・明徳三年(一三九二)南北朝が合体し後亀山天皇が京都に還幸されるまでの五十余年間の遺文残簡を採録し、編年体に編纂したものである。また、各文書の尾端には所蔵者を記載していることも本書の特徴となっている。さらに、五巻には元中九年以後の南朝事蹟に関係するものもあわせて収載されており、付録の一巻は南朝公卿表となっている。文書は、紀伊・和泉・河内・摂津・大和・伊勢・志摩国など紀伊国を中心にして集められ、他地方にはほとんど及んでいないものの、南朝方を知るうえで重要な史料となっている。

(真辺　美佐)

なんじょうぶんゆう　南条文雄　一八四九―一九二七　真宗大谷派学僧、仏教学者。嘉永二年五月十二日(一八四九年七月一日)美濃大垣真宗大谷派誓運寺英順・操子の三男として生まれる。明治元年(一八六八)東本願寺高倉学寮に入寮、対キリスト教研究の護法場にも学び、漢学に優れた。明治四年越前南条郡金粕《かねがす》村憶念寺南条神興の養子となり、本山で得度して幼名恪丸から文雄に改名。明治九年六月、本山の命で笠原研寿《かさはらけんじゅ》とともにイギリスに留学。英語を学んだ後、同十二年(一八七九)からオックスフォード大学マックス＝ミューラーに師事してサンスクリット(梵語)仏典の研究に没頭した。同十六年、英文『大明三蔵聖教目録』を同大学印刷局から刊行、「南条カタログ」と称され、当時の欧米人が漢訳大蔵経を学ぶ唯一の指針となった。同十七年五月にアメリカを経由して帰国し、東京で令知会を組織、同十八年には東京大学梵語学講座嘱託講師に任じられ、仏教思想の一般普及と仏教研究の一般学問化に尽くした。同二十年(一八八七)インドを旅行、同三十三年(一九〇〇)仏骨奉迎使節団随行長として暹羅(タイ)を訪問。同三十六年真宗大学学長、同三十八年東本願寺耆宿、同三十九年帝国学士院会員となる。同四十年(一九〇七)東本願寺最高学階の講師を拝命。大正二年(一九一三)、大谷大学学長。同十二年(一九二三)の関東大震災で東京の自宅が焼失、貴重な蔵書・文書を失った。昭和二年(一九二七)十一月九日没、七十九歳。

著書に『梵文妙法蓮華経』『梵文入楞伽経』『梵文金光明最勝王経』『懐旧録』『忘己録』『仏教講演集』など。遺稿集に『南条先生遺芳』がある。

参考文献 『南条文雄自叙伝―伝記・南条文雄―』(『伝記叢書』、一九二三、大空社)、常光浩然『明治の仏教者』下(一九六八、春秋社)、宮本正尊『明治仏教の思潮―井上円了の事績―』(一九七五、佼正出版社)　(木場　明志)

なんしんろん　南進論　近代日本の帝国主義、対外膨張を推進する外交イデオロギー。明治、大正、昭和の各時代によって、その主張内容は異なる。南進論は明治二十年代から登場するが、当初は志賀重昂『南洋時事』(明治二十年)や菅沼貞風『大日本商業史』(明治二十五年)など主に民間の識者の評論が中心であった。東洋における白人の侵略を斥け、アジア諸民族を以て諸国を自主自営せしめ、あわせてわが日本の東亜における盟主としての地位を確立するというその主張には、のちのアジア主義やアジアモンロー主義に通ずる要素がある。日清・日露戦争のころになると「大日本膨張」の矛先は、朝鮮保護の名目で清国打倒や南下をねらうロシアへの警戒心が高じて積極的に満洲・中国大陸経営を説くいわゆる「北進論」が国是となる。しかし、日清戦争後の台湾領有は、日本国民に植民地経営と南洋経略の重要性が認識されるようになった。台湾総督府の協力で出版された竹越三叉《たけこしさんさ》の『台湾統治志』(明治三十八年)や『南国記』(明治四十三年)はこの時期の南進論の展開を考察する上で無視できない文献といえよう。なお、『南国記』は昭和十七年(一九四二)に再刊されたが、それは当時の国策である「北守南進」、南方共栄圏論と歩調をあわせたのではなく、「文章は経国の大業」の観点から描かれた系統的で実証的、豊かな興趣と描写を備えた旅行文学として発表された。日露戦勝後、米国の対日移民排斥をはじめとする欧米諸国との摩擦は激しくなり、第一次大戦後、南洋群島が日本の委任統治領になり、資源に富む「外南洋」ないし「表南洋」(東南アジア島嶼)への進出拠点としての南洋経略の関心が高まった。昭和六年(一九三一)満洲事変が勃発、「傀儡国家」満洲国の建国宣言は中国民衆を刺激し抗日運動が激化した。さらに欧米諸国の厳しい対日批判は、ついにわが国の国際連盟脱退へと進展する。武力行使を含む南進政策が決定されたのは、日中戦争が泥沼化する昭和十五年七月二十七日の大本営政府連絡会議の場であった。前年の九月、ヒトラーのポーランド進撃で第二次世界大戦が開始、欧州が戦場と化して、オランダ・イギリス・フランスが苦境に陥り、東南アジアへの影響力が低下した時期に、日本は極東地域における不利な戦局打開の方策として「南進」が選択肢となったのである。武力による南進は、当時、中国国民政府(蔣介石政権)への英米の支援ルートになっていた仏領インドシナへの日本軍進駐となってあらわれた。その後、事態はアメリカによる全面的な石油禁輸の決定、日米交渉の決裂から日米戦争の勃発へと進んだ。南進論は、このように、はじめから軍需物資の確保や軍事的進出と一体となった主張ではなかった。満洲事変後の大陸政策の行き詰まりや軍部の独断専行、陸海軍の対立などの要因が重なり、大東亜共栄圏論を構成する有力な「脱欧入亜」の外交イデオロギーとして機能した。

参考文献 木村荘五「解題篇」(竹越与三郎『南国記』所収、一九四二、日本評論社)、矢野暢『「南進」の系譜』(『中公新書』、一九七五、中央公論社)　(西田　毅)

なんとうたんけん　南島探験　元青森県中津軽郡長笹《ささ》森儀助《もりぎすけ》が、職を辞して明治二十六年(一八九三)五月―十一月の間、沖縄県(南島)を旅し、当時の沖縄の自然・地理・文化・歴史・民俗・政治・経済・言語・民情などを日記風に克明に綴った旅行記。ただし旅行の目的は「(沖縄の)民間の実況を察し国力の実際を究め」るためだった。琉球処分後、十数年を経た当時もなお日本政府は沖縄統治能力を欠いており、したがっていまだ「旧慣温存政策」という王国秩序を残さざるを得なかったこの時期に、沖縄は重税・貧困・疾病などに悩まされていた。官吏を経験し明治政府にも意見奏上のできた笹森は、こうした当時の沖縄の人々の諸問題を、各村ごとに描き出すとともに、のちの統治政策改善のために明治天皇にまで直言しようとする記録が綴られている。笹森自身の旅も、マラリアやハブの危険を顧みず各地を巡検しているが、その身分ゆえか「探験」は現地の警察や官吏の案内を受けて可能だったようである。この本は柳田国男の発見により、沖縄研究の古典となった。そしてこの本の功績により、笹森は翌年、奄美大島島司に任命され、晩年は青森市長に就任している。『東洋文庫』に収録。→笹森儀助《ささもりぎすけ》

参考文献 東喜望『笹森儀助の軌跡―辺界からの告発―』(二〇〇二、法政大学出版局)　(渡邊　欣雄)

なんとぶっきょうとしょかん　南都仏教図書館　⇒東大《とうだい》寺《じ》図書館《としょかん》

なんばただし　難波正　一八五九―一九二〇　京都帝国大学電気工学科創設時の教授。安政六年四月十二日(一八五九年五月十四日)生まれ。岡山藩士の子。東京開成学校で物理学を学び、明治十二年(一八七九)東京大学理学部物理学科(仏語)を卒業した。明治十四年に東京物理学講習所(東京物理学校、今日の東京理科大学)を創立した上記物理学科(仏語)同窓生二十一人の一人であった。仙台の第二高等学校設立のとき教諭となり、教頭をつとめた。京都帝国大学創設に際して、ベルギー国リエージュのモンテフィオレ電気学校でジェラール Eric Gérard から電気工学を学んだ。明治三十二年(一八九九)に京都帝国大学理工科大学教授となり、のち同理工科大学学長をつとめ、大正八年(一九一九)には電気学会会長となった。翌九年十二月十二日没。六十二歳。

参考文献 加藤木重教『日本電気事業発達史』後編(一九一八、電友社)、『電気学会五十年史』(一九三八)、電気学会電気工学教育の歴史調査専門委員会「電気工学教育

の歴史」(『電気学会技術報告』六五四、一九九七)
(高橋　雄造)

なんばもとひろ　難波元弘　一八八三―?　工業化学者、冶金学者、技師。明治十六年(一八八三)一月二日、岡山県都窪《つくぼ》郡に生まれる。明治四十一年(一九〇八)京都帝国大学理工科大学製造化学科卒。明治四十二年に京都帝大理工科大学講師、翌年に同助教授に任命され製造化学、工業分析実験を担当する。大正二年(一九一三)に京都帝大を退職、桜亜鉛製煉所に入所する。大正三年の高千穂製煉所設立に際し、取締役技師長として入社する。京都帝大在職中から旭硝子の創業者岩崎俊弥の知遇を得、大正七年に旭硝子株式会社曹達工場に入社。大正九年から二年間の欧米諸国視察旅行を経て大正十一年(一九二二)に旭硝子株式会社試験所に入所、大正十三年に同試験所長に任命される。大正十二年に工学博士を取得。学位請求主論文「貧亜鉛鉱の湿式冶金」が岩崎の序文とともに『旭硝子株式会社試験所報告』一一として収録されている。

参考文献　井関九郎編『大日本博士録』五(一九三〇、発展社)
(菊池　好行)

なんぶとしひさ　南部利剛　一八二六―九六　盛岡藩主。文政九年十二月二十八日(一八二七年一月二十五日)、盛岡藩主南部利済の第三子として生まれる。嘉永二年(一八四九)、父利済との不和により、兄利義が隠居させられると、跡を継いで藩主となった。蝦夷地警衛や領内沿岸の防備、藩財政の再建に努め、みずからも領内を巡回、倹約を励行した。しかし、藩内は楢山佐渡《ならやまさど》と東中務《ひがしなかつかさ》との対立抗争に揺れ、利剛はこれを収拾しえなかった。慶応三年(一八六七)十二月、江戸薩摩藩邸焼き討ち事件の報に接し、藩の去就につき貴賤を問わず意見を問う。明治元年(一八六八)正月、新政府から上京の命が発せられると家老楢山佐渡・用人目時隆之進《めときりゅうのしん》を名代として派遣する。閏四月、仙台・米沢両藩の呼び掛けに応じ、白石に家老野々村真澄・藩校作人館教授江幡五郎を遣わして奥羽列藩同盟に加盟した。七月、秋田藩が同盟を離脱し藩内の意見は割れるが、京都から帰藩した楢山の意見をいれ、秋田藩討伐に乗り出す。しかし、新政府軍の反撃をうけて次第に守勢にまわり、同盟諸藩がつぎつぎと降伏していくなか降伏を決意、出陣中の楢山らのもとに急使を発し、その手続を取らしめる。かくして九月二十四日(一八六八年十一月八日)、新政府軍に降伏。東京芝の金地院に謹慎させられ、隠居を命ぜられた。明治二十九年(一八九六)十月三十日没。七十一歳。

参考文献　太田俊穂編『楢山佐渡のすべて』(一九八五、新人物往来社)
(友田　昌宏)

なんぶとしゆき　南部利恭　一八五五―一九〇三　盛岡藩主。安政二年十月九日(一八五五年十一月十八日)、盛岡藩主南部利剛の長男として生まれる。戊辰戦争で「朝敵」の汚名を着せられ、隠居させられた父の跡を継ぎ藩主となる。石高は二十万石から十三万石に減ぜられ、白石への転封を命ぜられた。これに対して、七十万両の献金でもって利恭は転封を免れ、版籍奉還後も盛岡藩知事として施政にあたる。しかし、戊辰戦争で疲弊した盛岡藩にとって七十万両の献金は容易ではなく、その上、按察府が改革の進展しない盛岡藩を廃藩に追いこもうとしたことから、明治三年(一八七〇)五月、利恭は知藩事辞職を申し出、同年七月盛岡藩は諸藩に先立ち廃藩となった。廃藩後も岩手県士族の桑田開業資金として金二千円を内務省に上納したり、盛岡病院へ三百円を寄付するなど、盛岡の振興に尽した。明治十年(一八七七)、西南戦争が勃発すると、右大臣岩倉具視の依頼をうけ、新選旅団に編入される巡査を士族から徴募すべく盛岡へ下向した。また、秋田県の小阪銀山および大葛金山を政府から借り受けるも、経営に行き詰まって大島喬任と岡田平馬にそれぞれ転貸させられている。明治十七年伯爵に叙せられる。明治三十六年(一九〇三)十月十九日没。四十九歳。
(友田　昌宏)

なんぶみかお　南部甕男　一八四五―一九二三　明治から大正期の司法官。土佐(高知)藩士南部従吾(静斎)の長男として弘化二年六月十五日(一八四五年七月十九日)に高岡郡大野見郷熊秋《くまあき》村(高知県高岡郡中土佐町)に生まれる。本名は忠成、のち甕男と改める。号は南陽。通称静太郎。名は「かめお」とも読む。奥宮慥斎《おくのみやぞうさい》に陽明学を学ぶ。文久三年(一八六三)京都に赴き尊皇攘夷運動に参加、八月十八日の政変で三条実美らの七卿落ちに随行する。戊辰戦争で各地を転戦後、明治元年(一八六八)東京府史官試補、兵部少録などに任じられる。同四年司法大解部となり、以後司法官の道を歩む。熊本裁判所長、神戸裁判所長、司法権大書記官、司法省民事局長、東京控訴院長などを歴任、法典調査会委員、法律取調委員を務める。明治二十九年(一八九六)六月男爵を特授され同年十月大審院長。同三十九年(一九〇六)退官後、枢密顧問官となる。大正十二年(一九二三)九月十九日没。七十九歳。幕末期の日記として『七生日録』がある。

参考文献　日本史籍協会編『維新日乗纂輯(覆刻再刊)』一・五(『日本史籍協会叢書』、一九六二、東京大学出版会)、手塚豊「日本の名裁判官」(『明治史研究雑纂』所収、一九九四、慶応通信)、『帝国法曹大観(復刻版)』(『日本法曹界人物事典』一、一九九五、ゆまに書房)
(高原　泉)

なんぼくちょうせいじゅんもんだい　南北朝正閏問題　国定教科書『尋常小学日本歴史』中の南北朝並立記述が万世一系の皇統理解をみだすものだとされ、明治四十三年(一九一〇)十二月から攻撃をうけ、四十四年三月、南朝を正統とし教科書を改訂することを国側が決定したことにより終熄した政治事件。正閏とは正不正の意である。明治二十九年(一八九六)帝国大学国史科を卒業した喜田《きた》貞吉《さだきち》は三十四年(一九〇一)文部省図書審査官に就職、歴史教科書の検定に従事し、名分論の立場より南朝を正統とし足利尊氏らを賊徒と非難するものが多いことを歴史研究者の立場から遺憾としていた。三十五年末からの教科書疑獄事件をうけ、三十七年より使用の国定『尋常小学日本歴史』執筆担当者となるや、国民に強制する官選教科書である以上、史実と矛盾してはならないと判断した。神器の所在を以て正閏を論じれば安徳・後鳥羽両天皇の関係自体が問題となってしまうこと、後亀山天皇より後小松天皇への神器授与は父子の礼を以てした、あるいは両統迭立の約束がなされたとの言説は史実に基づいてはいないこと、後醍醐・光厳両天皇の並存は鎌倉後期の両統迭立の当時期ではありうること、さらに皇室では未だ歴代天皇の代数を決定してはおらず、今の段階で正閏を論ずることは適当ではないことなどが彼の問題としたことであった。したがって喜田は南北両朝の軽重は論ぜず、宮方・武家方の争いとして臣下にのみ順逆の理を明らかにすること、過去には神器が二所に分かれ、あるいは宮中より出たこともあり、神器所在のみから皇位の正閏を論ずべきではないことの原則をつくり、教科書修正のため四十一年に組織された教科用図書調査委員会(日本史の第二部委員は辻新次(委員長)、三上参次、田中義成、萩野由之、文部編修喜田貞吉、文部省参事官牧瀬五一郎、視学官横山栄次)の部会および一・二・三部全体会の承認も無難に得て、義務教育六年制になった後の改正『尋常小学日本歴史』でも南北朝並立記述はそのままの形で引きつがれた。事態が急変するのは四十三年十二月に入ってからであった。喜田は高等師範学校で行われた中等教員の地歴講習会で十時間にわたり「普通教育上の歴史科」を語り、十二月一日には南北朝記述に関する文部省の立場を説明した。その時、富士前小学校校長峰間信吉が正閏問題に関し厳しく質問した。つづいて十二月六日より十四日にかけ文部省内で師範学校修身科講習会が開催され、喜田は「修身科教授と歴史」と題して八時間にわたり講話し、南北朝の扱い方についても説明した。この話を聞いた山梨県師範学校教諭山本宗太郎は文部省普通学務局長に対し、「南朝正統論をとらば国民教育上如何なる悪影響を及ぼすか」「南北並立主義をとる時は両朝と国法上との関係如何」との二ヵ条の質問を文書を以て提出した。翌四十四年一月九日ごろから新聞が問題にしはじめた。一月十九日には峰間信吉が『読売新聞』に、「南北朝問題—国定教科書の失態—」という社説を掲げさせた。時期は大逆事件の政治裁判とちょうど重なり、一月十八日には幸徳秋水以下二十四名に死刑判決が下され、二十四日には十二名の死刑が執行されたのである。二月四日衆議院議員藤沢元造が「文部省の編纂に係る尋常小学用日本歴史は国民をして順逆正邪を誤らしめ、皇室の尊厳を傷け奉り、教育の根柢を破壊する憂なきか」という質問書を提出した。桂太郎首相と小松原英太郎文相は藤沢に必死の説得を試みた。藤沢の質問は直ちに政府が守るべき宮内省と皇室への攻撃になるからである。二月十六日藤沢は首相・文相の懇請と議会同志との板挟みとなり質問書を撤回、議員を辞職した。さらに同月二十一日には国民党の犬養毅らが「神器の在る所を問わず濫りに正閏なしとの妄説を容る」と内閣弾劾決議案を議会に提出した。他方帝国陸軍元老で枢密院議長の職にあった山県有朋は天皇暗殺を企てる日本人が出現したことに驚愕し国体観念の国民への徹底化を図るため「天に二日無く」、「皇位神器を離れず」、「忠臣逆賊の区別を明確にすべし」とし南朝正統を国家の方針にすべきだと軍をうごかし猛運動を行なった。内閣は速やかに世論を統一し世論の鎮静化を図らなければならないと、二月二十七日閣議で南朝正統を決め、諮詢された枢密院も三月一日山県議長以下、内閣上奏のごとく議決した。ここにおいて明治天皇は三月三日後醍醐天皇より後小松天皇に至る間の皇統は後醍醐天皇・後村上天皇・後亀山天皇・後小松天皇(長慶天皇が第九十八代天皇に列せられたのは大正十五年(一九二六)十月のこと)なることを認定した旨を首相および宮内大臣に達した。責任は喜田貞吉が負わされることになり、四十四年二月二十七日休職を命ぜられた。喜田を擁護し、自己の専門の井伊直弼記述の部分でも逆賊を評価したと激しく攻撃されつづけた三上参次もまた三月十日教科用図書調査委員会委員を辞任した。四十四年の改訂では南北朝という課の題名は「吉野の朝廷」と改められ、尊氏は賊名を避けるため光明院を擁立して天皇と称した、後醍醐天皇が光明院に授けた神器は偽器であった、とされた。この修正により皇位・天皇・忠臣などについての考え方が、史実と大きく乖離してまで子供に押しつけられていくこととなった。なお史料編纂掛は帝大総長・文科大学学長の『大日本史料』第六編の体裁を南朝正統論の立場から改むべしとの要請に対し、「大義名分の筆法と材料本位の史料は調和不可能」として並立主義の体裁をとりつづけた。

参考文献 海後宗臣『歴史教育の歴史』(『UP選書』、一九六九、東京大学出版会)、喜田貞吉『六十年の回顧・日記』(『喜田貞吉著作集』一四、一九八二、平凡社)、『東京大学史料編纂所史料集』(二〇〇一、東京大学出版会)

(宮地 正人)

なんまつなのり 南摩綱紀 一八二三—一九〇九 会津藩士、漢学者、教育者。名は綱紀、字は士張、通称は三郎・八之丞、号は羽峰・環碧楼。遠祖は下野都賀郡南摩城に拠った藤原郷綱。保科正之に仕えた後綱十世の孫綱雅(会津藩士、三百石)の三男として文政六年十一月二十五日(一八二三年十二月二十六日)に出生。天保四年(一八三三)藩学日新館に入学し、さらに弘化四年(一八四七)江戸昌平黌に遊学して、古賀謹堂に学ぶ。洋学修業のため江戸の杉田成卿《すぎたせいけい》・石井密太郎、大坂の緒方研堂《おがたけんどう》に師事。安政二年(一八五五)—四年、藩命を帯びて西国・九州諸藩を歴遊し(『負笈管見録』)、安政四年藩に建議して洋学舎を創設。文久二年(一八六二)から慶応三年(一八六七)まで蝦夷地東岸の幕府領に拠って樺太警備にあたり、また慶応三年、京都に上り藩邸学職として藩主松平容保《まつだいらかたもり》を輔佐。明治元年(一八六八)鳥羽・伏見の戦敗退後も大坂に潜伏して情報収集し、戊辰戦争に際して会庄同盟を画策。会津陥落により越後高田に禁錮され、赦されて正心学舎を開塾し、ついで淀藩督学、京都府学職となる。太政官・文部省官吏を経て、東京大学・高等師範学校・女子高等師範学校で教授を歴任。明治三十六年(一九〇三)・三十七年の宮中講書始に進講。西村茂樹と弘道会を組織して副会長を勤め、明治四十二年(一九〇九)四月十三日、八十七歳で没した。旧蔵書は筑波大学に伝存。著書に『内国史略』がある。

参考文献 土屋弘「羽峰南摩先生伝」(南摩綱紀『環碧楼遺稿』所収、一九三三)　(町　泉寿郎)

なんまんいがくどう　南満医学堂　明治四十四年(一九一一)六月、奉天(現瀋陽)附属地に南満洲鉄道株式会社が中国国内における医事衛生に資する医師を養成することを目的として設立した医学専門学校。大正十一年(一九二二)に満洲医科大学と改称した。日中両国人の共学を標榜し、修業年限四年の本科、同年限一年の研究科、同年限二年の予科を設けた。本科では物理学・科学・解剖学・生理学・医科学・病理学・薬物学など計二十三科目・四十課程を教授する、研究科では実験観察によって研究者を指導する、予科では本科に入学するために必須の学科を教授するとそれぞれ定められた。入学資格は二十七歳以下の男子で、㈠中学校(旧制)を卒業した者、㈡専門学校入学者検定試験に合格した者、㈢前項㈠または㈡と同等の学力を有し日本語を理解する者、㈣南満医学堂予科(二年)を修了した者であった。開校から大学昇格を果たす直前の大正十年までの入学許可数は四百五十一人、うち中国人は百六十十人。大学昇格後はアジア・太平洋戦争終結時まで存続し、その間、七三一部隊へ人材を供給した例もあった。戦後、中国に接収され、昭和二十四年(一九四九)に中国医科大学へ合併された。

参考文献 『南満医学堂十年誌』(一九二二、南満医学堂)、鈴木健一「南満医学堂について」(磯辺武雄編著『アジアの教育と社会―多賀秋五郎博士古稀記念論文集―』所収、一九八三、不昧堂出版)、「満洲国」教育史研究会監修『「満洲・満洲国」教育資料集成』八(一九九三、エムティ出版)　(熊本　史雄)

なんようじじ　南洋時事　明治時代中期の南洋諸島視察記。志賀《しが》重昂《しげたか》著、明治二十年(一八八七)四月、丸善商社書店刊。志賀は、明治十九年(一八八六)二月から十一月まで筑波艦に便乗して南洋諸島を巡り先進欧米諸国による苛酷な植民地侵略を目撃し、警鐘の意を込めて翌年四月に本書を発表した。志賀は、カロリン諸島のクサイ島にはじまって豪州、ニュージーランド、フィージー諸島、サモア諸島、ハワイなどを巡航し、南洋諸島における仏・英・独・蘭・スペイン・ポルトガル・米国などによる植民地とこれをめぐる列強の競争をつぶさに目撃した。本書に「晩近欧州列国ノ間ニ所謂拓地殖民政略ナルモノ流行シ、其気焔ノ旺盛ナルコト猶伝染熱病ニ異ラズ」と記して植民地政略の争奪戦場を実見し、また、「印度欧羅巴人種ハ渾円球上ニ跋扈シテ其威力ヲ逞フシ、黄色人種、黒人種、銅色人種、馬来人種ハ各コレガ鼻息ヲ窺ヒ、其一事一行ニ震慴セザルハ無シ」と、当時の大勢が模範と仰いでいる先進国の裏面、のちの同志陸羯南《くがかつなん》のいう「狼呑の図」(『国際論』)を現地で目の当たりにすることによって当時の世界認識を新たにした。こうして志賀は列強帝国主義によるアジア侵略への危機感を深めた。だが他面、現地で大きな教訓をも得た。「豪州ノ殖民実力ヲ蓄積シテ自カラ一見識ヲ立テ、之レト共ニ所在万般ナル囲外物ハ彼等ノ間ニ漸ク一種特殊ナル国粋ヲ発達セシメ、此ノ国粋愈々発達シテ本国ノ事物ト愈々相隔離シ、本国ノ利害ト愈々相衝突ス。此国粋ヤ一起シテ「豪太利ハ豪太利人ノ豪太利タリ」"Australia for Australians."ノ咸声トナリ、再起シテ独立党"National party"ノ団結トナリ、三起シテ豪州列国ノ合縦独立トナル、是レ豪州殖民進化ノ次第ナリ」と、豪州の人民に犠牲を強いる英国の苛酷な政略の中で豪州が「有形上ノ実力」と「無形上一種特殊ナル国粋」により進歩繁栄を遂げてきたことを挙げ、「真個ニ国粋ノ発達ハ民族独立ノ観念ガ発達ト両々相并行スルノ証左」を学んで、「国粋」観念の涵養こそが日本におけるみずからに課せられた使命であることを自覚した。こうした体験と使命を抱いた志賀は本書発表の一年後の四月に三宅雪嶺らと政教社を結成して『日本人』で国粋主義の主張を展開するのである。　→志賀《しが》重昂《しげたか》

参考文献 長頭迂史「南洋時事」(『出版月評』一、一八八七)、志賀重昂『知られざる国々』(『明治文化叢書』六、一九四三、日本評論社)、矢野暢『日本の南洋史観』(『中公新書』、一九七九、中央公論社)　(佐藤　能丸)

なんよじじしんぶん　南予時事新聞　愛媛県南予地域の日刊紙。明治三十五年(一九〇二)三月五日、宇和島町元《もと》結掛《ゆいぎ》(愛媛県宇和島市)小林儀衛《こばやしよしえ》(葭江《かこう》)宅を発行所とする個人経営として創刊された。小林は上京して大和田建樹《おおわだたけき》に学び『二六新報』に関係したことがあった。その経営は不振であり、三十九年に同地の実業家中川鹿太郎《なかがわしかたろう》が共同経営者として加わり、資本金五千円の株式会社に改組された。編集・営業所は本町二丁目に移り、中川の所属する憲政会の政党色が強かった。四十二年(一九〇九)には御殿町の旧藩郡奉行所の地に移転、さらに翌年九之内に移った。現在の愛媛新聞社宇和島支社の地である。大正三年(一九一四)、経営難のため南予政友会幹部が経営陣に入り、憲政党色は一掃された。九年市長山村豊次郎

『南予時事新聞』第638号

の個人経営となり、十四年(一九二五)に井上雄馬《いのうえゆうま》が主幹となった。昭和十四年(一九三九)株式会社に再改組され、井上が社長となった。戦時統制により『愛媛合同新聞』に合併された。

参考文献 『愛媛新聞百年史』(一九七六)、『愛媛県百科大事典』(一九八五、愛媛新聞社)

(三好　昌文)

製版印刷　株式会社　東京印書館
本文用紙　三菱製紙株式会社
表紙クロス　株式会社　八光装幀社
製本　誠製本株式会社
製函　株式会社光陽紙器製作所
装幀　山崎登

明治時代史大辞典　第二巻

二〇一二年(平成二十四)六月二十日　第一版第一刷印刷
二〇一二年(平成二十四)七月二十日　第一版第一刷発行

編　集　宮地正人
　　　　佐藤能丸
　　　　櫻井良樹

発行者　前田求恭

発行所　株式会社　吉川弘文館
〒一一三―〇〇三三
東京都文京区本郷七丁目二番八号
☎(〇三)三八一三―九一五一(代表)
振替口座〇〇一〇〇―五―二四四
http://www.yoshikawa-k.co.jp/

落丁・乱丁本はお取替えいたします

ISBN978―4―642―01462―5

図　版　目　録

本　文　図　版　目　録

西園寺公望……1
米国大使館　『東京府名勝図会』(1912)より……3
英国大使館　同上より……3
清国公使館　同上より……4
西郷隆盛画像(キヨソーネ筆)……5
西郷隆盛銅像　『東京風景』(1911)より……6
西郷従道……7
税所篤……9
『埼玉新聞』第4号　東京大学明治新聞雑誌文庫所蔵……14
斎藤宇一郎　斎藤宇一郎記念会提供……14
斎藤隆夫……16
斎藤秀三郎……17
斎藤実……17
斎藤茂吉　日本芸術院提供……19
斎藤緑雨　日本近代文学館提供……19
在日外国郵便局　横浜郵便局開業之図(歌川広重画)　郵政資料館所蔵……20
『采風新聞』第1号　国立国会図書館所蔵……22
済物浦条約　外務省外交史料館所蔵……23
『明義』第1巻第1号　東京大学明治新聞雑誌文庫所蔵……24
阪井久良伎……25
堺事件(『L' ILLUSTRATION』1868年5月30日)横浜開港資料館所蔵……26
堺利彦　日本近代文学館提供……27
境野黄洋　東洋大学図書館提供……28
堺戎島紡績所図　堺市博物館所蔵……28
坂口昂　『御大礼記念写真帖』2(1916)より……30
坂崎紫瀾　『自由党史』上(1910)より……32
『佐賀自由』第3755号　東京大学明治新聞雑誌文庫所蔵……33
阪谷芳郎……34
阪谷朗廬……35
坂野鉄次郎　郵政資料館所蔵……36
坂本嘉治馬　坂本守正編『坂本嘉治馬自伝』(1939)より……37
坂本直寛……39
坂本繁二郎……40
坂本竜馬……40
相良知安　『東京帝国大学五十年史』上(1932)より……42
佐久間左馬太……43
佐久間貞一……44
桜井忠温　『現代日本文学全集』49(1929)より……47
一取座繰器　新松戸郷土資料館所蔵……49
佐々木惣一　日本学士院提供……51
佐佐木高行　『国学院大学八十五年史』(1970)より……52
佐々木東洋……53
佐々城豊寿　永原和子監修『日本女性肖像大事典』(1995、日本図書センター)より……54
佐佐木信綱　日本学士院提供……54
指原安三　小林富三編『指原安三氏伝』(1918)より……57
佐双左仲……57
貞愛親王　伏見宮家編『貞愛親王事蹟』(1931)より……58
佐々友房画像……60
薩埵正邦　法政大学提供……63
札幌農学校　北講堂と中央講堂　『札幌農学校』(1898)より……64
札幌バンド　会員並びに会友(明治16年)　札幌独立キリスト教会提供……64
札幌麦酒会社工場(明治30年ごろ)　サッポロビール史料館提供……64
『和訳英辞書』(明治2年)　国立国会図書館所蔵……65
サトウ　『日本における一外交官』より……66
佐藤義亮……67
佐藤紅緑……68
佐藤昌介……68
佐藤尚中……69
佐藤進　坪谷水哉編『医学博士佐藤進先生自伝』(1899)より……69
佐藤泰然　順天堂大学医史学研究室提供……69
佐藤鉄太郎……70
佐藤誠実　日本学士院提供……70
佐藤北江　木川修編『佐藤北江』(1914)より……71
真田山陸軍墓地　明治初年の墓石群　大阪市史編纂所提供……72
佐野常民……73
佐野経彦画像……74
サマーズ……75

図版目録

鮫島員規 ……76
鮫島尚信 ……77
沢田吾一 ……77
沢宣嘉 ……78
沢辺正修画像　宮津市立図書館所蔵　京都府立丹後郷土資料館提供 ……79
沢辺琢磨 ……79
沢柳政太郎　成城学園教育研究所提供 ……81
沢山保羅　梅花女子大学図書館提供 ……81
『山陰新聞』第1号　国立国会図書館所蔵 ……82
三角測量　槍ヶ岳の二等三角点　『陸地測量部写真帖』(1932)より ……83
斬切り(「諸工職業競船来仕立職」) ……86
三国干渉の際の列国側勧告覚書　外務省外交史料館所蔵 ……87
遼東半島還付に関する詔勅案　国立国会図書館憲政資料室所蔵 ……87
三条実美画像(キヨソーネ筆) ……92
参謀本部 ……101
三遊亭圓朝(一)　早稲田大学演劇博物館提供 ……103
三遊亭圓遊 ……104
『山陽新報』第1号　東京大学明治新聞雑誌文庫所蔵 ……105
三陸津波　宮城県の被害　宮内庁書陵部所蔵 ……106
思案橋事件(『西南鎮静録』下より)　国立国会図書館所蔵 ……108
塩野義三郎　塩野義製薬株式会社提供 ……111
塩原又策　『三共六十年史』(1960)より ……112
『史海』第1巻　東京大学明治新聞雑誌文庫所蔵 ……113
志賀潔　日本学士院提供 ……114
『史学雑誌』改題号　国立国会図書館所蔵 ……116
志賀重昂　『志賀重昂全集』1 (1927)より ……119
志賀泰山 ……120
志賀直哉　日本芸術院提供 ……121
『しがらみ草紙』第1号　東京大学明治新聞雑誌文庫所蔵 ……122
重野謙次郎 ……125
重野安繹　『重野博士史学論文集』(1938)より ……126
重宗芳水　重宗雄三編『重宗芳水伝』(1934)より ……127
『時事新報』第1号　東京大学明治新聞雑誌文庫所蔵 ……129
宍戸璣 ……130
宍野半 ……130
四条隆謌 ……132
庄内地震　酒田町の惨状　本間美術館所蔵 ……133
静岡事件謀議想像図(『絵入自由新聞』1104号)　東京大学明治新聞雑誌文庫所蔵 ……136
『静岡大務新聞』第1843号　同上所蔵 ……136
『静岡民友新聞』第127号　同上所蔵 ……137
資生堂　練り歯磨の宣伝 ……138
士族の商法 ……141
志田順 ……144
信太意舒画像 ……144
『史談会速記録』第1輯　国立国会図書館所蔵 ……145
『七一雑報』第1号　東京大学明治新聞雑誌文庫所蔵 ……146
七分利付外国公債百円証書 ……147
『実業之世界』改題号　国立国会図書館所蔵 ……151
『実業之日本』第1号　同上所蔵 ……151
幣原喜重郎 ……153
幣原坦 ……153
『倭訓栞』(安永6～明治20年)　国立国会図書館所蔵 ……154
『雅言集覧』(文政9～明治20年)　同上所蔵 ……154
『(和英英和)語林集成(第3版)』(明治19年)　同上所蔵 ……154
『(漢英対照)いろは辞典』(明治21年)　同上所蔵 ……154
『言海』(明治24年)　同上所蔵 ……154
『日本大辞林』(明治27年)　同上所蔵 ……154
『新令字解』(明治元年)　同上所蔵 ……154
『漢和大字典』(明治36年)　同上所蔵 ……154
自転車　宮田製銃所の試作自転車　日本自転車産業振興協会提供 ……155
第5回内国勧業博覧会出品の自動車　鳴戸源之助編『第五回内国勧業博覧会紀念写真帖』(1903)より ……156
三井呉服店のクレメント号　三越伊勢丹ホールディングス提供 ……156
『日本少年』第5巻第6号 ……157
『少女世界』第3巻第1号 ……157
『幼年画報』第2巻第1号 ……157
工部省品川硝子製造所 ……158
品川弥二郎　『品川子爵追悼録』(1900)より ……158
『信濃日報』(一)第897号　東京大学明治新聞雑誌文庫所蔵 ……160
『東雲新聞』第1号　同上所蔵 ……162
不忍池競馬場　馬の博物館所蔵 ……162
篠原国幹　福井市立郷土歴史博物館提供 ……162
信夫淳平　日本学士院提供 ……163
紅葉館舞台開図(楊洲周延画)　明治大学博物館所蔵 ……164
柴五郎 ……165
柴四朗　『太陽』4ノ17より　東京大学明治新聞雑誌文庫提供 ……165
柴田桂太　日本学士院提供 ……167
渋沢栄一　渋沢史料館提供 ……171
『斯文学会講義録』　国立国会図書館所蔵 ……173
太政官札　十両札(明治元年発行) ……174
民部省札　二分札(明治2年発行) ……174
新紙幣　十円券(明治5年発行) ……174
国立銀行紙幣新券　五円券(明治11年発行) ……174
改造紙幣　一円券(明治14年発行) ……174

日本銀行兌換銀券　一円券(明治18年発行) ……174
日本銀行兌換券　百円券(明治33年発行) ……174
司法省　日本建築学会提供 ……176
島木赤彦　日本近代文学館提供 ……179
島崎藤村　同上提供 ……180
島地黙雷 ……181
島田一良 ……181
島田三郎　早稲田大学大学史資料センター提供 ……183
島津源蔵㈠画像　株式会社島津製作所所蔵 ……184
島津源蔵㈡　同上提供 ……184
島津製作所　木屋町本店 ……185
島津忠義 ……186
島津久光 ……186
島村速雄　『御大礼記念写真帖』2 (1916)より ……190
島村抱月　日本近代文学館提供 ……191
島本仲道　『自由党史』上(1910)より ……191
清水次郎長　『東海遊侠伝』(1884)より ……195
下岡蓮杖 ……196
下瀬雅允　下瀬雅允『下瀬火薬考』(1943、北隆館)より ……197
下田歌子　実践女子大学図書館提供 ……197
『下野新聞』第1号　東京大学明治新聞雑誌文庫所蔵 ……198
下仁田社の正門　群馬県立博物館所蔵 ……198
『下関実業日報』第9040号　山口県立山口図書館所蔵 ……198
下山順一郎 ……200
『社会』第1巻第1号　東京大学明治新聞雑誌文庫所蔵 ……201
『社会雑誌』第1巻第1号　国立国会図書館所蔵 ……203
『(週刊)社会新聞』第1号　東京大学明治新聞雑誌文庫所蔵 ……207
『若越自由新聞』第807号　同上所蔵 ……209
『戦時画報』第67号 ……212
松島艦大砲之図(『日清戦争実記』第7編より) ……213
遼陽攻撃の我が銃砲(『日露戦争実記』第35編より) ……213
謝花昇　親泊康永『義人謝花昇伝』(1935、新興社)より ……215
『ジャパン＝ガゼット』第2789号　東京大学明治新聞雑誌文庫所蔵 ……216
『ジャパン＝タイムズ』㈡162号　同上所蔵 ……216
『ジャパン＝パンチ』第1号　山手資料館所蔵 ……216
『デイリー＝ジャパン＝ヘラルド』第61号　東京大学明治新聞雑誌文庫所蔵 ……217
『上海日報』第12号　同上所蔵 ……219
秀英舎本社　『株式会社秀英舎沿革誌』(1922)より ……220
帝国議会衆議院外観　『東京名勝画帖』より ……222
衆議院本会議場　『日本百年の記録』1より ……222
衆議院議員選挙法　国立公文書館所蔵 ……223
衆議院選挙候補者名簿(明治25年2月ごろ)　国立国会図書館所蔵 ……224
衆議院議員之証　同上所蔵 ……224
日清戦争の従軍記章 ……226
日清戦争の従軍記章証書 ……226
日清戦争で仁川港へ上陸する第一軍司令部　『日清戦争写真図』より ……226
日露戦争で奉天に向けて前進する野戦砲兵第五連隊　小沢健志『写真明治の戦争』(2001、筑摩書房)より ……227
十五銀行　『東京案内』上より ……227
樺戸集治監　宮内庁書陵部所蔵 ……229
集書院　『京都府誌』上(1915)より ……230
『自由新聞』㈠第1号　東京大学明治新聞雑誌文庫所蔵 ……231
『自由新聞』㈡第1号　同上所蔵 ……232
再興自由党結成式(明治23年1月) ……234
自由廃業をした娼妓たち ……236
『自由平等経綸』第1号　東京大学明治新聞雑誌文庫所蔵 ……236
東京演説社会人名一覧　早稲田大学図書館所蔵 ……237
大熊及海坊主退治　早稲田大学図書館所蔵 ……238
明治37年略歴　岡田芳朗所蔵 ……239
粛親王善耆　石川半山『粛親王』(1916)より ……240
シュピンナー　三並良『日本に於ける自由基督教と其先駆者』(1935)より ……245
明治九年六月二日奥羽御巡幸万世橋之真景　早稲田大学図書館所蔵 ……247
醇親王載灃　秦孝儀総編纂『中国現代史辞典—人物部分—』(1985、近代中国出版社)より ……248
『順天時報』第4173号　東京大学明治新聞雑誌文庫所蔵 ……249
順天堂(明治8年ごろ)　順天堂大学医史学研究室提供 ……249
巡洋艦吉野 ……250
ショイベ　京都府立医科大学提供 ……252
蔣介石　共同通信社提供 ……254
小学校の授業　小学入門教授図解　国立教育政策研究所教育図書館所蔵 ……255
第1回内国勧業博覧会に工作局が出品した蒸気機関　『明治十年内国勧業博覧会出品解説』10冊 (1878)より ……258
彰技堂塾生(明治9年6月麴町平河町時代)　『(洋画先覚)本多錦吉郎』(1934)より ……259
大阪商法会議所　『大阪商工会議所百年史』(1979)より ……260
東京商業会議所　渋沢史料館提供 ……261
松旭斎天一 ……262
松旭斎天勝 ……262
昭憲皇太后(キオソーネ筆) ……264

図版目録

抄紙会社開業式　紙の博物館提供……266
尚泰　『尚泰候実録』(1924)より……268
荘田平五郎　宿利重一『荘田平五郎』(1932、対胸舎)より……269
『少年世界』第1号……272
『上毛新聞』第77号　東京大学明治新聞雑誌文庫所蔵……278
『女学雑誌』第1号　同上所蔵……285
自転車に乗る女学生(小杉天外『魔風恋風』明治36年)……286
『女学世界』第1巻第1号　東京大学明治新聞雑誌文庫所蔵……286
初期議会　和衷協同の詔勅案　国立国会図書館所蔵……287
女子英学塾(1901年3月)　津田塾大学提供……296
女子交換手　郵政資料館所蔵……298
女子留学生　津田塾大学提供……300
当世見立書生運命批評双六　早稲田大学図書館所蔵……301
徐世昌　秦孝儀総編纂『中国現代史辞典—人物部分—』(1985、近代中国出版社)より……303
除虫菊　棒状の蚊取り線香……305
白石元治郎　井東憲『鋼管王白石元治郎』(1938、共盟閣)より……308
『白樺』第1巻第1号　日本近代文学館所蔵……309
白川義則……310
白瀬矗　浄蓮寺提供……310
白鳥庫吉　日本学士院提供……311
白根専一……311
白柳秀湖　日本近代文学館提供……312
白木屋(明治44年)……316
『新愛知』第57号　東京大学明治新聞雑誌文庫所蔵……317
『新紀元』(二)第1号　日本近代文学館所蔵……322
『新公論』第19年第10号　東京大学明治新聞雑誌文庫所蔵……326
第一次『新思潮』第1号……330
第二次『新思潮』第1号……330
仁丹の看板　アド・ミュージアム東京提供……338
『新潮』第1巻第1号　東京大学明治新聞雑誌文庫所蔵……338
新橋停車場……344
神仏分離令　取り壊される鶴岡八幡宮境内大塔(『ザ＝ファー＝イースト』1870年8月16日付)……345
明治時代中期の主要新聞(『各社新聞毎夕評論』第1号、明治25年)……346
神保小虎……353
『日刊人民』第1454号　東京大学明治新聞雑誌文庫所蔵……354
新村出　日本学士院提供……355
人力車(「東京往来車尽」より)……357
明治29年信濃川大洪水の惨状(新潟県西蒲原郡黒鳥村)　土木学会土木図書館所蔵……360
『水交社記事』第1号　東京大学明治新聞雑誌文庫所蔵……361
枢密院官制　国立公文書館所蔵……367
枢密院外観　『枢密院建築画帖』(1922)より……367
枢密院会議室　同上より……367
枢密院会議之図(楊洲周延画)　神奈川県立歴史博物館所蔵……367
末広鉄腸　末広鉄腸『過去の政海』(1900)より……370
末松謙澄……371
明治44年ころの高田でのスキー訓練風景……374
杉浦重剛　国学院大学図書館提供……374
杉浦譲　郵政資料館所蔵……375
杉亨二　日本学士院提供……376
杉田定一　雑賀博愛『杉田鶉山翁』(1928)より……377
杉孫七郎　『御大礼記念写真帖』2(1916)より……377
スクリバ……380
スコット……381
鈴木梅太郎　日本学士院提供……382
鈴木喜三郎　憲政記念館提供……383
鈴木久五郎　『(第二十八議会)衆議院議員写真列伝』(1912)より……383
鈴木三郎助　味の素株式会社提供……384
鈴木舎定　『自由党史』上(1910)より……385
鈴木昌司……385
鈴木大拙　松ヶ丘文庫提供……386
薄田泣菫　日本近代文学館提供……387
鈴木忠治　味の素株式会社提供……387
鈴木天眼……388
鈴木馬左也　『鈴木馬左也』(1961)より……389
鈴木三重吉　日本近代文学館提供……390
鈴木唯一……390
『スバル』第1号……395
住友銀行　『住友銀行三十年史』(1926)より……398
迎賓館延遼館での天覧相撲(明治17年3月10日)　宮内庁書陵部所蔵……400
『寸鉄』第1号　東京大学明治新聞雑誌文庫所蔵……401
静嘉堂文庫　『岩崎小彌太伝』(1957)より……403
明治6年ころの横浜の税関(『ザ＝ファー＝イースト』より)……403
精工舎工場正門(明治30年ごろ)　セイコー時計資料館提供……407
製糸業　上州富岡製糸場之図(一曜斎国輝画)……407
王子製紙会社略図(明治10年)　印刷博物館所蔵……409
盛宣懐　秦孝儀総編纂『中国現代史辞典—人物部分—』(1985、近代中国出版社)より……414
正則英語学校　『文章世界』(1908、博文館)より……415
政談会場　三田演説館……416
政談会場　政談会場の様子(『絵入自由新聞』明治21年1月4日付)　国立国会図書館

所蔵 ……416
青鞜社の同人 ……419
『青鞜』第1号　日本近代文学館 ……419
精養軒　『東京風景』(1911)より ……428
『西洋雑誌』巻1　東京大学明治新聞雑誌文庫所蔵 ……429
西洋料理店(『トバエ』1887年3月15日号より) ……430
整理公債五千円証書 ……430
『政理叢談』第1号　東京大学明治新聞雑誌文庫所蔵 ……431
『政論』第1号(明治21年)　同上所蔵 ……431
『政論』第1号(明治22年)　同上所蔵 ……431
『世界之日本』第1号　同上所蔵 ……433
『世界婦人』第1号　同上所蔵 ……433
関口隆吉　関口隆正『関口隆吉伝』(1938)より ……434
赤心社事務所(明治末) ……435
尺振八　尺次郎『尺振八伝』(1966年、はまかぜ新聞社)より ……436
関直彦　関直彦『七十七年の回顧』(1933、三省堂)より ……437
関根正直　日本学士院提供 ……438
関野貞 ……439
瀬木博尚　『瀬木博尚追憶記』より　東京大学明治新聞雑誌文庫提供 ……440
摂津紡績会社　宮内庁書陵部所蔵 ……444
戦艦富士 ……447
戦艦三笠 ……447
高知県民吏両党の激戦　高知市立自由民権記念館所蔵 ……448
千家尊福　出雲大社教教務本庁提供 ……449
仙石貢　『浜口内閣』(1929)より ……450
第一潜水艇　明治38年進水時 ……453
仙台医学専門学校正門(明治44年)　『東北大学百年史』1 (2007)より ……455
宋教仁　『革命文献』42より ……462
左右田喜一郎　『左右田喜一郎全集』1 (1930、岩波書店)より ……465
造幣寮　日本建築学会提供 ……467
相馬愛蔵　株式会社中村屋提供 ……467
相馬御風　日本近代文学館提供 ……468
相馬黒光　株式会社中村屋提供 ……468
相馬半治　相馬半治『喜寿小記』(1956)より ……469
『草莽雑誌』第1号　東京大学明治新聞雑誌文庫所蔵 ……469
副島種臣 ……471
添田寿一　広渡四郎『添田寿一君小伝』(1924)より ……472
ソーパー ……473
曾我祐準 ……473
村野徳三郎編『洋式婦人束髪法』(明治18年) ……476
心斎橋筋一丁目の十合呉服店(明治27年)　株式会社そごう提供 ……476
機船底引網　『日本漁船図集』(1978、成山堂)より ……477
曾禰荒助 ……479
園田孝吉　荻野仲三郎編『園田孝吉伝』(1926)より ……480
孫文 ……482
東京府下海運橋兜町第壱国立銀行五階造真図(歌川国輝画) ……485
本郷時代の第一高等学校正門　『第一高等学校六十年史』(1939)より ……485
大院君　山中峰雄『大院君実伝』(1894)より ……486
官公私立東京諸学校一覧　専修大学所蔵 ……489
太神楽之図(『風俗画報』第100号より) ……491
第五高等学校本館　『第五高等学校』(2007)より ……495
第三高等中学校(明治22年)　三高同窓会提供 ……496
大審院　日本建築学会提供 ……499
大政奉還　明治神宮外苑聖徳記念絵画館所蔵 ……502
明治天皇大喪 ……503
大道芸(『Le Japon Illustré』1870年)　横浜開港資料館所蔵 ……505
『台南新報』第417号　東京大学明治新聞雑誌文庫所蔵 ……507
第二高等学校 ……507
『大日本教育会雑誌』第1号　同上所蔵 ……509
大日本私立衛生会附属伝染病研究所　北里研究所提供 ……511
大日本製糖会社　『大阪府写真帖』(1914)より ……512
憲法夏島草案　国立国会図書館憲政資料室所蔵 ……514
憲法発布式　明治神宮外苑聖徳記念絵画館所蔵 ……514
『大日本帝国憲法』原本　国立公文書館所蔵 ……514
大日本武徳会　武徳殿 ……516
ダイバース ……518
日本橋区大伝馬町参丁目大丸屋呉服店繁栄図 ……521
『タイムズ』1910年7月19日号　東京大学明治新聞雑誌文庫所蔵 ……521
『太陽』第1巻第1号　同上所蔵 ……522
明治6年太陽暦　岡田芳朗所蔵 ……523
第六高等学校正門　『岡山県史』10(1985)より ……524
台湾協会学校校舎　『拓殖大学百年史』明治編(2001)より ……525
台湾銀行　日本建築学会提供 ……526
台湾神社 ……529
台湾総督府　日本建築学会提供 ……530
『台湾日日新報』第1号　東京大学明治新聞雑誌文庫所蔵 ……532
高木兼寛　高木喜寛『高木兼寛伝』(1922)より ……534
高木正年　『御大礼記念写真帖』2 (1916)より ……535
高木貞治　日本学士院提供 ……536
高木壬太郎 ……536
高楠順次郎 ……537

図版目録

高崎正風 538
高島嘉右衛門　植村澄三郎『呑象高島嘉右衛門翁伝』(1914)より 539
岩崎弥太郎経営時代の高島炭鉱 540
高島鞆之助 541
高嶋米峰　『高島米峰自叙伝』(1950、学風書院)より 541
高島屋京都烏丸店　高島屋提供 542
高田早苗　日本学士院提供 544
『高田新聞』第41号　東京大学明治新聞雑誌文庫所蔵 545
高橋健三(二)　川那辺貞太郎編『自恃言行録』(1899)より 551
高橋是清 551
高橋箒庵　三井文庫編『三井事業史』本篇2(1980)より 552
高橋由一自画像 554
高浜虚子　日本芸術院提供 556
幟仁親王　『幟仁親王行実』(1933)より 557
高平・ルート協定　外務省外交史料館所蔵 558
高松豊吉　日本学士院提供 558
高峰譲吉　同上提供 558
高嶺秀夫 559
高村光雲　『光雲懐古談』(1929)より 559
高村光太郎自画像　株式会社中村屋所蔵 560
高村智恵子 560
高山社 561
高山樗牛　日本近代文学館提供 562
財部彪 563
滝廉太郎 566
田口卯吉　『田口鼎軒略伝』(1930)より 567
田口和美 568
竹内綱　『自由党史』上(1910)より 570
竹越与三郎 572
竹橋事件(『近衛砲兵暴発録』より) 576
威仁親王　『威仁親王行実』(1926)より 577
竹本摂津大掾　『竹本摂津大掾』(1904)より 579
『太政官日誌』第一　国立公文書館所蔵 584
田尻稲次郎　『北雷田尻先生伝記』(1933)より 585
田代栄助 586
立作太郎　日本学士院提供 589
立小便禁止(『違式詿違条例類聚』明治9年) 589
橘周太 590
橘家圓喬 591
辰野金吾　白鳥省吾編『工学博士辰野金吾伝』(1926)より 593
田中王堂 597
田中義一 599
田中源太郎　三浦豊二編『田中源太郎翁伝』(1934)より 599
田中正造 600
田中萃一郎　『田中萃一郎史学論文集』(1932)より 602
田中舘愛橘　日本学士院提供 603
田中智学 603
田中久重(一)　『田中近江大掾』(1931)より 604
田中宏　『御大礼記念写真帖』2(1916)より 605
田中不二麻呂 606
田中光顕 607
田中義成　『史学雑誌』30ノ12(1919)より 608
田辺有栄 610
田辺朔郎　西川正治郎編『田辺朔郎博士六十年史』(1924)より 611
田辺太一　渋沢史料館提供 612
谷崎潤一郎　日本芸術院提供 614
谷干城 615
谷森善臣 616
土田安五郎が受けた第二回内国勧業博覧会有効賞の賞状(明治14年) 617
玉置半右衛門 619
玉乃世履 620
田丸卓郎　日本学士院提供 621
田山花袋　日本近代文学館提供 625
熾仁親王　『熾仁親王行実』(1929)より 627
俵国一　日本学士院提供 627
段祺瑞 628
ダンス　貴顕舞踏の略図 631
団琢磨　『男爵団琢磨を語る』(1932、朝日書房)より 631
断髪布告(五姓田芳柳画)　『幕末・明治・大正回顧八十年史』より 632
『地学雑誌』(二)第1集第2巻　東京大学明治新聞雑誌文庫所蔵 634
近松秋江　日本近代文学館提供 636
改正地券 639
千坂高雅 640
鳥居竜蔵『千島アイヌ』(明治36年) 642
秩禄公債五十円証書 649
河口慧海の第1回探検ルート　『西蔵旅行記』(1904、博文館)より 654
地方会議之図(山崎年信画)　明治大学博物館所蔵 656
中央アジア探検　第三次大谷探検隊　上原芳太郎『新西域記』下(1937、有光社)より 660
『中央学術雑誌』第1号　東京大学明治新聞雑誌文庫所蔵 661
『反省会雑誌』第1号　国立国会図書館所蔵 662
『中央公論』第14年第1号　東京大学明治新聞雑誌文庫所蔵 662
『中央新聞』第2613号　同上所蔵 663
中央大学(明治21年建築)　日本建築学会提供 664
『中外商業新報』改題当日号　東京大学明治新聞雑誌文庫所蔵 665

『中外新聞』第１号　同上所蔵 ……665
『中外評論』第１号　同上所蔵 ……666
『中学世界』第１号　同上所蔵 ……666
『中国民報』第108号　同上所蔵 ……669
名古屋の日清戦争忠魂碑 ……669
張作霖 ……671
長州藩脱隊騒動　処刑者の供養塔(山口市) ……673
超然主義　黒田首相の演説　国立国会図書館憲政資料室所蔵 ……677
朝鮮総督府　日本建築学会提供 ……678
『朝鮮日日新聞』第582号　東京大学明治新聞雑誌文庫所蔵 ……680
『朝野新聞』第350号　同上所蔵 ……684
『直言』第２巻第１号　同上所蔵 ……685
椿山荘　『日本之名勝』(1900)より ……691
珍田捨己　菊池武徳編『伯爵珍田捨己伝』(1938)より ……692
通天閣 ……697
築地ホテル館(『ザ＝ファー＝イースト』より) ……700
辻新次 ……702
辻善之助 ……702
津田梅子　津田塾大学提供 ……703
津田仙 ……705
津田左右吉　日本学士院提供 ……705
津田真道 ……706
都筑馨六　『都筑馨六伝』(1926)より ……708
角田真平 ……710
坪井九馬三 ……713
坪井正五郎 ……713
坪内逍遙　日本近代文学館提供 ……714
鶴原定吉　池原鹿之助『鶴原定吉君略伝』(1917)より ……718
鄭孝胥　秦孝儀総編纂『中国現代史辞典―人物部分―』(1985、近代中国出版社)より ……721
第１回帝国議会召集詔書　国立公文書館所蔵 ……723
帝国国会議事堂之図(歌川国利画)　憲政記念館所蔵 ……723
(大日本帝国)衆議院肖像(一雄斎国輝画)　衆議院憲政記念館所蔵 ……723
国会議員双六(明治25年)　国立国会図書館所蔵 ……724
第一次仮議事堂 ……725
第二次仮議事堂 ……725
帝国劇場　『東京風景』(1911)より ……726
帝国大学令(『公文類聚』10編巻28)　国立公文書館所蔵 ……729
帝国図書館 ……730
『帝国文学』第一　東京大学明治新聞雑誌文庫所蔵 ……732
帝国ホテル　『東京景色写真版』(1893)より ……733
丁汝昌 ……735
逓信省(明治43年落成)　日本建築学会提供 ……735
東京手形交換所　東京銀行協会銀行図書館提供 ……738
出口王仁三郎 ……739
出口なお ……739
手島精一　『手島精一先生伝』(1929)より ……740
『哲学会雑誌』第１号　東京大学明治新聞雑誌文庫所蔵 ……741
鉄道院　日本建築学会提供 ……745
寺内正毅 ……750
寺尾亨 ……751
寺崎廣業 ……752
寺島宗則画像(黒田清輝画)　東京国立博物館所蔵 ……752
寺田寅彦　日本学士院提供 ……753
出羽重遠 ……754
天気予報　『時事新報』明治16年４月４日付掲載の天気報告　国立国会図書館所蔵 ……757
天狗煙草の看板　アド・ミュージアム東京提供 ……758
田健治郎　『田健治郎伝』(1932)より ……758
伝染病研究所(芝白金台、明治39年)　北里研究所提供 ……765
『天地人』第１号　東京大学明治新聞雑誌文庫所蔵 ……766
東京銀座通電気燈建設之図　日本のあかり博物館所蔵 ……767
明治後期のタングステン芯入白熱電球　同上所蔵 ……767
天満紡績会社　宮内庁書陵部所蔵 ……772
東京天文台　『東京帝国大学五十年史』下(1932)より ……773
東京天文台での観測　『東京帝国大学』(1900)より ……773
土井晩翠　日本芸術院提供 ……777
『東亜』第１号　東京大学明治新聞雑誌文庫所蔵 ……778
『東奥日報』第１号　東奥日報社所蔵 ……780
『東海暁鐘新報』第１号　東京大学明治新聞雑誌文庫所蔵 ……780
『東海新報』第１号　同上所蔵 ……781
東海大一揆　松阪市教育委員会所蔵 ……781
『東京曙新聞』㈠第492号　東京大学明治新聞雑誌文庫所蔵 ……783
『東京朝日新聞』第１号 ……783
『東京絵入新聞』第223号　東京大学明治新聞雑誌文庫所蔵 ……785
東京駅　『新訂日本名勝旧蹟産業写真集』(1918)より ……785
東京音楽学校奏楽堂(明治23年) ……786
『東京学士会院雑誌』第１編第１冊　東京大学明治新聞雑誌文庫所蔵 ……787
東京瓦斯会社本社(明治39年改築)　『記念写真帖』(1910)より ……787
『東京仮名書新聞』初号　東京大学明治新聞雑誌文

庫所蔵……788
『東京経済雑誌』第１号　同上所蔵……789
東京師範学校正門……790
東京高等商業学校正門　渋沢史料館提供……790
『東京公論』第347号　東京大学明治新聞雑誌文庫所蔵……791
東京女子高等師範学校　『東京女子高等師範学校六十年史』(1981、第一書店)より……795
『東京新誌』第１号　東京大学明治新聞雑誌文庫所蔵……797
『東京人類学報告』第１巻第５号　国立国会図書館所蔵……798
『東京数学会社雑誌』第１号　東京大学明治新聞雑誌文庫所蔵……798
東京入城東京府京橋之図(月岡芳年画)　明治大学博物館所蔵……799
『トウキョウ＝タイムズ』第１巻第１号　東京大学明治新聞雑誌文庫所蔵……799
東京帝国大学　『東京帝国大学』(1904)より……800
東京帝室博物館……801
『東京独立雑誌』第１号　東京大学明治新聞雑誌文庫所蔵……804
『東京日日新聞』第１号……804
東京農林学校　『東京農工大学百年の歩み』(1982)より……805
『東京パック』第１巻第１号……806
東京美術学校本館(明治20年代末～30年代初頭)……806
小石川にあった東京砲兵工廠　『日本百年の記録』1より……813
『東京毎日新聞』第11146号　東京大学明治新聞雑誌文庫所蔵……814
東京盲学校……815
『東京輿論新誌』第１号　東京大学明治新聞雑誌文庫所蔵……815
東郷平八郎……818
同志社大学　明治19年・20年ころの同志社の主要部　同志社大学所蔵……819
大村益次郎銅像　『旅の家つと』29(1900)より……823
楠木正成銅像　『東京名所写真帖』(1910)より……823
広瀬武夫銅像……823
観音崎燈台(明治２年２月点燈)　燈光会提供……824
野島崎燈台(明治２年12月点燈の本燈台)　同上提供……824
桃中軒雲右衛門……825
東北帝国大学理科大学　『東北大学百年史』8(2004)より……831
頭山満　『頭山満翁写真伝』(1935)より……832
東洋英和女学校　校舎と教職員生徒(明治20年)　『東京英和女学院百年史』(1984)より……833
『東洋学芸雑誌』第１号　昭和女子大学近代文庫所蔵……833
東洋館書店の商標　早稲田大学大学史資料センター所蔵……833
東洋汽船会社横浜支店……834
『東洋経済新報』第１号　東京大学明治新聞雑誌文庫所蔵……835
『東洋自由新聞』第１号　同上所蔵……835
『東洋新報』改題当日号　同上所蔵……836
哲学館　東洋大学図書館提供……837
東洋拓殖会社本社　『東洋拓殖株式会社三十年誌』(1939)より……837
時重初熊……840
土岐善麿　日本芸術院提供……841
徳川昭武……843
徳川慶喜……846
『徳島日日新聞』第4215号　東京大学明治新聞雑誌文庫所蔵……851
徳大寺実則……852
徳田秋声　日本近代文学館提供……853
徳富蘇峰　日本学士院提供……853
徳冨蘆花　日本近代文学館提供……855
得能良介画像(キオソーネ筆)……856
久保田彦作『鳥追阿松海上新話』(明治11年)　国立国会図書館所蔵……856
土倉庄三郎……858
『独立評論』第１号　東京大学明治新聞雑誌文庫所蔵……859
懐中時計(精工舎製)……860
銀座の服部時計店の時計塔……860
都風流トコトンヤレぶし……860
床次竹二郎……861
『鳥取新報』㈡第401号　東京大学明治新聞雑誌文庫所蔵……877
凸版印刷会社　本社と工場(明治35年)……877
『トバエ』第１号……879
富井政章　日本学士院提供……881
富岡製糸場　外観　宮内庁書陵部所蔵……882
同　操糸場の内部　同上所蔵……882
富岡鉄斎……883
戸水寛人……884
富田鉄之助　日本銀行提供……885
留岡幸助　『回顧二十年』(1909)より……886
朝永三十郎　日本学士院提供……887
外山脩造……891
『富山日報』第2373号　東京大学明治新聞雑誌文庫所蔵……891
外山正一……892
富山薬学専門学校　『富山医科薬科大学薬学部百年史』(1992)より……893
『土陽雑誌』第１号　東京大学明治新聞雑誌文庫所蔵……893

第二次『土陽新聞』第1号　同上所蔵 ……893
豊川良平　『豊川良平』(1922)より ……894
豊田佐吉　『豊田佐吉伝』(1933)より ……896
豊田式木製人力織機(明治23年)　株式会社豊田自動織機製作所所蔵 ……897
木鉄混製動力織機(明治39年)　同上所蔵 ……897
鳥居竜蔵 ……899
鳥尾小弥太 ……900
東京で使用された午砲用大砲 ……902
琴似の屯田兵村 ……903
『内外新報』第1号　東京大学明治新聞雑誌文庫所蔵 ……905
内閣官制　国立公文書館所蔵 ……906
内閣職権草案　国立国会図書館憲政資料室所蔵 ……907
第1回内国勧業博覧会　内国勧業博覧会之図(小林清親画)　国立国会図書館所蔵 ……910
第2回内国勧業博覧会　第二回上野内国勧業博覧会ノ図(楊州周延画)　同上所蔵 ……910
第3回内国勧業博覧会　各府県の売店、茶店(『風俗画報』臨時増刊15号より) ……910
同　第五本館内の様子　『二十三年博覧会実況』(1890)より ……910
第4回内国勧業博覧会　開場正門　『第四回内国勧業博覧会写真』(1895)より ……911
同　農林館内　同上より ……911
第5回内国勧業博覧会　開場全景　『第五回内国勧業博覧会』(1903)より ……911
同　機械館内　『第五回内国勧業博覧会紀念写真帖』(1903)より ……911
同　農業館内　『第五回内国勧業博覧会』(1903)より ……911
同　ウオーターシュート　同上より ……911
内国通運会社 ……913
内藤虎次郎　日本学士院提供 ……916
内務省　『東京景色写真版』(1893)より ……917
ナウマン ……918
永井荷風　日本芸術院提供 ……918
長井長義 ……921
中井弘　『桜洲山人の追憶』(1934)より ……921
永井柳太郎　『浜口内閣』(1929)より ……922
中江兆民 ……922
中岡慎太郎 ……924
長岡半太郎　日本学士院提供 ……925
中川小十郎　『立命館百年史』通史1(1999)より ……927
長崎医学校　丸山側から見た精得館　『長崎大学医学部創立150周年記念誌』(2009)より ……928
五百両金札　日本銀行所蔵 ……933
長崎造船所　三菱重工株式会社長崎造船所提供 ……933
中里介山　日本近代文学館提供 ……934
法界節の流し(『風俗画報』166、明治31年より) ……936
中島信行 ……938
中田薫　日本学士院提供 ……941
長田幹彦　日本近代文学館提供 ……943
長塚節 ……943
中根雪江　福井市立郷土歴史博物館提供 ……945
中之島公園(明治末期)　『浪花名勝』(1910)より ……950
『長野新聞』第1号　東京大学明治新聞雑誌文庫所蔵 ……950
中野正剛 ……950
中浜万次郎 ……952
中上川彦次郎　三井文庫編『三井事業史』本篇2(1980年)より ……954
那珂通世　『那珂通世遺言』(1915)より ……955
中牟田倉之助 ……956
中村歌右衛門　早稲田大学演劇博物館提供 ……957
中村鴈治郎(一)　『鴈治郎自伝』(1935、大阪毎日新聞社)より ……958
中村精男　日本学士院提供 ……959
中村憲吉　日本近代文学館提供 ……959
中村清二　日本学士院提供 ……961
中村春二　成蹊学園提供 ……964
中村正直 ……965
中村弥六　中村弥六『林業回顧録』(1930)より ……966
中山忠能　正親町季董『(明治維新の先駆者)天忠組中山忠光』(1935)より ……968
中山慶子 ……970
長与専斎 ……971
長与又郎　『長与又郎伝』(1944、日新書院)より ……971
夏目漱石 ……975
浪花節(『風俗画報』第372号より) ……976
鍋島直大 ……977
鍋島直正 ……977
鍋島直彬 ……977
生江孝之　『生江孝之君古希記念』(1938)より ……978
名村泰蔵 ……979
奈良公園　『大和名所写真帖』(1913)より ……983
奈良女子高等師範学校　『奈良女子大学八十年史』(1989)より ……984
奈良帝室博物館 ……985
奈良原繁 ……986
成島柳北　大島隆一『柳北談叢』(1943)より ……988
成瀬仁蔵　『成瀬先生記念帖』(1936)より ……988
南極探検隊　浄蓮寺提供 ……991
南緯80度5分に立てられた日章旗　同上提供 ……991
『南予時事新聞』第638号　東京大学明治新聞雑誌文庫所蔵 ……996

別　刷　図　版　目　録

新劇・西洋音楽　(334: 335)

1　「西南雲晴朝東風」(豊原国周画)　国立劇場所蔵
2　「高貴演劇遊覧ノ図」(楊洲周延画)　同上所蔵
3　「古今東京名所府下第一の劇場新富座」(歌川広重画)　同上所蔵
4　歌舞伎座　宮武外骨絵葉書『演劇』より　東京大学明治新聞雑誌文庫所蔵
5　「伽羅先代萩」(楊洲周延画)　国立劇場所蔵
6　川上音二郎と貞奴　横浜開港資料館所蔵
7　おっぺけぺー歌　東京都立中央図書館特別文庫室所蔵
8　パリの貞奴　京都工芸繊維大学美術工芸資料館所蔵(AN. 2679-31)
9　文芸協会第2回公演『人形の家』(『演芸画報』第6巻第1号、明治45年)
10　文芸協会『ハムレット』パンフレット表紙　国立劇場所蔵
11　松井須磨子(明治45年5月、有楽座にて)
12　自由劇場第3回試演『夜の宿』(『演芸画報』第5巻第1号、明治44年)
13　帝国劇場　『東京風景』(1911)より
14　帝劇女優(『イリュストラシオン』1911年4月11日)　横浜開港資料館所蔵
15　薩摩バンド　『ザ＝ファー＝イースト』より
16　『小学唱歌集』初編　明治15年
17　小学唱歌之略図(楊洲周延画)
18　日比谷音楽堂　『最新東京名所写真帖』(1909)より
19　歌劇『オルフォイス』　明治学院大学図書館付属日本近代音楽館提供
20　東京音楽学校卒業生　『東京風景』(1911)より

戦　　争　(430: 431)

1　錦の御旗(浮田可成『戊辰所用錦旗及軍旗真図』)国立公文書館所蔵
2　「山崎合戦官軍大勝利之図」　神戸市立博物館所蔵
3　「白虎隊英勇鑑」　福島県立図書館所蔵
4　上野戦争で焼け残った寛永寺黒門
5　「東京府銀座通之図」(月岡芳年写　年景画)　神奈川県立歴史博物館所蔵
6　牡丹社で殺害された琉球人の墓　『憲政秘録』(1959、産業経済新聞社出版局)より
7　征台軍幕僚　鹿児島県立図書館所蔵
8　佐賀の乱戦没者記念碑　佐賀市　佐賀県立博物館提供
9　「熊本之賊徒ヲ討伐之図」(永島孟斎画)　神奈川県立歴史博物館所蔵
10　「西南役熊本籠城」(近藤樵仙画)　明治神宮外苑聖徳記念絵画館所蔵
11　西郷札　鹿児島県歴史資料センター黎明館所蔵
12　ワーグマンの風刺画(『ジャパン＝パンチ』1877年3月号)
13　南洲墓地　鹿児島市
14　明治紀念標　大阪市史編纂所所蔵
15　靖国神社　明治20年頃　『東京景色写真版』(1893)より
16　江華府外郭鎮海門　北海道大学附属図書館所蔵
17　「朝鮮暴徒防御図」(歌川国松画)　姜徳相所蔵
18　朝鮮戦役記念の碑 仙台市榴岡公園　仙台市歴史民俗資料館提供
19　文明の拳銃(『時事新報』明治27年8月8日)　東京大学明治新聞雑誌文庫所蔵
20　「平壌攻撃電気使用之図」(小林清親画)　早稲田大学図書館所蔵
21　「威海衛上陸進軍之図」(小林清親画)　博物館明治村所蔵
22　日清軍艦比較表(『日清戦争実記』第19編、明治28年)　東京大学明治新聞雑誌文庫所蔵
23　広島大本営(『風俗画報』第81号(『日清戦争図絵』第3回)、明治27年)　同上所蔵
24　「旅順戦後の捜索」(浅井忠画)　東京国立博物館所蔵
25　軍夫と兵士と従軍記者(久保田米僊『日清戦闘画報』第4編、明治28年)
26　山根支隊の前衛竹林を突貫する図(『風俗画報』第101号、明治28年)　東京大学明治新聞雑誌文庫所蔵
27　『蹇蹇余録草稿綴』上　「陸奥宗光関係文書」　国立国会図書館憲政資料室所蔵
28　「大日本大勝利　分捕品縦覧之図」　姜徳相所蔵
29　日清戦争凱旋門(『風俗画報』第96号(『征清図会』第10編)、明治28年)　東京大学明治新聞雑誌文庫所蔵
30　明治紀念堂　新潟県佐渡市　新潟県佐渡市教育委員会提供
31　北清戦役紀念碑　『天津写真帖』より
32　「義和団民大戦天津紫竹林得勝図」　東京都立中央図書館特別文庫室所蔵
33　北京最終議定書会議全権団
34　三六式無線電信機(複製)　三笠保存会所蔵

35 28サンチ砲による砲撃　毎日新聞社提供
36 馬賊鉄道破壊　『日露交戦画帖』より
37 軍票　仙台市歴史民俗資料館所蔵
38 戦況を報じる新聞社
39 絵入りの軍事郵便　中川喜介所蔵
40 半分の鮭(『団団珍聞』明治38年9月7日号)
41 日露講和条約批准書　外務省外交史料館所蔵
42 国民大会弁士絵葉書
43 日比谷公園正門前絵葉書　江戸東京博物館所蔵
44 「軍人の妻」(満谷国四郎画)　福富太郎コレクション資料室所蔵
45 奉天の捕虜習志野へ護送の図(『風俗画報』第315号(『征露図会』第22編)、明治38年)　東京大学明治新聞雑誌文庫所蔵
46 山田の凱旋門　鹿児島県始良市　鹿児島県始良市教育委員会提供
47 花電車(『風俗画報』第328号(『出征軍隊凱旋図会』)、明治38年)　東京大学明治新聞雑誌文庫所蔵
48 露兵之墓　蘇軍烈士陵園
49 鎮魂碑　田中霊鑑『日置黙仙老師満韓巡錫録』(1907)より
50 義兵　The Tragedy of Korea(1908)より
51 革命情況を報じる黒竜会宛北一輝電報　「内田良平関係文書」　国立国会図書館憲政資料室所蔵
52 辛亥革命博物館と孫文像　中国湖北省武漢市

通信事業　(702: 703)

1 「東海名所改正道中記　一　日本橋　伝信局」(三代歌川広重画　明治8年)　郵政資料館所蔵
2 駅逓司と四日市郵便役所　同上所蔵
3 竜文切手　同上所蔵
4 通常郵便葉書　同上所蔵
5 郵便逓送人の制服　同上所蔵
6 創業時のポスト　同上所蔵
7 黒ポスト(模造)　同上所蔵
8 前島密　同上所蔵
9 郵便逓送馬車(「郵便現業絵図」より　柴田真哉画　明治10年代)　同上所蔵
10 鉄道郵便車と積み込み状況(同上より)　同上所蔵
11 電報送達紙　逓信総合博物館所蔵
12 横浜伝信局内部の様子(野生司香雪画)　郵政資料館所蔵
13 ブレゲ指字電信機　同上所蔵
14 モールス印字機　逓信総合博物館所蔵
15 東京郵便電信学校　郵政資料館所蔵
16 最初の国産電話機　逓信総合博物館所蔵
17 単線式電話交換機　同上所蔵
18 ガワーベル電話機　同上所蔵
19 東京辰の口電話交換局　郵政資料館所蔵
20 京橋のたもとにできた日本最初の自働電話ボックス　逓信総合博物館所蔵
21 自働電話機　同上所蔵
22 電話をする女性の図(中村洗石画)　郵政資料館所蔵
23 自働電話の案内板がある新橋駅(『風俗画報』第241号、明治34年)　東京大学明治新聞雑誌文庫所蔵
24 東京月島における無線電信実験の装置　郵政資料館所蔵
25 初期研究時代の無線電信機　同上所蔵
26 日本最初の海軍の無線技術講習生　同上所蔵
27 和歌山県潮岬無線電信局
全景　同上所蔵
通信室内部の様子　逓信総合博物館所蔵
28 TYK式無線電信機
電信機　同上所蔵
実験の図　郵政資料館所蔵

鉄　道　(750: 751)

1 仮開業時の時刻表　鉄道博物館所蔵
2 「東京名勝之図　新はし鉄道」(歌川国輝画　明治7年)　同上所蔵
3 開業式直前の新橋停車場構内風景　東京都港区立港郷土資料館所蔵
4 開業時の乗車券　天理大学附属天理参考館所蔵
5 新橋停車場と東京馬車鉄道　鉄道博物館所蔵
6 武庫川橋梁　同上所蔵
7 石屋川トンネル　同上所蔵
8 逢坂山トンネル　同上所蔵
9 1号御料車　重文　内部・外観　同上所蔵
10 幌内鉄道　同上所蔵
11 860形蒸気機関車　同上所蔵
12 新橋－下関間特別急行列車　展望車デッキ・展望車内部・食堂車内部　同上所蔵
13 「夜汽車」(赤松麟作画　明治34年)　東京芸術大学所蔵
14 大和田建樹直筆の鉄道唱歌第一番　鉄道博物館所蔵
15 鉄道5000哩祝賀会記念絵葉書　同上所蔵
16 初代山陽ホテル　交通科学博物館所蔵
17 碓氷川橋梁と10000形牽引列車　鉄道博物館所蔵
18 鉄道広軌化実車運転試験　同上所蔵